Guide bleu

Paris

Les autres titres de la collection :

Normandie
Bourgogne
Bretagne
Aquitaine
Provence-Alpes-Côte-d'Azur
Ile-de-France
Languedoc-Roussillon

A paraître :

Pays de Loire
Midi-Pyrénées
Poitou-Charentes
Corse

Guide bleu

Paris

Les Guides bleus — Hachette

Ont collaboré à cet ouvrage :
Jean-Paul Avice ; Jean-Pierre Babelon, *inspecteur général des Archives de France* ; Nadia Bayle, *docteur en archéologie* ; Vincent Bouvet, *journaliste, historien de l'art* ; Georges Brunel, *conservateur des objets d'art des églises de la Ville de Paris* ; Marie-Sophie Carron de la Carrière ; Thérèse Castieau-Barrielle ; Noëlle Chabert, *conservateur au musée d'Art moderne de la Ville de Paris* ; Eric Conan, *journaliste* ; Liza Daum ; Marie-Laure Deschamps, *conservateur des objets d'art des églises de la Ville de Paris* ; Francine Delacroix ; Isabelle Dérens, *technicienne de recherches à l'Ecole Pratique des Hautes Etudes* ; Maria Deurbergue, *conservateur à la Bibliothèque historique de la Ville de Paris* ; Adeline Falières-Lamy, *membre de la Société d'histoire et d'archéologie du 7e arrondissement* ; Georges Frechet, *conservateur de bibliothèque* ; Pierre-Jean Furet, *historien de l'art* ; Juan Gasquez-Romero, *architecte DPLG* ; Laurence Gaveau ; Amélie Granet, *historienne de l'art* ; Elisabeth Guilbaud, *bibliothécaire à la Bibliothèque historique de la Ville de Paris* ; Valérie Guillaume, *conservateur des musées de la Ville de Paris* ; Christine Huvé, *conservateur à la Bibliothèque historique de la Ville de Paris* ; Véronique Laisné, *conservateur à la Bibliothèque historique de la Ville de Paris* ; Violaine Lanselle, *historienne de l'art* ; Yvonne-Hélène Le Maresquier, *collaborateur technique au CNRS* ; Frédéric Lions, *bibliothécaire à la Bibliothèque historique de la Ville de Paris* ; Christian Perrin ; Jean-François Peysson ; Georges Poisson, *inspecteur général des musées de la Ville de Paris, professeur d'histoire de Paris à l'Ecole du Louvre* ; Pierre Quoniam, *chargé de mission auprès du président de l'établissement public du Grand Louvre* ; Nathan Starkman, *adjoint au directeur de l'Atelier parisien d'urbanisme (APUR)* ; Werner Szambien, *chargé de recherches au CNRS* ; François Tron ; Alain Valy ; Georges Vigne, *conservateur au musée d'Orsay* ; J.-P. Willesme, *conservateur au musée Carnavalet.*

Nous remercions particulièrement de l'aide qu'ils nous ont apportée :
Jean Derens, conservateur en chef de la bibliothèque historique de la Ville de Paris ;
Mmes, MM. les conservateurs des musées de la Ville de Paris ;
ainsi que : Bernard de Montgolfier, *conservateur en chef du musée Carnavalet* ; pour le musée du Louvre : Daniel Alcouffe, *conservateur en chef au département des Objets d'art* ; Pierre Amiet, *conservateur en chef au département des Antiquités orientales* ; Roseline Bacou, *conservateur en chef au département des Arts graphiques* ; Patrick Dupont, *conservateur au département des Objets d'art* ; Jean-René Gaborit, *conservateur en chef au département des Sculptures* ; Florence Maruejol, *docteur de 3e cycle en égyptologie* ; Marie Montembault, *conservateur au département des Antiquités grecques, étrusques et romaines* ; Guilhem Scherf, *conservateur au département des Sculptures* ; Dominique Vila, *documentaliste au département des Peintures.*

Direction : Adélaïde Barbey.
Direction littéraire : François Monmarché.
Edition : Françoise Vibert-Guigue.
Coordination : Corinne Courtalon.
Secrétariat d'édition : Florence Voisin.
Couverture : Dominique Gurdjian ; photo 1re de couverture : les Invalides, photo Meury, Explorer ; photo 4e de couverture : l'Opéra (détail), Michel Guillard, Scope.
Maquette : Pierre Faucheux A.P.F.
Mise en pages : Jehanne-Marie Husson, Marie-Pascale Massieu.
Cartographie : GT-Gabelli, TCI (Touring Club Italiano) ; René Pineau, Alain Mirande.
Production : Jean-Marc Le Bolloc'h ; Gérard Piassale.
Photocomposition : MCP-Orléans.
Impression et façonnage : Aubin-Poitiers / SIRC-Marigny-le-Châtel.

Sommaire du guide

Les plans

Sur la garde, en tête de volume, plan du métro T.C.I.

Quartiers et monuments

Les musées

Que voir à Paris
1. Le centre

?

Pour les musées
→ Que voir dans les musées de Paris ?

*Arsenal**. Les abords de l'Arsenal, une des plus importantes bibliothèques de France après la Bibliothèque nationale, sont d'un calme étonnant. Agréable promenade sur les berges du bassin, qui abrite le port de plaisance de Paris.

Bastille. Liée à l'histoire révolutionnaire, la place de la Bastille reste encore le lieu de nombreuses manifestations. Le quartier est en pleine mutation avec la construction du Nouvel Opéra.

*Beaubourg***. Un des plus vieux bourgs de Paris, devenu un haut lieu culturel depuis la création du centre Georges-Pompidou.

*Bibliothèque nationale***. Imposante par la richesse de ses collections et l'ampleur de son édifice.

*Bourse***. Quartier entièrement dédié à l'argent dont le palais de la Bourse est le temple.

*Châtelet**. C'est le centre géographique de Paris. On ira voir, plus loin, l'église Saint-Germain-l'Auxerrois, monument gothique capital.

*Ile de la Cité****. A l'ombre de la cathédrale, on peut encore trouver quelques bribes de l'ancien tissu médiéval. La place Dauphine est une des plus charmantes places de Paris.

*Concorde****. La plus belle place de Paris par son harmonie, son architecture et les perspectives qu'elle déploie.

*Grands Boulevards***. Brillant par leurs néons et l'éclat des plus grandes salles de spectacle, ils marquent encore les limites du cœur de Paris.

*Halles***. Quartier composite où un immense complexe qui regroupe le forum des Halles et un ensemble culturel important voisine avec des ruelles au tracé médiéval. Y admirer la magnifique église Saint-Eustache.

*Hôtel de Ville**. A retrouvé un certain éclat avec ses façades blanchies et le vaste espace piétonnier qui l'isole de la circulation.

*Palais du Louvre****. Un des plus beaux palais du monde dont l'histoire s'est presque toujours confondue avec celle du pays. Le projet du Grand Louvre et la construction de la pyramide de verre seront les marques du XXe s.

*Le Marais****. Quartier-musée où se mène avec vigueur la restauration de ses nombreux hôtels : l'hôtel Salé, avec l'aménagement du musée Picasso, constitue l'entreprise la plus récente ; l'hôtel de Sully demeure l'un des plus beaux du Marais ; l'hôtel Carnavalet, transformé en musée historique de la Ville de Paris, est un superbe exemple d'architecture civile de la Renaissance et du XVIIe s. Voir la première place royale de Paris : la place des Vosges.

*Notre-Dame****. La cathédrale des cathédrales, la « paroisse de l'histoire en France », d'une harmonie parfaite, lieu d'événements mémorables.

*Palais de Justice***. Cet édifice ne fut pas toujours au service de la justice. La Conciergerie, liée aux souvenirs révolutionnaires, est un important vestige du palais des Capétiens. Ancien sanctuaire royal, la Sainte-Chapelle est un joyau d'architecture gothique.

*Palais-Royal***. Le quartier, dominé par le palais, siège du Conseil d'Etat, est un lieu d'une grande séduction. Se promener dans les jardins, bordés de galeries, et dans la cour d'honneur où sont érigées les colonnes de Buren.

*Les ponts de Paris****. Réalisations urbanistiques prépondérantes, tant d'un point de vue utilitaire qu'architectural.

*Les quais de la Seine****. La promenade romantique de Paris, d'où l'on a les points de vue les plus remarquables sur la ville.

*Quartier Latin***. C'est, depuis le Moyen Age, le quartier des étudiants. Les églises y sont nombreuses et souvent remarquables.

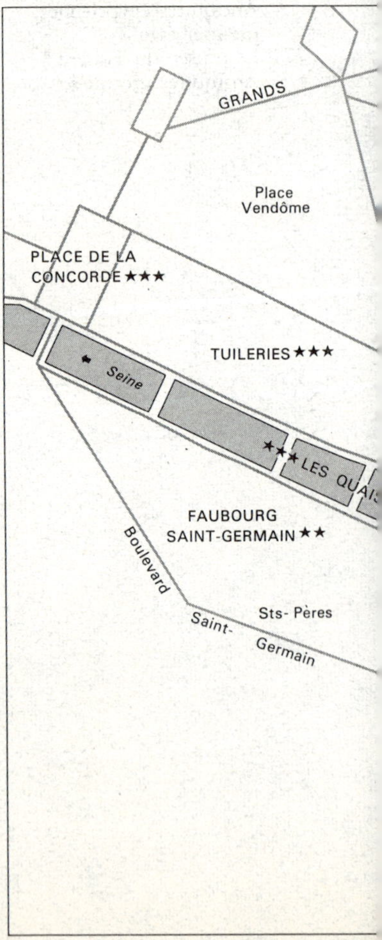

Voir les vestiges du Paris gallo-romain que sont les thermes de Cluny (Sorbonne → Que voir à Paris ? 2).

Réaumur★. Quartier voué à la confection et à l'imprimerie. Y admirer, rue Réaumur, d'originales façades d'immeubles fin XIXe - début XXe s.

Saint-André-des-Arts★★. Beaucoup de ruelles ont conservé leur tracé du Moyen Age. Dans la charmante cour de Rohan, bel hôtel XVIIe s.

Faubourg Saint-Germain★★. Par son ampleur, ce quartier semble offrir tous les visages de la vie parisienne. Les galeries d'art et boutiques d'antiquités se sont groupées autour de la rue des Saints-Pères ; dans les hôtels nobles autour de la rue de Grenelle et du Palais-Bourbon, c'est la vie politique qui s'organise ; l'agitation commerçante côtoie la vie religieuse dans le quartier Sèvres-Babylone.

Saint-Germain-des-Prés★★. Un quartier au mythe durable que semblent entretenir de célèbres cafés à proximité de l'église Saint-Germain-des-Prés. Les petites rues autour du marché Saint-Germain et de la rue de Buci, restituent un peu l'atmosphère des anciennes foires. Admirer, le long de la Seine, l'élégance des édifices de l'hôtel de la Monnaie et du palais de l'Institut.

Ile Saint-Louis★★★. Une impression de village. Y admirer, le long des quais, les façades des hôtels, nimbés d'une splendide lumière.

Canal Saint-Martin★★. On ira ici à la recherche du Paris industrieux, caractéristique du début du siècle.

Sentier★. Un monde à part, entièrement voué à la confection.

Tuileries★★★. Au-delà du jardin, au charme de Grand Siècle finissant, c'est le luxe d'une aristocratie plus active qui se déploie autour de la place Vendôme et de la rue de la Paix, centre de la haute joaillerie. L'animation est plus authentiquement parisienne autour de la place du Marché-Saint-Honoré et de la remarquable église Saint-Roch.

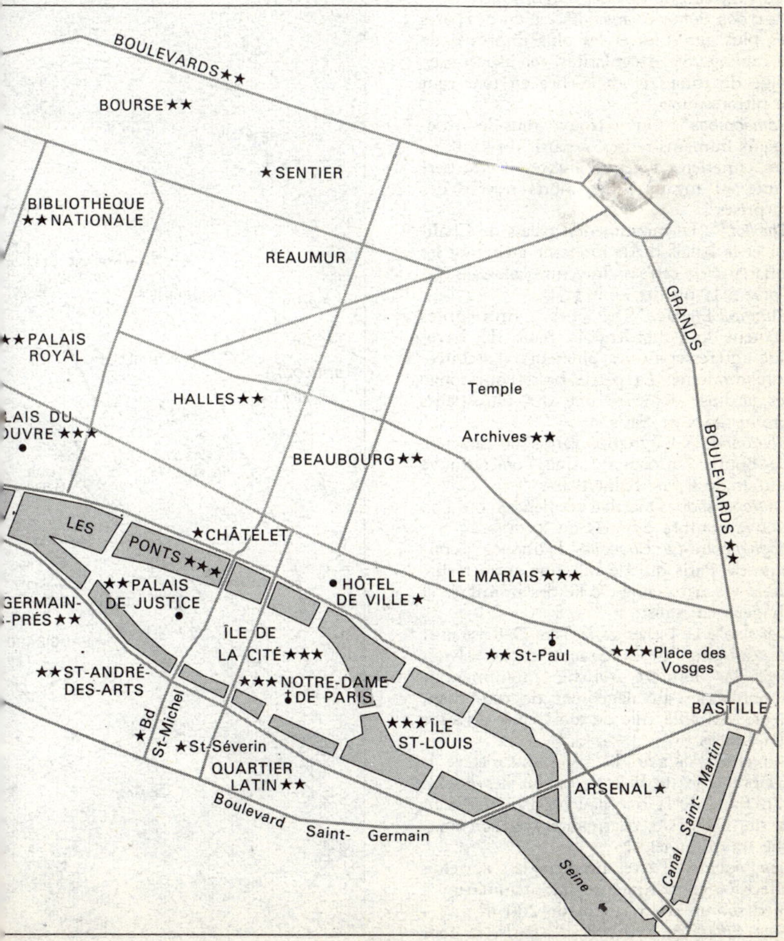

Que voir à Paris ? Le centre

Que voir à Paris
2. Au-delà du centre
?

Pour les musées
→ Que voir dans les musées de Paris ?

Arc de Triomphe★★★. Le monument le plus célèbre de Paris avec la tour Eiffel. La place de l'Etoile est un bel exemple d'architecture d'accompagnement.

Auteuil★. Un extraordinaire musée de plein air de l'architecture contemporaine : immeubles de Guimard, Le Corbusier, Mallet-Stevens.

Batignolles. Le square des Batignolles est l'un des plus pittoresques de Paris.

Belleville et Ménilmontant★. Quartier typiquement parisien qui a longtemps conservé son visage des années 30. Belleville fait aujourd'hui l'objet d'une expérience urbaine et architecturale remarquable.

Bois de Boulogne★. Le parc de Bagatelle, le jardin d'Acclimatation, le musée des Arts et Traditions populaires ne sont pas les seuls attraits de ce bois magnifique.

Parc des Buttes-Chaumont★★. L'un des parcs les plus agréables et les plus imprévus de la capitale. Ses irrégularités, son aspect sauvage de ruines et de roches en font tout le pittoresque.

Catacombes★. On y trouve tous les ossements humains retirés, à partir du XVIIIe s., des cimetières jugés insalubres. Cette descente au royaume des morts réserve des surprises.

Chaillot★★. Le monumental palais de Chaillot et le palais d'Art moderne attireront les amateurs de cette architecture colossale élaborée à la fin des années 30.

Champs-Elysées★★★. Les immeubles luxueux qui bordent le haut de l'avenue intéresseront les amateurs d'architecture moderne. La partie basse, que longe les jardins, demeure une des plus belles promenades de Paris.

Charonne. A longtemps gardé son caractère de bourg campagnard que l'on retrouve autour de la rue Saint-Blaise.

Cherche-Midi. Quartier résidentiel où l'on trouve nombre d'hôtels du XVIIIe s.

Clignancourt-La Chapelle. Faubourg populaire de Paris qui dévoile une autre réalité de la vie parisienne : celle des immigrés et de gens en transit.

Défense★. Le projet de la Tête-Défense avec la réalisation de la Grande Arche devrait être la dernière touche monumentale apportée à l'aménagement de cette banlieue, véritable ville de tours créée à l'aube des années 60.

Denfert-Rochereau. La place, où s'élève le célèbre Lion de Belfort, est un des grands carrefours de la rive gauche. Pénétrer dans la rue Daguerre, charmante avec son marché traiditionnel.

Les égouts. Cette promenade, autrefois effectuée en barque, se fait maintenant à pied sur un court circuit de 200 m.

Tour Eiffel★★★. Symbole de Paris, la tour Eiffel, dont la fantastique charpente métallique est mise en valeur par un nouvel éclairage, tend à faire oublier, à proximité, la présence d'un admirable édifice classique, l'Ecole militaire.

Avenue Foch et quartier Dauphine★. Réputée pour être « la plus belle avenue du monde », l'avenue Foch force l'admiration par sa largeur, ses pelouses, ses frondaisons et sa perspective. Autour de l'avenue Victor-Hugo, le quartier Dauphine est parsemé d'immeubles cossus et d'hôtels particuliers.

François-Ier. La présence d'une des meilleures salles de concert de Paris, le théâtre des Champs-Elysées, contribue au prestige de ce quartier mondain et luxueux.

Gare de Lyon-Bercy. Le palais Omnisports de Bercy et le nouveau ministère des Finances ne sont que les réalisations les plus spectaculaires d'un vaste projet qui doit entièrement modifier le quartier.

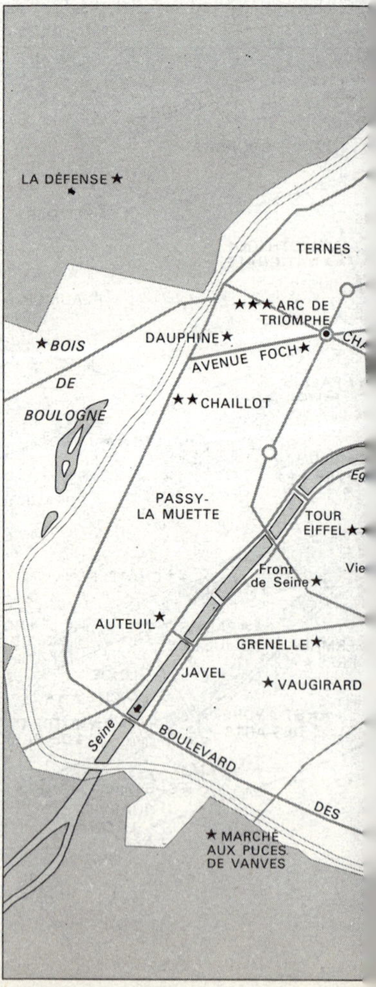

Gares du Nord et de l'Est. C'est tout le Paris du second Empire que l'on trouve ici en résumé avec ses passages, ses halles et ses grandes perspectives au bout desquelles la gare a supplanté l'église.
Gobelins★. On peut encore trouver un charme villageois au début de l'avenue des Gobelins, dans les petites rues aux alentours de la manufacture.
Grenelle★. Contrastant avec les tours de verre et d'acier du Front de Seine, le vieux village de Grenelle conserve, à côté de belles maisons Restauration, des maisons paysannes et ouvrières.
Invalides★★★. C'est l'un des secteurs les plus calmes et les plus aérés de la capitale. Les perspectives du quartier s'articulent autour du majestueux hôtel royal des Invalides.
Italie. Quartier contrasté où, à l'ombre des tours de la place d'Italie, se poursuit la vie plus provinciale et assoupie de la Butte-aux-Cailles.
Jardin des Plantes★★. Le plus ancien jardin de Paris qui offre l'attrait de son labyrinthe, de son jardin alpin, de ses ménageries. Le quartier recèle des squares un peu secrets, comme les arènes de Lutèce. Toute l'animation se trouve concentrée autour du centre universitaire de Jussieu, véritable cité dans la ville.
Javel. On y verra les derniers vestiges d'un Paris industrieux et misérabiliste avec ses modestes habitations du XIXe s., ses impasses et ruelles où l'herbe pousse encore entre les pavés.
Luxembourg★. Cet ancien palais royal, aux réminiscences florentines, siège du Sénat depuis 1958, est environné d'un des plus grands jardins de la capitale.
La Madeleine★. La place, autour de l'église de la Madeleine au caractère de temple antique, frappe par l'ampleur de la perspective qu'elle ouvre sur la rue Royale, la place de la Concorde et le Palais-Bourbon.

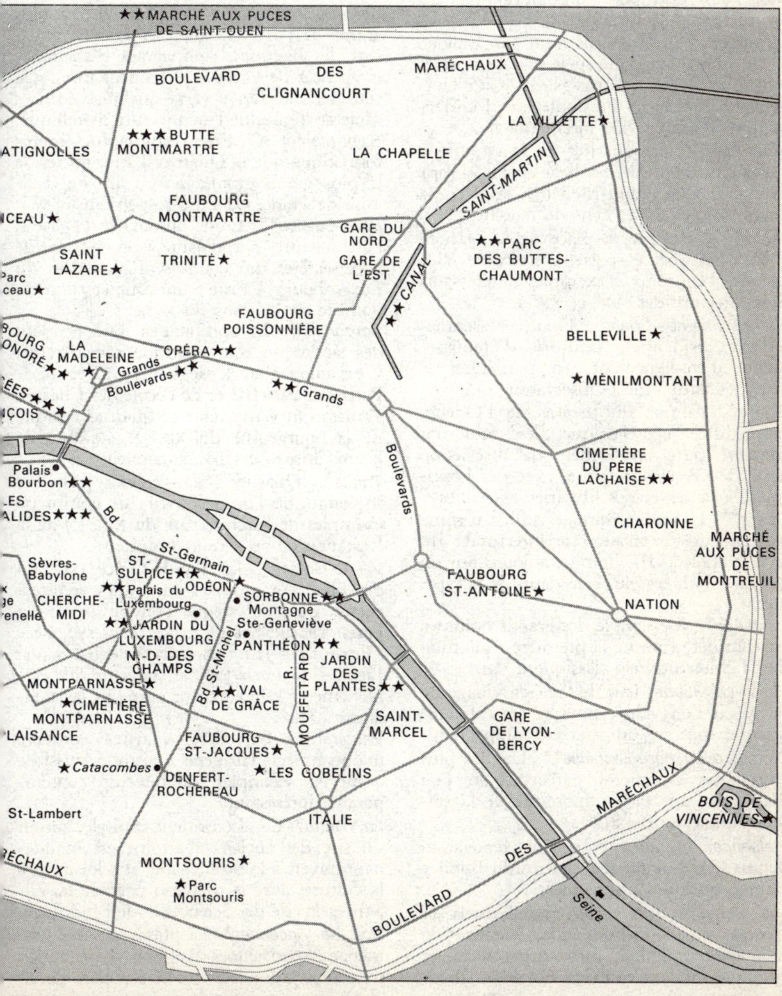

Que voir à Paris ? Au-delà du centre

Boulevards des Maréchaux. Une vision plus synthétique de Paris, surprenante par ses contrastes.

Monceau★. Ce parc, au charme un peu nostalgique, est bordé d'hôtels ostentatoires du XIXe s.

Butte Montmartre★★★. L'intérêt touristique semble se concentrer sur le Sacré-Cœur et la place du Tertre ; le vrai village de Montmartre est à découvrir autour de la rue Lepic et de la rue des Abbesses.

Faubourg Montmartre et Poissonnière. Quartier méconnu, haut lieu du néo-classicisme parisien, auquel toute une population d'artisans et de commerçants donne vie.

Cimetière du Montparnasse★. Ce cimetière, le plus petit des trois cimetières parisiens, renferme nombre de sépultures d'artistes, d'écrivains et d'éditeurs célèbres.

Quartier Montparnasse★. Aux nombreux ateliers d'artistes qui subsistent autour de la gare et du cimetière, sont venues se juxtaposer les créations contemporaines du centre Maine-Montparnasse.

Montsouris★. Aux abords d'un parc valloné s'étend un quartier de ruelles et d'impasses riches en ateliers d'artistes. La Cité Universitaire, le long du boulevard Jourdan, est une véritable ville internationale.

Mouffetard★★. Le quartier de la Mouffe a l'apparence d'un petit village en plein Paris avec son église (Saint-Médard), sa place (la Contrescarpe) et ses étals de marché.

Nation. Autour de la place de la Nation, d'où s'échappe le spacieux cours de Vincennes, beaucoup d'exemples intéressants d'architecture des XIXe et XXe s.

Notre-Dame-des-Champs. Quartier essentiellement résidentiel, ceinturé d'établissements d'enseignement, en particulier le long des jardins de l'Observatoire.

Odéon★. Autour du théâtre de l'Odéon, bel édifice néo-classique, les rues ont conservé cette atmosphère de distinction issue de l'Ancien Régime, avec des boutiques élégantes et des librairies anciennes.

Opéra★★. Le palais Garnier, admis comme la meilleure expression architecturale du style Napoléon III, domine aujourd'hui un des carrefours les plus trépidants de la capitale.

Panthéon★★. Ce temple des grands hommes est considéré comme la première réalisation de l'architecture néo-classique à Paris.

Passy-La Muette. Issu de l'ancien village de Passy où l'on venait prendre les eaux, ce quartier conserve un caractère campagnard.

Cimetière du Père-Lachaise★★. Un des plus vastes des cimetières parisiens, où l'on découvrira une part importante de la statuaire française du XIXe s.

Plaisance. Quartier en pleine rénovation depuis le début du XXe s. Ricardo Bofill y a signé quelques immeubles.

Les Puces★. Surréalistes, intellectuels et artistes ont contribué à la célébrité de ce marché singulier, microcosme social et ethnique où l'on trouvera objets ou meubles d'antiquité, mais aussi du neuf et de l'occasion.

Faubourg Saint-Antoine★. Quartier historique, traditionnellement voué à l'industrie du bois, aujourd'hui happé par une population de jeunes artistes et créateurs, phénomène de mode que l'ouverture du Nouvel Opéra va sans doute amplifier.

Faubourg Saint-Honoré★★. Un des plus élégants quartiers de la capitale, avec la rue du Faubourg-Saint-Honoré où se succèdent d'anciens hôtels du XVIIIe s. parmi lesquels le palais de l'Elysée, résidence officielle du chef de l'Etat.

Saint-Jacques★. Dominé par l'Observatoire, un des grands centres mondiaux de recherche astronomique, le faubourg conserve quelques bribes de son ancienne campagne dans quelques cités d'artistes. De nombreuses communautés religieuses y vivent encore. La plus célèbre d'entre elles, l'abbaye de Port-Royal, a été transformée en hôpital.

Saint-Lazare★. C'est le quartier le plus animé de Paris : la gare, les grands magasins, les banques, compagnies d'assurance et agences de voyages y drainent une foule considérable. On y verra quelques édifices caractéristiques de l'architecture métallique.

Saint-Marcel. Quartier estudiantin, moins touristique que le Quartier Latin, où réside le plus grand groupe hospitalier universitaire de France, la Pitié-Salpêtrière.

Saint-Sulpice★★. C'est, autour de l'église à l'architecture surprenante, un réseau de rues secrètes qui conduisent au jardin du Luxembourg. La rue Saint-Sulpice conserve nombre de maisons du XVIIIe s.

Sorbonne★★. La Sorbonne a joué pendant des siècles un rôle politique considérable. C'est aujourd'hui le siège de l'Université de Paris-IV, Paris-III et de l'école des Chartes.

Ternes. On verra, dans ce quartier typique de la bourgeoisie du XIXe s., nombre de beaux immeubles haussmanniens.

Trinité★. Quartier relativement jeune et méconnu, où l'on découvrira de nombreux exemples de l'architecture du XIXe s., de la Restauration au second Empire.

Val-de-Grâce★★. Le Val-de-Grâce est l'un des plus remarquables ensembles architecturaux du XVIIe s. que l'on puisse voir à Paris. La rue Saint-Jacques conserve, avec l'Institut des Jeunes Sourds et l'église Saint-Jacques-du-Haut-Pas, le souvenir des établissements religieux qui autrefois la jalonnaient.

Vaugirard★. Ce vaste quartier conserve maints aspects villageois mais offre aussi de nombreux exemples d'architecture contemporaine intéressante.

La Villette★. Ce secteur de la capitale, autour du site des anciens abattoirs, est maintenant ouvert à la promenade, aux loisirs et à la culture, avec le nouveau parc de la Villette et la cité des Sciences et de l'Industrie.

Bois de Vincennes★. La plus vaste des promenades parisiennes avec son château, son parc zoologique, ses lacs et son parc floral.

LES GUIDES BLEUS
Une collection prestigieuse et indispensable pour toute découverte en profondeur.
LES GUIDES BLEUS A TRAVERS LE MONDE
• L'œuvre d'une équipe constituée d'éminents spécialistes.
• la description exhaustive des villes, sites et monuments,
• des adresses utiles avec une sélection commentée d'hôtels et de restaurants,
• un papier plus fin pour réduire le poids sans diminution du contenu.
les guides bleus
Tout savoir pour mieux voir

Plans de Paris

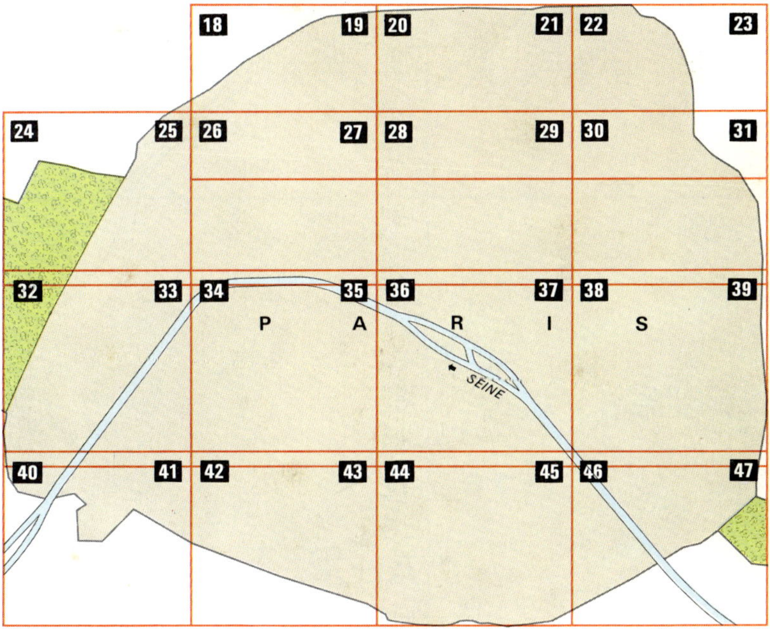

Grands axes de circulation

Limites d'arrondissement

Numéros des lignes du métropolitain

Stations avec correspondance

Stations sans correspondance

R.E.R. avec correspondance

R.E.R. sans correspondance

PTT Postes

Sens de circulation

P Parking

Echelle

0 100 200 300 400 500 m

Plan de Paris, GT-Gabelli

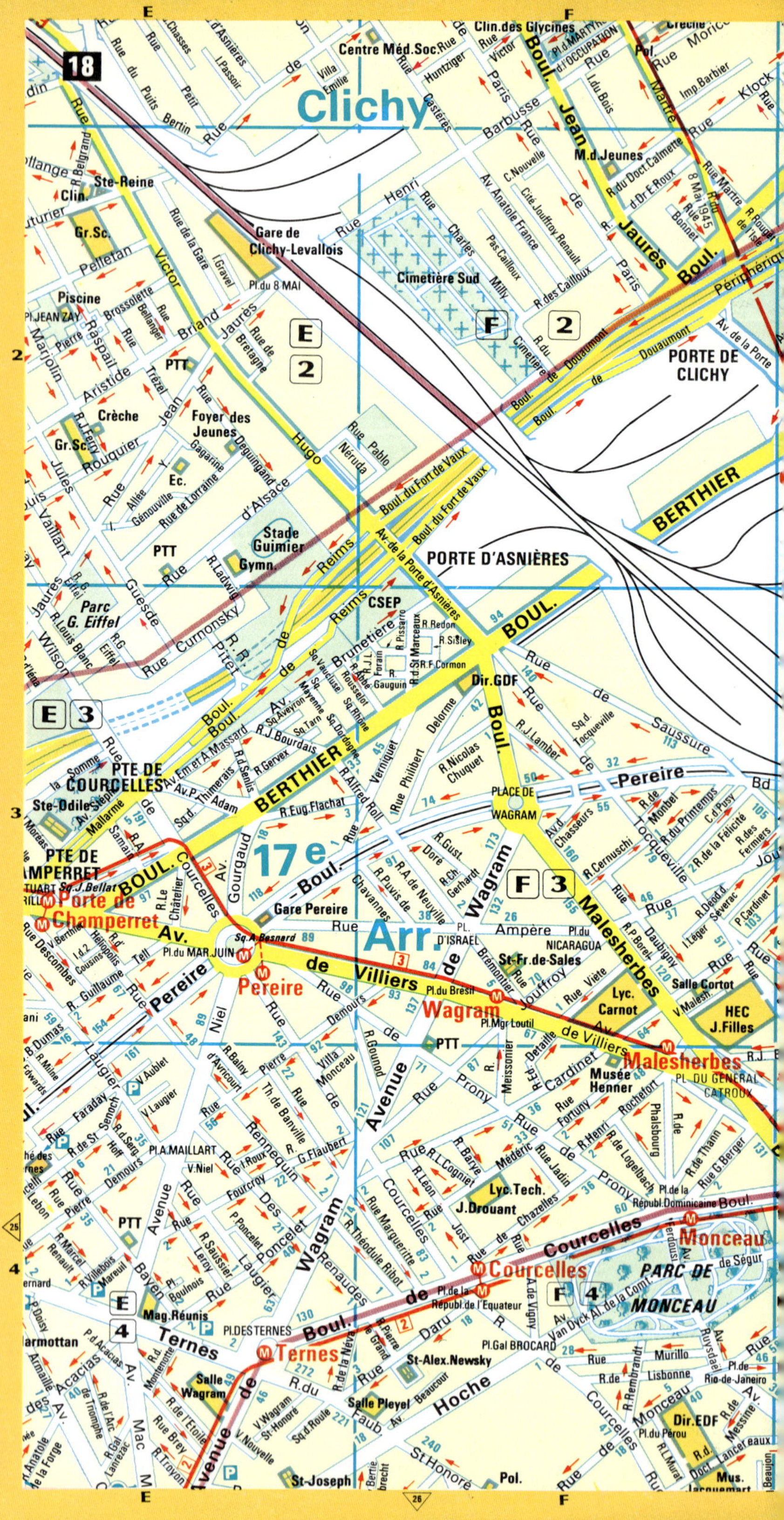
E
F
Clichy
Centre Méd.Soc.
Clin.des Glycines
Crèche
Boul. Jean Jaurès
Rue Victor Hugo
M.d.Jeunes
Ste-Reine
Clin.
Gr.Sc.
Gare de Clichy-Levallois
Pl.du 8 MAI
Cimetière Sud
Piscine
Pl.JEAN ZAY
PTT
Crèche
Foyer des Jeunes
Ec.
Stade Guimier
Gymn.
Parc G. Eiffel
PORTE DE CLICHY
Périphérique
Boul. de Douaumont
BERTHIER
PORTE D'ASNIÈRES
Av. de la Porte d'Asnières
Boul. du Fort de Vaux
CSEP
Dir.GDF
Boul. Berthier
PTE DE COURCELLES
Ste-Odile
PTE DE CHAMPERRET
Porte de Champerret
Boul. Pereire
17e Arr.
Gare Pereire
Pereire
Pl.du MAR.JUIN
Av. de Villiers
PLACE DE WAGRAM
Av. de Wagram
Boul. Malesherbes
St-Fr.de-Sales
Lyc. Carnot
Salle Cortot
HEC J.Filles
Wagram
Malesherbes
Musée Henner
PL. DU GÉNÉRAL CATROUX
Rue de Prony
Rue de Courcelles
Lyc.Tech. J.Drouant
Monceau
PARC DE MONCEAU
Courcelles
Mag.Réunis
Ternes
Salle Wagram
St-Alex.Newsky
Salle Pleyel
Av. Hoche
Rue du Faub. St Honoré
Dir.EDF
St-Joseph
Pol.
Mus. Jacquemart
E 2
F 2
E 3
F 3
E 4
F 4
2
3
4
25
26
E
F

St-Ouen
19
Périphérique extérieur
intérieur
Minist.de l'Intér.
Boul. du Gal Leclerc
Stade Max Rousie
Rue André Bréchet
PTE DE ST-OUEN
Hôpital Bichat
Cimetière des Batignolles
PORTE POUCHET
Ec. Nat. de Commerce
Bd du Bois le Prêtre
PL. ARNAULT TZANCK
BESSIÈRES BOUL.
Pte de St-Ouen
G 2
H 2
G 3
H 3
G 4
H 4
PTT
Av. de la Pte St-Ouen
Av. de St-Ouen
Rue Navier
Rue Championnet
Sq.des Epinettes
Sq. Boulay Level
St-Joseph d. Epin.
Lyc.Stéph. Mallarmé
Ste-Genev. des Gr.Carr.
Guy-Môquet
Rue Marcadet
Sq.Carpeaux
Brochant
Avenue de Clichy
Av. de Clichy
Hôpital Bretonneau
St-Mich.d.Bat.
Marché des Batignolles
la Fourche
Cimetière du Nord ou de Montmartre
Lyc.Techn. A.-Renoir
Gare de Pont-Cardinet
Sq.des Batignolles
Ste-Marie d.Bat.
Temple Ascension
Mairie 17e
Th.l'Européen
Place de Clichy
Bd de Clichy
Lyc.J.Ferry
Moulin Rouge
Th.d. 2 Anes
PLACE BLANCHE
Blanche
Ec. Norm.
Temple d.Batign.
Boul. des Batignolles
Th.Hébertot
Lycée Chaptal
Rome
St-André
Th.d.l'Œuvre
Th.347
Villiers
Boul. de Courcelles
Malesherbes
Lyc. Oct.Greard
Cons.N.Sup. d.Musique
Th.Tristan Bernard
Europe
PL.DE L'EUROPE
Liège
Rue de Milan
Ec.Nat.Th.
Th. de Paris
Th. Moderne
Mairie 8e
Gare St-Lazare
St-Lazare
Dir.SNCF
Egl.Trinité
Trinité-d'E.-d'Orves
Th.Mogador
Lyc.Racine
St-Augustin
Rue de Rome
Rue d'Amsterdam
Rue de Londres
Rue de Naples
Rue de Constantinople
Rue de Madrid
Rue de Saussure
Rue Legendre
Rue des Dames
Rue Lemercier
Rue Nollet
Rue Truffaut
Rue La Condamine
Rue Boursault
Rue Cardinet
Rue de Lévis
Rue Pouchet
Rue Guy Môquet
Rue Davy
Rue Lamarck
Rue Caulaincourt
Rue Pigalle
Rue Blanche
Rue de Clichy
Rue de Liège
Rue Bienfaisance
Rue de la Rochefoucauld
Rue Fontaine
Pl.du Guatémala
Laborde

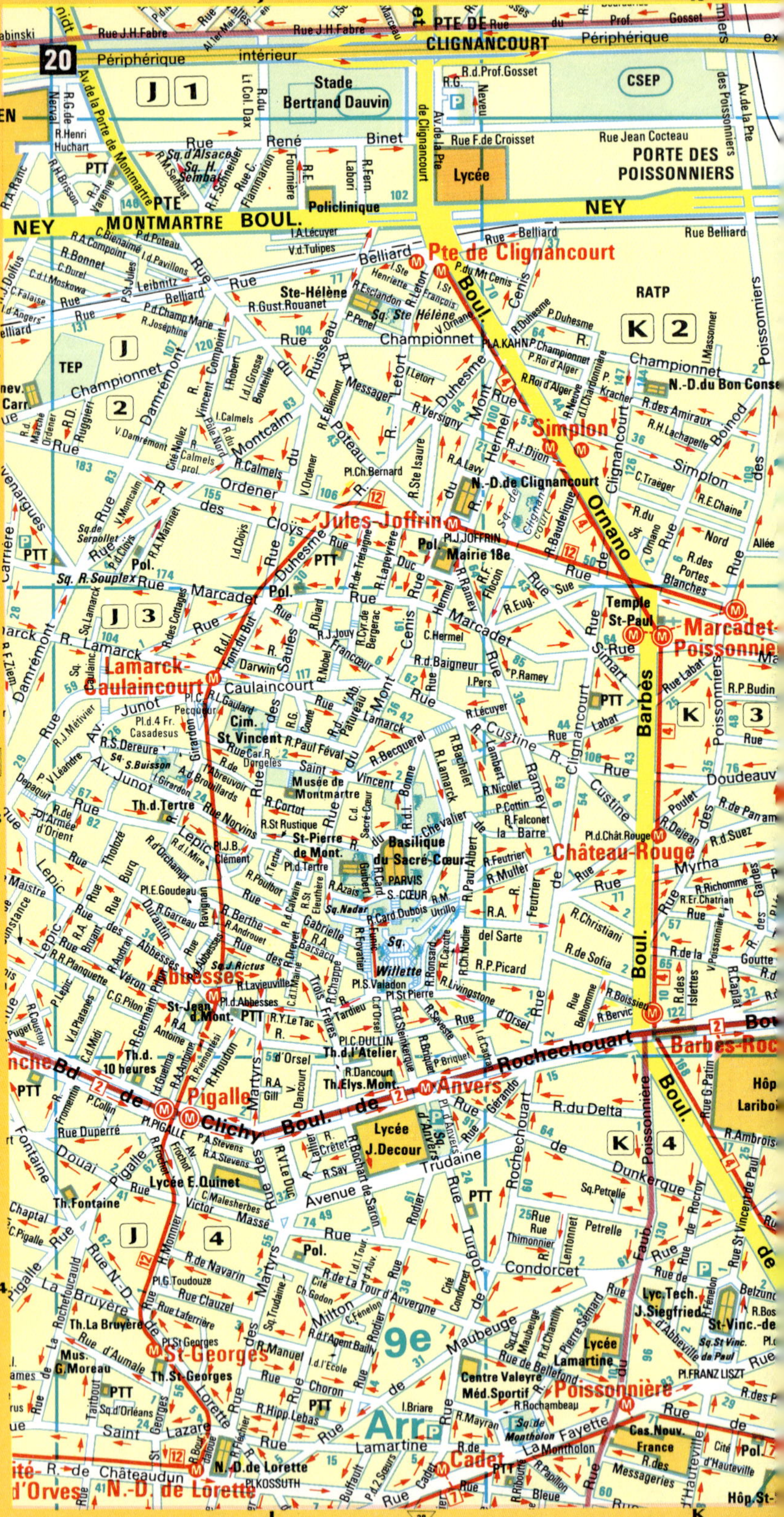

PTE DE CLIGNANCOURT
Périphérique
Périphérique intérieur
Rue J.H.Fabre
J 1
Stade Bertrand Dauvin
CSEP
Rue F.de Croisset
Rue Jean Cocteau
PORTE DES POISSONNIERS
Lycée
Policlinique
PTE MONTMARTRE BOUL.
NEY
Rue Belliard
Pte de Clignancourt
RATP
Ste-Hélène
Sq. Ste Hélène
TEP
J 2
K 2
Championnet
N.-D.du Bon Conseil
Simplon
N.-D.de Clignancourt
Ordener
Jules-Joffrin
Mairie 18e
Pol.
PTT
Ornano
Marcadet
Temple St-Paul
Marcadet-Poissonniers
J 3
K 3
Lamarck-Caulaincourt
Caulaincourt
Cim. St Vincent
Musée de Montmartre
Th.d.Tertre
St-Pierre de Mont.
Basilique du Sacré-Cœur
PARVIS S. CŒUR
Sq. Willette
Château-Rouge
Barbès
Myrha
Abbesses
St-Jean d.Mont.
Th.d. 10 heures
Pigalle
Anvers
Th.d.l'Atelier
Th.Elys.Mont.
Bd de Clichy
Boul. de Rochechouart
Barbès-Rochechouart
Hôp. Lariboisière
Lycée J.Decour
Lycée E.Quinet
Trudaine
Avenue Trudaine
Dunkerque
J 4
K 4
Th.Fontaine
Th.La Bruyère
Mus. G.Moreau
St-Georges
Th.St-Georges
9e Arr
Lyc.Tech. J.Siegfried
St-Vinc.-de-Paul
Lycée Lamartine
Centre Valeyre Méd.Sportif
Poissonnière
Cas.Nouv. France
N.-D. de Lorette
Cadet
Châteaudun
Lafayette
Condorcet
Maubeuge

19

PTE DE LA CHAPELLE
Stade
BOUL.
NEY
BOULEVARD
PORTE D'AUBERVILLIERS
Pl. SKANDERBERG
Hôpital C
Porte de la Chapelle
Rue de la Chapelle
Gaz de France
Rue d'Aubervilliers
Rue de l'Evangile
R. Gaston Tessier
Piscine Hébert
Sq.P.Robin
Pl.HÉBERT
R.des Roses
Rue Marc Séguin
Rue de Torcy
Pl.d.Torcy
St-Denis de la Chapelle
Ste-J.-d'Arc
R. Ordener
Marx-Dormoy
Rue Riquet
Pompes Funèbres Municipales
Rue Philippe de Girard
Rue Pajol
Rue Marx Dormoy
Rue du Département
R.Doudeauville
Rue Stephenson
Rue Curial
Rue de Tanger
Riquet
Rue de Flandre
N.-D.des Foyers
Pl.du MAROC
Rue de Soissons
Bassin de la Villette
Quai de la Seine
Stalingrad
la Chapelle
Bd. de la Chapelle
ROTONDE DE LA VILLETTE
Sq.Léon Paris
Av. Jean Jaurès
Jaurès
Th. des Bouffes du Nord
Lycée Colbert
Rue Château Landon
Rue de l'Aqueduc
Rue Louis Blanc
Louis-Blanc
Rue La Fayette
Hôp.Fernand Widal
Rue du Faubourg St-Denis
Rue du Faubourg Saint-Martin
Rue de Dunkerque
Château-Landon
Gare de l'Est
Pl.11 Nov.1918
8 Mai 1945
Canal St Martin
Quai de Jemmapes
Quai de Valmy
Bd. de la Villette
Pl.du COLONEL FABIEN
Colonel-Fabien
Av. Mathurin Moreau
Rue de Meaux
Bolivar
Rue Bouret
Lyc.Tech.
Rue Simon Bolivar
Rue des Écluses St Martin
Rue du Terrage
Fac.Méd.
L 2
L 3
L 4
M 2
M 3
M 4

22
Euromarché
Périphérique
PL. AUGUSTE BARON
PTE DE LA VILLETTE
Hôpital Claude Bernard
Porte de la Villette
MACDONALD
Bd Macdonald
Av. de la Pte de la Villette
Canal Saint Denis
Quai de la Charente
Rotonde des Vétérinaires
Cité des Sciences et de l'Industrie
Géode
Zénith
Av. Corentin Cariou
Corentin-Cariou
R. Curial
R. de Cambrai
Rue Alphonse Karr
Flandre
PL. DE L'ARGONNE
Rue Barbanègre
Sq. Dampierre Rouvet
Rue de Nantes
Rue de l'Ourcq
Canal
Grande Halle
Bâtiment Janvier
Th. Paris-Villette
Entrée Sud
Porte de Pantin
Crimée
BHV
Mathis
St-Jacques St-Christophe
Pl. de BITCHE
R. Riquet
Riquet
Seine
la Villette
Rue de l'Ourcq
R. Delesseux
Jean Jaurès
Ourcq
19e Arr.
Rue Petit
Rue d'Hautpoul
Cim. de la Villette
R. Vaudremer
Rue Manin
Avenue Jean Jaurès
Laumière
Rue de Meaux
Rue de Lorraine
R. Meynadier
PTT
Pol.
Mairie 19e
N.-D. de l'Assompt.
PLA.CARREL
Armand Carrel
Lyc. Henri Bergson
PARC DES BUTTES CHAUMONT
Rue Botzaris
Botzaris
Bolivar
TEP
Cité Hiver
St-Georges
Rue Secrétan
Fond. A. de Rothschild
Buttes-Chaumont
R. du Plateau
R. Carducci
Rue Fessart
Danube
PL. DE RHIN ET DANUBE
St-Fr.-d'Assise
Rue Compans
EPS
Rue de Crimée
Solitaires
Sq. Mgr Maillet
Place des Fêtes
St-J.-B. de Belleville
Lyc. Techn. d'Alembert
PL. DU GÉN. COCHET
Av. Simon Bolivar
Rue Manin
Rue David d'Angers
Rue Mouzaïa
Prévoyance
Solidarité

21
30

O P Q

O1
23
Gare de marchandises
Centre de Transit SNCF Rail-route
Rue Cartier Bresson
Diderot
Ch. de la Noue
Av. du Général Leclerc
Gare de Pantin
Vaillant
Chemin Latéral
Pantin
Piscine
TEP
Lycée Berthelot
H.de Ville
PL.DE LA MAIRIE
Centre Admin.
Pt Gal LECLERC
Sq. du 19 Mars 1962
Quai de l'Ourcq
Quai de l'Aisne
R. Louis Nadot
PONT DELIZY
Chemin de halage
R. du Cheval Blanc
Rue Delizy
R. du Port
P2
Rue Victor Hugo
Rue Florian
R. Montgolfier
Rue Etienne Marcel
Rue Hoche
Rue Auger
R. de la Liberté
SP
C.Méd.Social
Gend.
Eglise de Pantin
CET
St-G.-l'Aux.
AVENUE JEAN LOLIVE
PL.DE L'ÉGLISE
Manuf. des Tabacs
R. du 11 Nov. 1918
Serv.Cult.
Sq.Stalingrad
Rue de la Paix
Av. du 8 Mai 1945
Hoche
PTT
Gymn.
Ec.
Rue Jean Nicot
R. Théophile Leducq
Rue Charles Auray
P3
Rue Courtois
Rue Rouget de l'Isle
Rue des Sept Arpents
Rue Beaurepaire
Rue Méhul
Rue Meissonnier
Rue Paul Bert
R. Candale
Rue Gambetta
Rue Jules Auffret
Rue Honoré d'Estienne d'Orves
Cim. du Pré-St-Gervais
Maison de Retraite
Stade Ch.Auray
CES
Inst. Méd.Pédag.
Rue Regnault
Rue Kléber
Rte des Petits Ponts
Av. de la Pte de Pantin
PANTIN
R. Franklin
R. Béranger
Rue Lamartine
Gymn.
le Pré-St-Gervais
Ste-Famille
Sq. du 14 Juillet
R. Garibaldi
R. Louis Blanc
Rue Chevreul
Rue des Pommiers
Cim. de Pantin
PTE CHAUMONT
O3
TEP
Piscine
Rue Danton
PTT
Ec.
PL. JAURÈS
MARCHÉ
Crèche
Gr.Sc.
Rue Anatole France
PL. A. FRANCE
CES
Gend.
H.V.
PL. HENRI SELLIER
Grande Avenue
Rue du Bel Air
Boul. d'Algérie
BRUNET
Sq. de la Butte du Chapeau Rouge
PORTE DU PRÉ-ST-GERVAIS
Av. Alexandre Fleming
Pré-St-Gervais
Ste-Marie-Médiatrice
P4
PL. SÉVERINE
St.Léo Lagrange
Cim. des Lilas
les Lilas
Pol.
Rue du Belvédère
Av. René Fonck
N.-D. du Rosaire
PL. COL. FABIEN
Mairie des Lilas
H.de V.
PTT
Ann.
Crèche
Disp.
Bd Sérurier
PTE DES LILAS
PL. DU MAQUIS DU VERCORS
Rue de Romainville
Romainville
Pas. du Montenegro
Porte des Lilas
Sq. du Dr Vaillot
Stade Nautique
Télégraphe
Rue de Belleville
Av. du Doct. Gley
Rue des Frères Flavien
Avenue des Bruyères
Rue Henri Barbusse
Rue de Paris

31

O P Q

A B

3

24
B
3
C
Roussel Nobel
PONT DE NEUILLY
C.Sportif
Mais.de la Musique
AV.
CH. DE GAULLE
AVENUE
Rue du Pont
Pl.DU BEFFROY
Mais.de Retraite
Clinique du Château
Inst.St-Dominique
Pl.d.Gal Gouraud
St-J.-Bapt.
Crèche
Ec.
RER
Pont-de-Neuilly
PTT
Longchamp
Lycée la Folie St-James
Av. du Parc St James
Rue du Bois de Boulogne
Avenue de Madrid
PORTE DE NEUILLY
Anc.Cimetière
Matern.
Synag.
les Sabl
Boulevard Maurice Barrès
PTE D
H.de V.
CEG
St-Pierre
Pol.
Clin.St-
Bras de Neuilly
Grand Bras
Rue du Centre
Rd-pt St James
Marché
Saint James
Commandant Charcot
Boulevard du Commandant Charcot
Gr.Sc. Cdt Charcot
Pl.DE BAGATELLE
Av. de Bretteville
Wallace
B 4
Entrée
Centre Hippique du Bois de Boulogne
JARDIN D'ACCLIMATATION
la Boule du Lac St-James
Bowling
PORTE ST-JAMES
Mare St-James
Musée National des Arts et Traditions Populaires
Route Mahatma Gandhi
Allée des Marronniers
Cavalière des Bouleaux
PORTE DE MADRID
Route d'Entrainement
Reine Marguerite
Route des Lacs
Soc. Hip. de l'Etrier
Tir aux pigeons
Route de Longchamp
d'Armenonville
l'Etoile
B 5
Route de la Muette à Neuilly
Sablonneuse
Ruisseau
Route de Suresnes
Allée de Longchamp au bout des Lacs
Pavillon Royal
CAR. DU BOUT DES LACS
Lac Inférieur
Route de Suresnes
à Bagatelle
CROIX CATELAN
D E
St-Denis
Route du Pré Catelan
Pré Catelan
Chalet
Racing Club de France
Pelouse de la Muette
B 6
PORTE DE LA MUETTE
Périphérique extérieur
Périphérique intérieur
BOULEVARD
C.Sp. H.de Montherlant
Sq.Alexandre 1er de Yougoslavie
Pl. DE COLOMBIE
Gare
Av.
Grande Cascade

4

5

6

A B

D
E
Louise-Michel
Boul. Bineau
Rue Jacques
Pte Champerret
PTE CHAMPERRET
Pl.d.l.Pte de Champerret
PTE DE VILLIERS
Lycée Espagnol
Rue de Rouvray
Crèche
Pl.Mal.de L.de Tassigny
Centre Municip. Inkermann
Piscine
Mais.Retr. Galignani
Egl.Adv.
Clin. Fr.Mauriceau
Sq.D.Rops
Clin. A.Paré
Clin.Hartmann
Rue Pauline Borghèse
Egl.Réf.
Inst. Holy Child.
Inst.E.Clap.
PLACE CHURCHILL
Rue Perronet
Stade Paul Faber
Boul.de Dixmude
Av.de la Porte de Villiers
Q.G.SP
R.A. Charpentier
Pl.J. RENARD
Rue Galvani
Av. du Roule
Rue de Chézy
Inst.Ste-Croix
Av.de la Pte des Ternes
Rue d'Armenonville
MJC
Pl.PARMENTIER
Sablonville
PTE DES TERNES
PL.DU GÉN. KOENIG
Boul. Pershing
Gouvion Saint Cyr
VILLA DES TERNES
Hôtel Concorde-La Fayette
Avenue Pereire
Marché des Ternes
Boul. Bayen
CHARLES DE GAULLE
PL.DU MARCHÉ
Villa Chirurg.B.de.B.
Laffitte
Centre Internat. PTT de Paris
Pal.des Congrès
Hôtel Méridien
PL.DE VERDUN
Av.de Neuilly
Porte Maillot
PLACE DE LA PORTE MAILLOT
Gare Neuilly-Pte-Maillot
Boul. André Maurois
PTE MAILLOT
Boul. des Guersant
Pl.Tristan Bernard
St-Ferdinand
Hôp.Marmottan
Pl. St Ferdinand
Rue du Débarcadère
Temple
Brunel
RER A
à la Porte Maillot
AVENUE DE LA GRANDE ARMÉE
PL.DU GÉN. PATTON
PL.Y.MORANDAT
Argentine
Boul. de l'Amiral Bruix
Sq.A.de Noailles
Stade J.-P. Wimille
Rue Pergolèse
Avenue de Malakoff
Av. Alphand
R.d.Bois de Boulogne
R.Chalgrin
Rue Le Sueur
R. de Saigon
R. Rude
Arc de
PTE DAUPHINE
Boul. de l'Amiral Bruix
R.Laurent Pichat
AVENUE FOCH
PL. DU MAR. DE LATTRE DE TASSIGNY
Porte Dauphine
PL. DU PARAGUAY
Musée d'Ennery
Gare Foch
PL. DU CHANCELIER ADENAUER
Rue Bugeaud
Rue de la Pompe
Pl. du Vénézuela
Victor Hugo
Av. Victor Hugo
Rue Paul Valéry
Centre Conférences Internat.
Pl.VICTOR HUGO
R. Copernic
Rue de la Faisanderie
St. Alb.-le Gr.
St-Honoré-d'Eylau
Nouv. Egl.
16 e
Rue Lauriston
Boissière
Av. Kléber
Rue Raymond Poincaré
Rue de Longchamp
Lycée Janson de Sailly
Rue Saint Didier
PL. DE MEXICO
Rue Decamps
Rue de la Pompe
Rue Henri Martin
Mairie du XVI
Av. Georges Mandel
Av. d'Eylau
Rue Greuze
PL.DU TROCADÉRO ET DU
Pol.
PTT
Longchamp
Rue de Magdebourg
C. Ec. Soc.
U.E.O.
D 3
D 4
C 5
5
D
E 5
6
26
33

26
PTE DE COURCELLES
PTE DE CHAMPERRET
Porte de Champerret
BOUL. BERTHIER
17e Arr.
Gare Pereire
Pereire
Pl. du MAR. JUIN
Av. de Villiers
Rue de Villiers
Wagram
Avenue de Wagram
PLACE DE WAGRAM
Pl. de Wagram
Bd Pereire
Bd Malesherbes
Malesherbes
PL. DU GÉNÉRAL CATROUX
Lyc. Carnot
Salle Cortot
HEC J.Filles
St-Fr.de-Sales
Pl. du Brésil
Pl. Mgr Loutil
Rue Ampère
PL. D'ISRAËL
Pl. du NICARAGUA
F 3
Musée Henner
Rue de Prony
Rue Cardinet
Rue Fortuny
Rue Jouffroy
Lyc.Tech. J.Drouant
Rue Laugier
Pl. A. MAILLART
Rue Rennequin
Rue Poncelet
Boul. de Courcelles
Courcelles
Monceau
PARC DE MONCEAU
Pl. de la Républ. Dominicaine
Pl. de la Républ. de l'Equateur
Pl. Gal BROCARD
St-Alex. Newsky
Rue Daru
Avenue Hoche
Rue du Fbg St-Honoré
Salle Pleyel
St-Joseph
Ternes
Pl. DES TERNES
Mag.Réunis
E 4
Avenue des Ternes
Salle Wagram
Avenue Mac Mahon
Avenue Carnot
Rue de Courcelles
Rue de Monceau
Pl. du Pérou
Dir. EDF
Mus. Jacquemart André
Rue de Lisbonne
Rue Murillo
Pl. de Rio-de-Janeiro
Boul. Haussmann
Rue Beaujon
Avenue de Friedland
Pl. G. Guillaumin
RER A
Charles de Gaulle-Etoile
Arc de Triomphe
PLACE CH. DE GAULLE ÉTOILE
ARMÉE
Avenue de la Grande Armée
Av. Kléber
Kléber
Av. d'Iéna
Avenue Marceau
Rue de Presbourg
PTT Ch.d.Com.et d'Ind.de Paris
Lido
George V
Av. George V
AVENUE DES CHAMPS ÉLYSÉES
Rue Washington
Rue Balzac
Rue de Berri
Rue d'Artois
St-Ph.du Roule
St-Philippe du Roule
Rue La Boétie
Rue du Fbg St-Honoré
Av. Matignon
8e
F 5
Centre Conférences Internat.
Rue Galilée
Rue de Bassano
Pl. J.H. DUNANT
Rue Pierre Charron
Rue Marbeuf
Rue François 1er
Franklin D.-Roosevelt
ROND-POINT DES CHAMPS ÉLYSÉES
Th. du Rond-Point
Avenue Montaigne
Av. Franklin D. Roosevelt
Rue du Colisée
Rue de Ponthieu
Pl. des ÉTATS-UNIS
Pl. de l'URUGUAY
Pl. DE L'AMIRAL DE GRASSE
St-Pierre de Ch.
Egl.amér.
Rue Pierre 1er de Serbie
Pl. P. BRISSON
Pl. ROCHAMBEAU
Mus. Guimet
Hôtel Galliéra
Crazy Horse
Th. des Ch. Elysées
Pl. FRANÇOIS 1er
Rue Jean Goujon
Rue Bayard
N.-D. de Consol.
Palais de la Découverte
Sq. J.Perrin
Av. Pres. Wilson
PL. D'IÉNA
Iéna
Palais d'Art Moderne
Alma-Marceau
PL. DE L'ALMA
REINE ASTRID
Cours Albert 1er
PL. DU CANADA
Avenue de New York
Pont de l'Alma
PORT DE LA CONFÉRENCE
PORT DU GROS CAILLOU
PORT DES INVALIDES
Invalides
C.Fr.du Commerce Ext.

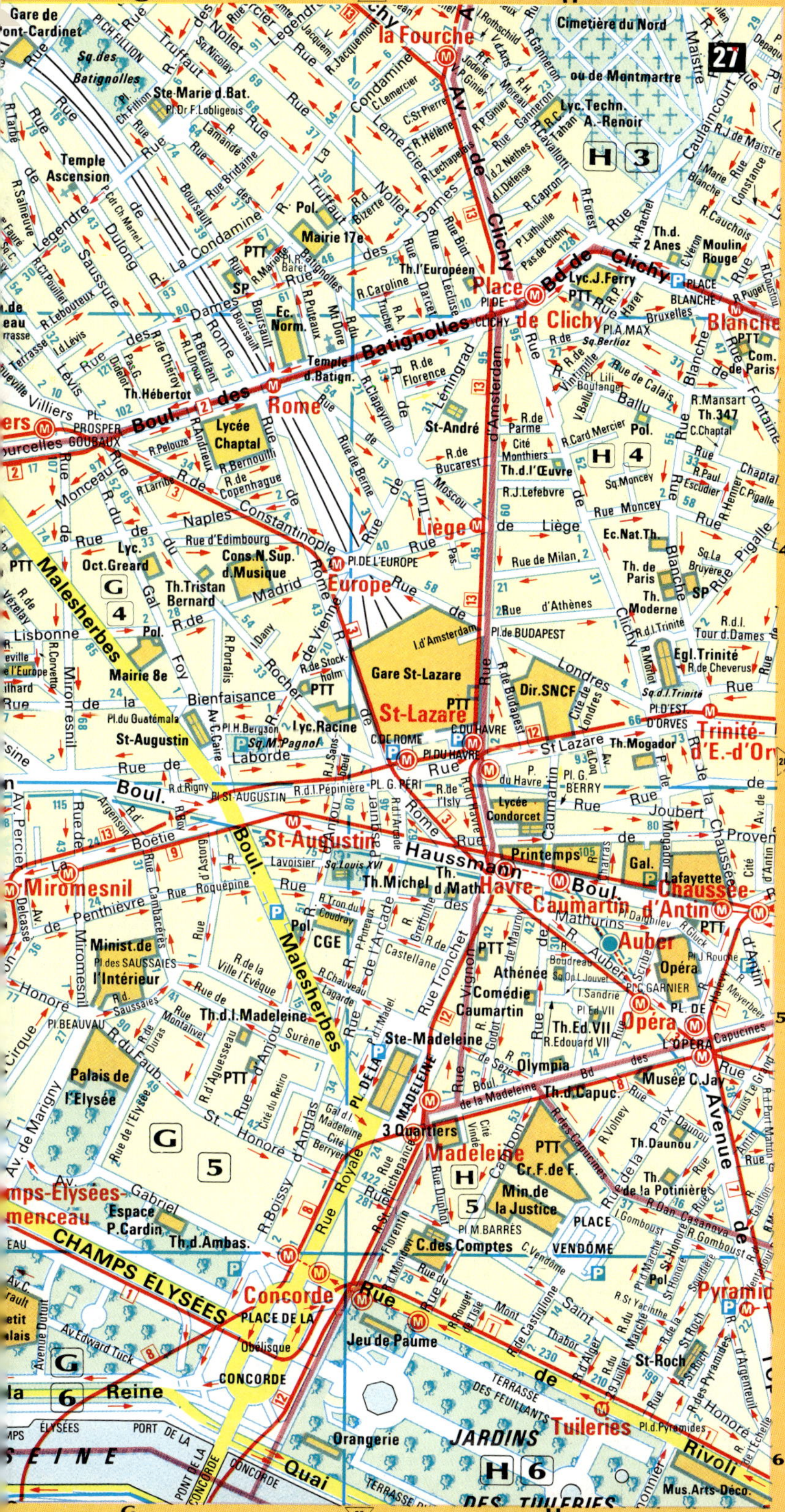
27
Gare de Pont-Cardinet
Sq. des Batignolles
Ste-Marie d.Bat.
Temple Ascension
la Fourche
Cimetière du Nord ou de Montmartre
Lyc. Techn. A.-Renoir
H 3
Mairie 17e
Th. l'Européen
Place de Clichy
Bd de Clichy
Lyc. J. Ferry
Moulin Rouge
Blanche
Bd des Batignolles
Rome
Boul. des Batignolles
Villiers
Lycée Chaptal
St-André
Liège
Th. de l'Œuvre
H 4
Ec. Nat. Th.
Th. de Paris
Th. Moderne
Egl. Trinité
Lyc. Oct. Gréard
Cons. N. Sup. d. Musique
Europe
Th. Tristan Bernard
G 4
Malesherbes
Mairie 8e
Gare St-Lazare
St-Lazare
Dir. SNCF
Trinité-d'E.-d'Orves
Lycée Racine
St-Augustin
Lycée Condorcet
Th. Mogador
Haussmann
Printemps
Gal. Lafayette
Miromesnil
Havre-Caumartin
Chaussée-d'Antin
Minist. de l'Intérieur
Th. Michel
Th. d. Math.
Auber
Opéra
Athénée
Comédie Caumartin
Th. d. l. Madeleine
Ste-Madeleine
Th. Ed. VII
Olympia
Palais de l'Elysée
G 5
Madeleine
3 Quartiers
H 5
Th. d. Capuc.
Musée C. Jay
Th. Daunou
Min. de la Justice
Espace P. Cardin
Th. d. Ambas.
CHAMPS ELYSÉES
Concorde
PLACE DE LA CONCORDE
Obélisque
C. des Comptes
PLACE VENDÔME
Pyramides
Jeu de Paume
St-Roch
G 6
Cours la Reine
Orangerie
JARDINS DES TUILERIES
H 6
Tuileries
Rivoli
Mus. Arts-Déco.
SEINE
Quai
PONT DE LA CONCORDE

28

3
4
5
6

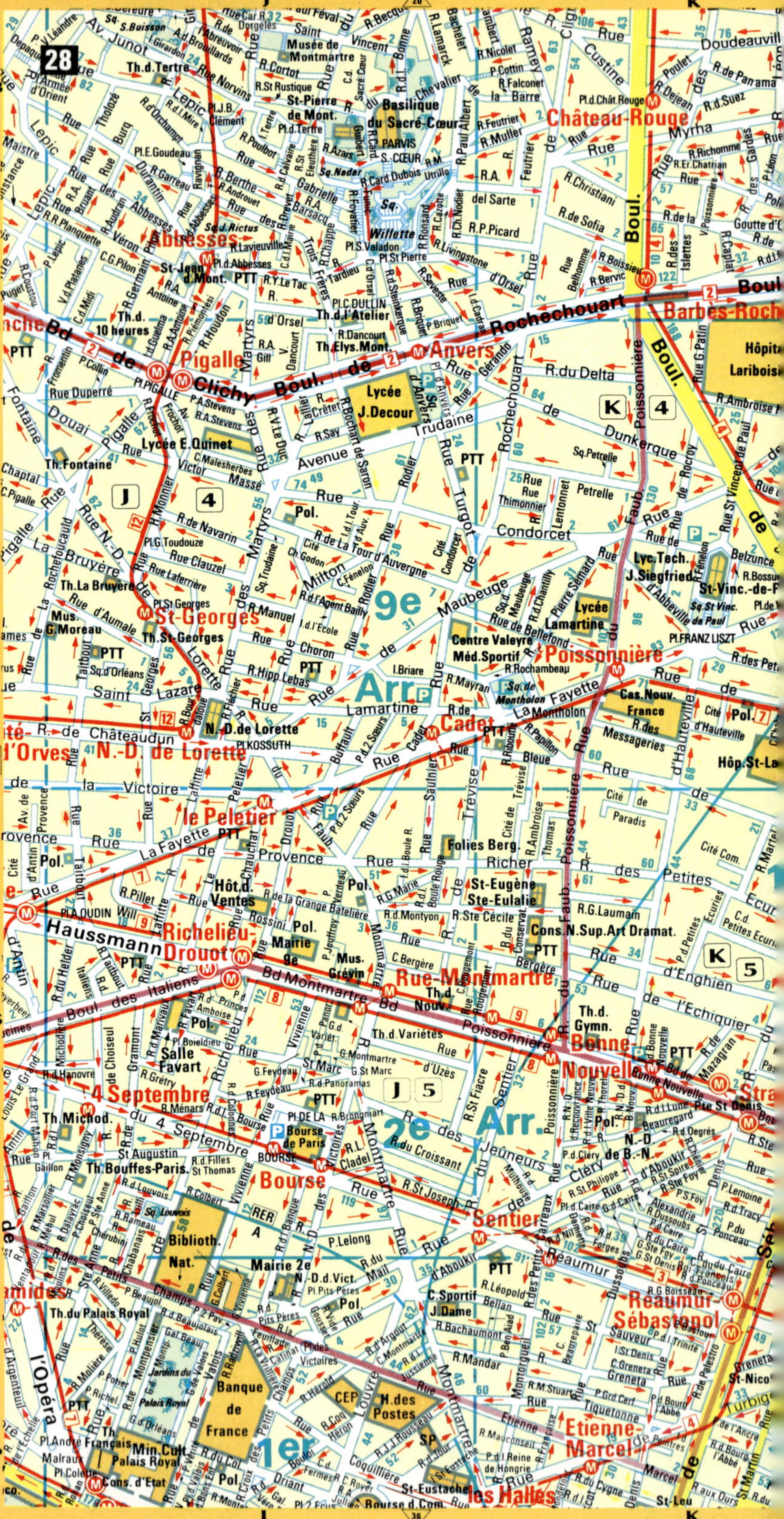
J
K
20
36
27
3
4
5
6
Av. Junot
Musée de Montmartre
Basilique du Sacré-Cœur
PARVIS S. CŒUR
Château-Rouge
Abbesses
St-Jean d.Mont.
Pigalle
Anvers
Barbès-Rochechouart
Hôpital Lariboisière
Boul. de Clichy
Boul. de Rochechouart
Lycée J.Decour
Lycée E.Quinet
Avenue Trudaine
Rue de Dunkerque
Rue Condorcet
Rue de Maubeuge
Rue Lamartine
Lyc.Tech. J.Siegfried
St-Vinc.-de-Paul
Lycée Lamartine
Pl.FRANZ LISZT
Poissonnière
Centre Valeyre Méd.Sportif
9e Arr.
St-Georges
Th.St-Georges
Mus. G.Moreau
Th.La Bruyère
Th.Fontaine
Rue Saint Lazare
Rue de Châteaudun
N.-D. de Lorette
Pl.KOSSUTH
Cadet
Rue Lafayette
Cas.Nouv. France
Hôp.St-Lazare
le Peletier
Rue de Provence
Folies Berg.
St-Eugène Ste-Eulalie
Cons.N.Sup.Art Dramat.
Hôt.d. Ventes
Mairie 9e
Mus. Grévin
Haussmann
Richelieu-Drouot
Rue-Montmartre
Bd Montmartre
Boul. des Italiens
Bd Poissonnière
Th.d. Variétés
Th.d. Gymn.
Bonne-Nouvelle
Salle Favart
4 Septembre
Rue du 4 Septembre
Th.Michod.
Th.Bouffes-Paris.
Bourse
Bourse de Paris
2e Arr.
Sentier
Réaumur-Sébastopol
Strasbourg-St-Denis
Biblioth. Nat.
Mairie 2e
Th.du Palais Royal
C.Sportif J.Dame
Banque de France
Palais Royal
Min.Cult.
Cons. d'Etat
H.des Postes
1er
Etienne-Marcel
Les Halles
St-Eustache
Bourse d.Com.
l'Opéra

29
L
M
21
37
30
3
4
5
6
L 3
M 3
L 4
M 4
L 5
L 6
la Chapelle
Stalingrad
Riquet
Jaurès
Louis-Blanc
Château-Landon
Gare du Nord
Gare de l'Est
Colonel-Fabien
Bolivar
Belleville
Goncourt
Jacques-Bonsergent
République
Temple
Oberkampf
Arts et Métiers
Strasbourg St-Denis
Bd. de la Chapelle
Rue du Faubourg St-Denis
Rue La Fayette
Rue du Faubourg St-Martin
Av. Jean Jaurès
Bd. de la Villette
Rue de Flandre
Quai de la Seine
Bassin de la Villette
Rotonde de la Villette
Pl. de Stalingrad
Quai de Valmy
Quai de Jemmapes
Canal St-Martin
Hôpital St-Louis
Entrée
Pl. du Colonel Fabien
Rue de la Grange aux Belles
Rue Bichat
Rue Alibert
Av. Claude Vellefaux
Bd. de Magenta
Bd. de Strasbourg
Rue du Château d'Eau
Rue de Lancry
Rue des Vinaigriers
Rue des Récollets
Jardin Villemin
Av. de la République
Rue du Faubourg du Temple
Bd. du Temple
Boul. J. Ferry
Rue de Meaux
Av. Mathurin Moreau
Rue Louis Blanc
Rue de l'Aqueduc
Rue d'Aubervilliers
Rue du Département
Rue de Tanger
Rue Riquet
Rue Marx Dormoy
Rue Philippe de Girard
Lycée Colbert
Hôp. Fernand Widal
Fac. Méd. Lariboisière
Mairie 10e
Hôtel des Douanes
Bourse du Travail
Garde Républ.
Lycée Turgot
Ste-Elisabeth
Mairie 3e
Car. d. Temple
St-Laurent
St-Joseph
Lyc. Tech. Diderot
N.-D. des Foyers
Th. des Bouffes du Nord
Place de la République
Arr.
PTT
Pol.

22

M
N
3
4
5
6
19e Arr.
20
11e Arr.
Av. Jean Jaurès
Laumière
Ourcq
de Pantin
la Villette
N 3
N 4
N 5
Cim. de la Villette
PARC DES BUTTES CHAUMONT
Buttes-Chaumont
Botzaris
Danube
Pl. DE RHIN ET DANUBE
Pl. A. CARREL
Mairie 19e
N.-D. de l'Assompt.
Lyc. Henri Bergson
Tech. Jacquard
Bolivar
St-Georges
Fond. A. de Rothschild
St-Fr.-d'Assise
St-J.-B. de Belleville
Place des Fêtes
Jourdain
Pyrénées
Belleville
Couronnes
Ménilmontant
N.-D. d. l. Croix
Pl. de Ménilmontant
Parmentier
Ec. Sup. de Com. de Paris
Lycée Voltaire
St-Maur
République
Av. de la République
Boul. de Belleville
Boul. de la Villette
Rue de Belleville
Rue des Pyrénées
Rue de Ménilmontant
Av. Gambetta
Jardin de Champlain
Rue Manin
Rue de Crimée
Av. Simon Bolivar
Rue Botzaris
Rue Secrétan
Rue Oberkampf
Rue des Couronnes
Rue Rébeval
Rue Julien Lacroix
Av. Parmentier
Rue Saint-Maur
Lyc. Techn. d'Alembert
Hôpital Hérold
PTT
Pol.
EPS

29

38

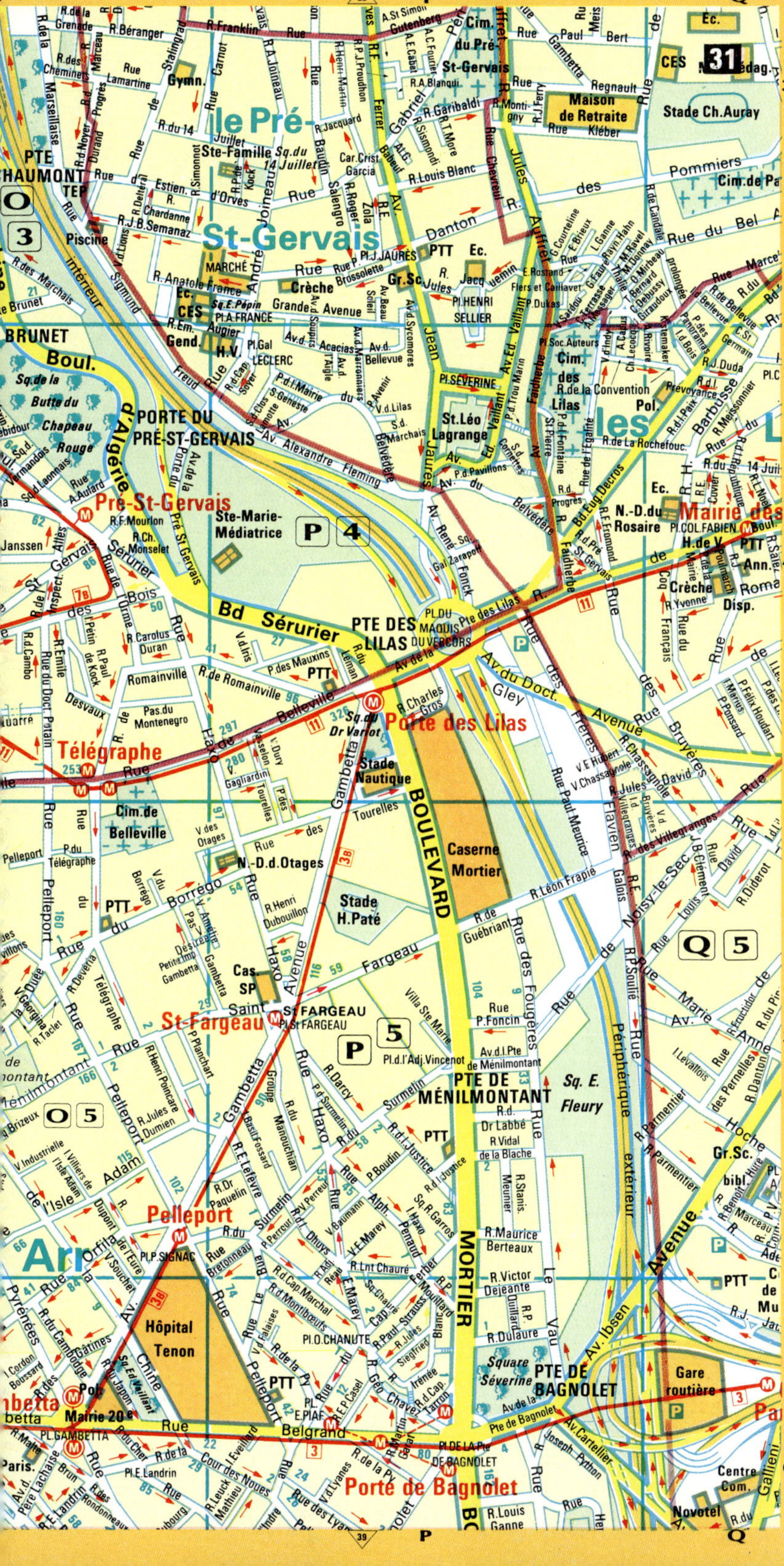
le Pré-St-Gervais
PTE CHAUMONT
PORTE DU PRÉ-ST-GERVAIS
Pré-St-Gervais
Ste-Marie-Médiatrice
Bd Sérurier
PTE DES LILAS
Porte des Lilas
Télégraphe
Cim. de Belleville
N.-D.d.Otages
Stade Nautique
Caserne Mortier
Stade H.Paté
St-Fargeau
PTE DE MÉNILMONTANT
Sq. E. Fleury
Pelleport
Hôpital Tenon
Square Séverine
PTE DE BAGNOLET
Gare routière
Porte de Bagnolet
Mairie 20e
BOULEVARD MORTIER
Périphérique extérieur
Stade Ch.Auray
Maison de Retraite
Cim. du Pré-St-Gervais
Cim. des Lilas
St.Léo Lagrange
N.-D.du Rosaire
Mairie des Lilas
Av. du Doct. Gley
Rue de Belleville
Av. Gambetta
Rue Belgrand
Av. Ibsen
Centre Com.
Novotel
Q 5
O 5
O 3
P 4
P 5

32
A
B
24
40
6
7
8
9
Pré Catelan Châlet
Racing Club de France
Pelouse de la Muette
B 6
B 7
B 8
C 8
PORTE DE LA MUETTE
Sq. Alexandre 1er de Yougoslavie
PL. DE COLOMBIE
BOULEVARD
SUCHET
Gare H
OCDE
Jardins du Ranelagh
Musée Marmottan
Sq.d.Ecriv. Combat. Morts pour la France
Lac
Lac Supérieur
Chemin de Ceinture du Lac
CAR. DES CASCADES
Route des Lacs à Passy
PTE DE PASSY
PL. DE LA PTE DE PASSY
Av. de St-Cloud
Al. des Dames
Route des Pins
Allée de la Muette à Neuilly
Av. du Ranelagh
Gare Passy-la-Muette
Avenue Ingres
Boulevard de Beauséjour
Bagatelle
l'Hippodrome
Cascade
Cavalière
G N E
HIPPODROME D'AUTEUIL
Tribunes
BUTTE MORTEMART
Allée des Fortifications
Allée d'Espérey
N.-D. de l'Assomption
Rue de l'Assomption
Ranelagh
Mozart
Orphelins d'Auteuil
Jasmin
Rue Raffet
VILLA DE MONTMORENCY
Boulevard de Montmorency
Rue du Docteur Blanche
Rue de la Source
Av. Mozart
Rue La Fontaine
CSEP
Gare d'Auteuil
PORTE D'AUTEUIL
PL. DE LA PORTE D'AUTEUIL
Porte d'Auteuil
Rue d'Auteuil
Egl. d'Auteuil
Michel-Ange-Auteuil
16 e
Lyc. J.-B. Say
Ec. Norm. d'Instit.
Ec. Norm. Isr.
Rue Mirabeau
N.-D. d'Auteuil
J. des Poètes
Fleuriste Municipal
PORTE MOLITOR
Piscine
Patinoire
PL. LE CORBUSIER
C.Sp. G. Hébert
Lycée J. de la Fontaine
BOUL. MURAT
Rue Molitor
Michel-Ange-Molitor
Chardon-Lagache
Arr
HAMEAU BOILEAU
Stade Jean Bouin
Boul. Exelmans
Exelmans
Lycée Cl. Bernard
Stade du Parc des Princes
Gend.
Pol.
VILLA MULHOUSE
Cim. d'Auteuil
Versailles
Inst. Univ. de Technol.
Quai Louis Blériot
PORT D'AUTEUIL
Rue Boileau
Rue Chardon Lagache
Rue Erlanger
Rue Chanez

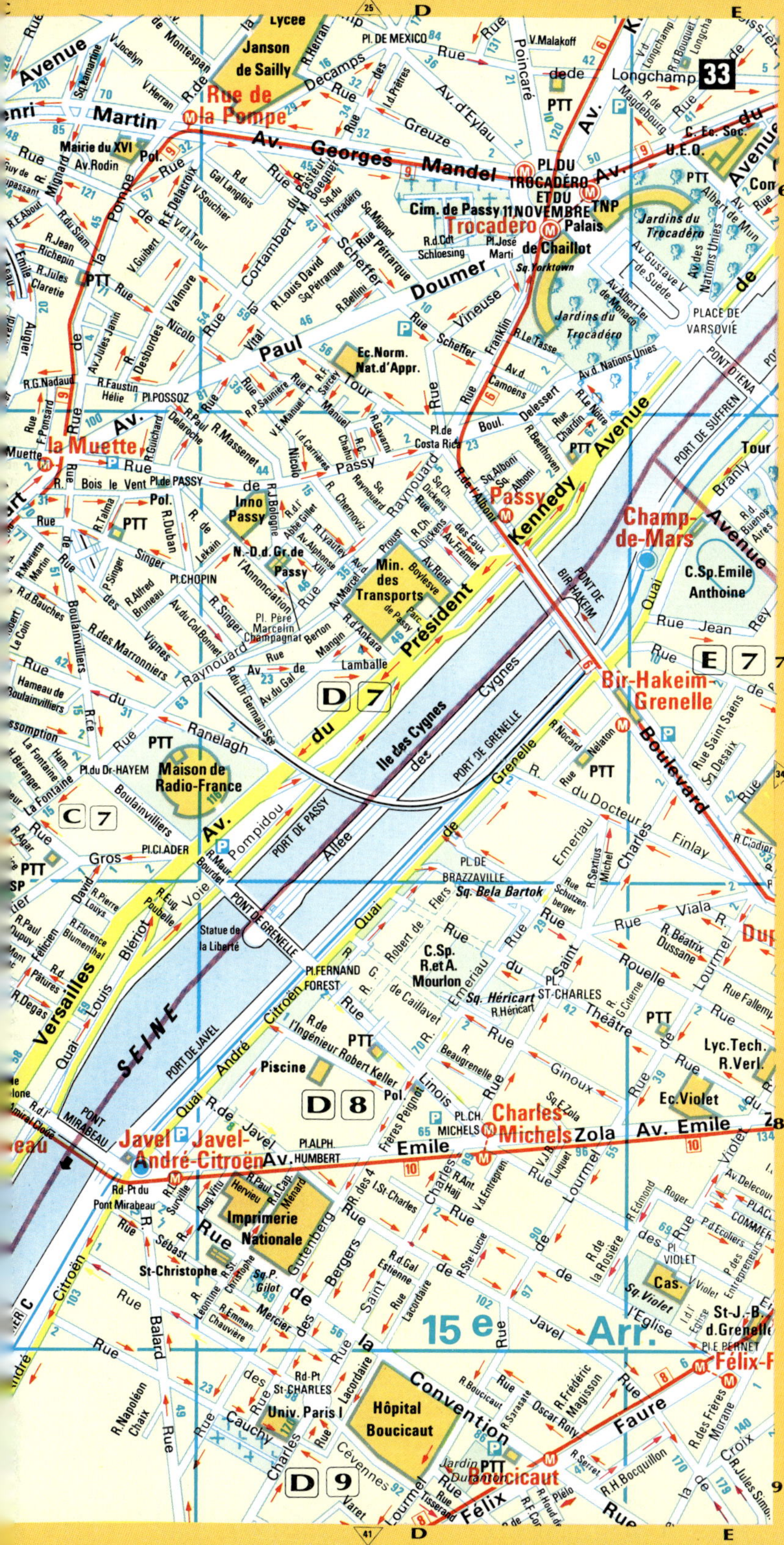
D
E
25
Lycée Janson de Sailly
Rue de la Pompe
Av. Georges Mandel
PL. DE MEXICO
Rue Decamps
Av. d'Eylau
Rue Greuze
Rue Poincaré
Longchamp
Av. Kléber
Av. du Président Wilson
PL. DU TROCADÉRO ET DU 11 NOVEMBRE
Trocadéro
Palais de Chaillot
TNP
Cim. de Passy
Jardins du Trocadéro
PLACE DE VARSOVIE
Av. Paul Doumer
Rue Vineuse
Rue Franklin
Rue Scheffer
Ec.Norm. Nat.d'Appr.
Mairie du XVI
Av. Henri Martin
Av. Mozart
La Muette
Rue de Passy
Pl.de PASSY
Rue de la Tour
Pl.de Costa Rica
Boul. Delessert
Passy
Av. du Président Kennedy
Champ-de-Mars
Tour Eiffel
Quai Branly
PONT D'IÉNA
PORT DE SUFFREN
PONT DE BIR-HAKEIM
C.Sp.Emile Anthoine
Bir-Hakeim-Grenelle
Boulevard de Grenelle
Rue Raynouard
Min. des Transports
Rue de Boulainvilliers
Rue Singer
Pl.CHOPIN
Inno Passy
N.-D.d.Gr.de Passy
Ile des Cygnes
Allée des Cygnes
PORT DE GRENELLE
PORT DE PASSY
Maison de Radio-France
Rue de Ranelagh
Av. du Président Kennedy
Pl.du Dr-HAYEM
Pl.CLADER
Voie Georges Pompidou
PONT DE GRENELLE
Statue de la Liberté
SEINE
Quai Louis Blériot
Versailles
Quai de Grenelle
Quai André Citroën
PORT DE JAVEL
Pl.FERNAND FOREST
Rue du Docteur Finlay
Pl. DE BRAZZAVILLE
Sq. Bela Bartok
Rue Emeriau
Rue Viala
Rue Rouelle
Rue du Théâtre
C.Sp. R.et A. Mourlon
Sq. Héricart
PL. ST-CHARLES
Rue Saint Charles
Rue Fallempin
Lyc.Tech. R.Verl.
Ec.Violet
Rue Linois
Rue Ginoux
Piscine
Charles Michels
Av. Emile Zola
Rue de Javel
Javel
Javel-André-Citroën
PONT MIRABEAU
Rd-Pt du Pont Mirabeau
Pl.ALPH. HUMBERT
Imprimerie Nationale
Rue Gutenberg
Rue Lourmel
Rue des Entrepreneurs
Cas.
Sq. Violet
St-J.-B. d.Grenelle
Pl.E.PERNET
Félix-Faure
St-Christophe
Rue Balard
Rue de la Convention
Rue Saint Charles
Rue de l'Église
Rd-Pt St-CHARLES
Univ. Paris I
Hôpital Boucicaut
Boucicaut
Rue Félix Faure
Rue des Cévennes
Rue de la Croix Nivert
15 e Arr.
C 7
D 7
E 7
D 8
D 9
34
41

E
F
26
Guimet
Hôtel Galliéra
Sq. Br. Galliéra
Th. des Ch. Elysées
REINE ASTRID
N.-D. de Consol.
Bayard
Découverte
Av. Prés. Wilson
Iéna
PL. D'IÉNA
Palais d'Art Moderne
Alma-Marceau
PL. DE L'ALMA
Cours Albert 1er
PL. DU CANADA
Cours
Avenue de New York
C. Fr. du Commerce Ext.
Pont-de-l'Alma
PORT DE LA CONFÉRENCE
PORT DU GROS CAILLOU
INVALIDES
PONT DES
Invalides
PORT
6
PASSERELLE DEBILLY
PORT DEBILLY
PL. DE LA RÉSISTANCE
F 6
RER C
Quai
PL. DE FINLANDE
E 6
Météor. Nationale
TF 1
Egl. amér.
SEITA
Quai Branly
Minist. du Commerce Extérieur
Av. Rapp
Rue Cognacq Jay
SP
Rue de l'Université
PORT DE LA BOURDONNAIS
Av. Franco Russe
Cité de l'Alma
St-Pierre du Gr. Caillou
Rue de Monttessuy
Rue E. Valentin
Avenue Bosquet
Rue Saint Dominique
La Tour Maubourg
Ant. 2
R. Dupont des Loges
Pol.
7e
Tour Eiffel
Av. Gustave Eiffel
PTT
Rue de Grenelle
Latour-Maubourg
PL. SANTIAGO DU CHILI
Sq. Sant. du Chili
Pl. d. Gal GOURAUD
PARC DU CHAMP DE MARS
Av. Joseph Bouvard
PL. J. RUEFF
Rue Cler
Av. de La Bourdonnais
Rue du Champ de Mars
Rue Bosquet
Av. de la Motte Picquet
Boul. de La Tour Maubourg
Jardin de l'Intendant
St-Louis
7
Ecole-Militaire
PL. DE L'ÉCOLE-MILITAIRE
Avenue de Tourville
Av. Ch. Risler
Rue de Belgrade
PL. D. COCHIN
Avenue de Lowendal
PLACE
PLACE JOFFRE
F 7
Rue Desaix
33
Caserne Dupleix
Rue de la Fédération
Ecole Militaire
Min. du Travail (Services)
Avenue de Ségur
Av. de Suffren
Rue Dupleix
VILLAGE SUISSE
St-Léon
Secr. Mar. March.
Secr. d'Et. aux PTT
PL. DE FONTENOY
PL. EL SALVADOR
Rue Duquesne
Dupleix
UNESCO
Boulevard de Grenelle
CNTS
Sq. Th. Judlin
Rue Juge
Avenue de Saxe
la Motte-Picquet-Grenelle
Rue Violet
Sq. Cambronne
Emile Zola
PLACE CAMBRONNE
Cambronne
Boul. Garibaldi
Ségur
PLACE DE BRETEUIL
8
Av. Emile Zola
Rue Letellier
Rue Fondary
Rue Nivert
Rue Cambronne
E 8
Rue du Commerce
Rue du Théâtre
Rue de la Croix Nivert
Rue Miollis
UNESCO (Annexe)
Préf. Rég. Ile de France (C. Miollis)
F 8
Sèvres-Lecourbe
PL. H. QUEUILLE
Commerce
PLACE DU COMMERCE
TEP Fleury
Rue Lecourbe
Lycée Buffon
Rue de l'Amiral Roussin
Ec. Norm. Cath.
Félix-Faure
Lycée C. Sée
Rue Mademoiselle
Rue Blomet
Rue Entrepreneurs
Sq. St-Lambert
Pisc.
Rue de Vaugirard
Volontaires
St-J.B. d.l. Salle
Mairie du 15 e
Pl. d. Gal BEURET
9
Hôpital Pasteur
Hôp. St-Jacques
Inst.
E 9
E
42
F

G
27
H
Concorde
Obélisque
Jeu de Paume
St-Roch
Tuileries
Pl.d.Pyramides
Rivoli
Reine
Port de la
Seine
Orangerie
Jardins des Tuileries
Terrasse des Feuillants
Terrasse du Bord de l'Eau
Quai des Tuileries
Mus.Arts-Déco.
Jardins du Carrousel
Arc.de Tr.
Pont de la Concorde
Pisc.Deligny
Min.Artisanat et Commerce
Quai Anatole France
Port de Solferino
Pont de Solferino
Pont Royal
Pont du Carrousel
Orsay
Min.des Aff. Etrang.
Palais Bourbon Assemblée Nationale PTT
Chambre des Députés
Musée d'Orsay
Palais de la Légion d'Honneur
l'Université
Pl.du Palais Bourbon
CNRS
Min. de la Défense
Et.-Maj. Armée Terre
Caisse d.Dépôts et Cons.
Solférino
Pl.J.Bainville
Quai Voltaire
Quai Malaquais
Inst. Géogr. Nat.
Ste-Clotilde
Mairie 7e Arr.
Min. de l'Educ.
Secr. d'Et. Anc. Comb.
S. d'E. aux Transports
Ec.Nat. Sup.d. Beaux-Arts
Min. du Travail
Varenne
Min. de l'Industrie
Min.Agriculture
Rue du Bac
ENA
St-Th.-d'Aquin
Ec.Nat.Pts et Ch.
Univ. Paris V Fac.de Médecine
Boulevard Saint Germain
Mus. Rodin
Min.Agric.Indus.
Hôtel Matignon
Inst. Et. Polit.
St-Germain-des-Prés
Lycée Victor Duruy
Arch.d.Paris
Préf. de la Région Ile de France
Rue de Grenelle
Rue de Varenne
Rue de Babylone
St-François-Xavier
Gde Républ.
Bon Marché
Sèvres-Babylone
St-Sulpice
Vx Colombier
Mairie 6e
Hôpital Laënnec (Gr.Hosp.Necker-Enf.Mal.)
Minist.Départ. et Territ. Outre-Mer
Rue Vaneau
Rennes
Inst.Cath.
Ec.Bossuet
Vaugirard
Duroc
I.N.des J.Aveugles
CNE
6e Arr.
St-Placide
All.Fr. Théâtre R.G.
Ec.St-Sulpice
Hosp.Necker-Enfants-Malades
Falguière
Ec.Nat.Photo et Cinéma
Collège Stanislas
N.-D.-des-Champs
Lucernaire
Mus. Bourdelle
Montparnasse-Bienvenüe
Boul. du Montparnasse
Th.d.Poche
N.-D.-d.Champs
Fac.d.Dr.Ec.et Sc.Soc.
Fac.Droit
Dir. des Télécom.
Tour Montparnasse
Vavin
Mus. Postal
Gare Montparnasse
Edgar-Quinet
Boul. Raspail
Bd des Invalides
Bd de Vaugirard
Lycée P.Bert
Bobino
43

J 28 K

1er
Palais-Royal
Banque de France
H.des Postes
Min.Cult. Palais Royal
Cons. d'Etat
Jardins du Palais Royal
Bourse d.Com.
St-Eustache
Les Halles
Châtelet-les Halles
Forum
Etienne-Marcel
St-Leu St-Gilles
Rambuteau
C.Nat. d'Art Cont. G.Pompidou
Minist.d.l'Econ. et d.Finances
Palais du Louvre
Musée du Louvre
Cour Carrée
Ec.du Louvre
Louvre
Mairie 1er
St-G. l'Aux.
Samaritaine
Rue de Rivoli
Quai du Louvre
Pont-Neuf
Châtelet
Th.d'Art
St-Merri
Tour St Jacques
Hôtel de Ville
Mus. de Paris
Th.de la Ville
Cons.de Paris
Institut de France
Hôtel des Monnaies
Bat.pompes
Île de la Cité
Place Dauphine
Conciergerie
Pal.de Justice
Ste Chapelle
Trib.de Com.
Préf.de Police
Cité
Maternité Hôp.de l'Hôtel-Dieu
N.-Dame
Charlemagne
Pt St Louis
Dir.RATP
St-Germain-d.Prés
Mabillon
St-Michel-N.-D.
Boul. St-Germain
Lycée Fénelon
Odéon
Paris V Descartes
St-Séverin
St-Julien le P.
St-Sulpice
Univ.Paris VII
Paris VI P.M.Curie
Mus.de Cluny
Cluny
Ec.Sp.d. Trav.Publ.
Maubert-Mutualité
St-Nicolas du Ch.
Maison d.l.Mutualité
Lyc. St-Louis
Th. de l'Europe
Sorbonne
Univ. Paris III
Collège de France
Paris IV
Lycée L.le Grand
Col.Ste-Barbe
Bibl.Ste-Geneviève
Paris I Paris II
Secr. d'Et. à la Recherche et à la Technologie
Cardinal-Lemoine
Petit Luxembourg
Palais du Luxembourg (Sénat)
Font.de Médicis
Jardins du Luxembourg
Th.des Marionnettes
Luxembourg
Panthéon
Mairie 5e
St-Et.du Mont
Lycée Henri IV
Arènes de Lutèce
Ec.Nat.Sup. des Mines
Inst.Int. d'Admin.Publ.
Inst.Océanogr.
St-Jacques du Haut Pas
Ec.Nat.Sup. de Chimie
N.-D.du Liban
Fond.Curie
Lycée Montaigne
Fac.d.Sc. Phar.et Biol
Inst.N. d.Jeunes Sourds
E.N.S. Arts Déco.
Ec. Norm. Sup.
Lycée Lavoisier
Clinique Tarnier
Centre Univ.
Ecole Normale Sup.
Ec. Phys. Chimie Indus.
Collège Sévigné
Boulevard Saint Michel
Rue Soufflot
Rue Gay Lussac
Rue St-Jacques
G.R.
PTT
J 6
J 7
J 8
K 7
K 8

J 44 K

37
3e
4e
5e Arr.
Métiers
Réaumur
Ste-Elisabeth
Lyc.Techn.
Car.d.Temple
Mairie 3e
Filles du Calvaire
Oberkampf
Cirque d'Hiver Bouglione
St-Sébastien Froissart
Richard-Lenoir
Boulevard Beaumarchais
Archives Nationales
Mus.de la Chasse
St-Jean-St-François
Th.d.Bons-Enf.
St-Denys du Sacr.
Crèche
N.-D.d.Bl.-Mant.
Lyc.V.Hugo
Musée Carnavalet
Bibl.Hist.d.l. Ville de Paris
Caserne
Chemin-Vert
PLACE DES VOSGES
Sq.Louis XIII
Bréguet-Sabin
Rivoli
St-Paul
Lyc. S. Germain
Trib.Admin.
St-Paul-St-Louis
Lycée Charlemagne
H.de Sully
C.N.Mon.Hist.
Ec.des Fr.Bourgeois
PL. DE LA BASTILLE
Col.de Juillet
Bastille
Pont-Marie
ST LOUIS
Ec.Massillon
Henri IV
Sully-Morland
Cas.des Célestins Gde Républ.
Bibl.de l'Arsenal
Préfect.de Paris
G.Rép.
BASSIN DE L'ARSENAL
Boul. Bourdon
Boul. de la Bastille
Hôpital des Quinze Vingts
Ledru-Rollin
St-Ant.d.Q.V.
M 8
SEINE
Quai de la Rapée
Institut Médico-Légal
Diderot
Gare de Lyon
L 8
Ménagerie
JARDIN DES PLANTES
Quai Saint Bernard
Gare d'Austerlitz
Muséum National d'Histoire Naturelle
Départ Gr. L.
Arrivée Gare d'Austerlitz
Quai de la Rapée
Univ. des Sciences Universités de Paris VI et Paris VII Pierre et Marie Curie
6
7
8
9

M N 30

38
11e Arr.
Av. de la République
St-Maur
Ec.Sup. de Com. de Paris
Lycée Voltaire
PL.AUG.METIVIER
Père-Lachaise
Boul. de Ménilmontant
Avenue Gambetta
Jardin de Champlain
Cimetière de l'Est dit du PÈRE LACHAISE
N.-D.Perpet. Secours
TEP
Rue du Chemin Vert
Rue Servan
Rue Saint Maur
Rue Duranti
J.de la Petite Roquette
Rue de la Roquette
Rue Merlin
Rue Folie Regnault
Rue Parmentier
Boul. Voltaire
Mairie 11 e
Pol.
Sq. Denis Poulet
Pl.LÉON BLUM
Voltaire
Rue Sedaine
Rue Popincourt
Philippe-Auguste
Bon-Pasteur
Alexandre Dumas
Rue de Charonne
Charonne
Avenue Philippe Auguste
Lyc.Techn. Dorian
Rue Léon Frot
Rue des Boulets
Boulets-Montreuil
Boulevard Voltaire
Rue de Montreuil
Ste-Marguerite
Rue Faidherbe
Rue Chanzy
Rue Titon
Rue Ledru Rollin
Rue Trousseau
Rue Basfroi
Rue Godefroy Cavaignac
Rue Richard Lenoir
Faidherbe-Chaligny
Rue du Faubourg St Antoine
A.BÉCLÈRE
PL.DU DOCT.
Hôpital St-Antoine
Caserne de Reuilly
Rue Crozatier
Rue de Cîteaux
Rue de Charenton
PL. D'ALIGRE
Rue Claude Tillier
Diderot
Boulevard Diderot
Reuilly-Diderot
Lyc. Arago
Lyc.Tech. Boulle
Rue de Reuilly
Sq. St Charles
Hôp.des Dames Diaconesses
Ec.d'Infirmières
St-Eloi
Montgallet
Rue Montgallet
Pl.du Col.Bourgoin
Gymn.
Rue de Rambouillet
DAUMESNIL AV.
12e Arr.
Mairie du 12e
Pol
Bercy
Sq.Chambertin
Rue de Bercy
Rue de Charolais
RER
PTT
N 6
N 7
N 8

M N 46

31
P
Q
Tenon
Pol.
Marie 20e
PL.GAMBETTA
Rue Belgrand
PTT
E.PIAF
R.de la Py
Square Séverine
PTE DE BAGNOLET
Av. de la Pte de Bagnolet
PL.DE LA Pte DE BAGNOLET
Gare routière
39
Porte de Bagnolet
R.Louis Ganne
R.Jean Veber
Centre Com.
Novotel
Av. Gallieni
6
Cour des Noues
Rue des Lyanes
Pelleport
R. de l'Indre
Prairies
Rue des Rondeaux
R.Ch.Renouvier
Stendhal
Ch.d.Parc d.Charonne
St-Germ.de Ch.
Pl.St BLAISE
Rue Riblette
Rue des Balkans
TEP
Louis Serpollet
Henri Duvernois
Boulevard Davout
Périphérique intérieur
Sq.H.Karcher
Pyrénées
Rue Vitruve
PL.DES GRÉS
Square d'Amiens
R.Harpignies
Lumière
CSEP
Rue Florian
R.Galleron
Saint Blaise
R.Félix Terrier
R.Blanchard
R.Lucien Lambeau
Marché de la Pte Montreuil
Av. du Professeur André Lemierre
R.Eug. Varlin
Rue de Bagnolet
R.de Fontarabie
Rue des Orteaux
Rue du Clos
Courat
Sq. de Monsoreau
PL.DE LA RÉUNION
Rue Dumas
Pol.
SP
Cité Champagne
R. Mouraud
PTT
R.Mendelssohn
R. des Docteurs Déjerine
Sq.d.l. Guyenne
Sq.d. Périgord
Sq.d.l.Gascogne
7
R. des Vignoles
R. de la Réunion
Villa d.Pyrénées
Maraîchers
St.Ch.
Hôp. St-Sim.
PTE DE MONTREUIL
Av. de la Pte de Montreuil
PL.DE LA Pte DE MONTREUIL
Porte de Montreuil
Rue d'Avron
Volga
R.Charles et Robert
Rue Maryse Hilsz
R.Schubert
CSEP
Buzenval
PTT
R. des Haies
Planchat
R.Tolain
P.Beaufils
Rue des Grands Champs
PL. DU GÉN. TESSIER DE MARGUERITE
R.H. Tomasi
R. de la Tour du Pin
R.Paganini
Rue Reynaldo Hahn
Boul. Soult
Léon Gaumont
Charonne
Rue de la Plaine
R.Philidor
P.de Lagny
R.Cristino Garcia
Rue de Lagny
Sq.Sarah Bernhardt
At.Marie Laurent
St-Gabriel
R.Fréd.Loliée
Lyc.H. Boucher
Lyc.M.Ravel
R.Lippmann
R.Noel Ballay
PORTE DE VINCENNES
R.du Cdt l'Herminier
R.A.Willemetz
COURS DE VINCENNES
Av. de la Pte de Vincennes
Porte de Vincennes
P 8
Imm. Concept.
Pol.
PTT
R.du Rendez vous
Boul. de Picpus
R.Marsoulan
R. Arnold Netter
P.d.l.Voûte
Voûte
R.Fernand Foureau
Rue Changarnier
Av. Lamoricière
Boul. Carnot
Av. Gallieni
8
Hospice L.Josseran et St-Michel
Amiral Courbet
Picpus
SQ.COURTELINE
St Mandé
Cim.de Picpus
V.Ch.Bénard
R.Mousset Robert
R.Lasson
Av. du Docteur Arnold Netter
Rue du Gabon
Montéra
109
RER
Av. Courteline
Av. Victor Hugo
Hôp.Rothschild
PTE DE ST-MANDÉ
CES
Rue Santerre
Rue Dagorno
R.Victor Chevreuil
Hôpital Trousseau
R.Marguettes
V.du Bel Air
Niger
R. J.Lemaître
EPS
Sq.E.Cohl
Piscine
Ec.
Inst.D. d.J.A.
Bel-Air
Bd de Picpus
R.d.Rambervillers
Rue Sahel
Sq.G. Méliès
Av. Emile Laurent
Guyane
Rue de Bérulle
R.Paul Bert
R. Allard
9
R.d.Taïti
R.Messidor
PORTE DE MONTEMPOIVRE
47
P
Q

A
B
32
9
10
11
12
des Princes
Stade Géo André
Hôpital H.Dunant
Cim. d'Auteuil
PTT Ste-Jeanne de Chantal
Porte de St-Cloud
PTE DE ST-CLOUD
Reine
Vaillant
Av. de Versailles
Exelmans
PONT DU GARIGLIANO
PORT D'AUTEUIL
Fronton de Paris
Bd Murat
Boul. Murat
BOUL. MURAT
Pte du POINT DU JOUR
Quai Saint Exupéry
Quai d'Issy-les-Moulineaux
R. Carlo Sarrabezolles
COUBERTIN
Stade P.de Coubertin
R. H. de la Vaulx
Stade
QUAI D'ISSY
SEINE
Quai du Prés. Roosevelt
ne-Billancourt
Nouveau Cimetière de Boulogne-Billancourt
République
Grenier
Pierre
Quai du Point du Jour
PONT D'ISSY
Issy-Plaine
Rue Camille Desmoulins
Boulevard Galliéni
Rouget de Lisle
Parc
pour les Hauts-de-Seine voir cartes 92 Nord et 92 Sud
Ile Saint-Germain
Quai de Stalingrad
Stade J.Bouin (Ens.sportif)
Issy-les-
Stade Voisin
Piscine
Gr.Sc.
Boul. Garibaldi
Rue Jean Jacques Rousseau
Gare les Moulineaux-Billancourt
Moulineaux
Avenue Victor Bourgain
Aristide Briand
Pl.LÉON BLUM
Av. Pasteur
J.F.KENNEDY
CET
Parc Henri Barbusse
Issy-Ville
Boul. Rodin
Verdun
R. de la Défense
R. de l'Egalité
Avenue
Caserne
Fort d'Issy-les-Moulineaux
Stade
Ste-Lucie
RER C
Rue Tolstoï
Rue Rabelais
R. Verdi
Boul. Rodin
S.Montquartiers
S.d.Pucelles
A
B

D 9
D 10
D 11
D 12
Boucicaut
Lourmel
Cimetière de Vaugirard
Lycée L. Armand
Lyc. Tech. du Bât.
Place Ballard
Marine Nationale
PTE D'ISSY-LES-MOULINEAUX
Min. des Armées de l'Air
Ec.Nat.Sup.des Techn.Avancées
Palais des Sports
PARC DES PTE DE VERSAILLES
Porte de Versailles
EXPOSITIONS
BOULEVARD VICTOR
Périphérique
Hôtel Sofitel
Hôpital-Hospice Corentin-Celton
Corentin-Celton
Manuf. des Tabacs
PTE DE LA PLAINE
Centre Nat. de Télé-Enseignement
Vanves
Lycée Michelet
Séminaire St-Sulpice
Mairie d'Issy
CNET
St-Etienne
St-Rémy
Parc Frédéric Pic
Parc des Sports
Piscine
Inst. Lannel.
Gare Vanves-M
Rue Lecourbe
Rue de la Croix Nivert
Rue Ernest Renan
Rue Jullien
Avenue Victor Hugo
Rue Jean Baptiste Potin
Rue Raymond Marcheron
Rue Sadi Carnot
Boul. du Lycée
Rue Larmeroux
Pl.Mal De L.de Tassigny
Pl.Prt KENNEDY
Pl.d'ALEMBERT
PL.DES INSURGÉS DE VARSOVIE

42
E
F
34
41
9
10
11
12
Mairie du 15 e
Hôpital Pasteur
Hôp. St-Jacques
Inst. Pasteur
Rue Lecourbe
Rue de Vaugirard
Vaugirard
Stade
Sq. Gerbert
St-Lambert
Sq. Necker
Rue des Volontaires
Centre Ch. Post.
Convention
Rue de la Convention
Min. des Univ.
Pl. WASSILY KANDINSKY
Rue d'Alleray
PL D'ALLERAY
PL. FALGUIÈRE
PL. HENRI ROLLET
Hôpital de Vaugirard
Hôpital St-Michel
Rue Dombasle
PL CH VALLIN
Rue Brancion
Rue Nanteuil
Rue de Vouillé
Rue Castagnary
N.-D. d. l. Salette
Ec. Nat. Sup. Arts Appl.
Objets Trouvés
Rue des Morillons
Parc Georges Brassens
Carré Silvia Montfort
Rue Vercingétorix
Sq. Vercingétorix
Rue Losserand
Gare Ouest-Ceinture
N.-D. du Rosaire
PTE DE PLAISANCE
Sq. Card. Verdier
St-Ant. d. Padoue
Boul. Lefebvre
Sq. Dr. Calmette
Th. de la Plaine
C.S.E.P.
Porte de Vanves
PL DE LA PORTE DE VANVES
Ec. de Puéricult.
PORTE DIDOT
Boul. Périphérique extérieur
PTE BRANCION
Lyc. Fr. Villon
Sq. M. Nogués
Av. Marc Sangnier
C. Jeun. et Loisirs-Th. 14
Ens. Sportif
Cité
Intérieur
PL. DES PROVINCES
PTE DE VANVES
Ec. Nat. de Statist.
I.N.S.E.E.
U.Paris V R. Descartes
Pl. d. l. RÉPUBLIQUE
Gr. Sc.
St-Fr. d'Ass.
Rue Jean Jaurès
Av. Pasteur
Malakoff Plateau de Vanves
Rue Bleuzen
Rue Victor Hugo
Rue Gambetta
Rue Voltaire
PL. DÉPINOY
Th. 71
HV
Stade Lénine
Disp.
Boul. Gabriel Péri
Gend.
Gare Vanves-Malakoff
C. d. Sports R. Rousseau
Malakoff
Avenue Pierre Brossolette
N 306
Av. du 12 Février 1934
Boulevard Camélinat
CES
Avenue Verdier
E 9
F 9
F 10
E 10
E 11
F 11
E 12
F 12

43
Gare Montparnasse
Edgar-Quinet
Bd Edgar Quinet
Lycée P.Bert
Bobino
Th. Montparn.
Gaîté
Th. d.l. Gaîté Montparn.
Patinoire
Cimetière du Sud ou du Montparnasse
Raspail
Boulevard Raspail
Lyc. Tech.
Gr. Hosp. St-Vincent de-Paul
Maternité Pinard
Ec. Sp. d'Archit.
Aéroport de Paris
Av. du Maine
Rue Vercingétorix
PL. DE CATALOGNE
Hôp. L. Bollan
PL. DE SÉOUL
N.-D. d. Tr.
Th. d. Plaisance
Rue Froidevaux
Denfert-Rochereau
PL. DENFERT-ROCHEREAU
RER
Pernety
Rue Raymond Losserand
P.d.MORO GIAFFERI
Mairie du 14e
Annexe
Pol.
Av. du Général Leclerc
Arr.
14e
Mouton-Duvernet
Plaisance
Rue d'Alésia
Rue Didot
Rue des Plantes
St-Pierre de Montrouge
PL. VICTOR BASCH
Alésia
INSEE
Hôpital N.-D. de Bon-Secours
Hôpital A.Chantin
Av. Jean Moulin
Centre CEDEX PTT
Av. René Coty
Réservoirs de Montsouris
Boul. Brune
PTE DE MONTROUGE
Pte d'Orléans
Général-Leclerc
Hôp. Int. de l'Univ. de Paris
Ec. Norm. Sup.
Boul. Jourdan
PORTE D'ARCUEIL
Cimetière de Montrouge
Sq. du Serment de Koufra
CES
CSEP
Cité Universitaire
PORTE D'ORLÉANS
Boulevard Romain Rolland
Centre Admin.
Gabriel Péri
Montrouge
Av. A. Briand
N20
Rue Barbès
G 9
H 9
G 10
H 10
G 11
H 11
G 12
H 12

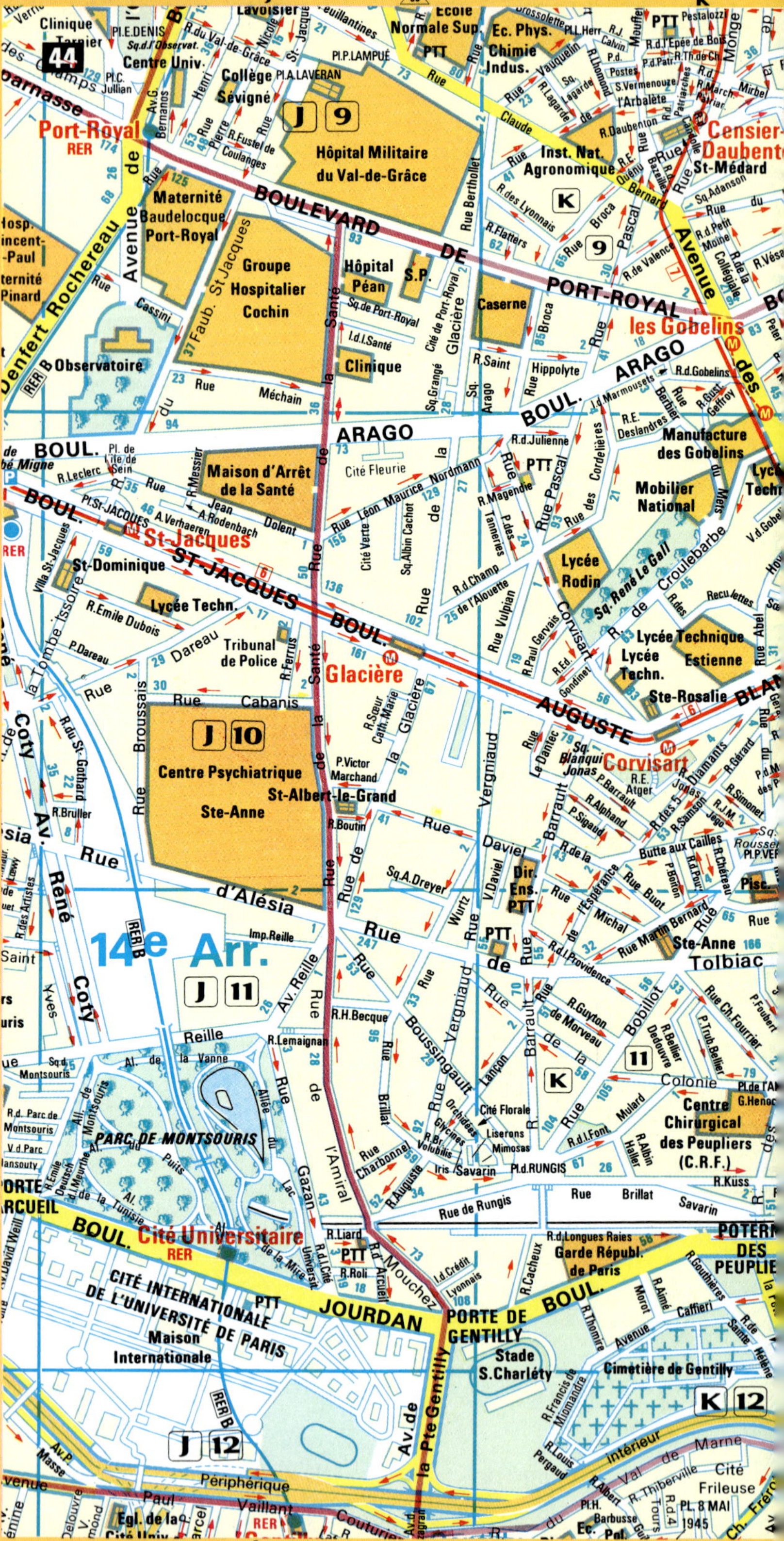
44
Clinique Tarnier
Pl.E.DENIS
Sq.d.l'Observat.
Centre Univ.
Lavoisier
Ecole Normale Sup.
PTT
Ec. Phys. Chimie Indus.
Pl.P.LAMPUÉ
Collège Sévigné
Pl.A.LAVERAN
J 9
Hôpital Militaire du Val-de-Grâce
Port-Royal
RER
R.Fustel de Coulanges
Rue Claude Bernard
Inst. Nat. Agronomique
Censier-Daubenton
St-Médard
R.Daubenton
Avenue des Gobelins
Maternité Baudelocque Port-Royal
BOULEVARD DE PORT-ROYAL
Rue Berthollet
K
9
Broca
Pascal
Hosp. St-Vincent-de-Paul
Maternité Pinard
Denfert Rochereau
Avenue
Rue Cassini
Groupe Hospitalier Cochin
Faub. St-Jacques
Hôpital Péan
S.P.
Sq.de Port-Royal
Cité de Port-Royal
Caserne
les Gobelins
Observatoire
Clinique
R.Saint Hippolyte
Rue Méchain
BOUL. ARAGO
Manufacture des Gobelins
Mobilier National
BOUL.
Pl. de l'Ile de Sein
R.Leclerc
Maison d'Arrêt de la Santé
Cité Fleurie
Rue Léon Maurice Nordmann
R.d.Julienne
PTT
Rue Pascal
Rue des Cordelières
R.Messier
Rue Jean Dolent
A.Verhaeren
A.Rodenbach
Pl.St-JACQUES
St-Jacques
BOUL. ST-JACQUES
St-Dominique
Villa St-Jacques
Rue de la Santé
Sq.Albin Cachot
Cité Verte
Tanneries
Lycée Rodin
Sq. René Le Gall
Rue de Croulebarbe
Lycée Techn.
R.Emile Dubois
P.Dareau
Rue Dareau
Tribunal de Police
R.Ferrus
Glacière
BOUL. AUGUSTE BLANQUI
Rue Vulpian
Corvisart
Lycée Technique Estienne
Lycée Techn.
Ste-Rosalie
Rue de la Tombe Issoire
Rue Cabanis
Rue Broussais
J 10
Centre Psychiatrique Ste-Anne
St-Albert-le-Grand
P.Victor Marchand
R.Sœur Cath. Marie
Rue de la Glacière
Rue Vergniaud
Sq. Blanqui Jonas
Corvisart
R.E. Atger
R.Barrault
Butte aux Cailles
R.Bruller
Av. René Coty
Rue d'Alésia
R.Boutin
Rue Daviel
Sq.A.Dreyer
Dir. Ens. PTT
Rue Wurtz
Rue de l'Espérance
Rue Buot
Rue Michal
Rue Martin Bernard
Ste-Anne
14e Arr.
Imp.Reille
Rue de Tolbiac
J 11
Av. Reille
R.H.Becque
Rue Boussingault
Rue Bobillot
11
Rue Reille
R.Lemaignan
Al. de la Vanne
Rue Gazan
Rue de l'Amiral Mouchez
Rue Brillat
Cité Florale
K
Rue de la Colonie
Centre Chirurgical des Peupliers (C.R.F.)
R.d. Parc de Montsouris
Sq.d. Montsouris
PARC DE MONTSOURIS
Rue Charbonnel
Iris
Savarin
Pl.d.RUNGIS
Rue de Rungis
Rue Brillat Savarin
R.Kuss
PORTE D'ARCUEIL
BOUL. JOURDAN
Cité Universitaire
RER
R.Liard
PTT
R.Roli
R.d.Longues Raies
Garde Républ. de Paris
POTERNE DES PEUPLIERS
CITÉ INTERNATIONALE DE L'UNIVERSITÉ DE PARIS
Maison Internationale
PTT
PORTE DE GENTILLY
Stade S.Charléty
Cimetière de Gentilly
K 12
J 12
Av. de la Pte Gentilly
Av.P. Masse
Périphérique
Boulevard Paul Vaillant Couturier
Intérieur
Val de Marne
Cité Frileuse
PL. 8 MAI 1945
Egl. de la Cité Univ.
RER

L
M
5e Arr.
13e Arr.
Départ Gr. L.
Arrivée Gare d'Austerlitz
Quai d'Austerlitz
Port d'Austerlitz
Port de la Rapée
Quai de la Rapée
SEINE
Pont de Bercy
Sq. Marie-Curie
Groupe Hospitalier Pitié-Salpêtrière
L 9
(Section Salpêtrière)
(Section Pitié)
Boul. de l'Hôpital
St-Marcel
Boul. St-Marcel
Mais.de S. Gard.de la Paix
Campo-Formio
Quai de la Gare
Boul. Auriol
Chevaleret
Rue Bruant
Rue Jenner
Rue Jeanne d'Arc
Sq.G. Mesureur
Ec.Nat.Sup. des Arts et Métiers
Boul. Vincent Auriol
Nationale
Sq. Dunois
Rue Clisson
Rue Dunois
Rue du Chevaleret
Rue Charcot
Rue Domrémy
Place d'Italie
Avenue d'Italie
Lyc. Techn. H.Chasles
Hôp. Ste-Marie
L 10
Rue du Château des Rentiers
Rue Nationale
PTT
PLACE J.D'ARC
N.-D. de la Gare
M 10
Rue de Tolbiac
Pl.NATIONALE
Institut Dentaire
Square de Choisy
Avenue de Choisy
E.P.S.
Lycée Claude Monet
Univ. Paris I
Sq.F. Blumenthal
Off.Nat.de d'Inf.Enseign.
Tolbiac
S.P.
L 11
Lycée Gabriel Fauré
Avenue d'Ivry
Pisc. Patinoire Stadium
Villa Nieuport
Rue Regnault
M 11
Boulevard Masséna
S.P.
Maison-Blanche
Porte d'Ivry
St-Hippolyte
Porte de Choisy
Pl.de Vénetie
Porte d'Italie
Gymnases Ensemble Sportif
Stade
PORTE D'IVRY
Sq. R. Bajac
Sq. H.Boucher
Centre Médico. Chirurg.
Pl.de PORT-AU-PRINCE
Av. de la Pte de Choisy
Av. de la Pte d'Ivry
Périphérique
Boul. Hippolyte Marquès
N.-D. de l'Espérance
PL. DU 8 MAI 1945
PORTE D'ITALIE
L 12
EPS
Parc Kellermann
N 7
N 305
9
10
11
12

46
Minist.d.l'Econ. et d.Finances
Bercy
Sq.Chambertin
Bd de Bercy
Boul. de Bercy
R.Chambertin
R.Corbineau
Palais Omnisports de Paris-Bercy
Gare de Paris-Bercy (TAC)
N 9
Charolais
R.d.Congo
R.Descos
Mairie du 12e
R.Baulant
Pol.
R.de Charolais
R.Bignon
Lemonnier
Dubrunfaut
R.Pleyel
DAUMESNIL
Dugommier
PTT
Boul. de
Dugommier
Sq.J.Morin
Rue de Charenton
Rlle d.l. Planchette
Félix
Durance
R.de la Brèche
Proudhon
R.d. Fonds Verts
Coriolis
Rue
Nicolaï
R.d.Pommard
R.d.Chablis
SP
N-D.de Bercy
PTT
PL.LACHAMBEAUDIE
R.de Dijon
R.d.Roussillon
R.Abel Laurent
Cour Crépier
C.Baudoin
Rue Soulages
C.de Chamonard
C.St.Emilion
R.Vieille d.l.Garonne
R.Neuve de la Garonne
R.Gabriel Lamé
l'Yonne
R.d.Maconnais
C.Nicolaï
R.d.Corbières
R.du Minervois
R.St Estèphe
Rue de Thorins
P.Loron
R.d.Chât.Lafitte
Enclos du Maconnais
C.Nicolaï
C.Pajol
R.d.Pt Bercy
PONT DE BERCY
DE BERCY
PORT DE BERCY
PORT DE LA GARE
Quai de Bercy
R.du Port de Bercy
Pt DE TOLBIAC
PORT DE TOLBIAC
Quai de la Gare
de Tolbiac
R.Ulysse Trélat
Rue du Chevaleret
RER C
N 10
Watt
R.d.l. Cx Jarry
PONIATOWSKI
BOUL. MASSENA
PONT NATIONAL
R.Robert Etlin
R.d.Gal de Langle de Cary
PORTE DE BERCY
PORTE DE LA GARE
Quai
Bd Massena
Gare de Masséna
R.d.Loiret
R.Résal
Cantagrel
Oudiné
R.du Chevaleret
Patay
Regnault
Berges
R.Jean Fourrière
Bapt. Berlier
QUAI D'IVRY
Quai d'Ivry
Rue Bruneseau
Passage Grellet
Quai Marcel Boyer
SEINE
R.St-Emilion
PORTE DE VITRY
Sq.d.Velay
Sq.d.Limousin
Sq.d.
I.Limagne
Boutroux
R.Darmesteter
S.P.
Av. de la Porte de Vitry
E.P.S.
R.Franc.Nohain
N 11
O 11
Rue V.Hugo
Rue Victor Hugo
RER C
boulevard extérieur
R.Desault
E D'IVRY
R.M. Bounaceur
R.d.Jardins
Avenue Pierre Semard
R.Vieux Chemin
R.R.Villars
Mirabeau
Marceau
R.J. Dormoy
Rue Jules Vanzuppe
Rue Jean Jaurès
Rue Molière
Rue Elisabeth
Rue
Av. M. Thorez
PTT
Bertrand
Thomas
Rue Bertrand
Ch. Colomb
Rue Paul Mazy
Rue Pasteur
Rollin
N 12
Brossolette
D.Casanova
Rue P. Moulié
Ivry-s-Seine
Gend.
Ecole
R.E.Zola
M
N
9
10
11
12
45

47
Bel-Air
Trousseau
PORTE DE MONTEMPOIRE
Lycée Paul Valéry
Stade
Sq.G. Méliès
R.d.Rambervillers
Rue Sahel
Reuilly
EPS
St-Esprit
AV. DAUMESNIL
Michel-Bizot
SOULT
Cim.de St-Mandé
Lyc.Techn. Elisa Lemonnier
Musée d.Arts Africains et Océaniens
Porte Dorée
Sq.P.Pasquier
St-Ma
Avenue Sainte Marie
PTE DE PICPUS PORTE DORÉE
Avenue
BOUL.
Cim.de Bercy
Charenton
Stade Léo-Lagrange
PORTE DE REUILLY
PORTE DE CHARENTON
Cim.de Valmy
BOIS DE VINCENNES
LAC DAUMESNIL
Pelouse de Reuilly
Route de Ceinture du Lac Daumesnil
Vélodrome Municipal
Cim.de Charenton
Rue Avenue de Gravelle
Liberté
Charenton -le-Pont
Gend.
Lycée
Théâtre Mun.
Pisc. Patin.
Charenton-Écoles
St-Pierre
Ancien Séminaire
CES
Sq.de la Cerisaie
PL.BOBILLOT
PONT DE CONFLANS
Quai
PASSERELLE D'ALFORTVILLE
Stade H.Guérin
MARNE
Rue Victor Hugo
Couturier
Entrepôts
PTT
P 9
P 10
P 11
P 12

CHARLOT
Roi des Coquillages

12, place Clichy - 48.74.49.64
Accueil jusqu'à 2 heures du matin

Dans un décor 1925, et dans la plus grande tradition des restaurants de la mer, vous y dégusterez ses fabuleux plateaux de fruits de mer, ses poissons cuisinés, sa bouillabaisse digne du raffinement des plus grandes tables parisiennes.

AU PIED DE COCHON

6, rue Coquillière - 42.36.11.75
Ouvert jour et nuit

« Le fameux restaurant des Halles », un monument de la vie nocturne parisienne. C'est le traditionnel rendez-vous des après-spectacles, où l'on vient entre amis déguster la fameuse soupe à l'oignon, l'andouillette grillée, ou bien encore l'entrecôte «Fort des Halles».

LE GRAND CAFÉ CAPUCINES

4, boulevard des Capucines
47.42.75.77 – Ouvert jour et nuit

C'est le restaurant «plaisir». A ne pas douter le plus beau de l'Opéra, et même de Paris par son époustouflant décor 1900. Régal pour les yeux, mais aussi pour les gourmets d'huîtres, fruits de mer, crustacés et poissons finement cuisinés.

LA MAISON D'ALSACE

39, avenue des Champs Elysées
43.59.44.24 - Ouvert jour et nuit

« L'ambassade gastronomique d'Alsace». C'est l'événement parisien de l'année dans son nouveau décor luxueux, aux tons caramels et accueillants, vous pourrez y déguster ses spécialités régionales, et ses fruits de mer frais toute l'année.

LES GUIDES BLEUS
Une collection prestigieuse et indispensable pour toute découverte en profondeur.
LES GUIDES BLEUS A TRAVERS LE MONDE
• L'œuvre d'une équipe constituée d'éminents spécialistes.
• la description exhaustive des villes, sites et monuments,
• des adresses utiles avec une sélection commentée d'hôtels et de restaurants,
• un papier plus fin pour réduire le poids sans diminution du contenu.
les guides bleus
Tout savoir pour mieux voir

Idées - découvertes

Paris vu d'en haut

Paris est aussi un paysage. Fait de détails et d'horizon immense. Ce Paris-là, trop souvent oublié, se contemple des hauteurs, de ces nombreux points de vue qu'offre la capitale.

La tour Eiffel (troisième étage) bien sûr, la butte Montmartre (et le sommet du Sacré-Cœur) et le dernier étage de la tour Montparnasse, pour un surplomb général. Mais il ne faut pas négliger les survols plus partiels, plus proches aussi : la plate-forme de l'Arc de Triomphe, plongeant sur les Champs-Elysées et la Défense ; le toit de la Samaritaine (grand magasin) avec sa terrasse ouverte sur la Seine et toute la rive gauche ; la tour de Notre-Dame, avec vue sur le Quartier Latin et la Seine.

Le bar de l'hôtel Concorde-Lafayette (3, place du Général-Kœnig, 17ᵉ arr.) permet de prendre un verre avec vue sur le bois de Boulogne et la place Charles-de-Gaulle-Etoile. Et quelques rares — et chers — restaurants offrent l'extraordinaire possibilité de déjeuner ou dîner en altitude avec une partie de Paris à ses pieds : le Ciel de Paris, au 56ᵉ étage de la tour Montparnasse (33, av. du Maine, 15ᵉ arr. ☎ 45.38.52.35), le Jules Verne, suspendu au deuxième étage de la tour Eiffel (☎ 45.55.61.44), Morot-Gaudry (8, rue de la Cavalerie, 15ᵉ arr. ☎ 45.67.06.85), la Tour d'Argent, sur l'arrière de Notre-Dame et face à l'île Saint-Louis (15 et 17, quai de la Tournelle, 5ᵉ arr. ☎ 43.54.23.31).

Enfin, deux compagnies proposent un circuit en hélicoptère autour de la capitale : Hélicap (☎ 45.57.75.51) et Héli-France (☎ 45.57.53.67).

Paris la nuit

Pourquoi perdre son temps à dormir ?

Paris vit aussi la nuit. Du soir au petit matin tout est possible, la capitale reste ouverte à toutes les envies.

Pour les amateurs d'art, Beaubourg (centre Pompidou) garde ses portes ouvertes jusqu'à 22 h, comme le musée Picasso le mercredi. Le musée d'Orsay reste ouvert en nocturne jusqu'à 21 h 45 le jeudi.

Promenades d'été ? On déambule longtemps après minuit sur les Champs-Elysées, à Saint-Germain-des-Prés, aux Halles et à Montparnasse. Cinéma ? Des salles proposent une dernière séance, de minuit à deux heures du matin. Soif ? L'on peut prendre un dernier verre jusqu'à deux heures du matin au Fouquet's (99, av. des Champs-Elysées, 8ᵉ arr.), à la Closerie des Lilas (171, bd du Montparnasse, 6ᵉ arr.), aux Deux Magots (170, bd Saint-Germain, 6ᵉ arr.), à la Coupole (102, bd du Montparnasse, 14ᵉ arr.). Et jusqu'à trois heures du matin au Harry's New York Bar (5, rue Daunou, 2ᵉ arr.), à la Taverne de Rubens (12, rue Saint-Denis, 1ᵉʳ arr.), au Trappiste (4, rue Saint-Denis, 1ᵉʳ arr.) ou au Sélect (99, bd du Montparnasse, 6ᵉ arr.). Ou même s'offrir le quatrième repas de la journée puisque quelques restaurants restent ouverts toute la nuit : la Tour de Montlhéry (5, rue des Prouvaires, 1ᵉʳ arr.), Au Pied de Cochon (6, rue Coquillière, 1ᵉʳ arr.), la Maison d'Alsace (39, av. des Champs-Elysées, 8ᵉ arr.), la Brasserie des Champs-Elysées (65, av. des Champs-Elysées, 8ᵉ arr.) et le Grand Café (4, bd des Capucines, 9ᵉ arr.).

Une lettre urgente ? La grande poste (48, rue du Louvre, 1er arr.) ne ferme jamais ! Un oubli ? Les drugstores (133, av. des Champs-Elysées ; 1, av. Matignon, 8e arr. et 149, bd Saint-Germain, 6e arr.) sont ouverts jusqu'à deux heures du matin et le supermarché As Eco du quartier de l'Horloge, près de Beaubourg, permet de faire ses courses 24 heures sur 24 (sf dim.).

Paris illuminé

Une promenade de fête pour le prix de deux places de cinéma : sauter dans un taxi et faire la tournée des illuminations de Paris, par une nuit claire et déjà bien entamée, à l'heure où les voitures roulent et les monuments s'allègent sous les projecteurs.

Un circuit permet de voir défiler les principaux sites illuminés de la capitale (jusqu'à 24 h en semaine et 1 h du matin les samedi et veille de fête) : départ Hôtel de Ville, puis suivre les quais rive droite qui offrent une belle vue sur l'île Saint-Louis. Traverser la Seine sur le pont Sully et longer la rive gauche jusqu'au quai Malaquais. On dépasse Notre-Dame et les vieilles façades du quai de Montebello. Passée l'île de la Cité, on aperçoit, de l'autre côté du fleuve, le palais du Louvre qui fait face aux bâtiments de la Monnaie, de l'Institut et de l'école des Beaux-Arts. Prendre le pont du Carrousel. Dans l'enceinte du Louvre, l'arc de triomphe du Carrousel marque le point de départ de la fameuse perspective qui aboutit à la Défense. Suivre l'avenue de l'Opéra jusqu'au somptueux palais Garnier, puis la rue de la Paix qui descend vers la noble ordonnance de la place Vendôme. Par la rue des Capucines on rejoint les Grands Boulevards puis l'église de la Madeleine. La rue Royale, décorée durant les fêtes de fin d'année, débouche sur la place de la Concorde. Remonter la longue avenue des Champs-Elysées jusqu'à l'Arc de Triomphe et rejoindre la place du Trocadéro par l'avenue Kléber. Longer le palais de Chaillot par l'avenue du Président-Wilson, l'avenue Albert-de-Mun et rejoindre la place de Varsovie. Les jardins du Trocadéro et la tour Eiffel, nouvellement éclairée, se font face de part et d'autre du pont d'Iéna. Pour revenir à l'Hôtel de Ville, suivre la voie sur berge de la rive droite. La vue sur les quais au nord de l'île de la Cité et sur la Conciergerie est superbe.

Paris exotique

Paris capitale. Paris cosmopolite. La grande ville abrite des vies étrangères, des habitudes d'ailleurs. Des lieux, des rendez-vous disséminés, souvent éclatés, que certains Parisiens recomposent en parcours discrets mais familiers.

Paris japonais

20 000 Japonais vivent à Paris. Leur centre de gravité est le 1er arrondissement. Librairie et journaux à Tokyo-Do (4, rue Sainte-Anne, 1er arr.) ou à Junku (262, rue Saint-Honoré, 1er arr.). Prêts de livres, de cassettes vidéo, cours de cuisine, jeux japonais au Carrefour du Japon (12, rue Sainte-Anne, 1er arr.). Sans oublier les nombreux restaurants très fréquentés comme : Ogoura (20, rue de la Michodière, 2e arr.) ; Foujita (41, rue Saint-Roch, 1er arr.) ; Ko (10, rue du Marché-Saint-Honoré, 1er arr.) ; Yakitori (34, place du Marché-Saint-Honoré, 1er arr.) ; Kinugawa (9, rue du Mont-Thabor, 1er arr.) ; et même des fast-food japonais : Iguma (11, rue Gaillon, 2e arr.) et Okamé, qui fait aussi traiteur (235, rue du Faubourg-Saint-Honoré). Une

pâtisserie (de luxe) vient d'ouvrir : Toraya (10, rue Saint-Florentin, 1er arr.), succursale parisienne de l'institution japonaise qui a plus de dix siècles d'existence (pour amateurs initiés). Les Japonais de Paris ont aussi leur grand magasin : Daïmaru, avec un énorme rayon alimentation (produits frais, surgelés, bières et riz japonais) et gadgets de toutes sortes (palais des Congrès, place de la Porte-Maillot, 17e arr.). Les boutiques d'alimentation ne manquent pas comme Kioko (176, rue Saint-Jacques, 5e arr.). Le spécialiste parisien du kimono est Kimonoya (11, rue du Pont-Louis-Philippe, 4e arr.). Et la capitale dispose même d'un temple zen (17, rue des Cinq-Diamants, 13e arr.).

Le soir, choix entre un massage japonais chez Carita (11, rue du Faubourg-Saint-Honoré, 8e arr.) ou les bars à « hara-oké » où l'on reprend collectivement (avec écran vidéo) les chansons des hit-parades japonais, comme à l'Hanagura (13, rue Monsieur-le-Prince, 6e arr.).

Quelques galeries se sont faites une spécialité des estampes, des ivoires, laques et calligraphies japonaises : Huguette Berès, reine parisienne de l'estampe (25, quai Voltaire, 7e arr.), Janette Ostier pour la calligraphie (26, place des Vosges, 3e arr.) et la galerie du 50, rue Sainte-Anne (1er arr.) pour les vases.

Autre trace célèbre (et de taille) de l'attrait exercé par le Japon sur la capitale : la Pagode. Aujourd'hui transformée en cinéma et plantée au milieu d'un petit jardin dans le 7e arrondissement (57 bis, rue de Babylone), cette authentique pagode fut achetée au Japon et reconstituée à la fin du XIXe s. par le directeur du magasin le Bon Marché pour l'offrir à sa femme qui y donna de célèbres soirées parisiennes. Mais c'est au musée d'Ennery (59, av. Foch, 16e arr.) que se trouve une des plus belles collections parisiennes d'objets d'art japonais.

Paris russe

Ils sont 60 000, regroupés à Paris au gré de plusieurs vagues d'exils : Russes blancs, aristocrates en fuite, anciens soldats, juifs, intellectuels dissidents... Les premiers avaient la certitude de rentrer bientôt. Mais, en attendant, ils se sont accommodés de quelques habitudes et progressivement installés dans la capitale.

Ceux qui vont encore à la messe se retrouvent sous les cinq coupoles de la cathédrale byzantine Alexandre-Nevski (12, rue Daru, 8e arr.) construite en 1860 grâce au don du tsar Alexandre II, ou à l'église Saint-Serge (93, rue de Crimée, 19e arr.). Des concerts de musique slave sont organisés tous les dimanches après-midi au conservatoire Rachmaninov (26, av. de New-York, 16e arr.) dont la plupart des professeurs sont d'origine russe.

Ils trouvent de la lecture aux Editeurs Réunis (11, rue de la Montagne-Sainte-Geneviève, 5e arr.), à la Maison du livre étranger (9 et 12, rue de l'Eperon, 6e arr.), à la Librairie Bonaparte (31, rue Bonaparte, 6e arr.), à la librairie Sialsky (2, rue Pierre-le-Grand, 8e arr.) ou à la bibliothèque Tourgueniev (11, rue de Valence, 5e arr.) plutôt qu'au Globe, librairie officielle de l'Union soviétique (2, rue de Buci, 6e arr.).

Quelques épiceries-traiteurs leurs proposent blinis, bortsch, pain noir et pirojkis chez Daru (19, rue Daru, 8e arr.), chez Soukhanoff (5, rue Isabey, 16e arr.), ou Au Régal (4, rue Nicolo, 16e arr.) ; ils vont prendre un thé au Petit Boulé (16, av. de La Motte-Picquet, 7e arr.), ou vont dîner au Samovar (14, rue Sauval, 1er arr.), à la Toison d'Or (29, rue Castagnary, 15e arr.), à la Ville de Pétrograd (13, rue Daru, 8e arr.), chez Dominique (19, rue Bréa, 6e arr.), à la Tchaïka (9, rue de l'Eperon, 6e arr.) ou au Café Pouchkine (5, rue Marie-Stuart, 2e arr.). Reste la nuit : boîte au Raspoutine (58, rue Bassano, 8e arr.), à l'Etoile de Moscou (6, rue Arsène-Houssaye, 8e arr.), ou cinéma au Cosmos (76 bis, rue de Rennes, 6e arr.).

Quelques antiquaires et spécialistes d'icônes cultivent la nostalgie. Objets et livres anciens au Saint-Pétersbourg (106, rue de Miromesnil, 8e arr.), chez Nikolenko (220, bd Saint-Germain, 7e arr.) et icônes chez Artel (25, rue Bonaparte, 6e arr.).

Paris asiatique

Près de 200 000 réfugiés asiatiques, Cambodgiens, Laotiens, Vietnamiens, et surtout Chinois, vivent dans la région parisienne. Leur quartier central, rapidement constitué, est le nouveau 13e arrondissement, celui des tours construites entre la porte d'Ivry et la porte d'Italie mais aussi le quartier Belleville. Restaurants populaires, commerces et services de toutes sortes, produits frais, supermarchés, ateliers, c'est une ville dans la Ville, où l'on trouve tout ce qui peut permettre une autarcie tranquille et quasiment totale.

En dehors de ce quartier pivot, un solide réseau de petits supermarchés polyvalents alimente le reste de Paris. Les Thanh Binh sont les plus réguliers et les plus célèbres (29, place Maubert et 18, rue Lagrange, 5e arr.).

Enfin quelques restaurants se distinguent nettement de la récente multiplication d'établissements, souvent approximatifs. Cuisine chinoise : Au Pays du Sourire (32, rue de Bièvre, 5e arr.), à la Belle de Chine (29, rue Copernic, 16e arr.), au Ling Nam (10, rue de Mazagran, 10e arr.); sino-vietnamienne : au Vi Foc (33, rue de Longchamp, 16e arr.); indochinoise : au Coin des Gourmets (5, rue Dante, 5e arr.). Et cuisines de tous les pays du Sud-Est asiatique dans l'immense complexe de restaurants du Nioulaville (32-34, rue de l'Orillon, 11e arr.).

Paris polonais

Paris, deuxième capitale de la Pologne? Depuis 1831 et leur grande émigration, Paris est resté mêlé à l'histoire des Polonais. Et des Polonais célèbres sont mêlés à l'histoire de Paris : sa géographie n'est-elle pas parsemée de noms de rues, de places, d'œuvres ou de monuments polonais? Forte de plus de 10 000 membres, la colonie polonaise de Paris - la « Polonia » - entretient le souvenir, mais aussi le contact attentif avec les événements du pays.

Le cœur de l'élite fut longtemps l'hôtel Lambert (1 et 3, quai d'Anjou), l'une des plus belles constructions de l'île Saint-Louis, autour de laquelle se sont concentrés les principaux lieux historiques de l'exil : la Bibliothèque polonaise, le musée Adam Mickiewicz (6, quai d'Orléans) et la librairie Libella (12, rue Saint-Louis-en-l'Ile). L'autre librairie polonaise se trouve à Saint-Germain-des-Prés : Ksiegarnia Polska (125, bd Saint-Germain, 6e arr.).

L'église de l'Assomption (262, rue Saint-Honoré, 1er arr.) est depuis 1814 la paroisse polonaise de Paris. Elle est aussi le point de départ des camions acheminant les colis de solidarité en Pologne. Les Polonais de Paris mangent et se réchauffent au Relais de Varsovie (13, rue François-Miron, 4e arr.), et chez Dolowski, qui fait aussi épicerie-traiteur (16, rue Charlemagne, 4e arr.).

Le lieu le moins couru est évidemment le très officiel Institut polonais (31, rue Jean-Goujon, 8e arr.).

Grands magasins

On les appelle les « cathédrales du commerce ». L'idée de concentrer tous les achats en un seul endroit (avec entrée libre et prix marqués), est contemporaine de ce Paris de la fin du XIXe s. qui devient fluide et où l'on commence à se déplacer en masse. Les grandes percées haussmanniennes du second Empire et l'apparition des omnibus libèrent la circulation : les petites boutiques de quartier ne constituent plus l'horizon indépassable des emplettes domestiques.

Ces premières grandes surfaces — qui se développeront dans un premier temps à partir de la transformation de galeries ou de passages — donneront vite naissance à leur cadre propre : le grand magasin, qui restera l'un des exercices de style de l'architecture de fer et de verre. Il y eut ainsi la Belle Jardinière, les Deux Magots, le Petit Chaperon Rouge, la Lampe Merveilleuse, le Coin de la Rue, les Grands Magasins Dufayel, Au Gagne-petit... Restent aujourd'hui six monuments rescapés de cette période grandiose : le Printemps et les Galeries Lafayette (Grands Boulevards), la Samaritaine et le Bazar de l'Hôtel-de-Ville (rue de Rivoli), et deux plus petits, le Bon Marché (rive gauche) et les Trois Quartiers (la Madeleine).

De nos jours (comme vraisemblablement il y a un siècle), 50 % des visiteurs entrent dans ces magasins sans rien acheter. Car l'on peut y faire bien autre chose : flâner, rêver, dans une ambiance confortable et un peu enivrante, manger, se renseigner ou même s'y promener. Certains de ces lieux ne sont-ils pas aussi des monuments historiques qui valent la visite? Et les grands magasins, très conscients de vendre d'autant plus s'ils ne se comportent pas en simples lieux de vente, organisent toutes sortes de manifestations attractives : véritables expositions archéologiques ou culturelles, défilés de mode, concours, sans oublier les traditionnelles animations de Noël ou les périodes d'« affaires » et de promotion sur les prix, instants de folie qui font partie des grandes réussites de la vie parisienne.

La Samaritaine Pont-Neuf et 75, rue de Rivoli, 1er arr.

On lui reproche souvent ce qui fait son charme : une ambiance surannée, un brin passéiste, de grands espaces libres, calmes. Ses quatre bâtiments, trônant entre la Seine et la rue de Rivoli, sont parmi ceux qui restent certainement les plus imprégnés de la nostalgie des grands magasins d'antan. Quoique plusieurs fois transformés, ils présentent encore de beaux ensembles architecturaux : la façade de Frantz Jourdain (magasin 2), la façade années 30 sur la Seine, le grand hall du magasin 2, coiffé au dernier étage par des peintures murales et une verrière récemment restaurées. Et, plongeant sur la Seine, une des plus belles terrasses de Paris (avec cafétéria) sur le toit du bâtiment principal.

Ne pas manquer le superbe rayon confiserie (avec son bar), le (très complet) rayon parfumerie, le (débordant) rayon mercerie, le rayon salle de bains, le (très professionnel) rayon vêtements de travail, l'un des plus impressionnants choix de literie et l'une des dernières remailleuses de bas de Paris.

Le Bon Marché 38, rue de Sèvres et 135, rue du Bac, 7e arr.

C'est aujourd'hui le seul grand magasin de la rive gauche. Il fut fondé au milieu du XIXe s. par Aristide Boucicaut qui inventa la Semaine du Blanc.

Le bâtiment principal est aéré de trois grands halls avec balustrades mais le grand escalier de fer forgé a disparu. Les vitraux de la superbe verrière du deuxième étage (côté square Boucicaut) ont été récemment restaurés mais le grand escalier de fer forgé a disparu. Belles marquises rue de Babylone.

Ne pas manquer le rayon tapis (le plus fourni des grands magasins), la plus grande épicerie fine de Paris (avec belle cave), la confection féminine, et l'étonnant rayon antiquités.

Les Trois Quartiers 17, bd de la Madeleine, 1er arr.

Sobre mais raffiné, c'est le plus petit des grands magasins (pour dames) du quartier de la Madeleine. Ici, pas de sono, pas de musique, mais moquettes douces et vendeuses très distinguées.

Ne pas manquer le (délicieux) rayon lingerie, le rayon cachemire, le rayon de layette (suisse), le rayon gants et le très agréable salon de thé-restaurant du dernier étage.

Le Bazar de l'Hôtel-de-Ville 52-64, rue de Rivoli, 4e arr.

Bazar Napoléon avant 1870. C'est l'anti-Samaritaine : densité, bruit, entassement. Le Bazar de l'Hôtel-de-Ville est travaillé par l'obsession d'être un magasin moderne : course au rajeunissement interne, réfection permanente de la décoration, camouflage des origines. Dommage. Le BHV s'est imposé comme le grand spécialiste du bricolage.

Ne pas manquer l'invraisemblable sous-sol (on s'y perd) consacré à la quincaillerie et au bricolage, le rayon jardinage, le rayon coutellerie et le rayon produits d'entretien.

Le Printemps 64, bd Haussmann, 9e arr.

Paris ne lui suffit pas. Le grand magasin de la rive droite fait beaucoup d'efforts pour attirer la clientèle internationale. Belle façade de Paul Sédille (avec ses statues et ses célèbres tourelles), malheureusement écrasée par une récente surélévation. Belle coupole avec vitraux des années 30 (remontée dans les années 70) dans le nouveau bâtiment.

Ne pas manquer les nombreux rayons mode, la librairie (la plus importante des grands magasins), le rayon parfumerie, le rayon jouets, le rayon liste de mariage, le rayon art de la table, et les deux restaurants : sous les vitraux de la coupole, ou sur la terrasse avec vue aérienne.

Les Galeries Lafayette 40, bd Haussmann, 9e arr.

Son créateur, Théophile Bader, rêvait d'en faire un souk : reste aujourd'hui la façade des Chandelles (sur la rue de la Chaussée-d'Antin) d'inspiration nettement orientale, construite au début du siècle par l'architecte Ferdinand Chanut. Le bâtiment principal possède le plus grand hall de tous les magasins parisiens mais il est malheureusement amputé de son grand escalier. Les balustrades fleuries sont attribuées à Louis Majorelle. Belle coupole avec vitraux au dernier étage.

C'est le grand magasin de la mode. Ne pas manquer donc ses rayons mode, sur deux étages, avec toutes les grandes marques et les principaux créateurs, son rayon chaussures, ses rayons vêtements homme et enfant, le rayon parfumerie (sous la coupole), et le rayon tapis.

Les marchés

Chaque quartier, chaque village de Paris a son marché. Ils sont aujourd'hui plus nombreux qu'au XIXe s. : près de cent. Spectacles permanents (beaucoup sont ouverts tous les jours sauf le lundi), ces rivières de denrées fraîches qui alimentent les Parisiens encore exigeants constituent parfois de vrais lieux de promenades, comme le marché de la rue Mouffetard (5e arr.), celui de la rue de Buci (6e arr.), du bd de Belleville, en partie exotique (11e arr.), de la rue Poncelet (17e arr.) ou de la rue Lepic (18e arr.).

Malheureusement les marchés couverts, vestiges de l'architecture métallique naissante, ont souvent été reconvertis. Certains ont cependant conservé leur destination d'origine : le marché des Enfants Rouges (39, rue de Bretagne, 3e arr.), le marché Saint-Quentin, un peu trop lourdement restauré (85 bis, bd Magenta, 10e arr.), le marché d'Aligre (entre les rues d'Aligre et de Cotte, 12e arr.), le marché des Batignolles (96, rue Lemercier, 17e arr.) et le marché Secrétan (46, rue Bouret et 33, av. Secrétan, 19e arr.).

Paris possède aussi trois importants marchés aux fleurs ouverts tous les jours (sauf le lundi) : au cœur de l'île de la Cité (pl. Louis-Lépine, 4e arr.), place de la Madeleine (sur le côté E. de la Madeleine, 8e arr.) et sur l'îlot central de la place des Ternes (17e arr.).

Les jardins

Moins de deux mètres carrés de verdure par habitant : Paris est une des capitales européennes les plus démunies en jardins. Ce handicap n'est même pas compensé par un effort particulier de qualité. Les deux plus grandes surfaces — le bois de Boulogne et le bois de Vincennes — sont des paysages assez pauvres. Et certains jardins historiques, comme les Tuileries (qui dépendent de l'Etat), sont depuis des années dans un état lamentable. Quelques exceptions prestigieuses, comme le jardin du Luxembourg (qui dépend du Sénat), ou plus modestes, offrent cependant de nombreuses occasions de promenade, de repos ou de dépaysement.

1er arrondissement

Le square du Vert-Galant (pl. du Pont-Neuf) : square tout à fait modeste mais dont la position à fleur d'eau, sur l'étrave ouest de l'île de la Cité, entre les deux bras de la Seine, est exceptionnelle. Halte de fraîcheur l'été, entre rive droite et rive gauche.

Le jardin du Palais-Royal (pl. du Palais-Royal et rue de Beaujolais) : depuis que Louis-Philippe a mis brutalement fin à ses nuits agitées, ce jardin s'est assoupi et reste aujourd'hui entouré de sa ceinture de boutiques endormies, l'un des endroits les plus calmes au cœur de Paris depuis que la querelle sur les colonnes de D. Buren s'est apaisée.

3e arrondissement

Le square Georges-Gain (rue Payenne) est un minuscule espace de verdure et de fraîcheur au cœur du Marais, coincé entre l'hôtel Le Peletier et le musée Carnavalet dont il accueille quelques vieilles pierres orphelines.

5e arrondissement

Le jardin des Plantes (pl. Valhubert, rues Geoffroy-Saint-Hilaire, Cuvier et Buffon) : c'est l'ancien Jardin Royal des plantes médicinales de Louis XIII, remanié et dirigé ensuite pendant cinquante ans par Buffon. Ce vaste jardin (23 ha) fut pendant plusieurs siècles le premier terrain d'accueil de nombreuses espèces exotiques. Jardin botanique, serres coloniales et arbres plusieurs fois centenaires.

Le square des Arènes de Lutèce (51, rue Monge) est un reposant et discret petit square de quartier à côté des anciennes arènes romaines. Silhouette torturée d'un hêtre tortillard de Verzy de 80 ans (rare).

Le square Viviani (quai de Montebello) est le jardin de l'église Saint-Julien-le-Pauvre. Ce petit square en face de Notre-Dame abrite de trop vieux arbres, dont le plus vieux de Paris, un faux acacia trois fois centenaire, planté en 1601 par Robin.

6e arrondissement

Le jardin du Luxembourg (bd Saint-Michel et rue de Vaugirard) est un exemple académique de jardin à la française (grand bassin, esplanade, terrasses d'ifs et de buis), avec une petite partie paysagère à l'anglaise (le long de la rue Guynemer). Vaste (22 ha) et très bien entretenu par le Sénat. Le square Laurent-Prache (rue de l'Abbaye), ouvert sur la place Saint-Germain-des-Prés, est l'un des rares havres de repos (et surtout de fraîcheur, l'été) de ce quartier. La cour de l'école des Beaux-Arts (14, rue Bonaparte ou 17, quai Malaquais), à deux pas du Quartier Latin. Ambiance d'Italie perdue dans cette minuscule et fraîche cour du Mûrier.

7e arrondissement

Le jardin du musée Rodin (77, rue de Varenne) : autour de l'ancienne résidence (XVIIIe s.) de Rodin, jardin restauré au début du siècle, parsemé de rosiers et d'œuvres du sculpteur.

8e arrondissement

Le parc Monceau (bd de Courcelles et bd Malesherbes) : la folie Monceau est un curieux jardin à l'anglaise de 8 ha, avec de fausses ruines mélancoliques (restes gothiques, vestiges de temples grecs, pagode chinoise, pyramide égyptienne) et de vrais canards romantiques. Sans oublier l'arbre le plus gros de Paris : un superbe platane d'Orient de 7,10 m de circonférence.

13e arrondissement

Le square René-Le-Gall (angle rue Croulebarbe et rue Corvisart) : de style néo-antique des années 30 et planté de sycomores et de frênes provenant des anciennes rives de la Bièvre qui passait là, un jardin calme et un peu triste à deux pas des Gobelins.

14e arrondissement

Le parc Montsouris (bd Jourdan et rue Gazan) : belle composition de style anglais (16 ha) autour d'un lac artificiel, à la limite sud de Paris.

15e arrondissement

Le parc Georges-Brassens (rue des Morillons) : récemment aménagé sur les terrains des anciens abattoirs de Vaugirard, ce jardin, triste exemple de ce que font aujourd'hui certains paysagistes (parcs de moins en moins verts, poussiéreux et encombrés de mobilier voyant), possède néanmoins un jardin des Senteurs. Sur le modèle des jardins andalous, il réunit plus de 70 variétés de plantes aromatiques, très pédagogiquement répertoriées.

16e arrondissement

Le Jardin fleuriste municipal (3, av. de la Porte-d'Auteuil) : sur les anciennes pépinières de Louis XV, et flanqué de superbes parterres, s'élève un magnifique — et rare — ensemble de serres de la fin du XIXe s. qui abritent des espèces (de zones tempérées et de zones tropicales) d'un âge déjà respectable. Grand palmarium calme et reposant.

Le jardin de la maison de Balzac (47, rue Raynouard) : petit jardin provincial et tranquille autour de la résidence de Balzac, quand Passy était une banlieue verte.

18e arrondissement

Le jardin du musée de Montmartre (17, rue Saint-Vincent) : minuscule jardin, à moitié sauvage, mais très calme, au pied d'une belle maison parisienne, siège du musée de Montmartre.

19e arrondissement

Le jardin des Buttes-Chaumont (rue Botzaris et rue Manin) : paysage mystérieux et torturé (crevasses, falaises, rochers, lac artificiel) d'un parc de 24 ha construit à la fin du XIXe s. sur les collines de Belleville. Belle vue sur Paris.

Les murs peints

Les murs peints reviennent. Il ne reste aujourd'hui plus beaucoup de vestiges (comme par exemple au 2, rue du Petit-Pont, 5e arr.) de cette expression publicitaire omniprésente au début du siècle et brutalement tarie par une loi de 1943. Mais depuis 1979 — et une nouvelle loi —, les couleurs se sont mises à reprendre les murs. D'abord par jeu : trompe-l'œil, dérision, détournement de perspectives. Puis le sérieux a pris le dessus et a fini par s'installer. Sous deux formes : l'œuvre d'art et la publicité commerciale.

Ce renouveau est loin d'avoir atteint l'ampleur du « street art » de certaines villes américaines ou mexicaines. Mais quelques-unes de ces réalisations parisiennes valent le détour si l'on passe dans leur quartier. Comme au début du siècle, le support idéal est le mur-pignon, mur latéral d'immeuble, nu, sans voisin, et se voyant de loin dans la perspective de la rue.

Parmi les murs peints les plus célèbres, les trompe-l'œil. Ceux de Fabio Rieti : les Fenêtres imaginaires (une cheminée de ventilation transformée en faux immeuble près de Beaubourg, à l'angle de la pl. Edmond-Michelet et de la rue Aubry-Le-Boucher, 4e arr.), la fausse façade (à l'angle de la rue de Penthièvre et de l'av. Delcassé, 8e arr.), l'Escalier (à l'angle de la rue Pierre-Lescot et de la rue Étienne-Marcel, 1er arr.), et le portrait de Jean-Sébastien Bach (53, rue de Clisson, 13e arr.). Ceux d'André Menard : la Grande Prairie (à l'angle du bd de Strasbourg et de la rue de Metz, 10e arr.) et le grand mur à l'angle de la rue Beautreillis et de la rue Neuve-Saint-Pierre (4e arr.). Le paysage de Pierre François de Gorse (à l'angle de la rue de Bretagne et de la rue de Belleyme, 3e arr.). Le Messager, une abstraction de Juan Luis Cousino (23, rue de l'Amiral-Roussin, 15e arr.). Le Platane, de Zanko (à l'angle de la rue de Strasbourg et de la rue du Château-d'eau, 10e arr.). La Butte Montmartre autrefois, par Arditi (à l'angle de la rue du Mont-Cenis et de la rue Duc, 18e arr.).

Et les murs peints au no 67 de la rue de la Tombe-Issoire (14e arr.), aux angles de la rue de Mogador, de la rue de la Victoire et de la rue Joubert (9e arr.), à l'angle de la rue Damrémont et de la rue Vauvenargues (18e arr.), et à l'angle du bd Saint-Germain et de la rue Grégoire-de-Tours (6e arr.).

Le relais vient d'être pris par les annonceurs publicitaires qui se sont lancés dans cette forme de publicité, moins éphémère. Les réalisations les plus spectaculaires à Paris sont la reproduction de la publicité pour les petits-beurre Lu (75 bis, rue d'Auteuil, 16e arr.), la publicité pour les boutiques des aéroports de Paris par Pierre Combet (125, avenue du Général-Leclerc, 14e arr.) et le chimpanzé dévorant des petits-suisses à l'angle de la rue du Renard et de la rue du Cloître-Saint-Merri (4e arr.).

Anciens commerces

Un peu tardivement — beaucoup hélas ont récemment disparu —, les Monuments historiques ont finit par reconnaître la valeur artistique de l'architecture et de la décoration de nombreux commerces, boutiques, cafés ou restaurants. Un certain nombre d'entre eux, parvenus intacts jusqu'à nos jours, ont ainsi été définitivement protégés par un classement officiel en 1984. Il serait dommage de ne pas s'arrêter quelques minutes pour admirer ces petis chefs-d'œuvre de l'artisanat de la fin du XIXe s. (copie de l'art académique, avec scènes de genre et représentations pittoresques du quartier, en céramique, boiseries Art Nouveau ou toile peinte sous verre), ou du début du XXe s. (influence de l'Art déco et prééminence des architectes sur les décorateurs : devantures de marbre, verre et métal).

Il subsiste plusieurs centaines de ces créations, que l'on peut découvrir un peu partout, au hasard de promenades dans les rues de Paris.

1er arrondissement : 15, rue Montmartre (superbe petit café) ; 3, rue Étienne-Marcel (restaurant) ; 33, rue du Pont-Neuf (restaurant) ; 24, rue de la Grande-Truanderie (restaurant Pharamond, avec marqueterie de Panzani au premier étage) ; angle de la rue Saint-Denis et de la rue Rambuteau (café) ; angle de la rue Saint-Denis et de la rue de la Cossonnerie (café) ; 3, rue Montorgueil (restaurant l'Escargot) ; 17, rue de Beaujolais (restaurant le Grand Véfour, sous les arcades du jardin du Palais-Royal, avec plafond Restauration, peint et doré à la feuille et peintures sur soie sous verre du second Empire).

2e arrondissement : 143, rue Saint-Denis (café) ; 71, rue Sainte-Anne (intérieur de la pharmacie) ; 42, rue des Petits-Champs (épicerie) ; 51, rue Montorgueil (pâtisserie récemment malmenée).

3e arrondissement : 147, rue Saint-Martin (ancienne crémerie) ; angle de la rue de Poitou et de la rue de Saintonge (boulangerie).

4e arrondissement : 80, rue François-Miron (café) ; 23, rue des Francs-Bourgeois (boulangerie) ; angle de la rue des Francs-Bourgeois et de la rue de Sévigné (boulangerie) ; angle de la rue Malher et de la rue des Rosiers (boulangerie) ; 63, rue Rambuteau (intérieur de la crémerie) ; 32, rue Vieille-du-Temple (superbe petit comptoir de bistrot en fer à cheval) ; 8, rue Jean-du-Bellay (pharmacie) ; 12, rue Jean-du-Bellay (restaurant) ; 5, rue de la Bastille (brasserie Bofinger avec verrière en vitrail, faïences dans les toilettes et marqueterie de Panzani).

5e arrondissement : 16, rue des Fossés-Saint-Jacques (boulangerie) ; 18, rue des Fossés-Saint-Jacques (restaurant dans une ancienne boucherie) ; angle du quai Montebello et de la rue du Haut-Pavé (restaurant la Bouteille d'Or) ; 200, rue Saint-Jacques (charcuterie) ; angle de la rue Saint-Jacques et de la rue Roger-Collard (épicerie) ; 49, rue des Ecoles (brasserie le Balzar).

6e arrondissement : 13, rue de l'Ancienne-Comédie (restaurant le Procope) ; angle de la rue Mabillon et de la rue Guisarde (restaurant) ; angle de la rue de Seine et de la rue Jacques-Callot (décor intérieur du café la Palette) ; 115, bd Saint-Germain (façade en bois) ; angle de la rue de Vaugirard et de la rue Madame (ancienne façade de boucherie) ; 59, bd Montparnasse (restaurant avec décor 1900).

7e arrondissement : 30, rue des Saints-Pères (confiserie) ; 79, rue du Bac (imposante façade en bois) ; 41, av. La Bourdonnais (ancienne crémerie) ; 54, av. La Bourdonnais (pharmacie) ; 41, rue de Bourgogne (crémerie) ; 64, rue Saint-Dominique (boulangerie) ; 112, rue Saint-Dominique (boulangerie).

8e arrondissement : 9, place de la Madeleine (restaurant Lucas-Carton, avec motifs en bois sculpté de Planel et bronzes de Galli) ; 57, bd Haussmann (teinturerie) ; 1, rue Chauveau-Lagarde (reste d'une devanture style Empire) ; 109, bd Haussmann (papeterie).

9e arrondissement : 7, rue du Faubourg-Montmartre (restaurant Chartier, un des derniers « bouillons » construits à la fin du XIXe s.) ; 24, rue du Faubourg-Montmartre (décoration intérieure de poissonnerie) ; angle de la rue du Faubourg-Montmartre et de la rue de Provence (un des plus beaux magasins anciens de la capitale : une superbe épicerie-confiserie avec décor de toiles sous verre et mobilier intérieur d'époque); 18, rue Vignon (confiserie illustrant le classicisme de l'Art déco, avec une sobre devanture de marbre); 12, bd des Capucines (le Café de la Paix, avec son décor intérieur conçu par Garnier, l'architecte de l'Opéra); 25, rue Le Peletier (restaurant Petit Riche).

10e arrondissement : 23, rue de Dunkerque (décor 1925 de la brasserie Terminus Nord); angle de la rue du Faubourg-Poissonnière et de la rue des Messageries (restaurant).

11e arrondissement : angle de la rue Saint-Sabin et de la rue Amelot (charcuterie); angle du bd Beaumarchais et de la rue du Pasteur-Wagner (boulangerie); angle de la rue de la Roquette et de la rue de la Folie-Régnault (boulangerie).

12e arrondissement : 174, rue du Faubourg-Saint-Antoine (épicerie-confiserie); 19, rue Montgallet (boulangerie); 10, rue Théophile-Roussel (ancienne crémerie); angle de la rue Théophile-Roussel et de la rue Antoine-Vollon (bar-restaurant); gare de Lyon (restaurant le Train Bleu et buffet de la gare).

14e arrondissement : 10 bis, rue Roger (petite façade de bois peint d'une ancienne librairie); 105, rue Vercingétorix (superbe boulangerie, unique rescapée de cette rue entièrement rénovée).

15e arrondissement : 10, rue Lecourbe (crémerie); 34, rue du Laos (restaurant); 53, rue Amiral-Roussin (intérieur de café).

16e arrondissement : 5, rue Mesnil (superbe petit bar de quartier); 25, rue de la Pompe (fleuriste récemment transformé en restaurant); 16, av. Victor-Hugo (décor 1925 du restaurant-bar Prunier Traktir : marbre noir, pâte de verre et onyx).

18e arrondissement : 128, rue Lamarck (boulangerie); 22, bd de Clichy (le Pigalle : un bar témoin des années 60); 44, rue Damremont (pâtisserie); angle de la rue Marcadet et de la rue Carpeaux (boulangerie).

Les palaces

Pourquoi ne pas découvrir un ou deux de ces palaces parisiens, musées du luxe qui font autant partie de l'histoire de la capitale que les grands magasins ou les Champs-Elysées? D'autant plus qu'il n'est pas nécessaire de passer la nuit pour y goûter un peu.

Il est en effet possible de venir prendre un petit déjeuner au Crillon (10, pl. de la Concorde, 8e arr.), au Bristol (112, rue du Faubourg-Saint-Honoré, 8e arr.), au Ritz (15, pl. Vendôme, 1er arr.), au Prince de Galles (33, av. George-V, 8e arr.), au Plaza Athénée (25, av. Montaigne, 8e arr.) ou au George V (31, av. George-V, 8e arr.).

Où bronzer?

Bronzer à Paris? Pourquoi pas? Les étés y sont ensoleillés et parfois très chauds : moments où la ville est la plus belle. Moments où il est agréable de pouvoir s'arrêter quelques heures sous le soleil pour profiter un peu de cet attribut du snobisme local : le bronzage parisien.

Car les endroits de la capitale propres à la « bronzette » sont plus nombreux qu'on ne le pense, et massivement investis depuis quelques années par des corps de plus en plus dénudés.

Il y a évidemment les piscines découvertes, malheureusement trop souvent bondées : la piscine Keller (8, rue de l'Ingénieur-Keller, 12e arr.), la piscine Molitor (2 à 8, av. de la Porte-Molitor, 16e arr.), la piscine Roger-Le-Gall (34, bd Carnot, 12e arr.), la piscine Georges-Hermant (4, rue David-d'Angers, 19e arr.), la piscine de la Butte-aux-Cailles (5, pl. Paul-Verlaine, 13e arr.), la piscine de l'hôtel Nikko (61, quai de Grenelle, 15e arr.). Sans oublier la piscine Deligny (quai Anatole-France, 7e arr.), dernière survivante de la douzaine de « bains flottants » que l'on pouvait trouver au début du siècle sur la Seine et qui a su rester le bain du Tout-Paris depuis que George Sand et Gustave Flaubert sont venus s'y tremper.

Mais ce sont les quais de la Seine, devenus très à la mode, qui absorbent la majeure partie des candidats au bronzage. Entre le pont d'Austerlitz et le pont de Solférino, toute une série de plages urbaines se succèdent, occupées mètre carré par mètre carré les jours de soleil. Les quais et les pointes des deux îles (Saint-Louis et Cité) ainsi que la rive droite de la Seine entre le pont des Arts et le pont Royal sont parmi les solariums les plus fréquentés de la capitale.

Où courir ?

Les Parisiens courent du matin au soir. Mais il y a des endroits dans la capitale où les adeptes du jogging quotidien peuvent se livrer plus tranquillement aux épreuves de leur discipline.

Les bois sont les plus indiqués : le bois de Boulogne à la limite E. et le bois de Vincennes à la limite O. de Paris offrent sur des centaines d'hectares des circuits nombreux et variés mais très fréquentés toute la semaine. On peut s'y perdre. La Ville de Paris propose des parcours sans risques, fléchés et ponctués d'installations de gymnastique. Elle organise aussi, chaque dimanche matin, des entraînements collectifs de tous niveaux avec des moniteurs (☎ 42.76.54.54).

Mais il y a, dans Paris intra-muros, de nombreux espaces de verdure qui permettent d'aligner quelques foulées. Très fréquenté, le circuit de plus de 2 km dans le jardin du Luxembourg (6e arr.). Longueur équivalente pour le circuit offert par le tour du jardin des Plantes (5e arr.). Un peu plus de relief et un très beau paysage pour le circuit de 2,5 km du parc Montsouris (14e arr.), fréquenté par de nombreux étudiants de la Cité universitaire toute proche. Parcours très montagnard, avec deux côtes de près de 500 m, dans le parc des Buttes-Chaumont (19e arr.) qui offre un beau circuit de plusieurs kilomètres. Enfin, les quais de la Seine offrent encore quelques tronçons libres de plusieurs kilomètres, notamment entre le pont de l'Alma et le pont des Arts, et entre le pont de Tolbiac et le pont de Sully.

Où prendre un verre ?

A Paris, il y a toujours un moment pour boire. Et cela depuis longtemps : d'où ces lieux — cafés, salons de thé ou brasseries — devenus (ou restés) des institutions, occasions de rituels, de rencontres ou de rendez-vous.

Certains ont le rare privilège de continuer à honorer une tradition de qualité — très ébranlée ces dernières années —, dans un cadre d'époque ayant survécu plusieurs dizaines d'années sans traumatisme ni snobisme.

Bistrots à vins

Le Rubis (10, rue du Marché-Saint-Honoré, 1er arr.). Tous les beaujolais, à boire dans la foule. La Taverne Henri IV (13, pl. du Pont-Neuf, 1er arr.) : il y a deux étages de caves sous ce petit bistrot, l'un des meilleurs et l'un des mieux placés de Paris. Chez Clovis (angle de la rue Berger et de la rue des Prouvaires, 1er arr.) : avec un superbe comptoir en arc de cercle. La Cloche des Halles (angle de la rue Coquillière et de la rue du Coq-Héron, 1er arr.) : beaujolais et vins de Loire. Au Duc de Richelieu (110, rue de Richelieu, 2e arr.) : le spécialiste des beaujolais. La Tartinc (24, rue de Rivoli, 4e arr.) : vins de régions. Au Franc-Pinot (angle de la rue des Deux-Ponts et du quai de Bourbon, 4e arr.) : vins de Loire et quelques bordeaux. Café de la Nouvelle Mairie (19, rue des Fossés-Saint-Jacques, 5e arr.) : très bons vins de Loire. Le Sauvignon (80, rue des Saint-Pères, 7e arr.) : vins de régions dans un minuscule bistrot. Cave-dégustation (9, rue de Chabrol, 10e arr.) : vins de régions. Le Savoyard (39, rue Popincourt, 11e arr.) : vins de Savoie. Le Baron Rouge (1, rue Théophile-Roussel, 12e arr.) : à deux pas du marché d'Aligre. Le Rallye (6, rue Daguerre, 14e arr.) : grande sélection de vins de pays. Aux Négociants (23, rue Lambert, 18e arr.) : un des derniers bistrots de Montmartre ; beaujolais et vins de Loire.

Salons de thé

Angelina (226, rue de Rivoli, 1er arr.) : en face des Tuileries, on fait la queue pour le célèbre Mont-Blanc (meringue-crème de marron-chantilly) et pour boire un thé ou un chocolat sous les paysages de Lorrant-Heilbronn. Smith and son (248, rue de Rivoli, 1er arr.) : le savoir-faire anglais ; indiscutable. Verlet (256, rue Saint-Honoré, 1er arr.) : boutique de vente et salons minuscules ; mais c'est la grande maison parisienne des cafés de toute provenance. Aux Trois Quartiers (17, bd de la Madeleine, 1er arr.) : le grand salon de thé au dernier étage de ce (petit) grand magasin de la place de la Madeleine est un des plus tranquilles de la capitale. La Mosquée de Paris (39, rue Geoffroy-Saint-Hilaire, 5e arr.) : thé à la menthe et loukoums. La Pagode (57 bis, rue de Babylone, 7e arr.) : minuscule salon dans un jardin calme, au pied d'une authentique pagode. Ladurée (16, rue Royale, 8e arr.) : une institution, entre la Madeleine et la Concorde ; les meilleurs macarons de Paris. Aux Délices (39, rue de Villiers, 17e arr.) : salon et pâtisseries d'avant-guerre.

Les temples de la bière

Le Trappiste (4, rue Saint-Denis, 1er arr.). La Taverne de Rubens (12, rue Saint-Denis, 1er arr.). Le Gobelet d'Argent (11, rue du Cygne, 1er arr.) : bières anglo-saxonnes. Académie de la Bière (88 bis, bd de Port-Royal, 5e arr.) : plus d'une centaine de bières, avec notamment les bières artisanales du nord de la France. Pub Saint-Germain (17, rue de l'Ancienne-Comédie, 6e arr.) : un temple avec plus de trois cents bières internationales dont une vingtaine tirées au fût. La Taverne de Nesles (32, rue Dauphine, 6e arr.) : plusieurs centaines de bières du monde entier. Au Général La Fayette (52, rue La-Fayette, 9e arr.) : une centaine de bières dans le décor Belle Epoque du plus beau bistrot à bières de Paris. L'Abbaye de Leffe (75, av. de Saint-Ouen, 17e arr.) : toutes les grandes bières belges, sous le portrait de la reine des Belges.

Paris nostalgie

Les vrais amateurs se lamentent : la capitale change trop vite, se banalise. La vie parisienne disparaît, morceaux par morceaux. Quand les lieux restent, c'est souvent leur ambiance qui a expiré.

En cherchant bien, en ouvrant l'œil, et surtout en sortant des sentiers battus, il est encore possible de frôler quelques odeurs ou quelques sons du Paris des années 50, voire même d'avant-guerre. Endroits de tradition, miraculeusement rescapés par le hasard ou le culte de la continuité. Le danger qui guette certains d'entre eux aujourd'hui est de devenir des lieux de pèlerinage...

Sans donc trahir les endroits les plus fragiles, les plus secrets, les plus préservés, qui méritent la recherche et l'effort, il est possible de proposer un petit parcours moins confidentiel, mais suffisant pour pouvoir y caresser la nostalgie et avoir envie d'aller plus loin.

Flâner dans les passages qui n'ont pas encore été rénovés : le passage Choiseul (entre la rue des Petits-Champs et la rue Saint-Augustin), le passage Jouffroy (entre la rue de la Grange-Batelière et le bd Montmartre), le passage des Panoramas (entre le bd Montmartre et la rue Saint-Marc), et le plus beau, le mieux conservé, le passage Vero-Dodat (entre la rue Jean-Jacques-Rousseau et la rue du Bouloi).

Faire quelques achats à la Samaritaine, le plus suranné des grands magasins parisiens, ou dans ces superbes boutiques rescapées où l'on est encore servi comme avant-guerre : l'épicerie-confiserie Des Familles (à l'angle de la rue du Faubourg-Montmartre et de la rue de Provence, 9e arr.), l'épicerie Tetrel (42, rue des Petits-Champs, 2e arr.), la confiserie Tanrade (18, rue Vignon, 9e arr.), le teinturier Parfait (57, bd Haussmann, 8e arr.).

Prendre un thé chez Ladurée (16, rue Royale, 8e arr.), au salon du magasin les Trois Quartiers (17, bd de la Madeleine, 1er arr.) ou aux Délices, où les impressionnantes pâtisseries n'ont pas varié depuis cinquante ans (39, av. de Villiers, 17e arr.).

Prendre un verre de bon vin au Savoyard (39, rue Popincourt, 11e arr.), à la Tartine (24, rue de Rivoli, 4e arr.) ou Aux Négociants (23, rue Saint-Lambert, 18e arr.), ou une bière au Général La Fayette (52, rue La Fayette, 9e arr.).

Enfin, aller déjeuner ou dîner dans un de ces restaurants qui n'ont plus d'âge. En été, la terrasse du Petit Saint-Benoît, à deux pas de la place Saint-Germain-des-Prés (4, rue Saint-Benoît, 6e arr.) ou les pavés de la Cité Berryer, minuscule morceau de village à quelques mètres de la place de la Madeleine et de la place de la Concorde (25, rue Royale, 8e arr.). La cohue et le décor 1892 de l'ancien « bouillon » Chartier, fossile vivant de la Belle Époque qui propose la carte la moins chère de Paris (7, rue du Faubourg-Montmartre, 9e arr.). Les peintures et les plats du jour début de siècle du Petit Riche (25, rue Le Peletier, 9e arr.). Et l'un des seuls survivants des restaurants des anciennes Halles : la Petite Normande (24, rue de la Grande-Truanderie, 1er arr.). L'ambiance Quartier Latin de luxe de la brasserie le Balzar (49, rue des Ecoles, 5e arr.). Ou quelques-uns de ces restaurants de quartier survivants : le Dauphin (167, rue Saint-Honoré, 1er arr.), les Arts (73, rue de Seine, 6e arr.), le Champagne (21, rue Joubert, 9e arr.). Au Pied de Fouet (45, rue de Babylone, 7e arr.) et le Pot-au-feu (34, rue Vignon, 9e arr.), où l'on peut se faire servir à toute heure de la journée un... pot-au-feu.

Eric Conan

Paris dans l'histoire

De l'époque préhistorique aux invasions normandes

La destinée de Paris et son choix comme capitale sont liés à la conjonction de deux facteurs, l'un géographique et l'autre politique, dont l'examen est nécessaire pour comprendre l'étonnante vocation de la petite cité des Parisii. Préfiguré lors des invasions barbares par le séjour de Julien l'Apostat, c'est le choix de Clovis, repris après l'interruption carolingienne par les Capétiens, qui a fait de Paris la tête — caput — du royaume et, à partir du XIIIe s., le siège des organes fixes du gouvernement de la France.

Cette désignation, source de la fortune et de la grandeur de la ville, consacrait une position géographique exceptionnelle reconnue dès la préhistoire comme l'attestent les traces d'habitat datant du paléolithique et du néolithique. Paris est ainsi la fille du Roi et de la Seine.

Un site quaternaire

L'immense fleuve du début des temps quaternaires avait modelé la cuvette d'un grand méandre encore sensible aujourd'hui dans la succession des collines de Charonne, Ménilmontant, Belleville, Montmartre et Chaillot. L'abaissement des eaux, lors du réchauffement de la température, a modifié et réduit son cours, laissant émerger, au-delà de la zone humide de l'ancien lit (le Marais en est une partie, au nom révélateur), une plate-forme de graviers (les quatre premiers arrondissements moins leur frange externe) et un chapelet d'îlots. Ces *îlots* ont constitué de bonne heure un passage naturel pour traverser le fleuve, situé précisément dans l'axe le plus favorable aux échanges entre la Gaule du Nord et celle du Sud, en empruntant la dépression du col de La Chapelle, entre les collines de Belleville et de Montmartre. Venant de Rouen ou de Senlis, on gagnait ainsi facilement le plateau insubmersible de la rive gauche, c'est-à-dire la montagne Sainte-Geneviève, pour poursuivre vers le site d'Orléans.

Favorisé par le passage, l'îlot central constitue très tôt un commode réduit défensif peuplé de cabanes pour une population qui se trouvait ainsi au nœud du trafic terrestre et du trafic fluvial. Ce dernier, rendu aisé par le cours régulier et paisible de la Seine et l'éventail incomparable de ses affluents — Oise et Aisne, Marne, Aube, Yonne et Loing — ne cessa de s'intensifier, donnant à la corporation des bateliers, les *Nautes*, un rôle économique et bientôt politique de premier ordre.

Les *avantages* du site ne se comptent pas : large ouverture sur les régions avoisinantes au-delà de la zone largement irriguée du Bassin parisien, proximité de terres fertiles capables d'assurer la subsistance d'une grande ville, présence en son sol de carrières de pierre et de plâtre utiles à la construction des maisons, nœud de voies de passage vers toutes les directions, proximité relative de mers poissonneuses et d'un grand trafic commercial, position centrale dans la France du Nord. Il en est tant que Paris a subi, par contrecoup, un *préjudice* fondamental : la ville est située sur la route des invasions et mal défendue du côté des frontières de l'Est. Dès qu'elle dépassa dans son évolution l'enceinte tutélaire de l'île, elle devint une proie tentante et vulnérable. Assiégée, prise, occupée plusieurs fois au cours de l'histoire, elle a pesé, bien souvent, sur l'issue des conflits européens.

Les traces d'habitat attestent l'apparition de l'homme dans le site parisien dès l'époque du paléolithique inférieur et moyen, puis, après une interruption, au néolithique (IVe et IIIe millénaires), ainsi dans le site du Louvre et à Villejuif. La culture de l'*âge du bronze* s'y implante solidement : allées couvertes d'Argenteuil, de Meudon, de Conflans-Sainte-Honorine, cachettes de fondeur comme celle de Thiais, qui témoignent de la fréquence des échanges avec les régions lointaines, de la Grande-Bretagne à la Méditerranée. Lors du second *âge du fer*, arrivent des populations celtes venues de Germanie, notamment ces *Quarisii* ou *Parisii*, fixés sans doute au milieu du IIIe s. en ce lieu dénommé avant eux *Lucoticia* (Lutèce). Prospères et indépendants malgré le voisinage de la puissante population des Senons (à Sens), les Parisii frappent des pièces d'or d'une remarquable invention plastique. Puis c'est la *guerre des Gaules*. César, dans ses Commentaires, mentionne la cité des Parisii en 53-52 av. J.-C. A l'appel de Vercingétorix, ils se soulèvent contre l'envahisseur romain et envoient un contingent de 8 000 hommes ; en même temps, ils détruisent leur ville et leurs ponts avant l'arrivée du lieutenant de César, Labienus, qui bat leur chef Camulogène, sans doute dans la plaine de Grenelle.

— La ville gallo-romaine

Après la conquête romaine se développe une ville double : dans l'île, la *ville gauloise* reconstruite et, sur le plateau de la rive gauche, une *cité nouvelle* comme celles qui s'élèvent alors dans toute la Gaule. Les fouilles récentes de la direction des Antiquités de la région parisienne ont permis de connaître plus exactement la topographie et l'importance de cette dernière. Elle est tracée loin du fleuve et de ses berges inondables, au sommet du plateau qui offrait un vaste champ libre à la construction, le long de la route menant à Orléans. Celle-ci fournit donc l'axe principal, le *cardo*, matérialisé par la rue Saint-Jacques, dans le prolongement de la route du Nord (rue Saint-Martin sur la rive droite). Deux voies perpendiculaires ou *decumani* suivaient approximativement nos rues Soufflot et des Ecoles. Le forum était au croisement de la première et de la rue Saint-Jacques. La construction d'un parc de stationnement souterrain a permis de juger de ses dispositions (place publique, temple et basilique), dans son état du début du IIe s. On trouvait à proximité un établissement de bains (thermes du Midi, rue Gay-Lussac) et un quartier résidentiel (jardin du Luxembourg, où de nombreux vestiges ont été découverts).

A l'écart, adossé à la pente et face à la Bièvre, s'élevait un édifice de loisirs à double usage de théâtre et de cirque, édifice mixte d'un type spécifiquement gallo-romain mais d'une ampleur inusitée, les *Arènes de Lutèce*, rue Monge. Le cimetière se trouvait aux environs du Val-de-Grâce. Plus tard, la ville s'agrandit vers le N. en descendant la pente. Ainsi furent élevés un théâtre (rue Racine), les thermes de l'Est (Collège de France) et surtout les *grands Thermes du Nord*, à la fin du IIe ou au début du IIIe s., édifice grandiose dont on peut voir deux vastes salles, l'une recouverte d'une voûte massive, dans les bâtiments du musée de Cluny, à l'angle des boulevards Saint-Michel et Saint-Germain. L'eau était amenée à ces thermes par un aqueduc long de 15 km, en provenance d'Arcueil. Quant à l'*île de la Cité*, il est probable qu'elle abrita le siège administratif ; cela pourrait expliquer la destination d'un vaste édifice civil du bas Empire dont les puissantes substructions ont été mises au jour sous le parvis Notre-Dame. La rive droite marécageuse n'accueillait sans doute que le port fluvial, et un sanctuaire se dressait sur la colline du Nord, au *mons Mercurii* (Montmartre), dominant quelques villas. Sous les Césars, les Flaviens et les Antonins, Lutèce est une ville d'importance moyenne, prospère et commerçante, qui peut compter 8 000 habitants.

Les *invasions barbares*, qui recouvrent la moitié du pays, ne l'épargnent pas au milieu du IIIe s. La ville est ravagée par un gigantesque incendie dont les traces ont été repérées sur les fragments d'édifices conservés. L'île de la Cité sert à nouveau de réduit défensif et des blocs de pierre arrachés aux monuments et aux tombeaux permettent de la cerner d'une enceinte puissante bordant le fleuve. Bien des vestiges de cette première muraille de Paris ont été retrouvés. Comme dans d'autres villes de France, les fouilles ont livré des blocs sculptés, des tambours de colonnes et des chapiteaux, des fragments d'architraves qui permettent d'imaginer la richesse des édifices détruits.

Néanmoins si l'enceinte de la Cité, qui n'embrassait que 9 ha, a accueilli la population à plusieurs reprises dans les heures menaçantes, il ne semble pas que la rive gauche ait été totalement abandonnée, le forum ayant même été lui aussi fortifié, comme l'a établi M. Michel Fleury. La vie subsiste ainsi dans des bâtiments en partie reconstruits et des habitations se dressent même sur la rive droite, au monceau Saint-Gervais, butte insubmersible au bord du fleuve. Lutèce reste en effet une *base stratégique* importante pour le maintien de l'Empire romain. Par deux fois les Césars, chargés de le défendre, séjournent dans la ville qui forme un commode camp retranché. Le premier, le César Julien (l'Apostat) y vint en 358, puis dans l'hiver 359-360 au cours duquel il fut proclamé empereur. Dans ses souvenirs, il a consacré quelques lignes à l'évocation de sa « chère Lutèce ». Après lui ce fut Valentinien Ier en 365 et 366. Il est permis de penser, d'après le récit de Julien, qu'ils ont habité le palais de la Cité.

Le *christianisme* s'insinue dans la ville romaine, particulièrement au IIIe s., comme l'atteste le martyre du premier évêque, saint Denis, en 250. Un important cimetière chrétien s'est développé hors de la ville, au faubourg Saint-Marcel, où de nombreuses tombes ont été retrouvées. En 360, la ville, siège d'un évêché dépendant de l'archevêque de Sens, est assez importante pour abriter un concile. C'est vers cette époque que le nom de *Paris* vient supplanter celui de Lutèce.

La capitale mérovingienne

Au Ve s., la région parisienne forme un Etat gallo-romain indépendant isolé dans la tourmente des invasions. Celle d'*Attila* et des *Huns* (451) marque profondément les mémoires ; aidé d'une bergère de Nanterre nommée *Geneviève*, l'évêque de Paris saint Marcel galvanise le courage de ses compatriotes et les empêche d'abandonner la ville, à laquelle le siège est finalement épargné. Mais la victoire appartient en définitive aux Francs. Vainqueur du Romain Syagrius à Soissons en 486, Clovis se rend maître de la Gaule et se convertit au christianisme. Une fois vainqueur des Wisigoths à Vouillé, il décide en 508 de fixer à Paris le « siège du royaume » et y meurt trois ans plus tard.

Ses successeurs vont conférer à la ville une valeur prééminente, dont on peut juger par le sort qu'ils lui réservent lors des partages dynastiques et par la grandeur des *églises* qu'ils y édifient. Clovis avait fait bâtir la basilique des Saints-Apôtres qu'il choisit comme lieu de sépulture ; les corps de sainte Clotilde et de sainte Geneviève y seront ensuite inhumés et le nom de la dernière restera attaché à l'abbaye qui s'élevait au sommet de la montagne « Sainte-Geneviève », à l'emplacement de la rue Clovis. Childebert Ier, fils de Clovis, qui fut roi de Paris pendant quarante-sept ans, fit bâtir pour sa sépulture l'église Sainte-Croix-Saint-Vincent, qui est aujourd'hui Saint-Germain-des-Prés, où seront enterrés d'autres souverains mérovingiens fidèles au séjour parisien : Chilpéric et Clotaire II. Dagobert, lui, s'intéressa à la basilique que sainte Geneviève avait fait construire au nord de Paris au-dessus du tombeau de saint Denis et s'y fera inhumer, précédant ainsi la plupart des rois de Francs (Saint-Denis). Les anciens historiens de Paris, comme Grégoire de Tours, signalent aussi la beauté de la première église cathédrale, dédiée à saint Étienne. Les fouilles récentes ont révélé un édifice immense pour l'époque, le plus vaste de la Gaule mérovingienne, une église à cinq nefs, large de 36 m, dont la décoration était splendide et dont il faut, selon M. Michel Fleury, attribuer la construction à Childebert Ier. Elle s'accompagnait d'un baptistère et d'une seconde église dédiée, déjà, à Notre-Dame. A l'autre extrémité de l'île se dresse le *palais royal*. La ville s'étend sur les deux rives, comme nous l'apprend le nombre des premières églises consacrées, quinze en tout. La cour itinérante des rois se déplace dans les villas de la région parisienne : Reuilly, Clichy, Chelles, Rueil et Garges-lès-Gonesse.

Le déclin sous les Carolingiens

Dès la décadence mérovingienne du VIIe s., Paris cesse de jouer un rôle primordial et le siège du pouvoir politique se déplace vers le N.-E. (l'Austrasie). Le phénomène est encore accentué par l'accession d'une nouvelle dynastie, les Carolingiens, dont les origines et les biens sont localisés dans les pays du Rhin. Charlemagne fixe les capitales de l'empire à Rome et à Aix-la-Chapelle et ne réside que rarement à Paris. L'abbaye de Saint-Denis, l'un des monastères les plus riches, constitue encore un lien entre la nouvelle dynastie et la région parisienne puisque Charles Martel et Pépin le Bref s'y firent inhumer, et que Pépin et Charlemagne vont reconstruire la basilique. Cependant Paris, mal défendu et abandonné par les derniers Carolingiens, impuissants, va être la proie des *pirates normands*. Remontant le cours de la Seine, ils pillent et brûlent la ville à plusieurs reprises (845, 856, 861). Le grand siège de 885-886 est resté célèbre grâce à l'énergie des défenseurs de la Cité : l'évêque Gozlin, qui a relevé les remparts et fait dresser des tours de bois au débouché des ponts, et Eudes, comte de Paris, qui va bientôt ceindre la couronne. La ville est sauvée mais les faubourgs ont été anéantis. C'est du siège que date la ruine définitive de la ville romaine de la rive gauche. Paris se replie alors dans l'île, pour un siècle.

Le Paris médiéval

La cité des premiers Capétiens

Avec l'avènement des Capétiens, ducs de France et comtes de Paris, la région parisienne revient au centre du pouvoir. Paris raffermit sa position, tout en partageant avec d'autres villes, comme Laon et surtout Orléans, la résidence du souverain. L'*activité marchande* va lui donner son essor, favorisant la rive droite (« Outre-Grand-pont ») dont la berge basse, au long de la courbe concave du méandre, fournit de commodes ports naturels, l'anse de la Grève d'abord, le port de l'École (extrémité N. du Pont-Neuf) ensuite.

La rive droite forme aussi le débouché des grandes *voies du commerce* par terre, draps du Nord par la rue Saint-Denis, blé par la rue Saint-Honoré, poisson de la mer du Nord et de la Manche par la rue des Poissonniers. En liaison avec la foire du Lendit (à Saint-Denis), un marché s'est établi entre Saint-Laurent et Saint-Martin-des-Champs. Bientôt l'importance de l'agglomération nécessite le transfert du marché de l'île de la Cité sur des espaces plus dégagés. Vers 1137, Louis VI le Gros l'installe au lieu-dit *les Champeaux*, les petits champs, région privilégiée puisqu'elle se trouve au carrefour des arrivages par le fleuve et par la route. Les Halles de Paris resteront là pendant huit siècles et demi.

L'*anneau de marais*, vestige de l'ancien lit de la Seine, est alors drainé et mis en culture (marais Sainte-Opportune à l'E., Couture-l'Evêque à l'O.). Il produit des légumes puis des céréales. Des ponts franchissent l'égout de drainage pour assurer une meilleure liaison avec les villages voisins qui contribuent aussi à approvisionner la ville. La rive droite est entourée au

XIe s. d'une première enceinte dont il ne nous est resté aucun vestige. Elle enfermait quelques buttes hors d'atteinte des crues de la Seine, le monceau Saint-Gervais, les paroisses Saint-Merry et Saint-Jacques-la-Boucherie. La paroisse voisine, Saint-Germain-l'Auxerrois, avait sans doute son enceinte particulière. Au XIIe s., de nouvelles paroisses naissent au débouché des portes, Saint-Paul sur la route de Melun, Saint-Nicolas-des-Champs sur celle de Senlis, et les Saints-Innocents sur celle de Rouen.

La *Cité*, construite et peuplée de façon intense (quatorze paroisses), reste le siège du pouvoir, royal et épiscopal. L'évêque Maurice de Sully entreprend, en 1163, la reconstruction de la *cathédrale Notre-Dame* à l'emplacement des deux églises mérovingiennes et fait bâtir sur son flanc S. le premier *palais épiscopal*. Les rois Hugues Capet, Robert le Pieux, Henri Ier, Philippe Ier, Louis VI et Louis VII séjournent à fréquentes reprises dans le palais de la Cité que rénovent Robert et Louis VI, le premier cherchant à offrir une résidence plus aimable à sa nouvelle épouse, la Provençale Constance d'Arles, le second soucieux de renforcer la défense du palais contre les féodaux d'Ile-de-France par l'érection d'un fort donjon (qui sera détruit sous Louis XVI).

Les accès des *ponts* sont aussi *fortifiés* par des constructions nouvelles : Grand Châtelet sur la rive droite au débouché du grand pont reconstruit près du palais dans l'axe de la rue Saint-Denis, et Petit Châtelet sur la rive gauche au débouché du Petit-Pont, dans l'axe de la rue Saint-Jacques.

Quant à la rive gauche, elle est quasi abandonnée. Les pentes de la montagne Sainte-Geneviève sont livrées à la culture, les *clos*, qui dépendent surtout des grandes abbayes, Sainte-Geneviève et Saint-Victor. Plus loin, Saint-Germain-des-Prés groupe une importante agglomération agricole autour des bâtiments conventuels des moines bénédictins.

L'œuvre de Philippe Auguste et de Saint Louis

La ville s'est développée largement hors de la première enceinte. Le nouveau roi Philippe Auguste envisage un ensemble défensif plus important, capable de résister aux assauts du roi d'Angleterre. Sur son ordre les bourgeois édifient (en 1190) un épais *rempart* de pierre flanqué de tours rondes qui enserre les nouvelles paroisses et les halles des Champeaux et s'achève sur le front O., le plus menacé par les Plantagenêts, par la forteresse du Louvre qui pourra servir de résidence royale. Nouveauté importante, l'enceinte entoure aussi la rive gauche. C'est qu'un changement décisif a commencé de s'opérer. Un bourg commerçant s'est fixé à la tête du Petit-Pont. En outre, les clos de vignes ont trouvé un autre public que les vendangeurs : les étudiants. Naguère ceux-ci fréquentaient au cloître Notre-Dame, dans la Cité, les écoles épiscopales qui avaient acquis un grand renom ; mais les maîtres cherchèrent bientôt à se soustraire à la tutelle de l'évêque et à créer des écoles indépendantes proches de l'enseignement réputé des écoles de Saint-Victor. Ces nouveaux centres d'enseignement furent implantés sur la rive gauche.

Après d'âpres difficultés avec le roi et avec l'évêque, maîtres et élèves choisissent de se placer sous le patronage du pape Innocent III et de fonder une organisation de défense, l'*Universitas*, qui est reconnue en 1209-1210. L'Université de Paris, en symbole d'indépendance, recevra le droit de sceller de son propre sceau en 1252. La subsistance des écoliers est assurée par des fondations privées, les collèges (celui de Robert de Sorbon, la *Sorbonne*, date du règne de Saint Louis) qui se fixent au *Quartier Latin*, tout comme les couvents des grands ordres religieux récemment fondés, qui cherchent à s'insérer dans les cadres de l'enseignement : jacobins (dominicains) dont le grand couvent s'élevait à proximité de la rue Soufflot, et cordeliers (franciscains), rue de l'Ecole-de-Médecine. Le renom de l'Université va attirer rapidement des étudiants venus de la chrétienté tout entière, qui se regroupent suivant leurs origines en « Nations ». L'Université assure, sur le plan international, la répu-

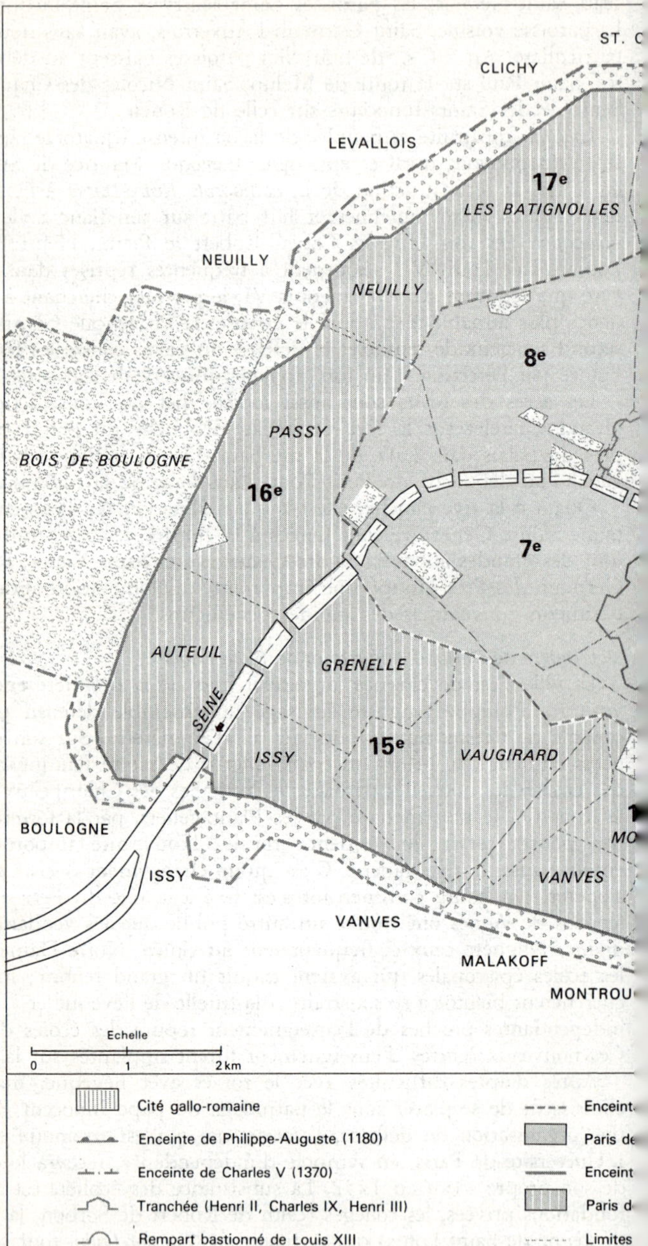

Les agrandissements successifs de Paris

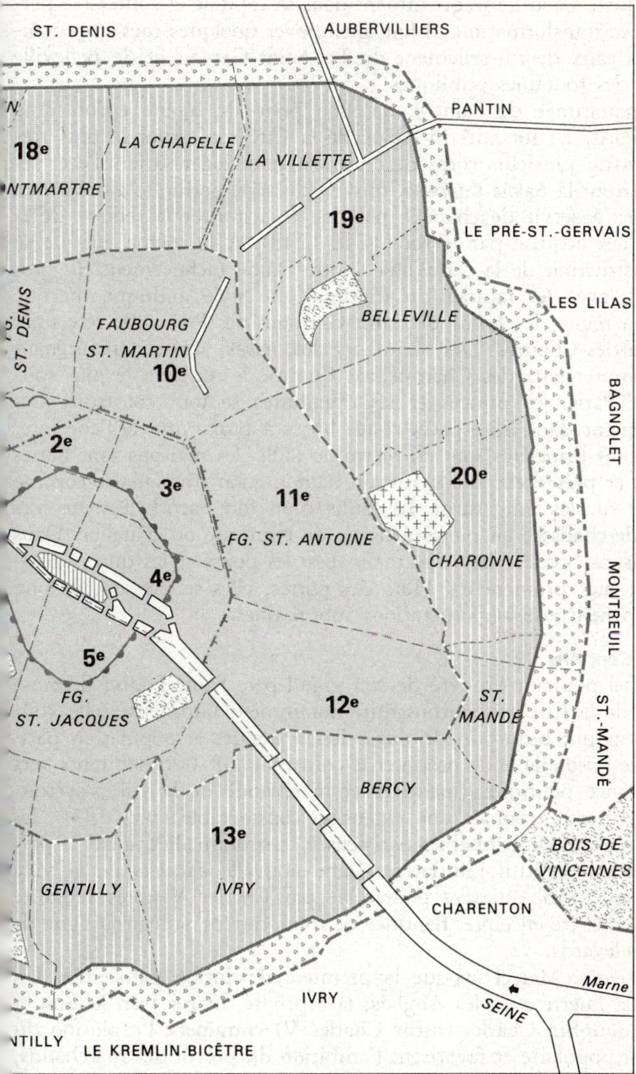

s généraux (1784-1791)

jusqu'au Second Empire

841-1845)

ndissements (1860-1920)

es annexées

Annexions de 1925 à 1930

Limites actuelles de Paris

Limites actuelles des arrondissements

IVRY Communes partiellement annexées

tation intellectuelle de Paris, déjà naissante au XIIe s. avec l'enseignement de Guillaume de Champeaux et d'Abélard.

Philippe Auguste séjourne fréquemment dans sa capitale et s'intéresse personnellement à sa transformation. Il fait ainsi paver quelques rues importantes et capter les eaux de ruissellement du Pré-Saint-Gervais et de Belleville pour alimenter des fontaines publiques.

L'immense renommée de Saint Louis, son petit-fils, ajoute encore à la réputation de Paris. Le roi fait du palais de la Cité son séjour le plus fréquent, il y construit plusieurs corps de bâtiment pour loger sa famille et ses serviteurs, et surtout la *Sainte-Chapelle*, miracle du style gothique aux vitraux célèbres, destinée à servir de chapelle palatine et à abriter la relique de la Couronne d'épines acquise par le roi (1246-1248). A la même époque se poursuit la construction de la cathédrale Notre-Dame (achèvement du gros œuvre en 1250 avec les façades du transept). Le style gothique marque encore, sous son règne, le chœur de Saint-Germain-des-Prés et le réfectoire de Saint-Martin-des-Champs. Des bâtiments clos, *halles*, abritent maintenant les échanges commerciaux des Champeaux. Comme le roi tient le plus souvent sa cour à Paris, les princes et les dignitaires se font construire des *hôtels*, généralement dans les espaces restés libres à proximité de l'enceinte. Si les constructions princières sont en pierre de taille, les maisons sont bâties en pan de bois et présentent sur la rue un haut pignon triangulaire comme on peut le voir sur les miniatures. La saillie d'un fort encorbellement surplombe le rez-de-chaussée en pierre à usage de boutique ou d'atelier. Dans la ville, les maisons bordent les rues, mais aussi les ponts et les quais, dissimulant la Seine aux promeneurs. Hors des portes, elles se pressent le long des voies qui mènent aux agglomérations suburbaines.

La guerre de Cent Ans

Philippe le Bel poursuit l'œuvre de son grand-père Saint Louis ; il transforme le palais de la Cité et fait construire notamment l'immense salle voûtée. Les historiens ont beaucoup de difficultés à évaluer la population parisienne. Il semble raisonnable de proposer le chiffre de 200 000 habitants vers 1328. L'importance politique, financière et marchande de la ville s'accroît. La rive droite, surtout, connaît une extension considérable ; vers 1350, les quatre cinquièmes des contribuables parisiens y sont domiciliés, aussi le prévôt des marchands prend-il l'initiative d'une nouvelle *enceinte* de la ville sur cette rive, en 1356, qui sera poursuivie par Charles V après la chute d'Etienne Marcel. Cette enceinte, flanquée de tours carrées, suivait la ligne de nos Grands Boulevards.

Le nom d'Etienne Marcel évoque la première révolution parisienne. Les vicissitudes de la guerre avec les Anglais, la captivité du roi Jean le Bon et la faiblesse du dauphin Charles (futur Charles V) entraînent l'explosion du mécontentement populaire et favorisent l'ambition du prévôt des marchands, signal de la première rupture entre le pouvoir souverain et la capitale. Le roi en gardera une profonde méfiance qui l'incite à quitter le palais de la Cité, ensanglanté par l'émeute, pour lui préférer les résidences de la périphérie orientale, d'où il est plus facile de s'échapper, l'hôtel Saint-Paul et plus tard les Tournelles. De ce fait, les quartiers E., où logent les familiers de la cour brillante des Valois, prennent une coloration aristocratique qu'ils ne perdront définitivement qu'avec la Révolution de 1789. L'occupation anglaise, les malheurs de la guerre et la crise économique ont ruiné profondément la ville, tout particulièrement lors du siège de 1429. La reprise ne s'amorcera que tardivement et Charles VII, sitôt rentré dans sa bonne ville en 1436, s'empressera d'en sortir pour résider à nouveau dans le val de Loire.

Pourtant, les organes centraux du gouvernement royal y ont leur siège depuis Philippe Auguste, Saint Louis et Philippe le Bel : Parlement,

Chambre des comptes, Trésor, Archives, Monnaie. Soucieux de conserver la ville entre ses mains, le roi n'a pas accordé de charte de commune à Paris, mais il a concédé aux Parisiens des *privilèges* individuels de *bourgeois du roi*, et accordé ses faveurs à la hanse des marchands de l'eau qui s'impose de ce fait avec d'autres corporations (bouchers, merciers, drapiers) comme un pouvoir politique, obtenant un tribunal commercial, la levée d'impôts et enfin un siège social, le *parloir aux bourgeois*. En 1258, Saint Louis a ôté la prévôté royale de Paris aux bourgeois pour la confier à l'un de ses agents, Etienne Boileau. Cinq ans plus tard la hanse élit une première municipalité composée d'un *prévôt des marchands*, Evrard de Valenciennes, assisté de quatre échevins. Ainsi se trouve constitué, dès le XIIIe s., le système parisien de la double autorité Etat-Ville.

Le Paris classique

La ville de la Renaissance

L'expansion économique ne reprit guère avant 1450, et l'immigration provinciale avant 1500. L'autorité monarchique va porter à la ville un intérêt grandissant, en écho aux nouvelles préoccupations d'urbanisme qui se sont fait jour en Italie dès le siècle précédent, dans le dessein de lier le beau à l'utile pour la délectation du citoyen. Sous Louis XII, une première ordonnance architecturale est ainsi imposée aux maisons reconstruites sur le nouveau pont Notre-Dame, avec des façades uniformes bâties de briques et de pierres. Ce style marquait encore le nouveau palais de la Chambre des comptes. Pourtant, l'architecture traditionnelle reste encore le *gothiquo flamboyant* qui produit des œuvres de valeur : églises Saint-Séverin et Saint-Étienne-du-Mont, hôtels de Sens et de Cluny.

François Ier fixe officiellement sa résidence à Paris en 1528. Il décide en conséquence de modifier, puis de reconstruire la forteresse du Louvre, opération entamée par Lescot en 1546 et qui ne sera achevée que pour Henri II. Le roi fait bâtir le premier quai en pierre, ordonne de démolir les portes de la vieille enceinte, fait aligner les rues importantes et engage la municipalité à bâtir un hôtel de ville digne de la grandeur de la capitale.

Paris, qui semblera à Charles Quint grand comme un monde, connaît une immense renommée intellectuelle. A l'enseignement traditionnel de l'Université, tourné surtout vers la théologie et les arts libéraux, François Ier a fait ajouter un enseignement moderne orienté vers l'humanisme et les sciences exactes : le *Collège de France*.

L'*art nouveau* pénètre plus avant sur les chantiers royaux (fontaine des Innocents, église Saint-Eustache, palais des Tuileries) et fait écho à la splendeur savante des entrées royales à Paris. Des espaces vides à l'intérieur de l'enceinte sont lotis (culture Sainte-Catherine qui voit s'élever de beaux hôtels particuliers comme l'hôtel Carnavalet).

Comme la guerre continue avec l'Empire, il faut renforcer la défense; les murailles de Charles V sont donc doublées par des *bastions* conformes aux nouveaux progrès de l'artillerie.

Bientôt la guerre étrangère se double d'une guerre civile religieuse. A Paris, les premiers à avoir adopté les idées de la *Réforme* sont les princes, les intellectuels et les riches marchands. Quelques brutalités iconoclastes excitent le petit peuple parisien, traditionnellement fidèle aux manifestations extérieures du culte catholique (reliques, processions), à réclamer des sanctions qui justifient la politique intolérante de la faculté de Théologie, appuyée par Henri II. Catherine de Médicis louvoie quelque temps en laissant se développer un conflit armé entre les deux camps, générateur des premières guerres de Religion. Elle intervient brutalement contre les protestants au *massacre de la Saint-Barthélemy* (1572). Les Parisiens n'en seront que plus hostiles à son fils Henri III lorsqu'il tentera de revenir à une politique plus modérée. La Ligue catholique trouve dans la capitale ses plus fermes appuis et ses prédicateurs les plus passionnés ; elle se dresse contre le roi lors des journées des barricades en 1588. Henri III s'enfuit et revient assiéger la ville, avant d'être assassiné à Saint-Cloud par le moine Jacques Clément. Son cousin Henri de Bourbon, devenu Henri IV, continue à harceler la ville dont la misère est alors portée à son comble : faubourgs ruinés, population affamée, maisons à l'abandon.

L'urbanisme du XVIIe siècle

Protestant, Henri IV se voit refuser l'entrée de sa capitale. Lorsqu'il abjure — Paris vaut bien une messe — les portes s'ouvrent devant lui, en 1594. D'emblée, il s'attache à relever la ville de ses ruines et y réussit avec une rapidité surprenante. Des chantiers sont aussitôt ouverts pour réduire le chômage, embellir la ville et servir la gloire du roi. Les travaux sont repris au Louvre et aux Tuileries, désormais réunis par la petite et la grande galeries. Le *Pont-Neuf*, commencé par Henri III, est achevé et donne pour la première fois aux badauds une vue totalement dégagée sur le paysage fluvial. Le pont est assorti d'une place nouvelle, la *place Dauphine*, ordonnancée en brique et pierre, à la pointe de laquelle Marie de Médicis érigera la statue équestre de son mari, et d'une rue axiale sur la rive gauche, la *rue Dauphine*, qui donne accès au bourg Saint-Germain. Sur les terrains en friche de l'hôtel royal des Tournelles, abandonné depuis la mort accidentelle d'Henri II lors du tournoi de 1559, le roi fait tracer une place magnifique, la *place Royale*, aujourd'hui *place des Vosges*, conçue pour le déploiement des joutes équestres et bordée de hauts pavillons uniformes où va bientôt loger toute l'aristocratie. Le secteur N.-E. à l'intérieur des remparts est loti par le grand prieur du Temple, avec un troisième projet de place à ordonnance, la place de France, qui ne sera pas réalisé. Les premiers *règlements d'urbanisme* sont élaborés par Sully qui mène avec vigueur la politique parisienne du roi, de concert avec le prévôt des marchands, François Miron.

Le mouvement amorcé par l'autorité royale se poursuit, après l'assassinat d'Henri IV perpétré à la faveur d'un encombrement de la rue de la Ferronnerie (1610), sur l'initiative de promoteurs privés qui achètent de vastes terrains libres, tracent les rues nouvelles et revendent les parcelles viabilisées. Louis Le Barbier crée ainsi le quartier neuf de la rive gauche à l'emplacement de l'ancien Pré-aux-Clercs (entre la rue de l'Université et le quai), tandis que Christophe Marie remplace deux îlots fangeux par l'*île Saint-Louis* où l'architecte Louis Le Vau va bâtir une ceinture de demeures fastueuses (hôtel Lambert, hôtel Lauzun). Vers l'O., le cardinal de Richelieu fait démolir le rempart de Charles V qui l'empêchait d'étendre largement le jardin de son palais (futur *Palais-Royal*), et le remplace par une enceinte bastionnée dit des Fossés Jaunes qui englobe d'autres quartiers nouvellement bâtis, la Villeneuve, le faubourg Montmartre et le premier faubourg Saint-Honoré (1633-1636). Autour de la demeure du puissant ministre se construisent les hôtels du personnel gouvernemental (hôtel La Vrillière, aujourd'hui Banque de France).

La ville s'étend dans tous les sens, tandis que les bourgs ruraux de la couronne voient se multiplier les *résidences secondaires* des Parisiens fortunés et les *fondations religieuses* que le renouveau catholique de la Contre-Réforme a suscitées partout. Soixante couvents sont ainsi ouverts à Paris entre 1600 et 1639, pratiquant notamment l'assistance aux malades et l'enseignement (ursulines, visitandines...). Ils se massent surtout au faubourg Saint-Honoré, au Marais et au faubourg Saint-Jacques. Ce dernier prend l'aspect d'un ville sainte, favorisée par la piété de la reine espagnole Anne d'Autriche. On lui doit notamment l'immense *Val-de-Grâce* érigé sur de vastes terrains libres pour commémorer la naissance tant attendue de l'héritier du trône, Louis XIV. Des dômes d'inspiration italienne viennent couronner un certain nombre de ces églises ou chapelles, donnant soudain une silhouette ultramontaine à la rive gauche.

A la même époque, on se préoccupe de la formation du clergé et de la pastorale de toutes les classes de la société (séminaires, institutions de l'Oratoire et de Saint-Sulpice, essor de la Compagnie de Jésus) et on multiplie les *fondations hospitalières* et *charitables* sur l'initiative de saint Vincent de Paul, sans parvenir pour autant à stopper la misère et à alphabétiser les masses. C'est dans ce climat de renouveau et d'exigence spirituelle que l'on voit surgir le mouvement janséniste (Angélique Arnauld et l'abbé de Saint-Cyran), tandis que Paris, ancien évêché suffragant de Sens selon la tradition de la géographie politique gallo-romaine, accède enfin au rang d'*archevêché*, en 1622.

La *Fronde* amène une terrible crise économique qui vient aggraver la misère du peuple. Durant tout le règne de Louis XIV, les décès l'emportent sur les naissances, l'accroissement de la population n'étant assuré que par la perpétuelle immigration provinciale. La masse des indigents nécessite la création, en 1656, de l'*Hôpital général*.

D'autre part, la monarchie éprouve à nouveau vis-à-vis des Parisiens les mêmes craintes que sous Charles V et sous Henri III ; après les journées révolutionnaires de 1648-1649, le roi quitte Paris. C'est Colbert, bourgeois enrichi issu du négoce, devenu contrôleur général des Finances et surintendant des Bâtiments en 1664, qui va mener la politique parisienne de Louis XIV, le roi ayant fixé sa résidence à Versailles en 1677, avant d'en faire en 1682 le siège du gouvernement.

Dans les années glorieuses du règne, la sécurité de la ville semble assez assurée par la ceinture de places fortifiées que Vauban édifie aux frontières, pour que l'on puisse raser les remparts (1670) et les remplacer par une promenade plantée d'arbres, le *nouveau cours*. On y édifie, à la place des portes fortifiées, des arcs de triomphe à l'antique célébrant les victoires du jeune roi, porte Saint-Denis, porte Saint-Martin. Le cours devait être poursuivi sur la rive gauche, le long d'une ligne brisée qui va du boulevard de l'Hôpital à celui des Invalides.

Suivant l'exemple du cardinal Mazarin qui avait ordonné à ses exécuteurs testamentaires de construire un collège pour les étudiants venus des nouvelles provinces annexées (palais de l'Institut), Colbert implante sur la rive gauche — qui est seule à offrir les espaces nécessaires — les grands établissements du règne : l'*hôpital de la Salpêtrière*, l'*Observatoire* et enfin l'*hôtel royal des Invalides* dévolu aux mutilés de guerre et pourvu, par l'architecte Hardouin-Mansart, d'une église exceptionnelle au dôme parfait, dressée comme un mémorial royal dans la plaine encore déserte.

Le *Louvre* pose le difficile problème de son achèvement à la date même où le roi ne cache plus son intention de quitter définitivement la capitale. Les projets contradictoires de l'Italien Bernin appelé par Louis XIV, de François Mansart, de Louis Le Vau et de bien d'autres concurrents aboutissent finalement à la théâtrale colonnade édifiée sur une idée du médecin Perrault, face à la ville. Devant le palais des Tuileries profondément remanié par Le Vau, Le Nôtre étend les sages perspectives d'un nouveau jardin bordé de terrasses. Prenant exemple sur la place des Vosges, Louis XIV fait tracer deux nouvelles places royales décorées de statues à son effigie et dont la progression topographique illustre bien la poussée de l'urbanisation parisienne vers l'O. : *place des Victoires* et *place Vendôme*, bordées d'une architecture uniforme inspirée par le canon versaillais et qui cherche à abolir la perception de demeures juxtaposées pour retenir la seule notion de décor urbain.

Tandis que le Marais amorce une période de décadence et de vieillissement, les quartiers occidentaux des deux rives, *faubourg Saint-Germain* et *faubourg Saint-Honoré*, réunis par le nouveau Pont-Royal, connaissent à la fin du règne une poussée de construction décisive, et voient s'élever de vastes demeures aristocratiques agrémentées de jardins qui, pour la première fois, créent une zone presque exclusivement résidentielle. En même temps, Colbert installe à Paris des *manufactures d'Etat* ou pourvues de privilèges royaux, qui vont commencer à fixer dans la ville une première population ouvrière (tapisseries, tapis, glaces). La ville compte sans doute 500 000 habitants en 1715.

Le Siècle des Lumières

La création politique de Versailles n'a pas dépossédé Paris de sa prééminence intellectuelle; bien plus, elle a fait de la Ville une puissance frondeuse opposée à la Cour et accessible aux idées nouvelles. Elle prend une revanche temporaire à la mort de Louis XIV avec le court séjour du jeune Louis XV à Vincennes et aux Tuileries, mais le roi s'en retourne bien vite à Versailles (1722). Sous son règne va s'accentuer l'éclat indépendant de la *cité des Lettres et des Arts* auquel le climat d'opposition aux valeurs établies ne fait qu'ajouter un attrait supplémentaire. C'est le règne des philosophes et des encyclopédistes, le triomphe des salons, du faubourg Saint-Honoré et de la bourgeoisie opulente (Mme Geoffrin). Mais c'est aussi une période d'expansion économique qui favorise une forte augmentation de la population (650 000 habitants en 1789) et l'essor de la construction privée que l'on cherche vainement à restreindre par le bornage de 1724. Les maisons nouvelles sont remarquables par une première recherche de confort (appartements séparés, cabinets d'aisances, couloirs, développement des parties communes, cours, escaliers). La première moitié du siècle laisse le champ libre aux initiatives des particuliers.

A partir de 1748-1749, au contraire, Louis XV s'intéresse davantage à Paris et y lance de grandes opérations et tout d'abord, la plus originale, la *place Louis-XV*, actuelle *place de la Concorde*. C'est un espace largement ouvert sur le fleuve, sur les massifs boisés des Champs-Élysées et sur les terrasses du jardin des Tuileries; à l'écart de la circulation, cette esplanade est faite seulement pour la promenade et les réjouissances collectives, étonnante création de Jacques-Ange Gabriel.

D'autres réalisations d'envergure vont suivre, construction d'édifices majeurs entourés pour la première fois de quartiers ordonnancés dessinés à leur échelle : la nouvelle *église Sainte-Geneviève* (Panthéon) et sa place, la nouvelle façade de *Saint-Sulpice* et sa place, la nouvelle salle de *théâtre de l'Odéon* et tout le quartier qui lui fait vis-à-vis, l'*Ecole militaire* et l'esplanade du *Champ-de-Mars*. Plus on avance dans le siècle, plus le thème de la Ville et du Citoyen suscite d'intérêt chez les philosophes, les architectes, les amateurs d'art ou les administrateurs. L'institution d'un lieutenant de police, décidée en 1667 par Colbert avec la nomination de Nicolas de La Reynie, a d'ailleurs réuni entre les mains d'un seul homme, nanti de pouvoirs importants, les attributions de voirie, de ravitaillement, de santé publique et de police nécessaires à la gestion d'une grande ville. Ses successeurs au XVIIIe s., les D'Argenson et Sartine, seront d'excellents ministres de Paris.

L'édifice n'est plus considéré pour lui-même mais pour sa fonction et sa signification sociale. Marchés, adductions d'eau, égouts, abattoirs, théâtres — et non plus seulement églises et palais — suscitent la réflexion, la concertation, la rédaction de programmes qui annoncent véritablement l'urbanisme moderne. Celui-ci voit ses premiers fruits sous le règne de Louis XVI avec une législation précise et stricte sur la hauteur des maisons nouvelles proportionnellement à la largeur des voies qu'elles bordent (1783).

La construction par les fermiers généraux d'un *mur d'octroi* est destinée à contraindre le trafic commercial à passer par des pavillons d'entrée (dessinés par Ledoux) pour payer la taxe sans fraude. Le cimetière millénaire des Saints-Innocents, foyer d'infection et d'épidémie depuis longtemps dénoncé, est désaffecté et remplacé par un *marché*. Des *ponts* nouveaux sont jetés sur la Seine par l'ingénieur Perronet (pont de la Concorde, pont de Neuilly). Les édifices administratifs sont traités avec une grandeur nouvelle : *Ecole de médecine*, *Ecole de droit*, *Monnaie*, *Mont-de-Piété*, *Théâtre Français*, *Palais de Justice*. Un premier plan exact de la ville est dressé par l'architecte Verniquet, condition de toute réflexion sur les modifications à apporter à la vieille ville pour désenclaver certains édifices, améliorer la circulation.

Les terrains connaissent, de ce fait, une plus-value que les propriétaires s'empressent d'exploiter. Les maisons basses ou les terrains vides des nouveaux quartiers font place à de hauts immeubles de pierre de taille où se superposent des *appartements locatifs*. La ville, de ce fait, change d'aspect. Le duc d'Orléans ne rougit pas de suivre l'exemple des banquiers en lotissant les côtés de son jardin du Palais-Royal pour y édifier des immeubles à loyer bâtis sur un péristyle.

La Révolution de 1789

La ville est ainsi en pleine expansion et en mutation lorsque éclate la Révolution. On sait combien l'opinion parisienne y a pris part. Interrompant brusquement le cours d'une réforme constitutionnelle engagée à Versailles par les députés aux Etats généraux, les Parisiens et les Parisiennes, atteints par la crise économique (prix du pain) et sensibilisés aux problèmes politiques par les écrits des philosophes, par le brassage des idées (cafés, clubs, journaux) et par un reste de rancœur à l'égard du pouvoir monarchique qui les a fuis, se tournent soudain contre le symbole de l'absolutisme hostile : la forteresse de la *Bastille*. Le 14 juillet bouscule irrémédiablement l'évolution réformiste. Il entraîne la visite humiliée de Louis XVI, la proclamation d'un premier maire, Bailly, puis la promenade sanglante des 5 et 6 octobre qui ramène le roi et sa famille aux Tuileries où ils deviendront les prisonniers de la Révolution. La toute puissance des clubs parisiens trace la suite des événements. Portant le nom des couvents où ils se sont installés dès que les biens du clergé ont été mis à la disposition de la nation, Jacobins et Cordeliers vont battre en brèche le pouvoir monarchique, même constitutionnel, et instaurer peu à peu la dictature d'un petit groupe décidé à imposer les principes de l'ordre nouveau : Liberté, Egalité, Fraternité. L'opinion des provinces, ou plutôt des départements créés en 1790, encouragée par la fête fraternelle de la Fédération célébrée le 14 juillet 1790 au Champ-de-Mars, se concrétisa dans le groupe des *Girondins*; déconsidéré par la mauvaise gestion de la guerre aux frontières, il fut définitivement écarté du pouvoir par Robespierre en juin 1793.

Spectateurs de la guillotine quand ils n'en sont pas les victimes, éprouvés par le rationnement alimentaire imposé sans complaisance et par la chute de la monnaie-papier (les assignats), les Parisiens connaissent deux années de *Terreur* sous la poigne du comité de Salut Public, attaché principalement à sauver la nation de l'invasion étrangère et à lutter contre la révolte monarchique des départements de l'O. La royauté n'avait pas survécu à la prise des Tuileries le 10 août 1792. La dictature robespierrienne succombe à la réaction et à la lassitude le 9 thermidor an II (27 juillet 1794). Des régimes de compromis vont suivre, *Convention thermidorienne* et *Directoire*, mais le pouvoir politique n'est plus aux mains des Parisiens, et c'est l'étoile d'un militaire, Bonaparte, qui va guider la nouvelle destinée de la France.

La Révolution n'a pas laissé sur le sol parisien de monument durable, sinon, comme l'a dit Michelet, le grand espace patriotique du Champ-de-Mars, théâtre des célébrations nationales. Si l'on a beaucoup pensé à modifier et aérer la ville (le *Plan des Artistes*), on l'a peu transformée véritablement. Les changements sont survenus de façon désordonnée par la confiscation des biens d'Eglise et des biens d'émigrés dont la vente contre du papier-monnaie a vite enrichi les spéculateurs.

Cette opération a libéré un huitième du sol parisien. Peu de demeures d'émigrés furent détruites, tandis que quantité de couvents et d'églises furent rasés, mais pour laisser place à des lotissements sans plan d'ensemble. Paradoxalement, cette occasion manquée aboutit bien souvent à une forte réduction des espaces verts.

Il ne faut pas penser que la Révolution ait entièrement arrêté l'activité du bâtiment à Paris. Durant ces années on voit s'élever des *immeubles de rapport* dans les quartiers en construction, Chaussée d'Antin, quartier de l'Odéon; leur style Louis XVI est particulièrement sobre et sévère. Après le soulagement thermidorien, le néo-classicisme du Directoire se fait plus aimable et la décoration intérieure beaucoup plus riche. On recommence à construire des *hôtels particuliers*. Un parfum d'égyptomanie, recueilli après l'expédition de Bonaparte, s'ajoute aux influences antiques prépondérantes (maison de la place du Caire).

Le XIXe et le XXe siècles

La capitale de l'Empire napoléonien

Napoléon fixe à Paris la capitale du grand Empire; puis en 1809 il fait de Rome sa seconde capitale, à l'instar de Charlemagne unissant la Ville Eternelle à Aix-la-Chapelle. Le jumelage, présageant celui de 1956 entre Paris et Rome, est un geste politique : Paris reste la métropole incontestée de l'Europe impériale où Napoléon aurait rêvé de regrouper les richesses artistiques et intellectuelles et même les archives de tous les pays annexés. Paris, objet de conquête pour le jeune Corse, avait été le théâtre de son ascension politique : l'émeute réactionnaire repoussée devant Saint-Roch le 13 vendémiaire, le coup d'État du 18 brumaire à l'orangerie de Saint-Cloud. La ville sera associée aux *fastes impériaux* — le sacre, le mariage avec Marie-Louise, le baptême du roi de Rome — ainsi qu'aux gloires militaires — revues et défilés, Te Deum des victoires...

Dans son désir de réorganisation, Napoléon s'intéresse personnellement à Paris et à ses problèmes. Reprenant les idées brassées sous l'Ancien Régime, il dirige, par l'intermédiaire du préfet de la Seine, la voirie et l'équipement. Il veut de grands monuments à la romaine : *pont d'Iéna*, *arc de triomphe du Carrousel*, *arc de triomphe* colossal *de l'Etoile* (qui ne sera achevé que sous Louis-Philippe), *la Madeleine*, *la Bourse* et une série de *fontaines*. La modernisation de l'équipement urbain engage l'avenir : le ravitaillement est assuré par un *réseau de marchés* dont un marché central aux Halles, par des abattoirs, par des greniers de réserve, par la halle aux vins; l'adduction d'eau par le creusement du canal de l'Ourcq. Ajoutons la construction de quais, le percement d'égouts, le numérotage des maisons, la création de cimetières périphériques.

Cependant, l'empereur n'a pas le temps de réaliser les grands percements de voies nouvelles auxquels invitait le Plan des Artistes. Seule la vigoureuse percée O.-E. de la rive droite est amorcée par le tracé de la *rue de Rivoli* à partir de la place de la Concorde, dont Fontaine, architecte favori de Napoléon, jumelé avec Percier, dessine les originales façades à arcades et les toitures en carène. La création de quartiers neufs sur la colline de Chaillot et sur la plaine de la rive gauche resta dans le carton des projets ; on y aurait trouvé le palais du roi de Rome et un vaste ensemble de palais administratifs (Université, Archives).

Dès le *Consulat*, la population a récupéré les pertes subies sous la Révolution et atteint 546 856 habitants au premier recensement de 1801. L'immigration, stoppée par les événements, reprend alors ; elle contribue à la formation d'une population ouvrière attirée par la création d'industries textiles (traitement du coton) et de luxe.

La chute de l'Empire amène par deux fois les armées ennemies dans Paris, avant et après les Cent-Jours et Waterloo. Les cosaques et les Anglais bivouaquent sur les Champs-Elysées en 1814 et en 1815. Par deux fois, introduit par l'entremise de Fouché et de Talleyrand, Louis XVIII rentre dans « sa bonne ville », accueilli par une population lasse de la guerre mais chez qui la nostalgie de la gloire militaire de l'Empire va rester vivace. Ni Louis XVIII, ni Charles X, installés aux Tuileries, ne se préoccupent de changer l'aspect de Paris, mais la *construction privée* va connaître une flambée, alimentée par l'essor de la Banque. De nouveaux quartiers aérés et bien tracés, dans certains desquels l'influence anglaise se fait sentir, peuplés d'immeubles de rapport ou de pavillons entourés de jardins, sont tracés à l'O. : François-Ier, Beaujon, Europe, Saint-Georges. Un style classique aimable qui revient souvent aux sources antiques fait leur unité, encore perceptible malgré les démolitions.

A la société brillante de la finance et au monde fermé du *faubourg Saint-Germain*, celui-ci hostile à la montée d'une bourgeoisie d'argent qui triomphe sous Louis-Philippe, à ce monde privilégié abondamment décrit par Balzac dans sa Comédie humaine, s'opposent une bourgeoisie modeste de fonctionnaires et de boutiquiers et un prolétariat misérable qui s'entasse dans les *quartiers centraux* décrits par Eugène Sue et Victor Hugo. On trouve 1 000 habitants à l'hectare à la Grève, à Saint-Merri, dans la Cité. Asiles de l'alcoolisme, de la tuberculose, de la prostitution et du crime, ces quartiers sont le foyer d'épidémies dévastatrices : le choléra de 1832 fit 44 000 victimes. En 1848, 65 % des Parisiens sont trop pauvres pour payer un impôt et 80 % des morts vont à la fosse commune.

Ces quartiers centraux sont en même temps, avec les faubourgs de l'E. (le faubourg Saint-Antoine), le foyer de l'opposition au régime. On y dressera les barricades de la révolution de 1830, des émeutes de la monarchie de Juillet — la rue Transnonnain, de sinistre mémoire, est l'un des tronçons de la rue Beaubourg — puis de la révolution de 1848. Le gouvernement de Louis-Philippe y trace la timide percée de la *rue Rambuteau*, seul axe de moyenne ampleur créé à cette époque ; il porte le nom d'un préfet de la Seine dont le programme de modernisation (Halles centrales) n'était qu'ébauché lorsque tomba la monarchie.

En 1841, d'autre part, Thiers avait fait adopter le principe d'une enceinte fortifiée que l'insécurité européenne rendait nécessaire. Elle fut bâtie à travers les communes suburbaines, avec dix-sept forts avancés dont certains subsistent (Champigny). Enfin la France entre dans l'ère du *chemin de fer*. En 1837 est inaugurée la première *gare Saint-Lazare*, tête de ligne pour Saint-Germain-en-Laye et Versailles. La loi de 1842 établit le fameux réseau « en étoile » à travers la France et prévoit la construction de six lignes au départ de la capitale. Les premiers omnibus étaient apparus en 1828.

Le Paris d'Haussmann

La révolution de 1848 interrompit d'abord les travaux engagés par Rambuteau, mais le gouvernement provisoire confronté aussitôt avec le danger du chômage s'empressa d'assurer du travail aux Ateliers nationaux. Les chantiers ouverts par la IIe République furent assumés très vite par le prince-président Louis-Napoléon Bonaparte, devenu bientôt l'empereur Napoléon III. Le neveu de Napoléon Ier avait, sur l'urbanisme moderne, sur l'aménagement d'une grande capitale et sur une politique de logement social, des idées personnelles mûries au contact de l'Angleterre dans les longues heures de l'exil. Il sut s'entourer d'hommes d'action qui formèrent autour de lui un état-major exceptionnel : le préfet Haussmann assura le programme général, les percements et l'exécution, sans oublier le financement ; Belgrand fut l'ingénieur hydraulicien et Alphand l'architecte paysagiste.

Grâce à la richesse des classes dirigeantes et à l'appui des puissances économiques alors en pleine expansion, ils vont réaliser cet immense programme avec une rapidité qui nous confond. On est à l'heure de la vapeur. C'est un monde d'ingénieurs — hommes d'action d'inspiration saint-simonienne — qui savent utiliser les ressources de la métallurgie pour lancer les voies ferrées certes, mais aussi construire les grandes charpentes des nouvelles gares (*gares de l'Est, du Nord*) ainsi que les pavillons métalliques — les « parapluies » voulus par l'empereur — que Baltard édifie aux *Halles centrales*.

Haussmann coupe et tranche dans le vieux Paris pour ouvrir un nouveau *réseau de circulation*, une nouvelle croisée axiale d'abord (boulevards de Sébastopol, du Palais et Saint-Michel ; poursuite de la rue de Rivoli jusqu'à la rue Saint-Antoine), puis une série de percées obliques reliant cette croisée à des points forts de la topographie parisienne, ainsi la rue de Turbigo qui joint l'antique pointe Saint-Eustache à la place de la République où une caserne permettra de tenir militairement ces quartiers traditionnellement révolutionnaires.

La Cité est rasée quasi entièrement ; on bâtit dans le désert, devant Notre-Dame, le nouvel *Hôtel-Dieu* et la caserne de la garde municipale devenue Préfecture de police. Le palais du Louvre est doublé et réuni par un deuxième bras de galeries aux Tuileries, résidence impériale.

D'autres percées irriguent les nouveaux quartiers (boulevard Malesherbes, boulevard Haussmann), tranchent plus timidement dans les secteurs anciens de la rive gauche (rue des Ecoles, amorce du boulevard Saint-Germain), ou desservent les gares (boulevard Magenta, boulevard de Strasbourg, rue de Rennes).

Les voies publiques sont recouvertes d'asphalte et bordées de trottoirs de pierre où sont parfois plantés des arbres. Sur les terrains libérés par l'expropriation et dont les prix montent en flèche, s'élèvent des immeubles de pierre de taille au décor sculpté, juxtaposant des appartements cossus faits pour la bourgeoisie riche que Zola a observée.

Pour donner de l'eau aux Parisiens, Belgrand a capté la Dhuis et la Vanne, le *réseau d'égouts* passe de 150 à 500 km en utilisant le cours de la Bièvre comme propulseur pour transporter les eaux usées dans la Seine, à Asnières. Enfin Alphand crée de grands parcs à la périphérie, l'un à l'E., le bois de Vincennes, l'autre à l'O., le bois de Boulogne, et une série d'espaces verts et de squares dans la ville, récupérés adroitement sur les terrains libres (parc Montsouris, Buttes-Chaumont) ou sur l'ancien domaine de la famille d'Orléans (parc Monceau).

Paris, foyer intellectuel, foyer artistique, siège d'expositions industrielles que visitent les souverains de l'Europe, atteint à la fin du second Empire à l'un des sommets de son rayonnement. En 1860, les communes comprises entre la vieille ville et l'enceinte de Thiers sont annexées, la population double presque entre 1851 et 1871, la banque, le crédit, le commerce des grands magasins sont en pleine prospérité. La guerre de 1870 va briser brutalement cette euphorie et entraîner une série de désastres qui arrêteront pour un temps la croissance.

De la Commune à la Grande Guerre

La défaite militaire amène aussitôt la chute du régime impérial. Le gouvernement provisoire, instaurateur d'une république bourgeoise, ne parvient pas à éviter à la ville l'humiliation de la capitulation. La population ouvrière, devenue parisienne depuis l'annexion des communes suburbaines en 1860, prend parti contre cette politique d'abandon et, lorsque Thiers essaie tardivement d'enlever aux Parisiens les canons dont ils peuvent faire mauvais usage, l'insurrection éclate (18 mars 1871) et se rend rapidement maîtresse de la ville. *La Commune*, qui tire son nom des heures glorieuses du Paris de 1792, se constitue en gouvernement révolutionnaire. Ses quelques semaines d'existence sont une expérience originale de socialisme appliqué à une ville en état de siège, qui sera étudiée avec passion par Karl Marx. Le gouvernement de la République, replié à Versailles, vient à bout — sous les yeux des Prussiens — de la résistance des communards et réprime cruellement l'insurrection.

La ville où rentrent les *Versaillais* fume encore des incendies allumés par les insurgés (Tuileries, Cour des comptes, Palais de Justice, Palais-Royal, Hôtel de Ville où disparaissent totalement les archives de la Ville et l'état civil des Parisiens). Maté, Paris a perdu du même coup le pouvoir politique qui lui avait assuré la suprématie depuis 1789. C'est la province qui triomphe en 1871, c'est elle qui régnera politiquement durant la IIIe République, notamment à travers les élites politiques du radical-socialisme issues des départements du Midi.

Après les ruines et l'hécatombe, la remontée est lente. Le programme d'Haussmann est timidement poursuivi : prolongement du boulevard Saint-Germain, achèvement de l'Opéra. L'immigration, une fois de plus, venue du Nord, de la Bretagne et de l'Auvergne notamment, assure à la courbe de population une reprise spectaculaire. Le deuxième million est atteint après le recensement de 1876, puis rapidement dépassé : 2 714 000 en 1901, et 2 888 000 en 1911. La population stagne ou diminue dans les arrondissements centraux, mais elle augmente dans les arrondissements périphériques, les anciens villages que de nouveaux percements viennent enfin relier au réseau haussmannien. L'urbanisme devient moins somptuaire et élitiste. Certes, on garde le goût des monuments spectaculaires et symboliques : *Sacré-Cœur*, ancien *Trocadéro*, *tour Eiffel*, *Grand* et *Petit Palais*, souvent édifiés à l'occasion d'Expositions universelles où l'économie française est heureuse de manifester son renouveau après la guerre ruineuse, et la jeune république sa solidité face aux régimes monarchiques encore largement majoritaires en Europe. Mais le souci de distribuer le *confort* à toute la population anime maintenant les pouvoirs publics : extension de l'adduction d'eau du réseau des égouts, de la distribution du gaz et de l'électricité, évacuation des ordures ménagères dans les boîtes fonctionnelles auxquelles le préfet Poubelle a eu le malheur de donner son nom. La construction des *lycées* et des *écoles* — dans la ligne des lois Jules Ferry — et celle des *hôpitaux* s'intensifient. Le triomphe de cet équipement égalitaire est incontestablement le *réseau du métropolitain* qui inaugure en 1900 le nouveau siècle.

C'est alors la *Belle Epoque*. La société, sûre d'elle-même, connaît quelques années d'euphorie. L'Art Nouveau symbolise cette recherche quasi aggressive de la modernité. Guimard en donne l'expression la plus réfléchie et la plus homogène, tandis que l'ensemble de la construction contemporaine plonge dans un éclectisme tourbillonnant, masquant d'importantes nouveautés structurelles. L'appétit des constructeurs a même fait modifier la législation : grâce au décret de 1902, les nouveaux immeubles sont de vastes blocs coiffés de combles immenses, chargés d'encorbellements bourgeonnants, de bow-windows multicolores, où tout est prétexte à gagner de la place en surface et en hauteur. Les *appartements luxueux* tendent à détrôner les hôtels particuliers maintenant que l'usage des ascenseurs valorise les niveaux supérieurs. Le boulevard Raspail, le Champ-de-Mars, Passy et Auteuil, les quais des quartiers de l'O. voient surgir ces hautes falaises de pierre sculptée, abritant la vie du monde qu'a décrit Marcel Proust.

Les deux guerres mondiales

La *guerre de 1914* interrompt brutalement la modernisation de la ville. Pendant quatre ans, tout chantier arrêté, elle subit les privations, les angoisses du front qui se rapproche et qui oblige même le gouvernement à se fixer un temps à Bordeaux (septembre-décembre 1914), enfin les raids des zeppelins, les bombes des Taube, puis les obus de la « grosse Bertha », canon allemand posté à Crépy-en-Laonnois.

Le défilé de la victoire, le 14 juillet 1919, marque la fin du cauchemar, mais il inaugure les dures années de *l'après-guerre*. Au milieu de la crise économique et politique où Paris tente de reprendre un rôle déterminant (insurrection des Ligues patriotes le 6 février 1934 contre la gauche parlementaire ; défilé en faveur du Front populaire le 14 juillet 1935), les pouvoirs publics sont impuissants à mettre en place un grand programme d'urbanisme. Quelques rares percements d'importance sont poursuivis (boulevard Haussmann) ou abandonnés (rue Etienne-Marcel prolongée). Le réseau du métropolitain est étendu à la banlieue proche. On multiplie les logements sociaux par la politique des *habitations à loyer modéré*. On utilise encore l'occasion de grandes expositions pour élever de nouveaux *palais des Beaux-Arts* (exposition coloniale de 1931 à la porte Dorée, exposition des Arts et Techniques en 1937 au Trocadéro). Pourtant, l'effort de construction reste désordonné, aucun espace vert d'importance n'est ajouté à la dotation d'Haussmann, et l'aménagement de l'ancienne zone militaire des fortifications en anneau de verdure est abandonné pour la construction de groupes d'immeubles sociaux.

L'habitat ancien, laissé depuis des générations sans entretien par la malheureuse politique des loyers, est devenu un foyer de tuberculose ; on ne songe à l'éteindre que par la destruction (îlots insalubres), tandis que Le Corbusier imagine son projet (plan Voisin) d'un nouveau Paris fait d'immenses blocs isolés et uniformes, dressés à l'emplacement du centre historique de la rive droite. Grâce aux frères Perret, le *béton* a fait son apparition à Paris (théâtre des Champs-Elysées, Mobilier national, musée des Travaux Publics, immeubles de la rue Raynouard). Le nouveau matériau permet la construction de grands blocs d'habitation, de plus en plus hauts, qui vont transformer notamment les portes de Paris.

La nouvelle *invasion allemande* aboutit, en juin 1940, à l'occupation de la capitale par l'armée ennemie. Une nouvelle fois, le cortège des privations et des bombardements (par l'aviation anglo-américaine) s'abat sur la ville pendant quatre années. S'y ajoute l'épreuve de la présence allemande. La première manifestation de résistance jaillit dès le 11 novembre 1940 avec un défilé d'étudiants au tombeau du Soldat inconnu. L'*armée de l'ombre* s'organise et s'étend malgré les emprisonnements (prisons de la Santé, du Cherche-Midi, de Fresnes ; camps de Drancy et de Romainville), les tortures (locaux de la Gestapo rue des Saussaies, avenue Foch, rue Lauriston), les trains de la mort vers l'Allemagne ou les exécutions. En mai 1943, le conseil national de la Résistance tient, rue du Four, sa première réunion, autour de Jean Moulin, un mois avant que celui-ci ne soit arrêté dans la région lyonnaise.

Après le débarquement et l'offensive des Alliés en Normandie, la *Résistance* intervient pour hâter la libération de la capitale ; dès le 15 août 1944, les services publics sont en grève ; le 19, le C. N. R. et le comité parisien de Libération arborent le drapeau tricolore à l'Hôtel de Ville tandis que 1 200 agents de police s'enferment dans la Préfecture que les troupes allemandes viennent attaquer. Les combats de rue et les barricades se multiplient dans les jours suivants jusqu'à l'entrée des chars de la *division Leclerc* les 24 et 25 août. A la gare Montparnasse, le commandant allemand du « Gross Paris », le général von Choltitz, qui, poussé par le consul de Suède Raoul Nordling, a refusé d'exécuter les ordres d'Hitler de « faire sauter Paris », signe la *capitulation*. Le 26, le général de Gaulle s'incline devant le tombeau du Soldat inconnu, descend les Champs-Elysées et vient assister à Notre-Dame à un Magnificat de délivrance perturbé par les dernières fusillades des « mitrailleurs des toits ». Le 2 avril 1945, la Ville reçoit la *croix de la Libération* avec la citation suivante : « ... Capitale fidèle à elle-même et à la France, a manifesté, sous l'occupation et l'oppression ennemies, et en dépit des voix d'abandon et de trahison, sa résolution inébranlable de combattre et de vaincre... ».

Jean-Pierre Babelon

L'architecture à Paris

Voilà plus de deux mille ans que l'on construit sur ce coin de terre, et les styles, comme les modes de construction, s'y sont succédés et juxtaposés, en fonction de l'évolution de la cité, de la vie et du travail de ses habitants. La ville en grandissant s'est dévorée elle-même et a, parfois impitoyablement, détruit une partie du décor de son évolution ; mais chaque époque nous a cependant laissé des témoignages monumentaux qui constituent un étonnant manuel d'histoire de l'architecture, depuis la période gallo-romaine jusqu'à la dynamique époque présente : vingt siècles passés à abriter de la meilleure façon possible toutes les activités de l'homme.

L'époque gallo-romaine

Lutèce n'était, aux premiers siècles de notre ère, qu'une petite bourgade provinciale, née du passage de la Seine, et ses monuments ne pouvaient soutenir comparaison avec ceux des grandes cités antiques. Nous avons cependant conservé deux édifices caractéristiques de la vie romaine : les *arènes*, qui pouvaient contenir seize mille spectateurs, et le *palais des Thermes*. Leurs vestiges encore impressionnants, et les traces moins visibles d'autres monuments retrouvés suffisent à nous montrer, à l'échelle d'une bourgade provinciale, les caractéristiques de ce « génie » romain qui n'était que sens de l'organisation : goût pour les édifices publics, monumentalité, logique. Une architecture au service de la collectivité.

Puis, Paris entre dans la nuit. Du temps des invasions, des époques franque, mérovingienne et carolingienne, rien de tangible ne nous reste, en dehors de quelques colonnettes et chapiteaux, ou des fondations visibles dans la crypte archéologique de Notre-Dame. Il faut franchir sept siècles, la seule interruption de l'histoire architecturale de Paris, pour retrouver un monument, le *clocher de Saint-Germain-des-Prés*, construit autour de l'an 1000. Il est le symbole et le chef de file de l'art roman parisien lequel, avec la nef, très remaniée, de la même église, ne comporte que quelques autres vestiges ou parties d'édifices, en particulier la *chapelle Saint-Aignan*, dernière subsistante des innombrables petites églises de la Cité.

Le grand et long Moyen Age parisien

Une architecture gothique précoce

Si Paris, pour les Xe et XIe s., n'a que de modestes débris pour représenter l'art qui créa Cluny, Vézelay ou Saint-Trophime, la faute en incombe aux démolitions ou reconstructions, mais aussi au fait que l'Ile-de-France, berceau de l'art gothique, fut la première région à rejeter les formules romanes pour promouvoir une architecture plus ambitieuse. Dès 1130-1135, c'est-à-dire avant même le Saint-Denis de Suger, la *croisée d'ogives* apparaissait au chœur de Saint-Martin-des-Champs, sous forme de tores maladroits, retombant sur des chapiteaux encore romans d'inspiration.

Mais la formule s'affina vite et l'on trouve, à *Saint-Pierre de Montmartre*, une croisée datée de 1147, déjà fine, élégante, nerveuse, digne en tous points du nom de gothique. La nouvelle technique était déjà éprouvée et permit, dans les années qui suivront, la construction du *chœur de Saint-Germain-des-Prés*, avec son beau déambulatoire. Et, le 21 avril 1163, jour mémorable de l'histoire monumentale parisienne, le pape Alexandre III consacrait cette abside et posait en même temps la première pierre de Notre-Dame de Paris.

La cathédrale

A l'emplacement d'un temple gallo-romain, puis des petites églises Saint-Etienne et Notre-Dame, c'est-à-dire en un lieu où l'on priait depuis mille ans déjà, l'évêque Maurice de Sully, puis son successeur Eudes, dirigèrent la construction du nouveau sanctuaire.

Dernière des cathédrales gothiques primitives (Laon, Noyon, Soissons, Sens, Senlis), première des grandes cathédrales classiques (Chartres, Reims, Amiens, Beauvais, Strasbourg), *Notre-Dame de Paris* se trouve véritablement à la charnière de l'évolution de l'art gothique. Sa conception, sa structure marquent bien ce point d'équilibre : voûtes sexpartites, mais retombant sur des piliers uniformes ; cinq nefs, mais, contre toute règle, trois portails seulement en façade ; des tribunes pour loger le plus grand nombre possible de fidèles, mais une recherche, d'ailleurs insuffisante, d'éclairement. L'intérêt capital de l'édifice réside dans cet essai, parfois indécis, de formules nouvelles au service d'un idéal non encore complètement défini.

Mais nous voyons aujourd'hui presque nue une structure qu'il faut imaginer habillée de tous les arts monumentaux de l'époque. Le décor peint de la cathédrale a entièrement disparu. Il ne reste que des débris de ses premiers vitraux, toute sa parure d'orfèvrerie est anéantie et seuls subsistent quelques éléments du décor sculpté. Enfin Viollet-le-Duc y a eu parfois la main un peu lourde.

L'influence de Notre-Dame

Nouvelle dans sa conception, prestigieuse dans son exécution, imposante dans ses proportions, Notre-Dame ne pouvait manquer d'exercer son influence architecturale dans tout l'évêché, où les églises campagnardes en construction s'essayèrent à imiter modestement ses formules. Deux d'entre elles sont maintenant comprises dans les limites de la capitale : *Saint-Denis-de-la-Chapelle*, dont subsiste la nef où pria Jeanne d'Arc et, à *Saint-Germain-de-Charonne* (en grande partie reconstruite par la suite), une travée qui a gardé un beau chapiteau orné de feuilles de vigne, de fougères et de trèfles.

A Paris même, toujours dans la lignée de la cathédrale, on pourvut le chœur de Saint-Germain-des-Prés d'arcs-boutants (les plus anciens de la capitale), on agrandit Saint-Pierre-de-Montmartre et surtout l'on construisit, à deux pas de Notre-Dame, l'*église Saint-Julien-le-Pauvre* qui, par un miracle dont Paris n'est pas coutumier, a gardé son environnement et son atmosphère, ainsi que deux beaux chapiteaux sculptés. A côté de ces églises paroissiales il faut noter la présence, dans ce Paris du haut Moyen Age, de *monastères*, dont il nous reste quelques vestiges. De l'ancienne abbaye Sainte-Geneviève, le lycée Henri-IV a conservé les cuisines, le réfectoire (devenu chapelle), et le clocher de l'ancienne église abbatiale. En dehors des murs de la ville se trouvait le prieuré Saint-Martin-des-Champs, doté d'une enceinte particulière dont subsistent deux tours.

Sanctuaires d'une petite ville que le roi Philippe Auguste aimait, dont il fit paver les rues et qu'il voulut défendre en l'entourant d'une *enceinte*, premier de ces cercles concentriques qui vont rythmer la croissance parisienne. De cette muraille de deux mètres d'épaisseur, flanquée de tours, subsistent d'importants éléments, rue des Jardins-Saint-Paul notamment. Et, pour flanquer cette enceinte en son point le plus menacé, un donjon, la grosse tour du Louvre, dont toute la partie basse subsistante a été dégagée ces dernières années.

L'âge d'or du gothique

Cet art gothique primitif parisien, sobre, encore un peu pesant, va, sous Saint Louis, s'épanouir, adopter un style plus orné, plus fleuri, plus audacieux aussi, qui évoque l'esprit de la contemporaine cathédrale de Reims. Un édifice symbolise et illustre cette époque : la *Sainte-Chapelle*.

Nous avons ici l'exemple achevé d'une chapelle palatine de l'époque. Composée de deux étages correspondant à une ségrégation sociale (famille royale et serviteurs), ses proportions restreintes ont permis à une architecture gothique maintenant en pleine possession de ses moyens de s'élever jusqu'à la virtuosité, résolvant avec une élégance discrète les problèmes de pesanteur, de rapport de forces, d'éclairement dans lesquels elle s'était volontairement engagée; combat où la victoire ne pouvait être, en raison de la difficulté du terrain choisi, que triomphale.

L'auteur de la Sainte-Chapelle est-il Pierre de Montreuil? C'est vraisemblable, et c'est lui que l'on retrouve à Notre-Dame où la construction progressive de chapelles latérales exigeait maintenant l'allongement des croisillons. Ceux-ci furent donc pourvus, dans la seconde moitié du XIIIe s., de nouvelles façades largement percées, richement ornées, encore que Viollet-le-Duc en ait rajouté.

On retrouve Pierre de Montreuil dans les deux grands monastères, hors les murs, du Paris de l'époque : *Saint-Germain-des-Prés* et *Saint-Martin-des-Champs*. Pour le premier il fut chargé, autour de l'église ancienne, de reconstruire les bâtiments monastiques; mais l'inconséquence des moines d'abord, des urbanistes ensuite, ne nous en a laissé que de pitoyables vestiges : le pignon du réfectoire et des débris de l'admirable chapelle de la Vierge, dont le portail est au musée de Cluny.

En revanche, nous avons conservé le beau réfectoire de Saint-Martin-des-Champs : c'est une grande salle rectangulaire à deux nefs, toujours dominée par sa chaire du lecteur, et qui s'ouvrait sur le cloître disparu par un portail où les fleurs et les feuilles de vigne et de lierre, taillées dans la pierre tendre, sont le dernier souvenir de la campagne verte qui entourait alors le prieuré. Beaucoup d'églises de l'époque ont disparu. De *Saint-Pierre-aux-Bœufs* subsiste le portail, remonté à Saint-Séverin.

L'art parisien du XIVe siècle

Le XIVe s. semble marquer une pause : l'architecture, parfaitement maîtresse de ses moyens, rigoureusement et scientifiquement équilibrée, a un peu perdu de ses facultés d'invention et de sa fraîcheur d'inspiration.

De nouvelles églises s'agrandissent : nef de *Saint-Martin-des-Champs*, chœur de *Saint-Germain-l'Auxerrois*. Malgré les restaurations ou transformations du XIXe s., *Saint-Leu-Saint-Gilles* et la chapelle *Saint-Jean de Beauvais* gardent bien le caractère un peu sec de ce style impeccable. Mais il faut surtout citer un édifice monastique exceptionnel, le *réfectoire des Bernardins*. Malgré les cloisonnements factices et les habillages regrettables, on peut y admirer l'élégance austère de l'architecture cistercienne.

L'on n'a pas encore parlé d'*architecture civile*. De l'habitat du haut Moyen Age, depuis la demeure du roi jusqu'à celle de l'artisan, rien ne nous reste, et il faut arriver jusqu'à ce XIVe s. pour voir, parmi nos monuments sauvegardés, apparaître la maison des hommes : une demeure ecclésiastique, un hôtel seigneurial, deux palais royaux.

L'abbé d'Ourscamp s'était fait construire au Marais un « séjour » parisien : il nous en reste (46, rue François-Miron) une belle salle basse voûtée. Des nombreux hôtels que l'aristocratie féodale se fit élever dans le Paris du XIVe s. ne subsiste, en bordure de la rue des Archives, que la poterne de l'hôtel de Clisson, construite vers 1380 avec ses deux tourelles en encorbellement. Quant au palais royal, il se trouvait toujours dans l'île de la Cité, siège des deux pouvoirs, et à l'emplacement même du palais du gouverneur romain. Conservant la Sainte-Chapelle, Philippe le Bel fit reconstruire la demeure, dont nous restent les célèbres tours de la *Conciergerie*, très restaurées au siècle dernier, et les grandes salles du rez-de-chaussée : demeure majestueuse et austère d'un roi autocrate, où la rigueur des lignes est à peine atténuée par l'élégance de quelques sculptures. Mais le palais devenant peu à peu le domaine des gens de justice, Charles V chargea son architecte Raymond du Temple de reconstruire en partie le Louvre, dont toute la partie basse a été récemment dégagée : c'est la grande révélation archéologique de ces dernières années.

L'essor de la statuaire

La sculpture garde, dans le Paris de l'époque, son caractère monumental tout en affirmant sa personnalité et même son individualité. A la Vierge de la porte du cloître de Notre-Dame, intégrée à l'architecture et inséparable d'elle, succèdent celles conservées à Saint-Germain-des-Prés et dans la cathédrale : statues individuelles, personnalisées, hanchées. A Notre-Dame également, les bas-reliefs de la clôture du chœur représentent des scènes religieuses avec un souci de l'anecdote où l'on devine l'influence de la dramatique de l'époque.

Chantiers royaux

Charles V avait été un des grands constructeurs de Paris. A l'instar de Philippe Auguste, il l'avait pourvu d'une nouvelle *enceinte*, elle-même flanquée d'une forteresse, la *Bastille*. De cet édifice capital pour l'histoire de l'architecture, l'histoire de France, l'histoire de Paris, ne subsistent que d'insignifiants débris dans les couloirs du métro. De l'hôtel Saint-Paul, résidence du souverain, nous ne gardons plus que le souvenir sur des plaques de rues. En revanche, nous avons conservé presque intact le château qui fut sa demeure préférée, *Vincennes*, donjon entouré d'une enceinte rectangulaire, où le roi espérait rassembler à sa vue les grands de son royaume : première pensée de Versailles. Lorsque l'empereur germanique vint en visite officielle à Paris, Charles V lui fit visiter le Louvre, Vincennes, l'hôtel Saint-Paul avec ses jardins et sa ménagerie. Peu à peu l'accent se portait, au détriment des sanctuaires, sur les palais et demeures. Autrefois uniquement religieuse, l'architecture faisait de plus en plus sa part au profane.

Richesse de l'art flamboyant parisien

Paris est une des terres d'élection de cette architecture gothique du XVe s., souvent nommée flamboyante. Bien plus, ce style se prolonge anormalement dans la capitale jusqu'au début du XVIIe s. Le succès de cette formule au XVe s. suffit sans doute à expliquer cette survie, à laquelle l'esprit conservateur du clergé, les traditions des corporations ont peut-être aussi contribué.

D'abord une pléiade d'*églises*. La croissance de la ville et de sa population nécessite la construction de nouveaux sanctuaires, la reconstruction ou l'agrandissement des édifices insuffisants. Nous en avons conservé bon nombre : *Saint-Laurent*, *Saint-Médard*, *Saint-Germain-de-Charonne*, *Saint-Nicolas-des-Champs*, *Saint-Germain-l'Auxerrois*, *Saint-Séverin*, *Saint-Merri*, sans parler d'églises postérieures que nous aborderons plus loin et où nous verrons la tradition longtemps victorieuse du modernisme. Le gothique, à Paris, a duré cinq siècles.

Point n'est besoin de décrire séparément chacun de ces édifices, et mieux vaut inciter le lecteur à partir à leur découverte. On y trouve partout, dans le plan comme dans la structure, une certaine *simplification* par rapport aux églises du grand âge gothique : moins de recherche de hauteur, moins de divisions horizontales ou verticales, un souci plus affirmé de circulation, d'éclairement, et surtout un goût du *décor*, décor qui n'est plus seulement un enseignement, une Bible en images, mais une ornementation gratuite, anecdotique et presque profane.

On se contentera ici de signaler quelques particularités : frise extérieure du chevet de Saint-Laurent, sorte de bande dessinée faite d'animaux et de personnages pittoresques ; culs-de-lampe décorés de Saint-Germain-de-Charonne, église qui, avec le cimetière qui l'accompagne, a gardé son touchant aspect campagnard ; porte à vantaux anciens de Saint-Nicolas-des-Champs ; porche de Saint-Germain-l'Auxerrois, avec ses clés sculptées et sa célèbre statue de sainte Marie l'Egyptienne portant ses trois pains ; à Saint-Germain-l'Auxerrois encore, toute une série de sculptures anecdotiques, comme jetées à la volée sur les pinacles et gargouilles, et où les paraboles se muent en fabliaux ; à Saint-Séverin enfin, d'autres sculptures, d'autres gargouilles, le célèbre déambulatoire avec sa colonne torse et aussi des verrières de l'époque où l'art du vitrail montre son évolution vers une technique picturale et une inspiration profane. Dans toutes ces églises, intelligence de conception, élégance, virtuosité un peu gratuite sont déjà fort éloignées de la simplicité évangélique.

Et, comme nous l'avons dit, cette campagne architecturale flamboyante se poursuit en plein XVIe s. La tour Saint-Jacques fut élevée de 1509 à 1523 et ses quatre étages restent aussi imperméables à l'art de la Renaissance que l'église Saint-Merri, reconstruite entre 1520 et 1552. Dans cette dernière, la voûte compliquée de la croisée du transept, les remplages des fenêtres, les sculptures des portails montrent la persistance d'un style qui, sans essoufflement, se moque des divisions des archéologues.

Mais l'exemple le plus étonnant de cette distorsion est l'*église Saint-Gervais*, construite de 1494 à 1657, sans parler de la façade sur laquelle nous reviendrons. Il s'agit là d'un édifice purement gothique, et même d'un gothique plus strict que les édifices précédents : le style flamboyant est ici comme dépassé, et l'on revient presque à un gothique classique. Lignes simplifiées, ornementation épurée, gratuité du décor proscrite avec, comme exception, l'étonnante couronne de clés pendantes de la chapelle de la Vierge.

Toutes ces églises étaient accompagnées de *cimetières*, le plus souvent entourés de galeries de charniers où s'entassaient les ossements. Saint-Séverin a conservé les siens, construits au XVe s., mais fâcheusement transformés au XIXe s. Restauration qui leur a fait prendre un aspect romantique historiquement faux, mais qui ne manque pas de pittoresque.

Du charnier, on passe tout naturellement au *cloître*, et c'est à ce siècle que remonte le seul édifice parisien subsistant de cette sorte : le cloître des Billettes, avec ses quatre galeries de six travées dont les voûtes reposent sur des nervures à clés décorées. Et du couvent des Cordeliers nous reste le réfectoire, que notre époque a enfin restauré.

Architecture de seigneurs et de croquants

Les constructions civiles de ce XVe s. furent aussi nombreuses que les constructions religieuses, voire davantage. Elles ont été plus largement décimées, mais il en reste des exemples notables, tant pour les hôtels aristocratiques que pour les demeures plus modestes. Trois grandes résidences seigneuriales nous ont été, en tout ou en partie, conservées : les *hôtels de Bourgogne*, *de Sens* et *de Cluny*. Au logis que les ducs de Bourgogne possédaient au nord des Halles, Jean sans Peur ajouta, au début du siècle, une tour quadrangulaire où figurent toujours, au tympan de la porte, les emblèmes que le duc opposait au gourdin noueux des Orléans : deux rabots et un fil à plomb. Cette porte donne accès à un escalier à vis dont, au dernier étage, l'axe s'épanouit en branches de chêne formant les nervures de la voûte : les formules gothiques paraissent de plus en plus vides de sens et uniquement vouées à servir la fantaisie des décorateurs.

Des prélats se faisaient également construire à Paris des demeures de grands seigneurs et, parmi eux, l'archevêque de Sens, qui préférait de beaucoup résider dans la capitale. C'est à partir de 1475 que fut construit l'hôtel de Sens, sur lequel s'est outrageusement exercée l'outrecuidance des restaurateurs des XIXe et XXe s., à tel point qu'on ne peut plus, de ce malheureux édifice, considérer que la silhouette, toujours pittoresque avec ses pignons, ses poivrières et ses grandes lucarnes, tandis que le détail de la construction et surtout de l'ornementation reste partout sujet à caution.

La troisième demeure flamboyante de Paris est la mieux conservée : de l'hôtel élevé de 1485 à 1498 pour les abbés de Cluny, nous avons conservé l'ensemble des bâtiments, avec la chapelle, et même le mur d'enceinte qui en limite la cour. L'ordonnance du bâtiment a peu changé et, si la disposition intérieure a été modifiée, la lecture des façades permet d'en reconstituer les grandes lignes. Demeure de plaisance, dont le caractère défensif n'était pas absent, l'hôtel de Cluny affirme son souci de confort par sa situation entre cour et jardin, ses larges fenêtres, la place donnée aux dégagements, le nombre des cheminées. La charmante chapelle elle-même, sur jardin, est disposée de façon à être accessible des appartements. Le décor sculpté, bien que remanié au siècle dernier, souligne ce rôle de demeure d'agrément, confortable, fastueuse par moments, et bien protégée.

Si les grands seigneurs ou prélats habitaient des hôtels plus ou moins isolés, bourgeois, artisans et commerçants se partageaient les étroites *maisons*, y occupant chacun une surface en relation directe avec leur raison sociale. Nombre de maisons des rues de la Parcheminerie, François-Miron, Xavier-Privas doivent remonter à ce XVe s., mais leur datation est bien difficile; certaines, comme la maison de Nicolas Flamel, ont subi des restaurations outrageantes. Mais nous connaissons assez bien leurs dispositions extérieures qui n'ont que peu varié depuis l'époque précédente : un rez-de-chaussée de pierre, le plus souvent occupé par des échoppes soulignées d'un étal, encadre la porte, qui se fait charretière lorsqu'elle donne accès à une cour intérieure; au-dessus, des étages en encorbellement dont la structure de bois, apparente pendant le haut Moyen Age, tend à l'époque suivante à se dissimuler sous un enduit (le plâtre prend maintenant dans la construction parisienne une place qu'il gardera longtemps); à son sommet, la maison se termine par un pignon triangulaire, signe d'aisance qui passera en proverbe, mais que la municipalité va bientôt prohiber, imposant des toitures parallèles à l'axe de la rue. Ces maisons sont tassées les unes contre les autres, le long de rues étroites, sur les ponts, sur les berges du fleuve, et Paris ne connaît d'autres places que les carrefours et les parvis d'églises.

L'architecture de la Renaissance va être, pour une bonne part, recherche d'espace et de lumière.

Vers un nouvel esprit

Une Renaissance tardive

Sans insister sur les caractéristiques de la véritable révolution artistique que fut la Renaissance (influence de l'Antiquité, individualisme, prééminence de l'art profane), il faut remarquer que si elles se rencontrent dans l'architecture parisienne comme ailleurs en France, elles apparaissent ici tardivement par rapport à d'autres régions privilégiées comme le Val-de-Loire. Non seulement l'architecture religieuse, nous l'avons vu, garde ses formules traditionnelles, mais l'architecture civile, pourtant toujours plus novatrice, ne prend son nouvel essor que dans le deuxième tiers du siècle.

Cette persistance de l'esprit du Moyen Age fait que cette même architecture religieuse, contrairement à d'autres régions, garde sa prééminence et sa vitalité de construction. Durant tout le XVIe s., Paris voit s'édifier nombre d'églises. Certaines, nous l'avons vu, sont encore purement gothiques. Dans d'autres, les doctrines nouvelles gagnent peu à peu du terrain.

Saint-Étienne-du-Mont fut, à l'exception de sa façade, construite de 1492 à 1586. Par son plan et son élévation, c'est encore une église flamboyante, avec ses remplages mouvementés, ses voûtes à multiples nervures ornées de clés pendantes. Mais des dispositions particulières annoncent les temps nouveaux : les grandes arcades de la nef abandonnent l'arc brisé pour le plein cintre cher à l'Antiquité, elles sont surmontées d'un passage aérien à balustrades ajourées, et ces coursières communiquent avec le jubé, le dernier subsistant à Paris. Celui-ci, construit de 1525 à 1535, est encore médiéval de structure, avec ses voûtes à liernes et tiercerons. Mais son dessin général et surtout son décor proclament les idées nouvelles : les deux Renommées des écoinçons, avec leur chevelure épandue, leur sein découvert, introduisent, pour la première fois à Paris, l'esprit de la Renaissance dans cet environnement médiéval.

Plus curieux peut-être encore est le cas de *Saint-Eustache*, construite de 1532 à 1640, toujours à l'exception de la façade. Là encore, il s'agit d'un plan et d'une élévation gothiques traditionnels, avec nef à bas-côtés, chœur, transept voûtés d'ogives et éclairés de fenêtres en tiers-point. Mais aux piliers et aux colonnettes se sont substitués des colonnes à l'antique, des pilastres, isolés ou superposés, qui donnent la curieuse vision d'une carcasse gothique habillée d'éléments Renaissance.

Dans les transformations ou agrandissements d'églises antérieures, on retrouve ces caractéristiques : fidélité aux structures gothiques, attirance vers une ornementation nouvelle.

A *Saint-Germain-l'Auxerrois*, le déambulatoire et ses chapelles furent achevés dans un style traditionnel (poussé à l'exubérance à la voûte de la chapelle de la Vierge), mais la Renaissance apparut dans le portail latéral, où deux pilastres supportent un fronton triangulaire. L'église reçut en 1544 un jubé de Jean Goujon, dont les admirables fragments sont au Louvre. A *Saint-Nicolas-des-Champs*, le chœur fut reconstruit un peu à la façon de Saint-Eustache : structure gothique et modénature nouvelle, avec, ici aussi, un portail latéral à pilastres et fronton.

Ainsi l'architecture religieuse du temps nous semble-t-elle placée sous le signe d'une sorte de divorce : le constructeur reste fidèle aux formules éprouvées, alors que le décorateur montre sa sensibilité à l'art nouveau.

La vie publique et privée

L'architecture civile, de son côté, ne se dégageait pas sans mal des formules médiévales et la construction, surtout dans les maisons de moyenne importance, ne va évoluer que lentement. On continue, rue des Francs-Bourgeois, rue Hautefeuille, à édifier des tourelles d'angle en poivrière, et les sous-sols utilisent toujours les croisées d'ogives et les files de colonnes. L'exemple de la novation va venir des classes supérieures. Saluons d'abord la naissance du premier édifice administratif : la municipalité fit, à partir de 1532, reconstruire son *hôtel de ville* par Dominique de Cortone et Pierre Chambiges, qui fixèrent pour longtemps le type du genre. Incendié durant la Commune, détruit par la suite, le bâtiment ne nous a légué que quelques vestiges architecturaux.

La Renaissance parisienne débute vraiment à l'*hôtel Carnavalet*, où s'inaugure une formule promise à un riche et long avenir. Les Florentins de la même époque construisaient leurs palais à l'angle de deux rues, en bordure de la circulation, et laissaient libre l'accès de la cour intérieure. Rien de plus contraire au genre de vie d'un aristocrate français. Pierre Lescot, chargé en 1544 d'édifier l'hôtel de Ligneris que nous appelons maintenant Carnavalet, reprit la formule entre cour et jardin de l'hôtel de Cluny, en entourant cette cour, sur les trois autres côtés, d'ailes basses dont l'une, bordant la voie, procurait à la demeure isolement et défense ; derrière l'hôtel, un jardin, lui aussi fermé à l'accès et même au regard. Le corps principal était réservé au maître de maison, suivant une disposition simple : de grandes salles se commandant, éclairées de larges fenêtres découpées en quatre par une croix de meneaux. A la base du toit, des lucarnes à fronton. Architecture plus remarquable par son plan que par sa structure, mais où le décor va apporter son éblouissant complément.

On attribue traditionnellement, et avec vraisemblance, à Jean Goujon la paternité de ce décor sculpté. Même si l'examen de cet ensemble révèle plusieurs mains dans l'exécution, on est frappé de la cohérence, de l'harmonie de ce programme décoratif et de son intégration rigoureuse à la conception architecturale.

Des nombreuses autres demeures privées élevées à Paris à cette époque, peu de chose subsiste. Il faut aller voir cependant, rue Scipion, l'hôtel que se fit construire le financier Sardini, et dont subsiste la façade à arcades, décorée de médaillons de terre cuite, seul exemple parisien de ce type de décor que l'époque apprécia. Du grand hôtel de Soissons, construit par Jean Bullant pour Catherine de Médicis, nous reste la curieuse colonne dorique accolée à la Bourse de Commerce, et l'école des Beaux-Arts garde quelques vestiges de l'hôtel Legendre. A côté de Carnavalet a été remonté l'arc de Nazareth, de même époque, avec ses curieuses consoles. Mais le plus célèbre monument du temps est une fontaine.

A l'occasion de l'entrée solennelle à Paris du roi Henri II, Jean Goujon reconstruisit la *fontaine des Innocents*, et lui donna pour cela la forme d'une loggia à l'italienne ouverte sur le spectacle de la rue. A la fin du XVIIIe s., elle a été réédifiée sur plan centré, mais a conservé son ordonnance à l'antique, en forme d'arc de triomphe, et les admirables bas-reliefs où Goujon a symbolisé une fluidité qui était bien ce qui manquait le plus à la fontaine. Avec ce petit monument, le goût de l'Antiquité, le nouvel art profane et presque sensuel venaient s'affirmer sur la voie publique elle-même.

Ce goût pour les ordes antiques sera de plus en plus présent dans les édifices de la fin du siècle, même si son expression pose aux architectes des problèmes qu'ils ne sont pas toujours capables de résoudre pleinement, à l'*hôtel Lamoignon* par exemple.

Le château royal devient palais

Durant ce temps, un chantier exceptionnel se poursuivait, celui de la demeure du roi, *le Louvre*. On se souvient qu'autour de la grosse tour de Philippe Auguste, Charles V avait fait réédifier un carré de bâtiments. François Ier commença par faire raser la tour centrale, puis, vingt ans plus tard, décida de faire rebâtir le quadrilatère, par Pierre Lescot et Jean Goujon, sur le même plan, correspondant au quart S.-O. de la Cour Carrée actuelle. Le roi mourut peu après et c'est Henri II qui, décidant de quadrupler la superficie du palais, adopta le plan qui a donné naissance à la cour telle qu'elle est aujourd'hui.

A l'époque, Pierre Lescot édifia l'aile qui a gardé son nom, où l'on trouve dans tout son épanouissement l'art de la seconde Renaissance, épuré, structuré, alliant charme et noblesse. Les sculptures de Jean Goujon, fines, minces, au relief presque insensible dans les étages inférieurs, plus accentuées et théâtrales à l'attique, s'intègrent à un tel point de précision au cadre architectural de Lescot que l'on s'interroge sur le détail de cette collaboration tellement parfaite. Le même Goujon est, à l'intérieur, l'auteur de la tribune des cariatides, de 1551.

En même temps que l'on achevait cette première tranche du nouveau Louvre, Catherine de Médicis se faisait, plus à l'ouest et perpendiculairement à la Seine, construire un palais allongé qui, au-delà des jardins, fermait la perspective : les Tuileries. Détruites deux fois, par la guerre en 1871 et la politique en 1884, il n'en reste que des fragments épars. Catherine, se souvenant peut-être du long passage couvert qui relie les Offices au palais Pitti, décida de réunir les Tuileries au Louvre par une galerie de près de cinq cents mètres, élevée en bordure de Seine. Ce faisant, elle donnait le départ à un gigantesque programme de construction d'une véritable cité royale, qu'il faudra trois siècles pour mener à bien.

Les derniers rois Valois n'eurent guère le temps de construire. Mais leur cousin, le cardinal Charles de Bourbon, abbé de Saint-Germain-des-Prés, trompa son espoir de la couronne en édifiant le nouveau palais abbatial et en fit un édifice révolutionnaire : des ordres antiques réduits à portion congrue, une décoration sculptée insignifiante, mais, en revanche, la découverte de la couleur. Avec cet édifice, l'ardoise bleue, la pierre blanche, la brique rouge font une entrée en force dans l'architecture parisienne.

Force et clarté du XVIIe siècle

L'aube de l'architecture classique

Quand, après dix ans de guerres civiles, Henri IV remit les constructeurs à la besogne, l'esprit de l'architecture avait changé : l'Antiquité était délaissée, les élégances de la sculpture en bas-relief jugées superflues. L'architecture jouera désormais plus sur le choix, le contraste et l'agencement des matériaux, sur l'art du tailleur de pierre que sur la virtuosité du décorateur.

Henri IV, homme du grand air, souhaitait tailler au vif dans le dense tissu urbain pour y introduire de l'espace et une meilleure circulation. Sous son prédécesseur, on avait entrepris de relier les deux rives de la Seine par un grand pont, le Pont-Neuf. Le souverain le fit achever.

Le roi voulait des places, et la plus belle fut établie au Marais. On y plaça un peu plus tard la statue de Louis XIII, ce qui fixa la formule ; à un ensemble de plan géométrique, fait de maisons uniformes et entourant la statue du roi, on donnera le nom de la création d'Henri IV : une *place royale*. Mais des édiles insensibles ont rebaptisé l'édifice éponyme, pour l'appeler place des Vosges. L'autre ensemble du règne, la place Dauphine, a beaucoup souffert. Du triangle qu'elle formait, épousant la pointe de la Cité, seuls deux côtés subsistent, reconstruits ou transformés. Mais les deux maisons de l'entrée, sur le Pont-Neuf, ont gardé leurs toits d'ardoise, leurs arcades et leurs chaînages de pierre en harpe, qui font ressortir le rouge de la brique. C'est aussi une sorte de place que l'hôpital Saint-Louis, quadrilatère austère entouré de quatre bâtiments d'angle de même style.

Henri IV peut être considéré comme le premier souverain urbaniste, avant Louis XIV et les deux Napoléon. Même les entreprises privées procèdent de son esprit : c'est le cas du lotissement de l'île Saint-Louis, tracé à cette époque en même temps qu'était construit le pont Marie, un des plus jolis de Paris.

Son goût du monumental, Henri IV va encore l'appliquer à la *poursuite des travaux du Louvre* : la partie O. de l'aile S. de la Cour Carrée fut terminée, et la galerie du Bord de l'Eau, jusqu'alors simple rez-de-chaussée, reçut ses deux étages. Cette malheureuse galerie a été restaurée, transformée, en partie reconstruite sous le second Empire. Cependant, en regardant la porte Barbet-de-Jouy, on peut analyser le style de l'architecte Androuet du Cerceau : colonnes baguées, bossages vermiculés, frontons brisés, un décor bien ordonné mais un peu appuyé ; l'élégance de la Renaissance a vécu, et nous ne sommes pas encore arrivés à la majesté équilibrée de l'art classique.

Le style change déjà considérablement avec Jacques Lemercier, chargé par Louis XIII de poursuivre les travaux de la Cour Carrée. Il acheva l'aile O., en répétant au nord l'ordonnance de Lescot et en élevant, entre les deux, le pavillon de l'Horloge, élégante construction à quatre étages surmontée d'un dôme et dont l'ordonnance équilibrée s'accompagne de sculptures judicieusement réparties. Une nouvelle campagne de travaux fut ensuite conduite par Louis Le Vau de 1659 à 1664. S'inspirant le plus souvent des ordonnances de Lescot, il parvint à achever le quadrilatère, mais sans construire le second étage, et ces ailes vont demeurer comme des boîtes vides jusqu'à Napoléon. A cette campagne se rattache la belle façade de la cour du Sphinx, qui présente déjà une ampleur de conception, un équilibre, une majestueuse harmonie tout louis-quatorziens.

Un palais français pour des goûts italiens

Il faut revenir en arrière pour parler du *Luxembourg*, construit pour Marie de Médicis. La reine, qui s'ennuyait au Louvre, avait voulu une demeure lui rappelant la Florence de son enfance, et Salomon de Brosse édifia ce nouveau palais, précédé d'une cour dont un original pavillon coiffé en dôme marque l'entrée. Que ce dôme, d'ailleurs, ne nous abuse pas : le Luxembourg n'est nullement un palais à l'italienne, et il n'y a guère que les bossages pour évoquer le palais Pitti. Le plan de la demeure est celui suivi par Lescot à l'hôtel Carnavalet, plan traité selon une ordonnance majestueuse, où le jeu des pilastres, des colonnes et des bossages fait ressortir une discrète décoration sculptée ; quelques boiseries dorées subsistent de son décor intérieur.

Le palais avait été construit loin du centre, au sud de la ville bâtie, afin de pouvoir bénéficier de jardins. Mais, pour leur donner un aspect italien, avec fontaines et cascades, il fallait de l'eau. L'ingénieur florentin Thomas Francini s'y employa et construisit un aqueduc grâce auquel il pourvut le parc de grottes et de fontaines, dont nous reste le nymphée, devenu *fontaine Médicis*, déplacée et complétée mais qui a gardé son décor. Ce morceau, qu'il est logique d'attribuer à Francini, évoque, plus que le palais lui-même, l'influence de l'Italie baroque.

Des cardinaux mécènes

Le pouvoir s'affirme alors, à Paris, par la construction de *palais* : après celui de Marie de Médicis, celui de Richelieu, puis celui de Mazarin. Du premier, construit par Lemercier et qui fut célèbre sous le nom de Palais-Cardinal avant de devenir Palais-Royal, il ne nous reste qu'une galerie basse décorée d'ancres et de proues de vaisseaux.

Non loin de là, le cardinal Mazarin se fit à son tour construire une demeure qui, transformée, est devenue la Bibliothèque nationale. Ayant acquis l'hôtel Tubeuf, qui subsiste, le cardinal fit appel à François Mansart pour le compléter par un bâtiment contenant deux galeries superposées. La galerie fait en effet son apparition dans les grandes demeures parisiennes. Née à Mantoue au XVe s., utilisée au XVIe s. dans les châteaux de la Loire et à Fontainebleau, elle devenait, au début du grand siècle, un élément constitutif de l'hôtel parisien comme salle d'exposition et de réception. Au palais Mazarin, les deux galeries superposées étaient destinées à contenir et présenter les fastueuses collections du cardinal : celle du premier étage a conservé son décor de Romanelli. De cet artiste, nous avons également le décor, alliance de peintures et de stucs, dont il pourvut l'appartement d'été d'Anne d'Autriche au Louvre.

Et l'exemple des deux ministres fut suivi par nombre de grands seigneurs ou de magistrats qui se firent construire, le plus souvent au Marais, des *hôtels* dont nous reste bon nombre. Avec eux se fixe pour plus d'un siècle le plan de la demeure, élevée entre cour et jardin, fermée en bordure de rue par un portail encadré de bâtiments, coiffée d'un toit d'ardoise dont la pente est adaptée au pluvieux climat parisien. Les façades, où l'alliance de la brique et de la pierre est vite abandonnée, ordonnent en pierre de taille, ou parfois en moellons recouverts de plâtre, un décor où frontons et ordres antiques sont utilisés en une composition plus ou moins majestueuse selon le rang social du propriétaire.

Le début de la grande lignée des hôtels parisiens

La rue Saint-Antoine était la grande voie d'accès à Paris, et ce n'est que plus tard que la construction de Versailles donnera à l'O. prééminence sur l'E. On vit donc de *nobles demeures* se construire le long de cette voie : l'hôtel de Mayenne, malheureusement défiguré au siècle dernier ; l'hôtel Sully, œuvre de Jean Androuet du Cerceau, qui a conservé son ordonnance complète (porche d'entrée encadré de pavillons, cour, corps de logis, jardin et, au fond de ce dernier, orangerie communiquant avec la place des Vosges) ; non loin de là, l'Arsenal a conservé les intéressants appartements de la maréchale de La Meilleraye, conçus dans le style décoratif joyeusement chargé et coloré de l'époque, avec un plafond de Simon Vouet.

Cependant c'est dans le *Marais*, qui sera le quartier résidentiel de l'aristocratie pendant tout le XVIIe s., que s'élèvent les principales demeures. Certaines méritent une mention particulière.

A l'hôtel de Châlons-Luxembourg, on notera le beau portail où une tête de lion surmonte un écusson ; l'hôtel de Saint-Aignan, œuvre de Le Muet, présente une ordonnance grandiose de pilastres corinthiens et une intéressante cage d'escalier. A l'hôtel de Beauvais, l'architecte Lepautre tira habilement parti d'un terrain biscornu pour élever une demeure d'aspect théâtral, avec grand escalier corinthien décoré par Desjardins. L'hôtel Lamoignon fut augmenté d'une aile sur rue, flanquée d'une échauguette portée sur des trompes élégantes. L'hôtel de Vigny, de Le Vau, a gardé quelques décors intérieurs de l'époque.

Mais les deux plus beaux hôtels du Marais, en cette première moitié du XVIIe s., sont connus par des surnoms. L'hôtel Aubert de Fontenay, dit Salé (actuel musée Picasso), a été construit en 1656. Sa façade encadrée de sphinx est surmontée d'un majestueux fronton curviligne, tandis qu'à l'intérieur se déploie ce qui est peut-être le plus bel *escalier* de Paris. A la vis du Moyen Age, au petit escalier à volées parallèles, limon sur limon, commence à se substituer le majestueux degré qui fait de cette construction utilitaire un des endroits fastueux de la demeure.

Quant à l'hôtel Amelot de Bisseuil, dit des Ambassadeurs de Hollande, il ordonne, autour de deux cours décorées, des bâtiments ornés d'angelots à l'intérieur desquels se voient, parmi un ensemble de décors de l'époque, une jolie galerie peinte par Michel Corneille et une « chambre à l'italienne », la seule subsistante à Paris.

François Mansart, ce méconnu

Il faut mettre à part les édifices construits par François Mansart, le plus grand architecte du temps. Ce sont les deux hôtels Guénégaud, celui de la rue des Francs-Bourgeois et celui de la rue des Archives ; l'hôtel Bouthillier de Chavigny, lamentablement occupé par une caserne de pompiers ; l'hôtel Colbert de Villacerf, où quatre hauts pilastres corinthiens supportent un fronton curviligne ; les agrandissements de l'hôtel Carnavalet, dont l'aile basse entourant la cour fut surélevée ; enfin François Mansart prit, à partir de 1656, la suite de Le Vau à l'hôtel d'Aumont, dont les impeccables façades sur cour sont ornées de triglyphes, de guirlandes et de têtes humaines.

On trouve dans ces différents édifices les caractéristiques de l'architecte : rigueur, symétrie, logique, le tout exprimé dans une élégance un peu hautaine.

Un nouveau quartier

L'on construisait aussi dans l'*île Saint-Louis*, non pour les grandes familles, qui répugnaient à quitter le Marais, mais pour des parlementaires ou de nouveaux enrichis. Au long des quais de l'île on retrouvera plusieurs de ces demeures, dont les deux plus importantes, construites par Le Vau, sont les hôtels Lambert et Lauzun.

Le plan traditionnel entre cour et jardin devait ici subir des accommodements, du fait de la forme et de l'exiguïté des parcelles. A Lambert comme à Lauzun, l'ordonnance principale de la demeure s'organise autour de la cour, au fond de laquelle, pour le premier, s'élève la façade principale dont la partie basse est évidée pour former vestibule couvert, formule qui sera vite abandonnée et réapparaîtra au XVIIIe s.

Mais c'est surtout pour leur décor intérieur que les deux hôtels sont justement célèbres. Si les peintures du fameux cabinet des Muses de l'hôtel Lambert ont été dispersées, nous avons conservé la galerie, avec son décor peint et sculpté où Le Brun et Van Opstal ont raconté l'histoire d'Hercule avec un sens de l'apparat qui annonce déjà Vaux-le-Vicomte, puis Versailles. Pas de galerie à l'hôtel Lauzun, mais une suite de pièces qui constituent un des exemples les plus parfaits de la décoration de cette première moitié du siècle : boiseries dorées encadrant des paysages incrustés, dessus-de-porte sculptés, plafonds peints composent un ensemble rutilant, un peu lourd par endroits, manquant ailleurs de sens de l'équilibre et des proportions, mais plein d'invention et même parfois de fantaisie.

L'architecture religieuse

Si l'hôtel parisien est, à l'époque, une formule profondément originale destinée à se répandre dans l'Europe entière, l'architecture religieuse, qui avait eu bien du mal à abandonner les structures gothiques, trouve son nouveau style par une adaptation au climat et au goût français de formules italiennes. Ce *baroque français*, longtemps dédaigné, affublé du nom de *jésuite*, a mis trois siècles à faire admettre et goûter la science de sa construction, l'harmonie de ses proportions, la richesse de son décor.

Certaines églises antérieures furent accommodées au style nouveau, ou continuées dans cette esthétique. C'est à Saint-Etienne-du-Mont que la mise au goût du jour fut la plus marquée : Pierre Biard y compléta le jubé par deux portes latérales qui contrastent par leur sobriété linéaire avec le style fleuri de la partie centrale, puis Claude Guérin éleva la façade, amusante superposition d'ordres et de frontons marquant l'hésitation d'un style qui n'a pu encore trouver ses lignes de force. En même temps on construisait, derrière l'église, des galeries à arcades garnies de verrières insuffisamment connues. Laurent La Hire pourvut l'église d'une des plus belles chaires de Paris. Saint-Gervais reçut aussi sa façade, construite de 1616 à 1620, sans doute d'après les dessins de Salomon de Brosse et de Clément II Métezeau. Ici le divorce apparaît en pleine lumière : sur cette église purement gothique on plaqua une ordonnance d'inspiration totalement différente, superposition d'ordres antiques où l'affirmation des horizontales vient contrebalancer l'élan des colonnes. Les chapelles latérales, construites à la même époque pour des paroissiens privilégiés, présentent d'intéressants décors contemporains.

Du couvent des Filles du Calvaire, installé par Marie de Médicis à côté du Luxembourg, restent des décors architecturaux, une chapelle et un cloître. L'église de l'Oratoire, de Lemercier, affecte à l'extérieur une fantaisie architecturale propre à séduire le public mondain auquel elle était destinée.

Et c'est, dans l'architecture religieuse parisienne, l'apparition du *dôme* : le premier, inconnu et invisible, est celui de la chapelle des Petits-Augustins, aujourd'hui noyée dans les bâtiments de l'école des Beaux-Arts. Puis vient celui du couvent des Carmes, qui surmonte timidement cet ensemble monastique un peu austère. On retrouve un dôme, cette fois élégant et élancé, à Saint-Paul-Saint-Louis, œuvre théâtrale et grandiose construite pour les jésuites par les PP. Martellange et Derrand. Sa façade rappelle celle de Saint-Gervais, mais plus animée, plus décorée, elle évoque davantage l'Italie de Borromini que la France de Mansart. Le décor intérieur de l'édifice, plein d'emphase et de panache, est la traduction enthousiaste de l'esprit de la Contre-Réforme.

Les influences italienne et française, à l'église du couvent de la Visitation, sont amalgamées par le génie de l'architecte, François Mansart. Une grosse coupole à lanternon, posée sur un massif carré, y domine le portail où l'on retrouve l'élégance un peu guindée du bâtiment de l'hôtel d'Aumont.

Richelieu chargeait dans le même temps Lemercier de reconstruire la vieille *Sorbonne*, dont reste l'église, où apparaît pour la première fois un type de façade souvent reproduit : élévation à deux étages, trois travées au rez-de-chaussée, une au premier, le décrochement étant adouci par des ailerons. Au-dessus de cette façade s'affirme le dôme, mais Lemercier n'a pas su éviter le hiatus entre ces deux éléments décalés en plan, et dont l'ordonnance n'est visible que de loin.

Au *Val-de-Grâce* est conservé un ensemble monastique de grande allure, commencé par François Mansart et continué sur ses plans. L'église a une nef directement flanquée de chapelles latérales : plan d'inspiration italienne que l'on trouve à cette époque dans les églises conventuelles, non astreintes aux exigences du service paroissial. Si, comme à la Sorbonne, son dôme se raccorde mal avec la façade, il prend toute son élégance vu de l'extérieur du chœur, avec les lanternons et groupes sculptés de Buyster qui lui servent d'amortissement. Quant aux bâtiments monastiques, sobres mais de grande classe, ils s'ordonnent autour d'un cloître aux arcades cintrées et s'ouvrent sur les jardins par une façade majestueuse qui annonce déjà plus les couvents « mondains » du XVIIIe s. qu'elle ne rappelle les grandes abbayes gothiques.

On ne s'étonnera pas de trouver plus d'austérité chez les jansénistes, et cette austérité même représente à nos yeux blasés une qualité supplémentaire. Le couvent de Port-Royal de Paris, construit par Lepautre en 1646-1648, a gardé son cloître tout en volumes simples, ses escaliers à balustres de bois, sa salle capitulaire, sa chapelle que la Mère Angélique trouvait trop luxueuse et où l'ombre de Pascal semble encore flotter.

Louis XIV et Paris

Indiscutablement, le grand roi s'est toujours méfié de cette capitale imprévisible : il en a éloigné sa demeure, préférant créer pour lui le monde de Versailles. Indiscutablement aussi, il fut un des souverains qui, par sa volonté propre ou celle de ses ministres, ont le plus modifié le paysage parisien.

L'éternel chantier du Louvre

Il fallait une fois de plus s'attaquer au Louvre. Le premier chantier fut celui de la galerie d'Apollon où l'on vit, pour la première fois à Paris, tous les arts décoratifs rassemblés sous la direction du merveilleux compositeur et chef d'orchestre, Charles Le Brun. En même temps, Le Vau avait continué la construction de la Cour Carrée, dans l'esprit de ses prédécesseurs. Mais le régime voulait doter le palais d'une façade monumentale d'arrivée, affirmant le prestige du règne dans le paysage parisien : après un essai malheureux du Bernin, ce fut la colonnade de Claude Perrault, affirmation de l'originalité du style français face à l'architecture d'outre-monts (les douves prévues le long de cette façade ont été réalisées seulement en 1967). La mise en place de cette page de travaux entraîna d'importants remaniements, en particulier du côté Seine, où s'éleva la nouvelle et jolie façade qui fait face à l'Institut. Mais ce bel élan fut cassé avant d'avoir porté tous ses fruits. En 1680, faute de crédits, les travaux s'arrêtèrent, laissant en suspens l'aménagement intérieur, les sculptures des façades et même la couverture des ailes intérieures de la cour, dans lesquelles il pleuvra pendant un siècle et demi. Le gouvernement royal avait voulu donner à ce qui était en théorie la demeure du souverain un extérieur éclatant, mais se souciait peu de la rendre habitable, Louis XIV n'y résidant jamais.

Un monument pour un collège

En même temps Le Vau avait, en 1663, entrepris de l'autre côté de la Seine la construction du *collège des Quatre Nations*, que Mazarin avait fondé par testament. Sur la Seine, le bâtiment présente un dôme surmontant la chapelle (c'est la célèbre coupole) encadrée de deux ailes en quart de cercle, tandis que, derrière, les bâtiments du collège, pompeux ou austères selon leur destination, s'ordonnent autour de trois cours. Ainsi Mazarin avait-il voulu, non sans noblesse, démentir au-delà de sa mort l'avarice qu'on lui reprochait en dotant Paris d'un de ses monuments marquants. Mais c'est à la volonté même de Louis XIV que l'on doit le plus bel édifice parisien du siècle.

La gloire des Invalides

Jusque-là, les anciens soldats réformés pour raison d'âge ou de blessures menaient une vie précaire et souvent misérable, s'efforçant de se faire recueillir dans les couvents. En 1670, le roi décidait de faire construire pour eux, à Paris, un établissement de refuge, et en confiait la réalisation à Libéral Bruant.

Celui-ci conçut un ensemble qui, tout naturellement, tenait de la caserne et du couvent : une grande cour carrée bordée d'arcades au fond de laquelle s'ouvrirait la chapelle, le tout dissimulé, à l'extérieur, par une façade de 210 m de long s'ouvrant par un portail triomphal. Mais le protocole interdisait que le roi pénétrât par la même entrée que ses sujets. En outre, le bâtiment, largement assez imposant et confortable pour ceux auxquels il était destiné, manquait de magnificence s'il devait proclamer la gloire du roi. Enfin, l'on voulait faire de ce nouvel édifice le point de départ de tout l'aménagement urbanistique du quartier. Pour toutes ces raisons, on fit appel à J. H.-Mansart qui ne manifesta jamais mieux son génie.

Il avait sans doute déjà lui-même élevé l'église des soldats, sur les plans de Bruant. Il eut l'idée, à partir de 1676, de lui adjoindre au sud une nouvelle église en croix grecque surmontée d'un dôme, et de créer pour l'édifice une nouvelle façade qu'il voulait même, à l'imitation de Saint-Pierre de Rome, encadrer de deux ailes en quart de cercle. Ces ailes, jamais construites, manquent évidemment à la composition de cette façade un peu disproportionnée par rapport au dôme.

Ce dôme est le point d'orgue de l'ensemble, le chef-d'œuvre de J. H.-Mansart. Non seulement il couronne la façade S. sans que l'on sente le décrochement fâcheux remarqué à la Sorbonne ou au Val-de-Grâce mais, de l'autre côté, il se compose admirablement avec la façade de Bruant, non conçue pour lui : c'est un des quelques traits de génie que l'on peut admirer dans le paysage parisien.

Notre époque a débarrassé les abords du monument des intempestifs bâtiments élevés par les militaires et réalisé ou restitué, sur les plans anciens, les douves O. et le jardin de l'Intendant.

Un monastère pour malades

Au couvent glorieux des Invalides correspond l'asile utilitaire de la *Salpêtrière*, prévu pour fournir aux malades, vagabonds, filles et forçats moins un hôpital qu'un lieu de relégation. Mais l'époque était incapable de traiter sans grandeur les bâtiments les plus utilitaires. Louis Le Vau, puis Libéral Bruant édifièrent de sobres bâtiments dominés par une chapelle dont les huit nefs disposées en étoile permettaient de séparer les diverses catégories de pensionnaires.

On logea aussi les astronomes dans un bel *observatoire* construit par Claude Perrault, lequel se soucia d'ailleurs davantage des proportions et de la décoration du bâtiment que de son adaptation aux besoins des scientifiques. L'architecture de l'époque n'était guère sensible au fonctionnel : elle voulait séduire, et surtout étonner et impressionner. On le voit encore dans les portes triomphales élevées aux entrées de la capitale. Il nous en reste les portes Saint-Denis et Saint-Martin, en forme d'arcs de triomphe antiques, mais dont tout le décor magnifie les conquêtes de Louis XIV dans une atmosphère de mythologie adaptée.

De nouvelles places royales

C'est l'initiative privée d'un maréchal-courtisan qui donna naissance à la *place des Victoires*, œuvre de J. H.-Mansart, ensemble circulaire entourant un monument de Desjardins. Ce dernier a disparu à la Révolution (les figures du socle sont à Sceaux), l'ordonnance a été bouleversée au XIXe s. par le percement de la rue Étienne-Marcel, mais la nouvelle statue est digne de l'ancienne et les façades subsistantes ont conservé leur élégance et même leur charme.

C'est encore J. H.-Mansart que l'on retrouve *place Vendôme*. Louvois avait d'abord pensé établir ici une série de bâtiments publics qui auraient constitué une sorte de cité administrative de prestige. Les difficultés du trésor royal firent abandonner ce projet et l'on décida de livrer les terrains au lotissement tout en construisant les façades, pour sauvegarder l'unité architecturale de l'ensemble. Comme un siècle plus tôt à l'île Saint-Louis, ce nouveau quartier n'attira pas l'aristocratie, routinière et attachée à ses lieux d'élection, mais des fortunes récentes et parfois douteuses.

Au chapitre de l'architecture publique parisienne du Grand Siècle, on peut encore inscrire le *pont Royal*, œuvre de Jacques Gabriel et du frère Ange Romain, qui a gardé ses lignes élégantes, quelques fontaines et, rue de l'Ancienne-Comédie, des vestiges de décor qui rappellent que c'est là que la Comédie-Française vécut la première époque de sa carrière.

Le courtisan dans sa demeure

Par leur plan et leur distribution, les *hôtels* parisiens du règne de Louis XIV sont très semblables à ceux de la première moitié du siècle : cour et jardin, portail encadré de communs, appartements de réception et pièces plus intimes. On peut noter un certain rétrécissement de la superficie des parcelles, conséquence sans doute de la spéculation sur les terrains et, partant, une plus judicieuse utilisation de la place disponible. Quant à l'architecture et aux décors ils affirment, encore plus nettement qu'à l'époque précédente, le rang social du propriétaire ou ses prétentions.

Le *Marais* reste le quartier de résidence traditionnel, et voit encore s'élever nombre de belles demeures. Il faut citer l'hôtel du Grand Veneur, avec son magnifique escalier; l'hôtel Le Peletier de Saint-Fargeau, de Pierre Bullet, qui orne sa façade sur jardins d'un fronton de Laurent Magnier; l'hôtel Barbes, avec sa cour à arcades; l'hôtel Amelot de Chaillou, par P. Bullet; l'hôtel du Lude ou de Châtillon; l'hôtel Presty, avec sa belle cage d'escalier ovale; le beau portail Louis XIV de l'hôtel d'Aubray, où se joua le drame des poisons. Une mention particulière à deux demeures d'architecte, la charmante maison que Libéral Bruant se construisit rue de la Perle, fort bien restaurée pour devenir musée, et le majestueux hôtel de Sagonne, symbole de la réussite sociale et financière de J. H.-Mansart, qui a conservé ses admirables plafonds peints par Lafosse et Mignard.

Mais les résidences nouvelles tendent aussi à s'écarter du Marais, en particulier en direction de l'O., mouvement dont la construction de la place Vendôme donne également un exemple. On citera l'hôtel de Sémonville, qui conserve un plafond à solives peintes, l'hôtel Moreau et sa belle cage d'escalier, ou l'hôtel de Saint-Roman. Autour des Halles des maisons plus modestes se construisent, comme le premier grand *immeuble de rapport* de Paris, construit en 1669 rue de la Ferronnerie. Plus loin encore vers l'O., à proximité de la future place Vendôme, s'établissent des novateurs, tel le musicien Lully dont la demeure subsiste rue Sainte-Anne : il s'agit non d'un hôtel entre cour et jardin mais d'une maison purement urbaine, en bordure de voie.

Sur la *rive gauche*, les demeures nouvelles s'édifient au pied ou sur les flancs de la montagne Sainte-Geneviève, comme l'hôtel de Laffémas, la belle porte cochère de l'hôtel de Bacq, et la majestueuse demeure que Boffrand construisit pour Lebrun : la façade sur jardin y a tant d'équilibre et d'harmonie qu'on la dit conçue selon le nombre d'or.

On construit aussi des églises

L'architecture religieuse passe indiscutablement au second plan : l'art de bâtir sert désormais les ambitions ou les besoins. Cela ne veut pas dire que l'architecture religieuse du règne soit, à Paris, négligeable.

La croissance de la ville entraînait, une fois de plus, l'érection de *nouvelles paroisses* et la *reconstruction d'églises* devenues insuffisantes. Mais il est à remarquer que les quatre édifices entamés dans la seconde moitié du siècle resteront inachevés par suite de difficultés financières. C'est le cas de Saint-Roch, commencé en 1653 sur les plans de Lemercier; de Saint-Sulpice, dont la reconstruction avait été entreprise en 1645 : les travaux ayant débuté par le chœur, s'arrêtèrent à la croisée.

On retrouve Le Vau à Saint-Louis-en-l'Ile, dont le chœur seul fut élevé de 1664 à 1679, et dont le décor est bien à l'image de cette paroisse mondaine. Enfin, pour remplacer une église médiévale, on commença en 1656 la construction de Saint-Nicolas-du-Chardonnet.

En revanche, les ressources des ordres religieux semblent avoir été plus constantes et l'on continue à voir s'élever des *chapelles conventuelles* que l'on distingue mal aujourd'hui des églises depuis qu'elles ont été elles aussi consacrées au service paroissial : Saint-Jacques-du-Haut-Pas, à laquelle l'architecte Daniel Gittard réussit à donner le parfum janséniste souhaité par la fondatrice, Mme de Longueville, et dont la stéréotomie intérieure est admirable; l'Assomption, qu'une mauvaise interprétation, sans doute, des plans envoyés de Rome par l'architecte Errard pourvut d'une coupole disproportionnée;

Saint-Thomas-d'Aquin, de Pierre Bullet, dont on a longtemps méconnu l'harmonie des proportions et l'élégance du décor.

Ces églises s'accompagnaient, bien entendu, de *bâtiments conventuels* dont beaucoup furent construits ou reconstruits, à cette époque, dans un style qui ne se différencie guère de celui des demeures civiles mais garde beaucoup de noblesse. C'est ainsi que les bâtiments abbatiaux de Saint-Germain-des-Prés furent en grande partie reconstruits, mais les fâcheux percements du XIXe s. n'en ont laissé subsister qu'une partie du cloître et, sur la place, une jolie maison à balcons de fer forgé. A la Schola cantorum une jolie façade sur cour et quelques décors sont les vestiges du couvent des Bénédictins anglais. Quelques débris architecturaux gardent encore le souvenir du Carmel de la rue Saint-Jacques ou des Récollettes de la rue du Bac.

Mais, en art religieux, l'époque est au moins aussi importante pour ses travaux de *décoration* que pour ses campagnes de construction. Le clergé, manifestant son dédain de l'architecture médiévale, n'hésita pas à faire subir aux églises gothiques des transformations longtemps jugées fâcheuses et que nous commençons à regretter lorsque entre temps on les a fait disparaître. C'est le cas de la nouvelle décoration du chœur de Notre-Dame, exécutée par J. H.-Mansart et Robert de Cotte de 1699 à 1714. Le placage de marbres et stucs dont ils avaient recouvert les piliers du chœur a été détruit par Viollet-le-Duc au nom de l'unité de style et nous n'en avons conservé, outre les célèbres statues de Coysevox et Coustou, qu'une partie des admirables stalles, chefs-d'œuvre de la sculpture sur bois du début du XVIIIe s.

La boiserie joue d'ailleurs, à l'époque, un rôle important dans le décor des sanctuaires. On regardera avec intérêt les stalles et bancs d'œuvre de Saint-Gervais ou de Saint-Germain-l'Auxerrois et, à Notre-Dame-des-Victoires, les boiseries accompagnant de grandes toiles de Van Loo, un des rares ensembles de tableaux religieux demeuré à l'emplacement pour lequel il avait été conçu.

Et il faudrait consacrer un chapitre à la *sculpture funéraire* de l'époque. Il est curieux de constater qu'au siècle où disparaît l'habitude d'ériger au souverain mort, à Saint-Denis, un grand tombeau, manifeste de la sculpture du moment, les églises parisiennes, en revanche, reçoivent un contingent jamais égalé en nombre et en qualité de tombeaux de grands seigneurs, de chefs d'armée, de ministres, d'ecclésiastiques ou de simples bourgeois. On laissera le lecteur les découvrir, en allant de Saint-Germain-des-Prés (le roi Casimir ; les frères Castellan) à Saint-Nicolas-du-Chardonnet (la mère de Lebrun), aux Invalides (Turenne), à la Sorbonne (Richelieu), à l'Institut (Mazarin), à Saint-Eustache (Colbert), à Sainte-Marguerite (la femme de Girardon), à Saint-Roch enfin, véritable musée de sculpture funéraire des XVIIe et XVIIIe s. Ainsi se recomposera peu à peu, aux yeux et à l'esprit du promeneur, par-delà les percées modernes et les voitures, la physionomie de cette ville du XVIIe s., attachée à un ordre politique et religieux, conventionnelle, fastueuse, cachant la misère d'une grande partie de sa population derrière une façade superbe qui a longtemps réussi à la faire oublier ou méconnaître.

Du déchaînement à l'austérité : le XVIIIe siècle

La révolution de la Régence

Le 1er septembre 1715, Louis XIV mourait. Le changement de régime venait confirmer et soutenir l'évolution stylistique amorcée depuis une dizaine d'années. Les ordres antiques, symbole de pompe et de majesté, se virent délaissés, la *courbe* pénétra en force dans l'univers de la ligne droite, l'*ornementation*, souvent gratuite, se fit reine. Le transfert des fortunes consécutif aux spéculations financières ne fit qu'encourager une vigoureuse campagne de construction : pour des hommes nouveaux, on construisit des demeures nouvelles, en un style nouveau.

Nous avons aujourd'hui du mal à nous imaginer dans leur intégralité les hôtels construits et décorés à l'époque dans ce *style rocaille* qui en imprégnait l'architecture, le décor intérieur, le mobilier. Citons cependant, pour leurs façades, les hôtels Chenizot, de Brienne, de Charolais, d'Estrées, de Gournay; pour leurs balcons les hôtels Séguier, Pidoux, du président Hénault; pour leur portail, les deux hôtels de Clermont-Tonnerre ou l'hôtel Gouffier de Thoix; pour son escalier, l'hôtel Dodun; pour leurs salons de boiseries, les hôtels de Seignelay et de Longueil-Maisons; pour son parquet, l'hôtel de Brancas; pour son plafond, l'hôtel de Mailly; pour son décor tout entier enfin, la célèbre Galerie dorée que Robert de Cotte ordonnança à l'hôtel La Vrillière.

C'est peut-être la *boiserie* qui est l'élément essentiel de cette nouvelle formule de demeure parisienne. A l'origine simple revêtement destiné à combattre le froid et l'humidité, elle est devenue un éblouissant décor où la gouge du sculpteur, avec une précision de ciseleur, taille dans le bois tendre des moulures chantournées, entourant des motifs variés, volontiers dissymétriques, des reliefs décroissants et auxquels l'or en feuilles, parfois de plusieurs tons, va apporter sa pompe et sa chaleur. On citera encore, dans ce domaine, les admirables panneaux du salon des Ambassadeurs de l'Élysée, œuvre de Lange et Hardouin.

On remarquera que, pour la première fois, nombre d'adresses citées se trouvent au *faubourg Saint-Germain*. C'était la route de Versailles et les constructeurs d'hôtels, attirés par le bon marché des terrains dans cette plaine encore maraîchère, y jetaient les bases de ce qui sera le quartier aristocratique du XVIIIe s. : un réseau de voies assez lâche, des jardins, une vie raffinée pour quelques-uns.

Cependant c'est encore au Marais que furent élevés deux hôtels dont la construction et la décoration, de 1704 à 1740 environ, permettent de saisir l'évolution des formules depuis la fin du style Louis XIV jusqu'au style Louis XV à son apogée.

Derniers feux sur le Marais

Chargé par le prince de Soubise de transformer le vieil *hôtel de Guise*, rue des Archives, l'architecte Delamair imagina d'en tourner la façade vers la rue des Francs-Bourgeois et de la faire précéder d'une cour entourée d'une colonnade. Dans ce Marais aux parcelles étroites, cet espace intégré à l'architecture surprit et mit splendidement en valeur la façade de ce que sont aujourd'hui les Archives nationales, avec son jeu subtil de colonnes, de balustrades et de statues : nous sommes vers 1704-1705, et le style Louis XIV s'affine, s'humanise, sans perdre son sens de l'équilibre.

A côté, Delamair fut bientôt chargé de construire pour le cardinal de Rohan un autre hôtel auquel il donna, sur les jardins, une ordonnance imposante, encore très louis-quatorzienne et, sur cour, une façade d'arrivée très simple. Une cour latérale reçut les écuries, qui tirent toute leur élégance de leurs proportions et du profil de leurs toitures, et sur lesquelles éclate, comme un bijou sur un tissu sobre, le bas-relief théâtral de Robert Le Lorrain, les chevaux du Soleil, coup de trompette dans l'harmonie mélancolique des dernières années du règne. Mais Delamair était un indépendant et l'architecture officielle se trouvait alors entre les mains du clan Mansart. L'auteur des deux hôtels fut vilipendé, accablé de reproches. A la mort du prince de Soubise, en 1712, Delamair fut congédié et remplacé par Boffrand, qui s'attaqua à la décoration intérieure.

Au rez-de-chaussée fut installé l'appartement du prince, qui a beaucoup souffert des transformations du XIXe s., et dont l'on essaie de restaurer les vestiges. Mais nous avons conservé, au premier étage, avec l'appartement de la princesse, un éblouissant ensemble décoratif, réalisé de 1730 à 1740 environ, et qui culmine au salon ovale, où Natoire raconta l'histoire de Psyché dans un encadrement de stucs et de boiseries dorées représentant peut-être le point extrême où pouvait parvenir le décor, avant de tomber dans l'emphase et la redondance. Du décor intérieur de l'*hôtel de Rohan*, nous avons gardé, avec l'escalier, le cabinet des Singes, peint par Huet entre 1749 et 1752, ensemble de boiseries où le sculpteur, cette fois, s'est effacé devant le peintre, chargé de muer en un décor de fête tout l'intérêt de l'époque vers l'exotisme, les voyages, l'aventure.

Ainsi la construction et la décoration de ces deux hôtels, commencées sur des formules encore versaillaises, un moment effleurées par l'enthousiaste fougue de la Régence, s'achevaient en cette époque Louis XV dont l'architecture, revenue de certaines outrances, est peut-être la plus originale de toute notre histoire. Mesurée mais raffinée, équilibrée mais harmonieuse, peu éprise d'ordres antiques mais sachant faire jouer tout son rôle à la pierre, dans l'appareil et dans la sculpture, elle nous a laissé une série d'hôtels qui, malgré les mutilations, constituent encore un patrimoine impressionnant et mal connu.

La nouvelle façade de l'*hôtel d'Albret* (1740) est, pour l'époque, la dernière entreprise notable du Marais.

La rive gauche et la rive droite

C'est toujours au *faubourg Saint-Germain* que se tient la plus grande partie des chantiers. On citera l'hôtel Biron, de Gabriel et Aubert, qui, devenu musée Rodin, a gardé ses jardins et même quelques-unes de ses boiseries ; l'hôtel de Lassay, de Lassurance et Aubert, jadis simple rez-de-chaussée où subsistent cinq salons de boiseries ; l'hôtel de Noirmoutiers, de Courtonne et Lassurance ; l'hôtel Matignon, du même Courtonne, où le décor a été conservé dans deux salons du rez-de-chaussée et un du premier étage, à scènes de bergeries peintes par le jeune Fragonard ; les hôtels d'Avaray, de Roquelaure, de Lesdiguières, Chanac de Pompadour, de Chalais, avec un grand salon admirable de proportions. Il est impossible de citer toutes ces demeures, souvent d'accès difficile.

Mais un autre quartier, nous l'avons vu, s'était créé dans le même temps : le *faubourg Saint-Honoré*, de part et d'autre du chemin, d'abord champêtre, qui prolongeait la vieille rue Saint-Honoré à travers les terrains maraîchers puis les terrains de culture. Dans ce nouveau quartier, la première demeure fut l'hôtel que nous nommons aujourd'hui l'Elysée, construit en 1718 par Mollet. D'autres vinrent peu à peu le rejoindre, qui ont été souvent moins bien conservés que ceux du faubourg Saint-Germain. Il nous reste, entre autres, le Cercle interallié et l'ambassade de Grande-Bretagne.

En redescendant vers le centre, on trouve les *hôtels de la place Vendôme*, pour la plupart construits au XVIIIe s., derrière les façades de Mansart. Le Crédit Foncier entretient soigneusement les hôtels d'Evreux, Desvieux et Castagné qu'il occupe, tandis que la chancellerie royale, aujourd'hui ministère de la Justice, n'a pas quitté depuis deux siècles et demi les somptueuses boiseries ciselées pour un fermier général.

A parcourir ces listes incomplètes, on pourrait penser que tous les aristocrates, hommes de robe, grands bourgeois, avaient chacun la jouissance d'un hôtel particulier. En réalité, beaucoup de ces hôtels étaient morcelés et une adresse prestigieuse dissimulait parfois un étroit logement sous les toits ou dans une aile de communs. On en vient ainsi à la prolifération de la *maison de rapport*, l'immeuble composé de logements similaires. Parmi les plus anciennes, citons les maisons du pourtour Saint-Gervais, rue François-Miron, au balcon décoré d'un orme. Ces nouvelles façades régulières, que l'on rencontre aussi rue de la Parcheminerie, rue de la Harpe, rue Saint-Martin, donnent une physionomie nouvelle à la rue parisienne, qui renouvelle son décor d'*enseignes* ou de *fontaines*. Il est curieux, sur ce point, de comparer la fontaine Maubuée, de 1733, avec son décor typiquement rocaille, et la célèbre fontaine des Quatre Saisons de Bouchardon qui, commencée l'année suivante, est déjà d'inspiration typiquement Louis XVI, quarante ans avant l'avènement de ce roi.

C'est seulement, d'ailleurs, par ces petits monuments que le pouvoir royal s'affirme à cette époque dans le paysage parisien. Pour la première moitié du siècle on ne peut citer, comme bâtiments publics, que la construction, en complément de l'hôtel Mazarin, de la Bibliothèque royale, celle de l'amphithéâtre de l'école de Médecine, rue de la Bûcherie, et d'insignifiants travaux au Louvre. Il faudra attendre la fin du règne pour voir revenir le temps des grandes entreprises.

Des églises se continuent et s'achèvent

Dans le domaine de l'architecture religieuse au contraire, cette époque Louis XV que l'on dit libertine, voire blasphématoire, a beaucoup construit. Il ne s'agit pas tant de création d'édifices que de la continuation des sanctuaires commencés à l'époque précédente : l'Oratoire, Notre-Dame-des-Victoires, Saint-Thomas-d'Aquin, Saint-Louis-en-l'Ile furent terminés dans une architecture proche de celle des plans primitifs, mais avec un décor plus actuel.

Deux églises se signalent par leur effort de nouveauté, l'une dans son plan, Saint-Roch, l'autre dans son élévation, Saint-Sulpice. A *Saint-Roch*, on termine l'édifice de 1701 à 1760, en transformant le plan primitif dans le sens de la complication. Sur le déambulatoire vint se greffer la chapelle de la Vierge, elle aussi pourvue d'un déambulatoire donnant accès à la sombre chapelle de la Communion. Et encore plus à l'est vint s'ajouter la chapelle du Calvaire, œuvre de Boullée : succession théâtrale, recherchée, qui semble vouloir donner à l'église la distribution mystérieuse des petits appartements de l'époque.

A *Saint-Sulpice*, Oppenordt reprit les travaux en 1719 et il est intéressant de voir sur le chantier cet artiste connu surtout comme dessinateur. D'ailleurs l'édifice fut poursuivi selon les canons de structure du XVIIe s., et ce n'est que dans le détail du décor que l'on retrouve Oppenordt l'ornemaniste. Mais tout changea quand, en 1732, Servandoni fut chargé d'édifier la façade. Ce curieux personnage, sensible à l'art gothique, désira revenir à la formule de la façade à deux tours. Celles-ci, de dessin très baroque, devaient encadrer un immense fronton surmontant lui-même deux vastes portiques à l'antique superposés. Mais la foudre détruisit le fronton, les deux tours ne plurent pas et l'on en construisit de nouvelles.

Rénovations et transformations

Le clergé s'efforçait par ailleurs de *mettre au goût du jour* des églises gothiques dont il n'appréciait plus le style et n'hésita pas, à Saint-Germain-l'Auxerrois, à transformer les piliers du chœur en colonnes cannelées dans le goût antique. On a souvent stigmatisé ces transformations sans noter qu'elles restent des témoins de l'évolution du goût, et surtout que certaines ne manquent pas d'élégance. C'est le cas, toujours à Saint-Germain-l'Auxerrois, des belles grilles de chœur, et surtout de la théâtrale décoration de stuc et de marbre dont Michel-Ange Slodtz habilla tout le chœur de Saint-Merri, placage qui témoigne d'une souplesse d'adaptation et d'un sens du décor longtemps méconnus. D'autres églises reçurent un mobilier contemporain qui apporte, dans le cadre équilibré des églises plus anciennes, la pompe parfois désordonnée du XVIIIe s. : on regardera avec intérêt la chaire rocaille de l'église des Blancs-Manteaux, la prestigieuse série de sculptures funéraires de Saint-Roch, ou, à Saint-Sulpice, le tombeau du curé Languet de Gergy, disputé entre la Mort et l'ange de la Résurrection, aussi déclamatoires l'un que l'autre.

Le renouveau monastique

Et cette profane époque a également construit, à Paris, beaucoup d'*abbayes*. Leurs bâtiments, moins connus que ceux du Moyen Age, ont beaucoup souffert, et on peut essayer de dresser l'inventaire de ce que nous avons conservé. Le plus gros chantier concerne la vieille abbaye Sainte-Geneviève, dont une grande partie des bâtiments conventuels fut reconstruite sous Louis XV. Il nous en reste un imposant escalier couronné d'une coupole soutenue par des palmiers, les anciennes galeries de la bibliothèque, hélas transformées en dortoirs, la salle des actes avec ses pilastres corinthiens, et l'ancien cabinet des médailles, décoré de boiseries raffinées.

Non loin de là, le couvent des Pères du Saint-Esprit commença à s'édifier, et nous en possédons toujours le majestueux réfectoire, voisin de la petite communauté Saint-Aure qui cache, côté cour, sa ravissante façade Louis XV.

L'hôpital Saint-Antoine, succédant à l'abbaye Saint-Antoine-des-Champs, a su garder une noble façade à deux étages, couronnée d'un fronton. Et le ministère des Anciens Combattants a préservé la majestueuse ordonnance extérieure du couvent de Pentemont, rue de Bellechasse. Dans le même quartier, l'administration militaire conserve, presque ignorés, les restes du noviciat des Jacobins : une galerie de cloître et deux escaliers. Et du couvent des Théatins subsiste encore un charmant portail latéral, œuvre de Desmaisons.

Vestiges incomplets, souvent difficiles à visiter. Ils permettent cependant de comprendre l'esprit de ces bâtiments monastiques du XVIIIe s. : grandeur des proportions, sens des volumes, décor discret et bien intégré à l'architecture, inspiration que l'on a souvent qualifiée de profane et qui ne l'est pas toujours.

Le néo-classicisme

Un passage en douceur

On sait que le style Louis XVI a commencé à se manifester bien avant la mort de Louis XV, et qu'il ne s'est pas agi d'un tournant brusque, mais d'une lente évolution, avec ses revirements et ses hésitations. A Paris le phénomène fut particulièrement précoce puisque nous avons vu que, dès 1734, la fontaine des Quatre Saisons affirmait des formules nouvelles, mais en revanche nombre d'hôtels particuliers resteront, quarante ans plus tard, fidèles à la grâce simple et fleurie du style Louis XV. Et c'est sous le règne du Bien-Aimé, par son plus célèbre architecte, Jacques-Ange Gabriel, que furent construits les deux monuments qui, à Paris, symbolisent le style Louis XVI : l'École militaire et la Concorde.

Les Invalides de Louis XV

Comme son arrière-grand-père, Louis XV voulait doter Paris d'un monument de prestige, et le prestige était lié à la gloire des armées. Louis XIV s'était occupé des vieux soldats, Louis XV voulut aider les futurs officiers, et choisit également les terrains maraîchers de la rive gauche pour y bâtir la nouvelle institution.

C'est de la place Fontenoy, sa véritable entrée, qu'il faut admirer l'*Ecole militaire*, et en particulier la science des volumes dont témoigne cette composition qui, depuis les extrémités des ailes en retour, s'élève peu à peu pour culminer au dôme central. La répartition des pleins et des vides, des horizontales et des verticales, la vision du grand escalier et de la chapelle montrent que le style Louis XVI va tirer sa force et sa beauté non de l'ornement, mais de la modénature.

Une place royale d'un esprit nouveau

La place Louis-XV, que nous nommons *Concorde*, affirma un esprit novateur, tant dans sa conception que dans son exécution. La Concorde est une place royale, et en affirmait, à l'origine, les caractéristiques : plan géométrique, architecture uniforme, statue royale. Seulement Gabriel, au lieu d'implanter arbitrairement dans le tissu urbain une composition conçue en cabinet, comme son grand-oncle Mansart aux places des Victoires et Vendôme s'est, pour la première fois peut-être dans l'histoire de l'architecture parisienne, soucié de l'environnement. Il s'est refusé à cacher par des bâtiments aussi bien la Seine au S., que les Champs-Elysées à l'O., et les Tuileries à l'E., et n'a donc construit qu'au N. : cet intérêt pour la nature, ce souci de s'intégrer à elle, c'est Jean-Jacques Rousseau et tout l'esprit de l'époque.

Mais, comme Gabriel tenait cependant à donner à sa place un contour géométrique, il décida de le tracer en creux, au moyen de lignes de fossés soulignées de balustrades et ponctuées de guérites. Le XIXe s., en comblant les fossés, en implantant dans cet ensemble de lignes horizontales la verticale de l'obélisque, a faussé la composition. Mais nous avons gardé les deux superbes palais de Gabriel, avec, pour l'un d'eux, son décor de boiseries.

Un palais pour des pièces d'or

Un concours s'ouvrit en 1768 pour la construction à Paris d'un nouvel *hôtel des Monnaies*. Un architecte inconnu, Jean-Denis Antoine, en sortit vainqueur, et deux siècles plus tard nous ratifions sans réticence la décision du jury. Si Gabriel, à la Concorde, avait innové en plan et en esprit, son architecture elle-même était restée traditionnelle et encore inspirée de la colonnade du Louvre. L'hôtel des Monnaies au contraire affirme un nouveau style, fait d'équilibre des volumes, de symétrie, de rapport entre pleins et vides et donne en somme d'un édifice public une acceptation majestueuse, mais non triomphante, et encore valable aujourd'hui.

Un palais pour les procès

On retrouve Antoine au *Palais de Justice*, où il reconstruisit les bâtiments entourant la cour d'entrée, ou cour de Mai. En haut d'un majestueux escalier, l'architecte couronna sa façade centrale d'un dôme et éleva en retour deux ailes basses, bien calculées pour dégager la Sainte-Chapelle et se composer avec elle : l'architecture gothique, longtemps dédaignée, commence à susciter l'intérêt de certains esprits éclairés. Et la cour d'honneur se ferma d'une belle grille : le XVIIIe s. est l'âge d'or du fer forgé.

Un théâtre et des fontaines

C'est l'ordre dorique, cher à cette période, que l'on trouve au *théâtre de l'Odéon*, œuvre de Peyre et Wailly ; mais il ne fut utilisé logiquement qu'au péristyle, destiné à abriter les spectateurs, alors que, dans tout le reste du bâtiment, les architectes se posèrent avant tout le problème du théâtre, avec tout ce qu'il comporte d'études de circulation, de communication, de vision, d'acoustique. La continuelle utilisation du bâtiment, depuis deux siècles, est la preuve de leur réussite.

Et ce règne qui, malgré ses difficultés financières et à la différence du précédent, favorise la construction d'*édifices publics* (école de Chirurgie et faculté de Droit) est encore comptable de quelques *fontaines* : celle des Haudriettes, avec une jolie nymphe de Mignot, celle de la Croix du Trahoir, œuvre de Soufflot. Dans un nouveau quartier « ouvrier », édifié à l'emplacement d'un ancien couvent, en face de Saint-Paul-Saint-Louis, l'architecte Caron édifia en 1783 la fontaine de Jarente, jolie découverte réservée au promeneur.

Les spéculations d'un prince

Mais l'entreprise la plus spectaculaire et peut-être la plus significative du point de vue de l'évolution des esprits est la transformation du *Palais-Royal*, résidence de la famille d'Orléans. Celle-ci fit, de 1764 à 1770, reconstruire une partie du palais lui-même par Contant d'Ivry, qui éleva l'admirable escalier du Conseil d'Etat, dont les deux volées à rampe d'acier et bronze montent dans un décor en trompe-l'œil. Mais le futur Philippe Egalité cherchait à résoudre ses graves problèmes financiers tout en tirant parti de la vogue de ses jardins, et eut l'idée de faire construire, par Louis, un fer à cheval de bâtiments entourant le parc. Ces bâtiments, composés d'immeubles locatifs, présentent une ordonnance de pilastres colossaux séparant les arcades des galeries. Au-dessus, trois étages abritèrent des appartements qui furent bientôt réputés comme les plus agréables de Paris.

Le développement des maisons de rapport

D'ailleurs la formule de l'immeuble se développait de plus en plus, et il nous en est resté bon nombre de cette époque, solides, un peu massifs, où l'on voit s'insérer entre le rez-de-chaussée et le premier un entresol obscur affecté aux tenanciers des boutiques. En regardant de l'extérieur la hauteur et l'ornementation décroissante des étages, on comprend que les diverses classes sociales s'y rassemblaient sous le même toit, à une hauteur déterminée. La place et la rue de l'Odéon ont gardé, de cette période, un ensemble pratiquement homogène.

Les demeures du faubourg Saint-Germain

Mais l'on continue en même temps à construire des *hôtels*, et l'on en construit même beaucoup, si l'on en juge par le nombre qui nous reste. Le faubourg Saint-Germain reste le quartier le plus prisé. Derrière des façades décorées de colonnes ou de pilastres, s'abrite une ordonnance de pièces où les architectes cherchent à concilier la commodité de la distribution, la somptuosité des pièces de réception, le raffinement des appartements intimes, les commodités du service, l'éclairement et le chauffage : c'est le temps de la douceur de vivre.

Citons l'hôtel de Narbonne, œuvre d'Antoine, l'hôtel Fleury, actuelle école des Ponts et Chaussées, l'hôtel de Tessé et les deux hôtels construits par Cherpitel et abritant maintenant des ministères : l'hôtel du Châtelet, dont la salle à manger ornée de fontaines est célèbre, et l'hôtel de Rochechouart, avec sa majestueuse façade à pilastres corinthiens.

Un des architectes les plus féconds de la fin du siècle, Alexandre Brongniart, conduisit sur la rive gauche une vaste campagne de construction, commencée avec l'hôtel de Bérulle, remarquable par l'agencement original de sa porte cochère. Puis ce furent, autour du boulevard des Invalides, les hôtels de Montesquiou, de Bourbon-Condé, de Boisgelin, Masserano, de Monaco. Dans toutes ces demeures on retrouve un sens de l'équilibre des volumes, une utilisation élégante et intelligente des ordres antiques, un souci de subordonner le décor à une composition générale sobre et logique.

Une des dernières grandes demeures du faubourg Saint-Germain, œuvre de Rousseau, fut construite, rue de Lille, pour le prince de Salm. Sa cour d'entrée s'ouvre par un portail en forme d'arc de triomphe découvrant la perspective d'une sévère façade à six colonnes corinthiennes. La façade postérieure au contraire, qui a la Seine pour jardin, est toute élégance, avec sa rotonde décorée de bas-reliefs et de bustes.

Les Champs-Elysées et la Nouvelle France

On construit également, aux Champs-Elysées, des *hôtels* dont beaucoup ont malheureusement disparu. Il nous reste l'élégante façade à colonnes ioniques de l'hôtel d'Argenson, l'hôtel de La Vaupalière, ou plutôt ce qui en subsiste après des défigurations et des morcellements successifs. L'hôtel de Massa, construit en 1784, a été sauvé par son transfert dans les jardins de l'Observatoire.

Le *Marais* est maintenant délaissé, tombé aux mains de la petite bourgeoisie et même de l'artisanat. Les chantiers n'y sont cependant pas complètement absents et l'on peut y citer certaines entreprises architecturales ou décoratives : les remaniements de l'hôtel de Bonneval, qui nous ont laissé un portail et un pavillon d'escalier avec décor en trompe-l'œil, et surtout l'hôtel d'Hallwyll, construit par Ledoux et dont on s'efforce aujourd'hui de restaurer les décors bien caractéristiques de cet architecte novateur.

Enfin, la fièvre spéculative de la fin du siècle qui s'emparait maintenant aussi des grands seigneurs, faisait naître de *nouveaux quartiers* au nord des boulevards : la Nouvelle France autour du faubourg Poissonnière, les Porcherons, vers notre Trinité. Ces quartiers d'affaires ont été considérablement transformés aux XIXe et XXe s., et l'on ne peut plus citer que quelques édifices rescapés : les hôtels Cardon et Titon ; la grande façade à colonnes de l'hôtel Montholon, toujours visible boulevard Poissonnière mais enserrée entre immeubles et boutiques ; les hôtels Gouthière et Botterel-Quintin, qui ont le privilège d'avoir conservé une notable partie de leur décoration ; la maison Alexandre, construite par Boullée, un des architectes les plus « révolutionnaires » du temps et qui présente encore, avec son péristyle ionique, une partie de son décor originel.

Des folies pour une époque déraisonnable

Une des constructions les plus caractéristiques de cette époque un peu décadente, mais si séduisante et raffinée, est la *folie*, petite construction de plaisance, aussi délicate que réduite de proportions, qui tirait son appellation, non de la déraison, mais d'un environnement champêtre (du latin folia : feuille). Si nous n'avons plus celle que Ledoux construisit pour la danseuse Guimard, on peut encore voir, au cœur d'anciens villages aujourd'hui absorbés par la grande ville, le pavillon Carré de Beaudouin à Ménilmontant, le château des Brouillards à Montmartre, l'hôtel de Pascher à Auteuil et surtout *Bagatelle*. Construite en soixante-trois jours par Bélanger, celle-ci, malgré les transformations du XIXe s., a gardé une part de ses proportions primitives et de son décor, continuant ainsi à justifier sa devise « parva sed apta ». Les nouveaux jardins se décoraient en même temps de fabriques, telles la Naumachie du parc Monceau : c'est la préfiguration du romantisme.

L'antiquité dans les églises

Le néo-classicisme triomphant crut devoir, comme l'époque baroque mais de façon plus radicale et moins heureuse, transformer certaines églises. A Saint-Nicolas-des-Champs et à Saint-Médard, les piliers du chœur furent paradoxalement retaillés en forme de colonnes doriques, tandis qu'à la seconde on ajoutait une chapelle d'axe qui rappelle un peu Ledoux. Dorique également est la crypte aménagée sous le chœur de Saint-Leu-Saint-Gilles, mais l'adjonction la plus intéressante de l'époque est sans doute, à Sainte-Marguerite, la chapelle des Ames du Purgatoire, décorée par Brunetti : le trompe-l'œil, qui est un élément fréquent du décor civil du style Louis XVI, fait ici une incursion remarquée dans le domaine religieux.

Une seule église paroissiale fut construite à l'époque, en vue de desservir le faubourg Saint-Honoré qui allait croissant, mais elle est capitale pour l'évolution du style : c'est *Saint-Philippe-du-Roule*, élevée par Chalgrin de 1774 à 1784. On y voit naître le nouveau plan que les tendances archéologiques du temps avaient fait concevoir à l'imitation des basiliques romaines : une nef sans transept, flanquée de bas-côtés et se terminant par un chœur en cul-de-four moins large qu'elle, et sans déambulatoire. Pas de voûte, mais un plafond décoré. Ce « plan basilical », qui joignait à son parfum antique une simplicité de construction qui abaissait le prix de revient de l'édifice, sera utilisé au moins jusqu'au milieu du XIXe s.

Côté *architecture monastique*, le courant de création et de construction ne faiblissait pas et nous a valu de beaux édifices : la chapelle du Saint-Esprit, œuvre du même Chalgrin ; l'escalier construit par Antoine à Saint-Martin-des-Champs ; le portail du noviciat des Capucins, qui dresse toujours boulevard de Port-Royal ses massives colonnes doriques. Le même ordre avait son couvent rue Caumartin, construit par Brongniart en 1780-1782, mais les bâtiments monastiques en ont été défigurés par les agrandissements successifs du lycée Condorcet. Du fameux cloître à colonnes doriques, curieuse transformation archéologique d'une forme architecturale éminemment chrétienne, presque rien ne subsiste. Quant à la chapelle du monastère, devenue église Saint-Louis-d'Antin, elle est, par son dépouillement, son austérité, son obscurité, très caractéristique d'un néo-classicisme religieux parvenu à son point extrême et qui ne manque d'ailleurs pas de grandeur.

Le couronnement de la montagne

Mais la plus grande entreprise d'architecture monastique de l'époque fut la reconstruction de l'église abbatiale Sainte-Geneviève, que nous nommons *Panthéon*.

Comme pour l'Ecole militaire et la Concorde, c'est Louis XV qui a décidé de l'édification de ce monument, pour nous typique du style Louis XVI. Il fut décidé de reconstruire la vénérable église abbatiale, vétuste, de la planter au sommet même de la colline, en avant des bâtiments abbatiaux, et d'en confier la construction à Soufflot. Ce dernier, admirateur des monuments grecs d'Italie du Nord qu'il avait visités, n'était pas moins intéressé par l'architecture médiévale, et voulait ici allier « la légèreté des édifices gothiques avec la pureté de l'architecture grecque » : grande idée, mais non-sens architectural, car il est impossible de concilier la conception statique, faite de poussées verticales, de l'architecture grecque, et le dynamisme de la structure gothique, faite d'équilibre de forces entre poussées obliques contraires. A réussir cette gageure, Soufflot consacra sa vie et la perdit.

La transformation de l'église en Panthéon, les modifications apportées par les successeurs de Soufflot ont dénaturé la conception initiale. Il faut penser que tout l'édifice avait été conçu en fonction du tombeau de sainte Geneviève, placé au centre de l'église, sous la coupole, largement visible de tous points de l'édifice, et fortement éclairé : d'où le plan en croix grecque, les simples groupes de colonnes qui, aussi audacieux que des piliers gothiques, suffisaient, à la croisée, à supporter l'énorme coupole, et les fenêtres donnant à l'intérieur une luminosité triomphale. Le remplacement des colonnes par de massifs piliers, l'obturation des fenêtres dans un but d'austérité, et surtout la suppression du point d'intérêt central ont beaucoup dénaturé le monument, surtout l'intérieur, qui en constituait la partie la plus remarquable. Cependant si on jette un coup d'œil sur les parties hautes, avec leurs coupoles sur pendentifs et leurs tribunes, on est frappé de l'ampleur et de l'harmonie des proportions de l'édifice.

Une enceinte fiscale

C'est Ledoux le novateur, le visionnaire, qui, dans les dernières années du règne, fut chargé du travail le plus fonctionnel qui soit : entourer Paris d'une nouvelle *enceinte*, non militaire, mais administrative, destinée à faciliter la perception des droits d'octroi. L'auteur des salines d'Arc-et-Senans magnifia sa mission et transforma les entrées prévues, avec leurs simples pavillons de perception, en autant de portes triomphales, toutes différentes, où il manifesterait son interprétation personnelle et originale des thèmes de l'Antiquité. L'entreprise ne fut comprise ni sur le moment ni plus tard ; la Révolution supprima non seulement l'institution, mais un grand nombre des bâtiments qui en étaient le symbole ; le vandalisme du XIXe s. fit le reste. Des quarante-cinq *barrières* de Ledoux, quatre seulement nous restent, au parc Monceau, place Denfert-Rochereau, à la Nation et à la Villette.

Peu de chantiers sous la Révolution

L'enceinte n'était pas encore achevée lorsque la Révolution survint. Les activités du bâtiment se ralentirent sans s'arrêter tout à fait, et l'on peut retrouver, près du Luxembourg, au Marais ou au nord des boulevards, quelques immeubles construits à cette époque, au décor caractéristique.

Les fêtes révolutionnaires entraînèrent la mise en place de *décors* le plus souvent provisoires, mais parfois définitivement réalisés. C'est à David, par exemple, que l'on doit les deux beaux bancs demi-circulaires en pierre du jardin des Tuileries, et aussi le transfert, à l'entrée des Champs-Élysées, des célèbres chevaux de Marly.

La Terreur passée, la construction reprit lentement, et nous avons gardé du Directoire quelques façades, quelques intérieurs et une aile subsistante d'un grand ensemble d'immeubles, la cour Batave. Mais le marasme économique et l'incertitude politique n'encourageaient pas les constructeurs.

Le Paris de Napoléon

L'Empereur urbaniste

Jamais souverain n'avait formé jusqu'ici de projets aussi grandioses. Non seulement Napoléon voulait pourvoir la ville de monuments, mais ces constructions devaient, dans son esprit, se combiner avec des entreprises d'urbanisme : grandes percées, création d'un quartier administratif autour du Champ-de-Mars, démolition des quartiers vétustes. Si les réalisations ne furent pas à la hauteur des projets, la raison s'en trouve dans les guerres qui hachèrent le règne, dans l'esprit d'économie de l'Empereur qui répugnait à faire financer par l'impôt des travaux somptuaires, et aussi dans l'intérêt qu'il portait autant (et même, vers la fin du règne, davantage) aux *travaux utilitaires* : construction de quais, démolition des maisons édifiées sur les ponts, établissement de trottoirs, creusement d'égouts, institution du numérotage, creusement du canal de l'Ourcq, construction de marchés, d'abattoirs. Œuvre édilitaire considérable, plus importante que celle réalisée pendant les deux siècles précédents, et qui a, bien sûr, en grande partie disparu. Nous avons gardé — pour combien de temps ? — le marché Saint-Germain.

Une des grandes opérations d'urbanisme de l'Empereur fut la « voie triomphale », la *rue de Rivoli*, percée le long des Tuileries, et qu'il voulut bordée d'immeubles à arcades tous semblables, ce qui donna à l'ensemble une réelle monumentalité.

En même temps de nouveaux *ponts* furent lancés sur la Seine, parmi lesquels un de pierre, classique et d'un beau dessin, le pont d'Iéna, et un en fer, le premier construit en France, la passerelle des Arts (reconstruite et modifiée en 1980).

La mode des colonnes

La rue de Rivoli fut reliée à la place Vendôme par la nouvelle rue de Castiglione, pour laquelle on chercha un ornement central propre à remplacer l'ancien monument de Louis XIV. Or la mode était aux colonnes, et la France républicaine, puis impériale, avait brodé à l'infini sur ce thème. Sur tous les projets présentés pour des commémorations diverses, en des villes ou des emplacements variés, seule fut finalement exécutée la colonne Vendôme, imitée de la colonne Trajane. Notons le non-sens qui consistait à introduire cette grande verticale dans un ensemble de lignes horizontales.

Napoléon voulait doter la capitale de *monuments de prestige*. L'Antiquité romaine y fut largement utilisée et les colonnades à l'antique adaptées à tous usages.

A l'emplacement où l'Ancien Régime avait commencé à construire l'église de la Madeleine, Vignon édifia en forme de temple antique le temple de la Gloire, sorte de monument militaire commémoratif qui ne sera achevé que sous Louis-Philippe. Symétriquement, de l'autre côté de la Concorde, Poyet éleva la nouvelle façade de la Chambre des députés, simple placage sur l'ancien Palais-Bourbon, et qui permit de rétablir la symétrie avec le pont de la Concorde. Plus paradoxalement encore, on décida de donner à la nouvelle Bourse un aspect de temple antique. C'est Brongniart qui le construisit à partir de 1808. Colonnes encore à la façade du théâtre des Variétés.

De l'eau pour les Parisiens

Dès le Consulat, Bonaparte avait souhaité alimenter les fontaines publiques, très déficientes, et en construire de nouvelles. Pour cela il fit creuser le canal de l'Ourcq, qui vint alimenter toute une série de nouvelles *fontaines* dont le style souvent original marque les tendances artistiques de l'époque. On rencontre l'Antiquité à la fontaine de Mars et à celle de la Paix, l'Égypte à la colonne du Châtelet et surtout à la fontaine de la rue de Sèvres, l'imitation de la Renaissance à la fontaine maintenant placée au dos de la fontaine Médicis. Et les techniques nouvelles utilisées au Creusot permirent la fonte des lions de bronze de la façade de l'Institut (aujourd'hui à Boulogne) et de la place du Château-d'Eau (aujourd'hui à la Villette).

L'éternel chantier du Louvre

L'Empereur était décidé d'autre part à achever enfin l'ensemble de palais formé par le Louvre et les Tuileries, et il y travailla plus que tous ses prédécesseurs sans pourtant pouvoir mener la tâche à terme. Grâce à lui la Cour Carrée fut enfin achevée, avec discrétion, Percier et Fontaine sachant s'effacer devant l'œuvre de leurs prédécesseurs. Puis, après avoir en grande partie déblayé la cour du Carrousel, on s'attaqua à l'achèvement du double palais. Mais là, Napoléon dut surmonter l'obstination de ses architectes qui, gênés par la différence d'axe entre Cour Carrée et Tuileries, voulaient la dissimuler par la construction d'un bâtiment central. L'Empereur, urbaniste né, réussit enfin à imposer la solution du bon sens : laisser dégagé tout l'espace entre les deux palais et construire seulement, le long de la rue de Rivoli, l'aile qui devait fermer l'immense rectangle. Mais l'on avait perdu beaucoup de temps en discussions et lorsque l'Empire tomba, la nouvelle aile s'arrêtait aux guichets de Rohan. En revanche, on avait profité de l'espace dégagé au centre pour doter le palais des Tuileries d'une entrée triomphale.

Un arc de triomphe pour portail

L'arc du Carrousel n'était en effet pas autre chose, à l'époque, que la porte majestueuse du palais des Tuileries, et une sorte de miracle a fait que, bien que ce dernier ait disparu, l'arc isolé n'ait rien perdu de ses proportions et de son élégance, ouvrant au contraire de façon imprévue l'exceptionnelle perspective des Champs-Elysées. Imité des arcs romains, traité en marbre de couleur, c'est un élégant pastiche, mais dont la décoration, toute contemporaine, témoigne de la vitalité souvent méconnue des sculpteurs de l'époque. Le char du sommet, modifié sous la Restauration, a repris toute sa valeur en 1985.

L'Arc de Triomphe

Si ces mots, sans précision supplémentaire, désignent maintenant dans le monde entier l'Arc de Triomphe de l'Etoile, c'est à Napoléon qu'on le doit. A la vérité, il songeait d'abord à le placer à la Bastille, c'est-à-dire à la sortie E. de Paris, route des Victoires. Le ministre Champagny et l'architecte Chalgrin le poussèrent à le construire sur la colline de l'Etoile, dans la perspective du palais des Tuileries, situation de la Gloriette de Schönbrunn. C'est encore Chalgrin qui eut le mérite de faire adopter une formule tout en volume, avec une seule arche sans colonnes adossées, concevant une masse qui est à l'échelle du paysage. Les régimes suivants achèveront le monument et le décoreront.

L'architecture funéraire

L'Empire termina l'organisation des trois grands cimetières créés par la Révolution. Mais l'entreprise la plus étonnante, dans ce domaine, est l'aménagement des *catacombes*, à grand renfort de décorations funèbres, de citations transcrites sur les parois et de transformation des ossements eux-mêmes en décor mural.

L'architecture privée

On construisit peu d'hôtels, mais on en réaménagea beaucoup pour les nouveaux maîtres. Il nous reste l'hôtel Bourrienne, datant du Consulat, et l'hôtel Beauharnais, de l'Empire, qui montrent le point d'élégance et de richesse un peu guindée du style de cette époque, suite logique et un peu exacerbée du style Louis XVI. Des travaux de Caroline Murat à l'Elysée demeurent l'escalier, le salon du Conseil des ministres et le célèbre boudoir d'argent.

Monarchie héréditaire et monarchie bourgeoise

Défense et illustration de la monarchie

Les Bourbon se servirent, pour la construction ou le décor, des deux idées de base du régime : monarchie et religion.

Une des tâches considérées comme les plus urgentes était le rétablissement des ***statues royales*** sur les places de Paris. La place Vendôme était occupée par la colonne, que l'on n'osait pas supprimer, et on hésitait à réinstaller à la Concorde une effigie de Louis XV, souverain trop décrié ; mais le Pont-Neuf reçut un nouvel Henri IV, la place des Victoires un Louis XIV, la place des Vosges un Louis XIII, les deux premiers étant fort honorables et le troisième plus discutable. L'achèvement du Louvre faisait aussi partie de cet idéal. Seul fut finalement construit le pavillon de Rohan mais, à l'intérieur du palais, Fontaine aménagera la galerie Charles X qui a conservé intact son décor pompeux quoique d'un parfait équilibre.

L'exaltation du sentiment religieux

Il était normal que la Restauration fît porter son effet sur la construction de *nouvelles églises*, nécessitées par la croissance de la capitale. Plusieurs furent construites dans le plus froid néo-classicisme : Saint-Pierre-du-Gros-Caillou, Notre-Dame-de-Bonne-Nouvelle, Saint-Denis-du-Saint-Sacrement.

Plus intéressante est *Saint-Vincent-de-Paul*, de Lepère et Hittorff. Conçue également sur le plan basilical mais surmontée de deux clochers, dressée en haut d'un grand escalier comme certaines églises romaines, elle présente à l'intérieur une décoration riche, certes conventionnelle, mais d'une parfaite homogénéité. Recherche également de décor « triomphaliste » à Notre-Dame-de-Lorette et à la chapelle des Lazaristes dont l'intérieur, peu connu, dégage un parfum d'inspiration espagnole.

Particulièrement caractéristique enfin de la politique de la Restauration, fut la construction, à l'emplacement où avaient été enterrés Louis XVI et Marie-Antoinette, d'une *chapelle dite expiatoire*, dont les plans furent dressés par Fontaine. Elégant monument où le cloître d'arrivée et l'éclairage un peu sépulcral donnent parfaitement l'impression de recueillement cherchée.

Des entreprises diverses

L'histoire monumentale de la Restauration à Paris reste à écrire, et ses témoins à recenser. Beaucoup de morceaux intacts sont encore méconnus et on ne peut qu'inciter le lecteur à partir à la découverte de la chaire de Saint-Germain-des-Prés, de la fontaine de la place Gaillon, des théâtres de l'Atelier et du Gymnase, de l'escalier de la bibliothèque Mazarine, du magasin Debauve et Gallais, rue des Saints-Pères, ou du décor du restaurant Véfour. On y trouvera une production plus nombreuse, un style plus varié et plus attachant que ce que l'on a coutume d'en penser et d'en écrire.

Une nouvelle colonne

Louis-Philippe se trouva à son tour devant la nécessité d'élever des *monuments commémoratifs* mais, ce faisant, il essaya de servir toutes les familles de pensée. Et d'abord glorifier ceux à qui il devait son trône, les émeutiers de juillet. Pour cela on éleva, à la Bastille, une colonne de métal creuse que surmonte la célèbre statue du Génie de la Liberté. L'ensemble manque de grandeur, comme beaucoup d'actes du règne. On manifesta aussi que le parlementarisme avait acquis ses droits en transformant, pour les adapter à leur nouveau rôle, le Palais-Bourbon et le Luxembourg : cela nous a valu, dans les deux palais, d'admirables décors de Delacroix.

La légende de l'Aigle

Les républicains ainsi apaisés (du moins le croyait-on), on se préoccupa de flatter les bonapartistes en terminant les monuments mis en chantier par l'Empereur. La Madeleine fut achevée, et surtout l'Arc de Triomphe, qui reçut une décoration sculptée bien adaptée au monument et qui a beaucoup fait pour sa popularité.

On fit remonter Napoléon, cette fois en redingote et petit chapeau, sur la colonne Vendôme ; et surtout, le corps de l'Empereur ayant été ramené à Paris, Visconti lui prépara aux Invalides un tombeau grandiose, où le sarcophage de granit rouge est veillé par des Victoires de Pradier. Ainsi Louis-Philippe, à son corps défendant, inscrivit-il dans la pierre le nom de son successeur.

Le souvenir de l'ancienne monarchie

Il fallait aussi essayer de jeter du baume sur le cœur ulcéré des partisans de la monarchie traditionnelle. A leur intention, on jucha sur les colonnes de la Nation les statues de Philippe Auguste et Saint Louis. Mais, en revanche, le roi-citoyen ne se soucia pas de replacer une statue royale sur la place de la Concorde et chercha une solution conciliatrice : ce fut l'obélisque.

La renaissance du gothique

L'intérêt de plus en plus marqué porté par les milieux cultivés à l'architecture gothique engendra deux phénomènes nouveaux pour l'époque, des *pastiches* et des *restaurations*. Pour les premiers, l'exemple type est Sainte-Clotilde, édifice un peu sec, un peu étriqué, mais qui montre une connaissance sans faiblesses de l'architecture médiévale.

Quant à la campagne, nécessaire, de restauration des monuments gothiques, elle se résume dans le nom de Viollet-le-Duc. Personnage attachant, chez lequel une tendance à l'architecture gothique idéale, avec toutes les contraintes brutales qu'elle fit subir aux monuments, s'allie à une connaissance profonde de l'art médiéval et une faculté d'invention dans le pastiche qui force, par moments, l'admiration. Sa restauration de Notre-Dame et les modifications, parfois discutables, qu'il y apporta font date dans l'histoire de l'architecture parisienne.

Des édifices novateurs

Mais certains architectes cherchaient de nouvelles formules adaptées à l'utilisation des édifices qui leur étaient commandés. Chargé de transformer en école des Beaux-Arts l'ancien couvent des Augustins, Duban en utilisa avec bonheur certaines parties, ainsi que les vestiges du musée de Lenoir, sans pour autant s'interdire la monumentalité et le décor. Et Labrouste, chargé de construire la bibliothèque Sainte-Geneviève, réussit, en alliant la fonte, la pierre et le verre, à dresser un bâtiment qui prouve encore aujourd'hui sa rationalité.

La révolution d'Haussmann

Napoléon III qui, jusqu'à sa prise de pouvoir, n'avait pratiquement jamais vécu en France fut, lors de son installation, péniblement impressionné par le Paris de l'époque, encore médiéval par bien des aspects et terriblement insalubre. Ce souverain moderne, fermement attaché à l'idée de progrès scientifique et social, voulut un Paris aéré, assaini, et où la classe dirigeante trouverait des logements à sa mesure. Il se rendait compte en même temps que les lacis des rues parisiennes constituaient un terrain idéal pour l'émeute, et que cette topographie avait été la cause directe des chutes successives de Charles X et de Louis-Philippe. Il fallait donc aussi une ville propice aux opérations stratégiques. Pour réaliser ce bouleversement, l'empereur Napoléon III sut trouver l'exécutant idéal : Haussmann. En seize ans, celui-ci réalisera une œuvre gigantesque de démolition, d'équipement et de construction.

La pioche à l'assaut de Paris

C'est Napoléon III et Haussmann qui, en collaboration, tracèrent sur le plan de la ville, au crayon rouge, les *grandes voies* qui, rasant les îlots insalubres, nivelant les collines, éventrant les quartiers anciens, constituèrent la nouvelle trame de la capitale. Opération d'une ampleur financière inimaginable aujourd'hui et dont nous ne pouvons que reconnaître l'utilité et la nécessité, même si nous en discutons les modalités. Un nombre considérable de monuments historiques, d'hôtels anciens, de rues pittoresques, furent sacrifiés. L'exemple le plus navrant de ces destructions est l'île de la Cité, qui aurait dû constituer un « secteur sauvegardé », et fut déplorablement rasée aux trois quarts. Pour respecter l'alignement des nouvelles voies le chœur de Saint-Leu-Saint Gilles fut diminué, tandis que Saint-Laurent, allongée, recevait une nouvelle façade qui n'est pas sans charme.

Une ville enfin saine

Conventionnel et politiquement surveillé, le nouveau Paris d'Haussmann reçut au moins enfin les aménagements, les *équipements* dirions-nous aujourd'hui, dont bien des capitales étrangères, Londres en particulier, bénéficiaient depuis longtemps : adductions d'eau, égouts, trottoirs généralisés, marchés, écoles et lycées, hôpitaux, nouveaux espaces verts. Grâce à une ampleur de conception impressionnante et une exécution d'une rapidité qui nous stupéfie, la capitale prit, dans ce domaine, une avance qu'elle gardera longtemps.

Les maçons en besogne

Et ce dégagement du terrain, cette implantation de l'infrastructure permirent tout de suite la mise en chantier d'une campagne de construction d'une ampleur encore jamais connue. Elle est consacrée en majeure partie à des *locaux d'habitation*, ces immeubles haussmanniens, qui dressèrent le long des nouvelles voies leurs façades de pierre de taille soignées, de peu de relief, mais revêtues d'une décoration graduée selon la hauteur des étages.

C'en est fini de la cohabitation de toutes les classes sociales sous le même toit, et les familles laborieuses sont rejetées vers la périphérie ou la banlieue, ce qui pèsera lourd dans la future lutte de classes. L'immeuble est réservé aux bourgeois, mais cette classe comporte bien des catégories qui, se jalousant ou s'ignorant, se répartissent les étages, du bas vers le haut, selon l'importance de leur position sociale ou de leurs revenus. L'apparition de *l'ascenseur* (1867) va peu à peu bouleverser cet ordre de facteurs et celle des hôtels particuliers aussi, le plus célèbre étant, aux Champs-Elysées, celui de Mme de Païva.

Anciennes et nouvelles églises

Le second Empire a cependant bâti un nombre considérable d'édifices publics, tous mis au service d'une thèse politique. A la population conservatrice et traditionnelle, on offrit des églises, conçues comme des pastiches de style roman (Saint-Honoré-d'Eylau), gothique (Saint-Jean-Baptiste de Belleville), Renaissance (la Trinité), classique (Saint-François-Xavier). Edifices qui sont d'ailleurs loin d'être indifférents mais auxquels on pourra préférer les tendances novatrices de Saint-Pierre-de-Montrouge et surtout de Saint-Eugène et de Saint-Augustin, où la fonte et le fer régnèrent en maîtres, bien qu'un peu dissimulés.

Les palais du règne

C'est peut-être au palais du Luxembourg, dans la salle des Conférences, que l'on peut admirer le plus bel ensemble décoratif de l'époque, dans toute sa somptuosité un peu clinquante. Mais il faut surtout porter à l'actif du règne *l'achèvement de l'ensemble Louvre-Tuileries*, quatre siècles après Catherine de Médicis. Reprenant le plan fort habile dressé par Visconti, Lefuel éleva, de part et d'autre de l'espace central, des ailes majestueuses longtemps critiquées et dont on commence à saisir la solide et un peu redondante harmonie (cour Napoléon, façade sur la place du Palais-Royal), mise en valeur par une décoration extérieure et intérieure dont l'étude reste à faire.

Le chef-d'œuvre du XIXe siècle

Mais c'est Charles Garnier qui, à l'époque, a doté Paris d'un monument exceptionnel : l'*Opéra*. Prodigieusement habile dans sa conception, tant en plan qu'en élévation, d'un volume qui traduit rigoureusement, telle une cathédrale, sa distribution intérieure, il présente de plus un époustouflant répertoire décoratif, symbole d'une classe riche, joyeuse et, pour son bonheur, inconsciente.

Tradition et novation

Les autres monuments de l'époque symbolisent bien les tendances académiques ou novatrices de leurs auteurs. Tandis que Duc transforme — et défigure souvent — le Palais de Justice dans un style pompeux et guindé où le classicisme essaie une dernière fois ses recettes éculées, Labrouste construit, à la Bibliothèque nationale, une salle de lecture plus audacieuse encore que celle qu'il avait réalisée à Sainte-Geneviève. Alors que Ballu réalise pour le Tribunal de Commerce un édifice réfrigérant, Hittorff édifie ce chef-d'œuvre de logique et d'harmonie qu'est la gare du Nord, pendant que Baltard élève ces pavillons des Halles que nos enfants nous reprocheront d'avoir laissé détruire (l'un d'eux a été transporté à Nogent-sur-Marne).

Dans les unes comme les autres de ces réalisations, on retrouve le souci de *bien bâtir*, le goût de la *monumentalité*, l'ampleur des proportions qui sont la marque de cette époque, la dernière où les transformations parisiennes soient le fruit d'un plan d'ensemble et d'une volonté unique.

Le Paris des Expositions

L'importance des Expositions universelles

Cette volonté unique d'aménagement urbain, on ne la voit plus désormais s'affirmer qu'à titre provisoire, à l'occasion des Expositions universelles organisées à Paris en 1878, 1889, 1900, 1925, 1931 et 1937. Les trois premières sont intéressantes pour l'histoire architecturale parisienne, en ce sens que celles de 1878 et de 1889 affirmèrent une tendance novatrice dans les formes et les techniques, alors que celle de 1900, royaume du stuc et du carton-pâte, marqua un recul.

Si de l'Exposition de 1878 ne reste, depuis la démolition de l'ancien Trocadéro, que le pavillon de Suède remonté à Courbevoie, celle de 1889 nous a laissé la *tour Eiffel*, chef-d'œuvre de technique et commandé par la technique, puisque son profil est né de la résolution mathématique du problème posé. Quant à l'Exposition de 1900 elle nous a légué, non des édifices d'art nouveau, comme on pourrait le croire, mais des bâtiments soit entièrement traditionnels de conception et d'exécution, comme le *Petit Palais*, soit charpentés par une structure nouvelle, en métal, mais cette ossature demeurant soigneusement dissimulée derrière un corset de pierre conventionnel, comme au *Grand Palais* ou à la *gare d'Orsay*, ou au moins, dans le cas du *pont Alexandre-III*, ornés d'un décor redondant auquel nous commençons à trouver du charme.

Reconstruction et académisme

Dans le même temps, la République bourgeoise marquait ses constructions ou reconstructions de l'éclectisme dans lequel se réfugiait l'académisme expirant : la reconstruction de l'Hôtel de Ville, avec son si caractéristique décor intérieur, l'édification du Sacré-Cœur, celle de la Sorbonne, la salle des Fêtes de l'Elysée sont peut-être plus significatives pour l'histoire sociale que pour celle de l'architecture.

Des recherches nouvelles

C'est dans les entreprises privées qu'il faut chercher un désir de nouveauté et de logique. L'agrandissement des *grands magasins* permit à certains architectes d'expérimenter des formules assurant le maximum d'éclairement, d'exposition, de facilité de circulation, parfois dans un style audacieux tel celui de Frantz Jourdain à la Samaritaine. Et l'architecture religieuse voit s'élever, à côté de pastiches discutables, un édifice comme Notre-Dame-du-Travail, à structure entièrement métallique.

L'Art Nouveau

Mais c'est aussi dans le domaine de l'*architecture privée* que l'on voit fleurir une des plus étonnantes créations architecturales et décoratives de notre histoire, ce que l'époque nommait modern style. A Paris, les deux représentants en sont Lavirotte, auteur de plusieurs immeubles, et surtout Hector Guimard, l'auteur de la synagogue de la rue Pavée, du castel Béranger et des entrées de métro dont l'œuvre, pendant longtemps décriée, est enfin reconnue et protégée aujourd'hui. Ce nouveau baroque, à tendance naturaliste et traduit en matériaux modernes, a choqué nos grands-pères, amusé nos pères : il nous enchante aujourd'hui.

L'apparition du béton

Mais, là où le fer affirme souplesse, élégance, gracilité, gratuité de la courbe, le béton répond rigueur, sobriété, exaltation de la ligne droite. Connu depuis longtemps mais longtemps dédaigné, ce matériau nouveau, dont les étonnantes possibilités ne se dévoileront que peu à peu, fut « lancé » d'abord par Anatole de Baudot à Saint-Jean de Montmartre, puis par Auguste Perret, qui l'utilisa d'abord dans le célèbre immeuble de la rue Franklin, ensuite au théâtre des Champs-Elysées, construit en 1912 et qui paraît de vingt ans plus jeune.

La période hésitante de l'entre-deux-guerres

Il semble que l'hésitation, l'incapacité, le laisser-aller qui traduisent la politique française entre 1918 et 1939 se marquent également dans son architecture. Ni l'emploi de plus en plus répandu des nouveaux matériaux, ni le courant de recherche dont l'Exposition de 1925 fut, à Paris, le manifeste, ni le besoin de nouveaux bâtiments communautaires ne suffirent à doter la capitale d'édifices de premier plan. La raison principale de cette carence peut sans doute être cherchée dans l'écartement des chantiers officiels de presque tous les architectes novateurs.

L'architecture religieuse

C'est pourquoi les nombreuses églises édifiées à cette époque ne relèvent que d'un style banal, ou bien souvent d'une absence de style. L'exception la plus remarquable est l'église du Saint-Esprit, dont la structure de béton s'habille d'un décor résolument contemporain.

L'architecture muséologique

Si l'Exposition coloniale de 1931 avait permis de réaménager la porte Dorée où s'implanta le musée maintenant nommé des Arts africains et océaniens, l'Exposition universelle de 1937 devait doter Paris d'un nouveau groupe de musées, qui auraient pu montrer le résultat des recherches de la nouvelle science muséologique. Il n'en fut rien, l'utilisation des édifices ayant été perdue de vue au profit d'arguments de circonstance.

La démolition, décidée, du Trocadéro aurait dû permettre la construction d'un édifice affirmant dans le paysage parisien la force d'une architecture nouvelle. Au lieu de cela, on se contenta de reconstruire les ailes de l'ancien palais, créant ainsi un ensemble discutable. Au musée d'Art moderne, les deux bâtiments réunis par une colonnade laissent une impression plus élégante, mais leur distribution intérieure est aberrante. Le seul *musée* digne de ce nom, celui des *Travaux publics*, fut commencé par Auguste Perret, enfin gracié de l'ostracisme : il ne put l'achever et le bâtiment a, depuis, été désaffecté. Le même Perret put, en revanche, mener à bien la construction du *Mobilier national*.

L'architecture scolaire et universitaire

C'est peut-être dans ce domaine que l'entre-deux-guerres a connu ses meilleures réussites. L'administration ayant enfin compris qu'il n'était pas nécessaire qu'une école ressemblât à une caserne ou à une prison, les architectes purent édifier des groupes scolaires aérés, colorés, décorés. Le même souci se retrouve dans la création de nouveaux bâtiments de facultés, et aussi à la *Cité universitaire*, où Le Corbusier fit du Pavillon suisse un véritable manifeste, dont l'influence sera considérable.

L'architecture parisienne de l'entre-deux-guerres peut d'ailleurs être définie comme un conflit permanent entre les *architectes novateurs*, Perret, Le Corbusier, Sauvage (immeuble à gradins de la rue Vavin), Mallet-Stevens, cherchant une nouvelle éthique en utilisant de nouveaux matériaux, et les *traditionalistes* qui, comme Roux-Spitz, s'efforcent de rassurer la clientèle en donnant un aspect « moderne » à des constructions qui restent dans la ligne d'un classicisme encore souverain aux yeux de ceux dont dépendaient les commandes.

Georges Poisson

Paris aujourd'hui

Paris, de l'après-guerre aux années 50

L'immédiat après-guerre voit la France se réorganiser et son économie redémarrer progressivement. Très vite l'attraction de la capitale s'est à nouveau fait sentir. On y vient retrouver une famille ou des relations et surtout chercher un emploi. En l'absence de constructions nouvelles ce sont les immeubles existants qui accueillent les arrivants. La population de Paris, en baisse depuis les années 20 — car le développement de la banlieue absorbait la croissance démographique —, va connaître une courte période d'augmentation et culminer autour des 2 850 000 habitants recensés en 1954. Dans un parc immobilier ancien, en majorité mal entretenu depuis de nombreuses années et très peu équipé – 16 % seulement des appartements ont une salle d'eau en 1954 —, cet apport de résidants vient s'ajouter à des conditions de logements déjà mauvaises.

Cette situation réclame des interventions qui peu à peu vont se développer. Les premières opérations notables, dans les années 50, concernent des terrains peu occupés : terrains industriels et aussi secteurs de la zone entourant les anciennes fortifications de Paris, en partie remplacées dans les années 30 par des *ensembles d'habitation à bon marché*. Avec la croissance économique, le rythme de construction et de transformation de Paris s'élève rapidement.

Des années 50 aux années 70 : la rénovation de Paris

La période qui s'étend de la seconde partie des années 50 aux premières années 70 est celle de la *rénovation*. Le développement économique s'accélère ; la population de la région parisienne augmente considérablement ; la demande de logements est très importante ; le contexte est donc favorable à un effort massif de construction qui se localise essentiellement hors de Paris.

La croissance de l'agglomération

La maîtrise de la très forte croissance de l'agglomération constitue une préoccupation majeure pour les autorités politiques et administratives ; elle justifie l'adaptation des institutions. Le district de la Région de Paris, placé sous l'autorité d'un préfet, est créé en 1961 pour assurer le contrôle et la coordination du développement urbain, de plus en plus rapide (1,2 million d'habitants supplémentaires dans la région, de 1954 à 1962). En 1964 est mis en place un nouveau découpage administratif afin de mieux prendre en compte l'évolution qui est intervenue ; Paris devient un département, la seule *commune-département* en France, qu'entourent sept autres départements : trois forment la *petite couronne* — Hauts-de-Seine, Seine-Saint-Denis, Val-de-Marne —, quatre, au-delà, forment la *grande couronne* — Essonne, Yvelines, Val-d'Oise et Seine-et-Marne — ; l'ensemble couvre 12 000 km^2 environ, dont 105 seulement pour la capitale.

En 1965 est publié le Schéma directeur régional qui dessine le futur de l'agglomération. Pour canaliser la croissance, des pôles de développement sont prévus autour de villes existantes et surtout dans des villes nouvelles. La région doit également se moderniser grâce à un puissant effort d'équipement, particulièrement sensible dans le domaine des transports : un réseau express régional de transports en commun desservant notamment les villes nouvelles est ainsi prévu, ainsi qu'un réseau d'autoroutes et voies rapides.

La ville reconstruite

Dans la capitale s'engage un vaste mouvement de reconstruction fondé, là comme ailleurs, sur les *conceptions modernes* largement dominantes parmi les urbanistes, les architectes et les responsables administratifs et politiques. Ces conceptions ont été souvent exprimées et débattues depuis l'entre-deux-guerres, en particulier dans la charte d'Athènes ; l'architecte Le Corbusier en est l'un des plus célèbres défenseurs. Elles reposent sur la foi dans le progrès technique qui doit permettre l'amélioration de la vie urbaine ; préconisent la séparation des différentes fonctions — habitation, services, industrie — organisées selon des schémas logiques ; le développement de réseaux de transports distinguant circulation rapide et desserte locale ; l'amélioration des conditions de logements appréciées en fonction de critères hygiénistes...

Le Plan d'urbanisme directeur de la Ville de Paris, mis au point dans les années 60, ne peut reprendre totalement ces idées qui conduiraient à des démolitions généralisées ; il s'en inspire cependant très résolument, affirmant l'objectif d'adapter la ville au monde contemporain. A l'exception des secteurs historiques, l'urbanisme parisien traditionnel, celui des rues bordées d'immeubles alignés et des îlots fermés, est condamné. La démolition et la rénovation de près d'un tiers de Paris sont proposées : elles concernent la plupart des quartiers des anciens faubourgs et aussi, en plein centre, le quartier des Halles et ses abords, soit au total plus de 400 000 logements, très inconfortables pour la grande majorité, et un million d'habitants. Les ensembles à édifier sont constitués d'immeubles barres et tours nettement plus élevés que les constructions antérieures. Dans les secteurs qui ne sont pas voués à une refonte complète, la réalisation d'immeubles hauts et implantés en retrait des façades existantes est favorisée au nom d'une meilleure hygiène.

Ces conceptions ambitieuses ont régi pendant une vingtaine d'années les transformations de Paris et permis un très important *renouvellement immobilier* — 230 000 logements ont été construits de 1954 à 1975 — ainsi que la réalisation de grands ouvrages : dans le domaine routier, avec le *boulevard périphérique* (achevé en 1973) et la *voie express Georges-Pompidou* sur la rive droite de la Seine ; et dans le domaine des transports en commun, avec les premières étapes de la mise en place du *réseau express régional.*

Le paysage bouleversé

La rénovation n'a pas, loin s'en faut, atteint ses objectifs de départ mais elle a marqué très brutalement le paysage de Paris et rompu en de nombreux endroits l'homogénéité apparente que lui avaient donné les siècles passés. Les plus fortes ruptures apparaissent sans doute dans les secteurs comprenant des *bâtiments tours* : Montparnasse (dont la tour de bureaux, la plus haute de Paris, atteint 207 m), le Front de Seine en bordure du fleuve dans le 15e arrondissement, Italie (13e arrondissement), place des Fêtes, îlot Flandre-Riquet (19e arrondissement), Saint-Blaise (20e arrondissement)... sans citer de nombreux secteurs limitrophes de Paris, particulièrement la Défense. Mais les multiples opérations d'échelle plus réduite, réalisées au sud et à l'est de Paris surtout (13e, 14e, 15e, 19e, 20e arrondissements), ont transformé complètement le paysage traditionnel de ces quartiers. A bien des égards, en effet, les caractéristiques des zones rénovées contrastent vivement avec celles de la ville plus ancienne : implantation et organisation discontinue des bâtiments brisant le tracé des rues, dimensions et hauteurs importantes, formes parallélépipédiques simplifiées, traitement répétitif des façades excluant pratiquement tout décor, matériaux et couleurs.

Les *monuments* que l'on associe à cette période sont en général des équipements économiques majeurs ; issus des idées urbaines et architecturales que l'on vient d'évoquer, mais très différents dans leurs conceptions et leur aspect, ils ont en commun leurs grande taille et la recherche de performances dans l'utilisation des matériaux nouveaux — béton, verre, métal. Parmi les exemples les plus cités figurent : le palais de l'Unesco (Breuer, Nervi, Zehrfuss, architectes ; 1958) dont la hauteur demeure modérée au voisinage immédiat de l'École militaire et des Invalides ; la Maison de la Radio (Bernard, Lhuillier, Niermans frères, Sibelle, architectes ; 1963) ; la faculté des Sciences de Jussieu (Albert, Cassan, Coulon, Seassal, architectes ; 1965-1971) ; la Maison de l'Iran dans la Cité Universitaire (Parent, Foroughi, Ghiai, architectes ; 1968) ; le Palais des Congrès de la porte Maillot (Gillet, Guibout, Maloletenko, architectes ; 1972) ; le siège du parti communiste français (Niemeyer, architecte ; 1972) ; l'ensemble de la gare et de la tour Montparnasse (Arretche, Beaudouin, Cassan, Dubuisson, Hyom de Marien, Lopez... architectes ; 1963-1973) ; le nouveau stade du Parc des Princes (Taillebert, architecte ; 1972) et l'hôtel Sheraton-Montparnasse (Dufau, architecte ; 1974).

Le patrimoine ancien redécouvert

Les années de rénovation sont aussi, simultanément, celles de l'engagement d'actions importantes en faveur du patrimoine ancien. En 1959, André Malraux, ministre de la Culture, relance le ravalement par des tests effectués sur de grands bâtiments publics ; les travaux s'étendent ensuite à tous les quartiers : Paris perd sa gangue sombre, ses façades retrouvent les tons clairs des enduits et de la pierre. Sous l'autorité du même ministre, une nouvelle législation est élaborée pour protéger dans leur ensemble les *secteurs historiques* les plus précieux. A Paris, elle s'applique surtout au Marais qui regroupe un exceptionnel héritage bâti des XVIe et XVIIe s. ; les hôtels prestigieux, mais aussi des maisons modestes qui les accompagnent, y sont progressivement restaurés. Les quartiers historiques centraux font l'objet d'un engouement de plus en plus fort, sur la rive gauche surtout (Saint-Germain, Quartier Latin). L'initiative publique — dans le Marais ou autour de la rue de Bièvre dans le 5e arrondissement — et plus encore les multiples initiatives privées suscitent de nombreuses opérations de réhabilitation.

Des années 70 aux années 90 : la modernisation et la mise en valeur de Paris

Le tournant de la politique d'urbanisme

Les années 70 marquent un tournant essentiel pour la conception de l'urbanisme parisien et donc pour le paysage futur de la ville. Elles voient en effet le passage de la politique de rénovation radicale, ambitionnant de bouleverser la ville sur une grande échelle, à une politique soucieuse de l'inscription des constructions nouvelles dans la trame urbaine existante.

Ce grand changement ne peut être expliqué que si on le relie au contexte du moment marqué par une série d'interrogations, de remises en cause, voire de crises.

Les pays occidentaux connaissent un ralentissement de leur croissance économique lié aux chocs pétroliers et une moindre pression de la construction dans les grands centres urbains.

La poursuite de la politique d'aménagement du territoire, mise en place au début des années 60, pose question. En effet, la population de la région Ile-de-France se stabilise à un niveau bien inférieur à celui envisagé par les experts — 10 millions d'habitants en 1975 —; de nombreux transferts d'entreprises — surtout de grandes entreprises industrielles — vers la province ont eu lieu; l'engagement de nouvelles opérations du même type touchant des entreprises moins importantes, apparaît moins justifié et parfois risqué.

A l'intérieur de la région, le poids démographique et économique de Paris s'est nettement réduit, l'essentiel du développement urbain s'étant effectué hors de la capitale, notamment dans les villes nouvelles.

Dans la ville même, les nombreuses opérations de rénovation et de construction qui se déroulent n'apportent pas tous les résultats escomptés : la baisse de la population et son vieillissement, amorcés depuis les années 60, s'accélèrent — 2,3 millions d'habitants en 1975 —; les hausses des coûts immobiliers sont rapides; la diversité sociale, caractéristique de Paris, se réduit alors même que subsistent dans certains quartiers des immeubles anciens et dégradés dans lesquels se regroupent des familles à faibles revenus, surtout celles des travailleurs immigrés.

Les formes urbaines et architecturales issues de la rénovation suscitent un rejet de plus en plus unanime, comme d'ailleurs les voies rapides qui sont prévues et dont la réalisation réclamerait destructions et atteintes aux sites. C'est là un thème majeur des associations écologistes dont l'audience se développe rapidement.

Cette période est aussi celle de grands débats et de changements importants pour les projets d'aménagements : en 1970, le chantier des nouveaux abattoirs de la Villette, engagé depuis 1962 et qui rencontre d'énormes difficultés financières, est interrompu; le permis de démolir de l'ancienne gare d'Orsay est accordé, mais le refus d'autoriser la construction de l'hôtel qui devait en prendre la place bloquera l'opération; en 1971, le projet du centre Georges-Pompidou est choisi, la démolition contestée des pavillons de Baltard aux Halles est entreprise (un seul pavillon a été remonté à Nogent-sur-Marne), le projet d'axe routier N.-S. empruntant le canal Saint-Martin est abandonné; en 1974, juste après son élection à la présidence de la République, M. Valéry Giscard d'Estaing prend deux décisions majeures : l'abandon de la voie express prévue sur la rive gauche de la Seine; l'annulation du programme de bureaux — le Centre de Commerce International — prévu aux Halles qui conduit à réviser la conception de cette opération.

Avant même le choix de ces dernières options, dans les années 1973-1974 sont mis en chantier des documents d'urbanisme qui traduiront la nouvelle donne de la politique d'aménagement de Paris; approuvés et publiés en 1977, ces documents affirment la volonté de maintenir la diversité de Paris et la mixité des fonctions — habitations, activités secondaires et tertiaires —, de mettre en valeur le patrimoine, de préserver les sites et le paysage. Parmi les lignes d'action définies figurent en particulier : la priorité accordée à la *construction de logements* afin de modérer le dépeuplement; le *contrôle du développement des bureaux*, localisés de préférence près des grands points d'échange des transports publics; la création de *locaux modernes* pour l'artisanat et la petite industrie; l'abandon du projet d'un réseau de voies rapides urbaines et la priorité accordée aux *transports en commun*. On revient à des constructions plus proches de la tradition parisienne. Les bâtiments doivent à nouveau, en règle générale, être implantés à l'alignement des façades existantes. Les élargissements envisagés sont pour la plupart abandonnés; les hauteurs autorisées sont réduites — 25 m dans le centre, 31 m en périphérie, 37 m dans certaines zones à proximité des immeubles élevés récents — et proportionnées à celles existant alentour. De plus, les règles sont adaptées de façon à favoriser le raccordement avec les constructions voisines, à améliorer l'insertion dans le paysage urbain.

Un maire à Paris

Ces nouvelles conceptions vont bénéficier, pour leur mise en œuvre, d'un cadre administratif rénové. Depuis l'Ancien Régime le pouvoir se méfiait de Paris ; les périodes révolutionnaires n'avaient fait qu'accroître ce sentiment. Le statut mis en place sous Napoléon Ier, qui était celui d'une tutelle, s'était perpétué ; le conseil municipal élu ne disposait pas de pouvoirs réels, l'exécutif étant entre les mains de deux préfets désignés par le gouvernement : le préfet de Paris et le préfet de police. Le statut de la capitale, adopté par le Parlement en décembre 1975, la rapproche des autres communes françaises. 109 conseillers, élus au suffrage universel dans les vingt arrondissements, forment le conseil municipal qui élit le maire. Cependant, celui-ci ne dispose pas des pouvoirs de police qui restent assurés par un préfet. L'élection a lieu en mars 1977 ; Paris retrouve un maire — M. Jacques Chirac — après des siècles de gestion assurée pratiquement sans interruption sous l'autorité de l'État.

Des changements sont également intervenus au niveau régional. Le conseil régional d'Ile-de-France — composé d'élus locaux — a été mis en place en 1976, le préfet conservant le pouvoir exécutif et l'autorité administrative.

Le renouvellement de l'urbanisme et de l'architecture

En 1978 et 1979, la municipalité de Paris révise les projets des principales opérations de rénovation qui ne sont que partiellement engagées, de façon à les adapter aux nouvelles conceptions. C'est le cas des secteurs promis aux barres et aux tours, déjà partiellement rénovés pour certains (rues de l'Ouest et Vercingétorix, Belleville, Père-Lachaise, Saint-Blaise...).

Les années 80 sont marquées par une forte diminution du rythme de la construction. Cependant, toute une série d'opérations d'initiative municipale, visant à créer de nouveaux quartiers d'habitation, est engagée sur la base des principes d'urbanisme qui viennent d'être redéfinis. Avec le *plan-programme de l'Est de Paris*, adopté en 1983, l'accent est mis sur le rééquilibrage en faveur de cette partie de la capitale qui demeure moins favorisée, mais offre de nombreuses possibilités d'aménagement et d'embellissement.

L'étendue des interventions est désormais plus réduite qu'avant ; elles associent, parfois étroitement, reconstruction et maintien d'immeubles anciens réhabilités ; surtout, elles utilisent des terrains antérieurement affectés à des activités — entrepôts, gares de marchandises, locaux industriels, souvent vétustes — plutôt que de rechercher la refonte de zones habitées. C'est le cas, en particulier, des grandes réalisations lancées pendant cette période qui vont conduire, à l'horizon des années 90, à la transformation de sites majeurs de Paris : au S.-O., les anciens terrains Citroën ; au S.-E., de part et d'autre de la Seine, les quartiers de Bercy et Tolbiac ; au N.-E., les abords du bassin de la Villette et des canaux.

L'image des conceptions nouvelles, qui marquent un *retour à la ville*, est extrêmement diverse. Certaines constructions conservent un traitement voisin de ceux qui ont marqué la période précédente, mais le changement d'échelle et le retour à l'alignement de la rue les intègrent mieux parmi les immeubles existants. Cependant les réalisations intéressantes se multiplient dans des registres très différents, allant d'une grande simplicité — à l'imitation de bâtiments plus anciens — à un jeu plus ou moins compliqué (parfois excessif), sur l'éventail de formes, de matériaux, de détails que permettent les techniques modernes. Les références ou les clins d'œil au voisinage et à l'histoire architecturale de Paris réapparaissent dans certains projets ; des innovations se développent : l'ensemble témoigne d'un souci retrouvé de l'archi tecture et du décor et illustre l'importance des possibilités d'interprétation qu'offrent les règles de construction, pourtant bien plus précises qu'avant.

Les plus remarquées de ces créations, que l'on a parfois regroupées sous le terme de *nouvelle architecture parisienne*, concernent surtout des logements sociaux, des équipements collectifs. Il y a rencontre du secteur public et des aspirations de nombreux architectes souhaitant rompre avec la pauvreté d'expression antérieure et proposer une architecture urbaine adaptée à son environnement et digne de la grande ville historique qu'est Paris.

On n'entreprendra pas ici l'établissement d'un bilan de ces réalisations qui serait forcément long et arbitraire, et sans doute rapidement dépassé. Il est cependant possible de citer des espaces qui regroupent un certain nombre de bâtiments intéressants. Ces espaces sont d'abord ceux de grandes opérations révisées à la fin des années 70 ou lancées ultérieurement, parmi lesquelles — sans prétention à l'exhaustivité — on peut retenir : les anciens terrains Citroën entre la rue Balard et les quais de la Seine, et la partie S. de la rue Saint-Charles et de l'avenue Félix-Faure (15e arrondissement); le secteur des rues Vercingétorix, de l'Ouest et Raymond-Losserand (14e arrondissement); les abords de la rue des Amandiers ou ceux des rues Saint-Blaise et Vitruve (20e arrondissement). On peut d'ailleurs noter que ces derniers exemples, et tout particulièrement le secteur Saint-Blaise, juxtaposent différentes conceptions et permettent de retracer l'évolution récente de l'urbanisme parisien à travers une sorte d'« exposition » de bâtiments. Nombre d'opérations de plus petite échelle méritent également d'être mentionnées, parmi lesquelles, par exemple : rue des Hautes-Formes (13e arrondissement); rue Mathis (19e arrondissement); rues de la Mare et des Cascades, rue des Prairies, rue Saint-Fargeau et passage Gambetta (20e arrondissement).

Le renforcement des transports en commun et les problèmes de l'automobile

L'abandon du réseau de voies rapides envisagé antérieurement a constitué l'une des innovations majeures de la politique définie au milieu des années 70. Les réalisations visent surtout, désormais, à apporter des améliorations locales en liaison avec des opérations d'urbanisme voisines. Les plus importantes s'engageront à partir de la fin des années 80; elles concernent certains grands axes urbains — élargissement de la rue de Flandre, réaménagement des quais rive gauche à l'ouest — et surtout le S.-E. de la ville, secteur en complète transformation — doublement du pont de Bercy, création d'un nouveau pont entre les gares de Lyon et d'Austerlitz.

Mais l'énorme parc automobile de Paris et de sa région — plus de 3 millions de véhicules — et l'augmentation du nombre de déplacements en voiture posent des problèmes aigus dans une ville ancienne, dense et active comme Paris. Les créations d'infrastructures, de parkings, l'extension du stationnement payant, l'amélioration de la gestion du réseau des rues, n'ont pu résoudre les difficultés de circulation et de stationnement qui demeurent très grandes, particulièrement pendant les heures de pointe. C'est par la priorité accordée aux transports en commun — qui assurent la majorité des déplacements — qu'il a été possible, en fait, de satisfaire une demande croissante.

Dans ce domaine la réalisation la plus spectaculaire est sans doute la *mise en place du RER* (réseau express régional). Conçu au début des années 60, progressivement mis en service à partir de 1969, ce réseau de métro rapide a été établi en reliant, sous le plein cœur de Paris, des lignes préexistantes et, innovation majeure, en mariant les services des deux grandes entreprises de transport : la RATP et la SNCF. Les nouvelles liaisons et les stations souterraines ont donné lieu à des travaux impressionnants; constituant autant de pôles de correspondances entre les différents réseaux — métro, train,

RER —, ces stations — Châtelet-les Halles ; Auber ; Charles-de-Gaulle-Etoile ; Gare de Lyon ; Gare du Nord ; Nation — facilitent considérablement les échanges entre les différents secteurs de Paris et de l'ensemble de sa région. Les lignes A (E.-O.) et B (N.-S.) se rencontrent dans l'immense gare de Châtelet-les Halles, nœud central du réseau, dont les sept quais juxtaposés sont conçus pour accueillir ultérieurement une liaison S.-E. / N., la ligne D. Une nouvelle gare de correspondance sera mise en service en 1988 à Saint-Michel, et permettra les échanges entre la ligne B et la ligne C qui longe la Seine sur la rive gauche.

D'autres mesures ont favorisé l'utilisation des transports en commun : l'amélioration de la *circulation des autobus* grâce à la création de couloirs ; la modernisation et l'extension vers la banlieue du métro ; et la création en 1975 de la *carte orange*, système d'abonnement par zone géographique aux transports en commun.

Paris est aussi, naturellement, le point d'aboutissement du réseau ferroviaire national et international. L'arrivée à la gare de Lyon du train à grande vitesse (le TGV), conjuguée avec la réalisation du RER et les difficultés d'accueil des flux de voyageurs, a justifié un remodelage de cette gare et de ses abords, en partie dégradés. Le système d'accès aux trains a été modifié grâce à la création d'un vaste passage sous les voies, débouchant sur une place nouvelle, qui s'ouvrira rue de Chalon ; des bureaux et des logements entoureront la gare rénovée. La décision de réaliser le TGV Atlantique conduit à concevoir également d'importantes transformations de la gare Montparnasse et de son environnement immédiat ; cette opération qui permettra outre la création d'une gare TGV, la construction de bureaux, de commerces et la réalisation d'une dalle-jardin au-dessus des voies, devrait s'achever au début de la décennie 1990.

Un ensemble d'équipements exceptionnels

Plus que les opérations de construction soucieuses de respecter le paysage, ou que les infrastructures de transports, en partie souterraines, c'est la réalisation d'un ensemble de grands programmes d'équipements qui marque par son côté spectaculaire la fin des années 70 et le début des années 80. Exceptionnels par leur portée et par leur ambition architecturale, ces équipements sont venus renforcer très puissamment le rôle et l'attraction de Paris à l'échelon national et international.

L'opération des *Halles* et du *plateau Beaubourg* a été l'occasion majeure de revitaliser le cœur de Paris dont le déclin avait été annoncé comme irrémédiable. Décidée dès 1960, rendue possible par le transfert à Rungis, à partir de 1969, du marché de gros de l'alimentation, cette opération a bénéficié d'une opportunité unique, sans équivalent depuis un siècle : 15 ha à refondre à la croisée même des voies historiques qui ont structuré la ville ; elle a posé la vaste question de la vocation du centre ancien de la ville et celle des choix d'urbanisme et de d'architecture à y retenir à la fin du XXe s. Les innombrables idées et projets suscités, les multiples plans dessinés, les partis adoptés puis leurs nombreuses modifications, tous les débats et polémiques soulevés par la préparation puis la mise en œuvre de l'opération, ont bien montré l'intérêt porté à Paris jusque très au-delà des frontières nationales, et l'extraordinaire difficulté de trouver, sur un problème d'urbanisme d'une telle ampleur, une réponse recueillant une très large adhésion. Les changements politiques et administratifs survenus ont également eu une influence directe sur le déroulement de cet aménagement, des décisions majeures ayant été prises par les plus hauts responsables de l'Etat et, après la mise en place du nouveau statut de Paris, par ceux de la Ville. Etalée sur plus de quinze ans, à une époque charnière pour l'urbanisme parisien, l'opération des Halles a ainsi fédéré des conceptions successives.

La zone de l'ancien marché a accueilli des programmes importants : la gare centrale du RER — où transite chaque jour un million de voyageurs — et un grand complexe commercial en souterrain dont la première partie — le Forum — s'ouvre sur un cratère central à l'air libre, entouré de verrières, et la seconde, traitée de façon monumentale, comprend des équipements publics sportifs (gymnase, piscine), sociaux, culturels (auditorium, vidéothèque de Paris...). En surface, trois groupes de bâtiments bordent l'espace du Forum, à l'est : des pavillons vitrés à ossature métallique accueillent des équipements, les autres constructions de facture plus traditionnelle sont affectées à des logements, des hôtels et des bureaux ; un jardin couvre les réalisations souterraines, dégageant la perspective vers l'église Saint-Eustache. Quant au plateau Beaubourg, libéré en grande partie depuis les années 30, il a accueilli un nouvel ensemble de logements et commerces qui intègre, sur la rue Saint-Martin, des façades anciennes conservées et surtout le spectaculaire centre national d'art et de culture Georges-Pompidou voué à l'art moderne et à la création contemporaine.

La circulation automobile a été reportée en sous-sol et une vaste zone piétonne aménagée en surface, conformément aux principes de séparation des trafics des années 60. Les rues et les places ainsi réservées aux promeneurs — et particulièrement la piazza Beaubourg — figurent aujourd'hui parmi les plus fréquentées par les Parisiens et les visiteurs.

Les Halles et Beaubourg ont pris une part primordiale dans le regain de succès du centre rive droite qui constitue sans doute aujourd'hui le principal foyer d'animation de Paris ; tout autour s'est développé un rapide mouvement de remise en valeur, qui s'étend à la fois vers le Palais-Royal et sur la frange O. du quartier du Marais.

La décision prise en 1969 par M. Georges Pompidou, président de la République, de créer le centre auquel son nom a été ensuite attaché, a conduit à une réalisation majeure. Lauréats d'un concours international, ses architectes (Piano et Rogers) ont voulu changer l'image de l'institution dédiée à la culture ; ainsi est né leur vaste et spectaculaire bâtiment de verre et de métal qui affiche en façade sa machinerie, vivement colorée. Beaubourg (surnom du centre Georges-Pompidou) est aujourd'hui le monument le plus fréquenté de France et l'un des plus courus du monde. La tradition de réalisation, dans la capitale, de monuments destinés à de grands équipements publics a ainsi été retrouvée. Depuis la fin du siècle précédent, cette tradition s'était surtout exprimée à travers les Expositions universelles, qui ont légué à Paris la tour Eiffel (1889), le Grand et le Petit Palais (1900), le palais de Chaillot et le palais de Tokyo (1937).

Le septennat de M. Valéry Giscard d'Estaing (1974-1981) a vu, outre l'achèvement du centre Pompidou inauguré en 1977, le lancement de plusieurs projets nouveaux :

- la *transformation de l'ancienne gare d'Orsay* en musée consacré à la civilisation et à l'art de la seconde moitié du XIXe s. et du début du XXe s. (Bardon, Colboc, Philippon, architectes ; Aulenti, architecte pour l'aménagement intérieur) ;
- la création à la Villette d'un *musée des Sciences et des Techniques* dans l'immense bâtiment de la salle des ventes des abattoirs, entièrement réaménagé (Fainsilber, architecte), et celle d'un grand parc ;
- la création d'un *institut du Monde arabe*, initialement envisagé dans le 15e arrondissement ;
- hors Paris, la construction d'un bâtiment venant achever, à *la Défense*, la longue perspective qui s'étend jusqu'à l'Arc de Triomphe et au Louvre.

M. Jacques Chirac, après son élection à la Mairie, engage le projet du *palais Omnisports* de Bercy. Ce bâtiment pyramidal, aux façades couvertes de gazon (Andrault, Parat, architectes), vient en 1984 combler l'absence à Paris d'une salle de grandes dimensions pour les manifestations artistiques et sportives.

Le mandat de M. François Mitterrand verra la confirmation et la réalisation des projets antérieurs, dont certains sont modifiés ou repris :
- le musée d'Orsay est inauguré fin 1986;
- à la Villette sont successivement ouvertes en 1985 et 1986 : la salle du Zénith (Chaix, Morel, architectes); la Grande Halle (début 1985), importante structure métallique du second Empire, restaurée et transformée en lieu d'expositions et de spectacles (Robert et Reichen, architectes); la Cité des sciences et de l'industrie et sa Géode, salle de cinéma hémisphérique;
- le projet de l'institut du Monde arabe est entièrement repris. Une architecture d'acier et de verre, résolument contemporaine (Nouvel, Soria, Lezenes, Architecture Studio, architectes), remplace les premières propositions d'inspiration plus traditionnelle; le bâtiment, réalisé en bordure de la Seine face à la proue de l'île Saint-Louis, a été inauguré en 1987;
- la Tête-Défense fait l'objet d'un nouveau programme et d'un concours international, remporté par l'architecte danois Von Sprekelsen, qui propose un bâtiment en forme d'arche monumentale (105 m de hauteur, 105 m de largeur) achevant, en la laissant ouverte, la perspective du Louvre et des Champs-Elysées;

Parallèlement, de nouveaux projets sont définis qui doivent être achevés en 1989-1990 :
- le *Grand Louvre* consiste en l'extension du musée à l'ensemble du palais du Louvre, et en une large réorganisation, permise par la création d'espaces souterrains nouveaux sous la Cour Carrée et la cour Napoléon. L'architecte désigné, I.M. Pei, Américain d'origine chinoise, propose une nouvelle entrée principale que marque une pyramide de verre de 21 m de hauteur. Cette idée sera à l'origine d'une polémique, ponctuée en mai 1985 par la simulation, grâce à des câbles tendus par une grue, des dimensions de la pyramide;
- le *nouveau ministère des Finances*, implanté à Bercy, est destiné à permettre le transfert des bureaux situés dans le palais du Louvre. Le projet retenu (Chemetov, architecte) est celui d'un immense bâtiment-pont (360 m de long) qui s'appuie dans le lit du fleuve;
- la *cité de la Musique* (de Portzamparc, architecte) vient renforcer le complexe d'équipements de la Villette; sur ce même site, le nouveau projet choisi pour le parc (Tschumi, architecte) innove : il s'agira, en fait, d'un vaste espace d'animation parcouru par des galeries et ponctué de bâtiments (les folies) proposant diverses activités;
- l'*Opéra de la Bastille* (Ott, architecte) doit venir compléter le palais Garnier par une salle moderne, afin de faciliter l'accès du public à l'art lyrique.

Il faut également évoquer, à côté de ces projets mis en œuvre, deux entreprises qui n'ont pu aboutir mais qui ont fait l'objet d'études approfondies menées en commun par l'Etat et la Ville de Paris : l'organisation, à Paris, de l'Exposition universelle de 1989 et celle des Jeux Olympiques de 1992. Tous ces projets ont, bien sûr, suscité de nombreux commentaires en matière d'architecture, mais aussi sur un plan plus général, à propos de la part trop belle faite à Paris au détriment de la province, de la volonté des responsables politiques de marquer l'espace parisien par des œuvres significatives. Au-delà de ces débats, de ces critiques et de ces analyses, force est de constater, au travers des grands projets, une certaine communauté de vues sur la ville et les interventions à y conduire. Il s'agit d'affirmer le rôle de Paris, foyer de vie et de culture, d'accroître son rayonnement — et simultanément celui de la France — en ajoutant à ses atouts traditionnels de grande ville historique ceux d'une ville moderne et créative.

La mise en valeur du patrimoine et des sites

La protection et la mise en valeur du patrimoine et des sites ont été renforcées peut-être en réaction aux effets de la rénovation. Les mesures de *classement* ou d'*inscription des monuments historiques* ont été étendues à des réalisations de plus en plus récentes ; l'héritage du XIXe s., longtemps ignoré ou méprisé, a été totalement réévalué ; des éléments du XXe s. ont également été pris en compte. Cette extension a concerné de nouveaux types de constructions, moins prestigieux : marchés, écoles, gares et entrées du métro, boutiques décorées et, simultanément, toute une série de secteurs extérieurs au centre historique.

L'intérêt pour les immeubles d'habitation anciens s'est confirmé, tant dans les quartiers historiques du centre que dans de nombreux secteurs bâtis au XIXe s., dans l'Ouest en particulier. Les ravalements de façades et les réhabilitations d'immeubles bourgeois ou plus modestes sont venus fréquemment souligner la qualité du paysage urbain traditionnel de Paris, son homogénéité d'ensemble et, en même temps, la diversité et la richesse de ses détails.

Des compositions majeures ont été magnifiquement restaurées ; on peut citer par exemple, parmi les œuvres classiques, l'hôtel des Invalides, ses jardins et son esplanade, et plusieurs hôtels du Marais, devenu l'un des quartiers les plus recherchés de Paris, en particulier l'hôtel Salé qui a accueilli le musée Picasso ; parmi les réalisations du XIXe s., outre la gare d'Orsay et la Grande Halle de la Villette, le théâtre du Châtelet, devenu Théâtre musical de Paris, et la tour Eiffel dont l'image nocturne a été entièrement changée grâce a une nouvelle illumination.

Une action de longue haleine a été entreprise pour rendre aux sites de la Seine et des canaux tout leur attrait. Elle s'exerce progressivement, au fur et à mesure du redéploiement des activités d'entreposage, de transport ou de stationnement qui occupent les berges. De multiples réalisations ont déjà été menées à bien au centre même de Paris : jardin du quai Saint-Bernard où est installée une présentation en plein air de sculptures contemporaines ; promenade du port de la Tournelle ; reconstruction du pont des Arts dont le caractère ancien a été maintenu ; jardin et port de plaisance du bassin de l'Arsenal. Au nord-est de Paris, les rives du bassin de la Villette ont été en partie transformées en des mails plantés qui seront prolongés vers la place de Stalingrad pour y rejoindre une vaste esplanade piétonne, aménagée autour de la rotonde de Ledoux.

Un important programme de *création de grands jardins* a également été engagé. Le parc Georges-Brassens a remplacé l'abattoir aux chevaux de Vaugirard ; des espaces verts de grande taille ont été aménagés aux Halles et sur la colline de Belleville. La fin des années 80 verra l'avènement de trois parcs nouveaux, à la Villette et sur les rives de la Seine, à l'ouest sur les anciens terrains Citroën et à l'est, à Bercy.

La démographie et l'économie

L'évolution démographique et économique de Paris engagée au début des années 60 s'est prolongée au-delà des années 70 selon les mêmes tendances, mais avec de notables changements de rythme. Le *dépeuplement* s'est poursuivi, mais *nettement ralenti* ; Paris comptait 2 176 000 habitants en 1982. Sa population est marquée par des proportions élevées de personnes vivant seules, de personnes âgées, et de ménages appartenant aux catégories aisées. L'affirmation de ces caractéristiques est progressive depuis plusieurs décennies.

En fait, les évolutions démographiques et sociologiques diffèrent selon les quartiers. Certains, comme le Marais, les abords des Halles, et plus récemment ceux de la Bastille, changent assez rapidement ; aux nombreuses réhabilitations réalisées, répondent une baisse marquée du nombre d'habitants et une forte attraction des cadres et des professions libérales et artistiques. Les mouvements sont plus limités dans l'Est de la ville où la construction est importante ; la population, aux effectifs plus stables, y est plus jeune et comprend plus d'ouvriers, employés et cadres moyens. L'opposition traditionnelle entre *Ouest bourgeois* et *Est populaire* est demeurée, à bien des égards, mais s'est modifiée ; ainsi, le recul de l'industrie dans toute la région a réduit partout la présence ouvrière. Les quartiers recherchés pour l'habitation se sont étendus au Sud et dans certains quartiers du Centre de Paris (Quartier Latin, Marais, Halles).

Le nombre des emplois exercés à Paris a lui aussi baissé ; leur nature a évolué comme dans les autres grandes villes occidentales, avec une réduction du secteur secondaire et une croissance du secteur tertiaire. Les activités de fabrication ont fortement reculé. Plusieurs secteurs ont été touchés par les difficultés économiques — le textile, le cuir, l'imprimerie, les métaux — ; de plus, les terrains et les immeubles fréquemment vétustes occupés par ces entreprises ont souvent accueilli des logements ou des bureaux. Quelques noyaux d'activités associant fabrication et commerce ont cependant conservé un réel dynamisme comme la bijouterie, dans le quartier du Temple, ou la confection, autour de la rue du Sentier et de la rue de Turenne surtout. A partir des années 80, de nouveaux immeubles d'activités (rue de l'Evangile, boulevard Davout, par exemple) ont permis d'accueillir dans les locaux modernes des artisans et des petites entreprises industrielles.

A l'inverse, le *secteur tertiaire* s'est renforcé ; il représentait, en 1982, 80 % des 1 800 000 emplois exercés dans Paris. Pourtant, le contrôle du développement des bureaux a sans doute évité une évolution plus brutale encore. Les nouveaux immeubles de bureaux ont été répartis dans les grandes zones d'aménagement ; les opérations les plus importantes prendront forme à la fin des années 80 ; elles se situent au S.-O. de Paris (secteur Citroën), et au contact des pôles tertiaires créés dans les années 60-70 autour de la gare Montparnasse et surtout de la gare de Lyon, avec la création à Bercy du nouveau ministère des Finances.

Le *commerce* a conservé son dynamisme, sa variété et son attrait et contribue toujours grandement à l'agrément de Paris. De nouveaux ensembles de boutiques ont été créés dans le centre (Halles, Champs-Elysées) et aussi en périphérie, mais l'activité commerciale s'est aussi maintenue et développée le long des nombreuses rues dont l'animation est indissociablement liée à l'image de Paris.

Capitale culturelle et économique, Paris a également affirmé sa vocation internationale en prenant rang parmi les premières villes mondiales pour le *tourisme* et les *échanges*, grâce au développement de toute une série d'équipements d'accueil (hôtels, salles de réunions et congrès, lieux d'expositions), parmi lesquels le nouveau parc des expositions de Paris-Nord, ouvert par la Chambre de Commerce de Paris à Villepinte, à proximité de l'aéroport Charles-de-Gaulle.

La capitale politique

Le renforcement de son potentiel économique et culturel a contribué à conforter la *prééminence de Paris* sur le plan politique. Capitale, Paris est restée le miroir, le symbole et parfois le catalyseur de l'évolution de la France.

Ville du pouvoir, Paris est la ville des grands échanges nationaux et internationaux, donc des célébrations. Depuis la dernière guerre elle a vu ainsi l'avènement, en 1958, de la Ve République, les cérémonies d'investiture des présidents, les obsèques nationales du général de Gaulle en 1969, de Georges Pompidou en 1974, etc.

Ville symbole, Paris est aussi associée aux crises parce qu'elle répercute l'écho des préoccupations de la France et du monde ou, plus directement, par les événements qui s'y déroulent. Paris a ainsi, au tout début des années 60, connu une période tragique liée à la guerre d'Algérie, elle a pris une part dans le développement des événements de mai 1968, et a reçu dans les années 80 les coups du terrorisme aveugle.

Une nouvelle organisation municipale

Son rôle de capitale a longtemps valu à Paris d'être directement gérée par le pouvoir central. Cette situation apparaît aujourd'hui lointaine tant les choses ont été modifiées par le retour, en 1977, à une municipalité.

Le mouvement de *décentralisation du pouvoir* vers les collectivités locales a connu, en 1982, une accélération importante avec le transfert de toute une série d'attributions de l'Etat. Le pouvoir exécutif régional, exercé jusque-là par le préfet, est confié au président du conseil régional, assemblée qui sera désormais élue au suffrage universel (la première élection selon ces modalités a eu lieu en 1986). Le pouvoir des communes a, lui aussi, été renforcé ; elles détiennent ainsi l'essentiel des responsabilités en matière d'urbanisme et de construction.

La *loi PLM* (Paris, Lyon, Marseille) a donné aux trois plus grandes villes françaises un statut particulier en y créant des municipalités d'arrondissement. Les conseillers de Paris (dont le nombre a été porté à 163) sont toujours élus dans les vingt arrondissements et choisissent ensuite le maire de Paris ; mais, simultanément, sont élus des conseillers d'arrondissement. Dans chaque arrondissement, l'ensemble des élus désigne un maire parmi les conseillers de Paris. Le pouvoir des municipalités d'arrondissements est cependant resté limité à des questions d'équipements locaux et à l'émission d'avis sur les dossiers concernant l'arrondissement. Les décisions majeures restent de la compétence du maire de Paris.

Au long des quarante années écoulées depuis la fin de la dernière guerre, Paris a connu des transformations importantes dans son image, dans sa substance, dans son rôle. Parmi ces changements, deux périodes contrastées apparaissent, même si elles se chevauchent dans le temps. D'abord, sous la poussée de l'expansion économique des années 60, une période de transformations profondes. Symboliquement, et en simplifiant jusqu'à l'excès, c'est le temps des immeubles tours, des autoroutes urbaines et des grands équipements. Puis, dans le contexte de la crise et des incertitudes économiques, une période de respect plus marqué pour le caractère de la ville, sa complexité, ses sites ; c'est le temps de la diversité architecturale, de l'intégration aux quartiers plus anciens, des grands projets publics à dominante culturelle.

Au-delà de leurs différences, ces deux périodes ont affirmé de grandes ambitions pour Paris ; elles ont aussi exprimé des objectifs communs : mettre en valeur l'héritage du passé, ne pas figer la ville, l'adapter à son époque, maintenir le mélange étroit entre l'habitation et toutes les formes d'activités, développer le rayonnement international. L'opposition entre les méthodes utilisées illustre bien l'évolution des sensibilités ; elle traduit également la recherche permanente d'un équilibre difficile mais nécessaire entre la modernité et la tradition, entre la vie intense, l'innovation et l'héritage exceptionnel qui font, ensemble, la puissance et la légende de Paris.

Nathan Starkman

Images de Paris

Cacophonie

Quelque part dans le quartier Saint-Gervais ou Saint-Paul, au cœur de Paris, près de la Seine, dans un premier étage sur cour, un homme qui n'allait nulle part attendait que lui vienne à sa table une phrase qui, comme un fleuve, dans ses méandres, réfléchirait une image unifiante de sa ville ou, saisissant des vagues recommencées de pierres, dessinerait là devant lui les ondulations de l'infini : Paris, soudain, un élément, comme la mer ou la terre ou le ciel.

Mais le vacarme de la cour en cet après-midi d'arrière-été où toutes les fenêtres étaient ouvertes, ce mélange de musiques diverses, de bruits, de cris, le contraignit à retourner ses images. Paris n'était-ce pas plutôt cela ? Cette agression d'innombrables signes, ce théâtre de rues et de places où chacun jouait son propre drame dans sa propre langue ; et dans son architecture même cette fanfare atroce, où s'affrontaient des musiques de tous âges, des cris, des bavardages de pierre, de brique, de béton, de métal et de verre.

Turbulence

Car là, en bas de chez lui, que lui offrirait la rue Saint-Antoine sinon ce tohu-bohu et cette agitation de foule ? Quelle image allait frapper d'abord ses yeux, si ce n'est ce fouillis d'écriture verticale, d'enseignes, d'affiches, de journaux, de panneaux de signalisation, de feux tricolores ; ces bancs, ces grilles d'aération de métro où ruminent des clochards ; cette suite de boutiques, d'étalages de légumes, de viandes, de vêtements débordant sur les trottoirs et repoussant sur la chaussée des gens pressés. Il les voyait sortir en masse de la bouche du métro chaque matin, quand d'autres tentaient de s'y engouffrer, rencontre pareille à celle des vagues où la plage remonte ; et le soir la marée serait inverse.

Et cette foule était bien l'invention même de la ville, le secret peut-être de sa fascination. Il n'était pas, lui, de ceux qui regrettent les villages « où tout le monde se connaît ». Il aimait les relations qui se fondent, libres, sur une géographie plus secrète que celle des lieux. Il aimait que s'entrecroise ainsi cette infinité de destins aux improbables rencontres.

Et c'est bien cela la ville qui vient d'abord, ce rez-de-chaussée en couleurs et en mouvement, ce « Paris sans fin » qui, le soir, est plus présent encore dans le scintillement des néons, des feux tricolores et le clignotement des voitures.

Accumulation

Mais s'il lui arrivait, un dimanche, dans la lumière du petit matin, de lever les yeux vers les façades de la rue Saint-Antoine ou de la rue François-Miron, ne découvrirait-il pas le même désordre : l'accumulation de quatre ou cinq siècles d'architecture, une juxtaposition ponctuée ici ou là des échafaudages d'un chantier perpétuel ?

Jusqu'à la Bastille, des façades hautes et étroites de maisons sans âge entouraient presque un palais avec cour et jardin ; là surgissaient les dômes de deux églises, et le deuxième, celui de la Visitation, se dessinait sur un entremêlement de grues travaillant à la construction d'un nouvel Opéra. De l'autre côté, la rue de Rivoli et la rue François-Miron manifestaient leur pensée contraire et la première, à la volonté large et droite dans son désir d'ordre, ne faisait que rendre plus aimable cet inconscient tortueux de rues étroites qu'elle traverse et qui semblent, parmi les maisons, chercher leur cours comme un chemin aime la terre. Et s'il était sorti vers la Seine n'aurait-il pas eu droit au même conflit ?

Au bout de la rue du Fauconnier la tour carrée bien droite de la faculté des Sciences et ses scintillements de métal au-dessus des façades de pierre de l'île Saint-Louis, si bienfaisantes derrière les arbres ; et là, entre les dissymétries d'un hôtel gothique et la géométrie d'un parallélépipède de béton, l'esprit régulier, « français », d'un hôtel classique.

Il était maintenant submergé par un flot d'images semblables que peut-être déversait sur lui la fanfare de la cour. De la rue du Renard, n'avait-on pas dans la même vision les grands tuyaux de métal multicolore du centre Pompidou et les tours de Notre-Dame ? N'était-ce pas cela aussi, le quartier des Halles, un bric-à-brac de miroirs et de fer devant la pierre de la Bourse du Commerce et de Saint-Eustache ? Cela encore, le Louvre, où du donjon enfoui de Philippe Auguste à la pyramide de verre de Ieoh Ming Pei, chaque siècle ou presque avait ajouté sa part ? Et d'où que l'on veuille admirer l'ordre de l'École militaire n'aurait-on pas droit au « contrepoint » vertical de la tour Eiffel ou de la tour Montparnasse... ?

« Un miracle du monde »

Mais ces contradictions étaient peut-être une chance pour Paris, le symbole de son mouvement perpétuel, de sa richesse ? Paris s'était toujours voulu un monde comprenant le monde.

Dans des architectures de tous les âges et de tous les styles, au milieu des foules sur les trottoirs ou dans le métro, on y trouvait tous les costumes de tous les peuples et de toutes les classes.

Dans la rue des Ecouffes, en été, des gens assis sur des chaises sur les trottoirs comme dans les villes du Sud et, rue des Rosiers, des étalages où l'on vend des palmes pendant la fête des Tentes. On y trouvait des villages avec des pavillons et des arbres, comme à Bercy, et des cités de tours, belles comme des villes nouvelles ou laides comme elles au Front de Seine ou dans le quartier d'Italie. Les noms même des rues évoquaient toutes les villes, toutes les provinces, tous les pays. Il y avait des enseignes en hébreu dans le Marais, en chinois au bas des tours du quartier Italie, en arabe dans le quartier de la Goutte-d'Or.

Mais là on se demandait si quelque chose n'était pas en train de se déchirer, si cette chance d'accueillir les mondes n'avait pas « tourné », comme on dit d'un mélange qui soudain se désagrège. Le linge séchait encore aux balcons des fenêtres, même si le soleil souvent manquait ; dans les boutiques on vendait des tissus brodés d'or et des épices ; mais pourquoi partout des valises, symboles d'un exil perpétuel ? Était-ce parce que la rénovation allait commencer et Paris, comme le prouvaient les statistiques, perdre encore un peu de son peuple et de sa vie ?

La nuit était là maintenant et la cour se taisait. Dans ce silence il aurait pu méditer sur le destin des villes et l'éclatement inéluctable des langues, sur le sens de surgissements incongrus dans le paysage parisien et se réjouir de bruits neufs venus enrichir la musique de la ville ou les craindre, au contraire, comme des déchirures dans l'harmonie sans fin de la vie. Mais non, il avait repris son rêve d'une musique à naître encore et il songeait que le temps, comme une brume, finirait bien par permettre à Paris tous ces mariages impossibles ; lui, l'architecte divin, se disait-il, pour qui les cris du fer et les sanglots de pierre, au loin, deviendraient musique...

« Une métropole crue moderne »

Il se trouvait un soir dans le nouveau quartier des Halles, haut lieu de nostalgie parisienne qu'un trou cauchemardesque avait symbolisé pendant dix ans. Ne raconte-t-on pas qu'il y avait là, auparavant, autour d'un marché gigantesque, le théâtre d'une « communion » nocturne qui faisait éclater jusqu'aux barrières sociales ? Comment l'aurait-on remplacé ?

Il regardait cette architecture insignifiante, cette pacotille, ces jouets que représentaient pour lui les bâtiments actuels autour du Forum, avec leurs parapluies destinés sans doute à rappeler ceux de Baltard. On avait touché à Paris, en effet ; une ville neuve s'était introduite subrepticement dans une autre, un peu partout, comme se pétrifie un arbre grain par grain au vent de sable du désert ou peut-être, il aurait bien aimé le croire, comme se régénère le corps, cellule par cellule. Et puis, la nostalgie n'était pas son fort. Il se sentait, après tout, un « éphémère et pas trop mécontent citoyen » de cette « métropole crue moderne » où « tout goût connu » avait été éludé. Et s'il prenait ces mots chez Rimbaud, amant absolu de la modernité, c'est sans doute parce qu'ils avaient dû annoncer l'invention d'un goût neuf, d'une nouvelle harmonie, d'un nouvel amour auxquels invite bien cette fascination que Paris exerce toujours sur celui qui passe.

Rapprochement fortuit

Il remarquait que, dans leur inanité, ces bibelots avaient l'avantage de prendre leur décor gratuitement autour d'eux en découpant dans les facettes de leurs miroirs les bâtiments environnants et de pouvoir, par moments, n'être plus que du ciel. Il n'était pas étranger à ces jubilations enfantines que provoquent le cliquetis et la scintillation des accessoires. Un instant, tous les miroirs, toutes les vitres du haut des immeubles, alentour, avaient pris feu dans le soleil du soir. Les néons devenaient plus agressifs, des projecteurs s'allumaient un peu partout, repoussant la nuit qui montait peu à peu. Les façades et leurs parapluies rougeoyaient sous une ligne de toits. Au-dessus émergeaient les pots d'échappement de cette machine qu'évoquait le centre Pompidou. Oui, tout cela était beau, beau au moins comme le « rapprochement fortuit... d'une machine à coudre et d'un parapluie ».

Tenait-il, avec ces mots, la clé de ces rapprochements de hasard, de ces harmonies brisées que le paysage parisien semblait offrir partout au passant. En reprenant les mots qui avaient tant fasciné les surréalistes, eux qui avaient proclamé la rue « le seul champ d'expérience valable », eux qui avaient tant donné au culte de Paris, tenait-il le programme d'un guide à offrir à ceux qui veulent comprendre la ville ? Il n'était pas étonné en tout cas de se trouver, à cet instant, dans l'allée André-Breton d'un jardin urbain encore inachevé.

« Cadavre exquis »

Et dans le nouveau quartier Montparnasse, par exemple, c'était bien au jeu surréaliste du « cadavre exquis », où les mots, posés au hasard les uns à côté des autres, doivent provoquer la fascination de l'inconnu, qu'il croyait avoir affaire. Là, à l'ombre de cette tour immense, nouveau repère incontournable du paysage parisien, s'étendait sur les ruines d'un autre haut lieu de nostalgie, un lieu où pendant l'entre-deux-guerres se rassemblaient les artistes, où des écrivains venaient d'Amérique parce « qu'il fallait venir là pour écrire », là s'étendait maintenant un quartier neuf, un fourre-tout d'architecture, où chacun semblait avoir eu droit de poser son objet, cube, cylindre, rectangle, de verre, de fer, de béton, cernant encore quelques petits immeubles en exil. Une haute falaise blanche, métallique, émergeait près de la gare qui, dans sa forme parallélépipédique, avait perdu au nom de la fonction tout le pouvoir mythique des gares ; comme si la fonction en architecture n'était pas de faire du bien, comme si la fonction d'une gare n'était pas d'inviter au voyage. Le long des voies ferrées de gigantesques « barres » blanches et bleues allongeaient leurs façades plates, et qui ne disaient rien, pareilles à des pages vides.

C'était donc avec une certaine satisfaction qu'il apprenait qu'on allait refaire la façade de cette gare, la cacher derrière une grande voûte de métal et de verre dans le style du XIXe s., pour lui donner l'air d'une vraie gare... Et quand on s'approchait de la place de Catalogne, l'ironie nostalgique de Ricardo Boffil, les colonnes, les frontons, les symétries, les cours bien régulières qu'il avait dessinées devenaient tout à fait aimables. On finissait par accepter de croire qu'on était en effet à la fin d'un siècle. Et si la modernité c'était cet étalage de néant, vraiment on ne pouvait que se réjouir d'en avoir fini avec elle et de pouvoir à nouveau rêver du nombre d'or.

Banlieues

Mais ce qui l'inquiétait plus encore c'était, au loin, ces hérissements de tours qui gagnaient Paris, dans le quartier d'Italie, au Front de Seine, à la Villette, à Belleville. Il ne pouvait les voir sans imaginer, au-delà, des banlieues infinies sans architecte, sans rues, sans boutiques, des terrains vagues, des tunnels, des pelouses aux herbes rares, des quartiers coupés par des autoroutes.

Tout cela était-il entré dans Paris ? Les remparts avaient-ils cédé sous l'assaillant ? Paris a un centre, songeait-il, et a grandi de cercles en cercles autour de lui, débordant chaque fois ses digues et les rendant vaines. Pourquoi donc ce reflux venu de la périphérie ? On a bien raison de vouloir remettre des portes à Paris, songeait-il encore, dans une nostalgie du temps où la ville était close et où l'on se protégeait ainsi de la sauvagerie de la terre et des hommes. Mais n'était-ce pas déjà trop tard ? Paris s'agitait-il dans les soubresauts d'une mort prochaine ?

Le paradis perdu ?

Au soir pourtant, tout changeait. Il aimait ces tours illuminées, se demandant même si elles n'avaient pas été faites uniquement pour la nuit. Il imaginait, quelque part derrière une fenêtre, un vieillard pleurant sa ville « assassinée », pareil à un amant en deuil. Il l'entendait évoquant le souvenir d'un film où, sur le point de mourir dans un pays aux bords de la fin du monde, une femme exprimait le désir de venir s'acheter des gants rue de Rivoli, « car il n'y a que rue de Rivoli » qu'on trouve des gants, et il en était ému jusqu'aux larmes ; « le paradis perdu », disait-il. Le vieil homme n'avait donc plus rien à attendre de Paris. A moins, comme disait Yeats,

> « Que l'âme ne batte des mains, et ne chante, toujours plus fort
> A chaque accroc nouveau du vêtement mortel. »

Mais lui, attendant que la ville lui apporte ce sentiment que donnent les horizons de la mer ou des hauts plateaux de pierre, ou les étagements des collines de sable du désert, au loin, tous ces lieux où il n'avait pu vivre, que ressentait-il à l'idée de ces milliers de fenêtres allumées abritant l'infinité des mondes de chacun, sinon justement qu'il vivait au cœur de l'immensité d'un univers, cette fois, habitable ?

Rêve de pierre

C'est le matin. Un homme, le même, marche dans une rue, la même, la rue Saint-Antoine. Il pense à une ville disloquée, l'œuvre d'un fou, « pleine de bruit et de fureur » et ne signifiant rien ; il passe, perdu en lui, aveugle dans sa nuit, il pense à Babel, à des signes épars, désunis comme à cet instant, en lui, les mots.

Ordre et beauté

Il rêve au matin où chacun entendrait chacun dans sa langue. Il a tourné rue de Birague, il passe sous un porche et là, soudain, c'est comme si l'aube se levait aussi en lui. Il regarde une place carrée, rose et blanche et bordée d'arcades et d'ombres comme un cloître gigantesque. Et tout ici semble avoir été voulu, mesuré pour la paix de l'esprit comme dans les villes de rêve d'Italie. Les hauts toits bleus des maisons de brique à coins de pierre, pourtant, rappellent quelque chose du Nord et ces mots même en lui ont un air d'enfance et de rêve. La place est parfaitement carrée, les maisons sont toutes semblables, avec juste ce qu'il faut de hasard, la hauteur des murs est le double de celle des toits ; deux pavillons plus hauts, face à face, tracent un axe qui met en valeur la perfection de la symétrie. « Là tout n'est qu'ordre et beauté... », semble-t-il.

Il ne veut pas, ce jour-là, entendre que des enfants crient sous les arbres. Il ne veut pas savoir que le violon là-bas, sous les arcades, ne chante pas seul. Il rêverait même la place sans le hasard des arbres, ainsi totalement défaite de l'existence et du temps. Est-il ici face à un décor, sur la place « royale » d'un théâtre de l'esprit ? Mais non, il sortait bien d'une vraie rue tout près de chez lui, la place a un vrai nom de lieu, place des Vosges. Il se garde bien, ce jour-là, de pousser ici ou là une porte sous les arcades ; il craint trop que l'illusion d'un coup ne s'évanouisse, peut-être devant la grimace du garde qui veille, derrière, à la protection des choses de ceux qui ont droit d'habiter ces lieux, peut-être plus encore à l'idée que tout cela n'est que façade, une toile peinte devant la noirceur du monde.

Il y a donc ainsi, dans la fureur de la ville, des oasis d'ordre et de paix, closes sur leur perfection, à l'abri de leurs portes. Certains n'avaient-ils pas rêvé ainsi la ville entière ?

Portes

Il se rappelle, une nuit, un retour en voiture de ces banlieues de là-bas, vers Nanterre. A la Défense il regarde les piles déjà hautes d'une arche future, grand cube ouvert ponctuant la perspective historique du Louvre à l'Etoile et poursuivie jusqu'ici ; ce sera bien là une première porte annonçant l'entrée à Paris. Puis, porte Maillot, sur le périphérique, il imagine les grandes arches brisées de Cacoub, une des douze portes de l'apocalypse peut-être ; et plus loin l'Arc de Triomphe de l'Etoile ; et là-bas celui du Carrousel ; comme quatre entrées symboliques ainsi sur un même axe, bien droit. Qui songerait ici à du hasard ?

Et là, sur le côté entre le Grand et le Petit Palais, quelle raison encore a su se poursuivre, si droite et si large à travers l'histoire, du pont Alexandre-III aux Invalides ; et place de la Concorde, entre ces deux temples grecs, de la Madeleine.à la Chambre des députés ?

Il longe maintenant le Louvre, il manque le face à face entre ce palais et le collège des Quatre Nations de l'autre côté de la Seine parce qu'il aime trop surgir de ce tunnel où il plonge maintenant, dernière entrée initiatique qui s'ouvre sur l'île de la Cité, haute sur ses berges, illuminée. Là, les tours du

Palais de Justice, la Sainte-Chapelle, Notre-Dame, il sent qu'il brûle, il touche à la source, au point de vibration d'où émana le rayonnement de ce « rêve de pierre » qui s'est répandu au loin comme une onde pour aller se perdre là-bas dans le brouillard.

Carte postale

Y aurait-il donc, dans Paris, deux villes qui s'ignorent ? Il se rappelle encore qu'un jour, dans le quartier neuf de Montparnasse, pris sans doute d'un furieux besoin de voir des lointains, il était monté au sommet de la tour et là il avait contemplé la ville en son ampleur. Il avait remarqué d'abord que l'agglomération ne couvrait pas encore tout l'horizon, que ces taches bleues au loin, presque tout autour, devaient bien être encore de la terre et que celle-ci manifestait sa présence un peu partout dans la ville par tous ces îlots de verdure et tous ces arbres.

Mais ce qui l'avait frappé surtout, c'était la disposition des monuments, tant de repères marquant l'espace, tant de phares se répondant à travers lui, le Panthéon sur une colline, le Sacré-Cœur sur une autre, rappel d'un temps où l'on célébrait les dieux sur les hauteurs, clochers, dômes, tours marquant chacun leur quartier ; comme les témoins d'une volonté ordonnée, les signes d'une organisation, que manifestaient souvent les axes tracés de l'un à l'autre. Ainsi, de l'Ecole militaire au Champ-de-Mars, à la tour Eiffel et au palais de Chaillot qui l'entourait. Comme apparaissait clairement le dessin parfait du jardin du Luxembourg. Comme était évidente la volonté orgueilleuse des hommes qui avaient tracé ces perspectives si claires à l'encontre des hasards de la terre. Apparaissaient évidents aussi, les grands axes d'une pensée de préfet, celle d'Haussmann, parfois inaboutie comme là, juste en bas, rue de Rennes, parfois infinie.

L'autre ville, celle des images des livres, celle où tout semble avoir été pensé, voulu, était bien là, raison plus présente à ces instants que la folie des labyrinthes que ces grandes voies cernaient ou traversaient.

Retour au sol

Voilà ce qu'il rêvait à sa table, tard, dans une nuit presque déjà d'hiver : une ville rose comme l'aube d'un jour d'automne et close comme une place construite selon la perfection de l'idée et la rigueur des « mathématiques sévères ». Mais il savait le risque qu'il y a à rêver du matin, tard dans la nuit ; car même si cette place n'était nullement insituable, il savait bien qu'il l'avait un instant comme lavée du temps pour seulement une image. Qu'aurait-elle dit en effet un après-midi d'été où toutes les façades disparaissent derrière les arbres, le bruit des voitures et les cris des enfants, sinon qu'elle vivait et que cela était bien ? Oui, il y a un danger à séparer ainsi des lieux du monde et à sélectionner dans la mémoire d'une ville ce qui doit parler encore et ce qui doit mourir. Il aimait les façades de ces « admirables hôtels historiques » qu'on voyait apparaître chaque année, neufs, dans le Marais, blanchis, débarrassés des traces sales du commerce et du travail qui en avaient caché l'harmonie derrière des bâtiments adventices. Il voyait qu'on remplaçait en même temps les habitants par des occupants plus « propres », ou par des administrations, par personne, pour créer, au nom de la beauté, des lieux inhabitables, hors du temps. Par quelle perversité préférait-il, lui, ces hôtels un peu noirs, un peu délabrés, sinon parce qu'il aimait savoir qu'ils vieillissent comme nous ?

Un chemin qui ne mène nulle part

Quel bien y avait-il à découvrir, à travers la cacophonie d'une ville, le jeu d'échos d'une harmonie que jouaient entre eux des monuments à travers les âges, si cette harmonie n'était pas pour nous?

Classicisme

Il marche. Il n'entrera pas aujourd'hui dans la cour du Palais-Royal, connaissant trop le pouvoir dangereux des jardins cachés, des colonnades, des péristyles, des symétries trop parfaites et des angles droits. Il n'est pas d'humeur aujourd'hui à goûter leur ordre savant. Il préfère même jubiler de l'injure que leur lancent ces colonnes tronquées à rayures noires et blanches, disposées elles aussi selon une rigueur conceptuelle parfaite. Quelqu'un est là, assis sur l'une d'elles, leur salut; Buren au moins, se dit-il, a trouvé des colonnes « qui sont des chaises ».

Au Louvre peut-être aura-t-il plus de chance de rencontrer ce mariage d'ordre et de hasard qui lui paraît maintenant une chance? Une phrase ici se serait-elle vraiment continuée pendant huit siècles? Il est là, devant un chantier encore, dans la cour d'un palais décidément inachevable. Le Louvre avait été fermé, séparé de la ville au XIXe s.; on tente aujourd'hui de réintroduire en lui la ville par des passages au-dessous, pourquoi faudrait-il s'en plaindre?

Il imagine la pyramide de verre qui marquera l'entrée de ce nouveau musée. Il sait qu'elle est scandale aux yeux des amoureux du style Napoléon III et il songe à Baudelaire évoquant, il y a déjà bien plus d'un siècle, la disparition du « vieux Paris », devant ces « palais neufs », ce « nouveau Carrousel », aujourd'hui devenus à leur tour du « vieux Paris », intouchable. Il imagine ce monument de verre, sa transparence, sa forme pure dans la géométrie de ses bassins tracés, selon l'architecte, comme des jardins de Le Nôtre, « à la française » et il y voit encore l'affirmation des pouvoirs non surannés de la raison classique... Le Bernin, se dit-il, devait être trop génial ou pas assez « français », pas assez raisonnable pour avoir droit à sa part...

Il se retourne, enfin, pour jouir de la perspective infinie entre les arcs; il constate, non sans un certain plaisir, une faute de l'histoire, un torturant décalage qui fait que cette pyramide ne sera pas dans l'axe et cela lui fait du bien de savoir qu'à l'autre bout, à la Défense, l'Arche future introduira également une légère dérive. Il marche encore un peu vers la place de la Concorde, mais il est trop tard pour lui qui retrouve l'image de son âme dans les rues étroites et tortueuses; il ne jouira pas de la magnificence de ces lieux. Il est pris par l'odeur des feuilles mortes que le vent retourne dans les allées. Il n'a pas besoin à cet instant de la grandeur de cette avenue qu'il croit pensée par des militaires pour des défilés de 14 juillet, ce qui, après tout, n'est peut-être pas tout à fait faux.

Il regarde sur les Champs-Elysées le flot ininterrompu des voitures et des gens sur les trottoirs, l'anonymat de tant d'exils. Il regarde là, près du bassin, une femme en noir que son enfant tire de sa rêverie.

Table rase

Il ne regarde pas, au loin, les tours de la Défense qui cernent l'Arc de Triomphe. Il n'ira pas jusqu'à elles. Il sait comme elles sont belles, toutes, grandes images de la perfection la plus simple, bienfaits de notion pure et de mathématiques pour qui trouverait surchargé l'Opéra de Garnier. Leur décor, c'est le reflet éclaté des autres comme les images dans le bassin proche, leur décor, c'est un carrelage de ciel et de nuages. De l'autre bout de l'horizon, le monument vertical qu'elles dessinent dans la brume les rend semblables à une ville dans le lointain de certains tableaux italiens, mais de près, pareilles à des cathédrales, elles répandent dans leur verticalité un sentiment amer d'écrasement.

Il ne veut pas de cette ville sortie tout entière d'un esprit trop clair, sur une table rase, sans concession visible aux hasards de l'histoire, sans mémoire, tout étincelante et lisse, pareille au verre ou au marbre et comme eux, glaciale, plus que le vent sur le parvis. Des plantes d'essences rares peuvent se comprendre, là, dans des bacs ; mais ces arbres de place de village, vraiment, ils ont l'air complètement perdus, comme peut-être, et c'est ce qu'il avait ressenti là-bas, les hommes. Il imagine l'Arche d'Otto von Spreckelsen qui doit, dans la perfection de son cube de marbre blanc, achever la perspective infinie. Il sait que cet « arc de triomphe de l'humanité » qui devait contenir un « carrefour de la communication », un lieu de rencontre ouvert sur l'infini du monde, sera vide, ne dira rien d'autre que sa forme pure, ne rassemblera rien. Alors lui, fuyant le désordre d'une ville disloquée, parti à la recherche de la langue qui rassemble, que comprendrait-il là-bas, méditant devant les tours inachevées d'un monument gigantesque à la gloire de la communication impossible, où les incompréhensions ont été telles que l'architecte lui-même a fini par se retirer loin d'ici... ? Que pourrait-il comprendre sinon qu'il a retrouvé Babel encore ?

Il ne regarde pas ces tours là-bas, mais ici, dans le jardin des Tuileries, un enfant et une femme en noir qui s'éloignent dans des allées dont l'ordre, sous les feuilles mortes, semble aimer encore les saisons.

Conte d'hiver

La capitale du XIXe siècle

La différence entre ces images toujours déchirées d'une ville qui semble refuser le temps et la parole et d'une autre qui passe, insaisissable, il avait eu l'impression d'en comprendre l'origine en visitant, un matin, le musée du XIXe s. qui venait de s'ouvrir dans l'ancienne gare d'Orsay.

On y a rassemblé en effet, sans vouloir juger au nom de valeurs qui changent, un peu de tout ce que le XIXe s. a continué ou inventé dans l'art. Ceux qui eurent alors la gloire en peignant de grands Romains aux casques étincelants et ceux qui furent refusés, scandaleux, pour avoir cherché à saisir les vibrations du temps et de la lumière et le mouvement des passants dans des foules noires, là, tous sont devenus aimables comme dans les éloges funèbres et, à travers l'immense verrière, le soleil se lève pareillement sur les bons et sur les méchants. Or, si Paris a été dit capitale de ce siècle et lui doit tant de son paysage, c'est sans doute en partie pour ces grandes paraphrases, d'ordre antique ou classique, poussées parfois en peinture comme en architecture jusqu'à un délire de théâtre ; c'est pourtant bien aussi pour un goût du neuf, un sentiment de fragilité que signifie par exemple dans l'architecture l'emploi du métal, ce matériau qui ne doit plus rien à la terre et qui par la légèreté, par les vides et la transparence qu'il permet aurait dû, pensait-il, ouvrir aux jeux d'une lumière et d'un temps plus sonores, plus fugaces.

Et ce qu'il avait surtout retenu de sa première traversée matinale de ce nouveau « temple », c'était l'instant où, sous la voûte, dans la rumeur de la foule qui commençait à s'agiter, il s'était soudain cru dans une gare. Et il avait songé que c'était déjà suffisant pour ce siècle d'avoir inventé la modernité en deuil, et l'instant, et les foules, et les gares.

Deux villes

Ainsi Paris, « ville éternelle », était aussi la capitale du fugitif ; Paris, un défilé de mode dans la Cour Carrée d'un ancien palais ? Et c'est pourquoi peut-être il errait toujours ainsi entre deux villes : l'une immobile et muette, belle comme une carte postale, enfermée dans une tradition intemporelle, étrangère aux vibrations de la vie dans la certitude de ses colonnes et de ses frontons devenus citations de frontons, de colonnes ; et l'autre qui change sans fin, belle, fiévreuse et nocturne comme un « clip » dans les feux d'artifice de son infini turbulent, et qui lui semblait aller trop vite pour la parole. Car son esprit, hélas, manquait bien trop de profondeur et en tout cas de résistance pour jouir ainsi perpétuellement des scintillations de surface, « comme un poisson volant sur la crête des vagues ».

Mais ce divorce entre une ville de pierre et une autre de fer n'était-il pas une vue de son esprit ? Où ces deux villes existaient-elles ainsi séparées sinon dans quelque paysage mental hors du temps et de la parole. Saisies ensemble au contraire, dans un va-et-vient d'images telles que les proposaient réellement le paysage parisien, n'ouvraient-elles pas la brèche entre elles à une parole qui relie, comme entre les monuments, celle des maisons humbles et des rues ; superposées, juxtaposées comme elles le sont en effet, ne s'enrichissent-elles pas l'une l'autre de « l'admirable tremblement du temps », celui qui élargit le lieu « par vibrations jusqu'à l'infini » ?... N'est-ce pas cette ville réconciliée que cherchent aujourd'hui dans Paris de jeunes architectes, comprenant qu'elle « contient du temps » et s'occupant à la recoudre ici ou là pour « l'ouvrir à la parole » ?

La respiration du temps

Il n'a plus qu'à marcher à nouveau dans ces rues proches, celles où l'on entre comme dans des cours parce que le dehors a été aimé ici autant que le dedans, à regarder ces maisons qui se sont entassées au cours des âges l'une contre l'autre, toujours en dérive par rapport aux symétries, aux verticales et aux angles droits, pour comprendre que c'est bien du temps qu'elles respirent et que les monuments les plus glorieux n'ont pas été posés sur du néant mais insérés dans le même temps, la même respiration, prêts à partager avec nous leur gloire, comme les églises elles-mêmes tournées vers les rues.

Quand il franchit un porche et se trouve soudain dans la vaste cour d'une Rome abandonnée, à l'hôtel de Saint-Aignan, rue du Temple, il ne se lamente pas de ces pierres noircies, de ces fenêtres murées de carreaux de plâtre, de ces broussailles entre les pavés. Il aime ce lieu, avec cette aile, sur la gauche, dont les pilastres, les fenêtres, les volets ne sont qu'un décor.

Cette fascination étrangère aux mots, au raisonnement, et qui semble s'adresser au corps ou au cœur plus qu'à l'esprit, elle lui revient au bout d'un long couloir sombre dans la cour pavée étrange d'un autre hôtel presque désert. Il est entouré de symétries et pourtant, plus que la raison, c'est l'exil de la raison qui le retient dans cet environnement haut de pierre, le mystère de tant d'orgueil dans un espace si étroit, si prenant. Et ici aussi une aile n'est qu'un décor ajoutant à l'énigme du lieu, un jeu « baroque », le défi d'insérer de la raison classique dans un entassement de hasard et sur l'inconscient de caves gothiques. On y sent réunis la forme et l'informe, la gloire et sa déchirure. Il aime ces courbes, ces cercles, ces triangles qui se répondent dans ce lieu si enveloppant. Il se trouve dans la cour de l'hôtel de Beauvais, rue François-Miron, un soir ; une plaque dit que Mozart est passé par ici.

Il voit encore un autre lieu d'harmonie qui a souffert, la place Dauphine. Elle se voulait un triangle parfait où la raison, les symétries, auraient fait le même bien que place des Vosges ; à peine en perçoit-on ici ou là les signes ; la base même du triangle a été abattue pour faire place au Palais de Justice.

Et pourtant ne ressent-on pas, en ce lieu le plus retiré qui soit, une « étreinte très douce » ; et André Breton, qui voyait Paris comme une femme dont la Seine et l'île de la Cité seraient le corps, ne pouvait pénétrer dans ce triangle par la fente étroite qui l'ouvre vers le Pont-Neuf sans ressentir, sous la toison des arbres de ce lieu magique, une emprise si coupable qu'il comprenait même pourquoi on en avait brisé l'harmonie pour y installer un lieu de châtiment.

Deux navires

Ainsi, comme parfois un simple glissement de mots dans les discours fardés de la conscience, une seule lézarde du temps sur la majesté d'une façade peut laisser entrevoir un peu de nos désirs ou de nos peurs. N'était-ce pas cela qui se jouait dans les rapprochements incongrus du paysage ? se disait-il en apercevant au-dessus des toits les tours de Notre-Dame et les tuyaux multicolores du centre Pompidou.

Notre-Dame semblait s'être endormie à l'écart de la ville depuis qu'on l'avait séparée des maisons qui respiraient près d'elle, abandonnant sa ville à quelque éparpillement de signes. Était-ce Beaubourg, ce nouveau centre, qui avait pris sa suite dans la fascination des foules en proclamant dans la transparence et la fragilité de ses échafaudages un destin plus éphémère, plus métallique du monde ?

Il y avait pourtant, à Notre-Dame, assez de hasard, de tâtonnements, assez de temps contenu dans ses pierres pour qu'un « peuple » pût s'apprêter encore, en ces jours d'hiver où le soleil allait commencer à s'attarder chaque soir un peu plus sur la ville, à y célébrer une naissance, une présence du ciel, la promesse d'une parole, d'une lumière inouïe, dans une âme et un corps.

Et c'était à Beaubourg que des prophètes proclamaient la fin des derniers mythes, dénonçant la vanité de la culture et de l'art épuisés en vain à maintenir le flambeau du sacré. Mais lui qui, loin de ces questions regardait au-dessus des toits ces trompes d'aération de bateau, il se demandait pour quel départ on y enfermait ainsi des « stocks d'études » et de mémoire ; il se demandait si ce vaisseau ancré dans une conscience mécanique du monde n'allait pas soudain rompre ses amarres et emporter avec lui la ville dans la dérive d'un rêve.

Paris se disait-il, n'était pas près de sombrer ; encore un peu et dans le va-et-vient de ses images, entre ce qui meurt et ce qui est à naître perpétuellement, on aurait fini par retrouver les navires de quelque « conte d'hiver » et le miracle où, à la fin, « chacun reconnaît chacun ».

Confluence

Lumière d'hiver

Un matin déjà d'hiver, la lumière d'après la pluie était si douce, les contrastes des façades si atténués et leurs couleurs si paisibles, que toute amertume, toute laideur s'étaient dissipées en elle, et que cette pluie insoutenable de toute la nuit, il aurait voulu maintenant la remercier d'avoir si bien lavé l'air et permis à cette clarté neuve et bienfaisante de se répandre partout sur la ville. Et bientôt la lumière serait éclatante sur les pavés, les reflets éblouissants sur les voitures et les miroirs des vitrines, les immeubles deviendraient pareils à des falaises noires et les gens amaigris dans le contre-jour de simples présences dessinées sur les flaques de la lumière sans couleur. Pas un ne se doutait de l'auréole de feu qui le cernait à cet instant.

Et pourtant, tout était changé et le miracle durait parfois « toute une matinée », parfois seulement jusqu'au tournant de la deuxième rue. Il reviendrait, parmi les rues, parmi les heures. Oui, à ces instants Paris était comme le ciel, ses mots épars soudain rassemblés, Paris, ses mots

«...Comme le ciel
aujourd'hui
quelque chose qui s'assemble, qui se disperse
...comme le ciel
Infini
Mais tout entier soudain dans la flaque brève».

Et dans ces moments-là, il avait l'impression d'y être allé un peu fort dans le tragique avec son vieillard en deuil, sa femme en noir, sa Babel incontournable... Il s'était acharné à dénoncer un péché dans cette ville, celui par exemple d'avoir séparé la terre de la terre, dans des pots, des bacs, sur des dalles de ciment pour lui ôter toute ancienne racine de sauvagerie comme s'il ne savait pas, lui, qu'une seule herbe entre les pavés, rue du Figuier, un seul arbre égaré à un carrefour, avaient pouvoir de nous rendre «toute la terre». Il avait dénoncé l'orgueil des perspectives qui voulaient enfermer dans leurs filets jusqu'à l'infini, prendre dans des miroirs le ciel ; il s'était méfié de cette lumière d'artifice qui voulait rivaliser avec celle du jour, comme s'il ne connaissait pas, lui, la promesse de cette aube où cette «splendide ville» se révélerait dans le soleil bas et aveuglant de l'hiver.

Le fleuve

N'était-ce pas elle encore qu'il avait vue du pont de la Tournelle, un soir, au moment où la matière de l'air semble prendre feu comme dans un port de Claude Lorrain. D'un côté une ville neuve, déjà dans la nuit, les tours et les cheminées autour de la gare de Lyon, les grues du chantier du ministère des Finances, la faculté des Sciences, l'aluminium et le verre de l'institut du Monde arabe, à la nouveauté si conciliante, ce vaisseau encore, au confluent des mondes, avec une façade aux dessins d'Orient et l'autre qui recueille les images de la vieille ville. Et du côté du couchant, la pierre, les arcs-boutants de Notre-Dame, sur son île, sa flèche noire sur le ciel d'or, et tous les arbres sur les berges et toutes les façades où les fenêtres commençaient à s'éclairer l'une après l'autre, sur la vie infinie, tout cela, que la Seine savait si bien recueillir, comprendre, emporter dans le temps presque immobile de sa phrase scintillante et noire.

Oui, c'était toute la ville en elle qui semblait célébrer le mariage du ciel et de la terre.

Oui, la Seine était cette phrase où se réconciliait la ville, toute son éternité monumentale, et tout l'éclat de ses artifices, tout son rêve, de pierre, et toute sa raison, de pierre, tous ses désirs de ciel et toutes les blessures de ses folies éphémères, toute sa fureur et toute sa gloire dans ce reflet de tout, que l'effleurement d'une seule feuille d'automne attardée dissipe, rend un instant à sa nuit et qui pourtant se reforme. Oui, la Seine ouvrait la ville ; elle, son origine et son sens.

Vagues sans fin

Et dans le froid de cette ville illuminée où une foule encore décuplée, surgie d'on ne sait où, s'agitait dans la préparation d'une fête, il songeait à une autre image où la ville lui était apparue encore, une et infinie. Il était sur les hauteurs du jardin de Belleville, rue Piat. Dans une légère brume émergeaient tous les monuments de Paris comme autant de phares, de mâts, de vaisseaux au-dessus des vagues des toits et il avait songé à Courbet enfermé à Sainte-Pélagie et qui rêvait de peindre Paris comme une marine «avec un ciel d'une profondeur immense, avec ses monuments, ses maisons, ses dômes, simulant les vagues tumultueuses de l'océan». Cette image que Courbet garda, intérieure, mais qu'avait gravée Méryon dans une vision apocalyptique et noire, qui s'était imposée à Baudelaire et à tant d'autres, il est bon de l'avoir en esprit avant toute errance parmi les rues. Peut-être celui qui est arrivé de quelque ville du Sud un soir, par l'autoroute, l'a-t-il éprouvée déjà un instant des hauteurs d'Arcueil avant de s'enfoncer dans les longs couloirs de ciment qui mènent à la porte d'Italie, ou peut-être du boulevard périphérique vers la porte des Lilas. Et sinon qu'il la cherche, qu'il l'attende un matin de brume, un soir qu'importe, de Montmartre, de Belleville, d'un clocher, d'une chambre, sur la place de la Concorde un jour de vent dans une grande agitation de drapeaux, ou dans un courant d'air à «la station de métro Ségur»; elle lui reviendra. Image consolante quand s'imposera celle, inéluctable, d'une Babel horizontale de désunion, de solitude, de ratures, de phrases impartageables, sans issue, que celle de cette unité lumineuse et profonde, sans fin.

Jean-Paul Avice

Tout ce qui intéresse les parents va désormais amuser les enfants.
Déjà parus : Paris, Londres, Rome, Bretagne, Provence, Le Centre Pompidou, Châteaux en Ile-de-France.
PARIS
les petits bleus
HACHETTE
LES PETITS BLEUS : LES PETITS GUIDES BLEUS DES GRANDES VACANCES.

L'Arc de Triomphe***

8e, 16e, 17e arr. / 26-E5
Métro : Charles-de-Gaulle - Etoile (RER)
Bus : 22, 30, 31, 52, 73, 92
🄿 av. des Champs-Elysées. Taxis : 1, av. Victor-Hugo
☎ 45.01.85.24 ; 1, av. de Wagram ☎ 43.80.01.99

C'est, avec la tour Eiffel, le monument le plus célèbre de la capitale. Sa construction, à l'initiative de Napoléon Ier, entraîna le réaménagement de la place de l'Etoile sous le second Empire. Celle-ci a été rebaptisée aujourd'hui en l'honneur de Charles de Gaulle.

L'Arc de Triomphe dans l'histoire

Au XVIIIe s. le chemin était raide pour venir de Paris au terre-plein de l'Etoile. La décision d'aplanir cette butte, prise par décret du roi en 1768, allait de pair avec le tracé d'une avenue (les futurs Champs-Elysées) depuis le palais des Tuileries jusqu'à Neuilly. A l'instigation du marquis de Marigny, on aménagea l'esplanade circulaire de l'Etoile en une promenade publique avec, dans la partie sud, les amphithéâtres gazonnés du promenoir de Chaillot qui existait encore en 1854. L'Etoile était devenue la plus majestueuse entrée de Paris. A la veille de la Révolution, les limites de la barrière fiscale de Paris furent repoussées de la rue de Chaillot (Quentin-Bauchart) à la place de l'Etoile. L'architecte C.-N. Ledoux édifia, dans le plus pur style néo-classique, les bâtiments jumeaux de la barrière de l'Etoile. Situés légèrement en avant de l'Arc de Triomphe vers Paris, ils ont marqué longtemps la limite entre Paris et Neuilly mais ils furent détruits lors de l'annexion des communes suburbaines en 1860.

L'idée première d'un arc de triomphe remonte à 1806. Napoléon (lettre à Champigny du 18 février) souhaitait le voir construit « à l'entrée des boulevards, près du lieu où était la Bastille ». Mais l'endroit ne s'y prêtait pas. On décida finalement d'ériger l'arc « du côté de la grille de Chaillot, à l'Etoile ». Le 15 août, la première pierre était posée. L'architecte Chalgrin, qui avait été désigné, dut fournir différents projets. Lors du mariage de Napoléon et de Marie-Louise, le 2 avril 1810, on dressa une maquette grandeur nature de l'arc, en charpente de bois et toile. Après la chute de l'Empire le chantier ne progressa guère jusqu'au 9 octobre 1823, date à laquelle Louis XVIII décida de faire achever l'arc en le dédiant toutefois à ses armées qui rentraient, victorieuses, d'Espagne. L'architecte Huyot fut employé non sans difficultés à cette tâche. Enfin, la révolution de Juillet et la volonté de Louis-Philippe rendaient à l'arc sa destination première. Blouet, nommé en 1832, fera achever la construction dans l'esprit de Chalgrin (en 1836) et veillera à l'élaboration du décor.

La place de l'Etoile et l'Arc de Triomphe

▷ La place de l'Etoile

La place, telle que nous la voyons aujourd'hui, a été aménagée après l'édification de l'Arc de Triomphe et doit son ordonnance au second Empire. Par un décret du 13 août 1854, le préfet *Haussmann* fixait l'ordonnance générale de la place et de ses abords. C'est lui qui fit ajouter aux cinq avenues existantes les nouvelles artères, définissant ainsi une étoile à douze branches.

▷ Les hôtels des Maréchaux

C'est à *Hittorff* et à *Rohault de Fleury* que l'on doit la construction de ces douze hôtels qui entourent la place. Haussmann aurait souhaité des bâtiments d'une architecture plus monumentale, plus en rapport avec l'Arc de Triomphe. Néanmoins *Hittorff* eut gain de cause auprès de Napoléon III qui voyait dans cette rupture d'échelle une manière de grandir encore la gloire de l'Empereur, son oncle. La création des immeubles (1860-1868) entraîna celle de la rue Circulaire (rues de Tilsit et de Presbourg) qui donne accès aux hôtels, ceux-ci ne devant avoir aucune entrée sur la place.

L'ordonnance de la place est un bel exemple d'architecture d'accompagnement où l'ordre colossal des façades, d'une modénature raffinée, correspond à la majesté des lieux sans nuire à la puissance architecturale et symbolique de l'Arc de Triomphe.

▷ L'Arc de Triomphe★★★

t.l.j. sf mar. et j. fériés, 10 h-17 h ou 18 h

La visite intérieure permet de voir un petit *musée* de documents et souvenirs (→ *musées*), et surtout de jouir de l'un des plus beaux *panoramas*★ de Paris qui permettra d'apprécier les travaux réalisés sous le second Empire pour aménager la place.

Ce monument, construit sur les plans de *Chalgrin* entre 1806 et 1836, est un superbe exemple d'architecture Empire par sa rigueur et sa démesure (49,54 m de hauteur totale, 44,82 m de largeur; voûte du grand arc : 29,19 m de haut).

Il offre aussi le plus important ensemble de *sculptures* de la première moitié du XIXe s. Les grands côtés sont ornés de quatre groupes colossaux en haut-relief, parmi lesquels le chef-d'œuvre de *Rude* : le Départ des Volontaires de 1792 ou *la Marseillaise*★ (face E., du côté des Champs-Elysées, à dr.). Les autres groupes représentent : face E., à g., le Triomphe de 1810, par *Cortot*; face O. (du côté de l'avenue de la Grande-Armée) à dr., la Résistance, à g., la Paix, par *Etex*. Ces quatre hauts-reliefs sont l'illustration de la pensée de Louis-Philippe qui dépassait l'idée première de Napoléon. Au-dessus des groupes et des arcs latéraux, six bas-reliefs représentent : à l'E., les Funérailles de Marceau, par *Lemaire*, et la Bataille d'Aboukir, par *Seurre l'aîné*; au S., la Bataille de Jemmapes, par *Marochetti*; le jeune Louis-Philippe, alors général républicain, y figure; à l'O., le Passage du pont d'Arcole, par *Feuchères*, et la Prise d'Alexandrie, par *Chaponnière*; au N., la Bataille d'Austerlitz, par *Gechter*. Aux quatre tympans du grand arc, *Pradier* a sculpté des Renommées; les tympans des arcs latéraux sont de *Bra* (N.) et de *Valois* (S.). La *frise* du grand entablement a pour sujet, du côté de l'E., et sur la moitié du pourtour, le Départ des armées françaises; sur l'autre moitié, à l'O., le Retour de ces armées. Cette immense composition, dont les figures ont 2 m de hauteur, est due à *Brun*, *Jacquot*, *Laitié*, *Rude*, *Caillouette* et, *Seurre l'aîné*. L'attique est décoré de boucliers sur lesquels sont gravés les noms des principales batailles de la République et de l'Empire; sur les faces internes, on a inscrit ceux de 128 faits d'armes de la même période, et sous les arcades latérales les noms de 660 généraux qui ont assisté à ces actions, en soulignant ceux des morts sur le champ de bataille.

Un gigantesque autel de la patrie

L'Arc de Triomphe, qui n'était à l'origine qu'un monument comme beaucoup d'autres élevé à la gloire des armées de la République et de l'Empire, est devenu au cours des ans un symbole national.

Lors de la translation des cendres de Napoléon Ier, le 15 décembre 1840, le cortège passa sous l'Arc de Triomphe; et c'est également sous «l'arche démesurée» qu'il avait chantée que Victor Hugo, mort le 22 mai 1885, reçut un hommage posthume. Mais c'est seulement le 14 juillet 1919 que le monument joua pour la première fois «le rôle glorieux qui était originairement le sien» (M. Poëte), lorsque les délégations des armées victorieuses défilèrent sous l'immense voûte. L'inhumation solennelle, le 28 janvier 1921, d'un soldat inconnu mort pour la France au cours de la Première Guerre mondiale, a marqué l'Arc de Triomphe d'un sens glorieux et patriotique. C'est sur cette tombe que, le 26 août 1944, au lendemain même de la libération de Paris, le général de Gaulle vint s'incliner avant de descendre à pied les Champs-Elysées. La veille de cette journée triomphale, l'arc avait eu à pâtir des derniers combats.

Aujourd'hui la sépulture du Soldat inconnu est l'objet de cérémonies officielles; mais c'est quotidiennement, par d'innombrables visiteurs, qu'un hommage populaire est ici rendu.

▷ La sépulture du Soldat inconnu

C'est sous l'arche centrale, dans l'axe des Champs-Elysées, que se trouve la sépulture du Soldat inconnu, simple dalle (entourage de bronze), avec l'inscription «Ici repose un soldat français mort pour la patrie, 1914-1918». Au-dessus brille symboliquement la flamme du Souvenir, ravivée chaque soir.

Le quartier de l'Arsenal*

4e arr. / 37-L8
Métro : Sully-Morland
Bus : 67, 86, 87
Ⓟ entre le bd Bourdon et le bd de la Bastille
Taxis : 23, bd Morland ☎ 42.77.59.88

Le triangle formé par la Seine, le bassin de l'Arsenal et le boulevard Henri-IV est occupé pour moitié par des bâtiments administratifs. C'est bien sûr celui de l'Arsenal qui retient d'abord l'attention. L'austère façade du monument dissimule en effet un magnifique décor intérieur et une inestimable collection de manuscrits médiévaux conservés dans sa bibliothèque.

Les abords de l'Arsenal, quoique situés en plein Paris, sont étonnamment calmes. Derrière la grosse caserne de la garde républicaine, les petites rues silencieuses et presque sans commerçants semblent oubliées du fracas et des bouleversements de la capitale. Anciennement construites et voisines du quartier historique du Marais, on y trouve quelques façades remarquables, comme celles de la rue de la Cerisaie (nos 17 et 13). Enfin, le bassin de l'Arsenal offre depuis peu le cadre d'une agréable promenade presque maritime car il abrite le port de plaisance de Paris.

Visite du quartier

45 mn

▷ L'Arsenal** *1, rue de Sully (☎ 42.72.19.09) / bibliothèque : t.l.j. sf dim., 10 h-17 h, f. 1er-15 sept. / appartements : mercr., 14 h 30-16 h*

Ce bâtiment sévère abrite aujourd'hui l'une des plus importantes bibliothèques de France après la Bibliothèque nationale. Sur le terre-plein qui précède l'entrée, une *statue* d'*Ipoustéguy* en l'honneur de Rimbaud a été installée en 1985.

Vers 1380, l'Arsenal royal occupait la tour de Billy qui fortifiait l'enceinte de Charles V, près du fleuve. Le 19 juillet 1538 la foudre, tombant sur la tour bourrée d'armes et de munitions, détruisit nombre de maisons, jusqu'aux vitres de l'abbaye Saint-Victor de l'autre côté de la Seine. Sous Louis XIV, la fabrication d'armes, de canons et de poudre fut reléguée rive gauche et l'Arsenal devint surtout un magasin de munitions ainsi qu'un atelier où furent fondues les grandes statues de Versailles. En même temps, il abritait depuis Louis XIII un tribunal où Fouquet fut jugé (1661-1664) et où l'on instruisit l'Affaire des poisons (1680-1683). Le grand maître de l'Artillerie fut toujours un des grands noms de France. Sous Henri IV le détenteur fut Maximilien de Béthune, duc de Sully, qui était aussi surintendant des Finances. L'Arsenal devint alors le véritable siège du gouvernement : Sully l'avait fait reconstruire et y accueillait Henri IV qui venait y discuter de ses affaires personnelles et de celles du royaume. C'est à *Antoine-René de Voyer*, marquis de Paulmy d'Argenson, que l'édifice doit sa vocation culturelle. Diplomate et ministre de la Guerre, il était avant tout un érudit qui avait le goût, alors singulier, des ouvrages du Moyen Age et des manuscrits enluminés. Sa collection, achetée en 1785 par le comte d'Artois qui y joignit une partie de la bibliothèque célèbre du duc de La Vallière et de celle du prince de Soubise, fut accrue sous la Révolution par les archives de la Bastille et par les livres confisqués aux couvents. Elle devint bibliothèque nationale de l'Arsenal en l'an V (1797).

Charles Nodier y entra le 14 avril 1824 comme bibliothécaire et y demeura vingt ans. Sa maison fut vite fréquentée par les poètes et les artistes : Musset, Dumas, Hugo, Sainte-Beuve... Johannot représenta le salon du bibliothécaire en une gravure célèbre. Au début de ce siècle, le poète José Maria de Heredia, qui fut aussi à la tête de l'Arsenal, y reçut des écrivains de son temps dont Régnier, Louÿs et Barrès.

Construit en 1594 pour Sully, grand maître de l'Artillerie, cet édifice fut embelli entre 1718 et 1745 par *Germain Boffrand* qui doubla le bâtiment d'Henri IV par une seconde aile, restée intacte (en bordure du bd Morland). L'Arsenal, remanié au XIXe s., a conservé sa *façade* attribuée à *Philibert Delorme* ainsi que les *décors* aménagés par le maréchal de La Meilleraye pour sa femme.

La *bibliothèque* renferme quatorze mille manuscrits, un million de volumes imprimés, environ cent vingt mille estampes. Elle possède notamment une incomparable série de manuscrits à miniatures qui constitue une de ses principales richesses ; les papiers de la Bastille ; la collection la plus complète de tous les ouvrages dramatiques publiés depuis l'origine du théâtre en France, fonds unique de 250 000 documents. Parmi les raretés, on signale le *psautier de Saint Louis*, le *Renaud de Montauban*, le *Térence des ducs*, les *Heures du Maître-aux-Fleurs*, un grand nombre d'incunables, diverses reliures uniques, et de nombreuses curiosités ou documents historiques : l'écrou et l'acte de décès du Masque de fer, des souvenirs de Latude, les manuscrits de Conrart, le journal de Dangeau, les lettres d'Henri IV à la marquise de Verneuil. Un département est consacré aux arts du spectacle (fonds Rondel, Jouvet, Craig, Baty).

Les appartements. Au 1er étage, en face de l'entrée de la bibliothèque, entre les bustes d'Henri IV et de Sully : *chambre de Mme de La Meilleraye***, décorée en 1637 à l'occasion de son mariage. Peintures au plafond attribuées à *Simon Vouet* : au-dessus de l'alcôve, le Silence ; les Quatre Parties du Monde ; Siège de La Rochelle ; Entrée d'Henri IV à Paris. Les panneaux du bas sont magnifiquement décorés de feuillages et de gibiers d'eau. Cette décoration est un remarquable exemple de style Louis XIII-Mazarin, comparable à celle de l'hôtel de Lauzun. 2e salle, dite *oratoire* : peintures représentant les grandes femmes de l'histoire (la Pucelle ; Marie Stuart, sous les traits de Mme de La Meilleraye). Les *boiseries du salon de musique* restent un des modèles achevés de la décoration Louis XV. On voit aussi diverses curiosités d'art ou d'archéologie, des meubles Louis XV et Louis XVI, boiseries et lambris, une pendule de *Julien Le Roy*. Des dessus-de-porte en grisaille reproduisent les Quatre Saisons de *Bouchardon*.

▷ La grande caserne des Célestins

Situé sur le boulevard Henri-IV, à dr. de l'Arsenal, ce bâtiment de style Louis XIII fut bâti au XIXe s. pour abriter l'état-major de la garde républicaine. Il occupe l'emplacement des bâtiments conventuels de l'ancien couvent des célestins. Ce couvent qui remplaçait celui des carmes, lequel s'était installé près de la place Maubert en 1313, profita abondamment des largesses de Charles V qui vivait à l'hôtel Saint-Pol. En 1370, le roi fit reconstruire leur église. Il y eût là, plus tard, un magnifique cloître Renaissance ; Louis XII y fit édifier une chapelle des Orléans qui ne disparut qu'en 1849. A l'intérieur : *manège en acier* (1893).
▶ Revenir devant l'Arsenal.

▷ Le boulevard Morland

Il recouvre un ancien bras de la Seine. Au no 17, énorme immeuble administratif de la préfecture de la Seine, appelé le centre Morland. Au croisement avec la rue Schombert, la *caserne* de la garde républicaine (au no 4) est une construction en brique et fer réalisée en 1883 par l'architecte *J. Bouvard.* ▶ Prendre à g., la *rue Mornay*.

▷ Le bassin de l'Arsenal

Ce bassin occupe une partie des anciens fossés de la Bastille (le mur, côté boulevard Bourdon, est ancien). Il est en fait l'extrémité S. du canal Saint-Martin qui passe en souterrain sous la place de la Bastille. Son aménagement a permis la création d'un port de plaisance, pouvant abriter 200 à 300 petites embarcations. Sur la berge E. du bassin un *jardin* en terrasse de 9 000 m² a été planté ; statue en bronze d'*Henri Arnold* (1983). Pour s'y rendre, traverser le bassin en empruntant la passerelle en fer (1895).
▶ En face *(au 36, bd de la Bastille)*, est située une ancienne usine d'électricité, dite l'*usine Contrescarpe* (1910-1915 ; *L. Perissé* ingénieur).

Le quartier d'Auteuil*

Malgré une urbanisation rapide et une intégration totale à la capitale, Auteuil n'a jamais renié son origine de village. La rue d'Auteuil reste encore une grand-rue et, devant l'église, la petite place conserve son aspect quasi provincial. Ailleurs, autour du vieux cimetière (rue Claude-Lorrain), demeurent les petites maisons alignées et leurs jardins.

Mais la véritable particularité d'Auteuil, ce sont ses havres de verdure (hameau Boileau, hameau de Boulainvilliers, villa de la Réunion, villa de Montmorency). Ils constituent une sorte de lieu de transition entre le bois de Boulogne et la capitale urbaine. Même si on ne vient plus prendre les eaux à Passy ni passer l'été dans une maison de campagne à Auteuil, ces hameaux en rappellent fortement le souvenir. Ils furent lotis au XIXe s. avec le souci constant de conserver verdure et calme autour de maisons bourgeoises. Loin de l'effervescence de la capitale qui les ceinture, ils gardent, pour certains, quelques « folies » architecturales, comme le petit château du hameau Boileau ou la maison de Gide (villa de Montmorency).

Le quartier d'Auteuil constitue en outre un extraordinaire musée de plein air de l'architecture contemporaine. Il a été un champ d'action pour Hector Guimard, l'un des architectes les plus connus de la première moitié du siècle et il possède quelques rares exemples parisiens d'architecture moderniste de l'entre-deux-guerres, dus à Le Corbusier et à Mallet-Stevens.

Le quartier dans l'histoire

Certains historiens situent l'affrontement entre les Gaulois de Camulogène et les Romains de Labiénus dans une clairière de la grande forêt de l'Ouest lutécien, approximativement à l'emplacement d'Auteuil. Vers 1100, les terres riches d'Auteuil qui étaient propriété de l'abbaye normande du Bec-Hellouin furent échangées contre les propriétés normandes de l'abbaye Sainte-Geneviève. Jusqu'à la Révolution, les Génovéfains furent les seigneurs du fief d'Auteuil où ils élevèrent une église qui fut aussi la paroisse de Passy, de Longchamp et de Boulogne. Bien que ravagé par les hommes de Charles le Mauvais qui guerroyait contre le dauphin (en 1358), par les Anglais pendant la guerre de Cent Ans, par la jacquerie et par les bandits de tous les siècles qui trouvaient dans les forêts avoisinantes le plus sûr des repaires, Auteuil, malgré tout, était un bon vieux village tranquille dont le vin avait fait connaître le nom jusqu'au Danemark.

En 1343, il fut amputé du hameau de Boulogne (ou de Boullongne) et, trois siècles plus tard, de celui de Passy ; mais Auteuil prenait de plus en plus d'importance : sa situation en bordure de la Seine, où s'arrêtait le coche d'eau, et de la route de Versailles, l'existence d'eaux thermales propres à guérir les maladies de langueur, commençaient à faire de ce lieu campagnard un lieu de villégiature. Il était de bon ton d'aller passer les chaudes journées de l'été dans sa campagne d'Auteuil. Après Boileau, Molière eut ici sa retraite, recherchant le repos et l'oubli de l'amertume, loin de l'indifférence de sa femme et de son roi. Par la suite, la vogue d'Auteuil ne se démentit point : Racine vint ici écrire les Plaideurs, dans une maison où bien plus tard aurait vécu Mme Récamier. Louis XV lui-même y eut sa maison de plaisirs. Maurice Quentin de La Tour, Hubert Robert, Ampère, Volney, Mme Helvétius, Turgot et Benjamin Franklin, Chateaubriand, Marie-Joseph Chénier, le baron Gérard, le peintre Gros, Carpeaux, Gavarni, ceux qui firent la Révolution venaient ici en visite; ceux qui firent l'Empire et la République leur succédèrent. Annexé en 1860, Auteuil, qui était un village florissant, devint l'un des quartiers les plus riches de Paris.

Visite du quartier

Pour la visite de ce quartier, très riche et très étendu, deux promenades sont ici proposées.

Du Jardin fleuriste municipal à la rue Boileau

16e arr. / 32-B8
Métro : Porte-d'Auteuil / Bus : 52, PC
🅿 porte d'Auteuil, av. du Général-Sarrail
Taxis : 114, bd Exelmans ☎ 46.51.14.61

▷ **Le Jardin fleuriste municipal★** *3, av. de la Porte-d'Auteuil (t.l.j. 10 h-17 h, gratuit pour les moins de 6 ans)*

Vestige des pépinières de Louis XV, c'est une des plus jolies oasis de la capitale, toute fleurie et, curieusement, peu fréquentée. Les quatre statues en pierre qui ornent la grille d'entrée proviennent du pavillon à Versailles de Madame, comtesse de Provence. On visite en toutes saisons le *palmarium* et les *collections de plantes de serre*. Des *expositions florales* ont lieu au printemps (azalées) et à l'automne (chrysantèmes). Une grande partie de la production se trouve toutefois aujourd'hui à Rungis.

Dessinée par *Jean-Camille Formigé*, la grande serre mesure 99 m de longueur sur 12 m de largeur. La hauteur du faîtage est de 7,75 m alors que le dôme du palmarium au centre s'élève à 15,75 m. La légèreté de l'ensemble est due à la simplification des structures métalliques par suppression des éléments intermédiaires. Les ingénieurs *Schwartz* et *Meurer* réalisèrent la grande serre de 1895 à 1898. Devant l'entrée, un *bas-relief* en pierre de *Jules Dalou* représente une scène bacchique (1891). ▶ Non loin de là, de l'autre côté du boulevard, la *rue Nungesser-et-Coli* est bordée, au nº 22, d'un immeuble de *Roux-Spitz* élevé en 1931 et, au nº 24, d'un immeuble de *Le Corbusier* bâti un an plus tard. Celui-ci fut livré sans aucune cloison intérieure, innovation qui resta totalement incomprise.

▷ **Le jardin des Poètes**

av. du Général-Sarrail / 9 h-17 h

Aujourd'hui séparé du Jardin fleuriste par le boulevard périphérique ouvert dans les années 70, le jardin des Poètes a été créé en 1954; il est décoré du buste de Victor Hugo par *Rodin*, ainsi que des monuments de Joachim Gasquet (par *Guénot*, 1928) et de Théophile Gautier (buste par *Dejean*, 1933); d'autres poètes y sont représentés par quelques vers gravés sur une pierre, au milieu de leurs fleurs préférées. ▶ Le *boulevard de Montmorency (au N. de la place de la Porte-d'Auteuil)* : au nº 67, hôtel des frères Goncourt, Jules et Edmond, qui y moururent l'un à 40 ans (en 1870) et l'autre à 74 ans (en 1896). Ils réunissaient dans leur « grenier » Zola, Daudet, Maupassant, Huysmans, Janin, Murger, Gautier. La Ville de Paris l'a acquis en 1932.

▷ **La rue d'Auteuil**

C'est l'ancienne grande-rue du village bordée par les maisons de campagne des riches Parisiens. Remarquer l'entrée du *métro Porte-d'Auteuil*, très représentative du style de *Guimard* (→ *encadré*). Aux nos 63-73, emplacement du *château du Coq* qui, en 1717, appartenait à Samuel Bernard; il le laissa à l'une de ses maîtresses, Mme de Fontaine; en 1761, Louis XV s'en rendit propriétaire pour en faire un rendez-vous galant.

Au nº 59, l'*hôtel* du XVIIIe s. qui a été incendié en 1871 et reconstruit dans les dernières années du siècle est à lui seul un condensé d'histoire. De 1750 à 1772, il a appartenu à Maurice Quentin de La Tour, qui le céda à Mme Helvétius. Celle qu'on appelait Notre-Dame d'Auteuil réunit ici l'intelligentsia de l'époque. Elle mourut en 1800 et fut inhumée dans le parc, mais son corps fut par la suite transféré au cimetière d'Auteuil. Elle avait été demandée en mariage, alors qu'elle était déjà une aimable vieille dame, par Turgot qui avait 81 ans puis par Benjamin Franklin qui avait à peu près le même âge. C'est en ces lieux que Condorcet, impressionné par une manifestation populaire au cours de laquelle était apparu pour la première fois le drapeau rouge, écrivit son traité sur la Justice prévôtale. Quelques années plus tard, on retrouve ici Bonaparte qui n'est pas encore Napoléon et, après 1854, un de ses petits-neveux, le prince Pierre Bonaparte, qui se rendit célèbre en janvier 1870 par le meurtre du journaliste Victor Noir avec lequel il était en désaccord.

Au n° 40, il y eut longtemps l'Auberge du Mouton Blanc qui, à la fin du XVIIe s., était le Lipp de l'époque : Molière et ses amis en étaient les habitués. Aux n°s 43-47, bel ***hôtel*** du XVIIIe s. qui conserve une façade à refends, balcons et balustres. Il fut habité par Marie de Verrières, maîtresse du maréchal de Saxe, qui tenait ici un salon célèbre. Au n° 16, l'***hôtel Pusher***, du XVIIe s., refait en 1806, conserve sa belle façade avec quatre pilastres d'ordre colossal et son fronton triangulaire. Un peu plus loin, au n° 11 bis, ***lycée Jean-Baptiste-Say*** : le pavillon central et la cour sont ce qui subsiste du château du Ternaux de la fin du XVIIe s.

▷ La place d'Auteuil

Jusqu'en 1867, elle s'est appelée place du Chancelier-d'Aguesseau, comme le rappelle le petit obélisque funéraire — sous lequel il est inhumé — qui s'élève au milieu de la place ; c'est un vestige du cimetière qui jadis s'étendait auprès de l'église.

L'église Notre-Dame-d'Auteuil. En 1319, *Philippe le Long* avait posé la première pierre de la première église du village d'Auteuil que les Génovéfains avaient fondée. Agrandie et remaniée à plusieurs reprises au cours des siècles, elle a été reconstruite (1877-1892) par *Vaudremer* dans le style romano-byzantin, en vogue à cette époque. Sur l'autre côté de la place en face de l'église, vaste centre culturel et paroissial. ▶ De la place part la très belle ***avenue Théophile-Gautier***, où habitait et où est mort (au n° 38) François Mauriac. ▶ La ***rue Mirabeau*** *(par la rue Wilhem)* est bordée par les jardins de l'institution Sainte-Perrine qui occupe l'emplacement du vaste domaine des Génovéfains.

▷ L'avenue de Versailles

On ne suivra l'avenue de Versailles, en bordure de Seine, que sur un court segment, sans voir ses ***immeubles*** les plus intéressants que toutefois nous mentionnons : n° 25 (1932) et n° 42 (1934) par *J. Ginsberg* ; n°s 54 et 56 décorés par *V. Vasarely* ; le n° 123 occupe l'emplacement de l'hôtel d'Hortense Schneider, célèbre interprète d'Offenbach ; n° 127, hôtel particulier construit par *Bassompierre, Sirvin* et *Rutte* ; n° 142, immeuble de *Guimard* marquant l'apogée du style Art Nouveau et dont l'escalier est remarquable. ▶ Suivre à dr. l'avenue de la Villa-de-la-Réunion : au n° 8 de cette paisible voie privée se trouve l'***hôtel Deron Levent*** commencé par *Guimard* en 1905.

▷ La rue Chardon-Lagache

A dr., au n° 42, ***hôtel Jassedé***★ (1893), chef-d'œuvre de la période pré-Art Nouveau de *Guimard*, orné de céramiques de *Müller*. Guimard y conçut son premier mobilier (dispersé). L'édifice a souffert de ses affectations ultérieures et vient d'être restauré. Situé à quelques mètres de l'hôtel

Hector Guimard, architecte d'art

Auteuil permet, en un minimum de temps et de kilomètres, de découvrir l'œuvre d'Hector Guimard (1868-1942) car c'est là que l'essentiel de son œuvre fut réalisé.

Ses premiers travaux (34, rue Boileau ; 42, rue Chardon-Lagache ; 1 ter, rue Molitor ; 7, av. de La Frillière et 39, bd Exelmans) y montrent un émule de Viollet-le-Duc, passionné par la couleur et la complication des volumes, mais sans encore donner les preuves flagrantes de son génie. Celui-ci n'éclate vraiment qu'avec le Castel Béranger (achevé en 1898), œuvre de transition mais déjà totalement personnelle, qui attira sur Guimard les lumières de la célébrité.

Mis à part les immeubles de l'avenue de Versailles, c'est en banlieue ouest, en Normandie et à Lille qu'il faut chercher les exemples de sa période la plus passionnante et la plus personnelle.

Il la consacre en effet à l'édification de maisons de campagne, à Garches, Sèvres, Le Vésinet, Hermanville, Cabourg, Auvers-sur-Oise, Villemoisson... Ces constructions de 1899-1905 ont pour la plupart été détruites ou défigurées — leur originalité agressive ayant été mal admise au cours des années 1950-1960 —, en particulier l'étonnante salle Humbert de Romans, 60, rue Saint-Didier (→ av. Foch et le quartier Dauphine). Les édicules du métropolitain (1899) sont le résultat de ses recherches sur la standardisation des éléments de construction : Porte-Dauphine est un charmant pavillon dont la verrière évoque les ailes d'une libellule (→ avenue Foch et le quartier Dauphine).

Sujet aux sarcasmes puis à l'indifférence générale, Guimard police rapidement son style, le rend plus « français » : c'est ainsi que naissent, entre 1905 et 1914, les petits bijoux que sont les hôtels Guimard (av. Mozart) et Mezzara (rue La Fontaine) ainsi que les immeubles de la rue Agar et de la rue François-Millet.

Cette mutation s'opère également dans ses meubles (visibles au musée des Arts décoratifs, au Petit Palais, au musée d'Orsay) et ses ferronneries, domaines dans lesquels Guimard est un maître absolu.

L'après-guerre le voit tenté de prendre sa place dans le mouvement Art Déco. Mais ses réalisations (120, av. Mozart ; 18, rue Henri-Heine ; 3, square Jasmin et 36-38, rue Greuze) ne recueillent aucun écho. C'est donc amer et désabusé que l'architecte quitte la France en 1938 pour s'installer, avec son épouse, à New York où il meurt oublié.

Deron Levent, il permet de faire des comparaisons entre deux œuvres de style fort différent.

▷ Le boulevard Exelmans

Ce boulevard coupe Auteuil en deux. Au n° 39 Carpeaux eut un hôtel et un ***atelier***; ce dernier fut plusieurs fois agrandi, en particulier par le jeune *Guimard* qui ajouta le deuxième étage et signa la façade. ▶ Au S.-E. du boulevard on peut voir une autre œuvre de l'architecte *Guimard* : c'est l'***école du Sacré-Cœur*** *(7, av. de la Frillère)*, achevée en 1895. Ses colonnes en fonte inclinées sont reprises d'un projet de *Viollet-le-Duc* et leur décor constitue la première manifestation de l'Art Nouveau dans l'œuvre de Guimard. L'édifice, menacé de destruction, fut sauvé in extremis et transformé en immeuble d'habitation. ▶ Juste à côté, le ***cimetière d'Auteuil*** *(57, rue Claude-Lorrain)* abrite les sépultures d'Hubert Robert († 1808), Gavarni († 1866), Gounot († 1893) et Mme Helvétius († 1800).

▷ La rue Boileau*

du bd Exelmans à la rue Molitor

C'est là une des rues typiques d'Auteuil. Longtemps elle marqua la limite des censives de l'abbaye Sainte-Geneviève. En même temps que l'architecture caractéristique de l'Art Nouveau, le promeneur peut y admirer quelques réalisations contemporaines intéressantes. Au n° 67 se trouvait le laboratoire aérodynamique que l'ingénieur *Eiffel* avait créé en 1909 aux n°s 58-56. La rue prend un caractère un peu exotique depuis qu'a été élevée en 1977 l'***ambassade du Viêt-nam*** qui mêle la brique, le verre et la céramique, le style futuriste aux traditions vietnamiennes. Au n° 40, curieux hôtel Art Nouveau (aujourd'hui ***ambassade d'Algérie***) de *Richard* et *Audiger* (1907), inspiré par l'architecture d'Afrique du Nord et recouvert de carreaux de grès par *Gentil* et *Bourdet*. Au n° 38 s'ouvre l'actuel ***hameau Boileau***, où Boileau possédait une vaste propriété. Il vécut là plusieurs années, recevant ses amis qui, à leur tour, se firent construire une maison de campagne dans les parages. Au n° 34, premier ***hôtel*** particulier de *Guimard* édifié en 1891 pour M. Roszé à l'emplacement de la maison du peintre Hubert Robert. ▶ La ***rue Molitor*** : à g., au n° 31, s'élève une maison de style rustique qui rappelle les constructions de la Belgique ou du nord de la France en même temps qu'elle reflète l'Art Nouveau : utilisation de matériaux divers, fenêtres en arrondi (*Constant Lemaire*, architecte; 1906). ▶ La ***rue Michel-Ange***, où est né en 1903 Pierre Brossolette (au n° 77 bis) longe l'***Ecole normale israélite***. Au n° 6, une plaque rappelle que le maréchal Joffre a habité la maison de 1909 à 1919. ▶ On arrive sur la ***place Jean-Lorrain*** qui prend un air de vacances en été avec ses terrasses de cafés.

Les marchés d'Auteuil

Sur le terre-plein formé par les rues d'Auteuil, Donizetti et La Fontaine : merc., sam., 7 h-13 h 30.
Rue Gros et rue La Fontaine : mar., ven., 7 h-13 h 30.
Place de la Porte-Molitor : mar, ven., 7 h-13 h 30.
Avenue de Versailles, de la rue Le Marois à la rue Gadin : mar, jeu., dim., 7 h-13 h 30.

De la Maison de Radio-France à la rue Mallet-Stevens

16e arr. / 33-C7, 32-B7
Métro : Passy ou Bir-Hakem (éloignés)
Bus : 22, 52, 70, 72
P av. du Président-Kennedy
Taxis : pl. du Docteur-Hayem ☎ 42.24.99.99
1 h

▷ La Maison de Radio-France*

116, av. du Président-Kennedy / Vis. commentée uniquement; prendre rendez-vous un mois à l'avance. Pour tout renseignement, écrire au service accueil animation, Maison de Radio-France, 116, av. du Président-Kennedy ou ☎ 42.30.21.80, du lun. au vend. Pour les concerts publics ☎ 42.30.22.22; location sur place ou dans les agences de spectacle

La Maison de Radio-France, appelée communément Maison de la Radio, fut construite de 1952 à 1963 sur les plans de l'architecte *Henry Bernard*. Elle affecte extérieurement la forme d'une couronne circulaire de 500 m de diamètre et 37 m de hauteur, dominée par une tour centrale rectangulaire de 67,80 m. Les fondations sont constituées par 756 puits de 17 m; le volume global des constructions atteint 450 000 m^3. Deux techniques, très développées depuis, ont été expérimentées ici : emploi des panneaux de façade formés à la presse et de grands bardages d'aluminium dans lesquels ont été aménagées les fenêtres et qui rendent possible la création d'une grande variété de profils. Par la rigueur fonctionnelle alliée à une haute tenue architecturale, cette Maison restera un des monuments les plus représentatifs du XXe s. Même si on peut regretter que l'architecte n'ait pas été autorisé à donner à la tour centrale une plus grande hauteur comme il le souhaitait...

La Maison de Radio-France, qui a regroupé ses services, compte au total 58 studios, dont deux sont équipés pour la télévision (le principal centre de télévision est situé aux Buttes-Chaumont). La *couronne extérieure*, qui assure la protection phonique de l'ensemble, contient le grand hall d'entrée, les foyers d'artistes, les studios du Journal parlé et un millier de bureaux. Le *hall d'entrée* est orné d'une Forêt du sculpteur *Stahly*; les quatre *foyers* réservés aux artistes, largement ouverts sur le dehors, sont décorés respectivement de mosaïques par *Bazaine* et *Singier*, de tapisseries par *Manessier* et *Soulages*.

Concentriquement à la couronne extérieure, une *deuxième couronne intermédiaire*, de hauteur limitée, abrite vingt studios rigoureusement isolés, dont trois grandes salles publiques qui s'ouvrent sur le hall d'entrée : un auditorium de 1 000 places (*studio 104*), décoré de deux grands bas-reliefs métalliques par *Louis Leygues*, avec un orgue de cent jeux construit par *Gonzalès*; une salle de musique (*studio 103*) pouvant recevoir un grand orchestre en présence de 50 invités, ornée d'une tapisserie par *Roger Bezombes*; une salle de théâtre de 800 places (*studio 102*) permettant la réalisation de tous les genres de spectacles; enfin, le *studio 105*, de 256 places, pour concerts et récitals, avec vestibule d'entrée décoré d'une fresque par *Georges Mathieu*. Les visiteurs parcourent une *galerie* circulaire qui contourne la couronne intermédiaire et donne vue sur tous les studios. C'est dans cette galerie que l'intéressant *musée de la Radio et de la Télévision* (→ *musées*) retrace chronologiquement toute l'histoire des télécommunications, depuis le télégraphe optique de Chappe jusqu'à la mondiovision par satellites.

Une *troisième couronne centrale* annulaire renferme la phonothèque (250 000 bandes sonores), la bibliothèque (65 000 ouvrages) et la discothèque (1 million de disques). Elle entoure un noyau central où est installé le CDM ou centre distributeur de modulations : c'est lui qui reçoit toutes les émissions venant des studios de la Maison ou de l'extérieur, et qui distribue tous les programmes vers les émetteurs (au nombre de 200 en France).

Enfin la *tour* (23 étages), appelée Mémoire du siècle, abrite toutes les archives.

Les *sous-sols* de la Maison, où sont aménagés des abris antiatomiques, renferment notamment l'énorme centrale thermodynamique, de plus de 2 000 CV, qui va puiser à 550 m de profondeur une eau à 27° : cette eau, grâce à des échangeurs thermiques, fournit indifféremment de l'air chaud ou froid, sans utilisation de combustibles.

Les *aménagements annexes* comprennent un bureau de poste (Paris 120), une banque, une librairie-tabac, une agence de voyages SNCF-Air France, plusieurs bars-restaurants, etc.

Le Castel Béranger : un immeuble à loyer modéré

Pour comprendre ce grand complexe immobilier (réunion de trois immeubles autour d'une cour), il est sans doute utile de replacer l'édifice dans le contexte de son époque (1894-1898). La rue La Fontaine n'était pas, en effet, cette artère bourgeoise que nous connaissons aujourd'hui : au contraire, l'endroit était encore désert, mal éclairé, non pavé. Les constructions y étaient surtout de petites usines, des ateliers, des entrepôts, des hangars, en rapport avec le commerce fluvial de la Seine tout proche. Le métropolitain n'étant pas encore réalisé, nous avions là un réel faubourg populaire, excentré, lointain, dont l'urbanisme commençait. Le Castel Béranger est avant tout un immeuble à loyer modéré, ce que semble apparemment contredire la qualité et la luxuriance de sa décoration. Mais on comprendrait aisément la chose en considérant la modestie de la plupart des matériaux (meulière, métal, briques). Cette économie de moyens et la parfaite utilisation du terrain permirent à Guimard de faire de plus importantes dépenses décoratives. Mais qu'on ne s'y trompe pas : les vitraux, les balcons, les panneaux de grès, les mosaïques ou la quincaillerie étaient réalisés en série et en grande quantité; à la pièce, le prix de revient excédait de très peu les produits du commerce.

Guimard dessina tout : papiers peints, poignées de portes, cuisinières (!), jusqu'aux tringles d'escalier et aux cheminées. Les meubles étaient en option. Il avait bénéficié pour toutes ces créations — qui l'occupèrent de 1895 à 1898 — de la compréhension de sa commanditaire, Mme veuve Fournier qui, après la mort de son mari, donna carte blanche à Guimard. Bien lui en prit : malgré la modestie des loyers, elle récupéra son capital en 5 ans!

Guimard y trouva aussi son avantage : d'abord une prime au premier concours de Façades de la Ville de Paris, puis l'édition d'un luxueux album, une exposition et une conférence remarquée dans les salons du Figaro. Cet immeuble charnière de son œuvre — credo d'une nouvelle esthétique — lui apportait la célébrité. Il s'installa au Castel Béranger comme au cœur d'une carte de visite.

▷ La rue La-Fontaine**

Elle commence place du Docteur-Hayem, derrière la Maison de Radio-France. Cette artère, l'une des plus intéressantes d'Auteuil, tient son nom de la *source thermale* qui avait une grande renommée, et non du célèbre fabuliste. Sans trop exagérer, on pourrait dire qu'elle constitue, avec les petites rues adjacentes, un véritable musée Guimard.

Au n° 14 est le fameux *Castel Béranger** de *Guimard* (1894-1898) dont l'exubérance des lignes valut à l'époque à l'immeuble le surnom de « dérangé » (→ *encadré*). Aux n°s 8 et 10 de la *rue Agar*, et aux n°s 17, 19, 21 de la rue La Fontaine, autres immeubles conçus par *Guimard*. Au n° 40, l'immeuble occupé par l'œuvre des orphelins-apprentis d'Auteuil est un mélange de styles : le néo-gothique de la chapelle, bâtie en 1927 avec hauts pinacles, rosaces et flèche, et le fonctionnalisme des bâtiments. A g., au n° 11 de la *rue François-Millet*, immeuble de *Guimard* (1909). Au n° 60, ***hôtel Mezzara***, d'une élégance presque Louis XV, construit en 1911 par *Guimard* : on peut demander à voir les décorations intérieures dues à l'architecte lui-même, en sollicitant une autorisation auprès du recteur de l'Université de Paris. Au n° 65, le ***Studio Building***, ensemble monumental constitué exclusivement d'ateliers d'artistes, construit par *Henri Sauvage* en 1928 ; c'est l'une de ses dernières réalisations : on notera l'harmonie des tons froids des carreaux de céramique de *Gentil* et *Bourdet*. Au n° 85, ***immeuble*** d'*Ernest Herscher* (1905), parmi les plus intéressants de l'Art Nouveau. Plus intéressé par la gravure que par l'architecture, Herscher construisit fort peu (un autre immeuble de lui, rue Scheffer, est tout aussi remarquable). ▶ La ***villa de Montmorency*** *(12, rue Poussin)* occupe l'emplacement d'une vaste propriété ayant appartenu à la comtesse de Boufflers, maîtresse du prince de Conti. André Gide habita l'allée des Sycomores, et le philosophe Henri Bergson, l'avenue des Tilleuls.

Le Corbusier et Mallet-Stevens à Auteuil

Creuset de la modernité au temps de l'Art Nouveau, Auteuil le demeura au moment de l'Art Déco. En bordure du bois, le quartier demeurait pratiquement, dans les années 20, ce qu'il était quarante ans auparavant. Ainsi ne peut-on s'étonner de la présence, à quelque cent mètres les unes des autres, des premières constructions importantes de Le Corbusier à Paris, les villas La Roche et Jeanneret (8 et 10, square du Docteur-Blanche, 1923) et de la célèbre rue lotie par Mallet-Stevens en 1926-1927.

Le parcours des deux architectes était alors comparable. Le Corbusier n'avait alors construit que quelques villas à La Chaux-de-Fonds, sa ville natale, ayant occupé une partie de ses premières années d'activité à fréquenter les ateliers des plus modernes architectes des années 1907-1910 : Hoffmann, Perret, Behrens, Gropius et Mies Van der Rohe. Après l'atelier Ozenfant et une villa à Vaucresson, ses premiers travaux français, et deux ans avant le célèbre pavillon de l'Esprit Nouveau (exposition des Arts décoratifs de Paris), il dessina ces deux villas, sorte de manifeste d'une architecture remarquablement aérée et distribuée.

Mallet-Stevens, lui, commença très tard à construire : sa première villa (et premier chef-d'œuvre) date de 1923 ; c'est la villa de Noailles à Hyères. Après s'être fait remarquer à l'exposition des Arts décoratifs (pavillon du Tourisme), il entreprit l'important lotissement de la rue qui porte son nom. Les hôtels les plus ambitieux qui y furent édifiés étaient l'un pour sa femme et lui-même, l'autre pour les frères Martell, les sculpteurs qui collaborèrent maintes fois avec lui.

▷ L'avenue Mozart

de la rue La-Fontaine à la rue Henri-Heine

Au n° 122, une ***maison*** construite par *Hector Guimard*, où la femme de l'architecte, qui était peintre, avait son atelier ; l'immeuble, achevé en 1912, est caractéristique de la manière qu'avait l'architecte d'animer les façades et d'utiliser les volumes extérieurs (bow-windows, encorbellements). Au n° 120, de l'autre côté de la villa Flore, un très étroit immeuble de *Guimard* date de sa période Art Déco. ▶ La ***rue Henri-Heine*** est une rue récente qui, en 1910, ne comptait qu'une seule construction. Au n° 15, ***école*** par *P. Abraham* (1930) ; au n° 18, ***immeuble*** Art Déco, réalisé par *Guimard* en 1926, qui représente une des dernières expressions de l'Art Nouveau, plus dépouillée que les œuvres antérieures. Propriétaire de l'édifice, l'architecte y possédait un appartement qui fut son dernier lieu d'habitation avant son départ définitif pour les Etats-Unis en 1939.

▶ On croise la ***rue Jasmin*** dont le n° 10 marque l'entrée du ***square Jasmin***. Là, un autre hôtel particulier (au n° 3), construit par *Guimard* en 1922, est un édifice modeste, certes, mais expérimental : il fut élevé en quelques jours seulement avec des éléments préfabriqués.

▶ La ***rue du Docteur-Blanche***. Autres architectes, autres styles : au n° 19 se trouvait la propriété du célèbre aliéniste, le Dr Blanche, qui mourut ici en 1893 ; son fils, le peintre Jacques Emile Blanche († 1943), a aussi vécu ici.

▶ A g., au 10, ***square du Docteur-Blanche*** se trouve la *villa* double ***La Roche-Jeanneret****, construite par *Le Corbusier* en 1923. Ces deux villas, montées sur pilotis avec des fenêtres tout en longueur, dans un style très dépouillé où, bien longtemps avant

Les musées à voir

Musée de Radio-France (116, av. du Président-Kennedy) : histoire de la radio et présentation des studios d'enregistrements de la Maison de la Radio.
Musée Henri Bouchard (25, rue de l'Yvette) : atelier du sculpteur Henri Bouchard.
Fondation Le Corbusier (8-10, square du Dr-Blanche) : expositions temporaires consacrées à l'architecture moderne, à l'intérieur de deux villas construites par Le Corbusier.

que la mode en fût répandue, les plans inclinés remplaçaient les escaliers, abritent aujourd'hui la *Fondation Le Corbusier* (→ *musées*). ▶ A dr. on croise la *rue de l'Yvette* dans laquelle se trouve le *musée Henri-Bouchard* (→ *musées*). Au n° 9, immeuble construit en 1927 par *Mallet-Stevens*.

▷ La rue Mallet-Stevens*

Elle porte le nom de l'architecte audacieux et original de la première moitié du siècle († 1944) qui a transposé en architecture les principes du cubisme (→ *encadré*). Voir ici les *immeubles* aux nos 4, 6, 7, 10, 12 : comme Le Corbusier ou André Lurçat, *Mallet-Stevens* s'oppose aux exagérations de l'Art Nouveau et recherche la sobriété et les volumes géométriques ; ces maisons, blanches pour la plupart, aux terrasses étagées, appartiennent en général à des artistes. ▶ La *rue de l'Assomption*. Elle a changé de visage et d'atmosphère au cours des dernières années, depuis que se sont élevés les immeubles contemporains et luxueux qui entourent des jardins et des pièces d'eau. Au n° 88, l'*église Notre-Dame-de-l'Assomption* est l'ancienne chapelle des Missionnaires de la Miséricorde. ▶ En descendant cette rue on revient à la Maison de Radio-France.

L'autobus

Assez rapide malgré la circulation, l'autobus est sans doute l'un des meilleurs moyens de transport pour visiter Paris. Joignant l'utile à l'agréable il vous permettra de vous déplacer tout en vous imprégnant de l'atmosphère de la ville. Mais vous pouvez aussi, simplement, vous promener en bus : vous trouverez ici un circuit et des itinéraires qui vous feront découvrir Paris et certains quartiers touristiques un peu excentrés.

L'autobus et son histoire

Le transport des Parisiens demeura pendant très longtemps une affaire individuelle. Seuls la marche à pied, le cheval ou la mule permettaient, à travers les rues étroites et boueuses, d'aller d'un point à un autre de la ville.

C'est en 1662, sur une initiative du philosophe Pascal, qu'apparurent les premiers véhicules destinés au transport des passants. Surnommées les carrosses à cinq sols, ces voitures, lourdes et inconfortables, ne pouvaient contenir que huit personnes. D'un succès éphémère, l'entreprise disparut dès 1680 et il fallut attendre un siècle et demi pour qu'une seconde tentative soit autorisée. En 1828 fut créée à Paris la première compagnie d'omnibus (du nom d'un chapelier, M. Omnes, qui avait une boutique là où stationnaient les véhicules). Identiques aux diligences, les omnibus transportaient au maximum une vingtaine de voyageurs et annonçaient leur passage au son d'une trompette. Très apprécié des Parisiens, ce nouveau mode de transport se développa rapidement. De nombreuses sociétés se constituèrent (les Gazelles, les Dames Réunies, les Hirondelles Parisiennes...), chacune cherchant à exploiter les lignes les plus productives. En 1855, la municipalité de Paris rassembla ces entreprises en une Compagnie générale des omnibus afin d'assurer une meilleure répartition du trafic. La plupart des itinéraires créés à cette époque correspondent à des lignes d'autobus encore utilisées aujourd'hui. On modernisa les voitures : une impériale (ou terrasse découverte) fut installée sur le toit de l'omnibus. En 1856 on inaugura le chemin de fer américain. Cet étrange véhicule était tiré par des chevaux, mais roulait sur des rails de Boulogne jusqu'à place de la Concorde, où l'on changeait ses roues pour qu'il traverse Paris comme une voiture à cheval.

Jusqu'en 1890 les transports en commun dans Paris ne furent assurés que par des véhicules à traction animale, tramways ou omnibus. On utilisait alors près de 14 000 chevaux. L'apparition du tramway électrique et de l'autobus bouleversèrent cette situation. En 1905, une automobile expérimentale fut mise en service entre Montmartre et Saint-Germain-des-Prés. Il s'agissait d'une diligence munie d'un moteur et de roues en caoutchouc. Rapide et maniable, l'autobus remplaça le tramway qui disparut définitivement en 1937.

Aujourd'hui, après un important ralentissement de son activité dans les années 70, le réseau d'autobus est en pleine expansion : en 1984 plus de 755 millions de voyages ont été dénombrés, alors qu'en 1973 on n'en avait compté que 500 millions.

La visite de Paris en autobus

Départ : place Charles-de-Gaulle - Etoile
1 h 30 jusqu'à Opéra ; 2 h 30 jusqu'à Montmartre

Le circuit que nous vous proposons vous fera entrevoir les multiples facettes de Paris en traversant les Champs-Elysées, quartier d'affaires très animé, le faubourg Saint-Germain, résidentiel et élégant, le Quartier Latin, très jeune et cosmopolite, au cœur de l'histoire de Paris. Revenant par le quartier luxueux et commerçant de l'Opéra, vous pourrez, si vous le désirez, continuer jusqu'à la place de Clichy, très animée le soir, pour atteindre Montmartre qui a gardé son cachet de vieux village un peu à l'écart de l'agitation parisienne.

Pour éviter les encombrements vous aurez intérêt à effectuer ce trajet dans le courant de la matinée ou en début d'après-midi.

De l'Arc de Triomphe au musée d'Orsay

▶ Descendre l'avenue des Champs-Elysées (50 m) sur le côté droit ; prendre le bus nº 73, en face du nº 135 de l'avenue.

▷ Les Champs-Elysées

Tracés par *Le Nôtre* en 1670, ils furent très en vogue sous le second Empire, devenant alors la résidence du monde élégant. Aujourd'hui cinémas, cafés et galeries marchandes ont envahi l'avenue qui demeure toujours l'un des pôles de la vie parisienne. Au-delà du rond-point se dressent, au S., le *Grand Palais* et le *Petit Palais*, construits dans un style un peu pompeux pour l'Exposition universelle de 1900. Très belle *vue* sur les Invalides.

▷ La place de la Concorde

L'avenue débouche sur la place de la Concorde, dessinée par *Gabriel* qui édifia également les deux hôtels situés au N., remarquables par leur colonnade

Les formules de transport

Le nombre de billets nécessaires dépend de la longueur du trajet : un ticket pour une ou deux sections, deux au-delà. Si vous voyagez de temps en temps vous pouvez acquérir un carnet de dix billets valables chacun pour un voyage. Les enfants de moins de quatre ans circulent gratuitement, ceux de quatre à dix ans ont droit à un demi-tarif.
Le ticket Formule 1 vous permet de vous déplacer librement pendant une journée sur tout le réseau autobus, métro et RER. La carte Paris-Sésame est un abonnement de courte durée (2, 4, ou 7 jours) qui vous donne également le droit de circuler librement sur l'ensemble du réseau. Ces billets sont en vente dans toutes les stations de métro exceptée la carte Paris-Sésame que vous trouverez seulement dans les plus grandes stations (Saint-Michel, Charles-de-Gaulle, Odéon, Bastille, Invalides, Châtelet...).

(1757-1770). Au centre, *obélisque* offert par le vice-roi d'Egypte à Louis-Philippe en 1831. A l'E. s'ouvre le *jardin des Tuileries* encadré par les pavillons du Jeu de Paume et de l'Orangerie. ▶ Le pont de la Concorde mène au *Palais-Bourbon*, siège de l'Assemblée nationale, dont la façade néo-classique fut élevée sous l'Empire. ▶ Descendre au terminus de la ligne, rue de Solférino, devant l'*hôtel de Salm* de style Louis XVI reconstruit après un incendie en 1871.

Du musée d'Orsay à la tour Eiffel

▶ Prendre alors le bus n° 69 : longer le quai sur la dr. ; l'arrêt se trouve en face du musée d'Orsay (côté Seine).

▷ Le musée d'Orsay

Inauguré en 1986, ce musée est consacré à l'art de la seconde moitié du XIXe s. Il occupe l'ancienne gare d'Orsay bâtie par *Laloux* de 1898 à 1900 pour l'Exposition universelle. ▶ Le 69 parcourt le *faubourg Saint-Germain*, très à la mode au XVIIIe s., où l'on rencontre de beaux hôtels construits entre 1680 et 1730 et occupés aujourd'hui par des ministères ou des ambassades. ▶ Après un détour par le boulevard Saint-Germain et la rue du Bac on arrive dans l'étroite *rue de Grenelle* bordée de nobles demeures et qui traverse l'esplanade des Invalides.

▷ L'esplanade des Invalides

Au S., *hôtel des Invalides* édifié par *Libéral Bruant* en 1676 pour les vieux soldats invalides de Louis XIV ; dans le fond s'élève la coupole du *dôme*, œuvre de *J. H. Mansart* (1708). Au N., perspective sur le Grand Palais. ▶ Le bus s'arrête au Champ-de-Mars où se dresse la *tour Eiffel*, conçue par *Gustave Eiffel* pour l'Exposition universelle de 1889. Très belle vue sur le palais de Chaillot (au-delà de la Seine) et sur l'Ecole Militaire.

Informations

Cartes et plans sont disponibles à tous les guichets de la RATP, dans les stations de métro.

Pour tous renseignements sur les tarifs ou les itinéraires ☎ 43.46.14.14. La brochure touristique, Paris Patchwork, pour découvrir Paris en autobus, est à votre disposition dans les bureaux de la RATP : 53 bis, quai des Grands-Augustins (6e arr.) et place de la Madeleine, marché aux fleurs (8e arr.).

De la tour Eiffel à l'île Saint-Louis

▶ Prendre le bus n° 87, situé en face du n° 69, mais qui part en sens inverse. ▶ Longeant le Champ-de-Mars, l'avenue Duquesne et le boulevard des Invalides, on arrive dans la *rue de Sèvres*, artère commerçante et animée qui aboutit à Saint-Germain-des-Prés. L'église, d'époque romane mais modifiée à plusieurs reprises, est l'une des plus anciennes de la capitale.

▷ Le Quartier Latin

Le boulevard Saint-Germain traverse ensuite le Quartier Latin. A l'angle du boulevard Saint-Michel, du côté N., s'élève le *musée de Cluny*, hôtel édifié à la fin du XVe s. sur les ruines de thermes gallo-romains (IIe-IIIe s.). Au-delà, le boulevard croise la place Maubert et l'église Sain-Nicolas-du-Chardonnet (fin XVIIe s.). ▶ Quitter l'autobus sur l'île Saint-Louis, après avoir franchi le pont Sully (arrêt Pont-de-Sully - Quai-de-Béthune).

De l'île Saint-Louis à la place Saint-Michel

▶ Revenir sur la rive g. et prendre le bus n° 24, quai Saint-Bernard, en face de l'Institut du Monde arabe. ▶ Le *quai de la Tournelle* longe l'île Saint-Louis dont les immeubles, pour la plupart du XVIIe s., présentent de belles façades. De l'autre côté du quai s'ouvrent de petites rues, telle la rue de Bièvre tracée au Moyen Age.

▷ Notre-Dame

Reconnaissable par ses hautes tours, la cathédrale Notre-Dame, construite sur l'île de la Cité entre 1163 et 1330, est un chef-d'œuvre de l'architecture gothique, remarquable par les audacieux arcs-boutants adossés à son chevet. ▶ A l'extrémité O. de l'île s'étend le *Palais de Justice*, très remanié au XIXe s. ▶ Descendre du bus après la place Saint-Michel (arrêt Saint-Michel) pour prendre le bus n° 27 qui s'arrête à la même station.

Horaires

La plupart des autobus fonctionnent entre 6 h 30 et 21 h. Quelques lignes demeurent en service le soir jusqu'à 0 h 30 et d'autres marchent toute la nuit ; un service minimum est assuré sur certains itinéraires le dimanche. Vous trouverez ces renseignements sur les abris-bus ou dans les bureaux d'information de la RATP.

De la place Saint-Michel à l'Opéra

▶ Longeant les quais, on passe devant le Pont-Neuf, l'*hôtel de la Monnaie* édifié par *D. J. Antoine* en 1771 dans un style sobre typique de l'époque Louis XVI, et le palais de l'Institut, dominé par la *coupole* de l'Académie française. Construite dans la seconde moitié du XVIIe s., sa façade en hémicycle est d'influence italienne. Le pont du Carrousel conduit au palais du Louvre.

▷ Le Louvre

C'est un ancien palais royal devenu le plus grand musée de Paris. En 1988 s'élèvera dans la Cour Carrée une pyramide, symbole moderne, placée en face de l'arc du Carrousel qui commémore les victoires remportées par Napoléon en 1805. ▶ Les guichets du Louvre débouchent sur la *place Colette* dominée par le théâtre de la Comédie-Française, et sur l'*avenue de l'Opéra*, très commerçante. ▶ Le théâtre de l'*Opéra* ferme la perspective de l'avenue. Œuvre de *Charles Garnier* (1861-1875), il symbolise les fastes et l'éclectisme du second Empire.

De l'Opéra à Montmartre

▶ Si l'on désire continuer vers Montmartre, poursuivre le trajet du 27 jusqu'à son terminus, gare Saint-Lazare (58, rue de l'Arcade). On traversera le quartier des grands magasins.

▶ Monter vers la gare et prendre le bus n° 80, rue de Rome, sur le côté g. de la gare. ▶ On atteindra la *place de Clichy*, populaire et très animée en soirée.

▶ La *rue Caulaincourt* passe au-dessus du cimetière Montmartre puis contourne la butte, sillonnant un quartier vivant de Montmartre souvent inconnu des touristes, pour gagner la place Jules-Joffrin (terminus). ▶ De là prendre le *Montmartrobus* qui mène au pied de la basilique du Sacré-Cœur, construite en remerciement d'un vœu exaucé pendant le siège de Paris en 1870. Superbe *vue* sur Paris et sa banlieue.

▶ Longeant la touristique *place du Tertre* et le célèbre cabaret du Lapin Agile, très à la mode au début du siècle, on arrivera place Pigalle. ▶ On pourra retourner dans le centre de Paris par le métro, ou le bus n° 67 (vers le Louvre et l'Hôtel de Ville), ou le n° 30 (vers l'Etoile et le Trocadéro).

Quelques lignes

Le *20* relie la place de la Bastille à l'Opéra en passant par la place de la République et les Grands Boulevards.

Le *27* va du Luxembourg *(7, rue Gay-Lussac)* à l'Opéra, empruntant le boulevard Saint-Michel et le quai de Conti, traversant la cour du Louvre.

Le *29* traverse le quartier du Marais entre Beaubourg (*35, rue Rambuteau*) et la Bastille.

Le *42* relie la place de l'Opéra *(9, rue Scribe)* à la tour Eiffel en passant par la place de la Concorde, les Champs-Élysées et la place de l'Alma.

Le *58*, au départ de l'Hôtel de Ville *(10, rue Saint-Martin)*, traverse le Quartier Latin par la rue Mazarine, l'Odéon et le Luxembourg, puis rejoint Montparnasse (pour la tour, arrêt 40, avenue du Maine).

Le *63* mène du Quartier Latin à Passy : Odéon *(en face du 25, rue de l'Ecole-de-Médecine)*, Saint-Sulpice, boulevard Saint-Germain, quai d'Orsay, Invalides, place du Trocadéro, porte de La Muette (terminus).

Le *73* descend les Champs-Elysées depuis l'Arc de Triomphe *(135, av. des Champs-Elysées)*, passe par la place de la Concorde et s'arrête au musée d'Orsay.

Le *82* part du Luxembourg *(place Edmond-Rostand)*, traverse Montparnasse, longe le dôme des Invalides, l'Ecole militaire, le Champ-de-Mars (tour Eiffel) et traverse la Seine au pont d'Iéna pour atteindre la place du Trocadéro.

Le *83* (autobus à impériale) relie les Champs-Elysées à l'Observatoire : rond-point des Champs-Elysées, quai d'Orsay, boulevards Saint-Germain et Raspail, rue d'Assas, boulevard de Port-Royal (pour l'Observatoire arrêt 123, bd de Port-Royal).

Le *95* va de la gare Montparnasse *(22, place Raoul-Dautry)* à Montmartre : rue de Rennes, Saint-Germain-des-Prés, pont du Carrousel, Opéra, Saint-Lazare, place de Clichy, rue Caulaincourt.

Quelques itinéraires

▷ Les quais

Prendre le bus n° *72*, sur la rive dr., au pont Mirabeau *(69, av. de Versailles)* ou au pied du jardin du Trocadéro *(en face du 58, av. de New-York)*. Suivre alors la Seine jusqu'à l'Hôtel de Ville (terminus).

▶ De là, si l'on traverse l'île de la Cité, on trouvera sur la rive g. le *24 (quai de Montebella, face au square Viviani)* qui rejoint la place de la Concorde.

▷ Le tour de Paris

La petite ceinture (PC) effectue une boucle autour de la capitale ; on peut la rejoindre à toutes les portes de Paris.

▷ Du Luxembourg aux puces de Saint-Ouen

Prendre le bus n° *85 (31, bd Saint-Michel)* qui traverse Paris dans l'axe N.-S., passant sur l'île de la Cité, longeant le Louvre et le faubourg Montmartre. Descendre à l'arrêt Michelet-Rosiers, avenue de la Porte-de-Clignancourt.

▷ Du Pont-Neuf à la Villette

Monter dans le bus n° *75 (1, rue de la Monnaie, à l'angle du magasin de la Samaritaine)* qui rejoint la Cité de la Villette par le canal Saint-Martin et les Buttes-Chaumont. Descendre porte de Pantin.

▷ Belleville et Ménilmontant

Le bus n° *96*, au départ de Saint-Germain-des-Prés *(147, bd Saint-Germain)*, parcourt le Marais et la rue de Ménilmontant pour atteindre la porte des Lilas (terminus).

▷ De la tour Eiffel au Père-Lachaise

Le bus n° *69* part du Champ-de-Mars *(av. Joseph-Bouvard)*, passe par la rue Saint-Dominique, le Louvre et la Bastille pour arriver au cimetière du Père-Lachaise.

Le quartier de la Bastille

4e, 11e, 12e arr. / 37-M7
Métro : Bastille / Bus : 20, 29, 65, 69, 76, 86, 87, 91
🅿 place de la Bastille entre le bd de la Bastille et le bd Bourdon
Taxis : 6, place de la Bastille ☎ 43.45.10.00
Marché : bd Richard-Lenoir, de la rue Amelot à la rue Saint-Sabin, jeu., dim., 7 h-13 h 30

La grande page d'histoire révolutionnaire qui est attachée à la place de la Bastille en fait encore le lieu de nombreuses manifestations politiques et syndicales. Moins revendicatif est le rassemblement des motards de la région parisienne qui se tient là chaque vendredi soir.

Aujourd'hui, la place de la Bastille est un grand carrefour animé mais sans unité, et qui continue de marquer la limite entre le cœur de Paris et ses faubourgs. En effet, l'atmosphère du quartier est très différente selon que l'on se trouve à l'O. ou à l'E. de la place. D'un côté il y a le Marais, avec ses rues nobles et sages, de l'autre s'étend le faubourg, plus laborieux et turbulent. Le dessin de la partie S.-E. de la place de la Bastille devrait être modifié après la construction du nouvel Opéra. Celui-ci va sans doute profondément transformer l'aspect et le caractère du quartier.

La Bastille dans l'histoire

Le vieil axe de la citadelle et de la place actuelle a été la section de la voie romaine menant à Meaux. D'autre part, sur ce chemin, il y avait une abbaye Saint-Antoine ; aussi est-ce tout naturellement que la porte de l'enceinte de Philippe Auguste, qui commandait cette voie, prit le nom de porte Saint-Antoine. Elle était empruntée par les riches Parisiens, propriétaires de domaines établis de part et d'autre de la voie de Meaux. Lorsqu'au XIVe s. le prévôt des marchands Etienne Marcel fit fortifier la ville, la porte Saint-Antoine fut flanquée de grosses tours. Plus tard, Charles V fit encore consolider l'enceinte d'Etienne Marcel, et les travaux, à cette époque, furent menés par Hugues

Aubriot qui fit élever de grosses bastides là où l'enceinte croisait le chemin vers l'abbaye de Saint-Antoine. Parce qu'elle était proche de l'hôtel Saint-Pol, la porte Saint-Antoine fut aussi renforcée par deux grosses tours supplémentaires, l'une d'elle étant située à la hauteur de l'actuel n° 1 de la rue Saint-Antoine. L'ensemble de ces fortifications, à l'E. de la ville, constituait une forteresse solide : la Bastille. Jusqu'à sa destruction, elle ne subit que peu de modifications. Pendant l'occupation anglaise, la garnison était anglaise et commandée par un certain John Fastolf qui gagna son immortalité grâce à Shakespeare. Quelques années plus tard Louis XI fit tourner les canons de la Bastille, les 24 août et 22 septembre 1464, sur les hommes du Téméraire. Mais c'est ce même roi qui fit de la Bastille une prison d'Etat : le cardinal de la Balue et Guillaume de Haraucourt furent parmi les premiers à connaître les cages de fer. Après eux, vinrent ici Philippe de Commynes et Jacques d'Armagnac. L'histoire, cependant, voudrait que le premier prisonnier de la Bastille ait été celui-là même qui avait travaillé à sa construction : Hugues Aubriot.

Une prison célèbre

Les guerres de Religion envoyèrent de nombreux prisonniers à la Bastille, entre autres le vieux Bernard Palissy, alors âgé de 78 ans, et qui mourut deux ans plus tard, en 1580. En 1601, Maximilien de Béthune, duc de Sully, déjà grand maître de l'Artillerie à l'Arsenal, devint commandant de la Bastille. Avec Richelieu, l'ancienne forteresse devint prison d'Etat pour quiconque tentait de s'opposer au pouvoir royal et qu'une simple lettre de cachet expédiait pour un temps indéterminé à l'intérieur des hautes murailles. Mais, au début de l'année 1649, ne recevant pas de renforts, le gouverneur Du Tremblay se rendit aux frondeurs avec ses vingt-deux soldats et mit la Bastille à la disposition de la Grande Mademoiselle qui, pour protéger Condé, tourna les canons vers l'actuel faubourg Saint-Antoine. Fouquet y fut gardé tout particulièrement par d'Artagnan, et un Rohan, qui avait eu l'idée de livrer la ville de Quillebœuf en Normandie aux Hollandais, y fut lui aussi emprisonné : il avait pour domestique un aventurier connu sous le nom de Masque de fer — lequel masque était en réalité de velours. Le peu de considération dont le Masque de fer a joui pendant sa détention montrerait qu'il n'était pas un personnage important.

Pendant le XVIIIe s., la Bastille eut d'illustres pensionnaires : Voltaire (deux fois), Marmontel, Lally-Tollendal, le marquis de Sade, le fameux Latude et d'autres encore. Certains prisonniers, qui avaient des relations et des moyens financiers, pouvaient y recevoir les invités de leur choix et tenir table ouverte et parfois renommée. Une des tours prit même le nom de tour de la Liberté. Pour les obscurs et les sans fortune, il arrivait qu'on les oubliât dans des cachots où, parfois, la Seine en crue les noyait. En 1784, la Bastille ne servait plus guère, et l'on parlait même de la démolir ; mais elle demeurait le symbole de l'arbitraire royal qui pouvait y envoyer n'importe qui avec une simple lettre de cachet. C'est la raison pour laquelle elle fut prise pour cible et détruite durant les journées révolutionnaires de juillet 1789. A la fin de novembre, seuls restaient debout quelques pans de murailles.

Pierre François Palloy, l'entrepreneur qui dirigeait la démolition, avait le sens des affaires : il fit faire, avec les pierres de la forteresse, des maquettes et des reproductions de la Bastille qu'il expédia aux mairies des communes révolutionnaires. Napoléon eut l'intention d'ériger sur cette nouvelle place une fontaine monumentale en forme d'éléphant. Le modèle en plâtre de l'éléphant fut placé, à la Restauration, à côté du nouvel Opéra actuel. Victor Hugo, dans les Misérables, l'a rendu célèbre en y faisant loger Gavroche. Le plâtre fut démoli en 1846, mais il reste le piédestal, établi par l'architecte Alavoine, et qui supporte aujourd'hui la colonne de Juillet.

Visite du quartier

30 mn

C'est un vaste carrefour d'où rayonnent plusieurs grandes artères.

▷ Les vestiges de la forteresse

Une ligne de pavés — devant le nº 5 de la place, et le nº 49 du boulevard Henri-IV particulièrement — indique le tracé d'une partie des anciennes tours et des courtines de la Bastille. La forteresse s'élevait à l'emplacement des maisons ; la place est à l'endroit de l'ancien bastion qui s'avançait en pointe vers le faubourg (*plan de la Bastille* sur une plaque de marbre apposée au nº 3 de la place).

Sur le quai de la station du métro (ligne 5, direction Pantin), une *inscription* signale des « vestiges de la contrescarpe du fossé Est de la Bastille ».

D'autre part, on sait que quelques restes de la tour de la Liberté ont été transportés dans le square Henri-Galli, à l'extrémité du pont Sully.

▷ La colonne de la Bastille ou de Juillet

visite payante t.l.j. sf mar., 10 h et 16 h, 17 h ou 18 h suivant la saison

Elle se dresse au centre de la place. Le 9 mars 1833, la Chambre des députés décréta l'érection de ce monument qui devait commémorer le souvenir des victimes de la révolution de juillet dont les corps furent transférés en 1840 dans des caveaux situés dans les soubassements. A ces morts vinrent s'ajouter ceux de la révolution de 1848.

La colonne mesure 47 m de haut, 51,50 m avec *le Génie de la Liberté* qui la surmonte (figure en bronze doré, d'après *Dumont*) ; son poids est de 174 t. Un escalier de 238 marches accède à la galerie supérieure, d'où la vue est fort belle. Son piédestal est celui construit par *Alavoine*.

La colonne repose sur un soubassement circulaire en marbre blanc, au-dessus duquel est posé un socle carré, dont les faces sont ornées de vingt-quatre médaillons symboliques en bronze ; sur la face O., un *lion* en bronze, par *Barye*, symbolise l'insurrection de juillet ; sur la face E., les armes de Paris. Le fût de la colonne, en bronze, est divisé en cinq tambours portant en lettres d'or les noms des victimes.

▷ Le boulevard Richard-Lenoir

Situé au N. de la place, l'ancien boulevard de la Reine-Hortense tient son nom des ingénieurs *Richard* et *Lenoir* qui créèrent dans les parages, en 1802, la première manufacture de coton. Ce beau boulevard, sous lequel passe le canal Saint-Martin, était connu jadis pour ses foires au jambon (en automne et aux Rameaux), et à la ferraille (au printemps).

La *foire à la ferraille*, fondée en 1222 par une charte de Philippe Auguste, se tenait à l'origine sur le parvis Notre-Dame et changea plusieurs fois d'emplacement au cours du XIXe s.

Actuellement, elle est un des principaux marchés de la brocante où l'on trouve, à côté de la ferraille, les bibelots et objets anciens les plus divers. Devenues trop gênantes pour la circulation, ces manifestations traditionnelles ont été transférées à Nogent-sur-Marne et dans l'île de Chatou.

▷ L'Opéra de la Bastille

Au S.-E., entre les rues de Lyon et de Charenton, se trouvait la vieille gare de Vincennes, ou gare de la Bastille. Ces bâtiments ont été démolis en 1985 pour céder la place au gigantesque chantier de construction du nouvel Opéra.

Transition entre deux chapitres d'histoire et de géographie parisiennes, lieu de fêtes et de manifestations dans la psychologie collective, la Bastille parut un lieu symbolique parfait pour installer un « Opéra populaire » destiné à remplacer

Le 14 juillet 1789

Depuis plusieurs jours déjà, des troupes se rassemblaient autour de Paris, faisant croître la tension parmi la population de la ville. Le 11 juillet, le populaire ministre Necker fut renvoyé et le peuple de Paris réagit immédiatement en se procurant des armes et en s'organisant. Le 14 juillet, dans la matinée, la foule se rendit aux Invalides puis à l'Arsenal pour dévaliser ces dépôts d'armes. Peu après, les émeutiers marchèrent sur la Bastille mais furent arrêtés devant ses murs par la garde suisse. Vers cinq heures du soir, les assaillants revinrent accompagnés des gardes françaises qui avaient rejoint l'insurrection. Dans la confusion générale, et dans l'ignorance où chacun était de la situation réelle, Launay, gouverneur de la forteresse, dut capituler avec les 32 Suisses et 82 invalides qu'il commandait.

La Bastille fut envahie, ses faibles défenseurs massacrés, et les sept prisonniers (dont un fou) qui y étaient encore détenus furent triomphalement ovationnés.

Ce fait d'arme, assez peu glorieux, eut pourtant une portée symbolique considérable et immédiate. Événement éminemment parisien, il illustre combien les initiatives politiques de la population de la capitale purent infléchir les destinées du pays entier.

l'Opéra Garnier (→ *Opéra*). La création de l'Opéra fut annoncée le 8 mars 1982, et un concours international lancé en février 1983. Le programme imposé était draconien. On a pu dire qu'il s'agissait de « loger un rhinocéros dans une baignoire-sabot ». Le bâtiment devait comprendre : une grande salle de 2 700 places dont la scène posséderait 5 plateaux mobiles (et 5 autres, 16 m plus bas), afin de permettre l'alternance rapide des spectacles ; une scène de répétition ; une salle modulable de 600 à 1 500 places avec espaces de dégagement ; des ateliers de décors, des magasins et une maison de l'Opéra regroupant bibliothèque, discothèque, vidéothèque, etc. 756 réponses parvinrent à la Mission-Opéra. Le projet de *Carlos Ott*, un de ceux qui respectaient le plus scrupuleusement le programme et les contraintes du site, fut désigné lauréat en novembre 1983. Contrairement à d'autres qui recomposaient l'espace de la place de la Bastille, son projet est un objet architectural qui respecte, malgré sa hauteur de 28 m, la structure urbaine actuelle en privilégiant l'axe de la rue de Lyon et en conservant les « îlots ». Dans son projet, l'architecte individualise chacune des fonctions majeures par des formes simples : demi-cylindres, parallélépipèdes, portiques. La façade est en transparence, pour établir un « dialogue entre l'intérieur et l'extérieur. »

Les renversements politiques de mars 1986 ont remis en cause le projet. Cependant la construction se poursuit, hormis l'atelier de décors définitivement abandonné. La grande salle de 2 700 places « à vocation musicale, chorégraphique et lyrique » sera construite avec sa machinerie complexe. En revanche, seule l'enveloppe de la salle modulable sera réalisée.

▷ Le viaduc

Un peu plus loin, dans la rue de Lyon, on aperçoit le viaduc de l'ancien chemin de fer de Vincennes qui longe l'avenue Daumesnil jusqu'à la gare de Reuilly. Il a été construit au milieu du XIXe s. A l'époque, les trains ne pouvaient pas emprunter de souterrains car, l'électricité n'étant pas encore utilisée, les machines dégageaient trop de fumée. Comme la place était rare dans ce quartier populaire, et afin de ne pas en perdre, on imagina d'occuper l'espace sous le viaduc en y construisant des habitations et des commerces. Un long jardin en terrasse et une piste cyclable vont être établis à l'emplacement de ces voies désaffectées.

Le quartier des Batignolles

17e arr. / 19-G3-H3
Métro : Villiers
Bus : 31, 30
Taxis : mairie du 17e arr. ☎ 43.87.00.00 ; FNAC, 22, av. de Wagram ; métro Brochant ☎ 46.27.00.00
Marchés : 96, rue Lemercier (t.l.j., 8 h-12 h 30/16 h-19 h 30, dim. 8 h-12 h 30) ; rues Navier, Lantiez et des Epinettes (mar. et ven. 7 h-13 h 30)

Il n'y avait là ni plaine, ni bois, ni vignobles, mais une lande aride qui servit longtemps de terrain de manœuvres. Sous la Restauration, une certaine couche de la société (retraités, demi-soldes, commerçants, Russes et Polonais en exil, fonctionnaires), commença à faire bâtir dans ce quartier de Paris des petites maisons de campagne à deux ou trois étages.

Aujourd'hui ce quartier est l'un des derniers à avoir conservé son caractère et sa vie propre. On y trouvera un autre visage du 17e arrondissement : ce n'est plus l'aristocratie des abords du parc Monceau ni la bourgeoisie des Ternes, mais une petite bourgeoisie qui depuis plus de cent cinquante ans n'a guère changé.

L'église des Batignolles semble encore occuper le centre d'un gros village, avec sa place, son marché, sa mairie et son jardin public. Derrière l'église, le square des Batignolles, l'un des plus pittoresques de Paris, est aménagé en bordure de la tranchée du chemin de fer où le spectacle des trains qui passent continue d'y faire rêver les petits garçons. Un peu plus loin, rue Lemercier, dans un environnement populaire et vivant, se trouve l'un des derniers grands marchés couverts construits au siècle dernier.

Au-delà de l'avenue de Clichy bruyante et colorée, les rues qui conduisent au square des Epinettes sont moins attrayantes. Néanmoins, la charmante cité des Fleurs et ses jardinets plantés d'arbres a miraculeusement préservé son caractère campagnard.

Visite du quartier

1 h

▷ La rue de Lévis

C'est une ancienne voie romaine qui suit le tracé qui menait de Paris à Argenteuil, en passant devant le château de Monceaux, demeure des Lévis (au XVIIe s., un maréchal duc de Lévis défendit, aux côtés d'un duc de Lévis-Mirepoix, le Canada contre les Anglais). C'était au XIXe s. une rue populaire et prolétaire ; au n° 8 se trouvait une salle de réunion qui fut un haut lieu de rencontres politiques : près de cinq mille personnes venaient parfois écouter Ledru-Rollin, Barbès, Blanqui, Gambetta, Louise Michel (qui habitait au 88, boulevard des Batignolles), Victor Hugo. Aujourd'hui les clameurs politiques se sont tues et la rue de Lévis est essentiellement une rue commerçante. Toutes les boutiques se prolongent sur la chaussée et l'animation y est vive. C'est une rue piétonne avec un marché permanent et pittoresque. ▶ *La rue Cardinet.* Comme la rue Legendre qui lui est parallèle, elle s'étire loin vers le N.-E. et longe au-delà du pont Cardinet les ateliers et les gares de marchandises de la SNCF qui occupent de vastes terrains entre les voies ferrées, le boulevard Berthier et l'avenue de Clichy. ▶ On préférera suivre la *rue Legendre* : au n° 27, immeuble de *H. Sauvage* (1928). ▶ Dans la *rue Boursault*, les immeubles du n° 62 au n° 68 sont un bel exemple d'architecture Art Nouveau. Le n° 62, par *R. Simonet* (1901), recouvert de grès flammés de *Bigot*, est sans doute le premier exemple d'intégration de bow-windows dans une façade. La maison mitoyenne est elle aussi une curiosité : c'est l'une des plus étroites de Paris. ▶ Rejoindre la rue Legendre vers l'*église Sainte-Marie-des-Batignolles* (1828) et le *square des Batignolles* (→ *encadré*). ▶ L'*avenue de Clichy*. Les abords de cette avenue ombragée et commerçante furent recherchés par les peintres de l'entre-deux-guerres : Marcoussis et Fontanarosa, entre autres, y eurent un atelier. ▶ Tourner à dr. en direction du *carrefour de la Fourche* où s'embranche l'avenue de Saint-Ouen.

▷ L'église Saint-Michel-des-Batignolles *12 bis, rue Saint-Jean (f. entre 12 h et 14 h ☎ 43.87.33.94)*

L'église actuelle, commencée en 1913 par *Bernard Haubold*, fut consacrée en 1924, avant même d'être terminée. Elle est en béton, avec un revêtement de brique qui lui donne un aspect insolite pour Paris. Le plan comporte trois nefs parallèles séparées

Les espaces verts du 17e arrondissement

Si le parc Monceau est le plus vaste et le plus célèbre jardin de l'arrondissement, d'autres îlots de verdure, aménagés en squares ou en allées privées le long de jolies maisons, offrent au promeneur leurs aires de détente et de charme, à l'abri de frondaisons parfois centenaires.

Le square des Batignolles, place Charles-Fillion, est l'un des plus vastes et plus pittoresques des vingt-quatre squares de Paris aménagé par Alphand à la demande d'Haussmann. D'une surface de 16 650 m², il a le charme des jardins anglais avec grotte, cascade, rivière et lac miniature.

Entre l'avenue de Clichy et la rue de La Jonquière, la cité des Fleurs, construite en 1847 et dont le règlement prévoyait que chaque maison aurait son jardin en façade planté de trois arbres fruitiers, est restée un havre de paix champêtre. Le square des Epinettes, créé à la fin du XIXe s., rue Maria-Deraismes, a été réaménagé en 1980 avec des aires de jeux pour les enfants. Il est orné d'une sculpture de Dalou et de la statue par Barrias de la féministe Maria Deraismes (1829-1894). Plus récent (1954), le square de l'Amérique latine, porte Champerret, est très fréquenté par les enfants qui y trouvent de nombreux jeux. Pour clore cette «promenade verte», la villa des Ternes (→ quartier des Ternes), au n° 96 de l'avenue du même nom, comprend de charmantes maisons entourées de jardins.

par deux étroits bas-côtés ; chaque nef est couverte de combles apparents ; les arcs qui bordent les nefs et les rangées de colonnes qui supportent ces arcs forment un effet pittoresque à l'intérieur. Au sommet du clocher, *Saint Michel* d'après *Emmanuel Frémiet* ; au bout du bas-côté g., ***Naissance de la Vierge*** de *Jeronimo Jacinto de Espinosa* (milieu du XVIIe s.).

▶ Remonter l'avenue qui mène à Clichy. On croise la *rue Brochant* qui longe le marché des Batignolles.

▷ Le quartier des Epinettes

Ce quartier populeux s'étend au N. de l'avenue de Clichy et de la rue Guy-Moquet. Longer la ***cité des Fleurs*** *(→ encadré)*. Au croisement avec la rue de La Jonquière, aller voir l'***église Saint-Joseph-des-Epinettes*** *(40, rue Pouchet)* : de style néo-byzantin bien que construite en 1910, elle a déjà les caractères du renouveau architectural avec sa chapelle souterraine construite selon la technique du voile de béton, en accordéon. Puis suivre la rue de La Jonquière en direction du ***square des Epinettes*** *(→ encadré)*.

Poètes des Batignolles

La famille de Paul Verlaine faisait partie de cette petite bourgeoisie qui s'installa aux Batignolles après 1915. Le futur poète des Poèmes Saturniens et des Fêtes Galantes passa son enfance au 45, rue Lemercier puis au 26, rue Jean-Leclaine et fut élève au lycée Chaptal.

Stéphane Mallarmé, quant à lui, habitait au 89, boulevard des Batignolles où, pendant des années, il réunit à ses fameux « mardis » ses amis et ses disciples pour des entretiens dont l'influence sur la poésie contemporaine fut considérable. Max Jacob, enfin, vécut au 52, rue Nollet.

Le quartier Beaubourg**

3e, 4e arr. / 36-K6
Métro : Hôtel-de-Ville, Châtelet (RER), Rambuteau
Bus : 21, 38, 47, 58, 67, 69, 70, 72, 74, 75, 76, 81, 85, 96
Ⓟ rue Lobau ; rue Beaubourg
Taxis : place du Châtelet face au 12, av. Victoria
☎ 42.33.20.99

L'architecture avant-gardiste et les couleurs brillantes du centre Pompidou ne doivent pas faire oublier qu'il a été construit dans un des plus vieux quartiers de Paris qui possède encore de très beaux immeubles du XVIIe et du XVIIIe s., et qui passe pour conserver, rue de Montmorency, la plus ancienne maison de la capitale. Dans les petites rues piétonnes récemment réhabilitées autour de l'église Saint-Merri, on trouve encore de très élégantes façades, elles-mêmes souvent élevées sur des vestiges de l'époque médiévale. Mais ces abords historiques ne sont pas figés dans leur passé. Le quartier de l'Horloge, un grand ensemble d'habitation entièrement nouveau, a été construit dans un secteur réservé aux piétons.

La réussite de cette entreprise n'est pas formellement acquise, mais elle constitue une expérience intéressante. Un peu plus loin, la rue Beaubourg et la rue Etienne-Marcel abritent plusieurs magasins de bagages, de chapellerie ou de bonneterie en gros.

Le pittoresque du quartier et la proximité du centre Pompidou ont attiré galeries d'art, restaurants et boutiques à la mode. Le corollaire de ce succès se manifeste par un afflux de touristes en débandade, de vendeurs de sandwichs et de cartes postales. Leur densité est particulièrement forte aux abords du centre Pompidou et sur le parvis qui le précède. Là, le promeneur oisif qui ne craindrait pas l'affluence pourrait passer une heure ou deux à écouter les musiciens ou à voir évoluer les bateleurs, les illusionnistes, les cracheurs de feu ou les fakirs.

Le quartier dans l'histoire

Au XIe s., le « Beau Bourg » était un charmant village au milieu des vignes où les bourgeois de Paris venaient en villégiature. La construction de l'enceinte de Philippe Auguste, au XIIe s., a rattaché ce lieu au territoire parisien. La rue Beaubourg en était l'artère principale. L'urbanisation du quartier débuta entre les rues Saint-Martin et du Temple, en particulier autour de l'église Saint-Merri. Les habitants travaillaient dans l'habillement. On trouvait aussi des charretiers, des charpentiers, des tonneliers... La rue Saint-Martin, grand chemin itinérant, amenait dans le quartier troubadours, poètes et musiciens. Dès le XIIIe s., des monastères et institutions charitables s'établirent à l'est de la rue Beaubourg, entraînant la construction de beaux hôtels par les grandes familles traditionnellement attachées au quartier, tels les Montmorency et les Beauvilliers... Avec la construction de la nouvelle église Saint-Merri au XVIe s., les maisons médiévales ont laissé peu à peu la place aux hôtels particuliers de la noblesse de robe qui mena ici une vie paisible jusqu'à la Révolution française.

La percée de la rue Rambuteau et l'extension de la rue Beaubourg, commencées sous la monarchie de Juillet et poursuivies sous le second Empire, la création du boulevard de Sébastopol, ont transformé le quartier. Malgré ces aménagements, il fut peu à peu laissé à l'abandon et, en 1934, un grand nombre de ses vieilles maisons était détruit. Inclus dans le plan d'aménagement du quartier des Halles en 1968, il connaît aujourd'hui un nouvel essor, surtout culturel, grâce au centre Georges-Pompidou.

Visite du quartier

1 h 30

▷ La rue Saint-Martin

de la rue de Rivoli à la rue Rambuteau

C'est la plus ancienne artère parisienne après la rue Saint-Jacques, puisqu'à l'aube de l'histoire de Paris elle était une piste qui doublait la voie romaine allant de Senlis à Orléans. Elle devint ensuite la voie des pèlerins allant prier sur le tombeau de saint Martin, à Tours, sur le chemin de Saint-Jacques-de-Compostelle. Elle fut la rue Royale-Saint-Martin et, pendant la Révolution, rue de la Fraternité.

Cette rue qui s'allonge depuis le pont Notre-Dame jusqu'à la porte Saint-Martin, est piétonne de la rue de Rivoli à la rue Rambuteau. Dans cette section, le ravalement et la remise en valeur de ses immeubles, la disparition d'un certain commerce nocturne, le nombre croissant des galeries s'expliquent par la proximité du centre Beaubourg.

Une ***sculpture*** de *J. Lipchitz* (1931), intitulée le Champ des Voyelles, marque le carrefour avec la rue des Lombards et la rue de la Verrerie *(→ ci-dessous)*. Gérard de Nerval, né et mort dans ce quartier, a passé son enfance au n° 72 *(→ Châtelet)*.

Les musées à voir

Centre Georges-Pompidou : collections du musée national d'Art moderne (4e étage) et expositions d'artistes contemporains. Mezzanine.

Musée de Musique mécanique (impasse Berthaud, 28, rue Beaubourg) : collection d'instruments de musique mécanique.

Musée national des Techniques (292, bd Saint-Martin) : horlogerie, optique, moyen de transports et mécanique.

▷ L'église Saint-Merri★★

78, rue Saint-Martin ou 76, rue de la Verrerie / 9 h-19 h ☎ 42.71.93.93

Histoire de l'édifice

L'origine de ce sanctuaire remonte au VIIe s. ; vers 700, on y enterra en grande pompe saint Médéric, abbé de Saint-Martin d'Autun, dont le nom contracté en Merri fut donné, au IXe s., à une chapelle élevée à l'emplacement d'un sanctuaire voué à Saint-Pierre-aux-Bois. L'église actuelle, déjà reconstruite en 1220 (le chœur se trouvait à l'emplacement de l'actuel transept), le fut une troisième fois dans le style gothique flamboyant. Les travaux commencèrent par la nef, achevée vers 1520 ; le chœur, terminé en 1552, était pourvu d'un jubé. La tour gothique, à dr., fut achevée dans le style du XVIIe s., en 1612. Au XVIIIe s., la décoration intérieure fut mise au goût du jour et le jubé

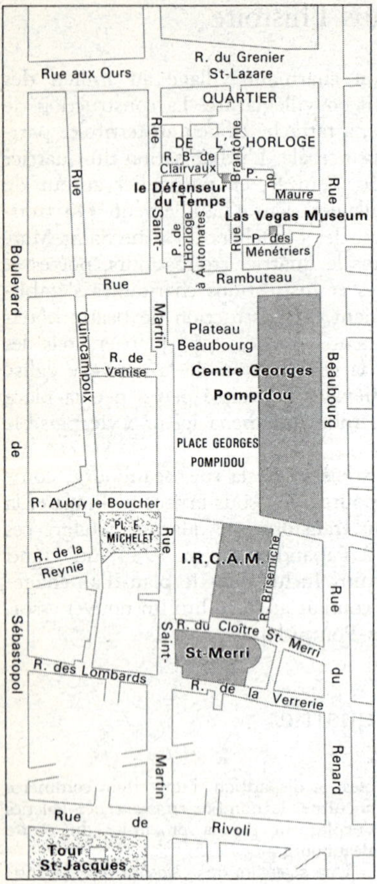

Le quartier Beaubourg

et la clôture démolis en 1709. C'est un des exemples les plus intéressants de transformation baroque d'un édifice gothique *(→ encadré)* qui donne une idée de la façon dont se présentait, au XVIIIe s., le chœur de Notre-Dame. Sur l'emplacement des anciens charniers (côté droit de l'église), *Boffrand* éleva, en 1744, une vaste chapelle qui fut décorée en 1748 par *Paul-Ambroise Slodtz*. Enfin, en 1752, on décida de renouveler la décoration du chœur, exécutée par *Michel-Ange Slodtz* ; à la même époque, une partie des vitraux du XVIe s. fut remplacée par des verrières blanches. On projeta aussi d'élever un portail de style classique mais les crédits manquèrent.

Fermée en 1793, l'église devint une fabrique de salpêtre, puis temple du Commerce. Des travaux de restauration furent effectués au cours du XIXe s. : les statues de la façade, détruites sous la Révolution, furent refaites en 1842. A cette époque et plus tard, dans les débuts de la troisième République, la Ville de Paris fit décorer par de nombreux artistes, dont *Chassériau*, les chapelles du pourtour du chœur.

L'extérieur

La façade conserve, bien qu'en partie mutilée, un décor assez riche avec ses nombreux dais, pinacles, arcatures et frises sculptées. Les ***statues*** de la porte centrale ont été refaites en 1842 par *Brun* et *Desprez* ; les statuettes des voussures ont été copiées sur celles de la porte sud du transept de Notre-Dame. A g. de la façade, petite tourelle surmontée d'un campanile qui abrite la plus vieille cloche de Paris : la Merry (1331).

L'intérieur

Joyau du style gothique flamboyant, cete église a conservé son riche mobilier.

La nef. Sur le ***buffet d'orgue****, construit en 1647 par le maître menuisier *Germain Pilon*, deux grandes figures d'anges soutiennent les tourelles latérales. La ***tribune*** a été refaite par les *frères Slodtz* en 1755. Saint-Saëns fut organiste à Saint-Merri en 1853. *Norbert Dufourcq* est actuellement titulaire de l'orgue, mais une restauration de l'instrument, aujourd'hui presque injouable, est étudiée. La ***chaire***, exécutée par les *frères Slodtz* (milieu XVIIIe s.) est soutenue par deux palmiers. Jusqu'à la Révolution, elle était surmontée d'une figure de la Religion, remplacée aujourd'hui par un ange en plâtre teinté. Fragments de ***vitraux*** du XVIe s. A dr., en commençant près de l'orgue : Saint Nicolas, Sainte Agnès, Saint François d'Assise, Sainte Anne, Saint Joachim et la Vierge. A g. : Sainte Marie Madeleine, Les Miracles du Christ, Saint Jean Baptiste.

Double bas-côté dr. et chapelle de la Communion. Dans les embrasures des arcades qui s'ouvrent sur la chapelle de la Communion : quatre épisodes de la vie de Saint Bruno (*école française*, XVIIe s.). La chapelle de la Communion fut bâtie hors d'œuvre par *Boffrand* en 1744, avec trois travées éclairées par des lanternes ovales. Sur les murs à dr. et à g., deux bas-reliefs sculptés par *Paul-Ambroise Slodtz* (1758). Au-dessus de l'autel, les Pèlerins d'Emmaüs par *Ch. Coypel* (XVIIIe s.) ; à dr., Saint Charles Borromée donnant la communion aux pestiférés, par *Colson* (1819) ; à g., Vision de Saint Jean Chrysostome, par *Péron* (1819).

Croisillon dr. A g. de la porte donnant accès sur la rue de la Verrerie, Jésus et la Samaritaine, toile attribuée à *Noël Coypel* (XVIIe s.). Au-dessus de l'autel, Saint Pierre par *Vien* (1754).

Le chœur. Les petits autels situés à l'entrée du chœur étaient décorés de deux tableaux commandés à *Carle Van Loo* en 1753 : à dr., la Vierge et l'Enfant Jésus ; celui de g. a été volé en 1970 et est remplacé par une peinture de *Ménageot* (1818). Le chœur, de structure gothique, fut remanié en 1752 par *Michel-Ange Slodtz* : les piliers et les arcades ont été recouverts de stuc et de marbre ; le dallage est en marbre de couleur. Au fond de l'abside, grande Gloire en bois doré de *Slodtz*. Aux fenêtres des trois premières travées, vitraux du XVIe s. Les vitraux de l'abside sont de *Lavergne* (1866). ***Pourtour du chœur et ses chapelles** (en commençant à dr.)*. La plupart des chapelles furent décorées de peintures murales au XIXe s.; les premières commandes, sous la monarchie de Juillet, furent passées pour les chapelles nord; les chapelles sud n'ont été décorées qu'après 1870. 2e chapelle : Vie de saint Joseph par *Lafon* (1870). 3e chapelle : Vie de saint Denis par *Henri Lévy* (1878). 5e chapelle : Vie de saint François-Xavier par *Glaize* (1878); au fond de la chapelle, à g., Prédication de saint Pierre (début XVIIe s.) et à dr., Crucifixion de saint Pierre (XVIIIe s.); entre les deux tableaux, Vierge sculptée par *Vassé* (XVIIIe s.). 6e chapelle : Vie de saint Jacques par *Matout* (1872-1877). 7e chapelle (axiale) : à g., l'Annonciation et à dr., Pietà par *Collin du Vermont* (XVIIIe s.). 9e chapelle décorée par *Henri Lehmann*. 10e chapelle : Vie de sainte Philomène par *Amaury-Duval*. 11e chapelle : Vie de sainte Marie l'Egyptienne par *Chassériau*. 12e chapelle : Vie de saint Vincent de Paul par *Lepaulle*. 13e chapelle : Vie de sainte Marie de l'Incarnation par *S. Cornu*.

Croisillon g. Sur le mur du fond : Découverte de la profanation des saintes hosties (à Saint-Merri, en 1723) par *Clément Belle* (XVIIIe s.). Au-dessus de l'autel, ***Saint Merri délivrant les prisonniers**** par *Simon Vouet* (XVIIe s.).

Bas-côté g. et ses chapelles. 1re chapelle : à g., Sainte famille d'après *Raphaël*. 3e chapelle : sur l'autel, Pietà en marbre attribuée à *Nicolas Legendre*. 5e chapelle : entrée de la crypte reconstruite en 1515, restaurée au XIXe s.; elle est couverte de voûtes d'ogives retombant sur un pilier central.

▷ La rue Saint-Martin *suite*

Presqu'en face de l'église, au n° 89, la ***maison de l'Annonciation*** porte un bas-relief (XVIIe s.); l'escalier date de la même époque. Au n° 113, maison où vécut le chimiste Marcelin Berthelot. ▶ Revenir sur ses pas pour longer le flanc nord de l'église.

▷ La rue du Cloître-Saint-Merri

Tracée à travers les jardins du cloître, elle est aujourd'hui entièrement rénovée et montre de jolis balcons. La face latérale nord de l'église Saint-Merri possède une riche ornementation flamboyante et de pittoresques gargouilles. A g. s'ouvre une perspective sur le ***centre Georges-Pompidou*** (→ *musées*). Des structures souterraines de celui-ci, occupées par l'IRCAM, se trouvent sous la ***place Igor-Stravinsky*** et sa ***fontaine****. Celle-ci, la plus grande réalisée à Paris depuis celle du Trocadéro en 1937, est décorée de sculptures animées dues à *Jean Tinguely* et à *Niki de Saint-Phalle* et qui rendent honneur au compositeur et à ses œuvres. ▶ La ***rue de la Verrerie***. On contournera l'église dont le flanc latéral sud borde cette rue; toutefois le transept est caché par le joli ***presbytère**** (1730). Autre entrée de l'église, au n° 76, avec portail du XVIIIe s. En face, plusieurs maisons anciennes aux nos 79, 85, 87, 91, 93.

▷ La rue des Lombards

Ce fut, jadis, la rue des banquiers et des changeurs italiens et la tradition voudrait que Boccace y ait vu le jour, en 1313. Au n° 10, théâtre Le Tintamare. Rénovée elle aussi, cette rue met en valeur certains ***hôtels*** : au n° 14, façade médiocre mais trois étages de caves médiévales remarquables; voir aussi les façades des nos 17 et 22; au n° 62, une grande salle voûtée est sans doute un vestige de l'ancienne église Sainte-Agnès; la maison du n° 67 garde de belles caves voûtées.

▶ La ***rue Nicolas-Flamel***, par son brutal dénivellement, témoigne des travaux de mise à niveau réalisés lors du percement de la rue de Rivoli.

▷ La rue Quincampoix*

Au XVIIIe s., la rue Quincampoix était une rue très élégante. Des dames très parées et des messieurs de la haute finance

---

Vandalisme ou embellissement?

Quelques églises parisiennes connaissent, aux XVIIe et XVIIIe s., d'importantes modifications qui donnent naissance à quelques chefs-d'œuvre, mais en détruisent beaucoup d'autres : l'art du Moyen Age n'est pas au goût du jour, l'art gothique n'existe pas encore, la liturgie a de nouvelles exigences... Ainsi, dès 1654, le chœur de l'église Saint-Laurent est habillé d'un lourd décor corinthien, celui de Saint-Séverin revêtu de marbre. A la demande de Louis XIV, l'architecte Robert de Cotte bouleverse complètement le chœur de Notre-Dame : le nouveau décor est somptueux, mais on peut regretter la disparition du maître-autel du XIIe s., des monuments funéraires, des stalles et du jubé. Les «embellissements» se poursuivent dans la seconde moitié du XVIIIe s. A Saint-Germain-l'Auxerrois, à Saint-Nicolas-des-Champs et à Saint-Médard, les colonnes, surtout celles qui délimitent le chœur de ces édifices, sont cannelées suivant la mode du retour à l'antique. Le chœur de Saint-Merri est, lui, complètement refait par les frères Slodtz, en 1752. A ces bouleversements s'ajoutent la destruction de plusieurs jubés, le remplacement des vitraux par des verres blancs. Parfois même, pour permettre le passage des dais monumentaux des processions, on n'hésitera pas à écorner les portails gothiques de Notre-Dame et de Saint-Germain-l'Auxerrois.

se pressaient aux portes de l'hôtel de Beaufort (à l'emplacement de l'actuel n° 65). En 1716, le financier *Law* avait établi là sa Banque générale, et un bossu faisait fortune en prêtant son dos aux agioteurs. Aujourd'hui, après le ravalement et les restaurations de ses ***hôtels***, les hautes façades à balcons, les portes cochères à ferrures et à vantaux sculptés, les agrafes et les masques font de cette rue une des plus intéressantes à parcourir.

Aux n°s 2-4, grande maison de structure gothique, remaniée au XVIIe s. Au n° 12, bel exemple d'architecture Louis XIII avec bossage biseauté; ferronneries des XVIIe et XVIIIe s. La maison du n° 13 remonterait aux dernières années du XVIe s. Le n° 14 conserve une très belle façade de 1720-1730 (ferronneries) et une porte cochère avec des motifs d'instruments de musique sculptés. Au n° 22, beau portail des « marchandes lingères » (1716), provenant de la place Sainte-Opportune, et récemment remployé sur l'immeuble reconstruit. ▶ On croise les *rues de La-Reynie* et *Aubry-le-Boucher*, largement amputées et élargies au moment de la rénovation du quartier; elles sont comme un prolongement, vers l'O., de la Piazza du centre Beaubourg.

▷ La rue Quincampoix* *suite*

Après le n° 27, on verra la *façade imaginaire* créée par *Fabio Rieti* pour dissimuler une cheminée d'aération du souterrain automobile; des fenêtres « animées » ont été peintes en trompe-l'œil sur le ciment. Il ne reste rien du passage Jabach où se trouvait l'hôtel du célèbre financier et amateur d'art *Jabach*; sa collection de tableaux, rachetée par Colbert, est devenue l'un des joyaux du Louvre. La belle demeure du n° 36 aurait appartenu à une branche collatérale des Poquelin-Molière; elle conserve des plafonds peints et des caves voûtées (à gros piliers ronds avec chapiteaux géométriques) qu'on ne peut malheureusement pas voir. Au n° 58, l'*hôtel de Sémonville*, très restauré, possède des fenêtres exceptionnellement hautes et larges ainsi que des plafonds peints (vers 1660). Voir aussi les n°s 60 et 62. ▶ La rue Quincampoix s'achève à la *rue aux Ours* (déformation du mot oies, rue des rôtisseurs d'oies) qui est vouée aux commerces de gros. Aux n°s 82-84, vestiges classés du théâtre Molière fondé en 1791.

▷ La rue de Venise

Revenir jusqu'à cette rue qui a été amputée de sa section est. On débouche sur le parvis et la façade transparente du centre Beaubourg. A l'angle avec la rue Saint-Martin, un bas-relief représentant d'une part un voilier de haut bord, et d'autre part des oiseaux aquatiques. C'est là que l'on a remonté la *fontaine Maubuée* (XVIIIe s.) placée depuis 1320 sur le lieu occupé par le centre.

▷ Le centre Georges-Pompidou**

Né en 1969 d'une idée du *président Pompidou*, sorti de terre en 1972, celui qu'on appelle communément le centre Beaubourg a été officiellement inauguré le 31 janvier 1977. Pour le construire, 681 projets, dont 186 français et 491 étrangers (et 4 indépendants) ont été proposés par 49 pays différents. C'est le projet présenté par *Renzo Piano* et *Richard Rogers*, associés à *Gianfranco Franchini*, *John Young* et au *groupe Ove Arup and Partners*, qui l'a emporté.

Sur une superficie totale de 103 000 m^2 dont il n'utilise que 60 000 m^2, le bâtiment, long de 166 m et large de 60 m, s'élève à 42 m de hauteur. Après le premier choc, on s'habitue à cet énorme vaisseau tout en cheminées qui semble s'être trompé de port. C'est que l'une des idées directrices a été de rejeter à l'extérieur tout ce qui, à l'intérieur, aurait pu entraver l'utilisation de l'espace, qui devait être aussi vaste, aussi mouvant que possible : ainsi les escalators se présentent comme des promenades architecturales, et les circulations techniques apparaissent comme des décors suspendus à des praticables. La superstructure est constituée par des poutres à grande portée, sans point d'appui intermédiaire, reposant sur deux nappes verticales de service, l'une à l'ouest, réservée à la circulation du public, l'autre à l'est réservée aux tuyaux d'aération, de chauffage et de circuits électriques.

Il faut pénétrer à l'*intérieur* pour apprécier la souplesse d'adaptation du bâtiment aux multiples activités qu'il propose *(→ musées)*. On peut librement emprunter les escalators jusqu'au dernier étage d'où l'on a une *vue** superbe.

▷ Le quartier de l'Horloge

Il se signale par les façades modernes qui bordent le parvis au nord. Délimité par les rues du Grenier-Saint-Lazare, Beaubourg, Rambuteau et Saint-Martin, c'était un quartier d'ateliers de petits artisans travaillant dans la bonneterie, la mercerie et « les frivolités ».

Totalement insalubre il y a une quinzaine d'années, cet îlot fut rénové sur l'initiative de ses habitants. Seules ont été conservé, les façades de la rue Saint-Martin et quatre immeubles de la rue Beaubourg (1903-1920).

C'est maintenant un secteur piétonnier et commerçant dont les nouveaux *immeubles* (*J. Cl. Bernard* et *H. Bertrand*, architectes) se fondent dans l'architecture urbaine traditionnelle.

L'entrée sur la rue Rambuteau est signalée par une *sculpture* d'*Ossip Zadkine* figurant la Fuite de Prométhée au moment où il vient de ravir le feu du ciel (1964). A l'intérieur on verra, depuis 1979, une grande *horloge à automates* réalisée par *Jacques Monestier* : ce « défenseur du temps » combat victorieusement, toutes les heures, l'un des trois monstres venus de la terre, de la mer et des airs ; à 12 h et 18 h, il les affronte tous les trois ensemble.

▷ La rue Saint-Martin

de la rue Rambuteau à la rue Réaumur

Revenir jusqu'à cette rue que l'on suivra vers le N. Passée la rue Rambuteau, les façades du XVIIIe s. rénovées de la rue Saint-Martin cachent le nouveau quartier de l'Horloge. Au n° 141, belle rampe d'escalier de l'hôtel Moreau. Au n° 147, cour et escalier. Au n° 160, voir les mascarons, agrafes et ferronneries de cette belle façade (1740). Au n° 159, passage Molière en cours de restauration. Au n° 168, la maison natale de Gérard de Nerval (1808) a été élevée sur l'emplacement de la chapelle Saint-Julien-des-Menestriers (1331-1335), restée là jusqu'à la Révolution. ▶ On débouche dans la *rue du Grenier-Saint-Lazare*, qui offre un curieux contraste entre le modernisme de sa rive S. (quartier de l'Horloge) et sa rive N. aux maisons anciennes (Louis XIII, Louis XIV). ▶ En poursuivant la *rue Saint-Martin* qui offre d'intéressantes maisons du XVIe et XVIIe s., on arrive devant l'ancienne *abbaye Saint-Martin-des-Champs*** (→ *quartier de la rue Réaumur*).

▷ La rue de Montmorency

Cette très vieille rue tient son nom des seigneurs de Montmorency, qui possédaient ici (au n° 5) un hôtel que Fouquet aurait habité. Théophile de Viau (1590-1626), huguenot ardent et libertin convaincu, y aurait trouvé refuge. Cette petite rue tranquille a beaucoup changé au cours des dernières années.

Au n° 51, un restaurant pseudo-gothique occupe la *maison*, trop restaurée, *de Nicolas et Pernelle Flamel*. Cette maison, bâtie en 1407, a été très abîmée au cours du XVIIIe s. Une restauration récente a mis au jour des piliers aux images gravées. Elle est considérée, depuis que la maison du 3, rue Volta a perdu en 1978 sa qualité de plus ancienne maison de Paris, comme la plus vieille demeure parisienne. *Nicolas Flamel*, écrivain et juré de l'Université, avait grande réputation auprès des étudiants qui avaient ajouté, à tous ses mérites, celui de posséder la pierre philosophale. Sa maison était destinée à recevoir tous les miséreux à qui il n'était demandé que de prier pour les âmes des trépassés.

▷ La rue Beaubourg

Elle marque la frontière avec le Marais (pour toutes les rues situées à l'O. de la rue Beaubourg → *quartier du Marais*).

Le voisinage du centre Beaubourg y a attiré de nombreuses galeries d'art contemporain (→ *encadré*). Telle que nous la voyons aujourd'hui, cette rue, prolongée par la rue du Renard jusqu'à l'Hôtel de Ville, fut percée au milieu du XIXe s. puis

Les galeries du quartier Beaubourg

La création du centre Pompidou amena certaines galeries de la rive gauche, dès le début des années 1970, à déménager entre les Halles et le Marais. En dix ans, elles se sont multipliées. Souvent au fond d'une cour ou en étage, elles se signalent par des espaces d'exposition de grandes dimensions et à l'architecture recherchée. Grâce à leur travail, elles ont permis au public parisien de mieux connaître des artistes étrangers peu exposés jusqu'alors. Leur seul point commun est de présenter des artistes vivants et généralement jeunes. Aucune d'entre elles ne peut être définie d'un seul mot ; il ne pourrait que réduire une histoire en constante évolution.

Les galeries d'art contemporain

Bama : 40, rue Quincampoix, 75004 ☎ 42.77.38.87.

Galerie Beaubourg : 23, rue du Renard, 75004 ☎ 42.71.20.50.

Bellint : 28 bis, bd Sébastopol, 75004 ☎ 42.78.01.91.

Alain Blondel : 4, rue Aubry-le-Boucher, 75004 ☎ 42.78.66.67.

Gilbert Brownstone : 17, rue Saint-Gilles, 75003 ☎ 42.78.43.21.

Faridch Cadot : 77, rue des Archives, 75003 ☎ 42.78.08.36.

Chantal Crousel et Ghislaine Hussenot : 5 bis, rue des Haudiettes, 75003 ☎ 48.87.60.81.

Liliane et Michel Durand-Dessert : 3, rue des Haudriettes, 75003 ☎ 42.77.63.60.

Jean Fournier : 44, rue Quincampoix, 75004 ☎ 42.77.32.31.

Galerie de France : 50-52, rue de la Verrerie, 75004 ☎ 42.74.38.00.

Gillespie-Laage-Salomon : 57, rue du Temple, 75004 ☎ 42.78.11.71.

Yvon Lambert : 5, rue du Grenier-Saint-Lazare, 75004 ☎ 42.71.04.25, et 108, rue Vieille-du-Temple, 75003 ☎ 42.71.09.33.

Baudoin-Lebon : 34, rue des Archives, 75004 ☎ 42.72.09.10.

Ghislain Mollet-Vieville : 26, rue Beaubourg, 75003 ☎ 42.78.72.31 (sur RV).

Françoise Palluel : 91, rue Quincampoix, 75004 ☎ 42.71.84.15.

Regards : 11, rue des Blancs-Manteaux, 75004 ☎ 42.77.19.61.

Daniel Templon : 30, rue Beaubourg, 75003 ☎ 42.72.14.10, et 1, impasse Beaubourg, 75003.

Galerie Charles Cartwright : 38, rue des Archives, 75004 ☎ 48.04.86.86.

Les galeries de photographies

Michèle Chomette : 24, rue Beaubourg, 75004 ☎ 42.78.05.62.

Agathe Gaillard : 3, rue du Pont-Louis-Philippe, 75004 ☎ 42.77.38.24.

Samia Saouma : 2, impasse des Bourdonnais, 75001 ☎ 42.36.44.56.

Zabriskie : 37, rue Quincampoix, 75004 ☎ 42.72.35.47.

élargie en 1910. On la rebaptisa pour faire oublier les douloureux événements auxquels son premier nom, rue « Transnonain », était attaché. On imagine difficilement que cette rue large et claire fut le lieu des massacres exécutés par les hommes de Bugeaud, et des combats sauvages du 13 et du 14 avril 1834 qui se déroulèrent devant l'hôtel des archevêques de Reims (à l'emplacement de l'actuel n° 62). Au n° 37, immeuble couronné par le premier prix d'architecture de la Ville de Paris en 1903. Au n° 71, *immeuble-dortoir* (1910) construit pour les employés du magasin Félix Potin situé sur le boulevard de Sébastopol (*P. Auscher*, architecte). ▶ La *rue Rambuteau*. On croise cette rue, l'un des rares percements effectués sous Louis-Philippe. Très amputée par les mutations des Halles, elle reste vivante entre la rue Beaubourg et la rue des Archives grâce à son *marché* coloré ; ses maisons datent, en général, de Louis-Philippe, mais elles sont, à l'exception des n°s 50-56, assez défigurées. ▶ La *rue du Renard*. Elle prolonge la rue Beaubourg. Au n° 12, l'ancien *immeuble du Syndicat de l'Epicerie* qui abrite aujourd'hui un théâtre (jolie salle), est un bel exemple d'architecture modern style. Il fut bâti en 1901 par *Fr. Barbaud* et *Bautain*, décoré par *Rispal* ; remarquer la devise sur la façade : « Un pour tous et tous pour un ».

Belleville et Ménilmontant*

Bien sûr, Belleville n'a pas le pittoresque des célèbres hauteurs de Montmartre. Sur cette colline-ci, tout est plus radical : l'ancienne misère des cours où résonne encore l'écho des chanteurs des rues, comme le gigantisme des opérations immobilières de réhabilitation ou de réaménagement. Un peu à l'écart du reste de la capitale, Belleville a longtemps conservé son visage des années trente, et l'on peut toujours voir de ces petites rues escarpées, au pavage inégal et aux façades lépreuses, où l'on ne serait pas autrement surpris de croiser Arletty adossée à un réverbère. Ce quartier typiquement parisien, à population traditionnellement prolétaire, a évolué avec l'arrivée des ouvriers étrangers venus d'Afrique ou d'Asie. Populeux et animé, il est encore aujourd'hui très représentatif du véritable visage de Paris.

Un urbanisme malcommode et un habitat vétuste ont rendu indispensable le réaménagement progressif de la colline de Belleville. Depuis plusieurs années, il s'y déroule une expérience urbaine et architecturale d'envergure dont il est intéressant de suivre les développements.

Belleville et Ménilmontant dans l'histoire

La commune de Belleville ne fut créée qu'au XVIIIe s., mais dès le haut Moyen Age cette colline de 128 m était déjà habitée, et au XVe s., un village véritable s'y organisa. Les propriétés des abbayes et quelques domaines nobles s'étendaient alentour. Du côté de la ville, le bas de la colline était surtout occupé par les ouvriers des carrières toutes proches et par de petits ateliers. De l'autre côté, le hameau de Mesnil-Montant, rattaché au village de Belleville, était établi sur la colline voisine. Sur ses coteaux on cultivait la vigne et les arbres fruitiers. Le pied de la butte, en revanche, était occupé par des bistrots et des guinguettes, et par les logements des ouvriers travaillant dans les faubourgs voisins.

Cette population nombreuse, agitée et misérable, était prompte à participer à toutes les insurrections. Lors du rattachement de la commune de Belleville à Paris, en 1860, on crut la démanteler en la coupant en deux entre le 19e et le 20e arrondissement. Le mécontentement s'en trouva renforcé et le quartier devint bientôt le centre de l'opposition à la politique de l'Empire. Au cours de la Commune de Paris, Belleville, qui paya un très lourd tribut à la Semaine Sanglante, fut le dernier quartier de Paris à rendre les armes.

Visite du quartier

De la rue de Belleville à la rue de Ménilmontant

20e arr. / 30-M5-N5
Métro : Belleville / Bus : 26
Ⓟ 81-83, rue du Faubourg-du-Temple
Taxis : 122, bd de la Villette ☎ 46.07.00.00
45 mn

▷ Le boulevard de Belleville

Percé au XIXe s., ce boulevard facilite la circulation dans ce quartier de Paris très densément peuplé et anarchiquement construit. Aujourd'hui, le boulevard est une grande artère animée et cosmopolite sur le terre-plein de laquelle se tient, le mardi et le vendredi, un des plus grands marchés découverts de Paris, réputé pour ses spécialités orientales (*→ encadré*). De l'autre côté du carrefour, sur le boulevard de la Villette, se sont installées des boutiques de produits asiatiques et des restaurants chinois.

▷ La rue de Belleville

Suivre la rue de Belleville à dr., sinueuse et escarpée. Elle suit le tracé de l'ancien chemin qui conduisait au village de Belleville. Jusqu'en 1830, le soir du mardi gras, la descente de la Courtille se déroulait rue de Belleville. Ce défilé tapageur de chars fantaisistes et de masques avinés était conduit par Mylord l'Arsouille. Le bas de la rue de Belleville était alors bordé de nombreux bals, cabarets et gargotes qu'on appelait des courtilles.

Si le côté N. de la rue a récemment fait l'objet d'un réaménagement complet, le ***côté** S.*, en revanche, a conservé ses maisons et ses courettes anciennes, comme au no 40.

▷ La rue Jouye-Rouve *à dr.*

Après l'agitation de la rue de Belleville, cette petite voie accidentée paraît bien retirée. Les immeubles qui la bordent sont pour la plupart d'anciens ateliers ou logements. À g., aux nos 13-15, on peut voir l'amusante ***entrée d'un immeuble*** moderne dont les numéros sont portés par deux personnages de fantaisie. Entrer sous la voûte et monter les marches pour découvrir le talus boisé auquel le bâtiment tourne le dos. Un peu plus loin, au no 27, le modeste ***hôtel de la Belle Ville***, avec son enseigne émaillée, ses balconnets et ses géraniums, semble tout droit sorti d'un décor de film d'avant-guerre. ▸ Suivre la rue Julien-Lacroix. On arrive ici dans le secteur du *Nouveau Belleville* dont le centre est occupé par le parc de Belleville.

▷ Le parc de Belleville

En cours d'achèvement, ce parc de 45 000 m², planté de 1 200 arbres et arbustes, vient fort à propos aérer ce quartier de la capitale. Le pittoresque de ce jardin tient à sa disposition à flanc de colline. Il a été installé à l'emplacement d'îlots vétustes qui ont été détruits, de terrains

Le musée à voir

Musée Edith-Piaf (5, rue Crespin-du-Crast) : rétrospective consacrée à la chanteuse.

Les marchés

Sur les terre-pleins du boulevard de Belleville : mar., ven. 7 h-13 h 30.
Boulevard de Ménilmontant, entre les rues des Panoyaux et de Tlemcen : mar., ven., 7 h-13 h 30.
Boulevard Mortier, entre l'avenue de la Porte-de-Ménilmontant et la rue Maurice-Berteaux : jeu., dim., 7 h-13 h 30.
Sur les trottoirs de la rue des Pyrénées, entre les rues de l'Ermitage et de Ménilmontant : jeu., dim., 7 h-13 h 30.
Rue du Télégraphe, à dr. du cimetière de Belleville : merc., sam., 7 h-13 h 30.

Le grand projet de l'Est de Paris

Les arrondissements de l'E. de la capitale, qui regroupent pourtant près de la moitié de la population de la ville, étaient négligés depuis longtemps, tant du point de vue de l'habitat que de l'urbanisme ou de la circulation. Depuis quelques années, ils font l'objet d'une grande campagne de réhabilitation car les trois quarts des terrains intra-muros encore aménageables s'y trouvent concentrés.

Le grand projet de l'Est de Paris vise non seulement à améliorer les conditions de vie des habitants de ces quartiers, mais aussi à rééquilibrer vers l'E. certaines activités de la capitale. L'Opéra-Bastille, la Cité des Sciences de la Villette, le ministère des Finances ou le palais Omnisports de Bercy participent à ce grand recentrage ainsi que l'opération du Nouveau Belleville. L'axe principal de ce projet est le nouveau jardin en cours d'achèvement, et la rénovation du quartier jusqu'au boulevard de Belleville. Plus de 1400 logements doivent être construits dans des immeubles dont la hauteur ne dépassera pas cinq étages. Aux tours des années soixante-dix, on préfère aujourd'hui des immeubles plus petits qui créent ou recréent l'ambiance d'un village.

vagues et de talus escarpés. ▶ Grimper au sommet du jardin, jusqu'à la rue Piat : remarquable *panorama*★ sur Paris. ▶ Redescendre et suivre, à g., la rue Julien-Lacroix jusqu'à la place Maurice-Chevalier. ▶ La *place Maurice-Chevalier* : au cœur du quartier de Ménilmontant, cette place ombragée, devant le parvis de l'église Notre-Dame-de-la-Croix, conserve un peu du charme provincial de l'ancien village.

▷ L'église Notre-Dame-de-la-Croix

Construite dans le style néo-roman, de 1860 à 1869, sur les plans de l'architecte *Héret*, l'église succède à différents sanctuaires dont le premier fut fondé au XVe s. par les religieux de Sainte-Croix de la Bretonnerie. Ces chapelles successives étant devenues trop petites, la construction de l'église actuelle fut décidée à la suite d'une pétition des paroissiens mécontents. A peine les travaux achevés, la Commune désaffecta le bâtiment pour y tenir des assemblées ; un club de femmes y tint même ses réunions. Notre-Dame-de-la-Croix est la troisième église de Paris par sa longueur, après Notre-Dame et Saint-Sulpice ; son clocher culmine à 78 m. L'*orgue*, construit par le célèbre facteur *Cavaillé-Coll*, n'a pas subi d'altération depuis son installation à la fin du siècle dernier. ▶ La *place de Ménilmontant* borde le transept S. de l'église.

▷ La rue de Ménilmontant

En remontant un peu la rue de Ménilmontant on pourra voir, à g., la pittoresque *rue des Cascades*, dont le nom rappelle les nombreux ruisseaux de Ménilmontant et, au no 119, le très élégant *pavillon de l'asile des Petits-Orphelins* construit en 1770 par *Baudoin* dans un style néo-classique très pur. C'est un peu plus haut, au no 145, que les saints-simoniens avaient en 1831 fondé une communauté. ▶ On redescendra la rue de Ménilmontant jusqu'au boulevard de Belleville : on a alors une *vue* spectaculaire sur la pente de la rue de Ménilmontant et sur la rue Oberkampf. ▶ Avant d'arriver sur le boulevard de Belleville, on peut voir, à g., la *cité du Labyrinthe* : ses courettes et ses passages sont très caractéristiques de l'ancien enchevêtrement des immeubles du quartier.

▷ La rue des Amandiers

Le promeneur intéressé par l'architecture et l'urbanisme contemporains pourra voir, à proximité, le secteur entièrement réaménagé de la rue des Amandiers. L'îlot situé entre cette rue et celle de Tlemcen est particulièrement remarquable. ▶ A l'angle de la rue Elisa-Borey et de la rue Soleillet, remarquer l'*immeuble* décoré de céramique et de métal peint, construit en 1985 par l'architecte *Zublena*.

Le haut de la rue de Belleville

20e arr. / 30-N4-O5, 31-O5-P5
Métro : Jourdain / Bus : 60
Taxis : 5, rue Lassus ☎ 42.08.42.66
45 mn

Le vieux village de Belleville était séparé de celui de la Villette par deux buttes : celle de Chaumont et celle de Beauregard, sur laquelle ont été tracées les rues Pelleport, Haxo et Pixerécourt. Cette colline de Beauregard était crevassée par des carrières de plâtre dont la renommée en faisait un produit d'exportation. En certains points, ces carrières, fermées au lendemain de la guerre de 1870, s'étageaient sur deux ou trois galeries, à une profondeur de 25 m.

▷ L'église Saint-Jean-Baptiste-de-Belleville *139, rue de Belleville / 9 h-19 h, f. dim. entre 13 h et 15 h ☎ 42.08.54.54*

L'actuel édifice, de style néo-gothique, élevé de 1854 à 1859 par les architectes *Lassus* et *Truchy*, remplace l'ancienne église paroissiale de la commune de Belleville. Les tympans des trois portails ont été sculptés par *Perey* (1858). Les vitraux sont de *Martel* (1863-1865) et de *Steinheil* (1865). Dans le côté dr. du transept, le Mariage de la Vierge, la Nativité de Jésus-Christ et la Mort de Saint Joseph par *J.-B. Leloir* (1870-1874). Dans le côté g. du transept, Saint Jean prêchant dans le désert, le Baptême du Christ et la Décollation de Saint Jean Baptiste, par *Maillot* (1870-1877).

▶ La ***rue des Fêtes*** *(en remontant la rue de Belleville)* mène à la place du même nom. Impossible de retrouver ici l'ancienne place Sainte-Geneviève, qui devint des Fêtes à cause de toutes les guinguettes et bals publics environnants. Elle est couverte d'immeubles bâtis après 1970, ou en cours de construction. ▶ De l'autre côté de la rue de Belleville, les ***rues Olivier-Métra***, ***Frédérick-Lemaître*** ou ***Pixerécourt*** ont beaucoup moins changé, mais la ***rue Pelleport*** est aujourd'hui très moderne et uniforme.

▷ Le cimetière de Belleville

entrée au 40, rue du Télégraphe

La rue de Belleville continue de s'élever vers le cimetière de Belleville. Créé en 1808 sur une partie du parc du château de Ménilmontant, « à 128 m d'altitude », on peut y voir une ***pyramide*** élevée à la mémoire des trente-cinq gardes fusillés, rue Haxo, le 26 mai 1871. Tombe de *Louis Gaumont*, promoteur de l'industrie cinématographique († 1946). A dr. du portail, inscription rappelant l'expérience du télégraphe aérien que *Chappe* effectua dans la propriété des Saint-Fargeau.

▷ La rue Haxo

Elle est liée à l'un des épisodes les plus connus de la Commune. Au n° 85, le 26 mai 1871, cinquante otages, à savoir huit jésuites, trois prêtres, quatre civils et trente-cinq gardes de Paris, furent amenés de la Grande-Roquette et fusillés contre le mur dans une cour aujourd'hui englobée dans des immeubles récents. *Eugène Varlin* voulut s'opposer à cette fusillade, mais ne fut pas entendu de ceux qu'avait exaspérés le terrible massacre des milliers de communards par les versaillais. Le député Varlin fut à son tour abattu par les Versaillais. L'***église Notre-Dame-des-Otages***, au n° 81, a été bâtie en 1936-1938 par l'architecte *Barbier* pour commémorer ce drame.

▷ La place Saint-Fargeau

Tout en pente, elle forme un carrefour animé où la belle avenue Gambetta qui longe le cimetière du Père-Lachaise croise plusieurs rues : la ***rue Saint-Fargeau*** qui suit le tracé de l'ancien chemin vicinal allant de Ménilmontant à Rosny ; la ***rue Darcy*** qui longe les réservoirs de Ménilmontant ou de la Dhuis (140 000 m^3) construits en 1864 par *Belgrand* à l'emplacement du domaine des Le Peletier de Saint-Fargeau.

Un jour d'automne 1776, J.-J. Rousseau rentrait de sa promenade habituelle dans les bois, les vignes et les champs environnants, lorsqu'il fut renversé par l'un des molosses du marquis de Le Peletier de Saint-Fargeau. Il ne se remit jamais de cet accident.

▶ La ***rue du Groupe-Manouchian*** commémore le souvenir du poète arménien et de ses vingt-deux compagnons de la Résistance abattus par les Allemands en 1944. Ce sont eux qui figuraient sur l'Affiche rouge qui, « comme une tache de sang », s'étalait sur les murs de Paris en 1943.

▶ En contrebas de la rue Haxo et de la rue du Groupe-Manouchian, la ***rue du Surmelin*** et de la ***Dhuis***, escarpées, sinueuses, sont bordées d'immeubles parfois luxueux et de petites maisons campagnardes tout à fait caractéristiques de ce quartier.

Le quartier de la Bibliothèque nationale**

2e arr. / 28-J5 et → quartier du Palais-Royal
Métro : Pyramides, Palais-Royal, Bourse / Bus : 29, 39, 48, 67
P rue des Pyramides, place de la Bourse
Taxis : au métro Palais-Royal ☎ 42.60.61.40

Le groupe d'immeubles aujourd'hui entièrement occupé par la Bibliothèque nationale est longtemps demeuré un casse-tête pour les architectes successifs qui durent y établir des aménagements ou des agrandissements. Dans son état actuel, le respectable bâtiment de la Nationale conserve d'importants éléments d'architecture du XVIIe et du XVIIIe s., mais c'est au XIXe s. qu'il doit ses plus remarquables transformations. En effet, sous le second Empire, l'architecte Labrouste y élabora, pour la salle de lecture et le magasin central, un système de charpente métallique alors très novateur. Le XIXe s. légua également au quartier plusieurs exemplaires de sa création urbaine la plus originale, la galerie couverte.

Il faut se rendre dans l'élégante galerie Vivienne, située derrière la bibliothèque, et qui abrite désormais des maisons de couture à la mode et des boutiques raffinées. Plus culturelle sa voisine, la galerie Colbert, sert de vitrine aux activités de la Bibliothèque nationale. Devant son entrée principale, au bord du petit square Louvois que longent la rue Rameau et la rue Lulli, la Phonothèque nationale a naturellement trouvé sa place. On parcourra les petites rues qui mènent jusqu'à l'avenue de l'Opéra. Elles sont animées par les employés des nombreux bureaux qui ont colonisé le quartier. La nuit venue il devient désert, sauf à proximité des théâtres, rue de la Michaudière ou rue Monsigny, et près des bars de la rue Sainte-Anne où se nouent des trafics suspects.

La Bibliothèque nationale*

88, rue de Richelieu

Ancienne Bibliothèque royale, la Bibliothèque nationale occupe un quadrilatère limité par les rues de Richelieu, Colbert, Vivienne et des Petits-Champs. Avec ses quelque douze millions de volumes, c'est l'une des plus riches du monde. A cet ensemble traditionnel s'ajoutent des collections inestimables d'incunables, manuscrits, estampes, monnaies, médailles, cartes et plans, partitions musicales, disques et autres documents sonores, films, photographies, costumes de théâtre. La Bibliothèque nationale fait figure de médiathèque considérable où les supports de communication conservés semblent évoquer toute la mémoire du monde.

La Bibliothèque nationale dans l'histoire

L'héritage royal

La bibliothèque de Charles V, réunie dans une tour du Louvre et dont l'inventaire dressé en 1373 par Gilles Malet dénombrait 973 ouvrages, est sans doute la plus ancienne bibliothèque royale. Appauvrie après la mort de Charles V, elle fut vendue, au décès de Charles VI, au duc de Bedfort qui la transporta en Angleterre où elle fut dispersée. Les Valois firent renaître la Bibliothèque royale sur les bords de la Loire : Louis XII, bibliophile et guerrier, unit la bibliothèque du château de Blois à celle des Orléans qu'il compléta par celle des Sforza et des Visconti. Son fils, François Ier, en homme de la Renaissance qu'il était, constitua la bibliothèque de Fontainebleau où avait été transportée celle de Louis XII. C'est sous la direction de Guillaume Budé, puis de Pierre du Châtel, que cet ensemble déjà important s'enrichit de manuscrits grecs, latins et orientaux. En 1537, l'ordonnance royale de Montpellier fit obligation aux imprimeurs du dépôt de tout ouvrage imprimé à la bibliothèque : c'est l'institution du dépôt légal.

Après François Ier, la bibliothèque suivit le roi dans ses déplacements. Charles IX la transféra à Paris puis Henri IV l'établit en 1604 au couvent des Cordeliers, rue de la Harpe. C'est à cette époque qu'y furent incorporés les huit cents manuscrits de Catherine de Médicis et la seconde Bible de Charles le Chauve qui depuis des siècles était à Saint-Denis. Sous Louis XIII, elle acquit les copies des documents manuscrits historiques et diplomatiques réunis par Loménie de Brienne. C'est sous le règne de Louis XIV que commença à se dessiner le destin de la Bibliothèque nationale.

La bibliothèque du roi au palais Mazarin

Colbert avait fait transporter ce qui ne pouvait plus trouver place au Louvre dans deux maisons qu'il possédait rue Vivienne, voisines de l'hôtel du surintendant des Finances Tubeuf et de l'hôtel de Chevry appartenant tous deux à Mazarin qui les avait fait agrandir en 1654 par Mansart avec ses deux galeries. L'hôtel Tubeuf bordait la rue des Petits-Champs, tandis que l'hôtel de Chevry formait l'angle de cette rue avec la rue de Richelieu. Pendant tout le règne de Louis XIV, la Bibliothèque royale ne cesse de s'enrichir grâce aux 9 000 manuscrits des frères Dupuy qui avaient été « gardes » de la bibliothèque, aux collections de Gaston d'Orléans, de Fouquet, du duc de Béthune, de Marolles, et à l'ensemble de manuscrits envoyés par l'empereur de Chine. En 1692, la bibliothèque est, en partie et sous certaines conditions, ouverte au public. En 1719-1720, le financier John Law, après acquisition de l'ensemble, y établit sa Banque Royale. Sa faillite entraîna la confiscation des hôtels par le régent Philippe d'Orléans et, en 1724, l'installation « à perpétuité » de la Bibliothèque du roi dans la partie de l'hôtel de Nevers bordant la rue de Richelieu. L'architecte Robert de Cotte fut chargé de transformer les lieux pour les adapter à leur nouvelle destination. Deux longues galeries, dites Haute et Basse, furent édifiées dans le prolongement de celles de Mansart parallèlement à la rue de Richelieu. A la mort de la marquise de Lambert, propriétaire de la partie nord de l'hôtel de Nevers, au-delà de la rue Colbert, Jules-Robert de Cotte (fils de Robert de Cotte) prolongea en équerre le grand bâtiment fermant la cour d'honneur à l'E., par l'aile septentrionale bordant la rue Colbert. Le cabinet des Médailles et des Antiques y fut transféré et occupa l'arcade de Nevers, située au-dessus de la rue Colbert. Pendant tout le XVIIIe s., les enrichissements se succèdent : bibliothèque et documents de la donation Hozier, collections Louvois, Delamare, Brossard, Colbert surtout, et les livres provenant de l'abbaye Saint-Martial de Limoges. Des catalogues sont établis et la bibliothèque est ouverte aux savants en 1720.

L'œuvre déterminante du XIXe siècle

Les collections s'accrurent dans une telle proportion au cours du XVIIIe s. que, vers 1780, l'on commença à s'inquiéter des possibilités d'agrandissement. L'architecte Boullée proposa de recouvrir la cour d'honneur pour disposer d'un immense amphithéâtre à éclairage zénithal. Les difficultés financières de la fin de l'Ancien Régime empêchèrent d'y donner suite. Le quadrilatère délimité par les rues des Petits-Champs, de Richelieu, Colbert et Vivienne est occupé en 1786 par la Bourse, la Bibliothèque du roi, la Loterie royale et encore quelques maisons particulières. A la Révolution, les bibliothèques confisquées aux émigrés et aux congrégations et le renforcement du dépôt légal provoquèrent un afflux de livres d'autant plus important que la production imprimée s'accrut avec les nouvelles techniques d'impression. Il fallut attendre 1833 pour que la bibliothèque récupérât la totalité de l'ancien palais Mazarin. A partir de cette date, des projets les plus divers et les plus extravagants furent examinés pour reconstruire ou pour transférer la bibliothèque. Enfin, l'architecte Labrouste, entre 1857 et 1873, transforma radicalement les anciennes constructions : la rotonde d'angle de la rue de Richelieu, le magasin central et la salle de travail furent inaugurés en 1867, et la façade d'entrée sur le square Louvois achevée en 1873. En 1881, l'architecte Pascal construisit les locaux qui forment l'angle des rues Colbert et Vivienne. Des constructions de Robert de Cotte, seule reste la façade centrale dans la cour d'honneur.

Les extensions du XXe siècle

L'agrandissement le plus spectaculaire se fit à Versailles, rue Montbauron, avec la construction d'un édifice de huit étages (1934, Roux-Spitz architecte) renfermant plus de 40 km de rayonnages pour une partie des périodiques.

Visite de la Bibliothèque nationale

Visites organisées par la CNMHS ☎ 48.87.24.14
Accès aux galeries Mazarine et Mansart
lors des expositions temporaires

Outre les services administratifs et les services techniques, la Bibliothèque nationale comprend douze départements.

▷ Le département des Imprimés

Il possède douze millions de volumes, c'est-à-dire la quasi-totalité de la production imprimée en France depuis François Ier, grâce au dépôt légal qui fait entrer chaque année 40 000 ouvrages, sans compter les volumes étrangers. Ce département comprend une salle de travail, une salle de catalogues et la réserve des ouvrages les plus rares.

A l'entrée de la bibliothèque on peut voir, par une vitre, la grande *salle de travail* du département des Imprimés (360 places). Construite en 1863 par *Labrouste*, elle apparaît comme l'une des réalisations les plus remarquables de l'architecture du fer avec ses neuf coupoles revêtues de céramique, éclairées chacune par un oculus central et portées par seize colonnes métalliques. Cette salle de lecture, universellement admirée, est une référence célèbre de l'architecture fonctionnaliste.

▷ Le département des Manuscrits

Ce département est riche de 250 000 pièces. Outre les manuscrits antérieurs à l'apparition de l'imprimerie, il possède des pièces qui présentent un intérêt soit par leur ancienneté, leur rareté, leur valeur intrinsèque, leur reliure, leur illustration, et des correspondances de toutes natures. La bibliothèque a reçu par legs, par dons, et grâce à des acquisitions les manuscrits de Hugo, Proust, Roger Martin du Gard, Pierre et Marie Curie (les manuscrits sont classés par langues).

▷ Le cabinet des Estampes

Il a été créé en 1667 par *Louis XIV* qui avait acquis les 184 000 estampes, déjà classées par maître et par sujet, de la collection Michel de Marolles. Il est ainsi le plus ancien cabinet d'estampes du monde et également le plus riche : douze millions de gravures, deux millions de photographies, des affiches, des cartes postales, toute une petite imagerie variée comme des cartes à jouer. L'ampleur de ce département a été rendue possible grâce au dépôt légal de deux exemplaires de chaque gravure depuis le début du XVIIe s.

▷ Le département des Cartes et Plans

Créé en 1828, il possède la plus grande collection au monde de cartes anciennes (certaines remontent au XIIIe s.).

▷ Le département de la Musique

Il occupe un immeuble moderne à l'angle de la rue de Richelieu et du square Louvois. La section musicale de la Bibliothèque nationale conserve des ouvrages concernant les musiciens anciens et 1 400 000 partitions.

▷ Le département des Médailles, des Monnaies et des Antiques

Il tire ses origines du Cabinet du Roi qui réunissait monnaies, médailles, camées et objets d'art depuis l'Antiquité et le Moyen Age. La confiscation des trésors religieux, en particulier ceux de la Sainte-Chapelle et de Saint-Denis, pendant la Révolution, ont fortement enrichi ce département. Le dépôt légal des monnaies et médailles frappées à la Monnaie ou par des éditeurs français, les legs, donations, et échanges avec l'étranger alimentent ce département. Toutes les trouvailles de monnaies faites en France doivent lui être soumises (→ *musées*).

▷ Les galeries Mansart et Mazarine

Elles sont superposées dans un bâtiment construit par *François Mansart* en 1644-1645. Celle du rez-de-chaussée (dite galerie Mansart) abritait les collections artistiques du cardinal, la galerie supérieure (galerie Mazarine) était une bibliothèque. Ces galeries servent aujourd'hui de cadre aux expositions temporaires organisées par la bibliothèque.

La *galerie Mansart*★, précédée de la salle Coypel, a perdu presque tout son décor. Décorée de stucs, de grisailles par *Grimaldi*, de peintures décoratives figurant des monuments, elle fut mutilée au XVIIIe s. par l'installation de la Bourse, au XIXe s. par celle du cabinet des Estampes, puis restaurée et spécialement aménagée en salle d'exposition.

La *galerie Mazarine*★★ a conservé ses plafonds à caissons peints de sujets mythologiques par *Romanelli* ainsi que les embrasures de fenêtres et des niches qui leur font face décorées de paysages par *Grimaldi*.

Visite du quartier de la Bibliothèque nationale

45 mn

Ce quartier se définit par les agrandissements, les aménagements, les refontes qui n'ont cessé d'être apportés rue de Richelieu, rue des Petits-Champs, rue de Louvois, rue Colbert, rue Vivienne, ainsi que dans la galerie Colbert, récemment restaurée.

▷ Le square Louvois

Il se trouve face à l'entrée principale de la Bibliothèque nationale, dont il est une sorte d'antichambre végétale. A cet emplacement, au début du XIXe s., se situait l'Opéra où eut lieu l'assassinat du duc de Berry (1820). Le souvenir de cette mort tragique fit démolir le bâtiment construit par Brongniart, un siècle plus tôt. Il fut remplacé par un jardin où *Visconti* dressa, en 1844, une fontaine monumentale ornée de statues de *Jean-Baptiste Klagmann* figurant la Seine, la Loire, la Saône et la Garonne.
▶ Prendre la *rue Colbert* qui longe la Bibliothèque nationale au nord.

▷ La rue Vivienne

Sa situation privilégiée lui valut d'être une rue aristocratique au XVIIe s., financière au XVIIIe s. et de commerces luxueux au XIXe s.; son aspect a aujourd'hui bien changé. Située dans l'axe du Palais-Royal construit par *Richelieu* entre 1634 et 1639, elle fut habitée par l'aristocratie politique. Aux nos 12 à 16, le président Tubeuf, ayant vendu en 1649 à Mazarin son hôtel de la rue des Petits-Champs, se fit construire vers 1650 un nouvel *hôtel*, par l'architecte *Pierre Le Muet*. A dr., derrière le jardin bordant la rue, on aperçoit l'aile construite par *F. Mansart* pour abriter les collections de Mazarin (→ *galeries Mansart et Mazarine*). Au no 6, à la place de la galerie Vivienne, la bibliothèque du Roi, future Bibliothèque nationale (→ *ci-dessus*), y était logée en 1666. Dès le XVIIIe s., la politique fut supplantée par la finance qui se trouvait jusqu'alors dans le Marais. Le no 1 fut affecté à la Bourse des valeurs de 1724 à 1793.

Suite de la rue Vivienne → *quartier de la Bourse*.

▷ La galerie Vivienne

Achevée en 1823, elle était concurrente de la galerie Colbert. Elle a trois entrées : au no 6 de la rue Vivienne, au no 5 de la rue de la Banque et au no 4 de la rue des Petits-Champs. Au no 13 se trouve un ***escalier monumental*** de l'ancien hôtel habité par Vidocq, qui fut bagnard puis chef d'une brigade de police constituée d'anciens forçats. Aujourd'hui des magasins de prêt-à-porter et de créateurs de mode l'animent. On en sort à la hauteur du n° 4 de la rue des Petits-Champs. ▶ *La rue des Petits-Champs* : ouverte en 1634 pour constituer l'axe perpendiculaire à la rue de Richelieu, elle se poursuit jusqu'à l'avenue de l'Opéra *(→ ci-dessous).*

▷ La galerie Colbert *6, rue des Petits-Champs / ouv. du lun. au sam., 10 h-18 h*

Construite en 1826 à l'emplacement d'un hôtel de Le Vau, elle vient d'être restaurée pratiquement à l'identique pour le compte de la Bibliothèque nationale qui trouve là une annexe importante ouverte au public.

La partie donnant rue des Petits-Champs est occupée par la *boutique Colbert* où sont mis en vente cartes postales, affiches, publications ou objets divers édités par la Bibliothèque nationale à partir de ses collections. A l'intérieur, au-dessus du porche d'entrée, un tableau représente Colbert favorisant le commerce.

Dans ce passage, outre le *Grand Café Colbert*, entièrement restauré dans son esprit 1900, sont installés le *musée Charles-Cros (→ musées)* destiné à abriter les collections de la Phonothèque nationale, et les vitrines-musées du département des Arts du spectacle qui présentent costumes et maquettes. Ce passage de nobles proportions est interrompu par une rotonde de 15 m de diamètre qui a retrouvé son aspect et sa décoration primitive d'influence pompéienne et d'une polychromie raffinée. Elle faisait autrefois la gloire de la galerie, en particulier à cause de son candélabre juché sur un cocotier en bronze. Sur son pourtour sont présentées des expositions temporaires d'estampes ou de photographies. C'est donc tout un ensemble culturel qui est désormais mis à la disposition du promeneur et, au-delà, un déambulatoire qui lui permet de circuler du Palais-Royal à la galerie Vivienne, sa voisine, sans pratiquement être à découvert. ▶ Au n° 8 de la *rue des Petits-Champs (→ ci-dessus)* on aperçoit, derrière une grille, la façade en brique et pierre caractéristique du style Louis XIII de l'*hôtel Tubeuf* construit en 1633 par *Le Muet*. ▶ La *rue Chabanais (à dr.)* est presque entièrement du XVIIIe s. (maisons à porte cochère, ferronneries). Au n° 1 est né, en 1814, l'architecte Eugène Viollet-le-Duc. Le n° 12 était occupé par le Chabanais, maison close de réputation mondiale jusqu'à sa fermeture vers 1947.

▷ La rue Sainte-Anne

On croise cette rue ainsi nommée en l'honneur d'Anne d'Autriche. Elle conserve quelques beaux hôtels : remarquer au n° 34 l'*hôtel de Laborde de Serincourt** du XVIIIe s. ; au n° 46, Bossuet mourut le 12 avril 1704 ; au n° 47 on aperçoit la façade de l'*hôtel Lulli*, construit par *Daniel Gittard* en 1671 et qui donne sur le n° 45 de la rue des Petits-Champs. Commandé pour l'habitation du surintendant de la musique du Roi, cet hôtel s'apparente à la maison de rapport et non à un hôtel de faubourg entre cour et jardin ; le soubassement à arcades ainsi que les pilastres colossaux sont une préfiguration des façades de la place des Victoires et de la place Louis-le-Grand, aujourd'hui place Vendôme.

▷ La rue des Moulins

Faire quelques pas dans cette rue où on ne voit plus de moulins depuis 1868. Aux n°s 4, 6, 8, 9, ensemble d'*hôtels* du XVIIIe s. Le baron d'Holbach, au n° 8, tint de 1759 à 1789 un salon où se retrouvaient d'illustres hommes de lettres. Au n° 10, hôtel XVIIe s. appartenant à Lulli.

▷ Le passage Choiseul

Il a son entrée au n° 40 de la rue des Petits-Champs. Ouvert en 1825, il est également remarquable par son entrée sur la rue Saint-Augustin, percée dans la belle façade d'un *hôtel* construit par *Lepauvre* en 1655 et par sa tribune intérieure d'ordre ionique qui supportait une horloge monumentale. Le souvenir des parnassiens (Sully Prudhomme, François Coppée, Barbey d'Aurevilly, Leconte de Lisle, Heredia...) est évoqué au n° 23, à la librairie Percepied. Céline a passé son enfance dans ces lieux qu'il décrit dans Mort à crédit.

▷ La rue de Méhul

Elle s'ouvre à dr. sur la rue des Petits-Champs et donne sur une place carrée au centre de laquelle est édifiée la *salle Ventadour* (1826-1829 ; *Hervé*, architecte). Après avoir abrité l'Opéra-Comique et le théâtre de la Renaissance qui vit le triomphe de Ruy Blas le 8 novembre 1838, elle donna asile aux Italiens et, après l'incendie de la salle Le Peletier en 1873, à l'Opéra. De nos jours, les services sociaux de la Banque de France occupent ce bâtiment. ▶ La *rue des Petits-Champs (→ ci-dessus)* : belles *façades* aux n°s 55 et 61. Au n° 57, Jean-Jacques Rousseau avait trouvé une mansarde pour y vivre au début de sa liaison avec Thérèse Levasseur. Au n° 76, Mme Hugo, mère du poète, s'installa avec ses enfants en 1804. ▶ Prendre à dr. l'avenue de l'Opéra, puis la *rue Gaillon* qui conduit à la place du même nom.

Les musées à voir

Cabinet des Médailles et des Antiques (58, rue de Richelieu) : médailles, bijoux et objets d'art, de l'Antiquité au XVIIIe s.

Musée Charles-Cros (galerie Colbert, rue des Petits-Champs) : histoire du phonographe et des instruments de musique mécanique.

▷ La place Gaillon

Sur cette place se trouvent la *fontaine Gaillon*, exécutée par *Visconti* en 1827, et le *restaurant Drouant* où les membres du jury du prix Goncourt se réunissent pour élire le meilleur livre de l'année. Plusieurs beaux hôtels (aux nos 3 et 5 surtout) datent du XVIIIe s.

Le bois de Boulogne*

16e arr. / 24, 32-B6-B7
Métro : Porte Maillot (aussi : Porte Dauphine, Porte d'Auteuil)
Bus : 22, 32, 43, 52, 63, 123, 144, 244 et PC
SNCF ligne de la Petite Ceinture ;
gares : Neuilly-Porte Maillot, Foch-Porte Dauphine, Henri-Martin, Passy-la Muette, Auteuil

Le bois de Boulogne, situé à la sortie O. de Paris, est un magnifique parc de 863 ha, traversé par plusieurs routes et de multiples allées. Il s'étend entre les anciennes fortifications et la Seine, entre Neuilly au nord et Boulogne au sud ; partie intégrante du territoire de la Ville de Paris, le bois est entièrement situé dans les limites du 16e arrondissement.

Le bois de Boulogne dans l'histoire

Le bois de Boulogne est ce qui subsiste de l'immense forêt du Rouvre, ou de Rouvray (c'est-à-dire de chênes rouvres), qui s'étendait au nord-ouest de Paris et enveloppait les collines environnantes. Philippe IV le Bel, pour commémorer un pèlerinage à Notre-Dame de Boulogne, avait fait édifier, sur le territoire du hameau des Menus, une église dédiée à Notre-Dame de Boulogne. L'église a disparu mais le nom de Boulogne est resté.

En 1460, Louis XI charge Olivier Le Daim de la remise en ordre du bois après la guerre de Cent Ans. Deux routes sont percées : l'une de Passy à Boulogne, l'autre de Passy au bac de Neuilly. En 1531, François Ier se fait bâtir le château de Madrid au carrefour de l'actuelle porte du même nom, mais le bois était encore suffisamment mal fréquenté pour que son fils Henri II tente de le protéger par une haute muraille percée de huit portes que Louis XIV fera ouvrir au public. Sous le règne d'Henri IV, 15 000 mûriers sont plantés dans le bois. Louis XIV dictera les premières règles de conservation et de renouvellement des massifs forestiers. Par ailleurs, afin d'adapter le bois aux nécessités de la chasse à courre, il fait percer des allées droites réunies en étoiles.

Au XVIIIe s., apparaissent autour du bois de belles demeures : les châteaux de la Muette et de Neuilly, la folie Saint-James, Bagatelle et le Ranelagh. Malheureusement, durant la Révolution le bois connaît une destruction quasi totale dont seul Bagatelle a réchappé. Il faut attendre le second Empire pour que le bois de Boulogne redevienne un lieu de promenade fréquenté. En 1848, il devient propriété de l'Etat et, en 1852, Napoléon III le cède à la Ville de Paris avec obligation pour celle-ci de l'aménager en promenade publique et de l'entretenir. 95 km de routes sont établies, le bois est agrandi jusqu'à la Seine et débarrassé de son enceinte. En 1852 et 1855, le paysage est entièrement transformé. Aux allées en ligne droite, succèdent des allées sinueuses ; seules subsistent, avec leur tracé rectiligne, l'allée de la Reine-Marguerite et l'avenue de Longchamp. C'est durant cette période que sont aménagés le lac Supérieur et le lac Inférieur (avec ses deux îles) reliés entre eux par une cascade. Puis, de 1855 à 1858, l'hippodrome de Longchamp est construit. Trois rivières sont créées. Partant du lac Inférieur elles s'écoulent vers les étangs de la porte de Neuilly, la mare Saint-James et la cascade du carrefour de Longchamp. La forêt fait l'objet de soins particuliers : plus de 400 000 arbres sont plantés. Des massifs de fleurs sont installés dans les endroits les plus fréquentés. De grandes aires de jeu font leur apparition, ainsi que des pavillons, chalets ou simples abris pour le promeneur. Des concessions sont accordées à des sociétés. C'est le cas du jardin d'Acclimatation ou du Pré Catelan. Ces travaux, qui ont duré près de six ans, furent suivis de près par Napoléon III et l'impératrice Eugénie (→ encadré).

Plus récemment, le passage du boulevard périphérique a entraîné la percée d'un souterrain sous le lac Supérieur et la traversée d'une partie du Jardin fleuriste municipal. De nos jours, le bois de Boulogne a de nouveau mauvaise réputation, particulièrement la nuit, même si le matin venu les innombrables sportifs qui ont remplacé les élégantes de Constantin Guys lui redonnent un air rassurant.

Visite du bois de Boulogne

3 h

Nous proposons de voir les principaux sites du bois, au fil d'un itinéraire circulaire (10 km), à faire en grande partie en automobile. Nous tenons compte des routes barrées et à sens unique car la Ville de Paris a désormais transformé plusieurs routes en sentiers balisés pour cyclistes, piétons et cavaliers, créant un parcours sportif et un parcours de santé entre la porte de Boulogne et la route de l'Hippodrome.

► En arrivant par l'*avenue Foch*, entrée principale du bois, on passe la porte Dauphine. Si l'on veut aller au lac, garer sa voiture à proximité de la porte Dauphine et prendre à pied la route de Suresnes.

L'empereur jardinier

Napoléon III inventa le jardin public, pour Paris, dans un souci d'hygiène et de philanthropie; avant lui il n'y avait dans la capitale que jardins princiers mis, selon l'humeur de leurs propriétaires, à la disposition des citadins. Il offrit les bois suburbains de Boulogne et de Vincennes, les parcs intra-muros des Buttes-Chaumont, Montsouris et des squares, chaque quartier devant bénéficier de la proximité d'un jardin.

On sait que l'empereur avait prit goût aux jardins paysagers anglais lors de ses années d'exil londonien, et il s'intéressa personnellement à l'aménagement de certains lieux, tout particulièrement celui du bois de Boulogne. Pour servir les objectifs de Napoléon III, Haussmann créa le service municipal des Parcs et Plantations, dirigé par l'ingénieur des ponts et chaussées Alphand, secondé par l'horticulteur Barillet-Deschamps et l'architecte Davioud.

La mise en place de ce service eut lieu lors de la création du bois de Boulogne et, en vingt ans, 1834 ha d'espaces verts furent créés dans Paris. C'est l'essentiel de ce que nous avons maintenant.

▷ La route de Suresnes

On passe à dr. devant le *pavillon Dauphine* (café-restaurant). On aboutit au carrefour du Bout-des-Lacs, où se trouve le *pavillon Royal* (café-restaurant, *févr.-nov.*).

▷ Le lac Inférieur ou Grand Lac

location de canots

Le chemin de ceinture du lac Inférieur est bordé à l'est par les pelouses de l'ancien *château de la Muette* où eut lieu, en 1783, le premier vol humain en montgolfière avec Pilâtre de Rozier et d'Arlandes (plaque); à l'ouest, le chemin longe les pelouses de la Croix-Catelan avec les courts, terrains et bâtiments (piscine moderne) du *Racing-Club*, l'un des principaux groupements sportifs de Paris. Le lac Inférieur, d'une superficie de 11 ha, entoure deux îles, réunies par un pont.

Le *chalet des Iles* (café-restaurant), installé sur la plus grande des deux îles, est un véritable chalet suisse bâti par le constructeur *Seiler* aux environs de Berne, et que l'on fit démonter et installer là sous le second Empire. Ceci correspondait à l'engouement de l'impératrice Eugénie pour ce type de construction.

Quatre autres chalets, aujourd'hui disparus, furent d'ailleurs dressés dans le bois; ils provenaient d'une fabrique installée par *Seiler* au faubourg de la Villette. Celui qui subsiste sur le lac était aménagé en restaurant et fermé au public lorsque la famille impériale s'y rendait.

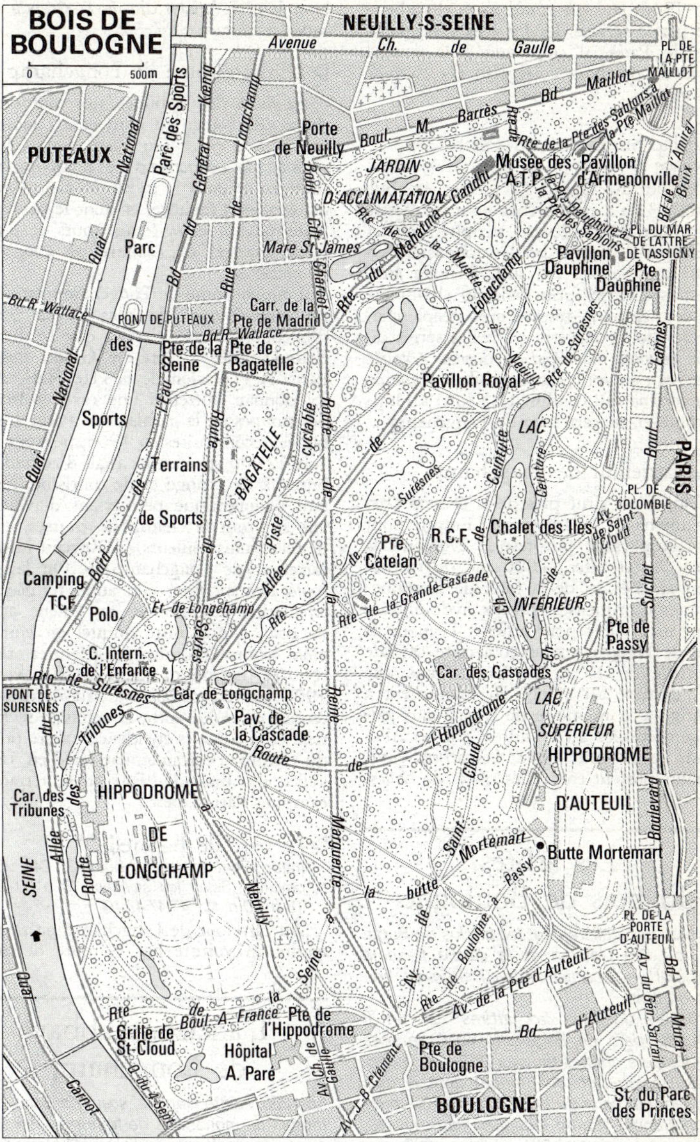

Le *kiosque de l'Empereur*, à la pointe S. du lac, est l'un des premiers édifices construits par *Davioud* aux environs de 1857. On y accède par l'embarcadère du restaurant le *chalet des Iles*, situé sur la route de ceinture, à l'est du lac. Réalisé à l'usage exclusif du couple impérial, il répond aussi au style « chalet suisse » par l'emploi du bois découpé ou sculpté. Le premier étage, de forme octogonale en bois et en verre, repose sur un soubassement orné de briques rouges et jaunes. Le sol et le plafond sont en marqueterie de chêne, de noyer et d'érable ayant pour motif central les chiffres enlacés de l'Empereur et de son épouse. Le toit en forme de dôme est surmonté d'un épi de plomb, support d'une girouette représentant les armes de Paris. Restauré en

1985-1986 dans un grand souci d'authenticité par le service des Espaces verts de la Ville de Paris, il contribue à la remise en valeur du bois entreprise ces dernières années.

▷ Le lac Supérieur ou Petit Lac

location de pédalos

Au sud du Grand Lac, cette étendue d'eau de 3 ha a été asséchée pour permettre les travaux du boulevard périphérique, et recréée par-dessus, le boulevard passant en tunnel sous le lac. Au sud, la ***butte Mortemart*** est l'entrée principale du champ de courses d'Auteuil, réservé aux steeple-chases. Non loin, on verra les belles serres du ***Jardin fleuriste municipal*** *(→ quartier Auteuil).* ▶ On peut suivre en automobile la *route de l'**Hippodrome*** qui conduit (1,5 km) à l'hippodrome et au carrefour de Longchamp.

▷ Le carrefour de Longchamp

Celui-ci est situé près de la ***Grande Cascade*** aménagée sous le second Empire pour créer un paysage pittoresque évoquant la Suisse. A cet effet, 4 000 m^3 de rochers furent amenés ici de la forêt de Fontainebleau, et d'immenses travaux hydrauliques furent nécessaires pour amener l'eau de la mare de Longchamp jusqu'à cette cascade artificielle de 10 m de haut. Dans une allée, derrière cet étang, un monument a été érigé à la mémoire de trente-cinq jeunes gens fusillés à cet endroit par les Allemands, le 16 août 1944. Les arbres environnants portent encore les traces de balles.

Les arbres du bois de Boulogne

Voir plus particulièrement les enclos de Bagatelle, du Pré Catelan et le Jardin fleuriste municipal (→ quartier Auteuil) situé en bordure du bois.

Le doyen de tous les arbres est un if (210 ans, parc de Bagatelle) suivi de près par plusieurs chênes-rouvres (200 ans, Rond-Royal, Racing-Club de France) dont le plus imposant est celui du Pré Catelan (6,60 m de circonférence). Parmi les plus vieux arbres, on trouve aussi un hêtre pourpre (200 ans, Pré Catelan) et plusieurs cèdres du Liban (170 ans, parc de Bagatelle, berges du lac Inférieur et île aux Cèdres).

Les amateurs de curiosités pourront voir la curieuse fructification de l'arbre aux concombres (Pré Catelan, en août-sept.), la bizarre floraison de l'arbre aux pochettes (parc de Bagatelle, mai-juin) ou le Désespoir des Singes (parc de Bagatelle) avec ses feuilles coupantes serrées autour des branches.

Pour en savoir plus : Les arbres remarquables des promenades et jardins de Paris, direction des Parcs, Jardins et Espaces verts, 3, av. Porte-d'Auteuil, 75016.

Non loin, le ***chalet*** dit ***de la Grande Cascade*** (restaurant).

▷ L'hippodrome de Longchamp

La route des Tribunes, qui contourne le champ de course au nord et à l'ouest, est accessible à pied. On passe devant le joli ***château de Longchamp*** où se tiennent des conférences dans le cadre du Centre international de l'Enfance, et dont le parc privé renferme les restes (deux tours et pignon d'une grange) de ***l'abbaye de Longchamp*** *(→ encadré).*

L'hippodrome de Longchamp est consacré aux courses de plat de la Société d'Encouragement ; c'est là que se dispute, chaque année à l'été, le Grand Prix de Paris. A l'occasion de la Fête Nationale il s'y donnait autrefois une revue solennelle des troupes de la garnison de Paris. Les tribunes, reconstruites en 1966, peuvent recevoir 12 000 spectateurs (hall d'accueil avec bureaux de change et de tourisme, restaurant panoramique permettant d'avoir une vue sur tout le champ de courses, circuit de télévisions couleurs). ▶ Revenir jusqu'au carrefour de Longchamp. ▶ On laisse la ***route des Moulins***, elle aussi fermée à la circulation automobile, qui mène au ***jeu de polo***, à proximité duquel on voit une ***stèle*** commémorant le premier record contrôlé d'aviation, établi le 10 novembre 1906 par *Santos-Dumont*. Au nord-est du terrain de polo, entre la terrasse de Bagatelle et la Seine, s'étendent la vaste pelouse du champ d'entraînement (créé en 1856), l'allée du Bord-de-l'Eau et le terrain de camping Paris-Ouest.

▷ Le parc de Bagatelle**

métro Pont-de-Neuilly, bus 43, 244. Entrée payante. Selon les saisons : 8 h 30-9 h à 18 h-20 h, ☎ 47.47.47.10

Au carrefour de Longchamp on peut s'y rendre en voiture par la route de Sèvres

L'ancienne abbaye de Longchamp

En 1256, sainte Isabelle, sœur de Saint Louis, fondait un monastère de femmes : les sœurs mineures encloses de l'Humilité-Notre-Dame. Celui-ci fut installé au lieu-dit «Longchamp», entre l'actuel carrefour de Longchamp et la Seine. C'est là qu'Isabelle de France s'éteignit en 1269. Mais les siècles passant le couvent devint fort peu édifiant et, au XVIIIe s., l'église était un lieu très à la mode : on s'y pressait en foule pendant la semaine sainte pour entendre une cantatrice de l'Opéra retirée du monde, Mlle Le Maure, chanter l'Office des Ténèbres ; on allait «en ténèbres». Le monastère fut fermé pendant la Révolution et les religieuses expulsées. Mis en vente, les bâtiments ne trouvèrent point acquéreur et furent démolis en 1795.

La collection Wallace

Riche et généreux mécène, sir Richard Wallace acquit une grande popularité en subventionnant les ambulances de guerre durant la guerre de 1870, et en dotant Paris d'une centaine de fontaines qui portent toujours son nom. Sa collection, héritée en grande partie du duc d'Hertford, comprenait des objets des XVIIe et XVIIIe s. Elle était surtout fameuse pour son mobilier, la plupart d'origine royale, dû aux plus grands ébénistes français : Riesner, Weisweiler, Oeben, Boulle. La peinture aussi bien française avec Watteau, Boucher et Fragonard, que flamande, anglaise, italienne ou espagnole, les objets d'art décoratif, les armes et armures, témoignent du goût très sûr d'un collectionneur averti. A la mort de sir Richard Wallace, la collection devint la propriété de lady Wallace qui la légua à la nation britannique avec l'hôtel particulier qui leur appartenait pour la partie conservée en Grande-Bretagne; elle constitue la célèbre collection Wallace à Hertford House à Londres. Ce qui était à Bagatelle et à Paris, dans l'appartement de la rue Laffitte, fut légué par lady Wallace à son secrétaire et amant, sir Murray Scott. Du vivant de celui-ci, Bagatelle fut vendu à la Ville de Paris et, à sa mort (1912), le contenu de la rue Laffitte fut racheté en bloc par l'antiquaire Jacques Seligmann.

à Neuilly. Ce ravissant parc de 24 ha, enclavé dans le bois et entièrement clos, a été acheté en 1905 par la Ville de Paris à sir Henry Murray Scott.

Des expositions florales et des concerts (orangerie Trianon) sont souvent organisés. Le *château (ne se visite pas)* est en cours de restauration.

Bagatelle est né sous la Régence. La jouissance d'une première maison y fut cédée en 1716 à un conseiller à la Cour des aides, puis, en 1720, au maréchal d'Estrées. Le petit château eut, au XVIIIe s., une destinée plutôt galante, de laquelle ne sont absents ni le Régent, ni Louis XV. Le comte d'Artois acquit le domaine en 1775 et fit le pari de bâtir un nouveau palais en deux mois pour recevoir sa belle-sœur Marie-Antoinette. L'architecte *Bélanger* réalisa la gageure en soixante-trois jours. Un avant-corps en demi-lune abritait un salon rond à décor pompéien et flanqué de petites pièces intimes. Bagatelle fut occupé par Napoléon qui avait rêvé en faire un palais pour le roi de Rome, puis revint au comte d'Artois (1815), qui le donna au duc de Berry. En 1835, lord Seymour, duc d'Hertford, acquit le domaine; il rehaussa l'attique du château, fit agrandir les fenêtres et entourer la toiture de balustrades; il construisit l'orangerie, des écuries et des communs (restaurant-salon de thé) et le pavillon du jardinier côté bois. Il légua l'ensemble, avec sa fortune et ses riches collections, à son fils adoptif, supposé être son fils naturel, *sir Richard Wallace (→ encadré)* qui aménagea à Bagatelle les deux terrasses actuelles et fit construire le Trianon par l'architecte *Léon de Sanges* ainsi que les deux pavillons de garde. En mourant il laissait le domaine à son épouse qui en profita peu. Son héritier et secrétaire, sir Henri Murray Scott le vendit en 1905 à la Ville de Paris pour la somme de 6 500 000 F.

Jean-Claude-Nicolas Forestier (qui dessina, entre autres, le Champ-de-Mars), conservateur des Parcs et Jardins de la Ville, voulut faire de Bagatelle une collection de plantes de pleine terre, de plantes vivaces et sarmenteuses. Cet ami de Monet s'inspira des impressionnistes dans la manière de présenter les fleurs par espèces et en accentuant les effets de masse. La ***roseraie**** demeure son œuvre majeure; située en face de l'***Orangerie****, elle offre une belle vue sur la vallée de la Seine et le Mont-Valérien. On y verra 8 000 rosiers issus de 700 variétés, et les nouveautés qui viennent chaque année s'y ajouter lors du ***concours international de la rose*** *(début juin)*. Le parc possède d'autres belles collections de plantes : en avril les bulbeuses printanières (partie S.) et les rhododendrons (partie N.); en juin, les roses et les iris (partie S.-O.); en été, les superbes plantes aquatiques (partie N.); en automne, les dahlias et arbres à feuillages colorés; en hiver, les arbres et arbustes à floraison hivernale et les perce-neige.

La légende de la Croix-Catelan

Soupçonnerait-on qu'en cet endroit si tranquille où la foule ne se presse pas autant que dans le reste du bois, se déroula, au XIVe s., un drame sanglant; et même s'il est le fruit de l'imagination et que l'origine du nom vient plutôt de Théophile Catelan, capitaine des chasses de Louis XV et propriétaire du château de la Muette, l'histoire aurait pu s'y passer, vagabonds et brigands hantant cette forêt, détroussant et tuant.

Le roi de France, à cette époque Philippe le Bel, grand amateur de romances, se fit envoyer depuis Aix-en-Provence le meilleur des troubadours, Arnault Catelan. Celui-ci portait dans une cassette des présents. Persuadé que le bagage du troubadour contenait de précieux objets, le capitaine des gardes, envoyé par le roi pour le protéger, tua le pauvre Arnault. La cassette ne contenait en fait que quelques parfums de Provence et autres liqueurs. Le criminel partagea le butin avec ses comparses; ils furent trahis par les essences délicieuses dont ils s'aspergeaient et que le roi connaissait. Ils furent condamnés à être brûlés vifs à petit feu. On éleva à l'emplacement même de l'assassinat un monument expiatoire en forme de pyramide.

Les musées à voir

Musée des Arts et Traditions populaires (6, route du Mahatma Gandhi) : ethnographie française et arts populaires.
Musée en Herbe (jardin d'Acclimatation) : expositions et activités artistiques pour les jeunes.

▷ Le Pré Catelan

Ce clos, situé au sud-est du parc de Bagatelle, est accessible par la route de la Reine-Marguerite. Son nom reste associé à une triste légende *(→ encadré)*. Outre le restaurant du Chalet du Pré Catelan, on y verra le jardin La Fontaine (1954) et le *jardin Shakespeare* (1953) où l'on a reconstitué la lande des Sorcières de Macbeth, le bassin où se noya Ophélie, la forêt des Ardennes de Comme il vous plaira, les terrasses méditerranéennes de La Tempête et le bois grec du Songe d'une nuit d'été. C'est dans ce décor qu'est installé un théâtre en plein air. ▸ Plus loin, au carrefour de la Croix-Catelan, pyramide en pierre du XVIIIe s. ▸ L'*allée de Longchamp*. Suivre cette allée en direction de la porte Maillot. On laisse à g. l'enclos de la *Société hippique de l'Etrier* (*club privé* : tir aux pigeons, lac de patinage). ▸ Plus au nord, entre la porte de Madrid et le jardin d'Acclimatation, la *mare* ou *étang de Saint-James* est entourée de bois charmants. ▸ A l'endroit où l'allée de Longchamp rejoint la route qui conduit de la porte Maillot au jardin d'Acclimatation, à la jonction de deux routes, se trouvent la *mare* et le *pavillon d'Armenonville* (banquets-réceptions).

▷ Le jardin d'Acclimatation

entrée principale porte des Sablons / t.l.j., 9 h-19 h 30 ☎ 46.24.10.80

Créé par la société d'Acclimatation et ouvert au public en 1860, il occupe l'angle N.-O. du bois. Jardin zoologique à l'origine, il est devenu un parc d'attractions pour enfants (cirque en plein air, jeux sportifs, manèges, etc.), tout en conservant quelques animaux (lions, ours, singes, daims, oiseaux, poissons, etc.), dont certains, apprivoisés, sont en liberté. Un petit train amène les visiteurs des abords de la porte Maillot à l'entrée principale. A proximité de l'entrée se trouve une horloge florale de 8 m de diamètre (1959). Devant les volières, statue du naturaliste Daubenton (1716-1800). A l'emplacement de l'ancien palmarium du jardin d'Acclimatation, route du Mahatma-Gandhi, se trouve le *musée des Arts et Traditions populaires (→ musées)* dans un haut bâtiment moderne. Sur la route du Mahatma-Gandhi, en enclave dans le jardin d'Acclimatation, se trouve le *bowling de Paris* où se disputent des compétitions; plusieurs restaurants. A l'extrémité O. du jardin d'Acclimatation, sur la route de la Muette à Neuilly, s'est installé en 1966 le *centre hippique du bois de Boulogne*, créé par la société d'Equitation de Paris et le *groupe hippique du Touring-Club de France* (manège pour 1 000 spectateurs) ; de l'autre côté, la boule du lac Saint-James.

Le quartier de la Bourse★★

1er, 2e arr. / 28-J5-J6 et → quartier du Palais-Royal
Métro : Bourse
Bus : 20, 29, 39, 48, 67, 74, 85
🅿 place de la Bourse
Taxis : au métro Richelieu-Drouot ☎ 42.46.00.00

L'atmosphère de tout centre financier est un mélange d'agitation chaleureuse et d'une certaine froideur professionnelle. Le quartier de la Bourse n'échappe pas à cette règle pour le visiteur non initié. Le palais de la Bourse ou palais Brongniart, du nom de son architecte, en est le cœur au sens organique du terme. Ce temple dédié au dieu argent devait attester pour la postérité de l'état prospère de l'industrie et de l'art de la France au XIXe s. Il a gardé toute sa majesté, même si elle paraît aujourd'hui bien étrange à côté de l'autre ruche de ce quartier que constitue, sur la même place, le siège de l'Agence France-Presse.

Durant la semaine, il suffit de se mêler à la population qui déambule fébrilement dans les rues avoisinantes pour être dans l'ambiance. Car, selon les termes de l'architecte Claude Nicolas Ledoux, « l'homme qui a commencé une affaire le matin la finit aussi bien au spectacle qu'à la Bourse». Aussi, la profusion de terrasses et de cafés, de lieux de spectacle, notamment sur le boulevard Montmartre, et de galeries à découvrir n'est pas une surprise et donne à cet ensemble toute son originalité. Le calme revient autour de la Bourse chaque fin de semaine. Le mouvement se déplace alors au sud sur la place des Victoires, avec ses commerces de luxe, et au nord sur les Grands Boulevards, un des lieux traditionnels de promenade du dimanche.

Le quartier dans l'histoire

Le cœur du quartier, constitué par le palais de la Bourse, a commencé à battre au rythme des fluctuations financières dès le début du XIXe s. Cette création ex nihilo coïncide en effet avec les débuts du capitalisme, l'essor du monde industriel et le dynamisme des affaires.

Devenu centre financier de Paris, le territoire, aux alentours, est entièrement dédié à l'argent puisque de nombreux établissements bancaires et financiers sont situés entre le boulevard des Italiens au nord, et la rue de Rivoli au sud. Les symboles de cette puissance s'inscrivent même dans la toponymie. Ainsi, la rue de la Banque relie le palais de la Bourse à la Banque de France, cette dernière étant à proximité du ministère des Finances.

Visite du quartier

45 mn

▷ Le palais de la Bourse

t.l.j. ouvrables, départ toutes les demi-heures de 11 h à 13 h, à l'heure des cotations. R.V. 4, place de la Bourse / 1 h 30

En 1720, après la banqueroute de Law, il est interdit à toute personne de négocier du papier dans un lieu public, excepté aux agents de change. Quatre ans plus tard, un arrêt du Conseil réglemente l'organisation du marché et définit la profession d'agent de change en conférant à la Bourse ce qui n'était alors que la Commune des marchands de Paris. Mais il faut attendre Napoléon Ier pour que Paris possède son temple du commerce. En 1826, après avoir campé rue Vivienne, au Louvre et au Palais-Royal, la Bourse s'installe définitivement dans le palais que *Brongniart* avait commencé pour elle en 1808 et auquel il a laissé son nom.

L'extérieur

Bâti sur le terrain de l'ancien couvent des Filles-Saint-Thomas, l'édifice rectangulaire, ceinturé d'un grandiose péristyle de colonnes corinthiennes, est un témoin du néo-classicisme officiel de l'Empire. En 1906, l'adjonction de deux ailes au N. et au S. a donné un plan cruciforme à la Bourse. Les *perrons* d'accès, à l'O. et à l'E., sont flanqués de quatre statues allégoriques représentant des femmes assises sur de hauts socles : à la façade principale, à dr., *le Commerce* exécuté par *Dumont* (1852) et, lui faisant pendant, la *Justice* par *Duret* (1851) ; à la façade postérieure, l'*Agriculture* et à sa g. l'*Industrie* réalisées par *Seurre* et *Pradier* (1851).

L'intérieur

Au rez-de-chaussée se trouve la grande salle dite *salle de la Corbeille*. Son plafond est percé en son centre d'une verrière, et est orné sur son pourtour de peintures en grisaille (*Meynier* et *A. de Pujol*, 1826). La modernisation récente de la Bourse a fait disparaître la corbeille des agents de change, point central du marché. Désormais, «sur le parquet», au sein des groupes de cotation, les professionnels se livrent à leurs opérations avec une animation qui reste tumultueuse malgré l'informatisation croissante. ▶ Prendre la *rue de la Bourse* ouverte en 1833 et dont le nº 2, construit dans le style des palais florentins, est l'ancien hôtel des ventes.

▷ La rue des Colonnes

C'est l'ancien passage des Colonnes. Percé en 1791, il faisait communiquer les rues Feydeau et des Filles-Saint-Thomas et facilitait l'accès au théâtre Feydeau aujourd'hui disparu (emplacement aux 19-21, rue Feydeau). Transformé en rue en 1798, son enfilade d'arcades de style Directoire à motifs égyptiens fut rompue lors de la percée de la rue de la Bourse.

▷ La rue Richelieu

de la Bourse au bd Montmartre

Au nº 87, l'immeuble moderne abritant le siège des *Assurances Générales de France* (*J. Belmont*, architecte). Parmi les nombreux *immeubles* du XIXe s., le nº 104 a été construit en 1834 par *Visconti*. Au nº 112 se trouvait, au début du XIXe s., la célèbre maison de jeux Frascati.

Pour la partie S. où les souvenirs littéraires et historiques sont les plus nombreux → *quartier du Palais-Royal.*

On peut voir, dans les rues adjacentes, deux immeubles des années 30. ▶ ***Rue Feydeau** (à dr.)*, au n° 24, une ***façade*** en accordéon permettant un éclairage maximal (1932, *F. Colin* architecte). ▶ ***Rue Saint-Marc***, au n° 10, un immeuble de bureaux construit par *H. Sauvage* en 1929. C'est dans cette rue que naquit la Malibran en 1808 (au n° 31).

▷ La rue Vivienne

Située dans l'axe du Palais-Royal (→ *Bibliothèque nationale*), elle fut prolongée au N., après la démolition du couvent des Filles-Saint-Thomas en 1809, jusqu'à la rue Feydeau puis, en 1824-1830, jusqu'au boulevard Montmartre et coupée transversalement en 1864 par la rue du 4-Septembre. Nombreuses boutiques spécialisées dans la numismatique et la science héraldique. ▶ On arrive sur la place de la Bourse dont le côté N. est bordé par un ***bureau de poste*** (*J. Debat-Ponsan* et *M. Roux-Spitz*, architectes).

▷ La rue de la Banque

Située au S. de la place de la Bourse, cette rue doit son nom à la ***Banque de France*** devant laquelle elle commence *(→ ci-dessous)*. L'architecte *Victor Baltard* a beaucoup contribué à sa physionomie actuelle. Ainsi, au n° 12, la caserne des Petits-Pères a été bâtie sur ses plans dans le style Louis XIII. Au n° 8, *Baltard* a construit la ***mairie du 2e arrondissement*** (1850) sur les flancs de l'église Notre-Dame-des-Victoires et en face, du n° 9 au n° 13, il a aménagé l'ancien ***hôtel du Timbre*** (1844) qu'occupe aujourd'hui la direction générale des Impôts.

▷ L'église Notre-Dame-des-Victoires**

place des Petits-Pères ☎ *42.60.96.71*

En face de la galerie Vivienne (→ *quartier de la Bibliothèque nationale*) s'ouvre le passage des Petits-Pères qui conduit à la place du même nom. La place a conservé le nom des petits pères, que l'on donnait familièrement aux augustins déchaussés; ils avaient ici leur couvent avant la Révolution.

Des bâtiments, démolis en 1859, il ne reste que l'église. La dédicace à Notre-Dame des Victoires fait allusion à la prise de La Rochelle. Commencée en 1629, l'église fut terminée seulement en 1740, après de nombreuses interruptions. Le chœur fut construit par *Pierre Le Muet* de 1629 à 1632; le transept et la dernière travée de la nef, élevés entre 1642 et 1666, sont l'œuvre de *Libéral Bruant*; l'édifice fut achevé et voûté par *Sylvain Cartault*, de 1737 à 1740.

Les destructions révolutionnaires

Les églises parisiennes et les œuvres d'art qu'elles abritent ont été une cible de choix pour le vandalisme révolutionnaire, et rares sont les ensembles mobiliers encore en place. Dès 1792, les objets du culte en or, en argent ou autre métal précieux furent envoyés à la Monnaie pour la fonte; les cloches subissant parfois le même traitement. La Révolution s'attaqua aussi à l'édifice et beaucoup de statues furent abattues ou décapitées.

La vigilance de particuliers a permis à certaines d'échapper au massacre : en 1977, les têtes des rois de Juda, qui ornaient Notre-Dame, ont été retrouvées dans le sous-sol d'une banque parisienne (→ musée de Cluny). D'autres œuvres d'art ont eu un sort plus heureux : dès juin 1791, Alexandre Lenoir en réunit plusieurs centaines au dépôt des Petits-Augustins qui devint, en 1795, le musée des Monuments français. Malheureusement, après la dispersion de ce musée en 1816, sculptures et peintures n'ont pas toujours retrouvé leur emplacement d'origine et furent réparties souvent arbitrairement dans d'autres églises ou dans des musées. L'église Notre-Dame-des-Victoires a la chance de posséder encore le très bel ensemble de tableaux que C. Van Loo a peint pour le chœur.

L'intérieur

L'église se compose d'une nef de quatre travées, voûtée en berceau, avec de grandes pénétrations; les arcades bordant la nef ouvrent sur des chapelles qui communiquent entre elles selon un plan analogue à celui de l'église du Gesù, à Rome; les bras du transept sont peu saillants et le chœur très profond. De nombreux ***ex-voto*** tapissent les murs et les piliers. Le buffet d'orgue et la chaire sont de 1740. Le bras dr. du transept forme la chapelle consacrée au Très Saint et Immaculé cœur de Marie; le pèlerinage institué ici en 1836 par l'abbé Desfriche des Genettes attire toujours une foule nombreuse. Dans le ***chœur*** figurent sept ***tableaux**** de *Carle Van Loo* exécutés pour cet emplacement même; de dr. à g. : le Baptême de saint Augustin (1755), le Sacre de saint Augustin (1754), la Mort de saint Augustin (1748), le Vœu de Louis XIII au siège de La Rochelle (1746), la Translation des reliques de saint Augustin (1748), la Dispute de saint Augustin contre les donatistes (1753) et la Prédication de saint Augustin (1755). La vigueur des compositions et la variété des expressions font de cet ensemble l'un des chefs-d'œuvre de l'art religieux du XVIIIe s. Dans la deuxième chapelle à g. voir le ***tombeau de Jean-Baptiste Lulli*** († 1687), avec son buste par *Jean Collignon* (et non Coysevox); les figures de la Poésie et de la Musique sont de *Pierre Cotton*.

▷ La rue du Vide-Gousset

Elle relie la place des Petits-Pères à celle des Victoires. Au début du XIXe s., elle conduisait de la Bourse des valeurs (alors à l'église Notre-Dame-des-Victoires) à la Banque de France et son nom rappelle les mauvaises rencontres qu'il était possible d'y faire. Aux nos 2 et 4 (et au 1, rue d'Aboukir), hôtel construit en 1634 pour Nicolas de Rambouillet, dit aussi ***hôtel de Clérambault*** : remarquer le balcon du no 2.

▷ La place des Victoires★★

Première des places dédiées à Louis XIV, elle fut dessinée en 1685 par *Jules Hardouin-Mansart* pour accueillir la statue du roi que le maréchal de La Feuillade avait commandée dès 1679 après la victoire de Nimègue, dans le but de manifester, aux yeux de tous, son admiration et sa gratitude pour son souverain. Œuvre d'un grand courtisan, c'est l'archétype de la place royale (→ *encadré*) conçue comme une salle en plein air destinée à mettre en valeur une statue du roi dont les proportions ont déterminé le rayon de la place. Dans ce but, les rues aboutissantes ne devaient jamais se trouver dans le prolongement d'une autre afin que l'effigie du roi se détachât sur les façades. De plus, afin que le promeneur soit toujours placé à bonne distance, les arcades du rez-de-chaussée des façades ne servirent pas de promenoir et furent fermées. Les façades uniformes des bâtiments autour de la place étaient revêtues de pilastres. Cette place a été transformée au fil de l'histoire. La conception de Mansart, faite de régularité et d'harmonie, devenue un modèle pour de nombreuses places de France, fut mutilée lors de la reconstruction de la plupart des immeubles qui l'entourent. Le percement de la rue Etienne-Marcel (1883) a éventré une place qui avait pour originalité d'être fermée, du moins en apparence. En tournant le dos à la rue Etienne-Marcel, l'ensemble de Jules Hardouin-Mansart peut être à nouveau aperçu.

Cette place, à l'origine résidentielle, fut habitée par de grands personnages : le mécène Crozat, le richissime Samuel Bernard, le marquis de Marigny, entre autres. Elle réserve désormais son décor d'apparat au commerce de luxe.

La statue de Louis XIV

Celle qui y fut placée à l'origine ne ressemblait en rien à celle d'aujourd'hui. Œuvre de *Martin Desjardins*, elle représentait le roi en pied, vêtu d'un manteau de sacre, couronné par la Victoire ; la statue reposait sur un piédestal orné de bas-reliefs et flanqué de quatre figures d'hommes enchaînés. Aux angles de la place, quatre fanaux brûlaient nuit et jour comme pour accentuer le caractère sacré de ce lieu triomphal. La Révolution envoya à la fonte la statue royale, mais les statues du socle sont conservées dans le parc de Sceaux. Une statue figurant le général Desaix, représenté nu, à l'antique, remplaca celle de Louis XIV jusqu'en 1815. Puis elle servit à la fonte de la statue d'Henri IV sur le Pont-Neuf. En 1822 fut installée la ***statue actuelle***, œuvre de *Bosio*.

▷ La rue Croix-des-Petits-Champs

Au S. de la place, elle est devenue, du côté impair, le ***siège de la Banque de France*** qui a modifié son paysage architectural puisqu'elle occupe un important îlot compris entre la rue de la Vrillière, la rue Croix-des-Petits-Champs, la rue de Valois et la rue du Colonel-Driant. Cette rue doit son nom à la croix de pierre élevée, vers 1418, à l'angle de la rue du Bouloi. Au no 43, ***hôtel Portalis*** avec deux tourelles sur trompe, construit vers 1685. Au no 39, entrée principale de la Banque de France. ▶ Voir également la ***façade*** primitive ***de la Banque de France*** (refaite de 1870 à 1875) aux 1 et 3, rue de la Vrillière.

▷ La Banque de France★

C'est la banque centrale et, à ce titre, elle est chargée de l'émission de la monnaie. Elle occupe depuis 1811 l'***hôtel de Toulouse*** qui fut entièrement refait ; la seule partie ancienne qui subsiste est celle formant le coin de la rue Radziwill et, intérieurement, la ***Galerie Dorée***★ *(visite réservée aux associations culturelles)*, de 50 m sur 7, l'une des premières de ces fastueuses galeries du XVIIe s. dont d'autres exemples se trouvent au palais du Luxembourg, à Versailles, à l'hôtel Lambert et à la Bibliothèque nationale.

C'est pour Louis Phelypeaux de La Vrillière, richissime secrétaire d'Etat de Louis XIII, que *François Mansart* construisit cet hôtel proche du Palais Cardinal, avec pour particularité une longue galerie pour loger une importante collection de peintures (1635-1638). De grands tableaux d'histoire furent encastrés dans les boiseries du premier étage, sous une ***voûte*** en berceau peinte par *François Perrier* sur le type de la galerie Farnèse. En 1713, l'hôtel

Les places royales

Les places royales servaient d'écrin à la statue du roi régnant. Places fermées et bordées de maisons au début du XVIIe s., elles se sont ouvertes sur les quartiers avoisinants pour devenir des carrefours aérés ouvrant sur des perspectives.
Sous le règne d'Henri IV, Paris a vu naître la place des Vosges, la place Dauphine et l'ébauche d'une place de France. Il faut attendre l'avènement de Louis XIV pour que deux nouvelles réalisations voient le jour : la place des Victoires et la place Vendôme. La dernière place royale réalisée est celle de la Concorde sous le règne de Louis XV.

fut vendu au comte de Toulouse, fils légitime de Louis XIV et de Mme de Montespan. L'hôtel, devenu ainsi l'hôtel de Toulouse, fut remanié par *Robert de Cotte* qui en fit un nouveau palais (1713-1719). Sans toucher aux peintures de la voûte, la galerie fut mise à nu et garnie de somptueux ***lambris*** dessinés par le sculpteur *Vassé* (1719). Les trumeaux furent garnis de pilastres, les niches faisant face aux fenêtres tapissées de glaces, la porte d'entrée et la cheminée monumentale, aux deux extrémités, surmontées de divinités marines faisant allusion à la charge d'amiral de France du comte de Toulouse ; les grandes peintures, augmentées de quelques autres, furent replacées dans les trumeaux. Sous la Révolution, affectée à l'Imprimerie nationale puis achetée par la Banque de France, cette magnifique demeure fut peu à peu détruite et reconstruite au cours du XIXe s., y compris la Galerie Dorée, reconstituée en 1870-1875 à l'aide de copies de tableaux dispersés dans les musées. Seules les sculptures de Vassé (bois et stuc) évoquant la Chasse et la Pêche furent réemployées. La Banque de France est propriétaire de nombreuses œuvres d'art du XVIIIe s., non exposées au public, dont ***la Fête à Saint-Cloud***, exécutée par *Fragonard* vers 1775 pour les appartements du duc de Penthièvre, fils du comte de Toulouse

▷ La galerie Vero-Dodat

La rue Croix-des-Petits-Champs croise la rue du Bouloi. Signalons au passage que ce quartier était, au XIXe s., celui des éditeurs de lithographies : rue du Bouloi, rue Coquillière, rue du Coq-Héron, rue J.-J.-Rousseau.

Au nº 2 de la rue du Bouloi s'ouvre la galerie créée en 1826 par deux charcutiers *Vero* et *Dodat*, et aussitôt éclairée au gaz, ce qui marquait une grande nouveauté. Le succès de cet endroit tint à la splendeur de sa décoration concentrée sur les devantures des boutiques qui allient le bois sombre et le bronze au laiton. Avec le carrelage à damiers, l'alternance des plafonds et des verrières, ces boutiques donnent à la galerie une allure de vestibule précieux. En 1836, dès ses débuts au Théâtre-Français, la comédienne Rachel habitait au troisième étage du nº 38. Remarquer, au nº 24, la boutique de l'***antiquaire Robert Capia***, spécialiste de poupées anciennes (*ouverte de 6 h 30 à 22 h*), qui a gardé depuis Charles X le même règlement intérieur (ni chien, ni phonographe, ni perroquet...). ▶ La ***rue Jean-Jacques-Rousseau***. C'est une rue un peu compliquée, tronquée par la place des Deux-Ecus. Dans cette première section, qui est la plus ancienne, on verra quelques belles et hautes façades (aux nos 3, 13, 14, 19 et 20) et des maisons intéressantes sur le côté pair (aux nos 2, 4, 6, 12). ▶ Revenir sur ses pas pour prendre la rue Saint-Honoré.

▷ L'Oratoire*

A l'emplacement de l'hôtel du Bouchage qu'habitait Gabrielle d'Estrées et où Châtel avait tenté d'assassiner Henri IV (ce qui lui avait valu d'être écartelé en place de Grève), la maison mère des oratoriens fonda (1616) une chapelle. Louis XIII avait conçu le plan d'intégrer cette chapelle, qui était à la mode, au palais du Louvre, qu'il aurait souhaité agrandir; mais le temps lui manqua pour réaliser son projet. L'Oratoire, bâti par *Métezeau* sur les plans de *Le Mercier*, devint presque un temple de l'éloquence. La Cour venait en foule entendre Bossuet, Massillon, Bourdaloue, Malebranche.

La façade que nous voyons aujourd'hui date du XVIIIe s. Après avoir été magasin de munitions sous la Révolution puis dépôt des costumes de l'Opéra, la chapelle des oratoriens fut affectée par Napoléon (1811) au culte réformé. A l'***intérieur***, on verra les vestiges du monument funéraire du cardinal de Bérulle, le ***plafond*** d'une chapelle peint par *Simon Vouet*.

Au chevet du temple *(rue de Rivoli)*, s'adosse ***le monument de l'amiral de Coligny*** (par *Crauk*, 1889). Ce n'est pas exactement en cet endroit que fut assassiné le célèbre chef protestant, lors du massacre de la Saint-Barthélemy (nuit du 24 août 1572), mais un peu plus loin, vers l'emplacement du nº 144 actuel de la rue de Rivoli (plaque erronée), dans un hôtel démoli seulement en 1852. Sophie Arnould y était née en 1740.

Le parc des Buttes-Chaumont★★

19e arr. / 30-N4
Métro : Butttes-Chaumont, Botzaris
Bus : 26, 60, 75
P garage Chambon 89-90, rue de la Villette
Taxis : 10, av. de Laumière ☎ 42.06.00.00
près du métro Botzaris ☎ 42.05.00.00

Le parc des Buttes-Chaumont, d'une étendue de 23 ha, situé au milieu du quartier jadis populaire de Belleville, est certainement l'un des plus agréables et des plus imprévus de la capitale. Voulu par Napoléon III, comme celui de Montsouris au S., il répond au désir de l'empereur d'offrir aux classes laborieuses des poumons de verdure. Il a été aménagé en 1866-1867 sous les ordres d'Alphand (grand ordonnateur des promenades parisiennes créées sous le second Empire), par l'ingénieur Darcel et le paysagiste Barillet-Deschamps sur les hauteurs dénudées (monts chauves, d'où Chaumont), de 83 à 101 m d'altitude, qui forment le promontoire le plus occidental des collines de Belleville.

Ce fut l'une des créations les plus louangées du service des espaces verts qui valut à Alphand le surnom d'« ingénieur-artiste ».

Le parc dans l'histoire

Depuis le Moyen Age ces hauteurs, si séduisantes aujourd'hui, constituaient une décharge publique qui, avec le gibet de Montfaucon en bas, était un des lieux les plus sinistres de Paris, et que François Villon connaissait bien. Dans les vastes carrières de plâtre, dans les anfractuosités rocheuses, les marginaux, comme l'auteur de la Ballade des pendus, avaient leur domicile, tou-

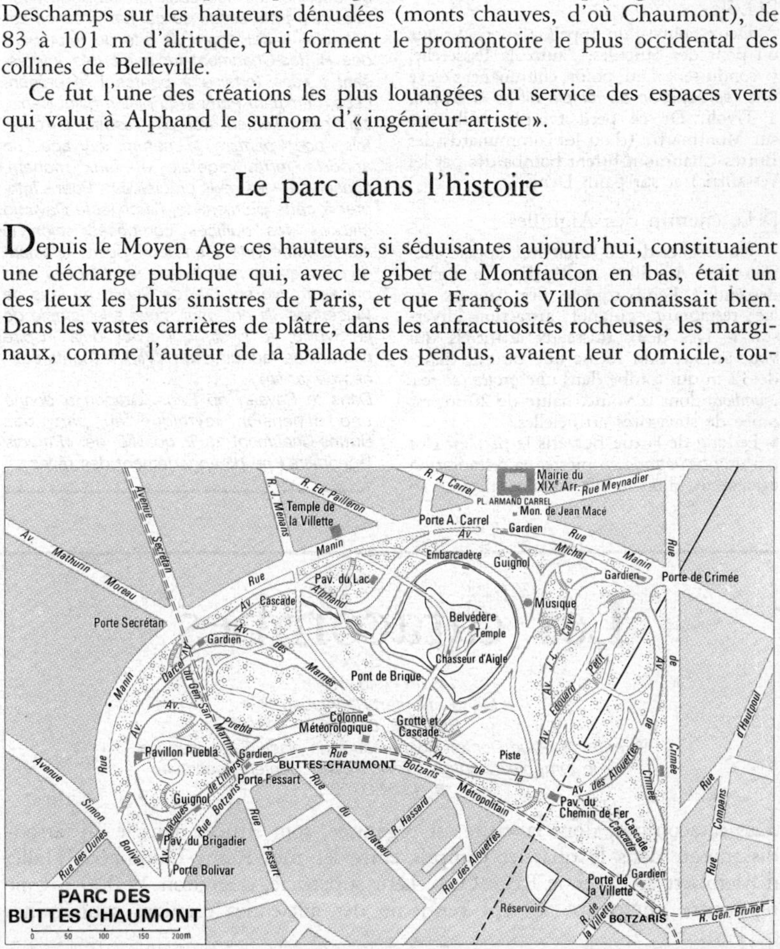

jours un peu vague. En 1814, les Buttes servirent de champ de bataille entre la garde nationale et les cosaques, et en 1871 elles contribuèrent considérablement à retarder l'avance des versaillais, les 26 et 27 mars.

Visite du parc

30 mn

Les créateurs du parc ont habilement utilisé et transformé en un paysage de ruines et de rochers ces terrains accidentés et sauvages, un peu à la manière d'Hubert Robert.

▸ Six portes donnent accès au parc, la principale étant celle de la place Armand-Carrel.

▷ Le lac *bateaux pour conduire au chemin des Aiguilles*

Il a une superficie d'environ 2 ha. Au milieu s'élance, à une hauteur de 50 m, une masse de rochers escarpés formant l'île, la partie la plus pittoresque du parc.

▷ L'île

Deux ponts, l'un appelé pont de Brique ou pont des Suicidés, l'autre la Passerelle, y conduisent; au point culminant s'élève une *reproduction du temple dit de la Sibylle*, à Tivoli. De ce petit temple, belle *vue* sur Montmartre (d'où les communards des Buttes-Chaumont furent bombardés par les versaillais) et sur Saint-Denis.

▷ Le chemin des Aiguilles

Un escalier de 200 marches, appelé chemin des Aiguilles, taillé dans la roche, descend à l'embarcadère des bateaux du lac; restaurant; guignol; attractions diverses. ▸ Des deux ruisseaux artificiels qui vont au lac, l'un forme une cascade haute de 32 m qui tombe dans une *grotte (en restauration)* dont la voûte, haute de 20 m, est ornée de stalactites artificielles.

▸ Le long de la rue Botzaris le parc est clos par une *balustrade* en pierre, en restauration également, d'où la *vue* est magnifique.

Le « pittoresque » aux Buttes-Chaumont

Le terme «pittoresque» qualifie des jardins du XVIIIe et XIXe s., qui usent de la nature, de l'assymétrie, de l'irrégularité et s'ornent d'une architecture exotique ou folklorique. Pour l'ingénieur Darcel, chargé sous Napoléon III de dessiner les nouveaux jardins de la capitale, «est pittoresque ce qui par essence est naturel». A cet égard, le site du futur parc des Buttes-Chaumont lui parut très intéressant : «ces terrains à pentes très prononcées, dominant Paris et la plaine Saint-Denis, sont naturellement très pittoresques». Toutefois, pour parfaire la nature sauvage, on apporta terre végétale et faux rochers, conservant «les réels précipices». Pour s'intégrer à cette promenade, l'architecte Davioud élabora des édifices composés selon la même esthétique. L'un deux, point culminant du parc, est un petit temple semblable à celui qui se trouve sur l'île de Reuilly au bois de Vincennes. Ils ont pour modèle le temple de la Sybille, à Tivoli, qui avait déjà inspiré nombre de fabriques du XVIIIe s. (petits édifices de jardin).

Dans le Paysan de Paris, Aragon a donné une dimension mythique au parc des Buttes-Chaumont qu'il qualifie de «Paradis légendaire» ou d'«appartement des rêves».

Les catacombes★

14e arr. / 43-H10
Métro : Denfert-Rochereau
Bus : 38, 68, 215
Ⓟ entre la place Denfert-Rochereau et la place Saint-Jacques, sur le terre-plein central / Taxis : place Denfert-Rochereau
☎ 43.54.00.00

Les catacombes, dont la visite est organisée, sont situées dans le 14e arrondissement, dans le quartier compris entre les rues Rémy-Dumoncel, Hallé, d'Alembert et l'avenue René-Coty. Leur superficie, d'environ 11 000 m², ne représente guère que le sept centième des anciennes carrières souterraines de Paris.

Les catacombes dans l'histoire

L'origine des catacombes de Paris ne remonte point, comme celle des catacombes de Rome, à une époque antérieure à l'ère chrétienne, mais à la fin du XVIIIe s. Depuis près de 1 000 ans existait le cimetière dit des Innocents qui, après avoir reçu les dépouilles de générations décédées dans vingt paroisses de la ville, était devenu un vrai foyer d'infection. Dès 1725, et pendant soixante années, les habitants des quartiers voisins élevèrent de vives réclamations qui fixèrent l'attention du Parlement. Mais ce ne fut qu'en 1785 que le Conseil d'Etat prononça la suppression et l'évacuation du cimetière des Innocents. L'emplacement choisi pour déposer ces ossements fut une partie des carrières souterraines de pierre à bâtir, située sous la plaine de Montsouris, au lieu-dit « la Tombe-Issoire ». Le transfert des ossements du cimetière des Innocents aux catacombes dura quinze mois et, devant le succès de cette opération de salubrité, l'administration décida d'étendre la mesure. C'est ainsi que, de 1787 à 1814, un certain nombre de cimetières parisiens, autour des églises notamment, furent supprimés. De nombreuses inhumations furent également faites dans l'ossuaire, à la suite des journées révolutionnaires (28-29 août 1788, 28 avril 1789, 10 août 1792, massacres dans les prisons, journées de septembre 1792). On y met, entre autres, les ossements provenant des Errancis (terrain à l'est du parc Monceau qui servit de cimetière en 1794), de sorte que les restes de Mme Elisabeth, Danton, Desmoulins, Lavoisier, Robespierre reposent vraisemblablement ici. Depuis lors, tous les débris humains trouvés dans le sol de Paris ont été déposés dans les catacombes, mais les restes d'aucun personnage connu n'ont pu être identifiés.

L'ossuaire est séparé des carrières avoisinantes par des murs épais en maçonnerie reliant des piliers de masse vierge laissés par les exploitants pour soutenir le ciel de la carrière. Ces piliers et ces murs découpent l'espace enclos en de nombreux méandres dont le développement atteint 800 m. On évalue à six millions l'ensemble des individus dont les restes ont été recueillis dans les catacombes. Des inscriptions françaises et latines, quelques-unes grecques, italiennes et suédoises, sont gravées sur les piliers. Les unes indiquent l'origine de la translation des ossements, le plus grand nombre nombre d'entre elles expriment des pensées et des sentiments religieux ou philosophiques.

Les catacombes furent visitées par le public à partir du XIXe s. Les visiteurs recevaient une bougie ou un « briquet phosphorique » avant la descente. Ils devaient suivre une large ligne noire peinte sur la galerie (elle est toujours visible dans de nombreuses galeries).

Visite des catacombes

Entrée : pavillon E. de l'ancienne barrière d'Enfer, 1 pl. Denfert-Rochereau
t.l.j. sf lun. ; du mar. au vendr. 14 h-16 h ; sam., dim., 9 h-11 h / 14 h-16 h. Groupes
(30 personnes maximum) ☎ 43.22.47.63. Visite commentée, mar. 14 h 45 / durée : 1 h

Il est interdit de s'écarter de l'itinéraire jalonné et de franchir les grilles qui séparent les catacombes du réseau souterrain des anciennes carrières. Le parcours de visite est susceptible de modifications.

▶ On descend au royaume des morts par un escalier de 90 marches proche de l'ancien *pavillon de l'octroi*, œuvre de l'architecte *Claude-Nicolas Ledoux*. ▶ Arrivé à 20 m sous terre, au départ des galeries, le visiteur peut voir deux salles consacrées à des présentations historiques.

La visite débute dans des galeries aménagées à la fin du XVIIIe s.

▶ Après les galeries sous les avenues du Général-Leclerc et René-Coty, on se trouve sous les consolidations de l'aqueduc d'Arcueil (1612-1613).

Les carrières de Paris

Si Lutèce a connu le développement qu'on lui connaît c'est, notamment, grâce à la qualité et à la quantité des matériaux de construction de son sous-sol. La cuvette sédimentaire du Bassin Parisien a en effet fourni le calcaire grossier, le gypse, l'argile, le sable, les cailloux alluvionnaires, tous matériaux nécessaires à la construction. De la conquête romaine jusqu'au XIIe s., palais, églises, couvents furent construits avec la pierre extraite aux environs de l'actuel jardin des Plantes ou sur la rive O. de la Bièvre. Après le XIIe s., les carrières des faubourgs Saint-Germain, Saint-Michel, Saint-Jacques, de Montparnasse et Montsouris sont utilisées concurremment avec celles de l'Oise.

En 1792, dix-huit carriers étaient recensés à Paris; un dixième, soit 850 ha, de la superficie actuelle de la capitale est excavée; 160 km de galeries souterraines sillonnent Paris. Les extractions durèrent jusqu'en 1813 mais, dès 1777, suite à de nombreux éboulements dus au non-remblaiement des carrières souterraines, un arrêt du Conseil d'Etat de Louis XVI crée une Inspection générale des Carrières afin de les recenser et d'en dresser les plans.

On peut globalement localiser les carrières parisiennes comme suit : les carrières de calcaire grossier sont essentiellement sur la rive gauche, dans les 13e, 14e, 15e arrondissements, nord du 5e et du 6e, plus quelques carrières dans le 16e arrondissement (Chaillot) et le 12e arrondissement (Daumesnil); les carrières de gypse se trouvent dans les 18e, 19e et 20e arrondissements; les sablières dans les 15e (Grenelle), 7e, 12e (Bercy), 13e arrondissements et l'argile dans le 15e arrondissement (Vaugirard).

Si, en 1813, il y a interdiction de toute exploitation souterraine, les carrières continuèrent cependant à être fréquentées : les insurgés de 1848 se font massacrer par les troupes de Cavaignac dans la carrière de Montmartre où ils s'étaient réfugiés; pendant la Commune, les carrières du Sud permettent de communiquer entre les forts de Vanves, Montrouge, Ivry; pendant la Seconde Guerre mondiale, la Résistance les utilisent.

Aujourd'hui 95 % des carrières parisiennes ont été remblayées, étayées ou consolidées, ce qui exclut tout risque d'accident.

▷ L'Atelier

Au niveau de la rue Hallé, on oblique brusquement O.-E., et l'on découvre une ancienne carrière consolidée : l'Atelier. A quelques mètres se trouve, sculptée dans la masse de pierre, une représentation de *la forteresse de Port-Mahon*, place principale des îles Baléares, prise par le duc de Richelieu en 1757. Ce travail fut exécuté, de 1777 à 1782, par un ouvrier des ateliers de consolidation, du nom de *Decure*, vétéran des armées de Louis XV, qui avait été interné dans cette forteresse; il mourut enseveli dans les catacombes en construisant un escalier qui devait rendre facile l'accès du souterrain. ▸ En poursuivant la visite, on rencontre un puits dénommé le Bain de pieds des carriers. Destiné à désaltérer les carriers, la nappe aquifère provoquait des bains de pieds forcés, la limpidité de l'eau la rendant pratiquement invisible.

▷ L'ossuaire

La porte de l'ossuaire, percée dans la galerie de consolidation de la rue Hallé, est située dans une chambre assez vaste soutenue par deux piliers en maçonnerie. Sur le *linteau* de la porte taillée dans la roche même, on peut lire ce vers de *Delille* : « Arrête, c'est ici l'Empire de la Mort. » Un monument commémoratif à g., rappelle les circonstances historiques de la création des catacombes. La porte franchie, on se trouve dans une sorte de vestibule auquel font suite les galeries contenant les ossements des cimetières parisiens de Saint-Laurent, Saint-Jacques-du-Haut-Pas, Saint-Jean-de-la-Trinité, Saint-Leu, d'une léproserie de la rue de Douai, du couvent des Carmes de la place Maubert, du cimetière des Innocents, de Saint-Landry, Saint-Nicolas-des-Champs, Saint-Etienne-des-Grès, etc.

Les ossements sont empilés entre les piliers et contre les murs de manière à présenter des parements verticaux et plans, sur lesquels se détachent des cordons de têtes

Un concert aux catacombes

Près de l'entrée de l'ossuaire s'ouvre la rotonde des Tibias, salle souterraine où l'acoustique est excellente. C'est à cet endroit que fut donné le 2 avril 1897, entre minuit et deux heures du matin, un concert exceptionnel organisé clandestinement par de jeunes esthètes. De nombreux journalistes reçurent tout d'abord cette surprenante invitation : « Vous êtes priés d'assister au concert spirituel et profane qui se fera le vendredi 2 avril 1897, en l'ossuaire des catacombes de Paris, par le concours d'artistes musicaux très éminents.

Notes précieuses. L'entrée sera rue Dareau, 92, près la rue Hallé, dès 11 h du soir. Pour éviter le rassemblement de curieux gêneurs, prière de ne pas ordonner l'arrêt des voitures devant la porte... »

A 11 h du soir, près d'une centaine de personnes sont rassemblées dans la rotonde des Tibias. A minuit et demi les bougies de l'orchestre s'allument. Durant deux heures les 45 exécutants interpréteront un programme en accord avec les lieux : Marche funèbre de Chopin, Danse macabre de Saint-Saëns, choral et marche funèbre des Perses, marche funèbre de la Symphonie héroïque de Beethoven.

juxtaposées, des tibias croisés en sautoirs et d'autres macabres dispositions ornementales. Au-delà de ces façades, les ossements s'entassent sans aucun ordre. Au cours de cette visite, on rencontre une source appelée *fontaine de la Samaritaine* : elle forme un petit bassin circulaire entouré de degrés. Un peu plus loin s'élève un autel en pierre, copié sur un magnifique tombeau antique en marbre découvert en 1807 entre Vienne et Valence, sur les bords du Rhône. La crypte fermant cet autel porte le nom de *crypte du Sacellum* (une messe y a été longtemps célébrée le premier dimanche après la Toussaint). On parvient ensuite à une autre crypte soutenue par deux piliers en pierre et renfermant un petit monument (piédestal et sorte de coupe antique) : c'est la *lampe sépulcrale*.

Puis on arrive au *tombeau dit de Gilbert*, qui tient sa dénomination des vers tirés du poème du Jugement dernier et inscrits sur la pierre inférieure ; mais ce sarcophage ne contient nullement les restes du poète. C'est une ancienne consolidation à laquelle on a donné la forme d'un tombeau.

Après être passé devant les ossements des victimes des premiers combats de la Révolution (hôtel de Brienne, place de Grève, rue Meslée, faubourg Saint-Antoine, Tuileries, etc.), on remarque la pierre tombale de Françoise Gellain, dame Legros, qui fit sortir *Latude* de la Bastille. On arrive à la porte de sortie de l'ossuaire, en laissant à g. une crypte spacieuse, dite *crypte de la Passion*, voisine du puits de descente des ossements, au milieu de laquelle se dresse un pilier de soutènement « habillé » de crânes et de tibias qu'on appelle *le Tonneau*. ▶ Pour revenir au jour, les visiteurs suivent une galerie d'inspection établie sous la rue Rémy-Dumoncel. On y voit deux belles *cloches de fontis*, de 11,30 m et 11 m de hauteur, vidées et consolidées de telle manière qu'on puisse se rendre compte des dangers que les vides de cette nature font courir aux voies publiques, maisons et ouvrages situés au-dessus d'eux. ▶ Peu après, on atteint l'*escalier de sortie*, lequel aboutit à une petite propriété de la Ville de Paris, située au n° 36, de la rue Rémy-Dumoncel : cet escalier de 84 marches et 17,50 m de hauteur a été aménagé dans l'ancien puits par lequel les ossements avaient été descendus dans les galeries.

Pour en savoir plus...

Gérards (Emile) : Paris souterrain, Paris, Garnier, 1909.

Lacordaire (Simon) : Histoire secrète du Paris souterrain, Paris, Hachette, 1982.

Suttel (René) : Catacombes et carrières de Paris, Paris, SEHDACS, 1986.

Willesme (Jean-Pierre) : Les Catacombes, Rennes, Ouest-France, 1986.

Paris souterrain : photographies de Alain Bali et Gilles Cappé, texte Yves Mamou, Paris, éd. de Nesle, 1980.

Le quartier de Chaillot**

16e arr. / 33-D6, 26-E6-E5
Métro : Trocadéro
Bus : 22, 30, 32, 63
🅿 av. Georges-Mandel
Taxis : place du Trocadéro, 1 av. d'Eylau ☎ 47.27.00.00
Marché : av. du Président-Wilson, entre la place d'Iéna et la rue Debrousse
(mercr., sam. 7 h-13 h 30)

Le quartier dans l'histoire

Sur la colline, et dès avant le VIIe s., s'élevait un groupe de masures appelé Nigeon et qui allait devenir une partie du village de Chaillot. Un manoir y surplombait la Seine; il fut donné (1493) par la reine Anne aux religieux minimes qui allaient être populaires dans le quartier sous le nom de Bonshommes. A l'emplacement du palais de Chaillot, Catherine de Médicis fit bâtir une maison de plaisance qui échut finalement (XVIIe s.) au maréchal de Bassompierre. Celui-ci la quitta pour la Bastille, après y avoir brûlé six mille lettres d'amour, derniers vestiges de la vie galante qu'il y avait menée. Ses héritiers vendirent le château (1651) à Henriette de France, reine d'Angleterre, qui y fonda le fameux couvent de la Visitation de Chaillot. C'est là que Bossuet prononça l'oraison funèbre de la princesse; là aussi que, par deux fois, Louise de La Vallière tenta de fuir Louis XIV avant de se réfugier au carmel. A l'O. s'étendait le couvent des Minimes.

Tout cela fut rasé au moment de la naissance du roi de Rome, lorsque Napoléon donna ordre de bâtir pour son fils, sur les pentes de la colline et jusqu'au bois de Boulogne, « le plus vaste et le plus extraordinaire palais » du monde, selon l'expression des deux architectes, Percier et Fontaine. De l'entreprise, ruinée par la chute de l'Empereur, il ne resta que quelques rampes, utilisées plus tard pour l'érection du palais du Trocadéro, en 1878. La hauteur de la colline fut sensiblement abaissée par les grands travaux de voirie d'Haussmann.

Visite du quartier

1 h 30

▷ La place du Trocadéro

Etablie en 1869, elle s'est appelée place du Roi-de-Rome jusqu'en 1877. Elle est située au sommet de la colline de Chaillot qui domine la rive dr. de la Seine. Depuis le remplacement de l'ancien palais du Trocadéro par le nouveau palais de Chaillot en 1935-1937, l'admirable ***perspective*** qui va d'une rive à l'autre n'est plus occultée par la masse du monument; la percée centrale ouvre maintenant sur une surperbe échappée, au S.-E., vers la tour Eiffel, le Champ-de-Mars, l'Ecole militaire.

Au centre de la place se dresse, sur un haut piédestal, la ***statue*** équestre du maréchal Foch, œuvre de *Robert Wlérick* et *Raymond Martin*, inaugurée le 11 novembre 1951 pour le 33e anniversaire de l'armistice de 1918 et le centenaire de la naissance du maréchal (1851-1929). A l'O., entre les avenues Georges-Mandel et Paul-Doumer, la place est dominée par la haute terrasse du cimetière de Passy. Contre le mur de soutènement s'adosse le monument ***A la gloire de l'armée française de 1914-1918***, inauguré en mai 1956; par son esthétique colossale, cette œuvre de *Paul Landowski* suscita de vives critiques.

▷ Le cimetière de Passy

entrée 2, av. Paul-Doumer

D'une superficie de 17 060 m², il regroupe 261 concessions à perpétuité. Depuis 1874, il est la nécropole élégante de Paris. L'***entrée***, refaite en 1934, est ornée de bas-reliefs par *Janthial*. Il est difficile de donner un itinéraire, les allées ne portant pas de noms; mais l'exiguïté des lieux permet une visite assez rapide et facile. Commencer par la dr.

Renée Vivien (Pauline Tarn † 1909), poétesse saphique qui a également traduit des œuvres grecques. Sépulture ***Dupont*** (du nom du créateur des cafés Dupont) avec un groupe en bronze dont un Mercure au caducée. La chapelle orthodoxe qui domine cette partie du cimetière est celle de ***Marie Bashkirtseff*** († 1884), morte à vingt-quatre ans; son Journal lui a valu une célébrité posthume. On trouve ensuite une rotonde à colonnes; cette chapelle dont la crypte est apparente appartient à la ***famille Talleyrand-Périgord***. ***Maurice Paléologue*** († 1944) : longtemps ambassadeur auprès de l'empereur Nicolas II de Russie, il laissa de nombreux et intéressants témoignages historiques sur son temps. Au fond et à dr. de l'allée latérale, l'aviateur ***Henry Farman*** († 1948) : un des pionniers de l'aviation; il est représenté ici pilotant avec le « manche à balai ». En face, sépulture ***Curplikowski*** surmontée d'un groupe en pierre par *Dunikowski* dite l'Accolade. ***Jean Giraudoux*** († 1944), un des grands écrivains du XXe s. ***Georges Mandel*** († 1944), homme politique assassiné par la milice en forêt de Fontainebleau. Tombe avec pyramide du ***comte de Las Cases*** († 1842), qui accompagna Napoléon à Sainte-Hélène et y resta

▷ L'avenue d'Iéna *jusqu'à la place d'Iéna*

Cette large artère suit approximativement une ancienne rue du village de Chaillot dans laquelle Henri IV et la belle Gabrielle d'Estrées disposaient d'un pavillon. C'est aujourd'hui une avenue très cosmopolite.

Au n° 2, l'architecte *Brune* construisit de 1884 à 1887 un hôtel particulier pour Jules Grévy, président de la République. Par la suite, l'hôtel servit de résidence à l'ambassadeur des Etats-Unis avant d'être remplacé, en 1973, par un bloc d'appartements. Au n° 4, l'*ambassade d'Iran* occupe ce qui fut une demeure Art Nouveau dessinée par *Xavier Schoellkopf* en 1898; la façade actuelle, classique, date de la veille de la Première Guerre mondiale, époque à laquelle la maison appartint au comte de Cambacérès. Au n° 10, l'ancien ***hôtel*** du prince Roland Bonaparte, élevé par *Janty* entre 1892 et 1899, abrite aujourd'hui le centre français du Commerce extérieur, après modifications réalisées par *Roux-Spitz* en 1929. Du temps du prince, il renfermait une bibliothèque scientifique de 100 000 volumes et des souvenirs napoléoniens. Marie Bonaparte, princesse Georges de Grèce et célèbre psychanalyste, y naquit.

▷ La place d'Iéna

Au centre de cette place se dresse la ***statue*** équestre de Washington, bronze par *David C. French* et *Edward G. Potter*, offerte par la Société des Filles de la Révolution en 1900.

Le palais du Conseil économique et social

L'angle S.-O. de la place est occupé par la rotonde d'entrée de ce bâtiment construit en 1937-1938 par *Auguste Perret* pour le musée des Travaux publics, à l'angle des avenues d'Iéna et Wilson. L'édifice, d'un style à la fois classique et original avec ses colonnes cannelées en béton, est une des meilleures réussites du grand architecte († 1952). La rotonde d'entrée épouse la forme en hémicycle de l'amphithéâtre qu'elle abrite. Une aile de même style, longue de 60 m, lui a été ajoutée en 1960-1962 en bordure de l'avenue du Président-Wilson, pour abriter le siège de l'Union européenne occidentale (*Vimont* architecte). Sur le troisième côté de l'îlot triangulaire subsiste encore un bâtiment en pierre et brique de l'ancien Dépôt des phares et balises; c'est une œuvre caractéristique de l'architecte *Léonce Raynaud*. ▸ A l'angle de l'avenue d'Iéna et de la rue Boissière se trouve le ***musée Guimet*** (→ *musées*).

▷ L'avenue du Président-Wilson

C'est l'ancienne avenue du Trocadéro. A cet endroit s'élevait la ***Manutention militaire***, remplaçant la manufacture de la Savonnerie, ancêtre des Gobelins. Entre les n°s 12 à 22 s'étendait jadis la propriété de Mme de Pompadour, ensuite habitée par la cantatrice Sophie Arnould, finalement rasée en 1865. C'est dans ces parages encore, à la fin du XVIIIe s., que se trouvait l'élégante « chaumière » de Tallien où merveilleuses et muscadins menaient joyeuse vie. De ce passé, le beau cèdre qu'on voit au coin du n° 12 subsiste : planté en 1788, il ornait l'ancienne ambassade de Pologne et les lieux évoqués par Anatole France dans Le Lys rouge.

▷ Les palais d'Art moderne*

11-13, av. du Président-Wilson

Communément dénommés palais de New-York et de Tokyo, du nom du quai, ils furent construits pour l'Exposition de 1937; ils étagent leurs masses cubiques ou arrondies depuis la Seine jusqu'à l'avenue du Président-Wilson, couvrant 2 ha et rattrapant 12 m de différence de niveau. Ils abritent le ***palais de Tokyo*** à l'O. et le ***musée d'Art moderne de la Ville de Paris*** (→ *musées*), à l'E.

Une fois écartés les projets très modernistes de Le Corbusier et Mallet-Stevens, ce sont ceux, plus académiques, des architectes *Dondel*, *Aubert*, *Viart* et *Dastugue* qui ont été retenus. Aujourd'hui, le côté archaïque et majestueux de cette architecture fortement antiquisante satisfait notre goût post-moderne, et la haute colonnade de pierre blanche qui réunit les deux ailes et forme portique autour du grand patio central a de quoi séduire plus d'un visiteur. Autre sujet d'admiration, les monumentales portes de bronze sculpté et notamment celle de la ***rotonde Alma*** surmontée d'une très belle figure de la Ville de Paris due à *Dideron*. Aussi attrayante, mais malheureusement condamnée pour l'instant dans l'attente des travaux qui la restaureront, la ***cour des Musées***, avec sa vaste pièce d'eau centrale, ses quatre figures couchées, par *Drivier*, *Dejean* et *Guénot* et ses murs ornés par *Janniot*, *Gaumont* et *Baudry* de bas-reliefs mythologiques sur le thème Les Muses et la Légende, offrait elle aussi un splendide espace d'exposition de plein air. La France, immense allégorie d'*Antoine Bourdelle*, la domine de toute sa verticalité. Elle a été érigée en 1948 par l'Association des Français libres, à la mémoire des volontaires de la France libre tombés de 1940 à 1945. Deux grands bronzes de *Bourdelle* : La Force et La Victoire sont placés de part et d'autre, sous le péristyle.

▷ Le palais Galliera

Il s'élève dans le ***square Brignolles-Galliera*** dont l'entrée est située avenue du Président-Wilson, face aux palais d'Art moderne. Il occupe un édifice dans le style de la Renaissance italienne, bâti par *Léon Ginain* de 1878 à 1894 pour présenter les collections que la duchesse de Galliera destinait à la Ville de Paris; un pavillon central à trois grandes arcades, avec les ***statues*** de la Peinture par *Chapu*, de l'Architecture par *Thomas*, de la Sculpture par *Cavelier*, est flanqué de deux ailes à colonnade, formant portiques également décorés de statues. Il abrite les collections du ***musée de la Mode et du Costume*** (→ *musées*) qui sont montrées à l'occasion d'expositions thématiques et dont l'entrée se trouve sur l'avenue Pierre-Ier-de-Serbie.

▷ La rue Georges-Bizet
par l'av. Pierre-Ier-de-Serbie

Elle était connue au début du XIXe s. comme étant la rue des Blanchisseuses car elle descendait jusqu'au quai. Au n° 5, se trouve l'***église orthodoxe grecque*** bâtie par l'architecte *Vaudremer* en 1895, à la demande d'un riche Grec qui en fit don à l'Etat hellénique qui la possède toujours. Le peintre *Lameire* réalisa les peintures dans la tradition byzantine ; dans le cul-de-four du chœur, délimité par un iconostase, apparaît un Christ en gloire.

▷ L'église Saint-Pierre-de-Chaillot
35, av. Marceau / f. 12 h-14 h ☎ 47.20.12.33.

L'église actuelle, construite de 1933 à 1937 sur les plans d'*Emile Bois*, en a remplacé une plus ancienne dont le chœur remontait au XVIIe s. et la nef au XVIIIe s.

Le nouvel édifice présente un plan en croix grecque. Ses formes massives sont librement inspirées de l'architecture romane, tout en tirant franchement parti des possibilités offertes par l'usage du béton. La façade est flanquée d'un campanile dont l'élan vertical signale l'église en animant sa silhouette. La paroi d'***entrée*** est décorée d'un immense relief de *Jean Bouchard* (Episodes de la vie de saint Pierre), qui reprend lui-même les formes géométriques de la sculpture romane. L'***intérieur*** s'impose par une grandeur austère et une majesté qu'accentue l'habile articulation des volumes. Les hauts piliers de la croisée ont été peints à fresques par *Nicolas Untersteller* (l'Eglise catholique). Les vitraux sont des *frères Mauméjean*, ainsi que la décoration en pierre colorée des autels. *Bouchard* a exécuté le chemin de croix et les bas-reliefs du maître-autel et de la chaire. ▶ En sortant de l'église prendre à g. la ***rue de Chaillot***, animée et commerçante, puis à dr. la rue Georges-Bizet.

▷ La place des Etats-Unis

Son square est bordé de riches ***hôtels particuliers***, pour la plupart transformés en bâtiments diplomatiques. Au n° 13, le banquier Bischoffsheim demanda à l'architecte *Sanson* de lui construire cette vaste demeure et fit venir de Palerme un ***plafond*** peint par *Solimena* pour orner la salle de bal ; sa petite-fille, la vicomtesse Marie-Laure de Noailles y tint, pendant l'entre-deux-guerres, un cénacle littéraire et artistique fameux. La place est ornée de plusieurs ***monuments*** « américains » : le monument aux Volontaires américains morts pour la France en 1914-1918, par *Boucher* ; le groupe fondu dans le bronze, de *Bartholdi* : La Fayette et Washington (1895) ; le buste de Myron T. Herrick, ancien ambassadeur des Etats-Unis en France ; la statue du chirurgien américain Horace Weiss (par *Bouthée*, 1910) et enfin la statue du général Pershing. ▶ Suivre la ***rue Galilée*** à dr., depuis l'angle N.-E. de la place. Au n° 30, *Paul Sédille*, architecte des grands magasins du Printemps, éleva cet immeuble embelli de deux cariatides entourant le porche, sculptées en 1895 par *Allar* ; le poème sous le linteau fait référence

Amateurs et collectionneurs du 16e arrondissement

Si le commerce d'art ne tient pas boutique dans ce quartier, on y trouve par tradition et concentration de la richesse, nombre de célèbres collectionneurs ; la discrétion qui s'attache à la fortune ne permet d'évoquer que les grandes figures du passé.

Les frères Jules et Edmond de Goncourt, qui habitaient un petit hôtel boulevard de Montmorency à Auteuil, réhabilitèrent les arts du XVIIIe s. et firent découvrir à leurs contemporains les mystères de l'Extrême-Orient. Le romancier Adolphe d'Ennery acheta les objets de la Chine et du Japon qui composent aujourd'hui un savoureux musée exotique (59, av. Foch). Sur des critères bien plus scientifiques, l'industriel lyonnais Emile Guimet rassembla ce qui constitue aujourd'hui le fonds du célèbre musée qui porte son nom (6, pl. d'Iéna). Minotier et fabriquant de pâtes alimentaires, Camille Groult possédait, dans son hôtel aujourd'hui détruit de l'avenue Malakoff, un ensemble exceptionnel de tableaux du XVIIIe s. français et anglais. Dans le vaste hôtel du 51, av. d'Iéna qui abrite aujourd'hui le Centre culturel portugais, Calouste Gulbenkian, le célèbre Monsieur 1 %, rassembla des chefs-d'œuvre de peinture et sculpture que l'on peut aujourd'hui admirer à la fondation qu'il créa à Lisbonne. Le plus célèbre des collectionneurs reste cependant le couturier Jacques Doucet qui, dans son bel hôtel du 19, rue Spontini (hélas disparu), réunit une collection d'art français du XVIIIe s. dont la dispersion aux enchères en 1912 fut alors considérée comme « la vente du siècle ». On pourrait de même évoquer la collection impressionniste de Jules Strauss ou Georges Pauilhac dont la collection d'armes se trouve maintenant au musée de l'Armée, sans oublier les Marmottan père et fils dont le musée éponyme (2, rue Louis-Bailly), consacré aux arts du premier Empire, illustre bien dans son cadre d'origine, ces grands amateurs éclairés destinant leur fortune à la « curiosité ». La succession des mécènes est ouverte...

aux expressions antithétiques des figures. ▶ L'*avenue d'Iéna (fin)* : au n° 60 bis, la fédération du football a aménagé un petit *musée-souvenir (t.l.j. sf sam., dim. 9 h-13 h/14 h-17 h ☎ 47.20.65.40)* avec photos des grandes heures de l'équipe de France. L'avenue traverse la place de l'Uruguay. Au n° 51, l'ancien hôtel de Rodolphe Kahn est aujourd'hui occupé par le *Centre culturel portugais* (→ *encadré*). ▶ Plus haut on verra, au n° 7 de la *rue Lapérouse* un *immeuble*★ d'aluminium et de verre, construit en 1951 par les architectes *Gravereau* et *Lopez*, qui est le siège de la fédération nationale du Bâtiment et des Travaux publics; la façade est l'œuvre de l'ingénieur *Jean Prouté*; au n° 29, le verre a été aussi largement utilisé sur la façade du siège de la Compagnie bancaire (*M. Herbert*, 1978). ▶ L'*avenue Marceau (par la rue de Presbourg vers l'E.)*. Cette large avenue relie directement la place Charles-de-Gaulle-Etoile à la place de l'Alma. Au n° 77, l'*ambassade du Danemark*, inaugurée en 1967, à ossature de béton apparente et d'une conception originale, est l'œuvre des architectes *Preben Hansen* et *Bernard Zehrfuss*.

▷ L'avenue Kléber

Cette avenue, d'abord appelée avenue du Roi-de-Rome, relie la place de l'Etoile à celle du Trocadéro. Deux palaces aujourd'hui désaffectés témoignent de l'ancienneté de l'hôtellerie de luxe dans ce quartier cossu et cosmopolite. Ils illustrent les courants contradictoires de l'architecture du début du siècle.

A l'angle de la rue de Presbourg, l'ancien *hôtel Mercédès* fut construit en 1903 par l'architecte *Georges Chedanne* dans le goût de l'Art Nouveau : les façades, animées d'un mouvement ondulatoire, sont agrémentées de bow-windows courbes surmontés de loggia. Sur les clefs des baies du rez-de-chaussée, les sculpteurs *Gasq* et *Boutry* représentèrent des couples conduisant une voiture ou lisant une carte, tandis que les consoles au-dessus s'ornent de figures de femmes en voilette et de têtes d'hommes avec lunettes et casquette; ces savoureuses petites scènes composent un rare ensemble iconographique autour de l'automobile. A l'inverse, l'ancien *hôtel Majestic*, au n° 19 de l'avenue, exhibe un vocabulaire architectural redondant renforcé par une opulente décoration sculptée; inauguré en 1908, il est l'œuvre de l'architecte *Sibien*. Derrière l'apparence académique de l'ensemble se cache des techniques de pointe pour l'époque, comme l'utilisation de planchers en béton armé; sur les combles, le roof garden offrait une vue panoramique unique sur la capitale. Acquis par l'Etat en 1939, l'hôtel est aujourd'hui utilisé en centre de conférences internationales; il a remplacé l'hôtel de Castille où la reine Isabelle II vécut entre 1868 et 1904.

On note d'autres célébrités, familières de l'avenue Kléber : Aristide Briand est mort le 7 mars 1932 au n° 52; le grand poète lithuanien O.V. Milosz (1877-1939) a vécu au n° 73. Près de là, au 44, rue Hamelin, Marcel Proust est mort en 1922; il y vivait depuis 1919.

Pour les abords immédiats de ce quartier → *Arc de Triomphe, avenue des Champs-Elysées et avenue Foch.*

Les musées à voir

Musée Guimet (6, pl. d'Iéna) : arts asiatiques.
Musée d'Art moderne de la Ville de Paris (11, av. du Président-Wilson) : art moderne et contemporain; musée des enfants; l'A.R.C.
Musée de la Mode et du Costume (10, av. Pierre-Ier-de-Serbie) : costumes du XVIIIe s. à nos jours.
Musée des Monuments français (palais de Chaillot, place du Trocadéro) : moulages de sculptures du XIe au XIXe s.
Musée de l'Homme (palais de Chaillot, place du Trocadéro) : anthropologie, préhistoire et ethnographie étrangère.
Musée de la Marine (palais de Chaillot, place du Trocadéro) : histoire maritime et modèles de bateaux du XVIIIe s. à nos jours.
Musée du Cinéma (palais de Chaillot, av. Albert-de-Mun) : histoire du cinéma, présentation de studios, costumes et décors.
Musée des Matériaux (place du Trocadéro) : éléments d'architecture et de construction.
Musée du Football (60 bis, av. d'Iéna) : photographies de l'équipe de France.

Les Champs-Elysées***

8e arr. / 27-G5-6, 26-F5
Métro : Concorde
Bus : 24, 42, 52, 72, 73, 84, 94
Taxis : 258, rue de Rivoli ☎ 42.61.67.60
🅿 place de la Concorde

L'urbanisation des Champs-Elysées est une entreprise récente. C'est à partir du second Empire qu'a lieu son développement, entraînant de manière significative l'essor de la capitale vers l'ouest.

Dans sa partie haute, bordée d'immeubles luxueux, l'avenue abrite de part et d'autre cinémas, bureaux, galeries commerciales, fast food et bars renommés, drainant une population disparate où se côtoient hommes d'affaires, touristes, badauds et jeunes banlieusards qui ont momentanément délaissé les Grands Boulevards.

A l'opposé, dans sa partie est, où subsistent les vastes jardins qui jouxtent la place de la Concorde, l'avenue des Champs-Elysées a pu garder sa vocation première. Certes les grandes allées ne voient plus descendre les somptueux équipages des amis de Swann, mais elles n'en demeurent pas moins une des plus belles promenades de Paris.

Les Champs-Elysées dans l'histoire

L'avenue des Champs-Elysées fut tracée dans le but d'embellir et de prolonger la perspective royale des Tuileries. Dès 1616 Marie de Médicis avait fait planter, près du quai de Seine, trois allées d'arbres : le Cours-la-Reine. Par un décret de 1667, on décida la plantation d'une promenade — ou Grand-Cour — dans l'axe du jardin des Tuileries, sous la direction d'André Le Nôtre qui avait prévu la création d'une patte d'oie avec, de part et d'autre du Grand-Cours, le Cours-la-Reine et une voie qui devait être ouverte à travers le faubourg Saint-Honoré. L'axe des Champs-Elysées fut prolongé au cours du XVIIIe s. au-delà du Rond-Point jusqu'à la butte de l'Etoile.

A l'instigation du duc d'Antin, en 1710, celle-ci fut aplanie pour donner aux voitures un accès plus facile. Le marquis de Marigny fit élargir l'avenue et poursuivre les travaux jusqu'au pont de Neuilly construit par Perronnet. En 1777, un colonel de la garde suisse notait dans son rapport : « Plusieurs particuliers ont des vaches qui pâturent dans les Champs-Elysées, leur nombre est considérable, ces animaux peuvent être incommodes pour la promenade ». Il relevait également la présence de cabarets, de cafés, de baraquements. En 1800, les Champs-Elysées ne comptaient que six maisons, dont la plus ancienne était l'hôtel de Massa (1784).

C'est surtout sous le second Empire que le quartier se couvrit d'hôtels particuliers et de grands hôtels de voyageurs accueillant financiers et hommes d'affaires. Avec la création des contre-allées asphaltées, d'établissements publics (cafés, restaurants, salles de spectacles), les Champs-Elysées devinrent alors symbole d'élégance et de bon ton.

Le 14 juillet 1919, les armées françaises et alliées défilèrent sur l'avenue des Champs-Elysées ; voie triomphale que descendit à son tour le général de Gaulle, le 26 août 1944, à la tête de la division Leclerc, aux acclamations d'un peuple libéré.

Visite des Champs-Elysées

1 h

▶ Emprunter, à partir de la place de la Concorde, l'avenue des Champs-Elysées que l'on remontera sur sa partie dr.

▷ Les jardins des Champs-Elysées**

Nous sommes dans les jardins aménagés par *Hittorff* en 1838. Les allées, dont l'une porte le nom de Marcel Proust, les pelouses, les arbres, les massifs fleuris n'ont guère changé depuis que le jeune Marcel Proust, accompagné de sa bonne, allait, avec autant d'espoir que d'appréhension, retrouver Marie de Benardaki qui ne savait pas qu'un jour elle serait Gilberte.

De chaque côté de l'avenue subsistent les ***pavillons*** élevés par *Hittorff* : à g., le restaurant Ledoyen, à dr. les pavillons de l'Elysée, Gabriel-Potel et Chabot ; celui-ci est installé dans l'Alcazar d'été qui vit les belles années du caf'conc' parisien au début de la troisième République avec Thérésa, Paulus et bien d'autres. Le bâtiment a été agrandi par *Formigé*. A la hauteur du ***palais de l'Elysée**** *(→ faubourg Saint-Honoré)*, un monument à Alphonse Daudet se dresse dans la verdure depuis 1902. En 1984, cinq ***stèles*** en bronze, du sculpteur *Jeanclos* en hommage à Jean Moulin, ont été installées dans le jardin.

L'***espace Pierre-Cardin*** tient une place de premier plan dans la vie culturelle parisienne. A l'origine simple café chantant ouvert en 1830, la ville de Paris décida, cent ans plus tard, de construire un bâtiment comprenant un restaurant et le théâtre des Ambassadeurs. C'est là que furent créés les Parents Terribles de J. Cocteau, pièce dans laquelle J. Marais fit ses débuts. Fontaines d'époque Napoléon III par *Duret*.

▶ Au-delà, les jardins sont bordés par l'***avenue Gabriel*** que longe l'***ambassade des Etats-Unis****, ainsi que les jardins de l'***ambassade de Grande-Bretagne**** *(→ faubourg Saint-Honoré)* et du palais de l'Elysée fermés par la grille du Coq entre les deux, un immeuble a été construit en pierre, aluminium et verre en 1978. ▶ Au carrefour avec l'avenue de Marigny, se tient en plein air la ***Bourse aux timbres*** *(jeudi, sam., dim. et jours fériés)*. ▶ L'***hôtel de Rothschild*** *(23, av. de Marigny)*, est devenu la résidence Marigny, appartenant à l'Etat et réservée aux hôtes de marque étrangers.

▷ Le théâtre Marigny

Sur le carré Marigny, à l'emplacement d'un petit théâtre dirigé de 1855 à 1858 par Offenbach, *Charles Garnier*, l'architecte de l'Opéra, construisit en 1883 un panorama. En 1896, ce panorama fut transformé en music-hall et ce n'est qu'en 1925 qu'il prit sa fonction actuelle de théâtre. Il connut une période particulièrement brillante de 1946 à 1956 lorsqu'il abrita la compagnie Renaud-Barrault qui venait de se créer. ▶ Revenir sur la ***place Georges-Clemenceau*** où l'on voit, à g. sur un rocher, une ***statue*** de Clemenceau (*F. Cogné*, 1932).

▷ L'avenue Winston-Churchill

Au début du siècle, elle s'appelait place Nicolas-II et conduisait au ***pont Alexandre-III**** *(→ les ponts de Paris)* qui célébrait l'alliance franco-russe. L'ouverture de cette ***perspective**** remarquable sur l'esplanade et le dôme des Invalides s'insérait dans la politique des grands travaux entrepris lors de l'Exposition universelle de 1900, en même temps que les deux palais édifiés de part et d'autre de l'avenue.

▷ Le Petit Palais** *à g.*

Edifié entre 1897 et 1900, selon les plans de *Charles Girault*, il était destiné à accueillir la rétrospective de l'art français pour l'Exposition universelle. Il abrite aujourd'hui des collections de la Ville de Paris *(→ musées)*.

Ce bâtiment, comme son voisin, témoigne du retour à l'académisme après l'apothéose de l'architecture de fer à

Les jardins des Champs-Elysées

Dans les premières années du XIXe s., à l'époque où le restaurant Ledoyen n'était qu'une modeste auberge, quelques établissements, L'Aurore et le Café de la Réunion, se partageaient une clientèle mêlée et bruyante. Le projet de faire des jardins un parc à la mode, peuplé de fontaines, en même temps qu'un haut lieu d'attractions, remonte à la monarchie de Juillet. Après avoir remanié la place de la Concorde, Hittorff se vit confier, à partir de 1838, les aménagements des jardins attenants. Il fit élever, outre quatre pavillons — Ledoyen, l'Horloge, l'Alcazar d'Été, les Ambassadeurs — un panorama et un cirque où se produisirent les célèbres revues équestres de Franconi. Par la suite, les jardins des Champs-Elysées servirent de cadre à l'Exposition universelle de 1855. On y éleva le palais de l'Industrie, long parallélogramme à charpente métallique — réponse au Cristal Palace élevé à Hyde Park en 1851 —, tandis que la rotonde du Panorama et une galerie de 1 200 m sur le quai servaient d'annexes. Ce temple du commerce et du progrès fut abattu pour laisser place à deux nouveaux géants : le Grand Palais et le Petit Palais pour l'Exposition 1900.

l'Exposition universelle de 1889. Il déploie ses galeries autour d'une cour hémicirculaire. La façade principale, vis-à-vis du Grand Palais, possède une certaine majesté avec sa colonnade ionique qui encadre un vaste porche surmonté d'un dôme à lanternon. Un riche *décor sculpté* et de belles ferronneries ornent l'entrée principale. Aux pieds de l'escalier, à g., Les Quatre saisons de *Convers*; a dr., La Seine et ses affluents de *Ferrary*; l'étonnante voussure de la porte où fleurs, fruits et animaux s'entrelacent, est couronnée par la Ville de Paris protégeant les Arts, par *Injalbert*; au-dessus du fronton, à g., la Peinture et à dr., la Sculpture, toutes deux de *R. de Saint-Marceaux*. Le décor sculpté se poursuit dans des bas-reliefs placés au-dessus des fenêtres situées en arrière de la colonnade : les Arts et les Industries diverses, par *Fagel* et *Hughes*. Aux pavillons latéraux figurent, du côté des Champs-Elysées, Vénus, et du côté de la Seine, Junon, toutes deux d'*A. Moncel*. Enfin, ornant la porte de la façade postérieure, dans le tympan brisé, Trois Parques, le Jour et la Nuit d'*H. Lemaire*; au-dessus du fronton, l'Histoire et l'Archéologie, de *Desvergnes*.

▷ Le Grand Palais** *à dr.*

Il fait face au Petit Palais. Edifié de 1897 à 1900 sous la direction de *Girault*, le Grand Palais devait être le « monument consacré par la République à la gloire de l'art français ». Il est tout à fait caractéristique de son époque, par la dichotomie entre sa grande halle en fer où explose l'Art Nouveau et l'habillage en pierre des façades académiques. La façade sur l'avenue Winston-Churchill est de *Deglane*.

Au-dessus des perrons d'angle, quadriges colossaux de *Récipon*. Derrière la colonnade, frise en mosaïque de verre sur fond rouge, les Grandes Epoques de l'Art, par *G. Martin* d'après Ed. Fournier. *Louvet* a bâti la ***façade*** sur l'avenue du Général-Eisenhower; au-dessus d'une porte monumentale, bas-relief de *Theunissen* : les Arts et les Sciences rendant hommage au nouveau siècle; la Nuit, par *Sicard*, et l'Aurore, par *Soulès*. En face de cette porte, un bassin de marbre dit le ***Miroir d'eau***, orné de figures de femmes et d'enfants, par *R. Larche*, offre un spécimen typique de décoration modern style. Sur l'avenue Franklin-Roosevelt, ***façade*** de *Thomas*; de chaque côté du porche central, deux groupes équestres, par *Falguière* et *Peter*. Derrière la colonnade, frise polychrome en grès cérame, représentant le Défilé des Arts à travers les âges, exécutée à Sèvres d'après les cartons de *Joseph Blanc*. On peut voir la grande halle en fer et sa coupole (*Daydé* et *Pillé*, architectes) lors de manifestations temporaires (FIAC, Salon du livre, Salon des antiquaires, etc.), entrée avenue W.-Churchill. Le reste des bâtiments est occupé par les ***galeries nationales du Grand Palais*** *(→ musées)*, le ***Palais de la Découverte*** *(→ musées)* et la faculté des Lettres et Sciences humaines de Paris.

▷ Le théâtre du Rond-Point

Sous les arbres, entre l'avenue de Selves et l'avenue Franklin-Roosevelt, le panorama de Dairond, devenu ***Palais des Glaces*** vers 1894, abrite depuis 1980 un théâtre animé par la *compagnie Renaud-Barrault*. Après avoir quitté la Comédie-Française en 1946, les deux comédiens installent leur compagnie au théâtre Marigny, à l'Odéon puis à l'Elysée-Montmartre. Ils séjournent un moment dans la gare d'Orsay désaffectée où ils font construire un théâtre en bois démontable, transporté aujourd'hui dans cet ancien diorama.

▷ Le Rond-Point des Champs-Elysées

Tracé en 1670, il n'a vraiment été aménagé qu'en 1815. Les galeries marchandes installées dans l'angle N.-O. font face à l'ancien ***hôtel Lehon***; occupé par l'hebdomadaire Jours de France, cet hôtel a été récemment agrandi d'une aile sur les Champs-Elysées. Les ***fontaines lumineuses*** en dalles de verre qui animent le Rond-Point ont été créées par *Max Ingrand* (1958).

▷ L'avenue Matignon

Après avoir traversé le Rond-Point, on fera un aller-retour dans cette avenue bordée de galeries d'art contemporain (Art curial, Bernheim-Jeune...) qui mène au faubourg Saint-Honoré. Au n° 3, dans une maison disparue, est mort le poète Henri Heine (1797-1856). L'*immeuble* du n° 17 a été construit par *P. Dufau* pour Time et Life. Le n° 20, avec une façade en pierre et verre, a été édifié par *Mazzucconi*. La tradition voudrait que Fersen ait vécu à l'emplacement du n° 19 : le boudoir Louis XVI de cet hôtel est conservé au musée Carnavalet. On verra enfin, au n° 25, l'***hôtel de la Vaupalière****, construit en 1761 par *Colignon* pour son usage personnel. ▶ L'*avenue Franklin-Roosevelt*. On croise cette avenue sans l'emprunter. Personne ne croirait plus qu'elle était fort mal famée à l'époque où elle fut tracée par le *duc d'Antin*. Depuis un siècle, les boutiques de luxe on fait disparaître les guinguettes plus ou moins borgnes. Nadar est mort au n° 49, et Réjane habitait au n° 25.

▷ L'avenue des Champs-Elysées*

Entre le Rond-Point et l'Arc de Triomphe, l'avenue est bordée de boutiques, de grands cafés, de cinémas, de compagnies aériennes, de sociétés industrielles et bancaires.

Au n° 15, le duc de Morny, amant de la comtesse Lehon, femme de l'ambassadeur de Belgique, avait un petit hôtel *(→ ci-dessus)* que la rumeur publique appelait « la niche à Fidèle ».

▷ L'hôtel de la Païva*

25, av. des Champs-Elysées

Construit par *Manguin*, il est maintenant le siège du Travellers Club. Il constitue un remarquable ensemble décoratif du second Empire dans le style néo-Renaissance. De nombreux artistes (*P. Baudry* pour le plafond du grand salon, *Legrain*, *Dalou*, *Carrier-Belleuse*, *Barbedienne*) contribuèrent au fastueux ***décor*** d'onyx et de bronze doré.

Marquise de la Païva y Araujo de par son mariage, Thérèse Lachman fit une éblouissante carrière d'aventurière. Elle devint, en seconde noce, comtesse de Donnersmarch (apparentée aux Bismarck) et fut accusée d'espionnage. Les soirées données à l'hôtel de la Païva étaient des événements parisiens : les Goncourt, Emile de Girardin, Sainte-Beuve, Théophile Gautier, Arsène Houssaye s'y retrouvaient.

▷ L'avenue des Champs-Elysées* *suite*

Aux n°s 52-60, de grands buildings ont remplacé l'***hôtel de Massa*** transporté, en 1928, au n° 38 du faubourg Saint-Jacques, actuellement siège de la Société des gens de lettres. L'hôtel, bel exemple d'architecture Louis XVI, fut célèbre pour les fêtes données sous l'Empire par l'ambassadeur d'Italie, le comte Marescalchi. Charles Dickens, qui séjourna à Paris en 1855 et habita au n° 49, et Thomas Jefferson, l'ambassadeur des Etats-Unis qui, de 1785 à 1789, habitait le pavillon à l'angle de la rue de Berri (n° 52 actuel, plaque), connurent les vrais Champs-Elysées.

Quelques immeubles intéresseront les amateurs d'architecture moderne. Au n° 68, l'***immeuble Guerlain*** construit en 1913 par *Ch. Ménès*, architecte de grands hôtels et de transatlantiques, donne au bow-window sa place sur l'une des avenues les plus chics de la capitale. On remarquera la ***façade*** du n° 116 bis : sa structure en accordéon, volontairement moderniste (*J. Desbouis*, architecte ; 1929) devait signaler une station de radio. Au n° 103, l'immeuble du ***Crédit Commercial de France*** (ancien Elysées-Palace Hôtel) témoigne, avec l'***hôtel Kléber-Colombes*** (ancien hôtel Mercédès) situé plus haut, au 9, rue de Presbourg, de l'art de *G. Chédanne* (1861-1940) : alliant le style moderne aux arabesques rocaille, cet architecte doit son renom à l'immeuble du Parisien Libéré (→ *rue Réaumur*), dont on sait aujourd'hui qu'il n'est pas son œuvre.

Les Champs-Elysées sont devenus aujourd'hui, comme le quartier de l'Opéra, le carrefour des affaires avec le monde entier, du tourisme, du prêt-à-porter, des halls d'expositions d'automobiles : Citroën (au n° 42), Renault (aux n°s 51-63), Volvo (au n° 125), Chrysler (au n° 136), Fiat (au n° 140), Alfa-Roméo (au n° 150), Peugeot au (n° 154) ; des compagnies aériennes : Varigan (aux n°s 27-23), Aéroflot (au n° 38), Alitalia (au n° 73), Japan airlines (au n° 75), Aerolinas Argentinas (au n° 77), British Overseas Airways Corporation (au n° 91), Air Afrique (au n° 104), Air France (aux n°s 118-121). Mais l'avenue a, avec l'aviation, d'autres liens que commerciaux : Santos-Dumont vécut au n° 150 et Henry de La Vaulx, pionnier de la locomotion aérienne, au n° 122. La Maison de l'Iran (aux n°s 65-67), avec son artisanat, ses bijoux et son caviar somptueux, le centre japonais du Commerce extérieur, la maison d'Extrême-Orient (au n° 100), ont choisi les Champs-Elysées pour présenter leurs richesses. L'Office du tourisme de Paris est au n° 127, tandis que la Maison du Danemark, qui regroupe l'Office national du tourisme danois, une agence de voyages, les chemins de fer danois, l'Association des étudiants danois et deux restaurants réputés, se trouve au n° 142. Par ailleurs, les buildings abritent les journaux, les sièges des compagnies industrielles, cinématographiques et commerciales, tandis que le rez-de-chaussée est occupé par des cinémas plus ou moins vastes, des boutiques de prêt-à-porter, ou de grands cafés dont certains, comme le Fouquet's, sont fréquentés par des gens de la presse et du spectacle.

Le cabaret du Lido, pour sa part, attire une clientèle internationale. Des galeries regroupent divers commerces : Arcades des Champs-Elysées (au n° 72), Les Champs ou Point-Show. Notons encore le Drugstore Matignon et le ***Drugstore Publicis*** ; ce dernier, après un incendie, a été reconstruit en 1975 par *P. Dufau*.

Les Champs-Elysées s'achèvent à la place Charles-de-Gaulle, face à l'*Arc de Triomphe****.

Les musées à voir

Musée du Petit Palais (av. Winston-Churchill) : peintures et objets d'art de l'antiquité à nos jours.
Galeries nationales du Grand Palais (av. du Général-Eisenhower) : hall d'exposition.
Palais de la Découverte (av. Franklin-D.-Roosevelt) : étude expérimentale des sciences, expériences pour tous publics, des enfants aux adultes.
Musée de l'Arc de Triomphe (place de l'Etoile) : gravures, documents et souvenirs relatifs à l'histoire de l'Arc de Triomphe.

Le quartier de Charonne

20e arr. / 39-P6-P7
Métro : Porte-de-Bagnolet
Bus : 76, 101, PC
🅿 gare routière de la porte de Bagnolet, entre les voies d'accès à l'autoroute A3
Taxis : 6, place de la Porte-de-Bagnolet ☎ 43.60.60.79

Jusqu'à son annexion à la ville de Paris sous le second Empire, le village de Charonne, loin du bruit et de l'agitation de la capitale, demeura le bourg à peu près campagnard que J.-J. Rousseau décrivit dans les Confessions et dans les Rêveries d'un promeneur solitaire. La rue des Haies, la rue des Prairies, la rue des Maraîchers, la rue du Clos... témoignent par leur nom que les champs avoisinants du village étaient consacrés à la culture des légumes et des primeurs. Cette tradition agreste distingua longtemps le village de Charonne des bourgs voisins de Belleville ou de Ménilmontant, dont la vocation était plus artisanale, puis industrielle. C'est la raison pour laquelle il fut un séjour recherché par les riches Parisiens qui y firent construire à grands frais quelques résidences d'agrément au cours du XVIIIe s.

Avec son annexion à Paris en 1860, les dernières prairies disparurent mais, très retiré derrière le cimetière du Père-Lachaise, le village n'eut pas trop à souffrir des bouleversements que connaissait le centre de la capitale à cette époque. Bien sûr, les sentiers champêtres ont aujourd'hui cédé la place à de grands immeubles d'habitations, mais le promeneur qui remonte la rue Saint-Blaise presque intacte, a l'impression saisissante de se trouver dans un petit village de l'Ile-de-France auquel la menace des hautes tours voisines donne un charme un peu nostalgique.

Visite du quartier

1 h

▶ De la place de la Porte-de-Bagnolet, suivre la rue Géo-Chavez et emprunter, à dr., le petit escalier qui conduit rue Irénée-Blanc.

▷ La rue Irénée-Blanc

On est ici dans le lotissement *la Campagne à Paris*, société d'habitations à bon marché fondée en 1907 et inaugurée vingt ans plus tard. Tous ces pavillons fleuris et entourés d'une abondante végétation font complètement oublier que nous sommes à Paris et suggèrent plutôt une banlieue pimpante.

▷ La place Edith-Piaf

On y accède en suivant à g. la rue du Capitaine-Ferber. Sur le terre-plein ombragé subsiste encore le petit *poste de l'électricité*, édicule de brique et de métal élevé au début du siècle, qui a conservé sa frise en faïence émaillée. ▶ Traverser la place et suivre la rue de Pelleport.

▷ La rue de Bagnolet

Du n° 21 au n° 9, et sur le trottoir opposé, on peut remarquer plusieurs exemples intéressants d'*architecture contemporaine* de style post-moderne. Le retour aux formes classiques : arcs, frontons, corniches... y est enrichi par l'emploi de matériaux originaux : la céramique, le verre, la brique, le métal.

Sur le trottoir opposé se trouve le *square de la fondation Debrousse* dont on aperçoit, au fond, les nouveaux bâtiments de cures médicales. A cet emplacement se trouvait jadis le château de Bagnolet, acquis et embelli par Mlle de Blois, fille de Louis XIV et de Mme de Montespan, épouse du régent Philippe d'Orléans. De ce domaine il ne subsiste plus qu'une grille ouvragée et l'élégant *pavillon de l'Ermitage**. Ce dernier, dans lequel le néo-classicisme pointe derrière la grâce du style rocaille, témoigne de ce que fut ce quartier au XVIIIe s. Pendant la période révolutionnaire, l'Ermitage appartint au baron de Batz qui essaya vainement de faire évader Louis XVI.

▷ La place Saint-Blaise

On peut voir, à g., l'*église Saint-Cyrille* construite sur plan carré et couverte d'une coupole plate par l'architecte *Bocquerel* en 1935. A dr., se trouve l'église Saint-Germain-de-Charonne.

▷ L'église Saint-Germain-de-Charonne★ *9 h-12 h/14 h-19 h ☎ 43.71.42.04*

Elle se dresse sur la pente d'un coteau auquel on accède par un escalier de trente et une marches. C'est probablement l'une des plus curieuses et des plus attachantes églises de Paris. Ancienne église de la commune de Charonne, elle fut annexée à Paris en 1859.

Une église fut sans doute élevée au cours du XIe s. La tradition veut que saint Germain, évêque d'Auxerre, ait rencontré à Charonne, vers 430, la toute jeune sainte Geneviève. L'église fut complètement reconstruite à la fin du XIIIe s., puis une nouvelle fois dans la première moitié du XVe s. A la suite d'un incendie survenu au XVIIe s., la façade fut refaite en 1737 et un nouveau portail construit au S. Elle a été restaurée à plusieurs reprises au XIXe s.

L'intérieur : le plan de l'église est irrégulier. Les vitraux ont été refaits par *Adeline Hébert-Stévens*, *Pauline Peugnez* et *Paul Bondy*. En entrant, au fond de l'église, Saint Germain bénissant sainte Geneviève, toile de la fin du XVIIIe s., attribuée à *Suvée*.

Aux XVIIe et XVIIIe s., l'église était connue pour ses concerts, ce qui, à l'époque, était exceptionnel pour une église de campagne. Pendant la Commune, ces lieux furent le théâtre de combats sans merci entre Fédérés et Versaillais (le 27 mai). Dix ans plus tard, lors de travaux de terrassement, on découvrit les corps de ceux que les Versaillais avaient massacrés.

▷ La rue Saint-Blaise

Avant de visiter le cimetière de Charonne on peut suivre, de l'autre côté de la place, cette rue jusqu'à la rue Vitruve. On est ici au cœur de ce qui subsiste de l'ancien village de Charonne. La rue Saint-Blaise en était la voie principale. Elle est encore bordée de vieilles *maisons* basses intelligemment restaurées qui dissimulent des courettes et des petits jardins. ▶ A g., dans la *rue Vitruve* on peut voir, au n° 55, une ancienne maison de campagne du début du XIXe s. Un peu plus loin, au n° 68, l'école maternelle est une remarquable réussite de l'architecture contemporaine. ▶ Retourner place Saint-Blaise par la rue Saint-Blaise qui offre de ce côté une *perspective*★ villageoise sur l'église de Charonne, ses escaliers, ses terrasses ombragées et son presbytère campagnard.

▷ Le cimetière de Charonne

Comme à Saint-Pierre-de-Montmartre, le cimetière de Charonne entoure l'église. Il a beaucoup de charme, et en s'y promenant on découvrira sous les ombrages des tombes d'un autre temps mais aussi d'autres plus récentes : celle de la *famille Baüer*, Henry et Gérard (fils et petit-fils d'Alexandre Dumas), de *Pierre Blanchard* († 1963), de *Josette Clotis-Malraux* († 1944) et de *Gauthier* et *Vincent Malraux*, morts en 1961 ; tombe aussi de *Robert Brasillach* († 1945). Sans oublier celle de *Magloire Begue* qui se disait lui-même « secrétaire de Robespierre et amateur de roses ».

▶ Traverser le cimetière et suivre à g., le chemin du Parc de Charonne. ▶ La *rue Stendhal (à dr.)*. Remarquer au fond de la villa Stendhal, à dr., le grand mur peint d'une fresque colorée. ▶ Suivre à g., la pittoresque *rue Charles-Renouvier* qui croise en viaduc la rue des Pyrénées.

▷ La rue des Pyrénées

Celle-ci traverse tout le 20e arrondissement, depuis la rue de Belleville jusqu'au cours de Vincennes. Remarquer, au n° 190, le *dispensaire Jouye-Rouve-Tanièes* construit au début du siècle par *Louis Bonnier*. ▶ Suivre à dr., la rue des Rondeaux qui longe l'enceinte du cimetière du Père-Lachaise, puis l'avenue du Père-Lachaise. ▶ La *place Gambetta* est bordée par la mairie du 20e arrondissement, édifice sévère bâti entre 1867 et 1877. Elle possède une *salle des fêtes* décorée par le peintre académique *Léon Glaize*. ▶ A peu de distance, l'hôpital Tenon est précédé par le charmant *square Edouard-Vaillant*. ▶ Un peu plus haut, au 1, rue de la Chine se dresse l'*immeuble* construit en 1909 par *Henri Sauvage* et *Charles Sarazin*.

▷ L'église Saint-Jean-Bosco *79, rue Alexandre-Dumas / 9 h-12 h/14 h-19 h 30 ☎ 43.70.29.27*

Ceux qui s'intéressent à l'architecture des années trente pourront visiter l'église Saint-Jean-de-Bosco, située en dehors du parcours.

L'église a été construite entre 1933 et 1937 par les pères salésiens (*Rotter*, architecte). Ce bâtiment est caractéristique de l'architecture de 1925, surtout dans la décoration des panneaux en retombée de

Les marchés

Sur le boulevard de Charonne, entre les rues de Charonne et Alexandre-Dumas : mercr., sam., 7 h-13 h 30.
Rue Belgrand, rue de la Chine et place Édith-Piaf : mercr., sam., 7 h-13 h 30.
Place de la Réunion, entre l'avenue de la Porte-de-Ménilmontant et la rue Maurice-Bertaux : jeu., dim., 7 h-13 h 30.
Boulevard Davout, entre l'avenue de la Porte-de-Montreuil et le 94 boulevard Davout : mar., ven., 7 h-13 h 30.
Marché aux Puces, porte de Montreuil, avenue de la Porte-de-Montreuil : sam., dim., lun., 7 h-19 h 30.

plafond et qui rappelle les salons et chambres à coucher de l'époque.

A l'extrémité du collatéral dr., dans une chapelle, une châsse renferme l'effigie et des reliques de *Dom Bosco* (1815-1888), fondateur de l'ordre des Salésiens qui fut canonisé en 1934. Il fit à Paris un séjour de deux mois en 1883. L'église est à la fois un sanctuaire national, une paroisse, et le siège de l'œuvre de Sainte-Anne-de-Charonne fondée par l'*abbé Planchat* que les Salésiens reprennent en charge en 1919.

Le quartier du Châtelet★

1er, 4e arr. / 36-K7-J6
Métro : Châtelet
Bus : 21, 38, 47, 58, 69, 70, 72, 74, 75, 76, 81, 85
P rue du Louvre, place de l'Hôtel-de-Ville
Taxis : place du Châtelet ☎ 42.33.20.99.

Le promeneur qui traverse le trépidant carrefour de la place du Châtelet, ou qui emprunte cette partie de la rue de Rivoli transformée en déballage de prêt-à-porter, a du mal à croire aujourd'hui qu'il est dans un des plus vieux quartiers de Paris. Il faut, pour s'en convaincre, suivré les petites rues silencieuses qui se trouvent derrière le Théâtre musical de Paris pour retrouver, comme par surprise, les lambeaux de l'ancien tissu urbain du Moyen Age et de la Renaissance. Ces ruelles, qui conservent plusieurs bâtiments remarquables, n'ont plus l'activité familière d'autrefois ; à peine peut-on voir derrière le théâtre, certains soirs d'été, à l'heure de l'entracte, les musiciens en habit se presser au comptoir du café voisn.

Chemin obligé entre le musée du Louvre et Notre-Dame ou le centre Beaubourg, le quartier du Châtelet est celui qui voit passer le plus grand nombre de touristes.

Le quartier dans l'histoire

Le quartier du Châtelet doit son nom à l'ouvrage défensif, appelé Grand Châtelet, que Louis VI le Gros fit construire vers 1130 pour protéger l'accès au Grand Pont et à l'île de la Cité. Le Grand Châtelet remplaçait alors la tour de bois dressée contre les attaques vikings par Charles le Chauve deux siècles plus tôt. L'importance militaire de la nouvelle forteresse du Grand Châtelet déclina après la construction de l'enceinte de Philippe Auguste qui établissait une défense plus éloignée. De 1250 à 1357, le Grand Châtelet, dont on peut voir le plan sur l'actuelle façade de la Chambre des notaires entre la rue Saint-Denis et le boulevard de Sébastopol, servit de siège à la municipalité parisienne. Les orfèvres, les banquiers, et la très puissante corporation des bouchers logeaient dans les quartiers avoisinants.

Transformé en prison, agrandi aux XVIe et XVIIIe s., le Châtelet fut rasé entre 1802 et 1806 pour permettre le percement de la place actuelle. Très anciennement construit et habité, le quartier alentour eut beaucoup à souffrir des aménagements urbains du XIXe s.

Visite du quartier

1 h

▷ La place du Châtelet

On est ici au centre géographique de Paris, au croisement de ses grands axes N.-S. et E.-O., sur la plaque tournante de la circulation de la capitale. De la place, on découvre une belle *vue*★ sur le Palais de Justice et ses tours, de l'autre côté de la Seine.

Au centre de la place, la *fontaine du Châtelet**, dite aussi *fontaine du Palmier*, a été élevée en 1806 par *Bralle* avec des bas-reliefs et une statue par *Boizot*. En 1856, elle a été déplacée et remontée sur un nouveau *socle à sphinx* sculpté par *Jacquemart* avec inscription indiquant l'emplacement du parloir aux Bourgeois, ancêtre de la municipalité de Paris. De part et d'autre de la place du Châtelet, s'élèvent les deux théâtres célèbres construits tous deux par *Davioud* en 1862. Le *théâtre du Châtelet* (actuel Théâtre musical de Paris), inauguré en 1862, de par ses vastes proportions (3 000 places à l'origine) se destinait à la féerie, et le Tour du monde en quatre-vingts jours fut un de ses grands succès ; il vit également les débuts, en 1874, des concerts Colonne. En face, le *Théâtre de la Ville*, ex-Sarah Bernhardt, fut acheté par la grande actrice en 1899. Elle y créa en mars 1900 l'Aiglon, pièce qu'E. Rostand écrivit pour elle et qui restera un des sommets de sa longue carrière ; elle reprit ensuite La Dame aux camélias, La Tosca... A soixante-seize ans, amputée d'une jambe, elle joua encore dans son théâtre Daniel, de L. Verneuil, et Athalie. Si la façade n'a pas changé, l'*intérieur* du bâtiment a été entièrement refait en 1968. Dans le restaurant, sur un gros pilier, une plaque rappelle que Gérard de Nerval fut trouvé pendu (1855) à une grille de la rue Vieille-Lanterne qui se trouvait à l'emplacement de la scène actuelle. Près du foyer a été conservée la *loge de Sarah Bernhardt*. ▶ La *rue Adolphe-Adam*. La façade postérieure du Théâtre de la Ville (à l'E.) borde cette rue. Remarquer le volume en pan de fer et maçonnerie rajouté postérieurement à la construction du théâtre.

▷ La tour Saint-Jacques

visite sur autorisation spéciale

Elle domine le square Saint-Jacques qui s'allonge entre la rue de Rivoli et l'avenue Victoria. Elle est le seul *vestige* de la vénérable *église Saint-Jacques-de-la-Boucherie* qui occupait tout cet emplacement, vraisemblablement depuis l'époque carolingienne. Placée sur le chemin des pèlerins de Saint-Jacques de Compostelle, à la croisée des grandes voies routière N.-S. et fluviale E.-O., elle marquait un des centres vitaux de l'agglomération urbaine. L'église fut démolie en 1797, à l'exception de la *tour* élevée entre 1509 et 1523 par *Jean et Didier de Felin*. Elle flanquait le côté S. de l'église et marque la persistance des formules gothiques dans le Paris du XVIe s. Depuis 1891, elle est devenue une *station météorologique* dépendant de l'Observatoire de Montsouris.

A l'angle N.-O. de la plate-forme supérieure, un gracieux *clocheton* porte la statue colossale de saint Jacques le Majeur ; aux autres angles sont figurés l'*aigle*, le *lion* et le *bœuf*, symboles de trois des évangélistes. Les originaux de ces figures, mutilés par le temps et déposés dans le square ont été reproduits exactement par *Chenillon*. Au rez-de-chaussée, sous la clef de voûte, une *statue de Pascal*, par *Cavelier*, mentionne qu'il aurait renouvelé sur cette tour ses expériences barométriques du Puy-de-Dôme en septembre-octobre 1648. Dix-neuf autres *statues*, par *Bonnassieux*, *Pascal Dantan aîné*, *Desprez*, etc., sont placées dans les niches. Sur le socle, plaque apposée par la Société des Amis de Saint-Jacques de Compostelle.

Dans le *square Saint-Jacques* a été érigée, en 1959, une *stèle* à la mémoire de Gérard de Nerval, non loin de l'endroit où il fut trouvé pendu (en 1855) : réplique du médaillon en bronze exécuté par *Jehan du Seigneur* d'après nature en 1851. ▶ L'*avenue Victoria* conserve par son nom le souvenir de la visite que fit à Paris la souveraine britannique en 1854 et mène à l'Hôtel de Ville. ▶ Revenir vers la place du Châtelet en suivant l'avenue Victoria jusqu'à la rue des Lavandières-Sainte-Opportune.

▷ La rue des Lavandières-Sainte-Opportune

Elle portait déjà ce nom en 1244, qu'elle doit aux lavandières qui l'empruntaient jusqu'à l'abreuvoir situé au bord de la Seine ; elle rappelle également l'ancienne collégiale Sainte-Opportune. On verra, au n° 13, une *maison du XVIIIe s.* qui conserve dans un cartouche l'emblème de la corporation des orfèvres ; remarquer les *lucarnes* du n° 25.

▶ La *rue des Deux-Boules*. Au n° 3, se trouve l'hôtel dit des Deux-Boules, construit au XVIIIe s. dans un style très sobre dont la concavité de la façade et les ébrasements de la porte cochère permettaient aux attelages de manœuvrer facilement malgré l'étroitesse de la rue. ▶ Prendre à g. la rue Bertin-Poirée.

▶ La *rue Saint-Germain-l'Auxerrois* conserve plusieurs belles *maisons* du XVIIIe s., reconnaissables à leurs balcons de ferronnerie ouvragée. ▶ Un peu plus loin, à dr., la *rue des Orfèvres* est encore bordée de maisons du XVIIe et du XVIIIe s. Au n° 9 l'ancienne maison des gardes de la corporation des orfèvres, et au n° 8 la façade de l'*ancienne chapelle Saint-Eloi** construite en 1566 par *Philibert Delorme*. Au n° 10, on peut encore voir un bel immeuble du XVIIIe s. qui appartenait à la corporation des orfèvres. ▶ Revenir sur ses pas ; suivre à g. la rue des Bourdonnais puis le quai de la Mégisserie. ▶ La *rue du Pont-Neuf*, que l'on croise, a été élargie et modernisée à l'époque où *Baltard* construisait les Halles et a perdu beaucoup de son caractère.

▷ La rue de la Monnaie

Elle tient son nom de la Monnaie qui fut transférée quai Conti en 1774 ; comme les rues précédentes, elle est du XIIIe s.

Une partie de ce quartier est occupé par la masse des quatre magasins de *la Samaritaine* qui tiennent leur nom de la pompe élévatrice, dite de la Samaritaine, qui fut installée au temps d'Henri IV sous une des arches du Pont-Neuf pour alimenter en eau le centre de Paris. Les fondateurs du magasin, *Ernest Cognacq* et *Louise Jay* sont également connus pour avoir réuni une importante collection de peinture (→ *musées*).

▷ La rue de Rivoli*

Cette rue n'est qu'une suite de boutiques de prêt-à-porter. On la suivra en direction du Louvre. En 1848, la rue de Rivoli a été prolongée entre la rue de Rohan et la rue de Sévigné en tronquant une succession de petites rues ; elle a porté plusieurs noms lourds d'images : rue des Mauvaises-Paroles, de la Vieille-Harengerie, de la Vieille-Monnaie, des Coquilles. Cette partie, architecturalement sans intérêt, est beaucoup plus animée que celle qui longe le palais du Louvre. ▶ Prendre à g. la *rue de l'Arbre-Sec*. Au n° 15, dans la cour, on peut voir la porte Renaissance de l'église Saint-Germain-l'Auxerrois. ▶ La *rue des Prêtres-Saint-Germain-l'Auxerrois* est l'ancienne ruelle médiévale du cloître qui longe le flanc S. de l'église. Maisons anciennes : au n° 19 (ferronneries), au n° 17 (où le Journal des Débats eut son siège de 1800 à 1940), au n° 15.

▷ La place du Louvre

Elle est bordée par la monumentale colonnade qui sert d'entrée au palais du Louvre. En face, la vieille façade de l'église Saint-Germain-l'Auxerrois a reçu en pendant les bâtiments de la *mairie du 1er arrondissement* (*Hittorff*, architecte ; 1859-1860) de style néo-Renaissance. Le *beffroi* néo-gothique possède un étonnant carillon de 35 cloches jouant Le Tambourin de Rameau, La Marche de Turenne et une vieille chanson française de Chapuis ; trois cadrans indiquent, le premier les heures, le second le jour et le quantième du mois, le troisième les phases de la lune ; statues de Saint Germain, Saint Denis et Saint Landry.

▷ L'église Saint-Germain-l'Auxerrois** *2, place du Louvre / 8 h-12 h 30/15 h-19 h ☎ 42.60.13.96*

Eglise du Louvre et paroisse des rois de France remplie de souvenirs historiques elle reste, malgré les mutilations, un monument gothique capital.

Histoire de l'édifice

L'origine de ce sanctuaire remonte sans doute à l'époque mérovingienne. L'église fut reconstruite à plusieurs reprises. De l'époque romane, il ne reste que la tour du XIIe s. Au XIIIe s., il devint nécessaire d'édifier une église plus vaste ; c'est de cette époque que datent le portail, le chœur et la chapelle de la Vierge. Au XVe s., on reconstruisit une grande partie de l'église et on éleva le porche. Les travaux se poursuivirent au XVIe s., avec la construction du *jubé*, sur des dessins de *Pierre Lescot*, et sculpté par *Jean Goujon*. Dans la nuit du 24 août 1572, c'est du clocher de Saint-Germain que partit le signal de la Saint-Barthélemy. Avec l'installation de la cour des Valois au Louvre, Saint-Germain devint « paroisse royale » et les souverains vinrent souvent y entendre la messe. A partir du XVIIe s. et jusqu'à la Révolution, l'église accueillit d'autres personnages illustres, car c'est à Saint-Germain que furent inhumés un grand nombre d'artistes qui logeaient au Louvre : les architectes Le Vau, de Cotte, Gabriel, Soufflot ; les sculpteurs Desjardins, Coysevox, Coustou, Vassé ; les peintres Coypel, Desportes, Restout, Boucher, Van Loo, Chardin ; l'orfèvre Claude Ballin ; le graveur Silvestre, le poète Malherbe...

Le XVIIIe s. fut une période néfaste pour l'église : en 1710, on supprima le trumeau du portail pour permettre le passage du dais de procession (comme à Notre-Dame),

La Samaritaine

Les grands magasins de la Samaritaine, qui occupent à eux seuls plusieurs bâtiments, forment une véritable anthologie de l'architecture industrielle et commerciale de 1900 à 1930. La boutique de la rue du Pont-Neuf, qu'Ernest Cognacq ouvrit en 1869, connut rapidement une fortune considérable et trente ans plus tard, en 1900, un grand magasin entièrement nouveau fut construit par l'architecte Frantz Jourdain. Le bâtiment, qui adoptait le principe de l'ossature métallique et des grandes baies vitrées, était assez révolutionnaire car le métal riveté, considéré comme un matériau vil, était partout apparent. Poursuivant son extraordinaire expansion, le magasin dut à nouveau s'agrandir du côté de la Seine. Henri Sauvage et F. Jourdain élevèrent de 1926 à 1928 la façade monumentale du quai du Louvre qui demeure un des meilleurs exemples du style Art Déco. Mais le plus remarquable de ces bâtiments, à l'angle des rues de Rivoli et Boucher, fut construit par les mêmes architectes en 1930. Neuf mois seulement furent nécessaires à la démolition des anciens immeubles et à la construction du nouveau, sans que la vente s'interrompe pour autant.

De nos jours, la Samaritaine est encore le plus grand des grands magasins parisiens. Une récente campagne de travaux vient de rendre intelligemment leur jeunesse à la grande verrière, à la frise peinte et sculptée qui l'entoure, ainsi qu'à l'admirable ferronnerie Art Nouveau de l'escalier. Au neuvième étage, une terrasse (ouverte de Pâques à octobre) pourvue d'une table d'orientation, commande une vue exceptionnelle sur les quais et le centre de Paris.

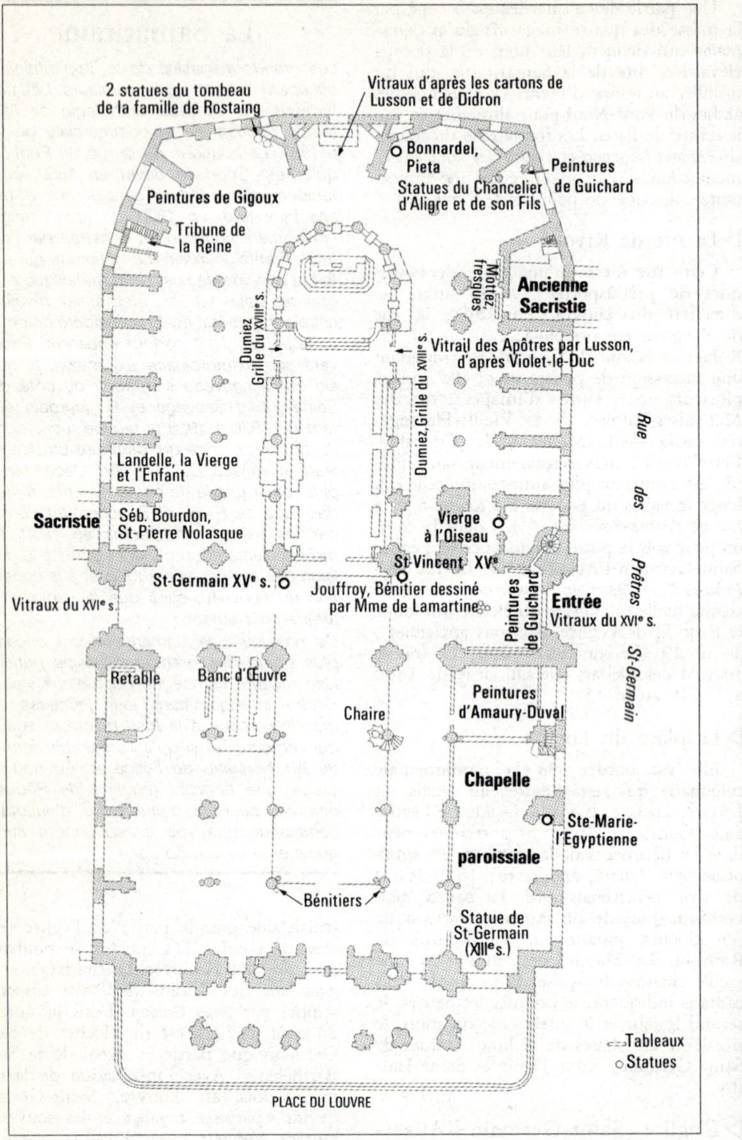

L'église Saint-Germain-l'Auxerrois

ainsi que le tympan (représentant le Jugement Dernier) ; en 1728, on remplaça presque tous les vitraux peints par du verre blanc ; enfin, en 1754, le jubé fut abattu (cinq bas-reliefs sont au Louvre). L'église, fermée en 1793, devint magasin à fourrage, puis imprimerie, enfin temple de la Reconnaissance. Elle échappa de peu, sous l'Empire, à un projet d'urbanisme qui impliquait sa disparition. En 1831, elle fut entièrement saccagée au cours d'une émeute. Après tous ces pillages, des ***restaurations*** furent exécutées sous la direction de *Lassus* et de *Baltard* entre 1838 et 1855.

Depuis 1926, les artistes ont coutume de venir recevoir les cendres à Saint-Germain, en exécution du vœu du peintre Willette. L'aumônerie des Beaux-Arts est installée à Saint-Germain; des ***œuvres** religieuses **contemporaines*** sont exposées dans l'église, notament des sculptures d'*Albert Dubos* († 1974).

L'extérieur

La façade se compose d'un beau ***porche*** flamboyant construit par *Jean Gaussel* (1435-1439); c'est le seul porche gothique à Paris, avec celui de la Sainte-Chapelle; sur les clefs de voûtes : les Symboles évangéliques, l'Adoration des Bergers et la Cène; sur les culs-de-lampe : figurines humaines et animaux. Les ***statues*** de saints sont de *Desprez* (1841). Le portail central est du milieu du XIIIe s. Le tympan qui représentait le Jugement Dernier a été détruit au XVIIIe s. La Vierge (XIXe s.) du trumeau a remplacé la statue primitive de Saint-Germain, retrouvée en 1950, et placée dans la chapelle de la Vierge. Les autres statues, bien que très restaurées, remontent au XIIIe s.

Les deux ***façades du transept*** datent du XVe s. et présentent la même ornementation florale que celle du porche de la façade principale. Sur le flanc g. de l'abside, petit ***portail****, élevé en 1570, rappelant celui de Saint-Nicolas-des-Champs *(on ne peut le voir que de la cour de l'école communale, 15, rue de l'Arbre-Sec).*

L'intérieur

A l'entrée, deux ***bénitiers*** en marbre blanc par *Lerambert* (XVIIe s.). Le ***buffet d'orgue*** provenant de la Sainte-Chapelle et acheté par la paroisse Saint-Germain en 1791 a été dessiné par *Pierre-Noël Rousset*, architecte du Roi, et exécuté par le maître menuisier *Lavergne* en 1756. Le ***banc d'œuvre monumental**** a été dessiné par *Le Brun*, et exécuté pour la famille royale en 1684, par le maître menuisier *François Mercier*; un grand baldaquin, avec des draperies semées de fleurs de lis et soulevées par des anges, est supporté par des colonnes cannelées. La chaire, du XVIIe s., est beaucoup plus massive.

Le bas-côté dr. et ses chapelles. La ***chapelle de la Vierge*** occupe le second collatéral. L'autel et le retable sont de *Lassus*, avec Arbre de Jessé dessiné par *Viollet-Le-Duc*; au-dessus, Vierge de l'école champenoise, en pierre (début XIVe s.). Peintures murales par *Amaury-Duval* (XIXe s.) : le Couronnement de la Vierge. Dans cette chapelle sont déposées deux statues en pierre : Saint Germain (XIIIe s.), autrefois au trumeau du grand portail et retrouvé en 1950 dans le sous-sol de l'église; ***Sainte Marie l'Egyptienne**** (fin XVe s.), avec sa longue chevelure, provient du porche où elle est à présent remplacée par un moulage. Les vitraux de cette chapelle sont de *Maréchal* (1847).

Le croisillon dr. La rose et deux verrières conservent de beaux ***vitraux**** (début XVIe s.) : à la rose, le Père Eternel entouré d'anges, de martyrs et de confesseurs; aux verrières, l'Incrédulité de saint Thomas et l'Ascension, l'Assomption et le Couronnement de la Vierge. ***Peintures murales*** par *Guichard* (XIXe s.). ***Bénitier*** en marbre blanc sculpté par *Jouffroy* (1844), sur les dessins de *Mme de Lamartine.*

Le chœur. C'est la partie la plus ancienne de l'église. Il fut transformé au XVIIIe s. : les piliers sont devenus des colonnes cannelées; le jubé, sculpté par *Jean Goujon*, a été démoli. Le chœur est fermé par de belles ***grilles**** en fer forgé et ciselé, œuvre de *Dumiez* (1767). A l'entrée du chœur, à g., ***Saint Germain d'Auxerre assis**** (fin XVe s.), exemple assez rare de statue gothique en bois encore en place dans une église parisienne; à dr., Saint Vincent, second patron de l'église, en pierre (fin XVe s.). ***Vitraux*** de *Thévenot* (1839-1840) et de *Lusson* (1868).

Le déambulatoire et ses chapelles. Au-dessus d'une porte, juste après le croisillon dr., ***Vierge à l'oiseau****, en bois polychrome (fin XVe s.). ***3e chapelle*** : vitrail de *Lusson*, d'après un carton de *Viollet-le-Duc*, représentant les douze apôtres. A g. de la porte de l'ancienne sacristie : fresques de *Mottez*. ***4e chapelle*** : statues en marbre des deux Etienne d'Aligre, père et fils, chanceliers de France († 1635, et † 1677), par *Laurent Magnier*; peintures murales de *Guichard* (1843-1845), évoquant la vie de saint Landry. ***5e chapelle*** : Pietà en marbre par *Bonnardel* (1859). ***7e chapelle*** : statues en marbre de Tristan († 1591) et de Charles († 1660) de Rostaing provenant de l'ancienne église des Feuillants. ***8e chapelle*** : sur les murs, Saint Germain bénissant sainte Geneviève, et Sainte Geneviève soutenant le courage des habitants de Paris, par *Jean Gigoux* (1840). Entre la 8e et 9e chapelle, ***tribune de la Reine***, où la reine Marie-Amélie, femme de Louis-Philippe, assistait à la messe. ***12e chapelle*** : la Vierge et l'Enfant Jésus, par *Landelle* (1857). ***13e chapelle*** : à dr., Saint Pierre Nolasque recevant l'habit de Notre-Dame de la Merci, par *Sébastien Bourdon* (XVIIe s.). Cette chapelle donne accès à la ***sacristie*** où est exposé temporairement, avant sa prochaine restauration, un grand ***triptyque**** flamand du XVIe s. : partie centrale sculptée avec scènes de la vie de la Vierge et deux volets peints.

Le croisillon g. Très beaux ***vitraux**** du XVIe s. : à la rose, le Saint-Esprit; aux quatre verrières, Scènes de la Passion, Miracles du Christ, Saints et Saintes.

Le bas-côté g. et ses chapelles. 4e chapelle : ***retable flamand**** en bois sculpté (1519); il représente l'Arbre de Jessé et des scènes de la Vie et de la Passion du Christ. Les vitraux de ces chapelles sont de *Maréchal* (1847).

▶ On peut revenir à la place du Châtelet par le ***quai de la Mégisserie*** (→ *quais*) bordé d'un côté par les bouquinistes, et de l'autre par les commerces pittoresques de plantes et d'animaux domestiques.

Le quartier de la rue du Cherche-Midi

6ᵉ arr./35-H8
Métro : Sèvres-Babylone
Bus : 39, 63, 68, 70, 83, 84, 87, 94
P rue Velpeau
Taxis : place Alphonse-Deville (hôtel Lutetia) ☎ 45.48.84.75
Marché : bd Raspail, entre les rues du Cherche-Midi et de Rennes (mar. et ven. 7 h-13 h 30)

Au XVIIIᵉ s., la rue du Cherche-Midi était une belle rue bordée de couvents, d'hôtels particuliers, et animée par de nombreuses échoppes d'artisans. Cette courte promenade permettra de voir les belles façades, témoins de cette époque, dans un quartier calme et élégant aux commerces raffinés. Entre le carrefour de la Croix-Rouge et le boulevard Raspail, les boutiques de mode côtoient sans façon le célèbre établissement de la boulangerie Poilâne ; au-delà du boulevard Raspail, on rencontre plusieurs librairies et magasins d'antiquité. La rue Saint-Placide, avec ses nombreuses boutiques de mode dégriffée et ses braderies de prêt-à-porter, apporte une grande animation à ce quartier résidentiel.

Visite du quartier

1 h

▷ Le carrefour de la Croix-Rouge

Il porte ce nom depuis le XVᵉ s. Il a vu se dresser le pilori au XVIIIᵉ s. et une formidable barricade en 1871. Aujourd'hui, il constitue une sorte de point de rencontre entre Saint-Germain-des-Prés, le faubourg Saint-Germain et la commerçante rue de Sèvres.

▷ La rue du Cherche-Midi *jusqu'au bd Raspail*

Elle était, dès 1388, le chemin menant à Vaugirard. C'est une belle et longue rue au nom étrange dont l'origine est controversée. Est-ce le nom d'une enseigne « où se voyaient peints un cadran et des gens qui cherchaient midi à quatorze heures », ou bien plutôt une déformation d'un lieu-dit « de la Chasse au midi », cette rue ayant son origine à proximité de l'hôtel de la Chasse et s'orientant vers le sud ? Au nº 19, on voit un médaillon en bas-relief montrant un cadran solaire, mais cette sculpture est plus récente que l'appellation de la rue. Les ***hôtels*** aux nºˢ 9, 11, 13 et 15 (surtout) formaient au XVIIᵉ s. un magnifique ensemble démantelé par la suite ; les nºˢ 13 et 11 appartenaient, en 1719, à un personnage étonnant, la comtesse de Verrue (1670-1719), fille du duc de Luyne et d'Anne de Rohan qui possédait nombre de propriétés dans le quartier ; les aventures variées de cette femme défrayèrent la chronique du temps. En face, au nº 8, la maison mère de la ***boulangerie Poilâne*** a fait beaucoup pour la sauvegarde et l'expansion du pain français de fabrication traditionnelle : son pain cuit au feu de bois est le plus réputé de Paris. Au nº 18, magnifique ***hôtel de Marcilly*** avec ses deux façades décorées au XVIIIᵉ s. ; dessus-de-porte en relief dans le style de Bouchardon.

▷ Le boulevard Raspail *de la rue du Cherche-Midi à la rue de Rennes*

A l'angle du nº 56, un bel immeuble moderne remplace la *prison* militaire *du Cherche-Midi* où eut lieu le premier procès de Dreyfus en 1894. Estienne d'Orves, ainsi que beaucoup d'autres résistants, y fut interné avant d'être fusillé. Cette prison a été remplacée par la *Maison des Sciences de l'Homme* (*Lods, Depondt, Malizard* et *Beauclair*, architectes ; 1968), toute de métal et de verre. Elle a pour but de favoriser les contacts entre chercheurs de disciplines différentes, faciliter l'organisation de séminaires et la création d'équipes pluri-disciplinaires. Elle comporte de nombreux instituts et laboratoires rattachés au CNRS et à l'Ecole pratique des Hautes Etudes. Suivre le boulevard vers la rue de Rennes. Sur la dr. on voit une des façades de l'hôtel de

Croy. Au nº 78, au croisement avec la rue de Rennes, l'ancien immeuble du Crédit Municipal ou mont-de-piété abrite maintenant la ***bibliothèque André-Malraux.*** Cette bibliothèque publique est spécialisée dans le cinéma et conserve notamment le fonds Adrienne Monnier, légué par cette libraire de la rue de l'Odéon.

Pour la suite du boulevard Raspail → *quartier Vaugirard.*

▷La rue du Regard
à dr. de la rue de Rennes

Il y a bien longtemps, Louis XIII chassait dans les parages. Le nom de la rue, dû à la présence d'un regard de fontaine, est apparu dès 1667. Les numéros impairs comprennent plusieurs beaux hôtels du XVIIIᵉ s. dont les jardins et parfois les bâtiments se sont trouvés amputés par le percement du boulevard Raspail. A l'angle de la rue de Vaugirard se trouvait la ***fontaine*** édifiée en 1810 et transportée en 1855 au revers de la fontaine Médicis (→ *jardin du Luxembourg*). L'***hôtel de Beaune,*** au nº 7, et l'***hôtel de Croy,*** au nº 5, furent construits par *Bailly* au début du XVIIIᵉ s. : voir les portails, frontons et ferronneries ; Chateaubriand vivait au nº 7 en 1824. Au nº 1 vivait le marquis de Dreux-Brézé et après lui le Dr Récamier qui recevait ici le Tout-Paris de la politique, des lettres et des arts.

▷La rue du Cherche-Midi
jusqu'à la rue Saint-Placide

La suivre vers Montparnasse. Au nº 40, l'hôtel bâti dans les premières années du XVIIIᵉ s. appartenait en 1779 au duc de Rochambeau, héros de l'indépendance américaine et vainqueur des Anglais à Yorktown ; aussi est-ce ici que fut créée, en 1784, la section française de la Société de Cincinnati, qui est probablement la première association d'anciens combattants existant au monde. Au nº 44 est mort l'abbé Grégoire, conventionnel qui s'intéressa entre autres aux problèmes des Noirs et fonda le conservatoire des Arts et Métiers. Dans la même maison vivait, en 1768, Garat qui succéda à Danton comme ministre de la Justice et lut à Louis XVI son arrêt de mort.

Le musée à voir

Musée Hébert (85, rue du Cherche-Midi) : œuvres d'Ernest Hébert.

▷La rue Saint-Placide

Elle a beaucoup changé au cours des dernières années. La proximité des grands magasins du ***Bon Marché*** (→ *faubourg Saint-Germain, quartier de Sèvres-Babylone*) l'a vouée au prêt-à-porter et aux soldes permanents, ce qui lui donne beaucoup d'animation. Le poète Hégésippe Moreau est né au nº 9 en 1810, et J.-K. Huysmans est mort en 1907 au nº 31. ***Immeubles*** construits par *Davioud* aux nºˢ 36-38.

▷La rue du Cherche-Midi *fin*

On peut jeter un coup d'œil dans les cours et sur les frontons, guirlandes sculptées et ferronneries sur le côté pair de la rue du Cherche-Midi. Belle demeure au nº 72. Au nº 86, dans la cour, fontaine représentant Jupiter. Au nº 81, hôtel du XVIIᵉ s. Au nº 83, hôtel du comte de Clermont-Tonnerre qui fut massacré sur le pas de sa porte le 10 août 1792. Au nºˢ 85-87, ***petit hôtel de Montmorency,*** bâti en 1743 dont les ***façades**** sur les rues du Cherche-Midi et Ferrandi sont classées. L'hôtel voisin, au nº 89, est l'***hôtel de Montmorency-Bours,*** édifié en 1756, confisqué à la Révolution et qui fut la propriété sous l'Empire du maréchal Lefebvre que sa femme rendit célèbre ; c'est aujourd'hui l'ambassade du Mali ; on peut voir, au pied du bel escalier, une statue de Napoléon Iᵉʳ. Au nº 95, hôtel du XVIIIᵉ s. dont les façades sur rue et sur jardin sont classées : on verra le portail, les ferronneries et le fronton. Au nº 98 bis, derrière une façade récente, une très jolie cour.

L'île de la Cité***

1ᵉʳ arr./36-J7-K7
Métro : Pont-Neuf, Cité
Bus : 21, 38, 81, 85, 96, éventuellement 24
🅿 rue Harlay, parvis Notre-Dame
Taxis : place du Châtelet ☎ 42.33.20.99 ; 29, quai Saint-Michel ☎ 43.29.63.66

Le mythique berceau de la capitale, sa nef symbolique, l'île de la Cité, n'a plus l'aspect qu'elle avait au Moyen Age quand elle était le véritable centre de la ville et que la puissance de son palais ou l'éclat de sa cathédrale rayonnaient sur le pays entier. A part le lumineux joyau de la Sainte-Chapelle enchâssé dans le Palais de Justice et quelques salles de la Conciergerie, toute la partie centrale de l'île a aujourd'hui le visage que le XIXe s. lui a légué.

Vers l'O., cette extrémité de l'île, tournée vers le large comme la proue d'un navire, ouvre sur l'un des plus majestueux paysages de Paris. A l'intérieur, le triangle de la place Dauphine n'a pas été épargné par les bouleversements du siècle dernier, la monumentale façade du Palais de Justice en a compromis l'harmonie. Les marronniers la dissimulent aujourd'hui, et on continue de vivre sur la charmante place Dauphine comme dans un village au séjour recherché par les artistes et les hommes de lettres.

Le XIXe s. n'a pas été si préjudiciable au reste de l'île. Même si ses restaurations sont archéologiquement contestables, c'est à lui que l'on doit d'avoir sauvé de la ruine et transmis jusqu'à nous presque intact l'admirable vaisseau de Notre-Dame. C'est lui encore qui dégagea la place du Parvis qui nous permet désormais de prendre toute la mesure de la splendide façade de la cathédrale.

A l'ombre de celle-ci, on peut encore trouver quelques bribes de l'ancien tissu urbain médiéval. Ces petites rues et ces quais qui offrent des coups d'œil merveilleux sur le paysage de la Seine, de l'île Saint-Louis ou sur le chevet de Notre-Dame ont beaucoup changé depuis le Moyen Age où ils étaient sales et mal famés. Les rénovations de luxe et les portiers électroniques ont effacé le souvenir des mauvais garçons. Avec la place Dauphine, c'est le seul endroit de l'île qui soit encore résidentiel, mais la vie de quartier a disparu, chassée par les cars de touristes et les vendeurs de bimbeloterie.

Avec une préfecture, un Palais de Justice, un tribunal de Commerce et un hôpital, l'île de la Cité est en effet essentiellement administrative. Dans la journée, on peut s'amuser à voir les avocats en robe traverser en courant le boulevard du Palais pour aller prendre un café au bistrot d'en face. Le rythme est plus lent et plus calme place Louis-Lépine où les fleuristes, impassibles, ne se laissent pas troubler par les sirènes des voitures de police ou des ambulances de l'Hôtel-Dieu. Toute l'animation de l'île semble concentrée devant Notre-Dame où des touristes semblent s'être donné rendez-vous, souvent du monde entier, pour assister à un concert improvisé de flûte andine ou de percussions africaines.

L'île de la Cité dans l'histoire

Le développement de l'activité humaine dans l'île est dû à sa position de carrefour; sur la Seine, voie d'échange incomparable, l'île de la Cité était aussi un point de passage facile pour franchir le fleuve.

La Cité, habitée par la tribu celte des Parisii, fut occupée en 52 av. J.-C. par les Romains qui y demeurèrent jusqu'au Ve s. En 276, les Barbares survinrent, contraignant la population éparse sur les berges à se regrouper dans la Cité.

Vers 360, Lutèce devint Paris. Et, jusqu'au Xe s., la ville dut faire face aux incursions vikings — quatre en vingt ans — lesquelles laissèrent de si effroyables souvenirs que, jusqu'au XVIe s. dans les églises parisiennes, on implorait encore : « A furore normannorum, libera nos, Domine » ! Mais en résistant aux Vikings, les comtes de Paris, le comte Eudes et Hugues le Grand en particulier, acquirent une gloire qui permit au fils du second Hugues Capet de prétendre à la couronne royale.

L'île a subi une première modification sous Henri IV, qui l'agrandit à l'O. pour faire la place Dauphine. Puis les travaux d'Haussmann ont fait disparaître la presque totalité du tissu urbain du Moyen Age.

Visite de l'île

▷ La place Dauphine**

C'est l'une des plus charmantes places de Paris. Elle fut créée en 1607 par *Henri IV* en l'honneur du dauphin Louis, futur Louis XIII, pour offrir aux banquiers et aux marchands une place fermée propice aux négociations, et proche du palais. Les terrains sur lesquels ont été bâtis le Pont-Neuf et la place Dauphine occupaient jadis trois îlots séparés par un bras ensablé de la Seine : l'île aux Juifs, l'île des Passeurs de Vaches et l'îlot de la Gourdaine. C'est en ce lieu que fut brûlé, en 1314, Jacques de Molay, grand maître des Templiers. En 1607 le président de Harlay reçut l'autorisation de réunir ces îlots et de les bâtir, créant ainsi une belle place triangulaire — la deuxième des places royales conçues au XVIIe s. après la place Royale, actuelle place des Vosges — aux trente-deux maisons semblables, en brique et pierre blanche. Toutes comportaient deux étages avec un rez-de-chaussée à arcades pleines, toutes à toit d'ardoises. Elle était fermée, ne s'ouvrant que par deux *passages* dont un seul subsiste, face à la pointe, encadré par deux belles demeures Louis XIII. Les propriétaires, non contraints par des servitudes qui existaient cependant place Royale, ne respectèrent pas l'uniformité de l'ensemble alors rapidement défiguré. En 1874, *Duc* démolit les maisons qui fermaient la place à l'E. afin que l'on pût mieux admirer la façade du palais (1857-1868).

La place Dauphine fut l'univers de la jeunesse de Manon Philipon qui vécut au n° 37 et s'y maria, devenant alors Mme Roland (inscription erronée au n° 41 du quai de l'Horloge). Ludovic Halévy est mort en 1908 au n° 26 qui, depuis 1789, appartient à la famille Bréguet à laquelle il était allié. Bien qu'assez défigurée par des restaurations trop audacieuses, la place Dauphine, si souvent évoquée par Gérard de Nerval dans La Main enchantée, et par Anatole France dans Les Dieux ont soif, reste un des lieux de Paris les plus agréa-

L'île de la Cité

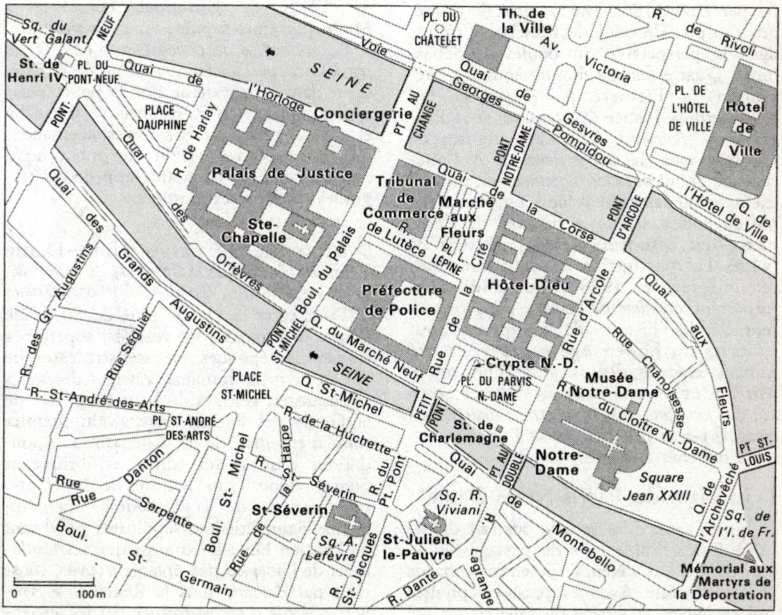

bles. De plus en plus les petits restaurants sympathiques, les galeries d'art, la librairie Flinker, chère à Thomas Mann, installés dans les rez-de-chaussée, animent les quais sans qu'il n'y ait jamais foule. Un grand parking a été aménagé sous la place, et la chaussée principale est remplacée par une pelouse triangulaire ; du côté E., la déclivité du terrain est corrigée de telle sorte qu'un talus et un rideau d'arbres tentent de restituer à la place son caractère de place fermée.

▷ Le square du Vert-Galant

Il forme la pointe O. de l'île de la Cité. On y accède en traversant le Pont-Neuf (→ *Les ponts de Paris*). Descendre par l'escalier situé derrière la statue d'Henri IV et faire le tour de ce square ombragé. On découvrira la magnifique ***perspective*** du Louvre, de la Monnaie ainsi que la coupole de l'Institut. C'est ici le point de départ des ***vedettes du Pont-Neuf.***

▷ Le quai de l'Horloge*

On empruntera ce quai qui longe les vieilles tours du premier palais des rois de France (→ *Palais de Justice*) ; au n° 1, entrée de la ***Conciergerie*****, célèbre pour tous les grands personnages qui y furent emprisonnés.

▷ Le boulevard du Palais

Ce boulevard, qui traverse l'île, est bordé à dr. par le ***Palais de Justice**** abritant la ***Sainte-Chapelle******. On passe devant la façade glacée du ***tribunal de Commerce*** édifié par *Bailly* (1860-1865), dont le dôme, qui s'inspire de celui de Brescia, se trouve dans la perspective du boulevard Sébastopol. Quatre ***statues*** monumentales représentent la Fermeté *(L. Eude)*, la Loi *(E. Robert)*, la Justice *(J. Chevalier)* et la Prudence *(J. Samson)*; les quatre figures de l'attique sont de *Carrier-Belleuse*. A l'intérieur, le grand ***escalier d'honneur*** est un bon exemple du faste du second Empire. ► La ***rue de Lutèce*** sépare le tribunal de Commerce des bâtiments de la préfecture de police. La construction d'un parking souterrain (prévu en 1988) a donné lieu a un important ***chantier de fouilles*** dans ce secteur clé de l'histoire de la capitale. Sous les caves du Moyen Age se trouve la cité romane enfouie depuis plus d'un millénaire. ► ***Le marché aux fleurs**** *(place Louis-Lépine ; lun.-sam., 8 h-19 h ; dim. : marché aux oiseaux)* est le plus célèbre et l'un des derniers marchés aux fleurs de Paris.

▷ La place du Parvis-Notre-Dame*

Les travaux d'*Haussmann* ont fait disparaître l'inextricable lacis de passages et de culs-de-sac qui s'étendaient entre le palais et la cathédrale. Avec les maisons lépreuses qui cachaient la façade de celle-ci ont été rasées les vingt-deux églises qui vivaient dans l'ombre de la cathédrale, et nombre de cabarets. Dans la rue aux Fèves (englobée dans la grande cour de la caserne de la préfecture de police) se trouvait la taverne la Pomme de Pin dont Molière, Mignard, Lully, La Fontaine, Boileau, Racine (entre autres), étaient les habitués.

La place du Parvis est le cœur de la Cité, elle-même au cœur de Paris. C'est là qu'est situé le point de départ théorique des routes nationales qui relient Paris aux autres villes de France, et de là par conséquent que sont comptées les distances : ce ***centre symbolique*** a été marqué par une dalle de bronze aux armes de la Ville, avec la direction des quatre points cardinaux. En août 1944, la place fut le théâtre des combats pour la libération de Paris.

Pour la ***cathédrale****** → *Notre-Dame de Paris.*

▷ L'Hôtel-Dieu

Il borde le côté N. du parvis. C'est l'hôpital du centre de Paris. Il fut édifié, dans un style néo-florentin (*Diet* architecte, 1866-1878), à l'emplacement de l'hospice des Enfants trouvés construit par *Boffrand* en 1747. L'ancien hôtel-Dieu, qui fut construit en même temps que Notre-Dame (XIIe s.) et qui s'étendait sur les deux rives du fleuve, a été entièrement rasé lors des travaux d'Haussmann. Il s'élevait de l'autre côté du parvis à l'emplacement du square Charlemagne actuel. ► Le ***square Charlemagne*** est agrémenté d'une statue de Charlemagne avec Roland et Olivier sculptée par *Louis* et *Charles Rochet* en 1877. C'est une œuvre de « haute archéologie » car l'épée de Durandal, conservée à Madrid, a été scrupuleusement reproduite. ► La ***préfecture de police*** *(sur le côté O. du parvis)* occupe l'ancienne caserne de la Cité. C'est dans cette caserne que la police parisienne, ralliée à la Résistance, se retrancha et résista à l'assaut des forces allemandes du 19 au 26 août 1944 ; un monument, dans la cour du 19-Août, rappelle ces tragiques et décisives journées.

▷ La crypte du parvis Notre-Dame

entrée côté rue de la Cité / t.l.j. 10 h-18 h 30, 1er avr.-30 sept. : 10 h-17 h 30, 1er oct.-30 mars

Dans cette crypte de plus de 80 m de long sont présentés les ***vestiges***, superposés suivant les époques, des substructures de la place : murs romains, vestiges des salles hypocaustes, vestiges du haut Empire et de la Gaule des Parisii, tronçon du premier mur d'enceinte de la Cité (IIIe s.), fondations d'un grand édifice en brique et pierre, aujourd'hui annexe de la crypte, substructions de la cathédrale mérovingienne Saint-Etienne, sépultures provenant de l'ancien hôtel-Dieu ainsi que les fondations de l'***hospice des Enfants trouvés***, construit par *Boffrand* sous la Régence. ► Traverser la ***rue d'Arcole*** formée par les anciennes rues du chevet de Saint-Landry et de Saint-Pierre-aux-bœufs.

Le vieux quartier de Notre-Dame

Tout le terrain entre la rue d'Arcole, la cathédrale et l'extrême pointe de la Cité était jadis occupé par le cloître de Notre-Dame. Des écoles épiscopales y furent fondées, donnant naissance à une véritable ville dans la Ville. L'école Notre-Dame, la première du royaume, eut des maîtres réputés comme Guillaume de Champeaux, Abélard, Maurice de Sully, saint Dominique et saint Bonaventure. Les écoles disparurent quand fut créée l'université au pied de la montagne Sainte-Geneviève. Le cloître devint alors lieu d'étude pour chanoines et laïcs au service du chapitre. Les chanoines occupaient quarante-six maisons indépendantes. D'autres petites églises enveloppaient la cathédrale : Saint-Denis-du-Pas, Saint-Michel, Saint-Jean-le-Rond ; cette dernière était l'ancien baptistère circulaire accolé à Notre-Dame. Un matin de novembre 1717 on avait trouvé, sur les marches de Saint-Jean-le-Rond, un enfant abandonné à qui on avait donné le nom de Jean Le Rond et qui allait être connu plus tard sous le nom de d'Alembert.

▸ La ***rue du Cloître-Notre-Dame*** se trouvait jadis enclose dans ce cloître ; au n° 10, le ***musée Notre-Dame*** (→ *musées*).

▷ La rue Massillon *à g. de la rue du Cloître-Notre-Dame*

Au n° 8, l'hôtel de Gaillon (XVIIIe s.), est le siège de la Maîtrise de la cathédrale qui existe depuis 1455 ; au n° 6, hôtel du XVIIe s. A l'angle de la rue Massillon et de la rue Chanoinesse, une plaque indique l'emplacement de la maison où mourut Joachim du Bellay. C'est devant cet immeuble que passait l'***enceinte gallo-romaine*** de la Cité dont les vestiges ont été découverts en 1898.

▷ La rue Chanoinesse

Elle faisait aussi partie du cloître. Le n° 12 est l'***hôtel du Grand Chantre;*** la maison a été refaite au XVIIe s. mais la façade latérale, sur la rue des Chantres, conserve son aspect ancien (→ *une autre façade aux 1-3, rue des Ursins*). Au n° 14 mourut Bichat en 1802 ; au n° 16 aurait vécu Racine (même immeuble que le 7, rue des Ursins) ; au n° 17 demeura Lacordaire. Les nos 22 et 24 sont les deux dernières ***maisons des chanoines*** qui ont gardé leurs escaliers curieux, leurs ferronneries et leurs bornes ; au n° 26, hôtel du XVIIe s. qui communiquait avec le n° 19 de la rue des Ursins et dont le couloir d'entrée est dallé de pierres tombales provenant probablement d'une des églises de la Cité.

Entre la rue Chanoinesse, la rue des Chantres et la Seine se trouvait jadis la maison du chanoine Fulbert, l'oncle irascible de l'infortunée Héloïse (→ *encadré*).

▷ La rue de la Colombe

Depuis 1223, elle n'a pas changé de nom. Très étroite à l'origine, elle a été élargie au XIXe s. ; il ne reste des numéros pairs que le n° 4. A la hauteur du n° 6, on peut voir le tracé de l'***enceinte gallo-romaine*** de Lutèce ; nos 3, 5, 7, vieilles maisons. La maison du peintre Raguenet était, au XVIIIe, dans cette rue, un atelier de vues de Paris qu'on peut voir aujourd'hui à Carnavalet. Le ***cabaret de la Colombe*** remplace la taverne Saint-Nicolas établie ici depuis 1250 et dont il a conservé la tonnelle et les portes.

▷ La rue des Ursins

Elle fut tracée au XIVe s. sous le nom de rue du Port-Saint-Landry puis rue d'Enfer (via Inferior, par rapport au fleuve). Elle conserve des maisons très anciennes. Juvénal des Ursins, prévôt des marchands dont Fouquet a laissé un magistral portrait (actuellement au Louvre), avait ici

Les églises disparues

Des quelque trois cents églises qu'abrite Paris au XVIIIe s., seule une soixantaine subsiste, soit moins du tiers. Dès la fin du XVIIIe s., les destructions commencent dans l'île de la Cité : ainsi disparaissent Saint-Christophe, Sainte-Geneviève-des-Ardents, Saint-Jean-le-Rond. Le vandalisme révolutionnaire et les spéculations du XIXe s. portent aussi gravement atteinte à ce patrimoine. De 1790 à 1861, une centaine d'églises et de chapelles sont abattues. L'île de la Cité, qui comptait encore une vingtaine de petits sanctuaires, est particulièrement touchée avec la démolition de Saint-Pierre-des-Arcis, de Saint-Germain-le-Vieux, de Saint-Germain-du-Pas, de Saint-Landry, de Saint-Pierre-aux-Bœufs, de Sainte-Madeleine et de Sainte-Marine.

La Cité n'est pas le seul quartier de Paris à voir disparaître ses églises : sur la rive droite, Saint-Jean-en-Grève, Sainte-Opportune, Saints-Innocents, Saint-Sauveur, Saint-Jacques-de-la-Boucherie, dont la tour a pu être sauvée ; sur la rive gauche, Saint-Côme, Saint-Benoît, Saint-Jean-de-Latran, Saint-Hippolyte ne figurent plus sur les plans parisiens.

Héloïse et Abélard

C'est chez son oncle Fulbert que logeait Héloïse, en compagnie de ce qu'on appellerait aujourd'hui son maître assistant : Pierre Abélard. Celui-ci, rejetant l'enseignement officiel, entraîna avec lui 3000 étudiants sur les pentes de la colline Sainte-Geneviève pour appliquer une pédagogie nouvelle qui fut condamnée par l'Eglise. En outre, le jeune et brillant théologien était le maître d'Héloïse qu'il séduisit et épousa en secret. Il s'attira les foudres de Fulbert qui le fit émasculer. Héloïse et Abélard se retirèrent au fond des couvents. Abélard mourut en 1142 au prieuré Saint-Marcel près de Chalon-sur-Saône, et Héloïse, qui lui survécut 22 ans, au couvent du Paraclet dont elle était abbesse. Leurs restes, par trois fois séparés, furent enfin réunis au cimetière du Père-Lachaise.

son hôtel. Racine a vécu au nº 7, dans un immeuble XVIIᵉ s. au fond de la cour. Dans un hangar de la cour du nº 19 se trouvent quelques ***vestiges de la chapelle Saint-Aignan*** *(non visibles)* fondée en 1118, où saint Bernard prêchait aux étudiants la décence, les bonnes mœurs et l'application. Une belle statue de Vierge en provenant se trouve dans le transept de Notre-Dame. ▶ La *rue des Chantres*. A l'angle de cette rue et du quai aux Fleurs s'élève un magnifique ***hôtel***. Par ailleurs la rue est presque entièrement occupée par les garages de la préfecture de police. La rue des Chantres revient vers la rue Chanoinesse et la rue du Cloître-Notre-Dame qui s'achève à la pointe orientale de l'île de la Cité.

Le musée à voir

Musée de Notre-Dame (10, rue du Cloître-Notre-Dame) : histoire de la cathédrale.

▷ Le quai aux Fleurs

Il ouvre une belle ***perspective*** sur l'île Saint-Louis, l'église Saint-Gervais-Saint-Protais et l'Hôtel de Ville : au nº 51 vécut le poète Edmond Fleg (de 1908 à sa mort, en 1951); au nº 5 est mort le poète Edmond Haraucourt (1941); c'est au nº 1[illegible] chez Francis Carco, que descendait Katherine Mansfield.

▷ Le square Jean-XXIII

Ex-square de l'Archevêché, il a été aménagé par le préfet de Paris, *Rambuteau*, sur un terrain vague où s'éleva, à partir du XVIIᵉ s., l'archevêché; pillé lors des émeutes de 1831, celui-ci fut démoli peu après. La ***fontaine de la Vierge***, d'inspiration gothique, orne le centre du square depuis 1845 (*Vigouroux*, architecte). De là, on a une très belle ***vue*** sur le chevet de Notre-Dame.

▷ Le square de l'Ile-de-France

Il occupe la pointe orientale de l'île et servait de promenade aux chanoines. Il est devenu jardin public depuis le déménagement de la Morgue en 1914. On y voit le ***mémorial des martyrs de la déportation**** *(t.l.j. 10 h-12 h/14 h-17 h; visite gratuite)*, œuvre émouvante et dépouillée de l'architecte *Henri Pingusson*, inaugurée par le général de Gaulle en 1962.

Le quartier de Clignancourt et la Chapelle

18ᵉ arr./20-J2-K2, 21-L2-L3
Métro : Jules-Joffrin
Bus : 31, 60, 80, 85
🅿 50, rue Custine; 65-67, rue Ordener
Taxis : pl. Jules-Joffrin ☎ 46.06.00.00; pl. de la Chapelle ☎ 42.08.00.00

Faubourg populaire de Paris jusqu'à son annexion en 1860, le quartier Clignancourt-la Chapelle a conservé cette caractéristique. Son histoire n'est pas inscrite, comme ailleurs, dans ses monuments, mais c'est sa population qui peut nous la raconter. Quittant les quartiers bourgeois, à l'ouest, aux pieds de la butte Montmartre, on pénètre, à l'est et en s'approchant des limites de la capitale, dans une des parties les moins riches de Paris. Les prolétaires de la fin du XIXe s. qui vivaient non loin des fortifications, dans ces rues encore à peine construites, ont laissé la place à une population composée en majorité d'immigrés. Ses monuments sont donc ceux que quelques architectes novateurs, au début du XXe s., ont élevé dans l'espoir de susciter un intérêt pour le logement social.

Les curiosités signalées dans la visite sont souvent éloignées les unes des autres ; il n'y a donc pas d'itinéraire possible. Ainsi pourra-t-on découvrir, au hasard de ces rues, où les enseignes des magasins d'épices et des salons de coiffure afro-antillais nous transportent ailleurs, un aspect de Paris qui serait comme l'envers d'une carte postale.

Visite du quartier

1 h 30

▷ La place Jules-Joffrin

Formée en 1858, elle marque une sorte de frontière entre le quartier des Grandes-Carrières à l'ouest, celui de Clignancourt à l'est, et celui de la Butte-Montmartre au sud. La ***mairie du 18e arrondissement***, inaugurée en 1892, est un bâtiment de style néo-Renaissance, œuvre de l'architecte *Varollier*. Malgré un plan classique on verra à l'intérieur du bâtiment l'une des plus belles ***cours**** sous verrière du XIXe s. La rampe du grand escalier et les fines colonnes métalliques qui supportent les fermes évoquent déjà la virtuosité de l'escalier du Grand Palais. En face, l'***église Notre-Dame-de-Clignancourt*** (1859-1896). ▶ Au 7, ***rue de Trétaigne*** *(au S.-O. de la pl. Jules-Joffrin)*, les architectes *Henri Sauvage* et *Charles Sarazin* ont construit en 1903, à la demande de la société anonyme des Logements à Bon Marché, un ***immeuble*** où pour la première fois le béton est utilisé sans décor et qui, par sa destination, préfigure les HLM. ▶ Au 63, ***rue du Mont-Cenis*** *(au S.)* à l'angle avec la rue Marcadet, la maison du XVIIIe s. dont la tourelle d'angle date du XVe s. est un des derniers vestiges du vieux Montmartre (aujourd'hui très restaurée). ▶ Le ***square de Clignancourt*** *(au N.-E.)*, ouvert en 1913, est orné en son centre d'un kiosque à musique. ▶ Au n° 29 de la ***rue Baudelique*** *(au N.-E.)*, le ***conservatoire municipal*** du 18e arrondissement, inauguré en 1985, est un exemple d'architecture moderne. La simplicité et la rigueur de la façade sont ici animées par un décor coloré. L'architecte en est *Claude Charpentier*, le céramiste *Philippe Hebrecht* et le sculpteur *Denis Muguet*.

▷ Le quartier des Grandes-Carrières

Il s'étend au N.-E. de la rue Ordener et doit son nom aux ***carrières de plâtre*** exploitées de temps immémorial et qui constituaient la principale ressource de Montmartre ; à la suite de nombreux éboulements, leur exploitation fut interdite en 1860 et elles furent comblées pour assurer plus de stabilité au terrain. ▶ La ***rue Ordener***. Cette interminable rue, grise mais animée, révèle au n° 159 la devanture d'une ***boulangerie*** du début du siècle, décorée de fixés sous verre signés *Benoist*. Au n° 189, trois grands immeubles abritent un ensemble de 187 ***ateliers d'artistes*** : Montmartre aux artistes, réalisé en 1934 par l'architecte *Adolphe Thiers*. ▶ La ***rue Championnet***. Elle est bordée par l'***église Sainte-Geneviève-des-Grandes-Carrières***, ancienne chapelle des Œuvres de la rue Championnet, érigée en paroisse en 1907. Au n° 104 (et au 1, rue Gustave-Rouanet), monumental ***groupe scolaire*** en brique, construit en 1941 par l'architecte *Bois*. ▶ La ***rue Belliard***. Cette rue, plus au N. encore, longe l'ancien chemin de fer de Ceinture. Au n° 188, se trouve un des témoins importants de l'architecture du début du XXe s. à Paris : la ***maison**** que l'architecte *Henri Deneux* se construisit en 1913. Il utilisa ici

---

Les vingt arrondissements de Paris

A la division en 48 sections révolutionnaires, le Directoire substitua celle des 12 arrondissements municipaux qui subsista jusqu'en 1860. « Etre marié à la mairie du 13e arrondissement » se disait à l'époque des personnes qui vivaient maritalement.

Les limites de Paris changèrent le 1er janvier 1860 par l'annexion des onze communes comprises entre le mur d'octroi (mur des Fermiers généraux) et l'enceinte militaire : Auteuil, Passy, les Batignolles, Montmartre, la Chapelle, la Villette, Belleville, Charonne, Bercy, Vaugirard, Grenelle et des fractions de quelques autres.

Les parcs des Buttes-Chaumont et de Montsouris furent créés dans cette nouvelle périphérie. La superficie de Paris passa de 3 288 à 7 088 ha. Les limites et la numérotation des douze anciens arrondissements furent modifiées et les vingt arrondissements nouveaux furent divisés chacun en quatre quartiers : leurs noms et leur répartition sont restés inchangés jusqu'à aujourd'hui.

---

le béton armé, protégé et caché par des carreaux de céramique colorés formant un décor géométrique d'inspiration orientale.

▷ Le quartier Clignancourt

Situé à l'E. de la place Jules-Joffrin, le quartier est traversé par deux grandes artères : la rue de Clignancourt et le boulevard Barbès. Il était, avant l'annexion de 1860, un ancien hameau de Montmartre dont la seigneurie, de 1669 à la Révolution, dépendit de l'abbaye de Montmartre. Aujourd'hui, ce quartier est habité par une population en grande partie d'origine maghrébine et africaine. ▶ Le ***boulevard Ornano*** conduit à la porte de Clignancourt. Au nº 43, le cinéma ***Ornano 43***, construit en 1933 par *M. Gridaine*, a conservé sa façade, bien qu'il ait été transformé en supermarché. Il est représentatif de l'architecture des cinémas de cette époque qui s'inspirait souvent du style des grands paquebots. ▶ La ***rue des Amiraux*** se situe entre la rue des Poissonniers et la rue de Clignancourt. Au nº 13, l'architecte *Henri Sauvage* a réalisé, en 1922, son œuvre la plus achevée. Cet ***immeuble à gradins***** est revêtu de carreaux de céramique blanche. Le système de gradins permettait un ensoleillement égal pour chaque appartement. Ce principe et l'existence d'une piscine à l'intérieur même du bâtiment (toujours en service) furent une révolution dans le logement social. ▶ Non loin de là, un ***square*** récemment ouvert à la hauteur du 52, rue Boinod, est décoré d'un mur peint par *Paul de Gobert*.

▷ Le boulevard Barbès

Ce boulevard est toujours très animé, très commerçant; les passants vont et viennent, regardent, achètent ou non, mais marchandent toujours. Une promenade entre les métros Marcadet-Poissonniers et Barbès-Rochechouart révèle ce nouveau visage de la ville. Les rues qui s'ouvrent vers l'O. mènent toutes vers la butte Montmartre. Le pâté de maison entre le nº 7 et le nº 17 du boulevard est occupé par les anciens ***magasins Dufayel****. Sa façade la plus intéressante est rue de Clignancourt (nºˢ 22 à 34). Elle est l'œuvre de l'architecte *Rives* (1895). Le fronton a été sculpté par *J. Dalou* et représente le Progrès entraînant le Commerce et l'Industrie. Dans des niches encore visibles se trouvaient des cariatides dues au sculpteur *Falguière*.

▷ Le quartier de la Goutte-d'Or *à l'E.*

Il couvre plus particulièrement : la rue de la Goutte-d'Or, les rues de Chartres, Polonceau, de la Charbonnière, Caplat. Personne ne songe plus aux riches vignobles qui couvraient cette région et qui lui ont donné son nom. Elle déborde de part et d'autre et c'est dans ces rues, et surtout à l'époque du ramadan, que l'on découvre le Maghreb à Paris, en exil. Tout n'est pas ici que misère si l'on compte les nombreux commerçants, restaurateurs, cafetiers, mais tout ici est autre et, plus que les boutiques de tissus ou vêtements orientaux, plus que l'odeur d'épices, de merguez ou de thé à la menthe, plus que la musique lancinante qui s'échappe des fenêtres, ce qui frappe surtout c'est le nombre de magasins de valises. On est bien ici au milieu d'émigrants ou de gens en transit. Les soirs d'été, les joueurs de dés ou de cartes, installés sur les trottoirs, la musique « de là-bas », les allées et venues furtives, les inévitables « loulous » moulés dans leurs jeans de cuir, créent une atmosphère étrange. Et ce qu'on ne voit pas mais que l'on devine, c'est une autre réalité : le travailleur immigré, ballotté d'un lieu de travail à un autre, la famille absente, la chambre d'hôtel minable, le foyer à dix lits.

Le secteur de la Goutte-d'Or fait actuellement l'objet d'une campagne de rénovation et de réhabilitation destinée à y assurer plus de sécurité et de salubrité. Ainsi, à l'angle des rues Polonceau et de la Goutte-d'Or, construit-on un ***centre polyvalent d'animation***. Entre les rues Saint-Matthieu, Saint-Luc, Saint-Bruno, s'élève l'énorme église Saint-Bernard-de-la-Chapelle.

▷ L'église Saint-Bernard-de-la-Chapelle *11, rue Affre / 9 h 15-12 h/17 h-19 h ; f. le dim. a.m. ☎ 42.64.52.12*

Cette église, construite entre 1858 et 1861 sur les plans d'*Auguste-Joseph Magne*, est un pastiche gothique du XVᵉ s. Elle fut décorée sous le second Empire de peintures par *Bonnegrâce, Dauban, Claudius Jacquand, Robert Fleury*; dans les deux bras du transept, deux bas-reliefs en pierre par *Geoffroy-Dechaume*. Vitraux par *Gsell, Laurent* et *Oudinot*.

▷ La station Barbès-Rochechouart

Au carrefour où se croisent les boulevards Rochechouart, Barbès, de la Chapelle et Magenta, la station du métro aérien Barbès-Rochechouart est un pôle d'attraction pour un monde de badauds et de marchands à la sauvette. Cette ***station*** fait partie de la ligne Etoile-Nation, ouverte en 1903 et construite dans une architecture de pierre, fer et verre par *Jean-Camille Formigé*. A côté, les ***magasins Tati***, qui occupent plusieurs immeubles entre le boulevard Barbès et la rue de Clignancourt, sont devenus un véritable « phénomène de société » en attirant une foule toujours plus importante par des prix toujours plus bas. ▶ De l'autre côté du carrefour, à l'angle des boulevards Magenta et de la Chapelle, le ***cinéma Louxor-Pathé**** est une véritable curiosité. Construit en 1921 par l'architecte *Ripey*, son décor néo-égyptien de mosaïques est l'œuvre de *Tibéri*.

▷ Le boulevard de la Chapelle

Immédiatement au S. de ce boulevard s'étend le complexe hospitalier de l'***hôpital Lariboisière***, l'un des plus vastes de Paris. Construit de 1846 à 1854 (*Gauthier* architecte), grâce au legs de la comtesse de Lariboisière (inhumée en 1851 dans la chapelle), il a été beaucoup agrandi et modernisé au cours des dernières années. ▶ Au 37 bis, le ***théâtre des Bouffes du Nord***, longtemps laissé à l'abandon, est devenu un des lieux importants du théâtre d'avant-garde à Paris.

▷ Le quartier de la Chapelle

Au N. du boulevard, dominé par le viaduc du métro, la rue Marx-Dormoy et la rue de la Chapelle qui lui fait suite, forment la principale artère de l'ancien *village de la Chapelle* (la Chapelle-Sainte-Geneviève avant 1829, puis la Chapelle-Saint-Denis jusqu'en 1860). Quelques vieilles maisons à un seul étage et aux toits mansardés subsistent de cette époque. Cette rue était empruntée par les processions royales qui se rendaient à la basilique Saint-Denis ou en revenaient. C'est dans ce village que *Jeanne d'Arc* et ses compagnons, les ducs d'Alençon et de Bourbon, Dunois et La Hire, cantonnèrent pendant les jours qui précédèrent l'attaque de Paris; Jeanne d'Arc allait, quelques jours plus tard, être blessée devant la porte Saint-Honoré.

▷ L'église Saint-Denis-de-la-Chapelle *16, rue de la Chapelle / 7 h 30-12 h/14 h-19 h ☎ 46.07.54.31*

Elle s'élève à côté de la nouvelle basilique Sainte-Jeanne-d'Arc. Cette vieille église, dont l'origine remonte peut-être aux temps mérovingiens, fut entièrement dédiée à sainte Geneviève. Devant l'église, une statue de ***Jeanne d'Arc*** par *Charpentier* (1890). La façade a été refaite au XVIIIe s., mais la nef et ses bas-côtés (début du XIIIe s.), couverts en charpente, avec leurs chapiteaux à crochets, sont à peu près tels que put les voir Jeanne d'Arc qui vint y prier dans la nuit du 7 au 8 septembre 1429. Le chœur et ses chapelles ne datent que du siècle dernier.

Les marchés

Boulevard Ornano (entre la rue du Mont-Cenis et la rue Ordener) : mar., vend., dim., 7 h 30-13 h.

Boulevard de la Chapelle (face à l'hôpital Lariboisière) : jeu. et dim., 7 h 30-13 h.

Rue Ordener (entre la rue Montcalm et la rue Championnet) : mer. et sam., 7 h 30-13 h.

Rue Duhesme et rue du Poteau : rues marchandes t.l.j.

Marché de la Chapelle (rue de l'Olive) : 8 h-13 h/15 h 30-19 h 30; dim., 8 h-13 h.

▷ La basilique Sainte-Jeanne-d'Arc

ouv. le dim.

C'est en 1918 que l'on décida de construire, près du vieux sanctuaire, cette monumentale basilique en exécution d'un vœu fait en 1914. L'archevêque de Paris posa en 1932 la première pierre du nouvel édifice dont la façade, inspirée de l'architecture militaire du Moyen Age, écrase de sa masse le petit portail classique de l'église. La première partie de la nef, communiquant par plusieurs portes avec le bas-côté N. de l'église et couverte d'une coupole, était seule achevée en 1935, date à laquelle les travaux furent arrêtés. Cette travée sert aujourd'hui de narthex à la nouvelle basilique construite par l'architecte *Pierre Isnard* et consacrée en 1964 : c'est un édifice à ossature apparente en béton, d'un style dépouillé, de volume harmonieux (1 000 m^2 de superficie). En sous-sol, crypte et salles de réunions occupent une surface égale. ▶ Non loin de là, les amateurs d'architecture du XIXe s. feront un dernier détour pour voir le ***marché de la Chapelle**** *(8, rue de la Guadeloupe)*. Il s'agit d'un marché couvert, à structure métallique, édifié en 1885 par *Auguste Magne* et l'un des derniers de ceux qui restent encore debout.

La place de la Concorde***

8e arr./27-G6
Métro : Concorde
Bus : 24, 42, 52, 72, 73, 84, 94
P place de la Concorde
Taxis : 258, rue de Rivoli (métro Concorde) ☎ 42.61.67.60

La plus belle place de Paris par son harmonie, son architecture et les perspectives dont elle est le centre, souffre hélas de la circulation car elle fait office de carrefour depuis le percement de la rue de Rivoli au début du XIXe s. C'est par souci d'économie que Louis XV choisit ce terrain situé hors de la ville, et qui lui appartenait. J. A. Gabriel conçut cette place originale qui poursuivait l'expansion de la capitale vers l'O. et qui fut inaugurée en 1763. Contrairement aux places royales antérieures (Dauphine, Royale, des Victoires, Louis-le-Grand), c'est un quadrilatère largement ouvert (seuls deux grands hôtels bordent la place au N.) et plus qu'un ensemble urbain, c'est un paysage organisé selon le principe des jardins à la française. Toutefois la statue de Louis XV, qui marquait l'intersection des deux axes perpendiculaires, obéissait au schéma traditionnel. Commencée par Bouchardon et terminée par Pigalle (le modèle est au Louvre), la statue s'éleva au milieu de la place Louis-XV jusqu'en 1792. A cette date, rebaptisée place de la Révolution, la place devint le théâtre des exécutions capitales. Nommée place de la Concorde après le dernier décret de la Convention (1795), elle redevint place Louis-XV en 1814, puis place Louis-XVI en 1823 (plaque apposée sur le mur de l'hôtel de Crillon, à l'angle de la rue Boissy-d'Anglas) et place de la Charte un court moment en 1830. Elle a repris son nom actuel sous la monarchie de Juillet. Louis-Philippe souhaitait désacraliser ce lieu où un roi et un théoricien de la Révolution avaient été décapités ; aussi fit-il orner la place avec des statues, des fontaines et un obélisque si étranger et si chargé de siècles qu'il ne risquait pas d'éveiller des passions. Telle que nous la voyons maintenant, la place est une conception de la monarchie de Juillet. Son architecte, Hittorff (1792-1867), deuxième grand créateur de la place en 1835, respecta l'œuvre de son prédécesseur Gabriel.

Visite de la place

▷ L'obélisque de Louqsor

Après la statue de Louis XV et celle de la Liberté durant la Révolution, l'obélisque de Louqsor a été choisi par *Hittorff* pour être au centre de la composition de la place de la Concorde. C'est un monolithe de syénite rose, haut de 22,86 m, pesant environ 230 t, dont les quatre faces sont couvertes d'hiéroglyphes célébrant les hauts faits de Ramsès II ; il provient du temple de Ramsès II à Thèbes (haute Egypte ; XIIIe s. av. J.-C.), et fut offert à Louis-Philippe par *Méhémet-Ali* en 1831.

▷ Les fontaines

De part et d'autre de l'obélisque s'élèvent deux grandes fontaines (lumineuses certains soirs), hautes de 9 m, imitations de celles de la place Saint-Pierre à Rome, construites de 1836 à 1846 sur les dessins de *Hittorff*. Elles comprennent trois bassins superposés : le bassin inférieur mesure 16,50 m de diamètre. Les statues représentent la Navigation fluviale (fontaine N. : entre autres, un Triton et une Néréide, par *Antoine Moine*) et la Navigation maritime (fontaine S. : entre autres, la Pêche des perles, par *Valois*) qui faisait rêver Baudelaire. C'est à leur emplacement qu'était dressée la guillotine qui décapita Louis XVI. Les *lampadaires* ont été dessinés par *Hittorff*.

▷ Les statues des grandes villes de France

Autour de la place, sur les huit guérites en pierre construites par *Gabriel* et qui donnaient accès aux fossés alors aménagés en parterre, ont été placées, sous le règne de Louis-Philippe, les statues des grandes villes de France : Lyon et Marseille, par *Petitot;* Bordeaux et Nantes, par *Caillonette;* Rouen et Brest, par *Cortot;* Lille et Strasbourg, par *Pradier*. Strasbourg est représentée sous les traits de Juliette Drouet qui était le modèle de Pradier; ce monument était devenu, entre 1870 et 1914, une sorte de lieu de pèlerinage patriotique. Lille est représentée sous les traits de Marie-Antoinette d'Ensignies, femme d'un préfet de police de Lille.

Le jardin des Tuileries, dont on aperçoit les deux terrasses des Feuillants et du Bord de l'eau, longe la place à l'E. ▶ Au S., le *pont de la Concorde* (→ *ponts*) offre une très belle *vue* sur le fleuve, les palais, le Sacré-Cœur et la colline de Chaillot. Il a été construit par *Perronet* en 1790, en partie avec les pierres de la Bastille. De ce côté-ci, les balustrades suivent le tracé des fossés comblés en 1854. On aperçoit les frondaisons du Cours-la-Reine (→ *quai de la Conférence*).

Pérégrinations d'un obélisque

Le Luxor, navire spécialement construit pour transporter jusqu'en France ce symbole solaire jadis érigé devant le pylône du temple d'Amon à Thèbes, mit deux ans et vingt-cinq jours pour arriver à Toulon. Il remonta ensuite jusqu'au pont de la Concorde où sa cargaison attendit encore trois années son installation définitive.

L'ingéniosité déployée par l'ingénieur Apollinaire Lebas pour mener à bien ce transport est relatée sur le piédestal en granit. A son débarquement à Paris, en 1835, l'obélisque fut tiré sur une rampe située en aval du pont de la Concorde; on réquisitionna à cet effet deux cent quarante artilleurs. Un an après, une fois le socle préparé, les travaux de halage reprirent. Le 16 août, le monolithe fut hissé jusqu'au piédestal par quatre cabestans manœuvrés par cent vingt artilleurs, puis dressé enfin avec un succès complet le 25 octobre 1836 après qu'on ait eu pris soin de déposer, dans une cavité, un coffret contenant des pièces à l'effigie de Louis-Philippe. Deux cent mille spectateurs étaient venus applaudir cet exploit.

Une place historique

Sous la Révolution de 1789, la guillotine fut dressée du côté des jardins des Champs-Elysées pour l'exécution de Louis XVI, et transportée du côté des Tuileries pour l'exécution de Charlotte Corday, de Marie-Antoinette, des Girondins, de Danton, de Philippe Egalité, de Mme du Barry, de Manon Roland, de Camille Desmoulins, de Saint-Just et de Fabre d'Eglantine. Transférée pendant un temps sur la place du Trône-Renversé (actuelle place de la Nation), la guillotine revint place de la Révolution pour l'exécution de Robespierre et de ses compagnons (10, 11, 12 thermidor 1794).

Ces heures dramatiques ne doivent pas faire oublier que la place fut aussi le théâtre des fêtes, du premier au second Empire. Elle servit aussi à l'exposition des produits de l'industrie en 1834 : des pavillons provisoires et un simulacre de l'obélisque de Louqsor y avaient été dressés. Pour la fête de l'Empereur, en 1866, la place fut pour la première fois éclairée à l'électricité.

▷ Les chevaux de Marly**

Le côté O. de la place s'ouvre sur l'avenue des Champs-Elysées dont l'entrée est commandée, depuis 1795, par les fameux *chevaux de Marly*, qui ont été exécutés par *Guillaume Coustou* pour l'abreuvoir de Marly. Ils y avaient remplacé, en 1745, les statues équestres de la Renommée et de Mercure d'*Antoine Coysevox*, transférées au jardin des Tuileries. Très abîmés par l'érosion, les chevaux de Coustou ont été restaurés, abrités au Louvre en 1984, et remplacés par des moulages tandis qu'une autre paire de moulages allait retrouver sa place à l'abreuvoir de Marly. Ils représentent les chevaux numides domptés par les Africains.

▷ Les palais de Gabriel**

Au N. de la place de la Concorde, *Gabriel* a édifié entre 1757 et 1770 deux palais majestueux à colonnades corinthiennes, surmontés de *frontons** sculptés par *Slodtz*, pour celui de l'E., et par *Guillaume II Coustou* pour celui de l'O. (moulages). Au nº 2 était le garde-meuble de la Couronne qui fut envahi en 1792 : c'est à cette occasion que se produisit l'étrange disparition des diamants de la Couronne. C'est aujourd'hui le ***ministère de la Marine*** *(entrée : 2, rue Royale)*. Marie-Antoinette avait ici un appartement dans lequel elle descendait durant ses visites incognito à Paris, et le bureau de presse du ministère de la Marine occupe sa chambre à coucher. De l'autre côté de la rue Royale se trouve l'***hôtel de Coislin***, où les Chateaubriand ont vécu de 1805 à 1807 avant de s'installer à la Vallée-aux-Loups. Les nos 6 et 8, ***hôtels de Lambot de Fougères*** et de ***Pastoret*** réservés aux promoteurs et entrepreneurs enrichis par le percement de la place Louis-XV, sont aujourd'hui occupés par l'Automobile-Club de France.

L'*hôtel d'Aumont*, au n° 10, appartenait en 1788 aux Crillon qui reprirent possession des lieux en 1814. En 1904 s'éteignit leur dernière descendante, la duchesse de Polignac, et l'hôtel passa à l'hôtellerie en 1907. Sous la galerie, côté rue Royale, une plaque de 1935, en anglais et en français, rappelle « les traités d'amitié, de commerce et d'alliance signés en cet hôtel le 6 février 1778 et par lesquels la France, avant toute autre nation, reconnaissait l'indépendance des Etats-Unis ». Du côté de la rue Boissy-d'Anglas, une autre plaque commémore le pacte de la Société des Nations, élaboré dans cet hôtel par le *président Wilson* et les délégués alliés, de février à avril 1919.

▷ L'hôtel de La Vrillière*

angle rue Saint-Florentin, rue de Rivoli

Cet hôtel fut construit par *Chalgrin* au XVIIIe s., d'après les plans de *Gabriel*, pour le secrétaire de la Maison du Roi, Phelypeaux de La Vrillière, comte de Saint-Florentin. C'est le seul hôtel construit selon les plans de Gabriel ; à l'origine, des bâtiments symétriques devaient encadrer les bâtiments principaux. Il fut habité ensuite par le duc de Fitz-James et par Talleyrand qui y mourut en 1838 ; sa nièce, la belle princesse de Liéven, tint ici entre 1846 et 1857 un salon célèbre. L'hôtel, qui possède un extraordinaire *plafond**, est occupé aujourd'hui par les services culturels et le consulat de l'ambassade des Etats-Unis. ▶ Au n° 7 de la rue Saint-Florentin, l'*hôtel* bâti en 1761 par *Letellier* fut habité au XIXe s. par un prince Galitzine et Ferdinand de Lesseps.

▷ L'ambassade des Etats-Unis

angle pl. de la Concorde/rue Boissy-d'Anglas

Cette ambassade fut bâtie de 1931 à 1933 sur l'emplacement de l'hôtel Grimod de la Reynière. Cet ancien hôtel avait été construit, après 1770, par *Nicolas Barré ;* habité à la fin du XVIIIe s. par Balthasar Grimod de la Reynière, gastronome et homme d'esprit, il fut occupé par les ambassades de Russie puis de Turquie.

▷ La rue Royale*

Cette rue luxueuse a des origines campagnardes et modestes : elle était, avant la création de la place Louis-XV, une sente à travers le marais des Gourdes qui longeait l'enceinte de Louis XIII. Mais, dans le temps même où il traçait la place, *Gabriel* perçait la rue et la bordait jusqu'à la rue Saint-Honoré d'hôtels bâtis sur plan uniforme, tout en ménageant une perspective superbe à la fois sur la future Madeleine et sur le Palais-Bourbon. Le pont prolongeant l'axe de la rue ne fut construit qu'à la Révolution.

Numéros impairs : au n° 1 habita Philippe de Girard, inventeur méconnu de la machine à filer le lin ; au n° 3, célèbre restaurant ***Maxim's*** fondé en 1891 par *Maxime Gaillard*, dans l'hôtel qui appartint au duc de Richelieu, ministre de Louis XVIII et gouverneur d'Odessa : ce café, où l'on voit toujours des boiseries d'acajou et de citronnier, fut fréquenté par les grandes courtisanes du début du siècle (princes de Galles, Orloff, Galitzine, marquis de Dion...) ; au n° 9, en partie occupé par l'antiquaire Jansen (maison fondée en 1881), mourut, en 1827, le duc de La Rochefoucauld-Liancourt ; au n° 11, galerie Royale ; au n° 13 habita l'académicien Jean-Baptiste Suard, le seul à venir tenir séance le jour de l'exécution de Louis XVI.

Numéros pairs : au n° 2, ministère de la Marine ; au n° 6, maison habitée peu avant sa mort par Mme de Staël et qui possède deux beaux salons classés ; au n° 8, maison de l'architecte Jacques-Ange Gabriel, où subsistent quelques boiseries ; au n° 10, le fleuriste Lachaume, sans doute le plus ancien commerce de la rue ; au n° 24 vécut l'écrivain humoriste Alphonse Allais.

La Défense*

à 2 km O. de Paris

Information : EPAP, tour Fiat, La Défense, 6, place de la Coupole ☎ 47.96.24.24.

SNCF La Défense

RER : La Défense / Bus : 73

La Grande Arche qui s'élève tous les jours un peu plus, au bout de l'esplanade de la Défense, devrait être la dernière touche monumentale apportée à l'aménagement de cette banlieue tellement bien reliée à la capitale qu'elle en est pratiquement devenue le 21e arrondissement.

A l'aube des années 60, on prit la décision de créer, à cet endroit, une véritable ville de tours. La Défense allait devenir l'un des rares exemples d'application des principes de la charte d'Athènes, avec la généralisation de ses hauts immeubles et la suppression de la rue traditionnelle. Plusieurs bâtiments remarquables, comme le palais du CNIT, y furent construits, au point que ce chantier gigantesque fut bientôt considéré comme un laboratoire de l'architecture contemporaine.

Plus de 100 000 personnes viennent quotidiennement travailler à la Défense, tandis que 20 000 personnes seulement y résident. Le nouveau centre commercial des Quatre Temps avec ses cinémas, et la relance des constructions de logements devraient, à terme, rééquilibrer la vie du quartier. Il reste qu'aujourd'hui la Défense est animée comme une fourmilière pendant la journée, alors que le soir et les week-ends, le parvis désert et battu par les vents prend un aspect irréel. Il ne faut pas craindre d'affronter ces courants d'air pour aller voir la Défense et prendre toute la mesure de cette ville verticale où s'élabore lentement et par à-coups successifs, l'urbanisme du XXIe s.

La Défense dans l'histoire

Naissance d'une ville

Jusqu'au XVIIIe s., il n'y eut ici que des moulins couronnant la butte de Chantecoq. A son sommet, en 1765-1770, un rond-point fut créé par le marquis de Marigny, frère de Mme de Pompadour, dans l'axe de l'avenue de Neuilly qu'il venait de prolonger. Ce carrefour ne prit le nom de rond-point de la Défense qu'après le siège de Paris, en 1871. Il fut orné, de 1855 à 1870, d'une statue de Napoléon, aujourd'hui dans la cour des Invalides puis, de 1872 à 1964, d'un groupe en bronze de Barrias symbolisant la Défense de Paris.

A l'extrémité de la perspective de l'Arc de Triomphe de l'Etoile, ce site réclamait un cadre architectural digne de la monumentalité de son point de départ. Dès le XVIIIe s. fut conçu un projet de voie triomphale devant aboutir à la Croix-de-Noailles, en forêt de Saint-Germain-en-Laye. Entre les deux guerres, plusieurs projets restèrent sans suite. En 1955, avec la reprise économique française, fut décidée une opération d'urbanisme ambitieuse, dont la gestion fut confiée en 1956 à une société d'économie mixte, l'Etablissement public pour l'Aménagement de la Défense (EPAD).

Une gestation difficile

Le programme étudié par l'EPAD comportait la restructuration d'une zone urbaine déchue, le remodelage du réseau routier, la création d'un quartier à vocation tertiaire destiné à décongestionner un Paris saturé de bureaux, la construction de logements enfin. En 1957 fut commencé le palais du CNIT, amorce du projet. En 1961 fut mis en chantier, au pont de Neuilly, le réseau express régional (RER) assurant une liaison métro rapide entre la Défense et l'Etoile, puis avec le quartier d'affaires de l'Opéra. Le plan-masse, adopté en 1964, dissociait le trafic automobile (l'avenue de la Défense, devenue du Général-de-Gaulle, sortie O. de Paris, était dans les années 50 la plus fréquentée de la banlieue) de la circulation des piétons, grâce à une dalle appelée à recouvrir la future autoroute A 14 (pont de Neuilly-Orgeval) et deux voies de desserte intérieure. De part et d'autre de cette dalle, une trentaine de tours, totalisant 300 000 m² de bureaux, auraient eu une hauteur sensiblement égale (100 m maximum), ne devant être dépassée que par un immeuble-signal de 200 m de haut, face au palais du CNIT.

Le développement

Après une phase de démarrage difficile, la jonction de la Défense à l'Opéra par le RER, réalisée en 1969, rendit la commercialisation des bureaux plus aisée. A la faveur d'une conjoncture économique particulièrement favorable, les sociétés désireuses d'agrandir leurs locaux cherchèrent à s'installer à la Défense. La demande s'accrût, entraînant la densification du programme qui atteignit 1 500 000 m² de bureaux. Les contraintes du plan-masse furent abandonnées et, au cours de l'été 1972, la tour du GAN éleva son noyau de béton, haut de 48 étages, à l'arrière-plan de l'Arc de Triomphe, déséquilibrant une perspective unique au monde.

La limitation du projet

Les réactions défavorables que causa l'irruption de cette verticale dans le paysage parisien provoquèrent la décision gouvernementale, en 1974, de limiter le volume des immeubles, remettant ainsi en cause certains projets.

Au-delà des appréciations divergentes quant à son architecture, la Défense est frappée par une crise économique. Les tours sont d'un coût d'entretien prohibitif, les employés et leurs entreprises hésitent à s'installer dans les grands bureaux paysagers sans intimité, éclairés au néon, mal insonorisés et climatisés. L'EPAD, mis dans une situation financière critique, s'est orienté vers la construction de bâtiments économes en énergie et répondant aux revendications des employés de bureaux. Ce qui a donné naissance à une nouvelle génération de tours, aux formes minces et étirées, et aux façades fractionnées. Par ailleurs, des sculptures et des plantations sont introduites dans cet univers d'acier et de béton.

Des mesures de relance, consistant en une dotation budgétaire destinée à combler le déficit opérationnel, ont été prises par le gouvernement en 1978. A plus long terme, la construction de l'autoroute A 14 sous la Défense, la prolongation de la ligne de métro nº 1 (Vincennes-Neuilly), la mise en service de la voie ferrée Défense-Cergy-Pontoise devraient assurer une meilleure desserte du quartier et lui procurer des atouts supplémentaires. Parmi les sociétés qui s'y sont installées citons : Roussel-Uclaf et IBM-France, Esso, Fiat, les Assurances Générales de France, BP, le Crédit Lyonnais, Technip, C. & A., Unilever, Westinghouse, Pétroles d'Aquitaine, EDF-GDF, etc.

Visite de la Défense

1 h 30

Le quartier de la Défense (160 ha), qui s'étend sur les territoires de Puteaux, Courbevoie et Nanterre, est enserré par un boulevard circulaire (sens unique) auquel sont reliées des voies de desserte donnant accès à de nombreux parcs de stationnement souterrains.

▷ La tour Nobel

A g. du pont de Neuilly, elle domine le *quartier Bellini*, où s'élevait la maison qui vit mourir, en 1835, le compositeur de Norma.

Siège social de la société Nobel-Bozel, cette tour, construite en 1966 par *J. de Mailly* et l'ingénieur *J. Prouvé*, fut la première élevée dans la région parisienne. Sa structure est celle mise au point par *Mies van der Rohe* dans ses buildings de Chicago et de New York : noyau porteur en béton et murs-rideaux (non porteurs) maintenus par une enveloppe souple en acier dont les angles sont arrondis.

▷ La tour Assur

Symétriquement, à dr., s'étend le *quartier Louis-Blanc*, dominé par cette tour (*Dufau* architecte). En forme d'étoile à trois branches, elle est haute de 150 m ; ses 39 étages sont habillés d'aluminium et de verre teinté ; c'est le siège de l'Union des Assurances de Paris (UAP). En arrière s'élèvent de grands *immeubles* (*Binoux* et *Folliason* architectes) qui abritent des commerces, un hôtel et des équipements collectifs autour d'une *place* centrale (sculptures de *Lartigue*). ▸ Plus au nord, au bord de la Seine, se dresse la *tour Neptune* (mêmes architectes) en aluminium et verre. ▸ Le

Des œuvres d'art à la Défense

Créé en 1958 pour réaliser un quartier d'affaires à l'ouest de Paris, l'Etablissement public pour l'Aménagement de La Défense a très vite adopté une politique culturelle active. Avec l'aide du ministère de la Culture et des sociétés implantées dans le «Manhattan français», il a réalisé un véritable musée en plein air d'œuvres contemporaines.
Des maîtres incontestés de l'art contemporain côtoient des artistes moins renommés dans des œuvres diverses. Durant cette promenade vous pouvez admirer le «stabile» monumental de Calder, les personnages géants de Miró, Le Monstre de Moretti, La dame Lune de l'Argentin Silva, Le Grand Toscan de Mitoraj, Lieu du corps de Delfino, L'Oiseau mécanique de Philolaos, Le Somnanbule de De Miller, La Danse de Selinger, le mur gravé de Guiro, Slat de l'Américain Serra. Il y a aussi la fontaine monumentale de Yaacov Agam, revêtue d'une mosaïque à effets cinétiques : elle comporte 66 jets d'eaux mobiles de 15 m de haut, asservis de programmes musicaux. N'oublions pas non plus la statue de Barrias élevée en souvenir de la défense de Paris en 1870, et inaugurée en 1883.

boulevard circulaire longe ensuite à g. les tours du GAN, Manhattan, EDF-GDF, Aquitaine, Europe et Septentrion *(→ ci-dessous)*. ▶ Emprunter à g. la ***rue Albert-Gleizes***, pour atteindre la place de la Coupole.

▷ La tour Fiat*

Cette tour (1979), avec ses 178 m de haut et ses 102 500 m² de bureaux, est la plus élevée et la plus vaste des tours de la Défense. Les architectes français *R. Saubot* et *F. Jullien* ont travaillé en collaboration avec les New-Yorkais *L. Skidmore*, *N. A. Owings* et *J. O. Merill*, auteurs d'une série de gratte-ciel dont le premier en date et l'un des plus célèbres fut le Lever House de Park Avenue (1952). Ils ont abandonné ici le mur-rideau pour des murs extérieurs porteurs : la qualité de leur revêtement, un granit noir d'Afrique poli, le graphisme étudié des cadres d'aluminium qui enserrent des vitres teintées grises, composent un ensemble qui se situe stylistiquement dans la tradition du purisme d'un *Mies van der Rohe*. Autre raffinement dans le détail : la largeur des fenêtres s'accroît vers le haut pour compenser le léger rétrécissement nécessité par le contreventement.

La tour comprend 46 niveaux en superstructure, 4 en sous-sol, le premier abritant des salles de conférences et une galerie marchande; l'immeuble est desservi par 23 ascenseurs. Au 26ᵉ étage l'***EPAD*** présente maquettes et plans de la Défense (très belle ***vue*** sur le quartier).
▶ Sa sœur jumelle, la *tour Elf*, élevée par les mêmes architectes onze ans plus tard, témoigne des bouleversements économiques et sociaux intervenus à la Défense. Pour une surface égale, la tour Elf a un coût d'entretien inférieur de moitié à celui de la tour Fiat, et son étroitesse a permis l'aménagement de bureaux individuels éclairés chacun par sa propre fenêtre comme le désiraient les employés. ▶ La rue Albert-Gleizes s'engage sous la dalle qui constitue la place (on peut ici abandonner son véhicule).

▷ La place de la Défense

A l'emplacement de l'ancien rond-point, la place de la Défense recouvre l'échangeur routier, le parc de stationnement (1 200 places) et la gare routière.

Elle forme le tronçon central de l'axe piétonnier, long de 1,5 km, qui traverse la Défense. Celui-ci se prolonge à l'ouest par le ***parvis***, à l'est par l'***esplanade***. L'étude de cet axe a été confié à *E. Aillaud*. L'architecte a proposé, au nord de la place, la construction d'un immeuble administratif bas, la ***Maison de la Défense***, et à l'ouest une «arcature» qui formerait césure entre la place et le parvis. La place est ornée d'un «***stabile***» rouge de *Calder* (1976).

▷ Le Centre national des Industries et des Techniques (CNIT)*

Le parvis forme le plafond de la station du ***RER***, vaste hall bordé de bou-

La Grande Arche

Posé légèrement de biais par rapport à l'axe historique de Paris, un nouveau monument viendra bientôt s'ajouter au Louvre, à la Concorde et à l'Arc de Triomphe : la Grande Arche de la Défense. En 1988, ce quartier d'affaires sera terminé; au centre s'élèvera un cube dû à l'architecte danois Otto von Spreckelsen.
Seul monument qui, sur le plan architectural, ait fait l'unanimité parmi les grands projets de l'Etat, la Grande Arche est formée de deux tours biseautées (105 m de haut) reliées par un mince toit plat. Ce cube sera revêtu de marbre de Carrare blanc pour l'extérieur, gris foncé pour l'intérieur. Le cube évidé pèsera plus de 300 000 t. Il sera flanqué à gauche et à droite de petits cubes (les collines). Deux escaliers monumentaux en constitueront l'accès; des ascenseurs rapides permettront de s'élever de la dalle vers le sommet où seront installés des jardins suspendus, un restaurant, des belvédères d'où l'on pourra découvrir Paris et sa banlieue.
Mais la Grande Arche n'est pas qu'une simple prouesse architecturale. C'est aussi un lieu fonctionnel : 5 000 personnes y travailleront. Prévu initialement pour abriter le Carrefour de la communication, le sous-sol, le sol et le toit de l'arche géante sont à la recherche d'acquéreurs.

tiques (*H. Vicariot* architecte ; 1970). Il est limité par le ***Centre national des Industries et des Techniques*** (*Zehrfuss*, *Camelot* et *de Mailly* architectes).

Sa construction, en 1957-1959, fut une prouesse technique. Sa voûte de béton est la plus grande du monde, avec 230 m de portée. Elle est formée de deux voûtes superposées, reposant sur trois points d'appui, reliés par de puissants câbles d'acier.

La façade vitrée, soutenue par une trame d'aluminium, est étudiée pour s'adapter aux variations de volume de la voûte en fonction de la température. Le palais, qui est le cadre de manifestations diverses (salon des Arts ménagers, SICOB, Salon nautique...), doit être transformé en hôtel et les expositions devraient déménager à Villepinte ou à la porte de Versailles.

▷ L'immeuble Elysées-La Défense

Au sud du parvis se trouve le ***centre commercial régional*** : magasins, restaurants, cinémas (*A. T. E. A.* architecte). Il est surmonté par l'immeuble du siège social de la filiale française de la ***First National City Bank*** (*R. Saubot*, *F. Jullien*, *W. Overcash*, architectes), qui a quitté les Champs-Elysées en 1982. La façade creusée allège le bâtiment et permet un maximum d'éclairage naturel. Devant : Deux personnages, ***sculpture*** monumentale en polyester par *J. Miró* (1978).

▷ Le projet de la Tête-Défense

A l'ouest, le principe et la matérialisation de la fermeture de la perspective de l'Arc de Triomphe ont été très discutés et ont donné lieu à divers projets pour la réalisation de la Tête-Défense. En 1971, le projet d'*E. Aillaud* était choisi par Georges Pompidou ; en 1983, celui de *J. Willerwal* par Valéry Giscard d'Estaing. Aujourd'hui, le projet en cours de réalisation est celui de l'architecte danois *O. von Spreckelsen* (*→ encadré*).

▷ L'esplanade

Descendant vers la Seine et encore inachevée de ce côté, elle aura 600 m de long. Le paysagiste *Dan Kiley* a étudié la plantation de quatre rangs de platanes, problème difficile puisque les arbres ne peuvent pousser en pleine terre. La perspective sera jalonnée de sculptures et de jeux d'eau ; un ***bassin****, proche de la place de la Défense, est dû à *Y. Agam* ; devant l'immeuble Esso, le mur a été gravé par *V. Guirro* ; des bassins et des cheminées d'aération de la future autoroute A 14 ont été décorés par *J. Leclerq* ; enfin *J. Dubuffet* réalisera un « site scriptuaire ».

Sur cet axe se greffent, au nord et au sud, des cheminements piétonniers s'élargissant en places baptisées de noms idylliques (les Corolles, les Reflets...) et desservent des groupes d'immeubles reposant sur des parkings en infrastructure, accessibles à partir d'un embranchement sur le boulevard circulaire.

▷ Le quartier Boieldieu

au sud de l'esplanade

Situé entre la place de la Défense, la N 13 et l'avenue Jean-Moulin, il comporte deux ***immeubles*** de bureaux (*J. M. Delb*, *M. Chesneau* et *J. Vérola* architectes) : à l'ouest, la tour Winterthur ; à l'est, la tour Franklin ; toutes deux sont accolées, la plus haute est de 110 m ; la menuiserie est en aluminium anodisé bronze. En arrière, des immeubles de logements sont dominés par ***Défense 2000*** (*Proux*, *de Monès*, *Srot* architec-

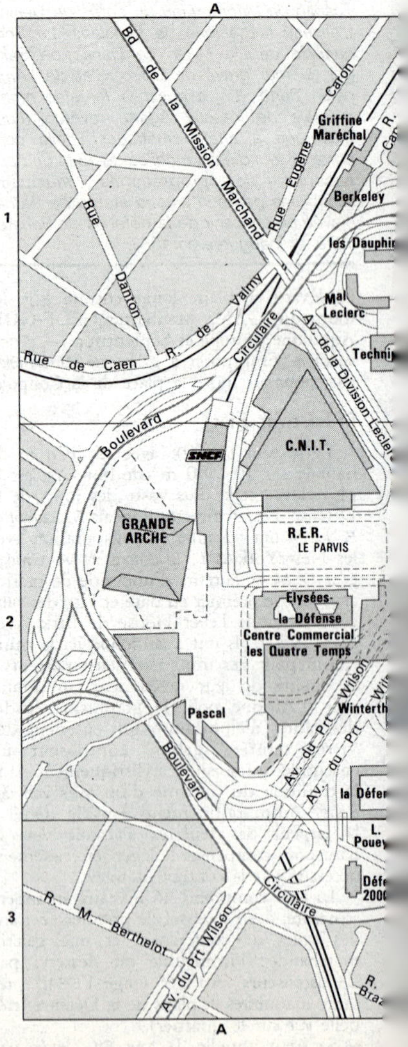

tes), tour d'habitation de 45 étages, à piètement évasé.

▷ Le quartier Villon
à l'est de l'esplanade

Du nom du peintre, ce quartier englobe les ***tours Atlantique*** et du ***Crédit Lyonnais*** (*Dubuisson* et *Jausserand* architectes ; 1972). Ces tours, de 25 étages, ont des piliers porteurs en béton moulé de basalte ; les vitrages sont inscrits dans une ossature en aluminium noir. Séparée par la ***place de la Pyramide*** (sculpture de *J. Silva*), la ***tour Générale*** (*J. de Mailly* architecte ; 1972), de 36 étages, présente une façade porteuse en béton, avec des fenêtres encastrées entre des boucliers cruciformes en aluminium de couleur bronze. Au sud de l'îlot Villon, l'immeuble d'habitation ***Eve*** (*Hourlier* et *Gury* architectes) est une tour de section ovale, de 28 étages. ▶ Le ***quartier Michelet*** a vu récemment s'élever (1985) l'***immeuble PFA*** (*J. Willerwal* architecte). Situé sur un terrain rectangulaire aux avant-postes de la Défense, il est connu comme un « bâtiment-phare » dont les vitres renvoient la lumière.

▷ Le quartier Alsace
au nord de l'esplanade

En bordure de l'esplanade, l'***immeuble Esso*** (*J.* et *P. Greber* et *Douglas* architectes ; 1962) fut le premier immeuble de bureaux achevé à la Défense. En arrière s'élève la ***tour Septentrion*** (*Dufau*, architecte) dont les

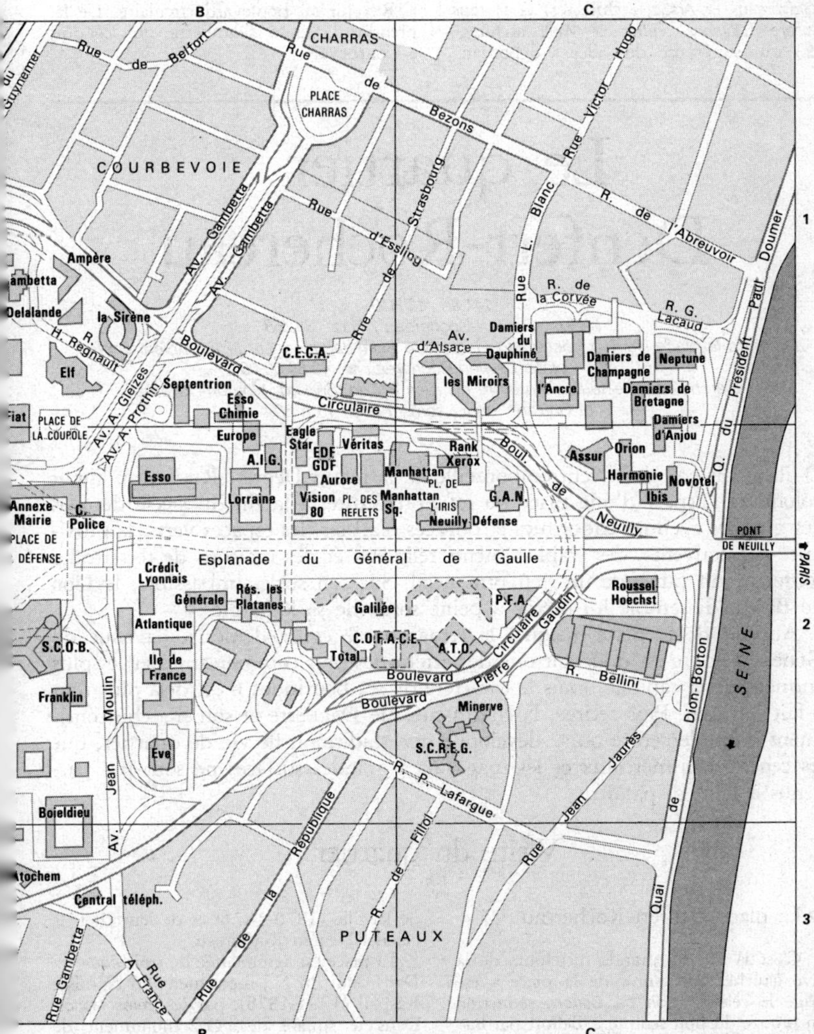

La Défense

vitrages et l'huisserie d'aluminium sont de couleur bronze.

▷ La place des Corolles

Elle est ornée d'une mosaïque d'*Attila*, le Sculpteur de nuages, et de fontaines de *L. Leygue*. Deux tours la dominent : au nord, ***Europe*** qui fait alterner mur-rideau et panneaux de granit ; à l'est, ***Aquitaine*** (*frères Arsène-Henry* et *B. Schoeller* architectes), dont l'enveloppe de granit répète en l'inversant le motif traditionnel de la pointe de diamant. Au sud, la ***terrasse des Reflets*** (l'Oiseau mécanique, sculpture de *Philolaos*) donne accès à l'esplanade.

▷ La place des Reflets

Elle est ornée d'une sculpture de *O. Derbré* : La Terre. Au nord, la ***tour EDF-GDF*** (*Gravereaux* et *Arsac*, architectes) et la ***tour Aurore*** (*Damery*, *Vetter* et *Weil*, architectes) qui superpose des allèges débordantes, arrondies aux angles, entre des vitrages fumés.

▷ La place de l'Iris

La ***tour Manhattan***, construite en 1975 par *M. Herbert* et *M. Proux*, est l'une des premières à éviter la monotonie des volumes parallélépipédiques et à adopter la courbe.

L'***immeuble du GAN*** (Groupe des Assurances Nationales), plus à l'est, est une tour de section cruciforme, haute de 166 m, dont le mur-rideau est constitué par un vitrage teinté vert, enserré dans des profilés d'aluminium. Ses architectes sont *J.-P. Bisseuil*, de Paris, et les Américains *W. K. Harrison* et *P. Abramowitz*, auteurs de gratte-ciel célèbres comme l'Alcoa Building (1953), à Pittsburg, où le Phoenix Mutual Insurance Building (1963), à Hartford (Conn.).

▸ Revenir au boulevard circulaire. De là, prendre l'avenue Gambetta qui conduit à Courbevoie.

Le quartier Denfert-Rochereau

14e arr./43-H10
Métro : Denfert-Rochereau / Bus : 38, 68
[P] entre la place Denfert-Rochereau et la place Saint-Jacques, sur le terre-plein central
Taxis : place Denfert-Rochereau ☎ 43.54.00.00
Marché : Sur le terre-plein entre les rues Brézin, Saillard, Mouton-Duvernet et Boulard : mar., sam., 7 h 30-13 h 30

S'il n'était pas si souvent embouteillé, le carrefour Denfert-Rochereau aurait volontiers l'aspect d'une place de sous-préfecture, à la fin du siècle dernier. Les grandes avenues endormies et bordées d'arbres, les espaces verts, la proximité des couvents, des établissements religieux et des maisons de retraite lui confèrent un caractère un peu provincial. Sur son socle, impassible, le Lion de Bartholdi semble lui-même à peine sortir de sa léthargie.

Au sud de la place, jusqu'à la remarquable église d'Alésia, l'avenue du Général-Leclerc est pourtant une des artères les plus commerçantes et les plus animées de la capitale, mais le caractère de ses boutiques n'est déjà plus tout à fait parisien. Plus retirée, la charmante rue Daguerre et son marché continuent d'être le centre où se développe une traditionnelle vie de quartier, que les centres commerciaux et les magasins à grandes surfaces ne sont pas parvenus à faire disparaître.

Visite du quartier

1 h

▷ La place Denfert-Rochereau

C'est là un des grands carrefours de la rive gauche. Au centre de la place a été érigé le célèbre ***Lion de Belfort***, réduction en bronze du lion sculpté à Belfort par *Bartholdi*, à la gloire des héroïques défenseurs de la ville (1870-1871) et de leur chef, le colonel Denfert-Rochereau.

La place est agrémentée de trois *squares*. Dans celui du N., monument du chimiste Raspail (1794-1878), par les *frères Morice*. Dans le square de l'O., monument de Ludovic Trarieux (1840-1904), homme politique, un de ceux qui luttèrent pour la révision de l'affaire Dreyfus, par *Jean Boucher.* Dans le square du S., monument de Charlet (1792-1845), peintre et dessinateur de l'épopée impériale, par *Charpentier.* De ce côté, à l'angle de l'avenue René-Coty et du boulevard Saint-Jacques, se trouve la gare Denfert-Rochereau (métro et RER : ligne de Sceaux).

Au S.-O. de la place, à l'entrée de l'avenue du Général-Leclerc, les deux ***pavillons*** à frises sculptées, édifiés par *Ledoux* en 1784, sont les vestiges de la barrière d'Enfer de l'enceinte des Fermiers généraux. Ces pavillons abritent l'Inspection générale des carrières de Paris et des services techniques de la Direction générale des travaux. De plus, celui de g. (1, place Denfert-Rochereau) donne accès aux catacombes. C'est dans les souterrains du pavillon O., en face, que le *colonel Rol-Tanguy,* chef des F. F. I. de l'Ile-de-France, avait établi son poste de commandement durant l'insurrection parisienne du 19 au 25 août 1944 (inscription).

▷ L'avenue Denfert-Rochereau

Elle s'ouvre au N. de la place. A l'origine via Inferior, parce que plus basse que la rue du Faubourg-Saint-Jacques qu'elle doubla sur la droite, elle devint par glissement rue d'Enfer — à moins que cette appellation ne lui ait été donnée à cause de la proximité du château de Vauvert et de ses diablotins — et prit en 1879 le nom du défenseur de Belfort, le colonel Denfert-Rochereau. Longue, droite et sévère, elle est bordée de hauts murs derrière lesquels des parcs ombragent communautés religieuses et cités privées.

Côté impair. Au n° 83, se cache, protégée par une façade banale, une agréable cité « pour notables de province » ; l'allée centrale pavée est bordée de petits hôtels et d'ateliers avec jardins privatifs. Au fond l'***hôtel Fontaine,*** construit en 1913 par l'architecte *François Le Cœur*, est par ses formes et ses matériaux (briques creuses et béton armé) une des premières constructions modernes du XXe s. Au n° 77, à côté de la maison provinciale des assomptionistes et masquée par un immeuble, une ***cité d'artistes*** se maintient à force de volonté, étouffée aujourd'hui par des bâtiments neufs élevés par l'Observatoire. Ces quatorze ateliers de brique sont les anciennes écuries du relais de poste de la barrière d'Enfer et sont occupés, entre autres, par les sculpteurs Paul Belmond, Merlet et Longuet ainsi que par le médailliste-sculpteur Guiraud. Au n° 71, se trouve le ***couvent des Filles du Bon Pasteur :*** la communauté fondée en 1686 pour venir en aide aux filles repenties a été remplacée en 1857 par les religieuses de Saint-Thomas de Villeneuve qui poursuivirent son œuvre en accueillant les jeunes filles en danger moral ; depuis 1968, est ouverte dans ses locaux une maison de rééducation pour enfants handicapés, les Amis de Karen ; le domaine renferme le château d'eau mis en service en 1624 pour recevoir les eaux de Rungis.

Côté pair, couvents, maisons de retraite ou de santé et hôpitaux se succèdent. Au n° 68, se trouvent depuis 1841 les ***religieuses de la Visitation,*** ordre contemplatif et cloîtré fondé en 1620 par saint François de Sales et sainte Jeanne de Chantal *(chapelle ouverte dim., à 9 h pour la messe et à 17 h pour les vêpres chantées en grégorien)* ; noter au n° 68 bis, l'***Artisanat monastique*** *(t.l.j. sf dim. et j. fériés, 13 h 45-19 h)* qui vend les objets fabriqués par les religieuses cloîtrées. Inclus dans leur domaine, l'***hôtel*** XVIIIe s. du marquis de Lautrec abrite la maison d'accueil de l'association catholique des Œuvres de la protection de la jeune fille (au n° 70). Aux n°s 70 bis à 76, l'***hôpital Saint-Vincent-de-Paul,*** pour enfants, est installé dans l'ancien noviciat des prêtres de l'Oratoire, fondé en 1650 ; la ***chapelle,*** élevée en 1655 et consacrée en 1657 à la Sainte Trinité et à l'Enfant Jésus, présente au fronton de son portail une sculpture représentant Jésus enfant porté par des chérubins et dont l'inscription en latin, « Vous trouverez un enfant enveloppé de langes », rappelle l'arrivée en 1838 des enfants abandonnés. Au n° 88, est installée depuis 1852 l'œuvre des Jeunes Filles aveugles de Saint-Paul : ces bâtiments constituaient une grande propriété où Chateaubriand et sa femme vécurent de 1826 à 1836 (sépulture de Mme de Chateaubriand, morte en 1847, sous l'autel de la chapelle). Au n° 92 l'infirmerie Marie-Thérèse, fondée en 1819 par *Mme de*

Le diable Vauvert

Le château de Vauvert construit à la fin du Xe s. pour Robert le Pieux était situé entre les deux promontoires de la montagne Sainte-Geneviève et du mont Parnasse. Il devait son nom à ses paysages agrestes plantés de vignes. Vite abandonné, il devint un repaire de brigands et de vagabonds et les voisins se plaignirent de bruits infernaux. Il n'en fallut pas plus pour que se répandît l'idée que Satan y avait élu domicile. Cette bâtisse n'avait-elle pas servie de résidence au roi Philippe 1er, excommunié pour avoir répudié sa femme sans raison ? La bande de brigands qui en fait occupait le lieu se garda bien de détromper les habitants des environs, entretenant au contraire la crainte du diable Vauvert. Lorsque Philippe Auguste fit construire l'enceinte qui enfermait Paris, il évita d'y inclure le fameux château.

En 1258, l'installation des chartreux de l'ordre de saint Bruno par Saint Louis mit fin à la légende et l'ordre y demeura dans la tranquilité et la prospérité jusqu'en 1792. Aujourd'hui, seule l'expression populaire, « aller au diable Vauvert » pour désigner un lieu éloigné, perpétue le souvenir du château de Vauvert.

Le musée à voir

Musée Lénine (4, rue Marie-Rose) : appartement occupé par Lénine de 1909 à 1912.

Chateaubriand en l'honneur de sa bienfaitrice, la duchesse d'Angoulême, accueille les prêtres âgés et infirmes du diocèse de Paris.

▷La rue Daguerre

Au S. de la place, dans le prolongement de l'avenue Denfert-Rochereau, s'ouvre la très commerçante avenue du Général-Leclerc. A dr., on pénètre dans la rue Daguerre. Calder y habitait dans un petit hôtel en 1926. C'est une « rue des familles », où tout le monde connaît tout le monde, décrite avec tendresse par Agnès Varda dans son film Daguerréotypes. C'est aussi une rue-marché, où les restaurants et les boutiques nouvelles se font de plus en plus nombreux.

▶ Sur la g., aux 38-38 bis, ***rue Boulard***, jeter un coup d'œil aux ateliers situés dans la cour. ▶ Au milieu de la rue Daguerre, s'ouvre à g. la ***rue Danville*** ; au n° 7 se trouve un ***immeuble*** construit en 1906 par *Henri Sauvage* et *Sarrazin.* ▶ Prendre, en face, la ***rue Sivel.***

▷La mairie du 14e arrondissement

La rue Sivel débouche sur la place et le ***square Ferdinand-Brunot*** où se trouve la mairie construite en 1851-1858 par *Naissant.* Dans la salle des mariages, décoration de *Maurice Chabas,* traitée selon une iconographie traditionnelle mais dans un langage moderne (1888). La salle des fêtes a été décorée par *R. Pougheon.* Dans la mairie également se trouve un bas-relief commémorant l'entrée de la division Leclerc dans Paris le 25 août 1944. ▶ Dans la rue qui traverse le square s'élève un ***monument à Michel Servet,*** médecin et théologien espagnol, disciple de Mélanchthon, condamné au bûcher par le Grand Conseil de Genève sur l'instigation de Calvin en 1553. Au printemps, sur l'esplanade, les boulistes font place à une foire aux antiquaires. Si vous avez le temps, flânez dans les petites rues aux alentours, elles ont encore un charme provincial. ▶ Prendre la ***rue Durouchoux*** et suivre l'***avenue du Maine*** vers le S. ; elle mène à la place Victor-Basch, important carrefour où s'élève l'***église Saint-Pierre-de-Montrouge*** construite par *Vaudremer,* de 1864 à 1872. Cet édifice, inspiré à la fois de l'art byzantin et de l'art roman, a servi de modèle à plusieurs églises de la fin du siècle dernier.

Les égouts

Entrée : extrémité g. du pont de l'Alma, angle du quai d'Orsay/34-F6
Métro : Pont-de-l'Alma
Bus : 42, 63, 80, 92

La tradition attribue au prévôt de Charles V, Hugues Aubriot, l'ouverture du premier égout voûté et veut qu'il s'agisse d'un égout situé rue Montmartre. Ce ruisseau qui fut durant plusieurs siècles la pièce maîtresse de l'assainissement de la rive droite se déversait en Seine, légèrement à l'ouest de la place de l'Alma. Son lit s'étant peu à peu comble, on construisit en 1740 le grand égout de Ceinture. C'est par le grand égout que Victor Hugo dans Les Misérables (→ encadré) fait fuir de la barricade de la rue de la Chauverie Jean Valjean portant Marius.

Tandis que la superficie de la ville s'accroissait, que le chiffre de la population augmentait, la longueur des égouts voûtés s'est accru très lentement : 20 km en 1800, 37 km en 1824, 165 km en 1855. Tous ces égouts étaient mal entretenus et débouchaient en Seine dans la traversée de Paris. C'est sous le second Empire que fut mis au point, grâce aux soins de l'ingénieur Belgrand, le système des égouts tel que nous le connaissons. L'idée principale de Belgrand a consisté à couper le méandre que fait la Seine en sortant de la capitale par un grand collecteur qui, partant de la Concorde, déverserait les eaux d'égouts de Paris à environ 20 km en aval du village d'Asnières. La construction de cet ouvrage à grande profondeur dura de 1857 à 1861. En 1878, à la mort de Belgrand, le réseau atteignait 600 km. Actuellement le développement total est de l'ordre de 2 050 km et évacue en moyenne 1 300 000 m³ par jour.

Les eaux d'égout, autrefois déversées en Seine et qu'on avait dès 1868 entrepris d'épurer au moyen d'irrigations agricoles sont, depuis 1899, dirigées en grande partie sur les champs d'épuration d'Achères (1 310 ha), Carrières-sous-Poissy (657 ha) et Mery-Pierrelaye (1 781 ha), où elles sont employées pour la fertilisation des terres à la dose autorisée de 40 000 m^3 par hectare et par an.

A l'heure actuelle, la surface des champs d'épandage est insuffisante pour l'épuration de la totalité des eaux usées. On a donc créé à Achères (Yvelines) des usines qui, par un procédé biologique (procédé des boues activées), permettent l'épuration rapide des eaux, lesquelles sont ensuite reversées dans la Seine sans aucun danger.

Visite des égouts

lun. et mercr. 14 h-17 h et chaque sam. de fin de mois sf j. fériés
Les visiteurs sont admis en fonction de leur ordre d'arrivée ; pas de réservation
En cas de fortes pluies les visites sont annulées
☎ 43.20.14.40

Les premières visites d'égouts ont été organisées lors de l'Exposition universelle de 1867. A l'époque, la promenade s'effectuait en wagonnet dans le collecteur Sébastopol, près de la place du Châtelet ; plus tard la visite s'est effectuée en barque. Mais depuis 1972 cette promenade a perdu son pittoresque : elle se fait à pied, sur un circuit balisé et commenté de seulement 200 m.

▶ Une *salle d'oxposition* permet de voir différents documents relatifs au réseau parisien, un montage audio-visuel fournit toutes informations sur l'histoire, les techniques...

▷ Les collecteurs généraux

Le réseau des égouts parisiens, dont l'entretien nécessite plus de 900 ouvriers, comprend quatre collecteurs généraux : le *collecteur d'Asnières* (6 km), commençant à la place de la Concorde et recevant en ce point, par un siphon sous la Seine, une partie des eaux usées de la rive g. ; le *collecteur Marceau* (5,7 km), commençant place de l'Alma, où il reçoit par le siphon de l'Alma des eaux de la rive g., et par le siphon Mirabeau les eaux du 15e arrondissement ; le *collecteur de Clichy* (7 km), commençant boulevard de Sébastopol et recevant, à la place Clichy, des eaux venant des 11e et 12e arrondissements, par le collecteur des Coteaux et le *collecteur du Nord* (12 km), commençant avenue Gambetta.

▶ Des collecteurs secondaires (70 km) ; des égouts élémentaires (1 300 km) et près de 63 250 égouts particuliers en branchement (385 km), complètent ce réseau.

▷ Les galeries d'égout

Elles renferment les conduites de distribution d'eau (une conduite pour le service public et industriel, une autre pour le service privé) ; dans la plupart passent des fils télégraphiques et téléphoniques, des tubes pneumatiques du service des postes et des conduites d'air comprimé.

L'égout est généralement placé dans l'axe de la rue. Toutefois, dans des voies larges de plus de 20 m, un égout passe sous chaque trottoir. Des regards, placés de 50 m en 50 m, en facilitent la visite et l'entretien ; on en compte 26 000. Dans chacune des galeries, des plaques émaillées répètent les noms des voies publiques suivies par les égouts.

L'égout vu par Victor Hugo

«Le sous-sol de Paris, si l'œil pouvait en pénétrer la surface, présenterait l'aspect d'un madrépore colossal... Là apparaît dans la brume humide, le rat, qui semble le produit de l'accouchement de Paris...
Aujourd'hui l'égout est propre, froid, droit, correct. Il réalise presque l'idéal de ce qu'on entend en Angleterre par le mot «respectable». Il est convenable et grisâtre ; tiré au cordeau ; on pourrait presque dire à quatre épingles. Il ressemble à un fournisseur devenu conseiller d'Etat. On y voit presque clair. La fange s'y comporte décemment...
L'égout a pris aujourd'hui un certain aspect officiel. Les rapports mêmes de police dont il est quelquefois l'objet ne lui manquent plus de respect. Les mots qui le caractérisent dans le langage administratif sont relevés et dignes. Ce qu'on appelait boyau, on l'appelle galerie ; ce qu'on appelait trou, on l'appelle regard. Villon ne reconnaîtrait plus son antique logis en-cas...»
V. Hugo : Les Misérables (L'Intestin du Léviathan).

Le quartier de la tour Eiffel***

7e arr./34-E7-F7
Métro : Bir-Hakeim, Grenelle ; RER : Champ-de-Mars
Bus : 42, 82 / P place Joffre
Taxis : quai Branly ☎ 45.55.85.41

La tour Eiffel est devenue une figure tellement symbolique de la ville de Paris qu'il est difficile de voir l'une sans penser à l'autre. Elle domine un quartier pourtant fort peu caractéristique du reste de la capitale. En effet, le somptueux espace vert du Champ-de-Mars, ses abords dégagés, ses rues orthogonales et sa population presque exclusivement touristique donneraient de Paris une image assez inexacte. Plus loin, oublié des visiteurs de passage, écrasé par l'ombre de sa grande voisine, relégué au bout du Champ-de-Mars qui fut pourtant aménagé pour lui, se trouve l'admirable bâtiment de l'Ecole militaire qui a donné son nom au carrefour voisin, le plus animé de cette partie de l'arrondissement.

Au-delà du marché de la rue Cler, propret et pimpant, autour de l'église Saint-Pierre-du-Gros-Caillou, les rues calmes et résidentielles ont une vie plus ralentie. Certaines d'entre elles, comme l'avenue Rapp où subsistent plusieurs immeubles construits dans le style Art Nouveau, méritent pourtant qu'on les visite.

Visite du quartier

2 h

▷ **La tour Eiffel***** *Champs-de-Mars / t.l.j., 10 h-23 h ; vacances scolaires : 9 h 30-23 h ☎ 45.50.34.56*

C'est peut-être le monument le plus connu dans le monde, sans doute le plus photographié, qui reste la vedette de toutes les visites, guidées ou non, et qui après avoir été le monument le plus passionnément discuté de la capitale, symbolise Paris aux yeux de millions de visiteurs. Depuis 1986 un nouvel éclairage met en valeur, la nuit, la fantastique charpente métallique.

Histoire de l'édifice

La tour a été élevée du 28 janvier 1887 au 31 mars 1889 par l'ingénieur des Arts et Manufactures *Gustave Eiffel* (1832-1923) pour l'Exposition universelle (→ *encadré*) qui se tenait sur le Champ-de-Mars. La première ascension fut faite le 10 juin 1889 par *Edouard VII,* alors prince de Galles, et sa famille. La tour Eiffel a été, pendant longtemps, fort critiquée au point de vue esthétique : Huysmans l'appelait un « chandelier creux », Verlaine faisait un détour pour ne pas la voir. Mais elle s'est incorporée, peu à peu, au paysage parisien au point d'en être inséparable. Puis, son esthétique résolument moderne a conquis bien des artistes (cf. Jean Prévost : Eiffel). Des peintres comme le douanier Rousseau, Dufy, Desnoyer, Utrillo et surtout Delaunay, l'ont représentée sur leurs toiles. Enfin, le monde des ondes lui a conféré une poésie étrange, bien moderne ; comme le disait Mac-Orlan : « elle a été reçue dans le domaine lyrique ».

Description

L'ouvrage pèse 7 000 t et se compose de 15 000 pièces métalliques reliées entre elles par 2 500 000 rivets. Quatre massifs de maçonnerie de 26 m^2 de surface et de 9 à 14 m de profondeur servent de point d'appui aux quatre pieds métalliques de la tour. La forme de celle-ci est le résultat d'une équation : l'ingénieur, en effet, n'a pas voulu délibérément, et par souci esthétique, cette forme particulière, mais le problème s'est posé pour lui de façon évidente : comment faire tenir debout une tour de 300 m ? Cette hauteur primitive a d'ailleurs été augmentée de 20 m par l'aménagement d'antennes de télévision en 1957. La tour compte trois *plates-formes* ouvertes au public : la première à 57 m ; la deuxième à 115 m ; la troisième à 274 m, avec une galerie inférieure vitrée (panneaux d'orientation au-dessus des baies) et une galerie supérieure ouverte, au-dessus de laquelle on aperçoit les antennes de la télévision et les deux phares (→ *encadré*). La *vue**, qui s'étend par temps clair jusqu'à 90 km de Paris, est nette surtout une heure avant le coucher du soleil ; mais les journées sans brume sont rares. De gros travaux de restauration et de modernisation de l'ensemble ont été effectués ces dernières années. Une brasserie et de nouveaux restaurants ont été ouverts et un *musée audiovisuel* retrace l'histoire de ce monument. Au pied du pilier N. on verra le buste de *G. Eiffel* par *Bourdelle* installé là en 1930.

▷ Le Champ-de-Mars

L'ancien *terrain de manœuvres* des élèves de l'Ecole militaire (il pouvait contenir 10 000 hommes rangés en bataille) a été transformé en parc de 1908 à 1928, mais il est cependant beaucoup moins vaste (21 ha) depuis que les terrains qui le bordaient ont été lotis. Ce quartier, l'un des plus luxueux de la rive gauche, était très à la mode entre les deux guerres, lorsque Paul Morand et les Guitry y habitaient.

Commencé sur les plans de *Gabriel* en 1765 et terminé en mars 1767, le Champ-de-Mars vit la première course de chevaux en 1780 (les courses reprirent sous la Restauration). En 1783, le physicien Charles et les frères Robert y firent leur première expérience aérostatique et Blanchard, en 1874, y réalisa la première tentative de direction d'un ballon. Mais le Champ-de-Mars fut surtout le théâtre d'événements révolutionnaires : fête de la Fédération le 14 juillet 1790 (→ *encadré*), exécution de Bailly en 1793, fête de l'Etre suprême le 8 juin 1794. Sous l'Empire s'y tinrent des cérémonies publiques comme la célèbre distribution des Aigles par Napoléon Ier à ses glorieux soldats, scène qui fut immortalisée dans un tableau de David. Le Champ-de-Mars a connu la plupart des *Expositions universelles*.

Du Champ-de-Mars, dans l'axe du pont d'Iéna, à travers les arbres et au-delà de l'immense arceau de la tour Eiffel, on découvre la belle perspective de la colline de Chaillot avec son palais et sa verdure. Le Champ-de-Mars est limité à l'ouest par la longue avenue de Suffren qui forme la frontière entre le quartier de la tour Eiffel, rattaché par mille liens aux Invalides et le quartier de Javel moins officiel, beaucoup moins historique, beaucoup plus tourné vers l'avenir, et à l'est par l'avenue de La Bourdonnais. On verra, dans ce quartier de Paris, maints témoignages d'architecture Art Nouveau. L'éclectisme, le béton, les encorbellements caractérisent son tissu urbain, mais aussi les décrochements à pans aigus et nets, les reliefs sculptés, l'emploi

Les Expositions universelles

Les Expositions universelles ont eu lieu, la plupart du temps, au Champ-de-Mars, terrain qui se prêtait particulièrement bien à ce genre de manifestation.
La première, en 1867, à la gloire de la technique moderne, fut très admirée. La foule cria au miracle et Napoléon III y acquit un certain prestige. Il y eut toutefois quelques détracteurs, en particulier les Goncourt qui déplorèrent que la machine à vapeur prenne la place du tableau ! Il ne reste de cette exposition qu'une rue de l'Exposition, nom qui a été donné au passage de l'Alma à cette occasion. De l'Exposition de 1878 a longtemps subsisté le Trocadéro, démoli en 1937. Celle de 1889 a laissé une trace fulgurante dans le ciel parisien avec la tour Eiffel, vouée pourtant à la démolition. La galerie des machines fut conservée jusqu'en 1909. C'est à l'Exposition de 1900 que nous devons le pont Alexandre-III, le Grand et le Petit Palais. Le style Art-Déco, très à la mode depuis quelques années, a été à l'honneur à l'exposition des Arts décoratifs de 1925. Des hommes comme Ruhlmann, Rateau, Chareau ont installé dans des pavillons conçus par eux une ambassade de France et un hôtel du Collectionneur qui ont fait date dans l'histoire de la décoration. Poiret a triomphé avec ses trois péniches amarrées au bord de la Seine et qu'il avait intitulées « Amour, Délices et Orgues ». L'imposant bâtiment qui renferme actuellement le musée des Arts africains et océaniens a été édifié pour l'Exposition coloniale de 1931 par les architectes Jaussely et Laprade. En 1937 a eu lieu la dernière Exposition universelle française. A cette occasion ont été élevés le palais de Chaillot, ainsi que le musée d'Art moderne de l'Etat et de la Ville de Paris. C'est dans ce dernier qu'a été réinstallée la grande fresque de Dufy, la Fée Electricité, une des rares décorations, conservée telle qu'elle était présentée en 1937.

La plus haute antenne du monde

Le 5 novembre 1898, Eugène Ducretet réalisait la première liaison radio-électrique au sein d'une ville, entre la tour Eiffel et le Panthéon. La tour devenait la plus haute antenne du monde ; mais le puissant poste de radio militaire fut détruit en 1940, avant l'arrivée des Allemands à Paris. Aujourd'hui, le sommet de la tour supporte les antennes de télévision dont les deux émetteurs sont situés en sous-sol, près du pilier S., ainsi que l'émetteur radio en modulation de fréquence (toute l'installation a été modernisée en 1967). Un phare pour avions a été établi sur la tour dès 1947 ; mais le phare unique primitif a été remplacé en 1952 par un double dispositif synchronisé : ces deux foyers, placés aux angles N. et S. du troisième étage, se confondent en un seul aux yeux des pilotes (un éclat toutes les 5 secondes, portée 180 km).

La fête de la Fédération 14 juillet 1790

Cette fête, pour célébrer l'anniversaire de la prise de la Bastille, devait se tenir au Champ-de-Mars qui n'était alors qu'une vaste plaine. 15 000 personnes se mirent au travail afin de la niveler. Mais le temps pressant, il fallut de la main-d'œuvre. Les bénévoles affluèrent, ils furent bientôt 100 000 puis 200 000 puis 250 000. C'est un considérable mélange de population qui bêchait avec ardeur, et le 14 juillet tout fut terminé : l'important aménagement de gradins, le grand arc de triomphe, et surtout le monumental autel de la Patrie où Talleyrand allait officier. Le jour venu, la pluie tombait par intermittence et comme l'écrit Lenotre : « semblait prendre plaisir à noyer de cinq minutes en cinq minutes, par des torrents, cette fausse messe célébrée en plein air ».

beaucoup plus fréquent du verre et les volumes cubiques de l'architecture d'entre les deux guerres et d'aujourd'hui.

▷ La place Joffre

Elle sépare l'Ecole militaire du Champ-de-Mars. En 1939, on y a érigé la *statue* équestre du maréchal Joffre (bronze par *Real del Sarte*).

▷ L'Ecole militaire** *1, place Joffre / visite sur autorisation spéciale, adresser la demande au commandant d'armes*

Cet admirable et vaste édifice classique autour duquel le quartier s'est formé est une des grandes œuvres de *Gabriel* entreprise en 1751. L'école, qui fonctionnait à Vincennes depuis 1753, l'occupa dès juillet 1756, mais les bâtiments dont la façade donne sur le Champ-de-Mars ne furent édifiés que de 1768 à 1773. La chapelle fut achevée en 1773. Agrandis au XIXe s., les bâtiments couvrent aujourd'hui une superficie de 116 520 m^2.

A l'instigation du financier Pâris-Duverney, appuyé par Mme de Pompadour, l'école fut fondée par *Louis XV* en 1751 pour 500 gentilshommes pauvres et se destinant au service des armées du roi. Le jeune Bonaparte y passa une année (1784-1785). Dix ans plus tard (5 août 1795), le général Bonaparte y installa son quartier général. L'école, supprimée en 1787, servit de caserne à la Garde consulaire, impériale, royale. En 1878, le général Lewal y installa l'école supérieure de Guerre, créée deux ans auparavant. Foch y fut professeur de cours de tactique générale et en fut nommé commandant en 1907. En 1944, les Allemands, qui s'y étaient fortement retranchés, capitulèrent le 25 août, à la suite d'une brillante attaque d'un groupe de chars de la division Leclerc. Aujourd'hui, l'Ecole militaire est le siège des écoles militaires d'enseignement supérieur : institut des Hautes Etudes de Défense nationale et d'Economie de Guerre, école supérieure de Guerre et ses annexes (école d'Etat-Major, enseignement militaire supérieur scientifique et technique), école supérieure de l'Intendance ; ce fut aussi, jusqu'en 1966, le siège de collège de l'OTAN (Organisation du traité de l'Atlantique Nord), c'est-à-dire des officiers des nations appartenant à l'OTAN.

L'extérieur

La façade sur le Champ-de-Mars (N.-O.) comporte un pavillon central avec dix colonnes corinthiennes embrassant deux étages, fronton où deux génies soutiennent l'écusson de Louis XV, attique à beaux pilastres corinthiens supportant le dôme quadrangulaire. L'entablement est orné de quatre *figures* symbolisant la Force, la Paix, la France et la Victoire : celle-ci n'est autre que Louis XV, vêtu à l'antique, par *L. P. Mouchy*, et l'une des rares effigies du roi qui ait échappé à la Révolution. Des trophées d'angle complètent l'ensemble décoratif. Les deux ailes basses encadrant l'avant-corps central, avec un ordre tétrastyle ionique soutenant un fronton sculpté, sont l'œuvre de *Brongniart*, élève de Gabriel. La façade sur cour est ornée d'un fronton représentant la France protégeant les élèves de l'Ecole militaire, et d'une *horloge* flanquée des figures du Temps et de la Vigilance, par *Huez*.

La *cour d'honneur (place de Fontenoy)*, encadrée de deux élégants portiques à colonnes doriques jumelées, précède la façade principale, imposante par l'ensemble, mais gracieuse dans le détail. Son élégant pavillon central à dix colonnes corinthiennes jumelées et fronton, couronné d'un dôme à pans avec mansardes, est relié par une double colonnade, dorique au rez-de-chaussée, ionique à l'étage, à deux grands pavillons d'angle carrés en avant-corps. On notera l'élévation progressive et élégante tout à la fois, depuis l'extrémité des ailes jusqu'au dôme. Les guérites sont couronnées de groupes d'enfants comme elles auraient dû l'être place de la Concorde.

L'intérieur

La *chapelle* (messes sam. 18 h et dim. 11 h)*, chef-d'œuvre du style Louis XVI, fut bâtie de 1768 à 1773. Cet édifice est entouré sur trois côtés d'un ordre corinthien monumental. Au-dessus de la corniche, sur les grands côtés, des œils-de-bœuf s'ouvrent à la base d'une belle voûte en berceau surbaissé. Du côté opposé à l'autel, quatre colonnes ioniques soutiennent une élégante tribune. La chapelle est décorée de neuf *tableaux* installés en 1773 et figurant les épisodes de la Vie de saint Louis (par *Vien, Carle Van Loo, Lépicié, Restout le Jeune, Hallé, Durameau, Brenet, Lagrenée l'Aîné, Beaufort*), remis en place en 1938. L'*autel* est dessiné par *Gabriel*, et les consoles qui l'accompagnent sont de *Caffieri*. Sur

Les musées à voir

Musée de l'Ordre de la Libération (51 bis, bd de Latour-Maubourg) : souvenirs relatifs aux combats de 1940-1945 pour la libération de la France.
Musée de la Seita (12, rue Surcouf) : histoire du tabac et de ses usages à travers le monde.

l'autel, un beau tableau de *Doyen* : la Dernière Communion de Saint Louis. Cette chapelle, où le jeune Bonaparte reçut la confirmation en 1785, et où le corps de Joffre fut exposé les 5 et 6 janvier 1931, a été rendue au culte en avril 1951, pour le personnel militaire de l'école.

Le majestueux ***escalier d'honneur*** offre une superbe rampe en fer forgé, exécutée par le ferronnier *Fayet* sur les dessins de *Gabriel* qui avait aussi prévu les ornements en bronze doré ; comme on lui reprochait trop de somptuosité, il les fit peindre en marron — ils le sont toujours. Les quatre niches qui le dominent abritaient les statues de Turenne, de Condé, de Luxembourg et du maréchal de Saxe : elles furent précipitées de leur hauteur et brisées en 1792.

Au 1er étage, le *salon des Maréchaux** est orné de délicates boiseries Louis XVI par *Boulanger*, d'une cheminée Louis XVI garnie de bronzes par *Caffieri*, et de quatre tableaux de batailles peints par *J. B. Lepaon*, illustrant la Bataille de Flandres. Ce salon servait aux réceptions de Foch, lorsqu'il était commandant de l'école de Guerre, avant 1914. Depuis le 11 novembre 1960, une salle-mémorial réunit ses souvenirs.

Le vestibule du mess des officiers est l'ancienne ***chapelle*** dite ***des élèves*** ou ***de l'infirmerie*** que *Gabriel* édifia en 1754-1755 : c'est un petit édifice octogonal, à coupole aplatie, décoré de colonnes ioniques. La bibliothèque est installée dans des salons qui ont conservé les médaillons et boiseries d'époque. ▶ Sortir de l'Ecole militaire place Joffre.

▷ Le quartier du Gros-Caillou

Le nom de ce quartier provient d'un grand rocher situé près de l'intersection des rues Cler et Saint-Dominique ; il délimitait les censives des abbayes de Saint-Germain-des-Prés et de Sainte-Geneviève qui étaient, au Moyen Age et jusqu'au XVIIe s., propriétaires de la plaine de Grenelle. Au XVIIIe s., le rocher fut démoli, mais le nom de Gros-Caillou subsista grâce à une enseigne.

Histoire du quartier

Au fur et à mesure que s'élevaient l'hôtel royal des Invalides puis l'Ecole militaire, la population rurale de la plaine de Grenelle faisait place à une population d'artisans et de petits commerçants qui vivaient surtout de la proximité de l'Ecole militaire et des occupants des Invalides. Ce qui avait été village devenait bourg et, lorsque fut construit le Palais-Bourbon, le bourg prit encore plus d'importance et forma le quartier du Gros-Caillou, traversé par les rues de l'Université, Saint-Dominique et de Grenelle qui sont dans leur ensemble infiniment plus populaires que les sections de ces rues à l'est de l'esplanade et du boulevard des Invalides. Par contre, l'avenue Rapp, l'avenue Bosquet, le boulevard de Latour-Maubourg restent très élégants. Ce quartier, s'il ne possède pas de monument prestigieux, conserve une partie importante de l'œuvre de *Jules Lavirotte* dont le style Art Nouveau demeure, en un sens, exemplaire. ▶ Suivre l'avenue de La Motte-Picquet en direction des Invalides.

▷ La rue Cler *à g.*

Piétonne jusqu'à la rue de Grenelle, très animée et commerçante, elle donne un charme populaire à ce quartier du Gros-Caillou. Au n° 33, immeuble caractéristique de l'Art Nouveau au début du siècle. Au n° 151, se trouve le premier ***immeuble*** de *Jules Lavirotte* : sa façade sur rue, académique, contraste avec celle sur cour. Voir au n° 147 l'***église évangélique luthérienne,*** construite par *Buhler* en 1911 dans un style néo-gothique. ▶ L'***église Saint-Pierre-du-Gros-Caillou*** *(2, rue Saint-Dominique).* La rue Cler aboutit face à l'église construite par *Godde* et dont la première pierre fut posée en 1822 par la duchesse d'Angoulême. C'est une modeste basilique à la façade formée de quatre colonnes doriques surmontées d'un fronton.

▷ La rue Saint-Dominique

de l'av. Bosquet à l'av. de La Bourdonnais

Au n° 123, après l'avenue Bosquet, l'ancien hôtel de Béhague, construit en 1866 (boiseries anciennes remontées et salle de théâtre hispano-mauresque), abrite l'***ambassade de Roumanie.*** Au n° 129, curieuse petite place à arcades entourant la ***fontaine de Mars*** par *Bralle* (1806) avec des reliefs de *Beauvallet* représentant Hygie, déesse de la Santé, soignant Mars (allusion à l'hôpital militaire du Gros-Caillou, fondé en 1759 par le maréchal de Biron et qui se trouvait en face) : cette fontaine recevait l'eau de la pompe à feu du Gros-Caillou ; actionnée à la vapeur, celle-ci alimentait en eau l'Ecole militaire, le quartier du Gros-Caillou, les Invalides et le faubourg Saint-Germain.

Suite de la rue → *faubourg Saint-Germain, quartier de la rue de Grenelle.*

▷ L'avenue de La-Bourdonnais

Cette large avenue qui borde le Champ-de-Mars relie la place de l'Ecole-Militaire au quai Branly. Elle a plus de deux cents ans, et ne les paraît pas. On verra, au n° 63, un immeuble entièrement revêtu de panneaux de verre coulissants (1962). Au n° 42, plaque à la mémoire du général de Castelnau. Au n° 39, une inscription signale le siège clandestin de l'état-major F. F. I. qui dirigea l'insurrection parisienne d'août 1944. ▶ De la place du Général-Gouraud prendre en face l'avenue E.-Pouvillon et tourner à dr. ▶ L'*avenue Elisée-Reclus*. Au n° 18, on trouvait la maison où vécurent Lucien et Sacha Guitry de 1925 à 1957 ; un buste de Lucien Guitry est placé devant le nouvel immeuble. Au n° 2 bis, *maison* construite par *Deglane*. ▶ Revenir place du Général-Gouraud.

▷ L'avenue Rapp

On pourrait dire que *Jules Lavirotte* (→ *encadré*) en est le maître. Tout au début du siècle il construisit, au n° 29, la maison du céramiste Bigot : sur une structure en béton, la *façade** en grès flammé et brique présente une décoration où les motifs animaliers et floraux se mêlent aux formes féminines ; cette façade Art Nouveau, très caractéristique, fut primée au concours des Façades en 1901. Au fond de la cour du n° 20, une fontaine est ornée du dieu Pan. A l'extrémité du square Rapp, autre *immeuble* de *Lavirotte* avec une échauguette. A côté, au n° 4, curieux immeuble décoré de mosaïques dans lesquelles on distingue la croix gammée et la croix de David : c'est ici le siège de la Société théosophique de France. L'avenue Rapp s'achève à la place de la Résistance, au débouché du pont de l'Alma. ▶ La *rue Cognacq-Jay* a été ouverte en 1928 sur un lotissement appartenant à M. Cognacq et à sa femme (née Jay), fondateurs de la Samaritaine. La télévision française occupe les n°s 13 et 15 de cette courte rue. ▶ La *rue Jean-Nicot (par la rue du Colonel-Combes)* : cette rue évoque le nom de *Jean Nicot*, ambassadeur du roi à Lisbonne de 1559 à 1561, qui rapporta le tabac en France. Au coin de la rue de l'Université se trouve un immeuble construit par *Christian de Portzamparc*, pour le *Conservatoire du 7ᵉ arrondissement*. ▶ Plus loin au 12, rue Surcouf, les bureaux de la *SEITA* qui abritent un musée dynamique (→ *musées*), occupent l'emplacement de l'ancienne manufacture des Tabacs détruite en 1909.

Jules Lavirotte

Curieux ? Irritant ? Sublime ? Baroque ? Les adjectifs, à propos de Lavirotte (1864-1928 ou 1929), peuvent s'accumuler à l'infini. Celui de comestible, trouvé par Dali pour définir l'effet que produisait sur lui l'Art Nouveau lui conviendrait parfaitement. Son premier ouvrage important, d'un baroque déjà affirmé, date de 1899. C'est l'hôtel particulier du 12, rue Sédillot : ses formes alourdies, presque « molles », se réfèrent au style Louis XV et s'en moquent. Il récidive sur le même îlot en 1900 avec le 3, square Rapp, puis en 1901 avec le 29, avenue Rapp, son chef-d'œuvre, qui lui fait obtenir la première de ses trois primes au concours de Façades de la Ville de Paris. Recouverte de grès polychromes de Bigot, cette façade mêle dans un cocktail savant des éléments décoratifs empruntés à toutes les civilisations, avec une charge érotique très évidente, volontairement subversive. Le Céramic Hôtel, avenue de Wagram (1904), ne sera qu'une suite poétisée de l'édifice de l'avenue Rapp. L'hôtel de l'avenue de Messine, lui, sera beaucoup plus assagi. Parallèlement à ces délires parisiens, Lavirotte se montre ailleurs (boulevard Lefèbvre, maisons à Juvisy) intéressé par l'habitat ouvrier. C'est le revers de cette personnalité encore si mal connue (et souvent citée pour la dénigrer). La plupart des ouvrages transmettent faussement la date de 1924 comme étant celle de sa mort.

L'avenue Foch et le quartier Dauphine*

16ᵉ arr./25-C5-D5
Métro : Charles-de-Gaulle-Etoile
Bus : 52, 73, 82
🅿 sous l'avenue, entre l'Etoile et l'avenue Malakoff
Taxis : 1, av. Victor-Hugo ☎ 45.01.85.24, ou métro Porte-Dauphine ☎ 45.53.00.00

De toutes les avenues qui rayonnent depuis l'Arc de Triomphe de l'Etoile, la plus prestigieuse et la plus monumentale est sans doute l'avenue Foch. Réputée pour être « la plus belle avenue du monde », elle affiche les prix les plus élevés au mètre carré pour l'achat d'appartements à Paris. Sa largeur, ses pelouses et frondaisons, sa perspective lui confèrent un aspect aristocratique en dépit des bouleversements architecturaux et de la spéculation foncière de l'après-guerre.

Aujourd'hui, l'avenue Foch ne connaît plus l'animation liée aux fastes de la société brillante de la Belle Epoque et l'on n'y vient guère plus pour y parader. Egalement élégants, les abords de l'avenue Foch jusqu'à la place Victor-Hugo conservent plusieurs exemples non moins remarquables de l'architecture du début du siècle.

Visite de l'avenue Foch

30 mn

▷ L'avenue Foch

Créée en 1854, c'est l'ancienne avenue de l'Impératrice qui fut aussi avenue du Bois-de-Boulogne jusqu'en 1929 car elle en constitue la voie d'accès principale. C'est l'une des plus belles créations d'*Haussmann* qui, amplifiant hardiment les projets de *Hittorff*, l'architecte de la place de l'Etoile, fit établir deux pelouses au moins deux fois plus larges que les contre-allées, et deux voies pour desservir les propriétés riveraines. L'avenue a 120 m de large. En la suivant on aperçoit en face le bois, au-dessus le mont Valérien, les coteaux de Saint-Cloud, de Bellevue et de Meudon... et les tours de la Défense.

Sur la pelouse dr., monument d'***Alphand***, urbaniste qui transforma le quartier et le bois, en qualité de directeur des Travaux de Paris. Le sculpteur *Dalou*, qui en est l'auteur, s'est représenté à g. du groupe (1893).

L'avenue est bordée par de grands ***immeubles*** de rapport sur lesquels sont inscrits les noms des grands cabinets d'architectes d'alors : *Dainville, Rives, Walwein, Lefèvre*, etc.

L'écrivain Henri Bataille habita au n° 14 et mourut, en 1922, au n° 46. Au n° 19, l'ancien ***hôtel Rothschild*** est l'une des premières constructions réalisées sous le second Empire et le dernier du genre à posséder un vaste jardin particulier; il abrite aujourd'hui l'***ambassade d'Angola***. Au n° 28 subsista, pendant des années, une modeste échoppe de charbonnier qui refusa des millions pour la quitter! Au n° 30, c'est dans le somptueux hôtel néo-Renaissance de la famille mexicaine Yturbe que l'on dansa pour la première fois le fox-trot. A l'angle de la rue Rude, l'***ambassade d'Irlande*** est l'ancien hôtel du marquis de Breteuil, artisan de l'Entente cordiale. Au n° 50, se trouvait le fastueux ***Palais Rose*** (→ *encadré*). L'immeuble à hublots et avec ateliers du n° 53 illustre une tendance maniériste des années 1930. Au n° 56, l'actuelle résidence de l'ambassadeur des ***Emirats arabes unis*** est l'œuvre d'*Henri Nénot*, l'architecte de la nouvelle Sorbonne. Au n° 72 s'ouvre une voie privée, la ***Villa Saïd*** : Anatole France habitait au n° 5; l'architecte *Auguste Perret* éleva en 1928 la ***maison Bresy*** dans la même rue. Non loin, s'étend le petit square de l'avenue Foch où mourut Debussy (au n° 24) en 1918. De l'autre côté de l'avenue, au n° 59, se trouvent les ***musées d'Ennery*** et ***Arménien*** (→ *musées*).

A l'angle du boulevard de l'Amiral-Bruix, le pavillon accolé au grand immeuble de rapport a appartenu à Louis Renault, fondateur de la firme automobile. De ce côté, l'***entrée du métro*** est abritée par une verrière dite papillon, dessinée par *Hector Guimard* et se composant de panneaux de lave émaillée sertis dans une structure en fonte de fer : reléguée presque à l'exté-

Le Palais Rose

Il représentait certainement le type le plus achevé de ces hôtels particuliers qui, jusqu'à la Première Guerre mondiale, illustrèrent l'opulence des classes possédantes.

A la suite de son mariage avec Anna Gould, richissime héritière américaine, le comte Boni de Castellane entreprit de bâtir cette vaste demeure à la mesure de sa nouvelle fortune, au n° 50 de l'avenue du Bois-de-Boulogne (actuelle avenue Foch). Selon le désir formel de son client, l'architecte Paul-Ernest Sanson s'inspira du Grand Trianon de Versailles; ce sont les pilastres de marbre rose qui lui donnèrent son nom. Inauguré en 1902, il fallut six années de travaux et la somme de quatre millions de francs-or pour mener le chantier à bien. Une fois terminé, le Palais Rose connut les réceptions les plus fastueuses de la Belle Epoque. Son grand escalier d'honneur en marbre rouge et noir était une adaptation magistrale du célèbre escalier des Ambassadeurs du château de Versailles; à la voûte, de grandes compositions peintes s'inspiraient de Charles Le Brun.

Le Palais Rose fut occupé pendant la Seconde Guerre mondiale par le général Stulpnagel et servit en 1949 à la délégation soviétique de la conférence des Quatre. Après un long abandon et l'échec successif de diverses propositions pour une nouvelle affectation (ambassade, musée, siège social...), il fut scandaleusement détruit en 1969 pour laisser place à une opération immobilière.

rieur de la ville, elle témoigne de l'incompréhension de ses contemporains qui s'insurgèrent contre ces « édicules de l'Apocalypse » qui furent pourtant une ambitieuse tentative d'intégration d'un art moderne à l'échelle de la métropole.

L'avenue Foch s'achève à la porte Dauphine et à la place du Maréchal-de-Lattre-de-Tassigny. On peut rejoindre le quartier de Chaillot par le quartier Dauphine ou retourner vers l'Etoile par l'avenue Victor-Hugo.

Visite du quartier Dauphine

30 mn

Délimité par l'avenue Victor-Hugo, le boulevard Flandrin et l'avenue Bugeaud, il se compose le long de voies résidentielles d'hôtels particuliers éclectiques et d'immeubles cossus. On parcourera au gré de sa fantaisie les diverses rues.

▶ La ***place du Chancelier-Adenauer*** : l'ancienne ***Fondation Dosne-Thiers,*** qui hébergeait et dotait de bourses des étudiants méritants du Supérieur, a été transformée en résidence-club sans atteindre à l'intégrité du dessin de l'architecte *Aldrophe* (1890).

Charles Plumet

Avec Guimard, Lavirotte et Sauvage, Plumet (1861-1928) est l'un des promoteurs de l'Art Nouveau parisien, et le seul qui ait toujours gardé la faveur du public. Son œuvre, aux audaces plus mesurées, s'inscrit dans la continuité de l'art français ce qui l'a fait parfois taxer de mièvre par la critique d'aujourd'hui. Ses premiers travaux dans le 17e arrondissement (rue Legendre, rue de Levis, rue Léon-Cosnard) en 1893, ne distinguent pas encore Charles Plumet. Mais deux ans plus tard son immeuble du no 67 de l'avenue Raymond-Poincaré commence à faire parler de lui.

Son premier chef-d'œuvre (détruit !), aux 112-114, avenue Malakoff (1898), est un hôtel particulier d'influence néo-gothique. Mais cette tentation médiévale, fort mal jugée à l'époque, se limita à ce seul exemple. En 1901, après toute une série de décorations de magasins, aujourd'hui disparues, qui firent beaucoup pour sa réputation, il signa l'immeuble du 50, avenue Victor-Hugo, son œuvre la plus belle et la plus caractéristique : Plumet s'y avoue l'héritier du passé, introduisant dans son vocabulaire esthétique la loggia à arcades, la fenêtre cintrée traditionnelle, le décor sculpté inspiré par le grand art français du XVIIIe s. Pendant qu'il construit quelques petits bijoux (19, rue Octave-Feuillet ; 17 et 21, boulevard Lannes ; 1, boulevard de Montmorency et enfin 39, avenue Victor-Hugo), il réalise en collaboration avec Tony Selmersheim des ensembles mobiliers d'une rare élégance qui lui valurent de conserver les faveurs de la presse artistique.

L'après-guerre sera pour lui le moment d'une reconversion nécessaire qui, malheureusement, n'aboutit qu'à des œuvres médiocres (immeubles de la rue Raffet). Seules les tours régionales et la cour des Métiers pour l'Exposition internationale des Arts décoratifs en 1925 (dont il est l'architecte en chef) eurent encore les qualités nécessaires pour impressionner favorablement la critique.

▷ La rue de la Faisanderie

A l'angle avec l'avenue Foch se trouvait, jusqu'en 1975, l'***hôtel Watel-Dehaynin,*** chef-d'œuvre de l'architecte *Georges Chedanne* (1901) auquel collaborèrent les plus grands artistes du temps : *Luc-Olivier Merson* pour la peinture décorative, *Paul Gasq* pour la peinture et *Edgar Brandt* pour la ferronnerie... Quelques colonnes et arcades se trouvent remontées au fond de la cour de la résidence moderne. Au n° 49, l'actuelle représentation commerciale soviétique occupe l'ancien ***hôtel de la famille Hériot,*** propriétaire des Magasins du Louvre et qui s'illustra dans le yachting et l'aviation durant l'entre-deux-guerres. Ce véritable palais fut dessiné par l'architecte danois *Tersling* (1905) ; les bas-reliefs sont de *Ferdinand Faivre.*

▶ La ***rue Emile-Menier.*** Son nom est celui du célèbre industriel du chocolat qui viabilisa cette rue. Au n° 45, ***immeuble*** de *Molinié* avec des sculptures de *Garnier,* prix des Façades 1914 ; l'épure du dessin de l'ensemble annonce la simplification à venir de l'architecture moderne.

▷ La rue de Lota

Elle a conservé son unité de style avec des hôtels néo-gothique, néo-flamand ou dans le goût du XIIIe s. L'***hôtel*** du n° 8 fut construit en 1898 par l'architecte *Richard Bouwens van der Boijen* pour son usage personnel et pour loger son agence qui correspond à l'étage de la loggia, souligné par une frise avec cabochons. Des briques émaillées blanches et bleues recouvrent la façade et suivent le tracé courbe des baies ; à l'***intérieur*** subsiste une vaste composition peinte d'*Albert Besnard.*

▷ L'avenue Victor-Hugo

Cette belle avenue, élégante et raffinée, s'appelait jadis avenue Charles-X. On la suivra en direction de l'Etoile à partir du carrefour formé avec la rue des Belles-Feuilles. ▶ La *rue Saint-Didier* : au n° 60, le vaste ensemble immobilier avec galerie commerciale occupe le site de l'ancienne *salle de concerts Humbert-de-Romans,* dessinée par *H. Guimard* et détruite dès 1904. ▶ A l'angle avec la *rue Mesnil,* un *marché découvert (mar., jeu., vend., sam., 8 h-14 h)* apporte un peu d'animation au quartier. Au 8, rue Mesnil, la *caserne de pompiers* construite en 1935 par *Mallet-Stevens* est un rare exemple de bâtiment public moderne de cette époque. ▶ L'*église Saint-Honoré-d'Eylau,* du XIXe s., conserve deux toiles intéressantes : *l'Adoration des Bergers** par *le Tintoret* et la Nativité de la Vierge par *Jean Restout* de 1744 (une vaste chapelle de secours et un centre paroissial se trouvent au n° 66 de l'avenue Raymond-Poincaré). ▶ La *place Victor-Hugo* a perdu, en 1941, le monument (*Barrias,* sculpteur) élevé à la mémoire de ce poète.

▷ L'avenue Victor-Hugo → *ci-dessus*

De la place Victor-Hugo, revenir sur ses pas jusqu'à la hauteur du n° 124 : ici vécut Victor Hugo de 1881 jusqu'à sa mort (le 22 mai 1885) ; l'*immeuble,* du début du siècle, a été décoré d'un masque de l'artiste par *Faulquereau.* Au n° 111, la *maison de rapport* et la galerie commerciale avec structure métallique est attribuée à *Henri Sauvage* et *Charles Sarrazin* (1906). Cette résurgence lointaine des passages de la Restauration est un exemple unique à cette époque. Les *immeubles* des n°s 50 (1902) et 39 (1913) ont été construits par *Charles Plumet* (→ *encadré*) et ornés de sculptures par *Lucien Schnegg.* Ils témoignent de l'évolution classicisante de l'Art Nouveau. Au fond de la cour du n° 50 se trouve la *fondation Olfert Dapper* qui a pour objectif l'étude et la préservation du patrimoine artistique de l'Afrique noire d'avant la colonisation. ▶ On croise la *rue Paul-Valéry* où vécurent Berthe Morisot et son mari Eugène Manet (frère du peintre) puis Paul Valéry qui épousa la nièce de l'artiste. Il y mourut le 20 juillet 1945. ▶ Près de la place Charles-de-Gaulle, la *rue du Dôme* conserve le souvenir le Charles Baudelaire : une plaque est apposée à l'emplacement de la clinique du Dr Duval, où mourut le poète le 31 août 1867.

Les musées à voir

Musée d'Ennery (59, av. Foch) : arts de l'Extrême-Orient.
Musée Arménien (59, av. Foch) : bijoux, objets d'art et argenterie arménienne (XIVe-XIXe s.).
Musée de la Contrefaçon (16, rue de la Faisanderie) : exemples d'objets imités ou copiés, depuis les Romains jusqu'à nos jours.

Le quartier François-Ier

8e arr. / 26-F6
Métro : Alma-Marceau
Bus : 42, 63, 72, 92
*P rue François-Ier*
Taxis : pl. de l'Alma ☎ 43.59.58.00

Le quartier François-Ier a été créé par une ordonnance royale du 3 juillet 1823, en même temps que la place du même nom et que la rue Jean-Goujon qui le traverse de part en part. Pourtant, malgré le désir des spéculateurs, le lotissement du quartier ne progressa que lentement au cours du XIXe s. (→ encadré) et les rues avoisinantes dont la plupart évoquent, par leurs noms, le temps du roi-chevalier, furent généralement tracées au second Empire. Victor Hugo, qui vécut quelque temps rue Jean-Goujon, fait allusion dans sa correspondance à « cette déserte ville de François-Ier », dont les maisons néo-Renaissance, de style Louis XIII, sont une véritable anthologie de l'éclectisme en vogue à l'époque.

Ce quartier d'affaires devient plus animé au nord de l'avenue Montaigne dont les vitrines des grandes maisons de couture attirent la clientèle des palaces de l'avenue George-V. Quant au carrefour de l'Alma, une fois les embouteillages de fin d'après-midi dissipés, il y règne une atmosphère feutrée, au caractère mondain et international en raison de la proximité du prestigieux théâtre des Champs-Elysées et de la célèbre salle de spectacle du Crazy Horse saloon.

Visite du quartier

1 h 30

▷ La place de l'Alma

Elle a plus de cent trente ans ; c'est un carrefour important de la circulation parisienne. Mais dans l'histoire de la peinture, la place de l'Alma est le lieu, alors plus agreste, que choisirent Courbet (1852) et onze ans plus tard Manet pour présenter leurs œuvres, hors des Salons officiels.

▷ L'avenue George-V

Quelques ***hôtels*** de style Louis XV y subsistent : au n° 11, actuelle ambassade de la République populaire de Chine, ainsi que l'hôtel voisin ; au n° 13, actuelle ambassade d'Espagne et au n° 15, ancien hôtel de Moustiers. Pour le reste, cette avenue a considérablement changé depuis la guerre : l'église américaine ***Holy Trinity Church*** (au n° 23), et le restaurant ***Chez Francis*** paraissent être les rares témoins d'une époque révolue. Les sociétés internationales, bancaires ou industrielles, ont fait construire des ***immeubles*** dont certains sont des réussites architecturales : le Heron Building (au n° 17), la Banque française internationale (au n° 30), le centre d'information Kodak (au n° 38) et la Banque du Brésil. ▶ La ***rue Marbeuf***. Elle s'appelait jadis la ruelle des Gourdes, du nom des cucurbitacées qu'on cultivait dans les marais voisins. ▶ Les rues adjacentes sont, pour la plupart, des créations du XVIIIe s. et portaient des noms de villages : la ***rue Quentin-Bauchart*** est le prolongement de la rue du village de Chaillot.

▷ La rue François-Ier

de l'av. George-V à l'av. Montaigne

Cette rue élégante fut ouverte en 1861 sur les plans de *W. Destailleurs*. De nombreux ***immeubles*** furent construits par *Lesoufaché* à partir de 1877. Si la maison Rochas, au n° 33, arbore une façade contemporaine (1974), l'***hôtel d'Ermont***, au n° 27, fut élevé en 1881 par *Chatenay*.

▷ L'avenue Montaigne

C'était, au XVIIe s., l'allée des Soupirs puis allée des Veuves parce que, dit-on, les veuves de qualité, auxquelles le deuil interdisait les divertissements de la ville, n'avaient d'autre distraction que de venir s'y promener et peut-être y trouver une aventure galante. *Marigny* en fit une avenue. Aujourd'hui les immeubles luxueux, les grands couturiers, ont remplacé le célèbre ***bal Mabille*** *(→ encadré)* aux nos 51-53, et la clinique du docteur Ley où séjourna Gérard de Nerval, au n° 45. On ne trouve plus les hôtels particuliers qui se dissimulaient au fond des parcs, comme l'hôtel Walewski (au n° 6) et l'hôtel Stern. Disparue aussi la villa pompéienne du prince Napoléon (au n° 18) et le pavillon mauresque construit pour Ferdinand de Lesseps (au n° 22).

▷ Le théâtre des Champs-Elysées**

av. Montaigne

Entièrement rénové, ce bâtiment, qui marque une date dans l'histoire de l'architecture du début du siècle, est aussi une des meilleures salles de concert de Paris. Conçu par *H. van de Velde*, le théâtre fut bâti par les *frères Perret* en 1911-1913. Le béton habituellement réservé aux constructions utilitaires est utilisé ouvertement pour un décor de fête. La façade est décorée d'admirables ***hauts-reliefs**** de *Bourdelle* : Apollon et sa Méditation, les Muses accourant vers lui, la Musique, la Danse, la Comédie, la Tragédie, la Sculpture et l'Architecture.

Trois salles s'y superposent. Le ***Grand Théâtre*** (2 000 places), avec une décoration

---

La maison François-Ier

Cette maison Renaissance, dont l'histoire commence et se poursuit en Gâtinais, a connu un épisode parisien en devenant de 1823 à 1956 le symbole du quartier François-Ier. Au début du XIXe s., ce quartier était essentiellement occupé par des cultures maraîchères. Pourtant, la société des Champs-Elysées s'intéressait hautement à ce périmètre compris entre le Cours-la-Reine, l'allée d'Antin et l'allée des Veuves (cours Albert-Ier, avenue Franklin-Roosevelt, avenue Montaigne). Le colonel Brack, qui animait l'entreprise, découvrit à Moret une maison Renaissance dont il eut l'idée de transporter la façade dans ce futur quartier (16, cours Albert-Ier, angle de la rue Bayard). L'engouement du temps pour la Renaissance devait faire le reste. On attribua les reliefs sculptés à Jean Goujon, quant à la demeure, elle aurait abrité les amour de François Ier et de la duchesse d'Etampes.

Le phénomène de mode n'engendra pas le miracle escompté puisque de nombreuses rues du quartier François-Ier ne furent percées que sous le second Empire et tardivement construites. Quant à la maison, elle a maintenant repris sa place à Moret où elle avait été bâtie en 1527 par un certain N. Chabouillé.

intérieure fort remarquable : fresques de *Bourdelle* dans l'atrium et au pourtour des loges, plafond de *Maurice Denis* dans la salle, sculptures dorées du même au fronton de la scène. La ***Comédie*** (655 places), au-dessus du grand vestibule, illustrée par la direction de Louis Jouvet de 1922 à 1934 ; à signaler les peintures de *Vuillard*, au foyer, et le rideau de *K.-X. Roussel*. Le ***Studio*** (257 places), au-dessus de la seconde salle.
▶ Sur la ***place de la Reine-Astrid***, à l'est de la place de l'Alma, statue de la Seine par *Choin* (1964), monument élevé en témoignage de la reconnaissance de la Belgique envers la France.

▷ La rue Jean-Goujon

Le côté pair est en grande partie occupé par le siège de la société Rhône-Poulenc et par des immeubles séparés de la rue par des cours-jardins.

La ***chapelle Notre-Dame-de-la-Consolation*** — aujourd'hui église de la mission italienne — a été élevée en 1900-1901 sur les plans de *D. Guilbert* dans un style néo-baroque pour commémorer le dramatique incendie du Bazar de la Charité du 4 mai 1897. Ce jour-là, une projection de films déclencha un sinistre qui fit deux cent cinquante blessés et cent quarante-trois morts, parmi lesquels la duchesse d'Alençon. Une sorte de cloître est dédié aux victimes de la catastrophe. Le ***monument*** à la mémoire de la duchesse d'Alençon a été sculpté par *Hiolin* sur les dessins de *Guilbert*.

Au n° 29, Institut polonais. Au n° 25, ensemble de ***bureaux*** construits par *Andrault* et *Parat*. Au n° 15, église arménienne. En 1833, Victor Hugo habitait au n° 9 de cette rue.

▷ La place François-Ier

Luxueuse et presque tranquille, bien qu'à proximité d'importantes stations de télévision et de radiodiffusion, elle est bordée d'hôtels construits vers 1865 dans le style Louis XV, comme l'ancien ***hôtel de Clermont-Tonnerre***, au n° 14. Au centre de la place, la ***fontaine*** de *Davioud* provient, comme celle du square Latour-Maubourg, de la place de la Madeleine. ▶ La ***rue Bayard***, qui traverse la place, rejoint au nord l'avenue Montaigne : au n° 22 on peut voir la façade de l'immeuble de ***Radio-Luxembourg*** (RTL) décorée par *Vasarely* (1971). ▶ La ***rue François-Ier*** *(de la place François-1er à la Seine)* : au n° 9, l'***hôtel de Vilgruy*** a été construit par *Labrouste*, architecte de la Bibliothèque nationale, dans un style néo-Louis XIII. Au n° 4, ***maison*** de style Renaissance (*Boussard*, architecte). ▶ On débouche sur l'avenue Franklin-Roosevelt, non loin de l'ambassade d'Allemagne Fédérale (1963). ▶ Le ***quai de la Conférence*** *(→ les quais de la Seine)*. ▶ On rejoint la place de l'Alma en suivant la belle promenade créée au bord de la Seine par *Marie de Médicis* en 1667 *(→ Champs-Elysées)* et baptisée ***Cours Albert-Ier*** depuis 1919, sur la section entre la place du Canada et la place de l'Alma.

Le bal Mabille

Sur la sombre allée des Veuves (actuelle avenue Montaigne) le jardin Mabille donnait tout son éclat les soirs d'été. Cet endroit attira tous les «pieds qui remuent» de la capitale pour le quadrille et la polka. Sous la Restauration le père Mabille avait acheté le petit bal, dont le prix d'entrée ne dépassait pas 50 c. Ses fils donnèrent une autre ampleur à l'entreprise en présentant, au printemps 1844, un nouveau décor au public. L'entrée était située à la hauteur des nos 51-53 de l'actuelle avenue Montaigne. Une longue allée éclairée de becs de gaz, un kiosque vaguement chinois, des palmiers artificiels en zinc découpé et peint, mais surtout un orchestre de trente musiciens dirigé par Polido puis par Olivier Métra attiraient dandys et lions. Gautier, Eugène Sue, Baudelaire, Nadar, Champfleury fréquentèrent ce lieu populaire. La reine Pomaré, la belle Maria, la superbe Mogador, Brididi, Chicard, Pritchard en firent les beaux jours. Mabille ne devait pas survivre à la guerre de 1870 et ferma définitivement ses portes en 1875.

Le quartier de la gare de Lyon-Bercy

12e arr./46-N9-N10
Métro : Gare-de-Lyon.
Bus : 20, 29, 57, 61, 63, 65, 87, 91
P gare SNCF, cour et rue de Châlon
Taxis : devant la gare
Marché : Av. Ledru-Rollin, entre les rues de Lyon et de Bercy, jeu-sam, 7 h-13 h 30

Dès le XIIe s., il est fait mention de l'Insula Bercilis pour désigner cette partie campagnarde de la rive droite de la Seine, en amont de Paris. Au XIVe s., la seigneurie appartint aux Montmorency, mais c'est au XVIIe s. que le premier président du parlement de Paris s'y fit construire le château de Bercy, dont le célèbre parc fut dessiné par Le Nôtre. La Révolution ruina le domaine et la commune de Bercy fut constituée en 1790.

Pour vendre leur vin à proximité de la capitale, mais sans en acquitter l'octroi, des vignerons bourguignons et charolais, qui transportaient leurs produits par voie d'eau, s'installèrent alors à Bercy, sur les berges de la Seine. Jusqu'en 1860, les nombreux restaurants et guinguettes qui s'établirent à proximité y attirèrent les Parisiens en foule car le vin, non taxé, s'y consommait à moindre prix. Le rattachement de la commune de Bercy à la capitale mit fin à ce commerce, et l'on construisit les celliers et les magasins de ce qui allait devenir le premier marché français du vin. Celui-ci a beaucoup décliné depuis une quarantaine d'années et le centre d'activité du quartier est aujourd'hui autour de la gare de Lyon. Derrière celle-ci, les petits restaurants chinois et les squatters ont disparu de l'îlot Châlon livré aux démolisseurs et aux engins de terrassement.

Tout ce secteur de la capitale va en effet subir de profondes transformations dans les années qui viennent. Le palais Omnisports de Bercy et le nouveau ministère des Finances ne sont que les réalisations les plus spectaculaires d'un vaste projet qui doit entièrement modifier le quartier. Derrière le palais Omnisports, un parc de 12 ha conservera les 650 platanes centenaires qui ombragent encore les vieux entrepôts, tandis que le long de la rue de Bercy et autour de l'église Notre-Dame-de-Bercy, plusieurs grands ensembles d'habitation vont être construits. Pour desservir ce nouveau quartier dont la population sera multipliée, et pour soulager le pont d'Austerlitz déjà perpétuellement encombré, on projette de doubler la largeur du pont de Bercy et de construire un autre pont en aval.

Visite du quartier

1 h

▷ La gare de Lyon

La gare de Lyon, dominée par son haut beffroi, a été construite par *Marius Toudoire* en 1899 puis agrandie en 1927. Elle a remplacé le premier édifice érigé en 1859 par Alexis Cendrier. Dans la *galerie des Fresques*, située au-dessus de la billetterie, de grands panneaux peints évoquent les différents paysages successivement traversés, de Paris jusqu'à la Côte d'Azur. Au premier étage, le restaurant gastronomique *le Train Bleu**, classé monument historique, a intégralement conservé son extraordinaire décor du début du siècle. Inauguré par le président Loubet en 1901 ce restaurant, qui comprend plusieurs salles et salons (salon doré, grande salle, salon tunisien, salon algérien), présente une très importante *décoration murale*. Quarante-cinq peintures signées par les artistes officiels les plus célèbres du début du siècle évoquent les grandes villes desservies par le P.L.M. (Paris-Lyon-Méditerranée). C'est toute l'atmosphère de la Belle Epoque et de ses trains de luxe qui est suggérée par ce pompeux décor.

La gare a fait récemment l'objet d'importants travaux de modernisation pour faciliter l'accès aux lignes de banlieue et à celles du T.G.V. (train à grande vitesse). La gare de Lyon et son annexe, la gare de Bercy, reçoivent chaque année près de 76 millions de voyageurs.

▷ La rue de Bercy

Suivre cette rue en direction du boulevard de Bercy. C'est le Paris du XXIe s. dont on aura ici un aperçu. Tout le quartier a été entièrement aménagé à partir de la fin des années soixante.

▷ Le nouveau ministère des Finances

A dr. de la rue de Bercy, longeant les voies du chemin de fer, les grands immeubles de verre et d'acier terminés en 1986 sont affectés aux services du ministère des Finances (*Arretche* et *Karasinsky* architectes). D'énormes travaux ont été entrepris pour la construction du ministère de l'Economie, des Finances et du Budget. La décision, annoncée en septembre 1981, de donner au musée du Louvre l'aile de la rue de Rivoli impliquait le transfert du ministère des Finances dans un nouveau bâtiment où l'on pourrait également regrouper un grand nombre de services disséminés dans Paris. Le choix du lieu d'implantation, Bercy, s'intégrait dans un vaste plan de rééquilibrage de Paris vers l'E. Il s'agissait de construire, sur 3,5 ha, 265 000 m^2 de bureaux pour y installer 6 500 agents. Un concours architectural fut lancé en mai 1982 et, le 16 décembre, le projet de *Huidobro* et *Chemetov* était choisi par le président de la République.

Le nouveau ministère se présentera comme un viaduc posé frontalement face au palais Omnisports de Paris-Bercy. Partant de bâtiments installés le long des voies de la gare de Lyon et comprenant entre autres 170 logements, une longue barre de 357 m reposant sur des piles enjambera les quais et se terminera sur les berges de la Seine par un bâtiment où seront logés les ministres, formant ainsi, selon les architectes, une sorte de porte monumentale pour l'Est parisien. Derrière cette barre seront construits des bâtiments de sept étages autour de six cours carrées. L'emménagement du ministère devrait être terminé à la fin de l'année 1988.

▷ Le palais Omnisports de Paris-Bercy

Il se trouve de l'autre côté du boulevard. Ce bâtiment, achevé fin 1983, occupe un emplacement de 8 ha et peut accueillir 17 000 personnes. La plus grande salle de Paris est un palais à géométrie variable : au centre, un terrain d'un demi-hectare transformable en patinoire ; autour, deux pistes cyclables en bois exotique et une piste d'athlétisme qui, lorsqu'elles ne sont pas utilisées, peuvent être couvertes par des gradins amovibles. Le palais Omnisports accueille chaque année plusieurs spectacles musicaux, concerts ou opéras. Il a été construit à l'emplacement des anciens entrepôts du Grand-Bercy, séparés du Petit-Bercy par la rue de Dijon.

▷ Les entrepôts de Bercy

Ces immenses entrepôts (vins, alcools, vinaigres, huiles) ont longtemps constitué une véritable cité des vins faite de chais, de caves, de petites maisons entremêlées de beaux arbres, et dont toutes les rues et ruelles portaient noms des meilleurs crus de France. Tout ce quartier va être entièrement réaménagé.

▷ L'église Notre-Dame-de-Bercy

Solitaire et retirée on peut voir, au bout de la rue de Dijon, la petite église Notre-Dame-de-Bercy, la plus ancienne du 12e arrondissement. Construite en 1825 dans le style basilical à la mode sous la Restauration, cette église fut incendiée pendant la Commune, inondée au cours de la grande crue de 1910 et bombardée en 1944. Elle vient d'être entièrement restaurée. ▶ Revenir gare de Lyon par le quai de Bercy et le quai de la Rapée.

▷ Le quai de la Rapée

Au n° 16, un pavillon d'information pourvu de maquettes a été aménagé pour les promeneurs désireux de se renseigner sur les travaux du nouveau ministère des Finances. Plus loin, remarquer, à g., le *viaduc* métallique du métro. Conçu dans les premières années du siècle, ce viaduc d'une seule portée fut très admiré car il était alors le plus long jamais construit en France. Au pied du viaduc se trouve l'***institut médicolégal*** construit en 1914 pour remplacer l'ancienne morgue (*Tournaire* architecte). En face, à l'angle du quai de la Rapée et de l'avenue Ledru-Rollin, l'ancienne *usine élévatrice des eaux de Bercy* (1887-1889) par *P. Chabat.* ▶ Au n° 13 du boulevard Diderot, l'***hôtel Massilia*** est l'un des premiers exemples de l'utilisation d'une ossature de béton armé (*M. Oudin* architecte, 1911).

Le quartier des gares du Nord et de l'Est

10e arr./29-L4
Métro : Gare-du-Nord
Bus : 26, 30, 42, 43, 46, 47, 48, 49, 54, 58, 65
P *Gare-du-Nord*

Des anciens quartiers de Paris, le faubourg Saint-Denis et le faubourg Saint-Martin sont parmi ceux qui furent les plus radicalement transformés par les aménagements urbains du milieu du XIXe s. Deux gares établies à une centaine de mètres l'une de l'autre et de larges boulevards les desservant ont eu raison de l'ancien tissu urbain dont il ne subsiste plus que des bribes. En revanche, c'est tout le Paris du second Empire que l'on trouve ici en résumé avec ses passages, ses halles et ses grandes perspectives au bout desquelles la gare, ce temple du XIXe s., a supplanté l'église.

Toute la politique impériale, traduite en termes d'aménagement urbain par le baron Haussmann est perceptible ici. On y retrouve des préoccupations pratiques, esthétiques et tactiques. En effet, le large boulevard bordé d'arbres, aéré et hygiénique, tranchait dans le vif des faubourgs désordonnés et turbulents et offrait la possibilité d'y donner des charges de cavalerie ou d'y tirer au canon. De même, certaines concessions à la mode, le petit square et la rampe en ellipse devant l'église Saint-Vincent-de-Paul, ou la transformation de la façade classique de l'église Saint-Laurent en pastiche gothique troubadour, témoignent d'un certain goût bourgeois pour le théâtre et le pittoresque.

Le temps et l'usage ont un peu sanctionné tous ces choix car les rues les plus vivantes du quartier, en dehors de celles qui entourent les deux gares, demeurent les deux anciens faubourgs traditionnels.

Visite du quartier

45 mn

▷ La gare du Nord

Il y eut d'abord, boulevard de la Chapelle, l'embarcadère du Nord qui, sous Louis-Philippe, fut transféré place de Roubaix. En 1863, *Hittorff* (*→ encadré*) y édifia une gare si vaste qu'elle a pu, jusqu'ici, faire face sans grande modification à un trafic toujours croissant. D'importants travaux ont eu lieu récemment pour l'amélioration des liaisons avec la banlieue. Les grandes *verrières*, à carcasse métallique, furent très admirées en leur temps. La façade de cette monumentale construction est couronnée par des statues symbolisant les grandes villes du nord de la France et de l'Europe, accessibles par chemin de fer depuis la gare du Nord.

▷ L'église Saint-Vincent-de-Paul*

Le promeneur se trouve en ce point de la promenade tout près de cette très intéressante église qui se dresse sur un escarpement au-dessus de la place Franz-Liszt.

L'extérieur

L'église est précédée d'un amphithéâtre de rampes monumentales, avec perron central inspiré de la place d'Espagne à Rome. Construite dans le style des basiliques latines, comme Notre-Dame-de-Lorette, elle est, avec cette dernière, la réalisation la plus marquante de l'architecture de la première moitié du XIXe s. Elle a été commencée en 1824 par *Lepère*, et terminée en 1844 par *Hittorff.* Le portique, de belles proportions, comprend douze colonnes ioniques. Fronton décoré d'un ***bas-relief,*** Saint Vincent de Paul accompagné de la Foi de la Charité, par *Lebœuf-Nanteuil.* Au-dessus du fronton, attique avec les statues des quatre évangélistes. Dans les tours, hautes de 54 m, ***statues*** de Saint Pierre et Saint Paul, par

Ramey. Porte centrale avec bas-relief des Apôtres.

L'intérieur

L'ordonnance de l'édifice (long de 80 m et large de 37 m) est celle des basiliques : vestibules, nef à deux étages, doubles bas-côtés et chapelles latérales. Il n'y a ni voûte ni plafond ; la charpente est apparente. Mais l'ensemble est somptueux grâce à la richesse de la décoration qui forme, avec le mobilier, un ensemble parfaitement homogène.

A dr., dans la 1re chapelle : ***fonts baptismaux*** fondus par *Calla.* ***La nef*** : sous la tribune, ***frise**** longue de 17 m, haute de 3 m, décorée par *Hippolyte Flandrin* (→ *encadré*), d'une immense composition peinte sur fond d'or. Exécutée en 1853, c'est une œuvre importante de l'école française. Deux longues processions de saints et de saintes, depuis les simples fidèles jusqu'aux Evangélistes et aux Docteurs, se déroulent de chaque côté de l'édifice avec la majesté des théories grecques. Au-dessus des tribunes, rang des colonnes, frise ornée de médaillons. Cul-de-four de l'abside orné de peintures par *Picot* : le Christ sur un trône, Saint Vincent de Paul, Evangélistes, Apôtres et Docteurs. Dans la frise, les Sept Sacrements, par *Picot.* Vitraux par *Maréchal* et *Gugnon.* Chaire décorée par *Duseigneur.* Stalles sculptées par *Aimé Millet* et par *Derre* : les sculptures de ces boiseries présentent, sous le costume de leurs patrons, tous les princes de la famille d'Orléans, dont elles sont les portraits ; mutilées en 1848, les statuettes ont été restaurées depuis. Maître-autel orné d'un ***calvaire**** en bronze, par *Rude* (1848-1852). ***Chapelle de la Vierge*** : Christ de l'autel, par *Carrier-Belleuse.* ▶ Le promeneur intéressé par l'architecture de l'Art Nouveau pourra voir à proximité, 14 et 16, ***rue d'Abbeville,*** deux remarquables façades décorées de sculptures et de faïence peinte. ▶ Revenir boulevard de Magenta par la rue des Petits-Hôtels. ▶ Le ***marché Saint-Quentin*** *(85, bd Magenta),* de 1866, a fait partie de la spectaculaire campagne d'urbanisme du second Empire (entièrement restauré).

▷ La rue du Faubourg-Saint-Denis

Cette voie très ancienne, prolongeant la rue Saint-Denis et reliant le palais de l'île de la Cité à la basilique, n'a pas profité de la rénovation qu'a entraînée la création du centre Pompidou. Elle est reliée à la rue du Faubourg-Saint-Martin par des passages qui ne sont pas très attirants. D'autre part, ses commerces sont assez diversifiés.

▷ L'ancienne prison Saint-Lazare

Le central téléphonique et le ***square Alban-Satragne*** remplacent l'ancienne prison Saint-Lazare dont les derniers bâtiments

Hittorff

Jacques Ignace Hittorff (1792-1867), architecte français né en Allemagne, prit une part importante dans la transformation de Paris au milieu du siècle dernier. Après sa formation, il entreprit le traditionnel voyage d'Italie à la suite duquel il élabora sa théorie, alors très controversée, sur la polychromie de l'architecture antique. Les découvertes qui suivirent lui donnèrent raison. A partir de 1831, Hittorff concentra à Paris son activité d'architecte. Il termina la construction de l'église Saint-Vincent-de-Paul, aménagea la place de la Concorde en y créant les deux fontaines, donna les dessins des jardins des Champs-Elysées où il fit construire plusieurs pavillons et un cirque. En 1852, il construisit le Cirque d'Hiver où il appliqua ses théories et, en 1856, il transforma la place de l'Etoile en y élevant les douze hôtels qui entourent l'Arc de Triomphe. Mais l'œuvre la plus significative de Hittorff est la gare du Nord, construite de 1861 à 1865. D'une extrême légèreté, les grandes verrières sont toujours dissimulées par une façade monumentale inspirée des thermes romains. Exécutant méconnu du célèbre baron Haussmann, Hittorff a pourtant contribué à modifier le paysage de la capitale et à lui donner l'aspect qu'elle a encore aujourd'hui.

Hippolyte Flandrin

Le peintre religieux du XIXe s. par excellence fut Hippolyte Flandrin (1809-1864). Né à Lyon, formé à l'école des Beaux-Arts, Grand Prix de Rome en 1832, Flandrin fut profondément influencé par Ingres, son directeur à la Villa Médicis. Sous la conduite de ce maître, il découvrit la grandeur de Raphaël ; ses compositions nobles, son dessin ample et son coloris savant, dédaigneux des éclats faciles, portent la marque des études ferventes qu'il fit à Rome.

La chapelle Saint-Jean, à Saint-Séverin (1839-1841), est la première œuvre monumentale exécutée par Flandrin à Paris. Les décors de Saint-Germain-des-Prés (1842-1846 et 1856-1864) et ceux de Saint-Vincent-de-Paul (1849-1853) montrent sa maîtrise dans le traitement des énormes surfaces et la profondeur austère de son inspiration. Hors de Paris, Flandrin a décoré l'église Saint-Paul de Nîmes (1846-1849) et Saint-Martin-d'Ainay, à Lyon (1855). Il a d'autre part laissé un grand nombre de portraits, toujours empreints d'une majesté paisible qui n'exclut pas la pénétration psychologique.

Esprit indépendant et rigoureux, Hippolyte Flandrin est resté à l'écart des querelles d'école. Il regardait avec défiance le purisme des peintres comme Orsel qui, à l'exemple des nazaréens allemands, prétendaient refaire du Fra Angelico en plein XIXe s. Quant à la tentation romantique, elle ne l'a jamais effleuré. Flandrin est un génie solitaire et profondément classique.

Les marchés

Marché Saint-Quentin (couvert), 85 bis, bd Magenta : 8 h-13 h/16 h-19 h 30, dim. 8 h-13 h.
Marché de la Porte-Saint-Martin (couvert), 31, rue du Château-d'Eau : 8 h-13 h/16 h-19 h 30, dim. 8 h-13 h.
Marché Alibert (découvert), rue Claude-Vellefaux : jeu., dim. 7 h-13 h 30.

ont été rasés en 1935. Ancienne maladrerie fondée au Moyen Age par les hospitaliers de Saint-Lazare, l'établissement avait été occupé en 1632 par la congrégation des Prêtres de la Mission, fondée en 1625 par *saint Vincent de Paul* qui y mourut en 1660. L'enclos de Saint-Lazare était immense : au milieu du XVIIIe s., il occupait tout le quadrilatère limité aujourd'hui par les rues de Paradis, du Faubourg-Poissonnière, de Dunkerque et du Faubourg-Saint-Denis. Les bâtiments, de la fin du XVIIe s., servirent de prison sous la Terreur : c'est là que furent détenus André Chénier, Aimée de Coigny, qui inspira au poète les vers de la Jeune Captive, et le peintre Hubert Robert.

De l'ancien édifice, les remaniements récents n'ont gardé que la ***cour*** et la ***chapelle*** due à *Baltard.* L'architecte *G. Lefol* leur a adjoint de nouveaux bâtiments dans le style du XVIIIe s. et conformes à la nouvelle destination de Saint-Lazare devenue désormais maison de santé (préfecture de police : direction de l'Hygiène, dispensaire; *entrée, 9, cour de la Ferme-Saint-Lazare*).

Au fond du square, où se dresse un monument à saint Vincent de Paul, l'ancienne chapelle est aujourd'hui l'***amphithéâtre Saint-Vincent-de-Paul,*** dépendant de la faculté de Médecine de Paris. Les ***maisons*** qui suivent (nos 105-99), et qui conservent quelques beaux éléments architecturaux, sont les anciennes maisons de rapport du couvent Saint-Lazare.

▷ La rue de Paradis

C'est le royaume du cristal et de la porcelaine; les principales maisons de Limoges et de Lorraine ont ici leur magasin de vente et d'exposition. La cristallerie de Baccarat, qui depuis plus de cent cinquante ans est le fournisseur des rois, des princes, des présidents et de quelques autres, a aménagé, au 30 bis, un beau ***musée du Cristal*** (→ *musées*). Tout à côté au n° 28, une ***cité des arts de la table*** prolonge le musée puisqu'elle réunit, en un même lieu, toutes les productions du verre et de la porcelaine. Au n° 18, un remarquable ***immeuble**** de la fin du siècle dernier, qui abritait le magasin des faïenceries de Choisy-le-Roi, est aujourd'hui occupé par le ***musée de l'Affiche et de la Publicité*** (→ *musées*). Le portail monumental, surmonté de colonnes encadrant une énorme potiche, donne accès à un hall voûté dont les murs sont revêtus de tableaux de céramique. Remarquer l'extraordinaire ***loge*** du concierge. Corot eut un atelier au n° 58 de cette rue. ▶ Revenir rue du Faubourg-Saint-Denis par la ***rue des Petites-Ecuries*** qui doit son nom aux anciennes petites écuries royales et où se trouve le célèbre club de jazz du New Morning (au n° 11).

▷ La rue du Faubourg-Saint-Denis

de la rue des Petites-Ecuries à la porte Saint-Denis

Au n° 65, on peut voir la maison où naquit Félix Faure; au n° 16, le restaurant ***Chez Julien,*** ancien « bouillon » de quartier qui a conservé son ***décor*** Art Nouveau très caractéristique, panneaux en verre et émail par *Trézel.* Au n° 12, le ***passage du Prado,*** d'où jadis partaient les coches et les diligences pour Saint-Denis.

La rue du Faubourg-Saint-Denis aboutit à la ***porte Saint-Denis*** (→ *Grands Boulevards*) au-delà de laquelle l'antique rue Saint-Denis, aujourd'hui rajeunie, rejoint la place du Châtelet. ▶ Revenir jusqu'au n° 54, où le ***passage Reilhac*** conduit par une succession de courettes décorées de fontaines et d'une torchère de bronze, jusqu'au ***boulevard de Strasbourg*** : ce boulevard fut percé par *Haussmann* pour dégager les gares de l'Est et du Nord en les reliant au centre de la capitale. ▶ Remonter le boulevard de Strasbourg jusqu'à la rue du Château-d'Eau et tourner à dr. dans cette rue.

▷ La rue du Faubourg-Saint-Martin

Elle prolonge, au-delà de la porte Saint-Martin, la vieille rue Saint-Martin qui, sur une grande partie de son trajet, a retrouvé une nouvelle jeunesse avec le centre Pompidou. Comme dans tout le quartier, abondent les merceries et les bonneteries en gros, ainsi que les nombreux petits restaurants orientaux. Au n° 76, à l'angle de la rue du Château-d'Eau qui mène à la place de la République, s'élève l'imposante ***mairie du 10e arrondissement,*** construite entre 1892-1896 par *Rouyer* dans un style néo-Renaissance directement inspiré de l'Hôtel de Ville. Voir le ***décor*** intérieur des salons du Nord et Sud (1906-1908).

▷ L'hôtel Gouthière *6, rue Pierre-Bullet*

Situé derrière la mairie, ce charmant petit hôtel a été bâti à la fin du XVIIIe s. pour le ciseleur Gouthière. Il a été remarquablement préservé par ses propriétaires successifs qui ont respecté le ***décor*** précieux et raffiné des gypseries qu'avaient souhaité le maître ciseleur. Une récente campagne de nettoyage a rendu sa noblesse à cette demeure néo-classique qui ressemble à un petit temple, avec son avant-corps surmonté d'un Triomphe de Bacchus en bas-relief. ▶ Non loin, au 31, rue du Château-

Les musées à voir

Musée de l'Affiche et de la Publicité (18, rue de Paradis) : collection d'affiches publicitaires françaises et étrangères.
Musée du Cristal (30 bis, rue de Paradis) : exposition des grandes créations de la cristallerie de Baccarat depuis le XVIIIe s.

d'Eau, un autre *marché métallique* (1810). ▶ Revenir rue du Faubourg-Saint-Martin. Au carrefour du boulevard Magenta on laisse la *rue des Vinaigriers* qui rejoint le canal Saint-Martin et qui conserve plusieurs maisons anciennes (XVIIIe s.).

▷ L'église Saint-Laurent *7 h 30-19 h ; dim. f. 13 h-16 h ☎ 46.07.24.65*

L'édifice actuel, dont le chœur fut consacré en 1429, fut bâti à l'emplacement d'une basilique mérovingienne. Les travaux reprirent au XVIe s. (chapelles latérales) ; la nef et le transept ne furent voûtés qu'au XVIIe s. en même temps qu'on élevait une façade ; enfin, en 1712, fut dressée la chapelle de la Vierge. Sous le second Empire, afin de mettre l'église dans l'alignement du boulevard de Strasbourg, *Haussmann* fit remplacer la façade classique par une façade néo-gothique après avoir rajouté une travée à la nef. La Ville de Paris commanda, en 1865, plusieurs statues pour le portail ; en 1870, une *peinture* sur lave émaillée, représentant la Vie de saint Laurent, fut exécutée par *Balze*.

L'intérieur

Nef : buffet d'orgue du XVIIe s. ; instrument construit par *François Ducastel* (1682), refait par *Clicquot* (1766). Bas-côtés : vitraux de *Pierre Gaudin* (1935-1939 et 1953-1955). *Transept* : clefs de voûte pendantes (XVIIe s.), ornées de personnages (à la croisée : la Vierge). Boiseries du XVIIIe s. *Chœur* : partie la plus ancienne de l'église, mais rhabillée au XVIIe s., par *Lepautre*, d'un décor corinthien. Vitraux dessinés par le peintre polonais *Elesckiewickz* (1932). *Chapelle de la Vierge* : bâtie au XVIIIe s., couverte d'une coupole décorée de deux peintures. Vitraux de *Lusson* (1874). ▶ Le petit *square Villemin* précède l'ancien hôpital militaire Villemin, transformé aujourd'hui en unité pédagogique d'architecture. ▶ La *rue des Récollets*. Il y eut jadis ici le *couvent des Récollets*, fondé en 1605 grâce aux libéralités du surintendant des finances *Bullion*. De beaux escaliers, des bâtiments, un cloître et une chapelle, restaurée en 1842, forment un ensemble XVIIe s. qui est, fort heureusement, assez bien conservé.

▷ La gare de l'Est

La gare de l'Est fut agrandie et transformée de 1895 à 1899, et surtout de 1924 à 1931. La façade ancienne, dans l'axe du boulevard, ne forme plus que l'aile g. de l'ensemble. Sur la *façade*, statues de Strasbourg à g., et de Verdun (par *Varenne*, 1930) à dr. Au pavillon d'angle, à g., inscription rappelant l'ancienne *foire Saint-Laurent*. Fondée au XIIIe s. par *Philippe Auguste*, elle se tint sur l'emplacement de la cour de la gare *(actuelle cour du 11-Novembre-1918)*, de 1663 à la fin du XVIIIe s. Le terrain était alors soumis à la juridiction ecclésiastique. Cette foire, très importante, déclina à cause du nombre croissant de ces foires et des spectacles forains.

Comme Montparnasse est le quartier des Bretons, le quartier de la gare de l'Est était, traditionnellement, le quartier lorrain et alsacien de Paris. Le nom des rues avoisinantes (rue d'Alsace, rue de Nancy, boulevard de Strasbourg...) et leurs nombreuses brasseries en témoignent encore aujourd'hui.

Le quartier des Gobelins*

13e arr./44-K10
Métro : Gobelins
Bus : 27, 47, 83, 91
Ⓟ rue des Patriarches (5e arr.)
Taxis : 88, bd Saint-Marcel ☎ 43.31.00.00

Au milieu du XVe s., lorsque le teinturier champenois Jean Gobelin y établit son atelier, ce quartier était encore un vallon verdoyant où serpentait la Bièvre entre la colline de la Butte-aux-Cailles et la montagne Sainte-Geneviève. Sur l'initiative d'Henri IV et surtout de Louis XIV, cet atelier prit une extension considérable et de la fabrication des colorants pour textile il étendit naturellement ses activités à la tapisserie. Au XVIIIe s., les productions de ce qui était devenu la manufacture royale des Tapisseries de la Couronne firent connaître le nom du quartier à l'Europe entière.

Faubourg populaire et industrieux, de nombreux ateliers s'y fixèrent au siècle dernier, en particulier plusieurs tanneries dont les déjections transformèrent la Bièvre en égout à ciel ouvert. Le quartier prit l'aspect qu'il a conservé aujourd'hui quand la Bièvre fut couverte, et que furent percés l'avenue des Gobelins et les boulevards avoisinants.

Malgré l'intense circulation automobile, on peut encore trouver un charme villageois au début de l'avenue des Gobelins, dans les petites rues aux alentours de la manufacture.

Visite de la manufacture des Gobelins**

42, av. des Gobelins ☎ 45.70.12.60
merc., jeu., vend., 14 h-16 h
ateliers : visite guidée

Universellement connue pour ses tapisseries, elle est depuis plus de trois siècles manufacture de l'Etat, rattachée au Mobilier national en 1937. Depuis 1826, elle abrite également les ateliers de la Savonnerie qui fabriquent des tapis et, depuis 1940, la manufacture de Beauvais. Les liciers ont une réglementation et des traditions remontant à Louis XIV, transmises d'âge en âge jusqu'à nos jours.

L'histoire de la manufacture

Le premier atelier royal de tapisserie fut celui de Fontainebleau, sur lequel nous avons fort peu de renseignements. A l'endroit actuel des Gobelins, un teinturier, Jean Gobelin, s'était établi vers 1440 (c'est un Gobelin, marquis de Brinvilliers, qui épousera sous Louis XIV la célèbre empoisonneuse.) Voulant créer à Paris un atelier royal de tapisserie, Henri IV installa dans l'ancien atelier de teinturerie, en 1601, deux tapissiers flamands, Marc de Comans et François de la Planche. Colbert, en 1662, centralisa aux Gobelins les divers ateliers épars dans Paris (rue de la Chaise, à la Trinité, au Louvre), et y rattacha la fabrique de tapis de la Savonnerie, qui transféra ses ateliers aux Gobelins en 1826. L'ensemble, comprenant aussi l'ébénisterie, l'orfèvrerie, etc., prit le nom de manufacture royale des Meubles de la Couronne et fut organisé par un édit de 1667. Le peintre Charles Le Brun en fut le grand maître ; Pierre Mignard lui succéda, en 1690, comme directeur. Plus tard, si les peintres Coypel, Audran, Boucher n'ont pas toujours été directeurs des Gobelins, ce sont eux qui en ont inspiré les chefs-d'œuvre. Chagall a aussi travaillé pour les Gobelins. Une partie des anciens bâtiments a été incendiée par la Commune en 1871.

▷ Les bâtiments

Les constructions offrent deux parties bien distinctes. En *façade* sur l'avenue, l'édifice a été construit en 1914 par *Formigé* ; au sommet, coupole carrée avec un haut-relief officiel de *Landowski* et, au 1er étage, quatre cariatides d'*Injalbert*. Derrière, les vieilles constructions ont gardé leur aspect paisible et un peu monacal. Au 1er étage se trouvent des salles réservées aux expositions temporaires. Des tapisseries de l'époque Louis XIV décorent la *chapelle* aujourd'hui désaffectée ; on y voit également une belle collection de dessins de *Van der Meulen*. Dans la sacristie sont exposés des modèles d'ornements et des pièces d'orfèvrerie religieuse appartenant à l'ancienne chapelle.

▷ Les ateliers des Gobelins

Les tapisseries y sont tissées sur des métiers (plusieurs datent du siècle dernier) dont la chaîne est verticale et qui sont dits de ***haute lice*** parce que les fils qui servent à manœuvrer une des nappes de la chaîne, et que l'on appelle lices, sont tendus en hauteur. Les spécialistes s'accordent à reconnaître qu'il est extrêmement difficile de distinguer le travail de haute lice du travail de basse lice. Le tapissier occupe un siège entre le métier et le carton qui lui sert de modèle, la face tournée du côté du jour et le métier interposé entre lui et les fenêtres de l'atelier. L'artiste ne voit son modèle qu'en se retournant et son travail qu'à l'envers. De petites glaces placées devant la tapisserie et montées sur des tiges de cuivre lui permettent de suivre le travail point par point. On peut évaluer, en moyenne, la surface de tapisserie fabriquée en un an à 1 m² par ouvrier.

Les réparations des tapisseries anciennes sont exécutées dans les ateliers de rentraiture qui se trouvent au Mobilier national.

▷ Les ateliers de Beauvais

Depuis 1940 les ateliers de Beauvais sont installés aux Gobelins dans le nouvel immeuble construit à cet effet. La technique de tissage est différente et s'appelle *basse lice*. Le métier de basse lice est placé cette fois horizontalement devant le tapissier et les lices sont commandées par des pédales. Le dessin est reproduit sur un calque placé sous les nappes de la chaîne. Le carton à reproduire est toujours suspendu derrière le licier.

▷ Les ateliers de la Savonnerie

On y tisse des tapis au *point de Savonnerie*, technique spécifiquement française et entièrement différente de celle de la tapisserie. Le tapis fabriqué constitue un velours, obtenu en coupant à l'aide de ciseaux, de façon régulière, les rangées de nœuds joints solidement avec un fil de chanvre.

La manufacture des Gobelins abrite également l'*Institut français de restauration des œuvres d'art.*

Visite du quartier des Gobelins

45 mn

▷ L'avenue des Gobelins

Ancien prolongement de la rue Mouffetard, elle traverse aujourd'hui tout le quartier des Gobelins. Au nº 58, le cinéma *la Fauvette* occupe l'ancien théâtre des Gobelins. C'est un enfant du quartier, le sculpteur *Auguste Rodin*, qui décora la façade que l'on peut encore voir. ▶ Prendre, à dr., la *rue Abel-Hovelacque*. ▶ La *rue des Reculettes* s'ouvre à dr. On se trouve ici dans un quartier unique à Paris qui a été évoqué par Balzac dans La Femme de trente ans, par Victor Hugo dans Les Misérables, par Huysmans dans La Bièvre. Le quartier a été assaini et remodelé depuis 1936 environ, avec la construction du nouveau Mobilier national, l'aménagement du jardin des Gobelins (1935) ou square René-Le Gall. ▶ On suivra vers la dr. la *rue Croulebarbe*. Elle était le prolongement de la vieille rue des Gobelins qui se terminait à notre actuelle rue Corvisart, laquelle s'achevait à la barrière de Croulebarbe de l'enceinte des Fermiers généraux.

▷ Le jardin des Gobelins ou square René-Le Gall

Aménagé par *Jean-Charles Moreux*, il s'allonge en contrebas de la rue Croulebarbe, à la place des jardins potagers cultivés naguère par les ouvriers des Gobelins et baignés par la Bièvre (→ *encadré*). Dans ce jardin agreste et charmant, à la végétation abondante, on a aménagé un très vaste terrain de jeux. Des escaliers décorés de médaillons de galets et de fossiles à la manière d'Arcimboldi mènent aux allées. On y reconnaît le style des années trente : obélisque néo-classique, haies bien taillées et quatre gloriettes tapissées de plantes grimpantes. ▶ De l'autre côté, le nouveau ***Mobilier national*** (→ *encadré*) émigré du quai Branly, a été bâti par *A. Perret* en 1934. Avec ses colonnes en queue de billard, le béton apparent et les façades amples, il est caractéristique du style de l'architecte. Le *portail* est gardé par deux molosses sculptés par *Abbal*.

▷ La rue Berbier-du-Mets

On ne devine plus rien de l'antique et célèbre ruelle des Gobelins telle qu'elle était au XVIIᵉ s. La plupart de ses immeubles sont modernes, mais elle longe la ***façade arrière de la manufacture des Gobelins*** dont les bâtiments du XVIIᵉ s. visibles ici ont beaucoup d'allure. Avant le chevet de la chapelle, en saillie, le portail d'entrée est encadré de deux inscriptions sur marbre, résumant la longue histoire des Gobelins. Dans ces parages, se trouvait jadis le pavillon de chasse de Jean de Julienne qu'on

La Bièvre

Jusqu'à ce qu'elle fût recouverte en 1912, la Bièvre traversait ces parages et bordait les ateliers de teinture et les tanneries.

La Bièvre (Bebra, castor), petite rivière, coula longtemps à découvert dans Paris. Née en Yvelines, dans la plaine de Trappes, elle pénètre dans la ville près de la poterne des Peupliers, alimente la manufacture des Gobelins, traverse l'ancien faubourg Saint-Marcel et se perd aujourd'hui dans les égouts, au lieu de rejoindre comme autrefois la Seine aux abords du pont d'Austerlitz. Si son cours, maintenant couvert, est ainsi escamoté, il n'en est pas moins à jamais marqué dans la topographie parisienne par la dépression du val de Bièvre qui sépare les collines de la Maison-Blanche et de la Butte-aux-Cailles (rive droite) des hauteurs de Montsouris et de la montagne Sainte-Geneviève (rive gauche).

Le Mobilier national

Créé pendant le règne de Charles V, dans la seconde moitié du XIVe s., le Garde-Meuble de la couronne fut définitivement organisé par Colbert en 1663. Il comprenait alors tout l'ameublement et les objets de décoration disséminés dans les nombreuses résidences royales. La Révolution détruisit ou dispersa une grande part de ce patrimoine qui fut partiellement renouvelé sous l'Empire. Installé à côté du Louvre, puis à l'hôtel de Conti, à l'hôtel d'Evreux et à l'hôtel du Garde-Meuble, construit par Gabriel sur la place de la Concorde (actuel ministère de la Marine), le Garde-Meuble rebaptisé Mobilier national poursuivit son invraisemblable odyssée jusqu'en 1936, date à laquelle le bâtiment d'aujourd'hui fut construit pour le recevoir.
Le Mobilier national a pour vocation de gérer, d'entretenir et de restaurer son important patrimoine mobilier réparti dans les ministères, les musées, les ambassades de France à l'étranger et surtout dans les résidences du chef de l'Etat : l'Elysée, Rambouillet... ou la loge présidentielle du champ de courses de Longchamp. C'est également au fonds du Mobilier national qu'il est fait appel pour meubler et décorer les appartements des grands visiteurs étrangers de passage en France.

envisagerait de reconstruire dans le square René-Le Gall. ▶ Prendre, à dr., la *rue Gustave-Geffroy*.

▷ La rue des Gobelins

Jusqu'en 1636, cette rue un peu sombre, un peu singulière avec quelques vestiges vénérables et noircis par le temps, s'est appelée rue de Bièvre. Ses maisons semblent avoir appartenu, en majorité, aux familles Gobelin et Glück. Les Glück étaient une autre famille de teinturiers qui firent fortune après que l'un d'entre eux, Jean Glück, ait importé des Pays-Bas un nouveau procédé de teinture. Il eut pour neveu Jean de Julienne, connu comme amateur et collectionneur d'art. Antoine Watteau, qu'il protégeait, vint souvent ici. On peut voir, au n° 17, au fond d'une cour, un curieux bâtiment à tourelle, dit *le château de la reine Blanche*, construit vers 1520. A cette époque il remplaçait une maison beaucoup plus ancienne qui portait déjà le nom de Blanche de Provence, épouse du fils du roi de Castille, et où certains historiens (dont Juvénal des Ursins) situent le bal des Ardents ; démoli en 1404, le château de la reine Blanche aurait été reconstruit pour les Gobelins et les Cavoye. Au n° 19, autre vieille maison, fin XIVe-début XVe s.

▷ Le boulevard Arago

Le suivre vers l'E. Depuis le milieu du siècle dernier, le boulevard Arago recouvre une grande partie de la vieille rue Saint-Hippolyte et des petites rues qui conduisaient à la rue Mouffetard ainsi qu'à l'église Saint-Hippolyte. C'est aujourd'hui une belle artère ombragée d'une double allée d'arbres. ▶ La *rue Corvisart* s'ouvre à g. Elle longe l'ancien hôpital Broca qui avait été élevé à l'emplacement d'un couvent de cordeliers, installé en ces lieux en 1293. Marguerite de Provence, veuve de Saint Louis, l'avait agrandi par une maison où elle finit ses jours. Les rues des Cordelières (aujourd'hui entièrement reconstruite) et Pascal ont été percées à travers les jardins de ce couvent. ▶ Revenir boulevard Arago. ▶ A dr., la *rue Broca* est l'ancienne rue de l'Oursine, du bourg Saint-Médard, qui menait au bourg de Gentilly en suivant la Bièvre. Elle desservait jadis les grandes maisons de campagne des bourgeois parisiens. Il y eut ici un hôtel-Dieu des Patriarches construit par Guillaume de Chanac (emplacement des nos 3 à 17 actuels de l'autre côté du boulevard Arago) qui, transformé en hôpital de la Charité chrétienne et recevant les invalides de guerre, préfigura les Invalides de Louis XIV. La rue Broca ne conserve plus guère de souvenirs de son long passé.

Les Grands Boulevards**

Etablis à l'emplacement des anciennes fortifications de Charles V, les Grands Boulevards continuent insensiblement de marquer la différence entre le centre historique de la capitale et ses faubourgs, et l'atmosphère est assez différente selon que l'on se trouve à l'intérieur ou à l'extérieur de cette ceinture. Jadis lieu de promenade, les Grands Boulevards forment aujourd'hui un des axes principaux de la desserte de la rive droite et ils supportent une circulation automobile très intense. Ce grand arc de voirie côtoie plusieurs arrondissements et son climat varie en fonction des quartiers traversés.

Aux abords de la Madeleine et de l'Opéra, les vitrines de magasins raffinés et de grandes agences de voyages ont conservé au boulevard son caractère select. Les élégants cafés s'y succèdent et accueillent, la nuit, le public de l'Opéra et des théâtres voisins. Le boulevard des Italiens est plus animé et plus populaire, surtout à proximité du carrefour Richelieu-Drouot, mais il ne reste plus rien des établissements qui firent son chic et sa réputation sous la Restauration. C'est à partir d'ici, jusqu'à la porte Saint-Martin, que se trouve la partie la plus vivante et la plus colorée des Grands Boulevards. Les anciennes façades qui sont souvent fort belles, sont aujourd'hui dissimulées par les enseignes, les calicots et les néons des établissements de restauration rapide, des déballages de prêt-à-porter, des théâtres et des cinémas à l'affiche desquels on trouve des films de Kung-fu et des policiers américains. La nuit, même après les derniers spectacles, le boulevard Montmartre ou le boulevard Poissonnière sont encore très animés ; on trouve sur leurs trottoirs des loteries, des stands de tir et quelques camelots. Entre la place de la République et la Bastille, ces boulevards sont moins commerçants et beaucoup plus calmes quand ils ne reçoivent pas le défilé d'une manifestation. Aux abords de l'admirable rotonde du Cirque d'Hiver, boulevard du Temple ou boulevard des Filles-du-Calvaire, on peut toujours voir les belles façades des nombreux immeubles construits sous la Restauration. Les cafés et les magasins réapparaissent avant la place de la Bastille, le long du boulevard Beaumarchais. On peut y voir, à un coin de rue ou un peu en retrait, la silhouette d'un vieil hôtel du XVIIIe s. qui annonce déjà le Marais.

Les Grands Boulevards dans l'histoire

Le mot « boulevard » (Bolwerck en néerlandais : terre-plein d'un rempart) a perdu son sens premier d'ouvrage du génie militaire, pour évoquer bientôt le génie du bon mot, pur produit de l'esprit boulevardier. L'histoire des Grands Boulevards évolue entre les deux sens du terme.

De la Madeleine à la Bastille, le tracé des Grands Boulevards reprend en partie celui de l'enceinte de Charles V, construite de 1356 à 1360, et qui ceinturait la ville sur la rive droite depuis la tour de Bois (place du Carrousel) jusqu'à la tour Billy (Arsenal) et la tour Barbeau. L'évolution du système de défense rendit bientôt périmée une enceinte que, du reste, l'explosion démographique taillait en brèche de part en part. Peu à peu la municipalité en vint à autoriser de nombreux passe-droits. On vit se dresser les moulins et s'installer des filatures à côté des bastions. Pourtant, la construction des Tuileries hors les murs demandait que l'on prenne des dispositions plus sérieuses. Le 12 juillet 1566, le roi engageait les travaux d'une nouvelle enceinte. Un vaste secteur à l'ouest (plus tard appelé « fossé jaune » à cause de la couleur des sols) va être englobé dans ce nouveau tracé qui rejoignait les remparts de Charles V à la bastide Saint-Denis. Richelieu, personnellement intéressé à l'aboutissement du projet, mena à bien les travaux. Démodés avant d'avoir vu le jour, ils furent achevés vers 1647. Il fallut accepter alors l'inutilité de telles fortifications, d'autant que l'on ne cessait de bâtir hors des limites. Il ne restait plus qu'à en faire une promenade à la mode. En 1670 des travaux étaient entrepris tout d'abord à l'est.

Vers 1700, les bastions avaient disparu les uns après les autres. Dans la partie orientale, la promenade du boulevard du Temple, avec ses rangées d'ormes, attirait les foules : « les gens de tous les états se trouv(aient) ensemble mais sans confusion. Les carrosses... (étaient) quelquefois jusqu'à quatre rangs... ». A l'ouest, c'était au contraire le domaine des grandes opérations immobilières. Le boulevard était devenu le quartier le plus actif de la capitale. Là régna le bel canto, tour à tour aux Italiens et à l'Opéra. Le théâtre romantique naquit à la porte Saint-Martin où Hugo et Dumas créèrent les triomphes que le Théâtre-Français leur avait refusés. De l'époque romantique date nombre de petits immeubles discrets qui, à bien y regarder, ont conservé les fontes troubadour de leurs appuis de fenêtres et leurs portes cochères. Dans ce boulevard trop vivant, trop sensible, sur le parcours duquel les nouvelles se propageaient comme une traînée de poudre, Napoléon III allait trancher dans le vif et faire disparaître à tout jamais le « boulevard du Crime » (c'est-à-dire le boulevard des théâtres et des tréteaux, le boulevard du Temple), au bénéfice du beau côté des boulevards : les quartiers riches des Italiens et des Capucines.

Depuis les années vingt, le centre de l'élégance s'est déplacé vers l'ouest et aussi sur la rive gauche, et les boulevards ne brillent plus que par leurs néons.

Visite des Grands Boulevards

Point de départ de la promenade : place de la Madeleine / 27-H5, 28-J5, 29-L5, 37-L6-L7
Métro : Madeleine / Bus : 24, 42, 52
P place de la Madeleine
3 h

Les monuments que l'on croise entre la Madeleine et Richelieu-Drouot, puis l'ambiance colorée qui règne jusqu'à la porte Saint-Martin, attireront les amateurs de marche à pied pour lesquels nous avons créé cette promenade.

D'autres préféreront avoir une impression synthétique de ces Grands Boulevards. Pour eux, le trajet en voiture (aux heures creuses) ou en autobus (n° 20), est à commencer à la Bastille car la circulation se fait en sens unique (E.-O.), entre le carrefour Richelieu-Drouot et la place de la République.

▷ L'église de la Madeleine →

▷ Le boulevard de la Madeleine

1er et 9e arr.

Il utilise le tracé de l'ancienne rue Basse-du-Rempart qui suivait en contrebas le rempart du début du XVIIe s. Celui-ci, bientôt transformé en promenade, était bordé par de vastes jardins et hôtels particuliers. La rue Basse-du-Rempart ne disparut tout à fait que sous le second Empire pour laisser place aux larges avenues que nous connaissons.

Au n° 32, Mme Récamier tint salon. Au n° 15, à l'entresol d'un immeuble, vécut Marie-Alphonsine Plessis, modèle de La Dame aux camélias ; celle-ci fréquentait l'un des plus anciens « magasins de nouveautés », fondé en 1829 : les *Trois quartiers*. Il fut reconstruit dans les années trente par *Faure-Dujarric*. Au n° 2, l'hôtel Deshayes et, lui faisant face, l'hôtel d'Aumont : deux hôtels édifiés à la fin du XVIIIe s. qui ont conservé leurs élégants pavillons circulaires aux angles de la rue Caumartin.

▷ Le boulevard des Capucines

2e et 9e arr.

Il est séparé en deux tronçons par la place de l'Opéra qui modifia totalement la physionomie des lieux sous le second Empire. L'âge d'or de ce boulevard est lié à la création du nouvel opéra et à l'installation alentour du Grand Hôtel, Grand Café, Cercle de l'Union, Jockey Club. Trottoirs et terrasses étaient animés à la sortie du théâtre du Vaudeville par les marchands de journaux de la Belle Epoque.

Au n° 43, à l'angle du boulevard et de la rue des Capucines, se trouvaient les bâtiments de l'hôtel des Affaires étrangères devant lequel partit le coup de feu qui, au soir du 23 février 1848, déclencha la révolution. C'est devant ce même hôtel que Henri Beyle, dit Stendhal, tomba frappé d'apoplexie, le 22 mars 1842, alors que, employé au ministère, il venait de franchir la porte réservée au personnel, rue des Capucines. Au n° 35, l'immeuble où le photographe *Nadar (→ encadré)* avait installé son atelier n'a guère changé. Au n° 28 *l'Olympia*, qui remplace les Montagnes russes de jadis, voit tout au long de l'année défiler les vedettes de la chanson, tandis qu'une autre gloire du music-hall, Mistinguett, a vécu cinquante ans au n° 24. Au n° 27, la façade désuète de la *Samaritaine* de luxe, construite entre 1914 et 1917 par *Frantz Jourdain* à la demande des époux Cognacq-Jay (fondateurs des magasins de la Samaritaine) qui souhaitaient ainsi élargir leur clientèle. Une porte de communication reliait les magasins au ***musée Cognacq-Jay*** *(→ musées)* contigu au n° 25. Au n° 14, ***hôtel Scribe*** : une inscription rappelle qu'eurent lieu ici, le 28 décembre 1895, dans le salon indien du Grand Café, les

Nadar

Etudiant en médecine, journaliste, romancier, feuilletoniste, caricaturiste, aérostier, Félix Tournachon, dit Nadar (1820-1910) s'impose surtout dans le domaine de la photographie. En 1854, il s'installe au nº 113 de la rue Saint-Lazare et entreprend des recherches sur le collodion. Il réalise alors les premières photographies aériennes prises en ballon, qu'il propose d'utiliser pour des relevés topographiques. Son atelier devenant trop restreint, il s'installe au 35, boulevard des Capucines. En 1861, vingt-cinq ans après la naissance de la photographie, il dépose son brevet de photographie aux lumières artificielles. Pour tester son invention il réalise alors deux reportages dans les égoûts et les catacombes de Paris. Dans ses studios défilent ses contemporains les plus illustres. Portraitiste incomparable, on lui doit les meilleurs portraits de Victor Hugo, Baudelaire, Delacroix, Lamartine. Délaissant la photographie, il se lance dans la navigation aérienne : construction et ascension dans le ballon le Géant; pendant le siège de Paris, en 1870, il organise une compagnie d'aérostiers militaires. Ses expériences sont un gouffre financier, et son grand studio du boulevard des Capucines lui coûte trop cher malgré le soutien d'Isaac Pereire. Cet atelier fut alors loué aux peintres à qui cette première grande exposition valut leur nom de baptême : les impressionnistes.

premières projections cinématographiques réalisées par les *frères Lumière*. Dépassant le Café de la Paix on découvre l'***Opéra***** de *Garnier* et l'avenue de l'Opéra qui mène au Palais-Royal. Le drugstore Opéra a pris la place, entre autres, d'un immeuble (au nº 8) où mourut Offenbach en 1880 : seul subsiste son vestibule à colonnes de style Napoléon III. Au nº 2, à l'angle de la Chaussée-d'Antin, le ***cinéma Paramount*** a remplacé le théâtre du Vaudeville sur les terrains de l'hôtel de Montmorency qu'avait édifié *Ledoux* à la fin du XVIIIᵉ s. Aux nᵒˢ 5-7, grand ***immeuble*** palladien bâti par *Lesueur*.

▷le boulevard des Italiens *2ᵉ et 9ᵉ arr.*

Il tient son nom de l'ancien théâtre des Italiens (1783) remplacé depuis par l'Opéra-Comique. Au temps des Incroyables du Directoire, on nommait ce boulevard «Petit Coblentz», parce que les émigrés, réfugiés à Coblentz pendant la Révolution, y avaient élu leur quartier général après leur retour. Sous la Restauration, le côté pair fut appelé «boulevard de Gand», en souvenir de l'exil de Louis XVIII dans cette ville durant les Cent-Jours; c'était le centre «in» de l'élégance, ce qui a donné naissance au terme gandin. Cette vogue se maintint jusqu'à la guerre de 1914. Les restaurants célèbres où se retrouvaient cette société brillante ont tous disparu : le glacier Tortoni (22, bd des Italiens), le café de Paris (1, rue de Taitbout), le café Riche décoré de mosaïques de *Forain* (16, bd des Italiens), ainsi que le très beau passage de l'Opéra évoqué dans Le Paysan de Paris d'Aragon. Cette transformation du boulevard des Italiens résultait de l'achèvement du boulevard Haussmann en 1926 : les banques envahirent le quartier.

Au nº 36, ***immeuble Ford*** conçu par *Roux-Spitz* en 1929. Au nº 31, le ***palais Berlitz*** (*Lemaresquier* et *Laloux*, architectes) a remplacé ce qui fut longtemps l'un des joyaux du boulevard : le ***pavillon du Hanovre*** qui, à l'angle des rues de la Michodière et Louis-le-Grand, avait été construit pour le maréchal de Richelieu (entre 1758 et 1760), à l'extrémité de ses jardins, afin d'avoir vue sur le boulevard; depuis 1933, il se dresse dans le parc de Sceaux où il a été reconstruit pierre par pierre.

Du nº 17 au nº 23, énorme lui aussi et représentatif de son temps et de sa fonction, le ***Crédit Lyonnais***, fondé en 1863, appartient à la génération des grandes banques fondées sous le second Empire, omniprésentes sur le boulevard. Les bâtiments ont été construits en 1878 à l'emplacement de l'hôtel de Boufflers par *Bouwens van der Boijen*, puis agrandis et enfin achevés par *Narjoux* et *Laloux*, auteur de la gare d'Orsay. Les charpentes de fer s'allient à un décor de pierre. Au-delà du hall monumental, un

Les impressionnistes sur les Grands Boulevards

Le goût de la modernité a attiré les peintres impressionnistes à la suite des Parisiens sur ces boulevards rajeunis par Haussmann.
Un certain nombre d'entre eux, Monet, Renoir, Caillebotte, Pissarro, Degas et Toulouse-Lautrec, ont immortalisé cette nouvelle capitale voulue par Napoléon III : foule des badauds saisis au milieu des frondaisons, perspectives découvertes du haut des immeubles, scènes de théâtre et de l'Opéra, spectacle du cirque ou des cafés du boulevard des Italiens où ils se rencontraient (café Bade, café Riche ou chez Tortoni)...
Les marchands et les galeries avaient envahi les Grands Boulevards et les abords de l'hôtel des ventes : la galerie Martinet où Manet exposa en 1863, la maison Goupil, la galerie Boussod-Valadon où travaillait le frère de Vincent Van Gogh, la galerie Berhneim, familière des impressionnistes et enfin la galerie de P. Durand-Ruel, le plus sûr soutien de ces peintres, et qui les fit connaître de l'autre côté de l'Atlantique. Non loin, la boutique de Samuel Bing exposait les estampes japonaises dont tous s'inspirèrent.
Rien d'étonnant finalement à ce que ces peintres d'avant-garde, exclus du Salon officiel, aient fait dans ce quartier leurs expositions de groupe, dont la première se tint en 1874 dans l'atelier du photographe Nadar!

Le genre de l'opéra-comique

Les origines de l'opéra-comique doivent être cherchées, comme l'indique le mot, dans la parodie du grand opéra; le spectacle s'oppose à opéra-tragique, comme en Italie opera buffa à opera seria. On rencontre le terme avant 1697 dans les pièces jouées par l'ancien Théâtre Italien. A partir de 1713, il désigne certains spectacles de la foire (foires Saint-Germain, Saint-Laurent ou Saint-Ovide). Le genre est au confluent des farces ou soties du Moyen Age français et des pièces lyriques, comiques ou à parties comiques, de l'Italie. Il débuta surtout sous forme de vaudeville, c'est-à-dire de comédies à couplets, semées d'ariettes et d'airs d'opéras parodiés. Il est essentiellement «l'enfant de la gaîté française», comme dit en ses mémoires le fameux Monnet, directeur du théâtre après 1743.

escalier à double révolution est inspiré par celui de Chambord. ▶ On croise la ***rue des Italiens*** : Le Temps autrefois, puis Le Monde aujourd'hui, occupe l'emplacement de l'hôtel du médecin du roi, Terray de Rozières, bâti en 1719.

▷ La Maison Dorée *20, bd des Italiens*

A l'angle de la rue Laffitte, elle a remplacé le Café Hardi à la mode sous l'Empire. La Maison Dorée avait été construite en 1838-1839 par *Victor Lemaire* et fut pendant toute une époque un luxueux restaurant où le Tout-Paris venait après le théâtre. Comme David d'Angers et le journaliste Nestor Roqueplan, Alexandre Dumas fréquentait ces lieux voisins de la Cité des Italiens où était le siège de son célèbre journal, Le Mousquetaire. C'est dans la Maison Dorée qu'eut lieu également la dernière exposition impressionniste où Seurat présenta La Grande Jatte.

Cet exemple typique de l'éclectisme architectural de l'époque de Louis-Philippe a été transformé en une annexe de la ***Banque Nationale de Paris.*** Celle-ci a conservé les façades au décor néo-Renaissance sur le boulevard et sur la rue Laffitte. ▶ Sur la ***rue Taitbout***, trois travées nouvelles ont été reproduites d'après les parties anciennes, tandis qu'un jardinet fait la transition avec l'immeuble élevé par *Dufau* en 1974. Le compositeur Grétry habita de 1795 à 1813, l'hôtel du XVIIIe s. situé au n° 7.

▷ L'Opéra-Comique
par les rues Marivaux ou Favart

Ce théâtre est encore appelé ***salle Favart***, du nom de la célèbre cantatrice du XVIIIe s. Curieusement, il est séparé du boulevard auquel il tourne le dos par un immeuble à loyer. Cette disposition reprend celle du premier théâtre construit à cet endroit en 1783 pour les comédiens italiens. Ceux-ci auraient refusé une entrée sur cette voie, de peur d'être assimilés aux baladins du boulevard.

Le bâtiment actuel a été inauguré en 1898. Un premier incendie, en 1838, avait détruit la première salle due à l'architecte *J.-F. Heurtier*. Un nouvel édifice (par *Charpentier*) fut à son tour détruit par un violent sinistre (en mai 1887), qui fit de nombreuses victimes (monument au cimetière du Père-Lachaise). L'édifice actuel est l'œuvre de *Louis Bernier*. La ***façade principale***, place Boieldieu, est décorée de cariatides, médaillons et mascarons par *Peynot*, *Allar* et *Michel*; des niches renferment des statues de la Musique et de la Poésie, par *Puech* et *Guilbert*; grilles de *Christofle*. Outre l'entrée principale, le théâtre dispose de deux accès latéraux abrités par de lourdes marquises.

A l'***intérieur***, *Falguière*, *Mercier* ont collaboré au décor sculpté tandis que les peintures murales sont de *Flameng* (escalier Favart) et de *Luc Olivier Merson* (escalier Marivaux). Le décor du foyer, plein de fraîcheur et de fantaisie, bien dans l'esprit de l'opéra-comique, a été réalisé par *Gervex* (La Foire de Saint-Laurent) et *Maignan* (La Dame Blanche, Les Noces de Jeannette). Dans la salle, le plafond circulaire est dû à *Benjamin Constant*; grand rideau par *Rubé* et *Masson*; Génies sculptés par *Maresque*. ▶ Les rues qui longent l'Opéra-Comique, du XVIIIe s., ont conservé certains des beaux édifices construits en 1780 lors du lotissement des terrains de l'hôtel de Choiseul. On verra encore, au n° 1 de la place Boieldieu, la maison où naquit, le 27 juillet 1824, Alexandre Dumas fils; et au n° 4 de la rue Favart, celle où vivait Champollion en 1832. ▶ Avant d'atteindre le carrefour Richelieu-Drouot, le boulevard des Italiens dépasse le ***passage des Princes*** (au n° 5 bis), ouvert en 1860, et qui rejoint la rue de Richelieu (au n° 97). Créé par *Jules Mirés*, il a conservé ses verrières et ses arceaux métalliques. Seule la maison Sommer a gardé sa devanture d'origine et son bel étalage de pipes. Au n° 1 se trouvait le célèbre café Cardinal. ▶ Le ***carrefour Richelieu-Drouot***, animé en toute saison et à toute heure du jour, était au XVIIIe s. longé au N. et au S. par des jardins (Crozat puis Choiseul). Au N. s'étend le quartier du faubourg Montmartre animé par l'hôtel des ventes de Drouot; au S., la rue de Richelieu rejoint le Palais-Royal.

▷ Le boulevard Montmartre *2e, 9e arr.*

Depuis sa création en 1676 et jusqu'en 1860, ce mail connut une grande vogue. A l'angle de la rue de Richelieu, un grand immeuble remplace l'hôtel construit par *Brongniart* et qui abrita le célèbre café Frascati (1796-1808), détruit en 1838; le tailleur Buisson, rendu célèbre par Balzac, habitait l'entresol. En face, à l'angle de la rue Drouot, l'***hôtel de Laage*** fut le siège du

Les passages

Que serait la rive droite sans son réseau de passages : galeries marchandes, raccourcis, itinéraires parallèles pour piétons invétérés. A l'avènement du XIXe s., ils furent le fruit de l'imagination toujours fertile face à l'idée de profit si lié au développement du boulevard. Des cent quarante dénombrés au début du XIXe s., une trentaine seulement ont survécu aux travaux d'urbanisme d'Haussmann. Ils sont aujourd'hui une sorte de refuge pour des activités insolites et des commerces peu communs. Certains tentent de survivre en lançant au boulevard des œillades de néon suspectes. D'autres se laissent oublier. Un petit nombre, les plus beaux, sont restaurés et envahis par des boutiques raffinées.

Une promenade dans les 1er et 2e arrondissements pourrait avoir pour objet la découverte de ces passages.

Passage des Petits-Pères (1779) : 3, place des Petits-Pères ; passage du Perron (1784) : 95, galerie de Beaujolais ; passage Pottier (1787) : 23, rue de Montpensier ; passage Feydau (1791 ?) : 10-12, rue Saint-Marc ; passage du Caire (1799) : place du Caire ; passage des Panoramas (1800) : 10, rue Saint-Marc ; passage du Grand-Cerf (1824-1826) 145, rue Saint-Denis, galerie Vivienne (1824-1826) : 4, rue des Petits-Champs ; passage Dauphine (1825) : 30, rue Dauphine (non couvert) ; passage Choiseul (F. Mazois ; 1825-1827) : 40, rue des Petits-Champs ; passage Vendôme (1825-1827) : 3, place de la République ; galerie Colbert (1826) : 6, rue des Petits-Champs ; galerie Véro-Dodat (1826) : 19, rue Jean-Jacques-Rousseau ; passage du Ponceau (1826) : 119, boulevard Sébastopol ; passage Brady (1828) : 43, rue du Faubourg-Saint-Martin et 46, rue du Faubourg-Saint-Denis coupé en son milieu en 1852 par le percement du boulevard de Strasbourg ; passage du Bourg-l'Abbé (1828) : 120, rue Saint-Denis ; passage Sainte-Avoie (1828) : 8, rue Rambuteau ; galerie du Prado (1830) : 16, boulevard Saint-Denis sur l'emplacement du passage du Bois-de-Boulogne ; passage des Gravilliers (1834) : 10, rue Chapon ; passage Sainte-Anne (1834) : 59, rue Sainte-Anne ; galerie des Variétés (1834) : 38, rue Vivienne ; galerie Saint-Marc (1834) : 6, rue Saint-Marc ; passage Puteaux (1839) : 31, rue de l'Arcade ; passage du Havre (1845-1847) : 67, rue Caumartin ; passage Jouffroy (Destailleur ; 1845-1847) : 12, boulevard Montmartre ; passage Verdeau (1846) : 6, rue de la Grange-Batelière ; galerie de la Madeleine (1845) : 9, place de la Madeleine ; passage des Princes (1860) : 5, boulevard des Italiens ; passage Ben-Aïad (1898) : 8, rue Mandar.

Jockey-Club de 1836 à 1857. Au n° 12 s'ouvre le ***passage Jouffroy*** : l'extrémité de la galerie principale est ornée d'un ensemble décoratif — fenêtre, pendule — dont les grappes de raisin symbolisent la prospérité du commerce ; on y trouve des boutiques de jouets, de produits orientaux et des librairies spécialisées dans le théâtre ou le cinéma. Au n° 10, entrée du ***musée Grévin*** *(→ musées)* : inauguré en 1882, il fut construit sur l'emplacement d'un estaminet lyrique où se produisait le baryton *Darcier* dans son répertoire politique ou rustique ; outre ses collections, le musée Grévin contient le ***Théâtre Joli***, pur spécimen de l'architecture 1900 avec ses murs de glace, son rideau de scène peint par *Chéret* et, au-dessus du cadre de scène, un bas-relief de *Bourdelle* : Les Nuées.

▷ Le passage des Panoramas

En face, du côté des numéros impairs, s'ouvre le passage des Panoramas, un des plus anciens de Paris, qui a été percé en 1800 sur l'emplacement d'une des cours de l'hôtel du maréchal de Montmorency, duc de Luxembourg ; le passage, construit par *V. Grisart*, doit son nom aux deux rotondes qui flanquaient son entrée sur le boulevard et à l'intérieur desquelles on pouvait admirer des vues panoramiques *(→ encadré)* ; le succès du passage des Panoramas, qui offrait en outre une variété pittoresque de boutiques et restaurants, fut longtemps considérable. Dans les années 1820 ce fut peut-être, avec le Palais-Royal, l'endroit le plus fréquenté de Paris. Les Panoramas disparurent en 1831 mais la réputation du passage était telle que de nouvelles galeries lui furent ajoutées à partir de 1834 : celles de Feydeau, Montmartre, Saint-Marc et des Variétés. Au n° 47 du passage des Panoramas, la décoration de la boutique du graveur Stern date de 1840. La gloire du passage redoubla sous le second Empire grâce au triomphe d'Offenbach au ***théâtre des Variétés*** *(→ ci-dessous)*. La sortie des artistes, que Zola a décrite dans son roman Nana (1879), s'ouvrant sur l'une des galeries du passage, favorisait l'attente des curieux et des messieurs mal intentionnés.

▷ Le théâtre des Variétés

7 bd Montmartre

Il n'a jamais changé de nom et a conservé sa façade d'origine. Il fut construit en 1807 pour Mlle Montansier qui venait d'être chassée du Palais-Royal pour cause de « voisinage déshonorant » pour la Comédie-Française. Dans les années 1860, le théâtre connut la brillante période Offenbach où son interprète favorite, Hortense Schneider, porta au triomphe La Belle Hélène, La Grande Duchesse de Gerolstein, La Périchole... ▶ Au 6, bd Montmartre, le café de Madrid a bien changé d'atmosphère depuis Jules Vallès et Gambetta.

▷ Le boulevard Poissonnière *2e, 9e arr.*

La plupart des anciens hôtels particuliers ont gardé, dans leurs étages, leurs fer-

Les panoramas

Cette invention, importée en 1796 par Robert Fulton, permettait de donner l'illusion d'un spectacle naturel.
Les spectateurs, placés au centre d'une rotonde sur une plate-forme cantonnée de balustrades, étaient entourés par une « vue panoramique » peinte. Les extrémités de celle-ci se raccordaient pour donner l'impression d'un tableau sans fin dont les bords, de même que la source de lumière qui l'éclairait, étaient camouflés. Les objets étaient représentés d'après les règles de la perspective en prenant comme point central l'endroit où se tenait le spectateur. Ces effets conjugués donnèrent au public de l'époque le sentiment d'être en ballon au-dessus de Paris, à Toulon lors de l'évacuation de la ville par les Anglais en 1793, ou plus loin : à Rome, Naples, Athènes ou même Jérusalem.

ronneries du siècle dernier; mais au rez-de-chaussée, c'est le règne des soldeurs en tout genre, du plastique et des néons. Au n° 32, le ***café Brébant***, qui fut célèbre à la fin du second Empire pour ses dîners littéraires : le Dîner des Spartiates, institué par les Goncourt; le Dîner du bœuf nature qui réunissait Zola et les naturalistes... Au n° 27, une plaque rapelle que Chopin eut son premier domicile parisien (en 1831-1832) sur les boulevards. Au n° 23, l'***hôtel de Montholon***, bâti en 1775 sur les plans de *Soufflot le Romain*, abrita, entre autres salons, celui de Mme Edmond Adam, fondatrice de la Nouvelle Revue (1879); la surélévation qu'il a subi et les boutiques qui se sont installées au rez-de-chaussée, à l'alignement du boulevard, lui ont fait perdre ses majestueuses proportions d'origine. Au n° 20, le ***théâtre des Nouveautés***, construit par l'architecte *A. Thiers* en 1920.

▷ Le cinéma Rex *1, bd Poissonnière*

Ce fut le temple du cinéma de l'entre-deux-guerres avec le ***Gaumont-Palace*** *(→ quartier Montmartre)* détruit depuis 1972. Conçu par *A. Bluysen* et *J. Eberson* sur le modèle de leurs « salles atmosphériques » américaines, le cinéma ouvrit ses portes pour les fêtes de Noël de 1932. Cette grande cathédrale de béton fut construite en douze mois. Les publicités lumineuses qui devaient animer les façades aveugles furent, dans un premier temps, interdites par la préfecture de police qui les jugeaient dangereuses pour l'attention des conducteurs.

A l'***intérieur***, une ville d'inspiration hispano-antique *(M. Dufresne)* s'étale sur les murs, animés par des projecteurs spéciaux. Si les services prévus à l'origine (nursery, chenil, salon de coiffure) ont disparu, la grande salle retrouve tout son éclat lors des jeux d'eaux qui sont organisés chaque année pendant les fêtes de Noël.

▷ Le boulevard de Bonne-Nouvelle

2e, 10e arr.

Il borde en tranchée sur son côté S. le pied de la Butte-aux-Gravois, escaladée par des petites rues qui mènent dans le quartier du Sentier, domaine de la confection.

Au n° 38, le ***théâtre du Gymnase***, construit sur l'emplacement de l'ancien cimetière Bonne-Nouvelle, ouvrit ses portes en 1820. Les maîtres incontestés du boulevard, Dumas fils, Sardou et surtout Scribe *(→ encadré)* qui donna ici 150 pièces entre 1821 et 1830, furent sans cesse à l'affiche de ce théâtre des familles. En 1962, la grande *Marie Bell*, sociétaire honoraire de la Comédie-Française, prit la direction du Gymnase qu'elle conserva jusqu'à sa mort (en 1985).

▷ La porte Saint-Denis

En même temps que la suppression des fortifications qui entourent Paris, Louis XIV décide d'élever deux portes triomphales pour marquer l'entrée de la ville : la porte Saint-Denis et la porte Saint-Martin, donnant accès aux rues du même nom — les principales voies N.-S. de l'ancien Paris —. Les ouvrages imposants ont une fonction purement décorative et symbolique, les sculptures qui les ornent célèbrent le Roi en tant que chef de guerre, et commémorent ses victoires.

La porte Saint-Denis fut construite en 1762 par *François Blondel*. Elle est haute de 23 m et large d'autant. Contrairement à la volonté de l'architecte, et sur ordre du prévôt, les piédestaux des obélisques furent percés de petites ouvertures pour faciliter la circulation. Sur la façade S., côté du boulevard, bas-relief représentant le passage du Rhin et figures allégoriques de la Hollande (sous les traits d'une femme désolée) et du Rhin vaincu; sur la façade N., la prise

Eugène Scribe

Ce dramaturge (1791-1861) joua un rôle important dans l'histoire du théâtre des boulevards. Il n'écrivit pas moins de 350 pièces, fournissant la plupart des théâtres parisiens en comédies, opéras-comiques, ballets, opéras (Robert le Diable, la Dame Blanche, les Vêpres Siciliennes...).
Cette prolixité s'explique par une division du travail bien organisée : un collaborateur trouvait le sujet, un autre bâtissait le plan, un troisième composait le dialogue, un autre versifiait les couplets, un cinquième faisait les mots; puis Scribe remettait chaque chose au point. On trouve dans les personnages de son théâtre, une indifférence à l'idéal et une glorification des intérêts matériels propres à séduire la bourgeoisie de son époque. Il acquit une grosse fortune qu'il sut administrer habilement et mourut d'apoplexie en plein travail sur L'Africaine de Meyerbeer.

de Maestricht ; toutes ces *sculptures*, commencées par *Girardon*, ont été achevées par *Michel Anguier* (restaurées en 1887).

La rue Saint-Denis, au sud, mène directement au quartier des Halles ; la rue du Faubourg-Saint-Denis, au nord, à la gare de l'Est.

▷ Le boulevard Saint-Denis *2e, 10e arr.*

Au n° 16, s'ouvre le *passage du Prado*, aujourd'hui à l'abandon ; il fut percé en 1785 et couvert plus tard ; un bal le rendit très célèbre. Au n° 14, le café de France succède au restaurant Maire, fréquenté sous le second Empire par beaucoup de vedettes de café-concert. En traversant le boulevard de Strasbourg, on peut voir, à la hauteur du n° 14, la façade du *théâtre Antoine*, qui fut le point de départ d'une révolution de l'art dramatique à la fin du siècle dernier *(→ encadré)*. Au nom d'Antoine est joint celui de Simone Berriau, en hommage à celle qui pendant plus de quarante ans (1943-1984), en fut la directrice éclairée, passant du boulevard aux classiques sans négliger l'avant-garde ; on lui doit la découverte de Sartre auteur dramatique. Au n° 9, *immeuble* Restauration construit par *Dubois* en 1828.

▷ La porte Saint-Martin

C'est un arc de triomphe élevé en 1674 par la ville sur les plans de *Pierre Bullet*, élève de *Blondel*. Haute de 17 m et large d'autant, elle est percée d'une grande arcade entre deux plus petites. De part et d'autre de l'arcade centrale sont sculptés, sur chaque face, deux *bas-reliefs* à l'antique : au S., la Prise de Besançon par *Desjardins*, et le roi Louis XIV en Hercule foulant aux pieds le symbole de la Triple-Alliance, par *Le Hongre* ; au N., la Prise de Limbourg par *Legros* père, et la Défaite des Allemands par *Marsy*. Sur l'attique du côté S. on voit cette inscription en latin : « A Louis le Grand, pour avoir pris deux fois Besançon et la Franche-Comté, et vaincu les armées allemande, espagnole et hollandaise : le prévôt des marchands et les échevins de Paris, 1674. »

▷ Le boulevard Saint-Martin *3e, 10e arr.*

Ce boulevard, dont le trottoir est nettement surélevé par rapport à la chaussée, s'étend jusqu'à la place de la République. Au n° 20, le *théâtre de la Renaissance*, bâti par l'architecte *Lalande* sur les ruines du café Duffieux, ouvrit ses portes en 1873. Sarah Bernhardt le dirigea de 1893 à 1899, y jouant Hugo, Sardou, Musset... Firmin Gémier en fut le directeur un an, en 1901.

Le *théâtre de la Porte-Saint-Martin*, au n° 16, fut édifié en soixante-quinze jours par l'architecte *Lenoir*, sur la volonté de la reine Marie-Antoinette qui exigeait dans les plus brefs délais une nouvelle salle de spectacle en remplacement de l'Opéra, incendié en 1781. Cette scène connut des heures de gloire dans les années 1830 quand des acteurs tels que Frédérick-Lemaître, Marie Dorval, Mlle Georges, Bocage... interprétaient les drames et mélodrames romantiques : La Tour de Nesle, Antony, Richard Darlington de Dumas, ou Marion Delorme de Hugo. De 1883 à 1893, Sarah Bernhardt dirigea le théâtre ; elle y joua La Dame aux Camélias, La Tosca, Jeanne d'Arc (de *J. Barbier*, musique de *Gounod*)... En 1897, ce fut l'immense succès de Cyrano de Bergerac d'E. Rostand, qui devait beaucoup décevoir son public avec Chantecler en 1910. La salle fut complètement reconstruite après l'incendie qui la ravagea en 1871 lors des combats qui opposèrent les Fédérés et les Versaillais.

Au coin de la rue de Bondy et du boulevard, s'élevait le *théâtre de l'Ambigu* construit par *Hittorff* et *Lecointre* en 1828 ; spé-

Les musées à voir

Musée Grévin (10, bd Montmartre) : les personnages de l'histoire de France et les célébrités du monde actuel, transformés en mannequins de cire.
Musée de l'Opéra (Opéra de Paris, place Charles-Garnier) : histoire de l'Opéra de Paris et de ses artistes.

Antoine et le naturalisme

André Antoine, employé de la Compagnie du gaz, fonde en 1887 le Théâtre-Libre, pour servir le naturalisme dont Zola, en 1881, avait défini les principes. C'est une révolution sans précédent pour le théâtre en France. Toutes les habitudes, toutes les conventions sont bousculées. Les acteurs lançaient traditionnellement leur réplique face au public ? Antoine les dispose et les fait évoluer comme si la scène comportait un quatrième mur : ils parlent de profil ou même de dos ; des silences, qui semblèrent démesurés à l'époque, sont ménagés entre les répliques, exprimant ainsi le travail de la réflexion intérieure du personnage ; l'effet est banni au profit du naturel, les acteurs doivent « vivre » la pièce au lieu de la jouer. Ce travail novateur sur le jeu des comédiens s'accompagne d'une recherche de l'exactitude des costumes et des décors, Antoine n'hésitant pas à entreprendre des voyages pour se documenter ; les toiles peintes et le carton-pâte font place à des accessoires venus de l'extérieur et non plus du magasin à décor — on ironisa beaucoup sur le jet d'eau d'une petite fontaine, on se choqua de voir de vrais quartiers de viande sur scène —. Le Théâtre-Libre d'Antoine, par sa rupture avec la tradition, marque l'avènement du théâtre du XXe s. et avec lui d'un rôle nouveau : le metteur en scène.

Le mobilier urbain

A côté des grands monuments parisiens, des longs alignements d'immeubles, le mobilier urbain participe pleinement à l'environnement de la capitale. Le second Empire lui a donné ses lettres de noblesse grâce à la généralisation des trottoirs (664 km sont établis entre 1859 et 1869). Les larges avenues nouvellement percées, sont ponctuées par un immense système coordonné de candélabres, bancs, kiosques de marchands de journaux, chalets de nécessité, urinoirs, panneaux porte-affiches, grilles de squares... C'est l'œuvre du service des Promenades et Plantations, à la tête duquel Adolphe Alphand commande une armée d'ingénieurs et d'architectes (parmi lesquels Gabriel Davioud) qui imaginent, dessinent et organisent ces dispositifs. Le boulevard Richard-Lenoir a conservé son important mobilier de square (panneaux portant règlement des squares, fontaines et kiosques). Le boulevard Saint-Martin offre quelques exemples des 8 428 bancs réalisés sur les dessins de Davioud et reconnaissables à leur décor qui affiche les emblèmes de la Ville et à leur épaisse couche de peinture qui recouvre la fonte d'origine. On trouve encore quelques anciens modèles d'urinoirs quai d'Austerlitz et quai de la Gare. Quant à la colonne Morris, créée en 1867 par l'afficheur de théâtre Gabriel Morris et devenue symbole de Paris, elle est reproduite aujourd'hui avec de nouveaux matériaux. La création de mobilier urbain, suspendue en 1905, connaît un renouveau depuis les années 1970. Le constructeur Jean-Claude Decaux implante des abris-bus, des toilettes-sanisettes, des panneaux indicateurs et publicitaires (appelés «sucettes»), diffusant ces mêmes modèles dans différentes villes françaises et étrangères. L'architecte Schuss a créé avec talent deux nouveaux édicules : le kiosque cylindrique vert à boule tournante pour la presse du soir, et le kiosque à couverture tubulaire dit à «casquette réversible», permettant une protection de la clientèle en cas de pluie.

Le boulevard du Crime

En 1759, cette extrémité N. du boulevard du Temple n'était qu'un terrain boueux, bordé de rangées d'arbres, où les aristocrates venaient se promener en voitures l'été. Puis le prévôt des Marchands autorisa des «amuseurs» à s'y installer : Nicolet, Audinot, Lazzari élèvent les premiers théâtres. Le décret de 1791 pris par l'Assemblée Constituante, rendant leur liberté aux théâtres, entraîna l'ouverture de quantité de nouvelles salles, si bien qu'au XIXe s. se trouvaient réunis, les uns à côté des autres, Madame Saqui, les Variétés Amusantes, les Funambules où le génial mime Debureau exerçait son art (Jean-Louis Barrault l'incarna au cinéma dans les Enfants du Paradis), les Folies-Dramatiques qui virent la naissance de Robert Macaire créé par Frédérick-Lemaître, le Théâtre Historique que se fit construite A. Dumas, le Cirque Olympique spécialisé dans l'exhibition de chevaux, d'animaux savants et de scènes de batailles entre plusieurs centaines de figurants...
1830 voit le triomphe du mélodrame, et l'on pleure à chaudes larmes à la Gaîté ! L'Empereur inspire également bon nombre d'auteurs, et le public frissonne de plaisir à l'apparition du célèbre bicorne. Mais le décret de 1862 met un point final à tant de plaisirs bon enfant : la destruction du boulevard du Crime est ordonnée. Certains théâtres ayant reçu une indemnité s'installent ailleurs, d'autres disparaissent... et avec eux toute une époque.

cialisée dans les mélodrames à grand spectacle, cette scène connut de francs succès avec Les Trois Mousquetaires de Dumas, Le Juif Errant, l'Assommoir de Zola. En 1965, suite à des difficultés de gestion, le théâtre fut vendu et détruit; le siège d'une compagnie bancaire occupe aujourd'hui sa place.

Sur la petite place on peut voir le buste de Johann Strauss (1825-1899), le célèbre compositeur du Beau Danube bleu, de La Chauve-Souris...

▷ La place de la République

C'est par étapes successives qu'elle devint ce long et vaste espace que nous connaissons. A l'origine, ce n'était que le carrefour des boulevards Saint-Martin et du Temple, et des rues du Temple et du Faubourg-du-Temple; au XVIIIe s. il reçut les actuelles rues René-Boulanger et Amelot; en 1811 fut inaugurée une fontaine édifiée par *Girard* qui donne son nom à la place : le Château d'eau; elle était alimentée par le bassin de la Villette. *Haussmann* ajouta la rue de Turbigo et le boulevard Magenta, ordonna également le percement du boulevard des Amandiers (aujourd'hui avenue de la République) et du boulevard du Prince-Eugène (aujourd'hui boulevard Voltaire) ce qui conduisit à raser la partie du boulevard du Temple où se trouvaient les théâtres du célèbre ***boulevard du Crime*** *(→ encadré)*. En 1874 la ***fontaine*** de *Girard* fut démontée, transportée au marché de la Villette, et remplacée par une fontaine semblable, mais plus vaste, due à *Davioud*; cette dernière fut démontée à son tour et transférée sur l'actuelle place Félix-Eboué; elle fut remplacée, en 1883, par la statue en bronze (œuvre des *frères Morice*, bas-reliefs en bronze par *Dalou*) qui donna son nom à la place : ***la République***. Le côté N.-E. de la place est bordé par deux grands édifices qui encadrent l'entrée de la rue du Faubourg-du-Temple : à dr., l'ancien immeuble des ***Magasins Réunis*** fondés en 1866, où se tinrent des expositions du Salon dit des Refusés; à g., la ***caserne***

Vérines (du nom du lieutenant colonel, chef d'un réseau de Résistance, fusillé à Cologne en 1943), anciennement caserne du Prince-Eugène, bâtie en 1854 sur un emplacement occupé en partie par *le Diorama* fondé par *Daguerre* en 1822. ▶ A proximité, dans la rue du Château-d'Eau, la *Bourse du Travail* a été édifiée en 1890 par la Ville pour les syndicats professionnels. Elle n'a, depuis, cessé de jouer un rôle important dans la vie ouvrière.

▷ Le boulevard du Temple
3e et 11e arr.

Son nom évoque les anciennes propriétés du célèbre ordre des Templiers qui se trouvaient non loin, au S.-O. du boulevard *(→ Marais).* Au n° 42, une plaque rappelle que Gustave Flaubert habita cette maison.

Le *théâtre Déjazet* est le seul théâtre du boulevard du Crime à avoir échappé à la destruction. Construit sur l'emplacement du jeu de paume du comte d'Artois, frère de Louis XVI, ce petit théâtre s'appela Folies-Mayer lorsqu'il était un bal, Folies-Concertantes quand Hervé (le compositeur de Mam'zelle Nitouche) y faisait jouer ses opérettes, et devint le théâtre Déjazet en 1859, lorsque *Virginie Déjazet* s'y installa. Elle y joua Prés Saint-Gervais, Richelieu, Trois Gamins... autant de pièces légères où elle incarnait le plus souvent des adolescents (elle avait pourtant soixante ans passés), s'étant spécialisée dès ses débuts, à l'âge de cinq ans, dans les rôles travestis. Sa finesse, sa grâce, sa malice firent qu'elle créa un type, les « déjazets », laissant ainsi son nom à un emploi.

▷ Le boulevard des Filles-du-Calvaire *3e et 11e arr.*

Sa création fut décidée en 1670 ; il doit son nom au couvent des Filles-du-Calvaire dont il longeait les jardins.

▷ Le Cirque d'Hiver

Il fut construit à l'entrée du boulevard par *Hittorff*, en 1852. Le cirque Napoléon — son premier nom — donnait des représentations tous les soirs du 1er novembre au 30 avril, pendant la fermeture du cirque de l'Impératrice des Champs-Elysées ; les *concerts populaires*, fondés par *Pasdeloup* en 1861, avaient lieu dans le cirque le dimanche ; ils furent éclipsés par les formations de *Colonne* et *Lamoureux* ; c'est en souvenir de ce chef généreux que la petite place devant le cirque porte le nom de place Pasdeloup. Au-dessus de la *porte principale*, L'Amazone est l'œuvre du sculpteur *Pradier* et Le Guerrier celle de *Bosio Neveu*. La polychromie du bâtiment a été partiellement conservée.

▷ Le boulevard Beaumarchais *3e, 11e arr.*

Au n° 40, le café A l'Eléphant doit son nom à un éléphant échappé du Cirque d'Hiver en 1912, et qui chercha refuge dans l'établissement.

Au n° 25, était le théâtre Beaumarchais qui ne connut jamais de grand succès et fut démoli en 1893. Du n° 2 au n° 20 s'élevait le magnifique hôtel particulier de Beaumarchais, bâti en 1787 par *Le Moine*, et détruit en 1826. Les petites rues tortueuses à dr. mènent vers la *place des Vosges*, toute proche *(→ Marais)*. Au n° 21, arrière de l'*hôtel de Mansart-Sagonne* *(→ Marais, rue des Tournelles)*.

▷ La place de la Bastille →

Le quartier Grenelle*

15e arr. / 33-D8-E8

Peu avant qu'elle quitte Paris, la Seine est bordée sur sa gauche par un spectaculaire ensemble de tours. Cette opération gigantesque témoigne de l'optimisme architectural et des conceptions urbaines qui prévalaient dans les années 60 où le mode de vie américain était souvent tenu pour un modèle. Une promenade au pied des tours, sur la dalle déserte battue par les vents et dégradée par endroits, fait comprendre le relatif échec de cette entreprise et fait apprécier ce site exceptionnel en bordure de la voie naturelle de la Seine.

Contrastant brutalement avec les tours de verre et d'acier on retrouve, aux abords du Front de Seine, un quartier traditionnel de Paris : vivant, au sud du boulevard de Garibaldi, le long de la rue Saint-Charles ou de la rue de Lourmel, il devient beaucoup plus luxueux aux abords du Champ-de-Mars où se sont installées d'élégantes boutiques d'antiquités. Plus à l'est subsiste, autour de l'église Saint-Jean-Baptiste-de-Grenelle, un quartier délicieux où le passage du temps n'a pas altéré le caractère villageois. Le petit passage des

Entrepreneurs, la place du Commerce et son kiosque à musique, ou les petites rues avoisinantes avec quelques maisons presque campagnardes, ont encore beaucoup d'agrément et le charme éternel du Paris de toujours.

Le quartier dans l'histoire

Le nom de Grenelle viendrait de «garnella» qui signifie petite garenne. Terrain de chasse et de culture, la plaine relevait des seigneuries de Sainte-Geneviève-du-Mont et de Saint-Germain-des-Prés, avec la ferme et le château de Grenelle. Le hameau de Beaugrenelle appartient aux grandes opérations de lotissement lancées sous la Restauration. Le conseiller municipal de la commune de Vaugirard, Léonard Violet, voulut faire de Grenelle un nouveau quartier résidentiel et bourgeois, tout en ayant prévu un secteur réservé à l'industrie entre la rue Saint-Charles et la Seine. Les travaux commencèrent en 1824. L'ingénieur-géomètre Herr quadrilla la plaine qu'il découpa en lots (ce qui différencie Grenelle de Vaugirard dont les rues villageoises ne se coupent pas perpendiculairement). Le lotissement fut parachevé par la construction d'une église en 1827-1828, puis d'un théâtre (1829), ainsi que par un pont, un port et une gare fluviale.

Les Grenelliens se constituèrent en commune en 1830, mais pour peu de temps puisque Vaugirard et Grenelle furent annexés en 1860 et formèrent le 15e arrondissement avec Javel. Le quartier de Grenelle, dont l'industrie lourde en bordure de Seine attira quantité d'ouvriers, s'emplit d'immeubles modestes et devint vite surpeuplé et misérable. C'est seulement au début du XXe s. que de nombreux immeubles de rapport destinés à la bourgeoisie furent édifiés puis, à la fin des années 50, les grands bouleversements immobiliers ont chassé les industries et les ont remplacées par des habitations de standing.

Les abords du Front de Seine★

Métro : Charles-Michels / Bus : 42, 70, 62
Ⓟ quai André-Citroën entre le pont Mirabeau et la rue de Javel
Taxis : place Charles-Michels ☎ 45.78.20.00 ; rond-point Mirabeau ☎ 45.77.48.00
1 h

▷ La place Charles-Michels

Elle est encore agréable avec ses platanes. Au N.-O. s'étend l'imposant centre commercial de Beaugrenelle destiné à recentrer les activités du 15e, arrondissement qui fonctionne encore par quartiers et même par villages.

▷ Le centre commercial de Beaugrenelle

Le centre, conçu par *Ph. Gilliéron*, compris dans le triangle formé par le quai André-Citroën, l'avenue Emile-Zola et la rue de l'Ingénieur-Keller, n'a pas eu tout le succès escompté. Peu d'accès ont été prévus de la rue et, pour y remédier, un dais court maintenant rue Linois afin d'engager le passant à entrer dans le centre. Ses commerces luxueux doivent laisser la place à d'autres correspondant mieux aux besoins de la population du quartier. On espère que la construction de la ZAC Citroën-Cévennes relance sa fréquentation. ▶ La *rue Beaugrenelle*. Cette petite rue, au nord de la place Charles-Michels, doit son unité à un *lotissement bourgeois* dû à l'architecte *C. A. Lemaire*. ▶ La *rue Emeriau* rejoint le petit *square Héricart* où, immédiatement sur la dr., la passerelle Emeriau permet d'accéder au parvis du Front de Seine.

▷ Le Front de Seine

Situé sur l'emplacement d'anciennes usines de produits chimiques, il occupe l'espace compris entre les quais, la rue Emeriau et la rue du Docteur-Finlay. Cinquante mille personnes y vivent. Cette opération immobilière fut lancée dans les années 60 dans le cadre d'une rénovation du quartier. Cet ensemble, considéré comme le quartier résidentiel pilote de Paris, est l'œuvre des architectes *R. Lopez*, *H. Pottier* et *Proux*. Il s'étend sur 25 ha et comprend déjà quinze tours de 98 m de hauteur et 33 étages, élevées sur des fondations qui descendent jusqu'à 30 m de profondeur. L'autorisation de construire une seizième tour sur les 2000 m^2 initialement prévus pour la tour ORTF, a été donnée en décembre 1985. La principale originalité de cette opération réside dans un triple niveau de circulation : circulation automobile et livraisons au niveau de la rue ; niveau moyen à 3 m du sol consacré aux parkings ; niveau supérieur voué aux piétons où se trouvent l'entrée des immeubles, les centres commerciaux et l'accès aux divers établissements culturels et les écoles. La première tour fut construite à l'entrée de la rue de l'Ingénieur-Keller, suivie des tours Mars, Mercure, Espace 2000, Avant-Seine, Panorama, Perspective I et II, l'hôtel Nikko, Reflets et la *tour Totem* construite par *Andrault* et *Parat* et achevée en 1978.

Après l'euphorie de la spéculation immobilière, cette opération souffre d'isolement et d'un manque de liaisons urbaines et commerciales avec le quartier traditionnel. ▸ La rue Robert-de-Flers mène à la place de Brazzaville qui abrite le *square Béla-Bartók* (1881-1945), inauguré en juin 1982. On y descend par un escalier au pied duquel se trouve la *statue* de Béla Bartók, œuvre de l'artiste hongrois *Imre Varga* et offerte à Paris par la ville de Budapest. ▸ Au sortir du square Béla-Bartók, prendre en face la *rue Rouelle* dont l'angle avec la rue Emeriau, occupé par une *école*, offre un curieux contraste avec l'architecture contemporaine : l'architecte *Bouvier* a, en 1912, recouvert de mosaïques colorées les portes d'entrée de l'établissement. ▸ Rejoindre la petite *place Saint-Charles*, bien décevante maintenant.

▷ La rue du Théâtre *à g.*

Au n° 32, *immeuble* 1910 par *L. Dommange*, avec balcons sculptés. Au n° 43, remarquer surtout le vestige d'une vieille cité ouvrière du XIXe s. derrière la grille d'entrée : ses habitations de deux étages, en brique, occupent trois côtés d'une cour pavée. ▸ Rien à voir avec l'aspect bourgeois de la *rue du Général-Citerne* sur la g.

▷ La rue de Lourmel

de la rue du Théâtre au bd de Grenelle

Le n° 42 bis (1893) est l'œuvre de *Th. Judlin*, architecte prolifique dans ce quartier : c'est le siège d'une ancienne entreprise.

Remonter cette rue très commerçante vers le N. A l'angle de la rue Fondary (n°s 4 et 6), la petite église *Notre-Dame-de-Grâce-de-Grenelle*, bâtie en 1861 et animée par la communauté religieuse Saint-Vincent-de-Paul. Vouée aux milieux populaires, elle rassemble dans une même vie religieuse le sacerdoce et le laïcat consacré. ▸ Plus haut, l'étroite *rue Fallempin*, bordée de maisons basses, a gardé presque tout son aspect XIXe s. (comme la villa Grenelle avec ses jardinets et la villa Juge, toute pavée).

▷ Le boulevard de Grenelle

Construit sur l'emplacement du mur des Fermiers généraux, il marque une frontière entre le 15e encore populaire et le 15e plus bourgeois à mesure qu'il se rapproche du 7e arrondissement.

Au n° 87, à l'angle de la rue Dupleix, se dresse l'ancien *Centre technique de l'aluminium* : depuis peu siège de Nouvelles Frontières, il présente une façade en verre fumé qui met en valeur les bas-reliefs en alliage d'aluminium (1947) de *T. Riolo* et *Alexis Rudier*, fondeur. Les thèmes représentés sont : le Laminage, l'Etirage, la Bauxite, les Laboratoires, l'Eau, le Barrage, la Camargue, la Centrale haute-tension, la Cuve Hersult 1933, le Rivetage, le Soudage...

▷ La place Dupleix

Elle est agrémentée d'un square dont le kiosque à musique est conservé. Sur la g., la caserne Dupleix a été construite à l'emplacement de l'*ancien château de Grenelle*, transformé en usine de poudre sous la Révolution et qu'une explosion a entièrement détruit à cette même époque. Lui faisant face, l'*église Saint-Léon* en ciment armé recouvert de briques, par *Brunet* (1927 et 1934). ▸ Emprunter la rue du Général-de-Larminat.

▷ Le Village suisse

Ce lieu est fréquenté par les amateurs d'antiquités. Il doit son nom à une attraction de l'Exposition universelle de 1900. Le gouvernement suisse avait reconstitué fidèlement tout un village de chalets, avec alpages, montagnes... Le commerce de l'occasion s'y développa par la suite. Ce n'est que pendant la décennie 1955-1965 que le commerce des antiquités y élut domicile. Son aspect actuel est dû à la rénovation de ce secteur en 1968.

Le vieux village de Grenelle★

Métro : Boucicault / Bus : 62
Taxis : 45, av. Félix-Faure ☎ 45.58.15.00
Marché : bd de Grenelle, entre les rues Lourmel et du Commerce, merc. et dim., 7 h-13 h 30
1 h

Outre quelques belles maisons Restauration, des maisons paysannes et ouvrières, il reste surtout l'atmosphère et l'ambiance d'un village et ce, malgré les constructions récentes.

▷ L'avenue Félix-Faure

Belle avenue bordée d'*immeubles* post-haussmanniens. Au n° 40 : très bel immeuble en pierre de taille avec une sculpture illustrant la fable de La Fontaine : Le corbeau et le renard; jolis motifs « feuilles de vigne » (*Audiger*, architecte et *J. Richard*, sculpteur; 1907). On verra le n° 32, pour ses frises. Au n° 31 : très belle construction de *Clément Feugueur*, architecte bien représenté dans le quartier, et *J. Boucher*, sculpteur (1912); belle grille en fer forgé. Au n° 21 : jolis balcons. Au n° 13, *façade* ocre et blanche avec frise de fleurs en céramique émaillée (*S. Dauger Cornil*, architecte; 1907).

▷ La place Etienne-Pernet

A l'angle de la rue de l'Eglise, splendide *immeuble* Art Nouveau (au n° 24), malheureusement non daté et non signé. Au n° 20, autre immeuble de *Clément Feugueur* et *J. Boucher*, sculpteur. Longer le mur de l'église Saint-Jean-Baptiste-de-Grenelle. Aux n°s 4 et 6, très belles maisons villageoises avec leur toit de tuiles, de même qu'à l'angle de la rue Mademoiselle.

▷ L'église Saint-Jean-Baptiste-de-Grenelle

En 1825, le nouveau quartier ayant été inauguré, on décida, sous l'impulsion de *L. Violet*, d'y construire une église, celle de Saint-Lambert étant trop éloignée du nouveau lotissement. Cette église, à qui l'on donna le nom d'un des patrons de L. Violet, fut élevée par la Compagnie des entrepreneurs en 1827-1828, sous la direction de l'architecte *Bontat*; elle ne fut réellement ouverte qu'en 1831. L'édifice et les terrains formant la place furent offerts par la commune. Le *maître-autel* fut réalisé avec les vestiges de l'autel placé par Louis XIV à Notre-Dame, quand il réalisa le vœu de son père de consacrer la France à la Vierge. *Viollet-le-Duc* détruisit l'autel en 1865, et les vestiges furent acquis à des brocanteurs, en 1869, par le curé de l'église. ▶ Prendre la *rue des Entrepreneurs* sur la g., ainsi nommée en hommage aux constructeurs du hameau de Beaugrenelle.

▷ La place Violet

A pris le nom du principal artisan du lotissement de Grenelle. A l'emplacement de l'actuelle caserne des pompiers s'élevait le *château Violet*. En 1830 Violet, ruiné, dut s'en séparer; le château fut occupé par un pensionnat. Revendu à la Ville en 1860, les pompiers s'y installèrent : on aperçoit cette ancienne résidence aujourd'hui restaurée. Le parc de cette demeure fut transformé en square public en 1875 et possède encore un joli kiosque à musique. C'est là qu'eut lieu, en 1824, la fête d'inauguration du nouveau quartier avec le couronnement de la Rosière. Le nom d'une rue voisine rappelle cet événement.

▷ La rue Violet

C'est là que l'entrepreneur voulut édifier les demeures des notables du hameau. Malgré quelques constructions récentes, cette rue reste marquée par sa vocation première (sur la g., la *rue Edmond-Roger*, ouverte en 1927, est toute occupée par un lotissement UAP d'immeubles bourgeois). La rue longe l'arrière de la petite place du Commerce. Au n° 69, une *maison* ayant appartenu à un riche Américain, fit office de deuxième mairie de Grenelle entre 1842 et 1860; c'est une vaste maison de style Restauration avec un jardinet sur le devant.

▷ La place du Commerce

Place de la Mairie jusqu'en 1867, l'endroit abrite un square et son kiosque à musique. Au nord, le quadrilatère formé par les rues Violet, du Théâtre et du Commerce, était propriété des Petites Sœurs de l'Assomption dont le rôle social fut très important dès leur arrivée en 1870, période de grande pauvreté. Elles furent les gardemalades des pauvres à domicile. Le petit *immeuble* du n° 9, avec jardin intérieur, reçut la médaille de bronze du premier concours organisé par le comité des Habitations à bon marché de la Seine en 1901 (*Gonjon*, architecte). ▶ Sur la dr. : petit *passage des Entrepreneurs*, désuet. Au n° 3 bis, maison de pur style Restauration et cour pavée.

▷ La rue du Commerce *de la place du Commerce au bd de Grenelle*

Avec son enfilade de petites boutiques et de façades XIXe s., elle nous plonge dans l'atmosphère du siècle passé. Sur la dr., une ancienne *boucherie* garde sa décoration rococo en bois sculpté et son inscription « boucherie de premier ordre ».

Remonter la rue vers le N. Au n° 91 subsiste une inscription : A la cloche de Grenelle; malheureusement, l'énorme cloche encore accrochée à la façade il y a quelque temps, a été retirée. Au n° 87, presque à la hauteur de la rue Letellier, la Grande crémerie de Grenelle possède encore sa fresque champêtre. Au n° 36, bel *immeuble* 1907 par *Th. Judlin* architecte et *P. Graverau*. ▶ Prendre la *rue Fondary* dont le n° 89 abrite désormais un hôtel, belle maison paysanne avec quatre chiens assis. ▶ Au n° 36 de la *rue de la Croix-Nivert*, on passe devant un exemple d'immeubles ouvriers. ▶ On croise la *rue Letellier* qui porte le nom du collaborateur de Violet, et où on verra un petit hôtel fin de siècle (au n° 61). ▶ Sur le trottoir impair de la *rue de la Croix-Nivert (suite)*, ensemble d'immeubles début de siècle, propriété du Secours, compagnie d'assurance. Aux n°s 4 et 6, subsistent encore deux *maisons ouvrières* à deux étages, avec leur toiture de tuiles, surmontées de chiens assis. En face, l'hôtel Arcade et la ZAC Cambronne des années 1975. ▶ Le petit *square Garibaldi* peut servir de dernière halte à cette promenade.

Le quartier des Halles★★

1er arr. / 36-J6
Métro : Châtelet, les Halles (RER) / Bus : 21, 27, 29, 38, 69, 75, 81, 85
P Forum des Halles
Taxis : place du Châtelet ☎ 42.33.20.99
Marché : rue Montorgueil, t.l.j. sf lun. 7 h30-13 h/16 h-19 h ;
dim. 7 h 30-13 h

Il y a beau temps que le mythique trou des Halles a livré tous ses secrets ; les jeunes gens chics et modernes, les branchés authentiques se sont enfuis vers d'autres cieux. A peine peut-on voir, autour de la fontaine des Innocents, quelques tambourinaires africains et quelques punks pathétiques.

Aujourd'hui bétonné par des galeries marchandes et des magasins de prêt-à-porter de qualité courante, le trou des Halles, réalisé à l'interconnexion des lignes du réseau express régional, draine un public jeune et souvent banlieusard. Alentour, le quartier, qui est un des plus anciens de Paris, a peu changé : au nord, autour de Saint-Eustache, le marché Montorgueil conserve son pittoresque ; à l'ouest, la rue Saint-Denis est toujours aussi diversement fréquentée ; au sud, la rue Saint-Honoré est plus bourgeoise. Le soir, un public très parisien se retrouve dans les restaurants et les nombreux bars à la mode du quartier. Même si un certain snobisme s'y mêle, c'est encore ici, sur les trottoirs, beaucoup plus que dans les vitrines que s'élabore et que s'expérimente un certain goût du jour. Non pas celui conventionnel et compassé des grandes maisons de couture, mais celui plus spontané, qui est fait d'imagination et de bricolage, et qui est si inimitablement parisien.

Le quartier des Halles dans l'histoire

Sur ces lieux, appelés au Moyen Age les Champeaux (c'est-à-dire campelli, les petits-champs) et dont le nom est rappelé aujourd'hui par une Union des Champeaux, comité de défense du quartier, Philippe Auguste fit construire, en 1183, deux grandes bâtisses que les Parisiens baptisèrent Halles. Le roi y avait aussi transporté la foire qui se tenait antérieurement près de la léproserie Saint-Lazare. Cet immense marché prit, au cours des siècles, de l'extension. En 1851, l'architecte Victor Baltard édifia l'ensemble de dix pavillons métalliques conçus chacun pour une destination particulière. Napoléon III, impressionné par la gare de l'Est toute nouvelle, avait stipulé l'emploi « du fer, rien que du fer ». Il avait dit aussi : « Faites-moi des parapluies. » Cela avait donné cette étrange structure de fer, chère à Zola (→ encadré) qui, avec les volumes intérieurs qu'elle délimitait, les larges rues couvertes, les lanternons à claire-voie, les baies vitrées, les caves spacieuses, la distribution d'eau et de lumière, fut maintes fois copiée tant en France qu'à l'étranger. Devenues insuffisantes, les Halles avaient été agrandies en 1936 par deux pavillons complétant l'aile O. dont Baltard n'avait pu terminer que quatre pavillons sur six. L'ensemble couvrait plus de quatre hectares.

Les problèmes de circulation, liés à l'approvisionnement d'un marché de gros situé au cœur de Paris, ont entraîné la décision de transférer les Halles (1962) à Rungis où elle furent installées en 1969. On opta pour la démolition des pavillons de Baltard dont un seulement fut conservé et remonté à Nogent-sur-Marne. A cet emplacement a été aménagé un immense complexe commercial, culturel et de loisirs achevé en 1986 : le Carreau des Halles. Le vaste secteur avoisinant, compris entre les rues de Rivoli et Etienne-

Marcel d'une part, du Louvre et Beaubourg d'autre part, a été repensé en conséquence : des immeubles ont été rénovés, d'autres construits et les voies d'accès à ce quartier ont, dans la mesure du possible, été créées souterraines (axes automobiles et ceux communs au RER, au métro et à la SNCF). Ce projet a permis de rendre aux piétons plus de 5 km de rues.

Visite du quartier

2 h

Le Carreau des Halles*

▷ Le Forum de commerces

à l'E. du Carreau des Halles / accès principaux : rue P.-Lescot et rue Rambuteau

Construit sur la vaste station RER (*→ métro*) de Châtelet - les Halles, il a été conçu par *Cl. Vasconi* et *Georges Penchreach* (1979). C'est un quadrilatère formé par quatre étages de galeries entourant une place découverte. Son architecture de verrières souligne son ouverture sur le quartier avoisinant.

Le ***niveau-4*** se situe à 17,50 m en dessous de la surface du sol, et comprend les différents accès au Forum ainsi que quelques surfaces commerciales. Le ***niveau-3*** (− 13,60 m) est le principal pour les commerces, les salles de spectacles (deux théâtres et un music-hall) et les cinémas. Il communique avec une grande place carrée souterraine que prolonge une longue galerie. Au nord, cette galerie donne accès aux équipements publics situés sous le jardin, et au sud aux programmes commerciaux. Au ***niveau-2*** (− 8,10 m), une grande promenade sous les verrières forme un balcon au-dessus de la place basse ornée d'une sculpture : Pygmalion par *Julio Silva*. Le ***niveau-1*** (− 4 m) fait la liaison avec le jardin. Outre des commerces, il abrite le ***musée Grévin*** et le ***musée de l'Holographie*** (*→ musées*).

▷ Le bâtiment Lescot

Construit en équerre le long de la rue Pierre-Lescot et de la rue Rambuteau, il englobe les deux principaux accès du Forum (*Jean Willerval*, architecte). Les différents pavillons qui le composent sont en formes de « girolles » et utilisent massivement le verre réfléchissant. Le rez-de-chaussée et le premier étage abritent la Maison d'information culturelle, le Conservatoire des quatre premiers arrondissements de Paris, la Maison des Ateliers, une bibliothèque municipale de jeunesse, la Maison de la poésie, le pavillon des Arts, où se tiennent des expositions temporaires, et la Maison du geste et de l'image. La terrasse supérieure constitue une véritable ***promenade**** surélevée d'où chacun peut voir le jardin des Halles, le Forum et l'ensemble du quartier.

▷ Le jardin des Enfants*

Plus à l'ouest, situé dans une cuvette le long de la rue Rambuteau entre le Forum, Saint-Eustache et le mail du jardin, on trouve l'original jardin des Enfants, conçu par *Cl. Lalanne*. Tout a été créé à la dimension des enfants, adapté à leur perception des choses, leurs goûts, et leurs rêves. Plusieurs thèmes d'animation ont été choisis : la forêt tropicale, le monde mou et sa piscine de balles bleues, le monde géométrique et sonore, le monde volcanique, le grand toboggan de l'île mystérieuse, la cité interdite et son labyrinthe.

▷ La place Carrée

Le secteur ouest entre la Bourse du Commerce et Saint-Eustache est constituée par une zone souterraine et le jardin qui la surmonte, dont *Louis Arretche* a coordonné

Les Halles de Zola

[...] *« et, dans les grandes tournées, lorsque tous trois Claude, Cadine et Marjolin, rôdaient autour des Halles, ils apercevaient, par chaque bout de rue, un coin du géant de fonte. C'étaient des échappées brusques, des architectures imprévues, le même horizon s'offrant sans cesse sous des aspects divers. Claude se retournait, surtout rue Montmartre, après avoir passé l'église. Au loin, les Halles, vues de biais, l'enthousiasmaient : une grande arcade, une porte haute, béante, s'ouvrait; puis les pavillons s'entassaient, avec leurs deux étages de toits, leurs persiennes continues, leurs stores immenses; on eût dit des profils de maisons et de palais superposés, une Babylone de métal, d'une légèreté hindoue, traversée par des terrasses suspendues, des couloirs aériens, des ponts volants jetés sur le vide. Ils revenaient toujours là, à cette ville autour de laquelle ils flânaient, sans pouvoir la quitter de plus de cent pas. Ils rentraient dans les après-midi tièdes des Halles. En haut, les persiennes sont fermées, les stores baissés. Sous les rues couvertes, l'air s'endort, d'un gris de cendre coupé de barres jaunes par les taches de soleil qui tombent des longs vitrails... ».*

E. Zola : Le Ventre de Paris (1873)

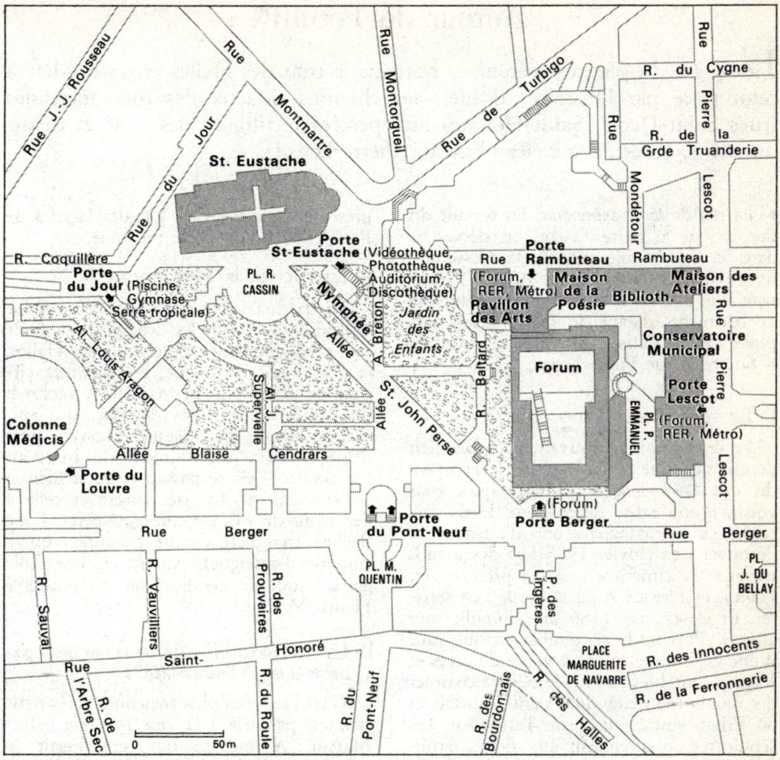

Le forum des Halles

la réalisation. Directement desservi par le RER et la voirie souterraine, étroitement et fortement relié au quartier environnant ainsi qu'aux autres programmes souterrains du Forum, cet ensemble rayonne autour de la place Carrée. Les ***équipements souterrains*** réalisés par *Paul Chemetov*, comprennent des équipements sportifs (une piscine donnant sur une serre tropicale, un gymnase, une salle de billard), et culturels avec un auditorium de 650 places, une Maison de la musique et de la danse, une galerie photo, et une vidéothèque dont le but est de doter la capitale d'un système moderne de recueil des données de son patrimoine culturel, artistique et urbanistique. La ***discothèque centrale*** de prêt a été imaginée par les architectes *Jean Rivaille* et *Michel Jeanne*. Pour terminer, des équipements de loisirs comprennent un studio radio et un centre de commerces de 12 000 m² sur deux niveaux avec six salles de cinéma.

▷ Le jardin des Halles

Il s'étend sur 5 ha : au sud, le long de la rue Berger, une succession d'arcades et de portiques supportant une composition végétale, ont été imaginés par le sculpteur *François-Xavier Lalanne*. Un mail oblique, planté de trois rangées d'arbres accompagnés d'une ligne d'eau, souligne la liaison du jardin avec les axes urbains du quartier et la perspective de l'église Saint-Eustache. Il aboutit près de celle-ci sur une vaste ***place*** en forme de conque (*L. Arretche*, architecte) dont le sol est recouvert de dalles dessinant un labyrinthe en trompe-l'œil. Elle est ornée d'une ***statue*** en grès de Bourgogne due à *Henri de Miller*.

Près de la Bourse du Commerce, quatre pyramides de verre émergent au cœur du jardin et forment la couverture de la grande ***serre tropicale*** décorant un côté de la piscine. Cette serre présente : la forêt tropicale avec une ambiance jungle, le marigot humide, la forêt des bambous, le jardin fleuri avec des frangipaniers du Mexique et des jaracandas du Brésil.

A l'extrémité N.-O. du jardin, vers la rue du Louvre, on trouvera (à la fin de 1988) le ***Centre de la mer*** réalisé en collaboration avec le *commandant Cousteau*. Sur une surface de 6 000 m² et sur trois niveaux, il devrait accueillir 8 000 visiteurs par jour. Installés à bord d'un vaisseau pour un voyage dans les profondeurs sous-marines, ils assisteront à des projections de films, communiqueront avec un des membres des expéditions de la Calypso.

Autour du Forum*

Le dessin du plateau piétonnier bordant le trou des Halles et resté fidèle à celui tracé par l'histoire. Il mêle les chemins sinueux des rues anciennes (rues Saint-Denis, Saint-Honoré) aux percées rectilignes des XIXe et début du XXe s. (rues Berger, Rambuteau, Pierre-Lescot).

▶ *La rue de la Cossonnerie.* En sortant du Forum par la porte Lescot, on débouche dans la très vieille rue de la Cossonnerie (1183?) bien rajeunie. Au n° 5 subsiste une aile de la cour Batave, ensemble de bâtiments datant de 1795, situés à la place de l'église du Saint-Sépulcre. ▶ Suivre la rue Pierre-Lescot.

▷ Le square des Innocents

En cet endroit se trouvait, probablement depuis l'époque gallo-romaine, le *cimetière* dit *des Saints-Innocents*, parce qu'il était voisin d'une église de ce nom. Deux sarcophages mérovingiens ont d'ailleurs été découverts en janvier 1973 lors des grands travaux. Le cimetière touchait presque aux Halles, et *Philippe Auguste*, pour l'en séparer, fit élever vers 1186 une muraille tout autour. Plus tard, on doubla chaque mur d'une galerie de cloître, à voûte d'ogives et étage de combles : ce fut le célèbre charnier des Saints-Innocents dont parle Rabelais et où Villon vint méditer son Testament. Les sépultures appartenaient aux riches familles; les ossements provenant des fosses communes étaient, au contraire, entassés dans les combles. Le cimetière ne fut supprimé qu'en 1786. On a calculé qu'il dut recevoir près de deux millions de morts. Les ossements subsistant lors de la suppression furent portés aux catacombes. Le terrain fut d'abord réservé à un marché (1788), puis transformé en square (1858).

La *fontaine des Innocents***, au centre, est une jolie fontaine publique Renaissance; elle est la seule existant à Paris. Elle a été achevée en 1549 par *Jean Goujon* qui a fait à la fois œuvre d'architecte et de sculpteur. Au cœur d'un quartier typique du Moyen Age, avec la foule, le marché et la mort omniprésente avec le charnier, elle symbolisait l'esprit de la Renaissance. La fontaine ne présentait, au début, que trois faces à bas-reliefs (certains aujourd'hui au Louvre), et se dressait à l'angle de la rue Saint-Denis et de la rue aux Fers (rue Berger). A la suppression du cimetière, on transporta la fontaine au centre de l'espace devenu libre. *Pajou* ajouta alors (1788) une quatrième face, qu'il est fort malaisé de distinguer des autres et qui reproduit presque la statue de la Paix, par *Goujon*, à la façade de P. Lescot au Louvre. A l'ouest, la place est fermée par l'*immeuble Berger* qui se poursuit rue Berger (*M. Marot*, architecte) : il abrite un Novotel, une résidence locative (Orion), et des bureaux. Au sud le square est bordé par un immeuble de 1669 qui présente l'une des plus longues façades de Paris (120 m). ▶ Porte piétonne.

▷ La rue de la Ferronnerie

Elle porte ce nom depuis le XIIIe s. et fut élargie après 1669. La densité de la foule et des charrettes des marchands des Halles, et l'étroitesse de la rue, rendaient la circulation difficile le 14 mai 1610, vers 4 h de l'après-midi. Aussi *Ravaillac*, qui suivait le carrosse royal depuis le Louvre, put-il s'approcher suffisamment du roi pour l'assassiner. Cela se passait entre la maison à l'enseigne de La Salamandre et celle à l'enseigne du « Couer couronné percé d'une flèche » (remplacé par un restaurant qui a conservé l'enseigne). Au n° 11, une dalle au sol indique l'endroit où fut assassiné Henri IV.

▷ La rue Saint-Denis *de la rue des Lombards à la rue Etienne-Marcel*

C'est l'une des plus anciennes voies parisiennes, parallèle à la voie romaine Saint-Martin. A mesure que grandissait la renommée de la basilique Saint-Denis, la rue prenait de l'importance et les rois de France l'empruntaient au retour du sacre. La rue arborait alors un air de fête, comme ce fut le cas pour l'entrée solennelle de Louis XI, avec des arcs de triomphe, des fontaines où s'ébattaient des demoiselles et qui débitaient gratuitement le vin, des baladins et des jongleurs. Cependant les rois et les reines refaisaient le même trajet, mais en sens inverse, pour être inhumés à Saint-Denis.

Rendue piétonne entre la rue des Lombards et la rue Etienne-Marcel, cette rue a vu sa population changer avec l'installation du Forum. Si elle est toujours très animée, les sex-shops et les hôtels de passe tendent à disparaître pour se cantonner dans son secteur N.; ils laissent la place à des magasins de fripes. On peut voir des maisons à frontons triangulaires et à pignons à auvent.

Les n°s 51, 53, 57 sont du XVIIe s. et XVIIIe s. ainsi que le n° 79 (ferronneries). A l'angle de la rue des Prêcheurs, se trouvait un grand poteau cornier représentant l'arbre généalogique de la Vierge et qu'on peut voir maintenant à Carnavalet. Dans cette section de la rue Saint-Denis, qui fut le territoire de Max Ernst, on voit encore quelques très belles *maisons* : voir aussi les n°s 87 et 89. ▶ On croise la *rue de la Grande-Truanderie*. Elle change elle aussi de caractère, et personne ne songe plus guère aux truands voisins qui lui donnèrent son nom. Elle est piétonne et l'on y voit aujourd'hui plus de boutiques de mode élégantes et d'objets insolites que de cafés louches. Plusieurs maisons des XVIe-XVIIe s., rhabillées ultérieurement. ▶ Dans son prolongement, la *rue de la Petite-Truanderie* lui est réunie depuis qu'en 1919 on a abattu un îlot qui les séparait.

▷ L'église Saint-Leu-Saint-Gilles**

accès par le bd de Sébastopol

Cet édifice, fondé au XIIe s., reconstruit en 1235 puis en 1320, fut très modifié du XVIe au XIXe s. Cette église (Saint-Leu pour Saint-Loup) était dédiée à saint Gilles, un solitaire qui vivait en Provence.

L'église, sans transept, offre un curieux mélange de gothique dans la structure primitive, de baroque dans les chapelles et le chœur, avec des ajouts du XIXe s. Ainsi la façade et la nef sont de 1320, les bas-côtés du XVIe s. et le chœur et les chapelles de la première moitié du XVIIe s. Massillon a prêché le carême en 1611. Le sanctuaire fut fermé en 1793. En 1858, *Baltard* (*→ encadré*) reconstruisit le déambulatoire pour mettre le chevet à l'alignement du boulevard de Sébastopol. Une vaste chapelle carrée a été ajoutée au sud. Les contreforts sont intérieurs, disposition très rare à Paris. Un large escalier de pierre mène au chœur, beaucoup plus élevé que la nef.

L'église possède des ***œuvres d'art*** de valeur : ***Sainte Anne et la Vierge****, groupe de marbre par *Jean Bullant* (XVIe s.) ; trois bas-reliefs en albâtre d'un atelier anglais du XVe s. (la Cène, le Baiser de Judas et la Flagellation). Parmi les ***peintures*** : Homme sur son lit de mort (prétendu portrait de saint François de Sales, attribué à tort à Ph. de Champaigne) ; le Père Eternel, par *Jean Jouvenet* ; Saint Jérôme en prières, d'après *Georges de La Tour* ; le Repas d'Emmaüs, par *Jean Restout* ; la Nativité, d'après *Simon Vouet*. Dans une chapelle, à dr. du chœur, châsse de sainte Clotilde en argent doré (les ossements furent brûlés en 1793 pour éviter la profanation, et les cendres rendues à l'église sous la Restauration). Sous le chœur, crypte de 1780 renfermant une statue du Christ au tombeau (XVIIIe s.), provenant de l'ancienne église du Saint-Sépulcre.

L'église est celle des Chevaliers du Saint-Sépulcre qui y furent réintégrés solennellement le 16 octobre 1928. Nombreux ex-voto.

▶ Reprendre vers la g. la ***rue Pierre-Lescot*** qui conserve de belles maisons Restauration : aux n°s 17, 28, 30 ; certaines sont ornées de bas-reliefs (au n° 28).

▷ La rue Rambuteau *de la rue Pierre-Lescot à l'églse Saint-Eustache*

Cette rue fut percée au XIXe s. On passe devant l'immeuble Lescot *(→ ci-dessus)* puis le jardin des Enfants *(→ ci-dessus)*. Elle est bordée à dr. par un ***immeuble*** à caractère social qui s'intègre dans la tradition parisienne (*Ducharme*, *Larras*, *Minost*, architectes). On longe l'église Saint-Eustache *(→ au nord des Halles)*.

▷ La rue Coquillière

Dans cette rue qui ouvre une large perspective sur la façade de la ***Banque de France*** *(→ Bourse)* *François Mansart* avait construit (aux n°s 6-10), vers 1630, un bel hôtel pour Charles de Laubespine, marquis de Chateauneuf. Au n° 16 est né, en 1876, Léon-Paul Fargue, auteur du Piéton de Paris. Cette rue est aujourd'hui jalonnée de restaurants aux terrasses particulièrement accueillantes en été.

▷ La rue du Louvre

Elle marque la frontière avec le quartier du Palais-Royal. On ira voir au n° 19 (et 9, rue du Coq-Héron) le très bel ***hôtel de Thoinard Vougy***, fermier général, peut-être construit par *Boffrand* (1730) : porte et portail sculptés, belle décoration intérieure *(visites guidées)* ; il abrite aujourd'hui la Caisse d'Epargne. Etonnantes ***façades*** aux n°s 15 et 16 (cette dernière de style Art Nouveau par *F. Jourdain*).

Victor Baltard et les églises parisiennes

Bien que le souvenir de Baltard (1805-1875) soit attaché aux anciennes Halles, il construisit aussi l'église Saint-Augustin et fut pendant plus de trente ans le principal responsable de l'entretien, de la restauration et de la décoration des églises de Paris.

Doté d'un esprit souple et ingénieux, Baltard ne s'est jamais laissé enfermer dans des partis pris ou des querelles esthétiques. Chargé en 1845 de construire les Halles, il fit sienne l'idée du «parapluie» formulée par Napoléon III et Haussmann et apporta à l'exécution toute sa science de constructeur, tirant des matériaux industriels un parti à la fois simple et grandiose. Grand Prix de Rome d'architecture en 1833, Baltard avait fait aussi des études de peinture. Il conserva toute sa vie le goût des décors colorés et le mit en pratique dans ses restaurations intérieures comme à Saint-Germain-des-Prés et à Saint-Eustache.

Il intervenait personnellement dans le choix des peintres appelés à travailler dans les églises et dans celui des emplacements réservés à leurs œuvres. Il attachait une grande importance à la partie purement ornementale de la peinture, arabesques ou motifs géométriques qui encadrent les compartiments à sujets ; son principal collaborateur dans ce domaine fut Alexandre Denuelle (1818-1879).

Constructeur hardi, restaurateur savant et décorateur plein de goût, Victor Baltard a laissé sur un grand nombre d'édifices parisiens la marque d'une activité incessante et d'un esprit pragmatique.

Les anciens hôtels de Nesle et de Soissons

A l'emplacement de l'actuelle Bourse du Commerce, il y eut d'abord un hôtel de Nesle où mourut (1er décembre 1252) Blanche de Castille qui l'avait habité pendant vingt ans. A partir de 1327, Jean de Luxembourg, qui devait mourir à la bataille de Crécy, y vécut dix-neuf ans. Par la suite l'hôtel passa à Louis, duc d'Orléans, celui qui devait être assassiné par son cousin Jean sans Peur; il en avait fait un logis magnifique. En 1494, Louis II d'Orléans, qui n'était pas encore Louis XII, céda une partie de l'hôtel qui devint le très curieux couvent des Filles Repenties qui se rendirent, plus tard, propriétaires de tout l'ensemble. Mais Catherine de Médicis les expulsa et se fit construire ici par Bullant un magnifique hôtel : l'hôtel de la Reine, qui prit le nom de Soissons lorsqu'il passa en 1606 à Charles de Bourbon, comte de Soissons. Il n'en reste que la haute colonne cannelée qui passe pour avoir servi d'observatoire à l'astrologue de Catherine, Ruggieri. La colonne fut sauvée de la destruction par le mécène Bachaumont qui l'offrit à la Ville.

▷ La Bourse du Commerce

On y accède par la place des Deux-Ecus. Elle occupe la **Halle au blé** construite sur l'ordre du prévôt des marchands, *de Viarmes*, en 1765-1768. Couverte d'une coupole métallique en 1811, elle fut remaniée en 1889. Du côté de la rue du Louvre, quatre colonnes surmontées d'un fronton constituent une façade un peu officielle, tandis que le côté N.-O. de la rue de Viarmes, semi-circulaire, est également bordé de maisons semblables précédées de colonnes doriques. A l'***intérieur***, escalier double à rampes concentriques en fer forgé du XVIIIe s. A l'est, ancienne colonne de l'***hôtel de Soissons*** (→ *encadré*).

▷ La rue Saint-Honoré *de la rue du Louvre à la rue Sauval*

C'est l'une des plus anciennes voies parisiennes puisque, depuis le XIIIe s., elle remplace la vieille chaussée du Roule qui formait avec la rue Saint-Denis-Saint-Jacques la croisée célèbre de l'époque romaine. Elle se prolonge vers l'ouest jusqu'à la rue de la Paix (pour cette section → *quartier des Tuileries*). Mais vers l'est, passé le Palais-Royal, la rue Saint-Honoré est plus vivante et plus riche d'histoire. On y verra de hautes façades ornées de guirlandes, de masques et d'agrafes, aux fenêtres à appui de fer forgé.

Au nº 129, jadis à l'enseigne du ***Mortier d'Or***, sur une fenêtre, masque de Vénus avec les attributs du commerce maritime; ferronneries au chiffre de R. R. Au nº 117-119, cette belle demeure, qui dépendait de l'ancien hôtel de Schomberg, fut achetée en 1616 par le chancelier d'Aligre puis par le marquis de Verderonne.

Au nº 115, subsiste l'une des plus anciennes pharmacies connues puisqu'elle existe depuis 1715; ce fut d'abord la ***pharmacie du Mont-Blanc***, puis elle passa à une dynastie d'apothicaires, les Cadet de Gassicourt qui fournissaient Marie-Antoinette en onguents et produits de beauté et, dit-on, auraient procuré à *Fersen* l'encre sympathique lui permettant de correspondre avec la reine. La façade est toujours très belle avec ses fenêtres en anse de panier et ses agrafes sculptées.

Au nº 108, ferronneries. L'angle de la rue Sauval, au nº 98, est formé par l'un des plus grands immeubles de la rue (XVIIIe s.) tandis que le nº 96 actuel remplace, selon l'inscription difficilement déchiffrable, la ***maison*** où naquit Molière en 1622 et aussi, paraît-il, Regnard, en 1655. Cette grande maison était jadis ornée d'un poteau cornier sculpté représentant un oranger portant sept singes, d'où le nom de ***pavillon des Singes*** donné pendant longtemps à la boutique de maître Pocquelin, tapissier du roi. La Ville s'est montrée généreuse avec notre grand Molière puisqu'elle lui a attribué deux maisons natales : celle-ci qui, selon les spécialistes, est la vraie et une autre, non loin de là *(31, rue du Pont-Neuf)*. Chacune des plaques porte une date de naissance différente.

▸ ***La rue Sauval***. Avant de prendre le nom de l'avocat qui fut l'historien de Paris (1623-1676), elle s'appelait la rue des Vieilles-Etuves. Elle garde la plupart de ses maisons des XVIe et XVIIe s. avec leurs portails sculptés et leurs cours sombres. A voir les nos 4, 5 et 6. Le nº 8 est une des plus belles maisons du XVIIe s. de la rue.

▸ La ***fontaine du Trahoir***, rue Saint-Honoré, s'appelait autrefois de la Croix-du-Trahoir : elle a été reconstruite par *Soufflot* en 1776 avec des bossages en stalactites encadrant une nymphe à la Jean Goujon, sculptée par *Boizot*. Elle remplace celle qui avait été édifiée sous François Ier au milieu du carrefour de la rue avec celle de l'Arbre-Sec, et décorée par *Jean Goujon*. Louis XIII la fit déplacer et adosser à une maison où prenaient place les magistrats venus assister aux exécutions capitales. C'est aujourd'hui la ***maison de l'Andorre***.

▷ La rue de l'Arbre-Sec

Faire un aller-retour dans cette rue dont l'arbre sec n'était autre que la potence du quartier. La rue a changé plusieurs fois de nom et, au XVIe s., elle était une rue bourgeoise à la mode.

Au nº 52, ***hôtel de Truden*** (1717-1721) avec fenêtres surmontées d'un fronton à coquilles et grand balcon ouvragé. Au nº 48, ancien ***hôtel de Saint-Roman*** bâti vers 1680. Les nos 35-37 formaient un ensemble unique qui, à la fin du XVIe s., appartenait à une famille de Marie; cette demeure, rhabillée au XVIIIe s., garde de cette époque des ferronneries et des arcades. L'histoire voudrait que le jeune Eugène de Beauharnais se soit caché au n° 39 en attendant que passent les jours sombres de la Terreur. ▶ La *rue Saint-Honoré (suite)*. Plusieurs vieilles *maisons* : aux n°s 93, 99, 103, 105, 94, 84, 82; mais on verra surtout, au n° 97, une élégante demeure qui garde des lucarnes groupées sous un fronton central à ailerons; ferronneries du début du XVIIIe s. ▶ On croise la très vieille *rue Vauvilliers* qui doit être moins inquiétante qu'elle en a l'air puisque Pierre Cardin y tient boutique et qu'on y trouve un magasin de meubles modernes, une galerie d'art d'Extrême-Orient, une autre de bibelots anciens. On verra, au n° 9, un encadrement de porte en carreau de céramique, style fin du siècle dernier.

▷ La rue Saint-Honoré
jusqu'à la rue du Pont-Neuf

Au n° 95, à la Renommée des herbes cuites, habitait jadis le chirurgien du roi; tandis que *Le Bourdon d'or* (au n° 93) est maintenant une galerie d'art : remarquer l'enseigne Directoire. Le *passage 91* dessert plusieurs cours où se sont installés antiquaires et brocanteurs. On y verra encore les balcons ornés de lyres et de guirlandes et les consoles du n° 70, les ferronneries des n°s 66, 68, 58, 67, 69 et surtout le superbe *balcon** de la maison qui fait angle (n° 54) avec la rue des Prouvaires (désignant les prêtres en vieux français) : c'est là un des plus beaux qu'on puisse voir à Paris (XVIIIe s.).

▶ La *rue du Pont-Neuf* ramène vers l'esplanade des Halles. Le n° 31 porte une plaque et un *buste de Molière* (→ *ci-dessus*). Wagner et sa femme Minna trouvèrent leur premier logis parisien dans cette rue (au n° 33) qui, à l'époque, s'appelait rue de la Tonnellerie.

▶ On peut aussi poursuivre la promenade dans la *rue Saint-Honoré* dont la plupart des premiers numéros datent du XVIIe s.

Au nord des Halles*

Au chevet de Saint-Eustache, au point de rencontre des rues Montmartre, Montorgueil, Turbigo et Rambuteau, la pointe Saint-Eustache marque la limite entre l'esplanade des Halles et un tissu urbain dense, populaire et très vivant, qui s'est développé au XVIe s. et où plusieurs hôtels furent conçus pour une solide noblesse de robe et une riche bourgeoisie.

▷ L'église Saint-Eustache***

C'est un magnifique édifice, construit de 1532 à 1637, où la persistance gothique se manifeste jusqu'en plein XVIIe s., non point dans le décor qui est Renaissance ou même classique, mais dans l'ossature, les principes d'architecture, le plan, le système d'équilibre des voûtes.

Dès le XIIe s., une petite *chapelle Sainte-Agnès* s'élevait ici le long de la route de Montmartre; elle grandit (1434) ensuite en une église dédiée à sainte Agnès et à saint Eustache, le chasseur fameux. C'est à partir de 1519 qu'on se préoccupa de reconstruire l'édifice : pose de la première pierre le 19 août 1532, commencement des quatre chapelles au nord, par *Pierre Le Mercier*; façade sud en 1539-1540, et nef en 1578-1600 et 1618-1622 (l'ancienne église devait probablement être démolie au fur et à mesure seulement); il y a alors hésitation dans le style de la nef. En 1629, chapelles du S.; en 1631-1634, voûtes du transept; 1635-1637, voûtes de la nef; enfin, consécration le 26 avril 1637. Les architectes sont *Charles David* et *François Petit*. Quelques travaux au portail N. et aux chapelles eurent encore lieu, certains aux frais de Colbert. Au XVIIIe s. on reprit la façade, dans un style très différent, tout classique, sous la direction de *Mansart de Jouy* (1754), puis de *Moreau* (1772-1778), et l'on n'hésita pas, pour cette reconstruction, à sacrifier la première travée de l'église avec les deux chapelles qui l'accompagnaient dont une avait été décorée par *Mignard*. Temple de l'Agriculture pendant la Révolution, rouverte en 1803, l'église brûla en 1840 et fut restaurée par *Baltard*.

L'extérieur

Les arcs-boutants sont de tradition gothique. Aux croisillons N. (donnant sur l'impasse Saint-Eustache) et S., des *portails* en plein cintre sont disposés comme des portails gothiques; leur décor d'une grande finesse a été restauré mais ils n'ont pas recouvré les statuettes de leurs voussures; celui du N. s'ouvre entre deux tourelles d'escalier. Le campanile à jour, dit *le Plomb de Saint-Eustache*, qui s'élève sur la croisée, était autrefois terminé par une flèche. Au chevet la chapelle d'axe 1630), consacrée à la Vierge, est plus grande que les autres, en saillie et surmontée d'un campanile rebâti en 1875. La façade de *Mansart de Jouy*, apparaît comme bâtarde.

L'intérieur

L'église (88 m de long, 43 m de large, 33 m de haut) donne une impression de noblesse, de grandeur et d'harmonie, malgré l'amputation de la nef. On retrouve l'élancement gothique sous le vocabulaire décoratif Renaissance : piliers à pilastres, ordres superposés, triforium aux arcs cintrés et grandes arcades en plein cintre. Le plan, comme celui d'autres églises pari-

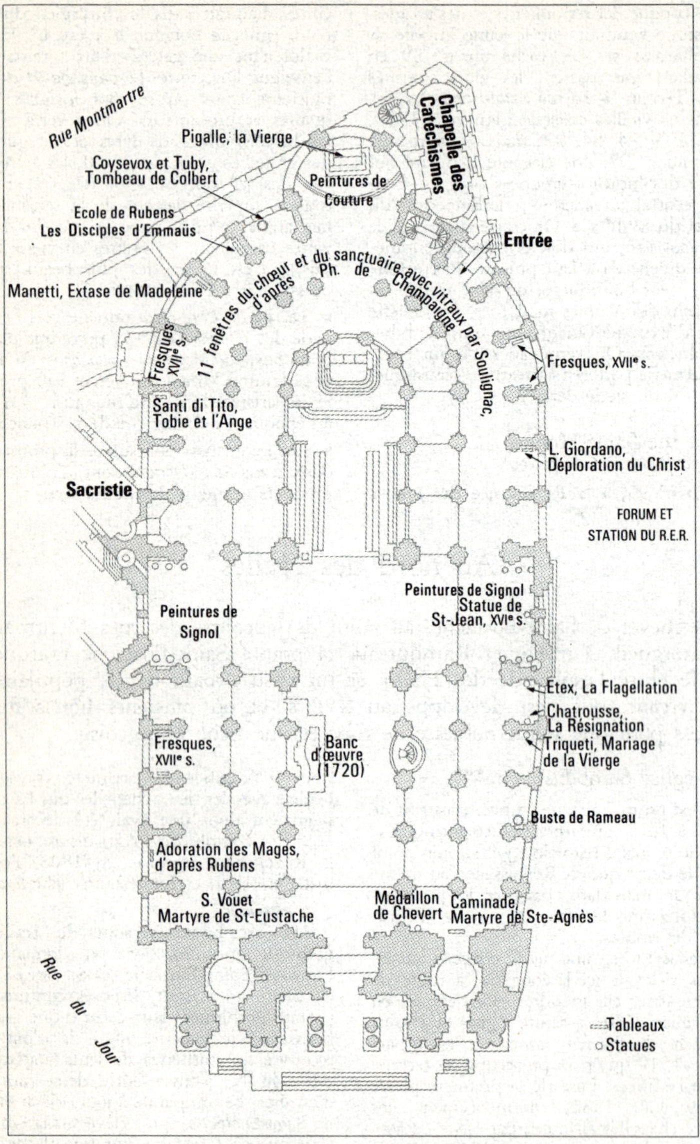

L'église Saint-Eustache

siennes, se ressent de l'influence de Notre-Dame : double bas-côtés, transept considérable à l'intérieur mais non en saillie à l'extérieur, et chœur entouré de chapelles non saillantes.

La nef. L'orgue (85 jeux, 7 000 tuyaux), l'un des plus célèbres de Paris, est aujourd'hui l'objet d'une nouvelle restauration. L'organiste titulaire est *Jean Guillou*. Buffet exécuté par *Baltard*; console refaite par *Jean Hermann* (1967). Banc d'œuvre exécuté par *Lepautre* sur les dessins de *Carteaux* (vers 1720) : pendant la Révolution, il servit de tribune oratoire; c'est là que Cerutti prononça l'éloge funèbre de Mirabeau, le 3 avril 1791.

Le bas-côté droit (S.). Au-dessus de la porte, Martyre de sainte Agnès, d'après *Le Dominiquin*. Entre cette porte et le grand portail, *médaillon* et épitaphe, qui est un beau texte de Diderot, *du général Fr. de Chevert* (1695-1769). 1re travée : inscriptions sur marbre noir relatant l'histoire de cette église. 2e chapelle (Sainte-Cécile) :

inscription à la mémoire du grand musicien Jean-Philippe Rameau (inhumé à Saint-Eustache en 1764); buste de ***Rameau***, d'après *Houdon*. ***3e chapelle*** (Saints-Innocents) : le Mariage de la Vierge, groupe par *Triqueti*. ***4e chapelle*** : statues par *Etex* et *Chatrousse*.

Le transept : à la croisée, la clef pendante est ornée de deux anges portant la croix couronnée d'épines (9 m). Le croisillon droit (S.) et gauche ont reçu des ***peintures murales*** de *A. Signol*, relatives à la Passion du Christ (1856). Au trumeau du portail *(fermé)*, ***statue de Saint Jean****, en pierre (XVIe s.). De part et d'autre, six statues d'apôtres par *Crauk* et *Husson*.

Le chœur. Pavement en mosaïque de marbre, de couleurs variées (1869). ***Maître-autel*** de la même époque, en marbre de Paris, sculpté par *Pyanet* sur les dessins de *Baltard*. Stalles très simples achetées en 1795. Les ***vitraux**** des onze fenêtres hautes du chœur et du sanctuaire, tout à fait remarquables, continuent au XVIIe s. la noble tradition du Moyen Age (verre coloré dans la masse) alors disparue. Ils sont datés de 1631 et signés *Antoine Soulignac*. Les cartons sont peut-être de *Champaigne*, bien qu'on en cherche encore la preuve. La technique a quelque rapport avec les vitraux de Sainte-Gudule de Bruxelles : personnages (saint Eustache au centre; autour, Apôtres et Pères) se détachant sur une architecture classique.

Le déambulatoire. 2e chapelle à dr. (Sainte-Agnès) : ***Déploration du Christ****, tableau proche de Luca Giordano. 3e chapelle (Sainte-Anne) : monument de M. de la Chambre († 1669). 4e chapelle (Saints-Anges) : fresques du XVIIe s., restaurées en 1850; reliquaire en bois doré (époque Louis XIII) de saint Thomas d'Aquin. L'escalier Louis XVI accédant à la grande chapelle des Catéchismes part de la 7e chapelle : on trouve, dans la ***chapelle des Catéchismes***, un saint Jean-Baptiste de *Lemoine*, fragment d'un grand retable (aujourd'hui au musée de Nantes); sculpture de *R. Mason* offerte à l'église et représentant Le Déménagement des Halles. ***Chapelle de la Vierge*** (de 1630, très restaurée en 1802) : trois grandes peintures murales de *Thomas Couture* en rapport avec les Litanies de la Vierge; au-dessus de l'autel, belle ***Vierge**** sculptée par *Pigalle* pour la chapelle des Invalides. 9e chapelle (Saint-Louis-de-Gonzague) : ***tombeau de Colbert**** sculpté sur les dessins de *Le Brun*, par *Coysevox* (statues de Colbert et de l'Abondance) et *Tuby* (statue de la Fidélité). 10e chapelle : au retable, les ***Disciples d'Emmaüs****, *école de Rubens*; Ensevelissement d'un martyr, toile de l'école française (première moitié du XVIIe s.). 11e chapelle (Sainte-Madeleine) : l'***Extase de Madeleine****, tableau de *Rutilio Manetti* (vers 1627); fresques anciennes (Vie de sainte Madeleine). 12e chapelle : elle est dédiée à saint Vincent de Paul qui résida pendant dix ans (1613-1623) dans la paroisse de Saint-Eustache, alors qu'il était précepteur des enfants de la famille de Gondi, rue Neuve-des-Petit-Champs; fresques du XVIIe s., restaurées; belle clef de voûte. ***13e chapelle*** (Sainte-Geneviève) : Tobie et l'Ange, par *Santi di Tito* (seconde moitié du XVIe s.).

Le bas-côté gauche *(N.)*. 2e chapelle (Saint-Joseph) : fresques du XVIIe s. restaurées par *Basset*; inscription à la mémoire d'Anne-Marie Mozart (1720-1778), mère de l'illustre musicien, dont les obsèques furent célébrées dans cette église. Adoration des Mages, d'après *Rubens*, dans la 3e chapelle. Au-dessus de la porte, ***Martyre de saint Eustache****, par *Simon Vouet*. Entre cette porte et le grand portail, médaillon du curé Secousse († 1771). L'excellence de la musique religieuse attire de nombreux visiteurs et les ***chanteurs de Saint-Eustache*** interprètent chaque dimanche, à la grand-messe (11 h) de remarquables programmes. ▶ Rejoindre la rue Coquillière.

Les musées à voir

Musée de l'Holographie (Forum des Halles, Grand Balcon, niveau – 1) : ensemble d'hologrammes.
Nouveau musée Grévin (Forum des Halles, Grand Balcon, niveau – 1) : reconstitution de la Belle Epoque.
Musée de l'Avocat (25, rue du Jour) : souvenirs, documents et objets d'art relatifs aux grandes affaires criminelles.

Une église bien fréquentée

Nombreux sont les personnages de l'histoire inhumés à Saint-Eustache : Colbert, qui était marguillier; les poètes Voiture et Benserade, Vaugelas, Furetière, La Mothe le Vayer, le maréchal de La Feuillade, l'amiral de Tourville, le garde des Sceaux d'Armenonville, Chevert, le peintre Charles de Lafosse et le compositeur Rameau. Molière y fut baptisé en 1622 et Jeanne Poisson, la future Mme de Pompadour, en 1721; Louis XIV y fit sa première communion en 1649 et le mariage de Lulli y fut célébré en 1662. La Fontaine y eut son service funèbre. Sophie Volland, l'amie fidèle et aimée de Diderot, y fut inhumée. C'est pour Jean-Baptiste Poquelin, tapissier, et non pour Molière, homme de théâtre, que fut dite une messe des Morts abrégée (21 février 1673). Le corps de Mirabeau fut déposé dans l'église le 3 avril 1791, mais on le transporta le même jour au Panthéon.
Saint-Eustache est particulièrement cher aux musiciens : outre les obsèques de Rameau, on y célébra celles de la mère de Mozart (1778); Berlioz y fit exécuter pour la première fois son Te Deum le 30 avril 1855, et Liszt y donna sa Messe de Gran en 1866 et 1886.

▷ La rue Jean-Jacques-Rousseau

de la rue Coquillière à la rue Etienne-Marcel

Pour l'autre section → *quartier Bourse.*

Cette rue, nommée jadis rue Plâtrière, a conservé son ancien côté pair. L'auteur de l'Emile a habité, au n° 52, une maison aujourd'hui remplacée par un immeuble moderne, et le restaurant l'Alsace à Paris est situé à l'emplacement de son dernier logis parisien. Il le quitta en 1778 pour Ermenonville où il mourut quelques semaines plus tard. On peut aussi l'imaginer grimpant péniblement le superbe escalier de l'*hôtel de Mme Dupin de Chenonceaux* (au n° 68) qui fut longtemps son amie et son égérie : cet hôtel, de nos jours bien abîmé, conserve un très beau balcon ainsi qu'une façade sur cour à pilastres avec de hautes fenêtres ornées de masques et de mascarons. On pourra encore voir les lions bonasses qui surmontent la porte du n° 56, le portail et les fenêtres de l'hôtel de Pierre Sageret (XVIIe s.) au n° 62, et la belle façade restaurée (en 1978), d'un hôtel bâti au XVIIe s., au n° 64.

▷ La rue du Jour

Cette rue qui rejoint la façade de l'église Saint-Eustache, a été tracée à l'emplacement du chemin de ronde de l'enceinte de Philippe Auguste; elle tient son nom du pied-à-terre qu'on appelait séjour, de Charles V. Dernièrement on a vu s'y installer des boutiques agréables, mais elle conserve l'insolite et monumental portail de l'*hôtel des abbés de Royaumont.*

Aux n°s 25-27, l'*hôtel de la Porte* abrite le *musée de l'Avocat (→ musées)* : voir fronton sur cour, vestibule et bel escalier à entrelac de pierre.

▷ La rue Montorgueil

Prolongée par la rue des Petits-Carreaux jusqu'aux Grands Boulevards, cette rue est quotidiennement envahie par les étals des maraîchers. Avec ses boutiques de jambons, de charcuteries, de salaisons, elle garde un peu de l'animation qui régnait dans le quartier, du temps où les Halles était un gigantesque marché.

Celle qui s'est longtemps appelée la rue aux Huîtres conserve quelques belles maisons comme l'*hôtel* (au n° 15) bâti en 1729 par l'architecte *Martin Goupy* : la très belle façade est classée. On verra aussi les ferronneries aux n°s 17, 23, 25 et l'énorme *escargot* doré qui sert d'enseigne à un restaurant (réputé) fondé en 1832 : le décor extérieur (les vitres gravées, les lettrines d'or) et intérieur (plafond à caissons) est typique du XIXe s.

Suite de la rue → *ci-après.*

▷ La rue Mauconseil

Au n° 34 s'ouvrait le porche de la salle de spectacle construite sur l'une des parcelles loties de l'hôtel de Bourgogne. Cette salle prit, en 1628, le nom de *théâtre de l'Hôtel de Bourgogne* où joueront Gros-Guillaume et Montfleury et plus tard, Baron, Armande Béjart, Floridor et les Champmeslé. C'est ici que Racine fit représenter Mithridate et Iphigénie, Andromaque et Phèdre. On peut encore voir le bas-relief Louis XVI avec attributs de la Musique, de la Poésie et de la Peinture au n° 38.

▷ La tour de Jean-sans-Peur

20, rue Etienne-Marcel

Cette tour, qui est le seul vestige de l'ancien hôtel de Bourgogne est aussi, avec l'hôtel de Clisson *(→ Marais)*, le seul reste d'architecture vraiment féodale à Paris.

Après 1408, *Jean sans Peur* avait fait fortifier les étages supérieurs afin de se protéger de la vengeance de la veuve de Louis d'Orléans. Cette demeure, appelée l'*hôtel de Bourgogne*, qui avait été avant Jean sans Peur, celle des comtes d'Artois, était à cheval sur l'enceinte de Philippe Auguste. Après la mort de Charles le Téméraire, petit-fils de Jean sans Peur, Louis XI réunit à la couronne l'ancien hôtel de Bourgogne qui tombait en ruine. François Ier le lotit jusqu'à ce qu'il soit démoli en 1543.

Aujourd'hui, la tour est accolée à une école municipale. Dans le tympan d'une des baies extérieures, deux rabots et un fil à plomb sont l'*emblème* de Jean sans Peur (restauré) ; cet emblème s'opposait à celui de Louis d'Orléans qui représentait un gourdin noueux. A l'intérieur se trouve encore un bel *escalier* à vis du commencement du XVe s., dont le pivot s'épanouit à la voûte en forme de branche feuillue. ▶ La *rue Tiquetonne*. La plupart des maisons de cette belle rue (vers 1360) sont des XVIIe et XVIIIe s. On verra surtout l'enseigne sculptée A l'arbre de liège (n° 10), et les n°s 13 et 15 ; les deux étages sur rue et la rampe d'escalier du n° 13 sont classés. ▶ La *rue Dussoubs*. Elle est tracée à l'emplacement d'une très vieille rue du XIIIe s. et garde du XVIIe et XVIIIe s. plusieurs grandes demeures. ▶ A dr., le *passage du Grand-Cerf* rejoint la rue Saint-Denis. C'est l'ancienne grande cour des Messageries Royales (autrefois cour de l'hôtellerie du Grand Cerf) qui a été recouvert d'une verrière en 1824.

▷ La rue Greneta

Elle était, au Moyen Age, connue pour un hospice destiné aux pèlerins et où l'on donnait des spectacles notamment au théâtre Marie-Stuart. Elle est beaucoup plus banale aujourd'hui. On verra, à l'angle qu'elle fait avec la rue Dussoubs, un grand mur aveugle qui, en 1977, a été entièrement décoré d'une amusante peinture naïve sur fond bleu ciel.

▷ La rue Saint-Denis *de la rue Etienne-Marcel aux Grands Boulevards*

Cette portion de la rue Saint-Denis qui rejoint les Grands Boulevards est connue pour être la rue de la prostitution. Ses vieilles maisons n'ont pas été ravalées comme aux abords du Forum.

Au n° 133, à l'angle de la rue Etienne-Marcel, ***statues*** anciennes mais non d'époque (les originales sont à Cluny) : elles rappellent qu'en cet endroit, un hôpital Saint-Jacques avait été fondé en 1317 pour abriter les pèlerins. Au n° 135, emplacement de l'ancienne porte Saint-Denis faisant partie de l'enceinte de Philippe Auguste et dite ***porte aux Peintres***, du nom d'une impasse voisine. Au n° 120, passage du Bourg-l'Abbé, créé en 1828. Au n° 151, naquit Léon Blum en 1872. Au n° 142, belle demeure ancienne avec des agrafes et des mascarons datant du XVIIIe s., avec, à l'angle, la ***fontaine de la Reine***, refaite en 1732 mais qui daterait de Philippe Auguste. Belles maisons à pignons aux n°s 174 et 176. Sur la façade banale du n° 170, voir les armoiries et ces mots « Honni soit qui mal y pense - Dieu est mon roy ». ▶ Tourner à g. dans la rue Réaumur et revenir à l'église Saint-Eustache par la ***rue des Petits-Carreaux*** : voir les n°s 45, 40, 37, 19, 9 et, au n° 12, une amusante enseigne de céramique XIXe s. : Au Planteur. ▶ Reprendre la ***rue Montorgueil*** : voir les n°s 71, 69, 49-47 et la cour du n° 36.

La Cour des Miracles

C'est le superbe et dramatique roman de Victor Hugo, Notre-Dame de Paris, qui donnera une dimension légendaire à la Cour des Miracles.

La plus célèbre, car il y en eut de nombreuses, fut celle du cul-de-sac de la rue Neuve-Saint-Sauveur, aujourd'hui rue du Nil, près du couvent des Filles Dieu et de la rue Montorgueil. Datant du XIIIe s. elle se formait d'une grande cour boueuse entourée de masures lépreuses, accessible par des ruelles enchevêtrées et tortueuses. Appelée aussi « piolle franche », gîte libre des contraintes de la loi, elle servait de refuge à de faux aveugles, faux estropiés qui, de retour dans son enceinte, reprenaient une vie normale par l'intervention d'un mystérieux thaumaturge... Vers le milieu du XVIIe s. le repaire s'élargit vers le cul-de-sac du Petit-Jésus, actuellement rue des Petits-Carreaux, attirant un nombre croissant de gueux qui s'organisèrent en confréries. En 1667, voulant assainir le quartier, Nicolas de la Reynie, lieutenant de police de Paris, décida de la débarrasser de ses douteux habitants. La cour fut encerclée par la troupe et l'on fit passer le message que sur les douze derniers sortis, six seraient pendus, six autres envoyés aux galères.... Tous les habitants abandonnèrent les lieux, les paralysés courant en tête ! Ils furent répartis dans les prisons et les hôpitaux de la capitale, et la cour fut rasée.

L'Hôtel de Ville*

4e arr./36-K7
Visite : t.l. lun. 10 h 30 sf cas de manifestation officielle. RV rue Lobau, porche Rivoli.
La salle des Séances est visible uniquement lors des réunions publiques mensuelles du conseil municipal ☎ 42.76.59.37 ou 59.28, ou 52.34
Métro : Hôtel-de-Ville, Châtelet
Bus : 38, 58, 47, 67, 69, 70, 72, 74, 96
Taxis : rue Lobau
Ⓟ rue Lobau

Depuis 1982, date du centenaire de sa reconstruction, l'Hôtel de Ville a retrouvé un certain éclat. Ses façades blanchies dominent désormais un vaste espace piétonnier, isolé de la circulation par des fontaines récentes conçues par F. X. Lalanne.

Le bâtiment est toujours le siège de la municipalité parisienne. Celle-ci est issue de la corporation des marchands de l'eau à laquelle était conféré le privilège des transports fluviaux. Ils furent dirigés, pendant la période gallo-romaine, par le corps des Nautes dont une inscription datant du règne de Tibère atteste l'importance.

C'est en 1246 que Saint Louis créa la première institution municipale : les bourgeois parisiens élirent leurs représentants auprès du pouvoir central, les échevins, dont le chef était appelé le prévôt des marchands. A cette époque, le « sceau des marchands de l'eau » avec son célèbre bateau devint le sceau de l'administration municipale. Il formera plus tard les armoiries de la Ville (« Fluctuat nec mergitur », il flotte et ne sombre pas). Les réunions du corps municipal se tenaient dans une maison commune située dans le voisinage de l'abbaye Sainte-Geneviève et qui prit le nom de parloir aux Bourgeois (XIIIe s.). L'achat en 1357 par Etienne Marcel, alors prévôt des marchands, d'un hôtel de la place de Grève (actuelle place de l'Hôtel-de-Ville) appelé Maison aux Piliers, offre un nouveau lieu de réunion et marque la naissance effective de l'Hôtel de Ville.

▷ La place de l'Hôtel-de-Ville

Elle a été appelée place de Grève jusqu'en 1830. Une première fois agrandie en 1778, elle trouve sa dimension actuelle avec les travaux d'*Haussmann*. De récents aménagements l'ont rendue piétonnière.

De l'époque gallo-romaine jusqu'au XIe s. il n'y eut ici qu'une large grève s'allongeant parmi les roseaux. En 1141, les marchands de l'eau y fondèrent un port pour désengorger le port Saint-Landry situé sur l'île de la Cité. Ce port et la place attenante tirèrent leur nom du rivage qui descendait en pente douce vers le fleuve, entre les ponts Notre-Dame et Marie. Port au charbon, port au bois, port au blé, au vin et au foin, le port de Grève devint vite l'un des plus importants de Paris.

Au XIIIe s. la *place de Grève*, en forme de trapèze ouvert du côté du fleuve, était beaucoup plus petite que la place actuelle. Avec l'installation de l'administration municipale en 1357 dans l'une des maisons qui la bordait, la place de Grève allait devenir le cadre des grandes manifestations de la vie parisienne : réjouissances et révoltes mais aussi exécutions capitales qui, de 1310 à 1830, eurent lieu ici. On notera que c'est sur cette place que les gens sans travail se rassemblaient, d'où l'expression être en grève.

▷ L'Hôtel de Ville

Histoire du bâtiment

L'édifice gothique avec pignons et arcades au rez-de-chaussée, d'où son nom de *Maison aux Piliers*, fut reconstruit dans sa partie sud de 1533 à 1551 sur les plans d'un certain *Domineco dit le Boccador*, venu de Cortone en Italie. La partie nord fut achevée sous Henri IV et Louis XIII, de 1606 à 1628. On pense que *Pierre Chambiges* « fut seulement l'un des entrepreneurs ».

Sous Louis-Philippe, le bâtiment fut agrandi et somptueusement décoré (peintures d'*Ingres* et de *Delacroix*), mais l'ensemble disparut dans les flammes le 24 mai 1871. L'édifice actuel est une reconstruction de 1874 à 1882 sur les plans de *Théodore Ballu* et *Edouard Deperthes*.

L'extérieur

Le style de la façade antérieure est reproduit pour l'essentiel. Deux pavillons d'angle encadrent un corps de bâtiment central flanqué de deux ailes en retrait de 6 m, la façade est agrandie et surélevée, les

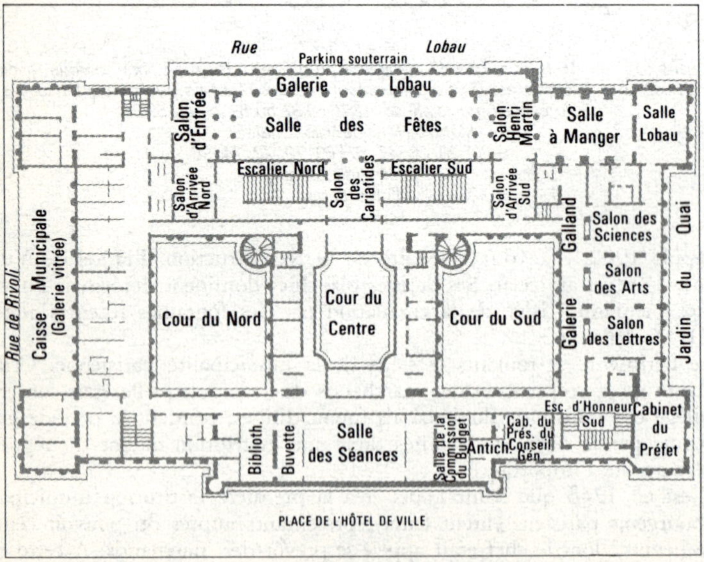

L'Hôtel de Ville

Vestiges de l'ancien Hôtel de Ville

L'incendie du 24 mai 1871 a détruit un ensemble important de peintures, de sculptures, d'objets d'art et d'archives que renfermait l'Hôtel de Ville.
Quelques musées conservent toutefois des pièces importantes qui ont pu être sauvées. La statue en bronze de Louis XIV par Coysevox figure dans la cour d'honneur du musée Carnavalet. Ce musée possède aussi un bronze de Charlemagne datant du Xe s., une rosace d'un plafond du XVIe s., un bas-relief en bronze de Lemaire qui ornait le tympan de la porte principale ainsi qu'une voussure de cette porte au chiffre de François Ier.
Différents jardins parisiens ont accueilli des vestiges architecturaux du bâtiment. Quelques-uns sont visibles au parc Monceau; le jardin du Trocadéro présente un joli encadrement de lucarne Renaissance et, dans le square Paul-Langevin, deux statues de la façade de Jean Aubry et de Pierre de Violle sont présentées dans leurs niches respectives. Elles ont malheureusement été décapitées pendant le mois de mai 1968.

Tragédies et solennités

Emeutes et fêtes se sont succédé dans l'histoire mouvementée du bâtiment.
En 1322, émeute des Maillotins. Au XVIIe s., troubles de la Fronde. Le 17 juillet 1789, Louis XVI reçoit la cocarde tricolore des mains de Bailly, alors maire de Paris. Le 27 juillet 1794, Robespierre y est arrêté pour être conduit à l'échafaud. Les journées de 1830 voient la résistance des Suisses de la Garde royale. Le 25 février 1848, c'est là que Lamartine repousse les émeutiers. Le 31 octobre 1870, pendant le siège de Paris, les insurgés envahirent l'Hôtel de Ville où, le 26 mars 1871, la Commune était instituée, et le 24 mai suivant l'édifice était entièrement détruit par l'incendie. En août 1944, le bâtiment réédifié fut le quartier général de l'insurrection des forces de la Résistance contre les troupes allemandes d'occupation.
A partir du premier Empire furent données, à l'Hôtel de Ville, des fêtes splendides : en 1810, pour le mariage de Napoléon avec Marie-Louise; en 1811, pour la naissance du roi de Rome; en 1814, pour l'entrée de Louis XVIII, et en 1825 pour le sacre de Charles X. Sous le second Empire deux fêtes mémorables furent offertes en 1854 à l'occasion de la visite de la reine Victoria et du prince Albert et, en 1867, lors de la visite des souverains étrangers à l'Exposition universelle.

combles sont exhaussés, le plan des cours intérieures se trouve unifié et régularisé. Des escaliers à vis sont installés dans leurs angles. Niches, piliers et socles sont multipliés pour accueillir les **statues** des allégories et des 108 hommes et femmes célèbres. Dans ce choix, seules figurent les célébrités natives de Paris avec une exception, le Boccador. Les statues de trente villes de toutes les provinces de France sont déposées au-dessus de l'entablement qui couronne l'édifice. Strasbourg et Metz manquent toujours. Au centre de la façade principale, le **fronton de l'Horloge** : la Seine et la Marne d'*Ainé Millet* qu'encadrent l'Instruction et le Travail d'*Ernest Miolle*, sont surmontées de l'allégorie dominante, une jeune femme représentant la Ville de Paris par *Jean Gauthien*.

L'intérieur

Les artistes en renom sous la IIIe République se partagèrent le vaste programme de commandes picturales.

La **salle des Fêtes** : elle rappelle par ses dimensions (50 m × 13 m), la galerie des Glaces de Versailles. De hautes arcades supportent une galerie maintenant condamnée, qui était destinée aux spectateurs des bals. Cariatides de *Blanchard* et *Boucher*, provinces françaises figurées dans les écoinçons; plafonds ornés par *Henry Lévy, G. Ferrier, B. Constant, Gervex*. Le **salon d'Arrivée Sud**, en haut de l'escalier d'honneur, correspond à la façade principale de l'édifice. On admira la belle simplicité dans la composition et le coloris de l'Eté et de l'Hiver par *Puvis de Chavannes*. Celui-ci a peint aussi le plafond de l'**escalier** d'honneur **dit du Préfet** : Victor Hugo offrant sa lyre à la Ville de Paris. Le **salon des Arcades** est divisé en trois salons de réception par des arcades richement décorées. Dans le **salon des Sciences** : vues de Paris par *Lépine*; portraits de savants français. Dans le **salon des Arts**, peinture de *Léon Glaize*, plafond de *Layraud* : Apollon chevauchant Pégase. Le **salon des Lettres** montre des portraits de Victor Hugo, Molière, Michelet et Descartes; cheminée ornée par *J. C. Thomas*; peintures de *J. Lefèvre*. La **galerie Galland**, du nom du peintre, contient des toiles marouflées illustrant les différents métiers manuels. Le **salon Lobau**. Dans l'antichambre : Entrée de Louis XI à Paris, par *Tattegrain*. Dans le salon, importantes peintures de la chronique parisienne exécutées par *J. P. Laurens* : Etienne Marcel sauve la vie du Dauphin, Louis VI donne aux Parisiens leur première charte, la Grande Révolte des Maillotins, Anne Dubourg et Henri VI, l'Arrestation du conseiller Broussel, la Réception de Louis XVI à l'Hôtel de Ville le 17 juillet 1789. Buste de la République par *Rodin*. Dans la **vitrine**, signatures des différents chefs d'Etat reçus à l'Hôtel de Ville. Vitrine centrale : **armoiries** de la Ville de Paris. A côté sont présentées les trois **décorations** qui ont été remises à la Ville de Paris : la Légion d'honneur, la Croix de guerre et la Croix de la Libération décernée le 2 avril 1945 par le général de Gaulle.

Le quartier des Invalides★★★

7e arr./34-F7, 35-G7
Métro et RER : Invalides
Bus : 28, 49, 63, 69, 83
P rue de Constantine et rue Faber
Taxis : face au 110, rue de l'Université ☎ 47.05.03.14
Marché : sur l'avenue de Saxe, de l'avenue de Ségur à la place Breteuil
(jeu, dim., 7 h-13 h 30)

« Le repos est à l'ombre des épées ». Ce proverbe chinois pourrait, mieux qu'à tout autre, s'appliquer à ce quartier situé entre l'hôtel des Invalides et l'Ecole militaire et qui rappelle, par le nom de ses avenues, d'illustres combattants. C'est l'un des secteurs les plus calmes et les plus aérés de la capitale en raison de ses nombreux espaces verts et de ses abords dégagés. Claires, larges, bordées d'arbres, les perspectives du quartier s'articulent autour de l'hôtel des Invalides, véritable ville dans la Ville, encore tout rayonnant de la pompe austère du Grand Siècle.

Depuis l'époque où la noblesse commença d'y faire construire ses hôtels, la vocation résidentielle du quartier s'est maintenue. Les anciens couvents ont été transformés en hôpitaux ou en établissements d'enseignement.

Visite des Invalides

2 h

▷ L'esplanade des Invalides

Elle a été tracée en 1704 sur les plans de *Robert de Cotte* qui transformait ainsi une partie de l'ancien Pré-aux-Clercs en une vaste place gazonnée et bordée d'arbres. Pendant près de vingt ans elle fut ornée d'un lion que Bonaparte avait rapporté de Venise en 1797, mais que les Autrichiens récupérèrent en 1815 et remontèrent sur sa colonne à l'entrée de la Piazzetta de Venise. L'esplanade (longue de 487 m et large de 250 m) ouvre une superbe *perspective** sur les quais, le pont Alexandre-III et l'avenue Winston-Churchill entre le Grand et le Petit Palais. Récemment l'esplanade a été redessinée. Les voies qui la traversent y délimitent de grands espaces gazonnés et des mails plantés de tilleuls argentés.

Le côté O. est longé par la rue Fabert où sont situées l'*ambassade de Finlande* (au n° 2), construite en 1965 par *J. Goldsberg* et *Veli Paahela*, et l'*ambassade d'Autriche* (au n° 6). A l'angle N-E. se trouve la *gare des Invalides* qui altère la perspective de l'esplanade. Le bâtiment fut construit par *Lisch* et mis en service pour l'Exposition de 1900. Il fut aménagé par *Bigot* en 1945, comme tête de ligne Air France (agence et départ d'autobus pour l'aéroport d'Orly) et dessert aujourd'hui en sous-sol la ligne C du RER. La façade N. des Invalides est encadrée par deux petits squares : le *square d'Ajaccio*, à l'E., avec le monument de Taine et la Défense du foyer par *Boisseau* (1887), et le *square Santiago-du-Chili* à l'O. ▸ Sur la *place Santiago-du-Chili*, tout à côté, statue de Vauban par *H. Bouchard* (1960).

▷ L'hôtel royal des Invalides★★★

entrée : esplanade des Invalides (accès à la cour d'honneur, t.l.j. 10 h-19 h ☎ 45.55.92.30

Avec l'église, il occupe un vaste quadrilatère de 126 990 m^2, long de 390 m et large de 450 m ; la façade N. principale est longue de 195 m. L'édifice renferme le *musée de l'Armée*, la bibliothèque de documentation internationale contemporaine, les musées des Plans-Reliefs et de l'*Ordre de la Libération* (*→ musées*). Il abrite le tombeau de Napoléon Ier ; ainsi se rattache-t-il par mille liens à l'histoire de la France et aux fastes militaires de la nation.

La construction de l'hôtel proprement dit, exécutée de 1671 à 1676, est l'œuvre maîtresse de *Libéral Bruant* qui, déjà, avait travaillé à la Salpêtrière. L'œuvre de Bruant a quelque chose d'austère mais reste empreinte d'une incomparable majesté. A partir de 1677, c'est *Jules Hardouin-Mansart* qui prit la direction des travaux, comme pour Versailles.

Histoire de l'hôtel des Invalides

L'institution des Invalides remonte à Louis XIV. Jusqu'à lui, et malgré des projets d'Henri IV et Louis XIII, il n'existait nul établissement spécial où fussent hospitalisés les soldats blessés au service du roi. Ceux-ci étaient recueillis dans les monastères où ils étaient reçus comme oblats. Un édit du 24 mai 1670, puis un édit détaillé et solennel d'avril 1674 créèrent et organisèrent l'institution, en même temps qu'était décidée la construction de l'hôtel. Le nombre d'hospitalisés fut très vite considérable : de 5 000 à 7 000, avec un gouverneur à leur tête. Louis XIV visita l'hôtel à plusieurs reprises; exemple qui, par la suite, fut suivi par les souverains de passage, et les visites de Pierre le Grand en 1712, de Gustave III de Suède en 1770, sont demeurées dans les annales. L'hôtel des Invalides est la résidence du gouverneur militaire de Paris. Le commandant général des Invalides est, quant à lui, responsable des 13 ha que représente cet ensemble.

Depuis le début du siècle, l'hôtel des Invalides avait été envahi par de nombreux services de l'armée et de nouveaux bâtiments, fort disgracieux, en avaient fâcheusement altéré l'ordonnance. Le plan général de restauration entrepris en 1962 sous l'impulsion d'*André Malraux* et sous la direction de *J.-P. Paquet*, architecte en chef des Monuments historiques, a rendu à cet admirable ensemble son caractère originel. *Bertrand Monnet* et *Jean-Claude Rochette* poursuivent cette campagne de rénovation. Le pavillon de *Cotte* (restauré en 1971) et qui abrite le musée de l'Ordre de la Libération a été dégagé et l'on a aménagé, sur l'emplacement d'un ancien cimetière militaire, des pelouses à la française bordées d'un fossé d'enceinte; le parement de pierre des fossés, dû à *Mansart*, est intact.

Visite extérieure

Le côté N. L'hôtel des Invalides est séparé de l'esplanade par des fossés soutenus par des murs formant fortification à la Vauban, animés de bossages, de distance en distance, et se terminant par des demi-lunes. De chaque côté de la grille d'entrée se trouvent deux pavillons de pierre, aux armes de Louis XIV et couronnés de grenades. A l'intérieur, sur le terre-plein des fossés, on a placé un grand nombre de ***canons*** anciens pris à l'ennemi, d'une fonte magnifique et qui offrent pour la plupart de beaux ornements. Les plus beaux sont les dix-huit canons de la Batterie triomphale et, parmi eux, les huit pièces de la série des Douze Apôtres, fondues en 1708 pour Frédéric Ier, roi de Prusse, et qui ont été ramenées de Vienne par Napoléon Ier en 1806. Enlevés par les Allemands en 1940, ces canons ont repris leur place en 1946. D'après un décret impérial, ce sont eux qui devaient proclamer les victoires remportées par les armées françaises. Entre le terre-plein et la façade des bâtiments s'étend une avant-cour avec des jardins à la française traversés par cinq allées en patte d'oie.

La façade*****, restaurée en 1962, longue de 195 m, d'une ligne très pure, extrêmement simple, comporte quatre étages. Le centre forme un magnifique ***portail*** s'avançant par une gracieuse incurvation; à chaque extrémité, au levant et au couchant, cette façade est terminée par deux pavillons surmontés de faisceaux de drapeaux et de trophées de pierre. Au rez-de-chaussée, 45 fenêtres ou portes en arceau sont surmontées de mascarons grimaçants. Une corniche coupe la façade au deuxième étage; au-dessus, attique et lucarnes en forme de trophées et d'armures. Le portail du milieu est orné de quatre pilastres ioniques accouplés, qui soutiennent une plate-bande en arc, de la hauteur du toit, toute décorée de trophées. Au centre, un ***bas-relief*** de Louis XIV sur un piédestal, entre la Prudence et la Justice, œuvres de *Coustou* (1735). La statue de Louis XIV équestre en costume romain entre la Prudence et la Justice a été refaite en 1815 par *Cartellier.* En bas des pilastres, deux statues colossales de Mars et de Minerve encadrent cette magnifique entrée; les originaux, de *Guillaume Ier Coustou,* ont été remplacés en 1966 par des copies. Les portes qui ferment les trois voûtes d'entrée sont en bois sculpté. Une tête d'Hercule surmonte le portail. Remarquer aussi au sommet de la façade la série de lucarnes qu'entourent de somptueux trophées d'armes. La ***voûte d'honneur,*** qui fait communiquer l'avant-cour avec la cour d'honneur est accessible au public. Elle forme un vestibule soutenu par quatre colonnes isolées et douze engagées, de l'ordre ionique.

La ***cour d'honneur********, dite aussi cour Royale, est d'aspect imposant (102 m de long sur 63 m de large) et sert de cadre aux parades militaires. Ses quatre côtés, coupés chacun d'un pavillon central à fronton triangulaire, sont composés d'un rez-de-chaussée et d'un étage de galeries aux larges baies en plein cintre, formant portiques. Peut-être peut-on voir dans cet aspect monastique un rappel des couvents où étaient autrefois recueillis les invalides. Les lucarnes du comble s'ouvrent dans des trophées et, dans chaque angle de la cour, un saillant de la construction est surmonté d'un groupe de chevaux. Sur le côté E., la cinquième lucarne (à dr. de l'avant-corps central) est encadrée par deux pattes de loup qui, ainsi, forment les armes parlantes du ministre-créateur des Invalides : Loupvoit. Au fronton du pavillon N., un cadran solaire donne l'heure de la méridienne de l'hôtel, laquelle est indiquée par une ligne de pavés. Le pavillon principal, au S., où se superposent deux colonnades d'ordres ionique et corinthien avec les armes de France au fronton, forme la façade de l'église des Soldats. Dans la baie centrale se dresse la statue du ***Petit Caporal,*** par *Seurre,* qui fut

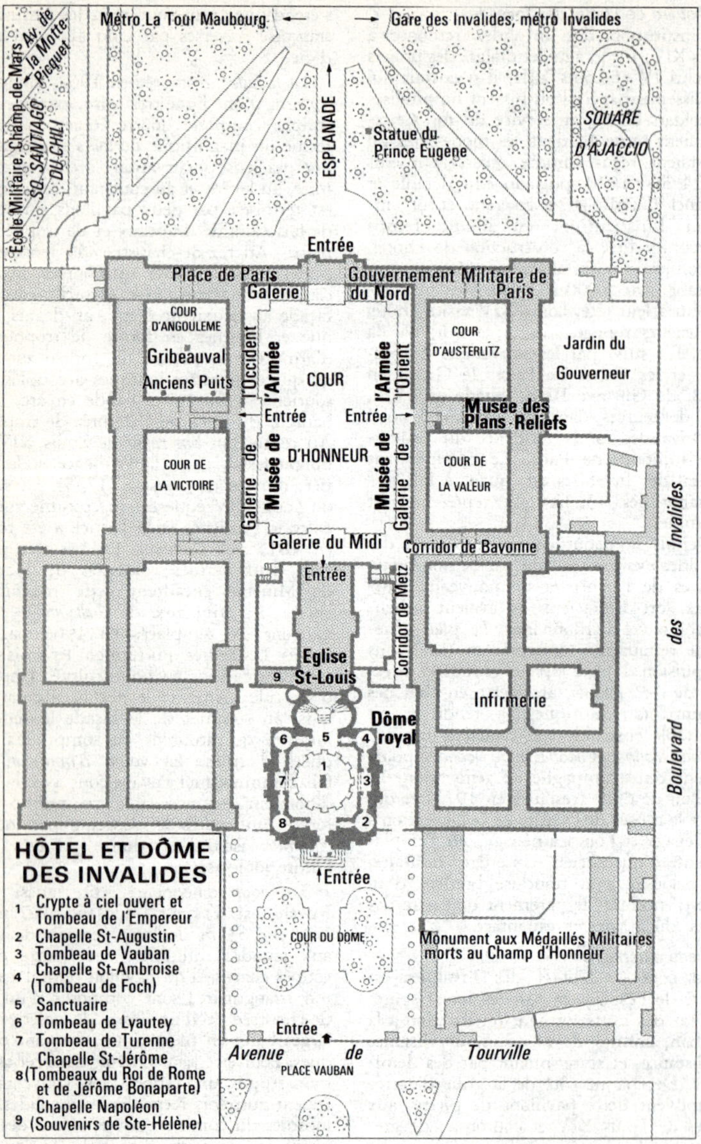

placée, de 1833 à 1863, au sommet de la colonne Vendôme. Les bâtiments situés de part et d'autre de la cour d'honneur et qui s'ouvrent sur les galeries de l'Orient et de l'Occident, abritent le *musée de l'Armée* (→ *musées*). Sous les galeries et dans la cour sont placés de nombreux canons anciens, dont plusieurs fort beaux, surtout ceux de la galerie S. Au centre de cette galerie S. s'ouvre l'entrée de l'église des Soldats.

▷ L'église Saint-Louis-des-Invalides* ou église des Soldats

t.l.j. 10 h-17 h ; messe le dim. matin

Cette église, probablement édifiée (1679-1708) par *Hardouin-Mansart* reprenant les plans de *Libéral Bruant*, a trois nefs, dont les deux latérales surmontées de tribunes ; elle est longue de 70 m et large de 22 m.

L'intérieur

Une galerie à balustrade est décorée de drapeaux pris à l'ennemi. Dans la nuit du 30 mai 1814, au moment de l'entrée des Alliés à Paris, le maréchal Sérurier, gouverneur des Invalides, fit brûler dans la cour de l'hôtel 1 400 drapeaux pris à l'ennemi. Ceux qui restent proviennent du Sénat et du Corps législatif, auxquels Napoléon en avait fait don ; il y a aussi quelques drapeaux des guerres ultérieures. Le grand ***orgue*** (4 800 tuyaux), magnifique instrument construit par *Alexandre Thierry* à la fin du XVIIe s., probablement sur un dessin de *Hardouin-Mansart*, a été entièrement restauré en 1957. Chaire de l'époque Restauration en marbre blanc avec reliefs dorés.

Le *bas-côté dr.* Chapelle et monument des généraux tombés au champ d'honneur en 1914-1918, devant laquelle une borne de la Voie sacrée renferme de la terre des champs de bataille de cette guerre. Devant la chapelle du *bas-côté g.* a été également placée une borne de la Voie de la Liberté renfermant de la terre des cimetières américains de la guerre 1939-1945. Char funèbre qui servit à Sainte-Hélène pour le transport du corps de l'Empereur. Derrière la chaire, autel consacré à la mémoire des morts de la guerre d'Indochine. Chapelle Napoléon contenant les trois dalles de pierre du tombeau de Sainte-Hélène, le sarcophage de cuivre et le poêle de velours qui servirent pour la translation des cendres en 1840, le ***masque*** en plâtre de Napoléon moulé par *Antomarchi.*

Les ***caveaux*** renferment de nombreuses sépultures, entre autres : maréchaux Jourdan, Moncey, Mouton, Oudinot ; maréchal Bessières, duc d'Istrie ; maréchal Mortier et les victimes de l'attentat de Fieschi, le 28 juillet 1835 ; maréchal Vallée ; amiral Duperré ; maréchal Sérurier ; maréchal Grouchy ; maréchaux Bugeaud, Sébastiani, Gérard, Exelmans, de Saint-Arnaud, Mac-Mahon, Canrobert, que vinrent rejoindre, les uns après les autres, les chefs de la guerre 1914-1918 ; en dernier lieu, le maréchal Franchet d'Esperey († 1942), ancien commandant en chef de l'armée d'Orient, le général Guillaumat († 1940), ancien commandant en chef de l'armée du Rhin, les généraux d'Amade († 1941), Gouraud († 1946). D'autre part, le maréchal Leclerc, libérateur de Paris et de Strasbourg, y a été inhumé le 8 décembre 1947, le général Giraud en mars 1949 et le maréchal Juin, vainqueur de Monte Cassino, en 1967. En outre, ces caveaux renferment les cendres de Rouget de Lisle, l'auteur de la Marseillaise (transférées le 14 juillet 1915 du cimetière de Choisy-le-Roi) ; le cœur de Kléber, celui du général Négrier et celui de Mlle de Sombreuil qui se jeta au milieu des émeutiers pendant les journées de septembre 1792 pour sauver son père.

▷ Le dôme des Invalides** *t.l.j. oct.-mars : 10 h-17 h ; avr.-sept. : 10 h-18 h ; juin-juil.-août : 10 h-19 h*

Le retour des cendres

Pour répondre au vœu de Napoléon Ier inscrit dans son testament : « Je veux que mon corps repose au bord de la Seine, parmi le peuple français que j'ai tant aimé », Louis-Philippe prit la décision de faire revenir ses cendres à Paris. Après sept ans de négociation avec l'Angleterre, le roi des Français est autorisé à envoyer son fils, le prince de Joinville, à Sainte-Hélène pour ramener le corps de l'Empereur. Les funérailles ont lieu le 15 décembre 1840 sous un tourbillon de neige qui ne cesse que quand le cortège funèbre atteint les Invalides. « Tout à coup le canon éclate à la fois, à trois points différents de l'horizon. Ce triple bruit simultané enferme l'oreille dans une sorte de triangle formidable et superbe. Des tambours éloignés battent aux champs. Le char de l'Empereur apparaît. Le soleil voilé jusqu'à ce moment reparaît en même temps. L'effet est prodigieux » (Victor Hugo).

A l'angle g. de l'église Saint-Louis s'ouvre le ***corridor de Metz*** qui prolonge la galerie E. de la cour d'honneur et aboutit à une petite cour qui donne accès à la grande cour du Dôme, où des parterres à la française s'harmonisent avec la magnifique façade de l'église.

Construit par *J. Hardouin-Mansart* à partir de 1679 et terminé seulement en 1706, il forme un royal couronnement à l'édifice de Bruant. C'est le plus beau dôme qui ait été construit en France. Il marque l'apogée de l'effort architectural qui commence aux Carmes et se poursuit à la Sorbonne et au Val-de-Grâce. Louis Hautecœur a montré qu'Hardouin-Mansart s'était inspiré de dessins de son grand-oncle, François Mansart, projetés pour la chapelle des Bourbons à Saint-Denis (1664).

L'extérieur

La façade, très sobre, est composée de deux ordres dorique et corinthien superposés, et surmontés d'un fronton triangulaire. Dans les niches de l'étage inférieur, ***statues*** de Charlemagne et de Saint Louis, par *Coysevox* et *N. Coustou* ; à l'étage supérieur la Force et la Justice à g., et la Tempérance et la Prudence à dr., par *Coysevox.* Au-dessus de ce soubassement se dresse le dôme qui comprend un haut étage corinthien à larges baies, flanqué de huit massifs en saillie, et un attique orné d'une balustrade, ajouré de fenêtres en plein cintre ; la coupole qui le couronne, couverte en plomb, offre douze grandes côtes dorées encadrant des trophées ; l'ensemble est surmonté d'un lanternon et d'une flèche avec une croix. Il fut doré pour la dernière fois à l'occasion de l'Exposition universelle de 1937.

*L'intérieur**

Son plan carré, en forme de croix grecque avec le dôme central, rappelle un peu Saint-Pierre de Rome, tandis que les trois avancées de la façade sont une autre expression du baroque. Les proportions, l'importance de sa décoration peinte, ses sculptures, la richesse du pavage (mosaïques du temps de Louis XIV) font de cet édifice un sommet de l'architecture. Au centre, une ouverture circulaire laisse voir la crypte et le tombeau de l'Empereur.

Le *tombeau de Napoléon Ier**, monument imposant exécuté sur les dessins de *Visconti* (1843), a davantage une valeur de symbole qu'une valeur architecturale. Long de 4 m, large de 2 m, haut de 4,50 m, le tombeau, en porphyre de Finlande, est placé sur un pied de granit vert des Vosges. Tout autour, douze figures colossales de Victoires, dans un style néo-grec, constituent une des dernières œuvres de *Pradier*.

Décoration du dôme. Sur les pendentifs de la coupole, les Quatre Evangélistes, par *Charles de Lafosse;* sur l'entablement, au-dessous des fenêtres, médaillons sculptés des principaux rois de France ; au-dessus des fenêtres, les Apôtres, par *Jouvenet;* à la coupole, grande composition de *Ch. de Lafosse* : Saint Louis remettant son épée à Jésus-Christ. Inspirée du projet de la chapelle funéraire des Bourbons, cette coupole fut la première qui ait été ouverte au centre pour laisser apparaître une seconde coupole.

Côté droit. Chapelle Saint-Augustin : tombeau de Joseph, frère aîné de Napoléon et roi de Naples ; six peintures et coupole, par *Louis de Boullongne.* Travée centrale : monument de Vauban (1807), cénotaphe renfermant le cœur du maréchal ; la Science et la Guerre, par *Etex.* Au-dessus des portes, bas-reliefs : Saint Louis ordonnant la construction des Quinze-Vingts, et Prise de Damiette. Chapelle Saint-Ambroise : tombeau du maréchal Foch († 1929), imposant monument de bronze, par *Landowski* (1937). Le sarcophage, qui renferme la dépouille mortelle du maréchal, sert de socle à un groupe de huit soldats casqués portant sur un pavois de lauriers la statue funéraire de l'officier. Peintures et coupoles, par *Bon de Boullongne,* relatant la vie de saint Ambroise.

Chœur. Maître-autel en marbre ; intéressant baldaquin datant de Louis-Philippe. Au-dessus, par-derrière, Assomption, et à la voûte, la Sainte Trinité, peintures par *N. Coypel.* Derrière le maître-autel, une porte vitrée permet de voir l'intérieur de l'église Saint-Louis. De chaque côté du maître-autel un escalier conduit à l'entrée de la crypte abritant le tombeau de l'Empereur. De part et d'autre de l'entrée, mausolées renfermant les restes des maréchaux Bertrand et Duroc.

Crypte. La porte de la crypte, en bronze, est flanquée des *statues* colossales de la Force civile et de la Force militaire, par *Duret.* On lit sur l'imposte le vœu de l'Empereur : « Je désire que mes cendres reposent sur les bords de la Seine, au milieu de ce peuple français que j'ai tant aimé. » Enterrement de l'Empereur, par *Jouffroy.* La galerie qui entoure le sarcophage est ornée de dix bas-reliefs d'après les compositions de *Simart* : les grands actes de Napoléon Ier, dans la cella — c'est ici qu'est enterré, sous une simple dalle, l'Aiglon —, statue de Napoléon en costume du sacre (marbre blanc rehaussé d'or), par *Simart.*

Côté gauche. Chapelle Saint-Grégoire : tombeau du maréchal Lyautey († 1934) dont les cendres ont été ramenées de Rabat le 10 mai 1961 et déposées ici le 22 mars 1963 ; le sarcophage en bronze, œuvre du maître ferronnier *R. Subes,* repose sur deux socles de marbre (*A. Laprade* architecte ; 1962). Six peintures par *Gabriel Doyen,* élève de Carle Van Loo. Dans une niche, une urne renferme le cœur de La Tour d'Auvergne († 1800), inhumé au Panthéon.

*Travée centrale : tombeau de Turenne**, dessiné par *Le Brun,* exécuté par *Tuby* (la Sagesse de la couronne d'épines, Saint Louis guérissant les malades) ; ce tombeau a été transféré ici, de Saint-Denis, sur ordre de Napoléon. Chapelle Saint-Jérôme : *tombeau de Jérôme,* le plus jeune frère de Napoléon, roi de Westphalie (statue par *Guillaume*). C'est dans cette chapelle que fut déposé, le corps de l'Aiglon, ramené de Vienne par les Allemands en 1940. Il fut déplacé dans la crypte le 18 décembre 1969.

▷ L'hôpital des Invalides

L'hôpital ainsi que la maison de repos des Invalides se situent dans les deux corps de bâtiments situés de part et d'autre de la façade du dôme. L'*apothicairerie* de l'Institution royale se trouve toujours dans l'hôpital. De belles boiseries « à la capucine » sont agrémentées de pots de pharmacies anciens. Elle servait de cadre aux célèbres travaux de *Parmentier* qui, sous le règne de Louis XVI, assurait la fonction d'apothicaire. On y trouve également son laboratoire. L'hôpital actuel est parmi les plus modernes de Paris. Réservé aux mutilés de guerre, il est doté d'une piscine pour handicapés offerte par le général de Gaulle.

Visite du quartier

▷ La place Vauban

La cour du Dôme s'ouvre sur la place Vauban, semi-circulaire et ornée des *monuments* aux maréchaux Fayolle (1852-1928) et Gallieni (1849-1916) par *Jean Boucher.*

▶ L'*avenue de Tourville.* Au nº 4, *immeuble* de 1891 édifié par l'architecte *Dutarque,*

Des rues bien nommées

De nombreuses rues du quartier des Invalides, proche de l'Ecole militaire, ont été baptisées du nom des plus grands militaires de la monarchie.
Sous Louis XIV, ont bataillé : Duquesne (1610-1688) qui se distingua particulièrement contre les Hollandais en Méditerranée ; le vice-amiral d'Estrées (1624-1707) qui leur reprit Cayenne ; le maréchal de Vauban (1633-1707) qui entoura le royaume de fortifications ; l'amiral de Tourville (1642-1701) ; le maréchal de Villars (1653-1734) qui remporta la victoire décisive de Denain en 1712 lors de la guerre de Succession d'Espagne.
Du règne de Louis XV, on conserve le souvenir du lieutenant général Chevert (1695-1769), du maréchal de Saxe (1696-1750) qui montra ses qualités de grand stratège durant la guerre de Succession d'Autriche, de La Bourdonnais (1699-1753) qui fut gouverneur des îles de France et de Bourbon, du maréchal de Lowendal (1700-1755) qui se distingua surtout à la bataille de Fontenoy en 1745 et du vice-amiral de Suffren (1729-1788) qui combattit les Anglais aux Etats-Unis et en Inde.
Sous Louis XVI, le lieutenant général La Motte-Picquet (1720-1791) se battit brillamment durant la guerre d'indépendance des Etats-Unis.

décoré par le sculpteur *Laurier* et le statuaire *Fossé.* C'est un bel exemple éclectique, encore proche des réalisations du second Empire, pimenté d'exotisme par la présence d'arcs mauresques au premier étage et dont les vitraux multicolores renforcent encore le pittoresque.

▷ Le boulevard des Invalides
jusqu'à l'église Saint-François-Xavier

Cet important boulevard fut tracé entre 1704 et 1761. Il longe les jardins de l'hôtel Biron, aujourd'hui affecté au ***musée Rodin*** (→ *musées*) et le ***lycée Victor-Duruy*** qui occupe, au n° 33, une partie de l'ancien couvent des Dames du Sacré-Cœur de Jésus. Au n° 35, les laboratoires Roussel remplacent depuis une trentaine d'années l'hôtel de Vertillac-Rohan. Sur le même trottoir, à travers des grilles, les deux très belles façades de *Brongniart* des ***hôtels de Bourbon-Condé*** et ***Montesquiou-Fezensac*** (→ *n°s 12 et 20, rue Monsieur*) ; et au coin de la rue Oudinot la ***maison de Brongniart*** (→ *n° 22, rue Oudinot*).

▷ L'église Saint-François-Xavier
12, place du Président-Mithouard / t.l.j.
☎ *47.83.32.12*

C'est un exemple de l'architecture de la fin du XIXe. Commencée en 1861 par *Adrien Lusson* et achevée en 1874 par *Joseph Uchard,* elle présente une façade dont le dessin s'inspire de la Renaissance italienne. A l'***intérieur,*** 2e chapelle à dr., belle Cène par *Henri Lerolle* (1894). La coupole qui couvre la croisée est décorée de quatre Prophètes par *Elie Delaunay* (1876) et de douze Apôtres par *Alexandre Denuelle* ; à la base de l'arc du chœur, Anges par *Alexandre Falguière.* La ***sacristie des mariages*** *(normalement fermée ; s'adresser à la sacristie des messes, à g. du chœur),* renferme une Cène du *Tintoret* ; dans la 2e chapelle à dr. de l'arrière-chœur, Crucifiement de saint Pierre par *Luca Giordano* (milieu du XVIIe s.) ; dans la ***sacristie des messes,*** Sainte Famille par *Lubin Baugin.*

▷ Le boulevard des Invalides *fin*

Devant l'église Saint-François-Xavier, monument à ***François Coppée*** avec un médaillon par *Saupique* (1959) ; au chevet se dresse la nouvelle statue du ***général Mangin*** (1866-1925) exécutée par *Raymond Martin* (1954) en remplacement de celle de Réal del Sarte, fondue sous l'occupation allemande. Au n° 52, admirer la superbe façade sur jardin, à pilastres cannelés, de l'***hôtel Masserano****, dont l'entrée est située 9, rue Masseran. Il fut construit en 1787 par *Brongniart* pour le prince de Masserano, ambassadeur d'Espagne en France en 1805, puis grand maître des cérémonies de Joseph Bonaparte. Il renferme un splendide salon décoré de boiseries Louis XV provenant de l'hôtel du baron de Gargan (22, place Vendôme). Il a servi de cadre au roman de Raymond Radiguet, le Bal du comte d'Orgel.
▶ Au 5, rue Duroc, l'***association Valentin Haüy pour le bien des aveugles*** est un centre d'entraide qui permet aux aveugles d'exercer des travaux manuels ; un magasin situé sur place met en vente leurs travaux (brosserie, vannerie, tricots...). Il abrite le ***musée Valentin Haüy*** (→ *musées*) et une ***bibliothèque*** *(jeu., 14 h-17 h)* concernant l'histoire des aveugles.

▷ L'institution nationale des Jeunes Aveugles *56, bd des Invalides*

Cette institution fut fondée par *Valentin Haüy,* premier inventeur des caractères en relief, permettant aux aveugles de lire. Louis Braille (1809-1852), inventeur de la célèbre écriture qui porte son nom, est mort dans ce bâtiment.

L'***hôtel,*** construit par *Philippon* au XIXe s., est décoré d'un fronton sculpté par *Jouffroy,* et la chapelle renferme de grandes peintures d'*Henri Lehman (visite sur demande).* Au centre de la cour : statue de Valentin Haüy. Le ***musée historique Louis Braille*** *(sur R.V.* ☎ *45.67.35.08)* renferme des collections concernant l'éducation des jeunes aveugles depuis le XVIIIe s. ▶ En face, aux n°s 84-88 rue de Sèvres se trouvait le célèbre ***couvent des Oiseaux,*** « collège des filles gracieuses de l'aristocratie » (Jules Vallès). A son emplacement furent percées les deux impasses : avenue Daniel-Lesueur et avenue Constant-Coquelin. ▶ Suivre la rue de Sèvres vers l'O.

▷ Le groupe hospitalier Necker-Enfants Malades

entrée : 149, rue de Sèvres

Aux n°s 149-151, le complexe Necker-Enfants Malades compte parmi les plus importants hôpitaux de Paris (907 lits), célèbre notamment pour les soins des maladies rénales. C'est également un grand centre hospitalier universitaire (C. H. U.). Ce groupe hospitalier est composé de deux hôpitaux juxtaposés, placés sous une même direction depuis 1921.

Au n° 149, un hôpital s'installa en 1802 dans les bâtiments d'une ancienne maison d'éducation, la Maison royale de l'Enfant Jésus. On peut encore lire sur la façade l'ancienne inscription : « Hopital des enfans malades ». 200 lits étaient affectés aux enfants de moins de 15 ans, et en 1808 on innova en séparant les malades aigus, chroniques et contagieux. Au n° 151, l'hôpital Necker est construit en grande partie sur l'ancien couvent des bénédictines de Notre-Dame-de-Liesse. La communauté supprimée, *Mme Necker*, secondée par le curé de Saint-Sulpice, fonda en 1778 pour les paroissiens de Saint-Sulpice et du Gros Caillou un hospice de 120 places dans lequel on ne devait mettre qu'un malade par lit. C'est cet hospice qui devint en 1802 l'hôpital Necker. *Laennec* y professa de 1816 à 1823, période durant laquelle il découvrit l'auscultation. Une plaque sur la rue, ornée du buste du célèbre inventeur du stéthoscope, commémore cet événement médical.

▶ La ***rue Maurice-de-la-Sizeranne*** s'ouvre en face du groupe hospitalier. Voir au n° 8 une ***petite folie*** dont l'ancienne entrée se situait au 90, rue de Sèvres. On peut admirer à travers les grilles la façade et le fronton de cet hôtel du XVIIIe s., occupé au XIXe s. par le noviciat des sœurs de Saint-André ; c'est aujourd'hui l'***école Sainte-Jeanne-Elisabeth***. ▶ Revenir rue de Sèvres. ▶ L'***avenue de Saxe*** *(à dr.)*. Son nom évoque le célèbre maréchal, fils naturel du roi de Pologne, qui avait conduit à la victoire les armées de Louis XV, à la bataille de Fontenoy. Foch habita au n° 52, en 1918.

▷ La place de Breteuil

Elle ouvre une belle perspective sur l'avenue du même nom. Cette voie bordée d'arbres, de pelouses et de parterres, fut percée en 1680 dans l'axe du dôme des Invalides. Au centre de la place, le monument de ***Pasteur*** est la dernière œuvre importante de *Falguière*, élevée en 1904 par souscription nationale sur l'emplacement d'un ancien puits artésien. Autour du piédestal s'enroule une vaste composition en ronde bosse : les Travailleurs des champs goûtant en paix les bienfaits que leur a procurés le grand savant en les préservant de la mort. ▶ En continuant l'avenue de Saxe, au croisement avec l'avenue de Ségur où vécut André Masson, on verra le monumental bâtiment du ***ministère des PTT*** (1935-1938).

Les musées à voir

Musée de l'Armée (hôtel des Invalides) : histoire militaire, armes et souvenirs historiques.
Musée des Plans-Reliefs (hôtel des Invalides) : collections de plans en relief du XVIIe s. à nos jours.
Musée d'Histoire contemporaine (B.D.I.C., hôtel des Invalides) : documents artistiques et historiques du XXe s.
Musée de l'Ordre de la Libération (51 bis, bd de Latour-Maubourg) : objets, lettres, uniformes concernant la Résistance, la France Libre, et la Déportation.
Musée Rodin (77, rue de Varenne) : œuvres du sculpteur dans un magnifique hôtel du XVIIIe s.
Musée Valentin-Haüy (5, rue Duroc) et musée historique Louis Braille (56, bd des Invalides) : appareils et documents sur l'histoire des aveugles.

▷ La place de Fontenoy

Cette belle place en demi-lune plantée d'arbres en quinconce précède la cour majestueuse de l'***Ecole militaire*** *(→ quartier de la tour Eiffel)*. Au centre, pyramide à la mémoire des officiers, sous-officiers et soldats morts pour la défense de la patrie. Au N.-E., elle est bordée par le ***ministère de la Santé publique et de la Sécurité sociale*** (*L. Aublat*, 1930), et le ***secrétariat aux Transports et à la Marine marchande*** (intéressant bâtiment de *Ventre*, 1932). Au S.-O. on voit le bâtiment de l'Unesco.

▷ L'Unesco* *7, place de Fontenoy / f. sam. et dim. ☎ 45.68.03.59*

Dans le vaste terrain de 3 ha, compris entre la place de Fontenoy et les avenues de Saxe, de Ségur, de Suffren et de Lowendal, la ***maison de l'Unesco**** (Organisation des Nations unies pour l'éducation, la science et la culture) a été construite de 1955 à 1958 par les architectes *Breuer* (Amérique), *Nervi* (Italie), et *Zehrfuss* (France). Ce vaste ensemble, qui comprend quatre bâtiments, a été conçu comme un essai de synthèse sur le plan international de l'expression architecturale et artistique du milieu du XXe s. L'inauguration a eu lieu le 3 novembre 1958.

L'institution

L'Unesco se propose « de contribuer au maintien de la paix et de la sécurité, en resserrant, par l'éducation, la science et la culture, la collaboration entre nations, afin d'assurer le respect universel de la justice, de la loi, des droits de l'homme et des libertés fondamentales pour tous, sans distinction de race, de sexe, de langue ou de religion, que la charte des Nations unies reconnaît à tous les peuples ». Ces buts fondamentaux sont exposés dans l'acte constitutif de l'Unesco, qui a été élaboré en 1945, à Londres, par les représentants de 44 pays convoqués sur l'initiative de la France et du Royaume-Uni. L'organisation a été créée officiellement un an plus tard, à Paris, lorsque 20 nations eurent ratifié l'acte constitutif. En novembre 1958, lors de l'inauguration du nouveau siège de l'Unesco, le nombre des États membres était passé à 87 ; il en compte aujourd'hui 120.

Les bâtiments

Les architectes ont utilisé les techniques les plus avancées, tout en réalisant une œuvre équilibrée qui s'incorpore admirablement au site. Il faut signaler, entre autres réussites, la qualité exceptionnelle du béton de décoffrage, promu à la dignité de matériau noble.

Le bâtiment le plus important est celui du *secrétariat**, haut de sept étages (28,5 m), qui affecte la forme d'un Y, avec trois façades aux lignes doucement incurvées, longues de 124 m, 136 m et 148 m. Cette disposition a permis de compléter, sur la place de Fontenoy, le demi-cercle prévu par *Gabriel* derrière l'Ecole militaire. Sur cette façade N., des parements de travertin encadrent les vitrages, tandis que les deux autres offrent à la complexité des combinaisons lumineuses le réseau de verticales et d'horizontales de leurs lames brise-soleil et de leurs filtres solaires en verre gris. Les trois façades comptent au total 1 068 fenêtres et 8 109 m² de surfaces vitrées. Au centre de la façade Ségur s'élève, en spirale aérienne, l'escalier des pompiers dont les 151 marches s'enroulent autour de la colonne d'eau centrale. Tout le bâtiment du secrétariat repose sur 72 pilotis en béton, entre lesquels est aménagé l'immense *hall du rez-de-chaussée*, pavé en quartzite de Norvège. La décoration de cet étage a été confiée aux peintres *Afro* (Italie), *Apper* (Pays-Bas) et *Matta* (Chili) et au photographe *Brassaï* (France) dont un agrandissement géant orne le restaurant.

Une salle des pas-perdus relie le hall du secrétariat au *bâtiment des Conférences** (3 282 m²), situé vers l'angle des avenues de Ségur et de Suffren. Cet édifice de volume trapézoïdal, dont la hauteur ne dépasse pas 14 m, est une des réalisations les plus pures de la technique du béton : l'ossature est un double portique en forme de M, de 70 m de portée, qui s'appuie au centre sur six piliers ; les murs sont en béton cannelé et le toit en voile de béton, plié en accordéon, est recouvert de cuivre. Il abrite la salle des Séances plénières (1 000 places), la grande salle des Commissions décorée d'une fresque de *Tamayo* (Prométhée apportant le feu à l'homme), et six salles de comités. Le hall est orné d'une vaste composition (80 m²) de *Pablo Picasso*, peinte sur bois, symbolisant la victoire des forces de Lumière et de Paix sur les forces du Mal et de la Mort. Quatorze pays, membres de l'Organisation, se sont chargés de l'aménagement, de la décoration et de l'ameublement des différentes salles du siège qui constituent ainsi un véritable musée mondial des arts décoratifs d'aujourd'hui.

A l'E., à l'angle des avenues de Saxe et de Ségur, s'élève le troisième *bâtiment*, de forme cubique et haut de 16 m, réservé *aux délégations permanentes* et *aux organisations non gouvernementales*. Sur un des murs extérieurs du rez-de-chaussée, une mosaïque de *Bazaine* fait face au charmant jardin japonais aménagé par *Isamu Noguchi* en bordure de l'avenue de Ségur, avec 80 t de rochers, un ruisseau, un lac et un pont ; sur la plus grande pierre, d'où jaillit une fontaine, a été gravé un caractère nippon qui signifie Paix.

A l'O., bordée par les avenues de Suffren et de Lowendal, s'étend l'immense esplanade ou *piazza* où l'on remarque le grand auvent « en cornette » qui abrite l'entrée du secrétariat. La piazza est ornée d'un mobile géant de *Calder*, haut de 10 m, et d'une monumentale Silhouette au repos, taillée dans le travertin par le sculpteur anglais *Henry Moore*, tandis que deux murs disposés en équerre, au fond, vers la salle des pas-perdus, sont décorés de deux grandes compositions de *Miró*, exécutées en céramique par *Artigas* : le Mur du Soleil et le Mur de la Lune (prix Guggenheim, 1958).

C'est en 1963 que, devant l'accroissement du nombre des pays membres et l'extension des activités de l'Organisation (2 000 personnes y travaillent à Paris), fut entreprise la construction du *quatrième bâtiment*, réalisé par l'architecte *Bernard Zehrfuss*. Inauguré en novembre 1965, le bâtiment est décoré par le paysagiste *Burke Marx* (Brésil).

Dans le patio qui précède la salle du Conseil exécutif on pourra voir la maquette de l'admirable monument à *Sibélius*, œuvre d'*Eila Hiltunen*, qui se trouve à Helsinki. La maquette a été offerte en 1967 par le gouvernement finlandais. Dans le hall reliant les bâtiments, un haut-relief en bronze, œuvre de *Jean Arp*.

Enfin, d'autres bâtiments, sur un terrain de 9 220 m² offerts par le gouvernement français, rue Miollis (15ᵉ arr.), servent d'*annexe* à l'Unesco. Ces bâtiments, confiés à l'architecte *B. Zehrfuss*, ont un soubassement en béton et une structure en acier, avec façades de panneaux blancs.

Le quartier Italie

13e arr. / 44-K10-K11
Métro : Italie
Bus : 27, 47, 57, 67, 83
P avenue d'Italie
Taxis : à l'angle de l'avenue d'Italie ☎ 45.86.00.44

Dès que l'on domine Paris, on s'aperçoit que deux quartiers seulement se distinguent par l'élévation de leurs tours : le secteur Italie et le Front de Seine. Ici, les immeubles se sont dressés entre la Seine et les anciennes usines du quai Citroën, là, ils ont poussé au cœur d'un vieux quartier faisant naître de puissants contrastes.

Contraste du passé et du présent avec la Butte-aux-Cailles à l'O. aux noms rustiques et évocateurs : rue des Peupliers, rue du Moulin-des-Prés, rue du Champ-de-l'Alouette... qui témoignent qu'avant d'être une grande métropole Paris fut une juxtaposition de différents villages. A l'E., au contraire, les grands ensembles de tours ont complètement modifié le tissu urbain du siècle dernier. Contraste des activités, car la Butte-aux-Cailles, plus provinciale et assoupie, s'oppose à l'agitation frénétique des avenues d'Italie, de Choisy ou d'Ivry. Place d'Italie, devant le blockhaus du centre commercial Galaxie, une zone intermédiaire, sorte de no man's land urbain, matérialise la diversité du quartier : les ménagères entre deux âges, le cabas à la main, y côtoient placidement les jeunes habitants des tours, le magnétophone sur l'épaule.

Visite du quartier

30 mn

▷ La place d'Italie

Cette grande place circulaire est située à l'extrémité N. de ce que l'on pourrait appeler le promontoire qui s'allonge entre la Seine et la Bièvre, en délimitant les hauteurs de la Butte-aux-Cailles et celles de Maison-Blanche. Le *centre* de la place est occupé par un jardin orné d'un bassin et d'un monument qui commémore les campagnes du maréchal Juin en Tunisie et en Italie, de 1942 à 1944.

Au N. de la place se trouve la *mairie du 13e arrondissement*, édifiée par *Bonnet* de 1867 à 1877 : salle des mariages décorée par *R. Boulanger*. La place d'Italie s'est développée à l'emplacement d'un ancien carrefour de voies romaines qui conduisaient en Italie. Jusqu'en 1672, le voyageur qui se rendait dans le midi traversait la place et suivait l'avenue d'Italie qu'on appelait alors le chemin de Turin. Le carrefour d'Italie prit de l'importance après la création de l'enceinte des Fermiers généraux dont le boulevard de l'Hôpital et le boulevard Auguste-Blanqui suivent le tracé.

Le pavillon de l'octroi de la Barrière d'Italie, élevé par *Nicolas Ledoux* à la fin du XVIIIe s., fut démoli en 1877.

Tout le secteur *au S.* de la place a fait l'objet il y a une dizaine d'années d'un très important réaménagement. Sur une superficie de 107 ha, de part et d'autre de l'avenue d'Italie, 13 000 nouveaux logements ont été construits pour abriter 45 000 personnes. Six groupes scolaires, quatre crèches et garderies, trois maisons de jeunes, trois dispensaires et un centre culturel complètent cet ensemble où plus de 8 ha d'espaces verts et de terrains de sports ont été aménagés. Une desserte plus rationnelle de ce quartier, dont la population a doublé, devenant indispensable, il est projeté d'établir une voie rapide dans la partie centrale de l'avenue d'Italie dont la largeur a été portée à 55 m. ▸ Suivre au S.-O. la rue Bobillot qui conduit à la place Paul-Verlaine.

Les marchés

Sur l'avenue d'Italie, côté des numéros pairs, du no 186 à la rue Bourgon : jeu., dim., 7 h-13 h 30.
Boulevard Auguste-Blanqui, côté impair, entre la place d'Italie et la rue Barrault : mar., ven., dim., 7 h-13 h 30.
Sur le trottoir impair de la rue Bobillot, entre la place de Rungis et la rue de la Colonie : mar., ven., 7 h-13 h 30.
Sur la place Jeanne-d'Arc : jeu., dim., 7 h-13 h 30.

Chinatown à Paris

L'attribution de logements sociaux à quelques réfugiés venus d'Asie du Sud-Est décida du sort du quartier dans les années soixante-dix. Alors que les anciens habitants avaient été relogés ailleurs, et que les tours entre la place d'Italie et la porte de Choisy étaient encore peu habitées, c'est ici que se fixèrent, dans le provisoire, des réfugiés du Viêt-nam, du Cambodge, du Laos, de la Thaïlande et même de la Chine populaire. Dès lors que le processus était engagé, les nouveaux réfugiés qui arrivaient de plus en plus nombreux étaient conduits vers le quartier où ils s'installaient tant bien que mal, faisant venir à leur tour parents et amis.

Aujourd'hui, entre l'avenue de Choisy et l'avenue d'Ivry, plus d'un habitant sur deux est originaire de l'Asie du Sud-Est. Ce monde exotique et industrieux dissimule un regroupement arbitraire de dix nationalités et autant de cultures qui ont pourtant su s'organiser et recréer un univers parallèle et autonome dans lequel il est désormais possible de manger, de se vêtir, de se blanchir, de se distraire, sans sortir de la communauté. Le dimanche, quand les Asiatiques de Paris viennent y faire leur marché, le quartier devient vraiment dépaysant avec les idéogrammes de ses enseignes et ses vitrines où l'on trouve, pêle-mêle, des peignoirs brodés et des rouleaux de printemps.

▷ La place Paul-Verlaine

Nous sommes ici au cœur du quartier de la Butte-aux-Cailles qui conserve le pittoresque du Paris d'avant la rénovation. La place est occupée par un petit jardin où a été placé le buste du sergent Bobillot, mort en Indochine en 1885. Derrière le jardin se trouve la *piscine de la Butte-aux-Cailles*. Construite en 1924 par *L. Bonnier*, dans un assemblage de briques original, cet établissement est alimenté en eau courante par un puits artésien de 584,50 m qui fournit chaque jour plus de six millions de litres d'eau ferrugineuse à 28°. ▸ Suivre à g. la rue Vandrezanne et descendre à dr. le petit *passage Vandrezanne* : en un seul coup d'œil on a d'ici un saisissant raccourci sur le passé et l'avenir du quartier. Derrière les petites maisons basses et vétustes perdues sous la végétation exubérante de leur jardinet, on peut voir les hautes silhouettes vitrées des tours voisines. ▸ Suivre la rue du Moulin-des-Prés et entrer au nº 68 dans le *square des Peupliers* qui abrite plusieurs maisonnettes dans un calme presque campagnard. ▸ Suivre à dr. la rue des Peupliers jusqu'à la *place de l'Abbé-Henocque*, petite place au charme provincial où se dresse l'hôpital de la Croix-Rouge ou hôpital des Peupliers. ▸ Au bout de la rue Charles-Fourier on peut voir l'*église Sainte-Anne-de-la-Maison-Blanche*, construite de 1894 à 1921, dans le style néo-roman. A l'intérieur, la décoration de vitrail et de mosaïque a été conçue par *Mauméjean* en 1938. ▸ De la place de l'Abbé-Henocque, prendre la *rue Henri-Pape* à dr. On traverse un secteur construit de petites maisons individuelles datant du début du siècle. Souvent identiques, précédées d'un petit jardin, ces maisonnettes confèrent à tout le quartier l'aspect d'une souriante banlieue britannique. ▸ Revenir place Paul-Verlaine par la rue du Moulin-des-Prés, traverser le carrefour et revenir place d'Italie par la *rue Simonet* et à dr. par la *rue des Cinq-Diamants* : c'est l'aspect laborieux du quartier qu'on découvre alors dans ces petites rues étroites bordées d'anciens ateliers.

▷ Le boulevard Auguste-Blanqui

de Glacière à place d'Italie

Dans le prolongement du boulevard Saint-Jacques, il conduit de la place Denfert-Rochereau à la place d'Italie. En face, à l'angle de la rue Abel-Hovelacque, se trouve le *lycée* technique *Robert-Estienne*. L'école Estienne forme les spécialistes de l'industrie de la presse et du livre. Sur le boulevard, au nº 25, Auguste Blanqui est mort en 1881. Au nº 50 se trouve la chapelle Sainte-Rosalie ; au nº 96, l'église orthodoxe de France.

▷ L'avenue de Choisy

Au S. de la place d'Italie, de l'autre côté de l'avenue d'Italie, les travaux de transformation du quartier sont beaucoup plus avancés. Avenue de Choisy, on peut voir sur la g. le *square de Choisy*, bordé par la Fondation Eastman ou l'Institut dentaire. Une *sculpture* de l'Américain *Richard Serra* y a été installée en octobre 1985. Il s'agit de deux gigantesques lames d'acier incurvées. Au nº 81, le *lycée Gabriel-Fauré*, décoré d'une mosaïque de *Rohner* ; au nº 27, enfin, se trouve l'*église Saint-Hippolyte*, construite de 1909 à 1924 par l'architecte *Astruc*. Tout le secteur compris entre les avenues de Choisy et d'Ivry est occupé par de grandes tours d'habitations récemment élevées. C'est ici que vit la communauté asiatique de Paris (→ *encadré*).

▷ La rue de Tolbiac

On longe à g. le lycée Claude-Monet. A côté se dressent les bâtiments de la faculté de Paris-I dont les cellules de verre sont étagées autour d'un axe central. Un peu plus loin, le promeneur intéressé par l'architecture contemporaine pourra voir l'ensemble *les Hautes-Formes* construit dernièrement par l'architecte *de Portzamparc*.

Le quartier du jardin des Plantes**

5e arr. / 37-L8, 36-K8
Métro et RER : Gare-d'Austerlitz, Jussieu, Monge
Bus : 25, 57, 61, 63, 65, 89, 91
P cour de la gare d'Austerlitz
Taxis : gare d'Austerlitz
Marché : place Monge, mer. ven., dim. 7 h-13 h 30

En dehors des parterres des allées centrales qui sont impeccablement tenus, le jardin des Plantes a un air d'abandon séculaire qui lui confère en toute saison un charme délicieux. Quoique situé en plein Paris, on peut lui trouver un caractère un peu provincial quand, les dimanches ensoleillés, un public familial vient y prendre l'air devant la ménagerie, les volières ou les serres tropicales.

Le quartier avoisinant a lui aussi un aspect campagnard avec ses petites rues retirées et ses squares un peu secrets, comme celui où se lovent les anciennes arènes de Lutèce. Vigie veillant sur les alentours, le minaret de la mosquée de Paris semble s'être accommodé de cet environnement auquel il apporte une note d'exotisme inattendu. C'est un peu plus bas, à côté du centre universitaire de Jussieu, que se trouve regroupée toute l'animation du quartier. Véritable cité dans la ville, la faculté de Jussieu reçoit quotidiennement plus de dix mille étudiants et chercheurs qui viennent y travailler et envahir les cafés, les petits restaurants ou les librairies aux alentours.

Le quartier dans l'histoire

L'histoire du quartier du jardin des Plantes se confond avec celle des deux grands établissements qui occupèrent (et occupe encore pour l'un d'entre eux) la majeure partie de son territoire : l'abbaye Saint-Victor et le jardin du Roi (→ jardin des Plantes, ci-dessous).

Le bourg Saint-Victor s'était formé autour de l'abbaye qui s'étendait entre la Seine et les actuelles rues Linné, Cuvier et des Bernardins. Il fut coupé en deux par l'enceinte de Philippe Auguste (rue des Fossés-Saint-Bernard), l'Est restant en dehors ainsi que l'abbaye, elle-même ceinturée de murs. Au-delà commençait une zone de terres labourées, de vignobles et de terrains vagues, parfois marécageux, en bordure de Seine ; c'est le domaine des cultures et des clos : clos du Chardonnet, clos des Arènes, clos Patouillet. A l'exception des contreforts immédiats de la montagne Sainte-Geneviève, le tissu urbain de ce territoire était encore assez lâche aux XVIIe et XVIIIe s. Le grand jardin du Roi, celui de l'abbaye et des autres couvents lui conféraient un caractère champêtre démenti uniquement par la frange S. (actuelle rue Monge et ses abords). Devenu faubourg Saint-Victor, il fut compris dans le bornage du XVIIIe s. qui tendait à assigner des limites précises à la ville.

L'urbanisation va s'intensifier au XIXe s. ; l'accroissement démographique, considérable à cette époque, conduit à la construction de nouveaux quartiers (ici, le petit îlot jouxtant la halle aux vins) et à l'entassement des habitants sur des parcelles déjà construites. Entre le début du XIXe s. et le percement de la rue Monge (1859), un noyau insalubre s'était constitué qui fut nettoyé lors des travaux, en même temps que les immeubles riverains revêtaient un caractère nettement haussmannien. Le quartier prit peu à peu l'aspect qu'on lui connaît aujourd'hui : résidentiel en plein Paris, cossu mais sans excès de luxe, pourvu de toute la gamme de constructions du XIXe et du début du XXe s., avec quelques enclaves plus anciennes (XVIIe et XVIIIe s.) ou plus récentes (seconde moitié du XXe s.) que l'on verra au cours de la promenade.

Visite du jardin des Plantes

Entrée principale place Valhubert ;
autres accès : rue Buffon, rue Geoffroy-Saint-Hilaire, rue Cuvier
t.l.j. de 7 h 15 ou 8 h jusqu'au coucher du soleil
entrée gratuite sf galeries, jardin d'hiver,
jardin alpin, ménagerie, vivarium

La visite détaillée du Muséum national d'histoire naturelle, qui exige une demi-journée en comptant la visite approfondie des galeries et des ménageries, peut faire l'objet d'une promenade particulière. Mais on peut en une heure environ, et sans trop de hâte, avoir une vue d'ensemble du jardin.

Le plus ancien jardin de Paris, à l'origine jardin du Roi, officiellement dénommé Muséum national d'histoire naturelle par le décret de la Convention en date du 10 juin 1793, occupe une surface de 28 ha. Le jardin offre l'attrait de ses belles perspectives, de son charmant labyrinthe, de son remarquable jardin alpin. Mille cinq cents personnes, aussi bien scientifiques que jardiniers, contribuent à en faire l'un des premiers instituts du monde consacré à l'étude de la nature.

Le jardin des Plantes dans l'histoire

L'idée première du jardin des Plantes est née à la suite des grands travaux des botanistes du XVIe s. Après la création du jardin de Montpellier, Henri IV et Sully formèrent le projet d'en établir un semblable dans Paris. La réalisation eut lieu en 1626, sous Louis XIII, par Jean Héroard et Guy de La Brosse, tous deux médecins du roi ; La Brosse fut le premier intendant du Jardin royal des plantes médicinales, comme on le nommait alors. L'organisation définitive est de 1635. Grâce au soutien de Gaston d'Orléans puis de Colbert, des chaires de botanique, chimie et histoire naturelle furent créées.

Sous l'impulsion du médecin de Louis XIV, Fagon, puis de Tournefort qui parcourut le monde à la recherche de plantes, la science botanique progressa à grands pas. Mais c'est Buffon qui, au cours de sa longue carrière d'intendant (1739-1788), fit sortir du plan de création tout ce qu'il pouvait contenir, développa et coordonna toutes les branches, agrandit l'établissement. Le jardin du Roi joue alors un rôle éminent dans ce XVIIIe s. où les sciences, l'histoire naturelle en particulier, sont tellement en faveur. Buffon eut comme aide le célèbre Daubenton, « garde et démonstrateur du cabinet du roi », et pour successeur Bernardin de Saint-Pierre. C'est à lui que l'on doit l'organisation du Muséum national d'histoire naturelle dont l'intérêt s'étendit alors aux minéraux, aux fossiles, aux squelettes d'animaux. On lui doit aussi la ménagerie peuplée de quelques animaux survivants de l'ancienne ménagerie royale de Versailles, à la fin du XVIIIe s., et surtout des animaux confisqués aux forains. Condorcet a étendu aux principales villes de province l'institution du jardin des Plantes pour participer à l'effort national d'éducation.

Presque tous les grands naturalistes français ont travaillé ici : Daubenton, A.-L. de Jussieu, Fourcroy, Brongniart, Portal, Geoffroy Saint-Hilaire, Lamarck, Thouin furent, entre autres, nommés aux douze chaires créées par la Convention. Il faut citer aussi Haüy, Vauquelin, Lacépède, Cuvier, Chevreul, Milne-Edwards, Quatrefages, les Becquerel, Gaudry, Ed. Perrier, M. Boule, A. Lacroix, etc. Il existe actuellement vingt-cinq chaires d'enseignement.

Les arbres de Paris

Paris possède plus de 157 000 arbres, sans compter ceux des bois de Vincennes et de Boulogne. Si les platanes et les marronniers dominent le long des rues, on trouve mêlées plusieurs essences issues de l'ancienne forêt des plaines européennes, et des espèces provenant des cinq continents. Voici les plus remarquables :
l'arbre le plus vieux : le robinier faux-acacia du square Viviani, planté par Robin en 1601 ;
l'arbre le plus gros (7,05 m de circonférence) : un platane d'Orient du parc Monceau ;
l'arbre le plus haut (42 m) : un platane hybride de l'avenue Foch ;
l'arbre aux branches les plus tordues : le Fau de Vergy, ou hêtre tortillard, dans le square des Arènes de Lutèce ;
l'arbre au port le plus curieux : le cèdre pleureur de l'Atlas, du square Debussy ;
l'arbre à l'écorce la plus fissurée : le phellodendron de l'Amour, dans le square du Collège de France ;
l'arbre le plus épineux : le févier d'Amérique, du Champ-de-Mars, qui doit son nom aux longues gousses rougeâtres qu'il porte ;
l'arbre le plus inaccessible : le Désespoir des Singes, ainsi nommé à cause de ses feuilles à bord coupant entourant ses branches, avenue Foch ;
l'arbre à la floraison la plus bizarre : l'arbre aux pochettes dont les fleurs s'ornent de deux énormes bractées blanches en mai-juin, dans le jardin du Trocadéro.

▷ Le jardin botanique

En entrant par la place Valhubert, on a devant soi le ***monument de Lamarck*** (1744-1829) par *Fagel* (1908) : botaniste puis professeur de zoologie, il considéra que les espèces animales dérivaient les unes des autres par une évolution due aux contraintes du milieu. Critiquées par Cuvier, ses théories de l'évolution n'aboutiront pas de son vivant, mais seront reprises en Angleterre à partir de 1869 par Darwin. Au-delà s'ouvre un vaste parterre, que divisent l'allée Centrale (un peu sur la dr. de la porte), l'allée Cuvier à dr., l'allée Buffon à g. L'ensemble forme le jardin botanique au bout duquel on aperçoit le bâtiment de la galerie de Zoologie.

Les musées à voir

Muséum national d'histoire naturelle (57, rue Cuvier) : anatomie, paléontologie, géologie et botanique.
Collection des minéraux de Jussieu (4, place Jussieu, tour 25).
Musée de Sculpture en plein air (quai Saint-Bernard) : sculptures de la seconde moitié du XXe s.

Les parterres de droite *(entre l'allée Centrale et l'allée Cuvier)*
Le carré Brongniart, situé à l'entrée de l'allée, est dominé par la statue du ***Dénicheur d'oursons,*** bronze de *Frémiet* ; ce lieu est consacré aux arbres et arbustes à port pittoresque. On verra ensuite le ***parc écologique**** aménagé en 1938 ; son intérêt réside dans la reconstitution d'associations végétales, tels que sols siliceux d'Ile-de-France ou bois méditerranéens. C'est l'un des plus anciens points d'appui des recherches en écologie végétale en milieu urbain. Sur une pelouse, un chêne velani dont les glands, comestibles, ont le goût de châtaigne. Des arbres de Judée plantés par Buffon vers 1785 bordent l'allée Cuvier ; leur fleurissement remarquable a lieu en mai. Après le parc écologique s'étendent ***l'école de génétique*** puis ***l'école de botanique,*** rénovée en 1954, qui groupe les collections systématiques végétales et comprend 2 600 espèces rustiques de plantes médicinales ou alimentaires. On y voit le premier pin laricio planté en 1768, issu de graines rapportées de Corse par Turpot. En bordure de l'allée Cuvier, érable à sucre du Canada aux très belles teintes rouges à l'automne. De l'autre côté de l'allée, le ***jardin alpin**** présente des plantes dans leur contexte naturel. Jouant sur les orientations, les ombrages, la nature des sols, les jardiniers parviennent à cultiver à quelques mètres les unes des autres

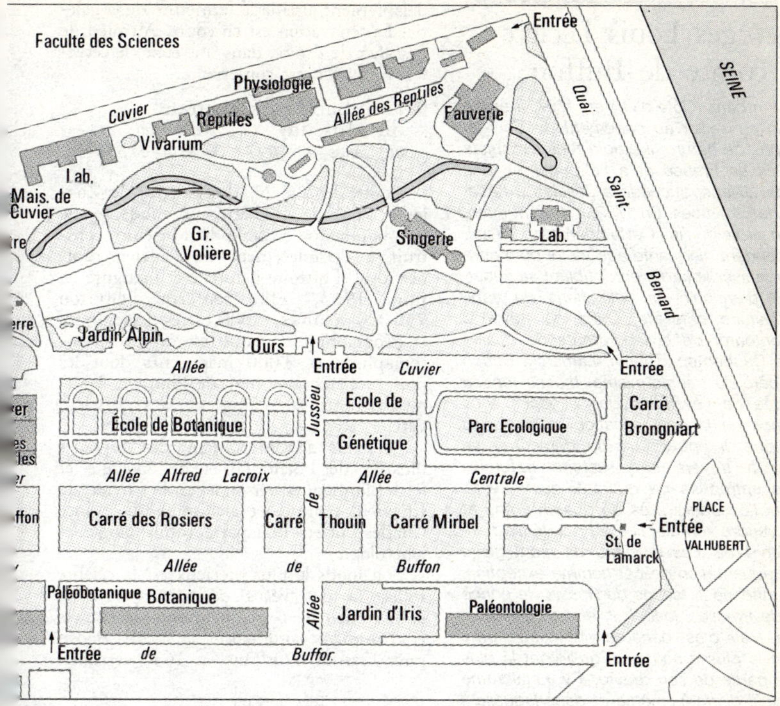

Le jardin des Plantes

deux mille plantes de Corse, du Caucase, du Maroc, des Alpes, de l'Himalaya... A dr., près du rocher des Alpes, un fossile vivant : le grand metasoquaia; ces conifères primitifs n'étaient connus qu'à l'état de fossiles jusqu'à la découverte en 1947 d'individus poussant en Chine orientale.

Les parterres de gauche (entre l'allée Centrale et l'allée Buffon)

Retourner vers la statue de Lamarck pour prendre à g. l'allée Buffon. A dr. les parterres sont consacrés aux plantes ornementales. Bordés de deux remarquables allées de platanes taillés en rideau à la française, les six carrés composant cet ensemble offrent au public une floraison échelonnée d'avril à novembre. On peut y admirer 150 variétés de dahlias, 60 variétés de cannas et quantité d'autres espèces toutes étiquetées.

▷ Les galeries du Muséum *pour la visite des collections → Muséum d'histoire naturelle*

A g., la *galerie de Paléontologie*, à la belle architecture de brique dont la décoration de la façade est due au sculpteur-ornemaniste *Allar*, et devant laquelle se dresse une impressionnante reproduction d'un stégosaure. Le bâtiment est orné de *bas-reliefs* intéressants. Côté jardin : le Dressage des chevaux par *Marqueste*, Crocodiles attaquant des Nubiens par *Barrias*; côté rue Buffon : le Chasseur d'ours par *Frémiet*, l'Attaque des aigles par *Coutan*. A côté est installé le jardin d'iris où fleurissent de mi-mai à fin juin quatre cents variétés d'iris. A l'extrémité de la *galerie de Botanique*, on voit le large tronc du vieux robinier ou faux acacia, le premier planté en Europe, en 1601, par le savant Robin et l'un des plus vieux arbres de Paris; il en a planté un autre dans le square de Saint-Julien-le-Pauvre. A côté, table de Plaisanterie, en calcaire coquillier, d'un poids de 2 t, découverte à 2 m de profondeur dans la forêt de Chantilly, grâce à la poulinière dont elle porte le nom. Ensuite on atteint la *galerie de Géologie-Minéralogie*, construite en 1833. Devant la façade est planté un très ancien sophora du Japon introduit en France en 1747 par Bernard de Jussieu. Les quatre cent quarante variétés de roses anciennes soignées ici sont les ancêtres des quatre-vingt-dix variétés récentes présentées au centre des parterres. Certains des pieds conservés ici constituent avec ceux de Bagatelle (→ *bois de Boulogne*) des échantillons permettant des recherches de nouvelles variétés. En bordure de cette roseraie, deux cent soixante variétés anciennes d'iris.

▷ La maison de Buffon

A l'extrémité des galeries de Minéralogie, en passant sous une voûte, on aboutit à la partie S.-O. extrême de l'établissement. Une petite cour est bordée à g.

Georges Louis Leclerc, comte de Buffon

Né à Montbard (Côte-d'Or) en 1707, il est le fils d'un conseiller au parlement de Bourgogne. Epris de nature, il étudie tous les sujets possibles en France et à l'étranger et, dès l'âge de 26 ans, succède à Jussieu à l'Académie des sciences. En 1739, il devient intendant du jardin du Roi. Cette charge qu'il assumera pendant cinquante ans va lui permettre de réorganiser le jardin en doublant sa superficie et d'enrichir les collections du cabinet d'histoire naturelle. Dans ce travail il sait s'entourer de collaborateurs de qualité comme Daubenton, Thouin, Lamarck. Buffon est le père du transformisme, théorie fondée sur l'idée de l'évolution des espèces sous l'influence de la domestication et du milieu écologique. Il entreprend de démontrer sa pensée à travers une Histoire naturelle, énorme entreprise de quarante-quatre volumes qui l'occupera près de quarante ans et qui lui vaudra son élection à l'Académie française en 1752. Les plus grands tirent gloire de la fréquentation de cet homme exceptionnel : Catherine II, tsarine de Russie; le prince Henri de Prusse; Joseph II, empereur d'Allemagne. Mais c'est dans sa ville natale, où il se sent le plus à son aise, qu'il écrit la plus grande partie de son œuvre. Il y installe une forge qu'il dirige lui-même et dans laquelle il fait travailler le fer qui servira à l'architecte Verniquet pour construire le belvédère du labyrinthe. Il meurt à Paris en 1788.

par cette jolie demeure. Buffon l'acheta en 1772, y résida durant ses séjours à Paris et y mourut en 1788. Elle abrite aujourd'hui le service de conservation de la nature ainsi que la librairie du Muséum. Un des accès du jardin s'ouvre ici, à l'angle des rues Buffon et Geoffroy-Saint-Hilaire (→ *ci-dessous*).

▷ Les galeries de Zoologie

Dans le grand axe du jardin se trouvent les galeries de Zoologie, construites par l'architecte *André*. A l'exception des salles d'exposition, en façade, elles sont fermées depuis 1965. Cependant, au sous-sol, des structures ultra-modernes mises en service en 1985 abritent environ deux millions d'échantillons d'animaux en alcool, empaillés ou desséchés. Certains exemplaires ont disparu de la terre. C'est une inestimable banque de données zoologiques.

La galerie de Zoologie (1877) est ornée des portraits des premiers professeurs du Muséum; au centre, *l'Histoire naturelle* par *E. Guillaume*. Au-dessus des portes monumentales, l'écusson du Muséum symbolise les règnes animaux, végétaux et minéraux, autour d'une ruche, symbole de la franc-maçonnerie, très vivante dans les milieux scientifiques au XVIIIe s. L'intérieur était éclairé par une immense verrière dont le délabrement justifia la fermeture de la galerie. La rénovation est en cours. Au pied de l'escalier de droite, dans une stèle, le cervelet de Buffon est conservé.

▷ La bibliothèque centrale du Muséum* *t.l.j. sf dim., lun. et j. fériés, 9 h 30-17 h 30 ☎ 47.04.53.94*

Contre le côté N. des galeries de Zoologie s'appuie le bâtiment moderne de la bibliothèque centrale du Muséum, construit à l'emplacement de l'ancien cabinet royal d'histoire naturelle et inauguré en juin 1963. Elle renferme environ 750 000 volumes, 4 000 cartes géologiques et géographiques, 4 000 estampes et photographies, et 3 000 manuscrits dont les plus précieux sont ceux de Plumier, Tournefort, Buffon, Lamarck, des Jussieu, Cuvier, etc.

Le fonds ancien* contient des ouvrages illustrés de botanique et de zoologie et les bibliothèques personnelles de Cuvier, de Chevreul (chimie et alchimie), du prince Charles-Lucien Bonaparte (ornithologie et ichtyologie).

Son fonds le plus précieux est la célèbre collection des ***vélins du roi***** (→ *encadré*), recueil de 6 000 peintures de plantes et d'animaux commencé par *Nicolas Robert* pour Gaston d'Orléans en 1630 et conti-

Les vélins du Muséum

Le vélin est d'abord un support : parchemin spécial préparé à partir de peau de veau mort-né. D'une finesse et d'une blancheur remarquable, il a permis de tous temps aux miniaturistes l'exécution de peintures d'une extrême précision. C'est un avantage remarquable pour les planches de sciences naturelles qui exigent une grande exactitude dans le rendu des teintes, des fourrures, des plumages ou le velouté des pétales. La collection de vélins du Muséum est due, à l'origine au goût passionné de Gaston d'Orléans, frère de Louis XIII, qui témoigna toujours d'un grand intérêt pour la nature. Les premières planches de fleurs et d'oiseaux furent exécutées d'après les modèles de son château de Blois. A sa mort, cinq grands volumes in-folio furent dévolus à la bibliothèque de Louis XIV qui continua la collection. Nicolas Robert qui travaillait auparavant pour Gaston d'Orléans devint le «peintre ordinaire du roi pour la miniature» et prit ses modèles au Jardin royal des Plantes ou à la ménagerie de Versailles. Jean Joubert, Claude Aubriet, Magdeleine Basseporte, Gérard Van Spaendonck continuèrent son œuvre. Après la Révolution, la tradition se poursuivit avec Pierre-Joseph Redouté, Adèle Riché, Nicolas Huet, Léon de Wailly, autant de signatures que l'on peut retrouver aujourd'hui dans la collection qui fut régulièrement poursuivie jusqu'en 1905, et forme un extraordinaire ensemble de quelque six mille pièces.

nué jusqu'à nos jours, entre autres par *Aubriet, Van Spaendonck, Huet, Redouté.* Deux murs du hall sont ornés de fresques de *Raoul Dufy*, ***les Naturalistes*** et ***les Explorateurs.*** Devant les galeries de Zoologie se trouvent un rond-point, le bassin des nymphéas et la satue de ***Buffon*** (par *Carlus;* 1908).

▷ Les serres *visite du jardin d'hiver t.l.j. sf mar., 13 h 30-17 h; dim., 10 h 30-17 h*

Les deux serres carrées (1830) sont consacrées, l'une (à g.) aux plantes australiennes, l'autre (à dr.) aux plantes mexicaines. Ces serres qui datent de Louis-Philippe ont été construites par *Rohault de Fleury*, l'un des premiers architectes à expérimenter le fer en tant que matériau de construction. Derrière celles-ci se trouve le ***jardin d'hiver*** (1938), grande serre de 55 m sur 20 m, haute de 16 m, réservée aux végétaux tropicaux. Le transfert de certaines plantes à l'annexe du jardin des Plantes, à Chèvreloup, justifie la démolition prochaine des petites serres adjacentes.

▷ Le labyrinthe

La partie N.-O. du jardin est dominée par les deux buttes du labyrinthe, aménagées vers 1640. C'est un des endroits les plus charmants du jardin, planté d'essences rares, et qui évoque bien des souvenirs. C'est là que Chateaubriand rencontrait Hortense Allait. Jadis, Marie-Antoinette y fut reçue par Buffon, puis Mme Roland par son ami, le naturaliste Bosc.

Sur la pente du grand labyrinthe se dressent le fameux ***cèdre du Liban****, le premier planté en France par Bernard de Jussieu en 1734, et divers arbres rares, certains datant du XVIIIe s., entre autres deux érables de Crète plantés par Tournefort en 1702. Près du sommet, tombe de Daubenton (1716-1800), sous une colonne. Originaire comme Buffon de Montbard (Côte-d'Or), il en fut l'actif collaborateur et garde du cabinet royal du jardin des Plantes.

Au sommet, petit ***pavillon de bronze**** construit par *Verniquet* avec sphère armillaire et méridien portant la devise : Horas non numero nisi serenas (Je ne compte que les heures claires). Appelé ***gloriette de Buffon****, c'est le plus ancien édifice architectural métallique du monde (1786). Il témoigne, avec les serres et les galeries, de l'innovation architecturale au jardin des Plantes. Il est constitué d'une armature de fer fabriquée à Montbard dans les forges de Buffon. Restauré en 1983-1984, il a retrouvé son aspect d'origine à l'exception du gong solaire qui sonnait midi : il était actionné par un poids déclenché par la rupture d'un fil de crin, et remplacé chaque jour, après que les rayons solaires l'aient brûlé à travers une loupe.

▷ Vers la maison de Cuvier

L'entrée N.-O. du jardin s'ouvre à l'angle des rues Geoffroy-Saint-Hilaire et Cuvier. Près de cette entrée se trouvent, à g., ***la fontaine aux lions*** par *H. Jacquemart* (1857) sur l'emplacement d'un ancien réservoir alimenté par la Bièvre, et, à dr., la maison où vécurent A.-L. de Jussieu et Chevreul.

De là, en suivant une allée parallèle à la rue Cuvier, on rencontre à g. une vieille maison entièrement couverte de lierre sous laquelle s'ouvre l'entrée N. du Muséum (57, rue Cuvier), donnant sur la cour d'honneur : à dr., statue de ***Chevreul*** par *L. Faguet.* Directeur du Muséum, il s'illustra par ses travaux sur les corps gras et sur la théorie des couleurs ; à dr. de la statue,

La célèbre famille des Jussieu

Antoine de Jussieu (1686-1758) : médecin et professeur au jardin du Roi.
Bernard (1699-1777) et Joseph (1704-1779), ses frères : botanistes.
Antoine Laurent (1748-1836), leur neveu : botaniste, directeur du Muséum.
Adrien, fils du précédent (1797-1853) : botaniste.

Un chef-d'œuvre de l'architecture métallique : les serres

Adolphe Thiers, alors ministre de l'Intérieur, voulut que les serres du Muséum fussent dignes du jardin des Plantes. Charles Rohault de Fleury, architecte du Muséum, sut répondre à ce désir en imaginant en 1833 « la première construction consistant simplement en une carcasse de fer avec des surfaces de verre ».
Ancien élève de l'Ecole polytechnique puis architecte, Rohault de Fleury devait à cette double formation une excellente connaissance du fer. Cette matière, rarement utilisée dans la construction à cette époque, avait l'avantage d'être résistante ce qui permettait d'obtenir de grandes portées sans points d'appui et une moindre section des montants. Profitant de la supériorité des verres français, l'architecte leur donna 20 cm sur 30 cm de dimension pour obtenir un ensoleillement maximum de l'intérieur. Ces serres composées de deux pavillons de part et d'autre d'une allée, obtinrent un satisfecit de la part des horticulteurs. Chauffées avec un système à vapeur très moderne, elles devaient apparaître au public comme extrêmement luxueuses, le verre à vitre étant encore d'une cherté extraordinaire. Les bombardements de 1871 ne les épargnèrent pas et les architectes qui, par la suite, voulurent les agrandir furent moins heureux, le reproche essentiel que leur faisaient les horticulteurs étant le peu de lumière qui filtrait à travers une structure trop opaque.

petit conifère travesti en cactus, surnommé en Amérique du Sud Désespoir des singes. En face, l'élégant *hôtel de Magny** (construit par *Bullet* vers 1650), acheté par Buffon en 1787, où logèrent Daubenton, Lacépède et Fourcroy, est occupé aujourd'hui par l'administration du Muséum. Cet hôtel, très défiguré au XIXe s., conserve néanmoins sur un côté un très beau *fronton**.

Un peu plus loin, on voit le *grand amphithéâtre* commencé par *Verniquet*, mais son aspect définitif et sa structure sont dus à *Legrand* et *Molinos* (1794); il doit prochainement être restauré. Les cours de l'Ecole normale y eurent lieu en 1795. C'est dans le laboratoire de chimie annexe que travaillèrent Gay-Lussac (de 1832 à 1850), Chevreul (de 1830 à 1889) et Gabriel Bertrand (de 1890 à 1900).

De l'autre côté de l'amphithéâtre, à g., on trouve la *maison de Cuvier*, où le grand savant mourut en 1832. Fondateur de l'anatomie comparée et de la paléontologie il étudia l'anatomie des espèces actuelles et des fossiles. Sur la façade, au-dessus du buste de Cuvier, l'inscription porte : « Dans le laboratoire de physique appliquée du Muséum, Henri Becquerel a découvert la radioactivité, le 1er mars 1896 ». Au rez-de-chaussée, siège de la société des amis du Muséum.

▶ A la maison de Cuvier fait suite l'*ancienne galerie d'anatomie comparée*, bâtiment (par *F. Dutert*) derrière lequel des laboratoires modernes ont été achevés en 1942, sur la rue Cuvier. Contre le bâtiment, du côté du jardin, remarquer une coupe d'un *tronc de séquoia** âgé de 2 000 ans, offert en 1927 par les anciens combattants de Californie. Les joueurs d'échecs donnent à ce coin de jardin une atmosphère un peu provinciale. Ces bâtiments sont assez délabrés. ▶ A proximité s'ouvre l'entrée des ménageries qui constituent une enceinte spéciale. ▶ De la maison de Cuvier, en longeant au S. l'enceinte des ménageries, on passe entre le bassin des phoques, devant lequel se dresse, à g., un beau groupe en bronze, une *Femme chevauchant un dauphin** (*J. Félon*, 1863) et le *monument de Bernardin de Saint-Pierre* (1737-1814) par *Louis Holweck* (1907). Le piédestal est orné des figures de Paul et Virginie. Écrivain romantique, disciple de J.-J. Rousseau, il est moins connu comme scientifique et intendant du jardin, créateur de la ménagerie en 1793.

▷ Les ménageries

t.l.j. 9 h-17 h l'hiver; 9 h-19 h l'été

Elles ne possèdent qu'une seule entrée donnant à l'extérieur du jardin, à l'angle de la rue Cuvier et du quai; trois autres entrées s'ouvrent sur le jardin.

La présentation des animaux n'est pas semblable à celle du zoo de Vincennes qui dépend aussi du Muséum; mais elle est davantage conçue pour l'étude, car on approche généralement les sujets de plus près. C'est ici qu'il faut venir pour voir les petits animaux, les plus belles collections d'oiseaux, les reptiles et les insectes. Enfin, le cadre du vieux jardin avec ses beaux arbres et ses fleurs est charmant.

En entrant par l'entrée S.-O., voisine de la maison de Cuvier et des laboratoires, on trouve immédiatement à g. le *vivarium* créé en 1928 et présenté de façon très attrayante. En de petites cases vitrées, bien éclairées, les insectes et les petits animaux sont présentés dans leur milieu naturel, grâce à une reconstitution exacte de celui-ci. C'est une exposition vivante et dont les éléments sont assez souvent renouvelés.

En continuant de suivre, au-delà du vivarium, l'allée parallèle à la rue Cuvier, on rencontre à g. la *ménagerie des reptiles* (1874). Dans la 1re salle : crocodiles, alligators, tortues terrestres; en cage : serpents (pythons, boas), iguanes, varans. Dans la 2e salle : serpents venimeux et lézards de petite taille, tortues aquatiques et amphibies. Plus loin, les volières des oiseaux de proie; vers le quai Saint-Bernard, à g., un petit bâtiment contenant singes, lémuriens, perroquets et oiseaux rares.

A l'angle N.-E. du jardin a été construite en 1937 une belle *fauverie* (*Berger*, architecte); *bas-reliefs* de *Hilbert* et, devant la façade, Lion tuant une chèvre, par *Jouve*. Les tigres de Sibérie, panthères de Chine, caracals, etc., sont visibles à l'intérieur et à l'extérieur, grâce à un système de cages communicantes.

De là, franchissant la petite rivière qui parcourt la ménagerie dans toute sa longueur, on reviendra au S.-O. en visitant principalement : la grande *singerie*, construite en 1927; la rotonde (1802); les *fosses à ours*, récemment installées; la grande *volière* (1888) des oiseaux aquatiques; la faisanderie et enfin les caprins et les ovins sauvages.

▶ Le Muséum a des annexes de l'autre côté de la rue Buffon; le parc zoologique du bois de Vincennes (→ *bois de Vincennes*), est sous sa dépendance ainsi que le musée de l'Homme (→ *musées*). Le Muséum organise d'intéressantes *expositions temporaires*, notamment chaque automne, un *salon du champignon*.

Le Muséum possède également l'*arboretum de Chèvreloup* qui réunit une importante collection de conifères *(30, route de Versailles, 78150 Rocquencourt ☎ 39.55.53.80)*.

Visite du quartier

2 h

▶ Quitter le jardin des Plantes par la sortie S.-E. (maison de Buffon); on se trouve au carrefour des rues Buffon et Geoffroy-Saint-Hilaire. ▶ ***La rue Buffon*** : la librairie du Muséum fait le coin de cette rue, rectiligne et austère, qui comporte côté impair quelques vieilles maisons autrefois habitées par le personnel du jardin ainsi que des annexes du Muséum; beaucoup plus bas (nº 15 bis), grande bibliothèque de lecture publique. Si l'on veut aller jusque-là, on pourra voir en passant un exemple de mauvaise restauration (nºs 27-29) sur une maison ayant appartenu à Buffon. ▶ ***La rue Geoffroy-Saint-Hilaire*** était autrefois l'une des principales rues du faubourg Saint-Victor; elle porta un moment le nom de rue Coupeau (comme la rue Lacépède) à cause d'un grand tas de gravats et de détritus qui finit par former une butte dite Copeau ou Coupeau sur laquelle le labyrinthe du jardin des Plantes est édifié; la rue franchissait la Bièvre qui coulait ici jadis (approximativement entre les nºs 31 et 29); on y voyait aussi un moulin à eau.

Suite de la rue → *le quartier Saint-Marcel.*

▷ Le centre universitaire de Censier

Si l'on est curieux de l'architecture universitaire des années soixante, on pourra faire une incursion dans la rue Censier jusqu'au centre universitaire Censier (Paris-III, Sorbonne nouvelle : lettres, langues, sociologie, cinéma et annexe de Paris-VII). Le ***restaurant universitaire*** *(coin de la rue Geoffroy-Saint-Hilaire)* élevé en 1965 par *Pottier* et *Tessier* fut considéré à l'époque comme une réussite architecturale. Les ***bâtiments d'enseignement*** *(entrée rue de Santeuil)* ont été construits en 1964-1966 (*Carlu* architecte). Tout l'îlot a subi l'influence de cette architecture fonctionnelle et sans imagination; l'opération d'urbanisme a fait disparaître les derniers vestiges de l'hôpital de la Miséricorde, dit des Cent-Filles, fondé au XVIIe s. pour accueillir de jeunes orphelines.

Cet ensemble occupe l'emplacement de la halle aux cuirs construite de 1865 à 1868 en remplacement de l'ancienne halle de la rive droite; une partie des bâtiments brûla en 1906; reconstruits, ils furent affectés au travail des peaux dans cet arrondissement où l'industrie du cuir relevait d'une longue tradition depuis les mégissiers et les tanneurs de la Bièvre. Au nº 8 : immeuble typiquement 1930.

▶ Par la rue du Gril on atteint l'entrée principale de la mosquée de Paris dont on apercevait les coupoles et qui reste l'attrait essentiel de cette sortie du jardin des Plantes. ▶ On remarque au passage, ***rue Georges-Desplas*** sur la g., l'ensemble en brique et céramique peinte qui fit partie de la deuxième vague des habitations à bon marché (HBM), construites dans les années 1920-1930.

▷ La mosquée de Paris et l'Institut musulman**

1, place du Puits-de-l'Ermite / t.l.j. sf ven., j. de fêtes musulmanes, 10 h-12 h/14 h-17 h 30

L'Institut musulman regroupe trois parties différentes : la partie religieuse avec la mosquée, la partie culturelle où est dispensé un enseignement arabo-islamique (langue et culture islamique), et la partie commerciale. L'ensemble a été construit entre 1922 et 1926 sous la direction des architectes *Heubès, Fournez* et *Mantout* dans le style hispano-mauresque avec prédominance d'influences maghrébines.

A dr. de la partie religieuse, accès au jardin et aux salles d'ablutions (modernes) en sous-sol. *Grand patio,* inspiré de l'Alhambra (boiseries de cèdre et eucalyptus) avec vasque centrale. Frise de mosaïque aux murs comportant des versets du Coran. Remarquer aux arcades la dentelle des sculptures. ***Salle de prières**** : nattes aux murs, boiseries de cèdre, rampe de veilleuses (électricité jouant l'éclairage à l'huile). Au sol, variété de très beaux ***tapis*** du XVIIe s. à nos jours en provenance de tous les pays islamiques; au fond, le mihrab indique la direction de La Mecque. La décoration des coupoles a été faite par des équipes maghrébines qui ont rivalisé d'ingéniosité : tous les plafonds sont différents.

Revenant vers l'entrée, on verra le minaret (haut de 33 m, non ouvert au public) qui s'élève au-dessus de la cité musulmane.

De la cour d'honneur (jardin, fontaines, galerie de colonnes en marbre rose) on peut voir la magnifique *porte* (eucalyptus, noyer, bois de corail) à encadrement de stuc.

En face : salle de conférences avec plafond de bois sculpté et peint. Une belle ***bibliothèque*** *(non ouverte aux visites)* renferme plusieurs éditions précieuses du Coran ainsi que de nombreuses exégèses coraniques et les livres fondamentaux de la culture islamique en arabe et en français.

▶ Derrière cet ensemble (entrée aux nºs 39 et 41 rue Geoffroy-Saint-Hilaire) ont été installés : un ***hammam*** qui comprend un vestiaire, une salle de repos et trois étuves (jours d'ouverture différents pour hommes et femmes), ***un café maure,*** un ***restaurant arabe*** (l'alcool y est interdit) où vous pourrez manger un vrai couscous en buvant du thé à la menthe, des boutiques où l'on peut acheter des objets d'art musulman. ▶ En sortant de la mosquée, on aime à s'arrêter auprès du saule et de la fontaine de la ***place du Puits-de-l'Ermite;*** noter le style disparate de ses maisons, les cultures différentes de ses riverains et l'harmonie qui,

Sainte-Pélagie

La prison Sainte-Pélagie fut d'abord un couvent, fondé en 1665 par Mme de Miramion dans les dépendances de l'hôpital de la Pitié, pour recevoir des prostituées ainsi que des femmes « volontaires et repenties, ayant déshonoré leur famille ou causé un scandale public » ; deux chœurs distincts les séparaient dans la chapelle commune. L'ensemble des bâtiments fut converti en prison politique pendant la Révolution. Y séjournèrent entre autres : Mme Roland, la comtesse du Barry, le peintre Hubert Robert. Les différents régimes du XIXe s. en usèrent aussi largement ; parmi les détenus célèbres, citons : Béranger, Paul-Louis Courier, Lamennais, Blanqui, Proudhon, Jules Vallès, H. Rochefort, Gustave Courbet. Malgré la construction du pavillon des Princes pour recevoir les prisonniers bénéficiant d'un régime spécial, les conditions d'incarcération se dégradaient fortement et l'insalubrité, l'exiguïté et la vétusté de ses locaux entraînèrent sa démolition en 1899.

pourtant, s'en dégage. ▶ Au N.-E. de la place s'ouvre la ***rue Quatrefages*** : percée au XVIe s. (bien qu'il n'en paraisse rien), elle longeait au XVIIe s. un établissement hospitalier des plus importants. ▶ Prendre au S. la *rue du Puits-de-l'Ermite* (du nom d'Adam L'Hermite, tanneur au XVIe s.) qui monte vers la rue Monge ; au coin : belle grille d'un ancien café, marchand de vin.

▷ La place Monge

Par la rue de la Clef à dr. (ancien chemin du Pont-aux-Biches qui enjambait la Bièvre un peu plus bas) et la rue Dolomieu à g., on atteint la place Monge qui s'anime les jours de ***marché*** *(les mer., ven., dim. matin)*. Encadrée d'immeubles haussmanniens sévères, elle a été formée en 1859 lors de l'ouverture de la rue Monge ; celle-ci, entreprise dans le cadre de la croisée de la rive gauche (avec les boulevards Saint-Germain et Saint-Michel, les rues Gay-Lussac et Claude-Bernard), se substitua à la rue Mouffetard comme route d'Italie. Le S. de la place est fermé par l'une des ***casernes de la garde républicaine***, construite en 1840 par *Rohault de Fleury* et *Hermant* père (qui donna à cette façade un style d'inspiration florentine).

▷ La rue Lacépède

Emprunter un moment la rue Monge pour prendre à dr. la rue Lacépède ; les immeubles XIXe s. ne laissent pas soupçonner que celle-ci existait déjà au XIVe s. Au no 7 : joli petit ***hôtel*** Louis XV (construit pour le docteur Pourfour du Petit), façade décorée de guirlandes, corbeille au-dessus de la porte d'entrée ; derrière l'hôtel un jardin communiquait par un souterrain avec la prison Sainte-Pélagie voisine (établie entre les rues de la Clef, Larrey et Quatrefages) par où eut lieu en 1834 une évasion célèbre de vingt-huit prisonniers.

▷ La fontaine Cuvier*

Avant de s'engager vers les arènes il faut descendre la rue Lacépède jusqu'au carrefour des rues Geoffroy-Saint-Hilaire, Linné et Cuvier pour voir la superbe fontaine dédiée à Cuvier, adossée à la maison qui fait l'angle de cette rue. Edifiée en 1840 par *Vigouroux*, elle a remplacé celle dessinée par le Bernin au XVIIe s. qui se trouvait contre la vieille tour Alexandre, prison dépendant de l'abbaye-Saint-Victor. La femme représentant ***l'Histoire naturelle*** est de *Feuchères* ; elle est entourée de différentes espèces animales : un crocodile tourne la tête, grossière erreur anatomique paraît-il ! Les maisons des nos 47 et 67, rue Cuvier, sont décrites dans l'enceinte du jardin des Plantes.

▶ Remonter la rue Lacépède pour prendre à dr. la ***rue de Navarre*** qui doit son nom à la proximité de l'ancien collège de Navarre. Sur le côté N. se trouvait le couvent de la congrégation Notre-Dame qui en 1765 avait comme pensionnaire la jeune Manon Philipon (future Mme Roland).

▷ Les arènes de Lutèce**

entrées rue de Navarre ; 49, rue Monge

Les arènes telles qu'elles étaient

Ce type d'édifice à double usage, arène et théâtre, est particulier à la Gaule ; celui de Lutèce est le plus vaste (environ 130 m sur 100 m) et le plus représentatif. Grâce aux restitutions de J. Formigé et aux études plus récentes de P. M. Duval, on peut se faire une idée de l'ensemble de cette construction en pierre calcaire de la région parisienne, bien qu'il en reste peu de chose : des trente-cinq gradins supposés, aucun n'a été retrouvé. L'arène pouvait contenir plus de quinze mille personnes et était pourvue d'une façade percée de quarante et une baies séparées par des demi-colonnes, comparable, avec un étage en moins, aux arènes de Nîmes ou d'Arles ; deux grandes entrées en plan incliné donnaient accès à l'intérieur de l'arène proprement dite (ou cavea) à l'ovale irrégulier (52 m × 46 m) ; un mur de podium en faisait le tour, surmonté d'un parapet (ou balteus) ; cinq réduits y étaient aménagés dont trois, auprès des grandes entrées, pouvaient être des carceres (ou cages à animaux). Interrompant les gradins, la longue scène (41 m) était creusée de neuf niches qui avaient pour effet d'améliorer l'acoustique et de participer au décor dont on a retrouvé de nombreux fragments.

Par le square qui s'ouvre en face de la rue de Navarre on accède aux arènes de Lutèce — il serait d'ailleurs plus précis de parler d'amphithéâtre à scène. En effet les gradins étaient interrompus (côté E.) par une scène de théâtre et l'ensemble servait à la fois aux jeux du cirque et aux jeux de la scène pour des raisons d'économie et peut-être de mélange des genres. Edifié vraisemblablement à la fin du Ier s. apr. J.-C., l'amphithéâtre était implanté à l'écart de l'agglomération, sur le versant oriental de la montagne Sainte-Geneviève, dominant la Bièvre et plus loin la Seine. Les grandes invasions de la seconde moitié du IIIe s. marquèrent le début de sa ruine : certaines de ses pierres de taille furent alors prélevées pour servir aux fondations de l'enceinte de l'île de la Cité. Au début du IVe s., des sépultures furent installées dans les ruines de l'arène qui devint ainsi une petite nécropole païenne. Le site sera peu à peu effacé, enseveli pour longtemps, en particulier par les terres de remblai du fossé recreusé au XIVe s. autour de l'enceinte de Philippe Auguste. Jusqu'au milieu du XIXe s. on ignorait toujours l'emplacement exact des arènes ; on en avait gardé le souvenir par des textes anciens et la toponymie (le lieu fut appelé longtemps clos des Arènes). C'est le percement de la rue Monge et le lotissement des terrains riverains qui allaient mettre au jour ces vestiges en 1869. La conservation et la restauration de ce monument de l'occupation romaine ne se firent pas sans mal : la Compagnie générale des omnibus occupait le terrain et il fallut attendre 1883 (et le soutien de Victor Hugo et Victor Duruy) pour entreprendre une deuxième vague de fouilles. Entre 1915 et 1918 on entreprit un nouveau dégagement et la restauration définitive du monument.

Le tiers occidental de l'amphithéâtre est aujourd'hui effacé par les constructions de la rue Monge et, malgré une restauration paradoxalement un peu excessive, il faut à présent beaucoup d'imagination pour se représenter les arènes telles qu'elles étaient. Devenues jardin public, elles sont le domaine des joueurs de pétanque et servent de terrain de sport pour les enfants du quartier ou de cadre aux spectacles estivaux. Derrière la scène, des éléments lapidaires d'édifices gallo-romains ont été rassemblés, provenant de l'enceinte de la Cité dans laquelle ils avaient été remployés. Le buste est celui du Dr Capitan qui contribua à la restauration des arènes et à l'aménagement du square qui porte son nom.

▶ En sortant par le square Capitan on se trouve dans la *rue des Arènes*. Au no 5 : amusante maison néo-gothique où Jean Paulhan vécut à partir de 1940. ▶ Descendre jusqu'à la *rue Linné* que l'on prend à g. Ancienne portion de la rue Saint-Victor, elle s'enfonçait en pleine campagne après les murs de l'abbaye. Au no 25 : entrée de l'ancien réservoir Saint-Victor (XIXe s.) qui recevait les eaux de l'Ourcq pour une partie de la rive gauche par des conduites de grand diamètre, traversant la Seine, en provenance du bassin de la Villette ; nos 41 à 45 : maisons anciennes (XVIIe et XVIIIe s.). ▶ On arrive *place Jussieu* dont les terrasses des cafés sont peuplées d'étudiants de la faculté voisine. Côté E. : intéressantes *maisons* de style *néo-Renaissance* (par *Giraud*, vers 1840). ▶ A l'O. de la place, la *rue Jussieu* est aussi l'ancien chemin du faubourg Saint-Victor. Au XVIIIe s. la foire Saint-Clair se tenait là, une fois par an, au mois de juillet. Au no 25 : enseigne en pierre du XIXe s. qui rappelle l'ancien cabaret du Buisson Ardent (XVIIe s.).

L'abbaye Saint-Victor

L'abbaye Saint-Victor a entièrement disparu, bien qu'un décor récent de pavement dû à Jacques Lagrange rappelle son plan entre les tours 46 et 56 de la faculté des sciences de Jussieu, élevée entre 1960 et 1970, à la place de la halle aux vins. D'abord cimetière mérovingien, ce lieu attira par la suite une recluse du nom de Basilla. C'est en 1108 que Guillaume de Champeaux, abandonnant la chaire qu'il occupait à l'école Notre-Dame, s'installa sur les bords de la Bièvre avec quelques disciples ainsi que le relate Robert de Thorigny. En 1113, le roi Louis VI y créa une abbaye royale de chanoines réguliers, qui allait briller d'un vif éclat en ce XIIe s. avec Hugues, Adam et Richard de Saint-Victor. Reconstruite au XVIe s., l'église conserva son clocher roman qui nous est connu par des gravures de Marot (XVIIe s.). Au XVIIe s., l'abbaye connut un nouvel éclat avec des personnalités comme Santeuil ou Jean de Thoulouse, mais à la Révolution elle fut rapidement détruite. Le musée du Louvre conserve le gisant de Guillaume de Chanac, provenant de la chapelle de l'infirmerie de l'abbaye. Des arcades, souvenirs des bâtiments annexes, sont toujours visibles dans la maison située à l'angle des rues Linné et Cuvier. Une grande partie de la bibliothèque de l'abbaye est entrée à la Bibliothèque nationale.

▷ La faculté des sciences de Jussieu

Le campus des universités Paris-VI (Université Pierre-et-Marie-Curie) et Paris-VII, à vocation scientifique, est installé sur l'essentiel du site de l'ancienne abbaye renouant avec la tradition universitaire du Moyen Age (→ *encadré*). Entre ces deux occupations il faut rappeler l'existence de la halle aux vins qui désigne encore cet ensemble dans le langage courant : cette longue parenthèse vinicole a commencé au XVIIe s. puisqu'il existait déjà à cette époque un entrepôt de vin au coin du quai Saint-Bernard ; il fut remplacé en 1812 par une halle plus importante, elle-même agrandie en 1868, formant un ensemble de hangars séparés par des rues à angle droit portant des noms de grands crus. La prépondérance des entrepôts de Bercy sur l'autre berge de la Seine a entraîné son déclin et cet espace de 14 ha va être attribué progressivement à la faculté des sciences dont l'extension devient urgente. Les années 1958-1961 ont vu la construction de deux longs ***bâtiments*** (tristes et massifs, invisibles de la place), l'un en bordure du quai, l'autre sur la rue Cuvier (architectes : *Seassel, Cassan* et *Coulon*). La totalité du terrain ayant été libérée en 1965, l'architecte *Albert* se vit confier le plan de masse définitif. Il a obéi aux critères d'une esthétique formelle qui se veut rigoureuse, trop sévère au goût de certains : verre et acier, bâtiments sur pilotis disposés selon un quadrillage régulier, le gril, délimité par des cours dont la ***décoration*** devait être confiée à des artistes contemporains. Quelques œuvres furent réalisées : *J. Arp*, cour 26-15 ; *Vasarely*, cour 23-12, le sol en lattes d'aluminium a besoin d'être apprécié de haut ; *Stahly*, cour 22-33 ; *A. Beaudin*, fond du bassin, cour 32-43 ; les dessins du dallage en marbre sont de *J. Lagrange* et les deux pignons de part et d'autre de l'entrée de *L. Gischia*. La tour Zamansky (du nom du recteur de l'époque) qui domine l'ensemble, élevée en 1970, fut modifiée par rapport au plan initial d'Albert ; la mort de celui-ci en 1968 avait laissé le projet inachevé d'où cet aspect d'abandon qui accentue le côté dur du parti pris architectural. Il a fallu attendre 1986 pour la mise en chantier d'un projet de réhabilitation : finitions, peintures murales confiées à des artistes d'horizons divers (niveau Saint-Bernard), installation de nouvelles ***sculptures*** (*P. Manoli*, entrée rue Cuvier ; *A. Steiner*, cour 46-55). La construction de l'Institut du monde arabe et l'aménagement de ses abords devrait améliorer l'intégration urbaine de la faculté des sciences. Le département de Minéralogie expose ses très belles collections au ***musée des Minéraux*** (→ *musées*).

▷ La rue des Boulangers

Prendre derrière la place la curieuse rue des Boulangers qui monte fort et fait ressortir le ventre de ses maisons. Témoignage d'une implantation antérieure au percement des voies modernes, elle existait déjà au XIVe s., avec ce coude à angle droit, et doit son nom aux boulangers qui l'habitèrent au XVIe s. Presque toutes les maisons sont anciennes (XVIIe ou XVIIIe s.) ; gros œuvre encore plus ancien pour les maisons du bas de la rue (XVe et XVIe s.). On verra en particulier le n° 5, arcade de porte piétonne (XVIIe s.) ; nos 7 à 13, lucarnes curvilignes (XVIIIe s.) ; n° 16, gros œuvre extérieur (XVIIe s.) ; n° 22, porte en arcade (XVIIIe s.). Au n° 30, grande maison (XVIIe s.) dont on ne voit de la rue que le bâtiment-galerie (le second corps de logis sur cour donnait sur un grand jardin) ; n° 34, très belle porte à tympan en bois et imposte forgée, mascaron et corniche courbe (première moitié du XVIIIe s.). En face, les nos 19 à 31 sont construits sur l'emplacement des dépendances du couvent des Filles anglaises où George Sand séjourna.

▷ La rue du Cardinal-Lemoine *entre la rue Monge et la rue des Ecoles*

Descendre à dr. la rue du Cardinal-Lemoine (pour le haut de la rue → *quartier de la rue Mouffetard*). Au n° 49 se trouve le bel ***hôtel Le Brun**** construit en 1700 par *Boffrand* (→ *encadré*), pour un neveu du célèbre peintre. Watteau vécut ici les dernières années (1718-1721) de sa courte vie et Buffon y habitait en 1766. L'hôtel Le Brun est le plus beau de tout ce quartier. Il comporte sept travées sur entresol et un premier étage lambrissé ; son portail, en segment de cercle, est orné d'un Bacchus au milieu de pampres sculptés. Il a été construit selon la loi du nombre d'or, empruntée à Vitruve. A la façade, l'avant-corps de trois travées est surmonté d'un fronton triangulaire. Côté cour, l'avant-corps porte les armes des Le Brun et

---

Germain Boffrand

Architecte fécond, l'un des plus productifs du XVIIIe s., Germain Boffrand (1667-1754) fut aussi décorateur, administrateur, financier, homme de lettres, ingénieur. D'origine nantaise, il étudie à Paris la sculpture avec Girardon, l'architecture avec J. Hardouin-Mansart. A la charnière de deux époques, Boffrand incarne la continuité d'un certain classicisme tourné vers l'avenir — on le dit souvent précurseur de la réforme néo-classique — tout en étant parfaitement homme de son temps : le salon ovale de l'hôtel de Soubise est l'expression aboutie du style Louis XV (→ quartier du Marais). Architecte de l'aristocratie parisienne, il fut aussi celui de l'Hôpital Général et Inspecteur général des ponts et chaussées. Bon nombre de ses édifices parisiens ont disparu, dont l'hôpital des Enfants-Trouvés dans la Cité ; parmi ceux que l'on peut encore voir citons, outre l'hôtel Le Brun qui le fit connaître, l'hôtel Seignelay, l'hôtel de Torcy et l'hôtel Amelot (→ quartier du faubourg Saint-Germain). Il est aussi l'auteur d'agrandissements, de restaurations ou de décors intérieurs sur des édifices déjà existants : le Petit-Luxembourg, la façade de l'Arsenal (côté boulevard Morland), la chapelle de la Communion (dans l'église Saint-Merri), une extension de bâtiment à l'hôpital de la Salpêtrière, les appartements du prince de Rohan à l'hôtel de Soubise (aujourd'hui Archives nationales), etc. Technicien, on lui doit la construction du fameux puits de Bicêtre et l'invention d'un nouveau type de pompe.

une couronne comtale. L'hôtel Le Brun est aujourd'hui occupé par l'office national des HLM et peu mis en valeur par les deux bâtiments modernes qui l'encadrent.

Pour la suite de la rue du Cardinal-Lemoine → *le Quartier Latin.*

▶ Légèrement à dr., la *rue des Fossés-Saint-Bernard* longeait autrefois le fossé du rempart ; elle était ponctuée par la porte Saint-Victor, au coin de la rue des Ecoles et par le petit fort de la Tournelle, en bord de Seine (remplacé au XVIIe s. par la porte Saint-Bernard, décorative, de type arc de triomphe). Elle conduit jusqu'à l'Institut du monde arabe.

▷ L'Institut du monde arabe (IMA)

23, quai Saint-Bernard, entrée principale par le parvis, rue des Fossés-Saint-Bernard / t.l.j. sf lun., 13 h-20 h ; bibliothèque f. dim. et lun. ; accueil des groupes et ateliers d'enfants : horaires particuliers ☎ 46.34.25.25

L'IMA, dont l'idée était évoquée dès 1974, naît officiellement en 1980 par un acte, signé entre la France et dix-neuf Etats arabes, approuvant les statuts d'une fondation reconnue d'utilité publique dont le but est de développer en France la connaissance de la civilisation arabo-musulmane et de favoriser les échanges entre culture arabe et culture occidentale. Les Etats fondateurs sont l'Algérie, l'Arabie Saoudite, Bahrein, Djibouti, les Emirats arabes unis, la France, l'Irak, la Jordanie, Koweit, le Liban, la Mauritanie, le Maroc, Oman, Qatar, la Somalie, le Soudan, la Syrie, la Tunisie, le Yémen arabe et le Yémen démocratique, rejoints par la Libye en 1984. La fondation reste ouverte à d'autres adhésions. Le financement du projet (construction, aménagement, budget de fonctionnement) est partagé également entre les pays arabes et la France, et mise donc sur l'entente des différents partenaires financiers. Après l'abandon du premier site retenu boulevard de Grenelle (protestations des riverains), le terrain quai Saint-Bernard est choisi en novembre 1981 en même temps qu'un concours restreint est organisé ; dans le cadre des grands travaux de l'Etat, le projet collectif des équipes *Jean Nouvel* et *Architecture Studio* l'emporte.

L'extérieur

La modernité non tapageuse du beau bâtiment en courbe est ponctuée par la tour des Livres que l'on devine en transparence (façade O.) ; l'édifice s'articule autour d'une faille, au confluent du boulevard Saint-Germain et de la Seine, comme une proue de grande dimension à laquelle répond le chevet de Notre-Dame. Les architectes ont eu le projet de faire dialoguer une technique et des matériaux modernes (verre et acier) avec la ville ancienne et le site actuel, tout en y intégrant des références à la tradition arabe : la façade N. qui s'arrondit sur l'alignement du boulevard Saint-Germain cherche à réconcilier les immeubles haussmanniens avec l'ensemble moderne de la faculté des Sciences en reflétant les constructions de pierres qui lui font face ; l'entrée sur cette façade évoque par ses proportions, de façon allusive, la porte Saint-Bernard détruite au XIXe s. La façade S. est une version technologique du traditionnel moucharabieh car les baies vitrées de la bibliothèque tamisent automatiquement la lumière du jour grâce à des milliers de cellules photoélectriques. Le patio au cœur du bâtiment, l'utilisation du marbre blanc font également référence à la tradition arabe.

L'intérieur

L'IMA dispose d'une superficie utilisable de 26 900 m^2 partagée entre le *musée* (→ *musées*) et ses annexes, la médiathèque, l'auditorium de 360 places en sous-sol et le restaurant du dernier étage d'où l'on a une très belle *vue* sur Paris.

La médiathèque comprend quatre sections. La *salle d'Actualité (2e sous-sol)* présente les dernières parutions sur le monde arabe et un choix de périodiques en arabe et en français ; elle organise des expositions thématiques et des débats. L'*espace Image et Son (1er sous-sol)* possède dix postes de consultation individuelle pour visionner et écouter : photographies, films documentaires et documents de musique (vidéodisques et vidéocassettes) ; point d'écoute pour les nouveautés musicales ; mur des télévisions du monde arabe présentant des extraits de programmes. La *bibliothèque (salles de lecture aux 1er, 3e et 5e étages)* rassemble l'ensemble de ce qui se publie sur le monde arabe, en arabe et autres langues (français et anglais essentiellement). Accès libre ; prêt (payant) autorisé pour une partie du fonds. Le *centre de documentation (7e étage)* : 24 places ; consultation de dossiers de presse thématiques.

Le quartier Javel

15e arr. / 33-D8
Métro : Charles-Michels (ou Javel)
Bus : 42, 62, 70
P quai André-Citroën entre le pont Mirabeau et la rue de Javel
Taxis : place Charles-Michels ☎ 45.78.20.00
Marché : rue Saint-Charles, mar., vendr., 7 h 30-13 h

Voilà un quartier périphérique, caractéristique du Paris laborieux de l'entre-deux-guerres. Il fut longtemps le plus défavorisé du 15e arrondissement mais, aujourd'hui, les immeubles qui voient le jour sur l'immense chantier des anciennes usines Citröen, attestent que du point de vue de l'architecture et de l'urbanisme ce quartier est l'un des plus prometteurs de la capitale.

Le quartier dans l'histoire

Javel était couvert de champs et de prés aux XVIIe et XVIIIe s. Ce secteur, souvent inondé, resta longtemps inhabité. Mais sa position excentrée en bordure de Seine favorisa, en 1777, sous l'impulsion du comte d'Artois, l'installation d'une usine de produits chimiques qui produisit la fameuse eau de Javel. Dès lors ce quartier isolé se partagea entre les industries et les cultures maraîchères.

Même après son rattachement au 15e arrondissement en 1859, ce quartier demeura faiblement urbanisé, abritant une population de journaliers, d'ouvriers modestes voire miséreux, et des cités de chiffonniers. Le grand tournant industriel eut lieu en 1915, avec l'installation des usines André-Citroën dont la présence a sculpté un paysage désolé de quais, d'entrepôts, de sheds, de murs de briques. Le départ de ces usines en 1976 et de nombreuses industries laisse Javel désemparé, à l'aube de grands changements.

Ce quartier est actuellement sur le point de rattraper son considérable retard d'urbanisation, et de voir son aspect et ses structures sociologiques radicalement modifiées par les grands projets d'urbanisme déjà en cours de réalisation. Il faut donc se hâter d'aller voir les derniers vestiges d'un Paris industrieux et misérabiliste, ces dernières habitations modestes du XIXe s., ces impasses et ruelles où l'herbe pousse encore entre les pavés.

Visite du quartier

1 h

▷ La rue Saint-Charles *de la place Charles-Michels à la rue de Javel*

Elle fut créée à partir de 1868. Plantée d'arbres et très commerçante, elle a gardé un charme très provincial par la présence d'immeubles de quatre ou cinq étages, caractéristiques des constructions modestes du XIXe s.

L'*impasse Saint-Charles* réussira-t-elle à préserver son aspect de rue de village quand tous les travaux qui la secouent seront achevés ? Au croisement avec la rue de Javel, bel immeuble 1904 à la façade sculptée. ▶ On peut faire un crochet sur la g. pour voir la devanture d'une *boulangerie* *(angle des rues de Javel et Sainte-Lucie)* dont les panneaux peints représentent les quatre saisons.

▷ La rue de la Convention *de la rue des Bergers à la rue de Lourmel*

Percée entre 1888 et 1890, elle est bordée d'immeubles cossus post-haussmanniens, témoins de la fièvre spéculative suscitée par les rares terrains encore disponibles à Paris au début du XXe s.

A dr., à l'angle de la rue des Bergers (au no 32), on verra la très belle *façade* sculptée, les balcons de fer forgé et les briquettes colorées de l'immeuble construit par *Clé-*

ment Feugueur. Cet architecte est l'auteur de plusieurs réalisations de ce genre dans le 15e arrondissement (voir l'immeuble tout proche, 64, rue des Cévennes, avec frise de briques émaillées turquoises, 1907). Au n° 78, l'*hôpital Boucicaut*, fondé grâce à un legs de Mme veuve Aristide Boucicaut à l'Assistance publique, est l'œuvre des architectes *Legros père et fils*. Il fut inauguré par le président Félix Faure le 1er décembre 1897. A l'origine, seize lits étaient réservés au personnel des magasins du Bon Marché. ▶ Emprunter la rue de Lourmel.

▷ L'avenue Félix-Faure

de la rue de la Convention au bd Victor

A l'angle avec la rue Maridor, remarquer une maison villageoise du siècle dernier. En continuant la promenade vers le métro Balard on entre dans le 15e contemporain. A la hauteur du n° 126, s'ouvre le square Jean-Cocteau à l'intérieur de la *ZAC* (zone d'aménagement concerté) *Saint-Charles* inaugurée en 1982. Typique de l'architecture des années 80, elle a été conçue par l'atelier parisien d'urbanisme. ▶ L'immeuble Le Verseau, aux nos 20-24 de la *rue Modigliani*, présente un jeu coloré de céramiques. Une *fontaine* sculptée par *Y. Chevallier* s'élève au débouché de la rue Modigliani, dans la rue Saint-Charles et la rue Balard. Les immeubles cossus en brique et en pierre de taille paraissent presque anachroniques dans ce raz-de-marée d'édifices contemporains. ▶ Descendre jusqu'au *boulevard Victor*. Les amateurs d'architecture des années 30 y verront, au n° 3, l'*immeuble* de luxe construit par *P. Patout* (1934) dans le « style paquebot » ; au n° 8, le *ministère de la Marine* par *A. Perret* (1932).

▷ La rue Saint-Charles

de la rue Leblanc à la rue Cauchy

Dans le secteur compris entre cette rue et les rues Balard et Leblanc, les démolisseurs des anciennes usines Citroën s'activent. Ils libèrent le plus vaste des derniers espaces libres parisiens, à savoir, 35 ha en bordure de Seine. L'ambition du projet de réaménagement est à la mesure de l'espace à traiter : gigantesque. Regroupés autour de la rue Balard, on trouvera des commerces, des bureaux, un hôpital et de grands ensembles d'habitations dont 2 500 logements on déjà vu le jour. Un parc de 14 ha est prévu. La circulation du quai André-Citroën s'effectuant en souterrain, une grande esplanade au-devant permettra au piéton d'atteindre les rives de la Seine. Les travaux déjà commencés depuis 1983 devraient s'achever en 1990-1991.

En remontant la rue Saint-Charles on passe devant le petit *cimetière de Grenelle* qui abrite la famille de *Violet*, fondateur du hameau de Beaugrenelle en 1824. Violet, quant à lui, repose au Père-Lachaise. Au n° 197 ter, un pavillon de meulière du début du siècle, en total contraste avec son environnement ultra-moderne. ▶ Dans la *rue Cauchy* qui menait autrefois à une des trois cités de chiffonniers, les quelques masures et entrepôts qui tiennent encore debout sont condamnés à brève échéance. ▶ Prendre sur la dr. la *rue Gutenberg* et la *rue Emmanuel-Chauvière*. Dès que l'on y pénètre, leurs maisons basses, l'herbe entre les pavés disjoints, l'arbre derrière un banc vous transportent hors de Paris. ▶ La *rue Sébastien-Mercier* : à l'angle de la rue Léontine, remarquer un *immeuble* en brique et pierre de taille avec bow-windows par *Ch. Chevillard* architecte. ▶ Le *rond-point du Pont Mirabeau* : un immeuble collectif, typique des années 30, se dresse avec sa façade de céramiques ocre. La *gare de Javel*, construite pour la station Alma lors de l'Exposition de 1889, a été transportée ici vers 1895.

▷ La rue de la Convention

du pont Mirabeau à la rue Gutenberg

Belles constructions bourgeoises aux nos 9, 17-21, 25. A l'angle de la rue Saint-Christophe, se dresse l'*église Saint-Christophe-de-Javel*, construite en ciment armé entre 1926 et 1934 par l'architecte *Ch. H. Besnard* (1881-1946), créateur dès 1916 de la construction préfabriquée. Sur la façade, un haut-relief (saint Christophe) sculpté par *P. Vigoureux*. Les fresques intérieures sont de *J. Martin-Ferrières* (1933).

▷ L'Imprimerie nationale *27-35, rue de la Convention / visite guidée 1er oct.-30 juin, hors vacances scolaires, sur demande écrite à adresser au directeur de l'Imprimerie nationale. Pour des raisons de sécurité, seules sont admises des personnes de plus de quatorze ans ; groupes : 20 personnes maximum*

L'Imprimerie royale fut créée en 1640 par *Louis XIII* et installée au Louvre. Les matrices et les poinçons des caractères « les grecs du roy », gravés sous François Ier par *Garamont*, ainsi que les poinçons arabes, turcs, persans réunis par Savary de Brèves, y furent déposés en 1683. Jalons de l'évolution typographique et témoins de son rôle créatif et incitateur, plusieurs caractères ont été fondus : le Grandjean ou « romains du roy » pour l'époque louis-quatorzienne, le Luce sous Louis XV, le Didot millimétrique sous le premier Empire, le Marcellin-Legrand sous Charles X et, plus près de nous, le Gauthier vers 1950.

Imprimerie nationale depuis septembre 1870, elle s'est appelée nationale, impériale, royale, au gré des régimes politiques. Transférée à l'hôtel de Penthièvre sous la Convention, puis à l'hôtel de Rohan, rue Vieille-du-Temple en 1809, elle s'est installée en 1925 dans des locaux conçus pour elle, rue de la Convention. Editeur du Bulletin des lois sous la Révolution, elle a été chargée, en 1823, de toutes les impressions pour l'administration. Depuis 1910, c'est un service de l'administration des Finances. Un décret du 4 décembre 1961 redéfinit ses attributions d'établissement d'Etat avec privilège d'impression et, en contrepartie, contrainte de service public. Elle est chargée d'imprimer tous les documents officiels et servant à l'administration (annuaires, feuilles d'impôts, obligations, bons du Trésor, papiers d'identité, formulaires administratifs, sujets d'examens et de concours...). Pour faire face à cette tâche elle s'est agrandie, en 1974, d'un établissement complémentaire à Douai.

Outre ces activités d'imprimeur de l'Etat, elle a pour mission de conserver les arts et traditions typographiques : elle possède 224 000 caractères de bois, 92 000 poinçons d'acier dont elle détient l'usage exclusif. C'est un musée vivant des techniques de l'imprimerie. Un rôle actif d'éditeur vient compléter ses attributions. Elle est responsable de neuf collections prestigieuses d'ouvrages imprimés selon les modes traditionnels de fabrication. Elle conserve d'ailleurs un exemplaire de tous les ouvrages sortis de ses presses depuis ses origines. Depuis janvier 1986, un arrêté conjoint du ministère des Finances et de la Culture vient de créer auprès d'elle un ***atelier national de création typographique***, géré par l'Ecole nationale supérieure des Arts décoratifs, afin d'ouvrir de nouvelles voies de création typographique et former des spécialistes maîtrisant les nouvelles technologies. Au cours de la visite on peut voir les principaux ateliers de gravure, composition mécanique, impression typographique et impression offset. ▶ Reprendre la rue Gutenberg jusqu'à la *place Alphonse-Humbert* où tout un ensemble d'habitations à bon marché appartenant à la Ville de Paris est en cours de rénovation.

Le palais du Louvre***

1er arr. / 36-J6
Métro : Louvre, Palais-Royal
Bus : 21, 24, 27, 69, 72, 74, 81
P place du Louvre
Taxis : place André-Malraux, métro Palais-Royal ☎ 42.60.61.40

C'est un des plus beaux palais du monde et le plus vaste des édifices parisiens. A l'E., les bâtiments du Vieux Louvre entourent la Cour Carrée. Vers l'O., les constructions du Nouveau Louvre encadrent le square du Carrousel, et deux longues galeries les relient aux pavillons de Flore et de Marsan, entre lesquels s'étendait jadis le palais des Tuileries, incendié en 1871.

Durant trois siècles, les efforts des rois de France et des deux empereurs avaient tendu à parachever la jonction entre les deux palais, laquelle ne fut réalisée que sous le second Empire et pour quelques années seulement. La très importante campagne de travaux qui vise à rationaliser la visite du musée en y créant une entrée centrale unique renoue donc avec une longue tradition. Le XXe s., comme les précédents, aura apporté sa pierre au palais dont l'histoire s'est presque toujours confondue avec celle du pays.

Le Louvre dans l'histoire

Le Moyen Age

Au moment de partir pour la croisade, Philippe Auguste, voulant protéger les quartiers de Paris établis sur la rive droite, fit construire (1190-1202) une muraille qui aboutissait à la Seine près de Saint-Germain-l'Auxerrois et qui était défendue en cet endroit par un château. Le lieu était déjà nommé le Louvre. On ignore l'origine de ce mot ; rappelait-il une ancienne léproserie ? un chenil pour la chasse aux loups (lupara) ? une forteresse en langue franque (lower) ? Le château de Philippe Auguste, dont les murs extérieurs furent retrouvés lors des fouilles de 1863 au S.-O. de la Cour Carrée, avait la forme approximative d'un carré. Des tours se dressaient aux angles des courtines et au centre des côtés N. et O. ; des portes s'ouvraient au centre des côtés E. et S. ; des bâtiments s'élevaient contre les courtines à l'O. et au S. Une salle voûtée, aux colonnes ornées de tailloirs polygonaux et de chapiteaux à crochets, a été découverte en 1866 sous la salle des Caryatides. Au milieu de la cour un énorme donjon était tout à la fois la prison, le trésor et le symbole des droits royaux. C'est là que fut enfermé Ferrand, comte de Flandre, après la bataille de Bouvines. Une lice ou châtelet défendait le Louvre du côté de la Seine.

Ce château attira la population, et un quartier nouveau s'établit entre le Louvre et les fabriques de tuiles situées plus à l'O. Lorsque Etienne Marcel se révolta contre le dauphin Charles en 1538, il fit construire une nouvelle muraille qui, longeant la Seine, se dirigeait ensuite à angle droit à travers le Carrousel actuel. Charles, revenu à Paris, fit achever la muraille (1383). Le Louvre cessait d'être une simple forteresse ; il allait devenir un château de plaisance. Charles V le fit surhausser, percer de fenêtres, orner de statues ; il construisit des ailes à l'E. et au N. et chargea Raymond du Temple d'y élever, vers 1365, la « grand-vis » (escalier). Il installa sa librairie dans la cour du N.-O., accumula dans le Louvre les œuvres d'art, aménagea au N. un jardin avec des portiques et des pavillons de bois.

Puis ce furent les guerres civiles, l'invasion anglaise : le duc de Bedford s'empara de la librairie royale. Le Louvre fut, au XVe s., abandonné par les rois de France, qui résidèrent sur les bords de la Loire.

François Ier et Henri II : le Louvre de Pierre Lescot

En 1527, François Ier signifiait aux échevins de Paris sa volonté de s'installer au Louvre et s'empressait d'abattre le vieux donjon, de supprimer l'entrée du S., de raser les tours du bord de l'eau et de transformer la lice en une place pour les tournois. Des communs étaient construits à l'O. du Louvre. Lorsque, en 1533, le roi reçut Charles Quint, il fit décorer le château suivant le goût nouveau. Habitué à ses belles résidences du Valois ou de Touraine, François Ier désirait embellir le Louvre qu'il trouvait sombre et inconfortable ; le 2 août 1546, il chargeait de ce soin Pierre Lescot. Celui-ci élevait sur l'ancienne aile de l'O. un corps d'hôtel, avec escalier central, sur les ailes du N. et du S. des portiques, à l'E. un grand portail ; mais à peine les bâtiments étaient-ils commencés que François Ier mourait.

Henri II, le 10 juillet 1549, ordonnait à Pierre Lescot de modifier son plan : c'était le Grand Dessein ; alors que François Ier avait eu l'intention de construire un palais sur la même superficie que celui de Charles V, Henri II avait résolu de faire quadrupler la Cour Carrée, d'où la nécessité pour Pierre Lescot de transférer l'escalier dans un avant-corps situé au N. de l'aile O. Dans le même temps il élevait aux quatre côtés des ailes semblables. L'aile occidentale et la partie voisine de l'aile méridionale furent seules achevées à cette époque et décorées par Jean Goujon. Cet artiste exécuta en 1550 la salle des Caryatides, au-dessus de laquelle s'étendaient la salle des Gardes (salle La Caze) et l'antichambre du roi (salle Henri-II). Les appartements du roi se trouvaient dans le pavillon du S.-O. (partie de la salle des Sept-Cheminées). L'aile S. fut achevée et décorée en 1561-1564.

Catherine de Médicis et Henri IV : la galerie du Bord de l'Eau et la galerie d'Apollon

Catherine de Médicis qui venait, en 1563, de faire tracer le plan des Tuileries par Philibert de l'Orme, décida d'unir ce palais au Louvre et projeta de bâtir une longue galerie sur le bord de la Seine. Elle commença les travaux par l'E. et jeta en 1566 les fondements de la Petite Galerie (galerie d'Apollon). Les malheurs des temps empêchèrent de mener cet ensemble à sa perfection. Le Louvre était alors le théâtre d'événements tragiques. S'il n'est pas sûr que, durant la nuit de la Saint-Barthélemy, Charles IX ait tiré sur les huguenots des fenêtres du Louvre, du moins le palais fut-il ensanglanté par ces massacres. Il fut ensuite troublé par la rivalité d'Henri III et de l'héritier de la couronne, son frère, le duc d'Alençon. Les barricades qui se dressèrent devant le Louvre effrayèrent Henri III qui s'enfuit hors de Paris. Durant la Ligue, Mayenne fit pendre aux poutres de la salle des Caryatides — qui ne sera voûtée que sous Louis XIII — plusieurs des Seize, coupables d'avoir fait exécuter le président Brisson.

En 1594, Henri IV entre à Paris et ordonne aussitôt de reprendre les travaux du Louvre. Il fait achever (1604) la Petite Galerie, dont le premier étage, richement décoré, devient la galerie des Rois, et construire la Grande Galerie (1595-1597) peut-être par Métezeau et Jacques II Androuet Du Cerceau. En 1608 cet ensemble était achevé. Le roi avait rêvé de réaliser le Grand Dessein d'Henri II mais, le 14 mai 1610, après l'attentat de Ravaillac, il était rapporté mourant au Louvre.

Le XVIIe siècle et le règne de Louis XIV

Pendant le règne de Marie de Médicis, seuls les appartements de la reine mère, situés au rez-de-chaussée de la Cour Carrée, furent décorés. C'est en 1624 que les travaux du Louvre reprirent. Jacques Le Mercier, qui respecta le plan original de P. Lescot, bâtit le pavillon de l'Horloge dans l'axe du pavillon des Tuileries, et la partie N. de l'aile Pierre-Lescot. En 1641, Poussin était chargé de décorer la Grande Galerie, mais il regagnait bientôt Rome (1642). Une nouvelle minorité et la Fronde arrêtèrent une fois de plus cette grande entreprise. Le 21 octobre 1652, Louis XIV rentrait à Paris et y convoquait le parlement. La Cour s'installait au Louvre. Anne d'Autriche fit aménager par Le Mercier son appartement d'hiver à la place de l'appartement de Marie de Médicis. Cet appartement des Bains, comme on l'appelait aussi, émerveilla les contemporains. En 1654, face au collège des Quatre-Nations qu'il venait de créer, Le Vau, reprenant l'œuvre de Lescot et de Le Mercier, divisa le rez-de-chaussée de la Petite Galerie, qui devint l'appartement d'été d'Anne d'Autriche ; Romanelli y peignit les plafonds, Michel Anguier y modela des stucs qui existent encore. A la même époque, Le Vau élargissait le passage entre le pavillon du Roi et la Petite Galerie pour y installer le cabinet du Roi ; il aménageait au deuxième étage du pavillon du Roi et de l'aile Lescot les appartements de Mazarin, au premier étage du pavillon de l'Horloge la chapelle et, au-dessus de l'appartement d'hiver, les appartements de la jeune reine Marie-Thérèse (galerie Charles-X). C'est dans toutes ces pièces que furent dansés les ballets de Benserade, que Louis XIV s'éprit de Marie Mancini et de Louise de La Vallière, qu'il reçut les ambassadeurs. Le 24 octobre 1658, sur un théâtre dressé devant les Caryatides, Molière jouait pour la première fois devant la Cour.

Après la paix des Pyrénées, en 1659, Mazarin consacra des crédits importants aux travaux du Louvre : Le Vau continua l'aile S. et reprit l'aile N. dont Le Mercier avait seulement jeté les fondations. Mais, le 6 février 1661, un incendie dévastait la galerie des Rois. Le Vau doubla cette galerie pour agrandir l'appartement d'été de la reine mère, établit au rez-de-chaussée des salles pour les antiques du roi, au premier une bibliothèque et des cabinets de tableaux. Le Brun et toute une équipe de peintres et de sculpteurs décorèrent la galerie d'Apollon (1661-1680).

En 1664, Colbert, nommé surintendant des bâtiments, demanda des plans d'achèvement aux plus illustres architectes de France et d'Italie ; il fit même venir de Rome le Bernin, dont les projets se révélèrent contraires aux impératifs du climat et aux mœurs de la France. Une commission composée de Le Vau, Le Brun et Claude Perrault, médecin, amateur d'architecture et frère du premier commis de Colbert, mieux connu comme auteur des célèbres contes pour enfants, élabora les dessins pour la façade septentrionale et pour la façade orientale. Les hésitations de Colbert, les guerres, ralentirent les travaux ; la volonté du roi qui, en 1678-1680, transporta à Versailles la Cour et les services, les arrêta. Le Louvre fut livré aux Académies, aux artistes, d'où qu'ils fussent, aux privilégiés qui, durant tout le XVIIIe s., s'y comportèrent comme en pays conquis. Cependant, cela avait toujours été l'idée d'Henri IV, généreux et intelligent, que le Louvre fût le palais des rois et des artistes (→ encadré).

De Louis XV à la Restauration

Sous Louis XV, au milieu du XVIIIe s., le marquis de Marigny songea à terminer le Louvre pour y installer le Grand Conseil et la bibliothèque du Roi. Gabriel et Soufflot restaurèrent la colonnade et démolirent les baraques qui encombraient la Cour Carrée. Les difficultés financières empêchèrent son aboutissement.

Le marquis de Marigny rêvait aussi d'installer un muséum dans la Grande Galerie, projet repris sous Louis XVI. La République et l'Empire le réalisèrent : pour exposer les œuvres appartenant à la nation ou cédées à la France par les traités, Raymond aménagea le musée Napoléon dans les anciens appartements de la reine mère ; Percier et Fontaine présentèrent des plans et commencèrent la grande galerie du N. qui fut poussée du pavillon de Marsan au pavillon de Rohan (1806-1816). Les artistes, l'Institut, furent expulsés du Louvre. La Cour Carrée fut enfin terminée. On respecta, à l'O., les toits à la française de Lescot ; on éleva sur les trois autres côtés un second étage suivant le dessin adopté sous Louis XIV. La colonnade fut décorée.

Sous Louis XVIII et Charles X, les sculptures de la Cour Carrée furent mises en place. Pour montrer les antiquités égyptiennes et grecques nouvellement acquises, Charles X fit installer par Fontaine l'ancien appartement de Marie-Thérèse qui devint le musée Charles-X. Le pavillon du Roi, jadis agrandi par Perrault, forma une vaste salle, dite des Sept-Cheminées.

Le Louvre de Napoléon III

Sous la IIe République, Duban restaura le Salon carré et la galerie d'Apollon et Napoléon III acheva le Louvre. Visconti, puis Lefuel construisirent, de 1852 à 1857, les bâtiments qui se trouvent au N. et au S. de la place appelée cour Napoléon. Les bâtiments du S. étaient consacrés aux arts ; ceux du N. contenaient le ministère de la Maison de l'Empereur, la bibliothèque du Louvre et l'administration des télégraphes. De 1863 à 1868, Lefuel modifia la partie occidentale de la grande galerie du Bord de l'Eau, bâtit le pavillon destiné à la salle des Etats et ouvrit les guichets pour faciliter la circulation.

La Commune brûla une partie des bâtiments de la rue de Rivoli, qui furent aussitôt restaurés par Lefuel et affectés au ministère des Finances. Le musée du Louvre envahit toute la Cour Carrée et la partie méridionale du Nouveau Louvre, à l'exception du pavillon de Flore et des travées voisines de la Grande Galerie qui devinrent le ministère des Colonies, puis une annexe du ministère des Finances. Ces locaux, indispensables à l'extension du musée, furent, après la grande restauration des années soixante, totalement affectés au musée.

Le Grand Louvre

A l'automne 1981, la décision fut prise de donner au musée du Louvre l'aile actuellement occupée par le ministère des Finances entre la cour Napoléon et la rue de Rivoli. En effet, le musée manque aujourd'hui cruellement d'espaces de travail et d'accueil du public. Ceux-ci constituent cinq pour cent seulement de sa superficie quand, dans la plupart des grands musées du monde, les surfaces de services et d'expositions sont réparties à peu près également. La simple utilisation des espaces libérés par le ministère des Finances ne suffisait pas à résoudre ce problème. En juillet 1983, l'architecte Ieoh Ming Pei fut chargé de la conception du projet. La solution proposée fut donc d'inventer des espaces neufs dans le sous-sol de la cour Napoléon, ce qui permettait aussi de transformer un musée couloir de 800 m de long en un ensemble compact autour d'un point central. D'une entrée principale, marquée par la pyramide, trois accès seront possibles vers le palais dans la totalité duquel seront redéployées les collections du musée. Les départements des Antiquités orientales, égyptiennes, grecques et romaines seront étendues. Les sculptures, actuellement dans l'aile de Flore, seront réparties entre l'aile S. et N. de la cour Napoléon. La grande statuaire d'extérieur prendra place dans les cours des Finances couvertes de verrières et visibles du passage Richelieu. Le département des Peintures s'étendra au deuxième étage de l'aile des Finances et de la Cour Carrée afin de bénéficier d'un éclairage zénithal. L'espace d'accueil de la cour Napoléon sera doté de l'infrastructure nécessaire à l'information du public, à l'accueil des groupes ainsi que de salles d'exposition temporaire, d'un auditorium et d'un restaurant... Vers l'O. une galerie commerçante mènera au parking sous le Carrousel.

Le choix de la pyramide : en raison de la proximité de la Seine, on ne pouvait creuser au-delà de 8 m, ce qui représente une faible hauteur pour un espace aussi vaste. La pyramide de verre doit donc contribuer à donner de la lumière et du volume à un espace qui, sans elle, dégagerait une impression d'écrasement. D'autre part, l'entrée principale doit être évidente pour le visiteur. C'est donc cette double exigence qui a conduit au choix architectural de la pyramide. Entourée de sept bassins de granit gris et de trois pyramidions éclairant les passages en direction des pavillons du Louvre, cette pyramide de verre de 21 m de haut sur 30 m de large, pur objet architectural à la forme géométrique simple, légère et transparente, « diposée au milieu de jeux d'eau qui lui donneront vie en mêlant leurs reflets à ceux du ciel et des nuages », peut concilier l'histoire et la modernité sans défigurer le site.

La visite extérieure

45 mn

Pour la clarté de la description, on peut diviser le Louvre actuel en trois parties principales : le Vieux Louvre, c'est-à-dire les bâtiments qui entourent la Cour Carrée, la Petite Galerie et la Grande Galerie du Bord de l'Eau ; le Nouveau Louvre de Napoléon III, de part et d'autre du square du Carrousel ; la galerie Nord, à partir du pavillon de Rohan et les deux anciens pavillons des Tuileries.

Le Vieux Louvre

▷ La colonnade**

La façade principale du palais est la façade orientale, longue de 175 m, qui domine la place du Louvre : c'est la célèbre colonnade dont la paternité reste discutée, en prolongement de la querelle qui, au XVIIe s., opposa Boileau aux frères Perrault. Un premier projet de *Le Vau*, qui comportait un pavillon central et deux pavillons d'angle à dôme, reçut un commencement d'exécution à partir de 1661 mais fut abandonné dès 1664. En octobre 1665, on jeta de nouvelles fondations d'après les plans du *Bernin*, mais on renonça très vite aux dessins de l'architecte italien. En 1667, un second projet de *Le Vau* était accepté par Louis XIV ; mais, dès 1668, la décision de doubler l'aile méridionale (côté Seine) imposa d'allonger la colonnade aux deux extrémités : c'est ce qui explique le décrochement de cette façade par rapport à la façade N. (côté rue de Rivoli). *Le Vau* étant alors occupé à Versailles, il semble que la double influence de son collaborateur, *François d'Orbay*, et de *Claude Perrault* fut alors prépondérante : depuis longtemps, ce dernier avait préconisé l'abandon des pavillons surélevés pour donner à la colonnade la plus grande ampleur possible et assurer l'harmonie de son ordonnance horizontale. *Perrault* voulait couronner la balustrade de statues; il avait substitué des niches aux fenêtres du projet antérieur, qui furent rouvertes sous le premier Empire. Les travaux de la colonnade furent interrompus en 1678. Il fallut restaurer cette façade en 1756-1757. Le **fronton** est l'œuvre de *Lemot* qui, en 1808, sculpta Minerve entourée des Muses et de la Victoire couronnant le buste de Napoléon Ier (remplacé sous la Restauration par celui de Louis XIV).

La **place** devant la colonnade fut dégagée au milieu du XVIIIe s. Enfin, sous l'impulsion d'*André Malraux*, les **fossés** prévus mais non réalisés au XVIIe s. ont été creusés de 1964 à 1967, au pied de la colonnade, pour en dégager le soubassement monumental et lui restituer ses véritables proportions. Ces fossés, larges de 25 m et profonds de 7,50 m, se prolongent en retour d'équerre aux deux extrémités, de manière à dégager les pavillons d'angle. Le mur de contrescarpe est couronné d'une balustrade de pierre. Au centre de la façade, une avancée en demi-lune et un **pont** dormant de 5 m de portée et 8 m de large donnent accès à l'entrée principale du palais. Ce pont a été réalisé d'après des dessins du XVIIe s. avec les pierres du soubassement de la première façade de *Le Vau*, commencée en 1661 et abandonnée en 1664.

▷ La Cour Carrée***

Franchissant le pont et l'entrée principale, on se trouve au cœur du Vieux Louvre (112,50 m de côté).

L'aile O. C'est la plus ancienne; elle se divise en trois parties. La **partie méridionale**** *(à g. du pavillon de l'Horloge)* est l'œuvre de *Pierre Lescot*, de *Jean Goujon* et de son équipe sous François Ier et sous Henri II. C'est un des chefs-d'œuvre de la Renaissance française. Au-dessus d'un rez-de-chaussée d'ordre corinthien aux grandes arcades en plein cintre, s'élève un étage principal d'ordre composite et enfin un attique à la base d'un toit assez aigu, aux combles cernés de plombs. La façade est coupée de trois avant-corps aux frontons curvilignes : au-dessus de la porte, les œils-de-bœuf sont encadrés de **figures allégoriques** par *Jean Goujon* et surmontés d'une plaque de marbre noir portant une inscription commémorative (avant 1550). L'**ornementation** des trois frontons surtout est splendide : le premier, à g., renferme les figures de Cérès, de Neptune et de l'Abondance, un faune et un Pan, au-dessous la devise d'Henri II « Donec totum impleat orbem »; le deuxième, au centre, symbolise la guerre, avec Mars, Bellone, deux victoires et des captifs; le troisième, à dr., est consacré à la Science accompagnée d'Archimède, d'Euclide et de génies. **Le pavillon de l'Horloge** ou **de Sully** a été exécuté par *Le Mercier* en 1624 : les caryatides ont été sculptées par *Guérin*, *Buyster* et *Poissant* sur les modèles de *Sarrazin*. La **partie septentrionale** *(à dr. du pavillon de l'Horloge)*, par *Le Mercier* (1624), fut décorée seulement après 1820, à l'exception d'un œil-de-bœuf sculpté par *van Obstal* au XVIIe s.

L'aile S. a été commencée à l'O. (à dr.) par *Lescot* qui exécuta la première travée; elle fut construite jusqu'au pavillon central sous Charles IX et Henri III (voir les chiffres R et H dans les entrecolonnements) mais décorée en cette dernière partie seulement sous Henri IV. Le pavillon central et la partie orientale sont dus à *Le Vau*.

Loger au Louvre

Il est un autre aspect du Louvre que l'on n'aurait garde d'oublier : celui d'avoir été au cours des siècles la résidence des artistes. C'est Henri IV qui, en faisant édifier la galerie du Bord de l'Eau, eut le premier l'idée de réserver le rez-de-chaussée de cette galerie aux logements des artistes qui travaillaient pour la Couronne. Loger au Louvre représentait pour un artiste une sorte de consécration officielle, mais aussi des avantages matériels appréciables, puisque le roi prenait à sa charge l'aménagement et l'entretien des appartements; aussi étaient-ils très recherchés.

Ils furent occupés par les peintres Jacob Bunel et Marin Bourgeois, les sculpteurs Pierre de Francheville, Guillaume Dupré; par les tapissiers Maurice Dubois, Girard Laurent, Pierre Dupont (qui inventa la technique dite de la Savonnerie). Sous Louis XIII, les peintres Simon Vouet, Daniel Dumoustier et Tortebat, le sculpteur Louis Lerambert et le graveur Michel Lasne. Sous Louis XIV, les peintres Charles Errard, Jacques Stella, les Coypel, Blin de Fontenay, les graveurs Claude Mellan et Sylvestre, les sculpteurs Le Hongre, Coysevox et Girardon, les ébénistes A. C. Boulle et Oppenordt, des imprimeurs, des orfèvres, des tapissiers en grand nombre. Au XVIIIe s., les peintres Boucher, Desportes, Chardin, Restout, Greuze, Fragonard eurent la bonne fortune d'être logés au Louvre, ainsi que les sculpteurs Le Moyne, Pigalle, des orfèvres et des tapissiers. On notera au passage que le peintre suédois Alexander Roslin eut également cet avantage. Le peintre J.-L. David eut plusieurs ateliers, l'architecte Gabriel s'installa dans l'Orangerie et Guillaume Coustou dans un petit logement de la Cour Carrée. Lorsque Napoléon entra au Louvre en 1806, il supprima les logements réservés aux artistes, qui s'installèrent pendant un temps dans les locaux désaffectés de la Sorbonne.

C'est aussi au Louvre que siégeait l'Académie royale de peinture et de sculpture, et certaines salles étaient réservées aux morceaux de réception des académiciens et aux œuvres offertes par les artistes à l'Académie.

L'aile N., commencée par *Le Mercier*, fut continuée à partir de 1660 par *Le Vau*, si bien qu'ayant également exécuté, comme on vient de le dire, le pavillon central, l'aile E. et la moitié de l'aile S., cet architecte a édifié à lui seul, de 1660 à 1664, la majeure partie de la Cour Carrée ; mais il respecta l'ordonnance conçue par *Lescot*.

Les *frontons* des trois pavillons sont de dates différentes : à l'E., *Guillaume Coustou* sculpta en 1758 des génies soutenant les armes royales, remplacés sous la Révolution par un coq entouré d'un serpent ; au N., *Claude Ramey* représenta en 1811 le Génie de la France sous les traits de Napoléon évoquant Minerve, Mercure et les divinités de la Paix et de la Législation pour qu'elles succèdent à Mars et à l'appareil guerrier que la Victoire a rendu inutile ; au S., *J.-P. Sueur* sculpta la même année Minerve accompagnée des Sciences et des Arts.

Chaque année, dans la Cour Carrée se déroule le *festival du Louvre (fin juin-fin août)*.

▶ La *façade extérieure N.* du quadrilatère, sur la rue de Rivoli, très sobre, a été commencée à l'O. (pavillon de Beauvais) par *Le Mercier*, achevée par *Le Vau* et *Claude Perrault*.

La nouvelle Cour Carrée

Au niveau du sol, il ne reste plus aucune trace de l'ancienne forteresse de Philippe Auguste, transformée en château par Charles V. Tout ce bâtiment fut progressivement rasé à partir de la Renaissance. En revanche, les fondations de ce Vieux Louvre subsistaient dans le sous-sol de la Cour Carrée dans un état de conservation remarquable.

L'importante campagne de fouilles menée récemment dans la Cour Carrée a permis le dégagement et la mise en valeur des puissantes substructions des ailes N. et E. du château de Charles V, et celles du donjon de Philippe Auguste, lequel, étant fort sûr, servait tout à la fois de prison, de trésor et de bibliothèque.

Ces remarquables vestiges ont été couverts d'une structure en béton formant deux cryptes archéologiques dont la visite sera proposée au public dans le cadre des nouveaux circuits muséologiques offerts par le Grand Louvre. A proximité des cryptes sera créé un département d'Histoire du Louvre qui présentera, entre autres, cette période médiévale.

Parallèlement à la campagne de fouilles, on a entrepris la restauration du clos et du couvert de la Cour Carrée pour redonner tout son lustre à cet exceptionnel décor minéral : les façades ont été entièrement ravalées, ses sculptures restaurées et les toits ont été remis à neuf. Un dallage plus approprié, en grès et en granit, a été posé sur le sol de la cour dont le centre est occupé par un bassin circulaire conçu par Duban sous Napoléon III et jamais réalisé jusqu'alors.

▷ Les façades méridionales *côté Seine*

Ces façades méridionales du Vieux Louvre comprennent la façade extérieure de l'aile S. de la Cour Carrée, la Petite Galerie et la Grande Galerie.

La *façade S.* du quadrilatère a été élevée par *Perrault* en 1668 devant la façade construite par *Le Vau* en 1660-1663. L'ordonnance continue celle de la colonnade, mais sans galerie à l'étage, où les doubles colonnes sont remplacées par de simples pilastres d'ordre corinthien encadrant les fenêtres. Ici, s'étendent les jardins de l'Infante. A l'extrémité O. de cette façade s'élève l'*ancien pavillon du Roi* ; il est relié à la Petite Galerie par une sorte de pont à galerie, que *Le Vau* agrandit et construisit en son état actuel, en 1655.

La *Petite Galerie*, en retour d'équerre, fut commencée par *Catherine de Médicis* en 1566, continuée par *Henri IV* de 1594 à 1608. Les sculptures de *Barthélemy Prieur* datent du règne d'Henri IV. Après l'incendie de 1661, *Le Vau* avait modifié la façade du premier étage qui abrite la galerie d'Apollon. *Duban* l'a restituée en son état primitif en 1849, d'après la gravure de *Marot*.

La Grande Galerie

Elle se divise en plusieurs parties. Le *pavillon du Salon carré*, construit par Henri IV qui fit aménager au rez-de-chaussée la salle des Ambassadeurs, toute décorée de marbres ; ce pavillon fut surélevé par *Le Vau*, lorsqu'il installa le Salon

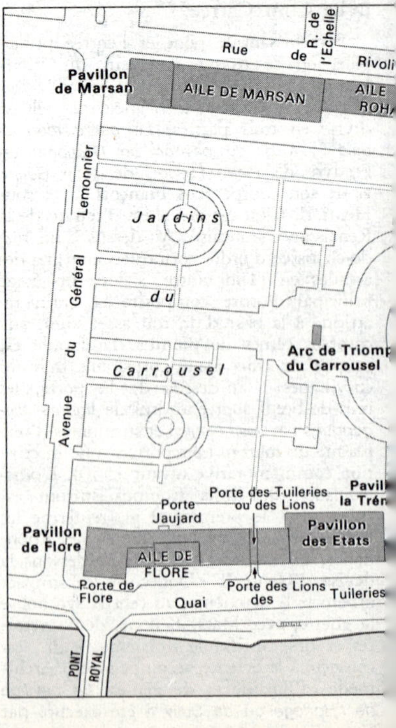

carré. C'est dans le pavillon du Salon carré que se tenait annuellement l'exposition des peintures qui étaient présentées au roi, et qui prit bientôt le nom de Salon. La ***partie orientale*** de la galerie, bâtie de 1594 à 1608 peut-être par *Métezau*, comprend un rez-de-chaussée à bossage vermiculé, flanqué de pilastres toscans, un entresol (la mezzanine) et un étage de larges fenêtres encadrées de niches. Toute la décoration sculpturale a été reprise en 1850. Au centre, se trouve la *porte Barbet-de-Jouy*. Le rez-de-chaussée et l'entresol de cette galerie furent habités de 1608 jusqu'à 1806 par les artistes à qui le roi concédait des logements. Suit un pavillon qui répète le pavillon du Salon carré et qui est actuellement occupé par la Direction des musées de France. Le *pavillon Lesdiguières*, bâti sous Henri IV, marquait l'emplacement où l'ancien mur de Charles V tournait à angle droit vers le N.; c'est près de ce pavillon que se trouvaient la tour de Bois, datant de Charles V, et la Porte Neuve, ouverte sous François Ier et démolie sous Louis XIV. Les ***guichets du Carrousel*** ont été élevés par *Lefuel* (milieu du XIXe s.); au ***fronton***, le Génie des Arts, haut-relief en bronze sur fond d'or, par *Mercié*, a remplacé la statue équestre de Napoléon III par *Barye*, à qui sont dues les deux figures latérales. Le ***pavillon La Trémoille***, semblable au pavillon Lesdiguières, est une œuvre de *Lefuel*. La ***partie occidentale*** de la Grande Galerie fut bâtie de 1594 à 1608, sans doute par *Jacques II Androuet Du Cerceau*. Cette galerie était décorée d'un ordre colossal que *Percier* et *Fontaine* ont copié de l'autre côté du Carrousel, sur la façade S. de la galerie N., mais que *Lefuel* a détruit en 1863, pour le remplacer par une composition analogue à celle de la partie orientale de la Grande Galerie. Au centre, symétriquement à la porte Barbet-de-Jouy, s'ouvre la ***porte des Lions***, ainsi appelée à cause des lions sculptés par *Barye*.

La Grande Galerie aboutit à l'O. au pavillon de Flore qui appartenait aux Tuileries. Si l'on passe les guichets, en face du pont du Carrousel, on voit à g. le grand pavillon bâti de 1863 à 1868 par *Lefuel*, contre la façade N. de la Grande Galerie, pour abriter une nouvelle ***salle des Etats*** et les ***écuries de l'Empereur***.

Le Nouveau Louvre

Les bâtiments du Nouveau Louvre, élevés de 1852 à 1857 par Lefuel sur les plans de Visconti, s'étendent à l'O. du Vieux Louvre, de part et d'autre du square du Carrousel.

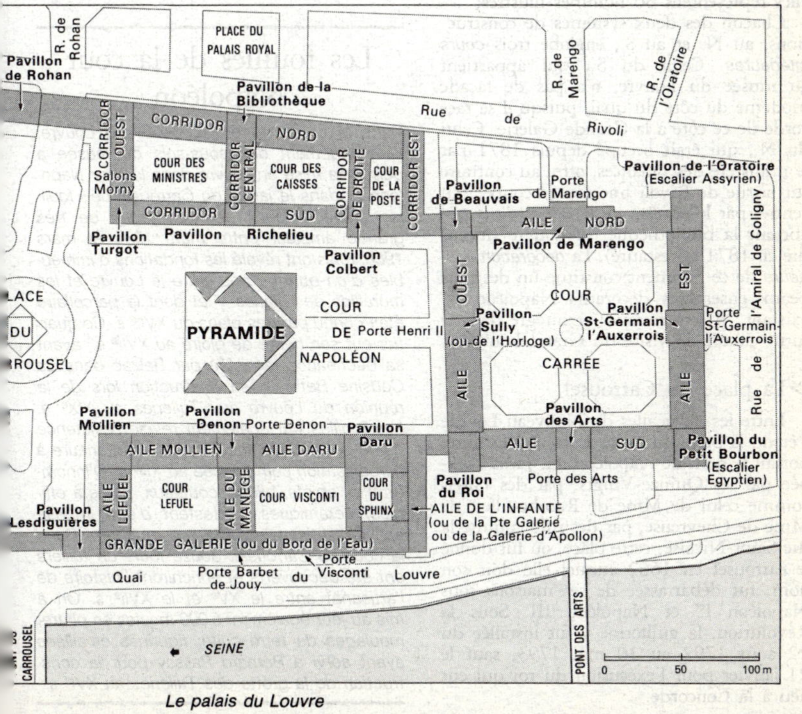

Le palais du Louvre

Ils sont réunis à l'E. par l'***aile occidentale de la Cour Carrée***, de *Lescot* et *Le Mercier*, dont le rez-de-chaussée a été remanié de ce côté, de même que celui du ***pavillon de Sully***, au centre, pour s'harmoniser avec l'ensemble des nouvelles façades. ► La jonction entre la façade O. du Vieux Louvre et les bâtiments du Nouveau se fait par l'intermédiaire de deux petites constructions semblables, dont le soubassement a été mis aussi à l'ordonnance par *Lefuel* : à dr., c'est la ***façade N. des appartements d'Anne d'Autriche*** (1652); à g., c'est une ***réplique symétrique*** exécutée par *Percier* et *Fontaine*.

▷ Les pavillons et les façades

En allant de l'E. à l'O. on trouve : au S., le ***pavillon Daru***, le ***pavillon Denon*** surmonté d'un fronton par *Simard* (ce fronton représente Napoléon III dont c'est la seule effigie que nous puissions voir à Paris; deux groupes de *Barye*), où s'ouvre l'entrée principale du musée, et le ***pavillon Mollien***, à l'angle; au N., le ***pavillon Colbert***, le ***pavillon Richelieu*** (deux groupes de *Barye*) et le ***pavillon Turgot***, à l'angle.

Entre ces pavillons, les ***façades***, en retrait, ont été bordées au rez-de-chaussée, suivant une conception de *Percier* et *Fontaine* reprise par *Visconti*, d'un portique corinthien aux colonnes cannelées. *Lefuel* a dressé des statues sur l'entablement, tout autour du square et sur les façades en retour du côté de la place du Carrousel : elles représentent 86 hommes illustres.

Chacun des deux systèmes de constructions, au N. et au S., englobe trois ***cours intérieures***. Celui du S., qui appartient au musée du Louvre, n'a pas de façade moderne du côté du quai, puisqu'il se raccorde de ce côté à la Grande Galerie. Celui du N., qui était occupé depuis 1871 par le ministère des Finances, offre au contraire sur la rue de Rivoli une façade coupée, au centre, par le ***pavillon de la Bibliothèque*** qui abritait la bibliothèque du Louvre (incendié en 1871 et restauré). La ***décoration intérieure*** de ce bâtiment constitue un des plus beaux ensembles décoratifs Napoléon III existant; il sera restauré et intégré dans le futur circuit de visite du Grand Louvre.

▷ La place du Carrousel

Entre les deux ailes du Nouveau Louvre s'étend la place qui, sous le second Empire, portait le nom de Napoléon III. Jadis occupée par les Quinze-Vingts, par des hôtels comme celui de Mme de Rambouillet, de Mme de Chevreuse, par des rues comme la rue Saint-Nicaise, cette place, où fut donné le carrousel en 1662 auquel elle doit son nom, fut débarrassée de ses maisons sous Napoléon Ier et Napoléon III. Sous la Révolution, la guillotine y fut installée du 22 août 1792 au 10 mai 1793, sauf le 21 janvier pour l'exécution du roi qui eut lieu à la Concorde.

▷ L'arc de triomphe du Carrousel*

Bâti de 1806 à 1808 par *Percier* et *Fontaine*, tandis que *Denon* était chargé d'exécuter le décor sculpté pour commémorer les victoires remportées par Napoléon Ier en 1805, c'est une des œuvres les plus représentatives du style impérial. Il servait d'entrée triomphale au palais des Tuileries.

L'édifice, imitation de l'arc de Septime Sévère à Rome (14,60 m de haut, 19,50 m de large et 8,75 m d'épaisseur), est flanqué de huit colonnes corinthiennes en marbre blanc et rouge; il est surmonté de ***statues*** représentant les différents uniformes de la Grande Armée (intéressantes par leur réalisme) et d'un groupe de bronze qui devait figurer l'Empereur tiré dans un char par les célèbres chevaux enlevés à Saint-Marc de Venise et eux-mêmes conduits par les figures de la Victoire et de la Paix, par *Lemot*. Mais Napoléon s'opposa à ce que l'on mit en place sa statue (on peut la voir à la Malmaison) et le char resta vide. En 1815, les Vénitiens récupérèrent leurs chevaux qui furent remplacés par des copies, et *Bosio* plaça dans le char une ***statue de la Restauration***. Les quatre faces sont ornées de six ***bas-reliefs*** en marbre qui évoquent les gloires de l'Empire jusqu'à la paix de Presbourg. La ***perspective**** offerte par le jardin des Tuileries, puis la montée de l'avenue des Champs-Elysées et, à l'horizon, l'Arc de Triomphe de l'Etoile, est une des plus grandioses et sans doute la plus imposante de Paris.

Les fouilles de la cour Napoléon

Dans le cadre du projet du Grand Louvre, l'aménagement des sous-sols du musée a permis la mise en œuvre dans la cour Napoléon et dans le jardin du Carrousel de «fouilles archéologiques de sauvetage» de très grande ampleur entre mars 1984 et mars 1986. Elles ont révélé les fondations d'immeubles d'un quartier pris entre le Louvre et les murailles de Charles V et dont le parcellaire était connu par des plans du XVIIe *s. Ce quartier eut son heure de gloire au XVII*^{e} *s., avant sa déchéance racontée par Balzac dans La Cousine Bette et sa destruction lors de la réunion du Louvre aux Tuileries au XIX*^{e} *s. Les fouilles ont également révélé l'existence d'une zone rurale ancienne, bien antérieure à l'urbanisation commencée au XIII*^{e} *s. D'innombrables objets, bijoux, couteaux, pipes à effigies, céramiques... attestent d'une intense activité artisanale dans ce quartier. Dans la cour du Carrousel, douze fours de tuiliers ont été découverts et enrichiront l'histoire de l'artisanat entre le XV*^{e} *et le XVII*^{e} *s. On a mis au jour également 5 000 moules en plâtre, moulages de terre cuite, figurines émaillées ayant servi à Bernard Palissy pour la construction de la grotte des Tuileries au XVI*^{e} *s.*

La galerie Nord

Entre la rue de Rivoli et les jardins du Carrousel, parallèlement à la Grande Galerie S., s'étend la galerie N. qui reliait le Louvre au palais des Tuileries. Elle comprend aujourd'hui trois parties :

▶ Le *pavillon de Rohan*, à l'E., à la jonction des bâtiments du Nouveau Louvre, fut construit en 1816 par *Percier* et *Fontaine*, et restauré depuis. La façade sur la rue de Rivoli est décorée de huit statues ; de g. à dr., en bas, Hoche, Kléber, Desaix et Marceau ; en haut, Masséna, Lannes, Soult et Ney. ▶ La *partie orientale* de la galerie fut construite en 1806 par les mêmes architectes. Ceux-ci y ont copié l'ordonnance primitive de la partie occidentale de la Grande Galerie (façade sur le quai), laquelle fut plus tard refaite par *Lefuel* dans un tout autre style. Elle est décorée d'un ordre colossal supportant une série de frontons alternativement curvilignes et triangulaires. ▶ On terminera par la *partie occidentale* de la même galerie, incendiée en 1871, refaite et élargie par *Lefuel* du côté des jardins, en 1875-1878. L'architecte y a reproduit la façade N. de la Grande Galerie, élevée par lui-même sous Napoléon III entre le pavillon de la salle des États et le pavillon de Flore, dans un style imité de celui des Tuileries.

▷ L'ancien palais des Tuileries

De cet ancien palais, incendié sous la Commune, seuls subsistent les deux pavillons de Marsan (N.) et de Flore (S.).

Histoire du palais

Ce palais s'élevait sur un lieu appelé la Sablonnière et occupé, dès le XIIe s., par des tuileries. François Ier y avait acheté pour sa mère Louise de Savoie une petite maison de campagne sur le clos des Tuileries. Après la mort d'Henri II, blessé dans le tournoi des Tournelles et mort à l'hôtel des Tournelles, *Catherine de Médicis* ne voulut plus habiter dans l'hôtel ; elle acheta le clos Le Gendre et le clos des Cloches, autour de l'ancienne maison de Louise de Savoie et, en 1564, demanda à *Philibert de l'Orme* de lui élever un palais. Cet architecte établit un projet énorme dont seule une faible partie fut réalisée ; un pavillon central s'attachait à deux corps de bâtiments, précédés le long du jardin de portiques. A la mort de Philibert de l'Orme (1570), *Jean Bullant*, suivant le plan de son prédécesseur, éleva un pavillon au S., mais en 1572 Catherine de Médicis interrompit les travaux, troublée dit-on par la prédiction d'une diseuse de bonne aventure, et fit bâtir par *Jean Bullant* l'hôtel de Soissons dont il ne reste que la Colonne astronomique voisine de la Bourse du Commerce. Henri IV fit continuer le palais. *Jacques II Androuet Du Cerceau* éleva un corps de bâtiment qui relia le pavillon de Bullant au pavillon d'angle (de Flore) achevé en 1608.

Gaston d'Orléans et sa fille, la Grande Mademoiselle, habitèrent les Tuileries jusqu'en 1652. Louis XIV concéda alors le palais à son jeune frère, le duc d'Anjou. En 1659, *Le Vau* construisit au N. des pavillons semblables à ceux du S. pour abriter la salle des Machines. En 1664, avec *François d'Orbay*, il remania complètement l'intérieur du palais pour permettre à Louis XIV de l'habiter pendant les travaux du Louvre.

Louis XV résida aux Tuileries pendant sa minorité. La salle des Machines, transformée, servit à l'Opéra lorsque la salle du Palais-Royal fut incendiée. Louis XVI s'installa aux Tuileries après le 6 octobre 1789. Le 20 juin 1792 le peuple envahit le château et le roi dut coiffer le bonnet rouge. Le 10 août la foule en armes se rua contre les Tuileries ; les Suisses furent tués, le roi fut déposé. Le 10 mai 1793, la Convention vint siéger aux Tuileries dans une salle construite sur l'emplacement du théâtre et dans laquelle elle fut remplacée, le 4 novembre 1796, par le Conseil des Anciens qui ne la quitta qu'au 18 brumaire. C'est au rez-de-chaussée du pavillon de Flore, dans la salle Verte, que siégeait en permanence le Comité de salut public.

Bonaparte entra aux Tuileries le 1er février 1800 et jusqu'en 1870 ce palais fut le siège du pouvoir exécutif. *Percier* et *Fontaine* remanièrent une fois de plus l'intérieur, modifiant l'escalier, les salles de réception, les appartements, et aménageant la chapelle dans le pavillon de l'ancienne salle des Machines. Le 29 juillet 1830 et le 24 février 1848 le peuple s'en empara de nouveau. On y fit, en 1849, l'exposition annuelle de peinture. L'impératrice Eugénie s'y fit installer un appartement par *Lefuel*. Le 4 septembre 1870, par la grande galerie du Bord de l'Eau, l'impératrice quitta les Tuileries qu'occupait la garde nationale, pour la Belgique.

Le palais fut incendié en mai 1871 par la Commune ; *Lefuel*, après la guerre, proposa de rebâtir un nouveau palais, *Viollet-le-Duc* de sauver les ruines. En réalité, le gros œuvre était presque intact, mais le Parlement se prononça pour la démolition. En 1884, les derniers vestiges du palais disparaissaient et un jardin était établi en 1889.

Cependant les débris arrachés au palais disparu furent dispersés dans toute la France, dans plusieurs pays d'Europe, et jusqu'en Amérique. C'est ainsi que les pierres du pavillon qui se trouvait sur la place du Carrousel ont été employées par le comte Pozzo di Borgo à l'édification du château de la Punta, près d'Ajaccio (1886).

A Paris même, quelques fragments ont été conservés dans le jardin des Tuileries (près du Jeu de Paume), dans les jardins du palais de Chaillot, à l'école des Ponts et Chaussées, à l'école des Beaux-Arts et à l'école spéciale d'Architecture.

Les pavillons

Le *pavillon de Marsan*, qui clôt la galerie N., a été reconstruit par *Lefuel*. Dans les étages est installé le *musée des Arts de la mode*, tandis que le rez-de-chaussée et la partie occidentale de la galerie sont occupés par le *musée des Arts décoratifs* (→ *musées*). De l'autre côté des jardins, le *pavillon de Flore*, qui termine la Grande Galerie, appartenait également aux Tuileries. Refait sous le second Empire par *Lefuel*, il est orné, face à la Seine, du fameux groupe de *Carpeaux* : *le Triomphe de Flore**; le fronton qui le surmonte est également du célèbre sculpteur. Cette façade domine le pont Royal.

La visite intérieure

pour les horaires → musée

Les bâtiments qui entourent la Cour Carrée et toute la partie S. du palais y compris la moitié méridionale du Nouveau Louvre sont occupés par le musée du Louvre (→ musées). La visite de l'intérieur du palais se fait généralement en même temps que celle du musée. A condition naturellement de payer le droit d'entrée du musée, on peut aussi, après avoir vu les façades du Louvre, en visiter assez rapidement les parties intérieures les mieux conservées. La transformation du palais en musée ayant occasionné d'importants aménagements, seule subsiste dans son état d'origine la décoration intérieure de quelques appartements royaux et de plusieurs salles voisines, tous dans la partie la plus ancienne du palais, c'est-à-dire dans l'aile de Lescot et surtout dans la Petite Galerie.

La visite débute au rez-de-chaussée de l'aile Lescot, dans la salle des Caryatides (→ musée du Louvre, plan du département des Antiquités gréco-romaines).

▷ La salle des Caryatides**

Cette salle précédait les appartements de Catherine de Médicis et tient son nom des belles caryatides que *Jean Goujon* avait exécutées (1550) pour soutenir la tribune; au-dessus de celle-ci, le grand *bas-relief* en bronze est une copie de la Nymphe de Fontainebleau par *Benvenuto Cellini*. Tous les autres ornements, ainsi que la monumentale cheminée de style Renaissance ont été exécutés sous la direction de *Percier* et *Fontaine*, mais les deux statues allégoriques qui ornent celle-ci sont de *J. Goujon*.

En 1610, une effigie en cire d'Henri IV assassiné fut exposée dans la salle des Caryatides, du 10 au 20 juin, puis le cercueil y fut dressé du 21 au 29. C'est ici que Molière fit jouer ses premières pièces, que l'Institut tint ses séances publiques de 1796 à 1806, et qu'eut lieu le dîner offert par le président de la République à la reine Elisabeth II d'Angleterre et au prince Philip (10 avril 1957).

▷ Les appartements d'été d'Anne d'Autriche**

A l'extrémité opposée de la tribune, par le corridor de Pan et la salle grecque archaïque (*plafond* de *Prud'hon* : Thétis invoquant Jupiter), on atteint, à dr., l'appartement d'été d'Anne d'Autriche, aménagé en 1654 au rez-de-chaussée de la Petite Galerie : à la suite de la *rotonde de Mars*, décorée de figures en stuc par *Michel Anguier*, il comprenait une suite de cinq salles aux *plafonds* décorés encore de stucs (ceux de la salle des Antonins sont de *Girardon*) et de peintures mythologiques par *Romanelli* (voir le beau plafond de la salle des Saisons). La *salle des Antonins* comportait dans sa première partie la chambre d'Anne d'Autriche et, dans l'autre partie, le cabinet de travail où elle conférait avec ses ministres. ▶ De la rotonde de Mars, gagner l'*escalier Daru*, au pied duquel se trouve la *cour du Sphinx* avec, du côté E., la belle façade *Le Vau* (1659-1661). L'escalier Daru donne accès à la galerie d'Apollon qui occupe le premier étage de la Petite Galerie.

▷ La galerie d'Apollon*** → *musée du Louvre, plan du 1er étage des objets d'art*

Cette galerie, une des plus belles qui soient par ses dimensions (longueur 61,39 m, largeur 9,46 m, hauteur 11 m) fut construite sous Henri IV et, après un incendie, reconstruite au temps de Louis XIV sous la direction de *Le Brun*, puis complétée au XIXe s. en un style Louis XIV approximatif.

Au-dessus de la *porte d'entrée* : le Réveil de la Terre, peinture par *J. Guichard*, d'après *Le Brun*. A la voûte : au centre, *Apollon vainqueur du serpent Python**,

importante composition de *Delacroix* et seule création originale parmi celles du XIXe s. Les quatre autres grands cartouches représentent : la Nuit ou Diane, le Soir ou Morphée, par *Le Brun*; Castor ou l'Etoile du Matin, par *Renou*; l'Aurore, par *Le Brun*, refaite par *Ch. Muller*. Sur les côtés de la voûte : l'Hiver, par *Lagrenée le Jeune*; le Printemps, par *Gallet*; l'Eté, par *Durameau*; l'Automne, par *Taraval*. Au-dessus de la ***fenêtre*** qui a vue sur la Seine, le Triomphe de Neptune et d'Amphitrite ou le Réveil des Eaux, par *Le Brun*, restauré par *Popleton*. Sur les ***parois***, dix-huit portraits (principaux artistes ayant travaillé au Louvre) en tapisserie, exécutés aux Gobelins (XIXe s.). ▶ Traverser la ***rotonde d'Apollon*** (au plafond, peinture de *Merry-Joseph Blondel* : la Chute d'Icare, 1819) et gagner la salle des Bijoux. ▶ La ***salle des Bijoux***. Au plafond, peinture de *Jean-Baptiste Mauzaisse* : le Temps montrant les ruines qu'il amène et les chefs-d'œuvre qu'il laisse découvrir (1822). Elle occupe l'ancien cabinet du Roi et donne accès à l'ancien pavillon du Roi (angle S.-O. de la Cour Carrée) au premier étage duquel se trouvait l'appartement du Roi, et la salle des Gardes.
▶ Après la salle des Bijoux, on arrive dans la ***salle des Sept-Cheminées*** : sur les voussures du plafond, figures ailées de *Joseph Duret* (1851). ▶ La ***salle Henri-II*** *(à g.)* était l'antichambre de l'appartement du Roi. Sculpté en 1557, le magnifique ***plafond*** doré de *Francisque de Carpy* fut complété sous le règne de Louis XIV. Depuis 1953, ***les Oiseaux***, trois compositions contemporaines du peintre *Georges Braque*, viennent aérer et donner vie à ce décor de la Renaissance. ▶ La salle Henri-II donne accès à la ***salle La Caze*** (ou salle des bronzes antiques) qui était l'ancienne salle des Gardes.
▶ A l'extrémité opposée, on peut voir le bel ***escalier Henri-II***, un des premiers grands escaliers droits de France, construit par *Pierre Lescot* de 1550 à 1555. *Jean Goujon* et son atelier sculptèrent la décoration de cet escalier. ▶ Revenir sur ses pas jusqu'à la salle des Sept-Cheminées et prendre à g. en direction du département des Antiquités égyptiennes. Cette succession de salles qui bordent la Cour Carrée au S., forme la galerie Charles-X.

▷ La galerie Charles-X

Cette galerie occupe l'emplacement de l'appartement aménagé par *Le Vau* au XVIIe s. pour la jeune reine Marie-Thérèse. Puis sous la Restauration, ces salles furent décorées (1826-1827) pour accueillir les collections d'art égyptien. Après la salle des Sept-Cheminées, la ***salle Clarac*** (au plafond, copie d'après *Ingres* : l'Apothéose d'Homère), sert de vestibule à la galerie Charles-X, qui donne sur la Cour Carrée, et à la galerie Campana qui borde la Seine.

La description des ***plafonds peints*** suit l'ordre de succession des salles. Dans la galerie Charles-X, on trouve : salle H (250), *François Heim*, le Vésuve reçoit de Jupiter le feu qui doit consumer Herculanum et Pompei, Minerve intercède pour elles; salle G (248), *Charles Meynier*, les Nymphes de Parthénope conduites par Minerve sur les bords de la Seine; salle F (246), *François-Edouard Picot*, Cybèle protège Herculanum et Pompéi contre le Vésuve; salle E (244) dite salle des Colonnes, *Antoine Jean Gros*, la Loi protège les Arts; salle D (242), *François-Edouard Picot*, l'Etude et le Génie dévoilant l'Egypte et la Grèce; salle C (240), *Abel de Pujol*, l'Egypte sauvée par Joseph; salle B (238), *Horace Vernet*, Jules II ordonnant les travaux de Saint-Pierre à Bramante, Michel-Ange et Raphaël; salle A (238), *Antoine Jean Gros*, le Génie de la France anime les Arts et protège l'Humanité.

▷ La galerie Campana

Elle fut décorée à la même époque pour recevoir la prestigieuse collection de céramique grecque qui lui a laissé son nom. On y trouve : salle A (253), *Jean Alaux*, Poussin est présenté par le cardinal de Richelieu au roi Louis XIII; salle B (251), *Charles Steuben*, Clémence de Henri IV après la victoire d'Ivry (1833); salle C (249), *Eugène Devéria*, Puget présente à Louis XIV le Milon de Crotone dans les jardins de Versailles; salle D (247), *Evariste Fragonard*, François Ier reçoit les tableaux rapportés d'Italie par Primatice; salle E (245), *François Joseph Heim*, la Renaissance des arts en France; salle F (243), *Evariste Fragonard*, François Ier armé chevalier par Bayard; salle G (241), *Jean Victor Schnetz*, Charlemagne reçoit Alcuin lui présentant des manuscrits; salle H (239), *Martin Drolling*, Louis XII proclamé « Père du Peuple » aux états généraux de 1506; salle I (237), *Léon Cogniet*, l'Expédition d'Egypte sur les ordres de Bonaparte. ▶ La galerie Campana et la galerie Charles-X se réunissent dans le vestibule de l'escalier Percier. Sous la Restauration, d'importants travaux furent conduits dans cette partie du Louvre, dans l'aile S. de la Cour Carrée et dans l'aile de la colonnade. Aux deux extrémités de celle-ci, les architectes *Percier* et *Fontaine* construisirent deux escaliers monumentaux, l'***escalier du Nord*** et l'***escalier du Midi***. Sur le palier de l'escalier, tourner à g. dans l'aile de la Colonnade, pour accéder au vestibule des salles de la Colonnade.

▷ Les salles de la Colonnade

Le ***vestibule***. Le plafond et les parties anciennes des lambris proviennent de la chambre du Conseil au pavillon de la Reine, à Vincennes (1654-1658).

La ***chambre à alcôve*** est ornée de boiseries provenant de la chambre du Roi au Louvre, remaniée par *Le Vau* en 1654. Le ***plafond*** est celui de la chambre de Louis XIV : aux retombées, Esclaves et Trophées par *Girardon* et *Regnauldin*;

Renommées par *Laurent Magnier* et *Legendre*. Dans l'*alcôve* (où fut porté le corps d'Henri IV après l'attentat de Ravaillac), quatre génies soutenant un pavillon, par *Gilles Guérin*; lit provenant du château d'Effiat (milieu du XVIIe s.). L'Audience du Légat, tenture de l'Histoire du Roi, d'après *Le Brun* (Gobelins, 1667-1672).

La *chambre de parade* : ses boiseries sont en grande partie du temps d'Henri II et proviennent également de l'ancien pavillon du Roi. Le beau *plafond* en bois sculpté par *F. de Carpy* (1558) sur les dessins de *Lescot* et transporté ici sous la Restauration, est celui de la chambre de parade d'Henri II. Les *portes*, attribuées à *Jean Goujon* ou à *maître Ponce*, ont été complétées et surmontées de frontons par *Utinot* et *Laurent Magnier* vers 1660. Aux *murs*, tentures de l'Histoire de Déborah, par *Pierre de Cortone* et *Romanelli* (milieu du XVIIe s.); le Sacrifice de Lystra, tenture des Actes des Apôtres, d'après *Raphaël* (atelier de Mortlake, Angleterre; 1630-1635).

Le Luxembourg Le palais et le jardin**

6e arr. / 36-K7
Métro : Luxembourg
Bus : 21, 27, 38, 58, 82, 84, 85, 89
P rue Soufflot
Taxis : place Edmond-Rostand ☎ 46.33.00.00

Cet ancien palais royal aux réminiscences florentines est le siège du Sénat depuis 1958. Il est environné par l'un des plus grands jardins de la capitale (25 ha) : le jardin du Luxembourg, qui allie parterres classiques aux allées rectilignes, et parc paysager aux allées sinueuses et ombragées. Ce double aspect et sa situation au cœur de Paris en font un jardin fréquenté par un public nombreux et hétéroclite : écoliers, étudiants, artistes y ont toujours fait bon ménage avec les bourgeois et les religieux des couvents voisins.

Le palais du Luxembourg dans l'histoire

Son nom, Lucotitius (d'où le diminutif que ses habitués lui donnent de « Luco »), aurait été attribué sous la domination romaine à ce faubourg de Lutèce. Il y eut là un camp militaire. Le château de Vauvert qui s'y élevait au Xe s. (→ quartier Denfert-Rochereau) fut démoli par les chartreux de l'ordre de Saint-Bruno qui reçurent de Saint Louis cet emplacement en 1257 pour y construire leur couvent et s'assurer leur subsistance par la culture des fruits et des légumes. L'histoire du palais et de son jardin commence avec Marie de Médicis, Florentine dépaysée qui acheta, en 1612, l'hôtel de Luxembourg, voisin du séjour où demeuraient les Gondi, ses compatriotes. La reine, qui aimait ce faubourg tranquille et plus salubre que le Louvre, acquit également divers terrains contigus, jusqu'à ceux des chartreux, au sud. Sans démolir l'hôtel de Luxembourg (devenu le Petit Luxembourg), elle fit édifier à partir de 1615, par Salomon de Brosse, un palais qui devait lui rappeler le palais Pitti de son enfance par ses bossages à l'italienne. Le dôme, le quatrième à Paris, rehaussé d'or, devait souligner la grandeur de la régente. En 1622, la reine commanda à Rubens les célèbres tableaux aujourd'hui au Louvre, et s'installa au Grand Luxembourg vers 1625. Elle en profita peu car, à la tête du parti dévot, elle s'opposa à Richelieu et fut exilée à Cologne où elle mourut en 1642.

Le palais devint ensuite palais d'Orléans, car le second fils de Marie, Gaston d'Orléans, en hérita à la mort de Louis XIII (1642). Puis il eut pour possesseurs successifs Mlle de Montpensier, l'héroïne de la Fronde, la duchesse de Guise (1672), le roi Louis XIV (1694) qui y fit élever par Mme de Maintenon les enfants qu'il avait eus de Mme de Montespan, la famille d'Orléans. Enfin en 1778 Louis XVI donna le Luxembourg à son frère, le comte de Provence, futur Louis XVIII, qui vendit 10 ha à l'emplacement de l'actuelle rue Guynemer et qui occupa l'hôtel du Petit Luxembourg jusqu'à son émigration (20 juin 1791).

Sous la Révolution, le jardin s'agrandit des terrains des chartreux qui furent nationalisés. Il put poursuivre sa perspective de 1 400 m jusqu'au palais de l'Observatoire, et s'orienter N.-S. comme l'avait souhaité Marie de Médicis. Le palais devint d'abord une manufacture d'armes puis une prison, voilée sous le titre de Maison nationale de sûreté, où furent emprisonnés Camille Desmoulins, Fabre d'Eglantine, Danton, Joséphine de Beauharnais. David, prisonnier au Luxembourg après le 9 thermidor, y fit la première esquisse de son tableau des Sabines, et le paysage qu'il voyait de sa fenêtre fut le seul qu'il ait jamais peint (→ musée du Louvre).

Le Directoire y transporta le siège du gouvernement où, le 10 décembre 1797, le général Bonaparte y présenta le traité de Campoformio. A la suite du 18 brumaire, le palais directorial fut, jusqu'en 1800, palais du Consulat. Sous l'Empire, il devint palais du Sénat, et plus tard de la Chambre des Pairs : il avait été complètement transformé à l'intérieur par Chalgrin pour répondre à sa nouvelle destination. Il remania les anciens appartements de Marie de Médicis pour faire place à la salle des huissiers et à la salle des Messagers. En 1815, le maréchal Ney y fut détenu, jugé et fusillé de l'autre côté du jardin, avenue de l'Observatoire. Sous Louis-Philippe, ce fut au Luxembourg que furent aussi jugés les ministres de Charles X en 1830, et Louis-Napoléon Bonaparte, après le débarquement de Boulogne, en 1840. De 1836 à 1841, le palais fut considérablement agrandi par A. de Gisors, qui édifia une nouvelle façade sur le jardin (sculptures de Pradier), exactement imitée de celle de son prédécesseur, et deux pavillons d'angle pour maintenir l'aspect primitif. Sous le second Empire on construisit la salle du trône en avancée sur la cour, et le jardin prit sa configuration définitive. Il fut rogné vers la rue de Vaugirard, et privé de la pépinière et du jardin botanique par le percement de la rue Auguste-Comte. On aménagea des parterres à la française et un jardin paysagé ceinturant l'ensemble. Cette juxtaposition fut un succès de même que la restitution du « petit parterre de la Reine-Mère » devant le Petit Luxembourg.

De 1940 à 1944, le Luxembourg fut occupé par l'état-major du maréchal Sperrle, commandant en chef de la Luftwaffe sur le front de l'Ouest. Les Allemands firent subir au palais d'importants aménagements intérieurs et construisirent sous le jardin de formidables abris fortifiés qu'ils n'eurent heureusement pas le loisir d'utiliser, l'ensemble de la position ayant été enlevé le 26 août 1944 par quelques chars de la division Leclerc.

Visite du Luxembourg

2 h

▷ **Le palais**** *entrée 15, rue de Vaugirard / visites guidées ☎ 42.34.20.60*

On ne peut visiter le rez-de-chaussée. Au *premier étage*, la galerie des bustes, la salle de conférences, des séances et le salon Victor-Hugo sont abondamment décorés de statues et de tableaux très officiels.

La bibliothèque : à la coupole centrale, les Limbes de l'Enfer de Dante, et au-dessus de la fenêtre, en hémicycle, Alexandre après la bataille d'Arbelles fait déposer les poèmes d'Homère dans le coffre d'or de Darius, magnifiques *peintures*** d'*Eugène Delacroix* (1847) [→ *encadré*]. La *galerie des Jordaens* (annexe de la bibliothèque) :

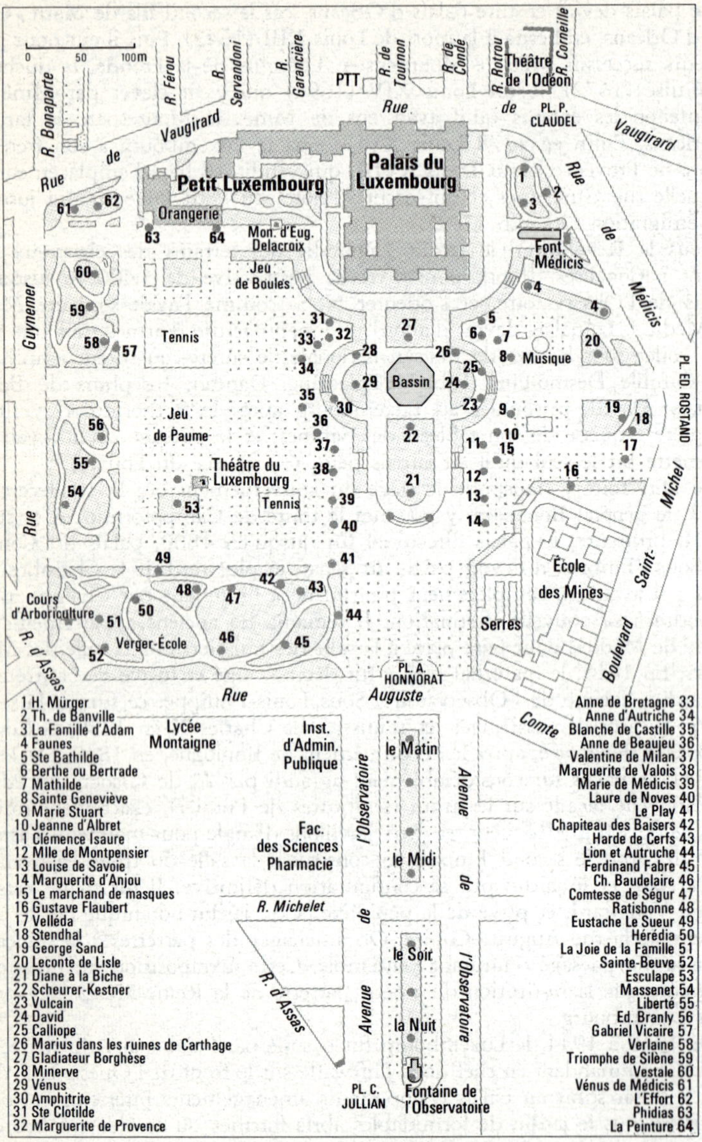

Le jardin du Luxembourg

plafond décoré de douze tableaux de *Jordaens* représentant les Signes du Zodiaque, achetés en 1802, à l'époque des aménagements de Chalgrin ; c'est dans cette galerie que fut installé le premier musée public de peinture (1750). Le *Cabinet doré* : Marie de Médicis y donnait audience. Au plafond, figures allégoriques, par *Decaisne* ; quelques boiseries de l'époque proviennent des appartements de la reine au Louvre et encadrent des panneaux par *Th. Van Thulden*. Le *bureau des tabacs* : ancienne chambre à coucher de Marie de Médicis ; au plafond, le Lever de l'Aurore, par *Jadin*. L'*escalier d'honneur*, conçu par *Chalgrin*, est décoré de tapisseries des Gobelins. Il occupe l'emplacement de la galerie des Rubens. Ces 24 tableaux, peints de 1621 à 1625 par *Rubens*, sont maintenant au Louvre. Ils illustrent la vie de Marie de Médicis et ses activités politiques. Ces épisodes furent choisis par Richelieu qui se souciait de son avenir et voulait œuvrer à la réconciliation de la reine-mère et du roi Louis XIII, son fils. *Escalier du public*, en haut : peintures décoratives, évoquant la Paix, par *Lucien*

Simon et *Maurice Denis* (1928). ***Chapelle*** d'époque Louis-Philippe. Au ***deuxième étage***, aile O., au-dessus de la porte d'un dépôt d'archives *(ne se visite pas)*, plaque commémorative (1935) du maréchal Ney.

▷ Le Petit Luxembourg *entrée 15, rue de Vaugirard / visites sur autorisation du président du Sénat*

Il fut donné en 1627 à Richelieu par Marie de Médicis, qui l'avait elle-même acquis (1612) de F. de Pinay-Luxembourg. Il sert de résidence au président du Sénat. A la façade, à dr., inscription à la mémoire de Sadi Carnot, physicien à l'origine de la thermodynamique, né ici en 1796 lorsque son père, Lazare Carnot, était membre du Directoire. A l'***intérieur***, salons décorés par *Boffrand* en 1711, et grand salon décoré par *Louis de Boullongne*.

▷ Le musée du Luxembourg *entrée 19, rue de Vaugirard / expositions temporaires toute l'année ☎ 42.34.25.95*

Cette ancienne orangerie a abrité, de 1886 à 1937, l'ancien musée du Luxembourg. Cet espace avait été choisi pour libérer la galerie du palais où avait été organisé, dès 1750, le premier musée public de peinture qu'on appelait alors ***Salon***. L'instigation en revenait au *marquis de Marigny* qui avait enrichi ces galeries de tableaux provenant du cabinet du Roi. On peut voir les restes de l'ancien ***couvent des Filles du Calvaire*** que Marie de Médicis avait installé à côté de sa demeure (1622), et dont le cloître servit de jardin d'hiver au Petit Luxembourg. La chapelle était à l'endroit de la petite cour, au fond de laquelle a été reportée sa charmante ***façade*** Renaissance *(visible à travers la grille)* restaurée par *A. de Gisors*.

▷ Le jardin du Luxembourg *7 h 30 ou 8 h 15-17 h ou 21 h 30, selon la saison*

Le principe du jardin public, distinct du jardin princier, que la bonté ou l'humeur de ses propriétaires laissait à la disposition du peuple et qui paraît évident de nos jours, ne prévalut qu'à partir du second Empire. La jouissance définitive n'en fut laissée au « vulgum pecus » que quand le comte de Provence (futur Louis XVIII) se trouva propriétaire du Luxembourg. Contre un modeste droit d'entrée on pouvait s'abreuver de boissons, café, lait, et se nourrir de fruits récoltés dans le verger.

Les ***monuments*** et ***statues*** qui ont été placés dans les jardins méritent qu'on s'y arrête.

La ***fontaine Médicis*****, non loin de l'angle Saint-Michel, entre le boulevard Saint-Michel et la rue de Médicis, est surmontée d'un fronton aux armes de la reine ; c'est vraisemblablement une œuvre de *Salomon de Brosse* construite dans le goût des grottes italiennes, mais les sculptures sont dues à *Auguste Ottin* (1866) ; elle porte, au centre, Polyphème s'apprêtant à écraser sous un rocher Acis et Galatée avec, de part et d'autre, Pan et Diane. *Alexandre de Gisors*, architecte du Sénat, y adossa en 1864 la ***fontaine du Regard**** (premier Empire), délogée d'un carrefour de la rue Saint-Placide ; un fronton et deux pilastres encadrent un bas-relief d'*Achille Valois* : Léda et son cygne ; les deux naïades couchées sur les rampants du fronton sont dues au ciseau de *Jean-Baptiste Klagmann* (1864). En arrière, vers la place Paul-Claudel, à côté des bustes de Murger par *Théophile Bouillon* (1895) et Théodore de Banville par *Jules Roulleau* (1892), se dresse le monument aux étudiants morts pendant la Résistance, réalisé par *Watkin* en 1956.

Se diriger ensuite vers la grande entrée qui donne sur le boulevard Saint-Michel. A g. de celle-ci, remarquer d'abord un médaillon représentant Stendhal par *Auguste Rodin*, George Sand par *François Sicard* (1905), Velleda, druidesse bructère d'*Hippolyte Maindron* (1844), œuvre marquante de la sculpture romantique. De l'autre côté de l'allée centrale, le Faune dansant d'*Eugène Lequesne* fait pendant au monument à Leconte de Lisle par *Denys Puech* (1898).

En se dirigeant vers le grand bassin, ne pas manquer le Marchand de masques par *Zacharie Astruc* (1883) dont le socle

Delacroix et les commandes publiques

Eugène Delacroix (1798-1863), chef de l'école de peinture romantique, a beaucoup travaillé pour des bâtiments publics parisiens. La première commande qui lui est passée en 1826 pour le Conseil d'Etat avait pour thème l'Empereur Justinien composant ses Institutes ; elle a malheureusement disparu dans l'incendie de 1871. Le premier ouvrage vraiment conséquent qu'il eut à peindre fut la décoration du salon du Roi à la Chambre des députés en 1834, peinture en grisaille remarquable. Le choix de cet artiste pour un tel édifice public avait été dicté à Thiers par un désir de faire sa cour à Talleyrand, père putatif de l'artiste. Malgré les critiques, il lui commanda également la décoration de la bibliothèque, achevée en 1846. Parallèlement, en 1840, Delacroix avait reçu commande de la décoration de la bibliothèque du Sénat. Cette immense activité de décorateur triompha avec les peintures de la chapelle des Saints-Anges à l'église Saint-Sulpice. Pour être plus proche de ce travail qui le passionnait, l'artiste s'installa place Fürstenberg en 1857. C'est là qu'il mourut six ans plus tard, épuisé par l'effort surhumain qu'il fit pour terminer cette chapelle. Ce dernier atelier du peintre est aujourd'hui transformé en musée Delacroix.

Les promeneurs du « Luco »

Ce jardin jouit dès son origine d'une réputation excellente, tant au point de vue de l'air lénifiant qu'on y respire que du charme et du calme que l'on peut y trouver. C'en est assez pour justifier les promenades de Diderot et de Rousseau ; celui-ci exerçait en marchant sa mémoire récalcitrante sur des églogues de Virgile. Watteau vint y prendre son inspiration quand son ami Audran, concierge du jardin mais surtout artiste éclairé que l'on retrouve aux Gobelins, ouvrait la porte de cet espace alors privé. Très fréquenté des habitants du quartier, le Luxembourg fut aimé des écrivains : Baudelaire, Lamartine, Musset, Verlaine, Hugo, George Sand, Balzac, André Gide qui habita à côté, Hemingway, Brasillach, Sartre... Au bord du Quartier Latin, c'est aussi le jardin des étudiants qui côtoient pacifiquement les promeneurs en quête de calme et les enfants qui y ont leurs propres distractions avec Guignol, les voiliers, le manège, les kiosques à bonbons et les poneys.

est entouré des masques de Corot, Dumas, Berlioz, Carpeaux, Faure, Delacroix, Balzac, Barbey d'Aurevilly. Sur la terrasse, Louis-Philippe a installé les statues des reines de France et des femmes illustres. Le grand bassin est orné à dr. et à g. de deux statues en marbre du XVIe s. d'après l'antique : une nymphe, et David vainqueur de Goliath.

Du côté de la rue Auguste-Comte, deux groupes animaliers, le Lion de Nubie d'*Auguste Cain* (1870) et la Harde de cerfs de *Le Duc* (1886), côtoient Ferdinand Fabre par *Laurent Marqueste* (1880) et Baudelaire par *Fix-Masseau*. Le monument à Watteau, exécuté par *Henri Gauquié* (1896), est formé du buste de l'artiste en étain et de la Jeunesse, en marbre, dans le goût des scènes galantes du XVIIIe s. Le groupe les Joies de la famille est une œuvre d'*Horace Daillion* (1889).

Aller ensuite vers la rue Guynemer. Les ruches, la roseraie et le jardin fruitier, vers la rue d'Assas et la rue Guynemer, sont une maigre réminiscence de la tradition horticole des chartreux et de la pépinière qui existait à l'emplacement de l'actuelle rue Auguste-Comte avant les travaux d'Haussmann. Sur les pelouses, remarquer surtout le monument à Massenet avec Manon, par *Raoul Verlet* et *Paul Gasq* ; la Liberté, réduction de celle de New York et offerte par *Bartholdi* à la Ville de Paris (elle a été restaurée à l'occasion du bicentenaire des Etats-Unis). Sous les quinconces se trouve le ***théâtre de marionnettes*** du Luxembourg, qui date de 1931 mais dont l'origine remonte à 1881. Non loin le ***manège***, dû aux plans de *Charles Garnier*, architecte de l'Opéra.

De l'autre côté de l'allée qui mène à l'entrée rue Guynemer, ne pas manquer d'admirer le Triomphe de Silène par *Dalou*, le buste de Verlaine par *Rodo de Niederhausen*. En bordure de la rue de Vaugirard, à dr. de l'entrée par cette rue, se trouve une œuvre peu connue d'*Antoine Bourdelle* : un buste de Beethoven. A côté de lui, l'Effort, de *Pierre Roche* (1907), la Source et le Ruisseau, par *Emile Chatrousse* (1869). En bordure des jardins privés du Sénat, le monument à ***Eugène Delacroix**** est une œuvre de *Dalou*.

Le quartier de la Madeleine*

8e arr. / 27-H5
Métro : Madeleine
Bus : 94, 84, 52, 42, 24
[P] place de la Madeleine (côté impair)
Taxis : 8, bd Malesherbes ☎ 47.42.54.73

La place de la Madeleine est différente selon que l'on se trouve devant ou derrière le monumental parallélépipède périptère de l'église. Ecrasé par l'ampleur de la perspective de la rue Royale, de la place de la Concorde et du Palais-Bourbon, au pied des escaliers hollywoodiens qui conduisent à l'entrée de l'église, le passant est un peu intimidé par autant de grandeur. Un pittoresque marché aux fleurs, de nombreux cafés et plusieurs boutiques élégantes apportent un peu d'humanité aux autres côtés de la place.

Derrière le monument, des voitures de luxe rangées à la sauvette indiquent la proximité des magasins de la maison Fauchon, institution gourmande de la vie parisienne, et presque de la vie française. A l'approche des fêtes de fin d'année ces boutiques raffinées sont prises d'assaut par les clients qui en oublient souvent leur savoir-vivre, et il faut jouer des coudes pour y commander son foie gras ou sa livre de marrons glacés. Les rues avoisinantes, issues d'une des plus importantes opérations de lotissement de la Restauration, sont aujourd'hui assez calmes. A proximité, le petit square Louis-XVI et sa chapelle mélancolique semblent bien indifférents aux passants du boulevard.

Visite du quartier

45 mn

▷ L'église Sainte-Marie-Madeleine**

7 h 30-19 h en sem., et 8 h-13 h/16 h-19 h le dim. ☎ *42.65.52.17*

La Madeleine est l'un des monuments les plus célèbres de Paris. L'histoire de cet édifice est aussi longue et aussi tourmentée que celle du Panthéon dont elle est pratiquement contemporaine ; mais, à la différence de ce dernier, la Madeleine est restée une église. Elle est aujourd'hui la paroisse d'un quartier particulièrement cossu et élégant. L'exceptionnelle somptuosité de la Madeleine, et son singulier caractère de temple antique élevé en plein Paris, expliquent l'attrait qu'elle exerce sur les imaginations.

L'histoire

Le faubourg de La Ville-l'Evêque avait, depuis le XIIIe s., une église Sainte-Marie-Madeleine, bâtie au début de l'actuel boulevard Malesherbes. Au XVIIIe s. le développement du quartier rendit nécessaire la construction d'un lieu de culte plus grand. Le projet du nouvel édifice, qui devait se placer dans la perspective de la rue Royale et compléter l'ensemble monumental de la place Louis-XV, prit corps en 1757 ; la première pierre fut posée en 1764. *Pierre Contant d'Ivry* avait donné les plans ; il prévoyait une église en croix latine couronnée par un dôme. Après la mort de cet architecte (1777), les plans furent modifiés par son successeur, *Guillaume Couture* ; il transforma la croix latine en croix grecque, accentuant la ressemblance avec l'église Sainte-Geneviève (Panthéon) de *Soufflot* qui s'élevait à la même époque. La Révolution interrompit la construction. L'édifice en chantier reçut les destinations les plus diverses : Assemblée nationale, Bourse, Bibliothèque nationale. *Napoléon* décida enfin d'en faire un temple de la Gloire et confia l'achèvement des travaux à *Barthélemy Vignon*. L'aspect actuel de la Madeleine résulte de ce choix, quoique la Restauration ait de nouveau changé la nature de l'édifice en en refaisant une église. Vignon mort (en 1828), les travaux furent menés à bien par *Jean-Jacques Huvé*. La consécration eut lieu en 1845. L'ensemble de la décoration, remarquablement homogène, date des années 1830-1840. L'Etat en a assumé tous les frais mais l'église fut concédée en 1842 à la Ville de Paris.

L'extérieur

La Madeleine revêt la forme d'un temple, entièrement entouré de colonnes corinthiennes de dimensions impressionnantes : 108 m de long, 43 m de large et 30 m de haut. Un socle de 4 m et un large perron confèrent une majesté supplémentaire à l'édifice. En plan, l'église se compose d'une nef unique à trois travées couvertes chacune par une coupole et d'un chœur en hémicycle couvert d'un cul-de-four. Les ***portes*** de bronze sont ornées de reliefs sculptés qui représentent Les Dix commandements, œuvre de *Henri de Triqueti*. Le ***fronton principal***, qui représente Le Jugement Dernier, est de *Philippe-Henri Lemaire*. Dans les niches qui creusent le mur, sous le portique, ***trente-deux statues*** de saints et de saintes dues aux principaux sculpteurs de l'époque, entre autres *Lebœuf-Nanteuil, Duret, Feuchères, Bosio, Dantan, Duseigneur, Ramey, Maindron, Caillouette, Jouffroy* et *Raggi*.

L'intérieur

L'***orgue*** est un superbe instrument de *Cavaillé-Coll* (1846, restauré en 1927). Dans le ***vestibule*** à dr., Le Mariage de la Vierge, groupe de *James Pradier* ; bénitiers d'*Antonin Moine*. ***Première travée*** : sur les pendentifs de la coupole, quatre Apôtres sculptés par *Jean-Pierre Roman* et *François Rude* ; dans la lunette de dr., Conversion de la Madeleine par *Victor Schnetz* ; au-dessous, statue de Sainte-Amélie par *Théophile Bra*. ***Deuxième travée*** : Apôtres de *Denys Foyatier* ; lunette de dr., La Madeleine au pied de la croix, par *François Bouchot* ; statue du Christ sauveur par *Francisque Duret*. ***Troisième travée*** : Apôtres de *Pradier* ; lunette de dr., La Madeleine en prière par *Abel de Pujol* ; statue de Sainte-Clotilde par *Antoine Barye*.

Le cul-de-four (18 m de diamètre) est orné d'une peinture de *Jules Ziegler* évoquant L'Histoire du christianisme ; les figures de héros qui y sont rassemblées autour du Christ et de Marie Madeleine vont de Constantin à Napoléon, en passant par Jeanne d'Arc, Dante et Raphaël.

La *mosaïque* qui s'étend au-dessous, exécutée d'après un carton de *Joseph Lameire*, est le seul ajout important fait à la décoration d'origine (Le Christ et les propagateurs de la foi en Gaule, 1893). L'ensemble du *maître-autel*, avec le très élégant groupe sculpté qui le surmonte, le Ravissement de sainte Madeleine et les deux Anges qui le flanquent, sont l'œuvre de *Charles Marochetti*.

En redescendant la nef : *troisième travée*, lunette de g., Mort de sainte Marie Madeleine par *Emile Signol*; Saint-Augustin, sculpture d'*Antoine Etex*. *Deuxième travée*, lunette, Sainte Marie Madeleine au sépulcre par *Léon Cogniet*; La Vierge et l'Enfant Jésus par *Charles-Emile Seurre*. *Première travée*, lunette, Le Repas chez Simon par *Auguste Couder*; Saint Vincent de Paul par *Bernard Raggi*. Dans le vestibule, à g., Le *Baptême du Christ*** est l'un des chefs-d'œuvre de *Rude*.

▷ La place de la Madeleine

Conçue en même temps que l'église, elle occupe l'emplacement des dépendances du prieuré de la Ville-l'Evêque, fief depuis le VIe s. de l'évêque de Paris.

Côté O. : la galerie de la Madeleine, formée en 1840, est l'un des passages parisiens de la rive droite. Tout à côté, faisant l'angle avec le boulevard Malesherbes, grand *immeuble** (nº 9), construit sous Louis-Philippe par *Charpentier* avec des sculptures de *Klagmann* (classé), dans lequel Marcel Proust a passé son enfance. Au rez-de-chaussée, le *restaurant Lucas Carton** conserve un décor d'ébénisterie (1903) attribué à *L. Majorelle*. Au nº 7, immeuble où vécut l'académicien, historien et ministre Jules Simon; au rez-de-chaussée le célèbre magasin d'orfèvrerie Odiot.

Côté S. s'ouvre la perspective de la rue Royale fermée par la façade du Palais-Bourbon (Assemblée nationale).

Côté E., près de l'église, un petit *marché aux fleurs (t.l.j. sf lun. 8 h-19 h 30)*, installé depuis 1832, met un peu de couleur sur la place. Au nº 2, un magasin de vêtements américains est installé dans un immeuble jadis célèbre pour son restaurant Durand puis par l'agence Cook. Le boulevard de la Madeleine mène vers l'Opéra et la place Vendôme très proches. A l'angle qu'il fait avec la place de la Madeleine, le magasin des *Trois Quartiers*, fondé en 1829 et reconstruit dans un style très sobre par *Faure-Dujarric* en 1932.

Côté N., c'est le règne de l'alimentation de luxe. Au nº 26, les *magasins Fauchon* offrent près de 20 000 produits de toutes origines. Au nº 21, l'*épicerie Hédiard*, vieille de 130 ans; un peu plus loin, la grande *confiserie Tanrade (18, rue Vignon)*. ▶ Le *théâtre de la Madeleine (19, rue de Surène)*, inauguré en 1924, devint principalement, de 1930 à 1942, le théâtre de Sacha Guitry. Celui-ci, en compagnie d'Yvonne Printemps, Pierre Fresnay, y joua ses pièces et ses revues. Aujourd'hui, le théâtre de la Madeleine abrite la compagnie Valère-Desailly.

Le kiosque-théâtre de la Madeleine

Comme Londres et New York, Paris possède un kiosque-théâtre qui est installé en face du 15, place de la Madeleine.
Toutes les places de théâtre disponibles pour le jour même y sont mises en vente à moitié prix. La presque totalité des théâtres privés, quelques salles subventionnées, le Lucernaire, le théâtre de Chaillot, la Maison des Arts de Créteil, le théâtre de Boulogne-Billancourt, le théâtre Gérard-Philipe, le Théâtre de la Ville, le TMP Châtelet, des spectacles de music-hall (Alcazar, Olympia), aussi bien que des spectacles lyriques (ballets de l'Opéra, Orchestre de Paris, salle Gaveau, etc.), se sont engagés à fournir un minimum de quatre places, pour chaque représentation, au kiosque-théâtre.
Ouvert du mar. au vend., 12 h 30-20 h; sam., 12 h 30 pour les matinées, 14 h-20 h pour les soirées; dim., 12 h 30-16 h 30.

▷ La rue Tronchet

Ouverte en 1824 sur l'emplacement du prieuré des Bénédictines de la Ville-l'Evêque, cette rue porte le nom de l'avocat François Tronchet (1726-1806) défenseur de Louis XVI. Son prolongement jusqu'au boulevard Haussmann date de 1862.

Les *immeubles* qui la bordent caractérisent le souci mercantile des propriétaires qui les édifièrent pour tirer un revenu de leur capital : ils firent construire sur la rue un corps de bâtiment offrant des boutiques, tandis qu'ils logeaient dans un édifice donnant sur la cour. Au nº 5 a habité Chopin. Alfred de Musset avait un pied-à-terre au nº 9, et Lamennais aurait habité au nº 13. De là part la *galerie Palacio de la Madeleine*, à l'emplacement de l'ancien marché.

Au nº 7, l'*hôtel de Pourtalès**, construit en 1836 par *Duban* qui avait déjà construit l'école des Beaux-Arts. Le goût prononcé de James-Alexandre Pourtalès-Gorgier (1776-1855) pour tous les aspects de l'art lui fit commander à l'architecte Duban un hôtel dans le style Renaissance pour abriter sa salle des Etrusques, sa salle de verrerie, sa galerie de tableaux et sa collection d'antiques. Longeant la cour à arcades, sur la dr., la galerie renfermait des trésors de peinture dont des œuvres des *frères Carrache*, *Guido Reni*, *Holbein*, *Murillo*, *David* et le célèbre Corps de Garde de *Le Nain* maintenant au Louvre. La vente aux enchères qui dispersa la collection en 1863 dura plusieurs jours. Acquis en 1917 par une compagnie d'assurance qui y fit de discrets aménagements, l'hôtel ne se visite que très rarement. ▶ La *rue de Castellane*, percée sur l'emplacement du grand hôtel de Soyécourt où mourut le maréchal de Soubise, est remarquable par l'homogénéité de ses immeubles Restauration. ▶ La *rue Greffulhe* : au n° 7, une plaque et un médaillon rappellent qu'ici est mort le compositeur Reynaldo Hahn (1874-1947).

▷ La rue des Mathurins

Ce quartier consacré à la mode fut, au XIXe s., très littéraire et la rue des Mathurins garde un peu de cette atmosphère raffinée d'autrefois, du temps où Marie d'Agoult tenait salon au n° 10, où Sophie Gay en tenait un autre au n° 40, dans une maison où mourut Germaine de Staël. Sur le *théâtre des Mathurins*, construit en 1906 par *L. Guitry*, une plaque portant le médaillon de Georges († en 1939) et de Ludmilla Pitoëff († en 1953) commémore le souvenir des deux artistes qui, entre 1927 et la guerre, firent les grands soirs et le renom de cette salle.

▷ La chapelle expiatoire *entrée : 29, rue Pasquier / t.l.j. 10 h-17 h 45 ☎ 42.65.35.80*

Il s'agit de la chapelle que Louis XVIII fit construire (1815-1826) par *Fontaine* pour être consacrée à la mémoire de Louis XVI et de Marie-Antoinette. Elle fut bâtie dans le square Louis-XVI, lui même établi à l'emplacement de l'ancien cimetière de la Madeleine de la Ville-l'Evêque. C'est là que furent inhumées les personnes mortes lors du feu d'artifice de 1770 et presque 3 000 victimes de la Révolution : les gardes suisses tués aux Tuileries le soir du 10 août 1792, Louis XVI, Marie-Antoinette, Philippe-Egalité, Charlotte Corday, Mme Roland, Custine, Mme du Barry, Camille et Lucile Desmoulins, Malesherbes, Danton, Hébert, Fabre d'Eglantine, Barnave, Bailly, Lavoisier, Brissot, Vergnaud, Chaumette.

Aussitôt après l'exécution, les corps du roi et de la reine avaient été ensevelis ici : l'autel de la crypte est à l'endroit exact où leurs restes furent retrouvés, le 18 mai 1814, et où ils demeurèrent jusqu'à leur transfert à Saint-Denis (janvier 1815).

Le *cloître* « formé d'un enchaînement de tombeaux », comme écrit Chateaubriand dans les Mémoires d'outre-tombe, paraît aujourd'hui insolite, et le petit square offre une paix mélancolique au milieu de l'agitation du boulevard. A l'extrémité de la rangée, à dr., momument de Charlotte Corday, qui assassina Marat le 13 juillet 1793 et, vis-à-vis, à g., de Philippe-Egalité, duc d'Orléans et père de Louis-Philippe.

A l'*intérieur* de la chapelle on verra deux *groupes* de marbre offerts par la duchesse d'Angoulême, fille de Louis XVI ; à dr., par *Bosio*, Louis XVI soutenu par un ange auquel l'artiste a donné les traits de l'abbé Edgeworth, confesseur du roi (sur le piédestal est gravé le testament du 25 décembre 1792) ; à g., par *Cortot*, Marie-Antoinette agenouillée aux pieds de la Religion, représentée sous les traits de Mme Elisabeth (sur le piédestal, la lettre que la reine aurait adressée à Mme Elisabeth, le 16 octobre 1793). Au-dessus du portail, la Translation à Saint-Denis, bas-relief par *Gérard*. Quelques marches descendent à la crypte, très austère.
▶ On peut finir la promenade en rejoignant le *boulevard Malesherbes* qui mène vers une autre grande église du XIXe s. : l'*église Saint-Augustin* (→ *quartier Saint-Lazare*). ▶ A l'angle de la rue des Mathurins et du boulevard Malesherbes (n° 32), on verra une élégante *rotonde* de fer et verre pratiquement unique dans Paris (1903).

Le Marais ★★★

On appelle traditionnellement Marais la portion du territoire parisien limitée au sud par la Seine, à l'est et au nord par les boulevards Beaumarchais et du Temple, à l'ouest par les rues Beaubourg et Turbigo. Si ce quartier reste par excellence le cœur historique et touristique de Paris, le visiteur sera surpris de l'animation, voire l'agitation qui y règne. De tous temps a vécu et travaillé ici une population très variée ; diversité qui se retrouve dans l'habitat : à de véritables palais sont juxtaposées de modestes demeures et boutiques, caractéristique unique dans Paris.

Aujourd'hui l'artisanat et la petite industrie font vivre une population souvent immigrée : de nombreux Asiatiques se sont spécialisés dans la maroquinerie et la bijouterie fantaisie, tandis que les ateliers de confection installés aux alentours du Carreau du Temple sont le fief des Yougoslaves, et les boutiques de vêtements en gros souvent la propriété de rapatriés pieds-noirs.

Le sud du quartier et les alentours de la place des Vosges sont nettement plus résidentiels ; on y trouve des commerces de luxe (antiquaires, galeries d'art), plusieurs stylistes de mode, des restaurants élégants ; enfin de nombreuses personnalités du spectacle ou des lettres y ont élu domicile. La construction des nouveaux quartiers des Halles et Beaubourg, tout proches, ont remis en lumière le Marais qui jusqu'alors intéressait peu les promoteurs. Il est probable que la prochaine mise en valeur des quartiers Est de Paris (Bastille et environs), aura un impact identique. On peut craindre alors que la multiplication des rénovations de luxe n'accélère la migration déjà amorcée des classes laborieuses vers la banlieue, et que le Marais ne soit plus occupé que par une population très aisée et quelques administrations. Le quartier y perdrait une grande partie de son charme et sa gaieté, son aspect pittoresque et bon enfant, pour devenir un « quartier musée » moribond.

Nous avons, pour la découverte du Marais, établi trois promenades : le quartier de la place des Vosges, le quartier Saint-Paul, le quartier du Temple et des Archives. Un conseil aux promeneurs : éviter la visite du Marais pendant le week-end ; beaucoup de ses vieux hôtels sont occupés par des manufactures qui sont alors en repos ; d'autres, devenus résidences privées, sont équipés de codes numériques qui seront branchés et en interdiront l'accès. Enfin, ne pas se laisser rebuter par les portes closes, tenter de voir les cours, les escaliers souvent dissimulés ; il suffit parfois d'un gentil sourire à la gardienne !

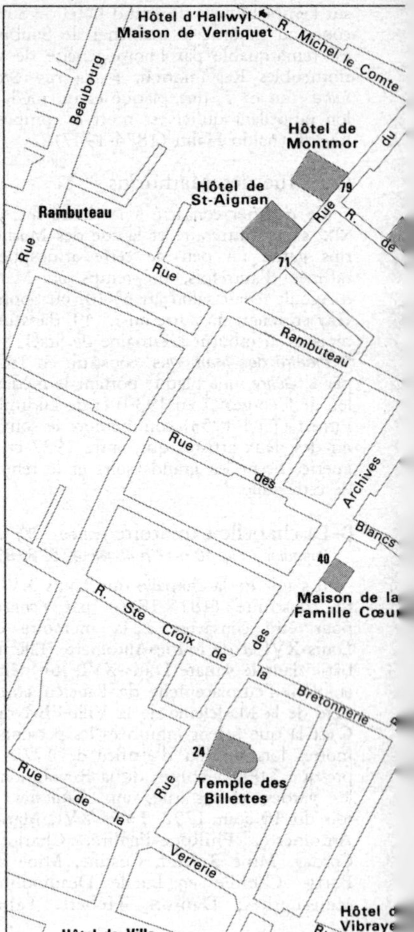

Le quartier du Marais dans l'histoire

Bien que, dès la fin du IVᵉ s., soit attestée la présence d'une basilique à l'emplacement de l'église Saint-Gervais et que l'ancienne paroisse Saint-Paul trouve ses origines dans une modeste chapelle du VIIᵉ s., c'est dans le courant du XIIᵉ s. que ce quartier, voué aux pâtures et cultures maraîchères, allait connaître sa première occupation. Au nord et hors des murs de la ville, l'ordre

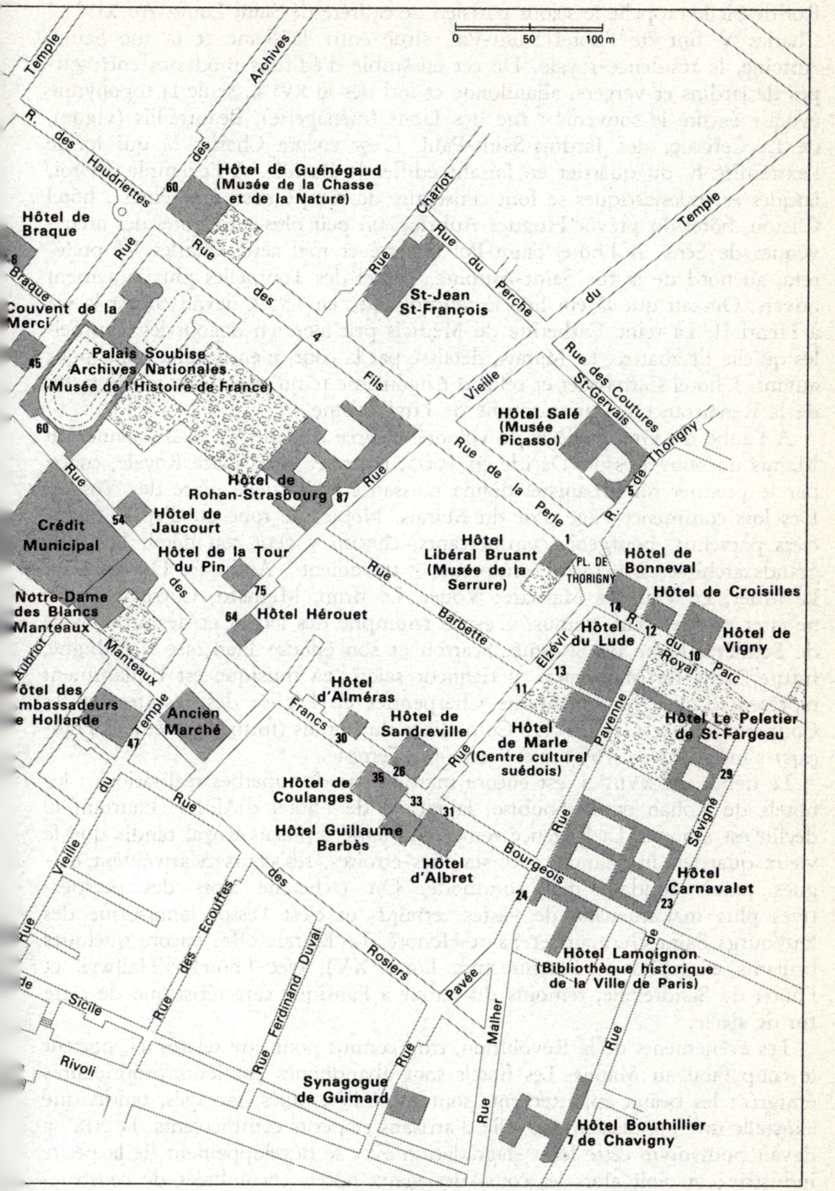

Le Marais

militaire du Temple établit son prieuré, vaste enclos orgueilleusement fortifié, entouré de terrains cultivés, où allaient affluer petits commerçants et artisans qui échappaient là aux redevances et contrôles corporatifs. Au début du XIIIe s. plusieurs congrégations religieuses suivirent l'exemple du Temple (prieuré Sainte-Catherine du Val-des-Ecoliers, couvent des Blancs-Manteaux, de Sainte-Croix-de-la-Bretonnerie, des Carmes-Billettes), tandis qu'au milieu du même siècle Charles d'Anjou, roi de Naples et de Sicile, installait sa résidence à l'emplacement du n° 7 de notre rue de Sévigné. L'actuelle rue du

Roi-de-Sicile rappelle le séjour parisien de ce frère de Saint Louis. Au XIVe s., Charles V fuit de l'hôtel Saint-Pol, situé entre la Seine et la rue Saint-Antoine, la résidence royale. De cet ensemble d'édifices modestes entrecoupés de jardins et vergers, abandonné et loti dès le XVe s., seule la toponymie évoque encore le souvenir : rue des Lions (ménagerie), Beautreillis (vigne), de La Cerisaie, des Jardins-Saint-Paul. C'est encore Charles V qui ferme l'extrémité E. du quartier en faisant édifier la Bastille. A l'exemple du roi, laïques et ecclésiastiques se font construire de somptueuses demeures : hôtel Clisson, hôtel du prévôt Hugues Aubriot, un peu plus tard hôtel des archevêques de Sens. A l'hôtel Saint-Pol resserré et mal aéré, Charles VI préférera, au nord de la rue Saint-Antoine, l'hôtel des Tournelles plus largement ouvert. On sait que là eut lieu le tournois qui, en 1559, devait coûter la vie à Henri II. La reine Catherine de Médicis prit alors en dégoût les Tournelles qu'elle fit abattre. Le Marais, délaissé par la cour, n'en déclina point pour autant. L'hôtel Carnavalet et celui d'Angoulême témoignent encore des fastes de la Renaissance et du triomphe de l'italianisme.

A l'aube du Grand Siècle, la volonté éclairée d'Henri IV allait donner au Marais un nouvel essor. Décidé en 1605, le projet de la place Royale, conçu par le premier roi urbaniste, donna naissance à l'actuelle place des Vosges. Dès lors commence l'âge d'or du Marais. Nobles de robe ou d'épée, financiers parvenus, bourgeois commerçants, chacun y veut son hôtel. Les plus grands architectes, peintres, sculpteurs y travaillent : Androuet Du Cerceau, Le Muet, Le Vau, les Mansart; Vouet, Le Brun, Mignard, Coysevox, pour ne citer que les plus connus. C'est le triomphe des lettres et des arts : Mlle de Scudéry, Mme de Sévigné, Scarron et son épouse Françoise d'Aubigné, future Mme de Maintenon, y tiennent salon. La musique est brillamment représentée avec Marc Antoine Charpentier en l'église des Jésuites, et les Couperin à Saint-Gervais. Les Comédiens du Marais (futurs Comédiens Français) s'installent en 1634 rue Vieille-du-Temple.

Le début du XVIIIe s. est encore marqué par de superbes réalisations : les hôtels de Rohan et de Soubise, la façade de l'hôtel d'Albret. Pourtant le déclin est amorcé. La Régence remet en vogue le Palais-Royal tandis que le vieux quartier du Marais, avec ses rues étroites, ses cours relativement exiguës paraît soudain mal commode. On recherche alors des perspectives plus majestueuses, de vastes terrains, et c'est l'essor fantastique des faubourgs Saint-Germain et Saint-Honoré. Le Marais offre encore quelques brillants exemples de l'architecture Louis XVI avec l'hôtel d'Hallwyll et l'hôtel de Sandreville, témoins du retour à l'antique caractéristique de cette fin de siècle.

Les événements de la Révolution, trop connus pour être relatés ici, portent le coup fatal au Marais. Les hôtels sont abandonnés par leurs propriétaires émigrés; les beaux appartements sont morcellés, pillés, saccagés, tandis que s'installe une population nouvelle d'artisans et petits commerçants. Le XIXe s. devait poursuivre cette lente dégradation avec le développement de la petite industrie; on voit alors les cours des vieux hôtels encombrées de constructions parasites : ateliers, appentis, entrepôts, etc. A cela il faut ajouter le vandalisme administratif qui va durer un siècle et demi, avec l'irréparable destruction de l'hôtel du Grand Prieur, de l'hôtel d'Effiat et tant d'autres! Rappelons cependant l'action courageuse et éclairée de la Commission du Vieux Paris depuis 1898.

De nos jours, l'opinion s'est émue. La loi Malraux de 1962 a permis au Conseil municipal d'amorcer un plan de rénovation du Marais, soutenu par diverses associations culturelles. Mais malgré plusieurs restaurations prestigieuses, la bataille pour la réhabilitation du Marais n'est pas gagnée.

Le quartier de la place des Vosges***

3e et 4e arr. / 37-L7-L6
Métro : Saint-Paul
Bus : 29, 69, 79, 96
P 16, rue Saint-Antoine
Taxis : au métro Saint-Paul ☎ 48.87.49.39

Visite du quartier

1 h 30

▷ La rue Saint-Antoine**

C'est l'une des plus vieilles rues de Paris puisqu'elle fut l'ancienne voie romaine Paris-Melun. Elle a toujours été particulièrement large, ce qui faisait d'elle un lieu de fêtes et de réjouissances. Son côté N., est bordé de nombreuses *maisons anciennes* remarquables par l'étroitesse de leur façade. ▸ *La rue Caron*, ouverte en 1783 sur l'emplacement de l'ancien prieuré de Sainte-Catherine-du-Val-des-Ecoliers créé sous le règne de Saint Louis, mène en quelques pas à la petite *place du Marché-Sainte-Catherine** aujourd'hui transformée en espace piétonnier. ▸ La *rue de Jarente* fut créée en même temps que la place : voir la cour, le porche dallé et l'escalier du nº 8, et les cours du nº 4. Au nº 2, dans l'impasse de la Poissonnerie, fontaine Louis XVI.

▷ L'hôtel Colbert-de-Villacerf

23, rue de Turenne

Avant d'emprunter cette rue qui nous ramène rue Saint-Antoine, on fera un crochet vers la g. pour voir la façade de cet hôtel qu'une restauration récente pourrait faire prendre pour un faux. Une fontaine XVIIe s. dans la cour, un escalier en fer à cheval côté jardin et un boudoir remonté au musée Carnavalet attestent pourtant l'ancienneté de cet hôtel défiguré par une surélévation en 1931.

▷ L'hôtel de Sully***

62, rue Saint-Antoine ☎ 42.74.22.22

Il demeure un des plus beaux du Marais, et sa restauration est une réussite. Il y avait ici, au XVIe s., un hôtel qui fut rasé pour être reconstruit en 1624 par le riche financier Mesme-Gallet. L'architecte semble avoit été *Jean Ier Androuet Du Cerceau*. Les grandes heures de l'hôtel commencent en 1634 lorsqu'il est acheté par *Maximilien de Béthune* (davantage connu sous le nom de Sully), qui employa sa fortune à décorer somptueusement cet hôtel où il ne vivait guère. Dès la fin du XVIIIe s. l'hôtel était vendu, démantelé, voué aux commerces, et au lendemain de la dernière guerre il était toujours défiguré par des bâtiments adventices. Les gravures, les plans, les archives ont permis une reconstitution exemplaire dirigée par *Jacques Dupont*, inspecteur général des monuments historiques et *Robert Vassas*, architecte en chef. Aujourd'hui, l'hôtel de Sully est le siège de la ***Caisse nationale des Monuments historiques et des Sites*** qui y organise des expositions temporaires.

L'extérieur *(entrée libre dans la cour, 10 h-18 h)*. On a fait disparaître une fâcheuse construction ajoutée au siècle dernier entre les beaux pavillons d'entrée aux frontons curvilignes. On admirera la beauté exceptionnelle de la pierre de cet hôtel d'une conception encore Renaissance par sa profusion ornementale et l'emplacement de son escalier. Sur les façades, cour et jardin,

---

Respect du patrimoine

Si on regarde l'histoire du Marais, on constate que le respect du patrimoine qui inspire l'actuel plan de sauvegarde est un sentiment bien neuf. Cette vénération du passé n'occupait en effet ni François Ier, ni Charles IX quand ils faisaient détruire l'hôtel Saint-Pol et l'hôtel des Tournelles ; ni les architectes du XVIIe ou XVIIIe s. qui édifièrent, souvent en détruisant ceux qui les précédaient, les hôtels que nous admirons aujourd'hui ; ni Louis XVI quand il fit raser le couvent de Sainte-Catherine-du-Val-des-Ecoliers ; ni, on le sait, la Révolution ou le siècle du Progrès et d'Haussmann : l'église Saint-Paul disparut en 1799, les couvents des Minimes, des Célestins, de l'Ave-Maria tombèrent peu à peu au cours du XIXe s. ainsi que quantité d'hôtels. Et le XXe s. poursuivit ce saccage : au nom de la salubrité, cette fois, des îlots entiers furent rayés de la carte comme autour de l'hôtel de Sens. En 1927, un grand amateur d'art, M. Cognacq-Jay, fit détruire l'hôtel de la Vieuville pour y installer les entrepôts de ses magasins. Prochainement, un autre hôtel du Marais, sauvé à cette occasion, accueillera le musée qui porte son nom. Ce rachat posthume est bien un signe des temps.

---

des figures sculptées en bas-relief représentent les Eléments et les Saisons.

L'intérieur (pour visiter s'adresser à la CNMHS) est remarquable par son escalier au plafond orné, ses plafonds peints et les boiseries à pilastres peintes et dorées de la chambre dite de Sully. Entre 1634 et 1641, Sully avait fait bâtir au fond de son jardin une ***orangerie*** dite ***le Petit Sully***, qui s'ouvrait au nº 7 de la place Royale. Détachée de l'hôtel au milieu du siècle dernier, elle lui est de nouveau reliée. Les caves restaurées abritent aujourd'hui des expositions temporaires. ▶ Emprunter la ***rue de Birague*** qui fut ouverte en 1605 pour servir d'accès de la rue Saint-Antoine à la place des Vosges.

▷ La place des Vosges***

Cette place est la première de Paris, née de la volonté d'*Henri IV* qui reprit un projet de *Catherine de Médicis* destiné à remplacer l'hôtel des Tournelles.

Histoire de la place

A la suite du funeste coup de lance de Montgomery, Henri II avait été ramené mourant à l'hôtel des Tournelles où il expira après dix jours d'agonie. La reine Catherine prit alors en horreur cet énorme palais bâti en 1388 pour Pierre d'Orgemont et qui, au début du XVᵉ s., occupait tout l'espace compris entre la rue Saint-Antoine, la rue des Tournelles, la rue de Turenne et la rue Saint-Gilles. Ici demeurèrent Jean, duc de Berry, le duc d'Orléans, le roi fou Charles VI, le duc de Bedford, régent d'Angleterre, Louis XI; Louis XII y mourut. Les rois ne l'abandonnèrent pas, même lorsque le Louvre retrouva leur faveur. En 1559, le mariage d'Elisabeth de France avec Philippe II d'Espagne, à l'occasion duquel avait été donné le tragique tournoi, fut célébré avec éclat en présence de la reine et de la maîtresse royale, Diane de Poitiers. Le roi mort, la reine Catherine obtint de Charles IX que le palais fût détruit. A sa place se tint un important marché aux chevaux. Ici aussi eut lieu le célèbre duel entre les mignons d'Henri III et les hommes du duc de Guise. Au départ Henri IV était sans vues précises sur ces terrains. Il décida la construction d'une manufacture de soie (1604) puis voulut border celle-ci par une place publique dont les trois autres côtés auraient été des logements pour les ouvriers. La manufacture périclitant, elle fut démolie en 1607 et des pavillons identiques à ceux des trois autres côtés furent bâtis à sa place, en 1609. A une place populaire se substitua une place aristocratique qu'Henri IV voulait lieu de commerce, de promenade et de loisirs. On ignore le nom de l'architecte; on nomme *Louis Métezeau* et *Jacques II Androuet Du Cerceau*. Les lettres patentes de 1605 stipulaient l'indivisibilité des parcelles et des pavillons, l'unité du matériau, l'élévation de chacun des pavillons qui devait comporter deux étages sur arcades formant galerie. La place Royale fut inaugurée avec faste

La place des Vosges

L'hôtel entre cour et jardin

Un des charmes particuliers d'une promenade au Marais demeure la surprise; le faste de ses hôtels historiques y est en effet souvent dissimulé. Car même si au bord des lieux de festivités on tourne les appartements vers l'extérieur, parfois comme de vraies loges de théâtre (place des Vosges, hôtel de Beauvais), l'accent est en général mis sur le bâtiment du fond de la cour et c'est cet ordonnancement, selon un plan rigoureux, autour d'une cour centrale et souvent d'un jardin qui fait la spécificité de ces hôtels. Certains n'ont que deux bâtiments parallèles (hôtel de Châlon-Luxembourg); mais si la largeur du terrain le permet on les joint par une aile (hôtel de Saint-Aignan) ou mieux deux (hôtel de Mayenne, de Sully...), le souci de symétrie s'imposant. Pour obtenir un plan régulier, il arrive qu'on ait recours à l'illusion, arcades et fenêtres aveugles (hôtel de Saint-Aignan), perspectives peintes (c'était le cas de l'hôtel d'Aumont ou de Fieubet). Ces hôtels se signalent au passant par des portails, parfois véritables arcs de triomphe adossés à un bâtiment sur rue qui peut devenir un simple mur de clôture.

---

les 5, 6 et 7 avril 1612, deux ans après la mort de son créateur, à l'occasion d'un double mariage : le roi avec Anne d'Autriche, et Madame avec le prince d'Espagne. Le grand siècle de la place Royale fut, semble-t-il, le siècle de Louis XIII — une pièce de Corneille a pour titre la Place Royale —. Mais Louis XIV n'aima pas davantage la place Royale que le Louvre, aussi les Grands la quittèrent-ils. Cependant, jusqu'au XIXe s., la noblesse de robe et la haute finance lui restèrent fidèles. La Révolution venue, la place Royale devint place de l'Indivisibilité en même temps qu'elle était aménagée en foire aux engagements et, le 23 septembre 1800, pour honorer le département qui le premier avait acquitté ses impôts, on lui donna le nom de place des Vosges. Après avoir été assez négligée, la place des Vosges est redevenue un lieu élégant, recherché et un peu snob.

Visite de la place

La place présente la forme d'un quadrilatère entouré de 36 pavillons sur arcades, construits en brique (ou moellon enduit d'un crépi imitant la brique) et en pierre pour les arcades, les corniches, les entablements et les encadrements de fenêtres. Les toits pyramidaux indépendants évitent la monotonie. La hauteur des façades est sensiblement égale à leur largeur et la hauteur des toitures est la moitié de celle des façades. Les directives données par Henri IV ont été en général observées. Elles concernaient uniquement les façades, ce qui explique la grande variété des cours. On peut noter des divergences en ce qui concerne les œils-de-bœuf. Des balcons ont été rajoutés sur certains bâtiments. La restauration entreprise en 1965 se poursuit lentement et peut-être pas toujours scrupuleusement.

Henri IV urbaniste

En faisant son entrée dans Paris en 1594, Henri IV affirma son intention d'y demeurer et de faire de sa ville «un monde entier et un miracle du monde». Il consacra ses premiers efforts aux travaux du Louvre (Petite et Grande galerie, Tuileries), ordonna la reprise des travaux du Pont-Neuf, forma le projet de la place Dauphine et fit prolonger le passage sur la rive gauche avec la rue Dauphine. Reprenant une idée de Catherine de Médicis, il conçut la place Royale (actuelle place des Vosges) et en fit mener les travaux dans les plus brefs délais. Sa mort interrompit le grand projet de la place de France (→ quartier du Temple). Henri IV se soucia aussi de l'entretien des rues, du ramassage des ordures, du service des eaux (restauration des fontaines, installation de la première pompe : la Samaritaine). On comprend donc qu'on ait pu le considérer comme le premier urbaniste de Paris. Mettant en pratique les leçons du modèle italien il fut l'instigateur d'un mouvement qui, après lui, a pu donner ce rôle de modèle à la France.

La ***statue*** équestre de Louis XIII, au milieu du square, a été exécutée par *Cortot* et *Dupaty*; elle remplace sans gloire, depuis 1825, celle qui avait été inaugurée en 1639 et qui fut détruite sous la Révolution. La place des Vosges retrouve non seulement son décor de théâtre mais en outre, au rez-de-chaussée, quelques commerçants prestigieux : antiquaires, libraires, galeries de peinture. En été, musiciens et peintres ambulants animent ses arcades et les cafés s'avancent de plus en plus loin sur la place.

Faire le tour de la place en partant à g. du pavillon du Roi, c'est-à-dire en commençant par les numéros impairs. Au n° 1, le ***pavillon du Roi*** est plus élevé que les autres et porte, du côté de la rue de Birague, des motifs décoratifs abondants (trophées à l'antique symbolisant les Arts et les Armes entremêlés de H); côté place, on verra la tête du roi Henri sculptée dans un médaillon. Au n° 1 bis, l'***hôtel de Coulanges***, construit en 1606, et où naquit le 5 février 1626 Marie de Rabutin-Chantal, future Mme de Sévigné. Au n° 7, l'***hôtel du Petit-Sully*** et orangerie de l'hôtel de Sully (*→ ci-dessus*). Au n° 9, l'***hôtel de Chaulnes**** où la grande tragédienne du XIXe s., Rachel, vécut en 1857 : à dr., dans la vaste cour entourée par les bâtiments bas des anciens communs, important corps de bâtiment à fronton triangulaire (milieu XVIIe s.) dû à *J. Hardouin-Mansart*; il conserve son escalier de pierre, des poutres peintes et des décors Louis XVI; il est, depuis 1967, le siège de l'académie d'Architecture. Au n° 11, l'***hôtel de Loménie de Brienne*** : Marion Delorme y vivait en 1637. Au n° 17, Bossuet eut un appartement (1682-1684). Au n° 21, hôtel acheté en 1659 par un petit-neveu du cardinal de Richelieu qui y aurait vécu; A. Daudet y eut un appartement. Au n° 23, l'***hôtel de Bassompierre*** : remarquable escalier à balustres orné de grands vases sculptés. Au n° 25, belle cour, escaliers à rampe de fer forgé. Au n° 28, le ***pavillon de la Reine*** (le plus grand) et l'***hôtel d'Espinoy*** : le premier, qui garde les boiseries de deux salons classés, s'élève dans l'axe de la rue de Béarn en face du pavillon du Roi. Le n° 14 était l'***hôtel de Louis Barbier de la Rivière***, évêque de Langres; cet hôtel, confisqué en 1793, mairie de l'ancien 8e arrondissement jusqu'en 1860, est aujourd'hui une synagogue; une part de son décor et deux de ses plafonds peints par *Le Vau* et *Le Brun* ont été remontés au musée Carnavalet. Au n° 12, l'***hôtel de Dangeau***, décoré par *Le Sueur* et *Le Brun*, appartient depuis 1896 à la Ville de Paris. Au n° 10, l'***hôtel de Claude de Chastillon*** qui, en 1605, était le topographe de Henri IV et qui joua sûrement un grand rôle dans ses projets d'urbanisme. On lui doit presque toutes les reproductions de plans et de monuments célèbres de son temps à Paris; Th. Gautier et A. Daudet avaient un appartement dans cet hôtel. Le n° 6, où Victor Hugo a vécu de 1832 à 1848, a été acheté par la Ville de Paris en 1873 pour y installer le *musée Victor Hugo* (→ *musées*). ▶ Revenir sur ses pas pour rejoindre à dr. la *rue du Pas-de-la-Mule* dont la forte dénivellation est due au fait que le boulevard Beaumarchais qu'elle rejoint fut construit à l'emplacement de l'ancien rempart.

▷ La rue des Tournelles

Ce décalage de niveau a modifié l'architecture de plusieurs bâtiments de cette rue. Il est visible dans les cours des n°s 28, 56, 60. A dr., au n° 28, on verra l'***hôtel Mansart de Sagonne****, construit entre 1674 et 1685 par *Jules Hardouin-Mansart*, neveu de François Mansart, surintendant des bâtiments du roi, illustre architecte du dôme des Invalides, de la chapelle et de l'orangerie de Versailles, du Grand Trianon, de la place Vendôme, de la place des Victoires.

L'hôtel est isolé de la rue par les communs. Mansart l'avait fait décorer par les plus grands peintres de son temps : *Le Brun*, *Mignard*. Des plafonds peints subsistent, dont deux découverts en 1939. La façade sur jardin est visible du 23, boulevard Beaumarchais. Plus haut, au n° 50, imposante façade récemment restaurée et escalier Louis XIII à entrelacs de chêne.

▶ Emprunter la *rue Dufoin-Verlomme* pour rejoindre la rue de Béarn.

▶ *La rue de Béarn*. A g. on peut admirer le côté N. du pavillon de la Reine. Suivre la rue vers la dr. Une immense caserne de gendarmerie a remplacé le couvent des Minimes (XVIIe s.) dont le cloître a subsisté jusqu'en 1912.

▶ On croise la *rue des Minimes* : au n° 12, la façade XVIIe s. et l'escalier à rampe de fer forgé sont les derniers vestiges du couvent.

▷ La rue Saint-Gilles

Du n° 8 au n° 16 s'étendait l'immense domaine de l'hôtel de Venise; il a fait place à une sorte de cité industrielle; au n° 12 subsiste une grande arcade charretière du XVIIe s. et une porte cochère; et à dr., au n° 10, un escalier en fer forgé. Au n° 22, ***hôtel*** faussement dit ***Delisle-Mansart*** : cette folie au plan mouvementé avec rotonde sur le jardin remonte en fait au milieu du XVIIIe s.

▷ La rue de Turenne

Au n°s 52-54, ***hôtel de Montrésor**** : école municipale depuis 1908, ces magnifiques hôtels jumeaux dont la façade vient d'être restaurée conservent aussi un superbe escalier Louis XIII. Au n° 58, belle niche avec statue de la Vierge à l'angle de la rue Villehardouin.

▷ La rue Villehardouin*

Elle fut appelée un moment rue des Douze-Portes car, en 1637, douze maisons semblables y ont été bâties. Plusieurs ont été surélevées mais certaines sont bien conservées, le n° 24 en particulier; certaines ont gardé leur porte cochère ou leur escalier (n°s 20, 17).

▷ L'hôtel dit du Grand Veneur*

60, rue de Turenne

Commencé en 1637, le bâtiment a subi de nombreuses modifications à la fin du XVIIe s. quand il fut acheté par le chancelier Boucherat qui l'agrandit considérablement. C'est lui qui fit construire le portail à voussure monumentale. Le *marquis d'Ecquevilly*, propriétaire en 1773 et qui n'eut jamais le titre de Grand Veneur, le fit orner sur rue et sur cour de bas-reliefs évoquant la chasse; il fit reconstruire l'aile droite et le magnifique escalier à rampe ouvragé. Défiguré au XIXe s. par une communauté religieuse puis par une maison de commerce, l'hôtel actuellement en restauration, devrait retrouver une part de sa splendeur originelle avec son voisin l'***hôtel de Hesse*** (au n° 62) dans le cadre d'une vaste opération immobilière. En face, au n° 67, deux têtes de bœufs soutenant le balcon rappellent l'impressionnante boucherie qui occupait les lieux au début du siècle dernier.

▷ L'église Saint-Denis-du-Saint-Sacrement* *68 bis, rue de Turenne / 9 h-12 h/16 h 30-19 h ☎ 42.72.28.96*

L'église a été construite par *Godde* entre 1826 et 1835, sur l'emplacement du couvent des Bénédictines de l'Adoration perpétuelle du Saint-Sacrement, établi vers 1684 par la *duchesse d'Aiguillon*. C'est l'une des nombreuses églises bâties sous la Restauration. Sa façade néo-classique avec péristyle à colonnes ioniques est surmontée d'un fronton sculpté par *Feuchères* (1844) : la Foi, l'Espérance et la Charité.

L'intérieur

L'orgue fut construit par la *maison Daublaine-Callinet* sous la direction artistique de *Félix Danjou* (1839). Le ***bas-côté dr.*** Chapelle Sainte-Geneviève (au revers de la façade) : ***Déposition de Croix**** par *Delacroix*, 1844 (éclairage au pied de l'autel); statue en marbre de Sainte Geneviève par *Perraud* (1868). Chapelle de la Vierge (à dr. du chœur) : Notre-Dame-du-Bon-Secours par *Joseph-Désiré Court* (1844); la Vierge et l'Enfant Jésus (marbre) par *Debay* (1861). Le ***chœur*** : décoration de la demi-coupole par *Abel de Pujol* (commandé en 1838); dans la partie supérieure, le Père Eternel, Jésus-Christ et la Vierge entourés d'anges; au-dessous, Saint Denis prêchant dans les Gaules (frise en grisaille). Le ***bas-côté g.*** Chapelle Saint-Denis (à g. du chœur) : les

Disciples d'Emmaüs par *Picot* (1840) ; statue de Saint Denis en marbre par *Jules Thomas* (1867). Chapelle Saint-Jean-Baptiste (au revers de la façade) : statue du saint patron, en marbre, par *Crauk* (1863). ▶ ***Rue Saint-Claude*** : au n° 1, hôtel de Cagliostro bâti en 1719 et dont les façades furent décorées en plâtre sous Louis XVI.

▶ ***Rue des Arquebusiers*** : aux n° 8, 10, 11 et 13, maisons XVIIIe s. Au fond du n° 11 on aperçoit la ***galerie-orangerie*** bâtie par *Claude de Guénégaud* (XVIIe s.). ▶ On peut rejoindre la rue Saint-Antoine par la rue de Turenne pour retrouver le point de départ de l'une des deux autres promenades dans le Marais.

Le quartier Saint-Paul ★★

4e arr. / 36-K7, 37-L7
Métro : Hôtel-de-Ville
Bus : 38, 47, 58, 67, 69, 70, 72, 74, 75, 76, 96
P et taxis : rue Lobau

Visite du quartier

2 h

▷ La place Saint-Gervais

Dominée par l'église, elle s'étend entre deux vastes annexes de l'Hôtel de Ville et d'anciennes casernes toutes élevées sous Haussmann. En 1912, on a planté au milieu de la place un ***orme***, afin de faire revivre la tradition de Saint-Gervais selon laquelle les juges rendaient la justice sous un orme. On en retrouve la trace sur les immeubles du pourtour *(→ ci-dessous)* et sur une enseigne du musée Carnavalet.

▷ L'église Saint-Gervais-Saint-Protais★★ *t.l.j. sf lun., 6 h 30-20 h* ☎ *42.72.64.99*

C'est l'une des plus anciennes paroisses de la rive droite. On s'étonnera de découvrir, derrière une façade classique, un magnifique ensemble du gothique finissant.

Histoire de l'édifice

L'origine de Saint-Gervais-Saint-Protais remonte au VIe s. Une église semble avoir été rebâtie au XIIIe s. L'édifice actuel, commencé en 1494, fut bâti aux XVIe et XVIIe s. comme en témoignent les nombreuses dates inscrites sur les clefs de voûtes et les vitraux. La chapelle de la Vierge, le chœur et le transept sont du XVIe s. La nef fut bâtie entre 1600 et 1620 et, le 24 juillet 1616, Louis XIII posa la première pierre de la façade. Au XVIIe s., Marie de Rabutin-Chantal s'y maria avec le marquis de Sévigné. Beaucoup de personnages célèbres y furent inhumés, notamment Scarron (1660), Ph. de Champaigne (1674), les chanceliers Le Tellier (1685) et Boucherat (1699). En 1793, l'église fut transformée en temple de la Jeunesse, après que les nombreuses tombes qu'elle contenait aient été profanées et ses statues détruites. Entre 1840 et 1870, la Ville de Paris commanda de nombreux décors pour les chapelles des bas-côtés, notamment à *Caminade*, à *Alexandre Hesse*, à *Glaize*, à *Jobbé-Duval*... Des statues furent aussi commandées pour la façade, et les vitraux furent restaurés par *Gsell* et *Prosper Lafaye*. En mars 1918, un obus allemand provoqua l'effondrement d'une partie de la voûte et fit plus de cent victimes. L'église est desservie, depuis quelques années, par la ***Fraternité monastique de Jérusalem*** *(→ encadré)*.

Les fraternités monastiques de Jérusalem

«Ce que les premiers moines allaient chercher au désert, tu le trouveras aujourd'hui dans la ville» proclame le Livre de Vie des fraternités monastiques de Jérusalem qui animent depuis le 1er novembre 1975 l'ancienne église paroissiale de Saint-Gervais. C'est donc dans la ville, à la double image de Babel et de Jérusalem, que les moines et les moniales tentent d'instaurer une oasis de paix, de prière et de silence, où vivre les valeurs de la tradition monastique. C'est au milieu de l'agitation de la ville, sous les voûtes gothiques de cette église tournée vers Jérusalem, que chaque jour à 7 h, 12 h 30 et 18 h et chaque dimanche à 11 h s'élèvent, comme l'encens sous les icônes d'or, l'Orient de leur liturgie et de leurs polyphonies grégoriennes ou byzantines.

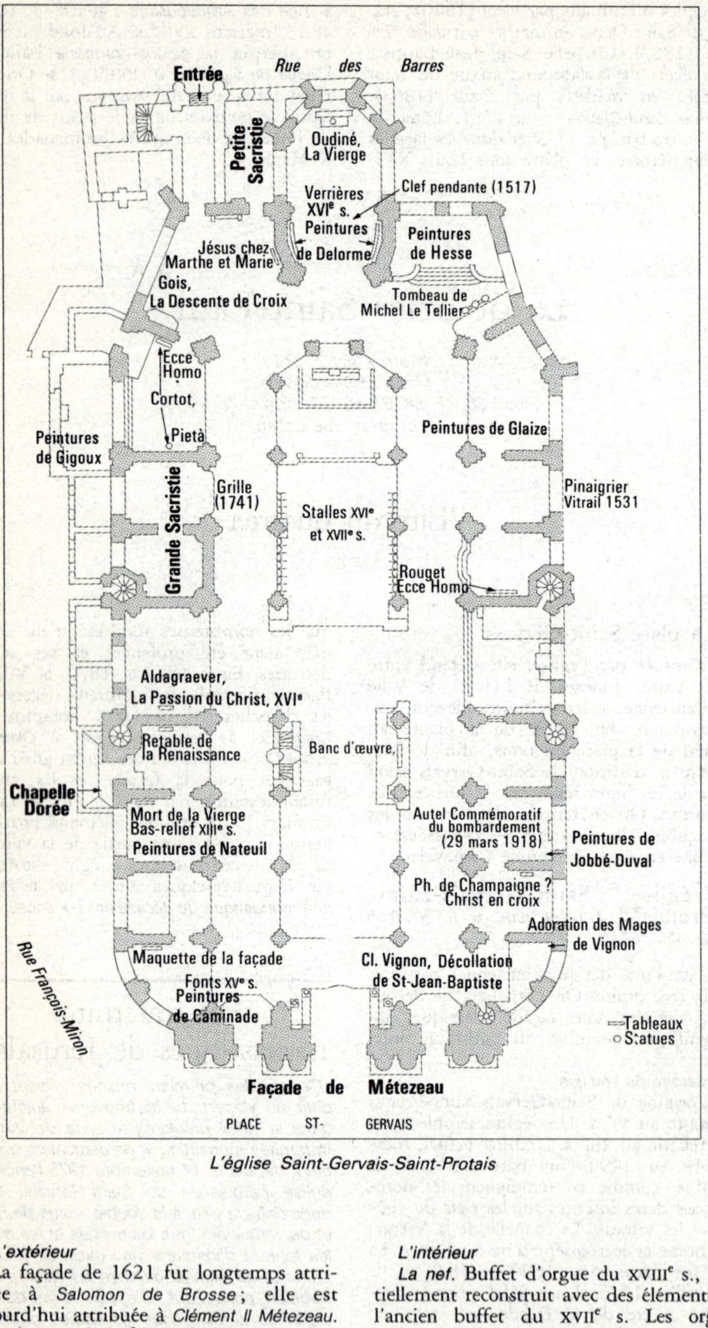

L'église Saint-Gervais-Saint-Protais

L'extérieur

La façade de 1621 fut longtemps attribuée à *Salomon de Brosse* ; elle est aujourd'hui attribuée à *Clément II Métezeau*. Pour la première fois à Paris se superposent les trois ordres antiques : dorique au rez-de-chaussée, ionique au premier étage, corinthien au dernier étage. Les *statues* ont été refaites au XIXe s. : Moïse écrivant le Pentateuque par *Dantan*, Saint Gervais par *Jouffroy* (1849).

L'intérieur

La nef. Buffet d'orgue du XVIIIe s., partiellement reconstruit avec des éléments de l'ancien buffet du XVIIe s. Les orgues sont celles des *Couperin*, illustre dynastie de musiciens français. François Couperin y composa ses deux Messes (1685). Les derniers travaux de restauration remontent à 1974; la mécanique a été entièrement refaite à l'ancienne. De chaque côté de la chaire (XIXe s.), Les Quatre Evangélistes, bronze de *Lebœuf-Nanteuil* et de *Laitié* (1825). Banc d'œuvre du XVIIe s. : la partie centrale, exécutée par *Jacob-Desmalter*, a malheureusement été déplacée, depuis 1977, dans une chapelle latérale, à dr.

Le bas-côté dr. Au-dessus de la porte d'entrée à dr., Décollation de Saint Jean Baptiste par *Claude Vignon* (XVIIe s.). 1re chapelle : l'*Adoration des Mages** par *Claude Vignon.* 2e chapelle : le Christ en Croix attribué à *Ph. de Champaigne*; au-dessus, Retour de Tobie, carton de tapisserie attribué à *Sébastien Bourdon*; Saint Grégoire le Grand et Saint Vital intercédant auprès de la Vierge pour les âmes du Purgatoire, tableau de *Sebastiano Ricci* (XVIIIe s.). 3e chapelle : peintures murales de *Jobbé-Duval* (1869); autel commémoratif du bombardement du 29 mars 1918. 4e chapelle : Sainte-Catherine, statue en marbre par *Cortot*; sept petits panneaux représentant des scènes de la vie du Christ (XVIIe s.). Le *croisillon dr.* : grand retable avec une toile du XVIIe s., La Pentecôte; en face, Saint-Ambroise et l'Empereur Théodore par *Couder* (1827).

Le *chœur.* On verra une double rangée de stalles (sujets familiers) qui datent en partie du règne d'Henri II, en partie du XVIIe s. Garniture du maître-autel : *croix* et *chandeliers* en bronze doré du XVIIIe s., fondus et ciselés sur les dessins de *Soufflot*, provenant de l'ancienne abbaye de Sainte-Geneviève. A dr. et à g. du maître-autel, *statues* en bois de Saint Gervais et de Saint Protais, par *Michel Bourdin* (XVIIe s.). A l'entrée du chœur, contre le pilier N.-O. de la croisée, Vierge à l'Enfant, statue en pierre du XIVe s.

Le déambulatoire. 1re chapelle : vitrail du XVIe s. figurant le Martyre des saints Gervais et Protais; Ecce Homo par *Rouget* (1835). 2e chapelle : grand vitrail de 1531, Jugement de Salomon attribué à *Pinaigrier* (restauré au XIXe s.). 3e chapelle : au retable de l'autel, Sainte Geneviève rendant la vue à sa mère, par *Boulanger* (1841); les peintures murales de *Glaize* (1863) évoquent aussi la vie de Sainte Geneviève. 4e chapelle : tombeau de Michel Le Tellier, grand chancelier sous Louis XIV, par *Mazeline* et *Hurtrelle* (statue du chancelier et deux figures allégoriques; ce monument n'est pas complet, une partie est au Louvre); trois statues priantes (duc et duchesse de Tresmes et duc de Gesvres), provenant de l'ancienne église des Célestins, ont été placées dans cette chapelle en 1977; les peintures murales d'*Alexandre Hesse* (1863) évoquent les vies de saint Gervais et de saint Protais. 5e chapelle (chapelle de la Vierge) : à la jonction des arcs doubleaux se détache de la voûte une couronne en pierre sculptée à jour de 2,50 m de diamètre, exécutée en 1517 par les *frères Jacquet*; trois verrières (Vie de la Vierge), attribuées à *Pinaigrier*, restaurées en 1846 par *Gsell*; peintures murales par *Delorme* (1842); statue de la Vierge par *Oudiné* (1844). 6e chapelle : Descente de Croix, groupe sculpté par *Gois* (XIXe s.). 7e chapelle : Pietà et Ecce Homo en plâtre par *J.-P. Cortot* (XIXe s.); elle communique avec la *chapelle Saint-Joseph*, construite en 1697 par le chancelier *Louis Boucherat* (confessionnal Louis XV) et décorée de peintures murales par *Gigoux* (1863). 8e et 9e chapelles : vestibule de la grande sacristie, fermé par une belle *grille* en fer forgé de *Vallet* (1741) et décoré de boiseries XVIIIe s.

La *sacristie* est sous la tour; Christ en croix sculpté par *Préault* (1840); à g., dans le mur du clocher, pierre de consécration de l'église (en 1420).

Le *croisillon g.* : scènes de la Passion, peinture sur bois attribuée à *H. Aldegraever* (XVIe s.).

Le *bas-côté g.* 1re chapelle : retable du XVIIe s. avec statues en plâtre du XIXe s.; au fond, clôture ancienne, en bois ajouré, de la *Chapelle Dorée (pour visiter, s'adresser à la sacristie)*, construite hors d'œuvre par *Antoine Coussault*, conseiller d'Etat en 1628, et qui a conservé sa décoration du XVIIe s. avec une série de petits tableaux d'inspiration flamande représentant la Vie et la Passion du Christ. 2e chapelle : devant d'autel constitué par un bas-relief médiéval figurant la Mort de la Vierge; médaillon de Charles Bordes (1863-1909), maître de chapelle de Saint-Gervais et fondateur de la Schola Cantorum; les peintures d'*Auguste Hesse* et *Nanteuil* évoquent la Vie de saint Laurent (1860-1873). 3e chapelle (fonts baptismaux) : cuve baptismale du XVe s.; statue en bois du XVIIe s. représentant Saint Jean Baptiste; maquette en bois du portail de *Métezeau*; deux fragments de verrières du XVIIe s., Baptême du Christ d'après *Raphaël*, le Christ et Saint Nicolas.

▷ La rue François-Miron

Cette rue, qui longe le flanc N. de l'église est un tronçon de l'ancienne rue Saint-Antoine et son nom est celui d'un prévôt des marchands au XVIIe s.

Un bel ensemble de *maisons* XVIIIe s. a été restauré (1957) ainsi que l'îlot adjacent par l'architecte *Laprade.* Ces maisons, portant les n°s 2 à 14, surélevées au-dessus d'un long emmarchement, sont celles de l'*ancien pourtour Saint-Gervais**, allant en retrait jusqu'au n° 17 de la rue des Barres; construites en 1732 pour la fabrique de l'église à la place de bâtiments du XVe s., ces maisons portent toutes, aux balcons du premier étage, l'*orme* symbolique en fer forgé, œuvre du maître serrurier *J.-B. Bouillot*; une restauration intelligente (1945-1949) a restitué les arcades primitives et les anciennes inscriptions de rues : au n° 2, entrée de l'ancien cimetière; les n°s 2-4 formaient la maison des Couperin, illustre dynastie d'organistes de Saint-Gervais et compositeurs; François, dit Couperin le Grand, était né (en 1668) dans l'ancien logis du XVe s., au même endroit. Au n° 10, maison natale de Ledru-Rollin

(3 février 1807). Au n° 12 s'est installée, en 1967, la *discothèque de France*, fondée en 1960. Au n° 14, joli balcon où l'orme est particulièrement épanoui ; l'immeuble échappe à l'ordonnance générale, son étage noble étant plus haut que les autres ; il a été construit en 1737 par *J. A. Gabriel* et a été magnifiquement restauré en 1965. ▶ En face, place Baudoyer, se trouve la *mairie du 4e arrondissement*. Elle abrite une bibliothèque publique et organise des expositions.

▷ La rue des Barres

Du n° 15 on aperçoit, à travers une grille, l'ancien charnier Saint-Gervais. Au n° 12, *maison** à double pignon qui faisait partie de l'hôtel de l'abbaye de Maubuisson ; la restauration a dégagé les colombages et la base d'une tourelle disparue, et mis en valeur l'encorbellement. Elle est occupée par l'*Accueil des Jeunes en France*. Une large ouverture, à l'angle de la rue des Barres et de la rue de l'Hôtel-de-Ville, ménage à présent, depuis le quai, une belle *perspective** sur le chevet et le flan S. de l'église en partie dégagé en 1946. ▶ La *rue de l'Hôtel-de-Ville*. A dr., un fragment de l'ancien hôtel d'O (XVIIe s.) a été remonté sur les bâtiments modernes des Compagnons du devoir du Tour de France. Au n° 62, la grille ornée de pigeons est celle de l'ancienne auberge du Pigeon-Blanc (XIXe s.).

▷ La rue du Pont-Louis-Philippe

Au n° 6, la décoration extérieure et intérieure d'une ancienne crémerie a été conservée. Dans la cour du n° 22 bis, *maison*** de style Renaissance à façade de brique et curieux pilastres de pierre. Elle commande l'accès à une autre maison à pilastres corinthiens de bois sculpté et escalier à balustre qui aurait été celle de Marie Touchet, la favorite de Charles IX *(visite sur demande.)* ▶ *Rue François-Miron*. Au n° 13, à l'angle de la rue Cloche-Perce, maison à pignon et colombages de la fin du Moyen Age. Au n° 42, l'*hôtel de la Barre de Carron*, bâti en 1742 par *P. de Vigny*, façade Louis XV ornée de ferronneries. Aux nos 44-46, maison fin XVIe-début XVIIe s. ; ancienne maison de l'abbaye d'Ourscamps. Elle appartient à l'*association du Paris historique (68, rue François-Miron)* qui est en train de la restaurer et en a dégagé les caves gothiques. Au n° 48, maison Directoire ; les grilles du marchand de vin datent de cette époque. Au coin de la rue Tiron, une boulangerie a gardé sa devanture ancienne.

▷ La rue Geoffroy-l'Asnier

Faire un aller-retour dans cette rue. Au n° 26 : *hôtel de Châlon-Luxembourg** construit un peu après 1625 par *G. Perrochel*, marié à F. Buisson, qui fit sculpter les P et B enlacés au fronton des lucarnes. Une dame Béon de Luxembourg l'acheta

Le festival du Marais et l'association du Paris historique

En 1962 avait lieu le premier festival du Marais, dont le succès n'a cessé de croître au fil des années. Dans l'esprit de son fondateur Michel Raude, il s'agissait surtout d'attirer l'attention, d'émouvoir l'opinion sur le sort d'un quartier dont la richesse du patrimoine historique semblait appelée à disparaître. Et il est vrai que le quartier a été en partie «sauvé», et que l'attention renouvelée dont il fait ainsi chaque année l'objet au début de l'été grâce aux spectacles et concerts organisés par le festival dans un grand nombre de ses églises, hôtels, caves, cours, etc. y est sans doute pour beaucoup.
L'association pour la sauvegarde et la mise en valeur du Paris historique, à laquelle le festival est très lié, a joué et continue de jouer le même rôle en organisant des visites-conférences, en s'occupant de diverses publications et de recherches historiques, en réunissant une importante collection de photos et en prenant en charge des chantiers de restauration.
Le centre d'information de l'association se trouve au 68, rue François-Miron (du lun. au sam., 14 h-18 h ; fermé en août et sept. ☎ 48.87.74.31).

Présence du Moyen Age de Saint-Gervais au quartier Saint-Paul

Les moines et les rois du Moyen Age avaient donné au Marais un premier âge d'or. Dans le quartier Saint-Paul, hormis un fragment de l'enceinte de Philippe Auguste et un pan de mur de l'ancienne église Saint-Paul dans la rue de ce nom, seuls les noms des rues rappellent ce faste perdu : les rues Beautreillis, de la Cerisaie, des Lions évoquent l'hôtel royal Saint-Pol ; le quai des Célestins, la rue de l'Ave-Maria, des couvents disparus. Du côté de Saint-Gervais, les traces sont plus palpables : des maisons subsistent rue François-Miron, rue des Barres ; des caves gothiques, rue François-Miron (aux nos 44-46 et 68) ; un sellier rue Geoffroy-l'Asnier, et surtout l'église Saint-Gervais et l'hôtel de Sens, affirmations monumentales d'un souffle médiéval tardif. Mais c'est peut-être dans l'étroitesse des maisons rue François-Miron, rue Saint-Antoine et dans le tracé tortueux des rues (rues des Barres, du Figuier, Charlemagne, du Prévôt, Eginhard) que se manifeste le mieux cet esprit «gothique et sans symétrie» d'une civilisation antérieure à la pensée des places carrées et des perspectives.

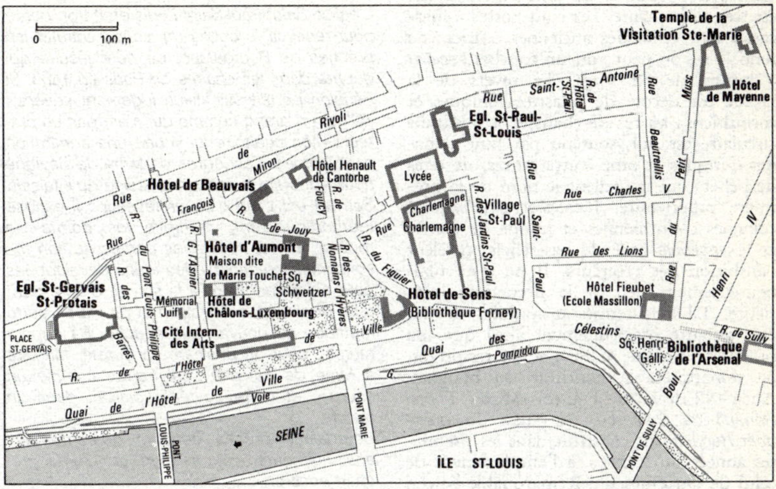

Le quartier Saint-Paul

en 1658 et son nom vint s'ajouter à celui de Châlon attesté dès 1659 sur le portail. Il fut habité en 1915 par Gabriele D'Annunzio. Il abrite aujourd'hui l'*institut d'Histoire de Paris*. Le somptueux *portail** est un des rares exemples de style baroque dans le Marais. La porte cochère, avec magnifiques vantaux sculptés, est encadrée de colonnes ioniques supportant une grande arcade. Le tympan est orné d'une large coquille et d'une tête de lion. L'hôtel est un bel exemple de style Henri IV-Louis XIII, brique à coins de pierre entre cour et jardin. Au n° 22, immeuble XVIIe s., porte sculptée, escalier à balustres. Au fond de la cour, hôtel Louis XIII. Remarquer les escaliers ainsi qu'au n° 20.

A l'angle de la rue Geoffroy-l'Asnier et de la rue du Grenier-sur-l'eau, *mémorial du Martyr juif inconnu*, inauguré le 30 octobre 1956 (*G. Goldberg*, *A. Persitz* et *L. Arretche* architectes). Sous le parvis, la crypte abrite le tombeau du Martyr anonyme; en arrière se dresse un édifice revêtu de marbre, dont les quatre étages renferment les archives du centre de documentation juif de Paris et une *bibliothèque* (*t.l.j. sf sam. et dim. matin 10 h-12 h/14 h-17 h*). A côté, vers la Seine, bâtiments destinés à l'agrandissement de la *Cité des Arts* (*→ ci-dessous*). Lors des travaux en 1985, un cellier gothique a été découvert.

▷ L'hôtel de Beauvais**

68, rue François-Miron

Véritable prouesse architecturale d'*Antoine Lepautre*, cet hôtel a été construit à partir de 1657, à l'emplacement d'un bâtiment à deux corps de logis appartenant à l'abbaye de Chaalis et dont les *caves gothiques* sont toujours visibles (*visites sur demande à l'association du Paris historique, 68, rue François-Miron*). L'hôtel fut bâti pour Catherine Bellier, épouse de M. de Beauvais et femme de chambre d'Anne d'Autriche. C'est du balcon de l'hôtel que la reine mère, Henriette d'Angleterre, Mazarin, Turenne et leurs suites assistèrent à l'entrée dans Paris du jeune Louis XIV et de Marie-Thérèse, le 26 août 1660. A la mort des propriétaires, cette grande demeure passa de mains en mains, entre autres dans celles de l'ambassadeur de Bavière qui hébergea pendant cinq mois, en 1763, Léopold Mozart, son fils Wolfgang et sa fille Marie-Anne (plaque). La façade a perdu au XVIIIe s. toute sa décoration, et une nouvelle rangée de fenêtres a été percée au premier étage. Le portail en retrait est couvert d'une demi-coupole soutenant le balcon. Des boutiques l'entouraient dès l'origine.

Lorsque l'architecte *Lepautre*, à la demande des Beauvais, construisit cet hôtel, celui-ci passait pour être un des plus somptueux de Paris. Il est surtout très original par son plan qu'imposait un terrain de forme irrégulière. La *cour*, de forme semi-ovale entourée de pilastres ioniques, est très surprenante. Les cinq portes à mascaron sont celles des anciennes écuries ; au fond, à g., on peut voir un très bel *escalier* à rampe de fer forgé. Le revers de la façade est décoré de pilastres ioniques et corinthiens ; au rez-de-chaussée le vestibule circulaire est, lui, soutenu par huit colonnes doriques et orné, entre autres, de têtes de béliers qui rappellent le nom de la première propriétaire. L'*escalier d'honneur* à colonnes corinthiennes et rampe de pierre, et le *vestibule* orné de bas-reliefs, révèlent l'ambition des créateurs. Il ne reste malheureusement rien de la décoration intérieure. L'hôtel, fermé au public, devrait être restauré prochainement ainsi que son proche voisin (au n° 82). ▶ En ressortant, on remarquera la boutique du bougnat. Au n° 82 de la rue François-Miron, l'*hôtel Hénault de Cantorbe*, dit aussi du *président Hénault*, fut construit dans les premières années du XVIIIe s. à l'emplacement de celui de Du Guesclin. Remarquable balcon à consoles de pierre. Dans la cour à dr., grand escalier à rampe de fer forgé.

▷ La rue de Fourcy

Le trottoir a été récemment élargi par un passage sous arcades. Une grille donnera accès à des cheminements piétonniers faisant communiquer les rues François-Miron, de Fourcy et de Jouy. La restauration de l'îlot devrait être terminée en 1990. En face, au n° 6, un *hôtel* du XVIIe s. a été restauré et est devenu une maison de jeunes (MIJE). ▶ La *rue de Jouy*. Sur le bâtiment moderne qui fait le coin, on a remonté l'enseigne d'un rémouleur. La restauration du côté pair, menée par l'OPHLM de la Ville de Paris, est achevée. Elle ne concerne pratiquement que les façades ; remarquer la façade et le portail Louis XV du n° 12.

▷ L'hôtel d'Aumont* *7, rue de Jouy*

L'hôtel, qui abrite le tribunal administratif de la Seine, a été bâti en 1648 pour Michel-Antoine Scarron, oncle du poète, sur des plans de *Le Vau*. En 1656, Antoine d'Aumont fit transformer l'hôtel par *François Mansart* à qui l'on doit la façade sur jardin. *Le Brun* et *Simon Vouet* décorèrent l'intérieur. Condamné à disparaître au XVIIIe s., mutilé au XIXe s., l'hôtel a été acheté par la Ville de Paris en 1932. C'est seulement dans les année 60 qu'il fut restauré, agrandi et en partie reconstitué. Il n'en reste pas moins un somptueux hôtel où se complètent deux styles d'architecture. Il subsiste, de la riche *décoration intérieure (visite sur demande)*, deux plafonds à poutres peintes dont l'un à voussures sculptées par *Le Brun*. Dans la *cour* ont lieu parfois, dans le cadre du festival du Marais, des concerts et des représentations théâtrales. La façade sur jardin de *François Mansart* est visible à travers les grilles d'un grand jardin très malheureusement interdit au public depuis 1985. ▶ La *rue Charlemagne*, qui existait dès le XIVe s. sous le nom de rue des Prêtres-Saint-Paul, a pris en 1844 le nom du lycée voisin. Au n° 25, une façade Louis XVI a été remontée. ▶ La *rue du Figuier*, bordée de bâtiments neufs, rappelle par son seul tracé son passé médiéval. ▶ A dr., entre deux bâtiments du XVIIe s. récemment restaurés (aux n°s 18 et 20) s'ouvre une autre rue médiévale, l'ancienne rue Percée dont le nom reste gravé. C'est aujourd'hui la *rue du Prévôt*, baptisée ainsi en 1877 en l'honneur d'Hugues Aubriot qui y habita, au XIVe s., un hôtel luxueux qui s'étendait jusqu'à l'église Saint-Paul actuelle. Remarquer la porte du n° 8.

Bourdaloue à la chaire de Saint-Louis

L'église Saint-Paul-Saint-Louis était trop petite pour recevoir le public qui venait écouter les prêches de Bourdaloue, ce père jésuite qui débute dans les chaires de Paris en 1669. Si Fénelon portait sur lui un jugement sévère : « C'est un grand homme qui n'est pas un orateur », son auditoire lui vouait une admiration sans bornes. Les lettres de Mme de Sévigné nous attestent la forte impression qu'il faisait. Son art est celui d'un professeur : il expose méthodiquement, multiplie les points de repère, énonce toutes les parties de son raisonnement, récapitule les idées développées pour aider l'auditoire à le suivre. S'adressant à un public épris de raison et de clarté, cette méthode ne pouvait que séduire. Sa rigueur morale, pour ne pas dire sa dureté, fait dire à Mme de Sévigné : « Il frappe comme un sourd » ; et cette austérité plaisait dans un jésuite.
Bourdaloue prêcha pendant quarante-deux ans ; huit jours avant sa mort, en 1704, il prêchait encore.

▷ La rue Saint-Antoine**

→ *quartier de la place des Vosges*

Elle prolonge la rue de Rivoli mais ne lui ressemble pas. Parallèle à la Seine, ancienne *voie romaine* de l'E., elle conserve nombre de demeures du XVIIe et XVIIIe s., hautes et étroites qui, si elles n'ont pas le prestige des grands hôtels du Marais, n'en constituent pas moins un tissu urbain homogène qui n'est pas sans charme. Sur cette portion elle est fort animée, en partie grâce aux étals des marchands de quatre-saisons. Au n° 133, *hôtel Séguier*, du début du XVIIe s., avec un beau balcon à chimères de 1728; escalier Louis XIII. En face du n° 121, on remarque une fontaine Wallace. Essayer de jeter un coup d'œil dans la cour sur les pilastres ioniques et l'escalier du n° 111. Le *lycée Charlemagne* (n° 101) est installé dans l'ancienne maison professe des jésuites, et la bibliothèque du lycée occupe l'appartement du père Lachaise. En entrant dans le passage, on peut voir la *coupole* de l'escalier d'honneur peinte au XVIIe s. par *Gherardini*.

▷ L'église Saint-Paul-Saint-Louis**

99, rue Saint-Antoine / 8 h-19 h 30
☎ 42.72.30.32

Histoire de l'édifice

C'est l'une des rares constructions parisiennes qu'on puisse qualifier de «jésuite». La fondation de la maison professe des jésuites de la rue Saint-Antoine remonte à 1580. C'est n'est qu'au début du XVIIe s., avec l'appui de Louis XIII, que les jésuites décident d'élever une église digne de leur puissance. Trois architectes de la Compagnie participent, au XVIIe s., à la construction de l'église : *Martellange*, *Derand* et *Turmel*. Les travaux sont conduits par *Martellange* jusqu'en 1629. A cette date, le *père Derand* le remplace : c'est à lui que reviendra de terminer les parties hautes de l'église, d'élever la coupole, la première de cette importance à Paris, et de construire la façade. L'église est achevée en 1641 et Richelieu y célèbre la première messe le 9 mai. Jusqu'en 1647, le *père Turmel* achève la décoration intérieure et le mobilier. L'église était connue pour la richesse de son mobilier et de ses œuvres d'art, dispersés entre autres au Louvre et à Chantilly. Le maître-autel, aujourd'hui disparu, était particulièrement somptueux; en son centre alternaient, selon les temps liturgiques, quatre tableaux, dont la Présentation au Temple de *Simon Vouet* (au Louvre). Jusqu'en 1762, année où les jésuites furent à nouveau proscrits du royaume, l'église connut un véritable siècle d'or. De grands prédicateurs illustrèrent la chaire de Saint-Louis : Bossuet, Fléchier et surtout Bourdaloue dont Mme de Sévigné fut une fidèle auditrice. Au pupitre de maître de chapelle se succédèrent des noms aussi illustres que ceux de Marc-Antoine Charpentier et de J.-Ph. Rameau. L'église abritait le magnifique ***mausolée de Henri II de Bourbon*** *(aujourd'hui à Chantilly)*; les cœurs de Louis XIII, de Louis XIV et d'autres grands princes y furent longtemps conservés. Pendant la Révolution, l'église servit de dépôt aux livres provenant des nombreux couvents du quartier. En 1792 l'église fut dépouillée de ses œuvres d'art, et le culte de la Raison y fut célébré dès 1793. En 1802, l'ancienne église des jésuites fut affectée au culte paroissial sous le double vocable de Saint-Paul-Saint-Louis; l'église Saint-Paul avait en effet été démolie en 1797. *Baltard* fut chargé, sous le second Empire, de sa restauration, s'attachant surtout à la réfection de la façade et au réaménagement du chœur. L'église fut pillée à deux reprises au cours du XIXe s., en 1831 et en 1871.

L'extérieur

La façade, bâtie par le *père Derant*, a trois étages, deux corinthiens et un composite. Son ornementation rappelle le baroque flamand. Les ***statues*** ayant disparu à la Révolution, c'est la Ville de Paris qui, en 1860, commanda les trois actuelles : Saint Louis par *Lequesne*, Sainte Anne par *Etex* et Sainte Catherine par *Préault*. L'horloge provient de l'ancienne église Saint-Paul. Le chevet est visible dans l'axe de la rue des Jardins-Saint-Paul et des anciens remparts de Philippe Auguste.

L'intérieur

La nef. Le plan, directement inspiré de la célèbre église du Gesù à Rome, est sans bas-côtés ni déambulatoire. Les chapelles latérales, couvertes de petites coupoles, communiquent entre elles et tiennent lieu de bas-côtés. Les grandes arcades sont surmontées de tribunes. La frise de l'entablement est ornée de rinceaux, de têtes de chérubins et de monogrammes du Christ et de la Vierge. De part et d'autre de l'entrée : bénitiers constitués de grands coquillages offerts par Victor Hugo qui habitait alors place des Vosges.

Le transept. Sur la croisée du transept s'élève un ***dôme*** de 55 m de haut dont les pendentifs sont ornés de grands médaillons figurant les Evangélistes. Premier dôme de cette importance élevé à Paris, il annonce ceux de la Sorbonne, du Val-de-Grâce et des Invalides. Les peintures entre les fenêtres furent exécutées en 1873 par *P.-J. Blanc* et représentent Robert le Pieux, Clovis, Charlemagne et Saint Louis.

Les hôtels du Marais ouverts au public

On peut voir les cours intérieures et les appartements d'un certain nombre d'hôtels particuliers abritant soit des musées, soit des bibliothèques.
Hôtel de Guénéguaud (→ musée de la Chasse et de la Nature).
Hôtel de Soubise (→ musée de l'Histoire de France).
Hôtel de Rohan-Strasbourg (expositions temporaires).
Hôtel Salé (→ musée Picasso).
Hôtel Libéral-Bruant (→ musée de la Serrure).
Hôtel Lamoignon (bibliothèque historique de la Ville de Paris).
Hôtel de Marle (→ musée Tessin).
Hôtels Carnavalet et le Peletier-de-Saint-Fargeau (→ musée historique de la Ville de Paris).
Hôtel de Sully (expositions temporaires).
Hôtel de Sens (bibliothèque Forney).

Le *croisillon dr.* Cette chapelle de la Vierge fut d'abord dédiée à saint François-Xavier. De chaque côté de l'autel, deux statues en plâtre du XVIIIe s. : à g., la Religion instruisant un Américain, par *Adam*; à dr., l'Ange de la Religion foudroyant l'Idolâtrie par *Vinache*. Sur le mur de g. : Louis XIII offre le modèle de l'église Saint-Louis, par l'*atelier de S. Vouet*; sur le mur de dr. : *La Mort de Saint Louis** par *Jacques de Letin*; ces toiles font partie d'une série de quatre, commandées au milieu du XVIIe s., pour orner le transept; la quatrième a malheureusement disparu.

Le croisillon g. Dans cette chapelle fut élevé le monument du cœur de Henri II de Bourbon, prince de Condé (aujourd'hui à Chantilly). Sur le mur de g. : Saint Louis recevant la couronne d'épines des mains du Christ, par l'*atelier de S. Vouet*; cette œuvre appartient au même ensemble que celui du croisillon dr. Sur le mur de dr. : *le Christ au Jardin des Oliviers**, par *Delacroix*, tableau commandé par la Ville de Paris et exposé au Salon en 1827.

Le *chœur*. Encastré dans l'autel moderne, bas-relief en bronze doré figurant les Pèlerins d'Emmaüs, par *François Anguier* (XVIIe s.); il provient du maître-autel de l'église du Val-de-Grâce. Sur le mur de l'abside, les quatre Evangélistes, peints par *Decaisne* (1840-1843). Les deux chapelles latérales, fermées par des grilles en fer forgé du XVIIe s., sont ornées de belle boiseries d'époque Louis XIII. C'est dans ces chapelles que se trouvaient les monuments (détruits à la Révolution) des cœurs de Louis XIII et de Louis XIV; du monument de Louis XIII, des médaillons sculptés par *Sarrazin* sont conservés au Louvre. Dans la chapelle de g., *Vierge de Pitié** en marbre (malheureusement trop restaurée), sculptée en 1586 par *Germain Pilon* et dont le modèle en terre cuite est au Louvre; elle devait à l'origine orner la chapelle des Valois à Saint-Denis. ▸ Sortir à g. de la nef par le pittoresque *passage Saint-Paul*. ▸ En face, au coin de la rue Saint-Paul et de la rue Neuve-Saint-Pierre, subsiste un pan de mur de la tour N. de l'ancienne église Saint-Paul du XIIIe s. détruite en 1799. ▸ Rejoindre la rue Saint-Antoine. Un peu plus loin, à dr., la *rue de l'Hôtel-Saint-Paul* tient son nom de la résidence de Charles V.

▷ La rue Beautreillis

Faire un aller-retour dans cette rue percée au XVIe s. à travers les jardins et les vignes de l'hôtel royal Saint-Pol qui s'étendait à cet endroit. Elle conserve quelques belles *demeures*. Baudelaire a vécu avec Jeanne Duval (en 1858-1859) au grand *hôtel de Charny* de 1676 (au n° 22) : portail à mascarons et consoles, vantaux sculptés et, sous la voûte, portes entourées de boiseries du XVIIIe s. Remarquer l'étonnant passage du n° 16, les ferronneries du n° 11, les maisons fin XVIe s. et leur cour, au n° 7 et au n° 9.

▷ L'hôtel de Mayenne, dit aussi d'Ormesson *21, rue Saint-Antoine / ouv. en période scolaire*

L'hôtel a été bâti en 1613 pour Henri de Mayenne, sur des plans de *Jean* ou *Jacques II Androuet Du Cerceau*, et formait un des premiers modèles d'hôtel entre cour et jardin. Il fut considérablement modifié en 1709 par *Boffrand* qui, pour installer un entresol, remplaça par des arcades les hautes fenêtres du rez-de-chaussée dont quatre frontons curvilignes sont encore visibles. Après 1870, on relia les deux pavillons d'angle par un étage de combles. On peut imaginer sa structure originelle en le comparant à l'hôtel de Sully (→ *quartier de la place des Vosges*). Dans la cour, à dr., remarquer une tourelle en encorbellement et à g., au fond de la cour, la galerie et l'escalier. L'hôtel est occupé depuis 1870 par les frères des Ecoles chrétiennes installés auparavant rue des Francs-Bourgeois, et dont l'école a conservé le nom.

▷ Le temple de la Visitation-Sainte-Marie*

Histoire de l'édifice

Cette église fut bâtie entre 1632 et 1634 sur l'emplacement de l'hôtel d'Etampes, pour les filles de la Visitation-Sainte-Marie. Elle fut la première œuvre importante de *François Mansart*. Fouquet et sainte Jeanne de Chantal, première supérieure de l'ordre fondé en 1610 par saint François de Sales, y furent inhumés. Saint Vincent de Paul fut aumônier du couvent.

Fermée en 1793 et transformée en dépôt de livres, l'église fut affectée, en 1802, au culte protestant. Elle subit, en 1871, de grands dégâts qui nécessitèrent une restauration complète. Au n° 19 de la rue, vestiges du couvent.

L'intérieur

L'édifice se présente comme un bel ensemble circulaire décoré classiquement de guirlandes, de draperies et de pilastres corinthiens. Entre le bas-côté O. et la partie S. de la nef, une petite *crypte* abrite une dizaine de sarcophages éventrés renfermant encore des ossements, dont certains sont peut-être ceux de Fouquet et de sainte Jeanne de Chantal. Dans une dépendance de l'église, à l'E. du chœur, ont été découverts, en 1948, les fragments d'un plafond peint à fresque, du XVIIe s. ▸ Revenir sur ses pas jusqu'à la *rue du Petit-Musc*, déformation de « la Pute y muse ». Cette rue, jadis, était fréquentée par les matelots du port Saint-Paul. Maisons anciennes, dont le n° 33 et le n° 27.

▷ La rue Charles-V *à dr.*

Cette belle rue calme et digne qui fut percée au XVIe s. à travers l'ancien *hôtel Saint-Pol* (→ *encadré*) s'appelait jadis la rue Neuve-Saint-Paul et garde du XVIIe s. de beaux portails (en particulier au n° 15),

L'hôtel Saint-Pol

Charles V avait, alors même qu'il n'était encore que le duc de Normandie, acquis une vaste demeure dans ce quartier de Paris couvert de vergers, de potagers, de vignobles. Au cours des années, il se rendit propriétaire de diverses autres maisons entre le quai et la rue Saint-Antoine. L'ensemble, qui avait à lui seul le double de la superficie du Louvre médiéval, disparate, réunissait par des préaux, arcades ou des allées, tous ces logis, et portait le nom de l'hôtel Saint-Pol. Charles VI y naquit le 8 décembre 1368, Charles V y mourut en 1380. Après la mort de Charles VI, qui sombra ici dans la folie, et dès que le régent du roi d'Angleterre, le duc de Bedford, l'eut quitté, les rois préférèrent les Tournelles à cet hôtel rempli de trop lugubres souvenirs et qui fut peu à peu démantelé. Son souvenir ne subsiste que dans le nom des rues du quartier.

de belles ferronneries (remarquer le balcon Régence du n° 2) et quelques escaliers (au n°s 15 et 21). Au n° 12, l'***hôtel de Brinvilliers**** fut bâti vers 1620 pour Balthazar Gobelin dont le fils Antoine, marquis de Brinvilliers, épousa Marie d'Aubray devenue la célèbre empoisonneuse décapitée place de Grève en 1676. L'hôtel possède un imposant portail et une grande cour prolongée d'un jardin. L'aile g. a conservé un très bel escalier et un plafond sculpté. L'aile dr. se termine par une demi-tourelle à toit conique.

▶ La *rue Saint-Paul* : Au n° 18, grille de marchand de vin. Au n° 8, immeuble XVIIIe s. ; sur la cour, les ailes contiennent chacune un grand escalier à rampe de fer forgé.

▷ La rue des Lions

Elle fut percée au XVIe s. aux abords de la ménagerie de l'hôtel Saint-Pol. A l'angle de la rue Saint-Paul, tourelle en encorbellement du XVIe s. Au n° 12, hôtel Louis XIII. Au n° 11, petit hôtel XVIIe s. où vécut la marquise de Sévigné de 1644 à 1650 ; portail à compartiments cloutés. Au n° 10, l'immeuble du XIXe s. dissimule un ***hôtel**** de 1642 comprenant deux escaliers, dont l'un, au fond de la cour à dr., avec ses entrelacs et panneaux sculptés et son vase de pierre, est particulièrement remarquable. Voir les cours du n° 9 et du n° 7, et le portail du n° 5. Au n° 3, ***hôtel dit des Parlementaires de la Fronde*** (XVIIIe s.) : joli escalier à g. et, dans la cour à dr., fontaine Louis XV restaurée en 1970. Au n° 1, on aperçoit la façade sur jardin due à *Jules Hardouin-Mansart* de l'***hôtel de Fieubet*** *(→ ci-dessous).*

▷ Le quai des Célestins

Il porte le nom du vaste couvent des Carmes, puis des Célestins, qui s'étendait sur les terrains compris entre l'actuelle place de la Bastille et la Seine.

L'***hôtel de Fieubet**** *(angle du quai des Célestins et de la rue du Petit-Musc).* Le trésorier Gaspard Fieubet le fit construire par *Jules Hardouin-Mansart* à la place d'un hôtel début XVIIe s. dont quelques éléments subsistent. L'intérieur était décoré par *Le Brun* et ses élèves. Les jardins étaient magnifiques avec des jets d'eau et une perspective peinte sur un mur mitoyen. Il fut totalement dénaturé par le comte de Lavalette à partir de 1858 (campanile à belvédère, dôme, cariatides, guirlandes). A partir de 1877, les pères de l'Oratoire élevèrent un bâtiment le long de l'aile qui donne sur la rue du Petit-Musc. Voir la façade sur jardin et la tourelle d'angle. Il abrite toujours l'***école Massillon***, et les sphinx qui furent les premiers qu'on ait vus à Paris, gardent toujours la porte. Au n° 4, l'***hôtel Nicolaï*** (XVIIe s.), peut-être bâti par *F. Mansart*, a conservé ses proportions et une très belle rampe de fer forgé. Le sculpteur Barye y est mort en 1875. A l'angle du quai et de la rue Saint-Paul, l'hôtel de la Vieuville, bâti au XVIe s., fut détruit en 1927 et remplacé par les énormes entrepôts de la Samaritaine, eux-mêmes transformés aujourd'hui en appartements. ▶ Prendre la *rue de l'Ave-Maria* dont le nom évoque un couvent disparu au XIXe s. ▶ La ***rue des Jardins-Saint-Paul*** *(à dr.)* ménage une belle perspective sur le chevet de l'église Saint-Paul-Saint-Louis. La démolition des maisons du côté O. a dégagé, en bordure du petit lycée Charlemagne, une partie du ***mur d'enceinte*** de *Philippe Auguste (→ encadré)* dont Rabelais, qui mourut dans cette rue en 1553, disait qu'« une vache avec un pet en abatroit plus de six brasses ».

▷ Le village Saint-Paul

La région comprise entre les rues des Jardins-Saint-Paul, Saint-Paul, Charlemagne et la rue de l'Ave-Maria, dénommée village Saint-Paul, est un bel exemple de sauvetage d'îlot voué à la démolition. Nombre de maisons anciennes ont été restaurées ; il reste quelques escaliers (XVIIe s.) et des caves médiévales, au n° 14 de la rue des Jardins-Saint-Paul par exemple. Au rez-de-chaussée, des magasins d'antiquité, de brocante, des ateliers de métiers d'art entourent une agréable zone piétonnière. Un grand « déballage-brocante », pendant lequel le village se transforme en « souk », y est organisé quatre fois par an.

▶ De la rue des Jardins-Saint-Paul, on débouche dans la ***rue Charlemagne***. Au n° 8, fontaine de 1846. Aux n°s 4 et 6, deux immeubles XVIIe s. récemment restaurés. ▶ La ***rue Eginhard*** *(à g.)* : un puits extérieur XVIIe s. a été remis en valeur, sur la g. Au n° 13, petit lycée Charlemagne, à l'emplacement du couvent des religieuses de l'Ave-Maria. ▶ La ***rue du Fauconnier*** *(à g. de la rue Charlemagne).* Au n° 11,

L'enceinte de Philippe Auguste

C'est en 1190 que Philippe Auguste, partant pour la croisade, ordonna « de construire autour de Paris au nord et jusqu'à la Seine un mur avec des bonnes tours et des portes fortifiées ». Le mur partait de la Seine à la hauteur du Louvre, montait vers le nord jusqu'à l'actuelle rue Étienne-Marcel, redescendait vers la rue Rambuteau et des Francs-Bourgeois, puis s'infléchissait à angle droit à la hauteur de la caserne des pompiers de la rue de Sévigné pour rejoindre la Seine au milieu du quai des Célestins. L'enceinte de la rive gauche ne fut entreprise que quinze ou vingt ans plus tard. Elle partait de la Seine en face du Louvre, faisait le tour de l'actuel Panthéon et rejoignait la Seine à l'extrémité du boulevard Saint-Germain. Elle était, sur chaque rive, percée de six portes. Hormis le fragment de la rue des Jardins-Saint-Paul, d'autres vestiges sont encore visibles ici ou là, des deux côtés de la Seine (rue Clovis pour la rive gauche par exemple).

un grand hôtel du XVIIe s., occupé par une maison de jeunes, la MIJE, est le seul bâtiment ancien de cette rue médiévale.

▷ L'hôtel de Sens *1, rue du Figuier ☎ 42.78.17.34*

C'est un bel exemple et l'un des rares témoignages, avec l'hôtel de Cluny et la maison de Jacques Cœur, de l'architecture civile médiévale parisienne. Il abrite aujourd'hui la *bibliothèque Forney*.

Cet hôtel est le troisième hôtel de Sens et c'est à *Tristan de Salazar*, évêque de Sens, que l'on doit cet hôtel forteresse qui fut édifié de 1474-1475 à 1519. Jusqu'à 1623, l'évêché de Paris ne fut que le suffragant de l'archevêché de Sens. L'hôtel fut donc occupé par des Bourbons et des Guise et par Mgr de Pellevé qui en fit un bastion de la Ligue. L'hôtel étant inoccupé, Henri IV en profita pour y loger son ex-femme, l'extravagante reine Margot, qui fit de cette citadelle de la foi un galant et parfois tragique séjour qu'elle quitta pour le Pré-aux-Clercs. Les archevêques de Sens restèrent propriétaires de l'hôtel après la création de l'archevêché de Paris et le louèrent. Rapins, blanchisseuses, fabricants de confiture, messageries, se succédèrent entre ces murs. La Ville l'acheta en 1916 dans un état de délabrement confinant à la ruine, et la restauration un peu hardie entreprise en 1936 s'est prolongée jusqu'en 1962. La restauration de l'hôtel de Sens fut, pour une bonne part, une reconstitution ; mieux vaut donc laisser de côté les détails archéologiques et se laisser charmer par son esthétique d'ensemble, ses tourelles en encorbellement, son porche avec ses deux portes, sa cour, sa bretèche sur trois mâchicoulis, ses dissymétries d'un esprit si contraire à celui qui domine dans les autres hôtels du Marais.

La *bibliothèque Forney (du mar. au vend., 13 h 30-20 h 30 ; sam. 10 h-20 h 30)* fondée en 1886 grâce à un legs de l'industriel parisien de ce nom, a été transférée en 1961-1962 du n° 12 de la rue Tiron. Consacrée aux arts décoratifs, aux techniques, aux arts et aux métiers, elle offre un fonds riche et varié aux amateurs d'art et d'architecture, et conserve sa vocation première de *centre de documentation des artisans parisiens*. Elle met à la disposition du public : 150 000 volumes, 2 000 titres de périodiques, 24 000 catalogues d'exposition et de musée, 250 000 estampes, 45 000 diapositives, des collections de papiers peints, de dessins de meubles et de ferronneries, d'échantillons d'étoffes fabriquées au XVIIIe s. par les différentes manufactures de France, d'Angleterre et de Hollande, et un fonds d'affiches anciennes (3 000) et modernes (10 000). La bibliothèque organise des expositions sur l'artisanat, l'art décoratif et sur ses propres collections. ▸ La *rue de l'Hôtel-de-Ville* longe les quais. Devant la façade O. de l'hôtel de Sens, le jardin offre un bel exemple de parterres à la française.

▷ La cité internationale des Arts

En face de la façade sur jardin de l'hôtel d'Aumont, les côtés N. et S. de la rue de l'Hôtel-de-Ville ont été détruits pour faire place, côté N., à un grand parallélépipède édifié par les architectes *Tournon* et *Cacoub* : la cité internationale des Arts, inaugurée en 1965. Cette cité, fondation subventionnée en partie par la Ville de Paris, est destinée à accueillir des artistes français et étrangers. Avec quelques immeubles anciens un peu plus loin sur la rue, et les bâtiments neufs de la rue Geoffroy-l'Asnier, elle comprendra 230 ateliers. Elle comporte un restaurant, une bibliothèque, des salles de réunions, de spectacles, de concerts et d'expositions.

Le quartier du Temple et des Archives★★

3ᵉ et 4ᵉ arr. / 36-K7, 37-L6-L7
Métro : Hôtel-de-Ville
Bus : 38, 47, 58, 67, 69, 70, 72, 74, 75, 76, 96
Ⓟ et taxis : rue Lobau

Visite du quartier

3 h

▷ La rue du Temple *de la place de l'Hôtel-de-Ville à la rue Saint-Merri*

Elle commence à l'angle du Bazar de l'Hôtel-de-Ville, dont le sous-sol est connu de tous les bricoleurs. C'est l'une des vieilles rues de Paris puisqu'elle date des premières années du XIVᵉ s. ; elle tient son nom de la commanderie du Temple (*→ encadré*). Elle est curieuse, avec ses commerces de gros et de demi-gros bien définis (maroquinerie, bijouterie fantaisie et articles de Paris mais aussi fabricants d'orfèvrerie, doreurs, argenteurs) et les vestiges de son élégance de jadis. La rue du Temple conserve en effet quelques très beaux ***hôtels***, malheureusement beaucoup ne sont pas encore restaurés.

Dans cette rue populeuse, populaire et encombrée, il faudrait lever sans cesse les yeux vers les fenêtres ornées de masques ou d'agrafes sculptées et vers leurs balcons et leurs ferronneries (nᵒˢ 10, 12, 18 : ferronneries, escalier). Le nº 20, occupé actuellement par un cinéma, était un bureau des gabelles. Nº 22, hôtel du XVIIIᵉ s. : mansardes, porte, escalier. Au nº 24, à l'angle de la rue Sainte-Croix-de-la-Bretonnerie, tourelle de 1610.

L'ordre des Templiers

La prise de Jérusalem (1099) avait rendu nécessaire le mantien d'effectifs armés permanents en Palestine, d'où la création des ordres militaires, communautés de moines soldats destinés à défendre les lieux saints et protéger les pèlerins. L'ordre du Temple (le nom évoquait le temple de Salomon à Jérusalem), créé par Hugues de Payns en 1119, prit rapidement une extension formidable. Ses 9000 commanderies, réparties sur toute l'Europe et le Proche-Orient, lui assuraient un rôle politique et économique important. Ce sont les Templiers qui créèrent en quelque sorte la première banque internationale en instituant l'embryon de la lettre de change et du chèque tiré sur dépôt. Installé à Paris vers Saint-Gervais au début du XIIᵉ s., le Temple émigra au milieu du siècle dans le quartier connu encore sous son nom. Dépositaires du trésor royal dès cette époque, les Templiers devinrent peu à peu administrateurs des finances royales puis principaux créanciers du roi. On sait comment Philippe le Bel, assombri par les difficultés financières de la fin de son règne et offensé de l'orgueilleuse puissance du Temple dont il espérait probablement s'approprier les biens, s'acharna avec brutalité à la destruction de l'ordre. Cet épisode dramatique s'acheva en 1314 avec le supplice par le feu de deux dignitaires du Temple : Jacques de Molay et Geoffroy de Charnay. Le pape Clément V, tout dévoué au roi de France auquel il devait son élection, avait, à l'issue d'un procès honteux, prononcé en 1312 la suppression de l'ordre. Les biens du Temple passèrent aux hospitaliers de Saint-Jean-de-Malte.

▷ La rue Saint-Merri

Tout près de la sordide impasse dite Cul-de-Sac-du-Bœuf, voir le très bel ***hôtel Le Rebours***, remanié vers 1685 pour le seigneur du même nom, président du Grand Conseil. Il faut admirer la cour, malheureusement encombrée de bâtiments parasites, le vestibule et l'escalier, les mascarons. La façade sur rue est ornée d'un fronton triangulaire percé d'un oculus ; ferronneries. En face, au nº 9, l'***hôtel Potier de Blanc-Mesnil*** (1630), avec un joli fronton à coquille ; chiffre au-dessus de la porte : lettres P B M entrelacées.

▷ La rue du Temple *de la rue Saint-Merri à la rue des Haudriettes*

A l'angle du nº 25, bas-relief classé (angelots). L'ancienne *Auberge de l'Aigle d'Or*, au nº 41, était au XIXᵉ s. une tête de ligne de diligences : escalier Louis XIII dans le passage ; belle cour avec façades classées (fenêtres à frontons courbes, lucarnes, oculus, ferronneries) ; bel escalier au fond à g. ; actuellement on y trouve un café-théâtre, des cours de danse et de musique, un restaurant, qui font de ce lieu une étape privilégiée ; il faut pourtant déplorer le mauvais état de ces bâtiments. Au nº 45, belle façade XVIIIᵉ s., escalier. Au nº 57, au fond de la cour, hôtel (vers 1665) de Maximilien Titon, fournisseur d'armes aux arsenaux : joli fronton mais mauvais état. Au nº 62, s'ouvre le passage Sainte-Avoye (1828) à l'emplacement de l'hôtel Neuf-de-Montmorency. Vieilles maisons du nº 62 à 72. Au-dessus de la porte du nº 72, une vieille plaque gravée indique : hôtel de Savoye.

▷ L'hôtel de Saint-Aignan**

71, rue du Temple

Cet extraordinaire hôtel, dans sa somptuosité et son délabrement, fait penser à un décor pour théâtre romantique. Il a été construit entre 1640 et 1650 par *P. Le Muet* pour l'un des esprits les plus fins de son temps : Claude de Mesmes, comte d'Avaux, conseiller au Grand Conseil, maître des Requêtes, surintendant des Finances, un des trois plénipotentiaires au congrès de Münster pour la signature du traité de Westphalie (1648). Après avoir eu pour propriétaires, entre autres, Louis de Rochechouart, duc de Mortemart, l'hôtel fut démantelé et loué en appartements et ateliers. Ces dernières années, une lente restauration a été entreprise qui ne touche actuellement que les communs où sont installées en partie les Archives de Paris. Une récente affectation fera de cet hôtel le ***musée d'Art juif***.

Au-delà du portail monumental mais sobre, l'hôtel a été bâti entre cour et jardin : des pilastres corinthiens encadrent chaque travée de la façade tandis que les arcades du rez-de-chaussée supportent sur un entablement de très hautes fenêtres. Noter que la partie g. de la cour n'est qu'un trompe-l'œil où le souci de réalisme a été poussé jusqu'à mettre des volets intérieurs derrière les vitres des fausses fenêtres. Ce décor était destiné à cacher un mur jugé inesthétique, vestige de l'enceinte de Philippe Auguste.

▷ La rue de Braque

On y fera un aller-retour. Elle porte le nom d'une ancienne famille qui y possédait des terrains (XIVe s.). Nos 4-6, ***hôtel Lelièvre****, construit en 1673 pour Thomas Lelièvre, seigneur de La Grange. Il fut partagé entre ses enfants et redécoré. Superbes portails et balcons de style rocaille, magnifique escalier (no 4). Il existe encore, dans un ancien salon, un ***plafond*** peint par *Le Brun*. No 5, vestiges dans la cour. Au no 3, grille ornée de pommes de pin, décoration traditionnelle des grilles de cabarets. Au no 7, ***petit hôtel de Mesmes***, autrefois adossé au grand hôtel de Mesmes appelé aussi hôtel Neuf-de-Montmorency (→). Vergennes, ministres des Affaires étrangères de Louis XVI, y habita ; une récente rénovation l'a dénaturé. Au no 8, magnifique porte. C'est de la rue de Braque que l'on a la meilleure vue sur le ***portail à tourelles*** de l'ancien hôtel de Clisson (→ *hôtel de Soubise*).

▷ L'hôtel de Montmor**

79, rue du Temple

Cet hôtel, en son temps luxueux, a été bâti en 1623 pour Jean Habert, seigneur de Montmor (*Champaigne* a fait un portrait magistral d'un groupe d'enfants Habert de Montmor, conservé au musée de Reims). Le fils Henri-Louis de Montmor, homme de grande culture littéraire et scientifique, hébergea Gassendi de 1653 jusqu'à sa mort (en 1655). Cet ami de Mme de Sévigné avait créé dans son hôtel une sorte d'Académie des sciences privée qui fut l'embryon de l'Académie des sciences (1667). Descartes, Chapelain, Guy Patin, Huygens, Personne de Roberval furent des habitués de cette demeure où Molière vint lire son Tartuffe quand celui-ci fut interdit. Colbert acheta la très riche bibliothèque et les manuscrits, aujourd'hui à la Bibliothèque nationale.

La porte cochère monumentale ouvre sur une cour pavée ; le corps de logis est au fond, et deux ailes latérales font retour vers l'intérieur avec un élégant arrondi. Les rez-de-chaussée à arcades supportent des étages à bandeaux plats au premier, et légèrement cintrés au deuxième ; belles ferronneries. Voir l'***escalier**** et sa rampe de fer forgé.

▷ La rue Michel-le-Comte

Ce fut jadis une rue chic, habitée par la haute finance ou de hauts personnages ; son nom est à l'origine de l'expression populaire parisienne « Ça fait la rue Michel » (Ça fait le compte !). Elle présente plusieurs maisons du XVIIe s. Au no 16, derrière une façade insignifiante, ravissante petite *cour*, mélange XVe-XVIIe s. ; c'était, au XVe, l'auberge de l'Ours et du Lion devenue au XVIIe s. la résidence de l'intendant Le Tellier. Au no 19, hôtel du payeur des rentes Lenoir de Mezières : belle porte, bâtiments sur cour malheureusement surélevés. Au no 21, hôtel où habita l'architecte *Verniquet* (→ *encadré*) : le corps de logis sur cour (XVIIe s.) donnait de l'autre côté sur les jar-

---

Le plan Verniquet

Pour les historiens, Edme Verniquet (1727-1804) reste avant tout l'auteur d'un magistral plan de Paris. Ordonné par Louis XVI en 1783, ce plan fut terminé en 1792. Composé de 72 feuilles gravées de 66 × 44 cm, c'est le premier plan levé à partir de calculs trigonométriques, donc scientifiquement exact.

Il servit de référence durant tout le XIXe s., notamment pour l'élaboration du premier cadastre de Paris (1808) pour les plans d'alignement et d'expropriation. Il est surtout irremplaçable en ce qu'il nous donne une image juste et précise de ce qu'était Paris avant les grandes destructions (couvents, hôtels, églises) commises par la Révolution puis l'administration du XIXe s. Les plaques de cuivre ayant servi à la gravure, cachées par sa fille Madeleine à la suite d'un contentieux financier, sont demeurées introuvables jusqu'à ce jour.

---

dins de l'hôtel de Saint Aignan (→ *ci-dessus*). Au n° 29, ferronneries. Au n° 30, joli petit immeuble de 1666.

▷ L'hôtel d'Hallwyll**

28, rue Michel-le-Comte

Ce bel hôtel fut reconstruit en 1765 par *Ledoux*; Necker y habitait de 1757 à 1766 et sa fille, la future Mme de Staël, y est née. C'est l'ancien hôtel de Bouligneux, loué en partie à la banque Thélusson (Necker et Thélusson, Suisses tous les deux, étaient associés) que son propriétaire Franz-Joseph d'Hallwyll, colonel des Suisses, fit transformer par *Ledoux*. L'architecte en était presque à ses débuts parisiens; pourtant les lourdes colonnes entourant la porte et les refends de la façade sur rue sont déjà bien dans sa manière (→ *encadré*). La seconde cour, trop exiguë pour faire un jardin, fut bordée de deux colonnades; l'impression d'espace était donnée par un trompe-l'œil peint sur un mur aveugle de l'autre côté de la rue de Montmorency. Depuis des années la restauration de l'hôtel d'Hallwyll est annoncée. On peut s'étonner que les pouvoir publics n'aient pas encore tout mis en œuvre pour sauver cet édifice témoin : c'est en effet le seul subsistant des hôtels construits par *Ledoux* à Paris. ▶ Revenir rue du Temple.

▷ La rue des Haudriettes

Datant du XIIIe s., elle tient son nom d'une ancienne communauté religieuse de femmes. Au n° 16, maison à pignon. Au n° 12, jolie petite maison de pierre, lucarnes XVIIe s. Aux n°s 4-6, ***hôtel de Bondeville***, Renaissance; façades sur cour classées, jolie porte à fronton triangulaire; clef sculptée représentant une tête de vieillard couronnée de feuilles de chêne.

A l'angle de la rue des Archives, la ***fontaine des Haudriettes*** a été construite en 1765 sur des dessins de *Moreau*, en remplacement de la fontaine du Chaume qui existait au coin de la rue des Francs-Bourgeois et qui fut supprimée par la construction de l'hôtel de Soubise; joli ***relief*** représentant une naïade, par *Mignot*. ▶ Le visiteur pressé peut prendre ici la rue des Haudriettes pour retrouver l'itinéraire à partir de l'***hôtel de Guénégaud*** (→ *ci-dessous*). Nous poursuivons, pour le promeneur disposant de plus de temps, la visite du Nord du quartier.

▷ La rue du Temple *de la rue des Haudriettes au square du Temple*

Succession de maisons du XVIIe s. Au n° 84 : mascarons, façade remaniée. Au n° 85 : façade sur rue, passage, cour avec mansardes; mériterait une restauration. Au n° 86, maison à pignon, cabaret de La Croix Blanche sous Louis XV. Aux n°s 101-103, belle façade XVIIIe s. (voir à proximité l'***hôtel de Montmorency*** → *Beaubourg*). Au n° 131, façade avec lucarnes. Le n° 153 était, au XVIIIe s., le bureau des Vinaigrettes, voiturettes à une place tirées par un homme.

▷ Le square du Temple

Si rien ne reste sur place de ce qui existait autrefois en ces lieux, il en est peu de plus évocateurs du point de vue historique. Le charmant et provincial square du Temple avec ses rocailles, ses pièces d'eau miniatures, son monument à la mémoire du chansonnier Béranger, a remplacé en partie le domaine qui s'étendait un peu partout dans Paris, mais dont le centre était l'enclos fortifié, limité par nos rues actuelles du Temple, de Bretagne, de Picardie et de Béranger. La célèbre tour ou donjon datait de 1265 à 1270; elle était au coin de la rue Eugène-Spuller et de la rue Perrée, empiétant un peu à g. sur le trottoir et le square, longeant à dr. l'aile N. de la mairie du 3e arrondissement.

Claude-Nicolas Ledoux

Elève de Blondel principalement, cet architecte parisien (1736-1806) se brouilla rapidement avec son maître qui goûtait peu ses partis pris esthétiques. Sous l'influence du Palladio il prônait l'ordre monumental contre la superposition des ordres; en outre, l'idée d'une société nouvelle rousseauiste étayait ses conceptions architecturales.

Si les édifices subsistant en province nous permettent de juger de son génie, pour les constructions parisiennes, nous avons les gravures exécutées avec soin par l'agence de Ledoux qui nous renseignent sur son prodigieux sens de la mise en scène allié à un souci évident de simplification et d'efficacité. Enfin les témoignages de l'époque, partagés entre l'indignation et l'admiration, nous font sentir combien cette architecture semblait révolutionnaire par l'emploi constant des colonnes et ses proportions insolites. Ces hôtels, bâtis de 1765 à 1795, étaient tous situés dans le quartier de la Chaussée-d'Antin et le nouveau quartier Poissonnière. Il faut citer principalement : l'hôtel d'Uzès (1768), violemment critiqué par Blondel; le pavillon de Mlle Guimard (1770) (danseuse entretenue par le prince de Soubise) qui renfermait un théâtre privé et un jardin d'hiver; le curieux ensemble conçu pour M. Hosten (1792), complexe immobilier qui prévoyait outre la demeure du propriétaire, quinze maisons locatives identiques; et surtout l'hôtel Thélusson (1778).

Cet hôtel, élevé pour la veuve du banquier suisse, était un lieu de promenade et un objet de curiosité pour l'arche monumentale qui servait d'entrée, le jardin paysager, la grotte creusée sous la rotonde centrale, les passages souterrains avec sens giratoire pour les voitures, enfin l'ingéniosité et la somptuosité des aménagements intérieurs.

L'*église* (vers 1140) de plan circulaire comme celle du temple de Londres, que l'on voit encore, avait reçu des adjonctions postérieures : chœur et porche (début du XIIIe s.). L'enclos comprenait une vraie ville exempte d'impôts, refuge d'insolvables ou de malfaiteurs. Un *palais* pour le grand prieur y fut reconstruit en 1667 par le prieur Jacques de Souvré, sur plans de *P. Delisle-Mansart (partie O. du square actuel, entrée sur la rue du Temple)*. Il avait sensiblement l'aspect de l'hôtel Soubise. Là, Philippe de Vendôme avait mené joyeuse vie au XVIIIe s. Le galant prince de Conti fut grand prieur, et l'enfant Mozart joua dans le grand salon comme on le voit dans le tableau d'*Ollivier* actuellement au Louvre : Le Thé à l'anglaise chez le prince de Conti. Le prince recueillit aussi J.-J. Rousseau poursuivi (1765), et le Tout-Paris venait ici rendre visite au philosophe. Les événements révolutionnaires et l'incarcération de la famille royale (→ *encadré*) rendirent le Temple tristement célèbre. Au XIXe s., les gouvernements successifs s'attachèrent à effacer ces souvenirs en changeant l'aspect des lieux. La tour fut rasée dès 1808, l'enclos fut loti ; un couvent de l'Assomption remplaça en 1814 le palais du grand prieur, devint caserne en 1848, et fut démoli en 1853 pour la création du square. Mme Royale, désormais duchesse d'Angoulême, venue ici en pèlerinage à sa rentrée en France, planta dans la partie E. un saule pleureur qui disparut il y a quelques années seulement.

▷ L'église Sainte-Elisabeth★ *195, rue du Temple / 7 h 30-19 h 30 ☎ 48.87.56.77*

Marie de Médicis posa en 1628 la première pierre de cette église destinée à des religieuses franciscaines ; elle fut achevée en 1645 et subit plusieurs modifications au XIXe s. (percement de la rue Turbigo). L'architecte *Godde* allongea la nef et éleva le chœur en hémicycle avec déambulatoire. En 1938, Sainte-Elisabeth est devenue l'église de l'ordre de Saint-Jean-de-Jérusalem (chevaliers de Malte), dont les armoiries surmontent le maître-autel.

L'intérieur

La *nef*. Seules les quatre premières travées sont du XVIIe s. Entablement orné d'emblèmes religieux et des instruments de la Passion. Buffet d'orgue et chaire XIXe s. L'*orgue* (1853) fut construit par *Suret*. Le *bas-côté g.* Chapelle des Catéchismes : quatre grandes toiles commandées par la Ville de Paris entre 1848 et 1872. *Chapelle Sainte-Elisabeth* : au-dessus de l'autel, Sainte Elisabeth de Hongrie déposant sa couronne aux pieds de l'image du Christ, par *Blondel* (1824). Le chœur est décoré d'une peinture de *Jean Alaux* (vers 1840) : Glorification de sainte Elisabeth de Hongrie. Le *déambulatoire* fut décoré de peintures murales, en 1844, par *Bézard, Bohn, Jourdy* et *Roger*. Cent panneaux en bois sculpté (XVIIe s.), provenant des stalles du chœur de l'église abbatiale de Saint-Vaast d'Arras, acquis en 1845 par le curé de la paroisse, illustrent des scènes de l'Ancien et du Nouveau Testament. ▸ Prendre la *rue Dupetit-Thouars* qui doit son nom au capitaine de vaisseau qui mourut héroïquement à la bataille d'Aboukir. ▸ A l'angle de la rue Dupetit-Thouars et de la rue Gabriel-Vicaire, sur le mur d'une école maternelle, on verra un plan du Temple sur pierre.

▷ Le Carreau du Temple

du mar. au sam., 9 h-12 h 30 ; dim., 9 h-13 h

Le Carreau du Temple est un célèbre marché aux vêtements depuis la fin du XVIIIe s.

A l'origine il y eut, à l'intérieur de l'enclos du Temple, la *rotonde* construite

La famille royale au Temple

Par ordre de la Commune insurrectionnelle, la famille royale (Louis XVI, Marie-Antoinette, Mme Elisabeth, Mme Royale et le dauphin) fut emprisonnée à partir du 13 août 1792 au soir, d'abord dans la petite tour accolée au donjon de la prison du Temple, ensuite dans celui-ci. Le roi en partit le 21 janvier 1793, pour aller à l'échafaud. Mme Royale fut la dernière habitante et ne fut libérée qu'après la réaction thermidorienne en 1795. Quant à Louis XVII, tout ce que les historiens peuvent affirmer à ce jour, c'est que le corps de l'enfant mort au Temple, le 8 juin 1795, n'était pas le sien et, bien qu'on ait compté jusqu'ici 43 faux dauphins, l'énigme de sa disparition demeure et sans doute pour toujours (→ cimetière Sainte-Marguerite.)

Les musées à voir

Musée Carnavalet (23, rue de Sévigné) : histoire de Paris et objets d'art du XVIe au XIXe s.
Institut Tessin (11, rue Payenne) : artistes suédois (XVIIe-XIXe s.).
Maison de Victor Hugo (6, place des Vosges) : souvenirs et dessins de Victor Hugo, présentés dans son ancien hôtel.
Musée Picasso (hôtel Salé, 5, rue de Thorigny) : donation Picasso.
Musée de l'Histoire de France (hôtel de Rohan, 60, rue des Francs-Bourgeois) : documents de l'histoire de France, depuis les origines jusqu'à la Révolution.
Musée Kwok On (41, rue des Francs-Bourgeois) : théâtres et musiques d'Asie.
Musée de la Serrure (1, rue de la Perle) : collection de serrures et pièces de fer forgé.
Musée de la Chasse et de la Nature (60, rue des Archives) : objets de chasse, armes, collections de peintures animalières.

en 1781 par *Pierre de Montreuil*. bâtiment de forme ovale entouré d'une colonnade qui servait de galerie couverte au rez-de-chaussée. Cette rotonde abritait les débiteurs poursuivis et des banqueroutiers. Préservée à la Révolution, elle devint le domaine des fripiers, complété vers la rue du Temple par quatre *pavillons* de bois édifiés en 1809 par *Molinos* sur les ruines de l'enclos. Selon leur spécialité, ces pavillons portaient des noms pittoresques et évocateurs : le Palais-Royal (dentelles et soieries), le pavillon de Flore (literie, blanc, cotonnades), Le Pou Volant (friperie), enfin La Forêt Noire (vieux cuirs, savetiers), ces deux derniers de sinistre réputation. En 1863, les insalubres pavillons furent détruits pour faire place aux édifices de fer, fonte et verre que nous voyons en partie encore aujourd'hui. Il ne sont pas dus à *Baltard*, comme on le dit trop souvent, mais à *Legrand* et *Mérindol*. Les encadrements de pierre que l'on voit sur les entrées latérales sont des vestiges de l'ancienne rotonde. En 1904 s'y tint la première Foire de Paris; mais, concurrencé par le jeune marché aux Puces de Clignancourt, le Carreau périclite et, dès 1905, quatre des six pavillons sont détruits.

En 1973, la municipalité a condamné les deux pavillons subsistants mais les habitants du quartier, les 360 commerçants du marché, ont défendu leur cause et l'ont gagnée. Aujourd'hui le Carreau, rénové, donne au quartier gaieté et animation. Dès 7 h 30 une antique cloche marque le début de l'activité, va-et-vient des hautes panières, étalage de la marchandise. Les passants sont familièrement interpellés. Des chaussures au blouson de cuir, on peut entièrement se vêtir au Carreau du Temple, à des prix défiants toute concurrence! ▶ Prendre la rue Dupuis.

▷ La rue Béranger

Cette ancienne rue de Vendôme fut ouverte en 1696 par le grand prieur du Temple, *Philippe de Vendôme*. Elle était bordée d'hôtels somptueux. ***L'hôtel de Mascrani***, au n° 2, fut construit vers 1696 sur des terrains acquis du Temple; détruit en partie en 1903, il vient d'être scandaleusement dénaturé par une opération de rénovation. L'***hôtel Peyrenc de Moras****, au n° 3, et l'***hôtel de La Haye****, aux n°s 5 et 5 bis, furent construits au début du XVIIIe s. et réunis peu après par le financier et conseiller du roi Bergeret de Frouville. Le chansonnier *Béranger* (→ *encadré*) eut son dernier domicile en l'hôtel de La Haye. La Ville de Paris acheta les deux hôtels en 1881 et 1889. Actuellement ils sont occupés par un groupe scolaire. Il faut admirer la décoration des portails et des vantaux, les agrafes et clefs sculptées. Un sourire à la concierge (n° 5) permettra peut-être de voir la cour. Au n° 10 habitait le comédien Frédérick Lemaître qui fut la gloire des théâtres du Boulevard du Crime. Au n° 16, le ***passage Vendôme*** (1827) présente une assez jolie façade de style Restauration. Il a été percé à l'emplacement du couvent des Filles du Saint-Sauveur.

Pierre Jean de Béranger

«La tyrannie ne pourra jamais s'asseoir définitivement dans un pays où l'on chante.» Ces mots de Béranger (1780-1857), chansonnier et polémiste, résument la pensée de cet homme indépendant et courageux, injustement oublié de nos jours. Enfant, il avait connu l'exaltation de la prise de la Bastille mais aussi l'horreur des massacres. Libéral convaincu, il sera toujours méfiant face aux excès des révolutions populaires. Ayant reçu peu d'instruction il est commis chez son père, banquier sans talent. Il ne s'intéresse déjà qu'à la poésie et, en 1804, réduit à une quasi-misère, il adresse ses vers à Lucien Bonaparte qui lui accorde sa protection. Sa subsistance assurée modestement, il se consacre à l'écriture de chansons immédiatement populaires. Après avoir vu en Bonaparte le garant des idées libérales, il ne manquera pas de brocarder l'autoritarisme de Napoléon. Pourtant, après le retour des Bourbons, il devait glorifier l'Empereur déchu, prise de position qui lui valut un procès et une première détention de trois mois (1822), puis une condamnation à neuf mois de prison et 10000 francs d'amende (1829). On put alors mesurer la popularité du poète : une souscription fut ouverte et le peuple paya l'amende. On vit en lui l'inspirateur des journées de 1830. L'abolition de la monarchie de droit divin le remplit de joie. Après 1833, il ne publiera plus ses écrits. Elu député en 1848 il démissionnera aussitôt : cet homme ennemi de toutes les contraintes, tous les pouvoirs, toutes les dignités voulait par ses seules chansons exercer une action politique.

▷ La rue Charlot
jusqu'à la rue de Bretagne

Singulier personnage que ce *Claude Charlot*, fils de paysan languedocien, arrivé à Paris fort pauvre et qui, en quelques années, se constitua, par des spéculations, une fortune colossale et devint l'un des financiers les plus puissants de la capitale. Il est en quelque sorte le créateur du quartier puisque, dès la mort d'Henri IV, après l'abandon du projet de la place de France (→ *encadré*) il se hâta de lotir les vastes terrains acquis du Temple, ouvrant des rues, édifiant maints hôtels et immeubles de rapport. Dans le pan coupé formé par les rues Charlot et de Turenne, voir la ***fontaine*** édifiée par *Jean Beausire* en 1699 aux frais du chancelier Boucherat. Beaucoup de maisons de la rue gardent de beaux vestiges, ferronneries en particulier. Au n° 58, ***hôtel de Chamillart*** (début XVIIe s.) occupé en 1699 par Michel de Chamillart, ministre de Louis XIV : belle porte, cour

Le projet de la place de France

Le promeneur s'étonnera de rencontrer, dans ce quartier, tant de rues portant des noms de provinces françaises : Poitou, Saintonge, Bretagne, Normandie, etc. C'est le souvenir d'un projet d'urbanisme du roi Henri IV qui, outre les places Dauphine et Royale (des Vosges), souhaita la création d'une place de France. La décision du grand prieur du Temple de lotir ses «marais» hors l'enclos détermina le roi à acquérir ces terrains en 1608. Nous savons ce que devait être la place par un dessin de l'ingénieur Claude Chastillon : adossée au rempart et semi-circulaire, on y accédait du côté du faubourg par une porte monumentale et un pont enjambant le fossé; du côté de la ville par huit rues rayonnantes portant des noms de provinces françaises et bordées de maisons identiques, mariant la pierre et la brique comme il était d'usage à l'époque. Au débouché des rues, sur la place, devaient s'élever sept pavillons symétriques avec galerie couverte au rez-de-chaussée, tourelles d'angles à l'étage et coiffés d'un lanternon, le tout couvert d'ardoises. L'assassinat du roi en 1610 devait empêcher l'exécution de ce projet grandiose.

à balustrade qui témoignent d'un passé glorieux; il mériterait une restauration. Le n° 56 a appartenu à l'imprimeur Sébastien de Cramoisy (1611), au duc de Brissac, Gouverneur de Paris. Au n° 57, **hôtel du marquis de Boulainvilliers**; le peintre Troyon y est mort; voir la porte et les curieux petits pilastres à hauteur du rez-de-chaussée autour de la cour. Au n° 44, au coin de la rue de Bretagne, belle maison à pignon qui porta longtemps pour enseigne Les Trois Mousquetaires. Au n° 38, passage à solives, cour pittoresque. Au n° 33, escalier du XVIIe s. Au n° 28, **hôtel de Bérancourt** (1680) : porte, mascarons, mansarde, très jolie cour. Au n° 26, lucarne à poulie. Au n° 17, au coin de la rue Pastourelle, belle maison à pignon. ▶ Emprunter la ***rue de Poitou*** qui conserve beaucoup de maisons anciennes modestes. La parcourir jusqu'à la rue de Saintonge

▷ La rue de Saintonge

Elle fut ouverte en 1626 par *C. Charlot*. Elle est de nos jours fort défigurée dans sa partie N., et plus rien ne rappelle, au n° 64 — et surtout pas le bureau de poste qui la remplace —, la maison que Robespierre habita d'octobre 1789 à juillet 1791, non plus que la maison (n° 13) où Pascal habitait avec sa famille entre 1648 et 1651. Cette rue présente pourtant des vestiges intéressants : n° 4, guirlandes sculptées au-dessus des fenêtres; n° 8, austère façade Louis XIII mais deux escaliers et, dans la cour, une ***frise classée**** sur laquelle des oiseaux picorent des fruits; n° 12, plaque de rue ancienne gravée sur laquelle on lit «rue de Touraine»; n° 15, boutique ornée de fixés sous verre; n° 20, belle façade à fronton.

▷ La rue de Bretagne

Ce tronçon a également été ouvert par *Charlot* en 1626. Les maisons du côté impair sont pour la plupart anciennes. Faire quelques mètres vers l'E. jusqu'au n° 1. Cette superbe ***maison**** qui fait le coin de la rue Vieille-du-Temple est un immeuble de rapport construit pour Pierre Guérard en 1777 par l'architecte *Jean-Louis Blève*. C'est un très bon exemple d'architecture Louis XVI (rare dans ce quartier) avec ses fenêtres à balustres de pierre surmontées de frontons, ses décorations de guirlandes. Les ***bas-reliefs*** représentant Les Cinq Sens ne sont pas des sculptures de pierre mais des moulages, selon l'usage de l'époque, exécutés par *d'Hollande*. Reprendre la rue de Bretagne vers l'O. Au n° 41, **marché des Enfants-Rouges** créé par lettres patentes de 1616 sur des terrains appartenant à Charlot; c'est probablement le plus ancien marché de Paris encore en activité (→ *encadré*).

▷ La rue des Archives
jusqu'à la rue Pastourelle

Cette rue relie le quartier du Temple à la place de l'Hôtel-de-Ville. Au n° 90, vestiges de la **chapelle de l'hôpital des Enfants-Rouges** : il s'agissait des orphelins vêtus de rouge afin qu'on pût bien voir qu'ils vivaient de charité publique; l'hôpital fondé par *Marguerite d'Angoulême*, sœur de François Ier, a été supprimé en 1772. Au n° 81, faisant le coin de la rue Portefoin (belles façades), maison Louis XIII avec escalier et vestibule Louis XV. Valentin Conrart, premier secrétaire perpétuel de l'Académie française, y vécut de 1672 à 1675. Au n° 79, hôtel Louis XIII, mansardes à frontons triangulaires. Au n° 78, **hôtel de Tallard***, dit aussi **Amelot de Chaillou**, reconstruit en 1660 par *Bullet* pour Jacques Amelot de Chaillou, maître des Requêtes. Il doit son nom actuel au comte de Tallard qui en fut propriétaire à partir de 1722. La façade sur cour se présente en équerre avec un rez-de-chaussée en arcades et de hautes fenêtres au premier étage; son ***escalier***, de *Le Muet*, est considéré comme l'un des plus beaux de Paris. L'hôtel vient d'être restauré. ▶ Il faut gagner la ***rue de Beauce*** par la rue Pastourelle (plusieurs belles demeures du XVIIe s.), afin d'admirer un morceau de la façade sur jardin avec ses beaux médaillons.

▷ La rue des Archives
jusqu'à la rue des Quatre-Fils

Au n° 76, bel **hôtel Le Pelletier de Souzy** (1642) en cours de restauration. Etienne Jacques Turgot, grand-père du ministre, en fut propriétaire jusqu'en 1710. Au n° 72, *hôtel de Villefix* (XVIIe s.) : porte classée, fronton triangulaire, mascaron, guirlandes de fruits et de fleurs dans la décoration sculptée. Au n° 70, hôtel construit pour le financier Michel Simon en 1610 : porte et revers de façade classés; escalier dans le fond de la cour à g.; lucarne à poulie. Au n° 62, hôtel de Montgelas reconstruit au début du XVIIIe s. : porte, mascaron.

▷ L'hôtel de Guénégaud**

60, rue des Archives

Ce magnifique hôtel a été construit par *François Mansart* pour Henri de Guénégaud des Brosses, trésorier de l'Epargne. Il était très délabré quand, en 1961, il fut acquis par la Ville qui le loua à *M. et Mme Sommer.* Ceux-ci le firent restaurer (*A. Sallez* architecte; 1964-1966) pour y installer le ***musée de la Chasse et de la Nature*** (→ *musées*). De la rue des Quatre-Fils, on peut voir le jardin à la française reconstitué devant la belle façade postérieure.

▷ La rue des Quatre-Fils

Une enseigne Aux Quatre fils Aymon lui a donné son nom au XIVe s.; bordée du côté impair par la façade aveugle du dépôt des Archives, elle longe les jardins de l'hôtel de Guénégaud. Au n° 22, hôtel du président d'Arçonville. L'avocat de Louis XVI, de Sèze, habitait au n° 20, qu'il avait acheté en 1793 : ferronneries, escalier, mascaron, mansardes; sur la façade, des éléments du XVIIIe s. ont été remontés; beau portail, ainsi qu'au n° 16. ▸ On retrouve la partie S. de la ***rue Charlot*** (→ *supra*) où s'ouvre, entre les n°s 3 et 5, la ***ruelle Sourdis***, ouverte en 1626. Elle reste très pittoresque et représentative des petites rues du Paris d'autrefois avec son caniveau central, ses bornes refuges et ses encorbellements.

▷ La rue Charlot *jusqu'à la rue du Perche*

Au n° 7, belle cour malheureusement dénaturée par des surélévations. Au n° 8, hôtel du trésorier payeur de Turmenyes; il appartint au préfet de police Debelleyme, créateur des omnibus et de l'éclairage public au gaz. Au n° 12, hôtel de Brossier (XVIIe s.) : belle porte sculptée, élégantes lucarnes.

▷ L'église Saint-Jean-Saint-François

13, rue du Perche

Cette église est difficile à visiter car ses horaires d'ouverture varient.

A l'origine simple chapelle construite par les capucins, elle fut reconstruite à partir de 1715 et érigée en paroisse en 1791 comme seconde succursale de Saint-Merri, sous le titre de Saint-François d'Assise. Fermée en 1793, elle fut rendue au culte en 1803 et ses desservants furent alors les prêtres de Saint-Jean-en-Grève (d'où le double vocable). Le ***chœur*** actuel fut construit en 1828 par *Godde*, ainsi que la chapelle des Catéchismes et le presbytère. *Baltard* ajouta, en 1855, le ***porche*** actuel. L'église est aujourd'hui le siège de l'exarchat apostolique arménien.

Les marchés

Marché des Enfants-Rouges (39, rue de Bretagne) : 8 h-13 h/16 h-19 h 30; le dim., 8 h-13 h.
Marché du Temple (rue Perrée) : t.l.j. sf lun., 9 h-12 h; sam. et dim. jusqu'à 13 h, pour les boutiques jusqu'à 19 h.

L'intérieur

La ***nef*** : orgue, commandé en 1844 à *Dominique* et *Aristide Cavaillé-Coll*, et plusieurs fois rénové; buffet par le maître sculpteur *Lienard*; *César Franck* en fut titulaire de 1851 à 1858. Entre les larges baies rectangulaires, huit grandes peintures dont six furent commandées sous la Restauration à *Degeorge*, *Ary Scheffer*, *Lordon*, *Trézel*, *Franque* et *Gaillot*. Le ***chœur*** : à l'entrée, à g., ***Saint François d'Assise recevant les stigmates****, marbre sculpté par *Germain Pilon* vers 1580; à dr., Saint Denis, marbre sculpté par les frères *Gaspard* et *Balthazar Marsy* (XVIIe s.). Sur les murs du chœur, toiles du XVIIe s., dont quatre relatives à la vie de saint François par le *frère Luc*. Les boiseries proviennent de l'église des Billettes. Reliquaire contenant le voile et des ossements de sainte Isabelle, sœur de Saint Louis.

▷ La rue Vieille-du-Temple *de la rue Debelleyme à la rue des Coutures-Saint-Gervais*

Il s'agit d'une ancienne voie qui menait à la ***commanderie du Temple*** (→ *ci-dessus*). Cette rue populaire fut jadis élégante et nombre de très belles façades alternent avec des boutiques modestes.

La remonter sur quelques mètres jusqu'à la rue Debelleyme pour observer les numéros 102-104, 106 et 110. Ces trois hôtels ont été bâtis sur les terrains de l'ancien hôtel d'Epernon. L'***hôtel de Ferrary*** (XVIIe), aux n°s 102-104, devenu annexe du lycée Victor-Hugo ne se visite malheureusement pas; essayer pourtant de voir la cour. Au n° 106, l'***hôtel Megret de Sérilly*** (début du XVIIe s.) tient son nom du trésorier général des Guerres qui en fut propriétaire de 1776 à la Révolution : belle façade sur rue avec un fronton triangulaire dans lequel sont sculptés deux lions; la cour élégante mériterait une restauration; elle laisse apparaître un parement de briques, fausses semble-t-il, comme c'est le cas pour plusieurs hôtels de la place des Vosges. Au n° 110, ***hôtel d'Hozier*** (XVIIe s.), propriété de la célèbre famille de généalogistes de 1735 à 1798 : magnifique porte décorée d'attributs guerriers; bâtiments malheureusement surélevés; bel escalier au fond de la cour à g.; dans le cartouche au-dessus de la porte se lit le n° 126, ancien numéro royal.

Revenir à l'angle de la rue Vieille-du-Temple et de celle des Coutures-Saint-Gervais pour admirer la belle façade sur jardin de l'*hôtel Salé* (→ *ci-dessous*). A l'emplacement d'une partie des jardins, sur la rue Vieille-du-Temple, se trouvait le jeu de paume du Marais, devenu théâtre des Comédiens du Marais qui l'occupèrent de 1620 à 1673. La première représentation du Cid y fut donnée. ▶ La *rue des Coutures-Saint-Gervais* fut ouverte en 1620 sur des terrains appartenant à l'hôpital Saint-Gervais. Toutes ses maisons du côté pair sont sensiblement de cette époque et donnent une bonne idée de ce qu'était l'habitat modeste du début du XVIIe s.

▷ La rue de Thorigny

Elle garde plusieurs demeures du XVIIe s. aujourd'hui restaurées à grands frais. Le président de Brosse habitait, au n° 4, un *édifice* construit en 1660 par *Jacques Bruand*; Balzac logeait au n° 9, Mme de Sévigné fut locataire au n° 8. Mais cette rue est surtout connue par l'hôtel Salé.

▷ L'hôtel Salé*** *5, rue de Thorigny*

Ce bel hôtel a été récemment restauré et aménagé (1985) pour abriter le *musée Picasso* (→ *musées*). L'hôtel Aubert de Fontenay ou de Juigné, dit hôtel Salé, fut construit de 1656 à 1660 pour Pierre Aubert de Fontenay, gentilhomme tourangeau, financier enrichi par son mariage, et fermier des Gabelles de 1630 à 1658 d'où le nom d'hôtel Salé. Aubert ne profita qu'un an de son hôtel : compromis dans le procès Fouquet il ne put honorer ses créances, et ses biens furent confisqués. L'hôtel, mis en location par les créanciers d'Aubert, fut occupé successivement par l'ambassadeur de Venise, le maréchal de Villeroy puis acquis en 1728 par Nicolas Le Camus, président à la cour des Aides qui refit la décoration intérieure. Propriété du marquis de Juigné à partir de 1771, l'hôtel fut séquestré à la Révolution comme bien d'émigré et revendu. Il abrita l'école centrale des Arts et Manufactures, puis fut habité par un ferronnier d'art qui eut le souci de conserver les éléments de décoration intérieure; enfin, l'école des Métiers d'art de la Ville, qui l'occupa, dégrada considérablement les lieux.

Edifié par *Jean Boullier de Bourges*, architecte mal connu dont les autres réalisations ont disparu, l'hôtel présente un plan d'une conception nouvelle pour l'époque. Le doublement en profondeur du corps de logis permet de donner au magnifique *escalier***, tour de force architectural, la place centrale sans couper l'enfilade des pièces sur le jardin. Les parties domestiques, cuisine, écuries, ont été éloignées, reléguées autour de la basse-cour avec issue sur la rue des Coutures-Saint-Gervais. La façade sur la belle cour en hémicycle est plus réussie que celle sur jardin, un peu sèche. Les chiens, représentés dans l'abondante décoration sculptée, sont un élément des armes d'Aubert. La restauration de l'hôtel a été superbement faite et les judicieux aménagements muséographiques de l'architecte *R. Simounet* ont respecté l'essentiel des volumes. On peut cependant regretter que les lambris du grand salon, datant du président Le Camus, aient été masqués. ▶ *La place de Thorigny*. On est ici au centre d'un secteur choisi pour une opération-rénovation pilote et constituant maintenant un ensemble composite qui fait malheureusement un peu oublier qu'on est ici au cœur même du quartier de Madeleine et Armande Béjart et par conséquent familier à Molière.

▷ La rue de la Perle

Son nom vient d'une enseigne portée par un jeu de paume situé sur le côté pair de la rue. Le côté impair comprend plusieurs immeubles bâtis par *Libéral Bruant*, en particulier l'*hôtel**, au n° 1, que l'architecte des Invalides fit construire pour lui-même (1685), dans un style un peu italianisant et très éloigné de celui des Invalides. L'édifice est de dimensions assez modestes mais se distingue par un fronton qui coiffe toute la façade, dont le tympan percé d'un oculus est orné de deux amours et de cornes d'abondance. L'hôtel garde un escalier décoré de peintures en trompe-l'œil. De 1771 à 1788 les bâtiments furent loués à l'ingénieur Perronet qui y installa la première école des Ponts et Chaussées. Puis, après plusieurs vicissitudes au XIXe s., l'hôtel fut racheté à la Ville de Paris par la société Bricard qui l'a fait restaurer pour y installer le *musée de la Serrure* (→ *musées*).

▷ La rue Vieille-du-Temple

Plus loin, la rue de la Perle longe la façade de l'*hôtel de Rohan-Strasbourg* (→ *ci-dessous*) et, sur le côté pair, les dépendances du vieil *hôtel Barbette*. Cet hôtel, qui occupait l'emplacement de la rue Barbette, fut construit au XIVe s. et vendu à Isabeau de Bavière (1401) qui dès lors l'habita. Passé plus tard à Diane de Poitiers, l'hôtel fut vendu par ses filles et le terrain loti. ▶ La *rue Barbette* était bordée de beaux hôtels dont il subsiste peu de choses.

▷ L'hôtel de Rohan-Strasbourg**

87, rue Vieille-du-Temple / visites en groupes et sur autorisation

Il apparaît comme le complément de l'*hôtel de Soubise* (→ *ci-dessous*), bâti aussi par *Delamair* et à la même époque. Il est affecté aux Archives depuis 1927. Les anciens bâtiments des communs et les écuries abritent aujourd'hui le *Minutier central des notaires de Paris* où sont réunies et mises à la disposition du public les archives des études notariales de la Seine, par application de la loi du 14 mars 1928 autorisant les notaires à y déposer leurs archives comptant plus de 125 ans d'âge. Une de ses dépendances, appelée l'*hôtel de Boisge-*

Le Crédit municipal, ancien mont-de-piété

L'Italie connut dès le XIVe s. ces établissements de prêts sur gage destinés à venir en aide aux gens momentanément démunis. Le premier en France fut celui d'Avignon (1577). Le mont-de-piété de Paris fut créé par lettres patentes de 1777 et s'installa dans plusieurs maisons contiguës de la rue des Blancs-Manteaux acquises en 1777, 1779 et 1789. Le lieutenant général de Police et l'Hôpital Général se partageaient l'administration. Les bénéfices d'exploitation étaient destinés à l'Hôpital Général selon le principe que « l'argent des pauvres devait retourner aux pauvres ». Passé dès l'Empire sous l'autorité du ministère de l'Intérieur, le mont-de-piété connut un succès prodigieux durant tout le XIXe s. On allait chez « ma tante » mettre « au clou » ses modestes trésors, expressions pittoresques qui voulaient masquer un cruel dénuement. Tombé en désuétude au début de notre siècle, l'établissement connaît depuis 1985 un regain de jeunesse. Locaux rénovés, matériel technique de pointe, le Crédit offre, outre le traditionnel prêt sur gage, tous les services d'une banque. On y trouve aussi un cabinet d'expertise et l'on fait encore des affaires dans les ventes aux enchères. Certains clients utiliseraient même le Crédit municipal comme... garde-meubles! Mais que vous y déposiez votre fer à repasser ou le diamant de votre grand-mère, l'accueil sera tout aussi cordial.

lin, rattachée également aux Archives nationales, abrite les services nouvellement créés (microfilms, archives économiques, archives privées), munis des installations les plus modernes.

C'est *Armand de Rohan-Soubise*, évêque de Strasbourg, qui fit construire cette demeure sur les terrains que ses parents, les Soubise, venaient de lui concéder. Elle était distincte de l'hôtel voisin mais communiquait avec lui par les jardins. *Delamair* avait d'ailleurs prévu une aile qui aurait réuni les deux hôtels. Ces hôtels étaient différents mais tout aussi superbes. L'hôtel resta dans les mains des Rohan jusqu'à la Révolution, après laquelle il eut à pâtir d'être transformé en Imprimerie impériale.

L'extérieur

Par le portail de la rue Vieille-du-Temple, qui n'est ouvert qu'à l'occasion de certaines expositions, on entre dans la cour d'honneur, dominée au fond par la façade E. de l'hôtel, haute et sobre. Un passage à dr. donne accès à une seconde cour : au-dessus de la porte des anciennes écuries où l'on comptait cinquante-deux stalles, figure le célèbre haut-relief de *Robert Le Lorrain* : les ***Chevaux d'Apollon*****, une des plus belles sculptures françaises du XVIIIe s. La façade principale, majestueuse avec son étage d'attique, donne à l'O. sur le jardin qui relie les deux hôtels frères.

L'intérieur

Au 1er étage, le fameux ***cabinet des Singes****, aux panneaux peints entre 1749 et 1752 par *Huet* dont la fantaisie s'est déployée avec beaucoup de grâce sur toutes les boiseries, est demeuré intact. Le cardinal disait sa messe dans un coin de ce cabinet, dissimulé par un panneau disparu qui représentait le Jeu de la main chaude. Le grand ***salon de musique*** a conservé ses quatre dessus-de-porte de *J.-B.-M. Pierre*. Un autre salon a été décoré de charmantes boiseries vert et or aux Fables d'Esope, provenant de l'hôtel Soubise. L'antichambre et l'ancienne salle à manger sont ornées des tapisseries de la ***Suite chinoise**** de *Boucher*. Dans le grand escalier, qui date de l'époque de Louis-Philippe, deux tapisseries de l'Histoire d'Achille tissées pour le premier cardinal de Rohan (l'une est un don de la librairie Hachette). ▶ La ***rue Vieille-du-Temple*** (*jusqu'à la rue des Francs-Bourgeois*) Au n° 75, bel ***hôtel de La Tour du Pin*** : cour à pilastres, clefs sculptées, ferronneries. Il a malheureusement été surélevé. Au n° 54, ***hôtel Hérouët***, construit vers 1510 pour J. Hérouët, trésorier de Louis XII ; endommagé par un bombardement en 1944, il a été outrageusement restauré ; c'est aujourd'hui une galerie d'art, qui conserve une tourelle à encorbellement de style gothique finissant.

▷ La rue des Francs-Bourgeois *de la rue Vieille-du-Temple à la rue des Archives*

Du ***côté impair*** de la rue des Francs-Bourgeois on trouve, au n° 53, un reste des bâtiments conventuels des ***Blancs-Manteaux*** et le chevet plat de l'église de cette ancienne communauté religieuse (→ *ci-dessous*). Aux n°s 55-57, bâtiments (XIXe s.) du ***Crédit municipal*** (→ *encadré*) dans lesquels sont enclavés, au n° 57, une tour de l'enceinte de Philippe Auguste et un morceau de la façade (remontée) de l'hôtel de Noiron (difficile à voir).

▷ Le quadrilatère Archives

Le ***côté pair*** de la rue des Francs-Bourgeois constitue le côté S. de ce qu'on appelle le quadrilatère Archives. La boutique des Archives nationales vend à un prix très modique une excellente brochure contenant l'historique et la description des divers bâtiments compris dans le quadrilatère Archives.

Au n° 54, ***hôtel de Jaucourt*** ou ***Le Camus*** : ce dernier nom reflète mieux son histoire puisque Jean Le Camus, lieutenant civil, fut le principal propriétaire qui ait effectivement habité l'hôtel (1684-1710) ; il existait déjà au XVIe s. (lucarnes à fronton) mais les bâtiments sur rue et le portail sont de 1687, et d'importants remaniements eurent lieu de 1772 à 1792 ; acquis par les Archives nationales en 1982, il vient d'être restauré. Au n° 56, ***hôtel de Fontenay***. C'est une partie de l'ancien domaine de Bérulle qui s'étendait aussi sur la parcelle suivante (n° 58), scindé par un partage familial en 1611. Divers propriétaires s'y succédèrent jusqu'à la cession en 1720 à François-Victor Le Tonnelier de Breteuil, marquis de Fontenay-Trésigny, conseiller au Parlement puis secrétaire d'Etat à la Guerre. C'est lui qui fit édifier par l'architecte *Vinage*, en 1733, le très joli corps de logis entre cour et jardin. L'hôtel fut vendu en 1751 à Gilbert Claustrier qui fit détruire la vieille façade sur rue et édifier par *Mansart de Sagonne* celle que nous voyons actuellement (1752). Restauré en 1961, l'hôtel abrite la direction des Archives de France. Au n° 58, ***hôtel de Breteuil***. C'est l'autre partie de la maison de Bérulle où le futur cardinal passa son enfance. En 1630 c'est la famille Le Tonnelier de Breteuil qui l'occupa, malgré bien des vicissitudes, jusqu'en 1787. La décoration de la porte date probablement de 1738. Acquis par les Archives nationales en 1862, l'hôtel fut affecté un moment à l'école des Chartes. Au n° 58 bis, ***hôtel d'Assy***. Reconstruit par *Le Muet* en 1642 pour son nouveau propriétaire Denis Marin de la Châtaigneraie, il est acquis en 1706 par Chaillon de Jonville, receveur général des Finances de Caen, qui l'agrandit (ailes sur la cour). Nouveaux travaux de 1731 à 1733 : une nouvelle aile ferme la cour, et la décoration intérieure est refaite. Le très beau ***salon*** à boiseries est attribué à *Oppenordt*. L'hôtel est occupé par les bureaux de la conservation et l'appartement privé du directeur général des Archives de France.

L'***hôtel de Soubise***, ancien ***hôtel de Clisson*** puis ***de Guise**** *** *(60, rue des Francs-Bourgeois, angle de la rue des Archives).*

Le portail de l'hôtel de Clisson *(58, rue des Archives)* est tout ce qui subsiste de l'hôtel qui appartenait à Olivier de Clisson, connétable de France et ancien compagnon de Du Guesclin (vers 1371-1380). Cette belle porte ogivale avec tourelle à encorbellement se trouvait à l'angle d'une ruelle aujourd'hui disparue ; les deux médaillons au-dessus de la double arcade n'ont été apposés qu'au XIXe s. Les armes peintes au-dessus de la porte sont celles des Guise. L'édifice s'élevait le long de la rue du Chaume (des Archives) et non perpendiculairement comme l'hôtel de Soubise. Ce qui en subsistait fut détruit dans la seconde moitié du XIXe s. pour faire place aux actuels grands dépôts des Archives nationales.

C'est à cet endroit même que le connétable fut assailli par les tueurs (13 juin 1392) de Pierre de Craon. Les ducs de Clarence et de Bedford, pendant l'occupation anglaise, avaient pris possession de cet hôtel, très médiéval, qui passa d'héritage en héritage entre les mains des Albret, des Penthièvre, de Philibert Babou de la Bourdaisière, surintendant des Finances de François Ier. En 1553, il échut à Anne d'Este, femme de François de Lorraine, duc de Guise, le chef de la Ligue : c'est dans ces murs que fut organisé le massacre de la Saint-Barthélemy. Les descendants du Balafré menèrent grand train dans cette vaste demeure où l'on honorait les arts et les lettres, où Corneille, Malherbe, Quinault étaient reçus, où un singulier personnage, Gaignières, écuyer du duc de Guise, avait réuni une fabuleuse collection de dessins d'architecture, de dessins et projets de tombeaux. Les Guise, qui restèrent cent trente-cinq ans (1553-1688) dans le vieil hôtel de Clisson, y firent effectuer d'importants travaux. *Le Primatice* avait été chargé de la décoration, et *Nicollo Dell' Abate* de dresser les plans de la chapelle dont il existe toujours des vestiges.

Les deux filles de la princesse Palatine, la duchesse de Hanovre, et la princesse

Le centre national d'accueil et de recherches des archives nationales (CARAN)

Depuis 1808, par des acquisitions successives (hôtels de Soubise, de Rohan, d'Assy, de Breteuil, de Fontenay et de Jaucourt) des constructions effectuées dans le courant du XIXe s., l'Etat a implanté solidement les Archives nationales dans le quartier qui a pris ce nom. Pourtant, lorsqu'on sait qu'en vingt ans le taux d'accroissement des lecteurs a été de 250 % (13000 lecteurs en 1983) et que les six salles de lecture actuelles n'offrent qu'un total de 170 places, on comprend que la construction de nouvelles structures d'accueil se soit imposée. Un concours ouvert en 1983 a retenu le projet de M. Stanislas Fiszer. Le nouveau bâtiment se situe entre les grands dépôts à façade aveugle construits sous le second Empire et l'hôtel de Boisgelin. Il abritera des salles de consultation de conception moderne (ordinateurs, lecteurs de microfilms, services de recherches spécialisées) qui devraient faciliter à la fois le travail des chercheurs et le service des magasiniers (circulation souterraine entre les dépôts et les salles de consultation assurant la sécurité des documents.) On trouvera encore un service d'accueil et d'orientation, une cafétéria. Enfin la réalisation du CARAN permettra l'accès libre des jardins des Archives aux lecteurs et aux promeneurs. La maquette, exposée en juillet 1984, a suscité bien des protestations dans le public qui juge la modernité du projet inadaptée à l'environnement. Pourtant il ne faut pas perdre de vue que le Marais s'est édifié du XIIe s. à nos jours en mêlant styles et époques qui, avec le recul, ont pu s'harmoniser. L'avenir nous dira si le CARAN, contribution du XXe s. à l'ensemble des Archives, est une réussite.

de Condé, vendirent l'hôtel à François de Rohan, prince de Soubise qui confia à *Delamair* la reconstruction de la vieille demeure (1705-1709), et à *Boffrand* la décoration. Lorsque l'hôtel de Soubise, sur décret de Napoléon (6 mars 1808), devint propriété de l'Etat pour abriter les Archives nationales, des constructions annexes furent bâties en bordure de la rue des Quatre-Fils et de la rue des Archives.

Le portail de la rue des Francs-Bourgeois (au tympan, *L'Histoire*, d'après *Eugène Delacroix*) donne accès à la *cour d'honneur**, en fer à cheval et de dimensions exceptionnelles, entourée de beaux portiques aux 56 colonnes accouplées, couverts en terrasses. Au fond, l'harmonieuse façade se compose d'un rez-de-chaussée où les mêmes colonnes accouplées se répètent entre les fenêtres, et d'un unique étage : au centre, deux ordres superposés sont couronnés d'un fronton triangulaire. Au-dessus, deux figures couchées représentent la Prudence et la Sagesse, tandis que quatre groupes d'enfants, symbolisant les Génies des arts, surmontent la balustrade à la base du toit à la française. Entre les fenêtres de l'étage, les figures des ***Quatre Saisons***, par *Robert Le Lorrain*, ont été remplacées par des copies. Les appartements du prince et de la princesse de Soubise, qui ont conservé leur magnifique décoration du XVIIIe s., renferment le ***musée de l'Histoire de France*** (→ *musées*), qui a fêté son centenaire en 1967. L'histoire de France y est relatée par des documents originaux depuis les Mérovingiens jusqu'à nos jours.

▷ La rue des Archives

de la rue des Francs-Bourgeois à la rue des Blancs-Manteaux

Aux nos 45-47, ***couvent des Pères de la Merci***, communauté installée là en 1613 par *Marie de Médicis*. Les pères se consacraient au rachat des captifs des « barbaresques », allant même jusqu'à s'offrir en otage. Le bâtiment a été reconstruit par *Godeau* (1727-1721). Fermé en 1790, le couvent est vendu comme bien national en 1798. Porte classée, cadrans solaires, escalier. L'église, détruite, faisait le coin de la rue de Braque.

▷ La rue des Blancs-Manteaux

Cette rue possède plusieurs façades anciennes (ferronneries) et mérite qu'on s'y engage pour visiter l'église Notre-Dame-des-Blancs-Manteaux, seul reste du couvent qui occupait le square Ch.-V.-Langlois. ▶ Elle se prolonge, au-delà de la rue du Temple, par la ***rue Simon-le-Franc*** qui date du XIIIe s. De vieilles maisons subsistent encore. Aujourd'hui, elle ouvre une perspective sur le centre Beaubourg.

▷ L'église Notre-Dame-des-Blancs-Manteaux

12, rue des Blancs-Manteaux / 10 h-12 h/16 h-19 h, f. le lun. ☎ 42.72.09.37

Cette église fut ainsi nommée en raison de la couleur du vêtement que portaient les frères mendiants de l'ordre des Augustins, dits serfs de la Vierge, fondateurs du couvent en 1258. L'ordre supprimé, les biens passèrent aux frères de Saint-Guillaume, les Guillemites, puis, au XVIIe s., aux bénédictins de la congrégation de Saint-Maur ; le couvent devint alors un foyer d'érudition digne de celui de Saint-Germain-des-Prés ; l'église fut reconstruite en 1685-1690 par *Dom Antoine de Machy*. Le couvent fut fermé à la Révolution. En 1802, son église fut alors affectée au culte paroissial. Une chapelle des Catéchismes fut construite hors œuvre en 1844, sur le flanc dr. de l'église. *Baltard* ajouta une travée à la nef et appliqua contre la façade S. (rue des Blancs-Manteaux), le portail XVIIIe s. de l'église des Barnabites (dans la Cité), détruite par les travaux d'Haussmann. Les pièces importantes du mobilier (stalles, boiseries, chaire, buffet d'orgue) ont été acquises au XIXe s.

L'intérieur

La ***nef***. L'église, sans transept, est orientée au nord. Les grandes arcades en plein cintre supportent un entablement avec des petits bas-reliefs symbolisant à g., l'Ancien Testament, à dr., le Nouveau Testament ; au-dessus des arcades sont sculptés des médaillons représentant des bustes de saints et d'apôtres. Le ***buffet d'orgue***, édifié en 1864, fut sans doute dessiné par l'architecte *Varcollier* qui réutilisa, pour la tribune, des boiseries provenant de l'ancienne abbaye de Saint-Victor, notamment de grandes colonnes cannelées à chapiteaux ioniques. L'instrument, gravement endommagé à la suite du bombardement d'août 1944, a été complètement restauré. La chaire, acquise en 1864, datée de 1749, est probablement d'origine allemande. L'abat-voix est surmonté de la statue de Saint Michel et de celles des quatre Evangélistes ; la cuve et l'escalier sont ornés de panneaux en marqueterie et d'incrustations en ivoire, représentant des paraboles et des scènes du Nouveau Testament.

Le ***bas-côté dr.*** Au-dessus de la porte : l'Adoration des Bergers par *J.-M. Bralle* (commandé en 1821). ***Chapelle des Catéchismes*** dédiée à sainte Geneviève : autour du maître-autel, trois tableaux commandés sous la monarchie de Juillet, sur la vie de Sainte Geneviève ; sur le mur de droite : Jésus donne les clefs à saint Pierre par *Norblin* (1864), Jésus au milieu des docteurs par *Jollivet* (1865) et le Christ au milieu des enfants par *Ch.-H. Michel* ; sur le mur en face du maître-autel, ensemble de peintures du XVIIe s. avec, au-dessus, la Mort de sainte Anne par *Joachim Sandrart* (XVIIe s.). En retournant dans le ***bas-côté dr.***, la Multiplication des pains par *Claude II Audran* (1683).

Le ***chœur*** : les balustrades (début XVIIIe s.) proviennent de l'ancienne chapelle du château de Bercy. Les boiseries recouvrant les piliers ont la même origine que celles de l'orgue. Les stalles sont du XVIIe s.

Le *bas-côté g.* contient plusieurs tableaux commandés sous la monarchie de Juillet et sous le second Empire. ▶ En face de l'église, la très jolie *rue Aubriot* tient son nom du prévôt Hugues Aubriot qui paraît avoir été le premier prisonnier de la Bastille après en avoir été le constructeur. Rénovée, elle est bordée de maisons des XVIIe et XVIIIe s. ▶ La *rue des Guillemites* est un peu plus abîmée. On reviendra rue des Archives.

▷ La rue des Archives
jusqu'à la rue Sainte-Croix-de-la-Bretonnerie

Au n° 40, la restauration d'un immeuble a permis de mettre au jour, en 1971, une très belle *demeure** qui appartint probablement au fils de Jacques Cœur, Geoffroy, qui pourrait l'avoir fait bâtir. Notre seule certitude est qu'elle appartenait à Marie Cœur, fille de Geoffroy, qui y mourut en 1557. Avec ses fenêtres à meneaux, son appareil décoratif en brique rouge, cette construction apparaît comme l'une des premières à Paris qui mêle la pierre et la brique. Beau portail de style Régence.

▷ La rue Sainte-Croix-de-la-Bretonnerie

On croise cette rue qui tient son nom du prieuré Sainte-Croix-de-la-Bretonnerie qui se trouvait à l'angle de la rue des Archives dont il ne reste rien, même pas l'église attribuée à *Pierre de Montreuil*. La rue conserve quelques belles cours intérieures, et beaucoup de jolies façades aux n°s 2 à 10, 3, 13, 16 (l'astronome François de Lalande y habita), 17, 18, etc.

▷ Le temple et le cloître des Billettes *22, rue des Archives*

L'église évangélique des Billettes, construite en 1756 par les carmes, s'élève à l'emplacement d'une chapelle et d'un couvent des frères de la Charité-Notre-Dame (dits Billettes) auxquels avaient succédé, en 1633, les carmes. Le couvent occupait depuis 1290, et selon la chronique de Saint-Denis, la maison même où eut lieu le sacrilège de l'hostie poignardée et bouillie, d'où le nom primitif de la rue : rue où-Dieu-fut-bouilli. L'église fut construite à la fin du XVIe s. et placée sous le triple vocable de la Sainte Trinité, de la Vierge et de Tous les Saints. Elle fut prise en charge en 1663 par les carmes de l'Observance de Rennes, appelés Carmes-Billettes qui, en 1755-1758, purent reconstruire leur église. Celle-ci est affectée au culte réformé depuis 1812. Des concerts y sont donnés régulièrement.

Le *chœur*, circulaire, se rattache à une nef de quatre travées flanquées de collatéraux à deux étages de tribunes, et rythmée par des pilastres ioniques. De l'ancien couvent subiste un joli *cloître**, terminé en 1427, à quatre galeries de quatorze arcades en tiers-point avec voûtes flamboyantes. C'est le seul cloître médiéval qui demeure dans Paris. Depuis qu'il a été restauré, des expositions s'y tiennent et en permettent l'accès au promeneur. ▶ La *rue de la Verrerie*. Au XIIe s. existait, dans cette rue, une verrerie. Plus tard, la confrérie des peintres sur verre et émailleurs y élut domicile. La plupart des maisons du côté pair sont anciennes. ▶ Prendre à g. dans la *rue du Roi-de-Sicile*. Elle doit son nom à Charles d'Anjou, frère de Saint Louis, roi de Naples et de Sicile, qui avait sa résidence à l'extrémité E. Presque toute la rive S. a été détruite lors du percement de la rue de Rivoli. Quelques jolies façades côté pair. ▶ On croise la *rue du Bourg-Tibourg*, du nom du lieu-dit qui fut englobé dans Paris par l'enceinte de Philippe Auguste. La plupart des immeubles, qui datent en général des XVIIe et XVIIIe s., sans être luxueux, ont beaucoup de charme.

▷ La rue Vieille-du-Temple *de la rue du Roi-de-Sicile à l'impasse du Trésor*

Au n° 15, *hôtel de Vibraye* (1650) : porte à fronton triangulaire, clef sculptée de feuilles d'acanthe, mascarons dans la cour. Au n° 17, porte, ferronneries, mansardes. Au n° 20, *impasse d'Argenson* avec, au fond, les restes de l'hôtel du fameux lieutenant de police qui fut ministre de la Guerre de Louis XV ; vieille plaque gravée qui indique : cul-de-sac d'Argenson. Remarquer, au n° 21, la décoration de la façade.

L'impasse du Trésor a été percée à l'emplacement de l'hôtel du maréchal d'Effiat, père de Cinq-Mars, le favori de Louis XIII ; elle est fermée par une fontaine du XIXe s., inutilisée. On peut regretter qu'un des plus beaux hôtels du Marais ait été sacrifié pour créer une impasse inutile !

Au n° 24, curieux *hôtel* qui était, en 1792, la propriété de l'architecte *Varin* ; on ne sait s'il en est l'auteur : façade, passage voûté à caissons, piliers massifs, vantaux de porte classés, cour. Au n° 33, jolie maison d'angle, vieille plaque de rue. Au n° 36, reconstruit en 1660 : porte classée, ferronneries, cour. Au n° 44, portail, vantaux, escaliers classés mais en mauvais état. Au n° 43 s'ouvrait le passage des Singes, pittoresque succession de cours qui conduisait à la rue des Guillemites. Il a été supprimé par une désastreuse opération immobilière qui, au n° 45 également, n'a laissé subsister que la façade.

▷ La rue des Rosiers

On tournera à dr. dans cet ancien *chemin de ronde* de l'enceinte de Philippe Auguste qui a gardé, dans sa partie O., le tracé sinueux médiéval. Nous sommes ici en plein *quartier juif* (→ *encadré*). Plusieurs vieilles maisons : aux n°s 32 (cour), 23 (porte), 20, 18 (escalier), 16 (vestiges dans la cour). ▶ A côté se trouve la *rue des Ecouffes*, pour laquelle le doute sur l'origine du nom plane toujours. Au n° 20, mourut Philippe de Champaigne (inscription) ; plusieurs belles maisons des XVIIe et XVIIIe s. : n°s 25 (porte, très joli bâtiment sur cour, escalier), 23, 21, 13, 10, 5 (porte et cour), 2 (maison à pignon, grille ancienne, boutique décorée de fixés sous verre). ▶ Prendre à dr. dans la *rue Ferdinand-Duval* (XIIIe s.). Elle s'est appelée rue des Juifs jusqu'en 1900. Au n° 20, très intéressante cour (début XVIe s. ?) avec des pilastres à chapiteaux corinthiens, des mansardes surmontées de frontons triangulaires et courbes alternés ; belle porte. Beaucoup de ferronneries (n°s 16, 18). N° 1, porte. ▶ On reprendra la rue des Rosiers pour rejoindre la rue Vieille-du-Temple

▷ L'hôtel des Ambassadeurs de Hollande** *47, rue Vieille-du-Temple*

Ce superbe hôtel révèle la puissance de ses divers propriétaires. Aujourd'hui en cours de restauration, il est la propriété de la fondation Paul-Louis Weiler.

A cet emplacement s'élevait, au XVe s., l'hôtel de Rieux bâti près de la poterne Barbette pour des compagnons de Du Guesclin. C'est aux abords de cette demeure que Louis d'Orléans, frère de Charles VI, fut assassiné par Jean sans Peur, alors qu'il sortait de l'hôtel Barbette (→ *ci-dessus*). De propriétaire en propriétaire, l'hôtel passa aux Amelot de Chaillou, vicomtes de Bisseuil, qui entreprirent en 1655 de le faire reconstruire sur les plans de *P. Cottard*. Pierre-Antoine Caron de Beaumarchais y vécut de 1776 à 1787 et c'est là que l'imaginatif auteur du Mariage, toujours à court d'argent mais jamais d'idées, fonda l'entreprise qui, sous couverture commerciale, était destinée à fournir des armes aux insurgés d'Amérique contre les Anglais. On ne sait toujours pas très bien pourquoi l'hôtel est dit des Ambassadeurs de Hollande ; certains historiens font référence à une enseigne, d'autres aux chapelains de la chapelle de l'ambassade des Pays-Bas qui résidaient ici ; l'un d'eux y aurait baptisé la jeune Germaine Necker.

L'hôtel, dont on devine qu'il fut somptueux, l'un des plus beaux du Marais, a été fort dégradé au cours des siècles. Cependant l'imposant *portail* avec le bas-relief Romulus et Remus (1660) a été restauré en 1970 et des travaux importants eurent lieu en 1977 dans la première cour qui conserve quatre grands cadrans solaires et des fenêtres ouvragées ; la deuxième cour est plus vaste encore avec des pilastres corinthiens et des portiques à guirlandes. La *chambre dite à l'italienne* est toujours couverte par une coupole à plafond peint par *L. de Boullongne*. L'hôtel possédait, comme l'hôtel Lambert, une magnifique *galerie* avec un plafond peint par *Michel Corneille* ; elle a été reconstituée. ▶ En face, au n° 48 de la *rue Vieille-du-Temple*, le laboratoire d'hygiène de la Ville de Paris occupe l'ancien marché des Blancs-Manteaux construit en 1811-1819 à l'emplacement de l'hôpital Saint-Gervais, derrière le marché (rue des Hospitalières-Saint-Gervais). On peut toujours voir deux *fontaines* à têtes de taureaux de type assyrien en bronze appliquées au bâtiment qui était la boucherie de ce marché.

▷ La rue des Francs-Bourgeois
de la rue Vieille-du-Temple à la rue Elzévir

Pour le dernier tronçon de cette rue → *ci-dessus*.

On est ici dans la partie la plus belle de cette rue, la plus riche. Au n° 38, l'*allée des Arbalétriers* est un bon exemple de voie médiévale avec ses gros pavés, ses bornes et ses maisons à encorbellement. Elle se prolongeait au S. jusqu'à l'enceinte de Philippe Auguste et servait de terrain d'entraînement. Elle desservait une entrée secondaire de l'hôtel Barbette et Louis d'Orléans, qui rendait visite à Isabeau de Bavière, en sortait vraisemblablement lorsqu'il fut assassiné par son cousin Jean sans Peur. Aux n°s 34-36, *hôtel Poussepin*, construit en 1603 pour Jean Alméras à l'emplacement

---

Le quartier juif

Le dépaysement est assuré pour le promeneur qui arpente la rue des Rosiers et les rues adjacentes. Ce quartier était une des anciennes juiveries de Paris (XIIIe s.). C'est le hasard qui fait que c'est encore de nos jours le « ghetto ». La nouvelle implantation juive a commencé en 1809, augmentée après 1880 et au début du XXe s. des réfugiés d'Europe centrale (Pologne surtout, Russie, provinces slaves d'Autriche). Communauté principalement ashkénaze, l'équilibre en a été modifié par l'arrivée des rapatriés d'Afrique du nord, sépharades. L'aspect du quartier est pittoresque : les magasins d'alimentation casher, les restaurants offrant la traditionnelle cuisine juive mais aussi de succulentes spécialités d'Europe centrale (le plus célèbre est le fameux Goldenberg), voisinent avec des boutiques d'objets du culte ou des disquaires chez lesquels Enrico Macias est la vedette incontestée. Les enseignes en caractères hébraïques, les personnes âgées s'interpellant et discutant en yiddish (certains n'ont jamais quitté le quartier) et encore quelques silhouettes de juifs orthodoxes dans leur costume noir participent à l'originalité de ce quartier. Il faut venir manger un « falafel », version orientale et exquise du sandwich, acheter un saumon fumé (adresses connues du Tout-Paris) et, pourquoi pas, terminer sa promenade au hammam (4, rue des Rosiers, mercr. et vend. pour les femmes, jeu. et sam. pour les hommes). Eviter pourtant le samedi (shabat) où tous les commerces sont fermés.

---

de l'ancienne Maison d'aumône créée pour abriter quarante-huit pauvres gens, francs de taxes et impositions, d'où le nom de Francs-Bourgeois donné à la rue : jolie cour, plafonds peints du XVIIe s. ; c'est actuellement le *Centre culturel suisse* qui offre une animation de qualité (concerts, expositions, spectacles). Au n° 30, *hôtel d'Améras*, construit vers 1611 pour Pierre d'Améras, conseiller et secrétaire du roi et de ses finances ; beau spécimen d'architecture Henri IV : le portail monumental rappelle certaines œuvres de Salomon de Brosse ; vantaux du XVIIIe s. Au n° 35, *hôtel de Coulanges* : plusieurs fois remanié, il porte le nom de l'illustre famille qui en fut propriétaire durant une grande partie du XVIIe s. ; le portail est de 1707 ; dans la cour, l'aile dr. et le corps central sont probablement du début du XVIIe s., l'aile g. est une reconstruction de 1660 ; un pavillon en rotonde de 1770 donne sur le jardin ; c'est aujourd'hui la *Maison de l'Europe*, foyer de rencontres et d'échanges culturels. Au n° 26, *hôtel de Sandreville* : c'était, au XVIe s., l'hôtel Mortier, scindé en deux à la suite d'un partage familial de 1604 ; la façade sur rue a été rehaussée de deux étages et redécorée dans le style Louis XVI, peu fréquent au Marais ; le propriétaire en était alors Louis-Charles Le Mairat, président à la Chambre des comptes ; le jardin de l'hôtel s'étendait jusqu'à la rue Barbette ; souhaitons que la restauration en cours nous restitue scrupuleusement la physionomie de l'un des plus anciens hôtels du Marais. Au n° 33, derrière une ingrate façade du XIXe s., on peut voir les vestiges de l'*hôtel de Guillaume Barbes*, trésorier des gardes françaises et suisses qui avait participé au lotissement de l'île Saint-Louis : édifice du XVIIe s. ; un décret d'alignement de 1868 l'a amputé de son bâtiment sur rue.

▷ La rue Elzévir

Faire une incursion dans cette rue qui tient son nom d'une famille d'imprimeurs des Pays-Bas et qui offre une jolie *vue* sur les jardins de l'*hôtel de Marle* (→ *ci-dessous*).

Au n° 4, *hôtel de Savourny* (vers 1586) : le corps de logis entre cour et jardin a été restauré ; on peut le voir en partie depuis le n° 3 de la rue Payenne jusqu'où s'étendaient les jardins ; les ailes et le bâtiment sur rue sont des additions plus tardives. Au n° 8, *hôtel de Donon*, construit vers 1575 pour Médéric de Donon, contrôleur des Bâtiments du roi : c'est un édifice d'un intérêt exceptionnel à propos duquel on évoque le nom de *Philibert de l'Orme* ; le jardin s'étendait jusqu'à la rue Payenne ; l'avant-corps sur rue est du XVIIIe s. ; la Ville de Paris a acquis l'hôtel en 1975 mais l'a négligé, et son état est devenu préoccupant ; il vient d'être affecté au *musée Cognacq-Jay* qui va y installer ses collections après restauration. Au n° 14 de cette rue, on retrouve une fois de plus Mme de Sévigné, et au n° 16, Ninon de Lenclos.

▷ La rue des Francs-Bourgeois

jusqu'à la rue Pavée

Aux n°s 31 et 29 bis, *hôtel d'Albret*** construit sur les terrains que possédait Anne de Montmorency, gentilhomme du roi. A la suite d'échanges et d'héritages l'hôtel passa non à Jeanne d'Albret, comme on le croit généralement, mais à Madeleine de Guénégaud, mariée à César d'Albret. L'immeuble, affecté à la direction des Affaires culturelles de Paris, est en cours de restauration.

Il est fort beau quoique très composite. Le bâtiment au fond de la cour et l'aile g. seraient du XVIe s., remaniés aux XVIIe et XVIIIe s. Un passage pour les voitures conduisait de cette aile à la basse-cour de l'hôtel (n° 29 bis). L'aile dr. fut bâtie au XVIIe s. On avance avec prudence le nom de *François Mansart* pour une partie de la construction. Le corps de logis sur rue, repris en 1740 d'après les dessins de l'architecte *Vautrain*, offre une superbe décoration de style rocaille.

▷ L'hôtel de Lamoignon**

entrée au 24, rue Pavée

C'est l'une des grandes demeures du Marais, l'une des plus intéressantes aussi par sa date (1584). Le corps central de l'édifice fut construit à l'emplacement de l'ancien hôtel de Beauvais (milieu XVIe s.) par *Diane de France*, duchesse d'Angoulême, fille légitimée d'Henri II et d'une jeune piémontaise Filippa Duco. Elle avait choisi pour héritier Charles de Valois, son neveu, fils bâtard de Charles IX et Marie Touchet. C'est lui qui fit élever les ailes (1624) ; celle de dr. fut abattue en 1834 pour l'agrandissement de la prison de la Force.

La *façade principale*, sur la cour, offre avec ses pilastres corinthiens le plus ancien exemple d'ordre colossal (c'est-à-dire embrassant plusieurs étages) conservé à Paris. L'architecte en est peut-être *Jean-Baptiste Androuet Du Cerceau*. Observer les frontons curvilignes, la décoration composée de têtes de chiens, arcs, flèches et carquois qui rappellent la passion de Diane pour la chasse. Lettre D et croissants.

De 1658 à 1677, l'hôtel fut loué à Guillaume de Lamoignon, premier président au Parlement de Paris, puis en 1688 acheté par son fils Chrestien François de Lamoignon qui fit transformer magnifiquement le jardin et édifier le *portail* (1718). Celui-ci porte le chiffre L M pour Lamoignon de Malesherbes. Dans la décoration du tympan, deux amours tiennent l'un un miroir, l'autre un serpent qui symbolisent la Vérité et la Prudence, vertus principales de M. de Lamoignon. Au coin des rues Pavée et des Francs-Bourgeois, jolie *tourelle* d'angle carrée sur trompes ; à sa base on lit les lettres S C pour Sainte Catherine, desti-

La bibliothèque historique de la Ville de Paris

En 1752, le locataire de l'hôtel Lamoignon était Antoine Moriau, procureur du roi; ce bibliophile éclairé avait constitué un fonds de bibliothèque considérable qu'il légua à la ville à sa mort (1759). La première bibliothèque de la Ville de Paris, inaugurée en 1762, ouverte au public deux après-midi par semaine, fut ainsi fondée à l'endroit même où elle devait retourner deux siècles plus tard. En effet après avoir occupé l'hôtel Carnavalet puis l'hôtel Le Peletier de Saint-Fargeau, la bibliothèque historique de la Ville de Paris occupe l'hôtel Lamoignon depuis 1969. Elle comprend plus de 800000 volumes ou brochures, et 20000 manuscrits relatifs à l'histoire de Paris et de la Révolution. Elle possède une importante collection d'autographes : lettres de Boileau et de Voltaire, mémoires de Mme d'Epinay, lettres de Fouquier-Tinville, papiers de Camille et de Lucile Desmoulins, carnets de Flaubert, lettres, manuscrits et papiers de famille de George Sand, etc. Sa section topographique compte une collection unique de plans concernant Paris (depuis le XVIe s.).

La bibliothèque est également le siège du service des Travaux historiques de la Ville de Paris; elle assure la publication des principaux textes de l'histoire municipale de Paris, organise des expositions documentaires et tient à jour une section Actualités, groupant tous les documents les plus divers de la vie présente (affiches, tracts, papiers de la rue, factures, etc.).

nées à rappeler la censive dans laquelle se trouvait l'hôtel. La façade sur jardin peut être vue depuis la rue des Francs-Bourgeois.

L'hôtel a été restauré (1949-1960) et augmenté d'un bâtiment nouveau (1966) pour abriter la ***Bibliothèque historique de la Ville de Paris*** *(t.l.j., sf j. fériés, 9 h 30-18 h)* qui a abandonné l'hôtel Le Peletier au musée Carnavalet. La grande salle du rez-de-chaussée, aujourd'hui salle de lecture (90 places), conserve un beau ***plafond*** à poutres et solives peintes du XVIe s. Les magasins, qui offrent 20 km de rayonnages métalliques, occupent sept niveaux, dont deux en sous-sol sous la cour d'honneur.

▷ La rue Pavée

Au n° 22, s'étendait vers le S., jusqu'en 1848, la ***prison de la Petite Force*** (1785) dont on voit encore un mur à bossage vermiculé; elle communiquait avec la Grande Force et c'était la prison des femmes; là furent détenues les fidèles de Marie-Antoinette qui partagèrent les premiers jours de la captivité de la reine au Temple : la princesse de Lamballe, Mme de Tourzel et sa fille. Au n° 13, partie de l'***hôtel d'Herbouville*** (1770). Ancien hôtel des ducs de Lorraine, il a été rebâti en 1634 et scindé en deux lots après 1681 : au n° 11, ***hôtel des Marets***, avec une porte Louis XIII et au n° 13, hôtel d'Herbouville dont le portail est du XVIIIe s. Ces deux hôtels, occupés par les services de voirie de la Ville de Paris, sont dans un état pitoyable. Au n° 12, ***Petit hôtel de Brienne***, construit en 1632, propriété de la famille Loménie de Brienne de 1696 à 1784; à cette date il fut acheté par Tronchet, l'un des avocats de Louis XVI qui y mourut en 1806 : jolie cour, escalier. Au n° 10, ***synagogue***, par *Guimard* (1913), avec une intéressante façade à quatre étages de baies.

▶ La ***rue Malher***, qui s'embranche à g. sur la rue Pavée, est à l'emplacement de l'ancienne rue des Ballets et de la Grande Force, prison politique après 1782, où furent enfermés 75 Girondins et qui ouvrait sur la rue du Roi-de-Sicile. Dans cette rue, devant le guichet d'entrée, au coin de la rue Malher, 171 prisonniers, dont la princesse de Lamballe, furent massacrés (2-7 septembre 1792).

▷ La rue Payenne

Remonter jusqu'à la rue des Francs-Bourgeois pour prendre cette rue, ouverte en 1545, et qui garde beaucoup de charme. Son côté pair est occupé par le ***musée Carnavalet*** (bureaux de la conservation) et par le joli petit ***square Georges-Caïn***, qui fait office de dépôt lapidaire de la Ville de Paris. Ce square est limité au N. par la gracieuse ***orangerie*** (allégorie de la Vérité dans le fronton) de l'hôtel Le Peletier de Saint-Fargeau *(→ ci-dessous)* et à l'E. par l'hôtel lui-même dont on peut ainsi admirer la façade postérieure : la décoration sculptée, dans le tympan du fronton, figure un vieillard ailé considérant un sablier. Au n° 5, la ***maison*** que *François Mansart* construisit pour lui-même et qu'il habita jusqu'à sa mort (1666) en compagnie de ses neveux Pierre Delisle-Mansart et Jules Hardouin-Mansart, tous deux architectes. La maison a été dénaturée pour en faire le temple de la religion de l'Humanité, élevé en 1903 par l'église positiviste du Brésil à la mémoire de Clotilde de Vaux, amie d'Auguste Comte; à la façade, on peut lire : L'amour pour principe, l'ordre pour base, le progrès pour but.

▷ L'hôtel de Marle*, dit aussi de Polastron-Polignac

11, rue Payenne

L'hôtel appartenait, au XVIIIe s., à Yolande de Polastron, femme d'Armand de Polignac et favorite de Marie-Antoinette. Construit à la fin du XVIe s., il fut acquis en 1572 par le conseiller Hector de Marle qui l'habita plus de trente ans. En 1609 l'hôtel est vendu à Ch. Duret de Chevry personnage que l'on retrouve aussi dans l'hôtel mitoyen (du Lude) et surtout 8, rue du Parc-Royal. Le bâtiment central, avec ses deux pavillons en saillie côté jardin (visibles de la rue Payenne) semble dater de la période d'Hector de Marle. Une bonne restauration lui a rendu sa belle *toiture* « à la Philibert de l'Orme ». Les deux ailes sur cour pourraient être plus tardives (1640 ?). L'hôtel conserve plusieurs plafonds à poutres peintes (XVIe et XVIIe s.) et un escalier dont la rampe est de la seconde moitié du XVIIIe s. Acquis et restauré en 1967 par le gouvernement suédois, il abrite aujourd'hui le *Centre culturel suédois (t.l.j. sf dim., 14 h-18 h)* dont les activités sont multiples : expositions fréquentes, cinéma suédois, théâtre, conférences, cours de langue et de littérature. Au premier étage se trouve le *musée Tessin (→ musées).*

▷ L'hôtel du Lude*, dit aussi de Châtillon *13, rue Payenne*

D'époque Louis XIII, cet hôtel a également appartenu à Duret de Chevry et a été loué durant la plus grande partie des XVIIe et XVIIIe s. à la duchesse du Lude entre autre, et à la veuve du duc de Châtillon. Françoise d'Aubigné, future Mme de Maintenon y vécut. La cour, tapissée de vigne vierge, a beaucoup de charme mais l'édifice a malheureusement été surélevé. Remarquable *escalier* ; beau portail à cartouche sculpté. ▶ Au n° 15 de la *rue Payenne*, maison Louis XIII.

▷ La rue du Parc-Royal

Si le *square Léopold-Achille* borde le côté impair, l'autre côté aligne une série d'hôtels, le plus souvent de style Louis XIII (la place des Vosges n'est pas loin) mais qui ont été malmenés par les siècles. Au n° 14, *hôtel de Bonneval* : c'est probablement le propriétaire de la fin du XVIIIe s., M. de Bonneval, qui le fit reconstruire (vers 1786) dans le style néo-classique où nous le voyons aujourd'hui (façade et aile g.) ; le corps central a été reconstruit en 1975 ; curieux fronton à degrés ; on peut voir dans l'aile g. un magnifique *vestibule** à coupole peinte et un très bel escalier. Au n° 12, *hôtel de Croisilles*, construit à partir de 1619 pour Nicolas de Croisilles, conseiller d'Etat, intendant de Mgr le duc d'Angoulême, agrandi en 1691 après l'acquisition de deux parcelles de terrain sur la rue ; en 1898 il devint le cercle Amicitia, foyer pour jeunes filles chrétiennes et pauvres ; les façades sur rue sont du XIXe s. ; affecté au ministère de la Culture pour abriter les archives et la bibliothèque des Monuments historiques, il est en cours de restauration. Au n° 10, *hôtel de Vigny (visites sur demande ☎ 42.71.22.02)* construit vers 1618, et augmenté en 1628 probablement par *Louis Le Vau* (escaliers, pavillons en saillie sur le jardin) ; il doit son nom à la veuve du maître des comptes, Jacques Olivier de Vigny, qui en fut la propriétaire au XVIIIe s. En 1960, il est acheté par le ministère de l'Education nationale qui envisage de le démolir ; mais des travaux de restauration entrepris par une équipe d'amateurs bénévoles ont mis au jour des plafonds à poutres peintes qui déterminèrent sa sauvegarde ; on a depuis découvert au premier étage un autre magnifique *plafond* peint et stuqué, œuvre de *Nicolas Loir* et *Jacques Gervaise* (1669-1670) ; classé, l'hôtel est affecté au *Centre national de documentation du patrimoine (→ encadré).* Au n° 8, *hôtel Duret de Chevry*. Conseiller du roi, intendant des Finances et président à la Chambre des comptes, le riche et puissant Charles Duret de Chevry était un protégé de Sully. Il fit construire son hôtel en 1618-1619. Il n'en subsiste que les deux ailes sur cour ; le corps central entre cour et jardin est un pastiche du XIXe s. Au n° 4, *hôtel de Canillac*. Du début du XVIIe s., il a été plusieurs fois remanié voire altéré (surélévation, percement d'un passage dans le corps central), mais il conserve un des plus beaux *escaliers** de Paris, exemplaire par sa structure et sa décoration de ce début du XVIIe s.

▷ La rue de Sévigné

C'est l'ancienne rue de la Culture-Sainte-Catherine, ouverte en 1544 sur des terrains appartenant au *prieuré Sainte-Catherine-du-Val-des-Ecoliers (→ quartier de la place des*

Le centre national de documentation du Patrimoine

Le 19 décembre 1984, le ministre de la Culture inaugurait, à l'hôtel de Vigny, le centre national de documentation du Patrimoine. On sait qu'à l'initiative d'André Malraux fut créé, en 1964, l'Inventaire général des monuments et richesses artistiques de la France, entreprise titanesque de recensement de tous les monuments et objets d'art tant publics que privés. En vingt ans, plus de 80 000 dossiers ont été constitués (recouvrant environ 200 cantons), soit 1 200 000 photos, 4 000 cartes, 20 000 relevés. Les résultats de cette entreprise sont largement diffusés par les publications de l'Inventaire, nombreuses et hautement spécialisées, et par diverses expositions dans la France entière. Mais il est apparu qu'une telle masse de documents ne pouvait être véritablement opérationnelle que traitée par l'informatique. C'est l'objectif du centre national de documentation du Patrimoine qui propose aux chercheurs : une bibliothèque spécialisée ; la consultation des dossiers sur microfiches ; des bases de données à partir de terminaux, interrogées par l'intermédiaire d'un documentaliste sur demande du chercheur. Cet instrument de recherche exceptionnel sera complété par l'installation, à l'hôtel de Croisilles voisin, de la bibliothèque et des archives des Monuments historiques.

Vosges). Au n° 52, vestiges de l'***hôtel de Flesselles*** (1680) dont un remarquable plafond peint est conservé au musée des Arts décoratifs ; il appartint au dernier des prévôts des marchands, mort le 14 juillet 1789. Au n° 48, maison Louis XIII très dégradée ; le bas-relief de *Fortin* (1806) représentant ***La Charité*** provient de l'ancienne fontaine Popincourt, rue de la Folie-Méricourt.

▷ L'hôtel Le Peletier de Saint-Fargeau *29, rue de Sévigné*

Il a été construit entre 1686 et 1689 par *P. Bullet* pour l'intendant des Finances Le Peletier des Forts ; au XVIIIe s., un descendant de cette famille, Le Peletier de Saint-Fargeau, devenu membre de la Convention et ayant voté la mort de Louis XVI, fut poignardé la veille de l'exécution dans les jardins du Palais-Royal par l'ancien garde du corps du roi, Pâris.

On distingue, sur l'imposte de la porte, le monogramme MLP. Cet hôtel, très sobre, s'organise autour d'une *cour* rectangulaire *(visible de l'intérieur du musée)* bordée de bâtiments à deux étages sur un rez-de-chaussée à arcatures ; les fenêtres sont entourées d'un bandeau simple ; la belle ***orangerie***, visible dans le square Georges-Caïn, est aussi l'œuvre de *P. Bullet* ; par contre les bâtiments qui bordent le square Léopold-Achille sont des XIXe et XXe s. L'ensemble a beaucoup pâti d'avoir servi d'école pendant un certain temps. Il fut acheté par la Ville en 1897 pour y loger la Bibliothèque historique, depuis 1968 dans l'hôtel Lamoignon. A l'heure actuelle des travaux sont en cours pour l'aménagement de l'***annexe du musée Carnavalet** (→ musées)* qui aurait là ses collections concernant l'histoire de Paris des origines au XVIIIe s.

▷ L'hôtel Carnavalet*** *23, rue de Sévigné*

Attaché au souvenir de Mme de Sévigné, transformé en musée historique de la Ville de Paris, c'est un superbe exemple d'architecture civile de la Renaissance et du XVIIe s.

Histoire de l'édifice

Curieusement, l'hôtel porte le nom d'une dame à qui il ne doit à peu près rien, alors que le passant a oublié les noms des deux propriétaires qui lui ont donné son visage. *Nicolas Dupuis* éleva cet hôtel entre 1548 et 1560 pour Jacques des Ligneris, président au Parlement de Paris. En 1578, il fut acquis par Françoise de Kernevenoy, veuve d'un gentilhomme breton à qui les Parisiens avaient donné le surnom de Carnavalet. Le financier Claude Boislève acheta l'hôtel en 1654 et confia au célèbre architecte *François Mansart*, vers 1660, le soin de l'agrandir et de le moderniser. L'hôtel fut ensuite loué à Marie de Rabutin-Chantal, marquise de Sévigné, qui l'habita de 1677 à 1694. L'illustre épistolière aimait beaucoup son hôtel. Elle l'appelait familièrement sa « Carnavalette », et y recevait nombre de beaux esprits. La Ville de Paris l'acheta en 1866 afin d'y installer ses collections historiques. L'architecte *Parmentier* restaura en les corrigeant les parties les plus anciennes, et le musée ouvrit ses portes en 1880. L'enrichissement continu de ses collections imposa l'agrandissement de l'hôtel. Des bâtiments lui furent ajoutés qui encadrent trois nouvelles cours, dont les parterres dessinés dans l'esprit classique contribuent au charme de Carnavalet.

Visite extérieure

La facade sur rue laisse voir le ***portail*** à bossages de la Renaissance habilement enchâssé dans l'élégante architecture de F. Mansart. Les bas-reliefs du portail sont du milieu du XVIe s., à l'exception du tympan qui semble un peu plus tardif. *Gérard van Obstal* (XVIIe s.) est l'auteur des deux grandes figures sculptées à l'étage, la Force et la Vigilance, ainsi que du bas-relief allégorique, au sujet mal élucidé, qui décore la façade sur la rue des Francs-Bourgeois. La ***cour d'honneur*** est visible depuis le porche, même s'il n'est pas possible d'y pénétrer sans visiter le musée. Depuis 1890 elle sert de cadre à l'admirable ***statue*** en bronze de ***Louis XIV**** (*A. Coysevox*, 1689) autrefois dans la cour de l'Hôtel de Ville. Le corps de logis principal a gardé son aspect du milieu du XVIe s., ses fenêtres à menaux et les bas-reliefs des ***Quatre saisons*** attribués à *Jean Goujon*. L'***aile de g.*** est formée d'une ancienne loggia du XVIe s. que *Mansart* a couronné d'un étage dont les bas-reliefs personnifient les éléments. L'***aile de dr.***, par *Mansart*, reproduit celle qui lui fait face, avec ses quatre figures de divinités sculptées en bas-relief par *G. van Obstal*.

▷ La rue de Sévigné *jusqu'à la rue Saint-Antoine*

Au n° 13, ancienne dépendance de l'hôtel Bouthillier de Chavigny : porte à vantaux classés. Au n° 11, ***théâtre du Marais*** construit par *Beaumarchais* avec des matériaux provenant de la démolition de la Bastille, inauguré le 1er septembre 1791. Le décret de Napoléon Ier sur les théâtres (1807) le supprima comme nombre de théâtres parisiens. La salle, détruite en 1812, fut remplacée par un établissement de bains que l'on voyait encore il y a une vingtaine d'années. La façade sur rue, avec ses pilastres et ses ferronneries, a été conservée. Aux nos 7-9, ***hôtel Bouthillier de Chavigny***. A cet emplacement s'élevait, vers 1265, l'hôtel de Charles d'Anjou, frère de Saint Louis. Le vieil hôtel fut reconstruit à la Renaissance puis acheté par Claude Bouthillier de Chavigny, secrétaire d'Etat sous Louis XIII, qui le fit agrandir par *François Mansart* (aile dans la cour). De 1698 à 1714 l'hôtel est habité par le duc de La Force et connu sous ce nom. Vendu une nouvelle fois il est partagé en deux : la partie O. deviendra la sinistre *prison de La Force (→ ci-dessus)*; la partie E. est acquise par l'intendant des Finances Jacques Poulletier qui la fait remanier par les architectes *Bullet* et *Jacques Gabriel*. De 1801 à 1813 c'est le siège de l'administration des Pompes funèbres, et aujourd'hui une caserne de pompiers. La façade est austère mais il y a de beaux éléments dans la cour. On ne peut pénétrer dans la caserne qu'à l'occasion du bal du 14 juillet! Au n° 5 se trouvait la clinique de Raspail (1840-1848).

Les boulevards des Maréchaux

Tour de Paris, point de départ : porte de Saint-Cloud / 40-B9
Métro : Porte-de-Saint-Cloud
Bus : 22, 62, 72, PC
Prendre l'autobus dit Petite Ceinture intérieure (PC int.) bd Murat, près de l'église
Ⓟ porte de Saint-Cloud; av. de la Porte-de-Saint-Cloud
Taxis : porte de Saint-Cloud ☎ 46.51.60.40

Contrairement aux autres promenades, celle des boulevards extérieurs n'est pas déterminée par l'histoire d'un quartier ou d'un monument, mais par la simple présence d'une voie de communication qui, avant la construction du boulevard périphérique (→ encadré), était la seule possibilité pour l'automobiliste de contourner Paris. Suivre les boulevards des Maréchaux permet d'avoir une vision rapide mais synthétique de Paris. C'est un itinéraire étonnant par ses contrastes historiques, architecturaux ou humains, bien différent des visites que l'on peut faire à l'intérieur de la ville où le passage d'un quartier à un autre est plus progressif.

Le PC (autobus de la Petite Ceinture), reliant des quartiers excentrés, rend possible cette promenade qui doit être envisagée comme un complément aux autres itinéraires. Elle guidera, à travers ces quartiers parfois peu riches en curiosités et en monuments, des promeneurs en chemin vers une destination précise. Partie intégrante de la ville, les boulevards des Maréchaux ne sont pas, comme le boulevard périphérique, entièrement voués à l'automobile. On peut s'y arrêter au gré de sa curiosité et de ses intérêts; ils dévoilent des aspects peu connus de Paris : les voies ferrées, domaine immense et inconnu, les ports de la Seine, à l'activité laborieuse; ils sont comme les coulisses de ce théâtre qu'est toute ville.

Les boulevards des Maréchaux dans l'histoire

Ces boulevards circulaires autour de Paris, suivent le tracé de l'enceinte défensive construite à l'instigation d'Adolphe Thiers entre 1841 et 1844. Cette enceinte était longue de 39 km et ses 52 entrées correspondent aux actuelles portes de Paris. C'est le chemin de ronde ou rue Militaire, qui longeait l'enceinte à l'intérieur, qui fut transformée en boulevards dès 1860. Ceux-ci prirent alors le nom des maréchaux de l'Empire. A l'extérieur, une zone « non aedificandi » d'une largeur d'environ 200 m séparait Paris de sa banlieue. C'est ce terrain qui devint dans le langage populaire parisien « la zone ». Bien que devant constituer une ceinture verte pour la capitale, celle-ci, au hasard des dérogations, fut et est encore largement construite.

Des terrains de sport et des jardins témoignent aujourd'hui encore de cette contrainte. Les « fortifs » elles-mêmes furent démolies entre 1920 et 1929, époque à laquelle les boulevards des Maréchaux prirent leur physionomie actuelle. Une grande partie des constructions qui les bordent datent du début du siècle ou de l'entre-deux-guerres. Plus récemment, de nouveaux immeubles, correspondant à la rénovation de certains arrondissements (13ᵉ et 20ᵉ par exemple), leur ont donné un aspect plus moderne.

Circuit Nord

40-B9, 47-P10 / de la porte de Saint-Cloud à la porte Dorée / 2 h

▷La porte de Saint-Cloud

Comme de nombreuses portes de Paris, terminus d'autobus desservant la banlieue, la porte de Saint-Cloud, animée par des grands cafés-brasseries, connaît une activité qui ne s'interrompt que quelques heures dans la nuit. C'est un grand carrefour d'où partent les routes de Saint-Cloud et de Sèvres qui traversent Boulogne-Billancourt.

La ***place*** est ornée de deux ***fontaines*** monumentales, rendues lumineuses le soir par le jeu de projecteurs invisibles; elles ont été conçues par les architectes *Pommier* et *Billards*; les sculptures, de *Paul Landowski* représentent Paris et la Seine avec ses affluents.

Au S., dans l'avenue Georges-Lafont, se dressent les portiques en brique du ***stade Pierre-de-Coubertin*** qui porte le nom du rénovateur des Jeux Olympiques (1864-1938). Construit en 1936-1938 par les architectes *Crevel*, *Carré* et *Schlienger*, ce stade couvert est destiné à la pratique de tous les sports de salle (gymnastique, boxe, escrime, tir, etc.) et spécialement du tennis. Au N. de la place s'élève l'***église Sainte-Jeanne-de-Chantal***, bien dégagée de tous côtés. Elle fut commencée en 1936 par l'architecte *Barbier* et terminée après la guerre; elle est flanquée d'un campanile carré construit hors œuvre. A l'***intérieur***, croix monumentale en cuivre du sculpteur *Jean Touret* (1971). Du même sculpteur, le maître-autel cubique en cuivre repoussé, avec les douze apôtres schématisés, et le Christ de résurrection en bois (1970); vitraux par *Le Chevalier* (1954).

▷Le boulevard Murat

L'autobus prend la direction de la porte d'Auteuil. La traversée du 16ᵉ arrondissement permet de découvrir un des quartiers les plus luxueux de Paris, jalonné de solides et imposants immeubles construits entre 1930 et 1950. Au nº 95, la ***maison*** que se construisit en 1906 l'architecte ***Paul Guadet***, fut réalisée en béton par l'entreprise de construction des *frères Perret*. Les céramiques qui décorent la façade sont l'œuvre de *Bigot (→ quartier Montparnasse).* Le stade du ***parc des Princes*** (50 000 places), que l'on aperçoit à g., a été bâti sur les plans de l'architecte *Taillibert* et inauguré en 1972. Ses aménagements intérieurs, tant pour les sportifs que pour les spectateurs et les journalistes de télévision, radio et presse, lui permettent de servir de cadre à des manifestations à l'échelon européen *(→ calendrier des événements).* A la hauteur du parc des Princes, le ***lycée Claude-Bernard*** a été construit en 1935 par l'architecte *Umbdenstock*.

► Parallèlement au boulevard Murat, l'avenue du Parc-des-Princes fait suite à l'avenue du Général-Sarrail qui longe à g. le stade Jean-Bouin (rénové en 1967) et passe à la ***porte Molitor*** : à dr., ***lycée La Fontaine*** (1938, *Héraud*, architecte); à g. ***monument de Frantz Reichel*** (1871-1932), athlète et journaliste, par le sculpteur *A. Maspoli.* On aperçoit la ***piscine Molitor*** *(au bout de l'avenue de la Porte-Molitor).* ► Entre le lycée La Fontaine et la porte d'Auteuil s'étendent de vastes terrains de sport. Au-delà et à l'O. du ***Jardin fleuriste*** *(→ bois de Boulogne)* est situé, à g., le ***stade Roland-Garros*** *(entrée, av. Gordon-Bennett)*, théâtre des grandes compétitions de tennis *(→ calendrier des événements).* Il est toujours très fréquenté lors des championnats de France, des éli-

Le boulevard périphérique

Cette rocade de grande circulation, concentrique aux boulevards des Maréchaux et construite sur l'ancienne zone fortifiée, a une longueur de 35 km. Commencée en 1957, elle fut achevée en 1973. Elle ne comporte aucun feu rouge, et la vitesse y est limitée à 80 km. Evitant les 70 carrefours que comporte la ceinture des boulevards des Maréchaux, le boulevard périphérique comporte néanmoins 35 points d'échange de circulation dont plusieurs grands échangeurs, tels ceux de la porte de la Chapelle, de Bagnolet et de Bercy. Sa réalisation complète a nécessité la construction de 83 ouvrages d'art plus ou moins complexes. Voie d'accès aux autoroutes reliant Paris et le reste de la France, le périphérique permet, en maints endroits, d'avoir une vue panoramique sur la ville et sa conformation géographique. Aux heures de pointe, il ne remplit plus son rôle de voie rapide, la circulation étant rendue difficile par de gigantesques embouteillages.

La station de radio FIP (France-Inter Paris; 90.35 MHz) informe régulièrement de l'état de la circulation sur le périphérique. D'autre part on peut appeler le 42.76.52.52 pour connaître les fermetures éventuelles du boulevard pendant la nuit.

minatoires de la Coupe Davis et des grandes compétitions.

▷ La porte d'Auteuil

Remarquer, au commencement de la rue d'Auteuil, un nouveau mur peint publicitaire vantant les mérites d'un fabricant de biscuits, témoin du retour à Paris de ce mode de communication. A l'angle de l'avenue du Maréchal-Lyautey, une *fontaine* ornée d'un groupe sculpté représente Quatre Jeunes Femmes (*Raoul Lamourdedieu*, 1926).

▷ Le boulevard Suchet

Il s'étend de la porte d'Auteuil à la porte de la Muette. Il est bordé de beaux *immeubles* construits vers 1925-1930. Un itinéraire plus agréable consisterait, pour les automobilistes, à suivre en lisière du bois de Boulogne les avenues qui portent les noms des maréchaux de la guerre 1914-1918 : Lyautey, Franchet d'Esperey, Maunoury, Fayolle. Entre l'avenue du Maréchal-Lyautey, qui longe le champ de courses d'Auteuil, et le boulevard Suchet, ont été construits une série de luxueux immeubles séparés par de petits *jardins privés* (squares Malherbe, Racan, d'Urfé, Alfred-Capus, de Padirac, des Aliscamps, de Rocamadour). Plus loin, entre l'avenue Franchet-d'Esperey et le boulevard Suchet, de riches *hôtels privés* se groupent autour d'une suite de petits squares : le *square Tolstoï* (monument de Tolstoï en marbre de *Gurdjan*, 1935 ; Femme et enfant, sculpture de *Charles Cassou*, 1934) et le *square Henry-Bataille* (gazelle en bronze par *Marguerite de Bayser-Gratry*, 1930).
▸ On arrive à la *porte de Passy*. ▸ *Avenue Raphaël*, à l'angle du boulevard Suchet, *groupe* allégorique en marbre blanc par *Georges Bareau*.

▷ La porte de la Muette
pl. de Colombie

La *place de Colombie* marque l'une des principales entrées du bois de Boulogne. Elle est dominée au S. par de beaux *immeubles* (*J. Walter* architecte, 1931) et ornée au N. du *monument* aux rois *Pierre Ier de Serbie* et *Alexandre Ier de Yougoslavie*, par *Real del Sarte* (1936) : un groupe de bronze vert, sur piédestal de granit rose, représente le roi Alexandre à cheval entre son père, le roi Pierre, et le maréchal Franchet d'Esperey. L'*Organisation de Coopération et de Développement économiques*, située au S.-E. de la place de Colombie *(rue André-Pascal)* occupe le dernier morceau subsistant de l'ancien parc de la Muette qu'entoure le *château* moderne construit par le baron *Henri de Rothschild* ; château et parc sont, depuis 1948, la propriété de l'O.C.D.E. et territoire international. A l'intérieur, *tapisseries des Gobelins* du XVIIIe s. et *tapisseries* modernes de *Lurçat*, les Quatre saisons (1940).

▷ Le boulevard Lannes

Il relie la porte de la Muette à la porte Dauphine, parallèlement aux avenues Louis-Barthou et du Maréchal-Fayolle, en bordure du bois de Boulogne. Entre cette avenue et le boulevard Lannes, le *square Claude-Debussy* sert de cadre au monument à Claude Debussy (1862-1918), en forme de portique, dominant un miroir d'eau (œuvre des *frères Martel*, 1932). Au 40, boulevard Lannes, l'ambassade d'U.R.S.S. occupe, depuis 1978, un imposant bâtiment. Au n° 32, piscine Henri-de-Montherlant. Au n° 11 est mort Paul Claudel (en 1955). Edith Piaf habita au n° 67 jusqu'à sa mort (en 1963).

▷ Le centre universitaire Dauphine-Paris IX

Sur le vaste terrain (16 000 m^2) compris entre les boulevards Lannes et Fayolle, l'architecte *Jacques Carlu* avait construit en 1955-1959 l'*ancien palais de l'O.T.A.N.* (Organisation du traité de l'Atlantique Nord) ; mais cette organisation a été transférée en Belgique depuis que la France s'en est retirée, en 1966. Ce vaste édifice de six étages, en forme de A, affecté à l'Education nationale, abrite désormais le centre universitaire Dauphine, qui peut recevoir 8 000 étudiants. On y dispense l'enseignement de la gestion, de l'économie appliquée, des sciences des organisations.

▷ La porte Dauphine

Elle est nommée ainsi en l'honneur de Marie-Antoinette et marque l'entrée principale du bois de Boulogne. Sur la *place du Maréchal-de-Lattre-de-Tassigny*, où débouche l'avenue Foch, plusieurs monuments sont regroupés : le *monument à J. P. Wimille* (1908-1949), champion automobiliste ; il a été construit par l'architecte *André Hardy* en 1956 et le buste en bronze est dû à *Buisseret*. Au centre de la place, vaste *monument* élevé en hommage au *maréchal de Lattre de Tassigny* (1889-1952) par *Kaeppelin* (1981). A l'angle de l'avenue Foch, un buste en bronze célèbre le libérateur du Paraguay en 1811 : Pedro Juan Caballero. Un passage souterrain pour les voitures facilite l'accès vers le boulevard de l'Amiral-Bruix. ▸ De la porte Dauphine, gagner la porte Maillot par le boulevard de l'Amiral-Bruix qui longe le stade Jean-Pierre-Wimille ; sur la g., à l'extrémité de ce stade : le square Anna-de-Noailles.

▷ La porte Maillot

C'est un *carrefour* extrêmement *important à l'O. de la capitale*, entre l'avenue de la Grande-Armée et l'avenue Charles-de-Gaulle, à Neuilly, à l'entrée N.-E. du bois de Boulogne. Tout ce quartier neuf est aussi un quartier d'affaires, entre l'Etoile et Neuilly, et voit se croiser chaque jour des centaines d'automobilistes. De nombreux restaurants ajoutent encore à l'animation de cette place pour laquelle vient d'être proposé un nouveau projet de réorganisation. La circulation du boulevard des Maréchaux est facilitée par un passage souterrain pour les voitures entre les boulevards de l'Amiral-Bruix et Pershing.

A l'origine, la porte Maillot (anciennement Mahiaulx ou Mahiau) était distincte de la porte de Neuilly, bien que voisine : elle s'ouvrait sur la route de la Révolte (actuel boulevard Gouvion-Saint-Cyr) et il fallut en démolir le fronton, en 1715, pour laisser passage au char mortuaire de Louis XIV allant de Versailles à Saint-Denis. De nos jours, l'usage a substitué son nom à celui de la porte de Neuilly.

Du côté du boulevard de l'Amiral-Bruix, se dresse un grand *monument* en l'honneur du *général Kœnig et de la Résistance*. A l'angle de l'avenue de la Grande-Armée et de l'avenue Malakoff, l'architecte *Dufau* a édifié un bel *immeuble* en verre bleu.

Tout l'espace compris au N. de la place est occupé maintenant par le *Centre international de Paris* et le *palais des Congrès*. Cet énorme bâtiment, construit par les architectes *Guillaume Gillet*, *Serge Maloletenkov* et *Henri Guiboud*, remplace l'ancien Luna-Park cher aux vieux Parisiens, et consiste en une construction trapézoïdale horizontale dominée par une haute tour qui paraît translucide. Il comprend dix-neuf salles de conférences, trois halls d'exposition, l'*hôtel Concorde-Lafayette* (restaurant panoramique superbe) et un *auditorium** qui bénéficie d'un équipement audio-visuel sophistiqué ; chaque fauteuil comporte une installation pour la traduction simultanée en six langues. Le palais des Congrès est relié directement par le boulevard périphérique et les autoroutes aux aéroports Roissy-Charles-de-Gaulle et Orly.

▷ Le boulevard Pershing

Il démarre au N.-O. de la place, où débouche le passage souterrain pour les voitures qui suivent les boulevards de ceinture, et rejoint le boulevard Gouvion-Saint-Cyr.

La *chapelle Notre-Dame-de-la-Compassion (propriété du comte de Paris)*, anciennement 25, boulevard Pershing, a été démontée pierre par pierre et reconstruite telle quelle sur l'emplacement de l'ancien ballon des Ternes (bronze de *Bartholdi* envoyé à la fonte en 1942), à l'angle de la place de la Porte-des-Ternes et du boulevard Aurelle-de-Paladines. C'est un mausolée en forme de croix latine, construit en 1943 sur l'emplacement de la maison où mourut le duc Ferdinand d'Orléans, fils de Louis-Philippe, à la suite de l'accident de voiture du 13 juillet 1842. Cette reconstitution a permis la création de salles de réunion en sous-sol.

A l'*intérieur* : à dr., cénotaphe du duc d'Orléans (enterré à Dreux), sculpté par *Triqueti* d'après les dessins d'*Ary Scheffer* (figure du prince étendu sur un matelas et revêtu de l'uniforme d'officier général ; ange en prière, l'une des dernières œuvres de la *princesse Marie d'Orléans* ; bas-relief : la France tenant une urne funéraire et un drapeau renversé) ; vitraux exécutés à Sèvres, d'après les cartons d'*Ingres* (au Louvre) ; derrière le maître-autel, Descente de Croix, par *Triqueti*, d'après les dessins d'*Ary Scheffer*.

▷ Le boulevard Gouvion-Saint-Cyr

Tout le quartier extérieur, à g., a été construit entre 1920 et 1938, sur le terrain des anciennes fortifications. Remarquer les *constructions* à lignes verticales de *Perruch*, aux n°s 3 et 5 de la rue du Dobropol (à g. du boulevard), au n° 42 du boulevard Gouvion-Saint-Cyr, etc. Sur la *place Jules-Renard* s'élève le nouveau quartier général des sapeurs-pompiers de Paris. Sur le boulevard Gouvion-Saint-Cyr s'ouvre un des débouchés du passage souterrain de la porte de Champerret.

▷ La porte de Champerret

Très important carrefour où aboutit l'avenue de Villiers, et centre de tout un quartier construit dans les années trente.

A l'O., dans le *square de l'Amérique-Latine*, statue du général vénézuélien Francisco de Miranda (1750-1816) d'après *Lorenzo Gonzales* ; de part et d'autre sont placés les bustes de sept écrivains sud-américains. Au N., à l'angle de l'avenue Stéphane-Mallarmé et du boulevard de la Somme, se dresse l'*église Sainte-Odile*, en béton armé revêtu de brique rose (1936-1938). Œuvre de l'architecte *Barge*, l'édifice, couvert de trois coupoles surbaissées et dominé par un clocher de 72 m, est décoré de vitraux (Sainte Odile et les saints de France) de *F. Decorchemont* ; chapiteaux sculptés de *Anne-Marie Roux*.

▷ Le boulevard Berthier

Au XIXe s., le 17e arrondissement était très prisé par les artistes et les acteurs qui s'y firent construire de nombreux *hôtels particuliers*. Certains s'élèvent encore le long du boulevard qui relie la porte de Champeret à la porte de Clichy. Le peintre Pierre Carrier-Belleuse eut son atelier au n° 31. Au n° 23 bis, la chanteuse Yvette Guilbert (1868-1944) s'était fait construire, en 1900, un *hôtel* de style néo-gothique par l'architecte *A. Selonier*. Du côté des numéros pairs, entre le n° 134 et le n° 142, remarquer les *Habitations à Bon Marché* (HBM) construites en 1933 par les architectes *Bassompierre*, *Rutté* et *Sirvin*. Au n° 72, se trouvent les magasins de décor de l'Opéra-Comique (construits en 1895) et au n° 36, ceux de l'Opéra. ▶ Dans l'*avenue de la Porte-d'Asnières*, série d'immeubles construits en 1950-1960 avec décrochements et façades colorées. ▶ Après *la porte d'Asnières* (passage souterrain pour les voitures), on passe sous les voies ferrées de Saint-Lazare. La porte d'Asnières ouvre sur les quartiers plus populaires du Nord de Paris, dans lesquels les curiosités architecturales sont plus rares. ▶ La *porte de Clichy*. C'est une des sorties N. de Paris, élargie et transformée en 1936, avec passage souterrain entre les boulevards Berthier et Bessières. A g., lycée Honoré-de-Balzac.

▷ Le cimetière parisien des Batignolles *8, rue Saint-Just*

On y accède par l'avenue de la Porte-de-Clichy et l'avenue du Cimetière, à dr. C'est là que reposent Paul Verlaine († 1896) ; Léon Bakst († 1928), peintre des Ballets russes ; le célèbre avocat Henri-Robert († 1936) ; le compositeur Alfred Bruneau († 1934) ; le chanteur russe Féodor Chaliapine (1873-1938) ; Gaston Calmette, directeur du Figaro, assassiné en 1914 par Mme Caillaux ; les poètes Léon Dierx († 1912), et André Breton († 1966) maître du surréalisme ; l'aviateur Lucien Bossoutrot († 1958) ; des personnalités du monde du spectacle comme Charpin, interprète de Marcel Pagnol († 1944), et René Dorin, chansonnier († 1969) ; Georges Médéric, résistant, qui, arrêté, s'empoisonna († 1943) ; Blaise Cendrars († 1961).

▷ Le boulevard Bessières

Il relie la porte de Clichy à la porte de Saint-Ouen, avec passage souterrain entre les boulevards Bessières et Ney. Les numéros 31 à 35 de ce boulevard sont occupés par un immeuble récemment construit. Recouvert de carreaux de céramique, il a la particularité d'adopter la forme d'une arche qui sert d'entrée à la rue du Général-Henrys. L'*immeuble* du n° 17, élevé en 1911 par *Feine*, est représentatif des constructions populaires du début du siècle. ▶ Le *boulevard Ney*. Au n° 170, *hôpital Bichat*, reconstruit en 1928 et aujourd'hui considérablement agrandi par un haut et clair immeuble qui contraste avec les bâtiments existants. ▶ On passe à la *porte Montmartre*.

▷ La porte de Clignancourt

Un passage souterrain, dans l'axe du boulevard Ney, relie Paris à Saint-Ouen. C'est à cette porte que commence le *marché aux puces de Saint-Ouen (sam., dim., lun.)*, le plus grand et le plus réputé de la capitale *(→ Puces)*. Son activité est ici sensible sous son aspect le plus moderne : magasins de vêtements, surtout de cuir, dont les étalages envahissent les trottoirs.

▶ Continuant de suivre le boulevard Ney, on laisse à g., au n° 100, les bâtiments du collège Maurice-Utrillo.

▶ Puis on passe sous le *pont des Poissonniers* (reconstruit en 1958) et sous les voies ferrées de la gare du Nord.

▶ Entre la *porte des Poissonniers* et la *porte de la Villette*, l'habitat se fait moins dense et laisse la place à de grands entrepôts principalement occupés par des transporteurs routiers.

Les marchés de la périphérie

Horaires : 7 h-13 h 30.
***14e arr.**, bd Brune : jeu., dim.*
***15e arr.**, bd Lefèvre : mercr., sam.*
***16e arr.**, bd de l'Amiral-Bruix : mercr., sam. ; av. de Versailles : mar., jeu., dim. ; porte Molitor : mar., vendr.*
***17e arr.**, bd Berthier : mercr., sam.*
***18e arr.**, bd Ney, nos 4-30 : mercr., sam. ; vers la rue J.-Varenne : jeu., dim.*
***19e arr.**, av. de la Porte-Brunet : mercr., sam.*
***20e arr.**, bd Mortier : jeu., dim. ; bd Davout : mar., vendr.*
Ne pas oublier les marchés au puces les sam., dim., lun.

▷ La porte de la Chapelle

C'est la *principale sortie N. de Paris*, où aboutit la rue de la Chapelle et d'où part l'autoroute du Nord. En dépit de quelques immeubles récents, l'atmosphère de ces quartiers est assez triste, surtout de part et d'autre du boulevard suivant. On est dans un univers de hangars, de voies ferrées et d'installations industrielles. Au carrefour, à dr., immeuble contemporain des Postes et Télécommunications.

▷ Le boulevard Macdonald

Cet interminable boulevard prolonge le boulevard Ney à partir de la porte d'Aubervilliers. A dr., le *parc* d'activités *de la Villette* et la sphère recouverte de miroirs de *la Géode*. Dans ce même parc, l'avion rouge fixé en haut d'un pilier de béton signale la salle de concerts *Le Zénith*. A g., l'*hôpital Claude-Bernard* (maladies contagieuses) reconstruit en 1904 et 1930. Après le pont sur le canal Saint-Denis, un long passage souterrain évite aux voitures la traversée très encombrée de la porte de la Villette.

▶ La *porte de la Villette (bus : PC, 130, 149, 150, 152)*. Elle se situe au N.-E. de Paris, où aboutit la rue de Flandre et d'où par la route du Bourget. ▶ A partir du pont sur le canal de l'Ourcq, d'où l'on aperçoit à g. les Grands moulins de Pantin, le *boulevard Sérurier*, qui fait suite au boulevard Macdonald, domine à g. la vaste plaine de Pantin et longe le boulevard périphérique. Le regard est arrêté par les silos et autres installations industrielles.

▶ L'*avenue Jean-Jaurès*, parallèle au canal de l'Ourcq, conserve quelques-uns des meilleurs restaurants de viande de Paris, souvenirs de l'époque où les abattoirs étaient installés ici.

▷ La porte de Pantin *bus PC, 75 et 151*

A l'angle de l'avenue Jean-Jaurès, ***chapelle Sainte-Claire***, en béton armé, comprenant une nef de 20 m de côté et un chœur couvert d'une demi-coupole (*Le Donné* architecte; 1958); autel en mosaïque d'*Irène Zack*. De l'autre côté du boulevard périphérique, important ***centre sportif*** (*Jean Peccoux*, architecte; 1971). Il comporte une tribune de 3 000 places et un bâtiment abritant notamment, en étage, un hall d'athlétisme de 84 m sur 52 m. La technique de la couverture est particulièrement intéressante, ainsi que le parti architectural qui en a été tiré : cette couverture est constituée de poutres en bois lamellé-collé supportant des surfaces gauches en lames de bois agrafées et collées. ▶ Le ***boulevard Sérurier***. Entre les portes de Pantin et des Lilas, ce boulevard, qui escalade les hauteurs de Belleville, est plus intéressant que le boulevard d'Indochine, tracé au pied E. de la pente. Le paysage change, on y sent davantage la vie populaire et on y retrouve maints souvenirs de la Commune. C'est toujours le Paris industrieux et vivant, mais les apparences ne sont plus les mêmes. ▶ Passée la ***porte Brunet*** *(bus PC et 75)*, on continue de grimper vers la ***butte du Chapeau-Rouge***, fort escarpée, sur laquelle a été aménagée en 1939 le beau square de ce nom (vastes abris, fontaine, etc.), d'où l'on découvre une vue étendue sur le Pré-Saint-Gervais.

▷ La porte du Pré-Saint-Gervais
bus PC

L'église Sainte-Marie-Médiatrice, construite en exécution d'un vœu fait en 1944 par le cardinal Suhard pour la sauvegarde de Paris, a été consacrée le 8 décembre 1954 par le cardinal Feltin. L'église, bâtie sur une butte, est précédée d'un vaste parvis. L'ossature est en béton armé, l'appareil en moellons de Saint-Maximin rejointoyés. La haute façade est flanquée à dr. d'une tour votive surmontée d'une lanterne des Morts. A g. se dresse, hors œuvre, un clocher de 58 m; à dr. se détache la rotonde du baptistère. La nef est couverte d'une voûte en brique très surbaissée; les fenêtres sont garnies de ***vitraux*** par le maître verrier *Loire*. L'église basse est consacrée aux victimes de la Libération; ***colonnes*** en ciment décorées à la pointe par *R. Courtin*.

Un énorme chantier entoure l'église et donnera naissance à l'***hôpital d'Enfants*** et à la ***maternité Robert-Debré*** (*Pierre Riboulet* architecte). ▶ Entre l'église Sainte-Marie-Médiatrice et la porte des Lilas a été construit, en 1961-1963, l'***un des plus vastes réservoirs d'eau du monde*** en béton précontraint, recouvert de gazon. ▶ La ***porte des Lilas***, où aboutit la rue de Belleville, garde le souvenir du vieux Paris des chansons populaires. Au S., entre l'avenue Gambetta et le boulevard Mortier, le square du Docteur-Variot précède le ***stade nautique des Tourelles***, l'une des piscines les plus vastes de Paris (*Bévière* architecte, 1924). ▶ Sur le ***boulevard Mortier***, à g., la caserne Mortier, au n° 148, fait face à la caserne des Tournelles, au n° 151, construite en 1881. On suit au S. le boulevard Mortier qui passe à la porte de Ménilmontant (pl. de l'Adjudant-Vincenot). ▶ On notera aussi les petites maisons en brique et meulière de la ***rue du Capitaine-Tarron*** *(à dr., avant d'arriver à la porte de Bagnolet)*.

▷ La porte de Bagnolet

Cette porte à l'E. de Paris est dominée au N.-E. par les terrasses étagées du ***square Séverine***. Là se situe l'un des grands ***échangeurs routiers*** d'Europe (rosace de 2 300 m de viaducs), qui sert de point de départ de l'autoroute Paris-Strasbourg; c'est un des moyens d'accès de l'autoroute du Nord. Plus qu'un échangeur, l'antenne de Bagnolet, chargée de drainer la circulation entre le boulevard périphérique et les communes de Bagnolet, Montreuil et Romainville, est un véritable complexe métro-route, comportant une gare routière pour dix lignes d'autobus, une station de métro (Galliéni-Parc de Bagnolet) et un parc de stationnement pour plus de 2 000 voitures. Tout ce quartier est méconnaissable, tant il a été bouleversé de fond en comble, tels les abords de la rue Vitruve. ▶ Le ***boulevard Davout*** relie la porte de Bagnolet à la porte de Vincennes. Plusieurs ***immeubles*** du type HLM y ont été construits ces dernières années. Relevant d'une esthétique souvent qualifiée de post-moderne, ils témoignent du souci de rendre ces quartiers plus attrayants. ▶ On passe à la ***porte de Montreuil***, à g., où se tient un ***marché d'occasions*** *(sam. dim. lun.)*; c'est un autre marché aux puces. Un nouveau square, les ***jardins Charonne***, a été aménagé le long du boulevard, à l'angle de la rue de La Volga. ▶ La ***porte de Vincennes*** est la principale sortie de Paris vers l'E. ▶ Le ***cours de Vincennes***, qui arrive de la Nation, est poursuivi par la route allant vers Vincennes et Nogent. ▶ Le ***boulevard Soult*** relie la porte de Vincennes à la porte de Charenton au S. Au n° 38, ***lycée Paul-Valéry*** (*Dhuit* et *Dondelle* architectes; 1958-1960), derrière lequel se trouve un grand stade.

▷ La porte Dorée ou de Picpus

Au débouché de l'avenue Dausmenil, elle constitue l'accès principal du bois de Vincennes. Elle s'ouvre à l'E. sur la vaste ***place Edouard-Renard***, ornée de fontaines lumineuses, de bassins et, au fond, d'une grande statue de ***la France colonisatrice***, en bronze doré, par *Drivier* (1935), caractéristique de l'idéologie de l'époque. Immédiatement en arrière et à g. est situé le ***musée des Arts africains et océaniens*** *(→ musées)*. En face a été inauguré, en 1949, le ***monument du général Marchand*** (1863-1934), qui conduisit la fameuse expédition Congo-Nil en 1898 (*Baudry* sculpteur, 1949).

Circuit Sud

47-P10, 40-B9 / de la porte Dorée à la porte de Saint-Cloud / 2 h

▷Le boulevard Poniatowski

De la porte Dorée, on suit au S.-E. ce boulevard qui longe à g. plusieurs terrains de sport établis à l'orée du bois de Vincennes, entre autres le *stade Léo-Lagrange*, et laisse à g. aussi le plateau de Reuilly. C'est là que se tient régulièrement, au printemps, la *foire du Trône* ou foire au pain d'épice *(→ quartier Nation)*.

Le boulevard Poniatowski passe à la porte de Charenton, franchit les voies ferrées de la gare de Lyon et descend vers le *quai de Bercy (→ quais)* où se trouvent une importante gare et des entrepôts. Une rénovation spectaculaire a été entreprise qui modifie tout ce paysage : construction de logements, du nouveau ministère des Finances (→ *gare de Lyon*) et aménagement d'un parc. A g., à l'angle avec le quai de Bercy, on peut voir un *bastion*, dernier vestige des fortifications de *Thiers*. ▶ On prend à dr. pour franchir le fleuve sur le *pont National (→ ponts)*. De ce pont, le plus long de Paris, élevé en 1852, *panorama* sur la ville et sur les quais de la Seine ; les ports de Bercy et de Tolbiac montrent une grande activité économique ; centrale à béton avec le haut *bâtiment des Ciments français*, bâti par les *frères Arsène-Henry* en 1968.

▷Le boulevard Masséna

On suit tout droit ce boulevard qui passe au-dessus des voies ferrées de la gare d'Austerlitz, puis au-dessus de la cuvette de la porte de Vitry sur un nouveau viaduc de 326 m (1962). A la *porte de Vitry (bus PC et 27)*, se trouve une *caserne de pompiers* de lignes contemporaines (*Willerval* architecte, 1969). Au n° 24 bis du boulevard Masséna, la *villa Planeix*, comportant trois ateliers, a été construite en 1927 par *Le Corbusier*. D'une architecture aux lignes simples, ces appartements utilisent déjà le principe de mezzanine qui fera l'originalité des constructions de l'architecte.

▷La porte de Choisy

C'est l'aboutissement de l'avenue de Choisy. Tout ce quartier, hérissé de tours, a subi au cours des dernières années des changements considérables. Il est ainsi devenu le *Chinatown parisien* (→ *quartier de la place d'Italie*). De nombreux immigrés asiatiques s'y sont installés, avec leurs habitudes et leur mode de vie. Les restaurants vietnamiens, aux enseignes exotiques, se succèdent le long des rues et entre les tours ; des magasins permettront aussi de faire son marché, comme à Saïgon.

▷La porte d'Italie

C'est la *principale sortie S.-E. de Paris*, où aboutit l'avenue d'Italie et d'où part la N 7. La place, environnée de grands blocs d'immeubles et de tours portant chacune le nom d'une ville italienne, est encadrée de deux *squares* aux noms d'aviateurs : *Hélène-Boucher* et *Robert-Bajac*. Un passage souterrain, dans l'axe des boulevards de ceinture, permet aux voitures d'éviter la traversée de la place. A l'O., le *square Rosny-Aîné* est orné d'un buste de cet écrivain.

▷Le boulevard Kellermann

Il relie la porte d'Italie à la porte de Gentilly. A g., agréable *promenade* avec une allée de gazon. Ici se trouve l'embranchement de l'autoroute du Sud. Immédiatement au-delà a été érigé, en 1938, le *monument des Mères françaises* par le sculpteur officiel de l'époque, *Henri Bouchard*. Entre le boulevard et le périphérique s'étend une oasis de verdure : c'est le *parc Kellermann* et le *cimetière de Gentilly*. Le boulevard Kellermann franchit en remblai le val de Bièvre dont les versants sont aménagés en stades et terrains de jeux. Le boulevard passe, à cet endroit, au-dessus de la *poterne des Peupliers*. Entre le boulevard et la rue de Tolbiac, le quartier des Peupliers garde, au milieu des tours, beaucoup de charme. On se croirait dans un gros village, avec des bancs de bois et des gens qui se parlent de maison à maison. Au-delà de la poterne des Peupliers, à dr., immeuble de la garde républicaine. Devant le n° 91, *sculpture* de *Di Teana*. Plus loin sur le boulevard, à g., vaste *stade* universitaire *Sébastien-Charléty* : au n° 83, l'entrée est flanquée de deux *groupes* de jeunes athlètes, en pierre, par *L. Gibert*. ▶ On passe la *porte de Gentilly (bus PC et 21)*.

▷Le boulevard Jourdan

Ce boulevard passe entre le parc de Montsouris à dr., et la Cité universitaire *(→ Montsouris)* à g. ; en face de la fondation des Etats-Unis a été érigée, en 1948, la *statue* du philosophe *Thomas Paine* (1737-1809) qui prit part à la Révolution américaine puis à la Révolution française (statue en bronze doré, par *Gutzon Borglum*, 1934). Un peu plus loin, de l'autre côté de la gare de la Cité Universitaire (RER, ligne de Sceaux), la *statue* équestre *du général San Martin* (1778-1850), érigée en 1960, est la réplique de celle qui se dresse sur une grande place de Buenos Aires. On longe le parc de Montsouris et l'on aperçoit *le Bardo*, réplique du palais du Bey de Tunis, vestige de l'Exposition universelle de 1867. Peu après, l'*hôpital universitaire* (*U. Cassan* architecte). A l'angle du boulevard Jourdan et de la rue de la Tombe-Issoire sont situés les bâtiments de l'*Ecole normale supérieure de jeunes filles* (*Crevel* architecte, 1950), autrefois à

Sèvres. La *salle d'honneur* et ornée de peintures par *Yves Alix* et *Pierre Guastala*.

▷ La porte d'Orléans

C'est la *principale sortie méridionale de Paris*, où aboutit l'avenue du Général-Leclerc et d'où part un embranchement pour l'autoroute du Sud. C'est par cette porte que la division Leclerc fit son entrée dans la capitale les 24 et 25 août 1944 : c'est là qu'est érigé le *monument au maréchal Leclerc*, imposant faisceau d'acier inoxydable de 22 m de hauteur, par *Raymond Subes* ; au pied, *statue* du maréchal, en bronze doré, œuvre du sculpteur *R. Martin*. Sur la face N. du parvis une inscription en lettres d'or sur une grille en acier dont la trame symbolise le feu, retrace le serment de Koufra et les principales étapes de la carrière du maréchal. De part et d'autre de la porte d'Orléans, des squares, des jardins et un stade. Les *immeubles en brique* qui encadrent la porte d'Orléans : 117, boulevard Jourdan et 138, boulevard Brune (*D.* et *L. Brandon* architectes, 1926) et 189, boulevard Brune (*C. Genêtre* et *L. Mounié* architectes, 1936), sont représentatifs de la politique de logement social de la Ville de Paris avant la guerre.

▷ Le boulevard Brune

Ce boulevard s'étend entre la porte d'Orléans et celle de Vanves. Il est bordé à dr. par des immeubles du début du siècle. Dans l'*immeuble modern style* du n° 201 a vécu, en 1904, le poète symboliste Jean Moréas (1856-1910). On passe la *porte de Châtillon*. Au n° 26, bâtiments en brique rouge de l'*institut de Puériculture* de la faculté de Médecine, fondation franco-américaine (*Duval*, *Gonse*, *Bresse* et *Houdon* architectes, 1933). Au n° 123, *centre* de tri postal de *Paris-Brune*, par *Tourry* (1961). ▶ Entre la porte de Châtillon et la porte de Vanves, parallèlement au boulevard Brune, l'avenue Maurice-d'Ocagne longe à g. le *stade* municipal *Jules-Noël*, dont l'entrée est précédée d'un athlète lançant le disque, *sculpture en pierre* de *Saupique*, puis un groupe scolaire.

Les portes de Paris

De nombreuses portes de Paris se signalent au promeneur par de grands immeubles de brique. Ces constructions, appelées Immeubles à loyer normal (ILN), furent édifiées par la Régie immobilière de la Ville de Paris à partir de 1923. Les immeubles de la porte d'Orléans en sont les exemples les plus achevés ; ils atteignent ici une certaine monumentalité : ouvertures en bow-windows ; décrochements à la manière des murs pignons ; verrières d'ateliers d'artistes couronnant les façades.

▶ On croise l'*avenue Georges-Lafenestre* (porte Didot), où se tient un *marché aux puces (sam. et dim.)*. ▶ Au-delà, l'*avenue Marc-Sangnier*, qui longe à g. un ensemble sportif comprenant entre autres une piscine, et le lycée François-Villon, conduit à la porte de Vanves.

▷ Le boulevard Lefebvre

Après avoir dépassé la porte de Vanves, le boulevard passe sous les voies ferrées de Montparnasse. On traverse la *porte Brancion*, d'où part la route de Clamart, et la *porte de Plaisance*, entre lesquelles on laisse à g. le square du Docteur-Calmette planté de peupliers. Au n° 58, laboratoires de l'école des Ponts et Chaussées (1938).

L'*église Saint-Antoine-de-Padoue*, construite en 1934-1936 par *Azéma*, en ciment armé et brique rose, s'élève au n° 52 du boulevard. Son élégant clocher, haut de 46 m, est cantonné des *statues* de saint François, saint Louis, sainte Claire et sainte Elisabeth de Hongrie, par *Delamarre* et *Vezien*. A l'*intérieur*, chemin de croix et statues par *Delamarre* ; fresque représentant la Crucifixion, par *Jean Bernard* (au pied du cochon, saint Antoine et saint François d'Assise) ; des oculi célèbrent les béatitudes. Le boulevard Lefebvre longe ensuite le parc des Expositions.

▷ La porte de Versailles.

C'est un important carrefour où aboutit la rue de Vaugirard, et d'où part une des routes de Sèvres qui traverse Issy-les-Moulineaux. La place est encadrée de portiques qui servent d'entrée au *parc des Expositions*, vaste enceinte où se déroulent maintes manifestations commerciales, corporatives, théâtrales ou politiques (→ *calendrier des événements*) ; à l'entrée à g., dans la partie E., palais des Congrès ; dans la partie O., immense hall d'exposition couvrant 10 000 m² (1956-1957). Les anciens bâtiments étant devenus insuffisants, on a implanté un nouveau bâtiment (1970), jouxtant le boulevard périphérique, de 90 000 m², comportant trois niveaux d'exposition, un parking de 1 000 places sur le toit, des restaurants, des salles de conférences et de nombreux aménagements.

Un *palais des Sports*, destiné à remplacer l'ancien vélodrome d'Hiver, a été construit en 1960 par l'architecte *Pierre Dufau*, dans la partie O. du parc : la salle, de 6 000 places, est couverte d'une coupole de 60 m de diamètre constituée de losanges d'aluminium et reposant sur des portiques en béton, dans la tradition toute neuve des constructions de l'aérospatiale. Des aménagements et des agrandissements sont toujours apportés ; c'est devenu une des principales salles de spectacle parisiennes (concerts, danse). Le boulevard périphérique passe au-dessus du parc, sur un viaduc de 870 m.

Les débuts de l'aviation à Paris

Après la pelouse de Bagatelle, le terrain d'Issy servit aux essais des premiers aéroplanes : Archdéacon l'utilisa le premier, en mars 1905.
Les constructeurs Blériot et Voisin y firent des essais réguliers à partir de 1907.
Voici quelques dates mémorables concernant ce terrain : 13 janvier 1908, premier kilomètre en circuit fermé (Henry Farman, sur biplan Voisin); 7 août 1910, départ du circuit de l'Est, première grande course par étapes de ville en ville (gagnée par Leblanc, sur Blériot); 21 mai 1911, départ de la course Paris-Madrid où seul devait se classer Jules Védrines et au cours de laquelle le ministre de la Guerre, Berteaux, fut tué par un aéroplane au décollage.

▷ Le boulevard Victor

Il s'étend de la porte de Versailles à la Seine. De part et d'autre de la porte de Sèvres, en bordure N. du terrain d'Issy, se sont édifiées une véritable cité de l'Air et d'importantes annexes de la Marine. Au 30, boulevard Victor se trouve l'ancienne ***école nationale supérieure de l'Aéronautique*** (*L. Tissier* architecte, *H. Bouchard* sculpteur; 1932), aujourd'hui transférée à Toulouse. Au n° 28, bâtiment de l'***ancien musée de l'Air***, construit en 1936 par *L. Tissier*, transféré à Meudon. A la hauteur du n° 26, ***monument*** à la mémoire de l'aviateur ***Guynemer*** par le sculpteur *Louis Leygue*. A la suite, on trouve sur le boulevard Victor : au n° 26, le ***ministère de l'Air***, très vaste édifice en forme de T, à revêtement de brique, où des piliers engagés tempèrent les longues surfaces horizontales blanches : ***monument*** à la mémoire ***de Jean Moulin*** (1899-1944), héros de la Résistance, premier président du C.N.R.; au n° 24, les services extérieurs du ministère de l'Air; mess du bataillon de l'Air 117; au n° 22, la caserne Guynemer (base d'Issy). Au N., un passage sous le chemin de fer de ceinture relie le boulevard Victor à la place Balard, où aboutit l'avenue Félix-Faure. Au S. s'ouvre l'avenue de la Porte-de-Sèvres qui donne accès à l'***héliport de Paris***, situé à Issy-les-Moulineaux : à l'entrée, ***monument commémoratif*** du premier kilomètre aérien parcouru en circuit fermé (1908), avec médaillon de Gabriel Voisin et d'Henry Farman par *Paul Landowski* (1929). Ce vaste terrain de 41 ha a été évacué par les dernières installations militaires dès l'achèvement de la nouvelle tour semi-circulaire, haute de dix-neuf étages, implantée au N. du boulevard périphérique. En face de cet immeuble, de l'autre côté du boulevard périphérique et à 100 m de l'héligare, se dresse maintenant un Sofitel qui se signale par ses ascenseurs extérieurs. Enfin, au centre de l'ancien terrain, dans la partie herbue, se sont implantés plusieurs terrains de sport. Vers l'extrémité O. du boulevard Victor, on aperçoit les deux sièges de l'EDF : l'un en pans de verre sertis d'aluminium, l'autre de grands panneaux emboutis où s'insère le verre et, plus près du boulevard lui-même, l'immeuble blanc de la SNECMA. Après le carrefour avec l'avenue de la Porte-de-Sèvres, on remarque à g., au n° 8 du boulevard Victor, un imposant ***bâtiment*** de béton gris élevé en 1930 par *A.* et *G. Perret* pour la ***Marine nationale*** : service technique des constructions navales et bassin d'essai des carènes. En face, aux nos 3 et 5 du même boulevard, un grand ***immeuble*** construit par *P. Patout* entre 1929 et 1934 sur un terrain très allongé affecte la forme d'un paquebot.

L'extrémité O. du boulevard Victor, entièrement refaite dans les dernières années, s'élève en rampe douce sur un remblai pour passer au-dessus du chemin de fer Invalides-Versailles et du quai de la rive g. A dr., un vaste ***panorama*** scandé par les tours du Front de Seine et la tour Eiffel, s'étend sur la capitale. Au premier plan, les terrains occupés autrefois par les usines Citroën sont actuellement l'objet de réaménagements (création d'un jardin, construction de logements, etc.). ▶ Franchissant la Seine sur le ***pont du Garigliano*** (→ *les ponts de Paris*), la nouvelle voie de raccordement passe au-dessus du quai de la rive dr. puis, en souterrain, sous l'avenue de Versailles, pour rejoindre le boulevard Exelmans. ▶ Le ***boulevard Exelmans***, débarrassé de l'ancien viaduc du chemin de fer de ceinture, a été aménagé en voie de grande circulation. Le PC emprunte ensuite l'avenue de Versailles pour rejoindre la porte de Saint-Cloud, mais on pourra continuer le boulevard Exelmans pour gagner directement la porte d'Auteuil. Au 39, boulevard Exelmans, ***hôtel*** construit en 1895 par l'architecte *H. Guimard* à l'emplacement de l'atelier du sculpteur J.-B. Carpeaux (1827-1875).

Le métro

® *Centre d'information téléphonique sur les transports en région parisienne* ☎ *43.46.14.14*
Heures de fonctionnement : 5 h 30-0 h 30; l'intervalle entre les rames varie de 1 mn 35 à 8 mn, selon les heures

Exploité par la Régie autonome des transports parisiens (RATP), comme les autobus, le métro constitue plus que jamais le moyen de transport le plus efficace à Paris, le plus rapide et le moins onéreux. Sa signalisation, claire et pratique, en rend l'utilisation facile, même pour les étrangers. Un plan du réseau, qui comporte 13 lignes desservant 363 stations sur 192 km de lignes, est affiché dans toutes les stations et sur chacun des quais.

Le métro dans l'histoire

Les travaux du métropolitain débutèrent à la fin de l'année 1898 et la première ligne, longue de 10 km, fut ouverte non officiellement le 19 juillet 1900, de la porte Maillot à la porte de Vincennes. Ce nouveau mode de transport, rapide et économique, eut tout de suite la faveur du public si bien que, dès la première année, le trafic dépassa en moins de six mois le chiffre de 15 millions de voyageurs.

Le réseau se développe ensuite rapidement, ainsi qu'en témoigne la progression kilométrique suivante : fin 1900, 13 km; 1905, 32 km; 1910, 70 km; 1915, 92 km; 1920, 95 km; 1925, 108 km; 1930, 117 km; 1935, 144 km; 1940, 158 km; 1945, 165 km. Après la Seconde Guerre mondiale, en 1952, la ligne n° 13 a été prolongée de la porte de Saint-Ouen à carrefour Pleyel, puis pendant dix-huit ans, il n'y eut plus d'ouverture de nouveaux tronçons. Le nom de l'inspecteur général des ponts et chaussées, Fulgence Bienvenüe (1852-1936), reste attaché à cette œuvre gigantesque.

Extension du réseau : le RER

Le métro, d'abord limité à la capitale, projeta à partir de 1934 des antennes dans la proche banlieue. En 1938 vint s'ajouter la section Gare du Luxembourg - Massy-Palaiseau et la branche de Robinson de la ligne de Sceaux. Puis, le 1er août 1964, le tronçon Massy-Palaiseau - Saint-Rémy-les-Chevreuse, exploité par la SNCF, est passé à son tour sous le contrôle de la Régie autonome des transports parisiens, héritière du réseau de l'ancienne Compagnie du chemin de fer métropolitain de Paris. C'est cette même ligne de Sceaux qui a constitué l'amorce d'un Réseau Express Régional dont la création s'imposait pour faire face aux besoins de la région parisienne en pleine croissance. Entre 1969 et 1981, le Réseau Express Régional est devenu une réalité, c'est-à-dire un réseau cohérent, reliant entre elles les lignes Est (Boissy-Saint-Léger et Marne-la-Vallée), Ouest (Saint-Germain-en-Laye, Saint-Quentin-en-Yvelines, Versailles), Sud (Sceaux, Saint-Rémy-les-Chevreuse, Orly, Dourdan) et Nord (Roissy, Mitry-Claye). Au cœur de Paris, la station Châtelet - Les Halles fait office de plaque tournante.

Evolution et perspectives d'avenir

Le réseau du métropolitain est, depuis quelques années, l'objet d'un intense rajeunissement. Parallèlement à l'aménagement des stations (→ ci-dessous), l'augmentation de la capacité de transport du métro a été réalisée par l'allongement des quais des stations, ce qui a permis d'augmenter la longueur des trains. Cette mesure a déjà entraîné une amélioration appréciable de la capacité de transport sur l'ensemble du réseau métropolitain. Pour accélérer la modernisation du matériel roulant, de nouveaux trains d'un type classique ont été mis en service sur la ligne n° 3 Pont de Levallois - Gallieni. Les trains sont plus éclairés, moins bruyants, plus confortables. Dans le même temps, la multiplication des escaliers mécaniques, l'amélioration des accès et des correspondances, visent à améliorer le confort d'un moyen de transport utilisé quotidiennement par quatre millions de voyageurs (soit environ de l'ordre de deux millions de personnes, chacune, en moyenne, l'utilisant deux fois par jour).

Les ingénieurs de la Régie ont introduit de nombreuses nouveautés : automatisation de la marche des trains, régulation centralisée du trafic, limitation des temps de stationnement des rames dans les stations de certaines lignes, mécanisation des opérations de délivrance et de contrôle des titres de transport. La conduite automatique est complétée par un système de commande centralisée et de régulation automatique de la marche des trains. D'un poste central, où l'on connaît à tout moment par leur numéro inscrit sur un tableau lumineux de contrôle optique, la position des trains sur les voies, un agent régulateur peut donner par téléphone à haute fréquence les instructions utiles au personnel des trains comme à celui des stations, et manœuvrer tous les signaux et aiguilles de la ligne.

Le métro aérien

Découvrir Paris du haut du viaduc du métro offre des perspectives tout à fait intéressantes sur de nombreux édifices et quartiers. Le métro aérien ne représente que 9,5 km du réseau parisien mais on l'empruntera facilement car il se cantonne à trois lignes : Place d'Italie, Porte de Pantin (ligne 5), Porte Dauphine-Nation (ligne 2) et Nation-Etoile par Denfert-Rochereau (ligne 6).

Le métro aérien

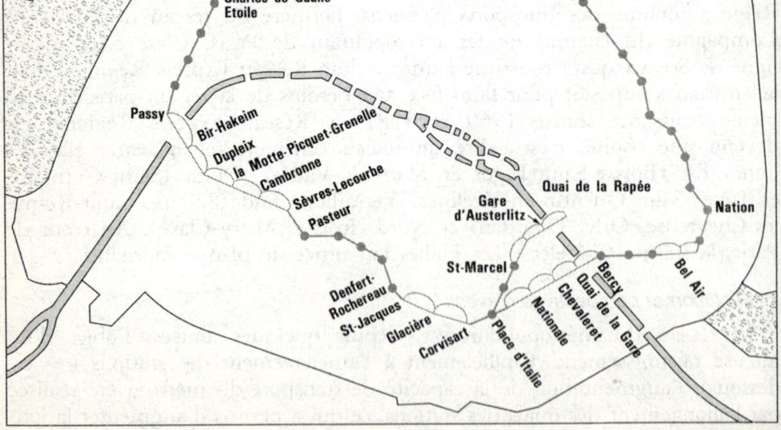

Bien que F. Bienvenüe restât responsable de la construction du métropolitain, l'architecture et le décor des viaducs furent confiés à J.-C. Formigé (1902-1906). Malgré la tendance de l'époque qui aimait la surcharge (→ le Grand et le Petit Palais, quartier Champs-Elysées), l'architecte a laissé visible la structure métallique.

▷ Place d'Italie - Porte de Pantin *ligne 5*

Le métro emprunte le viaduc entre les stations Saint-Marcel et Quai de la Rapée. On a une *vue*★ remarquable sur la Salpêtrière *(→ quartier Saint-Marcel)* puis le métro transperce la gare d'Austerlitz avant de franchir la Seine : sur le *pont d'Austerlitz*★ (→ *les ponts de Paris*), très beau *point de vue*★★ sur l'île de la Cité et le chevet de Notre-Dame; puis on retourne à terre en frôlant la morgue.

Le métro depuis vingt ans

Quelques dates importantes

Août 1966 : la ligne 4 est entièrement équipée de matériel sur pneumatiques.
25 juillet 1968 : mise en service des trottoirs roulants de la station Montparnasse-Bienvenüe.
Février 1972 : mise en service des premiers postes de péage, équipés de composteurs.
Février 1975 : la ligne Saint-Lazare - Champs-Elysées-Clemenceau est ouverte.
Mai 1976 : prolongement de cette ligne à Saint-Denis - Porte de Paris et Saint-Denis - Basilique.
Novembre 1976 : prolongement de cette même ligne jusqu'aux Invalides et Châtillon-Montrouge.
Octobre 1977 : mise en service de la nouvelle station Les Halles en correspondance avec la gare Châtelet - Les Halles.
Décembre 1981 : interconnexion des réseaux RATP-SNCF, sur la ligne B du RER.

Principales étapes de l'établissement du RER

Décembre 1969 : Nation - Boissy-Saint-Léger.
Février 1970 : Charles-de-Gaulle-Etoile - La Défense.
Novembre 1971 : Auber - Charles-de-Gaulle-Etoile.
Octobre 1972 : La Défense - Saint-Germain-en-Laye.
Décembre 1977 : branche de Marne-la-Vallée (Fontenay - Noisy-le-Grand - Mont-d'Est).
Décembre 1977 : Luxembourg - Châtelet-Les Halles.
1980 : l'achèvement du prolongement de la branche de Marne-la-Vallée avec le tronçon Noisy-le-Grand - Mont-d'Est - Torcy qui traverse les communes de Noisy-le-Grand, Champs-sur-Marne, Noisiel, Lognes, Torcy et Bussy-Saint-Martin.
Décembre 1981 : Châtelet-Les Halles - Gare du Nord.

▷ La ligne circulaire *ligne 2 et ligne 6*

Cette ligne, qui fait le tour de Paris, est en fait formée par deux lignes joignant Nation à Etoile par Barbès-Rochechouart et Denfert-Rochereau. Créée au début du siècle, elle détrôna rapidement la petite ceinture de chemin de fer. Sa situation périphérique, sur les larges boulevards qui ont remplacé le mur des Fermiers généraux, a permis l'édification de plusieurs viaducs. On remarque toutefois que ceux-ci sont cantonnés dans les quartiers populaires; le métro rentre sous terre dès que les beaux quartiers approchent.

Sur la *ligne Nation-Etoile par Denfert*, le métro fait une sortie dans le 12e arrondissement, entre la station Bel-Air et Dausmenil puis ressort à Bercy où l'on voit le nouveau *palais Omnisports*★ et ses murs gazonnés et le grand bâtiment du futur *ministère des Finances*★, les pieds dans la Seine *(→ quartier Gare de Lyon)*. Le métro traverse le fleuve sur le pont de Bercy à l'endroit du port de Plaisance, puis rentre sous terre à la station Nationale. Il refait surface dans le 13e arrondissement entre Corvisart et Saint-Jacques : là les tours modernes s'opposent à la résille des sites anciens. Entre Pasteur et Passy le métro aérien marque la frontière entre le 7e arrondissement élégant, et le 15e arrondissement plus populaire. On découvre l'*avenue de Breteuil*★ tapissée d'arbres et couronnée par le *dôme des Invalides*★★★. On traverse la Seine sur le beau *pont de Bir-Hakeim*★★. A

Les billets

Pour éviter de perdre du temps aux guichets, acheter un carnet de 10 tickets (1re ou 2e classe) plutôt qu'une seule unité (plus chère). Votre billet est valable (après compostage) quels que soient la longueur du parcours ou le nombre des correspondances (à l'exception toutefois des stations de la ligne no 8 situées au-delà de Charenton-Ecoles, de la ligne no 13, de Carrefour Pleyel à Saint-Denis et des lignes de RER au-delà du périmètre parisien. A noter que le ticket de métro tient lieu aussi de ticket de bus.
La carte orange (en vente dans les stations) permet, pour un prix forfaitaire hebdomadaire, mensuel ou annuel, un nombre illimité de voyages tant en métro qu'en autobus ; cependant les touristes auront avantage à utiliser les billets touristiques proposés par la RATP qui permettent de voyager pendant 1, 4 ou 7 jours consécutifs sur toutes les lignes de la régie (métro et RER en 1re classe et bus).

dr., les *jardins du Trocadéro*★ (→ *Chaillot*) font face à la tour Eiffel ; à g. la masse circulaire de la *maison de Radio France* (→ *Auteuil*) répond aux silhouettes élancées des tours du *Front de Seine* (→ *quartier Grenelle*). Au loin, on aperçoit la masse blanche du *Sacré-Cœur*★★ (→ *Montmartre*).

Sur la *ligne Etoile-Nation par Barbès*, le métro aérien est limité entre les stations Anvers et Colonel-Fabien. On longe les pittoresques magasins Tati et ses abords grouillants de monde, les murs de l'hôpital Lariboisière, avant de traverser les rails multiples des voies ferrées de l'Est et du Nord. Vers Stalingrad, le train s'approche irrévérencieusement de la *rotonde de Ledoux*★★ (→ *La Villette*), laisse le bassin de la Villette à sa g. et le canal Saint-Martin à sa dr., avant de longer sans façon les façades des immeubles.

Les stations

Revêtues de carreaux de faïence de teintes différenciées, elles ont fait peau neuve ces dernières années et s'animent de petites boutiques variées : objets orientaux, épiceries, clefs-minute, bars... Le site où le nom de certaines stations leur a valu un aménagement tout particulier. Voici la liste des stations de métro parisien qui sortent de l'ordinaire.

▶ *Abesses* : rare témoin des édicules construits par *H. Guimard* (1900-1913) pour marquer l'entrée du métropolitain. Les plus ouvragées ont été détruites mais il reste 90 des 141 bouches de métro sans toitures dessinées par cet architecte. ▶ *Auber* : expositions temporaires et concerts dans le cadre de la semaine de la Musique dans le métro (printemps). ▶ *Bastille (ligne 5)* : vestiges de la forteresse détruite sous la Révolution. ▶ *Barbès-Rochechouart* : évocation de la Résistance parisienne qui utilisa les souterrains du métro pour ses liaisons. ▶ *Champs-Elysées* : exposition permanente en rapport avec le palais de la Découverte. ▶ *La Chapelle - Gare du Nord (RER)* : fresque de *Nicolas Stravopoulos*. ▶ *Châtelet - les Halles (RER)* : bas-relief de *Tremois* et sculpture de *Signori*. ▶ *Croix-Rouge (fermé au public)* : décor en trompe-l'œil d'une scène de plage. ▶ *Défense* : fontaine et vitrail monumental. ▶ *Gare Saint-Lazare* : c'est tout simplement la plus fréquentée des stations parisiennes. ▶ *Hôtel-de-Ville* : mise aux couleurs de la Ville, elle retrace l'histoire de la place de Grève et de la maison commune. ▶ *Jussieu* : évocation du Muséum national d'Histoire naturelle. ▶ *Liège* : 6 576 carreaux de céramique représentent la province de Liège. ▶ *Louvre*★ : moulages de plusieurs chefs-d'œuvre du musée. Elle a été la première station aménagée (1967). ▶ *Montparnasse-Bienvenüe* : évocation de la construction du métro. ▶ *Mirosmesnil* : expositions temporaires. ▶ *Pelleport* : entrée de métro en béton et grès, caractéristique des années 30, dessinée par *Plumet*. ▶ Porte Dauphine → *Abbesses*. ▶ *Porte des Lilas* → *Pelleport*. ▶ *République* : couloirs de correspondance décorés par des étudiants des Beaux-Arts. ▶ *Réaumur-Sébastopol* : histoire de la presse. ▶ *Saint-Augustin* : expositions temporaires. ▶ *Saint-Denis Basilique* : évocation de la basilique des rois de France. ▶ *Saint-Germain-des-Prés* : exposition sur l'abbaye, le quartier et l'histoire de l'imprimerie. ▶ *Saint Fargeau* → *Pelleport*. ▶ *Varenne* : exposition de moulages d'œuvres de *Rodin*. ▶ *Victor-Hugo* : évocation de l'œuvre et de la vie de l'écrivain.

Archéologie dans le métro

En dehors des vestiges de la forteresse, visibles à la station Bastille, il n'y a pas de traces de monuments historiques dans l'enceinte du métropolitain.

*Toutefois, au cours des différents travaux de construction du tunnel, on a rencontré les fondations sur pilotis de la porte du Temple et les traces de l'enceinte de Charles V (fin du XIX*e *s.) à Strasbourg-Saint-Denis, place de la République et boulevard Beaumarchais. A Jussieu (ligne 10), on a trouvé des ruines d'une ancienne abbaye gallo-romaine avec un cimetière mérovingien.*

Devant la colonnade du Louvre, le forage du tunnel de la ligne 7 fit découvrir les fondations de l'hôtel de Bourbon, rasé en majeure partie en 1527.

Le quartier du parc Monceau*

8e arr. / 26-F4
Métro : Monceau / Bus : 30, 84, 94
Taxis : 1, av. de Villiers ☎ 46.22.00.00
Marchés : t.l.j. sf lun. et dim. a.-m.
dans la rue de Villiers, piétonnière

Le vieux village de Monceau, ou de Mousseaux, ou bien encore de Mouceaux, comme on disait il y a deux siècles, existait déjà au temps de Charles le Chauve : c'était un bon vieux village, avec des moulins, perdu dans les champs, les vignes et les bois, dont l'actuelle place de Lévis formait la grande place et qui, bon an mal an, vivait sa petite vie. Mais, le 1er janvier 1860, les communes limitrophes, et donc Mousseaux, furent englobées dans la capitale. C'est alors que, sous la direction de Haussmann, allait se développer la plus formidable campagne d'urbanisme que Paris ait jamais connue. Sur le terrain vague qui s'allongeait de part et d'autre de l'enceinte des Fermiers généraux, sur cette plaine aux molles ondulations et qui, en dehors de la belle saison, devait être assez dénuée de charme, les promoteurs du temps allaient lotir et bâtir ce qui devint l'un des quartiers les plus élégants de Paris, bordant le parc d'hôtels ostentatoires.

Cet environnement architectural nous est parvenu presque intact ; nombre de pastiches de manoirs Renaissance ou de faux hôtels du XVIIIe s. témoignent encore du goût des banquiers ou des chevaliers d'industrie qui les firent construire. La population bourgeoise et un peu guindée du quartier ne semble pas avoir beaucoup plus changé. Dans les allées du parc Monceau, ombragé et nostalgique, on peut encore voir des petites filles modèles promenant leur jeune frère dans des landaus carrossés comme des automobiles anglaises, sous l'œil d'une gouvernante hiératique. A ce dépaysement temporel s'ajoute l'exotisme de la remarquable église russe de la rue Daru, construite à la même époque.

Visite du quartier

1 h

▷ Le parc Monceau*

Il constitue une de ces oasis comme il s'en trouve parfois dans Paris.

Histoire du parc

Le terrain dépendait jadis de la seigneurie de Clichy et appartint un temps à Grimod de La Reynière qui le vendit aux Orléans. C'est le duc de Chartres, futur *Philippe Egalité*, qui le fit planter d'arbres et qui confia à l'auteur dramatique *Carmontelle* le soin de l'aménager en un jardin superbe qu'on appela alors la folie de Chartres. En homme de théâtre et dessinateur qu'il était, Carmontelle créa ici un « jardin d'illusion » *(→ encadré)*. En 1783, le jardinier paysagiste écossais, *Thomas Blaikie*, remodela le parc dans le goût anglais. En 1797, le premier parachutiste de l'histoire, du nom de Garnerin (1769-1823), s'y laissa tomber d'une hauteur de mille pieds. Napoléon offrit le parc à Cambacérès mais, sous la Restauration, il revint aux Orléans puis fut acquis en 1852 par l'Etat. Considérablement réduit, il fut loti sur plus de la moitié de sa superficie et, en 1861, *Alphand* le transforma en jardin public, réutilisant les ruines et en réintroduisant de nouvelles comme l'arcade de l'Hôtel de Ville détruit pendant les événements de la Commune.

Visite du parc

A l'*entrée N.* du parc *(côté bd de Courcelles)*, la *rotonde de Chartres* n'est autre qu'un des pavillons d'octroi que *Ledoux* avait construit, et qui faisait donc partie de l'enceinte des Fermiers généraux. La barrière de Chartres (ou encore rotonde du Parc Monceau) est à considérer comme un

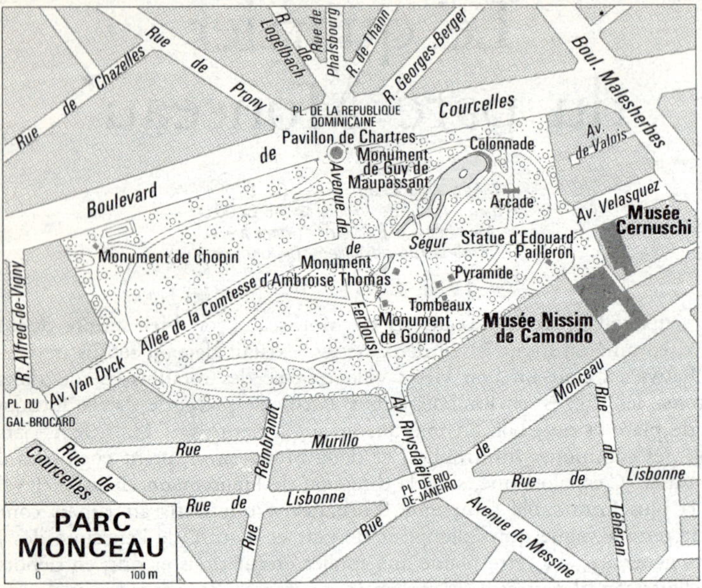

poste d'observation à l'intérieur du parc du duc d'Orléans. De proportions modestes, elle est entourée d'un péristyle de seize colonnes. Le rez-de-chaussée et le premier étage étaient réservés aux employés de la Ferme générale. Le duc d'Orléans s'était réservé un appartement ouvrant sur la terrasse circulaire. Elle a été restaurée en 1986.

La *Naumachie* est le vaste bassin ovale entouré en partie par une colonnade corinthienne qui, selon une tradition douteuse, proviendrait de la chapelle que Catherine de Médicis avait fait bâtir au flanc de la basilique Saint-Denis pour servir de mausolée aux Bourbons et qui, restée inachevée, fut démolie en 1719. A l'occasion de sa restauration, la direction des Espaces verts de la Ville de Paris se propose d'élucider le mystère de son origine. A côté, l'arcade Renaissance est un fragment de l'ancien Hôtel de Ville. La rivière et ses ponts, les *monuments* à Gounod par *Antonin Mercié* (1897), Chopin par *Jacques Froment-Meurice* (1906), Ambroise Paré par *Alexandre Falguière* (1902) et Guy de Maupassant par *Raoul Verlet* (1897), monuments longtemps jugés ridicules et aujourd'hui attendrissants, les *tombeaux* d'origine inconnue et amenés ici dès la création du jardin, de même que le *souvenir de Marcel Proust (→ encadré)* qui était un familier de ces ombrages, sont indissociables du parc Monceau. Quant à la *pyramide*, dernière œuvre de *Carmontelle*, elle a servi de décor à une nouvelle d'André Pieyre de Mandiargues. A proximité du *musée Cernuschi (→ musées)*, une lampe mortuaire japonaise a été offerte par le gouverneur de Tokyo à la Ville de Paris en 1986 pour commémorer l'année du Japon.

▷ Les hôtels du parc Monceau

Construits sur les terrains du parc d'origine durant le second Empire, ils forment un ensemble unique à Paris. Ils se dressent aux abords des entrées O., S. et E. du parc Monceau.

La folie de Chartres

Le pavillon conçu sur plan centré et haut de deux étages était entouré de pilastres, le tout en marbre jaune de Sienne et rouge du Languedoc. Le duc de Chartres ne reconnaîtrait rien maintenant de cet espace qui a perdu les deux tiers de sa surface ; la Naumachie peut-être ? mais il n'y a plus ces allées sinueuses typiques des jardins chinois, ces galeries couvertes s'enfonçant dans la forêt exotique, ces serres chaudes, la pagode chinoise aux glaces peintes en arabesque dont l'un des miroirs réservait la surprise de s'ouvrir sur un jardin aménagé dans une galerie souterraine aux parois couvertes de peintures en trompe-l'œil. Il n'y retrouverait plus la grotte meublée à l'anglaise auprès de laquelle coulait une cascade, ni cette caverne où l'on soupait, ni le temple de marbre, ni le moulin à vent hollandais.
Louis Carrogis, ordonnateur des fêtes du prince explique : «ce n'est point un jardin anglais qu'on a voulu faire à Monceau, mais [...] réunir dans un seul jardin tous les temps et tous les lieux. C'est une simple fantaisie...».

▶ A l'ouest, l'*avenue Van-Dyck*, célèbre dans la littérature, est bordée par un hôtel qui a servi à la fois de modèle et de cadre à Philippe Hériat pour l'adresse des « Boussardel, agents de change, banquiers, promoteurs, et apparentés au baron Haussmann ». Dans la réalité, cette somptueuse demeure, décorée par *Dalou*, fut construite par *H. Parent* pour Emile Menier, fondateur de la dynastie des industriels du chocolat. ▶ Prendre à g. la rue de Courcelles jusqu'au croisement avec la *rue de Monceau* : on passe devant le n° 45 où les parents de Marcel Proust ont vécu à partir de 1900. ▶ Faire un aller-retour jusqu'au *boulevard Haussmann* : au n° 158, l'hôtel qui abrite le *musée Jacquemart-André* (→ *musées)* est une somptueuse demeure construite elle aussi par l'architecte *H. Parent* en 1860-1875. ▶ Prendre la *rue Rembrandt*. A l'angle, une célèbre et insolite construction rouge dans le genre pagode est le magasin spécialisé dans l'art d'Asie C. T. Loo. Plusieurs immeubles de cette rue révèlent une nostalgie évidente de la Renaissance tandis que d'autres sont résolument modern style (voir le n° 7). ▶ Prendre à dr. la *rue Murillo* où on verra, dans la cour du n° 9, des médaillons sculptés qui auraient été apportés ici après l'incendie des Tuileries. ▶ On débouche dans l'*avenue Ruysdaël* prise entre la porte S. du parc et la place Rio-de-Janeiro, où le maréchal de Lattre eut sont dernier logis parisien (au n° 4). ▶ Suivre la rue de Monceau vers *le boulevard Malesherbes*. Au n° 63, se trouve le *musée Nissim-de-Camondo (→ musées)* installé comme le musée Jacquemart-André dans l'ancienne demeure des donateurs de ses collections. Ce somptueux bâtiment, reconstruit en 1910-1914 par *Sergent*, n'est pas sans rappeler le Trianon. ▶ Prendre à g. sur le boulevard Malesherbes, jusqu'à l'*avenue Vélasquez* qui dessert l'entrée E. du parc. Elle est bordée, au n° 5, par l'hôtel du banquier et collectionneur Chauchart, et au n° 7 par celui du banquier Cernuschi, tous deux de la fin du XIXe s. Ce dernier bâtiment abrite les collections du *musée Cernuschi (→ musées)*. ▶ La *rue de Miromesnil*, située plus au S. compte plusieurs magasins d'antiquités. Axel de Fersen et Chateaubriand habitèrent tous deux au n° 31. Au tournant du siècle, la comtesse de Baulincourt tenait un salon littéraire (au n° 12) où étaient reçus les Goncourt et Proust qui se retrouvaient également au n° 104 chez Geneviève-Emile Strauss, la veuve de Georges Bizet.

▷ Au nord du parc Monceau

Jusqu'au boulevard Pereire s'étend tout un quartier qui, depuis sa création, est l'apanage des gens aisés appartenant tant au monde de la finance et de l'industrie qu'à celui du théâtre ou de la littérature. Comme on ne rencontre pas ici de monuments prestigieux et que le contexte historique n'est guère présent, nous avons préféré à un itinéraire déterminé l'indication des lieux attachés à quelques personnalités, et des monuments ou musées importants. ▶ Le *boulevard de Courcelles* : il a été établi, dans la partie qui nous intéresse ici, à l'emplacement de l'enceinte des Fermiers généraux. Gaston Arman de Caillavet et Robert de Flers, qui signèrent maintes pièces du répertoire du boulevard, ont habité le premier au n° 40 et le second au n° 70. ▶ La *rue de Courcelles*, fort longue, est une ancienne rue du hameau de Courcelles. C'est aujourd'hui une rue commerçante très animée entre le boulevard de Courcelles et la place du Maréchal-Juin. Saint Saëns vivait au n° 83 bis, Henri Barbusse est mort au n° 105. ▶ La *rue Cardinet*. En 1901, à l'époque de son mariage avec Lily Texier, Claude Debussy habitait au n° 58. Il y écrivit Pelléas et Mélisande et, chez Messager, qui était presque son

Sur les pas de Marcel Proust

L'univers intime et littéraire de Marcel Proust est étroitement lié aux quartiers haussmanniens de l'Ouest de la capitale. Toutes les fonctions essentielles de sa vie se concentrent dans un quadrilatère formé par la Madeleine, le quartier Saint-Augustin, les Champs-Elysées et le parc Monceau.

Bien que né à Auteuil, pendant la Commune, il rejoint très vite l'appartement familial au 9, bd Malesherbes. Il poursuit ses études au lycée Condorcet, partageant son adolescence entre ses amis, la lecture et de longues promenades dans les allées cavalières de l'avenue Gabriel où il rencontrera son premier amour. Vers 1900 la famille Proust s'établit au 45, rue de Courcelles près du parc Monceau où Marcel Proust aime à se recueillir sous les frais ombrages. C'est aussi l'époque du faste, d'une vie sociale tournée vers les dîners, au Ritz notamment, ou vers la conversation dans les salons tout proches de Madeleine Lemaire, de la comtesse de Baulincourt ou de la veuve du compositeur Strauss. Il y rencontrera Robert de Montesquiou, Anatole France, la comtesse Greffulhe, personnalités qu'il allait un jour, en les mêlant à d'autres modèles, transformer en Charlus, Bergotte et en princesse de Guermantes. Après la mort de sa mère il s'installe, en 1906, au n° 102 du boulevard Haussmann. Menant une vie de reclus, travaillant au lit, il commence à composer A la recherche du temps perdu. Après la guerre, fortement éprouvé par des crises d'asthme, Proust s'enferme au 44, rue Hamelin (→ Chaillot) dans un appartement « aussi inconfortable qu'exorbitant de prix », et éloigné de ses quartiers préférés. Il y achèvera son œuvre, dont le Côté de Guermantes, Sodome et Gomorrhe, et s'y éteindra le 18 novembre 1922.

Les musées à voir

Musée Jacquemart-André (158, bd Haussmann) : œuvres d'art de la Renaissance au XVIIIe s.
Musée Nissim-de-Camondo (63, rue de Monceau) : mobilier et objets d'art du XVIIIe s.
Musée Cernuschi (7, av. Vélasquez) : art extrême-oriental.
Musée Henner (43, av. de Villiers) : œuvres de ce peintre de la fin du XIXe s.

La Russie à Paris

A cinq minutes de l'Etoile et du parc Monceau, entre les rues de Courcelles et du Faubourg-Saint-Honoré, la rue Daru est l'occasion d'une promenade-rencontre avec ce que la Russie compte aujourd'hui de plus traditionnel.
Au n° 12, la cathédrale orthodoxe Alexandre-Nevsky, consacrée en 1861 et construite dans un style byzantino-moscovite par des architectes de l'académie des Beaux-Arts de Saint-Pétersbourg, est aussi célèbre pour ses offices en russe (t.l.dim., 10 h-12 h 30) que pour l'originalité de l'édifice et de son ornementation intérieure (peintures, icônes). A Byzance appartiennent le plan en croix grecque, le tympan couvert d'une mosaïque à fond or, et l'intérieur à coupoles recouvertes de fresques ; à la Russie, les cinq dômes ou « bulbes » dorés symbolisant des cierges allumés dont la flamme (la flèche) s'élance vers le ciel.
Au sortir de l'église, deux épiceries-salons de thé-restaurants, le Daru et A la Ville de Pétrograd proposent tout un choix de spécialités russes. Non loin, au n° 12 de la rue Pierre-le-Grand, la librairie russe (t.l.j. sf. lun., 10 h-13 h/15 h-19 h) met en vente divers objets folkloriques : disques, samovars, poupées russes, etc.

voisin, il fit entendre la version pour piano aux artistes et au directeur de l'Opéra-Comique. ▶ L'*avenue de Wagram*. Cette large artère, qui s'est longtemps appelée boulevard de l'Etoile, comporte, dans sa première partie, de nombreux cafés et brasseries ; mais en s'éloignant de la place de l'Etoile, elle s'embourgeoise considérablement. Elle change aussi d'aspect car nombre d'immeubles de la fin du siècle dernier font place à des constructions d'un style contemporain. Le peintre symboliste Odilon Redon a vécu au n° 129. ▶ L'*avenue de Villiers*. C'est le quartier des Dumas : Alexandre Dumas fils a vécu au n° 98. Puvis de Chavannes est mort au n° 89. Au n° 43 se trouve le *musée Henner* (→ *musées*).

▷ La place du Général-Catroux

L'ancienne place Malesherbes, à proximité du parc et de sa rotonde, est intéressante tant pour ses sculptures que pour l'architecture néo-gothique de ses hôtels particuliers. Dans les parterres du centre de la place sont installés les *monuments* commémoratifs *des* deux *Dumas*. Celui du père, Alexandre, fut exécuté par *Gustave Doré* et l'on reconnaît, aux pieds de l'auteur des Trois Mousquetaires, l'héroïque figure de d'Artagnan. Plus récent (1906), celui du fils est dû au sculpteur *Saint-Marceaux*. Autre personnalité de cette fin du XIXe s., *Sarah Bernhardt*, dans le rôle de Phèdre, par *François Sicard*. En bordure de la place, au n° 1, l'*hôtel* construit en 1878 pour le banquier Gaillard par l'architecte *Victor-Jules Février* abrite aujourd'hui une succursale de la Banque de France : toute la construction est inspirée de l'aile Louis XII du château de Blois. Admirer également les n°s 2, 10, 14 et 16. Au n° 20 habita le musicien Gounod.

Les rues avoisinantes sont, elles aussi, un catalogue de pastiches architecturaux, typiques du goût éclectique fin de siècle. ▶ Ainsi la *rue Fortuny* avec, au n° 42, un des plus étranges *hôtels* de la plaine Monceau construit en 1879 par *Boland* pour le maître verrier Ponsin. Malgré la restauration récente et le réaménagement de la façade, on retrouve les deux grandes sculptures drapées à la Jean Goujon, le médaillon représentant Bernard Palissy et la riche ornementation de masques et de faunes. Voir également les n°s 8 et 9, le premier de style normand.

▶ Au coin de la *rue de Prony*, très bel immeuble Art Nouveau.

▶ Au n° 78 de la *rue Cardinet*, façade fortement inspirée de l'antique par *A. Perret* pour la salle de l'*école normale de Musique* (1929).

▶ Voir à proximité le *quartier des Batignolles* (→).

La butte Montmartre***

18e arr. / 20-J3, 19-H3
Métro : Blanche / Bus : 30, 54, 68
🅿 4, rue Coustou ; 11, rue Forest ; 9, rue Caulaincourt ; place d'Anvers
Taxis : place Blanche ☎ 42.57.00.00 ; 4, rue du Mont-Cenis ☎ 42.59.00.00
Marchés : rue Lepic et rue des Abbesses, t.l.j. sf lun.

Visiter Montmartre peut être un dépaysement, mais différents visages échapperont au visiteur pressé. L'aspect le plus connu est agressif : c'est celui du Montmartre touristique du sommet de la butte, autour de la place du Tertre et du Sacré-Cœur. L'industrie du tourisme a défiguré les rues du vieux village. Ici est cultivé un stéréotype qu'une foule peu aventureuse vient photographier. Si l'on veut bien s'en éloigner, on découvrira que le vrai village existe, mais s'est déplacé.

Le Montmartre villageois et populaire, autour de la rue Lepic et de la rue des Abbesses, garde encore le souvenir presque perdu du Paris d'avant-guerre. Encore artisanal, très actif le matin, résonnant des bruits des commerces de la rue Lepic, habité aussi bien par les retraités que par les étudiants, ce quartier conserve une vie réelle. Plus loin, au nord de la butte, on trouvera un calme et un espace devenus bien rares à Paris ; raison pour laquelle les maisons et les jardins de l'avenue Junot sont aujourd'hui si recherchés.

Cette visite est celle du flâneur, du promeneur, du curieux. Notre itinéraire fera découvrir autant d'endroits dont le charme est le seul intérêt, car l'architecture de Montmartre est plus modeste que celle de bien d'autres quartiers parisiens ; mais une tonnelle, un balcon ou une statue, toutes ces haltes qui échappent à la description, jalonneront la promenade de l'amateur. Ajoutons encore que cette visite n'est pas plus longue que beaucoup d'autres, mais elle est fatigante, les rues étant escarpées et les escaliers nombreux.

La butte Montmartre dans l'histoire

Depuis toujours voué aux dieux, Montmartre ne semble pas avoir été dédié à Mars mais bien plutôt à Mercure : mons Mercurii. C'est l'abbé de Saint-Denis, Hilduin, qui donna à la colline, au IXe s., le nom de mons martyrium. En effet, selon la légende (→ encadré) saint Denis et ses compagnons Rustique et Eleuthère auraient subi le martyre vers le no 9 de la rue Yvonne-Le-Tac, là où bien plus tard Ignace de Loyola et six de ses disciples fondèrent la Compagnie de Jésus.

Peu avant l'an 1000, les premiers Capétiens offrirent la colline aux Montmorency ; elle devint ensuite la propriété des moines de Saint-Martin-des-Champs. En 1133, Louis VI le Gros et Adélaïde de Savoie fondent, dans ce

La légende de saint Denis

Cette légende, qui connut un grand succès au Moyen Age, raconte comment saint Denis, premier évangéliste de Paris, au IIIe s., après avoir été arrêté faubourg Saint-Jacques avec ses deux compagnons, le diacre Eleuthère et le prêtre Rustique, fut condamné pour n'avoir pas renié sa religion. Emprisonné et torturé dans la Cité, il fut emmené pour être exécuté devant le temple de Mercure en haut de Montmartre. Mais c'est à mi-pente de la butte qu'il fut décapité. Il ramassa alors sa tête et la lava dans une fontaine (rue Girardon). La portant toujours dans ses bras, il continua son chemin pour aller mourir là où, plus tard, sainte Geneviève élèvera un oratoire qui deviendra la basilique de Saint-Denis.

domaine, l'abbaye bénédictine de Montmartre. Les Dames de Montmartre l'occuperont jusqu'à la Révolution.

Depuis des temps reculés, le site de Montmartre a servi de champ de bataille car ce hameau, connu loin à la ronde pour ses moulins (on en comptait plus de trente sous Louis XIV mais il n'en reste que deux) et ses vignes, était naturellement une place forte stratégique. De ces hauteurs, en 1590, Henri IV bombardait Paris qu'il aurait souhaité conquérir autrement que par les armes ; et si Napoléon pensait élever à son sommet un temple de la Paix, en 1814 néanmoins la butte fut occupée par les Russes, et en 1815 par les Anglais. En 1860, la commune de Montmartre fut annexée comme beaucoup d'autres communes limitrophes de Paris. En 1870, en ces lieux, débutait la Commune. A la fin du XIXe s., la butte, en attirant de nombreux artistes, conquiert sa place dans l'histoire de l'art.

Visite de la butte

2 h

▶ La *rue Caulaincourt* : elle passe en viaduc au-dessus du cimetière Montmartre et monte à la place Constantin-Pecqueur, ce qui en fait l'une des meilleures voies d'accès à la butte Montmartre pour les voitures. ▶ Arrivées à la place Constantin-Pecqueur, les voitures tourneront à dr. dans l'avenue Junot, ou bien continueront tout droit pour monter la rue Lamarck, en rampe plus douce.

▷ La place Blanche

Pour les marcheurs, la visite commence ici, près du *Moulin-Rouge* où Toulouse-Lautrec venait chaque soir dessiner la troupe ; ne subsistent que les grandes ailes qui tournent au-dessus de la place. C'est maintenant un cinéma et un cabaret qui maintient la tradition du French-cancan, de La Goulue et de Valentin le Désossé.

▷ La rue Lepic

Rue de l'Empereur jusqu'en 1864, elle prit ensuite le nom du général qui défendit la butte en 1814. Très commerçante à ses débuts, elle est animée par les étals des magasins et par les carrioles des marchands des quatre-saisons. Au coin de la rue Coustou, à dr., remarquer le décor de céramiques du Lux Bar. ▶ Prendre à g., la rue Constance pour aboutir à l'*impasse Marie-Blanche* : au n° 7, se trouve une maison de style néo-gothique qui réutiliserait des vestiges de l'hôtel de l'Escalopier (détruit en 1882).

▷ La rue Lepic *suite*

Regagner la rue Lepic qui s'embourgeoise après la large courbe qui lui fait contourner la butte plus aisément. Au n° 50, le poète Jehan Rictus habita de 1918 à 1933. Au n° 54, Albert Guillaumin occupait le premier étage et les frères Van Gogh le troisième. A dr., la *rue de l'Armée-d'Orient* est bordée d'ateliers d'artistes construits dans les années 1930. Toujours dans la rue Lepic, au n° 64, bel immeuble du début du XIXe s. décoré de statues. Plus loin, au n° 65, un petit escalier grimpe jusqu'à une terrasse d'où l'on peut redescendre sur l'avenue Junot.

Au n° 77, le *Moulin de la Galette* puis *le Moulin du Radet (au coin de la rue Lepic et de la rue Girardon)* sont les seuls survivants des trente moulins de la butte si souvent peints, dessinés ou mis en chansons. Le Moulin de la Galette, appelé aussi Blute-Fin, fut construit en 1622. La famille Debray en était propriétaire au début du XIXe s., et la légende raconte que quatre frères furent tués en 1814 en défendant leur moulin contre les Prussiens. C'est un fils Debray qui le transforma plus tard en bal populaire. A partir des années 1860, les peintres prirent l'habitude de le fréquenter ; citons parmi eux : Toulouse-Lautrec, Van Gogh, Willette, Emile Bernard, Utrillo et Renoir qui l'a rendu célèbre en peignant Le Moulin de la Galette (aujourd'hui au musée d'Orsay). Au pied du Moulin, des immeubles résidentiels ont été élevés dans l'esprit de l'époque.

Entourée par ces nouvelles constructions, la *Mire du Nord (s'adresser au gardien du 1, av. Junot)* est une petite pyramide en pierre élevée en 1736 par *Cassini* : elle était destinée à servir de repère pour mesurer le méridien de Paris. ▶ A dr., dans la *rue Tholozé*, on verra au n° 10, le *Studio 28* qui fut, en 1928, l'une des premières salles de cinéma d'Art et d'Essai de Paris. En 1930, on y montra pour la première fois, l'Age d'Or de Luis Buñuel.

▷ L'avenue Junot*

par la rue Girardon à g.

Cette large et calme artère, longée de nombreux ateliers d'artistes et de maisons bourgeoises, fut ouverte en 1912 à l'emplacement d'un terrain vague dit « la

Maquis ». Au n° 13, la *maison* que *Poulbot (→ encadré)* habitait est décorée de mosaïques dessinées par lui-même. Au n° 15, *maison de Tristan Tzara* construite pour lui par l'architecte autrichien *A. Loos* en 1926 : c'est la seule réalisation de l'architecte viennois à Paris. Au n° 23, l'escalier rejoignant la rue Lepic et les maisons qui l'entourent, sont à l'emplacement du Moulin-Neuf. Au n° 25, la villa Léandre, créée en 1926 dans le style anglais, occupe la place du Moulin des Prés. ▶ Suivre à dr. la *rue Simon-Dereure* où l'on remarquera la porte du n° 27 surmontée d'un bas-relief d'époque 1930 représentant un sculpteur, et prendre l'escalier qui mène à l'allée des Brouillards. ▶ Le *château des Brouillards* : cette belle demeure blanche fut construite à la fin du XVIIIe s. pour M. Legrand-Ducampjean. C'est l'une des deux seules folies de Montmartre avec la folie Sandrin. Le château des Brouillards fut habité par la famille de musiciens Casadesus, et Renoir eut un atelier dans un pavillon voisin, en 1895. ▶ *La place Constantin-Pecqueur (on y accède par la rue Girardon prolongée par un escalier).* Dans le square se trouve un *monument* élevé en 1936 à la mémoire du peintre A. Steinlen (1859-1936), œuvre de *P. Vannier.* ▶ Suivre la *rue Lucien-Gaulard* qui s'ouvre à la hauteur du n° 10 de la place et donne accès au cimetière Saint-Vincent.

Francisque Poulbot

Ce dessinateur, affichiste et illustrateur français (1879-1946), installé à Montmartre, a conquis la célébrité en créant le type du gosse montmartrois, gavroche moderne facétieux et frondeur, mais aussi misérable et profondément sensible. Son œuvre est devenue si populaire que le terme de « petits poulbots » est resté un moment attaché aux enfants déshérités de Paris. On trouvera sur la butte quantités de copies et de reproductions des peintures et aquarelles de l'artiste.

▷ Le cimetière Saint-Vincent

Second cimetière de l'ex-commune de Montmartre, il fut ouvert le 5 janvier 1831, huit ans après la fermeture du cimetière du Calvaire. L'entrée se trouvait primitivement rue Saint-Vincent (d'où son nom). Ici reposent le romancier Emile Goudeau († 1906), fondateur du club des Hydropathes, l'acteur Harry Baur († 1943), les compositeurs Honegger († 1955) et Inghelbrecht, les peintres Steinlen († 1923), E. Boudin († 1898), Chéret († 1932) et Utrillo († 1955), ce dernier avec sa femme Lucie Valore († 1965) ; le sculpteur Carrier-Belleuse († 1887), le graveur J. J. Daragnès

La butte Montmartre

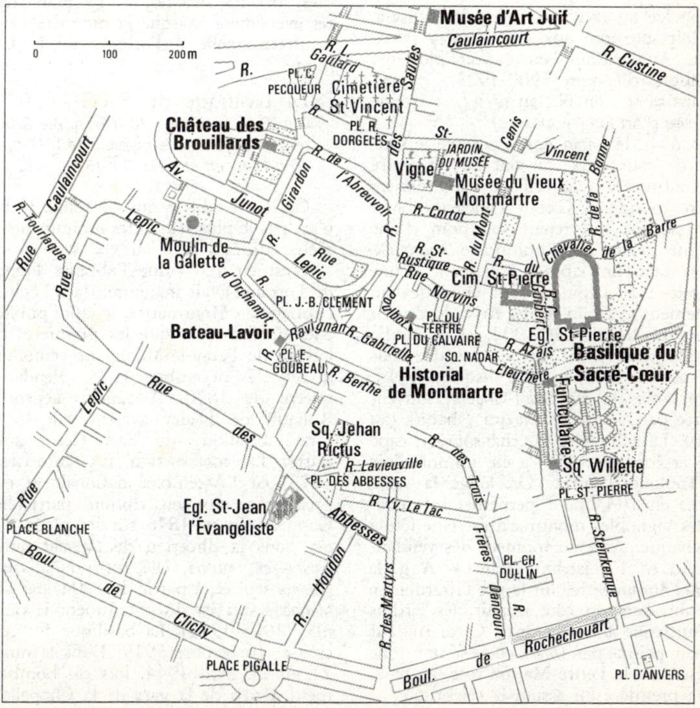

Et le soleil se coucha sur l'Adriatique

Toute la butte fut secouée de rire par cette mystification, à l'exception de celui qui aurait dû être abusé et ne le fut pas, Apollinaire. Roland Dorgelès n'aimait pas la peinture «moderne» ni la «bande à Picasso», qui était celle du Bateau-Lavoir. Il eut un jour l'idée d'accrocher un pinceau à la queue de l'âne Lolo qui appartenait à Frédé, le patron guitariste du Lapin Agile (dont la nièce épousera Mac Orlan). Lolo s'acquitta consciencieusement de sa tâche, sous la surveillance vigilante d'un huissier. L'œuvre, qui s'intitula Et le Soleil se coucha sur l'Adriatique, par Boronali, fut officiellement exposée au Salon des Indépendants du Cours-la-Reine, où elle remporta un succès immense. La critique fut partagée par la querelle des Anciens et des Modernes. Seul Apollinaire, que Dorgelès souhaitait convaincre de l'inanité de la peinture du Bateau-Lavoir, ne s'y trompa point. Le tableau ne tarda pas à être vendu quatre cents francs — qui furent versés à l'orphelinat des Arts.

(† 1950), Marcel Aymé et enfin Roland Dorgelès († 1973). ▶ Revenir place Constantin-Pecqueur et suivre la rue Caulaincourt jusqu'à la rue des Saules.

▷ La rue des Saules

Appelée au XVIIe s. rue de la Saulsaie, elle doit son nom aux saules qui y poussaient. Aujourd'hui, on y voit plusieurs immeubles d'époque 1900-1925.

Dans sa section N., au n° 42, se trouve le *musée d'Art juif (→ musées).*

Au n° 4, le *Lapin Agile* conserve le souvenir de tous ceux qui ont fait la gloire de Montmartre à la veille de la Première Guerre mondiale. C'était l'ancien cabaret des Assassins qui tenait son nom d'une enseigne peinte par l'humoriste *André Gill* représentant un lapin s'échappant d'une casserole : le Lapin à Gill était devenu rapidement le Lapin Agile. Aristide Bruant racheta le cabaret en 1902, et le confia à Frédé qui en fit un des rendez-vous des écrivains montmartrois jusqu'en 1914. ▶ On croise la *rue Saint-Vincent*, souvent chantée par *Aristide Bruant* qui y habita (au n° 30). La silhouette du chansonnier, cape noire et écharpe rouge, a été immortalisée par Toulouse-Lautrec. On longe la *vigne* plantée en 1933 pour perpétuer le souvenir des vignobles montmartrois. Une fête a lieu chaque année au moment des vendanges. Au n° 17, jardin public. ▶ A g. la *rue de l'Abreuvoir* rejoint la rue Girardon en longeant, sur son côté impair, les jardins de l'ancienne folie Sandrin. Cette rue fut souvent peinte par *Utrillo* et c'est une toile représentant la Petite Maison rose, au n° 2, qui la première lui assura la célébrité.

▷ La rue Cortot *à dr. de la rue des Saules*

La maison du n° 12 abrite le *musée de Montmartre (→ musées)* : c'est le plus vieil hôtel de la butte. Il faisait partie de la propriété de Rose de Rosimond, comédien de la troupe de Molière, qui l'avait acquis en 1680. A partir de 1875, des artistes célèbres l'habitèrent. La tradition voudrait que ce fut dans son jardin que Renoir ait peint la Jeune Fille à la balançoire. Emile Bernard y reçut Van Gogh et Gauguin. Camoin, Othon Friesz, Raoul Dufy, Suzanne Valadon, Utrillo et Poulbot y eurent chacun leur atelier. Les écrivains Léon Bloy et Reverdy y ont aussi passé quelque temps, de même le fondateur du Théâtre-Libre, André Antoine.

▷ La rue du Mont-Cenis

Au débouché de la rue Cortot, le *château d'eau*, achevé en 1927, d'une capacité de 700 m^3, alimente le quartier. Cette rue se situe à l'emplacement d'une ancienne voie suivie par saint Denis martyrisé *(→ encadré)*. Reliant les abbayes de Saint-Denis et de Montmartre, cette rue devint un chemin de procession utilisé jusqu'en 1784. Actuellement, les restaurants et les boutiques de souvenirs l'ont investie.

▷ La rue du Chevalier-de-la-Barre

Cette rue, touristique à ses débuts, abrite au n° 34 le *Carmel* (le seul de Paris) et un couvent de Bénédictins. C'est ici que furent fusillés les généraux Lecomte et Thomas, par les Fédérés, le 19 mars 1871; cet événement marqua la première journée insurrectionnelle à l'origine de la Commune.

▷ La basilique du Sacré-Cœur* *t.l.j. 6 h-23 h; le dôme : 10 h-17 h, été 9 h-18 h (entrée payante); la crypte : 14 h-17 h, sam. 10 h-17 h; en été, t.l.j. 9 h-18 h*

Ce lourd édifice qui couronne la butte n'est pas le plus réussi des monuments religieux édifiés à Paris au XIXe s.

C'est en 1674 que l'abbesse Françoise de Lorraine avait inauguré, dans l'église de l'abbaye de Montmartre, le culte public du Sacré-Cœur, alors que les premières révélations de Paray-le-Monial ne remontaient qu'au 27 décembre 1673. Pendant la guerre de 1870, Alexandre Legentil et Rohault de Fleury avaient fait le vœu d'une basilique du Sacré-Cœur sur la butte. La construction fut autorisée en 1873 par l'Assemblée nationale et entreprise grâce aux souscriptions particulières. Commencée en 1876 sur les plans d'*Abadie*, sous la direction de *Daumet* puis de *Laisné* et *Rauline*, elle fut poursuivie par *Rauline* seul et, à partir de 1904, par *Lucien Magne* à qui est dû notamment le campanile (1905-1910). La basilique fut consacrée le 16 octobre 1919. Dans la nuit du 21 au 22 avril 1944, lors du bombardement aérien de la gare de la Chapelle, un

« chapelet » de bombes est tombé sur le parvis de la basilique, brisant la plupart des vitraux.

L'inspiration générale relève manifestement de Saint-Front de Périgueux. Les fondations en terrain meuble nécessitèrent le forage de 83 puits de 38 m de profondeur, remplis de maçonnerie et reliés par des arcs. A l'*extérieur*, on remarquera les deux statues équestres de *H. Lefebvre* représentant Saint Louis et Jeanne d'Arc (c'est l'une des cinq statues de la sainte dans Paris). A l'*intérieur*, la voûte du chœur est ornée d'une grande mosaïque de *Luc-Olivier Merson*. La *crypte* s'étend sous les collatéraux, les croisillons et le chœur. Au centre, chapelle des morts avec, de chaque côté de l'entrée, les statues du cardinal Guibert, par *Noël*, et du cardinal Richard par *Lefebvre* ; sur l'autel, Pietà par *Courtan*.

Le dôme. On monte d'abord à une première terrasse ou plate-forme qui donne du côté de l'église Saint-Pierre et où l'on trouve le gardien qui fait visiter. De la deuxième galerie, ou galerie des vitraux, on embrasse tout l'intérieur de l'église. On monte ensuite à la galerie extérieure, dite des colonnes, qui comporte 80 colonnes à chapiteaux variés. La *vue*★ s'étend à 50 km à la ronde : à g., gare du Nord, Saint-Vincent-de-Paul, les Buttes-Chaumont et la tour-relais du centre de télévision, les clochers de Belleville, le cimetière du Père-Lachaise ; puis, plus à dr., la mairie du 10e arrondissement, la colonne de Juillet, le dôme de la Salpêtrière, l'Hôtel de Ville, Notre-Dame, la tour Saint-Jacques, le Panthéon, les dômes de la Sorbonne, du Val-de-Grâce, de l'Observatoire, Saint-Germain-l'Auxerrois ; enfin la tour Montparnasse, le Louvre, l'Opéra, Sainte-Clotilde, la colonne Vendôme, les Invalides, la tour Eiffel, les immeubles du front de Seine, le palais de Chaillot, l'Arc de Triomphe, les tours de la Défense.

Le *campanile* renferme une des plus grosses cloches connues, *la Savoyarde*, d'une sonorité remarquable, fondue à Annecy en 1895 par les *frères Paccard* et offerte par les quatre diocèses de la Savoie. Elle pèse 18 835 kg sans son battant (850 kg). ▸ Les *réservoirs de Montmartre*, situés en bordure de la rue Azaïs, ont été construits de 1887 à 1889 par *Bechmann* et *Journet* sur les plans de *Diet*, dans le style néo-byzantin du Sacré-Cœur. Leur capacité est de 11 000 m^3. ▸ A côté, dans la rue du Cardinal-Dubois, se trouve le *funiculaire de Montmartre* (→ *encadré*) qui borde le square Willette.

Suzanne Valadon et Maurice Utrillo

Le couple formé par Suzanne Valadon et son fils Maurice Utrillo a contribué à éterniser l'image d'un Montmartre de peintres et de bohèmes. Suzanne Valadon (1865-1938), fille d'une blanchisseuse établie à Montmartre, fut d'abord acrobate avant de devenir le modèle de Puvis de Chavannes, Toulouse-Lautrec et Degas ; c'est ce dernier qui l'encouragea à devenir peintre. Elle peignit avant tout des nus vigoureux et des natures mortes dans une matière épaisse. Son fils, Maurice Utrillo (1883-1955), fut un véritable enfant de la butte. Très jeune il devint alcoolique et, en 1902, un médecin lui conseilla la peinture comme thérapie. Autodidacte, il ne reçut de conseils que de sa mère et du peintre Quizet. Se tenant toujours à l'écart de la vie artistique, il laissa Suzanne Valadon puis sa femme, Lucie Valore, mener sa carrière. Des amateurs et des marchands découvrirent rapidement sa peinture qui connut un succès tel que l'intérêt et la spéculation entourèrent bientôt Utrillo. Tout au long de sa carrière il peignit des vues de la banlieue parisienne, de quelques églises et surtout de Montmartre. La peinture d'Utrillo souffrit de son succès ; la rigueur et la simplicité de son art, l'originalité de sa vision de la ville, une certaine poésie, tout ce qui faisait la qualité de ses premières œuvres, ne se retrouvera plus dans les peintures stéréotypées, proches de l'« imagerie » de la fin de sa vie.

Circuler dans Montmartre

Un autobus, le Montmartrois, dont les dimensions ont été adaptées à l'exiguïté des rues de la butte, relie la place Pigalle à la mairie du 18e arrondissement, en passant par la place du Tertre.
Le funiculaire, accessible avec un ticket de métro, mène rapidement au pied de la basilique du Sacré-Cœur. Il borde le square Willette. Départ au bas de la rue Foyatier.

▷ Le square Nadar et le square Willette

Ils s'allongent sous le vaste parvis de la basilique. A dr., le petit square Nadar où se trouve le socle du monument à la mémoire du chevalier de la Barre (disparu) : cette statue avait été placée, au beau temps du combisme, face au porche de la basilique ; par la suite, elle fut déplacée dans ce lieu moins provocant. Le square Willette, aménagé en terrasses sur le flanc S. de la butte est orné de massifs, de pelouses, de parterres et d'arbres. Il descend par des rampes et des degrés jusqu'à la place Saint-Pierre.

▷ La place Saint-Pierre

La *halle Saint-Pierre*, consacrée au commerce des tissus, est un bâtiment construit en 1868 pour accueillir un marché couvert. On ignore le nom de son architecte, mais son style peut le faire attribuer à un disciple de *Victor Baltard* (1805-1874). C'est aujourd'hui, avec quelques autres marchés, l'un des témoins remanié de la vogue de l'architecture métallique au XIXe s. La halle Saint-Pierre a été récemment divisée pour abriter un gymnase (le gymnase Ronsard), et d'autre part le *musée d'Art naïf* et le *musée en Herbe (→ musées)*. A l'intérieur, l'ossature métallique et les verrières ont été mises en valeur.

La grande *fontaine*, sur la place, est ornée de trois groupes en pierre représentant des dieux marins, dus à *Paul Gasq* (1932). En descendant, à g., à proximité de la rue Foyatier, une petite *fontaine*, exécutée par *Emile Derré* (1906), évoque une jeune femme entourée d'enfants.

On prendra le funiculaire qui ramène dans la rue du Cardinal-Dubois. ▶ Dans la *rue du Cardinal-Dubois*, à l'angle avec la rue Foyatier, on voit encore un ancien pavillon de l'Exposition universelle de 1900 : l'*imprimerie Lacourière et Frélaut* s'y est installée. Dans ce célèbre atelier de gravure sont venus travailler Picasso, Miró, Chagall, etc. ▶ Emprunter la *rue Saint-Eleuthère* qui longe un jardin public où un petit théâtre en plein air (arènes de Montmartre) a été aménagé.

▷ L'église Saint-Pierre-de-Montmartre*

Cette église, l'une des plus vieilles de Paris, représente la pérennité de la foi depuis l'aube du christianisme.

Le monument semble avoir été élevé à la place d'un très ancien sanctuaire dédié à saint Denis et qui remplaçait déjà un temple gallo-romain. Les moines de la riche abbaye de Saint-Martin-des-Champs s'étaient établis à l'emplacement de l'oratoire Saint-Denis, détruit en 944. Vers 1133, ils furent remplacés par les bénédictines pour lesquelles *Louis VI le Gros* et sa femme *Adélaïde de Savoie* fondèrent l'abbaye royale de Montmartre, et où la reine Adélaïde finit ses jours. L'église fut consacrée dès le lundi de Pâques 1147 par le pape Eugène III, avec les diacres saint Bernard et Pierre le Vénérable, en présence de Louis VI et de la Cour. Du temple gallo-romain proviennent sans doute les quatre colonnes romaines que l'on voit à l'entrée du chœur et au revers de la façade de l'église. Ici sont venus prier, entre autres, Thomas Beckett et Ignace de Loyola. Depuis la Révolution, pendant laquelle elle avait été temple de la Raison, elle ne servait plus au culte et, délabrée, l'église fut abandonnée après 1871. Elle a été restaurée par l'architecte *Sauvageot* et rendue au culte en 1908.

La façade est du XVIIIe s. Le chœur, les deux absidioles qui l'encadrent, le transept et la travée voisine de la nef datent de 1147 environ : la *voûte d'ogives* qui couvre l'unique travée du chœur, dont on sait qu'elle était achevée en 1147 est, avec celle de Saint-Martin-des-Champs, la plus ancienne de Paris. L'abside à cinq pans, voûtée de six branches d'ogives, fut substituée dans les dernières années du XIIe s. à l'abside primitive en cul-de-four. Les trois premières travées de la nef sont de la même époque, mais les voûtes ne sont que du XVe s. Les bas-côtés ne sont pas voûtés. *Pierres tombales* d'abbesses dont, au bas-côté g., celle de la fondatrice Adélaïde de Savoie et, dans l'abside N., celle de l'avant-dernière abbesse, Catherine de La Rochefoucauld († 1760) ; la dernière, Louise-Marie de Montmorency-Laval, guillotinée en 1794, est à Picpus. L'*orgue*, que rendit célèbre le musicien *Antoine Boesset*, surintendant de la musique de Louis III, fut remplacé au XIXe s. par celui de Saint-Pierre-des-Arcis (1770). L'église a reçu, en 1954, une garniture complète de *vitraux* du maître verrier *Max Ingrand*, offerts par M. Demarest.

Sur le *parvis*, la grande croix provient du cimetière de La Chapelle-Saint-Denis. Elle fut transférée ici lors de sa suppression en 1878 et en est le seul vestige. A g. (N.), le *cimetière du Calvaire*, appelé aussi de *Saint-Pierre (ouvert les 1er et 2 nov.)* remonte à l'époque mérovingienne, et abrite les tombes de Bougainville, de Desportes, premier maire de Montmartre, des familles de Fézensac, de Fitz-James, celle enfin des Debray, meuniers de Montmartre, surmontée d'un petit moulin. A dr. (S.), le *jardin du Calvaire (fermé)* : le Christ au calvaire provient, dit-on, du Mont Valérien.

▷ La rue Saint-Rustique

Cette petite rue tranquille est l'une des rares du sommet de la butte à avoir subi peu de transformations. A l'angle de la rue avec la rue des Saules, une plaque apposée sur le restaurant *A La bonne franquette* rappelle que sous le nom de Aux Billards de bois c'était, à la fin du siècle, un rendez-vous d'artistes : Diaz de la Peña, Pissarro, Sisley, Cézanne, Toulouse-Lautrec, Renoir, Monet, Zola, se sont retrouvés ici, et c'est dans ce jardin que Van Gogh a peint (1886) La Guinguette que l'on peut voir aujourd'hui au musée d'Orsay.

▷ La place du Tertre

Envahie par les restaurants et les cafés, la place est le centre du Montmartre touristique. Peuplée de « tireurs de portraits » et hérissée de chevalets, elle est devenue le marché de la peinture dite montmartroise. On en oublie de porter attention à la place elle-même, bordée de jolies maisons basses, et sur laquelle se dressait la potence et le carcan de l'abbaye. Au no 3, se situe la maison dans laquelle fut installée la première mairie de Montmartre en 1790 ; au no 6, restaurant de La Mère Catherine, fondé en 1793 ; au no 21, Syndicat d'initiative du Vieux-Montmartre. ▶ La *place du Calvaire*, la plus petite place de Paris, à l'écart de la foule, offre une *vue** magnifique sur la capitale. ▶ Dans la *rue Poulbot*, tout à côté, se trouve le *musée de Cire, Historial de Montmartre (→ musées)*.

▷ La rue Norvins *entre la place du Tertre et la place Jean-Baptiste-Clément*

Formée par la rue des Moulins et la rue Trainée (une trainée était une suite de maisons), c'était la rue principale du village. Son origine remonte au XIe s. Dans cette section, restaurants, galeries et marchands de souvenirs se côtoient. Au n° 22, la *folie Sandrin* (1774) fut, de 1820 à 1847, la maison de santé du Docteur Blanche où Gérard de Nerval fut soigné en 1841 ; très restaurée, cette maison conserve l'agencement d'origine de sa façade. Au n° 22 bis, le terrain et les bâtiments appartiennent à la Ville de Paris et constituent une cité d'artistes. Le terrain sur la rue de l'Abreuvoir est resté à l'état sauvage ; c'est le dernier témoignage des terrains vagues de Montmartre du XIXe s. ▶ A g., s'ouvre la *place Jean-Baptiste-Clément* (1836-1903), du nom de l'auteur de la chanson « Au Temps des Cerises » qui fut aussi maire de la commune de Montmartre en 1871. On y voit un ancien *château d'eau* construit en 1835 : son aspect extérieur, de forme octogonale avec sa fontaine de style Renaissance, a été conservé. ▶ Par des escaliers on rejoint la *rue Ravignan*, toute en pente, et qui s'élargit pour former la petite place Emile-Goudeau. ▶ La *rue d'Orchampt**, à dr., où voisinent vieux ateliers et maisons bourgeoises, est l'une des plus calmes de la butte. ▶ La *place Emile-Goudeau*. Au n° 13, se trouve le *Bateau-Lavoir (→ encadré)*. Détruit par un incendie en 1970, il a été reconstruit en 1978 pour devenir une cité d'artistes moderne. ▶ Les *rues Gabrielle* et *Berthe*, qui relient la rue Ravignan au square Willette, ne sont guère empruntées que par les riverains et gardent un charme et un calme surprenants à si peu de distance de la place du Tertre. Quelques *maisons* romantiques avec oculi entourés de guirlandes ou d'angelots, et restaurées, voisinent avec des magasins agréables. Picasso eut, au n° 49 de la rue Gabrielle, son premier logis parisien. ▶ La rue Ravignan débouche dans la *rue des Abbesses* (marché), à peu de distance de la place des Abbesses.

Le Bateau-Lavoir

Baptisé ainsi, semble-t-il, par Max Jacob, ce centre était aussi appelé la « Maison du Trappeur ». Dans cette baraque quelque peu sordide et sans confort, ont vécu peintres, écrivains et acteurs. Sa structure étrange était due à sa construction sur une dénivellation de terrain : elle avait un étage sur la rue Ravignan, et trois sur la rue Garreau. Au Bateau-Lavoir ont vécu et travaillé pendant un moment privilégié de l'histoire de l'art, mais aussi de leur propre histoire, Picasso et Fernande Ollivier, Juan Gris, Van Dongen, Herbin, Marcoussis, Braque, Gargallo, Manolo, A. Salmon, Francis Carco, Mac Orlan, Reverdy, Apollinaire etc. Picasso y exécuta, en 1906-1907, Les Demoiselles d'Avignon, considéré comme le « manifeste du cubisme » et donna, en 1908, un banquet légendaire en l'honneur du Douanier Rousseau.

▷ La place des Abbesses

Tout en déclive elle aussi, elle est bordée au nord par le *square Jehan-Rictus*, aménagé à l'emplacement de l'ancienne mairie de Montmartre, puis du 18e arrondissement dont *Clemenceau*, jeune avocat, fut le maire ; Verlaine s'y maria le 11 août 1870.

La *marquise* de la station de métro Place-des-Abbesses, comme celle de Porte-Dauphine, sont les deux derniers exemples des verrières créées par *Hector Guimard* pour protéger les entrées du métro parisien. Outre leur aspect utilitaire, ces constructions de fonte et de verre avaient été conçues avec le souci de conserver à Paris son caractère de ville d'art.

L'*église Saint-Jean-l'Evangéliste* fut bâtie de 1894 à 1904 par *A. de Baudot*, élève de *Labrouste*, disciple et collaborateur de *Viollet-le-Duc*. Les arcs entrecroisés de la façade rappellent l'architecture musulmane. C'est le premier édifice religieux qui ait été construit en béton armé, à parement de brique et décor de cabochons. Les *sculptures* — deux anges, bénitiers et Saint Jean — sont d'*Arthur Guéniot*. A l'*intérieur*, les murs et des piliers sont ornés de motifs floraux stylisés, caractéristiques de l'art 1900. ▶ A dr. de l'église s'ouvre, par un escalier, la *rue André-Antoine* : au n° 37, Antoine, avant même d'avoir fondé le Théâtre-Libre, débuta en 1887 dans une petite salle. Seurat est mort au n° 39.

▷ La rue Yvonne-Le-Tac

Au n° 9, ancien *couvent des Auxiliatrices de la Rédemption*. La chapelle (1887) a été élevée à l'emplacement de celle fondée au Moyen Age sur le lieu du Sanctum Martyrium, ou chapelle du Martyre, lieu légendaire de la décapitation de saint Denis. C'est dans cette chapelle que saint Ignace de Loyola, fondateur de la Compagnie de Jésus, prononça ses vœux initiaux avec ses six premiers compagnons (15 août 1534). Laissé à l'abandon, le sanctuaire fut restauré par l'abbesse Marie de Beauvilliers. Au cours de ces travaux fut retrouvé le lieu présumé du martyre de saint Denis. La chapelle et l'abbaye dont elle dépendait connurent une période de prospérité. Entièrement détruite à la Révolution, la chapelle ne devait être relevée qu'en 1887. ▶ Par la rue Yvonne-le-Tac et la rue des Trois-Frères, on peut rejoindre la *place Charles-Dullin*.

▷ Le théâtre de l'Atelier *place Charles-Dullin*

Charles Dullin (1855-1949) installa son Atelier dans l'ancien théâtre Montmartre désaffecté. Rénovateur avec Jouvet, Pitoëff et Baty, du théâtre français dans les années 20, cet extraordinaire comédien

(Volpone, Harpagon, le grand-père de l'Archipel Lenoir,...) et metteur en scène, fut également le maître d'une génération d'acteurs et de metteurs en scène comme J.-L. Barrault et J. Vilar.

▷ La place Pigalle

par la rue d'Orsel à g. et la rue Houdon

Etablie à l'emplacement de la barrière de Montmartre, la place Pigalle fut, au XIXe s., le centre d'un quartier de peintres et d'écrivains. Au n° 11, Isabey, Puvis de Chavannes et Boldini eurent un atelier ; au n° 9, se trouvait le café *La Nouvelle Athènes (→ encadré)*. Cette place est aujourd'hui occupée par des cabarets de strip-tease. ▶ Au n° 23 du *boulevard de Clichy*, la brasserie *Le Pigalle* est un exemple intéressant de la décoration des cafés parisiens dans les années 1950. Sa décoration, due à *M. Gridaine* (1955), a été entièrement conservée et est maintenant inscrite à l'Inventaire des Monuments historiques.

▷ Le boulevard Rochechouart

Il porte le nom de Marguerite de Rochechouart, abbesse de Montmartre de 1717 à 1727. Sans suivre ce boulevard, on peut évoquer un fameux cabaret disparu : *Le Chat Noir*, au n° 84, créé en 1881 par *Rodolphe Salis* ; son enseigne avait été peinte par *Willette* et les écrivains, poètes et chansonniers s'y réunissaient pour dire leurs textes. Seuls témoignages de la vie de ce boulevard au début du siècle : la façade du cinéma *Le Trianon*, autrefois théâtre d'opérettes (au n° 80) et le bas-relief surmontant l'entrée du cabaret de l'*Elysée-Montmartre*, ancien bal populaire (au n° 72). Gustave Charpentier, le compositeur de Louise, a habité au n° 66, Renoir au n° 57 et Caillebotte au n° 29.

Les impressionnistes au café

Entre 1866 et 1874 des peintres, qu'un critique baptisera « impressionnistes » mais qui n'étaient encore que le « groupe des Batignolles », prirent l'habitude de se retrouver, le jeudi soir, au café Guerbois (à l'emplacement du 9, avenue de Clichy). C'est ce lieu que choisit Manet comme décor pour son tableau le Bon Bock (Philadelphie, Museum of Art). Après avoir quitté leurs ateliers voisins, peintres, critiques et amateurs se réunissaient dans ce café pour discuter, animés par un même désir de combattre l'art officiel. Parmi eux se trouvaient Manet, Monet, Renoir, Sisley, Cézanne, Pissarro, Degas, Bazille et aussi Duranty et Nadar. Manet, l'aîné de tous, faisait figure de chef intellectuel ; et le groupe, bien que composé de personnalités souvent opposées, acquit solidité et cohésion. A partir de 1876, les impressionnistes délaissèrent le café Guerbois, devenu trop fréquenté, et se retrouvèrent alors au café de la Nouvelle Athènes (9, place Pigalle). Deux tables y étaient toujours réservées pour Manet, Degas et leurs amis. Renoir, Pissarro, Raffaelli y vinrent régulièrement jusqu'en 1885, ainsi que les écrivains Duranty et Villiers de l'Isle-Adam. Degas y situa L'Absinthe, aujourd'hui au musée d'Orsay.

▷ Le boulevard de Clichy

Suivre ce boulevard dont les nombreux *ateliers d'artistes* encore existants sur le côté N. (9e arrondissement) rappellent qu'au début du siècle il fut un des hauts lieux de la peinture. Degas vécut et mourut au n° 6 (en 1917), et Picasso habita au n° 11 et au n° 130. Van Gogh, Toulouse-Lautrec, Seurat, Bonnard, Van Dongen y avaient leur atelier, leur appartement, leurs marchands de couleurs et de tableaux. Il y eut là aussi une série de *cabarets* célèbres : le théâtre de Dix-Heures, au n° 36, remplace la Lune Rousse ; et au n° 10, le théâtre des Deux-Anes remplace l'ancien cabaret des Truands. ▶ L'*avenue Rachel*, à dr., mène au cimetière Montmartre. Rappelons cependant que la tragédienne Rachel est enterrée au Père-Lachaise. ▶ Au coin de la rue Caulaincourt et du boulevard, un hôtel a remplacé le *Gaumont-Palace (→ encadré)*.

▷ La place Clichy

Contrairement à la place Pigalle, la place Clichy n'est pas entièrement livrée aux cars de touristes ; les brasseries, les écaillers et les cinémas qui l'entourent en font un carrefour animé et populaire. La place a été tracée à l'emplacement de la barrière de Clichy où eurent lieu, en 1814, de durs combats entre la garde nationale commandée par le maréchal Moncey et les cosaques qui allaient occuper Paris. Au milieu de la place se dresse le *monument* élevé en 1869 à la mémoire du maréchal Moncey et des combats de 1814, œuvre de *Doublemard*.

▷ Le cimetière du Nord, dit de Montmartre *entrée : rue Rachel*

Presque aussi vaste et célèbre que le cimetière du Père-Lachaise, il a été créé en 1798, fermé, puis rouvert en 1831.

Visite du cimetière

On a en face de soi la grande allée qui conduit au *carrefour de la Croix*, où l'on voit tout de suite à g. le tombeau de Cavaignac. La 1re division commence à dr. de l'entrée et suit l'*avenue des Polonais (en haut de l'escalier)*.

1re division : immédiatement à l'entrée, à dr., tombe très simple (pierre brute émergeant de la verdure) du grand comédien Lucien Guitry († 1925) et de son fils, Sacha Guitry († 1957), acteur et auteur dramatique ; Jean Béraud († 1935), peintre de la vie parisienne. *2e division* : Francisque Sarcey, le critique dramatique († 1899) ; Waldeck-Rousseau, un des présidents du Conseil de la troisième Répu-

Le Gaumont-Palace

Souvent comparé à un navire dont la proue s'avançait à l'angle de la rue Caulaincourt et du boulevard de Clichy, le Gaumont-Palace a disparu en 1973 pour laisser la place à un hôtel. C'est en 1908 que l'hippodrome de la place Clichy fut transformé en cinéma (l'Hippo-Palace). Celui-ci fut racheté en 1911 par Léon Gaumont qui en fit le temple parisien du cinéma. Le vieux bâtiment, reconstruit par l'architecte Henri Belloc en 1931, fut rénové par G. Peynet en 1954. L'immensité de la salle (5 000 places), le luxe des matériaux utilisés (granit rose pour la façade, marbre noir pour le hall), les perfectionnements techniques destinés à assurer la meilleure acoustique, et son écran géant de 670 m² en firent la salle par excellence où devaient se dérouler les grandes premières et les galas officiels. Victime de la réorganisation de l'industrie du cinéma qui vit disparaître les grands théâtres au profit de salles plus petites et plus économiques, le Gaumont-Palace appartient à une époque où le cinéma offrait un spectacle total : les attractions de l'entracte, le décor de la salle devaient ajouter au plaisir du film lui-même. Seules ses célèbres orgues ont échappé à la démolition et ont été remontées au pavillon Baltard à Nogent-sur-Marne.

blique († 1904) ; ***Ad. Porlier*** († 1890), statue de Pleureuse, par *L. Morice*. ***3e division*** : ***famille Pam***, avec cariatide par *Bartholomé* ; ***Halévy***, le compositeur de La Juive († 1862), statue en marbre par *Duret* ; les trois frères Johannot, graveurs romantiques ; ***Théophile Gautier*** († 1872), statue de la Poésie par *Cyprian Godebski* ; sur la tombe d'***Osiris***, réplique en bronze du Moïse de Michel-Ange par *Mercié*. ***4e division*** : maréchal Lannes, duc de Montebello († 1809 à Wagram), dont le cœur seul repose ici (son corps est au Panthéon) ; le peintre ***Edgar Degas*** (1834-1917), médaillon de bronze par *Chauvenet* (1961) ; comtesse Marie Potocka, princesse Soltikoff ; petite chapelle russe, richement décorée ; Ignace Hittorff († 1867), architecte ; ***Victor Brauner****, peintre († 1966), dont la tombe est ornée d'une de ses œuvres. ***5e division*** : ***Miecislas Kamienski***, volontaire polonais au service de la France, tué à Magenta en 1859, statue de bronze le représentant mourant par *Franceschi* ; ***Paul Delaroche***, peintre († 1856), monument dessiné par *Duban* ; Horace Vernet, peintre († 1863) ; Adolphe Adam, compositeur († 1856) ; Vestris, le « dieu de la danse » au XVIIIe s. († 1808) ; ***Henri Murger***, l'auteur de La Vie de Bohème († 1861), dont le tombeau a été élevé à l'aide d'une souscription, par *Millet* ; statue de la Jeunesse ; Henner, peintre († 1905) ; Antoine Sax, inventeur du saxophone († 1894). ***6e division*** : Jacques Charon, qui fut doyen de la Comédie-Française († 1975). ***9e division*** : ***Léo Delibes***, l'auteur de Lakmé († 1891), médaillon par *Chaplain* ; ***Jacques Offenbach***, le célèbre compositeur d'opérettes († 1880), buste de bronze par *Franceschi* ; ***Pierre Thomire***, ciseleur († 1843) ; sa tombe est ornée de sa statue en bronze par lui-même, œuvre qui a figuré au Salon de 1810 ; Fernand Piestre, dit Cormon, peintre († 1924) ; Francisque Poulbot, le dessinateur des gosses de Montmartre († 1946). ***12e division*** : Delphine Gay († 1855), écrivain, première femme d'Emile de Girardin, et Emile de Girardin († 1881) ; ***Victorin de Joncières***, compositeur († 1903), buste par *Marqueste*.

Le cimetière Montmartre

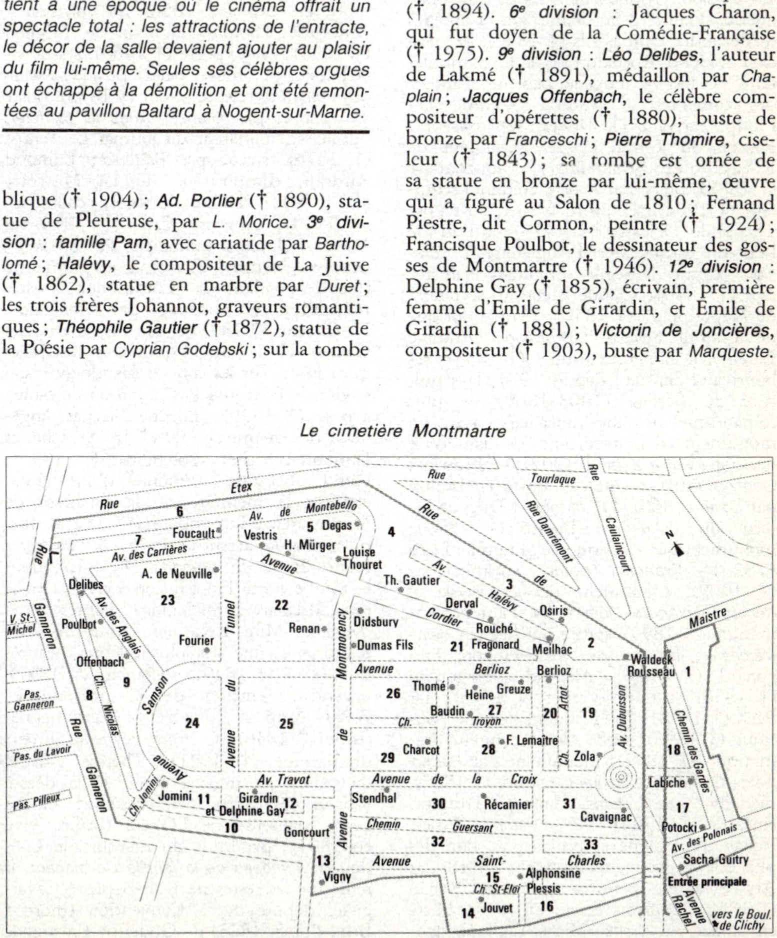

Les musées à voir

Musée de Montmartre (12, rue Cortot) : affiches, dessins et documents sur l'histoire de la butte.
Musée de Cire (place du Calvaire) : reconstitution de l'histoire de Montmartre à partir de personnages en cire.
Musée d'Art juif (42, rue des Saules) : art religieux et art plastique juifs (XIVe-XXe s.).
Halle Saint-Pierre (2, rue Ronsard) : musée d'Art naïf Max-Fourny et musée en Herbe.

13e division : Edmond et Jules de Goncourt, écrivains († 1896 et 1870) ; tombeau dans le style égyptien de la famille Félix-Hinoult ; Alfred de Vigny († 1863). *14e division* : *Jules Lefebvre*, peintre († 1912), buste et bas-relief en marbre, la Vérité, par *Ernest Dubois* ; Narcisso Diaz de la Peña, peintre († 1876) ; Louis Jouvet, acteur et homme de théâtre († 1951). *15e division* : Alphonsine Plessis, dite Marguerite Gautier, la Dame aux Camélias d'Alexandre Dumas fils († 1847). *17e division* : Henri Rochefort, célèbre pamphlétaire († 1913) ; Eugène Labiche, l'auteur des comédies († 1888) ; Maxime Du Camp, écrivain († 1894). *18e division* : Ponson du Terrail († 1871), auteur de Rocambole ; *Castagnary*, journaliste († 1888), buste par *Rodin* ; Gérôme, sculpteur († 1904); sépulture Wallet, où repose Théophile Delcassé († 1923), artisan de l'Entente cordiale avec l'Angleterre. *19e division* : comte de Ségur, diplomate et historien († 1830) ; Claude Meneval, secrétaire de Napoléon Ier († 1850) ; temple dorique de la famille Seveste. *20e division* : Antoine Carême, le fameux cuisinier († 1833) ; les bourreaux Sanson ; depuis 1971, la sépulture de Berlioz (1803-1869), le plus romantique de nos musiciens, avec un monument en marbre noir, est dans cette division ; *Emile Zola* († 1902) tombeau par *Frantz-Jourdain*, architecte, buste en bronze par *Solari* (1860). *21e division* : Duc, architecte du Palais de Justice († 1879) ; monument néo-classique de la famille Daru (1829) ; *Francis Thomé*, compositeur († 1909), monument par *Landowski et Nénot* ; *Alexandre Dumas fils*, l'auteur dramatique († 1895), statue couchée par *Saint-Marceaux* ; les peintres Jean-Honoré Fragonard († 1806), Alexandre Fragonard († 1850) et Carle Vernet († 1836) ; Dr Péan († 1898) ; Jules Simon, homme politique († 1896) ; *Henri Meilhac*, auteur dramatique († 1897), monument par *Bartholomé* ; *Gustave Guillaumet*, peintre († 1887), médaillon par *E. Barrias* ; François Truffaut, cinéaste († 1984). *22e division* : Ernest Renan, philologue et philosophe, l'un des plus célèbres écrivains du XIXe s. († 1892) ; Ary Scheffer, peintre, oncle de Renan († 1858) ; *Samson*, acteur († 1871), buste en bronze par *Crauk* ; Marie Taglioni, danseuse († 1884) ; V. Nijinski, danseur († 1950) ; duchesse d'Abrantès († 1838), médaillon. *23e division* : Charles Fourier, fondateur de l'école phalanstérienne († 1837) ; Henri Brisson, homme politique († 1912) ; A. de Neuville, peintre militaire († 1895). *24e division* : Gustave Nadaud, chansonnier († 1893). *25e division* : Léon Fourneau, dit Xanrof, chansonnier, auteur du Fiacre et auteur dramatique († 1953), et sa femme Marguerite Carrère, cantatrice († 1952) ; Jérôme Tharaud, écrivain († 1953) ; Jacques Decourdemanche, dit Jacques Decour, professeur et écrivain, fusillé en 1942. *25e division* : Marceline Desbordes-Valmore, poétesse († 1859), épitaphe de 1930 ; Victor Massé, le compositeur des Noces de Jeannette († 1881). *27e division* : le représentant du peuple Baudin ; Pelouze, chimiste († 1867) ; Troyon, peintre († 1865) ; le peintre Greuze († 1805), tombe ornée d'une statue représentant une Jeune Fille à la cruche cassée ; André Jolivet († 1974), compositeur ; Henri Heine, le célèbre poète allemand mort en exil en 1856. *28e division* : Ambroise Thomas, l'auteur de Mignon († 1896) ; *Méry*, poète († 1866), statue de la Poésie, en bronze, par *L. Durand* ; *Frédérick Lemaître*, célèbre acteur († 1876), buste en bronze, par *Granet* ; *Auguste Nefftzer*, publiciste, fondateur du journal Le Temps († 1876), statue par *Bartholdi* ; Edmond Audran, compositeur de La Mascotte († 1901) ; Pauline Viardot, cantatrice († 1910) ; Auguste Cain († 1894) et Mene, sculpteurs animaliers. *29e division* : *Gustave Chaudey*, magistrat et journaliste (fusillé pendant la Commune), buste-médaillon en bronze par *Renaudot* ; Dr Charcot († 1893) et son fils, le Dr Jean Charcot († 1936), l'explorateur des pôles qui sombra sur les côtes d'Islande avec son navire, le Pourquoi Pas ? ; Janson de Sailly, avocat († 1829) ; Eugène Flachat, ingénieur des chemins de fer († 1873) ; Charles Lamoureux, chef d'orchestre († 1890) ; grand obélisque surmonté d'une croix, élevé à la mémoire de la duchesse de Montmorency-Luxembourg († 1829) ; Jacques Charon, acteur († 1975). *30e division* : Henry Beyle dit *Stendhal* († 1842), dont la tombe porte l'inscription « vivre, aimer, être Milanais », médaillons d'après *David d'Angers* ; Mme Récamier, l'amie de Chateaubriand, une des plus célèbres beautés du XIXe s. († 1849) ; Ballanche († 1847), écrivain, familier de la précédente ; A.-M. Ampère, qui révéla l'électromagnétisme († 1836) ; Georges Feydeau, auteur dramatique († 1921) ; Thérèse Aubry, danseuse, qui incarna en 1793 la déesse Raison († 1829). *31e division* : Emma Livry, danseuse de l'Opéra (brûlée vive en 1863) ; pyramide du marquis de Coëtlogon ; *tombeau de la famille Cavaignac* : il renferme les restes de Jean-Baptiste Cavaignac, député de la Convention (mort à Bruxelles en 1823) de Godefroy Cavaignac

(† 1845) et d'Eugène Cavaignac, chef du pouvoir exécutif en 1848, fils du premier et frère du second ; le monument porte la *statue** en bronze de Godefroy Cavaignac, par *Rude*. *32e division* : Théodore Chassériau, le peintre romantique († 1856). *33e division* : Louise Colet, poète et romancière, amie de Flaubert († 1870).

Les faubourgs Montmartre et Poissonnière

9e arr. / 28-J5-K5
Métro : Richelieu-Drouot / Bus : 20, 39, 48, 67, 74
🅿 parc Chauchat-Drouot
Taxis : au métro Richelieu-Drouot ☎ 42.46.00.00

Les quartiers situés au-delà des Grands Boulevards ont connu une évolution spectaculaire au XVIIIe s., où de nombreux hôtels particuliers y ont été construits. Au XIXe s., le commerce et l'industrie prennent le dessus comme en témoignent les passages couverts aux abords des boulevards, et les usines du faubourg Poissonnière. Aujourd'hui, mal desservi par des rues étroites et souvent embouteillées, manquant cruellement d'aération et d'espaces verts, c'est l'un des quartiers de Paris les plus injustement mal connus.

Il a pourtant, ici ou là, un caractère original et beaucoup plus authentique qu'en de nombreux autres endroits plus touristiques de la capitale. Les abords de la nouvelle salle des ventes avec ses antiquaires et ses passages, les alentours des Folies Bergère avec ses synagogues, ses fourreurs et ses restaurants orientaux, participent en effet complètement à l'atmosphère de Paris. Ce quartier, haut lieu du néo-classicisme parisien n'a pas été transformé en musée de plein air comme d'autres secteurs historiques de la capitale. Ici, les artisans qui travaillent le cuir ou la bijouterie et les commerçants qui habitent le faubourg Poissonnière continuent de lui donner vie.

Visite du quartier

45 mn

▷ La mairie du 9e arrondissement*

6, rue Drouot

C'est l'une des plus anciennes mairies de Paris. L'*hôtel d'Augny* a été construit entre 1748 et 1752 par *Charles-Etienne Briseux*, auteur de plusieurs traités d'architecture. La Ville l'a acquis en 1849. La *salle des Mariages*, au premier étage, accessible par un escalier classé, conserve un décor Empire.

▷ L'hôtel Drouot *9, rue Drouot / lun.-sam., 11 h-18 h ; f. dim. et 25 juil.-15 sept. sf vente exceptionnelle ☎ 42.46.17.11*

Depuis 1851, l'hôtel des ventes est implanté à l'emplacement de la ferme de la Grange-Batelière. Les nouveaux bâtiments, inaugurés en 1980 (*J. J. Ferniet*, architecte), incorporent quelques éléments de fonte anciens et sont d'un éclectisme qui a suscité des réserves (évocation d'arcades, hublots). L'exiguïté du local n'empêche pas d'y voir des ventes exceptionnelles d'objets anciens, même si le palmarès des ventes aux enchères revient maintenant aux maisons anglaises Christie's et Sotheby's. De nombreux

Le musée à voir

Musée de la Franc-Maçonnerie (16, rue Cadet) : histoire de la franc-maçonnerie.

Souvenirs du second Empire

Napoléon III est né au nº 17 de la rue Laffitte, le 20 avril 1808. Sa mère, la reine de Hollande, y tenait un brillant salon. Et c'est à quelques centaines de mètres qu'il faillit mourir, le 14 janvier 1858. En effet, en se rendant à l'Opéra qui se trouvait (de 1821 à 1873) au nº 6 de la rue Le Peletier, il échappa, avec la reine, à l'attentat organisé par Orsini et qui fit près de 150 blessés.
Ces deux rues gardent aussi le souvenir de grands artistes de cette époque. Monet est né au nº 19 de la rue Laffitte, le 14 novembre 1840, et Ambroise Vollard, qui défendit l'avant-garde des années 1900, y eut sa boutique. Le café le Divan, fréquenté par Balzac, H. Monnier, Gavarni, Th. Gautier, Nerval et Baudelaire, était installé au nº 3, rue Le Peletier. Au nº 6 se trouvait l'Opéra où Degas vint régulièrement peindre jusqu'en 1873. La rue Le Peletier connut aussi l'agitation de deux expositions impressionnistes (la deuxième et la troisième).

antiquaires et marchands de timbres se sont installés aux abords du Nouveau Drouot, non loin, dans la rue Chauchat.

▷ La rue Drouot *fin*

Le ***temple protestant*** du nº 16 était à l'origine une halle de déchargement de 1827, transformée en 1843 par l'architecte *Gau* qui ajouta alors un porche et un petit clocher. L'intérieur a conservé un caractère massif. Un ***immeuble*** de *Viollet-le-Duc* subsiste au nº 23.

▷ La rue de la Grange-Batelière

Le nom de cette rue remonte au XIIIe s. et désignait une ferme crénelée (bataillée) située à l'emplacement de l'hôtel des ventes et propriété des chanoines de Sainte-Opportune. L'***hôtel de Novilos***, au nº 10, (imposante façade Louis XVI décorée de guirlandes) abrita un cercle littéraire composé par Arago, E. de Girardin, Hugo, Roqueplan, Musset et Sainte-Beuve. Au nº 9, se trouve la sortie du ***passage Jouffroy*** bâti en 1846. Consacré au commerce de livres d'occasion et de jouets, il permet d'accéder à l'hôtel Chopin; c'est là également que se situe la sortie du ***musée Grévin*** *(→ musées)*. Cette galerie fait partie des boulevards, alors que le ***passage Verdeau*** *(entrée au 6, rue de la Grange-Batelière)* demeure plus secret.

▷ La rue du Faubourg-Montmartre

Les nombreux ***immeubles néo-classiques*** de la rue accueillent une animation nocturne où le divertissement populaire, l'exotisme et le snobisme se côtoient. Ceci s'exprime dans le vis-à-vis du restaurant Chartier (nº 7) et du Palace, l'un des temples de la vie nocturne parisienne, au nº 8. Au nº 6 on accède à la ***cité Bergère***, un passage découvert de 1825 occupé par de nombreux hôtels. Henri Heine a séjourné au nº 3, Chopin au nº 4. Le journal l'Equipe (information sportive) est installé au nº 10. Plus haut, à l'embranchement de la rue Cadet, se trouve le marché du quartier. A l'angle de la rue de Provence, l'une des plus belles ***épiceries-confiseries*** du XIXe s., qui a gardé ses fixés sous verre et son intérieur d'époque.

▷ La rue Richer

C'est l'une des rues (fin XVIIIe s.) qui convergent vers les ***Folies Bergère*** au nº 32. Le tracé complexe des rues ne facilite pas la circulation des cars. Le spectacle des Folies Bergère (l'établissement remonte à 1869) est l'un des plus traditionnels de Paris. L'intérieur et la façade sont de style Art Déco.

▷ La rue de Trévise

Très homogène et bordée d'immeubles 1840 et 1850, elle abrite le quartier arménien de Paris. Au nº 32, on voit la façade sur jardin de l'***hôtel de Bony***, une œuvre néo-palladienne de *Joly* construite à l'époque de la Restauration. Cet hôtel particulier qui conserve son ***décor intérieur**** a été pendant longtemps menacé de démolition et semble désormais sauvé. Les dépendances et le passage des voitures conduisant rue Bleue (nº 13) sont également conservés. ▸ Non loin, au métro Poissonnière, le ***square Montholon*** est un oasis de verdure dans ce quartier densément construit : grilles en fonte second Empire et deux vénérables platanes d'Orient (environ 30 m).

▷ La rue Bleue

A l'emplacement du nº 14 est né Charles-Henri Sanson, bourreau de Louis XVI. Au nº 5 se trouve la ***cité Trévise*** percée en 1840. L'aménagement d'un véritable square orné d'une fontaine en son centre la distingue d'un simple passage. Le ***monument*** représente des copies d'après *Germain Pilon* (Vertus du monument funéraire du cœur de Henri II au Louvre). Au nº 25 de la rue Bleue, est installée la ***maison Leclaire*** (1911) qui substitua le blanc de zinc au blanc de céruse employé jusqu'alors dans le bâtiment et dont la toxicité faisait des ravages parmi les ouvriers.

▷ La rue du Conservatoire

Entre la rue du Conservatoire et la rue du Faubourg-Poissonnière s'étendait, au XVIIIe s., l'hôtel des menus-plaisirs. *Bélanger* en avait la charge, ce qui explique plusieurs interventions de cet architecte dans le quartier (*→ encadré*). L'***église Saint-Eugène-Sainte-Cécile**** *(côté pair de la rue et 6, rue Sainte-Cécile)* a été construite en 1854 et

1855 par *Louis-Auguste Boileau*. Elle adopte des formes néo-gothiques polychromes tout en étant construite en fonte. A ce titre, il s'agit d'une œuvre expérimentale de première importance pour l'histoire de l'architecture. Le ***conservatoire*****, au n° 2, était implanté ici depuis l'époque révolutionnaire. Certaines parties Empire sont restées intactes, notamment le vestibule à colonnes, l'escalier et la ***salle pompéïenne*** réputée pour son acoustique (par *Delannoy*, architecte de la galerie Vivienne, 1811). Le conservatoire de Musique a déménagé rue de Madrid avant la guerre de 1914. Les bâtiments abritent aujourd'hui le conservatoire national supérieur d'Art dramatique.

▷ La rue du Faubourg-Poissonnière

de Bonne-Nouvelle à la rue des Petites-Ecuries

Elle présente une telle concentration d'immeubles et d'hôtels particuliers que l'on peut comparer ce quartier au Marais ou au faubourg Saint-Germain, s'il n'avait pas été délaissé par la noblesse et la bourgeoisie dès l'époque de Louis-Philippe. Au n° 9, une ***façade*** néo-grecque de 1758 par *Trouard*; au n° 13, à l'angle de la rue Bergère, un ***immeuble*** par *Bélanger* (vers 1780); au n°s 15 et 17, un intéressant ***central téléphonique*** (1912) par un précurseur de l'architecture moderne, *F. Lecœur* (mosaïques et auvent). Au n° 19, *Bélanger* a décoré et habité la ***maison*** sur rue dès 1797; dans la cour, on voit un petit ***hôtel***, par *Hittorff* (de 1819-1821). L'***hôtel de Chéret***, par *Lenoir le Romain*, au n° 30 (1773), est le plus important de tout le quartier. Sa cour demeure quasiment intacte. La voûte de la porte cochère présente des caissons en trompe-l'œil. ▸ La ***rue Gabriel-Laumain*** est un passage caractéristique ouvert entre 1820 et 1824. Il comporte, en cœur d'îlot, une place circulaire, lieu de manœuvres pour les voitures et qui dessert en même temps un petit hôtel situé au n° 6 bis.

Le néo-classicisme parisien

La définition du néo-classicisme (environ 1750-1830) pose à elle seule certains problèmes. Il est considéré comme un style, tout comme les styles Renaissance, baroque, rocaille, alors qu'il contient en lui les origines de l'éclectisme (ce qui est particulièrement frappant dans le domaine de l'art des jardins). Certes, la référence à l'Antiquité y joue un rôle exceptionnel mais, plus que par celle-ci, le néo-classicisme se distingue par son envergure internationale (c'est le style dominant depuis Rio jusqu'à Saint-Pétersbourg), par le primat accordé à la doctrine (c'est un mouvement très intellectuel), et enfin par son rationalisme qui le fait apparaître comme le premier mouvement « moderne ».

Il existe peut-être, à l'intérieur de ce cadre, une spécificité de l'architecture néo-classique parisienne. Paris était, depuis la Révolution, non seulement le centre politique de l'Europe, mais aussi le centre intellectuel. Ce qui explique que les réalisations les plus marquantes de l'époque y aient été exécutées (l'école de Chirurgie, le Panthéon, l'Odéon, la rue de Rivoli...) et que les penseurs les plus influents y publiaient leurs écrits : Jacques-François Blondel, Ledoux, Durand... L'architecture parisienne se caractérise par une certaine austérité : elle évite la polychromie très prisée en Europe centrale; elle emploie des formes simplifiées jusqu'à l'ultime degré. Le prix élevé du terrain a certainement contraint les architectes à des réalisations de taille réduite et au décor peu onéreux. Il faut savoir qu'une grande partie des immeubles parisiens datent de cette période, plus particulièrement ceux du 9e arrondissement.

Bélanger et Paris

Si François-Joseph Bélanger (1744-1818) fut peut-être le plus galant des architectes de la période néo-classique, malgré sa liaison durable avec Sophie Arnould, il fut aussi un architecte et un homme d'affaires habile. On le connaît essentiellement comme l'architecte de Bagatelle, construit en deux mois pour le comte d'Artois, et de la folie Saint-James dont il acheva le Rocher en mobilisant toutes les voitures de Fontainebleau.

A Paris, les vestiges de son activité sont moins spectaculaires. Comme son collègue Brongniart, il a spéculé dans les quartiers alors en plein développement, tel le faubourg Poissonnière. A la Chaussée-d'Antin, dans le lotissement du lycée Condorcet, Bélanger a inventé l'escalier de service; dans le quartier Saint-Georges, aux n°s 13-15bis de la rue Saint-Georges, on peut voir les façades de trois hôtels réunis. Après la Révolution, on lui doit la coupole métallique de la Halle au blé (1808-1813; aujourd'hui la Bourse de commerce), ainsi que le premier aménagement des bains Vigier qui existent toujours près de la place de la Concorde.

▷ La rue des Petites-Ecuries

Au n° 44, l'***hôtel Botterel-Quintin*** construit par *Pérard de Montreuil* et *Duboisterf* (1785, 1790 et années suivantes) conserve une belle façade ornée d'un porche à deux colonnes, un escalier à la pompéïenne et une salle à manger richement décorée.

▷ La rue du Faubourg-Poissonnière

de la rue des Peties-Ecuries à la rue Lafayette

Au n° 50, l'***hôtel Cardon*** a été construit en 1773 par *Goupy*. Corot est mort au n° 56 en 1875. Aux n°s 58 et 60, deux hôtels construits par *Jean-Charles Delafosse* entre 1776 et 1783 : l'***hôtel Titon**** et l'***hôtel***

*Goix**. La finesse de ce décorateur confirmé se ressent dans la cour du n° 58 (vases, frontons, rampe d'escalier). Un salon ovale est conservé au n° 60. Au n° 65, *demeure* de l'architecte Mouchet, peut-être construite par *Durand* en 1788. Un restaurant, au n° 80, conserve une grille 1800 qui annonçait la boutique d'un marchand de vin. On appelait ce quartier la Nouvelle-France. La caserne du même nom au n° 82 y était implantée depuis 1780 ; elle a été reconstruite en 1931. ▶ Emprunter la *rue des Messageries*, ancien passage d'une atmosphère provinciale, où se situaient des écuries. La place circulaire, à l'embranchement de la rue d'Hauteville (percée dès 1772), servait également *(→ rue Gabriel-Laumain)* aux manœuvres des diligences. ▶ Au fond de la *cité Paradis*, s'ouvre la façade arrière de l'hôtel Titon.

▷ La rue d'Hauteville

L'*hôtel de Bourrienne***, au n° 58 *(mercr., sam., dim., 14-16 h/45 mn env.)*, représente l'un des rares ensembles Empire conservés à Paris. Le jardin d'hiver, la salle à manger, le salon, la salle de bains... ont été décorés par *Etienne-Chérubin Leconte* dans un style très proche de Percier et Fontaine, et l'on ne peut guère comparer cette demeure qu'à l'hôtel de Beauharnais. D'autres vestiges d'hôtels particuliers aux n°s 53 et 26.

Le cimetière du Montparnasse*

14ᵉ arr. / 43-H9
Métro : Edgar-Quinet, Raspail

Le cimetière du Montparnasse, ou cimetière du Sud, est divisé en petit et grand cimetière par la rue Emile-Richard. Il couvre une superficie de 18 ha, sur l'emplacement de trois anciennes fermes. De cette origine rurale il lui reste la tour d'un ancien moulin qui remonterait au XIVᵉ ou XVᵉ s., et qui est situé dans l'angle O. du cimetière.

Le cimetière dans l'histoire

En 1654, les religieux de Saint-Jean-de-Dieu avaient installé sur ce terrain leur nécropole particulière. En 1785, on y inhuma les corps des personnes décédées dans l'hôpital de la Charité, propriété des frères de Saint-Jean-de-Dieu, située rue des Saints-Pères. Aussi l'idée s'imposa d'elle-même au préfet de Paris, Frochot, d'ouvrir à cet endroit l'un des trois cimetières extra-muros de la ville. Après divers achats de terrain, la municipalité obtint 10 ha et la première inhumation eut lieu le 25 juillet 1824. Au début ce cimetière était destiné aux populations des arrondissements de la rive gauche et aux corps des suppliciés, inhumés dans une tranchée spéciale jusqu'en 1883. Sa surface est doublée en 1847 et, en 1891, il est coupé en deux par l'ouverture de la rue Emile-Richard.

Installées sur un terrain plat, les tombes sont rangées de façon très rectiligne. C'est le plus petit des trois cimetières parisiens. Moins pittoresque que le Père-Lachaise, il renferme toutefois un grand nombre de sépultures d'artistes, d'écrivains et d'éditeurs célèbres. L'architecture funéraire est sensiblement la même que celle des autres cimetières. Depuis 1874, il est entièrement consacré aux concessions perpétuelles.

Visite du cimetière

Entrée principale bd Edgar-Guinet
17 h 30-18 h, 15 mars-5 nov.; 8 h-17 h 30, 6 nov.-14 mars;
sam. ouv. à 8 h 30; dim. et j. fériés ouv. à 9 h

Vers quelques tombes célèbres

▷ Vers la tombe d'Antoine Bourdelle

Prendre l'entrée principale située boulevard Edgar-Quinet. Sur la dr., près de la porte, se trouve la ***tombe de Jean-Paul Sartre*** († 1980) et de ***Simone de Beauvoir*** († 1986). Continuer jusqu'au mur de l'enceinte et tourner à g. dans l'avenue de l'Ouest. Dans la 5e division, à g., se trouve la ***sépulture*** du peintre ***Soutine*** († 1943) et, un peu plus loin, sur le même côté, dans la 6e division, celle du poète ***Charles Baudelaire*** († 1867) qui est inhumé dans le caveau de la famille Aupick. Dans la 7e division, toujours à g., est enterré le sculpteur ***Henri Laurens*** († 1954). En continuant on trouve successivement, sur la dr., la ***tombe*** du libraire ***Louis Hachette*** († 1864), celle du poète surréaliste ***Robert Desnos*** († 1945), celle de ***Tristan Tzara*** († 1963), père du dadaïsme, et enfin le ***tombeau*** du sculpteur ***Antoine Bourdelle*** († 1929).

▷ Vers le monument cénotaphe de Charles Baudelaire

Au niveau de la tombe de Bourdelle tourner à g. dans l'allée Dalou. Sur la dr. on peut voir la tour du moulin de la Charité, dans la 9e division. En arrivant dans l'avenue Principale on trouve sur la g. la ***sépulture*** du sculpteur ***Dalou*** († 1902). Traverser cette avenue pour prendre, en face, le chemin Raffet. Dans la 11e division, à g., sont inhumés le dessinateur ***Raffet*** († 1860) et le philosophe ***Edgar Quinet*** († 1865). Continuer et tourner à g. dans l'avenue de l'Est. Un peu plus loin, sur la g., dans la 11e division se trouve la tombe de l'astronome ***Le Verrier*** († 1877) qui découvrit la planète Neptune et fonda la météorologie nationale. Prendre ensuite l'avenue Transversale sur la dr. Contre l'enceinte est érigé le ***monument cénotaphe de Charles Baudelaire*** sculpté par *J. de Charmoy* (1902).

▷ Vers le Baiser de Brancusi

Retourner en arrière dans l'avenue Transversale jusqu'au rond-point. Au carrefour, prendre à dr. dans l'avenue Principale puis à nouveau à dr. dans l'avenue du Nord. Là, tourner à dr. dans la 13e division pour découvrir la ***tombe*** de la comédienne ***Jean Seberg*** († 1979) et celle du compositeur ***Saint-Saëns*** († 1921). En face, dans la 18e division, est inhumé le sculpteur ***Constantin Brancusi*** († 1957). Continuer cette avenue pour traverser la rue Emile-Richard et entrer dans le Petit cimetière. Prendre à g. de la porte d'entrée. Dans l'angle, près de l'enceinte, une tombe est ornée d'une sculpture cubiste de *Brancusi*, connue sous le nom du ***Baiser***.

Le cimetière du Montparnasse

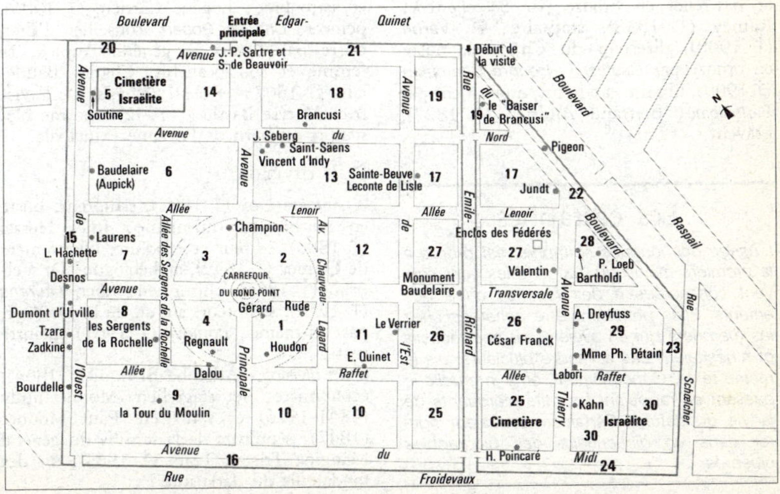

▷ Vers la tombe d'Henri Poincaré

Suivre l'avenue du Boulevard qui longe le mur. Sur la dr. on remarque une belle *tombe* de style 1900 où est inhumé *Charles Pigeon*. Lui et sa femme sont représentés en gisant, grandeur nature, sous un grand baldaquin. Tourner à dr. dans l'avenue Thierry. Dans la 28e division se trouvent, à g., les *tombes* du sculpteur *Bartholdi* († 1904) et du colonel *A. Dreyfus* († 1935), qui donna son nom à la célèbre affaire qui divisa la France entre 1894 et 1906. Poursuivre et atteindre l'avenue du Midi, contre l'enceinte. Tourner à dr. Dans la 25e division, se trouve la *sépulture* du mathématicien *Henri Poincaré* († 1912). ▶ On quitte alors le cimetière en sortant rue Emile-Richard, à l'angle de la rue Froidevaux.

Circuit des divisions

Cette liste regroupe les noms des personnages les plus notables qui sont inhumés dans le cimetière et quelques sépultures intéressantes par leur architecture.

▷ 1re division

Houdon († 1828), sculpteur; Chauveau-Lagarde († 1841), avocat de Marie-Antoinette à la Convention; les botanistes Ant.-Laurent de Jussieu († 1836) et Adrien de Jussieu († 1853); le *baron Gérard* († 1837), peintre, avec médaillon par *Dantan* et des bas-reliefs en bronze reproduisant deux de ses tableaux, Bélisaire et le Christ; Elie de Beaumont († 1844), géologue; *F. Rude* († 1855), avec le buste du sculpteur par *Cabet*, et un dessin du Départ, pour l'Arc de Triomphe; Vaneau, élève de l'Ecole polytechnique, tué à Paris en 1830. ▶ *2e division* : *Hégésippe Moreau* (1938), poète, buste par *Mme Coutanson*; Lenoir († 1839), archéologue; Proudhon († 1865), philosophe-économiste; Léon Willette († 1926), dessinateur; abbé Grégoire († 1831), conventionnel; J.-K. Huysmans († 1907), écrivain.

▷ 3e division

Littré († 1884), savant et philologue, auteur du Dictionnaire de la langue française; *Ortolan* († 1873), jurisconsulte, buste et bas-relief en bronze par *Schœnewerk*; Ramey († 1838), statuaire; *P. Véron* († 1900), directeur du Charivari, buste en bronze par *Gautherin*; *Honoré Champion* († 1909), libraire et éditeur, monument par *Bartholomé*; Bertrand Andrieu († 1822), graveur.

Les épitaphes

L'usage des longues épitaphes est propre à la première moitié du XIXe s. Elles sont souvent consacrées à des femmes ou à des enfants. Elles pouvaient être achetées chez les marbriers qui en avaient fait des recueils et n'hésitaient pas à vendre plusieurs fois le même texte. Généralement, on y interpelle le passant en rappelant les faits marquants de la vie du défunt. Certaines pourraient figurer dans un dictionnaire des biographies célèbres.

▷ 4e division

Orfila († 1853), médecin, pyramide et médaillon en marbre; le P. Gratry († 1872), écrivain et philosophe; Henri Regnault, peintre, tué à Buzenval en 1871; Dalou († 1902), sculpteur; Malte-Brun († 1826), géographe; Pégoud, le premier aviateur qui exécuta un looping, tué en combat aérien (1915); Clara Haskil († 1960), célèbre pianiste roumaine. ▶ Au centre de ces quatre premières divisions, dans l'allée Principale, *monument du Souvenir*, socle en pierre surmonté d'un ange en bronze par *Daillion*.

▶ *5e division* : Crémieux († 1880), avocat et homme politique; le peintre Soutine († 1943).

▷ 6e division

Esparcieux († 1840), sculpteur, buste par *David d'Angers*; Marie Dorval († 1849), actrice, l'amie de Vigny; Adolphe Joanne († 1881), géographe et publiciste, fondateur des Guides Joanne, aujourd'hui Guides Bleus; son fils et successeur Paul Joanne († 1922); Biot († 1862), physicien et astronome; Eugène Carrière († 1906), peintre; *Charles Robert*, conseiller d'Etat, buste par *Dalou*; le général Aupick, sa femme et son beau-fils, Charles Baudelaire († 1867; → *aussi 27e division*); l'aviatrice Maryse Bastié († 1952), énorme bloc sculpté au bord de l'avenue Principale.

▷ 7e division

Antoine Etex († 1888), sculpteur, buste en marbre par lui-même; Jules Hetzel († 1886), éditeur et écrivain; Quatremère de Quincy († 1849), archéologue; Dr Velpeau († 1867), chirurgien; *Henri Laurens* († 1954), sculpteur, statue de la Douleur, par lui-même; Pougny († 1961), peintre russe.

▶ *8e division* : Adolphe Blanqui († 1854), économiste; le tragédien Mounet-Sully (1841-1916) et son frère Paul Mounet (1847); sépulture de la famille du général Mangin; Tristan Tzara († 1963), un des fondateurs du dadaïsme.

Sépultures et concessions familiales

La sépulture individuelle est adoptée de 1804 à 1830. C'est généralement une tombe en pleine terre. Lorsque plusieurs membres d'une même famille sont inhumés, on édifie une sépulture individuelle pour chacun d'eux et l'ensemble est entouré d'une clôture. A partir de 1830, la sépulture collective de famille devient le modèle le plus courant. Il faut alors construire un caveau en dur qui soit capable de contenir plusieurs cercueils. On achète une seule concession qui est ensuite transmise aux descendants. Mais le regroupement par famille n'est pas une obligation. Il arrive que deux confrères soient inhumés dans le même caveau et on peut trouver l'inscription «Deux amis» à la place des traditionnels «Famille X» ou «Sépulture de famille». Depuis l'éboulement de la 88ᵉ division du cimetière du Père-Lachaise, en 1874, les quatre grands cimetières parisiens ont été définitivement affectés aux concessions perpétuelles construites en dur.

▷ 9ᵉ division

Vieille tour du moulin de la Charité (XIVᵉ ou XVᵉ s.); Jules Sandeau († 1883), écrivain; *Emmanuel Chabrier* († 1894), compositeur, buste par *Constantin Meunier*; le gouverneur général Louis Binger (1856-1936), explorateur de la Côte-d'Ivoire; les poètes Vincent Muselli († 1956) et Maurice du Plessys († 1924); Charles Richet († 1935), professeur de médecine.

▷ 10ᵉ division

Le romantique Aloysius Bertrand († 1841); Lachaud († 1882), un des plus grands avocats du XIXᵉ s.; général comte Lepic († 1827); Milne-Edwards († 1885), zoologiste; Dr Brown-Séquard († 1894); Etienne Arago († 1892), homme politique; Fantin-Latour († 1904), peintre; Samuel Rousseau († 1904), compositeur; de Moro-Giafferi († 1956), avocat; Louis Loucheur († 1931), ministre du Travail, promoteur de la loi qui porte son nom; Emile Faguet († 1916), professeur et critique.

▷ 11ᵉ division

Edgar Guinet († 1865), écrivain, philosophe; le dessinateur Raffet († 1860); Le Verrier († 1877), astronome qui découvrit la planète Neptune; Cham (comte de Noé, † 1879), le caricaturiste; Charles Garnier († 1898), architecte de l'Opéra; monument élevé à la mémoire de l'aviateur François Coli († 1927), disparu avec Nungesser, en tentant la traversée de l'Atlantique. ▸ *12ᵉ division* : Diébolt († 1851), sculpteur; Plon († 1895), éditeur; Bouguereau († 1906), peintre; le tragédien de Max († 1925); Auguste Lepère († 1918), graveur et aquafortiste.

▷ 13ᵉ division

Théodore de Banville († 1891), poète; vers l'angle de l'avenue du Nord et de l'avenue Principale, non loin l'un de l'autre, les grands musiciens Saint-Saëns († 1921) et Vincent d'Indy († 1931); Sylvia Lopez († 1959), artiste lyrique; Paul Cambon († 1924), diplomate; Louis Vierne († 1937), compositeur et organiste; le chirurgien Lisfranc (*hauts-reliefs* de *Elshoecht*); la comédienne Jean Seberg († 1979).

▷ 14ᵉ division

Pierre Larousse († 1875), l'auteur-éditeur du Grand Dictionnaire universel, beau buste en bronze par *Perraud*; Louis Veuillot († 1883), pamphlétaire et publiciste catholique; Henri Martin († 1883), historien; sœur Rosalie († 1856); Feuillet de Conches († 1887), écrivain; Emile Deschanel († 1903), écrivain, père de Paul Deschanel; Paul Deschanel († 1922), président de la République; Picard († 1941), mathématicien.

▷ 15ᵉ division

Général Hulin († 1841), buste en marbre par *David d'Angers*; pyramide rouge (buste par *Dantan aîné*) élevée par la Société de géographie à l'infortuné navigateur *Dumont d'Urville* qui, après avoir fait deux fois le tour du monde, périt aux portes de Paris, avec sa femme et son jeune fils, lors de l'accident de chemin de fer de Saint-Germain-en-Laye, le 8 mai 1842; le général Charles Duvivier († 1852); P. Broca († 1880), anthropologiste; le sculpteur Antoine Bourdelle († 1929); le poète Robert Desnos, mort à la fin de sa déportation (1945); Louis Hachette († 1864), libraire, éditeur; Pierre Laval († 1945), homme politique français. ▸ *16ᵉ division* : J.-B. Dumas († 1890), chimiste; Girodet († 1824), peintre; Bonnassieux († 1892), statuaire. ▸ *17ᵉ division (grand cimetière)* : le critique *Sainte-Beuve* († 1869), buste par *J. de Charmoy*.

▷ 17ᵉ division *petit cimetière*

Gustave Jundt († 1884), peintre, statue en bronze de L'Enfance et buste par *Bartholdi*; *Leconte de Lisle* († 1894), poète, avec buste par *Moulin*, sous un acacia, a été transféré en 1977 à l'île de la Réunion; *Jules Breton* († 1898), peintre et poète, buste par *Houssin*; Bourgault-Ducoudray († 1910), musicographe; Emile Levasseur († 1911), géographe; les peintres Achille et Eugène Devéria († 1857 et † 1865).

▷ 18ᵉ division

Aristide Boucicaut († 1879) et Mme Boucicaut († 1887), les fondateurs des grands magasins du Bon Marché; *comte de Gaspari* († 1879), beau monument en marbre avec buste en bronze; Dr Récamier († 1852); *de Cardaillac* († 1890), médaillon par *Crauk*; le poète Léon-Paul Fargue († 1947); Constantin Brancusi († 1957), sculpteur roumain; son œuvre Le Baiser se trouve dans la 19e division du petit cimetière. ▶ *19e division (grand cimetière)* : Augustin († 1856) et Amédée († 1873) Thierry, historiens. ▶ *19e division (petit cimetière). Ferdinand Brunetière* († 1906), critique, buste par *Allouard*; *Le Baiser*, œuvre cubiste de *Constantin Brancusi (→ 18e division).*

▷ 20e division

Ruhmkorff († 1877), constructeur d'appareils de physique; *Bullier* († 1869), buste médaillon en marbre par *Desprez*; Jean-Paul Sartre († 1980) et Simone de Beauvoir († 1986), écrivains et philosophes.

▷ 22e division *petit cimetière*

Zacharie Astruc († 1907), sculpteur et poète, buste et bas-relief par *R. Sudre*; Catulle Mendès († 1909), écrivain; Jacques Becker († 1960), metteur en scène; Paul Reynaud († 1966), homme politique français; *tombeau monumental de Ch. Pigeon* : le sculpteur a représenté l'industriel éveillé dans son lit et réfléchissant à la nécessité de créer une lampe de chevet. ▶ *24e division (petit cimetière)* : Maria Montez († 1951), célèbre actrice; Georges Berr († 1941), comédien. ▶ *25e division (grand cimetière)* : Conté, l'inventeur du crayon († 1805). ▶ *25e division (petit cimetière)* : le mathématicien Henri Poincaré († 1912).

▷ 26e division *petit cimetière*

Le musicien *César Franck* († 1890), médaillon par *Rodin*; monument des soldats morts pour la Patrie en 1870-1871; le romancier Guy de Maupassant († 1893); Octave Tassaert († 1874), peintre; le romancier Paul Bourget († 1935); le romancier Paul Féval († 1887); le poète et romancier Pierre Louÿs († 1925).

▷ 27e division *grand cimetière*

Ch. Baudelaire († 1867), l'auteur des Fleurs du mal, n'est pas inhumé ici, malgré le *monument* de *J. de Charmoy* (1902) qui lui est consacré, mais dans le caveau de la famille Aupick *(→ 6e division)*; *Boulay de la Meurthe* († 1840), homme politique, buste par *David d'Angers*; Victor Cherbuliez († 1899), romancier; Othon Friesz († 1949), peintre; *Wattiez* († 1911), monument par *Carrier-Belleuse*. ▶ *27e division (petit cimetière)* : enclos des morts de la Commune (21-23 juin 1871); le romancier Édouard Estaunié († 1942); l'acteur Max Dearly († 1943); le poète Laurent Tailhade († 1919); le compositeur Maurice Emmanuel († 1938).

▷ 28e division *petit cimetière*

Colonel *Herbinger* († 1886), buste en bronze par *Etex*; *Bartholdi* († 1904), sculpteur du Lion de Belfort et de la statue de la Liberté, obélisque, bronze par lui-même; colonel Alfred Dreyfus († 1935), victime de la fameuse Affaire qui bouleversa la France de 1894 à 1906; André Citroën († 1935), constructeur d'automobiles; relief du sculpteur *Arp* sur la tombe de *Pierre Loeb* († 1965); sépulture d'*Herbette* avec statue et bas-relief de *Roty*. ▶ *29e division (petit cimetière)* : Charles Cros († 1888), poète et inventeur du cinéma et du phonographe; Caro († 1887), philosophe, caricaturé dans Le Monde où l'on s'ennuie; Joseph Bertrand († 1900), savant; F. Labori († 1917), célèbre avocat d'assises; la maréchale Pétain († 1962) et son fils P. de Hérain, metteur en scène. ▶ *30e division (petit cimetière; cimetière israélite)* : le poète Gustave Kahn († 1936).

Le quartier Montparnasse*

6e, 14e et 15e arr. / 35-G9-H9-H8
Métro : Montparnasse
Bus : 28, 48, 58, 82, 89, 91, 92, 94, 95, 96
🅿 sous la gare, 48-50 av. du Maine et sous le centre commercial, rues de l'Arrivée et du Départ
Taxis : 73, bd du Montparnasse ☎ 42.22.13.13

Avec les nombreux artistes qui y séjournèrent ou qui y vivent encore, il n'était pas abusif de donner à ce quartier de Paris le nom de la montagne de Grèce consacrée dans l'Antiquité à Apollon, le dieu de la beauté, de la musique et de la poésie. Bien sûr les abords de la gare Montparnasse ont bien changé depuis les années vingt, quand Picasso, Max Jacob ou Modigliani les fréquentaient. Mais dans les petites rues autour de la gare et du paisible cimetière du Montparnasse, il y a encore beaucoup d'ateliers d'artistes, comme celui où vécut le sculpteur Antoine Bourdelle. De même, ce quartier de Paris est toujours la terre d'élection des Bretons qui y ont implanté librairies, diverses associations et de nombreuses crêperies.

A cet univers pratiquement inchangé depuis trois quarts de siècle, sont venues se juxtaposer les créations contemporaines du centre Maine-Montparnasse dont la tour illustre assez bien les conceptions urbaines du début des années soixante-dix où le genre de vie américain était encore pris pour modèle. Au pied de celle-ci, le boulevard du Montparnasse a moins changé. Il est très vivant et animé tard la nuit par les nombreuses salles de cinéma, les cafés ou les brasseries élégantes du carrefour Raspail.

Visite de l'ensemble Maine-Montparnasse

Ce vaste plan d'urbanisme, dont Raoul Dautry fut l'initiateur dès 1934, a été définitivement adopté en 1958 et sa réalisation commencée en 1961. L'opération a eu pour point de départ la démolition de l'ancienne gare Montparnasse et des ponts qui enjambaient le boulevard Edgar-Quinet et l'avenue du Maine, dégageant un vaste espace entre la rue du Départ et celle de l'Arrivée. Elle visait à donner à la rive gauche le centre qui lui a toujours manqué et à créer dans le S. de Paris un pôle d'attraction capable d'équilibrer celui du nouveau quartier de La Défense à l'O.

L'ancienne gare Montparnasse avait été inaugurée en 1852, mais il ne restait guère de cette époque que la façade, le reste ayant été remanié plusieurs fois. Cette façade se trouvait sur la place du 18-Juin-1940, alors place de Rennes, face à la rue de Rennes, lorsqu'un accident spectaculaire y eut lieu en 1898 : le train Granville-Paris ne contrôlant plus sa vitesse traversa la façade de la gare, la locomotive bascula et resta suspendue sur la place au-dessus d'un kiosque à journaux. Dans cette ancienne gare le maréchal Leclerc avait établi son poste de commandement au moment de la libération de Paris. C'est là que le général Von Choltitz signa l'acte de reddition de la garnison du Gross Paris, le 25 août 1944 à 17 h. Cette gare n'était plus utilisée que pour le trafic de banlieue, deux gares ayant été créées en arrière pour les trains de grandes lignes : les gares Maine-Arrivée (1929) et Maine-Départ (1936). Elles ont disparu lors de l'opération Maine-Montparnasse.

Le plan de cet ensemble intéresse une superficie de 8 ha. La construction du vaste complexe comprenant et encadrant la nouvelle gare est terminée depuis 1974. Sur le plan architectural, cette rénovation de tout un quartier est caractérisée par l'utilisation verticale de l'espace. Entre la nouvelle gare et la place du 18-Juin-1940 se succèdent désormais, sur une longueur de 300 m et une largeur de 100 m, un vaste parvis entouré de jardinets, une tour et un centre commercial. Les plans d'ensemble sont dus aux architectes Lopez, Beaudoin, Arretche, de Hoym et Dubuisson.

▷ La tour Montparnasse* *t.l.j. 9 h 30-23 h 30, 1er avr.-30 sept. ; 10 h-22 h, 1er oct.-31 mars ; f. à 18 h mar. et jeu. sf juil., août, jours fériés et vacances scolaires*

Haute de 200 m, de plan ovale, la tour en acier et verre fumé élève, dans l'axe de la rue de Rennes, cinquante-huit niveaux occupés en majeure partie par des bureaux. C'est l'immeuble le plus haut d'Europe et on ne peut l'ignorer à 10 km à la ronde ; il peut servir à se diriger dans Paris. Ses fondations s'enfoncent à 70 m. Du sommet, la *vue* est évidemment exceptionnelle, un peu différente de celle que l'on peut avoir de la tour Eiffel, en particulier sur la rive gauche, les hôtels du faubourg Saint-Germain et leurs jardins. Au 56e étage sont installés un bar panoramique et des salles d'exposition. Le centre commercial (Galeries Lafayette, Habitat, etc.), au pied de la tour, abrite également plusieurs restaurants, une piscine, une salle d'escrime et de squash et, côté place du 18-Juin-1940, les bureaux du Centre international du textile. En souterrain, parcs de stationnement.

▷ La gare Montparnasse

Elle dessert une partie de la banlieue ouest, la Bretagne, la Mayenne et la Basse-Normandie. Le *hall* est décoré de grandes compositions de *Vasarely*. Entre le parking SNCF et l'accès aux taxis, un centre spirituel a été créé en sous-sol : c'est la *chapelle Saint-Bernard* (achevée en 1969) à la sobre architecture et qu'une simple plaque signale à l'attention des passants.
▸ Le *building Vaugirard*, long de 250 m et haut de 60 m, avec aile en retour parallèle au boulevard Pasteur, a dix-sept étages et cinq sous-sols. Dans l'angle des deux ailes, le vaste square Max-Hymans recouvre un parking sur trois niveaux. Les bâtiments sont occupés principalement par le siège d'Air France et la Caisse nationale de crédit agricole. ▸ Le *building Plaisance* comprend des logements construits par l'architecte *Dubuisson* ainsi qu'un important centre de tri postal conçu par l'architecte *Arretche*. ▸ Entre les extrémités de ces deux buildings géants, les voies ferrées sont franchies, dans l'axe du boulevard Pasteur, par le pont des Cinq-Martyrs-du-lycée-Buffon.

Les musées à voir

Musée Bourdelle (16, rue Antoine-Bourdelle) : sculptures de Antoine Bourdelle présentées dans son atelier.
Musée de la Poste (34, bd de Vaugirard) : histoire de l'écriture, de la lettre et de tout ce qui touche aux postes.

Visite du quartier Montparnasse

1 h

▷ Le boulevard de Vaugirard

Il suit le côté N.-O. de la gare Montparnasse. Au nº 18, la comptabilité centrale des téléphones est installée dans un *immeuble* construit en 1935 par *Debat* et *Ponsan*, mêlant le fonctionnalisme au classicisme des deux étages inférieurs. Au nº 34 se trouve le *musée de la Poste (→ musées)*. Ce musée, ouvert en 1946 rue Saint-Romain dans l'hôtel de Choiseul-Praslin (XVIIIe s.), a été transféré vers 1975 au 34, boulevard de Vaugirard dans la Maison de la poste et de la philatélie, due à l'architecte *André Chatelin*, et dont la façade est ornée de prismes en béton moulé. Au bout du boulevard, on aperçoit sur la g. les vitres mordorées de l'*immeuble du siège du Crédit agricole* (1975), architecte *R. Genin*. ▸ Par la galerie Vaugirard, galerie marchande récente qui s'ouvre à côté du musée de la Poste, on rejoint la rue Falguière. Au 36, *rue Falguière*, le Paris Art Center utilise d'anciens ateliers rénovés comme espaces d'expositions d'art moderne. ▸ Tourner à dr. dans la rue Antoine-Bourdelle où l'on pourra visiter le *musée Bourdelle (→ musées)*. ▸ En sortant du musée passer devant la gare et prendre, dans le prolongement, l'avenue du Maine souterraine sous l'ensemble Maine-Montparnasse.

▷ L'avenue du Maine

C'est une des principales artères de l'arrondissement. ▸ On croise à dr. la *rue du Commandant-Mouchotte* (commandant du groupe Alsace, tué en combat aérien en août 1943), où l'on aperçoit la haute silhouette (110 m) de l'*hôtel Méridien* (*Pierre Dufour* architecte, 1975) et celle d'un immense complexe de bureaux, logements, night-clubs, théâtre et patinoire, de galeries commerciales, de cafés, de banques. C'est aussi dans cette rue que *R. Bofill* a réalisé

Les ateliers d'artistes

Un atelier d'artiste requiert de la hauteur sous plafond, une grande porte pour sortir les œuvres et de larges baies, de préférence au nord pour que la lumière soit égale. A Paris quelques ateliers de sculpteurs ont été préservés : ceux de Bourdelle, Zadkine, Bouchard et celui de Brancusi qui a été transporté tel quel de l'impasse Ronsin sur le plateau Beaubourg (→ musées Bouchard, Bourdelle, Zadkine, et l'atelier de Brancusi au centre Georges-Pompidou). On peut aussi visiter les confortables maisons-ateliers des peintres : Delacroix, Henner, Gustave Moreau (→ musées Delacroix, Henner, G. Moreau). Mais de façon générale l'atelier est une construction légère. Il y en avait surtout en périphérie de la ville : à Montmartre et au sud de Paris dans les 14e et 15e arrondissements. Durant l'entre-deux-guerres cette forme d'habitat est devenue très en vogue parmi la bourgeoisie éclairée. Bien que ces ateliers aient souvent disparu pour faire place à des immeubles plus rentables, Paris a conservé quelques ensembles de beaux ateliers superposés : 31, rue Campagne-Première ; 216, bd Raspail. Certains sont rassemblés sur une ruelle tranquille comme la villa Seurat (→ le parc Montsouris).

deux ensembles d'habitations de style néo-classique (1984-1986) → *le quartier Plaisance.*

▷ La rue de la Gaîté

Sur la g. de l'avenue du Maine s'ouvre la rue de la Gaîté, rue de guinguettes à l'époque où le vin était moins cher hors des barrières de Paris. Peu attristée par la création du cimetière voisin, elle a continué à être un centre d'attraction populaire. Actuellement, quelques sex-shops voisinent avec des théâtres, dont les plus fameux sont : Bobino, traditionnelle salle de music-hall, provisoirement en travaux ; la Gaîté-Montparnasse (depuis 1868) et surtout le ***théâtre Montparnasse*** au n° 31. Ce théâtre a été dirigé par *Gaston Baty* de 1930 à 1942. C'est là qu'il présenta l'Opéra de quat'sous, Macbeth, les Caprices de Marianne... dans des mises en scène où il faisait une large part au jeu des acteurs, à la musique et aux éclairages. Dans les années cinquante, sous la direction de *Marguerite Jamois*, le Montparnasse devint le théâtre d'élection de J. Anouilh qui y donna l'Alouette, Pauvre Bitos, Becket. Récemment rénové, on a inclus dans ce théâtre un café ancien préservé dans son état de 1886.

▷ Le boulevard du Montparnasse

C'est surtout le soir que le quartier s'éveille. Entre la place du 18-Juin-1940 et le carrefour Raspail de nombreuses attractions s'y concentrent : théâtres, cafés-théâtres (ne pas oublier le Lucernaire, 53, rue Notre-Dame-des-Champs), boîtes de nuit (rue Bréa, rue Vavin, rue Delambre) et sur le boulevard même, de très nombreuses salles de cinéma et de grandes brasseries. C'est au ***carrefour Vavin***, au croisement des boulevards Montparnasse et Raspail, que sont groupées les quatre plus fameuses (→ *encadré*) : le Dôme, la Rotonde, le Select et la Coupole (seuls les deux derniers établissements ont gardé leur cadre). A l'extrémité du carrefour se dresse, depuis 1939, la statue de ***Balzac**** par *Rodin*, œuvre longtemps et âprement discutée. ▶ La ***rue de la Grande-Chaumière*** part du carrefour Vavin. Elle doit son nom à un fameux bal-jardin qui se trouvait là de 1780 à 1855 et où furent lancés la polka, le cancan et le chahut. Au n° 14, se trouve l'académie de la Grande-Chaumière, académie de peinture et de sculpture créée en 1904. Gauguin, revenant de Tahiti en 1893, eut un appartement au n° 8.

▷ Le boulevard Raspail *entre le carrefour Vavin et la rue Campagne-Première*

Remonter le boulevard en direction de la place Denfert-Rochereau. Au n° 216, bel ***immeuble*** copiant les ateliers d'artistes, construit par *Bruno Elkouken* en 1934 autour de la salle du Studio Raspail, à l'époque où le cinéma accédait au rang de septième art.

Les grandes brasseries du carrefour Vavin

Peu après Montmartre, ce fut Montparnasse qui joua le rôle de creuset de l'art moderne et c'est avec nostalgie que l'on évoque aujourd'hui ceux qui fréquentèrent les quatre grandes brasseries du carrefour Vavin. Des artistes venus du monde entier, comme Brancusi, Chagall, Foujita, Friesz, Kisling, Matisse, Max Jacob, Picasso, Pascin, Modigliani (la mort du jeune peintre, suivie du suicide de sa compagne, Jeanne Hébuterne, firent beaucoup de bruit dans le quartier), mais aussi les modèles qu'ils se partageaient, comme Alice Prin surnommée Kiki, les amateurs et les marchands, tous se retrouvaient, avant la Première Guerre et dans les années vingt, au Dôme ou à la Rotonde. Dans cette brasserie, certains croisèrent sans le savoir Lénine ou Trotski. La Coupole, ouverte le 20 décembre 1927, prit ensuite le relais. Sa décoration, confiée à une trentaine de peintres, subsiste encore et les personnalités y défilent toujours : après Hemingway, Dali, Giacometti, Sartre, Simone de Beauvoir et bien d'autres, la chanteuse de rock Sapho, Régine, Gonzague Saint Bris ou Jane Birkin continuent à faire de ce grand café un lieu privilégié.

▷ La rue Campagne-Première

Cette rue a reçu son nom étrange du général Taponnier qui l'a ouverte et baptisée ainsi en souvenir de sa première campagne faite à Wissembourg en 1793. Elle fut entre les deux guerres habitée par de nombreux artistes : Modigliani, Pompon, Othon Friesz, Miró, Picasso, Max Ernst, Giacometti, Kandinsky. Au n° 31, un grand ***immeuble d'ateliers**** construit par *A. Arfvidson* en 1911, marque une transition entre l'architecture décorative de la fin du siècle et l'architecture de volumes du mouvement moderne ; ***façade*** décorée de grès flammé par *Bigot*. Au n° 17 se trouvait, de 1898 à 1927, l'atelier d'Eugène Atget, père de la photographie moderne.

▷ Le boulevard Raspail *entre la rue Campagne-Première et la place Denfert-Rochereau*

Au n° 254 se trouve depuis 1907 l'école spéciale d'Architecture, fondée en 1865. Les colonnes que l'on voit dans la cour proviennent du palais des Tuileries. Sur la ***rue Schoelcher*** on peut apercevoir quelques beaux ***ateliers*** : au n° 5 (*Follot* architecte, 1911) et n° 11 bis (*Gauthier* architecte, 1927) dominant le cimetière du Montparnasse. Au n° 261, l'American Center for students and artists, très actif, a été construit vers 1920 sur une partie du parc de l'infirmerie Marie-Thérèse (avenue Denfert-Rochereau) ; il y aurait là un cèdre planté par Chateaubriand. ▶ Revenir sur ses pas pour visiter le ***cimetière du Montparnasse*** (→).

Le quartier du parc Montsouris*

14e arr. / 44-J11, 43-H11
Métro : Cité Universitaire (RER)
Bus : 21, 67, PC
P porte d'Orléans
Taxis : 1 pl. du 25-Août-1944 ☎ 45.40.52.05

Industrieux et déjà presque banlieusards, les abords de la rue de la Tombe-Issoire avaient, entre les deux guerres, ce caractère authentique et populaire qui attira la bohème artistique et littéraire de l'époque. Malgré d'importantes opérations immobilières qui en ont modifié l'atmosphère et la physionomie depuis les années 50, ce coin de Paris conserve encore, en maints endroits, un charme quasi campagnard.

Il suffit pour s'en convaincre d'emprunter les pittoresques ruelles autour des réservoirs de Montsouris, et plus encore de se promener dans les petites impasses qui bordent le parc.

Ce dernier ajoute beaucoup d'agrément au quartier. Conçu sur une parcelle accidentée, ménageant de grandes pelouses ou de petits vallonnements, le parc de Montsouris, fort oublié des Parisiens, est pourtant un des plus grands espaces verts de la capitale. De bon matin, il sert de piste de jogging aux étudiants de la Cité universitaire voisine.

Véritable ville dans la Ville, à vocation internationale, la Cité universitaire accueille dans ses pavillons les étudiants qui viennent des cinq continents pour étudier à l'université de Paris. Microcosme ouvert sur le monde, la « Cité-U » a également servi de laboratoire à l'architecture contemporaine. A ce titre, la Fondation suisse, construite par Le Corbusier, ou plus récemment la Fondation Avicenne, construite par Claude Parent, sont tout à fait remarquables.

Visite du quartier

2 h

Le parc Montsouris*

Créé de 1875 à 1878, vallonné, charmant et fort tranquille en semaine, il est fréquenté par les étudiants de la Cité universitaire voisine, par les enfants, les artistes qui habitent en bordure du parc dans de petites maisons construites le long d'impasses pittoresques.

Alphand le dessina pour faire contrepoids au parc des Buttes-Chaumont établi au nord. La difficulté consistait à tenir compte d'un relief extravagant et des deux lignes de chemin de fer qui s'y croisent. Le parc est donc coupé en deux, mais la césure a été habilement dissimulée. Le parc est riche en pelouses verdoyantes, bouquets d'arbres, grotte et cascade.

▷ Le Bardo* *partie O. du parc*

Il s'agit du pavillon de Tunisie, réplique du palais du bey de Tunis, présenté au Champ-de-Mars à l'occasion de l'Exposition universelle de 1867. La Ville de Paris l'acheta au baron de Lesseps, à charge pour lui de le réédifier au parc Montsouris. Ce travail fut confié à l'architecte *Davioud* qui travailla beaucoup pour les espaces verts parisiens avec l'ingénieur *Alphand* et le paysagiste *Barillet-Deschamps*. Il remonta le fragile édifice en bois à l'endroit le plus élevé du parc, sur une base de maçonnerie. Le service météorologique s'y installa, et il devint observatoire en 1869. Les chercheurs y ont travaillé jusqu'en 1974 puis en furent chassés par l'état de délabrement qui menaçait les bâtiments. Lambeaux de vitraux, poutres en guise d'échafaudage, voilà ce qui restait des splendeurs mauresques.

La réaffectation du bâtiment fut décidée par une convention, signée entre la Ville de Paris et le ministre des Affaires culturelles de Tunisie. Pour une période de 99 ans renouvelable, et pour une somme symbolique annuelle de 100 F, le bâtiment est loué au gouvernement tunisien qui a pour mission de le remettre en état avant d'en faire un centre culturel tunisien. Les travaux ont débuté en 1986 ; certains éléments d'architecture sont démontés et reconstruits en Tunisie. Le Bardo n'a été inscrit à l'Inventaire qu'en 1985.

▶ A dr., *tour météorologique* moderne. Derrière, une borne quadrangulaire, haute d'environ 4 m, avec une ouverture à sa partie supérieure, est l'ancienne *mire de l'Observatoire*, posée en 1806 (nom de Napoléon effacé).

▶ Le long du RER, près du pont de fer qui franchit les voies, une *pyramide* a été élevée aux membres de la mission Flatters, chargée des études du chemin de fer transsaharien et massacrée par les Touaregs en 1881.

▷ Le lac *partie E. du parc*

Il est alimenté au sud par une cascade (au-dessus, terrasse avec bancs) ; non loin se trouve le *pavillon du Lac*. Ce lac est marqué par un souvenir dramatique : le jour de l'inauguration du parc par Napoléon III, il se vida imprévisiblement. Désespéré, l'entrepreneur qui l'avait construit se suicida. A proximité, belle *fontaine* ornée d'un groupe dû au sculpteur *Baucour* : Premier frisson.

Au nord-ouest du parc

Ce quartier calme et aéré a vu naître plusieurs jolis immeubles et ateliers d'artistes durant l'entre-deux-guerres.

▷ La rue Deutsch-de-la-Meurthe

De là partent plusieurs petites rues tranquilles.

La *rue Braque*, ancienne rue du Douanier, où Georges Braque eut son atelier (au n° 6) construit par *A. Perret* en 1927 ; voir aussi, au n° 8, une maison par *Zielinsky* (1932) et au n° 5, un atelier par *R. Fischer* (1929).

La *rue Nansouty* dessert, au n° 14, la villa Guggenbuhl, aux formes épurées, conçue par *A. Lurçat* en 1927.

Le *square de Montsouris* : on y verra, au n° 2, la maison Gaut (*Perret*, 1923) et une maison style 1930 au n° 17.

▷ L'avenue Reille

Au n° 53, la fameuse *maison-atelier* construite par *Le Corbusier* pour son ami Amédée Ozenfant, en 1923 ; seul le toit d'usine en dents de scie a été transformé et aplani pour faire une terrasse. Aux n°s 55 et 57, deux *maisons* construites par *J. Dechelette* en 1925. ▶ Un peu plus haut *(50, avenue René-Coty)*, coincé contre le réservoir de la vanne de Montsouris, on voit le curieux *atelier* perché que se construisit *J.-J. Lemordant* (1929).

▷ La rue Saint-Yves

Elle contourne le réservoir de Montsouris, créé en 1874 pour recevoir l'eau de la Vanne, du Loing et du Lunain. L'édicule en fer qui le surmonte *(11, rue de la Tombe-Issoire)* date de 1900. Au n° 11, la *cité du Souvenir*, fondée en 1925 par l'*abbé Keller* : 300 logements pour des familles nombreuses. ▶ Dans la *rue Gauguet (à g.)*, aux n°s 3, 5 et 7, trois grands ateliers avec logement de style international (*Zielinsky*, architecte ; 1930). Nicolas de Staël a demeuré au n° 7.

▷ La rue de la Tombe-Issoire

C'est l'ancienne route d'Orléans, dont le nom est une curieuse et lointaine survivance des légendes épiques : dans le geste de Guillaume d'Orange, le héros vint ici tuer le géant Isoré, roi des Sarrasins ; la tombe d'Isoré lui donna son nom : Tombe-Issoire. La proximité des cafés littéraires et les nombreux ateliers d'artistes, entre les deux guerres, rendaient cette rue beaucoup plus animée qu'aujourd'hui où elle est presque entièrement reconstruite.

La *villa Seurat (voie privée sans issue)* s'ouvre sur la rue de la Tombe-Issoire. Construite vers 1925, elle est exemplaire d'homogénéité. Presque toutes les maisons-ateliers sont d'*André Lurçat*. Le n° 7 bis est d'*Auguste Perret*. Lurçat, Henri Miller, Anaïs Nin, Chana Orloff, Gromaire, Soutine et Salvador Dali ont habité la villa Seurat. ▶ *La rue Marie-Rose*. Elle s'ouvre presqu'en face de la villa Seurat. Au n° 4, une plaque rappelle que ce fut là un des logis parisien de Lénine de 1909 à 1912. Tout homme d'Etat soviétique lorsqu'il vient en France, le visite. En face, au n° 7, entrée de la *chapelle du couvent des Missions Franciscaines*, en brique rouge (*Gélis* et *Hulot* architectes, 1936).

Au sud-est du parc

▶ Dans la *rue de la Cité-Universitaire*, on verra, au nº 3, un *immeuble* construit par *Roux-Spitz* vers 1930, et où demeurait l'aviateur Mermoz en 1936, lorsqu'il partit pour son dernier voyage.

▷ La Cité universitaire *bd Jourdan*

Cette cité, dont la première maison a été bâtie en 1922 sous le rectorat de *Paul Appell*, s'étend aujourd'hui sur plus d'un kilomètre en bordure du boulevard Jourdan, de part et d'autre de la porte d'Arcueil, et couvre plus de 40 ha du terrain libéré par la démolition des anciennes fortifications. Née du désir de réaliser une œuvre de rapprochement international et d'améliorer les conditions de vie matérielle des étudiants, elle constitue, avec ses 37 maisons abritant une population de 6 000 jeunes gens et jeunes filles (dont deux tiers environ étrangers, représentants de 110 nations), une véritable ville internationale universitaire qui n'a son équivalent nulle part au monde. Grâce à elle, l'université de Paris, reprenant une tradition qui date du XIIIᵉ s., a été en mesure d'accueillir dignement les étudiants étrangers.

La Cité est desservie par une station spéciale du métro (RER, ligne de Sceaux) qui la met à quelques minutes du Quartier Latin. L'idée de sa création est due à un groupe de personnalités : le mécène *Emile Deutsch de la Meurthe*, le recteur *Paul Appel*, le ministre *André Honnorat*, etc. qui décidèrent de réunir les moyens financiers et techniques nécessaires à la création d'une telle institution. Sur le plan juridique, la Cité est une fondation reconnue d'utilité publique, constituée sous la forme d'une association loi de 1901, avec un conseil d'administration et un délégué général. De 1925 à 1960, trente-cinq maisons ont été construites. Chacune l'a été selon les vœux d'un Etat étranger ou d'un groupe de personnalités. Comme les initiatives se sont échelonnées dans le temps et comme elles sont dues à des personnes ayant des sensibilités différentes, la Cité constitue un ensemble non conformiste qui réunit plusieurs styles architecturaux, et dont un des buts est de proposer à ses résidents des structures humaines. 60 % des résidents de chaque établissement sont des étudiants provenant du pays qui est à l'origine de sa création ; les places restantes sont attribuées à des étudiants d'autres nationalités.

Indépendamment des ***maisons de résidence*** *(→ ci-dessous la liste dans l'ordre de leur construction)*, la Cité universitaire comporte un bâtiment central ouvert à tous les étudiants, la ***Maison internationale***, due à la générosité de John D. Rockefeller Jr (*Fr. Larsen*, architecte), et construite en 1935 dans le style Louis XIII. Cette maison abrite des équipements pour les résidents de la cité : bibliothèque, restaurant, salons, piscine, etc. et également un théâtre qui est ouvert au public (trois salles : la Resserre, le Grand Théâtre et la Galerie). La *fondation Deutsch-de-la-Meurthe (37, boulevard Jourdan)*, première maison bâtie (1921) et cellule mère de la Cité, est l'œuvre de *Lucien Bechmann*. Ses bâtiments rappellent, par leur style, les collèges britanniques. A cette fondation se sont ajoutées, de 1927 à 1960, trente-cinq maisons réparties dans un parc agréable pourvu d'importants équipements sportifs : stades et tennis. Ces maisons sont de construc-

La cité universitaire internationale

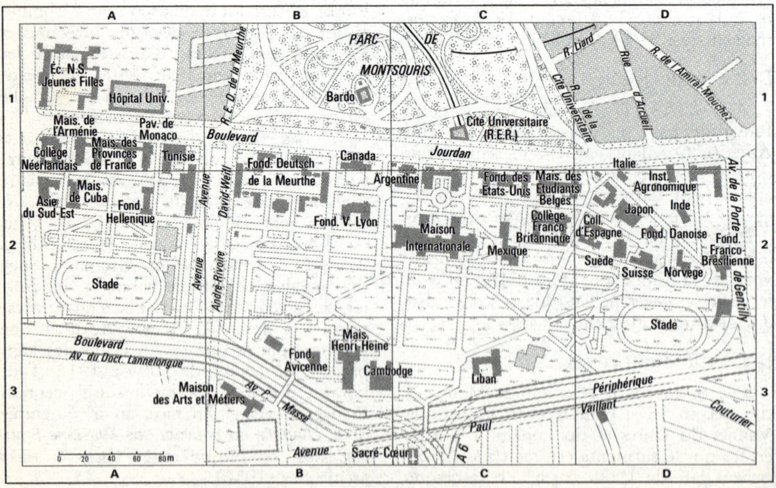

tion soignée, comportant généralement des détails, tant à l'extérieur qu'à l'intérieur, destinés à évoquer l'atmosphère du pays de chaque fondation.

Liste des maisons de résidence

Maison des étudiants canadiens (*Thomas Vannier*, architecte) : 31, bd Jourdan.
Fondation belge Biermans-Lapôtre (*T. Gueritte*, architecte) : 9 A, bd Jourdan.
Maison des étudiants argentins (*M. Betourné*, architecte) : 27 A, bd Jourdan.
Fondation de l'Institut national agronomique (*M. Patouillard*, architecte) : 7 B, bd Jourdan.
*Maison du Japon** (*P. Sardou*, architecte) : 7 C, bd Jourdan.
Maison des étudiants de l'Asie du S.-E. (*Martin* et *Vieu*, architectes) : 59 B, bd Jourdan.
Fondation des Etats-Unis (*Leprince-Ringuet*, architecte) : 15, bd Jourdan.
Maison des étudiants arméniens (*Léon Nafilyan*, architecte) : 57, bd Jourdan.
Maison des étudiants suédois (*M. Persson*, architecte) : 7 F, bd Jourdan.
Maison des étudiants danois (*M. Gottlob*, architecte) : 7 H, bd Jourdan.
Fondation hellénique (*M. Zanos*, architecte) : 47 B, bd Jourdan.
Fondation Rosa-Abreu-de-Grancher (*P. Laprade*, architecte) : 59 A, bd Jourdan.
Maison des provinces de France (*A. Gueritte*, architecte) : 55, bd Jourdan.
*Maison franco-brésilienne** (*cabinet Le Corbusier* et *Lucio Costa*, architectes, 1959) : 7 L, bd Jourdan.
Maison de l'Inde (*M. Leclaire*, architecte) : 7, bd Jourdan.
Maison du Liban (*Vernon* et *Philippe*, architectes) : 9 E, bd Jourdan.
*Fondation suisse** (*Le Corbusier*, architecte, 1932) : 7 K, bd Jourdan.
Collège d'Espagne (*P. Irisarri*, architecte) : 7 E, bd Jourdan (fermé depuis 1968).
*Collège néerlandais** (*M. Dudok*, architecte, 1927) : 61, bd Jourdan.
Collège franco-britannique (*Martin* et *Vieu*, architectes) : 9 B, bd Jourdan.
Maison de Monaco (*J. Médecin*, architecte) : 47 A, bd Jourdan.
Fondation Victor-Lyon (*L. Bechmann*, architecte) : 29, bd Jourdan.
Maison des élèves-ingénieurs des Arts et Métiers (*U. Cassan*, architecte) : rue Pierre-Masse.
Résidence Lucien-Paye (*Laprade*, *Vernon* et *Philippe*, architectes) :47 B, bd Jourdan.
Maison de la Tunisie (*Sebag*, architecte) : 45 A, bd Jourdan.
Maison du Mexique (*Medellin*, architecte) : 9 C, bd Jourdan.
Maison du Maroc (*Laprade*, *Vernon* et *Philippe*, architectes) : 1, bd Jourdan.
Maison de Norvège (*Philippot*, architecte) : 7 N, bd Jourdan.
Maison des industries agricoles et alimentaires (*Thieulin* et *de Vigan*, architectes) : 5, bd Jourdan.
Maison Heinrich-Heine (*Maître*, architecte) : 27 C, bd Jourdan.
Maison du Cambodge (*Audoul*, architecte, 1957) : 27 B, bd Jourdan (fermée).
Maison de l'Italie (*Klein*, architecte, 1959) : 7 A, bd Jourdan.
Résidence André-de-Gouveia (*M. Crépet*, architecte).
*Fondation Avicenne** (*Cl. Parent* et *M. Fouroughi*, architectes; *André Bloc*, sculpteur; 1966-1968) : 27 D, bd Jourdan.
Pavillon André-Honnorat : 21, bd Jourdan (réservé aux jeunes filles).

On cite souvent en priorité, au point de vue architectural, la Fondation suisse de *Le Corbusier*, le Collège néerlandais de *Dudok* et la Fondation Avicenne, la plus récente, comme une réalisation de qualité de l'architecture française des années 1960.

▷ L'église du Sacré-Cœur

sur la commune de Gentilly

Offerte par la famille Lebaudy, elle a été construite pour être la chapelle de la Cité universitaire (*Paquet* architecte, 1936). Cette église s'est trouvée séparée de la Cité par la percée de l'autoroute qu'on peut franchir par une passerelle.

Un renouveau de l'art sacré

Vers 1920, Maurice Denis fonda, en collaboration avec Georges Desvallières, les Ateliers d'art sacré. Installés place de Fürstenberg, ces ateliers devaient former des artistes, particulièrement des peintres, mais surtout les préparer aux travaux d'église. Les jeunes artistes s'initiaient à toutes les techniques : peinture murale, peinture de chevalet, sculpture, orfèvrerie, vitrail, chasublerie; seul manquait un atelier d'architecture. Albert Dubos, Pierre Couturier, Henri de Maistre, Pauline Peugniez furent parmi les nombreux artistes qui fréquentaient ces ateliers. Malheureusement l'attitude du public à l'égard de cette entreprise resta assez réservée.

Quelques années plus tard, les Chantiers du Cardinal donnèrent une nouvelle impulsion dans ce domaine. C'est en 1932 que le cardinal Verdier décida la construction d'églises dans les nouveaux quartiers de Paris et sa banlieue. A son appel, les chantiers se multiplient au point de dépasser tous les programmes de construction jamais conçus par un évêque pour son diocèse. A Paris retenons : Saint-Antoine-de-Padoue, l'église de la Cité Universitaire où Gruber place les premiers vitraux abstraits; l'architecte Tournon construit l'église du Saint-Esprit : décorée par les peintres de l'école des Beaux-Arts et ceux des Ateliers d'art sacré (peintures murales de Maurice Denis, de H. de Maistre, de Pauline Peugniez; chemin de croix de Desvallières), elle donne un bel exemple de l'art religieux de l'époque.

Au clocher, supporté par quatre anges, œuvres du sculpteur *Saupique* comme la façade. A l'*intérieur*, chemin de croix peint par *A. Zarraga* et verrières de *Gruber*. Cette église a été attribuée à la communauté portugaise du diocèse de Paris.

Le quartier de la rue Mouffetard**

5e arr. / 44-K9, 36-K8
Métro : Censier-Daubenton
Bus : 27, 47, 21, 83
P souterrain 4, rue du Marché-des-Patriarches
Taxis : place Monge ☎ 45.87.15.95

Des abords sages et recueillis de la rue Descartes ou de la rue de l'Estrapade on entre, place de la Contrescarpe, dans un monde tout à fait différent. L'étroitesse des rues, leur escarpement et leur animation donnent en effet au quartier de la Mouffe l'apparence d'un petit village en plein Paris. Les anciennes maisons intelligemment restaurées qui bordent toutes ces petites rues ajoutent encore au charme et à l'originalité de cet endroit. La conjonction de si nombreux agréments devait immanquablement attirer en foule ceux qui recherchent le pittoresque. C'est ainsi que, les soirs d'été, il est difficile de trouver une place aux terrasses des restaurants grecs qui bordent la rue Mouffetard. Bien sûr, le bariolage des étalages du marché n'est plus tout à fait authentique, pas plus sans doute que quelques poutres apparentes à l'intérieur des maisons, et même les clochards malicieux de la place de la Contrescarpe semblent avoir été placés là pour la couleur locale. Il reste néanmoins, à côté de cette atmosphère quelque peu frelatée, plusieurs petites rues et placettes charmantes à l'ombre de la tour Clovis et du Panthéon où l'on peut retrouver intact le caractère de la rive gauche.

Le quartier dans l'histoire

Le bourg Saint-Médard est l'un des plus anciens du territoire de la capitale, avec son voisin, le bourg Saint-Marcel. Sa formation, attestée seulement au XIIe s., remonte vraisemblablement à des temps beaucoup plus lointains. A l'époque où « Paris était à la campagne », c'était une zone de carrières de pierre, de terres labourées, de prés, de vignobles, où quelques grands personnages firent construire leurs résidences champêtres aux XIIIe et XIVe s. ; parmi ces vastes domaines seigneuriaux : le séjour d'Orléans qu'Isabeau de Bavière donna en 1402 à son beau-frère le duc Louis d'Orléans, ou l'hôtel de Raymond du Temple, architecte de Charles V, ou encore la maison des Patriarches. Situé à moins d'un kilomètre du rempart de Philippe Auguste, le bourg médiéval entra dans les possessions de la toute puissante abbaye de Sainte-Geneviève et les maisons bordant la rue Mouffetard finirent par rejoindre celles du bourg Sainte-Geneviève situées à l'intérieur de l'enceinte. Dès le XVe s., les grands domaines furent démantelés, les parcelles acquises par une population en majorité commerçante et artisanale. Diverses boutiques et cabarets, des échoppes d'artisans et des étals de bouchers envahirent le quartier, lui conférant son caractère industrieux et populaire. Aux XVIIe et XVIIIe s., une véritable urbanisation de l'ancien bourg rural est en cours. Il est assimilé aux faubourgs du Sud de la ville sous le nom de faubourg Saint-Marcel. Il fut compris dans la zone limitée par le bornage que le roi Louis XV fit établir en 1724, ceci afin de mettre un terme à l'expansion incontrôlable des faubourgs de Paris. Le caractère populaire du quartier s'accentue au XIXe s., et on peut même parler de tendance à la paupérisation ; certains estaminets restés célèbres, comme les Quatre Sergents de La Rochelle ou le Vieux-Chêne, serviront aux prolétaires de lieux de rendez-vous et de points d'appui pour les révolutions du XIXe s. Jusqu'à une époque récente, beaucoup de ces constructions modestes des XVIe, XVIIe et XVIIIe s., maisons de faubourgs en pans de bois et moellons, revêtues d'un simple crépi, avaient pris une apparence que l'on peut qualifier d'insalubre.

Dans les années 1960-1970, la rénovation urbaine s'empara de ce quartier miraculeusement épargné par les percées haussmanniennes. Les promoteurs immobiliers comprirent vite l'intérêt que pouvait présenter cet ensemble pittoresque au caractère d'ancien village. Les opérations de réhabilitation se voient imposer des contraintes architecturales très strictes et doivent s'intégrer au site. C'est à présent un quartier habité par les classes aisées, mais si les artisans ont disparu, les boutiques de denrées alimentaires tiennent toujours et définitivement tout le bas de la rue car elles en sont le charme principal et officialisé.

Visite du quartier

1 h 30

▷ L'église Saint-Médard** *141, rue Mouffetard / 8 h 30-12 h 30/15 h-19 h 30, f. lun. ☎ 43.36.14.92*

L'origine de ce sanctuaire, situé à l'emplacement de l'ancienne traversée de la Bièvre par la voie romaine de Lyon, remonte sans doute au IXe s. Il semblerait que l'édifice actuel ait été reconstruit dès la seconde moitié du XVe s. (façade et nef). Le chœur et les chapelles furent bâties de 1560 à 1586 et les travaux reprirent au XVIIe s. L'église appartint à l'abbaye de Sainte-Geneviève qui l'administra jusqu'à la Révolution. Les jansénistes persécutés trouvèrent refuge dans la paroisse Saint-Médard et plusieurs d'entre eux furent inhumés dans l'église (Pierre Nicole, † 1695). En 1784, l'architecte *Petit-Radel*, se conformant à la mode du retour à l'antique, fit canneler les colonnes du chœur, comme à Saint-Germain-l'Auxerrois et à Saint-Nicolas-des-Champs ; il éleva, au chevet de l'église, la grande chapelle de la Vierge. L'église fut en partie dégagée, en 1868, des maisons qui l'enserraient et le square actuel est planté sur une partie de l'ancien cimetière.

L'intérieur

Nef : buffet d'orgue par *Germain Pilon* (1645) ; au sommet, le Christ entre deux anges descendant du ciel. La chaire porte la date de 1718 ; elle fut érigée aux frais des marguilliers dont les noms se lisent sur le piédestal.

Bas-côté dr. et ses chapelles. 1re chapelle : fragments de vitraux du XVIe s., la Descente aux Limbes ; au-dessus de l'autel, triptyque du XVIe s. avec une pietà. 2e chapelle : à g., Pietà par *Guillemot* (1819) ; à dr., copie d'une peinture de Restout, la Guérison du paralytique de la piscine de Bezatha, par *Bona* (1783).

Chœur : achevé au XVIIe s., plus large et plus élevé que la nef ; les piliers ont été cannelés et dotés d'entablements doriques

Les convulsionnaires de Saint-Médard

C'est un phénomène curieux qui se produisit pendant plus de cinq ans dans le petit cimetière paroissial de Saint-Médard autour de la tombe du diacre François Pâris. Celui-ci, fervent janséniste, ascète exemplaire et charitable, meurt en 1727, vénéré comme un saint par les habitants du quartier. A l'époque des persécutions dirigées contre les jansénistes, son tombeau va cristalliser le sentiment d'oppression et devenir le lieu d'un culte qui prit bientôt des formes bizarres. Des guérisons, réelles ou imaginaires, eurent lieu ; l'exaltation monta et dégénéra rapidement en transes, visions et convulsions variées ; le calme petit cimetière devint le théâtre de scènes masochistes et d'hystérie collective. L'épidémie de folie gagnant une population de plus en plus nombreuse, les autorités durent intervenir : le culte du diacre Pâris fut interdit et le cimetière fermé en 1732. Le lendemain on pouvait lire, sur la porte, cet épigramme anonyme et ironique : « De par le Roi défense à Dieu de faire miracle en ce lieu ». Les transes des convulsionnaires ne cessèrent pas pour autant ; elles devinrent clandestines et continuèrent à hanter le quartier jusqu'en 1762.

en 1784 par *Petit-Radel*. Pourtour du chœur et ses chapelles (en commençant par la dr.) : 1re chapelle : la Promenade de saint Joseph et de l'Enfant Jésus par *Zurbarán* (XVIIe s.). 2e chapelle : le Christ au tombeau, d'après *Ph. de Champaigne*. 3e chapelle : à g., l'Annonciation et ses six prophètes (XVIIe s.); à dr., Sainte Cécile (XVIIe s.). 5e chapelle (dite chapelle de la Vierge), construite par *Petit-Radel*, en 1784 : à dr., Saint Médard couronnant la première rosière par *L. Dupré* (1837); à g., le Mariage de la Vierge par *Caminade* (1824). 6e chapelle : Sainte Geneviève lisant et gardant ses moutons, peinture attribuée à *Ch. Eisen* (milieu XVIIIe s.). 7e chapelle : la Religion par *Challe* (XVIIIe s.).

Bas-côté g. et ses chapelles. 1re chapelle : Jésus-Christ chassant les marchands du Temple, peint par *Natoire* à Rome en 1728; voûte ornée de peintures murales très restaurées. 2e chapelle : au-dessus de l'autel, le Baptême du Christ d'après *Mignard*; sur l'autel, Saint Denis, terre cuite peinte du XVIIIe s.

▷ La rue Mouffetard** *de l'église Saint-Médard à la rue Daubenton*

Cette rue, une des plus anciennes de la capitale, fut autrefois un axe de circulation important. Chemin gaulois, puis portion de la grande voie romaine, elle reliait Lutèce à Rome par Sens et Lyon. Franchissant le cours de la Bièvre par un pont que l'on situe au no 4 de la rue de Bazeilles, elle s'étendait primitivement jusqu'à l'actuelle place d'Italie. Connue aux XVIIe et XVIIIe s. sous le nom de Grande-rue-du-faubourg-Saint-Marcel, qu'elle traversait, elle fut tronquée en 1868-1869 par le percement de l'avenue des Gobelins. La partie restante, qui escalade le versant S. de la montagne Sainte-Geneviève, a conservé intacte la marque du parcellaire médiéval, et les maisons qui la bordent, si elles ont été modifiées au cours des ans, sont assises sur les mêmes fondations et présentent l'aspect général de celles que l'on voyait autrefois. Toutes les ***maisons*** du bas de la rue sont anciennes (nos 135 à 117; no 126, maison à grande lucarne, sans doute fin XVIe s.), parfois remises au goût du jour aux XVIIe et XVIIIe s.; voir, au no 135, la ***façade*** Louis XIII restaurée et en face les maisons à mansardes; au no 134, amusant ***décor*** peint et au no 122, très belle ***enseigne*** en pierre peinte « A la bonne eau » (devenue « bonne source »).

▸ Dans la *rue Daubenton* (autrefois rue des Boulliers) à dr., on peut voir, après l'entrée latérale de l'église Saint-Médard au no 41, les traces de deux portes cintrées murées dont une donnait accès au cimetière.

Du mont Cétard à la Mouffe

Rue Mouffetard; ce nom si familier aux Parisiens, d'où vient-il? Deux étymologies fort différentes s'en disputent la paternité. La première, populaire et plaisante, en fait un dérivé du mot « moffette » qui aurait été employé pour désigner les odeurs nauséabondes émanant de la Bièvre déjà polluée et souillée par les bouchers-écorcheurs; ceux-ci, établis dans le quartier Saint-Médard autour du Pont-aux-Tripes, utilisaient l'eau de la rivière pour laver les viscères des animaux abattus. Installés à partir du XIVe s., ils furent suivis par les tanneurs et les teinturiers. La seconde explication, plus savante et plus vraisemblable parce qu'attestée par des documents anciens, en fait la déformation par le langage, au cours des siècles, du lieu-dit le mont Cetardus (mont Cétard, Montfétard, Moufftard) que cette rue traversait ou côtoyait au XIIIe s.

▷ La place des Patriarches

Sur la place, un ensemble contemporain à références classiques occupe en partie l'emplacement d'un vaste domaine seigneurial du XIVe s. : la ***maison dite du Patriarche*** (puis des Patriarches) car, dans la succession de ses propriétaires on trouve, en 1396, un grand dignitaire ecclésiastique, archevêque de Reims et patriarche d'Alexandrie. Le terrain et l'hôtel firent place, en 1830, à un marché couvert puis à un établissement de bains. C'est aujourd'hui un gymnase municipal.

▷ La rue de l'Arbalète *à g. de la rue Mouffetard*

On est surpris ici par les odeurs et les produits exotiques du ***Village africain***. Amusant décor de grappes de raisins en stuc sur le bistrot situé à l'un des coins de cette rue qui desservait le couvent des Filles de la Providence et celui des Filles du Silence (XVIIe et XVIIIe s.) aujourd'hui disparus. Les nos 9 à 21 occupent l'emplacement du jardin des Apothicaires, ancêtre du jardin des Plantes, où l'on pratiquait au XVIe s. la culture d'herbes médicinales. Michelet demeura dans cette rue et Seurat y eut un atelier.

▷ La rue Mouffetard *de la rue de l'Arbalète à la rue du Pot-de-fer*

Continuant à monter la rue Mouffetard, on rencontre une succession de ***maisons*** à l'ossature ancienne, parfois rhabillées ou rehaussées aux XVIIe et XVIIIe s. (voir les nos 114-112, 106-102, 94-82), alternant avec des constructions plus récentes (nos 100-96). Au no 81, ***portail*** surmonté d'un fronton triangulaire (sans doute vestige d'une chapelle XVIIe s.); dans la cour, haute maison à pignon. Nos 74-76 : bibliothèque municipale spécialisée en littérature policière. No 73, passage moderne communiquant avec la rue Gracieuse; à l'intérieur, Centre culturel du 5e arrondissement. On situe à peu près à cet endroit

Les enseignes du vieux Paris

Jusqu'à l'apparition du numérotage des maisons en 1805, seule l'enseigne permet de désigner et de trouver une habitation. S'il est permis de croire qu'elles existaient auparavant, les premières enseignes attestées à Paris apparaissent vers l'an 1200; rares au XIIIe s., l'usage s'en répandit au XIVe s. et surtout au XVe s. et devint quasi général par la suite, aussi bien sur les maisons privées que sur les boutiques. De formes et de matériaux divers — bois sculpté, pierre en bas-relief, métal ouvragé, terre cuite —, elles sont toujours polychromes et la variété des figures représentées est infinie. A côté des signes professionnels traditionnels représentant l'outil ou le produit vendu, on trouve nombre de sujets pieux, «les Trois Rois», et d'images patronales de saints souvent en statuette dans une niche ogivale; des figures du règne animal ou végétal, «le Lion couronné», «la Pomme rouge»; des astres, «le Croissant d'or», des scènes mythologiques et fabliaux, «la Sirène», ainsi que des rébus et jeux de mots, «au Puits sans vin» (au puissant vin). Les enseignes de boutiques, souvent suspendues à une tige de fer posée en potence prirent, avec les rivalités commerciales, un volume et un poids excessif; bruyantes et dangereuses pour le passant, elles furent interdites en 1761 par le lieutenant de police Sartines. On vit alors fleurir, appliquées aux murs des maisons, des enseignes peintes dont l'Enseigne de Gersaint du peintre Watteau est un exemple fameux.
De nos jours, le langage des maisons a pris un autre style mais certaines de ces vieilles enseignes sont encore visibles et le musée Carnavalet en conserve de nombreux et très beaux spécimens.

l'entrée de l'immense territoire du domaine d'Albiac au XVe s. Au n° 69, la *maison du Vieux-Chêne* fut, en 1848, un club révolutionnaire puis un bal public; cette très belle enseigne est l'une des rares en bois sculpté subsistant à Paris avec l'Arbre à Liège de la rue Tiquetonne. N° 61 : caserne de la Garde républicaine, construite en 1840 sur l'emplacement du couvent des Filles de la Miséricorde établi ici au XVIIe s. En face, au coin de la rue du Pot-de-Fer, l'une des quatorze *fontaines* que *Marie de Médicis* fit installer sur la rive gauche, alimentées par l'aqueduc qui prenait le relais de l'ouvrage gallo-romain d'Arcueil; celle-ci, mise en place en 1624, fut reconstruite en 1671 sur des dessins de *Le Vau*.

▷ La rue du Pot-de-Fer* *à g.*

C'est un ancien chemin viticole; beaucoup de charme dans cette petite rue piétonne où les restaurants débordent sur le pavé. N° 1, *maison à pignon*; belle *porte* XVIIIe s. au n° 7.

▷ La rue Mouffetard *de la rue du Pot-de-Fer à la place de la Contrescarpe*

Reprenant la rue Mouffetard, on peut rêver, en passant devant le n° 53, au fabuleux trésor qui y fut découvert en 1938 lors de la démolition d'une maison. Composé de sacs de louis d'or (représentant la valeur d'environ 25 millions de nos francs), il fut partagé entre les héritiers retrouvés du thésauriseur (Louis Nivelle, avocat au Parlement de Paris au XVIIIe s.), le propriétaire du lieu de la découverte (ici, la Ville de Paris) et les inventeurs du trésor (les ouvriers). Au n° 36, partie de l'ancien casernement des gardes françaises *(→ rue Tournefort nos 7 à 11)*. En arrivant place de la Contrescarpe, on ira encore voir, au n° 14, l'*enseigne* peinte Au nègre joyeux.

▷ La Contrescarpe*

Elle tire son nom du remblai du fossé qui entourait le rempart de Philippe Auguste (remanié par Charles V), suivant le tracé des rues de l'Estrapade, Blainville et Cardinal-Lemoine. Cette place, formée en 1852 par la suppression de maisons anciennes, ne représente que de très loin l'ancien carrefour par lequel on arrivait aux murs de la ville. De tous temps lieu de réunions et de cabarets, elle a conservé cette tradition; à l'ombre de ses arbres, devant ces vieilles façades, il se dégage un charme certain; elle est de toutes les festivités. Au n° 1, une inscription rappelle le *Cabaret de la Pomme de Pin* (situé en face en réalité) vanté par Rabelais et où se réunissaient au XVIe s. les membres de la première Pléiade : Ronsard, Baïf, du Bellay, etc. A quelques mètres à dr., dans la rue Lacépède (n° 50), on aperçoit un bâtiment contemporain (crèche et établissement de bains-douches) alliant tradition et modernité.

▷ La rue Rollin

Avant de pénétrer plus avant dans la rue du Cardinal-Lemoine au N., faire une incursion à dr. dans l'univers provincial et littéraire de la rue Rollin dont l'extrémité, tronquée par le percement de la rue Monge, semble suspendue dans le vide. Vieilles *maisons* pour la plupart restaurées; quelques très belles *portes* la jalonne. Le n° 2 se dispute la mort de Pascal avec le n° 67 de la rue du Cardinal-Lemoine; Bernardin de Saint-Pierre demeura au n° 4 où il écrivit Paul et Virginie; Emile Zola y habitait en 1860. Descartes descendait au n° 14 lors de ses séjours à Paris.

▷ La rue du Cardinal-Lemoine

Anciennement rue des Fossés-Saint-Victor, elle était au Moyen Age, comme son nom l'indique, le chemin qui longe le fossé du mur d'enceinte jusqu'à la Seine et devint rue quand le fossé fut comblé

L'hôtel des Patriarches et le vacarme de Saint-Médard

Au XVIe s., l'hôtel des Patriarches était occupé par un sympathisant calviniste qui en céda une aile aux adeptes de la religion réformée pour leur servir de lieu de culte. Ce fut l'un des deux temples autorisés tacitement dans les faubourgs de Paris par la reine Catherine de Médicis. C'est là qu'eut lieu le premier épisode sanglant des guerres de Religion à Paris opposant les protestants, assemblés par un prêche, et les catholiques, qui carillonnaient pour les vêpres dans l'église Saint-Médard toute proche. C'est la journée du 27 décembre 1561, connue sous le nom de «vacarme» ou «tumulte» de Saint-Médard. Provocations, intolérances, fanatisme ? La confrontation était inévitable entre ces deux communautés séparées par la largeur d'une rue et d'un jardin. L'émeute fut violente et fit des morts de part et d'autre ; au sac de l'église par les protestants, les catholiques ripostèrent par l'incendie du temple le lendemain. Quelques mois plus tard, c'était le massacre de Vassy, la fin de la politique de tolérance qu'avait tentée Catherine de Médicis et le déchaînement des guerres de Religion.

en 1684. Le passage aux pavés anciens du n° 75 conduit à une jolie *maison** Directoire (deux corps de logis se faisant face dans un îlot de verdure) qui a remplacé la maison de la congrégation des Pères de la Doctrine chrétienne établit ici au XVIIe s. Au n° 71, maison où vint habiter l'écrivain Valéry Larbaud à partir de 1920. Au n° 65, ancien *collège des Ecossais**. Le quartier des collèges déborde ici ; parmi les nombreux établissements qui accueillaient les étudiants dès le Moyen Age, certains avaient été fondés par des bienfaiteurs étrangers pour leurs boursiers. C'est le cas de celui des Ecossais (créé par *David*, évêque de Murray, en 1326). Installé primitivement plus au cœur du quartier de l'Université, il fut transféré ici au XVIIe s. Le bâtiment actuel, construit de 1662 à 1677, présente la particularité d'avoir été repris en sous-œuvre en 1684 au moment où le sol de la rue fut abaissé en pente douce. Un second portail fut édifié sous le premier que l'on convertit en fenêtre ; d'où la curieuse disposition de la porte d'entrée au milieu de cette austère façade classique. Il appartient toujours à l'Eglise d'Angleterre et est occupé actuellement par des religieuses dominicaines (foyer d'étudiantes et école primaire, il a conservé sa vocation d'enseignement). Par la porte d'entrée on aperçoit un très bel *escalier* (rampe à balustres de chêne) mais la *chapelle* à cinq travées qui renferme un grand retable du XVIIe s. reste secrète *(visite sur R.V. par l'intermédiaire de la Caisse nationale des Monuments historiques).*

Animation

Deux temps forts : le maché dans la journée, les restaurants le soir.
Marché : bas de la rue Mouffetard et alentours (zone de voies semi-piétonnes interdites à la circulation automobile aux heures de marché). Du mar. au sam., 9 h-13 h/16 h-19 h 30 ; dim., 9 h-13 h.
Restaurants : dans haut de la rue Mouffetard et aux alentours de la place de la Contrescarpe avec une forte concentration de restaurants grecs. Ils sont très animés les soirs d'été.
Visites guidées : consulter le programme de la Caisse nationale des Monuments historiques, 62, rue Saint-Antoine, 75004 ☎ 42.78.73.81.
Concerts dans l'église Saint-Médard (spécialement pendant les fêtes d'automne du 5e arrondissement).
Conseils : à visiter bien entendu un jour de marché pour la beauté des étalages mais éviter, pour pouvoir en profiter, la bousculade des sam. et dim. fin de matinée.

Suite de la rue du Cardinal-Lemoine → *quartier Jardin des Plantes.*

▷La rue Clovis

Prenant à g. la rue Clovis, on se trouve dans la partie qui fut ouverte en 1809 sur l'emplacement de la chapelle du collège de Boncourt. L'*écusson* apposé en façade au n° 1 (chardon d'Écosse entourant un écu léopardé) rappelle que ce terrain avait été donné par la Ville au collège des Ecossais. Au n° 3, cette muraille envahie par le lierre est un vestige en coupe de l'*enceinte*** de *Philippe Auguste*. En pénétrant dans la cour du n° 7, on en verra une portion considérable, émouvante non par sa beauté mais parce qu'autrefois la ville se terminait ici.

Suite de la rue Clovis, N. et O. → *quartier de la montagne Sainte-Geneviève.* ▶ Dans la *rue Descartes à g.*, on est de nouveau sur une portion de la grande *voie romaine* qui reliait Lutèce à Rome. Au début du siècle, des sarcophages provenant du cimetière mérovingien de Saint-Pierre-Saint-Paul ont été découverts au n° 31. Au n° 36, lycée Henri-IV. Au n° 45, maison à pignon. ▶ Dans la *rue Thouin* que l'on traverse, il y avait un jeu de paume au XVIIe s. (nos 2 à 6). Au n° 10 bis : église arménienne ; en face (n° 7), petit immeuble contemporain. ▶ Encore une *enseigne* rue Mouffetard que l'on reprend un moment : celle d'une boucherie, au n° 6, représentant un bœuf en bas-relief (XVIIIe s.), sans doute pendant d'un autre lui faisant face, disparu. ▶ Tourner à dr. dans la *rue Blainville*. Ancien chemin de contrescarpe, elle monte jusqu'au carrefour récemment aménagé en parterre ombragé. Maisons anciennes des deux côtés. Ferronneries au n° 5.

▷ La rue de l'Estrapade

Elle prolonge la rue Blainville. On y voyait, au XVIIe s., comme dans la rue Thouin, bordant les anciens remparts, deux *jeux de paume* : celui de Monplaisir (nos 3 à 7) et celui du Grand Braque, un peu plus loin. Au no 3, Diderot fut arrêté, en 1749, pour avoir écrit la Lettre aux aveugles dont l'athéisme non déguisé lui valut d'être envoyé au donjon de Vincennes. Aux nos 5-7, bel *hôtel* du XVIIIe. Au no 9, maison ancienne au toit en tuiles plates qui porte encore l'*enseigne* amusante en tôle découpée (vers 1914) de la brûlerie de café qui occupait l'immeuble au début du siècle. Au no 11, maison du XVIIIe s. où habita Paul-Louis Courier (écrivain pamphlétaire, 1772-1825).

Suite de la rue de l'Estrapade et place de l'Estrapade → *quartier de la montagne Sainte-Geneviève.*

▶ Si l'on prend la *rue Laromiguière (à g.)*, on verra, du côté pair, un ensemble de maisons anciennes bien restaurées dont le dégradé de crépi est d'un bel effet. Autrefois rue des Poules, elle desservait au XVIIe s. le cimetière protestant (no 11, et rue Amyot no 8) accordé par l'Edit de Nantes puis désaffecté à la révocation de celui-ci, en 1685. ▶ *Rue Amyot* (anciennement rue du Puits-qui-parle à cause d'un puits dont l'écho était célèbre). Au no 7, ravissant petit *pavillon* ancien avec jardin, malheureusement peu visible. Retournant vers la rue Tournefort, vue dégagée à dr. sur l'arrière de la belle maison à tourelle qui en fait le coin et sur celle du no 15.

▷ La rue Tournefort

Si l'on prend directement à g. la rue Tournefort, on passe devant une ancienne caserne des gardes françaises (nos 7 et 11, qui s'étendait jusqu'à la rue Mouffetard) construite en 1775 pour mettre fin au système du billet de logement chez l'habitant. En face, se trouvait encore un jeu de paume, dit de la Mort-qui-Trompe. En 1978 tout ce quartier a fait l'objet d'une vaste campagne de restauration. Les nos 16 et 18 font partie des anciens bâtiments de la communauté de Saint-Aure (XVIIIe s.) qui occupait tout l'îlot jusqu'à la rue Lhomond. Ce fut d'abord une sorte de maison de redressement avant d'être une pension pour jeunes filles pauvres : elle eut pour pensionnaire la jeune Jeanne Bécu, future comtesse Du Barry. Les bâtiments, aujourd'hui convertis en appartements de luxe, gardent une belle façade baroque sur jardin, malheureusement inaccessible et, sur la rue, des ouvertures en segments de cercle dans un encadrement à refends. La chapelle de l'institution ainsi que la massive église du Christ-Roi construite par *Astruc* en 1935-1940, ont disparu. Sur le pan arrondi du bel édifice d'angle, on peut lire, de chaque côté, deux *inscriptions de rue*, en pierre gravée, telles qu'elles se présentaient autrefois : rue Neuve-Sainte-Geneviève (ancien nom de la rue Tournefort ; le mot Sainte a été gratté pendant la Révolution) et rue du Pot-de-Fer. Balzac, en 1819, a situé un peu plus bas la pension Vauquier du Père Goriot. Au no 25, une plaque rappelle que Mérimée habitait la maison en 1820.

▷ La place Lucien-Herr

Elle forme une sorte de frontière entre la région touristique de la rue Mouffetard et celle intellectuelle et résidentielle du quartier Val-de-Grâce. Tournant le dos à la rue Jean-Calvin (dont le percement heureusement stoppé devait traverser la rue Mouffetard), on verra une intéressante *fontaine** contemporaine (*Bernadette Gourrier*, 1982) sous l'avancée insolite et pittoresque du petit restaurant en terrasse. ▶ Emprunter un moment la *rue Lhomond* (→ *quartier du Val-de-Grâce*) pour prendre à g. l'ancien *passage des Postes** qui nous ramène rue Mouffetard, face au passage des Patriarches.

Le quartier de la Nation

12e arr. / 39-O8-P8, 38-O8-N8
Métro et RER : Nation / Bus : 56, 86
🅿 75, bd de Picpus ; cours de Vincennes,
entre le bd de Charonne et la rue des Pyrénées
Taxis : 1, av. du Trône ☎ 43.73.29.58

Le cours de Vincennes est sans doute la voie la plus monumentale de l'Est parisien. Dans sa perspective encadrée par les deux colonnes de Ledoux, on imagine le paysage de Paris, duquel émerge la silhouette symbolique de la tour Eiffel. La place de la Nation elle-même est un rond-point aéré mais assez terne autour duquel s'articulent les axes principaux de l'Est de la capitale.

Perdue au milieu du terre-plein, dressée sur la pointe des pieds sans parvenir à occuper l'espace qui lui est assigné, la statue de la République de Dalou ne semble pas convaincre de sa présence les boulistes qui discutent âprement leurs coups dans son dos.

A l'époque de la Révolution, la place était beaucoup moins aimable. De nombreuses victimes de la Terreur y furent en effet guillotinées et on peut encore évoquer leur souvenir, à proximité, dans le petit cimetière de Picpus au charme campagnard. Les alentours de la place de la Nation, s'ils ne conservent pas de monument important, possèdent encore beaucoup d'exemples intéressants d'architecture des XIXe et XXe s. comme la remarquable église du Saint-Esprit.

Circuit est

De la place de la Nation à la porte de Vincennes
45 mn

▷ La place de la Nation

Cette place circulaire (252 m de diamètre) constitue une entrée monumentale dans Paris. La place s'appelait jadis place du Trône, parce que l'on y avait édifié un haut dais, ou « throsne » royal, pour l'entrée de Louis XIV et de l'infante Marie-Thérèse, le 25 ou 26 août 1660. Elle devint place du Trône-Renversé en 1793 et la guillotine s'y dressa lorsque les habitants de la rue Saint-Honoré se furent lassés de voir passer les charrettes (25 prairial-9 thermidor an II : 1306 victimes, peut-être davantage, dont André Chénier). La place prit son nom actuel le 14 juillet 1880.

Elle est ornée d'un groupe en bronze de *Dalou* : le ***Triomphe de la République****. Cette importante sculpture avait été conçue pour occuper le centre de la place de la République mais le jury la refusa et il fallut attendre une vingtaine d'années avant qu'on lui trouve son emplacement définitif, mais illégitime, place de la Nation en 1899. A l'E., encadrant l'avenue du Trône, les deux ***pavillons*** et les deux ***colonnes*** doriques (hautes de 30,50 m) de ***l'ancienne barrière du Trône***, qui faisait partie de l'enceinte des Fermiers généraux, construits par *Ledoux* (1788), sont les seuls vestiges de la barrière de Vincennes ; les colonnes ont été surmontées, sous Louis-Philippe, des statues de Philippe Auguste et de Saint Louis, par *Etex* et *Dumont*.

▷ Le cours de Vincennes

Le spacieux cours de Vincennes est l'artère principale d'un quartier qui s'est développé entre 1930 et 1960. Il offre une promenade agréable aux amateurs de l'architecture des XIXe et XXe s. Il est particulièrement animé les jours de marché.

A l'entrée de la rue des Pyrénées, sur la g., se trouve l'***église Saint-Gabriel*** construite par *Murcier* en 1937 et ornée de peintures de *A.-H. Lemaître* (1942). Le ***lycée Hélène-Boucher*** (*L. Sallez* architecte, 1938) porte le nom de l'héroïque aviatrice tombée « au champ d'honneur du ciel » en 1934 ; hall d'entrée orné de peintures de *Sigrist*. Au n° 89, lycée Maurice-Ravel. En face, aux n°s 84 et 86, sont installés les ***ateliers Bricard*** (*Alexandre Borgeaud* architecte, 1902-1904). A la hauteur du n° 101, le pont de chemin de fer, construit en 1888, faisait partie de la voie de Petite Ceinture chargée de relier les différents réseaux de transport.

Le cours aboutit à la porte de Vincennes. ▶ La ***rue Marsoulan***, à g. du cours de Vincennes, conduit au ***square Courteline*** où un buste de Georges Courteline (1935, par *Benneteau*) rappelle que l'écrivain demeurait dans le quartier. Il habita de 1907 à 1929 au n° 43 de l'avenue Saint-Mandé (inscription). ▶ Prendre l'***avenue de Saint-Mandé*** vers l'O. ▶ Sur la dr., l'***avenue du Bel-Air*** ramène à la place de la Nation.

La foire du Trône

C'est sur la place de la Nation que se tenait la foire aux pains d'épice, également appelée la foire du Trône, dont l'origine remonterait à 957. Cette année-là, une grande famine frappa les environs et les antonistes distribuèrent aux indigents du village de Pique-puce, des petits pains au seigle et au miel en souvenir de leur patron, saint Antoine, qui se serait nourri de miel et de lait dans le désert de Thébaïde au IIIe s. Jusqu'au XVIIe s., l'abbaye de Saint-Antoine-des-Champs conserva le privilège de fabriquer et de vendre ces petits pains durant la semaine de Pâques. Mais c'est en 1719 qu'une véritable foire annuelle fut créée ; elle se tenait dans l'enclos de l'abbaye. Aux marchands forains traditionnels se joignirent des bateleurs dont le nombre est allé en grandissant. Au XIXe s., la foire aux pains d'épice se déplaça sur la place du Trône, future place de la Nation. Elle connut alors une extension considérable, envahissant pendant plusieurs semaines les avenues avoisinantes : en 1880, on y dénombrait 2424 forains. Depuis 1964 la foire du Trône est installée à l'entrée du bois de Vincennes, sur les 10 ha de la pelouse de Reuilly. La plus grande fête foraine de France attire toujours en avril et en mai plus de cinq millions de visiteurs.

Circuit sud

De la place de la Nation à l'avenue Daumesnil

1 h

▶ Prendre le *boulevard Voltaire*. ▶ La *rue des Immeubles-Industriels (première rue à g.)*, construite en 1872-1873 par *Emile Leménil*, constitue un exemple d'ensemble parisien d'habitations ouvrières conçues sur l'idée du phalanstère fouriériste. ▶ Tourner à dr. dans la *rue du Faubourg-Saint-Antoine* et prendre la première rue à g.

▷ La rue de Picpus

Ce fut peut-être la rue Pique-Puce, mais son étymologie demeure très incertaine. Comme beaucoup d'autres aujourd'hui dans Paris, elle a un double visage : maisons modestes, ateliers d'artisans, couvents, maisons de retraite et orphelinats ne dissimulent pas les grands bouleversements qui modifient le quartier. Au XVIe s., ce chemin traversait les terrains de Picpus ; il desservit, plus tard, les couvents qui s'étaient établis dans ces parages agrestes. Aujourd'hui s'élèvent d'immenses immeubles. Au début de la rue de Picpus, on aperçoit sur la g. le bâtiment de l'*institution Eugène Napoléon* dont l'entrée se trouve au n° 254 de la rue du Faubourg-Saint-Antoine. L'édifice fut bâti en 1857 par *Hittorff* pour abriter la maison d'éducation fondée par l'impératrice Eugénie. Ninon de Lenclos possédait une maison de campagne au n° 12. A l'intersection avec la rue Fabre-d'Eglantine, un haut immeuble circulaire abrite le siège de l'Office national des forêts derrière lequel s'étend le Centre technique du bois.

▷ Le cimetière de Picpus*

t.l.j. sf. lun., 14 h-18 h; 15 oct.-16 avr., 14 h-16 h

Si vous poussez le haut portail du n° 35 vous entrez en plein XVIIIe s. : c'est ici l'ancienne communauté des chanoinesses de Saint-Augustin qui abrite le « cimetière de la noblesse », situé tout au fond de la cour irrégulièrement pavée. Installé à Picpus en 1647 par le cardinal de Retz et le président Tubeuf, supprimé en 1790, le couvent devint bien national et fut, en 1805, repris par les sœurs de l'Adoration perpétuelle du Sacré-Cœur. Elles y sont toujours et leur couvent abrite une maison de retraite. A dr., *chapelle de l'Adoration* : au-dessus de l'autel, statuette très vénérée de Notre-Dame de la Paix (en bois brun) provenant du couvent des capucins de la rue Saint-Honoré. Derrière, liste de 1 298 noms des victimes de la guillotine de la barrière du Trône (il y en eut 1 306 en tout). On entre dans les jardins : sycomores, frênes, potagers, fleurs et fruits ; les allées silencieuses, où l'on croise les religieuses toutes blanches avec leur bonnet de dentelle, semblent vous conduire à cent lieues de Paris. Au fond, à g. (coin N.-E.), linteau de la brèche par où pénétraient les charrettes. A côté, se trouvent les bornes repérant la troisième fosse creusée mais non utilisée, et l'endroit de la grotte où l'on dépouillait les victimes.

Le *cimetière* contient les tombes des familles des victimes (La Fayette, Montalembert, Chateaubriand, Crillon, Gontaut-Biron, Choiseul, La Rochefoucauld, Montmorency, Rohan, Noailles, Salignac-Fénelon, etc.) et la *tombe de* l'historien Th. *Gosselin*, dit Georges Lenotre († 1934 ; monument de *P. Sardou*). Dans l'enclos du fond, vert et reposant, est installé le *monument de* la famille de *Salm*, première acheteuse du terrain. On y a repéré, en 1929, deux fosses communes où se trouvent les ossements des victimes, dont André Chénier et les seize carmélites de Compiègne mortes pour leur foi le 17 juillet 1794.

En sortant dans la rue de Picpus, où Mlle Clairon (au n° 82) eut sa maison de campagne, on trouve aujourd'hui une maison de retraite, un orphelinat et l'hôpital Rothschild (à l'angle de la rue Santerre). ▶ Continuer la rue de Picpus au-delà du boulevard de Reuilly. ▶ Prendre la *rue Sidi-Brahim (première rue à dr.)* qui débouche sur l'*avenue Daumesnil*, en face de l'église du Saint-Esprit.

▷ L'église du Saint-Esprit*

t.l.j. 8 h-12 h/15 h-19 h 30 ☎ *43.07.52.84*

Construite entre 1928 et 1935, cette église est un véritable manifeste de l'architecture religieuse d'entre les deux guerres. Dû à l'architecte *Tournon* qui a utilisé le béton armé, avec revêtement extérieur en brique, l'édifice reproduit le plan général de Sainte-Sophie de Constantinople. C'est un retour aux origines byzantines de l'architecture sacrée, mais, à ce plan archaïque, l'architecte a adapté les techniques les plus modernes de l'époque.

L'extérieur est en briques de Bourgogne appareillées, exceptées les coupoles où le béton reste apparent. Les contreforts sont couronnés de pinacles. Bas-reliefs représentant les mois, par *L. Gibert*, *Guignier* et *Munzinger*.

Un grand escalier conduit au *narthex*, de forme circulaire, bordé de sept arcatures à fresques en camaïeu célébrant la Création, par les *Untersteller*. Sur le narthex s'ouvrent les accès au baptistère et à la crypte.

La crypte (porte en fer forgé de *Raymond Subes*) mesure 33 m de large sur 27 m de long et peut contenir 1 500 fidèles. Deux des quatre piliers de la coupole la divisent en trois nefs. L'aspect reste très sobre en dépit des statues de Notre-Dame de la Paix et de Saint Joseph, et des ornements sculptés par *Sarrabezolles*. Vitraux de *Louzier*, d'après les cartons de *Marcel Imbs*.

Les marchés

Sur le cours de Vincennes, entre le boulevard de Picpus et le boulevard Arnold-Netter : mercr., sam., 7 h 30-13 h 30.
36-38, rue de Reuilly : jeu., dim., 7 h 30-13 h 30.
Boulevard de Reuilly, entre la rue de Charenton et la place Félix-Eboué : mar., ven., 7 h 30-13 h 30.
Côté impair du boulevard Poniatowski, entre l'avenue Daumesnil et la rue de Picpus : jeu., dim., 7 h-13 h 30.

L'intérieur de l'église supérieure est imposant. Sa décoration évoque l'Eglise militante (piliers et murs) et l'Eglise triomphante (coupoles). Des mosaïques de *Marcel Imbs*, réalisées en émaux de Venise par *Gaudin*, décorent la masse bétonnée. Les colonnes de l'église comportent les emblèmes des ordres religieux. Sur les *murs d'enceinte*, de vastes compositions retracent l'évangélisation du monde. Près d'une trentaine d'artistes furent rassemblés pour réaliser ces peintures murales. Le morceau le plus notoire est, à l'abside, La Pentecôte par *Maurice Denis* (1934) : la descente du Saint-Esprit sur les apôtres réunis autour de la Sainte Vierge au cénacle ; puis Saint Paul, les Pères de l'Eglise grecque avec l'église Sainte-Sophie de Constantinople et ceux de l'Eglise romaine avec la basilique Saint-Pierre de Rome ; en soubassement, Les Sacrements. Pour suivre l'épopée évangélique sur les murs d'enceinte, il faut commencer par la chapelle des Martyrs (g. de l'abside), descendre jusqu'à la chapelle des Confesseurs et remonter le bas-côté dr. par la chapelle des Vierges et la chapelle du Travail. Dans les soubassements de ces mêmes *bas-côtés*, stations du chemin de croix par *Georges Desvallières*. Les *vitraux*, très transparents dans les verrières hautes, sont de plus en plus opaques en descendant vers le sol ; ils sont de *Barillet* et *Hébert-Stevens* (pour la 1re chapelle). Le *chœur* est entièrement revêtu de marbres polychromes et entouré d'une grille dorée, par *Chéret*. Un ciborium de marbre abrite le maître-autel, orné d'un retable doré, de *Dunand*, représentant la Vision apocalyptique de l'Agneau.

Le musée à voir

Musée des Arts africains et océaniens (293, av. Daumesnil) : objets d'art, arts populaires et iconographie d'Afrique et d'Océanie.

▷ La place Félix-Eboué* *par l'av. Daumesnil*

Au centre, fontaine créée par *Davioud*. Elle fut d'abord placée, en 1862, place du Château-d'Eau, c'est-à-dire notre actuelle place de la République, où elle fut remplacée par la statue de la République puis remontée ici. ▶ En continuant l'*avenue Daumesnil*, vous pourrez atteindre la *mairie du 12e arrondissement* construite entre 1874 et 1877 par *Hénard*. A l'intérieur, l'escalier d'honneur est décoré par *E. Thirion* sur le thème des industries du 12e arrondissement.

▷ La rue de Reuilly

Elle part de la place Félix-Eboué. En la remontant on verra, au n° 77, le *couvent de la Providence-Sainte-Marie*, dont la chapelle conserve le cœur de *Catherine Labouré*, fille de la Charité, canonisée en 1947, qui vécut ici 46 années (1830-1876). En face, au n° 56, la nouvelle *église Saint-Eloi*, en fer et brique, dominée par un signal de 35 m (*Marc Leboucher* architecte, 1966-1967), a été construite au cœur d'un îlot en cours de rénovation. Au n° 57, l'*école Boulle* (1895), école professionnelle du meuble, est installée au fond de l'impasse (*Mussigmann* architecte, 1889-1892). Au n° 36, ancienne église Saint-Eloi (1856), reconstruite en partie en 1880. Au n° 20, la caserne occupe l'emplacement de la Manufacture royale des glaces, créée en 1634 et transférée à Saint-Gobain en 1846. Au n° 9, se trouvait la brasserie du citoyen Santerre (1752-1809), général de la garde nationale parisienne en 1793 et commandant de la prison du Temple pendant la captivité de la famille royale.

Notre-Dame***

1er arr. / 36-K7
Métro : Cité
Bus : 21, 24, 27, 47, 69, 74, 85, 96

La cathédrale des cathédrales, la « paroisse de l'histoire de France », dresse sa haute stature à la pointe S.-E. de l'île de la Cité.

Notre-Dame dans l'histoire

C'est Maurice de Sully qui, évêque en 1160, décida la construction d'un grandiose édifice en remplacement des églises Notre-Dame et Saint-Etienne. Commencée en 1163, les travaux allaient durer jusqu'en 1330 environ.

La première campagne (1163-1182) dresse le chœur et son double bas-côté, ses tribunes, le mur E. des croisillons ; on commence la sculpture des portails de la façade, le maître-autel est consacré le 19 mai 1182. La deuxième campagne (1180-1200) édifie le mur O. des croisillons, les piles O. de la croisée, les trois dernières travées doubles de la nef (avec les travées des deux bas-côtés) et les tribunes. La troisième campagne (1190-1220) établit les tours et la travée de nef qui les joint, monte la façade jusqu'à la rose (l'étage de la rose daterait de 1220-1225), et plante les fondations de la première travée double de la nef qui fut élevée (avec les travées voisines des bas-côtés et des tribunes) de 1210 à 1220. Une dernière campagne érige la tour S. (1225-1240), la tour N. et la galerie haute entre les deux (1235-1250).

Des bâtisseurs de génie

L'architecte de génie qui bâtit la cathédrale sur les ordres de Maurice et d'Eudes de Sully (évêque de 1197 à 1208, non parent du premier) demeure inconnu. Son œuvre va recevoir des retouches ou additions au XIIIe s. et au début du XIVe s. Déjà, les combles avaient été refaits ; de 1225 à 1235, on modifie les parties hautes pour remédier à l'obscurité en agrandissant les fenêtres et supprimant le niveau des roses. Enfin, les fondations pieuses nécessitant la construction de chapelles, il fallut allonger les croisillons (vers 1250 au N., en 1258 au S.). Le maître d'œuvre fut Jean de Chelles, à qui succède vers 1265 le grand bâtisseur Pierre de Montreuil († 1267) : celui-ci achève les croisillons, les chapelles, la porte Rouge, commence le remplacement des arcs-boutants du chœur. Pierre de Chelles bâtit le jubé de 1300 à 1318, commence dès 1296 les chapelles du chevet que continuera Jean Ravy, maître d'œuvre de 1318 à 1344. C'est Jean Ravy qui termine les chapelles rayonnantes N. et lance les arcs-boutants du chœur, d'une volée de 15 m de rayon, ceux-là mêmes qu'on admire encore. Son neveu Jean le Bouteiller prend la suite, jusqu'en 1363, date à laquelle Raymond du Temple, son adjoint depuis 1359, dirige seul.

Un chef-d'œuvre profané

Trois siècles passent qui, malgré l'évolution du goût, respectent le chef-d'œuvre gothique. L'adversité commence à la fin du XVIIe s., lorsque Robert de Cotte détruit le jubé, les stalles, les bas-reliefs à la clôture du chœur, le maître-autel et les tombeaux pour la réalisation du vœu de Louis XIII (1638) qui impose un nouvel aménagement. Au XVIIIe s., les chanoines remplacent les vitraux par des verres blancs, badigeonnent les murs. En 1771, Soufflot détruit le trumeau et une partie du tympan du portail central pour permettre au dais processionnel de sortir.

La Révolution n'avait qu'à suivre : les rois de Juda de la façade, que le peuple avait toujours pris pour les monarques de France, sont abattus ; ils ont été retrouvés et sont aujourd'hui au musée de Cluny (→ musées). Les grandes statues des portails (sauf la Vierge de la porte du cloître) sont également abattues, l'intérieur est pillé, tandis que l'autel devient celui de la déesse Raison.

Un poète et un architecte

Du chef-d'œuvre il ne restait guère que le squelette, parfois effrité. Le roman de Hugo, Notre-Dame de Paris (1831), qui exprimait à sa façon le retour au gothique, créa un mouvement qui aboutit, en 1844, au décret de Louis-Philippe prescrivant la restauration. Elle fut confiée à Lassus († 1857) et Viollet-le-Duc († 1879). Celui-ci, qui en reste l'auteur principal, a pratiqué son intervention avec une science, une habileté, une audace pareillement remarquables (→ encadré).

Aujourd'hui, la cathédrale est en cours de restauration : la nef doit être totalement nettoyée et les chapelles vont être correctement éclairées ; les tableaux sont restaurés petit à petit.

Le rayonnement de Notre-Dame

L'importance de Notre-Dame de Paris est extrême sur le plan architectural. Elle est, en effet, la dernière de la vieille lignée des grandes églises à tribunes, issue de Saint-Denis et des églises anglo-normandes, Noyon, Senlis, Laon surtout ; mais cette tradition s'épanouit avec une ampleur singulière et un bonheur parfait à Notre-Dame qui dominera toute l'architecture religieuse de l'Ile-de-France ; l'art magnifique de Jean de Chelles et Pierre de Montreuil rayonnera jusque sur le Neckar, et jusqu'à Uppsala, en Suède, où la cathédrale fut construite par Estienne de Bonneuil, compagnon et tailleur de pierre qui avait quitté le chantier de Notre-Dame pour ce faire.

N'oublions pas un détail généralement omis : l'influence de la cathédrale s'est exercée aussi dans la musique, vers la fin du XIIe et au XIIIe s. L'école de Notre-Dame de Paris, avec les maîtres Léonin et Pérotin, prend la tête du mouvement polyphonique et lui imprime un essor inconnu jusqu'alors.

Visite extérieure

Le plan de Notre-Dame, simple, est d'une grande harmonie, ce que traduit parfaitement ses dimensions : Notre-Dame a 130 m de longueur dans œuvre, 48 m de large, 35 m de hauteur sous voûte (69 m au sommet des tours) ; la superficie est de 5 500 m^2, la superficie des points d'appui est de 816,4 m^2. Selon les calculs de Viollet-le-Duc, l'édifice peut contenir environ 9 000 personnes (dont 1 500 dans les tribunes).

La façade occidentale

sur le parvis

On serait tenté d'affirmer qu'elle a été conçue d'un seul jet et par un seul artiste, tant elle est empreinte à la fois d'unité et de grandeur. Elle est dominée par les deux grandes tours quadrangulaires, hautes de 69 m, et se divise en trois étages bien distincts de proportions harmonieuses.

▷ Les portails

Le *portail du Jugement*. C'est le portail du centre (7 m de hauteur). La plus grande partie est une restitution du XIXe s., mais l'ensemble daterait de 1220 environ. Au trumeau, statue du Christ, de 1885 ; au tympan, le Jugement dernier ; le registre inférieur du double linteau (Résurrection des Morts) ainsi que les figures des piédroits sont modernes ; aux voussures : le Jugement, le Paradis, l'Enfer ; aux pié-

Viollet-le-Duc

Eugène Viollet-le-Duc (1814-1879) a suscité les réactions les plus partagées : tout à la fois architecte, archéologue, restaurateur, décorateur, peintre, écrivain-théoricien, il a redécouvert et remis à l'honneur le Moyen Age, sauvant Vézelay, reconstruisant Pierrefonds, restaurant Eu, Notre-Dame de Paris, Sens, Saint-Sernin de Toulouse, la cathédrale de Clermont-Ferrand, la cité de Carcassonne... Il a été décrié pour ses restaurations jugées trop romantiques et peu fidèles à la réalité, alors qu'au contraire elles se montrent le plus souvent discrètes, respectueuses de l'histoire et en tout cas toujours justes archéologiquement, car il faisait précéder ses travaux de minutieuses recherches. Le parti pris à Notre-Dame de Paris est typique des hésitations de Viollet-le-Duc : il lui fallait trancher entre une restitution de la nef XIIe s. et la restauration de la nef XIIIe s. ; il préféra juxtaposer les deux époques en laissant à la croisée du transept un témoignage de l'architecture XIIe s. alors que les deux types ont bel et bien existé mais non simultanément.

L'apport de Viollet-le-Duc restaurateur ne doit pas faire oublier qu'il fut aussi simple architecte (immeubles de rapport à Paris dans le 9e arrondissement, église à Saint-Denis, châteaux) et grand décorateur (mobilier religieux, vitraux, mobilier civil de Pierrefonds, du train impérial, décors peints).

droits, sous les grandes statues, deux rangées de bas-reliefs d'une grande délicatesse d'exécution représentent les Vertus et les Vices.

Le portail de g., dit **portail de la Vierge**, de quelques années antérieur au portail du Jugement (vers 1210) est le plus remarquable par sa composition. Au trumeau, la Vierge mère foulant au pied le serpent (restitution moderne). Au tympan : en bas, trois prophètes et trois rois, ancêtres de la Vierge; au milieu, Résurrection de la Vierge; en haut, son Couronnement (début XIIIe s.) Aux voussures : prophètes, rois, anges. Dans l'ébrasement, statues de saints, refaites sous la direction de *Viollet-le-Duc*. Aux piédroits et aux faces latérales du trumeau, petits bas-reliefs représentant les Travaux des mois chez le pauvre et chez le riche.

Le portail de dr., dit **portail Sainte-Anne**, est formé en grande partie de pièces sculptées vers 1160-1170 pour un portail plus étroit; les pièces de raccord (différentes statuettes des voussures, partie inférieure du linteau), sont du XIIIe s. Au trumeau, statue de saint Marcel foulant au pied le dragon, copie de la statue du XIIe s. dont l'original est conservé dans la salle haute de la tour Nord. Au double linteau, scènes de la Vie de sainte Anne et de la Vierge; au tympan, la Vierge en majesté, deux anges, un roi et un évêque qui pourraient être Louis VII, fondateur de la cathédrale, et

Des événements mémorables

On ne peut ici que mentionner quelques dates.

1229 : le jeudi saint, Raymond VII de Toulouse fait amende honorable. 1239 : Saint Louis, pieds nus, porte la Couronne d'épines, et bientôt c'est son cercueil que l'on ramènera de Tunis ici. 1302 : premiers Etats généraux réunis par Philippe IV le Bel. 1431 : Henri VI d'Angleterre est couronné roi de France. 1437 : Charles VII célèbre par un Te Deum la reprise de Paris. 1590 : les chefs de la Ligue jurent de ne jamais reconnaître le huguenot Henri, qui pourtant s'était marié d'une curieuse façon : Marguerite de Valois à l'intérieur et lui à l'extérieur de l'église (1572). 1594 : le 22 mars, Henri IV rend grâce pour Paris recouvré. 1660 : c'est le Te Deum célébré à l'occasion du mariage de Louis XIV; c'est Luxembourg — le tapissier de Notre-Dame — qui porte ici les drapeaux ennemis. 1668 : Turenne abjure. 10 mars 1687 : Bossuet prononce l'oraison funèbre de Condé. Au XVIIIe s., malgré Versailles, Notre-Dame garde encore sa place, et c'est là que les reines — Marie Leszczynska, Marie-Antoinette — viennent prier à leurs relevailles. 2 décembre 1804 : c'est le sacre de Napoléon, les drapeaux d'Austerlitz « tapissent » eux aussi Notre-Dame l'année suivante. 1811 : le roi de Rome est baptisé.

La cathédrale restaurée connaît de nouveau la pompe impériale pour le mariage de Napoléon III (30 janvier 1853), le baptême du prince impérial (en 1856). Depuis 1918, la vieille église semble avoir plus que jamais repris sa place, avec les funérailles nationales de Maurice Barrès (1923), de Foch (1929), de Joffre (1931), de Raymond Poincaré (1934), du général Leclerc (1947), du maréchal de Lattre de Tassigny (janvier 1952), de Paul Claudel (février 1955), du maréchal Juin (février 1967), et surtout la cérémonie de la Libération, le 26 août 1944, et le Te Deum de la Victoire, le 9 mai 1945. Le 12 novembre 1970, en présence de nombreux chefs d'Etat étrangers, eut lieu une cérémonie officielle à l'occasion de la mort du général de Gaulle.

Maurice de Sully. Derrière, figure célèbre du scribe Barbedor; aux voussures, la Cour céleste; dans les ébrasements, statues de saints refaites au XIXe s.

Les **pentures** en fer forgé, celles de la porte Saint-Anne surtout, sont des chefs-d'œuvre de la ferronnerie du Moyen Age (restaurées). Dans les contreforts qui encadrent les portes de la façade, sous quatre niches, des statues modernes : Saint Etienne, l'Eglise, la Synagogue et Saint Denis; une niche semblable, en retour d'équerre dans le contrefort à dr., abrite la statue moderne de Saint Marcel foulant le dragon.

▷ Les galeries

Au-dessus des portails s'étend la *galerie des Rois de Juda et d'Israël*, ancêtres du Christ selon saint Mathieu, dont les vingt-huit *statues*, détruites en 1793, ont été refaites d'après les dessins de *Viollet-le-Duc*. Les têtes de ces statues ont été retrouvées au milieu des 360 pièces mises au jour récemment (→ *musée de Cluny*). La galerie des Rois est surmontée d'une balustrade dite *galerie de la Vierge*, ornée de statues modernes : au centre, la Vierge entre deux anges ; à dr., Adam ; à g., Eve. Au-dessus, la *rose*★, large de 9,60 m, la plus grande à l'époque (1220-1225), fort belle, est flanquée à dr. et à g. de doubles fenêtres encadrées par un grand arc de décharge.

Une belle galerie à jour faite d'arcatures réunit les deux tours qui n'ont pas reçu les flèches prévues (on dut finalement les juger inutiles). Des *statues colossales* de monstres et d'oiseaux nocturnes, cachées en partie par la balustrade qui surmonte la galerie, s'élèvent aux angles des contreforts : toutes ont été dessinées par *Viollet-le-Duc*. L'une d'elles, le célèbre Stryge, a été popularisée par une gravure de Méryon.

▷ Les tours *10 h-17 h*

La *tour Sud* abrite le bourdon, de 13 t, refondu en 1686 ; son battant, mû électriquement depuis 1953, pèse 488 kg. La *tour Nord* renferme un escalier de 387 marches. Elle abrite, à mi-hauteur, une salle où a été établi un comptoir de vente. Y sont en outre réunies plusieurs *toiles* de *Guido Reni* (vers 1636), *Louis Carrache* (XVIIe s.), *Carle Van Loo* (1743), *Etienne Jeaurat* (XVIIIe s.), ainsi que des *sculptures originales* provenant de la cathédrale : notamment le Saint Marcel du trumeau du portail Sainte-Anne et douze statues mutilées dont certaines proviendraient du portail Saint-Etienne.

Les façades latérales et l'abside

Elles se composent de trois étages distincts en retrait l'un sur l'autre. On admire la hardiesse des arcs-boutants de l'abside, dus à Jean Ravy, et qui ont 15 m de portée.

▷ Le portail Sud ou Saint-Etienne

Il a été commencé en 1257, sous la direction de *Jean de Chelles* (inscription latine sur le soubassement) et achevé par *Pierre de Montreuil*. Au trumeau, Saint Etienne, par *Geoffroy-Dechaume* ; au tympan, Prédication et Martyre du saint ; de chaque côté, près de six statues modernes d'apôtres, médaillons encore mal compris. Au-dessus du portail : trois galeries, une magnifique rose, un gâble ajouré.

▷ Le portail Nord ou du Cloître

Construit vers la même époque que le portail Sud. Au trumeau, belle *statue de la Vierge* debout et tenant l'Enfant Jésus, seule statue en pied ancienne des portails de la cathédrale (début XIXe s.) ; au tympan, partie inférieure : scène de l'enfance du Christ ; zones supérieures : histoire légendaire du diacre Théophile qui signa un pacte avec le Diable et fut sauvé par la Vierge.

▷ La porte Rouge
au-delà du portail Nord

Cette petite porte (de *P. de Montreuil* sans doute) était réservée aux chanoines. Au tympan, Couronnement de la Vierge qui date de 1260 environ ; aux voussures scènes de la vie de saint Marcel. A g. de la porte Rouge, sous les fenêtres des chapelles du chœur, sept bas-reliefs du début du XIVe s. représentent la Mort, l'Ensevelissement, la Résurrection, l'Assomption et le Couronnement de la Vierge, le Jugement dernier avec la Vierge intercédant auprès de son Fils, et le miracle de Théophile.

► La *flèche*, haute de 45 m (90 m au-dessus du sol), a été rétablie en 1859-1860 par *Viollet-le-Duc*, à l'imitation de l'ancienne qui, datant de 1220-1230, avait été démolie à la fin du XVIIIe s. Elle est en chêne recouvert de plomb et pèse 750 t. A sa base, statues dont l'une a reçu les traits de l'architecte.

Visite intérieure

8 h-18 h 30 t.l.j. en été ; en hiver, chœur ouv. le dim. de 13 h à 15 h. Visites guidées du lun. au vendr. à 12 h, R.V. sous l'orgue ☎ 43.54.22.63 / Concert gratuit t.l. dim. à 17 h 45

L'intérieur se compose d'une sorte d'avant-nef de deux travées situées sous et entre les tours, de cinq nefs pour trois portails (ce qui est exceptionnel), tandis que les collatéraux sont bordés, extérieurement, de sept chapelles de chaque côté qui se prolongent autour de l'abside (29 chapelles en tout). L'élévation est à trois niveaux, les tribunes peuvent accueillir 1 500 personnes. Les voûtes sont sexpartites (une croisée pour deux travées) avec retom-

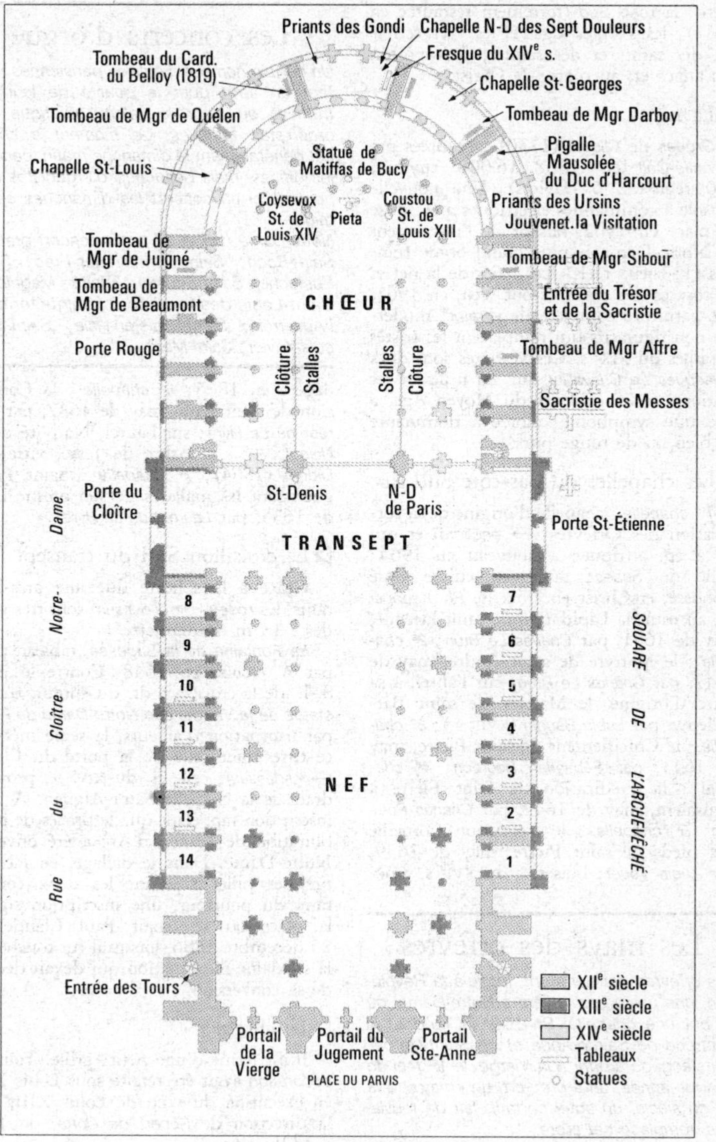

Notre-Dame

bées d'arcs une pile sur deux ; les piliers sont identiques. Telles sont les caractéristiques propres à Notre-Dame. Les neufs premières travées du XIIIe s. sont semblables, tandis que la dixième est une recréation par Viollet-le-Duc de l'architecture du XIIe s. ; elle est à quatre niveaux.

▷ Les trois grandes roses*

Elles ont seules conservé en partie leurs vitraux du XIIIe s. La *rose Ouest* (façade), presque entièrement refaite par *Viollet-le-Duc*, représente les Travaux des mois et les signes du zodiaque, les Vertus et les Vices, les prophètes et, au centre, la Vierge ; la *rose Nord* (presque intacte) : les grands prêtres, les juges, les rois de l'Ancien Testament et les prophètes entourant la Vierge mère ; la ***rose Sud*** (fortement restaurée en 1737) : les Vierges sages et les Vierges folles, des saints et des saintes, des apôtres, des anges et, au centre, le Christ.

▷ La nef

Orgues de *Cliquot* (1730), restaurées par *Cavaillé-Coll* en 1868 (6000 tuyaux, 110 registres, 5 claviers). Une nouvelle console à commandes électriques a été mise en place en 1962, faisant de l'instrument de Notre-Dame le plus grand orgue français (113 jeux réels). Les baies de la nef et les rosaces des tribunes ont reçu, en 1965, une garniture complète de ***vitraux**** modernes non figuratifs qui remplacent les tristes grisailles du XIXe s. Ces verrières sont dues à *Jacques Le Chevallier* qui, en utilisant les matières et les couleurs du Moyen Age, a créé une symphonie colorée à dominante de bleu ou de rouge purs.

▷ Les chapelles du bas-côté Sud *à dr.*

1re chapelle : chapelle d'origine de la corporation des Orfèvres (→ *encadré*) et qui lui a été attribuée à nouveau en 1964 ; grille de *Subes* ; autel en cuivre doré repoussé, et Christ en croix de *Ph. Kaeppelin* ; au mur, la Lapidation de saint Etienne, may de 1651, par *Charles Le Brun* ; ***2e chapelle*** : le Martyre de saint André, may de 1647, par *Charles Le Brun* ; sur l'autel, à sa place d'origine, le Martyre de saint Barthélemy, par *Lubin Baugin* (XVIIe s.) ; ***3e chapelle*** : le Crucifiement de saint Pierre, may de 1643, par *Sébastien Bourdon* ; ***4e chapelle*** : la Prédication de saint Pierre à Jérusalem, may de 1642, par *Charles Poerson* ; ***5e chapelle*** : le Centurion Corneille aux pieds de saint Pierre, may de 1639, par *Aubin Vouet* ; boiseries du XVIe s. aménagées en 1865 ; ***6e chapelle*** : la Conversion de saint Paul, may de 1637, par *Laurent de La Hyre* ; sur l'autel, Nativité de *Le Nain* (XVIIe s.) ; Arbre de Jessé, vitrail de *Didron* (1864) ; ***7e chapelle*** : Saint Pierre guérissant les malades de son ombre, may de 1635, par *Laurent de La Hyre*.

Les mays des orfèvres

Les orfèvres parisiens ont, jusqu'à la Révolution, une place particulière à Notre-Dame, où ils ont une chapelle. En 1549 ils fondent la confrérie de Sainte-Anne et de Saint-Marcel, qui s'engage à offrir à la Vierge, le 1er mai de chaque année, un arbre vert, un « may » ; à la fin du siècle, un autel portatif, fait de feuillages, remplace cet arbre.

De 1630 à 1707, la tradition évolue et les orfèvres décident d'offrir chaque année des tableaux qui sont accrochés aux grandes arcades de la nef et du chœur. Ces 76 peintures, commandées à des peintres en renom, mesurant 11 pieds de haut (soit environ 3,50 m) sur 8 pieds 6 pouces de large (soit environ 2,75 m), s'inspirent surtout, dans leurs sujets, des Actes des Apôtres. Dispersés à la Révolution, beaucoup disparaîtront. Le Louvre, certains musées de province, ainsi que quelques églises (Saint-Thomas d'Aquin) en abritent quelques-uns. Cependant les plus importants décorent les chapelles latérales de Notre-Dame.

Les concerts d'orgue

Un certain nombre d'églises parisiennes méritent un arrêt pour la qualité de leur instrument ou pour le talent artistique des organistes titulaires. Le moment à choisir est généralement le dimanche matin, pendant les offices, mais beaucoup d'organistes donnent aussi un concert les dimanches après-midi.

Notre-Dame (t.l.j. à 17 h 45, concert gratuit) ; Saint-Roch ; Saint-Germain-des-Prés ; Saint-Eustache ; Saint-Séverin ; Trinité ; Madeleine ; Saint-Louis-des-Invalides ; Saint-Germain-l'Auxerrois ; Saint-Louis-en-l'Isle ; Saint-François-Xavier ; Saint-Merri.

▷ Le croisillon Sud du transept

Grâce à la solidité due aux arcs-boutants, les ***roses*** (→ *ci-dessus*) sont très grandes : 13 m de diamètre.

La Fontaine de la Sagesse, tableau peint par *A. Nicolas* en 1648. Contre le pilier S.-E. de la croisée, à dr. du chœur, célèbre ***statue de la Vierge, dite Notre-Dame de Paris***, par usurpation d'ailleurs, la seule méritant ce titre étant celle de la porte du Cloître (→ *ci-dessus*) ; celle-ci, du XIVe s., proviendrait de la chapelle Saint-Aignan. A côté, inscription rappelant que le procès de réhabilitation de Jeanne d'Arc a été ouvert à Notre-Dame. Dans le dallage, en face du premier pilier séparant les deux collatéraux du pourtour, une inscription signale la place où se tenait Paul Claudel, le 25 décembre 1886, lorsqu'il fut touché par la soudaine illumination qui devait décider de sa conversion.

▷ Le chœur

Il est fermé d'une petite grille. Toute sa ***décoration*** avait été refaite sous Louis XIV, en exécution du vœu de Louis XIII, sous la direction de *Robert de Cotte*, de 1708 à 1725.

Magnifiques ***boiseries**** du début du XVIIIe s. comprenant 52 stalles hautes et 26 stalles basses (il y en avait 114 en tout), exécutées par *Louis Marteau* et *Jean Noël*, d'après les modèles de *J. Dugoulon* et *R. Charpentier*. Les hauts dossiers des stalles sont ornés de bas-reliefs et séparés par des trumeaux décorés de rinceaux et des instruments de la Passion. Ces boiseries se terminent, de chaque côté, par une ***stalle archiépiscopale***, surmontée d'un baldaquin avec des groupes d'anges sculptés par *J. Dugoulon*, d'après les dessins de *Vassé*. Le bas-relief de la stalle de dr. figure le Martyre de saint Denis, celui de g. la Guérison de

Childebert par saint Germain, évêque de Paris. Aux autres bas-reliefs, scènes de la Vie de la Vierge et du Christ et figures allégoriques.

Derrière le maître-autel : la *Vierge de Pitié*, de *Nicolas Coustou* (1723), entre les statues de *Louis XIII (à dr.)* de *Guillaume Coustou*, et de *Louis XIV (à g.)*, un des beaux ouvrages de *Coysevox* ; toutes deux sont de 1715 ; six anges porteurs des instruments de la Passion.

▷ Le pourtour du chœur

Aux trois premières travées, restes de l'*ancienne clôture** qui faisait autrefois le tour du chœur et en fermait l'entrée ; décors extérieurs de *bas-reliefs* commencés par *Jean Ravy*, achevés en 1351 par son neveu *Jean Le Bouteiller*, restaurés et repeints par *Viollet-le-Duc*. Sur le côté N. (le plus ancien), quatorze sujets relatifs à la naissance et à la vie du Christ avant sa Passion ; sur le côté S., neuf compositions représentant les apparitions du Christ ressuscité.

Au *pourtour (en commençant par la dr.)*. Plaque commémorative du huitième centenaire de la cathédrale. Tombeau de Mgr Affre, tombeau de Mgr Sibour, *tombeau du cardinal Dubois* († 1929) par *H. Bouchard* (contre la clôture du chœur). *Chapelle Saint-Guillaume* : la Visitation, de *Jean Jouvenet* (1716) ; monument de Jean Juvénal des Ursins et de sa femme, Michelle de Vitry (XVe s.) ; mausolée de Henri-Claude d'Harcourt, lieutenant général († 1711), par *Pigalle*. *Chapelle Saint-Georges* (qui fut, de 1379 à la Révolution, la chapelle des cordonniers) : tombeau de Mgr Darboy, par *Bonnassieux* ; statue de saint Georges ; en face, contre la grille du chœur, mémorial du cardinal Verdier († 1940). *Chapelle de la Vierge* ou *Notre-Dame-des-Sept-Douleurs* : statues agenouillées d'Albert de Gondi, duc de Retz, maréchal de France (1522-1602), et de Pierre, cardinal de Gondi, évêque de Paris (1532-1616) ; sur le côté, à dr., fresque du XIVe s. (restaurée) : la Vierge et des saints entourant l'âme de l'évêque Matiffas de Bucy († 1304) dont le gisant a été transféré derrière le maître-autel. *Chapelle Saint-Marcel* : tombeaux du cardinal de Belloy († 1818), par *Deseine* ; de Mgr de Quélen († 1839), par *Geoffroy-Dechaume* ; en face, contre la grille du chœur, mémorial du cardinal Suhard († 1949). *Chapelle Saint-Louis* : tombeau du cardinal de Noailles, par *Geoffroy-Dechaume*. *Chapelle Saint-Germain* : tombeau de Mgr de Juigné († 1809), d'après *Viollet-le-Duc*. Dans la chapelle précédant la porte Rouge, monuments de Mgr de Beaumont († 1781) et du maréchal de Guébriant († 1643), priant du cardinal Morlot († 1862).

▸ Dans le *croisillon Nord du transept*, place laissée vide par la Prédication de saint Paul à Ephèse, may de 1649, par *Eustache Le Sueur*, transféré au Louvre. Contre le pilier N.-E. de la croisée, statue de Saint Denis, par *Nicolas Coustou*.

Le vœu de Louis XIII

Louis XIII avait fait le vœu de placer le royaume sous la protection de la Vierge s'il obtenait un fils. Au bout de vingt-trois années de mariage, ce vœu est enfin réalisé : le dauphin Louis, futur Louis XIV, naît en 1638. Mais la mort du roi devait empêcher celui-ci d'exécuter entièrement sa promesse : élever un nouveau maître-autel à Notre-Dame et offrir au chœur un groupe sculpté représentant la Vierge et le Christ après la Crucifixion. C'est Louis XIV qui réalisa le vœu de son père soixante ans plus tard.

Le plan d'aménagement, présenté par Robert de Cotte, a transformé totalement le chœur gothique : les ogives furent dissimulées par des arcades de marbre en plein cintre. De part et d'autre du maître-autel deux anges de bronze furent placés à côté des statues de Louis XIV par Coysevox et de Louis XIII par G. Coustou ; tandis que l'émouvante Pietà de N. Coustou était installée derrière l'autel. Sur le pourtour du chœur, les stalles de Dugoulon et Charpentier étaient surmontées des huit peintures qui devaient compléter l'ensemble et dont une seule est conservée dans la chapelle Saint-Guillaume : la Visitation, de Jean Jouvenet. Le pavement splendide en mosaïque de marbres polychromes achevait de rendre remarquable la beauté de l'ensemble. Celui-ci a cependant perdu son intégrité lors des restaurations de Viollet-le-Duc.

▷ Les chapelles du bas-côté Nord *à g.*

8e chapelle : pierre tombale du chanoine Etienne Yver († 1468) ; le défunt est figuré nu et rongé par les vers, puis ressuscitant et implorant le Christ. *9e chapelle* : les Fils de Scéva, exorcistes juifs, battus par le Démon, may de 1702, par *Mathieu Elyas* ; au-dessus de l'autel, le Martyre de sainte Catherine, par *J.-M. Vien* (1752). *10e chapelle*, dédiée à Notre-Dame de Guadalupe (Mexique) : le Prophète Agabus prédisant à saint Paul ses souffrances à Jérusalem, may de 1687, par *Louis Chéron*. *11e chapelle* : Saint André tressaille de joie à la vue de son supplice, may de 1670, par *Gabriel Blanchard le Neveu* ; monument du cardinal Amette par *Hippolyte Lefebvre* (1923). *12e chapelle* : la Flagellation de saint Paul et de saint Silas, may de 1655, par *Louis Testelin*. *13e chapelle* : Saint Paul rend aveugle le faux prophète Barjesu, may de 1650, par *Nicolas Loir* ; sur l'autel, Vierge de Pitié, par *Lubin Baugin* (XVIIe s.). *14e chapelle* : fonts baptismaux exécutés par *Bachelet*, d'après *Viollet-le-Duc* ; la Descente du Saint-Esprit, may de 1634, par *Jacques Blanchard* ; en face, l'Adoration des Bergers, par *Jérôme Franck* (1585). Sous la tour N., statue de Notre-Dame de Bonne-Garde, par *Vassé* (1722).

▷ La sacristie du chapitre et le Trésor *entrée à dr. dans le pourtour du chœur / lun.-sam., 10 h-18 h; dim. 14 h-18 h*

La présentation du Trésor a été rénovée en 1963, à l'occasion du huitième centenaire de la cathédrale. Dans les couloirs sont exposés un choix de *manuscrits* précieux, d'*ouvrages imprimés*, d'*ornements sacerdotaux* (entre autres, ceux offerts en 1856 par Napoléon III pour le baptême du Prince impérial). On y voit aussi des *souvenirs des trois archevêques* assassinés, Mgr Affre, Mgr Sibour et Mgr Darboy; des *souvenirs de Viollet-le-Duc* et de son œuvre de restauration (1844-1864), de *Paul Claudel* (1868-1955) et de sa conversion, le 25 décembre 1886. Dans la salle principale sont réunies les *pièces d'orfèvrerie* des XIXe et XXe s. A l'entrée, la *Vierge à l'Enfant* exécutée par *Odiot* et offerte en 1826 par Charles X. Parmi les nombreux calices, ciboires, reliquaires, burettes, aiguières, chapelles, croix de procession, on doit mentionner le reliquaire de la *Sainte Couronne d'épines*, exécuté en 1804 par *C. Cahier*; le *porte-custode* de *L. Legay* (1814); l'ensemble de *C. Cahier* offert en 1823 par Monsieur, frère du roi (plus tard Charles X); le calice orné d'améthystes offert en 1823 par les chevaliers du Saint-Sépulcre; plusieurs *pièces* offertes par Napoléon III ou exécutées de son temps par la *maison Poussielgue-Rusand*, d'après *Viollet-le-Duc*, notamment un autre reliquaire de la Sainte Couronne d'épines daté de 1862, et une chapelle à décor de filigranes et d'émaux offerte en 1867 au chanoine Deplace. Il convient de mentionner aussi les *souvenirs des papes* (ciboire de Léon XIII, 1887; ciboire et calice de Jean XXIII, 1961 et 1963) et des *archevêques*. Parmi les autres dons, l'*ostensoir des Orfèvres* exécuté par *Chéret* en 1949, et deux œuvres de *J.-B. Carpeaux*, en terre cuite : *Christ en croix* et esquisse d'une *Déposition de croix*.

La pièce la plus importante est la *Croix Palatine*★ qui est présentée depuis 1828 dans un reliquaire exécuté par *Famechon* (ainsi qu'un clou de la croix). Elle est ainsi nommée parce qu'elle a appartenu à Anne de Gonzague de Clèves, princesse Palatine, morte en 1684. Elle contient un important fragment de la vraie croix et une lame d'or avec inscription en grec, indiquant qu'elle a appartenu à Manuel Comnène, empereur de Byzance, mort en 1180. Dans la même vitrine sont exposées des reliques de Saint Louis (sa tunique, sa discipline, un fragment de sa mâchoire et d'une côte). Les autres reliques, notamment la Sainte Couronne d'épines acquise de Baudouin II par Saint Louis, ne sont visibles que durant le carême et la semaine sainte.

Dans la *salle capitulaire* on peut voir, aux murs, une collection de 258 camées représentant tous les papes depuis saint Pierre jusqu'à Pie IX. Un *meuble* dessiné par *Viollet-le-Duc* et peint par *Perrodin*, renferme tous les objets antérieurs à la Révolution : crucifix en ivoire, amphores, calices, châsses, burettes; entre autres, une remarquable croix en ébène et cuivre avec *Christ* en ivoire attribué à *Girardon*.

Le quartier Notre-Dame-des-Champs

6e arr. / 36-J9, 35-H8
Métro : Vavin, Notre-Dame-des-Champs. RER : Port-Royal
Bus : 38, 82, 83, 91.
Ⓟ bd du Montparnasse (angle de la rue de Chevreuse)
Taxis : pl. du 18-Juin-1940 ☎ 42.22.13.13

De l'école des Mines à l'Institut catholique, en passant par le collège Stanislas et la faculté de Pharmacie, c'est une véritable ceinture d'établissements d'enseignement secondaire ou supérieur qui entoure la partie sud du jardin du Luxembourg. Proche de Montparnasse, dont la Closerie des Lilas est le signal avancé, le quartier Notre-Dame-des-Champs fut naguère habité par les rapins qui fréquentaient les académies de la rue de la Grande-Chaumière ou de la rue du Montparnasse, et qui parfois étaient reçus rue de Fleurus chez Gertrude Stein.

Aujourd'hui, la population de ces rues calmes est beaucoup moins bohème, et on n'y parle plus peinture qu'à l'institut d'Art qui borde le square de l'Observatoire. Depuis Montparnasse jusqu'au carrefour Vavin, les rues commerçantes et animées sont bordées de magasins élégants fréquentés par les élèves et les étudiants des écoles voisines. Plus à l'est, des abords du Luxembourg à la magnifique fontaine de l'Observatoire, les rues larges et aérées sont plus résidentielles.

Visite du quartier

45 mn

▷ La place Camille-Jullian

Le *centre universitaire Jean-Sarrailh* (recteur de l'université de Paris de 1947 à 1961) sur la place, est un bâtiment à ossature de béton et façade en mur-rideau (*André Lacoste*, architecte; 1960). C'est à cet emplacement que se trouvait, en 1838, un bal dans un jardin, le Prado d'été; en 1847 il fut remplacé par la Closerie des Lilas qui devint le bal Bullier, lequel ferma quelques années avant 1939.

▷ L'avenue de l'Observatoire

de la place Camille-Jullian au Luxembourg

Large et ombragée, elle ouvre une perspective superbe sur le jardin du Luxembourg et son palais au-dessus duquel apparaît la masse blanche du Sacré-Cœur. Devant le nº 20 de l'avenue se dresse une des grandes œuvres de *Rude*, la *statue du maréchal Ney* (fusillé le 7 décembre 1815 à la hauteur du nº 43). *La Closerie des Lilas*, derrière *(à l'angle de l'av. et du bd Montparnasse)*, est l'un des plus célèbres restaurants de Paris. Ce fut d'abord un café littéraire qui réunit les poètes symbolistes : Baudelaire, Verlaine, Charles Cros; puis les auteurs de la Nouvelle Revue française : Gide, Jarry, Charles-Louis Philippe; et enfin la génération suivante : Carco, Apollinaire, Paul Fort, Charles Vildrac.

L'*institut d'Art et d'Archéologie (entrée 3, rue Michelet)*, est l'une des nombreuses institutions bordant le côté O. de l'avenue. Ce grand édifice de brique rouge orné de bas-reliefs reproduisant des œuvres célèbres, construit par *Paul Bigot* en 1927, est l'un des rares exemples à Paris de l'architecture historiciste opposé au mouvement moderne. Il abrite la *bibliothèque Jacques-Doucet*, et l'université de Paris y dispense des cours d'histoire de l'art et d'archéologie. La bibliothèque, fondée en 1909 par le couturier et collectionneur *Jacques Doucet* (1853-1929) qui en fit don en 1918 à l'université de Paris, comprend environ 300 000 volumes sur l'art de tous les temps et de tous les pays, 300 manuscrits, 2 000 dossiers de documents manuscrits, une série de 3 000 recueils anciens concernant l'ornement, l'architecture, les fêtes et le costume, un cabinet d'estampes anciennes et modernes françaises et étrangères; enfin une photothèque (plus de 200 000 photographies). Jacques Doucet avait également rassemblé une bibliothèque littéraire de grande valeur conservée à la bibliothèque Sainte-Geneviève *(→ Quartier Latin)*.

Au nº 4 de l'avenue, *faculté de Pharmacie* construite en 1876-1885 par *Charles Laisné*. Dans le vestibule, fresques d'*Albert Besnard*. Son jardin botanique a diminué au fur et à mesure des accroissements de la faculté. Au nº 2, l'*institut international d'Administration publique* occupe les bâtiments édifiés dans le style mauresque par *Ad. Yvon* pour l'Ecole coloniale.

Pour la partie sud de l'avenue → *faubourg Saint-Jacques*.

▷ Les jardins de l'Observatoire

La partie centrale de l'avenue de l'Observatoire, entre la place Camille-Jullian et la rue Auguste-Comte, forme une belle suite de jardins qu'ombragent des marronniers et qu'ornent des statues. La *fontaine de l'Observatoire***, exécutée par *Davioud* en 1875, est ornée du célèbre groupe de *Carpeaux* : les Quatre parties du monde (la cinquième n'est pas représentée par souci d'équilibre); les chevaux et les tortues de bronze sont de *Frémiet*.

Ces jardins de l'Observatoire que *Chalgrin* a dessinés sous le premier Empire remplacent l'enclos des chartreux. Ces religieux dépendant de l'ordre de Saint-Bruno, créé en 1086 près de Saint-Pierre-des-Chartreux en Dauphiné, avaient été installés là en 1257 par Saint Louis. C'était un lieu verdoyant, couvert de vignes et de bois, d'où le nom de Vauvert qu'on lui avait donné. Par la suite il devint si mal famé qu'il donna naissance à l'expression : au diable Vauvert. Lorsque les chartreux s'y installèrent, ils agrandirent et embellirent le domaine qui devint en partie public, sauf pour les femmes. L'entrée se trouvait à la hauteur du 64, boulevard Saint-Michel. Jusqu'en 1790, il y eut sur l'enclos une chapelle que Eudes de Montreuil avait construite en 1325 et que, trois siècles plus tard, décorèrent Coypel, Champaigne, Boullongne, Jouvenet et Charles de Lafosse. Après l'expulsion des chartreux en 1790, les terrains furent réunis en partie au jardin du Luxembourg.

▸ La *rue Michelet* sépare les deux jardins. Au nº 9, l'*institut d'Etudes slaves*, installé dans la maison de l'historien E. Denis (1849-1921), renferme des souvenirs de Léon Tolstoï, légués par une de ses petites-

Les musées à voir

Musée Zadkine (100 bis, rue d'Assas) : sculptures d'Ossip Zadkine, présentées dans son atelier.
Musée Branly (21, rue d'Assas) : appartements d'Edouard Branly.

filles. ▶ La *rue Auguste-Comte*, au bout des jardins, est en grande partie bordée par le *lycée Montaigne* (*Charles Le Cœur* architecte, 1886-1890).

▷ La rue d'Assas *jusqu'à la rue Vavin*

Elle a été ouverte en 1728. Au n° 100 bis, au fond de l'impasse, est installé le *musée Zadkine*, dans l'atelier du sculpteur *(→ musées)*. Au n° 92, la *faculté de Droit et de Sciences économiques*, construite par *Lenormand* et *Carpentier* entre 1959 et 1964, a été depuis agrandie sur le côté de la rue Notre-Dame-des-Champs par des bâtiments dus à *Lods*, *Dupont* et *Beauclaire*. Au n° 84, demeurait le sculpteur Bartholdi, l'auteur de la statue de la Liberté qui se dresse à l'entrée du port de New York. Au n° 76, Michelet vécut de 1869 à 1874. C'est au n° 62 que se trouvait, au siècle dernier, la pension Orfila où le dramaturge, écrivain et peintre suédois Auguste Strindberg (1849-1912) logea de 1895 à 1896. Une inscription a été apposée à cet emplacement.

Henri Sauvage et l'immeuble du 26, rue Vavin

Henri Sauvage (1873-1932) fait ses débuts dans le style Art Nouveau de l'école de Nancy où il construit, en 1898, la villa Majorelle. Puis, dirigeant sa recherche vers l'élaboration d'un logement social et fonctionnel, il fonde en 1903 avec Frantz Jourdain la société des Logements Hygiéniques à Bon Marché. La célèbre «maison à gradins sportive» de la rue Vavin fut commandée par une association de co-propriétaires. Henri Sauvage y fait vraiment œuvre d'avant-garde, abandonnant les sinuosités végétales de l'Art Nouveau pour une simplicité de volumes et une sobriété dans la décoration qui ne se généraliseront qu'après la guerre de 1914-1918. Le système de la construction en gradins permettant «d'éclairer la rue» tout en laissant pénétrer l'air et le soleil dans les logements, sera repris et développé par Henri Sauvage dans l'immeuble de la rue des Amiraux (→ quartier la Chapelle, Clignancourt). Cette modernité exprimée librement dans ces deux réalisations ne se retrouve pas dans l'immeuble mitoyen du 137, boulevard Raspail, datant de 1925. L'architecte, soucieux de se conformer à l'environnement d'une rue haussmannienne, fit alors une œuvre tout à fait ordinaire.

▷ La rue Vavin

On fera un aller-retour pour aller voir, au n° 26, l'*immeuble*** à terrasses étagées et revêtement de céramique blanche, construit par l'architecte *Sauvage* en 1912 *(→ encadré)*. Non loin, de l'autre côté du boulevard Raspail, on aperçoit la belle façade vitrée d'un *immeuble de bureaux* construit en 1980 (*M. Herbert*, architecte). La rue Vavin abrite plusieurs boutiques de fournitures pour artistes, et quelques boîtes de nuit. Le peintre Othon Friesz (1879-1949) est mort au n° 73. Fernand Léger habitait au n° 86 en 1913. Aux n°s 107-109 se trouve l'*Ecole Alsacienne* fondée en 1876 par des familles qui avaient dû quitter l'Alsace en 1871. De nombreuses personnalités y firent leurs études, entre autres, André Gide.

La rue Vavin rejoint le boulevard du Montparnasse à la hauteur de la Coupole et du Select (→ *quartier Montparnasse*).

▶ La *rue Guynemer* longe les jardins du Luxembourg et rejoint la rue de Vaugirard presque à la hauteur de l'allée du Séminaire. On verra dans cette rue, au n° 14, le premier des *immeubles* parisiens construits par *Roux-Spitz* en 1928, qui dissimule l'ossature de béton par une façade de pierre polie. ▶ La *rue de Fleurus* est une belle rue qui ouvre une perspective sur le jardin du Luxembourg. Elle est liée à l'histoire du cubisme puisque, au n° 27, Gertrude Stein y recevait Picasso, Juan Gris et beaucoup d'autres. ▶ La *rue Madame* s'appelait, au XVIe s., rue du Gindre (comme on peut le voir d'après la vieille inscription apposée sur le n° 12). Au n° 65, *hôtel* du XVIIIe s. construit par *Chalgrin* pour Anne de Caumont La Force ; le peintre Hippolyte Flandrin vécut au n° 54.

▷ La rue Cassette

Cette rue est plus ancienne que la plupart de celles de ce quartier. On y voit plusieurs maisons classées du XVIIIe s. Rilke y demeurait (au n° 29) lorsqu'éclata la Première Guerre mondiale et ses biens furent mis sous séquestre. Montalembert a vécu au n° 18, dans le bel hôtel qui a appartenu à Le Brun. La famille d'Alfred de Musset eut un appartement au n° 27 et le père de Ubu Roi, Jarry, au n° 20. Le joli cul-de-lampe Louis XVI portant une Vierge est tout ce qui subsiste du grand noviciat des jésuites de la rue du Pot-de-Fer (à l'angle de la rue Honoré-Chevalier).

▷ La rue de Vaugirard
de la rue Cassette à la rue d'Assas

Au n° 70 est situé le séminaire des Carmes, aujourd'hui rattaché à l'Institut catholique.

Le *couvent des Carmes Déchaussés* fut créé en 1611 par *Nicolas Vivien*; il devint prison en 1790 et, en septembre 1792, fut l'un des théâtres des massacres : plus de cent prêtres furent tués et la plupart des corps jetés dans un puits qui se trouvait entre le n° 4 de la rue d'Assas et le n° 102 de la rue de Rennes.

Plus de sept cents personnes passèrent par la prison des Carmes. Le calme revenu, le couvent fut racheté en 1797 par Mlle de Soyécourt et, par la suite, acquis par l'archevêché qui fonda ici plusieurs établissements scolaires. En 1849, Lacordaire ayant rétabli l'ordre de Saint Dominique, les dominicains s'y installèrent jusqu'en 1867; Lacordaire lui-même vécut dans une cellule qui est aujourd'hui la chapelle du recteur de l'Institut catholique et conserve des souvenirs de l'ardent orateur.

La *chapelle Saint-Joseph-des-Carmes (t.l.j. sf lun., dim. et j. fériés, 14 h 30-15 h 30)* fut bâtie de 1613 à 1620, et son dôme à l'italienne est le second élevé dans Paris (après la petite coupole de la chapelle de Marguerite de Valois, englobée dans l'école des Beaux-Arts). Avec son dôme constitué d'une simple coque de bois et de plâtre qui visait à imiter les dômes de pierre, très antérieurs, de l'Italie, l'édifice est surtout intéressant par ses souvenirs de la Révolution. C'est aujourd'hui la chapelle de l'Institut catholique.

A l'*intérieur*, coupole ornée de fresques (Elie enlevé au ciel), par *Bartholet Flémalle*, peintre liégeois du XVIIe s. (on sait que les carmes considèrent le prophète Elie comme leur fondateur); au maître-autel, la Présentation au Temple, par *Quentin Varin* (1624); bas-relief d'albâtre, la Cène; monument funéraire renfermant le cœur de Mgr Affre.

Dans le transept, la Vierge et l'Enfant, groupe en marbre par *Raggi*, d'après le Bernin; Christ glorieux, entre sainte Thérèse et saint Jean de la Croix, peinture de *Michel Corneille* (1642-1708).

Dans les chapelles du Sacré-Cœur et de Saint-Elie, très fine décoration de peintures encadrées de sculptures (anges, attribués à *Simon Vouet*). A dr. du chœur, petite chapelle élégamment décorée. On notera que la décoration, contemporaine de la construction, est due à des Flamands, *Van Thulden* en particulier, car cette église se situe à une époque (entre l'école de Fontainebleau et le retour d'Italie de Vouet) où, par manque d'artistes connus français, on a eu recours aux artistes venus des Flandres.

La *crypte* renferme, dans deux ossuaires, les restes des 115 prêtres massacrés, le tombeau de Frédéric Ozanam, écrivain catholique qui créa les conférences de saint Vincent de Paul (1813-1853), et le tombeau du cardinal Baudrillart (1859-1942), ancien recteur de l'Institut catholique.

Pour la section de la rue longeant le jardin du Luxembourg → *quartier Saint-Sulpice et Luxembourg*.

▷ L'Institut catholique

angle rue de Vaugirard, rue d'Assas

C'est le plus réputé des établissements d'enseignement catholique en France. Fondé en 1875, il a été en grande partie reconstruit en 1930. *Edouard Branly* y enseigna la physique jusqu'à la fin de sa carrière, ce que rappellent une plaque et un petit musée-mémorial (→ *musées*). Un autre petit musée ***Bible et Terre Sainte*** contient des objets de fouille trouvés en Terre Sainte.

La cour de l'Institut catholique communique avec le jardin d'où l'on peut voir le beau bâtiment du séminaire des Carmes, prison à la Révolution, et le simple perron avec l'inscription : « Hic ciciderunt » qui fut un des lieux de massacre en septembre 1792. ▸ La *rue d'Assas* (→ *ci-dessus*) : au n° 28, emplacement de la maison où le physicien Foucault mourut; c'est ici qu'il avait fait la première expérience sur la rotation de la terre, en 1851.

▷ Le boulevard Raspail

Le boulevard a été ouvert en plusieurs étapes entre 1866 et 1901, et a toujours été élégant et très bourgeois. Son percement a entraîné, à la hauteur de la rue Notre-Dame-des-Champs, la disparition de la maison (entre autres) où le jeune ménage Hugo vécut de 1827 à 1830.

L'***Alliance française*** (dont le siège, construit en 1911, se trouve au n° 101 du boulevard) fondée en 1884, est une « association nationale pour la propagation de la langue française dans les colonies et à l'étranger ». Elle possède un théâtre connu et actif.

▷ La rue Notre-Dame-des-Champs

entre la rue de Vaugirard et la rue du Montparnasse

Dans cette partie, la rue paraît avoir plus de caractère; on y voit de beaux ***portails*** qui laissent deviner des hôtels autrefois cossus (aux n°s 17, 19, 18).

Le ***collège Stanislas*** *(entrée principale 28, rue du Montparnasse)* au n° 22, a conservé le portail, magnifique et délabré, de l'ancien hôtel de Mailly construit au XVIIIe s. Ce collège a été fondé en 1804. Edmond Rostand, Georges Guynemer, les généraux Henri Gouraud, Charles de Gaulle, le commandant L'Herminier, entre autres, y firent leurs études. Le vieux collège a été entièrement reconstruit en 1967 suivant des conceptions nouvelles qui ont permis l'agrandissement des jardins; les classes, les salles d'études et les terrasses de récréation sont regroupées dans un bâtiment en béton et en verre en forme d'étoile et haut de sept étages (*Barge* et *Sire*, architectes).

▷ La rue du Montparnasse

L'***église Notre-Dame-des-Champs*** *(à l'angle du bd du Montparnasse)* est un pastiche roman (1867-1876) construit par *Girain* dont l'intérieur, particulièrement clair, est orné d'une série de peintures d'*Aubert*. Sainte-Beuve habita au n° 11, de 1850 à sa mort (en 1869). Au n° 32, Edgar Quinet vécut de 1840 à 1851, et Augustin Thierry mourut en 1856. ▶ Rejoindre le boulevard du Montparnasse en direction de la place du 18-Juin-1940.

▷La rue de Rennes

C'est la seule artère relativement moderne du quartier avec le boulevard Raspail. A partir de la gare Montparnasse créée vers 1840, elle a été percée de 1854 à 1867 et ornée de beaux immeubles à cinq étages. Il était prévu qu'elle aille jusqu'à la Seine et rejoigne la rue du Louvre par un pont de la Monnaie, mais elle s'est arrêtée devant l'église Saint-Germain-des-Prés. Sur la dr. au n° 40, se dresse l'*immeuble** de style Art Nouveau construit vers 1902 par *Paul Auscher* pour les grands magasins Félix Potin.

Le quartier de l'Odéon*

6e arr. / 36-J8
Métro : Luxembourg (RER), Odéon
Bus : 21, 27, 38, 81, 84, 87
🅿 place Saint-Sulpice
Taxi : carrefour de l'Odéon, 91, bd Saint-Germain
☎ 43.26.00.00

Vers la fin de l'Ancien Régime, tout ce secteur fut loti autour du nouveau théâtre de l'Odéon. La rue de Tournon et la rue de Condé, anciennement aristocratiques, et plus encore la proximité du vieux palais du Luxembourg attirèrent ici une clientèle riche et à la mode. Aujourd'hui les cinq rues qui convergent vers la monumentale façade du théâtre ont conservé cet air de distinction, et leurs boutiques, anciennes librairies ou jeunes maisons de couture, sont toujours aussi élégantes. Plus bas, la rue Monsieur-le-Prince et la rue de l'Ecole-de-Médecine possèdent plusieurs bâtiments remarquables comme l'admirable réfectoire du couvent des Cordeliers, restauré dernièrement.

Au cours de la journée, ces axes sont fréquentés par les étudiants qui viennent faire leurs achats dans les nombreuses librairies scientifiques et médicales. Encore plus bas, au carrefour de l'Odéon, c'est la foule dense et remuante du boulevard Saint-Germain qui se presse au pied de la statue de Danton. Jusque tard dans la nuit, les très nombreux cinémas et cafés du quartier y entretiendront une grande animation.

Visite du quartier

45 mn

▷Le théâtre de l'Odéon**

L'ancien Théâtre-Français est un bel édifice néo-classique. C'est un des rares théâtres de Paris qui, avec l'Opéra et le théâtre Marigny, se présente isolé. Il est entouré d'arcades et avait, jusqu'en 1818, deux arches enjambant la rue Corneille et la rue Rotrou, qui abritaient de la pluie les spectateurs à leur descente de voiture.

Le Théâtre-Français avait été construit, de 1779 à 1782, par *Peyre* et *de Wailly*, à l'emplacement des jardins de l'hôtel de Condé que le roi avait achetés et offerts à la Ville afin que celle-ci y fît bâtir un théâtre. Celui-ci devait abriter la Comédie-Française qui depuis quelques années occupait une dépendance du château des Tuileries. En 1797, le théâtre prit le nom d'Odéon ; incendié, il fut reconstruit semblable à lui-même par *Chalgrin*, en 1807, puis en 1818. Le Mariage de Figaro, créé et joué dans le nouveau théâtre en 1784, y rencontra un vif succès. L'Odéon, qui fut à maintes reprises rattaché à la Comédie-Française, passa à la compagnie Jean-Louis Barrault en 1959 et y demeura jusqu'en 1968. En mai de cette année, le théâtre fut occupé pendant un mois et très dégradé. L'Odéon accueille fréquemment des troupes étrangères de renom.

A l'*intérieur*, la salle a un plafond d'*André Masson* (1965). Dans le foyer, aménagé en 1875, buste d'*Antoine* (1858-1943), acteur, metteur en scène puis directeur de l'Odéon à partir de 1906. Huit grands portraits peints sont enchâssés dans la décoration murale et représentent de prestigieux comédiens du XIXe s. dans des rôles marquants du répertoire : E. Geoffroy *(Carolus-Duran)*, L. A. Delaunay, F. Berton, H. Lafontaine, J. P. F. Provost, J. I. Samson, Bocage, P. F. Beauvallet.

▷ La place de l'Odéon

C'est une calme et jolie place semi-circulaire sur laquelle débouche l'éventail des rues percées en même temps que l'on construisait le théâtre, sur les jardins de l'hôtel de Condé. Une ordonnance architecturale d'ensemble fut prescrite pour la place et la rue de l'Odéon. C'est au n° 2, dans l'appartement du troisième étage qu'il occupait avec Lucile, que Camille Desmoulins fut arrêté en 1794 ; l'inscription placée au n° 1 est inexacte. Au n° 1, Centre franco-américain. Il a remplacé, après la bibliothèque Benjamin-Franklin, l'ancien et vénérable café Voltaire qui pendant plus de cent cinquante ans fut un café littéraire que fréquentèrent les romantiques et les symbolistes. Entre les deux guerres, il fut le point de rencontre des écrivains et en particulier « de la génération perdue » des Américains : Scott Fitzgerald, qui venait en voisin puisqu'il habitait rue de Vaugirard, T. Eliot, Ezra Pound, Hart Crane, Hemingway, Kay Boyne, Sinclair Lewis, Gertrude Stein et tous les autres qui, avec eux, allaient et venaient entre le Voltaire et les librairies d'Adrienne Monnier et de Sylvia Beach.

▷ La rue de l'Odéon

Placée dans l'axe du théâtre, c'est la plus importante des rues aboutissant sur la place de l'Odéon. Ce fut la première de Paris à avoir des trottoirs et des caniveaux latéraux. Comme par le passé, elle est bordée de boutiques attrayantes. Nombreuses sont les *maisons* intéressantes (aux n°s 9, 10, 11, 12, 14, 16), pour la plupart de la fin du XVIIIe s. comme les deux hôtels qui encadrent la rue à son débouché au carrefour de l'Odéon. Au n° 7, il y avait la librairie d'Adrienne Monnier, Les Amis des livres, qui fut longtemps le rendez-vous de Gide, Martin du Gard, Valéry ; tandis que les Américains du Voltaire se retrouvaient à la librairie Shakespeare and Co, en face, au n° 12, la librairie de Sylvia Beach. Ici fut publié, en 1922, la première édition d'Ulysse de Joyce, œuvre poursuivie aux États-Unis pour obscénité. ▶ La rue de l'Odéon s'achève au *carrefour de l'Odéon* à proximité de la place Henri-Mondor, et qui, jusqu'au XVIIIe s., s'est appelé le carrefour du Riche-Laboureur. ▶ Au passage jeter un coup d'œil sur les ferronneries des vieilles maisons de la *rue des Quatre-Vents*. Celle-ci date du début du XVe s. et tient son nom d'une enseigne représentant des amours soufflant aux quatre points cardinaux.

▷ Le boulevard Saint-Germain

de la place Henri-Mondor au bd Saint-Michel

Ancienne rue des Boucheries dans cette fraction (on comptait vingt-deux étals de boucherie pendant la Révolution), le boulevard aligne de part et d'autre ses maisons d'éditions, dont des éditions médicales à proximité de la faculté de Médecine. Vers l'O. il va vers Saint-Germain-des-Prés ; vers l'E. il rejoint le boulevard Saint-Michel en passant (n° 79) devant la *librairie Hachette*, fondée en 1826 par *Louis Hachette* qui préféra la librairie à l'enseignement supérieur. A sa hauteur, le boulevard croise la rue Hautefeuille et l'on peut voir, sur le mur même de la librairie, une plaque rappelant l'emplacement de l'hôtel d'Aligre où est né Charles Baudelaire en 1821.

▷ La rue de l'Ecole-de-Médecine

Ancienne rue des Cordeliers, elle existait en 1300. N°s 15-21 : tous ces terrains étaient occupés par le couvent des Frères-Mineurs franciscains (ou Cordeliers, nom qui provient de la corde qui ceignait leur taille au-dessus de la bure) fondé en 1230 et qui fut, au Moyen Age, un centre d'enseignement semblable à celui des dominicains. Le couvent, qui avait reçu ses terres de Saint Louis, s'étendait jusqu'à l'actuel lycée Saint-Louis. La Révolution le supprima et il fut réquisitionné par Camille Desmoulins pour le club des Cordeliers (1791).

Approximativement à l'emplacement du pan coupé, au débouché de la rue Antoine-Dubois, se trouvait la maison qu'habitait Marat lorsqu'il fut poignardé par Charlotte Corday le 13 juillet 1793. Des bâtiments des Cordeliers, rebâtis à la fin du XVe s. par *Anne de Bretagne* en gothique flamboyant, ne subsiste que le *réfectoire (au n° 15 de la rue de l'Ecole-de-Médecine).* Ce réfectoire de belle taille est l'un des très rares vestiges d'architecture monastique médiévale qui subsiste à Paris. C'est là que fut exposé le corps de Marat avant d'être inhumé dans le jardin des Cordeliers.

L'Ecole pratique de médecine (université Paris-VI-Pierre-et-Marie-Curie) a été construite entre 1877 et 1900 à l'emplacement du cloître des Cordeliers ; elle possède une annexe de très grandes dimensions au n° 45 rue des Saints-Pères (construite de 1937 à 1953), pour les premières années. C'est ici que se trouve le *musée Dupuytren* (→ *musées*).

Les musées à voir

Musée d'Histoire de la médecine (12, rue de l'Ecole-de-Médecine) : histoire de l'enseignement de la médecine et de la chirurgie.
Musée Dupuytren (15, rue de l'Ecole-de-Médecine) : collection de pièces d'anatomie.

L'ancienne faculté de Médecine (12, rue de l'Ecole-de-Médecine)

Elle constitue un vaste ensemble limité par le boulevard Saint-Germain et la rue Hautefeuille occupant en partie l'emplacement du collège royal de Bourgogne fondé en 1331, et de la chapelle des Prémontrés. Bien que ne disposant d'aucun local pendant deux siècles, la faculté de Médecine avait cependant sa place marquée dans l'Université. A partir de 1281, elle forme un corps à part, avec ses statuts particuliers, confirmés par Philippe de Valois en 1331. En 1267, elle procède à l'élection de son premier doyen, dont les 235 successeurs s'échelonnèrent sans interruption jusqu'à la Révolution. Sous l'Ancien Régime, médecins et chirurgiens formaient deux corporations absolument distinctes et rivales. A partir de 1472, les premiers établirent leur école rue de la Bûcherie, tandis que les seconds, dès le XIIIe s., tenaient leurs assises près du couvent des Cordeliers. C'est pour l'académie de Chirurgie que fut construite la partie ancienne de l'édifice actuel, où les deux corporations rivales furent d'ailleurs réunies par la Convention, sous le nom d'école de Santé (4 décembre 1794). Le rétablissement de l'Université, sous l'Empire, rendit enfin à cette école le titre de faculté de Médecine. Ces vastes bâtiments abritent maintenant le siège administratif de l'université René-Descartes-Paris-V, ainsi que la bibliothèque, le musée et les archives de la faculté de Médecine. Louis XV confia les plans de l'académie de Chirurgie à l'architecte *Gondouin* qui ne réalisa (1769-1786) qu'une partie d'un projet grandiose, repris dans ses grandes lignes par *Ginain*, de 1878 à 1900 ; cette dernière phase de construction fit disparaître à l'O. l'atelier de Courbet. La partie ancienne, qui marque un retour à l'antiquité classique à la fin du XVIIIe s., est la ***galerie*** à quatre rangées de colonnes ioniques *(rue de l'Ecole-de-Médecine)* qui précède une cour harmonieuse entourée également d'une colonnade ionique, tandis que le grand amphithéâtre s'ouvre sous un péristyle corinthien.

La ***bibliothèque*** *(ouverte aux médecins et étudiants en médecine ; pour visiter s'adresser au concierge ; fermée en août)* comprend plusieurs centaines de milliers d'ouvrages, une centaine d'incunables et 1 100 manuscrits, dont deux du XVe s., les lettres de *Guy Patin* et les 24 volumes des Commentaires, relatant au jour le jour et en latin, l'histoire de la faculté de Médecine de 1395 à 1786. Reliures anciennes. Le ***musée d'Histoire de la médecine*** (→ *musées*) se trouve au deuxième étage.

A l'angle de la rue Hautefeuille et de la rue Pierre-Sarazin, l'ancien ***hôtel*** qui garde une jolie tourelle d'angle octogonale a été entièrement restauré en 1977.

Au nº 5 de la rue de l'Ecole-de-Médecine, l'***institut des Langues modernes*** de la faculté des Lettres occupe les locaux de l'ancienne confrérie des barbiers-chirurgiens Saint-Cosme et Saint-Damien qui existait déjà au XIIIe s. ; l'amphithéâtre, créé en 1691, est surmonté d'un dôme à hautes fenêtres et à lanternes. Il a ensuite été école gratuite de Dessin de 1777 à 1875 et école des Arts décoratifs jusqu'en 1933. Sarah Bernhardt est née dans cette maison le 25 octobre 1844, comme le rappelle l'inscription. ▶ Pour finir cette promenade on peut soit prendre les escaliers de la rue Antoine-Dubois pour rejoindre la rue Monsieur-le-Prince, soit la *rue Dupuytren*, percée au XVIIe s. sur le cimetière des Cordeliers, et où habita Armande Béjart après la mort de Molière.

▷ La rue Monsieur-le-Prince

Avant d'être princière (elle tient son nom du prince de Condé), la rue ne fut que la rue des Fossés, longeant l'enceinte de *Philippe Auguste* ; celle-ci constitue d'ailleurs la base des fondations de certaines maisons (du nº 41 au nº 47). On verra, tout au long de la rue, de belles demeures dont on devine facilement qu'elles furent imposantes (voir en particulier les balcons, les ferronneries, les agrafes sculptées, les mascarons). Au nº 4, très beau ***portail*** de l'hôtel de Bacq (1750) qu'on peut admirer depuis la rue Dupuytren. Au nº 10, Association internationale, ***maison d'Auguste Comte***, centre de documentation et ***musée Auguste Comte*** : l'appartement où il a vécu jusqu'à sa mort, en 1857 *(visite sur rendez-vous).* Cadoudal aurait été arrêté juste en face. Saint-Saëns a vécu au nº 14 de 1877 à 1889, et Yves Brayer a son atelier au nº 22 et avant lui La Gandara, mort en 1917 ; jolie cour.

La ***rue Racine*** a été percée à travers le clos des Cordeliers ; George Sand, qui fut vraiment de la rive gauche, a habité au nº 3.

La partie haute de la rue Monsieur-le-Prince correspond à la rue des Francs-Bourgeois-Saint-Michel, du XVIIe s. Le poète anglais Longfellow (1807-1882) a habité au nº 49. Les importants bâtiments du ***lycée Saint-Louis*** occupent les terrains du jardin des Cordeliers et des collèges d'Harcourt (fondé en 1280) et de Justice, créé en 1354 par *Jean de Justice*. Blaise Pascal habita, à partir de 1654, la maison (nº 54) qui subsiste toujours et qu'il ne quitta que pour aller mourir chez sa sœur Gilberte (1662) ; c'est ici qu'il vécut la fameuse « nuit de feu » du 23 novembre 1654 et qu'il écrivit les Pensées et certaines des Provinciales. Très *belles demeures* (aux n°s 58, 60, 63, 65). La rue s'achève au boulevard Saint-Michel. ▶ Emprunter la *rue de Vaugirard* (→ *quartier Saint-Sulpice*) pour accéder à la rue de Condé.

▷ La rue de Condé

Elle tient son nom d'Henri II de Bourbon, prince de Condé, et fut sous la Révolution la rue de l'Egalité. Calme et plutôt austère, elle est bordée par plusieurs *façades* anciennes. Les n°s 1 à 5 ont des façades classées. Au n° 8, Maurice Sand avait un appartement que George Sand, sa mère, partagea un moment. Voir les *consoles* et les *ferronneries* du n° 10. L'*hôtel d'Henri II de Condé* (à l'emplacement des n°s 9 à 15) appartint aux Condé jusqu'en 1764 date à laquelle ils s'installèrent au Palais-Bourbon. Louis XV acheta ces terrains et ces jardins en 1773. Pascal vécut quelque temps avec sa famille au n° 20, et au n° 22 habitait Lucile Duplessis avant son mariage avec Camille Desmoulins. Voir, au n° 24, les ferronneries, l'escalier et les sculptures (jeter un coup d'œil dans la cour) de l'*hôtel de Gramont-Caderousse*. Au n° 26, dans un hôtel du XVIIIe s. qu'il loua de 1763 à 1776, Beaumarchais écrivit Le Barbier de Séville. C'est ici que Alfred Valette et sa femme, la romancière Rachilde, fondèrent en 1903 le Mercure de France. C'est maintenant le siège de la revue des Temps Modernes. Au n° 28, ancien hôtel du président Le Rebours.

▷ La rue de Tournon

Elle fut ouverte en 1540. Le terrain appartenant à l'abbaye de Saint-Germain, elle prit le nom du cardinal de Tournon qui en était alors abbé. C'est une rue de belle architecture avec des boutiques élégantes de prêt-à-porter de luxe et des librairies anciennes. Au n° 16, en particulier, on trouvera la librairie la plus riche qui soit en ouvrages concernant Paris. Une série de grands hôtels particuliers bordent le côté pair de la rue, et des maisons de rapport, généralement anciennes, le côté impair. Au n° 14, *Petit hôtel d'Entragues*, du XVIIIe s. et au n° 12, *Grand hôtel d'Entragues*, reconstruit par *Neveu* sous Louis XVI ; ici mourut, en 1813, la comtesse d'Houdetot et, après elle, la duchesse douairière d'Orléans veuve de Philippe Egalité. Voir les ferronneries et agrafes sculptées des façades sur rue et sur cour qui sont classées. Au n° 27, la *maison du Chevalier d'Airain* (Jacques Casanova de Seingalt) s'élève à l'emplacement de celle que François Ier avait offerte à Clément Marot. Au n° 19 vécut et mourut, en 1792, un curieux personnage : John Paul Jones qui, après avoir été amiral de la toute jeune république américaine, fut contre-amiral de la flotte de Catherine II de Russie. Au n° 17 est mort, en 1959, l'acteur Gérard Philipe. Au n° 18 a résidé, de 1937 à 1939, l'écrivain autrichien Joseph Roth, contraint à quitter Vienne. Au n° 10, l'*hôtel du maréchal d'Ancre* (dit plus tard Grand hôtel de Nivernais) qui, après l'assassinat de celui-ci, passa au duc de Luynes. Louis XIII résida souvent dans cet hôtel et il s'y trouvait lors de la journée des Dupes. La lutte sans merci que se livraient la reine mère et le cardinal de Richelieu, trouva sa conclusion dans ce que l'histoire a retenu sous le nom de journée des Dupes. En un premier temps, la reine crut l'emporter en obtenant du roi le renvoi du cardinal (10 novembre 1630), mais celui-ci par la suite s'imposa de nouveau à Louis XIII qui se décida à exiler sa mère à Cologne où elle finit sa vie misérablement, douze ans plus tard.

Au n° 8, Théroigne de Méricourt avait ouvert un club que fréquentaient Danton, Desmoulins, Fabre d'Eglantine ; G. Pierné y eut un appartement (de 1900 à 1937). Au n° 6, bel *hôtel de Brancas*, reconstruit par *Pierre Bullet*, architecte du château de Champs-sur-Marne et du Crédit Foncier, place Vendôme. Au fronton du portail, on voit les allégories de la Justice et la Prudence. L'hôtel fut occupé par l'Académie d'équitation de La Martinière et devint, en 1764, propriété du duc de Brancas qui lui a laissé son nom. Il abrite aujourd'hui l'*institut français d'Architecture*, créé en 1981 pour promouvoir l'architecture. Très belle cage d'escalier dans le bâtiment central. Dans la cour se trouve la bibliothèque spécialisée dans l'architecture et l'urbanisme du XXe s. Les écuries (entrée entre le n° 6 et le n° 8) et l'orangerie située au fond du jardin accueillent des expositions temporaires sur l'architecture de notre siècle. Au n° 7, logèrent Gambetta et A. Daudet. Au n° 5, vivait le Père Duchesne (Hébert) dont la maîtresse, Mlle Lenormand, était une voyante en renom que consultait parfois Bonaparte. Au n° 4, *hôtel Jean de Palaiseau*★, refait au XVIIIe s. pour les Montmorency ; voir le péristyle de la cour et le perron à colonnes, l'escalier et la rampe de fer forgé ; la façade et un salon sont classés. Lamartine, Ledru-Rollin et Renan habitèrent cette très belle demeure. Au n° 2, *hôtel de Châtillon*★, du XVIIIe s., où mourut la fille de F. Boucher, où Balzac vécut de 1827 à 1830, puis V. de Laprade et Musset, et enfin, de 1874 à 1881, André Gide.

Le quartier de l'Opéra**

9e et 2e arr. / 27-H5
Métro : Opéra
Bus : 20, 21, 22, 27, 29, 42, 52, 53, 66, 68, 95
P rue de la Chaussée-d'Antin
Taxis : place de l'Opéra ☎ 47.42.75.75

Comme la place des Vosges ou la place Vendôme, l'avenue et la place de l'Opéra forment un ensemble urbain cohérent et uniforme conçu pour mettre en valeur le nouveau théâtre construit sous le second Empire. On retrouve ici le goût accusé de l'urbanisme haussmannien pour les amples perspectives et les façades monumentales dont la blancheur devait trancher avec la polychromie de l'Opéra.

Le palais Garnier, admis comme la meilleure expression architecturale du style Napoléon III, domine aujourd'hui un des carrefours les plus trépidants de la capitale, environné de nombreuses banques, d'offices de tourisme étrangers et d'agences de voyages. Très vivant et animé pendant la journée, le quartier est beaucoup plus calme, le soir venu, quand les bureaux se sont vidés. La nuit, après le spectacle, le public de l'Opéra et celui des théâtres voisins se retrouve dans les cafés du boulevard des Capucines, comme au café de la Paix, le plus célèbre d'entre eux.

Visite du quartier

45 mn

▷ **L'Opéra**** *place de l'Opéra / t.l.j. sf 1er mai et 14 juil. et les jours où un spectacle est programmé en matinée, 11 h-16 h 30. Les représentations ont lieu t.l.j. sf mar.; le mercr. : ballets; réservations 14 j. à l'avance; meilleures places : orchestre balcon, 1re et 2e loges, fauteuils du 4e étage, de face*

L'Opéra, ou académie nationale de Musique et de Danse, est un somptueux édifice dû à l'architecte *Charles Garnier* (1825-1898). Après la tentative manquée d'attentat contre l'Empereur, le 14 janvier 1858, par *Orsini* aux abords de la salle Le Peletier, on décida de construire un nouvel opéra dans un espace dégagé et sûr. Charles Garnier enleva le concours de 1861, sans pour autant remporter l'adhésion de Napoléon III et d'Eugénie. Celle-ci aurait lancé à l'architecte : « - Qu'est-ce que ce style? Ce n'est pas un style, ce n'est pas du grec, ni du Louis XVI. » « - Non », aurait répondu Garnier, « ces styles ont fait leur temps. C'est du Napoléon III, et vous vous plaignez? » Et l'Empereur de murmurer : « - Ne vous tourmentez pas, elle n'y connaît rien du tout ». De fait, l'édifice est devenu le symbole du style Napoléon III : éclectique, baroque, surchargé. Le 21 juillet 1862, après d'énormes travaux de consolidation des sous-sols, la première pierre apparente était posée. Pourtant la guerre et la Commune retardèrent les travaux jusqu'en 1875, date à laquelle Mac-Mahon, président sous la troisième République, l'inaugurait en grande pompe.

Si ce théâtre est l'un des plus grands du monde par sa superficie, il ne dispose que de 2 131 places à cause de l'espace réservé aux salles de répétition, aux foyers, à la bibliothèque ou au musée, et surtout à cause de la place dévolue aux circulations horizontales ou verticales. C'est en effet dans ces dégagements (vestibules, escalier, paliers...) que se déroulait la magnificence du cérémonial mondain et bourgeois qui accompagnait chaque spectacle. L'Opéra, conçu dans la période la plus brillante du second Empire, pouvait accueillir les grands déploiements scéniques à la Meyer-

La naissance de l'opéra

Le genre opéra se constitue en France sous l'influence des œuvres lyriques de l'Italie, accrue par celle des pastorales et des ballets de cour. Administrativement, les fondateurs de l'opéra français sont Perrin et Cambert (privilège de juin 1669), auxquels succéda Lully. Ouverte sur l'emplacement du no 42 actuel de la rue Mazarine et du no 43 rue de Seine, l'Académie royale occupa diverses salles dont les plus célèbres et les dernières sont celle de la rue de Richelieu (square Louvois actuel), celle de la rue Le Peletier (brûlée en 1873), et la salle de l'ancien théâtre des Italiens.
Aujourd'hui l'académie nationale de Musique et de Danse est régie par un directeur que nomme le gouvernement.

beer. L'exploitation d'une pareille entreprise s'est avérée extrêmement difficile malgré des subventions accordées par l'Etat. Mais l'Opéra n'en demeure pas moins l'une des plus illustres scènes lyriques du monde.

L'extérieur

Un dôme aplati confère à l'Opéra une silhouette trapue. Sur la façade principale, l'importance donnée au premier étage, qui correspond à la loggia du foyer, est accentuée par un ordre corinthien de colonnes aux fûts monolithes en pierre de Ravières. Des bustes de compositeurs ornent œils-de-bœuf et écoinçons. Au-dessus de la loggia, un **attique** bordé de masques antiques en bronze doré par *Klagmann* et, à dr. et à g. l'Harmonie et la Poésie par *Gurnery*. Tandis que le dôme correspond à la coupole de la salle, un fronton triangulaire, en retrait, indique la scène. Ce mur pignon atteint une hauteur de 69 m. L'ensemble est dominé par un **Apollon élevant sa lyre** (*Millet*) avec, de part et d'autre, des **Pégases** (*Lequesne*). 73 sculpteurs ont collaboré au décor de l'Opéra. Sur le perron, quatre **groupes** en ronde-bosse soulignent les avant-corps : la Musique (*Guillaume*), la Poésie lyrique (*Jouffroy*), le Drame lyrique (*Perraud*), **La Danse**** (*Carpeaux*). A sa création on vit, dans cette dernière œuvre, un « outrage à la pudeur ». Dans la nuit du 27 au 28 août 1869, le marbre reçut une bouteille d'encre. On tenta même de le dérober au regard des Parisiens... En 1964, ce chef-d'œuvre de J.-B. Carpeaux (1827-1875) a été déposé au musée du Louvre (aujourd'hui au musée d'Orsay), tandis qu'une réplique réalisée par *Paul Belmondo* l'a remplacé sur le parvis de l'Opéra. Aux façades latérales, plus sobres, sont accolés des pavillons demi-circulaires. Celui de l'E. (rue Auber), est muni d'une double rampe d'accès primitivement destinée à la voiture de l'Empereur et qui, de nos jours, permet d'accéder à la bibliothèque et au musée. Côté O. se situe l'entrée des abonnés. L'enceinte du bâtiment est délimitée par une balustrade rythmée, de loin en loin, par des **statues lampadaires** ou torchères en bronze, œuvres de *Chabaud*, et par des colonnes de marbre pourvues de lanternes.

L'intérieur

1er vestibule : Lully, Rameau, Gluck et Haendel, statues par *Schœnewerk*, *Alasseur*, *Cavelier* et *Salmson*. **2e vestibule** : service du contrôle. Si l'on prend l'entrée des abonnés, on pénètre dans un vaste vestibule circulaire où, au centre de la voûte, dans une inscription pseudo-arabe, *Charles Garnier* a signé et daté son œuvre ; puis, par une galerie, on peut rejoindre l'escalier d'honneur (bassin orné de la **Pythonisse** en bronze de *Marcello*).

L'escalier d'honneur* est à lui seul un morceau de bravoure. Ses emprunts à différents styles historiques et sa polychromie en font une œuvre puissamment originale. Son développement fait appel aux courbes et aux contre-courbes du style rococo. Une première volée, ornée par des torchères de *Carrier-Belleuse*, conduit au palier central ; celui-ci communique avec l'orchestre et les baignoires grâce à une entrée gardée par les monumentales cariatides de *Thomas*. Deux volées perpendiculaires mènent au grand foyer et, tout autour, des balcons sous arcades permettent, d'étage en étage, de voir et d'être vu. Les marbres, d'un coloris vert de Suède, rouge antique, et les peintures allégoriques de *Pils* dans les caissons de la voûte, ajoutent à la polychromie de l'ensemble.

Le **grand foyer*** est précédé d'un avant-foyer dont la voûte est revêtue de mosaïques exécutées par *Salviati* d'après Curzon. C'est l'une des plus belles parties de l'Opéra (long de 54 m, large de 13 m et haut de 18 m). A l'entrée centrale, deux glaces de Saint-Gobain ; sur les côtés, des colonnes accouplées ; aux extrémités, des cheminées ornées de cariatides, derrière lesquelles sont les salons octogonaux (salon O. décor peint par *Barrias* ; salon E., par *Delaunay*). Le grand foyer est orné de peintures allégoriques dues à *Paul Baudry*. Un monument au compositeur Camille Saint-Saëns (1835-1921), dû au sculpteur *Bouchard*, y a été inauguré en mars 1938. Des portes vitrées font communiquer le foyer avec la loggia (belle **vue** sur l'avenue et la place de l'Opéra) ; devant la porte du milieu, buste de Ch. Garnier, par *Carpeaux*.

La **salle***, rouge et or, est un peu désuète aujourd'hui mais bien caractéristique de l'époque ; elle comprend cinq étages de loges fort incommodes. Huit grandes colonnes, en échaillon poli, dorées en partie, supportent la coupole à laquelle est suspendue le grand lustre (6 t). L'ancien plafond de *Lenepveu* (Heures du jour et de la nuit) est dissimulé, depuis 1964, sous le nouveau **plafond***, peint par *Chagall* qui s'est inspiré de neuf opéras ou ballets célèbres (la Flûte enchantée, de Mozart ; Tristan et Yseult, de Wagner ; Roméo et Juliette, de Berlioz ; Pelléas et Mélisande, de Debussy ; Daphnis et Chloé, de Ravel ; l'Oiseau de Feu, de Stravinsky ; le Lac des cygnes, de Tchaïkovski ; Giselle, d'Adam ; Boris Godounov, de Moussorgski).

La **scène**, avec ses 52 m de largeur, 60 m de hauteur et 37 m de profondeur, peut contenir jusqu'à 450 figurants et dispose d'une formidable machinerie. Elle communique avec le **foyer de la danse** orné de peintures par *Boulanger*.

▷ La place de l'Opéra

Fermant la perspective de l'avenue de l'Opéra, adossée au théâtre lui-même, cette place semble être un des nœuds de la vie et de la circulation parisiennes. En réalité c'est une greffe du second Empire sur un tissu urbain plus ancien. Elle est venue s'implanter au beau milieu d'un boulevard cher aux Parisiens du XIXe s., en coupant le boulevard des Capucines en deux tronçons. Les façades des immeubles qui entourent la place répondent au dessin obligatoire du décret de 1860 avec un ordre colossal de pilastres corinthiens.

Le Grand Hôtel, élevé sous le second Empire dans un quartier en plein remaniement, avait pour destination première d'offrir ses 700 chambres et 70 salons aux visiteurs de marque venus à Paris pour l'Exposition universelle de 1867. L'imposant bâtiment fut édifié sous la direction de l'architecte *Armand*. Selon les consignes en vigueur dans ce périmètre (hôtel Scribe, Jockey club), un ordre colossal de pilastres corinthiens rythme les façades, tandis que l'entrée principale sur le boulevard des Capucines est surmontée de colonnes et d'atlantes. Muni, à l'origine, du plus remarquable confort moderne, l'hôtel a subi en 1956 et 1976 des transformations nécessaires qui n'ont guère épargné le décor intérieur. Néanmoins, la grande *salle à manger* a été conservée. Cette pièce hémicirculaire s'élève sur trois niveaux dans un décor exubérant de staff et d'or dû au sculpteur *Millet*. Le *café de la Paix* fait partie du Grand Hôtel. Son décor a été conservé et restauré. Un peu rétro et somptueux, il demeure le rendez-vous des touristes du monde entier et des habitués d'après le théâtre.

De la place de l'Opéra, quatre grandes artères se détachent en éventail : le boulevard des Capucines, la rue de la Paix, l'avenue de l'Opéra, la rue du 4-Septembre.

▷ L'avenue de l'Opéra *au S. de la place*

C'est un des *hauts lieux du tourisme* parisien, célèbre dans le monde entier, où s'écoule le flot germano-anglo-américano-japonais. Les caractères qui couvrent les enseignes indiquent une forte implantation du commerce japonais. Prévue depuis 1853, l'avenue qui, sans les changements de régimes se serait appelée avenue Napoléon, fut construite entre 1864 et 1876. Il fallut, dans un premier temps, araser la butte Saint-Roch qu'occupaient çà et là jardinets et moulins. Cette avenue de 30 m de large, destinée à relier le Louvre au nouvel Opéra, est d'une conception purement haussmannienne, avec ses robustes immeubles de cinq étages que soulignent les fontes des balcons. L'organisation du quartier primitif, avec ses maisons XVIIe-XVIIIe s., se retrouve dans les rues adjacentes.

▷ La rue de la Chaussée-d'Antin

A l'E. de la place, à g. dans le boulevard des Capucines, on parcourra la section comprise entre le boulevard des Capucines et le boulevard Haussmann : tout ce quartier fut transformé dans la première moitié du XVIIIe s. par *Pardaillan Goudrin*, duc d'Antin. Des personnalités aussi en vue que Rossini y ont habité : le compositeur logea au n° 2, de 1857 à 1868. Le portail d'entrée est décoré de têtes de gorgones.

Le percement de la rue Meyerbeer a entraîné la destruction de plusieurs demeures célèbres : celle du n° 5, hôtel construit par Brongniart, où mourut en 1783 la marquise d'Epinay, où Grimm avait habité, où Mozart avait passé cinq mois en 1778; Germaine Necker de Staël fut élevée dans le somptueux hôtel, au n° 7, lui aussi disparu (sa mère y recevait Buffon, Saint-Lambert, Marmontel); en 1798, le banquier Récamier acheta cette demeure où il donna des fêtes d'un luxe considérable; le Temple de Terpsichore, au n° 9, qui n'était autre que l'hôtel de la Guimard (Fragonard avait décoré ce bel hôtel, édifié par Ledoux en 1773, pour celle qui était alors la maîtresse du prince de Soubise).

Au n° 10, maison natale de l'écrivain Fernand Gregh (1873-1960) : elle date de la Restauration et garde une belle *colonnade*. La Révolution a brusquement ressurgi du passé en avril 1977 lorsque des ouvriers dégagèrent, au n° 20, les vingt et une têtes des *rois de Juda* qui ornaient la façade de Notre-Dame de Paris et que le royaliste Lakanal, frère du conventionnel et savant, avait sauvées de la décharge publique (→ *musée de Cluny*). L'hôtel faisait partie des trois immeubles que Lakanal avait fait construire. Moreau y habita également.

Suite de la rue de la Chaussée-d'Antin → *quartier Saint-Lazare*. ▶ Le *boulevard Haussmann* qui longe la place au nord, est bordé par deux des plus grands magasins parisiens : les galeries Lafayette et le Printemps (→ *quartier Saint-Lazare*).

Vestiges des premiers éclairages au gaz et à l'électricité

Bien que Lebon inventât le gaz d'éclairage en 1791, ce fut seulement en 1829 qu'eut lieu le premier éclairage au gaz d'une voie publique de Paris. Quant au premier essai d'éclairage urbain électrique, il s'effectua en 1878, à l'occasion de l'Exposition universelle, lorsque trente-deux foyers furent mis en service avenue de l'Opéra où nous pouvons encore voir ces beaux réverbères. Paris a conservé plusieurs témoins de ces anciens dispositifs d'éclairage : les très beaux réverbères et les colonnes rostrales de la place de la Concorde, établis par l'architecte Hittorff en 1840; l'ensemble de candélabres sculptés du pont Alexandre-III; les torchères de bronze dues à Félix Chabaut, autour du palais Garnier; les candélabres de la place de l'Hôtel-de-Ville; les réverbères de la place de la République dont on aperçoit encore les dispositifs d'éclairage au gaz (1860).

Curiosité plus récente, un réverbère muni d'un capteur solaire se dresse place de l'Alma.

▷ La rue Edouard-VII *à l'E. de la place, 2e rue à dr. dans le bd des Capucines*

C'est l'une des rares artères de ce quartier, avec le boulevard Haussmann, à avoir vu le jour au XXe s. Elle résulte d'une opération immobilière lancée en 1911. L'architecte *Nénot* opta pour un tracé en équerre dont les deux bras sont réunis par une place octogonale aménagée avec des arcades. Au centre, *statue* du roi Edouard VII par *Landowski*. La Société Générale a pris le contrôle de tout ce lotissement, hormis, sur la place Edouard-VII, du théâtre qui, depuis 1984, a pris le nom de théâtre Edouard VII-Sacha Guitry en l'honneur de l'homme de théâtre qui, en 1927, y créa Désiré. ▸ La place communique avec le square de l'Opéra-Louis-Jouvet où se trouve le *théâtre de l'Athénée*. *Louis Jouvet*, qui depuis 1934 dirigeait l'Athénée, a donné à ce théâtre, à la veille et au lendemain de la guerre, un éclat que ceux qui ont eu la chance de voir La Guerre de Troie n'aura pas lieu ou quelque autre pièce de Giraudoux n'oublieront pas. Comme son maître Molière, Jouvet est mort sur scène le 16 août 1951.

Le Palais de Justice**

4, bd du Palais, 1er arr. / 36-J7
Métro : Cité
Bus : 21, 38, 81, 85, 96
P rue de Harlay
Taxis : place du Châtelet ☎ 42.33.20.99
29, quai Saint-Michel ☎ 43.29.63.66

Le Palais de Justice, dont la masse énorme occupe presque toute la partie O. de la Cité, est l'un des bâtiments les plus évocateurs par ses souvenirs peut-être seize fois séculaires, et par ses vieilles tours qui bordent les quais. A l'intérieur, c'est toute l'agitation du « monde du Palais » ; mais le visiteur vient surtout ici pour contempler la Sainte-Chapelle et évoquer l'histoire révolutionnaire de la Conciergerie.

Le Palais de Justice dans l'histoire

Comme dit un historien du Palais, H. Stein, il est probable que « de tout temps, la Cité abrita un édifice qui, simple forteresse d'abord, est devenue successivement la demeure des rois de Fance, le siège des cours souveraines, et enfin le centre de tous les services judiciaires de la capitale ». Le palais des gouverneurs romains et des empereurs dut se trouver dans cet endroit, le mieux défendu. Les rois mérovingiens, plus tard les Capétiens, leur succédèrent. Louis VI le Gros et Louis VII le Jeune y moururent ; Philippe Auguste, qui y est né, l'habita et Joinville nous y décrit la vie de Saint Louis. Agrandi sous Philippe le Bel et Enguerrand de Marigny, l'édifice avait, au début du XVe s., l'aspect que reproduit une célèbre miniature des Très riches Heures du duc de Berri. A la fin du XIVe s., le roi commença de l'abandonner pour l'hôtel Saint-Pol et pour le Louvre qui allait devenir la demeure royale. Le départ de Charles V se justifiait par les événements tragiques dont il fut témoin : le 22 février 1357, il vit son palais envahi et ses conseillers assassinés par Etienne Marcel et ses partisans. Le palais devint alors le siège du Parlement.

Les graves incendies de 1618 et de 1776 amenèrent des remaniements et des agrandissements. Salomon de Brosse (l'architecte du palais du Luxembourg, de l'église Saint-Gervais) fut chargé de réparer les dégâts dus au premier incendie et, plus d'un siècle et demi plus tard, Desmaisons et Antoine

(1783-1786) construisirent l'entrée et la façade monumentales sur la cour du Mai. Des projets d'extension furent repris à partir de 1825 et réalisés surtout sous le second Empire par l'architecte Duc et ses collaborateurs, puis par Daumet après 1879. En 1911-1914, Albert Tournaire éleva l'aile du quai des Orfèvres, au coin du boulevard du Palais.

Le palais d'autrefois était plus désordonné et plus pittoresque : des galeries, des boutiques (merciers, libraires) l'animaient. Le souvenir en est conservé dans La galerie du Palais, de Corneille, ou dans Le Lutrin, de Boileau : il faut y joindre les gravures d'Abraham Bosse, de Moreau et de Lancelot. Les boutiques souffrirent de l'incendie de 1776 ; la dernière disparut en 1840.

Visite du Palais de Justice

☎ *43.29.12.55*

L'extérieur

▷ La tour de l'Horloge

Elle se dresse à l'angle du quai et du boulevard du Palais. Cette tour carrée (47 m de haut) date du règne de Jean le Bon (XIVe s.). Elle est ornée de la première *horloge publique* de Paris, commandée en 1371 par Charles V à *Henri de Vic*. Elle fut refaite sous Henri III et décorée de sculptures par *G. Pilon* (à dr. la Justice, à g. la Loi) qui furent restaurées une première fois en 1685, puis en 1851 par *Toussaint*. Souvent remise en état depuis lors, l'horloge ne fonctionne plus.

▷ La façade Nord

Elle borde le quai de l'Horloge. Elle était baignée par la Seine jusqu'en 1611, date à laquelle on construisit le quai et éleva le niveau. Au-delà de la tour de l'Horloge, la façade est flanquée de trois tours rondes coiffées de toits en poivrière. Ce sont successivement : la *tour César** qui jouxtait les appartements de Philippe le Bel, la *tour d'Argent* où fut entreposé quelques temps le trésor royal (toutes deux furent élevées vers 1300) et la *tour Bonbec*. Celle-ci, bâtie en 1250 et refaite après un incendie en 1935, était autrefois isolée. Du XVe s. au XVIe s., elle servit de lieu de torture aux prisonniers (→ *encadré*).

Ces tours et les parties basses de l'édifice, entre la tour de l'Horloge et les tours jumelles, sont les restes du palais royal des Capétiens, du début du XIVe s. Le *fossé* qui longe la façade entre la tour de l'Horloge et la tour Bonbec indique le niveau du sol primitif. Les parties hautes du bâtiment, de même que la façade comprise entre les tours d'Argent et de Bonbec ont été rebâties au XIXe s., dans le style gothique, par l'architecte *Duc* auquel on doit les trois quarts de l'édifice. Enfin, tout le corps de bâtiment à l'O. de la tour Bonbec, qui est celui de la Cour de cassation, a été construit par *Duc* dans le style corinthien, avec un pavillon central à fronton, décoré de cariatides. ▶ Avant de revenir vers le boulevard du Palais et la façade principale du Palais de Justice, on peut visiter *la Conciergerie* (→), la plus ancienne prison de Paris dont l'entrée se trouve entre les deux tours jumelles. ▶ La *façade Est* du Palais borde le boulevard de ce nom. A partir de la tour de l'Horloge, on voit

La tour des tortures

La tour Bonbec (Bon-Bec) fut ainsi baptisée car elle avait la vertu de faire parler les plus récalcitrants.

Plusieurs degrés de « questions » étaient infligées aux accusés que l'on soupçonnait, selon l'importance de leurs crimes présumés. Le but de l'opération était de leur faire avouer leurs méfaits et dénoncer leurs complices. Lors de la question à l'eau, ils devaient ingurgiter au moyen d'une corne de bœuf évidée quantité d'eau déterminée par la gravité de la faute : la question ordinaire comprenait quatre pintes, la question extraordinaire huit pintes. La question des brodequins, appliquée seulement aux accusés de grands crimes car elle estropiait, consistait à enfoncer à coups de maillet des coins de bois entre deux planches serrant ainsi les jambes et les pieds. Ravaillac la subit après l'assassinat d'Henri IV le 4 mai 1610. Subir la pelote signifiait être serré par des liens jusqu'à ce que ceux-ci entrent dans la chair.

Sous Louis-Philippe, des travaux à la Conciergerie permirent la découverte, au rez-de-chaussée de la tour Bonbec, d'instruments ayant servi à appliquer la torture. Au dessous, deux oubliettes formant puits garnis de pitons en fer formaient une chausse-trappe s'ouvrant sous les pieds des malheureux condamnés qui s'embrochaient sur les pointes acérées d'où ils attendaient la mort. Ensuite les eaux du fleuve emportaient les cadavres.

d'abord le tribunal civil, construit en 1853, puis la façade de la salle des Pas-Perdus ajourée de larges baies.

▷ La cour du Mai

L'entrée principale du Palais, au centre, s'ouvre sur cette cour dont l'ensemble, d'aspect imposant, est l'œuvre des architectes *Desmaisons* et *Antoine* (1783-1786). Elle doit son nom au fait que les clercs y plantaient chaque année un arbre. Elle est fermée, du côté du boulevard, par une magnifique *grille**, posée en 1787 et restaurée en 1877.

Au fond de la cour, un grand escalier précède la façade principale, de style Louis XVI, dont l'avant-corps dorique est rehaussé de *statues* allégoriques : l'Abondance et la Force par *Pierre Berruer*, la Prudence et la Justice par *Frédéric Lecomte* ; cet avant-corps supporte un dôme quadrangulaire décoré à sa base de deux génies ailés supportant un écusson aux armes royales, par *Pajou*. De part et d'autre de la grille, deux pavillons classiques terminent les galeries latérales qui encadrent la cour : celle de dr. est occupée par un bel *escalier* Louis XVI par lequel on monte directement à la galerie Marchande et à la salle des Pas-Perdus (c'est l'entrée la plus fréquentée du Palais) ; celle de g. est percée de trois *passages voûtés* qui mettent en communication la cour du Mai avec la cour de la Sainte-Chapelle : façade Henri IV à g. de l'entrée de la Sainte-Chapelle.

▷ La Police correctionnelle

A la sortie du Palais par la cour du Mai, à dr., le boulevard du Palais est bordé par le bâtiment de la Police correctionnelle qui offre une façade imitée des galeries de la cour du Mai. Sous ce bâtiment s'ouvre un *passage voûté (généralement fermé)* donnant accès à la cour de la Sainte-Chapelle (→). A g. de ce passage, sur le boulevard, une plaque, apposée le 31 janvier 1967, signale l'emplacement de l'*ancienne chapelle Saint-Michel* du palais, où Philippe Auguste fut baptisé en 1165 et où il installa, en 1210, le siège de la confrérie des pèlerins du Mont-Saint-Michel ; Louis XI y transféra, en 1470, le siège de l'ordre de Saint-Michel : c'est là l'origine de la dénomination du boulevard Saint-Michel.

L'intérieur

lun.-vendr., 9 h-18 h

A l'intérieur du Palais, on visite surtout la salle des Pas-Perdus et la Chambre Dorée.

▶ *Le vestibule ou galerie Marchande.* En face de la porte centrale s'ouvre un escalier décoré d'une statue de la Loi dans le style du XVIIIe s. Il conduit aux chambres de la Cour d'appel, au vestiaire des avocats. A l'extrémité dr. de la galerie s'ouvre en face la salle des Pas-Perdus.

▷ La salle des Pas-Perdus

C'est le vrai centre du Palais, le lieu où, dès midi, l'animation est grande. Elle se compose de deux immenses nefs séparées par un rang d'arcades en plein cintre. Une plaque commémore le centenaire du rétablissement du barreau en France, tandis qu'un *monument* a été élevé en 1821 *à la mémoire de Berryer*, sur les dessins de *Lebas*, et sur lequel un personnage pose le pied sur une tortue, symbole de la lenteur de la justice.

La salle des Pas-Perdus a remplacé la Grand-Salle, une des plus illustres de l'histoire de France, jadis décorée de statues royales. On y voyait, à l'extrémité, la table de marbre noir dont un fragment reste aujourd'hui au musée lapidaire : elle servait à la signature des traités et des contrats solennels, aux banquets mémorables. Toute la salle, d'ailleurs, était le siège des cérémonies d'apparat. Incendiée en 1618, la Grand-Salle fut reconstruite par *Salomon de Brosse* en 1622. Après le nouvel incendie de la Commune (1871), elle fut refaite par *Duc* et *Daumet*, dans l'esprit de l'ancienne.

▶ A l'extrémité dr., en face du monument aux Morts, un *escalier* imposant, à double révolution, conduit aux chambres du tribunal civil et au greffe. Sous l'escalier, un passage donne accès à un joli vestibule où se trouvent diverses chambres du tribunal, la bibliothèque et le cabinet du Président. Cette partie du Palais date de 1853.

▷ La Chambre Dorée

Dans la salle des Pas-Perdus s'ouvrent plusieurs chambres du tribunal civil, entre autres la première chambre, *ancienne Grand-Chambre* ou Chambre Dorée, à nervures surbaissées et pendentifs. C'est un vestige de l'ancien palais. Le lieu a joué un rôle considérable dans l'histoire du Palais. Probablement chambre de Saint Louis à l'origine, elle fit partie plus tard des locaux du Parlement de Paris. C'est là qu'à partir du 6 avril 1793 siégea le tribunal révolutionnaire, là que furent condamnés tant de personnages célèbres, dont Marie-Antoinette. Restaurée en 1866, incendiée en 1871, la Grand-Chambre a été rétablie dans le style primitif de Louis XII (1502) par *Duc* et *Daumet*.

▷ La galerie des Prisonniers et la galerie Lamoignon

Elles forment une seule et longue galerie aux voûtes aplaties et en partie neuve. On y voit trois beaux frontons, probablement de la fin du XVIIIe s., et dont les attributs rappellent d'anciennes juridictions. Dans cette galerie s'ouvrent : à g., la *galerie Duc*, dans laquelle se trouve l'entrée principale du vestiaire des avocats ; à dr., la *galerie Saint-Louis*, reconstruite par *Duc* en 1866. A l'extrémité de la galerie Saint-Louis s'ouvre, à g., *la galerie des Bustes* (bustes de jurisconsultes et de magistrats), conduisant à la *chambre civile de la Cour de cassation*★ *(s'adresser ici à un huissier pour visiter lorsqu'il n'y a pas audience publique)*. La Cour de cassation offre dans ses chambres et bureaux un très intéressant et complet ensemble de *décor* second Empire.

A l'extrémité de la galerie Lamoignon se trouve le *vestibule de Harlay* (œuvre de *Duc*). A l'extrémité dr. (N.) on remarque les statues de Saint Louis et de Philippe Auguste ; entre ces deux statues une porte donne accès à la chambre civile de la Cour de cassation (→ *ci-dessus*) ; c'est par là que l'on entre lorsqu'il y a audience publique.

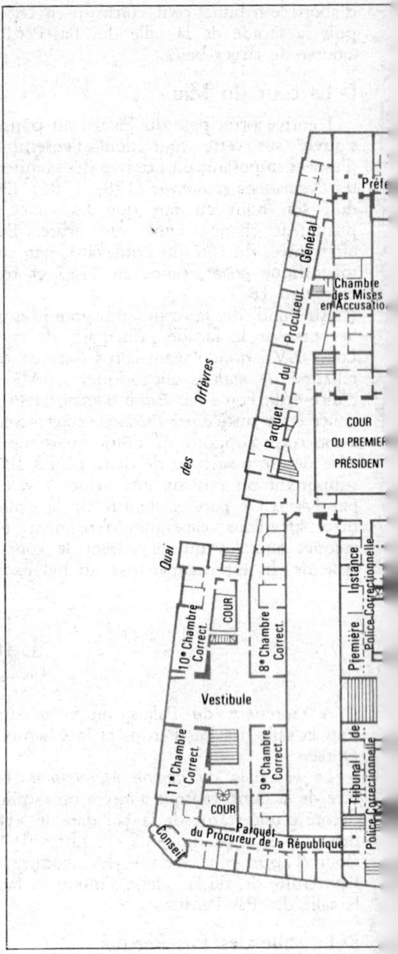

▷ La Conciergerie★★ *1, quai de l'Horloge/ t.l.j. 10 h-18 h, 1er avr.-30 sept. ; 10 h-17 h, 30 sept.-1er avr. ☎ 43.54.30.06*

La Conciergerie est un important vestige du palais des Capétiens qui occupe l'étage inférieur de l'aile N. du Palais. Les prévenus attendent ici de passer devant la Cour d'assises ou devant la Cour des appels correctionnels. La Conciergerie, première prison de Paris, est liée aux souvenirs révolutionnaires. L'entrée actuelle date de 1864 ; elle donne accès à une petite cour où s'ouvre à dr. la porte de la salle des Gardes.

▷ La salle des Gardes

Cette belle construction du premier quart du XIVe s., restaurée, mesure 22,80 m de longueur, 11,80 m de largeur et 6,90 m de hauteur sous voûte. Trois massifs piliers la divisent en deux nefs de quatre travées voûtées d'ogives. A dr., côté de la fenêtre, deux petits escaliers extérieurs. Celui de dr. mène à la *tour de César (ne se visite pas)* où furent enfermés, au rez-de-chaussée, Ravaillac et Lacenaire et au premier étage, le prince Pierre Bonaparte (en 1870) et le prince Jérôme Bonaparte (en 1883). L'escalier de g. donne accès à la *tour d'Argent* où furent enfermés, au rez-de-chaussée, Damiens et au premier étage, le jeune duc d'Orléans (en 1890). A dr., en contrebas de quelques marches, une porte ouvre sur l'escalier de Marie-Antoinette. Au fond, autre porte ouvrant sur la salle des Gens d'Armes.

▷ La salle des Gens d'Armes★

Improprement appelée parfois salle Saint-Louis (l'ensemble étant en effet dû à son petit-fils *Philippe le Bel*), cette salle est une magnifique composition (1301-1315) que les archéologues comparent seulement à celles du mont Saint-Michel ou du palais des Papes à Avignon. En y comprenant la

Un concierge à la Conciergerie

Le « concierge » était primitivement un grand seigneur qui avait droit de basse et moyenne justice ; il percevait les loyers de toutes les boutiques installées au rez-de-chaussée du Palais. Celles-ci étaient nombreuses : orfèvres, graveurs, libraires, coiffeurs, marchands de vin, en tout deux cent vingt-quatre négociants selon le dénombrement d'un voyageur italien en 1596. On sait même qu'un forgeron installa son enclume dans la salle des Gens d'Armes à cette époque. Par ailleurs, lorsque les bâtiments furent affectés à l'emprisonnement, le concierge percevait aussi les loyers des cachots et le prix de location du mobilier des cellules.

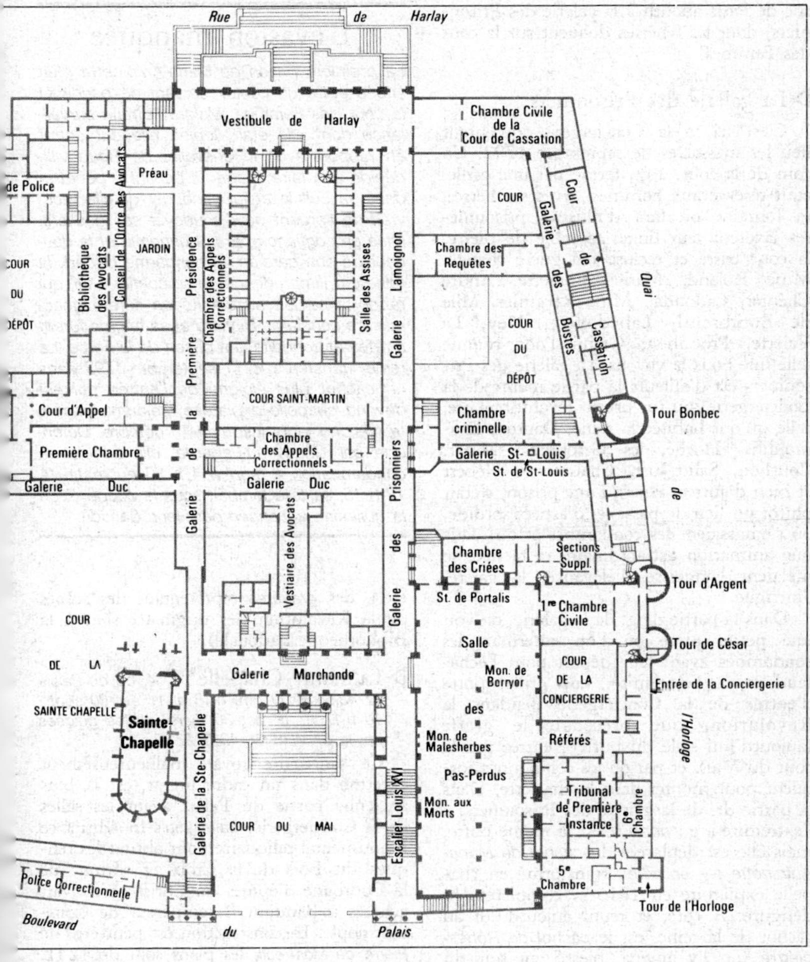

Le Palais de Justice

rue de Paris (→ *ci-après*) qui en fait partie, la salle mesure 69,30 m de longueur, 27,40 m de largeur et 8,55 m de hauteur sous voûte. Trois rangées de colonnes (69 en tout) ou piliers de formes diverses la divisent en quatre nefs, dont une compte treize travées et les trois autres neuf, toutes voûtées d'ogives. Deux cheminées s'adossent au mur N. et deux au mur S. C'est l'étage inférieur de l'ancienne Grand-Salle (salle des Pas-Perdus), avec laquelle on communiquait par un escalier à vis qui existe encore. Incendiée en 1618, la salle a été habilement restaurée par *Duc*, puis *Daumet*, de 1868 à 1880. Une porte ouverte en 1966 sur le boulevard du Palais permet d'y accéder directement par un escalier. Des *concerts* et des *expositions* y sont maintenant organisés. Cette salle est utilisée actuellement comme *musée lapidaire* où l'on a réuni des débris du Palais, notamment un morceau de la *table noire* et un *chapiteau* qui passe pour retracer les amours d'Héloïse et d'Abélard. ▶ *Les cuisines de Saint Louis*. Cette salle, située au N., a un nom erroné car elle a été construite vers 1350 sous Jean le Bon. C'est une salle carrée, voûtée sur un quinconce de vingt et une colonnes, dont neuf isolées et douze engagées. Aux angles, quatre grandes cheminées, en pan coupé, sont épaulées par de curieux arcs-boutants. ▶ *La rue de Paris*. Les quatre travées O. de la salle des Gens d'Armes, séparées par des grilles du reste de la salle, forment ce couloir appelé rue de Paris du nom du bourreau, Monsieur de Paris, qui officiait à la Révolution. On y entassait les « pailleux » (prisonniers n'ayant pas les moyens de se loger « à la pistole » et qui couchaient pêle-mêle sur la paille). La rue de Paris aboutit à la galerie des Prisonniers, dont les fenêtres donnent sur la cour des Femmes.

▷ La galerie des Prisonniers

C'est ici, à la Conciergerie, qu'eurent lieu les massacres de septembre 1792. Un coin de la cour, à g., fermé par une grille, était réservé aux hommes. Avec ses herses, sa fontaine où tant d'illustres prisonnières lavèrent leur linge, sa table de pierre, la cour triste et recluse n'a guère changé. Mme Roland, Marie-Antoinette, André Chénier, Cadoudal, Mme Récamier, Mlle de Sombreuil, Labédoyère, Ney, La Valette, Proudhon, Orsini l'ont connue telle que nous la voyons. La galerie des Prisonniers est d'ailleurs la partie même de la Conciergerie qui fut prison révolutionnaire, celle qu'ont habitée la reine, Danton, Desmoulins, Hoche, les Girondins, Marat, Couthon, Saint-Just, Chaumette, Hébert et bien d'autres. Plus qu'une prison, c'était plutôt un lieu de passage, d'aspect sordide, où s'entassaient les condamnés et où, dans une animation extraordinaire et factice, se mêlaient l'angoisse, l'élégance, la gaieté, l'intrigue.

Dans la partie de g. de la galerie, on voit une petite pièce où l'on enfermait les condamnés avant leur départ pour l'échafaud et, à l'extrémité, une grille, porte d'entrée de la Conciergerie pendant la Révolution, que précédait le greffe (aujourd'hui salle du buffet ; entrée par la cour du Mai), et par où les condamnés sortaient pour monter dans la charrette. Dans la partie dr. de la galerie des Prisonniers, à l'extrémité à g., *porte* (c'est la même porte, mais elle est déplacée) du *cachot de Marie-Antoinette* (→ *encadré*), transformé en chapelle expiatoire en 1816 et complètement défiguré. A côté, et réuni aujourd'hui au cachot de la reine, est le *cachot de Robespierre* (on l'y amena, blessé, au soir du 9 thermidor) communiquant avec la salle des Girondins.

▷ La salle des Girondins

Oratoire dédié à la Vierge par Louis VII, cette ancienne chapelle de la Conciergerie et de nouveau chapelle sous la Restauration, a conservé son ancien aspect avec son autel ; la tribune grillée, réservée aux prisonniers, a été établie sur ordre de l'impératrice en 1869. C'est là que les Girondins passèrent leur dernière nuit. On y a réuni des *souvenirs de l'époque* : en face de l'entrée, dans une vitrine, crucifix qui se trouvait dans le cachot de Marie-Antoinette, fac-similé d'un billet écrit par la reine au moyen d'une épingle ; linges et objets divers (le fauteuil vient des Tuileries) ; serrure du cachot de Robespierre, couperet de guillotine sous la Terreur ; médaillon de Mme Elisabeth ; trois autres vitrines renferment les *ordres d'écrou de personnages célèbres* (Hugo, Clemenceau, etc.), des *gravures* représentant des scènes de la Révolution (les originaux sont à la Bibliothèque nationale).

L'évasion manquée

La première prison de Marie-Antoinette était située entre un couloir servant de parloir et la cour des Femmes. Malgré l'étroite surveillance dont elle était l'objet, elle put entrer en rapport avec le chevalier de Rougeville décidé à la faire évader. Il parvint à pénétrer dans sa cellule et lui annoncer qu'elle recevrait de l'argent pour soudoyer ses geôliers. Mise en confiance par la bonhomie et la douceur de son gardien, le gendarme Gilbert, la reine eut l'imprudence de se confier à lui, qui rapporta ce fait au comité de sûreté générale. Le concierge Richard et sa femme furent arrêtés et conduits à la prison de la Force. La reine, transférée le 11 septembre 1793 dans un cachot plus éloigné de l'entrée qui est devenu chapelle expiatoire, séjourna encore trente-cinq jours jusqu'au 16 octobre. Défendue par Chauveau-Lagarde, elle écouta sa condamnation à mort à 4 h 30 du matin. A 12 h 15, sa tête tombait sous le couperet de la guillotine actionnée par Henri Sanson.

▷ La Sainte-Chapelle***

4, bd du Palais ☎ 43.54.30.09 / 10 h-18 h, 1er avr.-30 sept. ; 10 h-17 h, 1er oct.-30 mars ; visites guidées par la CNMHS ☎ 42.74.22.22

Ce sanctuaire royal, malheureusement enfermé dans un cadre ingrat, est la plus ancienne partie du Palais avant les salles de la Conciergerie. *Saint Louis* fit édifier ce monumental reliquaire pour abriter les reliques du Bois de la Croix et surtout de la Couronne d'épines du Christ qu'il avait achetés à Baudoin II, empereur de Constantinople. La construction est peut-être de *Pierre de Montreuil*, les plans sont de 1241. Commencée en janvier 1246, l'église était consacrée dès le 25 avril 1248. La Sainte-Chapelle brûla en 1630 et fut reconstruite très lentement. Sa démolition fut envisagée dès 1790 mais, au XIXe s., le Moyen Âge connut heureusement une grande faveur et l'édifice fut restauré vers la fin du règne de Louis-Philippe par *Duban*, *Lassus*, *Viollet-le-Duc* et *Bœswillwald*. La flèche fut dressée en 1857. Une restauration des peintures et des vitraux est en cours.

L'extérieur

L'édifice est admirable d'élégance et de légèreté : les verrières sont si importantes par rapport à la frêle armature de pierre que le monument paraît ne tenir que par un miracle d'équilibre. Il semble, relativement à sa longueur (36 m) et à sa largeur (17 m), d'une élévation extrême (42,50 m) : c'est qu'il comprend deux chapelles superposées. Celle du rez-de-chaussée, fort basse, est destinée aux serviteurs, et celle du premier étage, réservée à la famille royale et aux grands officiers. Le côté S. est seul dégagé. Des gâbles délicatement sculptés surmontent les fenêtres hautes. Au-dessus, une balustrade fait le tour de l'édifice. A la hauteur de la quatrième fenêtre, au premier étage à dr., une étroite communication permettait l'accès de l'oratoire, dit de Saint-Louis : les rois pouvaient, dissimulés, assister aux cérémonies.

A la façade s'adossent deux *porches* superposés. Au-dessus du porche supérieur, la grande *rose* à meneaux flamboyants, reconstruite sous Charles VIII, est surmontée d'une balustrade découpée en fleurs de lis ; sur l'appui de la balustrade, deux anges couronnent le chiffre du roi Charles. La porte de la chapelle basse est décorée au trumeau d'une statue de la Vierge, et au tympan d'un bas-relief : le Couronnement de la Vierge. Tout ce décor est du XIXe s.

L'intérieur

La *chapelle basse* mesure 6,60 m de hauteur sous voûte. Ses voûtes sur plan carré sont supportées par quatorze colonnes monostyles. Dans le sol sont insérées des *pierres tombales*, la plupart des XIVe et XVe s. On voit encore celle de Jacques Boileau. Le poète, son frère, fut d'abord inhumé dans la Sainte-Chapelle ; mais ses restes furent transportés, pendant la Révolution, à Saint-Germain-des-Prés. Un escalier intérieur conduit de la chapelle basse à la chapelle haute.

La *chapelle haute*. Cette chapelle royale marque l'aboutissement de toutes les recherches de la période gothique sur le voûtement et l'éclairage. Les poussées des voûtes sont supportées, à l'extérieur, par des contreforts très saillants, ce qui a permis la suppression de tout support intermédiaire et des murs au profit de magnifiques verrières.

Les *vitraux*. Chacune des quinze fenêtres (15,40 m sur 4,25 m) est un écrin éblouissant. Ces vitraux ont été habilement restaurés par *Lusson*, d'après les cartons de *Steinheil* et sous la direction de *F. de Guilhermy*. On distingue mal les parties anciennes des modernes (sur 1 134 scènes, 720 remonteraient au XIIIe s.). Les trois fenêtres centrales de l'abside sont consacrées au Nouveau Testament (de g. à dr. : Saint Jean l'Evangéliste, Jésus et Saint Jean Baptiste), la première à dr. de la nef concerne l'histoire des reliques ; on voit représentés fréquemment Saint Louis, son frère Robert et une reine, probablement Blanche de Castille, dans différentes scènes de la translation de la Couronne d'épines et du Bois de la Croix. Tous les autres vitraux sont relatifs à l'Ancien Testament, y compris la grande rose qui date de Charles VIII et figure l'Apocalypse.

Le reste de l'architecture (20,50 m sous voûte) disparaît sous les dorures et les enluminures refaites au XIXe s. d'après les fragments du XIIIe s. Sous les fenêtres court une arcature reposant sur un banc continu, et dont les quatre-feuilles encadrent des sculptures représentant des scènes de martyres. Sur des culs-de-lampe adossés aux piliers, les statues des Apôtres portent des croix de consécration. Les quatrième, cinquième et sixième statues à g., les troisième, quatrième et cinquième à dr., sont anciennes (XIVe s). Quatre ont été reconstituées d'après les originaux qui existaient encore, mais brisées en plusieurs endroits ; deux qui manquaient ont été refaites. Deux niches, ouvertes sous les fenêtres de la quatrième travée, à dr. et à g., étaient les places d'honneur réservées au roi, à la reine et aux membres de la famille royale. Dans la deuxième travée, à g., la galerie extérieure communiquait avec la chapelle. Un peu en arrière de l'autel, au milieu d'une jolie arcature à jour qui traverse l'abside dans toute sa largeur, s'élève un *baldaquin* ogival, en bois, réplique du XIXe s. de celui qui fut détruit sous la Révolution et sous lequel étaient exposées les reliques (aujourd'hui à Notre-Dame). Deux escaliers de bois montent à la plate-forme (celui du N. est ancien). Du porche de la chapelle haute, une porte communique directement avec la galerie Marchande.

Dans la cour de la Sainte-Chapelle, à dr. en sortant, remarquer un haut bâtiment du XVIe s. dont la façade est ornée d'un semis de fleurs de lys, mais dont les lucarnes ont été dénaturées au XIXe s. C'était la *fonderie de la Sainte-Chapelle*, vestige du quartier canonial.

Le quartier du Palais-Royal★★

1er et 2e arr. / 28-J6
Métro : Palais-Royal
Bus : 21, 27, 39, 48, 67, 69, 72, 74, 81, 85, 95
P rue des Pyramides
Taxis : au métro Palais-Royal ☎ 42.60.61.40

De quelque côté que le promeneur aborde le Palais-Royal, il sera surpris par le contraste existant entre l'activité bruyante des quartiers limitrophes — l'Opéra, les Halles et la limite sud constituée par la rue de Rivoli — et le calme de cet harmonieux ensemble.

Pourtant, cette atmosphère si particulière ne signifie pas immobilisme et ennui. Du Palais-Cardinal jusqu'à nos jours, en passant par l'agitation révolutionnaire, le Palais-Royal a été périodiquement le lieu de débats animés, dont le dernier a été causé par l'érection des colonnes de Buren dans la cour d'honneur. De même, aux fabricants de médailles installés dans ses galeries se mêlent de plus en plus des boutiques de mode, têtes de pont de la place des Victoires toute proche.

Autour de cet espace clos, « de cette petite ville dans une grande ville, petite ville gardée par les chats » selon Cocteau, des rues, dans lesquelles déambulent des publics à chaque fois différents, dessinent ses frontières : magistrats du Conseil d'Etat et fonctionnaires du ministère des Finances sur la place Colette, chercheurs et érudits dans la rue de Richelieu pour rejoindre la Bibliothèque nationale, élégantes de la place des Victoires croisant les agents de la Banque de France toute proche. Tous ont en commun d'avoir succombé à la séduction de ce lieu unique.

Le quartier dans l'histoire

Au XVIe s., l'installation de la cour au Louvre entraîna la construction de nombreux hôtels dans un nouveau quartier d'aspect campagnard et dont le XVIIe s. fut l'âge d'or. A cette époque, la vieille enceinte de Charles V fut repoussée vers le N. et les grands axes du quartier établis autour du Palais-Cardinal ainsi mis en valeur. Le long d'un réseau moderne de rues s'élevèrent les hôtels classiques des grands du royaume qui firent l'admiration de tous, même du Bernin, pourtant si difficile. Création de Richelieu, le quartier acheva de se dessiner sous Mazarin et Louis XIV.

Visite du Palais-Royal

Il faut d'abord distinguer deux parties : le palais lui-même qui est aujourd'hui occupé par le Conseil d'Etat (on le visite sous certaines conditions) et les galeries qui, sur trois côtés, entourent les jardins. Ces annexes du palais abritent le Conseil constitutionnel et le ministère de la Culture. Sur cet ensemble se greffe la Comédie-Française.

Du Palais-Cardinal au Palais-Royal

Le Palais-Cardinal était le somptueux logis construit pour Armand Jean du Plessis, le futur cardinal, duc de Richelieu. Au fur et à mesure que grandirent sa faveur et sa fortune, ce dernier acheta des terrains et des maisons près du rempart de Charles V. En 1629, il choisit pour architecte Jacques Le Mercier, célèbre auteur du pavillon de l'Horloge du Louvre et qui plus tard édifia la Sorbonne où le cardinal devait avoir son tombeau. Il confia le jardin du Palais-Cardinal à Desgots, le jardinier du roi, qui en fit le plus grand qu'il y eût alors à Paris avec un bassin alimenté par la pompe de la Samaritaine. Le train de vie fastueux du « Sphinx à robe rouge », comme Jules Michelet l'appelait, se manifestait par ses collections d'œuvres d'art, sa bibliothèque et sa grande salle de théâtre à l'italienne.

Le cardinal y mourut en 1642 après avoir eu la prudence de faire don de sa demeure au roi dès 1633 ; le Palais-Cardinal devint ainsi le Palais-Royal. Anne d'Autriche s'y installa avec son fils encore enfant, le futur Louis le Grand, mais à la suite des troubles de la Fronde, la reine abandonna le Palais-Royal pour le Louvre mieux protégé. Le palais est alors occupé par sa belle-sœur, Henriette, réfugiée en France après l'exécution de son mari le roi Charles Ier d'Angleterre. Le mariage de sa fille, Henriette d'Angleterre, avec Monsieur, frère de Louis XIV, bientôt duc d'Orléans fut l'occasion d'une remise en état du palais.

Le domaine des Orléans

Louis XIV, qui depuis 1682 avait établi sa résidence à Versailles et ne s'intéressait plus au Palais-Royal, le céda en 1692 à son frère, Monsieur, et à sa descendance mâle qui le conservera jusqu'en 1848. Quatre princes de cette maison se succédèrent au palais pendant le XVIIIe s. et l'embellirent jusqu'à lui donner l'apparence que nous lui connaissons. Dès que Monsieur fut propriétaire, il fit des remaniements importants que son fils, le Régent Philippe d'Orléans, devait poursuivre. C'est jusqu'à la mort de celui-ci, en 1723,

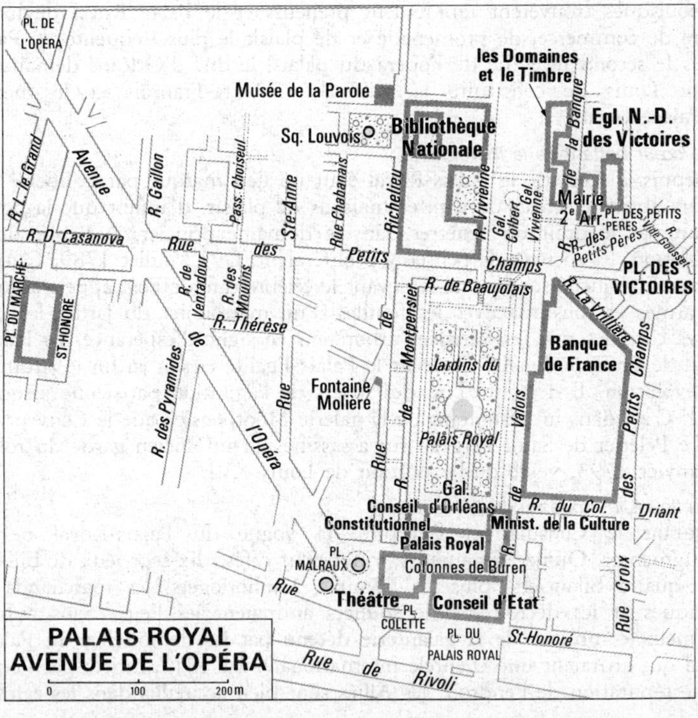

la période la plus brillante du Palais-Royal. Aimant les arts et les sciences, il fit de sa demeure le foyer d'un esprit nouveau de création et de plaisir. Les « soupers du Palais-Royal », donnés à ses intimes, datent de cette époque. Il fit rénover les appartements du premier étage par Oppenordt et une galerie de peintures fut ornée par Coypel. Le Régent rassembla une des collections de tableaux les plus complètes après celle du roi.

Son petit-fils, Louis-Philippe, à la suite de l'incendie de l'opéra du palais en 1763, fit rebâtir par Contant d'Ivry le grand escalier ovale et le pavillon octogonal de la rue de Valois. Moreau-Desproux élevait les façades sur la cour de l'Horloge tandis que sur la cour d'honneur, Contant d'Ivry reconstruisait le bâtiment central actuel qu'au siècle suivant, Louis et Fontaine achèveront. Le duc Louis Philippe d'Orléans, le futur Philippe Egalité, fut le dernier possesseur du Palais-Royal avant la Révolution. Esprit vif et entreprenant, féru de nouveautés, dépensier à la folie, il se couvrit de dettes. Pour tenter d'y remédier, il eut l'idée d'entreprendre une grande opération immobilière. Le duc devint promoteur et fit construire autour du jardin, en le réduisant d'un tiers, un grand ensemble d'habitations dont les rez-de-chaussée devaient être occupés par des galeries et des boutiques.

Victor Louis, l'architecte du théâtre de Bordeaux, imagina ce jardin clos par des alignements de colonnade et construisit, de 1781 à 1784, soixante immeubles locatifs uniformes correspondant chacun à trois arcades de galeries et comportant un rez-de-chaussée avec entresol, un étage de fenêtres décorées d'attributs, une mezzanine, puis, dans le comble, un attique bordé d'une balustrade. Les trois rues aménagées derrière ces maisons reçurent le nom des trois fils du duc, Valois, Montpensier et Beaujolais. Sur le côté qui sépare la cour d'honneur du jardin, le duc fit construire de vastes galeries provisoires en bois et en vitres, bordées de boutiques louées au commerce et appelées camp des Tartares. Bien que ces modifications soulevassent les protestations des riverains ainsi privés de la vue sur le jardin, le lotissement fut un succès : les boutiques trouvèrent rapidement preneurs et le Palais-Royal devint le centre de commerce, de promenade et de plaisir le plus fréquenté de Paris. Après le second incendie de l'opéra du palais, le duc d'Orléans demanda à Victor Louis de construire la salle du Théâtre-Français et le théâtre du Palais-Royal.

Le cœur battant de la Révolution

Depuis la Régence le Palais-Royal était un lieu marqué par la liberté des mœurs abritant cercles de jeux et maisons de plaisir, d'autant que la police n'avait pas le droit de pénétrer dans le domaine princier. A l'aube de la Révolution, les sociétés de pensée y proliféraient. Le 12 juillet 1789, Camille Desmoulins, juché sur une table devant le célèbre café de Foy, appela la foule aux armes et constitua avec les feuilles d'un marronnier du jardin les premières cocardes que les Parisiens arborèrent en signe d'espérance. Le Palais-Royal de Philippe Egalité devenait le Palais-Egalité et son jardin le jardin de la Révolution. Il demeura l'un des foyers de l'agitation parisienne jusqu'en 1794. C'est dans un restaurant de la galerie Montpensier que le Conventionnel Le Peletier de Saint-Fargeau fut assassiné par un ancien garde du roi, le 20 janvier 1793, veille de l'exécution de Louis XVI.

Du lieu à la mode au jardin déserté

Durant le Consulat et l'Empire, la vogue du Palais-Royal ne fit qu'augmenter. Quinze restaurants, vingt-neuf cafés, dix-sept jeux de billard, vingt-quatre bijoutiers, plus les libraires, les horlogers, les marchands de perruques et les décrotteurs de souliers animaient les lieux. Sans oublier le fameux commerce de la galanterie détenu par les demoiselles du Palais-Royal qui attiraient une clientèle internationale. En 1814, attirés par l'équivoque réputation de l'endroit, les Alliés sont bien accueillis dans les cafés et auprès des belles. Le retour des Orléans allait mettre fin à cette vie de plaisir.

Louis-Philippe, alors duc d'Orléans, prit possession du palais de ses pères et voulut faire place nette, confiant en 1815 à Fontaine le soin de restaurer le palais. En 1825, l'architecte fit remplacer les fameuses galeries de bois complètement délabrées par l'harmonieuse galerie d'Orléans, vaste portique à deux colonnades, accordée au style classique du quadrilatère conçu par Victor Louis. L'aile de Valois fut entièrement reprise et celle de Montpensier construite. Avant de s'installer aux Tuileries, le duc d'Orléans, devenu roi des Français sous le nom de Louis-Philippe Ier, habita deux ans le Palais-Royal. Le jardin perdit ses filles et ses tripots à la suite des mesures réglementaires prises par le duc, et ce fut le début du déclin du Palais-Royal.

En 1854, les biens de la famille d'Orléans ayant été confisqués par Napoléon III, on affecta le palais au roi Jérôme de Westphalie puis à son fils le prince Jérôme Napoléon Bonaparte. Lors de la Commune, une partie du palais fut incendié puis restauré pour abriter le Conseil d'Etat et l'actuel ministère de la Culture. Habité par des artistes et des écrivains — parmi eux, Colette et Jean Cocteau — le palais est devenu celui de la Belle au bois dormant où une douce somnolence fut soigneusement entretenue. Il a fallu l'affaire des colonnes de Buren pour que le Palais-Royal redevienne un lieu de promenade et d'attraction passionnelle.

▷ La cour d'honneur

De la place Colette un passage entre le palais et le Théâtre-Français donne accès à la cour d'honneur dont la séparation avec le jardin est marquée par la *galerie d'Orléans**, vaste portique à double colonnade, élevée par *Fontaine*. En 1985-1986 un réaménagement de la cour d'honneur qui servait de parking a suscité de vives polémiques à propos de l'installation des *colonnes* de *Daniel Buren* dans un site historique. Dans la galerie, deux bassins d'eau qui existaient ont été ornés de sphères mobiles en acier par le sculpteur *Pol Bury* (1985).

▷ La galerie de Valois

Sur la cour d'honneur, l'aile droite du Palais-Royal présente à sa partie inférieure les derniers *vestiges du Palais-Cardinal* construit par *Le Mercier* : décor d'ancres et de proues en l'honneur de Richelieu, grand amiral et surintendant de la navigation. Cette aile est occupée par le ministère de la Culture. De nombreuses arcades de la galerie de Valois comptent des bureaux administratifs. C'est au sous-sol du *café Février* (au n° 113) que le garde du roi Paris tua le Conventionnel Le Peletier de Saint-Fargeau, la veille de l'exécution de Louis XVI. Au n° 153 se trouve *Guillaumont*, graveur-héraldiste, le plus ancien établissement du Palais-Royal avec le Grand Véfour. Fondé en 1761 place du Palais-Royal, puis installé en 1784 galerie Montpensier, il a déménagé ces dernières années galerie de Valois. Au n° 156, emplacement du café de Valois qui, avec celui des Mille Colonnes et du Grand Véfour avait la clientèle des gardes du corps et des anciens émigrés. Au-dessus se trouvait le restaurant de Brauvilliers qui fut sous la Révolution le plus fameux restaurant de Paris. Au n° 177, se situait la boutique du coutelier Badin ; c'est là que Charlotte Corday acheta le couteau avec lequel elle poignarda Marat, le 13 juillet 1793.

▷ Les jardins du Palais-Royal★

Un ensemble sculptural en bronze de *Gerard Garouste* (1986) et celui d'*Anne* et *Patrick Poirier* représentant la Naissance de Pégase devraient y être installés prochainement. ▶ La *rue de Valois*. Accéder dans cette rue par un passage de la galerie des Proues. Au n° 3, *pavillon du Palais-Royal*, construit par *Contant d'Ivry* et *Moreau* (1766) face à la place de Valois. ▶ La *place de Valois* est l'ancienne cour des Offices ou des Fontaines. Les *offices* construits par *Cartaud* (1750) subsistent pour l'essentiel. Elle communique avec la rue des Bons-Enfants par le passage de la Vérité. ▶ Revenir rue de Valois, aux nos 6-8 l'*hôtel Mélusine*, construit vers 1550, possède un balcon (1636) supporté par des consoles à têtes de lion. Richelieu y présida en 1638 les premières séances de l'Académie française. Au n° 8, au-dessus de la porte, un bœuf indique le restaurant du siècle dernier à l'enseigne du Bœuf à la mode. Au n° 11, inscription à la mémoire du prestidigitateur *Robert Houdin* qui possédait le théâtre des Soirées fantastiques (1845).

▷ La galerie de Beaujolais

Elle borde le N. du jardin et doit sa célébrité à l'établissement le plus ancien du Palais-Royal : Le *Grand Véfour* (aux nos 79-82). Fondé en 1784, alors que Philippe Egalité venait juste d'achever les galeries, il s'appela d'abord café de Chartres puis restaurant de Véfour l'aîné, dit le Grand Véfour. Le prince Murat, le comte

Rostopchine, le duc de Berry, le prince de Joinville, le duc d'Aumale, Lamartine et Sainte-Beuve, Thiers et Mac-Mahon ont été des habitués du Grand Véfour. Au-dessus du café se trouvait, au premier étage, l'appartement de la Montansier (→ *ci-dessous*). Au n°s 83-86, emplacement du restaurant Le Véry où mourut le peintre Fragonard frappé d'apoplexie tandis qu'il dégustait un sorbet, l'été de 1806 ; au n° 88, celui des Trois-Frères-Provençaux. Aux n°s 89-92 et 103, on évoquera les cafés du Caveau et Lemblin, célèbres lieux de rendez-vous des femmes galantes ou nymphes du Palais-Royal au siècle dernier. ▶ La ***rue de Beaujolais***. L'écrivain Colette habita au n° 9 de 1927 à 1929 et de 1938 à sa mort (le 3 août 1954) ; plaque sur la rue, médaillon dans la galerie et un C marque sa fenêtre du côté du jardin.

▷ Le théâtre du Palais-Royal

Situé à l'angle de la rue de Montpensier ce théâtre, conçu par *Victor Louis*, fut maintes fois remanié. Inauguré en 1784, il ne prit son véritable essor qu'en 1790 sous la direction de Mlle Montansier. Il a souvent changé de nom (théâtre du péristyle Egalité, théâtre de la Montagne...) car sa directrice, qui se mêlait beaucoup de politique, sut s'adapter aux événements ; c'est ainsi qu'après avoir connu l'Ancien Régime, traversé la Révolution, elle continua ses activités, sous l'Empire, installée sur les boulevards. Le théâtre du Palais-Royal a connu une période faste dès 1840, car Eugène Labiche y a donné presque toutes ses pièces.

▷ La galerie de Montpensier

Elle borde le côté O. du jardin. Plus rien ne rappelle les cafés de la Révolution et du Directoire (aux n°s 7-12) et le café Foy où Camille Desmoulins haranguait la foule. Une partie importante de la galerie et l'aile O. du palais, dite de Montpensier, sont occupées par le Conseil constitutionnel. Cette aile fait partie des constructions édifiées entre 1817 et 1830 par l'architecte *Fontaine* à la demande de Louis-Philippe. La ***décoration intérieure*** doit beaucoup au prince Jérôme-Napoléon Bonaparte et à son épouse Marie-Clotilde de Savoie, en particulier un ***oratoire*** qui existe encore, aménagé par *Viollet-le-Duc*. Le prince y recevait toute la société libérale de son temps : Sainte-Beuve, Taine, Flaubert, Renan, Emile de Girardin, Paul de Musset. ▶ La ***rue de Montpensier***. Elle communique par plusieurs passages avec la rue de Richelieu. Au n° 36, Cocteau, voisin de Colette, vécut la dernière partie de sa vie. Remarquer au n° 38 les ***escaliers*** de secours du théâtre du Palais-Royal, rajoutés en 1880 par l'architecte *Paul Sédille*.

Visite du quartier

45 mn

▷ Le Théâtre-Français

Visite complète le troisième dim. du mois : s'adresser à la caisse des Monuments historiques / ☎ 48.87.24.12 / Pour les groupes visite sur demande le dim. matin.

Il est situé à l'angle de la place André-Malraux et de la place Colette. Lors des représentations, on peut voir la salle, le foyer et la galerie des bustes.

L'édifice, accolé à l'ensemble du Palais-Royal, fut bâti de 1786 à 1790 par *Victor Louis* pour le théâtre des Variétés amusantes. Il a été reconstruit et restauré à plusieurs reprises, en particulier après l'incendie de 1900 qui coûta la vie à une jeune actrice en détruisant la scène et la salle, et la dernière fois en 1973-1974 pour cause de vétusté. La création de la Comédie-Française date de 1680. Sur ordre du roi, les troupes de l'hôtel Guénégaud (comprenant des comédiens du théâtre du Marais et de l'ancienne troupe de Molière) et de l'hôtel de Bourgogne furent obligés de s'unir ; une lettre de cachet du 21 octobre officialisa l'existence des comédiens-français. La Révolution allait diviser la troupe : les monarchistes échappèrent par miracle à la guillotine et tous se réconciliaient en 1799 pour s'installer dans la salle construite par Victor Louis. En 1812, Napoléon signa le décret de Moscou qui plaçait le théâtre sous la coupe du pouvoir et en réglait l'organisation administrative. Le décret du 27 avril 1850 institua la nomination d'un administrateur par le gouvernement. Les dernières réformes importantes datent de 1975, sous l'administration de *Pierre Dux* ; elles concernent l'organisation financière et sociale de la Comédie-Française. A l'***extérieur***, côté rue de Richelieu, plusieurs médaillons représentant Corneille, Molière, Racine et Hugo ornent le portique ; médaillon de Mounet-Sully, rue Montpensier.

L'intérieur

C'est au foyer du public que l'on peut admirer le ***Voltaire assis**** de *Houdon*, offert par la nièce de Voltaire aux comédiens, ainsi que le fauteuil de Molière, celui-là même qu'il utilisa lors de la création du Malade imaginaire. ***La galerie des bustes*** est ornée d'œuvres des plus grands sculpteurs du XVIIIe et XIXe s., parmi lesquelles il faut citer le buste en marbre de Piron dont *Caffieri* fit don en échange d'une entrée à vie au Théâtre-Français, Dufresny par *Pajou*, Victor Hugo par *Dalou*, Dumas fils par *Carpeaux*. Le plafond de la ***salle*** est décoré d'une grande composition d'*Albert Besnard*

Des comédiens sociétaires

Le statut des comédiens de la Comédie-Française est absolument unique. La Société des comédiens-français comprend les pensionnaires, artistes sous contrat d'un an renouvelable, et les sociétaires, choisis parmi les pensionnaires, qui sont les associés liés à leur théâtre par un engagement susceptible de durer de dix à trente ans, la situation de chaque sociétaire étant examinée tous les cinq ans. Les comédiens perçoivent une allocation annuelle de base ; une rétribution — les feux — accordée pour chaque représentation à laquelle ils participent ; et à la fin de chaque exercice, 75 % des bénéfices sont partagés entre les sociétaires proportionnellement au nombre de parts ou de fractions de parts — les douzièmes — dont les comédiens jouissent dans la société (le reste des bénéfices allant pour 15 % au personnel au titre de l'intéressement et pour 10 % au fonds de réserve). Les propositions de nominations au sociétariat, la répartition des douzièmes, ainsi que les cessations de contrats, se discutent au comité d'administration du mois de décembre. Le comité est composé de sept sociétaires et de l'administrateur.

(1913) : vers la scène, Molière, Racine, Corneille et Victor Hugo. La Comédie-Française possède bien d'autres *œuvres d'art* dispersées dans toutes les parties du théâtre : statue de Talma († 1826), par *David d'Angers* ; statues de la Tragédie (Phèdre représentée par Rachel, † 1858), par *Duret*, et de la Comédie (Célimène, personnage du Misanthrope, sous les traits de Mlle Mars, † 1847), portrait de Talma par *Delacroix* ; œuvres de *Lemoyne*, *Caffieri*, *Van Loo*, *Mignard*, *Coypel*, *Largillière*, *Nattier*.

▷ La place du Palais-Royal

On aperçoit la *cour de l'Horloge* du Palais-Royal, réalisée par l'architecte *Moreau-Desproux* en 1763. La façade principale est surmontée d'un attique qu'*Augustin Pajou* décora d'un fronton aux armes de la famille d'Orléans, remplacées aujourd'hui par une horloge. A l'angle de la rue Saint-Honoré et de la rue de Valois, sur la façade du Palais-Royal, une inscription rappelle qu'ici s'élevait la salle du Petit-Cardinal inaugurée en 1641 et occupée par la troupe de Molière de 1661 à 1673. C'est sur cette scène que Molière jouant Argan dans le Malade imaginaire fut pris d'un malaise mortel le 17 février 1673. Le Petit-Cardinal fut remplacé par l'Académie royale de musique avec à sa tête Lulli, créateur de l'Opéra français. En 1780, la salle fut supprimée au profit d'une nouvelle salle de spectacle construite à l'O. du palais par *Victor Louis* (→ *Théâtre-Français*).

▷ Le Louvre des antiquaires *entrée principale 2, pl. du Palais-Royal / ouvert t.l.j. sf. lun., 11 h-19 h ☎ 42.97.27.00*

Il occupe ce qui fut les Grands magasins du Louvre, fondés par *Alfred Chauchard* et édifiés par *Percier* et *Fontaine*. Trois niveaux de galeries luxueuses abritent plus de deux cents boutiques où le fouineur et l'amateur pourront trouver l'objet rare, insolite ou précieux.

▷ La rue de Richelieu *de la place du Palais-Royal à la rue des Petits-Champs*

On peut longer cette rue qui part de la place André-Malraux pour se rendre à la Bibliothèque nationale. Cette rue, ouverte par le cardinal en 1634, fut tracée dans le sens N.-S., ce qui était une nouveauté à Paris. Elle prit plus tard le nom de Richelieu.

Au n° 1, l'incendie de l'armurerie Fauré-Lepage, fondée en 1716 et qui existe toujours, aurait mis en branle la révolution de 1830. Au n° 21, l'***hôtel Dodun*** (1726-1728) de style Régence, construit par *Bullet*. Un escalier magnifique, en partie mutilé, subsiste. Au n° 23, le peintre Mignard mourut dans cet hôtel du XVIIe s. Au n° 37, la ***fontaine Molière***, œuvre de *Visconti* (1844), est due à une souscription nationale. La statue assise de Molière est de *G. Seurre* ; les figures debout, la Comédie sérieuse et la Comédie légère, sont de *Pradier*. Cette fontaine est conforme au vieux type parisien de la fontaine en angle de rues, adossée aux maisons. Molière est mort à l'emplacement de l'actuel n° 40, le 17 février 1673, à 10 h du soir, après la quatrième représentation du Malade imaginaire. La maison actuelle date de 1765. Au n° 39, maison de 1670. Diderot y mourut douze jours après son installation (1784) dans l'appartement que Catherine II lui offrit. Au n° 50, a vécu la future marquise de Pompadour. Au n° 61, maison construite en 1662 par l'architecte du roi *Thomas Gobert* pour lui-même. Au n° 66, Brillat-Savarin est mort dans cet hôtel en 1826. Rendu célèbre grâce à sa Physiologie du goût, il fit de la gastronomie un art véritable. Au n° 69, emplacement de l'hôtel où Stendhal écrivit Le Rouge et le Noir.

Pour la suite de la rue de Richelieu → *le quartier de la Bibliothèque nationale*.

Le Panthéon**

5e arr. / 37-K8
Métro, RER : gare du Luxembourg
Bus : 84, 89 Ⓟ rue Soufflot
Taxis : place Edmond-Rostand ☎ 46.33.00.00

Le Panthéon, qui fait partie du paysage de Paris, est sans doute l'un des monuments les plus connus de la capitale. Cette magnifique réalisation, qui malgré la croix de son plan n'est pas une église, reste un peu glacée sur la grande place déserte. Sa longue histoire est compliquée.

Le Panthéon dans l'histoire

Louis XV avait fait le vœu, s'il guérissait d'une grave maladie, d'ériger une église : ce fut Sainte-Geneviève, construite pour remplacer l'église de l'abbaye Sainte-Geneviève. Les premiers projets de Soufflot dataient de 1757. Louis XV, accompagné du Dauphin, posa la première pierre au cours d'une grande cérémonie, en 1764. Fait rare à l'époque, l'architecte admirait fort le gothique dont il souhaitait retrouver ici l'élan, mais dans le même temps son monument est un des premiers du néo-classicisme par l'admiration inconditionnelle de l'Antiquité grecque et romaine. Au fur et à mesure que s'élevait l'édifice, sa hardiesse le rendait vulnérable, il se fendillait, et l'on dit que Soufflot en serait mort de chagrin. Son œuvre fut cependant menée à bien par son disciple Rondelet au prix de modifications qui alourdirent le monument.

En 1791, la Constituante chargea l'archéologue Antoine Quatremère de Quincy d'adapter l'église, à peine achevée, pour en faire un temple destiné « à recevoir les grands hommes de l'époque de la liberté française. Ce serait le Panthéon ». Mirabeau inaugura la longue série des grands hommes, Voltaire le suivit, puis Le Peletier de Saint-Fargeau, Joseph Bara, Rousseau, Marat. Mais les temps ayant changé, certains des grands hommes devinrent moins grands : Mirabeau et Marat durent quitter les lieux. En 1806, le Panthéon, rendu au culte, redevenait l'église Sainte-Geneviève qui redevint Panthéon de 1831 à 1852, puis de nouveau église Sainte-Geneviève ; en 1871, Millière, membre de la Commune, fut fusillé sur les marches. En 1885, à l'occasion des funérailles de Victor Hugo, l'imposant monument redevint le monument des grands hommes et d'une seule femme, Mme Berthelot. Depuis 1918, les cérémonies officielles s'y sont multipliées : translation du cœur de Gambetta, des cendres de Jean Jaurès ; obsèques nationales de Paul Painlevé, de Raymond Poincaré, de Jean Perrin, de Paul Langevin, de Victor Schœlcher et de Félix Eboué. La dernière cérémonie, et l'une des plus émouvantes, fut le transfert des cendres de Jean Moulin (1964).

Visite du Panthéon

Place du Panthéon / Entrée provisoire côté E. La nef est fermée pour restauration / Visite crypte, maquette, galeries du Dôme, t.l.j. 10 h-12 h 30/14 h-17 h ☎ 43.54.34.51 / 1 h

▷ L'extérieur

Le Panthéon est bâti sur un plan en croix grecque, la croisée au centre étant surmontée du dôme célèbre. De larges degrés montent au péristyle corinthien, librement imité du Panthéon de Rome (vingt-deux colonnes en tout). *David d'Angers* a sculpté le bas-relief du *fronton* : la Patrie, entre la Liberté et l'Histoire, distribue les couronnes aux grands hommes. Sous le péristyle s'ouvrent trois portes ornées de guirlandes et de bas-reliefs ; de part et d'autre de la porte centrale, groupes en marbre : le Baptême de Clovis, Attila et sainte Geneviève.

Dimensions de l'édifice : longueur, 110 m ; largeur, 82 m ; hauteur au sommet de la lanterne du dôme, 83 m.

▷ L'intérieur

Chacune des nefs est bordée de bas-côtés délimités par un ensemble colossal de cent colonnes corinthiennes ; ces péristyles supportent un entablement orné de frises de festons et de guirlandes. En obturant les fenêtres (on en voit toujours la trace de l'extérieur), la Révolution a fourni aux artistes du siècle suivant de vastes parois intérieures qu'ils ont animées, constituant ainsi un des grands ensembles décoratifs de l'époque. Par ailleurs, le Panthéon avait été entièrement conçu en fonction du tombeau de sainte Geneviève qui occupait le centre, sous la coupole. Aujourd'hui, ce centre est vide et les nefs sont occupées par des monuments.

Bas-côté dr. : scènes de la Vie de sainte Geneviève (première partie) par *Puvis de Chavannes*, œuvres de *Galand* et de *Lévy* ; tapisserie des Gobelins.

Le chœur. Côté dr. : Mort de sainte Geneviève, ses funérailles, par *J.-P. Laurens*. Au fond ont été apposées des plaques portant les noms des écrivains morts pour la France en 1914-1918 et 1939-1945. Au fond du chœur, groupe colossal : la Convention, par *Sicard*. A l'abside, Vers la Gloire, peinture par *Ed. Detaille* ; au-dessus, à la voûte, le Christ montre à l'ange de la France les grandes destinées du peuple français, mosaïque d'après les cartons

Le Panthéon

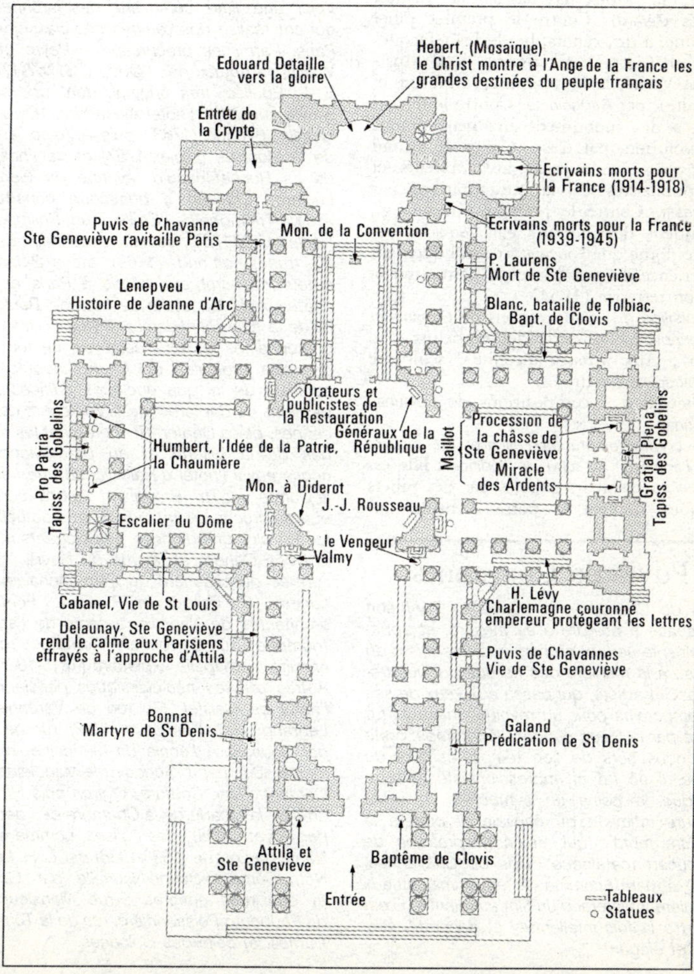

d'*Hébert* (œuvres caractéristiques de l'art officiel de la fin du XIXe s.). Dans l'angle g. du fond, entrée de la crypte (→ *ci-dessous*). Côté g. : Sainte Geneviève veillant sur Paris et Sainte Geneviève ravitaillant la ville, par *Puvis de Chavannes*, le morceau le plus célèbre de toute la décoration de l'édifice. Contre le pilier, Mirabeau, par *Injalbert*.

*Le dôme***. Au centre, le dôme est soutenu par quatre piliers construits par *Rondelet* et que réunissent quatre grands arcs. L'ensemble du dôme comprend trois coupoles : la première, ouverte au centre, laisse voir la seconde, que *Gros* a décorée d'une fresque représentant l'Apothéose de sainte Geneviève (les rois de France les plus célèbres figurent, avec Louis XVI et Louis XVIII, dans cette composition ; pour la voir tout entière et distinctement, il faut monter jusqu'à la galerie de la première coupole). Sur les pendentifs, diverses allégories relatives au premier Empire (la Gloire, la Mort, la Patrie, la Justice, d'après *Gérard*). Contre le premier pilier du dôme, à dr., cénotaphe de Jean-Jacques Rousseau (de g. à dr., figures de la Musique, la Vérité, la Philosophie, la Nature et la Gloire), par *Bartholomé*. Contre le second pilier, à dr., monument aux généraux de la Révolution, par *Gasq*. Contre le second pilier, à g., monument aux orateurs et aux publicistes de la Restauration, par *Marqueste*. Contre le premier pilier, à g., monument de Diderot, par *Terroir*. C'est sous le dôme que *Foucault* fit publiquement l'expérience du pendule pour démontrer la rotation terrestre (1851).

Croisillon g. : compositions de *Cabanel* et de *Lenepveu* ; tapisserie des Gobelins (Pro Patria) ; Aux artistes inconnus, sculpture par *Landowski*, à dr.

Bas-côté g. : compositions de *Delaunay* et *Bonnat*.

La crypte (*emprunter l'escalier qui s'ouvre dans l'angle g. au fond de l'édifice*). Elle est divisée en plusieurs galeries par des piliers doriques. Devant la porte d'entrée, au-

Puvis de Chavannes

Puvis de Chavannes a trouvé au Panthéon un espace à peindre à sa mesure, et apparaît ainsi le seul et authentique fresquiste du XIXe s., à la manière des Italiens du Quattrocento. Cet artiste, qui passa aux yeux de ses contemporains pour un révolutionnaire et fut refusé par le Salon pendant longtemps, reste pour nous hors de son temps, et hors du temps. Il ne fut ni impressionniste, ni académique, à peine un symboliste, et à la peinture intimiste du chevalet il préféra la peinture murale qui, selon l'expression de J. Foucart (catalogue Puvis de Chavannes, 1976), apparaît comme « le lent et majestueux déroulement latéral d'un film au ralenti ». C'est un art à la fois intellectuel et décoratif, sensible et élégant.

L'architecture néo-classique à Paris

Le mouvement de retour à l'Antiquité vue de manière plus strictement archéologique grâce aux découvertes de Paestum, de Pompéi et de la Grèce elle-même, et de retour aussi à plus de rigueur géométrique après la délicatesse et la profusion du rocaille, s'est dessiné dès le règne de Louix XV. C'est le roi lui-même et la marquise de Pompadour qui le favorisèrent. C'est une architecture d'idées promue par des théoriciens et des architectes ayant souvent séjourné à Rome. Le Panthéon par Soufflot est la première réalisation de ce genre. Il devait être accompagné d'une opération d'urbanisme dont seule une pièce fut réalisée : la faculté de Droit. Des nombreux projets d'urbanisme de l'époque, peu furent réalisés, et ce sont surtout des monuments ou immeubles isolés qui subsistent.

Voici une liste sommaire des architectes qui ont réalisé des œuvres néo-classiques à Paris. Parmi les précurseurs : Peyre et de Wailly, auteurs de l'Odéon (1767-1782) ; E. L. Boullée, très original, dont une seule œuvre subsiste : l'hôtel Alexandre, 16, rue de la Ville-l'Évêque (1763), puis Antoine, auteur de la Monnaie (projet 1767) et de l'hospice de La Rochefoucauld, avenue du Général-Leclerc ; Chalgrin a beaucoup construit : Arc de Triomphe de l'Etoile, Saint-Philippe-du-Roule (1772-1784), séminaire du Saint-Esprit, 30, rue Lhomond (1769) etc. ; Bélanger, auteur de nombreux hôtels à Paris et des châteaux de Bagatelle au bois de Boulogne et de la folie Saint-James à Neuilly. Une des personnalités les plus célèbres, en tout cas des plus originales, est Cl. N. Ledoux. Il ne subsiste de lui que quelques édifices : les pavillons de Barrières (de 1785), cours de Vincennes, place Denfert-Rochereau et les rotondes de la Villette et du parc Monceau ; citons aussi l'hôtel d'Hallwyll, 28, rue Michel-le-Comte. A.-Th. Brongniart est à certains égards proche de lui. Si la Bourse actuelle ne lui doit plus grand-chose, ses élégants hôtels, le lycée Condorcet, 8, rue du Havre (1779), l'entrée du cimetière du Père-Lachaise sont curieux. C. Percier et P. F. L. Fontaine, architectes de Napiolia, auteurs de l'arc de triomphe du Carrousel ; Fontaine réalisa ensuite la chapelle expiatoire (1815-1826).

Autres œuvres néo-classiques parisiennes : l'hôtel de Gallifet, 50, rue de Varenne par Legrand ; l'hôtel de Salm (1782), rue de Lille, par Rousseau ; l'école de Médecine, rue du même nom, par J. Gondoin ; la Madeleine, par Contant-d'Ivry, Couture, Vignon puis Huvé et en axe, la façade de la Chambre des députés par Poyet (1808) ; des églises, comme Notre-Dame-de-Lorette (1823-1836) par L. H. Lebas, Notre-Dame-de-Bonne-Nouvelle par Godde ; et des rues entières : rue Monsieur, rue du Faubourg-Poissonnière, rue de la-Tour-des-Dames, et celle des Colonnes.

dessus d'une inscription à la mémoire des généraux de 1870-1871, niche où, le 11 novembre 1920, deuxième anniversaire de l'armistice, fut déposé le cœur de Gambetta, transporté de la maison des Jardies au Panthéon; cette cérémonie s'accompagna du transfert à l'Arc de Triomphe des restes du Soldat inconnu. A dr., tombeau de Jean-Jacques Rousseau (une main tenant une torche sort de la tombe, évoquant l'influence de son œuvre après sa mort). Vis-à-vis, à g., tombeau de Voltaire avec, en avant, sa statue en pied, attribuée à *Houdon*; à g., à la suite de Voltaire, tombeau de Soufflot de 1829. Entre les quatre piliers centraux, remarquable effet d'écho. La *galerie des Couronnes*, renferme les tombeaux de : Lannes; Lazare Carnot et son petit-fils Sadi Carnot, président de la République, assassiné à Lyon en 1894; Marceau; La Tour d'Auvergne (son cœur est aux Invalides); Baudin; Victor Hugo; Émile Zola; Berthelot et Mme Berthelot dans le même tombeau; Paul Langevin (1948); Paul Painlevé (1933); Jean Perrin (1948); Jean Jaurès (1924); Victor Schœlcher; Félix Eboué (1949). Louis Braille (1952) et Jean Moulin (1964) ont également reçu les honneurs du Panthéon. Quatre caveaux renferment les restes de grands dignitaires du premier Empire (1806), au nombre de 40, portant ainsi à 61 le total des personnages inhumés au Panthéon. En outre, des inscriptions ont été apposées à la mémoire de Georges Guynemer, Antoine de Saint-Exupéry et Bergson.

La visite des *galeries du dôme* offre un très beau *panorama*** sur Paris.

Le quartier de Passy-La Muette

16e arr. / 33-D7-C7
Métro : Passy / Bus : 72
Ⓟ av. du Président-Kennedy
Taxis : place du Docteur-Hayem ☎ 42.24.99.99

On ne vient plus prendre les eaux à Passy et on n'y cultive plus la vigne, mais certaines rues qui grimpent à flanc de colline ont conservé un peu de ce caractère campagnard. Les autres, plus luxueuses, entre l'admirable viaduc du métro et les jardins du Trocadéro, tirent leur pittoresque de leur situation escarpée et de la variété de leur architecture. Au sommet de la colline, la place de Passy semble toujours être le cœur d'un ancien village, même si sa fréquentation y est aujourd'hui plus élégante et bourgeoise. A l'ouest, le carrefour de la Muette ouvre sur les pelouses du Ranelagh où les enfants du quartier, kilt et culotte de velours, viennent prendre l'air.

Il ne subsiste presque plus rien des grands parcs comme la Muette ou Beauséjour où le roi et quelques aristocrates avaient des propriétés d'agrément, mais le quartier est toujours très calme et les jardins du Ranelagh ou la proximité du bois de Boulogne lui donnent beaucoup d'agrément.

Le quartier dans l'histoire

Le nom de Passy évoque encore le petit village d'autrefois qui fut le théâtre de bien des fêtes de l'Ancien Régime. A l'origine, c'était un hameau fondé par les bûcherons de Nigeon qu'une charte de mai 1250 cite pour la première fois. Au XVe s., la découverte d'eaux sulfatées et ferrugineuses commença de le rendre célèbre; ces sources jaillissaient dans l'ancien parc Delessert (→ encadré). La célébrité du lieu atteignit son apogée au XVIIIe s. par l'entremise de financiers. Le château de Boulainvilliers, qui avait été acquis et reconstruit au XVIIe s. par le financier Claude Chahu, existait à Passy depuis le XVe s. En 1722, le puissant banquier Samuel Bernard l'achetait pour sa maîtresse, Mme de Fontaine. L'un des fils de Bernard le loua ensuite au fermier général Le Riche de La Pouplinière, qui y donna des fêtes magnifiques. On dansait beaucoup, alors, dans cet endroit : un des premiers recueils gravés de contredanses s'appelle Soirées de Passy. C'est là également, entre la rue Beethoven et la rue de l'Alboni, que J.-J. Rousseau reçut l'hospitalité de son ami Mussard en 1752 et composa Le Devin du village.

Passy fut érigé en commune en 1790 et le second Empire l'annexa à Paris en 1860. Déjà les artistes et les écrivains affectionnaient l'endroit : Rossini, qui y avait son chalet (en même temps qu'un hôtel à la Chaussée-d'Antin), y mourut en 1868; Lamartine en 1869.

Visite du quartier

2 h

▷ La rue d'Ankara

A l'ombre de l'immense ***Maison de la Radio*** *(→ quartier Auteuil)*, en bordure de l'avenue du Président-Kennedy et face au front de Seine, il existe un petit quartier encore un peu campagnard, un peu provincial avec ses bornes séculaires et ses chaussées irrégulières. Au nº 17, bel hôtel classique dans un jardin qui abrite la résidence de l'ambassadeur de Turquie. Contiguë, la ***Chancellerie*** (*H. Beauclair*, architecte; 1976) est un bâtiment courbe au revêtement de vitres posées suspendues, sans l'assistance de menuiseries métalliques verticales.

Ce ***domaine***, dit ***de Lamballe***, avait primitivement appartenu au XVIIe s. à *Claude Chahu*, seigneur de Passy. Il fut racheté par la suite par le fameux duc de Lauzun qui finit par épouser la Grande Demoiselle. Marie-Thérèse de Savoie-Carignan, veuve du prince de Lamballe, l'acquit du duc de Luynes en 1783. Après sa mort, son neveu et héritier Ch.-E. de Savoie-Carignan loua le domaine à un particulier qui créa ici un Tivoli. Par la suite le docteur *Esprit Blanche* l'acquit pour en faire sa célèbre maison de santé : Gérard de Nerval séjourna deux fois dans cette maison (1853-1854), Gounod en 1857, Maupassant y mourut en 1893. Le parc fut loti en 1925-1930; sur son emplacement, on ouvrit la rue du Général-Mangin et l'avenue de Lamballe.

▷ La rue Berton

Cette ancienne rue du Roc est sans doute l'une des plus charmantes de Paris : si vers la rue Raynouard son aspect est actuel, elle est, à ses débuts, une venelle agreste, resserrée entre les vieux murs, enfouie dans la verdure. Au nº 24 s'ouvre, par un portail rustique, la cour de la maison de Balzac *(entrée : 47, rue Raynouard)* aujourd'hui ***musée Balzac*** *(→ musées)*. A dr. du portail, une borne a été posée en 1731 pour délimiter les seigneuries de Passy et d'Auteuil.

A l'angle des rues Berton et Raynouard, des travaux de terrassement ont mis au jour un cercueil d'un type qui n'a jamais été utilisé depuis le XIVe s., ce qui attesterait que ce quartier était habité antérieurement.

▷ La rue Raynouard

Cette belle rue bourgeoise, anciennement rue des Francs-Bourgeois, porte le nom de l'historien des Templiers qui mourut au nº 34. L'architecte Robert de Cotte et

Les eaux de Passy

La réputation des eaux salutaires de Passy apparaît au XVe s., époque à laquelle le village est érigé en seigneurie. Ce n'est toutefois qu'au milieu du XVIIe s. que la faculté de Médecine commence à s'intéresser à leurs vertus curatives. Le véritable lancement des eaux minérales se fait au XVIIIe s. avec la découverte successive de nouvelles sources qui deviennent l'élément moteur de la fréquentation mondaine et de l'expansion du village de Passy. Au XIXe s., l'ensemble des propriétés (8 ha) est racheté par Benjamin Delessert, philantrope et fondateur de la Caisse d'Epargne. Toujours ouvert aux curistes, le domaine qui est aménagé en terrasses sur les coteaux, s'agrémente alors d'un chalet suisse qui lui confère une note pittoresque. Dans une partie du parc, Delessert construit une raffinerie de sucre et une filature qui sont reliées à sa demeure en 1824 par le premier pont suspendu construit en France. Le parc des eaux de Passy est loti en 1930 : on perce alors les avenues Marcel-Proust, René-Boylesve et du Parc-de-Passy, tandis que la partie basse de la rue Berton est élargie pour devenir la rue d'Ankara; des immeubles s'élèvent le long du quai dont l'un possède un des premiers abris de défense civile. Sur les hauteurs de Passy, du nº 17 au nº 27 de la rue Raynouard, de grands ensembles résidentiels dus aux architectes Julien et Duhayon (1931) et Nafilyan (1933) viennent dominer la Seine de leur masse. Après la guerre, des bâtiments administratifs provisoires sont installés dans ce qui subsiste du parc et y demeurent, en dépit du classement comme espace vert (donc inconstructible) du terrain...

l'abbé Prévost, auteur de Manon Lescaut, y vécurent. Sur la g., aux n°s 62-68, emplacement d'un ***pavillon*** dépendant de l'hôtel de Valentinois qui, au XIXe s., appartenait à un riche industriel du textile, David Singer. Un médaillon et une inscription sur le pan coupé de l'immeuble rappelle que, de 1777 à 1785, Benjamin Franklin a habité ce pavillon et y fit placer le premier paratonnerre construit en France. En face, au n° 69, emplacement d'une terrasse du parc du château de Passy : voir le balustre, l'oculus et la tête de lion. En direction de la place de Costa-Rica, aux n°s 51-53, un immeuble en béton, construit par *Auguste Perret*, remplace la maison du célèbre archéologue-achitecte Quatremère de Quincy. Aux n°s 49-47, il y eut là une vaste propriété qui appartenait à Jean de Julienne ; elle fut morcelée un siècle plus tard et l'une des parties (le n° 47) devint la ***maison-musée Balzac***. Gérard de Nerval a parlé de cette maison qui possède toujours beaucoup de charme et reste, au milieu des immeubles modernes, un témoignage du vieux Passy. J.-J. Rousseau a écrit Le Devin du village à l'emplacement du n° 21 ; le duc de Lauzun et Mme du Barry avaient des propriétés, aujourd'hui disparues, dans la partie de la rue située entre la rue de l'Annonciation et la place de Costa-Rica.

▶ En suivant la *rue de l'Alboni* et en descendant à dr. par le *square de l'Alboni*, on débouche dans la *rue des Eaux*. Au fond de celle-ci *(5, square Charles-Dickens)* s'ouvrent, au flanc de la colline, les vastes caves du ***musée du Vin*** *(→ musées)* ouvert par la confrérie des Echansons de France en 1981, mais qui ne sont autres que les caves de l'ancien couvent des Minimes de Chaillot : elles comprennent plus de 1 000 m de galeries bien aménagées, où sont organisées des expositions et dégustations. ▶ L'*avenue Frémiet*. Elle résulte d'une opération spéculative d'un seul particulier qui fit appel au même architecte, *Vêque*, pour tous les immeubles, caractéristiques par leurs décrochements et leur abondante décoration sculptée ; la rue demeure une voie privée. ▶ Revenir place de Costa-Rica.

▷ La rue Franklin

Cette rue porte le nom de Benjamin Franklin dont on verra le buste dans le jardinet qui domine la place du Trocadéro, à l'angle de la rue. Au n° 8, la ***maison de Georges Clemenceau*** *(→ musées)* est maintenant un musée consacré à l'homme d'Etat. Au n° 13 se trouve la construction qui passe pour être la plus ancienne de Passy et, au n° 25 bis, on peut voir l'un des premiers ***immeubles**** construits (1903) à Paris en ciment armé et brique de verre par les *frères Perret (→ encadré)*.

▶ La ***rue Scheffer*** *(à g. de la rue Franklin)* : au n° 39, élégant ***immeuble*** de style Art Nouveau par l'architecte *Louis Herscher* (1911).

Les frères Perret 25 bis, rue Franklin

Ni Auguste (1874-1954) ni Gustave Perret (1876-1952) n'étaient architectes, mais entrepreneurs. Qu'importait ? Le diplôme n'était pas encore obligatoire pour construire, et lorsqu'ils édifièrent l'immeuble du 25 bis, rue Franklin, ils n'en étaient plus à leur coup d'essai en matière d'architecture : en 1899, ils avaient réalisé le Casino de Saint-Malo et, en 1902, l'immeuble du 119, avenue de Wagram.

La famille Perret était propriétaire du terrain. L'édifice devait leur servir à la fois d'agence (au rez-de-chaussée) et de logement (au dernier étage). Construire pour soi-même conduit souvent à des audaces qu'on ne se permettrait pas toujours pour les autres : cette construction, effectivement, peut être considérée comme le premier édifice français du XXe s. (elle date de 1903), par la simplicité (l'austérité ?) de ses lignes et de ses volumes. « Apôtre du béton », Auguste Perret démontre ici pour la première fois la véracité de l'épithète qu'on lui donnera plus tard, même s'il cache encore son audacieux parti sous un revêtement polychrome de grès de Bigot, concession au goût de l'époque. Ce ne sera plus le cas, deux ans plus tard : le béton apparaîtra nu sur la façade du garage de la rue de Ponthieu (hélas, détruit !), consacrant la naissance de l'architecture contemporaine française.

Les Perret habitèrent la rue Franklin jusqu'en 1929, date d'édification de l'immeuble du 51, rue Raynouard : célèbres et sollicités de toutes parts, leur agence était devenue trop petite pour répondre à des commandes publiques de plus en plus nombreuses.

Au n° 40 vécut et mourut (en 1933) la comtesse Anna de Noailles, poète.

▷ La rue Le Tasse *à dr. de la rue Franklin*

Cette rue borde les jardins du Trocadéro. Ce lotissement de luxe, ouvert en 1904, réunit des créations architecturales de qualité : en bout de voie et dominant la Seine, l'ancien ***hôtel*** de la famille chilienne Errazu dessiné dans le goût des pavillons du XVIIIe s. par *Walter Destailleur* ; au n° 7, ***immeuble*** de 1907 par *Louis Sorel*, modèle de construction moderne en son temps avec encorbellements et simplicité ornementale. Les autres immeubles et hôtels sont l'œuvre de *René Sergent* qui eut son cabinet dans les combles du n° 3. L'***ambassade du Maroc*** occupe le n° 5. ▶ Revenir place de Costa-Rica.

▷ La rue de Passy

C'est l'ancienne Grande-Rue du village de Passy. Elle est très commerçante : boutiques et grandes surfaces se côtoient tandis que le luxe le plus raffiné voisine avec

l'objet de série ou la robe de confection; le grand magasin Franck et fils offre sur plusieurs étages toutes les tentations de la mode. Le général Moreau habitait au n° 7 en 1797, et Proudhon est mort au n° 12.
▶ La *rue Claude-Chahu (à dr. de la rue de Passy).* Au n° 9, se trouve un étonnant ***immeuble*** à loyers dans le goût de l'Art nouveau, bâti en 1903 par l'architecte *Charles Klein* dont il s'agit de la seule œuvre connue. L'immeuble fut construit avec une ossature en béton armé et la façade recouverte d'éléments de grès mauve et vert avec le chardon pour principal motif décoratif, dus au céramiste *Emile Müller.*

▷ La place de Passy

Elle est très séduisante, en été, lorsque la terrasse du restaurant s'avance loin sur la chaussée, donnant ainsi un petit air de vacances au quartier; en hiver, elle évoque plutôt une place de sous-préfecture. La ***pâtisserie Coquelin*** est une véritable institution gourmande.

▷ La rue de l'Annonciation

A première vue un peu terne, cette rue est cependant intéressante par le mélange de classes sociales qu'elle présente : à la fois populaire et bourgeoise. Au n° 10, l'***église Notre-Dame-de-Grâce-de-Passy*** a été construite au milieu du siècle dernier (plusieurs fois remaniée) à l'emplacement d'une chapelle érigée en 1666 par le financier *Claude Chahu*, seigneur de Passy; elle possède une toile de *Luca Giordano* : le ***Couronnement d'épines.***

A l'angle de la rue de l'Annonciation et de la rue Lekain, se trouvait autrefois le premier cimetière de Passy, dont il ne subsista pendant longtemps qu'un petit enclos funéraire réservé à la seule famille Delessert, supprimé aujourd'hui. ▶ Suivre la rue Lekain puis, dans son prolongement, la rue Alfred-Bruneau.

▷ La rue des Vignes

Son nom évoque les vignobles de Passy qu'elle traversait sous l'Ancien Régime. Au n° 5 s'élevait, au XVIIIe s. le ***théâtre de La Popelinière***, construit par le fermier général de ce nom dans le parc de son château de Boulainvilliers, et où Rameau donna des concerts. Le constructeur automobile *Louis Mors* fit édifier en 1890 l'actuelle salle à usage de concerts; on y joua en 1900, pour la première fois en France, l'Or du Rhin de Richard Wagner. Agrandie mais ayant toutefois conservé son étonnant décor de boiseries néo-Renaissance, classée monument historique, la salle abrite aujourd'hui le ***cinéma le Ranelagh***, salle d'art et d'essai. Le compositeur Gabriel Fauré (1845-1924) mourut au n° 32. Au n° 52, ***station Boulainvilliers***, sur la ligne d'Auteuil aux Invalides; l'architecte *Barret* dessina cette gare en brique et pierre avec motifs en grès. Des passerelles vitrées et des escaliers sous marquise mènent aux quais et voies aménagés en tranchées pour éviter les inconvénients de la fumée. Cette ligne dite la Petite Ceinture est remise en service depuis 1988.
▶ La *rue de Boulainvilliers*. Tourner à dr. dans cette rue qui a été tracée sur les jardins de l'ancien château de Passy aménagés par *Le Nôtre*. Les immeubles luxueux et quelques boutiques donnent le ton. Pierre Louÿs (1870-1925) y vécut et Fernand Gregh y est mort (en 1960). René Boylesve a situé ici la Leçon d'amour dans un parc et les Souvenirs d'un jardin détruit.

▷ L'ancien domaine royal de la Muette

Au carrefour de la Muette, s'ouvre la Chaussée de la Muette. A dr. se trouvait jadis le ***château de la Muette*** détruit en 1926.

L'ancien domaine royal de la Muette ou de la Meule tirait son nom soit d'un chenil, soit des « mues » des cerfs qu'on y conservait. Le pavillon de chasse originel fut transformé par *Philibert de l'Orme*, au XVIe s., en un château qui échut ensuite à la reine Margot. Embelli par le Régent, il servit bientôt de galant séjour à sa fille, la duchesse de Berry. Louis XV y vécut jusqu'à sa majorité; il le restaura complètement pour la Pompadour et, à la mort de celle-ci, le rebâtit (1764). Louis XVI, encore dauphin, l'habita, y reçut Marie-Antoinette pour son arrivée à la cour de France et y rendit (1774) l'édit de la Muette par lequel il renonçait au droit de joyeux avènement. En 1783, Pilâtre de Rozier et le marquis d'Arlandes s'élevèrent de cet endroit pour la première ascension en ballon monté. Le 14 juillet 1790, pour la fête de la Fédération, la commune de Paris y donna un banquet de 15 000 couverts aux députés des corps d'armée et des communes de France. Le château et le parc (décrétés biens nationaux) furent rachetés (1820) par *Sébastien Erard*, le facteur de pianos connu qui, jadis, avait joué comme débutant devant Marie-Antoinette dans ce lieu même. La Muette demeura dans la famille Érard jusqu'en 1920. Le comte de Franqueville, dernier héritier, avait toujours lutté pour sa conservation. Mais après sa mort, la propriété fut morcelée. En 1926, les dernières pierres du château disparaissaient. Il subsiste cependant, entre le boulevard Suchet, l'allée Pilâtre-de-Rozier et la rue de Franqueville, un morceau important du parc, entourant le ***château*** moderne construit par le *baron H. de Rothschild*, aujourd'hui propriété de l'O. C. D. E., face à la place de Colombie.
▶ La *villa Beauséjour*. Toute proche de la gare de Passy, cette villa s'ouvre sur le boulevard Beauséjour. Ce nom était celui d'un grand parc où Mme Récamier, Chateaubriand, les princesses de Talleyrand et de Lieven eurent leur maison de campagne. Dans la villa se cachent des ***isbas russes*** de

Les musées à voir

Musée Marmottan (2, rue Louis-Boilly) : art napoléonien et peintures impressionnistes.
Musée des Lunettes et Lorgnettes (2, av. Mozart) : collection de lunettes et binoculaires du XVIe au XXe s.
Musée Balzac (47, rue Raynouard) : appartements occupés par Balzac de 1840 à 1847.
Musée du Vin (2, rue des Eaux) : objets et documents illustrant le travail de la vigne.
Musée Clemenceau (6, rue Franklin) : souvenirs de l'homme d'Etat, Georges Clemenceau.

fantaisie, souvenirs de l'Exposition universelle de Paris en 1867. ▶ Revenir Chaussée de la Muette pour traverser les jardins du Ranelagh.

▷ Les jardins du Ranelagh

Dans ces jardins (50 000 m^2) se tenait autrefois le bal payant, en plein air, créé « à l'instar de celui de lord Ranelagh à Londres », et qui avait été inauguré le 25 juillet 1774. Le bal fit alors fureur car Marie-Antoinette elle-même n'avait pas dédaigné d'y venir danser. Aujourd'hui, le Ranelagh est un des jardins les plus fréquentés par les enfants qui y trouvent des manèges, peuvent se promener à dos d'âne ou assister au spectacle de Guignol. Quelques ***sculptures*** décoratives. Au centre, le monument de La Fontaine a été dépouillé en 1942 de sa statue (*Dumilatre*, 1891) ; celle de *Correia* l'a remplacée en 1983. A g., s'ouvre l'avenue Ingres, où Rossini mourut en 1868 (au n° 5), à dr. l'avenue Prud'hon. ▶ La *rue Louis-Boilly (par l'av. du Ranelagh)*. C'est dans cette rue que se trouve le ***musée Marmottan*** *(→ musées)*. Les ***immeubles*** des n°s 5, 7 et 9, œuvres de *Charles Labro* (1912), sont représentatifs de l'assagissement de l'architecture juste avant la Première Guerre mondiale. ▶ Suivre le boulevard Suchet jusqu'à la place de Colombie.

▷ L'avenue Henri-Martin

Elle est ombragée et bordée d'immeubles cossus. Le terre-plein central, malheureusement, a été transformé en parking. A l'angle de la rue de Franqueville, grand ***ensemble résidentiel**** au classicisme propre à l'entre-deux-guerres, œuvre de l'architecte *Michel Roux-Spitz* qui y installa son cabinet ; il s'agissait à l'époque (1931) d'une des premières opérations de copropriété. A l'angle avec l'avenue Victor-Hugo, ***statue*** du poète entouré de muses, par *Rodin* ; le bronze actuel ne fut coulé qu'en 1964 à partir du plâtre original. Entre le n° 113 et le n° 107 se trouvait le chalet où mourut Alphonse de Lamartine. Au n° 71 se trouve la ***mairie du 16e arrondissement*** construite par *Godebœuf* en 1868-1874. Elle a été décorée par *Chauvin* (salle des fêtes) et *E. Lévy* (salon en hémicycle, 1887).

▷ L'avenue Georges-Mandel

Cette ancienne portion de l'avenue Henri-Martin fut rebaptisée en 1945. Au n° 42 bis, s'élevait l'***hôtel du duc de Gramont***, membre de l'Académie des Sciences et dont l'épouse était la fille de la célèbre comtesse Greffulhe qui inspira Marcel Proust ; construit par l'architecte *Adda* en 1910, il a été détruit en 1963. Au n° 43, l'hôtel dessiné par *Henri Grandpierre* en 1904 abrite la ***fondation Singer-Polignac*** ; l'Institut de France organise des concerts dans le salon de musique en rotonde (sur la rue Cortambert), décoré d'une frise peinte par *Jose-Maria Sert* qui représente Apollon musagète sur son char.

▷ La rue de la Pompe

On reviendra sur ses pas jusqu'à cette très longue rue qui relie le quartier de la Muette à l'avenue Foch. Le ***lycée Janson-de-Sailly*** (au n° 106) a été construit par *Laisné* en 1881-1883. Au n° 89, une inscription rappelle que Pierre Brossolette et sa femme tinrent (d'octobre 1940 à juin 1942) la librairie qui devint un point de rencontre pour de nombreux résistants. Au n° 51, ***église espagnole*** décorée de seize scènes de la Vie de la Vierge (*Lucien Jonas*, 1944). ▶ La *rue de la Tour*. Elle rejoint la place de Costa-Rica. Avec la rue de Passy, c'est l'autre vieille rue du village dont on peut voir un vestige au n° 86 : une ***tour*** très restaurée.

Le cimetière du Père-Lachaise★★

20e arr. / 38-39-06
Métro : Père-Lachaise
Bus : 61, 69
🅿 146, rue de Charonne
Taxis : 65, bd de Ménilmontant ☎ 48.05.92.12

La colline du cimetière du Père-Lachaise est le point de rencontre des trois anciens villages du 20e arrondissement : Belleville, Ménilmontant et Charonne.

Sa superficie actuelle est de 47 ha. C'est le plus vaste et le plus visité des cimetières parisiens. Sa végétation abondante, ses allées romantiques, ses statues le transforment, l'été, en un immense et pittoresque jardin. On s'y rend finalement tout autant pour évoquer les hôtes illustres de cette nécropole que pour y découvrir une part importante de la statuaire française du XIXe s. Parmi les plus célèbres des sculpteurs et architectes qui ont œuvré dans ce cimetière, citons : Rude, Chapu, David d'Angers, Barrias, Garnier, Guimard, Visconti, etc.

Au fil de la promenade on appréciera l'extrême variété des sépultures, allant de la simple pierre tumulaire aux mausolées les plus somptueux, et les passionnés trouveront ici une somme exemplaire des divers styles architecturaux en vogue au XIXe s.

Il faut savoir que les divisions les plus anciennes sont proches de l'entrée principale ; elles occupent un terrain accidenté où l'on circule sur de nombreuses allées et chemins curvilignes. Cette partie du cimetière a été classé Monument historique en 1962. Les divisions les plus récentes sont sur la hauteur, près de l'avenue Gambetta ; elles sont rectangulaires avec des allées rectilignes, tracées au cordeau.

Le cimetière dans l'histoire

Au XIIe s., l'endroit était connu sous le nom de Champ de l'Evêque : c'était la copropriété de l'évêque de Paris qui y avait installé son pressoir. En 1430, un riche commerçant y construisit sa maison de campagne encore connue de nos jours sous le nom de folie Regnault. Puis, plusieurs propriétaires s'y succédèrent jusqu'au XVIIe s. En 1626, la colline est achetée par les jésuites et prend le nom de Mont-Louis en l'honneur de Saint Louis. Par la suite, elle devient célèbre à cause du Révérend Père de La Chaize, confesseur de Louis XIV, qui y résida entre 1665 et 1709. Après sa mort le domaine périclita et en 1803 il est vendu au préfet de Paris, Frochot, qui se charge de le transformer en cimetière. Inauguré le 21 mai 1804, le domaine de Mont-Louis devient le cimetière de l'Est, l'un des trois cimetières extra-muros de Paris.

La première inhumation fut celle du porte-sonnette d'un commissaire. L'architecte Brongniard, chargé d'aménager les 17 ha primitifs, voulut créer un nouveau type de cimetière, alliant jardin et sépultures. Pour gagner ce nouveau cimetière à la faveur du public, l'administration parisienne ordonna la réinhumation d'ossements célèbres comme ceux d'Héloïse et d'Abélard en 1817.

Ce fut le début d'un véritable engouement pour ce cimetière qui, aggrandi à maintes reprises, est devenu l'un des lieux illustres de Paris. Une multitude de personnages célèbres, anciens et modernes, y sont enterrés.

Visite du cimetière

Entrée principale bd de Ménilmontant / 16 mars-5 nov., 7 h 30-18 h ; 6 nov.-15 mars, 8 h-17 h 30 ; sam. ouv. à 8 h 30, dim. et j. fériés ouv. à 9 h / durée de la visite : 2 h

Vers quelques tombes célèbres

▶ Prendre l'entrée principale située boulevard de Ménilmontant, suivre l'avenue principale, tourner à dr. dans l'avenue du Puits qui donne dans l'avenue Casimir-Périer le long de la 7e division. Dans le virage se trouve un layon, à dr., qui conduit au mausolée d'Héloïse et Abélard.

▷ Le mausolée d'Héloïse et Abélard*

La sépulture est entourée d'un enclos de fer forgé. Le monument représente deux gisants en pierre protégés par un dais ogival provenant de l'abbaye de Paraclet (Aude). Cette sépulture contient les restes d'Héloïse († 1164) et d'Abélard († 1142) sauvés par l'archéologue *Alexandre Lenoir* en 1800. Le tombeau a été érigé par la Ville de Paris en 1817.
▶ Quitter la 7e division et reprendre l'avenue Casimir-Périer sur la dr. jusqu'au rond-point où se trouve la ***statue de Casimir Périer*** († 1832), président du Conseil sous Louis-Philippe. La ronde-bosse et les trois reliefs sont de *Cortot*. ▶ Prendre le chemin sur la dr. du rond-point pour entrer dans la 16e division. Derrière la chapelle élevée à l'angle de cette division se trouve la tombe du chanteur de rock Jim Morrison († 1971).

▷ La tombe de Jim Morrison

L'intérêt de cette sépulture, très simple, tient au culte sauvage qui lui est voué. Des inscriptions et des graffitis de toutes sortes couvrent et profanent les tombes mitoyennes. Aux alentours, l'emplacement du tombeau est signalé par des flèches gravées à la hâte sur les murs des chapelles. L'administration du cimetière fait nettoyer régulièrement les inscriptions mais celles-ci sont sans cesse renouvelées au cours des différents passages des admirateurs du chanteur mort accidentellement à Paris. Ce culte très particulier dure depuis 15 ans.

▷ Vers la tombe de Champollion le Jeune

Retourner vers le rond-point de Casimir-Périer. Faire le tour par la g. On trouve successivement la ***sépulture de Gaspard Monge*** († 1818), mathématicien, l'un des fondateurs de l'Ecole Polytechnique, et celle de ***Raspail*** († 1878), révolutionnaire de 1848, inhumé dans une tombe en forme de cellule imaginée par *Etex*. En continuant, entrer dans l'avenue des Acacias, à g. se trouve l'obélisque de la ***sépulture de*** l'égyptologue ***Champollion le Jeune*** († 1832). ▶ Suivre l'avenue des Acacias. Un peu plus loin à dr. est inhumé le mathématicien *Michel Chasles* († 1881).

▷ Le mausolée de la princesse Elisabeth Deminoff

A quelques pas, sur la dr., se trouve la base du mausolée de la princesse Elisabeth Deminoff († 1818), dont le fils épousa la princesse Mathilde, cousine de Napoléon III. Dessiné par *Quaglia* ce tombeau monumental est composé de trois étages surmontés d'un dais de marbre. ▶ Monter l'escalier qui longe cette sépulture et suivre le chemin du Dragon pour découvrir, à dr., la ***tombe du Général Foy**** († 1825) dont la statue et les bas-reliefs sont de *David d'Angers*. ▶ En longeant ce chemin on trouve, à g., dans une chapelle de style byzantin, la ***sépulture de*** la poétesse ***Anna de Noailles*** († 1933). ▶ Suivre le chemin du Dragon pour atteindre le chemin Masséna.

▷ Les maréchaux d'Empire

A g. se trouve le ***caveau du maréchal Ney***, fusillé en 1815, et à quelques pas, sur

Les mausolées

Le Père-Lachaise contient un certain nombre de sépultures de taille exceptionnelle que l'on appelle couramment des mausolées, en faisant référence aux grandes constructions funéraires de l'Antiquité (et plus spécifiquement à celle du roi Mausole). Le caveau est situé au sous-sol d'un monument sur lequel sont souvent représentés le portrait et les faits marquants de la vie du défunt. Ces sépultures sont généralement consacrées à des personnages célèbres ou puissants, et beaucoup d'entre elles ont été construites avec l'aide de fonds réunis par souscription. Très souvent, le reste de la famille se fait discrètement inhumer dans le caveau. Hommages publics rendus à des officiers, des artistes ou des hommes d'Etat, ces tombes monumentales tendent à disparaître à la fin du XIXe s., le terrain se faisant plus rare.
Parmi ces sépultures de types très divers, citons l'obélisque monumental de Félix de Beaujour (48e div.) construit par l'architecte Cendrier, le monument néo-grec de la princesse Deminoff (19e div.) construit en marbre blanc et dessiné par Quaglia, les gisants d'Héloïse et Abélard (7e div.) et les nombreux monuments consacrés aux maréchaux d'Empire (28e, 29e et 38e div.).

la dr., le groupe équestre de *David d'Angers* qui orne la ***tombe du général Gobert*** († 1808). Un peu plus loin, sur la g., sont inhumés ***Masséna*** († 1817), dont le buste est une œuvre de *Bosio*, et ***Lefèvre*** († 1820). ▸ Passer la bifurcation du chemin du Dragon pour trouver, à g., la ***tombe de Murat*** († 1815). ▸ Retourner en arrière pour prendre le chemin Jordan. Sur la dr., en troisième ligne, se trouve la *tombe* très simple ***de David d'Angers*** († 1856).

▷ Les sarcophages de Molière et La Fontaine

A la bifurcation Jordan-Molière prendre le chemin Molière qui conduit, sur la dr., aux sarcophages de Molière († 1673) et La Fontaine († 1695). Leurs corps ont été ramenés ici en 1817, mais l'authenticité de leurs restes est douteuse.

▷ La tombe de Sarah Bernhardt

Poursuivre le chemin Molière jusqu'au chemin Laplace et prendre à dr. pour gagner l'avenue transversale N. Au carrefour, prendre le chemin Pérignon dans l'axe duquel s'élève une chapelle. Derrière cette chapelle, à quelques mètres, se trouve la tombe de la célèbre tragédienne Sarah Bernhardt († 1923).

L'architecture funéraire

L'évolution de l'architecture funéraire des cimetières parisiens se divise, schématiquement, en trois périodes.

De 1894 à 1830, la majorité des monuments sont des pierres tumulaires dressées ou couchées sur le sol. Les formes sont inspirées de modèles antiques, très en vogue à l'époque néo-classique : stèles, pyramides, obélisques, colonnes, pseudo-sarcophages, etc. L'ornementation reprend l'iconographie funéraire de l'Antiquité : urnes, amphores, sabliers ailés, couronnes de lauriers, etc. Tout ce répertoire à la mode était bien connu des marbriers. On trouve également des têtes de mort et des chauve-souris, des statues de femmes éplorées ou de génies de la mort, et des roses, cœurs et pensées empruntés au vocabulaire plus moderne des romantiques.

A partir de 1830 les chapelles se multiplient. Alignées de façon rigoureuse, elles modifient le tracé primitif du jardin. Ce sont de petites constructions architecturales organisées pour la prière avec autel et prie-Dieu. Elles se répandent dans les cimetières à partir de la seconde moitié du XIXe s.

Depuis le début du XXe s. les grandes constructions sont de plus en plus rares. Le type le plus courant est désormais la pierre tombale munie d'une stèle. De plus en plus simplifié, il se répète inlassablement. Les matériaux traditionnels, comme le marbre blanc ou la lave de Volvic, font place aux granits roses, gris ou bleus.

▷ La tombe de Simone Signoret

Retourner en arrière et prendre le chemin du Quinconce, tourner à dr., dans la 44e division jusqu'à l'avenue transversale n° 2. Longer le Columbarium, sur la dr. prendre une petite impasse qui sépare la 44e division et la 91e division. Dans cette impasse, à dr., est inhumée la comédienne Simone Signoret († 1985). ▸ Reprendre l'avenue transversale n° 2 vers la dr. Dans la 92e division, entre deux chapelles, se trouve le ***gisant de Victor Noir***, journaliste assassiné en 1870 par le prince Bonaparte. Le bronze de *Dalou* a été réalisé grâce à une souscription nationale. ▸ Descendre cette avenue jusqu'à son extrémité et tourner à g. dans l'avenue circulaire. Au niveau de l'avenue transversale n° 3, se trouve le ***monument*** dédié ***à la mémoire des déportés de Mauthausen.*** ▸ Prendre cette avenue pour trouver, à dr., en troisième ligne, la ***tombe de*** la chanteuse ***Edith Piaf*** († 1963). ▸ Redescendre dans l'avenue circulaire et continuer sur la g.

▷ Le mur des Fédérés

Face au monument des déportés du camp de Ravensbruck se trouve le mur des Fédérés. A dr., près du mur, on trouve les quelques rares sépultures parisiennes de communards, dont celle de ***Jean-Baptiste Clément*** († 1903), compositeur du Temps des Cerises.

▷ Vers la tombe d'Oscar Wilde

Continuer sur l'avenue circulaire. A g., dans la 97e division sont inhumés les membres du comité central du Parti communiste français : ***Jacques Duclos*** († 1975), ***Maurice Thorez*** († 1964), ***Paul Vaillant-Couturier*** († 1937) et celle du poète surréaliste ***Paul Eluard*** († 1952). Suivent différents monuments commémorant la déportation. Continuer et tourner à g. dans l'avenue Carette. A dr., est inhumé le chimiste ***Chaptal*** († 1832) puis on trouve la tombe du chef d'orchestre ***Edouard Colonne*** († 1910), fondateur des concerts Colonne et enfin, le ***sphinx*** de la tombe du poète anglais Oscar Wilde († 1900), sculpté par *Epstein*. ▸ Suivre l'avenue Carette, puis tourner à dr. dans l'avenue transversale n° 3 pour déboucher dans l'avenue des combattants étrangers morts pour la France où sont installés différents ***monuments commémoratifs*** dont ceux des Garibaldiens de l'Argonne, des soldats belges morts en 1914-1918 et des volontaires hellènes.

▷ Le Columbarium

A g. on trouve l'entrée principale du Colombarium où sont déposées les cendres des personnes qui ont choisi d'être incinérées. A l'intérieur, au fond de la grande salle hypostyle, se trouve un ***groupe*** en pierre de *Paul Landowski* qui représente le Retour de l'homme au sein de la Nature. Au centre est installé le crématorium où les corps sont incinérés. Commencé en 1886, sur les plans de *Formigé*, il fonctionna pour la première fois le 27 avril 1889. Après l'incinération, les cendres des défunts sont déposées dans des urnes et placées dans des cases toutes identiques. Parmi celles des personnages célèbres citons : le compositeur **Paul Dukas**, le cinéaste **Max Ophuls**, l'humoriste ***Pierre Dac***, la danseuse **Isadora Duncan**, etc.

▷ La tombe d'Allan Kardec

Un peu plus loin, après le carrefour de l'avenue transversale n° 2 est inhumé, à g., Allan Kardec († 1869), fondateur du spiritisme. La sépulture est en forme de dolmen et le **buste** est une œuvre de *Capellaro*. Objet d'un culte permanent, cette tombe est régulièrement visitée par des adeptes du spiritisme qui s'y recueillent généralement en groupe.

▷ Vers la tombe de Balzac

Continuer vers l'avenue transversale n° 1 que l'on prend sur la g. vers le ***mausolée de Félix de Beaujour*** († 1836), président du tribunal sous le Consulat. C'est un obélisque colossal, de 16 m de haut, qui abrite deux cellas superposées. Revenir en arrière pour prendre le chemin Delavigne : à dr. se trouvent la ***tombe de Balzac*** († 1850), dont le **buste** est de *David d'Angers*, et celle de sa femme, ***Mme Hanska***.

▷ Vers la tombe de Gérard de Nerval

Suivre le chemin Delavigne jusqu'au carrefour. Au rond-point remonter, à g., l'avenue Delacroix pour découvrir le ***sarcophage*** en lave de Volvic du peintre ***Eugène Delacroix*** († 1864), sur la g. Un peu plus loin, sur la dr., se trouve la sépulture du poète et romancier Gérard de Nerval († 1855).

▷ Vers la tombe de Géricault

Retourner vers le rond-point et descendre le chemin de Mont-Louis. Aux abords de l'avenue de la chapelle on découvre la ***tombe de*** l'éditeur *Del Duca*, ornée d'une descente de croix en ***bronze*** de *Messina*. On arrive sur l'esplanade de la chapelle qui domine la ville. A dr. de la chapelle se trouve la ***sépulture*** monumentale ***du président Thiers*** († 1877). Continuer dans l'avenue de la chapelle, dans la 12e division, à dr., se trouve la tombe du peintre Géricault († 1824) dont un relief sculpté par *Etex* représente le célèbre tableau Le Radeau de la Méduse.

Champ de repos et champ de bataille

Deux événements relatifs à l'histoire de Paris ont, par deux fois, transformé le Père-Lachaise en véritable champ de bataille :
le 30 mars 1814, les élèves de l'Ecole Polytechnique et de l'école de Maisons-Alfort s'y sont retranchés pour essayer de repousser l'assaut des Russes ;
le 21 mai 1871, les Versaillais y ont lancé l'assaut contre les Fédérés, donnant le coup de grâce à la Commune de Paris. Ils livrèrent une bataille sanglante qui se termina par la fusillade le 28 mai devant le mur des Fédérés. 11 018 cadavres furent inhumés sur place.

▷ Vers la tombe de Frédéric Chopin

Après la tombe de Géricault, prendre le chemin qui descend, à dr., dans la 11e division. Tourner à nouveau à dr. dans le chemin Denon. Sur la dr. se trouve la tombe de Frédéric Chopin († 1849). La ***statue*** de la muse Euterpe et le profil du compositeur sont de *Clésinger*. A quelques mètres de là est inhumé le musicien ***Chérubini*** († 1842).

▷ Vers les tombes d'Alfred de Musset et de Colette

Retourner en arrière et prendre à g. le chemin du Coq. Suivre ce sentier qui devient le chemin du Père Eternel ; on remarque à g. la ***sépulture de*** la tragédienne ***Mlle Georges*** († 1867) et, un peu plus loin, à la bifurcation de l'avenue latérale du Sud, une belle ***sculpture*** de Femme agenouillée, par *Dabois*. Prendre l'avenue latérale du Sud sur la dr. pour découvrir, à g., le ***Monument aux morts**** de *Bartholmé*. Redescendre l'avenue principale. Sur la dr., dans la 4e division, sont inhumés Alfred de Musset († 1857) et la romancière Colette († 1954).

Circuit par division

Cette liste regroupe les noms des personnages les plus notables inhumés dans le cimetière et quelques tombes qui offrent un intérêt particulier sur le plan architectural.

▶ ***1re division*** : Clothilde de Vaux, l'égérie du philosophe Auguste Comte († 1846) ; Edme Champion († 1852) philanthrope, et Paul Champion († 1884) chimiste ; Gustave Froment († 1865), inventeur du gyroscope et constructeur du télégraphe électrique. ▶ ***2e division*** : Jean Faure († 1889), père de Félix Faure ; Pierre Tardieu († 1842) graveur. Le long du mur, la tombe style Art Nouveau de la famille

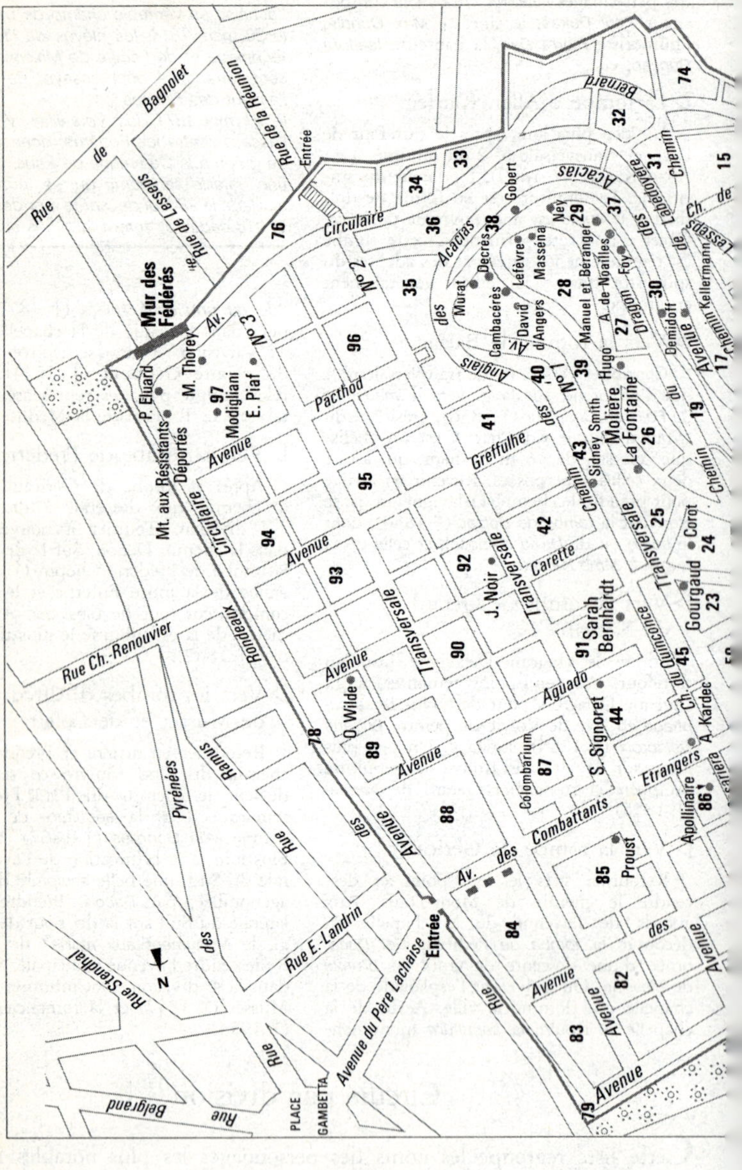
Rue de Bagnolet
Rue de la Réunion
Entrée
Rue de Lesseps
Mur des Fédérés
Circulaire
Mt. aux Résistants Déportés
P. Eluard
M. Thorey
Modigliani
E. Piaf
Avenue
Circulaire
Pacthod
Rue Ch.-Renouvier
Rondeaux
Transversale
O. Wilde
Rue Ramus
Rue des Pyrénées
Rue E.-Landrin
Rue Stendhal
N
Avenue du Père Lachaise
Entrée
Rue des Rondeaux
Rue Belgrand
PLACE GAMBETTA
Av. des Combattants
Colombarium
Proust
S. Signoret
Aguado
Sarah Bernhardt
J. Noir
Carette
Greffulhe
Sidney Smith
Molière
La Fontaine
Hugo
Manuel et Béranger
A.-de-Noailles
Dragon
Foy
Demidoff
Chemin Kellermann
Cambacérès
David d'Angers
Lefèvre
Masséna
Ney
Murat
Decrès
Gobert
des Anglais
des Acacias
Bernard
Chemin Labédoyère
Ch. de Lesseps
Avenue du Quinconce
Ch. du Quinconce
Gourgaud
Corot
A. Kardec
Apollinaire
Etrangers
Avenue des Combattants
Avenue
Nº 1
Nº 2
Nº 3
Av.
74
32
31
15
33
34
36
38
37
29
35
96
97
76
28
30
27
17
19
26
39
40
41
43
42
25
24
23
45
92
93
94
95
90
91
44
87
88
89
78
85
86
84
82
83
79

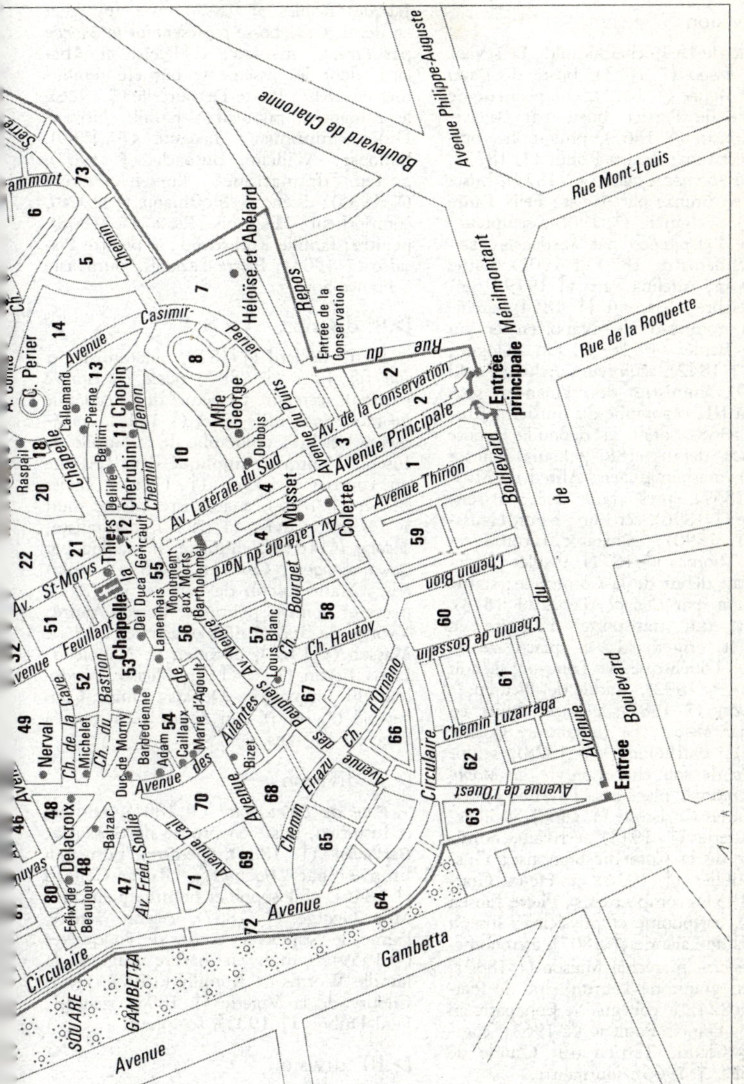

Le cimetière du Père Lachaise

E. Caillat. ▸ *3e division* : Ernest Archdéacon († 1950), pionnier de l'aviation et de l'automobile ; Jacques Moreau de Tours († 1884), médecin aliéniste ; Jean Schnetz († 1870), peintre, directeur de l'école de Rome ; l'écrivain Jules Romains († 1972).

▷ 4e division

Famille de La Rochefoucauld ; Le savant *François Arago* († 1853), buste de *David d'Angers* ; *Auber* († 1871), compositeur de la Muette de Portici, buste par *Dantan* ; Victor Cousin († 1867), philosophe, orateur et écrivain ; Ledru-Rollin († 1875) ; le peintre *Thomas Couture* († 1879), buste et génie en bronze par *Barrias* ; Félix Faure († 1899) ; Falguière († 1900), sculpteur ; statue de l'*Inspiration* par *Marqueste* ; *sergent Hoff*, héros de 1870 († 1902), statue par *Bartholdi* ; Adelina Patti († 1919), cantatrice célèbre ; Visconti († 1854), architecte du tombeau de Napoléon et du Louvre ; Beulé († 1874), archéologue ; Dantan († 1842), sculpteur ; Achille Fould († 1869), ministre des Finances sous Napoléon III ; cénotaphe du musicien Rossini († 1868), dont la dépouille repose à Florence depuis 1887 ; Louis Poinsot († 1859), mathématicien ; Alfred de Musset († 1857), près d'un saule ; Arsène Houssaye († 1896), écrivain ; baron Haussmann († 1890) ; généraux Lecomte et Clément Thomas († 1871), fusillés par les insurgés au début de la Commune ; statue de *la Patrie*, par *Cugnot* ; Lebas († 1873), ingénieur, qui transporta d'Egypte en France, et érigea sur la place de la Concorde, l'obélisque de Louqsor ; Lenoir et Vavin († 1892), statue de Pleureuse ; *Paul Baudry* († 1887), peintre, figure en bronze par *Mercié* ; La romancière Colette († 1954) ; Bartholomé († 1928), sculpteur, près de son chef-d'œuvre, le *Monument aux morts**, placé dans l'avenue principale ; Charles Christofle († 1868), joaillier ; Jules Claretie († 1913), écrivain, administrateur de la Comédie-Française ; Gustave Goublier († 1926) et Henri Goublier († 1951), compositeurs ; Pierre Jansen († 1907), astronome et physicien ; Joseph Lefrançois de Lalande († 1807), astronome. ▸ *5e division* : maréchal Maison († 1840) ; temple en granit de Lebrun, duc de Plaisance († 1824), le collègue de Bonaparte au Consulat ; Francis Poulenc († 1963), compositeur ; Claude Terrien (dit Claude de Fréminville, † 1966), journaliste.

▷ 6e division

Monument élevé par la Ville de Paris aux gardes nationaux victimes des combats de juin 1832 ; Cyrano de Bergerac (1619-1655), écrivain qui servit de modèle à E. Rostand ; Nélaton († 1873), chirurgien qui enseigna la suture des plaies ; La sépulture de la famille de Lesseps où repose la dépouille de Ferdinand de Lesseps, ingénieur du canal de Suez ; Casimir Becquerel († 1860), horloger ; Lucien Prévost-Paradol († 1870), écrivain ; Antoine Vollon († 1900), peintre.

▷ 7e division

Cimetière israélite ; la tragédienne Rachel († 1858) ; mausolée très curieux de Jacques Roblès († 1893), avec un relief en demi ronde-bosse représentant *le Silence* par *Préault* ; mausolée d'Héloïse et Abélard, dont les ossements ont été réinhumés en 1817 ; Pierre Decourcelle († 1926), le romancier populaire ; famille Firmin-Didot, imprimeur ; Lepaute († 1789), horloger ; William Busnach († 1907), auteur dramatique ; Lucien Fugère († 1935) ; François Hoffmann († 1928), compositeur ; François Picot († 1868), peintre ; famille Rothschild ; le peintre Pissarro († 1903) ; Pierre Lazareff, journaliste à France-Soir.

▷ 8e division

Pierre Béclard († 1827), anatomiste, et son fils Jules († 1887 ; *buste* en bronze par *Bra*), secrétaire perpétuel de l'Académie de médecine ; Mlle Mars († 1847), comédienne célèbre ; cénotaphe de la famille de Joseph Lesurques, impliqué dans l'Affaire du courrier de Lyon († 1796) ; Xavier Bichat († 1802), anatomiste célèbre mort à 33 ans ; Cuvier († 1832), naturaliste ; *Dulong* († 1838), chimiste, médaillon par *David d'Angers* ; Cavelier († 1894), sculpteur ; Marie-Joseph de Chénier († 1811), poète et homme politique, frère d'André ; Yvonne de Bray († 1954), actrice ; Frédéric Masson († 1923), historien de Napoléon ; Louis Bertin († 1841), publiciste, fondateur du Journal des Débats ; Emilie Couverchel († 1866), qui aurait vécu jusqu'à l'âge de 147 ans.

▷ 9e division

Paul de Saint-Victor († 1881), critique et historien, buste en bronze de *Guillaume* ; *Berthelier* († 1881), peintre, buste en bronze par *Rougelet* ; Royer-Collard († 1846), philosophe et homme politique ; Mlle George († 1867), célèbre actrice, l'amie de Napoléon ; André de Fouquières († 1959) ; temple en marbre rouge de la famille Worms de Romilly (1897) ; Henri Choury de la Vigerie († 1893), général ; Paul Dubois († 1905), sculpteur.

▷ 10e division

Tombeau original de Ravrio († 1814), bronzier-doreur ; *Denon* († 1825), archéologue, membre de l'expédition d'Egypte et conservateur du musée du Louvre, buste de *Cartellier* ; *Gohier* († 1830), président du Directoire, médaillon par *David d'Angers* ; Delambre († 1822), astronome auquel on doit la mesure et la définition du mètre ; Clésinger († 1883), sculpteur, gendre de George Sand ; Guillaume Dubufe († 1909), peintre, *monument* par *Bartholomé* et *Formigé* ; Gustave Charpentier († 1956), compositeur ; Aimée de Coigny († 1820), la Jeune Captive de Chénier ; Remy de Gourmont († 1915), écrivain ; Jacques Tenon († 1816), chirurgien ; Edouard Branly († 1940), célèbre physicien ; Pierre Agier († 1823), président du tribunal révolutionnaire ; Johann Burckardt († 1825), astronome allemand ; Franquetot de Coigny († 1821), maréchal de France ; Antoine Labarraque († 1850), chimiste ; Silvestre de Sacy († 1838), historien et orientaliste ; l'écrivain Miguel Asturias († 1974).

▷ 11e division

Jean-Louis Barthou († 1934), ministre des Affaires étrangères, assassiné à Marseille par les Oustachis yougoslaves ; Erard († 1831), musicien et facteur de pianos ; Bréguet († 1823), horloger connu ; les compositeurs Boieldieu († 1834), Grétry († 1813), Bellini († 1835), Cherubini († 1842) et *Wilhem* († 1842 ; médaillon par *David d'Angers*) ; les chanteurs Garat († 1823 ; buste en bronze) et Tamberlick († 1889 ; *monument* par *Godebski*) ; Jacques Delille († 1813), poète ; Lesueur († 1837), compositeur, maître de Berlioz ; le chevalier de Boufflers († 1815) ; Bernardin de Saint-Pierre († 1814) ; Laharpe († 1803), critique ; Charles († 1823), physicien et aéronaute, le mari de l'Elvire de Lamartine ; Louise Dugazon († 1821), actrice ; Regnault de Saint-Jean-d'Angély († 1819) ; De Nittis († 1884), peintre ; famille Carnot ; Parny († 1814), poète ; les musiciens Habeneck († 1849), chef d'orchestre du Conservatoire, et Chopin († 1849) ; Jean Neveu et sa sœur Ginette Neveu (1919-1949), violoniste, tuée dans un accident d'avion ; Lakanal († 1845), conventionnel ; Guy Target († 1807), avocat, défenseur du cardinal de Rohan dans l'Affaire du collier de la Reine ; Guillaume Bervic († 1822), graveur ; Adélaïde Dufresnoy († 1825), romancière ; Pierre Gaveau († 1825), compositeur, facteur de pianos ; Charles Messier († 1817), astronome ; Maria Milanolho († 1848), violoniste ; Brongniart († 1813), architecte de la Bourse qui dirigea l'aménagement de ce cimetière.

▷ 12e division

Talma († 1826), le premier acteur à avoir eu l'idée de jouer en costume d'époque ; Géricault († 1824), peintre ; Riesener († 1828), peintre, oncle de Delacroix ; *Jean Carriès* († 1894), sculpteur, *buste* en bronze par lui-même ; Ernest Capendu († 1868), auteur dramatique ; Nicolo, dit Isouard († 1818), compositeur.

▷ 13e division

Mme Lavoisier († 1836), femme du chimiste (mort sur l'échafaud en 1794) ; les compositeurs Méhul († 1817), Hérold († 1833), Gossec († 1829), Ignace Pleyel († 1836), Gabriel Pierné († 1938) ; Mme Blanchard († 1819), aéronaute ; famille Duvergier de Hauranne ; Rodolphe Kreutzer († 1831), violoniste et compositeur ; les compositeurs Henri Berton, dit Montan († 1844), Henry Février († 1957), Honoré Langle († 1807) et Ferdinand Paër († 1839) ; l'étudiant Lallemand, la première victime politique inhumée dans ce cimetière : il fut tué lors d'une émeute en 1820.

▷ 14e division

Famille Moreau-Vauthier, statue par *Moreau-Vauthier* ; amiral Pothuau († 1882) ; maréchal de Lauriston († 1828) ; Augustin Fresnel († 1827), physicien, qui s'illustra par ses recherches sur la lumière ; inscription au pied d'un arbre, emplacement de la tombe de Tallien, le célèbre thermidorien ; Auguste Cahours († 1891), chimiste ; Pierre Réal († 1834), adjoint de Fouché. ▶ *15e division* : le chirurgien *Amussat* († 1856), médaillon en bronze par *Bogino* ; Léon Cogniet († 1880), peintre, beau médaillon en pierre ; le chanteur Garat († 1823) ; Melchior de Vogüé († 1910), écrivain ; Georges Rodenbach († 1898), écrivain belge.

▷ 16e division

James Douglas dit *Jim Morrison* († 1971), chanteur du groupe californien les Doors, dont la tombe fait l'objet d'un culte très particulier ; général de Labédoyère († 1815), fusillé sous la Restauration pour avoir acclamé Napoléon à son retour de l'île d'Elbe ; Sophie Germain († 1831), mathématicienne ; Christian Bérard († 1949), décorateur. ▶ *17e division* : maréchal Victor, duc de Bellune († 1841) ; les jurisconsultes Dalloz († 1869 et 1886) ; Michel Chasles († 1881), mathématicien ; Pierre Laffite († 1903), philosophe, disciple de Comte ; Auguste Comte († 1847), le fondateur de la philosophie positive ; Panckoucke († 1798), éditeur ; Abel Aubert du Petit-Thouars († 1864), amiral.

▷ 18e division

Gaspard Monge († 1818), mathématicien, l'un des fondateurs de l'Ecole Polytechnique ; l'auteur dramatique Robert de Flers († 1927) ; Hachette († 1834), professeur à l'Ecole Polytechnique ; Dr Gall († 1818), à l'origine de l'étude de la phrénologie ; Raspail († 1878), chimiste ; Joseph Fourier († 1830), physicien, buste en bronze ; Champollion († 1832), l'illustre égyptologue, obélisque avec médaillon ; Kellermann, duc de Valmy († 1820) : le cœur a été transporté sur le champ de bataille de Valmy ; Jacques Laffite († 1844), financier ; Francis Salabert († 1946), éditeur de musique ; Philippe Pinel († 1826), médecin aliéniste.

▷ 19e division

Chapelle monumentale de la princesse Deminoff († 1818) ; Hahnemann

(† 1843), qui découvrit l'homéopathie; Duret († 1865), sculpteur; Delsart († 1900), chanteur; Denis Poisson († 1840), mathématicien; famille des Garnier-Pagès; *Geoffroy Saint-Hilaire* († 1844), médaillon par *David d'Angers*. ▸ *20e division* : les actrices Raucourt († 1815), Clairon († 1803) et Contat († 1813); Claude Bernard († 1878), l'illustre physiologiste; le peintre Isabey († 1855); l'abbé André Morellet († 1819); Gabriel Ouvrard († 1826), financier de Napoléon Ier; Auguste Rochechouart († 1858), général; Jacques Pajou († 1828), peintre. ▸ *21e division* : le docteur Hyacinthe Vincent († 1950) à qui l'on doit la prévention contre la gangrène et le vaccin contre la fièvre typhoïde; Ernest Courtot de Cissey († 1882), général, ministre de la Guerre. ▸ *22e division* : Désaugiers († 1827), chansonnier; Gustave Doré († 1883), dessinateur; Mme Crosnier († 1907), artiste dramatique, buste; Joseph Vien († 1848), peintre.

▷ 23e division

Ingres († 1867), buste par *Bonnassiex*, *tombeau* en arbre par *Baltard*; général baron Gourgaud († 1852), l'un des compagnons de Napoléon à Sainte-Hélène; les peintres Boilly († 1845) et Dubufe († 1864); monument élevé à la mémoire du grand botaniste Michel Adamson; René Lalique († 1945), célèbre verrier; Jean Raffaeli († 1924), peintre.

▷ 24e division

Daubigny († 1878), peintre; La comtesse de Genlis († 1830), femme de lettres qui fut préceptrice du futur Louis Philippe et nommée inspectrice des écoles primaires par Napoléon III; maréchal Pérignon († 1818); Pradier († 1852), sculpteur dont les élèves ont sculpté le buste; gracieux bas-reliefs; Daumier († 1879), peintre et caricaturiste; Camille Corot († 1875), peintre; Hyacinthe Loyson († 1913), fondateur de l'Eglise gallicane, *monument* par *H. Andersen* et *H. Hébrard*; Jacques Cellerier († 1814), architecte, auteur du fameux éléphant érigé place de la Bastille, décrit par Victor Hugo dans les Misérables; Henri Fouques-Duparc († 1933), pianiste, compositeur; général Andoche Junot († 1813), duc d'Abrantès.

▷ 25e division

Amiraux Roussin († 1854), créateur des paquebots transatlantiques, et Hamelin († 1864); famille Gémond (1842), immense pyramide; baron Gros († 1835), peintre; chapelle du général d'Aboville († 1891), encadrée de deux canons; La Fontaine († 1695) et Molière († 1673), tombes dressées ici en 1817 (l'authenticité en est douteuse); d'Ennery († 1898), auteur dramatique. ▸ *26e division* : Gay-Lussac († 1850), chimiste; Léon Faucher († 1854), publiciste; Paul Meurice († 1905), auteur dramatique, ami de Victor Hugo; Alphonse Daudet († 1897), romancier; Marchand († 1876), valet de chambre de l'Empereur à Sainte-Hélène; Augustin Legendre († 1874).

▷ 27e division

Amiral Bruat († 1855), tombeau sculpté par *Maindron*; *Paillet* († 1855), avocat, bas-relief en marbre, par *Doublemard*; Couder († 1873), peintre; Gaudin († 1844), duc de Gaete, homme d'Etat et financier; Guillaume Coustou († 1825), sculpteur; général Hugo († 1828), père de Victor Hugo; Charles Dupaty († 1825), statuaire; les aéronautes Gaston et Albert Tissandier († 1899, 1906).

▷ 28e division

Boissy d'Anglas († 1826), président de la Convention; maréchaux Lefebvre († 1820), Masséna († 1817); la maréchale Lefebvre, dite Madame Sans-Gêne; *Reille* († 1860), tombeau par *Jacques* et *Bosio*; Davout († 1823); Beaumarchais († 1799); Saint-Simon († 1825), économiste et chef des saints-simoniens; Brillat-Savarin († 1826), auteur de la Physiologie du goût; Barras († 1829), le thermidorien, membre du Directoire; général Haxo († 1838); Girodet-Trioson († 1824), peintre; *Daunou* († 1840), homme politique, érudit, historien, médaillon par *David d'Angers*; Les frères Lameth († 1829, † 1832, † 1853), colonels de cavalerie; Judith Frère, la Lisette de Béranger; *général Foy** († 1835), statue et bas-reliefs de *David d'Angers* : c'est l'un des plus beaux tombeaux du cimetière; prince Georges Bibesco († 1887) et Anna de Noailles († 1933); *Manuel* († 1827) et Béranger († 1857) réunis dans le même tombeau; médaillons en bronze dont l'un, celui de Manuel, par *David d'Angers*; Percier († 1838) et Fontaine († 1853), architectes de Napoléon; lord Seymour († 1897); Richard Hertford-Wallace († 1890), grande chapelle; Benjamin Antier († 1870), auteur dramatique.

▷ 29e division

Maréchal Ney († 1815); Merlin de Thionville († 1833), conventionnel; Claude Chappe († 1805), inventeur du télégraphe aérien; Dacier († 1833), érudit; Paul Lelong (1846), architecte; député Dulong († 1834), tué en duel par le maréchal Bugeaud; Benjamin Constant († 1830), écrivain et homme politique, auteur d'Adolphe; *Bœrne* († 1837), poète allemand; médaillon et bas-relief par *David d'Angers*; Garnier-Pagès († 1841), homme politique; les poètes Jean de Tinan († 1898) et Vielé-Griffin († 1937); Henri Lavedan († 1940), écrivain; Constance Mayer de la Martinière († 1821), artiste peintre, qui se suicida à cause de sa passion pour le peintre Pierre Prud'hon, dont la tombe se trouve dans le voisinage (30e division). ▶ *30e division* : Serres († 1868), médecin, membre de l'Académie des sciences, beau médaillon en marbre ; Lanjuinais († 1827), conventionnel ; le peintre Pierre Prud'hon († 1823) ; Caulaincourt († 1827), duc de Vicence ; Sieyès († 1836), collègue de Bonaparte au Consulat ; comte Roy († 1847), financier et homme d'Etat ; Martin du Nord († 1847), homme politique. ▶ *31e division* : temple dorique de Maret, duc de Bassano († 1839) ; Talleyrand-Périgord († 1883) ; belle chapelle Panhard-Dufour († 1897) ; Joseph Barbet de Jouy († 1896), écrivain. *32e division* : *Hersent* († 1860), peintre, médaillon et bas-reliefs par *Lanno* ; général Mounier († 1860) ; Alfred Stevens († 1906), peintre belge ; Bazin († 1878), compositeur, buste en marbre par *Doublemard* ; Jean Huvé († 1852), architecte de la Madeleine ; Félix Ravaisson († 1900), archéologue. ▶ *33e division* : le ténor de l'Opéra, Gustave Roger († 1879). ▶ *34e division* : le menuisier Maurice Duplay, ami de Robespierre ; Eléonore Duplay († 1832), la fiancée de Robespierre ; Jean d'Arcet († 1844), chimiste.

▷ 35e division

Dabadie († 1820), inspecteur général du Génie, pyramide en granit surmontée de trophées ; Clara Peabody († 1882), grand monument, avec haut-relief en bronze ; Belliard († 1832), lieutenant-général, pair de France ; famille de Montmorency († 1830) ; Scribe († 1861), auteur dramatique ; *Tony Noël* († 1909), sculpteur, buste par *P. Gasq* ; Emma Valadon, dite Theresa († 1913), artiste de café concert ; Camille Flers († 1868), peintre paysagiste ; Savary, duc de Rovigo († 1833), ministre de la Police de 1810 à 1814.

▷ 36e division

Famille Schichler († 1867) ; amiral Bruix († 1805) ; *Georges Pouchet* († 1894), professeur au Muséum, médaillon par *Vasselot* ; *Edmond About* († 1879), statue en bronze par *Crauk* ; Léon Say († 1896), homme politique et économiste ; Félix Nadar († 1910), photographe ; Athanase Coquerel († 1868), prédicateur protestant ; l'ingénieur Seguin († 1875).

▷ 37e division :

Maréchal Gouvion-Saint-Cyr († 1830), statue en marbre par *David d'Angers* ; maréchal Macdonald, duc de Tarente († 1840) ; *général Gobert* († 1808), avec magnifique statue équestre et bas-reliefs par *David d'Angers* ; baron Larrey († 1842), chirurgien en chef de la Grande Armée, tombeau en forme de pyramide ; famille Frochot, *chapelle* à hauts-reliefs par *Raggi* ; ▶ *38e division* : Guillaume Dupuytren († 1835), rénovateur de la clinique chirurgicale et fondateur de la Société Anatomique ; il opéra Charles X de la cataracte.

▷ 39e division

Maréchal Suchet, duc d'Albuféra († 1826), bas-reliefs par *David d'Angers* ; Jean-Baptiste de Martignac († 1832), ministre de Charles X ; Jean-Baptiste Say († 1832) et Raoul Duval († 1887) ; amiral duc Decrès († 1820), vaste tombeau avec de beaux bas-reliefs ; général Ruty († 1823) ; Edmond de Bourke († 1821), citoyen danois, bas-relief en marbre ; maréchal Beurnonville († 1821) ; Cambacérès († 1824), collègue de Bonaparte au Consulat ; David d'Angers († 1856), sculpteur, tombeau sans ornement ; famille Boode, temple gréco-romain ; Camille Jordan († 1821), homme politique et publiciste, statue en marbre ; Brion († 1863), statuaire ; Parmentier († 1813) agronome qui propagea en France la culture de la pomme de terre ; *Enfantin, dit le Père* († 1864), l'un des chefs de l'école saint-simonienne, grand buste par *Aimé Millet* ; baron Oberkampf († 1837) ; Laréveillère-Lépaux († 1824), membre du Directoire ; Latreille († 1833), naturaliste ; Charles Cadet de Gassicourt († 1821), premier pharmacien de Napoléon Ier ; famille du maréchal Murat ; Jean Sérurier († 1819), maréchal de France, gouverneur des Invalides. ▶ *40e division* : Jean Davillier († 1883), archéologue ; grande statue du Bon Pasteur ; Jean Perrégaux († 1808), financier, créateur de la Banque de France ; Armand Trousseau († 1867), médecin ; Laurent Turguet († 1839), amiral, ministre de la Marine. ▶ *41e division* : E. Du Sommerard († 1885), fondateur du musée de Cluny ; Philippe Daudet († 1923), petit-fils d'Alphonse Daudet, dont l'assassinat souleva bien des passions ; Alphonse Herman († 1896), compositeur ; Luc Merson († 1902) et Olivier Merson († 1820), peintres ; Adam Prazmonsky († 1885), astronome ; Constantin Volney († 1820), pair de France. ▶ *42e division* : André Devambez († 1944), peintre ; François Richard-Lenoir († 1839), célèbre industriel ; Marie Vuillame († 1933), cantatrice. ▶ *43e division* : Picard († 1828), auteur dramatique, académicien ; amiral anglais Sidney-Smith († 1840) ; Jules Cousin († 1899), créateur du musée Carnavalet ; Louis Letort († 1815), général, tué à la bataille de Fleurus.

▷ 44e division

Hippolyte-Léon Rivai, plus connu sous le nom d'*Allan Kardec* († 1869), fondateur de la philosophie spirite : sa tombe, toujours fleurie, composée d'un dolmen de granit où repose un buste en bronze par *Capellaro* fait l'objet d'un culte régulier ; général Ordener († 1862) ; J.-J. Veyrassat († 1893), peintre animalier ; illustre tragédienne Sarah Bernhardt († 1923) ; le poète Sully-Prudhomme († 1907) ; l'historien Georges Goyau († 1939); Charles Durier († 1899), fondateur du Club Alpin; Jeanne Ludwig († 1898), comédienne; Jean Marbot († 1854), général, auteur des mémoires sur Napoléon 1er; la comédienne Simone Signoret († 1985). ▶ *45e division* : Bosio († 1845), statuaire qui éleva l'actuelle statue de Louis XIV, place des Victoires, et décora la colonne Vendôme et la chapelle expiatoire; famille Aguado, tombeau orné de statues (la Bienfaisance et les Arts) et bas-reliefs; Jean Baudelocque († 1810), médecin; Marie de Senonnes († 1828), dont Ingres fit un portrait célèbre. ▶ *46e division* : *Claude Vignon* († 1888), femme statuaire, *buste* en bronze que l'artiste avait fait pour son tombeau; *Auguste Vitu* († 1891), journaliste, buste par *Guilbert*; Félix Pyat († 1889), révolutionnaire; vice-amiral Lalande († 1844). ▶ *47e division* : général de Wimpfen († 1884), buste en bronze; *Eude* († 1889), statuaire, médaillon par *Pacou*; Henri Mazel († 1947), écrivain; princesse Dolgorouka, statue en marbre blanc.

▷48e division

Félix de Beaujour († 1836), ancien consul, pyramide gigantesque; famille de Mme Diaz-Sentos († 1827), duchesse de Duras; *Frédéric Soulié* († 1847), romancier et auteur dramatique, médaillon en bronze par *Clésinger*; *Lachambeaudie* († 1872) fabuliste, buste en bronze par *Taluet*; Emile Souvestre († 1854), romancier et auteur dramatique, buste en marbre; *Honoré de Balzac* († 1850), buste en bronze par *David d'Angers*; Jean Pacini († 1866), compositeur.

▷49e division

Charles Delescluze († 1871), journaliste, un des chefs de la Commune; Charles Nodier († 1844), écrivain, l'un des premiers romantiques; Casimir Delavigne († 1843), auteur dramatique; Eugène Delacroix († 1864), le grand peintre romantique, tombeau antique imitant celui de Scipion; Barye († 1875), sculpteur, buste en bronze; *Crozatier* († 1855), sculpteur fondeur, bas-reliefs par *Bosio*; Gérard de Nerval († 1855), poète et romancier; Frédéric Bérat († 1855), compositeur, auteur de Ma Normandie; Pierre Chanlaire († 1817), géographe. ▶ *50e division* : général Uhrich († 1886), défenseur de Strasbourg en 1870; Claude Choiseul († 1711), maréchal de France. ▶ *51e division* : terrasse d'où l'on découvre, sur Paris, une fort belle *vue**. Au milieu, chapelle du cimetière (1834), à l'emplacement de la maison des Jésuites; Paul de Musset († 1880), écrivain, frère d'Alfred; Charles Steuben († 1856), peintre; Pierre Tirard († 1893), homme politique; statue du *Devoir*, par *Saint-Marceaux*. ▶ *52e division* : *Michelet* († 1874), un des rénovateurs de l'étude de l'histoire au XIXe s., haut-relief par *A. Mercié*; Buloz († 1877), fondateur de la Revue des Deux Mondes. Près de la tombe de Michelet se situe le rond-point Michelet avec le *Monument des travailleurs municipaux* (1899), par *Dupré*; Maurice Merleau-Ponty († 1961), philosophe.

▷53e division

Henry Becque († 1899), auteur dramatique; *Barbedienne* († 1892), fondeur, buste par *Chapu* et tombeau par *Boucher*; Heilbuth († 1889), peintre; *Cartellier* († 1831), sculpteur, buste-médaillon par *Rude*, bas-relief par *Seurre*; De Sèze († 1828), avocat, défenseur de Louis XVI, pyramide; Gaston Boissier († 1908), historien de Rome; l'éditeur Cino Del Duca; beau bronze de *Messina* : *la Descente de croix*; Félicité de Lamennais († 1854) : le célèbre philosophe, selon son désir, fut enterré dans la fosse commune qui se trouvait entre les 53e et 54e divisions.

▷54e division

Chapelle de Morny, d'après *Viollet-le-Duc*; Théodore Barrière († 1877), auteur dramatique, buste en marbre; Dr Ricord († 1889), riche tombeau de marbre et de bronze; comtesse d'Agoult, en littérature Daniel Stern († 1876), l'amie de Liszt, mère de Cosima Wagner; *sculptures* par *Chapu*; monument *Aux défenseurs de Belfort*, par *Robichon*; Guillaume Dode de la Brunerie († 1851), maréchal de France; Théodore Barrière († 1877), écrivain; Paul Le Brasseur († 1896), comédien. ▶ *55e division* : grand *mausolée d'Adolphe Thiers* († 1877), avec sculptures de *Chapu*; Reber († 1880), professeur au Conservatoire de musique; baron Taylor († 1879), protecteur des auteurs et des artistes dramatiques; Cornélie Falcon († 1897), cantatrice; Guérinot († 1891), architecte, *Pleureuse* par *Barrias*. ▶ *56e division* : général Neigre († 1817), tombe encadrée de boulets et de canons en pierre; monument pour le cœur de Louis David († 1825), le corps est au grand cimetière de Bruxelles; général de Chasseloup-Laubat († 1833); Raymond Radiguet († 1923), l'auteur du Diable au corps; Emile Cheve-Paris († 1864), créateur d'une méthode de musique. ▶ *57e division* : *Hippolyte Flandrin* († 1864), peintre, buste en marbre par *Oudine*; Emmanuel Grouchy († 1847), maréchal de France; Pozzo di Borgo († 1842), ambassadeur de France en Russie, l'ennemi corse de Napoléon; Louis Funck-Brentano († 1946), historien; Jean Vanni-Marcoux († 1962), chanteur. ▶ *59e division* : Augereau († 1816), maréchal de France; Debureau († 1846), le célèbre mime; Eugène Burnouf († 1852), orientaliste; Arthur Morin († 1860), général et mathématicien; Pierre Brasseur († 1972), comédien. ▶ *60e division* : Dr G. Piogey († 1894), *buste* en bronze par *Barbedienne*; famille de Broglie; Julien Dupré († 1910), peintre paysagiste et animalier; Valentin Haüy, fondateur de l'Institut des jeunes aveugles et inventeur des caractères en relief. ▶ *63e division* : Le richissime Alfred Chauchard († 1909), fondateur des anciens magasins du Louvre. ▶ *64e division* : *Georges Méliès* († 1938), pionnier du cinéma, buste par *Carvinnani* (1954) ; Robert Kemp († 1959), critique ; monuments érigés à la mémoire des Gardes nationaux tués à Buzenval, le 19 janvier 1871, et des Soldats tués pendant la guerre de 1870-1871. ▶ *65e division* : *Mme Carvalho* († 1895), cantatrice, monument par *A. Mercié* ; Spuller († 1896), homme politique ; Etienne Melingue († 1875), acteur ; Etienne Pihan († 1878), orientaliste ; Marie Royer († 1873), comédienne.

▷ 66e division

Jules Vallès († 1885), publiciste révolutionnaire, buste par *Carlier* ; Pierre Flourens († 1867), physiologiste ; *Alphand* († 1891), ingénieur urbaniste de Napoléon III ; pyramide en pierre, buste en bronze par *Coutan* ; *Anatole de la Forge* († 1891), homme politique, bronze par *Barrias* ; *Ch. Floquet* († 1896), homme politique, monument par *Dalou* et *Formigé* ; les peintres Georges Seurat († 1891) et Edouard Detaille († 1912) ; Alexandre Walewski († 1868), ministre des Affaires étrangères, fils de Napoléon Ier et de Marie Walewska. ▶ *67e division* : Louis Blanc († 1882), socialiste français ; les compositeurs Edouard Lalo († 1892) et Ernest Chausson († 1899) ; Claude Guillaume († 1905), sculpteur ; Emile Menier († 1881), chocolatier ; Philippe d'Ornano († 1863), maréchal de France, et sa femme, Marie Walewska († 1817), qui avait été la maîtresse polonaise de Napoléon. ▶ *68e division* : Bizet, le célèbre auteur de Carmen († 1875), buste en bronze ; Georges Enesco († 1955), violoniste et compositeur ; Félix Potin († 1896), rendu célèbre par les magasins qui portent son nom ; Joseph-Robert Fleury († 1890), peintre. ▶ *69e division* : René Mouchotte († 1943), aviateur, héros de la guerre 1939-1945 ; Georges Hainl († 1873), violoncelliste, compositeur ; Jean Cail († 1871), industriel. ▶ *70e division* : *Frédéric Dorian* († 1873), homme politique, buste en bronze par *Aimé Millet* ; Aimée Desclée († 1874), actrice, buste ; Gaëtan Leymarie († 1901), disciple d'Allan Kardec. ▶ *71e division* : *Crocé-Spinelli* et *Sivel* († 1875), aéronautes, morts au cours de leur ascension avec le ballon le Zénith ; statues couchées en bronze par *Dumilâtre* ; Bernard Desly († 1855), écrivain ; André Murat († 1893), fondateur du journal l'Ouvrier. ▶ *72e division* : *Jean Reynaud* († 1863), buste en bronze par *David d'Angers* et statue de l'*Immortalité*, marbre, par *Chapu*. ▶ *73e division* : Jean Peltier († 1845), inventeur de l'électrométrie ; Gaston Planté († 1889), inventeur de l'accumulateur. ▶ *74e division* : Rosa Bonheur (famille Micas) († 1875), peintre. ▶ *75e division* : *Benoît Malon* († 1893), député ; monument avec médaillon par *Bartholomé* ; Alexandre Massol († 1875), philosophe.

▷ 76e division

Dans cette division reposent les corps de quelques membres de la Commune de Paris. Jean-Baptiste Clément († 1903), poète et chansonnier auteur du Temps des cerises ; Edme Chabert († 1890), fondateur du parti ouvrier ; Paul Lafargue († 1911), écrivain, gendre de Karl Marx ; il se suicida avec son épouse ; Valérien Wrobleski († 1908), général de la Commune ; Paul Brousse († 1912), théoricien socialiste. ▶ *79e division* : Villiers de l'Isle-Adam († 1889), l'un des grands noms du symbolisme. ▶ *80e division* : Jules Berry († 1951), acteur. ▶ *81e division* : Déjazet († 1875), actrice ; Henri Moissan († 1907), chimiste ; Xavier Ruel († 1900), fondateur du Bazar de l'Hôtel-de-Ville.

▷ 82e division

Ernest Guiraud († 1892), compositeur ; Alfred Picard († 1913), savant ; *chapelle byzantine*, en marbre, de *Yakoulef* († 1882) ; on y trouve une curieuse sépulture : un homme et une femme agenouillés face à face et dans les bras l'un de l'autre ; Fulgence Bienvenüe († 1936), à qui l'on doit la conception du métropolitain. ▶ *84e division* : Louis Verneuil († 1952), auteur dramatique ; trois monuments commémoratifs avec statue à la gloire des combattants tchécoslovaques, belges et italiens.

▷ 85e division

Marcel Proust († 1922), romancier ; *Paul Souday* († 1884), critique, buste en bronze de *L. Cladel* ; Louis Lacombe († 1929) et Reynaldo Hahn († 1947), compositeurs ; Trujillo, le dictateur de Saint-Domingue ; Virginie Oldoini, comtesse Verasis de Castiglione († 1899), maîtresse de Napoléon III ; cimetière musulman.

▷ 86e division

Guillaume Apollinaire († 1918), poète mort durant la Première Guerre mondiale ; le poète et romancier Henri de Régnier († 1936), l'un des fondateurs du symbolisme ; abbé Rousselot († 1924), fondateur de la phonétique expérimentale, buste ; Jean Pezon († 1897), célèbre dompteur ; statue le représentant à cheval sur son fameux lion Brutus ; chapelle de la famille Montfort-Révillon.

▷ 87e division

Monument crématoire et Colombarium. Là se trouvent les cendres du musicien Paul Dukas († 1935) ; de Jules Guesde († 1922), fondateur du Parti ouvrier ; Camille Pelletan († 1913), ministre de la Marine ; Paul Rivet († 1958), fondateur du musée de l'Homme ; des danseuses Isadora

Duncan († 1927) et Loïe Fuller († 1928); des chanteurs-compositeurs Fragson († 1913) et Montéhus († 1952); Max Ophuls († 1957), metteur en scène; Harry Pilcer († 1961), danseur et acteur; Stan Golestan († 1956), musicien hongrois; Henri Torrès († 1966), célèbre avocat. ▶ *88e division* : Bernard Grasset († 1955), éditeur; Léon Jouhaux († 1954), syndicaliste; Marie Laurencin († 1956), peintre; dalle des Compagnons de la Libération.

▷ 89e division

Famille Lebaudy; Chaptal († 1832), chimiste, membre de l'Institut; Alice Ozy († 1893), artiste dramatique, « l'Aspasie moderne », amie du peintre Chassériau; la ***Vierge à l'Enfant***, groupe en marbre par *Gustave Doré*; ***René Piault*** († 1903), buste en bronze par *Rodin*; Oscar Wilde († 1900), célèbre prosateur; étrange ***sphynx*** par *J. Epstein*; ***Edouard Colonne*** († 1910), chef d'orchestre, fondateur des Concerts Colonne, buste par *Sörensen Ringi*; les poètes Jean Moréas († 1910) et Edmond Haraucourt († 1941); les écrivains Georges Courteline († 1929), Henri Duvernois († 1937) et Franc-Nohain († 1935); le général Ferrié († 1932); Marie Delna († 1933), cantatrice; Charles Lecocq († 1918), compositeur; Edouard Pailleron († 1899), auteur dramatique; Alphonse Bertillon († 1914), inventeur de l'anthropométrie; Albert Carré († 1938), directeur de l'Opéra; Alex Fischer († 1935), écrivain; René Mesmin († 1931), aviateur tombé en Russie; Ernest Pacra († 1925), créateur des concerts qui portent son nom. ▶ *90e division* : Romain Coolus († 1952), auteur dramatique; le musicien virtuose Stephen Heller († 1888); Marcel Vertez († 1961), peintre; Emile Waldteufel († 1915), compositeur. ▶ *91e division* : ***Blanqui*** († 1881), révolutionnaire, statue couchée, bronze par *Dalou*; ***Théry*** († 1909), coureur automobiliste, monument par *Marc Robert*; Albert Schlumberger († 1897), chimiste. ▶ *92e division* : ***Victor Noir*** († 1879), journaliste assassiné par Pierre Bonaparte, gisant en bronze de *Dalou*; Victimes de l'incendie du Bazar de la Charité (1897), ***monument*** par *Formigé*; ***J. Cornély*** († 1907), journaliste, monument par *Moreau-Vauthier* et *A. Bérard*; P. Marinowitch († 1919), pilote.

▷ 93e division

Planquette († 1903), le compositeur des Cloches de Corneville; les auteurs dramatiques Alfred Capus († 1922) et Miguel Zamacois († 1955); ***Ziem*** († 1911), peintre : monument par *Victor Ségoffin*; Félix Galipaux († 1932), acteur; George Footit († 1921), qui fut un clown célèbre; Pierre Levegh († 1955), coureur automobiliste qui se tua pendant la course des vingt-quatre heures du Mans : sa voiture explosa dans la foule, faisant de nombreuses victimes.

▷ 94e division

Philippe Gaubert († 1941), compositeur et chef d'orchestre; le philosophe Alain (Emile Chartier, † 1951); Gramme († 1901), inventeur de la dynamo; Yvette Guilbert († 1944), actrice et chanteuse; Gertrude Stein († 1946), peintre et romancière; Alexandre Stawisky († 1934); Fernand Foureau († 1914), explorateur; Emile Dupont († 1945), créateur des cafés Dupont.

▷ 95e division

Elémir Bourges († 1925), écrivain, membre de l'Académie Goncourt; ***André Gill*** († 1887), dessinateur, buste en bronze par *Laure Coutan*; ***Joffrin*** († 1890), homme politique, monument par *Suchetet*; Boussingault († 1887), chimiste et agronome; Félia Litvin († 1936), cantatrice; Adeline Dudlay († 1934), comédienne; Eugène Pottier († 1887), compositeur; Onésime Reclus († 1916), géographe.

▷ 96e division

Eugène Delaplanche († 1891), sculpteur, buste en bronze par *A. Levasseur*; Victimes de l'incendie de l'Opéra-Comique (1887); René Doumic († 1937), critique, directeur de la Revue des Deux Mondes; Modigliani († 1920), peintre; Camille Erlanger († 1919), compositeur; Jean Grandrey-Rety († 1962), critique musical.

▷ 97e division

Mur des Fédérés, où furent fusillés les derniers défenseurs de la Commune; Henri Barbusse († 1935), l'auteur du Feu; les poètes Paul Eluard († 1952) et Jean-Richard Bloch († 1947); Jean Guignebert († 1958); les députés et dirigeants communistes Marcel Cachin († 1958), Maurice Thorez († 1964), Paul Vaillant-Couturier († 1937), Pierre Sémard († 1942), Raymond Losserand († 1942); général Malleret-Joinville († 1960); la chanteuse populaire Edith Piaf († 1963); monuments à la mémoire des Français morts en déportation aux camps d'Auschwitz, Buchenwald-Dora, Mauthausen, Neuengamme, Ravensbrück, du Mont Valérien; sépulture des morts de la brigade Fabien. Monuments aux morts de la ville de Wolomin (Pologne); aux morts du métro Charonne, le 8 février 1962.

Le quartier Plaisance

14e arr. / 43-G9
Métro : Gaîté / Bus : 28, 58
🅿 48/50, avenue du Maine
Taxis : place du 18-Juin-1940 ☎ 42.22.13.13

Le nom de Plaisance évoque le plaisir et l'attrait. En effet, à la fin du XVIIIe s., il n'y avait là qu'un espace champêtre où des guinguettes et des théâtres populaires venaient de s'installer. Mais, la révolution industrielle et la création en 1841 de l'embarcadère de l'Ouest, future gare Montparnasse, amena une population ouvrière d'immigrés venus de l'Ouest. Ce quartier riant intégré dans la capitale le 1er janvier 1860 devenait un haut lieu de la misère ouvrière.

Dès le début du XXe s., des îlots d'habitations sont déclarés insalubres mais il faut attendre la fin de la Seconde Guerre mondiale pour que des opérations de rénovation soient enfin projetées. La plus importante entreprit, en 1966, l'aménagement de 25 ha en remplaçant 4 400 logements vétustes par 5 700 logements neufs dans les zones Vandamme-Plaisance. L'opération la plus récente et la plus spectaculaire concerne la zone Guilleminot : 11 ha délimités par l'avenue du Maine, la rue Vercingétorix, la rue de Gergovie et la rue Raymond-Losserand. Elle vise, depuis 1974, la construction de 4 040 logements et a été partiellement confiée à un architecte de renom : Ricardo Bofill.

Le projet d'axe rapide reliant la porte de Vanves au complexe d'affaires Maine-Montparnasse et connu sous le nom de Radiale Vercingétorix a été abandonné en 1977 au profit de l'implantation d'un parc entre la rue Vercingétorix et la voie de chemin de fer.

Visite du quartier

45 mn

▸ A partir du métro Gaîté on emprunte la *rue Vercingétorix*, bordée à g. de récents immeubles (dix-sept étages) et à dr. par l'hôtel Paris-Montparnasse, anciennement Shératon, construit en 1975 (100 m de hauteur).

▷ L'ensemble d'habitation et les places monumentales de Ricardo Bofill*

On arrive *place de Catalogne*. Cette vaste place circulaire de 100 m de diamètre constitue un des rares exemples de création de place urbaine au XXe s. Elle est bordée par l'un des deux *immeubles-amphithéâtres* conçus pour ce secteur par l'architecte catalan *Ricardo Bofill*. Pour monumentaliser les espaces de la vie courante, l'architecte a prévu un ensemble néo-classique avec frontons, pilastres, colonnes et entablements. L'originalité de la construction tient à l'emploi exclusif d'éléments de béton préfabriqués aussi bien pour la structure (poteaux, poutres et planchers) que pour le décor des façades. Ce décor monumental englobe 574 logements dont 425 logements sociaux. On passe sous le portique central, traversant ainsi l'édifice, pour découvrir les deux places intérieures.

La place de l'Amphithéâtre. Sur la dr., on accède à cette place demi-circulaire, ornée de gradins de verdure. Le parti pris de l'architecte est poussé jusqu'aux plus petits détails puisque les balconnets, les vasques, les balustrades et même les dalles au sol sont en béton préfabriqué. Le soir, les saillies en façade sont mises en valeur par un jeu d'ombres et de lumières créé par les projecteurs placés entre de gigantesques pilastres. De là, on a une vue intéressante sur le parc en cours d'aménagement et sur un second amphithéâtre aux gradins verdoyants.

La place des Colonnes. On accède à cette seconde place monumentale en prenant à g. du passage central. De forme elliptique, elle est bordée par un ensemble d'immeubles entièrement vitrés et réfléchissants. De grandes colonnes transparentes sont suggérées par leurs extrémités en béton : plinthes et chapiteaux. Avec son étendue de gazon, son ouverture sur le quartier, cette place constitue un vaste espace public.

▷ L'église Notre-Dame-du-Travail*

35, rue Guilleminot / ouverte t.l.j. 8 h-20 h
☎ 43.20.09.51

L'église Notre-Dame-du-Travail, construite de 1898 à 1902 par *Jules Astruc* constitue un exemple insolite d'architecture métallique adaptée à un édifice religieux. Bâtie initialement sur l'alignement de la rue Vercingétorix, elle se trouve aujourd'hui au cœur de ce nouveau quartier piétonnier et verdoyant, dégagée des édifices qui cachaient sa façade N.

L'*abbé Soulange-Bodin* (1861-1925), apôtre du milieu populaire, est à l'origine de la construction de cette église consacrée au travail, qui devait devenir un « sanctuaire universel » pour les ouvriers, un lieu de « réconciliation du Capital et du Travail ». L'abbé Soulange-Bodin a développé différentes structures d'entraide pour les nécessiteux : société de secours mutuel, cercle ouvrier, coopérative de consommation.

L'extérieur

Cette église, construite avec la plus stricte économie (en partie par une souscription populaire) présente un curieux mélange de matériaux : pierres de taille pour la façade principale, moellons de meulière pour les soubassements des murs, pierres médiocres pour les façades latérales, briques pour les parties hautes et surtout 135 t d'acier riveté et de fer pour la charpente. Pour habiller un mur aveugle conservé, *Geneviève* et *Henri Taillefert* ont réalisé une imposante ***fresque*** (employant les techniques anciennes avec enduit de chaux humidifié) qui représente l'intérieur de l'église et invite à la visite de cet édifice original. La façade est percée d'un portail en plein cintre dont les ébrasements sont ornés de colonnettes. Le pignon central laisse place à un renfoncement circulaire aveugle. Il devait, dans le premier projet d'Astruc, accueillir un vitrail. De même, deux importants clochers devaient encadrer la façade mais, pauvreté oblige, les deux clochers et le vitrail ne furent pas réalisés ; une fausse mosaïque néo-byzantine (peinture protégée par un verre) décore le tympan. Cette façade possède la cloche de Sébastopol, trophée de guerre offert par Napoléon III à la paroisse de Plaisance en 1861, au lendemain du siège de Sébastopol (1854).

L'intérieur

Le charpentage métallique compose une large nef centrale flanquée de bas-côtés ouvrant sur des chapelles qui supportent des tribunes. Le ***décor*** d'ensemble, de style Art Nouveau, remarquablement restauré par *Geneviève* et *Henri Taillefert*, est constitué par un feuillage peint s'accrochant aux murs et entourant les sobres vitraux. L'abside en hémicycle accueille une sculpture en plâtre représentant la ***Vierge à l'Enfant*** (debout !) due à *Camille Lefebvre*, réalisée en 1897. Son socle évoque le compagnonnage avec un décor lié au monde du travail. Les deux absidioles en cul-de-four, situées de part et d'autre de l'abside, sont consacrées, l'une au Sacré-Cœur (à dr.), l'autre à saint Pierre (à g.). Dans les différentes chapelles, les toiles demi-circulaires d'origine reprendront place après restauration. Parmi celles-ci, signalons les toiles délicieusement naïves de *Jean Huberti*, qui représentent les ***Saints Patrons des corporations*** (saint Joseph, patron des charpentiers en habit d'ouvrier de 1900, saint Luc, patron des métiers d'art et saint Eloi, patron des métallurgistes).

▶ En sortant de l'église, on pourra se rendre compte du grand changement de ce quartier en se rendant par les ***rues de l'Ouest*** puis ***de Gergovie*** jusqu'aux villas de la rue Didot. On quitte les constructions modernes du nouveau quartier pour pénétrer dans des rues aux immeubles datant du début du siècle dont les cours possèdent souvent des ateliers d'artistes ou d'artisans : voir les ateliers d'artistes du 99, rue de Gergovie. ▶ A l'angle de la ***rue d'Alésia***, on prendra ***la rue Didot*** sur la dr. ▶ Remarquer aux nos 5 et 7, de ***la rue Jacquier*** que l'on croise, les tours de l'ancienne ***crèche Fortado-Heine*** (aujourd'hui caisse primaire de la sécurité sociale) construite en 1884 par *Paul Blondel*. ▶ La rue Didot ouvre sur d'anciennes voies champêtres : ***villa Duthy***, ***villa Deshayes*** et ***villa Jamot***. Cette dernière est la plus insolite ; on la découvre après avoir franchi le hall d'entrée de l'immeuble situé au n° 105. Après avoir contourné un figuier gigantesque, on entre dans un Paris champêtre où apparaissent dix paisibles villas avec leurs jardinets.

Les marchés

Avenue Villemain, sur le terre-plein entre cette avenue et la rue d'Alésia : mar., ven., 7 h-13 h 30.

Sur le boulevard Brune, entre les nos 33 et 73 : jeu., dim., 7 h-13 h 30.

Les ponts de Paris***

La Seine entre dans Paris peu avant le pont National, à 500 km environ de sa Bourgogne natale, puisqu'elle prend sa source dans la forêt de Chanceau en Côte-d'Or, à 470 m d'altitude. Sa longueur, dans Paris, est de 13 km ; sauf à de rares périodes, son niveau est à peu près constant, oscillant autour de la cote de 26,39 m. Lorsqu'elle entre dans Paris la Seine a, depuis une quarantaine de kilomètres, quitté la campagne et les bois, et lorsqu'elle passe sous le pont National elle est déjà familiarisée avec le paysage urbain : activités portuaires, silos, usines et HLM.

Le fleuve est indissoluble de l'histoire de la capitale avec laquelle il a tissé des liens infiniment nombreux et subtils. Pourtant, des siècles durant, les Lutéciens, puis les Parisiens, semblent n'avoir pas tellement regardé leur fleuve qui était dissimulé à leur vue. Ils n'attendaient de lui que protection et subsistance : par elle arrivaient les grains, les bois et la pierre pour bâtir. Mais c'est par la Seine également que survenaient les Barbares et les Normands. Avec Henri IV, les choses changent : le roi fait interdire les maisons sur le Pont-Neuf et après lui, grâce aux urbanistes, les habitants de la capitale commencent à s'intéresser à ce fleuve qui les relie au monde.

Aujourd'hui, les trente-deux ponts qui enjambent la Seine intra-muros permettent une communication aisée entre les deux rives et, depuis le dégagement des quais, le fleuve fait partie intégrante du paysage de la ville.

Les ponts de Paris dans l'histoire

La Seine, première des voies parisiennes, n'était traversée à l'origine qu'au moyen de bacs. Jusqu'au XVIe s., on ne connaît l'existence que de deux ponts : le Grand Pont (situé au N. de l'île de la Cité, sur le grand bras du fleuve, mais on n'en a pas déterminé la position exacte) et le Petit Pont (au S. sur le petit bras du fleuve, sa dernière reconstruction datant de 1852). A la fin du Moyen Age, pour relier aux rives opposées l'île de la Cité, berceau de Paris, furent créés d'autres passages : au S. avec le Petit Pont, le pont Notre-Dame, et au N. le pont au Change et le pont Saint-Michel. Construits en bois, ils étaient emportés par les crues et les glaces, détruits par les incendies ou le choc des bateaux, coupés en cas de menaces d'invasions, mais inlassablement reconstruits. Surmontés de maisons et de boutiques, c'étaient des centres de commerce et des lieux de promenade.

C'est au XVIIe s. que le mode de construction évolue car le pont devient réellement un élément prépondérant dans la ville, tant d'un point de vue utilitaire qu'architectural et urbanistique. Sept ponts furent alors édifiés et trois reconstruits. Nous avons la chance de pouvoir admirer trois d'entre eux : le Pont-Neuf, le pont Marie et le pont Royal.

Au XVIIIe s., peu de travaux furent réalisés mais l'obligation ordonnée par Louis XVI de démolir les maisons qui encombraient les ponts, et surtout la création du corps des Ponts et Chaussées par Colbert en 1716, eurent une influence considérable sur leur construction au XIXe s. Durant ce siècle, pas moins de vingt et un ponts furent édifiés et il fut procédé à de nombreuses reconstructions. Les progrès techniques en sont une des raisons : apparition des premières réalisations de métal sous l'Empire, des ponts suspendus sous la Restauration et plus tard de l'acier. Sous l'impulsion d'Haussmann, il y eut non seulement de nouveaux ouvrages mais toute une restructuration des passages de la Seine afin de les mettre dans l'alignement des nouveaux grands axes de la capitale et de trouver une solution aux problèmes de la circulation.

Au XXe s. ces problèmes ne sont pas résolus : malgré la construction des ponts du périphérique à l'O. et à l'E. de Paris, du pont de Bir-Hakeim (1906) et celui du Carrousel (1939), il est probable que la fin du siècle verra l'apparition d'un nouveau passage à l'E. de Paris, près du pont d'Austerlitz.

Promenade à travers ponts

▷ Le pont Alexandre-III

7e, 8e arr. / 35-G6

Ce pont à l'architecture exubérante est très représentatif de l'art décoratif de la troisième République. Il porte le nom du tsar *Alexandre III*, père de Nicolas II, qui en posa la première pierre en octobre 1896, époque à laquelle la France et la Russie nouaient des relations privilégiées. Le pont fut achevé en deux ans seulement (1898-1900) et inauguré à l'occasion de l'Exposition universelle de 1900. Sa construction fut soumise à des impératifs très stricts : ne pas boucher la perspective des Invalides vue des Champs-Elysées, et ne pas être soutenu par plusieurs arches, pour faciliter la circulation fluviale difficile à cet endroit en raison de la courbure du fleuve et de la proximité du pont des Invalides.

L'ouvrage, entièrement métallique, réalisé par les ingénieurs *Résal* et d'*Alby* constitue une prouesse technique. L'arche d'une seule volée qui enjambe la Seine est surbaissée au maximum, entraînant une poussée considérable sur les culées, l'ornementation faisant office de contre-poids.

Les bateaux-Mouches

Du XVIIe s. aux premières années de notre siècle, la Seine était beaucoup plus animée qu'aujourd'hui car, dès 1665, Colbert avait accordé des lettres patentes à ceux qui se chargeaient de transporter les Parisiens par eau. Au XVIIIe s., un service de bateaux assurait régulièrement la liaison entre le pont Royal, Saint-Cloud et Sèvres. Outre les bateaux patentés, il y avait encore les innombrables embarcations qui faisaient passer les habitants d'une rive à l'autre et, naturellement, les familles riveraines et riches possédaient leurs propres barques.

Au milieu du siècle dernier, deux compagnies eurent l'autorisation de s'implanter à Paris pour l'Exposition universelle de 1867; leur succès fut immédiat. Leurs bateaux étaient construits dans le quartier Mouche à Lyon. Le nom de bateaux-Mouches leur est resté. De 1888 à 1934, date de la cessation totale de leur activité, ces coches d'eau transportèrent jusqu'à vingt-cinq millions de Parisiens par an. Puis le développement de tous les moyens de transport à l'intérieur de Paris (omnibus, tramways, autobus et métro) amena, dès la fin du XIXe s., le déclin du service fluvial. Actuellement les bateaux-Mouches et les vedettes qui sillonnent la Seine n'ont qu'un but touristique.

La décoration

Sur la rive dr., pilier dr., au sommet, La Renommée des Sciences par *E. Frémiet*; à sa base, La France contemporaine par *G. Michel*. Pilier g., La Renommée des Arts par *Frémiet*; à la base, La France de Charlemagne par *A. Lenoir*. Les lions en pierre sont de *Gardet*. Sur la rive g., pilier dr., La Renommée du Commerce par *P. Granet*; à sa base, La France renaissante par *J. Coutan*. Pilier g., La Renommée de l'Industrie par *C. Steiner*; à sa base, La France de Louis XIV par *L. Marqueste*. Les lions sont de *Dalou*. L'ensemble est décoré de motifs rappelant la flore et la faune marines par *A. Poulin*. Les clefs de voûte sont ornées de deux compositions en cuivre martelé : en amont, Les Nymphes de la Seine portant les armes de Paris; en aval, Les Nymphes de la Néva portant celles de la Russie par *G. Récipon*. Sur le parapet, au pied des piliers : quatre groupes de génies des eaux, avec poissons et coquillages. La décoration du pont est complétée par quatre candélabres en bronze entourés d'amours et de monstres marins, par *H. Gauquic*.

▷ Le pont de l'Alma *7e, 16e arr. / 34-F6*

L'ancien pont en pierre datant de 1855 a totalement disparu. Il commémorait la victoire des Franco-Anglais sur les Russes à Alma (Crimée) en 1854. Contre les piles centrales étaient adossées des *statues* représentant des soldats des quatre armées qui participèrent à cette bataille : un Grenadier et un Zouave par *G. Diebolt*, un Chasseur et un Artilleur par *Arnaud*. C'est à cette époque que le Zouave fut choisi par les Parisiens comme mesure officieuse lors des crues de la Seine.

L'ancien pont, détruit en raison de son étroitesse, fut remplacé en 1974 par un ouvrage métallique à une seule pile, côté rive dr. C'est sur cette pile que fut réinstallé le célèbre *Zouave**.

▷ Le pont de l'Archevêché

4e, 6e arr. / 36-K7

C'est de ce pont que l'on a la plus belle *vue*** sur Notre-Dame. Formé de trois arches, il fut construit très rapidement (1826-1828). Il a conservé le nom de l'Archevêché dont les bâtiments qui se dressaient au bord de l'eau à l'ombre de la cathédrale furent détruits lors des émeutes de 1831. Sur le petit bras du fleuve, il a toujours été un obstacle à l'écoulement des eaux, spécialement en temps de crue en raison de ses deux piles en rivière, de ses arches étroites, et de la faible hauteur de son arche centrale.

▷ Le pont d'Arcole *4e arr. / 36-K7*

Le projet de relier la place de Grève à la future place du Parvis-de-Notre-Dame remonte à 1756. Mais il fallut attendre 1828 pour que soit construite la passerelle de Grève, pont suspendu piétonnier à péage. En 1830, un jeune insurgé y fut tué en plantant le drapeau tricolore alors qu'il se dirigeait vers l'Hôtel de Ville. En mourant il cria : « Rappelez-vous que je m'appelle d'Arcole ». C'est ce nom que l'on donna en 1898 à la passerelle, remplacée en 1854 par un pont métallique.

▷ Le pont des Arts★ *1er, 6e arr. / 36-J7*

La construction du pont des Arts fut décidée par *Bonaparte*, alors premier Consul. Elle marque l'avènement du fer au début du XIXe s. Cet ouvrage, construit entre 1802 et 1804, fut le troisième pont du genre, les deux premiers se trouvant en Angleterre. Son nom lui vient de l'appellation du Louvre sous le premier Empire (palais des Arts), qu'il reliait au collège des Quatre-Nations, aujourd'hui l'Institut. C'était une passerelle piétonnière à péage, surélevée par rapport aux quais ; elle constituait un véritable jardin suspendu, avec arbustes, fleurs, bancs pour les promeneurs. Elle fut en partie refaite sous le second Empire. Toutefois, la structure d'origine de cette passerelle était trop légère et ses neuf arches gênaient la navigation. Endommagée à plusieurs reprises par des péniches, elle fut finalement fermée au public par mesure de sécurité en 1970. En 1982 débutèrent les travaux de reconstruction.

Aujourd'hui ouverte au public, la nouvelle passerelle est différente de l'ancienne : elle n'est plus en fonte mais en acier et ne comporte plus que cinq arches. Ornée de quelques arbustes et de bancs qui tentent de recréer l'illusion du jardin d'origine, elle offre une ***perspective*** intéressante sur le Louvre, l'Institut et la pointe de l'île de la Cité.

Crues et inondations

Paris connut de nombreuses inondations. La première dont on a conservé le souvenir eut lieu en 585. Depuis elles ont été innombrables, de rapidité et d'ampleur variables. En 1658, le niveau de la Seine atteignit la cote, inégalée depuis lors, de 9 m. Il n'existait ni quai, ni parapet pour retenir les eaux et les ponts gênaient leur écoulement. Chaque crue entraînait l'effondrement de quelques ponts et des maisons qui les couvraient.

Le XIXe s. a beaucoup fait pour l'aménagement des berges (→ histoire des quais) et en 1867 un premier barrage fut construit en aval, à Suresnes, afin de maintenir un niveau d'eau constant. En 1885, un premier réseau de points de surveillance du niveau du fleuve fut mis en place. Puis, au début du XXe s., on mit en service sept usines anti-crues qui reprenaient l'eau par pompage de décembre à avril pour la rejeter plus loin en aval.

Après la célèbre crue de 1910 durant laquelle le niveau d'eau atteignit 8,62 m, laissant à peine émerger la tête du Zouave du pont de l'Alma, Paris s'équipa de parapets anti-crues qui ménagent des accès au fleuve et peuvent être bouchés rapidement en cas d'inondations. Lors de la reconstruction de certains ponts, un soin particulier fut apporté à la disposition des arches. Paris a encore connu des débordements importants en 1955 et même en 1982 (6,15 m).

Le service de Navigation de la Seine a construit trois barrages-réservoirs en amont : l'un sur la Seine elle-même (1966), les deux autres sur ses affluents, l'Yonne (1950) et la Marne (1974), qui peuvent retenir jusqu'à 630 millions de mètres-cubes d'eau ; un quatrième ouvrage (175 millions de mètres-cubes) est en cours de réalisation sur l'Aube et sera terminé en 1989. Leur rôle est non seulement de faire baisser le niveau de l'eau dans Paris au moment des crues, mais aussi d'en restituer en période d'étiage. Dans les années 1980, le service de la Navigation, installé quai Saint-Bernard, a modernisé son central d'annonce des crues en reliant ses 80 points de mesure à la télématique.

Les principaux ponts de Paris

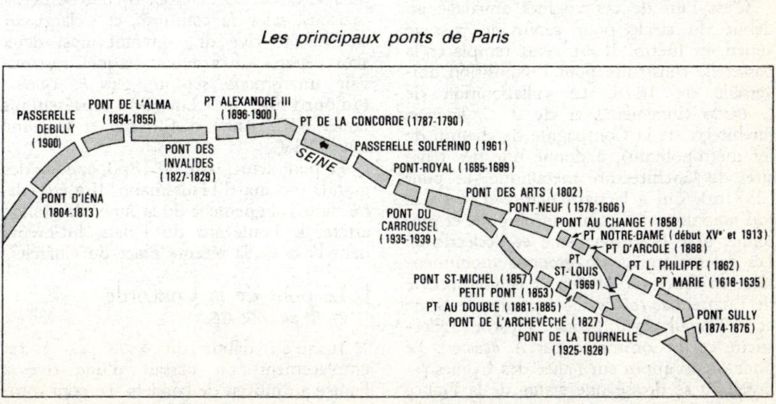

▷ Le pont d'Austerlitz
5e, 12e arr. / 37-L8

Différents projets avaient été élaborés dès le XVIIIe s. pour la construction d'un pont reliant le jardin des Plantes à la rive dr. C'est en 1802 que commença la construction d'un pont en fonte, le second de Paris après la passerelle des Arts. Ouvert à la circulation en 1807, il commémore la victoire des troupes napoléoniennes sur les Autrichiens et les Russes en 1805. En 1854 il fut remplacé par un pont en pierre présentant de larges trottoirs, lui-même élargi en 1884.

▷ Le viaduc d'Austerlitz*
12e, 13e arr.

Ce pont métallique, construit entre 1903 et 1904, est exclusivement réservé au métro. Avec ses 140 m entre appuis, il détient le record de portée des ponts de Paris. Cet exploit technique (ingénieur *L. Biette*) s'imposait par la proximité du pont d'Austerlitz. En effet, la multiplication des piles dans le fleuve aurait gêné la circulation des péniches. *J. C. Formigé*, architecte des superstructures du métropolitain, a réalisé le *décor* du pont.

▷ Le pont de Bercy *12e, 13e arr. / 45-M9*

Ce pont, inauguré par *Louis-Philippe* en 1832 et modifié à plusieurs reprises, trouva sa forme actuelle en 1904 lors de sa surélévation par le passage du métropolitain. La chaussée actuelle ne suffira plus au trafic une fois le nouveau ministère des Finances installé quai de la Rapée. On prévoit l'aménagement d'une seconde chaussée, côté amont, conduisant directement au palais Omnisports de Bercy.

▷ Le pont de Bir-Hakeim**
15e et 16e arr. / 33-D7

Ex-viaduc de Passy, il est devenu en 1949 pont de Bir-Hakeim et commémore la bataille pendant laquelle les troupes de la France Libre résistèrent aux blindés de Rommel dans le désert de Libye en mai 1942.

C'est l'un de ces viaducs aménagé au début du siècle pour servir de passage aérien au métro. Il est venu remplacer la passerelle construite pour l'Exposition universelle de 1878. La collaboration de *L. Biette* (ingénieur) et de *J. C. Formigé* (architecte de la Compagnie de chemin de fer métropolitain), a donné une des réussites de l'architecture métallique. Le pont (237 m), qui a la particularité d'être à la fois voie métropolitaine, automobile et piétonne, allie le rationalisme et l'éclectisme. Les piles s'ornent de *groupes* monumentaux en fonte (*G. Michel*) et la maçonnerie de quatre *bas-reliefs* : en amont, la Seine et le Travail par *J. Coutan*; en aval, l'Electricité et le Commerce par *A. Injalbert*. Le pont prend appui sur l'allée des Cygnes *(→ quais)* où se dresse une *statue* de la France Renaissante (*Wederlinck*, 1930) offerte par la colonie danoise de Paris.

▷ Le pont du Carrousel
1er, 6e et 7e arr. / 35-H6

Appelé à l'origine pont du Louvre, il prit ensuite le nom d'une rue avoisinante, la rue des Saints-Pères, déformation de Saint Pierre. Il doit son nom actuel à une fête donnée en 1662 par Louis XIV sur un vaste espace situé face au Louvre, durant laquelle on put admirer un carrousel à cinq quadrilles de dix chevaux dressés.

Construit en 1834 et inauguré par *Louis-Philippe*, sa réalisation due à l'ingénieur *Polonceau* donna lieu à de nombreuses innovations techniques, dont la mise en tension des arcs et la pose simultanée des trois arches. De largeur insuffisante pour la circulation, le pont fut reconstruit en 1939 un peu en aval, dans l'axe des guichets du Louvre.

A ses deux extrémités quatre *statues* assises, provenant du premier pont, par *L. Petitot* (1846) : côté rive dr., l'Industrie et l'Abondance; côté rive g., la Seine et la Ville de Paris. Il est éclairé à chaque extrémité par deux *candélabres* monumentaux, dessinés par le sculpteur-ferronnier *R. Subes*, qui ont la particularité d'être télescopiques (12 m le jour, 22 m la nuit) afin d'éclairer le tablier du pont dans sa totalité sans nuire à ses proportions.

▷ Le pont au Change *1er, 5e arr. / 36-K7*

La première édification de ce pont, maintes fois reconstruit, date du Moyen Age. Il était alors en bois et s'appelait pont du Roy. En 1141, un décret de Louis VII le Jeune obligea les orfèvres et surtout les changeurs à s'y établir. C'est ainsi qu'il prit le nom qui lui est resté jusqu'à nos jours. C'était également un lieu plein d'élégance où se tenait un marché aux fleurs et aux oiseaux et que les cortèges royaux empruntaient pour aller à Notre-Dame.

Vulnérable aux incendies et fréquemment endommagé par les crues, ce pont fut reconstruit en pierre au XVIIe s. sur les plans de *J. Androuet Du Cerceau*. Il était bordé de maisons, selon la coutume, et s'élargissait en V côté rive dr., ouvrant ainsi deux accès séparés au carrefour desquels se trouvait un *groupe* sculpté par *F. Guillain* (aujourd'hui au Louvre) représentant Louis XIII, Anne d'Autriche et le jeune Louis XIV.

Le pont actuel date de 1860, époque des grands travaux d'Haussmann. Il a été édifié dans l'alignement de la nouvelle grande artère, le boulevard du Palais, lui-même dans l'axe de la récente place du Châtelet.

▷ Le pont de la Concorde
7e, 8e arr. / 35-G6

Jusqu'au début du XVIIIe s., à cet emplacement, on passait d'une rive à l'autre au moyen de batelets. Le pont, projeté dès 1725, ne fut réalisé qu'en 1788 et 1791 avec une partie des pierres de taille provenant de la démolition de la Bastille. Comme la place qu'il prolonge, le pont changea très souvent de nom selon les événements politiques : pont Louis-XVI, de la Révolution, de la Concorde, à nouveau Louis-XVI et définitivement de la Concorde depuis 1830.

Son architecte, *Perronet*, fut le premier directeur de l'école des Ponts et Chaussées, créée par Colbert. Napoléon y fit placer les effigies de huit généraux morts au champ de bataille que la Restauration remplaça par douze statues monumentales en marbre blanc de quatre grands ministres (Colbert, Richelieu, Suger, Sully), quatre militaires (Bayard, Condé, Du Guesclin, Turenne) et quatre marins (Duguay-Trouin, Duquesne, Suffren, Tourville). Leur poids alourdissant trop le pont, elles furent alors enlevées et transportées à Versailles. Le pont, élargi en 1931, a retrouvé son profil d'origine. Encombré par la circulation, il offre malgré tout deux *points de vue*** uniques : l'un sur la *place de la Concorde**, l'autre sur le Palais-Bourbon.

▷ La passerelle Debilly*

7e, 16e arr. / 34-E6

Elle fut construite à l'occasion de l'Exposition universelle de 1900 pour permettre aux visiteurs d'accéder facilement aux nombreux « palais » établis sur les deux rives, sans sortir de l'enceinte de l'Exposition. C'est une passerelle métallique, œuvre de *Résal*, l'architecte du pont Alexandre-III. Comme le quai Debilly voisin (baptisé depuis avenue de New-York) son nom commémore le souvenir du général de Napoléon tué à Iéna. La passerelle a récemment subi une complète réfection.

▷ Le pont au Double *4e, 5e arr. / 36-K7*

En 1626, l'encombrement de l'Hôtel-Dieu était tel, qu'il devint urgent de l'agrandir en reliant commodément les anciens bâtiments de l'île à ceux installés sur la rive g. depuis 1602. La construction de l'ouvrage, conçu par l'architecte *Gamard*, s'acheva en 1631. Le pont qui comportait deux arches, commençait à l'angle du jardin de l'Archevêché et débouchait sur la rue de la Bûcherie. Il supportait plusieurs salles de malades et était ouvert au public sur le tiers de sa largeur. L'hôpital décida, pour financer la construction du pont, de faire payer doublement les usagers, à l'entrée et à la sortie. D'où l'origine de son nom.

Le pont s'écroula de nombreuses fois. Il fut toujours reconstruit ainsi que les salles qui le recouvraient en partie malgré la désapprobation des riverains incommodés par ce voisinage. L'hôpital déversait en effet directement ses détritus dans le fleuve, sans aucun souci d'hygiène... Ces salles de malades ne disparurent qu'en 1835. Le pont actuel date de 1882 : en fonte et présentant une seule arche, il fut édifié dans l'alignement de la rue d'Arcole. Les fouilles pratiquées lors de cette reconstruction ont permis de trouver un *trésor* : armes celtiques, statuettes romaines, bijoux mérovingiens, sceaux du Moyen Age, épées de la Renaissance...

▷ Le pont du Garigliano

15e, 16e arr. / 41-C9

Son nom rappelle l'une des batailles du monte Cassino en Italie, en mai 1944. Ce pont occupe l'emplacement de l'ancien viaduc d'Auteuil, construit en 1865, ouvrage en maçonnerie à deux niveaux dont l'étage supérieur servait au chemin de fer de la « petite ceinture » et l'étage inférieur aux piétons et aux autos, peu nombreuses à une époque où Auteuil n'était encore qu'un village.

Ce viaduc s'est aussi appelé pont du Point-du-Jour, nom d'un lieu-dit situé à proximité où se déroulaient habituellement les duels qui, par tradition, s'engageaient à l'aurore. Après l'aménagement des boulevards des Maréchaux en 1920, le viaduc devint insuffisant pour la circulation et trop bas pour la navigation. En 1966 il fut remplacé par le pont actuel en béton.

▷ Le pont de Grenelle

15e, 16e arr. / 33-D8

Un premier pont fut construit en 1825 en même temps que le port et la gare du même nom. A son achèvement, en 1827, il se trouvait en dehors de l'enceinte de Paris, le village de Grenelle n'ayant pas encore été annexé. Ses arches en bois furent remplacées en 1875 par une charpente métallique. Ce pont, totalement reconstruit en 1968, s'appuie sur l'extrémité O. de l'allée des Cygnes où se dresse le *modèle* réduit original en bronze *de la statue de la Liberté* de New York par *Bartholdi*, offerte par la colonie américaine à la Ville de Paris en 1885 et mise en place à l'occasion de l'Exposition universelle de 1889. Haute de 9 m, elle regardait vers l'E. afin de ne pas tourner le dos à l'Elysée; lors de l'aménagement de l'île des Cygnes pour l'Exposition universelle de 1937, elle fut retournée pour faire face au continent américain.

▷ Le pont d'Iéna *7e, 16e arr. / 33-E6*

Ce pont se place dans la double perspective du palais de Chaillot et de ses jets d'eau côté rive dr., de la tour Eiffel et de l'Ecole militaire côté rive g. C'est pour commémorer la victoire de l'armée française sur la Prusse à Iéna en 1806 que *Napoléon* commanda la même année la construction de ce pont. Commencé en 1809, il ne fut terminé qu'en 1813. En 1815, le Prussien Blücher voulut le détruire ; seule l'obstination de Louis XVIII le sauva ; il prit alors le nom de pont de l'Ecole militaire jusqu'en 1830. Il connut la foule lors des Expositions uni-

Promenades en bateaux

Naviguant entre le pont d'Iéna et le pont d'Austerlitz, les Bateaux-Mouches offrent une visite originale des plus beaux sites et monuments de la capitale. Plusieurs compagnies proposent des croisières commentées en plusieurs langues.

***Les bateaux-Mouches**, port de l'Alma (rive dr.), t.l.j., 10 h-12 h/13 h-19 h/20 h-23 h, ☎ 42.25.96.10; durée 1 h 15 : déjeuners et dîners sur réservation ☎ 42.25.96.10; goûters-concerts juin-oct., départ à 15 h 45.*

Itinéraire : pont Sully - pont Mirabeau.

***Les Bateaux Parisiens - Vedettes Tour-Eiffel**, port de la Bourdonnais (rive g. face à l'av. de-la-Bourdonnais) et quai de Montebello (rive g. près de Notre-Dame), t.l.j. 10 h-18 h; mars-nov., 10 h-23 h; en saison départ toutes les 20 mn ☎ 45.51.33.08; durée 1 h; déjeuners et dîners sur réservation ☎ 47.05.09.85.*

Itinéraire : pont Bir-Hakeim - pont Sully.

***Les vedettes du Pont-Neuf**, square du Vert-Galant (île de la Cité), t.l.j. 15 oct.-31 mars, 10 h-12 h/14 h-17 h, 1er avr.-15 oct., 10 h-12 h/13 h 30-18 h 30/21 h-22 h 30; départ toutes les 30 mn ☎ 46.33.98.38; durée 1 h.*

Itinéraire : pont d'Iéna - pont Sully.

***Les vedettes de Paris-Ile-de-France**, port de Suffren (rive g.), t.l.j. 1er oct.-15 avr., 9 h-17 h; 16 avr.-30 sept., 9 h-23 h, départ toutes les 30 mn ☎ 47.05.71.29; durée 1 h.*

Itinéraire : pont de Bir-Hakeim - pont d'Austerlitz.

***Paris-Canal**, t.l.j. avr.-15 nov., 9 h 30-12 h 30, départ quai Anatole-France (rive g. près de la piscine Deligny), arrivée parc de la Villette (café de l'Horloge, 212, av. Jean-Jaurès); 14 h 30-17 h 30 sens inverse ☎ 48.74.75.30; durée une demi-journée.*

verselles de 1889 (inauguration de la tour Eiffel), 1900 et 1937 qui se tenaient entre le Trocadéro et le Champ-de-Mars. A l'occasion de la construction du nouveau palais de Chaillot pour l'Exposition de 1937, il fut élargi.

Ses piles furent à l'origine ornées d'aigles napoléoniens, remplacés par des « L » sous Louis XVIII. Eux-mêmes cédèrent leur place, en 1852, à des ***aigles*** sculptés par *Barye*. Quatre ***groupes équestres*** de guerriers (1848-1853) ont été disposés aux entrées du pont : rive dr., un Arabe par *Feuchère* et un Grec par *F. Préault*; rive g., un Gaulois par *A. Préault* et un Romain par *L. Dumas*.

▷ Le pont des Invalides
7e, 8e arr. / 34-F6

Le premier pont construit en 1826 était suspendu, comme beaucoup d'autres à Paris au début du XIXe s. Instable, il fut remplacé une première fois en 1856 puis entièrement reconstruit en 1878 à la suite de détériorations importantes dues à la débâcle des glaces. Elargi en 1956 ce pont ne se trouve pas, comme son nom l'indique, dans l'alignement des Invalides (→ *pont Alexandre-III*). La pile centrale est agrémentée de ***sculptures*** : en amont, La Victoire terrestre par *V. Vilain* et en aval, La Victoire maritime par *G. Diebolt*. Sur les quatre autres piles sont plaçés des trophées d'armes sculptés par *H. Daillon*.

▷ Le pont Louis-Philippe
4e arr. / 36-K7

Un premier pont suspendu portant son nom fut inauguré par *Louis-Philippe* en présence de M. Thiers, en juillet 1833, lors de l'anniversaire de la Révolution de 1830. Il prit ensuite, pendant quelque temps, le nom de pont de La Réforme. Il reliait directement la rive droite au quai aux Fleurs, sur l'île de la Cité, en s'appuyant sur le petit square à l'extrémité de l'île Saint-Louis. Incendié en 1848, il fut rebâti en 1862 un peu plus en amont.

▷ Le pont Marie** *4e arr. / 37-L7*

Ce pont, l'un des plus anciens de Paris, relie la rive dr. et l'île Saint-Louis. Il porte le nom de l'architecte *Christophe Marie* qui le construisit à ses frais entre 1614 et 1630 en contrepartie d'une concession de terrains sur l'île Saint-Louis. En dos d'âne, il comporte cinq arches dont les piles à charpente de bois sont d'origine.

En 1658, à la suite du dégel, deux de ses arches s'effondrèrent emportant avec elles vingt-deux des maisons qui le couvraient. Cette partie fut alors reconstruite, mais sans habitations; les autres bâtisses ne disparurent qu'en 1788. Depuis, ce pont du XVIIIe s. n'a été que très légèrement modifié en 1850.

Dans ses environs se tenait un marché aux poissons d'eau douce, vendus directement sur les bateaux amarrés perpendiculairement à la berge. C'est aussi là qu'une chaîne fut tendue en travers du fleuve, entre la tour Barbeau et la tour Loriaux de l'enceinte de Charles V, pour empêcher le passage des bateaux lors des attaques normandes.

▷ Le pont Mirabeau *15e, 16e arr. / 33-D8*

Célébré par Apollinaire, ce pont est une construction métallique de la fin du XIXe s. (1890-1896) par *Résal*, ingénieur du pont Alexandre-III et de la passerelle Debilly. Décoré d'écussons et de statues de bronze (quatre ***divinités marines*** par *A. Injalbert*), il fut seulement réparé et renforcé en 1957.

▷ Le pont National *12e, 13e arr. / 46-N10*

C'est le second pont à l'amont de Paris après le pont du périphérique E. et l'un des premiers construits en 1853 par *Haussmann* dans l'axe des boulevards des Maréchaux. Il permettait le passage simultané du chemin de fer de la Petite Ceinture et des boulevards. Elargi à plusieurs reprises, c'est aussi l'un des plus longs de Paris.

▷ Le Pont-Neuf*** *1er, 6e arr. / 36-J7*

C'est le plus célèbre, le plus populaire, et le plus ancien des ponts de Paris malgré son nom. Chanté par Victor Hugo, il a été peint, gravé ou dessiné à toutes les époques, de Leclerc ou Callot à Pissarro et Derain. Construit pour permettre au roi de passer plus aisément d'une rive à l'autre et faciliter les relations entre le Louvre et l'abbaye de Saint-Germain-des-Prés, Henri III en posa la première pierre le 31 mai 1578. Les travaux se poursuivirent, avec parfois de longues interruptions, pendant 29 ans et c'est *Henri IV* qui l'inaugura et le baptisa en 1607, du nom qu'il porte encore aujourd'hui.

Conçu par cinq architectes, dont *Du Cerceau* et *des Isles*, il forme en réalité deux segments, l'un de cinq arches l'autre de sept, reliés entre eux par un terre-plein artificiel issu de la réunion de deux petits îlots : l'île aux Juifs et l'île du Patriarche ou de la Gourdaine. Dès son ouverture le Pont-Neuf obtint un vif succès. Il présentait pour son époque des dimensions remarquables : d'une longueur de 278 m — il reste d'ailleurs l'un des plus grands ponts de la capitale —, et d'une largeur de 28 m accentuée par des échancrures semi-circulaires ménagées au-dessus de chaque pile permettant de contempler la Seine. Premier pont de pierre sans maisons, il était aussi apprécié des promeneurs pour ses trottoirs protégeant de la boue et des cavaliers. Il devint le siège d'une foire perpétuelle et avait d'autant plus de succès qu'à sa tête fonctionnait la pompe dite de la Samaritaine.

Le Pont-Neuf n'a pratiquement subi aucune modification depuis sa réalisation, et les pieux en bois formant les soubassements des piles datent du XVIe s. Les ***candélabres*** du XIXe s. sont de *V. Baltard*. Les arches étaient autrefois décorées en corniche de 385 masques grotesques. Certains sont conservés aux musées de Cluny et de Carnavalet.

A la pointe de l'île, en contrebas de l'esplanade, se trouve le ***square du Vert-Galant***, point de départ des Vedettes du Pont-Neuf et dominé par la ***statue équestre d'Henri IV*** qui connut bien des vicissitudes *(→ encadré)*.

Animation sur le Pont-Neuf

Le Pont-Neuf, dès sa construction, provoqua l'enthousiasme populaire en raison de ses innovations architecturales (sa largeur, ses trottoirs, la vue sur le fleuve, ses demi-lunes); c'est aussi là que s'élevait la pompe à eau la plus célèbre : celle dite de la Samaritaine. Il devint rapidement le siège d'une foire perpétuelle et grouillante et le théâtre de mille scènes pittoresques : tréteaux de Tabarin, bouquetières, marchands ambulants, bouquinistes. Il a son nom dans l'histoire du théâtre car il fut le lieu d'élection de la farce, les airs populaires qu'utilisera l'opéra-comique s'appellant justement des «ponts-neufs».

Il est resté jusqu'à nos jours un lieu de rencontre privilégié : de 1978 à 1983 s'y tenait chaque année, au mois de juin, une fête à l'ancienne recréant l'ambiance qui régnait sur le pont et la place Dauphine du XVIe au XVIIIe s. (spectacles divers, feux d'artifices, buvettes). Elle a cessé pour cause de trop grand succès. C'est aussi ce pont qui fut transformé, durant quinze jours, du 23 septembre au 6 octobre 1985 par Christo qui l'empaqueta, laissant seule la chaussée découverte. Il retrouve son animation de jadis en ces occasions.

Un cheval en quête de cavalier

Un cheval de bronze fut offert à Marie de Médicis par son père, Cosme II, grand duc de Toscane, pour supporter une statue de Ferdinand de Toscane. Mais il fit naufrage avec le bateau qui le transportait et ne prit finalement place au square du Vert-Galant, sans cavalier, qu'en 1614. En 1634 le cheval reçut une statue d'Henri IV qui fut brisée en 1792, et se trouva donc à nouveau sans cavalier. Les esclaves en bronze qui ornaient le socle de la statue ont été épargnés et sont conservés au Louvre. En 1818, Lemot érigea l'actuelle statue et une légende veut que le fondeur, ardent bonapartiste, ait profité de l'occasion pour dissimuler à l'intérieur des libellés antiroyalistes et une petite statuette de l'Empereur.

▷ Le pont Notre-Dame *4e arr. / 36-K7*

A cet emplacement il est d'abord fait mention d'une passerelle en bois, nommée planches Milbray (mi-bras), sur laquelle étaient arrimés de nombreux moulins. Détruite en 1406 lors d'une inondation, divers ponts en bois lui succédèrent entre 1413 et 1499 mais tous s'effondrèrent successivement. On attribue à *Fra Giacondo de Vérone* la construction d'un pont de pierre vers 1500. Il était surmonté de soixante-huit maisons identiques en brique et pierre sur lesquelles on effectua le premier essai de numérotation immobilière à Paris. Grâce à l'élégance de ses maisons, il resta longtemps le pont le plus mondain de Paris, toujours animé, accueillant souvent les cortèges royaux et les entrées triomphales. Ses maisons furent démolies en 1787 à la suite d'un édit de Louis XVI. Contrairement à l'opinion jusqu'alors communément admise, on avait en effet constaté, dès 1769, que les bâtisses couvrant les ponts mettaient en péril leur solidité plus qu'elles ne la renforçaient. La pompe à eau dite Notre-Dame, qui demeura de 1676 à 1853, était installée sur le parapet aval du pont. La reconstruction du pont entraîna

Les pompes

Dans l'approvisionnement en eau, souci constant des Parisiens, celle de la Seine joua un rôle important. L'eau du fleuve, bien que «calomniée», était tirée à l'aide de pompes. La première et la plus célèbre d'entre elles est celle dite de la Samaritaine. Bâtiment royal datant de 1688, elle se trouvait contre la deuxième arche du Pont-Neuf, côté rive dr. en aval. Elle était surmontée d'un campanile contenant un carillon et une horloge astronomique. Sur sa façade, un bas-relief en bronze doré représentant La Rencontre du Christ et de la Samaritaine au puits de Jacob. Elle fut détruite en 1813. Une autre pompe, dite Notre-Dame, boucha de 1676 à 1853 deux des cinq arches du pont du même nom, rendant de ce fait la navigation extrêmement périlleuse à cet endroit. Une troisième enfin, au pont de la Tournelle, desservait les quartiers plus éloignés. Toutes trois furent supprimées au XIXe s. : les adductions d'eau de source rendirent peu à peu inutiles les pompages en Seine.

sa disparition lors des travaux destinés à rabaisser les berges avoisinantes. En 1912, les trois arches médianes furent remplacées par une seule en métal, et le parapet orné de feuilles d'acanthe.

Le pont Notre-Dame est l'un des rares de Paris à avoir conservé son nom d'origine.

▷ Le Petit-Pont *1er, 5e arr. / 36-K7*

Comme son nom l'indique depuis près de 2 000 ans, c'est le pont le plus court de Paris (40 m). Il était l'un des rares passages permettant aux habitants de l'île de gagner la rive S. de leur fleuve. Pendant l'occupation romaine, il relia la Cité au nouveau quartier appelé Quartier Latin depuis le XIIIe s. Détruit puis reconstruit maintes fois au cours des invasions, il fut rebâti en pierre, en 1186, à la demande de *Maurice de Sully*, évêque de Paris. Le châtelet qui le défendait disparut en 1782.

Si l'on en croit les chroniqueurs, la circulation y a toujours été dense car il était l'un des rares passages possibles sur le fleuve. Comme les autres, il était à péage sauf pour les saltimbanques qui n'étaient tenus qu'à des pitreries : ils payaient en «monnaie de singe»; l'expression en est restée. Le pont actuel, dont l'arche unique doit faciliter la navigation, date de 1852.

▷ Le pont Royal** *1er, 7e arr. / 35-H6*

Construit entre 1685 et 1689 par le *Père Romain* et *J. Gabriel* sur les plans de *J. Hardouin-Mansart*, ce pont fut entièrement financé par Louis XIV. De là lui vient le nom de pont Royal. Seul pont en aval du fleuve jusqu'à la construction de celui de la Concorde, il facilita l'accès à la rive gauche et participa ainsi à l'installation de la noblesse dans le faubourg Saint-Germain. C'est sur ce pont, alors dit National (de 1792 à 1804), que Bonaparte fit disposer des canons qui contribuèrent à la défense des Tuileries où siégeaient la Convention et le Comité de salut public.

Comme le Pont-Neuf et le pont Marie, il est classé monument historique et n'a subi qu'une légère modification en 1850. Sur la dernière pile de chaque rive, on peut remarquer l'***échelle hydrographique*** marquant l'étiage et les crues historiques.

▷ Le pont Saint-Louis *4e arr. / 36-K7*

Il relie l'île Saint-Louis à l'île de la Cité. Dès 1627 il existait, à cet endroit, une passerelle de bois conçue par *Christophe Marie*, proche du port Saint-Landry, un des plus grands centres d'approvisionnement de la capitale; elle en prit le nom. Divers ponts de bois lui succédèrent jusqu'en 1842 date à laquelle on jeta un pont suspendu, puis une passerelle métallique en 1861. Elle formait une seule arche de fonte qui se brisa sous le choc d'une péniche en 1939. Après l'installation d'une passerelle provisoire en 1941, un pont piétonnier en métal relie les deux îles depuis 1970.

▷ Le pont Saint-Michel *4e, 5e arr. / 36-J7*

Il porte le nom de la chapelle du palais, aujourd'hui disparue, dédiée à l'archange saint Michel et où Philippe Auguste fut baptisé en 1165. Il offre une belle ***vue*** sur la façade de Notre-Dame en amont. En 1378, le prévôt des marchands *H. Aubriot* ordonna la construction d'un pont en pierre à cet emplacement et les travaux, exécutés par la main-d'œuvre à bon marché des galériens du Petit Châtelet durèrent presque dix ans. Il s'est d'abord appelé Neuf-Pont ou petit Pont-Neuf. Comme le pont au Change, il abritait des professions très spécifiques : fripiers, teinturiers, tapissiers puis parfumeurs et libraires; ses habitations furent démolies entre 1786 et 1807. Il fut reconstruit en 1857 de façon à se trouver dans l'axe du boulevard Sébastopol. On utilisa pour les fondations un système nouveau à Paris : celui des caissons sans fond. Le ***«N»*** impérial (Napoléon III) est dû à *Haussmann*.

▷ La passerelle Solférino *1er, 7e arr. / 35-H6*

Un pont en fonte moulée fut construit en 1859 afin de rendre le jardin des Tuileries accessible aux habitants du faubourg Saint-Germain. Il ne résista pas à l'usure du temps et fut remplacé en 1960 par une passerelle provisoire réservée aux piétons. Elle porte le nom de la victoire de Napoléon III sur les Autrichiens, en 1859, durant la campagne d'Italie.

▷ Le pont Sully *4e arr. / 37-L8*

Ce pont dont le nom honore Maximilien de Béthune, duc de Sully, ministre d'Henri IV, remplace deux passerelles réalisées en 1838, et date de 1876. Il a la particularité d'être constitué de deux ponts métalliques autonomes qui s'appuient sur l'extrémité de l'île Saint-Louis. Le pont, comme le petit square qui demeure à l'amont de l'île, occupent une partie des jardins à la française de l'ancien hôtel de Bretonvilliers. De là on a une des *vues** les plus parisiennes sur les quais de l'île Saint-Louis et le chevet de Notre-Dame.

▷ Le pont de Tolbiac *12e, 13e arr. / 46-N10*

Il rappelle la victoire de Clovis sur les Alamans à Tolbiac en 496. Ce pont en maçonnerie, construit entre 1879 et 1882, comporte cinq arches. Seul incident notable de son histoire : un avion anglais s'y est écrasé pendant la Seconde Guerre mondiale. Il est situé près du port de la Gare occupé par une centrale à béton et qui accueille des péniches chargées de sable et de graviers.

▷ Le pont de la Tournelle *4e, 5e arr. / 37-L8*

Il a emprunté son nom à l'une des tourelles carrées de l'enceinte de Philippe Auguste (fin XIIe s.). Ce pont de bois reliant l'île Saint-Louis à la rive g. du côté le plus large du fleuve, a été maintes fois emporté par les crues et toujours reconstruit, jusqu'à ce qu'il fût enfin rebâti en pierre en 1656 par *Christophe Marie*, au moment du lotissement de l'île. En 1851 il fut agrandi et refait dans l'axe du pont Marie, puis enfin modifié en 1929. Depuis 1928, sur l'une de ses piles, se dresse un pylône en pierre de taille surmonté de la statue de *Sainte-Geneviève* par *Landowski*. Elle rappelle que c'est en ce lieu que fut déposé, en 885, la châsse de la patronne de Paris (→ *église Saint-Etienne-du-Mont*).

Les Puces*

Il existe actuellement à Paris trois marchés aux puces situés aux portes de la ville. Le plus important est celui de Saint-Ouen, mais ceux de Montreuil et de Vanves ne sont pas à négliger.

Dès lors que Paris, ses bureaux et ses commerces s'assoupissent le samedi matin, le marché aux puces s'éveille pour trois jours. Dès sept heures, chacun s'affaire et tandis qu'au marché Malik on accroche les pantalons et qu'au marché Biron on allume les lustres clinquants, les clochards, dans la tradition des « biffins » de la fin du XIXe s., déballent quelques pauvres objets sur une couverture. Ce marché singulier, microcosme social et ethnique, est un lieu unique au monde par ses jours d'ouverture (sam., dim., lun. ; vente interdite les autres jours de la semaine), par sa population cosmopolite et multicolore, par la diversité des marchandises proposées. Marché non seulement de l'antiquité mais aussi du neuf et de l'occasion, gigantesque supermarché où des acheteurs de tous horizons et de toutes classes sociales se côtoient, il permet à chacun d'acquérir le nécessaire comme le superflu. Tout est possible ici : acheter une baignoire comme une commode Louis XV, un placard de cuisine comme un livre rare.

Les surréalistes, les intellectuels et les artistes ont contribué à la célébrité des Puces. André Breton y allait souvent « en quête de ces objets que l'on ne trouve nulle part ailleurs, démodés, fragmentés, inutilisables, presque incompréhensibles, pervers enfin... » (Nadja). Des modes y ont été lancées et c'est à Saint-Ouen que la vogue du style Napoléon III a débuté et que le mobilier des années trente a été redécouvert.

Chaque fin de semaine, 150 000 à 300 000 personnes, simples badauds ou acheteurs, touristes ou Parisiens, marchands français ou étrangers défilent ici, et 1 300 marchands y sont installés. Dans le domaine de l'antiquité, le marché aux puces joue le rôle d'un marché de gros. De nombreux antiquaires parisiens et provinciaux, attirés par une marchandise sans cesse renouvelée et chinée pendant la semaine, viennent s'y approvisionner. Dès l'aube, le samedi matin, ils parcourent les marchés avec fébrilité.

En cent ans d'existence, les Puces ont évolué : une activité marginale à la limite de la légalité a été remplacée par un commerce soumis aux lois de l'économie. Les affaires traitées ici chaque semaine, les devises étrangères dépensées, leur confèrent une réelle importance économique.

Les Puces dans l'histoire

En 1841, Adolphe Thiers, président du Conseil, décida d'entourer Paris d'une enceinte fortifiée ; les « fortifs » furent terminées en 1844. L'enceinte était longée, côté Paris, par un chemin de ronde intérieur, transformé en 1864 en une suite de boulevards extérieurs qui portèrent le nom des maréchaux de l'Empire. Côté banlieue, une zone « non aedificandi » large de 250 m avait été ménagée. Terrain militaire, lieu de promenade, la « zone », ainsi qu'on la surnomma, fut le lieu où, dès 1860, une population de pauvres gens, chiffonniers et clochards trouvèrent refuge.

Dans les années 1880, on comptait à Paris environ 30 000 chiffonniers ou « biffins ». L'histoire de ces chiffonniers se confond depuis le Moyen Age avec celle de toutes les cours des Miracles qui se sont succédées dans différents quartiers de Paris. A une époque où les disparités sociales et les différences de richesse étaient très marquées, la récupération des déchets des plus riches pouvait faire vivre toute une population. Au milieu du XIXe s., chiffons, métaux et nourriture, étaient systématiquement récupérés pour être revendus. Etablis sur la « zone » et plus particulièrement autour de la commune de Saint-Ouen, les chiffonniers y vendaient le produit de leur récolte. C'est ainsi que l'habitude se créa de venir à Saint-Ouen pour acheter de la brocante.

En 1920, alors que la démolition des « fortifs » venait d'être engagée, le premier marché organisé vit le jour. Encore balbutiant au début du siècle, le marché de l'antiquité s'est institutionnalisé, notamment avec le développement des Puces de Saint-Ouen. Les chiffonniers n'ont pas disparu et, bien que régulièrement chassés, ils trouvent toujours un endroit à la périphérie des marchés pour se regrouper. Une menace, maintenant séculaire, continue à planer sur l'existence du marché aux puces : le marché évoluera encore et des projets de transformation sont aujourd'hui envisagés qui lui ôteront de son originalité tout en lui procurant plus de respectabilité.

Le marché aux puces de Saint-Ouen★★

Saint-Ouen / 19-H2
Ouv. sam., dim., lun.
Métro : Porte-de-Clignancourt / Bus : 56, 85, PC
P av. de la Porte-de-Clignancourt ; Saint-Ouen : rue Marie-Curie ; marché Serpette
Taxis : porte de Clignancourt ☎ 42.58.00.00

L'automobiliste aura soin de garer sa voiture de façon autorisée car les « contredanses fleurissent » à Saint-Ouen et la visite ne peut se faire qu'à pied.

▶ Accès : prendre l'*avenue de la Porte-de-Clignancourt*. Après la porte de Clignancourt, on traverse un marché de vêtements neufs : le marché de Paris.

▶ Passé le pont du boulevard périphérique, on pénètre dans la commune de Saint-Ouen par *l'avenue Michelet* qui est bordée d'étalages de camelots, marchands de vêtements, quincailliers, etc.

▶ La *rue des Rosiers*, principale artère des Puces, s'ouvre à g. dans l'avenue Michelet.

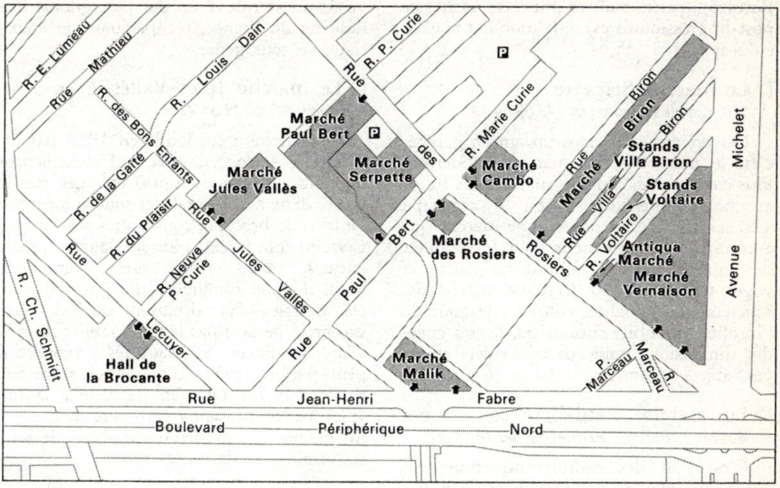

Le marché aux puces de Saint-Ouen

▷ Le marché Vernaison
99, rue des Rosiers ☎ 40.10.27.76

Il fut, en 1920, le premier marché à s'organiser. *Romain Vernaison*, son fondateur, avait acheté ici un terrain de 9 000 m² sur lequel il construisit des baraques pour les louer. Plus de 300 stands y sont aujourd'hui installés.

Depuis son origine, la réputation du marché Vernaison a souffert de la présence de marchands de meubles neufs, « de style », mais cette tendance tend à disparaître. Au hasard des allées sinueuses, les découvertes sont nombreuses : vieux brocanteurs chez qui on peut trouver des pampilles de lustre ou des perles de verre ; marchands de meubles rustiques, d'objets de décoration ou de tableaux ; art populaire. Certains stands, plus spécialisés, proposent des photographies anciennes, gravures, affiches, cartes postales, phonographes et disques. Outre les traditionnelles diseuses de bonne aventure, le marché Vernaison abrite une autre institution : le restaurant ***Chez Louisette*** où un accordéoniste accompagne toujours quelque « Edith Piaf » de passage. En ayant préservé l'atmosphère et l'apparence des Puces d'autrefois, le marché Vernaison est un de ceux dont la visite peut avoir le plus de charme. ▶ Attenant à ce dernier, le ***marché Antica*** a été récemment ouvert. Marché découvert, de petites dimensions, ses quelques stands présentent une marchandise classique comparable à celle que l'on trouve chez de nombreux antiquaires de province ou de Paris.

▷ Le marché Biron *85, rue des Rosiers; 118, av. Michelet ☎ 40.11.59.69*

Il abrite plus de 200 stands. Il fut construit, en 1925, à l'emplacement de terrains maraîchers, par la volonté de chiffonniers qui ne voulaient pas quitter Saint-Ouen. Ses deux allées parallèles, l'une couverte, l'autre découverte, se distinguent par le type de marchandise qui est proposée.

Dans l'***allée découverte***, bordée de grands stands vitrés, le style Napoléon III est roi : meubles dorés, lustres étincelants, bronzes, voisinent avec des tableaux de la fin du XIXᵉ s. Quelques marchands font exception tels un libraire, un spécialiste d'art africain et de bijoux maghrébins, un antiquaire spécialisé en cadres ou un marchand de gravures. Un antiquaire en verres anciens propose de réassortir les services dépareillés. L'***allée couverte*** est principalement consacrée aux meubles rustiques qui voisinent avec le dessin ancien, l'objet de marine, ou les instruments de musique.

▶ Le ***marché Cambo*** *(75, rue des Rosiers)*, créé vers 1970, est occupé par une trentaine de stands répartis sur deux niveaux. Deux tendances en font l'originalité : la peinture de la fin du XIXᵉ s. (école de

Renseignements pratiques

Le marché est ouvert samedi, dimanche et lundi. Le samedi est le jour le plus calme et tous les stands sont ouverts. Le dimanche, il est préférable de venir en fin de matinée, avant la foule de l'après-midi. Le lundi, tous les magasins de « neuf » sont ouverts mais de nombreux stands d'antiquités sont fermés. Certains transporteurs, spécialisés dans l'expédition de toute marchandise aux quatre coins du monde, sont présents : ***Art Transit*** *(marché Biron, stand 63 ☎ 42.52.24.97);* ***Camard*** *(marché Paul-Bert, allée 1 ☎ 40.12.84.45).*

Barbizon, petits maîtres impressionnistes et post-impressionnistes) et le mobilier anglais en acajou.

▷ Le marché Serpette
110, rue des Rosiers ☎ 42.59.54.14

Ouvert en 1977 dans un ancien garage, c'est le prototype des marchés modernes. Plus confortable, couvert, mais moins fidèle au pittoresque des Puces, il regroupe 120 stands. C'est sans doute le marché qui a confirmé l'engouement pour le mobilier des années 1930 et qui a vu naître la vogue du style 1950. Certains marchands, soucieux d'originalité, cultivent le goût de l'insolite : meubles curieux ou de très grandes dimensions, tableaux aux sujets étranges, objets étonnants.

▷ Le marché Paul-Bert *96, rue des Rosiers ; 18, rue Paul-Bert ☎ 40.12.14.86*

C'est l'un des endroits où chiner est encore un plaisir. Sa création est liée aux années d'occupation ; en effet, la municipalité avait alors demandé que des emplacements y soient réservés à des personnes spoliées de leurs biens durant cette période. Aujourd'hui, ses 225 stands répartis en sept allées proposent une marchandise très variée. Tous les domaines y sont représentés : mobilier, tissus, faïence, gravures et dessins anciens, peintures de toutes les époques. Du temps et de la curiosité sont nécessaires pour visiter ce marché dont le désordre d'objets séduira les amateurs de découvertes. ▶ Le café ***Le Paul Bert***, à l'angle de l'entrée du marché sur la rue Paul-Bert, est un des lieux de rendez-vous traditionnels des Puces. ▶ Le ***marché des Rosiers*** *(3, rue Paul-Bert)* est essentiellement consacré aux objets 1900 et Art Déco, particulièrement aux pâtes de verre. ▶ La ***rue Paul-Bert*** est bordée, jusqu'à la rue Jules-Vallès, par des magasins de brocante et d'antiquités. ▶ Prendre, à dr., la ***rue Jules-Vallès*** où se trouve un des plus grands ferrailleurs de France, récupérateur de matériaux en tous genres.

▷ Le marché Jules-Vallès *7, rue Jules-Vallès ☎ 40.11.54.41*

Ce marché a été fondé en 1938 par un Vénitien, *Amadeo Cesana*, qui avait acheté un terrain vague de 1 500 m^2. Les stands de ses deux allées parallèles sont le royaume de la vraie brocante sous toutes ses formes. Certains stands sont plus spécialisés : jouets anciens, objets 1900, armes, gravures, livres d'art et catalogues d'exposition, cartes postales. Sa situation quelque peu excentrée ne doit pas le faire oublier dans la visite des Puces. Ses habitués savent qu'il peut parfois révéler d'heureuses surprises. ▶ Dans la ***rue Lécuyer***, parallèle à la rue Jules-Vallès, plusieurs entrepôts sont envahis par un amoncellement d'objets de toutes origines et de toutes sortes.

▷ Le marché Malik *53, rue Jules-Vallès ; 59, rue Jean-Henri-Fabre ☎ 40.11.93.84*

Récemment rénové et couvert d'un toit, il fut organisé en 1920 par un « prince » yougoslave : *Malik Hajrullac* sur un terrain de 3 000 m^2. Plus de 100 stands y sont tous spécialisés en vêtements, neufs ou d'occasion, et en accessoires : lunettes, boutons, strass, bijoux de pacotille voisinent avec les jeans, les robes 1950 et les blousons de cuir. Le dimanche, le marché Malik est certainement le plus fréquenté de tous. ▶ La ***rue Jean-Henri-Fabre*** et les rues avoisinantes sont occupées par des marchands de vêtements. Dans de grands entrepôts, sont vendus toutes sortes d'objets, appareils ménagers, téléviseurs, radios, saisis après faillite ou arrêtés en douane. Ailleurs, meubles et literie de fins de série sont vendus à des prix très bas. Ainsi, après avoir sacrifié au culte de l'objet ancien, peut-on compléter utilement l'aménagement de son intérieur.

Le marché aux puces de la porte de Vanves*

14e arr. / 42-F11
Ouv. sam., dim.
Métro : Porte-de-Vanves / Bus : 48, 58, PC
Taxis : porte de Vanves ☎ 45.39.87.33

Le marché de la porte de Vanves, appelé aussi marché de la porte Didot, a été créé dans les années 1920. A l'écart de rues trop passantes, par son calme, son atmosphère bon enfant et sa marchandise de plus en plus soignée, il connaît un succès grandissant.

▶ Accès : place de la Porte-de-Vanves prendre l'***avenue Marc-Sangnier***. Les Puces sont installées entre l'avenue Marc-Sangnier, l'avenue Georges-Lafenestre et le Périphérique. ▶ Il n'y a pas, comme à Saint-Ouen, de stands fixes : les marchands déballent sur le trottoir leur marchandise. Cela explique que peu de meubles y soient vendus. Les habitants du quartier côtoient les marchands qui ont ici l'habitude de chiner, recherchant des objets de brocante (tableaux, gravures, linge ancien, bijoux).

Le marché aux puces de la porte de Montreuil

20e arr. / 39-P7
Ouv. sam., dim., lun.
Métro : Porte-de-Montreuil
Bus : PC
Taxis : porte de Montreuil ☎ 43.70.00.00

Depuis le XVIIe s., les chiffonniers ont toujours été refoulés du centre de Paris. Certains ont, autrefois, émigré vers l'Est et l'origine du marché de Montreuil se trouve liée à ces pérégrinations. Les Puces de Montreuil sont le paradis du chineur, de celui qui espère découvrir l'objet rare en fouinant. Les vêtements d'occasion occupent une grande place et une foule se presse constamment autour d'amoncellements de « fripes ». Les brocanteurs sont rejoints, le dimanche, par des marchands de « neuf », de vêtements et de quincaillerie.

▶ Accès : entre le boulevard Périphérique et la ville de Montreuil. Le marché est divisé en plusieurs zones. ▶ Aux abords de la *porte de Montreuil*, certains dimanches, quand la police n'a pas sévi, un immense déballage sauvage couvre les trottoirs. ▶ Les brocanteurs sont installés plus loin, le long du *boulevard Périphérique*. Leur marchandise, étalée à même le sol, est très variée. Des objets de récupération, quelques meubles, des bibelots, des tableaux composent des étalages souvent insolites.

Les quais de la Seine★★★

De toutes les artères de Paris, la plus ancienne et la plus majestueuse est sans doute le large fossé naturel où coule la Seine. Mais c'est d'une véritable histoire d'amour qu'il s'agit : sur une quinzaine de kilomètres, la ville semble célébrer ses épousailles avec la Seine qui s'y roule amoureusement comme au fond d'un lit. En se tournant vers elle, les plus grands monuments de Paris, en cortège, semblent lui faire escorte. C'est donc depuis les quais que l'on peut avoir sur la ville les points de vue les plus remarquables.

Peu à peu reconquis sur les parkings, les entrepôts et les sablières, les quais offrent en toute saison et à toute heure du jour une promenade exceptionnelle. Tôt les matins d'été, quand le soleil se lève sur la Seine, ou le soir, quand il s'y couche à nouveau, le spectacle que l'on découvre depuis les quais figure au nombre de ceux qui laissent durablement ému. Pourtant, sur une trentaine de kilomètres de berges, une dizaine seulement est réservée au piéton.

Parmi beaucoup d'autres, la promenade suivante propose un itinéraire dans le cœur même de Paris. Parcours d'initiation pour le visiteur de passage qui prendra ainsi toute la mesure de la ville, c'est aussi l'ultime vision que l'on emportera de la capitale.

Les quais dans l'histoire

La physionomie des berges de la Seine a beaucoup changé au cours des siècles. Il y a 200 000 ans, la Seine était large de trois kilomètres puis, à la fin de la dernière glaciation, elle se divisa en deux bras, au N. et au S. Le bras

N., qui remontait en arc de cercle jusqu'aux pieds des buttes de Belleville, Montmartre et Passy, disparut peu à peu. C'est le second bras qui est à l'origine du fleuve actuel.

Vers le IVe s., la Seine, plus large qu'aujourd'hui d'environ 40 m, coulait librement et l'île de la Cité, ancienne Lutèce, était beaucoup plus étroite. Peu à peu les remblais, puis les quais successivement édifiés au cours des âges ont empiété sur le fleuve. Jusqu'au XIVe s., il n'y eut pas de quai au sens où nous l'entendons actuellement. Les berges étaient encore des grèves naturelles, souvent longées de chemins de halage qu'interrompaient parfois des îlots de maisons bâties sur de solides pilotis et une multitude de ports aux activités diverses. Le premier quai, celui des Augustins, fut bâti en pierre sous l'impulsion de Philippe le Bel en 1313. A la fin du XIVe s., la rive droite était dotée de plusieurs quais longeant sans continuité des bâtiments importants tels le Louvre, l'Hôtel de Ville, et le couvent des Célestins. François Ier fit procéder au raccordement des quais déjà existants vers 1530, à l'occasion de la construction du Nouveau Louvre. En 1604, sous Henri IV, on prolongea le quai des Ormes (actuel quai des Célestins) vers la Grève tandis que l'édification de nouveaux ponts entraînait le relèvement et le pavage des quais avoisinants ; en 1610, le quai de Chaillot (actuel quai de New-York) fut lui aussi prolongé. Sous Louis XIII, les îlots Notre-Dame et aux Vaches furent rattachés pour former l'île Saint-Louis, dont le lotissement et l'édification des quais furent confiés à Christophe Marie.

Bien que le premier quai construit apparut sur la rive gauche, c'est la rive droite qui bénéficia la première, à partir du XVIIe s., de la plus grande ligne de quais en continu, entre l'Arsenal et le jardin des Tuileries. La vue sur le fleuve s'en trouvait dégagée et la protection contre les inondations facilitée.

Le règne de Louis XV marqua une avancée décisive en matière d'« urbanisme ». Le roi, qui désirait un fleuve large bordé de quais et de ports, commanda un plan d'ensemble à P. L. Moreau. Par une ordonnance de 1769, les maisons édifiées sur les ponts, ou en surplomb du fleuve sur les quais, devront être démolies. Il projeta également la construction des quais Saint-Bernard, des Ursins (actuel quai aux Fleurs), du quai Bignon (actuel quai Saint-Michel), du quai de la Pelleterie (actuel quai de la Corse), etc., ce qui ne sera réalisé que plus tard. Sous Louis XVI, par un édit confirmant l'ordonnance de Louis XV, furent démolies une grande partie des maisons couvrant les ponts ainsi que les habitations du quai de Gesvre.

C'est à Napoléon que l'on doit la construction des quais projetée sous Louis XV. Cherchant à rendre à la batellerie le rôle qu'elle avait perdu sous la Révolution, il fit effectuer l'exhaussement de la berge et la reconstruction du quai du Louvre. Il commanda le redressement ou l'achèvement de nombreux autres quais (quais de Montebello, des Grands-Augustins, de la Conférence et de Billy, d'Orsay et des Invalides). Ces réalisations s'accompagnèrent de la réparation des chemins de halage, de la création d'un passage pour les charrois et de l'agrandissement des emplacements affectés aux marchandises dans les ports. Pour faciliter la navigation sur le fleuve, l'Empereur fit aussi supprimer les moulins et lavoirs qui l'encombraient. La profession de maître de ponts, supprimée sous la Révolution, fut rétablie et il institua une police des ports. La Restauration termina les travaux commencés sous l'Empire. Elle procéda à l'aménagement des berges amont et, entre 1833 et 1837, à la rectification des quais de la Grève (actuel quai de l'Hôtel-de-Ville) et de la Mégisserie.

La Seine demeurait cependant obstruée et dangereuse, lors des inondations ou à cause de son courant violent. Une complète transformation des rives fut décidée en 1839 ; mais les travaux commencés en 1846 ne s'achevèrent qu'en 1855 : le fleuve, dragué et enserré entre deux remparts de pierre, devint plus calme, mettant la ville à l'abri des crues fréquentes et parfois surprenantes. Les berges furent exhaussées jusqu'à la place de la Concorde, le niveau des ports relevé. Sous le second Empire, on fit élever, selon les plans de l'ingénieur Poirée, le barrage mobile de la Monnaie, sur le petit bras du fleuve. Curieusement, Haussmann modifia très peu les quais. Il fit élargir le quai Conti et planter des arbres sur les rives de la Seine pour en faire un lieu de promenade.

L'activité portuaire, jusque là trop importante pour que l'on y sacrifia un seul mètre carré, avait en effet perdu le rôle qu'elle tenait pendant les siècles précédants, supplantée par l'apparition récente du chemin de fer. La batellerie se consacra alors essentiellement au transport lourd. De 1870 à 1900, les travaux d'aménagement et de dragage se poursuivirent.

La première moitié du XXe s. reste une période « noire » pour les quais parisiens : l'installation de constructions parasites, l'absence d'entretien des murs de soutènement des quais hauts, ou l'utilisation des quais comme parkings (près du Pont-Neuf, du pont Royal et sur l'île de la Cité) et comme fourrière (port de la Tournelle) leur donnèrent peu à peu un aspect sale et délabré. L'expansion démesurée de la circulation automobile dans Paris les transforma en axes routiers. Ainsi, entre 1961 et 1967, une voie express (rive dr.) s'étendit sur toute la longueur de la ville puis, en 1976, sur la rive g., plus courte, en raison de nombreuses protestations.

Cette manifestation d'intérêt des Parisiens à l'égard de leurs quais fit prendre conscience aux autorités de l'importance et de la beauté du site. Elles procédèrent, dans un premier temps, à l'évacuation du port de la Tournelle et de certains parkings, puis à l'aménagement progressif de jardins et d'espaces de promenade veillant à la plantation d'arbres comme sur l'espace situé entre les ponts Sully et des Arts.

Promenade le long des quais

Il est aujourd'hui possible, en particulier dans le centre de Paris, de suivre en flânant un parcours très agréable.

Commencer la promenade dans les jardins Tino-Rossi sur les berges du quai Saint-Bernard, remonter sur le quai pour prendre le pont Sully jusqu'à son milieu, rester sur l'île Saint-Louis et emprunter le quai d'Anjou, puis le quai de Bourbon jusqu'à la pointe de l'île, puis emprunter la passerelle Saint-Louis. Sur l'île de la Cité, prendre le quai aux Fleurs et une partie du quai de la Corse, puis retraverser la Seine sur le pont au Change, tourner à g. quai de la Mégisserie jusqu'au Pont-Neuf. Le traverser jusqu'à la rive g. pour emprunter le quai des Grands-Augustins, puis les quais Saint-Michel, de Montebello et de la Tournelle.

Les quais intra-muros sont classés par ordre alphabétique. Leur description et celle des bâtiments qui les jalonnent suit le cours du fleuve de l'amont à l'aval.

▷ Le quai Anatole-France *7e arr. / 35-G6*

Délimité par le pont Royal et le pont de la Concorde, il constituait auparavant la partie orientale du quai d'Orsay avant de prendre, en 1947, le nom du romancier français qui habita non loin de là, au n° 15 du quai Malaquais, entre 1844 et 1853. Son père avait alors une librairie au 9, quai Voltaire. La construction du quai, en pierre de taille, fut commencée en 1708 par *Ch. Boucher d'Orsay*, prévôt des marchands, et ne fut achevée que sous l'Empire entre 1802 et 1815. Pendant cette période, il prit le nom de quai Bonaparte.

La *caisse des Dépôts et Consignations*, reconstruite après l'incendie de la Commune, occupe l'emplacement de plusieurs hôtels dont celui construit en 1727 par *Robert de Cotte*, premier architecte du roi. Il en reste un fronton classé, démonté pierre par pierre : Minerve regardant un plan d'architecte. La *gare d'Orsay*, édifiée en

1897 pour l'Exposition universelle de 1900 par la Compagnie des chemins de fer d'Orléans (*V. Laloux*, architecte), est un intéressant exemple d'architecture intérieure en fer. Elle vient d'être restaurée pour accueillir le musée d'Orsay consacré à l'art du XIXe s., de 1848 à 1914. Entre la rue de Bellechasse et la rue de Solférino, se trouve l'***hôtel de Salm-Kyrburg***, construit entre 1782 et 1790 par *P. Rousseau*. Autrefois bordé d'un jardin en terrasse, le bâtiment fut acquis en 1804 par la Grande Chancellerie de la Légion d'honneur et abrite désormais le palais et le musée de la Légion d'Honneur (→ *musées*). Au-delà de la rue de Solférino on aperçoit le bâtiment moderne du CNRS, les jardins de l'hôtel de Beauharnais (1714 ; aujourd'hui Ambassade de la RFA), et l'hôtel voisin dit de Seigneley et sa décoration du XVIIIe s. En contrebas se trouve la piscine Deligny, ouverte en 1785.

▷ Le quai André-Citroën

15e arr. / 33-D8

A l'origine ancien chemin des berges, il commence au débouché du pont de Grenelle ; c'est le dernier quai parisien de la rive g. avant la banlieue. Il bordait l'ancien bourg de Javel dont le moulin à vent donna son premier nom au quai. En 1777, divers industriels eurent l'autorisation d'y créer des manufactures d'hypochlorite de potasse appelée depuis « eau de Javel ». Depuis 1958, ce quai a pris le nom du constructeur automobile qui y avait établi ses usines à partir des années 20. Aujourd'hui détruites, elles devraient être remplacées, d'ici 1990, par un grand parc de 15 ha et un complexe comprenant un hôpital et des immeubles d'habitation, de bureaux et de commerce. Le quai sera dégagé de ses installations portuaires pour faire place à un espace vert.

▷ Le quai d'Anjou*** *4e arr. / 37-L7*

Il débute à la pointe amont de l'île Saint-Louis et s'arrête à la rue des Deux-Ponts. Construit lors du lotissement tardif de l'île entre 1630 et 1647, il présente une unité architecturale qui en fait l'un des plus beaux quais de la capitale. On ne manquera pas les deux magnifiques ***hôtels Lambert*** et de ***Lauzun*** (→ *île Saint-Louis*).

▷ Le quai de l'Archevêché**

4e arr. / 36-K7

Cette partie de l'île de la Cité constituait, au XIIIe s., un îlot séparé appelé la « Motte aux Papelards ». Elle fut à cette époque entourée d'une construction qui forme l'essentiel du mur de soutènement du quai actuel. Le quai prit le nom de l'ancien palais des archevêques de Paris construit en 1697, pillé et incendié en 1831 pendant les émeutes antilégitimistes. Il est occupé en presque totalité par le ***square Jean-XXIII*** (ancien square de l'Archevêché), contigu au chevet et au flanc S. de la cathédrale, créé à l'emplacement d'un lacis de ruelles disparues au moment de la reconstruction du quai sous le second Empire.

Cet îlot de verdure, calme et retiré, moins fréquenté que le parvis, engage à flâner. A la pointe de l'île, un autre jardin abrite depuis 1961 la ***crypte du mémorial de la Déportation*** (→ *île de la Cité*).

Les bains

Pendant longtemps, les Parisiens ne disposèrent pas de l'eau courante à domicile. Toutefois, les premiers bains froids installés sur des bâtiments au bord de Seine apparurent dès 1688. Ils étaient alimentés en eau de Seine filtrée par du sable.

Puis, en 1761, le premier établissement de bains chauds fut ouvert près du pont de la Tournelle par M. Poitevin. Ce genre de bâtiment se multiplia ensuite, offrant un nombre de plus en plus élevé de baignoires. Quiconque portait son regard sur le fleuve y découvrait la flottille des bains de Paris : le bain de la Samaritaine, le bain Royal, le bain des Fleurs et pour les dames, le bain Henri-IV. Dans la plupart de ces « bains à quat'sous », tirant leur nom de leur prix d'entrée, l'usager pouvait en outre consommer petits pains, saucisses, eau de vie ou bouillons. Ces bains donnaient à la Seine un aspect de zone flottante. Les bassins collectifs n'existaient pas encore.

En 1785, M. Deligny ouvrit un établissement destiné aux nageurs et créa la première école de natation du monde, près du pont de la Concorde, là où se trouve la piscine qui porte son nom. Une deuxième piscine, celle de M. Petit, s'établit quai de Béthune à la pointe de l'île Saint-Louis. Ces deux établissements flottants présentaient des avantages révolutionnaires pour l'époque : ils étaient à ciel ouvert et il était aussi possible d'y plonger grâce à la profondeur du bassin au fond en pente. Ils possédaient en outre des « cabinets » pour se déshabiller et une rotonde au gaillard arrière pour se reposer. Ces établissements n'étaient pas concurrencés par les baignades en rivière car, en avril 1800, une ordonnance de police les interdit, non pas en raison de leur danger, mais au nom de la décence !

Les bains en baignoires continuèrent parallèlement leur existence : en 1823, les bains Vigier possédaient plus de 200 baignoires dans un bâtiment à deux étages, toujours alimentées par l'eau du fleuve. Au début du XXe s., il restait encore une vingtaine de « bains flottants » : le dernier, la Royale, fut fermé en 1976 avant d'être coulé. Des deux premières piscines, il ne reste plus que la piscine Deligny (quai Anatole-France) qui après de nombreux aménagements reste très fréquentée, plus pour son espace au soleil que pour son bassin.

▷ Le quai d'Austerlitz *13e arr. / 45-M9*

Edifié au début du XVIIIe s. et appelé alors quai de l'Hôpital parce que proche des jardins de l'hôpital de la Pitié-Salpêtrière, il commence au pont de Bercy et se termine au pont d'Austerlitz.

Face au pont de Bercy, se trouvait autrefois la barrière de la Gare qui faisait partie de l'enceinte des Fermiers généraux. C'est à cet endroit que devrait être édifié, en amont du viaduc du métro, un nouveau pont reliant la gare d'Austerlitz à la gare de Lyon après la construction, sur la rive dr., du nouveau ministère des Finances. Les berges sont occupées par les bâtiments des Entrepôts généraux et du service des Douanes qui cachent le fleuve à la vue des promeneurs. Au niveau du nº 55, se trouvait la maison d'arrêt de la Garde Nationale, surnommée l'« hôtel des haricots », hommage irrévérencieux à l'ordinaire des militaires. Elle fut détruite en 1805, lors des ultimes travaux de la *gare d'Austerlitz*. Agrandie et reconstruite, telle que nous la voyons aujourd'hui, en 1867 par l'architecte *Renault*, la gare débouche sur la place Valhubert où se trouve l'entrée du jardin des Plantes.

▷ Le quai de Bercy *12e arr. / 46-N10*

Formé à la fin du XVIIe s., il se situe entre le pont National et le pont de Bercy. Jusqu'au début du XIXe s. s'étendait, de part et d'autre du pont de Tolbiac, le domaine de la famille de Bercy. En amont s'élevait le château du Petit-Bercy, et en aval le grand château de Bercy édifié entre 1658 et 1714 sur un parc dessiné par Le Nôtre.

Ce parc fut peu à peu fractionné à partir de 1804, puis finalement détruit pour faire place aux entrepôts des négociants en vin dont une partie borde encore le quai aujourd'hui. Principale aire de déchargement des vins, il devint le plus grand marché aux vins d'Europe. Mais les nouvelles techniques de stockage entraînèrent peu à peu son déclin. La Ville de Paris entreprit en 1978 de racheter ce site qui fait aujourd'hui l'objet d'un plan d'aménagement. Ce plan prévoit notamment un espace vert entourant une partie des anciens chais classés monuments historiques, un centre viti-vinicole et une zone commerciale consacrée au vin et à la gastronomie. Ce parc subit d'autres assauts au cours du XIXe s. Les fortifications de Paris le coupèrent une première fois en deux. Il subsiste de celles-ci une *redoute* en amont, près du périphérique extérieur. Entre 1847 et 1852, l'installation des voies de chemin de fer réduisit à néant cette vaste zone de verdure, entraînant quelques années plus tard la destruction du château (1861).

En amont du pont de Bercy se dresse le *palais Omnisports* de Bercy, sorte de temple aux pentes engazonnées, à la fois salle de sports et de concerts. Le flot incessant des automobiles arrivant de la voie express rive dr. rend le quai particulièrement bruyant et peu propice à la flânerie.

▷ Le quai de Béthune** *4e arr. / 37-L8*

Situé sur l'île Saint-Louis, il commence au pont Sully et se termine au pont de la Tournelle ; contrairement aux autres quais, il ne dispose pas de berges basses. C'est en 1806 qu'il reçut le nom du principal ministre de Henri IV, Maximilien de Béthune, duc de Sully. Mais les superbes balcons en fer forgé qui ornent ses façades lui ont aussi valu le nom de *quai des Balcons* (→ *île Saint-Louis*).

▷ Le quai de Bourbon**
4e arr. / 37-L7

Il commence au pont Marie sur l'île Saint-Louis dont il longe la pointe aval et se termine à la passerelle qui relie celle-ci à l'île de la Cité. Il fut construit en 1614 et doit son nom à la famille royale de Bourbon.

Au nº 1, le *cabaret du Franc Pinot*, restauré en 1977, date du XVIIe s. Jusqu'au XIXe s. ce fut l'un des terminus des coches d'eau amenant les voyageurs depuis Melun. On y amarrait également les bateaux-réservoirs de poissons d'eau douce. Parmi les beaux hôtels du quai (→ *île Saint-Louis*) ne pas manquer l'*hôtel Charron* au nº 15 et l'*hôtel de Jassaud* au nº 19.

▷ Le quai Branly *7e et 15e arr. / 33-E7*

Situé entre le pont de l'Alma et celui de Bir-Hakeim, il fut construit en 1808 et constituait jusqu'en 1941 une partie du quai d'Orsay, puis il prit le nom du physicien français Edouard Branly (1844-1940). Sa haute berge bordée de verdure offre une promenade agréable tandis que sa berge basse est encombrée d'installations portuaires (silos à sable).

Au nº 11, les anciennes écuries édifiées en 1864 pour Napoléon III (aujourd'hui transformées en appartements) sont ornées d'un fronton sculpté d'un aigle. La haute silhouette métallique de la tour Eiffel, symbole de Paris depuis l'Exposition universelle de 1889, surplombe ce quai.

▷ Le quai des Célestins**
4e arr. / 37-L7

Situé rive dr., entre le pont Sully et le pont Marie, il fut construit sous Charles V à la fin du XIVe s. Bordé d'ormes au moment de sa construction, il s'est d'abord appelé quai des Ourmetiaux et porte, depuis 1868, le nom du vaste couvent des Célestins qui avait remplacé celui des Carmes installé sur la rive g. près de la Bièvre. Ce couvent s'étendait sur les terrains compris entre l'actuelle place de la Bastille et la Seine, à l'emplacement des casernes de la Garde Républicaine. Le couvent et son église furent, durant des siècles, le lieu de sépulture privilégié des princes et de la noblesse avant d'être totalement détruits sous la Révolution.

A l'E. les maisons sont séparées du fleuve par un square en forme de triangle : le ***square Henri-Galli*** qui renferme, à son angle S.-E., le soubassement de l'une des huit tours de la Bastille (dite de la Liberté, 1370) reconstituée avec les blocs de pierre retrouvés lors de la construction du métro, en 1899. Derrière le square, on aperçoit la ***bibliothèque de l'Arsenal***. A l'angle du quai et de la rue du Petit-Musc, l'***hôtel Fieubet*** (XVIIe s., remanié au XIXe s.) qui abrite l'école Massillon *(→ Marais, quartier Saint-Paul)*. L'hôtel Nicolaï (au n° 4) faisait partie jadis de l'hôtel précédent. Le sculpteur Barye y est mort en 1875. Contigu, l'hôtel de la Vieuville (du XVIe s.) fut malheureusement détruit en 1927 et remplacé par les entrepôts des grands magasins de la Samaritaine. Ceux-ci ont été transformés en appartements en 1979-1980. C'est au niveau du n° 32 que se trouvait la tour Barbeau qui constituait l'extrémité E. de l'enceinte de Philippe Auguste, enceinte dont on peut voir les vestiges ainsi que le chevet de l'***église Saint-Paul*** en prenant la rue des Jardins-Saint-Paul *(→ Marais, quartier Saint-Paul)*. Grâce à un espace dégagé, au niveau de la rue du Fauconnier, on aperçoit l'une des plus vieilles constructions de Paris : l'***hôtel des Archevêques de Sens*** *(→ Marais, quartier Saint-Paul)* avec son portail gothique encadré de deux tourelles en forme d'échauguettes aux toits en poivrière. Il abrite aujourd'hui la ***bibliothèque Forney*** consacrée aux arts et métiers. Ouverte au public, des expositions y sont régulièrement présentées.

▷ Le quai de la Conférence

8e arr. / 26-F6

Il relie la place de la Concorde à celle de l'Alma. Son nom commémore la conférence qui eut lieu à Suresnes pour l'abjuration par Henri IV de la religion réformée en 1593 et la reddition de Paris un an plus tard. Ce quai se confond avec la partie de la route de Versailles, transformée en 1616 par Marie de Médicis en une promenade carrossable plantée d'ormes : le Cours-la-Reine dont la partie O. porte le nom, depuis 1919, de cours Albert-Ier. Le *maréchal de Bassompierre* compléta ces aménagements par la construction d'un quai et la rectification des berges. Ce quai fut surélevé au XVIIIe s. Il resta jusqu'en 1775 un lieu très en vogue.

A proximité de la place de la Concorde, on peut voir, sur un socle monumental, la ***statue*** en bronze d'Albert Ier, roi des Belges, par *A. Martial* (1938). Les silhouettes imposantes du ***Grand*** et du ***Petit Palais*** *(→ Champs-Elysées)* bâtis pour l'Exposition universelle de 1900, dominent le quai. L'immense verrière du Grand Palais mérite d'être vue du pont Alexandre-III (construit aussi pour l'Exposition de 1900), éclairée par le soleil couchant. De chaque côté de ce pont se dressent les ***statues équestres*** de Simon Bolivar par *E. Fremiet* et du marquis de Lafayette par *Bartholdi*, offertes par les élèves des écoles des Etats-Unis. Au n° 34 du cours Albert-Ier se trouve l'ambassade du Brésil. Ne pas manquer, au n° 40, la ***maison Art Nouveau*** du maître verrier *Lalique* avec sa porte ouvragée. A l'angle de l'avenue Montaigne et du cours, un groupe en pierre, par *Rudder* (1923), illustre ***La Reconnaissance de la Belgique à la France*** et, sur le terre-plein, place de l'Alma, une figure en bronze par *G. Choain* symbolise ***la Seine*** (1962). A proximité du pont de l'Alma, une ***colonne*** ornée de bas-reliefs et surmontée d'une statue du poète et patriote polonais Adam Mickiewicz a été réalisée par *Bourdelle* en 1929.

Les bouquinistes : une institution parisienne

L'origine de leur nom est incertaine : est-ce le «book» anglais, le «buch» allemand ou l'odeur de bouc des reliures en peau de chèvre de l'époque ?
Installés peu après l'achèvement du Pont-Neuf en 1607, les bouquinistes furent périodiquement chassés par des ordonnances royales. Ce n'est qu'en 1891 qu'ils eurent l'autorisation de laisser leurs caissons sur le parapet au lieu d'avoir à les enlever chaque soir, ceux-ci ayant une taille et une couleur réglementaire. Aujourd'hui, c'est la Ville de Paris qui accorde les concessions aux bouquinistes. Ils constituent un des aspects spécifiques de Paris, «la seule ville qui ait sa bibliothèque en plein air», disait jadis Hanotaux. Si bon nombre de boîtes sont ouvertes tout l'hiver (le dimanche surtout), la plupart attendent les premiers beaux jours et ouvrent alors toute la semaine. Les vraies trouvailles, malgré tout, sont de moins en moins fréquentes et les bibliophiles ne mettent plus que rarement la main sur un ouvrage convoité des années durant.

▷ Le quai de Conti** *6e arr. / 36-J7*

Construit entre 1651 et 1760, il s'étend du Pont-Neuf à la passerelle des Arts et longe les façades de deux édifices prestigieux : la Monnaie et l'Institut. Après avoir souvent changé d'appellation, il prit finalement le nom de la famille princière de Conti qui possédait un hôtel sur l'emplacement actuel de l'hôtel des Monnaies.

Le n° 1 du quai est situé au carrefour Curie, du nom du savant tué accidentellement à cet endroit. C'est une grande ***bâtisse*** en brique édifiée par l'architecte *J. Marrast* au début du XIXe s. A l'origine, elle devait se trouver dans l'axe du Pont-Neuf, prise entre la rue Dauphine à g. et le prolongement de la rue de Rennes projeté à l'emplacement de la rue de Nevers à dr. Sous la voûte, une inscription de 1655 relative au Pont-Neuf, tirée du Paris ridicule de Cl. Le Petit. Dans sa partie haute, un groupe sculpté par *Ch. Sarrabezolles* représente ***la Gloire de Paris***. Entre la rue Guénégaud et l'impasse Conti se dresse l'***hôtel des Monnaies***. Cet édifice dû à l'architecte *J. D. Antoine* fut la première affirmation d'un nouveau style architectural à grande échelle qui vit le jour sous Louis XVI (→ *Saint-Germain des Prés; pour visiter le musée de la Monnaie → musées*). Au n° 13, le petit ***hôtel Guénégaud***, en retrait, fut construit par *F. Mansart* (1659) et habité à la fin du XVIIIe s. par une famille corse qui logea Bonaparte en 1792. Aujourd'hui, il abrite une galerie de peinture. Le n° 15 a été construit sous Louis XIV. Face à la passerelle des Arts, le palais de l'***Institut de France*** forme un ensemble harmonieux que domine la fameuse coupole. *Louis Le Vau* traça le plan général de ce collège des Quatre-Nations fondé par Mazarin, qui est maintenant le siège des cinq Académies de l'Institut dont la plus célèbre est l'Académie française. Sa bibliothèque, dite ***bibliothèque Mazarine***, s'élève à l'emplacement de la tour de Nesle. Issue de la bibliothèque du Cardinal, elle renferme des ouvrages exceptionnels, à caractère essentiellement historique et religieux (→ *Saint-Germain-des-Prés*).

▷ Le quai de la Corse *4e arr. / 36-K7*

Situé sur l'île de la Cité entre le pont d'Arcole et le pont au Change, cette ancienne partie du quai aux Fleurs date de 1769 et fut baptisée quai de la Corse en 1929. Il ne s'y élève aucune habitation privée : il est longé par les bâtiments de la maternité de l'***Hôtel-Dieu*** (→ *île de la Cité*), par le ***marché aux Fleurs*** *(t.l.j. sf sam. 8 h-19 h 30)*, puis par le ***tribunal de Commerce*** construit sous Napoléon III en 1865 par *A. N. Bailly* (→ *île de la Cité*).

▷ L'allée des Cygnes *15e arr. / 33-D7*

Elle est comme amarrée entre les ponts de Grenelle et de Bir-Hakeim. L'allée, telle que nous la voyons aujourd'hui, fut créée en 1825 par les promoteurs du port de Grenelle pour servir de digue à ce dernier. Cette construction a pris le nom de l'ancienne île qui s'étendait en amont, côté rive g., entre le pont des Invalides et celui d'Iéna et qui fut rattachée au bord en 1820 (ancien emplacement délimité par le quai Branly et la rue de l'Université). C'est dans cette île que Louis XIV, par une ordonnance de 1676, fit installer des cygnes venus du Danemark et de Suède. Auparavant, au XVIe s., elle s'appelait île Maquerelle, déformation de « mâle querelle » en raison de sa forte fréquentation par les duellistes.

L'allée offre une ***promenade*** très agréable, au ras de l'eau, entre deux rangées d'arbres aux essences mêlées : peupliers, tilleuls, érables, marronniers. C'est aussi le port d'attache de bateaux-mouches. A son extrêmité O., en figure de proue, se dresse le modèle réduit original de la ***statue de la Liberté*** de New York par *Bartholdi*, offerte en 1885 à la Ville de Paris par la colonie américaine de France. Elle fut installée au moment de l'Exposition universelle de 1889 et a été restaurée pour son centenaire. A son extrémité E., en figure de poupe, ***La France renaissante*** par *Wederkinch*, offerte par la colonie danoise de Paris.

▷ Le quai aux Fleurs★ *4e arr. / 36-K7*

Situé sur l'île de Cité, il commence à la passerelle reliant celle-ci à l'île Saint-Louis et se termine au pont d'Arcole. Une partie de ce quai, anciennement appelé quai de la Pelleterie (entre le pont d'Arcole et le pont au Change), fut rebaptisée quai de la Corse en 1929. Construit à la fin du XVIIIe s. et surélevé en 1804, il est situé à l'emplacement du port Saint-Landry, premier et plus ancien port de la Cité jusqu'à la création de celui de la place de Grève.

Aux n°s 9 et 11, deux ***maisons jumelles*** du XIXe s. sur lesquelles on peut voir une inscription et, au-dessus de chaque porte, deux médaillons sculptés représentant Héloïse et Abélard *(→ île de la Cité)*. Ils rap-

Que trouver chez les bouquinistes ?

Rive gauche

Quai de la Tournelle : livres brochés édités entre 1900 et 1950; science-fiction, romans policiers; revues et ouvrages pour cinéphiles.
Quai de Montebello : la mer, l'histoire, les guerres; gravures anciennes, cartes du monde entier; cartes postales, livres scolaires anciens, textes littéraires; vieux bouquins, livres brochés de l'entre-deux-guerres, gravures; petits manuscrits du XVIe s., antiphonaires.
Quai Saint-Michel : livres insolites ou sur les métiers; estampes colorées, gravures anciennes.
Quai des Grands-Augustins : disques (rock, années 60, jazz), cartes géographiques anciennes (XVIe s.-XIXe s.), cartes rares; livres de La Pléiade, bandes dessinées; œuvres de Daumier, vieux journaux, cartes postales anciennes; l'histoire et la politique, livres de poche français et étrangers; livres anciens et modernes : politique, histoire, littérature romantique.

Rive droite

Quai de la Mégisserie : photos anciennes, vieux stylos; timbres, romans d'avant-guerre, livres de poche, gravures de chasse; littérature, philosophie, sociologie, livres anglais; bandes dessinées françaises, « comics books » américains.
Quai de Gesvres : histoire, art; cinéma, bandes dessinées.

pellent que près d'ici s'élevait la demeure du chanoine Fulbert. A ce niveau, l'absence de maison sur le quai permet d'apercevoir, rue des Ursins, une maison du Moyen Age restaurée (*F. Pouillon* architecte, 1960). A la hauteur du nº 21, la petite rue de la Colombe portait déjà ce nom en 1223. Un peu plus loin dans la rue, des pavés en biais indiquent que le mur d'enceinte de l'île passait par là.

▷ Le quai de la Gare *13e arr. / 46-N10*

Il commence à la hauteur du pont National et se termine au pont de Bercy. Il tire son origine d'un chemin de halage connu au XVIIe s. Son nom lui vient non pas du voisinage de la gare d'Austerlitz, mais de l'ancien projet d'une gare d'eau pour les grains et la farine commencée au XVIIIe s., conçue dans le but d'alléger le trafic fluvial dans Paris et de constituer une réserve pour les mois de gel et de basses eaux; le Parlement demanda cependant, en 1765, que l'on interrompit la réalisation de ce projet jugé trop dispendieux.

En amont, sur les berges, on trouve aujourd'hui les Grands Moulins de Paris ainsi que les usines des Bétons de Paris. Non loin, l'usine d'air comprimé, construite en 1890, distribue dans Paris l'air sous pression nécessaire à des usages multiples : fonctionnement de machines diverses, d'ascenseurs, d'horloges automatiques, etc.

▷ Le quai de Gesvres *4e arr. / 36-K7*

Du pont d'Arcole à la place du Châtelet, ce quai très court a une longue histoire. A l'origine, deux quais se succédaient à cet endroit. Le premier, dit quai Le Pelletier, s'étendait en amont, de la place de Grève (aujourd'hui de l'Hôtel-de-Ville) à la rue Saint-Martin. Sa construction à partir de 1675, pour faciliter la circulation entre le Louvre et le faubourg Saint-Antoine entraîna la transplantation vers l'E. des tanneries artisanales installées sur la berge et la disparition du terrain en pente, appelé la Tuerie, où les bouchers venaient abattre leurs bêtes. Ce premier tronçon fut d'abord appelé quai Neuf puis de la Tannerie, et prit le nom du prévôt des marchands qui l'avait fait construire. Il fut élargi en 1830. La deuxième partie du quai de Gesvres actuel, construite après l'incendie en 1641 du pont au Change, était située entre la rue Saint-Martin et la place du Châtelet. Louis XIII autorisa le marquis de Gesvres à construire à ses frais un quai au niveau des ponts voisins (pont au Change et Notre-Dame). Il était supporté par des arcades qui formaient une galerie voûtée empiétant sur le fleuve et abritant sous des cagnards, boutiques et vagabonds. En 1860, lors de la reconstruction des deux ponts voisins, la galerie fut isolée du fleuve par un mur et transformée en tunnel; elle fut utilisée en 1913 pour le passage de la ligne nº 7 du métro (Ivry-Villejuif). La construction datant de Louis XIII est encore visible, dans le métro, à la station Châtelet : ses parois ne sont pas revêtues de mosaïques et l'on peut encore distinguer un soupirail et l'un des anciens cagnards.

Les deux quais fusionnèrent, en 1868, sous le nom de quai de Gesvres. Il est maintenant occupé par divers bâtiments officiels dont l'Assistance publique, le Central des compagnies de circulation urbaine de la préfecture de Police ainsi que le *Théâtre de la Ville (→ Châtelet)*, construit par *Davioud* en même temps que le *Théâtre musical de Paris* qui lui fait face.

▷ Le quai des Grands-Augustins** *6e arr. / 36-J7*

Situé entre le pont Saint-Michel et le Pont-Neuf, c'est le plus ancien quai de Paris. Il fut construit en 1313 sous Philippe le Bel, et élargi en 1809. D'abord quai du Pont-Neuf il prit, en 1670, le nom des Grands-Augustins, l'un des plus grands couvents de France, qui couvrait autrefois le périmètre compris entre la rue de Nevers à l'O., la rue Christine au S., la rue des Grands-Augustins à l'E., et enfin la rue Dauphine. En 1293, des moines de l'ordre des ermites de Saint-Augustin vinrent s'établir à cet endroit. Une réforme papale de 1588 les divisa en grands et petits Augustins ainsi qu'en Déchaussés. Seuls les grands Augustins restèrent dans l'ancien couvent dont l'immense édifice et l'église de style gothique flamboyant furent démolis sous la Révolution.

Ce quai est bordé par un bel ensemble de hautes *maisons* (XVIe-XIXe s.). Au niveau du nº 33 se tenait, de la fin du XVIIe s au XIXe s., un marché à la volaille, au beurre et aux œufs, dit le marché de la Vallée. Au nº 35, à l'angle de la rue Séguier, un hôtel de deux étages, aux hautes fenêtres décorées de bas-reliefs, a appartenu à la famille de Montholon au XVIe s. puis fut occupé au XVIIIe s. par l'imprimeur Firmin Didot. Au nº 51, le célèbre restaurant Lapérouse, qui occupe une maison de la fin du XVIIIe s.

▷ Le quai de Grenelle *15e arr. / 33-D7*

Entre le pont de Bir-Hakeim et celui de Grenelle, ce quai est séparé de la Seine par les voies de chemin de fer Invalides-Versailles, surmontées d'une dalle engageant à la promenade. Une grande partie de ce quai longe le *Front de Seine (→ Grenelle)*, quartier rénové en totalité depuis 1961 par la Ville de Paris. Le port de Grenelle et l'allée des Cygnes, qui forme une véritable digue protectrice, datent de 1825.

▷ Le quai Henri-IV *4e arr. / 37-L8*

Il commence à la hauteur du bassin de l'Arsenal et se termine au boulevard Henri-IV que prolonge le pont Sully. Le roi Henri IV, qui s'y rendait fréquemment, lui

Le Port Autonome de Paris

Le Port Autonome de Paris (PAP), établissement public de l'Etat, fut créé en 1970 à la suite du découpage administratif de la région de Paris, pour gérer et développer l'ensemble des 300 installations portuaires réparties sur les 500 km de voies navigables de la région Ile-de-France. Il est au premier rang des ports fluviaux français, second en Europe, et continue à effectuer 15 % du trafic de Paris intramuros (hors transport par chemin de fer). Ce mode de transport est économe, sûr, régulier et peut prendre en charge les produits les plus lourds. La mission du PAP est d'aider les entreprises à trouver la meilleure solution au transport de leurs marchandises. Par ailleurs il gère l'utilisation de l'espace le long des berges, comme les emplacements des péniches-logements ou de loisirs, et perçoit leur loyer. Ses bâtiments administratifs sont situés au 2, quai de Grenelle.

a laissé son nom. A l'emplacement du pont (1583) qui enjambe le bassin de l'Arsenal (pont Morland), se trouvait la tour de Billy intégrée dans l'enceinte de Charles V. Le bassin lui-même fut creusé à l'emplacement de l'ancien fossé de l'enceinte. L'arsenal royal, créé en 1563 par Henri II, allait de la Bastille à la Seine. Le terrain qui s'étend au-delà du boulevard Morland formait une île, l'île Louviers, servant d'entrepôt de bois à brûler pour le port des Célestins tout proche. Le petit bras de la Seine, comblé en 1843, permit l'installation d'un port accueillant le bois flotté qui prit rapidement un grand essor.

Au n° 30, les ***Archives de Paris*** (ex-Archives de la Seine) conservent l'état civil postérieur à 1860, les permis de construire des immeubles parisiens depuis 1880, et des collections sur l'histoire des édifices publics parisiens, la propriété privée et la topographie, ainsi qu'une cartothèque, documents mis à la disposition du public à la bibliothèque.

Au n° 38, hôtel décoré de sculptures. Le quai se prête mal à la promenade en raison d'une circulation intense. A ce niveau la voie express, après un passage sur le quai haut, redescend vers la berge à partir du port Henri-IV.

▷ Le quai de l'Horloge***
1er arr. / 36-J7

Situé sur l'île de la Cité, ce quai commence au pont au Change et se termine au Pont-Neuf. Commencé en 1580, il fut surélevé en 1611. Il longe le ***Palais de Justice***, ancien palais des Rois de France dont la construction remonte au XIe s. et que Philippe le Bel fit agrandir au XIIe s. Mais seules les quatres tours et les parties basses de l'édifice longeant le quai rappellent l'ancien palais royal des Capétiens qui fut transformé au XIXe s. Le fossé qui longe la façade indique le niveau du sol primitif, le quai ayant subi d'importantes modifications au moment de la réfection de l'ensemble des façades du Palais, sous Louis-Philippe et après 1872. Après s'être appelé quai des Morfondus — allusion aux longues attentes des plaideurs —, puis quai des Lunettes — en raison de la présence de nombreux opticiens —, le quai a pris son nom à la tour située en amont, dite tour de l'Horloge.

▷ Le quai de l'Hôtel-de-Ville
4e arr. / 36-K7, 37-L7

Il commence au pont Marie et se termine au pont d'Arcole. Appelé jusqu'en 1830 quai de la Grève dont il bordait le port, il fut élevé en deux fois, 1673-1675 et 1740-1798, puis une ultime fois rectifié entre 1835 et 1837.

On aperçoit l'***hôtel d'Aumont***, reconstruit en 1648 par *Le Vau* et terminé par *Mansart*, ainsi que son jardin à la française *(→ Marais, quartier Saint-Paul)*. On découvre ensuite la ***Cité internationale des Arts*** (1965; *Tournon* et *Cacoub* architectes) qui abrite la fondation internationale des Arts créée en 1957 par le peintre finlandais *Eero Snellman*. Des artistes français et étrangers peuvent y être logés durant un an. Plus loin s'élève la morne caserne construite en 1854, appelée annexe Lobau, qui abrite maintenant des services de la Mairie de Paris. Dans son prolongement, on découvre l'***Hôtel de Ville***. Du quai, dominant les jardins privés du maire de Paris, on aperçoit la ***statue équestre*** d'Etienne Marcel commencée par *J. Idrac* et terminée par *L. Marqueste* en 1888. E. Marcel, prévôt des marchands, lutta contre l'autorité royale au XIVe s. On arrive ***place de l'Hôtel-de-Ville***, nouvellement réaménagée. C'était autrefois la place de Grève *(→ Hôtel de Ville)* haut lieu historique de Paris.

▷ Le quai Kennedy *16e arr. / 33-D7*

L'ancien quai de Passy commence à la rue Beethoven, près des jardins du Trocadéro, et se termine face au pont de Grenelle, au niveau de la ***maison de Radio-France*** *(→ Auteuil)*. Il fut longtemps un chemin de halage, longé par la barrière des Bonshommes. Celle-ci appartenait à l'enceinte des Fermiers généraux de *Nicolas Ledoux* et marquait les limites de la ville à l'O. A l'emplacement des maisons de campagne du village de Passy s'élèvent maintenant de hauts immeubles.

Au niveau du n° 18, la rue des Eaux rappelle les sources ferrugineuses qui permirent au village de devenir une station thermale dès 1650. Au n° 42, immeuble à piliers sculptés et porte ouvragée. Aujourd'hui l'accès au fleuve est barré par le passage de la voie express rive droite.

▷ Le quai du Louvre** *1er arr. / 36-J7*

Un premier quai construit au XIVe s. fut réaménagé par François 1er à l'occasion de la construction du Nouveau Louvre. Il subit de nouvelles modifications au début du XVIIIe s. et au moment de la construction de la passerelle des Arts en 1810. C'est au second Empire qu'il prit son extension actuelle, du Pont-Neuf au pont du Carrousel, par sa réunion aux quais de l'Ecole et de Bourbon.

Face au Pont-Neuf, se trouvent les grands magasins de ***la Samaritaine*** *(→ Châtelet)* dont la belle façade Art Déco (*Jourdain*, *Sauvage*, architectes) date de 1928. Les maisons situées entre le grand magasin et le Louvre ont conservé leur aspect ancien; dernier ***immeuble*** : *Hittorff* architecte.

Derrière ces bâtiments, mais en partie visible du quai, l'***église Saint-Germain-l'Auxerrois*** *(→ Châtelet)* et son ***beffroi*** (1861, *Ballu* architecte) font place à la superbe ***colonnade*** de *Perrault* qui marque l'entrée du ***palais du Louvre***. On suit ensuite la façade de *Le Vau*, puis la première partie de la galerie du Bord de l'eau bâtie sous Henri IV. Les ***guichets***, percés au XIXe s. par *Lefuel*, sont ornés de sculptures : à la base des arcades, à dr. la Marine marchande, à g. la Marine de guerre par *E. Jouffroy* et, au fronton, le Génie des arts, haut-relief en cuivre martelé par *A. Mercié*. De part et d'autre de celui-ci, les deux figures de fleuves sont l'œuvre de *Barye*.

Les berges abritèrent, du XIIIe au XIXe s., le port Saint-Nicolas, très actif, qui approvisionnait la capitale en denrées alimentaires provenant de France et de Hollande. Il fut remplacé en 1942 par un jardin promenade.

▷ Le quai Malaquais* *6e arr. / 35-H7*

Construit vers 1552 pour lutter contre les inondations, il s'étendait de la rue de Seine à la rue du Bac et s'appelait alors Mal-Acquet, du nom du port voisin où il était difficile d'accoster. De 1641 à 1662, il prit le nom de quai de la Reine-Marguerite dont le domaine s'étendait en bordure de la Seine jusqu'à la rue de Bellechasse à l'O.

Au no 3 l'hôtel Dorat, de style Louis XIII, possède un balcon en fer forgé; il fut habité par le maréchal de Saxe en 1744-1747. On aperçoit la ***statue de Voltaire*** par *Caillé* dans le petit square à g. Au no 5 l'hôtel de Chateauneuf, construit en 1625, présente cinq arcades de plein cintre dont les hautes fenêtres au dessin savant s'ornent de fins balcons et d'impostes à médaillons. La reine Marie-Antoinette, en 1791, prépara sa fuite dans cette maison. Au no 7, l'hôtel de Garsalan, édifié comme l'hôtel de Chateauneuf pour J. de Garsalan, conseiller et maître ordinaire de la Chambre aux deniers en 1622, fut dénaturé par plusieurs éléments. Au rez-de-chaussée se trouve la librairie Champion, plus que centenaire. Au no 9, l'***hôtel de Transylvanie***, bâti en 1622-1628, doit son nom à F. Rackoczy, prince de Transylvanie. Proscrit dans son pays, il se réfugia en France et y installa l'« Académie de jeu » qui joue un grand rôle dans Manon Lescaut de l'Abbé Prévost. Ce bâtiment conserve une décoration style Directoire au premier étage, et des plafonds aux poutres peintes du XVIIe s. Au no 13, la ***salle Melpomène***, bâtiment d'inspiration classique, a été conçue par l'architecte *Duban* en 1845 pour les expositions de l'école des Beaux-Arts. L'école annexa, à la même époque, le no 15 où habita A. France de 1844 à 1853. Au no 17, l'***hôtel de la Bazinière***, dit de Chimay, fut édifié en 1640 par *F. Mansart* et décoré par *Le Brun* pour Bertrand de la Bazinière, puis remanié au XVIIIe s. Marie-Anne Mancini, duchesse de Bouillon, y recevait La Fontaine et Henriette de France. Cet hôtel a été annexé en 1884 à l'école des Beaux-Arts. Au no 19 est né Anatole France le 16 avril 1844; George Sand y écrivit Lélia et y resta jusqu'en 1836.

▷ Le quai du Marché-Neuf
4e arr. / 36-K7

Situé sur l'île de la Cité, il fut commencé sous l'Empire mais ne fut complètement achevé qu'en 1860; il s'étend du Petit Pont au boulevard du Palais et longe la façade de la préfecture de Police qui l'occupe en presque totalité. Il doit son nom au marché aux poissons et aux légumes qui se tint à cet endroit à partir de 1568. Il ne possède qu'une berge très étroite. Au no 8 (disparu) se trouvait la maison où Th. Renaudot fonda, en 1631, le premier journal : la Gazette de France.

▷ Le quai de la Mégisserie*
1er arr. / 36-J7

Entre le pont au Change et le Pont-Neuf. Sa première édification date de 1369. Il prit alors le nom de quai de la Saunerie car il était situé près d'un grenier à sel. C'est l'un des plus anciens quais de Paris avec ceux de l'île de la Cité, après le quai des Grands-Augustins. Il fut reconstruit sous François 1er entre 1530 et 1539, et doit son nom actuel aux mégissiers qui travaillèrent les peaux à cet endroit pendant cinq siècles jusqu'à ce qu'ils soient chassés vers les rives de la Bièvre, sur la rive gauche. A ce niveau, le fleuve coulait dans un lit très encaissé qui formait une sorte de gorge, où le courant était particulièrement violent. Les arches des deux ponts Notre-Dame et au Change, très rapprochées, encombrées d'installations fixes, étaient décalées les unes par rapport aux autres, gênant le passage des bateaux conduits par les maîtres de pont. Cette chicane causa tant d'accidents que le lieu fut surnommé vallée de la Misère.

Le quai commence à l'ancien théâtre du Châtelet, aujourd'hui ***Théâtre musical*** *de Paris*, construit par *Davioud*. Il se termine rue du Pont-Neuf, percée en 1866, à l'angle de laquelle se trouvait autrefois le magasin de la Belle Jardinière construit en 1867. Ce quai est connu pour ses grainetiers, ses oiseleurs et ses marchands d'animaux.

▷ Le quai de Montebello*

5e arr. / 36-K7

Il commence un peu en aval du pont de l'Archevêché et se termine au Petit Pont. Il honore la mémoire du maréchal Lannes, duc de Montebello, tué à Essling (Autriche) en 1809. Le quai ne fut maçonné qu'en 1811-1813. Il longe l'ancien quartier des écoliers où se déroulaient, au Moyen Age, des cours magistraux en plein air appelés collèges. Derrière le petit *square Viviani*, on aperçoit l'une des plus vieilles églises de Paris : l'***église Saint-Julien-le-Pauvre*** *(→ Quartier Latin, Maubert-Saint-Séverin)* consacrée au rite catholique grec depuis 1889. Le square lui-même abrite un arbre vénérable, étayé de toutes parts, qui passe pour être le plus vieux de Paris : ce robinier, ou faux acacia, aurait été planté en 1601. Un peu en retrait, au n° 39 de la rue de la Bûcherie, on peut remarquer une des plus petites maisons de Paris, couverte d'un toit à une seule pente. Au débouché de la rue du Petit-Pont se tint jusqu'en 1782 le Petit Châtelet, forteresse qui commandait l'accès en rive g. de l'île de la Cité. Non loin de là se trouvait le port aux Bûches vers lequel étaient acheminés des trains flottants de bois de chauffage avant l'installation du port de Bercy.

« Avaleurs de nefs »

Du XIVe au XVIIIe s., des corporations plus ou moins stables regroupèrent les metteurs à port, les porteurs de grains, les chargeurs de bois et les maîtres de ponts ; chacune possédait attributions et privilèges. Dès le XIVe s., la traversée de Paris sur la Seine devint de plus en plus ardue, faisant naître un corps de mariniers spécialisés dans ce travail, dépendant du prévôt des marchands.

On les appela « avaleurs de nefs ». Ils étaient chargés de diriger les bateaux entre les arches au milieu du courant violent. Les embarcations ne pouvaient ni ne devaient naviguer sans cet intermédiaire qui les prenait en charge chacune à leur tour, par ordre d'arrivée. Une fois au port, elles étaient assaillies par les « metteurs à port » qui les amarraient ; les « planchéeurs » les reliaient à la rive par une passerelle, ensuite porteurs, déchargeurs et rouleurs rangeaient les marchandises à terre après que mesureurs et compteurs aient vérifié les denrées et que les officiers de la Hanse aient perçu les taxes.

Sous l'Ancien Régime, l'activité de ces « avaleurs » fut réglementée ; ils prirent le nom de maîtres de pont au XVIIIe s., puis de chefs de ponts au XIXe s., jusqu'à leur suppression en 1854.

▷ Le quai de New-York

16e arr. / 34-E6

Appelé aussi avenue de New-York, il commence au pont de l'Alma et se termine au pont de Bir-Hakeim. Son appellation changea souvent au cours des siècles : en 1610 ce quai, sous le nom de quai de Chaillot, n'était en réalité qu'un mur de soutènement renforcé. Quai de Billy en 1807, il donna son nom à la passerelle Debilly qui y aboutit et devint quai de Tokyo en 1918. Ce n'est qu'en 1945 qu'il prit le nom qu'il a aujourd'hui.

Le quai est dominé par le ***palais de Tokyo*** construit en 1937 par *Dondel, Aubert, Viard* et *Dastugue (→ Chaillot)*. Il s'élève à l'emplacement de la manufacture des tapis de la Savonnerie créée par Louis XIII sur le terrain d'une ancienne usine de savon. La manufacture fut réorganisée par Colbert en 1663, puis réunie à celle des Gobelins en 1826. Dans l'aile g. du palais était installé l'ancien musée national d'Art moderne aujourd'hui au centre Pompidou. A dr., on peut visiter le ***musée d'Art moderne de la Ville de Paris*** *(→ musées)*. Une abondante ***décoration sculptée*** recouvre les façades côté quai et les terrasses : sur les ailes, à g., Triton, trois Nymphes, Centaure et Eros par *M. Gaumont* ; à dr., Actéon, Sirènes, la Chasse et Hercule par *L. Baudry*. Au fond du bassin une vasque est soutenue par des chevaux marins en bronze par *F. Févola* ; autour, quatre Nymphes couchées par *L. Dejean*, *L. Drivier* et (les deux du centre) par *A. Guénot* ainsi que deux statues en pied, une Femme maure par *A. Quiquaud* et une Jeune Vendangeuse par *P. Vigouroux*. De chaque côté du grand escalier du fond : à dr. la Légende de la Mer, à g. la Légende de la Terre par *A. Janniot* (1930).

Plus en aval, le quai est dominé par les ***jardins du Trocadéro***, théâtre de nombreuses fêtes et illuminations nocturnes. Ils furent aménagés dans leur forme actuelle au moment de la construction du nouveau palais de Chaillot par les architectes *Carlu*, *Boileau* et *Azéma* à l'occasion de l'exposition des Arts et Techniques de 1937 *(→ Chaillot)*. De part et d'autre de la pièce d'eau centrale ont été installées des ***sculptures*** : en haut, à g., l'Homme par *P. Traverse*, et à dr. la Femme par *D. Bacqué* ; devant eux, deux fontaines en bronze doré : à g., une tête de taureau avec un daim par *P. Jouve* ; à dr., deux têtes de chevaux et un chien par *G. Guyot*. En bas, deux massifs en pierre : à g., la Joie de vivre par *L. Drivier* ; à dr., la Jeunesse par *P. Poisson*.

▷ Le quai des Orfèvres* *1er arr. / 36-J7*

Il s'étend sur l'île de la Cité, du pont Saint-Michel au Pont-Neuf. Un premier quai avait été édifié lors de la construction de ce pont et de la place Dauphine autour de 1600. Reconstruit au XVIIIe s., il doit son nom aux nombreux maîtres orfèvres qui s'y étaient établis. Il longe le *Tribunal correctionnel* construit entre 1907 et 1914 par *A. Tournaire* et décoré de quatre figures féminines de style 1900 : la Vérité par *A. Lombard*, le Droit par *A. Allar*, l'Eloquence par *R. Verlet* et la Clémence par *J. Coutan*. Le cadran solaire est décoré d'un bas-relief par *A. Injalbert* représentant le Temps et la Justice.

▷ Le quai d'Orléans* *4e arr. / 36-K7*

Sur l'île Saint-Louis, il commence au pont de la Tournelle et se termine rue Jean-du-Bellay, près de la passerelle Saint-Louis. Il fut édifié entre 1630 et 1647 et dédié à Gaston d'Orléans, frère de Louis XIII. Le n° 6 abrite la bibliothèque de la Société historique et littéraire polonaise et le *musée* polonais *Adam-Mickiewicz* (→ *musées*).

Sauf les n°s 18 (XVIIe s.) et 20 (XVIIIe s.), le reste des maisons du quai datent du XIXe s. *(→ île Saint-Louis).*

▷ Le quai d'Orsay** *7e arr. / 34, 35-G6*

Naguère le plus long de Paris sous l'appellation de quai de la Grenouillère, il a été amputé de ses deux extrémités (aujourd'hui quais Anatole-France et Branly) et ne s'étend plus que du pont de la Concorde à celui de l'Alma. Sa reconstruction, la rectification et l'aménagement des berges de la Seine, débutèrent en 1703 pour se terminer en 1813 par le rattachement de l'île des Cygnes à la rive gauche. *Ch. Boucher d'Orsay*, qui entreprit les travaux, lui a laissé son nom.

En amont, le palais de l'Assemblée nationale, dit *Palais-Bourbon (→ faubourg Saint-Germain)* a une façade construite en biais par rapport à l'alignement du quai (1806, *Poyet* architecte), de façon à être parallèle à la façade de l'église de la Madeleine au bout de la rue Royale, sur l'autre rive. A dr., l'*hôtel de Lassay (→ faubourg Saint-Germain)* construit par *Aubert* en 1724, sert de résidence au président de l'Assemblée depuis 1843.

En aval, au n° 37, le *palais des Affaires étrangères*, construit par *J. Lacornée* au début du second Empire dans le style néo-classique, possède des colonnes doriques au rez-de-chaussée et ioniques au premier étage. Devant lui se trouve le *monument à Aristide Briand*, exécuté en bronze par *P. Landowski* en 1937. Plus loin, l'esplanade des Invalides met en valeur la façade de l'*hôtel des Invalides* édifié par *Libéral Bruant* à la demande de Louis XIV. L'hôtel comprend notamment un hôpital militaire, le *musée de l'Armée (→ musées)* et le tombeau de Napoléon *(→ Invalides)*. A l'église des Soldats, achevée en 1676, *J. Hardouin-Mansart* ajouta le célèbre *dôme des Invalides* terminé en 1706. L'esplanade a été réaménagée en 1979-1980 selon le tracé que Robert de Cotte avait imaginé en 1750.

Les immeubles, après l'esplanade, sont très hétéroclites. Au n° 59, l'*Ambassade d'Afrique du Sud* (*Lambert*, *Thierrat*, *Garet*, architectes ; 1974) ; l'*église américaine* est une reconstitution néo-gothique (*Caroll Greenough*, architecte ; 1927-1931). Du n° 67 au n° 91 : quartier neuf construit depuis 1930 sur l'ancien parc d'attraction Magic-City, avec quelques exemples caractéristiques d'architecture moderne. Au n° 71 est mort l'auteur dramatique Edouard Bourdet (1887-1945). Au n° 89, dans l'*immeuble* de *Roux-Spitz* (1931), est mort Jean Giraudoux (1882-1944).

▷ Le quai de la Rapée *12e arr. / 45-H9*

Du pont de Bercy au boulevard de la Bastille, en face du bassin de l'Arsenal, ce quai n'était qu'un chemin et doit son nom à l'édification, au XVIIIe s., de l'hôtel de la Rapée, aristocratique demeure de campagne aujourd'hui disparue, appartenant à M. de la Rapée, commissaire général des guerres sous Louis XV.

En amont, se trouvait la barrière de la Rapée de l'ancien octroi de Paris qui percevait un droit sur toutes les marchandises entrant dans Paris par voie d'eau. En aval, au n° 48, perdue au milieu des constructions modernes, une usine de briques aux allures de château fort abrite la RATP. Du quai, on peut apercevoir l'horloge de la *gare de Lyon* bâtie en 1899-1900 par *Marius Toudoire*. Le quartier avoisinant a été presque entièrement reconstruit au XXe s. Au niveau du passage Genty et de la rue Van-Gogh, la construction d'un nouveau pont est prévue pour améliorer le trafic routier qui va s'accroître en raison de l'installa-

La Morgue

Installé en 1923 sur le quai de la Rapée, dans des bâtiments construits en 1914 par l'architecte Tournaire, l'Institut médico-légal, plus communément appelé la Morgue, était autrefois ouvert au public le dimanche, et même visité en famille. On venait y voir les cadavres trouvés sur la voie publique et les noyés repêchés dans la Seine. Une sorte d'ouverture permettait de les regarder pour les reconnaître. Et voilà bien le premier sens du mot : morguer, c'est regarder, observer. En effet, avant le XVIIe s. où le mot acquit son sens moderne, la morgue était la basse-geôle dans laquelle étaient incarcérés les prévenus de crimes ; elle se situait au rez-de-chaussée du Grand Châtelet. Les criminels emprisonnés étaient « morgués », c'est-à-dire observés par leurs geôliers non seulement pour les surveiller mais aussi pour se souvenir de leur physionomie et signes distinctifs. Cette cellule hautement surveillée passa au XVIIe s. du côté O. de l'édifice et le local fut affecté à l'exposition des cadavres.

tion, au n° 16 du quai, du futur *ministère des Finances (→ gare de Lyon)*. Seul bâtiment entre la voie sur berge et la rue, sous le pont du métro, se trouve l'Institut médico-légal (→ *encadré*) construit en 1923. Le port de la Rapée a installé ses vastes entrepôts de pierre, de bois, de plâtre et de matériaux de construction en tout genre sur les berges, à l'emplacement de l'ancien port Mazas ou port au Plâtre, déjà présent au XVIe s.

▷ Le quai Saint-Bernard *5e arr. / 37-L8*

Situé entre les ponts d'Austerlitz et de Sully, il porte le nom d'une porte sans doute percée à cet endroit dans l'enceinte de Philippe Auguste et reconstruite de façon monumentale sous Louis XIV ; celles de Saint-Denis et Saint-Martin, au N. de Paris, existent toujours ; celle-ci fut détruite en 1787.

Le quai longe tout d'abord les grilles de la ménagerie du jardin des Plantes. Du XVIe s. au XVIIIe s., ses berges furent un lieu de baignade très fréquenté. En aval, le port Saint-Bernard, vis-à-vis de la halle aux vins construite sous Louis XIV, servait de gare aux bateaux chargés de vin qui devaient y être contrôlés. Napoléon avait cherché à rassembler là les divers négociants et fit construire un entrepôt livré au commerce en 1814. Cette halle de Jussieu possédait des caves voûtées exceptionnelles, mais la concurrence des chemins de fer, sous le second Empire, entraîna son déclin. Elle fut détruite dans les années 1960 au moment de la construction des bâtiments de la faculté des Sciences qui bordent le quai. Au débouché du pont Sully, l'*institut du Monde arabe* (1987, *J. Nouvel*, *P. Soria* et *G. Lezenes*, architectes) possède une façade dont le motif, inspiré de l'art traditionnel musulman, change en fonction de la luminosité, grâce à une cellule photo-électrique placée entre les vitrages *(→ quartier du jardin des Plantes)*. A l'emplacement du port Saint-Bernard, les berges ont été transformées en promenade et rebaptisées *jardin Tino-Rossi* en 1985. La Ville de Paris y a installé un *musée de Sculpture* contemporaine, *en plein air (→ musées)*, sur le modèle du musée Hakoné, près de Tokyo (Japon). Vingt-neuf artistes ont donné ou prêté leurs œuvres. Parmi les plus célèbres figurent *César*, *Zadkine*, *Stahly*, *Ipoustéguy*, *Rougemont*.

▷ Le quai Saint-Michel* *5e arr. / 36-K7*

Situé entre le pont Saint-Michel et le Petit Pont, il fit l'objet de nombreux projets avant d'être construit entre 1812 et 1816. Auparavant l'espace était occupé par des maisons surplombant la berge basse et séparées par d'étroites ruelles perpendiculaires. Deux d'entre elles ont subsisté : la rue du Chat-qui-pêche, la plus étroite de Paris (2,50 m) et la rue Xavier Privas. Aujourd'hui la rive, qui longe le petit bras de la Seine, est très étroite à ce niveau du fleuve et le quai haut avance en surplomb sur la berge elle-même.

Au fond de la place Saint-Michel, la *fontaine* accolée au mur-pignon du premier immeuble fut réalisée par *Davioud* entre 1856 et 1860 et restaurée en 1980. La niche centrale abrite un groupe de bronze : *Saint Michel terrassant le démon* par *F. Duret (→ Quartier Latin)*.

▷ Le quai de la Tournelle***
5e arr. / 36-K8

Situé entre les ponts Sully et de l'Archevêché, il offre une *vue* splendide sur l'arrière de Notre-Dame. Il fut créé en 1554 sous le nom de quai des Bernardins et prit, en 1750, le nom de la Tournelle, vieille tour carrée qui fermait le mur d'enceinte de Philippe Auguste au Moyen-Age et qui était reliée à la tour Loriaux, sur l'île Saint-Louis, par une chaîne permettant de barrer la Seine. Le port de la Tournelle était spécialisé dans le commerce du foin à partir du XVIe s., puis du bois et du charbon. Après le déplacement de la fourrière de la préfecture de Police qui s'y trouvait jusqu'en 1976, les berges ont été aménagées et plantées, le quai restauré.

Au n° 15, le célèbre restaurant *la Tour d'Argent*, fut créé à cet emplacement sous le règne d'Henri II, en 1582. Un petit *musée de la Table (→ musées)* y est installé au rez-de-chaussée depuis 1958. Au n° 27, une *façade* du XVIIe s. (*Leduc*, architecte). C'est à cette hauteur que se trouvait le point de départ du coche d'eau pour Fontainebleau, lorsque la Cour y résidait. Au n° 37, hôtel du XVIIe s. (transformé ultérieurement dans sa partie supérieure). Le n° 47 est appelé *hôtel de Miramion* en raison de la présence, du XVIIe s. à la Révolution, d'une congrégation des Filles de Sainte-Geneviève (ou Miramiones), fondée par Mme de Miramion. En 1810, l'hôtel devint la Pharmacie centrale des hôpitaux de Paris, puis fut transformé, à partir de 1934, en *musée de l'Assistance publique (→ musées)*. L'hôtel voisin, au n° 57, a été construit en 1636 pour F. de Nesmond, surintendant du prince de Condé. La famille de Nesmond est la première qui fit graver son nom à la porte de son hôtel. Un tel geste ne manqua pas de scandaliser. Mais l'écrit subsista. A la Révolution, l'inscription se transforma en « Hôtel cy-devant Nesmond » que l'on peut encore lire sur le portail. L'hôtel a été entièrement restauré en 1978-1979 et transformé en appartements. Au n° 61, hôtel du XVIIIe s. récemment restauré. La *rue de Bièvre* porte le nom de la rivière *(→ quartier des Gobelins)* qui coulait autrefois à l'air libre, et marque la fin de ce quai.

▷ Le quai des Tuileries**
1er arr. / 35-H6

Il commence en aval des guichets du Louvre devant le pont du Carrousel et se termine au pont de la Concorde. Il doit son nom au voisinage de l'ancien palais des Tuileries. Jusqu'en 1731, un chemin étroit séparait les fossés des Tuileries de la Seine. Elargi après la démolition de la porte de la Conférence (→ *Tuileries*), il fut transformé en quai en 1806 sur ordre de Napoléon, puis bordé de platanes sous le second Empire.

Le quai longe la seconde partie de la *Grande Galerie du Louvre* — des guichets du Carrousel, au pavillon de Flore — construite sous le règne de Henri IV et entièrement réédifiée en 1863 par *Lefuel*. On admirera la richesse du décor sculpté et, au centre de la façade, la porte encadrée des deux *lions* en bronze de *Barye*. Le *pavillon de Flore*, également reconstruit par *Lefuel*, est orné sur la façade côté Seine, de deux compositions dues à *Jean-Baptiste Carpeaux* : au-dessus du fronton semi-circulaire, la France portant la Lumière dans le monde et protégeant l'Agriculture et la Science, et, au-dessous, un groupe charmant, le Triomphe de Flore *(→ les maquettes en plâtre, à demi-grandeur, au musée d'Orsay)*. En aval, le jardin des Tuileries est caché en partie à la vue. Il fut réaménagé entièrement par *A. Le Nôtre* à la demande de Colbert ; les grilles et les balustrades du côté du quai ont été restaurées en 1980. Le quai débouche ensuite *place de la Concorde*. Très vaste, elle fut aménagée entre 1757 et 1763 par *Gabriel*, mais ne prit son aspect définitif qu'en 1830 après l'intervention d'*Hittorff*.

▷ Le quai Voltaire *6e et 7e arr. / 35-H7*

Ce quai, qui s'est appelé Malaquais puis des Théatins, prit le nom de Voltaire en 1791. Il s'étend de la rue des Saints-Pères à la rue du Bac. Quelques-uns des plus grands antiquaires parisiens y ont leur boutique.

Au n° 1, l'*hôtel de Tessé* fut construit à la fin du XVIIIe s. par l'architecte *Le Tellier*. Au n° 9 vécut le comte Charles-Gustave Tessin, ambassadeur extraordinaire de Suède, grand mécène et grand collectionneur à qui le Musée national de Stockholm doit une part importante du fonds de peinture française. Vivant Denon, qui fut directeur du Louvre a aussi habité ici. Ingres est mort au n° 11. Au n° 13, Delacroix eut son logement et son atelier où il fut remplacé par Corot ; ce fut, en 1789, le siège du Moniteur universel. Du n° 15 au n° 25 s'élevait l'ancien couvent des Théatins dont il ne reste que le portail méridional, rue de Lille. Au n° 17, où Ingres eut un atelier, se trouvait jadis l'entrée de ce couvent. Le n° 19 est un vieil hôtel de voyageurs et date du XVIIe s. : Baudelaire y logea de juillet 1856 à décembre 1858 ; Wagner y acheva le poème des Maîtres chanteurs (déc. 1861-1er févr. 1862) ; Jean Sibélius et Oscar Wilde y vécurent ; dans le petit salon à dr., souvenirs de Baudelaire. Au n° 25, Montherlant a mis fin à ses jours en 1972, dans un appartement qui donne sur les quais. Musset y habita dans une maison appartenant aux Théatins. Au n° 27, hôtel de Villette (XVIIe s.) où Voltaire termina sa vie mouvementée. Il logeait avec sa nièce Mme Denis, chez le marquis de Villette et il recevait ici Condorcet, Camille Desmoulins, les frères Lameth, Franklin ; cependant lorsque vint le moment de sa mort, malgré l'opposition du docteur Tronchin et de la marquise de Villette, Voltaire fut relégué dans une buanderie au fond du jardin ; ses obsèques se firent dans les drames et donnèrent lieu à une comédie macabre. Au n° 29, l'*hôtel de Mailly-Nesle* date du XVIIe s. Cet hôtel fut habité par Marie d'Agoult en 1830 et, en 1848, par Victor Considérant ; actuellement ***siège de la Documentation française.***

La pêche à Paris

Contrairement aux apparences, et malgré un aspect trouble, l'eau de la Seine, dans Paris, est de plus en plus accueillante aux poissons. On y trouve brèmes, tanches, carpes, brochets et truites.
Jusqu'à la Deuxième Guerre mondiale, la pêche en milieu urbain était une activité importante, mais on assista à un déclin en raison de la pollution croissante de l'eau. Sous l'impulsion des sociétés de pêche, la Ville de Paris fit un énorme effort d'assainissement de l'eau, de réempoissonnement et de réimplantation de la flore aquatique. Elle procède à des tests huit fois par an. Le milieu de vie a tendance à se purifier.
L'union des Pêcheurs parisiens, qui gère tous les baux de pêche de la Seine parisienne, regroupe 3500 membres environ.

▷ La voie express Georges-Pompidou

Cette voie express rive dr. constitue un axe O.-E. permettant une traversée rapide de Paris du pont du Point-du-Jour au pont qui prend appui sur le quai d'Ivry, sans croisements ni feux rouges. Les deux extrémités se raccordent au boulevard périphérique. D'une longueur totale de 13 km, la voie express, en sens unique, à deux files de circulation, comprend 5 km de voies sur quais, 5 km de voies sur berges et 3 km de souterrains ; elle permet aux voitures d'éviter vingt-deux carrefours. Le trafic des quais rive dr., qui était de 75 000 voitures par jour, a vu son débit doubler.

Dès 1961, un premier tronçon sur berge, d'une longueur de 800 m, a été mis en service entre l'avenue de Lamballe et la rue Beethoven ; par ailleurs, le passage souterrain de la place de l'Alma, long de 142 m, remonte à 1956. Mais tout le reste de l'ouvrage aura été réalisé en quatre ans, du début de 1964 à la fin de 1967. Pour faciliter le trafic dans les quartiers E. de Paris en pleine mutation, un programme devrait être mis en œuvre comprenant l'élargissement de la voie express de trois à cinq voies au niveau du pont d'Austerlitz, ainsi que le réaménagement du carrefour formé par le quai Henri-IV, le pont Morland et le boulevard Bourdon. Il est conseillé d'emprunter en voiture la voie express, au coucher du soleil, pour contempler la rive g., les ponts et les îles sous un bel angle de vue.

Le Quartier Latin**

Dès le Moyen Age, avec l'ouverture des premiers collèges puis de la Sorbonne, ce quartier fut fréquenté par de nombreux étudiants. Parce que l'Eglise détenait et diffusait alors seule le savoir, c'est en latin que l'enseignement était délivré, et en latin que s'exprimaient tous les étudiants dans le quartier.

Aujourd'hui encore la tradition médiévale s'est maintenue : on trouve ici les plus grands lycées, de nombreuses écoles et instituts supérieurs, et les universités parisiennes les plus prestigieuses y ont leur siège autour de leur illustre doyenne, la Sorbonne.

Mais le quartier a bien changé. Les rues piétonnes livrées à la restauration orientale et à la vente de colifichets, celles plus secrètes où le pittoresque est savamment entretenu par des opérations immobilières d'un luxe discret, nous font oublier que toutes ces ruelles autour de Saint-Séverin et sur le talus de la montagne Sainte-Geneviève jusqu'à la place Maubert furent le repaire des étudiants tapageurs et des mauvais garçons. La vision romanesque de l'étudiant famélique travaillant à la chandelle dans une obscure mansarde ne résiste pas à l'épreuve des restaurants grecs et des façades cossues. Même le Boul'Mich n'est plus ce qu'il était : ses pavés ont disparu et ses cafés d'artistes ou d'hommes politiques ont cédé la place aux établissements de restauration rapide et aux aguicheuses boutiques de prêt-à-porter. Le Quartier Latin garde pourtant un caractère inimitable et inimitablement parisien, grâce à son animation perpuétuelle, le jour comme la nuit, et grâce aux très nombreux étudiants, venus parfois du monde entier, qui s'y retrouvent comme à un carrefour obligé, entre une bibliothèque, un café, une salle de cours ou une séance de ciné-club.

La visite du Quartier Latin est divisée en trois promenades : le quartier Saint-Séverin, la montagne Sainte-Geneviève et le boulevard Saint-Michel.

Le quartier Saint-Séverin*

5e arr. / 36-J7-K7
Métro : Saint-Michel
Bus : 24, 47, 63, 86, 87
Taxis : place Saint-Michel ☎ 43.29.63.66
P place du Parvis-Notre-Dame.

Le quartier Saint-Séverin est l'un des plus anciens de Paris. Formé au XIIIe s., ses ruelles médiévales ont été tracées sur des clos laissés jusque là en culture qui portaient le nom des premiers propriétaires (Mauvoisin, près de la Seine; Garlande plus au sud). Le lotissement commença dès 1202, sur le fief de Garlande dépendant de l'abbaye Sainte-Geneviève. Des groupes de maisons se formèrent (rues Galande, du Fouarre, des Trois-Portes et de la

Bûcherie). Lorsque l'Université s'installa sur la rive gauche (1215), de nombreux collèges furent créés pour accueillir les étudiants (ceux de Narbonne et de Bayeux se trouvaient rue de la Harpe). Le collège de la nation de Picardie fut le dernier ouvert; il subsistait encore sous Louis XV.

Au réseau de rues tracées au Moyen Age, se sont juxtaposées des percées dues à l'urbanisme de la seconde moitié du XIXe s. : la rue des Ecoles (1854), les rues Lagrange (1887) et Dante (1896); les rues Saint-Jacques et Boutebrie ainsi que la place Maubert ont été élargies. Le quartier Saint-Séverin a connu, au cours de son histoire, de profondes transformations sociales : le commerce et la haute bourgeoisie s'y maintinrent jusqu'au XVIIIe s.; la population devint très modeste au XIXe s. : Huysmans, dans la Bièvre et Saint-Séverin, a évoqué la vie des cabarets mal famés et des marchands de moules cuites. L'insalubrité était telle qu'on pensa raser le quartier.

Grâce aux restaurations il connaît aujourd'hui une vie nouvelle qui mélange les aspects pittoresques et commerciaux. Pour les amateurs d'architecture, il est préférable d'effectuer cette promenade le matin, car dans la soirée le spectacle est plutôt dans la rue.

Visite du quartier

1 h 30

▷ **L'église Saint-Séverin**★★ *1, rue des Prêtres-Saint-Séverin / 11 h-13 h/16 h-19 h 30; dim., 9 h-13 h/15 h 30-20 h ☎ 43.25.96.63*

L'église Saint-Séverin, l'une des plus belles églises de Paris, est particulièrement intéressante pour son architecture gothique flamboyante. Elle a inspiré au peintre *Robert Delaunay* une série de toiles célèbres.

Histoire de l'édifice

Vers 650, une chapelle fut fondée par un moine solitaire du nom de saint Séverin. Brûlée par les Normands, elle fut reconstruite au XIe s. et, vers la fin du XIIe s., le curé Foulque y prêcha la quatrième croisade. La construction de l'édifice actuel commença dans la première moitié du XIIIe s. et se poursuivit au XVe s. Au début du XVIe s. des chapelles furent ouvertes dans les bas-côtés et dans le déambulatoire. Comme beaucoup d'églises parisiennes, Saint-Séverin fut remis au goût du jour au XVIIe s. : le chœur perdit ses caractères gothiques et reçut, en 1682-1683, une *décoration* exécutée par *J.-B. Tuby*, sur les dessins de *Le Brun* et aux

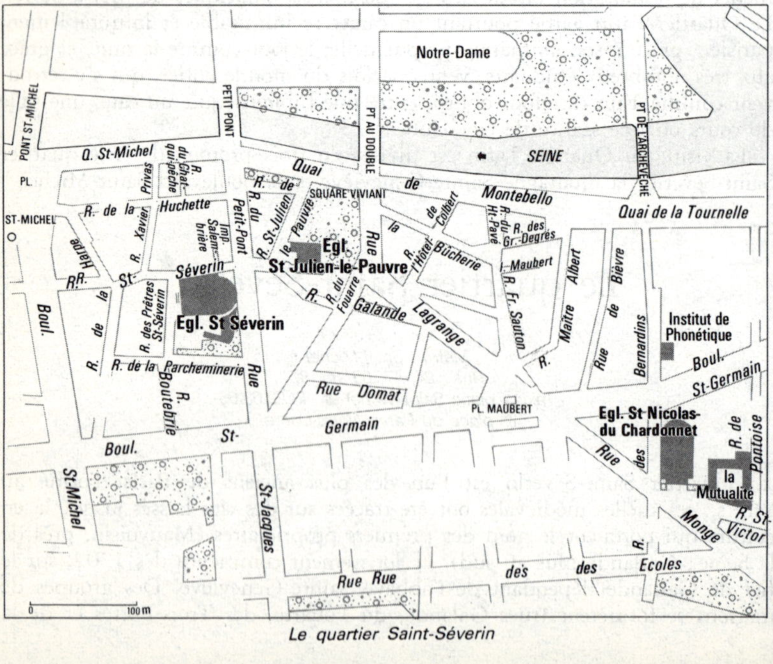

Le quartier Saint-Séverin

frais de la duchesse de Montpensier ; c'est à cette époque que disparut le jubé qui datait du XVe s. Fermée en 1793, transformée en dépôt de poudre et de salpêtre puis en magasin de fourrage, l'église fut rendue au culte en 1803. En 1837, le portail de l'ancienne église Saint-Pierre-aux-Bœufs, démolie par le percement de la rue d'Arcole dans la Cité, fut transféré sur la façade occidentale de l'édifice. Plusieurs artistes furent amenés à décorer les chapelles des bas-côtés entre 1840 et 1870 : *Paul* et *H. Flandrin*, *Signol*, *Schnetz*, *Gérôme*, *Biennoury*...

L'extérieur

Le ***portail*** de la façade principale *(rue des Prêtres-Saint-Séverin)*, du milieu du XIIIe s., provient d'une église de la Cité d'où il a été transporté en 1837. Au tympan, la Vierge et l'Enfant Jésus par *Ramus* (1839). A g. de la façade s'élève une ***tour*** des XIIIe et XVe s. au pied de laquelle, du côté N. (rue Saint-Séverin), s'ouvre une porte qui servait primitivement d'entrée principale ; au tympan, Saint Martin par *Maillet* (1853). Dans l'angle voisin, une niche à dais flamboyant abrite la statue de Saint Séverin par *Thomas* (1847). En contournant l'église par la rue Saint-Séverin et la rue Saint-Jacques, on découvre les chapelles surmontées de pignons surchargés d'arcades flamboyantes. Sur le ***flanc S.*** de l'église *(rue de la Parcheminerie)* se trouvent les galeries voûtées d'ogives des charniers de Saint-Séverin (XVe s.).

En 1428, « l'œuvre Saint-Séverin » acheta à l'abbé des Eschallis son hôtel, pour établir un cimetière sur l'emplacement. On édifia trois galeries ; celle de l'O., où étaient entassés les ossements, ne fut achevée qu'en 1608. Ce type de cimetière (qui était aussi celui des Saints-Innocents) est très ancien et dérive sans doute de l'atrium romain, comme l'indiquerait le mot aître (« aître Saint-Maclou » par exemple, pour cimetière Saint-Maclou à Rouen) ; les fidèles l'appelaient aussi paradisius qui donna parvis. Une partie de ces galeries a été démolie au XIXe s. Les pignons datent des restaurations entreprises vers 1920.

L'intérieur

La nef. ***Buffet d'orgue**** construit par le menuisier *Dupré* et sculpté par *Fichon* (1745) ; la tribune est fermée par une élégante rampe en fer forgé. L'instrument, qui remonte au XVIIIe s., fut apprécié par Fauré et Saint-Saëns ; il a été complètement restauré en 1962, et partiellement en 1982. Les trois premières travées sont du XIIIe s., les cinq suivantes du XVe s. ; la séparation des deux styles est bien tranchée. Un détail montre l'insertion de la deuxième construction dans la première : à la troisième travée, la voûte du XVe s. retombe sur les chapiteaux du XIIIe s. La ***rose*** de la façade est le plus beau vitrail de l'église : Arbre de Jessé (début du XVIe s.), malheureusement caché par l'orgue. Aux fenêtres des trois premières travées, vitraux de la fin du XIVe s., restaurés au XIXe s. ; ils proviennent de Saint-Germain-des-Prés et représentent de grandes effigies d'apôtres. Aux fenêtres des travées suivantes et à celles de l'abside, vitraux de la seconde moitié du XVe s.

Le bas-côté dr. et ses chapelles. Les chapelles latérales sont couvertes de ***peintures murales*** commandées par la Ville de Paris au XIXe s. 1re chapelle : le Baptême du Christ et la Prédication de saint Jean Baptiste par *P. Flandrin* (1843) ; 2e chapelle : Vie de sainte Anne par *Heim* (1849) ; 3e chapelle : le Mariage de la Vierge et la Fuite en Egypte par *Signol* (1845) ; 4e chapelle : Vie de saint André par *Schnetz* (1849) ; une porte donne accès aux charniers ; 5e chapelle : Saint Paul et Saint Pierre par *Biennoury* (1850) ; 6e chapelle : Sainte Marie Madeleine par *Murat* (1844). Les vitraux de ces chapelles furent commandés à *E. Hirsch* en 1876.

Les commandes de la Ville de Paris au XIXe siècle

La Révolution avait vidé les églises. Lorsque la liberté fut rendue aux cultes, sous le Consulat, les célébrations reprirent dans des édifices dépouillés de toute parure. A partir de la Restauration et jusqu'aux premières années de la troisième République, les régimes successifs s'efforcèrent de redonner aux églises quelque chose de leur ancienne splendeur. Beaucoup de tableaux et de sculptures furent remis en place. Sous l'impulsion du comte de Chabrol, préfet de la Seine de 1814 à 1830, et qui jouissait de toute la confiance de Louis XVIII et de Charles X, la Ville de Paris se mit à commander chaque année des œuvres destinées à la décoration des églises.

Ce furent d'abord de grands tableaux, tels ceux qui garnissent encore la nef de Saint-Jean-Saint-François (→ Marais, Archives). Après 1820, l'administration fit exécuter de plus en plus de peintures murales. Eclectique dans ses choix, le service des Beaux-Arts de la Ville ne favorisa aucune tendance. Les héritiers du classicisme davidien (Drolling, Granger) furent invités à travailler dans les églises aussi bien que les mystiques archaïsants (Orsel, Périn), les ingristes fidèles (Flandrin, Signol) comme certains romantiques (Delacroix, Chassériau, Achille Devéria). Les sculpteurs ne reçurent pas moins de commandes, depuis le sévère Ottin jusqu'au fougueux Préault.

L'art religieux a connu, avec le XIXe s., une période de grande floraison dont on redécouvre aujourd'hui toute la variété après une longue époque de mépris qui en enveloppait indistinctement toutes les manifestations sous l'épithète générale de « sulpicien ». Les commandes de la Ville de Paris ont beaucoup contribué à alimenter ce mouvement.

Les musées à voir

Musée de l'Assistance publique (7, quai de la Tournelle) : histoire des hôpitaux parisiens. Musée de la Table (restaurant de la Tour d'Argent, 15, quai de la Tournelle) : table et gastronomie.

Le chœur. L'église n'a pas de transept. Le chœur fut mis au goût du jour au XVIIe s. Trois des *arcades* ont conservé leur revêtement en marbre exécuté par *Tuby* au XVIIe s. ; les autres ont été dégagées.

Le déambulatoire et ses chapelles. Les chapelles des bas-côtés ont été revêtues de ***peintures murales*** au XIXe s. 7e chapelle : peintures de *H. Flandrin* (1840) ; 8e chapelle : Vie de sainte Geneviève par *Alexandre Hesse* (1850) ; 11e chapelle : Adam et Eve chassés du Paradis par *Mottez* (1865) ; 12e chapelle : la Communion de saint Jérôme et les Pestiférés de Marseille par *Gérôme* (1850) ; 10e chapelle : Vierge à l'Enfant Jésus par *Bridan* (XVIIIe s.) ; une porte donne accès à la chapelle construite par *Jules Hardouin-Mansart* (1673). Le ***déambulatoire**** est double, particularité très rare en dehors de Paris où l'influence de Notre-Dame s'impose. Construit de 1489 à 1494, c'est, avec ses ***voûtes**** en palmiers, un des chefs-d'œuvre du style flamboyant. On remarquera la colonne d'axe autour de laquelle huit colonnettes grimpent en s'enroulant comme des lianes, suggérant ainsi une idée de dynamisme et de déséquilibre. Dans les chapelles de l'abside, ***vitraux*** de *Jean Bazaine* (1966) illustrant les Sept Sacrements.

Contre le mur de la tour, au-dessus du bénitier, inscription à la mémoire de Bertrand Ogeron, mort dans la paroisse en 1676 après avoir organisé le gouvernement de l'île d'Haïti de 1664 à 1675. A l'entrée à g. : Saint Luc écrivant l'Evangile, peinture de l'école française du XVIIe s. Les chapelles du XVIe s. s'étendent sur deux travées ; les peintures murales du XIXe s. ont presque complètement disparu. 2e chapelle : ancien maître-autel en marbre rouge du XVIIe s. Au-dessus de la porte de la sacristie : ***Saint Paul*** par *Cl. Vignon* (XVIIe s.). Dans la sacristie : ***Crucifixion*****, peinture sur bois de *Pierre II Brueghel*.

▶ La *rue des Prêtres-Saint-Séverin*. La rue médiévale a été élargie en vertu d'une ordonnance royale de 1837. Son côté g. est occupé par l'église Saint-Séverin et son *presbytère* néo-gothique (aménagements des années 1913-1922). Le côté dr. de la rue est occupé par une bibliothèque pour enfants ; lors des travaux de construction, en 1973, des sarcophages mérovingiens furent découverts.

▷ La rue de la Parcheminerie

Très animée au Moyen Age, elle était la rue des écrivains publics, des libraires, des copistes, des marchands de parchemins. Cette rue intellectuelle s'appelait alors la rue des Escrivains. Le no 29 est un hôtel d'époque Louis XV construit pour Claude Dubuisson, contrôleur au change de la Monnaie (fenêtres, plates-bandes, agrafes, frises, balcons, escalier intérieur). Voir aussi le no 28 : vieille maison avec, au rez-de-chaussée, les tablettes d'inventaire de deux anciennes boutiques, comme au Moyen Age. La rue a perdu quelques vieilles maisons, en 1906, lors de l'élargissement de la rue Saint-Jacques. ▶ Le ***square André-Lefèvre*** se trouve sur le flanc méridional du charnier de Saint-Séverin. Il fut inauguré en 1923. Deux beaux arbres (catalpas) encadrent le buste d'*Emile Verhaeren* (1855-1916), poète flamand de langue française (bronze par *C. Scrouvens*). ▶ ***La rue Boutebrie***. Cette vieille rue (par déformation de Erembourg de Brie) du XIIIe s. conserve sans doute les plus ***anciennes maisons*** du quartier sur son côté pair. Le no 6 est une belle maison à pignon du XVIe s. Le no 8 (immeuble de quatre étages) renferme un escalier de la fin du XVIe s. (difficilement visible) orné de grands motifs végétaux. Le no 10 est une maison Louis XIII pour la partie N. Le célèbre enlumineur Honoré habitait la rue à la fin du XIIIe s. ▶ Emprunter le boulevard Saint-Germain (qui, sur ce tronçon, a absorbé l'ancienne rue du Foin) avant de tourner à dr. dans la rue de la Harpe.

▷ La rue de la Harpe

D'abord connue sous le nom de via Inferior (par rapport à la rue Saint-Jacques qu'elle doublait), cette très vieille voie fut pendant des siècles la première rue des étudiants. Son importance venait de ce qu'elle desservait les thermes et les collèges de la montagne Sainte-Geneviève ; elle rejoignait la rue Monsieur-le-Prince. Elle a été absorbée en 1855, dans sa partie méridionale, par les travaux du boulevard Saint-Michel. La rue doit son nom à une enseigne qui représentait le roi David. La section comprise entre la rue Saint-Séverin et la rue de la Huchette a longtemps porté le nom de Petite-Boucherie.

Aujourd'hui *rue piétonne*, c'est une véritable rue à spectacle ; déjà, en 1948, il y eut là le cabaret de La Rose Rouge qui assez vite se transporta à Saint-Germain-des-Prés. Son côté impair est bordé par de très beaux ***hôtels*** du XVIIe s. (nos 23, 27, 29, 51, 53). Au no 47, belle maison du XVIIIe s. Le no 45 est un grand hôtel du milieu du XVIIIe s. (ferronneries et mascarons sur rue et sur cour). Le no 35 est un hôtel d'époque Louis XV (arcades à mascarons, tympans d'entresol en bois richement sculptés). C'est dans cette rue que Mme Roland fut arrêtée le 2 juin 1793. Faire un aller-retour dans la partie située entre la rue Saint-Séverin et la rue de la Huchette : ***maisons anciennes*** aux nos 15, 5 et 12, 10, 8.

A ne pas manquer

L'hôtel de Cluny et les thermes
La Sorbonne
Le Panthéon, la place et la rue Soufflot
Le jubé de Saint-Etienne-du-Mont
Le lycée Henri-IV
Les églises Saint-Séverin et Saint-Julien-le-Pauvre

▷ la rue Saint-Séverin

La partie de cette rue, entre la rue de la Harpe et le boulevard Saint-Michel, a été réalisée en 1855 lors de la formation du boulevard Saint-Germain. Dans les années soixante, l'îlot Saint-Séverin a été le ***modèle de rénovation*** en quartier ancien, caractérisé jusqu'alors par des destructions presque complètes. L'îlot (tracé du XIIIe s.) s'étendait de la Seine au boulevard Saint-Germain, et de la rue de Poissy au boulevard Saint-Michel. Les architectes *Albert Laprade* et *Claude Charpentier* ont voulu ainsi « rendre perceptible une architecture sans laquelle une qualité de vie ne saurait être pensable ».

Au n° 34, bel hôtel milieu XVIIIe s. (ferronneries, lucarnes sur rue, mascarons et deux escaliers en fer forgé dans la cour). Dans cette rue, il faudrait sans cesse lever les yeux vers les ***balcons***, les ***ferronneries***, les ***impostes*** de ces maisons (n°s 20, 16, 14, 12, 8, 4) des XVIIe et XVIIIe s. Le n° 14 est une maison d'époque Louis XIV, récemment restaurée. Au n° 13, au-dessus d'un cinéma, voir l'enseigne sculptée dans la pierre : Au Cygne de la croix. Au n° 12 aurait habité l'abbé Prévost, auteur de Manon Lescaut. Au niveau du n° 4 bis, l'***impasse Salembrière*** *(privée et fermée par une grille)* est mentionnée dès la première moitié du XIIIe s. ; son nom lui vient d'une famille (sans doute d'origine italienne : Salimbene) qui y possédait une maison.

▷ La rue Xavier-Privas *à dr. de la rue Saint-Séverin en revenant sur ses pas*

Percée en 1219, cette rue fut longtemps la rue des peaussiers et porte depuis 1929 le nom du poète chansonnier Xavier Privas. Presque toutes les maisons sont du XVIIe s. ou du XVIIIe s. Au n° 20, les trois ***mascarons*** du XVIIIe s. proviennent de l'ancienne façade. Au n° 5, maison XVIIe s. avec enseigne sous forme d'un tableau en haut relief (bois) représentant un coq dans des moulures.

▷ La rue de la Huchette

Elle aura bientôt 800 ans et n'a pas changé de nom depuis le XIIIe s. Elle était alors surtout la rue des rôtisseurs et des lapidaires diamantaires. Une enseigne de la Huchette, ou petite huche, est probablement l'origine de cette dénomination. La rue traversait le clos de Laas. Sur le côté N. se trouvait, aux XIIIe et XIVe s., la résidence parisienne de l'abbé de Pontigny. Elle a connu une certaine célébrité au lendemain de la Libération lorsque les Américains venaient sur les traces de Hemingway et de Henry Miller dans le charmant hôtel du Mont-Blanc. Cet hôtel était aussi, pour Pablo Neruda, un havre de paix lorsqu'il était l'ambassadeur à Paris du gouvernement Allende.

Aujourd'hui ***piétonne***, mi-grecque, mi-asiatique, elle conserve de belles ***ferronneries*** du XVIIIe s., époque à laquelle elle était habitée par les ambassadeurs étrangers. Faire un détour sur la dr. pour apprécier la rue dans son ensemble. Au n° 23, le ***théâtre de la Huchette***, ouvert en 1948. En 1957 il a présenté deux pièces de Ionesco : La cantatrice chauve et La Leçon qui n'ont pas quitté l'affiche depuis ! C'est le record de longévité du théâtre contemporain. La façade d'époque Louis XIV du n° 14 a été badigeonnée en blanc ; elle porte un Y, gravé en marbre noir, qui était une enseigne de mercier-bonnetier. Les n°s 17 et 15 sont du milieu du XVIIIe s. Le n° 11 a conservé, à l'intérieur, un escalier du XVIIe s. : c'est l'ancien restaurant Bouillon que Huysmans appelait « le Café anglais des purotins est des indigents » ; il a été remplacé entre les deux guerres par un bal-musette noir qui fut célèbre. Le n° 10 est du milieu du XVIIIe s. Bonaparte y aurait vécu. Au n° 4, une enseigne de pierre ***A la Hure d'Or*** (1729) est toujours visible dans un cartouche apposé sur la façade de l'immeuble (XVIIIe s.).

▶ La ***rue du Chat-qui-pêche*** n'est ni plus large (2,50 m), ni plus claire, ni plus propre que lors de sa naissance (fin du XVIIIe s.). Elle est toujours là pour les touristes en mal de pittoresque. Longtemps une pancarte interdisait le stationnement dans les deux sens ! ▶ La ***place du Petit-Pont***. Le Petit Châtelet, forteresse protégeant l'accès de la rive gauche, avait été reconstruit en pierre sous Charles V au XIVe s. Charles VI y logea le prévôt de Paris. Ayant servi longtemps de prison, le Petit Châtelet subsista jusqu'en 1782, date à laquelle sa démolition permit une modification des annexes de l'Hôtel-Dieu et l'aménagement de la place du Petit-Pont.

▷ La rue du Petit-Pont

Ouverte au XIIe s. au débouché du pont du même nom, elle a été refaite aux XVIIIe et XIXe s. comme le montrent certaines des maisons qui la bordent ; voir les ***fenêtres*** et les ***ferronneries*** aux n°s 5, 7, 9, 15. Les n°s 9 et 11 ont été récemment restaurés. La rue ayant été élargie en 1907, seules les maisons du côté impair sont anciennes. D'un parcours peu étendu, la rue du Petit-Pont est la première section de la rue Saint-Jacques. ▶ Dans la ***rue Saint-Jacques***, bel immeuble au n° 21 : maison du XVIIIe s. au fond de la cour.

Suite de la rue Saint-Jacques → *la montagne Sainte-Geneviève.*

▷ La rue Galande

Très vieille, elle tient son nom du fief de Garlande. Jadis parallèle à la voie romaine qui menait vers les Gobelins et l'Italie, elle devint, au XVIIe s., une rue large et « chic » avec d'opulentes demeures où habitèrent des gens d'épée et de robe; mais elle tourna mal au siècle suivant et fut la rue des cabarets mal famés.

A l'angle de la rue Saint-Julien-le-Pauvre et de la rue Galande (56, rue Galande), l'*enseigne des Trois Mailletz* est suspendue au-dessus de la porte d'un cabaret (cette restitution se justifie à cet emplacement, où une maison du Maillet est connue en 1465).

Au n° 52, *Caveau des Oubliettes* (cabaret) : maison du XVIIe s. reposant sur des assises médiévales; il possède un escalier à deux noyaux facilement visitable; côté Saint-Julien-le-Pauvre, l'aspect médiéval a été ajouté au XIXe s. : faux colombages, fausses petites fenêtres en accolade. Le caveau est la maison historique de la vieille chanson de France. Il se double d'un petit *musée des instruments de tortures (réservé aux clients du cabaret de 21 h à 2 h)* qui fait un peu grand guignol.

Au n° 50, la boutique *Le Chat Huant* occupe une maison du Moyen Age refaite au XVIIe s.; elle conserve un bel *escalier* à balustres tourné sur trois noyaux *(accès sur demande préalable).* Derrière la façade des n°s 59-61, datée de 1910, s'élève une très belle *cage d'escalier* à balustres en bois, sans doute du XVIIe s. *(accès réservé aux habitants de l'immeuble).* Le n° 65 est la façade (restaurée) d'une ancienne grande demeure : hôtel de Châtillon au XVIe s., de Lamoignon au XVIIe s. et de Lesseville au XVIIIe s.

Au n° 46, *auberge des Deux Signes.* Elle conserve de précieux souvenirs archéologiques : le grand fenestrage gothique du pignon O. de la chapelle Saint-Blaise, un beau puits et un escalier en vis du prieuré de Saint-Julien qui donne accès à de vastes caves voûtées. La chapelle Saint-Blaise était le réfectoire de Saint-Julien-le-Pauvre quand l'église était un prieuré dépendant de Longpont. En 1476, les maçons et les charpentiers y établiront leur confrérie. Une reconstruction partielle eut lieu en 1684; la destruction, hormis la façade, date de 1770.

Au n° 42, sur la façade d'un cinéma, *bas-relief* du XIVe s. représentant la Légende de saint Julien l'Hospitalier. Vieilles maisons aux n° 31 et 29 qui datent peut-être du XVIe s. Le n° 31 a conservé son pignon saillant et ses brochets sculptés.

▶ La *rue des Anglais.* Elle existait déjà sous Philippe Auguste. Elle doit son nom aux écoliers anglais qui y demeuraient au Moyen Age. Elle a été fortement entamée par l'ouverture du boulevard Saint-Germain. A la fin du Moyen Age, les abbés de Pontigny y eurent une résidence sur le côté oriental.

▷ La rue Domat

C'est l'ancienne rue du Plâtre. Elle a perdu, vers 1860, ses maisons anciennes de numéro impair. Au n° 12 bis, un passage (qui n'est plus utilisable) conserve des *vestiges du collège de Cornouailles*, fondé en 1317 pour les étudiants bretons et reconstruit au XVIIIe s. La rue était, au S., la *limite du cimetière juif* de la rue Galande, dont l'existence est attestée par une charte du XIIIe s. (les juifs furent expulsés en 1394). ▶ Tourner à dr. dans la *rue Dante* (terminée en 1901).

▷ La rue du Fouarre

L'une des plus célèbres rues du Paris médiéval ouverte à la fin du XIIe s. Première et véritable rue de l'Université (ce qui ne se voit plus du tout), son premier nom fut *rue des Escholiers* mais le peuple l'appelait la rue Trou-Punais, ce qui se dispense d'explications. Elle tient son nom de Fouarre, du mot feure (ou fouarre ou foin) sur lequel s'asseyaient les étudiants des collèges environnants. Une tradition veut que Dante ait été l'un d'entre eux.

Les maisons anciennes de Paris

Le quartier Saint-Séverin où il reste quelques maisons du XVIe s. est un des plus anciens de la capitale.

Il est pourtant très difficile de dater avec certitude des maisons construites sur plusieurs siècles de façon similaire. Dans le 3e arrondissement, la maison du 3, rue Volta, était réputée comme étant du XIVe s.; une étude récente a permis de dater la maison des années 1644-1654 et prouve la pérennité de la construction à pans de bois à travers les siècles. Par ordonnance du 18 août 1667, les Trésoriers de France obligèrent les propriétaires à enduire de plâtre les constructions à pans de bois, afin de lutter contre l'incendie : « Enjoignons auxdits propriétaires de faire couvrir à l'avenir les pans de bois, de lattes, cloux, et plâtre, tant dedans que dehors, en telle manière qu'ils soient en état de pouvoir résister au feu... » L'ordonnance fut-elle partout suivie d'effet? Il est parfois possible de deviner une maison à pans de bois derrière un enduit couvrant une façade. La maison du n° 6 de la rue Boutebrie (que l'on comparera avec celle du n° 31 de la rue Galande) illustre la façon dont on peut noyer dans le plâtre un pignon saillant. De plus, aux XVIIe et XVIIIe s., les maisons anciennes ont été souvent modernisées, ce qui a entraîné de nouvelles percées, des surélévations ou l'installation des bandeaux sur la façade ou d'appuis de ferronnerie.

Au n° 8, du début du XVIIIe s. (mais gros-œuvre plus ancien), voir les ferronneries et les mascarons. La rue du Fouarre, qui commençait jadis au quai de Montebello, a perdu une grande partie de son parcours et ne possède plus que quelques vieilles maisons du côté pair (dont le n° 8), et une seule, moderne, du côté impair. Le collège de la nation de Picardie, qui subsistait encore sous Louis XV, était du côté impair, à l'angle de la rue Galande.

La rue du Fouarre débouche dans la rue Lagrange.

▷ Le square Viviani

Ancien jardinet agrandi de l'église Saint-Julien-le-Pauvre, émergeant des tilleuls et des lilas. Il doit son existence à la suppression d'une annexe de l'Hôtel-Dieu construite au XVIIe s. et détruite en 1909. Le *robinier** planté par le botaniste Robin en 1601 est le doyen des arbres de Paris. Un *sarcophage de pierre* provenant sans doute de fouilles archéologiques dans le voisinage a été placé du côté de la rue Saint-Julien-le-Pauvre. D'autres fragments lapidaires proviennent des restaurations de Notre-Dame. La *vue** sur la cathédrale est ici très belle.

▷ L'église Saint-Julien-le-Pauvre**

rue Saint-Julien-le-Pauvre / 9 h-13 h/14 h 30-18 h 30

Ce très ancien sanctuaire, élevé sur la route du pèlerinage de Saint-Jacques-de-Compostelle, est devenu une des plus vénérables églises de la capitale. Il y eut très tôt, en ces lieux, un oratoire voué à saint Julien l'Hospitalier ou le Pauvre, mais peut-être aussi à saint Julien de Brioude. Rapidement l'oratoire devint une église à laquelle était adjoint un hospice pour pèlerins et voyageurs démunis. Eglise et hospice furent à plusieurs reprises, au cours du IXe s., ravagés par les Normands. Vers 1165-1170, les moines de l'abbaye de Longpont, fille de Cluny, firent rebâtir le sanctuaire et, à la place de l'hospice, reconstruire un prieuré. Au temps de Pétrarque, de maître Albert et de Villon, l'Université tenait ses assises solennelles dans ce prieuré ; l'église fut saccagée par les étudiants contestataires en 1524. En 1563, elle devint chapelle de l'Hôtel-Dieu mais, au XVIIe s., elle était si dégradée qu'elle fut en partie démolie. Elle fut relevée peu après et c'est à époque que fut apposée la façade actuelle. Pendant la Révolution, elle fut transformée en magasin à fourrage. Depuis 1889 l'église Saint-Julien-le-Pauvre est affectée au rite catholique grec-byzantin (liturgie de saint Jean-Chrysostome).

A l'*extérieur*, l'église se présente comme une église de campagne, sans arcs-boutants et d'un style gothique encore marqué par le roman. De gros contreforts soutiennent les absidioles qui encadrent l'abside, et des modillons semblables aux modillons primitifs supportent la toiture.

A l'*intérieur*, l'église comprend une nef à quatre travées sans transept, avec deux bas-côtés. Elle a été couverte au XVIIe s. d'une lourde voûte en plein cintre ; la voûte du bas-côté S. a été remaniée, mais celle du bas-côté N. est intacte ; ce bas-côté est plus long d'une travée que le collatéral S. L'ensemble du *chœur* rappelle, à une échelle réduite, Notre-Dame. Ses deux travées sont couvertes d'une voûte sexpartite. On y voit d'admirables *chapiteaux** (acanthes, harpies). L'*abside* est fermée par l'iconostase et flanquée de deux absidioles qui appartiennent au sanctuaire précédent. Elle est à trois pans percés chacun de deux baies inégales superposées. Dans le bas-côté S., pierres tombales du XVe s. ; dans la chapelle, Vierge en marbre, moderne ; au maître-autel, bas-relief du Moyen Age. Dans le bas-côté N., beau lutrin en fer forgé du XVIIe s. ; la Crucifixion, bas-relief du XVIe s. L'*iconostase*, portant une Déisis, est l'œuvre d'un artiste de Damas. Le mot déisis signifie supplication. Il existe plusieurs types de déisis, mais le Christ se trouve toujours au centre de la composition avec, de chaque côté, et dans une attitude d'imploration, la Vierge et saint Jean Baptiste, ou bien saint Pierre et saint Paul ou encore saint Gabriel et saint Michel archanges. Près du *portail**, très ancien puits jadis englobé dans l'église et, devant l'entrée du Caveau des Oubliettes, *pierre monolithe* (dallage) de la voie romaine Paris-Orléans, trouvée en 1927, face au collège de France, rue Saint-Jacques.

▷ La rue Saint-Julien-le-Pauvre

Percée au XIIIe s., cette rue était très étroite mais fut agrandie par l'extension du square Viviani ; les maisons du côté pair sont anciennes et belles : au n° 16, arcade du XVIIe s. ; au n° 14, ***hôtel de Isaac de Laffemas***, qui était gouverneur du Petit Châtelet ; l'hôtel conserve un magnifique *portail** de la fin du XVIIe s. ; essayer de jeter un coup d'œil sur la façade de la cour, les frontons et les lucarnes en surplomb ; aux n°s 10, 6, 4, maisons construites aux XVIIe et XVIIIe s. sur des assises médiévales. Toutes ces constructions ont été bâties au-dessus de trois étages de caves dépendant du Petit Châtelet.

▷ La rue de la Bûcherie

jusqu'à la rue de l'Hôtel-Colbert

Percée en 1202 aux abords du port aux Bûches (depuis le XVIe s., quai de la Rapée), cette rue était celle des marchands de bois. Elle est coupée aujourd'hui par le square Viviani et bordée de maisons qui ont « vu » le Petit Châtelet, rasé en 1782.

Au n° 37, la boutique *Shakespeare and Co* est le rendez-vous des intellectuels et poètes du monde entier car George Whitman, le libraire, a presque toujours le livre qu'on a cherché pendant des années. Il est le petit-fils du poète américain Walt Whitman (1819-1892).

Aux n°s 13 et 15 *(angle de la rue de l'Hôtel-Colbert)* se trouvait la ***première faculté de Médecine*** (1472-1775) dont il subsiste un bâtiment de la fin du XVe s. La rotonde, ancien ***amphithéâtre**** *(pour visiter, demander une autorisation à la Mairie de Paris)* construit en 1744, est due à *Barbier de Blinière*. Elle est soudée à l'angle N.-E. de la salle gothique sans rien aveugler de ses jours, sauf une base de la face E. L'anatomiste danois Jacques Bénigne Winslow (né à Odense en 1669) y fit sa leçon inaugurale. A l'intérieur, la frise de l'entablement circulaire supporté par huit colonnes doriques est ornée de coqs, de cigognes et de pélicans, traditionnels emblèmes médicaux. Une restauration s'avéra nécessaire en 1903. C'est aujourd'hui un bureau de formation professionnelle de la Ville de Paris. ▶ La *rue de l'Hôtel-Colbert*, mentionnée dès le XIIIe s., fut, jusqu'en 1829, la rue des Rats, peut-être par déformation du nom d'un hôtel d'Arras qui aurait existé ici. Plusieurs très beaux ***hôtels*** du XVIIe s. : n° 12 ; n° 14 avec lucarne maçonnée englobant deux fenêtres accouplées. ▶ Un peu plus haut, sur la g., on voit le début de la rue des Trois-Portes qui existait déjà au XIIIe s. ; les trois portes auraient été, à l'origine, trois fermetures interdisant les accès à la rue à cause de la nécessité de défendre les habitants contre les mauvais garçons et les écoliers de la rue du Fouarre. ▶ Revenir dans la *rue de la Bûcherie* : le n° 11 présente une façade décorée de guirlandes, un fronton surmontant l'ensemble. Admirer les ***frontons*** et les ***ferronneries*** des n°s 9 et 7 bâtis aux XVIIe et XVIIIe s. Au n° 9, vieux puits dans la cour. ▶ La *rue Frédéric-Sauton*. C'était, avant 1806, la rue du Pavé de la place Maubert. Elle se nomme depuis 1912 rue Frédéric-Sauton (ancien conseiller municipal du quartier). La rue possède une série de vieilles maisons. La plupart des caves de ces maisons communiquent avec celles de la rue Maître-Albert.

▷ L'impasse Maubert

C'est là que se trouvait le premier des collèges parisiens, le collège de Constantinople, créé en 1206 par le patriarche de Constantinople, à l'occasion d'un projet de réunion des Eglises grecques et latines. Longtemps aussi livrée aux mauvais garçons et aux clochards, elle est aujourd'hui habitée par des étudiants, des petits bourgeois et des aristocrates, ce dont on ne se rend pas toujours compte à première vue. Au n° 4, Godin de Sainte-Croix avait son « laboratoire d'empoisonnement » et pour fidèle cliente la Brinvilliers. ▶ La ***place Maubert***. La rue Frédéric-Sauton aboutit sur cette place dont le ***marché*** coloré fait oublier la sinistre histoire (→ *quartier de la montagne Sainte-Geneviève*).

▷ La rue Maître-Albert

Elle fut longtemps la rue Perdue. Le collège Saint-Michel y avait une entrée du côté impair mais, au XIXe s., on lui donna le nom de l'illustre et savant dominicain qui, au XIIIe s., professait place Maubert. Après avoir été jadis un repaire de truands la rue s'est, depuis 1975, nettement intellectualisée et les galeries, les ateliers, les boutiques d'artisanat, les amateurs de vieilles demeures confortables ont transformé ces lieux. Au n° 7 s'élève un hôtel du XVIIe s., la plus belle maison de la rue. Au n° 13, mourut Zamor, le négrillon de Mme du Barry, qui l'avait trahie. Au n° 14, bel hôtel du XVIIe s. Toutes ces maisons et celles des rues avoisinantes sont reliées par des souterrains. ▶ Avant d'arriver sur les quais, on croise la *rue des Grands-Degrés* où Voltaire fut clerc de notaire. ▶ Suivre le quai de la Tournelle vers la dr.

▷ La rue de Bièvre

Cette rue date de 1250. Elle doit son nom au bras de la rivière qui se jetait dans la Seine à peu de distance (→ *quartier des Gobelins*). Cette rue, jadis idyllique, resta jusque vers 1950 le rendez-vous des clochards, des ivrognes et des chiffonniers. De nos jours, elle a retrouvé une dignité certaine depuis que des personnalités politiques viennent y chercher le calme. Ses maisons ont été soigneusement restaurées et un jardin y est aménagé. Au n° 12, ***ancienne dépendance du collège de Chanac***, fondé en 1348. Il était placé sous le vocable de Saint-Michel (une statuette de l'archange terrassant le dragon figure au-dessus de la porte d'entrée).

La montagne Sainte-Geneviève ★★

5e arr. / 36-J8-K8
Métro : Saint-Michel, Maubert-Mutualité
Bus : 21, 27, 63, 85, 86, 87
Ⓟ face au 37, bd Saint-Germain
Taxis : place Saint-Michel ☎ 43.29.63.66
Marché : place Maubert, mar., jeu., sam., 7 h-13 h 30

La montagne Sainte-Geneviève fut d'abord la ville romaine créée pour doubler la ville gauloise de l'île de la Cité. Au Moyen Age, l'endroit était redevenu campagnard à l'exception de plusieurs églises (la plus importante étant l'abbaye Sainte-Geneviève) fondées à l'époque mérovingienne et qui furent sans doute les noyaux d'urbanisation à partir des XIIe et XIIIe s. Plus tard le quartier s'est structuré autour des collèges, formant un réseau très dense de cours, arrière-cours, chapelles, etc.

Au XVIIIe s., la seule grande opération d'urbanisme fut la construction du Panthéon et de son voisinage qui était jusqu'alors occupé en grande partie par des jardins et des vignes dépendant de Sainte-Geneviève. La rue Soufflot, commencée à cette époque mais finie au XIXe s., et la rue des Ecoles percée par Haussmann, vinrent compléter le réseau des rues organisées autour des deux grands axes N.-S. : la rue Saint-Jacques et la rue de la Harpe. Cette dernière, qui est devenue le boulevard Saint-Michel, a été élargie, comme la rue Saint-Jacques, jusqu'à ne plus devoir grand-chose à son passé.

Visite du quartier

3 h

La promenade commence avec le Paris gallo-romain, aux thermes de Cluny, et grimpe vers le Panthéon en traversant le quartier de l'Université pour se terminer aux abords de l'église Saint-Nicolas-du-Chardonnet.

Tout ce quartier, accroché aux flancs de la colline Sainte-Geneviève, est sillonné de rues et de ruelles escarpées, aux murs parfois recouverts de vigne vierge ou de lierre, aux maisons tout en hauteur avec des cours et des arrière-cours. Il faut sans cesse aller et venir, revenir sur ses pas, pousser une porte, faire quelques pas dans une ruelle. Aussi n'est-il guère aisé de conseiller un itinéraire plutôt qu'un autre.

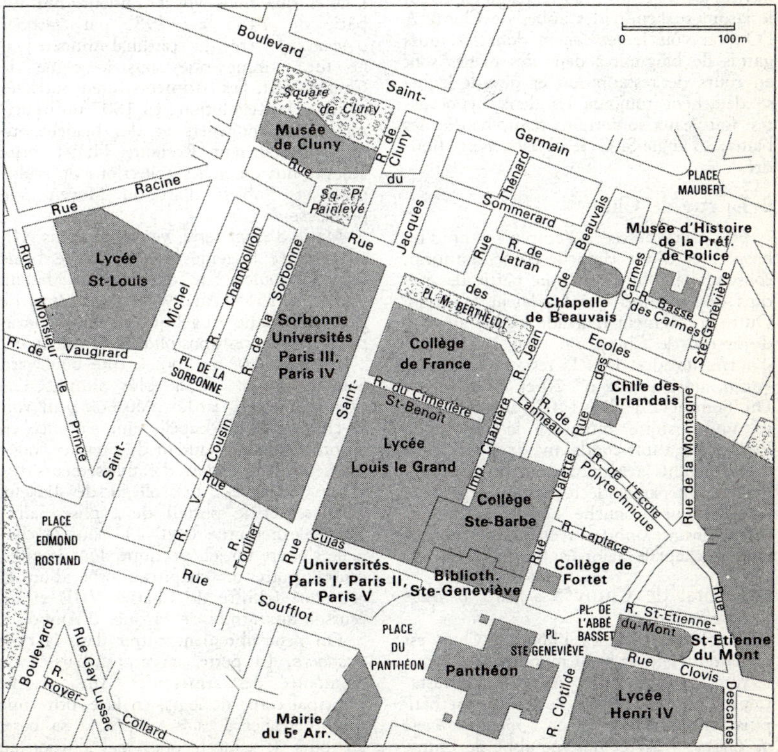

La montagne Sainte-Geneviève

▷ Les thermes de Cluny**

entrée 6, pl. Paul-Painlevé / visite intérieure t. les mercr. à 15 h

Dans le jardin de l'hôtel de Cluny, à l'angle des boulevards Saint-Germain et Saint-Michel, on peut voir des ruines admirablement conservées. Contrairement à une tradition bien établie, il ne s'agit nullement du palais de Julien, mais bien de thermes gallo-romains dits thermes de Lutèce, construits à la fin du IIe s. ou début du IIIe s. par la puissante corporation des armateurs, *les Nautes* des Parisii. Ces bâtiments correspondaient aux thermes du Nord de la ville gallo-romaine organisée le long des deux voies parrallèles du cardo (actuelle rue Saint-Jacques) et de la route de Chartres (actuel boulevard Saint-Michel). On distingue encore au moins trois grandes salles : le *frigidarium*, au fond, est la seule qui ait conservé sa voûte d'arêtes (fin IIe s. - début IIIe s.) ; celle-ci repose sur huit consoles figurant des proues de navires armés et a supporté, jusqu'en 1820, le jardin suspendu des abbés de Cluny. A l'O., on voit le *tepidarium* dont les murs garnis de baignoires dans des niches sont en cours de restauration et devant lequel se détachent toujours les deux hypocaustes, fourneaux souterrains pour chauffer les bains ; à l'angle S.-O. le *caldarium* est effondré.

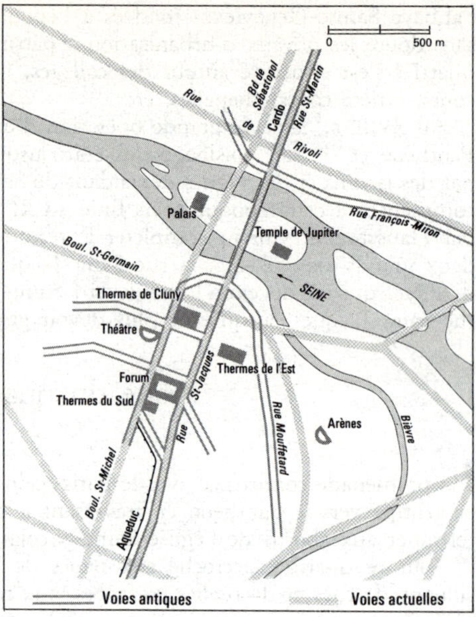

Paris gallo-romain

▷ La rue de Cluny

Elle a été percée à l'emplacement d'un hospice et d'une chapelle Saint-Mathurin, construits au XIIe s. sur une partie des jardins des thermes qui bordaient le cardo. Outre le fragment d'arcade visible au n° 7 de la rue de Cluny, on peut encore voir d'autres arcades dans le restaurant chinois voisin, ainsi qu'aux nos 20 et 22 de la rue Du Sommerard. En 1407, il s'est passé ici une histoire morale : le prévôt de Paris ayant à tort condamné deux étudiants à être pendus à Montfaucon, fut contraint d'aller en personne décrocher les corps et de les baiser sur la bouche. Les deux étudiants furent ensuite inhumés en grande pompe dans la chapelle Saint-Mathurin.

▷ L'hôtel de Cluny** *entrée : 6, place Paul-Painlevé*

Accolé aux thermes, l'hôtel de Cluny est sans doute le plus beau monument d'architecture civile à Paris. Après les dévastations des IXe au XIIe s., le terrain fut bâti, puis l'ensemble acheté, en 1330, par *Pierre de Châlus*, vingt et unième abbé de Cluny. Celui-ci fit reconstruire pour les religieux de son ordre un premier hôtel abbatial. L'hôtel que nous voyons aujourd'hui fut bâti, de 1485 à 1498, par *Jacques d'Amboise*, frère du cardinal-ministre ; il ne fut terminé que sous le règne de Charles VIII. Les bâtiments furent saccagés pendant la Révolution ; en 1807 un imprimeur, des tonneliers et des blanchisseuses s'y installèrent. Restauré, l'hôtel abrite aujourd'hui de riches collections de sculptures et d'objets d'art du Moyen Age *(→ musée de Cluny)*.

Marie d'Angleterre, veuve de Louis XII, surnommée la reine blanche car le blanc était la couleur de deuil royale, habita l'hôtel en 1515. Au XVIIe s. le cardinal de Lorraine, Marie Angélique Arnaud, Mazarin et les nonces apostoliques y résidèrent.

La *façade N.* de l'hôtel, côté boulevard Saint-Germain, est la plus simple. Elle domine un petit jardin d'où l'on peut voir le chevet de la chapelle qui s'avance en encorbellement à hauteur du premier étage. On verra deux *portails* d'établissements disparus : l'entrée du collège de Bayeux (XIVe s.) et le portail de l'église Saint-Benoît-le-Bétourné (XVIe s.). Sous la chapelle s'ouvre un joli portique dont le pilier central porte un chapiteau orné d'un K couronné (chiffre de Charles VIII) et un écusson aux armes de Jacques d'Amboise.

On peut librement entrer dans la *cour intérieure*. La porte, en arc surbaissé, est surmontée des armes des Amboise. Le principal corps de logis, en face, offre une tour d'escalier à pans coupés (à sa base, attributs de saint Jacques, par allusion au nom du fondateur, Jacques d'Amboise).

Des fenêtres gothiques à meneaux, une balustrade à la naissance du toit et de magnifiques lucarnes ornent ce corps de logis et deux ailes en retour qui encadrent la cour. L'aile O. s'ouvre par quatre grandes arcades gothiques, surmontées de gâbles et formant porche. Dans l'aile de l'E. (à dr.), un passage conduit au jardin. ▶ Le *square Paul-Painlevé* sépare l'hôtel de Cluny de la Sorbonne. ***Statues*** : Puvis de Chavannes, Montaigne (par *Landowski*) et La Louve romaine que Rome offrit à Paris en 1962 à l'occasion du jumelage des deux villes.

▷ La rue de la Sorbonne

On la croise sans l'emprunter. A l'angle qu'elle fait avec la rue des Ecoles se trouvait, au XVe s., le couvent Saint-Benoît où grandit François de Montcorbier, plus connu sous le nom de François Villon (→ *encadré*) ; c'est là qu'il assassina le prêtre Sermoise, ce qui lui valut les ennuis que l'on sait. La rue de la Sorbonne s'est appelée rue Coupe-Gueule puis rue des Deux-Portes parce qu'elle était fermée par une porte à chaque extrémité à cause de son insécurité. Remarquer la librairie des Cahiers où Péguy imprimait Les Cahiers de la quinzaine. ▶ Prendre la *rue Champollion*, tracée au XVIIIe s. Elle conserve, au n° 5, un escalier intéressant. Racine et Marmontel auraient habité cette rue, aujourd'hui connue pour ses cinémas d'art et d'essai. ▶ On débouche sur la *place de la Sorbonne*. Ouverte en 1634 sur l'emplacement des collèges des Dix-Huit et de Calvi, elle est bordée de cafés et de librairies et s'ouvre sur le boulevard Saint-Michel. Elle est dominée par le dôme de la chapelle de la Sorbonne (→ *Sorbonne*). ▶ Remonter la *rue Victor-Cousin* ouverte au XIIIe s., puis prendre à g. la *rue Cujas* également percée au XIIIe s. sous le nom de Saint-Etienne-des-Grès. Elle était alors plus longue puisqu'elle donnait accès à l'abbaye Sainte-Geneviève. ▶ On croise la *rue Toullier* où le poète Rainer Maria Rilke eut son premier logis parisien dans un hôtel sordide, puis on débouche dans la rue Saint-Jacques.

▷ La rue Saint-Jacques

Pour le tout début de cette rue → *quartier Saint-Séverin*.

Ce fut probablement la première rue de Paris. D'abord piste gauloise, puis *voie romaine* (via Superior), elle était parallèle au système de canaux amenant l'eau aux thermes. Cette grande voie romaine et historique, « le chaînon qui n'a cessé de relier Paris à la vie universelle », selon le mot de Jullian, figurait d'ailleurs sur la carte de Peutinger et on a retrouvé, à diverses reprises, des restes d'empierrement analogue à celui de nos plus solides voies modernes. Elle avait alors 9 m de large. Elle se continuait au-delà de l'enceinte de Philippe Auguste et, surtout dans cette partie (→ *Val-de-Grâce*) fut bordée par de nombreux et importants couvents.

Le *lycée Louis-le-Grand*, face à l'arrière de la Sorbonne, fut reconstruit à la fin du siècle dernier par *Lecœur* et ne conserve plus de ses constructions primitives de 1628, que les deux ailes à dr. et à g. de la cour centrale. Il a été fondé sous le nom de collège de Clermont, grâce à un legs de Guillaume Duprat, évêque de Clermont, pour les jésuites qui lui donnèrent plus tard le nom de Louis-XIV. En 1641 et en 1683 les élèves étaient si nombreux que le collège Louis-le-Grand dut s'agrandir avec les collèges de Noirmoutiers et du Plessis. Molière, Crébillon, Dupuytren, Le Brun, Robespierre, Hugo, Littré, Delacroix, Baudelaire comptent au nombre de ses élèves les plus connus.

Plus bas, au 67, rue Saint-Jacques, on peut voir une jolie maison Louis XV.

Suite de la rue Saint-Jacques → *quartier du Val-de-Grâce*.

▷ La rue Soufflot *partie haute*

Cette rue, qui monte vers le Panthéon, fut créée en 1760 et achevée un siècle plus tard. C'est la rue des éditeurs juridiques et rien ne révèle plus l'***important site roman*** du début de note ère. Le forum antique qui couronnait la montagne Sainte-Geneviève

---

François Villon

« Frères humains qui après nous vivez,
N'ayez les cuers contre nous endurciz,
Car, se pitié de nous pouvres avez,
Dieu en aura plus tost de vous merciz »

Ainsi débute la Ballade des pendus, épitaphe que Villon écrira lui-même alors qu'il s'attend à être pendu pour un crime que, cette fois, il n'a pas commis... François de Montcorbier, dit Villon (1431-1463 ?), du nom du chapelain de Saint-Benoît-le-Bétourné qui fût son tuteur, est le premier grand poète lyrique français. Titulaire d'une maîtrise d'Arts obtenue en 1452 à la Sorbonne, il partage la vie tumultueuse des escholiers du Quartier Latin, immortalisée par Rabelais dans Panurge. Rapines, fréquentation des truands et des cabarets de la rue Saint-Jacques le conduiront au meurtre. Gracié, il ne s'amendera pas pour autant et mènera une existence errante ponctuée de brefs séjours en prison. A partir de 1463 il ne composera plus et disparaîtra, laissant à la postérité plusieurs recueils dont Le Lais et Le Testament. L'œuvre de Villon fait revivre la tradition poétique personnelle et réaliste du XIIIe s., délaissée au profit des thèmes courtois et allégoriques. Reflet indissociable de son destin, la poésie de Villon, rythmée, parfois en argot, se réfère souvent à la mort. Son trépas et celui des autres lui inspireront des vers émouvants, macabres, évocateurs de l'impitoyable fatalité qui frappe sans distinction le riche et le pauvre.

était situé entre les deux voies d'Orléans et de Chartres; il fut rebâti au IIIe s. et fortifié au IVe s. Il y avait là en outre un temple et une basilique civile. Sur ces fondations gallo-romaines furent construits une chapelle et un hospice à l'intention des pèlerins de Saint-Jacques-de-Compostelle qui, par la suite, furent attribués aux dominicains qu'on appelait aussi les jacobins, qui donnèrent leur nom à l'ancien cardo.

Ici enseignèrent Albert le Grand et saint Thomas d'Aquin. A l'emplacement de l'actuel nº 20 de la rue Soufflot se trouvait, jusqu'en 1357, le *parloir aux Bourgeois* qui fut alors transféré place de Grève; le bâtiment de la rue Soufflot ne fut demoli qu'en 1861. La *faculté de Droit*, à l'angle des rues Soufflot et Saint-Jacques, occupe l'emplacement de la première église parisienne : Saint-Etienne-des-Grès, fondée par Saint-Denis et démolie en 1792.

Partie basse de la rue Soufflot → *boulevard Saint-Michel.*

▷ La place du Panthéon

Dominée par la célèbre église Sainte-Geneviève, aujourd'hui *Panthéon*, la place est bordée, vers la rue Soufflot, par deux édifices classiques à facade curvilignes. La *mairie du 5e arrondissement*, à l'angle S. de la place, en pendant à la faculté de Droit, fut bâtie par *Hittorff* (1844-1846). La *faculté de Droit*, au N., commencée par *Soufflot* en 1771, terminée en 1822, remaniée et agrandie à plusieurs reprises, surtout après 1960 (bâtiments de la rue Cujas), occupe l'emplacement du collège de Lisieux du XIVe s. (transféré près de l'abbaye Sainte-Geneviève un siècle plus tard); une nouvelle bibliothèque, qui a été construite en 1958 en bordure de la rue Cujas, a pour entrée l'ancienne porte du collège Sainte-Barbe. Une très importante annexe a été édifiée rue d'Assas.

▷ La bibliothèque Sainte-Geneviève**

10, place du Panthéon / t.l.j. sf dim., 10 h-22 h; salles de la Réserve : 10 h-12 h/14 h-18 h, sf mar. matin et dim.; fonds J. Doucet : lun., mar., vend., 14 h-18 h

Elle borde le nord de la place. C'est la seule grande bibliothèque monastique parisienne qui ait traversé la Révolution. Ses collections sont parmi les plus considérables de la capitale. Elle a été créée en 1624 pour accueillir les trésors accumulés par les Génovéfains dans leur abbaye (l'actuel lycée Henri-IV). Elle s'élève à l'emplacement du collège de Montaigu réputé pour son enseignement mais aussi pour ses mauvais traitements, et qui eut pour élèves Ignace de Loyola, Rabelais, Erasme et Calvin. L'architecte *Labrouste* construisit

La longue histoire de l'Université

La Sorbonne a, pendant trois siècles, représenté le haut lieu de la culture. Avant elle pourtant, et indépendamment d'elle, l'Université existait depuis déjà bien longtemps. Elle était primitivement établie dans l'école du cloître Notre-Dame mais, en 1108, Guillaume de Champeaux, qui y enseignait, passa le pont pour poursuivre son enseignement à l'abbaye Saint-Victor.

A partir de ce moment, l'Université s'installa sur la rive gauche du fleuve. En 1118, Abélard, en butte à l'hostilité des chanoines que son non-conformisme heurtait, est chassé du cloître Notre-Dame; en partant, il entraîne avec lui trois mille étudiants qui vont suivre les divers enseignements dispensés sur la paille entre la rue Guerlande (ou Garlande) et la rue du Fouarre.

Ces petits centres isolés s'unissent pour conquérir une plus grande autonomie par rapport aux autorités royales et religieuses et se regroupent (1209-1210) en une association : l'Universitas, à laquelle Philippe Auguste concède un privilège qui place la corporation sous la juridiction ecclésiastique; quelques années plus tard, en 1231, l'Université est placée sous l'autorité pontificale; elle a son propre sceau (en 1252).

Le maître qui avait licence d'enseigner réunissait ses élèves au coin d'une rue, devant une fenêtre, un carrefour. Ce n'est qu'au XIIIe s. que les auberges d'escholiers se multiplièrent sous le nom de collège. En outre, groupant éventuellement plusieurs collèges, il y avait quatre nations, chaque nation regroupant les étudiants d'après leur lieu d'origine (tradition qui dure encore dans les pays nordiques) : la nation de France était établie au 8, rue du Fouarre. Il y eut ainsi le collège d'Harcourt (siège de la nation de Normandie), le collège Montaigu, le collège de Coqueret, le collège de Calvi, des Ecossais, de Dacia (qui regroupait les étudiants nordiques), la nation anglaise (qui pendant la guerre de Cent Ans devint celle des Allemands), le collège des Irlandais, etc. Pour l'enseignement, l'Université comprenait à l'origine trois facultés : Théologie, Droit canon, Arts (quelque chose qui ressemblait à nos terminales); celle de Médecine date de 1331.

Pendant tout le Moyen Age, l'Université de Paris eut un rayonnement exceptionnel, éclipsant celle de Bologne son aînée, ou celle d'Oxford sa cadette. On venait de très loin écouter saint Bonaventure, Albert le Grand, saint Thomas d'Aquin ou, plus tard, Malebranche, Massillon. En 1793 la Convention dissout toutes les universités et le latin, qui avait été la langue de l'Université, n'est plus langue officielle. En 1806 Napoléon rétablit l'Université, qui devient impériale et est centralisée à la Sorbonne en 1821.

(1844-1850), un vaste bâtiment aux lignes sévères, avec des voûtes sur *charpente métallique*; ce procédé n'avait été utilisé qu'à la Monnaie de Nantes, à l'école des Beaux-Arts de Paris et, avant celles-ci, par *Bellanger* pour la coupole de la halle au Blé (actuelle Bourse du Commerce).

Rez-de-chaussée

Le *vestibule* : grand modèle de la corvette L'Aurore (1768); globes céleste et terrestre par *Coronelli* (1693). *Salle de lecture de la Réserve* : portraits au pastel des rois de France, de Louis IX à Louis XIV (XVIIe s.); bustes en marbre de Ch. Maurice Le Tellier, archevêque de Reims, de Michel Le Tellier, chancelier de France, par *Coysevox*; de César Le Tellier, marquis de Courtanvaux par *Bridan*; bustes en plâtre de Rotrou, Boileau, Corneille, Quinault, Piron, par *J.-J.-Caffieri*; de Pascal, Achille de Harlay, Descartes, Le Nan, Cassini, etc. *Salle de la Réserve* : bustes en plâtre de Rameau, Pingré par *J.-J. Caffieri*, Le Brun par *Coysevox*, Maurice de Saxe par *Lemoine*; portait d'une religieuse noire dite la religieuse de Moret, qui serait, au dire d'une légende, une fille naturelle de Marie-Thérèse, femme de Louis XIV; objets ethnographiques, surtout américains, dits « sauvageries », collectés au XVIIe s. La *bibliothèque* littéraire *Jacques-Doucet*, léguée à l'Université en 1929, est installée dans la Réserve de la bibliothèque Sainte-Geneviève depuis 1932. Elle compte 25 000 volumes environ, d'auteurs des XIXe et XXe s. Sa principale richesse consiste en manuscrits de Baudelaire, Verlaine, Rimbaud, Mallarmé, Gide, Valéry, Mauriac, Tzara, Breton, Reverdy, Malraux, etc. Le *cabinet du directeur (visite sur demande écrite)* : exceptionnelle *horloge astronomique*** (XVIe s.) par *Oronce Fine*. Grand bahut à dessus en marqueterie de stuc aux armes de Louise-Adelaïde d'Orléans, abbesse de Chelles (1739); magnifique table en chêne sculpté (XVIIIe s.); *buste en marbre* du grand Arnauld par *Coysevox*; *bustes en plâtre* de Buffon par *Houdon*, du cardinal de la Rochefoucauld par *de Buyster*, du grand Condé par *Derbais* (?), etc.

Principales richesses de la Réserve : série de reliures du XVIe s. au XIXe s. exécutées pour les célèbres amateurs (ou armoriées). Parmi les plus précieux manuscrits enluminés il faut citer : un *Evangéliaire carolingien* du IXe s.; une *Bible* copiée au XIIe s. par *Manerius*; les *Chroniques de Saint-Denis* (fin du XIIIe s.); le *Psautier de Marguerite de Bourgogne* (XIIIe s.); un *Tite-Live* provenant de la bibliothèque de Charles V (XIVe s.); un *Roman de la Rose* (XIVe s.); le *De proprietatibus rerum* de Barthélemy l'Anglais (traduction du XVe s.) et surtout la *Cité de Dieu* de saint Augustin, de l'*école de Jean Fouquet* (seconde moitiée du XVe s.). Environ 1 600 incunables (livres du XVe s.) et livres illustrés du XVIe s. Importante série d'éditions de l'Imitation de Jésus-Christ (collection Delaunay), etc.

Qui est sainte Geneviève?

Ce n'est pas une bergère, comme on la représente souvent, mais une riche propriétaire gallo-romaine qui vécut environ de 420 à 500. Sa vie nous est assez bien connue par un témoin peu après sa mort.

Elle naquit à Nanterre, où aujourd'hui encore a lieu un petit pèlerinage. Ses parents, Sévère et Géronte, y avaient vraisemblablement un domaine. Dès son enfance elle fut remarquée au cours d'un voyage par l'évêque saint Germain d'Auxerre qui l'engagea à consacrer sa virginité au Christ. Elle accomplit déjà un miracle : avec l'eau du puits de Nanterre, elle guérit sa mère atteinte de cécité.

Plus tard, elle vint à Paris, où elle passa la plus grande partie de sa vie. Elle s'y fit remarquer par sa vertu, son courage, sa générosité, mais aussi par ses critiques sur la moralité des autres. Son attitude durant l'invasion des Huns, en 451, lui valut l'estime générale : elle refusa de céder à l'affolement et de s'enfuir comme beaucoup d'autres. Elle pria simplement, avec quelques amies, pour que Paris fût épargné. C'est ce qui arriva : Attila passa ailleurs. Plus tard, la ville se trouvant mal approvisionnée par suite des exactions des Francs dans les parages, elle organisa une expédition pour trouver du blé dans la région de Troyes, puis elle en cultiva, et fit elle-même du pain qu'elle distribua aux pauvres.

Ses nombreux miracles firent de sainte Geneviève une personnage populaire : plusieurs fois un cierge, qui s'était éteint à cause de la pluie ou du vent, se ralluma entre ses mains (on la représenta au Moyen Age souvent avec un cierge rallumé par un ange); elle guérit de nombreux malades; elle détourna la pluie et calma une tempête. Par suite, le peuple recourut à son culte et à ses reliques que l'on portait à travers Paris en cas de calamité météorologique, mais aussi pour repousser les invasions. C'est ce dernier caractère qui lui a donné une valeur nationale et même patriotique. Elle reste de toute façon la patronne de Paris.

L'*escalier* est orné des *bustes* d'Ulrich Gering (par *Daumas*) qui le premier imprima à Paris en 1470; de Labrouste, architecte de la bibliothèque (par *E. Guillaume*), et du cardinal de la Rochefoucauld (1558-1645) par *Barthélemy*.

Premier étage

La grande *salle de lecture*** contient 750 places, le dégagement d'un large espace étant rendu possible par l'usage d'une structure métallique (fonte et fer forgé). Quelques années avant la Bibliothèque nationale (1844-1858), la bibliothèque Sainte-Geneviève (1844-1850) a vu l'une des premières applications de la pensée rationaliste dont *Labrouste* était un émule contre les théoriciens de l'Académie des Beaux-Arts. Entre les deux portes d'entrée, *tapisserie des Gobelins*, d'après *Balze*, représentant l'Etude surprise par la Nuit. La *bibliothèque* compte environ deux millions de volumes dont près de 4 000 manuscrits, et environ 40 000 estampes, dont 10 000 portraits. Nous citerons, parmi ses principales collections : le fonds unique de théologie, catholique et protestante; la collection Ferd, Denis (ouvrages sur l'Espagne, le Portugal, l'Amérique latine); des recueils de périodiques scientifiques et littéraires, etc. On y voit les *bustes* de Mansart et de Robert de Cotte par *Coysevox*, d'Ingres (bronze) et de Carpeaux (granit) par *Bourdelle*.

▷ L'église Saint-Etienne-du-Mont*** *place Sainte-Geneviève / 7 h 30-12 h/15 h-19 h ☎ 43.54.11.79*

Loin d'en être l'un des plus anciens, c'est sans doute l'un des monuments les plus singuliers de Paris. Non seulement elle abrite la châsse de Sainte-Geneviève, but d'importants pèlerinages, mais elle garde les souvenirs de Racine et de Pascal. Architecturalement, elle est beaucoup plus « le fruit des rêves de ceux qui la contruisirent » en un siècle de remise en question, que le fruit d'une pensée directrice. L'église Saint-Etienne-du-Mont est bien l'église de son temps, combinant les formes anciennes, la mode du temps, les apports italiens et une structure fondamentalement gothique. Avec son espace complexe, c'est un exceptionnel édifice de transition.

Histoire de l'édifice

C'est au XIIIe s. qu'on décida de construire, à côté de l'église abbatiale de Sainte-Geneviève, une église dédiée à saint Etienne. L'afflux des paroissiens, qui étaient surtout les étudiants et leurs maîtres dans ce nouveau quartier d'écoles, rendit nécessaire la reconstruction, en 1492, d'une église beaucoup plus importante. Les travaux continuèrent tout le long du XVIe s.; le chœur, son déambulatoire, le jubé et le clocher furent achevés au milieu du siècle, la nef et le transept vers 1585. La première pierre de la façade fut posée en 1610 par *Marguerite de Valois*, première femme d'Henri IV. La dédicace de l'église eut lieu le 15 février 1626. Au XVIIIe s., le jubé échappa de peu à la démolition et reste ainsi le seul qui subsiste à Paris. Pendant la Révolution, Saint-Etienne-du-Mont devint temple de la Piété filiale et servit au culte théophilanthropique jusqu'en 1803; l'église fut, à cette époque, dépouillée de ses œuvres d'art. De 1802 à 1807, le flanc S. de l'église fut dégagé par la démolition de l'abbatiale Sainte-Geneviève. En 1861, l'état de dégradation de la façade nécessita une *restauration* complète qui fut entreprise sous la direction de *Baltard* et achevée en 1868.

L'extérieur

La façade, construite de 1610 à 1622, mêle les formes antiques à la tradition gothique. La partie centrale se compose de trois étages, chacun en retrait sur le précédent, de forme et de décoration différentes. Au-dessus de la grande porte d'entrée, le *Martyre de saint Etienne* par *G.-J. Thomas*; au fronton du portail, *la Résurrection* par *De Bay*. Ces œuvres furent refaites sous la direction de *Baltard*. Sur la face latérale N. (place de l'Abbé-Basset), petit portail de style dorique, bâti en 1632. Le flanc S. (rue Clovis) a été dégagé par la démolition de l'abbatiale Sainte-Geneviève au début du XIXe s.

L'intérieur

L'église, de plan irrégulier, possède des bas-côtés presque aussi hauts que la nef, ce qui lui donne cet aspect d'église-halle. Leurs voûtes retombent sur de gros piliers cylindriques réunis par une galerie de circulation qui fait tout le tour de l'église.

La nef. *Buffet d'orgue** construit par le maître menuisier *Jean Buron* (XVIIe s.) : il forme un ensemble exceptionnel par l'harmonie des volumes, la richesse de son ornementation dominée par la représentation du Christ ressuscité entouré d'anges; c'est le plus ancien buffet parisien conservé dans son intégralité. La *chaire* (1651) est l'œuvre du maître menuisier *Germain Pilon*, sculptée par *Claude Lestocard* d'après les dessins de *Laurent de La Hyre*; la cuve de ce monument est supportée par une figure de Samson, et elle est elle-même ornée de statues des Vertus. Les *vitraux** (milieu XVIe s.-fin XVIIe s.). A g. en avançant vers le chœur : la Descente de Croix, d'après Raphaël; la Résurrection; le Couronnement de la Vierge. A dr. : l'Ascension; l'Incrédulité de saint Thomas; les Disciples d'Emmaüs; les Saintes Femmes au tombeau.

Le bas-côté dr. et ses chapelles. 3e chapelle : inscriptions rappelant les personnages célèbres inhumés dans les églises et couvents supprimés sur le territoire de la paroisse; en 1794 et 1795, les corps de Mirabeau et de Marat avaient été transférés au Panthéon dans le petit cimetière qui s'étendait au chevet de l'église. 4e chapelle : les *Neufs Chœurs des Anges* par *Louis de Licherie* (1679). Entre la 6e et la 7e chapelle, plaque de marbre à la mémoire des Saints et Bienheureux de l'ordre des frères prêcheurs dit Jacobins; au-dessous, plan de l'ancien couvent qui se trouvait rue Saint-Jacques. 7e chapelle : le retable représente Saint Charles Borromée et résulte d'un vœu fait par Quentin Varin; la Manne dans le Désert, exécuté par les élèves de Ph. de Champaigne.

Le chœur. Le *jubé***, élevé à la même époque que le chœur (vers 1530), probablement par *Antoine Beaucorps* sur les dessins de *Philibert de l'Orme* est constitué d'une arcade (9 m de portée) à laquelle on accède par deux élégants escaliers en spirale; si l'architecture est purement gothique, la décoration n'a plus rien de médiéval et l'ensemble paraît directement inspiré

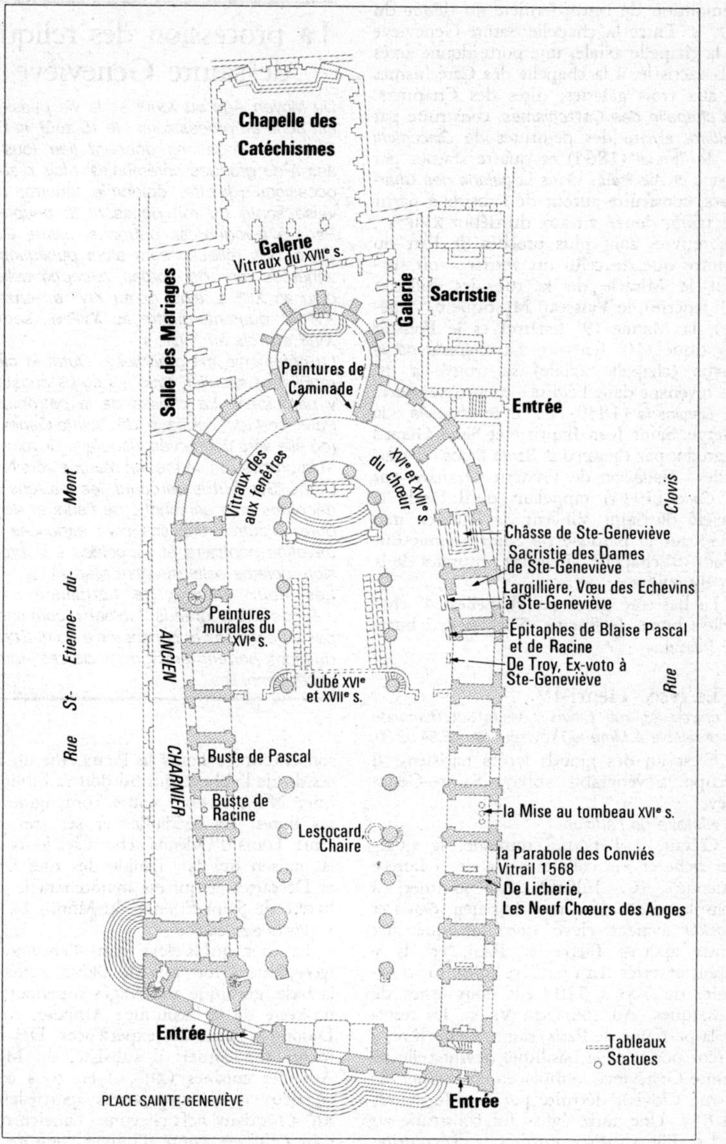

L'église Saint-Étienne-du-Mont

de la Renaissance italienne. Les deux ***portes latérales*** (1600-1605) seraient de *Pierre Biard*, un des sculpteurs de la Grande Galerie du Louvre. Les vitraux de l'abside, du milieu du XVIe s., représentent les Apparitions du Christ après sa Résurrection.

Le déambulatoire et ses chapelles (en commençant à dr. du chœur). De chaque côté de la 1re chapelle, épitaphes de Racine (composée par Boileau) et de Pascal, inhumés dans l'église ; au-dessus de l'ouverture de cette chapelle, ***ex-voto à sainte Geneviève*** par *De Troy* (1726). Entre la 1re et la 2e chapelle, de chaque côté d'une petite porte, deux plaques relatent l'historique de l'église abbatiale Sainte-Geneviève qui jouxtait l'église Saint-Etienne ; au-dessus de cette porte, autre ***ex-voto à sainte Geneviève*** par *Largillière* (1696). 2e chapelle (Sainte-Geneviève) : ***châsse*** en cuivre doré du XIXe s. contenant un fragment du tombeau primitif de sainte Geneviève, retrouvé en 1802 ; sa vie est par ailleurs évoquée sur les verrières de la chapelle. Un vitrail de 1882 représente les façades de Saint-Etienne et de Sainte-Geneviève avant la démolition de cette dernière au début du XIXe s. Entre la chapelle Sainte-Geneviève et la chapelle axiale, une porte donne accès à la sacristie, à la chapelle des Catéchismes et aux trois galeries, dites des Charniers. La ***chapelle des Catéchismes***, construite par *Baltard*, abrite des peintures de *Giacometti* et de *Timbal* (1864) et quatre statues par *Chapu* et *Allasseur*. Dans la ***galerie des Charniers***, construite autour de l'abside à partir de 1605, douze vitraux du début XVIIe s. ; ces œuvres sont plus proches de l'art du peintre que de celui du verrier ; voir surtout le Miracle de la rue des Billettes (1re fenêtre), le Vaisseau Mystique (2e fenêtre), la Manne (9e fenêtre) et le Pressoir Mystique (10e fenêtre). La ***chapelle de la Vierge*** (chapelle axiale) se trouve à dr. En revenant dans l'église : quatre peintures de *Caminade* (1830-1837). ***6e chapelle*** : la Vierge, Saint Jean-Baptiste et Saint Gérard Sagredo, par *Girolamo di Santa Croce*. 7e chapelle : ***médaillon*** de Frédéric Ozanam par *A. Cario* (1914) rappelant qu'il fonda la société de Saint Vincent de Paul en mai 1833 sur la paroisse de Saint-Etienne-du-Mont. 8e chapelle : peintures murales de la fin du XVIe s.

Le bas-côté g. et ses chapelles. 4e chapelle : buste de Racine. 5e chapelle : buste de Pascal.

La procession des reliques de sainte Geneviève

Du Moyen Age au XVIIIe s., la vie parisienne est riche en processions : le 15 août, la Fête-Dieu, les Rogations donnent lieu tous les ans à de grandes cérémonies. Mais d'autres occasions (disette, épidémie, guerre, mauvaise santé du roi) poussent le peuple de Paris à invoquer sa patronne, sainte Geneviève. Ses reliques sont alors publiquement vénérées lors de sorties exceptionnelles : cinq au XIIIe s. ainsi qu'au XIVe s., onze au XVe s., quarante-quatre au XVIe s., sept au XVIIe et trois au XVIIIe s.

La cérémonie est grandiose. Outre le clergé régulier et séculier, tous les corps constitués y participent. La châsse de la patronne de Paris sort de l'abbaye de Sainte-Geneviève (où elle sera conservée jusqu'à la Révolution), et la procession se met en marche vers Notre-Dame. Sur tout le parcours, les maisons sont décorées et le sol jonché de fleurs et de verdure. D'autres châsses sont exposées à la dévotion populaire et associées à la procession, comme celle de saint Marcel.

Les deux ex-voto de Largillière et de J.-F. de Troy, grands tableaux commandés par les échevins et conservés à Saint-Etienne-du-Mont, portent témoignage de ces journées exceptionnelles.

▷ Le lycée Henri-IV

entrée 23, rue Clovis / visite sur demande préalable à Mme le Proviseur ☎ 46.34.02.20

C'est un des grands lycées parisiens. Il occupe la vénérable abbaye Sainte-Geneviève.

Histoire de l'édifice

C'était, à l'époque romaine, le quartier riche et « la colline sacrée de la Lutèce païenne » (C. Jullian). Au sommet, à l'emplacement d'un temple païen, *Clovis* et *Clotilde* avaient élevé une basilique aux saints apôtres Pierre et Paul, et ils y furent enterrés. La première église fut construite de 506 à 520 ; elle était ornée de mosaïques. Au cours du VIe s., les restes de la patronne de Paris, sainte Geneviève, y furent portés et la basilique devint celle de Sainte-Geneviève (emplacement actuel de la rue Clovis), détruite par les Normands en 857. Une autre église fut construite au XIIe s. Elle subsista jusqu'à la Révolution mais fut remplacée par l'actuel Panthéon, prévu à l'origine comme église Sainte-Geneviève. L'abbaye était occupée par des chanoines réguliers, réformés plusieurs fois. Peu à peu, dans ce lieu agreste tout planté de vignes, l'abbaye se développa ; son action s'étendit au loin, avec droit de haute, moyenne et basse justice, et la chancellerie de l'Université lui fut rattachée. Sainte-Geneviève fut pour la partie orientale de la rive g. ce que Saint-Germain fut pour la partie occidentale : un centre essentiel d'extension urbaine. Il y eut le bourg Sainte-Geneviève comme le bourg Saint-Germain. Le fils du Régent, surnommé par son entourage Louis le Pieux, fut un hôte assidu de l'abbaye qui lui doit sa bibliothèque. N'ayant pour toute compagnie que ses livres, ses médailles et ses très rares amis, Louis d'Orléans acheva ses jours dans la maison qui fait l'angle des rues Clovis et Descartes et qui est maintenant le presbytère de Saint-Etienne-du-Mont.

Visite de l'édifice

La tour qui s'élève dans l'enceinte du lycée, dite à tort ***tour de Clovis***, romane à la base, gothique aux étages supérieurs, est un reste de la basilique ; Ampère, Arago, Dulong y firent des expériences. Des bâtiments conventuels il subsiste, du Moyen Age, les cuisines (XIIe s.) et, sous celles-ci, deux caves superposées (partiellement XIIe s.) à deux nefs chacune ; l'ancien réfectoire (XIIIe s.), voûté d'ogives, long de plus de 30 m, aujourd'hui chapelle du lycée (visible dans la rue Clotilde) ; des constructions d'environ 1675 subsistent un bel escalier, l'ancienne chapelle de l'Abbé (aujourd'hui salle des Actes), et surtout les galeries de la bibliothèque, transformées en foyer : ces ***galeries***, formant une vaste croix, sont éclairées par une coupole centrale décorée d'une grande composition de *Restout* : le Triomphe de saint Augustin (1730) ; enfin, l'ancien cabinet des médailles des Génovéfains (1753), qui offre un harmonieux ensemble décoratif Louis XV. Le cloître (de 1746), est bordé d'arcades en plein cintre. La seconde cour est du XVIIe s.

▷ La rue Valette

Percée au XIe s., cette rue s'est appelée rue des Sept-Voies jusqu'au XVIIIe s. Au n° 6, la *Bibliothèque nordique (14 h-18 h en semaine)*, reconstruite en 1961, abrite le fonds finno-scandinave de la bibliothèque Sainte-Geneviève : 145 000 volumes, parmi lesquels quelques éditions rares et anciennes. La bibliothèque possède aussi un exemplaire de tout ce qui est publié en français sur les Pays Nordiques et reçoit les principaux quotidiens de ces pays. Au n° 4, entrée du *collège Sainte-Barbe* : ce collège, à l'étrange façade de brique et de pierre, seul survivant des collèges du Moyen Age, fondé en 1450 par *Geoffrey Normand*, est le plus ancien collège privé. Ignace de Loyola en fut l'élève puis Montgolfier, E. Scribe, le mathématicien Bertrand, Meissonnier, Labrouste, *G. Eiffel* (qui y fit construire la voûte du réfectoire), L. Blériot, J. Jaurès, Ch. Péguy, etc. L'essentiel de l'architecture est de *E. Lheureux* (1881). Au n° 21, on ira voir la cour du collège Fortat, créé en 1937 pour les écoliers d'Aurillac, avec des caves gothiques; Calvin logeait ici en 1531-1532, et la *tour dite de Calvin* (XVe s.) qu'il habitait lorsqu'il fréquentait le collège Montaigu, devint curieusement, en 1576, un centre de la Ligue. Le n° 7 est de 1673, le n° 9 du début XVIIe s.

▷ La rue Laplace *à dr. de la rue Valette*

Cette rue abritait autrefois plusieurs collèges : La Merci, les Ecossais (au n° 10). On voit encore l'entrée du collège de Grassins (au n° 12), construite en 1659. Aux n°s 10 et 18, maisons XVIe s. Au n° 9, grand *immeuble ouvrier* de 1910 (*G. Vaudoyer*, architecte). Presque toutes les maisons sont anciennes, certaines restaurées, et celles qui ne le sont pas conservent des *caves médiévales*. Jehan de Meung, qui écrivit le Roman de la Rose, habita cette rue.

▷ L'ancienne Ecole polytechnique

Sur une petite place un peu vieillotte et ornée d'une fontaine semi-circulaire, se trouve l'entrée de ce qui fut l'Ecole polytechnique. Celle-ci, créée le 11 mars 1794 par la Convention, mais sous l'influence prépondérante de *Monge*, s'appelait primitivement école centrale des Travaux publics et devait remplacer toutes les écoles spéciales d'ingénieurs. En 1795, elle prit son nom et son caractère définitifs; elle fut réorganisée en 1852. Installée d'abord (en 1794) au Palais-Bourbon, l'Ecole polytechnique fut transférée ici en 1805, puis à Massy-Palaiseau depuis 1977. Elle occupait l'emplacement de deux anciens collèges : au 5, rue Descartes s'élevait le fameux collège de Navarre, fondé en 1304 et qui compta parmi ses élèves Gerson, Henri IV, Richelieu, Bossuet; au 21, était situé le collège de Boncourt (XIVe s.) réuni au collège de Navarre en 1638 qui était aussi relié au collège de Tournai (du côté de la rue Clovis).

Les *jardins intérieurs* sont ouverts au public. On entre dans la *cour de Navarre* par le portail construit par *Renié* en 1838. Trois *sculptures contemporaines* en bronze ont été récemment installées : dans le bassin carré, la Spirale de *Meret Oppenheim*; autour, une colonne de *Côme Mosta-heint* et trois personnages par *Guiseppe Penone*. A g., les bâtiments construits au XIXe s. à l'emplacement de la magnifique bibliothèque du collège de Navarre, sont occupés maintenant par le centre d'Etudes et de Systèmes de technologies avancées, et des salles de sport. En face, le *bâtiment Joffre*, ancien bâtiment des bacheliers de Navarre, construit par *J. J. Gabriel* en 1738. Derrière, un passage donne accès à l'annexe du Collège de France, aux Bibliothèques byzantine et d'Histoire des textes grecs. A dr., sur l'emplacement de Boncourt, le ministère de la Recherche occupe l'ancienne résidence du général-gouverneur de l'école. ▶ Jeter un œil dans la *rue de l'Ecole-Polytechnique*, percée à l'emplacement du collège de Grassins et qui, comme la rue Laplace, débouche dans la rue Valette.

▷ La rue de la Montagne-Sainte-Geneviève

C'est une des rues les plus anciennes de Paris. Elle fut percée au XIIe s. sous le nom de rue des Boucheries et s'entoure du mystère de ses cours et de ses arrière-cours, de recoins sombres, de couloirs qui s'enfoncent on ne sait où.

En remontant vers la place Sainte-Geneviève on admirera, au n° 47, un bel immeuble du XVIIe s., ancien collège de Huban, dit de l'Ave Maria; au n° 51, immeuble du XVIe s. qui fut jadis un cabaret. Redescendre la rue : au n° 40, très ancien cabaret à l'enseigne de Sainte Geneviève et, sous la Révolution, « à la cy-devant Geneviève, rendez-vous des Sans-Culottes ». Au n° 34, dans la cour, *vestiges* (vers 1740) du *collège des Trente-Trois* (les trente-trois années du Christ), fondé par un certain *Claude Bernard*. On peut voir, sur un mur latéral à l'angle de la rue Basse-des-Carmes, l'emplacement du vieux collège de Dacia qui, de 1275 à 1430, fut celui des étudiants danois. Entre la rue des Ecoles et la place Maubert, la rue occupe l'emplacement de deux autres collèges : de Laon et de la Marche. ▶ Suivre à g. la rue des Ecoles.

▷ La rue des Carmes

Cette rue fut tracée sur le clos Bruneau dont une impasse aux pavés inégaux rappelle toujours le nom, et dont les vignobles étaient célèbres. Un peu plus bas, au n° 1 bis, se trouve le *musée historique de la Préfecture de Police (→ musées)*. Aux n°s 15 et 17, se trouvait jadis le *collège des Lombards*, fondé en 1334 et concédé en 1677 à des prêtres irlandais en exil ; la petite chapelle, reconstruite en 1738 par *Boscry*, présente une belle façade au porche elliptique surmonté d'un fronton mutilé qui n'est pas sans rappeler certaines œuvres du Bernin. Depuis 1925 la chapelle est affectée au rite syrien melchite Saint-Ephrem. ▶ A l'angle des rues des Carmes et de l'Ecole-Polytechnique, l'*impasse des Bœufs* donnait sur l'arrière des collèges des Lombards et des Trente-Trois.

▷ La rue de Lanneau

Cette rue, percée en 1185, est l'une des plus anciennes de la ville. Elle fut rue du Mont-Saint-Hilaire, puis rue Saint-Hilaire, du nom de l'église paroissiale Saint-Hilaire-du-Mont qui se trouvait à l'angle de la rue des Sept-Voies. Au Moyen Age, c'était une rue bruyante et animée et, aux XVIe-XVIIe s., ses abords étaient peuplés d'imprimeurs et libraires : les de Gourmont, les Estienne, le relieur Clovis Eve. La plupart des maisons sont de cette époque. Au cours de ces dernières années se sont installées ici quelques boutiques d'artisanat et des petits restaurants agréables : la rue de Lanneau s'embourgeoise. Au nº 11, la maison du Puits-Certain est une auberge depuis 1627. ▶ A g. on croise la *rue d'Ecosse*, jadis rue du Chaudron, d'où un passage menait à l'église Saint-Hilaire. Il y avait là les collèges de Toul, à g., et à dr. une partie du collège de Coqueret.

▷ L'impasse Chartière *à g. de la rue de Lanneau*

Cette rue existait depuis 1260. Mais, amputée par la construction du collège Sainte-Barbe, elle n'est plus aujourd'hui qu'une impasse.

Au XVIe s. s'y trouvaient une imprimerie, deux librairies, deux ateliers de reliure et cinq collèges dont le célèbre *collège de Coqueret*. On pourrait presque dire que ce collège (fondé en 1439 et disparu en 1568), fut le berceau de la langue française. Il avait pour élèves Ronsard, Baïf, Joachim du Bellay qui, en 1549, avec Jodelle, Rémi Belleau, Pontus de Tyard et l'helléniste Dorat, fondèrent la Pléiade, tandis que Joachim du Bellay rédigeait la Défense et Illustration de la langue française. Ce collège se trouvait à g., à l'emplacement des dépendances actuelles du collège Sainte-Barbe dont on retrouve la curieuse architecture métallique. ▶ Reprendre la rue de Lanneau qui débouche sur le côté E. du Collège de France.

▷ Les thermes de l'Est

C'est au croisement des actuelles rues de Lanneau et Jean-de-Beauvais, de l'impasse Chartière et de la place Marcelin-Berthelot que se trouvaient les thermes de l'Est (IIe-IIIe s.) qui comprenaient de multiples salles. Le caldarium et le frigidarium

Le musée à voir

Musée d'histoire de la préfecture de Police (1 bis, rue des Carmes) : histoire des procès célèbres et histoire de la police depuis ses origines.

étaient sur plan rectangulaire, le tepidarium était circulaire, tandis que d'autres salles s'imbriquaient les unes dans les autres. Ces thermes furent partiellement mis au jour lorsqu'on procéda à l'agrandissement du Collège de France.

▷ Le Collège de France* *11, pl. Marcelin-Berthelot / intérieur visible dans le cadre des cours*

Il fut fondé en 1530 par *François Ier* sous le nom de collège des Lecteurs royaux, sur les pressantes instances du plus grand des humanistes français, *Guillaume Budé*. Au XVIIe s., l'établissement devint Collège royal de France ; l'adjectif tomba à la Révolution. Originairement on y enseignait le latin, le grec, l'hébreu, hors de la tutelle des théologiens car le collège était indépendant de l'Université. Depuis, il est demeuré le type de l'institution désintéressée où la science est cultivée pour elle-même. Les cours sont publics et gratuits. Les professeurs sont nommés par le gouvernement, en dehors de toute considération pédagogique. *Cl. Lévi-Strauss*, *A. Leroi-Gourhan*, *Georges Duby*, *Y. Bonnefoy*, *E. Le Roy-Ladurie*, *Pierre Boulez*, *André Chastel* entre autres, professent au Collège de France.

Le *vieux collège*, construit lentement à partir de 1610 et terminé seulement en 1778 par *Chalgrin*, a son entrée place Marcelin-Berthelot *(s'adresser au concierge)* où l'inscription : Docet omnia, résume l'universalité de son enseignement. Dans la cour, statue de *Champollion*, marbre par *Bartholdi* (1875). Dans la *cour O.* ornée d'un élégant portique par *Letarouilly* (1830-1840) et qu'on voit à travers la grille de la rue Saint-Jacques, statue de Guillaume Budé (1468-1540), marbre par *Max Bourgeois* ; bustes de Vatable, Turnèbe, Gassendi, Fine, Ramus et Danès. Vestibule de l'aile dr. : bustes d'érudits et de savants. *Salle d'assemblée des professeurs* : deux tableaux de *Lethière* et de *Thévenin* : François Ier signant l'acte d'établissement du Collège de France, Henri IV dotant les chaires du collège ; portraits anciens de Guillaume Budé, Danès, etc. *Salle nº 3 bis* : la Mort de Delille, toile de *Camus* (l'abbé Delille mourut dans cette salle). *Salle nº 4*, dite *salle des Langues*, où ont enseigné Champollion, Silvestre de Sacy, Burnouf et Renan : bustes de Burnouf par *Eugène Guillaume*, et de Renan par *Falguière*. Salle nº 8, celle du cours de Bergson. Salle nº 9 : médaillons de Michelet, Quinet et Mickiewicz, qui y ont enseigné. Du côté de la rue Saint-Jacques s'ouvrent les fenêtres du petit laboratoire où ont travaillé Magendie, Laënnec, Flourens, Claude Bernard (celui-ci de 1847 à 1878; inscription extérieure). Au ***premier étage***, reliquaire de *Claude Bernard* (souvenirs, manuscrit de l'Introduction à l'étude de la médecine expérimentale, etc.) dans le cabinet du grand physiologiste (1935). Dans la cour, fontaine du Collège de France de 1812.

Depuis 1930 ont été réalisées la modernisation et l'extension du vieux collège. Tandis que l'ancien édifice était rendu aux Lettres, de grands ***bâtiments modernes***, destinés aux Sciences, ont été construits à l'E. par des spécialistes, les architectes *A.* et *J. Guilbert*, en bordure de l'impasse Chartière. Le nouvel édifice, qui atteint 30 m de hauteur et dont les sous-sols s'enfoncent à 15 m sous terre, abrite des laboratoires de physique et de chimie équipés suivant les dernières exigences de la technique moderne; celui de Frédéric Joliot († 1958), où il avait établi son « cyclotron », se trouve au deuxième sous-sol. Le bâtiment d'angle renferme, outre les services généraux, les amphithéâtres de physique (176 places) et de chimie (108 places). Le ***hall d'entrée*** est décoré de deux grandes compositions de *Pierre Bompard* (l'Air et l'Eau, la Terre et le Feu) et d'une sculpture-luminaire en bronze de *Poisson*. Un autre bâtiment, élevé derrière le vieux collège jusqu'à la rue Saint-Jacques, est consacré à la biologie.

▶ Dans le ***square*** de la place Marcelin-Berthelot, ***statues*** en bronze de Dante par *Aubé* et de Ronsard; sur l'escalier, statue de Claude Bernard par *Guillaume* qui est mort au n° 40 de la rue des Ecoles (plaque).

▶ Derrière le Collège de France, la ***rue du Cimetière-Saint-Benoît*** rappelle l'église Saint-Benoît qui tenait son nom, non du patriarche de Nursie, mais de l'expression Benoiste Trinité. Primitivement elle avait son autel à l'O. mais, lors d'une reconstruction au XVIe s., l'autel fut mis à l'E. et l'église devint « Bétournée »; elle fut détruite en 1854.

▷ La rue Jean-de-Beauvais

Une des rues créées au XIVe s. Elle fut longtemps celle des imprimeurs. François Ier rendit souvent visite à Robert Estienne qui habitait au n° 17. L'école spéciale des Travaux Publics, du Bâtiment et de l'Industrie, grand édifice en béton de 1934, a fait disparaître ce qu'on croit être la maison natale de Musset (1810).

La rue traverse la rue des Ecoles, au-delà de laquelle s'élève toujours la ***chapelle*** du collège de ***Dormans-Beauvais*** *(ne se visite que pendant les offices : voir la note apposée sur la porte)*, fondée en 1370. Cette chapelle a été construite en 1375 par *Robert du Temple*, architecte de Charles V, et sa flèche gothique est la seule de cette époque subsistant à Paris. La nef est à cinq travées et l'abside à cinq pans. Le remplage des hautes fenêtres comporte trois compartiments trilobés, tandis qu'une corniche sculptée supporte une voûte en berceau brisé, créée par *Jacques de Chartres*. Depuis 1885, la chapelle de Dormans-Beauvais, très altérée, est affectée au culte orthodoxe roumain. La rue débouche sur le boulevard Saint-Germain, à proximité de la place Maubert.

▷ La place Maubert

Aujourd'hui beaucoup plus bourgeoise qu'elle ne l'a jamais été, cette place porte depuis le moment où elle a été percée (en 1202 et un peu plus au N. de la place actuelle), le nom déformé du célèbre dominicain *Maître Albert*. On a aussi attribué l'origine du nom à un second abbé de l'abbaye Sainte-Geneviève, Albert.

Au Moyen Age, elle formait un passage entre l'école traditionnelle du cloître Notre-Dame et les collèges naissants de la montagne Sainte-Geneviève. Après le départ des étudiants vers les pentes de la montagne Sainte-Geneviève, la place devint un lieu patibulaire et plus tragique : on y supplicia, pendit, roua, cloua au pilori, on y brûla les hérétiques comme le malheureux imprimeur et philosophe *Etienne Dolet* (en 1546). Sa ***statue***, un hommage tardif dû au sculpteur *Ernest Guilbert*, a disparu pendant l'Occupation. Tant de huguenots furent ici brûlés que la place devint, pour les Réformés, un lieu de pèlerinage. On y éleva aussi des barricades et, pendant des siècles jusqu'à un passé assez récent, ce « cloaque Maubert », comme disait Erasme, eut fort mauvaise réputation.

▷ L'église Saint-Nicolas-du-Chardonnet* *30, rue Saint-Victor / 8 h-19 h*

Suivre la rue Monge d'où l'on aperçoit cette église, surtout intéressante par ses souvenirs et par les tombeaux de Le Brun et de sa mère.

Histoire de l'église

Si l'origine de ce sanctuaire remonte au XIIIe s., la première pierre de l'église actuelle fut posée en 1656. La partie inférieure du clocher est le seul témoignage, néanmoins tardif, de l'ancienne église (voir l'inscription sur le mur extérieur, datée de 1625). *Charles Le Brun*, paroissien de Saint-Nicolas, aurait dessiné la façade latérale sur la rue des Bernardins. Au moment de la dédicace, en 1667, la voûte et les deux premières travées de la nef n'étaient pas construites et, grâce à des loteries organisées en 1716 et 1763, l'église fut enfin achevée, à l'exception de la façade. Le percement du boulevard Saint-Germain (en 1862), nécessita un remaniement de la chapelle absidiale, exécuté par *Baltard*. Enfin, en 1934, l'architecte *Claude Halley* éleva la façade actuelle de l'église (sur la rue Monge), dans le style classique.

Depuis 1977 l'église est occupée par un mouvement dit intégriste, dirigé jusqu'à sa mort (en 1984) par Mgr Ducaud-Bourget. Les messes sont célébrées en latin, selon le rite de saint Pie V.

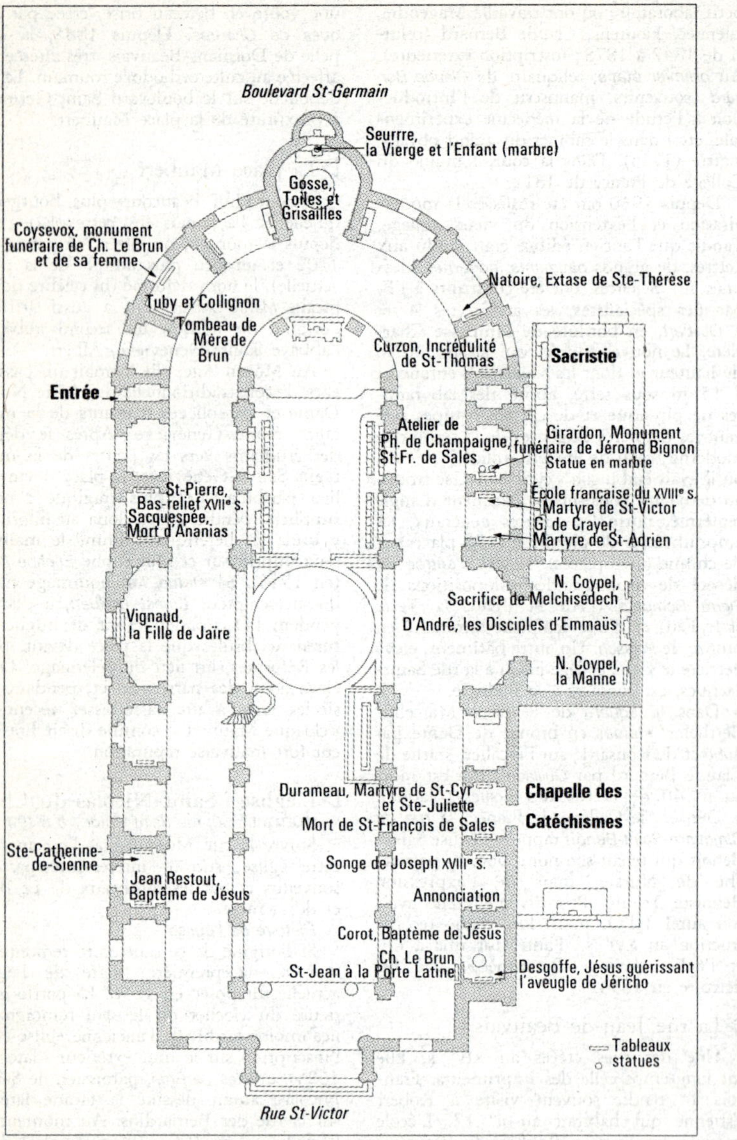

L'église Saint-Nicolas-du-Chardonnet

L'intérieur

La nef. Le *buffet d'orgue* provient de l'ancienne église des Saints-Innocents, acquis en 1787 au moment de la fermeture de cette église ; le buffet fut exécuté par le menuisier *Oger* et l'instrument par *François Thierry*. Au revers de la façade, à g., la Présentation au Temple, peinture de l'école française du XVIIIe s.

Le bas-côté dr. et ses chapelles. Dans la première travée du bas-côté, le Martyre de Saint Jean l'Evangéliste par *Ch. Le Brun*. 1re chapelle : le Baptême du Christ par *Corot* et Jésus guérissant l'aveugle de Jéricho par *Desgoffe*. 3e chapelle (entrée de la chapelle des Catéchismes) : Mort de saint François de Sales et Martyre de saint Cyr et de sainte Juliette par *Durameau* (XVIIIe s.). Le croisillon dr. : *chapelle de la Communion*. Au-dessus de l'autel, les *Disciples d'Emmaüs*★ par le *frère André* (début XVIIIe s.) ; de part et d'autre, le Sacrifice de Melchisédec et la Manne par *N. Coypel le Jeune* (1713).

Le pourtour du chœur. *1*^{re} *chapelle* : à dr. le Martyre de saint Adrien par *G. de*

Crayer (XVIIe s.). ***2e chapelle*** : monument de Jérôme Bignon, garde de la bibliothèque du Roi (1656), par *Girardon*; au-dessus, portrait de Saint François de Sales. ***3e chapelle*** : l'Incrédulité de Saint Thomas par *Curzon* (XIXe s.). 4e chapelle : confessionnal Régence. 5e chapelle : vitrine avec reliques, châsses du XVIIIe s. 6e chapelle ***(chapelle de la Vierge)*** : décor de *Gosse* (1857-1863); Vierge en marbre par *Seurre* (1861). ***8e chapelle*** : à g., ***tombeau de la mère de Le Brun★***, exécuté par *Tuby* et *Collignon* sur les dessins de *Le Brun*; au fond, ***monument de Le Brun★*** († 1690) et de sa femme, par *Coysevox*; au pied de l'obélisque qui supporte le buste de Le Brun, les deux figures de La Piété et de La Pénitence; au-dessus de l'autel et au plafond, peintures de *Le Brun*. ***10e chapelle*** : Saint Bernard célébrant la messe par *Sacquespée*. ***11e chapelle*** : la Mort d'Ananias pas *Sacquespée* (1678); au-dessus de l'autel, bas-relief en bois du XVIIIe s. : Saint Pierre repentant.

Le ***croisillon g.*** : le Christ ressuscitant la fille de Jaire par *Vignaud* (1819).

Le ***bas-côté g. et ses chapelles*** : 2e chapelle : le Baptême du Christ par *Jean Restout* (XVIIIe s.).

▷ La rue Saint-Victor

Son tracé actuel est le vestige d'une vieille rue menant de la place Maubert à l'abbaye de Saint-Victor. Celle-ci couvrait une vaste superficie, puisque son entrée principale se trouvait à la hauteur du débouché de la rue des Boulangers.

Au n° 24 se trouvait le séminaire de Saint-Nicolas-du-Chardonnet, créé en 1612, et où Renan étudia. Les choses ont changé : à son emplacement a été construite (en 1931) la ***Maison de la Mutualité***. Le n° 14 est un bel hôtel de trois étages construit à la fin du XVIIe s. pour le maître couvreur Jacques Auvray (porche, bossages et corniches). Le n° 8 était un « hôtel à la corde », c'est-à-dire un hôtel où les hôtes misérables dormaient les coudes appuyés sur une corde que l'on abaissait à l'heure du réveil. ▶ De l'autre côté de la rue des Ecoles, dans la *rue d'Arras*, se trouvait le collège des Bons-Enfants dont Calvin et saint Vincent de Paul furent élèves. Transformé pendant la Révolution en prison pour prêtres non assermentés, il fut un des lieux des massacres de septembre.

▷ La rue de Poissy

Elle a été percée en même temps que la rue de Pontoise, à travers les jardins du ***couvent des Bernardins***. Au n° 24, une caserne de pompiers occupe le ***réfectoire★*** du couvent *(→ encadré)*. Il est partagé en trois nefs voûtées d'ogives de dix-sept travées chacune, l'ensemble formant une salle de plus de 70 m de long. Il surmonte un vaste cellier gothique que les bernardins comblèrent eux-mêmes en 1709 jusqu'au départ des voûtes, les inondations de la Seine empêchant son utilisation. Un centre de recherches et d'études sur Paris et l'Ile-de-France loge dans une partie des bâtiments du premier étage. ▶ Suivre le boulevard Saint-Germain à g. vers la place Maubert.

▷ La rue des Bernardins *à dr.*

Cette rue longeait jadis l'enclos du couvent des Bernardins. Au n° 19 se trouvait l'***hôtel de Torpane***, remarquable édifice civil de la fin du Moyen Age, construit en 1566 par *Jacques Lefèvre*, conseiller de Charles IX, et démoli en 1830. Au n° 11 de la même rue habitait le savant Jussieu. Voir les vieilles maisons du côté pair (n°s 16, 12, 8 et 6). La rue aboutit au quai de la Tournelle, au débouché du pont de l'Archevêché.

L'ancien collège des Bernardins

Le couvent des Bernardins montre l'importance qu'avaient prise les études universitaires au cours du XIIIe s. pour les cisterciens. En 1246 Etienne de Lexington, abbé de Clairvaux, installa dans le clos du Chardonnet, à l'intérieur de l'enceinte de Philippe Auguste, un collège qui devint ensuite celui de l'ordre entier. Les bâtiments monastiques et l'église furent reconstruits à partir de 1338 (seul le réfectoire bâti au XIIIe s. fut conservé). La partie la plus admirée de l'église était un escalier à double vis imbriquée dans la partie S. du chevet et qui permettait aux religieux de descendre du dortoir pour les offices de la nuit, en passant par la sacristie.

L'église, désaffectée à la Révolution, fut détruite au fil des ans. Le réfectoire devint le siège d'une caserne de pompiers (qui doit quitter les lieux en 1988). A diverses occasions, en 1886 lors du dégagement d'un chantier de bois, en 1978 lors du creusement d'un parking souterrain, des éléments sculptés provenant de l'ancienne église du XIVe s. ont été mis au jour.

Le boulevard Saint-Michel★

6e et 5e arr. / 36-J7-J8
Métro : Saint-Michel, Odéon
Bus : 21, 24, 27, 38, 81, 85, 96
P rue de Harley (1er arr.)
Taxis : place Saint-Michel ☎ 43.29.63.66

Cette promenade est toute de nostalgie. On n'y retrouvera rien de tout ce qui y a été vécu. Les idées y fleurirent, les soubresauts révolutionnaires de Paris l'agitèrent. Mais les visiteurs amateurs d'art ou encore d'architecture n'y trouveront absolument rien qui soit digne d'un coup d'œil. Les poètes seuls sauront s'imprégner du parfum de l'air, de l'orientation de la voie qui n'a jamais changé, du souvenir de tous ceux qui sont morts et qui ont aimé le « Boul'Mich ».

Si son histoire est moins longue que celle de la rue Saint-Jacques puisqu'il n'a été ouvert qu'en 1859 sous le second Empire, le boulevard Saint-Michel n'en a pas moins constitué très rapidement l'axe vital de la rive gauche. Il remonte lui aussi à une voie romaine parallèle à la rue Saint Jacques, conduisant à Chartres et qui perdit de son importance au Moyen Age par suite de l'absence d'un pont sur la Seine dans son prolongement. Cette voie subsista néanmoins, sous le nom de rue de la Harpe, jusqu'à la porte de l'enceinte de Philippe Auguste baptisée porte Saint-Michel. A l'extérieur de l'enceinte, cet axe devenait la rue d'Enfer. Enfin, la partie S. du boulevard Saint-Michel a été tracée sur la rue de l'Est, plus récente.

Ce qui a rendu le boulevard célèbre, ce sont les cafés littéraires qui ont bordé son cours, peu après son ouverture. Ils eurent leur heure de gloire surtout sous la troisième République, abritant chaque jour de petits cénacles où se faisait et se défaisait le monde. On y consommait plus de paradoxes que de boissons : un poète désabusé demanda un jour « du fiel dans un grand verre ! » : ce fut le lieu de naissance du symbolisme, et Verlaine fréquenta à peu près tous les établissements du boulevard.

Visite du boulevard

45 mn

▷ La place Saint-Michel

Elle s'appelait au Moyen Age place du Pont-Saint-Michel, et était située à l'emplacement de l'abreuvoir Macon et de plusieurs ruelles qui constituaient le territoire des filles de joie. Ce nom lui fut donné en l'honneur de Michelle de France, fille de Charles VI.

C'est un carrefour actif où la *fontaine Saint-Michel*, exécutée par *Davioud* en 1860 et ornée d'un Saint Michel terrassant le dragon (bronze par *Duret*), semble servir de point de ralliement aux jeunes venus des quatre coins du monde après avoir servi de piscine lors des soirées qui terminaient de façon un peu folle les bals des quatre-z-arts. La place a souvent vu l'agitation révolutionnaire. Sous le second Empire, le Café de la Renaissance (au nº 4) fut un lieu de rencontre des républicains qui se métamorphosa en centre de la Commune de 1871. Au nº 1 se tinrent des réunions plutôt littéraires, dans un café qui s'appela d'abord l'Avenir, puis le Caveau du Soleil d'Or — un cabaret sordide que fréquentaient, autour d'un vieux piano, les Hydropathes (→ *plus loin*) Laurent Tailhade, Maurice Boukay et bien sûr Verlaine — avant de devenir le *Café du Départ* vers 1900. Plus tard, en août 1944, les chars de la Libération arrivèrent par le boulevard cependant que l'on se battait encore sur la place, au prix de plusieurs morts que commémorent des plaques de marbre. Rien n'évoque plus en revanche les turbulences de mai 68 si ce n'est la présence fréquente de la police.

▷ Le boulevard Saint-Michel

partie N., jusqu'à la place Edmond-Rostand

La partie la plus animée du boulevard est celle qui, de la place Saint-Michel incluse, monte à la place Edmond-Rostand. Toujours parcourue par une foule pressée et multicolore, elle représente, en concurrence avec les Grands Boulevards, l'endroit où l'on pourra jusque tard le soir se procurer, sur les trottoirs, un journal, une écharpe, un souvenir, un programme de spectacles, etc.

Le commerce traditionnel comprend assez logiquement de bonnes librairies (Gibert, Hachette, PUF, etc.) mais est de plus en plus remplacé par des fast-food.

Le *café de Cluny*, au n° 20, est l'un des rares cafés célèbres à avoir survécu sous son nom. Il eut une brillante clientèle, plus politique que littéraire : au XIXe s., des avocats, des exilés turcs, roumains, les Fenians irlandais ; des bibliophiles y discutaient l'histoire de Paris. Le poète Ponchon, puis plus tard André Thérive (1923) y restaient jusqu'à 2 h du matin.

De l'autre côté, le boulevard Saint-Michel longe un jardin où l'on voit les ruines romaines des *thermes de Cluny* (→ *montagne Sainte-Geneviève*) admirablement conservées et dominées par l'hôtel des anciens abbés de Cluny. Un peu plus haut à g. s'ouvre la rue des Ecoles. Aux angles se trouvaient deux très célèbres établissements : le café Soufflot, actuel *Select Latin*, qui ouvrit sous le second Empire ; si a l'étage les polytechniciens venaient jouer au billard, au rez-de-chaussée l'atmosphère était plus sérieuse ; il fut, vers 1869, le centre des « Jeunes Turcs » autour de Kemal bey et Tahsyn. En face *Le Vachette* (au n° 27) vécut de 1865 à 1913. C'était le rendez-vous des poètes, autour de Jean Moréas qui se faisait remarquer par ses échanges avec le garçon Isidore. Celui-ci se piquait de poésie ; il rima un jour : « Au maître Moréas, j'apporte un café-tasse ». De plus grands y vinrent : Verlaine, L. Tailhade, Huysmans, Maurras, Mallarmé, Héredia, F. Coppée, P. Loüys, P. Bourget... Un peu plus haut, La Source, le café favori de Verlaine, a été remplacé par un fast-food, au n° 35. Au fond de la salle se trouvait la fameuse source, sous un plafond rond qui existe encore. On est passé, des nos 29 à 33, à l'emplacement des collèges de Seez, de Narbonne, de Bayeux, dont la porte du XIVe s. a été déplacée au musée de Cluny. Plus loin, au n° 40, le collège d'Harcourt, siège de la nation de Normandie, fut fondé en 1280 et établi à cet emplacement en 1311. Devenu *lycée Saint-Louis*, sa façade sur le boulevard a été construite par *Bailly* en 1861. Racine, Boileau, Diderot, Talleyrand, l'abbé Prévost, Gounod en furent élèves. A son emplacement se trouvait un théâtre romain construit sous les Antonins et qui pouvait recevoir 4 000 à 5 000 personnes.

▷ La place de la Sorbonne*

Elle s'ouvre en face du lycée Saint-Louis. Elle est dominée par la *chapelle de la Sorbonne* (→ *la Sorbonne*). Au centre, le monument d'*Auguste Comte* par *Injalbert* (1903). A l'angle (au n° 47 du boulevard Saint-Michel), le café d'Harcourt abrita de 1880 à 1939 de tumultueux chahuts d'étudiants, cependant que le *Café de la Rive Gauche*, à l'angle de la rue Cujas, se rendit célèbre par la fondation de la bizarre *société des Hydropathes* par *Emile Goudeau* le 11 octobre 1878. Parmi ce groupe assez joyeux qui versifiait et chantait, on trouvait des poètes (J. Richepin, M. Rollinat, J. Moréas, H. de Régnier, E. Haraucourt) et des hommes politiques, principalement Barrès, et les chansonniers du Chat Noir.

▷ La rue Soufflot *partie basse*

Cette rue fut pendant longtemps encadrée par deux célèbres cafés : à g., au n° 63, la Taverne du Panthéon qui prit par la suite le nom de *Capoulade* entre les deux guerres ; les écrivains du Mercure de France s'y réunissaient ; mais on y faisait surtout beaucoup de politique. En face, au *Café Mahieu*, Bernard Grasset donnait ses rendez-vous. Le Mac-Donalds qui le remplace conserve (mais pour combien de temps encore ?) ses tables et ses chaises. Au n° 69, le *Café Rouge*, où des concerts célèbres eurent lieu (on voit le monogramme C. R.). Enfin, au n° 73, le *Café François Ier*,

Les grandes heures de la vie étudiante

Le moment le plus émouvant est la rentrée, du moins pour la première année. On vient s'inscrire à la fac, souvent en famille et ce, soit en juin, soit à la fin de l'été et jusqu'au début des cours en octobre. La multitude des formulaires à remplir, les choix difficiles de matières principales et secondaires, d'horaires, l'affolement sur les bibliographies distribuées par les professeurs, font partie de l'environnement de ces débuts. L'année s'écoule ensuite plus ou moins paisiblement jusqu'au moment de « surchauffe » dû à l'approche des examens très redoutés par les jeunes étudiants, et qui se succèdent pendant les mois de mai et juin. C'est l'époque où les bibliothèques sont prises d'assaut, cependant que les plus décontractés travaillent dans les cafés. Mais, pour le touriste studieux, un élément d'intérêt réel est constitué par la saison des thèses, généralement soutenues aux alentours de Pâques. Ce glorieux couronnement des études est la seule cérémonie qui ait conservé un peu de solennité. Elle se fait devant un public assez restreint, surtout des amis et des invités, quoique les curieux y soient admis s'ils trouvent une place. Le débat courtois sur des sujets savants n'est pas nécessairement ardu et on applaudira aussi bien la critique subtile ou rosse du président du jury que la soutenance du futur docteur.

En dehors du cursus universitaire avaient lieu aussi, autrefois, des amusements : les chahuts, organisés en protestation contre tel ou tel professeur. Evoquons le bal des quatre-z-arts, qui clôturait l'année dans un joyeux défoulement, où l'on se déguisait, parcourait les rues en beuglant toute la nuit, et qui se finissait souvent par un bain dans une fontaine... habillé ou non.

Les musées à voir

Musée de Cluny (6, place Paul-Painlevé) : arts du Moyen Age.
Musée de Minéralogie (60, bd Saint-Michel) : collection des minéraux utiles de la France ; météorites.

décoré de palmes, de stalactites, d'armures, fut le premier siège des symbolistes : Verlaine, Jules Laforgue, Moréas et les autres.

Partie haute de la rue Soufflot → *montagne Sainte-Geneviève.*

▷ La place Edmond-Rostand

A partir de cette place, le boulevard Saint-Michel change de caractère et devient beaucoup plus calme, presque banlieusard. Cela rappelle la situation qui avait prévalu jusqu'en 1687, date à laquelle la porte Saint-Michel qui était à ce niveau fut démolie. Elle délimitait la ville ceinte de murs au N., du faubourg au S. On édifia à la place une jolie fontaine qui fut détruite au XIXe s. quand la place fut incluse dans le boulevard qui prit son nom.

▷ Le boulevard Saint-Michel

partie S., jusqu'au boulevard de Port-Royal

Jules Vallès vécut et mourut au n° 77, César Franck au n° 95. Au n° 93 se trouve l'originale fondation américaine des étudiantes de 1919. Sur le côté dr., devant le jardin du Luxembourg, il y avait un rideau d'hôtels. Un seul subsiste, l'***hôtel de Vendôme***, construit en 1707 par *Courtonne* et devenu l'***école des Mines*** (n° 60 bis). Seule la façade sur le jardin garde son aspect d'origine ; la façade sur le boulevard date de 1855 et plus tard. L'école des Mines a été fondée en 1783 ; elle contient un intéressant ***musée de Minéralogie*** (→ *musées*). Plus loin encore, l'aspect rustique prédomina longtemps ; on y trouvait des guinguettes : le Café du Chalet, à dr., où se réunissaient les peintres Ranvier, L. Français. Le bal Bullier, dans l'actuelle avenue Georges-Bernanos, avec ses curieuses arcades de carton-pâte aux couleurs vives, fut célèbre parmi les étudiants. Il a été remplacé par un centre sportif universitaire. Enfin, à dr., c'est la *Closerie des Lilas* (→ *quartier Notre-Dame-des-Champs*) en face de laquelle se dresse la curieuse station du RER, ex-ligne de Sceau, bâtie en 1894 et restaurée en 1986.

Le quartier Réaumur

2e, 3e arr. / 28-J5, 29-L6
Métro : Bourse
Bus : 20, 29, 39, 67, 74, 85
Ⓟ place de la Bourse
Taxis : 64, rue de Bretagne (square du Temple)
☎ 42.78.00.00

La rue Réaumur, aux façades pleines de monumentalité et de fantaisie, conserve un peu de la pompe qu'affichaient les banques et les groupes de presse à l'époque du capitalisme triomphant, au tournant du siècle dernier. Ce sont aujourd'hui les tapageuses vitrines des fabricants de prêt-à-porter et leurs néons qui rivalisent d'agressivité lumineuse et colorée. Dans la rue, encombrée par des véhicules de livraison garés en bataille, s'affairent dans une activité fébrile les crieurs de journaux et les débardeurs chargés de ballots de tissu ou de vêtements.

Après le boulevard de Sébastopol et la vigie de l'immeuble Félix-Potin, la rue Réaumur est beaucoup plus sage, elle passe entre l'église Saint-Nicolas-des-Champs et l'ancienne abbaye Saint-Martin-des-Champs qui abrite le musée des Techniques. Isolée par un petit square, la vieille abbaye a conservé son caractère rustique, malgré la proximité du bruyant carrefour des Arts-et-Métiers. A cet endroit, la rue Réaumur est occupée par des boutiques aux vitrines surréalistes peuplées de mannequins nus.

Pour découvrir cette rue en activité et en apprécier l'architecture, il est recommandé de la parcourir en semaine car les immeubles sont souvent fermés le week-end.

Visite de la rue Réaumur

départ : place de la Bourse / 45 mn

Avec la rue des Immeubles-Industriels, ouverte en 1873 dans le quartier de la Nation, la rue Réaumur est un exemple de rue ouverte pour accueillir exclusivement des immeubles industriels et commerciaux. Elle fut percée près du cœur de l'affairisme parisien entre 1897 et 1905. Durant cette période, une vingtaine d'immeubles furent construits pour accueillir des bureaux, des artisanats de prêt-à-porter et des industries souvent en rapport avec l'imprimerie.

La profonde originalité de cet ensemble architectural provient à la fois de son étonnante unité stylistique et de la grande diversité de chacune de ses façades. En effet, la construction de la rue Réaumur fut marquée par la nouvelle réglementation de 1902. Celle-ci favorisait la variété dans le traitement des façades et les effets de toiture, permettait les rotondes d'angle, encourageait les bow-windows gigantesques interrompant la régularité des balcons alignés de façon systématique sur les deuxièmes et cinquièmes étages depuis 1859. En même temps, pour favoriser l'invention architecturale, la municipalité instaurait le concours de Façades (→ encadré).

Ces immeubles, tout en conservant une apparence bourgeoise, parfois même luxueuse, sont parfaitement adaptés à leur destination : offrir des planchers débarrassés de murs intermédiaires et permettre de vastes surfaces d'éclairement, principalement pour la confection et l'imprimerie. L'utilisation du métal est fréquente, soit dans son intégralité (n° 124), soit mariée à la pierre (n°s 69, 82-98, 91, 97, 118, 126 et 130).

▷ La rue Réaumur *de la pl. de la Bourse à la rue Montmartre*

Au n° 132, l'*immeuble* d'angle, construit par *Jacques Hermant* en 1901, souligne le triomphalisme architectural des grandes banques. Au n° 130, l'*immeuble* construit par *Guiral de Montarnal* en 1898 mérite une visite pour son hall d'entrée et son escalier. Le visiteur est surpris par le monumentalisme de l'escalier à double rampe, établi légèrement en biais par rapport à l'axe de la rue. Tout est admirablement conservé : la rampe de cuivre d'origine, les décorations (feuillages de platanes) et les verres colorés. Il faut se rendre à l'entresol pour découvrir une rampe à la délicieuse courbure ellipsoïdale et pour emprunter l'ascenseur Roux-Combaluzier, lui aussi d'époque.

▷ La rue Montmartre *de la rue Réaumur à la rue de Cléry*

Non loin du carrefour avec la rue Réaumur, au n° 95, se trouve l'un des premiers *immeubles* parisiens à usage d'habitation possédant une façade tout en verre, sauf les allèges en briques vernissées ; il fut construit en 1898 par l'architecte *S. Périssé*.

▷ La rue Réaumur *de la rue Montmartre à la rue Saint-Denis*

Au n° 124, l'*immeuble*★ généralement attribué à *Georges Chédanne*, date de 1903. L'ossature entièrement métallique et la cour intérieure laissent passer un maximum de lumière. Construit pour abriter une imprimerie, cet édifice en acier riveté affirme une grande originalité. Les bow-windows sont suspendus au quatrième étage et laissent voir une mosaïque blanche. Au cinquième étage, la partie habitation de cet immeuble industriel se différencie par un revêtement de brique. Au n° 118, l'*immeuble*★ construit par *Guiral de Montarnal* est l'un des plus beaux et des plus élégants de la rue. Il date de 1900. Récompensé au concours de Façades, il présente sous un arc surbaissé un immense fenêtrage sur trois niveaux, qui s'étend sur toute la largeur de l'édifice. De gracieuses volutes en métal et en pierre animent cette baie inscrite dans un cadre de pierre. Au n° 116, l'*immeuble* édifié en 1897 par *Walwein* fut lui aussi primé au concours de Façades. La sobriété de son traitement décoratif tient à l'inachèvement du projet et la façade n'est remarquable que par sa considérable surface vitrée. Au n° 100, la large *façade* élevée en 1924 abrita le journal l'Intransigeant puis France-Soir (des rotatives situées en sous-sol imprimaient ce journal jusqu'en 1980). Les deux *frontons* situés au-dessus des avant-corps sont ornés de deux bas-reliefs sculptés par *Navarre* qui représentent à dr. les Ouvriers typographes et à g. les Journalistes. Il ne faut pas hésiter à accéder à l'entrée principale qui présente une cage d'escalier triomphale, un élégant vitrail gris caractéristique des années 1920 et un sol décoré avec le nom du journal l'Intransigeant. Ce décor rend compte de l'opulence de la presse parisienne de cette époque. Dans un coin à g., une plaque indique l'emplacement de l'ancienne cour des Miracles. Au nº 97, l'*immeuble* construit par *Jolivard* et *Devillard* présente deux avant-corps latéraux. Au bas de celui de dr., est curieusement nichée la bouche du métro Sentier.

▷ La rue Saint-Denis *entre la rue Réaumur et la rue Turbigo*

On peut descendre jusqu'au nº 155 de cette rue pour voir le magasin *La Soie* construit en 1898 par *Henri Rouville*. La profondeur du bâtiment dépasse 55 m. Comme dans la plupart des magasins de tissus, ce long couloir est éclairé par une large verrière.

▷ La rue Réaumur *de la rue Saint-Denis au boulevard de Sébastopol*

Entre les nºs 82 et 98, se déploie l'ancien *grand magasin Réaumur* construit en 1897 par *Constant Bernard*. La partie située à l'angle de la rue Réaumur et de la rue Dussoubs fut construite en 1926. Au nº 69, l'*immeuble* construit par *Ernest Pergod* en 1898 était destiné à recevoir un atelier de typographie. La verrière du troisième étage permettait un éclairement maximal. La façade sépare distinctement l'appareil de pierre et la partie métallique. Deux médaillons situés de part et d'autre de la travée centrale indiquent Art industriel à dr., et Art commercial à g. Au-dessus des portes, apparaissent les inscriptions presque effacées Industries et Beaux-Arts. Aux nºs 61-63, se dresse un *immeuble* très original. Construit par *Sirgery* et *Jouannin* vers 1900, sur une parcelle très peu profonde (2 m seulement!), il présente une impressionnante façade éclectique et abrite des ateliers de confection. Il est conseillé de franchir le portail romano-byzantin et de gravir les escaliers jusqu'au troisième étage où l'on aperçoit la profondeur dérisoire de l'immeuble. Au nº 51, à la sortie du métro Réaumur, la massive *rotonde de Félix Potin*, construite en 1910 par *Charles Le Maresquier*, laisse apparaître une exubérante décoration polychrome où des abeilles symbolisent le grand commerce et l'abondance. Un vaste dôme surmonté d'un campanile coiffe l'ensemble. Ces dômes que l'on aperçoit tout le long de la rue Réaumur sont une caractéristique des immeubles bourgeois des années 1900. On les appelle de façon amusante les poivrières. ▶ Au nº 39, au-delà du boulevard de Sébastopol et du carrefour des Arts-et-Métiers, *immeuble* (*G. Salard*, architecte) décoré de deux étonnantes cariatides grotesques (1901) par *Pierre Roche*, sculpteur symboliste.

Le concours de Façades de la Ville de Paris

Le percement de la rue Réaumur, inaugurée en 1897 en grande solennité, fut à l'origine du concours de Façades organisé par la Ville de Paris entre 1898 et 1936. L'idée, au départ, ne concernait que la rue Réaumur, mais il parut presque aussitôt évident qu'il fallait l'étendre à tout Paris, ceci afin de stimuler l'originalité et la variété dans la décoration des édifices parisiens. Bruxelles, qui avait peu auparavant inventé un semblable concours, servit de modèle. Les six immeubles primés annuellement offraient aux propriétaires et aux architectes des avantages fiscaux ou financiers.

Guimard fut l'un des lauréats de 1898 (le jugement avait toujours lieu l'année suivante) avec le Castel Béranger, rue La Fontaine, comme en témoigne l'orgueilleuse inscription ajoutée sur la façade. Au cours des années, le concours ne servit généralement à primer que des édifices sans grande qualité, mais parmi eux quelques œuvres intéressantes furent couronnées : Lavirotte (29, av. Rapp; 34, av. de Wagram et 23 av. de Messine), Arfvidson (31, rue Campagne-Première), Herscher (39, rue Scheffer). Après la Première Guerre mondiale, ce concours continua jusqu'en 1936, doublé d'un autre pour les devantures de magasins. Mais, si parmi les primés figurèrent Roux-Spitz (14, rue Guynemer) ou Guimard (18, rue Henri-Heine), la compétition ne faisait plus guère parler d'elle. La modernité y fut de moins en moins couronnée, ce qui mit fin à cette louable initiative dont nul ne regretta la disparition.

Visite du quartier Réaumur

45 mn

▷ Le boulevard de Sébastopol *entre la rue Réaumur et le square Chautemps*

Percé entre 1855 et 1858 par le préfet *Haussmann* pour servir de voie stratégique en cas d'émeutes, fréquentes dans ce quartier populeux, il ouvre une large perspective de la place du Châtelet à la gare de l'Est. Après son croisement avec la rue Réaumur, le boulevard de Sébastopol longe le square Emile-Chautemps sur lequel ouvrent le théâtre de la Gaîté lyrique au S., et le conservatoire des Arts et Métiers à l'E. Le *théâtre de la Gaîté lyrique*, d'abord théâtre des grands danseurs du Roi, devint théâtre de la Gaîté lyrique puis Opéra municipal de la Gaîté en 1907. Il fit les beaux soirs des Parisiens jusqu'à la Deuxième Guerre mondiale. Entre 1974 et

1979 *Silvia Monfort* y créa et développa le premier centre d'action culturelle de Paris. Ce vieux théâtre devrait faire l'objet prochainement d'un programme de rénovation.

▷ Le conservatoire des Arts et Métiers

292, rue Saint-Martin ☎ 42.71.24.14 / église et musée : t. l. j. sf lun., 13 h-17 h 30; dim., 10 h-17 h 15 / réfectoire (actuelle bibliothèque) : 13 h-20 h 30; sam., 13 h-19 h; dim., 9 h-12 h

Cet établissement d'enseignement industriel qui occupe l'ancienne abbaye Saint-Martin-des-Champs abrite le musée national des Techniques (→ *musées*). Mis à part l'église et le réfectoire, deux édifices admirables, les anciens bâtiments de l'abbaye ont été reconstruits au XVIIIe s. par *Antoine*, restaurés et agrandis de 1845 à 1897 sous la direction de *Léon Vaudoyer*, puis restaurés par *Henri Denoux* à la veille de la Première Guerre. L'ancienne abbaye Saint-Martin-des-Champs recouvrait sans doute l'emplacement de la basilique de Saint-Martin, qui avait succédé au primitif oratoire dressé dans ce lieu par un habitant en reconnaissance des miracles parisiens du saint. L'endroit se trouvait d'ailleurs placé sur la route du pèlerinage de Saint-Jacques et des échanges commerciaux entre les basiliques du royaume. En 1061, *Henri Ier* érigea en abbaye l'église de Saint-Martin-des-Champs, détruite par les Normands; l'église fut solennellement dédicacée en 1067. Après avoir été placée par Philippe Ier (1078) sous le patronage de Cluny, l'abbaye devint, sur la rive dr., un centre comparable à celui de Saint-Germain-des-Prés sur la rive g. L'église et le réfectoire qui subsistent permettent d'en imaginer la splendeur. Une bulle papale mentionne, en 1096, trente-trois églises dépendant de l'abbaye de Saint-Martin. Les bâtiments, qui avaient été occupés pendant la Révolution par une maison d'éducation puis par une manufacture d'armes, furent affectés en 1798 au conservatoire des Arts et Métiers, créé par décret de la Convention du 19 vendémiaire an III (10 octobre 1794), sur la proposition de l'abbé Grégoire.

La *cour d'honneur* contient un second portail moderne, orné de bustes de Coulomb et de Chaptal. A g., statues de Nicolas Leblanc (1742-1806), par *Hiolle*, et de Denis Papin (1647-1714), par *Aimé Millet*. Le *réfectoire*** des moines est situé à dr., dans la cour. Ce bel édifice élevé avant 1250 peut être considéré comme un des chefs-d'œuvre de *Pierre de Montreuil* le grand architecte de la Sainte-Chapelle et l'un des maîtres de Notre-Dame. Il renferme aujourd'hui la bibliothèque. A l'intérieur, magnifique *vaisseau* d'une hardiesse et d'une légèreté surprenantes (long de 42,80 m, large de 11,70 m), divisé en deux nefs dont la double voûte d'ogives repose sur sept colonnes médianes ainsi que sur de délicates colonnettes adossées aux murs latéraux. Les seize clefs de voûtes des travées sont ornées de feuillages et de fruits. L'édifice est largement éclairé par des baies géminées surmontées de roses. En saillie à l'extérieur, du côté N., on admire la chaire du lecteur, en pierre, dont l'escalier est pratiqué dans le mur.

L'*église de Saint-Martin-des-Champs* est construite au S. du réfectoire, de l'autre côté de l'ancien cloître, en bordure de la rue Réaumur. L'église appartient à deux époques bien distinctes. La nef, sans collatéraux, ajourée de belles fenêtres gothiques, couverte d'une voûte en bois, date de la fin du XIIIe s.; la voûte et les murs sont décorés de peintures récentes. La tour, en saillie au S., fut construite au début du XIIe s. sur le bras S. du transept de l'église de 1067. La *façade*, qui donne sur une cour, est visible à travers la grille de la rue Saint-Martin : le portail est une reconstruction fantaisiste de 1885 et la tourelle à dr. a été ajoutée. De la rue Réaumur, on voit très bien le *flanc S.* de la nef, de la fin du XIIIe s., la *tour romane* et surtout l'admirable *chœur*** du XIIe s. (1130-1140), avec son double déambulatoire flanqué de sept chapelles, dont l'aspect extérieur est encore roman. Ce chevet polylobé était bordé par la cour Saint-Martin qui reliait Saint-Martin à Saint-Nicolas. Le chœur (1130-1140) est peut-être le premier édifice parisien où apparaît l'ogive : aussi témoigne-t-il de tâtonnements visibles, des plus intéressants d'ailleurs pour l'histoire des origines du style gothique. Le sanctuaire est entouré d'un double déambulatoire flanqué d'une grande chapelle absidiale trilobée et de six petites chapelles arrondies. Beaucoup d'éléments sont encore purement romans, notamment les chapiteaux; la plupart des travées du déambulatoire n'ont que des voûtes d'arêtes et les fenêtres des chapelles sont en plein cintre. Pour contenir la poussée des voûtes d'ogives du chœur, l'architecte a imaginé de construire sur les doubleaux du déambulatoire de petits *murs boutants* qui sont les plus anciens de toute la France et donneront naissance, au XIIIe s., aux arcs-boutants. ▶ Prendre la *rue du Vertbois* qui longe au N. les bâtiments du Conservatoire. A l'angle de la rue Saint-Martin, la *fontaine du Vertbois*, installée en 1712, a été accolée à une tour de l'enceinte fortifiée; la tour et la fontaine ont été lourdement restaurées au XIXe s. ▶ A dr., s'ouvre la *rue Vaucanson* où se trouvait à la fin du XIXe s. l'école centrale des Arts et Manufactures, construite à l'emplacement du marché Saint-Martin. ▶ Continuer la rue du Vertbois jusqu'à la *rue Volta* que l'on prend sur la dr. Des découvertes récentes attestent que la *maison à colombages* du n° 3 n'est pas la plus ancienne de Paris, comme beaucoup le pensaient jusqu'en 1978, mais plutôt un pastiche bien réussi du XVIIe s. Sa structure est caractéristique de celle des maisons médiévales.

▷ La rue de Turbigo

de la rue Volta à la rue Saint-Martin

Ouverte en 1854, son nom est celui de la victoire remportée sur les Autrichiens le 2 juin 1859. C'est dans cette rue qu'Ernest Cognacq ouvrit en 1867 son premier magasin, à l'enseigne « Au petit Bénéfice ». Futur fondateur de la Samaritaine, il légua à sa mort ses collections à la Ville de Paris (→ *musée Cognacq-Jay*). Entre les n°s 40 et 48 de la rue de Turbigo, d'importantes *fouilles archéologiques* ont révélé de nombreuses substructions des anciens bâtiments de la rue Au-Maire. A proximité, a été aussi retrouvé le puits du cimetière Saint-Martin, comblé d'ossements humains. ▶ Prendre la rue Saint-Martin sur la dr.

▷ L'église Saint-Nicolas-des-Champs★ *254, rue Saint-Martin*

☎ *42.72.92.54 / t.l.j. 9 h-19 h ; f. dim., entre 12 h et 16 h*

Cette vaste église n'était à l'origine qu'une simple chapelle, érigée en paroisse en 1184. Elle fut reconstruite à la fin du XIIe s., puis une nouvelle fois au XVe s. ; de cette époque datent la façade, le clocher et les sept premières travées. Au cours de la seconde moitié du XVIe s., on allongea la nef de quatre travées, on éleva les bas-côtés avec leurs chapelles ainsi que le beau portail sud. Les travaux d'agrandissement s'achevèrent enfin en 1615. Vers 1745, suivant la mode du retour à l'antique, les colonnes du chœur furent cannelées et coiffées de pilastres ioniques, tandis qu'on remplaça les vitraux peints par des verrières blanches. Fermée en 1793, l'église devint temple de l'Hymen et de la Fidélité. Elle fut rendue au culte en 1802 et restaurée en 1823 et en 1843 : le portail de la façade ouest fut alors garni de nouvelles statues. Enfin, en 1854, le percement de la rue de Turbigo dégagea les façades sud et est.

L'extérieur

La *façade nord* date du XVe s. ; le portail est encadré d'un arc flamboyant ; les statues sont de *Desprez* (1843). Face sud : *portail*★ du XVIe s., chef-d'œuvre de l'architecture religieuse de la Renaissance ; il est inspiré d'un dessin de *Philibert de l'Orme* pour une porte de l'hôtel des Tournelles, les vantaux sont sculptés de torses de femmes, de figures d'anges, de rinceaux et d'animaux.

L'intérieur

Dans la nef, le *buffet d'orgue* dont les éléments les plus anciens remontent à 1610, fut modifié en 1632 et agrandi en 1773 ; la tribune est de cette époque. Le décor du buffet est assez riche : la tourelle centrale est surmontée d'une statue de saint Nicolas qu'encadrent deux anges musiciens. L'instrument, bien que remanié en 1930, n'est pas en bon état.

Bas-côté dr., 2e chapelle : à dr., la Vierge et plusieurs saints par *Aspertini* (XVIe s.) ; à g., le Sacre de saint Augustin par *Hilaire d'Olivet* (XVIIIe s.). 4e chapelle : à g., les Ames du purgatoire, d'après *Sébastiano Ricci*. 7e chapelle : à g., Sainte Geneviève par *E. Jeaurat* (XVIIIe s.) ; à dr., Sainte Geneviève enfant, bénie par saint Germain de *Joseph-Nicolas Jouy* (1845).

Le *chœur* contient un maître-autel monumental du XVIIe s. en marbre et à double face. Au centre, deux peintures de *Simon Vouet* (1629) ; en bas, les Apôtres au tombeau de la Vierge ; en haut, l'Assomption ; de part et d'autre, Saint Nicolas et Saint Jean Baptiste par *J.-B. Robin* (1775) ; quatre anges en stuc complètent la décoration. Chandelier pascal en cuivre doré (2,75 m de hauteur).

Pourtour du chœur (en commençant par la droite), 1re chapelle, le Baptême du Christ par *Gaudenzio Ferrari* (XVIe s.). 2e chapelle : à g., Circoncision par *Finsonius* (vers 1615). 4e chapelle : à dr., la Vierge de la famille de Vic dite Vierge de la Victoire par *François II Pourbus* (vers 1618) ; à la voûte, peintures murales de *Georges Lallemant* (XVIe s.). 5e chapelle : à dr., l'Ascension par *Cl. Vignon* (1650) ; restes de peintures murales (XVIIe s.). 6e chapelle : Saint Vincent de Paul rachète les galériens par *Léon Bonnat* (1865) ; peintures murales (XVIIe s.). 9e chapelle (axiale) : à g., l'Adoration des bergers par *Noël-Nicolas Coypel* (XVIIIe s.) ; à dr., le Repos en Egypte par *Caminade* (1817) ; Vierge en marbre par *Delaistre* (1817). En face, au revers du maître-autel, Saint Charles Borromée distribuant la sainte communion aux pestiférés de Milan et le Père Eternel par *Godefroy* (XVIIIe s.). 11e chapelle : à la voûte, peintures murales (XVIIe s.). 12e chapelle : à g., Saint Nicolas dans la tempête par *J.-B. Pierre* (1747), toile en grisaille ; à la voûte, peintures murales de *Georges Lallemant* (XVIe s.). 15e chapelle : à dr., Saint Vincent de Paul relevant un mendiant par *Brisset* (1858) ; sur le mur du fond, le Calvaire, peinture sur bois (XVIe s.), entourée de deux peintures d'après Rubens, la Montée au Calvaire et la Descente de Croix ; au-dessous, plaque commémorant l'appel de Louise de Marillac à fonder la compagnie des Filles de la Charité ; la chapelle est pavée de pierres tombales en marbre noir au nom des grandes familles inhumées dans l'église. 16e chapelle : à g., Saint Bruno refusant les présents du comte Roger par *J.-P. Laurens* (1874).

Bas-côté g., 1re chapelle (chapelle des Catéchismes), généralement fermée à clef : Jésus bénissant les petits enfants par *Noël Hallé* (1775), toile provenant de l'ancien collège des Grassins ; l'artiste a traité le même thème à Saint-Sulpice. 8e chapelle : Saint-Louis faisant l'aumône, attribué à *Stella* (XVIIe s.).

Le quartier Saint-André-des-Arts**

6e arr. / 36-J7
Métro : Saint-Michel, Odéon
Bus : 21, 24, 27, 38, 63, 81, 85, 86, 87, 96
P 27, rue Mazarine
Taxis : carrefour de l'Odéon ☎ 43.26.00.00

Ce petit quartier, prisonnier entre le boulevard Saint-Germain et les quais de la Seine, recèle encore toute l'atmosphère du Paris du XVIIe s., pas tout à fait affranchi des chaotiques aménagements médiévaux et déjà fermement tourné vers les strictes ordonnances du Grand Siècle. Ses ruelles étroites comme la rue de l'Hirondelle, ou sinueuses comme la rue Hautefeuille, sont encore des souvenirs du Moyen Age. La rue Dauphine, en revanche, constitue avec le prolongement du Pont-Neuf la première tentative réfléchie d'urbanisme puisqu'elle prend en compte le fossé naturel de la Seine qui est l'artère principale du paysage parisien. Ses vieilles façades et ses grands hôtels au charme plus rustique que dans le faubourg Saint-Germain, ont attiré, de tout temps, les artistes et les hommes de lettres.

Aujourd'hui, alors que les abords du quartier sont bruyamment animés par le pittoresque marché du carrefour de Buci, ou par les terrasses des cafés boulevard Saint-Germain et place Saint-André-des-Arts, l'intérieur est plus recueilli. La nuit, quelques bars et quelques ciné-clubs excellents y entretiennent une ambiance plus discrète.

Visite du quartier

1 h

▷ La place Saint-André-des-Arts

Elle a été ouverte sur l'emplacement du collège d'Autun et de l'***église Saint-André-des-Arts***, aujourd'hui disparus ; dans cette église, bâtie en 1210, se trouvait le tombeau d'Ambroise Paré et celui de Christophe de Thou, maintenant au Louvre ; Voltaire y fut baptisé. La place, tout de guingois, a une atmosphère d'été depuis que ses terre-pleins sont à la disposition des cafés. Gounod est né à l'ancien no 11, au coin de la rue Danton, en 1818. ▶ En face remarquer, au no 1 *rue Danton*, l'ancêtre de tous les ***immeubles en béton armé*** construit par *Hennebique* et *Arnaud* en 1898-1900.

▷ La rue Saint-André-des-Arts

Elle était jadis, sous le nom de grande rue Saint-Germain, le prolongement de la rue de la Huchette, qui menait au village de Saint-Germain-des-Prés à travers le clos de Laas ; au-delà de l'enceinte elle s'appelait sente du Pilori. C'est une rue intéressante dont on peut admirer les ***balcons*** superbes, les ***agrafes*** sculptées et les ***ferronneries***, au-dessus de l'animation intense qui y règne surtout le soir. C'est sur les restes de l'***hôtel de la Verrière*** (XVIIe s.) qu'ont été bâtis au XVIIIe s. par *J.-R. Cochois* les nos 23 et 25. Au no 27, ***maison des trois chapelets***, bâtie en 1640 pour l'historien A. Duchesne, réédifiée en 1748 par *Dairler* ; on y voit encore trois grandes arcades ; le balcon baroque et les mascarons à tête de femme étant du XVIIIe s. Au no 30, un cinéma occupe l'hôtel Montholon (XVIIIe s.) où se maria Billaud-Varenne, qui vécut à l'emplacement du lycée Fénelon. Belles ***maisons*** : aux nos 31, 33 (Louis XV), 35, 37 (Louis XIII). Au no 41 (du XVIIIe s.), voir dans la cour : console gothique flamboyant et anciens communs de l'hôtel de Châteauvieux vers la rue de l'Eperon. Au no 45 : ***lycée Fénelon***, le premier lycée de filles, ouvert en 1883 ; il subsiste, à l'intérieur, un escalier et un salon XVIIIe s. Au no 52, le très bel ***hôtel Du Tillet de la Bussière**** (de 1750), conserve ses baies en plein cintre, ses balcons soutenus par des consoles à têtes de bélier, ses ferronneries et une cour élégante. A l'angle de l'hôtel on peut voir que le mot saint, de Saint-André, a été gratté sous la Révolution. Au no 47, l'hôtel de La Vieuville et au no 49, l'hôtel de Châteauvieux, rebâtis en 1728, remplacent l'hôtel de Navarre habité par Louis XII et

Les fontaines Wallace

L'hygiène publique fut une grande préoccupation du second Empire et de la troisième République. C'est alors que l'on vit se multiplier les points d'eau, et que de nombreuses fontaines et bornes fontaines furent établies. Le philanthrope anglais Richard Wallace, à la suite d'une donation, offrit à Paris soixante-six fontaines.
La première implantation de la populaire fontaine Wallace eut lieu en 1871 sur le boulevard de la Villette. Si l'on a retenu le nom du généreux donateur, l'on connaît moins celui du sculpteur : Charles Lebourg. Le modèle présente, sur un soubassement de bronze orné de dauphins, quatre cariatides supportant un élégant dôme écaillé, lui-même surmonté de dauphins. Malgré quelques destructions et ventes, de nombreux exemplaires sont aujourd'hui encore visibles sur les promenades parisiennes (boulevard Richard-Lenoir).
La donation de Richard Wallace comportait deux autres modèles moins connus : la fontaine Wallace applique (il en subsiste un exemplaire rue Buffon), et la fontaine Wallace petit format, la traditionnelle fontaine des squares, avec sa fleur de tournesol au centre de laquelle se situe le robinet.
Parmi les nombreuses fontaines parisiennes, la plus étonnante fut, vers 1890, la fontaine à eau chaude. Après introduction d'une pièce de monnaie, le Parisien désireux de prendre un bain ou de laver un véhicule, pouvait obtenir huit litres d'eau chaude. La dernière fontaine de ce type, fonctionnant au gaz, explosa place Saint-André-des-Arts en 1893!

qui, à l'époque, occupait tous les terrains jusqu'à la rue de l'Eperon. Les hôtels des n°s 51 et 53 datent des XVIIe-XVIIIe s. (cours). Au n° 58, hôtel XVIIIe s., défiguré. Le portail du n° 60 est d'un beau dessin Renaissance, le reste des bâtiments étant postérieur.

A g., avant le carrefour de Buci, se trouve une ***entrée de la cour du Commerce-Saint-André*** (→ *ci-dessous*) et juste à côté le ***bar Mazet***, à l'ambiance hippie internationale. C'est à peu près à ce niveau que se situait la porte de Buci qui barrait la rue Saint-André-des-Arts et par laquelle, en 1418, les Bourguignons entrèrent pour massacrer les Armagnacs alors maîtres de Paris. Cette porte fut démolie en 1672. ▶ *La rue Mazet.* Elle permet de rejoindre la rue Dauphine. C'est l'ancienne contrescarpe de l'enceinte de Philippe Auguste, qui avait jadis plus de charme qu'aujourd'hui ; il y avait, au n° 6, le restaurant Magny fréquenté par Flaubert, George Sand, Sainte-Beuve, Renan, Pauline Viardot, Tourgueniev etc. ▶ A l'angle de la rue Mazet et de la rue Saint-André-des-Arts, petite ***statue de Saint André***.

▷ La rue Dauphine

Percée pour prolonger le Pont-Neuf en 1607, elle fut longtemps une des rues chic de Paris et le lieutenant de police, *M. de Sartines*, l'avait choisie pour y installer les premiers réverbères ; ses maisons s'élèvent au-dessus de ***caves gothiques*** très belles (n° 34). Au n° 61, maison de 1769. Aux n°s 44-46, se dressait la porte Dauphine rasée en 1672. La ***plaque*** apposée en 1673 est la plus ancienne des plaques de Paris. Les n°s 41, 37, 35, 33 et 30 datent du XVIIe s. Au n° 33, le cabaret ***Le Tabou*** fit les beaux soirs de Saint-Germain-des-Prés. Au n° 30 : passage Dauphine, conduisant à la rue Mazarine. Dans le parking souterrain qui passe à cet endroit se trouvent des ***vestiges du mur de Philippe Auguste***. Au n° 31, bel ***hôtel**** aux magnifiques ferronneries XVIIIe s. ; au fond de la cour se trouvait le ***Café Belge*** fréquenté par la bohème, les grisettes du XIXe s., que venait voir Henri Murger ; on y lança la mode de la soupe à l'oignon servie à 1 h du matin. Au n° 16, l'hôtel de la Curée a été remplacé par l'***hôtel de Moüy*** vers 1660.
▶ *La rue de Nesle.* D'abord appelée rue d'Anjou-Dauphine, elle a été ouverte à l'emplacement des jardins de l'hôtel de Nesle. La plupart des maisons du côté pair datent de 1607-1620. Au n° 13 se trouvait, dit-on, un souterrain qui conduisait vers la tour de Nesle au bord de la Seine. ▶ La rue aboutit à l'***impasse de Nevers*** qui semble n'avoir pas changé depuis le Moyen Age ; la plupart des constructions datent du XVIe s. ▶ Reprendre la rue Dauphine. ▶ *La rue Christine (à g.).* Ouverte en 1607, elle porte le nom de Christine de France, fille de Henri IV et de Marie de Médicis. Presque toutes les maisons datent de cette époque. Le *n° 1*, à l'angle de la rue des Grands-Augustins, est magnifique.

▷ La rue des Grands-Augustins

Elle porte le nom du couvent qui s'étendait du quai jusqu'à la rue Christine. C'est une rue littéraire, qui garde d'anciennes et ***belles demeures*** (n°s 28, 26, 24, 21, 19, 17, 16 etc.), la plupart du XVIIIe s.

Suivre cette rue en direction de la rue Saint-André-des-Arts, puis redescendre vers le quai. La Bruyère habita au n° 25 de 1676 à 1691, puis Augustin Thierry y eut un appartement de 1820 à 1830 ; Henri Heine y vivait en 1841. Le n° 23 était l'hôtel des Charités-Saint-Denis (XVIIe s.). Emile Littré est né au n° 21 en 1808, et le mathématicien Laplace habita au n° 12 en 1802. Aux n°s 5 et 7, l'hôtel d'Hercule (XVe s.) a été démoli en 1675, partagé entre plusieurs branches cadettes de la maison de Savoie. le n° 7 a une belle cour XVIIe s. et le n° 5 fut l'ancien hôtel de Savoie-Carignan. Le n° 3 formait une partie de l'hôtel de Savoie-Nemours (1628). Le n° 1 est du XVIIIe s. (restaurant Lapérouse). ▶ Au coin de la ***rue du Pont-de-Lodi***, le ***restaurant Lapérouse*** a gardé ses poutres d'origine. Au nº 3, dans la cour, restes du réfectoire du ***couvent des Grands-Augustins*** au travers duquel cette rue a été tracée en 1802.

▷ La rue de Savoie *en revenant sur la rue des Grands-Augustins, à g.*

Cette rue fut tracée sur les terrains de l'hôtel de Savoie-Nemours. La plupart de ses maisons sont du XVIIIe s. Hôtel ancien au nº 19. Sophie Germain (1776-1831), mathématicienne et philosophe, est morte au nº 13. Le nº 10 a des cours intéressantes, comme le nº 6. Blaise Cendrars habita au nº 4. Picasso eut un atelier dans cette rue.

▷ La rue Séguier

Elle remplace, depuis 1179, un chemin qui traversait le clos de Laas; du XVIe s. à 1864, elle fut la rue Pavée-d'Andouilles ou rue Pavé-Saint-André-des-Arts. Commencer la visite à partir du quai.

Au nº 2, hôtel des imprimeurs Didot (XVIIIe s.). Le nº 6 fut une partie de l'hôtel de Nemours, puis de Montholon; Giraudoux y habita. Henri Michaux vécut au nº 8. Le nº 3 est du XVIIIe s. Les nos 9, 11, 13 étaient la maison des frères cordonniers de Saint-Crépin (vers 1645). Au nº 16, hôtel de Moussy, belle porte Louis XV et cour. Belles ***maisons avec ferronneries*** aux nos 10, 12, 16, 17. Le nº 18 fut l'***hôtel de Nevers***, puis ***d'Aguesseau***, puis de ***la Roche-Aymon***. Albert Camus y habita. La cour est magnifique.

Le Tabou

Le Tabou, première et dernière des caves de la grande époque de Saint-Germain-des-Prés, résume à lui seul toute leur histoire. Dans l'immédiat après-guerre, au club Saint-Germain, au Vieux-Colombier, ou à La Rose Rouge, on retrouvait la même ambiance étrange que l'on a un peu vite appelée «existentialiste» et qui fut évoquée dans les ouvrages de Sartre. Ce fut aussi la réapparition d'une vie sociale après les années de privation de la guerre, dans un moment de fraternité utopique entre les idéologies. Autour des intellectuels se groupaient des admirateurs et un style particulier de jeunes Parisiennes, portant pantalon et pull-over noir et dormant peu (dit la chronique). Le Tabou ouvrit en 1947; il engagea Boris Vian et ses deux frères comme Jazz band. Juliette Greco, Anne-Marie Cazalis et Raymond Queneau, Léo Malet, puis dans un deuxième temps Roger Pierre et Jean-Marc Thibault, Jean Poiret, Mouloudji, Fernand Raynaud fréquentèrent ce lieu et s'y produisirent à l'occasion. Le cabaret se fit connaître par ses élections de Miss de fantaisie, surtout au cours de la Nuit de la Luxure. Depuis, son succès semble ininterrompu. Il est aujourd'hui d'ambiance «black».

A ne pas manquer

La rue Saint-André-des-Arts et ses hôtels du XVIIIe s. (nos 33, 41, 47, 49, 52).
La cour de Rohan.
L'hôtel de Fécamp, rue Hautefeuille.

▷ La rue Gît-le-Cœur *à g. de la rue Saint-André-des-Arts*

Prenant son nom au XIIIe s. de Gilles-le-Queux ou Guy-le-Queux (le cuisinier), elle s'est aussi appelée Guy-le-Preux. Au nº 12, grand l'hôtel du XVIIIe s. Maisons du XVIIe s. aux nos 10 et 11. Aux nos 5, 7, 9 se trouvait l'hôtel de Pierre Séguier, marquis d'Ô, puis hôtel de Luynes qui appartint à l'oncle de Racine; voir le bâtiment du XVIIe s. dans la cour du nº 5. Le nº 4 a une porte XVIIe s. et une cour remaniée au XVIIIe s.

La rue communique avec la ***place Saint-Michel*** (*→ Quartier Latin, bd Saint-Michel*) par la vieille rue de l'Hirondelle. ▶ ***Rue de l'Hirondelle*** : les nos 23, 25, 27 (XVIIIe s.) appartenaient jadis au collège d'Autun. Aux nos 22 et 20, maison du XVIIIe s. ayant gardé l'***enseigne de la Salamandre*** (emblème de François Ier) qui désignait l'hôtel d'Anne de Pisseleu, duchesse d'Etampes et maîtresse du Roi. ▶ De la place Saint-Michel, retraverser la place Saint-André-des-Arts.

▷ La rue Hautefeuille

Cette rue fort ancienne menait, au Moyen Age, avant d'être raccourcie, jusqu'au château Hautefeuille situé en dehors des remparts à l'abri de grands arbres. Plusieurs belles maisons datent du début du XVIIe s. (les nos 1 bis, 8, 10) et sans doute du règne de Louis XIV (les nos 4 et 7). Au nº 3, hôtel Le Clerc de Lesseville construit en 1683. Au nº 5, à l'angle de l'impase Hautefeuille, ancien ***hôtel*** des abbés ***de Fécamp*** où Diane de Poitiers aurait habité, ou du moins rendu visite au cardinal de Lorraine qui y résidait. Plus tard, la marquise de Brinvilliers complotait dans la chambre de son amant qui logeait dans l'hôtel; la tourelle est du XVIe s.; dans la cour du nº 5 on admirera l'***enseigne**** en bois de la Serpente qui se trouvait dans la rue du même nom. ▶ ***La rue Serpente*** *(à dr.)*. Rien en dehors de quelques vieilles maisons XVIIIe s. n'évoque plus le vieux chemin qui, vers 1179, serpentait à travers champs. Au nº 15, une inscription signale qu'en cet endroit se trouvait le collège de Suesse ou d'Uppsala fondé en 1291 pour douze étudiants finno-suédois de l'Université de Paris. ▶ ***La rue de l'Eperon*** est une rue très calme. Le nº 12 est du XVIIe s., le nº 10 de l'époque Louis XVI; le poète Théodore de Banville y mourut. ▶ Un peu plus loin, à dr., s'ouvre la ***rue Suger*** qui semble un peu à l'abandon. On y trouve plusieurs maisons intéressantes. Au nº 16, bel hôtel XVIIe-XVIIIe s. Le n° 12 était l'hôtel de Nicolas Cottignon (1625), remanié depuis. Le n° 11 est du XVIIe s. Au n° 9 naquit Joris-Karl Huysmans; enfin le n° 5 est une partie de l'ancien collège de Boissy datant du XVIIIe s. ▶ Reprendre la rue de l'Eperon vers la g. et emprunter à dr. la petite ***rue du Jardinet***, où naquit Saint-Saëns en 1835, et sur laquelle donnait une ancienne entrée du lycée Fénelon.

▷La cour de Rohan**

accès par la rue du Jardinet jusqu'à 20 h; apr. 20 h, accès par le bd Saint-Germain

Cette cour dépendait de l'hôtel qui était le pied-à-terre des archevêques de Rouen, ce qui explique son nom. Elle se compose de ***trois courettes*** vieillottes et charmantes : la première, à l'E., offre une vétuste margelle de puits, la deuxième est la plus curieuse avec son « pas-de-mule » (trépied forgé servant à monter à cheval), et le bel hôtel de 1636; la cour de l'O. comprend un fragment de l'enceinte de Philippe Auguste formant terrasse. De là, on passe à la ***cour*** (ou passage) ***du Commerce-Saint-André***, ouverte en 1776 sur l'emplacement des fossés de l'enceinte et dont la plupart des maisons datent de cette année-là. Au n° 2, Sainte Beuve a vécu de 1831 à 1841. Au n° 4 subsiste, au beau milieu d'une maison, la base d'une tour de Philippe Auguste. Au n° 8 se trouvait l'imprimerie de Marzt en 1793, avec le futur maréchal Brune comme prote; dans une boutique voisine, la veuve du Girondin Brissot monta un cabinet de lecture avec les livres de son époux guillotiné. Au n° 9, le Dr Guillotin essaya, probablement sur des moutons, sa « philanthropique machine à décapiter ».

▷La rue de l'Ancienne-Comédie

Un passage relie directement cette rue avec le passage du Commerce-Saint-André. Ancienne rue des Fossés-Saint-Germain, elle prit son nom actuel quand la Comédie-Française la quitta; au n° 14, la ***Comédie-Française*** eut ici son hôtel dans l'ancien jeu de paume de l'Etoile; elle avait été formée en 1680 par la fusion de la troupe de l'Hôtel de Bourgogne et de la troupe de Guénégaud, cette dernière ayant été constituée par Armande Béjart, Molière et la Grange. Elle demeura ici de 1689 à 1770. Après son départ, David, Horace Vernet et Gros y eurent un atelier; sur la façade, ***haut-relief*** représentant Minerve par *Le Hongre*.

Au n° 13, le restaurant ***Le Procope*** a succédé au célèbre Café Procope. Fondé d'abord rue de Tournon, en 1675, par *Procopio dei Costelli*, ce fut l'un des plus fréquentés parmi les cafés parisiens; en 1689 avec l'arrivée, en face, de la Comédie-Française, il devint le rendez-vous des artistes. Plusieurs générations littéraires et politiques s'y réunirent. Après Voltaire et les encyclopédistes, ceux qui firent la Révolution : Danton, Desmoulins, Marat, Robespierre; et après eux les romantiques : Musset, George Sand et la bohème du temps; enfin Gambetta et ses amis journalistes. Vers la fin du siècle, il redevint littéraire avec Verlaine, Paul Arène, Charles Cros et Oscar Wilde. Son décor ne date que de 1893.

La rue de l'Ancienne-Comédie débouche sur le boulevard Saint-Germain.

Les métiers du livre

La confection des livres remonte au Moyen Age, puisque Paris était un très important centre de production de manuscrits. Une rue y était consacrée, la rue des Ecrivains, et ils avaient une confrérie à l'église Saint-Jacques de-la-Boucherie. Ces écrivains étaient plutôt des copistes, mais aussi des enlumineurs. Une de leurs spécialités étaient les Livres d'Heures.

Puis Gutenberg inventa l'imprimerie. Ce furent les Allemands qui l'introduisirent à Paris : en 1470 Gering, Friburger et Crantz sont appelés par le recteur de la Sorbonne et y installent leur premier atelier. Mais ils déménagent dès 1473 rue Saint-Jacques, au Soleil d'Or qui allait être une des plus fameuses officines. Désormais la rue Saint-Jacques sera le centre de la librairie parisienne, avec d'innombrables imprimeurs et libraires qui n'étaient pas distincts au début : Jean Petit, Josse Bade, Kerver, puis au XVIIe s. Cramoisy, les Mariette, le tout à peu près au niveau de l'actuelle Sorbonne. Ainsi la rue bourdonnait-elle d'une extraordinaire activité qu'elle a perdue aujourd'hui. D'autres rues aussi avaient des activités d'impression : le mont Saint-Hilaire (rue de Lanneau) et la rue Jean-de-Beauvais avec les Estienne, et les Ballard imprimeurs de musique.

Plus tard, les libraires émigrèrent au Palais de Justice, où se vendaient surtout les estampes. Les éditeurs eurent moins d'activités matérielles et de contact avec le public. Ils restèrent néanmoins rive gauche, surtout boulevard Saint-Germain où se trouvent les maisons-mères de Hachette, des Presses Universitaires de France, de Magnard et bien d'autres, ou dans les rues avoisinantes. Les relieurs restèrent longtemps dans le quartier Saint-André-des-Arts, où ils trouvaient tant leurs clients que leur matériel (peaux, dorure, etc.).

Aujourd'hui, les imprimeurs sont généralement en province, si ce n'est à l'étranger, les relieurs en banlieue, les libraires partout; seules les librairies d'ancien restent traditionnellement concentrées dans le 6e arrondissement : Argences (38, rue Saint-Sulpice), Brieux (48, rue Jacob), Clavreuil (37, rue Saint-André-des-Arts), Dasté (16, rue de Tournon), Galantais (27, rue de Seine), Jammes (3, rue Gozlin), Kieffer (46, rue Saint-André-des-Arts), Laget (75, rue de Rennes), Saffroy (4, rue Clément).

▷ La place Henri-Mondor

En cet endroit fort élargi, le boulevard porte le nom de place Henri-Mondor. Tout ce quartier ne ressemble plus en rien à ce qu'il était jadis : un dédale de rues tortueuses où vécurent ceux qui attachèrent leur nom à la Révolution française. Marat et Legendre vivaient rue des Cordeliers (aujourd'hui Ecole-de-Médecine), Fabre d'Eglantine, rue de l'Ancienne-Comédie, les Simon, geôliers de Louis XVI, habitaient à la hauteur du n° 87. Quant à *Danton*, il avait un vaste appartement, où il fut arrêté en 1794, à l'endroit même où aujourd'hui s'élève sa *statue*.

Le faubourg Saint-Antoine★

11e et 12e arr. / 38-M7-N7-N8
Métro : Bastille
Bus : 20, 29, 65, 69, 76, 86, 87, 91
P sur la place de la Bastille, entre le bd Bourdon et le bd de la Bastille
Taxis : 2, rue Faidherbe ☎ 43.72.00.00

Il faut aller au-delà des vitrines tapageuses du faubourg Saint-Antoine, où des sièges dorés et peints de frais comme des trônes d'opérette voisinent avec des Maures montés en lampe et des tigres de porcelaine. Il faut s'enfoncer plus avant dans le faubourg pour y découvrir un des derniers quartiers parisiens authentiques, avec son marché, ses bistrots, ses clochards gouailleurs et ses artisans véritables dont la rue de la Main-d'Or rend compte, par son nom, de la prodigieuse habileté. C'est au fond de ces cours et de ces passages reculés que se fabrique toujours, avec les mêmes outils et avec les mêmes gestes, le meuble de qualité qui a fait, depuis plus de trois siècles, la réputation du faubourg.

Mais l'histoire de ce quartier vivant et coloré n'est pas figée. Aux émigrés venus d'Auvergne qui colonisèrent les magasins de bois et charbon au début du siècle, sont venus s'ajouter ceux venant d'Afrique du Nord, d'Afrique Noire, d'Asie du Sud-Est. Cet étonnant brassage culturel et humain a rendu ce quartier historique tout à fait original, et la mode vient de s'en emparer. Plusieurs jeunes artistes et créateurs de mode y ont déjà leur atelier ou leur boutique, et des galeries d'art contemporain envahissent les rues de Lappe et de Charonne. L'ouverture prochaine du Nouvel Opéra de la place de la Bastille va sans doute amplifier le phénomène.

Le faubourg dans l'histoire

Le faubourg Saint-Antoine s'est constitué autour de l'abbaye royale de Saint-Antoine-des-Champs fondée en 1198. En libérant de la tutelle des corporations les artisans qui travaillaient autour de l'abbaye, Louis XI lança véritablement l'industrie du bois dans le faubourg Saint-Antoine. Boulle, Riesner, Cressent, Leleu ou Jacob sont parmi les ébénistes les plus fameux, ceux qui firent connaître le faubourg bien au-delà des frontières du royaume au XVIIe et au XVIIIe s. A cette époque, certains ateliers d'ébénisterie employaient plusieurs centaines d'ouvriers dont la condition misérable était à l'origine de graves troubles sociaux. La population du faubourg se trouva donc naturellement à la tête des insurrections de la période révolutionnaire ; on la vit encore sur les barricades lors des journées de 1830, de 1848, et au cours de la Commune de Paris.

Visite du faubourg

1 h

▷ La rue de la Roquette

Cette rue, située au N.-E. de la place de la Bastille, doit son nom à la Petite Roche, ou Rochette, ou Roquette qui était la maison de campagne des Valois. En 1636, le domaine passa aux hospitalières de la Roquette qui eurent ici leur couvent fondé trois ans plus tard par la *duchesse de Mercœur*. Populaire et commerçante, la rue de la Roquette s'est un peu transformée avec l'apparition de quelques bars et boutiques à la mode.

Verlaine vécut au n° 17 et Michelet au n° 41. Un peu plus loin on peut voir, au n° 51 bis, l'*église de Notre-Dame-de-l'Espérance*, à clocher polygonal, qui a été construite par l'architecte *Barbier* en 1930. Au n° 84, monument aux Israélites orientaux morts pour la France pendant la Première Guerre mondiale. Beaucoup plus haut, à l'emplacement du n° 148, fut construite la prison de la Grande-Roquette supprimée en 1899. On peut voir, à l'angle de la rue de la Croix-Faubin, les cinq dalles sur lesquelles était posée la guillotine qui fonctionna ici pendant de nombreuses années. La seconde prison dite de la Petite-Roquette a existé jusqu'à un passé récent, au n° 143 de la rue. Aujourd'hui les espaces de jeux, les aires d'animation ont transformé complètement cette voie bien plus vivante qu'autrefois.

▷ La rue de Lappe

Suivre cette rue vers la dr. Déjà mentionnée au XVIIe s., c'est surtout au XIXe s. que la rue de Lappe parvint à la célébrité. En effet, il y eut ici de nombreux bals et bals-musettes diversement fréquentés et, jusque dans les années trente, c'était une tradition d'aller faire un tour rue de Lappe pour s'encanailler auprès des apaches et des filles. Aujourd'hui la rue est beaucoup plus calme, le Balajo et la Boule Rouge existent toujours mais des boutiques et des galeries à la mode en ont modifié l'atmosphère. Les restaurants orientaux n'ont pas complètement fait disparaître les traditionnelles boutiques auvergnates et leurs beaux comptoirs de cuivre où les galoches voisinent toujours avec la saucisse sèche.

▷ La rue de Charonne

Suivre, à g., cette rue qui suit le tracé de l'ancien chemin conduisant au village de Charonne. Admirer, au n° 22, la grande *verrière* qui couvre les deux bâtiments en V de la cour intérieur (vers 1896). A l'angle de l'avenue Ledru-Rollin, remarquer la devanture du café à l'enseigne du *Vrai Saumur*. Construit en 1902, on y retrouve les courbes et les contre-courbes du style Art Nouveau.

Au n° 53, caché par un immeuble moderne, se trouve l'*hôtel de Mortagne**, édifié par *Delisle-Mansart* en 1660. Entrer à g. dans le passage Dallery pour apprécier les deux façades du bâtiment. En 1746, *Vaucanson* avait réuni ici une collection de machines qui allait devenir le noyau du conservatoire des Arts et Métiers. Louis XVI, qui s'y intéressait beaucoup, acheta l'hôtel et en fit le Cabinet de mécanique du roi. L'hôtel fut morcelé à partir du XIXe s.

Un peu plus loin rue de Charonne on peut encore voir, au n° 94, le foyer de l'Armée du Salut, appelé aussi *palais de la Femme*, qui est un grand immeuble caractéristique du style 1925 (*Labussière* et *Longerey* architectes), et au n° 98, l'emplacement du couvent des Filles-de-la-Croix où Cyrano de Bergerac aurait trouvé refuge et où il aurait été inhumé ; mais après l'expulsion des religieuses, on a en vain recherché la sépulture de celui qui paraît ne pas avoir beaucoup ressemblé au héros d'Edmond Rostand. ► Prendre à dr., la rue Saint-Bernard qui mène à l'église Sainte-Marguerite, au n° 36.

▷ L'église Sainte-Marguerite

8 h-12 h/15 h-19 h ; dim, 17 h-19 h ☎ 43.71.34.24

Cette église a pour origine une chapelle qu'Antoine Fayet, curé de Saint-Paul, avait fait construire à ses frais pour servir de succursale à son église. Elle fut agrandie en 1669 puis au XVIIIe s. ; en 1760, *Victor Louis*, auquel on doit le Grand Théâtre de Bordeaux, donnait les plans de la chapelle des Ames du Purgatoire.

L'intérieur

Dans la nef, une chaire (1704) décorée de quatre bas-reliefs : Sermon sur la montagne, et Prédications de saint Jean Baptiste, saint Pierre et saint Paul. Dans le *croisillon dr.* (chapelle de la Vierge) sur le mur de g., successivement : l'Institution des Enfants Trouvés par *Louis Galloche* (1732), Anne d'Autriche et saint Vincent de Paul, Instruction de saint Vincent de Paul aux pauvres par le *frère André* (XVIIIe s.) ; le tableau de Galloche et celui du frère André font partie d'une suite de onze tableaux retraçant des scènes de la vie de saint Vincent de Paul, commandés par les pères de Saint-Lazare, pour leur couvent du faubourg Saint-Denis. Dans le pourtour du chœur, sur le mur à g. de la porte de la sacristie : la *Visitation* par *Suvée* (Salon de 1781). Au chevet, derrière le maître-autel, le *Christ descendu de la Croix*, bas-relief en marbre blanc, exécuté pour le tombeau de Catherine Duchemin († 1698), femme de Girardon ; cette œuvre, sculptée par deux élèves de Girardon, *E. Nourrisson* et *Robert Le Lorrain* sur les dessins du maître, était placée à l'origine dans l'église Saint-Landry (dans la Cité). En redescendant, à g. du chœur, *chapelle des Ames du Purgatoire* construite par *Victor Louis* (1760) : décor en trompe-l'œil par *Paolo-Antonio Brunetti* ; sous l'arcade au fond : les Ames du Purgatoire par *Briard*. Dans le ***croisillon g.*** (chapelle Sainte-Marguerite) ; à dr. de l'autel : Saint Ambroise présente à Dieu une lettre de l'empereur Théodose par *Lagrenée* (1764) ; sur le mur de dr., au milieu : Sainte Marguerite chassée par son père, par *Vafflard* (1817) et un statue de Sainte Marguerite, en marbre, par *Lebœuf-Nanteuil* (1827) ; à g., Saint François de Sales installant saint Vincent de Paul aumônier des Dames de la Visitation par *Jean Restout* (1732) ; à dr., Saint Vincent de Paul destinant les prêtres de sa Congrégation à prendre soin des soldats, par *J.-B. Féret* (1731) ; ces deux tableaux appartiennent à la même suite que ceux de la chapelle de la Vierge.

Le cimetière *(visite sur R.V.)*

Dans le petit cimetière qui entoure l'église, on peut voir la ***tombe de*** l'ébéniste ***Georges II Jacob*** († 1803). C'est aussi dans ce lieu qu'aurait été inhumé, en 1795, le corps de Louis XVII. En effet, le cimetière servit, de 1637 à 1804, aux inhumations du quartier du Temple (les charniers se trouvaient à l'endroit actuel de la chapelle des Catéchismes). Un enfant fut enterré là le 10 juin 1795. Les exhumations de 1846 à 1894 ont donné des résultats déconcertants : ossements en partie d'un enfant, en partie d'un jeune homme de quinze à dix-huit ans. Lenotre suggère que la vraie bière ramenée du Temple est peut-être enfoncée plus profondément. L'hypothèse de la substitution d'un enfant au vrai Louis XVII garde ses partisans, car il a été établi que celui qui était mort au Temple n'était pas le fils de Louis XVI. Pourtant certains continuent de croire à la mort pure et simple du petit roi au Temple et à son ensevelissement dans l'église Sainte-Marguerite. Ceci reste l'un des « mystères » de Paris. La tombe est tout de suite à g., contre la chapelle des Ames du purgatoire : petite croix de pierre avec : « L... XVII, 1785-1795 » et, en dessous, « Attendite et videte si est dolor sicut dolor meus ». Plus loin, quelques tombes de l'ancien cimetière au milieu duquel une crèche a été bâtie en 1904 ; calvaire de 1717. ▶ La rue Saint-Bernard s'achève au faubourg Saint-Antoine après avoir traversé le ***square Raoul-Nordling***, nom donné en souvenir du consul suédois qui parvint à persuader le général allemand qui commandait Paris de ne pas attacher son nom à la destruction de la ville.

▷ La place du Docteur-Beclère

Là se trouve la ***fontaine de Montreuil*** construite au XVIIIe s. pour marquer le début de la rue du même nom. A l'angle de la rue de Montreuil et de la rue du Faubourg-Saint-Antoine se trouvaient les terrains de l'ancienne folie Titon, où les premières montgolfières furent fabriquées en 1783 ; elles étaient l'œuvre des frères Montgolfier, aidés des deniers du fabricant de papier peint Réveillon. C'est là qu'eurent lieu les premières émeutes sanglantes des 27 et 28 avril 1789, dirigées contre cette même fabrique Réveillon. Durement réprimé par les Suisses et les gardes françaises, ce soulèvement populaire fut à Paris le signe avant-coureur de la Révolution.

▷ L'hôpital Saint-Antoine

En face de la fontaine se trouve l'entrée de l'hôpital qui occupe une grande partie de l'ancienne abbaye royale de Saint-Antoine-des-Champs. Cette célèbre abbaye de femmes, fondée en 1198 par *Foulques*, curé de Neuilly, formait un petit bourg hors la ville et a donné son nom à tout le quartier. Ses abbesses étaient généralement princesses de sang royal. Les bâtiments qui existent encore aujourd'hui sont ceux que reconstruisit, vers 1770, l'architecte *Lenoir, dit le Romain*. Mme Geoffrin fit à l'abbaye, en 1772, un séjour dont Hubert Robert perpétua le souvenir en des tableaux charmants.

Des anciens bâtiments subsiste une belle façade à deux étages surmontés d'un fronton triangulaire ; elle date de 1767. A l'occasion d'un agrandissement considérable, *André Wogensky* y a construit, en 1964-1965, le premier centre hospitalier universitaire de Paris, pour 850 étudiants. Ancien collaborateur de Le Corbusier, l'architecte a su tempérer la rigueur de l'édifice à ossature de béton, façades en verre et acier : à l'extérieur en faisant jouer les formes dans l'espace sous l'ombre et la lumière, à l'intérieur par l'harmonie d'une polychromie dont la palette va crescendo des noirs, blancs et gris aux rouge orange et bleu foncé. On y voit un mobile de *Marta Pan*, une peinture murale de *James Guitet*, un vitrage de *John Koenig* ; Robert Wogensky a décoré la salle de détente donnant sur une terrasse-jardin.

Le promeneur intéressé par l'architecture contemporaine pourra voir à la hauteur du 30, rue de Citeaux, le remarquable ***bâtiment des cuisines*** de l'hôpital Saint-Antoine construit en 1985 par l'architecte *Ciriani*.

▷ La rue du Faubourg-Saint-Antoine *de la pl. du Dr.-Beclère à la rue d'Aligre*

La descendre en direction de la place de la Bastille. Au nº 151, maison du XVIIIe s. devant laquelle se trouvait la barricade où le député Baudin fut « tué pour vingt-cinq francs », le 3 décembre 1851 : les vingt-cinq francs constituaient le traitement journalier d'un député alors qu'un ouvrier était très bien payé s'il en gagnait cinq. L'anecdote n'est peut-être pas authentique, mais elle montre bien les rapports entre le prolétariat du faubourg et les parlementaires victimes du coup d'Etat. ▶ On peut suivre à g., la rue d'Aligre jusqu'à la ***place d'Aligre**** qui mérite d'être vue le matin en raison du marché très coloré qui l'anime *(→ encadré)*. ▶ Suivre la rue Théophile-

Roussel. En face de l'agréable *square Trousseau* qui a conservé son kiosque à musique, se trouve l'ensemble d'immeubles de pierre et brique construits en 1905 pour la fondation Rothschild. Ces bâtiments « pour l'amélioration des conditions de l'existence matérielle des travailleurs » sont très caractéristiques de l'habitat social construit au début du siècle par des fondations philanthropiques. Au-dessus de l'entrée principale, qui se trouve rue de Prague, un édifiant bas-relief rend hommage au Travail et à la Famille.

▷ La rue du Faubourg-Saint-Antoine *de la rue d'Aligre à l'hôpital des Quinze-Vingts*

Jusqu'à la Bastille, la rue du Faubourg-Saint-Antoine a gardé en partie son aspect d'autrefois avec sa courbe élégante, ses balcons, ses ferronneries et ses fenêtres ouvragées tandis que derrière les façades s'allongent des *cours* et des *passages*. Il faut pénétrer dans certains d'entre eux pour découvrir le royaume des ouvriers du bois aujourd'hui sur le déclin. A sa manière, le faubourg Saint-Antoine est un faubourg noble : de père en fils on y est sculpteur sur bois, ébéniste, bronzier, marqueteur, doreur. C'est la rue de la belle ouvrage. Pendant des siècles on y a fabriqué des meubles célèbres dans toute l'Europe. A la tradition du travail du bois s'ajoute celle de la fronde, car le faubourg fut toujours prompt à s'insurger contre le pouvoir. Cette tradition a disparu, mais les manifestations politiques ou syndicales qui défilent de la Bastille à la Nation en empruntant le faubourg Saint-Antoine lui rendent, en quelque sorte, hommage. Au départ de la rue de Charonne, remarquer la grande *fontaine Trogneux* élevée en 1710. ► Au n° 50, emprunter à g. le *passage de la Boule Blanche (fermé la nuit)* jusqu'à l'entrée de l'hôpital des Quinze-Vingt.

▷ L'hôpital des Quinze-Vingts *28, rue de Charenton*

Il a été fondé en 1260 par *Saint Louis* pour 300 (15 fois 20) aveugles. Primitivement situé à l'emplacement de l'actuelle place du Palais-Royal, il occupe depuis 1780 l'ancienne caserne des Mousquetaires noirs (à cause de la couleur de leurs chevaux), et forme un ensemble imposant construit sur les plans de *Robert de Cotte* entre 1699 et 1701.

▷ La rue du Faubourg-Saint-Antoine *de l'hôpital des Quinze-Vingts à la Bastille*

Au n° 46, *magasin de meubles* construit en 1907 par *Robert Le Sage* et *Charles Miltgen*. Au n° 25 se trouvent les magasins Le Bihan, anciens magasins Wimphen construits en 1893-1894 par *Charles de Montalto*.

Animation

Ce quartier traditionnellement commerçant est particulièrement animé sur la rue du Faubourg-Saint-Antoine, entre le carrefour Ledru-Rollin et celui Faidherbe-Chaligny.

Les marchés

Au marché d'Aligre, place d'Aligre, brocante et fripes : t.l.j., 7 h 30-13 h.

Rue d'Aligre, fruits et légumes : t.l.j. sf lun., 7 h 30-12 h 30. Marché couvert entre la rue d'Aligre et la rue de Cotte : t.l.j. sf lun., 8 h-13 h/15 h 30-19 h 30 ; dim. 8 h-13 h.

Les théâtres

Le théâtre de la Bastille (76, rue de la Roquette), l'Espace Kiron (10, rue de la Vacquerie) et le théâtre des Athévains (46, rue Richard-Lenoir), présentent des spectacles de mime, de danse ou de théâtre d'avant-garde.

L'art contemporain

Une quinzaine de galeries d'art viennent d'ouvrir leurs portes dans le quartier. Une des plus importantes, la galerie Lavignes-Bastille (27, rue de Charonne ☎ 47.00.88.18) se charge de publier trois fois par an le programme des expositions.

Citons aussi : galerie Claire Burrus (30-32, rue de Lappe, 75011 ☎ 43.55.36.90) ; J. et J. Donguy (57, rue de la Roquette, 75011 ☎ 47.00.10.94) ; galerie Gutharc Ballin (47, rue de Lappe, 75011 ☎ 47.00.32.10) ; Antoine Candau (17, rue Keller, 75011 ☎ 43.38.75.51).

L'Espace Bastille (5, rue de la Roquette), sert de cadre à différentes manifestations culturelles : expositions, festivals ou salons.

Ces dernières années, les artistes du quartier ont accueilli le public dans leurs ateliers lors des journées du Génie de la Bastille qui se tenaient parallèlement à la foire internationale d'Art Contemporain en oct. nov.

Le faubourg Saint-Germain★★

L'atmosphère de ce quartier très étendu est différente selon l'endroit où l'on se trouve. A l'est, vers la rue de Sèvres et la rue des Saints-Pères, on peut voir les élégantes vitrines des couturiers et des décorateurs à la mode. C'est la partie du faubourg la plus commerçante et la plus animée. Entre le boulevard Saint-Germain et la Seine, les abords du musée d'Orsay abritent des galeries d'art et des boutiques d'antiquités qui attirent un public distingué d'amateurs et de curieux.

Mais le cœur du faubourg est plus à l'ouest : il s'étend entre la rue de Babylone et la Seine, jusqu'au boulevard des Invalides. C'est là que s'organise la vie politique du pays et que se nouent ses relations avec l'étranger, car on y trouve, logés dans d'anciens hôtels nobles autour du Palais-Bourbon, la plupart des ambassades et des ministères. La Chambre des députés, comme l'administration républicaine, semblent s'accommoder de ce séjour aristocratique. Alentour, la plupart des façades ont une histoire et derrière leur sobre ordonnance se dissimule souvent une cour d'honneur ou un jardin secret. En se promenant dans ces rues silencieuses, au pied de ces nobles hôtels, on ne peut que s'émerveiller du bon goût et de la distinction naturelle de la société qui les fit construire et qui, par le passé, donna le ton non seulement à toute la France, mais encore à toute l'Europe.

L'ampleur du quartier nous a amené à proposer quatre itinéraires distincts : autour de la rue des Saints-Pères, de la rue de Grenelle, du quartier Sèvres-Babylone et du Palais-Bourbon.

Le quartier dans l'histoire

L'abbaye, fondée au VIe s. par Childebert sous le nom de Sainte-Croix-Saint-Vincent pour abriter un morceau de la sainte Croix et la tunique de saint Vincent, reçut au VIIIe s. le corps de saint Germain, évêque de Paris. Elle prit alors le nom de l'abbaye de Saint-Germain-des-Prés, indiquant ainsi sa situation en pleine campagne. Le domaine de l'abbaye correspondait à peu près à ce qu'est aujourd'hui le faubourg, bordé au nord par la Seine, à l'est par la rue des Saints-Pères, au sud par la rue de Sèvres, et à l'ouest par le boulevard des Invalides. Il se composait essentiellement de champs cultivés, de vignes et de prairies, ainsi que d'un grand domaine boisé réservé à la chasse, situé à l'emplacement des Invalides.

C'est avec le règne de Henri IV que commence l'assainissement et le peuplement du faubourg. Les fondations pieuses et les couvents s'y installèrent les premiers : les augustines du Saint-Sépulcre, les carmélites, les cordelières, les dames de la Providence, les bernardines, les théatins et les jacobins... La construction du château des Tuileries nécessita, en 1564, l'établissement d'un bac à l'emplacement actuel du Pont-Royal « pour y passer et repasser les pierres » provenant des carrières de Notre-Dame-des-Champs, donnant ainsi naissance à un grand axe N.-S. : la rue du « Bacq ». Elle deviendra la première liaison de la cité royale avec les prés de l'abbaye. Le petit sentier au nom modeste de « petit chemin aux vaches » (rue de Grenelle) qui conduisait au village de Grenelle, et la rue de Garenne (rue de Varenne) sont devenus au début du XVIIIe s. de belles voies bordées de remarquables hôtels entre cour et jardin.

Sa situation en bordure de la route de Versailles, en même temps que le voisinage du Louvre et des Tuileries ont marqué le faubourg Saint-Germain, dès sa construction, d'un caractère aristocratique. Ses grandes heures atteignirent leur apogée lorsque Louis XV enfant revint s'installer à Paris. Ce vaste espace laissé à l'ingéniosité des architectes et au talent des décorateurs, comme Paris en offre quelques exemples avec la place des Vosges et la place de l'Etoile, s'est couvert dans la première moitié du XVIIIe s. d'un ensemble harmonieux d'hôtels privés, sans toutefois obéir à aucun plan d'urbanisme.

La vocation résidentielle de ce nouveau quartier fut une innovation. En effet, les commerces, théâtres et lieux de plaisir étaient relégués rues du Bac et de Bellechasse, contrairement au Marais dont les palais et hôtels particuliers avaient été assaillis par le flot des boutiques et des échoppes. En même temps naît un nouvel art de vivre, et les architectes s'efforcent de répondre aux nouveaux besoins d'une noblesse mondaine et cultivée. Ils construisent des hôtels et des palais confortables, luxueux et discrets, entourés d'élégants et vastes jardins. Ces belles demeures qui se pressent les unes contre les autres ont appartenu aux plus grands noms de France : la duchesse de Bourbon, la princesse de Bourbon-Condé, Mesdemoiselles de Sens et de Charolais, petites-filles de Louis XIV, la duchesse du Maine, le duc de Castries, le comte de Matignon...

La Révolution vide le faubourg. Les nobles émigrent ou sont condamnés. Leurs hôtels sont vendus aux enchères et leurs collections rejoignent parfois les dépôts nationaux. Sous l'Empire, les hôtels ne restent pas ignorés des représentants particulièrement marquants du pouvoir : Lucien Bonaparte, Madame mère, Cambacérès, Talleyrand, Kellermann, Davout, Corvisart et Chaptal. Ceux-ci s'installent aux côtés des anciennes familles qui reviennent parfois vivre dans leur quartier de prédilection. C'est surtout sous la Restauration que le faubourg reprend lentement son qualificatif de noble et que l'aristocratie s'y retrouve comme une entité à part entière dans un quartier individualisé. A cette époque, l'écart se creuse entre la rive droite et la rive gauche. Le faubourg Saint-Honoré qui, au XVIIIe s., rivalisait avec le faubourg Saint-Germain par l'origine de ses habitants et par la beauté de son architecture, n'a plus le même prestige. A en croire Stendhal, Balzac, Flaubert mais aussi Proust, tout sépare alors les deux rives de la Seine : l'intensité de la foi chrétienne, la rigidité des mœurs, la soif de l'argent, le goût de l'aventure, les costumes, les paroles et les manières, même les équipages différaient. A la fin du XIXe s., le percement du boulevard Saint-Germain a transformé l'architecture du quartier mais aussi les mentalités, entraînant le départ de ses résidents vers de nouveaux quartiers de la capitale en extension. Aux ombres de Mme du Deffand, d'une princesse de Monaco, d'un duc de Chaulnes, d'un comte Loménie de Brienne ou d'une marquise du Châtelet ont succédé celles de personnages officiels.

Aujourd'hui, ministres ou ambassadeurs, diplomates ou généraux ont pris possession de ces salons lambrissés de boiseries rocaille, des salles à manger aux dessertes d'acajou et des boudoirs tendus de soieries de Lyon.

Le quartier de la rue des Saints-Pères ★

7e arr. / 35-H7
Métro : Saint-Germain-des-Prés, Rue du Bac
Bus : 24, 27, 39, 48, 63, 95
Ⓟ bd Saint-Germain, face au Drugstore; square Boucicaut
Taxis : au métro Rue du Bac ☎ 42.22.49.64

Cette promenade tentera les amoureux de beaux objets car on verra les plus célèbres des antiquaires de Paris. Elle est à éviter le dimanche et le lundi, si l'on veut pouvoir entrer dans les galeries d'art et les boutiques d'antiquités.

Visite du quartier

2 h

▷ La rue des Saints-Pères
jusqu'à la rue de Lille

Son nom est la déformation de Saint-Pierre, qui était le vocable de la chapelle Saint-Vladimir-le-Grand actuelle *(→ ci-dessous)*. Au nº 2, ancien ***hôtel de Tessé***★ de *Pierre-Noël Rousset* dont la belle façade Louis XVI se poursuit rue de Lille (au nº 2) et qui s'étend jusqu'au quai Voltaire (nº 1). Y ont habité, Visconti en 1797, puis Pradier et Barbet de Jouy. Au nº 6, la façade latérale de l'***hôtel Pidoux*** *(→ ci-dessous)* est ornée d'un balcon caractéristique du style Régence, soutenu par quatre têtes de lions.

▷ La rue de Lille *jusqu'à la rue du Bac*

Jusqu'à la Convention, cette artère tracée dans une des allées du jardin de la Reine Margot s'appelait rue « de Bourbon », du nom de l'abbé de Saint-Germain-des-Prés, duc de Verneuil et fils naturel d'Henri IV. Son nom actuel est un hommage à la belle défense de Lille en 1792.

On fera un aller-retour dans cette rue jusqu'à la rue du Bac.

Au nº 1, l'***hôtel Pidoux***★, bâti en 1640 : un beau portail, le mascaron de la façade et le balcon rocaille montrent combien il fut somptueux; sous Louis XVI, il abritait les écuries de la comtesse d'Artois. En face, l'***école des Langues orientales*** occupe un hôtel élevé à l'emplacement du jardin de l'hôtel de Tessé et remanié au XIXe s. par *Faure-Dujarric*. Beaux hôtels du XVIIIe s. aux nos 11, 13, 14, 15, 16. On verra surtout les ferronneries du nº 9, ainsi que le cadran solaire du nº 14. On peut toujours voir, au nº 26, le portail de l'***église des Théatins*** : Sainte-Anne-la-Royale; il est surmonté d'un ange, certainement dû au talent d'un grand sculpteur parisien; le reste de l'église, commencée en 1666 et terminée par *Desmaisons* en 1746, a été détruit en 1800. En continuant la rue de Lille, jusqu'au nº 48, on découvre le siège de la fédération des Eglises baptistes de France élevé en 1873 : on y donne encore le baptême par immersion, mais uniquement pour les adultes.

On peut choisir de revenir à la rue des Saints-Pères par la ***rue de Verneuil*** *(→ quartier du Palais-Bourbon)*.

▷ La rue des Saints-Pères
de la rue de Lille au bd Saint-Germain

Pour le début de la rue → *ci-dessus*.

Au nº 7, ancien hôtel de Falcony, édifié en 1647 mais entièrement reconstruit au XVIIIe s., où vécut le compositeur Charles Marie Widor. En 1808, Michelet habitait au nº 10. Certaines demeures, plus anonymes, méritent que l'on s'attarde à regarder leurs cours intérieures ou leurs balcons. Au nº 13, hôtel de Bernage (XVIIIe s.), où vécut Juliette Bernard, future Mme Récamier. Au nº 28, l'***hôtel de Fleury***, qui fut construit par *Antoine* en 1773, a une belle façade classique sur cour, de pur style Louis XVI, et un magnifique escalier classé; il est occupé par l'***école des Ponts***

A ne pas manquer

Quelques monuments phares peuvent permettre une visite éclair du faubourg Saint-Germain.
La rue de Varenne, bordée par les plus beaux hôtels du faubourg : hôtel de Boisgelin, hôtel de Galliffet, hôtel Matignon et hôtel Biron dont le grand jardin et les appartements abritent aujourd'hui les œuvres du sculpteur Rodin (→ musées). Le colossal Palais-Bourbon et son voisin l'hôtel de Lassay, en bordure du quai d'Orsay: les rares visites intérieures permettent d'admirer les peintures décoratives de Delacroix.
La rue de Lille qui dessert l'hôtel de Beauharnais (décor Empire), l'hôtel de Salm-Kyrkburg, aujourd'hui musée de l'Ordre de la Légion d'Honneur (→ musées) et l'ancienne gare d'Orsay nouvellement réaménagée pour abriter les collections nationales d'art du XIXe s. (→ musées).

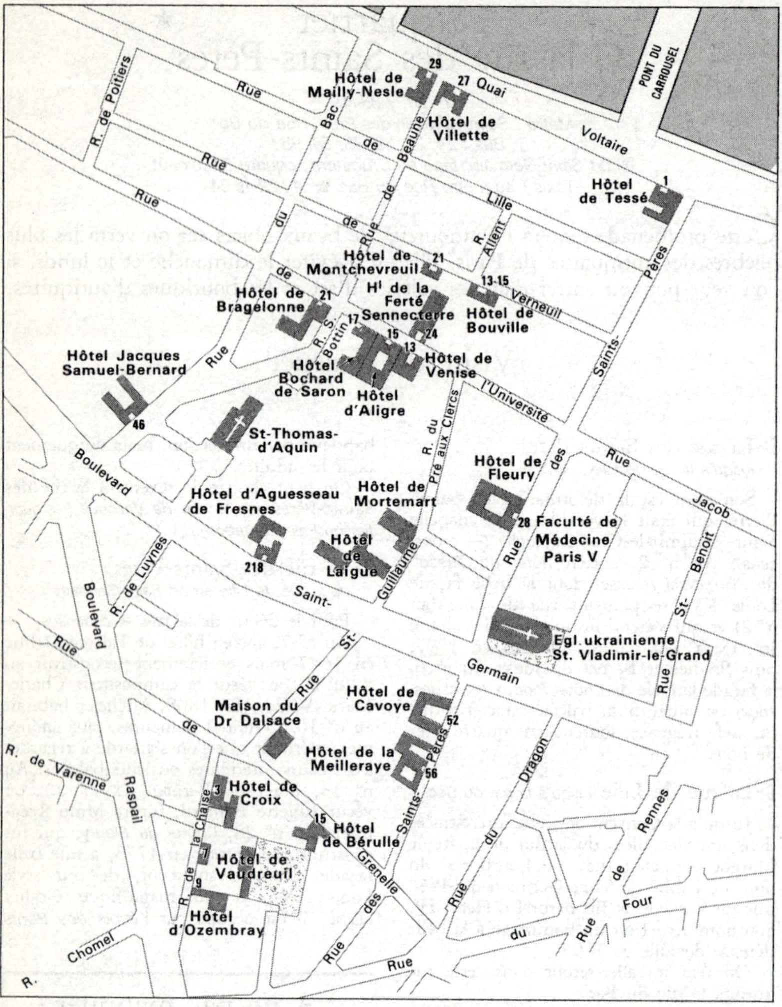

Le quartier de la rue des Saints-Pères

et Chaussées depuis 1845 ; dans la cour se dresse un obélisque en l'honneur des anciens élèves morts au combat ; dans un salon au premier étage, beau mobilier Empire. Au nº 30, le grand immeuble qui abrite aujourd'hui la *Maison Debauve et Gallais*, très ancien fabricant de chocolats « fins et hygiéniques », a été bâti à l'emplacement d'un ancien cimetière protestant d'où l'on a exhumé, entre autres, les Androuet Du Cerceau, les Gobelins, Salomon de Brosse et Conrart. Les enterrements se déroulaient de nuit et sans aucune cérémonie. Dans la cour, on peut voir les colonnes qui proviennent du cimetière Saint-Benoît-le-Bétourné *(→ Quartier Latin, la montagne Sainte-Geneviève)*. Du nº 34 au nº 42 : ensemble de vieilles maisons qui gardent des escaliers, des ferronneries, des éléments sculptés d'origine.

▷ La faculté de Médecine

Tout le côté impair de la rue des Saints-Pères (entre la rue Jacob et la chapelle Saint-Vladimir-le-Grand) est occupé par la masse énorme et imposante de la faculté de Médecine, construite de 1937 à 1953 par les architectes *Madeline* et *Walter* : la façade est décorée de 45 médaillons consacrés à l'histoire de la médecine depuis ses origines légendaires. L'*entrée principale* est une porte aux lourds vantaux de bronze, ornés de bas-reliefs par *Landowski*.

L'édifice, qui renferme 7 amphithéâtres (3 000 places), 21 salles de cours, 12 salles de dissection, 147 laboratoires, un restaurant de 300 places, etc., occupe l'emplacement de l'ancien hôpital de la Charité installé ici en 1608. Cet établissement avait lui-même remplacé un premier hôpital fondé en 1602 par *Marie de Médicis* au quai Malaquais, et qui dut être transféré lorsque Marguerite de Valois choisit cet emplacement pour y établir sa résidence.

▷ La chapelle Saint-Pierre

angle rue des Saints-Pères, bd Saint-Germain

Cette chapelle, séparée du boulevard Saint-Germain par le petit ***square Tarass-Chevtchenko*** (monument à l'écrivain), remonte au VIe s. ; reconstruite au XVIIIe s., elle fut affectée aux hospitaliers de la Charité. Elle conserve une belle ***façade*** néo-classique d'époque révolutionnaire (œuvre de *Clavareau*) portant les faisceaux des licteurs. Transformée sous la Révolution en Ecole clinique où enseignèrent Corvisart et Laennec elle était, entre 1850 et 1900, le siège de l'Académie de médecine. En 1942, l'édifice a été affecté au culte byzantin catholique ukrainien sous le nom de Saint-Vladimir-le-Grand. Belle iconostase. L'église byzantine catholique ukrainienne est, selon une hiérarchie particulière, soumise au pape de Rome. En France, l'exarchat est l'évêque suffragant du cardinal de Paris lequel est l'archevêque métropolite. L'église byzantine catholique ukrainienne compte environ 30 000 à 40 000 fidèles répandus dans la région parisienne, à Sochaux-Montbéliard, Lille, Amiens, Reims, Lyon et Montargis.

▷ La rue de l'Université

entre la rue des Saints-Pères et la rue du Bac

L'aristocratique rue de l'Université, connue pour ses boutiques de décoration et ses antiquaires, n'a pas tellement changé au cours des cent dernières années. Elle fut longtemps un chemin agreste, nommé chemin des Treilles, puis de la petite Seine, qui serpentait à travers le pré aux Clercs.

Au n° 5 vécut le professeur Debré de 1926 à sa mort (en 1978). Aux nos 7-9, *Le Vau* construisit pour le président Tambonneau, un des premiers hôtels du faubourg où, en 1793, Chappe avait installé son télégraphe par signaux. Celui-ci fut détruit au début du XIXe s. pour faire place à la ***rue du Pré-aux-Clercs*** dont le nom évoque les champs où venaient contester les étudiants de jadis *(→ encadré)*. Au n° 16, habita Bertie Albrecht, une des fondatrices du mouvement Combat, exécutée à Fresnes en 1943. Chauveau-Lagarde, l'avocat de Charlotte Corday et de Marie-Antoinette, a vécu au n° 18 : voir au fond une cour et un pavillon intéressants.

▷ L'Ecole nationale d'administration

13, rue de l'Université

Ce bel ***hôtel**** du XVIIIe s. a été très transformé. Il passe pour avoir été l'ambassade de la république de Venise, et abrita longtemps le service d'hydrographie du ministère de la Marine. Il est désormais le siège de l'Ecole nationale d'administration, qui ne dépend pas de l'Université mais du premier ministre. Un ***bâtiment moderne***, très fonctionnel, destiné aux étudiants, a été élevé devant la façade sur jardin en 1978 (*G. Gilbert*, architecte). La première Ecole d'administration, fondée par *Jean Reynaud* et *Hippolyte Carnot* sous la République de 1848, n'avait eu que quelques mois d'existence. L'institution actuelle ne date que de 1945 et a pour objet la formation des hauts fonctionnaires de l'Etat. Les élèves sont recrutés par concours, soit parmi les diplômés de l'Université ou de l'institut des Sciences politiques, soit parmi les fonctionnaires justifiant de quatre ans de service. Ils sont répartis en quatre sections : administration générale, administration économique et financière, administration sociale, affaires extérieures.

▷ La rue de l'Université *suite*

Au n° 15, l'***hôtel d'Aligre****, dit aussi de Beauharnais, est le siège de la plus que centenaire Revue des Deux Mondes (fondée en 1829). Construit dans la seconde moitié du XVIIe s., l'hôtel fut la propriété de la famille d'Aligre puis d'un Beauharnais. Charles Richet, prix Nobel 1913, en fut également propriétaire. Au n° 17, ***hôtel Bochart de Saron***, bâti en 1639 pour François Lhuillier, père du poète Chapelle ; l'hôtel était vraiment voué à la littérature puisque Tallemant des Réaux y vécut de 1646 à 1655 et qu'il est maintenant occupé par les éditions Gallimard ; la

Le pré aux Clercs

Ce célèbre clos était, depuis le Moyen Age, un des endroits les plus animés de Paris. Enclavé dans le territoire de l'abbaye de Saint-Germain-des-Prés, il s'étirait le long des berges de la Seine entre l'actuelle rue Bonaparte et le Champs-de-Mars, là où s'ouvrent actuellement les sages rues de l'Université et de Lille. Les écoliers avaient pris l'habitude de venir s'y délasser, ce qui n'était pas du goût des religieux qui supportaient mal l'intrusion permanente de la jeunesse estudiantine. Cela entraînait de nombreuses bagarres, parfois sanglantes. On eut donc recours à l'autorité du Pape pour régler ces différends et, en 1215, un accord fut conclu entre l'Université et l'abbaye: le pré fut partagé en deux parcelles distinctes. Toutefois, le recteur de l'Université venait chaque année, à Pâques, reprendre possession de ses terres.

Au XVIIe s. ce clos servit de cadre à de nombreux duels, mais également de terrain de chasse. Une partie fut achetée par la reine Margot qui y aménagea un véritable parc. Celui-ci fut transformé et loti après sa mort en 1615.

Les musées à voir

Musée d'Orsay (ancienne gare d'Orsay) : art du XIXe s.
Musée de la Légion d'Honneur et des Ordres de Chevalerie (2, rue de Bellechasse) : histoire des ordres militaires depuis leurs origines ; collection d'insignes, armes et souvenirs historiques.
Musée Rodin (hôtel de Biron, 77, rue de Varenne) : sculptures d'Auguste Rodin.
Musée Valentin-Haüy (5, rue Duroc) : présentations d'objets qui ont permis l'instruction des aveugles (XIXe s.).
Musée du Protestantisme français (54, rue des Saints-Pères) : documents historiques sur l'histoire du protestantisme.
Musée Orfila (45, rue des Saints-Pères) : anatomie et anthropologie.
Musée Dina-Vierny (59, rue de Grenelle) : peintures et sculptures de la première moitié du XXe s. (ouverture prochaine).

façade sur jardin présente un avant-corps central à pans coupés. Hôtels anciens aux nos 19 et 21, édifiés en 1639 et qui sont actuellement une annexe du ministère de l'Economie et des Finances. Au no 24, ***hôtel de Sennecterre***, élevé par *Gobert* : bel escalier. C'est aujourd'hui l'annexe du ministère de l'Industrie.

Pour la fin de la rue de l'Université → *quartier du Palais-Bourbon*.

▶ On croise la ***rue de Beaune*** où vécurent Mme du Deffand (au no 3), et Chateaubriand (au no 5) ▶ Au no 5 de la ***rue Sébastien-Bottin*** *(à g.)* se trouve la Nouvelle Revue Française.

▷ La rue du Bac

de la Seine au bd Saint-Germain

La rue tient son nom du bac par lequel étaient transportées les pierres nécessaires à la construction du château des Tuileries, entreprise par Catherine de Médicis. Les chariots, venant de la campagne, empruntaient un chemin herbeux qui partait de l'actuelle rue de Sèvres pour aboutir à l'actuel Pont-Royal. Il fut transformé en rue, en 1622.

A dr., dans la section qui rejoint la Seine, Chateaubriand aurait habité, de 1815 à 1818, à l'emplacement des nos 31-27. Au no 21, l'***hôtel du président Hénault*** est l'un des rares hôtels anciens subsistant sur le côté impair. Maisons du XVIIIe s. au no 12 et au no 24, entre autres.

Section entre la rue de l'Université et le boulevard Saint-Germain. Au no 28, vécut Fouché. Au no 44, André et Clara Malraux habitaient, en 1932, un appartement de l'hôtel construit en 1696. A côté, au no 46, magnifique ***hôtel**** que *Jacques-Samuel Bernard* s'était fait construire vers 1740 grâce à l'héritage paternel. Le fils du célèbre banquier aimait le faste, aussi mourut-il ruiné dans cette somptueuse et très vaste demeure ; la façade sur la rue du Bac n'avait pas moins de 40 m et celle sur la rue Saint-Dominique (aujourd'hui le boulevard Saint-Germain) près de 60 m. Chaptal et Barras ont habité ici. La porte à consoles est surmontée d'un mascaron, de pots à feu et des chiffres S. B. sculptés. Les boiseries d'un salon aux dessus-de-porte de *Carle Van Loo*, qui avaient été remontées dans un hôtel de Rothschild du faubourg Saint-Honoré, sont aujourd'hui au musée de Jérusalem ; voir deux escaliers magnifiques.

Tous les numéros impairs de cette section de la rue ont étés démolis pour le percement du boulevard Saint-Germain et celui de la rue de Gribeauval qui, en quelques mètres, mène à l'église Saint-Thomas-d'Aquin.

Pour la suite de la rue du Bac → *quartier Sèvres-Babylone*.

▷ L'église Saint-Thomas-d'Aquin*

place Saint-Thomas-d'Aquin / fermée 12-14 h
☎ 42-22-59-74

Installé dans le faubourg Saint-Germain depuis 1631, le noviciat des dominicains fut reconstruit entièrement de 1682 à 1688. Les religieux firent appel à *Pierre Bullet* pour les plans de l'église. Celle-ci n'a pas reçu l'extension prévue à l'origine : la nef devait comporter deux travées de plus. Le chœur des religieux, en arrière du maître-autel, fut bâti en 1722 et la façade en 1765-1769. L'ancien couvent existe toujours ; il est affecté à la direction centrale du matériel de l'armée. La façade, d'un dessin simple, est fermée par de belles ***portes*** de *François-Charles Butteux* (1769).

L'intérieur

Première chapelle à dr., Mort de Saphire par *François Picot* (1819) et Assomption par *Salvator Rosa* (vers 1660) ; 2e chapelle : la Vierge apparaissant à saint Jérôme par *Giovanni Francesco Barbieri* dit *le Guerchin* (1650) et Saint Germain l'Auxerrois donnant une médaille à sainte Geneviève par *Louis Lagrenée* (1771). ***Croisillon droit*** : les bras du transept et la calotte de la croisée ont été décorés de 1830 à 1850 par *Joseph Blondel* ; à l'autel du bras dr., Saint Vincent de Paul par *Jean-Baptiste Stouf* (fin du XVIIIe s.). A l'extrémité du bas-côté dr., un couloir conduit à la ***sacristie***, ornée de belles boiseries (milieu du XVIIIe s.) et d'un tableau du *frère André*, dominicain : Saint Dominique expliquant ses constitutions (1738).

Chœur : la voûte de l'ancien chœur des religieux a été peinte par *François Lemoine* (Transfiguration, 1724) ; à l'autel, Transfiguration de *Jean Restout* (vers 1760) ; de part et d'autre, Translation de l'arche d'alliance et le Grand prêtre Aaron bénissant le peuple par *Blondel* (1841).

Croisillon gauche : à l'autel du bras g. du transept, Vierge tenant l'Enfant Jésus par *Gilles Guérin* (première moitié du XVIIe s.) ; 1re chapelle : Prédication de saint Jean l'Evangéliste par *Abel de Pujol* (1817) et Saint Pierre guérissant le boiteux par *Léon Pallière* (1819).

▷ Le boulevard Saint-Germain *entre la rue du Bac et la rue des Saints-Pères*

Cette section du boulevard n'est pas la plus intéressante; mais elle est large, et bien agréable au printemps avec ses marronniers. Guillaume Apollinaire passa les dernières années de sa vie, de 1913 à sa mort (le 9 novembre 1918), au n° 202. On y verra quelques magasins d'antiquités spécialisés, l'un dans l'Empire, un autre dans l'horlogerie, les montres anciennes et les cannes, et la galerie Nikolenko dont le fonds permanent est constitué par des icônes russes. ▶ La ***rue de Luynes*** a été ouverte en 1901 sur l'emplacement de l'***hôtel de Luynes***, un des premiers du faubourg, bâti par *Le Muet* en 1661 pour Marie de Rohan-Montbazon duchesse de Chevreuse; l'escalier avait été décoré par *Brunetti* au XVIIIe s., de fresques aujourd'hui remontées à Carnavalet; quant aux boiseries Louis XVI du Grand Salon, elles sont aujourd'hui au Louvre.

Le Carré rive gauche

Cet espace compris entre le quai Voltaire, la rue des Saints-Pères, la rue de l'Université et la rue du Bac regroupe les plus grands antiquaires parisiens parmi lesquels :

Objets d'art de la Haute Epoque
Brimo de Laroussilhe : 7, quai Voltaire.
Gabrielle Laroche : 12, rue de Beaune.
Objets d'art et mobilier des XVIIe et XVIIIe siècles
Galerie Perrin : 3, quai Voltaire.
Galerie Camoin : 9, quai Voltaire.
Marc Revillon d'Apreval : 23, quai Voltaire.
Pascal Sarfati : 5, rue de Beaune.
Galerie Delvaille : 15, rue de Beaune.
Peintures et dessins
Michel Segoura : 11, quai Voltaire.
Galerie de Jonckheere : 21; quai Voltaire.
Galerie Leegenhoek : 23, quai Voltaire.
Galerie Bailly : 25, quai Voltaire.
Tapisseries
Galerie Chevalier : 15, quai Voltaire.
Arts de l'Asie et de l'Orient
Galerie Samarcande : 13, rue des Saints-Pères.
La Chine des Ts'ing : 14, rue de l'Université.
Myrna Myers : 11, rue de Beaune.
Faïences
Vandermeersch : 27, quai Voltaire.
Horlogerie ancienne
Jean-Pierre Rochefort : 14, rue des Saints-Pères.
Livres anciens
Christian Galantaris : 15, rue des Saints-Pères.
Objets de marine
La Rose des Vents : 25, rue de Beaune.
Curiosités
Le Cabinet de Curiosité : 23, rue de Beaune.
Depuis 1976, au mois de mai, lors des cinq jours de l'Objet Extraordinaire, chaque boutique reste ouverte jusqu'à 22 h, offrant à la curiosité du passant un objet remarquable présenté dans de somptueux décors.

▷ La rue Saint-Guillaume *du bd Saint-Germain à la rue du Pré-aux-Clercs*

C'est là la partie la plus ancienne de cette rue. L'***hôtel de Créqui***, au n° 16, a été construit par *Le Muet* entre 1660 et 1664; agrandi un siècle plus tard (voir mur de soutènement du XVIIIe s. dans la deuxième cour), cet hôtel est chargé de toute une histoire littéraire : Lamartine y entreprit Jocelyn, Renan y habitait en 1877 et, au début de notre siècle, Proust, Colette, Saint-Exupéry, Ravel, Reynaldo Hahn étaient les habitués du brillant salon littéraire et musical des Saussine. Au n° 14, ***hôtel*** construit à la fin du XVIIe s. pour les Mortemart : il garde un portail classé, une cour, un escalier avec une très belle rampe et un vestibule anciens. Au n° 11, hôtel du début du XVIIIe s.

▷ La rue des Saints-Pères *du bd Saint-Germain à la rue de Sèvres*

Le percement du boulevard Saint-Germain a fait disparaître la maison natale de Louis de Rouvroy, duc de Saint-Simon et célèbre mémorialiste. Au n° 50, voir le fronton, les masques surmontant chaque fenêtre et le portail à vantaux. En face, au n° 53, hôtel du XVIIIe s. Au n° 52, l'***hôtel de Cavoye***, acheté par un des compagnons de jeu de Louis XIV, Louis d'Oger de Cavoye, garde un magnifique portail; ses deux façades et un salon provenant d'une autre demeure, sont classés. Salomon de Brosse a vécu dans l'hôtel qui s'élevait à l'emplacement de l'actuel n° 54, aujourd'hui bibliothèque et ***musée d'Histoire du protestantisme français*** (→ *musées*), édifié par *L. A. Boileau* en 1873. Au n° 56, ***hôtel*** construit par *Gittard* pour Marie de Cossé qui avait épousé le maréchal de la Meilleraye : voir le portail, la cour et l'escalier; après avoir été longtemps l'Ecole nationale d'administration (aujourd'hui 13, rue de l'Université), il est affecté à l'***Institut d'études politiques***. Demeures anciennes et intéressantes aux n°s 58, 60 (voir les mansardes à poulies) et 68. Chateaubriand a habité, de 1811 à 1814, au n° 63. Au n° 76, le bâtiment très conventionnel de la ***Librairie catholique*** marque la première utilisation du béton comme hourdis du fer (*E. Dupuis* architecte, 1878).

▷ La rue de Sèvres *de la rue des Saints-Pères au carrefour Sèvres-Babylone*

On y fera un aller-retour jusqu'au carrefour de Sèvres-Babylone. Cette extrémité E. de la rue a beaucoup changé de caractère depuis les années soixante. Elle est aujourd'hui très animée et très jeune

L'ancienne Abbaye-aux-Bois

Déjà au XVIe s., les Annonciades de Bourges, dont l'ordre avait été créé vers 1500 à Bourges par Jeanne de France, fille de Louis XI, installèrent un couvent à l'emplacement de l'actuelle rue Récamier. Au milieu du XVIIe s., les Annonciades furent remplacées par les Bernardines, relevant de Cîteaux. Seules les grandes dames du royaume pouvaient être abbesses et les religieuses ne pouvaient porter que les noms illustres de France. Ce couvent, supprimé en 1790, devint prison sous la Terreur. Mais, la paix revenue, une aile fut transformée en maison de retraite. Mme Récamier, la quarantaine venue et la fortune évanouie, s'y installa. De 1819 à 1849 elle vécut à l'Abbaye-aux-Bois qu'elle rendit célèbre : son salon, le plus réputé du temps, réunissait les grands personnages, hommes politiques, artistes et écrivains, toujours séduits par sa beauté, son charme et son amitié. Chateaubriand, qui habitait rue du Bac, venait chaque jour ici rendre visite à sa vieille amie et lire des pages des Mémoires d'outre-tombe.

comme la rue du Four et la rue du Dragon toutes proches. C'est un des centres de la mode ; on y trouve toutes les boutiques qui « font » la mode parisienne. Elles ont remplacé un couvent de prémontrés supprimé en 1789 et dont l'entrée se situait au n° 11 actuel. Au n° 11 également, J.-K. Huysmans a vécu de 1872 à 1898, dans la cour même où, avant lui, le peintre Martin Drolling (1786-1851) avait eu son atelier. Drolling est mort à l'emplacement de l'actuel n° 21.

▷ La rue Récamier

Elle a été percée à travers les terrains du *couvent* des bernardines *de l'Abbaye-aux-Bois (→ encadré)*. Cette petite rue toujours calme est aujourd'hui embellie par des massifs et livrée aux seuls piétons ; le *théâtre Récamier* (*C. Blondel*, architecte ; 1908) et la *Ligue de l'enseignement et de l'éducation permanente* (au n° 3), fondée par *Jean Macé*, remplacent l'abbaye. Au fond de la rue, le *square* en terrasses est très agréable ; il est entouré par les façades arrière des beaux hôtels de la rue de la Chaise et de la rue de Grenelle, ainsi que par d'élégants immeubles contemporains. ▸ De la *rue de la Chaise* (→ *ci-dessous*) on peut apercevoir un bâtiment, vestige du couvent, dont l'escalier se trouve au château de Breteuil.

▷ La rue de Grenelle
jusqu'à la rue Saint-Guillaume

Cette rue dont le nom est issu de *garanella*, c'est-à-dire petite garenne, a la même origine que la rue de Varenne. Il y a bien longtemps, ce n'était qu'un sentier, le petit chemin aux Vaches qui allait de l'abbaye de Saint-Germain-des-Prés à la campagne. Avec la rue de Varenne, elle est la plus riche et la plus « diplomatique » du faubourg. C'est aussi une rue d'éditeurs. Au n° 15, *hôtel de Bérulle* de *Pierre-Claude Convers* (1776) : on verra que la belle façade sur la rue a été conçue en demi-cercle pour faciliter le va-et-vient des carrosses. Cet hôtel était, pendant les années vingt, le bureau des Recherches surréalistes. On verra, tout à côté du n° 14 qui date aussi du XVIIIe s., l'architecture très contemporaine d'un garage.

Au n° 20, petit hôtel du XVIIe s. qui appartenait à Mme de Beauvais, dite Catheau la Borgnesse (pour qui a été construit la superbe demeure de la rue François-Miron), qui possédait encore dans cette rue, au n° 79, une grande propriété. Nombreuses sont les maisons qui conservent leurs hautes fenêtres et leurs balcons du XVIIIe s. : voir les n°s 22, 24, 26, 28.

▷ La rue Saint-Guillaume

On fera un aller-retour dans cette rue du XVIe s. dont le nom reste désormais associé à l'Ecole libre des sciences politiques et à l'Institut d'études politiques de Paris qui, depuis plus de cent ans, forment des générations de grands commis de l'Etat. Sur le côté pair de cette section comprise entre la rue de Grenelle et le boulevard Saint-Germain, se trouvent les services de la *fondation des Sciences politiques*, l'*Institut des hautes études de l'Amérique latine*, le *centre français de Droit comparé*. Au n° 31 vivait Emile Olivier, beau-frère de Wagner ; dans la cour de cette demeure, on peut voir une construction qui reste dans les annales de l'architecture française : c'est la *maison du docteur Dalsace* (visite possible)*, conçue par le créateur de meubles *P. Chareau*, en 1931 ; la brique de verre provenant des ateliers de Saint-Gobain faisait ici son apparition et constituait l'élément essentiel de l'architecture ; cette technique, jointe à une conception nouvelle de l'organisation de l'espace intérieur faisait de cet immeuble une expérience audacieuse et originale.

Au n° 27, dans le vieil *hôtel de Mesmes* qui appartint au duc de Mortemart, se trouve l'*Institut d'études politiques*. Celui-ci succéda en 1945 à l'Ecole libre des sciences politiques qui avait été fondée, après la guerre de 1870-1871, par *Emile Boutmy*, pour donner une culture supérieure aux jeunes destinés à entrer dans les grandes administrations publiques ou privées. Les élèves, qui font trois ans d'études, sont répartis en quatre sections : section générale, section économique, relations internationales (carrières diplomatique et consulaire) ; enfin, section du service public qui prépare au concours de l'ENA. Un jardin sépare l'Institut des sciences politiques de son annexe, rue des Saints-Pères.

▷ La rue de la Chaise

Cette petite rue qui s'ouvre en face de la rue Saint-Guillaume, a beaucoup d'allure avec ses beaux hôtels datant de la seconde moitié du XVIIIe s. Au no 1, hôtel de Brosse, de 1760. Au no 3, hôtel construit en 1640 pour le comte des Vertus et qui appartenait, de 1785 à 1810, aux Béthune-Pologne. La plupart des maisons sur le côté pair sont anciennes : voir les fenêtres, les mascarons, les masques.

Aux no 5-7, ***hôtel de Vaudreuil ou de Borghèse*** : un portail encadré par deux pavillons surmontés d'un fronton triangulaire montre combien cet hôtel, construit en 1763, fut magnifique. Il avait appartenu au comte de Vaudreuil, ami du comte d'Artois et de Marie-Antoinette. Il fut ministère des Relations extérieures, puis propriété (en 1803) d'Elisa Bonaparte qui le céda à François Borghèse, beau-frère de Pauline Bonaparte-Borghèse. Après le règne des Bonaparte, l'hôtel passa aux Crussol d'Uzès, puis aux dominicains. Occupé par une clinique durant soixante ans, il a été sauvé de la démolition en 1960, grâce à une campagne énergique en faveur de son maintien. Aujourd'hui, la construction d'*immeubles* le long de la cour est une tentative, qui a été discutée, pour intégrer l'architecture actuelle dans un cadre ancien (*J. J. Fernier, A. Biro*, architectes ; 1973).

Au no 9 de la même rue, un autre beau portail s'ouvre sur l'ancien ***hôtel d'Ozembray*** où s'est installé une annexe de la fondation des Sciences politiques. ▶ La *rue de Grenelle*. Revenir dans cette rue pour voir aux nos 31, 33, 35, 37, 34, 36 et 38, des maisons XVIIIe s. encore belles.

▷ Le boulevard Raspail *entre le carrefour Bac et le carrefour Sèvres-Babylone*

Cette section constitue la partie la plus récente (1904-1907) de cette belle artère ouverte à partir de 1866. Au nos 28-30, *immeuble* des années 30 par *P. Abraham*, à la finition soignée. Au no 36, hôtel où vécut et mourut Marc Sangnier (1873-1950), fondateur du Sillon et des Auberges de jeunesse, une des figures les plus marquantes du mouvement catholique social dans la première partie du siècle. On verra quelques boutiques d'antiquités et d'ameublement dominées par les grands ***magasins du Bon Marché*** *(→ quartier Sèvres-Babylone)*. Pour la description de ce boulevard *→ quartiers Cherche-Midi, Notre-Dame-des-Champs et Montparnasse.*

Le quartier de la rue de Grenelle ★★

7e arr. / 35-G7
Métro : Rue du Bac / Bus : 63, 64, 69, 83, 84
Ⓟ square Boucicaut
Taxis : au métro Bac ☎ 42.22.49.64 ;
au métro Chambre-des-Députés ☎ 47.05.03.14

Ce quartier calme et austère possède la plus grande densité d'hôtels construits au XVIIIe s. par des architectes de renom. Aujourd'hui, les princes de sang ont laissé leur place à nos ambassadeurs et ministres.

Il est conseillé de parcourir les rues de Grenelle, Varenne et Saint-Dominique en semaine, car les portes cochères des hôtels seront ouvertes, ce qui permettra d'admirer leurs belles façades. Les visites intérieures sont très rares, mais on pourra s'adresser à la Caisse nationale des Monuments historiques et des Sites (62, rue Saint-Antoine ☎ 42.74.22.22), ou à des associations culturelles privées dont la liste des visites proposées figure dans les journaux.

Visite du quartier

2 h

▷ La rue de Varenne
entre la rue du Bac et le bd des Invalides

Il y a bien longtemps, il y avait là une garenne sur laquelle cette artère fut tracée en 1605. Mais c'est au XVIIIe s. que furent édifiées la plupart des belles demeures qui la bordent. Depuis deux siècles, la rue de Varenne est l'une des plus cotées de Paris et son prestige rejaillit sur les artères avoisinantes. Nous laisserons de côté la partie entre la rue du Bac et la rue de la Chaise, qui est sans doute très distinguée mais ne présente guère d'intérêt.

L'actrice Marie Dorval, l'amie de Vigny, est morte au no 38, en 1849. Aux nos 48, 43, 41, maisons du XVIIIe s. Au no 45, ***hôtel de Narbonne-Sérant***, dit aussi de Janvry, édifié par *Antoine* en 1785 ; les quatre colonnes ioniques du portail supportent un

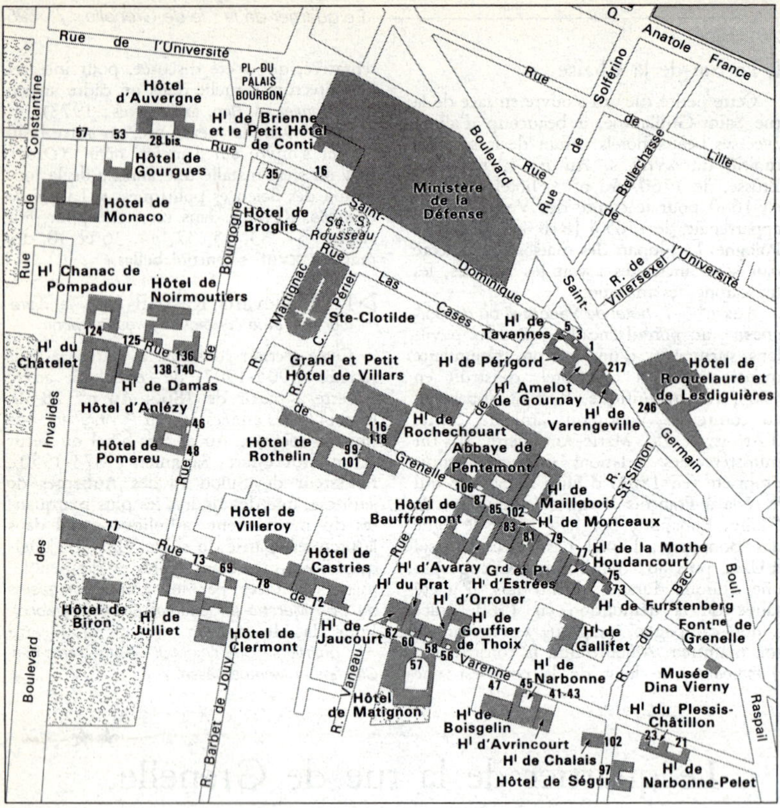

Le quartier de la rue de Grenelle

entablement. Au nº 47, l'ambassade d'Italie occupe l'ancien *hôtel de Boisgelin*** dit aussi de *La Rochefoucauld-Doudeauville*, bâti vers 1787 par l'architecte *Cartaud* ; certaines boiseries proviennent du château de Bercy.

▷ L'hôtel de Galliffet** *50, rue de Varenne*

Construit par *Legrand* de 1775 à 1796, il est occupé de nos jours par les services culturels de l'ambassade d'Italie. C'était, sous le Directoire, le ministère des Relations extérieures. Talleyrand en était l'hôte et y recevait Joséphine et Bonaparte ainsi que Mme de Staël qui y rencontra le futur empereur pour la première fois.

La *façade*, côté cour, présente huit hautes colonnes ioniques et un entablement à modillons ; côté jardin, six colonnes semi-engagées supportent un balcon avec des copies des nymphes de la fontaine des Innocents. Même déploiement de colonnes à l'intérieur, dans l'escalier, le vestibule semi-circulaire et le grand *salon** qui composent un des plus beaux ensembles Louis XVI qu'on puisse voir à Paris. ▶ Au nº 51 de la *cité Vaneau*, on voit à dr. le côté O. de l'ambassade d'Italie et quelques hôtels cossus du XIXe s. ▶ Avant d'atteindre l'hôtel Matignon, voir au nº 56 de la rue de Varenne, le très beau portail de l'*hôtel de Gouffier de Thoix*, de 1719.

▷ L'hôtel Matignon** *57, rue de Varenne*

C'est le plus beau de tous les hôtels du faubourg. Depuis 1958, il est la résidence du premier ministre.

L'hôtel a été commencé en 1721 par *Jean Courtonne* pour le quatrième fils du maréchal de Luxembourg et vendu peu après, inachevé, à Jacques Goyon de Matignon, comte de Thorigny. C'est la fille aînée du prince de Monaco qui, lorsqu'elle fut devenue comtesse de Matignon, acheva et embellit cette demeure. Après la Révolution, l'hôtel passa de mains en mains, dans celles de Talleyrand en particulier, qui y donna des fêtes splendides. En 1815, l'hôtel de Matignon fut échangé par Louis XVIII contre le palais de l'Elysée, propriété de la duchesse de Bourbon. Légué à la sœur de Louis-Philippe qui y habita jusqu'en 1847, il appartint au duc de Montpensier, puis au duc de Galliera qui en accorda la jouissance au comte de Paris. Celui-ci organisa dans ses salons, le 15 mai 1886, une fête grandiose à l'occasion du mariage de Marie Amélie avec Manuel de Bragance, prince héritier du Portugal. Le retentissement de cette fête est à l'origine de la loi qui exilait les prétendants royalistes et bonapartistes. Il y eut aussi, ici, l'ambassade d'Autriche-Hongrie et, en 1935, la présidence du Conseil. En janvier 1959, avec la cinquième République, l'hôtel est devenu la maison du premier ministre, terme toujours utilisé aujourd'hui pour désigner le chef du gouvernement.

La belle *porte* cochère d'ordre ionique s'ouvre sur une grande cour d'honneur en hémicycle et les deux façades présentent deux avant-corps à pans coupés. A l'*intérieur*, l'hôtel a conservé sa décoration en partie de style rocaille avec, au rez-de-chaussée, un salon à boiseries blanc et or du XVIIIe s., ainsi que ceux refaits pour les Galliera par *Duban* au XIXe s. Au premier étage, des panneaux peints par *Fragonard* représentent des scènes pastorales. Le *jardin*, sans doute un des jardins privés les plus vastes de Paris, s'étend jusqu'à la rue de Babylone *(→ ci-dessous)*; en bordure de celle-ci s'élève un charmant petit pavillon Louis XV.

▷ La rue de Varenne *suite*

Au n° 58, l'hôtel de Feuquières, construit en 1736, est une dépendance de Matignon. Au n° 60, *hôtel du Prat*, construit par *Leroux* en 1720, qui appartint aussi aux Montmorency et aux Béthune; les façades sur cour et sur jardin sont classées (fronton, ferronneries, cartouches entourés de feuillage). Au n° 69 l'*hôtel de Seissac* dit aussi *hôtel de Clermont*, bâti par *Leblond* (1711-1714) et refait sous Louis XVI pour Pierre-Gaspard-Marie Grimod d'Orsay; il est aussi une annexe de l'hôtel Matignon; de la rue on peut apercevoir les deux cours. Au n° 72, *Grand hôtel de Castries* (voir l'inscription au linteau) édifié vers 1700; il y eut ici, en 1790, après le duel de Castries avec le député Ch. de Lameth, une émeute populaire qui saccagea l'hôtel; il devint ministère de la Guerre de 1790 à 1804; c'est actuellement le ministère du Délégué auprès du premier ministre, chargé des relations avec le Parlement : voir le grand portail à entablement. A l'emplacement du n° 74 se trouvait le Petit hôtel de Castries, datant de 1770, aujourd'hui démoli, et où naquit en 1829 le marquis de Vogüe, archéologue et diplomate; le terrain est actuellement englobé dans le ministère de l'Agriculture.

Au n° 73, *hôtel de Broglie**, construit en 1735 pour le comte de Longaunay. La façade et certaines parties ont été refaites par *J. B. Leboursier* en 1785. En 1752, l'hôtel était la propriété du comte Victor-François de Broglie; confisqué pendant la Révolution, il fut mis en loterie et, en 1826, il appartenait à la veuve du maréchal Lannes, la duchesse de Montebello, qui y fit faire des embellissements. Après avoir servi de pied-à-terre parisien à des princes russes, les Gortchakov, il fut le quartier général américain pendant la Première Guerre mondiale. Au n° 75, l'hôtel de Châtillon est une dépendance du précédent. Au n° 78, la *façade* un peu lourde d'*Emmanuel Brune*, ne laisse pas deviner le bel hôtel construit en 1724 par *Debias-Aubry*, décoré par *Leroux* et qui fut, au milieu du XVIIIe s., la propriété du maréchal de Villeroy puis du comte de Tessé : les façades sur cour et sur jardin, avec avant-corps central et fronton triangulaire, sont classées; c'est aujourd'hui le *ministère de l'Agriculture*.

Au n° 77, le magnifique *hôtel Biron***, aujourd'hui *musée Rodin (→ musées)*, forme l'angle de la rue de Varenne et du boulevard des Invalides. Un aménagement récent permet d'avoir, de la rue, une vue d'ensemble sur les jardins, le plus vaste du faubourg avec celui de Matignon. Cet hôtel a appartenu à Peyrenc de Moras, un enrichi du système de Law, puis loué à la duchesse du Maine; devenu propriété des Gontaut-Biron, il fut vendu aux Dames du Sacré-Cœur en 1820, qui y restèrent jusqu'en 1904. Rodin s'y installa en 1908. Les boiseries d'origine des deux pavillons latéraux ont été réinstallées dans l'hôtel. Une baie vitrée ouverte dans le mur d'enceinte permet d'admirer, de la rue, *les Bourgeois de Calais** par *A. Rodin*. ▶ Rejoindre le boulevard des Invalides.

▷ La rue de Grenelle
du bd des Invalides à la rue de Bourgogne

Pour le début de la rue → *quartier de la rue des Saints-Pères*.

Cette rue n'est pas moins prestigieuse que la rue de Varenne.

Au n° 142, l'*hôtel de Chanac-Pompadour*, élevé en 1704 par *Delamair*, est célèbre pour un boudoir rocaille; dans un sous-sol, une salle de bains a été aménagée par *Brongniart* en 1782; c'est aujourd'hui l'ambassade de Suisse.

Au n° 127, *hôtel du Châtelet*, construit par *Cherpitel* en 1770; cette somptueuse demeure eut ensuite des destinations officielles : intendance de la Maison de l'Empereur puis de la Maison du Roi en 1814, ambassade de Turquie, archevêché et aujourd'hui ministère du Travail. Sur la cour, l'avant-corps est orné de quatre colonnes corinthiennes d'ordre colossal; sur le jardin, la façade est moins austère et moins solennelle avec son avant-corps à pans coupés et ses fenêtres à guirlandes; à l'*intérieur*, très beau salon octogonal à pilastres et salle à manger d'époque Louis XVI, ornée de fontaines murales.

Au n° 138, *hôtel de Noirmoutier*, dit aussi *de Sens*, bâti en 1722 par *Jean Courtonne* pour le duc de Noirmoutier; l'arrière-petite-fille de Louis Ier de Bourbon, prince de Condé, Mlle de Sens, s'y installa jusqu'en 1765; Foch y vécut dix ans, jusqu'à sa mort en 1929; dès lors, l'hôtel est devenu la résidence du préfet de région. Le n° 140 abrite l'Institut géographique national. Au n° 134, *hôtel* construit en 1905, œuvre de *Lavirotte*, caractéristique de l'Art Nouveau.

▷ La rue de Bourgogne

On fera un aller-retour dans cette rue ouverte en 1907, et qui porte le nom du petit-fils de Louis XIV. Bien que demeurant bourgeoise — elle fut même archiépiscopale —, elle est cependant la rue commerçante de cette partie du faubourg, et réputée pour ses pâtisseries. Aux n°s 46 et 48 se trouvent deux hôtels de la fin du XVIIIe s. : l'*hôtel d'Anlezy* (n° 46) et l'*hôtel Choiseul-Praslin* (n° 48), désormais *de Pomereu*. Au n° 50 se trouvait le premier archevêché. Des immeubles modernes s'élèvent dans le jardin à l'emplacement d'un ancien couvent de Salésiennes.

▷ La rue de Grenelle *de la rue de Bourgogne à la rue de Bellechasse*

Au n° 122 se trouvait l'entrée du couvent de carmélites, fermé en 1790, et qui occupait l'emplacement des rues Casimir-Perier, de Champagny, de Martignac, Las-Cases, du square Samuel-Rousseau et de l'église Sainte-Clotilde. Au n° 123, une plaque rappelle que Pierre Brossolette, héros de la Résistance, habita la maison de 1932 à 1944. Au n° 118, le *Petit hôtel de Villars* (1714) possède toujours ses boiseries anciennes; Delacroix y eut son atelier de 1823 à 1827; c'est actuellement une école privée : le cours Paul-Claudel.

Au n° 116, le *Grand hôtel de Villars* date du milieu du XVIIe s. Il fut transformé et reconstruit pour le maréchal de Villars en 1709; en 1772 il appartenait au duc de Brissac, une des victimes de 1792, et en 1795 il abritait le ministère de l'Intérieur; c'est à titre de ministre que Lucien Bonaparte l'occupa. Après avoir été ambassade de Turquie, l'hôtel est, depuis 1862, la *mairie du 7e arrondissement*. Le *portail* original, à g., édifié par *Boffrand*, fut refait par *Visconti* en 1830 pour les Forbin-Janson.

Au n° 115, à l'*hôtel de Sommery*, se trouve une *plaque (franchir la porte cochère)* à la mémoire de l'actrice Adrienne Lecouvreur (1692-1730); la plaque, gravée par *d'Argental*, amant et légataire universel de l'actrice, fut retrouvée dans les combles de l'hôtel. Au n° 103 on peut lire la plaque suivante : « De cet immeuble furent diffusés en novembre 1935 les premiers programmes réguliers de la télévision française ». Au n° 101, *hôtel de Rothelin-Charolais* construit par *Pierre Cailleteau*, dit *Lassurance*, en 1704, pour le marquis de Rothelin dont on peut lire encore les chiffres sur les balcons; il fut acquis en 1736 par la célèbre Louise-Anne de Bourbon, princesse de Charolais; l'hôtel devint ministère de l'Intérieur en 1825 et, en 1860, l'installation de l'ambassade d'Autriche ainsi que la célébrité du salon de Pauline de Metternich lui permit de retrouver une vie mondaine; il est actuellement occupé par le ministère du Redéploiement industriel. Au n° 110, *hôtel de Courteilles*, dit aussi *de Rochechouart*, construit par *Cherpitel* en 1778 et dont la façade présente dix pilastres corinthiens cannelés, embrassant deux étages; très beau salon octogonal à pilastres Louis XVI; depuis 1829, il est affecté au ministère de l'Education.

► La *rue de Bellechasse (de la rue de Grenelle au bd Saint-Germain)*. Cette rue fut ouverte en 1805 sur l'emplacement du couvent des dames de Bellechasse. L'*abbaye des bernardines de Pentémont*, qui relevait de l'ordre de Cîteaux et s'installa en 1671 rue de Grenelle, était à la fois maison de retraite et maison d'éducation pour les jeunes filles de la noblesse. Les anciens bâtiments conventuels qui s'alignent dans la rue de Bellechasse (aux n°s 37-39), sont aujourd'hui occupés par le secrétariat d'Etat aux Anciens Combattants.

▷ La rue de Grenelle
de la rue de Bellechasse à la rue du Bac

Au n° 106, le *temple réformé de Pentémont* est l'ancienne chapelle du couvent des bernardines de Pentémont, édifiée par *Contant d'Ivry* (1747-1756) : c'est une rotonde flanquée de deux croisillons avec un chœur profond. Les croisillons présentent d'importants pilastres ioniques. La belle façade est déjà de style Louis XVI. Au n° 104, dépendance de l'abbaye de Pentémont (on dit aussi Panthémont), occupée aujourd'hui par les services du ministère de la Défense. Au n° 102, le très bel *hôtel de Maillebois** est une transformation par l'architecte *Antoine*, en 1783, de celui où vécut Saint-Simon de 1750 à sa mort (en 1755); Madame de Staël y tint un salon renommé, particulièrement en novembre 1800 (période du 18 brumaire); Robert et Elisabeth Browning ont aussi habité cette demeure.

Au n° 87, l'*hôtel de Bauffremont**, construit en 1732 par *Pierre Boscry*, a connu divers propriétaires : le comte d'Orouer, Pâris de Montmartel, la comtesse de Boisgelin, l'archevêque de Bourges, la princesse de Bauffremont, fille du duc de Montmorency, et à deux reprises l'ambassade d'Autriche. Ce superbe bâtiment conserve une façade sur cour avec un avant-corps à fronton triangulaire et une façade sur jardin avec un avant-corps arrondi et fronton curviligne (toutes deux inscrites à l'Inventaire). A l'*intérieur*, les salons richement meublés sont lambrissés de boiseries blanc et or dues au talent du célèbre décorateur *Nicolas Pineau* (1733).

Au n° 85, *hôtel d'Avaray**, résidence de l'ambassadeur des Pays-Bas (la chancellerie se trouve 8, rue Eblé). Construit par *Leroux* en 1718, l'hôtel appartint durant deux siècles à la famille de Bésiade d'Avaray. C'est l'unique exemple d'une telle continuité dans le faubourg Saint-Germain. Il fut acquis en 1920 par les Pays-Bas qui l'ont restauré avec autant de faste que de goût. On peut lire aujourd'hui leur devise nationale surmontant le portail : « Je maintiendrai ».

Au n° 83, hôtel de Bonneval, ou de Monceaux, construit en 1672 et dont Maret, duc de Bassano, était propriétaire dans les premières années de l'Empire. Au n° 86, le Petit hôtel d'Estrées, construit pour la duchesse d'Estrées en 1709, a été habité par le comte Daru, intendant des armées napoléoniennes.

Au n° 79, **Grand hôtel d'Estrées***, construit par *Robert de Cotte* en 1713 pour la duchesse d'Estrées. Il a aussi appartenu à une fille du Régent, puis il est passé de mains en mains jusqu'à ce qu'il reçoive, à la fin du siècle dernier, l'ambassade de Russie. Nicolas II et la tsarine y résidèrent en 1896, lors d'une visite dans la capitale. L'**ambassade d'URSS** l'occupe toujours, bien que les salons de réception et la chancellerie soient, depuis 1978, transférés boulevard Lannes. Peint en rose pâle et blanc à la manière nordique, il est actuellement la résidence privée de l'ambassadeur. La façade sur cour a été très remaniée durant le XIXe s. ; très bel escalier.

Au n° 77, hôtel austère, bâti en 1708 pour la comtesse de Lamothe-Houdancourt. *Delisle-Mansart*, qui est l'architecte de l'**hôtel de Fürstenberg** (au n° 75) élevé vers 1703, a construit aussi en 1675 l'hôtel situé au n° 86, qui garde quelques décorations. Au n° 73, ancien **hôtel de Galliffet** abritant l'Institut culturel italien ; il fut construit à partir de 1775 par *Legrand* et englobe maintenant l'hôtel Talon. Aux nos 67-69, voir les portes et les remarquables ferronneries d'époque Louis-Philippe.

Avant de parvenir au boulevard Raspail, on passe, à la hauteur des nos 59-57, devant la belle **fontaine des Quatre-Saisons***, dite aussi **Bouchardon** et encore **de Grenelle** : son emplacement fut choisi en 1739 pour alimenter le quartier en eau. Elle est ornée de grandes figures allégoriques de la Ville de Paris entre la Seine et la Marne et de charmants bas-reliefs des quatre saisons ; à sa base, des mascarons distribuent l'eau. Inaugurée par Turgot, cet exemple précoce (1739-1746) du retour à l'antique, qui se généralisa quelques années plus tard, fut admiré de tous sauf de Voltaire : « Beaucoup de pierres pour peu d'eau ». Alfred de Musset a passé presque toute sa vie d'écrivain au n° 59, qu'il quitta en 1839 pour entreprendre avec George Sand son voyage à Venise. Prochainement le **musée Dina Vierny** (→ *musées*) ouvrira dans l'hôtel situé derrière la fontaine. Son fonds est constitué en grande partie par des sculptures d'*A. Maillol*, données par l'ancien modèle du sculpteur catalan. ▶ Rejoindre le carrefour de la rue du Bac et du boulevard Saint-Germain.

▷ Le boulevard Saint-Germain *de la rue du Bac à la rue Saint-Dominique*

Au n° 246, l'**hôtel de Roquelaure**, commencé par *Lassurance* en 1722 et terminé par *Leroux* dix ans plus tard pour le maréchal de Roquelaure, abrite aujourd'hui le ministère des Transports. Il fut, durant le XVIIIe s. et le XIXe s., la propriété du président Molé, de Cambacérès et de la duchesse d'Orléans, mère de Louis-Philippe. Deux beaux **salons** ornés de boiseries rocaille, dont un dû à *Nicolas Pineau* et à *Natoire* pour les peintures des dessus-de-porte, sont parmi les plus renommés du faubourg. Au n° 248, l'hôtel des Lesdiguières, bâti en 1740, présente une belle façade côté jardin et dépend du même ministère.

La numérotation des rues de Paris

Pendant très longtemps, seule la tradition permit aux Parisiens de désigner les rues de la capitale. L'identification des voies ne date en effet que de 1729. Le nom des rues fut gravé sur une pierre dure incorporée dans la façade de la première et de la dernière maison de chacune d'elle. Le travail de numérotage commencé dans le même temps dut cependant être abandonné, la plupart des nobles résidant à Paris refusant que leur porte cochère soit défigurée. Ce n'est qu'en 1806 que la ville fit l'objet d'une numérotation complète et systématique de ses rues, classées généralement d'après leur direction en rue parallèles (chiffres gravés en noir) et rues perpendiculaires ou transversales (chiffres gravés en rouge) à la Seine. Les premières virent leurs maisons numérotées selon le cours du fleuve, le numérotage des secondes étant effectué à partir de la Seine. Dans les deux cas les numéros pairs étaient inscrits à droite, les numéros impairs à gauche. Cette disposition reste inchangée à ce jour, bien qu'à partir de 1826 le système de la plaque à fond bleu et aux lettres ou chiffres blancs se substituât aux noms ou numéros gravés que l'on peut encore observer sur certains vieux immeubles.

▷ La rue Saint-Dominique *entre le bd Saint-Germain et l'église Sainte-Clotilde*

Cette rue, percée au XVIIe s., doit son nom aux dominicains installés dans l'ancien couvent des Jacobins. Celui-ci occupait l'emplacement de l'actuelle église Saint-Thomas-d'Aquin, en bordure de la voie qui menait de la plaine de Grenelle à la rue des Saints-Pères. Le percement du boulevard Saint-Germain, en 1866, par le *baron Haussmann* entraîna la disparition de nombreux hôtels et supprima une partie de la rue Saint-Dominique ; c'est ainsi que l'ancien n° 67 correspond aujourd'hui au n° 1.

Au n° 1, l'**hôtel Amelot de Gournay**, dit aussi de **Tingry-Mortemart**, construit par *Boffrand* en 1712, s'ouvre autour d'une belle cour ovale, sur laquelle donne une façade concave à pilastres colossaux. Les écuries pouvaient recevoir vingt et un chevaux ;

son jardin communique avec celui de l'hôtel de Varangeville, situé au n° 217 du boulevard (c'est aujourd'hui la Maison de l'Amérique Latine dans laquelle se trouve un excellent restaurant). Au n° 5, ancien hôtel de Tavannes (XVIIe s.), où Mme Swetchine, qui joua un certain rôle dans la vie religieuse du XIXe s., vécut de 1818 à 1857 : voir le grand portail à voussure, orné de coquille et consoles. En 1883, Gustave Doré est mort au n° 7 où il vivait avec sa mère. On aperçoit, au n° 27 de la rue de Bellechasse que l'on traverse, l'*atelier* de ce peintre : voir la façade ornée de moulages de sculptures du Parthénon et des initiales de Gustave Doré.

Les n°s 8, 10, 12 de la rue Saint-Dominique sont les bureaux et annexes du ministère de la Défense qui occupent l'ancien *couvent des filles de Saint-Joseph*, là où s'était retirée, après sa disgrâce, Mme de Montespan. Mme du Deffand y transféra, vers 1755, son « salon de moire bouton d'or aux nœuds couleur de feu ». Elle vécut ici pendant vingt-trois ans durant lesquels son salon réunissait les beaux esprits du temps, essayant de faire concurrence à l'autre salon littéraire en vogue, celui de sa nièce, Julie de Lespinasse. Celle-ci habitait au n° 6 où elle s'éteignit, le 22 mai 1776, veillée par son fidèle ami d'Alembert.

Aux n°s 14-16, les deux *hôtels* édifiés par *Debias-Aubry* en 1724 et 1728, sont occupés aujourd'hui par le ministère de la Défense. Le plut petit de ces deux hôtels (n° 14), bâti pour le président Duret, est connu sous le nom de Brienne; le plus grand appartint à Françoise de Mailly. Tous deux furent achetés par Louise Elisabeth de Bourbon, princesse douairière de Conti qui y vécut jusqu'en 1776. Il passa ensuite au duc de Richelieu, à Charles de Loménie de Brienne, ministre des Finances de Louis XVI, à Lucien Bonaparte, en 1802, et enfin en 1804 à Laetitia Bonaparte, Madame mère. Le ministère a conservé plusieurs *décors* et surtout le salon Empire, le petit boudoir de Laetitia, et le salon bleu à boiseries Louis XV. Le 25 août 1944, le général de Gaulle établit ici le siège du Gouvernement provisoire. ▶ Le *square Samuel-Rousseau*, qui précède l'église Sainte-Clotilde, est orné des statues de César Franck par *Lenoir* et de l'Education Maternelle par *Delaplanche*.

▷ L'église Sainte-Clotilde *23 bis, rue Las-Cases / 8 h-13 h/17 h-19 h ☎ 47.05.22.46*

Cette église, paroisse du faubourg Saint-Germain, fut construite de 1846 à 1856 sur les plans de *Christian Gau*; après sa mort (1853), la conduite du chantier fut assumée par *Théodore Ballu*. Le choix du style gothique pour cette nouvelle église, la première du genre construite à Paris, témoigne de l'intérêt croissant pour le Moyen Age dans les années de la Restauration et de la monarchie de Juillet. Le gothique dont *Gau* s'est inspiré, est celui du XIVe s. Le plan est en croix latine. Dans le décor sculpté de la *façade* se détachent, de part et d'autre du portail central, deux belles statues de *Geoffroy-Dechaume* (environ 1855), Sainte Clotilde et Clovis.

L'intérieur

La *nef*. Les vitraux des bas-côtés ont été exécutés par la manufacture Lusson sur des cartons de *Paul Jourdy* (à dr.) et d'*Auguste Galimard* (à g.). Le chemin de croix est l'œuvre de *Francisque Duret* pour les Sept stations dans le bas-côté et le transept dr., et *James Pradier* pour celles du bas-côté et transept g. Le *croisillon dr.* renferme des peintures de *Jules Lenepveu* (Conversion de sainte Valère et Martyre de sainte Clotilde et sainte Valère). Le *chœur*. Il est séparé du déambulatoire par une clôture, au revers de laquelle se voient quatre reliefs d'*Eugène Guillaume*. 1re chapelle du déambulatoire (Saint-Rémi), par *Alexandre Pils* et *Isidore Laemlein*; 2e chapelle (Saint-Joseph), par *Louis Bézard*; 3e chapelle (de la Vierge), par *Lenepveu*; 4e chapelle (Sainte-Croix), par *Pierre Brisset*; 5e chapelle (Saint-Louis), par *William Bouguereau*. Dans le *croisillon g.*, peintures de *Désiré Laugée* (Baptême de Clovis et Sainte Clotilde faisant l'aumône). ▶ La *rue Las-Cases*, percée sur l'ancien terrain du couvent des Dames de Bellechasse, doit son nom à l'auteur du Mémorial de Sainte-Hélène. Au n° 13 se trouvait l'ambassade d'Australie, dans un hôtel XIXe s. Au n° 29, la *chapelle des catéchismes (ouverte lors des messes : sam. 19 h, dim. 10 h)* de la basilique Sainte-Clotilde, construite par *Destailleur* en 1887, est ornée de sculptures de *d'Astanière* et de bas-reliefs d'après des œuvres de *Fra Angelico*.

▷ La rue Saint-Dominique *de l'église Sainte-Clotilde à l'esplanade des Invalides*

Au n° 35, l'*hôtel de Broglie**, bâti en 1724 pour Charles Guillaume de Broglie, fut acheté par le baron Corvisart, médecin de l'Empereur. L'hôtel fut vendu en 1818 au comte d'Haussonville qui l'agrandit. La beauté de la comtesse d'Haussonville fut immortalisée par un portrait d'Ingres, l'un des chefs-d'œuvre de la Frick collection à New York. L'hôtel, qui conserve une très belle porte sculptée, une façade sur jardin (visible de la rue Las-Cases) et des boiseries de la seconde moitié du XIXe s., abrite aujourd'hui le secrétariat d'Etat des départements et territoires d'outre-mer.

Au-delà de la rue de Bourgogne, l'ensemble des hôtels du côté impair abrite le siège du Crédit National dont on verra les jardins par le vestibule du n° 18 de la rue de Bourgogne. Au n° 41 de la rue Saint-Dominique, hôtel de la Vallière qui, au début du XIXe s., appartenait aux Talleyrand-Périgord; au n° 43, hôtel de Ravanne; aux n°s 45-47, ancien hôtel de Seignelay où habita Leblond, l'inventeur de l'éclairage au gaz; il a été remplacé, en 1829, par un *hôtel* de *Frœlicher* construit dans un style Louis XVI pour le duc de Montmorency. Au nos 49-51, le prince de Luxembourg fit appel à *Bailly* pour élever cet *hôtel* en 1839-1840.

Du côté pair, au n° 28, l'*hôtel de la Tour d'Auvergne*, dit de *Caraman*, fut édifié pour Camus Destouches vers 1710. Le comte de Caraman y reçut la reine Marie-Antoinette le 22 juillet 1774, venant y chercher des idées pour son jardin du Petit Trianon. « La Reine resta près de deux heures à se promener, à prendre des glaces et à faire la conversation avec Madame de Caraman, qui était venue de Roissy. » (Les Bonheurs et les Dangers du comte de Caraman ou la vie d'un gentilhomme au XVIIIe s.). Surélevé et agrandi par l'architecte *Lefranc* en 1934-1935, il est actuellement la Maison de la Chimie (salles de réceptions, de conférences, séminaires).

Au n° 53, *hôtel Kinsky*, construit d'après les plans de *Nicolas Ledoux* vers 1770 pour la présidente de Gourgues. Il fut décoré par la *princesse Kinsky*, petite-fille du palatin de Hongrie, le comte Pálffy ; les soirées organisées par cette grande musicienne furent célèbres. On peut toujours y admirer le grand salon de style Louis XVI, ainsi que le *plafond* peint par *Julien de Toulon* en 1779. Il est le siège de la direction de la Musique et du Théâtre, une annexe du ministère de la Culture. Au n° 55, le petit hôtel de Monaco (défiguré) est occupé par la direction de la Formation professionnelle.

Aux nos 57-59, *hôtel de Monaco*, appelé aussi *de Sagan* : à l'origine se trouvait un hôtel construit par *Brongniart*, en 1774-1777, pour l'épouse séparée d'Honoré Grimaldi, prince de Monaco, amie du prince de Condé, lequel habitait au Palais-Bourbon. En 1838, le nouveau propriétaire, un banquier anglais, Williams Hope, fit appel à *Fédel* pour la construction d'une demeure plus conforme au goût du XIXe s. C'est là que la princesse de Sagan donna le bal des Animaux, évoqué par Proust dans Le Côté de Guermantes. Depuis 1936, cet hôtel est occupé par l'ambassade de Pologne dont la chancellerie donne sur la rue de Talleyrand.

La promenade s'arrête sur l'esplanade des Invalides, offrant une belle *perspective* vers le dôme de *Hardouin-Mansart*.

Suite de la rue → *quartier de la tour Eiffel*.

Le quartier Sèvres-Babylone

7e arr. / 35-G8
Métro : Sèvres-Babylone
Bus : 83, 68, 39
P Boucicaut
Taxis : 1, pl. Alphonse-Deville (hôtel Lutetia)
☎ 45.48.84.75

Cette promenade débute dans l'agitation commerçante qui règne autour du Bon Marché, se poursuit dans le quartier des anciens hospices, celui des écrivains du XIXe s., et se termine dans les fiefs religieux des sœurs de Saint-Vincent-de-Paul et des Missions Etrangères.

Visite du quartier

1 h 30

▷ La rue de Sèvres

Pour le début de la rue → *quartier de la rue des Saints-Pères*.

C'est l'une des rues du centre de Paris qui ont le plus changé depuis la fin de la dernière guerre. Jadis, les couvents et les hôpitaux lui donnaient un ton grave. Aujourd'hui, les hôpitaux se sont agrandis, mais la majorité des couvents a laissé la place aux immeubles modernes et aux innombrables boutiques de mode. C'est une très vieille voie qui, aux XIIIe et XIVe s., sous le nom de chemin de la Maladrerie, menait vers Sèvres.

Au n° 33, entre deux boutiques de mode et en retrait, une porte de style très contemporain s'ouvre sur l'*église Saint-Ignace*, de style néo-gothique. Cette église est liée à la communauté jésuite de Paris et au centre Etudes et Recherches (35, rue de Sèvres), dont les membres sont pour la plupart des étudiants et des professeurs en théologie, philosophie et sciences humaines. C'est au n° 35 que Le Corbusier avait son atelier et son appartement.

▷ Le square Boucicaut

Il se trouve à l'emplacement de l'ancienne léproserie de l'abbaye de Saint-Germain-des-Prés. Inauguré en juin 1873, ce square porte le nom du créateur du Bon Marché. Un imposant *monument* en marbre blanc, par le sculpteur *Moreau-Vauthier*, datant de 1914, rend hommage aux activités charitables de la baronne de Hirsch et de Madame Boucicaut. Il a été offert par le financier Osiris, le bienfaiteur de l'institut Pasteur, qui s'est fait représenter derrière le monument.

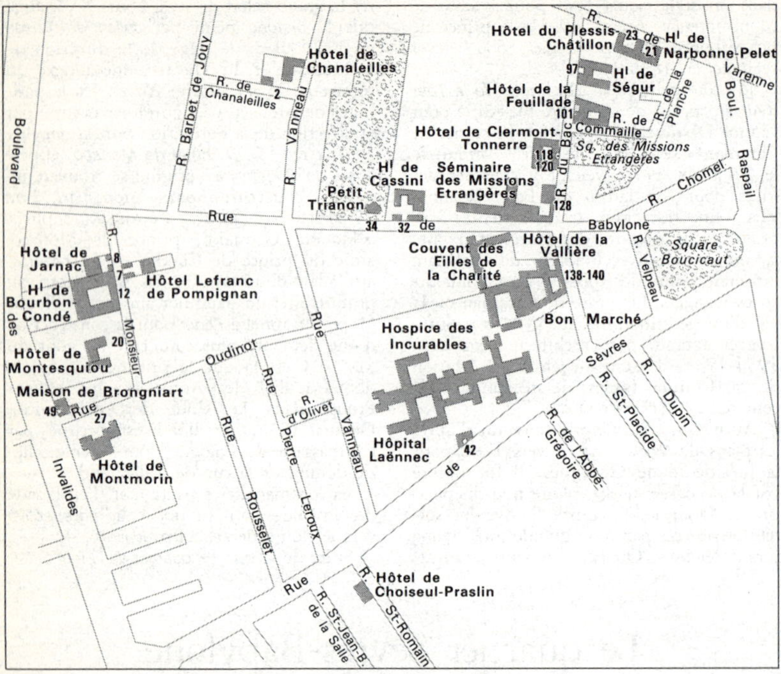

Le quartier Sèvres-Babylone

▷ Les magasins du Bon Marché

Ce sont les plus anciens des magasins de nouveauté, décrits par Zola dans Au bonheur des Dames. A l'origine, le Bon Marché était une petite boutique qu'un chef de rayon du Petit-Saint-Thomas, *Aristide Boucicaut*, acquit sous le second Empire et auquel il donna une grande expansion après 1870. Le magasin principal a été construit en 1876 par *Louis-Charles Boileau* et la charpente métallique est due à *Gustave Eiffel*. Quoique très remanié à l'***intérieur***, il a conservé de hautes verrières et de jolies balustrades en fer forgé autour du premier étage. Le nouveau magasin date de 1923 ; il est l'œuvre de *Boileau fils*, qui est aussi l'architecte de l'hôtel Lutetia. A la Belle Epoque les soldes annuels de dentelles et de blanc comptaient parmi les événements du quartier.

▷ L'hôpital Laennec *42, rue de Sèvres*

L'hôpital a remplacé, depuis 1878, l'ancien hospice des Incurables. Le cardinal François de la Rochefoucault, abbé de Sainte-Geneviève, accorda la construction (en 1643) de ce bâtiment destiné à accueillir les malades atteints d'une affection incurable, que les hôtels-Dieu de Paris et la province ne soignaient pas.

La ***chapelle***, élevée par *Gamard*, a conservé sa façade ancienne dont le portail, avec ses beaux vantaux, est coiffé d'un fronton triangulaire surmonté d'une petite rose de tradition médiévale. L'ensemble est dominé par un lanternon très expressif. A la croisée du transept s'élève une courte ***flèche***, la seule de Paris avec celle de la chapelle du collège de Beauvais qui soit authentique.

Laennec n'a jamais exercé dans cet hôpital ; mais on a voulu, en lui donnant son nom, perpétuer la mémoire de l'inventeur du stéthoscope. Un projet de transformation de l'hôpital en maison de repos prévoit la remise en état de tous les bâtiments anciens. Il s'agirait de démolir les bâtiments modernes le long de la rue Vaneau afin d'obtenir une vision cohérente de l'ancien hôpital.

▷ La rue de Sèvres *suite*

Au nº 95, ***Congrégation de la Mission***, fondée par *saint Vincent de Paul* dont les restes sont déposés dans la chapelle. Celle-ci, dite chapelle des Lazaristes, date de la Restauration.

Près du métro Vaneau, la ***fontaine égyptienne*** ou ***fontaine du Fellah***, construite par *Bralle* et *Beauvallet*, est une des fontaines installées en 1810 à Paris, lorsque les eaux de l'Ourcq furent amenées dans la capitale : celle-ci témoigne de l'égyptophilie qu'avait fait naître la campagne d'Egypte. A l'angle de la rue Saint-Romain, et un peu en retrait, se dresse toujours le bel ***hôtel Choiseul-Praslin***, édifié en 1729 par *Sulpice Gaubier* ; il fut agrandi et embelli dans la seconde moitié du siècle par le duc de Praslin, ambassadeur et ministre (en tant que ministre de la Marine il organisa et subventionna le tour du monde de Bougainville) ; l'hôtel abrita longtemps le Musée postal ; belles boiseries. Aux nos 84-86, emplacement du célèbre et aristocratique couvent des Oiseaux. Au no 137, derrière l'immeuble de façade, jolies maisons du XIXe s. ▸ La ***rue Rousselet***. Dans cette rue vécurent Léon Bloy (au no 22), Barbey d'Aurevilly (au no 25) et, en 1906, Paul Léautaud. Comme l'écrit Edmond de Goncourt : « Une singulière rue et un original quartier que ce coin de Paris où Barbey d'Aurevilly est gîté. Cette rue Rousselet, dans les lointains perdus de la rue de Sèvres, a le caractère d'une banlieue de petite ville dans laquelle le voisinage de l'Ecole militaire met quelque chose de soldatesque ».

▷ La rue Oudinot

C'est l'ancienne rue Plumet, décrite dans les Misérables, et qui forme le cadre de la rencontre de Cosette et Marius. Le général Hugo, père du poète, y vécut. François Coppée habita au no 12. Au no 19, maison de santé des frères Saint-Jean-de-Dieu où moururent Villiers de l'Isle-Adam (1889), le maréchal Joffre (le 3 janvier 1931) et Paul Bourget (en décembre 1935). Au no 20, maison natale de Pierre de Coubertin, qui remit en honneur les Jeux Olympiques ; il y vécut de 1863 à 1909. Au no 27, hôtel de Rambouillet de la Sablière (début XVIIIe s.), puis de Montmorin, dernier ministre des Affaires étrangères de Louis XVI, père de Pauline de Beaumont, l'amie de Chateaubriand ; il est actuellement occupé par le ministère des départements et territoires d'outre-mer. Au no 22, ***hôtel*** bâti pour lui-même par *Brongniart* (1785), dont la façade donne sur le 49, boulevard des Invalides ; la famille de Luppé, qui l'acquit en 1881, fit placer une tête de loup au-dessus de la porte, symbole de leur nom.

▷ La rue Monsieur

On reviendra sur ses pas pour prendre cette rue ouverte en 1779 afin de permettre à Monsieur, frère du roi et comte de Provence, de dégager l'accès de ses écuries (détruites). Elle conserve quelques très beaux hôtels. Au no 20, ***hôtel de Montesquiou-Fezensac***, construit par *Brongniart* en 1781 ; la façade extérieure est soulignée par une corniche surmontée d'un attique à fronton; le jardin est classé, ainsi que les façades donnant de ce côté qui présentent un attique surmonté d'un fronton triangulaire ; c'est aujourd'hui le ministère de la Coopération. Au no 15, communauté jésuite : Teilhard de Chardin y résidait lors de ses séjours en France.

Au no 12, autre ***hôtel*** *(visite sur demande ☎ 47.83.42.49)*, construit par *Brongniart* en 1786 pour Louise-Adélaïde de Bourbon-Condé : les façades sur cour ont perdu les reliefs que *Clodion* avait exécutés (aujourd'hui au Metropolitan Museum de New York) ; à l'***intérieur***, beau salon ovale et salle à manger décorée de grands paysages de *Watteau de Lille*. Au no 8, ***hôtel de Jarnac***, construit par *Legrand* en 1783, et où vécurent les Rohan-Chabot, le ministre Villèle, Dupuytren et la duchesse de Valençay : plusieurs pièces conservent leur décoration fin du XVIIIe s. Au no 7, Paul Bourget a vécu, de 1880 à 1935, dans un hôtel qui, en 1786, appartenait à Lefranc de Pompignan et dont la riche décoration annonçait le romantisme.

▷ La rue de Babylone

jusqu'à la rue Barbet-de-Jouy

Cette rue au nom exotique remplace le chemin agreste qui se perdait dans les champs de Grenelle ; elle tient son nom de Bernard, évêque in partibus de Babylone qui fonda, au no 22, le ***séminaire des Missions étrangères*** *(→ ci-dessous)*. Tourner à g. pour aller voir ***La Pagode***, cinéma connu de tous les cinéphiles, au no 57 bis : c'est un pavillon de style chinois dont la façade porte un décor de faïence; il fut construit en 1895 par *Alexandre Marcel* et servit, à partir de 1905, de pavillon de réception pour la légation de Chine installée au no 57. La rue longe la caserne des gardes françaises, prises d'assaut en 1830 par les insurgés ; ceux-ci étaient commandés par le polytechnicien Vaneau.

▷ La rue Barbet-de-Jouy

Cette rue, percée en 1838, porte le nom du père du conservateur du Louvre qui, en 1871, sauva le musée de l'incendie. Elle a passablement changé au cours de ces dernières années.

Aux nos 33-39 les deux anciens hôtels, de Luppé et de Montebello (1860), sont aujourd'hui réunis et occupés par les bureaux de la préfecture de Région. En face, au no 40, un curieux immeuble dont la surcharge décorative illustre bien le style Napoléon III. Au no 32, l'hôtel de Rambuteau est le domicile particulier de l'archevêque de Paris, l'archevêché ayant été transféré rue de la-Ville-l'Evêque. Au no 25 réside l'ambassade de Tunisie, et au no 17 celle de Suède, cette dernière construite à la place d'un ancien hôtel où vécut le peintre Kisling. Au no 20, association religieuse de la Maison d'Ananie. Au no 16, se trouvait l'***hôtel*** construit par *Rateau* pour Jeanne Lanvin, et dont toute la ***décoration*** a été offerte au musée des Arts décoratifs *(→ musées)*. ▸ Couper par la rue de Chanaleilles pour rejoindre la rue Vaneau.

▷ La rue Vaneau

Au fil des ans elle perd ses maisons anciennes, mais reste très calme entre l'agitation distinguée de la rue de Varenne et l'agitation commerçante de la rue de Sèvres. André Gide, qui l'habita à partir de 1926, est mort au n° 9 bis. Aux n°s 15 et 16, deux annexes de l'hôtel Matignon. Au n° 20, ambassade de Syrie.

A l'angle de la rue de Chanaleilles, au n° 24, se trouve toujours le bel *hôtel de Chanaleilles*, construit en 1770. Par la suite le banquier Ouvrard l'offrit à Mme Tallien, qui n'était pas encore princesse de Chimay. Surnommée Notre-Dame de Thermidor, elle lança, avec Mme Vigée-Lebrun et Joséphine de Beauharnais, la mode des Merveilleuses. Les façades de l'hôtel, les toitures (à l'exception de l'aile moderne), les boiseries et les stucs sont classés. Antoine de Saint-Exupéry habitait cet hôtel en 1931. Stavros Niarchos, qui l'acquit à partir de 1951, fit remanier le bâtiment en bordure de la rue de Chanaleilles pour y installer une splendide boiserie à panneaux de laque provenant de la place Vendôme.

L'historien Georges Lenotre a vécu cinquante-six ans (1876-1932) au n° 40 de la rue Vaneau. Renan habita au n° 29, de 1864 à 1877.

▷ La rue de Babylone *de la rue Vaneau à la rue du Bac*

Un jardin public a été ouvert sur les anciens potagers des sœurs de Saint-Vincent-de-Paul, dont le *couvent* s'ouvre au 136, rue du Bac *(→ ci-dessous)*. En face on aperçoit les grilles, malheureusement fermées, du jardin de l'hôtel Matignon. Au n° 32 est installé, dans l'ancien *hôtel de Cassini*, élevé en 1764 par *Bélisard*, le secrétariat d'Etat à la Fonction publique ; un des salons est orné de boiseries provenant de l'ancien hôtel de Créqui situé rue d'Anjou.

▷ La rue du Bac *entre la rue de Babylone et la rue de Varenne*

Pour le début de la rue → *le quartier de la rue des Saints-Pères.*

Aux n°s 134 et 136, *couvent des Sœurs de Saint-Vincent-de-Paul* où ont été déposés les restes de sainte Louise de Marillac, fondatrice des Filles de la Charité. Au n° 140 se trouve la *chapelle de la Médaille Miraculeuse (t.l.j. 7 h 30-13 h/14 h 30-19 h)* où, le 18 juillet 1830, la Vierge apparut à sœur Catherine Labouré, fille de la Charité de Saint-Vincent-de-Paul; elle fut béatifiée et canonisée par Pie XII. Sa châsse repose sous l'autel de la Vierge. C'est un haut lieu de ferveur religieuse, visité par les catholiques du monde entier. Le pape Jean-Paul II s'y rendit le 31 mai 1980.

Au n° 128, *séminaire des Missions Etrangères* fondé en 1663. Très beau jardin. La *chapelle*, construite en 1691 par *Lebas-Dubuisson*, présente une façade d'ordonnance classique et élégante, formée de deux étages à pilastres d'ordres ionique et corinthien et surmonté d'un fronton. Elle devint paroisse entre la Révolution et 1870. On y célébra, en 1848, en présence d'une foule considérable, les obsèques de l'auteur des Mémoires d'outre-tombe.

Aux n°s 118-120, *hôtel de Clermont-Tonnerre* : il s'agit de deux hôtels jumeaux, édifiés à la fin du règne de Louis XIV et réunis par la suite ; portes cochères à deux médaillons par *Toro* représentant Les Quatre continents. Au n° 120, Chateaubriand a vécu de 1838 à sa mort (en 1848); chaque jour il allait rendre visite à Madame Récamier, à l'Abbaye-aux-Bois *(→ encadré)*. En face de l'hôtel, dans le *square des Missions Etrangères* créé par la Ville de Paris en 1945, se trouve le buste de Chateaubriand par *Gambier*. Le mathématicien Laplace (1749-1827) est mort dans la maison du n° 108. Au n° 102, *hôtel de Sainte-Aldegonde* (en partie classé): voir le porche et l'escalier, la couleuvre des Colbert ; la princesse de Chalais, petite-fille du ministre, a habité l'hôtel. Au n° 105, hôtel de la Feuillade, construit vers la fin du règne de Louis XIV. Au n° 99, vers 1825, une princesse Galitzine était propriétaire de l'hôtel datant de la fin du XVIIe s. Le cabaret Les Deux Anges, qui occupait l'emplacement de l'actuel n° 98 était, au temps de Tournebut et de Cadoudal, un nid de conspirateurs. Au n° 97, hôtel de Ségur bâti vers 1720 : voir les balcons, les mascarons et le portail classé ; dans un angle de la cour, grande galerie en rotonde sculptée. Au carrefour de la rue du Bac et de la rue de Varenne, au n° 85, la curieuse façade à fronton, très restaurée et un peu trop blanche, est tout ce qui demeure de l'*ancien couvent des Récollets* qui, pendant deux siècles, occupa tout le côté impair de cette section de la rue du Bac. Jusqu'au boulevard Saint-Germain, les maisons de cette section, surtout commerçante, sont anciennes.

Le quartier du Palais-Bourbon ★★★

7e arr. / 35-G6
Métro : Chambre-des-Députés ou Invalides
Bus : 83, 63
🅿 sous l'esplanade des Invalides, entrée rue de Constantine ou rue Fabert
Taxis : 110, rue de l'Université
☎ 47.05.03.14

Cette promenade s'articule principalement autour des deux grands hôtels que sont le Palais-Bourbon et l'hôtel de Lassay. Devenu un haut lieu parlementaire, ce quartier nous laisse imaginer le panache de la vie au XVIIIe s., du temps de la duchesse de Bourbon.

Cette flânerie nous conduira vers l'imposante gare d'Orsay, bel exemple du prestige parisien en 1900, et désormais le nouveau musée du XIXe siècle.

Visite du quartier

2 h

▷ Le Palais-Bourbon★★ *visite uniquement pendant les intersessions. Adresser une demande écrite à la questure ou voir les programmes de visites de la CNMHS ☎ 42.74.22.22 et ceux des organismes culturels privés. Pour assister à une séance de l'Assemblée nationale, il faut une carte d'entrée délivrée par la questure ou un député*

Dans l'axe du pont de la Concorde, le Palais-Bourbon, où siège l'Assemblée nationale, fait pendant à l'église de la Madeleine qui ferme la perspective de la rue Royale et de la place de la Concorde.

Histoire de l'édifice

Commencé par *Giardini*, continué par *Lassurance*, terminé par *Aubert* et *Gabriel*, le Palais-Bourbon fut construit de 1722 à 1728 pour la duchesse douairière de Bourbon (Mlle de Nantes), fille légitimée de Louis XIV et de Mme de Montespan. L'architecte Patte notait, vers 1760, que le palais offrait le premier exemple d'un « art de se loger commodément et pour soi », d'une demeure à « distributions agréables » et non plus uniquement faite « pour représenter ». Le prince de Condé, petit-fils de la duchesse, l'agrandit somptueusement de

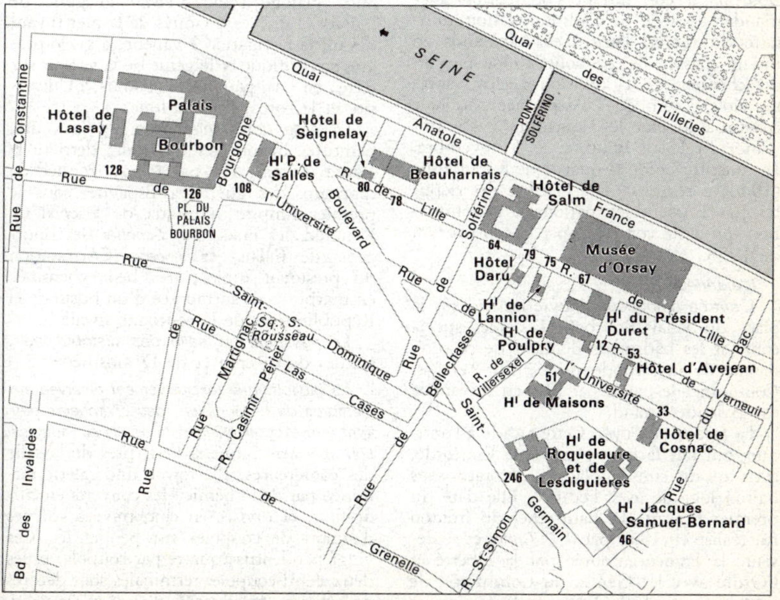

Le quartier du Palais-Bourbon

1764 à la Révolution : il édifia notamment les deux ailes sur la cour d'honneur et lui adjoignit, en 1768, l'hôtel de Lassay, construit par un familier de la duchesse, le marquis de Lassay, dans le temps même où s'élevait le Palais-Bourbon. Devenu Conseil des Cinq-Cents (1795), le palais fut transformé : sur l'emplacement des salons du corps de bâtiment principal fut construite une salle des séances, par *Gisors* et *Lecomte*. Sous l'Empire, *Poyet* édifia la façade N., en style antique, bien caractéristique de l'époque (1803-1807); elle fera pendant au péristyle de la Madeleine. La Restauration restitua l'hôtel au prince de Condé dont le fils le loua à l'Etat qui l'acheta plus tard au duc d'Aumale. La salle de Gisors et Lecomte menaçant ruine, elle fut démolie dans les années 1830 et remplacée par la salle actuelle, œuvre de l'architecte du palais, *Jules de Joly* (1828-1832). En même temps furent ajoutés les trois salons, les couloirs et la bibliothèque. On établit aussi, au fond de la grande cour, une cour d'honneur surélevée, accessible par une double rampe, et permettant d'accéder directement au vestibule central (Casimir-Perier) par un portique à l'antique et une solennelle porte de bronze. Depuis ces aménagements terminés en 1932, le palais n'a plus subi de changements importants. Une partie de l'aile droite a été gravement endommagée lors d'une explosion dans la nuit du 23 au 24 mars 1961. L'édifice, restauré et ravalé en 1962, a été agrandi en 1972.

Siège du corps législatif, puis de la Chambre des députés (dont la dernière séance s'y tint le 16 mai 1940), le Palais-Bourbon a été, durant l'occupation allemande, le siège de l'administration militaire du Grand Paris. Les Allemands en furent chassés, le 25 août 1944, par un détachement de la division Leclerc, après un violent combat. L'Assemblée nationale constituante, élue le 21 octobre 1945, tint séance au Palais-Bourbon le 6 novembre. La constitution de la quatrième République (1946) a remplacé la Chambre des députés par l'Assemblée nationale, dénomination qui a été conservée par la constitution de 1958.

L'extérieur

L'*entrée d'honneur* s'ouvre au sud sur la place du Palais-Bourbon. Les ailes sur la cour, et les bâtiments donnant de ce côté, datent de la seconde moitié du XVIIIe s. Contourner le palais par l'E., en suivant la rue Aristide-Briand.

La *façade de Poyet*. Cette façade à l'antique, qui fait face au pont de la Concorde, n'est qu'un simple placage décoratif sans liaison logique avec l'édifice. Elle date du premier Empire. Le haut-relief du fronton fut réalisé en 1842 par *J. P. Cortot* et représente la France entourée par la Liberté et l'Ordre avec les Génies du Commerce, de l'Agriculture, de la Paix, de la Guerre et de l'Eloquence. Sur les ailes, en retrait, deux bas-reliefs : à dr. Prométhée animant les Arts par *F. Rude* (1835), à g. l'Instruction publique par *J. Pradier* (1839). Sur le *perron* deux statues : à dr. Thémis par *A. Houdon*, à g. Minerve par *P. Roland*. Au bas des marches, quatre hommes politiques : Sully par *Beauvallet*, L'Hospital par *L. Deseine*, d'Aguesseau par *J. Foucou*, et Colbert par *J. Dumont*.

L'intérieur

Au centre, la *salle des séances* (1828-1832) occupe l'emplacement des salons de la duchesse de Bourbon : hémicycle orné de vingt colonnes ioniques en marbre, à chapiteaux de bronze doré ; caissons et arabesques de la voûte, par *Adam* et *Gosse*. A dr. et à g. du bureau, statues de la Liberté et de l'Ordre public, par *Pradier* ; au-dessus des colonnes et dans l'attique, la Raison, la Justice, la Prudence et l'Eloquence, par *Desprez*, *Dumont*, *Allier* et *Foyatier* ; entre les piédestaux des colonnes, bas-reliefs par *Roman* : la France distribuant des couronnes aux Arts et à l'Industrie ; au-dessus, tapisseries des Gobelins, l'Ecole d'Athènes, d'après *Raphaël* ; à la tribune, beau bas-relief par *Lemot*, la Renommée de l'Histoire (1798), encadrant deux aigles transformés en coq à la chute de l'Empire ; cette tribune, de même que le fauteuil du président, en acajou et bronze doré, date du Conseil des Cinq-Cents. La salle des séances est encadrée de deux vastes pièces : à l'ouest, la salle des Pas-Perdus, où ont accès les journalistes et certaines personnes autorisées ; à l'est, la salle des conférences, strictement réservée aux députés.

La *salle des Pas-Perdus* ou *salon de la Paix* : plafond d'*Horace Vernet*, allégories de la Paix (à dr., les divinités de la mer fuyant devant la navigation à vapeur ; à g., le progrès scientifique et le génie de la vapeur sur terre ; en bas, pairs et magistrats, l'Université et le corps diplomatique).

La *salle des conférences* : à la voûte, peintures historiques de *Heim* ; derrière la statue d'Henri IV, par *Raggi*, trophée de drapeaux des guerres d'Espagne, sous le premier Empire ; tableaux de *Vinchon* (la Réunion des Etats), *Ary Scheffer* (les Bourgeois de Calais) et *Vincent* (l'Arrestation du président Molé) ; très belle cheminée en marbre vert, surmontée d'un buste de la République et de la couronne royale.

Le *vestibule* ou *salle des distributions* : statues de Cicéron et de Démosthène.

La *bibliothèque (exclusivement réservée aux membres de l'Assemblée ; des chercheurs peuvent être exceptionnellement admis sur autorisation spéciale)*. Située à l'est, près de la salle des conférences, elle forme une galerie terminée par deux hémicycles couverts en cul-de-four, et divisée en cinq travées voûtées d'autant de coupoles sur pendentifs. Ces vingt pendentifs (quatre par coupole) et les deux demi-coupoles terminales sont décorés de célèbres *peintures*** d'*Eugène Delacroix*, l'une des plus importantes productions du maître romantique et l'un des chefs-d'œuvre du XIXe s. : Delacroix y a satisfait ce « besoin de faire grand », dont parle une de ses lettres.

La décoration. Commandé par *Montalivet* en 1838 le travail, qui comporta beaucoup de projets, d'esquisses et de remaniements, dura neuf ans ; à partir de 1845, le peintre fit en même temps la décoration de la Chambre des Pairs au palais du Luxembourg. La galerie était alors fort mal éclairée et Delacroix, en peignant les sujets des demi-coupoles directement sur le mur, souffrit cruellement de la chaleur. Les pendentifs ont été peints sur toile à l'atelier et marouflés ensuite, puis retouchés sur place par l'artiste. La décoration retrace l'histoire de la civilisation antique dont les deux hémicycles, formant « foyers de lumière », symbolisent l'origine et la fin : au sud, Orphée apportant la civilisation aux Grecs sauvages ; au nord, Attila foulant aux pieds l'Italie et les arts. Les cinq coupoles comportent chacune quatre sujets se rapportant à un thème général : 1re coupole (au sud), les Sciences : Hippocrate refuse les présents du roi de Perse, Archimède tué par un soldat, Aristote décrit les animaux que lui envoie Alexandre, Mort de Pline l'Ancien ; 2e coupole, la Philosophie : les Bergers chaldéens inventeurs de l'Astronomie, Socrate et son démon, Hérodote interroge la tradition des Mages, Mort de Sénèque ; 3e coupole, la Législation : Lycurgue consulte la Pythie, Numa et la nymphe Egérie, Démosthène harangue les flots de la mer, Cicéron accuse Verrès ; 4e coupole, la Théologie : la Création d'Eve, la Captivité à Babylone, Mort de saint Jean Baptiste, la Drachme du tribut ; 5e coupole (au nord), la Poésie : Education d'Achille, Alexandre et les poèmes d'Homère, Hésiode et sa muse, Ovide chez les Barbares.

La *galerie*, éclairée par dix baies semicirculaires, est coupée dans sa longueur par deux cheminées monumentales de marbre blanc, à quatre faces. Aux extrémités, deux meubles de style égyptien portent les bustes de Voltaire et de Diderot, par *Houdon*.

Les collections. La bibliothèque, dont l'origine remonte à la Convention, comprend plus de 350 000 volumes. Le fonds ancien commence par une petite collection d'incunables, dont la pièce la plus ancienne est un Catholicon de 1460 ; il faut citer aussi un superbe exemplaire de la Bible de Mayence (1462). Collection très importante d'ouvrages de tous genres (surtout belles-lettres, jurisprudence et histoire) du XVIe et XVIIIe s., dont beaucoup richement reliés en maroquin, avec ou sans armes. Le fonds moderne, depuis le XIXe s., est constamment tenu à jour, dans tous les domaines de la pensée. Le fonds des manuscrits comprend plus de 1 500 volumes ; le plus ancien est une Bible du Xe s. Les plus remarquables sont le manuscrit original du Procès de Jeanne d'Arc, des manuscrits enluminés du Moyen Age, une vingtaine de manuscrits autographes de J.-J. Rousseau (Confessions, Emile, Nouvelle Héloïse, Lettres, partition du Devin du Village, etc.), une collection importante d'extraits des registres du Parlement de Paris, des manuscrits administratifs sur l'histoire des provinces, quelques curieux manuscrits orientaux et surtout un manuscrit divinatoire aztèque.

Dans une salle attenante à la bibliothèque, a été constitué un petit ***musée de l'Histoire du Palais et des Assemblées***. On y remarque un beau buste en marbre du conventionnel J.-A. Creuze-Latouche, qui fut président des Conseils des Cinq-Cents et des Anciens, puis sénateur ; une collection des médailles, cartes et insignes des députés depuis la Constituante ; des gravures et souvenirs divers.

Entre la salle des séances et la cour d'honneur s'alignent trois *salons* réservés aux entretiens et à la correspondance des députés : ces pièces constituent, avec la salle des Conférences, ce qu'on appelle les « couloirs » de l'Assemblée. Le plafond du salon d'Abel de Pujol est décoré de grisailles (sujets historiques) par *Abel de Pujol*. Au centre, le salon ou vestibule Casimir-Perier, dont la porte de bronze s'ouvre sur la cour d'honneur, est orné de bas-reliefs et de statues : Mirabeau et Bailly, par *Jaley* ; Casimir Perier, par *Duret* ; le général Foy, par *Desprez*. Au fond, bas-relief en bronze, par *Dalou* : Séance de l'Assemblée nationale du 23 juin 1789. Le salon Delacroix ou du Roi (on y voit encore la niche où était placé le trône de Louis-Philippe), offre une autre *décoration*★ de *Delacroix*, commandée par Thiers en 1833, et restaurée en 1929. Symbolisant les sources et les manifestations de la force de l'Etat, Delacroix a peint sur la frise des scènes relatives à la Justice, l'Agriculture, l'Industrie et la Guerre, qu'il figurait d'autre part au plafond, accompagnées de leurs emblèmes. Dans ce salon, sans achitecture intérieure apparente et sans éclairage normal, Delacroix a voulu donner une impression de monumentalité plus que de décor ; d'où ces grandes figures de fleuves en grisaille : six fleuves de France, l'Océan et la Méditerranée.

Le Palais-Bourbon est réuni à l'hôtel de la Présidence ou hôtel de Lassay par la grande et magnifique *galerie des Fêtes* qui date de 1848 : elle est doublée par la *galerie des Tapisseries*, ancienne galerie de tableaux du duc de Morny, président du Corps législatif sous le second Empire.

▷ L'hôtel de Lassay★★ *entrée 128, rue de l'Université / mêmes conditions de visites que pour le Palais-Bourbon*

Sur le quai d'Orsay, à côté du Palais-Bourbon, l'hôtel de Lassay, bâti par *Aubert* (1722-1724), est aujourd'hui la résidence du président de l'Assemblée nationale. Sa façade vers la Seine présente de larges baies en plein cintre sous une balustrade portant des statues. Devenu Petit Bourbon lorsque le prince de Condé l'eut annexé à son palais (1768), il fut réservé au président de la Chambre dès 1832, mais ne devint propriété nationale qu'en 1843 lorsque le duc d'Aumale le vendit à l'Etat. Sous le second Empire, c'était la résidence du fastueux Morny. Il a conservé une suite de cinq admirables *salons* aménagés et décorés dans le style raffiné du XVIIIe s. avec de très belles boiseries Louis XV. ▶ On peut suivre le *quai d'Orsay (→ quais)* et rejoindre la rue de l'Université par la rue de Constantine, ou bien en revenant sur ses pas par la rue Aristide-Briand.

▷ Le ministère des Affaires étrangères *130, rue de l'Université ; 37, quai d'Orsay*

Elevé en 1845-1853 par *Lacornée*, c'est le siège de la diplomatie française : le Quai d'Orsay. Beaucoup de souverains et de chefs d'Etat y ont été reçus depuis 1900. Un violent combat y fut livré le 25 août 1944 : les bâtiments de la chancellerie ont dû être en grande partie reconstruits. Sur le quai, monument d'*Aristide Briand* († 1932) par *Landowski* et *Bouchard*. ▶ Presqu'en face de l'hôtel de la présidence de la Chambre, au n° 101 de la rue de l'Université, se trouve un immeuble moderne, construit en 1975 pour les services du Palais-Bourbon et du ministère des Affaires Etrangères. Chaque député y possède un bureau. ▶ La *place du Palais-Bourbon*. Elle forme un bel ensemble architectural avec ses sobres et élégants hôtels Louis XVI. Elle fut conçue pour le prince de Condé. Au centre, *statue* de la Loi par *Feuchères* (1855) ; le président Paul Reynaud a vécu au n° 5, de 1936 à sa mort en 1966. ▶ Emprunter la rue Aristide-Briand.

▷ La rue de Lille
jusqu'au bd Saint-Germain

Pour le début de la rue → *quartier de la rue des Saints-Pères*.

Au n° 121, l'ancien *hôtel Turgot*★ (XVIIIe s.), dont la façade est visible depuis la rue de l'Université, abrite depuis janvier 1957 l'Institut néerlandais. Ce dernier comporte une bibliothèque d'art importante et la célèbre *collection de peintures*★ hollandaises et allemandes réunie par Fritz Lugt (1884-1970). Les concerts, les conférences et les expositions se succèdent tout au long de l'année et font partie de la vie culturelle de Paris. Jeter un coup d'œil au passage, dans la cour du n° 119. ▶ On croise la *rue de Courty* où mourut (en 1959) l'historien-sociologue André Siegfried et où vécut Marcel Achard (1899-1974). Cette rue a déjà deux siècles d'existence. ▶ Au n° 288 du *boulevard Saint-Germain*, à l'angle du quai, un grand immeuble est, depuis 1980, occupé par le Parlement européen. Le côté impair du boulevard est occupé en grande partie par les bâtiments construits par *Bouchot* pour agrandir le *ministère de la Défense*. C'est là que se trouve l'état-major de l'Armée de terre.

▷ La rue de Lille
jusqu'à la rue de Solférino

La percée du boulevard Saint-Germain a fait disparaître, dans cette rue, deux ou trois hôtels du XVIIIe s. Mlle Clairon, la célèbre actrice, est morte en 1803 à l'emplacement de l'actuel n° 105. Au n° 93, hôtel du début du XIXe s.

Au n° 80, l'*hôtel* construit par *Boffrand* en 1714 fut vendu au marquis de Seignelay ; il fut ensuite acheté en 1839 par un petit-neveu du financier Law, le maréchal de Lauriston. Le salon du premier étage sur jardin est un chef-d'œuvre de style rocaille. Dans le *jardin* aménagé en terrasse — comme ceux de tous les hôtels le long du quai — au milieu de la pelouse, une petite plaque de marbre porte gravé le nom de Coco : c'est là que Mme de Tourzel a enterré le petit chien de Marie-Antoinette. Cet hôtel, dont les deux façades et deux salons sont classés, abrite aujourd'hui le ministère du Commerce et de l'Artisanat.

▷ L'hôtel de Beauharnais★★
78, rue de Lille

C'est l'un des plus beaux du faubourg et la résidence de l'ambassadeur d'Allemagne.

Au XVIIIe s., l'hôtel fut vendu par Boffrand à Jean-Baptiste Colbert, neveu du grand Colbert, puis passa au duc de Neufville-Villeroy. Le prince Eugène de Beauharnais, fils de Joséphine, l'acquit en 1803 et le fit aménager par l'architecte *Bataille*, y dépensant la somme énorme d'un million et demi du temps. Sa sœur, la reine Hortense, y demeura. (Rappelons à propos d'Eugène de Beauharnais qu'il avait, en 1822, marié sa fille aînée à Oscar Ier, roi de Suède, fils de Bernadotte et de Désirée Clary. Par elle et par ses frères et sœurs qui régnèrent au Portugal et dans les principautés allemandes, le sang des Beauharnais coule dans les veines de toutes les familles régnantes d'Europe.) En 1814, le roi de Prusse, Frédéric-Guillaume III, y installa sa légation et obtint l'hôtel, en 1817, pour 250 000 F. Resté depuis lors légation de Prusse, puis ambassade d'Allemagne (1871), il avait été repris depuis 1945 par l'Etat qui l'a rendu en 1961 à la République fédérale allemande.

Le curieux *portique* néo-égyptien (1807), plaqué à la façade côté cour, est tout à fait caractéristique du style mis à la mode par l'expédition d'Egypte. L'harmonieuse et sobre façade sur les jardins est visible du quai Anatole-France, entre les n°s 13 et 23.

La magnifique *décoration intérieure*★ est restée intacte, ainsi que l'ameublement, formant un ensemble Empire exceptionnel. Au rez-de-chaussée, la pièce la plus remarquable est le *salon Vert*, orné de deux grands paysages de fantaisie peints par *Hubert Robert*, et d'une superbe cheminée en marbre vert antique avec garniture de bronzes dorés. Les appartements d'apparat du premier étage comprennent la *salle du Trône*, le *salon Rose*, avec sa cheminée décorée de mosaïques, et surtout le magnifique *salon des Saisons*, de style pompéien ; les figures de Saisons, qui lui ont donné son nom, sont attribuées à *Boisfremont*. Au même étage, l'appartement de la reine Hortense, composé de la chambre à coucher, d'un salon de musique, d'un boudoir turc et d'une salle de bains de style pompéien, témoigne de la délicatesse et du raffinement de l'époque. L'hôtel est redevenu tel que l'eût souhaité E. de Beauharnais. Bismarck y vécut quelques semaines en 1862 à titre de ministre de la Légation de Prusse. ▶ On croise la *rue de Solférino*. Cette artère large et aérée ouvre une belle perspective sur les frondaisons des Tuileries, au-delà de la Seine, et longe une façade latérale de la grande chancellerie de la Légion d'Honneur *(→ ci-dessous)*. Jules Romains a vécu au n° 6, de 1947 à 1972. A l'angle de la rue de l'Université, au n° 30, est installé le siège du Parti socialiste, dans l'ancien hôtel de Broglie.

▷ L'hôtel de Salm-Kyrkburg**

64, rue de Lille

Construit par *Pierre Rousseau* en 1782 et 1787, il est depuis 1804 le siège de la grande chancellerie de l'Ordre de la Légion d'Honneur. Brûlé pendant la Commune, il a été restauré à l'identique. Comme à l'hôtel du Châtelet on retrouve ici, accentuée, l'opposition entre la façade sur la cour et celle sur le jardin : d'un côté, toute la sévérité romaine avec l'arc de triomphe de l'entrée, les pavillons sur rue ornés de la Renommée par *Moitte*, des Sacrifices à l'antique par *Boquet* et *Roland*, les colonnades de la cour ; de l'autre côté, la grâce du XVIIIe s. dans le pavillon semi-circulaire couronné de statues par *Moitte*. Il existe à San Francisco un Palais of the Legion of Honour qui domine the Golden Gate et qui est la reproduction exacte de celui de Paris et un autre palais (agrandi au double) à Rochefort-en-Yvelines.

Pour le ***musée de l'Ordre de la Légion d'Honneur et des Ordres de Chevalerie*** *→ musées*.

▷ La rue de Lille

de la rue de Bellechasse à la rue du Bac

Sur son côté pair, la rue de Lille est en grande partie occupée par les façades de la gare d'Orsay et de la Caisse des dépôts et consignations qui a absorbé l'hôtel de Choiseul-Praslin ; mais, sur l'autre côté, au n° 67, on peut admirer l'***hôtel du président Duret*** : incendié sous la Commune, reconstruit par *Marcou*, il est aujourd'hui le siège de la présidence de la Caisse des dépôts et consignations ; il avait été construit en 1706 pour le marquis de Dangeau, connu pour son Journal de la cour de Louis XIV.

▷ L'ancienne gare d'Orsay*

Elle s'élève à l'emplacement du palais d'Orsay (1838) destiné à abriter le ministère des Affaires étrangères. Incendié sous la Commune, le terrain, racheté par la Compagnie des chemins de fer d'Orléans (voir les initiales P-O, Paris-Orléans, sur la façade), fut confié à *Laloux* pour qu'il y construise une gare. Celle-ci, mise en œuvre le 14 juillet 1900, fut pratiquement désaffectée dès 1939 car ses quais n'étaient pas assez longs pour accueillir les trains électriques. Le bâtiment a échappé à la destruction, et il est depuis décembre 1986 le ***musée du XIXe s.*** *(→ musées)*. Témoin de cette époque, il apparaît comme une tentative de l'académie pour s'approprier des techniques de constructions nouvelles. On verra sur la longue façade du quai, les ***statues*** de Bordeaux, Toulouse et Nantes par *Hugues*, *Marqueste* et *Injalbert*.

▶ La ***rue de Bellechasse*** *(entre la Seine et le boulevard Saint-Germain)*. La rue, dans cette section, est beaucoup moins commerçante ou ministérielle qu'au sud du boulevard Saint-Germain. Elle conserve plusieurs hôtels du XVIIIe s. aux nos 5, 11, 11 bis, 13 et 15 où Bernardin de Saint-Pierre a vécu de 1801 à sa mort (en 1814).

▷ La rue de l'Université

entre le bd Saint-Germain et la rue du Bac

Pour le début de la rue → *quartier de la rue des Saints-Pères*.

Lamartine a vécu au n° 82, de 1833 à 1853. Au n° 80, hôtel dit de Nointel qui comporte deux cours successives avec arcades et frontons. L'hôtel sis au n° 78, bâti en 1687, a été récemment restauré.

Au n° 51, magnifique ***hôtel Pozzo di Borgo***** (depuis 1817) appelé aussi ***de Soyécourt***. Il a été élevé en 1707-1708 par *Lassurance*. Au-delà du grand portail encadré par deux colonnes doriques, le bâtiment central comporte un avant-corps en saillie orné de deux ordres de pilastres qui soutiennent un fronton triangulaire. Cette superbe demeure, en partie classée, a gardé un certain nombre d'éléments décoratifs d'origine, en particulier un ***salon***, par *Leroux*, aux boiseries rocaille. ▶ Faire quelques pas dans la ***rue de Poitiers***, tracée en 1680 sur les terrains de la reine Marguerite. Y admirer l'***hôtel de Poulpry*** (1703) : en 1707-1708, *Watteau* a exécuté pour les salons des travaux de décorations (avec grotesques) qui comptent parmi ses premières œuvres.

▷ La rue de Verneuil

Ouverte en 1640 dans le grand pré aux Clercs, elle garde beaucoup de son aspect ancien. Le charmant ***hôtel d'Avejan***, au n° 53, s'étend jusqu'à la rue de l'Université (n°s 60-64). Il fut construit en 1725 pour le marquis d'Avejan, mousquetaire du Roi, et acheté pour 50 F par M. J. J. Hartman, avec le billet gagnant 4858 de la loterie des Biens nationaux en 1795. L'hôtel vient d'être restauré par *D. Canal*. Il abrite aujourd'hui le ***Centre national des Lettres*** et la ***Maison des écrivains*** (☎ *45.49.30.85*). Ce centre a pour but d'aider l'édition, de favoriser la création littéraire, de faciliter la traduction d'œuvres étrangères et développer la lecture publique... Au n° 47, hôtel de Saint-Thierry (XVIIIe s.). C'est dans le cabaret qui faisait l'angle de la rue du Bac que fut préparé, en 1796, le fameux crime du Courrier de Lyon. Au n° 21, hôtel de Montchevreuil (1785). Aux n°s 17-15-13, constructions du XVIIIe s. : voir les frontons et décorations des façades.

Le quartier Saint-Germain-des-Prés**

6e arr. / 36-J7
Métro : Saint-Germain-des-Prés, Mabillon
Bus : 39, 48, 63, 70, 86, 87, 95, 96
P bd Saint-Germain, hauteur du drugstore
Taxis : au métro Saint-Germain-des-Prés ☎ 42.22.00.00 ; au métro Mabillon ☎ 43.29.00.00
Marchés : rues de Buci, Lobineau, Clément et Mabillon,
t.l.j. 8 h-13 h 30/16 h-19 h ; dim., 8 h-13 h

Comme Montmartre ou la tour Eiffel, Saint-Germain-des-Prés est, au yeux des touristes, un de ces endroits mythiques qui symbolisent Paris. Depuis la guerre, cet endroit n'a pas cessé d'être à la mode, dont les fluctuations sont pourtant fort capricieuses. Si le temps des caves et la mode du drugstore sont révolus, artistes, hommes de lettres ou hommes politiques, comédiens et journalistes continuent de fréquenter Le Flore, Les Deux Magots ou la brasserie Lipp qui sont devenus des institutions de la vie culturelle parisienne.

Derrière l'église, le lacis des rues et des placettes conserve beaucoup d'immeubles du XVIIe s. ; et si ce séjour est un des plus recherchés de Paris, c'est qu'au cœur de la capitale on y ressent encore une atmosphère un peu villageoise, comme au marché de la rue de Buci.

En face du palais du Louvre, à proximité du Pont-Neuf construit par Henri IV, les rives de la Seine étaient ici très élégantes. C'est là que fut construit l'ancien collège des Quatre-Nations, aujourd'hui palais de l'Institut. Dans sa façade curviligne et dans son dôme sur plan oval, on sent la tentation baroque que subit l'architecture française au début du règne de Louis XIV. Voisin immédiat mais d'un siècle plus jeune, l'hôtel des Monnaies porte, quant à lui, la marque du néo-classicisme naissant. Artistes et hommes de lettres se succédèrent dans les rues avoisinantes où l'on trouve désormais de nombreuses boutiques de bibliophiles, des antiquaires et des galeries d'art.

Au sud du boulevard Saint-Germain, la rue du Four, la place de l'ancien marché Saint-Germain et leurs abords sont plus commerçants ; on y voit de nombreuses boutiques de prêt-à-porter, de couturiers ou de chausseurs à la mode.

Le quartier dans l'histoire

Le quartier Saint-Germain-des-Prés est né d'une des plus célèbres abbayes bénédictines de toute la France. Celle-ci avait un vaste domaine agricole (Saint-Germain-des-Prés), s'étendait à l'est jusqu'au Petit-Pont, absorbait les 6e et 7e arrondissements actuels, et possédait de nombreux terrains autour de Paris. Elle fut l'un des noyaux essentiels de l'agglomération urbaine.

C'est autour d'elle qu'un véritable bourg s'implanta au IXe s. et se développa pour former une zone bâtie délimitée, au XIIIe s., par les rues du Vieux-Colombier et des Saints-Pères. Les fastueux hôtels apparurent durant la période de prospérité que constitua le début du XIVe s. L'hôtel de Nesle en est un des plus importants ; il couvrait à peu près l'espace de l'actuel hôtel des Monnaies. Hors de l'enceinte de Philippe Auguste et donc un peu en marge de l'activité de la capitale, le bourg Saint-Germain a tenté de se suffire à lui-même : l'abbaye, vraie cité monastique, « ville de Saint-Germain » comme on disait au Moyen Age, jouissait d'une autonomie complète avec une jurisprudence particulière, faisant même preuve de son indépendance vis-à-vis de l'archevêché de Paris, en ne relevant que du pape. Elle construisit ses propres murailles et creusa ses propres fossés ; elle détenait le four banal, ainsi que la prison. Le bourg possédait sa foire annuelle qui est à l'origine d'un véritable foisonnement culturel, artistique et économique ; il avait aussi son hôpital, celui des Frères-de-la-Charité, à l'angle de la rue Jacob et de la rue des Saints-Pères. Un foyer intellectuel fut créé par Mazarin avec le collège des Quatre-Nations, quai Malaquais, et de nombreux théâtres sont nés dans les rues de ce faubourg.

Durant le XVIIe s., l'enceinte de l'abbaye fut peu à peu démantelée : des maisons occupées par des laïcs se construisirent autour et à l'extérieur de la clôture ; de nouvelles rues furent tracées (la rue Sainte-Marthe, à l'emplacement du parvis actuel de l'église ; la rue Childebert, détruite par le boulevard Saint-Germain...). La Révolution favorisa l'éclatement du quartier en détruisant certains édifices de l'abbaye, comme la chapelle de la Vierge, ou en perçant de nouvelles rues au sein même du domaine abbatial : la rue de l'Abbaye éventra le grand cloître. Plus tard, le quartier Saint-Germain fut fortement modifié par les projets haussmanniens. Le percement des deux axes que constituent le boulevard Saint-Germain et la rue de Rennes a fait disparaître les petites rues et de nombreuses maisons et hôtels.

Mais si l'on a beaucoup détruit au cours de ces siècles, les nouvelles constructions qui ont succédé n'ont cessé de faire de ce quartier un centre culturel et intellectuel. L'école des Beaux-Arts s'est bâtie à l'emplacement du couvent des Petits-Augustins, la nouvelle école de Médecine a remplacé l'hôpital de la Charité, les boulevards ont permis aux grands cafés, aux caves, lieux de divertissement et de création, de perpétuer le rôle de l'ancienne foire Saint-Germain. Enfin, nombreuses sont les galeries d'art, les librairies et les maisons d'édition, qui ont élu domicile dans ces ruelles.

La visite du quartier est ici présentée en trois étapes : l'église Saint-Germain-des-Prés, la partie N. du boulevard Saint-Germain, puis sa partie S.

Visite du quartier

▷ L'église Saint-Germain-des-Prés**

Histoire de l'édifice

C'est la plus ancienne des grandes églises parisiennes élevée, depuis l'aube de l'histoire de Paris, en un lieu voué aux dieux. En 52, l'Aulerque *Camulogène* avait ici établi son camp, face à celui de Labienus, lieutenant de César, aux abords de Saint-Germain-l'Auxerrois.

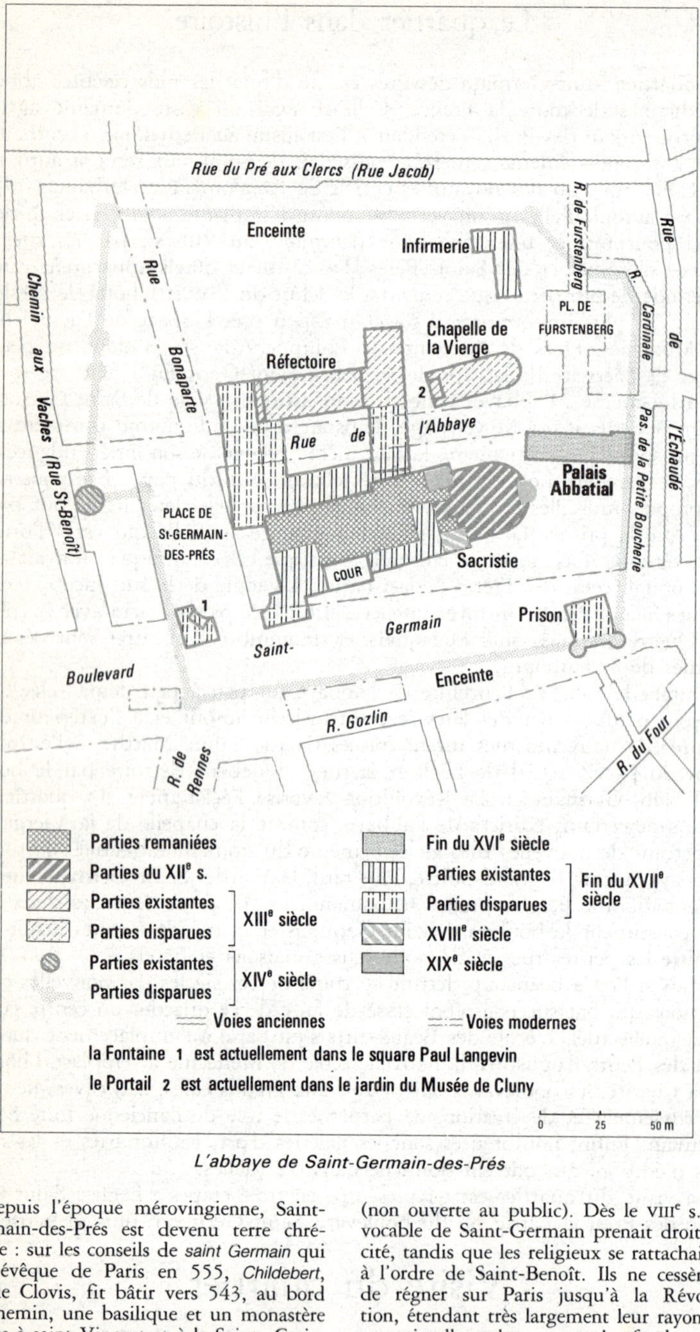

L'abbaye de Saint-Germain-des-Prés

Depuis l'époque mérovingienne, Saint-Germain-des-Prés est devenu terre chrétienne : sur les conseils de *saint Germain* qui sera évêque de Paris en 555, *Childebert*, fils de Clovis, fit bâtir vers 543, au bord du chemin, une basilique et un monastère dédiés à saint Vincent et à la Sainte-Croix. L'abbaye devint le Saint-Denis des rois mérovingiens, de la reine Frédégonde et de saint Germain lui-même († en 576). Des fouilles menées ces dernières années dans la chapelle Saint-Symphorien ont révélé les fondations de la basilique mérovingienne (non ouverte au public). Dès le VIIIe s., le vocable de Saint-Germain prenait droit de cité, tandis que les religieux se rattachaient à l'ordre de Saint-Benoît. Ils ne cessèrent de régner sur Paris jusqu'à la Révolution, étendant très largement leur rayonnement intellectuel et posant les fondements de l'archéologie et la paléographie.

Vers l'an 1000, l'abbaye entreprit la construction d'un nouveau sanctuaire pour remplacer celui qui avait été détruit en 861 et au cours du Xe s. Cette construction fut longue mais, architecturalement, elle apportait des solutions nouvelles : celles de l'art roman. La nef était flanquée de trois tours : deux encadraient le chevet, qui furent détruites au XIXe s. et dont ne subsistent que les bases ; la troisième était le clocher-porche qui, depuis près d'un millénaire, fait partie du paysage de Paris et est l'un des plus anciens existant en France. La nef, achevée vers 1050, ne fut voûtée qu'au XVIIe s. Un nouveau chœur à tribunes fut construit vers 1163 sur le modèle de Senlis, de Saint-Denis et de Noyon. Pour la première fois en France, le problème de la voûte tournante du déambulatoire était résolu. Il semble que ce soit le célèbre architecte *Pierre de Montreuil* (qui travailla plus tard au croisillon S. de Notre-Dame et construisit la Sainte-Chapelle) qui ait agrandi l'église en 1245, en ajoutant la chapelle de la Vierge et le cloître dont on voit les vestiges dans le petit square, au nord. A cause du revêtement de cuivre du toit, le monument fut longtemps appelé Saint-Germain-le-Doré. Au XVIIe s., les portails S et O. furent ajoutés.

En 1790, l'abbaye fut supprimée, un incendie dévora la célèbre bibliothèque en 1794, les statues du portail occidental furent brisées. Il ne reste aujourd'hui qu'une partie du palais abbatial et l'église, qui a cependant perdu ses tombeaux royaux. L'architecte *Godde* restaura l'édifice de 1821 à 1823 et supprima les trois étages supérieurs des clochers. *V. Baltard* confia à *H. Flandrin* la décoration du chœur (1842-1848) et de la nef (1856-1863).

L'intérieur

*La nef. Peintures murales** par *Hippolyte Flandrin* (1856 à 1863). Deux compositions surmontent chaque arcade : l'une tirée de l'Ancien Testament et la seconde du Nouveau Testament, cette dernière représentant le dogme ou le mystère dont la première est la figure. Chaire sculptée par *Jacquot* (1829). Les chapiteaux sont des copies des originaux conservés au musée de Cluny.

Le bas-côté droit. Statue de la *Vierge à l'Enfant**, en marbre (XVe s.), qui proviendrait de Notre-Dame. Dans la 4e travée, porte Sainte-Marguerite (de 1646). Chapelle du croisillon S. consacrée en 1619 par saint François de Sales : à la coupole, Apothéose de saint Maur, par *Restout* (1756).

Le croisillon Sud : statue en marbre de Sainte Marguerite (1705), par *Jacques Bourlet*, religieux de l'abbaye ; tombeau d'Olivier et de Louis de Castellan (par *Girardon*, avec les statues de la Fidélité et de la Piété qui l'accompagnent).

Le chœur est à quatre travées. Les colonnes en marbre du triforium proviennent de la basilique mérovingienne du VIe s. Peintures de *H. Flandrin* (1846) ; à g., Entrée du Christ à Jérusalem ; à dr., Portement de la Croix.

Le déambulatoire. Il est bordé par cinq chapelles rayonnantes, voûtées d'ogives et consacrées en 1163. Elles ont été, en 1957-1958, l'objet d'un nettoyage qui en a fait apparaître la magnifique pierre blanche et remis en valeur l'architecture. Au cours de ces premiers travaux, de précieuses arcatures sur colonnettes, dont certains chapiteaux (vers 1157) perpétuent encore la tradition romane du décor à figures, ont même été découvertes dans les deux absidioles méridionales et dans l'absidiole N.-E. sous un grossier blocage qui les dissimulait ; grilles de fer forgé (*R. Subes*). Dans la première travée, bas-relief en pierre polychrome, par *Charlier*, à la mémoire de Mgr de Montmorency-Laval, premier évêque de Québec (1623-1728). *1re chapelle* (Sainte-Thérèse de l'Enfant Jésus) : tombeau de Jacques Douglas († 1645), gentilhomme écossais au service de Louis XIII, par *Michel II Bourdin*. *2e chapelle* des Bienheureux Martyrs de septembre 1792 (depuis 1936) et spécialement du dernier supérieur général des Bénédictins de Saint-Maur, le B. dom Chevreux, massacré aux Carmes. Sous la fenêtre, dalles funéraires de Descartes (les cendres du philosophe sont ici depuis 1819, sauf le crâne qui est maintenant au musée de l'Homme), de Montfaucon et de Mabillon ; buste de Mabillon. *3e chapelle* : arcature du XIIe s., dégagée en 1958 ; deux jolis médaillons du XVIIIe s. en marbre blanc, enchâssés dans le retable et représentant de profil une tête de Christ et une tête de Vierge. *4e chapelle* : arcature du XIIe s. également dégagée en 1958 ; vitraux composés de fragments de verrières du XIIIe s. représentant l'Annonciation, le Mariage de la Vierge, Sainte Anne et saint Joachim et les Œuvres de Miséricorde. *Chapelle de la Vierge* (au chevet), rebâtie en 1819 et qui a altéré l'architecture de l'église ; peintures murales de *Heim*, statue de la Vierge en marbre par *Dupaty* (début XIXe s.) : autrefois la chapelle était identique aux autres comme toujours dans l'art roman ; ce n'est qu'à partir du XIIIe s. que le développement du culte marial a conduit à chercher dans les églises une seconde place d'honneur. *6e chapelle*, arcature semblable aux précédentes ; statue de Saint Germain, en bois, par *Muriel Pulitzer* (1961). *8e chapelle* : inscription funéraire de Nicolas Boileau, provenant de la Sainte-Chapelle ; la Mission de Saint-Pierre par *Jeaurat* (1763).

A ne pas manquer

L'église Saint-Germain-des-Prés (XIe et XIIe s.) : peintures murales d'Hippolyte Flandrin (XIXe s.).
La rue de Fürstenberg : lieu retiré où s'ouvre l'atelier-musée d'Eugène Delacroix.
La rue de Buci et son marché coloré.
L'hôtel de la Monnaie et son musée.
Le palais de l'Institut de France pour sa belle élévation en bordure de Seine.
Les rues Mazarine, Jacques-Callot, des Beaux-Arts et de Seine pour leurs galeries.

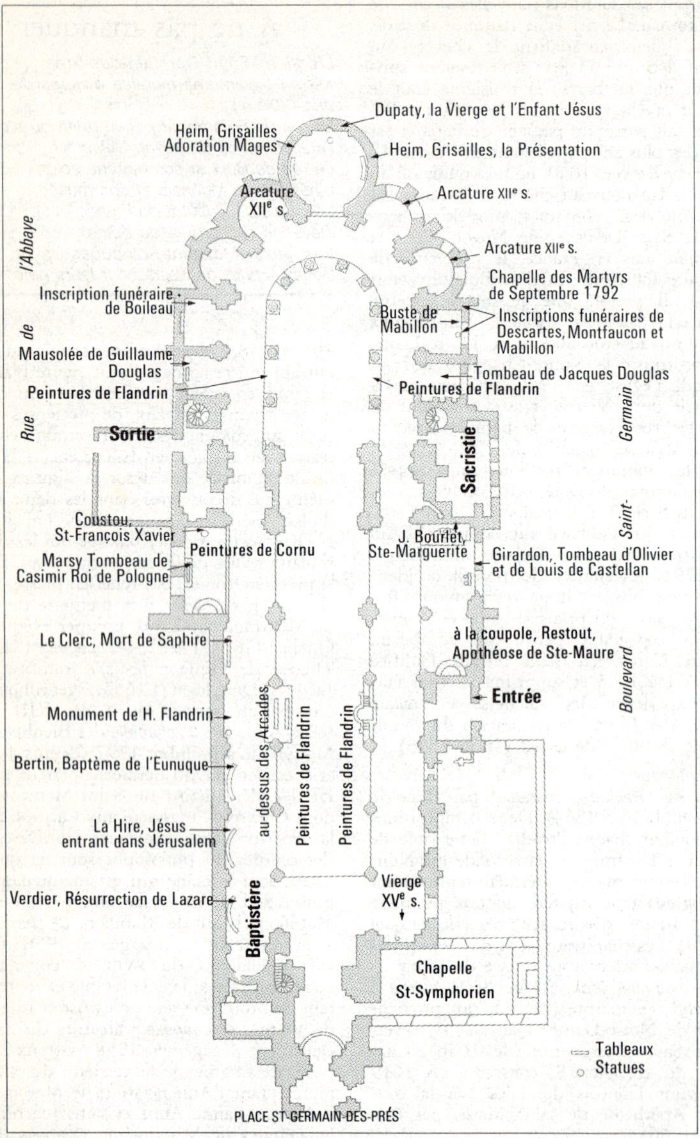

L'église Saint-Germain-des-Prés

9e chapelle : tombeau de Guillaume Douglas († 1611) attribué à *Michel Bourdin*; peinture murale de *S. Cornu* (seconde moitié du XIXe s.).

Le croisillon Nord. Contre le pignon, *tombeau de Jean-Casimir*, roi de Pologne, qui abdiqua en 1668, devint abbé de Saint-Germain-des-Prés un an plus tard, et mourut en 1672 (son corps a été transporté en Pologne, seul est resté son cœur à Saint-Germain); la statue du roi, représenté agenouillé, est des *frères Marsy*; statue de saint François-Xavier (1722) par *Guillaume Coustou*. *Le bas-côté gauche*. Monument d'H. Flandrin dessiné par *Baltard*; buste en marbre par *Oudiné* (1865); La mort de Saphire par *S. Leclerc* et le Baptême de l'Eunuque par *Bertin*; ces deux « mays » furent offerts à Saint-Germain-des-Prés en 1718. Le Christ entrant dans Jérusalem par *La Hire* et La Résurrection de Lazare (1677) par *Verdier*.

Au nord du boulevard Saint-Germain**

2 h

▶ Sur le *parvis* de l'église parfois, les soirs d'été, les comédiens, les jongleurs et les musiciens cherchent à recréer une atmosphère médiévale. Le pan de mur en arrondi qui prolonge le presbytère, est un vestige de l'ancienne abbaye ; dans une niche, buste de Mabillon.

▷ La place Saint-Germain-des-Prés

Elle a été aménagée à l'emplacement de l'entrée principale de l'abbaye qui se trouvait dans l'axe de la rue Bonaparte. A la place du dédale de rues médiévales, s'étale aujourd'hui une *zone piétonnière*. ▶ Le *square Félix-Desruelle* borde l'église au sud et occupe l'emplacement du cimetière de l'abbaye. On y voit une fontaine exécutée par *Félix Desruelle* en 1923, et une statue du céramiste Bernard Palissy, œuvre de *Louis Barrias* (1883) ; au fond du square : portique monumental en grès cérame de Sèvres, avec un décor Art Nouveau dû à *Jules Coutan*, directeur artistique de la manufacture de Sèvres en 1900. ▶ Le *square Laurent-Prache* borde l'église au nord et longe la rue de l'Abbaye. Un monument à Guillaume Apollinaire (1880-1918) a été inauguré en juin 1959 : il s'agit d'un visage féminin en bronze exécuté par *Picasso* et que celui-ci à offert à la Ville en souvenir de son ami.

▷ La rue de l'Abbaye

Elle a été percée en 1800 sur les vestiges des bâtiments monastiques.

Le *palais abbatial* occupe presque tout le côté impair, et a été construit en 1586 par *Guillaume Marchant* pour le cardinal de Bourdon (le chef des Ligueurs) alors abbé de Saint-Germain-des-Prés. C'est, après l'hôtel Scipion, la plus ancienne construction de la région parisienne utilisant la pierre et la brique. Ses fenêtres à meneaux et une certaine modernité en font une préfiguration du style Louis XIII. Cette importante construction où Pradier eut son atelier a été, en 1977-1978, l'objet d'une vaste restauration (*Yves Boiret*, architecte) visant à supprimer les bâtiments adventices qui, depuis le XIXe s., défiguraient le rez-de-chaussée : on peut maintenant voir la maison de l'architecte Louis Baltard, où naquit son fils Victor. L'ensemble est actuellement occupé par des services civils et paroissiaux. Les jardins du palais communiquent avec le square de l'église, vers le boulevard.

▷ La rue de Fürstenberg*

Elle porte le nom du cardinal Egon de Fürstenberg (fin du XVIIe s.). Elle a été aménagée à l'emplacement de la *cour d'honneur de l'abbaye*. Le palais avait son entrée principale au débouché de la rue de Fürstenberg dans la rue du Colombier (aujourd'hui notre rue Jacob), où l'on verra un des piliers d'entrée de l'abbaye. Au n° 6, là où se trouvaient les communs, le peintre Eugène Delacroix eut son appartement et son atelier du 28 décembre 1857 au 13 août 1863, années pendant lesquelles il travaillait aux fresques de Saint-Sulpice et exécutait la Descente au Tombeau et la Montée au Calvaire. Le *musée Delacroix* y est installé (→ *musées*). Manet et Bazille logèrent aussi dans cette rue. ▶ *La rue Cardinale*. Tortueuse et bordée de vieilles maisons, ella été ouverte en 1700 et perpétue aussi le nom du cardinal de Fürstenberg. Sans l'emprunter, on passe devant le passage de la Petite-Boucherie qui rejoint le boulevard. ▶ A la fin du XVIIe s., le *passage de la Petite-Boucherie* fut ouvert à travers l'enclos de l'abbaye. Ses plus anciennes constructions remontent aux premières années du XVIIIe s. On verra surtout la maison qui fait angle avec la rue de l'Echaudé et qui, comme celle que l'on verra plus loin à l'angle de la rue de Seine, affecte la forme d'une pâtisserie dite échaudé et qui était la spécialité du quartier. Elle a donné son nom à la rue. ▶ La *rue de Bourbon-le-Château*. Percée vers 1610, elle est bordée de boutiques de curiosités et de galeries. Voir les ferronneries du n° 1 et, au n° 2, la *maison-puits*, c'est-à-dire la cour circulaire entourée de hauts murs et de ferronneries d'époque Restauration ; voir la rampe d'escalier et la verrière qui couvre la cage d'escalier.

▷ La rue de Buci*

Elle fut pendant des siècles une artère importante de la rive gauche. Il y règne une animation quotidienne grâce à son marché coloré. Au n° 40, Cadoudal, chef des Chouans et conspirateur royaliste, tenait des réunions secrètes avec ses compli-

Les vestiges de l'abbaye

Square Laurent-Prache : baies de la chapelle de la Vierge, construite au XIIIe s. par Pierre de Montreuil et détruite en 1802.
16, rue de l'Abbaye : dans la cage d'escalier, un mur pignon percé d'une fenêtre qui a appartenu au réfectoire de l'abbaye, construit de 1239 à 1244 par Pierre de Montreuil.
4, rue de Fürstenberg : un pilier surmonté d'un pot à feu, marquant l'entrée de l'abbaye, est inséré dans le mur extérieur de l'immeuble.
18, rue de l'Echaudé : reste d'un pilier d'entrée de l'abbaye (nord).
20, rue de l'Echaudé : reste d'un pilier d'entrée de l'abbaye (sud).
19, rue Jacob : vestiges de l'infirmerie au fond du bâtiment.

ces. Au nº 30, hôtel d'époque Louis XV. Au nº 12, Boizard de Ponteau, auteur dramatique, installa l'Opéra-Comique en 1728 et fit sculpter sur la façade une étoile afin de rappeler le jeu de paume de l'Etoile (rue de l'Ancienne-Comédie) qui avait abrité la Comédie-Française en 1688 (→ *encadré*) ; c'est dans cette salle, rue de Buci, que Favart donna sa première pièce en 1734. Au nº 10, Apollinaire réunissait ses amis. Une boucherie, au nº 4, remplace aujourd'hui le café Landelle où la première loge maçonnique de Paris s'établit en 1732 ; l'année suivante une nouvelle clientèle y faisait son apparition : poètes, chansonniers et autres artistes, en tête desquels Crébillon, Helvétius, Rameau, y tenaient des séances gastronomiques et littéraires. ▶ La *rue Grégoire-de-Tours*. Avec ses crêperies bretonnes et ses boutiques orientales, ses ateliers de bijoux et ses galeries de peinture, elle est aussi animée qu'au XVIᵉ s. Maisons d'époque Louis XIII aux nºs 11, 12, 13, 15. ▶ Bel immeuble d'époque Louis XVI au *carrefour de Buci*. A l'emplacement de ce carrefour s'éleva, en 1792, la première tribune montée dans Paris afin d'enrôler les volontaires de la Patrie en danger. En ce même lieu, et la même année, furent tués des prêtres non assermentés, premières victimes des massacres de septembre. En 1848, des barricades y furent dressées.

▷ La rue Mazarine

Elle s'est appelée rue des Buttes, rue des Fossés, rue des Fossés-de-Nesle et aujourd'hui, tenant son nom du cardinal, elle est la rue des galeries et des marchands de livres anciens. La plupart des maisons sont anciennes et souvent percées de longs couloirs obscurs débouchant sur des cours

Reconversion des jeux de paume

Paris, au XVIᵉ s., comptait plusieurs centaines de jeux de paume. «Noble jeu» par excellence, les princes et les plus grands seigneurs pratiquaient cet exercice. Il existait une communauté des Maîtres Paumiers et Raquettiers. Ceux-ci proposaient un enseignement sur trois années afin d'obtenir brevet puis maîtrise de Paumier.

Les joueurs, au nombre de deux, se renvoyaient une balle à l'aide de la paume de la main ou d'un gantelet et, plus tard, d'une raquette. Une vaste salle rectangulaire, soutenue par des piliers en bois qui formaient galeries où s'installaient les spectateurs, était allouée pour ce divertissement.

La Paume perdit une partie de sa vogue dans les premières années du XVIIᵉ s. En 1760, il n'est fait état que de treize jeux de paume dans la capitale. Ces espaces alors désaffectés furent récupérés par les troupes de théâtre. Ainsi débutèrent l'Illustre Théâtre de Molière, dans le jeu de paume des Mestayers (12-14, rue Mazarine) ; l'Opéra-Comique, dans le jeu de paume de la Diligence (12, rue de Buci), et le «grand» Opéra, dans le jeu de paume de la Bouteille (42, rue Mazarine).

Au nord du boulevard Saint-Germain

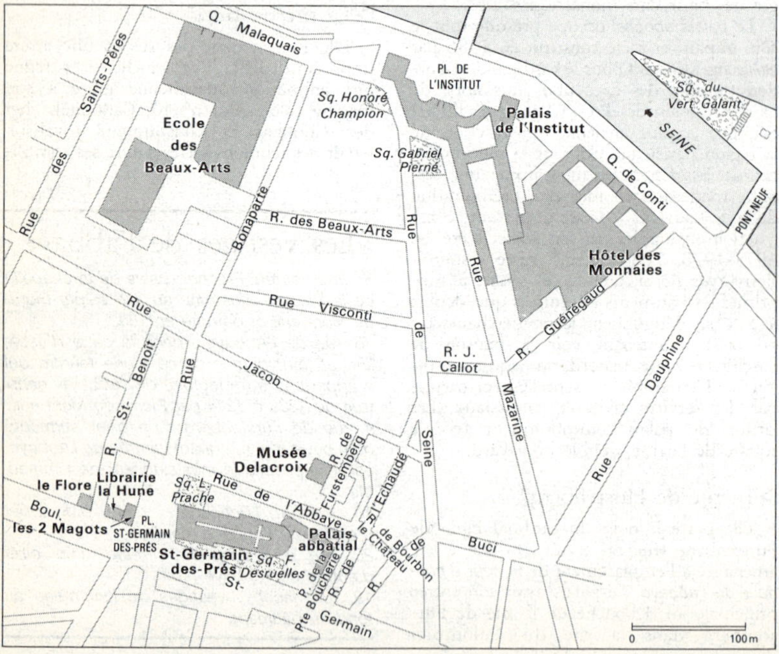

et des arrière-cours. Au n° 42, le *jeu de paume de la Bouteille* fut loué le 8 octobre 1670 par Pierre Perrin, chargé par le roi d'établir des Académies de musique afin d'y représenter l'opéra ; cet endroit devait être le berceau de l'Opéra de Paris : en 1672, Lully succéda à Perrin et transporta l'Opéra rue de Vaugirard. Au n° 30, ancien *hôtel des Pompes* (→ *encadré*). Au n° 19 a vécu le poète Robert Desnos, de 1934 jusqu'au jour de son arrestation, en 1944, par la Gestapo. Du n° 17 au n° 5, vieilles maisons bâties sur des terrains appartenant au collège des Quatre-Nations. Au n° 28, Champollion découvrit le mystère des hiéroglyphes et, plus tard, Horace Vernet y eut son atelier. Au n° 12, Molière installa l'*Illustre Théâtre* (→ *encadré*). ▶ Prendre la rue Guénéguaud à l'angle du n° 15.

▷ La rue Guénégaud

Elle a été percée à travers les jardins de l'hôtel de Nevers. Elle est bordée en partie par la longue façade latérale de l'*hôtel des Monnaies* (→ *ci-dessous*) et par d'importantes galeries d'art. Dans la cour du n° 29, à l'intérieur du magasin à l'enseigne des éditions du Seuil, on peut voir une tour qui traverse le plafond, vestige de l'enceinte de Philippe Auguste ; beaux balcons et ferronneries tout le long de la rue. Au n° 12 vécut Nicolas de Blegny à qui l'on doit le Livre commode des adresses, paru en 1692. Au n° 7 vécut Armand Camus, avocat janséniste, ami de Buffon, qui joua un rôle influent à la Constituante ; envoyé pour arrêter Dumouriez, il fut capturé et livré aux Autrichiens et, en 1795, il était l'une des cinq personnalités échangées contre la fille de Louis XVI, toujours au Temple. Au n° 2, *comptoir de vente de l'hôtel de la Monnaie (t.l.j. sf dim. 9 h-17 h 45 ; sam. 9 h-11 h45)* : refrappes de médailles anciennes et éditions contemporaines, séries limitées de grands médaillons.

▷ L'hôtel de la Monnaie** *11, quai Conti / t.l.j. sf dim. et fêtes, 11 h-17 h ☎ 43.29.12.48*

Plus simplement nommé la Monnaie, cet admirable édifice du XVIIIe s., demeuré presque intact, a été construit de 1771 à 1777 par *J. D. Antoine* qui sut tirer un excellent parti des inégalités du terrain. Il constitue la première manifestation architecturale, à une grande échelle, du style Louis XVI, caractérisé par la recherche de la proportion des volumes.

L'extérieur

La façade (de 117 m) présente au centre un avant-corps de cinq arcades flanqué de six colonnes ioniques, dont l'*attique* est surmonté de six statues allégoriques : la Prudence, la Force, la Justice, le Commerce, l'Abondance et la Paix. Exécutées par *J. P. Pigalle*, *Mouchy* et *Lecomte*, elles ont été restaurées et consolidées en 1884. La porte monumentale, au chiffre de Louis XV, montre un tympan de bronze avec l'écusson royal accosté des figures de Mercure et Cérès. Plus tard furent ajoutés quatre médaillons au chiffre de la République. La façade sur la rue Guénégaud est ornée, à l'avant-corps central, de *statues* des Quatre Eléments, par *Duprez* et *J. J. Caffieri*. La cour d'honneur en hémicycle précède la façade du bâtiment du fond, décorée des bustes de Henri II, Louis XIII, Louis XIV et Louis XV. Le pavillon central est orné de colonnes doriques. L'attique est surmonté de deux statues assises : la Fidélité et l'Abondance.

L'intérieur

Le somptueux décor intérieur de l'hôtel se visite avec le *musée de la Monnaie* (→ *musées*). Lors de certaines expositions on peut voir le grand hall de monnayage, vaste salle basilicale où, sous une coupole vitrée, la statue en stuc par *Mouchy* veillait autrefois sur les balanciers.

Les ateliers (visite sous la conduite d'un guide, les lun. et mer. à 14 h 15 ; f. juil.-août)

Installée par *Charlemagne* (805) au palais, la Monnaie émigra successivement au Marais, au quartier Saint-Jacques-de-la-Boucherie, enfin dans l'actuelle rue de la Monnaie (XIVe s.). *Henri II* créa, dans l'île de la Cité, une autre Monnaie affectée à la frappe des médailles et qui fut transférée au Louvre sous Louis XIII. C'était un temps où l'on ne badinait pas avec les faux monnayeurs : ils étaient jetés vivants dans des chaudières d'eau bouillante et ensuite

---

Premier corps des pompiers de Paris

Jusqu'à la fin du XVIIe s., aucun service spécial n'est chargé de la lutte contre les incendies qui ravagent si souvent les villes, constituées essentiellement de maisons en bois. Dans ces moments tragiques on fait appel au clergé, aux maîtres maçons, charpentiers et couvreurs, ou à des « quarteniers » désignés dans chacun des quartiers de Paris. Le matériel utilisé est du plus précaire. Les pompes publiques ne semblent apparaître qu'en 1669. François Dumouriez du Périer, laquais de Molière, comédien à la Comédie-Française, découvre lors d'un voyage en Hollande l'existence de pompes propres à éteindre le feu. En 1705, il quitte la scène pour exploiter le privilège qui lui est cédé par le roi : faire fabriquer cette miraculeuse pompe à incendie. On répartit alors ces nouvelles machines dans les différents quartiers de la ville. Gardiens et sous-gardiens sont chargés de les manœuvrer sous les ordres du lieutenant général de police ou du prévôt des marchands. Au domicile de Dumouriez du Périer (30, rue Mazarine), réside le siège de la direction générale des pompes. Ainsi s'établit le premier corps des pompiers de la Ville de Paris.

---

pendus. Sous Louis XV, la Monnaie des espèces s'établit dans l'hôtel actuel, dont l'abbé Terray, contrôleur général des Finances, posa la première pierre, le 30 avril 1771. La Monnaie des médailles rejoignit la Monnaie des espèces au début du XIXe s.; en 1878, les deux Monnaies furent réunies en une régie unique.

Depuis 1973, l'atelier de la monnaie a été transféré en totalité dans l'usine monétaire de Pessac (Gironde). Il ne reste plus, quai Conti, que deux ateliers de frappe : l'*atelier de la monnaie en métaux précieux* *(ne se visite pas)* et l'*atelier des médailles* qui renferme des balanciers anciens. On ne peut voir les opérations préalables et celles postérieures à la frappe, mais on assiste à la réalisation de matrices et à la progression de la frappe elle-même.

▶ *Le quai Conti.* Entre la Monnaie et l'Institut, au n° 13, petit *hôtel Guénégaud* par *Fr. Mansart* (1659), habité à la fin du XVIIIe s. par les Pernon, parents de la future duchesse d'Abrantès, chez qui fréquentait le jeune Bonaparte en 1792; le chirurgien Larrey habita l'hôtel de 1805 à 1832; c'est aujourd'hui la galerie Katia Granoff. Le n° 15 a été construit sous Louis XIV.

▷ Le palais de l'Institut de France***

23, quai Conti / visites en groupes des cours et de la salle de la coupole, sam. et dim. 15 h-16 h, sur demande écrite adressée au secrétariat de l'Institut

Face au pont des Arts, ce palais forme un ensemble superbe et harmonieux, que domine sa fameuse coupole. *Louis Le Vau* en traça le plan général dans l'axe de la Cour Carrée du Louvre, en face; *Lambert* et *d'Orbay* dirigèrent ensuite les travaux (1663-1691). La façade en hémicycle est flanquée de deux grands pavillons. Restauré et ravalé en 1961-1962 et en 1974, le palais a retrouvé un nouvel éclat. Il abrite les séances des cinq Académies dont la plus célèbre est l'Académie française, ainsi que la très ancienne bibliothèque Mazarine.

Histoire de l'édifice

Mazarin avait consacré par testament deux millions en argent et 45 000 livres de rente à la fondation d'un collège destiné à 60 gentilshommes ou fils de bourgeois aisés, des quatre provinces annexées à la France par le traité des Pyrénées : Artois, Alsace, Roussillon, Pignerol (Piémont). D'où le nom de collège des Quatre-Nations que l'on donna souvent au collège Mazarin. Pendant la Révolution, une partie du collège Mazarin devint un moment maison d'arrêt (David, le Dr Guillotin, Mme de Tourzel y furent détenus). Il fut ensuite occupé par une des trois écoles centrales de Paris. L'Institut, organisé par la loi du 25 octobre 1795 (3 brumaire an IV) en exécution de la constitution de l'An III, avait été provisoirement établi au Louvre; il reçut en 1805 la jouissance de l'ancien collège Mazarin, que l'architecte *Antoine Vaudoyer* fut chargé de mettre en état; il bâtit des arcades, royaume des marchands d'estampes, qui disparurent en 1875.

La bibliothèque Mazarine *(t.l.j. sf sam. dim., 10 h-18 h; f. 1er-15 août)*

Les galeries de Saint-Germain-des-Prés

C'est dans les années 1920 que les premières galeries de tableaux ouvrirent dans le quartier de Saint-Germain-des-Prés. Pendant cinquante ans, ce fut le seul endroit à Paris où l'on pouvait voir de la peinture contemporaine ou d'avant-garde. Aujourd'hui, certaines galeries ont vieilli avec leurs artistes et sont entrées dans l'histoire, alors que d'autres, plus récemment créées, exposent des jeunes peintres encore peu connus. La densité des galeries empêche de signaler une tendance générale. Notons cependant que toutes sont consacrées à l'art contemporain, même si certaines, dans une démarche plus historique, exposent les maîtres du XXe s. Tous les deux mois paraît un dépliant, disponible dans chaque galerie, qui indique les expositions en cours.

Fabien Boulakia : 20, rue Bonaparte, 75006 ☎ 43.26.56.79; Isy Brachot : 35, rue Guénégaud, 75006 ☎ 43.54.22.40; Galerie Breteau : 70, rue Bonaparte, 75006 ☎ 43.26.40.96; Jeanne Bucher : 53, rue de Seine, 75006 ☎ 43.26.22.32; Claude Bernard : 5, 7, 9, rue des Beaux-Arts, 75006 ☎ 43.26.97.07; Galerie Clivages : 46, rue de l'Université, 75007 ☎ 42.96.69.57; Denise René : 196, bd Saint-Germain, 75007 ☎ 52.22.77.57; Lucien Durand : 19, rue Mazarine, 75006 ☎ 43.26.25.35; Erval : 16, rue de Seine, 75006 ☎ 43.54.73.29; Georges Fall : 57, quai des Grands-Augustins, 75006 ☎ 46.33.52.45; Liliane François : 15, rue de Seine, 75006 ☎ 43.26.94.32; Galerie Jacob : 28, rue Jacob, 75006 ☎ 46.33.90.66; Bernard Jordan : 54, rue de Verneuil, 75007 ☎ 42.96.37.47; Samy Kinge : 54, rue de Verneuil, 75007 ☎ 42.61.19.07; Krief-Raymond : 50, rue Mazarine, 75006 ☎ 43.29.32.37; Lara Vincy : 47, rue de Seine, 75006 ☎ 43.26.72.51; Adrien Maeght : 46, rue du Bac, 75007 ☎ 42.22.12.59; Albert Loeb : 12, rue des Beaux-Arts, 75006 ☎ 46.33.06.37; Galerie Montenay-Delsol : 31, rue Mazarine, 75006 ☎ 43.54.85.30; Galerie de Paris : 6, rue du Pont-de-Lodi, 75006 ☎ 43.25.42.63; La Pochade : 11, rue Guénégaud, 75006 ☎ 43.54.89.03; Nathalie Seroussi : 34, rue de Seine, 75006 ☎ 46.34.05.84; Darthea Speyer : 6, rue Jacques-Callot, 75006 ☎ 43.54.78.41; Stadler : 51, rue de Seine, 75006 ☎ 43.26.91.10; Trigano : 4 bis, rue des Beaux-Arts, 75006 ☎ 46.34.15.01; Dina Vierny : 36, rue Jacob, 75006 ☎ 42.60.23.18.

Elle occupe le pavillon E. du palais qui, comme le rappelle une inscription, s'élève à l'emplacement de l'ancienne tour Hamelin de l'enceinte de Philippe Auguste (XIIIe s.), plus connue sous le nom de *tour de Nesle* car elle commandait l'accès au vaste domaine de l'hôtel de ce nom. La tour de Nesle fut détruite vers 1665.

Bibliothèque personnelle du cardinal Mazarin, rassemblée par l'érudit *Gabriel Naudé*, elle fut la première bibliothèque publique de France. *Mazarin* l'ouvrit aux érudits un jour par semaine dès 1643. Dispersée pendant la Fronde, puis reconstituée, elle fut léguée par le cardinal au collège des Quatre-Nations dont il assurait la fondation par testament, et réouverte deux fois par semaine en 1689, puis tous les jours dès 1789. Elle s'enrichit considérablement sous la Révolution grâce aux confiscations des biens des communautés religieuses et des émigrés. Rattachée administrativement de 1923 à 1945 à la Bibliothèque nationale, elle dépend aujourd'hui de l'Institut. Elle a été restaurée en 1970-1971.

La bibliothèque renferme 450 000 imprimés, 4 600 manuscrits, 2 100 incunables, 6 000 mazarinades, une collection de qualité exceptionnelle, essentiellement historique. On y accède par un élégant *escalier*, créé par *Vaudoyer* en 1824, et qui est un petit chef-d'œuvre de la Restauration. Dans l'ensemble, la bibliothèque se présente sous son aspect du XVIIe s. Les boiseries de la salle, décorées aux emblèmes de Mazarin, proviennent de la bibliothèque primitive, ainsi que les colonnes à chapiteaux corinthiens. On y voit de nombreux antiques provenant en partie des collections du cardinal, des objets d'art, des *lustres* de *Boulle* et de *Caffieri*.

Les cours du palais

Derrière la façade de la bibliothèque Mazarine s'étend une seconde cour rectangulaire où s'ouvre, à g., l'entrée de l'Institut : c'est là que l'on voit arriver les académiciens qui, le jeudi, élaborent le dictionnaire. Au fond enfin, se trouve encore la petite et charmante *cour des Cuisines* de l'ancien collège, avec une porte sur la rue Mazarine (au nº 3). Un vieux puits orné de fer forgé est situé devant un mur tapissé de lierre. Le bâtiment du fond est occupé par le bureau des Longitudes.

L'Institut de France (pour visiter, on revient dans la seconde cour où donne l'entrée des services du secrétariat et des salles des séances)

L'Institut de France se compose des cinq Académies : l'*Académie française*, la plus célèbre, fondée par *Richelieu* en 1635, est spécialement chargée de la composition du Dictionnaire de la langue française ; l'*Académie des Inscriptions et Belles-Lettres*, fondée par *Colbert* en 1664, publie des comptes rendus et des recueils de documents historiques *(séance publique le vendredi à 15 h 30)* ; l'*Académie des Sciences*, fondée par *Colbert* en 1666, publie des comptes rendus hebdomadaires *(séance publique le lundi à 15 h)* ; l'*Académie des Beaux-Arts* fut créée en 1816, par continuation de la IVe classe de l'Institut, organisée en 1803 ; l'*Académie des Sciences morales et politiques*, créée en 1832, est la continuation d'une classe de l'Institut supprimée en 1803 : elle publie des mémoires *(séance publique le lundi à 14 h 45)*.

Les cinq Académies se réunissent une fois par an en assemblées solennelles sous la coupole, en séances séparées et, le 25 octobre, jour anniversaire de la fondation de l'Institut, en séance plénière. Les Académies reçoivent sous la coupole leurs nouveaux élus. Le public est admis sur présentation de cartes délivrées par le secrétariat *(23, quai de Conti)*.

L'Institut décerne chaque année de nombreux prix. Il a aussi un rôle de mécénat : il favorise les arts, les sciences et les lettres. Depuis 1810, il a reçu près de 900 legs et donations et possède à Paris le musée Marmottan, le musée Jacquemart-André et la bibliothèque Thiers.

L'intérieur. Salle des séances ordinaires des Trois Académies (Sciences, Beaux-Arts, Inscriptions et Belles-Lettres) : statues de Racine par *Boizot*, Puget par *Desprez*, Molière par *Duret*, La Fontaine par *Seurre aîné*, Corneille par *Laitié*, Poussin par *Julien* ; bustes de Gros par *Dantan*, Cuvier par *Pradier*, Bonaparte par *Guillaume*, etc. *Salle des séances ordinaires de l'Académie française* (de l'Académie des Sciences morales et politiques également ; elle est située derrière la précédente) : au fond, portraits du cardinal de Richelieu sur son lit de mort, par *Ph. de Champaigne*, et en pied (copie d'après *Champaigne*). La belle porte d'entrée en bois sculpté, longtemps aux Archives, fut restituée à la Compagnie en 1931. L'ancienne chapelle du collège des Quatre-Nations a été aménagée sous le premier Empire en *salle des séances solennelles*, où ont lieu les réceptions des nouveaux membres de l'Académie française, la séance générale annuelle de l'Institut, et les séances annuelles des cinq Académies. L'architecte *Vaudoyer* en avait profondément altéré le caractère en y aménageant des gradins et des tribunes dans les chapelles latérales et l'entrée, et surtout en dissimulant les parties hautes de la coupole de *Le Vau*, coupée par une calotte factice. La restauration, achevée en 1962, a dégagé la coupole dont elle a restitué la lanterne. Ce dôme avec son plan ovale, fréquent en Italie, est certainement l'édifice le plus italianisant que l'on puisse voir à Paris. Le tambour de la coupole est décoré d'un verset d'Ezéchiel, en lettres d'or, et des médaillons des douze Apôtres, par *Desjardins* (deux ont été refaits par *Paul Belmondo*). Le sol de l'amphithéâtre a été abaissé de telle sorte que les gradins ne déparent pas l'ordonnance architecturale.

Dans le vestibule, le tombeau de Mazarin, imaginé par *J. Hardouin-Mansart* et exécuté en 1689 par *Coysevox*, *Le Hongre* et *Tuby*, a repris son emplacement primitif après un séjour de plus d'un siècle au Louvre.

▷ La rue de Seine

de la Seine à la rue des Beaux-Arts

La section qui va de la Seine au boulevard Saint-Germain date de 1250, ; elle ne fut bâtie qu'à partir de 1535 environ, et ce n'est que sous le Consulat qu'elle fut prolongée jusqu'à la rue de Tournon.

Les premières maisons de cette rue sont sur les dépendances du palais de la reine Margot. Les nos 2 et 4 formaient l'hôtel de Victor Riqueti-Mirabeau : aujourd'hui démoli, il est remplacé par un coin de verdure, le ***square Honoré-Champion***, orné d'une statue de Voltaire, œuvre de *Léon Drivier* érigée en 1960. Le n° 6, bâti en 1625 peut-être par *Pierre Le Muet* pour Jacques de Garsanlan, trésorier de Monsieur, garde une belle ***façade***. Au n° 10, hôtel du XVIIe s. fortement modifié, où fut fondé le Journal des Débats ; David y eut son atelier et Rosa Bonheur son école de dessin.

▷ La rue des Beaux-Arts

Elle fut ouverte en 1825 sur l'emplacement de l'hôtel de la Rochefoucauld dont les jardins et bâtiments s'étendaient jusqu'à la rue Bonaparte et la rue Visconti (n° 14). Dès le début les artistes et les écrivains la fréquentèrent. Gérard de Nerval vécut au n° 5, Lacordaire ouvrit, au n° 3 bis, la première école libre (1831) sans autorisation de l'Université ; la police intervint et exigea la fermeture de l'école. Fantin-Latour eut un atelier au n° 8, tandis que Corot avait le sien au n° 10 où ont habité Ampère et Mérimée. Au n° 13, un médaillon sculpté rappelle que Oscar Wilde y est mort en 1900. Au n° 11, la ***galerie de la Maison des Beaux-Arts*** donne régulièrement aux élèves de l'école (→ *ci-dessous*) la possibilité de montrer leurs travaux. ▶ La rue des Beaux-Arts débouche face à l'entrée principale de l'école des Beaux-Arts.

▷ L'école des Beaux-Arts*

14, rue Bonaparte / entrée interdite au public ; visite en groupe sur autorisation écrite ☎ 42.60.34.57

Histoire de l'édifice

L'école occupe ce qui reste du ***couvent des Petits-Augustins*** (XVIIe s.), l'***hôtel de Chimay*** (XVIIIe s.), auxquels furent adjoints des bâtiments au XIXe s. Primitivement, ce terrain formait la partie orientale du Pré-aux-Clercs que la *reine Marguerite*, première femme d'Henri IV, racheta pour y construire un majestueux hôtel. Celui-ci ouvrait rue de Seine et desservait de longs jardins en bordure du fleuve. La reine fit construire la chapelle des Louanges puis, à sa mort, les Pères Augustins s'installèrent dans les lieux. Après leur expulsion à la Révolution, l'ancien couvent fut transformé en ***musée des Monuments français*** (→ *encadré*) en 1795 puis en école des Beaux-Arts en 1816. On fit appel à *F. Debret* pour construire de nouveaux bâtiments destinés à recevoir les ateliers. L'architecte réalisa, dès 1820, le bâtiment dit des Loges au sud du jardin, et commença l'aile g. du palais des Etudes. En 1832, il fut suppléé par *F. Duban* qui termina l'édifice.

Visite de l'école des Beaux-Arts

La cour d'honneur. Au milieu, une colonne corinthienne supportait une statue en bronze de l'Abondance par *G. Pilon* (aujourd'hui dans l'église) ; à g., sculptures de l'ancien hôtel dit de la Trémoïlle (début XVIe s.) ; au-dessus, peinture sur faïence par *Balze*, d'après *Raphaël* : l'Eternel bénissant le monde. La plupart des sculptures qui ornaient cette cour ont été restituées à leurs lieux d'origine, telle la célèbre façade du château de Gaillon (Eure).

L'église conventuelle des Petits-Augustins *(visite lors des expositions temporaires)*. Elle a été construite entre 1617 et 1619. Contre le pignon de façade a été adossé l'***avant-corps central**** de la façade principale du château d'Anet (XVIe s.), chef-d'œuvre de *Philibert Delorme* et premier exemple en France de superposition des trois ordres. Elle a été restaurée et transformée en ***musée de la Renaissance***. Dans le vestibule : boiseries provenant du château d'Anet, moulages sur le fond d'une copie du Jugement

---

Alexandre Lenoir et le musée des Monuments français

Après la nationalisation des biens du clergé en 1790, le couvent des Petits-Augustins fut choisi comme dépôt. Alexandre Lenoir, nommé gardien des lieux, décida d'en faire un musée et récupéra dans les églises et les couvents parisiens tous les objets « dignes » d'être recueillis. Parmi ces objets sauvés de la destruction figuraient les prestigieux tombeaux des rois, élevés dans l'église de Saint-Denis. Après la restauration des œuvres, le musée des Monuments français ouvrit ses portes en octobre 1795. Imbu de didactisme, Lenoir avait organisé son musée de manière à ce que le visiteur puisse suivre l'évolution de la sculpture française depuis le XIIe s. jusqu'à son apogée au XVIIe s. Pour chaque siècle avait été créée une atmosphère particulière jouant avec la lumière : obscurité pour le Moyen Age, pleine lumière pour le XVIIe s. Un catalogue accompagnait la visite.

A la Restauration, le musée ferma et la plupart des œuvres regagnèrent leurs lieux d'origine, Versailles ou le Louvre. D'autres restèrent sur place, dans le jardin ou les cours réaménagées par Duban. Visité par les artistes romantiques, le musée des Monuments français a contribué à la remise en valeur de l'art du Moyen Age dans la première moitié du XIXe s.

---

dernier de Michel-Ange par *Sigalon*. La ***chapelle dite des Louanges*** *(visite lors des expositions temporaires)* est accolée à l'église en bordure de la rue Bonaparte. Son dôme nervuré à six pans est le plus ancien de Paris (1608). Elle aussi est aménagée en musée, consacré ici à Michel-Ange.

Le ***palais des Etudes***, dont la façade borde le fond de la cour d'honneur, a été construit entre 1858 et 1862 par *F. Duban*. Le ***bâtiment des Loges***, au sud, est l'œuvre de *F. Duret* (1820-1832). Le ***jardin***, au nord, conserve des bas-reliefs *(atelier de J. Goujon)* provenant de l'attique de la Cour Carrée du Louvre, ainsi qu'une série d'arcades formant l'étage inférieur de l'ancien hôtel de Torpane (XVIe s.), situé rue des Bernardins. Un des côtés du jardin est bordé par la belle façade de l'hôtel de la Bazinière, dit aussi de Chimay (XVIIe et XVIIIe s.), acquis en 1884 pour l'école des Beaux-Arts. La ***cour du Mûrier***, appellée ainsi en raison de l'arbre planté par *A. Lenoir*, occupe l'ancien cloître des Augustins transformé en atrium pompéien par *F. Duban* en 1836.

On pourra descendre la rue Bonaparte vers la Seine pour voir les bâtiments de l'école qui borde le quai Malaquais. Au n° 13, le bâtiment d'inspiration classique a été construit par *Duban* et abrite la ***grande salle d'exposition*** des travaux d'élèves *(visite lors des expositions temporaires)*.

La ***bibliothèque de l'école***, située dans l'aile E. du palais des Etudes, forme un ensemble exceptionnel avec son plafond à caissons, ses portes provenant du château d'Anet et son mobilier dessiné par *Duban*. Les tableaux exposés au-dessus des rayonnages proviennent de l'ancienne Académie royale de Peinture et de Sculpture. Ouverte en 1864, elle rassemble plus de 120 000 ouvrages anciens sur l'art et l'architecture, 100 000 estampes, 20 000 photographies, 12 000 dessins de maître, 700 incunables, 25 000 dessins d'architecture ainsi que des peintures, des miniatures et des manuscrits. L'ensemble de la bibliothèque a été restauré en 1975. L'école possède aussi un Centre d'information et de documentation et une salle d'actualités mise à la disposition des élèves.

▷ La rue Bonaparte

de la Seine à la rue Visconti

Elle conserve quelques beaux ***hôtels*** aux portails sculptés, des ferronneries, des cours harmonieuses et élégantes. Les galeries d'art y sont nombreuses aujourd'hui. Hôtels XVIIIe aux n° 5, 7, 9. Le maréchal Lyautey habita au n° 5 de 1911 à 1934. Aux n°s 7 et 9, hôtel du marquis de Persan, premier maréchal des logis du comte d'Artois en 1789; Monge y résida en 1803, et Manet y naquit en 1833. Au n° 6, maison bâtie pour Louis Le Barbier en 1631, fortement restaurée au XVIIIe s. Derain avait son atelier en face du n° 14 (entrée principale de l'école des Beaux-Arts). Au n° 11, l'avocat Lachaud, de l'Affaire Lafarge, avait un appartement. Au n° 16, ***Académie de Médecine*** dont le bâtiment fut construit au début du XXe s. par *Ronchet*; elle possède une riche bibliothèque. Hôtels Louis XIII aux n° 20, 22, 28. Au n° 20 a vécu Paul Delaroche, de 1832 à 1834. Au niveau des n°s 27 et 28, s'étendaient les jardins de l'abbaye.

▷ La rue Visconti

C'est une des rues vénérables du quartier. Elle a été percée en 1540 à travers le petit Pré-aux-Clercs. Ce n'est qu'au XIXe s. qu'elle prit le nom de l'architecte *Joachim Visconti*. On serait tenté de dire qu'elle est toujours aussi retirée et secrète qu'à la fin du XVIe s., époque à laquelle elle offrait un refuge aux protestants (à B. Palissy entre autres) : les huguenots étaient ici si nombreux qu'Agrippa d'Aubigné l'appelait « le petit Genève ». Ses habitants furent épargnés par le massacre de la Saint-Barthélemy.

C'est la plus longue des rues étroites de Paris et c'est celle-ci que *Christo* choisit le 27 juin 1962 pour y dresser son Rideau de fer, à l'occasion de son exposition à la galerie Drouin; ce rideau consistait en une accumulation de bidons cylindriques qui obstruaient la rue. Presque toutes les maisons sont du XVIIe s. et conservent de grands portails sculptés, des rampes de fer forgé, des cours charmantes. Aux n°s 24, 22, 20, emplacement d'un vaste hôtel qui, en 1559, appartenait à Nicolas Vauquelin, puis à Nicolas Fontaine qui avait des liens étroits avec Port-Royal; c'est là que mourut Racine en 1699; rentrer au n° 22 pour voir le bel escalier à rampe en fer forgé. Au n° 23, les Décades de Pontigny y tenaient leurs réunions du comité d'administration, présidées par Paul Desjardins et André Gide. Au n° 21, hôtel de Ranes construit vers 1660. Au n° 17, Balzac avait créé, le 4 juin 1827, une imprimerie qui ne fit pas sa fortune et qui devint par la suite la fonderie Deberny. C'est au n° 16 que vécut Adrienne Lecouvreur : elle y recevait Maurice de Saxe, Voltaire, Fontenelle et y mourut le 20 mars 1730; un portique avec fronton précède un escalier avec rampe en fer forgé XVIIe s.

▷ La rue de Seine

de la rue Visconti à la rue Jacques-Callot

Pour le début de la rue → *ci-dessus*.

George Sand, qui scandalisait le quartier en s'habillant en homme, habitait au n° 31 un immeuble aujourd'hui occupé par l'Akademia Raymond Duncan. Au n° 26, emplacement du cabaret ***Le Petit Maure***, où mourut le poète Saint-Amant (1594-1661) : cette grande maison a conservé ses ferronneries, ses belles fenêtres et une enseigne du XVIIe s. ▶ On laisse à g. la ***rue Jacques-Callot*** qui n'a été que récemment ouverte, mais dont la plupart des maisons sont anciennes. Voir le pittoresque café de

La Palette. Le grand immeuble des *ateliers de l'école des Beaux-Arts* est une réalisation des années 1930, de *Roger Expert*.

▷ La rue de Seine *jusqu'à la rue Jacob*

Voir le portail au nº 36 et, au nº 38, une curieuse enseigne : une colombe renversée sur un soleil. Baudelaire a vécu au nº 35 de 1854 à 1855. Au nº 41, hôtel qui conserve deux mansardes à poulie au dernier étage ; celles-ci permettaient de hisser les marchandises ou le mobilier. Au nº 42, la *maison d'Angleterre (à l'angle de la rue de Seine et de la rue de l'Echaudée)*, est une autre maison en forme de pâtisserie dite échaudé, qui était une spécialité du quartier. Beaux hôtels Louis XV au nº 57. Au nº 64, A. Mickiewicz, en 1834, écrivit Pan Tadeusz (→ *musée A. Mickiewicz*). Toute la rue est vouée aux galeries de peinture et à la littérature.

▷ La rue Jacob

Elle tient son nom (depuis 1836) de l'autel dédié à Jacob que la reine Margot avait fait élever dans les jardins de son hôtel rue de Seine. Il y eut longtemps un restaurant : A l'autel de Jacob ; il y a aujourd'hui un cabaret connu : L'Echelle de Jacob.

La rue garde quelques maisons anciennes, mais le plus intéressant est à l'intérieur et dans les cours, et il faut souvent pousser les portes pour voir les ferronneries et les sculptures (voir les nºs 3, 9, 11, 13, 15, 22, 26, 28). Au nº 7, hôtel construit vers 1640 ; Racine y vécut après avoir quitté Port-Royal (1640). Au nº 12 aurait vécu Maurice de Saxe : passer la porte pour voir une jolie cour avec jardin, précédée d'un bel escalier avec rampe en fer forgé du XVIIe s. Au nº 11, Jean-Casimir, roi de Pologne, détrôné en 1668, aurait habité cet hôtel avant de devenir abbé de Saint-Germain-des-Prés : magnifique escalier XVIIe s. avec une rampe à balustres de pierre. Au nº 14, Wagner occupa un appartement au fond de la cour (mi-oct. 1841-7 avr. 1842). Au nº 18, bâtiment construit par *Gabriel Veissiere* (vers 1925) pour les *éditions Gautier Languereau*, à l'emplacement occupé auparavant par la maison Hetzel, éditeur des romans de Jules Verne. Au nº 19, Proudhon écrivit ses deux Mémoires sur la propriété (1839-1841). Au nº 20, Delacroix avait (en 1824) un atelier où il peignit Les Massacres de Scio (→ *musée Delacroix*) mais, au début du siècle, celle que Remy de Gourmont appelait l'Amazone, Nathalie Clifford Barney, y tenait un petit cénacle littéraire très à la mode ; c'est dans le *jardin (ne se visite pas)* que se trouve le charmant temple de l'Amitié, petit temple Empire à colonnes doriques qui porte l'inscription : A l'Amitié. Au nº 22, maison dite d'Adrienne Lecouvreur, avec une jolie façade sur jardin. Au nº 27 a vécu Ingres. Au nº 28, habitèrent en 1895 Colette et son mari Willy. Auguste Comte a vécu au nº 36.

▷ La rue Saint-Benoît

Aménagée en 1680 à l'emplacement des fossés qui bordaient l'abbaye, elle reçut son nom actuel au XVIIIe s. Les bistrots du haut de la rue furent parmi les plus fréquentés des années 50. Une seconde « cave » après Le Tabou de la rue Dauphine, fut ouverte, et l'on y voyait fréquemment Juliette Gréco, Boris Vian. Sainte Beuve a vécu au nº 5 et Leo Larguier y est mort. Au nº 6 est mort, en 1845, le peintre Boilly qui a croqué de nombreuses scènes de genre parisiennes (→ *musée Carnavalet*). Au nº 11, restaurant 1900, *L'Assiette au beurre*, doté d'une façade Art Nouveau ; à l'intérieur, plusieurs petites figurines en bronze de la même époque. Buloz installa les bureaux de la Revue des Deux-Mondes au nº 20.

Au sud du boulevard Saint-Germain★

1 h

▷ Le boulevard Saint-Germain

entre la rue des Saints-Pères et le carrefour Mabillon

Percé par *Haussmann* à partir du quai de la Tournelle en 1855, ce boulevard rejoint le quai Anatole-France. La section comprise entre la rue Saint-Benoît et le carrefour Mabillon fut construite en dernier, vers 1878. Ainsi disparaissaient la rue Taranne et la rue Sainte-Marguerite.

On peut toujours voir, à l'angle du boulevard et de la rue des Saints-Pères, une ancienne inscription de la rue Taranne dont les maisons, entre les nºs 175 et 155, sont les survivantes et montrent à quel point cette rue était riche et élégante ; la *statue de Diderot*, œuvre de *Jean Gautherin* (1885), aujourd'hui face au nº 145, se trouvait jusqu'en 1947 sur le terre-plein au nº 169 (c'est-à-dire au 2, rue Taranne), à l'emplacement de la maison où, pendant des années, l'auteur de Jacques le Fataliste a travaillé comme un forçat en essayant d'oublier ses difficultés conjugales et financières. Le boulevard garde en cet endroit de magnifiques *hôtels* du XVIIIe s. : ferronneries, agrafes sculptées, balcons sur consoles.

On est là au cœur du Saint-Germain-des-Prés des années 50 : *les Deux-Magots* (il existe un prix littéraire des Deux-Magots), *le café de Flore*, où vous pouvez rechercher les ombres de Malraux, Camus, des Prévert, des Allégret, de Pierre Mac Orlan et les souvenirs de Jean-Paul Sartre et de

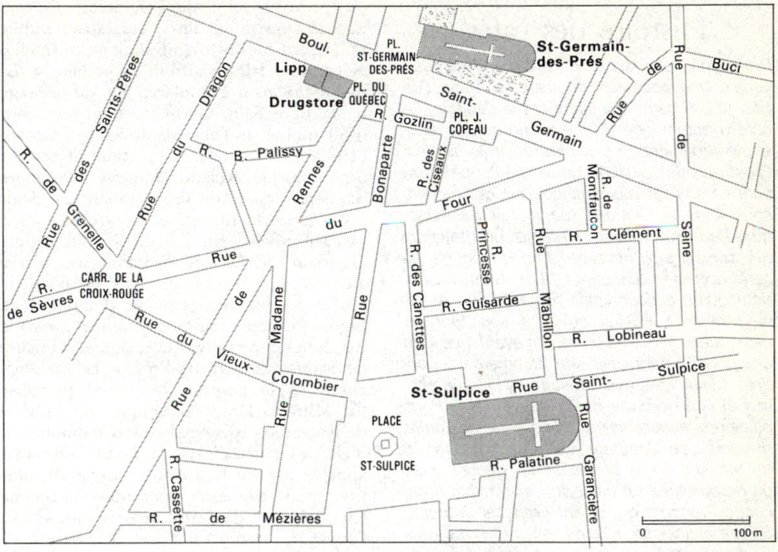

Au sud du boulevard Saint-Germain

Simone de Beauvoir, de Mouloudji et de Juliette Gréco. Le Flore est littéraire depuis plus de trois quarts de siècle : Maurras et ses amis de l'Action Française s'y retrouvaient vers 1900, Guillaume Apollinaire en fut un habitué. De l'autre côté du boulevard, la *brasserie Lipp*, après avoir été un rendez-vous d'écrivains et d'hommes politiques, où venaient entre autres Valéry, Herriot, Léon Blum, Giraudoux, Saint-Exupéry, Max Jacob, est fréquentée davantage aujourd'hui par les gens de la presse et du cinéma. Au côté, le *Drugstore*, ouvert en 1965 et décoré par *Slavik*, a passé de mode.

Un peu plus loin, rue Gozlin, le bar Le Village est l'un des autres pôles de la vie « germanopratine ».

Au carrefour de la rue de Rennes et du boulevard, la sculpture-fontaine baptisée *Embacle*, œuvre de *Charles Daudelin*, a été offerte à la Ville de Paris par le gouvernement québécois. La *rue de Rennes*, dont la perspective est barrée par la haute silhouette de la tour Montparnasse, est, surtout à ses débuts, vouée au commerce de luxe ; elle a été percée par *Haussmann*, et terminée en 1878.

Au *carrefour Mabillon*, ancienne place Gozlin, s'élevait la prison de l'abbaye, lieu de massacres en 1789. En face, il y a toujours foule dans les cafés : La Rhumerie Martiniquaise et Le Mabillon.

Au sud du boulevard et à l'ouest de la rue de Seine, on se trouve de nouveau dans un lacis de petites rues qui, si elles sont moins sombres que celles de la montagne Sainte-Geneviève, n'en sont pas moins imbriquées les unes dans les autres et permettent difficilement un itinéraire déterminé. ▶ La *rue de Montfaucon* : très vieille, elle évoque le savant bénédictin Bernard de Montfaucon, moine de l'abbaye, auteur des Monuments de la monarchie française. Immeuble du XVIIIe s. au nº 3. ▶ La *rue Clément*, assez récente, remplace le passage de la Treille qui, jusqu'au second Empire, menait à la rue des Cordeliers. Elle longe le marché Saint-Germain qui occupe une partie de l'emplacement de l'*ancienne foire Saint-Germain* (→ *encadré*).

La foire Saint-Germain

C'est en 1482 que le marché du bourg Saint-Germain fut transformé après accord du roi Louis XI en foire annuelle où négoces, jeux, spectacles et plaisirs se donnaient libre cours. Une population très diverse se rencontrait en ces lieux : le peuple s'y promenait le jour, la noblesse et toute la haute société s'y montraient jusque tard dans la nuit. Le roi Henri III puis Henri IV, accompagné de la reine, s'y rendaient régulièrement. Les goûts de chacun y étaient satisfaits : les cabarets ouvraient leur portes aux amateurs de bon alcool et de tabac, les saltimbanques exécutaient leur numéro face aux badauds, et les comédiens jouaient le théâtre ou l'opéra. Nombreux rixes et conflits se produisaient lors de ces manifestations. Le roi y était même parfois mêlé : « en 1579, le roi fut insulté par une troupe de jeunes gens ». Un incendie détruisit, en 1762, une grande partie de la halle aménagée pour les forains. Le déclin de la foire s'annonçait et celle-ci fut définitivement supprimée en 1811.

Histoire des cafés

Pressé ou nonchalant, le Parisien ne manque jamais une occasion de s'arrêter dans l'un des 12 000 cafés qui jalonnent la capitale. Le café a commencé à faire partie de son paysage traditionnel il y a plus de trois siècles. C'est en effet en 1643 qu'est né l'ancêtre du café : dans un passage couvert qui menait, sous le Petit Châtelet, de la rue Saint-Jacques au Petit Pont, s'établit un Levantin qui servait aux passants une décoction de café appelée «cahouet». Il n'obtint cependant qu'un succès limité. En 1692, un Arménien nommé Paskal ouvrit à son tour un café public ; l'établissement n'ayant que peu prospéré, il poursuivit son commerce à Londres. Mais l'idée avait désormais fait son chemin et l'on ne tarda pas à trouver dans Paris plusieurs échoppes où étaient servis, outre du café, de l'eau de vie, des liqueurs ou du vin sucré. Le premier café décoré avec un certain luxe fut celui du Parlermitain Francesco Procopio qui devint François Procope. Son établissement, créé en 1702 rue des Fossés-Saint-Germain — aujourd'hui rue de l'Ancienne-Comédie —, existe toujours. La réputation des cafés fut, dans les premiers temps, assez douteuse. Ouverts tard le soir, une population nocturne peu recommandable y trouvait souvent refuge. Astreints à une réglementation sévère, ils se moralisèrent peu à peu. En 1723 on compte environ 300 cafés à Paris, puis près de 800 à la fin du XVIIIe s. Lieux de convivialité, propices à la conversation et aux échanges d'idées, où sont lus les papiers publics, ils ont souvent constitué un point de rassemblement durant la période révolutionnaire.

Mais il faut attendre le XIXe s. pour que naissent les grands cafés. Ceux où l'on va pour voir et pour y être vu. Les lieux de la vie mondaine se déplacent successivement du Palais-Royal aux Grands Boulevards, aux Champs-Élysées, à Montparnasse, puis à Saint-Germain. Le café de Flore, les Deux Magots s'ouvrent sur le boulevard : l'espace clos des cabarets se disloque et s'entoure de terrasses aux multiples chaises où chacun peut trouver répit tout en assistant au spectacle de la rue. La brasserie Lipp et son décor de céramique exécuté par Léon Fargue, vers 1880, illustre la volonté de reproduire dans l'édifice public un décor de salon dans lequel la haute société était longtemps restée confinée. Un siècle plus tard, avec le Drugstore, le café s'incorpore au sein d'une galerie marchande.

▷ L'ancienne foire Saint-Germain

Quelques arcades subsistent de l'ancien marché (*Jean Baptiste Blondel* et *Lusson*, 1813 à 1818) ; les quatre rues qui l'entourent ont été ouvertes en 1817 sur le tracé des allées périphériques de l'ancienne foire. Un projet de réaménagement de cet espace est prévu : celui de l'architecte *Clément Cacoub* consiste en un grand espace public polyvalent où des manifestations culturelles et commerciales pourront avoir lieu. ▶ La *rue Mabillon*, à l'emplacement du passage de la foire Saint-Germain, tient son nom d'un moine de l'abbaye de Saint-Germain (1632-1707), auteur d'un traité de science diplomatique. Roland Dorgelès y vécut les dernières années de sa vie (au nº 2). Tout un côté de la rue est en contrebas : c'est l'ancien niveau du sol de la foire Saint-Germain. ▶ La *rue Guisarde* fut percée au XVIIe s. à l'emplacement d'un hôtel de Guise qui fut un des points d'appui de la Ligue. Plusieurs maisons anciennes ; mais la rue, longtemps provinciale, se met à l'heure de Saint-Germain-des-Prés. ▶ La *rue Princesse*. Il se pourrait que cette princesse fût Mlle de Montpensier qui, dans l'hôtel de Roussillon (disparu), aurait réuni autour d'elle les partisans de la Ligue. Elle s'est appelée rue de la Justice sous la Révolution, mais elle reste pour nous la rue de Chardin : né dans une maison qui faisait l'angle de la rue du Four, il a habité au nº 2 avec sa première femme et au nº 13 avec la seconde. Se trouve ici le club privé Castel. Cette rue fut ouverte vers 1630. Les maisons du côté pair sont du XVIIe s. ainsi que les nos 15 et 17.

▷ La rue des Canettes

Son nom actuel date de 1636, mais elle existait au XIIIe s. sous le nom de rue Saint-Sulpice ; il faut voir les mascarons, les guirlandes et les écussons des façades. Le sculpteur Jean-Jacques Caffieri (1725-1792) a passé toute sa vie au nº 20 : passer la porte pour voir une jolie cour avec une façade à colombages. Aux nos 16 et 18, maisons XVIIIe s. : cartouche représentant des jeunes canes dans un étang. Au nº 17 habitait le mari de la fameuse comtesse de Lamothe, de l'Affaire du collier. Au nº 13 est né, en 1887, le poète bien oublié Gabriel-Tristan Franconi qui est mort en 1918 en défendant contre l'ennemi «sa maison, sa rue et la place Saint-Sulpice». Aujourd'hui, cette rue a accueilli de nombreux petits restaurants. ▶ De l'autre côté de la rue du Four, la *rue des Ciseaux* date du XVe s. Il n'y a plus aujourd'hui, dans cette petite rue, que des restaurants et des clubs.

▷ La rue du Four

Il y avait là, au Moyen Age, une sente qui, au-delà de l'enceinte de Philippe Auguste, prolongeait la rue Saint-André-des-Arts et la rue de Buci et qui se poursuivait par notre actuelle rue du Cherche-Midi. Elle tient son nom du four banal qui dépendait de l'abbaye, et où les habitants du bourg Saint-Germain devaient faire cuire leur pain. Le percement de la rue de Rennes et du boulevard l'a totalement modifiée, et la plupart des immeubles, à de rares exceptions, datent du siècle dernier. Le n° 33 a gardé son portail, son puits et son escalier du XVIIe s. Une plaque rappelle qu'au n° 48 Jean Moulin a tenu la première réunion du Conseil national de la Résistance. La rue du Four, qui fut un des hauts lieux de l'existentialisme dans les années 50 est, de nos jours, beaucoup plus commerçante que philosophique. ▶ La *rue Bonaparte (entre le bd Saint-Germain et la place Saint-Sulpice)* : cette rue, dans cette section, est surtout celle du prêt-à-porter de luxe (plusieurs grands couturiers) et de quelques antiquaires. ▶ On arrive sur la place qui borde l'*église Saint-Sulpice*.

▷ La rue du Vieux-Colombier

Son nom rappelle le colombier dépendant de l'abbaye. C'est une des vieilles rues intellectuelles de Paris. Elle date du XIIIe s.

Molière, Racine, Chapelle, La Fontaine avaient l'habitude, vers 1661-1665, de se réunir chez Boileau qui avait un appartement dans cette rue. Mme Récamier a habité aussi cette rue. Au n° 1, l'hôtel de Lovencourt (XVIIIe s.), conserve une très belle façade. Au n° 11, la caserne de pompiers a remplacé le couvent des Filles de Notre-Dame de la Miséricorde supprimé à la Révolution et, au n° 21, dans une ancienne salle paroissiale, Jacques Copeau fonda, en 1913, le théâtre du Vieux-Colombier qui eut son heure de gloire littéraire ; il a fermé ses portes en 1971.

▷ La rue du Dragon

Du XIVe s. à 1791, elle s'est appelée rue du Sépulcre, mais les habitants lui préférèrent le nom du dragon qui ornait le portail monumental de la cour du Dragon. Si cet ensemble locatif du XVIIIe s. a disparu en 1957, la rue a gardé presque intacts ses maisons et hôtels du XVIIe et XVIIIe s. (aux n°s 2, 6, 10, 27, 33...). Au n° 44, au-dessus du balcon d'angle, une copie du dragon qui ornait l'entrée de la cour du Dragon. Au n° 37, *ancien hôtel de la Chasse*, habité aux XVIIe et XVIIIe s. par une colonie de peintres flamands (inscription). Au n° 30, Victor Hugo écrivait, en 1821, les Odes et les Ballades ; son mariage avec Adèle Foucher eut lieu le 12 octobre 1822 à Saint-Sulpice, avec Vigny pour témoin. Au n° 31, Académie Jullian, fondée en 1860. Jacques Copeau vécut au n° 19. Au n° 10, au fond de la cour, petit hôtel du XVIIIe s. qui fut habité par Roger Martin du Gard (1881-1958). Au n° 7 se trouvait une des entrées de la *cour du Dragon* qui communiquait avec le n° 50 de la rue de Rennes : aux XVIIe et XVIIIe s. s'y tenait l'Académie Royale réservée aux jeunes gentilshommes désireux de s'instruire en équitation, danse, armes. Au n° 5, Centre culturel américain. ▶ La *rue Bernard-Palissy* qui s'ouvre à dr., est l'ex-petite rue Taranne. Avec ses maisons anciennes, elle ne paraît pas avoir beaucoup changé depuis le XVIIIe s.

Le faubourg Saint-Honoré**

8e arr. / 27-G5, 26-F5
Métro : Georges-V
Bus : 22, 31, 43, 52, 73, 83
P 101, av. des Champs-Elysées
Taxis : 1, av. de Friedland ☎ 45.61.00.00

La rue du Faubourg-Saint-Honoré traverse de part en part le 8e arrondissement qui est un des plus élégants de la capitale. Du côté de la place de l'Etoile, le faubourg est plutôt résidentiel. La gigantesque salle Pleyel et la Fondation nationale des Arts plastiques en sont les seules institutions culturelles. Après le carrefour Saint-Philippe-du-Roule, jusqu'au palais de l'Elysée, de nombreuses galeries de peinture et des boutiques d'antiquités attirent les élégants touristes du rond-point des Champs-Elysées et les hommes d'affaires des nombreuses sociétés qui ont leur siège à proximité.

Jusqu'à l'imposante rue Royale, la rue du Faubourg-Saint-Honoré est ensuite très différente selon que l'on se trouve sur l'un ou l'autre de ses trottoirs. Côté impair se succèdent les porches des anciens hôtels du XVIIIe s., aujourd'hui sièges de légations étrangères. Le plus fastueux d'entre eux, l'hôtel d'Evreux ou palais de l'Elysée, est la résidence officielle du chef de l'Etat. Sur le trottoir d'en face, autour de luxueuses boutiques de mode ou de décoration, sont regroupées les plus prestigieuses maisons de couture. D'un côté s'ennuient, de loin en loin, des plantons en sentinelle, tandis que de l'autre une clientèle nombreuse et fortunée fait du lèche-vitrines.

Le faubourg dans l'histoire

Colonne vertébrale de ce quartier, la rue du Faubourg-Saint-Honoré n'est autre que l'ancienne chaussée du Roule qui, jadis, prolongeant la rue Saint-Honoré, menait à travers la campagne au hameau du Roule. Ce n'est qu'en 1722 que ce hameau devint l'un des faubourgs de Paris. Entre l'avenue Hoche qu'elle croise avant de rejoindre la place des Ternes, et l'église Saint-Philippe-du-Roule, le tracé sinueux de la rue du Faubourg-Saint-Honoré est celui de l'ancienne Grand-rue du village du Roule.

Au XVIIe s., la pépinière royale destinée à fournir en arbres et en plantes les jardins du Luxembourg et des Tuileries, s'étendait sur 26 arpents, long ruban de terrain entre les Champs-Elysées et la rue du Roule, depuis le grand égout proche des jardins des Tuileries, jusqu'à la rue de Chaillot (rue de Berri). Après 1719, une nouvelle pépinière fut plantée de l'autre côté de la rue du Roule ; le périmètre de l'ancienne, élargi par de nouvelles acquisitions, fut érigé en fief au profit du comte d'Artois, frère de Louis XVI. Celui-ci, avec l'aide de l'architecte Bélanger, forma de vastes projets afin de lotir aux mieux cet espace quasiment vierge. Ville modèle, la Nouvelle Amérique, autour de la place Franklin, devait être quadrillée par les rues Washington, Lafayette, tous noms illustres depuis la guerre d'Indépendance. A ce premier projet succédèrent bientôt ceux de la Nouvelle ville des Adelphes puis de la Nouvelle Londres.

En définitive, seules les écuries du comte d'Artois, dont l'entrée monumentale donnait sur la rue du Faubourg-Saint-Honoré, virent le jour. Les bâtiments néo-classiques, conçus pour une centaine de chevaux, furent détruits sous le second Empire. Alentour, des hôtels et des folies s'étaient élevés au cours du XVIIIe s. (hôtel d'Evreux, hôtel de Charost, hôtel d'Argenson, folie Marigny, hôtel de Duras, etc.). Plus haut dans le faubourg, le périmètre morcellé de la chartreuse Beaujon (→ encadré), après avoir accueilli le parc d'attractions des frères Ruggieri et les Montagnes Françaises (adaptation des Montagnes Russes), donna naissance au nouveau quartier Beaujon qui attira, au XIXe s., une pléiade d'artistes et d'écrivains.

Visite du faubourg

2 h

▷ La rue Balzac

A l'intersection de cette rue et de l'avenue de Friedland, sur la place G.-Guillaumin, se trouve une ***statue*** de Balzac : œuvre d'*Alexandre Falguière*, ce monument, érigé en 1902 à la mémoire de l'écrivain qui vécut dans ce quartier (22, rue Balzac) est, en quelque sorte, une version édulcorée du Balzac de *Rodin* (celui-ci, malgré l'intervention de Zola, ayant été refusé, ne trouva sa place boulevard Raspail qu'en 1939).

Tout proche, l'***hôtel Potocki*** *(27, av. de Friedland)* a été construit par *Jules Reboul* à partir de 1858 : le décor fastueux est en partie conservé. L'hôtel est devenu, en 1923, le siège de la Chambre de commerce et d'industrie de la Ville de Paris. *Viart* et *Dastugue* y firent des aménagements et construisirent de nouveaux bâtiments sur jardins tandis que *Ruhlman* créait des décors. Celui de la salle de bal a été conservé.

Au n° 22 de la rue Balzac, une plaque commémore le souvenir de Honoré de Balzac, mort le 18 août 1850 dans un hôtel qui s'élevait à cet emplacement ; celui-ci fut démoli en 1882. Avec lui disparaissaient tout à la fois les derniers vestiges de la ***folie Beaujon*** *(→ encadré)* et le souvenir du passage de Balzac en ces lieux *(→ encadré)*. Seuls quelques éléments de la ***chapelle Saint-Nicolas***, construite par *Beaujon*,

L'hôtel de Balzac

C'est dans cet hôtel, acquis le 28 septembre 1846, que Balzac engrangea ses rêves de bonheur matrimonial en même temps que ses collections, bric à brac hétéroclite d'objets et de mobilier.
L'écrivain mit toute l'énergie de ses dernières années à aménager l'endroit. Il avait acheté une partie des bâtiments de l'ancienne folie Beaujon afin d'y accueillir Eve-Constance Hanska, sa future épouse. Après plusieurs années de patience, cette union fut bénie le 14 mars 1850 à Berditchev, en Ukraine. Bonheur trop bref. Quelques mois plus tard, le 18 août, Balzac s'éteignait.
L'architecte Santi a fixé le souvenir du décor dans une série d'aquarelles qui était destinée à Mme Hanska pour qu'elle puisse juger, depuis sa lointaine Russie, des aménagements intérieurs. Balzac avait fait restaurer les décors conservés du temps de Beaujon et créer de somptueux appartements tendus de damas et de cuir de Cordoue. Littérature oblige, «il faisait des généalogies circonstanciées à ses moindres bibelots» : bahut de la duchesse de Berry, cabinet de Marie de Médicis, lit de la Pompadour... Au milieu de ce mobilier illustre, le célèbre «canier» placé au salon n'appartenait qu'à lui, indissociable de la silhouette légendaire...

échappèrent à la destruction et prirent place dans les jardins de la baronne Salomon de Rothschild.

▷ La rue Berryer

Au débouché de cette rue, est situé l'*hôtel* de la baronne *Salomon de Rothschild*. Les jardins ont été agrandis par les terrains de la maison de Balzac. On peut y voir les fragments remontés de la chapelle Saint-Nicolas et le pavillon Balzac, petite rotonde qui abritait un salon mauresque. L'hôtel Rothschild, commencé en 1872 par *Léon Ohnet*, fut achevé en 1878 par *Justin Ponsard*. La baronne légua son hôtel à l'Etat tandis que ses collections enrichissaient le musée des Arts décoratifs et les musées nationaux. Après avoir abrité la bibliothèque Doucet et la Maison des Artistes, les bâtiments sont devenus, depuis 1976, le siège de la Fondation nationale des Arts graphiques et plastiques.

▷ La rue du Faubourg-Saint-Honoré

de l'av. Hoche à la rue de Berri

Au n° 208, l'ancien *hospice Beaujon*, fondé en 1784 par le financier *Beaujon* pour l'éducation des enfants pauvres du quartier, est un bel édifice construit par *Girardin*; depuis 1936, les bâtiments ont été affectés à l'Ecole pratique des gardiens de la Paix. L'austère façade à refends et le portail monumental constituent le seul ensemble rescapé du domaine de Beaujon. Au-delà du carrefour où le boulevard Haussmann prolonge l'avenue de Friedland, les demeures sont moins anciennes : à l'emplacement de l'actuel n° 170 se trouvait la maison où mourut Mme de Genlis et, au n° 166, la maison de campagne de Mme de Maintenon. ▶ On croise la *rue de Berri*. Dans cette voie ouverte en 1778, la princesse Mathilde, fille de Jérôme Bonaparte, eut (au n° 20) un appartement qu'elle occupa, après la guerre de 1871, jusqu'à sa mort (en 1904); son salon a vu défiler toutes les gloires politiques, littéraires et artistiques de la fin du siècle. ▶ La rue est coupée par la *rue d'Artois* où est mort (au n° 6) Alfred de Vigny, à l'âge de soixante-six ans.

▷ L'église Saint-Philippe-du-Roule*

154, rue du Faubourg-Saint-Honoré / ouverte sans interruption ☎ 43.59.24.56

Construite de 1774 à 1784 par *Jean-François Chalgrin*, Saint-Philippe-du-Roule porte la marque du goût qui régnait alors dans les arts pour les formes héritées de l'antiquité classique. Le plan s'écarte résolument des schémas en croix, latine ou grecque, traditionnels chez les architectes du XVIIe et du XVIIIe s., comme des plans centraux qu'affectionnaient ceux de la Renaissance. *Chalgrin* a choisi un plan basilical, fait de trois nefs parallèles séparées par deux rangées de colonnes; la nef centrale, plus large, est voûtée en berceau et

La chartreuse de Beaujon

Nicolas Beaujon (1708-1786) eut un certain talent pour faire fructifier sa fortune. Négoce, jeu des alliances et enfin cumul des charges, firent de lui l'un des hommes les plus riches du XVIIIe s. Les terrains qu'il acquit en 1781-1782 représentaient, entre le faubourg du Roule et l'Etoile, quelque douze hectares. Au croisement des actuelles rues Balzac et Beaujon, l'architecte Girardin lui éleva une folie «dans le genre des fermes hollandaises», à l'imitation des bergeries à la mode. Mais les petits appartements surtout étaient «galamment ornés». Escalier secret, porte dérobée conduisaient à une chambre dont le lit «représentait un bosquet : quatre arbres, dont la verdure s'étendait sur une partie du plafond peint en ciel, semblaient ombrager cette corbeille et supportaient des draperies suspendues à leurs rameaux...». Veuf, âgé, Beaujon «dans une barcelonnette que balançaient deux charmantes berceuses en léger costume de nymphe à l'état de chrysalide» y trompait ses insomnies.
De l'autre côté de la rue, Nicolas Beaujon, philantrope à ses heures, fit construire l'hospice destiné aux enfants pauvres, dont les bâtiments existent encore de nos jours, tandis que dans une partie attenante aux appartements, il faisait élever la chapelle Saint-Nicolas.

Les folies du XVIIIe siècle

Petites maisons destinées à abriter des plaisirs, raffinées, riches en surprises, les folies parsemèrent de leurs extravagances des lieux épars et tranquilles, bien loin de la cour, tels que Chaussée-d'Antin, Clichy, Neuilly, Sèvres et Monceau. Délaissant les demeures somptueuses de leurs pères, de grands seigneurs, les ducs d'Orléans, de Gesvres, de Richelieu, de Chaulnes, voulurent un havre de taille plus modeste mais plus délicat, et au milieu de la nature, pour se distraire avec leurs amis ou égéries, y jouer, y causer ou s'y adonner à un art. Ils le voulurent exotique, ou terrain d'aventure, ou invitation au voyage, l'entourant d'un jardin à la mode anglaise et le peuplant de «fabriques» : cloîtres, ruines antiques, temples, pagodes, moulins hollandais, minarets... Les architectes en vogue furent sollicités pour décorer au goût du jour ces écrins de verdures : Ledoux, Soufflot, Brongniard, Bélanger mirent leurs talents au service de ces princes légers et esthètes. L'apogée se situe en 1778 quand sortent de terre Bagatelle, La folie Beaujon et Monceau.

terminée par un cul-de-four. Les nouveautés introduites ici dans l'architecture religieuse, ont connu un grand succès au XIXe s., comme en témoignent Notre-Dame-de-Lorette, Saint-Denis-du-Saint-Sacrement ou Saint-Vincent-de-Paul. La façade, précédée d'un portique de quatre colonnes, et l'intérieur sont d'un dessin élégant qu'une très grande délicatesse dans le jeu des proportions sauve de la sécheresse. L'église a été agrandie deux fois. En 1845, *Etienne Godde* a prolongé les nefs latérales en un déambulatoire sur lequel ouvre la chapelle de la Vierge; en 1853, *Victor Baltard* a élevé, à gauche du chœur, la chapelle des Catéchismes.

Le *fronton* est décoré d'une statue de la Religion par *François-Joseph Duret*. L'*intérieur* renferme l'un des chefs-d'œuvre de la peinture religieuse du XIXe s. : *la Descente de croix** de *Théodore Chassériau* (1855), géniale synthèse entre le dessin abstrait de l'école d'Ingres et la chaleur romantique du coloris; dans la *chapelle de la Vierge*, peintures de *Claudius Jacquand* (1857-1860). ▶ La *rue La Boétie*, créée à la fin du XVIIIe s., évoque l'ami de Montaigne. Elle était, entre les deux guerres, très élégante. Picasso a vécu au n° 29 de 1918 à 1937; sa première femme, Olga Khoklova, habitait le premier étage : Cocteau, Eric Satie, Missia Sert, le comte de Beaumont et d'autres encore s'y retrouvaient. Nombreuses galeries d'art. ▶ La *rue du Faubourg-Saint-Honoré (suite)*. Au n° 114, un immeuble très contemporain a été bâti à l'emplacement de la vieille porte du Roule qui marquait la limite du faubourg du Roule. ▶ On croise la *rue du Colisée* : cette ancienne chaussée des Gourdes tient son nom du colisée que *Le Camus* avait bâti entre 1669 et 1671. Il était destiné aux fêtes et aux spectacles et fut abattu en 1780. Tous les terrains qui s'étendaient sur les emplacements actuels des rues du Colisée, du Faubourg-Saint-Honoré, les avenues Matignon et des Champs-Elysées appartenaient au comte d'Artois. ▶ La *rue du Cirque*, ouverte en 1847, conduisait au cirque des Champs-Elysées.

▷ La place Beauvau

Sur cette belle place circulaire tracée en 1836, le *ministère de l'Intérieur*, qui s'ouvre par une belle grille dorée, occupe depuis 1860 l'ancien hôtel que *Le Camus de Mézières* avait bâti vers 1770 pour un comte de Beauvau. Dans la cour d'honneur, plaque à la mémoire du ministre Georges Mandel qui fut assassiné en 1944. ▶ On peut faire quelques pas dans la *rue des Saussaies*. Cette petite rue au nom agreste (elle s'est aussi appelée de la Coudraie), abrite le siège de la Sûreté nationale; dans la *cour Pierre-Brossolette*, plaque à la mémoire des patriotes qui furent ici torturés par la Gestapo, et, parmi eux, Pierre Brossolette qui se suicida en se jetant par la fenêtre d'un des bâtiments. ▶ La rue est prolongée par la *rue d'Astorg*, une des rues célèbres et sélects du second Empire. A cette époque, au n° 8, Mélanie de Pourtalès recevait toute l'Europe dans son hôtel qui était le symbole des fastes du temps.

▷ Le palais de l'Elysée* *55-57, rue du Faubourg-Saint-Honoré*

Depuis 1873, c'est la résidence des présidents de la République. Le parc à l'anglaise, situé derrière le palais, s'étend jusqu'à l'avenue Gabriel sur laquelle il s'ouvre par la grille du Coq (1900).

Histoire de l'édifice

Le palais a servi à tous les régimes. Il a été construit en 1718 par *Mollet* pour le comte d'Evreux. Une deuxième tranche de travaux fut effectuée par *J.-M. Alexandre Hardouin* (décors dont on a conservé quelques boiseries au rez-de-chaussée). L'hôtel fut ensuite acheté par Mme de Pompadour (1753) qui confia à *Lassurance* la direction des nouveaux et somptueux aménagements. Par ailleurs, la marquise obtenait du roi, afin de dégager la vue, la création d'une percée orientée vers les Invalides. Ce périmètre déboisé, à la fureur des riverains, n'est autre que le carré Marigny. La marquise légua son hôtel à Louis XV qui le restitua à Marigny, le frère de la défunte (1764). Devenu propriété de Beaujon en 1773, le financier — très présent dans l'histoire du faubourg Saint-Honoré — le céda par la suite à Louis XVI, lequel s'en dessaisit au profit de la duchesse de Bourbon (1787).

Imprimerie nationale sous la Révolution, il fut occupé par un établissement de danse sous le Directoire. Le palais devint, en 1805, la demeure de Murat et de sa femme Caroline, sœur de Napoléon Ier, qui l'occupèrent jusqu'à l'élévation de Murat au trône de Naples (1808). De cette époque ont été conservés deux très beaux ensembles : le *salon Murat* et le *salon Argent*. Joséphine y séjourna, puis, après son divorce, l'Empereur lui-même jusqu'à la fin de l'Empire. En 1814 le tzar Alexandre en fit sa résidence. C'est dans le salon Argent que Napoléon dut signer son abdication le 22 juin 1815. Wellington (1815), le duc de Berry (1816-1820) s'y succèdent.

Habité de façon temporaire seulement, il est repris par le prince Louis-Napoléon lors de son élection à la présidence (20 décembre 1849). C'est là que le Prince-Président prépare, avec Morny, le coup d'Etat du 2 décembre 1851. Par la suite, sous Napoléon III, on effectua des modifications radicales sur le décor intérieur (salle de bal) et sur l'aspect des bâtiments sur cour (surélévation des ailes, réfection du portail sur le faubourg Saint-Honoré). En 1873, le palais devient *résidence du chef de l'Etat* et verra désormais se succéder les treize présidents de la troisième République : Mac-Mahon (1874), Jules Grévy (1879), Sadi Carnot (1887), Casimir-Perier (1894), Félix Faure (1895), Emile Loubet (1899), Armand Fallières (1906), Raymond Poincaré (1913), Paul Deschanel (1920), Alexandre Millerand (1920), Gaston Doumergue (1924), Paul Doumer (1931) et Albert Lebrun (1932-1940); sous la quatrième République, Vincent Auriol, lequel engagea les travaux qui permirent de retrouver l'ordonnance des façades en faisant disparaître verrières, marquises et véranda, tous ajouts de verre et de métal tant prisés à la fin du siècle dernier (1947); René Coty (1954), et enfin les présidents de la cinquième République, Charles de Gaulle (1959), Georges Pompidou (1969), Valéry Giscard d'Estaing (1974) et François Mitterrand (1981).

La visite du palais

Le palais de l'Elysée ne se visite que dans des conditions exceptionnelles (M. Giscard d'Estaing guida lui-même des visiteurs le 14 juillet 1978). Actuellement c'est dans le salon Murat que se tient le Conseil des ministres, tandis que les bureaux du président et de ses collaborateurs occupent, depuis le général de Gaulle, les anciens appartements à l'étage du corps de logis principal. Les décors d'*Agam*, créés sous la présidence de Georges Pompidou, ont quitté leur aile d'origine pour être déposés au centre Beaubourg à la demande du président Giscard d'Estaing. Les appartements particuliers du président se situent au premier étage de l'aile du côté de la rue de l'Elysée. Le président Mitterand a — dans une certaine mesure —, ouvert les portes au mobilier et à la création contemporaine.

▷ La rue de l'Elysée

Elle longe les jardins de la Présidence. Tracée sous le second Empire, elle est bordée d'hôtels uniformes qui constituent le seul exemple à Paris d'architecture à l'anglaise (perrons flanqués de colonnettes en fonte sur un étage en soubassement, auquel on accède par un escalier et une cour à la manière anglo-saxonne). On peut y voir le souvenir gardé par Napoléon III de son exil londonien. Deux de ces hôtels sont occupés par des services de la Présidence, en particulier le n° 2, qui a englobé l'ancien hôtel construit par l'impératrice Eugénie pour sa mère et qui est décoré de boiseries provenant du château de Bercy.

▷ La rue du Faubourg-Saint-Honoré

du palais de l'Elysée à la rue d'Anjou

Le n° 76 fut longtemps occupé par la célèbre galerie Charpentier. Au n° 41, magnifique *hôtel** que la baronne de Pontalba avait fait construire par *Visconti* en 1842. A la mort de la baronne, l'hôtel fut vendu à Edmond de Rothschild, lequel fit raser l'ensemble, à l'exception de l'aile donnant sur la rue du Faubourg-Saint-Honoré, pour y substituer un nouvel hôtel dans le goût Louis XV (*F. Langlois* architecte). Aux collections de peintures s'ajoutaient des boiseries anciennes de qualité inestimable, remontées sur place. En 1948, les bâtiments furent acquis par le gouvernement des Etats-Unis. Alors qu'une partie des collections avaient été données par le baron aux musées nationaux (trésor de Bosco Reale, Louvre), les boiseries étaient déposées et remplacées par des copies en staff.

Au n° 39, l'*ambassade d'Angleterre* occupe depuis plus de cent cinquante ans l'*hôtel de Charost**, construit par *Mazin* en 1720 et sur lequel avait régné Pauline Borghèse de 1803 à 1814. La chambre de Pauline conserve toujours son décor et son mobilier Empire, tout comme le *salon Blanc* ses bronzes attribués à *Thomire*. En 1815, Wellington s'en rendit acquéreur pour y établir l'ambassade où fut célébré, entre autres, le mariage de Berlioz et d'Harriett Smithson et qui reçut les visites de l'empereur d'Autriche, de la reine Victoria, du prince de Galles et d'Elisabeth II.

Le n° 35, qui jouxte l'hôtel de Charost, abrite également des locaux appartenant à l'ambassade d'Angleterre. Pourtant les n°s 35, 33, 31 eurent, à l'origine, un sort commun (trois lots issus d'une vente en 1713). Les *hôtels Chevalier* (n° 35) et *Levieux* (n° 33), construits selon des conventions communes par *Grandhomme*, sont des bâtiments jumeaux. Les financiers *Isaac* et *Emile Pereire* remanièrent, sous le second Empire, le n° 35. *Dieterle*, *Bouguereau*, *Jalabert*, *Cabanel* apportèrent leurs contributions à l'élaboration d'un décor plantureux toujours en place. Au n° 33, l'hôtel Levieux, un temps ambassade de Russie, fut acheté par le baron Nathaniel de Rothschild. Il y fit remonter des boiseries fin XVIIIe s. provenant de l'hôtel Tourolle (en place). Depuis 1917, l'essor du Cercle de l'Union Interallié a conduit à surélever les bâtiments et à créer des salles en sous-sol. Le n° 31 servit de cadre à la signature du Concordat de 1801. Hôtel Marbeuf puis Pillet-Will, il a été acheté, en 1965, par le gouvernement du Japon puis voué à la démolition : derrière la façade d'origine ont été construits des bureaux purement fonctionnels. Au n° 29, l'*hôtel*, construit en 1729 par *Lassurance* pour la duchesse de Rohan-Montbazon, est aujourd'hui défiguré. ▶ La *rue d'Anjou* : cette longue rue relie le faubourg Saint-Honoré à la rue de la Pépinière après avoir traversé les boulevards Malesherbes et Haussmann. Elle était connue au XVIe s. sous le nom de rue des Morfondus. Au n° 8, La Fayette vécut de 1827 jusqu'à sa mort (1834) dans l'*hôtel* construit par *Mazin*. Benjamin Constant est mort dans une maison à l'emplacement de l'actuel n° 29, le 8 décembre 1830.

▷ La rue de la Ville-l'Evêque

Cette rue, ouverte en 1652 sur les terrains du bourg l'Evêque appartenant à l'évêque de Paris, semble avoir fait récemment un retour aux sources : l'archevêché de Paris a quitté la rue Barbet-de-Jouy pour venir, au n° 8, occuper un très vaste immeuble. Alexis de Tocqueville est né en 1805 au n° 12. Au n° 16, *hôtel Suchet* bâti au XVIIIe s. par *Boullée* : il fut habité par le maréchal Suchet de 1802 à 1818 ; un grand nombre de curieux se pressait sous ses fenêtres pour entendre ses perroquets chanter les vêpres. Dans la cour du n° 18, on peut voir un pavillon Louis-Philippe. Au n° 20, hôtel d'Arenberg.

▷ La rue Boissy-d'Anglas

Jadis chemin campagnard menant du bourg de la Ville-l'Evêque à l'abreuvoir l'Evêque sur la Seine, puis rue de la Bonne-Morue, elle ne conserve presque aucunes des belles demeures du début du XIXe s. A l'angle avec la place de la Concorde, l'hôtel du gastronome Grimod de la Reynière est, depuis 1928, l'*ambassade des Etats-Unis*. La construction de cet hôtel fut autorisée en 1775 sous la condition que les bâtiments imitent — afin de respecter l'ordonnance de la place de la Concorde — l'architecture de l'hôtel Saint-Florentin qui lui est symétrique. ▶ La *rue du Faubourg-Saint-Honoré (fin)*, qui accueille tous les plus grands couturiers, joailliers, orfèvres de la capitale, s'achève *rue Royale*, tout aussi somptueuse par le choix de ses boutiques de luxe.

Le faubourg Saint-Jacques★

14e arr. / 44-J9
Métro et RER : Port-Royal
Bus : 38, 68, 83, 91
P boulevard du Montparnasse ; place Denfert-Rochereau
Taxis : 172, bd du Montparnasse ☎ 43.25.00.00

La sobre et classique silhouette de l'Observatoire qui fut jadis bâti en pleine campagne, domine aujourd'hui un quartier à l'urbanisation disparate. Quelques maisons basses typiques des faubourgs côtoient des immeubles de rapport cossus, des logements sociaux, ou de véritables ensembles d'ateliers-résidences.

Le faubourg Saint-Jacques est traversé par le grand axe nord-sud qui coupe Paris de part en part et qui emprunte l'avenue Denfert-Rochereau puis l'avenue de l'Observatoire sur une partie de son parcours. Cette avenue qui conduit à l'Observatoire matérialise sur le sol de la capitale le passage du méridien de Paris dont elle suit le tracé.

Cette particularité astronomique, pas plus que le vacarme de la circulation, ne semblent impressionner les pensionnaires des communautés religieuses qui subsistent ici, repliées derrière leurs jardins. L'abbaye de Port-Royal, qui fut la plus célèbre d'entre elles, existe toujours mais sous un aspect très différent de ce qu'elle fut à l'origine car, comme la plupart des établissements conventuels du faubourg, elle a été transformée en hôpital. De l'ancienne campagne qui s'étendait ici, il ne reste plus que quelques bribes de verdure dans le square de l'Observatoire et dans quelques cités d'artistes au caractère savoureusement rustique.

Le faubourg dans l'histoire

Au temps où Paris était Lutèce, le faubourg Saint-Jacques formait une zone suburbaine en retrait par rapport aux pentes de la montagne Sainte-Geneviève. Puis la ville gallo-romaine s'étendit vers le sud, de part et d'autre du grand axe nord-sud appelé aussi route de Paris à Orléans, qui prolongeait le cardo maximus (aujourd'hui rues Saint-Jacques et du Faubourg-Saint-Jacques). Au haut Moyen Age, c'est encore autour de la route antique que se concentrait l'activité commerciale et militaire mais aussi religieuse : elle devint chemin du pèlerinage vers Saint-Martin-de-Tours d'abord, puis vers Saint-Jacques-de-Compostelle dès le XIe s. Cette importante activité entraîna la naissance d'une nouvelle route à l'ouest (sur le tracé du boulevard Saint-Michel et de la rue Denfert-Rochereau actuels).

Situé hors de l'enceinte de Philippe Auguste, le faubourg Saint-Jacques, comme les autres faubourgs de la rive gauche, se développa lentement : prairies et vignes parsemées de moulins à vent en faisaient un quartier calme et aéré où les congrégations religieuses commençaient à s'installer. Mais c'est de la seconde moitié du XVIIe s. que date l'essor de ce quartier, avec la construction du couvent des oratoriens (1650) et celle de l'abbaye de Port-Royal (1626-1648) derrière laquelle Colbert fondait l'Observatoire en 1667. En même temps, Louis XIV décida l'aménagement d'un boulevard qui établirait un lien entre ce nouveau quartier et l'hôtel royal des Invalides. Le cours du Midi ne fut terminé que sous le second Empire avec le percement du boulevard de Port-Royal et de ceux qui lui font suite.

Dès le début du XIXe s., ce quartier peu urbanisé fut le terrain de nouvelles expériences en matière d'architecture. C'est plus précisément dans les années trente qu'une clientèle aisée et ouverte aux nouveautés permit la réalisation d'immeubles considérés d'avant-garde.

Visite du faubourg

1 h 30

▶ La *station de métro Port-Royal* : cet édicule dont les belles marquises allient harmonieusement le fer et le verre fut bâti en 1892 (*O. Rougier* ingénieur).

▷ Le boulevard de Port-Royal

Il est, par son nom, rattaché au jansénisme mais, depuis que son côté pair est rénové, il n'a plus le caractère grave qu'il devait à son histoire et à ses hôpitaux. Au n° 88, premier *immeuble* (1884) répertorié avec bow-window (*P.L. Alinot* architecte) : pénétrer dans la cour pour admirer l'organisation de la façade de briques. Au n° 111, on ne voit plus que l'imposant portail de l'ancien noviciat des capucins qui alla s'installer en 1779 rue Caumartin. Un an après, à son emplacement, le curé de Saint-Jacques-du-Haut-Pas, l'abbé Cochin, fondait l'hôpital qui a été plusieurs fois agrandi (l'hôpital Cochin actuel a son entrée au 47, rue du Faubourg-Saint-Jacques). Au n° 113, une vieille maison à l'abandon a un petit charme désuet.

▷ L'ancienne abbaye de Port-Royal de Paris *123-125, bd de Port-Royal (maternités Baudelocque et Port-Royal) / Cloître : t.l.j., 10 h-20 h; chapelle : dim., 11 h 15; bâtiments conventuels : visite guidée par la caisse des Monuments historiques ☎ 48.87.24.14*

Les origines de l'abbaye remontent au XIIIe s. avec la fondation en 1204, par Matthieu de Montmorency et son épouse, de Port-Royal des Champs, abbaye cistercienne non loin de Chevreuse. La *mère Angélique Arnauld* en prit la direction au début du XVIIe s., la réforma et lui assura un tel rayonnement spirituel qu'elle devint vite trop exiguë. La mère de l'abbesse,

Catherine de Marion, acquit alors pour la communauté, en 1625, l'hôtel de Clagny, rue de La Bourbe à l'extrémité du faubourg Saint-Jacques. Cet hôtel avait été construit au XVIe s. pour Pierre Lescot, seigneur de Clagny, connu comme architecte du Louvre. Dès 1626, les moniales s'installèrent dans les anciens locaux, puis les largesses de Marie de Médicis et de Louis XIV permirent la restauration des lieux et la construction de nouveaux bâtiments conventuels. Cette nouvelle abbaye, Port-Royal de Paris, devint si l'on ose dire le fief des Arnauld ; la mère et les sœurs de la mère Angélique y furent religieuses, tandis que ses frères, Robert Arnauld d'Andilly et Antoine Arnauld qu'on a appelés les solitaires ou les messieurs de Port-Royal, faisaient le renom de Port-Royal des Champs. A partir de 1627, Port-Royal de Paris cessa de dépendre de Cîteaux et fut rattaché à l'archevêché de Paris. Jean du Vergier du Hauranne, abbé de Saint-Cyran, fit connaître si bien la doctrine janséniste concernant la Prédestination que les deux abbayes de Port-Royal devinrent le foyer de cette philosophie. Pascal, rejoignant dans la communauté sa sœur Jacqueline, vint ici achever sa conversion, tandis que le savant Nicole fut aussi disciple des messieurs de Port-Royal. Les sermons de l'abbé Singlin étaient célèbres. Mais le jansénisme devenant trop éclatant, Louis XIV fit procéder en 1664 à l'expulsion des religieuses (trois ans après la mort de mère Angélique) et quatre ans plus tard les deux abbayes étaient séparées, Port-Royal de Paris devenant désormais étranger au jansénisme ; en 1709, Port-Royal des Champs était à son tour supprimé. Pendant la Révolution le premier fut transformé en prison, dite Port-Libre, dans laquelle Lavoisier fut interné, puis en maison d'allaitement pour les enfants trouvés (1795), et enfin en maternité (1818).

Les anciens bâtiments conventuels, classés monuments historiques, ne nous sont qu'en partie parvenus mais dans leur intégrité. Vus de l'extérieur, ils ont conservé leur austérité et leur dignité. L'*hôtel d'Atry* est actuellement occupé par la direction de l'hôpital : c'est une élégante demeure à un étage avec deux ailes en retour d'équerre et toit en tuiles percé de cinq mansardes à fronton triangulaire. *La chapelle*, remise en état en 1952, fut élevée par *Le Pautre* pour les religieuses de Port-Royal ; son portail singulier ne s'ouvre pas comme dans les églises paroissiales à l'extrémité de la nef mais dans le transept N. ; elle a conservé son architecture du XVIIe s. et ses boiseries ornées du vase de Cana. Malheureusement les tableaux peints spécialement pour l'abbaye par *Philippe de Champaigne* restent dispersés : ex-voto de 1622 au musée du Louvre, la Madeleine au musée des Beaux-Arts de Rennes ; la très belle table de communion en fer forgé a été offerte à la mère Angélique. A dr. du petit passage qui mène au cloître et au chœur des dames, la *salle capitulaire* a gardé son volume et ses *boiseries**. Le *cloître*, avec ses trois côtés d'arcades surbaissées, est surmonté de *bâtiments conventuels* du XVIIe s. auxquels on accède, dans l'angle S.-E., par un escalier à balustres de bois appelé escalier du Miracle ; sur le côté N., en avant de la chapelle, un petit pavillon serait un vestige de l'ancien hôtel de Clagny. On remarque encore, au N.-O., l'ancien logis de Mme de Sablé, l'amie de La Rochefoucauld, et à l'E. l'appartement à deux étages de la princesse de Guémenée. Au second étage, sur le côté N., les balcons en fer forgé sont d'origine. Durant un siècle et demi, le jardin du cloître servit de cimetière aux religieuses cisterciennes ou visitandines et, d'après les écrits, on pense que plusieurs personnes furent inhumées dans la chapelle, notamment la mère Angélique. ▶ A g., la *rue Henri-Barbusse* longe la maternité de Port-Royal et débouche sur l'avenue de l'Observatoire.

Les marchés

Rue d'Alésia (derrière l'hôpital Sainte-Anne) : mer., sam., 7 h-13 h 30.
Le long de l'hôpital du Val-de-Grâce, boulevard de Port-Royal : mar., jeu., sam., 7 h-13 h 30.

▷ L'Observatoire** *61, av. de l'Observatoire / vis., sur demande écrite adressée au président de l'Observatoire, le premier sam. du mois à 14 h 30 ; juil. et août : se présenter à la grille lun., merc., vend., à 14 h 30*

Ce bâtiment ferme la belle avenue de l'Observatoire, ombragée de marronniers. Créé en 1667 et construit de 1668 à 1672 sur les plans de *Claude Perrault*, c'est le plus ancien des observatoires en service dans le monde. En 1926, l'observatoire de Meudon lui fut adjoint puis, vers 1950, la station de radioastronomie de Nançay, dans le Cher. C'est aujourd'hui l'un des grands centres mondiaux de recherche astronomique.

L'histoire de l'Observatoire

Sa création s'est inscrite dans le mouvement général en Europe qui a vu partout se former des sociétés et des académies où les savants confrontaient leurs idées et les résultats de leurs recherches. Ainsi en France, dès 1665, quelques membres de la communauté scientifique élaboraient le projet d'une compagnie des Sciences et des Arts tandis que l'astronome Auzout exposait, dans une dédicace au roi, le pressant besoin de l'établissement d'un observatoire astronomique. Louis XIV et Colbert répondirent à ces vœux : l'académie royale des Sciences tint sa première séance le 22 décembre 1666 et, pour créer l'Observatoire royal, un terrain fut acheté le

Le méridien de Paris et le Bureau international de l'heure

C'est le 21 juin 1667, jour du solstice d'été, que les mathématiciens de l'académie royale des Sciences déterminèrent l'axe du méridien de Paris qui devait orienter l'Observatoire. Cette ligne, axe nord-sud, est matérialisée par un fil de cuivre incrusté dans le pavement de l'Observatoire. Le méridien de Paris demeura le méridien d'origine de la France jusqu'en 1884; à cette date, il fut remplacé par le méridien de Greenwich (9'21" plus à l'ouest).

En France, l'unification de l'heure fut décidée en 1891, imposant l'heure du méridien de Paris. Mais une harmonisation générale s'avéra nécessaire pour les besoins de la navigation internationale. C'est ainsi que l'on détermina le Temps universel par rapport au méridien de Greenwich. Le Bureau international de l'heure, créé en 1919, a son siège dans l'Observatoire de Paris. La rotation de la Terre n'étant pas uniforme, il doit parfois rajouter en fin d'année quelques secondes supplémentaires. Il diffuse l'heure par l'intermédiaire de la fameuse horloge parlante, la première au monde, créée en 1933 par Ernest Esclangon. Celui-ci appliqua la technique du cinéma parlant à la diffusion de l'heure par téléphone. L'horloge parlante reçoit quatorze millions d'appels par an, et chacun peut l'interroger en composant le 36.99. L'horloge originale, présentée dans le vestibule du bâtiment Perrault, est aujourd'hui remplacée par trois autres modèles.

7 mars 1667. De forme pentagonale et de 2,5 ha de surface, il se situait hors de Paris, au lieu-dit le Grand Regard : l'horizon était parfaitement dégagé de tous les côtés et le lieu propice aux observations. L'implantation exacte du bâtiment fut déterminée scientifiquement et les plans en furent dressés par *Claude Perrault*, le frère du conteur. Le gros œuvre terminé en 1672, les travaux d'aménagement se poursuivirent jusqu'en 1683. L'activité scientifique de l'Observatoire fut soutenue jusqu'à la Révolution par la dynastie des quatre *Cassini* bien que d'autres savants s'y soient également illustrés. Cassini I travailla sur les dimensions du système solaire et découvrit la division des anneaux de Saturne; son fils détermina un mouvement propre stellaire; son petit-fils, Cassini de Thury dit Cassini III, établit la carte topographique de la France, carte qui fut achevée par Cassini IV. L'Observatoire passa ensuite sous le contrôle du Bureau des longitudes créé en 1795 et participa à la définition du système métrique. De nombreuses observations célestes ont fait l'objet de découvertes et de publications : carte de la Lune et carte de la France. Certaines recherches nécessitèrent des observations sur le terrain : des expéditions partirent de l'Observatoire pour le Danemark, Cayenne, le cap Vert ou les Canaries pour tenter d'estimer les dimensions du système solaire. Picard organisa des « promenades » dans la banlieue pour mesurer un degré de méridien, étape indispensable pour évaluer la mesure de la Terre. La science devint alors pluridisciplinaire. Arago et ses disciples découvrirent à l'Observatoire la vitesse de la lumière. Le Verrier put expliquer la mécanique céleste grâce aux tables des planètes, et fonda la Météorologie nationale. La photographie, encore à ses débuts, y fut aussitôt utilisée pour constituer la carte du Ciel. C'est enfin en ce lieu où la rigueur et la précision sont exigées que fut naturellement accueilli le Bureau international de l'heure, lors de sa création en 1919.

L'extérieur

Il se compose d'un corps central rectangulaire flanqué à l'E. et à l'O., sur sa façade méridionale de deux tours octogonales. Une tour carrée est accolée à la façade N. tandis que la **façade S.** est ornée de bas-reliefs de *Temporiti*, représentant des globes et des instruments d'astronomie. Les carrières souterraines permirent l'aménagement d'un puits vertical de 55 m de hauteur pour servir à des observations zénithales; en fait il n'a été utilisé que pour des expériences sur la chute des corps et sur le pendule. L'Observatoire est surmonté d'une terrasse livrant une vue splendide sur Paris. La tour E. qui abrite le grand équatorial est coiffée d'une coupole depuis 1845.

L'intérieur

Dans la cour d'honneur, sur la méridienne, une belle statue de **Le Verrier** par *Chapu*. On entre par la façade N. : dans le vestibule, d'une part le télescope de *Léon Foucault* de 1859 et en face le miroir du sidérostat, provenant de la grande lunette de l'Exposition universelle de 1900; avant de gravir l'escalier de pierre très harmonieux, on passe devant l'**horloge parlante** originale (*Esclangon*, 1933). Au **premier étage** s'ouvre à dr., la salle du Conseil où sont accrochés, sous le regard de Louis XIV représenté en pied, les portraits de tous les directeurs de l'Observatoire, de J.-D. Cassini à Danjon; la grande galerie voutée, dominée par les statues de Cassini et de Laplace, abrite une collection d'**instruments scientifiques** anciens : télescope grégorien de *James Short*, fabriqué à Londres en 1753; quart de cercle mural de *J. Bird*; sextant construit par *Langlois* en 1750 qui servit aux observations de l'abbé de La Caille au collège Mazarin et au cap de Bonne Espérance; longue-vue de Napoléon Ier, signée *Le Rebours*; étalons du système métrique; prismes ayant servi aux expériences d'optique de Fresnel et d'Arago. Au bout de la galerie, une salle en rotonde qui a gardé son décor d'origine présente quelques belles pièces : le globe céleste de *V. Coronelli*

(1693) ; la lunette méridienne construite en 1774 ; sur la cheminée, la pendule animée par un véritable mouvement d'horlogerie astronomique, construite en 1720 par *Pierre Fardoil*, et dont le « cabinet » a été exécuté par *Caffieri*, d'après les cartons de *A. Coypel*. Une vitrine présente une petite lunette de passage de *Brumer* (1819) et une arbalète, ou bâton de Jacob, utilisée par les marins pour mesurer la hauteur des astres ; aux murs, des gravures anciennes et des portraits. Au ***deuxième étage***, la grande salle de la Méridienne où *Cassini* a représenté le ***méridien de Paris*** par une ligne de cuivre scellée entre des dalles de marbre gravées aux douze signes du zodiaque, renferme d'anciens instruments de physique et d'astronomie ainsi que des bustes d'astronomes et de navigateurs français. Le grand escalier conduit à la terrasse qui couvre tout le bâtiment de Perrault. La coupole de la *tour E.*, construite en 1850 et tout en cuivre, abrite le grand *équatorial* qui est encore utilisé pour des observations ; celle de la tour O. contient l'équatorial de Secrétan-Eichens ; sur la plate-forme du bâtiment principal, un puits qui va jusque dans les catacombes (dans cette partie souterraine qu'on ne visite pas, une main pieuse a déposé une statue de la Vierge : Notre-Dame-de-Dessous-Terre). Les caves profondes de 27 m dont la caractéristique est la température constante à 11° 86, renferment des instruments météorologiques, l'horloge parlante, et quatre pendules sidérales à pression et à température constantes qui ont pour mission de synchroniser électriquement les pendules des diverses salles d'observation.

Pour en savoir plus : brochure *L'Observatoire de Paris. Son histoire, 1667-1963* ; 1984, disponible sur place. ▶ Les *jardins de l'Observatoire* ont leur entrée boulevard Arago *(ouv. avr.-sept., 13 h-19 h ; sept.-15 oct., 13 h-18 h).*

▷ La rue Cassini*

En sortant de l'Observatoire, tourner à dr. pour prendre cette rue très agréable, calme et fleurie. Elle est bordée de chaque côté d'hôtels construits au début du siècle pour des artistes ou des mécènes. Cet ensemble modern style est très remarquable par la variété des formes, la diversité des matériaux et la richesse des décors. Aux n°s 3, 5, 7 : trois ***hôtels-ateliers*** construits par *Louis Süe* et *Paul Huillard* entre 1903 et 1906. Pour ces bâtiments au style éclectique et à la distribution rationaliste, les architectes ont utilisé des technologies très nouvelles comme la structure de béton armé de l'hôtel Lucien Simon (n° 3). Cette rue fut habitée par d'illustres personnages. Au n° 5, le sculpteur Laurens recevait dans son atelier des artistes et des écrivains comme André Gide ou Charles Péguy. Au n° 1, Alain Fournier, l'auteur du Grand Meaulnes, occupa le 4e étage ; l'immeuble actuel a remplacé une maison dans laquelle aurait vécu Balzac de 1828 à 1835 et où il aurait commencé à écrire la Comédie humaine. Au ***n° 12***, construit par *Abella* dans le style de Mallet-Stevens : atelier du peintre anglais S.W. Hayter. Au n° 8 demeure Robert-Jean Longuet, arrière-petit-fils de Karl Marx. Le n° 6 est une ancienne dépendance de Port-Royal construite au XVIIe s. et habitée par le philosophe Alain : charmante cour.

▷ La rue du Faubourg-Saint-Jacques

L'***hôtel de Massa**** *(38, rue du Faubourg-Saint-Jacques, visite de groupe sur demande ☎ 43.54.18.66).* Cet hôtel doit son nom au duc de Massa, son dernier propriétaire en 1880. Le duc de Richelieu l'avait habité en 1788 et le comte Marescalchi, sous le premier Empire, y donna des fêtes splendides. Construit par *Leboursier* en 1784 sur les Champs-Elysées, au coin de la rue de La Boétie, c'est un survivant des folies bâties au XVIIIe s. Acquis en 1926 en vue d'une grande opération immobilière, les promoteurs, voulant en libérer le terrain, le donnèrent à l'Etat et le transportèrent pierre par pierre dans les jardins de l'Observatoire par décision d'E. Herriot, ministre de l'Instruction publique et des Beaux-Arts qui y installa la Société des gens de lettres. Celle-ci a rassemblé dans cet hôtel de nombreux souvenirs littéraires (portraits, bustes, manuscrits, autographes,...) qui évoquent cent cinquante ans de littérature.

Au n° 83, la faculté libre de Théologie protestante a été inaugurée par Jules Ferry en 1879. Au n° 102, l'ancienne Société des missions évangéliques est aujourd'hui remplacée par le ***DEFAP*** (Département évangélique français d'action évangélique) ; la maison est remarquable par son architecture troubadour : pignon dans lequel s'inscrit un vitrail, gargouilles et autres sculptures décoratives ; un vaste *jardin*, dessiné à l'origine par l'architecte-paysagiste *Buhler* s'étend derrière. ▶ Revenir sur ses pas pour prendre la ***rue Méchain*** qui perpétue le souvenir de l'astronome Pierre Méchain. Au n° 21, se trouve la maison mère et le noviciat central de la congrégation des sœurs de Saint-Joseph de Cluny, fondée en 1805. Au n° 7, s'arrêter dans la cour où l'on trouve un ***immeuble*** construit par l'architecte *Robert Mallet-Stevens*, l'un des principaux tenants du style international à Paris (vers 1930).

▷ La rue de la Santé

entre le bd de Port-Royal et le bd Arago

Au n° 29, sur la g., la maison mère des ***dames augustines du Sacré Cœur de Marie*** offre un bel exemple de l'architecture de la Restauration : une grande ***cour**** avec portique au rez-de-chaussée encadre une chapelle avec colonnade et fronton, construite en 1840 par *Chalut*. ▶ Prendre la rue de la

Santé vers le S. pour gagner le *boulevard Arago*. Malgré sa sévérité, ce boulevard inspira au poète Rainer Maria Rilke des pages inoubliables dans Les Cahiers de Malte Laurids Brigge. Au carrefour avec la rue de la Santé, à la limite entre les 13e et 14e arrondissements, il longe les hauts murs de la prison de la Santé.

▷La Cité Fleurie** *65, bd Arago*

Si on a la chance de trouver la porte ouverte, on découvrira un jardin enchanteur avec ses acacias, ses sureaux et ses glycines. Cette cité pour artistes compte vingt-neuf ateliers, plus baraques que véritables demeures, qui ont été construits il y a plus de cent ans avec les matériaux provenant de la démolition de l'Exposition universelle. Outre J.-P. Laurens qui y vécut quelques années, Picasso et Modigliani y passèrent, Rodin y eut un atelier de fonderie avec Maillol. Aujourd'hui, peintres, graveurs et sculpteurs y travaillent encore. Menacé de lotissement en 1973, le site est classé depuis 1976. Une plaque à l'entrée du jardin commémore la fondation d'une bibliothèque libre germanique, par des écrivains allemands anti-hitlériens avec l'aide d'écrivains français entre 1934 et 1939. ▶ En sortant de la Cité Fleurie, prendre à dr. la *rue de la Glacière*. ▶ A dr., la *rue Léon-Maurice-Nordmann* est une très vieille rue qui a perdu tout son caractère. Jeter toutefois un coup d'œil sur la *Cité Verte* (au n° 147) où sont groupés, au milieu d'un jardin en broussailles, des ateliers d'artistes malheureusement délabrés. Voir aussi la cité des Vignes (au n° 152).

▷La rue Jean-Dolent

Le côté pair longe le mur de la *maison d'arrêt de la Santé* qui a son entrée au 42, rue de la Santé. La prison occupe l'emplacement de la ferme Sainte-Anne du XVIIe s., ancêtre de l'asile Sainte-Anne de la rue Cabanis; c'est l'architecte *Vaudremer* qui éleva la Santé de 1821 à 1867 sur un plan en étoile, panoptique, rayonnant autour d'un noyau central. En face, au n° 23, une petite maison de campagne du XVIIIe s. subsiste à côté d'une série d'ateliers d'artistes : elle a appartenu au maréchal Masséna; vers 1875, Renoir y peignit plusieurs portraits et Blaise Cendrars y mourut. ▶ A g. se trouve la *place Saint-Jacques* où se tenait autrefois la barrière d'Arcueil. ▶ L'*église Saint-Dominique* est située de l'autre côté du boulevard Saint-Jacques, sur la *rue de la Tombe-Issoire*. Elle fut construite en béton dans le style byzantin par *Gaudibert*, de 1913 à 1921, et décorée de peintures réalisées vers 1929 par *Jeanne Dauchez*.

L'alimentation en eau de Paris, l'aqueduc d'Arcueil

Dès la période romaine, Lutèce était alimentée en eau depuis les sources de Rungis. Le parcours de l'aqueduc d'Arcueil qui conduisait l'eau aux thermes de Cluny est rigoureusement établi et l'on peut encore voir deux piles de maçonnerie de moellons et de briques, à proximité de l'aqueduc Médicis, dans la vallée d'Arcueil. C'est Henri IV qui chargea deux bourgeois de Paris d'étudier les possibilités de reconstruction de cet ouvrage dont l'entretien avait été négligé au Moyen Age, afin d'alimenter la rive gauche en eau pure; ce projet fut repris par Marie de Médicis. Les travaux du nouvel aqueduc furent adjugés au maître maçon Jean Coing et il fut mis en service le 19 mai 1623.

L'aqueduc a son origine au carré des sources de Rungis. Là, le regard de la Pirouette est le point de départ de la principale canalisation vers Paris. Une galerie de 13 km de long conduit les eaux jusqu'au faubourg Saint-Jacques. Elle est ponctuée de regards monumentaux en pierre de taille permettant un accès facile pour l'entretien de la canalisation et le filtrage de l'eau, grâce au bassin situé à l'intérieur de chacun. L'aqueduc se termine par le Grand Regard Royal du faubourg Saint-Jacques (couvent du Bon Pasteur, avenue Denfert-Rochereau). Ce pavillon baroque avec son grand toit de tuiles plates, ses lucarnes et ses belles cheminées fut construit par François Francine et Salomon de Brosse et abritait en sous-sol les bassins de répartition qui permettaient le partage des eaux entre les différents bénéficiaires. Cet ensemble qui servit à l'alimentation en eau de Paris jusque vers 1860 est encore en service sur une partie de son parcours.

Le quartier Saint-Lazare★

9ᵉ et 8ᵉ arr. / 27-H4-G4
Métro : Saint-Lazare, Trinité
Bus : 20, 21, 24, 27, 28, 29, 32
Ⓟ cour de Rome et place du Havre face à la gare
Taxis : gare Saint-Lazare
Marché : rue Corvetto, t.l.j., 8 h-13 h 30/16 h-19 h ; dim., 8 h-13 h

Si les terrains situés au sud de la rue Saint-Lazare ont été lotis dans les années 1780, la création du quartier de l'Europe date de la fin de la Restauration. Vers 1830, on commença à lotir le terrain proche de la très mondaine rue de la Chaussée-d'Antin, puis la construction de la gare, dès 1836, allait rapidement transformer le caractère du quartier. Toutefois, ce sont les spéculations immobilières du XXᵉ s. qui ont surtout amputé les secteurs résidentiels.

Aujourd'hui, peu de quartiers parisiens connaissent, entre le jour et la nuit, d'aussi violents contrastes que le quartier de la gare Saint-Lazare et de la Chaussée-d'Antin. Les trottoirs aux abords de la gare et des grands magasins sont envahis, dans la journée, par des chalands pressés, les rues sont encombrées, et au moment des fêtes de fin d'année la circulation y est à peu près impossible. Ce quartier qui fut résidentiel sous le second Empire est aujourd'hui essentiellement occupé par des entreprises du secteur tertiaire : banques, compagnies d'assurance, agences de voyages. Autant de bureaux qui attirent et rejettent une foule considérable, suivant un mouvement pendulaire. Il faut attendre la fin de la journée pour que le carrefour de l'Europe retrouve son caractère calme et assoupi et que la Chaussée d'Antin, déserte, prenne un aspect irréel. Jusque tard dans la nuit, quelques prostituées solitaires continuent d'entretenir une animation sporadique sur les trottoirs de la rue de Provence, de la rue de Mogador ou de la rue de Budapest.

Visite du quartier

45 mn

▷ La gare Saint Lazare★

Parmi toutes les gares parisiennes, celle de Saint-Lazare assure le trafic de voyageurs le plus important en direction de la banlieue ouest et nord-ouest (environ 136 millions de voyageurs annuellement en 1984 et 1985). Desservir la Normandie ne compte que pour peu dans son activité. Les bâtiments de la gare actuelle — le chemin de fer Saint-Germain existait depuis 1832, et la première installation se trouvait place de l'Europe — ont été exécutés par *Juste Lisch* entre 1886 et 1889, lors de l'extension de l'édifice jusqu'à la rue de Rome. Les bâtiments empruntent leur vocabulaire au XVIIᵉ s. français en les mêlant aux baies vitrées et verrières de l'architecture rationaliste. Leur composition symétrique, pensée en liaison avec l'ancien hôtel Terminus, est un exemple typique de l'architecture Beaux-Arts. Depuis 1985, deux assemblages en forme de colonne, par le sculpteur *Arman*, viennent ponctuer la cour du Havre (horloges de *L'heure de tous*) et la cour de Rome (valises pour la *Consigne à vie*).

▷ La rue Saint-Lazare

Le *Concorde Saint-Lazare* s'élève à l'angle de la rue de Budapest et de la rue Saint-Lazare, à l'emplacement de la folie Boutin de 1766 devenue, après la Révolution, le premier Tivoli : un parc d'agrément dont les terrains ont été acquis par les PLM en 1869 (le second Tivoli s'implantera rue de Clichy). L'ancien hôtel Terminus, qui abrite aujourd'hui le siège de la direction générale de la SNCF, fut achevé pour l'Exposition universelle de 1889. Le bâtiment, d'un style Louis XVI caractéristique de la seconde moitié du XIXᵉ s., évoque les grands hôtels particuliers qui existaient dans son voisinage. La *passerelle* aujourd'hui désaffectée qui le relie à la gare fut, en son temps, fort admirée, de même que le magnifique *salon de lecture* (hall d'entrée) où se déroula l'attentat de l'anarchiste Emile Henry en 1894.

En vis-à-vis de la gare, au n° 115 de la rue Saint-Lazare, Mister Donut, haut lieu des gâteaux américains, jouxte la brasserie Mollard (n° 113), l'agence de détective Dubly (n° 121) de longue tradition, et le café Dupont. ▶ *L'avenue du Coq.* Le nom de cette impasse, percée en 1854, rappelle le château du Coq dont l'origine remonte au XIVe s. C'était, vers 1750, la folie Brancas, dont le *mur-fontaine* au fond de l'avenue évoque l'existence.

▷ La rue de Mogador

Cette artère passante, ouverte dans sa partie nord entre 1894 et 1900 seulement, recueille le surplus de la circulation de la Chaussée d'Antin et des grands magasins. Le *théâtre Mogador*, au n° 25, ne dément pas son caractère anglais. Son architecture réunit le romantisme (belvédère-lanternon du couronnement) au sens pragmatique (escaliers latéraux). Fondé par *Alfred Butt* sur le modèle du Palladium de Londres en 1919, on y vit Maurice Chevalier et Régine Flory, des opérettes, les ballets russes. Aujourd'hui, cette belle salle assez haute sous plafond accueille les spectacles les plus divers, depuis le music-hall jusqu'au Kabuki. Un peu plus loin, à l'angle de la rue de la Victoire, on découvre un *mur* peint par *Amenard.*

▷ La rue Joubert

On est au cœur de l'un des grands lotissements spéculatifs de la fin de l'Ancien Régime conçu vers 1780 avec la participation de l'architecte de la Bourse, *Alexandre-Théodore Brongniart*, et de l'architecte de Bagatelle, *François-Joseph Bélanger.* Un quartier entièrement neuf, comportant un marché, fut construit aux abords du couvent des Capucins (l'actuel lycée Condorcet). Son axe central était la rue Joubert où subsistent les traces d'une occupation plus noble : immeuble caractéristique au n° 33, restes d'un *hôtel* par *Bélanger* dans la cour du n° 20. L'hôtel à l'angle de la rue de Mogador mériterait une restauration. L'immeuble au n° 1 (n° 35, rue de la Chaussée-d'Antin) est de bonne qualité. ▶ *Rue de Provence*, le côté nord conserve également les *façades* d'époque. Mais tout ce quartier est actuellement sacrifié à un commerce amoureux dont la clientèle est attirée par les grands magasins.

Suite de la rue de Provence → *ci-dessous.*

▷ La rue de la Chaussée-d'Antin

entre le boulevard Haussmann et la place de la Trinité

C'est un des hauts lieux du prêt-à-porter parisien de qualité courante. On y voit de nombreuses façades de la fin du XVIIIe s. et les restes de l'*hôtel du cardinal Fesch* au n° 68 (aujourd'hui amputé des constructions exécutées par Ledoux). Mirabeau est mort le 2 avril 1791 dans un immeuble situé à l'emplacement du n° 42. Gambetta habita le n° 55. Au n° 29 on verra

Le musée à voir

Musée instrumental (Conservatoire national supérieur de musique ; 14, rue de Madrid) : collection d'instruments de musique anciens.

les parties les plus anciennes des *Galeries Lafayette*, conçues par *Georges Chedanne* (1906-1908).

Suite de la rue de la Chaussée-d'Antin → *quartier de l'Opéra.*

▷ Le boulevard Haussmann

Il longe la place de l'Opéra au nord. A cet endroit, il est bordé par les façades des deux plus grands magasins parisiens. Au n° 40, les *Galeries Lafayette.* Parti d'une petite boutique fondée en 1895 à l'angle des rues La Fayette et de la Chaussée-d'Antin, ce magasin construit (en 1906-1908) par *G. Chedanne* et agrandi (en 1910-1912) par *F. Chanut* occupe aujourd'hui 120 000 m². Si son grand escalier a malheureusement été démonté, le bâtiment a conservé une jolie façade rue de la Chaussée-d'Antin, des *balustrades* intérieures attribuées à *Majorelle* et une belle coupole à vitraux. Au n° 64, les magasins du *Printemps*, fondé en 1865, sont l'œuvre de *Paul Sedille* dont la belle façade (1889) se trouve écrasée par une récente surélévation, et de *R. Binet*, architecte de la belle coupole (1911) qui couronnait un magnifique hall aujourd'hui disparu.

▷ La rue Caumartin *entre le bd Haussmann et la rue Saint-Lazare*

Cette partie de la rue date de 1780 et conserve quelques *immeubles* de l'époque révolutionnaire (notamment le n° 71, par *Vestier*). Sa transformation en zone piétonne a entraîné les phénomènes d'occupation habituels.

▷ Le lycée Condorcet et l'église Saint-Louis-d'Antin★★

63, rue Caumartin

Avec la réalisation de cet ensemble massif à refends (1780-1782), *Brongniart* consacra la mode de l'ordre dorique sans base inspiré des temples de Paestum. Derrière le porche à deux colonnes se situe une cour austère entourée de colonnades, très appropriée à sa destination monastique. L'intérieur de la chapelle qui en faisait partie a été décoré au XIXe s. Dès 1804, le couvent devint l'un des quatre grands lycées parisiens de l'Empire (lycée Bonaparte). Son premier proviseur fut *Lakanal.* Parmi les élèves, on compte notamment Ampère, Léon Blum, Alexandre Dumas fils, les frères Goncourt, Henri Monnier, Nadar, Proust, Texier, Taine. L'emplacement du jardin conventuel est occupé par l'extension du lycée opérée par *Duc* en 1865. ▶ Non loin, au 124, *rue de Provence*, la *façade* élégante des ex-magasins

Majorelle par *H. Sauvage* (1913). ▶ Le *passage du Havre*. Entre le n° 69 de la rue Caumartin et le n° 107 de la rue Saint-Lazare, ce passage couvert de 115 m de long est devenu le paradis du modèlisme et du train électrique. Construit en 1848, c'est le seul exemple de galerie subsistant dans le quartier. ▶ La *rue de la Pépinière*. Son nom rappelle la proximité des pépinières du roi autrefois situées au Roule. L'alignement de 1782 demeure sensible en dépit des *immeubles* plutôt ternes (le n° 25 par *Charles Morice*) qui bordent cette rue conduisant à Saint-Augustin et au square Bergson.

▷ L'église Saint-Augustin* *46, bd Malesherbes / 7 h-19 h 30 ☎ 45.22.23.12*

L'église a été construite de 1860 à 1871 par *Victor Baltard*, qui a dirigé lui-même la décoration. L'angle formé par le boulevard et l'avenue César-Caire offrait un espace ingrat ; Baltard en a pallié les inconvénients grâce à un plan ingénieux : une vaste nef flanquée de chapelles qui s'élargissent progressivement, aboutissant à un sanctuaire coiffé d'une grande coupole qui donne au bâtiment sa silhouette caractéristique à l'extérieur. La charpente de l'édifice est en métal ; les murs ne forment qu'une enveloppe. Le dôme s'élève à 50 m. Au-dessus du porche, *François Jouffroy* a sculpté ***Le Christ et les douze Apôtres***.

L'*intérieur* est caractérisé par l'utilisation décorative de la structure métallique. Les piliers de la nef sont couronnés par des Anges en fonte de *Schönewerk*. Dans le sanctuaire, Evangélistes, quatre médaillons d'*Emile Signol* sur fond doré ; à la voûte, seize Pères de l'Eglise par *Louis Bézard*. Les deux culs-de-four qui forment transept sont ornés de peintures de *William Bouguereau* : à dr., scènes de la Vie de saint Jean Baptiste, à g. saint Pierre et saint Paul. Un mémorial, dans la deuxième chapelle à dr., rappelle que Charles de Foucauld se convertit dans cette église en 1886.

▷ Le Cercle militaire (cercle national de l'Armée de terre et de l'air)

C'est l'autre édifice remarquable de la place Saint-Augustin, construit par *Lemaresquier* en 1927 dans un style Art Déco. Son implantation urbaine est comparable à celle de l'hôtel Lutetia à Sèvres-Babylone, mais l'image du Cercle militaire est plus familiale car ses salons se louent pour des noces et banquets. La présence militaire dans ce quartier remonte au XVIIIe s., lorsque la caserne de la Petite-Pologne se trouvait à cet emplacement. Au XIXe s. la place, située au cœur d'un quartier alors appelé la Petite Pologne, était surnommée place des Grésillons à cause de ses repaires de vagabonds. ▶ Le paisible *square Bergson* est orné d'une statue de Paul Déroulède par *Landowski* (1927). ▶ *Rue Portalis*, dans la cour du n° 10, rocher naturel.

▷ La rue du Rocher

La passerelle qui enjambe la rue de Madrid s'explique par la configuration géologique du quartier. La rue est intéressante par son tracé qui perturbe en quelque sorte celui régulateur, en étoile, du quartier de l'Europe fondé en 1826. Au XVIIIe s., on trouvait là des moulins et quelques folies où Casanova aurait séjourné. De cette campagne subsistent quelques *maisons* anciennes dans la partie N.-O. de la rue. Au n° 64, *théâtre Tristan-Bernard* ; Jules Renard est mort au n° 44 en 1910, et le peintre P. P. Prud'hon au n° 32 en 1823. Au n° 20, le *lycée Racine* pour jeunes filles (1887).

▷ Le Conservatoire national supérieur de musique *14, rue de Madrid*

Cet établissement public a été créé sous la Convention et était implanté, jusqu'en

Les luthiers de la rue de Rome

Lorsqu'un étranger amateur d'instruments de musique vient pour suivre sa passion à Paris, il demande au chauffeur de taxi de le conduire rue de Rome. Cette rue, percée à la fin du XIXe s. et balayée par le vent de Normandie, est synonyme de la plus forte concentration de luthiers et d'archetiers en France. On y trouve près de 50 % des boutiques et ateliers parisiens (environ 60) de cette profession qui ne compte guère que quelques centaines de membres en France. Les meilleurs artisans sont formés à l'école nationale de Mirecourt, où les ducs de Lorraine avaient introduit l'art de la lutherie, et le respect de la tradition qui règne dans la profession n'a rien d'étonnant lorsqu'on sait que les trois années de formation sont souvent doublées par des stages et qu'un louable esprit corporatiste veille à la qualité du travail. Celui-ci se divise en trois branches : la fabrication en bois d'érable, demeuré de bonne qualité, la restauration des instruments, d'autant plus cruciale que de nombreux musiciens d'orchestre utilisent des instruments des siècles passés et enfin l'expertise, qui est assurée par quelques maîtres seulement.

Des violons du XVIIIe s. revivent parfois ici, comme le raconte avec beaucoup de sensibilité Maurice Reims dans Le Luthier de Mantoue, mais l'essentiel est souvent de fournir les élèves du Conservatoire, de réparer en profondeur, de dépanner pour un concert qui a lieu le jour même.

Les luthiers se sont installés rue de Rome à la suite du déménagement du Conservatoire du faubourg Poissonnière à la rue de Madrid, en 1911. La création de la cité de la Musique à la Villette n'entraînera pas forcément des modifications dans un métier où seule compte l'habileté.

1911, dans le faubourg Poissonnière. Chargé de l'enseignement de la musique, de l'art lyrique et de la danse, il comporte un *musée instrumental* et une *bibliothèque musicale* rattachée administrativement à la Bibliothèque nationale (→ *musées*). On y conserve le manuscrit du Don Juan de Mozart. Dans les années à venir, le Conservatoire déménagera à la Cité de la musique à la Villette.

▷ La place de l'Europe

Elle forme le centre du quartier du même nom dû à une spéculation immobilière de l'époque de la Restauration. Le *pont de l'Europe** et les structures métalliques qui le soutiennent résultent de l'agrandissement de la gare Saint-Lazare dont le spectacle attire de nombreux passants. Les artistes du XIXe s. l'ont par ailleurs célébré : Monet et James Tissot ont représenté une scène sur le pont de l'Europe. Manet habitait ce quartier alors moderne (rue de Léningrad, puis rue d'Amsterdam).

On ne suivra pas la rue de Rome, quartier général des luthiers (→ *encadré*), ni celle de Constantinople où Apollinaire passa son enfance. ▶ Au n° 28 de la *rue de Liège* (anciennement rue de Berlin), on voit l'un des quatre *immeubles* attribués à *Viollet-le-Duc*, à Paris, qu'il a construit à l'âge de 34 ans pour M. Courmont (1848).

▷ La rue d'Amsterdam

Une belle boutique néo-gothique, au n° 41, abrite le *fromager Androuet* chez qui l'on peut déguster des repas exclusivement composés de fromages. Le doyen des glaciers de Paris est installé au n° 38 : la *maison Baggi*, fondée en 1850.

▷ La rue de Londres

A l'angle de la rue de Budapest, le bâtiment moderne des directions commerciales de la SNCF a avantageusement remplacé des petites boutiques. De la série d'*hôtels* particuliers construits à partir de 1828 par les architectes *Godde*, *Mangot* et *Van Cléemputte*, seuls subsistent les n°s 19, 22 et 26. Berlioz habita cette rue à l'emplacement du n° 34. ▶ Le passage privé (1840) de la *cité de Londres* communique avec la rue Saint-Lazare.

Les immeubles de Viollet-le-Duc

Eugène-Emmanuel Viollet-le-Duc (1814-1879), révolté contre l'Académie, partisan d'un « éclectisme raisonné » (B. Foucart) et du néo-gothique, restaurateur de la Madeleine de Vézelay, de Notre-Dame-de-Paris, de Coucy et de Pierrefonds, théoricien du rationalisme dans un Dictionnaire raisonné de l'architecture française du XIe au XVIe siècle (1854-1868) et des Entretiens sur l'architecture (1858-1872), est aussi le constructeur de demeures plus modestes dont quatre sont conservées rive droite : le n° 28 de la rue de Liège pour M. Courmont (1848), le n° 15 rue de Douai pour M. Milon (1860-1861), le n° 68 de la rue Condorcet pour lui-même (1862-1863), le n° 23 de la rue Chauchat pour M. Sauvage (1863-1865). La visite de ces quatre édifices permet d'évaluer combien sont réconciliées les théories lorsqu'il s'agit de les appliquer dans un contexte urbain concret. Rien ne distinguerait les immeubles de l'architecte d'un immeuble haussmannien type si les détails (consoles, corniches, ouvertures, portes) ne renvoyaient à un vocabulaire médiéval simplifié, et si la composition (écartement des ouvertures) ne trahissait un souci particulier pour la disposition des appartements. La finesse du dessin (rue de Liège, rue Condorcet) confère néanmoins une qualité très personnelle à ces œuvres.

L'île Saint-Louis***

4e arr. / 36-K7-8, 37-L7-8
Métro : pas de station dans l'île ; les plus proches sont Cité et Pont-Marie
Bus : trois lignes traversent l'île : 67, 86 et 87 ;
trois lignes ont un arrêt proche de l'île : 63, 47, 24
Taxis : pont Sully, 23, bd Morland ☎ 42.77.59.88

Si l'île Saint-Louis a préservé son caractère de quartier, l'insularité n'y est pour rien car sa grande voisine, l'île de la Cité, a depuis longtemps cédé devant les sirènes des voitures de police, des ambulances de l'Hôtel-Dieu, et devant les hordes serrées des touristes. Ici au contraire, on a l'impression d'être sur un bateau, dans un village vivant en autarcie avec son église, sa poste et ses petits commerçants.

Il y a bien sûr d'inévitables salons de thé et quelques restaurants un peu surfaits, mais on est bien loin du tapage de la ville, particulièrement dans la partie avale de l'île. Les porches majestueux et les élégantes façades ont tenu en respect les bistrots touristiques et les vendeurs de souvenirs. Le temps s'est arrêté et la ville semble endormie dans sa noblesse minérale et silencieuse. Quelle que soit la saison ou l'heure de la journée, les paysages et la lumière y ont une qualité particulière. Loin du bruit et de la fureur, dans ces rues et sur ces quais, on peut encore respirer un peu de l'air du Paris inépuisable.

L'île Saint-Louis dans l'histoire

Il y avait, avant 1614, deux îlots : l'île aux Vaches et l'île Notre-Dame ; celle-ci appartenait depuis des siècles au chapitre de Notre-Dame. Saint-Louis vint y rendre la justice et Philippe le Bel y fit faire chevalier ses trois fils. Ces deux îles restèrent à l'état de nature jusqu'à ce que l'entrepreneur Christophe Marie, associé à Lugles Poulletier et François Le Regrattier, fût chargé de l'urbanisation de cette île. En 1614 était posée la première pierre du futur pont Marie. Cependant les travaux allaient si lentement que l'on décida de remplacer l'équipe de Marie par Jean Chevrier et Jean de la Grange qui prirent comme architectes les Le Vau. L'île fut sertie de quais maçonnés, les rues furent tracées selon un plan régulier avec des intersections à angle droit. En 1664, elle était entièrement construite. Les premiers habitants de l'île se fixèrent le long des deux voies principales. Il s'agissait d'artisans, de marchands. Les personnages de rang plus élevé, riches propriétaires, arrivèrent par la suite et préférèrent les quais d'où la vue s'étendait sur la Seine et la ville.

Après les périodes fastes en constructions du XVIIe et XVIIIe s., l'île est un peu modifiée. En 1874, la construction du pont Sully entraîne le percement du boulevard Henri-IV à l'emplacement même du splendide hôtel de Bretonvilliers. En 1913 est agrandie la rue des Deux-Ponts qui perd toute une partie de ses façades Louis XIII.

Visite de l'île Saint-Louis

1 h 30

▷ La rue Saint-Louis-en-l'Ile

du pont Saint-Louis à la rue Le-Regrattier

C'est l'épine dorsale de l'île qui, si elle n'a évidemment pas le charme des quais, n'en a pas moins un certain intérêt. Percée dès la construction des premiers ponts, elle a porté successivement le nom de rue Palatine, rue Carelle, rue Marie, rue Saint-Louis, rue de la Fraternité pendant la Révolution, rue Blanche-de-Castille et, depuis 1814, son nom actuel. Si l'on excepte les deux hôtels Lambert et Chenizot, elle ne possède pas de grandes demeures mais, en levant les yeux, vous découvrirez maints détails du passé, surtout du côté pair. Au nº 90, habitait Poulletier. A l'angle de la rue Le-Regrattier, au nº 61, le cabaret *Aux Anysetiers du Roy* garde ses grilles d'autrefois ainsi qu'une statuette en ronde-bosse qui était l'enseigne Au petit Bacchus. ▶ Dans la *rue Le-Regrattier*, en face, une plaque indique la maison natale de Jules Guesde (1845-1922), un des artisans du socialisme français.

Suite de la rue → *ci-dessous*. ▶ On croise la petite ***rue Budé*** qui, pendant longtemps, s'appela tout simplement rue Guillaume. Ce n'était pas une rue chic, mais celle des petites gens du quartier (il n'y a pas de portail). Le nº 58 est du XVIIIe s.

▷ L'hôtel de Chenizot* *51, rue Saint-Louis-en-l'Ile*

C'est pour Pierre de Verton que cet hôtel fut bâti au XVIIe s. Il était constitué de deux corps de logis entre cour et jardin. Celui-ci s'étendait alors jusqu'au quai d'Orléans. A partir de 1719, il devint propriété de *Jean François de Chenizot*, receveur général des Finances, qui fut à l'origine de l'ensemble des décors qui habillent les façades de cette demeure. En 1726, l'architecte *Pierre de Vigny* réalisa la décoration du *portail***. Celui-ci, délimité par un bos-

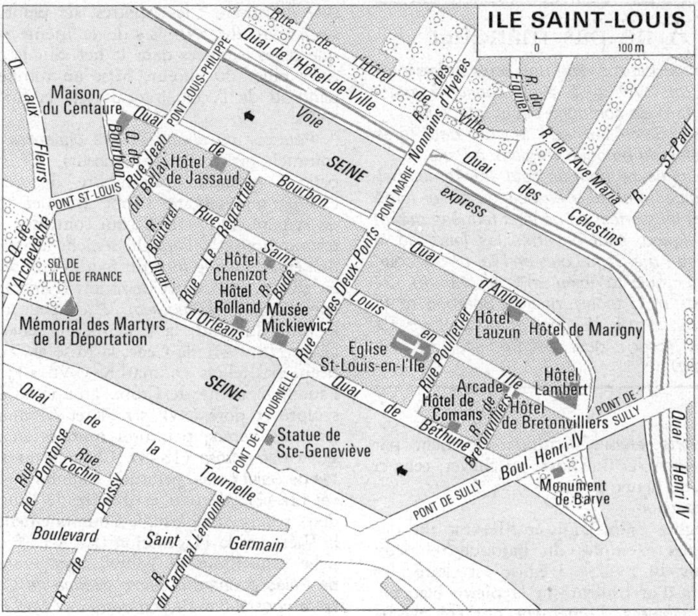

sage vermiculé, est surmonté d'un balcon sinueux soutenu par des consoles en forme de chimère. L'ensemble constitue l'un des plus beaux exemples de décoration rocaille de Paris. Dans la cour, cette même exubérance se retrouve sur la façade du deuxième corps de logis dans le motif rayonnant qui s'inscrit dans un fronton. D'autres chimères animent la rampe de l'escalier situé au fond de la cour. Cette *rampe* fut forgée par *Nicolas Viennot*.

En 1840, l'hôtel fut loué par l'Etat qui y installa l'archevêché. Après avoir été caserne de gendarmerie, l'hôtel fut amputé du jardin en 1862 : un immeuble de rapport y fut construit.

▷ La rue des Deux-Ponts

Elle coupe la rue Saint-Louis-en-l'Isle. Elle a gardé la plupart de ses maisons Louis XIII sur son côté pair. Au nº 25, l'immeuble présente à l'attique, derrière les gouttières, des fenêtres percées que l'on nomme *fenêtre tabernacles*, typiques du XVIIe s. Sur le côté impair les maisons Louis XIII ont été détruites lors d'un agrandissement de la rue effectué au début du XXe s. Les bâtiments datent donc de cette époque. ▶ Après le carrefour, on dépasse le *glacier Berthillon (31, rue Saint-Louis-en-L'Ile)* : des touristes venus des cinq continents paraissent n'avoir traversé les mers que pour déguster un des 116 parfums de la maison.

Le promeneur se rend vite compte que plus il avance vers l'amont, plus l'île devient aristocratique.

▷ L'église Saint-Louis-en-l'Ile*

19 bis rue Saint-Louis-en-l'Ile / 9 h-12 h/15 h-19 h ; f. lun. toute la journée et dim., av. 13 h ☎ 46.34.41.30

Histoire de l'édifice

Au début du XVIIe s., les premiers habitants de l'île demandèrent l'autorisation de construire une chapelle. En raison de l'accroissement de la population, la chapelle devint insuffisante et une nouvelle église fut reconstruite, à partir de 1644, sur les dessins de *Le Vau*. A sa mort, *Le Duc* poursuivit les travaux et réunit le chœur à la chapelle primitive qui s'effondra à la suite d'un ouragan en février 1701. *Jacques Doucet* succèda à Le Duc, mort en 1704. La nef, la chapelle de communion, le transept et la coupole furent achevés en 1725 et l'église consacrée en 1726. L'église fut fermée en 1791 et ses œuvres d'art dispersées.

Après la Révolution, elles lui furent en partie restituées. Au XIXe s. tandis que la Ville de Paris commandait de nombreux tableaux (vingt-huit) pour décorer les chapelles latérales, l'*abbé Bossuet*, curé de la paroisse de 1864 à 1888, contribua lui aussi à la restauration et à l'enrichissement artistique de l'église.

L'extérieur

L'entrée de l'église se voit de loin, à cause de la curieuse *horloge* (1741) accrochée comme une enseigne. La nécessité d'orienter l'édifice E.-O. tout en le laissant dans l'alignement de la rue, fait que l'église n'a pas de portail O. mais, sur le flanc N.,

A ne pas manquer

L'hôtel de Lauzun, l'un des seuls hôtels parisiens du XVIIe s. à avoir conservé intact l'ensemble de son riche décor intérieur.
L'église Saint-Louis-en-l'île, un des rares exemples de baroque religieux à Paris.
Plusieurs cours, dont on peut admirer les belles rampes d'escalier en bois ou en fer forgé et dont les portes, en général fermées durant le week-end, sont ouvertes les jours de la semaine : rue Saint-Louis-en-l'Ile, nº 51 (cour, rampe); quai d'Anjou, nºs 9, 13, 15, 37 (rampe); nº 17 (cour); quai de Bourbon, nº 11 (rampe), nºs 13, 15 (cour et rampe), nºs 19, 19 bis (cour); quai de Béthune, nºs 18, 24 (cour).

une ***porte latérale**** sculptée en chêne par *N. Legendre*, et une autre au chevet, celle-ci ornée de fleurs de lys.

L'intérieur

L'église Saint-Louis-en-l'Ile est un des meilleurs exemples du baroque religieux français du XVIIe s. L'église est claire; les rehauts d'or brillent sur la pierre blanche. Les ***sculptures*** d'ornement ont été exécutées sous la direction de *J.-B. de Champaigne*, neveu de Philippe et qui était marguillier. A g., en entrant, bénitier qui se trouvait dans la chapelle de la Visitation de Chaillot du temps de Mlle de La Vallière.

La nef. Grandes arcades en plein cintre séparées par des pilastres corinthiens. Voûte en berceau supportée par des arcs doubleaux ornés de rosaces. Buffet d'orgue installé à ses frais par l'abbé Bossuet en 1888; l'instrument a été complété en 1923. Sous la tribune d'orgues, ***Saint Louis***, statue en terre cuite vernissée sculptée par *Allar*.

Bas-côté dr. et ses chapelles : au revers de la façade, dans la chapelle du Calvaire, ***Crucifix*** en stuc de *Jacques Sarrazin* (XVIIe s.). 2e chapelle (de la Communion), bâtie hors d'œuvre au début du XVIIIe s. : à g. de l'autel, la ***Résurrection*** par *Peyron* (1784); au-dessus de l'autel, ***les Pèlerins d'Emmaüs*** par *Coypel* (1746); à dr. de l'autel, ***la Nativité***, par *Perrin* (1784); au-dessus, Donatrices, panneau de l'école allemande ou française (XVe s.). 3e chapelle, à dr., la Mort de la Vierge, groupe en bois doré et polychrome de l'école rhénane (XVe s.); en face, quatre figures de saints et de saintes, panneaux de l'école italienne (XVe s.); tombeau et épitaphe du poète Quinault († 1688).

Croisillons dr. et g. : chaque bras du transept se termine par une grande niche concave qui abrite chacune une statue de *Ladatte* (XVIIIe s.); à dr., la Vierge, à g. Sainte Geneviève.

Le chœur. Il présente la même disposition architecturale que la nef. A dr. et à g. de l'autel, deux ***statues*** en plâtre de *Bra*, Saint Paul (1819) et Saint Pierre (1823). Sur les deux premiers piliers, de chaque côté du chœur : les Apôtres, six peintures sur cuivre du XVIIe s., de la même série que celles exposées dans la nef. Sur le premier pilier du chœur, Mise au tombeau, panneau de l'école française de la fin du XVe s.

Pourtour du chœur et ses chapelles (en commençant à dr. du chœur). 1re chapelle : ***médaillon*** en marbre de *Coutan* (1890) représentant l'abbé Bossuet, curé de la paroisse († 1888) qui contribua à la restauration et à l'enrichissement artistique de l'église; sur le mur du fond, deux reliefs en albâtre (XVe s.) et peintures (l'***Annonciation*** d'après *Fra Angelico*). 2e chapelle : sur le mur du fond, la Crucifixion, relief en albâtre (XIVe s.); la Cène, la Mise au Tombeau, bas-reliefs en marbre (XVIe s.); sur l'autel, Descente de Croix, groupe en bois sculpté et doré (XVIe s.). 4e et 6e chapelles : ***les Vertus***, peintures murales en grisaille par *Norblin* (1843). Chapelle axiale : ***Vie de Saint Louis***, peintures murales de *Jollivet* (1841); de part et d'autre de l'entrée, deux reliefs en albâtre, le Couronnement de la Vierge et la Flagellation (XVe s.). 7e chapelle : au-dessus de l'autel, ***Saint François de Sales donnant à sainte Jeanne de Chantal la constitution de son ordre*** par *Noël Hallé* (XVIIIe s.). 8e chapelle : sur le mur du fond, relief en albâtre, l'Assomption (XVe s.); sur l'autel, Mise au Tombeau, groupe en bois sculpté (XVIe s.) 9e chapelle : ***le Martyre de saint Denis***, par *Lenepveu* (1861), malheureusement aujourd'hui caché par l'orgue.

Bas-côté g. et ses chapelles : 1re chapelle : pierre d'autel sur laquelle Pie VII célébrait la messe à Fontainebleau; ***Saint Jean et Saint Pierre guérissant un boîteux*** par *Carle Van Loo* (1742); au-dessous, les Pèlerins d'Emmaüs, peinture de l'école vénitienne du XVIe s. Chapelle des fonts baptismaux : ***le Baptême du Christ*** par *Stella* (1675); autour de la chapelle, huit scènes de la vie du Christ, peintes sur bois, de l'école flamande (XVIe s.).

▷ La rue Saint-Louis-en-l'Ile
de l'église aux ponts Sully

Au nº 15, beau portail du XVIIIe s. Au nº 12, naquit Philippe Lebon, ingénieur chimiste, inventeur de l'éclairage au gaz. Du nº 13 au nº 3, série d'***immeubles*** construits pour Claude le Ragois de Bretonvilliers, vers 1640. L'arcade, motif central de l'ensemble, permettait alors l'accès à la partie des immeubles adossés à l'hôtel de Bretonvilliers. Au nº 11, Marcel Schwob, journaliste, essayiste, traducteur de Shakespeare et mari de Marguerite Moreno qui interpréta si souvent Giraudoux, habitait une belle maison du XVIIe s. où il reçut la comtesse de Noailles, Colette, Henri de Régnier, P. Fort et Léautaud.

▷ L'hôtel Lambert

En 1641, l'architecte *Louis Le Vau* se voit confier la construction d'un hôtel sur un terrain appartenant à Jean Baptiste Lambert, seigneur de Sucy et de Thorigny, conseiller et secrétaire de Louis XIII. En 1644, J. B. Lambert meurt et lègue son hôtel à son frère Nicolas qui fit la commande des importantes ***décorations intérieures*** aux peintres *Eustache Le Sueur*, *Charles Le Brun* et à d'autres artistes installés à Paris. Après être passée de main en main au cours des siècles cette demeure, où vécut l'actrice Michèle Morgan, appartient aujourd'hui à la famille Rothschild et n'est malheureusement pas ouverte au public.

L'entrée sur la rue Saint-Louis-en-l'Ile se fait par une porte cochère. Un profond ébrasement permet aux voitures à cheval de s'arrêter devant l'hôtel. La possession d'un carosse à cette époque n'est plus un privilège aristocratique et se répand dans la société parisienne. Cette porte s'inscrit dans un frontispice qui constitue la façade sur rue. Celle-ci n'est en fait qu'un simple mur de clôture surmonté d'une balustrade et laisse toute l'importance au corps de logis du fond de la cour. A l'extrémité E. de l'hôtel on aperçoit, en terrasse, le jardin qui correspond au premier étage du bâtiment. En effet Le Vau a dû créer des niveaux de sol différents pour résoudre les difficultés d'un terrain irrégulier. L'élément original de cet hôtel est la ***galerie ovale*** qui s'avance sur le jardin et que l'on peut voir en se plaçant au tout début du quai d'Anjou.

Louis Le Vau

C'est essentiellement à Louis Le Vau (1612-1670) que l'île Saint-Louis est redevable de son architecture. Il s'y installe avec sa famille à la fin des années 1630. Autant affairiste qu'architecte, il procède à une véritable spéculation sur des terrains qu'il achète et revend. Il répond aux différentes commandes des propriétaires de parcelles sur l'île, et se constitue ainsi une clientèle privée. On le voit intervenir aussi dans le Marais où il réalise, entre autres, les plans de l'hôtel d'Aumont. Mais l'hôtel particulier n'est pas le seul type d'édifice dans lequel il exerce ses talents : il est aussi à l'origine de la construction de plusieurs châteaux, dont le plus illustre est celui du surintendant Fouquet à Vaux-le-Vicomte (1643).

Architecte des bâtiments du Roi il est chargé, en 1650, de la transformation du château de Vincennes puis, à la mort de Lemercier en 1654, il devient premier architecte du Roi et travaille au Louvre : il achève la Cour Carrée et entreprend la construction du pavillon de Flore. La dernière phase de sa carrière est consacrée à l'édification du collège des Quatre-Nations (1661). A la même époque, Louis XIV le charge de transformer le château de Versailles. Ces deux édifices confirment l'éclectisme de l'œuvre architecturale de Le Vau : il allie les courbes du baroque italien et la rigidité classique de l'ordre colossal.

Imitée des constructions royales (Petite et Grande galeries du Louvre), ce genre de galerie était destinée à abriter bibliothèque ou collection de tableaux. C'est le peintre *Le Brun* qui est ici à l'origine de la décoration consacrée au héros mythologique Hercule.

▶ La pointe orientale de l'île, qui s'avance entre les deux ponts Sully, est occupée par un petit ***square*** orné du monument de Barye (exécuté en 1884 par *Bernier*). La vue sur la Seine toujours animée est très belle.

▷ Le quai d'Anjou

du pont Sully à l'hôtel de Lauzun

On prend alors sur la rive N. du fleuve le quai d'Anjou. Au n° 3, *Louis Le Vau* fait construire sa maison en même temps que l'hôtel Lambert. Ces deux édifices sont contigus et les façades sur rues sont reliées entre elles par le plus important balcon de l'île. Au n° 5, voir la riche ***grille*** en fer forgé ; les bâtiments au fond de la cour ont été transformés au XVIIIe s. par Louis Poisson de Marigny, frère de Mme de Pompadour. Le n° 7, construit en 1642, est depuis 1843 le siège du Syndicat des maîtres boulangers de Paris. Il faut passer la porte pour découvrir une entrée décorée de grandes reproductions de planches de l'encyclopédie de Diderot et d'Alembert, sur la corporation des Boulangers. Des pétrins sont disposés jusqu'à l'escalier qui conduit à la bibliothèque.

Les n°s 9, 11, 13, 15 appartenaient à la famille Lambert. Honoré Daumier a vécu au n° 9, de 1846 à 1863. Il faut s'arrêter ici pour voir deux intéressants types d'escaliers. Aux n°s 9 et 15, un ***escalier à deux noyaux*** et balustres en bois de section ronde. Les noyaux sont les piliers en bois sur lesquels repose l'escalier. Au n° 13, par contre, l'***escalier*** est bâti sur ***quatre noyaux*** avec balustres de section carrée ; ceci permet l'existence d'un jour central dans la cage d'escalier. Ce système, qui apparaît à la fin du XVIe s.-début XVIIe s., prend le relais de l'escalier à vis utilisé jusqu'alors. Daubigny, le peintre de Barbizon et le sculpteur Geoffroy de Chaumefont ont habité ces maisons.

▷ L'hôtel de Lauzun★★★ *avr.-oct., sam. et dim., 10 h-17 h 40. En semaine uniquement, visites organisées par la Caisse des Monuments historiques ☎ 48.87.24.14*

C'est pour Charles Gruyn des Bordes que cet hôtel fut bâti en 1656-1657. Il est attribué sans grande certitude à *Louis Le Vau*. Vendu en 1682 au duc de Lauzun, favori de Louis XIV, il devint hôtel de Pimodan lorsque le marquis du même nom l'acheta en 1779. C'est en 1842 que commença, avec le célèbre bibliophile *Jérôme Pichon*, son nouveau propriétaire, une période pleine d'animation. La demeure fut en effet ouverte à la bohème artistique et littéraire de l'époque. Se réser-

Balcons et rampes d'escaliers

Balcons et rampes d'escaliers sont, dans l'île Saint-Louis, l'illustration de l'essor d'une technique entièrement nouvelle dans les demeures parisiennes du XVIIe s. La transformation de l'escalier, dont la physionomie va se diversifier de plus en plus, et l'apparition des premiers balcons au début du XVIIe s., ont peu à peu donné aux serruriers parisiens un nouveau champ d'expression. Le balcon en saillie, en général accordé à l'étage noble d'un édifice, est doté durant tout le règne de Louis XIII d'une balustrade en pierre. Il en est de même pour la rampe d'escalier qui utilise, en plus de la pierre, le bois, dans lequel on reproduit les mêmes balustres à section ronde ou carrée.
A la mort de Louis XIII ces matériaux, lourds et massifs, laissent place au fer forgé afin d'alléger les façades et les cages d'escalier. Les serruriers font alors preuve d'une grande virtuosité : entrelacs, volutes, rouleaux, s'assemblent autour d'un motif central pour un balcon, ou se répètent le long d'une rampe d'escalier. Ouvrage de luxe dans un premier temps, le fer forgé passera dans l'usage courant et supplantera définitivement le bois ou la pierre dans les maisons les plus modestes.

vant quelques pièces pour son propre usage, le baron louait les autres. Charles Beaudelaire, Théophile Gautier, firent partie des nombreux locataires. Le peintre Fernand Boissard de Boisdenier y organisa des soirées où se réunissait le Club des Haschichins. En 1899 la Ville acheta l'hôtel au baron Pichon. Rétrocédé en 1905 à Louis Pichon qui le restaura entièrement, il fut racheté par la Ville en 1928.

L'extérieur

La façade présente, comme principal élément décoratif, un balcon en fer forgé soutenu par trois consoles à rouleaux. Elle est scandée par des descentes d'eau ornées de dauphins, avec dorures rajoutées en 1910. Un passage voûté conduit à une cour dont la rigueur orthogonale caractérise les hôtels du XVIIe s. Les cours polygonales, bordées de bâtiments irréguliers que l'on voyait encore au XVIe s., sont abandonnées. On opte pour une grande symétrie : les arcatures aveugles du mur de gauche répondent aux arcades en plein cintre des trois façades restantes. Les grilles sont modernes.

L'intérieur

Il conserve presque intégralement son décor de boiseries et de plafonds peints, décor dont l'exubérance contraste avec la simplicité de l'architecture extérieure. On entre par l'*escalier d'honneur* rétabli en 1949 après avoir été supprimé au XIXe s. La voûte qui couvre cet escalier est ornée d'une peinture attribuée à *Le Brun*, représentant le Temps découvrant la Vérité, et dont le style se rattache à celui des années 1660. Deux grandes niches renferment des statues de Minerve et d'Apollon. Une tapisserie illustrant les Travaux d'Hercule décore la cage d'escalier. Au *premier étage* une grande salle, dont le plafond a été entièrement restauré, est dotée de meubles Louis XIV et Napoléon III. La cheminée est authentique ; la plaque foyère représente les armes du marquis Gruyn des Bordes et de sa femme. En face, la tapisserie des *Chasses de Maximilien*, faite sur un carton de *Van Eckook*. Attenant à cette salle, un petit cabinet dont le plafond *(Le Triomphe de Cérès)* est attribué à *Le Sueur*. Les portraits sont du XVIIIe s. ainsi que les tableaux de fleurs. Les salles du *deuxième étage* témoignent de ce même goût pour les décorations à sujets mythologiques. On les attribue, sans grande certitude, à *Le Brun* et à *Le Sueur*. Dans le premier salon : le ***portrait du duc de Lauzun*** fait face à celui de Mademoiselle de Montpensier ou Grande Mademoiselle, par *Mignard*. La porte de cette salle ouvre sur une enfilade de chambres et d'antichambres dont la disposition caractérise encore les hôtels de cette première moitié du XVIIe s. La diminution des ouvertures des portes à mesure que l'on avance dans le corps de logis crée un effet de perspective qui agrandit l'espace. La deuxième pièce fut transformée en salon de musique au XIXe s. par le baron Pichon qui fit ajouter les tribunes. Le plafond représente le Triomphe de Vénus. Dans la chambre suivante se dessine une alcôve dont le plafond est orné de la divinité du Sommeil. Le plafond principal de la pièce évoque Diane et Endymion. Un petit cabinet clôture cette enfilade de pièces ; il possède un superbe plafond à voussures, décoré en son centre du Triomphe de Flore.

▷ Le quai d'Anjou

de l'hôtel de Lauzun à la rue Poulletier

Au no 19, hôtel de Blaise de Méliand (1635-1642), seigneur de Bréviandes ; il a son portail au 20, rue Poulletier ; c'est une école maternelle de la Ville de Paris ; bel escalier en pierre.

▷ La rue Poulletier

Cette rue, qui unit le quai d'Anjou au quai de Béthune, a remplacé le large fossé qui, de 1360 à 1614, coupait l'île en deux. Au no 20, *portail* monumental (XVIIe s.) de l'hôtel de Méliand, avec bandeau décoré de

Le musée à voir

Musée Mickiewicz (6, quai d'Orléans) : souvenirs de l'époque romantique rassemblés par le poète polonais Adam Mickiewicz.

Le bateau-lavoir

Lorsque Christophe Marie entreprit l'urbanisation de l'île Saint-Louis, le roi Louis XIII lui octroya de nombreux privilèges, dont l'un des plus infimes fut la possession d'un bateau-lavoir installé le long du quai Bourbon. L'ensemble était composé de trois péniches. Les lavandières, à qui l'on proposait moyennant finances une «place pour laver», s'installaient sur des bancs aménagés le long des claires-voies garnies de fenêtres en hiver. Chacune d'elles disposait de baquets d'eau chaude dans lesquels le linge était lavé avant d'être rincé dans la Seine. Des séchoirs étaient installés sur les toits. La péniche centrale était réservée à l'appartement des propriétaires.
Dans la seconde moitié du XIXe s., on dénombre une vingtaine de ces entreprises flottantes installées le long des quais parisiens. Cependant c'est à cette même époque que s'annonce la disparition progressive de ces lavoirs. La gêne qu'ils causaient à la circulation fluviale, ainsi que l'apparition des lavoirs publics à l'intérieur de la ville, sont les deux facteurs responsables de cette évolution. Celui de l'île Saint-Louis fut détruit en 1942.

deux têtes d'Hercule couvertes d'une peau de lion. En face, au nº 9, *hôtel* construit vers 1637-1638 par les *Le Vau* pour Melchior de Gillier, seigneur de Lagny, maître d'hôtel du roi. Plusieurs maisons anciennes aux portes cloutées ou surmontées d'agrafes.

▷ Le quai d'Anjou
de la rue Poulletier au quai de Bourbon

Ne pas hésiter à franchir les portes de ces différents hôtels du XVIIe s. qui s'alignent jusqu'au pont Marie ; on y voit de jolies *cours* et de belles *rampes* d'escaliers.
▶ Après avoir traversé la rue des Deux-Ponts, on suit maintenant le quai de Bourbon.

▷ Le quai de Bourbon

Au nº 1, l'ancien cabaret de Franc-Pinot, doté d'une *grille* en fer forgé ornée de pampres et de raisins. C'était le lieu de rendez-vous des mariniers. On y vendait du vin comme chez les nombreux autres marchands installés sur l'île. Au nº 11, *hôtel* construit après 1637 pour Philippe de Champaigne peintre et valet de chambre de Marie de Médicis. Il conserve des mascarons sculptés, une jolie façade sur cour et une rampe d'escalier.

▷ L'hôtel le Charron
13 et 15, quai de Bourbon

Construit pour Jean Charron, contrôleur de l'extraordinaire des guerres en Picardie, par *Sébastien Bruand* entre 1637 et 1640. A l'instar des grands hôtels de l'île, et contrairement à la mode de l'époque, l'architecte a opté pour un plan qui situe la façade du corps de logis principal sur la rue et non plus au fond d'une cour intérieure. Ce choix s'explique par le caractère exceptionnel du site en bordure duquel les hôtels de l'île sont élevés. Ainsi, les appartements situés sur deux ou trois étages jouissent largement de la lumière et de la vue. Le rez-de-chaussée est alors percé d'un long passage voûté qui mène à la cour. Celle-ci est entourée de bâtiments desservis chacun par un escalier plus ou moins majestueux, avec rampe en ferronnerie. Deux arcades mettent en évidence l'escalier du bâtiment de dr. et délimitent ainsi un espace couvert. L'aile sur rue est reliée à l'aile g. par une *tourelle* d'angle portée sur trompe, adjonction fréquente aux constructions de la première moitié du XVIIe s. et issue des échauguettes de l'architecture militaire. Au fond de la cour s'élève un petit hôtel dont la façade est dotée d'une *mansarde à poulie*. Celle-ci servait à hisser les marchandises ou le mobilier. A g. de ce bâtiment, un petit passage conduit à un jardin fermé.

▷ L'hôtel de Jassaud*
19-19 bis, quai de Bourbon

Il fut bâti vers 1650 pour Nicolas de Jassaud qui fut secrétaire d'Etat ; la *façade* monumentale avec ses trois frontons curvilignes et son *balcon* ouvragé ainsi que le *portail* sont classés. Passer la porte pour découvrir une grande *cour* avec jardin qui donne accès à une basse cour aménagée derrière le corps de logis. Dans ce type de plan, qui apparaît dans les années 1620-1630, la basse cour ou cour des offices groupe autour d'elle les communs et donne un élément de confort supplémentaire à l'ensemble de l'édifice.
▶ *La rue Le-Regrattier (entre le quai de Bourbon et la rue Saint-Louis)* est une rue ancienne qui dans cette partie N. portait le nom rue de la Femme-sans-tête ; la petite statue mutilée, à l'angle du quai, est celle de saint Nicolas. On jettera un coup d'œil dans la partie S. de cette voie (→ *plus haut*) dont la plupart des portes et des fenêtres sont intéressantes à partir du quai d'Orléans.

▷ Le quai de Bourbon
de la rue Le-Regrattier au pont Saint-Louis

Au nº 21, terrain acquis en 1637 par Nicolas Gaillard qui y fit construire l'hôtel actuel qui renferme dans ses appartements des peintures du XVIIe s. décorant des dessus de portes. Léon Blum a habité au nº 25 pendant les années du Front Populaire. Au nº 27, hôtel construit au XVIIe s. pour un petit neveu de Mazarin. Au nº 29, hôtel de Boisgelin, bâti en 1637 pour Julius de Luynes. Dans l'axe du pont Louis-Philippe, la rue Jean-du-Bellay ouvre une belle *perspective* sur le Panthéon et Saint-Etienne-du-Mont.

L'île Saint-Louis et la Pologne

A la suite de l'Insurrection polonaise de 1831 contre l'occupant russe, l'île Saint-Louis accueille de nombreux réfugiés polonais. A la pointe de l'île, le prince Adam Czartoryski, élu président du gouvernement national polonais en 1831, puis condamné et réfugié, fait l'acquisition de l'hôtel Lambert. Il y crée un véritable foyer intellectuel et un haut lieu mondain polonais. Frédéric Chopin retrouve, dans les salons de l'hôtel, son milieu privilégié et devient le professeur de la princesse Marcelina.
A l'occasion de fêtes religieuses, cette résidence est le lieu de grandes cérémonies et l'on parle de la «magnificence» de l'hôtel Lambert lors des «Bénits» (agapes pascales) données par le prince. La princesse Anna Czartoryska participe à ce rayonnement et apporte une grande aide matérielle aux émigrés. Elle y fonde un Bureau de bienfaisance des Dames polonaises et suscite l'organisation de grandes ventes de charité. En 1845, elle crée l'Institut des jeunes filles polonaises, dans le but d'enseigner aux filles d'émigrés la langue et la littérature de leur pays. Enfin, Adam Czartoryski scelle son influence culturelle par la création de la Bibliothèque Polonaise en 1838.

Au 31, quai de Bourbon vécut Charles-Louis Philippe. Les beaux *hôtels* de la pointe de l'île aux n°s 45, 47 et 49 ont été construits par et pour les *Le Vau*; au n° 45, la *maison du Centaure*, qui doit son nom aux deux bas-reliefs en médaillon représentant Hercule terrassant le centaure Nessus. Elle fut construite après 1658 par *François Le Vau*, le frère de Louis. Dans cette demeure, ont vécu la princesse Bibesco, André Billy, Dirue, La Rochelle; André Breton écrivit ici les Champs magnétiques. ▶ Le quai de Bourbon fait le tour de la pointe occidentale de l'île et s'achève au *pont Saint-Louis*. Terminé en 1972, ce pont est interdit aux voitures et livré aux enfants. En été, la population de l'île organise là plusieurs fêtes.

▷ Le quai d'Orléans*

Aux n°s 18 et 20, très bel *hôtel Rolland**, de 1639. Au n° 12 (beaux balcons), naquit Félix Arvers (1806-1850) dont le nom survit au temps grâce au célèbre sonnet que lui inspira la fille de Charles Nodier; dans la même maison vivait, à la veille de la Révolution, le jeune Royer-Collard. Au n° 8 a vécu Jean de la Ville de Mirmont, poète romantique du XIXe s.

Au n° 6, hôtel construit en 1655 pour Antoine Moreau, mais aujourd'hui fortement restauré. La *Bibliothèque Polonaise**, créée en 1838, achète cet édifice et s'installe en 1853. C'est l'une des plus importantes bibliothèques spécialisées de Paris. Quelques pièces de ses collections, d'une richesse inestimable, sont exposées au premier étage du bâtiment : un salon entier est réservé au souvenir de Chopin. Le même hôtel abrite le *musée* créé en 1903, et consacré au poète Adam Mickiewicz (→ *musées*).

▷ Le quai de Béthune*

jusqu'au pont Sully

Au-delà du pont de la Tournelle on suit maintenant le quai de Béthune; Louis Le Vau ayant souhaité que toutes les maisons de ce côté de l'île soient ornées de balcons, le quai s'appela, au XVIIIe s., quai des Balcons.

Au n° 36, hôtel construit pour le président Violle, en 1648, et qui fut un des points d'appui de la Fronde. Au n° 34, hôtel de Simon Huguet, procureur aux Comptes : au fond de la cour, grand escalier en bois à balustres carrés dans un corps de logis qui, au milieu du XVIIIe s., appartenait à Elisabeth de la Rochefoucault et Françoise de Biron qui étaient sœurs. Au n° 32, *hôtel* construit en 1642 par *Louis Le Vau* père, pour Philippe Gruyn. L'hôtel du n° 30 fut bâti par *Louis Le Vau* et son père, en 1640-1641, pour Louis Potart. La façade fut décorée, au XVIIIe s., d'instruments de musique rappelant deux anciens locataires dont le compositeur Guy Cholet. Au n° 28, *hôtel* bâti en 1640-1643 par le père de Louis Le Vau, pour Claude Aubert, contrôleur des rentes de l'Hôtel de Ville. L'édifice fut restauré vers 1770 par le président aux Comptes Pierre Perrot, qui orna la façade de trois bas-reliefs, allégories de la Sculpture, la Peinture et la Musique. Au n° 26, *hôtel* bâti en 1639-1642 par *Louis Le Vau* pour Nicolas Sainctot, maître d'hôtel du Roi. Restauré au XIXe s.

Au n° 24 seule subsiste, de l'ancien *hôtel Hesselin* construit par *Le Vau* en 1642, la *porte* cochère réalisée par *Etienne Le Hongre*; elle témoigne d'un type qui se développe au milieu du XVIIe s. : dessin complexe inspiré des boiseries d'appartement, fait de cartouches, de masques et de guirlandes. C'est à l'architecte *Louis Süe* que l'on doit l'édifice actuel, construit en 1935 à la demande d'Héléna Rubinstein. Dans la cour, l'architecte a respecté l'hémicycle adossé à l'ancien jardin qui donnait sur l'église. C'est ici que mourut le président Georges Pompidou en avril 1974.

Aux n°s 22 et 20, *hôtels Lefèvre de la Barre* et *Lefèvre de Malmaison*. Ces hôtels appartinrent à deux frères qui achetèrent les parcelles en 1643-1644 et firent construire des maisons semblables. Les deux portes cochères, d'un dessin très sobre, sont représentatives du type le plus courant et le plus ancien de l'île : un bandeau divise chaque battant en deux panneaux inégaux. Le décor est fait de petites plaques de bois disposées en damier et fixées à l'âme de la porte par de gros clous à têtes rondes. Chacune de ces portes est surmontée d'une chimère aux ailes déployées. Le n° 22 fut le premier domicile particulier de Baudelaire en 1842.

Aux n°s 18 et 16, *hôtel de Comans** ou *de Richelieu*, maréchal de France, qui en fut propriétaire de 1729 à 1791. On situe vers les années 1647 la date de construction de cet édifice attribué à *Louis Le Vau*. Au n° 18, la cour présente certaines analogies avec d'autres de ses constructions : superposition de pilastres corinthiens et de pilastres composites sur la façade postérieure, le tout reposant sur des bases très importantes; utilisation d'arcatures aveugles. En ce milieu du XVIIe s., on n'hésite pas à faire appel à des procédés de trompe-l'œil afin de satisfaire un goût très vif de la symétrie. ▶ La *rue de Bretonvilliers* fut percée en 1642 à la demande de Claude Le Ragois, seigneur de Bretonvilliers, receveur général des Finances. Cette rue permettait au financier d'accéder à l'hôtel qu'il venait de faire construire par *Jean Androuet Du Cerceau*, sur l'ensemble des terrains situés à l'extrême pointe orientale de l'île. Il ne reste actuellement aucun vestige de cet hôtel.

Le quartier Saint-Marcel

5e arr. / 45 -L9
Métro : Gobelins.
Bus : 27, 47, 83, 91
🅿 4, rue du Marché-des-Patriarches; gare d'Austerlitz
Taxis : 88, bd Saint-Marcel ☎ 43.31.00.00

Comme pour Saint-Denis, Saint-Martin ou Saint-Jacques, le nom de ce quartier se rattache à une très vieille tradition de piété parisienne puisque Marcel, évêque de Paris, y fut enterré au milieu du Ve s. Au Moyen Age, de riches bourgeois s'y installèrent et jusqu'au siècle dernier ce quartier calme, gardien d'églises séculaires, offrait un aspect très villageois. Depuis le percement du boulevard Saint-Marcel et du boulevard de l'Hôpital, le quartier, qui s'est rapidement construit, a subi une profonde métamorphose, bien que certaines petites rues écartées aient conservé le charme de cet ancien faubourg campagnard où se tenait un marché aux chevaux sur les bords de la Bièvre.

Aujourd'hui, grâce à la faculté des Lettres de la rue de Santeuil, à l'école supérieure de Chimie de Paris, rue Pirandello, à l'école supérieure des Arts et Métiers, boulevard de l'Hôpital, et surtout grâce au plus grand groupe hospitalier universitaire de France, la Pitié-Salpêtrière, ce secteur de la capitale renoue avec la tradition des quartiers estudiantins comparable à celle du Quartier Latin voisin, les touristes en moins.

Visite du quartier

1 h 30

▷ Le boulevard Saint-Marcel

de l'avenue des Gobelins à la rue Scipion

Entre les n°s 73 et 83, des travaux d'adduction de gaz (en 1922-1923), ont permis la découverte de douze sarcophages de pierre. Des travaux antérieurs avaient permis de retrouver beaucoup d'autres sépultures dans le quartier (plus de cinq cents de 1860 à 1873) car il y eut ici, aux IIIe et VIe s., une importante *nécropole chrétienne*, la plus vénérable de la ville primitive comme le prouve son étendue, de la manufacture des Gobelins à la rue du Petit-Moine et de la rue Scipion à la rue Pascal. Elle se trouvait aux abords de trois églises : Saint-Martin, Saint-Hippolyte, et la collégiale Saint-Marcel située vers le n° 79, très ancienne, surnommée la senior ecclesia par Grégoire de Tours, rebâtie au XIe s. et démolie en 1806. La petite rue de la Collégiale perpétue son souvenir (l'église Saint-Marcel actuelle est située boulevard de l'Hôpital → *ci-dessous*). Au n° 75 du boulevard se trouve l'Ecole supérieure de l'industrie du vêtement qui dépend de la chambre de commerce et de l'industrie de Paris.

▶ La ***rue Le Brun*** s'ouvre à dr. ; c'est une rue noble par le nom qu'elle porte et par le souvenir qu'elle garde du mécène, collectionneur et ami de Watteau : Jean de Julienne, qui eut une maison au n° 20. ▶ De l'autre côté du boulevard s'étend le quartier du jardin des Plantes.

▷ La rue Scipion

Elle tient son nom de Scipion Sardini, comte de Chaumont, banquier italien de Henri III et de Catherine de Médicis dont le père était gonfalonier de la seigneurie de Lucques.

Au n° 13, l'***hôtel de Scipion Sardini*** fut bâti en 1565 pour Isabelle de Limeuil dont les amours avaient souvent fait scandale. C'était le seul exemple d'architecture italienne où apparaissait le mélange de pierre et de brique. A la même époque, le palais abbatial de Saint-Germain-des-Prés mêlait lui aussi la pierre et la brique, mais le style n'était plus Renaissance, il annonçait le style Louis XIII. La cour de l'hôtel Scipion est décorée de médaillons de terre cuite. Les jardins descendaient jusqu'à la Bièvre. Après avoir été, de 1670 à 1974, la boulangerie des hôpitaux de Paris, l'hôtel appartient maintenant à la pharmacie centrale des hôpitaux de Paris. ▶ Dans le *square Scipion*, grand bas-relief émaillé.

▷ La rue du Fer-à-Moulin *à dr.*

Son nom est la déformation de Permoulin, propriétaire d'un de ces terrains ; mais entre le XIIIe et le XVIIe s. elle s'est d'abord appelée rue Richebourg, en raison des riches propriétés qui la bordaient. En effet de nombreuses personnes aisées vinrent s'installer au bord de la Bièvre, puis au XVIIe s. la rue devint la rue des Morts, rue de la Muette, à cause du cimetière des suppliciés voisin.

▶ A g., on laisse la rue de la Clef, la rue de Santeuil et la faculté de Censier (→ *quartier du jardin des Plantes*).

▷ La rue Geoffroy-Saint-Hilaire

entre la rue du Fer-à-Moulin et le boulevard Saint-Marcel

Au n° 5, subsiste l'élégant ***pavillon de police*** du marché aux chevaux, construit en 1762 sur l'ordre du chevalier Sartine, lieutenant général de la police de la ville. Sur le trottoir opposé se trouvait jadis un marché aux chevaux, où l'on vendait aussi des porcs et des chiens. On y pratiqua, jusqu'à l'époque de Louis XVI, le supplice de l'estrapade.

Pour la suite de la rue → *le quartier du jardin des Plantes*. ▶ On reprend le ***boulevard Saint-Marcel*** sur la g. Au n° 35 se trouve l'ensemble d'immeubles qui forme la Maison de santé du gardien de la paix. ▶ A dr. s'ouvre la ***rue René-Panhard*** qui longe l'***institut de Paléontologie humaine***, fondé en 1912 grâce à la libéralité d'Albert Ier de Monaco dont le blason décore l'entrée principale. L'institut de Paléontologie s'orne d'une frise sculptée qui illustre avec fantaisie les activités des premiers hommes, telles qu'on les imaginait au début du siècle.

▷ Le boulevard de l'Hôpital

du boulevard Saint-Marcel à la Salpêtrière

Rejoindre ce boulevard par la rue des Wallons. Cette grande et large artère, percée entre 1760 et 1768, relie la place Valhubert où se trouve la gare d'Austerlitz qui date de 1869 à la place d'Italie. Presque dans l'axe du boulevard Saint-Marcel, au-delà du viaduc, et marquant l'extrémité de tout le complexe hospitalier de la Pitié-Salpêtrière, se trouve le ***square Marie-Curie*** avec la statue du médecin aliéniste Pinel (1745-1826) à qui l'on doit l'amélioration de la thérapeutique des maladies mentales et, entre autres, la suppression de la coutume d'enchaîner les fous. Le côté impair du boulevard est en grande partie occupé par l'ensemble hospitalier de la Pitié-Salpêtrière.

L'hôpital de la Pitié

C'est en 1612 que Marie de Médicis fit construire, sur l'emplacement d'un jeu de paume près de la butte Copeau (actuellement rue Quatrefages), un refuge pour mendiants et sans-abris. Œuvre de charité et de salubrité, ou mesure de répression ? Les dits mendiants y étaient souvent placés de force et prirent d'ailleurs le nom d'« Enfermés ». En 1656 une organisation hospitalière de grande envergure est mise en place à Paris par Louis XIV sur les conseils du président du parlement Bellièvre : c'est l'Hôpital Général qui dispose de plusieurs maisons, les hospices de la Salpêtrière, de Bicêtre et l'ex-hôtel de Scipion-Sardini. L'hôpital de la Pitié lui est rattaché et devient pendant un temps son centre administratif. Il est agrandi et accueille les enfants trouvés et les orphelins, les filles étant placées dans la Grande Pitié et les garçons dans la Petite Pitié. « C'est à la Pitié », écrit G. Cain dans ses Tableaux de Paris, « que les bourgeois viennent recueillir les enfants nécessaires à leur service » et, les jours d'enterrement, des « pleureurs officiels aux appointements de dix sous par enfant ». Ce n'est qu'en 1809 que la Pitié devient véritablement un établissement de soins médicaux annexe de l'Hôtel-Dieu puis hôpital indépendant. Il conservera cette vocation médicale jusqu'à sa démolition (en 1912) et à son remplacement par l'actuel hôpital de la Pitié.

Les marchés

Boulevard Vincent-Auriol, entre la rue Jenner et la rue Dunois : mercr., sam., 7 h-13 h 30. Boulevard de l'Hôpital, sur la place de la Salpêtrière : mar., ven., 7 h-13 h 30.

▷ L'hôpital de la Salpêtrière**

C'est le plus vaste établissement hospitalier de Paris. Primitivement Grand Arsenal où la poudre était fabriquée sous Louis XIII (d'où son nom), il fut destiné par Louis XIV (1654) à devenir l'« hôpital général pour le renfermement des pauvres » ; on y ajouta en 1694 une maison de force pour femmes, non seulement filles de mauvaise vie mais aussi femmes dont les pères et les époux ne voulaient plus ; il a été affecté aux maladies mentales en 1796 (les aliénistes Pinel et Charcot y ont été des pionniers). Les architectes *Le Vau* et *Le Muet* y travaillèrent, mais c'est le nom de *Libéral Bruant* qui y demeure surtout attaché : même impression de grandeur austère qu'aux Invalides devant l'immense bâtiment principal.

La *chapelle Saint-Louis-de-la-Salpêtrière**, en forme de croix grecque, à dôme octogonal surmonté d'un lanternon, fut construite par *Libéral Bruant* de 1657 à 1677. Son toit d'ardoise et les huit nefs forment une étonnante composition géométrique. Cette chapelle, où Bossuet et Bourdaloue ont prêché, est curieuse par ses dispositions intérieures (quatre nefs séparées par des chapelles et rayonnant autour du maître-autel), destinées à isoler diverses catégories d'assistants ; elle peut contenir quatre mille personnes. Faisant face à la chapelle, les bâtiments de g. sont du XVIIe s., ceux de dr. du XVIIIe s. Ces vieux bâtiments évoquent bien des souvenirs historiques ou littéraires. Mme de Lamotte, détenue ici à la suite de l'Affaire du collier de la reine, s'en évada, habillée en homme, en 1786.

Quitter la chapelle par la cour Mazarin et gagner *le pavillon de l'Enfant et de l'Adolescent*, situé en face de la pharmacie centrale. Achevé en 1985, construit par les architectes *Vial*, *Costa* et *Bessirard*, il est un excellent exemple d'architecture contemporaine de style post-moderne. La façade sur jardin, avec ses grandes baies cintrées et ses colonnes couvertes de céramique blanche, ne fait pas mauvaise figure face à l'œuvre de Libéral Bruant. A l'intérieur, *panneau* peint par *Hervé Télémaque*. La *cour Saint-Vincent-de-Paul* fut un des théâtres des massacres de septembre 1792 : 45 détenues y furent tuées, tandis que 183 femmes étaient libérées par le peuple. Le *bâtiment des Incurables*, bâti par *Viel*, porte traditionnellement le nom de Manon Lescaut que l'abbé Prévost, dans son fameux roman, montre enfermée à l'Hôpital Général d'où vient l'arracher Des Grieux. Théroigne de Méricourt, devenue folle dit-on, fut enfermée à la Salpêtrière où elle mourut en 1817. La *bibliothèque* et le *cabinet de Charcot* ont été conservés. Le petit bâtiment qui sert aujourd'hui de buanderie est un reste de l'arsenal du temps de Louis XIII. En arrière, s'élève le moderne pavillon Osiris (services de chirurgie).

▷ L'église Saint-Marcel *80, bd de l'Hôpital , ouv. le dim. ☎ 47.07.24.43*

En sortant de la Salpêtrière, suivre le boulevard de l'Hôpital vers la place d'Italie.

En 1966, un sanctuaire de conception très contemporaine et de lignes très pures a été construit (*D. Michelin* architecte) pour remplacer l'église banale édifiée en 1856. Le flanc g., en retrait du boulevard, est revêtu d'ardoises taillées en lauses. A l'*intérieur*, vaste et clair (plus de mille places), tapisserie de *Singier* ; les vitraux sont l'œuvre d'*Isabelle Rouault*.

▶ A partir de là on peut longer le *boulevard de l'Hôpital* jusqu'à la place d'Italie, ou suivre à dr. la *rue Jeanne-d'Arc* qui offre une vue pittoresque sur le Panthéon et rejoindre, à dr., le carrefour des Gobelins par le boulevard Saint-Marcel.

▷ Le boulevard de l'Hôpital

de la rue Jeanne-d'Arc à la place d'Italie

Au n° 151, *école nationale des Arts et Métiers*, bâtie par *Roussi* en 1912 ; un amphithéâtre souterrain, de forme ovoïde et pouvant contenir mille personnes, a été ajouté en 1960. Au n° 165, un grand *immeuble* locatif (habitation hygiénique à bon marché, selon la dénomination de l'époque) a été conçu en 1900 par l'architecte *Sauvage* avec une structure de béton et un pavement de carreaux de céramique.

Le quartier du canal Saint-Martin**

10ᵉ arr. / 29-L5-L4
Métro : République
Bus : 20, 54, 56, 65, 75
🅿 12, rue Dieu
Taxis : 1, av. de la République ☎ 43.55.92.64

Avec ses passerelles métalliques et ses écluses, c'est à proximité de la place de la République que le canal Saint-Martin a conservé le plus de pittoresque. Un peu plus haut, comme à l'écart, se trouve l'hôpital Saint-Louis qui est un des plus remarquables exemples parisiens de l'architecture du début du XVIIᵉ s., dans laquelle se dessinent déjà les solutions classiques. A proximité, l'hôtel du Nord veille toujours au bord du canal, mais son environnement industriel et besogneux disparaît peu à peu.

Le canal Saint-Martin dans l'histoire

Au début du siècle, les abords du canal étaient occupés par des usines et entrepôts, habités par une population majoritairement ouvrière dont la verve gouailleuse fut immortalisée à l'écran dans les films de Marcel Carné. En 1963, le canal Saint-Martin fut menacé de disparaître au profit d'un axe N.-S. traversant Paris et reliant les deux aéroports du Bourget et d'Orly. Il était destiné à accueillir un trafic automobile de 6000 véhicules par heure et par sens! La date du 15 décembre 1971 a marqué, avec l'abandon du projet, le début de la rénovation du quartier et de la mise en valeur du site.

Aujourd'hui, si quelques ateliers subsistent au fond des cours, les plus grandes entreprises sont parties vers la banlieue, libérant de très grands espaces. Ceux-ci ont été entièrement réaménagés en locaux d'habitation, grâce à des opérations d'urbanisme cohérentes, faisant intervenir une architecture contemporaine originale. Les curieux du Paris de l'avant-guerre, les amateurs d'archéologie industrielle ou d'architecture contemporaine trouveront donc ici à satisfaire leur curiosité.

Visite du quartier

1 h

▷ La rue du Faubourg-du-Temple

Ancien chemin menant au village de Belleville, elle constitue une artère commerçante et populaire où l'on voit encore de pittoresques marchands de quatre-saisons. Son croisement avec le canal est marqué par deux *statues* placées en vis-à-vis, de part et d'autre de la rue : à dr., La Grisette, implantée en 1911, évoque les jeunes femmes d'origine populaire travaillant dans ce quartier; à g., le buste de Frédérick Lemaître (sculpté par *Pierre Granet* en 1899) rappelle le comédien populaire du siècle dernier qui fit les grands soirs des théâtres de boulevard. A ce niveau, la rue traverse le canal Saint-Martin qui se poursuit au sud sous le boulevard Jules-Ferry.

▷ Le canal Saint-Martin*

Le canal Saint-Martin, inauguré en 1825, est un prolongement du canal de l'Ourcq (→ *La Villette*) et forme, au nord de la capitale, avec le canal Saint-Denis, un canal de Seine à Seine permettant ainsi un gain de 12 km aux embarcations. Du bassin de la Villette jusqu'au bassin de l'Arsenal, le canal franchit un parcours de 4,5 km avec une dénivellation de 25 m, à l'aide de 9 écluses (numérotées d'amont en aval). La largeur du plan d'eau est de 27 m dans les parties à ciel ouvert, et de 16 à 24 m dans les parties couvertes ; sa profondeur est de 2,20 m.

A l'origine, le canal Saint-Martin était à ciel ouvert sur toute sa longueur mais le second Empire en a couvert la partie E. dès 1861 et a créé sur cet emplacement une longue promenade : la *promenade de la Reine-Hortense* avec ses dix-sept squares, dont plusieurs subsistent encore aujourd'hui. Cette couverture était justifiée par la nécessité d'un franchissement rapide du canal par la cavalerie de la caserne du Prince-Eugène, qui venait d'être édifiée. Un dernier secteur du canal, celui de l'actuel boulevard Jules-Ferry, a été également couvert (en 1907).

▷ Le square Frédérick-Lemaître

Le square offre une vue spectaculaire sur un sas d'écluses du canal (*Freycinet* ingénieur). Ce sont les écluses n°s 7 et 8, dites *écluses du Temple.* Le square, aujourd'hui rénové, a su conserver l'ancien *kiosque* du gardien, à l'aspect teinté d'orientalisme, ainsi qu'un curieux *réverbère-cheminée* (à la hauteur du n° 36, quai de Jemmapes) qui provient du mobilier urbain de la place de la Concorde. Il sert, dans sa nouvelle affectation, à l'évacuation des fumées provenant du local des éclusiers situé en sous-sol. ▸ A l'extrémité du square, la passerelle de la Douane marque le point de départ du *bassin des Marais*, vaste plan d'eau de 393 m dont les rives, dégagées des aires de stationnement qui les encombraient, accueillent à présent pêcheurs et promeneurs. De nombreuses entreprises, de part et d'autre du plan d'eau, prolongent une activité traditionnelle du quartier : le *traitement et la vente des peaux* (*aux n°s 64 et 72 du quai de Jemmapes, au n° 51 du quai de Valmy...*). ▸ Suivre le quai de Jemmapes et emprunter sur la dr. l'*avenue Richerand* en direction de la façade de l'hôpital Saint-Louis que l'on aperçoit depuis le quai.

▷ L'hôpital Saint-Louis*

Entrer par le pavillon central de la place du Docteur-Alfred-Fournier, puis traverser le quadrilatère ancien jusqu'aux bâtiments contemporains.

Commandé par *Henri IV*, l'hôpital Saint-Louis constitue l'un des meilleurs exemples de l'architecture du début du XVIIe s. Construit en brique et en pierre entre 1607 et 1611 par *Claude Vellefaux*, c'est l'une des premières compositions classiques : grand quadrilatère avec pavillons centraux et pavillons d'angle. Sa construction a été décidée à la suite des épidémies de peste de la fin du XVIe s. Une allée sépare le quadrilatère de quatre bâtiments disposés en équerre. L'un de ces bâtiments était réservé à la communauté des Dames Augustines, un autre aux médecins, un troisième était utilisé comme lingerie et un dernier abritait les malades payant qui disposaient d'un promenoir spécial. De grands travaux de restauration ont été effectués sur les bâtiments, classés Monuments historiques. Le rétablissement des jardins dans leur état d'origine est en cours. La *partie contemporaine,* due aux architectes *Badani* et *Roux Dorlut*, manifeste d'un souci d'harmonie dans la composition et les volumes en évitant une trop grande rupture avec le bâti ancien. Construit en 1984, il est surtout remarquable par le hall d'entrée monumental.

En revenant vers la place du Docteur-Alfred-Fournier, on peut faire un détour sur la dr. pour voir la *chapelle Saint-Louis.* Quoique en mauvais état, la chapelle peut être visitée (*t.l.j. 14 h-17 h, sf le sam.).*

▷ Le quai de Jemmapes *de l'av. Richerand à la rue de la Grange-aux-Belles*

Au n° 76, à l'angle avec l'avenue Richerand, le *Comptoir général des Fontes*, dont il ne reste que l'immeuble et son imposant portail métallique, constitue un témoignage de l'importante activité industrielle des années 1930. La *taillerie de Cristaux (Schweitzer*), au n° 84, perpétue la tradition artisanale du quartier. C'est l'une des rares cristalleries de Paris, spécialisée dans la restauration et la réparation de cristaux. Elle a conservé son appareillage ancien, daté de 1880, et fonctionne aujourd'hui avec trois artisans talentueux.

▷ L'hôtel du Nord *102, quai de Jemmapes*

A la hauteur de la 5e et de la 6e écluses du canal Saint-Martin *(écluses dites des Récollets),* se déploie un décor pittoresque et poétique, marqué tout particulièrement par l'hôtel du Nord. Fils des hôteliers, l'écrivain *Eugène Dabit* (1898-1936) y vécut durant sa jeunesse. Il est l'auteur du roman Hôtel du Nord qui fut porté à l'écran en 1938 par *Marcel Carné* avec Louis Jouvet et Arletty. La scène la plus célèbre qui met aux prises les deux acteurs sur l'écluse même, n'a pas été tournée sur le canal Saint-Martin mais aux studios de Boulogne, dans les décors fidèles d'*Alexandre Trauner.*

En état de délabrement, l'hôtel du Nord était condamné à la démolition, mais le permis de détruire a été fort heureusement refusé en 1983. Il est maintenant prévu de conserver la façade et de construire, en arrière de celle-ci, des logements neufs. L'hôtel du Nord restera ainsi un cliché parisien. ▸ A proximité, à l'angle de la rue de la Grange-aux-Belles, deux bistrots prolongent « l'atmosphère » : le *café du Pont-Tournant* et l'*Ancre de la Marine.* Ce dernier est inclus dans un immeuble insolite (au n° 96) par l'étroitesse de la parcelle sur laquelle il est construit et par la curieuse toiture verticale.

▷ Le quai de Jemmapes *jusqu'à la place du Colonel-Fabien*

En longeant le canal, on découvre le *bassin* courbe *des Récollets*, long de 430 m.

Si l'on souhaite entrer dans un Paris industrieux, il ne faut pas hésiter à faire un petit crochet par la *rue de l'Hôpital-Saint-Louis* et l'*impasse Héron* où l'on découvre un paysage de cours, d'entrepôts et d'ateliers, caractéristique du début du siècle.

L'ancienne usine électrique de la Compagnie parisienne d'Air comprimé, au nº 132, est un élément majeur et un bel exemple d'architecture industrielle. Pour ce bâtiment imposant construit en 1903, *Paul Friésé* (un grand nom de l'architecture 1900), a joué de matériaux très différents : armatures métalliques, moellons de meulière, briques de couleur. Sur les façades latérales, voir les contreforts métalliques remplis de briques et les croix de Saint-André en acier. Cette usine est reconvertie en imprimerie.

Parvenu à la hauteur des 3e et 4e écluses (dites *écluses aux Morts*), on traverse un ensemble d'habitations (au nº 148) constituant un véritable quartier nouveau avec son collège, ses deux écoles maternelles, sa crèche, sa piscine, son stade et ses 1350 logements : la *zone d'aménagement Jemmapes - Grange-aux-Belles*. Sur 5,7 ha, cet ensemble est remarquable par ses immeubles ocre et beiges, ses volumes irréguliers, ses toitures et ses bow-windows.

▷ La place du Colonel-Fabien

C'est une vaste place animée par ses joueurs de pétanque. C'est approximativement en ce lieu que se trouvait le sinistre *gibet de Montfaucon* (→ *encadré*). Le *Siège central du PCF* a été construit de 1968 à 1971 par l'architecte *Oscar Niemeyer*. Ce bâtiment en forme de S présente une façade entièrement vitrée de 80 m de longueur et de 20 m de hauteur. On retrouve des constantes dans l'œuvre de l'architecte : abondance de lignes courbes, emploi de murs-rideaux en façade, utilisation de bases en V... La protubérance sphérique, en avant de la façade, abrite la salle du Comité central, semi-enterrée et en beau béton brut. ▶ On pourra suivre l'*avenue Mathurin-Moreau*, devenue résidentielle ces dernières années. Elle mène directement au parc des Buttes-Chaumont.

Sur le chemin de Montfaucon

Montfaucon résonne encore aujourd'hui d'un sinistre écho dans la mémoire collective des Parisiens. Sur une butte isolée, située actuellement aux environs du nº 50 de la rue de la Grange-aux-Belles, avait été dressé en 1233 le gibet de Montfaucon qui servit pendant près de quatre siècles à l'exécution des supplices ordonnés par la justice royale. De taille impressionnante, il se composait de seize piliers de pierre disposés en rectangle, hauts d'une dizaine de mètres et reliés chacun par deux poutres utilisées comme potence. Les condamnés étaient conduits du Châtelet au gibet en empruntant la route de Meaux, itinéraire que l'on peut toujours suivre en passant par les rues Saint-Denis, du Faubourg-Saint-Denis, des Récollets et enfin de la Grange-aux-Belles.

A partir de 1627, l'hôpital Saint-Louis demanda, par mesure d'hygiène, que le gibet soit transféré ailleurs, c'est-à-dire au nº 46 (actuel) de la rue de Meaux. Il n'avait plus, à cette époque, qu'une valeur symbolique et fut définitivement supprimé en 1790.

Les contrôleurs des finances royales Enguerrand de Marigny, Gérard de la Guette, le baron de Sablancay et le favori de Louis XI, Olivier Le Daim, comptèrent parmi les victimes les plus connues de ce gibet dont Villon parle avec tant d'âpreté.

Le quartier Saint-Sulpice★★

6e arr. / 35-H8, 36-J8
Métro : Saint-Sulpice, Mabillon
Bus : 58, 63, 70, 84, 86, 87, 89, 96
Ⓟ place Saint-Sulpice, côté pair
Taxis : 1, rue du Four ☎ 43.29.00.00

Percées au XVIIIe s. sur un tissu urbain plus ancien, la rue et la place Saint-Sulpice sont un exemple des aménagements entrepris mais inachevés à cette époque. Toutes les maisons entourant la place devaient être construites sur le modèle de celle bâtie par Servandoni à l'angle de la rue des Canettes. On peut se prendre à rêver, devant celle-ci, à l'exceptionnel ensemble urbain que cette place aurait formé, encadrant harmonieusement la sobre façade de l'église Saint-Sulpice.

Aujourd'hui, c'est l'un des endroits les plus élégants de la capitale. Les boutiques des décorateurs, des couturiers à la mode, les librairies et les galeries d'art qui sont constitutives du climat de la rive gauche, ont progressivement chassé les magasins d'articles religieux, ces fameuses saint-sulpiceries.

Plus secrètes, les petites rues qui conduisent du jardin du Luxembourg à la place Saint-Sulpice ont conservé leur air de noblesse provinciale, charmante et endormie.

L'église Saint-Sulpice**

2, rue Palatine ☎ 46.33.21.78
7 h 30-19 h

Saint-Sulpice, l'une des plus vastes églises de Paris et l'une des plus riches, porte le témoignage des changements de goût que le XVIIIe s. a connus en architecture. Noble et majestueuse par ses proportions comme par son style, elle reste l'une des paroisses les plus fréquentées et les plus vivantes de la capitale.

La fondation de cette église remonte au moins au XIIe s. Elle dépendait alors de l'abbaye de Saint-Germain-des-Prés. Au XVIIe s., il apparut que le développement du quartier et son extension vers l'ouest nécessitaient la construction d'un nouvel édifice. La première pierre fut posée en 1646 ; le maître maçon Christophe Gamard avait donné des plans qui furent abandonnés après quelques années au bénéfice de ceux de Daniel Gittard. Les travaux avancèrent avec beaucoup de lenteur étant donné leur coût. En 1678, ils furent interrompus alors que seul le chœur était construit. Il fallut attendre quarante ans pour qu'ils reprennent sous l'impulsion d'un prêtre actif et tenace, le curé Jean-Baptiste Languet de Gergy. La construction fut confiée à Gilles-Marie Oppenordt, qui ne modifia pas sensiblement les dessins de Gittard ; il ajouta seulement une tour au-dessus de la croisée, tour qui fut démolie dès 1731, car son poids compromettait la solidité de la voûte. Le projet de façade fut mis au concours en 1732 ; Jean-Baptiste Servandoni l'emporta sur ses concurrents. Il édifia la grandiose colonnade à deux étages que l'on voit actuellement, ainsi que les tours qui, après la mort de Servandoni (en 1766), furent confiées pour achèvement à Oudot de Maclaurin. La tour du nord fut construite en 1778-1780 par Jean-François Chalgrin ; celle du sud n'a jamais été terminée.

▷ L'extérieur

La façade, qui s'ornait à l'origine d'un fronton, détruit par la foudre en 1770, a aujourd'hui un aspect austère et l'on est surpris de penser que c'est une œuvre du plein milieu du XVIIIe s. Le *porche* est orné de sept reliefs dus aux frères *Slodtz* : les trois Vertus théologales, les quatres Vertus cardinales et quatre Evangélistes en médaillons. Les *statues* qui ornent les portails des deux transepts sont de *François Dumont* (1725).

▷ La nef

L'intérieur fait impression par son ampleur calme et sa clarté. Le plan est en croix latine ; de hautes arcades séparent la nef des bas-côtés, lesquels se prolongent autour du chœur en un spacieux déambulatoire ; sur celui-ci s'ouvre la chapelle de la Vierge, qui fait saillie à l'est sur la rue Garancière. Le *grand orgue**, œuvre de *F. A. Clicquot* (1781) est enfermé dans un buffet monumental dessiné par *Chalgrin* et orné de sculptures par *Pierre-Joseph Duret* : Le roi David, Femmes tenant des instruments de musique. La *chaire**, de 1788, a été exécutée sur les dessins de *Charles de Wailly*. Le banc d'œuvre est de 1862 ; un beau Christ en croix (1855) d'*Hippolyte Maindron* le surmonte. Les *bénitiers* attachés aux deuxièmes piliers de la nef, à dr. et à g., sont formés de deux énormes coquilles naturelles ; les rochers qui les supportent ont été sculptés par *J.-B. Pigalle* qui les a couverts de curieux motifs naturalistes : crabes, poulpes, coraux et étoiles de mer.

▷ Le bas-côté droit

La *1re chapelle* est célèbre par ses *peintures*** d'*Eugène Delacroix* : à g., la Lutte de Jacob avec l'ange ; à dr., Héliodore chassé

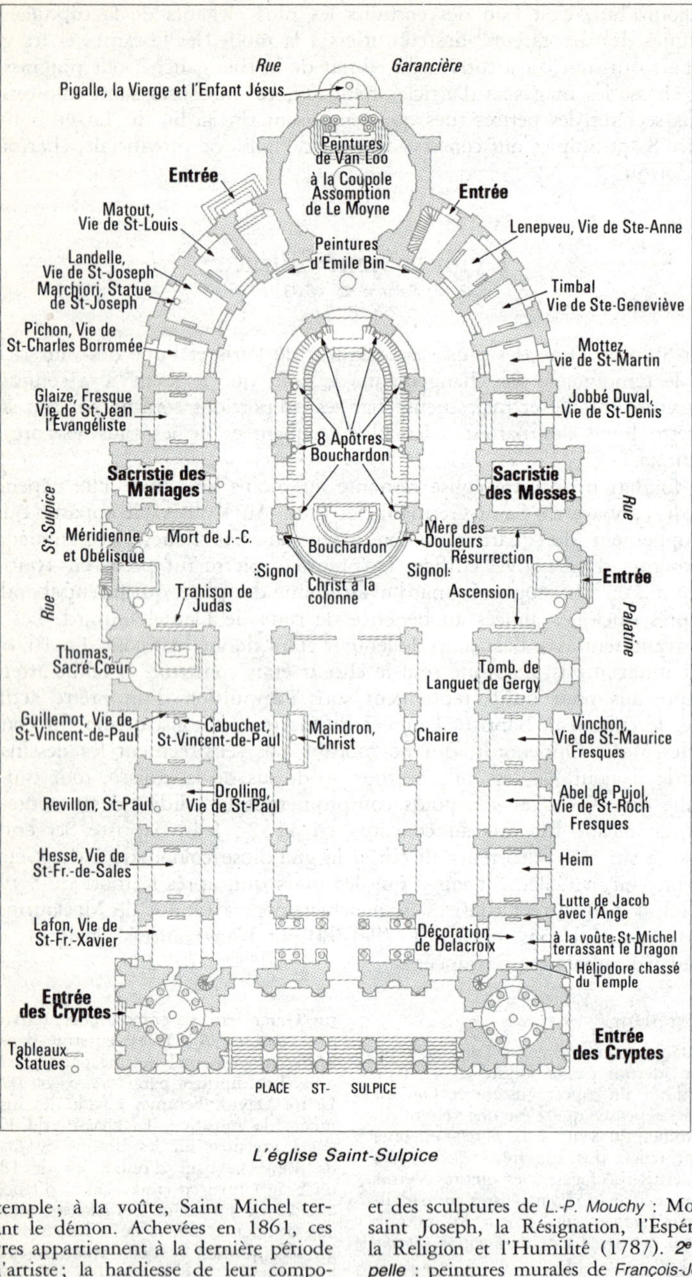

L'église Saint-Sulpice

du temple; à la voûte, Saint Michel terrassant le démon. Achevées en 1861, ces œuvres appartiennent à la dernière période de l'artiste; la hardiesse de leur composition et la force de leur coloris en font des chefs-d'œuvre justement réputés. Une porte, à dr., conduit à la *chapelle des morts (ordinairement fermée, s'adresser à la sacristie)*, située sous la tour sud; dessinée par *Chalgrin*, elle est de plan circulaire, comme la chapelle des baptêmes qui lui fait pendant au nord. Elle contient le Christ apparaissant à la Madeleine, de *C.-G. Hallé* (1705) et des sculptures de *L.-P. Mouchy* : Mort de saint Joseph, la Résignation, l'Espérance, la Religion et l'Humilité (1787). *2ᵉ chapelle* : peintures murales de *François-Joseph Heim* (1845), la Religion instruisant le chrétien, la Prière pour les morts; la Pietà et les Anges de *Jean-Baptiste Clésinger* (1868). *3ᵉ chapelle* : peintures d'*Abel de Pujol* (1822), récemment restaurées, Saint Roch priant pour les pestiférés, Mort de saint Roch, Glorification de saint Roch. *4ᵉ chapelle* : peintures d'*Auguste Vinchon* (1821), Saint Maurice refusant de sacrifier aux faux dieux et Martyre de saint Maurice. ***5e chapelle*** : à g., Saint Jean Baptiste, marbre par *Simon Boizot* (1785) ; à dr., le monument funéraire du curé Languet de Gergy, par *Michel-Ange Slodtz*, a subi à la Révolution quelques mutilations qui ne lui ont pas ôté son caractère théâtral.

▷ Le transept

Le ***bras dr. du transept*** est décoré d'immenses peintures d'*Emile Signol* : à g., la Résurrection et à dr., l'Ascension (1876). La croisée est couverte d'une coupole plate dans laquelle sont encastrées quatre peintures de *F. Lemoyne* (le Christ, Melchisédech) et *C.-G. Hallé* (Saint Pierre, Saint Jean Baptiste).

Dans le ***bras g. du transept***, l'Arrestation de Jésus-Christ et la Mort de Jésus-Christ sont de *Signol*. Sur le dallage du croisillon S., est installée une plaque de bronze d'où part une ligne méridienne en bronze qui se prolonge jusqu'à un obélisque en marbre blanc à l'angle N.-E. du croisillon N. Les rayons du soleil, passant à midi par une petite ouverture percée dans la fenêtre du croisillon S., viennent capter la méridienne sur un point variable suivant le jour de l'année ; ce sont les restes du ***gnomon*** achevé en 1744 par *Charles Langlois* sous la direction de Le Monier, de l'Académie des sciences.

▷ Le chœur

Aux piliers du chœur sont adossées dix ***statues*** d'*Edme Bouchardon*, en partie réalisées par son atelier (1740) ; les plus remarquables sont le Christ à la colonne et la Vierge de douleurs, sur les premiers piliers à g. et à dr. Le maître-autel actuel a remplacé celui du XVIIIe s. qui avait été dessiné par Oppenordt ; devant d'autel en bronze doré par *Jean-Baptiste Debay*, représentant Jésus au milieu des docteurs (1829). Le tabernacle et la garniture de l'autel ont été transportés dans la sacristie des mariages. Les stalles, du XVIIIe s., proviennent en partie de Saint-Denis et en partie de l'abbaye de Penthemont. Les fenêtres hautes sont garnies de vitraux du XVIIe s., sauf celui qui représente le Sacré-Cœur (*Charles Lameire*, 1885).

▷ Le déambulatoire

Les vitraux des chapelles datent de la construction de l'église. La ***sacristie des messes*** est garnie de splendides boiseries, avec des trophées sculptés représentant les ustensiles de la liturgie (première moitié du XVIIIe s.). ***1re chapelle*** : peintures par *Félix Jobbé-Duval*, Saint Denis refusant de sacrifier aux dieux païens, Saint Denis et ses compagnons conduits au supplice (1859). ***2e chapelle*** : fresques de *Victor Mottez*, Saint Martin partageant son manteau, Saint Martin ressuscitant un catéchumène (1863). ***3e chapelle*** : peintures de *Charles Timbal*, Sainte Geneviève pendant le siège de Paris, le Miracle des ardents (1864). ***4e chapelle*** : peintures de *Jules Lenepveu*, la Présentation de la Vierge au temple, la Naissance de la Vierge (1864). Au-dessus de la porte conduisant vers la rue Garancière, Assomption à laquelle fait pendant la Mort de la Vierge par *Emile Bin* (1874).

La ***chapelle de l'Assomption***, ou des Allemands. Son entrée s'ouvre dans le passage d'où un élégant escalier conduit aux combles. Elle fut aménagée au milieu du XVIIIe s. et décorée de peintures dont plusieurs subsistent encore. Au plafond : Anges, par *Noël Hallé*, également auteur du Christ et les enfants (1751) ; Fuite en Egypte par *Jean-Baptiste Pierre* (1751) ; on voit aussi une Annonciation d'après *Lemoyne* et une Descente de croix qui serait de *Jean-Baptiste Decamps* (fin du XVIIIe s.) ; boiseries du XVIIIe s.

La ***chapelle de la Vierge**** doit son aspect actuel aux travaux faits par *Charles de Wailly* en 1774. Elle comportait primitivement deux ordres superposés de pilastres entre lesquels s'ouvraient de grandes fenêtres ; la ***coupole*** peinte à fresque par *F. Lemoyne* (1731-1732) était donc en bonne lumière. L'incendie de la foire Saint-Germain, en 1762, causa de graves dégâts à la chapelle et à la peinture, rendant nécessaire une réfection. Sous la coupole peinte par Lemoyne, de Wailly en ajouta une fausse, qui diminue beaucoup le jour ; la peinture fut restaurée en 1778 par *Antoine Callet*, qui ajouta en bas le personnage du curé Languet de Gergy entouré de ses pauvres. La peinture de Lemoyne, qui fut célèbre à son époque, a encore été restaurée à plusieurs reprises au XIXe et au XXe s. Malgré ces atteintes, l'habileté de la composition et l'élégance dans le groupement des figures restent dignes d'admiration. La superbe ***Vierge**** de *Pigalle* a été mise en place en 1774 ; elle apparaît d'une façon spectaculaire dans une niche éclairée par un jour indirect. Elle a remplacé une Vierge en argent de Bouchardon, détruite à la Révolution. La partie inférieure de la chapelle est ornée de quatre toiles de *Carle Van Loo* (1746-1751) : de dr. à g., l'Annonciation, la Visitation, la Présentation au temple et l'Adoration des bergers. Le bas-relief en bronze doré de l'autel, les Noces de Cana, est de *Michel-Ange Slodtz*.

6e chapelle : les peintures sont de *Louis Matout*, Saint Louis rendant la justice, Saint Louis enterrant les pestiférées (1870). ***7e chapelle*** : peintures de *Charles Landelle*, Mort de saint Joseph, Songe de saint Joseph (1875). ***8e chapelle*** : peintures de *Pierre-Auguste Pichon*, Saint Charles Borromée au chevet du pape Pie IV, et Saint Charles Borromée et les pestiférés de Milan (1867). ***9e chapelle*** : peintures d'*Auguste Glaize*, Martyre de saint Jean l'Evangéliste, Saint Jean enseignant l'amour mutuel (1859). La ***sacristie des mariages*** *(ordinairement fermée, s'adresser à la sacristie des mes-*

ses) renferme, de dr. à g., le Mariage de la Vierge par *Antonio Pereda* (1648), le jeune Tobie et l'ange Raphaël par *Jean-Charles Remond*, auquel fait pendant de l'autre côté de la fenêtre l'Archange saint Michel abattant le démon (1827) ; la Vierge entourée d'anges de *Pierre Mosnier* (seconde moitié du XVIIe s.) se trouvait autrefois dans la chapelle de la Vierge ; le vitrail représentant le Mariage de la Vierge est de la manufacture de Sèvres sur un carton de la princesse *Marie d'Orléans*.

▷ Le bas-côté gauche

5e chapelle : beau confessionnal du XVIIIe s. ; à g., l'Etablissement de la Religion chez les sauvages par *Jean-Simon Barthélemy* (1785) ; au fond, Sacré-Cœur, par *Emile Thomas* (1894). *4e chapelle* : fresques, très restaurées, d'*Alexandre Guillemot* (1824), Saint Vincent de Paul et les Dames de la Charité, Saint Vincent de Paul au chevet de Louis XIII. *3e chapelle* : peintures de *Michel Drolling* (1850), la Conversion de saint Paul, Saint Paul devant l'Aréopage. *2e chapelle* : peintures d'*Alexandre Hesse* (1860), Saint François de Sales prêchant dans le Valais, Saint François de Sales et sainte Jeanne de Chantal. *1re chapelle* : peintures d'*Emile Lafon* (1959), Saint François-Xavier ressuscitant un mort, la Translation du corps de saint François-Xavier. Une porte dans le mur de g. conduit à la ***chapelle des baptêmes*** *(s'adresser à la sacristie)*, œuvre de *Chalgrin*, qui est décorée de sculptures de *Simon Boizot* (1777-1781) : le Baptême du Christ au-dessus de la porte, et la Grâce, l'Innocence, la Sagesse et la Force tout autour. La chapelle contient plusieurs cuves baptismales, dont l'une du XVIe s., provenant de Saint-Germain-l'Auxerrois, est ornée de beaux rinceaux.

Visite du quartier Saint-Sulpice

▷ La place Saint-Sulpice

L'architecte *Servandoni* avait prévu de dégager devant l'église une place harmonieusement monumentale, constituée de belles maisons dont une seule fut construite : le n° 6, au coin de la rue des Canettes. Les maisons et le séminaire s'entassaient devant la façade de l'église, et c'est seulement sous l'Empire que cet espace fut dégagé. Au centre, à la manière romaine, s'élève la ***fontaine des Quatre-Evêques*** (Bossuet, Fénelon, Massillon, Fléchier), construite en 1844 sur les plans de *Visconti*. La dernière modification de la place a été la création d'un parking souterrain, avec zone piétonnière devant Saint-Sulpice et installation de nouveaux marronniers dont on espère qu'ils atteindront la taille de ceux qui y étaient précédemment. Au mois de juin la place se couvre de baraques peintes en vert pour une foire à la brocante qui veut perpétuer la tradition de la foire Saint-Germain (→ *le quartier Saint-Germain-des-Prés*). Au S., le ***séminaire de Saint-Sulpice***, construit par *Godde* (1820-1840) et

Le quartier Saint-Sulpice

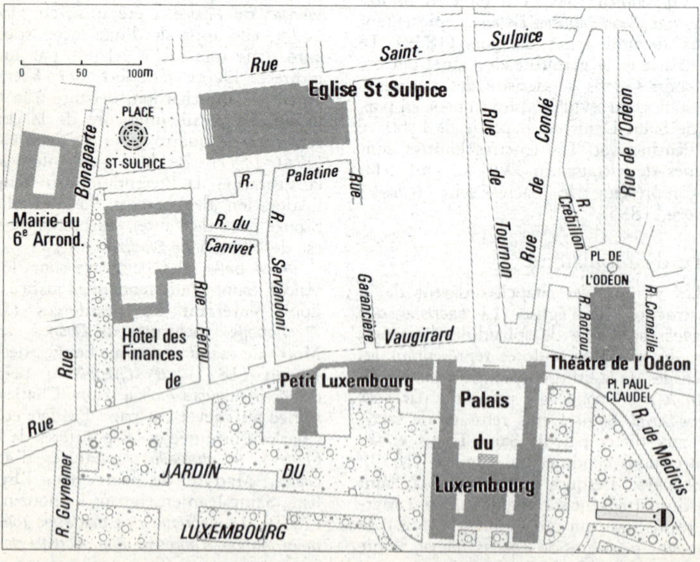

où Renan étudia, a été désaffecté en 1906 ; il est occupé par la direction de l'enregistrement du ministère des Finances. La place est bordée à l'O. par la *mairie du 6e arrondissement* (1849). Celle-ci abrite la bibliothèque des Arts graphiques, constituée par le typographe Edmond Morin (1859-1937) et léguée à la Ville de Paris à la condition qu'elle resterait dans le 6e arrondissement. La bibliothèque municipale de l'arrondissement a été transférée dans les anciens bâtiments du Crédit municipal au 78, boulevard Raspail. Salle des fêtes de la mairie décorée par *H. Levy* et *U. Bourgeois* (1889).

▷ La rue Saint-Sulpice

Elle est très passante et animée. Beaucoup de maisons remontent au XVIIIe s. : portes, ferronneries des appuis de fenêtres. Au no 27, beau *portail de l'hôtel de Fougères* et dans la cour, vue sur l'hôtel de Brancas (6, rue de Tournon → *le quartier de l'Odéon*). La façade latérale N. de l'église domine la rue : portail majestueux, superposé de façon pittoresque à un escalier contourné et au trottoir étroit. L'arrière de l'abside est monté sur trompe.

▷ La rue Garancière

Faire un aller et retour dans cette rue qui longe le chevet de Saint-Sulpice. Au no 8, *hôtel de Sourdéac**, dit plus tard de Garancière. Bâti sous Louis XIII, il a conservé son admirable façade ornée de têtes de bélier et un bel escalier. Une de ses occupantes, Françoise de Paris, épouse d'un président au Parlement et fort éprise de théâtre, découvrit les dons de la célèbre comédienne Adrienne Lecouvreur dont la mère était blanchisseuse rue Servandoni. Après avoir été la mairie du 11e arrondissement (l'actuel 6e), l'hôtel est depuis 1854 le siège de la maison d'édition Plon (maintenant groupe des Presses de la Cité). Sur la façade se trouve une fontaine installée en 1715 par la Palatine, épouse du prince de Condé. En face, au no 11, *petit hôtel de Nivernais* qui communiquait avec le grand hôtel de Nivernais (ou du maréchal d'Ancre) de la rue de Tournon. Il a appartenu à la famille de l'historien Thureau-Dangin. Au no 13, anciens communs de l'hôtel d'Entragues. A son extrémité, la rue est enjambée par une *arcade* de construction récente, œuvre de *Christian Langlois*, architecte du Sénat. ▶ Prendre, à g., la *rue Palatine*. On verra le portail latéral S. de Saint-Sulpice et les dépendances pittoresques qui sont situées près de l'abside ; la *chapelle de l'Assomption*, appelée aussi chapelle des Allemands, couverte d'un toit bulbeux surmonté d'un pélican ; de charmantes fenêtres perchées dans les hauteurs de l'église. Cette rue a été ouverte en 1846 et porte le nom de la princesse Palatine, Anne-Charlotte de Bavière, veuve de Henri-Jules de Bourbon, prince de Condé.

Les noms des rues à Paris

C'est seulement en 1729, qu'une ordonnance demande que soient indiqués les noms des rues. Ceux-ci devaient être gravés en creux, ainsi que le numéro du quartier, sur une pierre dure encastrée dans le mur de la première et dernière maison de chaque rue. A la Révolution une entreprise de maçonnerie dut faire disparaître des noms toute trace de royauté, féodalité et superstition. A l'occasion des restaurations de façades anciennes, on laisse maintenant dégagées ces inscriptions, retrouvées à côté des plaques émaillées de type moderne. Les exemples sont nombreux dans les quartiers historiques.

Les noms donnés aux rues provenaient à l'origine du voisinage d'un édifice, d'une enseigne, d'une corporation. Puis, à partir du XVIIe s., certaines rues prirent le nom de princes, de seigneurs ou de notables. Le premier et le second Empire célébrèrent leurs victoires en baptisant des rues souvent récentes, mais le XIXe s. vit surtout la prolifération de noms d'hommes célèbres. Cette tendance à remplacer une appellation traditionnelle par une rubrique de dictionnaire aboutit à un appauvrissement de la connaissance des lieux.

Pour plus d'informations on pourra consulter la Nomenclature des voies publiques et privées, éditée par la Ville de Paris (8e édition 1972), qui donne l'état civil des voies : leurs mensurations, l'historique et l'origine du nom, avec les dates des arrêtés les concernant.

▷ La rue Servandoni

Petite rue calme, constituée essentiellement de maisons anciennes, elle a pris le nom de l'architecte de Saint-Sulpice qui y mourut en 1766. On verra plusieurs beaux portails et quelques maisons intéressantes (aux nos 8, 9, 12, 14, 18, 23, 24). Condorcet se réfugia au no 15 en 1793-1794, et c'est là qu'il écrivit son Esquisse des progrès de l'esprit humain. Au no 14, *porte* sculptée du XVIIIe s. avec médaillons et bas-reliefs ; la tradition voudrait que l'un d'eux représentât l'architecte Servandoni montrant son plan.

▶ Prendre à g. la courte *rue du Canivet*, qui date du XVIe s. et conserve quelques grandes demeures.

▷ La rue Férou

Au no 4, hôtel qui appartenait à sa construction, en 1750, à François Mahé de La Bourdonnais, gouverneur général des îles de France et de Bourbon. Au no 6, *hôtel* de la seconde moitié du XVIIIe s., habité par la comédienne Melle Luzy, à qui Talleyrand rendait visite lorsqu'il préparait sa thèse au séminaire de Saint-Sulpice. On remarquera les deux sphinx sur les piliers d'entrée et, au-dessus des fenêtres du 1er étage, les *bas-reliefs* attribués à *Clodion*.

▷ La rue de Vaugirard
entre la rue Servandoni et la rue Bonaparte

La plus longue rue de la capitale avec ses 4 360 m, elle remplace le chemin qui menait jadis au village de Val-Girard, puis de Vaugirard. Sur cette section, du côté impair, elle borde le jardin du Luxembourg et les bâtiments du Sénat. Au n°. 15, ***le Petit Luxembourg*** *(→ Luxembourg, palais)* sert de résidence au président du Sénat. En face, au n° 36, s'élevait la maison militaire de la Palatine, construite par *Boffrand* et dont seul subsiste un beau ***portail*** intégré à un ensemble d'***arcades*** récentes (*Ch. Langlois* architecte). On peut y voir le mètre de marbre, scellé en 1799 à la demande de l'Agence des poids et mesures pour habituer la population au système métrique. Au n° 19, entrée de l'ancien musée du Luxembourg *(→ Luxembourg, palais)*. En face, au n° 48, Massenet est mort en 1912. Au n° 50, la cure de Saint-Sulpice occupe l'ancien hôtel habité par Madame de La Fayette, de 1655 à sa mort en 1693.

▷ La rue Bonaparte *entre la rue de Vaugirard et la place Saint-Sulpice*

Cette fraction n'a pas le charme de celle qui fait partie de Saint-Germain-des-Prés, car elle a été assez défigurée par des constructions nouvelles. Elle garde cependant le magnifique ***hôtel de Polignac**** (n°s 88-90), édifié au XVIIIe s. et qui appartint pendant quelques temps au cardinal de Polignac, personnage important de la fin du règne de Louis XIV et de la Régence. Il fut habité aussi par l'abbé Grégoire qui, à la Constituante, défendait les Noirs et les Israélites et qui est à l'origine du conservatoire des Arts et Métiers ; au n° 90, on peut voir un très bel escalier, et au n° 88 le portail. ▶ ***L'allée du Séminaire*** *(à dr.)* a été tracée en 1936 sur l'ancienne Maison des messieurs de Saint-Sulpice et descend en terrasse sur la rue Bonaparte. On peut y voir la ***fontaine de la Paix***, l'une des quinze fontaines commandées par Napoléon ; bas-reliefs de *Espercieux*. Cette fontaine se trouvait auparavant dans le marché Saint-Germain (→ *le quartier Saint-Germain-des-Prés*).

Le quartier du Sentier*

2e arr. / 28-J5-K5
Métro : Bourse
Bus : 20, 29, 39, 48, 67, 74, 85
[P] place de la Bourse

Le Sentier est à la confection ce que la place Vendôme est à la haute joaillerie. Mais ici, point de frontière précise pour délimiter le quartier. Aux alentours des boulevards Poissonnière et Bonne-Nouvelle (au N.), de la rue Montmartre (à l'O.), de la rue Réamur (au S.) et du boulevard Sébastopol (à l'E.), l'encombrement des rues étroites, cauchemar des automobilistes, et le fourmillement sur les trottoirs sont signes que le visiteur y a pénétré.

Le Sentier est un monde à part entière où les fortunes se font et se défont au rythme accéléré des saisons de la mode. Peu d'éléments spectaculaires s'offrent au regard : il n'y a pas de monuments publics et les façades de quelques belles constructions du XVIIIe s. sont le plus souvent masquées par des enseignes commerciales. La foule cosmopolite qui l'anime, les bras chargés de balles de tissus, livrant des vêtements sur des cintres ou poussant des chariots, semble indifférente à ceux qui n'appartiennent pas à cette étrange planète. Le simple curieux, ni acheteur ni fabricant, devra se laisser happer en pleine semaine par l'agitation de ce lieu unique pour en suivre le dédale. Il découvrira alors une infime partie de cette cité, à bien des égards interdite au néophyte.

Le quartier dans l'histoire

Evocation du « sentier » conduisant aux remparts ou déformation du mot « chantier », le Sentier fut, jusqu'au début du XIXe s., un quartier verdoyant et aéré où, derrière les enceintes successives, se profilait la campagne.

La lente progression de l'urbanisme, depuis le XIVe s. jusqu'à la fin du XIXe s., se résume par l'intégration progressive du faubourg à l'intérieur de Paris et la disparition définitive de l'enceinte devenue boulevard. La construction de l'enceinte de Charles V en 1350 détermina la physionomie du quartier jusqu'à sa démolition au début du XVIIe s. Puis l'édification d'une nouvelle enceinte, dite de Louis XIII, fut suivie par la construction du nouveau cours sur l'ordre de Louis XIV. La transformation radicale de la physionomie du quartier est l'œuvre de la Révolution qui spolia les congrégations, nationalisa et vendit les églises avec leurs grands domaines avant que les travaux d'Haussmann, réalisant la percée de la rue Réaumur et du boulevard Sébastopol, ne donnent au quartier son aspect définitif. C'est à la fin du XIXe s. que le quartier du Sentier prit sa physionomie actuelle : un quartier voué à la fois au commerce du textile côté Bonne-Nouvelle, et à la presse et à l'imprimerie côté Montmartre.

Visite du quartier

1 h

▷ La rue du Mail

Elle fut tracée en 1636 sur l'emplacement d'un jeu de mail établi en bordure de l'ancien rempart de Charles V et a donné son nom à un quartier, notre actuel Sentier. Au n° 5, ***hôtel de Colbert***, construit par *François Le Tellier* (1650), dont le portail est surmonté d'une tête de faune encadrée par deux cornes d'abondance. Au n° 7, ***hôtel***, construit en 1669 par l'architecte *Thomas Gobert* pour lui-même, peu avant l'aménagement de la toute voisine place des Victoires. Remarquer les arcades des fenêtres du rez-de-chaussée et l'ordre colossal à chapiteaux composites des deux étages.

▷ La rue Montmartre

Elle s'appelait déjà ainsi en 1200, puisque c'était le chemin qui conduisait de Paris à l'abbaye de Montmartre. Dans un premier temps, elle fut bâtie jusqu'à la porte Montmartre de l'enceinte de Philippe Auguste (n° 30). Mais la porte fut repoussée vers le N. au cours de l'histoire. Ainsi, au n° 82, au carrefour avec la rue d'Aboukir, se trouve l'emplacement de la porte Montmartre de l'enceinte de Charles V et, au n° 156, celle de l'enceinte de Louis XIII. Au n° 112, hôtel où descendit le jeune Mistral, un jour de 1859, venant de sa Provence natale, le manuscrit de Mireille sous le bras ; une plaque a été apposée à l'occasion du centenaire de Mireille en 1959. Au n° 136, jolie maison Restauration ornée de niches et de statues. Au n° 142, immeuble construit en 1883 ; ***sculptures*** allégoriques de *L. Lefèvre*. Au n° 144, ***immeuble*** construit par *Ferdinand Bal* (1882) sur l'emplacement du cimetière Saint-Joseph où Molière fut inhumé. La décoration de la façade est toute entière dédiée à l'imprimerie et à la Presse d'Emile de Girardin. Différents journaux y eurent leur siège jusqu'en 1914. Au n° 146, café à l'enseigne ***A la Chope du croissant*** où, au XIXe s., se rencontraient journalistes, rédacteurs et typographes de la grande presse parisienne. Le 31 juillet 1914 l'homme politique Jean Jaurès y fut assassiné (inscription). A l'intérieur, table contemporaine de l'assassinat, buste de Jaurès et vitrine abritant des souvenirs et des coupures de journaux.

Au XVIIe s., entre la rue Montmartre et la rue Poissonnière, s'étendait, à l'intérieur de la nouvelle enceinte de Louis XIII, un espace jusqu'alors mal connu et mal famé qui commença à s'urbaniser. Perpendiculaires à la rue Montmartre, de nouvelles rues sont tracées, la ***rue des Jeûneurs*** ou ***des Jeux-Neufs***, ainsi dénommée parce qu'on y jouait au jeu de boules, la ***rue du Croissant***, du nom d'une enseigne d'auberge, la rue du Temps-Perdu qui deviendra la ***rue Saint-Joseph*** (E. Zola est né au n° 10 en 1840). ▸ On empruntera l'une d'elles pour arriver dans la rue du Sentier ou Chantier.

▷ La rue du Sentier

Au n° 33, hôtel habité en 1741 par Jeanne Poisson, future marquise de Pompadour, au début de son mariage avec Le Normant d'Etioles. Cette dernière fut présentée à la Cour sous le nom et avec le titre de marquise de Pompadour et succéda la même année à la duchesse de Châteauroux dans le cœur de Louis XV. Au n° 32, hôtel du XVIIIe s. redécoré au XIXe s. Aux n°s 22 et 24, hôtel du XVIIe s. habité par Le Normant d'Etioles à partir de 1745 lorsqu'il fut séparé de sa femme. Au n° 8, Mme Vigée-Lebrun tenait un salon, fameux parmi les artistes et gens de lettres à la fin du XVIIIe s.

▷ La rue de Cléry

Le promeneur retrouve la future marquise de Pompadour rue de Cléry où elle naquit, en 1721, dans une maison avoisinant le n° 29. Cette rue, en prolongement de la rue du Mail, a été formée sur l'emplacement du chemin de contrescarpe de l'enceinte de Charles V qui venait d'être démolie. Son nom provient de l'ex-hôtel de Cléry qui, au XVIe s., s'étendait jusqu'au fossé de l'enceinte. A partir de la seconde moitié du XVIIe s., des écrivains et des artistes commencent à s'installer dans la rue. Après avoir quitté Rouen, Corneille y demeura de 1665 à 1685, y écrivant bon nombre de ses pièces. Aux n°s 19 et 21 (seul le n° 19 est ancien), l'ensemble de ces deux maisons était à la fin du XVIIe s. la propriété de Robert Poquelin, l'un des frères de Molière, prêtre et docteur en Sorbonne. En 1775, l'hôtel fut loué à Jean-Baptiste Lebrun, marchand de tableaux. L'année suivante, il épousa la fille du peintre Vigier et, en 1778, il construisit une salle d'exposition pour les jeunes peintres qui exposaient en dehors des Salons officiels et qui lui servait de salle de vente. Lebrun fit également construire la maison où Mme Vigée-Lebrun tint un salon. Au n° 97, la belle inscription qui accueille le promeneur est erronée : le poète André Chénier n'a jamais habité là, mais une maison démolie lors du percement de la rue Réaumur.

▷ La rue Beauregard

Datant du début du XVIe s., cette rue, située au sommet de la butte aux Gravois, était alors à l'extérieur du rempart de Charles V. Son nom provient du panorama qu'elle offrait. L'espace compris entre les rues Beauregard et Poissonnière fut dénommé Villeneuve-en-Gravois. Ce quartier fut construit sur une butte formée d'énormes amas d'immondices divers, de boues et de décombres entassés depuis le Xe s. Au XVIIe s., des mesures de franchises fiscales furent adoptées en faveur des commerçants et des artisans pour favoriser le peuplement de cette butte rebaptisée Bonne-Nouvelle, du nom de son église.

▸ A l'angle de la rue Beauregard et de la *rue des Degrés* (la plus petite rue de Paris, tout en marches), le baron de Batz tenta, avec une poignée de conjurés, de sauver Louis XVI, au matin du 21 janvier 1793.

▷ La rue de la Lune

Cette rue suit le tracé du rempart de l'enceinte de Louis XIII. L'angle obtus qu'elle présente à la hauteur de la rue Notre-Dame-de-Bonne-Nouvelle est le témoin discret de l'ancien bastion.

L'église Notre-Dame-de-Bonne-Nouvelle (25, rue de la Lune / fermée entre 12 h et 14 h ☎ 42.33.65.74).

Construite sur cet emplacement entre 1628 et 1652, cette église a été démolie en 1797 ; il n'en reste que le clocher. Une plaque (à l'intérieur, à g. du chœur) rappelle que la première pierre avait été posée par Anne d'Autriche. L'actuel bâtiment fut édifié de 1823 à 1830 par *Hippolyte Godde*. La nef, voûtée en berceau, est bordée par des colonnes qui portent un entablement continu comme à Saint-Philippe-du-Roule. La chapelle de la Vierge n'est pas, contrairement à l'habitude, dans l'axe ; elle s'ouvre sur le bas-côté g. Sans faste, l'architecture vaut par la clarté et la simplicité des volumes.

A *l'intérieur*, parmi les nombreux tableaux qui garnissent l'église, il faut noter, dans la première chapelle à dr., Sainte Geneviève ravitaillant les habitants de Paris par *Victor Schnetz* (1824) ; dans la troisième chapelle, Saint Pierre d'Alcantara par le *frère Luc* (milieu du XVIIe s.). Au fond du bas-côté dr., dans une ancienne sacristie, est aménagé un petit ***trésor*** *(s'adresser à la sacristie principale, dernière chapelle à g.)* : on y voit l'ornement qui a servi à l'abbé Edgeworth de Firmont pour dire la dernière messe de Louis XVI. Le *chœur* est orné de tableaux encastrés dans une boiserie : au centre, Annonciation par *Giovanni Lanfranco* (première moitié du XVIIe s.) ; à dr., le pape Sixte IV entouré de saints par *Ludovico Cardi, dit Cigoli* (1610) ; à l'extrême droite, Sainte Isabelle de France par *Philippe de Champaigne* (milieu du XVIIe s.). La chapelle de la Vierge est ornée de peintures par *Auguste Hesse* (autour de 1840) : Annonciation, Nativité, Prophètes et Saints. Dans la troisième chapelle à g., Présentation de la Vierge au temple, par *Nicolas Mignard* (milieu du XVIIe s.) ; dans la deuxième chapelle, Saint Louis soignant les pestiférés (anonyme du milieu du XVIIe s.).

▷ Le quartier de la rue du Caire

Situé de l'autre côté de la rue de Cléry, il fut créé au retour de la campagne d'Egypte menée par le *général Bonaparte*.

Les fabriques

Jusqu'au 9 décembre 1905, date de la loi de séparation de l'Eglise et de l'Etat, la gestion des intérêts temporels des églises paroissiales fut confiée aux fabriques, dont les administrateurs portent le nom de marguilliers. La Révolution avait néanmoins affaibli leur autonomie de gestion en les soumettant à un contrôle de la Cour des comptes.

A côté de la gestion ordinaire de l'édifice (concession des chapelles, des caveaux, location des bancs, des tribunes...), les marguilliers devaient entretenir l'église ou entreprendre des travaux, essentiellement dans les parties communes (nef, chœur). Aux commandes de construction ou d'équipement s'ajoutaient, plus rares, les commandes de décoration : vitraux, sculptures, tapisseries, peintures. Les fabriques ont largement contribué, avec les commandes inspirées par la piété des particuliers ou passées par les confréries de dévotion et de métier, à l'embellissement des églises parisiennes. En choisissant les artistes, en passant les commandes, en contrôlant l'exécution, les marguilliers ont été, eux aussi, des mécènes.

L'entreprise tourna court : les succès d'Alexandrie et des Pyramides (juillet 1798) furent suivis du désastre naval d'Aboukir (août 1799). La survie de l'expédition, assurée par la victoire d'Aboukir (juillet 1799), permit à Bonaparte de rentrer en France avec un semblant de triomphe. Fortement impressionné par les vestiges de la civilisation pharaonique, Bonaparte imprima au nouveau quartier de la rue du Caire le souvenir de ses rares victoires et sa nostalgie de l'Egypte.

La *rue d'Aboukir*, qui occupe les emplacements du fossé et du rempart de l'enceinte de Charles V, prend en 1807 le nom de la victoire remportée en Egypte par Bonaparte. Au n° 1 (et aux n°s 2 et 4 de la rue Vide-Gousset), hôtel construit en 1634 pour le banquier Nicolas Rambouillet. La *rue du Caire* est percée en 1799 sur l'emplacement du couvent des Filles-Dieu. La *rue du Nil* et la *rue Damiette* sont ouvertes en 1800 sur l'emplacement de l'ancienne cour des Miracles, jadis adossée au rempart de Charles V. Elles aboutissent toutes trois *place du Caire*, remarquable par la façade du n° 2, élevée en 1799 et décorée de motifs égyptiens (sphinx, frise avec personnages égyptiens, lotus, hiéroglyphes).

Le passage du Caire date de la même époque. A l'exemple du Grand Bazar du Caire, il comporte trois galeries marchandes couvertes (Sainte-Foy, Saint-Denis, du Caire) dont un décor de pilastres dans le goût égyptien ornait les boutiques. Occupé dès sa création par des imprimeurs-lithographes, le passage n'a conservé qu'une de ces industries, sa principale activité étant aujourd'hui le commerce du prêt-à-porter de gros. C'est une véritable cité du tissu.

La Sorbonne★★

5e arr. / 36-J8
Métro : Saint-Michel, Odéon, Maubert-Mutualité
Bus : 21, 27, 38, 47, 63, 85, 86, 87
P rue Soufflot et face au 37, bd Saint-Germain
Taxis : place Maubert ☎ 46.34.10.32

La Sorbonne occupe un vaste quadrilatère entre la rue des Ecoles, les rues de la Sorbonne, Victor-Cousin, Cujas et Saint-Jacques. Jusqu'à un passé récent, elle abritait les facultés des Lettres et des Sciences ainsi que l'école des Chartes. Aujourd'hui, elle est le siège de l'Université de Paris-IV, de Paris-III (Lettres, Civilisation française et Sciences humaines) et toujours de l'école des Chartes.

La Sorbonne gothique fut, à partir de 1626, somptueusement reconstruite par l'architecte Le Mercier, sur ordre de Richelieu qui en était le proviseur. Mais ces bâtiments, devenus à leur tour trop vieux et trop exigus, furent rebâtis à la fin du siècle dernier dans un style sévère et austère par Nénot (1885-1900).

La Sorbonne dans l'histoire

Robert de Sorbon, qui venait de Rethel et était le chapelain de Saint Louis, avait obtenu de son roi la jouissance d'une maison sise rue Coupe-Gueule (actuelle rue de la Sorbonne) et de deux autres maisons voisines afin d'y fonder (1253) le collège de Sorbon qui va offrir le gîte et le couvert aux « pauvres maîtres et étudiants » désireux d'étudier la théologie.

Telle est l'origine modeste de la Sorbonne qui, jusqu'à la Révolution, allait être le siège de la faculté de Théologie de l'université de Paris. Au cours des siècles, elle joua un rôle politique non négligeable et dans son enceinte les prélats formaient, selon le mot de l'un d'eux, « le concile permanent des Gaules », régentant la catholicité occidentale. Ici étaient débattues les grandes questions qui embarrassaient le pape ou le roi. Pendant la guerre de Cent Ans, l'Université, épousant le parti bourguignon, reconnaissait Henri V d'Angleterre comme roi et se montrait l'adversaire acharné de Jeanne d'Arc. La paix revenue, le recteur Olaus Magnus, un Finlandais, sera chargé d'arranger les choses à la Cour de France. C'est aussi à la Sorbonne, dans la « librairie » (actuel 58, rue Saint-Jacques), que s'installent trois typographes que Guillaume Fichet, prieur, puis recteur de la Sorbonne, avait fait venir d'outre-Rhin. En 1472, ils avaient imprimé déjà trente ouvrages.

Pendant des siècles, la Sorbonne fut presque un état dans l'Etat mais, aux heures tragiques de l'occupation elle fut, dès le début, un foyer actif de la Résistance et son tribut fut lourd.

Visite de la Sorbonne

Entrées : 47, rue des Ecoles, ou place de la Sorbonne / 20 mn

On peut circuler librement dans la cour et les galeries, mais une autorisation accordée par le secrétariat de l'Académie est nécessaire pour visiter le grand escalier et le grand amphithéâtre. On ne visite la chapelle de la Sorbonne qu'à l'occasion des expositions temporaires ; les heures sont variables ; consulter la presse. Le portail, place de la Sorbonne, n'est ouvert que pendant ces expositions.

▶ La *façade* sur la rue des Ecoles, décorée de statues allégoriques par *Chapu* et *Mercié*, abrite un ***vestibule monumental***, orné de statues assises : Homère et Archimède. De ce vestibule partent deux galeries parallèles qui encadrent le grand amphithéâtre, précédé d'un escalier grandiose. L'intérieur de la Sorbonne a reçu une importante décoration picturale d'un caractère très officiel.

▷ Le grand amphithéâtre

C'est dans cet amphithéâtre de 2 700 places que se célèbrent les grandes solennités universitaires. Au fond, vaste composition, le *Bois sacré**, par *Puvis de Chavannes*, la peinture la plus célèbre de tout le bâtiment et dont voici le thème : assise, au centre, la Sorbonne ; debout, l'Eloquence et la Poésie ; à g., la Philosophie et l'Histoire ; à dr., la Science, la Botanique, la Géologie, la Physiologie, la Physique et la Géométrie.

▷ La cour d'honneur

Du vestibule, la galerie des Lettres, à dr. (à l'entrée, plan mural de la Sorbonne), conduit directement à la cour d'honneur qui occupe le même emplacement que celle de l'ancienne Sorbonne. Sur le parvis, *statues* de Victor Hugo et de Pasteur par *Hughes* et *Marqueste*. Cette cour, qui a son entrée à l'O. sur la rue de la Sorbonne (nº 17), est bordée à l'E. par le bâtiment de la bibliothèque ; au N. par une galerie de sept arcades, décorée d'une grande composition de *Weerts*, en deux panneaux : *Fête du Lendit de Saint-Denis au XVe s.* Au-dessus de la galerie, cadran solaire ancien, restauré, provenant du bâtiment de Le Mercier.

▷ La bibliothèque *au 1er étage*

Elle est ornée de diverses *peintures* de *Dubufe*, *J.-P. Laurens*, *Baschet* ; sous vitrine, plaque de l'ancienne Sorbonne (1627). La bibliothèque abrite plus de deux millions d'ouvrages. ▶ Au-dessous, *amphithéâtre Richelieu* (près de 2 000 places). C'est ici que se déroulent certaines cérémonies officielles.

▷ La chapelle de la Sorbonne*

Seul monument subsistant de la Sorbonne de *Richelieu*, la chapelle a été construite entre 1635 et 1642 par *Le Mercier* qui, ayant travaillé à Rome, s'inspira du Gesù et de Saint-Pierre, mais l'édifice parisien est cependant plus élancé. Le *dôme* (1641-1644), flanqué de quatre campaniles, est le cinquième essai de cette formule à Paris. Côté place de la Sorbonne, la façade est à deux ordres superposés : le corinthien avec ses colonnes engagées (les statues sont du XIXe s.), et le composite. Côté cour, de larges degrés conduisent à la façade précédée de colonnes isolées et surmontée d'un fronton.

L'intérieur

La chapelle est de plan rectangulaire (longueur 42 m ; largeur 24,50 m ; hauteur 51 m) ; le chœur et la nef de trois travées sont d'égale longueur. Les chapelles latérales du chœur et de la nef ne communiquent pas entre elles. A la croisée du transept, la *coupole sur pendentifs* comporte un tambour à huit fenêtres séparées par des pilastres corinthiens. Les pendentifs sont décorés des armoiries de Richelieu, d'anges et des Quatre Pères de l'Eglise, peints par *Ph. de Champaigne*. Le chœur est surélevé par rapport à la nef. L'abside est voûtée en cul-de-four.

Le *tombeau de Richelieu** est une œuvre en marbre de *Girardon* (1694), d'après les dessins de *Le Brun*. Après 1793 et la profanation des vingt-sept cercueils de la famille de Richelieu, le tombeau du cardinal fut mis à l'abri au musée des Monuments français; il retrouva sa place originelle le 4 décembre 1971. Le masque mortuaire du cardinal, dérobé en 1794, est aujourd'hui scellé dans le socle du monument. Un service religieux est traditionnellement célébré au jour anniversaire de la mort de Richelieu (4 déc. 1642). Près de l'entrée, à dr., tombeau du duc de Richelieu († 1822), ministre de Louis XVIII.

Dans la *crypte* ont été déposés, en 1947, les corps de douze universitaires martyrs de la Résistance et, en 1952, une urne renfermant les cendres de quatre des cinq étudiants du lycée Buffon, fusillés par les Allemands le 8 février 1943. ▶ En sortant de la cour de la Sorbonne pour aller admirer la façade de la chapelle, on passe devant l'école des Chartes.

▷ L'école des Chartes

Fondée par *Louis XVIII* le 22 février 1821, l'école des Chartes est avant tout destinée à l'enseignement de l'histoire et, plus spécialement, des sciences auxiliaires de l'histoire (paléographie, philologie romane, archivistique, bibliographie, diplomatique, sources de l'histoire de France, histoire du droit, archéologie, etc.), et au recrutement des conservateurs et des bibliothécaires.

Le quartier des Ternes

17e arr. / 25-D4-E4
Métro : Ternes
Bus : 30, 31, 43, 83, 92
Ⓟ FNAC, 22, av de Wagram ; av. des Ternes
Taxis : 272, rue du Faubourg-Saint-Honoré ☎ 47.63.00.00
Marchés : rues Lebon, Faraday et Torricelli,
t.l.j. 8 h-13 h/16 h-19 h 30 ; le dim. 8 h-13 h

Avant d'être connu sous le nom de quartier des Ternes, pendant des siècles ce fut l'emplacement, au milieu de la plaine et des bois, vestiges de l'immense forêt du Rouvray, du domaine rural des évêques de Paris : la villa Externa (déformé en Ternes), par opposition à la villa Episcopa, le domaine urbain, c'est-à-dire la Ville l'Evêque.

Ce hameau (qui ne comptait que vingt feux au milieu du XVIIIe s.), devenu village des Ternes, dépendit d'abord de l'abbaye de Saint-Denis, puis de Neuilly. Il fut rattaché à Paris en 1860 et devint immédiatement l'objet d'une immense campagne de spéculation immobilière — surtout au moment du percement du chemin de fer de ceinture — analogue à celle du quartier de Monceau. Tout de suite il fut habité par la bourgeoisie parisienne, solide et fortunée. On verra plusieurs de ces beaux immeubles haussmanniens, comme celui qui développe la courbe de son admirable façade dans le quart Nord-Ouest de la place des Ternes.

L'avenue elle-même a conservé l'aspect général et l'animation qu'elle avait au début du siècle quand fut construit, à l'angle de l'avenue Niel, le bâtiment des Magasins Réunis, aujourd'hui succursale du Printemps. De part et d'autre de cette ancienne route de Saint-Germain on trouve encore des rues agréables, comme la rue Poncelet ou la rue Bayen avec leur marché, ou comme la rue Saint-Ferdinand avec sa charmante placette.

Rayonnant depuis la place de l'Etoile, aérées et bordées d'arbres, l'avenue Carnot et l'avenue Mac-Mahon sont calmes et un peu ternes, tandis que l'avenue de Wagram et l'avenue de la Grande-Armée, cette dernière spécialisée dans le commerce des cycles et des accessoires pour automobiles, sont beaucoup plus animées.

Visite du quartier

1 h

▷ La place des Ternes

C'est un vaste carrefour établi à l'emplacement d'un ancien chemin de ronde de la barrière du Roule. L'entrée de la station de ***métro***, typiquement Art Nouveau, a été dessinée par l'architecte *Guimard*. Le centre de la place est animé par l'un des trois ***marchés aux fleurs*** parisiens *(t.l.j. sf lun., 8 h-19 h 30).*

▷ L'avenue des Ternes

Ancienne route de Saint-Germain, cette large avenue commercante et résidentielle offre l'attrait de nombreux restaurants dont certains sont très réputés.

Sur la dr., en allant vers la place de la Porte-des-Ternes, la ***rue Poncelet*** est animée en permanence par un marché découvert très pittoresque. Puis vient l'immeuble des anciens Magasins Réunis devenu récemment ***Printemps*** avec son intéressante architecture en béton moulé, sa coupole et ses vitraux. Il avait été construit en 1912 par *Oudin*. ▶ L'avenue traverse ensuite la petite ***place Tristan-Bernard*** : à la hauteur des n°s 63-65, buste de Tristan Bernard (1866-1947), romancier et auteur dramatique.

▷ L'église Saint-Ferdinand-des-Ternes

Elle succède à un édifice qui avait été bâti en 1847 pour remplacer la grange où était célébrée la messe pour les habitants du hameau des Ternes. L'édifice actuel a été reconstruit en 1937 dans le style romano-byzantin.

L'***église basse***, dédiée à sainte Thérèse de l'Enfant Jésus, ornée d'une fresque de *M. Zarraga*, a été consacrée en janvier 1941. Le transept et le chœur de l'***église haute***, ouverts au culte en 1944, sont décorés d'un important ensemble de fresques : dans l'abside, l'Eucharistie, par *Pierre Dionisi* ; aux extrémités du transept, les six autres sacrements, par *H.-Bezombes* (à dr.) et *P. Peugniez* (à g.) ; au chœur, la Résurrection et l'Ascension, par *Bouchaud*. Les fresques des quatre chapelles donnant sur le transept sont l'œuvre de *Delplanque* (Couronnement de la Vierge), de *Mme Sornas* (Présentation de la Vierge au Temple), *Guy-Loë* (le Curé d'Ars) et *André Tondu* (Vie de saint Joseph). La table de communion a été sculptée en taille directe par *Muguet*. Les ferronneries sont dues à *Poillerat*, les vitraux à *Labouret*. ▶ La ***rue Saint-Ferdinand*** mène à la ***place*** du même nom ornée d'un monument de *Jean Boucher* en l'honneur de Léon Serpollet (1858-1907) ; cette œuvre aujourd'hui attachante conserve le souvenir du précurseur de l'automobile, premier à atteindre le vitesse de 120 km/h sur sa voiture à vapeur. ▶ Revenir sur ses pas jusqu'à la place Tristan-Bernard.

▷ La rue Pierre-Demours

La création du chemin de fer de ceinture a privé cette rue de sa source d'eau froide sulfureuse et ferrugineuse qui passait pour être l'une des plus riches de France. Aux n°s 17 et 19 s'élève toujours le portail de l'ancien ***château des Ternes***, élevé en 1740 à l'emplacement du domaine rural des évêques de Paris. Le château, qui eut plusieurs propriétaires, fut mutilé par le passage de la rue Bayen au travers du rez-de-chaussée du pavillon subsistant et qui forme arcade. Il est précédé d'un ***jardin***, coupé lui aussi en deux par la rue Bayen. ▶ Reprendre l'avenue des Ternes. ▶ Au-delà du boulevard Pereire (au 96, av. des Ternes), s'ouvre l'***avenue de Versy*** qui pénètre dans la Villa des Ternes. ▶ ***La Villa des Ternes***. C'est là, dans des pavillons environnés de verdure, que travaillèrent Rochegrosse, Chocarne-Moreau, Steinlen, Lotiron, Luc-Albert Moreau. ▶ La ***rue Aumont-Thieville*** est bordée d'ateliers d'artistes du début du siècle. ▶ Emprunter la rue Bayen, pour rejoindre le boulevard Pereire.

▷ Le boulevard Pereire *de la rue Bayen à la place du Maréchal-Juin*

Ouvert en 1853 entre la porte Maillot et le pont Cardinet, il fut divisé sur toute sa longueur par la tranchée du chemin de fer électrique Pont Cardinet-Auteuil. Celui-ci n'étant plus en service, la Ville de Paris réaménage cet espace en terrains de jeux et de sports (tennis). Le boulevard est bordé de plusieurs petits ***hôtels*** construits pour les artistes et les acteurs du début du siècle. Au n° 56, ancien hôtel de Sarah Bernhardt († 1923) ; au n° 98, celui de l'avocat Henri-Robert (1863-1936) de l'Académie française. ▶ La ***place du Maréchal-Juin*** est ornée d'un monument à la gloire du peintre Albert Besnard (1849-1934). ▶ Emprunter l'avenue de Villiers.

▷ L'avenue de Wagram

Elle présente deux visages différents : entre la place du Brésil et celle des Ternes, elle est calme et élégante ; au-delà, jusqu'à la place de l'Etoile, les cafés et les brasseries la rendent bruyante et animée surtout le soir. Au n° 41 se trouve le théâtre-cinérama Empire et, au n° 39, la ***salle Wagram*** de style néo-classique des années 20 *(entrée : 5 bis, rue de Montenotte)*. Tous deux sont propriété de l'Institut de France. Au n° 34, le ***Céramic Hôtel*** est un exemple typique d'architecture Art Nouveau (*J. Lavirotte*, architecte) avec une façade entièrement revêtue de grès par *Bigot* en 1904. ▶ On arrive sur la ***place Charles-de-Gaulle*** *(→ Arc de Triomphe)*. ▶ L'***avenue Mac-Mahon*** et l'*avenue Carnot*, toutes deux percées en 1857, rejoignent le quartier des Ternes.

▷ L'avenue de la Grande-Armée

Cette large et longue avenue qui relie l'Etoile à la porte Maillot, a été ouverte en 1864. Au n° 65 se trouve le bel immeuble du *Touring Club de France*. On peut gagner, par cette avenue, le bois de Boulogne ou Neuilly et La Défense. Plusieurs beaux immeubles contemporains.

Le quartier de la Trinité★

9e arr. / 27-H4, 20-J4
Métro : Trinité-Estienne-d'Orves
Bus : 26, 32, 43, 49, 68, 81
Ⓟ boulevard Haussmann (devant le Monoprix des Galeries Lafayette)
Taxis : place de la Trinité ☎ 48.74.00.00

Sorti de terre il y a seulement deux siècles ce quartier, relativement jeune, est injustement méconnu. Dans ses cités, dans ses squares et dans nombre de ses rues, l'architecture du XIXe s. de la Restauration au second Empire est encore intacte, de l'éclectisme pompeux de l'église de la Trinité jusqu'au lotissement de la Nouvelle Athènes. A cette époque, le quartier abritait en effet une bohème élégante et mondaine et les lorettes, qui ne l'étaient qu'à demi.

Aujourd'hui, autour de la place de la Trinité, les hôtels des anciennes comédiennes ont été transformés en bureaux ou en appartements bourgeois, et la population du quartier est beaucoup plus conventionnelle qu'autrefois, excepté vers le boulevard de Clichy où se sont multipliés sex-shops, bars et salles de spectacle. Toutefois une promenade dans ces petites rues calmes bordées d'hôtels particuliers offre beaucoup d'agrément.

Visite du quartier

2 h

▷ L'église de la Trinité★ *3, rue de la Trinité / fermée de 12 h à 14 h ☎ 48.74.12.77*

Construite de 1861 à 1867 par *Théodore Ballu*, la Trinité est aussi caractéristique de l'art religieux sous le second Empire que l'est Notre-Dame-de-Lorette pour la monarchie de Juillet. Inspirée par l'architecture de la Renaissance française, elle n'a rien d'un pastiche, mais présente des formes originales. L'église est élégamment reliée à la place par une balustrade que terminent deux escaliers courbes ; les trois ***fontaines*** sont surmontées de groupes sculptés par *Francisque Duret*, symbolisant, de g. à dr. : la Foi, la Charité et l'Espérance.

L'extérieur

La silhouette extérieure de l'édifice est marquée par le haut clocher, carré à la base, octogonal au sommet, qui surmonte le porche à trois arcades ; dans les niches des piliers, ***statues*** de Saint Grégoire de Nazianze, Saint Hilaire, Saint Augustin et Saint Athanase, par *Eugène Guillaume*. Les ***groupes sculptés*** qui ornent la terrasse, au-dessus du premier étage, sont des copies exécutées entre les deux guerres ; les originaux étaient dus à *Jacques Maillet*, *Pierre Cavelier*, *Jean-Baptiste Carpeaux* et *Adolphe Crauk*.

L'intérieur

Il se compose d'une très large nef couverte en berceau, de quatre travées, avec d'étroits bas-côtés et des chapelles latérales ; le ***chœur***, profond, est surélevé de plusieurs marches et surmonté d'un grand arc qui porte une peinture de *Félix Barrias* (La Trinité et des anges). L'alternance des piliers et des colonnes scande vigoureusement l'espace. Au-dessus de la tribune d'orgue, grand ***arc*** décoré par *Félix Jobbé-Duval* ; l'***organiste*** de la Trinité est, depuis plus de 40 ans, *Olivier Messiaen*. *Charles Gumery* a sculpté les ***bénitiers*** qui flanquent l'entrée. Les ***chapelles*** sont décorées de peintures de *Pierre Brisset* (1re chapelle à dr.), *Jean-Antoine Lecomte du Nouy* (2e chapelle), *Barrias* (3e chapelle) et *Désiré Laugée* (4e chapelle). Dans le chœur, les ***décors*** originaux, dus à *Emile Lévy* (à dr.) et à *Elie Delaunay* (à g.) sont aujourd'hui masqués, dans leur partie inférieure, par deux pein-

Théodore Ballu

La carrière de cet architecte (1817-1885), qui a laissé de nombreuses traces dans Paris, est caractéristique du XIXe s. A l'école des Beaux-Arts où il est élève de Lebas, architecte de Notre-Dame-de-Lorette, il obtient le Grand Prix en 1840. Il part à l'école de Rome, puis en Grèce jusqu'en 1845. A son retour à Paris, il est attaché à l'architecte Gau, alors occupé à terminer l'église Sainte-Clotilde.
Sa vocation est ainsi toute tracée : il s'occupera essentiellement d'architecture religieuse. Depuis 1860, il dirige d'ailleurs l'administration correspondante. Il a ainsi restauré la tour Saint-Jacques (1854-1858), la tour de Saint-Germain-l'Auxerrois, Saint-Ambroise (1863-1869 ; 71 bis, boulevard Voltaire), Saint-Denis à Argenteuil (1866) et Saint-Joseph (1866-1875). Son chef-d'œuvre dans ce domaine demeure l'église de la Trinité (1861-1867) qui illustre non seulement sa maîtrise dans l'emploi des styles historiques, mais encore la sagesse d'un bon administrateur. Malgré un décor très onéreux, l'église n'a coûté que 3 890 000 F. Le quartier de la Trinité est d'ailleurs devenu celui de l'architecte qui y avait diverses propriétés et qui y construisit sa maison. Ballu parvint au sommet de sa carrière avec le poste d'inspecteur général des Travaux de la Ville de Paris qu'il occupa de 1871 à 1876. Il est élu à l'Institut en 1872. En 1874, il remporte le concours pour la reconstruction de l'hôtel de ville de Boccador qui avait brûlé. Le nouvel hôtel de ville s'inspire de l'édifice Renaissance, mais connote aussi l'optimisme du XIXe s. : pour des hommes tels que Ballu l'imitation des styles, mélangée à une dose de modernisme, valait la copie servile.

tures de *Morgan Snell* (1966) ; la statue de ***La Vierge et l'Enfant*** est de *Paul Dubois*. En redescendant à g., on rencontre des ***chapelles*** décorées respectivement par *Eugène Thirion* (4e chapelle), *Romain Cazes* (3e chapelle), *Michel Dumas* (2e chapelle) et *Louis Français* (1re chapelle).

▷ La place d'Estienne-d'Orves

L'aménagement du ***square***, de la place et des abords, par *Ballu*, entre 1860 et 1867 a nécessité d'importants travaux de terrassement, entraînant la disparition d'un hôtel de *Ledoux* (→ *hôtel du cardinal Fesch, rue de la Chaussée-d'Antin*), de la caserne Saint-Lazare, ainsi que du cabaret des Porcherons tenu par le légendaire Ramponeaux. Celui-ci avait baissé le prix de son vin blanc dont la particularité était de faire « ginguer » ; d'où le nom de ginguette. Aujourd'hui cette place, entourée de beaux ***immeubles haussmanniens***, apparaît d'autant plus vaste que la plupart des rues y débouchant suivent un tracé ancien (rue Saint-Lazare dans sa partie orientale, rue Blanche, rue de Clichy...). Elle porte, depuis la Libération, le nom d'un héros de la Résistance, fusillé par les Allemands. En bas de la rue Blanche, le chocolatier, au no 4, est garant de bonne qualité.

▷ La rue de Clichy

Très ***ancien chemin***, peut-être voie romaine conduisant à Rouen, la partie basse de la rue de Clichy a été construite au XVIIIe s. Elle signale en quelque sorte une limite : le domaine des Dames de Montmartre qui s'étendait à l'E. de la rue, orienté vers Montmartre. Les abbesses de ce monastère ont donné leurs noms aux rues de Bellefonds, de Rochechouart, de La-Tour-d'Auvergne et de La-Rochefoucauld ; la tour des Dames était un moulin situé à l'emplacement de cette rue. En 1730, la folie Richelieu s'implanta aux nos 16-38, et Ruggieri y créa le deuxième Tivoli entre 1811 et 1826. La rue de Clichy s'est essentiellement construite après le lotissement de ce terrain jusqu'en 1870. On y voit peu d'***hôtels*** particuliers en dehors de celui de la famille des industriels ***De Wendel*** au no 10 (transformé en bureaux). Le ***Casino de Paris*** (1890), au no 16, occupe l'emplacement du Tivoli et de la première église de la Trinité. Sa façade Art Déco est dotée de mosaïques et de magnifiques vitraux qui viennent d'être restaurés après l'attentat de 1985. Cette salle, qui accueillit Joséphine Baker, est utilisée sporadiquement pour des spectacles divers. Victor Hugo habitait le no 21. Au no 44, subsiste un pavillon néo-classique. Au no 39 eut lieu le second attentat de Ravachol, en 1892. Au no 55, le théâtre de l'Œuvre, datant de 1892 (cité Monthiers). ▶ Au fond de la ***rue Cardinal-Mercier*** s'étend un beau jardin sur lequel donne également le square Moncey ; cette rue a été ouverte en 1879 sur l'emplacement de la prison pour dettes de 1826, dont la rue de Clichy était devenue le synonyme. ▶ Suivre la ***rue Moncey***, belle rue très homogène qui relie la rue de Clichy à la rue Blanche depuis 1843.

▷ La rue Blanche

de la rue Moncey au bd de Clichy

Les charettes qui l'empruntaient en transportant le plâtre provenant des carrières de Montmartre, ont donné son nom à la rue. La folie Boursault se trouvait à l'emplacement des nos 32-36 et 44-50. *Ballu* acquit une partie de ces terrains. Il habitait lui-même une ***maison néo-Renais-***

Le théâtre de l'Œuvre

Lugné-Poë fonde la Maison de l'Œuvre en 1893. Il y fit connaître les grands dramaturges étrangers, en particulier Ibsen et Strindberg, mais aussi les jeunes auteurs français dont Claudel (L'Annonce faite à Marie, 1902). D'abord itinérante, l'Œuvre se fixe cité Monthiers (55, rue de Clichy), en 1920.

sance garnie de beaux vitraux, au n° 80 de la rue, jusqu'à sa mort en 1885 (→ *encadré*). Plus haut la rue Blanche subit l'animation du boulevard de Clichy. Redescendre la rue du côté impair : au n° 71 subsiste un garage des années 1920. ▶ A l'angle de la *rue de Calais*, on peut admirer un bar pour chiens, unique dans son genre.

▷ La rue Ballu

Le nom de l'architecte est devenu synonyme de la *Société des auteurs et compositeurs dramatiques* qui a son siège aux n°s 9 et 11. Le côté provincial du 9e arrondissement se fait sentir dans cette rue bordée d'*hôtels particuliers* de la seconde moitié du XIXe s. (aux n°s 5, 11, 22...) où habitèrent Ford Madox Brown, protagoniste des préraphaélites anglais, et Alexandre Dumas fils (au n° 10 bis). ▶ D'autres artistes se sont installés dans les rues adjacentes parsemées d'ateliers, dont Vuillard (place Adolphe-Max et au 4, rue de Calais).

▷ La rue Chaptal

Cette rue résidentielle, percée sous la Restauration, abritait le *théâtre du Grand-Guignol* de Maurice Magnier (1896) au n° 20 bis, au fond d'une impasse (à l'emplacement du théâtre 347). La *Société des auteurs, compositeurs et éditeurs de musique* est installée au n° 10. Van Gogh travailla pour l'éditeur Goupil en 1875 dans cette rue (emplacement du n° 9). Son édifice le plus charmant, un petit *hôtel** néo-classique construit pour le peintre Ary Scheffer et qui se situe au bout d'une allée ombragée, sert aujourd'hui d'annexe au musée Carnavalet (→ *musée Renan-Scheffer*). L'ensemble — les communs et les ateliers adjacents demeurent intacts — peut donner une idée des jardins privés du quartier.

▷ La rue Henner

L'hôtel du n° 13 en est l'édifice marquant. L'*hôtel* du n° 6, par *A. Feydeau* (1854), est de bonne qualité. La rue Henner et la rue Paul-Escudier constituent les axes d'un minuscule quartier, austère et uniforme, dû à une spéculation rapide. Apollinaire rencontra Marie Laurencin au n° 9.

▷ La rue La-Bruyère

Ouverte en plusieurs sections dès 1824, elle traverse le terrain de la *folie Boursault* ; au n° 48 : façade style 1930. Le bâtiment au fond de la cour du n° 43 est intéressant par son avant-corps. Le peintre Henner est mort au n° 41, en vis-à-vis de la rue qui porte son nom (1905). La partie la plus pittoresque de la rue se situe vers la place Saint-Georges (*théâtre La-Bruyère* au n° 5). Elle conserve de nombreux immeubles des années 1830 et 1840. Berlioz a résidé au n° 45, Antonin Artaud au n° 28. C'était aussi, en 1914, la rue de Roland Dorgelès.

Les musées à voir

Musée Gustave-Moreau (14, rue de La-Rochefoucauld) : peintures de Gustave Moreau présentées dans son atelier.
Fondation Dosne-Thiers (27, place Saint-Georges) : documents sur l'histoire du XIXe s. ; expositions temporaires.
Musée Renan-Scheffer (16, rue Chaptal) : rétrospective consacrée à George Sand.

▷ La rue Blanche *de la rue Moncey à la rue de la Tour-des-Dames*

Elle est d'aspect peu accueillant, bien que le côté O. offre une série d'édifices remarquables : au n° 25, l'*église évangélique allemande* de 1899 de style néo-byzantin (vitraux représentant des motifs floraux et le Wartburg, fief de Luther) ; l'*hôtel néo-palladien*, au n° 21 (par *Ch. Girault*, 1901) doté d'un remarquable auvent, abrite l'école nationale supérieure des Arts techniques du théâtre ; au n° 19, l'*hôtel de la Société des ingénieurs civils*, achevé par l'architecte *Delmas* en 1897 ; au n° 17, un petit édifice des années 1830, vestige du collège Chaptal ; au n° 15, le théâtre de Paris. Le sculpteur Pigalle habitait à l'emplacement des n°s 10 et 12.

▷ La rue de la Tour-des-Dames**

A elle toute seule, cette rue constitue la *Nouvelle Athènes* (→ *encadré*). N°s 16-20, une station EDF à l'architecture intéressante a remplacé la poste aux chevaux du XIXe s. Plusieurs petits hôtels ont été construits dès 1820. Côté pair : n° 2, par *Biet* pour Baillot ; n° 4, par *Gengembre* (?), occupé par Etienne de Cambacérès, puis par le banquier Talabat. Côté impair : n° 1, par *Visconti*, habité par Mlle Mars depuis 1824 ; n° 3, par *Constantin*, acquis par Mlle Duchesnois en 1822 : dans cette composition très sobre, l'architecte a mis à profit le terrain en pente qui s'étend jusqu'à la rue Saint-Lazare dont les hôtels du côté impair sont desservis par un passage pittoresque (n° 56). Le n° 5, par *Haudebourt*, fut habité par Vernet et Delaroche ; et l'architecte *Lelong* a réalisé le n° 9 pour Talma.

▷ La rue de La-Rochefoucault

Les spéculations de la Nouvelle Athènes s'y sont poursuivies. Au n° 19, un bel *hôtel*, par *Haudebourt* (1827). Au n° 14, le *musée Gustave-Moreau** (→ *musées*) occupe l'atelier du peintre (1826-1898), maître du symbolisme, qui avait légué ses œuvres à l'Etat. L'établissement fut ouvert en 1902 (façade par *André Lafon*). Rouault, élève de l'artiste et lui-même plutôt orienté vers l'expressionnisme, en fut conservateur.

La Nouvelle Athènes

Dès la seconde moitié du XVIIIe s., et notamment depuis les premiers voyages en Grèce (pays alors occupé par les Turcs), un engouement certain existait pour la « patrie » des arts. La guerre de Libération, éclatée en 1821 et à laquelle participaient des contingents étrangers, ne pouvait que stimuler cette mode. Ainsi le receveur général des finances de la Seine, Lapeyrière, choisissant le nom Nouvelle Athènes pour l'opération spéculative entreprise entre la rue Blanche, la rue Saint-Lazare, la rue de la Tour-des-Dames et la rue de La-Rochefoucauld, espérait y attirer nombre de clients.
La particularité de ce lotissement est son caractère assez luxueux : plusieurs petits hôtels particuliers d'un style conventionnel caractéristique de l'école de Percier furent exécutés très rapidement dès 1820. Lapeyrière s'était associé l'architecte Constantin, mais Biet, Lelong, Visconti et Haudebourt eurent également leur part de travaux. Par extension, on appelle Nouvelle Athènes tout le quartier Saint-Georges où, depuis le XVIIIe s., de nombreux artistes avaient trouvé résidence : Mlle Raucourt, Pigalle, l'architecte Rousseau, Géricault ; Mlle Duchesnois, Mlle Mars, Talma, Horace Vernet et Paul Delaroche élurent en effet domicile rue de la Tour-des-Dames ; George Sand, Delacroix, Chopin et Isabey ont contribué à faire la renommée de ce quartier. Ce précieux fragment de ville Restauration semble actuellement sauvegardé.

▸ Prendre la ***rue d'Aumale***, ouverte en 1846, qui conserve de beaux immeubles en pierre de taille ; Wagner résida au n° 3.

▷ La rue Taitbout

La partie N. de la rue Taitbout constitue la prolongation d'une rue de la seconde moitié du XVIIIe s. où habitait, à proximité de la Nouvelle Athènes, le peintre Isabey et l'écrivain Jouy, auteur de L'Hermite de la Chaussée-d'Antin. Au n° 80, entrée du *square d'Orléans*, cité privée de 1830-1832. L'architecte anglais *Cresy* s'inspira des œuvres de Nash à Londres pour concevoir les façades ordonnancées entourant la cour centrale. George Sand et Chopin y demeurèrent dès 1842. Le square a perdu de son charme depuis qu'on a abattu les arbres.

▷ La rue Saint-Lazare *de la rue Taitbout à l'église Notre-Dame-de-Lorette*

Elle a conservé ici son tracé de la seconde moitié du XVIIIe s. *Anatole de Baudot*, un élève de Viollet-le-Duc et l'auteur de Saint-Jean-de-Montmartre, a construit l'***immeuble*** au n° 34 (1865-1866). Deux façades 1800 subsistent aux nos 30 et 31 (Empire). Un important ***ensemble néo-Renaissance*** se trouve aux nos 27 et 29 (et rue de Châteaudun). Au nos 16-18 se situait le jardin d'agrément des artificiers Ruggieri. L'emplacement est aujourd'hui occupé par une synagogue du début du XXe s.

▷ L'église Notre-Dame-de-Lorette *18 bis, rue de Châteaudun / t.l.j., 8 h-19 h 15, dim. f. entre 12 h-18 h ☎ 48.78.92.72*

Notre-Dame-de-Lorette a été bâtie de 1823 à 1836 par *Hippolyte Lebas* pour desservir le quartier de la Nouvelle Athènes, alors en plein développement. Les abords de l'église formaient le ***quartier des Lorettes*** *(→ encadré)*.

Le plan est inspiré de celui des basiliques romaines, en particulier Sainte-Marie Majeure : cinq nefs parallèles, pas de transept, un chœur terminé par un hémicycle couvert d'un cul-de-four. La ***façade***, d'un dessin simple, est ornée de sculptures par *Charles Nanteuil* (Hommage à la Vierge, dans le tympan), *Jean Foyatier* (la Foi), *Charles Laitié* (la Charité) et *Philippe Lemaire* (l'Espérance), toutes contemporaines de la construction.

L'intérieur a été doté d'une riche décoration, restée presque intacte ; il constitue un remaquable témoignage de l'art religieux sous la monarchie de Juillet. Dans la ***nef***, huit grandes peintures racontent la vie de la Vierge ; les quatre principales sont, à dr., la Présentation au temple (*Auguste Vinchon*) et le Mariage de la Vierge (*Joseph Langlois*) ; à g., l'Adoration des Mages (*Jean-Pierre Granger*) et l'Adoration des bergers (*Auguste Hesse*). La ***coupole*** du chœur est de *Pierre Delorme* (Transfert de la maison de Lorette, et quatre Evangélistes) et le cul-de-four de *François Picot* (Couronnement de la Vierge). Dans la ***première chapelle à dr.***, *Adolphe Roger* a représenté des scènes relatives au baptême ; dans celle qui termine le ***bas-côté droit*** se voient des peintures d'*Alphonse Périn* sur le thème de l'Eucharistie. La chapelle symétrique, ***à g.***, est consacrée aux litanies de la Vierge ; c'est l'œuvre principale de l'artiste lyonnais *Victor Orsel*, qui mourut en 1850 sans avoir pu tout à fait terminer son travail (achevé par *Périn*). Orsel était le chef de file d'une tendance mystique et archaïsante, qui s'inspirait de modèles antérieurs à Raphaël. La ***première chapelle à g.***, celle des Morts, est de *Joseph Blondel* ; les peintures sont très endommagées. La porte de la cellule où fut enfermé l'abbé Sabatier, vicaire de la paroisse, pris en otage par la Commune et massacré rue Haxo, est visible dans la deuxième chapelle à dr. ▸ A côté de l'église Notre-Dame-de-Lorette on verra, dans la ***rue Bourdaloue***, le pâtissier du même nom, toujours réputé pour ses puits d'amour (n° 7). ▸ La ***rue Notre-Dame-de-Lorette*** *(jusqu'à la pl. Saint-Georges).* Ce premier secteur, qui conduit à la place Saint-Georges, est très calme. A l'angle du n° 18 (magasin Ruggieri) débute la rue Laferrière (1832). ▸ La ***rue Laferrière*** est urbanistiquement remarquable, car elle reprend le tracé circulaire de la place Saint-Georges : au n° 3 de cette rue, église orthodoxe grecque ; au n° 12 naquit Mallarmé (en 1842).

▷ La place Saint-Georges

Elle suit un tracé circulaire (diamètre : 32,50 m) autour de la ***statue de Gavarni*** érigée en 1904 (par *Denys Ruech*, sculpteur et *Henri Guillaume*, architecte). Deux hôtels particuliers ponctuent la place. Au n° 27, l'***hôtel Thiers*** reconstruit en 1873 par *Aldrophe* (auteur de la synagogue de la rue de la Victoire), abrite aujourd'hui le ***musée Frédéric-Masson*** (→ *musées*) et la bibliothèque Thiers, annexes de l'Institut consacrées à l'époque napoléonienne ; le jardin de l'hôtel est utilisé comme square. L'***hôtel de la Païva***, au n° 28, est l'un des chefs-d'œuvre de l'architecture néo-Renaissance de 1840, par *E. Renaud*. Par rapport aux hôtels de la Nouvelle Arthènes, il est d'une grande richesse décorative : ***sculptures*** par *Garraud* et *Desbœufs* ; pilastres, colonnettes, vantaux.

▷ La rue Saint-Georges

Sans suivre cette rue, on peut évoquer les ***maisons*** construites par *Bélanger* et *Ledoux*. Les frères Goncourt habitaient au n° 43 (1849-1863). Renoir avait un atelier au n° 35, dans l'immeuble habité avant lui par le général San Martin, libérateur de l'Argentine, du Chili et du Pérou. Le ***théâtre Saint-Georges*** est au n° 51 (*C. Siclis* architecte ; 1928).

Les lorettes

La distinction entre la femme entretenue et la prostituée a posé problème tout au long du XIXe s. ; d'où la nécessité de périphrases. L'église du quartier a donné ce nom, inventé par Nestor Roqueplan en 1841, à toute une population de jeunes filles, pauvres à l'origine, qui s'était installée dans ce quartier. Plus tard, vers 1854, on les appela aussi des biches, mais dans les milieux artistiques et littéraires, depuis Delacroix jusqu'à Manet, Balzac, Flaubert et Baudelaire, on préféra le terme de « lorette » qui s'opposait à la « grisette » (Sue), ouvrière honorable. Le portraitiste des lorettes a été le graveur Gavarni.
Un certain romantisme de la femme fatale, déployé dans la littérature, ne doit pas faire oublier une réalité sociale assez sordide. Les lorettes furent acceptées dans ce quartier neuf car les propriétaires voulaient rentabiliser leurs investissements le plus rapidement possible. Elles l'utilisèrent comme cité-dortoir, d'où elles « descendaient » sur les Champs-Élysées ou sur les Boulevards. Les statistiques données par Emile de Labédollière sont impitoyables : sur 100 filles, 17 meurent de maladie, 42 s'installent dans les cercles professionnels de la prostitution, 4 émigrent en Californie ou en Australie, 4 se marient, 5 sont enfermées à la Salpêtrière, 6 se suicident, 3 partent à la campagne, et les autres vivent de menus métiers. Des institutions charitables, telles que la Maison Eugène-Napoléon fondée en 1853, furent créées pour répondre à cette situation.

▷ La rue Notre-Dame-de-Lorette

de la place Saint-Georges à la rue Pigalle

Ce second secteur (→ *ci-dessus*), au-delà de la rue Henri-Monnier, conduit au quartier de Pigalle : les saunas et boîtes diverses guettent leur clientèle. Depuis quelques années, un petit quartier de restaurateurs indiens qui s'étend jusqu'à la place Gustave-Toudouze, s'est formé à l'embranchement de la rue Henri-Monnier. Gauguin est né au n° 56 de la rue Notre-Dame-de-Lorette ; Delacroix avait son atelier au n° 58, de 1844 à 1857, avant de partir rue de Fürstenberg. On croise à nouveau la rue de La-Rochefoucauld dont le n° 66 conserve, au fond de la cour, l'une des rares ***demeures*** XVIIIe s. du quartier. Construite en 1788 par *Pierre Rousseau* (1751-1810), l'architecte de l'hôtel de Salm (→ *faubourg Saint-Germain*) pour son propre usage, cette maison très simple a conservé une partie de son jardin. Victor Hugo y a vécu.

▷ La rue Pigalle

On croise cette rue sans la suivre. Le nom du sculpteur est malheureusement devenu synonyme d'un quartier dont les « charmes » s'accentuent à l'approche de la place. Le tourisme de masse l'a cependant rendue très artificielle et, derrière ses apparences, le quartier est en train de se normaliser. Au XVIIIe s., on y trouvait de nombreuses petites maisons ; journalistes, artistes et écrivains l'on habité au XIXe s. (Baudelaire au n° 60 ; Victor Hugo au n° 55, Vuillard, Bonnard et Maurice Denis au n° 28 ; George Sand et Chopin au n° 16). Plus encore que la rue Blanche, la rue Pigalle a été amputée de ses trésors architecturaux. La ***cité Pigalle***, au n° 43, où vécut Van Gogh peu avant de se suicider, en est l'un des rares endroits charmants.

▷ La rue Fontaine

Cette rue, qui porte le nom de l'architecte de Napoléon, prolonge la rue Notre-Dame-de-Lorette jusqu'à la place Blanche. Aux côtés des boîtes de nuit, on y voit plusieurs théâtres dont le ***théâtre Fontaine***, des cabarets à l'angle de la rue Fromentin (où se trouvait l'Académie Jullian en 1870), et un ***petit théâtre de music-hall*** qui fut à la mode entre les deux guerres au n° 42 (par *G. H. Pingusson*, 1930). Toulouse-Lautrec habitait au n° 30 (en 1896) ; André Breton au n° 42. ▸ Le n° 15 de la ***rue de Douai*** a été construit par *Viollet-le-Duc* en 1860 et 1861 (→ *encadré*).

▷ La rue Victor-Massé

Bien que toujours parcourue par les automobiles, cette rue, qui vit s'ouvrir

Le Chat Noir, premier cabaret montmartrois (fondé par *Rodolphe Salis* en 1881), semble un peu repliée sur elle-même. Alfred Stevens eut un atelier au n° 12 ; Bonnard en avait un au n° 18 où venaient travailler, vers 1890, Maurice Denis et Vuillard. L'*avenue Frochot*, dont l'entrée se trouve à l'angle des rues Frochot et Victor-Massé, est une cité privée en plein Pigalle. Bâtie en 1830, on y voit des maisons pittoresques, dont le dernier atelier de Toulouse-Lautrec (n° 15). Au 20, rue Victor-Massé, la *cité Malesherbes* est aussi une importante voie privée composée d'immeubles 1900 ; Degas eut un atelier au n° 37. ▶ L'*avenue Trudaine*. Cette artère très large, qui ne mène nulle part, est la trace d'un projet d'urbanisme de la Restauration lié à la réalisation de l'abattoir de Montmartre, un vaste ensemble pavillonnaire situé alors à l'emplacement du collège Rollin (côté N.). ▶ La *rue Condorcet*. On verra, au n° 68, l'immeuble que *Viollet-le-Duc* a construit pour son propre usage (1862-1863). Un étrange bestiaire peuple la façade et l'accès de cette demeure *(→ quartier Saint-Lazare)*.

▷ La rue des Martyrs

La rue commerçante, qui sert de marché au quartier, grimpe jusqu'à la colline de Montmartre et rappelle le chemin emprunté par saint Denis. Le plus bel *ensemble immobilier* de la rue s'étend du n° 41 au n° 47. Parmi les habitants on trouvait : au n° 51, l'architecte Alfred Normand, concepteur d'une maison pompéienne avenue Montaigne (démolie) ; au n° 49, Géricault ; au n° 21, Paul Léautaud ; et l'architecte Hittorff, auteur de Saint-Vincent-de-Paul et de la gare du Nord (ex-n° 12). En descendant cette rue vers Notre-Dame-de-Lorette on croise les rues Clauzel et de Navarin.

▷ La rue Clauzel

C'est la rue de Maupassant qui, de 1878 à 1881, habita au n° 19, et du Père Tanguy qui fournissait en couleurs ceux qu'on allait bientôt appeler les impressionnistes, et d'autres encore qui seront les nabis. Il avait la gentillesse de mettre dans sa vitrine, au n° 14, des tableaux que nul n'achetait.

▷ La rue de Navarin

Voir l'étonnante *façade* du n° 9 : néo-gothique et romantique, elle évoque le style des églises qui fleurissait entre 1830 et 1850. Au n° 20, Théophile Gautier logea Gérard de Nerval en 1840 et 1852.

Le quartier des Tuileries ***

1er arr. / 35-H6, 27-H6
Métro : Concorde / Bus : 24, 42, 72, 73, 84, 94
Ⓟ place de la Concorde, côté Tuileries
Taxis : 258, rue de Rivoli ☎ 42.61.67.70

L'intense circulation automobile des quais de la Seine et de la rue de Rivoli ne vient pas altérer le calme souverain que l'on ressent à se promener dans le jardin des Tuileries. Les grandes perspectives, les bassins, les marbres et les frondaisons nous transportent toujours au temps des fêtes galantes. Aménagé au XVIe s., mais redessiné à la fin du XVIIe s., le jardin conserve un peu de l'éclat crépusculaire du Grand Siècle finissant.

Derrière les arcades de la rue de Rivoli, les abords de la place Vendôme ou de l'église Saint-Roch ont été construits à la même époque, mais leur atmosphère est assez différente. La justesse des proportions et la clarté du dessin de la place Vendôme en font un des ensembles architecturaux les plus remarquables de Paris. Conçue comme un ensemble cohérent, la place témoigne en outre de l'esprit rationalisateur du siècle de Louis XIV. Sa fréquentation n'est pas aujourd'hui beaucoup moins aristocratique qu'à l'époque où financiers et fermiers généraux y avaient leurs hôtels. Car, avec la rue de la Paix et la rue de Castiglione, elle abrite les plus grands joailliers de la capitale. La clientèle internationale des grands palaces des alentours, les nombreux touristes et les hommes d'affaires qui travaillent dans les bureaux du quartier en ont un peu modifié le caractère. Une animation plus authentiquement parisienne continue toutefois de se développer place du Marché-Saint-Honoré et autour de la remarquable église Saint-Roch.

Le jardin des Tuileries

ouv. à 6 h ou 6 h 30 ; f. à 20 h du 1er oct. au 30 avr., 22 h en mai, 22 h 45 du 1er juin au 31 août ; 22 h du 1er au 15 sept., 21 h du 16 au 30 sept.

La partie ancienne des Tuileries, entre la place de la Concorde et l'avenue du Général-Lemonnier, est entourée de grilles. A l'E. de la place de la Concorde, le jardin s'étend jusqu'à la place du Carrousel, entre la rue de Rivoli et le quai des Tuileries. D'une superficie de 25,5 ha, il s'agit d'un véritable musée en plein air, retraçant l'histoire de la sculpture depuis Louis XIV jusqu'à nos jours.

Histoire du jardin

Le jardin des Tuileries est contemporain (1564) du palais commencé par Catherine de Médicis (pour l'histoire du palais démoli après la Commune → Louvre). Il marque la « naissance, dans la ville, de la promenade publique mondaine, suivant les données italiennes » (M. Poëte). Le jardin était orné de la célèbre grotte de Palissy, dont certains fragments sont au musée Carnavalet (→ encadré). Le Nôtre en reprit le tracé en 1664 et en fit un chef-d'œuvre d'art classique. C'était le lieu des rendez-vous élégants : au XVIIIe s. de jolies personnes s'y pavanaient et, sous le Directoire, les Incroyables et les Merveilleuses.

En août 1944, de furieux combats s'y déroulèrent, précédant la reddition allemande, et de nombreuses statues furent gravement endommagées. Parmi celles-ci, les plus anciennes sont celles amenées depuis Marly sous Louis XIV et Louis XV ; elles se trouvent dans la partie du jardin la plus proche de la place de la Concorde.

Une grande quantité de statues, de valeur inégale, ont été installées sous Louis-Philippe et Napoléon. La République a poursuivi le peuplement du jardin d'Ouest en Est, et le processus n'est pas terminé puisqu'en 1985 et 1986 plusieurs œuvres nouvelles ont pris place à l'Ouest du grand bassin rond et sur la terrasse du Jeu de Paume.

Visite du jardin

45 mn

▶ L'entrée principale du jardin s'ouvre sur la place de la Concorde. A g., avant de franchir la grille, *plaque commémorative* de la première ascension dans un aérostat à gaz, accomplie le 1er décembre 1783, depuis cet endroit, par les aéronautes Charles et Robert.

▷ Les statues équestres de Coysevox*

1 et 2

Elles sont portées par les pilastres de la grille. A dr. la *Renommée*, à g. *Mercure*, amenées de Marly en 1719. Depuis 1986, les œuvres originales sont conservées au Louvre et ont été remplacées ici par des moulages (les Chevaux de Marly de Guillaume Coustou, de l'autre côté de la place de la Concorde, au bas des Champs-Elysées ont subi le même sort.) Les *Chevaux* de *Coysevox* furent les premiers commandés pour l'abreuvoir de Marly ; ils y furent remplacés par ceux de *Coustou* amenés à leur tour à Paris en 1794.

▷ Le bassin octogonal

A l'entrée du jardin, La Seine et la Marne, par *Nicolas Coustou (3)* et La Loire et le Loiret par *Corneille Van Clève (4)* proviennent de Marly tout comme les deux groupes du Nil *(6)* et du Tibre *(5)* situés à l'O. du bassin. A l'E. du même bassin, quatre Thermes symbolisent les saisons : le Printemps *(8)* et l'Automne *(9)* par *Barois*, l'Hiver par *Raon (10)*, l'Eté par *Guillaume Coustou (11)*.

Il est prévu de mettre ces statues à l'abri des pollutions et de les remplacer par des copies.

▶ Le jardin est bordé de chaque côté, et sur toute sa longueur, par deux *terrasses* assez étroites auxquelles on accède par des escaliers et des rampes à pente douce. Sur ces rampes, se trouvent *les Muses*, copies d'antiques autrefois à Marly ; Calliope a été placée sur la terrasse du Jeu de Paume.

▷ La terrasse du Bord de l'Eau*

Elle constitue, tout le long du quai des Tuileries, une charmante promenade dominant d'un côté la Seine, de l'autre le jardin. A son extrémité O., élargie en 1853, se trouve le ***musée de l'Orangerie***** (→ *musées*) où a été installée la collection Walter-Guillaume tandis que deux salles abritent les Nymphéas (1927) de *Monet*.

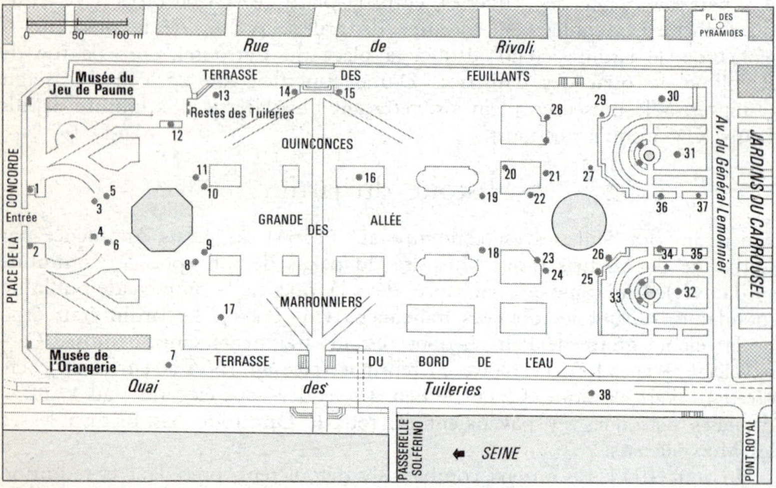

Les statues du jardin des Tuileries

1 Mercure (moulage), Antoine Coysevox (1640-1720)
2 La Renommée (moulage) Antoine Coysevox (1640-1720)
3 La Seine et la Marne, Nicolas Coustou (1658-1733)
4 La Loire et le Loiret, Corneille Van Clève (1645-1732)
5 Le Tibre, Pierre Bourdict (?-1711 ?)
6 Le Nil, Lorenzo Ottoni (1648-1736)
7 Le Lion au serpent (moulage), Antoine-Louis Barye (1796-1875)
8 Le Printemps, François Barois (1656-1726)
9 L'Automne, François Barois (1656-1726)
10 L'Hiver, Jean Raon (1631-1707)
11 L'Eté, Guillaume Coustou (1677-1746)
12 La Foule, Raymond Mason (1922)
13 Hercule combattant Achélous transformé en serpent, François-Joseph Bosio (1768-1845)
14-15 Combats d'animaux, Auguste Caïn (1821-1894)
16 Le Bon Samaritain, François Sicard (1862-1934)
17 Léon Blum, Philippe Garel (1945)
18 Jeune fille debout, Marcel Gimond (1894-1961)
19 Eve, Charles Despiau (1874-1946)
20 Rolande, Robert Wlerick (1882-1944)
21 Prométhée, James Pradier (1790-1852)
22 Le Serment de Spartacus, Louis-Ernest Barrias (1841-1905)
23 Cincinnatus, Denis Foyatier (1793-1863)
24 Alexandre combattant, Charles-François Lebœuf dit Nanteuil (1792-1865)
25 Centaure enlevant une nymphe, Laurent-Honoré Marqueste (1848-1920)
26 Périclès, Jean-Baptiste Joseph Debay (1779-1863)
27 Thésée et le Minotaure, Etienne-Jules Ramey (1754-1838)
28 Médée, Paul Gaso (1860-1944)
29 L'Homme et sa misère, Jean-Baptiste Hugues (1849-1930)
30 Monument à Jules Ferry, Gustave Michel (1851-1924)
31 Enée portant son père Anchise, Pierre Lepautre (1660-1744)
32 Arria et Poetus, Pierre Lepautre (1660-1744)
33 Monument à Waldeck Rousseau, L.-H. Marqueste
34 Méditation, Auguste Rodin (1840-1917)
35 Grande ombre, Auguste Rodin (1840-1917)
36 Jean de Fiennes, Auguste Rodin (1840-1917)
37 Pierre de Wissant, Auguste Rodin (1840-1917)
38 Les fils de Caïn, Paul Landowski (1875-1961)

A hauteur de ce bâtiment, contre le mur de la terrasse dominant le quai des Tuileries, une inscription signale l'emplacement de l'ancienne porte de la Conférence, bâtie en 1632, démolie en 1730. Le quai de la Conférence auquel elle donnait accès devait son nom aux conférences de Suresnes qui préparèrent la fin des troubles de la Ligue en 1593.

▷ La terrasse du Jeu de Paume

entre la rue de Rivoli et le jardin

Elle supporte l'ancien **Jeu de Paume** qui abrita, de 1958 à août 1986, le musée de l'Impressionnisme. Les œuvres qu'il contenait sont aujourd'hui au musée d'Orsay (→ *musées*). Le bâtiment est fermé pour travaux et réouvrira bientôt ses portes pour accueillir des **expositions temporaires**.

Dans l'arcade aveugle, sous la rampe d'accès à la terrasse du Jeu de Paume, **buste de Le Nôtre** (1613-1700), réplique de celui de l'église Saint-Roch, par *Coysevox*. Sur la terrasse, monument de Charles Perrault (1628-1703) — l'auteur des célèbres Contes —, qui obtint que le jardin fût ouvert au public.

Trois **œuvres contemporaines** dues à *Alain Kirili*, *Sandro Chia* et *Jean-Michel Alberola* y ont pris place durant l'été 1986. Sous l'escalier qui mène à la terrasse, **La Foule** *(12)*, de *Raymond Mason*, a été inaugurée en 1985. Plus loin, aussi au pied de la terrasse, vestiges de la façade du château des Tuileries brûlé en 1871. A l'extrémité d'un large espace libre appelé allée des Orangers, se trouve **Hercule combattant Achélous** *(13)*, bronze de *Bosio*.

▷ La terrasse des Feuillants

Elle prolonge celle du Jeu de Paume et s'étend tout le long de la rue de Rivoli. La période révolutionnaire l'a rendue célèbre : elle doit en effet son nom à un couvent de Bénédictins ou Feuillants qui l'avoisinait et qui devint, en 1791, le lieu de réunion du club des républicains modérés. La célèbre salle du manège était située aussi près de cette terrasse.

▷ Les quinconces de marronniers*

La grande allée centrale sépare deux vastes quinconces de marronniers et de tilleuls, dans lesquels ont été ménagés des espaces libres et des **salles de verdure**. Deux kiosques y font office de café où il est très agréable de s'arrêter pour déjeuner ou goûter. Les deux dernières de ces salles de verdure, dites autrefois jardins de Robespierre, ont à leur extrémité O. un hémicycle en marbre blanc construit sous la Convention.

▶ La partie du jardin qui s'étend du grand bassin rond à l'avenue du Général-Lemonnier, occupe l'ancien jardin réservé au palais, voulu par Louis-Philippe pour se réserver un endroit intime, et converti en **jardin anglais** par *Napoléon III*.

Le premier jardin des Tuileries

L'architecture symétrique du palais des Tuileries sur les plans de Philibert de l'Orme puis de Jean Bullant exigea l'adoption d'un tracé également symétrique pour les jardins que Catherine de Médicis faisait aménager. Séparé de l'édifice par un chemin (actuelle avenue du Général-Lemonnier), c'était un vaste espace clos de forme trapézoïdale, aux parterres tracés et plantés de façon à répéter la même disposition à droite et à gauche de l'axe principal de l'habitation. Six grandes allées de sycomores, ormes et sapins et huit allées transversales divisaient l'espace en compartiments. Chacun était l'objet d'une décoration particulière : arabesques avec buis, gazons, arbres fruitiers, parterre potager, fleurs, fournissaient des couleurs variées et dessinaient des broderies compliquées exigeant une surveillance constante. Dans un de ces jardinets se trouvait un labyrinthe, dans un autre une fontaine ornée de fleurs, ailleurs un cadran solaire et lunaire, enfin une place en demi-lune où un écho renvoyait la voix. L'ornement le plus célèbre était la grotte de Bernard Palissy dont les musées de Sèvres et Carnavalet conservent des restes.

Tout ce décor harmonieux où la nature était alignée, corrigée, nivelée, taillée, déformée, faisait ressortir avec éclat une architecture entièrement décorative : le jardin s'accordait parfaitement avec le palais.

▷ Les jardins du Carrousel

Ces jardins, compris entre les deux galeries du Louvre, ont été créés en 1889 sur l'emplacement de l'ancien jardin de Le Nôtre. On y a installé, en 1964-1965, un ensemble de **statues*** en bronze du sculpteur *Aristide Maillol* (1861-1944). Depuis 1985 et sans doute jusqu'en 1990, des travaux entrepris pour l'aménagement du Grand Louvre ont contraint au déménagement momentané de plusieurs de ces sculptures dans le jardin des Tuileries, aux quinconces de marronniers.

Dans les parterres N. : l'Action enchaînée, la Rivière, la Nuit, la Méditerranée, l'Hommage à Cézanne, Vénus, Pomone, l'Ile-de-France, la Baigneuse drapée. Dans les parterres S. : les Nymphes, le Monument à Port-Vendres, l'Air, l'Eté, Flore, la Baigneuse aux bras levés, la Douleur, la Montagne (donation Dina Vierny).

Pour en savoir plus

A. Pingeot et G. Bresec, Les sculptures du Louvre, des Tuileries et du Carrousel, édition de la Réunion des Musées nationaux, 1er trimestre 1986.

Le quartier des Tuileries

Le quartier des Tuileries, situé en bordure des jardins du même nom, doit son développement à la décision royale d'adopter le palais du Louvre comme lieu de résidence principale. Des établissements religieux s'installèrent au N. du terrain, sur le bord de l'actuelle rue Saint-Honoré. Le voisinage du Palais-Royal, du Louvre et des Tuileries renforcèrent l'importance du quartier.

L'unité en fut donnée par l'axe E.-O. de la rue Saint-Honoré, artère unique avant le percement de la rue de Rivoli au XIXe s. La formation de la rue Saint-Honoré alla de pair avec l'agrandissement de l'enceinte de Paris et avec le recul de la porte Saint-Honoré vers l'O. : initialement à la hauteur du temple de l'Oratoire, ensuite à la place du Café de la Régence (place du Théâtre-Français), enfin à l'alignement de la rue Royale jusqu'en 1773. Au XIXe s., le percement des rues des Pyramides, du 29-Juillet, d'Alger, de Castiglione, Cambon, Daunou et Richepance, a fait disparaître nombre de maisons anciennes.

Visite du quartier

45 mn

▷ La place des Pyramides

Elle est bordée de maisons à façades uniformes poursuivant l'ordonnance de la rue de Rivoli. En son centre, la ***statue de Jeanne d'Arc*** par *Frémiet* évoque un lieu de pèlerinage pour la droite la plus traditionaliste et en particulier les royalistes. Au n° 2, ***hôtel Régina*** et son décor 1900 inchangé ; dans le hall d'entrée remarquer les différentes horloges indiquant les horaires des grandes capitales de l'époque, de New York à Pékin. ▶ La *rue des Pyramides*, ouverte en 1802, doit son nom à la victoire remportée par Bonaparte en Egypte (1798).

▷ La rue de Rivoli *de la pl. des Pyramides à la pl. de la Concorde*

Son nom évoque la victoire remportée par Bonaparte à Rivoli (1797). La section comprise entre les rues de Rohan (à l'E. du jardin) et Saint-Florentin (à l'O.) fut percée à partir de 1800 ; c'est la plus ancienne et la plus luxueuse. Au-delà, la section qui fut percée en 1848 entre le Louvre et la rue de Sévigné, est très commerçante et d'une architecture plus banale. Les immeubles qui longent les jardins des Tuileries furent construits d'après les plans des architectes de Napoléon, *Percier* et *Fontaine*. L'Empereur réalisait un projet de l'Ancien Régime, visant à réunir le Louvre à la place Louis-XV et aux Champs-Elysées. Le nouvel axe, entre les Tuileries et la rue Saint-Honoré, fut percé à travers les jardins des couvents de l'Assomption, des Capucines et des Feuillants. L'innovation remarquable des architectes fut la *rue à arcades* qui permettait au promeneur de circuler à l'abri des intempéries et des véhicules. Sous le Directoire, en 1795, des particuliers avaient déjà édifié la rue des Colonnes, près de la Bourse, qui fut le prototype de la rue de Rivoli. Mais l'échelle des arcades, celle des bâtiments, la splendeur de la nouvelle rue et son développement dépassaient largement les ambitions modestes de la rue des Colonnes. Un réglement sur le type d'activité commerciale et sur l'affichage interdisait les magasins d'alimentation et les ouvriers travaillant au marteau (cordonniers, tôliers). Le démarrage des travaux fut lent puisqu'à la fin de l'Empire, seuls étaient construits les arcades et quelques immeubles. L'ensemble fut achevé en 1835.

En suivant la rue de Rivoli vers la place de la Concorde, on croise la *rue du 29-Juillet* : ouverte en 1826, elle a reçu son nom actuel en 1830 en souvenir de la troisième journée de la Révolution de 1830. Les *rues d'Alger* et du *Mont-Thabor* furent percées sur l'emplacement d'une partie de l'hôtel de Noailles (→ *211, rue Saint-Honoré*).

Au 224, rue de Rivoli, la librairie Galignani (dont la fondation remonte au XVIe s. à Padoue), était installée rue Vivienne au XIXe s. Au 226, le salon de thé Angelina, anciennement maison Rumpelmeyer, est célèbre pour son décor 1900 et sa spécialité : le Mont-Blanc. Au 228, l'hôtel Meurice était le siège du commandement militaire allemand de la garnison de Paris pendant l'Occupation. A la hauteur du n° 230, emplacement de la salle du Manège construite en 1726 pour Louis XV enfant et où siégeaient les assemblées de la Révolution.

▷ La rue de Castiglione

On y fera quelques pas. Ouverte en 1802, cette rue porte le nom de la victoire de Bonaparte sur les Autrichiens (1796). Elle a été formée sur un passage séparant le couvent des Feuillants du couvent des Capucines. Au n° 3, hôtel Intercontinental, bâti dans les années 1880 à l'emplacement du ministère des Affaires étrangères incendié en 1871 par la Commune. Au n° 10, emplacement du cloître du couvent des Feuillants. Sous le second Empire, la comtesse de Castiglione, surnommée la « divina contessa », vécut à ce numéro et y recevait toute l'Europe. Au n° 14, emplacement de la chapelle du couvent des Feuillants où s'est installé un fameux restaurant revendiquant dans son appellation l'ordre des Feuillants. ▶ Reprendre la rue de Rivoli.

▷ La rue Cambon

Percée en 1719 sur les terrains de l'hôtel Piney-Luxembourg, son nom évoque le célèbre conventionnel Cambon, créateur du grand livre de la Dette publique. Au n° 13, hôtel de la Cour des comptes, construit en 1900 sur l'emplacement du couvent des Dames de l'Assomption, en remplacement de l'ancienne Cour des comptes située au palais d'Orsay et incendiée par la Commune. Au n° 14, la mystérieuse comtesse de Castiglione, très présente dans ce quartier, mourut en 1899 dans la solitude et le dénuement. Au n° 31, le petit appartement aménagé par Coco Chanel pour recevoir et travailler — car elle dormait à l'hôtel Ritz dans « trois mansardes sur le jardin » — est resté intact. ▶ On reprendra la *rue de Rivoli* où se trouve, au n° 248, l'autre célèbre librairie Smith W. H. and Son, pour rejoindre la rue Saint-Florentin.

▷ La rue Saint-Florentin

Ouverte au XVIIe s., elle porte le nom de l'***hôtel*** situé au n° 2, construit en 1767 pour le comte de Saint-Florentin. Cet hôtel fut bâti par *Chalgrin* d'après les plans de *Gabriel*, l'architecte de la place Louis-XV (aujourd'hui place de la Concorde). Talleyrand mourut dans cet hôtel en 1838. Le n° 7 et le n° 9 ont été construits en 1761 par *Louis Letellier.*

▷ La rue Saint-Honoré *de la rue Saint-Florentin à la rue de Castiglione*

Aujourd'hui, entre la rue Royale et la place du Palais-Royal, cette artère conserve, grâce à ses ***hôtels*** XVIIIe s., le témoignage d'un habitat nobiliaire, dévolu désormais au commerce de luxe (prêt-à-porter, joaillerie, antiquités).

Au n° 422 (à g. de la rue Saint-Florentin), emplacement de la porte Saint-Honoré de l'enceinte de Louis XIII. Au n° 382, emplacement du couvent des Filles de la Conception, fermé en 1790, qui couvrait tout l'espace compris entre le couvent des Capucines à l'E. (voir entre le n° 360 et le n° 364), la rue Saint-Honoré au S. et l'enceinte de Louis XIII à l'O. et au N. Les rues Duphot et Richepance ont été percées en 1807 au travers de ce couvent.

L'***église de l'Assomption***★ (*263 bis rue Saint-Honoré / 7 h-19 h 30 ☎ 42.60.07.69*). C'est l'ancienne chapelle du couvent des Dames de l'Assomption, fondé au début du XVIIe s. et supprimé par la Révolution. Seule subsiste l'église, construite entre 1670 et 1676 sur les plans de *Charles Errard*, plus connu comme peintre et rival de Lebrun. La disproportion flagrante entre le dôme et le reste de l'édifice le fit surnommer le « sot dôme » par les esprits malins. L'Assomption est, depuis 1850, la paroisse des Polonais de Paris. L'***intérieur*** se présente comme un seul espace de plan circulaire, couvert par une coupole où *Charles de La Fosse* a peint à fresque l'Assomption (1676). A dr., Adoration des Mages par *Carle Van Loo* (vers 1740) ; au maître-autel, Annonciation par *Joseph-Marie Vien* (1763) ; à g., Naissance de la Vierge par *Joseph-Benoît Suvée* (1779).

Au 374, rue Saint-Honoré, hôtel où Mme Geoffrin, surnommée « le ministre de la Société » eut, de 1750 à 1777, son célèbre salon littéraire lui-même appelé « le royaume de la rue Saint-Honoré » (inscription). C'était le rendez-vous d'artistes tels Carle Van Loo, Boucher, Soufflot, Bouchardon, La Tour, Vernet, Vien, ainsi que des encyclopédistes et des esprits éclairés. Cette maison abrita également Chateaubriand. Hôtel très remanié au XIXe s. Les ***hôtels*** du n° 368 et du n° 366 ont été construits par *Pierre Bullet* (1705) et ont appartenu à Robert de Cotte (1717).

▷ La place Vendôme★★

C'est l'un des plus beaux ensembles architecturaux de Paris de la fin du règne de Louis XIV. Il est contemporain de la place des Victoires (→ *Bourse*). Louis XIV envisagea d'ailleurs le percement d'une rue qui aurait relié les deux places mais le projet, trop coûteux, fut abandonné. En 1686, sur proposition de Louvois, surintendant des Bâtiments, Louis XIV signait un décret prescrivant la construction d'une place destinée à accueillir sa propre statue équestre. La place devait s'appeler place des Conquêtes. Elle doit son nom actuel à l'hôtel qu'elle a remplacé et qui avait été édifié par le duc de Vendôme, fils d'Henri IV et de Gabrielle d'Estrées. Les travaux d'une place carrée furent commencés en 1687 sous la direction de *Jules Hardouin-Mansart* mais ils furent abandonnés en 1699 après la mort de Louvois. Ils reprirent en 1699 sur de nouveaux plans de Mansart, qui donna à la place sa forme octogonale, percée au milieu de ses côtés N. et S. par deux rues, l'une vers l'église

---

Les musées à voir

Musée de l'Orangerie (jardin des Tuileries) : peintures impressionnistes et de l'école de Paris ; Les Nymphéas de Claude Monet.

Musée des Arts décoratifs (107, rue de Rivoli) : objets d'art et mobilier du Moyen Age à nos jours.

Musée des Arts de la mode (109, rue de Rivoli) : costumes et étoffes du XVIe au XXe s.

---

du couvent des Capucines (bâtie par François d'Orbay), l'autre vers la rue Saint-Honoré et le portail des Feuillants. La place Vendôme avait été conçue comme une sorte de salon clos où des bals furent parfois donnés. Le premier Empire ouvrit de nouvelles perspectives à cette place : le couvent des Feuillants fut démoli pour percer la rue de Castiglione, le couvent des Capucines pour percer la rue de la Paix. Toutefois les premiers tronçons de ces rues ont conservé leur ordonnance très stricte du XVIIe s.

A chaque angle la place présente un pan coupé et, au milieu des grands côtés, un avant-corps à fronton triangulaire soutenu par des colonnes engagées. Les arcades en plein cintre et à mascarons des rez-de-chaussée sont pleines, comme sur la place des Victoires. Deux étages, réunis par des pilastres corinthiens, sont couverts de grands combles où la lucarne alterne avec l'œil-de-bœuf (disposition modifiée au XIXe s., époque à laquelle la plupart des lucarnes ont été agrandies). Toutes les ***sculptures*** décoratives ont été exécutées sous la direction de *J.-B. Poulletier*.

▷La colonne Vendôme

La place prit le nom de place Louis-le-Grand jusqu'à la Révolution, puisqu'elle était destinée à recevoir la statue du roi. Inaugurée en 1699 au cours d'une fête magnifique, la statue, œuvre de *Girardon*, représentait Louis XIV à cheval en empereur romain. En 1792 la statue fut renversée et envoyée à la fonte, et peu de temps après le corps de Le Peletier de Saint-Fargeau, aristocrate et régicide, fut exposé sur son piédestal. Napoléon choisit cet emplacement pour édifier un monument à la gloire des soldats vainqueurs d'Austerlitz. Admirateur de l'Antiquité romaine, l'Empereur prit comme modèle la colonne trajane élevée à Rome. Les canons autrichiens fondus servirent à la réalisation de la ***colonne de la Grande Armée*** conçue par *Gondoin* et *Lepère* en 1806. Des ***bas-reliefs*** en spirale dessinés par *Bergeret*, élève de David, racontent la campagne de 1805. Au sommet fut érigée la ***statue*** de Napoléon imperator par *Chaudet* en 1810. Celle-ci ne résista pas au changement de régime et fut supprimée dès 1815. Napoléon III installa une ***copie*** de la statue de l'empereur par *Dumont*, toujours en place.

Ce fut au tour de la colonne de connaître les vicissitudes de l'histoire puisqu'en 1871, sous la Commune, elle fut déboulonnée à l'initiative du peintre *Courbet*. Restaurées, la colonne et sa statue furent réédifiées aux frais de l'artiste en 1873.

▷Les hôtels de la place Vendôme

La place Vendôme fut également une excellente opération immobilière : le terrain situé derrière les façades de Mansart fut vendu à de grands financiers de la Régence comme Law, Pennautier, Crozat. De 1702 à 1720 les constructions des hôtels furent surtout l'œuvre des architectes *Boffrand*, *Pierre Bullet* et *Bullet de Chamblain*. Il fut dit qu'Henri IV était sur le Pont-Neuf avec son peuple, Louis XIII sur la place Royale avec ses gentilshommes (place des Vosges), Louis XIV sur la place des Conquêtes avec ses financiers. Le quartier de la place Vendôme devint un quartier fastueux qui prit le relais de la place des Vosges et du Marais. Quelques exemples témoignent encore de ce que pouvait être la splendeur de ces hôtels au XVIIIe s. Law avait acquis plusieurs de ceux qui se trouvent en direction de la rue de la Paix.

Au no 23, hôtel de Montbreton où le banquier faillit être massacré, le 17 juillet 1720, après la faillite de son système.

Au no 19, l'***hôtel d'Evreux*** *(visites organisées)* qui appartient aujourd'hui, comme l'hôtel voisin, au Crédit Foncier, eut comme premier propriétaire Antoine Crozat, ancien commis devenu fermier général qui amassa une grosse fortune. Collectionneur fameux et averti, il fit bâtir par *Bullet*, derrière la façade de Mansart, un hôtel qu'il emplit de chefs-d'œuvre des peintres vénitiens, de Van Dyck et de Watteau. En 1707, il maria sa fille au comte d'Evreux dont le nom figure encore sur le portail d'entrée. La façade de la cour est décorée de colonnes, de pilastres et de grands médaillons. En 1747 l'hôtel fut remanié par *Contant d'Ivry*.

Le no 17, construit par *Bullet*, appartenait également à Crozat. A côté, au no 15, ***le Ritz***, l'un des plus célèbres hôtels parisiens, a été fondé en 1898 par *César Ritz* et conserve des décorations datant pour la plupart de la fin du XVIIIe s., notamment un salon peint d'arabesques. Au no 13, ancien hôtel Luillier acheté en 1717 par le Régent pour y installer la chancellerie du royaume. Devenu ministère de la Justice, il a été restauré sous Napoléon III. Sur sa façade, un mètre en marbre a été apposé en 1795 pour familiariser les Parisiens avec la nouvelle unité de mesure linéaire. Les nos 11 et 9 ont été construits par *Mansart*. Le premier fut acheté dès 1717 par le roi pour agrandir la chancellerie. L'autre fut vendu en 1750 au fermier général Dangé qui le fit décorer par *Oudry* (certains des panneaux sont conservés au musée des Arts décoratifs). Le côté pair de la place était également habité à l'origine par des fermiers généraux et des financiers. Chopin mourut en 1849 au no 12 (inscription). La plus grande partie de cet hôtel a été reconstruite vers 1855. Au no 20, bel hôtel Louis XVI. Au no 26, le joaillier Boucheron occupe toujours l'***hôtel de Nocé***. Il fut le premier à immigrer du Palais-Royal à la fin du siècle dernier. La belle Castiglione fut sa locataire. A la fin de sa vie, « la folle de la place Vendôme » y vivait dans la solitude et le noir complet, ne sortant que la nuit.

Aujourd'hui la place Vendôme continue d'accueillir le haut commerce de luxe parisien et, plus récemment, plusieurs banques internationales qui ont pris la place des trop audacieux financiers du XVIIIe s.

▷ La rue de la Paix

Percée en 1806 sous le nom de Napoléon, elle prit en 1814 son nom actuel en référence au traité de paix. Cette rue est célèbre dans le monde entier pour sa joaillerie. Au n° 7 fut fondée, en 1858, la ***maison de couture*** Worth par l'Anglais *Charles-Frédéric Worth*. Il fut le premier à inventer la présentation de modèles sur un mannequin vivant, lequel était sa propre femme.

▷ La rue des Capucines *à dr.*

Elle évoque l'ancien couvent des Capucines installé primitivement rue du Faubourg-Saint-Honoré et déplacé ici, à l'emplacement d'un marché aux chevaux, en 1688. Elle est bordée sur son côté impair par d'anciens et imposants ***hôtels*** occupés par le Crédit Foncier : les n°s 15, 17, 19 furent construits par l'architecte *Tavenot*; les n°s 17-19 formaient l'hôtel bâti en 1726 pour le directeur de la Compagnie des Indes, de Casteignier.

▷ La rue Danielle-Casanova

Ancienne partie de la rue des Petits-Champs, elle a pris en 1944 le nom d'une victime de la déportation. Nombreux ***hôtels*** du XVIIIe s. dont, au n° 15, l'hôtel de Coigny. Au n° 22, ancien hôtel de Nantes où mourut Stendhal le 23 mars 1842. Au dernier étage du n° 26 se trouvait l'atelier du peintre dadaïste Francis Picabia. ▶ La ***rue Louis-le-Grand*** date de 1701 et doit son nom à celui que portait à cette époque la place Vendôme. Au n° 1, maison dans laquelle mourut le portraitiste Hyacinthe Rigaud (inscription).

▷ La place du Marché-Saint-Honoré

La rue du Marché-Saint-Honoré, à dr., conduit à cette place formée en 1807 sur l'emplacement du couvent des Jacobins. L'entrée principale du couvent, installé en 1613 sur la rue Saint-Honoré, se situait à l'intersection avec la rue du Marché-Saint-Honoré. A la Révolution, le couvent fut occupé par le fameux club des Jacobins animé par Robespierre. Le marché, inauguré en 1810, fut démoli et malheureusement remplacé à la fin des années 50 par un immeuble de garage.

▷ La rue Saint-Honoré *de la rue de Castiglione à l'église Saint-Roch*

Du n° 229 au n° 235, ensemble de ***maisons*** construites par *Antoine* pour le couvent des Feuillants qui les louait en appartements. C'est tout ce qui subsiste du célèbre couvent. L'église des Feuillants était située derrière ce bâtiment. Dans la cour du n° 229, les vestiges du chevet arrondi de l'ancienne église sont encore visibles. L'entrée monumentale du couvent des Feuillants, dessinée par *Jules Hardouin-Mansart* et achevée en 1676, était exactement dans l'axe N.-S. de la place Vendôme. C'est dans ce couvent, fermé en 1790, que s'installa le club des Feuillants où Louis XVI et la famille royale trouvèrent refuge après avoir dû quitter les Tuileries le 10 août 1792, et avant d'être emprisonnés au Temple. David peignit son tableau Le Serment du Jeu de Paume dans l'église désaffectée. En 1804, le couvent fut rasé au profit des rues de Castiglione (1811) et de Rivoli (1811-1835). Au n° 211, emplacement du célèbre hôtel de Noailles composé de plusieurs bâtiments et de jardins s'étendant au S., jusqu'à l'actuelle rue de Rivoli et à l'O., jusqu'au couvent des Feuillants (n° 229). La Fayette s'y maria le 11 avril 1774 avec Adrienne de Noailles. Devenu l'hôtel Saint-James et d'Albany, il reste, dans la cour, la façade Louis XV d'un bâtiment de l'hôtel de Noailles.

▷ L'église Saint-Roch** *296, rue Saint-Honoré / t.l.j. 8 h 30-19 h 15 ☎ 42.60.81.69 / nombreux concerts le soir en sem. et le dim. apr.-midi ☎ 42.61.93.26*

Saint-Roch est l'une des plus grandes églises de Paris et l'une des plus riches en peintures et en monuments sculptés; outre les nombreux vestiges de son ancien décor qui ont échappé à la Révolution, elle abrite un grand nombre d'œuvres d'art provenant d'édifices disparus, entre autres le couvent des Feuillants, celui des Jacobins, celui des Capucines et Saint-Jean-en-Grève. C'est un musée de l'art religieux des XVIIIe et XIXe s.

Située au cœur de l'un des quartiers les plus élégants de l'ancien Paris, Saint-Roch a eu beaucoup de paroissiens illustres; François et Michel Anguier, Pierre Corneille, Pierre Mignard, André Le Nôtre, Duguay-Trouin, Helvétius, Alexis Piron, Mme Geoffrin, Diderot, l'abbé de l'Epée ont été inhumés à Saint-Roch. Le 5 septembre 1795 eut lieu devant l'église une meurtrière fusillade entre émeutiers royalistes et troupes de la Convention, ces dernières dirigées par le général Napoléon Bonaparte.

L'extérieur

L'édifice remonte, par son plan, à la seconde moitié du XVIIe s. Commencée en 1653 sur les dessins de *Jacques Lemercier*, la construction fut interrompue en 1660. Le chœur, le transept et la dernière travée de la nef étaient édifiés, mais l'achèvement de celle-ci attendit 1701. On construisit à la même époque la chapelle de la Vierge, en arrière du chœur, sur un projet de *Jules Hardouin-Mansart*. Puis, c'est un cadeau de 100 000 livres fait en 1719 par le banquier Law, alors au sommet de sa fulgurante carrière, qui permit de terminer la construction. L'élégante ***façade*** sur la rue Saint-Honoré, dessinée par *Robert de Cotte*, fut élevée à partir de 1735. En 1760, l'église

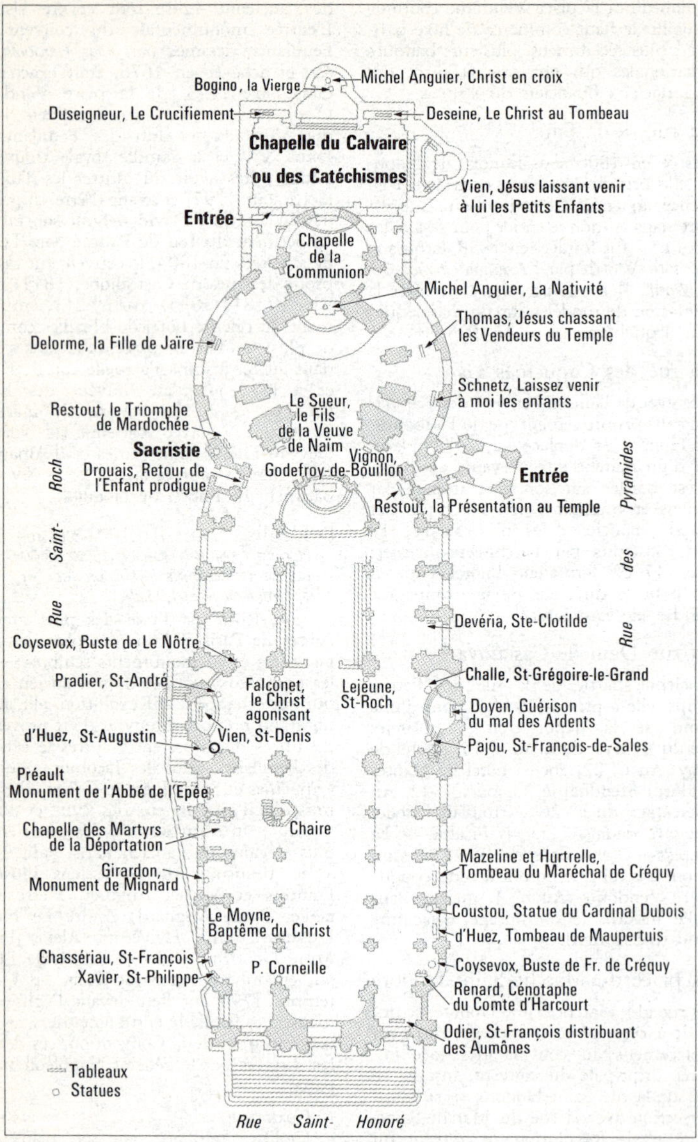

L'église Saint-Roch

reçut encore un prolongement en arrière de la chapelle de la Vierge : la chapelle dite du Calvaire, projetée par *Etienne-Louis Boullée*, mais profondément modifiée au XIXe s. ; c'est à ces dernières transformations que fait allusion Zola dans Pot-Bouille.

L'intérieur

La longueur totale de l'édifice est de 126 m. Si la nef, ses deux collatéraux et le transept court sont de conception classique, le plan du chevet est exceptionnel : derrière le chœur se greffe en effet la vaste ellipse de la *chapelle de la Vierge*★, elle-même entourée d'un déambulatoire qui aboutit, dans l'axe, à la chapelle de la Communion (1717). A la suite de celle-ci a encore été ajoutée, vers 1750, la chapelle du Calvaire, sur l'initiative du curé Mazuel. L'enfilade de ces espaces produit un remarquable effet théâtral, accentué par les jeux de lumière. Le *buffet d'orgue* date de 1752 ; l'instrument ancien, dû aux *Clicquot*, a été altéré par de nombreuses transformations et restaurations, dont les dernières remontent à 1927. De la *chaire* primitive, œuvre de *Simon Challe* (1760), ne subsiste que l'abat-voix, à forme de draperie, représentant la Vérité soulevant le voile de l'Erreur; le reste a été refait au XIXe et au XXe s.

Bas-côté dr. : les 1re et 2e chapelles, dites des Monuments, renferment plusieurs sculptures notables, dont le ***buste du maréchal François de Créqui****, par *Antoine Coysevox* (1690-1695), la statue de cardinal Dubois en prières par *Guillaume Ier Coustou* (1725) et le monument de Maupertuis par *Jean-Baptiste d'Huez* (1766); 3e chapelle : monument de Charles de Créqui, par *Pierre Mazeline* et *Simon Hurtrelle* (1688); 4e chapelle : peintures de *Louis Boulanger* (Les âmes du purgatoire, 1850).

Bras dr. du transept : le Miracle des Ardents, peinture de *Gabriel-François Doyen* (1767), heureusement restée dans son emplacement original; à g., Saint-Grégoire le Grand par *Simon Challe*, à dr. Saint François de Sales, par *Augustin Pajou* (plâtres, 1766). La coupole de la croisée a été peinte par *Adolphe Roger* (Triomphe du Christ, 1859-1864).

Chœur : voûte peinte par *A. Roger*. A l'entrée du chœur, contre le pilier de g., célèbre statue d'*Etienne Falconet*, ***Le Christ au jardin des Oliviers***** (1757) qui appartenait au bel ensemble commandé à l'artiste par le curé Mazuel, mais qui fut dispersé sous la Révolution; le maître-autel porte une garniture du début du XIXe s. (atelier de Thomire).

1re chapelle du ***déambulatoire*** : Sainte Clotilde priant, par *Charles Landelle* (1847) et Apothéose de sainte Clotilde, par *Achille Devéria*; les bas-reliefs du chemin de croix, dont on voit ici la sixième station, sont de *Louis Deseine*, *Constant Delaperche* et *Jean-Bernard Duseigneur* (1819-1822); 2e chapelle : peintures de *Guerman-Bohn* relatives à sainte Thérèse d'Avila (1848); 3e chapelle : peintures d'*Adolphe Brune* (Martyre et Apothéose de sainte Catherine, 1848-1850); 4e chapelle : peintures de *Louis Brisset*, relatives à sainte Marie Madeleine (1848-1851); au-dessus de la porte, Purification de la Vierge par *Jean Restout* (1759). Les piliers qui séparent le déambulatoire de la chapelle de la Vierge sont garnis de tableaux importants : ***Godefroy de Bouillon****, par *Claude Vignon* (vers 1620) et Résurrection du fils de la veuve de Naïm, par *Eustache Le Sueur* (vers 1650); plusieurs épitaphes, dont celles de la princesse de Conti, fille de Louis XIV, et celle de Duguay-Trouin.

La chapelle de la Vierge. Son déambulatoire est décoré de grands tableaux, pour la plupart du XIXe s., dont les plus remarquables sont Le Christ et les Enfants, par *Victor Schnetz* (1855), le Christ chassant les marchands du temple, par *Antoine Thomas* (1819), le Christ et le centurion, par *Michel-Ange Challe* (1759) et le Christ ressuscitant la fille de Jaïre, par *Pierre Delorme* (1817). La chapelle de la Vierge, solennel espace de plan central, est décorée à la coupole d'une immense peinture de *Jean-Baptiste Pierre*, Assomption, terminée en 1756, assez obscurcie et endommagée. L'autel est garni d'un groupe de trois figures, la ***Nativité**** (1655), par *Michel Anguier*, qui provient du Val-de-Grâce où une copie l'a remplacé; à g., Saint Jérôme, par *Lambert-Sigisbert Adam* (1752); à dr., Sainte Barbe (anonyme du XVIIIe s.). Le déambulatoire de la chapelle de la Vierge s'élargit en arrière de l'autel et forme la chapelle de la Communion, avec un curieux mobilier qui évoque le temple de Jérusalem (début du XIXe s.) et de beaux vitraux (1849). La grande arcade donne sur la ***chapelle du Calvaire*** *(habituellement fermée)*, qui renferme un Christ en croix, marbre, par *Michel Anguier* (fin du XVIIe s.) et deux grands groupes en plâtre placés dans des niches : la Mise en croix, *Duseigneur* (1857-1862) et la Mise au tombeau, *Deseine* (1807); à dr. de l'autel, Résurrection de Lazare, par *Vien* (1759).

L'art religieux au XVIIIe siècle

Le XVIIIe s. ne passe pas pour avoir été une grande époque de l'art religieux. L'Eglise se défend alors, avec un bonheur inégal, contre les attaques des philosophes et le progrès des Lumières. Les paroisses et les couvents n'en ont pas moins commandé des peintures et des sculptures en grand nombre pour décorer les édifices anciens ou ceux qu'ils faisaient nouvellement construire; Saint-Sulpice, Saint-Roch ou Notre-Dame-des-Victoires en fournissent des exemples.

Parmi les quelques peintres spécialisés dans les tableaux d'église, le plus important est Jean Restout (1692-1768), qui maintint pendant la plus grande partie du siècle la tradition de son oncle Jean Jouvenet. François Lemoine (1688-1737) peignit quelques grands décors religieux encore conservés à Saint-Thomas-d'Aquin et Saint-Sulpice. Carle Van Loo (1705-1765) travailla souvent pour les églises, son chef-d'œuvre dans le genre étant la Vie de saint Augustin, toujours en place à Notre-Dame-des-Victoires.

Les plus grands sculpteurs du XVIIIe s. ont contribué à décorer les églises. Edme Bouchardon (1698-1762) est l'auteur du Christ à la colonne de Saint-Sulpice; Jean-Baptiste II Lemoine (1704-1778) du Baptême du Christ de Saint-Roch; Jean-Baptiste Pigalle (1714-1785) des deux Vierges de Saint-Eustache et de Saint-Sulpice; et Etienne Falconet (1716-1781) du Christ au jardin des Oliviers, de Saint-Roch.

Au caractère solennel et à l'élan mystique du XVIIe s., le XVIIIe s. fait succéder un art plus humain et familier, expression d'un esprit religieux moins porté aux méditations austères qu'à l'émerveillement et à l'effusion sentimentale.

Déambulatoire principal, côté g. : au-dessus de la porte de la sacristie, le Triomphe de Mardochée, par *Restout* (1755). Les boiseries de la sacristie sont du XVIIIe s. Au-dessus d'une porte donnant sur la rue Saint-Roch, Retour de l'Enfant prodigue, de *Germain Drouais*, élève de David. Dans la 3e chapelle, à g. du chœur, peinture de *Henry Scheffer* et *Auguste Loyer* (épisodes de la Vie de saint François de Sales) ; dans la 1re chapelle, il ne reste du tombeau de *Le Nôtre* que son *buste*★, par *Coysevox* (1707).

Bras g. du transept : il est décoré d'un grand tableau de *Joseph-Marie Vien*, Prédication de saint Denis, pendant de celui de *Doyen* (1767) ; à g., Saint Augustin, plâtre par d'*Huez* (1766) ; à dr., Saint André, plâtre par *James Pradier* (1823).

Bras-côté g., dernière chapelle à g. de la nef : monument de l'abbé de l'Epée, par *Jean-Baptiste Lassus* et *Auguste Préault* (1840) ; 3e chapelle : restes du monument funéraire de Pierre Mignard par *Jean-Baptiste II Lemoine* (1744); 2e chapelle : Baptême du Christ, par *Jean-Baptiste Ier* et *Jean-Baptiste II Lemoine* (1731) ; 1re chapelle : peintures de *Théodore Chassériau* (1851-1853), Saint Philippe baptisant l'eunuque et Saint François-Xavier baptisant un Indien.

▷ La rue Saint-Honoré

de l'église Saint-Roch à la pl. André-Malraux

Au-delà de l'église Saint-Roch, au nº 161, emplacement de la ***porte Saint-Honoré*** de l'enceinte de Charles V. *Jeanne d'Arc* essaya de s'emparer de cette porte, le 8 septembre 1429, lorsqu'elle voulut prendre Paris aux Anglais qui l'occupaient (médaillon). au XVIIe s. se trouvait au même emplacement le célèbre Café de la Régence, lieu de rendez-vous des joueurs d'échecs. Voltaire, Franklin, Jean-Jacques Rousseau, Bonaparte y jouèrent. Diderot y a situé le Neveu de Rameau. Aujourd'hui, c'est le siège de l'Office national du tourisme marocain. ▶ La rue Saint-Honoré débouche sur la ***place André-Malraux*** dominée par le Palais-Royal et animée de ***fontaines*** conçues par *Davioud* en 1874 (sculptures de *Moreau* et de *Carrier-Belleuse*).

Le quartier du Val-de-Grâce★★

5e arr. / 44-J9, 36-J8
Métro et RER : Port-Royal
Bus : 27, 83, 91
🅿 rue Soufflot
Taxis : place Edmond-Rostand ☎ 46.33.00.00
Marché : bd de Port-Royal, le long de l'hôpital du Val-de-Grâce : mar., jeu., sam., 7 h-13 h 30

A côté de la remarquable église du Val-de-Grâce se trouvent les bâtiments de l'ancien couvent élevé par Anne d'Autriche. Parce qu'il est invisible de la rue, ce magnifique édifice dont la façade n'a pas subi d'altération, est assez mal connu des Parisiens. Au devant, jusqu'au nouvel hôpital militaire séparé du boulevard de Port-Royal par un rideau d'arbres, s'étend un jardin un peu secret avec son touchant monument aux morts.

Dans les rues avoisinantes, l'Institut des jeunes sourds avec son grand jardin clos et l'église Saint-Jacques-du-Haut-Pas conservent le souvenir de ces établissements religieux élevés au bord de l'ancienne route de pèlerinage de Saint-Jacques-de-Compostelle et dont il ne subsiste plus grand-chose. L'atmosphère est un peu différente au-delà de la rue Gay-Lussac qui marque l'entrée du Quartier Latin. Un peu à l'écart du tapage de celui-ci, ce versant de la montagne Sainte-Geneviève est traversé de petites rues calmes et silencieuses bordées par les sages et sérieuses façades d'importantes écoles supérieures. La vieille rue Lhomond, qui conduit à une place au pittoresque un peu provincial, conserve également plusieurs jolies maisons anciennes.

Visite du quartier

2 h

▷ Le Val-de-Grâce*** *1, place Alphonse-Laveran / visite en groupe après accord avec le conservateur du musée du Val-de-Grâce ☎ 43.29.12.31 poste 4052*

Ancien monastère fondé par *Anne d'Autriche*, l'hôpital militaire du Val-de-Grâce, avec ses bâtiments et son église célèbre, constitue l'un des plus remarquables ensembles architecturaux du XVIIe s., et aussi l'un des mieux conservés qu'on puisse voir aujourd'hui à Paris. Louis XIV avait sept ans lorsqu'il posa la première pierre de l'église, le 1er avril 1645. Commencée par *François Mansart*, l'église fut poursuivie selon ses plans par ses successeurs *Le Mercier*, *Le Muet*, *Le Duc* enfin qui, de 1654 à 1665, mena les travaux à terme, dirigea la décoration et construisit le monastère.

Histoire de l'édifice

Ancien fief des Valois (XIIIe s.), cette propriété des Bourbons appelée Petit Bourbon (fin XIVe s.), fut confisquée et remise à Louise de Savoie après la disgrâce (1523) du connétable. L'endroit fut loué par Bérulle en 1611 pour y établir le siège de la nouvelle congrégation de l'Oratoire qui y demeurera jusqu'en 1616. Anne d'Autriche y installa en 1621 les bénédictines du Val-Profond, appelé Val-de-Grâce au XVIe s. (à Bièvres, Essonne), et posa la première pierre du clocher. Lorsque, en 1638, après vingt et un ans d'attente, la reine eut un fils (le futur Louis XIV), elle décida, en exécution d'un vœu qu'elle avait fait, d'élever l'église. Une inscription en rappelle l'origine : A Jésus naissant et à la Vierge mère. En même temps le couvent actuel fut commencé en 1655. Désaffecté en 1790, transformé en hôpital militaire général en 1793 et mué en hôpital militaire d'instruction par la Convention en 1795, il est demeuré en son état, mais on lui a adjoint l'école d'Application du service de santé (1850). Tous les grands médecins militaires sont passés là, depuis Larrey et Percy, médecins de la grande armée, jusqu'au professeur H. Vincent († 1950).

L'extérieur

Dans la cour qui précède l'église, la ***statue du baron Larrey*** (1766-1842), chirurgien de l'Empereur (bronze par *David d'Angers*; 1843), fait face à une plaque à la mémoire des médecins militaires morts pendant la guerre de 1939-1945. L'***église**** est un monument d'une harmonieuse pureté. Le ***dôme***, l'un des plus célèbres de France, est, après ceux du Panthéon et des Invalides, le plus haut de Paris (40,28 m). Œuvre de *Pierre Le Muet* et de *Gabriel Le Duc*, lequel revenait de Rome, il rappelle à plus d'un titre celui de Saint-Pierre du Vatican. Avec ses contreforts plus nombreux que dans les autres dômes, avec son ornementation sculptée plus riche et plus abondante, avec ses effets d'ombres que donnent les colonnes en saillie, le dôme du Val-de-Grâce est, à Paris, celui qui présente le plus d'affinités avec le baroque romain. Au fronton supérieur, deux anges sculptés par *Michel Anguier*.

L'intérieur

La vaste fresque de *Pierre Mignard* (1663, en restauration), la Gloire des Bienheureux,

Le baroque à Paris

Paris n'est pas une ville baroque. Au XVIIe s., ce style a été combattu en France; on lui opposa le style classique. Toutefois les innovations italiennes furent fort appréciées, en particulier dans l'architecture religieuse où un nouveau modèle d'église apparaît, avec coupole et façade à ordres, dérivé entre autres de la fameuse église du Gesù à Rome. Dans l'architecture civile eut lieu un extraordinaire renouvellement, tant dans la disposition des appartements, plus variés, plus pratiques, que dans les formes générales; la symétrie, l'usage des courbes, aboutit quelquefois à des solutions franchement osées chez Le Vau et Le Pautre. Enfin, pendant cette période, la décoration est riche, fantaisiste, mais parfois lourde.

La première coupole construite à Paris sous l'influence italienne, fut celle des Petits Augustins (école des Beaux-Arts) en 1608. Elle fut suivie de celle des carmes Saint-Joseph (rue de Vaugirard), 1613-1620; de Saint-Paul-Saint-Louis entre 1627 et 1641; de Sainte-Marie-de-la-Visitation par François Mansart, 1632 (rue Saint-Antoine, comme la précédente). Cette dernière est un des rares exemples d'églises de plan circulaire. Puis vient la coupole de la Sorbonne et celle du Val-de-Grâce que l'on peut considérer comme l'aboutissement de ces expériences. Enfin, Le Vau crée, au palais de l'Institut, le plus «romain» des plans avec les ailes courbes autour d'une coupole, à la date tardive de 1661.

Parmi les hôtels, notons les portails ou sculptures remarquables de l'hôtel d'Almeras début XVIIe s. (30, rue des Francs-Bourgeois), de l'hôtel de Châlons-Luxembourg, 1612 (26, rue Geoffroy-l'Asnier); de l'hôtel Salé, 1656 (5, rue de Thorigny); le plan raffiné aux lignes courbes des hôtels Lambert, Le Vau, 1640 (2, rue Saint-Louis-en-l'Ile), de Beauvais, Le Pautre, 1655 (68, rue François-Miron); à l'opposé la monumentale cour de Saint-Aignan, Le Muet, 1640 (71 rue du Temple).

Pour la décoration intérieure, citons les magnifiques galeries de François Mansart pour Mazarin à la Bibliothèque nationale (1640) et aussi l'hôtel La Vrillière, aujourd'hui la Banque de France (1635); enfin les salons de l'Arsenal et ceux de l'hôtel Lauzun (17, quai d'Anjou).

comprend plus de deux cents figures. Elle a inspiré à Molière les vers célèbres de la Gloire du Val-de-Grâce. Au-dessus, les sculptures des quatre pendentifs et les bas-reliefs qui décorent les arcades des neuf chapelles sont de *Michel Anguier* et représentent des allégories des Vertus de la Vierge. Le **baldaquin*** (élevé sur les dessins de *Gabriel Le Duc*, décoré par les *Anguier*), est inspiré de celui du Bernin, à Saint-Pierre de Rome, avec six grandes colonnes torses en marbre de Barbançon décorées de rinceaux et de palmes en bronze doré ; au-dessus, groupe en marbre, La Nativité, reproduction exacte sous la direction de *Ruprich Robert*, de l'œuvre de *Michel Anguier*, enlevée pendant la Révolution et donnée à l'église Saint-Roch sous le premier Empire. Les faces latérales du chœur sont occupées par deux grandes chapelles précédées de belles grilles en fer forgé. La chapelle de dr., ***chapelle Saint-Louis***, est l'ancien chœur des religieuses réduit par une cloison au XIXe s. La chapelle de g., ***chapelle Sainte-Anne***, dans laquelle on peut voir les orgues venues du Panthéon, renfermait aux XVIIe et XVIIIe s. les cœurs des princes et des princesses de la maison royale de France. Dans l'ancienne ***chapelle du Saint-Sacrement***, derrière le maître-autel *(entrée à dr.; s'adresser au sacristain)*, fresque, la Communion des anges, par *Jean-Baptiste de Champaigne* ; sculptures de *Michel Anguier*.

Le cloître

On y accède par la chapelle Saint-Louis, à l'intérieur de l'église. Commencé en 1624, ce cloître englobe des vestiges du Petit Bourbon. Il comporte quatre galeries voûtées d'arêtes dont les arcades en plein cintre, surmontées de baies semblables, sont séparées par de hauts pilastres. Les bâtiments conventuels, datés surtout de 1655-1665 et presque intacts, offrent à l'E., sur les jardins, une majestueuse façade. On y voit, à l'angle N., l'élégant ***pavillon dit d'Anne d'Autriche***** (vers 1624), formant porche au rez-de-chaussée et soutenu par des colonnes ioniques baguées ; à l'intérieur, belle cheminée. L'ensemble est désormais classé. L'ancienne chapelle du Petit Bourbon servit de salle capitulaire puis de cuisine. Dans l'aile O. est installé le ***musée du Val-de-Grâce*** *(→ musées)*.

Le nouvel ***hôpital militaire***, visible du boulevard de Port-Royal, vient d'être érigé dans les jardins. Il comprend, sur 12 niveaux, 13 cliniques spécialisées, 6 salles d'opérations et 500 lits. ▶ La ***rue du Val-de-Grâce***. Pour admirer le Val-de-Grâce avec le recul nécessaire, on empruntera une partie de cette rue percée en 1797 à travers le carmel, et qui aboutit au boulevard Saint-Michel. Au n° 6, un ***hôtel*** particulier a été décoré sous le Directoire par son propriétaire, marbrier de son état, d'un décor intérieur en marbres différents *(en cours de restauration)*.

A ne pas manquer

L'église du Val-de-Grâce, ses sculptures, ses peintures ; les jardins et le pavillon d'Anne d'Autriche.
L'église Saint-Jacques-du-Haut-Pas, pour ses peintures.
La rue Lhomond et ses pittoresques couvents.

Le musée à voir

Musée du Val-de-Grâce (1, place Alphonse-Laveran) : histoire du service de santé de l'armée.

▷ La rue Saint-Jacques *du bd de Port-Royal à la rue des Feuillantines*

Ancienne piste gauloise, elle devint le principal axe N.-S. gallo-romain. Large de 9 m, solidement pavée, c'était la route de Genabum (Orléans) jusqu'au boulevard de Port-Royal. Elle est bordée d'immeubles pour la plupart récents, dominant ici et là une maison du XVIIIe s. On la descendra en direction de la Seine. Les rues qu'elle croise évoquent souvent, par leurs noms, de grands couvents disparus.

Le n° 289 date de 1702 (hôtel Du Barry). Au n° 284, une porte entre deux colonnes, intégrée dans la façade d'un immeuble moderne : c'est par là que le 21 avril 1674, se cachant de la foule, Louise de La Vallière, favorite de Louis XIV, entra au carmel et vécut dans la pénitence jusqu'à sa mort (1710) ; elle était devenue sœur Louise de la Miséricorde. L'***ancien carmel***, dit ***grand couvent de l'Incarnation***, fondé par la *duchesse de Longueville* et par le *cardinal de Bérulle* en 1603, s'étendait jusqu'à l'actuelle rue Henri-Barbusse : il existe encore, au n° 25 de cette rue, une ***crypte*** *(ne se visite pas)*, déblayée en 1855 et refaite, qui remonte à l'antique chapelle Notre-Dame-des-Champs (XIIe s. ; antérieurement, catacombe gallo-romaine qui aurait servi d'église à saint Denis et à ses compagnons et où l'on a mis au jour, en 1873, plus de deux cents tombeaux). L'église du carmel, détruite en 1797, renfermait le tombeau du cardinal de Bérulle, par *Pierre Sarrazin*, aujourd'hui au Louvre. Zola a habité au 278, rue Saint-Jacques.

La ***Schola Cantorum***, aux n°s 269-269 bis, est l'école supérieure de Musique fondée en 1894 par trois élèves ou amis de César Franck : *A. Guilmant*, *Charles Bordes* et *Vincent d'Indy*. La Schola, conservatoire libre, a joué un grand rôle dans la renaissance de la musique ancienne et de la musique sacrée. C'est toujours une propriété anglaise en terre française. L'immeuble fut en effet un couvent qui appartenait aux bénédictins anglais, réfugiés en France après le schisme anglican. Ils s'établirent ici en 1640 et construisirent l'édifice en 1674. La propriété appartient depuis la Révolution aux évêques catholiques d'Angleterre, sous contrôle de l'Etat français. Il faut jeter un coup d'œil sur la jolie cour. Au rez-de-chaussée, beau salon du XVIIe s. ; la chapelle (où le corps de Jacques II d'Angleterre, mort à Saint-Germain-en-Laye, fut déposé en 1701), est convertie en salle de concert.

▷ La rue des Feuillantines

Victor Hugo et Pasteur ne reconnaîtraient pas l'impasse des Feuillantines de leur jeunesse qui desservait le *couvent des Feuillantines*, fondé par *Anne d'Autriche* en 1622 et dont le nom survit à l'oubli grâce au poète. Hugo, en effet, a gardé un souvenir enchanté du « jardin grand, profond, mystérieux » où il jouait avec Adèle Foucher. C'est, en effet, dans une dépendance de l'ancien couvent (inscription au n° 8) que la générale Hugo et ses enfants habitèrent de 1808 à 1813. Le général Lahorie, compromis dans le complot de Cadoudal, avait trouvé, quant à lui, refuge chez Mme Hugo. Lamennais en 1815 et George Sand en 1886 ont aussi vécu entre ces murs qu'on imagine difficilement aujourd'hui couverts de glycines et de chèvrefeuille. Un autre bâtiment du couvent était la pension Barbet dont Louis Pasteur fut l'élève.

▸ La *rue des Ursulines* fut ouverte en 1799 à travers le couvent des ursulines, filles de la Doctrine chrétienne. Françoise d'Aubigné (la future Mme de Maintenon) en sortit pour épouser l'écrivain Scarron, déjà infirme mais qui la sauvait du couvent pour le reste de sa vie. A l'angle de la rue, *immeuble* modern style, construit par *Labro* en 1900.

▷ La rue Saint-Jacques

de la rue des Ursulines à la rue Gay-Lussac

L'*Institut national de jeunes sourds*, au n° 254, créé en 1760 par l'*abbé de l'Epée* et dépendant de l'Etat depuis 1790, occupe des bâtiments reconstruits par *Peyre* en 1823 au milieu d'un grand jardin. L'établissement était à l'origine la commanderie des frères de Saint-Jacques-du-Haut-Pas, ordre surtout hospitalier, dont le centre était en Italie, à Alto Passo (Haut-Pas), près de Lucques : c'était un des maillons de la chaîne des hôpitaux qui jalonnaient le chemin de Saint-Jacques-de-Compostelle. En 1572, le monastère fut attribué aux religieux de Saint-Magloire, puis en 1618, sur l'initiative de Henri de Gondi, cardinal de Retz, aux oratoriens qui y installèrent à partir de 1620 un séminaire dont l'organisation définitive remonte au moins à 1642, et qui compta La Fontaine parmi ses confrères (1641-1642). Dans la cour, *statue* de l'abbé de l'Epée (1712-1789), par *F. Martin* (1879), lui-même sourd-muet.

▷ L'église Saint-Jacques-du-Haut-Pas★

252, rue Saint-Jacques / 10 h-12 h/16 h-19 h 30 ☎ 43.25.91.70

Cette austère et grande église, dont le dépouillement évoque le jansénisme à l'histoire duquel elle est liée, tire son nom de l'hôpital fondé sur le chemin de Saint-Jacques-de-Compostelle vers la fin du XIIe s. par les hospitaliers d'Alto Passo (le Haut-Pas). La première pierre de l'édifice actuel fut posée en septembre 1630 par Gaston d'Orléans, frère du roi. Les travaux avancèrent lentement et ce n'est que grâce aux libéralités de la duchesse de Longueville qu'ils reprirent à partir de 1675. *Daniel Gittard*, qui travaillait alors à Saint-Sulpice, fournit les plans pour la nef et la façade ; la tour de droite ne fut jamais construite. En 1688 fut entreprise la construction de la chapelle de la Vierge, sur les plans de *Libéral Bruant*. Pendant la Révolution, l'église fut utilisée par les théophilantropes qui en firent un temple de la Bienfaisance.

Une grande chapelle des catéchismes fut construite en 1850. *Norblin* la décora de peintures qui sont aujourd'hui cachées par un faux plafond.

L'intérieur

La nef : le buffet d'orgue provenant de Saint-Benoît-le-Bétourné fut installé ici en 1792 ; il a subi plusieurs remaniements, ses parties les plus anciennes remonteraient au XVe s. (restauré en 1970).

Le bas-côté dr. : 2e chapelle, plaque à la mémoire de la duchesse de Longueville qui posa, en 1675, la première pierre de la nef, et plaques à la mémoire de Branly et de Pasteur, anciens paroissiens. Contre le mur contigu au transept, Annonciation, par *Le Nain*. Le croisillon dr. renferme une Mise au tombeau, par *Degeorge* (1819).

Le chœur : au pied des marches, *pierres tombales* de Du Vergier de Hauranne, abbé de Saint-Cyran ; de l'astronome J.-D. Cassini, de Charles de Sévigné, qui fut marguillier en cette église ; des curés Marcel et Cochin. *Cochin*, qui était aussi docteur en Sorbonne, est à l'origine de l'hôpital qui porte son nom.

Le *pourtour du chœur* : à dr., en remontant vers le chevet, belle porte en chêne sculpté (XVIIe s.) qui donne accès à la sacristie ; Assomption de la Vierge (1765) par *Etienne Jeaurat* ; quatre peintures du XVIIe s. représentant les Pères de l'Eglise. La chapelle de l'abside est consacrée à la Vierge ; elle fut construite sur les plans de *Libéral Bruant* au XVIIe s. et fut décorée de peintures murales par *Glaize* (1868).

Le *bas-côté g.* : 2e chapelle à dr. en redescendant de la chapelle de la Vierge, confessionnal (XVIIe s). *4e chapelle* : au-dessus de l'autel, le Christ guérissant la belle-mère de Saint-Pierre, par *Denis Calvaert* (XVIIe s.) ; au fond, Saint Pierre par *Restout* (1728), entouré de quatre panneaux représentant les quatre Vertus, attribués à *Le Sueur*.

▷ La rue Gay-Lussac

On notera que George Sand (au n° 5) et le tragédien Mounet-Sully, qui mourut au n° 1, furent les premiers habitants célèbres de cette artère un peu froide qui n'a été percée qu'en 1859. Après eux, Paul Fort au n° 34, et la famille de Simone Weil y eurent un appartement. Lors du percement de cette rue, à la hauteur du n° 240 de la rue Saint-Jacques, furent découverts les vestiges d'un établissement de bains : les ***thermes du Midi***, de la ville gallo-romaine. Les découvertes archéologiques sont assez fréquentes dans ce quartier.

▷ La rue Saint-Jacques *de la rue Gay-Lussac à la rue des Fossés-Saint-Jacques*

Au n° 195, l'***institut d'Océanographie*** fondé par le prince *Albert Ier de Monaco* et construit par *Nérot* en 1910 et, au n° 193, l'***institut de Géographie ou de Physique du globe*** occupent l'emplacement du couvent de la Visitation qu'avaient connu sainte Jeanne de Chantal et sa petite-fille, Mme de Sévigné. L'Institut océanographique a ouvert en 1978 un ***centre de la mer et des eaux*** *(t.l.j. sf lun., 10 h-12 h 30/13 h 15-17 h 30 ☎ 46.33.08.61 ; nombreuses expositions)*

A la place des jardins de la Visitation, entre les rues Saint-Jacques, Pierre-Curie, d'Ulm et Gay-Lussac, s'élève à présent tout un groupe d'établissements universitaires dont la partie essentielle fut achevée en 1931 et qui constitue une importante extension de la faculté des Sciences. Ce groupe comprend, rue Pierre-et-Marie-Curie, l'***institut de Biologie physico-chimique*** (fondation Edmond de Rothschild) ; on retiendra surtout ce bâtiment de brique (*Germain Debré*, architecte ; 1930) comme une interprétation originale de l'architecture cubique dont Mallet Stevens est le plus célèbre représentant. Derrière, l'institut Henri-Poincaré (mathématiques et physique mathématique) ; l'institut du Radium et le laboratoire de chimie-physique, à g. ; l'institut de Chimie appliquée, au fond. Derrière, plusieurs pavillons avec les services de la fondation Curie. L'***institut du Radium*** a plusieurs subdivisions : le laboratoire de radio-activité de la faculté qui fut celui de Mme Curie jusqu'à sa mort en 1935, puis celui de sa fille et de son gendre, Irène Curie et Frédéric Joliot ; le pavillon Curie ; les services techniques qui assurent les rapports avec l'industrie et effectuent les mesures ; le laboratoire de radiophysiologie (pavillon Pasteur), dispensaire de consultations et de traitement du cancer (fondation Curie). Ce département radiophysiologique est en pleine extension : grands laboratoires modernes sur la rue d'Ulm et hôpital (12, rue Lhomond).

Au 218, rue Saint-Jacques s'élevait, au XIIIe s., la maison de Jean Clopinel dit Jean de Meung (1270-1305), l'un des deux auteurs du Roman de la Rose. Cette somme de la littérature et de la civilisation du Moyen Age avait été commencée, vers 1230, par Guillaume de Lorris. On verra dans cette section de la rue Saint-Jacques de jolies boutiques du XIXe s. et, à l'angle de la rue Royer-Collard, une maison intéressante. Cette voie garde son tracé irrégulier du XVIe s. et quelques façades sont du XVIIe s. Royer-Collard y vécut. Entre les nos 202 et 186 de la rue Saint-Jacques a été mis au jour, à la fin du siècle dernier, une partie de l'***aqueduc gallo-romain d'Arcueil*** *(→ faubourg Saint-Jacques)* que *Marie de Médicis* avait fait restaurer pour amener de l'eau dans le palais du Luxembourg et ses jardins. Aux nos 187, 177, 167, plusieurs maisons anciennes. Au n° 163 bis, voir la vieille inscription sur le mur du cabaret. Auguste Comte, qui appartient vraiment au Quartier Latin, a habité de 1828 à 1834 au n° 159. Un superbe ***immeuble*** du XVIIIe s., au n° 151 bis (*Lepas-Dubuisson*, architecte ; 1718), est malheureusement en train de se dégrader ; beau balcon de fer forgé ; dans la cour, on peut voir un autre hôtel du XVIIIe s. dont le balcon est supporté par quatre consoles. On peut voir, au n° 172, une plaque et un plan rappelant l'emplacement de la porte Saint-Jacques démolie en 1684. Ce fut l'une des quatre principales portes de l'enceinte de Philippe Auguste pendant les XIIIe et XIVe s. A chacune de ces portes, un jour

Les premiers éclairages publics

Avant le XIVe s. Paris ne connut pas les avantages d'un système d'éclairage public. Les rues étaient plongées dans les ténèbres et les règlements de police recommandaient de ne pas sortir sans lanterne. Sous le règne de Philippe le Bel, Paris ne possédait la nuit venue que trois lumières : une à la tour de Nesle, une au cimetière des Innocents, et une à la porte du Châtelet que le greffier du tribunal était chargé d'entretenir. Il faudra néanmoins attendre 1558 pour que le Parlement ordonne aux Parisiens de placer une lanterne devant leur maison. En vain. En 1662 un privilège royal autorise l'abbé Laudati Caraffe à exploiter un commerce de porte-flambeaux à louage. Ce n'est qu'en 1667, grâce au lieutenant général de la Reynie, que sera mis en place un éclairage complet de la capitale. En 1763 on expérimenta la lanterne à réverbère rue Dauphine, puis vers 1769 dans l'ensemble des rues de Paris. Certains rapportent une anecdote poétique à ce sujet : l'éclairage de Paris aurait été confié à un entrepreneur qui ne percevait pas de salaire durant les périodes de pleine lune. Ces retenues formaient un fonds de gratification appelé « pension sur le clair de lune », supprimée en 1780, date à laquelle les Parisiens auraient connu un éclairage nocturne permanent...

de l'année 1306, Philippe le Bel fit pendre sept bourgeois afin d'amener à réfléchir ceux de ses sujets qui auraient eu tendance à trouver les impôts trop lourds. ▶ Prendre, à dr., la *rue des Fossés-Saint-Jacques* qui remplace l'ancien chemin longeant le rempart à l'extérieur; maisons du XVIIe s.

▷ La place de l'Estrapade

Au XVIe s., carrefour de Braque (vaste jeu de paume). Elle prit son nom actuel plus tard, lorsque l'on fit subir le supplice de l'estrapade aux soldats déserteurs ou indisciplinés jusqu'en 1687. A la fin du XVIIIe s. s'y trouvait le bureau central des Falots où, la nuit, les passants pouvaient se procurer des lanternes portées par de jeunes garçons qui les accompagnaient jusqu'à leur porte (→ *encadré*). C'est aujourd'hui une petite place bien paisible et chère aux joueurs de boules. ▶ La *rue Lhomond*. Suivre cette rue vers la dr. Tracée au XIVe s., elle a pris, en 1867, le nom bien oublié de l'auteur du De Viris illustribus urbis Romae.

▷ L'ancien collège des Irlandais★ *à g.*

Il fut mis, depuis la dernière guerre, à la disposition de la communauté catholique polonaise Karol Wojtyla. Le pape Jean-Paul II y séjourna. Le collège des Irlandais occupait, jusqu'en 1769, le collège des Lombards situé au 34, rue de la Montagne-Sainte-Geneviève. A cette date, il vint s'installer rue du Cheval-Vert, devenue rue des Irlandais en 1807, dans le beau bâtiment que *Bélanger* venait de bâtir (1755-1769). La façade sur la rue des Irlandais a seize travées dont trois travées centrales à refends; celle du milieu comprend le portail cintré surmonté des armes de l'Irlande (une harpe). L'aile de la rue Lhomond contient la *chapelle Saint-Patrick* : l'autel est du XVIIIe s.; tribune à deux étages avec monogramme de saint Patrick. Dans la cour, sous la galerie et près de la porte de la chapelle, buste de John Lee qui, en 1578, avait rassemblé autour de lui la communauté irlandaise dispersée.

▷ La rue Lhomond

Au n° 10 de la rue Lhomond s'élevait l'hôtel de Flavacourt; le marquis de Flavacourt avait épousé la seule des cinq filles du marquis de Nesle qui n'ait pas été la maîtresse de Louis XV. Michelet vivait ici en 1839. Aux n°s 18-26, les *laboratoires de la fondation Curie* remplacent le très célèbre et réputé collège des jésuites de la rue des Postes qui s'élevait à l'emplacement d'hôtels et de couvents démolis à la Révolution. On croise la *rue Amyot*, petite rue très provinciale, appelée de 1588 à 1867 rue du Puits-qui-Parle, pour une raison non encore éclaircie. Au n° 27 de la rue Lhomond, *hôtel Le Menestrel de Hauguet de Luteaux* : c'est une grande construction de sept travées sur trois étages carrés et qui a été bâtie en 1737. On verra les curieuses mansardes et surtout celle qui est en débord sur la rue. La façade sur jardin (classée) comporte un corps central avec deux grandes arcades englobant l'entresol. A partir du n° 29 des bâtiments sévères, aujourd'hui convertis en appartements, faisaient partie de l'institution Sainte-Aure de la rue Tournefort. Aux n°s 28-32, *congrégation du Saint-Esprit* qui , après avoir été supprimée à la Révolution — l'Ecole normale supérieure l'occupa de 1813 à 1822 —, s'est réinstallée au même endroit. La *chapelle (visite libre)* dont M. de Sartines avait posé la première pierre, a été construite (1769-1780) par *Chalgrin*; mais ce qui avait été un chef-d'œuvre du style Louis XVI a été fort défiguré au siècle dernier. Au n° 60, maison du XVIIIe s. Le peintre Oudry eut une importante propriété aux n°s 66-68, au-delà de la place Lucien-Herr. Un autre peintre, Chapelain-Midy, y habite aujourd'hui.

Des puits d'argile

Tout le versant sud de la montagne Sainte-Geneviève était connu à l'époque gauloise pour les nombreux puits d'où l'on extrayait de l'argile propre à la fabrication des poteries. Lorsque les travaux de fondation du Panthéon débutèrent, on mit ainsi au jour soixante-neuf puits dont certains descendaient à une profondeur de vingt-cinq mètres. C'est de cette particularité que deux des principales rues de ce quartier, la rue d'Ulm et la rue Lhomond, tiennent leur nom primitif : rue des Poteries-Saint-Séverin pour la première, rue des Pots (plus tard, des Postes) pour la seconde.

▷ La place Lucien-Herr

Elle forme une sorte de frontière entre plusieurs « régions » : touristique avec la rue Mouffetard toute proche, intellectuelle et résidentielle avec les rues avoisinant le Panthéon, les rues Pierre-Brossolette et Vauquelin qui ne conservent aucun souvenir des couvents à travers lesquels elles ont été tracées; le petit restaurant en terrasse a un air méridional. ▶ Prendre la *rue Vauquelin* qui longe les bâtiments en brique de l'école de Physique et Chimie industrielle (entrée au n° 10) où les Curie découvrirent le radium.

▷ La rue Claude-Bernard

Elle ne date que de la seconde moitié du XIXe s. Au n° 16, l'*institut national d'Agronomie*, dont la majeure partie a fusionné avec l'école de Grignon aux environs de Paris, forme les ingénieurs agronomes. Cette rue occupe l'emplacement de l'*ancien jardin des Apothicaires* fondé au XVIe s. par *Nicolas Houël* pour cultiver les plantes médicinales. Plus loin, au n° 63, le mathématicien Henri Poincaré a vécu de 1854 à 1912.

▷ La rue d'Ulm

C'est là qu'aboutissent les rêves de tout universitaire. Une grande partie de la rue, ouverte à travers les terrains des couvents de la Visitation Sainte-Marie et des Ursulines, est le domaine de l'Ecole normale supérieure (entrée au n° 45).

L'*Ecole normale supérieure*, créée par la Convention le 30 octobre 1794 et organisée surtout par le décret du 17 mars 1808 établissant l'Université impériale, est destinée à former les meilleurs professeurs et les meilleurs chercheurs. On y entre par concours; il y a deux sections : Lettres, Sciences. L'école a changé un peu de caractère au cours de son existence et particulièrement au cours des dernières années. Son renom reste grand. Elle est la pépinière des élèves des écoles de Rome, d'Athènes, du Caire, etc., et a donné un nombre considérable d'hommes célèbres, notamment : V. Cousin, Taine, Bergson, en philosophie; A. Thierry, Duruy, Fustel de Coulanges, Lavisse, Jullian, pour l'histoire; Péguy, Romain Rolland, Giraudoux, Jérôme Tharaud, Jules Romains, Léopold Sédar Senghor, Pierre-Henri Simon, Jean-Paul Sartre en littérature; Jaurès, A. Tardieu, Ed. Herriot, Georges Pompidou, pour la politique; dans les sciences, Darboux, Puiseux, Tannery, G. Bonnier, Appell, Painlevé, Emile Borel, Jean Perrin et surtout Pasteur. Au rez-de-chaussée du *bâtiment central* (*A. de Gisors* architecte; 1841), *monument* aux 239 élèves morts pour la France en 1914-1918, par *Landowski*. Rue d'Ulm, au-delà de la grille d'entrée, sur le mur extérieur, médaillon de Pasteur et plaque rappelant ses principales découvertes, avec l'emplacement du coin de grenier qui lui servait de laboratoire (1864-1888). L'Ecole a été très agrandie par d'imposantes constructions : de vastes *laboratoires* modernes de physique, chimie, biologie (avec un aquarium d'eau douce et un d'eau de mer) etc., ont été édifiés en 1933-1937 entre les rues Erasme et Lhomond, par les architectes *A.* et *J. Guilbert*; un grand corps de bâtiment a été construit en bordure de la rue Rataud et un autre, en face du plus ancien des bâtiments, de style très contemporain.

Au n° 31 se trouve l'*école supérieure des Arts décoratifs*, agrandie en 1969 par l'architecte *Joly*. Au n° 29, l'*institut national de Recherches pédagogiques*, qui comprend un office d'information et d'études et une bibliothèque aux intéressantes collections historiques *(accès réservé aux chercheurs)*. Au n° 27, *annexe de l'institut Curie* bâtie par *Balladur* en 1964. Au n° 17, *église* maronite *Notre-Dame-du-Liban* : c'est l'ancienne chapelle du collège de Jésuites de grande réputation qui se trouvait, jadis, rue des Postes, c'est-à-dire rue Lhomond (→ *ci-dessus*). On ne voit plus l'église depuis qu'elle a été englobée (1963) dans le foyer franco-libanais, mais on peut la visiter en s'adressant au foyer. Les services religieux de la semaine sainte y sont très beaux.

La rue d'Ulm qui, dans sa dernière partie, n'est plus universitaire mais résidentielle s'achève à la place du Panthéon.

Le quartier Vaugirard*

15e arr. / 42-E9-F9, 41-D9, 33-D9

Le plus vaste arrondissement de Paris, situé très à l'écart des grands centres touristiques et dénué de monuments vraiment remarquables, est très injustement délaissé par les visiteurs de passage. Cette négligence de la part des touristes, fait du 15e arrondissement un des plus authentiquement parisiens de toute la capitale.

Plusieurs promenades extensives sont nécessaires pour apprécier en profondeur le caractère particulier du quartier de Vaugirard dont on sent, en maints endroits, que son noyau initial fut un village. Une succession de petites rues, de placettes, de squares charmants subsistent des bouleversements urbains du XIXe et du XXe s. Mais, comme tout organisme véritablement vivant, ce secteur a su s'adapter aux temps présents et il offre de nombreux exemples d'une architecture contemporaine intéressante. A côté des places ombragées où se tiennent des marchés presque provinciaux, on trouve ainsi des centres hospitaliers ou des sièges administratifs ultra-modernes. L'hôpital et l'institut Pasteur sont un des points d'intérêt de ce secteur, mais il ne faut pas manquer d'aller voir le nouveau square Georges-Brassens ou les anciens ateliers de La Ruche.

Le quartier dans l'histoire

Ce secteur se peuple à partir du XIIIe s. lorsqu'en 1256, Gérard de Moret, abbé de Saint-Germain, édifie une maison de repos et de convalescence dans le hameau de Val Boitron, qui prend le nom de Val Gérard en son honneur ; ce nom s'est transformé en Vaugirard. Vers 1340 est construite une première église qui reçoit les reliques de saint Lambert en 1451. Vaugirard devenue paroisse, beaucoup de grands fréquentent son territoire, réputé pour son bon air et ses chasses. La vie s'y écoule tranquillement jusqu'à la Révolution, malgré quelque effervescence apportée par l'installation de la cour à Versailles, car la grand-rue était le passage obligé. Alentour, moulins à vent et guinguettes tournaient rond.

Au XVIIIe s. de grandes propriétés, lieux de villégiature, résidences secondaires, maisons de repos se constituent. Quant aux maisons villageoises, elles courent en rang serré le long des rues Blomet, Lecourbe et Vaugirard. Pour édifier l'Ecole militaire, Louis XV achète les plaines de Grenelle à l'abbaye Sainte-Geneviève et les carrières de Vaugirard à Saint-Germain-des-Prés, développant ainsi une activité autre que rurale. Le village se développe et atteint les faubourgs de Paris. Mais avec la construction du mur des Fermiers généraux, la commune, créée en 1790, perd quelques terrains.

En 1830, son hameau de Grenelle, loti en 1824 par Violet et Letellier, rejette la tutelle de Vaugirard qui gardera sa vocation rurale, sa population plus âgée et ses rentiers, tandis que Grenelle s'industrialise autour de rues perpendiculaires. Toutefois le Sud et l'Est du quartier voient leurs espaces libres s'emplir de constructions modestes aux cours vouées à la petite industrie et à l'artisanat. En 1860, deux quartiers sont créés : Necker au nord, et Saint-Lambert dont les immeubles post-haussmanniens ne tardent pas à attirer les bourgeois. Au début du XXe s., le Sud et l'Est voient apparaître les Habitations à Bon Marché (HBM). Au cours du XXe s. le quartier de Vaugirard perd sa population ouvrière au profit des classes moyennes. Ce phénomène s'est encore accentué avec les grosses opérations immobilières des années 70.

Le quartier Vaugirard traditionnel

Métro : Sèvres-Lecourbe
Bus : 48, 89, 70, 39
Taxis : au métro Sèvres-lecourbe (square Pasteur) ☎ 47.34.00.00
🅿 angle bd Garibaldi et rue de Suffren
Marché : rue de la Convention, entre les rues Alain-Chartier et de l'Abbé-Groult (mar., jeu., dim., 7 h-13 h 30)
1 h

Cette promenade, entre Necker et Saint-Lambert, nous ramène de l'époque très contemporaine vers les souvenirs du village.

▶ Prendre le boulevard Garibaldi en direction de la *place Cambronne*.

▷ La rue Jean-Daudin

Sur la g., *annexe du palais de l'Unesco* (1975-1978) par *Bernard Zehrfuss*, *M. Faure* collaborateur, *Maldonado* designer, *Fruiter* ingénieur. Bureaux et salles de conférences sont répartis dans une série de bâtiments accolés pour composer un immeuble de volume généralement irrégulier. L'ossature métallique est visible extérieurement et les façades sont entièrement revêtues de vitrages réfléchissants. Au no 20, immeuble 1926 dont la *façade* a été sculptée par *G. Petit*. Autre façade intéressante au no 32 par *Fr. Vallois* architecte et sculpteur. ▶ *La rue Lecourbe*. Dans cette ancienne rue de Sèvres, aux nos 31-33, bel *immeuble* en brique et pierre de taille, par *M. Gouverneur* architecte (1930), avec des roses stylisées sculptées sur la façade. Au no 41, ateliers d'artistes sur trois étages. A l'angle de la rue François-Bonvin, sur la dr., bel immeuble 1900. ▶ *La rue François-Bonvin.* Au n° 27 de cette rue, une petite église est située dans l'enceinte de l'Unesco. Du n° 23 au n° 1, très bel ensemble d'immeubles bourgeois 1900-1903.

▷ La rue Lecourbe *suite*

A la hauteur du n° 90, la *Villa Poirier* s'élève à l'emplacement d'une ancienne folie : beaux immeubles en brique et pierre de taille du début du siècle et belles constructions des années 30. Au n° 91, au fond d'une cour, l'*église* russe *Saint-Séraphin-de-Satow*, traversée par un arbre. Voir la belle *façade* de l'immeuble (au n° 116) situé à l'intersection de la rue Mademoiselle et de la rue Cambronne par *E. Delangle* architecte (1904) et celle des n°s 118-120, 128, 130, 140, 140 bis de la rue Lecourbe. ▶ *La rue Cambronne.* Elle est très commerçante et pittoresque à cet endroit. Les boutiques d'alimentation au rez-de-chaussée sont souvent installées dans des immeubles bas, vestiges des habitations modestes du XIXe s. ▶ *La rue Robert-Fleury* possède une certaine unité avec ses immeubles construits par l'architecte *J. Chartiau.* ▶ Dans la *rue Mademoiselle*, à l'angle de la rue de l'Amiral-Roussin, sur la dr., une *école* maternelle rose et mauve avec des courettes qui sont autant de mini-amphithéâtres. *Klaus Schultze* y a créé une clôture en forme de sculpture.

▷ La rue de l'Amiral-Roussin

La prendre sur la g. Aux n° 63 et 65, un beau groupe de maisons dû à la Société civile du groupe des maisons ouvrières, reconnue d'utilité publique en 1906 et qui devint la *fondation Mme Lebaudy* en 1917 (→ rue de la Saïda, rue de Cronstadt, l'hôpital de Vaugirard...). Ce corps de bâtiments, œuvre de l'architecte *Labussière* (1907), se présente autour d'une large cour traitée en « jardin ». Avec ses façades de brique, une large utilisation de la pierre de taille, des bow-windows, des toitures traitées à la Mansart, ce type d'immeuble annonce les grands ensembles qui seront implantés dans l'arrondissement entre les deux guerres. ▶ Prendre la rue de Viroflay et la rue Péclet.

▷ Le square Saint-Lambert

Nous sommes plongés dans les années 30. Ce square fut ouvert en 1935, à l'emplacement d'une ancienne usine à gaz d'éclairage et tous les immeubles alentour lui sont contemporains : *rue Léon-Lhermitte*, groupe d'immeubles 1934 par *Heckly* avec utilisation de pierre de taille et de bow-windows ; ensemble identique *rues Formigé* et *du Docteur-Jacquemart-Clemenceau.* Ce square, en retrait des grands axes de circulation, est au cœur d'une zone résidentielle. Une grande pelouse centrale, circonscrite par une allée surélevée, crée des plans de différentes hauteurs : terrasses et plans inclinés provoquent des paysages variés. Si son célèbre guignol a déménagé récemment, le manège tourne toujours. ▶ Traverser la *rue Lecourbe* : aux n° 190 et 181, vieux ateliers bordant des allées pavées. ▶ On suit la *rue de l'Abbé-Groult* dont le n° 52 bis abrite la clinique Blomet.

▷ La rue Blomet

C'est surtout aux n°s 134 et 136 bis de cette rue que l'on apprécie le calme de la *clinique Blomet*, avec son jardin et la chapelle de la maison de santé des Sœurs de Sainte-Marie-de-la-Famille. Cette rue, une des plus anciennes de Vaugirard, a, tout au long de son parcours, gardé un charme désuet de rue villageoise. Il ne faut pas manquer de la parcourir pour avoir une vague idée de la tranquillité que venaient y chercher les classes aisées et les communautés religieuses, au temps ou le village valait pour la pureté de son air. ▶ La *rue Ferdinand-Fabre (sur la g.)*, que l'on laissera, présente une belle unité d'immeubles bourgeois du début du siècle. ▶ Prendre à g. la *rue Alain-Chartier* : au n° 14, le pavillon du service des eaux date de 1895 mais son architecte est inconnu.

▷ La place de la Convention

Cinémas et restaurants font l'animation de cette place qui garde cependant une allure provinciale avec ses platanes et ses bancs, son marché trois fois par semaine, son manège et sa voyante dont la caravane est installée près du marchand de tirs.

▷ La rue de Vaugirard *de la place de la Convention à la place Adolphe-Chérioux*

Remonter à g., sur le trottoir pair. Première grande rue du village qui menait jusqu'à Paris, elle devint le lieu de passage obligé quand la cour s'installa à Versailles. Elle se prolongeait au sud jusqu'au village d'Issy. Le village traditionnel s'est développé entre cette rue et celle de Sèvres (actuelle rue Lecourbe). Elle est très commerçante jusqu'à la place Adolphe-Chérioux et possède dans ses abords de très belles habitations.

Pour en savoir plus

Leborgne (Dominique) : Vie et histoire du 15e arrondissement : Saint-Lambert, Necker, Grenelle, Javel (histoire, anecdotes...), Paris, Hervas, 1986.
Caillois (Roger) : Petit guide du 15e à l'usage des fantômes. S. l., Fata Morgana (Montpellier, impr. de la Charité), 1977.
Reda (Jacques), Pitrou (Pierre), Tardien (Bernard) : Montparnasse, Vaugirard, Grenelle : le 15e magique, Périgueux, Pierre Faulac, 1984.
Chemetov (Paul), Marrey (Bernard) : Architectures de Paris : 1848-1914, Paris, Dunod, 1980 (Espace et architecture.).

▷ L'église Saint-Lambert
par la rue Gerbert

L'édifice fut construit par *Naissant* de 1848 à 1853, grâce aux fonds alloués par la commune de Vaugirard et grâce à l'*abbé Groult-d'Arcy*, ancien conseiller municipal du village, qui avait offert le terrain. Elle présente un haut clocher en pierre, de forme octogonale, recouvert d'ardoises et surmonté de la croix de l'ancienne église ; à l'intérieur, statue de la Vierge provenant de la première église. ▶ Au n° 16 *rue Gerbert*, un petit hôtel particulier côtoie un vestige de ces commerces du XIXe s. : « café, bois, mazout ». ▶ Derrière l'église Saint-Lambert, on retrouve la *rue Blomet (suite).* : au n° 128, la maison de retraite de *Notre-Dame-du-Bon-Repos*, fondée en 1861 par l'architecte *de Saint-Père.* A l'angle de la rue Carcel, *immeuble* dont les angles sont ornés de sculptures en forme de têtes par *Albert Preynaud* architecte (1919).

▷ L'impasse du Soleil d'Or
226, rue de Vaugirard

On fera un crochet pour aller voir cette impasse, toute pavée, qui ressemble à une rue de village. L'enseigne le *Lavoir du soleil* est toujours en place. Il s'agissait d'une auberge construite au début du XVIIIe s. En 1791, elle fut lieu de réunion de conspirateurs royalistes qui fomentèrent le « complot du soleil d'or » pour exterminer les membres du club des Jacobins. Fidèle aux conspirations, l'auberge abrita, en 1796, la « conspiration du camp de Grenelle » qui visait à renverser le Directoire.

▶ La *rue Borromée* : cette rue pavée, étroite et tranquille, est bordée d'immeubles de deux ou trois étages. Au n° 3, un de ces nombreux exemples d'***habitations ouvrières***, dû à l'initiative d'un particulier : réalisée en 1897 par *Torlet*, cette habitation reçut la médaille d'argent au premier concours organisé par le comité des Habitations à bon marché de la Seine en 1901. La façade sur rue, animée par des bow-windows, donne sur un petit jardin aménagé ; la façade sur cour est en pans de fer avec remplissage de briques. ▶ Le petit *square Blomet* a remplacé les ateliers d'artistes où ont séjourné Juan Miró et André Masson au n° 45, puis Robert Desnos, souvent visités par Max Jacob, André Breton, Michel Leiris et Georges Limbourg. En souvenir de cette époque, *Miró* a offert une de ses plus grandes sculptures qui orne aujourd'hui le square. ▶ On croise la *rue des Volontaires* à g. Le sculpteur Carlo Sarrabezalles (1885-1971) a vécu et travaillé, de 1928 à sa mort, dans une maison-atelier en brique rouge qui porte une plaque commémorative. ▶ Plus haut, la *rue Emile-Duclaux*, riche en belles façades bourgeoises et sculptées, nous ramène vers la rue de Vaugirard. ▶ La *rue de Vaugirard.* On découvre, au n° 213, l'entrée de l'*hôpital Pasteur* spécialisé dans les maladies infectieuses. ▶ On rejoint le métro Pasteur en longeant sur la g. l'imposante silhouette du *lycée Buffon*, construit en 1889 par *Vaudremer* sur l'ancien cimetière de Vaugirard : grand amphithéâtre d'histoire naturelle, décoré en 1925 par *Roger Deboussin*, dont la technique était imitée des impressionnistes.

Le quartier de l'institut Pasteur

Métro : Pasteur
Bus : 48, 89, 70, 39
🅿 angle bd de Vaugirard et rue de Vaugirard
Taxis : au métro Sèvres-Lecourbe ☎ 47.34.00.00
Marchés : place Wassily-Kandisky, mercr. et sam., 7 h-13 h 30
1 h

Cette seconde promenade passe de l'institut Pasteur, dans le Sud de Necker, à des rues de Saint-Lambert encore très marquées par la présence proche du village, mais déjà émancipées.

▶ Quitter le boulevard Pasteur, vaste artère plantée de marronniers.

▷ La rue du Docteur-Roux

Le *Dr Roux*, collaborateur de Pasteur, fut le second directeur de l'institut (1904-1933) et dispensa le premier cours de microbiologie et d'immunologie du monde. A l'entrée de la rue, sur la g., l'*église Saint-Jean-Baptiste-de-la-Salle* construite par l'architecte *Jacquemin* entre 1908 et 1910. En 1935, *J. Gaudin* fit la mosaïque du chœur.

▷ L'institut Pasteur
25, rue du Docteur-Roux

Après le succès de la première vaccination antirabique, *Pasteur* fit admettre l'idée d'une grande souscription publique et internationale pour fonder un centre de recherche, de production du vaccin et de vaccination. Le succès de cette collecte permit d'inaugurer le premier bâtiment de l'institut Pasteur le 4 novembre 1888 (au n° 25). En 1900, fut ouvert l'*institut de Chimie biologique*, grâce à un legs de deux millions de la baronne Hirsh, au n° 28 de cette même rue. Ce fut ensuite le tour de l'*hôpital Pasteur (213, rue de Vaugirard)*, conçu comme premier centre d'application des théories pastoriennes et consacré au traitement des maladies infectieuses (fondation Mme Lebaudy). Par la suite, des *laboratoires de recherches sur la tuberculose* et pour la préparation du BCG ont été construits au 96, rue Falguière (*Duquesne* et *Bitterlin*, architectes). Le *bâtiment Metchnikoff* (1845-1916), inauguré en 1981, est voué aux recherches immunologiques et porte le nom du découvreur de cette science, l'un des premiers collaborateurs et enseignant de l'institut. Un dernier édifice consacré aux biotechnologies est en cours de construction et donnera sur la rue Vigée-Lebrun.

L'institut Pasteur a une triple vocation : la recherche (fondamentale et biomédicale), l'enseignement de haut niveau et la fabrication de médicaments et de vaccins qu'il commercialise. De plus l'institut, présent dans le monde entier, est un centre de référence et de conseil, notamment en ce qui concerne la surveillance épidémiologique.

Au n° 25, dans le bâtiment d'origine, on trouve la *bibliothèque (lun.-vendr. 9 h 15-17 h 45)* accessible aux étudiants en médecine et aux chercheurs. Elle possède, outre tous les ouvrages de Pasteur et des Pastoriens, un fonds très complet sur les recherches microbiennes ; portraits du Docteur Roux et de Elie Metchnikoff. La bibliothèque sert également de cadre aux grandes cérémonies pastoriennes.

Pour le *musée Pasteur* → *musées*. ▶ En quittant les abords de l'institut, s'engager dans la rue Plumet bien tranquille, jusqu'à la *rue Mathurin-Régnier* : aux n°s 32 et 34, ateliers d'artistes.

▷ La rue Bargue

Ensemble d'*immeubles* (1910-1913) par *Provensal* et *Alter*, au service de la fondation Rothschild (fondée par Alphonse, Gustave et Edmond de Rothschild). Au n°s 11 et 13, une plaque signale : *Notre Village*, fondation Hubert Montmarché et Rothschild (1904) dont le but était la réalisation d'habitations à bon marché à l'imitation de la « Peabody found » afin d'améliorer les conditions matérielles des travailleurs. La présence du petit *square Necker* accentue l'impression de calme de ce secteur. ▶ *Rue Tessier*, au n° 14, le foyer des Infirmières témoigne encore du style de l'architecture philanthropique du début du siècle. ▶ A l'angle de la rue de la Procession et de la rue Sainte-Félicité, la *façade* éclairée de bow-windows de l'immeuble dû à *Théodore Lambert* (1913) présente une jolie décoration de céramiques.

▶ La rue Sainte-Félicité traverse la *rue Paul-Barruel*, aux immeubles des années 30 (*Heckly*, architecte) et s'achève face à l'immense *immeuble des chèques postaux* de Paris, construit en 1936 par *Roux-Spitz*.

▷ Le square de Vergennes

Il s'ouvre sur la rue de Vaugirard. C'est une allée privée, autre cité d'artistes. Au n° 15, une plaque signale l'*hôtel* particulier du maître verrier Barillet, réalisé en 1931 par *Robert Mallet-Stevens* : refus d'ornementation et juxtaposition de volume simple. *Barillet* mit au point « le vitrail blanc » fait de verres spéciaux qui répondait aux nouvelles préoccupations d'éclairage.

▷ La rue d'Alleray

Tout ce secteur possède de beaux exemples de constructions post-haussmanniennes, notamment au n° 4 (angle de la rue François-Villon), au n° 6 et aux n°s 14 et 14 bis. Plus loin, deux voies privées menacées de destruction en leur temps : il s'agit du *Hameau d'Alleray*, au n° 25, et de la *Villa Hersent*, au n° 27, abritant des pavillons individuels et leur jardinet. ▶ On croise la *rue Corbon* : au n° 3 de cette rue, un exemple typique d'architecture scolaire du début du siècle (1911). ▶ En face, au n° 41 de la *rue d'Alleray*, une curieuse maison en meulière revêtue de céramiques colorées. Poursuivre la rue jusqu'à la place Falguière.

▷ La rue Falguière

Cette rue, elle aussi très transformée ces dernières années, nous permet de rejoindre le boulevard Pasteur. La *ZAC* (Zone d'aménagement concerté), commencée en 1982 sur l'emplacement d'entrepôts de la SNCF et achevée dernièrement, occupe tout l'espace entre la rue de la Procession et la rue du Cotentin. Ces constructions, dont les façades sont recouvertes de céramique blanche, sont plutôt réussies. ▶ Au n° 36 de la *rue du Cotentin*, on trouve un autre exemple de *HBM* (Habitations à bon marché) dû à l'Association anonyme des logements pour familles nombreuses, par *Beaudoin* (1908-1909).

▷ La rue Falguière *jusqu'au bd Pasteur*

De l'autre côté de la rue Falguière, au n° 106, à l'angle de la rue Vigée-Lebrun, immeuble très récent de la Ville de Paris avec des peintures en trompe-l'œil dans la cour intérieure. On longe, sur la g., d'autres bâtiments de l'institut Pasteur jusqu'à la *Cité Falguière*, une de ces cités d'artistes qui ont proliféré dans le 15e arrondissement, mais bien modifiée maintenant. Elle fut hantée par Modigliani et Soutine ; Foujita y a habité quelque temps, Toda y avait un atelier. A l'angle de la rue d'Arsonval et de la rue Falguière, autre *immeuble* de rapport par *Léon Chesnay*.

Le Sud-Est de Saint-Lambert

Métro : Plaisance
Bus : 62, 48, 89
Taxis : place Charles-Vallin ☎ 48.28.45.98
1 h

Cet itinéraire montre un quartier industrieux d'où les belles façades et les petits jardins ne sont pas absents.

▶ Prendre tout de suite après le pont, à g., un petit bout de la rue Castagnary que l'on quitte immédiatement pour tourner à dr. dans la charmante *ruelle Charles-Weiss*, sorte de voie privée plantée d'arbres et inaccessible aux voitures. Au nº 10, on peut observer un exemple réussi d'architecture contemporaine : il s'agit de trois *triplex* mitoyens (1979) édifiés par G. E. A. (*G. André*, *G. Breton*, *G. Brzeckowski*, *J. M. Roques*). La façade est lisse, en céramique blanche, et offre une baie vitrée sur trois niveaux ; les logements sont perpendiculaires à la ruelle...

▷ La rue Santos-Dumont
par la rue Franquet

Cette rue est un enchantement pour le promeneur, encore à deux pas de la rue de Vouillé assez bruyante. On se trouve plongé dans un petit village de l'Ile-de-France. Brassens ne s'y était pas trompé puisqu'il y habitait et fréquentait les troquets et restaurants du coin encore pleins de ses photos dédicacées. Cette rue, encore relativement préservée, ne possède que de petites maisons villageoises au toit de tuiles, blotties en leur jardin. De grands arbres dépassent quelques grilles qui cachent l'intimité des habitants. Cette rue sinueuse possède encore de vieux ateliers d'artisans. La *Villa Santos-Dumont*, avec ses ateliers d'artistes, présente de belles maisons en pierre meulière. Au sortir de la Villa, sur la dr., bel ensemble de maisons au toit d'ardoises, toutes identiques. ▶ Au bout de la rue, on traversera la *rue des Morillons* où l'on aperçoit sur la g., du nº 66 au nº 82, le *groupe scolaire* construit en 1935 par *Pierre Sardou* ; sa frise d'enfants sculptés est de *H. Navarre*. ▶ Entrer dans la *rue de Villafranca* : nous sommes déjà dans le *village de l'Avenir (→ encadré)*. Le début de la rue a été démoli dans les années 70, mais l'on retrouve les habitations modestes et de petits pavillons quand on se rapproche de la rue Fizeau que l'on prend sur la g. ▶ *Rue du Bessin (par la rue du Lieuvin)* : au nº 5, un autre exemple d'architecture moderne, le *Centre d'hémodialyse* (*Sartoli*, architecte, 1875).

▷ La rue Castagnary

Tout ce secteur est encore fortement marqué par la présence des abattoirs qui étaient situés à l'emplacement actuel du parc Georges-Brassens. Décidée par le Conseil municipal en juillet 1887, la construction des *abattoirs de Vaugirard* fut commencée en mai 1894, par l'architecte *Ernest Moreau*. Les abattoirs de porcs, rue de Dantzig, furent mis en service en septembre 1894, ceux des bovins furent achevés fin 1897. Les abattoirs des chevaux ne furent entrepris qu'en 1904. C'est cependant cette dernière activité qui a le plus laissé son empreinte dans le quartier. Beaucoup d'inscriptions, d'enseignes, voire de sculptures rappellent l'importance des abattoirs hippophagiques. En 1966, la Ville prit la décision de fermer les abattoirs et les démolitions commencèrent en 1974-1975. De nombreux restaurants « hippophagiques », aux noms évocateurs (l'Écurie, l'Etable), proposent de la viande de cheval à leur menu.

Au nº 136, à l'angle de la rue du Sommet-des-Alpes, un édifice de deux étages porte d'anciennes plaques : « F. B..., boucherie chevaline, gros, demi-gros, saucissons, salaisons » ; remarquer la grille en fer forgé et le cheval sculpté. ▶ D'anciennes boucheries chevalines subsistent *rue de*

Le village de l'Avenir

Au début du XIXe s., le lotisseur Chauvelot, responsable à la même époque de la création du hameau de Plaisance et de La Nouvelle Californie à Malakoff, procéda au lotissement de petites parcelles dans l'Est de Vaugirard. Les rues ont un tracé plus irrégulier que celui du lotissement Violet à Grenelle, et les bâtiments s'adressaient à une clientèle modeste. Le village de l'Avenir ou village de Villafranca devint le deuxième fief de chiffonniers du 15e arrondissement après celui de Javel. En l'honneur de la campagne d'Italie en 1859, Chauvelot baptisa ses rues modestes de noms bien ronflants : rues de Villafranca, de Montebello, de Chambéry, Nice la frontière (dénommée), du Sommet-des-Alpes... Ce n'est qu'après son annexion à Paris, en décembre 1859, que le village de l'Avenir prit son plein essor. Il resta voué aux petites entreprises artisanales et aux classes modestes avant d'être marqué par la présence des abattoirs à partir de 1894.

Chambéry. La présence de nombreux bistrots, commerces d'alimentation, de maisons d'importation de viande de cheval, témoignent de l'ancienne époque des abattoirs.

▷ La rue Brancion

Au nº 106, vers l'entrée qui permet de rejoindre le Carré Sylvia-Montfort, on remarquera un *immeuble* en brique, datant de 1904, par *G. Just* et *E. Denis* architectes. A côté du portail, sous la devise de Paris : « Fluctuat nec mergitur », se dresse le buste de Emile Decroix (1821-1901), « propagateur de la viande de cheval ». Il est vrai que la consommation de viande de cheval n'a été autorisée en France qu'en 1864. Sur la façade, rue Brancion, s'étalent les *médaillons* de Isidore Geoffroy Saint-Hilaire, Camille Leblanc, Armand-Charles Goubaux, Thomas-Eugène Renoult... A l'intérieur, dans la cour, près de la façade en brique (1907) des anciennes écuries, une *sculpture* représente une tête de cheval tenant compagnie au buste en bronze de François Barbaud (1862-1938) sous lequel on peut lire : « l'industrie chevaline reconnaissante ». ▶ Prendre sur la g. dans la rue Brancion pour parcourir la *rue Chauvelot*, encore grouillante de commerces, de cafés et de restaurants. Les constructions datent du XIXe s. ▶ Se perdre en flânant dans les charmantes *impasses de Montebello*, la *rue Camulogène* et l'*impasse du Labrador*, rénovée en 1982. On y trouve toujours ces maisonnettes avec leur jardin, leur arbre, les chats qui se prélassent au milieu de la rue, l'herbe qui pousse entre les pavés... ▶ Revenir dans la *rue Brancion*, et longer l'ancienne halle aux chevaux et sa charpente métallique (1907). Elle servait de point de vente aux chevaux destinés à l'abattage. Foire aux livres anciens et d'occasion (*t. l. sam.*).

▷ Le parc Georges-Brassens

Installé sur plus de 7 ha, c'était jusqu'à présent le plus grand parc créé à Paris depuis le second Empire ; mais il va être détrôné par le futur parc Citroën-Cévennes (*→ Javel*) qui devrait couvrir entre 13 et 15 ha. Le parc Georges-Brassens, en hommage à son célèbre voisin, a été baptisé en novembre 1982. Il fut achevé en 1983.

Sur la g., en entrant par la halle, la *roseraie* offre ses 27 variétés. Sur la dr., le long de la rue des Morillons, une *école* et une *crèche* (*Ghiulmila* et *Milliex* architectes), donnent une note gaie à ce côté, tout en respectant dans leur modernité, l'esprit des anciens pavillons des abattoirs. En continuant en direction du beffroi à la criée qui a été préservé et domine maintenant un bassin central alimenté par un ruisseau cascadant de la colline artificielle, on atteint le *jardin des Senteurs* qui s'étend sur 1 300 m² : plus de 80 variétés de plantes odorantes y ont été plantées (jasmin, glycine, lilas, muguet, genêts, chèvrefeuille...) ainsi que de nombreuses plantes médicinales et aromatiques (camomille, verveine, estragon, thym, laurier, sauge...). Les étiquettes indiquant le nom de chaque plante sont traduites en braille grâce à la collaboration de l'institut des Jeunes Aveugles.

Derrière le belvédère, sur la colline artificielle boisée, on a replanté 1 000 m² de vignes, à l'emplacement de l'ancien clos des Morillons. Cette vigne de pinot noir est plantée de pêchers et vendangée par les écoliers. Le *rucher-école*, animé par l'Association française d'Apiculture, s'est installé tout à côté. On redescend vers le bassin en longeant le chaos de pierres provenant d'anciens pavillons des abattoirs et réutilisées pour ce terrain d'escalade. Sur la g., un rideau de plantations cache les locaux en brique de la préfecture de police. A l'entrée du parc, deux pavillons de pierres ont été restaurés. Les deux *taureaux* érigés sur l'esplanade sont l'œuvre du sculpteur animalier *Nicolas Caïn* (1822-1894). ▶ La *rue de Cronstadt (en face du parc Georges-Brassens)*. Sur la g., une allée conduit à l'*église Notre-Dame-de-la-Salette*, construite en 1965 en béton brut de décoffrage et sur plan circulaire. Elle possède une intéressante porte en bois sculpté, par *J. M. Eaumel*. ▶ La *rue de Dantzig*. Après avoir traversé la rue des Morillons, on longe les bâtiments en brique qui abritent le *Centre des objets trouvés* (*→ encadré*).

Les objets trouvés

L'origine de ce service remonte à une ordonnance du 10 décembre 1804, dans laquelle le préfet de police Dubois organisait déjà une première centralisation des objets trouvés à la préfecture de police de Paris. Une autre ordonnance royale sur les objets « dont les propriétaires ne sont pas connus », date du 23 mai 1830.

Actuellement, c'est un service des séquestres de la préfecture de police (5e bureau de la direction de la Circulation, des Transports et du Commerce), qui en a la responsabilité. Les objets de valeur sont conservés trois ans au total, les vêtements et clés ne sont conservés que trois mois... Les objets non réclamés sont versés à l'administration des Domaines qui se charge de les vendre.

Quelques chiffres : pour 1985, parmi environ 150 000 objets annuels rapportés, 84 000 déclarations de perte, il y a environ 29 000 restitutions dont 3 500 à leur inventeur. 60 % des objets rapportés viennent de la RATP qui les oriente vers ce service. On perd tout, mais le parapluie arrive en première position des délaissés et côtoie anecdotiquement rivière de diamants, jambe de bois et bien d'autres étrangetés.

Les horaires : lundi, 8 h 30-17 h ; mardi, 8 h 30-20 h ; mercr., 8 h 30-17 h ; jeudi, 8 h 30-20 h ; vend., 8 h 30-17 h 30. Juillet-août : 8 h 30-17 h.

▷ La Ruche *2, passage de Dantzig*

Cet ancien pavillon des Vins de l'Exposition de 1900 a été remonté en 1902 sur ce terrain, par le sculpteur officiel *Alfred Boucher*, pour loger de jeunes artistes. La grille, qui abrite La Ruche, provient du palais de la Femme et les bas-reliefs, du pavillon des Indes anglaises. Le bâtiment a échappé de justesse aux promoteurs avant d'être classé Monument historique en 1970. Ce fut un des hauts lieux de *l'école de Paris*, avec ses ateliers disposés en alvéoles où les « abeilles », artistes de Boucher, créaient en toute tranquillité. Les ateliers des sculpteurs occupaient le rez-de-chaussée, ceux des peintres l'étage. Soutine et Fernand Léger, Kikoïne, Krémègne, Chapiro, Brâncusi, Indenbaum, Archipenko, Henri Laurens, Zadkine, Gimond... y vécurent. Modigliani y faisait de fréquentes visites. Chagall vint s'y installer en 1910. Des écrivains la fréquentèrent également, comme Blaise Cendrars, Max Jacob, ainsi que des hommes politiques. Après 1945, une deuxième génération d'artistes s'installa autour de Rebeyrolle, Michel de Gallard, Thompson, Simone Dat, Elisabeth Dujarric de la Rivière, Tisserand, Biras, Aberlenc. Cette école de La Ruche proposa une tendance figurative nouvelle. D'autres noms s'y sont réfugiés : Yankel, Mouy, Maunoir, Napper, Bertho, Ben-Dov, Rilov, Lino Melano, Dideron, Damboise, Michel Sima...

Actuellement, des artistes l'occupent toujours : le peintre Michel Guérin, le sculpteur argentin Reynaldo, Tarabella, le mosaïste Léonard Léoni, le sculpteur Bonnard, Gertler, Arroyo. Environ 80 artistes y travaillent alors qu'ils furent jusqu'à 140 au temps d'Alfred Boucher. ▸ Au nº 6 du *passage de Dantzig*, un exemple de ce que pouvait être tout un quartier industrieux du XIXᵉ s. : une allée privée est entièrement occupée par des entrepôts, garage et firmes artisanales diverses, encore en activité.

▷ La rue de la Saïda

Le regard est tout de suite attiré par les impressionnantes habitations ouvrières de la *fondation Lebaudy*, réhabilitées en 1982-1983. Elles ont été classées pour conserver au groupe sa valeur de témoin et de jalon dans l'histoire du logement social. Les bâtiments (1912-1913) d'*A. Labussière*, architecte attitré de la fondation semble-t-il, sont en rupture avec la disposition traditionnelle de l'immeuble urbain ; six pavillons de neuf étages avec quatre façades libres, sont reliés entre eux par des escaliers extérieurs en ciment armé. L'ossature est en béton armé avec un remplisage en brique de Bourgogne. Ils étaient réservés « aux familles nombreuses dont le chef de famille avait un salaire réduit ». ▸ *La rue Olivier-de-Serres*. Un grand immeuble contemporain abrite les locaux de Canal Plus et le Secrétariat d'Etat auprès du premier ministre, chargé de la Jeunesse et des Sports. ▸ Traverser le parvis situé au pied de cet immeuble et suivre la *rue Vaugelas*, bordée à g. par l'hôpital de Vaugirard, à dr. par de beaux immeubles de rapport du début du siècle. Au nº 11, belle porte en demi-cintre. ▸ Ne pas omettre de pénétrer dans le *passage Olivier-de-Serres* avant de rejoindre la place de la Convention.

Le Sud-Ouest de Saint-Lambert

Ce secteur du quartier Saint-Lambert revèle un tissu urbain beaucoup plus lâche, proche de celui de Javel.

▸ On y remarque surtout des *immeubles* datant du premier quart du XXᵉ s. : rue Desnouettes, rue Auguste-Chabrières, rue de Cadix, rue Vasco-de-Gama, rue Saint-Lambert, et les abords du square du clos Feuquières.

▷ Le cimetière de Vaugirard *rue Lecourbe*

Ouvert en 1797, ce cimetière fut plusieurs fois agrandi jusqu'en 1853 surtout après la fermeture (en 1824) du cimetière de Vaugirard ou de l'Ouest, à l'emplacement du lycée Buffon. Il a des concessions perpétuelles depuis 1879. Depuis 1882, les invalides enterrés précédemment à Montparnasse y sont inhumés. On y trouve les tombes de l'abbé Groult d'Arcy, de la famille Fondary, les tombes anonymes des communautés religieuses de Vaugirard. Le président Paul Doumer, assassiné le 6 mai 1932, et ses trois fils y reposent.

Le quartier de la Villette*

19e arr. / 21-M3, 22-N3
Métro : Jaurès, Stalingrad
Bus : 150, 152, 250A et PC
Taxis : au métro Porte-de-la-Villette ☎ 42.08.64.00

Peu après son annexion à Paris sous le second Empire, l'ancien village de la Villette fut consacré pendant plus d'un siècle à la vente et à l'abattage du bétail. A une époque où la conservation de la viande fraîche était aléatoire, il fallait abattre le bétail à proximité de l'endroit où il serait consommé. A partir de 1867 furent construits, à la Villette, le marché aux bestiaux et les abattoirs de Paris. Ces activités peu appétissantes, ajoutées à la vocation portuaire et industrielle des abords du canal de l'Ourcq, firent du quartier de la Villette un des plus déshérités de la capitale. Articulés autour de l'admirable rotonde de Ledoux, le bassin de la Villette, la rue de Flandre et l'avenue Jean-Jaurès forment pourtant trois perspectives urbaines monumentales, mais leurs abords populaires et industrieux étaient naturellement peu attrayants.

Depuis quelques années, un très ambitieux programme d'aménagement est en train de restructurer ce secteur de la capitale autour du site des anciens abattoirs, maintenant ouvert à la promenade, aux loisirs et à la culture. En effet, dans le nouveau parc de la Villette, la cité des Sciences et de l'Industrie avec sa Géode, la Grande Halle et le Zénith ont déjà ouvert leurs portes. A l'horizon 1989, une cité de la Musique devrait compléter cet ensemble exceptionnel.

Visite du quartier

2 h

▷ La rotonde de la Villette*

Cet édifice d'une sobre élégance est l'ancien pavillon des gardes d'octroi de l'enceinte des Fermiers généraux, construit par *Claude-Nicolas Ledoux* en 1784 pour marquer l'entrée dans la capitale (→ *encadré*). Cette remarquable rotonde est composée d'un rez-de-chaussée de forme carrée, sur lequel s'élève la rotonde proprement dite, édifice circulaire orné au premier étage d'une galerie annulaire entièrement ouverte sur l'extérieur. Après d'importants travaux de consolidation et de restauration conduits en 1966 par l'architecte *Jean Trouvelot*, le bâtiment est ouvert au public dans le cadre d'expositions temporaires (peu fréquentes). Il abrite le dépôt de fouilles archéologiques de la Ville de Paris et la commission du Vieux-Paris, dirigés par *Michel Fleury*.

Dans le cadre du réaménagement de la place de Stalingrad est prévu pour 1989 le dégagement de la rotonde, qui se trouve aujourd'hui malencontreusement encerclée par une gare routière, des aires de stationnement et un square. Un parvis piétonnier de 3 ha, de forme triangulaire, bordé de plantations de peupliers, ouvrira sur un vaste plan d'eau : le bassin de la Villette.

▷ Le bassin de la Villette

Inauguré officiellement par Napoléon Ier, le 2 décembre 1808, le bassin et ses berges constituèrent tout d'abord un espace de détente et de promenade, parfois appelé « petite Venise parisienne », « Champs-Elysées de l'Est »... Aujourd'hui lieu de promenade et de canotage, le bassin, par un curieux retour des choses, recouvre sa fonction première.

Six opérations de construction et de réhabilitation sont prévues. Elles tenteront d'unifier un tissu urbain encore disparate, comprenant de vieilles bâtisses médiocres et des blocs de grande hauteur dont une tour de 100 m ; le plafond de hauteur est désormais fixé à 26 m. Cette immense gare d'eau unit le canal de l'Ourcq, le canal Saint-Denis et le canal Saint-Martin.

▷ Le canal de l'Ourcq *croisières au départ de la Villette : Canauxrama, 4, Ville Blanche, Neuilly-sur-Seine ☎ 46.24.86.16 ; Paris Canal, 19, rue d'Athènes, 75009 ☎ 48.74.75.30*

Les premiers travaux pour rendre la rivière de l'Ourcq navigable commencèrent en 1632. En 1676, *Manse* et *Riquet* mettent en œuvre leur projet d'ouverture du canal ; leur mort (vers 1680) ainsi que celle de *Colbert* (1683), qui s'intéressait vivement à cette entreprise, en interrompent le cours. En 1790, *Brulé* échoue dans sa tentative de reprendre les travaux. C'est enfin un décret consulaire de 1802 qui ordonne le percement du canal de l'Ourcq. Ce canal, long de 108 km (dont 1,6 km dans Paris) devait initialement amener de l'eau potable aux habitants de la capitale et établir une voie navigable de Seine à Seine par le biais des canaux Saint-Martin et Saint-Denis adjoints ultérieurement. Toutefois, l'intensification du transport de marchandises au milieu du siècle dernier modifia l'environnement, entraînant notamment la prolifération d'entrepôts. C'est *Emile Pereire* puis le banquier *Dehaynin* qui ont dirigé l'importante ***Compagnie des entrepôts et magasins généraux***. Celle-ci stockait charbon, bois de chauffage et de construction, fourrages, sucre... Particulièrement réactivé par la présence des abattoirs et des activités induites (tanneries, peausseries...) à partir de 1867, le trafic de marchandises augmenta considérablement jusqu'en 1914. Au XXe s., la désindustrialisation parisienne et le développement du transport routier ont entraîné le déclin des activités portuaires et la désaffectation des entrepôts.

Aujourd'hui une reconversion du canal et de ses abords est en cours de réalisation. Il s'ouvre notamment à la ***petite croisière***, à la découverte de l'univers insolite des canaux.

Le mur murant Paris rend Paris murmurant

Sur ordre de Monsieur de Calonne, contrôleur général des Finances, Claude-Nicolas Ledoux (1736-1806), architecte du Roi, se voit confier en 1786 le projet d'élever une enceinte devant enfermer Paris, et d'édifier à chaque entrée de la ville des bâtiments permettant au personnel de percevoir les taxes sur les marchandises (octroi). Quatre bureaux subsistent aujourd'hui : la rotonde d'Orléans ou barrière de Chartres (place de la République-Dominicaine, boulevard de Courcelles), la rotonde de la Villette ou bureau de Pantin (place Stalingrad), les bureaux du Trône (place de la Nation) et les bureaux de la rue d'Orléans ou barrière Saint-Jacques (place Denfert-Rochereau). Les traits dominants de l'architecture de ces trois bureaux sont le dépouillement, la géométrie et la symétrie, l'absence d'ornements et la présence à peu près systématique de colonnes et de frontons triangulaires non décorés. Au cercle, au carré, à la croix grecque, Claude-Nicolas Ledoux associe trois volumes caractéristiques de son style : le cube, la sphère et le cylindre. Il a ainsi conçu, pour les entrées de Paris, des bâtiments grandioses dont l'aspect extérieur devait impressionner le voyageur.

▷ Le quai de la Loire *à dr. du bassin*

L'itinéraire contourne le plan d'eau en longeant le quai de la Loire. Parmi les entrepôts qui encombraient les berges, deux sont conservés à l'extrémité S. du bassin. Leurs charpentes métalliques proviennent d'un pavillon de l'Exposition universelle de 1878 et remontées sur ces lieux. Le pont métallique qui enjambe le milieu du bassin a succédé, en 1963, à une élégante passerelle curviligne construite par *Gustave Eiffel* en 1882. Au n° 4, se dresse un ***ensemble contemporain*** de 111 logements où la matière, le volume et les couleurs rendent hommage à Le Corbusier (*Edith Girard*, architecte). A l'extrémité du bassin, les deux grands ***entrepôts*** sévères des ***Magasins Généraux*** (vers 1896) présentent, avec leurs façades en moellons de meulière, un bel exemple d'architecture industrielle. Une imposante charpente en bois (poteaux et poutres massifs) permettait, sur cinq niveaux, le stockage du sucre et des céréales destinés à l'approvisionnement de la capitale. Le gigantisme des bâtiments fait entrevoir l'importance du trafic et de l'activité de ce secteur au siècle dernier.

Aujourd'hui ces entrepôts, qui ne servent plus à l'industrie, offrent 90 ateliers à des artistes, peintres, architectes, sculpteurs, maîtres verriers... Ces édifices, presque flottants, avec leurs façades nouvellement ravalées, constituent un point de mire original en fermant la perspective du bassin de la Villette. ▶ Contourner les entrepôts du quai de la Loire et emprunter à g. le pont levant situé sur l'axe de la rue de Crimée.

▷ Le pont levant de la rue de Crimée

Le pont, dont le fonctionnement est hydraulique, a été édifié en 1885 par la *société Fives-Lille* (elle construisit également les ascenseurs hydrauliques des piliers E. et O. de la tour Eiffel). L'ingéniosité de son mécanisme est apparente : encadrant le tablier du pont, se dressent quatre énormes poulies, tandis que les contrepoids s'enfoncent dans des cylindres. Une poussée hydraulique de 4 kg suffit à déplacer l'ensemble. A la « magie mécanique » dont les contemporains étaient curieux, s'ajoute l'aspect décoratif des poulies monumentales, aux allures égyptiennes. ▶ L'***église Saint-Jacques-Saint-Christophe***, construite en 1843 par l'architecte *Lequeux*, témoigne, par les dimensions de sa nef, de l'augmentation rapide de la population villettoise au siècle dernier. Restaurée en 1930, cette église constitue, avec l'école, la caserne de pompiers, le square, une agréable composition urbaine d'aspect provincial : la ***place de Bitche***. ▶ Après le parcours d'une partie de la ***rue de Crimée***, durant laquelle on peut remarquer un Paris exotique animé par les commerces d'une abondante population chinoise et marqué par la présence des communautés juives et africaines, on arrive à la rue de Flandre, voie d'accès à la cité des Sciences et de l'Industrie.

▷ La rue de Flandre

S'écarter de l'itinéraire pour aller voir, au nº 44 *(à g. en sortant de la rue de Crimée)*, une curiosité du quartier : au fond du hall d'entrée d'un immeuble moderne, se cache un petit *cimetière juif* de la fin du XVIIIᵉ s. Ce lieu, fermé en permanence, laisse juste entr'apercevoir, derrière les murs, quelques-unes des trente stèles qu'il abrite.

A l'angle rue de Crimée-rue de Flandre, s'élèvent plusieurs tours, survivances d'un plan d'aménagement des années 1960. Les *Orgues de Flandre*, au nº 67, construits par l'architecte *Martin Van Treeck* et achevés en 1976, constituent, avec leurs 2 732 logements, un quartier à part entière qui possède son parc, sa crèche, son marché et son bureau de poste. L'intérêt architectural de cet ensemble, consacré pour l'essentiel à des logements sociaux, apparaît dans le jeu de volumes, l'emploi systématique de la céramique et la création de terrasses verdoyantes. L'*immeuble* du nº 127, construit par les architectes *Roger Anger* et *Pierre Puccinelli* en 1964, présente un effet sculptural et prismatique, né de la répartition des loggias qui interrompent la verticalité.

La rue de Flandre est en cours d'élargissement. Une circulation automobile en double sens facilitera la desserte du parc de la Villette. La plantation de 550 arbres est prévue sur ce parcours. Les immeubles entre les nᵒˢ 147 et 177 sont promis à la démolition. Parmi eux figure l'ancienne *raffinerie de sucre* (nº 159) que possédait *Lebaudy*, un des grands industriels de la Villette au siècle dernier. Seul vestige d'une somptueuse demeure de ce quartier : la *façade* (au nº 152) du « château » appartenant à la famille des Roquelaure ; elle habillera un immeuble actuellement en construction ; deux bas-reliefs représentent à dr. la Peinture et à g. l'Architecture.

▸ Après le franchissement du *pont de Flandre* (pont du chemin de fer de Petite Ceinture établi en 1867), commence l'*avenue Corentin-Cariou* où la proximité des anciens abattoirs est rappelée par la présence de nombreux commerces liés à la boucherie : salaisons, matériel pour boucheries, restaurants aux noms évocateurs (A la Pièce de Bœuf, Le Mouton Blanc, Le Cochon de Lait, Le Veau d'Or, etc.).

Le site de la Villette*

Délimitée au nord par l'axe de la rue de Flandre, au sud par celui de l'avenue Jean-Jaurès et traversée en son milieu par le canal de l'Ourcq, la Villette constitue une des plus grandes interventions urbaines de la fin du XXᵉ s. dans Paris : l'aménagement de 55 ha (une superficie plus de deux fois supérieure à celle du parc des Buttes-Chaumont). Cet ensemble, probablement achevé vers 1989, comprend un parc urbain de 35 ha (établissement public du parc de la Villette), le plus grand musée du monde consacré à la culture scientifique, technique et industrielle (cité des Sciences et de l'Industrie) avec sa salle de projection hémisphérique (Géode), un établissement consacré à l'histoire du quartier (Maison de la Villette), un espace culturel polyvalent (Grande Halle), une salle de spectacle (Zénith), un théâtre (théâtre Paris-Villette), un ensemble consacré à la musique avec un musée, un conservatoire, des auditoriums (cité de la Musique) et 600 logements sociaux intégrés au complexe.

Pour découvrir la Villette, plusieurs visites seront nécessaires. Pour une première approche, on peut commencer par le point d'accueil N. (porte de la Villette) en regardant la maquette de l'ensemble. On se dirige ensuite vers la Maison de la Villette pour y découvrir l'histoire du quartier. On traverse le hall central de la cité des Sciences (deuxième travée du bâtiment) puis, en franchissant le canal, on s'achemine à travers le parc vers la porte de Pantin, terme de notre itinéraire.

▷ La Maison de la Villette

La *rotonde des Vétérinaires*, seul bâtiment du siècle dernier situé au nord du site de la Villette, a eu depuis 1867 (année de sa construction) des destinées multiples : fondoir à suif, triperie, laboratoire des vétérinaires, syndicat de la boucherie en gros, logements de fonction.

Aujourd'hui, grâce à l'historienne *Elisabeth Philipp*, la rotonde se prépare à accueillir la Maison de la Villette, consacrée à la découverte de la vie passée et présente du quartier. Un ensemble d'habitation et un point d'accueil pour les « classes Villette », structure permettant aux groupes scolaires de séjourner et de bénéficier, pendant une à

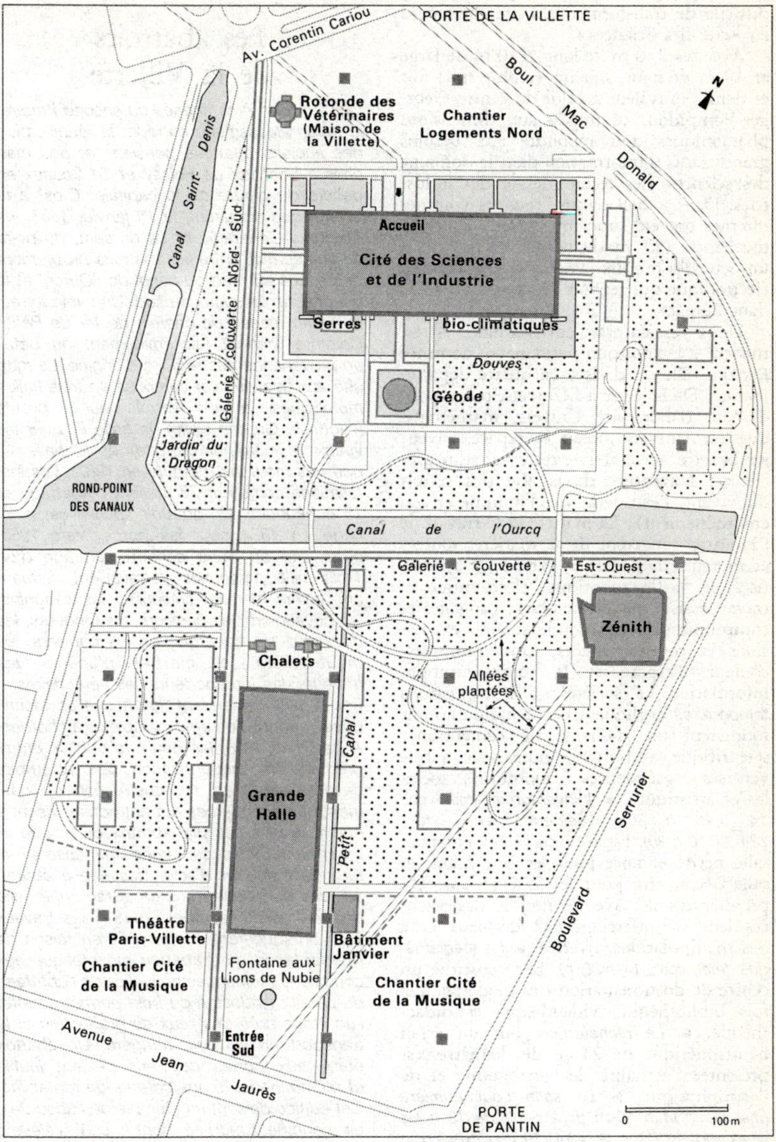

Le parc de la Villette

deux semaines, des activités de la Villette, seront réalisés en 1988 et fermeront le site au nord.

▷ La cité des Sciences** *mar.-ven., 14 h-20 h, week-ends et j. fér. 12 h-20 h; f. lun. ☎ 40.05.72.72; réservation pour les groupes ☎ 40.05.70.70*

Ce gigantesque musée occupe le bâtiment construit à partir de 1969 pour servir de salle des ventes aux nouveaux abattoirs de la Villette. La fermeture des abattoirs en 1974 (→ *encadré*) laissait inoccupé l'immense bâtiment. Une première étude fut entreprise en 1977 par l'architecte *Taillibert*, sur une reconversion possible de l'édifice en musée, tandis que le physicien *Maurice Lévy* définit le contenu d'un musée scientifique, technique et industriel. Après consultation de vingt-sept architectes, le projet d'*Adrien Fainsilber* fut retenu. C'est à cet architecte que revient la mission difficile de transformer la « cité du Sang » en « cité des Sciences ».

Avec ses 270 m de long, 110 m de large et 49 m de haut, soit un volume trois fois et demi équivalent à celui du centre Georges-Pompidou, ce musée aux dimensions pharaoniques doit répondre aux besoins grandissants d'information dans le domaine des sciences, des techniques et des industries. Dans le hall central, tous les volumes internes ont été supprimés. Deux coupoles tournantes (17 m de diamètre) possèdent un jeu de miroirs asservi à un cerveau électronique qui renvoit les rayons du soleil dans l'espace.

Deux escalators, entièrement vitrés, mènent à l'exposition permanente nommée **Explora**. Elle est divisée en quatre départements : De la Terre à l'Univers, traces pour demain (laboratoire Univers, mathématiques et Univers, océan et espace, inventer la terre, terre active, terre vaisseau précieux) ; L'aventure de la Vie (les secrets du vivant, l'eau et la vie, l'homme et son environnement) ; La matière et le travail de l'Homme (au cœur de la matière, sources et moteurs de l'énergie, extraire et synthétiser, le jardin robotique, électronique et travail assisté par ordinateur) ; Langages et communication (le monde sonore, expressions et comportements, lumière-miroirs-couleur, l'espace et la communication, information et société). Des ***expositions temporaires*** expliquent l'actualité ou approfondissent un domaine de connaissance scientifique, technique, industrielle à travers ses conséquences économiques, sociales et artistiques. ▶ ***L'inventorium*** *(mar.-ven., 14 h-18 h 30; week-ends et j. fér., 12 h 30-18 h 30)*. Espace réservé aux enfants : salle petite enfance pour les 3 à 7 ans, et salle découverte pour les 7 à 11 ans. Un premier contact avec le monde des sciences leur est offert grâce à des jeux et à des manipulations diverses. ▶ ***La médiathèque*** *(mar.-dim., 14 h-20 h)*. Elle constitue un centre de documentation très moderne, à la fois bibliothèque, vidéothèque et didacthèque. ▶ ***Le planétarium***. Sur un écran hémisphérique de 21 m de diamètre, est présentée l'actualité de l'astronomie et de l'astrophysique. ▶ ***La salle Louis-Lumière*** *(mar.-ven., 14 h 15-19 h; à partir de 13 h les week-ends et j. fér. ☎ 42.41.79.40)*. Projection de films à caractère scientifique, de manière permanente. ▶ ***La Maison de l'Industrie*** : information sur l'industrie et toutes les branches de l'économie de notre pays.

▷ La façade aux serres

En sortant du hall, on découvre la façade S. de la cité, totalement transparente avec ses trois immenses serres (de 32 m de hauteur) qui assurent une transition avec le parc. Des ascenseurs vitrés traversent cet espace végétal et permettent de découvrir le site. La base des serres baigne dans des douves remplies d'un mètre d'eau, lesquelles entourent tout le monument.

Les abattoirs de la Villette

Dès les premières années du second Empire, le baron Haussmann entreprit la réunification des anciens abattoirs parisiens et des marchés à bestiaux de Poissy et de Sceaux en dehors du centre de la capitale. C'est à la Villette que naquirent, le 1er janvier 1867, les Abattoirs Généraux. Ils se divisent, du point de vue spatial, entre les abattoirs proprement dits situés au nord du canal de l'Ourcq, et le marché aux bestiaux au sud. Une voie ferrée, reliée au réseau de chemin de fer de Petite Ceinture, permet l'acheminement du bétail en provenance des régions d'origine. Le marché aux bestiaux est composé de trois halles métalliques : la halle centrale pour les bœufs (l'actuelle Grande Halle), la halle E. pour les veaux (aujourd'hui détruite) et la halle O. pour les moutons (détruite en 1987). Les installations comptent 23 ateliers d'abattage et 15 échaudoirs. Un abattoir spécial est aménagé en 1874 pour les porcs. Vers 1900, cette cité du Sang connaît son âge d'or. Trois mille personnes y travaillent, formant un univers haut en couleurs : les sanguins, les boyaudiers, les pansiers, les fondeurs, les glandiers, les débarqueurs, les bouviers, les moutonniers, les maîtres placeurs, les trayeurs, les transporteurs, les vétérinaires... Peu à peu, cependant, les nouvelles techniques rendent l'énorme complexe archaïque. A partir de 1958, les pouvoirs publics entreprennent la modernisation des abatttoirs devenus vétustes. la construction de bâtiments ultra-modernes est entreprise, visant à établir le plus colossal abattoir du monde. A partir de 1969, est construite l'immense structure de béton et d'acier destinée à abriter, sur une superficie de 5 ha au sol, une salle des ventes démesurée. En 1974 les travaux sont brusquement interrompus en raison de l'inadaptation d'un abattoir gigantesque aux conditions techniques nouvelles de l'abattage du bétail : l'industrie du froid permet en effet l'abattage près des lieux de production et le transport en véhicule réfrigéré. Un abattoir établi aux portes de Paris devient inutile et même inadapté aux critères de rentabilité. Cet édifice devient un « temple de l'absurde », un monument mort-né, dont le coût s'élève à 312 milliards de centimes! Le dernier bœuf est abattu le 14 mars 1974; c'est la fin de l'épisode séculaire de l'abattage à la Villette, une fin en forme de scandale.

▷ La Géode

t.l.j. sf lun. 11 h-21 h; mar. et jeu. jusqu'à 18 h ☎ 40.05.06.07. Billets vendus à l'avance sur place, à partir de 11 h pour le jour même, à partir de 17 h pour le lendemain. Réservation pour les groupes ☎ 40.05.12.12

Partie intégrante de la cité des Sciences et de l'Industrie, conçue par le même architecte, la Géode est depuis mai 1985 un véritable élément phare de la Villette. Elle est située dans l'axe du hall d'accueil, à l'articulation du musée et du parc, sur un plan d'eau de 40 cm de profondeur et abrite une *salle de projection hémisphérique*.

La Géode est un globe argenté de 36 m de diamètre renvoyant sur son revêtement miroir, en acier inoxydable poli, l'image de son environnement. L'originalité constructive de cette sphère tient à l'existence de deux structures totalement indépendantes. Un pilier central arborescent (nettement visible de l'intérieur) porte les gradins de la salle qui accueille 357 spectateurs. Une enveloppe métallique, réalisée par l'ingénieur-sculpteur *Gérard Chamayon* (également connu sous le nom de *Félix*) est composée de 2 580 tubes d'acier boulonnés supportant 6 433 triangles. Le procédé de projection Omnimax permet de placer le spectateur au cœur même de l'image avec un écran hémisphérique de 1 000 m^2.

▷ Le parc de la Villette

Avant le franchissement du canal de l'Ourcq, on aperçoit le *dragon de la Villette*, spectaculaire animal dont la langue métallique tient lieu de toboggan. Cette aire de jeux est appelée à disparaître. L'architecte *Bernard Tschumi* a conçu un parc de 35 ha qui permet la liaison entre la cité des Sciences au nord et la future cité de la Musique au sud. A mi-chemin entre le parc d'ambiance et d'attraction, le parc de la Villette s'organise autour des axes reliant les différents lieux d'activité.

Deux galeries abritées, l'une N.-S., l'autre E.-O., traverseront le site, un fin canal devra border la façade E. de la Grande Halle ; tandis que des axes plantés utilisant certains vieux platanes dessineront un tracé géométrique circulaire et triangulaire où prendront place de vastes « prairies de jeux ». Indépendamment des axes, un circuit sinueux constituera une promenade à travers des jardins thématiques : jardins botaniques, éducatifs et paysagistes. Dans cet espace, *les Folies* seront autant de points de repères pour les promeneurs. Le projet initial en prévoit une trentaine, réparties sur une trame régulière, à 120 m les unes des autres. Conçues sur un modèle identique, de forme cubique (10, 80 m de côté), ces Folies ont une structure de béton recouverte de tôle d'acier émaillée rouge mais disposant chacune d'annexes correspondant à leur destination. La première série, en cours de réalisation, comprendra : la buvette, le belvédère, la Maison des Enfants, le restaurant, la galerie des jeux électroniques, l'accueil-brasserie, la Maison du Jardinage et l'antenne de secours. Des zones pavées au nord et au sud pourront accueillir des fêtes, des expositions de plein air et des marchés. Le *mobilier urbain* du parc, de caractère modulable, sera établi par *Philippe Starck* (le décorateur des appartements privés de l'Elysée).

▷ Le Zénith

Salle de musique populaire, ce vaste chapiteau était à l'origine un édifice provisoire dans l'attente de la construction d'un bâtiment porte de Bagnolet. Ce projet étant abandonné, le Zénith est devenu un monument à part entière, intégré à la Villette. L'ingéniosité de cette construction (*P. Chaix* et *J. Morel*, architectes) résulte de la charpente légère et modulable qui porte à la fois la couverture et les équipements nécessaires aux spectacles. Un espace dégagé de tous points d'appui permet une grande mobilité scénique et l'accueil de 6 400 personnes.

Une colonne de béton, située à proximité, constitue le seul vestige du bâtiment de stabulation des nouveaux abattoirs. Elle porte un avion rouge piquant vers le sol. Celui-ci, de marque « Zénith » est devenu le symbole de cette salle de spectacle.

▷ La Grande Halle*

C'est un des plus beaux édifices métalliques parisiens du XIXᵉ s. Construite en 1867 par *Jules de Mérindol* et inspirée d'un projet non réalisé d'*Hector Horeau* (pour la seconde Exposition universelle de Londres, en 1862), cet ouvrage de fonte et de fer, aux dimensions étonnantes (240 m de longueur, 82 m de largeur, 19 m de hauteur), était destiné à recevoir le *marché aux bœufs*. Sans cloisons latérales à l'origine, elle constituait un simple abri balayé par le vent.

Reconverti aujourd'hui en *espace culturel polyvalent* par *P. Robert* et *B. Reichen*, cet édifice peut accueillir de grandes expositions, des forums, des festivals et des concerts. La nef centrale a été dégagée et peut, grâce à une toile tendue, être divisée en deux espaces. Des tribunes situées sur les bas-côtés élargissent la surface d'exposition. Des ponts roulants assurant des liaisons entre les tribunes, et des plates-formes mobiles s'adaptent aux modifications de l'espace. Sous la nef centrale, la *salle Boris-Vian* accueille conférences et spectacles.

▷ Les vestiges des abattoirs

De part et d'autre de la façade S. de la Grande Halle, se dressent deux édifices en pierre, construits également en 1867 : le *bâtiment Janvier* qui abrite le point d'accueil S. et l'ancienne *Bourse aux cuirs et peaux*, aujourd'hui occupée par le théâtre Paris-Villette et la salle Arletty, consacrée aux projections de films scientifiques et d'Art et d'Essai.

La *fontaine aux Lions de Nubie* (curieusement peints en bleu) est un petit édifice implanté initialement place du Château-d'Eau (aujourd'hui place de la République) en 1811, et installé en 1867 aux abords des abattoirs, servant accessoirement d'abreuvoir aux animaux.

▷ La cité de la Musique

Le projet a été conçu par l'architecte *Christian de Portzamparc*. Elle regroupera plusieurs équipements musicaux, une salle de concert (1 200 places) destinée aux répertoires classique et contemporain, le *Conservatoire national de Musique* qui quittera les locaux de la rue de Madrid, la *galerie des Instruments* qui offrira des expositions retraçant l'histoire des instruments. Sa réalisation doit débuter par les parties ouest.

Le bois de Vincennes★

12e arr. / 47
Métro : Porte-Dorée
Bus : 46, 86, tous deux ayant leur terminus au Carrefour de la Demi-Lune - Parc Zoologique (entrée avenue Daumesnil), et PC

Le bois de Vincennes, annexé au territoire de la Ville de Paris en 1930, appartient en entier au 12e arrondissement. Avec ses 995 ha de superficie, c'est la plus vaste des promenades parisiennes. Les dimanches d'été, il est littéralement envahi ; aussi est-il préférable de le visiter en semaine.

Le bois de Vincennes dans l'histoire

Depuis toujours chasse royale, on aurait pu penser que ce bois, vestige de la forêt dite Lanchonia silva, connaîtrait la même réputation d'élégance que son homologue de l'Ouest. Joinville relate que Saint Louis, qui aimait s'y promener, avait là son chêne sous lequel il rendait la justice. Aux XVe et XVIe s., les rois, délaissant le Louvre pour l'hôtel Saint-Pol et les Tournelles, s'étaient rapprochés de Vincennes. Puis Louis XIV avait fait ouvrir au public les portes de la haute muraille élevée par Philippe Auguste. Mais le roi étant à Versailles, les grands du royaume délaissèrent aussi ce bois où depuis des siècles, biches, cerfs et daims s'ébattaient librement. Louis XV cependant aima y revenir et fit reprendre le projet établi par Robert de Cotte en 1703, qui visait à rendre son importance à la forêt : l'obélisque du polygone, appelé la Pyramide, que l'on voit devant le parc floral, à la place de l'ancien polygone d'artillerie, commémore le reboisement total du bois de Vincennes (1731). A l'époque, il est splendide. Il passe sans trop de mal la Révolution, mais ses ennuis commencent en 1796 quand le polygone d'artillerie inaugure la présence militaire dans le bois de Vincennes. Le château étant devenu caserne, le bois devient un immense champ de manœuvres, avec buttes de tir, redoutes, routes stratégiques. Vincennes est surnommé Canonville.

Le saccage continue durant les premières années du second Empire jusqu'à ce que Napoléon III passe un contrat, en 1860, avec la Ville de Paris qui prend le bois en charge, à condition de l'aménager en un parc public. A l'instar du bois de Boulogne, celui de Vincennes est aménagé par Alphand, dans le goût de l'époque, en parc paysager avec plantations d'arbres exotiques, pièces d'eau et cascades artificielles ; le lac de Gravelle est créé pour alimenter les autres lacs du bois. Un grand nombre d'avenues sont peu à peu doublées par les allées cavalières ou piétonnes et ensuite par des pistes cyclables.

L'organisation de l'Exposition coloniale, en 1931, fut confiée au maréchal Lyautey qui réalisa une œuvre mémorable, sans toucher à un seul arbre.

Le bois de Vincennes aujourd'hui

Tandis que le reboisement complet du bois est en cours, les installations sportives ont pris la place de ce qui était militaire : 27 km de sentiers balisés s'offrent aux cavaliers, cyclistes, piétons, gymnastes, et le bois doit retrouver peu à peu le tracé voulu par Robert de Cotte. Les allées rectilignes rayonnent à partir de l'esplanade du Château, notamment la grande perspective de la route Dauphine, longue de 2 km, qui joint le château au plateau de Gravelle. Entre cette allée centrale et la route de la Pyramide, les terrains du champ de manœuvres sont aménagés en stades et terrains de jeux. La route Dauphine a été percée à travers l'ancien champ de manœuvres, et l'emplacement du polygone d'artillerie est occupé par le Centre universitaire de Vincennes. L'opération historique la plus remarquable a consisté en la recréation de l'Allée Royale, dont le tracé faisait partie des « chasses royales » de Louis XV. Son axe central part au-delà du quartier de cavalerie Carnot, qui la sépare malheureusement de la terrasse du château jusqu'à laquelle elle devrait se prolonger. Elle se poursuit sur 1,360 km à l'emplacement d'anciens terrains militaires et de l'ancienne université de Vincennes, sous la forme d'une double rangée de platanes bordée de massifs forestiers denses et en particulier de chênes, arbres caractéristiques de Vincennes.

Visite du bois de Vincennes

On entre dans le bois de Vincennes, venant de Paris, soit par la porte Dorée, soit par la porte de Vincennes en traversant Saint-Mandé. Dans ce dernier cas, aller jusqu'au carrefour de la Demi-Lune, face à la deuxième entrée du parc zoologique, avenue Daumesnil.

Il est conseillé de garer son automobile et de continuer à pied, car la plupart des routes qui traversent le bois sont fermées à la circulation. On peut cependant faire le tour du bois par l'avenue Daumesnil, la route de la Pyramide, l'avenue du Tremblay, la route de la Ferme, la route de la Tourelle et l'avenue de Gravelle.

Nous proposons ici un itinéraire circulaire de 13 km.

▶ Sortant de Paris par la porte Dorée, on se trouve sur la *place Edouard-Renard*. Immédiatement en arrière et à g., à l'entrée du bois, est situé le *musée national des Arts africains et océaniens (→ musées)*. ▶ Suivant l'avenue Daumesnil au-delà du musée, on arrive à l'entrée principale du zoo *(porte de Paris)*, à la bifurcation de l'avenue Daumesnil et de la route de ceinture du lac Daumesnil, désormais interdite aux voitures.

▷ Le parc zoologique de Vincennes*

t.l.j. 9 h-18 h. Entrée payante ; demi-tarif pour les familles nombreuses, les enfants de 3 à 7 ans, les étudiants et les membres de l'enseignement ; tarifs réduits pour groupes scolaires et autres ☎ 43.43.84.95

Ce zoo (dépendant du Muséum national d'histoire naturelle), l'un des plus beaux d'Europe pour ses collections, possède un cadre unique de verdure, au voisinage même du lac Daumesnil. Il occupe une superficie de 15 ha et a remplacé l'ancien parc, bien plus réduit, établi à proximité lors de l'Exposition coloniale de 1931. On y a réuni une importante *collection de mammifères et d'oiseaux*. Les jours de froid ou de pluie, les animaux sont à l'intérieur des rochers, dans leurs cages : chaque rocher est aménagé en ménagerie, accessible au public.

Vers l'extrémité N. du parc s'élève la masse imposante du *grand rocher* en béton moulé sur une armature métallique, des caprins et chamois. Haut de 68 m, on peut y accéder par deux escaliers ou par un ascenseur ; du sommet, on a *vue* sur le bois de Vincennes et les environs.

▷ Le lac Daumesnil

Immédiatement au sud-ouest du zoo se trouve le lac Daumesnil ou de Charenton, de 12 ha. C'est à proximité qu'a lieu chaque année, du dimanche des Rameaux à fin mai, la *Foire du Trône (→ quartier Nation)*. Le lac entoure deux *îles* reliées à la terre ferme et entre elles par des ponts suspendus (canots pour promenade). Les installations des îles du lac devaient rappeler, en plus modestes, celles du bois de Boulogne. Un buffet, un kiosque et des chalets de vente y furent installés. On plaça dans l'île

de Reuilly un chalet suisse acheté par la Ville à l'Exposition universelle de 1867 : c'est le restaurant du *Chalet des Iles* avec golf miniature et jeux pour les enfants. Près du pont, à dr., un petit *temple* en forme de rotonde, avec colonnes doriques monolithes, s'élève au-dessus d'une grotte artificielle. Il ennoblit cette promenade populaire et rappelle les folies du XVIIIe s. Il est l'œuvre de l'architecte *Davioud* qui en éleva un semblable au parc des Buttes-Chaumont.

▷ L'Institut international bouddhique★ *t.l.j. sf mar., mer., vend., 9 h-12 h/14 h-18 h*

Sur la rive S., à l'emplacement de l'ancien musée de l'Industrie du bois, s'élève l'Institut international bouddhique, vestige de l'Exposition de 1931, pour permettre à la dizaine de milliers de bouddhistes de la région parisienne d'y célébrer leur culte. En raison de son caractère international (elle sera, en effet, fréquentée par des bouddhistes de toutes obédiences), son style est particulier. L'idée qui a présidé à son élaboration vient de la feuille de l'arbre Bo (arbre de la Sagesse). Le toit, en nappes, parcouru de nervures obliques (symbole de la perfection de l'esprit pour atteindre la Sagesse ultime), culmine audessus de la *statue du Bouddha* dorée à la feuille (5 m de haut). Pour accéder au temple on franchit un plan d'eau *(lac du Lotus)*, frontière entre les agitations terrestres et la vie spirituelle, des escaliers, et des terrasses conçues pour des cérémonies en plein air. Les bonzes ont ici leur logement et le jardin, avec ses statues et ses lanternes, essaie de restituer un peu de l'atmosphère propre à l'Orient bouddhique.
▸ Plus au sud est situé le *Vélodrome municipal*, de 500 m de circonférence. Réunions du Grand Prix cycliste de Paris, en juin.

On peut reprendre la voiture pour faire le tour du bois.
▸ Au-delà de l'entrée du zoo, l'*avenue Daumesnil*, après avoir longé le zoo, traverse le bois en laissant à 500 m à g. le *lac de Saint-Mandé* (café-restaurant). Elle aboutit à l'*esplanade du Château* qui s'étend sur le front méridional du château de Vincennes *(→ ci-dessous)*. ▸ Le *square Carnot*, entre l'esplanade et le quartier de Cavalerie, contient de beaux spécimens d'arbres : le tulipier de Virginie à la floraison éclatante en juin-juillet, un séquoia géant. ▸ Audelà du quartier de Cavalerie s'ouvre l'*Allée Royale*, sur l'emplacement de l'ancien centre universitaire de Vincennes, et récemment replantée comme au temps de Louis XV.

La jungle à Paris

L'une des attractions les plus populaires de l'Exposition coloniale de 1931 fut sans conteste le parc zoologique qui, dès le premier dimanche, accueillit 50 000 visiteurs! Premier du genre aménagé en France, son originalité consistait à présenter des animaux en liberté apparente, séparés du public par des grilles et des fossés profonds dissimulés par des massifs de verdure, donnant ainsi au visiteur l'illusion de se promener en plein élément naturel. Son organisation avait été confiée à un spécialiste allemand, Hagenbeck, qui avait ouvert le sien à Hambourg en 1907. Déjà à Londres, le zoo avait été fait sur le même principe. A Paris, il était strictement réservé à la faune africaine; on n'y vit donc point de tigres ni de panthères.

Girafes, éléphants, vingt lions, antilopes, bufles, zèbres, autruches, cent quarante babouins d'Abyssinie, oiseaux d'eau et enfin un rhinocéros voyagèrent pendant cinq jours dans onze wagons depuis Hambourg. Les conditions climatiques défavorables firent souffrir les animaux et quelques singes moururent. L'attraction principale était le rocher aux lions où les fauves faisaient frissonner la foule par leurs rugissements et leurs combats sanglants. L'éducation des visiteurs restait à faire. Ne se préoccupaient-ils pas de nourrir les animaux avec les aliments les plus saugrenus : paquet de tabac pour les girafes, papiers de bonbons pour les singes ?

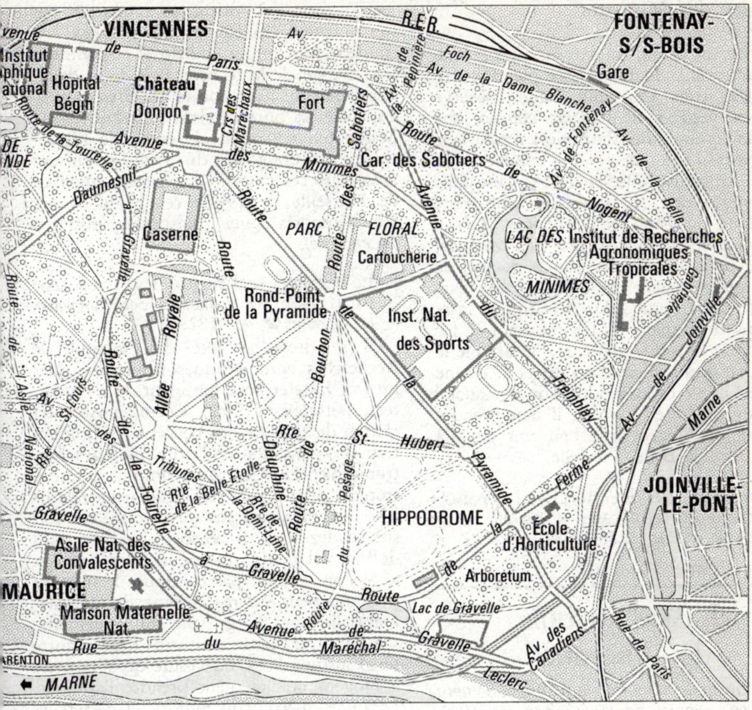

▷ Le parc floral★★ *entrée à l'angle de la route de la Pyramide et de l'avenue des Minimes qui partent de l'Esplanade. Bus : 56, 115, 118, 124, 112, 325; 46 : avr.-sept., mar., sam., dim. et fêtes après-midi / visites t.l.j., 9 h 30-19 h au printemps; 9 h 30-20 h en été, 21 h les samedis de juin à août; 9 h 30-18 h en automne; 9 h 30-17 h en hiver*

Ce parc, harmonieusement conçu avec ses plans d'eau, a été créé sur l'emplacement de l'ancienne école de Pyrotechnie, à l'occasion des *Floralies internationales* de 1969. Cinq ou six floraisons ont lieu tous les ans. Il s'y tient trois expositions par an : printemps, été, automne. Le *jardin des Quatre-saisons* permet d'admirer jacinthes, dahlias et chrysanthèmes. A signaler particulièrement la *vallée des Fleurs*, la pinède, le jardin d'enfants et le *jardin du Dahlia* (floraison à l'automne), qui se trouvait primitivement dans le parc de Sceaux. On verra également, dans le jardin aquatique, des *nymphéas*★ et des lotus; et dans l'*exotarium*, des poissons multicolores et des reptiles.

Expositions permanentes de maisons et de mobilier de jardin. *Sculptures* de *Calder*, *Agam*; *mobiles* de *Schœffer*, *Van Thinen*. Un hall international de 9 000 m² offre une belle *salle d'exposition*, soit pour des fleurs fragiles (orchidées), soit pour des salons culturels et commerciaux comme la Biennale de Paris. ▶ Suivre l'avenue des Minimes puis l'avenue du Tremblay.

▷ La Cartoucherie de Vincennes

L'ancienne Cartoucherie a retrouvé une nouvelle vie depuis qu'*Ariane Mnouchkine* a renouvelé le théâtre avec sa troupe. Elle a monté ici plusieurs spectacles qui ont fait date, tel « 1789 ». La Cartoucherie comprend le *théâtre de l'Aquarium*, le *théâtre de la Tempête*, et l'*atelier du Chaudron*. Poney-club pour les jeunes. ▶ A la suite, du même côté, se trouve l'*Institut national des sports* qui a remplacé, en 1952, l'ancienne école de Joinville, créée elle-même en 1852 dans la redoute de la Faisanderie; l'Institut dispose de vastes terrains de sport et d'un nouveau stade couvert, long de 138 m, dont la charpente en bois atteint une portée exceptionnelle de 93 m (1964). ▶ Enfin, au sud de l'Institut des sports, subsistent l'ancien stade Pershing et un grand parc des sports. De l'autre côté de la route, la carrière Saint-Hubert a été aménagée en 1986 en terrain hippique.

▷ Le lac des Minimes*

par l'av. du Tremblay

Ce lac, de 8 ha, est le plus pittoresque des quatre lacs du bois. Créé par *Alphand*, il baigne trois îles dont l'une conserve quelques vestiges de l'***ancien couvent des Minimes*** (moines Bonshommes) fondé vers 1155 par *Louis VII* et à l'emplacement duquel fut creusé le lac en 1857 ; c'est dans ces parages que se trouve le seul arbre subsistant de l'époque de Louis XV, à proximité des deux ***pavillons des Minimes***, constructions de brique rouge datant de 1816, qui servaient de logement aux gardes forestiers, puis plus récemment aux gardiens de la paix. ▶ Contournant le lac à pied par la route circulaire, on atteint la ***porte Jaune***, au nord, d'où un pont donne accès à l'île de ce nom : location de canots. Pour s'y rendre en voiture, il faut prendre la route de Nogent que l'on suit jusqu'à l'avenue de la Belle-Gabrielle.

▷ L'institut de Recherches agronomiques et tropicales *45 bis av. de la Belle-Gabrielle* ☎ *48.76.12.33*

L'Asie au bois de Vincennes

Le Centre tropical se trouve à l'emplacement du jardin colonial de l'Exposition de 1899. On y a réuni plusieurs bâtiments provenant d'expositions du début du siècle. Ainsi la fameuse pagode, présentée à l'Exposition coloniale de 1906 à Marseille, mais qui a malheureusement disparu dans un incendie en 1984. C'était un authentique dinh du Viêt-nam du Sud, c'est-à-dire une maison communale à vocation religieuse et civile où se réunissaient les notables pour débattre des affaires locales. A Paris il servit, dès 1917, au culte rendu aux soldats et ouvriers du génie indochinois morts pour la France. Le 2 novembre de chaque année ce culte est encore rendu. Il offre ainsi l'occasion de découvrir ce jardin et ses monuments qui attendent qu'on les restaure. La cour qui précédait le temple existe toujours, ainsi que l'urne funéraire en bronze. De là, une allée conduit au monument aux morts laotiens et cambodgiens ; elle est bordée de grands motifs sculptés, copiés sur ceux de l'allée d'Angkor, et présentés à l'Exposition coloniale de 1931. Une autre allée, bordée d'éléphants de porcelaine, mène à un ponton en laque rouge et au monument aux tirailleurs malgaches. Dans le jardin, on voit d'autres monuments aux morts : aux anciens combattants coloniaux, aux Indochinois chrétiens morts pour la France. Dernièrement, l'Association nationale des Anciens d'Indochine qui y a son siège, s'est vu confié par la Ville de Paris un monument à la gloire de la colonisation. Ce monument, désormais gênant, ornait une place parisienne.

L'entrée de l'institut se remarque par son portique chinois de laque rouge. Cet établissement public industriel et commercial, chargé de la recherche et de la documentation sur l'agronomie des pays chauds, a installé ses bureaux dans les pavillons du Maroc (en très mauvais état), de l'Indochine, du Congo et de Tunisie qui ont représenté ces pays à l'Exposition coloniale de Marseille de 1906 ; ces pavillons ont été démontés puis transportés jusqu'ici (→ *encadré*).

▷ Le Centre technique forestier tropical *visite sur demande écrite préalable, t.l.j. sf sam.* ☎ *48.73.32.95*

Il se dresse à côté de l'institut de Recherches agronomiques tropicales, dans un très vaste et beau bâtiment dû à l'architecte *Roux-Spitz* (1951). Cet organisme est chargé de tout ce qui concerne la production, l'exploitation et l'utilisation des bois tropicaux. Le Centre technique forestier tropical donne tous renseignements relatifs à ses activités, soit par correspondance, soit sur rendez-vous. Il possède des collections de bois coloniaux qui peuvent être visitées. ▶ Si l'on ne veut pas continuer le tour du bois, on peut suivre l'avenue de la Belle-Gabrielle vers la g. (piétons seulement ; sens unique pour voitures dans l'autre sens) jusqu'à la grande route de Vincennes à Nogent où l'on peut prendre l'autobus. Le 112 suit le circuit indiqué et dessert les terrains sportifs, l'arboretum. On se trouve aussi tout près de la gare de Nogent (RER). ▶ Si l'on veut continuer le tour du bois, suivre au contraire l'avenue de la Belle-Gabrielle vers la dr., puis la route de la Ferme ; on longe à g. la redoute de la Faisanderie, puis l'***école municipale d'Horticulture et d'Arboriculture du Breuil***, construits tous deux à la demande de l'*impératrice Eugénie*. ▶ Après avoir croisé la route de la Pyramide, on longe à dr. le ***champ de courses de Vincennes***, rénové en 1955 (nouvelles tribunes de 3 000 places). ▶ A g., l'***arboretum de l'école du Breuil*** *(lun., mer., ven., 13 h-16 h)*, d'un très grand intérêt, contient 2000 espèces d'arbres. ▶ ***Le lac de Gravelle.*** Ce vaste réservoir entouré de beaux arbres, à près de 40 m au-dessus du niveau de la Marne, reçoit toutes les eaux (20 000 m^3 environ) destinées à l'alimentation des ruisseaux et des lacs du bois. ▶ A proximité du lac (S.-O.) est situé le ***plateau de Gravelle***, point culminant du bois (72 m). La vue, jadis fort belle, est à présent masquée par des massifs très voisins, sauf deux échappées au sud et au sud-est. ▶ Du plateau, on suit l'***avenue de Gravelle*** qui longe la lisière S. du bois, en dominant à g. la vallée de la Marne (belles vues), qui revient vers le lac Daumesnil. ▶ Suivre la route du Bac puis l'avenue de Saint-Maurice, et à g. l'avenue Daumesnil qui ramène vers la porte Dorée et Paris, ou à dr. cette même avenue pour aller au château.

Le château de Vincennes ★★

Métro : Château-de-Vincennes
Bus : 56, 115, 118, 124, 325, 112
Entrée : avenue de Paris ☎ 48.08.13.00
Visite : sous la conduite d'un conférencier des Monuments historiques (45 mn) : t.l.j. 10 h-16 h en hiver ; 10 h-17 h 15 en été

Bien que le château appartienne à la municipalité de Vincennes, nous l'intégrons à la visite du bois.

Le château de Vincennes dans l'histoire

Vincennes rendez-vous de chasse

Le château de Vincennes est né de la passion des rois de France pour la chasse. Le bois de Vincennes étant devenu, au IXᵉ s., propriété de la couronne, Louis VII aurait fait élever, à l'emplacement du château actuel, un rendez-vous de chasse : sous son fils Philippe Auguste, il est fait mention de façon certaine d'un manoir royal, et le roi data plusieurs de ses actes de Vincennes ; il fit enclore le bois d'un vaste mur pour le préserver des défrichements. Dès lors, les rois de France séjournèrent fréquemment à Vincennes. Saint Louis surtout aima cet endroit, et le récit de Joinville nous montrant le monarque rendant la justice au pied d'un chêne du bois est connu de tous ; il y construisit un nouveau manoir, aujourd'hui disparu, et une Sainte-Chapelle, dans le style de celle de Paris et de Saint-Germain, destinée à recevoir une épine de la couronne du Christ, prélevée en 1239 sur la relique conservée à la Sainte-Chapelle de Paris. C'est de Vincennes que Saint Louis partit pour la croisade où il trouva la mort à Tunis.

Le manoir de Vincennes vit se dérouler de grands événements : le mariage de Philippe III le Hardi (1274), celui de Philippe IV le Bel (1284) avec Jeanne de Navarre, âgée de treize ans et qui mourut à Vincennes (1304), le jugement et la sentence de mort d'Enguerrand de Marigny (1316), la mort de Louis X le Hutin (1316), Philippe V le Long (1322) et Charles IV le Bel (1328), derniers Capétiens directs.

« Le Windsor des Valois »

C'est à la branche des Valois que revint l'honneur de faire du manoir primitif l'immense forteresse que Michelet comparait au château des rois d'Angleterre. Philippe VI, premier des Valois, commença la construction du donjon en 1334 et, à sa mort (1350), les fondations étaient achevées. Mais la guerre de Cent Ans avait commencé et le trésor était vide : les travaux furent arrêtés jusqu'en 1361, date à laquelle Jean le Bon les fit reprendre ; trois étages furent construits. Le donjon fut achevé en 1370 par Charles V (né à Vincennes en 1337) à qui il servit de retraite et où il installa une partie de son trésor et de sa bibliothèque, comme au Louvre. Un précieux inventaire nous indique la liste du mobilier et des richesses, avec leur emplacement dans les différentes salles. L'ensemble faisait l'admiration des visiteurs de marque, comme Charles IV, empereur d'Allemagne, en 1378.

C'est à Charles V que l'on doit le château tel qu'il apparaît dans les Très Riches Heures du duc de Berry, avec sa grande enceinte rectangulaire hérissée de tours, qui devait entourer, nous raconte Christine de Pisan, une cité où se seraient élevés les palais de ses seigneurs « les mieux aimés » ; mais ces derniers ne voulurent pas abdiquer ainsi leur indépendance et le terrain demeura inoccupé. Le roi détruisit la Sainte-Chapelle de Saint Louis et, en 1379, posa la première pierre de la nouvelle : elle sortait à peine de terre quand il mourut, non loin, au château de Beauté-sur-Marne, en 1380.

Les travaux s'arrêtèrent pour un temps, le château étant tombé entre les mains des Anglais. C'est dans l'ancienne chambre de Charles V que meurt, en 1422, au moment même où il allait opérer sa jonction avec ses alliés bourguignons, le roi d'Angleterre Henri V, atteint de dysenterie. En 1432, le château, définitivement repris aux Anglais, reçoit Charles VII qui le restaure et apprécie ce séjour, proche du château de Beauté qu'il a donné à sa maîtresse, Agnès Sorel : c'est à Vincennes que cette dernière met au monde une fille.

Si Louis XI préfère Plessis-lez-Tours, il fait cependant bâtir à Vincennes, dans l'angle S.-O. de l'enceinte, un pavillon disparu, que François Ier fit achever et décorer par le Primatice. C'est aussi François Ier qui fit terminer la Sainte-Chapelle que Henri II consacra en 1552. Cependant Vincennes commence à être délaissé au profit de Fontainebleau, Saint-Germain-en-Laye ou les châteaux de la Loire. Mais il offre encore une place sûre à l'époque troublée des guerres de Religion.

Charles IX y meurt, en 1574, torturé par le remords d'avoir permis la Saint-Barthélemy. Henri III se réfugie au château dont la Ligue s'empare en 1590, après un an de siège.

Vincennes classique

Au XVIIe s., le donjon est définitivement abandonné en tant que résidence royale, mais il devient prison royale (→ encadré). Les souverains préfèrent loger dans deux vastes ailes projetées par Catherine de Médicis dès 1560, de part et d'autre de la cour S., et dont Marie de Médicis posa la première pierre en 1610. Le dauphin, futur Louis XIII, y vécut pendant la régence de sa mère et, devenu roi, fit continuer la construction de ces deux corps de logis, dits pavillon du Roi et pavillon de la Reine. Ceux-ci furent achevés en 1658 sous la direction de Le Vau par Mazarin qui s'était nommé, sur le conseil de Colbert, gouverneur de Vincennes pour avoir « un lieu où mettre à l'abri ses richesses en cas d'émeutes ». L'intérieur est somptueusement décoré sous la direction de Philippe de Champaigne pour accueillir, en 1660, Louis XIV et Marie-Thérèse de retour de l'île des Faisans où s'est conclu le mariage. C'est à Vincennes que mourut Mazarin le 9 mars 1661, et que le roi proclama, aussitôt après, sa volonté de gouverner désormais lui-même.

En 1715, après la mort de Louis XIV, Louis XV enfant quitte Versailles, selon le vœu de son arrière-grand-père, et vient passer 72 jours à Vincennes, réputé pour la salubrité de son air. Cet intermède mis à part, le château, abandonné pour celui de Versailles, cesse définitivement d'être séjour royal. Tandis que le donjon abrite de distingués prisonniers, le château reçoit diverses affectations dont celle de Manufacture de porcelaine de 1738 à 1756 (→ encadré). En 1743, on créa à Vincennes une école de Cadets, origine de l'Ecole militaire. Par mesure d'économie, Louis XVI songea à mettre en vente « un château qui n'est bon à rien », mais c'était compter sans les habitants qui l'avaient envahi, comme le Louvre, et qui s'opposèrent à cette décision. La destruction faillit survenir en 1791, lorsque les Parisiens du faubourg Saint-Antoine se portèrent sur le donjon, symbole du despotisme, pour le démolir : La Fayette arriva à temps pour les en empêcher (→ encadré).

Vincennes militaire

C'est avec Bonaparte que commence la période de Vincennes militaire, qui a duré jusqu'à nos jours, et fut ensanglantée à ses débuts par l'exécution du duc d'Enghien. Napoléon accentue l'importance de Vincennes sur le plan militaire : le château devient arsenal et forteresse ; toutes les tours, sauf celles du Village, sont rasées à hauteur de courtine. Le donjon continue à recevoir des prisonniers comme les cardinaux partisans de Pie VII (dont Mgr de Boulogne).

De 1809 à 1814, pendant les Cent-Jours, et de 1830 à 1832, date de sa mort, Daumesnil fut gouverneur de Vincennes ; en 1814, il répondit aux Alliés qui le sommaient de rendre la place : « Les Autrichiens m'ont enlevé une jambe (il l'avait perdue à Wagram), qu'ils me la rapportent, ou qu'ils viennent me prendre l'autre ». En 1815, il résista aux offres et aux menaces de Blücher. En 1830, alors que les émeutiers envahissaient le fort pour s'emparer de plusieurs des ministres de Charles X qui y étaient détenus, Daumesnil les éloigna en faisant mine de mettre le feu à la poudrière.

Dans Servitude et Grandeur militaires, Vigny a évoqué son séjour à Vincennes en 1819.

A partir de 1840, le château fut systématiquement transformé en fort de la place de Paris. Toutes les ouvertures extérieures furent bouchées, les courtines doublées par des casemates, les fossés du donjon comblés, tandis que des glacis s'élevaient tout autour de l'enceinte. Le manoir primitif, antérieur au XIVe s., qui avait partiellement subsisté jusqu'alors, fut entièrement démoli, ainsi que le portique N. réunissant les pavillons du Roi et de la Reine, pour faire place à des bâtiments militaires. On divisa la chapelle par des planchers, les pavillons royaux furent transformés en casernes et le donjon en magasin d'armes.

En 1840 furent créés à Vincennes les chasseurs à pied : un musée est consacré à leur histoire dans l'enceinte du Vieux-Fort. De 1842 à 1848, le duc de Montpensier, cinquième fils de Louis-Philippe, habita le pavillon de la Reine en qualité de commandant du fort. Il s'opposa à la destruction projetée de la Sainte-Chapelle.

Après la Révolution de 1848, Barbès et Blanqui sont enfermés au donjon, comme le sont un peu plus tard les opposants au second Empire. En 1871, neuf Fédérés sont fusillés dans les fossés N. par les Versaillais.

Résurrection de Vincennes

De 1854 à 1867, Viollet-le-Duc puis son élève Anatole de Baudot restaurent la Sainte-Chapelle. Mais c'est seulement en 1930 qu'une ardente campagne de presse en faveur du château, lancée par M. André Hurtret, provoqua un mouvement général de l'opinion ; la Chambre vota le principe de l'évacuation échelonnée du château par l'autorité militaire. Le percement du cours des Maréchaux fut réalisé, ainsi que le dégagement du front oriental des remparts ; en 1934, le Musée Historique était inauguré au donjon. Pendant la guerre, le château fut occupé par les Allemands. C'est au moment de leur départ que Vincennes allait connaître le moment le plus tragique de son histoire. Le 20 août 1944, une trentaine d'otages étaient fusillés à l'intérieur des remparts et dans le fossé E. Enfin, au soir du 24 août, les Allemands faisaient sauter les casemates des fronts O. et S., ainsi qu'une partie du pavillon du Roi, tandis qu'un incendie dévastait le pavillon de la Reine. L'explosion fit réapparaître le portique S. et son arc de triomphe de Le Vau, oublié depuis 130 ans.

Les travaux mirent au jour la porte entière, et on restaura les reliefs de Van Obstal et Desjardins. Mais l'étendue des dégâts était considérable. Les travaux de restauration, entrepris dès 1944 par le service des Monuments historiques, ont été confiés à l'architecte Jean Trouvelot. Les vitraux ont repris leur place dans la Sainte-Chapelle en 1952 ; la restauration des pavillons du Roi et de la Reine s'est accompagnée du dégagement du portique S. et de la reconstitution du portique N. ; la démolition des casemates et le dégagement des anciens fossés comblés au XIXe s., ont rendu au donjon son aspect primitif (1972), tout en faisant réapparaître le pont du XIVe s. qui y donnait accès ; enfin l'esplanade, à l'entrée S. du château, est presque redevenue le point de convergence des trois allées en patte d'oie : la route de la Pyramide, l'avenue Daumesnil et l'Allée Royale qui bute encore sur le quartier Carnot. La Sainte-Chapelle est maintenant entièrement restaurée comme au XVIIe s., mais la partie N. de l'enceinte reste encore encombrée de bâtiments militaires.

Visite du château de Vincennes

▷ Le château*

C'est une immense bâtisse de 320 m de long sur 178 m de large, enclose par une muraille et un large fossé autrefois rempli d'eau. Cette courtine est flanquée de neuf tours, le donjon formant hors d'œuvre à l'ouest. Ces tours ont été arasées sous l'Empire au niveau du rempart, à l'exception de la *tour du Village* où s'ouvre l'entrée.

La tour mesure 48 m de haut à partir du fond des fossés et comprend six étages ; elles est flanquée, aux angles postérieurs, de deux tourelles. Du côté de l'avenue de Paris, la façade offre une sobre décoration du XIVe s. et la porte est surmontée de deux anges portant les armes de France. C'est là que logeait le capitaine de la place.

Dans la cour, à g., s'élevait le manoir de Saint-Louis, détruit au XVIIe s. et dont une plaque signale l'emplacement. Un peu plus loin, une pierre gravée commémore l'exécution de onze otages par les nazis, le 20 août 1944.

▷ Le donjon*

L'extérieur

C'est une puissante tour carrée, flanquée de quatre tourelles aux angles, et dont la terrasse est à 50 m de hauteur. La chemise ou enceinte particulière du donjon est entièrement entourée d'un large fossé qui avait été comblé du côté de la cour et qui a été rétabli ; ces travaux ont amené le dégagement du très beau pont d'accès du XIVe s. On a démoli les casemates construites au siècle dernier de part et d'autre du donjon : ce superbe ouvrage, qui constituait à lui seul un palais-forteresse complet, a donc retrouvé son isolement primitif.

L'intérieur

Le donjon abrite le *Musée Historique* (☎ *43.28.15.48*). On a réuni, dans les différentes salles, des documents retraçant l'histoire du château (fac-similés de miniatures, de manuscrits, de peintures et d'estampes, moulages de statues et de sceaux, pièces originales diverses).Mais l'intérêt réside avant tout dans la splendeur des salles elles-mêmes, avec le magnifique ensemble sculpté des consoles et des clefs de voûte (plus de 400 motifs). Au-dessus du rez-de-chaussée, divisé en deux salles, les trois étages constituent un volume unique dont les ogives reposent sur un pilier central ; de petites pièces, ménagées dans les tourelles, servaient d'oratoires, de garde-robes, etc.

Rez-de-chaussée. Une des deux portes (XIIIe s.) provient de la tour du Temple, à Paris. Les deux salles du rez-de-chaussée constituaient vraisemblablement des locaux de services. En hors d'œuvre se trouvaient les anciennes cuisines, où le corps de Henri V d'Angleterre fut bouilli en 1422 pour permettre son transport à Londres. Salle N. : documents sur l'histoire du manoir des Capétiens, des origines à Charles IV le Bel. Salle S. : naissance du donjon, de Philippe VI à Jean le Bon ; le puits est profond de 17 m. Cellule de Latude où le prisonnier eut le temps, en un peu plus de deux ans, caché par la cheminée, de percer le mur d'un mètre d'épaisseur pour communiquer avec la cour des prisonniers. Par un petit escalier à vis, on monte au premier étage.

Premier étage. ***Grande salle**** où le roi siégeait en conseil ou en Parlement. Aux voûtes, lambris en chêne, datant des origines du monument (ils couvraient

L'émeute du 28 février 1791

Le 20 novembre 1790, un décret de l'Assemblée nationale mettait le donjon à la disposition de la commune de Paris pour servir d'annexe aux prisons de la ville devenues trops exiguës. Le 14 janvier 1791, commencèrent les travaux de réparation et d'aménagement. L'émotion engendrée fut telle chez les révolutionnaires, qu'ils hurlèrent à la perspective de restauration des prisons d'Etat. A leurs cris se levèrent aussi les habitants du faubourg Saint-Antoine, des bandes armées, des mégères en furie, des gamins en armes qui se ruèrent sur Vincennes, détruisirent sculptures, portes, plates-formes de la grande tour et de la poterne. Ils s'apprêtaient à saccager encore le château lorsque le maire de Vincennes requit l'intervention du général La Fayette qui mata la révolte. Soixante-quatre meneurs furent arrêtés et conduits à la Conciergerie à Paris, mais les travaux ne pouvaient plus être poursuivis, la volonté du peuple s'étant violemment élevée contre l'idée d'une prison préventive. On en fit alors une maison de réclusion pour les femmes de mauvaise vie mais, mal surveillées, elles se livrèrent aux pires débauches. Leur transfert à la Salpêtrière et à Saint-Lazare fut décidé fin 1794.

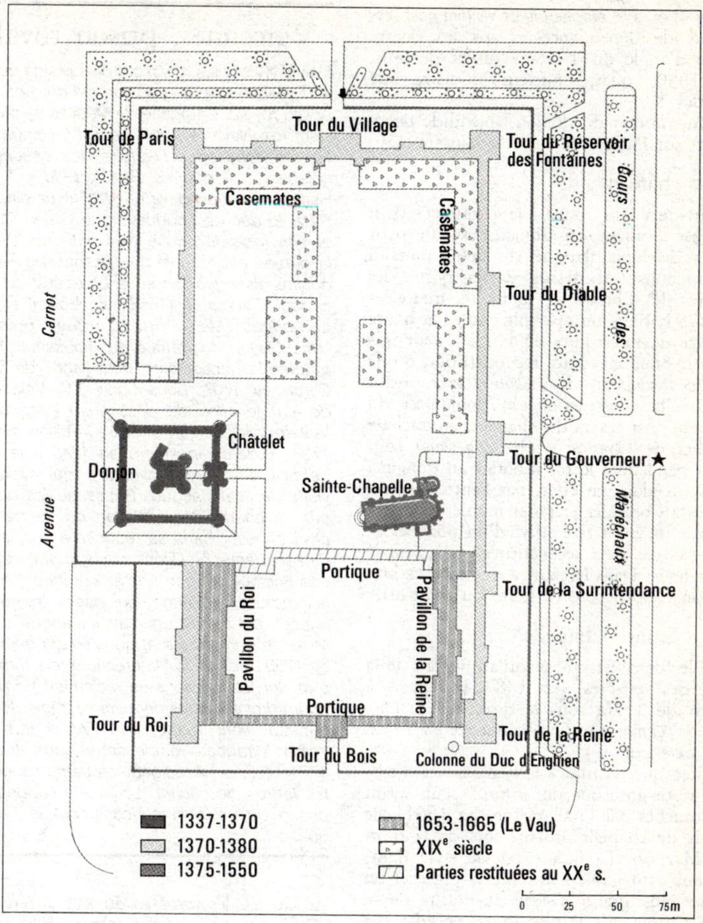

Le château de Vincennes

autrefois intégralement les murs). Ici commence la superbe série des *culs-de-lampe**, figurant les quatre évangélistes et leurs attributs (l'ange, le lion, l'aigle et le bœuf) que l'on retrouvera dans les deux autres salles centrales. Souvenirs de l'époque de Charles V et de Fouquet qui y fut incarcéré. Tourelle N.-O. : cellule où furent emprisonnés Mirabeau et Barbès (documents et souvenirs) ; documents sur les premiers prisonniers du château (XVe et XVIe s.). On emprunte l'*escalier royal* construit par *Charles V*, un des plus larges qui nous restent du XIVe s. : les marches ont deux mètres de long.

*2e étage. Chambre du Roi** : cette salle est la plus belle et la plus évocatrice ; c'est là que vécut Charles V, qu'il reçut la visite de son oncle maternel, l'empereur Charles IV d'Allemagne, auquel il abandonna même cette chambre et son lit pour aller coucher à la « chambre aux Daims » (mal identifiée), en signe de bon accueil. C'est là aussi que, selon la tradition, moururent Henri V d'Angleterre et le roi Charles IX, que fut emprisonné le cardinal de Retz. Pilier central, nervures, clés, consoles et linteau de la cheminée sculptés ; manteau de la cheminée et murs portant les traces d'une décoration faite par un prisonnier au XVIIIe s. Dans la salle, documents relatifs à l'histoire du château, de Charles V à Louis XIV. *Tourelle S.-O.*, consacrée aux reines, princesses et favorites ayant habité Vincennes aux XVe et XVIe s. *Tourelle N.-O.*, ancien oratoire de Charles V : souvenirs des prisonniers du XVIIe s. dont le duc de Beaufort, célèbre par son évasion ; nombreux graffiti. *Chapelle de Charles V* : ravissantes décorations des culs-de-lampe et de la clef de voûte (La Trinité). *Tourelle N.-E.* : cellule de Raspail.

3e étage (ne se visite pas). Chambre des enfants royaux : c'est là que furent incarcérés le duc de Beaufort, Condé, le prince de Conti, le duc de Longueville et Diderot.

Le 4e et le 5e étages (ne se visitent pas) servaient de dépendances. Dans les quatre salles d'angle du 4e étage furent détenus, en 1830, quatre anciens ministres de Charles X.

Du sommet du donjon, splendide *panorama** sur Paris et le bois de Vincennes.

▷ Le châtelet

Au-delà du pont, le châtelet (E.), défense avancée du donjon, est un petit corps de logis flanqué de deux tours à mâchicoulis. Au-dessus de la porte, les armes de Charles V ont été martelées en 1791, mais on aperçoit encore la haute fenêtre de l'« estude » où le roi aimait travailler. Sous la voûte, reconstitution d'une vieille *inscription* de *Philippe Ogier*, ayant trait à la construction du donjon et du château. Au revers du châtelet, le gracieux escalier de Charles V (→ *ci-dessus*) était celui par lequel le roi montait au donjon : on y accédait, en effet, par l'entrée royale, située au premier étage et réunie au châtelet par un pont fixe suivi d'un pont-levis ; cette entrée a été reconstituée, mais sans le pont-levis. Dans la cour, à dr., *salle de projection audio-visuelle* (histoire du château).

▷ La Sainte-Chapelle**

Elle fut construite jusqu'au niveau de la base des verrières, vers 1387, et achevée à partir de 1520, sous la direction de *Philibert de l'Orme*, pour être consacrée en 1552.

L'extérieur

Bien que terminé à la Renaissance, l'édifice reste gothique, les vitraux seuls ayant été touchés par l'italianisme. En 1661, elle servit de chapelle ardente lors de la mort de Mazarin. La façade est de style flamboyant : un gable surmonte la porte et un autre plus grand s'élève au-dessus de la rose, tandis que le pignon est encadré par deux tourelles à clochetons sculptés, comme les pinacles des côtés, du chiffre et de la salamandre de François Ier. La flèche a disparu au XVIIIe s.

L'intérieur

Longue de 33 m, haute de 20 m, large de 10 m, cette chapelle, à nef unique, ne comprend, contrairement à la Sainte-Chapelle de Paris, qu'un seul étage. Les voûtes d'ogives sont timbrées des monogrammes de Henri II, Catherine de Médicis et Charles IX. Le décor des consoles et de la frise (XVe s.) est du même style que la voussure du portail. Dans les sept fenêtres du chevet, les *verrières* du XVIe s. représentent les visions de l'Apocalypse. Elles furent commandées par *Philibert de l'Orme* à *Nicolas Beaurain*, et doivent peut-être leur composition à *Jean Cousin*. Elles ont été restaurées à de nombreuses reprises et la baie N., au-dessus du sacraire, est entièrement moderne. Au bas du vitrail central, on remarque François Ier priant. A dr. et à g. du chœur, deux petites portes aux tympans sculptés du XVe s. (armes de France et de Bavière) donnent chacune accès à un oratoire. A g. du chœur, une autre porte (XVe s.) donne accès à la grande sacristie, ornée de belles consoles ; au-dessus se trouve le Trésor. L'oratoire de g. (à g. piscine sculptée flamboyante) renferme le *tombeau du duc d'Enghien* (→ *encadré*) et quatre statues en marbre par *Deseine* (1825). Jadis dans le chœur, c'est le futur Napoléon III qui le fit reléguer dans la salle actuelle. Le jubé, les stalles et l'autel du XVIe s. ont disparu pendant la Révolution.

Vincennes, prison royale

Dès le XVIe s. les rois n'ont plus résidé qu'épisodiquement dans le donjon qui devient alors prison royale. Catherine de Médicis y enferme Henri de Navarre, futur Henri IV. Pendant la Fronde commence l'histoire des prisonniers célèbres : le duc de Beaufort, le « roi des Halles » qui s'évade en 1648 ; le cardinal de Retz, le duc de Longueville, le Grand Condé et son frère, le prince de Conti. Au XVIIe s. le donjon est réservé aux prisonniers « d'une qualité distinguée » : sous Louis XIV se succèdent Foucquet (1662), la Voisin et ses complices de l'Affaire des poisons, Mme Guyon, fondatrice du quiétisme (1695) et enfin les jansénistes, dont l'abbé de Saint-Cyran en 1707. Sous Louis XV, Vincennes devient le « lieu de désespoir » évoqué par Voltaire ; le donjon reçoit Crébillon fils en 1734 ; Diderot, incarcéré en 1749 à la suite de sa Lettre sur les aveugles, qui y reçut la visite de Jean-Jacques Rousseau (ce dernier eut en chemin la révélation du thème qu'il allait exposer dans sa réponse à la question de l'académie de Dijon : « Si le rétablissement des Sciences et des Arts a contribué à épurer les mœurs ») ; Latude, qui passa trente-cinq années de sa vie pour avoir intrigué contre Mme de Pompadour et qui s'évada deux fois en 1750 et en 1765 : la première fois, il réussit à affoler les gardiens en réclamant un prêtre pour administrer les derniers sacrements à un mourant fictif ; Sade, en 1777, y eut pour voisin Mirabeau, emprisonné pour duel en 1771-1780, qui y rédigea son pamphlet contre les lettres de cachet. Louis XVI supprime la prison que rétablit curieusement la Révolution.

Pour en savoir plus...

Colonel de Fossa : Le château historique de Vincennes à travers les âges (2 tomes) ; Paris, 1908.

F. Enaud : Le château de Vincennes, Paris, 1954.

G. Poisson : Le Val-de-Marne, Paris, 1968.

▷ La Résidence royale* *ne se visite pas*

Cete résidence, construite par *Le Vau* de 1654 à 1661, s'étend au sud du donjon et de la chapelle, à l'intérieur de l'enceinte du Moyen Age.

L'extérieur

Encadrant la cour d'honneur, deux corps de logis sont sobrement rythmés par des pilastres doriques : le pavillon du Roi et le pavillon de la Reine. Ils sont réunis par deux galeries fermant la cour, ornées de niches séparant des arcades. Le portique N., détruit au XIXe s., a été reconstruit; le portique S., qui avait remplacé l'ancienne courtine du côté du bois et avait été englobé dans une casemate en 1840, a été retrouvé presque intact sous les débris de cet ouvrage, dynamité par les Allemands en 1944 et restauré depuis. Au centre, englobant la base de l'ancienne tour du Bois, le ***portail d'honneur*** est en forme d'arc de triomphe. Cette très belle œuvre de *Le Vau* a perdu les statues qui ornaient ses niches et sa balustrade.

Les deux pavillons royaux ont gravement souffert de l'explosion de 1944; les façades sur la cour ont pu être intégralement restaurées dans leur état primitif, mais l'intérieur des bâtiments a dû être presque entièrement refait et on a mis au jour des stucs et des peintures.

L'intérieur

Le ***pavillon du Roi*** *(à l'ouest)*, construit pour Louis XIV et Marie-Thérèse, et où mourut Mazarin avant l'achèvement de ses appartements dans le pavillon de la Reine, est occupé par les archives de l'Armée. Au premier étage, l'ancienne ***antichambre de la reine*** a conservé intact tout son décor, peint au XVIIe s. par *Michel Dorigny* (gendre de *Simon Vouet*), de figures ailées et d'amours portant des médaillons au chiffre de Marie-Thérèse; les corbeilles de fleurs sont dues à *J.-B. Monnoyer*. C'est à présent le seul vestige de la décoration intérieure du château de *Le Vau*. Dans l'ancien ***appartement du roi*** ont été remontées des boiseries de *Gabriel*, provenant du garde-meuble royal de la place de la Concorde.

Le pavillon de la Reine *(à l'est)*. Bâti pour Anne d'Autriche et Mazarin, ce pavillon, dont la restauration est terminée, a malheureusement perdu sa décoration intérieure ravagée par l'incendie; mais on peut voir au Louvre, dans le vestibule des salles de la Colonnade, le plafond et les lambris de la Chambre du Conseil de la reine, qui y avaient été transportés sous Charles X. Il ne reste plus d'ancien, à l'intérieur, que l'***escalier***, magnifiquement restauré, et un cabinet dont le plafond octogonal est peint d'une ***Renommée*** portant le médaillon de Monsieur, frère de Louis XIV. Cette aile abrite les archives de la Marine.

La mort du duc d'Enghien

Le 20 mars 1804, le duc, enlevé cinq jours auparavant à Ettenheim (en face de Strasbourg), sur le territoire de la Confédération germanique, et inculpé de complicité avec les émigrés, fut incarcéré à Vincennes dans le pavillon du Roi, à 18 h. A 1 h 45 du matin, il était jugé sommairement dans la tour du Bois et fusillé, au pied de la tour de la Reine, à 3 h du matin (21 mars); son corps, jeté dans une fosse en cet endroit, sera exhumé par Louis XVIII en 1816 et placé dans un monument installé dans la chapelle.

La porcelaine de Vincennes

En 1738, Gilles et Robert Dubois, ouvriers transfuges de la manufacture de Chantilly, reçurent l'autorisation de s'installer dans les locaux inoccupés de la tour du Diable. Hautement protégés, ils découvrirent avec leur ami Gravant le secret de la pâte tendre et achetèrent celui de la technique d'application de l'or à un bénédictin de Saint-Martin-des-Champs. Ce qui leur fit obtenir un privilège en 1745, le titre de Manufacture royale en 1753, et une réputation inégalée. L'emploi de l'or fut une prérogative exclusive de Vincennes, tandis que l'usage de riches fonds colorés devait rendre la porcelaine de Vincennes encore plus appréciée. Le «rose Pompadour» y fut perfectionné, et le «bleu céleste» donna le fameux «bleu de Sèvres» en 1763. L'adoption du «biscuit» en 1752 permit une grande innovation au niveau de la forme. Des artistes extérieurs, tel Boucher qui donna le modèle des charmants petits groupes dits «enfants Boucher», furent appelés.

L'apogée de la Manufacture se situe entre 1753 et 1756 quand domine un style baroque, mesuré et harmonieux, dont l'exemple le plus représentatif est un service livré à Louis XV composé de 1744 pièces à fond bleu céleste et décor de bouquets polychromes. En 1756, la Manufacture déménagea à Sèvres et eut le succès que nous lui connaissons.

▷ L'enceinte du château

Sortant par la tour du Village, on contourne l'enceinte par la g. Après avoir dépassé l'angle N.-O., flanqué par la ***tour de Paris***, carrée, qui conserve ses fenêtres en tiers-point du XIVe s., on suit le front O. de la forteresse par l'avenue Carnot. C'est sur ce front que s'élève en saillie le ***donjon*** entouré de sa chemise fortifiée carrée, elle-même enveloppée d'un large fossé : remarquer, à la base, l'énorme empattement (risberme) destiné à défier les travaux de sape. Au XVe s., on a couvert d'une toiture la ***galerie*** ou chemin de ronde dont les mâchicoulis sont surmontés de créneaux. C'est par une de ces ouvertures que s'évada le duc de Beaufort : la corde étant trop courte, il tomba sur l'empattement et y resta quelques instants évanoui; ses complices, postés sur la contrescarpe, parvinrent à le tirer du fossé avec une corde. Au sud du donjon, derrière le pavillon du Roi, le glacis a été arasé et les anciennes terrasses ont été reconstituées.

Sur le front S. s'étend l'*esplanade du château*, dégagée en 1954, à l'entrée du bois de Vincennes. Un pont, jeté sur le fossé, donne accès au portail de la cour d'honneur, base de l'ancienne tour du Bois. L'angle S.-O. de l'enceinte est flanqué par la *tour du Roi*, l'angle S.-E. par la *tour de la Reine*.

Au pied de celle-ci, dans le fossé, une colonne a été érigée en 1816 à l'endroit où fut exécuté le duc d'Enghien.

Tout le front oriental du château a été dégagé, en 1931, par le percement du cours des Maréchaux. En suivant ce cours vers Vincennes, on dépasse successivement la *tour de la Surintendance*, la *tour du Gouverneur* au centre, et la *tour du Diable* où furent installés au XVIIIe s. les ouvriers porcelainiers de Vincennes, et par où le duc d'Enghien descendit dans les fossés au moment de son exécution, enfin la *tour du Réservoir*, qui forme l'angle N.-E. Sur ce parcours on découvre, au-dessus des remparts, la partie haute du pavillon de la Reine (beau fronton classique) et l'abside de la Sainte-Chapelle.

Les musées de Paris

Que Paris, capitale dix fois centenaire d'un pays au patrimoine extraordinairement riche et varié, siège d'un Etat dont l'action centralisatrice s'est longtemps fait sentir dans le domaine culturel avec autant de contrainte que dans l'ordre politique ; que cette ville, vieille de plus de deux mille ans, si souvent et à tant d'égards privilégiée, compte aujourd'hui intra-muros plus de cent musées, ne saurait surprendre. Mais surtout ne doit-on pas s'étonner de trouver, dans les fonds que ces établissements rassemblent, en même temps qu'une éclatante confirmation de la primauté de la cité, une fidèle image de la fortune, au sens le plus noble, de la France. C'est dans cette double illustration que réside, au premier chef, l'insigne valeur des musées parisiens, qu'ils appartiennent à l'Etat, à la Ville, ou à une autre personne morale.

Aussi exceptionnelle que leur qualité et leur abondance, la *diversité des collections* y est, à coup sûr, pour beaucoup. Rares en effet sont au monde les villes qui offrent à leurs habitants et à leurs hôtes de passage une telle variété d'œuvres et de documents, qu'il s'agisse d'art ou d'archéologie, d'histoire ou d'anthropologie, de lettres, de sciences ou de techniques — gamme que, au reste (et comment ne pas en tenir compte ?) complète, au voisinage, l'apport des prestigieux musées établis dans les châteaux de Versailles et des Trianons, de Malmaison, de Saint-Germain-en-Laye, d'Ecouen, de Compiègne et de Fontainebleau, pour ne citer qu'eux. Au total un saisissant panorama du savoir, de la sensibilité, de l'activité des hommes qui, des origines à nos jours, ont fait la France et, avec elle, Paris, et qui, pour les parfaire l'une et l'autre, ont su à l'occasion donner à leurs entreprises une dimension universelle. Or, précisément parce que leur curiosité et leurs ambitions se sont d'une manière ou d'une autre étendues à toutes les parties du globe, c'est bien une *somme*, peut-être inégalée, peut-être même inégalable, *des connaissances*, des créations, des aventures de l'humanité que présentent, en définitive, les musées de Paris.

Sans doute, pour mieux explorer ce prodigieux « gisement », n'est-il pas sans intérêt d'apprendre comment il s'est formé.

Des origines à 1815

C'est à la fin du XVIIIe s., pendant la tourmente révolutionnaire, qu'ont été ouverts à Paris les premiers musées publics. Conformes au principe didactique, historique et centralisateur cher aux encyclopédistes, ces créations vont marquer dès le départ les directions cardinales du développement, jusqu'à nos jours, des collections nationales : art, archéologie, histoire naturelle, sciences et techniques.

Le 26 mai 1791, le *Louvre* était affecté aux monuments des sciences et des arts ; en novembre 1792 commençait le transport dans le palais des œuvres d'art prélevées dans les maisons royales ; institué le 27 juillet 1793, par décret de la Convention, le *muséum de la République* était inauguré le

10 août suivant, jour anniversaire de la chute de la royauté : dans la partie occidentale de la Grande Galerie, 537 peintures et 124 objets d'art se trouvèrent ainsi offerts à l'admiration des visiteurs et, surtout, à l'inspiration des artistes (l'établissement devant d'abord servir, selon la pédagogie du temps, à la formation de ceux-ci). « Désormais et jusqu'à Cézanne et Matisse, le Louvre sera le grand laboratoire où s'élaborera l'art moderne » (G. Bazin).

L'enseignement des naturalistes, des ingénieurs et des historiens n'était cependant pas négligé : virent le jour, à la même époque, le *Muséum d'histoire naturelle* (10 juin 1793), dans l'ancien jardin des plantes du roi, le *musée des Arts et Métiers* (10 octobre 1794), bientôt installé au prieuré de Saint-Martin-des-Champs (1798) et, groupant les épaves des églises et des châteaux nationalisés, le *musée des Monuments français* (21 octobre 1795) au couvent des Petits-Augustins, où, dès octobre 1790, avaient été déposées les œuvres confisquées dans les sanctuaires parisiens.

L'apport des collections royales

Il serait certainement abusif de voir, dans ces créations, une sorte de génération spontanée : elles eussent été, pour les trois premières en tout cas, impossibles ou moins brillantes sans l'apport des collections royales dont la distribution préfigure, sur plus d'un point, le schéma muséologique révolutionnaire.

Le musée du Louvre est bien né du *cabinet des tableaux* créé par François Ier, acquéreur de peintures italiennes parmi lesquelles resplendit déjà la Joconde, et enrichi par ses successeurs jusqu'à la fin de l'Ancien Régime ; de même que le fonds primitif de son actuel cabinet des Dessins fut constitué par les 5 542 pièces de la collection du banquier Jabach, achetée à l'initiative de Colbert en 1671 ; de même encore que son département des Objets d'art est, pour une part importante, l'héritier du *Garde-Meuble de la Couronne*, qu'il faut bien considérer comme un des premiers musées français puisque dans l'hôtel construit à son usage par Gabriel place Louis-XV (l'actuel ministère de la Marine) où on l'installa en 1774, des salles avaient été prévues qui furent ouvertes au public à partir de 1778, le deuxième mardi de chaque mois. Et pour recevoir le Muséum d'histoire naturelle aurait-on trouvé cadre plus opportun que ce *jardin des Plantes* fondé en 1626 par Guy de Labrosse, médecin de Louis XIII, et savamment développé par Buffon, de 1739 à 1788 ?

Comment également ne pas voir un ancêtre du *musée des Techniques*, au moins quant au principe, dans ce « dépôt de toutes les machines présentées à l'Académie » que devait aussi accueillir le bâtiment de l'*Observatoire* de Paris, inauguré au jour du solstice d'été de l'année 1667 ? A tout le moins ce musée prit-il la suite de la collection de machines et de documents rassemblée par Vaucanson, ouverte au public en 1760 et léguée au roi en 1782.

Pourquoi, par ailleurs, passerait-on sous silence les origines royales du *cabinet des Médailles* de la Bibliothèque nationale, commencé par François Ier, organisé par Henri IV, considérablement accru par Louis XIV et installé en 1741 dans l'hôtel de la marquise de Lambert ? ou celles du *musée de l'Armée*, qui remontent à l'année 1685, où le maréchal duc d'Humières, grand maître de l'Artillerie, obtint du roi l'autorisation de placer à la Bastille un dépôt de modèles « pour servir à l'enseignement des jeunes officiers » ? ou celles encore du *musée de la Marine*, dont Duhamel du Monceau, inspecteur général de cette arme, procura les premiers éléments en donnant au roi, en 1748, sa magnifique collection navale ? Pourquoi, au reste, ne signalerait-on pas que cette collection rejoignit au Louvre celle des *plans-reliefs*, créée en 1668 par Louvois pour fournir au souverain et à ses chefs militaires une documentation exacte sur les places fortes françaises et étrangères, et surtout que ce fut une raison muséologique qui, en 1777, commanda le transfert de cette dernière à l'hôtel des Invalides : la libération de la Grande Galerie qu'elle occupait, en vue de la présentation au public des collections de peintures de la Couronne.

Car l'idée d'ouvrir un musée dans le *Louvre* — où, ne l'oublions pas non plus, l'Académie royale de peintures et de sculptures exposait chaque année, dans le Salon Carré, les œuvres de ses membres — était déjà vieille de près d'un demi-siècle quand la Convention la réalisa. Lancée en 1747 par un polémiste, Lafont de Saint-Yenne, dans un pamphlet dirigé contre le secret des collections du roi, elle fut reprise et développée par Diderot en 1765, au tome IX de l'Encyclopédie (article « Louvre »). Trois ans plus tard, le marquis de Marigny, directeur des Bâtiments, frère de Mme de Pompadour et complice des philosophes, dressait le premier projet et le soumettait à Louis XV, mais sans résultat. Son successeur, le comte d'Angiviller, rouvrait le dossier sous Louis XVI et, malgré de sérieux obstacles techniques et financiers, poussait les études avec persévérance : les travaux de réfection de la *Grande Galerie* commençaient en 1789.

Doit-on pour autant prétendre, comme certains, qu'en matière de musées *la Révolution* s'est contentée de conduire à bonne fin les projets de l'Ancien Régime ? Ce serait ne pas tenir compte de la passion de logique qui les fit revoir et amplifier, ni de la fervente conviction avec laquelle des organismes dont l'existence demeurait empirique furent transformés en institutions régies par des lois et des règlements. Il fallait et cette passion et cette conviction pour donner sa pleine efficacité au fondamental *instrument de culture* que devint dès lors le musée. Tandis que, de son côté, le messianisme révolutionnaire, relayé par l'épopée impériale, favorisait de prestigieux enrichissements en les justifiant à sa manière : offrir à Paris la démonstration de la supériorité du génie humain, la plus complète, la plus élevée, la plus profitable à tous les citoyens de l'Europe.

Le musée Napoléon

De l'afflux des *œuvres d'art saisies*, à la suite des victoires françaises, en Belgique, en Hollande, en Italie, en Allemagne, en Autriche, le Louvre fut le principal bénéficiaire. Objet des soins attentifs de Bonaparte et grâce au talent du directeur qu'en 1802 le Premier Consul lui donna, Vivant Denon, il devint pour quelques années, sous le nom de musée Napoléon à partir de 1803, le plus prestigieux musée de tous les temps, au moins en ce qui concerne les peintures et les antiquités classiques. Sans doute, cette concentration de chefs-d'œuvre ne suscita-t-elle pas que des approbations ; et, de fait, quelle que soit la solidité des arguments avancés, il s'avère difficile de repousser complètement l'accusation de pillage. On doit cependant reconnaître, d'abord, que le grand rassemblement parisien fit école : à Milan et à Venise par décision impériale, ou directement, pour échapper aux réquisitions, comme à Bologne et à Anvers ; ensuite et surtout, que par prélèvement sur les fonds accumulés, des musées furent créés de toutes pièces dans quinze villes de province, dont Bruxelles, Mayence et Genève, alors chefs-lieux de départements français. Observons enfin qu'en 1814, après le départ de l'Empereur pour l'île d'Elbe et la restauration de la monarchie en France, les Alliés n'osèrent pas remettre en cause les traités qui avaient enrichi le Louvre : ne peut-on y voir, dans une certaine mesure, une ultime preuve, a contrario, du succès de l'extraordinaire aventure ?

Il n'en alla certes pas de même en 1815, après Waterloo. Cette fois, les vainqueurs se gardèrent bien, sur la recommandation de Wellington, de « perdre l'occasion de donner aux Français une grande leçon morale ». Tous les pays « spoliés » envoyèrent des commissaires pour récupérer les œuvres qui leur avaient été enlevées : plus de 5 000 pièces, dont 2 065 tableaux, quittèrent ainsi le Louvre, qui parut dévasté.

Le musée du Louvre, de 1815 à nos jours

Le désastre, de toute façon, ne pouvait remettre en question la vocation muséologique du palais. A la confirmer au contraire, à l'étendre et à la diversifier, s'employèrent continûment, jusqu'à nos jours, les régimes qui, après 1815, se succédèrent en France. L'archéologie, d'abord, y contribua abondamment. Du *musée des Antiques*, ouvert en 1800 au rez-de-chaussée de la Petite Galerie, demeuraient essentiellement le noyau royal, constitué par les bronzes d'après l'antique exécutés pour François Ier à Fontainebleau et par les marbres originaux réunis par Louis XIV à Versailles, ainsi que les pièces de la collection Borghèse acquise en 1807. Très vite, après 1815, le musée s'enrichit à nouveau d'antiquités grecques et romaines, procurées par les travaux des archéologues, par les acquisitions de nos agents diplomatiques — comme celles des célèbres Vénus de Milo (1821) et Victoire de Samothrace (1863) —, par de nombreux et importants achats — comme ceux des collections Tochon (1818), Durand (1824) et Campana (1863) qui ont notamment fait du Louvre un des hauts lieux de la céramique grecque —, ainsi que par de multiples donations. Point de chapitre de l'histoire de l'art classique, des origines de l'hellénisme aux derniers temps de l'empire de Rome, qui, aujourd'hui, ne se trouve ainsi illustré et souvent de façon insigne : marbres, bronzes, céramiques, orfèvreries, ivoires, verreries, fresques, mosaïques concourant tour à tour, ou simultanément, à cette brillante revue.

Les antiquités égyptiennes

C'est en 1826 que l'achat, par Champollion, de la collection du consul anglais Salt détermina la création du département. L'acquisition peu après d'une partie de la collection du consul de France Drovetti, puis l'entrée au Louvre de celle formée par l'auteur du déchiffrement des hiéroglyphes lui-même, au cours d'un séjour en Egypte et, un peu plus tard, l'apport considérable des 6 000 objets trouvés par Mariette au Sérapeum, donnèrent à ce département un développement rapide que permirent de poursuivre régulièrement, à partir de 1895, les fouilles méthodiquement entreprises par ses conservateurs en liaison étroite avec l'Institut français du Caire, indépendamment de nombreux enrichissements, tels que la donation Curtis (1938) ou le transfert dans le palais, en 1922, du fonds égyptien de la Bibliothèque nationale et, en 1948, de celui du musée Guimet.

Ainsi, grâce à ce rassemblement de renommée mondiale, peut-on de nos jours suivre au Louvre, dans toute la continuité de leur évolution, la civilisation et l'art de la vallée du Nil, des origines à l'ère chrétienne.

Les antiquités orientales

Plus tardive fut la formation du département qui, constitué comme tel en 1881, offre à présent un *panorama presque complet* des anciennes civilisations de l'Asie antérieure. Elle est étroitement liée au développement de la recherche archéologique en Mésopotamie, en Iran, dans les pays du Levant, à Chypre, ainsi que dans l'Afrique du Nord punique : des fouilles de Paul-Emile Botta à Khorsabad en 1843 — dont le produit donna naissance, en 1847, au premier *musée assyrien* du Louvre — à celles, contemporaines, de Claude Schaeffer à Ras-Shamra et d'André Parrot à Mari, en passant notamment par les découvertes de la mission Renan en Palestine et en Syrie (1860), de la délégation en Perse, dirigée à partir de 1897 par Jacques de Morgan, ou encore par celles des archéologues français qui, en explorant le site du Tello, en basse Mésopotamie, apportèrent la révélation de la civilisation sumérienne. A ce département a été rattachée, en 1945, une *section des Arts musulmans*.

Les sculptures

Quand fut fermé, en 1817, le musée des Monuments français créé en 1795 par Alexandre Lenoir, une partie des vestiges des châteaux et des églises de France qu'il abritait passa de l'ancien couvent des Petits-Augustins au palais du Louvre, où elle forma le premier fonds du futur département des Sculptures. Bientôt complétée par des pièces venues de Versailles, de Saint-Cloud et de Fontainebleau, cette collection, presque exclusivement formée de morceaux de la *Renaissance* et de l'époque classique, s'enrichit à partir de 1850 de sculptures du *Moyen Age*, longtemps dédaignées, grâce à l'impulsion du marquis de Laborde, puis de Courajod qui réussit à faire rentrer des éléments entassés dans le dépôt de Saint-Denis ou abandonnés sur les chantiers des cathédrales. D'abord rattachée au département des Antiques, formant ensuite, en 1871, un département commun avec les Objets d'art, elle constitua un département autonome en 1893.

Principalement consacré à la sculpture française de la période romane à la fin du XIXe s., ce département présente aussi des *séries étrangères* des XVe et XVIe s., hollandaise, allemande, espagnole et surtout italienne. Joyaux de cette dernière, deux chefs-d'œuvre jouissent d'une réputation universelle : les *Esclaves de Michel-Ange* qui, objets d'une saisie révolutionnaire, entrèrent au Louvre dès 1794.

Les objets d'art

Aux origines du département des Objets d'art qui, comme le précédent, reçut son autonomie en 1893, nous trouvons encore les collections de la Couronne : gemmes, orfèvreries, émaux que rejoignirent les précieux vestiges des trésors de l'abbaye royale de Saint-Denis, de la Sainte-Chapelle et de l'ordre du Saint-Esprit. Sous la Restauration, avec l'acquisition notamment des riches collections Durand (1825) et Revoil (1828), le Louvre s'ouvre, dans ce domaine, aux objets de toutes provenances et de toutes techniques, le Moyen Age et la Renaissance ayant d'abord la préférence. L'arrivée en 1870 des meubles des maisons royales de Saint-Cloud et des Tuileries, et surtout le transfert en 1901 des pièces principales de l'ancien mobilier de la Couronne conservées jusqu'alors au Garde-Meuble, déterminèrent l'ouverture d'une série de salles consacrées au mobilier français. D'importants achats, mais aussi des donations considérables (Sauvageot, Thiers, Arconati-Visconti, Adolphe et Salomon de Rothschild, Camondo, Schlichting, Martin-Leroy, David-Weill, Niarchos, etc.) ne cessèrent, jusqu'à nos jours, d'enrichir ce département qui offre un des *ensembles les plus complets* des arts du bois, du métal, des pierres rares, des tissus, de l'ivoire, de la céramique, de la verrerie, des émaux du Moyen Age aux temps modernes.

Les peintures

Après 1815, les peintures ne bénéficièrent pas de moindres efforts, mais ce fut surtout à partir du second Empire que gouvernants et conservateurs s'employèrent le plus activement à réparer l'irréparable désastre.

Sous la Restauration, pour regarnir la Grande Galerie, on fit venir des tableaux exposés au Luxembourg (telle la brillante suite de Marie de Médicis, de Rubens) qui, affecté en 1818 aux artistes contemporains, devint en quelque sorte l'antichambre du Louvre ; sous la monarchie de Juillet, la création du *musée historique de Versailles* absorba la quasi-totalité des crédits d'acquisition ; et, en l'installant en 1838 dans l'aile de la Colonnade, Louis-Philippe ne fit que prêter sa fameuse *galerie espagnole* : une vente la dispersa à Londres, en 1853, après la mort du roi exilé. L'essor du département reprit dans l'enthousiasme sous la IIe République, pour n'être ensuite suspendu qu'aux périodes de guerre 1870-1871, 1914-1918, 1940-1945. En agrandissant le palais, le second Empire procura fort opportunément de nouvelles salles, vastes et mieux éclairées, pour l'exposition des peintures dont le nombre fut alors abondamment accru. Si, dans ce domaine, l'achat de la *collection Campana* (1861) fit entrer des artistes capitaux non encore représentés, Uccello et Tura, elle profita surtout aux musées de province — à présent, au musée du Petit Palais d'Avignon, où, dans un cadre parfaitement approprié, viennent d'être regroupées les œuvres des XIVe et XVe s. italiens de ce fonds —, par contre, le *legs du docteur La Caze* (1869) valut au Louvre, avec 272 tableaux, une des plus belles donations de son histoire : la Bethsabée de Rembrandt, la Bohémienne de Frans Hals, le Pied-Bot de Ribera, le Repas de Le Nain, le Pierrot de Watteau, les Baigneuses de Fragonard... Point de décennie, depuis, qui n'ait été marquée par d'opportuns autant que notables *enrichissements*, l'ingéniosité des conservateurs, la sagacité des administrateurs et la générosité des donateurs concourant à faire de la *collection* des peintures du Louvre, sinon la plus nombreuse, du moins *la plus complète* qu'il y ait au monde.

Le cabinet des Dessins

Enfin, c'est à partir de 1870 que le cabinet des Dessins, dont a été rappelée plus haut l'origine royale, prit une importante extension, grâce à de nombreux achats mais aussi à une brillante série de *donations* : His de la Salle (1878), Gatteaux (1881), Moreau-Nélaton (1907-1927), Bonnat (1912-1919), Walter-Gay (1913-1938), Kœchlin (1933), David-Weill (1953-1956), etc.

Au total, plus de 90 000 pièces, dont 80 000 dessins, une exceptionnelle série de pastels du XVIIIe et du XIXe s., des miniatures : un ensemble fort harmonieux où *toutes les écoles européennes* sont présentes, l'éclectisme étant ici encore la règle d'or de la politique d'acquisition suivie. D'autant plus harmonieux, au reste, qu'au cabinet des Dessins ont été rattachés la *chalcographie*, d'origine royale elle aussi, et ce véritable musée de l'estampe que constitue la *collection Edmond de Rothschild* avec ses quelque 30 000 gravures et plus de 3 000 dessins donnés au Louvre en 1935.

De nos jours le musée du Louvre connaît, ou va connaître, de profondes modifications, dues d'abord au départ des collections de peintures, sculptures, dessins et objets d'art postérieurs à 1848 et qu'abrite désormais le musée d'Orsay, et ensuite aux réorganisations qu'entraînera la réalisation du *Grand Louvre* décidée en septembre 1981 par le président de la République.

Les autres musées parisiens, de 1815 à 1870

A mesure que le musée du Louvre s'enrichit et se diversifie, à mesure que ses collections gagnent, de proche en proche, les trois cinquièmes du palais tel qu'il se présente aujourd'hui — la dernière extension étant marquée par l'ouverture au public, en 1968, du pavillon et de l'aile de Flore —, les *créations de musées* se multiplient à Paris et selon un rythme dont l'accélération suit, dans l'ensemble, celle du développement du grand musée national. Concomitance, au vrai, parfaitement logique puisque les mêmes mobiles intellectuels, économiques ou politiques sous-tendent l'un et l'autre phénomènes, comme ils expliquent, d'ailleurs, la prolifération simultanée des musées provinciaux.

L'activité muséologique du premier Empire s'était presque entièrement concentrée, à Paris, sur le Louvre. Le 3 août 1801, un musée de la Marine fut bien ouvert, place de la Concorde, dans l'ancien Garde-Meuble où l'on rassembla les vestiges de la collection de Duhamel du Montceau saccagée pendant la Révolution et les débris des collections d'émigrés et de celles des grandes compagnies ; mais, par son effet psychologique, la défaite de Trafalgar (1805) paralysa bientôt l'entreprise. Il faut attendre la Restauration pour voir naître, dans la capitale, de nouveaux et importants musées.

La Restauration

Jusqu'à la fin du second Empire, le nombre des créations demeure très limité : six au maximum. La première date du 24 avril 1818. Ce jour-là Louis XVIII inaugura, dans le *palais du Luxembourg*, une institution depuis longtemps sollicitée : un musée consacré exclusivement à la production des artistes vivants, qui devait y demeurer, en principe, jusqu'au centième anniversaire de leur naissance ; passée cette date, les œuvres pouvaient soit entrer glorieusement au Louvre, soit être dirigées sur un musée de province ou servir à la décoration d'un bâtiment public, soit encore être reléguées dans les réserves du musée... Au fil des ans, malgré les mouvements, les ouvrages exposés se firent plus nombreux : 74 en 1818, 149 en 1849, 240 en 1875, pour ne parler que des peintures. Dans le palais le musée occupa divers locaux avant que le Sénat lui affectât, en 1886, son *orangerie*, où il fut hébergé jusqu'en 1939. Il disparut alors, pour reparaître, au lendemain de la Seconde Guerre mondiale, sous la forme du *musée national d'Art moderne*, et l'orangerie du Luxembourg est maintenant affectée à des expositions temporaires.

La victoire de Navarin, en restaurant le prestige naval de la France, sauva le *musée de la Marine* de l'oubli dans lequel il était tombé : quelques mois après l'événement, le 27 novembre 1827, le duc d'Angoulême, grand amiral de France, inaugurait au Louvre le musée Dauphin qui, bénéficiant de la faveur de la famille royale, allait rapidement s'enrichir de modèles, de trophées et de souvenirs divers. Endommagé pendant les journées de juillet 1830, transféré du rez-de-chaussée des bâtiments de la Cour Carrée au premier étage puis sous les combles, il ne reprit son essor que lorsque le ministère de la Marine, auquel il fut rattaché en 1919, put l'installer dans l'aile du nouveau *palais de Chaillot*, où il est ouvert au public depuis 1943.

Signalons encore à l'actif du règne de Charles X la décision, prise en 1827, d'établir dans l'*hôtel des Monnaies*, construit de 1771 à 1777 par J.-D. Antoine, le musée qu'inaugura Louis-Philippe le 8 novembre 1833 et qui rassemble aujourd'hui, outre une très belle collection de monnaies et de médailles du Moyen Age à l'époque contemporaine, de nombreux coins et poinçons, ainsi que des instruments anciens de fabrication des monnaies.

La monarchie de Juillet

De cet âge d'or des « antiquaires » que fut la monarchie de Juillet, Paris conserve un héritage insigne entre tous : le *musée des Thermes et de l'hôtel de Cluny*, né de l'achat par l'Etat, en 1843, de la collection d'objets du Moyen Age et de la Renaissance constituée par Alexandre Du Sommerard (1772-1842) à une époque où ces périodes ne suscitaient guère d'intérêt, et de l'ancienne résidence parisienne des abbés de Cluny, que le collectionneur avait partiellement louée en 1833 pour abriter les milliers de pièces déjà réunies par lui. A cet hôtel furent ajoutées, cédées par la Ville, les ruines voisines des thermes gallo-romains où, depuis 1819, était présenté le produit des fouilles locales. C'est au fils d'Alexandre Du Sommerard, Edmond, nommé conservateur, que le musée doit ses enrichissements les plus prestigieux, tels l'autel de Bâle ou la Dame à la licorne.

Ce musée a fait l'objet, depuis la fin de la dernière guerre, d'un complet réaménagement : les Thermes ont été réservés aux seules collections archéologiques ; l'hôtel aux œuvres médiévales, leur répartition s'inspirant du *Livre des Métiers*, dans lequel Etienne Boileau, prévôt de Paris, enregistra en 1270 les statuts des différents métiers parisiens. Quant aux objets de la Renaissance, ils ont été transférés dans le château d'Ecouen où a été ouvert, le 25 octobre 1977, le musée national consacré à cette période.

Le second Empire

A l'exemple du premier Empire, le second Empire donna largement la *priorité au Louvre* dans ses préoccupations muséologiques. A cette époque, néanmoins, sont ouverts à Paris : en 1864, le *musée instrumental du Conservatoire national supérieur de la Musique* à la suite de l'acquisition par l'Etat de la collection du compositeur Louis Clapisson et, en 1867, le *musée de l'Histoire de France*, fondé dans le beau décor du palais des princes de Soubise par le marquis de Laborde, garde des archives de l'Empire, pour évoquer, à partir de documents tirés des cartons des archives, l'histoire de notre pays depuis les temps mérovingiens. Peu auparavant, en 1865, le *cabinet des Médailles*, accru de l'admirable collection du duc de Luynes (1862), avait été transféré de l'hôtel Lambert dans une vaste galerie le long de la rue de Richelieu — qu'il quittera en 1917, augmenté d'autres donations, pour les nouveaux locaux de la Bibliothèque nationale où son ancien décor a été restitué.

De 1870 à 1918

C'est à partir de la IIIe République qu'à Paris, comme dans le reste de la France, le mouvement va s'accélérer et non plus seulement à l'initiative de l'Etat.

Les musées de la Ville de Paris

Ainsi, sur la vingtaine d'établissements fondés entre 1870 et 1918, cinq le sont-ils par la Ville : celui, d'abord, qu'elle consacre à son histoire, au début comme section documentaire de la *Bibliothèque historique de la Ville de Paris* créée par Jules Cousin après 1870 et installée à l'hôtel Carnavalet puis, quand les collections se firent plus abondantes — surtout après la donation, en 1881, par le comte de Liesville, de nombreuses œuvres d'art et séries révolutionnaires —, comme un véritable musée auquel la bibliothèque dut céder la place, en s'établissant dans l'hôtel voisin Le Peletier de Saint-Fargeau. L'enrichissement ininterrompu des collections nécessita la construction d'annexes en 1897, en 1914 et en 1945. Aujourd'hui, l'installation de la Bibliothèque historique de la Ville de Paris dans l'hôtel Lamoignon, tout proche, doit permettre l'aménagement de l'hôtel Le Peletier pour la présentation des collections du musée.

Dans l'*hôtel de la plaine Monceau* qu'Henri Cernuschi, financier milanais réfugié à Paris après le soulèvement de 1848, lui légua en 1895, avec ses collections orientales, la Ville ouvrit un autre musée que ses conservateurs successifs devaient principalement spécialiser dans les arts de la Chine ancienne.

Troisième établissement municipal important, inauguré le 11 décembre 1902, le musée installé dans l'édifice communément désigné sous le nom de *Petit Palais*, construit pour abriter une rétrospective d'art français pendant l'Exposition universelle de 1900 et pour présenter ensuite les œuvres d'art ancien et moderne appartenant à la Ville, ainsi que pour accueillir des expositions caractéristiques de différentes civilisations : programme scrupuleusement respecté depuis trois quarts de siècle.

Avant 1914, enfin, deux grands écrivains sont honorés chacun d'un musée par la municipalité : *Victor Hugo*, en 1903, dans l'appartement qu'il occupa de 1832 à 1848 au deuxième étage de l'hôtel de Rohan Guéméné, place des Vosges, et *Honoré de Balzac*, dans la maison qu'il habita de 1840 à 1847 au n° 47 de l'actuelle rue Raynouard.

Les musées privés

Des associations, pendant la même période, emboîtèrent le pas. Ainsi, en 1875, la *Société de l'histoire du protestantisme français*, créée en 1852, commençait-elle à rassembler, dans l'immeuble de la rue des Saints-Pères où elle aménageait sa bibliothèque, des peintures, des gravures, des médailles, des souvenirs divers ; en 1886, dès sa fondation, la *société du Vieux-Montmartre* réunissait une collection qui devait rapidement s'enrichir ; en 1903, la *Bibliothèque polonaise*, ouverte à Paris en 1838, se donnait en annexe un musée consacré à Adam Mickiewicz.

Aucun établissement de cette catégorie juridique ne devait cependant connaître, dans la capitale, l'importance de celui que créa, en 1877, une société constituée à cet effet par l'Union centrale des beaux-arts appliqués à l'industrie, fondée en 1864 et qui, après sa fusion en 1882 avec ladite société, devint l'*Union centrale des arts décoratifs*. D'abord installé au pavillon de Flore puis au palais de l'Industrie, le *musée des Arts décoratifs* fut transféré en 1904 dans le pavillon de Marsan à la suite d'une convention avec l'Etat ; riche en plus de 50 000 œuvres dont quelque 45 000 proviennent de dons ou de legs, il est aussi le siège d'une très précieuse bibliothèque spécialisée dans l'histoire des arts décoratifs et, depuis près de trois quarts de siècle, le lieu d'expositions temporaires qui comptent parmi les plus fréquentées de Paris.

Un autre musée, lui aussi digne d'une attention particulière, peut être ajouté à cette série : le *musée Jacquemart-André*, né du legs à l'Institut de France, en 1912, de l'hôtel et de la collection du banquier Edouard André et de son épouse, Nélie Jacquemart : une collection au sens exact du terme, formée par de grands amateurs, aussi épris d'art français du XVIIIe s. que d'art italien de la Renaissance. Comme d'ailleurs le fut aussi, à la même époque, dans le domaine de l'art et des religions asiatiques, celle qu'un industriel lyonnais, Emile Guimet, installa — après avoir créé un premier musée à Lyon en 1879 — dans le bâtiment qu'il fit construire place d'Iéna entre 1885 et 1888. Devenu national en 1929, le *musée Guimet* s'accrut, en 1945, des collections du département des Arts asiatiques qui s'était constitué au Louvre en 1932 ; de multiples acquisitions sont venues depuis compléter la brillante revue qu'il offre des arts de l'Asie centrale, orientale et extrême-orientale.

Les musées nationaux

Mais c'est encore à l'Etat que, du début de la IIIe République à la Première Guerre mondiale, Paris doit le plus grand nombre de ses nouveaux musées. Dans le domaine des arts, quatre établissements gérés par la *direction des Musées nationaux* voient alors le jour : réalisant un rêve de Viollet-le-Duc, le *musée de Sculpture comparée* présente, à partir de 1882, dans les galeries du palais du Trocadéro nouvellement édifié, des moulages des œuvres des sculpteurs français du Moyen Age, de la Renaissance et des temps modernes ; en léguant à l'Etat, en 1903, ses collections et l'immeuble qui les renferme, l'auteur dramatique d'Ennery (1811-1899) offre au public d'intéressantes séries extrêmes-orientales ; en choisissant le même légataire, deux grands artistes, *Gustave Moreau* en 1902 et *Auguste Rodin* en 1916, reçoivent chacun le musée souhaité, le premier dans l'immeuble qui abritait ses œuvres, rue de La Rochefoucauld, le second dans l'hôtel Biron acheté par l'État en 1910, qu'il occupait depuis 1908.

L'histoire, les sciences, les techniques n'en inspirent pas moins la muséologie ; des administrations, de grandes institutions publiques alimentent cet autre courant : l'*Opéra* (en 1878), *l'Observatoire* (en 1879), la *préfecture de police* (en 1908) qui vient de renouveler la présentation de ses collections dans l'hôtel de police de la rue des Carmes, *le Val-de-Grâce* (en 1916). Après avoir inauguré par un musée, en 1879, son Institut pédagogique, le ministère de l'Instruction publique ouvre en 1880 un *musée d'Ethnographie* au palais du Trocadéro, et en 1911 le *musée de la Parole* (aujourd'hui *musée Charles Cros*), qui sera rattaché en 1938 à la Phonothèque nationale, tandis que celui de la Guerre donne naissance en 1905 au *musée de l'Armée*, en réunissant les collections du Musée historique qu'il avait fondé en 1896 et celles du vieux musée de l'Artillerie à maintes reprises enrichi au cours du XIXe s., et en s'installant dans l'hôtel des Invalides. Après 1945 il s'accroît du *musée des deux guerres mondiales*, devenu *musée d'Histoire de la B.D.I.C.*, et de celui de l'*Ordre de la Libération*.

De 1918 à nos jours

Après la Première Guerre mondiale, loin de se ralentir, la multiplication des musées, à Paris comme en province, s'accélère davantage encore : son rythme, qui était d'un musée en moyenne tous les deux ans entre 1870 et 1914, passe à un par an de 1918 à 1939.

Entre les deux guerres

Durant cette période l'institution achève de s'imposer dans tous les domaines ; elle commémore ou honore, autant qu'elle instruit ou divertit. Ainsi célèbre-t-on Braille au *musée Valentin Haüy* dans l'Institut des Jeunes Aveugles ; *Clemenceau*, en 1931, dans sa demeure de la rue Franklin ; *Branly*, en 1932, sur l'emplacement de son ancien laboratoire, rue d'Assas ; *Pasteur*, en 1936, dans l'appartement qu'il habita de 1888 à 1895, à l'institut qui porte son nom. *Lénine*, en 1955, dans le logement qu'il occupait, rue Marie-Rose, au temps de sa proscription. Comme le fit, pour *Eugène Delacroix*, une société des Amis du peintre en organisant en 1932, au nº 6 de la place de Fürstenberg où l'artiste vécut et travailla de 1857 à sa mort (1863), un musée qu'elle remettra en 1952 à l'État. En 1926, par ailleurs, l'Etat avait accepté, d'un neveu de *Jean-Jacques Henner*, le musée qu'il avait créé dans un immeuble de l'avenue de Villiers, et qui réunissait peintures et dessins de l'artiste alsacien.

La *Fondation Dosnes-Thiers* s'ouvre, en 1926, dans l'hôtel de l'Homme d'Etat, place Saint-Georges, et abrite le *musée Frédéric Masson* voué à l'épopée napoléonienne. Cet établissement vient d'être rénové.

De même se perpétuent, dans les hôtels qui les abritent, les grandes collections d'art privées : celle du fondateur des magasins de la Samaritaine, *Ernest Cognacq-Jay*, donnée à la Ville de Paris en 1928 ; celle que *Paul Marmottan* hérita de son père, le financier Jules Marmottan, et qu'il enrichit à son tour avant de la léguer à l'Institut de France en 1932 ; celle du comte *Moïse de Camondo*, remise à l'union centrale des Arts décoratifs en 1935 en mémoire de son fils Nissim, mort pour la France en 1917. De même encore se constituent : en 1921, dans l'ancienne faculté de médecine, un *musée de l'Histoire de la médecine* ; en 1924, dans une aile moderne de l'hôtel de Salm, un *musée de la Légion d'honneur* ; en 1934, dans l'ancien couvent des Filles de Sainte-Geneviève installé en 1670 dans l'hôtel Martin (construit vers 1630), quai de la Tournelle, par une collaboratrice de Monsieur Vincent, un *musée de l'Assistance publique*.

Quatre grands établissements parisiens sont particulièrement représentatifs des principales orientations muséologiques de cette période : le musée consacré en 1935, dans un bâtiment construit pour l'Exposition coloniale de 1931, à l'histoire et aux arts de la France d'outre-mer (notre actuel *musée national des Arts africains et océaniens*) ; le *Palais de la Découverte*, ouvert en 1937 au Grand Palais des Champs-Elysées et conçu autant comme un musée de vulgarisation que comme un centre d'enseignement scientifique ; le *musée national des Monuments français* qui, la même année, remplace, dans le nouveau palais de Chaillot, le musée de Sculpture comparée de l'ancien Trocadéro, mutation qui favorise l'extension des sections d'art monumental ; enfin, le *musée de l'Homme*, centre d'enseignement et d'études dépendant du Muséum d'histoire naturelle autant que musée d'art qui, dans le même palais, à partir de 1938, regroupe les collections de l'ancien musée d'Ethnographie du Trocadéro et les collections ostéologiques du Muséum d'histoire naturelle.

Après 1945

Au lendemain de la Seconde Guerre mondiale, le rythme d'accroissement en nombre des musées parisiens se maintient comme auparavant mais pour peu de temps. En 1945 s'ouvrait un *musée de la Pharmacie* à la faculté de pharmacie, avenue de l'Observatoire. En 1946 était créé le *Musée postal*, actuellement installé boulevard de Vaugirard, dans la Maison de la Poste et de la Philatélie. L'année suivante vit — outre la création d'un Musée arménien qu'abrita ensuite le musée d'Ennery — l'ouverture du *musée national d'Art moderne*, successeur du musée du Luxembourg, dans un édifice construit avenue du Président-Wilson à l'occasion de l'Exposition universelle de 1937, tandis que le *Jeu de Paume* des Tuileries était consacré à la présentation des collections impressionnistes possédées par le Louvre (affectation qui eut pour conséquence le transfert au musée national d'Art moderne des spécimens des écoles étrangères contemporaines conservés depuis 1920 dans ce bâtiment). La création du *musée d'Orsay*, où sont dorénavant les impressionnistes, décida d'une autre vocation pour le Jeu de Paume maintenant dévolu à des expositions temporaires. En 1949 était inauguré le *musée Bourdelle* grâce à la donation consentie à la Ville de Paris, par la veuve et la fille du sculpteur, d'un ensemble de ses œuvres et des ateliers où il avait travaillé toute sa vie. La même année était fondé, rue des Saules, par un comité formé à cet effet, un *musée d'Art juif* qui sera réinstallé dans l'hôtel Saint-Aignan, rue Vieille-du-Temple, actuellement en cours de restauration.

A partir de 1950, les créations se font brusquement plus rares. Dans le bâtiment symétrique de celui du musée national d'Art moderne, avenue du Président-Wilson, la Ville ouvre en 1956 un *musée du Costume* à partir des collections du musée Carnavalet, auxquelles étaient venues se joindre, en 1920, celles réunies par la Société de l'histoire du costume, fondée en 1907 (musée transféré, en 1977, au musée Galliera) ; cinq ans plus tard elle constitue, dans le même bâtiment, son propre musée d'Art moderne en y transférant les œuvres des collections du Petit Palais contemporaines et postérieures au fauvisme. Dans le palais de Chaillot s'intalle, en 1959, un *musée du Cinéma*, appareils, instruments, affiches, maquettes, projets de décor y retraçant l'histoire de cet art, illustrée en complément par des projections de films anciens. En 1962 *l'atelier d'Henri Bouchard*, sculpteur de la façade de Saint-Pierre-de-Chaillot, s'ouvre au public, rue de l'Yvette. Le contrôle de la direction des Musées de France lui est accordé en 1985. Remarquablement restauré par M. et Mme François Sommer, l'hôtel Guénégaud, édifié par Mansart entre 1648 et 1651, accueille en 1967, grâce à une fondation de ses sauveteurs, un *musée de la Chasse et de la Nature*. Signalons enfin qu'à la même époque la Réunion des musées nationaux installait dans le *Grand Palais* des Champs-Elysées, pourvues de tous les équipements nécessaires, les galeries indispensables à la poursuite de son active politique d'expositions temporaires : ouverte en novembre 1966 par André Malraux, ministre d'Etat chargé des Affaires culturelles, une grande rétrospective Picasso, coïncidant avec le quatre-vingt-cinquième anniversaire de l'artiste, inaugurait la première tranche de ce nouvel et important complexe muséographique parisien.

La dernière décennie — qui a vu s'ouvrir un *musée de l'Affiche* dans le 10e arrondissement (18, rue de Paradis), par les soins de l'Union centrale des Arts décoratifs, et, dans le bel hôtel de Montmorency-Bours (85, rue du Cherche-Midi), un *musée* consacré au peintre académique *Ernest Hébert*

(1817-1905) par son héritier, M. René Patris d'Uckermann qui vient d'en faire don à l'Etat — aura été marquée par deux créations du plus haut niveau : le musée national des Arts et Traditions populaires et le musée d'Art moderne du centre national d'art et de culture Georges-Pompidou. S'il ne s'agit, dans l'un et l'autre cas, que de re-créations, du moins doit-on convenir que les intentions qui les ont suscitées, les études qui les ont préparées, les moyens techniques et financiers qui ont permis de les réaliser, en ont fait deux réussites muséographiques de réputation dès à présent mondiale.

Le musée des Arts et Traditions populaires. Créé en 1937 à l'occasion de l'Exposition universelle qui lui permit de s'installer dans les sous-sols et les combles du palais de Chaillot, le musée des Arts et Traditions populaires affirma dès le départ sa vocation de musée d'ethnologie de la nation. Associé à de grands laboratoires de sciences humaines de la Sorbonne, de l'École pratique des Hautes Etudes et du Collège de France, appuyé par le Centre national de la recherche scientifique, il perfectionna pendant trente ans, sous la direction de Georges-Henri Rivière, son organisation, tant au plan de la *recherche* qu'à celui de la *muséographie*, multipliant de fructueuses enquêtes sur le terrain, développant ses relations avec les musées provinciaux consacrés à l'histoire et à l'ethnographie locales et régionales, participant à de nombreux colloques et congrès nationaux et internationaux. L'attribution d'un terrain détaché du jardin d'acclimatation dans le bois de Boulogne lui permit de prendre forme, selon les plans de l'architecte Jean Dubuisson, eux-mêmes déterminés par un programme longuement et minutieusement mis au point : ses services s'installaient dans le nouvel édifice en 1969. En 1972 était ouverte sa *galerie d'étude*, où les collections sont présentées dans une perspective typologique; en 1974, sa *galerie culturelle* qui, dans une perspective anthropologique, offre une vue globale de la société française traditionnelle au XIXᵉ s. et au début du XXᵉ s. pour tous les secteurs qui n'ont pas été touchés par la grande industrialisation. Des salles d'exposition temporaire complètent la partie ouverte au public. Par ailleurs, une bibliothèque, une iconothèque, une photothèque, une phonothèque et des archives fournissent, sur demande à qui veut les consulter, la documentation souhaitée.

Le centre national d'art et de culture Georges-Pompidou. C'est en 1969 que le président Georges Pompidou décida de lancer le programme du centre culturel qui porte aujourd'hui son nom, et dont il voulait qu'il fût « à la fois un musée et un centre de création, où les arts plastiques voisineraient avec la musique, le cinéma, les livres, la recherche audiovisuelle, etc. ». Dès 1970, pour réaliser ce grand dessein, dicté par le désir de mettre fin au cloisonnement des activités culturelles, une équipe de programmation se met au travail; un terrain est affecté : le plateau Beaubourg, au centre géométrique de Paris; un concours d'architecture est ouvert qui conduit au choix du projet de Renzo Piano et Richard Rogers. Le centre est inauguré le 31 janvier 1977 par le président Valéry Giscard d'Estaing. Ainsi est né, voisinant dans un vaste parallélépipède d'acier et de verre avec un centre de création industrielle (CCI), une bibliothèque publique d'informatin (BPI) et un institut de recherche et de coordination acoustique-musique (IRCAM), le *nouveau musée national d'Art moderne* qui, pour les œuvres postérieures à 1905, remplace celui de l'avenue du Président-Wilson. Ici encore, une abondante documentation et des manifestations temporaires sans cesse renouvelées ajoutent à l'attrait des collections permanentes, très largement accessibles.

Dans les locaux du palais de Tokyo, libérés par les collections de l'ancien musée national d'Art moderne transférées au centre Georges-Pompidou, furent maintenues, pour répondre au vœu de leurs auteurs, plusieurs donations (Georges Braque, Henri Laurens, Georges Rouault, Victor Brauner, André Dunoyer de Segonzac) et d'autre part exposées les œuvres post-impressionnistes qui, antérieures à 1905, ne pouvaient figurer dans les collections du nouveau musée d'Art moderne.

La SEITA fondait, en 1972, un *musée du Tabac* (12, rue Surcouf), comportant une collection de pipes et une curieuse iconographie relative aux fumeurs. Les collections historiques du Grand Orient de France sont exposées, depuis 1973, rue Cadet, dans un *musée de la Franc-Maçonnerie*, actuellement en voie d'extension.

Les années 1980

Elles furent fécondes en réalisations muséologiques. Ce sont, pour la Ville de Paris, la création dans le quartier des anciennes halles d'une galerie d'expositions temporaires, le *Pavillon des Arts* ; puis, quai Saint-Bernard, l'établissement d'un *musée de sculptures en plein air*, destiné aux artistes modernes à la suite de Brancusi ; en 1982, s'inaugurait le *musée Zadkine* montrant les œuvres du sculpteur léguées par sa veuve, Valentine Prax, et installées dans son atelier et son jardin de la rue d'Assas. Enfin, en annexe au musée Carnavalet, la Ville ouvrait en 1985 un musée dans la maison de la rue Chaptal, autrefois habitée par Ernest Renan, sous le nom de *musée Renan-Scheffer* — la nièce du peintre Ary Scheffer épousait l'écrivain en 1856. Les collections provenant de ceux-ci seront exposées ultérieurement ; en attendant, une présentation de souvenirs de George Sand est offerte au public.

Le *musée des Arts de la mode* s'est ouvert en 1986, au musée des Arts décoratifs, rue de Rivoli. Dans un avenir proche il montrera, de manière continue, ses collections de costumes ; mais il ne s'est manifesté jusqu'à présent que par des expositions temporaires célébrant principalement de grands couturiers.

N'oublions pas un musée privé, le *musée Bricard*, installé dans le bel hôtel de Libéral Bruant, rue de la Perle, qui expose une précieuse collection de pièces de serrurerie.

Pour les musées nationaux, les créations nouvelles sont prestigieuses. En 1983, la *collection* de peintures des XIXe et XXe s., *Jean Walter - Paul Guillaume*, trouve une place définitive à l'Orangerie des Tuileries qui abritait déjà les peintures murales des Nymphéas de Claude Monet. En 1985, après la longue remise en état de l'hôtel Salé, rue de Thorigny, le *musée Picasso* est inauguré. Il est constitué par des œuvres capitales ressortissant à toutes les techniques abordées par le maître : peinture, dessin, collage, gravure, sculpture et céramique, auxquelles s'ajoute la collection de peintures anciennes et contemporaines qu'il avait rassemblées. Cet enrichissement du patrimoine national est dû à la dation effectuée par les héritiers de Picasso, en paiement de leurs droits de succession. En mars 1986 s'ouvre, au parc de la Villette, la *cité des Sciences et de l'Industrie*, où sont offertes au public, dans des présentations permanentes et des expositions temporaires, l'histoire des sciences modernes et leurs applications à l'aide de moyens les plus spectaculaires.

Enfin autre réalisation majeure, le *musée d'Orsay* est inauguré en décembre 1986, dans l'ancienne gare d'Orsay, après une magistrale adaptation du monument n'altérant pas son caractère originel. Il groupe des œuvres de la seconde moitié du XIXe s. et du début du XXe s. précédemment conservées au Louvre, au Jeu de Paume et dans l'ancien Luxembourg. Des départements spécialisés dans les arts graphiques, l'architecture, la photographie, le cinéma, l'opéra, les mouvements littéraires, musicaux et journalistiques de l'époque complètent, en des présentations provisoires, celle constante des peintures et des sculptures. Des cycles de conférences, des colloques et des concerts animent ce nouveau musée en permettant une connaissance approfondie d'un moment aux tendances si contradictoires, et cela dans une conception muséographique unique au monde.

Pierre Quoniam

Musée de l'Affiche et de la Publicité*

18, rue du Paradis, 10e arr. ☎ 42.26.13.09 / 28-K5
Conservateur : Yvonne Brunhammer
Visite : t.l.j. sf. mar. 12 h-18 h
Métro : Gare de l'Est, Château-d'Eau
Bus : 32

Installé dans un ancien magasin de faïence à l'architecture originale, le musée de l'Affiche fait partie de l'Union des Arts Décoratifs (pour l'architecture → gare du Nord, rue Paradis). Il accueille tous ceux qui se sentent concernés par l'art publicitaire, professionnels ou amateurs, chercheurs ou simples curieux.

Visite du musée

30 mn

Ouvert en février 1978, après le transfert de l'ancienne collection d'affiches de la bibliothèque des Arts Décoratifs, ce musée abrite plus de 50 000 affiches françaises et étrangères. Il organise, dans ses deux galeries, des expositions temporaires d'affiches anciennes et contemporaines. Il met à la disposition du public un service de consultation, diathèque, fichier, bibliothèque, ainsi qu'une librairie. Il possède une cinémathèque qui présente, en même temps que les expositions, un programme de films publicitaires.

Musée de l'Arc de Triomphe

Place de l'Etoile, 8e arr. ☎ 43.80.31.31 / 26-E5
Visite : 1er oct.-31 mars : 10 h-16 h 30 ; 1er avr.-30 sept. 10 h-17 h 30
Métro : Charles de Gaulle-Etoile
Bus : 31, 30, 22, 52, 73, 92

Visite du musée

30 mn

Discrètement aménagé en haut de l'Arc de Triomphe, ce petit musée évoque l'histoire du lieu. Gravures et dessins, dont des projets de Chalgrin et Blouet, les architectes de l'arc, évoquent la construction du monument, de la pose de la première pierre en 1806 à son achèvement sous Louis-Philippe. Des documents d'époque et un audiovisuel illustrent les événements historiques dont l'Arc de Triomphe fut le témoin : funérailles de Victor Hugo, inhumation du soldat inconnu en 1920, Libération de Paris.

Musée de l'Armée**

Hôtel national des Invalides, 7e arr.
☎ 45.55.92.30 (poste 33 936) / 35-G7
Directeur : général Saint-Macary
Visite : t.l.j. 1er oct.-31 mars : 10 h-17 h ;
1er avr.-30 sept. : 10 h-18 h, fermé les
1er janv., 1er mai, 1er nov., 25 déc.
Le ticket donne aussi accès aux musées d'histoire
contemporaine et mondial des Villes-maquettes,
ainsi qu'au tombeau de Napoléon (→ Invalides).
Métro : Invalides, Latour-Maubourg,
Ecole-Militaire, Varenne, Saint-François-Xavier
Bus : 28, 49, 63, 69, 82, 87, 92

Le musée de l'Armée est installé dans l'hôtel que Louis XIV avait fait construire par Libéral Bruant à l'intention des invalides de guerre (pour l'histoire et l'architecture du bâtiment → Invalides). Vers la fin du siècle dernier, les services administratifs du ministère de la Guerre ont peu à peu envahi les locaux et l'on n'y compte aujourd'hui guère plus de trois cents lits environ. Les vastes bâtiments sont occupés par divers services du Premier Ministre, des ministères des Anciens Combattants, des Universités, des Affaires culturelles, de la Justice et de la Défense d'une part, et par les musées de l'Armée, des Villes-maquettes, de l'Ordre de la libération et le musée d'Histoire contemporaine d'autre part.

Le musée de l'Armée retrace l'histoire militaire à travers documents, uniformes, armes et souvenirs historiques. Plusieurs salles montrent l'évolution de certains types d'armement.

Histoire du musée

Le musée a été constitué en 1905 par la fusion du musée historique de l'Armée (1896) et du musée d'Artillerie (1871), lui-même héritier de la collection d'armes réunie depuis 1685 à l'Arsenal et transférée en 1793 au couvent des Feuillants avant de prendre place au couvent de Saint-Thomas d'Aquin.

Ce noyau d'origine de l'actuel musée de l'Armée fut augmenté, au cours des années, par les collections privées confisquées pendant la Révolution, par celles de l'Arsenal de Strasbourg et par diverses donations (duc de Bouillon, duc d'Aumale, prince de Condé, duc des Deux-Ponts, etc.). Tout ce qui formait déjà un musée, et n'en était pas un officiellement, fut envoyé à Brest pendant la guerre de 1870 et, au retour, les armes et les armures royales trouvèrent place dans l'hôtel des Invalides où elles furent rejointes par les collections que Napoléon III avaient réunies à Pierrefonds.

Sous l'Occupation, une partie des armes, armures et autres pièces fut expédiée à Berlin et n'y fut récupérée qu'en 1945-1947. Depuis, les acquisitions importantes se sont multipliées, l'une des plus considérables ayant été, en 1964, celle de la collection Pauilhac qui comporte plus de 3 000 pièces allant de la Renaissance au XVIIIe s.

Visite du musée

2 h

Les collections du musée sont présentées dans deux bâtiments, dits de l'Occident et de l'Orient, encadrant la vaste cour d'honneur.

Le bâtiment de l'Occident★

Ce bâtiment regroupe les collections antiques ; les armes et armures du XIe au XVIIe s. ; les collections orientales : Proche-Orient, Chine, Japon ; les armes défensives (XVIe-XVIIe s.). Le deuxième étage est consacré à l'histoire des deux guerres mondiales.

▷ Rez-de-chaussée

Salle de la Préhistoire au Moyen Age. Quelques objets, de l'âge de pierre aux Carolingiens, évoquent les premiers moyens de défense et d'attaque. On suit l'évolution de la notion d'armée et de la conception des armes ; artisanat et fabrication en série.

Salle François Ier

C'est l'un des anciens réfectoires de l'hôtel des Invalides qui a gardé son décor d'origine avec les peintures de *Parrocel* représentant les campagnes de Louis XIV dans les Pays-Bas. Cette salle est consacrée à l'armement utilisé du XIe s. (avant la conquête normande vers 1066) à 1574 environ, chaque vitrine montrant des armes d'attaque et des armes de défense.

Vitrine 1 (à g. en entrant) : divers types d'épées du VIIe au XIIIe s. ; grand haubert de mailles de fer ; casque en cuivre d'origine scandinave ; différentes pièces de harnachement. Vitrine 2 : *bacinets*★ à bec de passereau, des XIVe et XVe s. dont le *mézail*★ qui protège le visage apparaît comme la prolongation naturelle des casques du haut Moyen Age ; on y verra également une des plus anciennes pièces à feu connues ; un « bâton à feu » long de 40 cm, ainsi que les diverses pièces d'une armure et leur agencement ; grand pavois d'homme de pied aux armes des Requesens. Vitrine 3 : souvenirs de la bataille de Crécy (1346) ; différentes épées du XIVe s. Vitrine 4 : épées d'estoc, dagues et surtout une dossière de brigandine (milieu XVe s.) ; la brigandine était portée par des fantassins. Vitrine 5 : différentes pièces d'armures, gantelets, cubitières ; différents types de salades, comme celui appelé Schalhem (fin XVe s.) en provenance d'Allemagne. Vitrine 6 : différents pommeaux d'épées dont l'un porte les armes d'Aliénor d'Aquitaine ; grand *olifant*★ de chasse en ivoire décoré. Vitrine 7 : pièces dépareillées d'armures qui faisaient partie des premiers harnois blancs du XVe s. (à cette époque, l'armure protège le corps tout entier ; la présentation permet de voir la différence entre les formes aiguës des pièces allemandes et les formes courbes des pièces italiennes). Vitrine 9 : armes offensives et armes défensives utilisées pendant la guerre de Cent Ans, période qui a vu un perfectionnement nécessaire de l'art de la guerre ; grand pavois d'archer utilisé pendant les guerres hussites (Bohème, XVe s.) ; pièces d'origine anglaise (hache d'armes de la cour d'Angleterre, fin XVe s.) ; hallebardes suisses ; harnois blancs des guerres d'Italie ; production de divers ateliers européens : ceux de Milan, aux formes élégantes, ceux d'Augsbourg plus massifs. Vitrine 10 : grand pavois aux armes de la ville de Prague ; armures diverses ; deux salades allemandes ; épées d'estoç et épées à deux mains. Vitrine 11 : épées des premières années du XVIe s. ; la garde cruciforme de l'époque médiévale s'est encore perfectionnée.

Vitrine 12 : harnois constitué de pièces d'origines diverses (Italie, France, Allemagne). Vitrine 13 : série de dagues ; un casque (en haut, à dr.) porte le poinçon de l'arsenal de Constantinople. Vitrine 14 : armure à la Tedesca (Italie du Nord). Vitrine 15 : collection de cinquedei aux lames artistiquement décorées. Vitrine 16 : magnifiques *armures*★★ du début du XVIe s. exécutées par *Niccolo Silva* (actif dans la première moitié du XVIe s.) ; armure de Robert de la Mark, seigneur de Sedan ; imposante *armure équestre*★ exécutée par *Hans Ringler* de Nuremberg ; *épée de connétable de France*★ au pommeau orné de fleurs de lys (armes et armures reprennent tous les motifs décoratifs de l'époque). Vitrine 17 : arbalète à pied de biche qui pourrait avoir appartenu à Maximilien Ier ; pièce d'une armure de parement (Augsbourg, vers 1505) ; armure au poinçon de W. Worms le Vieux (Nuremberg, vers 1510-1520). Vitrines 18, 19, 20 : moulages des bas-reliefs du tombeau de François Ier illustrant les victoires de Marignan et de Cerisolles ; *collection d'épées*★, parmi lesquelles celle de François Ier, véritable œuvre d'art avec sa garde ornée de feuilles d'acanthe et de feuillage en or et émail ; elle porte la devise « Fecit potentiam in brachio suo » (« elle donne la puissance au bras qui la tient ») ; la lame porte la croix de Jérusalem. Vitrine 21 : armure de capitaine d'hommes à pied (Milan, 1510), très décorée, près de la vitrine, quatre « couleuvrines » à main (seconde moitié du XVIe s.). Vitrine 22 : armures brunies et dorées dans le style italien ; à côté, cinq « fauchards » aux armes de Louis Ier de Bourbon, prince de Condé. Vitrine 23 : armures italiennes (1520-1525). Vitrine 24 : armure dite de Bayard ; *arquebuse*** à rouet d'origine française, une des premières armes à feu portatives connues et sans doute l'une des pièces les plus importantes du musée. Vitrine 25 : armures et pièces d'armures d'origine allemande ; armure du comte palatin Otto-Heinrich portant sur le plastron une Vierge en Majesté, armure dans le style de Helmschmied (Augsbourg, 1525-1530) ; très belle *armure équestre** exécutée vers 1540 sur ordre de Ferdinand Ier qui souhaitait l'offrir à François Ier (la guerre ayant repris entre les maisons de France et d'Autriche, François Ier ne la reçut jamais). Vitrine 26 : collection de dagues (1525-1575). Vitrine 27 : *armure** très précieuse qui provient de l'atelier royal de Greenwich, créé par Henri VIII (vers 1520). Vitrine 28 : voir surtout une *rondache** de parement en fer repoussé et doré dont la décoration s'inspire d'une fresque de Raphaël. Vitrine 29 : armure dite « aux Lions » que la croix de Savoie gravée fait attribuer à François Ier ; collier de l'ordre de Saint-Michel. Vitrine 30 : rondache dont le décor représente le Jugement de Paris, masse d'arme et pommeau de selle (Italie, milieu du XVIe s.). Vitrine 31 : armures françaises du milieu du XVIe s. ; elles sont marquées par les élégances de ce siècle. Vitrines 32, 33, 34, 35 : armures et pièces d'armures enrichies d'un décor historié et maniériste. Vitrine 36 : série d'armets et de bourguignottes exécutés dans divers ateliers européens. Vitrine 37 : souvenirs de Henri II ; masse d'arme, bourguignotte, poire à poudre dont le décor évoque les amours de Henri II et Diane de Poitiers, arbalète en bois de palissandre. Vitrine 40 : exceptionnelle *armure dite du Dauphin**** qui fut celle de Henri II et dont chaque pièce porte le monogramme H, mêlé au C de Catherine et au D de Diane. Vitrine 41 : armures dites « animes » car beaucoup plus souples. Vitrine 42 : armures de la famille de Montmorency, parmi lesquelles on voit l'armet que le connétable Anne de Montmorency portait à Dreux lorsqu'il fut grièvement blessé (1562).

Salle Henri IV

Cette salle, suite logique de la précédente, est surtout consacrée aux harnois de joutes et tournois du XVIe s. qui ont représenté l'expression la plus noble et la plus raffinée de la société du XVIe s.

Armures maximiliennes, exécutées à Nuremberg et recouvertes d'un fin réseau de lignes parallèles travaillées au repoussé ; deux de ces pièces proviennent de la maison de *Christophe Radziwill* ; bardes de poitrail de cheval. Vitrine 1 : salade d'une armure (à g.) réalisée vers 1558-1575 pour Nicolas Radziwill, magnifiquement décorée ; casque dit à l'orientale ; targe allemande représentant saint Georges terrassant le dragon ; targe de Mathias Corvin aux armes du roi de Hongrie et de Bohême (1460). Vitrine 24 (en face) : pièces de parement d'origine vénitienne. Vitrines 2 et 23 : pièces de harnois figurant des rinceaux, des mascarons, des grotesques, gravés ou rehaussés d'or ; au plastron de l'armure à dr., collier de l'Ordre de la Toison d'Or (milieu du XVIe s.). Vitrines 3 et 22 : trois harnois provenant de l'armurerie de Maximilien Ier et créés par *Lorenz Helmschmied*, d'Augsbourg, armurier de l'Empereur ; armures à « tonnes » d'un atelier milanais ; armures pour le combat à pied en champ clos dont une a été offerte par Maximilien Ier à Julien de Médicis en 1515. Vitrine 4 : pièces d'armures et pièces de parement dans le style italien très ouvragé et décoré ; rondaches, bourguignottes. Vitrines 5 et 20 : armures et pièces d'armures fabriquées à Augsbourg et qui furent commandées par la cour de Bavière (vers 1560) ; armure pour les tournois de la cour de Saxe ; casque polonais et brassard à l'orientale ; pièces exécutées à l'occasion du mariage de l'archiduc Charles de Styrie avec Marie de Bavière (1571). Vitrines 6 et 19 : différentes pièces de harnois de Maximilien II et de ses fils Rodolphe, Ernest et Matthias exécutées à Landshut ; armets de joute, casques à grille. Vitrine 18 : armures de tournois, exécutées à Augsbourg et Landshut. Vitrine 7 : armures de Landshut et d'Augsbourg ; selle et chanfrein dorés de Ferdinand Ier, destinés à la parade funèbre de Charles Quint ; collection d'épées. Vitrine 8 : épées de France, Italie et Saxe (XVIe s.). Vitrine 16 : pièces d'armures italiennes et espagnoles du XVIe s. Vitrine 9 : *bourguignotte** provenant de l'« armure bleue » de l'archiduc Ferdinand de Tyrol, plastron portant les armes des Jagello (Pologne) et des Sforza (travail milanais) ; armures de Brunswick provenant de l'Allemagne du Nord. Dans le prolongement de l'allée centrale : équipement complet de cavalier et de sa monture

A ne pas manquer

Le bâtiment de l'Occident

Rez-de-chaussée : armures des XVe et XVIe s., armure du Dauphin et collection d'épées dont celles du connétable de France et de François Ier (salle François Ier). La salle orientale : rare ensemble de casques turcs, habits de guerre chinois et armures de Samouraï (Japon, XVIe s.).

Le bâtiment de l'Orient

Rez-de-chaussée : salle Turenne (ou salle des emblèmes) : drapeaux, étendards et trophées de l'Ancien Régime à nos jours ; portrait de Napoléon Ier par Ingres.

(travail français, 1630-1650). Vitrine 10 : armures et rondaches d'époque Louis XIII. Vitrine 11 : pistolets de cavalerie à rouets; bourguignottes aux armes de Saxe (Nuremberg, début XVIIe s.); très belle épée, création de *Gasparo Mola*; dagues et épées. Vitrine 12 : armure « anime » allemande, armure de lansquenet (Nuremberg, 1570). Vitrine 13 : armures « animes » de France et d'Europe orientale (XVIe s.); armures d'enfant française et flamande, épées à deux mains. Vitrine 14 : collection de mousquets à rouet et arquebuses à mèche. Vitrine 15 : ***ensemble à la chimère***** comprenant une bourguignotte, une épée et une rondache dans le style maniériste, exécuté pour la cour de France.

Corridor de Marseille : tapis de selle venant d'Istanbul (début XIXe s.).

Salle Orientale

Cette salle contient quelques pièces prestigieuses données au musée par Napoléon III.

La première vitrine illustre les échanges de techniques entre l'Orient et l'Occident : formes et motifs décoratifs orientaux adoptés en Europe; systèmes de mise à feu européens diffusés en Orient. Turquie : l'armement offensif de l'armée ottomane comprenait l'arc, la massue, le sabre et le mousquet à mèches (les plus anciens casques exposés datent du XIVe s.); l'évolution des formes aboutit au casque « Turban » (XVe s.) et aux ***casques mamelouks***** en forme de bulbes à motifs floraux; au centre de la pièce, un ***cavalier mamelouk****, monté sur un cheval protégé de bardes de mailles, porte une cotte de maille à plates complétée d'un plastron. Iran : le guerrier iranien, contrairement au cavalier turc, porte une armure à plaques de métal rigides, surmontée d'un casque à pointe; les casques coniques seront repris en Europe centrale : ***casque dit « voïvode »***** (Russie, XVIe s.). Chine : la plupart des armes défensives chinoises conservées de nos jours sont des habits d'apparat, servant lors des parades militaires et appelés « habits de guerre »; ils se composent de lamelles de métal fixées dans des vêtements finement brodés; l'***habit de guerre en soie jaune*****, couleur impériale, a sans doute appartenu à l'empereur K'ien Long. Japon : l'art de l'armure a brillé au Japon du VIIe au XIXe s. - l'armure défensive, souple et flexible, est constituée de petites plaques de métal recouvertes de laque et réunies par des lacets de soie ou de chanvre -, quatre ***armures légères de samouraï****** sont présentées (1500), complétées de casques et d'épaulières (le samouraï est armé d'un sabre, d'une lance, d'un arc et d'un mousquet à mèche).

Cour de la Victoire : artillerie française depuis Louis XV jusqu'à la guerre de 1870; canons de la marine de 1780 à 1870, et 1914.

Cour d'Angoulême : statue, par *Bartholdi*, de Gribeauval (1715-1789), créateur du système d'artillerie en usage de 1789 à 1828; artillerie des deux dernières guerres.

Salle Pauilhac : cette collection, achetée par le musée en 1964, permet d'étudier l'armement défensif du XIIIe au XVIIe s. et les armes offensives du VIIe au XVIIIe s. : deux bacinets bourguignons (XVe s.); armes à feu du cabinet de Louis XIII; fusil « à la Miquelet » de Philippe V d'Espagne; fusil « à chenapan » (Moscou, 1660); pistolet de Charles Quint; pistolets de Ripoll; armure avec décoration polychrome (la seule qui soit parvenue jusqu'à nous).

Salle Louis XIII, des Valois à Louis XIV : armes offensives du XVe à la fin du XVIIe s. (arbalètes, pistolets, mousquets, épées); cabinet d'armes de Louis XIII; mousquet à rouet de Jacques II d'Angleterre; arquebuse à mèche du cardinal de Richelieu; épée de Louis Ier, prince de Condé; épée à poignée ciselée par *Benvenuto Cellini* et armes d'acier ciselé par *Lazarino Cominazzo*; armures de Louis XIII, enfant et roi; armures offertes à Louis XIV par la République de Venise.

Corridor Tir et Chasse : dans une longue vitrine du passage qui relie la salle Louis XIII à la salle Louvois, on verra des armes de chasse qui pouvaient à l'occasion être utilisées à la guerre; arbalètes, arquebuses à rouet; fusils à silex et arquebuses à rouet, dont une aux armes du Grand Dauphin; collection de poignards et couteaux de vénerie; caravines et fusils, dont un a été exécuté par l'armurier de la cour des princes de Thurn et Taxis.

Arsenal : très importante collection d'armement défensif et offensif (armes d'hast, armes blanches et à feu) des XVIe et XVIIe s. ▶ Si vous désirez poursuivre la visite des salles d'histoire militaire dans l'ordre chronologique, gagnez directement le deuxième étage du bâtiment de l'Orient.

▷ Deuxième étage

Vestibule. Souvenirs des deux guerres mondiales : armements et uniformes des belligérants (1939-1945); bâtons des maréchaux Juin et Kœnig.

Salles de la guerre 1914-1918. Equipement des deux adversaires. Les deux premiers tués de la guerre. Maquette de la grosse Bertha. Cartes parlantes animées. Les trois phases du conflit. La bataille de la Marne; maquette d'une tranchée. Les premiers avions (premier Taube abattu le 11 septembre 1914); les armées alliées : Grande-Bretagne, Russie, Italie. Equipement français et allemand de 1915. Maquette de la bataille de Verdun, les offensives de 1917. L'arrivée des Américains. L'aviation (la vareuse de Guynemer). Les offensives allemandes puis alliées (uniformes néo-zélandais, australiens, américains). Carte d'état-major de Foch signée le jour de l'Armistice. L'armistice. Uniformes des trois maréchaux de France : Joffre, Pétain, Foch qui était aussi maréchal de Pologne et de Grande-Bretagne.

La Seconde Guerre mondiale. Les causes de la guerre (cartes) ; montée du national-socialisme en Allemagne. Entrée en guerre de l'Allemagne contre la Pologne. La « drôle de guerre ». Offensive allemande en Hollande, en Belgique et en France (10 mai 1940). La vie en France sous l'occupation. La déportation. La guerre à l'extérieur de nos frontières : les camps de prisonniers, la France Libre, la campagne d'Afrique. Entrée en guerre de l'Allemagne contre la Russie (21 juin 1941). La campagne du Pacifique. La guerre en Afrique. L'Europe en guerre. Le débarquement du 6 juin 1944 (immense maquette). La campagne de France, la campagne d'Allemagne. Bilan de la guerre.

▷ Troisième étage

Salle Joffre (en réaménagement) : cette salle retracera l'histoire militaire de la France métropolitaine et d'outre-mer de 1871 à 1914 ; *salle Gribeauval (en cours de réfection)* : toute l'histoire de l'artillerie depuis la baliste romaine jusqu'aux modèles les plus récents présentés sous forme de modèles réduits ; nombreuses gravures.

Le bâtiment de l'Orient*

Ce bâtiment est consacré à l'histoire de la cavalerie et des emblèmes, à l'histoire militaire de la France, de l'Ancien Régime jusqu'à la guerre de 1870.

▷ Rez-de-chaussée

Vestibule. Porte monumentale en chêne sculpté, exécutée par *M. Bourgaux* d'après les dessins de l'architecte *Sédille.* Deux grandes vitrines renferment les piques de drapeaux pris à l'ennemi au cours des campagnes de la Révolution et de l'Empire, brûlés en 1814 dans la cour des Invalides sur l'ordre du maréchal Sérurier. Une des vitrines, constamment renouvelée, expose les derniers dons et acquisitions du musée.

Salle Turenne (à dr. en entrant). Salle d'honneur du musée, elle rassemble différents trophées, drapeaux et étendards des régiments français. C'est l'ancien réfectoire des sous-officiers invalides. Sur les murs, des peintures de *Van der Meulen*, *Martin des Batailles* et *Parrocel* illustrent la campagne de Hollande (1672-1678). Au centre de la pièce : ***plan-relief de l'hôtel des Invalides*****, réalisé avant 1690 et restauré en 1838 et 1974 ; sur le mur g. un ***portrait***** de *Ingres* (1780-1867) représente Napoléon Ier sur son trône impérial.

Salle Vauban (en face). Elle abrite une imposante suite de cavaliers (du premier Empire à la Seconde Guerre mondiale) et les armes réglementaires françaises, de 1717 à 1979 : armes de la marine, armes de poings de provenances diverses, munitions.

▷ Deuxième étage

Cabinet Richelieu (à dr. de l'escalier). Tableaux, armes et souvenirs du règne de Louis XIII (la guerre de Trente Ans). *Salle Louis XIV*, uniformes et armement du Grand Siècle : on verra ici des pièces remarquables et historiques comme le boulet qui a tué Turenne ; portrait original de ce dernier par *Nanteuil* ; petit canon doré offert par les Francs-Comtois à Louis XIV, lors du rattachement de la Franche-Comté à la France. *Corridor de Grenoble* : nombreuses gravures, plans, armes (sabres et hallebardes), fanions ; vitrine consacrée à Pierre le Grand et à Charles XII de Suède. *Salle Louis XV* : ordonnances royales, tableaux divers, portrait du duc de Choiseul, uniformes ; plan-relief de la bataille de Dettingen (1743). *Corridor de Besançon* : de Louis XV à l'Empire, gravures, uniformes, armes. *Salle Louis XVI* : tableaux et gravures de la fin de l'ancienne monarchie ; armes et uniformes ; souvenirs du comte d'Artois, de Louis-Philippe d'Orléans, colonel général des hussards ; les gardes françaises. *Salle Rochambeau* : buste de Suffren, portraits du comte de Vergennes, de Rochambeau ; épée de La Fayette. *Salle La Fayette* : portraits divers ; artillerie de génie ; la Garde Nationale ; c'est ici qu'on verra le mobilier du lieutenant d'artillerie Napoléon Bonaparte à Auxonne. *Première République* (1793-1804) : les guerres de

---

Histoire du drapeau français

Le drapeau, tel que nous le connaissons aujourd'hui, n'existait pas sous l'Ancien Régime. L'étendard d'un régiment prenait alors les couleurs du blason de son colonel, « le mestre de camp ». Louis XIV ajouta à ces drapeaux militaires une cravate blanche, symbole de son autorité, mais c'est La Fayette qui créa les trois couleurs nationales, faisant fusionner, en 1789, cette cravate blanche avec la cocarde bleue et rouge de la municipalité parisienne. Napoléon instaura officiellement le drapeau tricolore en 1811. Remplacé sous la Restauration par le drapeau blanc, il réapparut, en 1830, associé au « coq hardi » puis à la « pique » (1848) et à l'aigle impérial (1852). Le drapeau de l'armée est aujourd'hui le même que celui distribué par Jules Grévy le 14 juillet 1880.

---

la République ; l'armée des Princes ; grand plan-relief de la bataille de Lodi (10 mai 1796). *Campagne d'Egypte* : souvenirs de la bataille des Pyramides ; uniformes et armes ; trophées pris aux mameloucks. *Le Consulat* : dragons et hussards des premières années du siècle ; souvenirs du Premier Consul. *salle dite de Boulogne* (1803-1814) : souvenirs personnels de l'Empereur ; salle de parade du couronnement ; tente de Napoléon. *Corridor de Tarascon* : Napoléon et l'Empire. Vitrine de la Légion d'Honneur. Toute une série de cabinets latéraux illustrent les grands dignitaires (salle d'Austerlitz), la garde impériale (salle d'Iéna), les officiers généraux (salle d'Eylau), la guerre en Espagne et au Portugal (salle de Somo Sierra), la campagne de 1807 (salle Friedland), l'infanterie (salle Wagram), la campagne de Russie (salle de la Moskowa), la campagne d'Allemagne, 1813 (salle de Lutzen), la campagne de France, 1814 (salle de Montmirail) ; Napoléon à Fontainebleau, première abdication, tableau de *Paul Delaroche*, jouets ayant appartenu au roi de Rome.

Grande galerie de la Restauration (1814-1830). Outre le nombre considérable d'uniformes, le manteau de l'ordre du Saint-Esprit exécuté pour Louis XVIII et utilisé par Charles X (dépôt du musée de Cluny), outre aussi les nombreuses gravures et tableaux consacrés à cette période, on verra surtout dans cette galerie les souvenirs personnels de *Napoléon* à Sainte-Hélène et son masque mortuaire. Reconstitution du salon de « Longwood house » dans lequel Napoléon est mort le 5 mai 1821.

Salle Bugeaud. Monarchie de Juillet et seconde République. Clef de la citadelle d'Anvers (1832). Souvenirs de l'expédition de Rome (1849) ; campagnes d'Algérie (1830-1847) : portrait de Bugeaud ; souvenirs de *Bugeaud* et des fils de Louis-Philippe qui ont combattu en Algérie : *Aumale*, *Joinville*, *Nemours* et *Montpensier* ; souvenirs de l'émir *Abd-el-Kader* et du général *Yousouf*. Peintures, scènes militaires, aquarelles. Souvenirs du *duc de Reichstadt* ; du retour des cendres de l'Empereur.

▷ Troisième étage

Salle Pelissier. Récemment rénovée, cette salle évoque l'histoire militaire du second Empire (de 1852 à 1860), marquée par les campagnes de Crimée (1854-1855) et d'Italie (1859). Au centre de la pièce sont rassemblés les équipements militaires : armes et uniformes de plus en plus élégants ; présentation de la garde impériale. Les vitrines latérales regroupent des documents et souvenirs provenant des différents corps. Une section est consacrée aux premiers reportages photographiques de *Nadar* et *Robertson*.

Salle Chanzy. Elle retrace la fin du second Empire et la guerre de 1870-1871. Les vitrines murales montrent l'évolution de l'uniforme qui devient de plus en plus utilitaire et moderne. La première partie de la salle évoque les campagnes d'outre mer : Cochinchine, Chine, Liban, Afrique et Mexique. La fin de la salle insiste sur la guerre de 1870, présentant les opérations militaires et nos armées, tant impériales que nationales.

Pour en savoir plus...

Cinéma *(côté orient, rez-de-chaussée) : projection de grands films et de documentaires, t.l.j. à partir de 14 h ; séances le matin pour les groupes sur rendez-vous ; changement de programme tous les mercr. (☎ 45.55.92.30, poste 33936).*

Visite exploration pour les jeunes : *le mercr. après-midi. (☎ 45.55.92.30 poste 33936).*

Bibliothèque *(côté orient, 2e étage) : documents sur l'histoire militaire, les armes et les uniformes. Accès réservé aux membres de la Société des amis du musée de l'Armée, ou aux chercheurs munis d'une autorisation (du lun. au ven., 10 h-13 h/14 h-17 h ; sam. 10 h-12 h).*

Salle d'accueil *(place Vauban, entrée du Dôme) : comptoir de vente de figurines de collection.*

Spectacle son et lumière : *en général, tous les soirs d'été (☎ 39.79.00.15/45.55.92.30 poste 33936).*

Musée arménien

59, av. Foch, 16e arr. ☎ 45.56.15.88 / 25-D5
Conservateur : Mme Kevorkian
Visite : sam. dim., 14 h-18 h
Métro : Porte Dauphine / Bus : 33, 82, PC

L'Arménie, qui s'étend entre les hauts plateaux d'Asie mineure et d'Iran, culmine au mont Ararat (5 215 m) où, selon la Bible, se serait posée l'arche de Noé. Une référence qui compte, pour un peuple dont l'origine remonte à 2000 ans av. J.-C., et qui fut christianisé dès 285, quinze ans avant que Constantin ait rendu l'édit de Tolérance, un siècle avant que Théodose eut imposé le christianisme à l'Empire.

Au cours d'une histoire faite de guerres et de persécutions, longue lutte sanglante et atroce où les massacres et déportations perpétrés par les Turcs ont succédé au passage des hordes asiatiques, la foi des temps apostoliques a fait de l'Eglise arménienne le symbole de l'identité nationale. C'est à cette évocation d'un pays éclaté - l'Arménie est aujourd'hui partagée entre l'URSS (dont elle est la plus petite des républiques ; capitale Erivan), l'Iran et la Turquie - que vous convie le musée, fondé en 1943 par M. Achdjian.

Visite du musée

30 mn

Ce petit musée occupe deux pièces au rez-de-chaussée de l'hôtel abritant le musée d'Ennery. Il dépend de l'association Nourahan Fringhian.

Il abrite, malgré son exiguïté, de grands trésors : bijoux et tapis précieux, manuscrits enluminés, monnaies, broderies mais surtout *argenterie*** cultuelle. L'une des pièces les plus importantes est la couronne du roi *Léon VI* qui appartenait à la famille poitevine de Lusignan. Réfugié dans le royaume de France, Léon VI mourut en 1393 et fut inhumé à Saint-Denis.

Musée d'Art juif*

42, rue des Saules ; 18e arr. ☎ 42.57.84.15 / 20-J3
Visite : t.l.j. sf ven. sam. 15 h-18 h
Métro : Lamarck-Caulaincourt / Bus : 80

Installé depuis 1948 au cœur du vieux Montmartre, dans la charmante rue des Saules, ce musée a pour but de faire connaître l'art juif d'hier et aujourd'hui, sacré ou non. Il occupe le troisième étage d'un immeuble du Centre juif de Montmartre (le Merkaz de Montmartre) où se trouvent également un Centre culturel et un oratoire.

Visite du musée

30 mn

Depuis sa création, le musée n'a cessé de recevoir des dons d'artistes, aussi peut-on voir ici plusieurs lithographies de *Chagall*, des dessins de *Ryback*, *Benn*, *Pascin*, *Max Liebermann*, *Manet-Katz* et surtout de *Soutine* ; un exemplaire de la Bible illustrée par *Chagall*; des peintures d'*Alphonse Levy*, *Pissarro*, et d'artistes de l'école de Paris, œuvres récentes de *Tuszynski*. De nombreuses gravures représentent les grandes synagogues européennes (Lisbonne, Amsterdam, Prague, Tolède, etc.). Objets rituels et de culte; tissus liturgiques; pièces de monnaies; ***étuis**** dans lesquels on enferme les rouleaux de la Thora, livres du XVIIIe s. provenant de la communauté de Carpentras. *Sculpture* : moulages et reproductions en grandeur nature de pierres tombales des cimetières juifs de Prague et de Czernovitz. Une salle très intéressante est consacrée à l'***architecture synagogale**** et présente les maquettes des synagogues-forteresses de Pologne et de Lituanie aux XVIIe et XVIIIe s. Maquette de l'ancienne Jérusalem.

Le musée organise, environ tous les deux ans, un prix d'art Adolph Neuman fondé par ce dernier dans le but d'encourager les jeunes artistes juifs.

Musée d'Art moderne de la Ville de Paris**

11, av. du Président-Wilson (adresse postale : 9, rue Gaston-de-Saint-Paul), 16e arr.
☎ 47.23.61.27 / 34-E6
Conservateur en chef : Mme Bernadette Contensou
Visite : t.l.j. sf. lun., 10 h-17 h 30; le mercr., 20 h 30
Métro : Iéna, Alma-Marceau
Bus : 32, 42, 63, 72, 80, 82, 92

Le musée occupe la moitié E. du palais de Tokyo construit à l'occasion de l'exposition des Arts et Techniques. Destiné dès l'origine à abriter les collections municipales d'art contemporain trop à l'étroit au Petit Palais, il n'a cessé depuis de s'enrichir, grâce aux acquisitions et aux donations.

L'une des originalités de ce musée réside dans les multiples activités qu'il propose. Depuis 1967, il abrite la section ARC (Animation, Recherche, Confrontation) qui se consacre à la présentation des dernières tendances de l'art contemporain et, en bordure de Seine, est installé le musée des Enfants qui a pour but d'initier les jeunes à l'art.

L'architecture du bâtiment, à la fois moderne et antiquisante, est l'œuvre de Dondel, Aubert, Viart, Dastugue (description → Chaillot).

Histoire du musée

Ce palais constituait en 1937 une réalisation exemplaire par son éclairage, à la fois latéral et zénithal, et par la grande mobilité de ses volumes; mais, en dépit de ces avantages, il n'ouvrit qu'en 1961. Ce long retard vient de ce que les premières collections du musée, constituées grâce aux achats de Raymond Escholier et aux dons de Vollard, Sarmiento et Azaria, n'étaient pas suffisamment importantes pour occuper tout l'espace disponible. Elles restèrent donc au Petit Palais jusqu'à ce que l'extraordinaire legs du Docteur Girardin en 1961 (plus de 500 pièces de sa collection) permette d'envisager concrètement l'ouverture du musée. Depuis, il s'est enrichi de donations importantes : 47 œuvres de Raoul Dufy données par Madame Reisz; la collection de Madame Germaine Henry et du Professeur Thomas données conjointement en 1976. Présentée dans son intégralité, selon la volonté des donateurs, cette collection est très riche en tableaux fauves et en peintures des grands maîtres du XXe s. : Delaunay, Léger, Kupka.

Aujourd'hui, une politique d'achats réguliers est poursuivie afin de compléter le fonds du musée tout en l'ouvrant à des tendances très contemporaines ainsi qu'à de nouvelles disciplines comme la photographie : Charbonnier, Doisneau, Cartier-Bresson.

Visite du musée

1 h 30

Le musée d'Art moderne (MAM)

Outre la présentation de ses collections permanentes, le Musée d'Art moderne organise des expositions temporaires sur les grands courants artistiques du XXe s. (sous-sol, rez-de-chaussée et premier étage).

▷ Les grandes compositions

Salle Dufy

Elle se trouve au-dessus de l'entrée principale, à mi-chemin des escaliers qui mènent à l'ARC. *La Fée Electricité****, vaste décoration exécutée par *Raoul Dufy* (1877-1953) pour orner le hall d'entrée du pavillon de la Lumière à l'Exposition internationale de 1937 y est installée. Exécutée sur 250 panneaux assemblés, cette immense peinture de 60 m de long sur 10 m de haut raconte l'histoire de l'électricité de l'Antiquité à nos jours. Tandis que le bas de la composition est réservé aux portraits d'une centaine de savants et philosophes qui ont contribué à la découverte de l'électricité, le haut est consacré aux bienfaits de son utilisation.

Au même emplacement que la salle Dufy mais deux niveaux en dessous, cinq décorations monumentales occupent l'espace. Sur le mur du fond, *La Danse**** (1932) d'*Henri Matisse* est la première version de la composition qui orne actuellement le hall de la Fondation Barnes à Meryon (Pensylvanie). Cette œuvre, réalisée sur trois panneaux cintrés de 3,50 m sur 3 m chacun, témoigne de la parfaite maîtrise de l'arabesque caractéristique des nus féminins de Matisse. Sur les murs latéraux, on trouvera quatre *Rythmes*** abstraits dont trois de *Robert Delaunay* et un de *Sonia Delaunay*, exécutés en 1938 pour le salon des Tuileries. Ici la couleur, libérée de toute contrainte représentative, s'épanouit dynamiquement au gré des formes circulaires génératrices de mouvements sans fin. A l'étage en dessous (niveau le plus bas du bâtiment) dans le hall, deux peintures d'*Albert Gleizes* et une de *Jacques Villon*, de 5 m sur 4 m chacune, évoquent le renouveau de la peinture monumentale de la fin des années 30.

▷ Les collections permanentes

salles en sous-sol

Le musée propose un parcours chronologique qui permet de découvrir, étape par étape, l'évolution de l'art moderne au XXe s., mais l'accrochage des œuvres varie en fonction des expositions temporaires.

Le fauvisme

Surnommés les Fauves au Salon d'Automne de 1905, *Matisse*, *Derain* et *Vlaminck* firent scandale par leurs couleurs pures et violentes, déjà éloignées de toute préoccupation naturaliste. Le mouvement

Pour en savoir plus...

Différentes activités sont proposées pour illustrer les collections du musée :
visites des expositions et cycles de conférences sur l'art du XXe s. organisées par Paris-Musée (☎ 42.74.22.02);
visite guidée de l'ARC (t.l. jeu. à 15 h);
concert de jazz et animations littéraires en parallèle des expositions (☎ 47.23.61.27).
Une animation particulière est organisée pour les jeunes :
rencontre avec un artiste pour présenter les expositions du musée des Enfants (R.V. ☎ 47.23.61.27);
ateliers pédagogiques pour les enseignants et leurs élèves : ils proposent des rencontres d'enseignants pour leur permettre de prendre en charge la visite des élèves, des visites scolaires actives à partir de jeux et de questionnaires et des visites-ateliers où le travail est plus approfondi.
La bibliothèque (t.l.j. sf dim., lun., 10 h-13 h/14 h-18 h) rassemble une importante documentation sur l'art moderne et de nombreux catalogues d'expositions et de salons.
La librairie est spécialisée dans les arts plastiques du XIXe et XXe s., elle suit de près l'actualité des publications françaises et étrangères et offre un choix très complet de livres, revues, catalogues, cartes postales, affiches.
Le stand des Amis du Musée permet d'acheter des éditions d'œuvres d'art à tirage limité (sérigraphies, gravures), des foulards, des bijoux ou des objets dessinés par divers artistes.

est représenté ici par des œuvres maîtresses de *Matisse* : Pastorale (1905) ; *Derain* : Personnages assis sur l'herbe (1906). La collection Henry-Thomas, exposée à la fin du parcours, rassemble quelques très beaux tableaux de *Braque*, *Derain* et *Vlaminck*.

Rouault (1871-1958). Beaucoup d'œuvres de Rouault sont exposées ici grâce au legs du Dr Girardin. Fondateur du Salon d'Automne, cet extraordinaire coloriste y exposa une série de portraits de prostituées, thème qu'il allait explorer entre 1903 et 1914 et magistralement renouveler : Fille (1906).

Les débuts de *Picasso* sont représentés par l'Evocation (1901), œuvre peinte lors du suicide de son jeune ami peintre Casagemas, et la Tête de Fernande (1906), l'une de ses premières sculptures.

Le cubisme

Cette école révolutionna la peinture en abandonnant l'unicité de point de vue mise au point à la Renaissance pour représenter le sujet à travers différents angles mis côte à côte. Les deux grandes figures du mouvement furent *Picasso* (Pigeon aux petits pois, 1911) et *Braque* (Tête de Femme, 1909). Mais l'intérêt de la collection vient d'œuvres majeures exécutées par des artistes moins connus : *Auguste Herbin*, La Famille (1914) ; *Jean Metzinger*, L'Oiseau bleu (1913) ; *André Lhote*, L'Escale (1913). A leurs côtés, des tableaux de *Juan Gris* (Le Livre, 1913) et *Robert Delaunay* (La Ville de Paris, L'Equipe de Cardiff, 1912) ainsi que des sculptures cubistes de *Lipchitz* et *Laurens* (Danseuse espagnole, 1915) complètent cet ensemble.

L'école de Paris

Par cette dénomination, on désigne les artistes venus au début du siècle chercher à Paris asile et inspiration : *Pascin*; *Soutine*; *Modigliani* (La Femme à l'éventail, 1919), *Foujita* (Nu couché à la toile de Jouy, 1922) ; *Zadkine* (Orphée, 1928-1930) ; *Chagall* (Le Rêve, 1927).

L'après-guerre

Des tendances nouvelles voient le jour : le dadaïsme, mouvement de contestation international auquel appartenaient *Jean Crotti* et *Picabia* : Optophone III (1922-1923). Le surréalisme est ensuite représenté par des œuvres de *Masson*, *Max Ernst* et *Victor Brauner (→ encadré)*. Le réalisme expressionniste est illustré par *Jean Fautrier* (Le Grand sanglier, 1926) et *Marcel Gromaire* (La Guerre, 1925) dont le musée possède une collection unique léguée par Girardin. Ce panorama artistique de l'entre-deux-guerres serait incomplet sans les pionniers du modernisme : *Léger* (Les Disques, 1918) ; *Ozenfant* (Grande nature morte, 1926) ; et sans les tenants de l'abstraction : *Kupka* et *Hélion*. Une place à part doit être réservée dans cette fin des années 30 à *Bonnard*, représenté ici par trois chefs-d'œuvre dont le fameux ***Nu dans le bain***** (1937), autrefois au Petit Palais.

Peintures des années de guerre *(salles suivantes)*

Groupe des peintres de tradition française comme *Estève*, *Bazaine*, *Lapicque* ou *Pignon*; débuts de l'abstraction gestuelle avec *Hans Hartung* et avec la série des Otages de *Fautrier* exposée dès la Libération (La Juive, 1943).

L'après-guerre

Elle voit éclore de nouveaux courants. L'Abstraction lyrique occupe le devant de la scène dans les années 50 : *Soulages* (16, 12, 59, exécuté en 1959). Puis les Nouveaux réalistes redécouvrent le monde réel : affiches lacérées de *Raymond Hains*; Vénus bleue d'*Yves Klein* (1962). Au début des années 1970 triomphe la Figuration narrative avec *Adami*, *Arroyo* et *Rancillac*. Parallèlement s'épanouit le cinétisme, bien représenté dans le musée. On trouvera des œuvres plus récentes encore, réalisées par le groupe Support-Surface (*Viallat* : Bâche, 1977) et un hommage à Picasso par *Wolf Vostell* introduisant le béton dans la peinture : Les Demoiselles d'Avignon, 1983.

Au terme de ce parcours le visiteur peut encore admirer tout un choix de mobilier 1930 dans la ***salle Art Déco*** inaugurée en

Le Conglomeros de Victor Brauner

En 1930, la venue à Paris de Brauner, peintre roumain né en 1903, coïncide avec ses débuts dans l'aventure surréaliste. Dès sa première exposition Galerie Pierre en 1934, il exprime à travers sa peinture un monde né des profondeurs de son inconscient et peuplé de créatures obsessionnelles à la fois hybrides et polymorphes.

Cette démarche, proche de celle d'un Tanguy par exemple, va se concrétiser pendant les années de guerre lorsqu'il crée, à partir d'une suite de dessins, une sculpture intitulée Conglomeros (de conglomérer : assembler en une masse). Réalisée en 1944, l'œuvre est faite de deux corps masculins enlaçant un corps féminin central. Une même tête ronde est commune aux trois corps. Le malaise ressenti est accentué par le détail des yeux vides et globuleux et le matériau lui-même : plâtre blanc pour personnage-fantôme. Par ailleurs, Conglomeros est doué d'ubiquité et la grande chance du musée est de pouvoir présenter en même temps que cette sculpture de grande dimension (160 × 120 cm) une autre toile de Brauner de 1946 : La Rencontre du 2 bis rue Perrel. Dans cette œuvre Brauner, qui venait de s'installer dans l'ancien atelier du Douanier Rousseau, a introduit son Conglomeros dans la célèbre toile de Rousseau : La Charmeuse de serpents. Personnage vivant « anonyme du pluriel », comme disait Brauner, le Conglomeros toutes mains tendues vers la femme-serpent peut-il échapper à la solitude, cette solitude pour lui démultipliée ?

1986, ainsi que la collection Henry-Thomas comprenant des peintures fauves et des œuvres de *Delaunay*, *Kupka* et *Léger*.

▷ L'ARC (Animation Recherche Confrontation) *au dernier étago*

Cette section du musée a été créée en 1967 pour initier le public aux recherches artistiques contemporaines. Selon un rythme très rapide (une exposition toutes les six semaines), la création plastique, musicale et poétique de ces quinze dernières années est explorée de façon thématique, panoramique, individuelle ou collective.

Aujourd'hui, l'ARC jouit d'une réputation internationale et ses publications qui accompagnent chaque exposition font autorité dans le débat actuel sur l'art contemporain.

▷ Le musée des Enfants

accès direct par le 16, av. de New-York

Il s'adresse à tous les publics mais il réserve un accueil privilégié aux plus jeunes. Approchant l'œuvre d'art par l'émotion et la sensibilité, chaque exposition propose une rencontre entre le public et le créateur autour de son œuvre.

A chaque fois, l'espace est l'expression même de l'artiste qui l'investit. De nombreux documents (films, catalogues) témoignent des expériences menées ici depuis quinze ans.

Maurice Girardin, collectionneur et mécène

Le Docteur Girardin (1884-1951) partagea sa vie entre son activité professionnelle et sa vocation de collectionneur. Personnalité hors du commun, ce dentiste « fou de peinture » se lia en 1916 avec Georges Rouault et acquit plus de 80 œuvres de cet artiste. Son second coup de foudre fut pour Marcel Gromaire, âgé de 28 ans seulement, à qui il signa en 1920 un contrat d'exclusivité qui lui permit de réunir près de 200 œuvres de ce peintre dont le musée possède aujourd'hui, grâce au legs, un ensemble unique au monde. Ayant ouvert en 1921 une galerie, La Licorne, le Docteur Girardin l'abandonne quelques années plus tard sous prétexte qu'il lui en coûtait trop de vendre ses œuvres préférées !

L'art pour lui n'était décidément pas affaire d'argent et c'est pourquoi, estimant que les chefs-d'œuvre appartiennent d'abord au public, il fit à la Ville de Paris le don inestimable de ses collections d'art figuratif de la première moitié du XXe s. et d'art primitif.

Musée national d'Art moderne

→ *Centre national d'art et de culture Georges-Pompidou*

Musée d'Art naïf

→ *Halle Saint-Pierre*

Musée national des Arts africains et océaniens★★

293, av. Daumesnil, 12e arr.
☎ 43.43.14.54 / 47-P9
Conservateur : Henrà Marchal.
Visite : t.l.j. sf mar., 9 h 45-12 h/13 h 30-17 h 20.
Entrée libre pour les groupes scolaires
(☎ 43.43.14.54). Visites conférences ☎ 45.44.40.41.
Métro : Porte Dorée.
Bus : 46, PC

Le musée occupe le vaste bâtiment élevé sur les plans des architectes Jaussely et Laprade à l'occasion de l'Exposition coloniale en 1931.

Le bâtiment est un témoignage majeur de l'architecture des années trente. L'immense bas-relief de la façade (1 300 m^2), exécuté par Janniot, figure les différents apports des civilisations d'outre-mer à la Métropole. Le sculpteur, en supprimant la troisième dimension, a fait en sorte que les motifs paraissent s'intégrer à la muraille : à droite l'Asie, à gauche l'Afrique, en retour l'Océanie.

A l'intérieur, on remarquera des fresques intéressantes et deux beaux salons Art Déco (dont l'un a été conçu par Rulhmann).

Histoire du musée

L'Exposition coloniale ayant fermé ses portes, l'édifice fut transformé pour devenir un musée d'art et d'histoire montrant l'expansion française dans les territoires d'outre-mer. En 1960, le musée fut rattaché à la Direction des musées de France et, peu après, André Malraux en fit un musée consacré à l'esthétique des arts africains et océaniens ; l'ethnographie demeure toujours au musée de l'Homme.

Visite du musée

1 h 30

Le musée comprend quatre sections : l'aquarium tropical, les arts africains, les arts maghrébins et les arts océaniens. Il possède en outre deux ateliers d'animation culturelle, une bibliothèque, une section historique (documentation sur les anciennes collections).

L'aquarium tropical

Aménagé dans la partie basse du rez-de-chaussée, l'aquarium tropical fut créé pour l'Exposition coloniale de 1931. A l'origine, il devait montrer un panorama des animaux aquatiques vivant dans les colonies françaises. En fait, on y voit tous les poissons d'eau douce et d'eau salée, les reptiles et les amphibiens vivant aujourd'hui dans les régions chaudes et tempérées (Afrique, Amérique, Asie). 123 aquariums présentent des animaux aux noms évocateurs : raies venimeuses ; poissons-volants, poissons-électriques, poissons-amphibies, poissons-tortues à carapace molle ; poissons de sables ; crapauds géants et grenouilles à griffes... Au centre, le grand terrarium circulaire montre des crocodiles du Nil, évoluant dans une flore tropicale.

Les arts africains

▷ Rez-de-chaussée

La partie g. du hall d'entrée introduit le visiteur à certains aspects majeurs des arts africains : fertilité et vie de la faune que domine la *Nimba**, déesse mi-femme, mi-animale chez les Baga de Guinée ; éléments architecturaux représentés par des piliers sculptés des hauts plateaux camerounais ou du pays Dogon au Mali. La visite continue à l'étage.

▷ Premier étage

Sur le palier sont exposées des gravures rupestres du Tassili, relevées par Henri Lhote. Armes d'apparat et de combat, insignes honorifiques et tapas du Zaïre.

Galerie Ouest : Afrique Occidentale

Chez les peuples de la Savane soudanienne (Mali et Haute-Volta), plusieurs facteurs ont marqué la tradition sculpturale : influence de l'Islam, situation du sculpteur-forgeron casté, nature des bois utilisés (tendres aux fibres longues). Chez les Bambara du Mali, les masques portés dans chacune des six sociétés initiatiques, et en particulier ceux des *Tyiwara** (variations horizontales et verticales sur le thème de l'antilope), montrent avec quelle aisance leurs sculpteurs ont su opérer la synthèse de formes géométriques stylisées et de la ronde-bosse, plus réaliste, qui prévaut dans le complexe Guinée, de la Côte atlantique.

Les sculptures du peuple Dogon, émigré depuis plusieurs siècles dans les falaises de la boucle du Niger, reflètent la cosmogonie et les mythes d'origine de ce peuple. Les masques, à caractère éphémère, sont souvent associés aux rites funéraires. Le musée possède une belle *collection de statuettes d'ancêtres**. Cette statuaire, taillée dans des bois très durs, forme un monde à part avec ses personnages hiératiques aux bras levés vers le ciel, ses couples parallèles. Certaines de ces statues, que les Dogon attribuent à leurs prédécesseurs, les Tellem, peuvent être datées des XIIe et XIIIe s.

En Haute-Volta, Mossi, Gourounsi, Bwa et Bobo fabriquent ou utilisent des masques à haut cimier plat découpé à claire-voie, orné de motifs polychromes, où domine l'expression géométrique à deux dimensions : masque « papillon » porté à l'approche de la saison des pluies (Bwa) ; masque mi-antilope, mi-humain d'une association de forgerons (Bobo). Entre savane et forêt, aux confins du Mali, de la Côte d'Ivoire et de la Haute-Volta, la sculpture des Senoufo constitue un passage stylistique entre peuples Akan du Sud, et Bambara, Dogon ou Voltaïques du Nord. La Portière, statue de femme des Senoufo ; l'ancêtre-mère Bambara. Dans l'ouest ivoirien, les masques de fonction ou de grade sont l'unique représentation plastique. Délicatement naturalistes ou violemment expressionnistes, ils témoignent de l'exubérance artistique qui, dans le cadre de l'association régulatrice du Poro, caractérise les peuples Dan, Guere, Wobe, et sont prétexte à une infinie variété de visages, de matériaux ou d'accessoires.

Chez les Baoule, peuple d'origine Akan venu du Ghana par vagues successives depuis le XVIIIe s., les masques de dieux aux traits figés témoignent d'un art très raffiné et varié qui s'applique aussi aux objets usuels et familiers : poulies et métiers à tisser, cannes d'apparat, instruments de musique, portes de cases. Avec les Ashanti, leurs « cousins » Akan du Ghana, ils ont pratiqué avec une rare maîtrise l'art de la fonte à cire perdue, de l'or et du laiton dans lesquels ont été façonnés petits *masques-pendentifs***, *images de Reines mères*** ou de chefs vaincus, vases sacrés, bracelets, pommeaux de cannes ou, enfin, *figurines** et poids destinés à peser la poudre d'or. Ils ont excellé également dans la sculpture funéraire en terre cuite modelée par les femmes : têtes Agni dressées vers le ciel, aux yeux mi-clos, aux bouches minces, figures Ashanti modelées sur les couvercles des poteries funéraires.

Galerie Est : Afrique Centrale et Orientale

L'histoire des arts du Bénin (ancien Dahomey) ou du Nigéria est liée à celle des dynasties royales ou des hégémonies religieuses : roi d'Abomey (XVIIIe s., XIXe s.), Oba du Bénin (du XIVe s. au XIXe s.), Oni d'Ifé (du XIIIe s. au XVe s.). Les artisans de cour, groupés en corps de métiers (fondeurs, sculpteurs sur bois, perliers, brodeurs), sont chargés de glorifier la richesse et le pouvoir des rois : les Oba du Bénin sont représentés par les plaques murales ou par les têtes en bronze comme la *tête d'Uhumwelao*** (XVIIIe s.) ; les péripéties de la geste royale sont retracées sur les tentures à étoffes appliquées des palais d'Abomey, sur les *défenses en ivoire*** entièrement sculptées du Bénin ; les artisans façonnent les emblèmes et insignes royaux, récades de messager, clochettes pendentifs, masques de ceinture.

Du Nigéria à la Savane du Cameroun, gravite une multitude de styles tribaux autour des centres anciens d'Igbo-Ukwu, Ifé, Bénin. Chez les Ibo et les Ekoi, le naturalisme est fortement imprégné d'emprunts européens dans les têtes-sommets de coiffes Ekoi en bois, recouvertes de peau animale, ou les statues protectrices Ibo. Art de chefferie également chez les Bamum et les Bamiléké des hauts plateaux du Cameroun où le réalisme tend à la boursouflure, où les représentations animales (buffle, éléphant, panthère, araignée mygale) symbolisent la puissance des chefs : pipe d'apparat avec un tuyau de deux mètres et un fourreau orné d'une tête aux joues gonflées.

Au Gabon, têtes, figures ou statues en pied surmontent un panier ou une boîte-reliquaire à ossements et font partie du culte des ancêtres. Les Fang et les Kota, peuples du Bas-Ogoué font participer les esprits à la vie du village par le truchement des masques à face blanchie, le plus souvent en forme de cœur : masques de femmes défuntes à faciès oriental du Bas-Ogoué, masques plats très allongés des Fang ou masques-heaumes très architecturés des Kota.

A partir du XVe s., le royaume de Kongo étendit sa puissance sur la région côtière qui va de l'Ogoué à l'actuelle Angola ; il fut, dès 1842, en rapport étroit avec les Portugais. La *sculpture Kongo** et celle des peuples voisins tirent, de cette origine, leur double caractère naturaliste et magique. Ici l'accessoire (clou, fer, miroir, boules d'ingrédients et de résine, lance ou graine) confère son efficacité, bonne ou mauvaise, à la statue elle-même souvent ébauchée.

Au Zaïre, le royaume Kuba, influencé au XVIIe s. par le royaume Kongo, a perpétué le souvenir de ses rois par une série de *statues-portraits** idéalisées et différenciées chacune par un attribut particulier : tambour, enclume, jeu. Héros mythiques ou rois d'essence divine sont aussi représentés par des masques d'initiations auxquels le front bombé, le nez large, les yeux énormes, les ornements de cauris, de perles, d'étoffes, de cuivre, confèrent une grande puissance.

Les arts plastiques Luba (dont l'empire s'étendit du XVIe s. au XIXe s., de la rivière Sankura au lac Tanganyika) sont caractérisés par la douceur des lignes, l'arrondi des formes tendant la sphère et le poli des surfaces : *Itombwa**, crocodile à divination ; *coupes de bois poli**.

Des Yaka, Suku, Pende, à l'est du pays Kongo, nous connaissons surtout les masques d'initiés ou de circoncis : portraits humains (vieillard, jeune fille coquette, vieille femme) chez les Pende, masques au petit visage, au nez retroussé, et aux coiffures multipointes en rabane vernissée ; pointe des Yaka, masques-cloches surmontés d'animaux des Suku.

Les arts Lega forment charnière entre les styles prolifiques Kuba et Luba et la rigueur dépouillée des Azande et Mangbetu au nord-est de l'Etat. Masques et statuettes en bois ou en ivoire soigneusement patiné et poli sont des insignes personnels de grade à l'intérieur de l'association du Bwame. Emblème ou insigne, telle est aussi la fonction de certaines armes (haches, faucilles, serpes, « couteaux de jet », multipointes) des peuples du Haut-Oubangui, où elles semblent se substituer à la statuaire et aux masques.

Les arts maghrébins

▷ Deuxième étage

Maroc

On distingue dans les arts de ce pays les tendances venues d'Espagne et d'Afrique qui s'expriment dans les thèmes floraux et végétaux, et les tendances locales caractérisées par des éléments géométriques d'origine berbère.

Le musée a réuni une petite collection d'éléments architecturaux et décoratifs : encadrements de fenêtres, portes monumentales, grilles de fenêtre en bois sculpté datant des XVIIIe et XIXe s. ; un ensemble d'armes blanches et d'armes à feu damasquinées et ornées de clous de cuivre ; celles provenant du Sud marocain sont d'une grande richesse : émaux, ivoires et argent. Les nombreux bijoux en or et pierres précieuses sont assemblés selon une technique complexe quand ils sont dits citadins, plus sobres quand ils sont ruraux. On verra surtout les *pendentifs** et *colliers** en or, perles et pierres précieuses provenant de Fès et datant du XVIIe s. La céramique citadine est fabriquée par des hommes. Provenant surtout de Fès ou encore de Tétouan, Meknès et Safi, elle est usuelle et ornementale (Zellij), avec des motifs géométriques ou floraux stylisés. La céramique rurale est fabriquée dans le Rif, le Zerhoun, les T'soul, le Haut et le Moyen Atlas. Exécutée par les femmes, elle demeure archaïsante tant par les formes que par le décor. Collections de monnaies et de bronzes : remarquer un astrolabe et des instruments scientifiques servant à fixer l'heure du lever et du coucher du soleil et l'heure de la prière. Très importante *collection de broderies** et de *costumes** ; chaque centre de fabrication avait ses couleurs ou ses motifs propres. Une salle est réservée aux *objets religieux**, de date plus ancienne.

Algérie

Si ce pays a assimilé les courants venus de l'étranger, il n'en conserve pas moins dans ses montagnes un patrimoine culturel. L'art algérien illustre deux tendances, l'une citadine, l'autre provinciale. Il y a plus de fantaisie et de sensibilité dans la première, plus d'empreintes du passé et de vigueur dans la seconde.

Grande collection de bijoux provenant principalement d'Alger, exécutés en or et en pierres précieuses qui mêlent l'arabesque, les rinceaux et les volutes. Des coiffes importées d'Orient par les Croisés montrent beaucoup de raffinement. Les plus beaux bijoux provinciaux viennent de Kabylie et ont été exécutés par les Béni-Yenni. Collections d'armes, de costumes et de broderies. La céramique est caractérisée par ses affinités avec l'art antique : grandes amphores très proches des amphores grecques ; curieuses cruches, groupées par deux ou trois, qui se distinguent de tout ce qui existe dans ce domaine au Maghreb.

Tunisie

Ce pays a toujours été en contact avec les brillantes civilisations phénicienne, romaine, byzantine, arabe, mais aussi maure et andalouse. Aussi l'art tunisien, en assimilant tous les courants, a-t-il acquis une personnalité propre : traits géométriques, compositions florales en rinceaux et entrelacs, motifs ésotériques dans lesquels le signe de Tanit, la déesse phénicienne, tient une grande place.

Coffres peints ou marquetés. Nombreuses vitrines montrant des bijoux citadins (or et pierres précieuses) dont la technique d'agencement des chaînes d'or et d'argent est à remarquer. Les bijoux provinciaux (en argent) sont ornés de motifs géométriques ou naturalistes (fleurettes, feuillages, oiseaux et poissons). Parmi les poteries et les céramiques, souvent marquées d'orientalisme, on notera un plat représentant un lion qui tire la langue et tourne la tête. Broderies tunisiennes extrêmement riches, exécutées sur soie avec des fils d'or ou d'argent ; soutaches sur laine ou lin. Costumes somptueux, inspirés par la Turquie lorsqu'ils sont citadins, ou un peu antiquisants lorsqu'ils sont provinciaux.

Les arts océaniens

▷ Galerie Ouest

L'art océanien occupe des salles du rez-de-chaussée récemment aménagées. L'Océanie représente un tiers du globe terrestre. L'art y est représenté par des objets quotidiens fabriqués par les utilisateurs eux-mêmes, ainsi que par des sculptures symboliques réalisées pour des cérémonies traditionnelles. Ces œuvres, sculptées pour le Vanuatu ou lors « des acquisitions de grades », sont en racine de fougère arborescente ou en bois peint et orné de motifs symbolisant le grade.

On verra ainsi dans les salles du musée un grand nombre d'objets usuels : cuillères, mortier à betel, plats, tambours, boucliers ; un bel ensemble de masques comme ceux, en vannerie peinte, portés lors des fêtes des ignames, chez les Abelma ; plusieurs coiffures cérémonielles en racine de fougère et recouverte de crépi végétal. Une aire de danse pour une cérémonie de grade a été reconstituée : chaque personnage y occupe une place précise et y joue un rôle déterminé. Nombreux ornements et objets typiques, tels des peignes géants très colorés.

Les peintures sur écorce

Les peintures australiennes sont réalisées sur des panneaux d'écorce d'eucalyptus travaillée pour la rendre plane, grattée et passée au feu. Après ce traitement, la courbure originelle a disparu mais l'on recouvre l'écorce de pierres afin d'obtenir un support tout à fait plat. Pour peindre, l'artiste utilise des couleurs naturelles : kaolin pour le blanc, charbon de bois pour le noir et ocres pour le rouge, le brun et le jaune ; les pigments sont dilués à l'eau. La peinture est appliquée à l'aide de pinceaux faits de brindilles mâchées ; mais auparavant la surface à peindre est enduite d'un suc d'orchidée sauvage faisant office de fixatif.

L'œuvre s'élabore sans esquisse, sans retouche. L'artiste exprime une idée sans se préoccuper de perspective ni de proportions, en ayant recours au symbole. C'est l'acte de peindre qui importe et non l'œuvre ; cependant, nombres de ces peintures évoquent des thèmes mythiques ou historiques dans lesquels chaque élément est porteur d'un message dépendant de son agencement.

▷ Galerie Est : l'Australie

La salle d'art australien est l'une des plus belles et des plus intéressantes du musée, puisqu'elle abrite un ensemble important de *peintures sur écorce**** de la terre d'Arhnem (Nord Australie).

Musée des Arts décoratifs***

107, rue de Rivoli, 1er arr. ☎ 42.60.32.14 / 36-J6
Conservateur : Mme Yvonne Brunhammer
Visite : t.l.j. sf lun. mar., 12 h 30-18 h ; dim., 11 h-18 h
Métro : Palais-Royal, Tuileries
Bus : 21, 27, 48, 68, 69, 72, 85

Le musée des Arts décoratifs vise à mettre en lumière les rapports entre les objets et la société pour laquelle ils ont été créés.

Le musée abrite des collections allant du Moyen Age à nos jours et regroupe un bel ensemble de meubles, peintures et objets d'art des XVIIe, XVIIIe et XIXe s. Il présente une rétrospective Art Nouveau-Art Déco, ainsi que la donation Dubuffet.

Histoire du musée

L'Union centrale des Beaux-Arts appliqués à l'industrie, née en 1863, se proposait « d'entretenir en France la culture des arts qui poursuivent la réalisation du beau dans l'utile ». Ses créateurs (artistes, industriels et amateurs), voulaient lutter contre la médiocrité des objets et du décor de la vie quotidienne. Le musée des Arts décoratifs fut constitué parallèlement, en 1887, par une association dont le but était de stimuler la création contemporaine en montrant les belles œuvres du passé au public, le rendant ainsi plus exigeant.

Ces deux sociétés fusionnèrent en 1882. L'Union centrale des Arts décoratifs (l'UCAD) fut ainsi créée en 1905 au pavillon de Marsan, rue de Rivoli, et une convention fut passée avec l'Etat.

Très attachée à son autonomie, l'Union centrale reste une association de droit privé, même si son financement dépend en grande partie de l'Etat. Elle est à la tête des musées des Arts décoratifs, Nissim de Camondo, des Arts de la mode et de la Publicité ; elle dirige, en outre, deux écoles d'arts : l'école de Camondo et l'école privée de l'UCAD.

Des travaux de rénovation qui ont duré cinq ans ont permi de doter le musée des Arts décoratifs de structures muséographiques modernes et de mettre en valeur le bâtiment de l'architecte H. Lefuel (architecte du Louvre de Napoléon III).

Les collections du musée sont essentiellement dues à des donations : Peyre, Koechlin, Vever, Moreau-Nélaton, Martin-le-Roy, Perrin, Maciet, Duseigneur, Carnot, David-Weill, pour ne citer que les plus importantes. De là l'extrême diversité des collections qui reflètent le goût des amateurs pour lesquels le musée existe.

Visite du musée

2 h 30

Pour effectuer la visite la plus simple du musée, on suivra l'itinéraire indiqué ci-dessous et qui ne respecte pas une présentation des collections par ordre chronologique.

Premier étage (côté jardin) : salles Art Déco et Art Nouveau

▶ Tourner à dr. de la caisse et prendre l'escalier B, sur le côté g. du hall.

▷ Salles Art Déco

Dans la première salle, sur un vaste tapis réalisé aux manufactures d'Aubusson sur un carton de Benedictus, le ***bureau en palissandre**** de *Pierre Chareau* et la bergère en galuchat gris d'*André Groult*, réalisés pour l'Ambassade française à l'Exposition de 1925, témoignent des deux tendances de cette période : celle moderne et rationaliste de Chareau, contre la conception classique, décorative, de Groult et Ruhlmann. C'est à cette dernière catégorie qu'appartient le ***cabinet Etat Rect**** de *Rulhmann*, présenté ici dans une version de 1922-1923 en placage d'amarante et marqueterie d'ivoire et d'ébène macassar. L'ensemble est complété par une table de *Jean Dunand* en laque et coquille d'œuf ; une grande ***vitrine**** de *Marcel Coard* ; un lit de repos d'*Armand Rateau*. Au mur, Composition de *Marie Laurencin* et ***Portrait de la baronne Gourgaud****, grande donatrice des musées français, peint en 1924 par *Matisse*.

La salle se prolonge par une galerie où des vitrines de présentation alternent avec des intérieurs reconstitués tels quels. Le premier est le bureau de l'industriel Pierre Levasseur qui en avait confié la réalisation en 1917-1919 à *André Fréchet*, alors directeur de l'école Boulle. Viennent ensuite la chambre à coucher de *Maurice Dufrène*, en palissandre et bois noirci, également commandée par Pierre Levasseur et la salle à manger de M. et Mme Pierre Girod exécutée par *Louis Sue* et *André Mare*.

Les trois pièces suivantes sont consacrées à *Armand Rateau* à qui *Jeanne Lanvin (→ encadré)* avait confié, en 1920-1922, la décoration de ses ***appartements privés*****, 16 rue Barbet-de-Jouy, et dont le style, éminemment original et personnel évoque, dans ses emprunts aux formes animales, l'art décoratif égyptien. Dans le ***boudoir**** : paire de lampadaires en bronze ; canapé ; table à gâteau ; vitrine contenant éventails et poupées habillées pour Jeanne Lanvin. Suit la ***chambre à coucher***** avec l'alcôve « bleu Lanvin » ; les lampadaires en bronze à patine antique et la remarquable coiffeuse dont le plateau en marbre noir et blanc est soutenu par quatre pieds en bronze couronnés de marguerites, symbole répété dans les meubles de la pièce pour évoquer Marguerite, fille de Jeanne Lanvin. La ***salle de bain**** comprend une vaste baignoire en marbre clair, en retrait dans une alcôve en stuc réalisée par *Paul Plumet* ; lavabo ; table et guéridon.

Les vitrines de la galerie présentent un éventail des arts appliqués, très complet. Dans la première : une terre cuite de *Maillol* et un vase du céramiste catalan *Artigas*, décoré par *Dufy*. Viennent ensuite différentes pièces de métal, céramique et verre par *Puiforcat**, *Decœur*, et *Marinot*** dont un remarquable pot à couvercle ; deux ***meubles**** précieux dans la quatrième vitrine, en galuchat vert et ébène macassar, sont dus à *Clément Rousseau*. Les deux dernières vitrines présentent deux vases de *R. Lalique* exécuté à la technique de la cire perdue et une grande pièce martelée de *Jean Dunand* provenant également de chez Jeanne Lanvin. Le tableau de *La Fresnaye*, ***Usine à la Ferté-sous-Jouarre**** (1911), qui présente la Maison cubiste au Salon d'Automne de 1912, témoigne de son appartenance au groupe de Puteaux, avec Paul Vera, Duchamp-Villon, Metzinger, Gleizes et Marie Laurencin. La partie g. de la galerie est occupée par des peintures de *Valtat*, *Vera*, *Domergue* et la remarquable composition Nabi de *Maurice Denis*, ***Femmes assises à la terrasse***** (1891).

Salle des bijoux. L'évolution des techniques et des matériaux (invention du platine, apparition de matières synthétiques, tailles des pierres dures), conjuguée à l'évolution graphique vers le dépouillement et le goût des formes géométriques, donna aux créateurs de bijoux Art Déco les moyens de se démarquer de leurs prédécesseurs dont même les meilleures réalisations restaient tributaires du second Empire. Les deux styles sont ici présentés conjointement. ***Les Hirondelles***** de *Lalique* et le ***Réveil**** de *Vever*, aux formes arrondies et végétales, voisinent avec les ***étuis à cigarettes**** de *Templier* et *Cartier*, les pendentifs de *Fouquet*, *Despres*, *Dunand*, aux dessins rigou-

---

Jeanne Lanvin

D'origine modeste, Jeanne Lanvin sut par son énorme talent et son travail acharné, se hisser à la tête de la mode parisienne. Parallèlement à son ascension dans le monde de la haute couture, elle acquit un goût profond pour les arts et se lia avec de nombreux artistes de l'époque. Elle confia la décoration de son hôtel de la rue Barbet-de-Jouy à son ami Armand Rateau qui devait devenir par la suite le directeur de Lanvin-Décoration. Elle y conservait sa collection personnelle d'objets d'art, en particulier une série de tableaux, tous sur le thème de la femme, parmi lesquels des œuvres de Renoir, Bonnard, Vuillard, Boudin.

L'ensemble exceptionnel conservé par le musée vient du legs fait en 1965 par le prince de Polignac, en souvenir de la comtesse Jean de Polignac, fille de Jeanne Lanvin.

---

reux. Dans les vitrines du fond, quelques belles pièces d'orfèvrerie par *Guimard*, *Puiforcat* et un curieux ***vase hanap**** réalisé par *Lucien Falize* sur une composition du peintre *Luc-Olivier Merson*.

▷Salles Art Nouveau

Dans la salle consacrée à l'architecte *Hector Guimard* (1867-1942), est installée une partie du ***mobilier**** qu'il dessina en 1903-1904 pour l'hôtel Nozal à Paris. Réalisé en poirier ciré il se démarque, dans sa conception architecturale et son décor végétal stylisé à l'extrême, de toute production antérieure; le guéridon tripode en est l'exemple le plus frappant.

La salle suivante, réservée à *Emile Gallé* (1846-1904), présente un ensemble mobilier en noyer moulé et sculpté provenant de l'hôtel Hannon à Bruxelles (1902-1903). Sur la table, une lampe de l'américain *L. C. Tiffany* et aux murs, des tableaux de *J. Béraud*; en face, on trouvera un mobilier décoré d'ombelles et devant, une vitrine renfermant quelques ***productions*** exceptionnelles ***de la maison Gallé**** qui illustrent le renouveau apporté par cet artiste dans les techniques du verre.

Dans la dernière salle sont exposées les ***boiseries**** réalisées par *Georges Hoentschell*, en platane d'Algérie, pour le pavillon de l'Union centrale des Arts décoratifs à l'Exposition universelle de 1900; à côté, panneaux d'*Albert Besnard* (l'Ile Heureuse, les Etoiles). On remarquera, à g. de l'entrée, la petite toile de *Gauguin*, ***Au-dessus de l'abîme****, peinte à Pont-Aven en 1888. Au fond, le décor exécuté par *Victor Prouvé* pour le ***piano Erard**** (dessiné et fabriqué par *Louis Majorelle*) est inspiré d'un poème de Jean Richepin : ses vers sont inscrits sur le dessus du piano, et trois scènes illustrent le poème. A sa dr., le ***meuble de quatuor**** de *A. Charpentier* est une œuvre unique. Les objets présentés dans les vitrines montrent l'incroyable créativité dans toutes les techniques aux alentours de 1900 : ***pâtes de verre**** de *Henry Cros* qui le premier redécouvrit cette technique antique; verreries de *Lalique*, *Dammouse*, *Decorchemont*, *Eugène Rousseau* et *Gallé*; céramiques de *Carriès* (***Tête de faune****), *Chaplet*, *Decœur*, *Delaherche*, *Dalpeyrat*; objets en métal de *Hirtz*, *Dunand**, *Gaillard*. ▶ Revenir sur ses pas pour prendre l'escalier B et gagner le deuxième étage.

Deuxième étage (côté jardin) : XIIe-XVIe siècles

▶ 1re salle. Une suite de ***cinq tapisseries**** illustre des scènes de la vie courtoise sur un fond de verdure, typique des ateliers d'Arras dans le premier tiers du XVe s. Le lit à dais datant de la fin du XVe s. provient du château de Villeneuve-Lembron (Puy-de-Dôme) et témoigne de l'influence durable de l'architecture gothique. ▶ Dans la 2e salle on trouvera des clôtures de chapelle qui ont la même origine. Au fond, les personnages de la tapisserie au ***Couple sous un dais****, évoquent ceux des peintures du Flamand Van der Weyden. Dans les vitrines, on peut voir des objets d'art religieux. Au centre, une ***châsse en émail de Limoges**** (milieu du XIIe s.), en forme de maison, représente la Crucifixion et le Christ en Majesté entourés des apôtres, sur un fond d'émail bleu et vert. Le dos est entièrement décoré de rosaces crucifères. Dans la vitrine de dr., le diptyque de la Passion, en ivoire, est divisé en huit registres évoquant huit scènes de la Passion. ▶ Dans la 3e salle, le ***coffre à pentures**** est un des plus anciens coffres français connus. Bâti pour résister aux nombreux déménagements imposés par les déplacements, il servait à la fois d'armoire et de siège. Dans les vitrines sont rassemblés des objets de la vie quotidienne. L'aquamanile en forme d'oiseau fantastique à buste d'homme, était utilisée pour chauffer l'eau au coin du feu. ▶ 4e salle. Le coffre dit des travaux d'Hercule est encore du Moyen Age, mais il est orné de scènes mythologiques selon l'engouement de la Renaissance. Les deux armoires à deux corps, typiques de la Renaissance en Ile-de-France, ont un décor à l'antique, influence de l'Italie et de l'école de Fontainebleau. Splendides tapisseries : ***Bûcherons dans une forêt**** (France, première moitié du XVIe s.); ***le Festin**** (Bruxelles, début XVIe s.); ***l'Amour sacré****, ***l'Amour profane**** (France, première moitié du XVIe s.). Dans les vitrines, faïences et verreries du XVIe s. En face, bronzes dont Le Forgeron, attribué à *Andrea Riccio*.

A ne pas manquer

***Premier étage** : Art Déco - Art Nouveau*
Les appartements de Jeanne Lanvin.
Les verreries de Gallée et Marinot.
Les bijoux et verres de Lalique.
Peintures Nabi de Gauguin et Maurice Denis.
***Deuxième étage** : Art du Moyen Age*
Les tapisseries des XVe et XVIe s..
Les peintures de Van Eyck, Borassa.
***Quatrième étage** : XVIIIe et XIXe siècles*
Porcelaines de Sèvres et Saint-Cloud.
Collection d'orfèvrerie des XVIIe et XVIIIe s.
Papiers peints de la Restauration.
Paysage d'Ingres.

▷La peinture *salles 5 et 6*

Le ***fragment de panneau**** à décor d'architecture est attribué à *Jan Van Eyck* : il représente la partie gauche d'un dais couronnant une Vierge à l'Enfant ; ce tableau se trouvait encore à la chartreuse de Champmol au XVIIIe s. Dans la salle 6, sur le mur de dr., Jason et Médée, attribué à *Biagio d'Antonio* (école toscane, vers 1486) ; sur le mur du fond, la Vierge sur son trône entre saint André et saint Jacques, attribué au *Maître de la Madeleine* (école toscane, seconde moitié du XIIIe s.) : de part et d'autre des figures sont réparties six scènes de la vie de la Vierge. A côté, le ***retable de Saint Jean Baptiste**** est un des rares exemples, subsistant dans son ensemble, des retables du Catalan *Louis Borrassa*, l'un des représentants du gothique international. La partie centrale figure Saint Jean Baptiste et le Calvaire ; de chaque côté sont représentées les scènes de sa vie et de son martyre ; à g. : la Vision de Zacharie, la Visitation, la Naissance de saint Jean Baptiste et l'Imposition de son nom ; à dr. : la Prédication de saint Jean, le Baptême du Christ, le Festin d'Hérode et le Martyre de saint Jean Baptiste. ▸ Redescendre au rez-de-chaussée et prendre l'escalier C, en face dans le hall.

Troisième étage : XVIIe-XVIIIe siècles

▷ XVIIe siècle et galerie Louis XIV

côté rue de Rivoli

Dans le couloir de circulation, le long de la galerie, sont exposés des éléments de boiseries du début du XVIIe s. à la période Régence.

La salle 26 est réservée à la période Louis XIII. Un nouveau type de meuble, le cabinet, destiné à conserver les collections d'objets précieux, se répand dans toute l'Europe. Sur les vantaux du cabinet attribué à *Jean Macié* ont été sculptées, dans les feuilles de placage d'ébène, deux scènes de la vie de la Vierge : la Présentation au temple et le Mariage. Sur les murs, des peintures flamande et hollandaise ont été rassemblées : le Christ jardinier a été fait par *Jean Brueghel de Velours* pour le paysage, et par *Henrick van Balen* pour les figures. Dans la vitrine : faïences de Nevers, très proches à leurs débuts des faïences de Faenza et d'Urbino.

Dans les quatre vitrines de la salle 27 sont exposées des faïences de ***grand feu de Rouen**** (décor au lambrequin, style rayonnant), ***Moustier***** (décor Bérain, du nom de l'ornemaniste *Jean Bérain*), Marseille, Strasbourg, de la fin du XVIIe s. et du XVIIIe s.

Dans la salle 28, le cabinet en armoire et le bureau à huit pieds sont recouverts de marqueterie de bois d'amarante sur fond d'étain, variante plus austère de la marqueterie Boulle (cuivre, étain et écaille) dont l'***armoire***** exposée salle 29 (actuellement en restauration), est un très bel exemple.

Le style Louis XIV

Avec le règne du Roi Soleil, est né un style véritablement français. Louis XIV en effet, épris de grandeur et de gloire, voulut que soit créé pour lui et pour sa cour, un cadre somptueux montrant au monde entier la puissance du pouvoir royal. Ainsi fut entrepris l'aménagement des résidences royales : le Louvre, Versailles, Trianon, Fontainebleau, Saint-Germain, Marly.

Une équipe d'ornemanistes, dirigée par le premier ministre du Roi, Le Brun, eut pour tâche de graver les compositions que devaient utiliser les artisans, ébénistes, menuisiers, tapissiers, orfèvres, céramistes. Ces ornemanistes s'inspirèrent de l'Antiquité romaine pour créer un style original et majestueux, où la symétrie est de rigueur. On y retrouve les motifs de l'Antiquité : têtes et pattes de lions, têtes et cornes de béliers, sabots de cerfs, feuilles d'acanthe, fruits, fleurs, armes, trophées. Les mascarons, les masques (en particulier celui du soleil, symbole du monarque) et surtout la coquille, reviennent très fréquemment.

La console en bois sculpté et doré de la salle 29, datant de l'extrême fin du règne de Louis XIV, annonce le style rocaille. Sur les murs, des portraits par *Robert Tournières*.

Les vitrines de la salle 30 contiennent des faïences de ***grand feu polychrome de Rouen*****, Sinceny, Marseille, et Moustier.

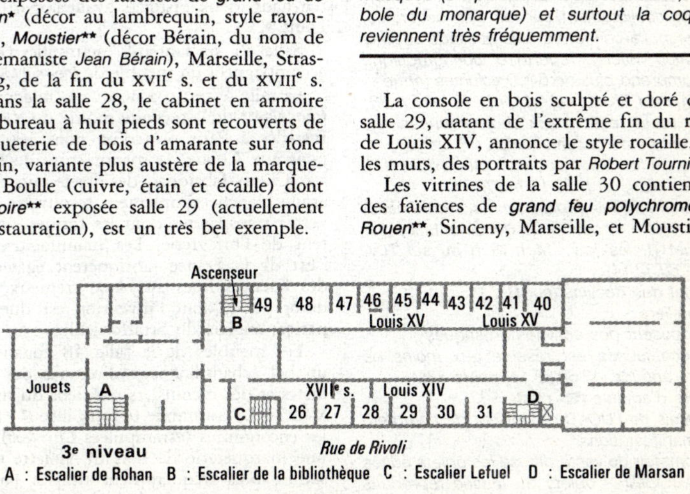

Le musée des Arts décoratifs

Salle 31. L'*armoire*** plaquée de bois de violette est l'œuvre de l'ébéniste du régent, *Charles Cressent*; il est également l'auteur des bronzes finement ciselés représentant des enfants inscrits dans des médaillons d'arabesques aux symboles de la Géographie et du Commerce. Le fauteuil « à la reine » (dossier à plan plat), aux formes vigoureusement mouvementées et au décor rocaille, est monté sur des châssis amovibles, ce qui permettait d'en varier la garniture selon les saisons.

La grande salle qui assure la jonction avec la galerie Louis XV présente des éléments décoratifs de grandes dimensions : à g. un grand cadre doré aux armes de la famille de Lorraine, une grande armoire à deux corps du Midi de la France, à dr. des *boiseries*** peintes par *Lancret* pour l'hôtel de Boulogne, place Vendôme à Paris.

▷ Galerie Louis XV *côté jardin*

Cette galerie de dix salles (40 à 49) offre un panorama des arts décoratifs durant la première moitié du XVIIIe s.

La salle 40 est consacrée aux bronzes d'ameublement (cartel, feux, appliques de meubles), depuis le style rocaille jusqu'au

Pour en savoir plus...

Conférences :
visite d'un département du musée (t. les sam. à 14 h 30);
conférence sur le mobilier (t. les dim. à 12 h; accès libre sur présentation au musée);
cycle de conférences sur le mobilier les lun. et mar., (® et inscriptions ☎ 42.86.98.18).
*La **bibliothèque** rassemble une importante documentation sur l'histoire de l'art, insistant particulièrement sur les arts décoratifs, le design, l'architecture; elle possède aussi la collection Maciet, répertoire iconographique qui comprend plus de 6000 volumes (entrée : 109, rue de Rivoli; t.l.j. sf dim., 10 h-17 h 30; le lun. matin réservé aux photographes).*
*Les **centres de documentation** (5e étage) :*
centre d'information sur les métiers d'art (t.l.j. sf mar., dim., 10 h 30-17 h 30);
département des papiers peints, centre national du verre et centre de documentation sur le jouet (t. les jeu., 14 h-18 h ou sur R.V. ☎ 42.60.32.14);
Cabinet des dessins (sur R.V.).
Les ateliers
Ils proposent des activités artistiques :
Art-Déco jeunes est réservé aux moins de quinze ans (☎ 42.60.32.14, poste 875);
ateliers d'adultes (☎ poste 933).
*Les **Amis de l'UCAD** organisent de nombreuses manifestations.*
*Un **comptoir de vente** diffuse les objets édités par ARCODIF : objets du musée reproduits en fac-similé; créations contemporaines.*

style néo-classique. On peut admirer, dans la vitrine devant la fenêtre, deux *bustes de femmes «en espagnolette»** par *C. Cressent*, et dans la vitrine de g. en entrant, en bas, le chenet *la Poule* par *Caffieri*, fondeur-ciseleur le plus représentatif du style rocaille. Des éléments de décor ou d'ameublement en bois sont présentés.

Salle 41 : consoles d'applique ou murales, fragments de boiserie.

Salle 42 : le *plafond** peint de grotesques et de singeries provient d'un hôtel, rue de Sévigné. Il est attribué à *Charles II Audran*. Au centre, la table à transformations, aux pieds cambrés terminés en griffes, servait en carosse : elle peut déployer un plateau de 1,93 m et ses pieds se replient. Dans la vitrine sont rassemblées des faïences de petit feu de Strasbourg, l'un des grands centres de la faïence au XVIIIe s., promoteur de la technique.

Salle 43, sont exposées des esquisses évoquant la peinture monumentale au XVIIIe s. : projets de plafonds de *Lafosse*, *Lemoyne*, *Tiepolo*.

La salle 44 réunit une collection importante de *porcelaines de Meissen***. Cette manufacture fut la première en Europe, au début du XVIIIe s., à mettre au point la technique de la porcelaine dure à base de kaolin. Ses figurines, dont les sujets sont empruntés à la commedia dell'arte, à la vie mondaine ou campagnarde et à la mythologie, connurent un large succès dans toute l'Europe.

Salle 45 sont accrochées des peintures animalières de *J. B. Oudry* et de son fils *J. C. Oudry*, des natures mortes de *F. Desportes*. Dans la vitrine, on peut voir des faïences de petit feu des fabriques de l'Est de la France.

Dans le passage garni de boiseries précédant la salle 46, sont rassemblées des armes (en haut, deux pistolets ayant appartenu à Louis XV).

Salle 46, six fauteuils estampillés *Lefèvre* accompagnent un meuble de *Pierre II Migeon*.

La salle 47 est consacrée à la *faïence fine française*** de la seconde moitié du XVIIIe s. Installée à Paris près d'un pont appelé le pont aux Choux, la manufacture de Pont-aux-Choux fabriquait des objets faits d'une argile blanche simplement recouverte d'un vernis transparent, dont les formes s'inspirent de l'orfèvrerie. Les manufactures de l'Est de la France fabriquèrent également des faïences fines au blanc crémeux, sans décor peint, dont l'invention est due aux potiers anglais du Straffordshire.

Les meubles de la salle 48 constituent un bel échantillonnage d'œuvres des ébénistes et des menuisiers parisiens du milieu XVIIIe s. La commode (estampillée *R.V.L.C.*), les encoignures (estampillées *Ch. Wolf*), ont une marqueterie de bois de violette et de satiné, bois fréquemment utilisés par les ébénistes, comme les bois de rose et l'amarante employés pour la marqueterie du secrétaire (estampillé *Montigny*). Les petites tables, dont les variantes sont innombrables, sont de véritables chefs-d'œuvre comme la ***table de cabaret**** (estampillée *B.V.R.B.*), plaquée de bois de rose, avec un plateau en porcelaine de Sèvres. Les sièges, fabriqués par les menuisiers, sont maniables et légers. La chaise à la reine, entre les fenêtres, appartient encore au style Louis XV par le mouvement général de ses formes. Par contre, le décor de feuilles d'acanthe et de faisceaux de joncs liés appartient déjà au style Louis XVI.

Les objets rassemblés dans la salle 49 témoignent de l'engouement pour l'Extrême-Orient au XVIIIe s. : panneaux en laque de Chine provenant de l'hôtel du Châtelet à Paris ; commode de *Pierre II Migeon* en laque européenne imitant la laque du Japon ; ***secrétaire «en pente»**** en vernis bleu imitant la laque, portant la marque du château de Bellevue ; commode imitant la laque de Coromandel ; porcelaine de la Compagnie des Indes voisinant avec leurs modèles de Chine et du Japon. ▶ Prendre l'escalier B (côté jardin).

Quatrième étage : fin XVIIIe-XIXe siècles

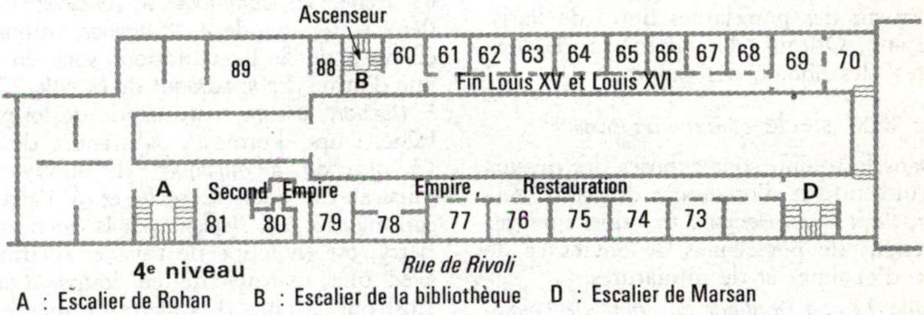

Le musée des Arts décoratifs

▶ Les vitrines de la salle 88 permettent d'étudier la naissance de la ***porcelaine française*** à pâte tendre, d'abord à Rouen (vers 1673), puis à ***Saint-Cloud***** (entre 1675 et 1746) : porcelaine encore inspirée par les décors de la faïence rouennaise et par des modèles extrême-orientaux (décors «Imari», blancs de Chine). ▶ Dans la salle 89, on trouvera désormais exposée en permanence une des plus importantes collections mondiales d'***orfèvrerie française*** des XVIIe et XVIIIe s. On en retiendra particulièrement une ***aiguière**** parisienne de 1603 ; le ***chandelier de Duvivier***** d'après *Meissonier* (1734-1735), chef-d'œuvre du rocaille ; les ***saucières de Madame de Pompadour*****, par *Joubert* (1754-1755) ; œuvres de *Guérin*, *E. P. Balzac*, *F. T. Germain*, *R.J. Auguste*.

▷ Galerie Louis XVI *côté jardin*

Dans le couloir sont présentés des dessins d'ornement de *Ranson*, *Cauvet*, *Pajou*, *Delafosse*, *Lalonde*, *Dugource*, *Pineau*, *Thomire*, *Chalgrin*.

La salle 60 est réservée à la ***manufacture de Chantilly**** fondée en 1725 par le *prince de Condé*. Ses premières productions sont des interprétations de modèles orientaux. Chantilly adopte ensuite un style original où le bleu domine.

Salle 61. Les ***productions de Mennecy**** furent influencées par les porcelaines orientales, puis celles de Messen et de Vincennes.

Salles 62, 63. La ***manufacture de Vincennes***, fondée en 1738, déclarée royale en 1752, fut installée à Sèvres en 1756. On peut suivre l'évolution de son style : au début, cette fabrique est influencée par Meissen et l'Extrême Orient ; à Sèvres, elle adopte un ***style français*****, rocaille, caractérisé par l'emploi de l'or et par les fonds colorés : rose, bleu céleste, bleu lapis, vert, jaune. Dans les services de Mme du Barry et de Marie-Caroline-Louise d'Autriche, sœur de Marie-Antoinette, exposés salle 63, le style néo-classique a été adopté. En face, sont exposés quelques biscuits (porcelaine à pâte tendre, sans couverte) exécutés sur des modèles du sculpteur *Falconnet*.

Les salles 64 à 68 reconstituent des ***intérieurs parisiens*** de la fin du XVIIIe s. Les panneaux décoratifs remontés dans la salle 64 sont inspirés des peintures de Pompéi (*→ encadré*). La très belle ***pendule aux vestales****, agrémentée de plaques de porcelaine de Sèvres et de bronzes de Thomire, figura dans le cabinet de toilette de Marie-Antoinette aux Tuileries. Salle 65, deux meubles sont de *Riesener*, grand ébéniste parisien, fournisseur de la couronne : ***chiffonnier**** imitant la structure d'un secrétaire dont il faisait le pendant avec marqueterie représentant une corbeille de fleurs et bronzes soulignant les lignes architecturales ; commode à deux vantaux d'un type très répandu à l'époque. Les ***six toiles décoratives**** représentent des paysages imaginaires de *H. Robert* ainsi que le Repas des Cinq Cents dans la Grande Galerie du Louvre, à dr. de l'entrée. La salle 66 présente un paysage de Loutherbourg et la Toilette d'Amphitrite de *Lagrenée le Jeune*. Sur la cheminée, le ***buste du Docteur Borie**** par *Caffieri* témoigne de la virtuosité de ce sculpteur. La ***commode**** de la salle 68, d'une sobre élégance par sa très légère courbure, l'acajou massif des façades, la discrétion de ses bronzes, est de *Leleu*. La ***famille Gohin*****, sur le mur de g., est un important tableau de *Boilly*; il offre une image parfaite de la bourgeoisie aisée de la fin du XVIIIe s.

Les salles 69 et 70 présentent des éléments de boiseries fin XVIIIe s. et une collection de ***terres cuites**** : Clodion, Rolan, Marin. Le portrait de Sophie Muller, attribué à *Tischben*, montre l'intérêt porté aux enfants et à l'éducation à cette époque.

Dans la galerie de passage, des vitrines renferment des porcelaines dures de Paris, Bordeaux, Orléans, des tabatières, des lorgnettes, des bijoux, des cannes.

▷ Le XIXe siècle *côté rue de Rivoli*

Dans le couloir sont exposés des dessins d'architecture et d'ornement de *David*, *Vaudoyer*, *Saint-Ange*, *Bertrand fils*, ainsi que des collections de porcelaines de Sèvres et de Paris, d'opalines et de miniatures.

Salle 73. ***Le Bonheur du Jour**** de *Lemarchand*, à g. de la fenêtre, est caractéristique du style Empire, aux lignes droites et aux structures simples. Son décor de bronze associe des éléments égyptiens (palmes, têtes animales à coiffures pharaoniques), et des éléments antiques (têtes de femmes, figures allégoriques). Les sièges sont de *Jacob frères* et de *Jacob Desmalter*, dynastie d'ébénistes qui créèrent, avec le peintre David, le style Empire. L'atelier de Houdon sculptant en 1804 le buste de Laplace, est accroché non loin de ce même buste en plâtre représenté sur le tableau.

Dans la salle 74, sur le mur de g., on peut admirer un des rares paysages d'*Ingres*, le ***Casino de Raphaël à Rome*****, exécuté en 1807 lors du séjour du peintre à la Villa Médicis à Rome.

La salle 75 est réservée à l'orfèvrerie. On peut y voir des œuvres de *Genu*, *Biennais**, *Odiot*, *Froment-Meurice*.

Salles 76, 77. ***Mobilier***. Sous la Restauration, les bois clairs indigènes concurrencent les bois exotiques. On utilise les racines, les loupes, les parties de l'arbre les plus noueuses pour créer des motifs décoratifs. Ainsi le ***berceau**** de la salle 76, œuvre de *F. Rémond*, est en loupe d'orme et en ronce de frêne. La ***commode à vantaux**** et les deux secrétaires de *J. J. Werner*, important ébéniste de la Restauration, sont en longue d'orme. Le ***lit bateau**** de la salle 77, de *F. Beaudry*, est en marqueterie de loupe de frêne, loupe d'orme et palissandre de Rio. La ***psychée à musique**** (le mouvement musical est dans le socle et à l'arrière), commandée à *F. Rémond* par la duchesse de Berry, est en loupe de tuya et d'amboine avec une marqueterie en loupe d'orme, ainsi que la table de toilette de même origine. ***Peintures. L'Empereur Justinien composant ses institutes*****, sur le mur de la salle 76, est une esquisse de *Delacroix* pour la composition d'une salle du Conseil d'Etat, détruite en 1871 lors de l'incendie du Palais-Royal. Sur les murs de la salle 77 sont tendus des ***papiers peints***** panoramiques de *Dufour* et *Leroy* : les paysages de Télémaque, les Incas, Renaud et Armide. Ils frappent par la vivacité de leurs couleurs.

Les deux salles suivantes ainsi que la salle 80 que l'on atteint après la salle Second Empire, illustrent l'***époque Louis-Philippe***. Salle 78, le style gothique troubadour est représenté par des objets « à la cathédrale » présentés dans les vitrines. Dans celle de dr. : des statuettes de plâtre, terre cuite et bronze montrent le développement de l'industrie d'art liée à l'apparition d'une nouvelle clientèle bourgeoise et aux progrès techniques. Salle 79, sur les murs, sont accrochés projets et aquarelles des ornemanistes, peintres et architectes, initiateurs de ce retour au passé : *Chenavard*, *Lami*, *Raffet*, *Viollet-le-Duc*. Dans la salle 80 ont été remontées les ***boiseries**** commandées par M. Hope pour l'ancien hôtel de Sagan. Elles sont inspirées de divers styles : styles Renaissance et pompéien. Le retour au passé se manifeste également dans la céramique (passage entre salle 79 et salle 81) : imitations des plats de Bernard Palissy par *Avisseau*. Il se manifeste aussi dans les bijoux : broche Renaissance d'*Alphonse Fouquet* présentée plus loin dans une vitrine du même passage. Dans la même vitrine, on peut admirer le ***brace-***

Les styles Régence et Louis XV

A la mort de Louis XV (1715), l'idéal de vie de la cour n'est plus le faste et la grandeur mais l'agrément et le confort. Insensiblement la ligne droite s'amollit pour être bannie. La structure des meubles se libère de l'architecture : leurs lignes deviennent sinueuses et chantournées, les sièges suivent les formes du corps humain, les façades et les côtés des meubles sont galbés.

Le décor suit la même voie. Le dessinateur Jean I Bérain remplace Le Brun. La symétrie est toujours de rigueur mais elle est accompagnée de légèreté et de fantaisie : singeries et chinoiseries apparaissent. Le décor rocaille est introduit en France par Meissonnier et Oppenordt, mais il reste éloigné des outrances : rochers, feuillages déchiquetés, coquilles déformées, volutes tourmentées sont ordonnés par un plan cohérent. Dans les marqueteries, le décor floral, associé à un motif géométrique, tempère l'exubérance des bronzes et des structures des meubles.

Le style Louis XVI

En pleine époque rocaille, Mme de Pompadour envoie son frère, le marquis de Marigny, futur surintendant des bâtiments, faire son éducation artistique en Italie accompagné d'un dessinateur, Cochin, et d'un architecte, Soufflot. Ce voyage, les découvertes spectaculaires des villes de Pompéi et d'Herculanum ainsi que les recueils de dessins ramenés par d'autres voyageurs, contribuèrent à la propagation d'un nouveau retour à l'antique. Le style Louis XV est de plus en plus critiqué et on assiste à un changement progressif mais radical du répertoire décoratif : colonnes, pilastres, triglyphes, cannelures, grecques, oves, perles apparaissent ; les lignes se calment, les formes deviennent plus simples, plus équilibrées, les surfaces planes. Parallèlement, le courant naturaliste engendré par les philosophes (Rousseau), fait naître d'autres thèmes décoratifs qui, liés à la nature, tempèrent l'austérité du retour à l'antique : fleurs, feuillages, fruits et instruments de musique.

let de *Froment-Meurice* (n° 92), qui montre l'exceptionnelle maîtrise de la ciselure de figures en ronde bosse de cet artiste, et le talent du sculpteur *Pradier* à utiliser le corps de la femme à des fins décoratives.

La salle 81 réunit des pièces exceptionnelles du second Empire. Dans la vitrine, à dr. de l'entrée, les ***esquisses*** en terre cuite de *J. B. Carpeaux*, le plus grand sculpteur de l'époque, sont des études de mouvement et de composition. Le mobilier second Empire s'inspire de tous les styles. La ***table de toilette**** de *Christofle*, au centre de la pièce, est une imitation d'une table Louis XVI mais ses pieds évoquent le style rocaille. Le cabinet à deux corps, à g., dessiné par l'architecte *Manguin* pour l'hôtel de la Païva aux Champs-Elysées, est une libre interprétation du cabinet Renaissance. A dr., la ***console*** aux deux figures d'atlantes en bronze, sculptées par *Dalou*, provient aussi de l'hôtel de la Païva. Sur la console, la ***nef en argent**** des *frères Fannière*, offerte par l'impératrice Eugénie à F. de Lesseps lors de l'inauguration du canal de Suez, reprend la forme classique de la nef du XVIIIe s. en y introduisant mouvement et romantisme. Le ***surtout de table****, composé d'une coupe et de deux candélabres où le verre, le métal argenté et le bronze doré sont associés, est d'inspiration Renaissance.

Dans l'escalier, le papier peint panoramique ***Le jardin d'Armide*** a été conçu par *E. Muller* pour la manufacture Desfossé et Karth, non comme un simple décor, mais comme un chef-d'œuvre monumental capable de rivaliser avec la peinture.

Troisième étage : les jouets

Le musée possède une importante collection de jouets anciens qu'il présente sous forme d'expositions thématiques et temporaires.

▶ Descendre par l'escalier au bout de ces galeries, accès direct à la donation Dubuffet depuis le rez-de-chaussée par l'escalier à g. de la caisse.

Premier étage : donation Dubuffet

La donation Dubuffet, entrée en 1967 au musée, a été récemment réinstallée dans quatre salles situées au 1er étage de l'aile de Rohan. Elle comprend des œuvres, tableaux, dessins, sculptures allant de 1942 à 1967.

Jean Dubuffet (1901-1986) se consacre entièrement et définitivement à la peinture en 1942. Autodidacte, il rejette les principes de la peinture traditionnelle en lui préférant les graffitis, les dessins des enfants, des naïfs, des aliénés, pour lesquels il fonde, en 1949, la Compagnie de l'Art Brut.

Dans sa recherche d'un mode d'expression personnel, il s'intéresse particulièrement aux textures naturelles, comme en témoignent la série des Sols et Terrains, paysages mentaux de 1952 (Paysage ardent, 1re salle) ; celle des pâtes battues de 1953 (Paysage à l'auto, 1re salle) ; celle des texturologies (2e et 3e salles), et les tableaux d'assemblages (Coursegoules, 2e salle). Ces recherches d'expression s'accompagnent de recherches techniques : il utilise des matériaux insolites comme des ailes de papillons (Jardin nacré, en 1955, 2e salle), ou de récupération comme dans les petites statues de la vie précaire (3e salle). Dans le Cycle de l'Hourloupe (4e salle), la mise en forme semble rationnelle : puzzle bariolé dans lequel s'intègrent des motifs familiers.

Dubuffet a laissé de nombreux écrits sur son œuvre qui montrent l'intelligence et la sincérité de l'un des plus grands artistes français du XXe s.

Premier étage (côté rue de Rivoli) : galerie contemporaine

accès à dr. de la caisse au rez-de-chaussée

La galerie contemporaine réunit les collections acquises depuis plus de vingt ans à l'occasion d'expositions temporaires au musée des Arts décoratifs, telles les Assises du Siège contemporain (1968), les dépôts du CCI (Centre de Création Industrielle) aujourd'hui département du centre Pompidou, du CNRS et surtout du Fonds national d'Art contemporain ouvert depuis 1981 à l'art décoratif.

Ces salles, à caractère évolutif, présentent, outre une rétrospective des années 1920-1940, un panorama de meubles et objets empruntés aux créateurs les plus importants des années 1945 à nos jours. Les techniques traditionnelles et celles du verre côtoient les nouvelles possibilités nées de l'évolution des matériaux : matières plastiques, résines, alliages ultra résistants. Les meubles fonctionnels, dans la ligne de *Charlotte Perriand* (***chaise longue****), *Mies van der Rohe* (fauteuil) et *Marcel Breuer*, trouvent des prolongements contemporains à travers *Charles Eames* (fauteuil et pouf, contreplaqué moulé, aluminium et cuir, 1956), *Jean Royère*, *Jean Prouvé* (bureau, tôle pliée et soudée, bois), *Joe Colombo*. Remarquer la ***table**** de *Diego Giacometti* et le ***fauteuil**** de *Niki de Saint-Phalle*, meubles d'artistes qu'il convient de rattacher à leur œuvre personnelle.

On peut citer, parmi les créations contemporaines, celles de *Philippe Stark*, *Nemo*, *Totem*, *Vilmotte*, *Memphis*. L'ensemble est complété par des objets usuels ou décoratifs, luminaires, vases, services de table.

Musée des Arts de la Mode**

109, rue de Rivoli, 1er arr. ☎ 42.60.32.14 / 36-J6
Conservateur : M. Pierre Provoyeur
Visite : t.l.j. sf lun., mar., 12 h 30-18 h ; dim. 11 h-18 h
Métro : Tuileries, Palais-Royal
Bus : 21, 48, 69, 72, 85

A l'extrémité du Louvre, dans les combles du pavillon de Marsan, le musée des Arts de la mode, flambant neuf, a ouvert ses portes en 1986. Créé en liaison avec les professionnels du textile, ce nouveau temple du style se veut le promoteur de l'élégance française, à la fois patrimoine artistique et industrie de tout premier plan.

Histoire du musée

Le musée des Arts de la mode est né de la rencontre de deux collections distinctes : d'une part, celle des Arts décoratifs, dont le département textile compte 1 500 costumes du XVIe au XXe s. ainsi que d'innombrables échantillons de tissus, les plus anciens remontant au VIe s. ; et d'autre part, celle de l'Union française des arts du costume avec ses 9 000 tenues complètes et ses 32 000 pièces de vêtements et accessoires. Les collections de Poiret et de Madeleine Vionnet sont parmi les plus importantes, suivies de celles de Schiaparelli. Entre autres pièces curieuses, on peut y voir des gants ayant appartenu à Anne d'Autriche et la robe de mariée vichy rose de Brigitte Bardot créée en 1958 par Jacques Estérel.

Le nouveau musée, géré par les Arts décoratifs, a le statut d'un musée privé à caractère de service public.

Visite du musée

1 h

Il compte cinq étages d'exposition. Le niveau inférieur présente une partie des collections permanentes, par roulement, pour éviter la dégradation des fragilissimes tissus. Les trois étages supérieurs sont réservés aux expositions de prestige : Pierre Cardin, Lanvin... Le niveau intermédiaire est consacré aux expositions d'actualité.

Ce musée, unique au monde par sa qualité, loge aussi une bibliothèque, un laboratoire de restauration et l'Institut de la mode où les futurs professionnels reçoivent un enseignement de haut niveau.

Enfin, une boutique de la mode permet de faire des emplettes raffinées : accessoires de couturiers spécialement réédités, vêtements, créations de grandes maisons et objets de folklore français.

Musée national des Arts et Traditions populaires★★

6, route du Mahatma-Gandhi, bois de Boulogne, 16e arr. ☎ 47.47.69.80 / 24-C4
Conservateur en chef : M. Jean Cuisenier
Visite : t.l.j. sf. mar., 10 h-17 h 15
Groupes : autorisation 15 jours à l'avance
Métro : Sablons
Bus : 73, 82, PC

Installé depuis 1969 dans un immeuble moderne du bois de Boulogne, le musée des Arts et Traditions populaires dresse un large panorama de la société française traditionnelle, surtout rurale et provinciale, illustrant ses techniques, ses coutumes et croyances, son mode de vie et ses costumes.

Histoire du musée

Créé en 1937, le musée a été constitué à partir des collections de l'ancien musée d'Ethnographie du Trocadéro : les collections étrangères sont restées au musée de l'Homme, tandis que les collections françaises ou de la culture française ont formé le musée des Arts et Traditions populaires, auquel sont attachés les noms de Georges-Henri Rivière, le créateur du musée, de Paul Rivet et de Jean Cuisenier. Juste après la Seconde Guerre mondiale, des équipes de chercheurs ont parcouru le territoire français pour collecter des objets, enregistrer sur des bandes magnétiques les explications de leurs utilisateurs, amasser des photographies... Sous l'impulsion de G.-H. Rivière, enquêtes, documents, témoignages ont été sauvés, restaurés, répertoriés, conservés. En trente années, le fonds du Trocadéro est passé de 7 000 objets à 800 000 objets.

La construction du musée des ATP a motivé l'observation de la société traditionnelle française et l'étude de son passage vers la société industrielle, entraînant la création de quelque 800 musées d'ethnographie régionaux ou locaux en France.

Visite du musée

1 h 30

Le tiers de l'espace du musée est consacré aux collections. Le reste est réservé aux différentes activités : restauration, conservation, étude.

A travers deux galeries, la première culturelle (ouverte en 1975), et la seconde d'étude, deux modes de compréhension des objets sont proposés au public. Le visiteur non averti se réservera la visite de la galerie culturelle où les objets sont présentés dans leur contexte. La galerie d'étude (réservée à un public spécialisé) expose des objets sur un mode analytique selon dix-sept points d'étude (histoire, organisation sociale, habitat...). Un matériel audio-visuel est destiné à en faciliter la compréhension.

Galerie culturelle

C'est le schéma de la structure de la société française établi par le professeur Claude Lévi-Strauss qui en a inspiré l'organisation : « toute civilisation humaine, aussi humble soit-elle, se présente sous deux aspects majeurs : d'une part, elle est dans l'univers, d'autre part, elle est elle-même un univers ».

▷ Première partie : l'homme et l'univers

Une première partie traite des rapports entre l'homme et l'univers et évoque successivement le milieu et l'histoire, les techniques, les coutumes et les croyances. Le visiteur peut suivre le circuit proposé par le musée, ou aller directement vers une section en empruntant la galerie de circulation.

210. Milieu et histoire. Cette partie situe l'ère géographique et physique de la France. Intéressant parallèle entre une herminette de sabotier contemporaine et la gravure du même outil sur une stèle d'époque gallo-romaine. Présentation des trois « temps » de la civilisation rurale française.

220. Techniques. Cette section concerne les conquêtes techniques qui ont permis d'acquérir des moyens de subsistance. Une place importante est réservée à l'agriculture et à l'élevage. On peut voir quatre reconstitutions de milieux humains animés d'éclairages et de sonorisations. Un authentique bateau de Berck (Pas-de-Calais) repose tel qu'il échouait sur la grève entre les marées. L'équipage remettait alors la coque en état. « Restitution » de l'atelier du tourneur sur bois *Désiré Louvel* qui, dans le Maine, fabriqua jusqu'en 1863 des jattes et des cuillers en bois. Reconstitution d'une forge provenant de Saint-Véran (Hautes-Alpes). Intérieur et vie d'une salle commune vers 1930 à Gaulien. Les vitrines « de la toison à la vêture » présentent les outils utilisés dans le travail de la laine depuis les forces à tondre les moutons jusqu'au métier à tisser du village de Campan dans les Hautes-Pyrénées.

L'architecture du musée national des Arts et Traditions populaires

Le musée occupe, depuis 1969, un édifice spécialement étudié et construit pour lui, sur le terrain de l'ancien Palmarium du bois de Boulogne. L'architecte, Jean Dubuisson, admirateur de Gropius et de Mies van der Rohe, est connu pour sa réalisation des bâtiments américains du Shape à Saint-Germain-en-Laye.

Le bâtiment se compose de deux blocs aux arêtes vives, deux parallélépipèdes qui s'opposent.

Le bloc horizontal comprend trois niveaux dont deux sont enterrés. L'ossature métallique de la galerie du rez-de-chaussée, des portiques de 36 m de portée, les sols de marbre blanc, les plafonds noirs et les murs extérieurs presque aveugles « emballent les objets » et font ressortir leur « éclat » comme le précise l'architecte.

La façade du bloc vertical, de huit étages, est traitée en mur-rideau à châssis d'aluminium anodisé, remplis de verre teinté de gris, ce qui donne une certaine légèreté à l'ensemble.

240. Coutumes et croyances. Points de repères culturels, elles rythment la vie de l'homme et les travaux agraires. Coffre de mariage (Queyras, XVIIIe s.) ; crèche XIXe s. ; habits ecclésiastiques.

▷ Deuxième partie : la société

La seconde partie de la galerie culturelle montre comment, dans un cadre déterminé, l'homme organise sa culture faite de coutumes, de techniques et de croyances.

410. Pratiques. Evocation des pratiques magiques et empiriques. Cabinet d'un voyant parisien en 1977 présenté en unité écologique. Deux jeux de tarot d'*Edmond*, le voyant que consultèrent Napoléon III, Victor Hugo et Dumas fils. Evocation des principaux arts magiques : astrologie, chiromancie...

420. Institutions. Les unes sont limitées dans l'espace : le village ; les autres sont éclatées dans l'espace : la famille, le colporteur. Deux exemples illustrent l'organisation agro-pastorale en Aubrac et en Savoie : constitution de l'intérieur du buron de Chavestas-Bas, vers 1913 ; intérieur d'un chalet d'alpage (Savoie, début XXe s.). Peinture de l'école des *frères Le Nain* (dépôt du musée du Louvre) montrant un repas de paysans au XVIIe s. Belle enseigne de maréchal-ferrant dénommée Bouquet de Saint-Eloi (Tours, fin XIXe s.) : le centre est un catalogue des productions de l'atelier et le pourtour résume le tour de France du compagnon.

430. Œuvres. Ensemble d'objets et d'œuvres d'art qui animent l'univers culturel de l'homme. Un chef-d'œuvre de sabotier, en forme d'arbre garni de sabots et d'oiseaux, ouvre la section : Arbre à sabots (Saint-Amand-Montrond, Cher, 1931), exécuté par *J.-F. Touzet.* Marionnettes du XIXe s. (début XXe s.). Evocation des différents spectacles populaires. Dans une vitrine, des gouaches de la première moitié du XIXe s. montrent la diversité des costumes bretons. Le secteur arts visuels comprend l'étude des différentes matières et techniques utilisées dans la fabrication des objets usuels : poteries, vanneries, objets de corne, verrerie. Les problèmes du style de l'art populaire sont abordés. Belles armoires décorées de motifs géométriques. La peinture et la sculpture sont évoquées dans leurs expressions populaires. Beau bois sculpté polychrome (Morbihan, début XVIIIe s.) figurant saint Isidore en patron des laboureurs. Des vitrines-tables présentent par rotation des dessins, peintures et gravures.

Pour en savoir plus...

De nombreux moyens d'information sont proposés au visiteur :
Salle de documentation des archives (t.l.j. sf mar. sam. dim., 10 h-12 h/14 h-17 h).
Bibliothèque (t.l.j. sf sam. dim., 10 h-17 h).
Iconothèque (t.l.j. sf sam. dim., 10 h-12 h/14 h-17 h) : estampes populaires, affiches et cartes à jouer.
Consultation des objets et phonothèque (sur RV).
Un auditorium permet d'assister à des conférences, des concerts et des projections de films en rapport avec les collections du musée.
Des ateliers d'artisanat (tissage, broderies) sont organisés pour les enfants (☎ 47.47.69.80).
La librairie met à la disposition du public une large documentation.

Musée de l'Assistance publique*

47, quai de la Tournelle, 5e arr. ☎ 46.33.01.40 / 36-K8
Conservateur : M. Saint Fart Garnot
Visite : t.l.j. sf. lun. mar., 10 h-17 h
Métro : Maubert-Mutualité
Bus : 86, 87, 63, 24

Installé dans le bel hôtel de Miramion récemment restauré, ce musée retrace l'histoire des hôpitaux parisiens. Une présentation didactique en illustre les grandes étapes, tout en évoquant l'atmosphère d'un intérieur du XVIIe s.

De style classique, cet hôtel fut édifié par Mansart ou Le Vau dans la première moitié du XVIIe s. (voir la façade sur jardin), puis transformé en couvent par Madame de Miramion qui l'agrandit en 1675 pour y installer les filles de Sainte-Geneviève, surnommées « miramionnes », du nom de la fondatrice.

Visite du musée

45 mn

▷ Premier étage

La *salle 1* relate l'histoire des premiers hôpitaux, établissements charitables dirigés par des prêtres ou des religieux pour soigner les malades pauvres. Différents documents illustrent cette présence chrétienne : ***Livre de vie active***** enluminé par *Jean Henry*, proviseur de l'Hôtel-Dieu (1482) ; portrait de saint Vincent de Paul, fondateur des Filles de la Charité, congrégation qui assistait les malades dans les hôpitaux ; le musée possède également de beaux tableaux, provenant des chapelles de ces hôpitaux : le ***Christ aux outrages***** de *H. Terbrugghen* (1588-1629), l'un des principaux maîtres caravagesques des Pays-Bas ; la ***Visitation**** et l'***Adoration des bergers**** du peintre français *Noël Coypel* (1626-1707). Les *salles 2, 3 et 4* sont consacrées aux fondations des XVIIe et XVIIIe s. : l'œuvre des Enfants trouvés, créée en 1638 par *saint Vincent de Paul* et installée à Bicêtre ; l'Hôpital général (1656) destiné à recueillir les marginaux de la capitale (mendiants et prostituées) ; l'hôpital Necker (1776), précurseur de l'hôpital moderne, conçu comme un centre de soins et non plus comme un hospice pour les nécessiteux. La *salle 5* évoque l'hôpital du XIXe s. : trousse chirurgicale de *Dupuytren* (1777-1835) ; électrocardiographe de *Vaquez* ; biberons de formes variées, destinés aux malades comme aux enfants.

▷ Rez-de-chaussée

Salle 6. Le salon de musique est meublé dans le goût du XVIIIe s. : commodes Louis XV ; toiles italiennes début XVIIIe s. La *salle 7* contient une amusante reconstitution de la salle de garde de l'hôpital de la Pitié, véritable galerie de portraits ornée d'allégories de la médecine. Dans la pharmacie, *salle 8*, très belle collection de pots et vases d'apothicaire provenant des fonds de l'Assistance publique. Le ***cabinet de l'amateur****, *salle 9*, reconstitué d'après une description de 1660, est un hommage aux cabinets de curiosités du XVIIe s., où le maître de maison rassemblait ses trésors. Remarquable par ses lambris et son plafond peint, il abrite un ensemble de ***faïences**** des XVIIe et XVIIIe s. La visite s'achève sur la présentation d'une salle de malades.

Musée de l'Avocat

25, rue du Jour, 1er arr. ☎ 46.34.12.34 / 36-J6
Visite : t.l.j. sf sam. dim. RV par tél., ou écrire au conservateur du musée, Palais de Justice, 75006 Paris
Métro : Louvre, Halles
Bus : 67, 74, 85

Visite du musée

30 mn

Le bel hôtel d'Antoine de La Porte (milieu XVIIe s.), mis en valeur par une restauration récente, abrite dans ses caves les collections de l'ordre des Avocats. Quelques peintures et documents authentiques y rappellent certains moments d'histoire et les grandes affaires qui ébranlèrent l'opinion publique.

Buste de Gerbier, surnommé « l'aigle du barreau » par *Lemoyne* ; plaidoirie et correspondance entre Zola et Me Labori, l'avocat de Dreyfus ; procès de Henriette Caillaux qui assassina le directeur du Figaro ; croquis de *Belay* durant le procès Stavisky ; notes de *Poincaré*.

Maison de Balzac*

47, rue Raynouard, 16e arr. ☎ 42.24.56.38 / 33-D7
Conservateur en chef : Mme Judith Petit
Visite : t.l.j. sf lun., 10 h-17 h 40
Bibliothèque : t.l.j. sf dim. et fêtes, 10 h-17 h 40
Métro : La Muette, Passy
Bus : 72

Des onze domiciles parisiens de l'illustre écrivain, cette maison, où il fut sans doute le moins heureux, est la seule qui subsiste. Balzac vécut ici de 1840 à 1847. C'est là qu'il écrivit la dernière partie de son œuvre, entre autres La Rabouilleuse, Une Ténébreuse affaire, La Cousine Bette, Le Cousin Pons.

La maison de Balzac est le siège du groupe d'Etudes balzaciennes, de la société des Amis de Balzac et de la Maison de Balzac, qui organisent diverses manifestations (conférences, colloques, remise du prix Balzac). Des expositions y sont régulièrement organisées.

Histoire du musée

Cette demeure est l'un des rares vestiges du Passy campagnard. Au XVIIIe s., ce pavillon était une dépendance de l'hôtel particulier, aujourd'hui disparu, que Noël Hallé, peintre du roi, avait fait édifier en bordure de la rue Basse (ancien nom de la rue Raynouard). Jean de Julienne, le protecteur de Watteau, y habita ainsi que deux pensionnaires de la Comédie-Française : Mlle Hus et Louise Contat.

La maison abrita d'abord, en 1903, un petit musée privé consacré à l'écrivain. La comtesse de Limur le légua en 1948 à la Ville de Paris qui ouvrit officiellement le musée en 1949. La présentation des collections a été totalement rénovée en 1987.

Visite du musée

30 mn

▷ La maison de Balzac

Le cabinet de travail donne sur la rue Berton et, plus loin, sur l'ancien hôtel de la princesse de Lamballe qui abrite aujourd'hui l'ambassade de Turquie, après avoir été la célèbre clinique du docteur Blanche où furent soignés Maupassant et Nerval. A l'exception de cette pièce, d'une austérité monacale, les salles sont ornées de nombreux pastels, dessins et tableaux représentant l'écrivain, sa famille, sa sœur, les amis chers et les femmes qui tinrent une place dans sa vie. De nombreux documents évoquent *Laure de Berny* qui inspira le personnage d'Henriette de Meursauf du Lys dans la vallée et *Zulma Carraud*, amie fidèle de Balzac et ancêtre de l'écrivain Philippe Hériat qui a légué sa collection au musée. Une salle est consacrée à *Madame Hanska* qui, sous le nom de « L'Etrangère », entretint avec Balzac une correspondance de dix-huit années et ne fut son épouse que durant cinq mois. De précieux objets personnels mais aussi des documents et portraits (peintures et pastels de *Gigoux*) illustrent sa vie familiale et mondaine.

▷ La bibliothèque Balzac

En 1965 la Ville de Paris a ouvert, dans l'aile g., un Centre de documentation et de recherche comportant une bibliothèque et un cabinet d'estampes. La bibliothèque, ouverte à tous, offre aux lecteurs l'œuvre complète de l'écrivain ainsi que l'ensemble des études, des travaux et des thèses qui lui ont été consacrés. On aura aussi la surprise d'y voir une *collection d'éditions originales* qui proviennent de la bibliothèque impériale de Tsarskoïe Selo.

Centre Beaubourg

→ *Centre national d'art et de culture Georges-Pompidou*

Musée Bourdelle★

16, rue Antoine-Bourdelle, 15e arr. ☎ *45.48.67.27 / 43-G9*
Conservateur : Mme Dufet Bourdelle
Visite : t.l.j. sf lun., 10 h-17 h 40. Groupes sur RV
Bibliothèque : collection de Bourdelle sur RV
Métro : Falguière, Montparnasse-Bienvenüe
Bus : 28, 48, 58, 91, 92, 94, 95, 96

Le musée Bourdelle est installé dans l'atelier que le sculpteur occupa de 1884 à sa mort (en 1929). Bourdelle venait alors d'entrer second à l'école des Beaux-Arts. Il est assez rare de voir une telle unité de lieu dans la carrière d'un artiste. Un autre sculpteur, Jules Dalou, était son voisin.

Mme Antoine Bourdelle a légué cet atelier à la Ville de Paris qui en a fait un musée, inauguré le 4 juillet 1949. Il fut agrandi par la salle des monuments en 1961 et doté de nouvelles salles en 1968. Ce musée permet de suivre le travail de Bourdelle depuis les esquisses et les études jusqu'à l'œuvre achevée.

Visite du musée

45 mn

▷ La maison familiale des Bourdelle

Située à dr. de l'entrée, en bordure du jardin, elle a été aménagée pour la visite en 1953. Dans son propre atelier de peinture ont été réunies les peintures à l'huile d'*Antoine Bourdelle*, entre autres, plusieurs portraits de lui-même à différents âges, de ses parents, de sa femme et de ses enfants, de ses familiers, ainsi qu'un curieux portrait de Cécile Sorel à treize ans. On remarque un moulage unique du David de la cathédrale de Reims dont la pierre originale a été détruite. D'autres portraits de famille sont placés dans l'ancienne échoppe d'ébéniste du père de Bourdelle, avec l'établi et les outils du vieil artisan. L'atelier de Bourdelle, resté en son état initial, contient des statues à l'étude, des ébauches et les meubles gothiques qu'il affectionnait. Salle des Beethoven : elle regroupe les études de *Beethoven*★. C'est à partir du masque mortuaire du musicien que Bourdelle exécuta 62 portraits en recherchant des formes toujours plus monumentales. Second atelier : bustes de Carpeaux, Auguste Perret, Charles-Louis Philippe, et la maquette du grand monument au général Alvear. ▸ *Jardin* : autour du bassin se trouvent des statues de faunes et chèvres, le bélier rétif, les figures hurlantes (1902) ; statue équestre de Alvear, dont le plâtre est dans le grand hall. ▸ Les autres *salles du rez-de-chaussée* et du *1er étage* sont consacrées soit à des expositions temporaires, soit à la présentation renouvelée des œuvres les plus célèbres, choisies parmi les 900 sculptures du musée : buste d'Ingres, Mécislas Goldberg, Rodin ; Apollon ; Guerrier debout...

▷ Le grand hall

Il abrite les plâtres originaux des sculptures monumentales de Bourdelle. Ces œuvres, conçues pour de larges places publiques, y trouvent difficilement l'espace qui leur convient.

Le *décor du théâtre des Champs-Elysées*★ : ces bas-reliefs ornent les murs de chaque côté du hall ; les lignes étirées, les larges figures en méplat furent inspirées par la célèbre danseuse Isadora Duncan. Cet ensemble, exécuté en 1912, illustre des sujets mythologiques : Apollon et sa méditation, les Muses accourant vers Apollon, la Danse, la Comédie, la Musique, l'Architecture, la Tragédie. La Naissance de Vénus (1924), au-dessus de l'entrée, réalisée pour la scène de l'opéra de Marseille, fut l'une des dernières commandes de l'artiste.

Le *monument du général Alvear*, libérateur de l'Argentine, est composé d'un cavalier et de quatre figures : la Victoire, la Force, la Liberté et l'Eloquence. Bourdelle travailla plus de dix ans sur cette statue érigée à Buenos Aires en 1926. A côté : l'Epopée polonaise (1917). La statue de Mickiewicz (1920) est un fragment du monument dédié au grand poète polonais et conçu dans un esprit original et moderne. Inauguré place de l'Alma, ce monument est aujourd'hui visible sur le cours Albert-Ier. En face : Vierge à l'offrande (1923) ; Sapho (1885-1925) ; ***Héraklès archer**** (1909), cette œuvre où le sculpteur donne une version violente de l'art grec, apporta la célébrité à Bourdelle ; la France saluant l'Amérique (1923-1925) était destinée à être placée sur la pointe du Grave pour remercier les Etats-Unis de leur intervention dans la guerre de 1914 ; Pénélope ; monument à Rodin (1910). Ensemble de maquettes et projets. ▶ Les *trois salles suivantes* présentent de petites études : 49 têtes sculptées pour les quatre personnages du monument aux morts de Montauban (1884-1902) ; bas-reliefs du monument à Mickiewicz (1928) ; fragments du monument aux morts de Montceau-les-Mines commandé en 1919. ▶ *Deuxième jardin* : quelques œuvres monumentales en bronze sont exposées, dont les quatre figures entourant la statue d'Alvear et des portraits et études pour le monument de Beethoven.

Musée Branly

21, rue d'Assas, 6e arr. ☎ 45.48.24.87 / 35-H8
Entrée : rez-de-chaussée de l'Institut supérieur d'électronique
Visite : t.l.j. sf sam. dim., uniquement sur RV
Métro : Saint-Placide, Rennes / Bus : 48, 68, 83, 94, 95, 96

Visite du musée

Le musée est installé dans l'Institut catholique : entrer dans le hall, tourner à g. et passer sous la voûte pour atteindre l'institut d'Electronique / 30 mn

Il s'agit là davantage d'un lieu de pèlerinage que d'un musée véritable, puisqu'il est aménagé dans les lieux où le professeur Edouard Branly a passé une grande partie de sa vie.

Edouard Branly (Amiens 1844, Paris 1940) a été professeur de physique à l'Institut catholique de Paris à partir de 1875 ; c'est là qu'il a terminé sa carrière. Ses découvertes sur les radioconducteurs (tube à limaille, trépied, disque) sont à l'origine de la TSF. Les premiers radioconducteurs et différents appareils scientifiques d'époque 1900 sont exposés au musée.

Musée Carnavalet***

23, rue de Sévigné, 3e arr. ☎ 42.71.21.13 / 37-L7
Conservateur : M. B. de Montgolfier
Visite : t.l.j. sf lun. et fêtes, 10 h-17 h 40. Certaines salles ferment entre 12 h 30 et 14 h 30
Métro : Saint-Paul, Chemin-Vert
Bus : 29, 69, 76, 96

Le musée Carnavalet, consacré à l'histoire de la capitale, est le plus parisien des musées de Paris. Situé au cœur du Marais, il occupera, à partir de 1989, deux hôtels anciens reliés l'un à l'autre : l'hôtel Carnavalet, auquel il doit son nom, et l'hôtel Le Peletier de Saint-Fargeau (29, rue de Sévigné). En attendant cette date, seul le premier est ouvert au public. C'est un très bel exemple d'architecture civile de la Renaissance et du XVIIe s. Il s'honore en outre d'avoir été la demeure préférée de Mme de Sévigné (histoire et architecture du bâtiment → Marais.)

Visite du musée

2 h

Les collections (environ 500 000 pièces) du musée Carnavalet illustrent l'histoire de Paris depuis les origines de la ville jusqu'à nos jours. Le passé le plus lointain, de la préhistoire à la fin du Moyen Age, est évoqué par des objets provenant de démolitions ou de fouilles dans le sol parisien. Pour la période comprise entre la Renaissance et nos jours, l'iconographie est au contraire prépondérante. Les œuvres d'art, souvent de grande qualité, documents et souvenirs divers illustrent le développement de Paris au cours des siècles, les principaux personnages qui y ont vécu, et les événements qui s'y sont déroulés. Il s'y ajoute des ensembles décoratifs : lambris, plafonds peints, mobilier, provenant de divers édifices, et montrant l'évolution de la demeure parisienne depuis la Renaissance. Ces ensembles contribuent à faire de Carnavalet un musée « d'ambiance », dont la visite est aussi agréable qu'instructive.

Jusqu'à l'ouverture de l'hôtel Le Peletier de Saint-Fargeau, les salles accessibles au public ne peuvent montrer qu'un choix d'œuvres d'art relatives à la période comprise entre le début du XVIe s. et 1789, auquel s'ajoute une présentation provisoire des collections illustrant la Révolution française et le premier Empire.

L'hôtel Carnavalet

▷ Rez-de-chaussée (première partie)

Salles 4 à 7 : cette galerie sert habituellement de cadre aux petites expositions temporaires.

Paris au XVIe siècle et sous le règne d'Henri IV (salles 8 à 12)

Ces salles occupent le rez-de-chaussée du bâtiment Renaissance. Les vastes cheminées, les poutres apparentes, le carrelage et quelques meubles concourent à l'évocation discrète d'un intérieur de cette époque. Salle 8 : retable en pierre de Tonnerre sculpté en 1542 par *Pierre Berton* pour une chapelle de l'église Saint-Merri. Salle 9 : dans cette salle et dans les deux suivantes, se trouvent les plus anciennes vues de Paris : L'*Enfant prodigue chez les courtisanes** (école flamande, milieu du XVIe s.), montre en fait une réunion musicale et galante sur un fond de paysage parisien ; Sainte Geneviève gardant ses moutons, est une curieuse peinture anonyme où apparaît derrière la figure de la patronne de Paris une vue générale de la ville ; le cimetière et l'église des Saints-Innocents (école flamande), montre des bâtiments disparus à la fin du XVIIIe s., remplacés aujourd'hui par le square des

Innocents. On remarquera deux portraits : François Ier (école flamande) et Marie Stuart, reine de France puis d'Ecosse, par l'*atelier de François Clouet*. Salle 10 : Paris à l'époque des guerres de Religion. Portraits de Catherine de Médicis, reine de France *(atelier de F. Clouet)*; de son second fils Charles IX, d'après le même; Henri de Lorraine, duc de Guise, dit le Balafré (attribué à *François Quesnel*). Chef du parti ultra-catholique, le duc de Guise prit la tête du mouvement de la Ligue, dont une peinture anonyme montre la procession organisée en 1593 dans l'île de la Cité. Projet pour le Pont-Neuf, peinture anonyme inspirée du dessin qui fut présenté à Henri III en vue d'une grande opération d'urbanisme (réalisée d'ailleurs de façon différente). Salle 11 : ***Procession de la Ligue sur la place de Grève**** (1590 ou 1593, peinture anonyme); c'est une autre démonstration du mouvement ultra-catholique, devant l'Hôtel de Ville alors inachevé. Portrait d'Henri III (attribué à *F. Quesnel*). Henri IV, à cheval devant Paris (école flamande), commémore sans doute l'entrée de ce roi dans la capitale (1594) après sa victoire sur les ligueurs. Un tableau de Sainte Geneviève (anonyme, début du XVIIe s.), montrant l'Hôtel de Ville achevé; scène de la comédie italienne (peinture anonyme). Salle 12 : ensemble de gravures représente la construction de Paris et les événements parisiens au cours du XVIe s. et sous le règne d'Henri IV. Quatre mascarons sculptés proviennent du Pont-Neuf. Dans la vitrine, un petit tableau de l'école hollandaise (1606) représente les Patineurs sur la Seine devant le Louvre. ▶ Dans l'*escalier* (no 13) construit en partie au XVIIe s., on remarquera (au rez-de-chaussée), Adélaïde de Savoie, duchesse de Bourgogne, réplique en terre cuite du marbre d'*Antoine Coysevox* et de la Charité de saint Martin de *Georges Lallemant*.

▷ Premier étage (première partie)

Paris et la demeure parisienne sous les règnes de Louis XIII et de Louis XIV
(salles 14 à 25)

Cette section illustre les transformations de la ville, qui devient capitale moderne, et présente des scènes de la vie parisienne. Plusieurs ensembles décoratifs provenant de divers édifices et remontés dans le musée témoignent du style des plus beaux intérieurs parisiens d'autrefois.

Salle 14 (à dr. de l'escalier) : petit plafond à caissons, peint à l'époque Louis XIII. Salle 15 : les vues de Paris datent du règne de Louis XIII et de la minorité de Louis XIV. On remarquera d'abord trois vues de la place Royale, cadre architectural alors nouveau par sa régularité (aujourd'hui place des Vosges), dont deux montrent le carrousel qui eut lieu à l'occasion des fiançailles de Louis XIII en 1612. Les autres tableaux représentent la Seine, généralement représentée par des artistes flamands ou hollandais tel *Abraham de Verwer*, paysagiste remarquable par sa sensibilité. Salle 16 : au plafond, on verra une grande esquisse de *Bon Boullogne* pour un plafond du palais de Justice (1688). Un choix de gravures représentent des créations monumentales du XVIIe s. Salle 17 : elle évoque le Paris de Louis XIV. La Seine vue du Pont-Neuf est le thème de prédilection des peintres (souvent anonymes) de cette époque. On remarque aussi une vue de l'Observatoire, attribuée à *Francisque II Millet*, et deux tableaux de *Pierre-Denis Martin* : ***Visite de Louis XIV à l'hôtel royal des Invalides**** en 1709, et la ***Seine vue du quai de Bercy**** (avec l'hôpital de la Salpêtrière, le jardin des Plantes, les nombreux établissements religieux de la montagne Sainte-Geneviève, l'île Saint-Louis, et la Cité) en 1716. Salle 18 : les lambris du début du XVIIIe s. proviennent de l'ancien hôpital de la Pitié. Un ensemble de gouaches de l'époque Louis XIV présentent un intérêt topographique, d'autres évoquent la vie parisienne sous ses aspects populaires.

Salle 19 : ***cabinet*** provenant de l'***hôtel Colbert de Villacerf**** (23, rue de Turenne). Avec ses boiseries peintes de grotesques polychromes sur fond blanc, sa large voussure à baies en trompe-l'œil, son plafond où sont représentés Apollon et les Saisons, ce décor est un exemple séduisant du style à l'honneur à Paris de 1650 à 1660. Salle 20 : dans ce passage sont rassemblées des esquisses de *Pierre Mignard*, *Bon* et *Louis Boullogne*, en vue de la décoration des églises de Paris au temps de Louis XIII et de Louis XIV. Salles 21 et 22 : le ***grand cabinet****** et la ***grande chambre***** proviennent de l'hôtel de La Rivière (14, place des Vosges), somptueusement aménagé entre 1652 et 1655 pour l'abbé de La Rivière, évêque de Langres, par l'architecte *François Le Vau* et le peintre *Charles Le Brun*. Le grand cabinet a gardé sa large voussure de stuc doré, à motifs modelés sans doute par *G. van Obstal*, qui encadrent le plafond où Le Brun a peint le Lever de l'Aurore. Sur les parois, on trouvera des tapisseries d'après les cartons de *Le Brun*, et une paire de tableaux de *René-Antoine Houasse*, représentant le transport de la statue équestre de Louis XIV sur la place Vendôme (1699). La grande chambre n'a gardé de son décor d'origine que le plafond à large voussure, œuvre importante de *Ch. Le Brun*, qui représente l'histoire de Psyché avec huit belles figures de Muses assises deux par deux aux angles. Sur les parois, portraits et vues de Paris au XVIIe s.; deux peintures d'*Adam-Frans van der Meulen* représentent les châteaux royaux des environs de la capitale : le château de Vincennes et le Château-Neuf de Saint-Germain-en-Laye. Salle 23 (*revenir en arrière et reprendre à g. de l'escalier*) : c'est dans cette galerie aux lambris très simples de la fin du XVIIe s. qu'est évoqué le souvenir de *Mme de Sévigné*, locataire de l'hôtel Carnavalet pendant près de vingt ans : deux *por-*

*traits** de l'illustre épistolière, l'un à l'huile par *Claude Lefebvre* (entre 1662 et 1665), l'autre au pastel par *Robert Nanteuil* (vers 1670) ; secrétaire à abattant de Mme de Sévigné, laqué en Extrême-Orient, provenant de son château des Rochers, portraits de Mme de Grignan, fille de Mme de Sévigné, attribué à *Pierre Mignard*, et de son époux le comte de Grignan, attribué à *Nicolas de Largillierre*. Salle 24 (*fermée pour travaux jusqu'en 1989*) : ce salon d'angle a gardé ses boiseries de la fin du XVIIe ou du début du XVIIIe s. Le mobilier et les tableaux se rapportent à l'époque de la Régence. Louis XV sortant du « lit de justice » tenu le 12 septembre 1715, gouache de *P. D. Martin* (on reconnaît la Sainte-Chapelle dans la cour du Mai du Palais de Justice) ; le cortège de l'ambassadeur turc Mehemet Effendi débouchant du Pont Royal (1721), du même artiste. Salle 25 (*fermée pour travaux jusqu'en 1989*) : dans ce petit cabinet, présentation de faïences (fin XVIIe, début XVIIIe s.) : Nevers, Rouen, Delft, etc.

***La municipalité de Paris aux XVIIe et XVIIIe siècles** (salles 26, 27, 28)*

Dans les trois salles, qui sont à l'emplacement de l'appartement occupé par Mme de Sévigné, on a rassemblé des portraits des membres du Bureau de la Ville de Paris, qui comprenait le prévôt des marchands, les quatre échevins, le greffier, le receveur et le procureur. Ces personnages se faisaient périodiquement représenter dans de grandes compositions qui se trouvaient à l'Hôtel de Ville avant la Révolu-

Le musée Carnavalet, rez-de-chaussée

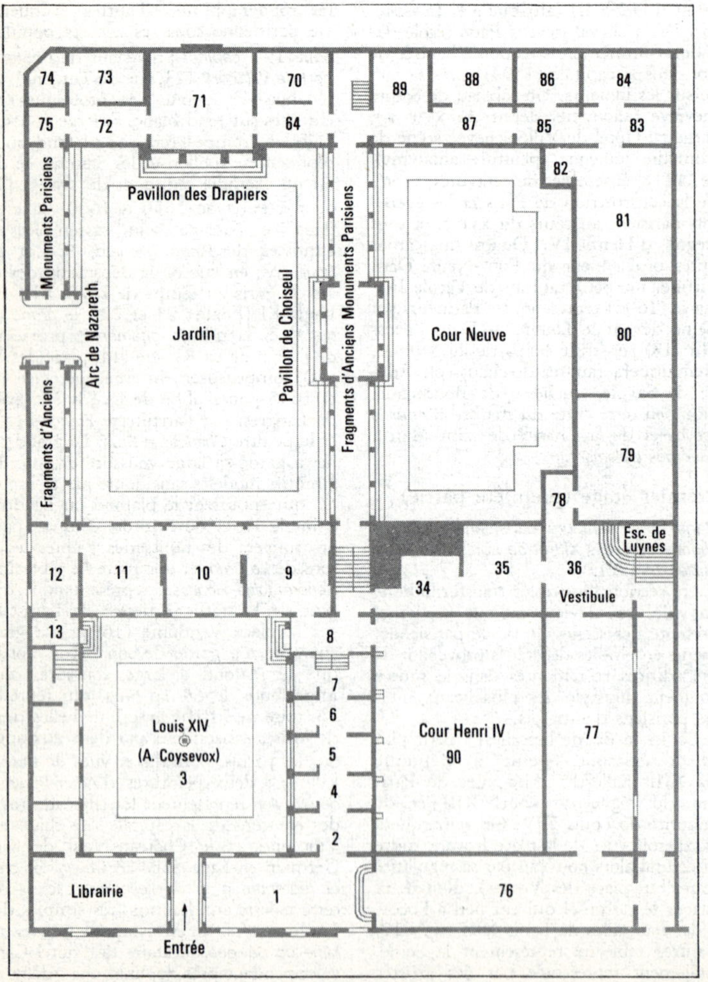

tion. On voit ici quelques-unes des rares qui subsistent, avec des esquisses peintes en vue de compositions analogues. Salle 26 : cheminée provenant d'un hôtel de la rue des Bernardins (époque Louis XIII). Le tableau de 1611 est de *Georges Lallemant*, celui de 1614, anonyme. Esquisse de *Noël Coypel* pour le grand tableau de 1674 : le prévôt des marchands et les échevins allant rendre grâces à Notre-Dame après la victoire de Senef. Salle 27 : elle contient deux fragments du grand tableau de *N. de Largillierre* commandé en 1702 par la Ville de Paris pour célébrer l'avènement du duc d'Anjou à la couronne d'Espagne : le prévôt des marchands Boucher d'Orsay; ***deux échevins****. Salle 28 : publication de la paix d'Aix-la-Chapelle, peinture commandée en 1758 à *Jacques Dumont*, dit le Romain, qui a représenté les officiers municipaux dans une riche figuration allégorique. Parmi les esquisses : Inauguration de la statue équestre de Louis XV (1763), par *Joseph-Marie Vien*; ce monument, détruit sous la Révolution, s'élevait au centre de la place Louis-XV (place de la Concorde). Dans la vitrine murale : divers objets aux armes de la Ville de Paris.

Paris sous le règne de Louis XV (salles 29 à 31; emprunter la petite baie de communication au fond de la salle 28)

Les tableaux exposés dans les deux galeries font découvrir avec précision le visage général de la ville dans la période comprise entre 1720 et 1760, en montrant que la construction des demeures privées (faubourgs Saint-Germain et Saint-Honoré) a

Le musée Carnavalet, premier étage

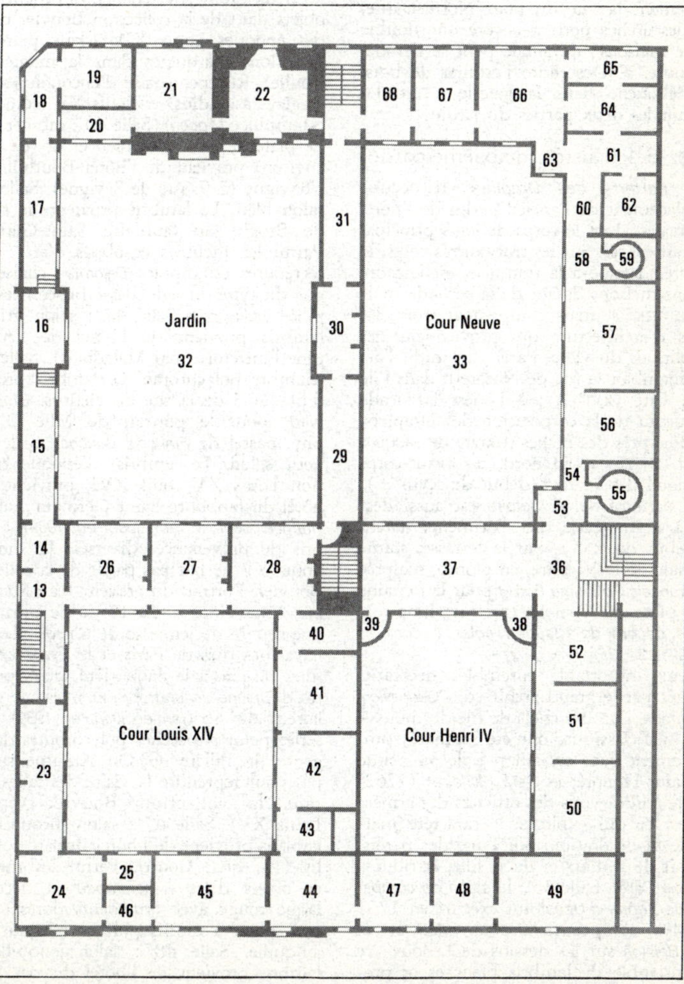

occupé les architectes au détriment des grands chantiers publics.

Salle 29 : elle expose neuf vues de Paris et des châteaux royaux des environs immédiats de la ville, peintes avec minutie par un paysagiste d'origine hollandaise, *Charles-Léopold de Grevenbroeck*. Salle 30 : ce salon à lambris de style rocaille provient d'un hôtel de la rue de Varenne. C'est l'un des nombreux ensembles évoquant le décor intérieur de la demeure parisienne au XVIIIe s. Le Triomphe de Flore, plafond peint sur toile, attribué à *J. J. Lagrenée*, provient de la folie de M. Vassal, rue Blanche. Salle 31 : *Vingt vues de Paris**, peintes par *Nicolas J. B. Raguenet*, un spécialiste du paysage urbain, dont l'extrême attention au motif rend cet ensemble particulièrement précieux pour la connaissance de la ville au temps de Louis XV. Raguenet a représenté la Seine traversant Paris, avec sa navigation, ses ponts, ses rives et ses quais, son paysage monumental. A remarquer particulièrement la vue du pont Notre-Dame, dont les arches portent encore une double file de maisons; devant le pont se déroule une joute. ▶ Descendre l'escalier de bois. On débouche dans la galerie à arcades séparant les deux parties du jardin.

▷ Rez-de-chaussée (deuxième partie)

Le *parterre des Drapiers*. Il occupe l'emplacement de l'ancien jardin de l'hôtel Carnavalet, dont le corps de logis principal apparaît à l'est. Sur les trois autres côtés, le parterre, dessiné à la française, est encadré de constructions datant de la seconde moitié du XIXe s. mais comprenant trois éléments d'architecture qui proviennent des démolitions du vieux Paris : au midi, l'arc qui enjambait la rue de Nazareth dans l'île de la Cité (XVIe s.); à l'ouest la façade du bureau de la corporation des Drapiers, autrefois près des Halles (œuvre de *Jacques Bruant*, XVIIe s.); au nord, un avant-corps de l'hôtel des Marets (début du XVIIIe s.).

Le *parterre de la Victoire* est aussi dessiné à la française. Les bâtiments datent du début du XXe s. Sur la terrasse, statue originale de la Victoire, en plomb, sculptée par *François-Guillaume Boizot* pour la fontaine de la place du Châtelet (premier Empire).

Les *décors de Claude-Nicolas Ledoux* *(salles 34, 35)*

Deux importants ensembles décoratifs dessinés par le grand architecte *Claude-Nicolas Ledoux*, l'un des chefs de file du mouvement néo-classique, ont été remontés provisoirement dans ces salles. Salle 34 : situé rue Saint-Honoré, *le Café Militaire** (1762) était le rendez-vous des officiers des armées royales, ce qui explique le caractère martial de sa décoration. Sur l'une des parois, portrait de Ledoux et de sa fille, attribué à *François Callet*. Salle 35 : le *salon de compagnie de l'hôtel d'Uzès** fut exécuté en 1767 par les sculpteurs *Joseph Métivier* et *J. B. Boiston* sur les dessins de Ledoux; ce bel ensemble de lambris blanc et or provient d'un hôtel élevé rue Montmartre; le mobilier est d'époque Louis XVI. ▶ On débouche dans la cage de l'escalier de Luynes (n° 36), construit au début du XXe s., mais abritant les grandes *compositions murales**, avec architecture en trompe-l'œil peintes en 1748 par le décorateur italien *Paolo-Antonio Brunetti* pour l'escalier de l'hôtel de Luynes, au faubourg Saint-Germain.

▷ Premier étage (deuxième partie)

*La demeure parisienne au temps de Louis XV*** (salles 37 à 52)*

Des lambris sculptés et peints de style rocaille, provenant d'anciens hôtels, servent de cadre (sauf dans la salle 37) à la présentation d'un ensemble de meubles et objets d'art de la même époque, légués pour la plupart en 1965 par Mme H. Bouvier.

Salles 37, 38, 39 : décorée dans l'esprit de la Régence, la grande salle abrite, avec les deux cabinets attenants, des meubles et objets d'art de la collection Bouvier datant des époques Louis XIV (deux paires de guéridons marquetés dans la manière de Boulle), Régence (paire d'encoignures avec étagères à gradins) et Louis XV (commode estampillée *Migeon*). Salle 40 : cabinet doré. Le plafond à caissons bleu et or (de 1650 environ) provient de l'hôtel Bouthillier de Chavigny (7-9, rue de Sévigné). Salle 41 : salon bleu. Le lambris provient de l'hôtel de Broglie au faubourg Saint-Germain. Parmi les meubles et objets d'art : deux secrétaires estampillés *Delorme*; chaise-longue du type dit « duchesse brisée », estampillée *Blanchard*. Salle 42 : salon gris. Le lambris provient de l'hôtel de l'Aubespine (autrefois quai Malaquais). Salle 43 : chambre polychrome. Le lambris provient d'un hôtel de la rue de Fleurus. *Etude de pied** pour le portrait de Mlle O'Murphy, pastel de *François Boucher*. Salle 44 : petit salon. Le lambris, d'époque transition Louis XV-Louis XVI, provient d'un hôtel du faubourg Saint-Germain. Salle 45 (*fermée pour travaux jusqu'en 1989*) : lambris de provenances diverses. Le mobilier Louis XV ne fait pas partie de la collection Bouvier. Portrait du graveur Jean Mariette, par *Antoine Pesne*. La Partie de billard est une œuvre de jeunesse de *Chardin*. Le Carnaval des rues de Paris et le Transport des filles de joie à la Salpêtrière, deux peintures d'*Etienne Jeaurat*, évoquent la vie populaire. Salle 46 (*fermée jusqu'en 1989*) : boiseries peintes à scènes polychromes dans le genre de Pillement. On retourne sur ses pas pour reprendre la visite des salles abritant la collection Bouvier (époque Louis XV). Salle 47 : salon turquoise. Le lambris provient de l'hôtel Brulart de Genlis (13, quai Conti). Parmi les meubles et objets d'art : *commode** à décor de laque rouge avec ornements dorés; secrétaire peint à motifs polychromes sur fond jonquille. Salle 48 : salon jonquille. Le lambris provient de l'hôtel dit des Stuart

A ne pas manquer

Premier étage (première partie)
Grand Cabinet de l'hôtel de La Rivière (salle 21); plafond peint par Charles Le Brun, entouré de stuc de G. von Obstal.
Premier étage (deuxième partie)
Collection Bouvier (salles 37 à 48) : mobiliers, objets d'art et décors lambrissés dans le style rocaille, époque Louis XV.
Salon du graveur Demarteau, exécuté par François Boucher et Fragonard (salle 62).
Rez-de-chaussée (troisième partie)
Portrait de Madame Récamier par F. Gérard (salle 75).

d'Aubigny (démoli pour le percement de la rue Gay-Lussac). Parmi les meubles et objets d'art : deux commodes estampillées *J. Dubois*, à décor de laque d'Extrême-Orient. Ici s'interrompt la suite des salles abritant la collection Bouvier. Salle 49 (doit être transformée pour servir de palier à l'escalier donnant accès aux salles de l'hôtel Le Peletier de Saint-Fargeau à partir de 1989) : cette salle évoque la vie ecclésiastique et la décoration des églises de Paris dans la première moitié du XVIIIe s. Esquisses pour des grands tableaux religieux, peintes par *Carle Van Loo*, *Gabriel Doyen*, *Noël Hallé*. Salle 50 (*fermée pour travaux jusqu'en 1989*) : le lambris provient du couvent des Prémontes, rue Hautefeuille. Deux grandes commodes du début XVIIIe s. Console en chêne sculpté dans le goût de la rocaille. Salle 51 (*fermée pour travaux jusqu'en 1989*) : le lambris provient de l'hôtel Brulart de Genlis. La salle est consacrée au théâtre. Une suite de quatre figures en bois polychrome représentent les principaux types de la comédie italienne. Salle 52 (*fermée pour travaux jusqu'en 1989*) : écrivains, philosophes et beaux esprits du XVIIIe s. Les souvenirs de Voltaire et de Rousseau sont les plus nombreux. Parmi les premiers : Le lever de Voltaire à Ferney, petit tableau humoristique du peintre genevois *Jean Huber*, remarqué par Franz Kafka lors d'un séjour à Paris; le fauteuil du philosophe est garni d'un pupitre de lecture et d'un écritoire articulés. Herbier de *J. J. Rousseau.* Portraits : Diderot par *Barthélemy*, d'Alembert par *Catherine Lusurier*.

Traverser le palier du grand escalier (n° 36).

Paris et la demeure parisienne à la fin du règne de Louis XV et sous le règne de Louis XVI (salles 53 à 68)

Grâce a son décor de boiseries et à son mobilier (legs Bouvier), cette suite de salles illustre l'épanouissement du style néo-classique à Paris dans la seconde moitié du XVIIIe s., mais l'on y trouve aussi des portraits et des souvenirs historiques de cette époque.

Salles 53 et 54 (passage) : Louis XVI en costume de sacre, peinture de *Joseph-Silfred Duplessis*. Salle 55 : boudoir rond. Le lambris d'époque Louis XVI provient, comme ceux des salles 56, 57 et 58, de l'hôtel de Breteuil, autrefois rue Matignon. Salle 56 : salon jaune. Parmi les meubles et objets d'art : commode estampillée *Riesener* et *Weisweiller*. Salle 57 : salon bleu. On remarquera deux scènes de genre peintes par *Michel Garnier* : le Contrat de mariage interrompu et, en pendant, le Départ du volontaire. Salle 58 : passage. Salle 59 : boudoir ovale. Cabinet-secrétaire estampillé *J. H. Riesener*. Ici prend fin la présentation de la collection Bouvier. Salles 60 et 61 : tableaux retraçant les opérations d'urbanisme et d'architecture de la fin du règne de Louis XV : ***pose de la première pierre de la nouvelle église Sainte-Geneviève**** (aujourd'hui Panthéon) le 6 septembre 1764, par *Pierre-Antoine de Machy*, qui avait peint en trompe-l'œil le modèle de la façade à l'occasion de cette cérémonie; la chapelle du Calvaire dans l'église Saint-Roch, par *Nicolas-Bernard Lépicié*; Edme Bouchardon, par *François-Hubert Drouais*, est un portrait du célèbre sculpteur à côté du modèle en cire de la statue équestre de Louis XV. Deux modèles d'architecture : l'un pour la façade de l'église de la Madeleine, selon le projet (non réalisé) de *Contant d'Ivry*, l'autre reproduisant la façade de Saint-Sulpice, œuvre de *Servandoni*, avec sa tour N. projetée par *Chalgrin*. Trois peintures anonymes illustrent les étapes de l'aménagement de la place Louis-XV (aujourd'hui place de la Concorde) : le site de la place, les travaux de construction, la place achevée. Salle 62 : ***salon du graveur Demarteau******. Cet ensemble exceptionnel de toiles décoratives, encastrées dans une boiserie qui simule un pavillon de treillage, a été commandé vers 1765 par Demarteau au célèbre peintre *François Boucher*, qui l'a exécuté avec la collaboration de *Fragonard* (Figure de l'Amour triomphant) et de peintres animaliers dont *J. B. Huet*. Salle 63 : des vues de Paris de la même époque, représentent des églises. Salle 64 (*fermée pour travaux jusqu'à une date indéterminée*). Salle 65 (*fermée jusqu'en 1989*). Salle 66 : de même que les trois suivantes, cette salle est décorée de lambris d'époque Louis XVI provenant du château de Conflans, ancienne résidence des archevêques de Paris. Deux modèles pour le pont Louis-XVI (aujourd'hui pont de la Concorde), œuvre de *Perronet* comme le pont de Neuilly dont le décintrement (enlèvement des cintres de bois ayant servi à la construction des arches) est le sujet d'une ***peinture**** d'*Hubert Robert* (1772). ***Incendie de l'Opéra au Palais-Royal**** (1781) d'*Hubert Robert*. Buste de l'actrice ***Dorothée Luzy****, par *J. J. Caffieri* (1776). Salle 67 : deux peintures d'*H. Robert* représentent la ***Démolition des maisons sur le pont Notre-Dame**** (1786) et ***sur le pont au Change****

(1788). Mobilier d'époque Louis XVI (don de Mme Nelly Debray). Salle 68 : vues de Paris peintes par *Alexandre Noël* et *Genillion*. D'autres, anonymes, montrent des créations typiques de la seconde moitié du XVIIIe s. : l'hôtel de Salm en construction ; le jardin à l'anglaise de la folie Monceau (aujourd'hui parc Monceau). Une ***Fête populaire aux Halles**** pour la naissance du Dauphin le 21 janvier 1781, est illustrée par une peinture de *Philibert-Louis Debucourt*.

▷ Rez-de-chaussée (troisième partie)

La Révolution et le premier Empire* *(salles 69 à 75)*

Il s'agit d'une présentation provisoire des collections qui seront installées dans l'hôtel Le Peletier de Saint-Fargeau en 1989. Ces salles regroupent un ensemble unique de souvenirs révolutionnaires : peintures, sculptures, armes et objets divers qui illustrent l'histoire de la Révolution, en insistant sur les événements qui se déroulèrent à Paris.

Salles 69 et 70 : le début de la Révolution et la prise de la Bastille (ces salles porteront les nos 101 à 104 dans l'hôtel Le Peletier de Saint-Fargeau.). Des faïences ornées d'un décor d'inspiration populaire évoquent la convocation des Etats généraux et un buste en plâtre de *Tessier* représente le comte de Mirabeau, grand orateur qui joua un rôle capital au début de la Révolution. Le serment du jeu de Paume (20 juin 1789) est commémoré par la célèbre esquisse de *David* pour un grand tableau jamais achevé. On voit les députés rassemblés à Versailles, jurant de ne pas se séparer avant d'avoir établi la constitution du royaume. Buste de Louis XVI, monarque constitutionnel. Toutes les œuvres relatives à la prise de la Bastille ont été présentées ensemble : les faits sont retracés par une série de tableaux et les souvenirs historiques exposés dans les vitrines. On remarquera un portrait du marquis de Latude rappelant comment ce prisonnier s'évada de la Bastille en utilisant l'échelle de corde placée sous le tableau. Salles 71 et 72 : la Convention et Thermidor (salles nos 107 à 113 dans l'hôtel Le Peletier de Saint-Fargeau). On trouvera au centre de la salle une ***maquette de la Bastille****, taillée dans une pierre de la forteresse sur l'initiative de *Palloy*, l'entrepreneur chargé des travaux de démolition. Les tableaux évoquent les grandes journées révolutionnaires (fêtes de l'Etre Suprême, et de l'Unité) et en présentent les principaux acteurs : Le Peletier de Saint-Fargeau et Marat, les deux martyrs de la Révolution ; Maximilien de Robespierre, dictateur à la physionomie glacée ; Danton, célèbre orateur montagnard et Camille Desmoulins, tous deux victimes de Robespierre. Un modèle réduit de la guillotine, machine à décapiter inventée par le *docteur Guillotin*, est exposé dans une vitrine. De petites maquettes de monuments rappellent le culte révolutionnaire voué à Voltaire et à Rousseau. Salle 73 : la famille royale à la prison du Temple (salle 106 dans l'hôtel Le Peletier de Saint-Fargeau). On remarquera le modeste mobilier utilisé par la famille royale : lit de Madame Elisabeth, la sœur du roi ; coiffeuse de la reine. Un portrait, peint en 1793 à la prison du Temple, est l'un des rares souvenirs du dauphin Louis XVII qui disparut mystérieusement après la mort du roi. Salles 74 et 75 : le premier Empire (salle 115 dans l'hôtel Le Peletier de Saint-Fargeau). Napoléon Ier est représenté par un tableau officiel peint par *Robert Lefèvre* en 1809. On verra également les portraits des femmes les plus belles de l'Empire : Madame Hamelin ; ***Madame Récamier****, œuvre très célèbre de *François Gérard*. La vitrine contient le nécessaire de campagne de l'empereur : plus de cinquante pièces en vermeil, réalisées par l'orfèvre *Odiot* pour être placées dans un coffret conçu par *Biennais*. ▶ Traverser à nouveau le jardin et revenir à l'entrée du musée. ▶ Salles 76 et 77 : ***les anciens métiers de Paris*** sont évoqués par des enseignes de commerçants et de marchands de vin (XVIe-XIXe s.) qui prendront place dans l'orangerie de l'hôtel Le Peletier de Saint-Fargeau. La devanture de la boutique de Lescot apothicaire (époque du premier Empire), sert à la présentation de divers objets relatifs à l'histoire des anciens métiers de Paris. Provisoirement : coffre en chêne à rinceaux de fer forgé (XIIIe s.) ; un plan-relief (exécuté au XIXe s.) représente l'île de la Cité dans son aspect du début du XVIe s.

Par les fenêtres des deux salles on aperçoit la cour dite Henri-IV (début XXe s.), avec une effigie équestre de ce roi, œuvre du sculpteur *Lemaire* (époque Restauration) provenant de l'ancien Hôtel de Ville.

Pour en savoir plus...

Cabinet des estampes (t.l.j. sf dim., lun., 14 h-17 h 15 ; sam., 10 h-12 h 15) : iconographie parisienne à partir de dessins, estampes et photographies.

Expositions temporaires : enquêtes détaillées sur différents aspects de Paris et de son histoire.

Les mercredis de Carnavalet : visites-enquêtes, conférences et présentation de la vie parisienne (XVIe-XIXe s.), pour les jeunes de 7 à 17 ans. (Rendez-vous dans le hall du musée à 14 h 30 le mer. Pour les groupes, inscriptions ☎ 42.72.21.13.)

Les dimanches musicaux (☎ 42.77.92.26) : concerts organisés le dimanche à partir de 15 h. Réservation sur place, 30 mn avant le début du concert.

L'hôtel Le Peletier de Saint-Fargeau

A partir de 1989 le musée d'Histoire de Paris sera partagé entre l'hôtel Carnavalet et l'hôtel Le Peletier de Saint-Fargeau. Le premier abritera les collections concernant Paris depuis ses origines jusqu'à la fin de l'Ancien Régime et continuera à accueillir les expositions temporaires. L'hôtel Le Peletier de Saint-Fargeau exposera les collections concernant Paris, de la Révolution française à nos jours ; il doit abriter aussi les enseignes et objets sur les métiers de Paris (dans l'orangerie), le cabinet des estampes, un auditorium et les bureaux de la Conservation. Les deux musées communiqueront par une galerie située au premier étage.

▶ La visite de l'hôtel Le Peletier de Saint-Fargeau commence au deuxième étage avec les collections concernant *la Révolution française (salles 101 et 103, seront réorganisées).*

▷ Rez-de-chaussée

Au rez-de-chaussée sont installées les collections relatives à la première moitié du XIXe s.

L'Empire (salle 114 → ci-dessus)

La Restauration (salle 115)

De petites peintures évoquent les événements et l'atmosphère de cette période : entrée des Alliés boulevard Saint-Denis (1815) par *Zippel*; Mort du duc de Berry, neveu de Louis XVIII, par *Cibot*. Des souvenirs du duc de Bordeaux sont rassemblés : petit **carrosse*** en or et nacre lui ayant servi de jouet ; statue du jeune duc par *Lemaire*.

***Paris pendant la première moitié du XIXe siècle** (salles 115 et 116)*

Parmi l'importante collection de vues de Paris présentée ici, on remarquera certaines œuvres minutieuses et précises, fidèles à la tradition du XVIIIe s. D'autres témoignent d'une inspiration plus romantique venue d'Angleterre : ***Le Boulevard des Capucines****, par *Robert Stanley* ; Paysage avec un moulin, par *Georges Michel* ; on verra aussi ***Le Pont Saint-Michel***** et ***Le Quai des Orfèvres*****, par *Camille Corot*.

***De 1830 à 1850** (salles 118 à 120)*

De petits tableaux narratifs retracent les événements des journées de juillet 1830, dénommées les Trois Glorieuses. Une grande maquette de *Foulley* montre l'arrivée à l'Hôtel de Ville du duc d'Orléans proclamé lieutenant général du royaume avant de devenir le roi Louis-Philippe. On retrouve les fastes et splendeurs de la monarchie de Juillet dans de petites scènes : ***Le Banquet des dames aux Tuileries****, esquisse de *Viollet-le-Duc* ; Illuminations de l'Hôtel de Ville pour la fête du roi, par *Roux*. Une série de portraits représente les grandes figures de la Révolution de 1848 : Ledru-Rollin, Eugène Blanqui et Proudhon. D'autres tableaux illustrent les combats : Lamartine repoussant le drapeau rouge sur le perron de l'Hôtel de Ville, esquisse de *Philippoteaux*.

***Les arts et la vie parisienne à l'époque romantique** (salles 121 à 123)*

Ces salles rassemblent plusieurs petites sculptures représentant les personnalités de l'époque ; des portraits et souvenirs d'écrivains : Lamartine, Alfred de Musset ; des portraits d'actrices et de musiciens : Mlle Mars, la Malibran, Franz Liszt et son inspiratrice, Marie d'Agoult, par *Lehmann*. Scènes de la vie parisienne : la Parade de Bobèche et Galimafré sur le boulevard du Temple, par *Jean Roller*. ▶ On accède au premier étage par le grand escalier de l'hôtel Le Peletier de Saint-Fargeau, orné d'une **grille*** en fonte dorée de la fin du XVIIe s.

▷ Premier étage

La salle 125 expose la suite des vues de Paris au début du XIXe s.

Urbanisme et architecture à Paris dans la première moitié du XIXe siècle** (salle 128)* : on remarquera des **vues de la place de la Concorde aménagée par *Hittorff*.

***Du second Empire à la troisième République** (salles 129 à 133)*

Le **Berceau**** d'apparat offert par la Ville de Paris pour la naissance du prince impérial, fut conçu par l'architecte *Baltard* et exécuté par l'orfèvre *Froment-Meurice* ; une collection de bustes de *Carrier-Belleuse* représente les plus belles femmes de l'époque.

Différents projets d'architecture et d'urbanisme du second Empire sont exposés : l'Opéra, le Cirque d'Hiver, la gare du Nord. De grandes toiles évoquent les événements de la guerre de 1870 et la vie à Paris durant le siège : départ de Gambetta en ballon depuis Montmartre ; ***Le Rêve****, ou Paris incendié, est une curieuse peinture de *Corot* ; ***Le Pigeon Voyageur****, par *Puvis de Chavannes*. D'autres toiles illustrent la Commune : portraits de ***Jules Vallès*****, célèbre écrivain, par *Gustave Courbet* et de la révolutionnaire Louise Michel. Les principaux hommes politiques de la troisième République sont également présentés : Waldeck-Rousseau ; le général Boulanger.

***Paris à la fin du XIXe siècle et au début du XXe siècle** (salles 134 à 139)*

Paris vu par les peintres : sont exposées des œuvres de *S. Lépine*, *Johann-Bartold Jongkind*, *Guillaumin* (la Seine à son entrée dans Paris) et *Signac* (Moulins à Montmartre). La vie littéraire est évoquée par différents souvenirs d'artistes : portraits d'Alphonse Daudet, et Edmond de Goncourt, par *Carrière*; statue de Sarah Bernhardt; statuettes de Réjane et Yvette Guilbert par *Capiello*. De petites scènes présentent la vie parisienne : L'escalier de l'Opéra par *Louis Beroud*; Le Boulevard Montmartre, par *A. Gill*.

Reconstitutions d'intérieurs du début du XXe siècle (salles 140 à 145)

Salle 140 : salon particulier du célèbre Café de Paris. Salle 141 : la boutique de joaillerie Fouquet, rue Royale, ornée d'un décor exécuté en 1900 d'après un projet de *Mucha*. Salle 143 : la salle de bal de l'hôtel de Wendel, quai de New-York, décorée par *J. M. Sert y Badia* qui a représenté le cortège de la reine de Saba. Salle 144 : trois ensembles de souvenirs évoquent le cadre de vie de Marcel Proust, Anna de Noailles et Paul Léautaud. Salles 142 et 145 : évocation du visage de Paris au XXe s. à travers un ensemble de tableaux.

Musée Cernuschi*

7, av. Vélasquez, 8e arr. ☎ 45.63.50.75 / 19-G4
Conservateur en chef : Mlle M. T. Bobot
Visite : t.l.j. sf lun. et j. fériés, 10 h-17 h 40. Groupes : sur RV
Métro : Monceau, Villiers
Bus : 30, 84, 94

Le musée Cernuschi est, à Paris, l'un des musées où l'amateur et le connaisseur peuvent admirer et étudier l'art d'Extrême-Orient. Il est dû à Henri Cernuschi qui, en 1896, léguait à la Ville de Paris sa résidence du parc Monceau et les précieuses collections d'art extrême-oriental que cet homme politique, économiste et érudit, avait rapporté d'un voyage de deux années en Asie (1871-1873), voyage qu'il avait effectué en compagnie de l'amateur d'art Théodore Duret.

Depuis qu'il a ouvert ses portes en 1898, le musée s'est encore considérablement enrichi et possède quelques pièces rares archaïques d'art chinois.

Visite du musée

45 mn

▶ L'entrée et le vestibule regroupent des sculptures bouddhiques provenant de Chine dont la pièce la plus importante est le *Bodhisattva assis*** de Yunkang (fin Ve s.); à côté : stèle des Ts'i du Nord (datée de 560); bodhisattva, statue colonne des Souei (VIe s.); Bouddha en marbre des Leao (XIe s.).

▷ Le rez-de-chaussée

Il est consacré à l'art de la Chine classique, des origines au XIIIe s. On trouvera d'abord des poteries peintes néolithiques et des poteries grises (IIIe-Ier millénaires av. J.-C.); des os divinatoires et céramiques blanches de l'époque Chang (XIVe-XIe s. av. J.-C.). *Bronzes** archaïques des époques Chang, Tcheou et des Royaumes Combattants dont le fameux vase, dit *La tigresse*** (XIIe s. av. J.-C.); à côté on remarquera des miroirs, agrafes, et jades. Un ensemble de bronzes de l'Eurasie (Louristan, Sibérie, Ordos) illustre l'art de la steppe asiatique. La section suivante rassemble des céramiques du sud de la Chine et les premières porcelaines céladons produites à Tch'ang-cha (IXe-Xe s.). Un ensemble unique de statuettes funéraires en terre cuite (Ier-VIIIe s.) est présenté. Ces personnages, animaux et maquettes d'architectures, évoquent la vie quotidienne dans la Chine des Han aux T'ang. Le musée possède aussi quelques peintures anciennes : des fragments de peintures murales provenant de tombes, Dames de la cour (VIIIe-IXe s.); le rouleau des *Chevaux et palefreniers*** est un remarquable spécimen de la peinture T'ang attribué à l'artiste de cour *Han Kan* (VIIIe s.). Deux *oiseaux** (encore sur papier) illustrent la peinture de lettré du début du XIIIe s. ▶ Le premier étage présente en alternance les ***expositions temporaires***, ou la ***collection de peintures chinoises contemporaines*** dont le noyau a été donné au musée par le docteur Kuo Yushou en 1953. La grande salle abrite le Bouddha japonais en bronze (XVIIIe s.), ramené par Cernuschi en 1873 ; sur le palier, cerf et biche en bronze (Chine, fin XVIIe s.).

Musée Charles-Cros**

(Phonothèque nationale)

Galerie Colbert, rue des Petits-Champs 1er arr. / 28-J6
Responsable : Dominique Villemot
Visite : en cours d'aménagement, le musée ouvrira au printemps 1987. Pour tous renseignements, phonothèque nationale ☎ 47.03.88.23
Métro : Bourse, Palais-Royal
Bus : 21, 27, 29, 39, 48

Le musée Charles-Cros fait partie du département de la Phonothèque nationale et de l'audiovisuel, dont la mission est de conserver toutes les impressions sonores et audiovisuelles. Héritier du musée de la Parole et du Geste, ce nouveau musée, en cours d'aménagement, est consacré à l'histoire de l'invention du phonographe depuis les plus folles hypothèses, comme celle imaginée au XVIIe s. par ce voyageur qui prétendait que certaines populations se servaient d'éponges pour transmettre des messages et les pressaient ensuite pour entendre les paroles, jusqu'aux plus brillantes réalisations techniques.

Visite du musée

30 mn

Parmi les 350 appareils, seront exposés plusieurs instruments de musique mécanique : symphonion pour enfant, pianola, boîtes à musique et orgues de Barbarie... Ce musée possède les plus anciens phonographes : celui imaginé en 1877 par *Charles Cros* (→ *encadré*) mais réalisé quelques semaines plus tard par l'Américain *Edison ;* ou encore, l'énorme appareil à cylindres permettant à quinze personnes en même temps d'écouter un enregistrement. On verra plusieurs phonographes à disques allant du plus petit (10 cm) au plus volumineux, ornés de pavillons floraux en bois, en cuivre, en laiton, en carton bouilli ou en cristal.

Le musée montrera également les nombreuses applications du phonographe prévues dès son apparition : dictée du courrier, méthodes de langues, animation des lieux publics.

Une autre partie sera consacrée à des expositions temporaires liées soit à l'actualité, soit à la connaissance plus approfondie de tel ou tel type d'appareils (exemple : L'enfant et le jouet musical).

Portrait d'un inventeur

Charles Cros (1842-1888) fut un brillant touche-à-tout. Autodidacte, passionné par les langues orientales, il mena de front d'importants travaux scientifiques et une œuvre littéraire originale. En 1869, il décrit un procédé trichrome de photographie en couleur. Quelques années plus tard il invente un appareil : le paléophone, peu avant qu'Edison ne réalise son fameux phonographe (1877).
Ce nouveau musée et l'académie Charles-Cros qui célèbre chaque année sa mémoire en décernant des prix aux meilleurs disques, pourraient faire oublier que le génial inventeur fréquentait assidûment la bohème littéraire de la fin du siècle : Villiers de L'Isle-Adam, F. Coppée et Verlaine. Ce dernier qualifiait les poésies de Charles Cros de « bijoux tour à tour délicats, barbares, bigarrés, riches et simples ». On n'est pas autrement étonné que ce poète de l'absurde, expert en monologues cocasses (Le Hareng Saur...), ait été célébré par les surréalistes.

Musée de la Chasse et de la Nature★★

60, rue des Archives, 3e arr. ☎ 42.72.86.43 / 37-L6
Conservateur : M. Georges de Lastic
Visite : t.l.j. sf mar., dim., fêtes, 10 h-12 h 30/13 h 30-17 h 30
Métro : Hôtel-de-Ville, Rambuteau
Bus : 29, 67, 69, 70, 72, 73, 75, 96

Le musée, qui occupe douze pièces réparties dans l'aile gauche de l'hôtel de Guénégaud, a une vocation paradoxale : d'une part il présente la chasse à travers les âges, d'autre part il organise des expositions temporaires qui illustrent la protection de la nature.

De la rue des Quatre-Fils l'on peut admirer un jardin à la française reconstitué que domine la belle façade postérieure de l'hôtel.

Histoire du musée

L'hôtel de Guénégaud fut construit en 1656 par François Mansart pour Henri de Guénégaud des Brosses, trésorier de l'Epargne, puis fut la propriété des Thiroux d'Epersenne jusqu'au milieu du siècle dernier. L'hôtel fut ensuite morcelé, démantelé et se trouva dans un tel état de délabrement que sa démolition fut envisagée. Il ne faut sauvé de justesse que par les interventions d'André Malraux, ministre de la Culture.

Acquis par la Ville de Paris en 1961, classé Monument historique, il fut loué pour 99 ans à François et Jacqueline Sommer qui le firent entièrement restaurer (1964-1966) par l'architecte André Sallez afin d'y installer la Maison de la chasse et de la nature qui comprend un club privé et un musée; celle-ci fut inaugurée le 21 février 1967 par André Malraux.

Visite du musée

45 mn

▷ Rez-de-chaussée

Armes préhistoriques; fers d'épieux, piques de chasse, couteaux et goyardes des XIVe, XVe et XVIe s. ; arbalètes et arquebuses des XVIe-XVIIe s. ; tapisseries des Flandres ; la Vision de saint Hubert, sculpture bourguignonne du XVe s. ; dessin de *Rembrandt* : Lion couché; peintures de *Lucas Cranach*, de *Tiepolo*, de *Breughel de Velours* et *Rubens*. ▸ Dans l'escalier, œuvres de *Desportes*.

▷ Premier étage

Magnifique collection d'***armes de chasse****, principalement d'armes à feu, du XVIe au XIXe s. (collections Sommer et Pauilhac, provenant surtout d'Allemagne et d'Europe Centrale). On verra entre autres une réserve à poudre faite d'une omoplate d'aurochs.

▷ Deuxième étage

Trophées d'animaux d'Afrique, d'Amérique et d'Asie (plafond de la salle d'Afrique peint par *Lorjou*). Très belle collection d'animaux naturalisés : ours, caribous, élans tués en Alaska ; d'animaux chassés au Cachemire, au Népal, en Inde ; ***défenses d'éléphants****. Ensemble d'animaux en terre cuite (art mexicain). Gravures orientales représentant des scènes de chasse. Fusil de dame offert par la reine Marie-Antoinette à sa mère, l'impératrice Marie-Thérèse d'Autriche; fusil de chasse du roi Frédéric Ier de Suède; important ensemble de ***tableaux et études**** de *François Desportes* (1661-1743), dont une grande Chasse au sanglier, peinte en 1725 pour le château de Virginie; tableaux de *Chardin* et *Oudry*; ensemble d'œuvres du peintre *Carle Vernet* (1758-1836); carabine de vénerie offerte par Napoléon Ier au général Rapp; fusil offert par les armuriers de Liège au Premier Consul (1803) ; Déjeuner des chasses, service en porcelaine de Sèvres offert par Louis XVIII à son neveu, le duc de Berry (1817). *Claude Monet* : Chasse en battue. ▶ Au-delà du palier, les salles d'***expositions temporaires*** peuvent être louées pour des réceptions privées.

Musée du Cinéma*

Palais de Chaillot, aile E., place du Trocadéro, 16e arr. ☎ 45.53.74.39 / 33-D6
Conférence de 50 mn : t.l.j. sf mar. à 10 h, 11 h, 14 h, 15 h, 16 h ; groupes sur RV
Cinémathèque ☎ 47.04.24.24
Métro : Trocadéro
Bus : 32, 63, 72

On pourrait dire : musée de la passion. Il fallait en effet à Henri Langlois, sans qui ce musée n'existerait pas, une immense passion pour le septième art pour avoir, pendant tant d'années, sans aucune aide financière et avec des concours amicaux, réuni la plupart des documents qui illustrent cette expression artistique, spécifique de notre siècle.

Histoire du musée

De 1936 à 1940, le cercle du cinéma, devenu Cinémathèque, n'a vécu que grâce aux cotisations et aux dons d'amis cinéphiles. La première subvention officielle ne lui a été accordée qu'en 1945. Elle avait alors son siège avenue de Messine et l'on peut dire que c'est là qu'est né le musée du Cinéma. A partir de 1963, il dispose officiellement d'une salle de projection dans le palais de Chaillot et d'un espace qui va lui permettre d'envisager sérieusement son agrandissement et d'avoir pignon sur rue. En juin 1972, Jacques Duhamel, alors ministre de la Culture, inaugure le musée du Cinéma dans les locaux de l'ancien musée des Arts et Traditions populaires.

La cinémathèque du musée est aujourd'hui la plus grande, la plus riche, la plus vivante du monde.

Visite du musée

Visiter le musée du Cinéma, c'est, selon le mot de Henri Langlois, aller de la préhistoire du cinéma au cinéma contemporain. Le cinéma n'a guère, en 1987, plus de quatre-vingts-dix ans. Ce musée vivant est placé sous le signe de l'illusion, depuis les anamorphoses du XVIe s. jusqu'à la première pellicule qui vit le jour en 1894, en passant par le théâtre d'illusions de Robert Houdin et les pantomimes lumineuses d'Emile Reynaud.

Tout au long d'une galerie sinueuse de cent-soixante mètres et divisée en petites salles et en alvéoles, le spectacle se déroule suivant un ordre chronologique : les lanternes magiques, les théâtres d'ombres et les essais de décomposition du mouvement. Principaux appareils inventés depuis *Etienne-Jules Marey* et *Edison* ; reconstitution des studios de *Méliès* à Montreuil ; les premières productions de Pathé et de Gaumont ; les premières stars ; le premier « film d'art » : L'assassinat du duc de Guise, avec Berthe Bovy et Le Bargy. Le musée possède une très riche iconographie de *Charlie Chaplin*.

Les grandes heures du cinéma américain sont évoquées par un décor de Broadway melody. Les metteurs en scène : *Murnau*, *Pabst*, *F. Lang* représentent l'expressionnisme allemand. Pour le cinéma français : œuvres de *Marcel L'Herbier* et de *Louis Delluc*.

On verra des souvenirs d'artistes comme la robe que portait *Françoise Rosay* dans la Kermesse Héroïque. *Man Ray* et l'Etoile de la Mer, *Cocteau* et le Sang d'un Poète, les costumes des Enfants du Paradis, les bottes et la cotte de maille d'Ivan le Terrible. Iconographie sur les dieux, déesses et idoles du cinéma.

Films contestataires tournés en 1968.

▶ Une petite *salle de cinéma* qui dépend de la Cinémathèque française, projette des films rares *(accès par l'extérieur, à l'angle des avenues Albert-de-Mun et du Président-Wilson ☎ 47.04.24.24).*

Musée de Cire

→ Musée historial de Montmartre

Musée Clemenceau

8, rue Franklin, 16e arr. ☎ 45.20.53.41 / 33-D6
Conservateur : M. Wormser
Visite : t.l.j. sf lun. mer. et vend., 14 h-17 h, f. en août. Conférences sur demande
Métro : Passy, Trocadéro
Bus : 22, 32

Aménagé au fond de la cour d'un immeuble bourgeois dans une rue tranquille, ce musée est entièrement consacré à l'homme d'Etat Georges Clemenceau (1841-1929). La Société des Amis de Georges Clemenceau y a son siège.

Visite du musée

30 mn

▷ Rez-de-chaussée

Le petit appartement dans lequel *Clemenceau* passa trente-quatre ans de sa vie et où il mourut le 24 novembre 1929. Restauré en 1985, l'appartement est demeuré tel qu'il était.

▷ Premier étage

Une galerie, rénovée en 1970, met en évidence grâce aux documents, lettres, manuscrits, ouvrages, photographies, la prodigieuse curiosité d'esprit de Georges Clemenceau qui fut non seulement l'homme d'Etat dont l'histoire a retenu le nom, mais qui fut aussi médecin, journaliste, directeur de journal, écrivain, amateur d'art et ami d'artistes et d'hommes de talent.

Musée de Cluny***

6, place Paul-Painlevé, 5e arr. ☎ 43.25.62.00 / 36-J8
Conservateur : Mme Joubert
Visite : t.l.j. sf mar., 9 h 45-12 h 30/14 h-17 h 15; groupes admis sur demande
Métro : Saint-Michel, Odéon, Luxembourg, Maubert-Mutualité
Bus : 21, 27, 38, 63, 81, 85, 86, 87, 96

L'hôtel de Cluny, qui est sans doute à Paris le plus beau bâtiment d'architecture civile du Moyen Age, a été construit en 1485 par Jacques d'Ambroise sur les ruines de thermes gallo-romains des IIe et IIIe s. Il abrite un ensemble très riche d'œuvres d'art du Moyen Age.

Histoire du musée

En 1832, la chapelle et six pièces du premier étage de l'hôtel des abbés de Cluny furent louées par un conseiller maître à la Cour des comptes, Alexandre Du Sommerard, qui depuis sa jeunesse n'avait cessé de s'intéresser à l'histoire médiévale - ce qui, à l'époque, était faire preuve d'originalité. Alexandre Du Sommerard était non seulement l'auteur de plusieurs ouvrages sur le Moyen Age, mais aussi collectionneur ou, comme on disait alors, antiquaire. C'est pour donner à ses trésors un cadre digne d'eux qu'il louait l'hôtel des abbés de Cluny et ce « musée » privé devint vite, dès que les Romantiques allemands, anglais et français eurent redécouvert le Moyen Age, un des lieux où les visiteurs retrouvaient l'atmosphère de ce temps.

A la mort d'A. Du Sommerard, en 1842, des mesures furent prises par ses héritiers afin que l'Etat, encouragé par la Commission des Monuments historiques, pût se porter acquéreur non seulement des collections mais aussi de l'hôtel de Cluny. Déjà en 1819, Louis XVIII, intéressé par l'antiquité classique, avait fait dégager les thermes gallo-romains et la Ville de Paris y avait rassemblé les éléments d'un important musée lapidaire. L'Etat fit alors l'acquisition des thermes et des fragments lapidaires. Le 24 juillet 1843, un décret stipulait la création du musée des Thermes et de l'hôtel de Cluny qui était inauguré le 17 mars 1844. La direction de ce musée fut confiée à Edmond Du Sommerard qui donna une ampleur exceptionnelle à l'œuvre entreprise par son père. Après quarante années de gestion, E. Du Sommerard laissait un musée riche de plus de 10 000 pièces parmi lesquelles on compte toujours actuellement les tapisseries de La vie seigneuriale, de la Dame à la Licorne, de l'Histoire de David (aujourd'hui à Ecouen), l'autel de Bâle, les couronnes des rois wisigoths.

Le musée est, depuis 1907, rattaché aux musées nationaux. Cependant, on a été longtemps tenté de penser que ce beau musée était « trop riche » et qu'il souffrait visiblement d'un manque de place. Le transfert au château d'Ecouen, en octobre 1977, d'une partie des collections (8 000 pièces ayant trait à la Renaissance), permet au visiteur de profiter davantage des richesses maintenant remarquablement exposées. Enfin, depuis juin 1977, le musée de Cluny abrite les têtes des rois de Juda et les statues-colonnes appartenant aux portails de Notre-Dame, retrouvées au mois d'avril de la même année, lors des travaux du 20, rue de la Chaussée-d'Antin.

Visite du musée

1 h 30

On pénètre dans la cour par la porte en arc surbaissé, surmontée des armes des Amboise (description de l'hôtel → Quartier Latin, boulevard Saint-Michel).

▷ Rez-de-chaussée

Salle I. Documents sur le costume au Moyen Age : chaussons, objets de cuir, agrafes et attaches. Tapisseries : le Concert, Auguste et Sibylle (Pays-Bas du Sud, début du XVIe s.) ; colonne armoriée en bois (France, fin XVe s.) ; coffre d'écurie (France, XIVe s.).

Salle II. Tapisseries tissées dans les Pays-Bas du Sud : l'*Offrande du cœur**** (début XVe s.) est la plus ancienne tapisserie du musée ; Délivrance de saint Pierre ; Miracle de saint Quentin (milieu XVe s.) ; les Vendanges. Tête provenant de la statue gisante de Jeanne de Toulouse (Paris, vers 1285). La pièce la plus curieuse de cette salle est une *table pliante** qui est en réalité un retable à volets garni de panneaux peints très anciens (Allemagne, début XVe s.) enserrés dans des quadrilobes aux armes des villes du Saint-Empire.

Salle III. Tissus dont les plus anciens proviennent de l'Egypte copte et de Byzance (VIe s.) ; broderies du Moyen Age, parement d'autel (Rhénanie, XIVe s.). Trois *mitres** des XIVe et XVe s. dont une, décorée au lavis, provient de la Sainte-Chapelle ; soulier épiscopal. Deux précieuses *brode-*

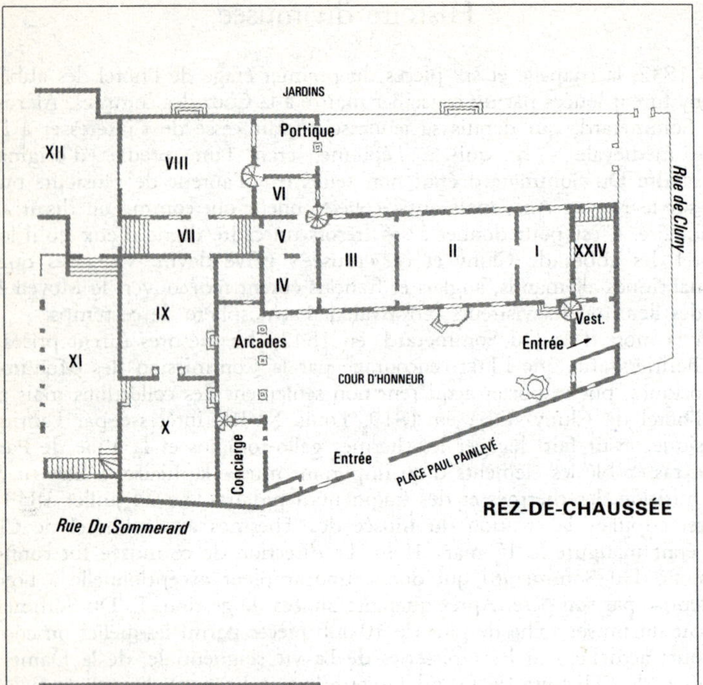

Le musée de Cluny

*ries*** : Les léopards d'Angleterre (Angleterre, XIVe s.) et la grande pièce qui vient de Grenjardarstad (Islande) et relate douze scènes de la vie de saint Martin (XIIIe s.). Tapisserie : la Résurrection (début XVe s.).

Salle IV. Evocation de l'ameublement et du décor d'une salle seigneuriale, à la fin du Moyen Age. Cette salle est ornée de la célèbre tenture *La vie seigneuriale**** (début XVIe s.), qui comporte six pièces : la broderie, la lecture, la promenade, le départ pour la chasse, le bain, les scènes galantes. On a remarqué que le hallebardier de la scène du départ pour la chasse ressemblait étrangement à un personnage de la gravure de Dürer : Six guerriers (1495-1496). On le retrouve dans une tapisserie du Louvre : Le miracle de saint Julien, ainsi que sur une tapisserie à fond rose conservée au Art Institute de Chicago. Cheminée provenant d'une maison du Mans.

Salle V. Présentation d'un ensemble d'albâtres anglais de Nottingham datant du XVe s. Une vitrine présente des fragments de retables flamands et du Nord de la France (XVe et XVIe s.). Volets de fenêtre, corbeaux et pièces de charpente du XVe s.

Salle VI. Présentation de vitraux du XIIe s. (provenant de Saint-Denis, de Neuwiller-lès-Saverne) et du XIIIe s. (provenant de Gercy, de la Sainte-Chapelle de Paris, et de Rouen).

Salle VII. Elle permet de pénétrer dans la partie romaine du musée. Présentation de dalles funéraires gravées (XIIIe-XVe s.). Statues-colonnes représentant le Roi David et un Prophète, provenant sans doute d'Ile-de-France (seconde moitié du XIIe s). Le portail permettant de pénétrer dans la salle VIII provient de l'abbaye de Saint-Germain-des-Prés : il conduisait à la chapelle de la Vierge construite par *Pierre de Montreuil* (milieu XIIIe s.).

Salle VIII. Cette salle est consacrée à la sculpture de Notre-Dame de Paris et présente les fragments de sculptures découverts rue de la Chaussée-d'Antin en 1977 : ***les vingt et une têtes des rois de Juda***** (→ *encadré*). Il y en avait vingt-huit qui ont été exécutées vers 1220 sous le règne de Philippe Auguste et, semble-t-il, par des artistes différents. Quant aux statues-colonnes, elles appartiennent au portail Sainte-Anne; on ne connaissait jusqu'alors que le fragment de l'hôtel de Cluny et celui du Metropolitan Museum à New York. Les découvertes du printemps 1977 ont permis la reconstitution de certaines d'entre elles grâce à la gravure publiée dans l'ouvrage de *dom Bernard de Montfaucon* (de l'abbaye de Saint-Germain-des-Prés) : Monuments de la monarchie française (1725). Outre leur intérêt iconographique, les découvertes de la rue de la Chaussée-d'Antin apportent un éclairage nouveau sur la statuaire de la cathédrale.

Salle IX. Présentation de sculptures romanes parisiennes; extraordinaire ensemble de ***chapiteaux***** provenant de la nef de l'église de Saint-Germain-des-Prés (première moitié du XIe s.) et de la nef de l'église Sainte-Geneviève démolie au XIXe s. (premier tiers du XIIe s.). Enfin, tête de reine de l'Ancien Testament provenant du portail central de l'église de Saint-Denis (avant 1140).

Salle X. Quatre ***statues***** d'Apôtres de la Sainte-Chapelle de Paris (avant 1248), remarquables de beauté et de grandeur; retable de Saint-Germer-de-Fly (XIIIe s.), retable de Saint-Denis (XIIIe s.). Retable de la Passion (XIVe s.), pierres tombales, peintures murales de Charlieu (fin XIIe s.). Au centre : groupe de chapiteaux historiés (Catalogne, XIIe s.); pierres tombales gravées; chapiteaux à animaux et pilastre bourguignon (XIIe s.). Au plafond, dix clefs de voûte de la chapelle du collège de Cluny à Paris (XIIIe s.). Très beau retable provenant de Plailly (Oise, début XIVe s.). Ivoires des XIIIe et XIVe s.

Salle XI ou salle archéologique. Chapiteaux de Notre-Dame de Corbeil (XIIe s.) ornés de feuillage. Chapiteaux à motifs d'acanthe. Ensemble de modillons, jadis dans l'abbaye Saint-Martin-des-Champs (XIIe s.). Chapiteau byzantin (XIIIe s.) représentant trois saints guerriers.

Salle XII. ***Grande salle des thermes romains*****. Construite vers 200 apr. J.-C., elle offre un intérêt archéologique de tout premier ordre puisqu'elle fait partie de l'ensemble des thermes contigus à l'hôtel de Cluny qui prend appui sur leur extrémité orientale. Les thermes constituent la partie la mieux conservée de tout cet ensemble romain et présente la même disposition que les thermes de Trajan (à Rome) qui ont servi de modèle dans tout l'Empire. Ces ruines comprennent essentiellement une grande salle rectangulaire longue de 20 m, large de 11,50 m et haute de 14 m, dont les murs, épais de 2 m, sont construits de moellons en petit appareil, coupés de chaînons de briques et recouverts d'un enduit épais dont la peinture a disparu. C'est la seule salle romaine en France qui ait conservé ses voûtes, sur

L'histoire inachevée de Notre-Dame

En avril 1977, des ouvriers travaillant sur un chantier de la rue de la Chaussée-d'Antin (no 20), ont fait une découverte qui va apporter une considérable contribution à l'histoire médiévale en général et à celle de Notre-Dame en particulier. Il s'agit de vingt et une des vingt-huit têtes de la Galerie des Rois, de quinze fragments de statues-colonnes et de plus de trois cents pierres provenant de différentes parties de la cathédrale, certaines appartenant aux portails du croisillon N.

Les têtes royales avaient été abattues le 23 octobre 1793 et abandonnées avec tous les autres fragments sur le parvis transformé en une vaste décharge publique. En 1796, un entrepreneur de la rue de la Lanterne, Bertrand, acheta toutes ces pierres dans une vente publique. Sur ces entrefaites, Jean-Baptiste Lakanal, frère du savant conventionnel qui avait voté la mort de Louis XVI, se faisait construire un hôtel rue de la Chaussée-d'Antin. Il racheta alors une partie des pierres que Bertrand voulait utiliser pour le gros œuvre. J.-B. Lakanal, royaliste et catholique ardent, voulait alors soustraire ces pierres et respecter l'antique loi selon laquelle les objets sacrés ne devaient pas être détruits mais enterrés ou brûlés. Il décida donc de les ensevelir dans sa cour, faces contre terre et tournées vers le sud. Lakanal fit de mauvaises affaires et dut vendre son hôtel au général Moreau. Celui-ci, farouchement antiroyaliste et athée, ne se douta pas un seul instant qu'il vivait dans le voisinage de vingt et une têtes royales qui n'ont revu le jour que cent soixante-dix ans plus tard.

A ne pas manquer

Rez-de-chaussée

Les tapisseries flamandes du XVe s. (salle II).
La vie seigneuriale, tenture du XVIe s. (salle IV).
Les sculptures de Notre-Dame de Paris (salle VIII).

Premier étage

La Dame à la Licorne, très célèbre suite de tapisseries de la fin du XVe s. (salle XIII).
La Pietà de Tarascon, 1457 (salle XIV).
La collection d'orfèvrerie et d'émaux, VIIe-XIIe s. (salle XVI).
L'autel d'or de la cathédrale de Bâle, XIe s. (salle XIX).

lesquelles le jardin suspendu des abbés de Cluny a existé jusqu'en 1820. Elle est, en effet, couverte de trois voûtes en berceau et, au centre, d'une belle voûte d'arête, laquelle retombe sur des consoles sculptées en forme de proues de barques ; bien conservées sur le mur N., ces sculptures ont suggéré l'hypothèse que l'édifice aurait pu être construit, au moins en partie, aux frais de la puissante corporation des « Nautes » parisiens. Cette salle, éclairée sur chacune de ses faces par une large baie en plein cintre, était autrefois le frigidarium ou salle des bains froids : elle comprend, au nord, une piscine. L'eau qui servait aux bains et qui provenait de Rungis (l'alimentation en eau de Paris → *faubourg Saint-Jacques*), à trois lieues de Lutèce, était distribuée dans les salles par des conduits dont les traces sont encore visibles. D'importants égouts entourent et traversent l'édifice. Autour de cette grande salle s'agençaient plusieurs pièces plus petites : cinq ou six au sud, deux à l'est et à l'ouest, deux particulièrement vastes au nord-est et au nord-ouest. Sous cet ensemble de constructions se creusaient de vastes caves. A l'ouest, en contrebas du boulevard Saint-Michel, se trouve le tepidarium, récemment exploré, au sud-ouest, le caldarium dont on a retrouvé l'hypocauste en 1950. On peut voir également dans cette salle imposante quatre blocs sculptés d'un pilier qui avait été élevé en l'honneur de Jupiter (règne de Tibère), trouvés près de Notre-Dame, et trois autres blocs d'un pilier découvert près de Saint-Landry.

L'ensemble de ces ruines a fait récemment l'objet d'importants travaux de fouilles et de consolidation qui ont eu notamment pour résultat de remettre au jour la base des constructions, enterrées sous des remblais de 2 à 5 m d'épaisseur. En même temps ont été supprimées certaines restaurations et adjonctions, telles ces fenêtres grossièrement bouchées au XIXe s. qui ont été rouvertes.

▷ Premier étage

On y monte à partir de la salle XI ; dans l'escalier, plusieurs épitaphes et tapisseries (Histoire de Lérian et de Lauréolle, Pays-Bas du Sud, vers 1525) ; retable aux armes d'Aragon.

Salle XIII. Rotonde spécialement aménagée pour la ***Dame à la Licorne******, admirable et célèbre tapisserie exécutée à la fin du XVe s. et qui se trouvait jadis au château de Boussac (Creuse). Cette tenture à six pièces représente la figuration des cinq sens. Quant à la sixième, elle symbolise, par le dépôt des bijoux dans le coffret, le renoncement aux biens de ce monde. Les six scènes présentent toutes, sur un fond rouge et fleuri, la même île bleue sur laquelle sont disposées une ou deux dames, vêtues différemment et encadrées par un lion et une licorne. Elles portent toutes les armes des Le Viste, riche famille d'officiers royaux.

*Salle XIV***. C'est une des salles principales du musée qui regroupe un grand nombre d'œuvres (tableaux, sculptures, tapisseries) des XIVe et XVe s. On s'attardera particulièrement sur le Portement de croix en bois polychrome et doré, sans doute flamand, exécuté vers 1400 (1re vitrine à g.) ; Présentation au temple, en marbre, œuvre caractéristique de l'art sous le règne de Charles V, attribuée à *André Beauneveu*, ou à *Jean de Liège*. Deux retables anversois polychromes (début du XVIe s.), représentent l'un, la Passion du Christ et l'autre, la Messe de saint Grégoire par *Jan de Molder* (abbaye d'Averbode) ; un petit retable, placé au centre de la salle, provient du duché de Clèves où il fut exécuté par *Arnt van Kalkar* (vers 1490). Des tableaux religieux sont exposés : ***Scènes de la vie de la Vierge****, rare exemple de la peinture anglaise (vers 1325), et enfin la célèbre ***Pietà de Tarascon******, commandée par Jeanne de Laval, femme du roi René (avant 1457).

L'importante collection de sculptures flamandes et germaniques du musée est illustrée par la Vierge à l'Enfant d'*Henrik Douvermann* (région de Kalkar, début XVIe s.), une Vierge et un Saint Jean provenant d'un calvaire bavarois (fin XVe s.), la célèbre ***Marie Madeleine***** exécutée dans un atelier bruxellois (vers 1500), et la Vierge à mi-corps du *Maître de la Madone de Pietrebais* (fin XVe s.). Un grand nombre de fragments de retables flamands vient compléter cette évocation.

La visite de cette salle s'achève sur la présentation de sculptures françaises de la même époque, d'origine champenoise, lorraine et normande. Parmi les tapisseries qui animent les parties hautes de cette salle, on remarquera le Départ de l'Enfant Prodigue, bel exemple de la production tournaisienne (début du XVIe s.).

Salle XV. Dans les vitrines, objets relatifs aux diverses occupations de la vie : la table, la toilette, la vie courtoise, la guerre, la chasse, les voyages, les sciences, le jeu (échiquier et pions en ivoire), l'écriture, le livre.

Salle XVI. Dans cette salle a été regroupée la prestigieuse *collection d'art précieux*** que possède le musée. Au centre de la salle : couronnes de Guarrazar, orfèvrerie wisigothique (VIIe s.) ; Rose d'or de Bâle, exécutée vers 1330 par *Minucchio da Sienna* pour le pape d'Avignon Jean XXII ; trésor gaulois. La présentation suit ensuite un ordre chronologique. Têtes de lion en cristal de roche (IVe-VIe s.) ; passoire liturgique (VIe s.) ; châsse reliquaire (VIIe-VIIIe s.) ; pièces de parures vestimentaires d'époque romaine et du haut Moyen Age. Autel portatif saxon (XIe s.) ; crosse provenant de l'abbaye de Clairvaux (fin XIIe s.) ; reliure de Novare (XIIe s.) ; œuvres d'émaillerie mosane et saxonne dont la Crucifixion d'Hildesheim (vers 1160-1170). L'émaillerie méridionale est représentée par l'extraordinaire Christ provenant de la collection Spitzer. Les émaux limousins sont illustrés par deux plaques de l'autel de Grandmont : Adoration des Mages, et Conversation d'Etienne Muret avec son disciple Hugo Lacerta (vers 1189). Le musée possède aussi de belles pièces d'orfèvrerie : reliquaire provenant du trésor de la Sainte-Chapelle (1261) ; croix filigranées (XIIIe s.) ; bijoux (XIIIe-XVe s.) ; croix de Barcelone (XIVe s.) ; croix italienne (seconde moitié XVe s.) ; reliquaire de Sainte-Anne, par *Hans Greiff* (Ingolstadt, 1472).

Salle XVI : *en réfection.*

Salle XVII : potiers. Poteries du Moyen Age, majoliques italiennes (XVe s.) et riche collection d'œuvres hispano-moresques (XVe s.). Dans les vitrines plates, carreaux de terre vernissée. Grande jarre espagnole du XVe s.

Salle XVIII. Stalles de Saint-Lucien de Beauvais (France, fin XVe s.) ; statue de Saint-Jean-Baptiste (Toscane, XVe s.). Sur un pupitre on peut feuilleter deux Livres d'Heures (du XVe s.), se rapportant aux occupations des mois (feuillets mobiles sous verre). Dressoir (XVe s.). Suite et fin de la tenture de Saint-Etienne (→ *ci-dessous*).

*Salle XIX** ou du trésor.* Cette salle contient quelques-uns des plus précieux objets du musée : ivoires alexandrins, byzantins, carolingiens et romans du IVe au XIIe s. ; Ariane (IVe s.), plaque de diptyque du consul Areobindus (Constantinople, 506). Suite de la tenture de Saint-Etienne (→ *ci-dessous*) ; crosse épiscopale (XIIIe s.) ; ornements sacerdotaux (XVe s.). Au fond, le *devant d'autel**** d'or de la cathédrale de Bâle (vers 1020), don de l'empereur ottonien Henri II (représenté avec son épouse Cunégonde aux pieds du Christ, entourés de trois archanges et de saint Benoît).

*Salle XX**. Chapelle.* Ancien oratoire des abbés de Cluny, joyau du gothique flamboyant : de l'unique pilier central, les nervures des voûtes semblent jaillir comme des palmes ; l'autel était situé dans l'absidiole qui fait saillie sur le jardin. Sur les murs se déroule la célèbre tapisserie de la *Légende de Saint Etienne**, tissée vers 1490 pour le chœur de la cathédrale d'Auxerre, aux frais de l'évêque Jean Baillet et qui comprend 23 scènes (→ *suite dans les salles XVIII et XIX*). Dans l'absidiole à jour, devant d'autel en pierre, et croix processionnelle des Grands Carmes de Paris (XVe s.). Cuve baptismale en bronze (Allemagne, XIVe s.). Gisant de Blanche de Champagne († 1283), duchesse de Bretagne, provenant de l'abbaye de la Joie, près de Hennebont (statue en cuivre repoussé, travail des ateliers limousins, début XIVe s.).

*Salle XXI****. Retable provenant de Stavelot, chef-d'œuvre de l'art mosan de la seconde moitié du XIIe s. Intéressants spécimens d'ivoires d'époque romane et du haut Moyen Age. Emaux peints à Limoges (fin XVe-début XVIe s.). Tenture de la vie de la Vierge, offerte par Léo Conseil à la cathédrale de Bayeux (fin XVe s.).

Salle XXII. Objets de fer forgé : ustensiles de cuisine, grilles ; lutrin (XVe s.), coffre, serrures, coffrets. Armes et armures, épées et couteaux. Au fond, targes et pavois (Allemagne et Europe centrale, XVe s.) ; bombardes et couleuvrines (XVe s.). Cheminée (XVe s.) provenant d'une maison du Mans. Tapisserie de Tubalcaïn (début XVIe s.). Armes. Au fond de la salle, remarquable tableau représentant la famille de Jean Jouvenel des Ursins (vers 1445).

Salle XXIII. Objets d'étain et de plomb ; jouets d'enfants ; insignes de pèlerinages. « Méreaux » (jetons des corporations parisiennes), insignes de partis, jouets miniatures. Miséricordes de stalles provenant de Saint-Lucien, à Beauvais, et représentant des artisans au travail (fin XVe s.). *Cuve baptismale*** (XIVe s.) provenant d'un prieuré de Saint-Sernin de Toulouse. ▶ Un escalier (statue de saint Maurice, XVe s.) reconduit au rez-de-chaussée.

Musée Cognacq-Jay*

25, bd des Capucines, 2e arr. ☎ 42.61.94.54 / 27-H5
Conservateur : M. P. de la Vaissière
Visite : t.l.j. sf lun., 10 h-17 h 40
Métro : Opéra, Madeleine
Bus : 20, 21, 22, 27, 29, 42, 52, 53, 66, 68, 81, 95

Ce musée est entièrement consacré au XVIIIe s. dans son aspect galant et intime. Il fut créé par Ernest Cognacq et sa femme Louise Jay, fondateurs de la Samaritaine, afin de présenter leur collection particulière : un geste de philantropie après bien d'autres. Installé à côté de l'ancienne Samaritaine de Luxe, le musée doit déménager à la fin de l'année 1988 pour s'installer dans l'hôtel Donon, 8, rue Elzévir (3e arr., métro Saint-Paul).

Visite du musée

45 mn

Le musée renferme un ensemble intéressant d'œuvres d'art, peintures, mobilier, objets qui recréent l'atmosphère raffinée du XVIIIe s.

Mobilier et menus objets

Citons quelques meubles marquetés de *Denizot, Topino*; un petit ***bureau en bois de houx*** de *Œben*; une paire de commodes de *Carlin*; une table ovale estampillée *RVLC*; des bergères de *Tilliard*; de belles boiseries d'époque Louis XV et Louis XVI. Mais il possède surtout une très rare ***collection***** de boîtes à mouches, boîtes à senteurs, étuis et nécessaires de toilette, en or, émail, agathe... quelques terres cuites puissantes et marbres délicats, dont la Nymphe au rocher de *Falconet*; des ***porcelaines de Saxe**** de Meissen.

Peinture

L'école française est représentée par des pastels de deux grands maîtres de l'époque : la ***Présidente de Rieux**** de *de La Tour*, et un ***autoportrait***** de l'artiste à la tournure élégante; ***portraits de M. du Coudray**** et ***de Mme d'Epremesnil***** de *J.-B. Perronneau*. On remarquera aussi un petit tableau de *Chardin*; ***La Reine Marie Leczinska**** de *Nattier*; des œuvres de *Boucher* dont ***Le Retour de chasse de Diane**** (peint vers 1745); ***Perrette et le pot au lait**** de *Fragonard*; La Camargo de *E. Vigée-Lebrun*; têtes d'enfants de *Greuze*; scènes de genre de *Boilly*; la Coiffe blanche de *Lépicié* et quelques dessins de *Watteau*.

De nombreuses peintures des écoles étrangères sont également exposées : l'***Anesse de Balaam*****, œuvre de jeunesse de *Rembrandt*; ***Le Festin de Cléopâtre***** de *Tiepolo*, esquisse de la fresque du palais Labia à Venise; La place Saint-Marc de *Guardi*; Vues de Venise de *Canaletto*. La collection Cognacq-Jay est l'une des rares à Paris qui présente des toiles de l'école anglaise du XVIIIe s. : ***Portrait de Mlle de Metternich**** de *Lawrence*; Miss Power, pastel de *J. Russel* (1745-1806); quelques gouaches de *Gardner* et une œuvre de *Reynolds*.

Musée de la Contrefaçon

16, rue de la Faisanderie, 16e arr. ☎ 45.01.51.11 / 25-C5
Visite : t.l.j. sf sam. dim., 8 h 30-17 h. Groupes : sur rendez-vous
Métro : Porte Dauphine / Bus : 33, PC

Visite du musée

30 mn

Dans un bel immeuble de la rue de la Faisanderie, l'Union des Fabricants a aménagé un curieux musée qui montre comment, depuis les Gaulois qui plagiaient les Romains, les créateurs et les fabricants ont de tout temps été victimes des imitateurs. Certaines contrefaçons sont subtiles, d'autres moins.

Musée du Cristal

30 bis, rue de Paradis, 10e arr. ☎ 47.70.64.30 / 28-K5
Visite : t.l.j. sf dim., 9 h-17 h ; sam., 10 h-12 h/14 h-17 h 30
Métro : Poissonnière, Gare de l'Est
Bus : 32

Visite du musée

30 mn

Le musée du Cristal est un petit musée privé aménagé tout à côté de la salle de vente de la maison Baccarat, au cœur du quartier de la verrerie et de la porcelaine. On verra ainsi les services créés par cette maison (qui existe depuis 1764), pour les cours royales et impériales d'Europe ainsi que les plus belles pièces sorties des ateliers.

Fondation Dapper

50, av. Victor-Hugo, 16e arr. ☎ 45.00.01.50 / 25-D5
Visite : t.l.j. sf dim., 11 h-19 h
Secrétaire générale de la fondation Dapper : Mme C. Falgayrettes
Métro : Victor-Hugo, Kléber, Boissière
Bus : 22, 52, 82

Visite du musée

30 mn

Installé au fond de la cour d'un immeuble bourgeois construit en 1910, le musée Dapper organise des expositions temporaires sur les arts de l'Afrique traditionnelle. Ce musée, inauguré en 1986, dépend de la fondation Dapper, créée en 1983 à Amsterdam pour regrouper les amis des arts africains et rendre hommage à Olfert Dapper, historien hollandais qui publia en 1686 une célèbre description de l'Afrique. Le but de la fondation est de promouvoir l'étude des civilisations de l'Afrique Noire en finançant des recherches, des voyages d'études et des publications spécialisées.

A ce jour, six expositions ont été présentées : Œuvres d'art et objets africains dans l'Europe du XVIIe s. ; panorama des figures de reliquaires dites Kota ; la Voie des ancêtres ; Abstractions aux royaumes des Kuba ; Aethiopia, vestiges de gloire ; chefs-d'œuvre inédits de l'Afrique Noire. Une bibliothèque spécialisée sur les arts plastiques est ouverte sur rendez-vous.

Palais de la Découverte**

Av. Franklin-Roosevelt, 8e arr. ☎ 43.59.16.65 / 26-F6
Directeur : M. Michel Hulin
Visite : t.l.j. sf lun., 10 h-18 h, f. les 1er jan., 1er mai, 14 juil., 15 août et 25 déc.
Groupes : sur rendez-vous
Métro : Franklin-Roosevelt, Champs-Elysées - Clemenceau
Bus : 28, 42, 49, 53, 73, 80, 83

Situé dans la partie O. du Grand Palais, le Palais de la Découverte est un centre culturel scientifique de conception originale. Créé à l'occasion de l'Exposition internationale des Arts et Techniques de 1937 par des savants, dont Jean Perrin, prix Nobel de physique, il connut un succès tel qu'il devint un établissement permanent, rattaché au ministère de l'Education nationale.

L'établissement est resté fidèle à l'essentiel de la mission d'origine : présenter à tous les publics les fondements des disciplines scientifiques traditionnelles, en insistant sur l'illustration expérimentale (histoire et architecture du bâtiment → Champs-Elysées.)

Visite du musée

1 à 2 h

Le musée a pour but de susciter l'intérêt du visiteur en l'impliquant dans l'expérience, en le faisant admirer, comparer et réfléchir. Les principaux domaines abordés sont : les mathématiques (auxquelles est jointe l'informatique), l'astronomie, la physique, la chimie, les sciences de la terre, la biologie et la médecine.

Cet ensemble ne se visite pas d'une manière systématique : le visiteur cherchera les salles et les expériences qui l'intéressent le plus, selon ses goûts et ses connaissances. Dans tous les départements, des collaborateurs de l'établissement accueillent les visiteurs, à heures fixes, pour leur présenter des expériences et répondre aux questions. Parallèlement, des moyens modernes (schémas lumineux, maquettes animées, films vidéo, ordinateurs à programmes interactifs), informent le visiteur tout au long de son parcours.

Citons quelques points forts :

Le ***planétarium***** (→ *encadré*) et la ***salle sur le système solaire*** qui réunit les dernières informations fournies par les sondes spatiales.

L'électrostatique où les expériences étonnantes sont multipliées : les cheveux d'un visiteur se dressent sur sa tête, les feux de Saint-Elme apparaissent au bout de ses doigts. ***L'électricité***, section qui comprend un transformateur de Tesla à un million et demi de volts et un électro-aimant de 7 t : les courants de Foucault y freinent inexorablement le déplacement des pièces métalliques. ***La physique du noyau***, illustrée par la maquette d'un réacteur PWR (représenté au tiers de sa dimension) : on pénètre au cœur du réacteur ; un accélérateur de particules permet d'irradier des matériaux et de les rendre radioactifs. Une ***salle de micro-informatique*** permet d'apporter ses propres programmes. ***Chimie*** : hautes et basses températures offrent une large gamme de démonstrations ; propriétés de l'air liquide, le four Moissan... ***Biologie humaine et médecine*** : une salle ouverte en 1985 (réalisation de la Fondation pour la recherche médicale) est un des joyaux actuels du Palais de la Découverte avec, entre autres, L'homme de verre et un spectacle : la Loterie de l'Hérédité, créé par *Jean Rostand*, et béné-

Le planétarium

Entièrement restructuré en 1979, il contient 200 places et permet de présenter le ciel étoilé des plus belles nuits d'été, sous toutes les latitudes, à toutes les époques. C'est un voyage de trois quarts d'heure, poétique et passionnant qui vous entraînera au centre de l'Univers.

Le planétaire, placé au centre de la salle, projette sur une voûte de 15 m de diamètre tous les astres visibles à l'œil nu depuis les quatre coins du globe. Par l'accélération de leur mouvement vous pourrez suivre leur trajectoire. Un dispositif spécial y reconstitue aussi un véritable panorama lunaire. Vous admirerez alors, la Terre, le Soleil et les planètes comme si vous étiez sur la Lune. Mais si vous continuez votre voyage, vous vous éloignerez du système solaire et vous pourrez alors observer l'orbite que décrit chaque planète autour du Soleil, ou bien suivre le mouvement de Jupiter et de ses satellites.

(3 à 5 séances par jour. Supplément au droit d'entrée. Se renseigner auprès du musée pour les horaires ☎ 43.59.16.65. Projections particulières pour les groupes scolaires.)

Pour en savoir plus...

Conférences (t. les sam. à 15 h) : développement d'un thème par un spécialiste (par exemple : les épidémies dans l'histoire, les quasi-cristaux).

Salle de cinéma (séances t.l.j. sf sam. à 14 h 30 et 16 h). Cinéclub (le sam. à 20 h 30, sf juil. et août).

Bibliothèque (t.l.j. sf lun., 10 h-18 h) : documentation scientifique destinée aux jeunes comme aux spécialistes.

Photothèque (t.l.j. sf lun. et deux week-ends par mois, 10 h-11 h 30/13 h-18 h).

ficiant aujourd'hui de techniques modernes de pilotage par ordinateur. Les plus jeunes seront tentés par la salle Eureka : une série d'expériences dont ils seront eux-mêmes les acteurs.

Des *expositions temporaires*, organisées deux ou trois fois par an, ouvrent l'établissement sur l'actualité scientifique, les développements techniques et l'histoire des sciences.

Musée Delacroix*

6, rue de Fürstenberg, 6e arr. ☎ 43.54.04.87 / 36-J7
Conservateur : Mme Arlette Sérullaz
Visite : t.l.j. sf. mar. 9 h 45-17 h 15
Métro : Saint-Germain-des-Prés, Mabillon
Bus : 48, 63, 86, 87, 96

Le peintre Eugène Delacroix, né à Saint-Maurice le 26 avril 1798, s'est installé dans la jolie maison de la rue de Fürstenberg le 29 décembre 1857 et y mourut le 13 août 1863. Ses principales demeures parisiennes se situèrent successivement, rappelons-le ici, au 118, rue de Grenelle, au 20, rue Jacob, au 13, quai Voltaire, au 17, rue Visconti, au 58, rue Notre-Dame-de-Lorette ; la dernière étant celle-ci.

La société des Amis de Delacroix, précédemment locataire, a pu faire acquérir par l'Etat, en 1952, l'appartement et l'atelier dans lesquels est installé ce petit musée, devenu musée national : outre certains souvenirs personnels de l'artiste (lettres autographes, documents, palette), on peut y voir des présentations temporaires d'œuvres de l'artiste et de son entourage.

Celui qui, pour Baudelaire, était le « type même du peintre-poète », eut au plus haut point le pouvoir de transfigurer le réel et son œuvre apparaît multiple, complexe et étonnamment riche. Chez lui, la passion et la fougue métamorphosent les sujets en une vision très personnelle et subjective. Peintre du fantastique, il a été parfois considéré comme un lointain ancêtre du fauvisme puisque, chez lui, la couleur est tout à la fois moyen d'expression et but. Ses toiles, pleines de dynamisme, peignent des passions terribles et aussi glorieuses, mais toujours maîtrisées.

Visite du musée

45 mn

▷ L'appartement

Il est situé au premier étage, entre cour et jardin. Sur ce charmant jardin donnent la chambre où mourut Delacroix, le salon et la bibliothèque. Portraits de la famille Riesener, de George Sand ; Autoportraits, dessins, aquarelles, études dont la vigueur annonce la beauté de l'œuvre achevée.

▷ L'atelier

Au milieu de son jardin, lui aussi romantique, l'atelier renferme des copies des décorations de Delacroix (→ *Delacroix décorateur, Luxembourg*) pour le plafond de la bibliothèque de la Chambre des Députés, une série de pierres lithographiques originales de Hamlet.

Musée des Deux Guerres mondiales

→ *Musée d'Histoire contemporaine (BDIC)*

Fondation Dina-Vierny - Musée Maillol

59-61, rue de Grenelle, 7e arr. / 34-F7
Métro : Rue du Bac
Bus : 63, 69, 83, 84, 94

C'est un musée en devenir : il fera partie de la Fondation que Dina Vierny souhaite créer et sera aménagé dans le bel hôtel de la rue de Grenelle (où Alfred de Musset vécut de 1824 à 1830), précédé par la fontaine des Quatre-Saisons de Bouchardon.

Le musée exposera les œuvres des maîtres dont la créatrice fut l'amie et le modèle, Maillol et Matisse, mais aussi les œuvres des peintres qu'elle a exposées dans sa galerie de la rue Jacob : Kandinsky, Poliakoff, Dufy, l'Avant-Garde russe, ainsi que l'art naïf.

Fondation Dosne-Thiers

27, place Saint-Georges, 9e arr. ☎ 48.78.14.33 / 28-J4
Conservateur : M. Hugues Desroy
Visite : t.l.j. sf lun., 10 h-12 h/14 h-18 h (les horaires peuvent être modifiés lors des expositions). Bibliothèque : jeu. et vend., 12 h-18 h
Métro : Saint-Georges / Bus : 67, 74, 85

L'hôtel particulier de la place Saint-Georges où a vécu Thiers après son mariage avec Elise Dosne, démoli au temps de la Commune, fut reconstruit en 1873. Il fut légué à l'Institut qui allait en faire un centre de recherches et de documentation relatives à l'histoire du XIXe s. sous la direction de Frédéric Masson qui, à sa mort, léguait à l'Institut ses collections napoléoniennes.

La fondation organise des expositions temporaires dans les salons et au premier étage (pour information, téléphoner au musée). Le premier étage de l'hôtel Dosne-Thiers est occupé en partie par la bibliothèque Thiers qui renferme 150 000 volumes ayant trait à l'histoire du XIXe s.

Musée Dupuytren

15, rue de l'Ecole-de-Médecine, 6e arr. / 36-J8
Visite : réservée aux membres du corps médical. Sur RV : demander au professeur Abelanet à l'hôpital Cochin, ou à l'Ecole pratique de Médecine, 15, rue de l'Ecole-de-Médecine
Métro : Odéon / Bus : 58, 63, 70, 86, 96

Visite du musée

30 mn

Ce musée porte le nom du chirurgien de Louis XVIII et Charles X, Guillaume Dupuytren (1777-1835) qui fut aussi l'un des fondateurs de l'anatomie pathologique.

Très importante collection de pièces anatomiques (malformations, maladies) conservées dans des bocaux ; gravures, photographies.

Musée Edith-Piaf

5, rue Crespin-du-Gast, 11e arr. ☎ 43.55.52.72 / 29-M6
Secrétaire général : M. Marchois
Visite : sur RV, t.l.j. sf sam. dim., l'après-midi
Métro : Saint-Maur, Ménilmontant
Bus : 46, 61, 69, 96

Visite du musée

30 mn

L'association les Amis d'Edith Piaf a été créée en 1967. Elle a réuni un ensemble très important de documents concernant la chanteuse (robes de scène, vêtements, sculptures, peintures et lithographies de Charles Kiffer) grâce aux dons des parents de Théo Sarapo, le mari d'Edith Piaf, et aux legs d'autres chanteurs.

Ces nombreux souvenirs sont présentés depuis 1977 dans deux pièces d'un appartement privé. Un véritable musée consacré à Edith Piaf (ou à la chanson française en général) permettrait au public de connaître le stock de lettres manuscrites, de photos, films, livres, disques, bandes magnétiques et les autres trésors que renferment les armoires de cet appartement.

Musée d'Ennery*

59, av. Foch, 16e arr. ☎ 45.53.57.96 / 25-D5
Conservateur : M.J.-F. Jarrige
Visite : jeu. dim., 14 h-17 h, f. en août
Métro : Porte Dauphine
Bus : 33, 82, PC

Si un mot peut caractériser ce petit musée, c'est le mot profusion. Le visiteur reste confondu par le nombre d'objets plus ou moins précieux rassemblés dans cet hôtel du second Empire.

Auteur dramatique très populaire (il est l'auteur des Deux Orphelines), Adolphe d'Ennery, de son vrai nom Eugène Philippe, amassait ici ses trésors qu'il souhaitait voir rester dans leur cadre d'origine. Cet ensemble a le charme des collections particulières constituées par un amateur passionné, à une époque où les arts d'Extrême-Orient, jusqu'ici peu connus du moins scientifiquement, commençaient à éveiller l'intérêt des collectionneurs.

La collection d'objets d'art d'Extrême-Orient a été remise à l'Etat en 1906. Le musée a été rattaché à la direction des musées nationaux en 1943.

Visite du musée

30 mn

La plupart des objets illustrent la vie quotidienne et les croyances populaires de la Chine et du Japon du XVIIe au XIXe s. et ont été exécutés par des artisans selon des traditions et des techniques aujourd'hui disparues.

Les collections sont installées au premier étage dans 4 galeries : des statuettes chinoises et japonaises représentent des personnages et des animaux vrais ou mythiques, classées par matière dans la 1re galerie, par sujets dans la 2e, la 3e (Chine), et la 4e galerie (Japon) ; ***netsukés*** : sortes de boutons ouvragés avec art et fantaisie, qui servaient autrefois au Japon à maintenir à l'aide d'une cordelière des objets, tels que boîtes à médecine, blagues à tabac, étuis de pipe, que l'on avait l'habitude de suspendre à la ceinture ; *kogos*, petites boîtes japonaises en céramique destinées à renfermer des parfums ; quelques grandes statues d'animaux du Japon et de la Chine ; dragons ; meubles en bois incrustés de nacre ; socles chinois et japonais (4e galerie) ; copie sur papier d'une fresque japonaise du VIIe ou VIIIe s. (rez-de-chaussée) ; etc.

Musée de la Franc-maçonnerie

16, rue Cadet, 9e arr. ☎ 45.23.20.92 / 20-J4
Visite : t.l.j. sf dim. et fêtes, 14 h-18 h
Métro : Cadet et rue Montmartre
Bus : 39, 42, 48, 49

Ce musée, né en 1973, est installé dans l'immeuble très contemporain en verre, aluminium et marbre, qui remplace l'ancien pied-à-terre des princes de Monaco devenu une salle de concerts et que le prince Murat acheta le 29 janvier 1855 pour en faire le Grand Temple de la Maçonnerie française. Les collections illustrent l'histoire de la plus ancienne association d'hommes.

Visite du musée

30 mn

On voit quelques documents très intéressants : la création des Constitutions d'Anderson, l'implantation en France de l'Ordre (gravures représentant l'hôtel de Chaulnes de la rue de Varenne où se tinrent les assemblées de 1773) ; vitrine consacrée aux hauts grades et à leurs attributs ; la symbolique franc-maçonne ; les portraits de personnalités ayant appartenu à l'Ordre depuis sa création en France (certaines surprendront) ; enfin, des autographes.

La plus ancienne association d'hommes

Si, officiellement, la franc-maçonnerie est née en Angleterre au début du XVIIIe s., ses origines remontent loin dans le passé, puisque les membres de l'Ordre aiment à se dire les héritiers des bâtisseurs de cathédrales.

C'est en Angleterre que la franc-maçonnerie va prendre une nouvelle et définitive orientation. Les persécutions religieuses et politiques avaient donné à certains un désir profond de tolérance : les Constitutions d'Anderson (1723) faisaient de la franc-maçonnerie une « Union entre des personnes de haute valeur morale quelles que soient leurs croyances ». Il ne s'agissait pas d'une association à caractère corporatif, mais d'une association à caractère philosophique se préoccupant des principes d'édification d'une société. En 1717, est créée à Londres la première Grande Loge. Les premières Loges, copiées sur celles d'Angleterre, se répandent assez vite en France et en Europe, à partir de 1725.

Dans la seconde moitié du XVIIIe s., la franc-maçonnerie, symbole de fraternité et de liberté, permit l'élaboration de la pensée révolutionnaire et connut un rayonnement extraordinaire qu'elle semble n'avoir jamais retrouvé, bien qu'elle demeure fidèle aux mêmes principes.

Musée Frédéric-Masson

→ *Fondation Dosne-Thiers*

Palais Galliera

→ *musée de la Mode et du Costume*

Centre national d'art et de culture Georges-Pompidou***

Rue Saint-Martin, 4e arr. ☎ 42.77.12.33 / 36-K6
Visite : t.l.j. sf mar., 12 h-22 h ; sam. dim., 10 h-22 h
Métro : Hôtel-de-Ville, Rambuteau, Châtelet-les Halles
Bus : 21, 29, 38, 47, 58, 67, 69, 70, 72, 74, 76, 81, 85, 96

Le centre national d'art et de culture Georges-Pompidou dresse son insolite et immense architecture (description extérieure → Beaubourg) au cœur d'un quartier jadis théâtre de nombreux événements de notre histoire. Ouvert en février 1977, il enregistre un an plus tard plus de six millions d'entrées, soit plus de visiteurs que la tour Eiffel.

Le centre Pompidou, ou centre Beaubourg - puisque c'est sous l'une de ces deux formes que l'on abrège son nom officiel -, doit être, selon le mot de Pontus Hultèn, premier directeur du département des Arts plastiques, « un effort unique et original pour réunir et rendre accessibles les différents éléments de la culture moderne en un seul et même endroit ». Il vise à réduire, sinon supprimer, l'isolement dans lequel ont été jusqu'ici comme emprisonnées toutes les formes d'expression. Se voulant lieu ouvert, il ne s'agit pas pour lui d'être un précis de l'histoire de l'art de notre temps ou de chercher à faire prendre conscience de telle ou telle notion d'esthétique ; il s'agit au contraire de diffuser auprès du plus grand nombre l'art d'aujourd'hui, et de lui montrer que l'art est associé au quotidien, qu'il fait partie de la vie de chacun. Le Centre tend ainsi à établir une sorte de relation personnelle entre celui qui regarde et la chose regardée - dans le temps même où il attire un grand nombre de personnes sans racines culturelles artistiques -. Beaubourg doit être un lieu de rencontres et d'échanges, et une plate-forme pour des activités multiples. Dans un monde en constante mutation, en un temps où meurent les tabous et où les artistes se sentent plus que jamais au cœur de l'histoire - quelle que soit d'ailleurs la façon dont ils l'appréhendent -, il est logique qu'un lieu comme celui-ci soit le miroir de ce temps et de ce monde. Aujourd'hui le centre Beaubourg se donne pour but, à Paris, ce qui à Stockholm, New York, Amsterdam, Copenhague a été tenté peu après les années 60, d'animer ce qui était jusqu'ici conservé. Il est possible que Paris aille plus loin encore dans l'innovation et la hardiesse.

Sur les cinq niveaux sont répartis les départements et les activités du Centre : le musée national d'Art moderne qui, de par la loi, a la charge des collections de l'Etat, le centre de Création Industrielle (CCI), la bibliothèque publique d'Information (BPI), l'institut de Recherches et de Coordination Acoustique/Musique (IRCAM), et un cabinet d'art graphique, étant bien entendu qu'aucun aspect de la création n'est privilégié par rapport aux autres. Une cinémathèque, annexe de celle de Chaillot, a été ouverte en 1978.

Visite du musée

2 h 30

▷ Rez-de-chaussée

Ce vaste hall abrite : l'accueil et la librairie; la salle d'actualité de la BPI (bibliothèque publique d'Information), qui présente au public un grand choix de nouveautés de livres et de disques et offre un large panorama de la presse française et étrangère; la bibliothèque des enfants; la salle de documentation du CCI (centre de Création Industrielle) qui organise des expositions temporaires; la galerie du Forum qui accueille des expositions de photographies, cinéma, et livres en liaison avec les différents départements du Centre; l'atelier des enfants.

Le centre de Création Industrielle (CCI). Créé en 1969 par l'Union centrale des Arts décoratifs, le centre de Création Industrielle est devenu l'un des départements du centre Pompidou le 1er juillet 1973. D'une part, il rend compte des relations entre les individus, les espaces, les objets et les signes et, à ce titre, exerce ses activités dans les domaines de l'architecture, de l'urbanisme, du design de produit, de la communication visuelle et des fonctions collectives (équipements et espaces publics); d'autre part, il est le point de rencontre entre la création industrielle et les beaux-arts. Il produit des manifestations qui s'intègrent dans les perspectives culturelles du centre Georges-Pompidou, à Paris, en province et à l'étranger, en créant des expositions itinérantes et des produits d'édition. Au centre Pompidou, le CCI organise des expositions temporaires dans cette salle, dans les galeries de la mezzanine, et parfois dans le Forum ou dans les galeries du cinquième étage.

L'*atelier des enfants*. C'est d'abord un lieu ouvert et polyvalent, qui accueille chaque année près de 25 000 enfants de 6 à 13 ans. Le but est de sensibiliser les enfants aux formes les plus diverses de la création contemporaine tout en leur permettant d'exercer, par le jeu, leurs perceptions sensorielles. Les enfants sont accueillis soit dans le cadre de l'école, avec leurs maîtres, pour des cycles de sensibilisation aux arts plastiques, à la musique, à l'environnement et à l'audiovisuel, soit individuellement le mercredi et le samedi et pendant les vacances scolaires, dans des ateliers d'expression le plus souvent confiés à des artistes. L'atelier organise également des expositions où les enfants sont invités à découvrir de façon active un thème, un matériau, des œuvres d'artistes contemporains. Son action se prolonge hors du Centre par des activités d'édition (livres, jeux, catalogues), de formation (stages destinés aux éducateurs) et de diffusion (expositions et mallettes pédagogiques qui voyagent en province et à l'étranger).

L'IRCAM

L'institut de Recherche et de Coordination Acoustique/Musique est installé sous la fontaine Stravinsky, entre le centre George-Pompidou et l'église Saint-Merri. Il occupe un immense souterrain de 4 000 m² où se côtoient studios, centre informatique, atelier électro-acoustique, chambre anéchoïque et cellules de travail. Vaste centre de recherche, il développe, sous la direction du chef d'orchestre et compositeur Pierre Boulez qui l'a fondé, les moyens et les techniques nécessaires à l'élaboration et au renouvellement de la création musicale contemporaine. L'institut comprend également dans ses locaux une salle polyvalente, unique, à l'acoustique et au volume variable : l'Espace de Projection.

(Pour tout renseignement ☎ 42.77.12.33, poste 4843).

▷ Le sous-sol

Le *Forum* : dans le vaste espace occupant le centre du sous-sol et du rez-de-chaussée, se déroulent des manifestations spectaculaires organisées par les différents départements du Centre. Les *salles modulables* : les Petit et Grand foyers, les Petite et Grande salles accueillent toutes sortes de spectacles, projections, conférences, débats, rencontres.

▷ La mezzanine

Les *galeries contemporaines* : le musée dispose ici d'espaces réservés à des expositions sur l'actualité artistique. Les *galeries du CCI* : expositions temporaires (→ salle de documentation du CCI au rez-de-chaussée). La *salle Garance* est une salle de cinéma.

▷ Deuxième étage : la bibliothèque publique d'Information (BPI)

La BPI, dont l'objectif est de promouvoir tous les modes d'accès à l'information et d'accueillir tous les publics sans en privilégier aucun, met ses collections en libre accès gratuit à tous, sans formalité. On peut bien sûr recourir, comme ailleurs, aux conseils des bibliothécaires et aux inventaires des catalogues partout présents dans la bibliothèque, mais ils sont facultatifs. La BPI peut satisfaire dans de nombreuses langues la curiosité encyclopédique de ses utilisateurs : ses collections couvrent toutes les disciplines, de la cuisine provençale à la gestion des entreprises, de la musique baroque à la navette spatiale. Multi-média, elle propose ces connaissances sur de multiples supports : livres et périodiques, disques, vidéos, diapos, vidéodisques, bases de données, microfilms et microfiches. Elle permet aussi d'apprendre, en cabine individuelle et autonome, 95 langues à travers 460 méthodes de plusieurs niveaux ; elle organise régulièrement des expositions, des débats, des colloques, sans oublier le fameux festival international de films ethnographiques et sociologiques qui se déroule chaque année au mois de mars (Cinéma du Réel).

▸ Du deuxième étage, on peut atteindre les *salles de lecture* situées aux premier et troisième étages.

▷ Quatrième étage : musée national d'Art moderne

Le musée national d'Art moderne se propose de rassembler des exemples majeurs de toutes les formes d'art plastique français et étranger depuis le début du XXe s. Une rénovation des espaces du musée a été conduite par l'architecte italien, *Gae Aulenti*. Cette rénovation s'imposait devant l'accroissement des collections

Le centre national d'art et de culture Georges-Pompidou

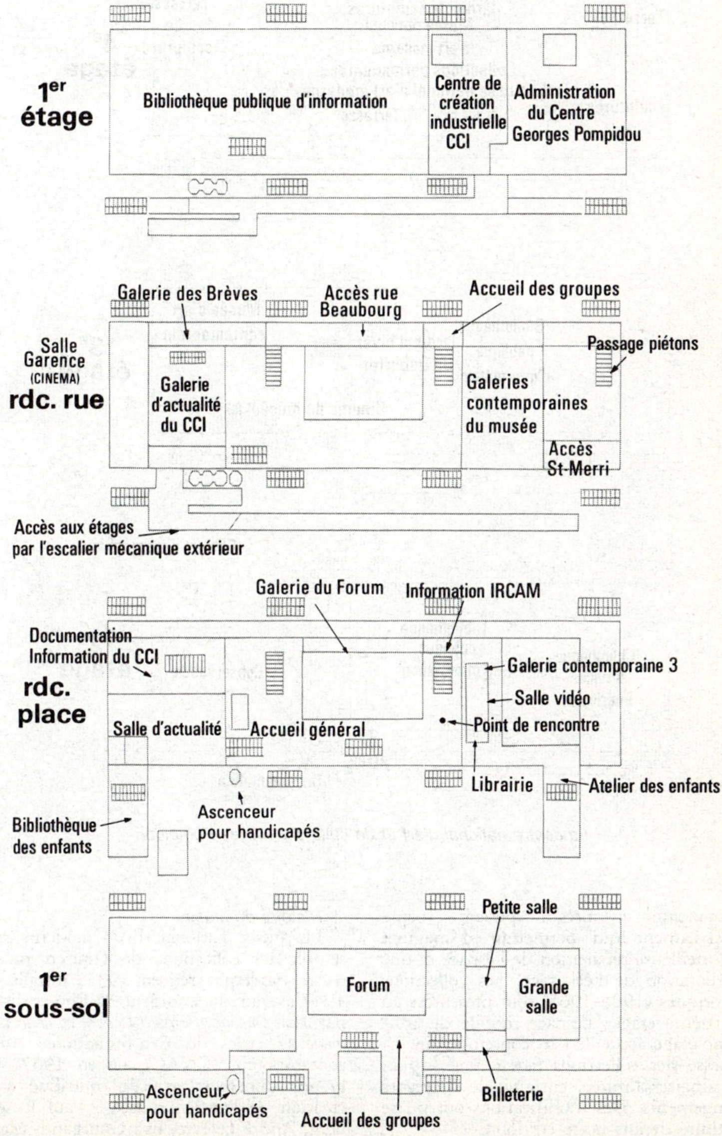

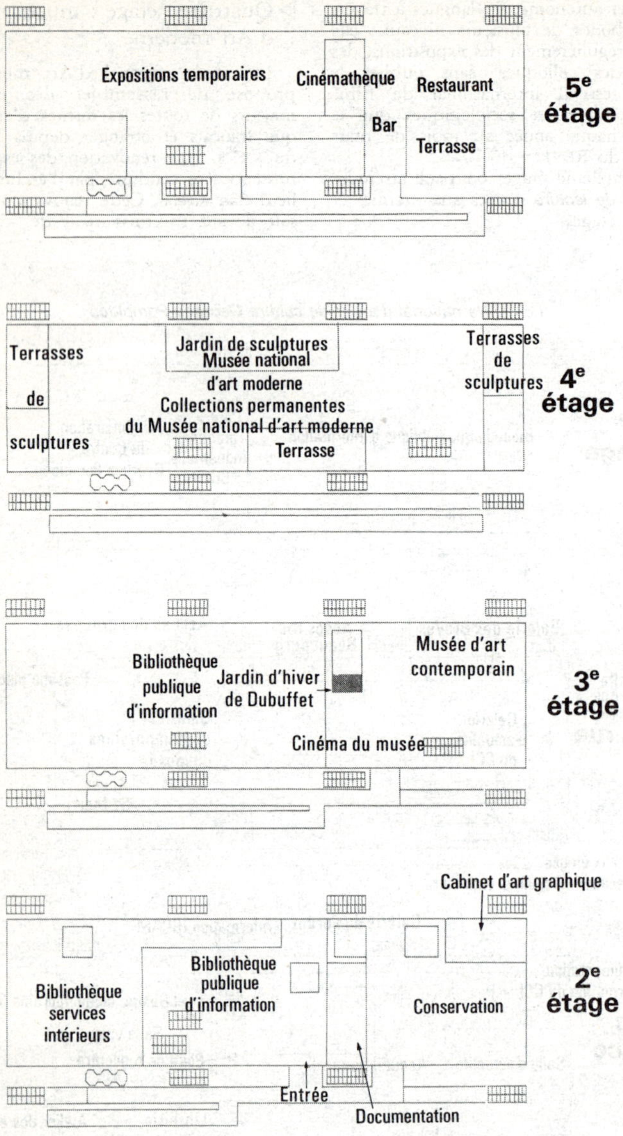

Le centre national d'art et de culture Georges-Pompidou

permanentes et après l'expérience même du bâtiment qui permettait d'imaginer une meilleure répartition de l'espace et une amélioration de l'éclairage. Les collections historiques (1905-1965) sont présentées au quatrième étage; l'espace mobile du troisième étage accueille l'art contemporain. La richesse des collections face à une surface de cimaises limitée, entraîne de fréquents changements. Des modifications ont pu se produire depuis notre édition.

Histoire du musée

Le musée national d'Art moderne rassemble les collections de l'ancien musée d'Art moderne créé en 1937, installé en 1947 avenue du Président-Wilson et dirigé par *Jean Cassou*, *Bernard Dorival* et *Jean Leymarie* et celles du Centre national d'Art contemporain (CNAC), né en 1967. De grands donateurs avaient contribué à la création de l'ancien musée : Paul Rosenberg, André Lefèvre, Eva Gourgaud, Marie

Cutolli et Henri Laugier, Georges Salles, Raoul Laroche, Sonia Delaunay, Brancusi ; d'autres ont enrichi le nouveau musée : Nina Kandinsky, la fondation de Mesnil, Louise et Michel Leiris (→ *encadré*). Une politique intense d'acquisition a été menée depuis l'ouverture afin de combler les lacunes, notamment en ce qui concerne les écoles étrangères.

▷ Quatrième étage Sud : le fauvisme, Pierre Bonnard, Henri Matisse, Fernand Léger et le cubisme

Le fauvisme

Le terme de « fauves » a été employé pour la première fois par un critique, en 1905, pour marquer sa désapprobation devant ces tableaux aux couleurs violentes. Les jeunes artistes, auteurs de ces toiles, ont bouleversé l'histoire de la peinture par la nouvelle utilisation qu'ils ont fait de la couleur : « Les couleurs devenaient des cartouches de dynamite » a dit Derain. ***Les Deux Péniches****, de *Derain* ; une Rue à Marly-le-Roi, de *Vlaminck* ; les Affiches à Trouville, de *Dufy* ; l'***Estaque**** de *Braque*, tableaux peints vers 1905-1906, sont des exemples caractéristiques.

Pierre Bonnard (1867-1947). Les œuvres de Bonnard sont partagées entre le musée d'Art moderne et le musée d'Orsay. En marge de tous les courants, ce peintre a été obsédé par la traduction de la lumière au moyen de la couleur, étudiant ses miroitements : le Nu à la baignoire ; ses éblouissements : l'***Atelier aux mimosas*****. Tristesse et inquiétude se dégagent du ***Portrait**** de l'artiste dans la glace du cabinet de toilette.

Henri Matisse (1869-1954). Les tableaux de la 1re salle témoignent de la perpétuelle recherche de Matisse vers une ligne et une couleur expressives : le Rêve, d'où émane une parfaite sérénité ; la ***Blouse roumaine**** où le processus de simplification est à son maximum ; le Grand Intérieur rouge. Dans la salle voisine sont exposés des projets de Matisse pour la chapelle de Vence. Vient ensuite un ensemble d'œuvres des années 1907-1917, dont le ***Port-Fenêtre à Collioure****. Le très célèbre Nu sur fond décoratif date de 1925. Dans la salle suivante, la Tristesse du roi est un gigantesque papier découpé. Devant ces salles, les quatres puissants ***Nus de dos****, en bronze, éxécutés de 1909 à 1930, montrent les étapes de la schématisation des formes chez Matisse.

Le cubisme

La présentation du cubisme commence avec le ***Cheval majeur****, bronze de *Duchamp-Villon* qui est une pièce clef de la sculpture du XXe s. Dans la salle suivante, le cubisme est illustré par des œuvres de *Braque* et de *Picasso*, de 1909 à 1914. Le Guéridon de *Braque* est un exemple de la première phase, analytique. Moins austère, l'***Homme à la guitare****, de *Braque*, et le ***Portrait de jeune fille*****, de *Picasso*, sont des chefs-d'œuvre de la deuxième phase du mouvement, le cubisme synthétique. Le Petit Déjeuner, de *Juan Gris*, appartient aussi à cette période. A côté, on trouvera des œuvres de *Léger* (***la Noce****), *Gleize*, *Metzinger*, *La Fresnay*, *Duchamp*, et *Gris*. Dans les vitrines du couloir qui sépare ces salles des suivantes, on peut voir une étude de *Picasso* pour les Demoiselles d'Avignon ainsi que des œuvres sur papier et des sculptures, proches du cubisme, de *Gaudier-Brzeska*, *Brancusi* (→ *encadré*) et *Laurens*.

Daniel-Henri Kahnweiler

Une grande partie des œuvres de la collection Louise et Michel Leiris a appartenu au grand marchand, éditeur et écrivain, Kahnweiler (1884-1979). Dès 1907, celui-ci choisit de défendre Picasso, Braque, Derain puis Gris et Léger. En 1914, il doit s'exiler en Suisse, ses biens sont mis sous séquestre et sa collection dispersée. En 1920, il ouvre une autre galerie exposant à la fois des peintres d'avant 1914, et une seconde génération d'artistes tels, Masson, Beaudin, Laurens, et Lascaux. Parallèlement à son activité de marchand, il est aussi éditeur. Il publie, avant 1914, Apollinaire et Max Jacob et après 1920, Artaud, Malraux, Bataille, Leiris. Des liens étroits s'établissent alors entre Kahnweiler et Michel Leiris qui épouse la sœur de Lucie Kahnweiler, Louise. Par Louise et Michel Leiris, la collection s'élargit avec des œuvres de Miró, Asger Jorn, Giacometti, Bacon...

L'atelier de Brancusi

Lorsque Constantin Brancusi légua son atelier à l'Etat, il faisait obligation à celui-ci de le reconstituer dans le musée national d'Art moderne. Ce qui n'avait pas été parfaitement réalisé au Palais de Tokyo, l'a été en 1977 sur la piazza Beaubourg où a été reconstruit l'atelier de l'impasse Ronsin détruit par les bulldozers. Si l'extérieur est d'une banalité un peu triste, du moins retrouve-t-on à l'intérieur ce qui fut à la fois la maison-foyer et l'atelier de celui qui était arrivé à Paris en 1904, venant de sa Roumanie natale.

Constantin Brancusi passa entre ces murs - ou entre ce qui les représente - trente-deux ans de sa vie ; il y mourut en 1957. L'atelier-foyer en était devenu un musée vivant, puisque l'artiste-créateur y vivait.

Ebauches, sculptures en bronze, en pierre, en marbre, plâtres originaux, permettent de retrouver le monde clos et secret, les formes pures et presque immatérielles à force de pureté, d'un des plus grands créateurs de notre temps (lun., jeu., sam., 14 h 15-17 h 45 ☎ 42.77.12.33, poste 4727. Entrée sur la piazza Beaubourg).

Gonzalez, *Picasso* et *Braque* après 1918. Le podium présente des sculptures en métal dans lesquelles *Julio Gonzalez*, ami catalan de Picasso, donne libre cours à sa fantaisie. La Nature morte à la tête antique de *Picasso* est une synthèse entre le cubisme tardif et le style classique de l'Arlequin. Confidence et ses deux femmes, aux déformations en arabesques, est un carton de tapisserie. Après 1918, *Braque* continue à se poser le problème de la représentation de l'espace par la lumière.

Fernand Léger (1881-1955). Le musée possède une riche et complète collection d'œuvres de Léger. ***Contraste de formes****, de 1913, est un tableau quasiment abstrait. Après la Première Guerre mondiale, Léger s'intéresse à la représentation de la vie moderne : le Pont du remorqueur; ***Eléments mécaniques*****. Il s'oriente aussi vers la peinture monumentale : Grande Composition aux deux perroquets. Les Loisirs, est un hommage à David dont Léger admirait le réalisme et le classicisme.

Wassily Kandinsky

Né à Moscou, Kandinsky (1866-1944) a renoncé à une carrière de juriste pour se consacrer à la peinture. Après des œuvres expressionnistes (Paysage à la tour), il accomplit à Munich, entre 1908 et 1911, son saut dans l'abstraction. Si ses Impressions restent liées à la nature (Impression V, Parc, 1911), ses Improvisations (Improvisation XIV) et ses Compositions (Avec l'Arc noir, 1912) deviennent des constructions de formes et de couleurs. Il reste à Moscou durant la guerre, puis il revient en Allemagne et enseigne au Bauhaus. Durant cette période, appelée «géométrisme lyrique», les signes, couleurs, formes, espaces deviennent des symboles. Fuyant le nazisme, il s'installe à Neuilly en 1933.

Grâce aux donations et au legs de Nina Kandinsky, le musée national d'Art moderne rassemble une des collections les plus complètes d'œuvres de cet artiste dont l'influence fut considérable.

▷ Quatrième étage Nord : les grands mouvements, de la Première Guerre mondiale à 1965

Kandinsky, Klee, Avant-garde en Europe. A côté de *Kandinksy*, sont exposées les peintures aux résonances musicales de *Paul Klee* : ***En Rythme**** (1930) et Villas florentines, aux harmonies profondes. L'expressionnisme allemand est illustré par la ***Toilette**** de *Kirchner*, peint dans un coloris bleu irréel, avec une touche large et apparente et des lignes aiguës dans un espace plat. Le rayonnisme, mouvement russe proche du futurisme italien, est représenté par ses théoriciens *Michael Larionov* et *Nathalie Gontcharova*.

Dans l'Homme qui court (1933-1934), l'avant-gardiste *Malévitch* revient à la représentation traditionnelle.

Naissance de l'abstraction. Les œuvres présentées ici illustrent les différentes formes d'abstraction : ***New York City****, de *Mondrian*, composé dans des rythmes syncopés; la Croix Noire, de *Malévitch*; La Muse endormie, de *Brancusi*, qui a déjà la forme parfaite de l'œuf. En Hollande, sous l'influence de Mondrian, la revue de Stijl propage un nouveau style plastique, géométrique et abstrait, le néo-plasticisme, illustré par *Van Doesburg* : Composition (1920); *Vantongerloo* : SXR/3, en fer; *Rietveld* : Fauteuil en bois peint. L'école du Bauhaus en Allemagne (1919-1933) veut unir art et technique : *Moholy Nagy*, Composition AXX (1924). En 1912-1913, *Robert Delaunay* peint des tableaux abstraits, orphistes, très colorés : ***les Fenêtres****. Sa femme *Sonia Delaunay* suit la même voie : Prismes électriques (1914). *Kupka* (1871-1957) passe très vite du symbolisme aux recherches sur les plans, la couleur et le mouvement : Plans verticaux (1912-1913). Pour le constructiviste *Pevsner* (1886-1962), le vide et le transparent créent l'espace de la sculpture.

Figurations (1920-1930). Après sa période fauve, *Derain* renoue avec la tradition classique. Le ***Portrait d'Iturrino****, de 1914, se dégage sur un fond bleu qui rappelle ceux de David. Après la Première Guerre mondiale, des artistes de toute nationalité contestent les partis pris esthétiques de l'art moderne. Le portrait de la journaliste ***Sylvia Von Harden****, de *Otto Dix*, au réalisme outrancier, est l'héritier des portraits des maîtres allemands anciens. Dans toute son œuvre, *Chagall* puise son inspiration dans l'univers de la petite ville russe, Vitebsk, où il est né en 1887. Il reste fidèle aux tons éclatants déjà présents dans ***A la Russie, aux ânes et aux autres*******, et dans le ***Double Portrait au verre de vin****. La touche nerveuse et épaisse, les tons violents du ***«Groom*»***, et de Volaille, trahissent l'angoisse de *Soutine*. *Rouault* (1871-1958) a cherché une nouvelle forme d'expression du message chrétien : la Sainte Face (1933). Ses premières œuvres, comme la Fille au miroir, par leur réalisme et la liberté de la touche, se rapprochent de l'expressionnisme. Dans le couloir, entre ces salles et les suivantes, sont rassemblées des œuvres dada de *Picabia* : l'Œil cacodylate; *Schwitters*; *Haussmann* : l'Esprit de notre temps; *Grosz*; *Man Ray*; *Duchamp*. Elles remettent en cause la notion d'œuvre d'art, sur un ton provocateur et humoristique.

Le surréalisme. *Chirico* (Portrait prémonitoire de Guillaume Apollinaire) est un précurseur du surréalisme. Pour les peintres de ce mouvement, la figuration traditionnelle permet la création d'images irréelles, insolites, surréalistes : ***Hallucination partielle, six images de Lénine sur un piano****, de *Dali*; le Modèle rouge, de *Magritte*. Œuvres de *Tan-*

guy (A quatre heures d'été, l'espoir), *Max Ernst* (Loplop présente une jeune fille). *Miró* et *Calder* : foncièrement personnelle, l'œuvre de *Miró* se rattache pourtant au surréalisme. L'Objet du couchant a du reste appartenu à André Breton. Le poétique Bleu II est un chef-d'œuvre de dépouillement. Les mobiles de *Calder* possèdent la même grâce poétique, à laquelle s'ajoute une pointe d'humour (Requin et baleine).

Masson. En 1941, l'immigration aux Etats-Unis de Masson donne un élan aux jeunes artistes de New York, comme *Gorky* et *Pollock*, qui se familiarisent avec les procédés de l'automatisme que *Masson* utilisa dès 1923 : les Villageois (1927).

Jean Dubuffet (1901-1985). En créant en 1948 la Compagnie de l'Art brut pour les œuvres des malades mentaux, *Dubuffet* s'est dressé contre les valeurs culturelles établies. Ses peintures, grossier portrait comme Dhôtel nuancé d'abricot, ou paysage de sol reconstitué comme Le Voyageur sans boussole, privilégient sensation et émotion.

Cobra (1948-1952). Le groupe Cobra est évoqué par des œuvres de *Asger Jorn* (Femme du 5 octobre), *Karel Appel* (Enfants interrogeant), *Atlan*, *Alechinsky*, éloignés de tout dogmatisme.

Ecole de Paris. Ces deux salles, où sont réunies des œuvres de *Bram van Velde*, de *Staël* (***les Toits****), *Poliakoff*, *Bazaine*, *Szenes*, *Viera da Silva*, *Hélion* montrent l'originalité de l'école de Paris, un peu écrasée par la vitalité de l'abstraction américaine.

Figuration des années 70. Trois indépendants sont présentés. *Alberto Giacometti* réalisa des sculptures surréalistes (Table surréaliste, Pointe à l'œil) et des peintures comme le ***Portrait de Jean Genet****, nouveau scribe accroupi, qui montre l'obsession de l'artiste pour la représentation de la figure dans l'espace (Femme debout, bronze). *Balthus* est illustré par : la Chambre turque, et la Toilette de Cathy ; *Francis Bacon* par Trois personnages dans une pièce.

Salle Zoltan Kemeny

Abstraction des années 50-60. L'abstraction américaine domine : expressionnisme abstrait et coloré de *Sam Francis* (In a lovely blueness), et du Canadien *Riopelle* ; dripping de *Pollock* ; monochrome de *Rothko*, véritable icône moderne (Dark over Brown). A leurs côtés, on trouve des œuvres des Français *Mathieu*, *Hartung*, *Soulages*, *Tapiès*. Plus loin, sont regroupés des monochromes d'*Yves Klein* et des Concepts spatiaux de l'Italien *Fontana*. L'œuvre à la fois peinte, sculptée et dessinée de *Jean Fautrier* est isolée dans la petite pièce centrale.

Les nouveaux réalistes. S'appropriant des objets de la vie quotidienne, ils leurs accordent une valeur artistique : accumulations d'*Arman* (Miaudulation de fritance) ; affiche de *Hains* ; machines construites avec des métaux de récupération de *Tinguely* ; assemblages poétiques d'objets de bazar de *Niki de Saint-Phalle* ; objets piégés de *Spoérri* (le Marché aux puces).

Le Pop Art. Les artistes du Pop Art introduisent la société de consommation dans l'art, utilisant des assemblages d'objets les plus ordinaires (Oracle, de *Rauschenberg*), des transpositions d'objets durs en formes molles (Ghost drum set, de *Claes Oldenburg*), des agrandissements d'images fournies par la publicité ou la presse (Electric chair, de *Warhol*). Infiltration homogène de *Joseph Beuys* est un cri d'alarme : le piano, symbole de vie spirituelle, a été enfermé en public dans une peau de feutre, symbole d'isolement.

▶ Au sud, une salle est consacrée aux ***expositions temporaires d'art graphique*** dont le musée possède une très belle collection conservée au Cabinet d'art graphique (au 2e étage). ▶ Les terrasses montrent des ***sculptures monumentales*** de *Calder* (au nord) et de *Tinguely* (au sud). ▶ Près de l'entrée, dans le ***jardin de sculptures***, sont installées des œuvres en bronze de *Laurens*, *Ernst* et *Miró*.

▷ Troisième étage

Il est réservé à l'*art contemporain*. Son accrochage, renouvelé plusieurs fois par an, ne permet pas un guide exhaustif des œuvres exposées. Seuls le Jardin d'hiver de *Dubuffet* et le Magasin de *Ben* sont présentés en permanence. La présentation s'articule autour de quelques grands mouvements.

L'abstraction géométrique, autour de *Herbin*, est évoquée avec des œuvres de *Vasarely*, *Soto*, *Dewasne*, *Agam*. Sa prolongation américaine, Hard Edge, où toute trace de la main de l'homme est bannie, est illustrée avec *E. Kelly*, *K. Noland*, *F. Stella*. La deuxième génération de l'expressionnisme

Pour en savoir plus...

Visites commentées

Visites générales du Centre, du lun. au ven. à 15 h 30, sam. et dim. à 11 h.

Musée national d'Art moderne : visites des collections permanentes par un animateur du musée, du lun. au ven. à 16 h et à 19 h, sam. à 11 h. Visites gratuites pour les enfants non accompagnés le mer. à 15 h.

Visites des galeries contemporaines par un animateur du musée les lun. et jeu. à 17 h.

Visites des expositions du cinquième étage par un animateur du musée t.l.j., sf mar. et dim., à 16 h et à 20 h.

Visites de la BPI ☎ 42.77.12.33, postes 4426 ou 4435.

Visites de l'IRCAM ☎ 42.77.12.33, poste 4843.

Renseignements sur les activités hebdomadaires

Répondeur automatique sur les programmes ☎ 42.77.11.12.

Bureau de renseignements du musée ☎ 42.77.12.33.

abstrait est illustrée par *Joan Mitchell*. On peut voir des sculptures minimales de *Carl André* (assemblage au sol), de *Don Judd* (boîtes superposées), *Don Flavin* (éclairage fluorescent), *Richard Serra* (panneaux d'acier).

A l'opposé de cette vague esthétisante, l'Art Conceptuel est une interrogation sur le contenu même de l'art. Diverses formes sont représentées : écritures sur papier *(Kosuth)*, sur écran électronique *(Holzer)*, toile rayée de *Buren*. Le groupe Support Surface est présent avec des œuvres de *Hantaï*, *Viallat*, *Buraglio*, *Rouan*, *Jacquard*. La visite s'achève par la figuration internationale des années 80, avec des peintures de *Baselitz*, *Cucchi*, *Gilbert* et *Georges Kiefer* , *Alberola*, *Garouste*.

Le cinéma du musée montre régulièrement des films sur l'art moderne et des films d'artistes.

▷ Cinquième étage

Dans les galeries du cinquième étage sont organisées de grandes *expositions* consacrées aux principaux artistes et mouvements artistiques du XXe s. On y trouve également la cinémathèque, un restaurant et un bar. La *vue* sur Paris y est splendide.

Galeries nationales du Grand Palais

Av. du Général-Eisenhower, 8e arr. ☎ 42.56.09.24 / 26-F6
Administrateur : Mme Laumonier
Visite : t.l.j. sf mar. 10 h-20 h, 22 h le mercr.
Groupes sur RV ☎ 42.96.58.30
Bibliothèque : affiches et ouvrages d'art (catalogues) t.l.j. sf sam. dim. et fêtes 10 h-12 h/14 h-18 h
Métro : Champs-Elysées - Clemenceau
Bus : 49, 72

Depuis 1971, le Grand Palais (architecture du bâtiment → Champs-Elysées) est devenu un vaste complexe d'actions culturelles grâce aux galeries nationales d'expositions temporaires.

Entre les deux guerres et jusqu'en 1963, les manifestations et les Salons officiels furent très divers mais en 1959 le Grand Palais fut pris en charge par le ministère des Affaires culturelles. En 1964, André Malraux, après avoir consenti à ce que l'aile du Cours-la-Reine fût affectée à la faculté des Lettres et des Sciences humaines ainsi qu'à l'enseignement de l'architecture de l'école des Beaux-Arts, confiait à M. Reynold Arnould le soin de transformer le Grand Palais et de créer les Galeries nationales d'expositions temporaires. La réalisation des travaux, muséographiquement achevés en 1971, a été confiée à M. Pierre Vivien, architecte en chef des bâtiments civils et palais nationaux.

Les Galeries nationales occupent sur plusieurs niveaux et également en sous-sols la nef et les galeries N., N.-E. et N.-O. du Grand Palais. La capacité d'accueil permet la présentation simultanée de plusieurs expositions. Les Galeries nationales se proposent d'être un lieu majeur de présentation d'œuvres originales, exceptionnelles et de manifestations illustrant les formes diverses d'expression de création. Dans cette perspective, elles se situent sur un plan international.

Visite du musée

C'est dans le hall d'accueil (Porte A ; ouvert également le mardi) que le visiteur trouvera tous les renseignements nécessaires concernant les expositions (catalogues, diapositives, brochures), les activités diverses : accès à l'Espace 404 et au Studio 84 (conférences, débats, cours d'histoire de l'art, présentation d'événements culturels importants ; concerts ; projections quotidiennes et gratuites de films).

Au cours des douze dernières années, des expositions importantes ont été présentées au public. Nous citerons pour mémoire : Le Centenaire de l'impressionnisme (1974) ; L'Or des Scythes (1975) ; Max Ernst (1975) ; Puvis de Chavannes (1976) ; L'Amérique vue par les peintres (1976) ; Masson (1977) ; Courbet (1977-1978) ; Le Siècle de Rubens (1977-1978) ; Réalisme et poésie dans la peinture russe (1978) ; Claude Gellée, dit le Lorrain (1983) ; Manet (1983) ; Watteau (1984) ; Renoir (1985) ; Estève (1986).

Musée Grévin*

10, bd Montmartre, 9e arr. ☎ 47.70.85.05 / 28-J5
Visite : t.l.j. 14 h-19 h, dim. et fêtes : 13 h-20 h
Métro : rue Montmartre
Bus : 48, 67, 74, 85
Le visiteur aura intérêt à se procurer, à l'entrée, la brochure qui permet de suivre les reconstitutions

Il s'agit de l'un des musées les plus célèbres et les plus fréquentés de Paris. Dans un décor étrange, rehaussé d'or et de marbre, vous y découvrirez aussi bien les personnages qui ont fait l'histoire de la France, que ceux de notre actualité.

Visite du musée

1 h 30

▷ Rez-de-chaussée

Les mannequins se succèdent au gré des ans pour vous présenter Mitterand, Reagan, Belmondo, Mac Enroe et toutes les personnalités qui marquent notre temps : Sylvie Guillem, Alain Prost, etc.

▷ Les galeries souterraines

Elles retracent l'histoire de France : Roland à Roncevaux, l'assassinat du duc de Guise, Louis XIV à Versailles, etc. Nouveauté 1987 : l'Aventure au cinéma (9 nouvelles scènes, 50 personnages).

▷ Les spectacles *30 mn*

Au 1er étage, deux spectacles sont proposés : le Palais des Mirages qui vous emmènera au cœur de la jungle, et le Cabinet Fantastique animé par un magicien.

Nouveau musée Grévin*

Forum des Halles, niveau 01, grand balcon ☎ 42.61.28.50 / 36-J6
Visite : t.l.j. 10 h-18 h 45, dim. 13 h-19 h
Métro : Halles / Bus : 38, 47, 67, 69, 75

Annexe du musée du boulevard Montmartre, ce musée propose un voyage à travers la Belle Epoque, de 1885 à 1900.

Visite du musée

Circuit de 40 mn en français (anglais sur demande)

Conçue comme un spectacle de son et lumière, la visite fait revivre Paris avec ses fêtes et ses personnages. Victor Hugo et Verlaine accueillent le visiteur pour l'emmener ensuite explorer le monde de Jules Verne, puis l'Opéra, le café Napolitain, ou encore l'Exposition universelle.

Musée Guimet***

6, place d'léna, 16e arr. ☎ 47.23.61.65 / 26-E6
Conservateur : M. Jarrige
Visite : t.l.j. sf mar., 9 h 45-17 h 15
Groupes : sur rendez-vous
Métro : léna, Trocadéro
Bus : 32, 63

Le musée Guimet, consacré aux arts de la Chine, du Japon, de l'Asie centrale et du Sud-Est, de l'Inde, du Viêt-nam et de l'Indonésie, est depuis 1945 le département des Arts asiatiques des musées nationaux. A ses propres collections, considérablement augmentées depuis sa création, se sont alors ajoutées celles du musée du Louvre ; aussi le musée Guimet est-il sans doute l'un des plus riches du monde en ce qui concerne les civilisations de l'Orient et de l'Extrême-Orient.

Une rénovation importante, achevée en 1983, a permis une présentation claire et didactique de ses collections.

Histoire du musée

Fondé à Lyon en 1879 par un industriel orientalisant, Emile Guimet, et sous le nom de musée Guimet d'histoire des religions et des civilisations de l'Orient, le musée fut transféré à Paris en 1885, lorsque les collections eurent été cédées à l'Etat. Un vaste bâtiment fut alors édifié place d'Iéna, et le nouveau musée inauguré en 1889. Dans l'esprit de son fondateur, il avait pour but de faire connaître les religions et les civilisations orientales, aussi joignait-il à ses collections une bibliothèque qui, à ses débuts, possédait déjà 13 000 volumes.

Avant même que s'achevât le siècle, le musée Guimet était le seul en Europe à être à la fois musée et centre d'études et de recherches orientales, caractère que les successeurs d'Emile Guimet se sont attachés à préserver. Ce foyer de l'orientalisme doit ses collections les plus illustres (les sculptures gréco-bouddhiques, le trésor de Begrâm, par exemple) aux recherches exceptionnelles des missions archéologiques accomplies par Pelliot, Hackin, Foucher, Barthoux, Schlumberger. Le musée reste en rapport constant avec les missions sur place et les instituts orientalistes comme l'Ecole française d'Extrême-Orient. Il est aussi le siège de sociétés savantes, dont l'Association française des Amis de l'Orient (19, avenue d'Iéna) et publie deux revues : les Annales du musée Guimet, et Arts asiatiques.

Visite du musée

1 h 30

▷ Rez-de-chaussée

Arts de l'Asie du Sud-Est (Cambodge, Indonésie, Thaïlande, Laos, Birmanie) et *arts lamaïques* du Tibet et du Népal.

Art khmer (Cambodge). Le musée Guimet possède la plus belle collection d'art khmer qui existe hors du Cambodge. Cet art pénétré de culture indienne se dégage vite des influences étrangères et aboutit, après une évolution que l'on peut suivre au cours de la visite, aux remarquables sculptures du style du Bayon.

Salle George-Coedès. Elle présente un grand *Hari-Hara*** (Vishnou et Çiva en un seul personnage, VIIIe s. de notre ère) et des statues féminines hanchées accusant l'influence indienne, comme c'est également le cas des Bouddhas trouvés dans la province de Prei Krabas ; des linteaux du VIIe s.(Sambor, Prei Khmeng) ; un bronze bouddique (Maitreya) de la seconde moitié du VIIIe s.

Grand hall. La maîtrise de l'art khmer s'affirme dans la première moitié du IXe s. avec le style du Kulen auquel appartiennent deux beaux Vishnou. Le grand Brahmâ montre la tendance du style de Koh Her (Xe s.) à la stylisation des traits du visage et à la monumentalité, tandis que le style de Bantea Srei (fin Xe s.) et celui du Baphuon (apsaras, nymphes célestes en haut-relief, XIe s.) sont tout de finesse et de charmante précision. A l'aspect hiératique de la statuaire s'oppose la vie qui anime les bas-reliefs à personnages, l'habile fantaisie et la richesse qui font la gloire des décorateurs khmers. La décoration architecturale est représentée par le *fronton de Bantea Srei*** (seconde moitié du Xe s.), remarquable par la beauté du modelé, des fragments de décoration architecturale, des linteaux.

Salle Louis-Delaporte. Décoration architecturale des styles d'Angkor Vat (première moitié du XIIe s.) et du Bayon (fin XIIe-début XIIIe s.), colonnettes, acrotères, linteau, animaux décoratifs : lion stylisé, éléphant, serpents sacrés (nâga), en particulier un monumental chaperon de nâga qui, avec un lion dressé sur ses pattes de derrière et un dvârapâla (gardien de porte), témoigne du gigantisme de l'art khmer vers la fin de son évolution. En vitrine, bronzes khmers : serpent (nâga) dressé, cloche à éléphant, crochet de litière, conque à eau lustrale, etc.

*Salle Gilberte-de-Coral****. La présentation essaie de rappeler l'ambiance des sanctuaires et de la forêt environnante : la sculpture du style du Bayon marque l'apogée de la statuaire khmère où les physionomies prennent une expression particulière connue sous le nom de « sourire d'Angkor » : yeux clos, bouche large aux lèvres non ourlées, expression méditative. A l'entrée, entouré de têtes bouddhiques, un portrait présumé du roi Jayavarman VII ; devant lui, une *statue*** agenouillée, remarquable, serait l'effigie posthume de sa première épouse, Jayarajadevî, sous l'aspect de la Prajnaparamitâ, personnification de la Sagesse suprême. Sont encore à signaler, une *statue du bodhisattva Lokeçvara*** à huit bras, le corps couvert de figurines ; une tête à plusieurs visages, parente des figures qui ornent les tours du Bayon à Angkor ; une tête à diadème ; une figure à barbiche, très probablement çivaïte ; des fragments de fronton, dont l'un est orné d'une frise d'apsaras (nymphes célestes) dansantes ; un Bouddha debout, de grande taille, postérieur au règne de Jayavarman VII.

Art du Champa (Viêt-nam central ancien). Ce pays influencé par la culture de l'Inde, puis par d'autres traditions étrangères, a cependant une puissante originalité. La sculpture la plus ancienne est un Vishnou sur sa monture, l'oiseau Garouda, du VIIIe s. Le style de Dông du'o'ng (IXe s.) est représenté par une grande *tête de Bouddha*** au type ethnique saisissant, un buste de dvarapâla (gardien de porte), une statuette du bodhisattva Lokeçvara. Un danseur et deux jeunes éléphants caractérisent la grâce et la perfection du style de Mi-so'n A 1 (Xe s.). Un imposant Çiva à six bras des Tours d'Argent (XIIe s. ?), les dragons fantastiques de Thap Mam (XIIe ou début XIIIe s.) montrent la tendance de l'art cham vers une totale stylisation.

Art javanais. Il est représenté par des têtes d'art indo-javanais, dont deux têtes de Bouddha très caractéristiques du style de

---

Lexique

Bouddha : ce prince renonça à son destin royal pour chercher les chemins de la Vérité. Estimant que toute vie est douleur, il prêcha une doctrine de renoncement et de compassion envers tous les êtres, pour permettre à l'homme de se libérer de cette souffrance et d'atteindre l'Eveil spirituel. Cette doctrine, par son évolution interne, donna naissance au Bouddhisme.

Bodhisattva : être spirituel qui s'est arrêté sur le chemin de la perfection, avant de devenir Bouddha, afin d'enseigner et d'agir pour le bien des hommes.

Brahma, Çiva, Visnu, les trois principaux dieux du panthéon indien, forment trois aspects différents d'une même divinité : Brahma, c'est le créateur de l'univers ; Çiva, destructeur ou bâtisseur de l'univers, à l'aspect terrible ou alors apaisant et inoffensif, dirige le monde ; Visnu, souvent opposé à Çiva, a pour tâche de conserver l'univers.

Bârâboudour (célèbre ensemble architectural de Java, IXe s.) ; un linteau (style de Prambanan, IXe s.) ; un bas-relief avec un paysage (art de Java oriental où les influences locales dominent, XIIIe-XVe s.) ; des sculptures décoratives. Dans les vitrines, des bronzes dont ceux des VIIe-IXe s. sont parmi les pièces les plus importantes du musée : *Avalokiteçvara debout**** aux lignes hiératiques et souples ; *Koubera****, dieu de la richesse, reposant sur un important soubassement ; des marionnettes, en cuir découpé, du théâtre d'ombres (Wayang).

Art de la Thaïlande. L'époque néolithique est représentée par de belles poteries peintes de Ban Chieng. Des stucs proviennent de P'ra Pathom (VIIIe s. environ), des têtes de Bouddha et un fragment de stèle offrent un type facial particulier caractéristique de l'art môn de Dvâravatî (VIIe-XIe s. environ). L'influence khmère règne sur l'école de Lopburi (XIe-XIIe s. : têtes multiples de Lokeçvara) et se reconnaît encore dans l'école d'U Thong (ou Première école d'Ayutthaya) : Bouddha debout, en bronze. Cependant, dans les écoles de Sukhothai et du Nord (Lan Na, XIIIe-XIVe s.) s'affirme le pur style thaï : Bouddha en bronze. Une grande tête montre une forme particulière du Bouddha, paré de bijoux et d'un diadème, qu'on retrouve au Bengale. A signaler encore une *armoire*** et un coffre à manuscrits en laque noir et or, technique particulière à la Thaïlande et, aux murs, des peintures traditionnelles et de grands panneaux de cuir découpé.

Art du Laos. A cet art, influencé par celui de la Thaïlande, appartient un grand Bouddha tenant un bol à aumônes ; et à l'art de la Birmanie, deux Bouddhas debout, en bois, l'un paré (XIVe s.) ; l'autre laqué, doré et incrusté (XVIIIe s.) et des manuscrits à peintures du XIXe s., livres religieux ou œuvres de cour.

Arts de l'Himâlaya. Œuvres népalaises et tibétaines. Les collections du Népal comprennent de très belles *peintures bouddhiques** du XVe au XIXe s., aux chaudes harmonies rouges et bleues (Vajradhara, mandala de la divinité Amoghapaça) ; des statues en bois et une petite statue en bronze doré (la reine Mayâ donnant naissance au futur Bouddha, etc.). Les œuvres tibétaines ont été exécutées à travers les siècles (environ XIe-XIXe s.) selon les mêmes principes traditionnels. Elles sont groupées suivant leurs affinités dans le panthéon du bouddhisme lamaïque. D'abord le panthéon bénin ou serein (Bouddhas, bodhisattvas) ; en vitrine, statuaire en bronze doré ; aux murs et sur les panneaux, peintures sur toile (thangka). Des peintures narratives représentent la vie du Bouddha Çâkyamouni (long rouleau, ou série de neuf peintures). Dans la salle Jacques-Bacot (généreux donateur de la majeure partie des collections tibétaines), entourant une grande *statue*** en bronze doré, remarquable par sa taille, des peintures aux harmonies sombres illustrant le panthéon à « l'aspect terrible », images de divinités tutélaires et gardiennes, à l'iconographie complexe et à l'aspect farouche (*Hevajra**, à huit visages et seize bras, Lha-mo sur sa mule, Yama, dieu de la mort) ; puis une *série de cinq peintures** de qualité exceptionnelle représentant les grands Magiciens (Mahâsiddha) et une série de dix peintures illustrant les Grands lamas du monastère de Tashi-Ihum-po, d'une grande richesse décorative. Dans la salle suivante sont présentées les œuvres (peintures, sculptures et objets divers) concernant le culte des Lamas et des Saints personnages (Padmasambhava qui a prêché au VIIIe s. le bouddhisme au Tibet, Milarepa, le saint poète, le grand réformateur Tsong-kha-pa XVIe s.) ; les bijoux ; les instruments de musique et les objets du rituel lamaïque (dagues magiques et couperet, reliquaires, « tablier » en os, moulin à prières, coupes à libations).

▷ Premier étage

Arts de la Chine (périodes protohistorique et archaïque), arts du Viêt-nam, de l'Afghanistan et du Pakistan anciens ; art de l'Inde.

Art de la Chine (Salle Gieseler). De l'époque néolithique, sont présentés une collection de céramiques provenant de la culture Yang-chao du N.-O. de la Chine (2500-2000 av. J.-C.), et un admirable ensemble de *jades*, d'*os* et d'*ivoires gravés**** du XVIIe au IIIe s. av. J.-C. (objets rituels, armes de parade, pièces de parure) provenant en majeure partie des donations Gieseler et Calmann.

Salle David-Weill. Importante collection de bronzes archaïques parmi lesquels des vases rituels et des armes remontant à la dynastie Chang et provenant de Nganyang, capitale de cette dynastie : vase « kou » en forme de calice ; des pièces de harnachement d'époques Chang et Tcheou (XIe-IIIe s. av. J.-C.) ; l'*éléphant*** de la collection Camondo, un bassin « p'an » ; un vase « li » à pieds ornés de béliers ; un vase monumental de type « hou » appartiennent à l'époque Tcheou. Le *trésor de Li Yu***, remarquable ensemble comprenant une épée ornée de jade, d'incrustations de turquoise et d'or et des vases rituels, remonte à l'époque des Royaumes combattants (V^e-IIIe s. av. J.-C.), ainsi que des miroirs, des agrafes, des armes, des vases « hou » à décor incrusté de cuivre rouge ; des vases décorés de scènes de chasse ; une collection de monnaies (Ve s. av. J.-C.-IIe s. de notre ère). Une vitrine aménagée dans le prolongement de cette salle regroupe des bronzes (don Golschmann) provenant du vaste domaine des steppes eurasiatiques de l'Iran du Nord à la Mongolie.

Salle Han. Les objets représentatifs de l'époque Han (IIIe s. av. J.-C.-IIIe s. apr. J.-C.) sont réunis dans une même salle : jades funéraires et ornementaux, laques peintes, sculptures sur pierre des

A ne pas manquer

Rez-de-chaussée

La collection d'art khmer : décoration du temple du Banteai Srei (Grand Hall); les sculptures du Bayon, connues pour le fameux «sourire d'Angkor» (salle Gilberte de Coral).

Les bronzes de Java.

Premier étage

Les bronzes et les laques chinois.

Le grand Roi-serpent de Mathoura en grès rose (Inde).

Les fouilles de Begrâm en Afghanistan (S. Hackin).

Deuxième étage

La collection de céramiques chinoises (du IVe au XVIIIe s.).

tombes (lion, dalles gravées), mobilier funéraire, embouts de tuiles décorant les toitures.

Dans la salle suivante est exposée la grande statuaire en pierre, en particulier un Bouddha provenant du Yun-kang, une *tête de Kaçyapa***, disciple du Bouddha, provenant de Long-men, un Bouddha en méditation provenant de Kong-hien (époque Wei, fin Ve-début VIe s.); les deux disciples du Bouddha, Ananda et Kaçyapa, en costumes de moine, d'époque Souei (561-618), un gardien de temple, dvarapâla, d'époque T'ang (618-906). En vitrine, figurines funéraires en terre cuite (ming-k'i); une série de petits bronzes dorés des époques Wei, Souei et T'ang dont le plus remarquable est un *autel**** datée de 518 représentant la conversation mystique de deux Bouddhas; orfèvrerie de l'époque T'ang. Une importante *collection de laques****, l'une des plus complètes du monde, comprend en particulier des meubles (armoires, coffre de voyage, paravent), des coupes, des boîtes qui révèlent toutes les techniques du laque (peint, sculpté, incisé, incrusté). Dans cette même salle sont présentés des jades, des pierres dures, des parures en plumes de martin-pêcheur (Xe-XIXe s.).

Art du Viêt-nam ancien. Les collections vietnamiennes sont regroupées dans une salle proche de la salle des bronzes chinois. Elles comptent un grand *tambour de bronze*** (IIe-Ier s. av. J.-C.), des bronzes et des céramiques de la fin de l'âge du bronze et des débuts de la colonisation chinoise, des grès du XIe au XVIIe s.

Art de l'Inde. Sceaux et figurines en terre cuite appartenant à la civilisation de l'Indus (env. 2500-1500 av. J.-C.). D'une sépulture mégalithique des environs de Pondichéry (IIe s. av. J.-C.) proviennent un sarcophage en terre cuite reposant sur quinze pieds, des bijoux et des poteries. De la période ancienne (IIe s. av. J.-C.-Ier s. de notre ère) pendant laquelle se constituèrent les principes de l'art indien, on remarquera une base de pilastre bouddhique et une statue de Yaksha (génie de l'air). L'art de Mathourâ est représenté entre autres par une pièce capitale, un *torse**** animé d'un élan puissant, de grandes dimensions, en grès rose : roi-serpent, dispensateur des pluies (IIe s.). L'art d'Amarâvatî, transition entre le premier art naturaliste et l'art classique de l'Inde, est représenté en particulier par trois grands bas-reliefs : l'un d'entre eux, représentant des scènes avec de multiples personnages aux attitudes souples, dont le Sommeil des Femmes; un grand bas-relief : Tentation du démon Mâra où, suivant l'iconographie ancienne, le Bouddha n'est figuré que par son siège vide; selon la même tradition, sur le bas-relief montrant le Bouddha quittant sa ville natale : le Grand Départ, les artistes n'ont représenté que son cheval. Divers autres bas-reliefs ornent la salle. Il convient de signaler la réduction d'un stoûpa (tumulus, reliquaire, monument commémoratif) et d'un édifice qui montre le type des anciennes constructions en bois. Deux Bouddhas montrent l'aspect ancien de la figure du Maître quand, peu après le début de l'ère chrétienne, on osa le représenter : Bouddha de l'école de Mathourâ (fin du Ier s. de notre ère) appuyé à un pilier dont le revers est orné de lotus et qui faisait partie d'une balustrade de stoûpa de petite taille; Bouddha d'Amrâvatî, au vêtement tombant droit. A l'époque goupta (IVe-VIe s.), période classique de l'art de l'Inde, appartiennent un *Bouddha debout***, sans tête, au corps souple légèrement hanché, couvert d'une étoffe si mince et transparente qu'elle semble adhérer au corps; une *tête colossale** de Bouddha à l'expression calme et sereine, une tête du bodhisattva compatissant Avalokiteçvara. De grands reliefs de tradition goupta proviennent d'un monastère de l'Orissa (IXe s.) : un Bouddha debout, un buste et une tête de bodhisattva. Remarquer également un relief brahmanique du sud de l'Inde, d'époque Pallava (VIIe s. environ), représentant le couple divin Çiva et Parvatî; des sculptures ayant fait partie de la décoration architecturale de temples de diverses régions; voir en particulier la divinité soutenant un enfant et des stèles bouddhiques d'époque Pâla (VIIIe-XIIe s.). L'art du sud de l'Inde, art dravidien (depuis le Xe s.) est présenté dans deux salles : d'abord les œuvres en pierre, Yoginî (déesses-mères çivaïtes, Vishnou, Çiva), puis les œuvres en bronze : Çiva dansant la danse cosmique, Çiva protecteur des arts, etc.

Miniatures. Dans une dernière salle sont exposées les peintures d'album (miniatures) du XVIe au XIXe s.; au centre, celles de l'école moghole, autour celles des écoles régionales (Dekkan, Râjasthân, groupe des montagnes -pahâri-). Un tableau du peintre hollandais *Schellinks* permet de constater l'influence directe de la miniature moghole dans l'Europe du XVIIe s.

Art de l'Afghanistan. Les salles Foucher et Hackin sont consacrées aux objets rapportés par la mission Foucher (1895-1897) et découverts par la délégation archéologique française en Afghanistan depuis 1922. Ce pays, carrefour des routes qui joignaient l'Asie antérieure, l'Inde et la Chine, reflète dans son art ancien les traditions esthétiques de l'Occident gréco-romain, de l'Iran et de l'Inde. Les invasions ont ouvert la voie aux influences étrangères dont la persistance s'explique par des relations commerciales. L'art gréco-bouddhique désigne les œuvres inspirées par le bouddhisme indien et dont la réalisation est proche des formules hellénistiques et parthes. Cet art se développe particulièrement au Gandhâra (Pakistan) du Ier au Ve s. environ. La sculpture du Gandhâra est représentée par des pièces en schiste gris bleu. Le Bouddha apparaît nimbé, avec un profil apollinien et vêtu d'un lourd drapé classique. Plus tard, le type s'indianise (bodhisattva de Shabbaz-Garhi). En vitrine, les bas-reliefs narratifs illustrent des scènes de la vie du Bouddha et des épisodes de ses vies antérieures; les bas-reliefs décoratifs empruntent leurs thèmes au répertoire hellénistique (enfants soutenant une guirlande, scènes dionysiaques, atlantes, chapiteau à feuille d'acanthe, etc.). Un pilastre et des chapiteaux proviennent d'un temple Kouchan découvert à Surkh Kotal, en Bactriane (IIe s. de notre ère).

*Salle Hackin****. Les fouilles de Begrâm sont d'une importance considérable au point de vue artistique et historique. Les objets mis au jour par *Joseph* et *Ria Hackin* sont une confirmation éclatante de l'hypothèse de relations commerciales régulièrement entretenues entre l'Occident et l'Orient. Côte à côte, dans deux chambres murées, furent découverts des objets gréco-romains, syriens, indiens, chinois des Ier et IIe s. de notre ère. Objets gréco-romains : plats et récipients de bronze, médaillons de plâtre en bas-relief, verres de forme classique, soufflés en forme de poisson, ornés de reliefs ou peints dans le style hellénistique. Objets d'origine indienne : plaques d'ivoire d'un intérêt exceptionnel provenant d'un mobilier, gravées ou sculptées en relief au traitement réaliste des animaux et des plantes et à la grâce sensuelle des figures féminines. De délicates figurines de stuc blanc proviennent des monastères bouddhiques de Hadda. Ces œuvres, encore influencées par l'art hellénistique, montrent beaucoup d'originalité et d'habileté. Parmi les pièces les plus remarquables, le Génie aux fleurs, d'un pur style classique, les Préparatifs du Grand Départ, composition pleine de charme et d'émotion, le « Démon au manteau de fourrure », animé par une force intense. Fragments de peinture, également d'inspiration hellénistique. A l'influence gréco-romaine se juxtapose, puis succède, l'influence de l'Iran sassanide (IIIe s. de notre ère). L'art irano-bouddhique se manifeste au monastère bouddhique de Bâmiyân : fragments de fresques (tête de sanglier); fragments de relief en stuc noirci; fragments de fresques décorant la coupole du monastère bouddhique de Kakrak (Ve s. environ). Au monastère de Fondoukistan, l'influence kâcmirienne se mêle à celle de la vallée du Gange (VIIe s. environ). Ces sculptures en terre polychrome présentent une abondance d'ornements et leur élégance frisant le maniérisme évoque un certain baroque.

▷ Deuxième étage

Arts du Japon, de Corée et de l'Asie Centrale; collections Calmann et Grandidier (céramiques et porcelaines chinoises).

Art du Japon. Les collections japonaises comprennent un important ensemble de pièces préhistoriques et protohistoriques : poteries Jômon (environ Ier millénaire av. J.-C.) et Yayoi (Ier s. av. J.-C.-IIIe s. de notre ère); bronzes : dotaku (cloche), miroirs et armes; jarre-cercueil de Kyûshû (IIIe-IVe s.); ornements en jade et pierre dure (magatama); haniwa (sculptures en terre cuite, à base souvent cylindrique qui entouraient la base des tumuli) de l'époque des Grandes Sépultures (Ve-VIe s.). De l'époque de Nara (VIIIe s.) datent des masques en bois polychrome et un buste en laque sèche. La sculpture des époques suivantes est représentée notamment par deux statues de Bouddha en bois, l'un debout (VIIIe-IXe s.), l'autre assis (époque Fujiwara, XIIe s.), et des masques de théâtre de Nô (XVIe-XVIIIe s.). La peinture est représentée par deux beaux portraits de prêtres de l'époque Kamakura (XIVe s.), des peintures et des paravents des écoles Tosa et Kano (XVIe-XVIIe s.). L'un de ces paravents, du début du XVIIe s., fait partie de la catégorie connue en Europe sous le nom de *paravent des Portugais****; il représente l'arrivée d'un navire européen au Japon. Les arts décoratifs qui eurent une grande importance au Japon, complètent cette collection : laques provenant en partie de la collection de la reine Marie-Antoinette; gardes de sabre, netsukes, céramiques : belle série de poteries pour la cérémonie du thé (Cha-no-yu), porcelaines Imari, Kakiemon, Satsuma.

Art de la Corée. La section coréenne, peu importante, comprend cependant une pièce majeure : une *couronne*** en bronze doré et orfèvrerie du royaume de Silla (IIIe-Ve s.), des bijoux et des poignées d'épée de même époque. De l'époque de Koryo (918-1392), des laques incrustés de nacre, des céramiques, en particulier des céladons, pour lesquels est utilisée une technique particulière à la Corée : le kaolin est incrusté sous couverte de barbotine blanche et de terre noire avec quelques rehauts de rouge de cuivre.

Art de l'Asie centrale. Salle Pelliot : peintures bouddhiques découvertes par *Paul Pelliot* dans une grotte murée depuis le XIe s.

aux sanctuaires de Touen-houang. Bannières et ex-voto en soie, chanvre ou papier parmi lesquels on remarque : un Cavalier et son serviteur, peinture sur papier (VIIIe s.) ; un portrait de moine, daté de 729 ; des représentations du bodhisattva Avalokiteçvara (Kouan-yin) datées de 943 et 981, du bodhisattva Ksitigarbha (remarquer, en bas de ces peintures, les portraits de donateurs chinois) ; un grand *paradis d'Amitabha***, *l'Assaut de Mâra** (lutte des démons contre le Bouddha). On notera dans ces peintures la persistance d'éléments indiens et iraniens et la sinisation progressive des types.

*Collection Calmann**. Magnifique collection de céramique chinoise depuis l'époque néolithique jusqu'à l'époque Song : poteries et grès d'époque Han (IIIe s. av. J.-C.-IIIe s. apr. J.-C.) ; porcelaines blanches, céladons à couverte olivâtre, grès noirs d'époques Souei (589-617) et T'ang (618-907). D'époque T'ang également, un bel ensemble trois couleurs : poteries et statuettes, plats et récipients. D'époque Song (960-1279), une longue série de céladons, des porcelaines blanches, des vases et des bols noirs du Honan, des bols temmoku du Foukien et de Ki-tcheou.

Collection Grandidier. Très belle collection de porcelaines chinoises : poterie glacurée des Han ; proto-porcelaines (IIIe-VIe s.) ; émaux polychromes et début de la porcelaine. Epoque Song : céladons dont la célèbre *verseuse à tête de phénix**** (XIe s.), vases à décor peint en noir sur fond crème, style de Ts'eu-tcheou ; kien, bols à thé à reflets métalliques (temmoku). Blancs du Foukien ; blancs de King-tötchen dont la *Kouan-Yin Camondo*** (XIIIe s.). Epoque Yuan (1271-1368) : céramique « bleu et blanc » avec l'exceptionnel *vase Meiping**** à décor de dragons. Epoque Ming (1368-1644) : *poteries** en trois couleurs « bleu et blanc » d'époques Ming et Ts'ing. Très importante série de famille verte (époque K'ang-hi, 1662-1722) ; biscuits ; grand vase de famille noire. Ensemble de famille rose (époque Yong-tcheng, 1723-1735, et K'ien-long, 1736-1796) ; vase mille fleurs ; monochromes des XVIIe et XVIIIe s. porcelaine de commande.

Pour en savoir plus...

L'annexe du musée Guimet (19, av. d'Iéna ; horaires : ☎ au musée) : iconographie du bouddhisme japonais.
Conférences (☎ au musée, poste 321) : cycle spécial, les mercr. et sam. à 13 h 45, gratuit.
Ateliers pour les jeunes de 12 à 18 ans (Inscriptions et ® ☎ au musée, poste 321) : initiation aux écritures de l'Asie et aux danses de l'Inde. Mercr. et sam. de 15 h à 17 h, gratuit.
Bibliothèque (1er étage, t.l.j. sf mar., dim., 10 h-12 h/14 h-17 h) : arts, archéologie et religions de l'Asie ; volumes en langues asiatiques ; livres tibétains de la célèbre voyageuse Alexandra David-Néel.
Photothèque (3e étage, mercr. 10 h-12 h/14 h-17 h, lun. jeu. ven. 14 h-17 h).
Phonothèque (3e étage, sur RV) : enregistrements de musiques asiatiques.

Musée Gustave-Moreau*

14, rue de La-Rochefoucauld, 9e arr. ☎ 48.74.38.50 / 20-J4
Conservateur : Mme Geneviève Lacambre
Visite : t.l.j. sf mar., 10 h-12 h 45/14 h-17 h 15. Groupes : sur RV
Métro : Trinité / Bus : 26, 32, 43, 49, 68

L'hôtel particulier de la rue de La-Rochefoucauld fut légué à l'Etat par le peintre Gustave Moreau (1826-1898) qui souhaitait que l'on conservât à son appartement son caractère privé. L'artiste mourut le 18 avril 1898 ; le 30 mars 1902 le musée était créé.

Visite du musée

45 mn

On pourrait dire, sans trop exagérer, que le musée Gustave-Moreau est à Paris le temple du symbolisme où l'artiste développe, avec une admirable technique, ses fantasmes obsessionnels. On a ainsi la révélation du monde étrange peuplé de visions, d'apparitions, de dieux, de femmes (symbolisant le mal), d'hommes, de licornes, de chimères, propres à Gustave Moreau, un univers biblique et mythologique recréé par une imagination fantastique que certains qualifient de « fin de siècle » et dans laquelle d'autres voient la source du surréalisme. Moreau a été un maître exceptionnel et ce n'est pas un hasard si ses élèves se nomment Rouault, Matisse, Marquet, Manguin. Les Fauves, les Surréalistes, les Abstraits se sont toujours dits les héritiers de Gustave Moreau dont le musée conserve des peintures et aquarelles non figuratives éblouissantes. Il est rare de rencontrer un artiste dont l'œuvre est si méconnue et dont l'influence a été si grande.

Ce musée comprend environ un millier de peintures et aquarelles de toutes sortes (la plupart sont des études, des esquisses ou des ébauches), plus de 7 000 dessins et calques; 23 cartons de calques divers.

Citons, parmi ces œuvres, les plus marquantes : Le Soir et La Douleur (vers 1870), inspirée par le poème de Baudelaire; l'Apparition (1874-1876); Poète mort porté par un centaure (vers 1870); Fleur mystique (1890); Salomé (1874-1876); Galatée (vers 1895); Orphée sur la tombe d'Eurydice (1890); *Jupiter et Sémélé*** (1895); Les lyres mortes (1897).

Musée de la Halle Saint-Pierre

2, rue Ronsard, 18e arr. ☎ 42.58.74.12 / 20-J3
Visite : t.l.j. 10 h-18 h. Groupes : sur RV
Métro : Anvers / Bus : 30, 54, 85

Construite en 1868 dans un style proche de celui de Baltard, la Halle Saint-Pierre abrite deux musées (architecture → Montmartre).

Visite du musée

45 mn

▷ Le musée d'art naïf Max-Fourny*

1er étage

Ce musée est constitué par la collection de Monsieur et Madame *Max Fourny* qui en assurent la conservation. Ceux-ci ont réuni un ensemble d'*œuvres d'art naïf*, comprenant 500 tableaux et 80 sculptures, d'artistes contemporains du monde entier. L'activité d'éditeur de Max Fourny lui a permis de rencontrer de nombreux artistes aujourd'hui présentés dans le musée.

Toutes les techniques sont représentées dans la collection : peinture, aquarelle, peinture sur verre, tissus, sculpture. Les œuvres exposées se rattachent à l'art naïf dans sa définition la plus courante. Un vocabulaire, aujourd'hui bien défini, qualifie ce style : simplification de la réalité; expression du rêve ou du fantastique; couleurs douces posées en aplats; refus de la perspective; techniques héritées de l'art populaire.

La présentation des collections s'effectue par roulement autour de certains thèmes, cela permet au visiteur de porter son regard sur des peintures habituellement peu représentées dans les musées.

▷ Le musée en Herbe *rez-de-chaussée*

Installé au Jardin d'Acclimatation, le musée en Herbe est un musée sans collections qui propose des activités organisées selon une muséologie originale.

Des *projections de films* et différents *parcours* permettent de suivre des expositions temporaires. L'animation intéresse à la fois les habitants du quartier, les Parisiens, et les touristes de tous les âges. Elle se veut un lien entre le quartier et le musée : sont organisés des ateliers en relation avec les expositions et avec la vie de l'arrondissement. Des artistes contemporains pourront être invités à travailler dans la Halle et réaliser une œuvre en rapport avec le sujet des expositions.

Musée Hébert*

85, rue du Cherche-Midi, 6e arr. ☎ 42.22.23.82 / 35-G8
Visite : t.l.j. sf mar., 14 h-18 h
Métro : Sèvres-Babylone, Saint-Placide
Bus : 39, 48, 70, 82, 84 ,89, 92, 94, 96

Ce musée plein de charme est aménagé dans le bel hôtel de Montmorency-Bours, construit en 1743 et récemment restauré. Le bâtiment, de nobles proportions, a conservé ses dallages de marbre, ses lambris de chêne, ses tentures d'élégante soie gris perle qui en font une demeure aristocratique et un peu désuète. Le maréchal Lefèvre en fut un des occupants et c'est l'héritier du peintre, le baron Uckermann, qui en a fait un musée qu'il a offert à l'Etat.

Dauphinois comme son cousin Stendhal, Ernest Hébert (1817-1908) fut l'élève de David d'Angers et de Delaroche. Il demeura de longues années à Rome où il était arrivé à l'âge de vingt-deux ans. Dans les nombreux paysages que le peintre exécuta durant cette période, il a su rendre la luminosité ainsi que les grands pans de lumière et d'ombre de la campagne romaine. Après avoir été un peintre officiel du second Empire, Hébert retourna en Italie en tant que directeur de la Villa Médicis. Il est de ces peintres qui, à une époque où cela n'était pas courant, sut s'écarter de l'Italie raffinée de Florence et de Venise, des majestés de Rome et des mandolines de Naples, pour aller vivre parmi les montagnards des Abruzzes.

Le musée Hébert a donc cette particularité d'être à Paris un musée du paysage italien. Signalons que de nombreuses toiles sont restées au musée départemental de La Tronche (Isère) où est mort l'artiste.

Visite du musée

30 mn

▷ Rez-de-chaussée

Les deux premiers salons sont consacrés aux portraits ; toute une série représente la Donna Romantica Maria Pucci. Très beau *portrait* de Catherine du Bouchage enfant (1879).

▷ Premier étage

On verra ici les paysages de la campagne romaine ; ce sont des aquarelles fines et sensibles. De nouvelles salles, inaugurées en 1978, sont consacrées à l'aspect mystique et poétique de l'œuvre d'Hébert : il s'agit en général de grands tableaux marqués par le symbolisme.

Musée Henner

43, av. de Villiers, 17e arr. ☎ 47.63.42.73 / 18-F4
Conservateur : M. Chayssial
Visite : t.l.j. sf lun., 10 h-12 h/14 h-17 h
Métro : Malesherbes / Bus : 30, 94

Ce petit musée, consacré au peintre alsacien Jean-Jacques Henner (1829-1905), qui occupe l'hôtel construit pour le peintre portraitiste Dubufe en 1840, fut tranformé en salle d'exposition par les neveux de Henner en 1920.

Témoignage du goût d'une époque, cette demeure a gardé son atmosphère exotique au charme désuet.

Visite du musée

30 mn

▷ Rez-de-chaussée

La salle offre un panorama complet de l'œuvre de *Jean-Jacques Henner*, de son Autoportrait à la toque exécuté à l'âge de 18 ans, à sa dernière œuvre, un tableau d'Atala, laissé inachevé. Célèbre pour ses nymphes à la carnation dorée, le peintre eut une carrière officielle couronnée par de nombreuses médailles : La chaste Suzanne (Salon de 1865), La source (Salon de 1881) ; ce fut aussi un portraitiste de qualité comme en témoignent ses portraits d'enfants : Paul Henner, L'italienne.

▷ Premier étage

Le salon, orné d'un curieux moucharabieh, présente des œuvres de maturité (Le Christ mort, Mme Henner lisant) qui révèlent l'influence de Holbein sur cet artiste en marge des courants de la fin du XIXe. Dans les petites salles, voir des copies d'après Corrège, Proudhon. ▶ Le *deuxième étage* est consacré au séjour de J.-J. Henner à Rome (prix de Rome, 1858) avec de petits paysages dans la manière de Corot. ▶ Au *troisième étage*, dessins et esquisses permettent de suivre la technique du peintre.

Atelier-musée Henri-Bouchard

25, rue de l'Yvette, 16e arr. ☎ 46.47.63.46 / 32-B7
Conservateur : Mme Marie Bouchard
Visite : mer. sam., 14 h-19 h (fermé les 15 derniers jours de chaque trimestre)
Visite guidée le premier sam. de chaque mois à 15 h
Métro : Jasmin / Bus : 52

Visite du musée

1 h 30

C'est en 1924 que le sculpteur Henri Bouchard (1875-1960) fit construire cet atelier, où il habita jusqu'à sa mort.

Le musée présente des œuvres de l'artiste, et la technique de la sculpture traditionnelle y est expliquée par des exemples.

Musée en Herbe*

Jardin d'Acclimatation, bois de Boulogne, 16e arr. ☎ 40.67.97.66 / 24-B4
Visite : t.l.j., 10 h-18 h
Métro : Sablons
Bus : 73

Visite du musée

45 mn

Le musée en Herbe a été créé il y a dix ans par trois archéologues, Sylvie Girardet, Claire Merleau-Ponty et Anne Tardy, afin de diffuser auprès du grand public le patrimoine des musées trop souvent réservé à une élite culturelle. Chaque année cent soixante mille visiteurs, enfants et adultes, viennent y découvrir des expositions animées par des reconstitutions, des jeux et des manipulations diverses, suivant une conception originale :

l'Œuf et la Plume (1983); un village gaulois au temps d'Astérix (1984-1986); éléphantillages, mastodontes, mammouths et éléphants (1987-1988).

Des circuits permettent aux enfants de découvrir le musée.
Visite libre : un jeu de piste est distribué à l'entrée, en fonction de l'âge des enfants.
Visite en groupe : découverte du musée dans le cadre scolaire avec projection de diapositives, durée 1 h; organisation d'ateliers ou d'animations. (☎ 40.67.97.66, t.l.j. sf le mercr., 10 h-17 h).
Des jeux et différentes activités sont organisées les mercr., sam. et dim. après-midi, ainsi que pendant les vacances scolaires. (☎ 40.67.97.66, lun. et mercr. de 10 h à 17 h).
Le musée en Herbe propose des goûters pour les enfants. Ces réunions sont organisées pour des groupes de huit à quinze jeunes. (☎ 40.67.97.66, t.l.j. de 10 h à 17 h).

Musée d'Histoire contemporaine (BDIC)

Hôtel national des Invalides, 7e arr. ☎ 45.51.93.02 / 35-G7
Entrée : au 3e étage du musée de l'Armée
Conservateur : Mlle Cécile Coutin
Visite : t.l.j. sf dim. et lun., 1er oct.-31 mars, 10 h-17 h; 1er avril-30 sept., 10 h 30-18 h; le ticket d'entrée donne aussi accès aux musées de l'Armée, mondial des Villes-Maquettes et au tombeau de Napoléon
Métro : Invalides, Latour-Maubourg, Ecole-Militaire, Varenne, Saint-François-Xavier
Bus : 28, 49, 63, 69, 82, 83, 87, 92

Visite du musée

30 mn

Le musée, transféré du château de Vincennes aux Invalides en 1973, abrite la section iconographique de la Bibliothèque de documentation internationale contemporaine (BDIC) dépendant des Universités de Paris.

Nées de la donation Leblanc (1917), ses collections sont constituées d'œuvres d'art ainsi que de milliers d'affiches, d'estampes, de médailles, d'insignes, de faïences et de souvenirs divers. C'est toute une iconographie qui est le reflet artistique, sociologique et historique du XXe s.

Musée de l'Histoire de France**

60, rue des Francs-Bourgeois, 3e arr. ☎ 42.77.11.30 (poste 2178) / 37-L7
Visite : t.l.j. sf. mar., 14 h-17 h. Groupes : sur RV (téléphoner 15 jours avant au poste 2297)
Appartement Soubise : groupes sur RV (téléphoner au musée au poste 2340)
Métro : Rambuteau, Hôtel-de-Ville / Bus : 29, 69, 75, 76

Créé en 1867, constamment modernisé, le musée de l'Histoire de France permet d'admirer, dans un cadre magnifique, quelques-uns des plus beaux documents qui ont « fait » notre histoire. Il occupe les anciens appartements de la princesse de Soubise, au premier étage de l'hôtel construit de 1705 à 1708 pour le prince de Soubise, par l'architecte Delamair ; celui-ci eut l'heureuse idée d'y incorporer ce qui subsistait des anciens hôtels de Clisson (XIVe s.) et de Guise (XVIe s.).

Napoléon acheta l'hôtel en 1808, pour y installer les Archives nationales qui avaient été organisées sous la Révolution (1790). Elles conservent les documents originaux provenant des organes centraux de l'Etat, depuis les Mérovingiens jusqu'à nos jours.

Visite du musée

45 mn

▷ Rez-de-chaussée

Les appartements (visite sur RV) ont conservé dans leur ensemble l'incomparable *décoration intérieure*** exécutée de 1735 à 1740 sous la direction de *Boffrand*, à l'occasion du mariage du prince Hercule-Mériadec de Soubise avec la jeune Marie-Sophie de Courcillon, de quarante ans sa cadette.

La chambre à coucher, dont l'alcôve est soutenue par deux hautes colonnes, est ornée de peintures de *Trémolières*, *Van Loo*, *Restout* et *Boucher*. Le salon ovale est décoré de huit hauts-reliefs en stuc par *Adam* et *J.-B. Lemoyne* ; ils figurent l'Astronomie, l'Epopée, l'Histoire, la Justice, la Musique, la Peinture, la Fable et l'Arithmétique. Le grand cabinet du prince est décoré de peintures de *Restout* et *Van Loo*.

► L'*escalier* qui conduit au premier étage date de 1844 ; il a malheureusement remplacé celui que le peintre Brunetti avait décoré en trompe-l'œil au XVIIIe s. Sur le palier, portrait du maréchal de Soubise attribué à *C. Van Loo*.

▷ Premier étage

La *chapelle*. Face à l'entrée du musée, est l'ancienne chapelle de l'hôtel de Clisson, construite vers 1375. En 1555, les Guise, devenus propriétaires des lieux, firent transformer son architecture par *Le Primatrice* (il en reste deux baies cintrées et l'amorce d'une troisième dans l'épaisseur des murs) et commandèrent à *Niccolo Dell'Abate* une série de fresques recouvrant entièrement les murs et la voûte ; très célèbres jusqu'au XVIIIe s., elles disparurent malheureusement au XIXe s.

L'ancienne *salle des gardes des Guise*, devenue grande antichambre des Soubise, n'a rien gardé non plus de son décor. Deux tapisseries, tissées aux Gobelins sous Louis XIV d'après les cartons des Chasses de Maximilien ou de Guise, rappellent cette célèbre suite, autrefois accrochée ici et maintenant au Louvre. Au fond, un grand tableau, le Typus religionis. Cette œuvre exécutée au XVIe s. pour le collège des Jésuites de Billom, en Auvergne, représente la nef de l'Eglise conduite par les Jésuites vers le port du salut. Elle fut saisie par le Parlement de Paris en 1762, lors du procès qui aboutit à la suppression de la Compagnie en France, et entra au palais Soubise avec les archives du Parlement. Cette salle abrite une exposition permanente des *documents majeurs de l'histoire de France*, des Mérovingiens (papyrus de Dagobert, VIIe s.) à la Seconde Guerre mondiale (rapport de Jean Moulin, 1940). A côté d'autographes de personnages célèbres (mémoire de Colbert sur Versailles, testaments de Louis XIV et Napoléon, lettre de Voltaire sur l'affaire Calas, poème de Louise Michel), figurent des actes marquant les grands moments de notre histoire politique (édit de Nantes, traité de Westphalie, déclaration des Droits de l'homme, amendement Wallon) mais aussi des témoignages de l'évolution économique, sociale et culturelle (document en langue d'oc, tarif des péages sur la Seine, mémoire de Sully sur les finances, loi sur le travail des enfants, loi sur les congés payés). Des photographies, cartes, généalogies et des notices explicatives replacent ces documents originaux dans leur contexte.

La *salle d'assemblée* garde des dessus de porte de *Van Loo* (Vénus à sa toilette), *Boucher* (Vénus au bain) et *Restout*. Elle abrite des expositions temporaires.

La *chambre de parade de la princesse**** a conservé son décor de 1735-1737. Boiseries blanc et or. Quatre médaillons ovales, en or mat, illustrent les amours de Jupiter. Deux dessus-de-porte, l'un de *Boucher* (les Grâces et l'Amour), l'autre de *Trémolières*. Au fond, deux tableaux de *Boucher* encadrent le lit d'apparat. Globes terrestre et céleste du XVIIe s. ; planétaire en cuivre doré de la fin du XVIIIe s.

Le *salon ovale**** (1735-1739) est l'une des merveilles de l'art rocaille, chef-d'œuvre de *Boffrand* pour l'architecture, et de *Natoire* pour les peintures (Histoire de Psyché).

La *chambre à coucher* ordinaire de la princesse est décorée de dessus-de-porte de *Boucher* (Mercure faisant l'éducation de l'Amour), *Trémolières* (la Sincérité), *Restout* (le Secret et la Prudence) et *Van Loo* (Castor et Pollux). Au mur, deux tableaux de *Restout* (Apollon enseignant à l'Amour à jouer de la lyre) et *Trémolières* (Diane désarmant l'Amour). Cette pièce et la suivante sont consacrées actuellement à une présentation de la *Révolution française*. 450 pièces d'archives et documents iconographiques font revivre le déroulement des événements (première pièce) et l'œuvre des révolutionnaires (deuxième pièce) de 1789 à 1799. On peut y voir des documents célèbres (serment du Jeu de paume, journal de Louis XVI, votes nominatifs des députés sur la condamnation du roi, arrestation de Robespierre) ; des autographes (testament de Louis XVI, dernières lettres de Marie-Antoinette et de Charlotte Corday) ; les grands décrets sur l'organisation du pays (création des départements, du système métrique, de l'enseignement primaire obligatoire) ; des journaux, affiches, gravures, chansons et caricatures de l'époque.

Musée d'histoire de la Médecine

12, rue de l'Ecole-de-Médecine, 6ᵉ arr. ☎ 43.29.21.77 (poste 448) / 36-J8
Conservateur : M. Bruno Pons
Visite : mercr. ven., 14 h-18 h ; sam., 14 h-17 h ; f. vacances de Noël et Pâques et 1er juil.-30 sept.
Métro : Odéon
Bus : 58, 63, 70, 86, 87, 96

Situé dans l'ancienne faculté de Médecine, le musée est principalement consacré à l'histoire de l'enseignement de la médecine et de la chirurgie au XVIIIᵉ et XIXᵉ s.

Visite du musée

30 mn

Dans l'escalier, on remarquera le mannequin en bois imputrescible, réalisé en 1799 à Florence par le fameux *Fontana*. Le musée regroupe un ensemble d'instruments chirurgicaux : scie à amputation du XVIIIᵉ s. ; bistouri dit de Félix, élaboré par le chirurgien de Louis XIV lors de son opération de la fistule ; trousse du Dr Antomarchi, utilisée pour l'autopsie de Napoléon Iᵉʳ. D'anciens *traités de médecine* sont présentés dans les vitrines, dont ceux d'*Ambroise Paré* ; *traité d'anatomie** de *Dürer*. Portrait de Pourfour du Petit, par *Jean Restout* (1692-1768). La médecine contemporaine n'est pas oubliée : culture de Pénicillium par Fleming ; double cathéter cardiaque du professeur Cournand, prix Nobel en 1955 ; premiers gastroscopes.

Muséum national d'histoire naturelle**

57, rue Cuvier, 5ᵉ arr. ☎ 43.36.14.41 / 37-L9
Directeur : M. Philippe Taquet
Visite : minéralogie et géologie, t.l.j. sf mar., 10 h-17 h, dim. 10 h 30-17 h. Anatomie comparée, paléontologie et expositions temporaires, t.l.j. sf mar., 10 h-17 h. Le ticket d'entrée des galeries n'est pas valable pour les ménageries, le vivarium, le jardin d'hiver et le jardin alpin
Métro : Monge, Jussieu, Gare d'Austerlitz, Censier
Bus : 24, 47, 57, 61, 63, 65, 67, 89

Au milieu de ses beaux jardins (→ jardin des Plantes) et dans un quartier qui conserve ses particularismes, les galeries du Muséum s'offrent à l'étonnement et à l'admiration des visiteurs et demeurent une source inépuisable de découvertes. Outre l'intérêt de ses galeries permanentes, le Muséum présente des expositions temporaires sur des thèmes donnés et organise un salon annuel du champignon.

L'histoire du musée

Le lointain ancêtre du Muséum est le jardin scientifique auquel Henri IV et Sully avaient songé et qui vit le jour en 1626 sous le nom de Jardin royal des plantes médicinales, grâce aux soins des deux médecins de Louis XIII : Jean Héroard et Guy de La Brosse. Quelque cinquante ans plus tard Colbert en codifiait l'administration, mais c'est au siècle des Lumières que, ce qui était devenu entre temps le jardin du Roi, reçut les plus grands enrichissements grâce à Buffon. Celui-ci fut intendant du jardin du Roi pendant quarante-neuf ans (1739-1788). Au cours de cette longue carrière, Buffon, aidé de Daubenton « garde et démonstrateur du cabinet du roi », développa et coordonna toutes les branches des sciences naturelles, les agrandissant considérablement avec la collaboration des correspondants qu'il avait dans le monde entier car il avait acquis une renommée extraordinaire à l'époque. Son œuvre fut consacrée par la Convention qui, le 10 juin 1793, faisait du jardin du Roi le Muséum national d'histoire naturelle et créait douze chaires d'enseignement.

Si les galeries sont ouvertes au public, les laboratoires du Muséum sont le domaine des chercheurs et, depuis Daubenton, tous les grands naturalistes ont travaillé ici : Jussieu, Fourcroy, Brongniart, Portal, Geoffroy Saint-Hilaire, Lamarck, Thouin, Haüy, Vauquelin, Lacépède, Cuvier, Chevreul, Milne Edwards, Quatrefages, etc. Il existe actuellement vingt-cinq chaires d'enseignement ainsi que des cours de dessin et de photographie appliqués aux sciences naturelles (enseignement public et gratuit). Du Muséum aussi dépendent le musée de l'Homme et le parc zoologique de Vincennes.

Visite du Muséum

2 h

Galeries d'anatomie comparée et de paléontologie

Elles occupent un grand bâtiment décoré de bas-reliefs en bronze et en marbre. Au-dessous des fenêtres sont disposés les bustes de naturalistes célèbres.

▷ Rez-de-chaussée

Au-delà du vestibule se trouve l'amphithéâtre pour les cours ; il est décoré de panneaux exécutés par *Cormon*, comportant dix scènes empruntées aux époques préhistoriques.

Galerie d'anatomie comparée (au fond du vestibule)

36 000 échantillons de vertébrés, sur le thème : de l'Amphioxus à l'Homme. A dr. et à g. de l'entrée : bustes de Duvernoy et de Gervais. En face, deux aspects du cœlacanthe *Latimeria chalumnae***, unique survivant des Poissons crossoptérygiens dont certains, au Dévonien, ont donné une impulsion décisive à l'évolution des Vertébrés ; à g., préparation, unique au monde, du squelette complet ; à dr., moulage d'un spécimen de grandeur nature. Tout autour de la galerie sont disposées des vitrines : celles de dr. consacrées aux viscères des Vertébrés, celles de g. à l'ostéologie comparative de ces animaux (Poissons, Amphibiens, Reptiles, Oiseaux, Mammifères). Toute la partie centrale est occupée par une collection remarquable de squelettes montés de grands *Mammifères***, séparés en deux groupes par une allée transversale où se place le buste de *G. Cuvier*, premier titulaire de la chaire d'Anatomie comparée, devant les squelettes des Mammifères marins. Dans l'allée transversale, une vitrine est consacrée à des expositions temporaires dont le thème est annoncé à l'entrée.

Galerie de paléontologie

La collection de fossiles conservée au Muséum comprend environ un million d'exemplaires appartenant à tous les groupes connus en paléontologie.

Dans le hall d'entrée est exposé le squelette du *mammouth de Sibérie**; cette pièce a été donnée à la France en 1912 par le comte Stenbock-Fermor et provient des îles Liakhov à l'embouchure de la Léna; conservé avec la chair et la peau, ce mammouth n'a pu être naturalisé sauf la tête, visible sur le petit socle à g.; à côté du mammouth se trouve un squelette de *grand cerf des Tourbières** caractérisé par ses bois gigantesques. Toujours dans le hall, mais contre le mur du fond, un beau squelette d'Ichtyosaure, reptile marin du Secondaire, et une tête de Crocodilien du Crétacé du Niger (le plus grand crocodile du monde) dont l'original est au musée de Niamey.

Dans le *grand escalier* sur les murs on voit : des empreintes de pas de Vertébrés terrestres du début du Secondaire (Cheirotherium); un tableau montrant la durée énorme des temps géologiques (le début des temps fossilifères - cambrien - date de 600 millions d'années); un grand squelette d'Ichtyosaure; un tableau qui est une reconstitution de l'histoire du monde animal (reconstitution hypothétique à divers points de vue); des échinodermes du Secondaire (les échinodermes comprenant de nos jours essentiellement les oursins et les étoiles de mer); les échinodermes de l'escalier sont des crinoïdes fixés au fond par un pédoncule, caractère qui n'existe plus de nos jours que chez les crinoïdes de grande profondeur.

▷ Premier étage

Sur le *palier* du premier étage, on note : le squelette du Paléotherium de Vitry-sur-Seine : cet animal décrit d'abord par Cuvier, à Montmartre, est relativement voisin des chevaux; des têtes de Dinothérium, animaux assez proches des éléphants mais à défense curieusement fixée à la mandibule; un squelette de Chalicotherium, curieux animal à denture d'ongulé, mais à pattes à griffes.

La *petite pièce* avant la galerie proprement dite du premier étage est consacrée à l'histoire de la paléontologie. On y remarque : une petite sarigue du gypse de Montmartre découverte par *Cuvier* qui comprit qu'il s'agissait d'un marsupial parce que le bassin montre deux os spéciaux soutenant la poche marsupiale; une dent de mastodonte décrite par *Buffon*; un *fragment d'os de Proboscidien** (groupe des éléphants) découvert à l'époque de Louis XIII et pris alors pour un os de géant (ce géant étant présumé être un roi des Cimbres, Teutobocchus, qui combattit Marius); des os divers de mastodontes donnés par le président des Etats-Unis Jefferson à la France. Le buste de *Gaudry*, éminent paléontologiste français du XIXe s. et un des premiers évolutionnistes, regarde la galerie qu'il a créée.

A ne pas manquer

La galerie d'anatomie comparée : évolution du squelette des vertébrés; collection de squelettes montés de grands mammifères.
La galerie de minéralogie : le trésor du Muséum, collection de pierres précieuses de Louis XIV; salle des cristaux géants.

Dans la *galerie* les grosses pièces sont au centre, les plus anciennes étant à l'entrée, les pièces géologiquement les plus récentes au fond. Parmi ces grosses pièces notons : des cuirasses de la tête et du thorax des poissons cuirassés (Arthrodires, Titanichthys); un moulage d'un grand amphibien fossile : Stégocéphale (les amphibiens actuels, représentés notamment par les grenouilles et les tritons, sont au contraire de petite dimension); des têtes de grands Stégocéphales du Maroc (métoposaures); un squelette de Reptile annonçant les Mammifères à divers égards et provenant de l'Afrique du Sud (Lystrosaurus); un moulage d'un grand Reptile (25 m de long environ) du Crétacé des Etats-Unis, le Diplodocus (ce moulage a été donné en 1912 par l'Amérique à la France. Ces grands dinosaures étaient vraisemblablement à sang chaud); une vertèbre géante d'un dinosaure du Sahara (plus grande que celle du Diplodocus); un squelette d'un grand Reptile secondaire marin à membres terminés par des palettes : le Plésiosaure; un moulage de squelette d'iguanodon : ces grands Reptiles furent trouvés en quantité près de Mons en Belgique et les squelettes d'un véritable troupeau de ces animaux sont représentés au musée de Bruxelles; une tête d'un grand Reptile secondaire, à dents énormes et nombreuses, le Tyrannosaure avec, au pied, sur le socle du Diplodocus, la forme correspondante de Mongolie, le Tarbosaure; une tête d'un grand lézard, le Mosasaure, trouvé à Maestricht à la fin du XVIIIe s. et rapporté à Paris par les troupes de Napoléon (son nom signifie le lézard de la Meuse); divers squelettes d'Ichtyosaures avec, dans certains spécimens, des vertèbres de petits individus qui étaient sans doute des jeunes, car les Ichtyosaures étaient vivipares; un squelette de mastodonte : ces animaux se distinguent des éléphants actuels par leur crâne plus bas à dents mamelonnées et ne présentant pas de crêtes, souvent aussi par la présence de défenses inférieure et supérieure *(Mastodon angustidens)*; des Mammifères géants d'Amérique du Sud zoologiquement proches des tatous actuels : énormes carapaces de Glyptodon, grand squelette de Megatherium (ces animaux sont géologiquement très récents et ont dû disparaître il y a quelques milliers d'années seulement; le Megatherium, déjà décrit par Cuvier, a été découvert en 1789); un squelette d'éléphant géant aujourd'hui disparu, l'*Elephas méridionalis* (ce n'est pas un mammouth), trouvé à Durfort (Gard) ; un squelette de rhinocéros laineux avec une représentation de cet animal d'après une gravure préhistorique ; une petite vitrine avec le crâne d'un tigre à sabre caractérisé par ses énormes canines qui, dans l'attaque, devaient servir de poignard ; les squelettes du grand cerf des Tourbières avec ses bois énormes chez le mâle, sans aucun bois chez la femelle ; des oiseaux fossiles géants ressemblant à des autruches : l'Aepyornis de Madagascar et le Dinornis de Nouvelle-Zélande ; un œuf d'Aepyornis est aussi présenté dans une petite vitrine (cet animal a disparu tout récemment, ayant été probablement contemporain des premiers habitants de Madagascar).

Les *vitrines* le long des murs sont consacrées, à dr. de la galerie et au fond de celle-ci en entrant, à l'évolution du règne animal (noter en particulier un œuf de dinosaure, *vitrine 70* ; l'évolution des chevaux, *vitrine 104,* et les moulages des cavités crâniennes, *vitrines 109 et 111*, permettant dans une certaine mesure de reconstituer les encéphales des animaux disparus) ; à g. en entrant, aux nouvelles acquisitions et aux principaux gisements de Vertébrés fossiles dont le Muséum possède d'importantes collections : Autun *(vitrine 27)*, Montmartre avec les pièces originales de Cuvier *(vitrine 59)*, phosphorites du Quercy *(vitrine 43)* avec une momie naturelle de grenouille, Sansan *(vitrine 59)*, Pikermi en Grèce *(vitrine 73)*, Montpellier *(vitrine 70)*, etc.

▷ Second étage

En continuant la visite au second étage, la *salle d'entrée* est consacrée à la paléontologie du Bassin de Paris, les fossiles étant classés suivant les vitrines soit zoologiquement, soit par gisements. Dans une vitrine, un Cérithe géant. Des reconstitutions du Bassin de Paris au cours du Tertiaire et un tableau figurant la flore au début du Tertiaire. Des cartes géologiques, un plan en relief et les principales assises géologiques représentées dans le bassin (coupes).

Sur le *balcon*, paléontologie des Invertébrés fossiles avec les fossiles les plus anciens connus, la fossilisation et les principaux groupes. A noter en particulier une libellule géante (Meganeura) provenant du bassin de Commentry.

Galerie des végétaux fossiles, paléobotanique

Cette galerie a pour but de faire revivre le monde végétal depuis ses premières manifestations sur la terre, c'est-à-dire depuis plus de deux milliards d'années.

Des fossiles retrouvés dans les sédiments accumulés au cours des ères géologiques ont été choisis pour leur beauté dans chacun des groupes constituant le règne végétal. Il est ainsi possible de suivre les transformations et les étapes de l'évolution de ce règne à travers les âges. On peut, par exemple, y observer les premières traces de la vie des algues (*stromatolithes**) remontant à deux milliards d'années, la structure et les empreintes des fougères arborescentes et d'autres arbres, disparus (Sigillaire, Lepidodendron) il y a trois cent cinquante millions d'années. Une vingtaine de maquettes reconstituent fidèlement divers types d'arbres ayant existé aux ères primaire et secondaire. Une collection de dioramas illustre le couvert végétal de chacune des périodes de l'histoire géologique en présentant les paysages les plus caractéristiques de chacune d'entre elles.

Cette exposition permanente s'adresse à un public très large, pouvant aller des spécialistes de paléontologie végétale, aux non initiés en visite dominicale au jardin des Plantes.

Galerie de botanique

Elle a été construite en 1935 par l'architecte Chaussemiche et l'origine des collections remonte à un don, fait en 1832, par Adolphe-Théodore Brongniart auquel s'est ajouté le don Robillard d'Argentelle, tandis que d'autres collections rejoignaient les herbiers historiques d'Adanson, Jussieu et Lamarck. A l'extrémité de la galerie de botanique, on voit le large tronc du vieux robinier ou faux acacia, le premier planté en Europe, en 1601, par Vespasien Robin. A côté, table de Plaisanterie, en calcaire coquillier, d'un poids de 2 t, découverte à 2 m de profondeur dans la forêt de Chantilly, grâce à la poulinière dont elle porte le nom. Expositions temporaires.

Galeries de minéralogie et de géologie

Elles sont bordées de roses et d'iris, occupent un bâtiment de 1841 avec deux péristyles d'ordre dorique (frontons sculptés par Pradier). Devant le bâtiment, au milieu de la roseraie, Venus genitrix, statue en marbre par

Charles Dupaty (1810). Plus loin on voit le premier Sophora planté en France (1747). On entre par le péristyle de dr., où sont disposés de beaux échantillons minéralogiques.

Les galeries ont été rouvertes au public en juillet 1967, après restauration et réorganisation.

▷ Grande galerie *à g.*

Aux deux extrémités, tableaux peints à l'huile par *Rémond*, représentant des curiosités naturelles ou des sites remarquables. Au milieu de la galerie, statues en marbre : à dr. Cuvier par *David d'Angers* ; à g. Haüy par *Brion*. A dr., collection de minéraux de Madagascar. Enorme quartz suisse offert par Bonaparte et collection historique de modèles de cristaux de Romé de l'Isle (1772). A g., collection de minéraux américains offerte par Pierpont-Morgan en 1903, deux troncs d'arbre agatisés provenant de l'Arizona. Une *zoothèque*, installée en sous-sol, a été inaugurée en février 1986 *(fermée au public mais réservée aux chercheurs)*. Elle abrite les collections de la galerie de zoologie que l'on ne visite plus depuis 1965 et qui est en cours de rénovation.

Grande salle ou vestibule. Fresques représentant des scènes polaires, peintes par *Biard*. Au centre, magnifique table en marbre de Carrare, incrustée de minéraux, travail exécuté par des artisans florentins du XVIe s.

La minéralogie (environ 251 000 spécimens) occupe les armoires et vitrines placées autour de la grande galerie. Les échantillons y sont disposés selon la classification cristallochimique dans la deuxième partie de la galerie, les premières vitrines étant consacrées à l'histoire de la minéralogie et à sa présentation didactique. Le remarquable *trésor**** du Muséum, présenté dans deux nouvelles salles, comprend 1 000 pierres précieuses, gemmes et de nombreux objets d'art en pierres fines de la collection de Louis XIV, ainsi que des pépites d'or et de platine offertes par les Tsars.

L'extraordinaire *salle des cristaux géants****, à dr. de l'entrée principale, est la seule collection de ce genre connue dans le monde.

La *collection de météorites*, disposée dans l'espace central de la grande galerie, comprend 2 500 pierres provenant de 650 chutes, notamment les fers de la Caille (Alpes-Maritimes), de Tamentit (Sahara) et le Cohahuila et Charcas (Mexique). Dans l'axe de la galerie, deux vitrines surmontées de vases en marbre veiné, avec monture de bronze doré, renferment des séries de pierres précieuses taillées, en particulier une collection de gemmes ayant appartenu à R. J. Haüy.

La géologie, qui occupe les vitrines centrales et les couloirs latéraux supérieurs, comprend : une collection systématique des terrains ou étages géologiques, l'une des plus complètes de l'Europe avec environ 10 000 échantillons (en commençant par la dr. du côté de la bibliothèque, les terrains sont ainsi classés : terrains précambrien, cambrien, silurien, dévonien, carbonifère, permien, triasique, jurassique, crétacé, tertiaire, quaternaire et actuel) ; une collection spécifique des roches ; une collection géographique et paléontologique importante (Bassin de Paris et ancienne Communauté française).

▶ A l'extrémité des galeries de minéralogie, en passant sous une voûte, on aboutit à la partie S.-O. extrême de l'établissement. Une petite cour est bordée à g. par la *maison de Buffon*. Buffon l'acheta en 1772, y résida durant ses séjours à Paris et y mourut en 1788. Un des accès du jardin s'ouvre ici, à l'angle des rues de Buffon et Geoffroy-Saint-Hilaire. ▶ Dans le grand axe du jardin, les *galeries de zoologie* (1889), en cours de rénovation, occupent un vaste édifice dont la façade est ornée de médaillons de savants illustres et, au centre, d'une statue de la Science.

Musée d'histoire de la Préfecture de Police

1 bis, rue des Carmes, 5e arr. ☎ 43.29.21.57 (poste 336) / 36-K8
Visite : t.l.j. sf sam. dim. et fêtes, 9 h-17 h
Métro : Maubert-Mutualité / Bus : 24, 47, 63, 86, 87

Depuis qu'il a quitté le quai des Orfèvres, ce musée est installé dans l'immeuble très moderne du commissariat de police du 5e arrondissement, presque au débouché de la rue des Carmes, sur la place Maubert.

Visite du musée

30 mn

On retrouve ici toutes les pièces concernant les *procès célèbres* : du maréchal de Biron, de Ravaillac, d'Eleonora Galligaï, de Théophile de Viau, de la Brinvilliers, de Damiens, de Calas, du chevalier de la Barre, de Cartouche, de Cadoudal, de Malet, de Gorguloff, de Petiot, de Landru ; les livres d'écrou de la Tournelle (1667-1743), Bicêtre (1780-1796), de la Force (1790-1800), de Saint-Lazare (an II), Sainte-Pélagie (1743-an VII), des Carmes (1793-an II), du Temple (an IV-1806), de Vincennes (1808-1814).

Abondante iconographie ayant trait aux *criminels ou prisonniers célèbres*, aux uniformes de la maréchaussée et de la police depuis le guet. Lettres de cachet.

Une section est consacrée à la *Résistance* et à la *Libération de Paris*. L'histoire des débuts de la *police scientifique* (laboratoire municipal, laboratoire de toxicologie, Bertillon...) est évoquée dans une nouvelle section.

Musée de l'histoire du Protestantisme français

54, rue des Saints-Pères, 6e arr. ☎ 45.48.62.07 / 35-H7
Visite : sur RV
Métro : Saint-Germain-des-Prés / Bus : 39, 48, 63, 70, 87, 95

Le musée est intégré à la bibliothèque d'histoire du Protestantisme située dans la cour d'un immeuble un peu austère qui remplace la demeure de Salomon de Brosse.

Visite du musée

30 mn

Le musée conserve une importante iconographie relative aux huguenots qui ont laissé un nom dans l'histoire : outre les plus célèbres comme *Ambroise Paré*, *Sully*, *Henry IV*, *Agrippa d'Aubigné*, *Bernard Palissy*, on reconnaîtra encore *Jean Cousin*, la dynastie des *Androuet Du Cerceau*, *Cujas*, *Théodore de Bèze*, *Renée de France* (fille de Louis XII et d'Anne de Bretagne), le *pasteur Monod*.

Miniatures, gravures, souvenirs divers tels que les objets de culte lorsque celui-ci était clandestin. Lettres autographes dont une est signée *Antoine de Bourbon*, roi de Navarre.

Musée de l'Holographie

Forum des Halles, niveau-1, Grand Balcon, 1er arr. ☎ 42.96.96.83 / 36-K6
Visite : t.l.j., 10 h-19 h, dim. et j. fériés 13 h-19 h
Métro : Halles / Bus : 38, 47, 69, 67, 75

Visite du musée

30 mn

Technique très récente, l'holographie, créée en 1964, est la seule méthode qui permette d'obtenir une image à trois dimensions. Ce petit musée présente différentes sortes d'hologrammes - certains réalisés par son laboratoire de recherche - allant de la simple reproduction d'un objet, au stéréogramme qui donne l'illusion du mouvement si le spectateur se déplace, et au film holographique qui restitue relief et mouvement.

Le principe de l'holographie est simple. Contrairement à la photographie, ce n'est pas l'image du sujet qui est enregistrée mais la lumière qu'il reflète quand il est éclairé par un laser. L'hologramme se présente comme une plaque obscure. Mais si on l'éclaire, avec une lampe ou un laser, le sujet apparaît comme s'il était réel. Le musée organise des stages d'initiation à l'holographie et des expositions itinérantes.

Musée de l'Homme**

Aile O. du palais de Chaillot, 17, place du Trocadéro, 16e arr. ☎ 45.53.70.60 / 33-D6
Visite : t.l.j. sf mar., 9 h 45-17 h 45. Groupes : sur rendez-vous
Métro : Trocadéro / Bus : 22, 30, 32, 63, 72, 82

Créé en 1938 pour regrouper les collections du musée d'Ethnographie du Trocadéro et de la galerie d'anthropologie du Muséum d'Histoire naturelle, ce musée occupe l'aile O. du palais de Chaillot qui fut édifié pour l'Exposition universelle de 1937 dans un style néo-romain, à la fois monumental et moderne. Le réaménagement, entrepris depuis 1986, doit entraîner une modification de certaines salles (histoire et architecture → Chaillot).

Le musée offre une vaste synthèse des sciences de l'homme : anthropologie, préhistoire et ethnologie. Retraçant l'évolution de la race humaine depuis ses origines, il propose un circuit par aires géographiques, comprenant l'Afrique et Madagascar, l'Europe, l'Asie, l'Océanie, l'Arctique et l'Amérique, dont les différentes sociétés sont évoquées à travers les arts, techniques et coutumes. Le musée de l'Homme, qui dépend du ministère de l'Education nationale, abrite également un centre de recherche et d'enseignement, plusieurs formations du CNRS et des sociétés savantes.

Visite du musée

2 h

▶ Le *hall d'entrée* contient une tête monumentale ramenée de l'île de Pâques par *Pierre Loti* en 1872 et des mâts-totems américains. ▶ L'escalier de g. conduit au premier étage.

▷ Premier étage

Une salle (inauguration au printemps 1988), illustrera le passage de l'animal à l'homme, de la nature à la culture.

Anthropologie (à g. en arrivant par l'escalier)

La galerie d'anthropologie a pour objet d'exposer au public la diversité biologique des hommes et des populations qu'ils constituent, ainsi que les processus de l'évolution humaine.

La visite de la galerie est organisée en deux circuits concentriques. Il est conseillé d'en faire le tour deux fois en s'intéressant d'abord au circuit intérieur : individus (panneaux et vitrines du centre) puis au circuit extérieur : populations (panneaux et vitrines de la périphérie). Le respect du sens de la visite indiqué par le panneau d'accueil est nécessaire à la bonne compréhension du matériel exposé et des textes de commentaires.

Après le rappel de notions élémentaires de biologie humaine (génétique, développement embryonnaire, croissance) et de démographie, cette galerie traite, à partir de quelques exemples démonstratifs, des caractères physiques et chimiques variables chez l'homme (stature, couleur de la peau, groupes sanguins, etc.) et des théories actuelles sur la diversité des populations humaines. Une autre section, d'un abord plus difficile, est consacrée aux mécanismes de l'évolution humaine (mutation, sélection naturelle, effet fondateur, dérive génétique, facteurs sociaux de la diversité biologique). Une salle et des vitrines sont consacrées aux modifications volontaires du corps humain vivant ou mort. On y voit, en particulier, des tatouages, mutilations, crânes décorés, têtes réduites et autres trophées, ainsi que des momies égyptiennes et amérindiennes. Un grand panneau présente quelques méthodes modernes de recherches sur les corps momifiés.

Paléontologie (à dr. de l'escalier)

Cette galerie montre l'évolution physique et culturelle de l'homme, depuis ses origines jusqu'à l'âge des métaux. Elle commence par l'ordre des Primates et la place de l'Homme au sein de ce groupe. Une première série de vitrines est consacrée aux processus de l'hominisation mettant en valeur les principaux caractères humains tels que le redressement corporel, la marche bipède, le développement du cerveau et du crâne, le système masticateur et le massif facial, le langage articulé, les sources du comportement et la vitesse de croissance. Les vitrines suivantes exposent les découvertes récentes à propos des hommes fossiles : évolution depuis l'Australopithèque et l'homme de Néanderthal, jusqu'à l'homme du Néolithique.

Préhistoire

La galerie s'achève par la reconstitution d'une fouille préhistorique présentant les méthodes et le matériel utilisés par les fouilleurs. La troisième partie est consacrée aux techniques de fabrication des outils par les hommes préhistoriques : taille et polissage de la pierre, rainurage des bois de rennes, poteries néolithiques. Une série d'outils illustre cette évolution : galets partiellement taillés aboutissant à des formes parfaitement symétriques ; racloirs du Moustérien ; grattoirs et os taillés du Paléolithique supérieur : pointes de sagaies, aiguilles et harpons. Cette présentation s'achève avec les outils du Néolithique et les premiers objets de métal. La dernière section est consacrée à l'art paléolithique : *documents originaux*** (venus de Lespugnes) ; moulages (statuettes féminines dites « Vénus ») ou des relevés de peintures pariétales parmi lesquels on remarque les dessins de *l'abbé Breuil*.

*Galerie d'Afrique Noire****

Cette galerie, qui date pour l'essentiel de la fondation du musée (1936), doit être refondue dans les prochaines années. Les textes qui commentent ces présentations ne correspondent plus tout à fait à nos connaissances actuelles. Chaque vitrine est consacrée soit à un trait marquant de la culture matérielle, soit à un aspect particulier de la vie sociale et religieuse. L'ensemble Art, qui inaugure la salle, montre un petit échantillon des objets les plus beaux de ces régions, et la diversité des matériaux utilisés (ivoire, bois, terre cuite, pierre, or...). Certains, tel le grand *masque blanc fang*** (Gabon), exercèrent une influence notable sur l'art du début du siècle. Suit un grand ensemble dogon (Mali) : statuettes, *masque**, objets rituels dont une grande partie fut rapportée par la fameuse mission Dakar-Djibouti. Autre grand ensemble : celui de l'ancien royaume du Dahomey (situé dans l'actuelle République du Bénin) : récades, *bas-reliefs du palais royal***, trônes, *statues emblématiques des rois**. Voir également l'ensemble des *pièces archéologiques sao du Tchad*** (bronzes, terres cuites, urnes funéraires), celui de l'ancien royaume du Bénin (situé dans l'actuel Nigeria), plaques de bronze, ivoires sculptés. Autres pièces maîtresses des cultures présentes et passées d'Afrique occidentale : la *statue de Gu***, dieu de la guerre, en fer, remarquable par sa modernité (ancien Dahomey), le *masque géant Nimba** (Guinée), de bois et de fibres, image de la fécondité. Vient ensuite l'Afrique centrale : masques, statuettes magiques à clous, *objets de cour** : coupes sculptées, boîtes à fard, haches d'apparat, velours végétaux. Notons les *figures fang** et *kota** (Gabon, Congo), gardiennes des reliques ancestrales, qui comptent parmi les plus belles réalisations plastiques connues. Voir aussi les instruments de musique : *harpe mzakara** ; grand tambour à fente yanguéré, en forme de bovidé (République Centrafricaine).

L'île de Madagascar est traitée à la suite de l'Afrique Noire bien qu'elle ait subi une influence indonésienne prépondérante, sensible notamment dans le travail du métal (vitrine : forges) et dans la culture du riz en rizières inondées. Poteaux sculptés à usage funéraire dont un orné de crânes de zébus. Les peintures sur toile de l'église d'Antonioz, à Gondar, sont un spécimen unique d'art abyssin, par leur dimension et leur ancienneté. Elles datent du début du XVIIIe s.

Afrique Blanche et Proche-Orient

Après une introduction à l'Islam, dont la foi et la loi marquent profondément l'Afrique du Nord et le Proche-Orient, les vitrines sont consacrées aux différents modes de vie : les Bédouins nomades d'Arabie et de Syrie (grand palanquin de femme noble) s'opposent aux sédentaires du Proche-Orient, dont l'outillage agricole n'a pas évolué jusqu'au milieu du XXe s. ; les nomades du Sahara s'opposent aux sédentaires des Oasis ; les montagnards de l'Atlas aux citadins et artisans d'Afrique du Nord. L'usage pour les labours de l'araire, l'emploi des animaux de traits et de bât marquent une différence avec l'Afrique Noire. Le musée conserve des collections uniques concernant les Touaregs et les Tédas. Les résultats de récentes missions au Yémen ont permis l'aménagement de très belles vitrines.

Galerie d'Europe

Le circuit du premier étage se termine par l'Europe (la France est plus spécialement traitée au musée national des Arts et Traditions populaires). Côté fenêtres, les vitrines fournissent des données générales sur les peuples européens regroupés suivant des critères linguistiques : Basques, Celtes, Latins, Germains et Scandinaves, Slaves, Roumains, Finno-Ougriens, Grecs, Albanais, Baltes. Pour chacun de ces grands groupes, les objets exposés tentent de présenter des activités typiques (laiterie en Suisse, agriculture chez les Slaves occidentaux), ou de reconstituer un milieu (intérieur d'une maison roumaine des Carpates). La plupart de ces éléments appartiennent à une période presque révolue. Une série de vitrines offrent des exemples d'art populaire : poteries, outils utilisés pour le travail du textile, charrette sicilienne, ou encore un *ensemble de pipes** de toutes formes et matières. Une place est réservée aux fêtes saisonnières et aux carnavals avec des masques et déguisements d'Europe centrale, de Suisse et, pour la Belgique, le célèbre *Gilles de Binche**. On peut admirer aussi quelques spécimens de la très belle collection de *costumes ruraux***. ▶ Un escalier qui part de la galerie d'Europe mène directement à la galerie des peuples arctiques.

▷ Deuxième étage

*Galerie des peuples arctiques***

Y sont rassemblées les collections relatives aux populations de l'extrême Nord. Les Eskimos sont traités par types d'activités : travail de l'homme, de la femme, chasse au phoque, etc. Pièces archéologiques canadiennes en ivoire et en os ; kayak et umiacq du Groenland ; masques et accessoires rituels. Les Lapons apparaissent comme d'excellents éleveurs ; leur traîneau à rennes s'oppose au traîneau à chiens des Eskimos. Ensemble tchouktchi (Sibérie) à peu près complet.

Galerie d'Asie

Après une vitrine de synthèse montrant différents aspects de l'utilisation de l'écorce en Asie et une petite salle consacrée à la préhistoire asiatique (Viet-nâm, Cambodge, Chine, Japon, Sibérie, Malaisie), chaque travée de la galerie représente un ensemble homogène : Sibériens, Finno-Ougriens, Turco-mongols, Afghans et Iraniens, peuples de l'Inde, du Népal, de la Chine, du Japon, de la Malaisie et de l'Asie méridionale. Les vitrines côté fenêtres proposent soit un thème spécifique d'une civilisation (armes, vêtements, objets religieux, artisanats), soit un raccourci de l'ensemble d'un groupe (Naga de l'Inde). Les pièces les plus remarquables sont les costumes de chaman de Sibérie et leurs accessoires, les *robes ghiliak** en peau de poisson, les *manteaux aïnou*** du Japon, les collections turques et iraniennes, la collection d'instruments de musique du Rajasthan, les *costumes du théâtre chinois**, les figurines du *théâtre d'ombres de l'Inde**, de *Thaïlande**, de *Malaisie**, les pièces d'armures japonaises. La plus grande richesse du département d'Asie réside d'une part dans ses costumes, d'autre part dans la représentation ethnographique des minorités de l'Asie du Sud-Est. Trois travées nouvelles sont consacrées au Cambodge et au Laos : habitation (avec la reconstitution d'un intérieur de maison), vêtements et soieries ; agriculture, religion. Notons spécialement les costumes des minorités ethniques, et la reconstitution de la scène d'offrandes aux masques du théâtre royal de la cour du Cambodge.

Galerie d'Océanie

Une première partie retrace le peuplement de cette région et les différentes migrations qui se succédèrent entre 40 000 av. J.-C. et l'an 600, de l'Asie du Sud-Est vers l'Australie. L'Indonésie et les Philippines font la transition avec l'Asie. L'accent est mis sur les influences indiennes, chinoises et islamiques, sans oublier l'apport des nations occidentales qui

---

A ne pas manquer

Premier étage

Les arts de l'Afrique Noire : masques et objets rituels ; bas-reliefs du palais royal de l'ancien royaume du Dahomey ; statues de dieux et d'ancêtres.

Deuxième étage

La galerie des Peuples arctiques : pièces archéologiques du Canada ; kayak du Groenland.

La galerie d'Amérique : habitat des peuples de l'Amérique du Nord, collection d'art aztèque et maya.

Le salon de Musique : orchestre indonésien ; lithophone préhistorique du Viet-nâm.

Pour en savoir plus...

Conférences : renseignements auprès de l'Action culturelle (☎ 45.53.09.16) et des Amis du musée de l'Homme (☎ 47.04.62.10).
Salle de cinéma (1er étage) : films sur la vie traditionnelle des peuples.
Photothèque (3e étage) et bibliothèque (4e étage) : t.l.j. sf mar. et sam., 10 h-17 h, ☎ 47.04.53.94; documents sur l'ethnologie, l'archéologie précolombienne, la préhistoire et l'anthropologie.
Librairie (rez de chaussée) : albums de voyages; la revue du musée, Objets et Mondes; publications de l'Institut d'ethnologie; disques de musiques traditionnelles édités par le CNRS.
Expositions temporaires (1er étage) : présentation des principales recherches en cours.
Concerts et ateliers musicaux pour enfants (salon de Musique, 1er étage) : ☎ 45.53.09.16.

s'exercèrent sur ces archipels. Les vitrines rendent compte des diversités de cultures tout en soulignant leur unité. *Masque barong** de Bali face à une peinture illustrant le parvis d'un temple balinais.

La galerie continue avec l'étude de l'Océanie, divisée en Mélanésie, Polynésie et Micronésie, mais ces frontières ethniques sont loin d'être aussi marquées dans la réalité. L'espace consacré à la Nouvelle-Guinée est en cours d'aménagement. La présentation insistera sur les rapports entre vie quotidienne et création artistique, pour montrer que dans les sociétés guinéennes l'objet est conçu dans un but à la fois fonctionnel et esthétique. Les vitrines suivantes présenteront l'Australie à travers le renouveau actuel des cultures arborigènes. Cette galerie d'Océanie présente ensuite le reste de la Mélanésie (îles de l'Amirauté, Salomon, Vanuatu et la Nouvelle-Calédonie) et la Polynésie (qui commence aux îles Fidji pour aller aux îles Hawaï et jusqu'à l'île de Pâques et à la Nouvelle-Zélande), en soulignant distinctions et identités culturelles à travers les faits sociaux et religieux. Case ronde de Nouvelle-Calédonie; *bijoux des îles Marquises** en os de cachalot; *dieu de la guerre** provenant des îles Hawaï et rapporté par le *capitaine Cook*. Une tête monumentale de l'île de Pâques témoigne des réalisations mégalithiques de certaines de ces sociétés. La Micronésie est illustrée, entre autres, par une très rare sculpture anthropomorphe, *Tino***.

Galerie d'Amérique

Une partie de cette galerie, récemment transformée, présente les collections de l'Amérique du Nord, avec la reconstitution d'habitats. Maquette d'un village du S.-O. des Etats-Unis au XIXe s. Dans les parties anciennes de la galerie d'Amérique se déroule un panorama très dense des civilisations antérieures à la découverte de l'Amérique. Un moulage de la monumentale porte du Soleil, à Tiahuanaco, un considérable ensemble de poteries chimu, nazca..., des objets en bois et pierre, témoignent des cultures antérieures à la conquête espagnole. La mort est illustrée par les impressionnantes momies ou paquets funéraires du Pérou, par les têtes-trophées réduites des actuels Indiens Jivaro de l'Equateur. Les civilisations maya, totonaque, zapotèque, toltèque, aztèque sont richement représentées. On retiendra des masques funéraires en pierre, des statues du dieu Quetzalcoatl, le « serpent à plumes », et pour les Antilles un superbe siège en bois sculpté. La vie de divers groupes d'Indiens actuels ainsi que l'ethnographie mexicaine prolongent la perspective ethno-historique propre à la galerie d'Amérique.

Le circuit s'achève par la *salle des Arts et Techniques* qui montre que, malgré la variété des styles, les efforts de ces différentes civilisations pour maîtriser la matière et utiliser le milieu naturel sont communs à tous les hommes.

Salon de Musique

Plus de 400 instruments y sont présentés avec une abondante illustration photographique et trois programmes musicaux. Cette sélection montre l'importance et la diversité du phénomène musical dans une perspective universelle. Deux pièces maîtresses sont exposées, au complet pour la première fois : le *gamelan slendro*** provenant d'une cour princière de Ciberon (début du XIXe s.) qui se compose de seize instruments, dont des séries de lames et de gongs de bronze, tambours, xylophones, disposés sur des supports de bois rouge et or ornés d'une décoration d'inspiration chinoise. Demeuré silencieux pendant plus de cent ans, cet orchestre historique peut être maintenant entendu grâce au groupe de musiciens qui s'y entraîne régulièrement sous la conduite d'un artiste indonésien. L'un des attraits du programme musical est constitué par le *lithophone préhistorique* (mis au jour en 1949 au Viet-nâm) dont les sonorités cristallines sont émises par dix grandes pierres taillées, les plus grandes dépassant 1 m de long.

Musée de l'Institut du monde arabe*

23, quai Saint-Bernard, 5e arr. ☎ 46.34.25.25/ 37-L8
Entrée sur le parvis, rue des Fossés-Saint-Bernard
Métro : Jussieu, Sully-Morland / Bus : 24, 63, 67, 86, 87, 89
P parvis de l'IMA

Inauguré en 1987, le musée est intégré à l'Institut du monde arabe dont le but est de développer en France la connaissance de la civilisation arabo-musulmane et de favoriser les échanges entre culture arabe et culture occidentale.

Visite du musée

45 mn

Le musée propose une vision globale et pluridisciplinaire du Monde Arabe. Une banque de données multimédia et un centre de documentation consacrés aux objets d'art islamiques est à la disposition du public.

Section Art arabo-islamique. 7e étage : introduction à la civilisation arabo-islamique. Le contexte géographique et historique avant la naissance de l'Islam (Machrech, Maghreb). 6e étage : l'Islam et ses développements historiques. La naissance de l'Islam ; les quatres premiers califes ; les grandes dynasties : les Umayyades (661-750) et les Abbassides (750-1258) ; le mouvement scientifique. 4e étage : unité et variété du monde musulman. L'art et la civilisation islamique du IXe au XIXe s., de l'Espagne à l'Inde (présentation chronologique et géographique).

Section Arts et Sociétés : 2e étage. Introduction aux sociétés arabes contemporaines (XIXe-XXe s.) par la mise en scène des objets et des images (vie citadine, monde rural, vie bédouine).

Section Art contemporain : 1er étage. La création plastique arabe contemporaine à travers ses différentes expressions (peinture, sculpture, art graphique, architecture, vidéo...). Espace-Jeunes (pour les 5-15 ans).

Musée Instrumental*

Conservatoire national supérieur de Musique, 14, rue de Madrid, 8e arr. ☎ 42.93.27.82
27-G4
Conservateur : Mme Bran-Ricci
Visite : du mercr. au sam. sf fêtes, 14 h-18 h
Métro : Europe / Bus : 53, 66, 80, 95

Le musée, qui dépend du Conservatoire national supérieur de Musique, présente un important ensemble d'instruments, surtout européens, de la Renaissance à nos jours. Certaines pièces sont exceptionnelles.

Visite du musée

30 mn

Le premier fonds du Musée Instrumental fut constitué par la collection Clapisson, acquise par l'Etat sous Napoléon III. Le musée rassemble aujourd'hui plus de 4000 pièces.

On y remarque une série de luths et archiluths de la Renaissance, dont certains sont de véritables objets d'art ; un ensemble important de lutherie française : violes, violons, guitares, harpes, vielles à roue. Le musée possède de précieux violons : *Stradivarius**, dont celui de Sarasate, célèbre virtuose espagnol (1844-1908) ; le *Guarnerius** (XVIIIe s.) de Delphin Alard ; un groupe remarquable de clavecins flamands, français et italiens, ainsi que des pianos-forte. Parmi les souvenirs historiques, citons les *clavicordes** de Beethoven et de Grétry, une harpe de Madame de Lamballe, une guitare prêtée à Paganini par Vuillaume, puis donnée par celui-ci à Berlioz, les pianos de Boïeldieu, Paër, Gabriel Fauré.

Musée Jacquemart-André**

158, bd Haussmann, 8e arr. ☎ 42.27.39.94 / 26-F5
Directeur : M. R. Huyghe
Visite : t.l.j. sf. lun. mar., 13 h 30-17 h 30
Métro : Saint-Philippe-du-Roule
Bus : 22, 43, 52, 83

Bien plus qu'un musée au sens habituel du terme, l'hôtel Jacquemart-André est une demeure à la fois agréable et somptueuse, que ses propriétaires ont remplie de trésors. L'hôtel fut construit en 1860-1875 par l'architecte Henri Parent pour Edouard André qui épousa en 1881 Nélie Jacquemart, peintre de portraits. Devenue veuve en 1894, Mme André poursuivit l'œuvre commune. Elle mourut en 1912, léguant à l'Institut sa fortune et ses collections.

Le musée Jacquemart-André est aujourd'hui connu pour ses œuvres d'art de la Renaissance italienne et du XVIIIe s. français. Ses collections sont regroupées par pays : tableaux et mobilier de l'école française, peintures flamandes, écoles italienne et anglaise. Mais les salles étant souvent occupées par des expositions temporaires, on ne peut pas toujours visiter la totalité du musée.

Visite du musée

45 mn

▷ La décoration intérieure

Le rez-de-chaussée s'ouvre sur une enfilade de beaux *salons* récemment rénovés : des boiseries d'époque Louis XV, des tapisseries des Gobelins et des dessus-de-porte dans la manière de Watteau garnissent la salle 2 (salon en rotonde). La salle 3 contient trois tapisseries de Beauvais d'après *Le Prince*, *Les Jeux Russiens** ; commandées à la veille de la Révolution par Louis XVI, elles n'avaient jamais été exposées quand Edouard André les a achetées. Les dessus-de-porte d'époque Louis XVI représentent les quatre éléments ; au plafond, Vulcain présentant les armes à Enée (époque Louis XV). Le musée renferme un ensemble unique en France de *peintures* de *Tiepolo* provenant de la villa Contarini à Venise : décors de style baroque au plafond de la salle 4 (l'Apothéose d'un Héros) et de la salle 5 (la Paix et la Justice) ; la *fresque*** au-dessus de l'escalier (Henri III reçu par Frederigo Contarini), mêle la mise en scène théâtrale, les effets de perspective et les détails naturalistes chers à Tiepolo.

Au premier étage : reconstitution d'un *décor de la Renaissance* avec, dans la première salle, un plafond encyclopédique de Mocetto en grisailles bleu et or ; encadrements de portes en pierre des XVe et XVIe s.

▷ L'école française

Mobilier : meubles, tapis et objets d'art recréent l'atmosphère du XVIIIe s. français avec, en particulier, un bel ensemble de *fauteuils Louis XV** recouverts de tapisseries de Beauvais illustrant les fables de La Fontaine d'après Oudry ; petits canapés

Louis XVI de la manufacture royale de Beauvais.

Sculpture : ensemble de ***bustes*** dont celui de l'architecte *J. A. Gabriel**, d'une vivacité presque baroque, par *Coysevox* (1640-1720), l'un des sculpteurs officiels de Louis XIV ; le Chancelier Maupéou, et le Marquis de Marigny, frère de Madame de Pompadour, par *Jean-Baptiste Lemoyne* (1704-1778) ; ***Lefebvre de Caumartin**** exécuté par *Houdon* (1741-1828), célèbre pour sa maîtrise technique et ses dons d'observation ; ***Richelieu**** par le sculpteur liégeois, *Jean Warin* (1604-1672).

Peintures : la collection comprend quelques pièces maîtresses avec deux tableaux de *Fragonard*, les ***Débuts du Modèle*****, sujet libertin traité avec délicatesse, et le ***Portrait d'un Vieillard***** d'une exécution vive et naturaliste ; ***Vénus se parant****, et ***le Sommeil de Vénus****, peintures décoratives de *François Boucher* (1703-1770) ; ***Les Attributs des Arts et des Sciences****, natures mortes de *Chardin* (1699-1779). Les portraits, nombreux et variés, illustrent les différents styles du XVIIIe s. : portraits d'apparat dont celui de ***La marquise d'Antin**** (1738) par le favori de la famille royale, *Nattier*, et un portrait d'***Homme*** par *Largillière* (1656-1746) ; portraits intimistes de *Drouais* et *Perronneau* (1715-1783) ; portraits d'artistes dont celui du graveur ***George Wille****, fine étude psychologique par *Greuze* et l'***Autoportrait**** du Suédois *Roslin* (1718-1793) ; portrait de ***Catherine Skavronska**** exécuté par *E. Vigée-Lebrun* lors de son exil durant la Révolution. Des dessins de *Watteau*, le comte ***François de Nantes**** par *David*, et l'esquisse du grand tableau de la Malmaison représentant l'***Impératrice Joséphine**** par *Prud'hon* appartiennent à l'art de la fin du XVIIIe s.

▷ Les écoles du Nord

Le musée possède quelques toiles très intéressantes de l'école flamande du XVIIe s. Trois tableaux de *Rembrandt* : ***les Pèlerins d'Emmaüs******, œuvre de jeunesse, peinte vers 1630 mais déjà très originale par sa simplicité de composition et son clair-obscur caravagesque ; le portrait d'***Amalia von Solms***** (1632), dont le cadrage en trompe-l'œil fait penser à une influence baroque ; le portrait du ***Docteur Tholinx**** dans lequel Rembrandt s'est davantage attaché à l'étude psychologique. Le portrait d'un Vieillard par *Van Dyck* possède un coloris et une peinture épaisse typiquement flamands, tandis que ***le Temps coupant les ailes de l'Amour****, de ce même peintre, est influencé par l'art italien. La ***Tête d'homme**** de *Frans Hals* (1581-1666) a une touche vive et expressive. ***Paysages**** de *Ruysdaël* et *Van Goyen*. Le Portrait d'homme de *Quentin Metsys* est inspiré par les caricatures de vieillards de Léonard de Vinci.

▷ L'école italienne

Peintures : la Renaissance italienne est représentée par quelques tableaux exceptionnels, pour la plupart achetés lors des séjours à Florence des André. De *Mantegna* (1430-1506) : le ***Christ aux outrages**** ; la ***Madone avec trois saints*****, œuvre solennelle d'un coloris froid et au dessin appuyé. De *Carpaccio* (1465-1525) : ***l'Ambassade de la Reine des Amazones*****, où l'on retrouve l'univers fabuleux et anecdotique de ce peintre vénitien si original. D'*Uccello* (1397-1475) : ***Saint George tuant le dragon******, l'une des rares œuvres de l'artiste visible dans un musée français. On y reconnaît le goût d'Uccello pour les jeux de perspective. La collection compte aussi des œuvres de *Baldovinetti* ; un ***retable**** de bois doré dans la tradition florentine de la fin du XVe s. par *Botticini* ; un Saint Bonaventure, inspiré du gothique tardif et de la Renaissance par *Crivelli* ; De *Pontormo* : un portrait de Femme âgée, maniériste par ses formes allongées ; une œuvre de *Cima da Conegliano**. Le musée possède un ***ensemble de Cassoni**** ; ces panneaux de coffre en bois peint étaient très à la mode au XVe et XVIe s. Une ***bannière de procession**** siennoise, d'un caractère anecdotique, représente la Gloire de sainte Catherine, et au revers, la Crucifixion du Christ.

Sculptures et objets d'art : Vierge en bois polychrome, en très bon état. De *Donatello*, on remarquera un bas-relief aux lignes expressives représentant le ***Martyr de saint Sébastien***** et deux ***Angelots porteurs de torchères****. Grands chenets par *Riccio* et ***Portrait du duc de Gonzague**** par le célèbre architecte florentin *Alberti* (1404-1472). Panneaux religieux en marqueterie « a tarsie » (région de Urbio), plaqués sur des stalles d'église. Vitrail de *Cosimo Tura*, de l'école de Ferrare : Madone à l'Enfant, pièce rare et d'une belle qualité.

▷ L'école anglaise

Portraits du XVIIIe s. par *Reynolds*, *Gainsborough*, *Hoppner* et *Romney*.

▷ Les manuscrits

visibles sur demande particulière

Deux très beaux manuscrits ne sont pas exposés pour des raisons de conservation : les ***Heures du duc de Savoie***** (XIIIe s.) et le ***manuscrit du maréchal Boucicaut***** de la fin du XVe s.

Musée du Jeu de Paume

Place de la Concorde, 8e arr. ☎ 42.60.12.07 / 27-G6
Métro : Concorde
Bus : 14, 72, 73, 84, 94

Après avoir été le haut lieu de l'impressionnisme, ce musée est en cours de réaménagement pour servir de cadre à des expositions d'art contemporain. Son ouverture est prévue en 1988.

Le Jeu de Paume fut édifié par Napoléon III, à l'emplacement d'une orangerie construite par Henri IV pour les jeux du Prince impérial. Lorsque la paume disparaît au profit du tennis, le bâtiment devient un lieu d'expositions artistiques et bientôt le musée du Luxembourg y installe ses collections étrangères. Pendant la Seconde Guerre, les nazis y entreposent les œuvres d'art saisies en France avant leur départ pour l'Allemagne. Puis, en 1947, René Huyghe décida le transfert des collections impressionnistes dans ce « cadre prédestiné ». C'est là qu'elles sont demeurées jusqu'à leur transfert en 1986 dans le nouveau musée du XIXe s. installé dans l'ancienne gare d'Orsay (→ musée d'Orsay).

Musée Kwok On*

41, rue des Francs-Bourgeois, 4e arr. ☎ 42.72.99.42 / 37-L7
Visite : t.l.j. sf sam. dim., 10 h-17 h 30
Métro : Saint Paul
Bus : 67, 69, 75

Ce musée a été créé grâce au don d'un collectionneur chinois, M. Kwok On, qui avait réuni un ensemble unique d'objets se rapportant au théâtre d'Asie.

La Ville de Paris y organise des ateliers d'initiation aux arts asiatiques.

Visite du musée

30 mn

Les collections sont présentées sous forme d'expositions temporaires, évoquant les théâtres et les fêtes en Chine, en Inde, au Japon, en Asie du Sud-Est, grâce à des costumes, masques, marionnettes, figurines d'ombre et gravures.

Spectacles de marionnettes

Le théâtre de marionnettes, en Orient, est bien plus qu'une simple distraction pour enfants. Son répertoire reprend les thèmes du théâtre classique, et certains marionnettistes sont aussi célèbres que de grands acteurs. Leur tâche n'est d'ailleurs pas si aisée. Ainsi, pour manipuler les fameuses figurines du théâtre de poupées japonais (Bunraku), il ne faut pas moins de trois manipulateurs pour un personnage, le premier tient la tête et le bras droit, le second le bras gauche, et le dernier les pieds. La magie ne s'arrête pas là : une série de fils derrière la tête permettent d'actionner la bouche, les yeux, et les sourcils.
Chaque pays d'Asie a créé des marionnettes originales. Le théâtre d'ombres chinois se sert de figurines découpées dans une peau de chèvre et mues par des baguettes, au Viet-nâm ce sont des marionnettes à eau.

Fondation Le Corbusier

8-10, square du Docteur-Blanche, 16e arr. ☎ 42.88.41.53 / 32-B7
Visite : du lun. au ven. 10 h-12 h 30/13 h 30-18 h, 17 h le ven.
Bibliothèque et archives : lun. au ven., 13 h 30-18 h, 17 h le ven.
Métro : Jasmin
Bus : 52

Les villas La Roche et Jeanneret, siège de la fondation Le Corbusier, ont été construites dans ce coin discret de Passy en 1923 et figurent parmi les premières de cette longue et fameuse série de quatorze projets réalisés entre 1922 et 1929 par les architectes Le Corbusier et Pierre Jeanneret. Elles représentent une parfaite application des théories de l'architecture moderne formulées par Le Corbusier, à cette époque, dans la revue et les éditions de l'Esprit Nouveau. Les jeux de volume et de lumière, les interprétations d'espace intérieur-extérieur de la villa La Roche sont, avec un demi-siècle d'avance sur son époque, la démonstration de la maîtrise de Le Corbusier dans ce domaine.

La villa fut la propriété du banquier et mécène Raoul La Roche qui réunit, sur les conseils de Le Corbusier, une collection d'œuvres d'art dont une bonne partie fut acquise au cours de la vente des séquestres des biens du collectionneur D. H. Kahnweiller. On retrouve ces trésors de la peinture moderne au musée des Beaux-Arts de Bâle et au musée national d'Art moderne auxquels La Roche les avait offerts. La fondation organise, dans la villa La Roche, des rencontres et des expositions sur l'œuvre de l'architecte.

Musée de la Légion d'Honneur et des ordres de Chevalerie*

2, rue de Bellechasse, 7e arr. ☎ 45.55.95.16 / 35-H6
Conservateur : Mme Isabelle du Pasquier
Visite : t.l.j. sf lun., 14 h-17 h
Métro : Solférino, Chambre-des-Députés
Bus : 24, 63, 68, 69, 73, 83, 84, 94

Le musée de la Légion d'Honneur et des ordres de Chevalerie présente, dans le cadre élégant de l'hôtel de Salm, un ensemble important de décorations, insignes, médailles illustrant l'histoire des ordres de Chevalerie. Des tableaux, des tapisseries, quelques objets d'art complètent la présentation.

L'hôtel avait été construit en 1782 pour le prince de Salm-Kyrbourg ; incendié pendant la Commune en 1871, il a été peu remanié (histoire → Faubourg Saint-Germain).

Visite du musée

45 mn

▶ Le *péristyle*, dans le goût antique, est orné des bustes de Henri IV, Bonaparte, Lacépède, qui fut Grand Chancelier, et du général Dubail.

▷ La première salle *à g. en entrant*

Cette salle est consacrée aux *ordres royaux*. Ordre de Saint-Michel : collier du XVIIIe s., accompagné de la croix et des documents. Portraits de Louis XI et de Charles IX *(atelier de Clouet)*. Pour l'ordre du Saint-Esprit sont rassemblés : un collier Restauration, avec un « grand manteau » (dépôt de Cluny), les cordons bleus de Louis XVI et du Dauphin lorsqu'ils étaient au Temple, des dizains, des plaques de manteaux, et différents costumes de l'ordre.

Deux grands tableaux illustrent des cérémonies : la Création de l'ordre du Saint-Esprit par Henri III, de *J. B. Van Loo* (dépôt du Louvre) et le Duc de Saint-Aignan recevant le Prince Vaïni, de *Subleyras*. L'ordre de Saint-Louis, ordre militaire créé par Louis XIV, était décerné sans distinction de naissance : croix, portraits de chevaliers ; habit de cour avec plaque brodée. Ordre de Saint-Lazare et Notre-Dame-du-Mont-Carmel : collier et croix, peinture de Madame Labille-Guiard. Décorations de la Restauration. Portrait du Général Foy, par *Horace Vernet*. Tapisseries des Gobelins et de Beauvais aux armes de France.

▷ La deuxième salle *à dr. du vestibule*

Elle retrace l'histoire de l'*ordre de la Légion d'Honneur* (→ *encadré*). Armes d'honneur, récompenses distribuées sous le Consulat et qui sont à l'origine des premières nominations dans la Légion : Baguettes d'honneur du petit tambour d'Arcole. Historique de la construction de l'hôtel de Salm avec, entre autres, un portrait du prince Frédéric III de Salm-Kyrbourg. Dans la vitrine Napoléon, on remarquera l'épée de Biennais et les pistolets offerts au Tsar en 1807 ; la Légion d'Honneur et la cuirasse de l'Empereur ; maquette de la cérémonie du Camp de Boulogne. L'histoire des maisons d'Education de la Légion d'Honneur est illustrée par le portrait de Madame Campan, par *Isabey*. Portrait de Bonaparte premier consul, par *Gros* ; collier de la Légion d'Honneur de Napoléon Ier, exécuté par Biennais (porté également par Napoléon III) ; colliers de la Légion d'Honneur de la troisième et de la cinquième République. Ensuite sont rassemblés les autres ordres impériaux, dont la couronne de fer, et les ordres créés par les frères de Napoléon. Portrait de l'Empereur en costume de sacre, par *Robert Lefèbvre*. Un dessin de *Boilly*, Napoléon décorant Cartellier, rappelle le décorum des cérémonies. Ensemble rarissime des ***décorations de Cambacérès****.

▷ La troisième salle

Elle a pour thème *les femmes et les décorations.*

Pour le second Empire, on a rassemblé : la médaille de Sainte-Hélène, la médaille militaire, et les médailles commémorant les campagnes de Napoléon III. De petits panneaux illustrent ensuite certaines périodes de l'histoire. La Première Guerre mondiale : uniforme et décorations, croix de Guerre. La France d'Outre-Mer : uniforme du maréchal Lyautey. La Seconde Guerre mondiale : photos, portraits, décorations. L'ordre national du Mérite, les ordres des Ministères.

Maquette de l'hôtel de Salm en 1788. Trois esquisses de *Moitte* pour les statues de la coupole de l'hôtel.

Des vitrines sont consacrées aux *ordres religieux* : les hospitaliers de Saint-Jean de Jérusalem (ordre de Malte depuis 1530) ; Portrait du Grand Maître Rohan, Vue du port de La Valette, croix anciennes. L'ordre équestre du Saint-Sépulcre : costume, insignes, documents.

▷ Le premier étage

Il présente les *ordres étrangers.*

Angleterre : ordres du Bain ; ordre de La Jarretière avec ses insignes : collier et jarretière de velours bleu, portée sur la jambe gauche ; Victoria Cross. La Toison d'Or est un ordre créé par le duc de Bourgogne : reconstitution d'un costume et du collier. Russie Impériale : ordres de Saint-André, Sainte-Anne, Saint-Georges. URSS : Etoile du Héros de l'Union Soviétique, ordre de

---

Les ordres de Chevalerie

Prestigieux et entourés d'un grand cérémonial, les ordres de Chevalerie formaient une sorte de compagnie d'élite réservée à la noblesse ou aux officiers du roi. L'ordre du Saint-Esprit, le plus célèbre, comptait à peine une centaine de membres. Tous ces ordres disparurent en 1791 jusqu'à ce que Napoléon crée la Légion d'Honneur pour rassembler ceux qui par leurs « talents contribuent à la défense et à la prospérité du pays ». A la fin de l'Empire, l'ordre comptait 30 000 membres, se répartissant suivant cinq grades : chevalier, officier, commandeur, grand officier et grand croix. Aujourd'hui, avec près de 300 000 dignitaires, la Légion d'Honneur demeure toujours le grand ordre national. Mais celui qui se rapproche le plus des anciens ordres de chevalerie est certainement l'ordre de la Libération, créé par le général de Gaulle en 1940 pour rassembler les plus méritants de ses compagnons, et qui s'éteindra avec le dernier de ses titulaires.

Lénine. Danemark : ordres de l'Eléphant et du Dannebrog. Espagne : ordres de Charles III et d'Isabelle la Catholique. Les anciens Etats italiens : collier de l'ordre de l'Annonciade de la Maison de Savoie. L'Afrique, l'Extrême-Orient, l'Amérique Centrale et l'Amérique du Sud. Les Etats-Unis : l'Aigle de Cincinnatus, Distinguished Service, Purple Heart, la médaille de la NASA.

Musée Lénine

4, rue Marie-Rose, 14e arr. ☎ 43.22.83.38 (l'après-midi) / 43-H11
Visite : sur demande
Métro : Alésia
Bus : 28, 38, 68

Visite du musée

30 mn

L'appartement que Lénine occupa, de 1909 à 1912, lors de son exil à Paris, a été transformé en un musée où l'on a reconstitué son modeste mobilier.

Une exposition documentaire permet d'y suivre les différentes étapes de sa vie.

Musée du Louvre***

Palais du Louvre, 1er arr. ☎ 42.86.99.00 / 36-J6
Visite : t.l.j. sf mar. et jours fériés, 9 h 45-17 h ou 18 h 30 selon les salles, entrée gratuite le dim. et pour les jeunes de moins de 18 ans
Entrées : portes Denon et Barbet-de-Jouy (métro : Palais-Royal); porte Saint-Germain-l'Auxerrois (métro : Louvre); porte de Flore (métro : Tuileries)
Métro : Palais-Royal, Louvre, Tuileries
Bus : 21, 24, 27, 67, 69, 72, 81, 85, 95

Par une étrange métamorphose, le vieux château fort complexe, touffu et clos, tel qu'il apparaît sur le retable du Parlement de Paris, est devenu un immense musée ouvert au monde entier. Il a survécu aux massacres, aux révolutions, à tous les règnes et aux vicissitudes du temps. Et depuis Charles V qui pourtant, par goût du silence, lui préférait sa retraite de l'hôtel Saint-Pol mais y avait déposé ses collections les plus précieuses, les rois, les empereurs, les présidents n'ont cessé d'amasser des trésors dans ce palais, l'un des plus vastes du monde (pour la description intérieure et extérieure du palais ainsi que pour le projet du Grand Louvre → quartier Louvre).

L'histoire des collections

Les origines du musée

C'est à François Ier que remonte l'origine de la collection royale, devenue le musée du Louvre. Le Primatice, Andrea del Sarto étaient chargés de rechercher en Italie les ouvrages les plus précieux, de faire reproduire en bronze les plus belles figures de l'antiquité. A la mort de François Ier, la collection renfermait des statues assez nombreuses, entre autres la Diane à la Biche, et douze des plus beaux tableaux du musée actuel, dont quatre Raphaël, quatre Léonard de Vinci et le portrait du roi par Titien.

A l'avènement de Louis XIV, le cabinet du Roi comprenait à peine 200 tableaux; mais Colbert, profitant de la détresse où le banquier Jabach était tombé, acquit au prix de 220 000 livres, outre sa collection de 5 542 dessins admirée par le Bernin, 101 tableaux qu'il avait acheté lors de la mise en vente par le Parlement des richesses artistiques de Charles Ier, parmi lesquelles se trouvait la galerie des ducs de Mantoue, qui passait pour la plus belle de l'Italie. Précédemment, à la mort de Mazarin, Colbert avait racheté les tableaux vendus au cardinal par Jabach, et parmi lesquels figurait l'Antiope du Corrège. Ce fut là le noyau de la collection actuelle, et lors de l'inventaire de 1709-1710, le cabinet comprenait 1 500 tableaux.

Il s'enrichit aussi, sous Louis XV, par l'achat de la collection du prince de Carignan, et par les tableaux que les rois commandèrent aux Le Brun, Mignard, Coypel, à tous les maîtres français. Louis XVI l'augmenta de nombreux tableaux flamands et hollandais. De 1750 à 1785 une partie des chefs-d'œuvre du cabinet du Roi fut exposée au Luxembourg, tandis que de 1737 à 1848 les Salons de peinture se tenaient régulièrement dans le Salon Carré.

Du muséum au Louvre

L'Assemblée nationale, dès le mois de mai 1791, ordonna « la création d'un muséum au palais du Louvre ». Le 27 juillet 1793 le décret constituant le muséum central des Arts fut adopté, et le musée ouvrit ses portes au public.

La Convention ayant décidé le transfert au Louvre des tableaux restés à Versailles, la Grande Galerie fut bientôt insuffisante et dut être remaniée. Le Salon Carré et la galerie d'Apollon, puis la Grande Galerie se rouvrirent de 1796 à 1801; enfin le muséum, devenu musée Napoléon quand les conquêtes de l'empire l'eurent enrichi d'autres chefs-d'œuvre, devint la collection la plus magnifique des temps modernes; mais, en 1815, les restitutions imposées par les puissances étrangères alliées dispersèrent un grand nombre de ces trésors à travers l'Europe.

Louis XVIII distribua, entre les musées de province et les églises, environ 300 des tableaux du Louvre qui appartenaient alors à la liste civile. Il voulut que la Vénus de Milo, nouvellement découverte, fût placée au Louvre dans l'état où on l'avait trouvée. En 1824, le Louvre recueillit, dans les salles ouvertes au rez-de-chaussée, les premiers éléments du musée de sculpture moderne. Sous Charles X s'ouvrirent, au premier étage, les belles salles du musée des Antiquités grecques et égyptiennes. En même temps furent acquises par l'Etat les précieuses collections Revoil et Durand. Sous Louis-Philippe, le musée assyrien fut créé.

En 1848, le musée devint la propriété de l'Etat et une grande impulsion fut donnée à son réaménagement. Le Salon Carré, la salle des Sept-Cheminées, la galerie d'Apollon, la Grande Galerie furent décorés et embellis. Sous le second Empire, le musée s'enrichit de toiles importantes et de statues antiques, la collection Campana fut achetée. Sauvageot donna la sienne en 1856 et le Dr La Caze, en 1869, légua sa galerie de tableaux. A partir de 1870, le musée bénéficia de legs importants : en 1874, les boîtes et les miniatures de M. et Mme Lenoir; en 1876, les bronzes et les dessins de M. His de la Salle; en 1878, cinq toiles de très grande valeur appartenant à Mme Duchâtel; en 1881, les collections d'A. Thiers; en 1885, le riche cabinet du baron Ch. Davillier; en 1889, les legs de Mme Boucicaut; en 1890, le legs Picot; le legs Caillebotte (entré en 1929 seulement); en 1901, 1904 et 1906, les legs de la baronne Nathaniel, du baron Arthur et du baron Alphonse de Rothschild ; en 1902, les legs Thomy-Thiery ; en 1906, la donation Moreau-Nélaton ; en 1909, le legs Chauchard ; en 1911, le legs Camondo ; en 1914, le legs Arconati-Visconti et la donation Martin le Roy ; en 1915, le legs Schlichting ; en 1919, le legs Chassériau ; en 1927, le magnifique legs Etienne Moreau-Nélaton ; en 1930, la donation de la princesse Louis de Croy, le legs Gustave Schlumberger, la collection des Carrière et M. Devillez ; en 1931, le legs Raymond Kœchlin ; en 1936, l'insigne collection de gravures et de dessins du baron Edmond de Rothschild ; en 1937, la donation David-Weill ; de 1939 à 1945, l'importante collection Carlos de Beistegui, la collection de peintures de Paul Jamot, les donations de la princesse de Polignac, de Nanteuil de la Norville, Edme Sommier, Seymour de Ricci, etc. ; en 1952, le legs Paul Gachet ; en 1955, la donation Niarchos (collection Puiforcat, 373 pièces d'orfèvrerie) ; en 1961, les donations Mège et Côte, ainsi que l'importante collection Lung (peinture moderne) ; en 1962, la donation, par Mme Dufy, d'un ensemble considérable de peintures de Raoul Dufy ; les acquisitions réalisées avec la participation des Amis du Louvre, parmi lesquelles on peut citer le portrait du Chancelier Séguier par Le Brun, sont venues compléter cet ensemble. Enfin la collection de Clercq-de-Boisgelin accrût le fonds du département des Antiquités de 3 500 pièces nouvelles.

Nos missions artistiques et scientifiques (dont plusieurs sont subventionnées par le Conseil des Musées) n'ont cessé, depuis cinquante ans surtout, d'augmenter ces richesses. En même temps, le Conseil des Musées nationaux, institué en 1895 pour administrer les ressources destinées à l'enrichissement des collections, faisait entrer au Louvre, par de judicieux achats (souvent facilités par la société des Amis du Louvre), des œuvres précieuses telles que la Tête Laborde, le trésor de Li-Yu, la Suppliante Barberini, l'Atelier de Courbet, le Portrait d'un gentilhomme par Watteau, une singulière Allégorie de Louis (?) Le Nain, le Calvaire par G. Bellini, Madone par Barnaba da Modena, La Marquise de Santa-Cruz de Goya, Portrait de Malatesta par Piero Della Francesca, etc.

Dirigé par M. Michel Delignat-Lavaud, le musée du Louvre est divisé en sept grands départements : les antiquités orientales, les antiquités égyptiennes, les antiquités grecques et romaines, les peintures et dessins, les sculptures, les objets d'art et le mobilier. Les collections d'art préhistorique, celtique et gallo-romain sont exposées au château de Saint-Germain-en-Laye

Pour en savoir plus...

***Bureau d'information** : salle du Manège (entrées Denon et Barbet-de-Jouy).*

***Visites-guidées** (tarif spécial) en plusieurs langues (conférenciers ou audioguides), t.l.j. entre 11 h 30 et 18 h 30. Inscriptions et renseignements dans la salle du Manège. Les groupes sont priés de demander une autorisation spéciale du service d'Action culturelle (direction des Musées, pavillon Mollien). Des visites-conférences particulières sont organisées sur demande par le service éducatif des Musées (☎ 42.96.58.30).*

***Expositions-dossiers.** Au deuxième étage du pavillon de Flore, deux salles sont réservées à ce qu'on appelle les expositions-dossiers : autour d'une œuvre ou d'une série d'œuvres, le département de peinture réunit les documents (tableaux, dessins, gravures, lettres, commentaires) relatifs à sa genèse, à sa création, à ses prolongements et ses répercussions dans l'histoire de l'art. La première de ces expositions-dossiers a été consacrée au Bain turc, de Ingres, en 1970.*

***La société des Amis du Louvre,** fondée en 1897, dont le siège est au palais du Louvre (cour Visconti, 34 quai du Louvre, ☎ 42.60.39.26), contribue aux acquisitions pour les collections du musée. Ses membres ont certains avantages (entrée gratuite, invitations pour les expositions, voyages d'études, etc.).*

***La librairie** : on peut s'y procurer des guides en plusieurs langues, des catalogues et des livres d'art, des cartes postales et des gravures réalisées dans les ateliers de chalcographie du musée. Le Louvre vend également des reproductions de bijoux, sculptures et objets exposés dans le musée.*

(→ Guide Bleu Ile-de-France), les collections d'art asiatique au musée Guimet, les collections d'art primitif au musée des Arts africains et océaniens, les collections d'art populaire au musée des Arts et Traditions populaires et les collections d'Art moderne au Centre national d'Art et de Culture Georges-Pompidou. Le musée Picasso réunit, à l'hôtel Salé dans le Marais, la collection d'œuvres du peintre acquise par dation en paiement des droits de succession. Inauguré en décembre 1986, le musée d'Orsay présente l'art de la seconde moitié du XIXe s. jusqu'en 1914. Il regroupe notamment les collections de l'ancien musée du jeu de Paume. L'Orangerie des Tuileries accueille les œuvres impressionnistes et modernes du legs Walter-Guillaume.

Antiquités orientales

Conservateur en chef : M. Pierre Amiet

Accès : partir de la pyramide et du hall Napoléon, se diriger vers le pavillon Sully ou de l'Horloge et là, vers les fossés de Charles V, prendre à g. pour gagner le département

Le Louvre est l'un des principaux musées du monde pour les monuments du Proche-Orient ancien. Ce département a été inauguré le 1er mai 1847 sous le nom de Musée assyrien, à la suite des découvertes de P.E. Botta à Khorsabad, en Mésopotamie du Nord. Puis, les fouilles françaises de V. Place à Khorsabad, d'E. de Sarzec à Tello en Mésopotamie du Sud (pays de Sumer), de M. et Jane Dieulafoy puis de J. de Morgan à Suse en Iran, ont constitué les premières collections au XIXe s., révélant successivement au monde les civilisations assyrienne, sumérienne et élamite. Au XXe s. et jusqu'à la Seconde Guerre mondiale, le Louvre a reçu principalement des monuments provenant des missions françaises de MM. Cros, H. de Genouillac et André Parrot à Tello ; J. de Morgan, R. de Mecquenem et R. Ghirshman en Iran, surtout à Suse ; Cl. Schaeffer à Ras Shamra, et A. Parrot à Mari en Syrie. Le département est également constitué par des acquisitions et par des dons, comme celui, très important, d'une partie de la collection De Clercq, fait en 1967 par le comte de Boisgelin.

Les collections occupent toute la moitié N. du rez-de-chaussée de la Cour Carrée.

Mésopotamie

▷ Salle 1 : les origines de la civilisation mésopotamienne

salle en cours de réaménagement

Les *fouilles de Tello**** (ancienne Girsu, capitale de l'Etat de Lagash) par *E. de Sarzec*, *G. Cros*, *H. de Genouillac* et *A. Parrot*, ont permis de retracer l'histoire de cet Etat à partir de 2700 av. J.-C.

Dans les embrasures, époques chalcolithique et proto-urbaine. Monuments présargoniques (2800-2340 av. J.-C.) ; vitrine 5 : bas-relief du Personnage aux plumes ; masse d'armes de *Mesilim*, roi de Kish ; plaques perforées du *roi Ur-Nanshé*, fondateur de la dynastie de Lagash ; plaque du prêtre Dudu ; statuettes de pierre. La *stèle des Vautours***, illustrant la victoire du *roi Eannatum* sur la ville d'Umma, est le plus ancien document historique connu (2450 av. J.-C.) : ce thème de la capture des ennemis dans un filet a été repris dans la Bible. Vitrine 8 : le vase d'argent du *prince Entéména* révèle la maîtrise des métallurgistes.

▷ Salle 2 : la civilisation mésopotamienne archaïque (2340-2000 av. J.-C.)

salle en cours de réaménagement

La civilisation de Mari, ville du Moyen-Euphrate, est proche de la civilisation de Sumer. A g., au milieu, statue en albâtre de l'*intendant Ebih-Il**** de Mari (vers 2400 av. J.-C.), vêtu d'une jupe de peau, appelée kaunakès.

Les rois d'Agadé (ou Accad) supplantèrent la civilisation archaïque de type sumérien et imposèrent leur culture à l'ensemble de la Mésopotamie en créant un véritable empire. Les principaux vestiges de cette civilisation ont été trouvés à Suse (Iran) où ils avaient été transportés comme butin de guerre.

*Stèle de Naram-Sin***, roi d'Agadé, relatant sa victoire sur une peuplade montagnarde. Statues du roi Manishtusu (2300 av. J.-C.) et obélisque. Fragments de stèles de Sargon, fondateur de la dynastie.

Après la chute de l'empire d'Agadé, les Sumériens reprirent le pouvoir. Leurs capitales furent Lagash, où régna *Gudéa*, et *Ur*. Les objets néo-sumériens présentés ici proviennent des fouilles de Tello. Au fond à g., *Gudéa au vase jaillissant****, statue intacte en diorite; statuette d'Ur Ningisu, fils de Gudéa; statues en diorite noire : petit Gudéa assis, Gudéa architecte. Toutes avaient été vouées dans des temples de la ville. Vitrine 11 : la Femme à l'écharpe; têtes en diorite. Vitrine 12 : ***tête de Gudéa au pseudo-turban******, vase à libation du prince. Dans les vitrines d'embrasure à dr. (côté Cour Carrée) : histoire de l'écriture cunéiforme et de la littérature, des origi-

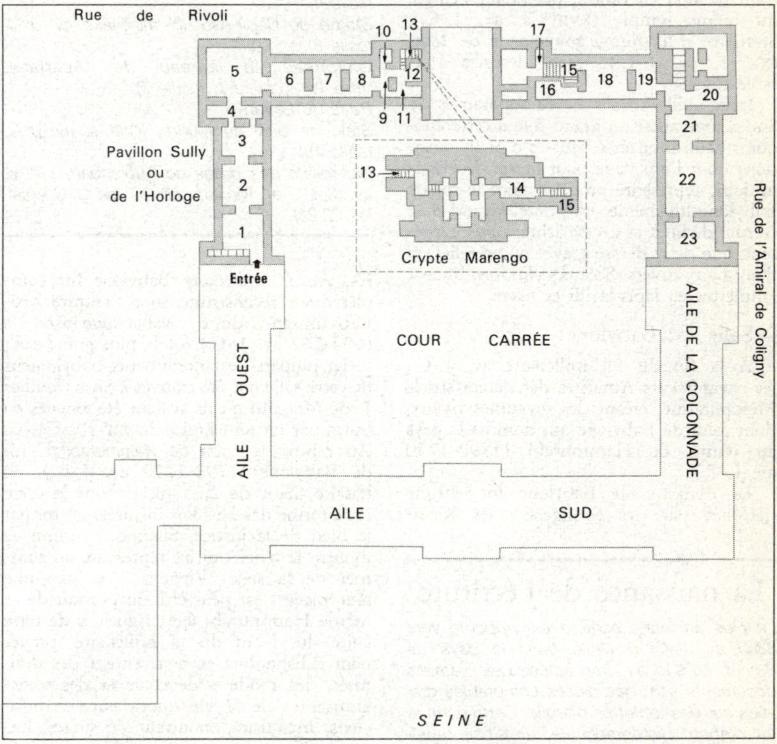

Département des Antiquités orientales / rez-de-chaussée

1	*Les origines de la civilisation mésopotamienne*
2	*La civilisation mésopotamienne archaïque*
3	*Mari et Larsa*
4	*La civilisation babylonienne*
5	*La préhistoire iranienne et l'orfèvrerie*
6	*L'Elam aux IIIe et IIe millénaires av. J.-C.*
7	*L'Elam et les Perses*
8	*Suse*
9	*Suse, l'Urartu*
10	*Parthes et Sassanides*
11	*Bronzes du Luristan*
12	*Iran parthe, sassanide, chrétien et musulman*
13	*Phénicie*
14	*Palmyre*
15	*Antiquités puniques*
16	*Le Levant phénicien et araméen*
17	*Palestine et Transjordanie*
18	*Le Levant aux IIIe et IIe millénaires av. J.-C.*
19	*Chypre*
20	*L'Islam*
21	*L'Assyrie*
22	*L'Assyrie : Nimrud et Khorsabad*
23	*Ninive*

nes à la première moitié du IIe millénaire (→ *encadré*). Vitrine 14 : cylindre de Gudéa, relatant la construction du temple du dieu Ningirsou, à Lagash. Vitrines 11 et 12 : *fouilles de Tello***, bronzes et figurines en terre cuite ; art populaire de l'époque néo-sumérienne.

▷ Salle 3 : Mari et Larsa (fouilles de A. Parrot)

Mari au IIe millénaire. *Peintures du palais de Zimrilim** (début du IIe millénaire) : scène sacrificielle ; investiture du roi. Dépôt de fondation du temple de Dagan et avant-train de lion en bronze défendant l'entrée du même temple (XVIIIe s. av. J.-C.). Statuette d'Idi-ilum, gouverneur de Mari (XXe s. av. J.-C.) ; plats destinés à la table royale.

Larsa, ville royale en Mésopotamie du Sud a joué aussi un grand rôle à cette époque : deux bronzes rehaussés d'or (acquisition) dont l'un, voué pour la vie de Hammurabi, représente probablement le roi de Babylone lui-même, en prière. Grand vase cultuel dédié à la déesse Ishtar, avec représentation de la déesse gravée ou en relief, et d'animaux divers. Sceaux-cylindres, bijoux, amulettes en lapis-lazuli et nacre.

▷ Salle 4 : Babylone

A la fin du IIIe millénaire av. J.-C., les envahisseurs Amorites déferlèrent sur la Mésopotamie, créant des royaumes rivaux, dont celui de Babylone qui domina le pays au temps de Hammurabi (1792-1750 av. J.-C.).

La dynastie de Babylone fut ensuite détrônée par des étrangers : les Kassites. Au Ier millénaire Babylone fut complètement reconstruite sous l'empire néo-babylonien dont *Nabuchodonosor II* (604-562 av. J.-C.) fut le plus grand roi.

La plupart des monuments babyloniens de cette salle ont été trouvés à Suse (fouilles J. de Morgan) où ils avaient été amenés en butin par un roi élamite du XIIe s. av. J.-C. Au centre, le *code de Hammurabi****, roi de Babylone (1792-1750 av. J.-C.), en basalte, haut de 2,25 m, portant le texte cunéiforme des 282 lois inspirées au roi par le dieu de la justice, Shamash, comme le montre le relief qui les représente au sommet de la stèle. Vitrines 2 et 4 : une *tête royale*** est peut-être un portrait de ce même Hammurabi âgé ; figurines de terre cuite du début du IIe millénaire, provenant d'Eshnunna et représentant des divinités, des modèles de chars et des scènes amusantes de la vie quotidienne : musiciens, menuisier, montreur de singes, lutteurs. Au mur, panneau en briques moulées émaillées avec un lion provenant de la voie processionnelle à Babylone, construite par *Nabuchodonosor II* au VIe s. av. J.-C. Vitrine 5 : tablette cunéiforme décrivant la Tour de Babel ou ziggurat et objets babyloniens du Ier millénaire av. J.-C. A g. de la salle, Kudurru d'époque kassite (seconde moitié du IIe millénaire), destinés à placer des donations de terrains par le roi sous la protection des dieux. Dans la vitrine 1 : sceaux-cylindres babyloniens et assyriens (IIe et Ier millénaires av. J.-C.)

La naissance de l'écriture

La plus ancienne écriture est apparue vers 3300 av. J.-C. à Uruk, dans le pays de Sumer, au sud de l'Iraq actuel. Les premiers documents sont des pièces comptables gravées sur des tablettes d'argile. Cette écriture fut d'abord pictographique, un signe représentant un mot, puis dans le courant du IIIe millénaire elle devint cunéiforme, c'est-à-dire composée de traits en forme de clous. De cette époque nous connaissons des textes historiques et économiques, telle une inscription du prince de Lagash, Entemena, qui fait état de la liberté donnée à ses sujets, ou encore un texte d'Urukagina qui évoque des réformes sociales.

Les scribes d'Agadé, vers 2300 av. J.-C., utilisaient des syllabes ; un signe représentait alors un son.

A ne pas manquer

La Mésopotamie

Fouilles de Tello, IIIe millénaire av. J.-C. (salles 1-2).
Statues de Gudéa, 2150 av. J.-C. (salle 2).
Statue de l'intendant Ebih II, 2400 av. J.-C. (salle 2).
Code de Hammurabi, IIe millénaire av. J.-C. (salle 4).

L'Iran

Orfèvrerie achéménide, VIe s.-IVe s. av. J.-C. (salle 5).
Céramique de Susiane, IVe millénaire av. J.-C. (salle 5).
Statue de Napir-Asu, IIIe millénaire av. J.-C. (salle 6).
Chapiteau au taureau, de l'Apadana, VIe s.-IVe s. av. J.-C. (salle 7).

Pays du Levant

Stèle de Baal au foudre, XVIIe s. av. J.-C. (salle 18).
Bas-reliefs des palais de Khorsabad, VIIIe s. av. J.-C., et Ninive, VIIe s. av. J.-C. (salles 22-23).

L'Iran

Les salles 5 à 12 sont consacrées aux fouilles de Suse et aux monuments provenant d'Iran.

▷ Salle 5 : la préhistoire iranienne et l'orfèvrerie

La ville de Suse, située dans le pays d'Elam (en Iran aujourd'hui), a été longtemps la rivale de Sumer et de Babylone. On y a trouvé des trésors babyloniens ramenés en butin, et des antiquités élamites remontant aux origines de cette civilisation montagnarde. De nombreux objets proviennent de sites du plateau iranien : Tépé Sialk, Tépé Giyan...

Au centre, vitrine d'orfèvrerie iranienne : *parures achéménides****, colliers, bracelets et pendants d'oreilles en or avec incrustations de couleur; anse de vase en forme de bouquetin ailé (en argent et électrum). Orfèvrerie iranienne de la fin du IIe et du début du Ier millénaire : gobelets en électrum et en argent, appliques en or. A g., vitrine des *vases de Suse****, remarquables par le décor et la finesse de la pâte (4000 av. J.-C.). A dr., vitrine 2 : céramique et objets de Tépé Giyan (fouilles Contenau et Ghirshman), et de Tépé Sialk (fouilles R. Ghirshman). Côté rue de Rivoli, céramique archaïque de Susiane; vaisselle et petites sculptures de Suse (seconde moitié du IVe millénaire); empreintes de sceaux susiens (IVe millénaire) et tablettes proto-élamites (vers 2900 av. J.-C.). Aux murs, panneaux en briques moulées achéménides. Vitrine 12 : Iran du Nord. Céramique d'Ismaïlabad (fin du Ve millénaire); céramique de Tépé Hissar (IIIe millénaire); céramiques, bijoux, objets divers de Tureng Tépé (IIIe millénaire-début du IIe millénaire av. J.-C.); civilisation de Marlik (XIIIe-Xe s.); nécropole de Khurvin (Xe-VIIIe s.); Tomadjan (IXe-VIIIe s.); Hasanlu IV (Xe-IXe s.); Kaluraz (VIIe s.); Ardébil (VIIe s.).

▸ Passage de la salle 5 à la salle 6 : vitrine abritant les *antiquités de Bactriane* (Afghanistan du Nord), aux fortes affinités élamites. Statuette composite de femme en tenue de princesse élamite. Haches d'apparat.

▷ Salle 6 : l'Elam aux IIIe et IIe millénaires av. J.-C.

Suse, au milieu du IIIe millénaire av. J.-C., était une ville d'importance moyenne, semblable à celles de Mésopotamie dont elle subit l'influence. Vitrine 1 : mobilier des tombes susiennes du milieu du IIIe millénaire; vases peints. Vitrine 2 : antiquités d'Iran du Sud-Est ou transélamites : vases en chlorite; plats à décor central. Vitrine 3 : importations transélamites, indiennes et du Golfe Persique trouvées à Suse. Vitrine 4 : mobilier des temples susiens : sculptures de type mésopotamien et de style local. Vitrine 5 : *Vase à la Cachette***, trésor contenu dans deux vases (vers 2400 av. J.-C.).

Vitrines 6, 7 et 8 : Suse à la fin du IIIe et au début du IIe millénaire. Vases de luxe en bitume. Statuette du dieu susien souriant en cuivre. Vitrine 9 (milieu) : portraits funéraires peints en terre crue (XVe s. av. J.-C.). Vitrine 10 : objets découverts à Tchoga Zanbil (30 km de Suse), ville royale élamite du XIIIe s. av. J.-C.; à côté, on verra la maquette de la ziggurat bâtie au centre de la ville, par le *roi Untash Napirisha*. Au milieu de la salle : *statue* en bronze de la *reine Napir-Asu****, femme d'Untash Napirisha, ouvrage considérable qui pèse encore 1 750 kg. En face, *statue de déesse** élamite sur trône orné de lions (vers 2100 av. J.-C.). *Plateau votif*** en bronze représentant une scène cultuelle dans un sanctuaire en plein air (XIIe s. av. J.-C.). Vitrine 11 : objets déposés dans les tombes royales de Suse au XIIe s. av. J.-C. : orants de bronze; jouets. Panneaux de briques moulées avec déesse bénisseuse et homme-taureau gardien du palmier. Stèle du roi Untash Napirisha, à quatre registres : en bas, les génies-gardiens du domaine du dieu-patron du roi.

▷ Salle 7 : l'Elam et les Perses

Dans les vitrines : vases et objets néo-élamites. Textes inscrits sur les briques des temples susiens. Masque et mains en argent, appliqués sur une statuette. Stèle du dernier roi d'Elam, Adda Hamiti. Iushushinak, représenté casqué. Lion en terre cuite émaillée médio-élamite (XIIIe-XIIe s. av. J.-C.). Au VIe s. av. J.-C. les Mèdes puis les Perses s'emparèrent du Proche et du Moyen-Orient fondant un empire qui se disait universel. *Darius I* (522-486 av. J.-C.) installa sa capitale administrative à Suse, où il édifia un somptueux palais.

*Chapiteau aux taureaux**** en calcaire, provenant de l'Apadana ou palais de Darius (VIe-IVe s. av. J.-C.). Le long des murs, panneaux en briques émaillées décorant les murs du palais : archers, lion, taureau ailé, motifs floraux et géométriques. Lion en bronze servant de poids. Poids de bronze en forme d'osselet apporté à Suse en butin depuis le temple d'Apollon à Milet (Ve s. av. J.-C.). Vitrine centrale : orfèvrerie pré-achéménide et achéménide; rhyton (vase en forme d'animaux) affectant diverses formes. Fragments de *Stèle bilingue** de Darius I (provenant du canal du Nil à la mer Rouge).

▷ Salle 8 : décor du palais et collections de sceaux-cylindres

Panneaux en briques émaillées du palais

de Darius à Suse : archers de la garde royale (fouilles Dieulafoy) ; griffons ; sphinx portant le disque ailé, symbole de la monarchie perse. Bas-reliefs de Persépolis. Grande vitrine présentant l'évolution des cachets et sceaux-cylindres en Elam puis chez les Perses.

▷Salle 9 : décor émaillé de Suse ; l'Urartu

Aux murs, suite des panneaux en briques émaillées du palais achéménide de Suse. *Tête royale**** achéménide en marbre. Vitrine consacrée au royaume d'Urartu (région du lac de Van) : casque en bronze (VIIIe-VIIe s.) ; têtes de taureaux en bronze ; divinité portée par un monstre (Toprak-Kalé) ; plaques votives en bronze ; cachets.

▷Salle 10 : Parthes et Sassanides (IIIe s. av. J.-C.-VIIe s. apr. J.-C.)

Avec la conquête d'Alexandre le Grand s'imposa une nouvelle culture : l'hellénisme. Puis la prise du pouvoir par les Perses sassanides en 224 apr. J.-C., entraîna une réaction nationaliste aux créations artistiques très originales.

Vitrine d'orfèvrerie : fourreau et poignée d'épée en or ; aiguière en argent doré (VIe-VIIe s. apr. J.-C.) décorée de danseuses ; tête de cheval en argent et or ; éléments de ceinture en or ; grande coupe de chasse royale en argent doré ; buste royal en bronze. Terres cuites et petits objets parthes et sassanides.

▷Salle 11 : bronzes du Luristan

Les objets de bronze exposés dans cette salle constituent le mobilier funéraire de montagnards nomades occupant la province du Luristan située dans les monts du Zagros, au nord de l'Elam.

Vitrine 1 : époque ancienne (2500-1800 av. J.-C.). Vitrine avec hachettes de type élamite ; vitrine 2 : haches du début du IIe millénaire et *enseigne** décorée d'une ronde. Vitrine centrale : époque classique (XIIe-VIIe s. av. J.-C.) ; épées, haches, enseignes funéraires, *plaques de mors de chevaux*** déposées dans des tombes de cavaliers et ornées de taureaux ailés dont la stylisation décorative est propre à l'esprit nomade. Vitrine 4 : épingles votives en forme de disques décorés de scènes mythologiques.

▷Salle 12 : Iran parthe, sassanide, chrétien et musulman

Sculptures parthes des fouilles de R. Ghirshman à Bard-e Nechandeh et Masjid-i Soleiman (Ier-IIIe s. apr. J.-C.). Mosaïques et moulage d'une niche de stuc du palais de Bichapour (IIIe s. apr. J.-C., fouilles R. Ghirshman). Motifs sassanides en stuc (IVe-VIe s. apr. J.-C.). En vitrines, antiquités chrétiennes trouvées à Suse, et vases islamiques. *Khatchkar***, grande stèle avec croix provenant du cimetière d'Arindj (Arménie soviétique), offerte par la République d'Arménie soviétique.

Les pays du Levant

▷Salle 13 : Phénicie

Les sarcophages présentés dans cette salle révèlent que la Phénicie subit à la fois l'influence de la Grèce et de l'Egypte.

Sarcophages et reliefs de la région de Sidon, rapportés par la mission Renan en 1861. Dans la travée centrale, *sarcophage du roi Eshmunazar*** en forme de momie égyptienne (Ve s. av. J.-C.). Sarcophages anthropoïdes ou à couvercle à double pente ; sarcophage en plomb. Aux murs, bas-reliefs d'Oum el Awamid (IIIe-IIe s. av. J.-C.). Dans la dernière travée à g., reconstitution du mithreum de Sidon avec statues en marbre se rapportant au culte de Mithra qui effectue le sacrifice symbolisant la création du monde (IVe s. apr. J.-C., ancienne collection De Clercq).

▷Salle 14 : Palmyre

L'Oasis de Palmyre (« des palmiers »), relais caravanier au cœur du désert syrien, connut sa plus grande prospérité entre le Ier et le IIIe s. de notre ère . Elle est illustrée ici par des reliefs funéraires obturant les niches contenant les corps : bustes d'hommes et de femmes dont le nom est gravé sur le fond ; reliefs avec le défunt étendu sur un lit et sa femme assise sur un tabouret à ses pieds. On remarquera, à g., un beau buste de femme à l'expression désabusée. En face d'elle, relief de trois divinités palmyréniennes en costume militaire. Au fond de la salle, puits antérieur à la construction du Louvre.

▷Salle 15 : antiquités puniques

escalier qui remonte de la crypte

Carthage fut un véritable carrefour de civilisations où se rencontrèrent les cultures libyennes d'Afrique du Nord, orientales et helléniques.

Stèles votives et funéraires de Carthage. Stèle de la Ghorfa (Ier-IIe s. apr. J.-C.), avec le Signe de Tanit. Sarcophage de prêtre punique (300 av. J.-C.), très influencé par l'hellénisme.

▷Salle 16 : le Levant phénicien et araméen

A la fin du IIe millénaire av. J.-C. les nomades araméens, venus du désert de Syrie, fondèrent de nombreux royaumes guerriers dans les pays du Levant. Seuls demeurèrent sur la côte les Phéniciens, qui créèrent l'alphabet et le transmirent aux Araméens installés dans l'arrière-pays. Dans la première partie de la salle sont regroupés les monuments phéniciens.

Le buste de pharaon Osorkon Ier (924-895 av. J.-C.), avec dédicace phénicienne du roi de Byblos, révèle les liens étroits établis entre la Phénicie et l'Egypte. Stèles de dieu guerrier provenant d'Amrit et stèle de Yehawmilk, roi de Byblos (ancienne collection De Clercq). Trône d'Astarté (IIe s. av. J.-C.). Le long du mur du fond de la salle sont alignés les monuments araméens provenant de Syrie intérieure. Ivoires araméens et phéniciens (vitrine 1) ; *ivoires d'Arslan Tash*** (vitrine 2), de Zakir ; de Tell Ahmar, guerrier araméen, trois reliefs d'Halaf, deux stèles de Neirab. Côté Rivoli : bronzes de l'époque romaine ; statuettes de Jupiter héliopolitain honoré à Baalbeck à l'époque romaine (vitrine 6). Sont présentés des objets provenant de Doura Europos, citadelle romaine sur le Moyen Euphrate à l'époque parthe (IIIe s. av.-IIIe s. apr. J.-C.). Statuette d'Aphrodite à la tortue. Fresque représentant un *chasseur à cheval** poursuivant des onagres (194 apr. J.-C.).

▷Salle 17 : Palestine et Transjordanie

A l'époque des royaumes araméens, de petits royaumes naquirent : la première monarchie israélite, et les royaumes de Moab et Edom en Transjordanie.

On verra la *stèle de Mesha, roi de Moab***, ou stèle de Mesha, rédigée pour commémorer la victoire du souverain sur Israël, en 840 av. J.-C. Céramiques et objets usuels découverts à Tell el Far'ah, ancienne Tirsa, première capitale du royaume israélite du Nord.

▷Salle 18 : le Levant aux IIIe et IIe millénaires av. J.-C.

Le vaste ensemble des pays du Levant vit s'éclore de nombreux royaumes fort différents les uns des autres. Cette salle rassemble les monuments de différents sites fouillés par des missions françaises : Byblos, qui accueillit les Egyptiens dès le IIIe millénaire (fouilles Montet et Dunand) ; Mishrité Qatna (fouilles du Mesnil du Buisson) royaume Amorite très prospère et surtout Ras Shamra, ancienne Ugarit (fouilles Cl. Schaeffer). Ugarit, avec son port découvert à Minet el Beida, connut une grande prospérité au IIe millénaire av. J.-C. grâce au commerce que la ville entretenait avec l'Egypte, Chypre, l'Egée et tout le Moyen-Orient.

On remarquera la *stèle de Baal au foudre**** où le dieu brandit une lance garnie de feuillages qui symbolise son pouvoir bénéfique. La *patère de la chasse***, qui représente un prince au galop dans son char, révèle l'influence de l'art égyptien. Les *textes d'Ugarit*** sont d'un intérêt exceptionnel car ce sont les premiers témoins de l'alphabet (écriture cunéiforme) qui reçut ensuite sa forme définitive en Phénicie. Couvercle mycénien d'ivoire avec déesse de la fécondité nourrissant deux bouquetins dressés ; boîtes à fard en ivoire ; céramique chypriote et mycénienne. Pectoral d'or provenant de Byblos (vers 1800 av. J.-C.). Bronzes syriens du IIe millénaire de provenances diverses. Tête divine du Djabboul en basalte. Aux murs, reliefs plus récents rapportés par la mission Renan.

▷Salle 19 : Chypre

L'île de Chypre fut célèbre pour ses gisements de cuivre. Sa culture artistique, très originale, appartient autant au monde préhellénique puis hellénique qu'à l'Orient en raison de sa situation géographique et de ses relations commerciales avec la Phénicie. On verra surtout ces influences dans la céramique et dans l'orfèvrerie.

Au centre, monumental *vase d'Amathonte*** creusé dans un bloc calcaire, destiné à la réserve d'eau lustrale d'un sanctuaire (Ve s. av. J.-C.). Autour de la salle, statues chypriotes du VIe au IIIe s. av. J.-C. (grande statue de femme de Tricomo ; sphinx ailé à tête de femme de Marion ; statue d'homme de Dali). Côté rue de Rivoli, ensemble de vases de Vounous en céramique rouge lustrée (fin IIIe millénaire ; fouilles Schaeffer-Dikaios). Dans les vitrines, céramiques et figurines de terre cuite allant de l'ancien Bronze au IVe s. av. J.-C. La Patère en argent doré de Dali, porte un décor égyptisant. Fouilles Cl. Schaeffer à Enkomi ; parures d'or ; statuette en bronze d'un personnage sur un trône ; tablette chypro-minoenne, dont l'écriture n'est pas encore déchiffrée (fin IIe millénaire).

▷Salle 20 : L'Islam

En raison des travaux du Grand Louvre, les salles consacrées aux arts de l'Islam sont provisoirement fermées. Nous ne savons pas encore comment s'organiseront les nouvelles salles, aussi donnerons-nous seulement une présentation générale des collections.

Le musée possède, entre autre, un bel ensemble d'objets d'art, céramiques, verreries, bronzes, ivoires, tapis et boiseries qui résument l'évolution artistique de l'Islam du VIIe au XVIIe s. Directement issu de l'art hellénistique, influencé par l'Orient et le Proche-Orient, cet art musulman dégage peu à peu son originalité : essentiellement décoratif, art de couleur et de surface, il emploie l'arabesque, stylisation de la flore, la géométrie et l'épigraphie comme ornement. Cependant, la faune et l'être humain, malgré les limitations coraniques et traditionnelles, s'y rencontrent aussi parfois.

La *collection de faïences* comprend des pièces de Nishapour (VIIIe-XIe s.), de Perse (IXe-XIIIe s.), des faïences lustrées dont les reflets sont obtenus par des oxydes métalliques (Perse, Mésopotamie et Egypte), des vases d'Asie Mineure ornés d'un beau décor ornemental ou floral richement coloré.

L'*orfèvrerie* est représentée par des bronzes et des cuivres de Perse, Syrie et Egypte (XIIIe-XVe s.) : flambeaux à décor animalier (XIIIe s.), aiguières de cuivre; des armes persanes et afghanes (XVIe-XVIIe s.) ; le *vase Barberini*** exécuté pour un sultan d'Alep et de Damas et le *baptistère de Saint Louis***, grand bassin qui servit pour le baptême des enfants royaux dans la chapelle du château de Vincennes (Syrie, XIVe s.).

On verra également le *suaire Saint-Josse**, précieux fragment de soie à décor de chameaux et d'éléphants (Perse, Xe s.) ; le *tapis de la collégiale de Mantes****, magnifique ouvrage persan du XVIe s., à haute laine, composé comme les miniatures de l'époque.

Lampes de mosquées, bijoux et panneaux de bois taillés en bas-reliefs.

▷ Salle 21 : l'Assyrie

Du IXe au VIIe s. av. J.-C. les rois assyriens entreprirent de nombreuses conquêtes de plus en plus lointaines, jusqu'à leur écrasement par les Mèdes et les Babyloniens en 612 av. J.-C. Ils édifièrent à Ninive et Nimrud de vastes palais de gouvernement, ornés de bas-reliefs évoquant les hauts faits du roi. Les portes étaient gardées par des colosses de pierre qui devaient assurer la stabilité du monde et défendre le palais.

A g., bas-reliefs du palais de Sargon à Khorsabad, illustrant le transport du bois par mer et voie terrestre, du Liban en Assyrie. Sur un socle, seuil de porte du palais d'Assurbanipal à Ninive. Tablettes assyriennes. Vitrine 5 : relief de bronze du roi assyrien Asarhaddon et de sa mère (VIIe s. av. J.-C.); tête de taureau en bronze de Khorsabad; vases, amulettes; statuette de bronze. Plaque en bronze de conjuration contre la Lamashtu, démon qui tourmentait les malades (ancienne collection De Clercq). Au mur, à dr., porteur de char de Sargon, stèle d'Ishtar d'Arbéles de Til Barsip.

▷ Salle 22 : l'Assyrie. Palais de Nimrud et Khorsabad

La galerie est tapissée de grands bas-reliefs dont quelques-uns proviennent du palais d'Assurnazirpal II à Nimrud (anc. Kalakh ; IXe s. av. J.-C.), et la plupart du palais de Sargon à Khorsabad (anc. Dur-Sharrukin ; VIIIe s. av. J.-C.). Sept grands bas-reliefs de Khorsabad représentent l'existence royale. Aux portes de la salle, les taureaux ailés à tête humaine et tiare divine qui défendaient les portes du palais. Ils étaient associés au héros pseudo Gilgamesh qui se trouve au milieu de la salle à deux exemplaires en haut-relief, maîtrisant un petit lion pour montrer sa force. Stèle d'Arslan-Tash, Hadad sur un taureau.

▸ *Salle 23*, Khorsabad : relief représentant des dignitaires du palais de Sargon. ▸ Descendre à la *crypte Saint-Germain-l'Auxerrois*. Le fils de Sargon, Sennachérib, construisit à Ninive un palais qui fut détruit par son petit-fils Assurbanipal (668-627 av. J.-C.) pour en construire un autre encore plus somptueux. L'escalier est décoré de bas-reliefs provenant de ce palais (VIIe s. av. J.-C.) : scènes de chasses royales et de guerres. Le bas de l'escalier est flanqué de deux taureaux provenant du portail du temple d'Ishtar à Arslan-Tash (VIIIe s. av. J.-C. : fouilles Thureau-Dangin).

Chronologie des civilisations présentées dans le département

Vers 8000 av. J.-C.	*Villages néolithiques en Syrie et au Kurdistan.*
Vers 6000 av. J.-C.	*Néolithique récent : diffusion de la céramique peinte.*
Vers 4200 av. J.-C.	*Fondation de Suse (Iran du S.-O.).*
Vers 3500-3200 av. J.-C.	*Civilisation d'Uruk : naissance de l'écriture.*
Vers 2800-2340 av. J.-C.	*Epoque des dynasties archaïques de Sumer.*
2340-2190 av. J.-C.	*Empire sémitique d'Agadé.*
2190-2000 av. J.-C.	*Renaissance néo-sumérienne.*
1894-1595 av. J.-C.	*Première dynastie de Babylone. Hammurabi (1792-1750).*
1595-1155 av. J.-C.	*Dynastie kassite à Babylone.*
XIIIe-XIIe s. av. J.-C.	*Apogée de l'Elam.*
IXe-VIIe s. av. J.-C.	*Empire assyrien. 612 : chute de Ninive.*
VIe-IVe s. av. J.-C.	*Empire perse achéménide.*
305-65 av. J.-C.	*Empire des Séleucides : civilisation hellénistique.*
250 av.-226 apr. J.-C.	*Empire parthe en Iran et Mésopotamie.*
226-641 apr. J.-C.	*Empire sassanide en Iran et Mésopotamie.*

Antiquités égyptiennes

Conservateur en chef : M. Jean Louis de Cenival
Accès : par l'entrée principale, porte Denon, en traversant le département des Antiquités grecques, étrusques et romaines du rez-de-chaussée;
par la porte Saint-Germain l'Auxerrois : l'exposition étant essentiellement chronologique, il est recommandé aux visiteurs de traverser la galerie Henri-IV et la collection Copte pour se rendre à la salle 1

L'étude de la civilisation égyptienne a commencé avec l'expédition qui accompagna Bonaparte en Egypte en 1798. Champollion fut le premier conservateur du Musée égyptien (ou Musée Charles-X), fondé en 1826 pour abriter les grandes collections achetées par l'Etat. Depuis, le département n'a cessé de s'enrichir par les acquisitions et les dons ainsi que par les fouilles, dont celles de Mariette au Sérapéum (1851), celles du Louvre et celles de l'Institut français d'Archéologie orientale du Caire à Abou Roach, Tôd, Médamoud, Assiout et Deir el-Médineh.

La visite des collections commence au rez-de-chaussée de l'aile S. de la Cour Carrée et se poursuit au premier étage.

Rez-de-chaussée

▷ Salle 1 : la crypte *passage souterrain entre les Antiquités grecques et romaines et les Antiquités égyptiennes*

Le *sphinx**** colossal de granit rose provient du site de Tanis, en Basse-Egypte. Il est peut-être à l'image du roi Snéfrou (IVe dyn.). Il fut usurpé par les rois Mineptah (XIXe dyn.) et Chéchonq Ier (XXIIe dyn.). De part et d'autre du sphinx, deux bas-reliefs montrent Ramsès II offrant l'encens au dieu Harmakhis (Hor-em-akhet) sous forme de sphinx. Ils constituaient les côtés d'une chapelle, encadrant la stèle du songe de Thoutmosis IV (XVIIIe dyn.), placée entre les pattes du grand sphinx de Guiza.

▷ Salle 2 : le mastaba d'Akhethetep

La chapelle funéraire du *mastaba d'Akhethetep**** (→ *encadré*), haut fonctionnaire de la Ve dyn., a été remontée sur des dalles modernes (partie non décorée). Elle provient de Sakkara, nécropole de la ville de Memphis qui fut un temps la capitale de l'Egypte et resta toujours une des plus importantes villes du pays.

Dans l'embrasure de la porte, à g., les tisserandes présentent les étoffes et sont récompensées par des colliers et diadèmes; à dr., les statues d'Akhethetep sont traînées vers la tombe. A l'intérieur, sur la paroi antérieure, à g., on assiste à l'élevage des bovins, aux moissons, à la chasse aux oiseaux au filet, et à l'élevage des chèvres; à dr., figurent des joutes sur barques de papyrus, la chasse dans les marais, la pêche et la préparation du poisson. Des deux côtés, en bas, s'effectue la navigation funéraire. Sur la paroi latérale g., les porteurs d'offrandes et le bétail défilent devant Akhethetep assis face à son repas, au-dessus de la fente du serdab. Sur la paroi dr., Akhethetep assiste au banquet funéraire avec musique et danse.

▷ Salle 3 : fin de la préhistoire, époque thinite et IIIe dynastie

La culture de Nagada se développe au cours du IVe millénaire en deux phases (Nagada I : 4000-3500, Nagada II : 3500-3100 av. J.-C.). D'abord limitée à la Haute-Egypte, cette culture s'étend à partir de 3500 av. J.-C. au reste du pays. Elle est le produit de chasseurs sédentarisés, circulant sur de vastes territoires et en contact avec la Mésopotamie.

Ils font preuve d'une grande habileté technique dans le domaine de la céramique représenté par des *vases rouges à bord noir** (résultant d'un procédé de cuisson). Ils excellent dans la taille des pierres dures dans lesquelles ils façonnent *vases** et palettes à fard. Ils pratiquent également l'art du relief : le *poignard du Gebel Arak***, en silex et ivoire, porte un des plus anciens reliefs égyptiens connus (vers 3400-3300 av. J.-C.). Le manche est décoré d'un côté d'une scène de bataille sur terre et sur eau, et de l'autre de deux lions dressés, maîtrisés par un homme. Cette représentation est d'inspiration mésopotamienne. Dès cette époque apparaissent les principes du dessin égyptien qui demeureront en usage jusqu'à l'époque romaine : ainsi, les personnages sont représentés avec le visage de profil et le corps de face. De forme géométrique ou en forme d'animaux, les palettes servaient à broyer le fard pour les yeux. Celles de grande dimension, ornées de reliefs, semblent avoir été uniquement votives. Elles commémorent une chasse, palette de la Chasse, une victoire, palette au Tau-

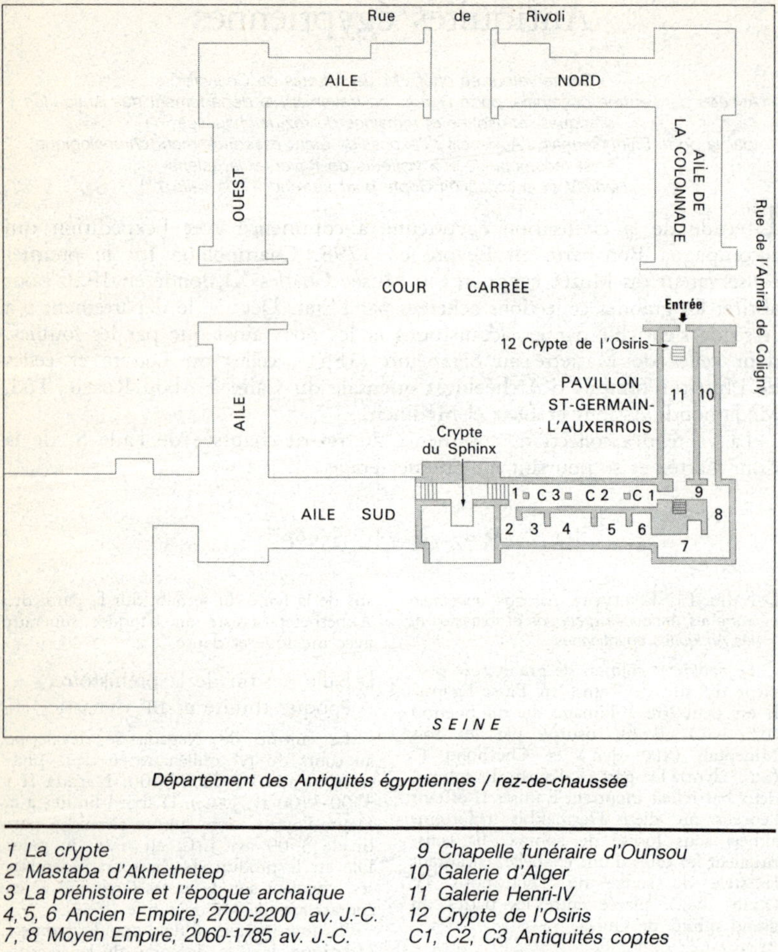

Département des Antiquités égyptiennes / rez-de-chaussée

1 La crypte
2 Mastaba d'Akhethetep
3 La préhistoire et l'époque archaïque
4, 5, 6 Ancien Empire, 2700-2200 av. J.-C.
7, 8 Moyen Empire, 2060-1785 av. J.-C.
9 Chapelle funéraire d'Ounsou
10 Galerie d'Alger
11 Galerie Henri-IV
12 Crypte de l'Osiris
C1, C2, C3 Antiquités coptes

reau ou représentent des animaux, palette aux Canidés. Ces objets, retrouvés dans les tombes, attestent l'existence d'une croyance en une vie après la mort. Le défunt emporte tout ce qui est nécessaire à sa survie. La culture de Nagada dessine les traits fondamentaux d'un art au service de la religion. L'évolution artistique se précipite avec l'unification de l'Egypte et la fondation de la Ire dyn.

L'époque thinite. La *stèle funéraire du roi Djet*** (ou Serpent), provenant de sa tombe à Abydos, est décorée du faucon Horus surmontant le nom du roi inscrit dans un cadre à l'image d'un palais. La parfaite maîtrise du relief s'affirme jusque dans les détails. Les signes hiéroglyphiques (faucon et serpent) ont reçu ici leur forme définitive, mais ce n'est qu'au début de la IVe dyn. que l'ensemble de l'écriture hiéroglyphique sera fixée.

Le passage de l'époque thinite à la IIIe dyn. est marquée par l'avènement de l'architecture de pierre et la construction de la première pyramide de l'Ancien Empire. Les *statues de Sépa et de son épouse Nésa** présentent une attitude qui se perpétuera durant des siècles. Si les attitudes admettent fort peu de variantes, en revanche, l'artiste a la possibilité de réaliser des portraits individualisés. La sculpture, encore un peu maladroite, atteindra sa pleine maturité à la IVe dyn. ▶ Entre cette salle et la suivante, la *stèle de la princesse Néfertiabet**** illustre le thème du défunt devant son repas, très important dans l'art funéraire. Les couleurs, bien conservées, soulignent la grande délicatesse du relief et l'arrangement très équilibré des signes.

▷Salles 4, 5 et 6 : l'Ancien Empire

Le roi-dieu de l'Ancien Empire, entouré d'une cour de hauts fonctionnaires, règne sur un état fortement centralisé autour de Memphis. Sous la IVe dyn., *Chéops* et *Chéphren* édifient, à Guiza, leurs gigantesques pyramides. Leurs successeurs ramèneront ces tombeaux à des dimensions moins écrasantes. Autour des pyramides se serrent les mastabas des serviteurs de l'Etat qui ont livré une abondante documentation sur la vie à l'Ancien Empire. Alors qu'à Memphis, l'art est en pleine éclosion, la province produit des œuvres médiocres.

Salle 4

Au centre de la salle : cuve de sarcophage en calcaire provenant d'Abou Roach (nécropole proche de Memphis). Elle est de forme rectangulaire, comme il est de règle à l'Ancien Empire, et travaillée « en façade de palais ». Sous vitrine, très belle ***tête*** en grès rouge ***du roi Didoufri*****, exposée avec sa statuaire et celle de membres de sa famille, provenant de sa pyramide d'Abou Roach. Disséminée dans la salle, statuaire de dignitaires de l'Ancien Empire. Au fond de la salle, la fausse-porte de Méri (Sakkara, IVe dyn.) montre le mort attablé devant ses offrandes. Les trois grandes colonnes de granit, à chapiteau palmiforme, ont été trouvées à Tanis et Sakkara et datent de l'Ancien Empire. L'une porte le nom d'Ounas (Ve dyn.), les deux autres ont été usurpées par Ramsès II (XIXe dyn.). Dès l'Ancien Empire sont édifiés des temples funéraires pour le culte du roi (contre la pyramide) et des temples divins où l'on honorait les dieux.

Salle 5

Le ***scribe accroupi****** est la plus remarquable des statues de scribes de l'Ancien Empire. L'artiste a réussi un portrait d'un réalisme saisissant qu'accentuent les yeux en cristal de roche, enchâssés dans du cuivre. Les vitrines sont consacrées au contenu de la tombe sous l'Ancien Empire. La nourriture y apparaît comme la préoccupation majeure. A la vaisselle et aux représentations de nourriture, on ajoute des « modèles » en pierre de serviteurs destinés à pourvoir aux besoins du mort : modèles de pétrisseur, de meunière. Les simulacres d'oies troussées et les pièces de viande remplacent efficacement les offrandes que les vivants omettent d'apporter. Le mort pense aussi à perpétuer son confort dans l'au-delà (appuis-tête), à se parer (bijoux) et à exercer ses fonctions (matériel de scribe, armes).

Salle 6

A dr. de l'entrée, bas-relief très réaliste montrant des Lybiens affaiblis par la famine. Deux émouvantes statues de couples (fin de la Ve dyn. et VIe dyn.) traduisent les sentiments qui unissent les deux époux : ***groupe de Raherka et Merseankh****, tête contre tête, en calcaire peint et ***couple anonyme****, en bois, se donnant tendrement

Le mastaba

Le mastaba est le tombeau des nobles de l'Ancien Empire. Masse rectangulaire aux murs inclinés, il évoque la forme d'un banc (arabe : mastaba). Construit en briques, puis en calcaire, il comprend deux parties : le caveau et la chapelle. Le caveau est la partie souterraine de la tombe abritant le sarcophage et le matériel funéraire.

L'accès se faisait par un puits, rebouché après les funérailles. La chapelle était destinée au culte du défunt. Les vivants venaient y déposer leurs offrandes. Le mort communiquait virtuellement avec la chapelle grâce à la fausse porte et à sa statue placée dans le serdab (pièce aveugle, parfois munie d'une fente étroite). Les parois de la chapelle étaient décorées de scènes de la vie quotidienne et de scènes d'offrandes. Par la vertu de l'image et par la présence de son matériel funéraire, le défunt retrouvait son cadre de vie familier et assurait sa survie dans l'au-delà.

Chronologie de l'Egypte ancienne

4000-3100 av. J.-C.	*Fin de la préhistoire : Nagada I, Nagada II*
3100-2700 av. J.-C.	*Epoque thinite : Ie-IIe dyn.*
2700-2200 av. J.-C.	*Ancien Empire : IIIe-VIe dyn.*
2200-2060 av. J.-C.	*Première période intermédiaire : VIIe-Xe dyn.*
2060-1785 av. J.-C.	*Moyen Empire : XIe-XIIe dyn.*
1785-1555 av. J.-C.	*Deuxième période intermédiaire : XIIIe-XVIIe dyn.*
1555-1080 av. J.-C.	*Nouvel Empire : XVIIIe-XXe dyn.*
1080-525 av. J.-C.	*Troisième période intermédiaire et époque saïte : XXIe dyn. (dynastie tanite), XXIIe-XXIVe dyn. (époque lybienne), XXVe dyn. (dynastie éthiopienne), XXVIe dyn. (dynastie saïte)*
525-332 av. J.-C.	*Basse Epoque : XXVIIe dyn. (domination perse), XXVIIIe-XXXe dyn. (dernières dynasties indigènes)*
332-30 av. J.-C.	*Epoque grecque : dynastie lagide*
30-392 apr. J.-C.	*Epoque romaine*
392-641 apr. J.-C.	*Epoque copte ou byzantine*
641 apr. J.-C.	*Conquête arabe*

la main. Peinture sur limon du mastaba de Méthéti évoquant des scènes de la vie quotidienne.

▷ Salles 7 et 8 : Moyen Empire (XIe-XIIe dynasties)

Le Moyen Empire débute avec la réunification de l'Egypte par *Montouhotep I* qui fonde la XIe dyn. Il met fin à une période de troubles sociaux et économiques qui a duré deux cents ans (première période intermédiaire). La XIIe dyn., qui réorganise le pays et rétablit la prospérité, se termine par l'effondrement du pouvoir royal, préludant à une nouvelle période de troubles. Les souverains du Moyen Empire introduisent le dieu Amon de Thèbes au premier rang des divinités égyptiennes. L'art accompagne le brillant développement de la civilisation. Le relief est finement ciselé dans la pierre. La statuaire privée en pierre, souvent de petite dimension, inaugure un nouveau type qui connaîtra un vaste succès : la statue-cube. La statuaire royale n'idéalise plus les portraits des souverains. Les traits ne sont pas figés dans une éternelle jeunesse, mais accusent le poids des ans et des soucis.

Salle 7

*Bloc de Seankhkarê Montouhotep** (XIe dyn., Tôd) avec de beaux portraits du dieu Montou et de la déesse Tanent, l'une de ses deux épouses, rehaussés par les coiffures et les parures délicatement travaillées. *Linteau de porte** sur lequel figure Sésostris III (XIIe dyn., Médamoud) rendant le culte à Montou. Les deux *statues de Sésostris III** en diorite (Médamoud) rappellent l'image du roi représenté sur le linteau. Sous vitrine sont exposées des têtes royales du Moyen Empire parmi lesquelles se détachent les *têtes de Sésostris III** et d'*Amenemhat III** (XIIe dyn.). Les cercueils intérieur et extérieur de Sopi, de forme rectangulaire, sont en bois. Ils sont peints de frises d'objets et de textes religieux empruntés aux textes funéraires royaux de l'Ancien Empire. A côté se dresse la statue en bois de Hapidjefai, une des plus grandes statues funéraires du Moyen Empire. Petite statuaire du Moyen Empire dont la statuette de Iay. *Le Trésor de Tôd** : il s'agit des dépôts de fondation du temple du Moyen Empire, au nom d'Amenemhat II. Une série de cérémonies précédaient la construction des temples. Au cours de celles-ci, on enfouissait dans un angle du monument des objets, dont certains utilisés pour la construction. A Tôd, ils consistaient en quatre coffres de bronze remplis de lingots d'or et d'argent, de morceaux de lapis-lazuli et surtout de coupes en argent au décor égéen, indiquant l'origine étrangère du trésor.

Salle 8

Stèle-chapelle de Senousret (XIIe dyn.), véritable chapelle funéraire en réduction décorée de scènes de la vie quotidienne et de la navigation funéraire. Torse de la reine Sobeknéferou, dernière souveraine de la XIIe dyn., coiffée du némès.

Les dynasties royales

Ire dynastie	*3100-2850*	*av. J.-C.*
IIe dynastie	*2850-2700*	*av. J.-C.*
IIIe dynastie	*2700-2620*	*av. J.-C.*
IVe dynastie	*2620-2500*	*av. J.-C.*
V^{e} dynastie	*2500-2350*	*av. J.-C.*
VIe dynastie	*2350-2200*	*av. J.-C.*
VIIe-X^{e} dynastie	*2200-2060*	*av. J.-C.*
XIe dynastie	*2060-1990*	*av. J.-C.*
XIIe dynastie	*1990-1785*	*av. J.-C.*
XIIIe-XVIIe dynastie	*1785-1555*	*av. J.-C.*
XVIIIe dynastie	*1555-1305*	*av. J.-C.*
XIXe dynastie	*1305-1185*	*av. J.-C.*
XXe dynastie	*1185-1080*	*av. J.-C.*
XXIe dynastie	*1080-946*	*av. J.-C.*
XXIIe dynastie	*946-820*	*av. J.-C.*
XXIIIe dynastie	*820-740*	*av. J.-C.*
XXIVe dynastie	*740-730*	*av. J.-C.*
XXVe dynastie	*730-664*	*av. J.-C.*
XXVIe dynastie	*664-525*	*av. J.-C.*
XXVIIe dynastie	*525-404*	*av. J.-C.*
XXVIIIe-XXIXe dynastie	*404-380*	*av. J.-C.*
XXXe dynastie	*380-342*	*av. J.-C.*

▷ Salle 9 : deuxième période intermédiaire et Nouvel Empire

Grand sphinx du Moyen Empire, usurpé à la XIXe dyn. par Ramsès II et Mineptah. Statue colossale du roi Séthi II (XIXe dyn.), trouvée dans la cour du temple de Karnak, en grès rose.

▸ *Salle 10 : la galerie d'Alger*. Elle est réservée à l'atelier d'enfants. Les jeunes y sont initiés à la civilisation pharaonique *(Renseignements et réservation auprès du Service d'action culturelle ☎ 42.96.58.30).*

▷ Salle 11 : Nouvel Empire et troisième période intermédiaire

Elle occupe la galerie Henri-IV, dessinée par *Louis Le Vau*. Au début de la galerie, les monuments sont disposés de façon à évoquer la cour d'un temple. La porte d'entrée qui se découpait dans le pylône d'accès au temple (construction monumentale formée de deux môles) est marquée par un montant de porte provenant de Coptos (Haute-Egypte). Il est au nom de Thoutmosis III (XVIIIe dyn.) représenté en train d'offrir des fleurs et des canards. La cour était parfois fermée par un second pylône, symbolisé plus loin par des montants de porte de Ramsès II. Le roi y présente des laitues au dieu Min. Devant les pylônes étaient dressés des *colosses* royaux comme celui d'*Aménophis III* (XVIIIe dyn.) dont sont conservés ici la *tête*** et les *pieds***, ou encore ceux de Sebekhotep IV

(XIIIe dyn.) et de Ramsès II (XIXe dyn.), trouvés à Tanis. Contre le socle sont appuyées les statues du vizir Montouhotep (XIIe dyn.) provenant de la cour du temple de Karnak. Les deux pylônes étaient souvent reliés par des colonnes entre lesquelles étaient disposées des statues. On peut voir ici des éléments de colonnes ainsi que huit *statues de la déesse Sekhmet***, au redoutable visage de lionne, une *statue* en diorite *de la déesse Nephtys** et un groupe de statues de dignitaires de la XXVIe dyn. (*statue-cube de Ouahibrê** et *statue de Nakhthorheb** agenouillé). A dr., près de la rangée des Sekh-met, le *groupe de Toutankhamon****, protégé par le dieu Amon, ferme la cour. Malgré la mutilation du jeune roi, cette statue est l'un des plus beaux témoignages de l'art de la fin de la XVIIIe dyn.

Dans le reste de la galerie sont exposés de grands monuments provenant de temples ou de tombes, à l'exception des carreaux de faïence, au nom de Séthi Ier, ayant décoré un palais du Delta (à g., embrasure de fenêtre). *Chapiteau hathorique***, décoré sur deux faces d'une tête de la déesse Hathor. Il provient de Bubastis et date peut-être du Nouvel Empire. Cuve du *sarcophage de Ramsès III*** (XXe dyn.), dont le couvercle se trouve à Cambridge. En forme de cartouche ovale, elle est décorée de représentations des déesses Isis (au pied) et Nephtys (à la tête) et de textes religieux relatifs au voyage nocturne du soleil. A dr., quatre babouins adorant le soleil, appartenant au socle de l'obélisque de Ramsès II, toujours en place à Louxor et dont le jumeau se dresse place de la Concorde. A dr., sur le mur : *bas-relief* peint *du roi Séthi Ier**** recevant le collier magique des mains d'Hathor, sous son aspect de déesse de la nécropole thébaine. Il décorait un pilier de la tombe du souverain dans la Vallée des Rois. A g., pyramidions surmontant les chapelles funéraires thébaines, comportant des hymnes au soleil. Bas-relief de Karnak montrant l'intronisation de la Divine adoratrice Nitocris (XXVIe dyn.) et statue de la Divine adoratrice Chapenoupet figurée en déesse Isis, allaitant Horus (XXVe dyn.-XXVIe dyn.), provenant du temple de Médinet Habou. Les Divines adoratrices sont les épouses du dieu Amon. Investies de cette fonction sacerdotale, sous les XXVe et XXVIe dyn., elles prirent les attributs de pharaon, sans pour autant exercer un pouvoir politique. Les Divines adoratrices conservaient leur virginité, mais adoptaient une enfant qui leur succèdait. Très belle *tête d'Hathor** ayant appartenu à un chapiteau hathorique (IIIe s. av. J.-C.).

Au fond de la galerie, deux naos. Un naos est une petite chapelle abritant la statue divine dans le sanctuaire situé au fond du temple. Celui de g. a été consacré à Isis par Cléopâtre. A dr., le *naos, dédié à Osiris** par le roi Amasis, est décoré de représentations évoquant une grande partie du panthéon égyptien.

▷ Salle 12, crypte de l'Osiris : Basse Epoque

Elle réunit des œuvres funéraires dont trois beaux *sarcophages* ptolémaïques : celui de *Djedhor**, où figure (au pied) le passage du soleil d'une barque à l'autre. Dans une niche, une statue de culte d'Osiris, dieu des morts et de la renaissance, fait face à une statue de son épouse Isis, pleurant.

Les vitrines sont en partie consacrées au culte des animaux sacrés. Réceptacles de la divinité, ils étaient l'objet d'une vénération poussée à l'extrême durant la Basse Epoque. Les nécropoles d'animaux se multiplient et se remplissent de momies. Au centre, momie de bélier et sarcophage en calcaire d'un ibis ; à g., momies de chat, de chien, de poisson et de crocodile. Au plafond, le *zodiaque* provenant du *temple de Dendara**. Aux constellations et aux décans connus des Egyptiens s'ajoutent les signes du zodiaque introduits à l'époque romaine.

▶ Il est conseillé de revenir vers la salle 9 pour poursuivre la visite des Antiquités égyptiennes.

▷ Salles C1, C2, C3 : les Coptes (IVe s.-XIIe s. apr. J.-C.)

Les Coptes (du mot grec Aiguptioi) sont des Egyptiens, et le mot copte désigne une période qui va du IVe s. au XIIe s. apr. J.-C. Dans l'histoire de l'Egypte, qui fut le berceau du monachisme chrétien, l'art copte suit immédiatement la période romaine. Il évolue jusqu'au XIIe s., d'abord païen, puis se christianisant peu à peu. Il puise ses sources dans le monde méditerranéen et épisodiquement dans la tradition pharaoni-

A ne pas manquer

Rez-de-chaussée
Sphinx de Tanis, IVe dyn. (salle 1, crypte).
Mastaba d'Akhethetep, Ve dyn. (salle 2).
Stèle de Néfertiabet (salle 3, salle 4).
Scribe accroupi, Ve dyn. (salle 5).
Groupe sculpté de Thoutankhamon et du dieu Amon, XVIIIe dyn. (galerie Henri-IV).
Bas-relief de Sethi Ier, XIXe dyn. (galerie Henri-IV).
Icône du monastère de Baouït, VIe s.-IXe s. (salle 3 de l'Art copte).
Premier étage
Buste colossal d'Aménophis IV-Akhenaton, XVIIIe dyn. (palier de l'Escalier égyptien).
Statuettes féminines du règne d'Aménophis III (salle B).
Tête Salt et tête de princesse amarnienne, XVIIIe dyn. (salle D).
Vitrine de bijoux et d'orfèvrerie, XIIe dyn.-XXIIe dyn. (salle E).
Statue de Karomama, XXIIe dyn. (salle F).
Vitrine de petits bronzes, troisième période intermédiaire (salle F).

La révolution d'Amarna

Aménophis IV-Akhénaton, fils d'Aménophis III, entreprend une révolution religieuse qui se limitera à la durée de son règne (1372-1354 av. J.-C.). Il se voue au culte du disque solaire Aton et pourchasse Amon, le dieu dynastique et national, dont il fait marteler sans pitié les images et le nom. Puis, il se résout à quitter Thèbes et à fonder une nouvelle capitale en Moyenne-Egypte, baptisée Akhétaton, plus connue sous son nom actuel d'Amarna.
Sous le règne de ce pharaon, considéré par ses successeurs comme un hérétique, l'art égyptien a subi des transformations formelles et iconographiques très importantes.

que. Ses plus belles réussites appartiennent aux domaines du tissage, de la peinture et de la sculpture. Trois salles sont consacrées à l'art copte.

Salle C1 : époque romaine et débuts de l'art copte

Mur d'entrée : deux linceuls peints à la cire représentent le mort. Sur l'un d'eux, il est guidé par Anubis. A dr., momie de femme particulièrement soignée. Un portrait du Fayoum est inséré entre les bandelettes, au niveau du visage. Il est peint à la cire. A g., le *voile d'Antinoé***, tissu imprimé au décor bacchique. Sous vitrine, belle collection d'ivoires alexandrins. Sur le mur du fond, tentures illustrant les débuts du tissage copte : le Châle de Sabine, décoré de scènes nilotiques et tenture aux amours vendangeurs (fin du IIIe s. apr. J.-C.). A g., statue d'Horus-cavalier, vêtu en légionnaire romain, transperçant de sa lance un crocodile (Ve s. apr. J.-C.).

Le taureau Apis

Le taureau Apis (en égyptien Hapi) était l'incarnation vivante du grand dieu de Memphis, Ptah. Tout taureau n'était pas apte à remplir ce rôle : pour être déclaré Apis, il devait porter certains signes sur son pelage et sur sa langue. Après sa mort, l'Apis était momifié, déposé dans un grand sarcophage et enterré avec ses oushebtis dans une sépulture spéciale du Sérapéum. Cette nécropole souterraine des taureaux Apis a été découverte en 1851 par Mariette. Bien que le culte d'Apis remonte aux époques les plus lointaines, les plus anciens monuments trouvés dans le Sérapéum ne sont pas antérieurs au règne d'Aménophis II (XVIIIe dyn.); les plus récents ne sont pas postérieurs aux derniers Ptolémées.

Salle C2 : épanouissement de l'art copte (Ve-VIIe siècles)

A g., grand ensemble de tapisseries aux couleurs éclatantes avec scènes nilotiques, scènes de chasse, aigle ou danseuse. Elles sont toutes ornées de motifs de croix chrétiennes. Vitrine ayant trait à la technique du tissage copte ; vitrine où ont été reconstitués des costumes coptes. Sculptures sur le thème d'Aphrodite-Anadyomène et de sujets chrétiens. Peintures murales provenant du site monastique des Kellia (au sud-ouest d'Alexandrie).

Salle C3 : l'art copte, de la conquête musulmane au XIIe siècle

Reconstitution de la nef de l'église S. du monastère de Baouit (Moyenne-Egypte, VIe-IXe s.). Elle a été remontée avec les éléments d'origine et à la même échelle. L'extérieur et l'intérieur sont ornés de frises sculptées sur pierre et sur bois. De très beaux *chapiteaux-corbeille*** sont exposés à l'intérieur. Dans le chœur, magnifique *icône**** représentant l'abbé Ména protégé par le Christ.

▷ L'escalier égyptien

En revenant sur ses pas, le visiteur empruntera l'escalier égyptien pour accéder aux salles égyptiennes du premier étage.

Sur la paroi g., blocs du temple de Karnak, constituant une partie des *Annales de Thoutmosis III** (XVIIIe dyn.). Le roi y raconte certaines de ses campagnes en Asie. Palier intermédiaire : belle *statue de Bès**, divinité protectrice, provenant du Sérapéum. Palier supérieur : magnifique buste d'un *colosse* osiriaque d'*Aménophis IV***-Akhéaton*, XVIIIe dyn. *(→ encadré)*, donné par l'Egypte à la France en reconnaissance de sa participation au sauvetage des monuments de Nubie. *Chapelle funéraire** du scribe Ounsou et de son épouse Imenhetep (XVIIIe dyn.). Les peintures, sur limon, représentent surtout des scènes agricoles. La chapelle abrite une statue du couple, en grès.

Le Sérapeum. Un certain nombre des monuments rassemblés dans l'escalier proviennent du Sérapeum, situé à Sakkara. On verra une belle *statue d'Apis*** (→ *encadré*) en calcaire peint, plusieurs oushebtis (figurines des serviteurs funéraires, six des sphinx qui bordaient l'allée menant à l'entrée de la nécropole souterraine, les quatre vases canopes (vases contenant les viscères) d'un taureau mort sous Toutankhamon et les stèles commémorant l'ensevelissement des Apis, donnant le nom et la date de règne du roi sous lequel eut lieu l'événement. Ce sont des documents très importants pour la connaissance de la chronologie.

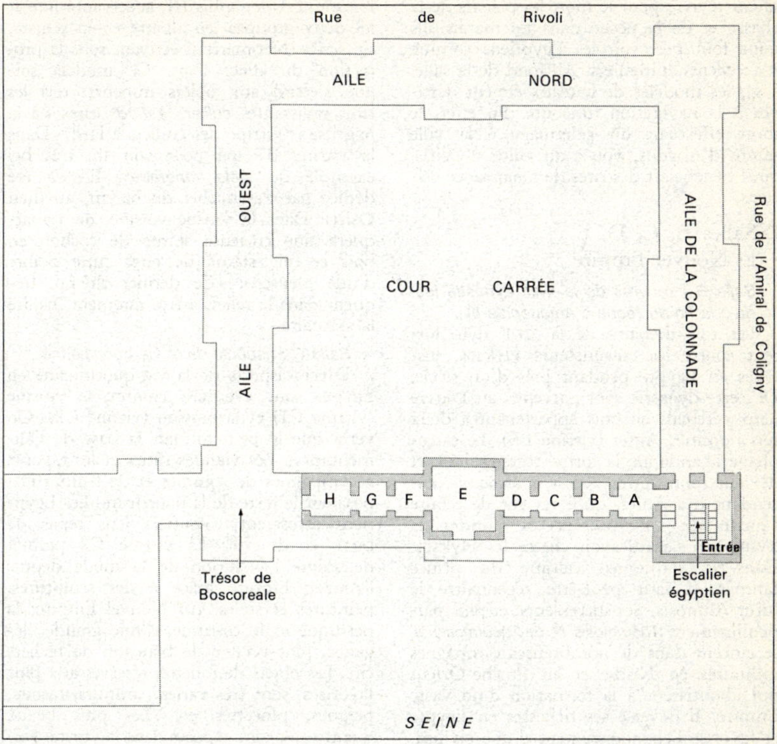

Département des Antiquités égyptiennes / premier étage

A Moyen Empire (suite)
B, C, D, E Le Nouvel Empire
F La troisième période intermédiaire
G Basse Epoque
H Epoques ptolémaïque et romaine

Premier étage

Les vitrines murales sont numérotées à partir de la gauche et en faisant le tour de la salle. Ainsi, dans le texte, B4 désignera la 4e vitrine de la salle B.

▷ Salle A : Moyen Empire (suite)

Le contenu des tombes privées exposé dans les vitrines montre que le matériel se diversifie. Les modèles en pierre de l'Ancien Empire ont cédé la place à des modèles en bois, de facture souvent très simple, aux activités plus variées et traitées de manière très vivante.

La tombe de Nakhti (XIIe dyn.) : la *statue* en bois du *chancelier Nakhti*** compte parmi les plus belles statues privées de l'époque. Son cercueil en bois peint, comme ceux de Sopi (salle 7), est décoré de textes funéraires appelés Textes des Sarcophages. Les vitrines A3, A4, la vitrine voisine et le pupitre sous fenêtre contiennent son matériel : il s'agit de statuettes en bois rappelant sa grande statue, de vêtements, d'objets de toilette (rasoir, miroir), de sceptres en bois matérialisant son autorité, d'armes et d'outils. On remarquera un intéressant modèle de grenier mettant en scène des paysans qui engrangent le blé sous l'œil vigilant du scribe.

Sous vitrine, à g., la célèbre *Porteuse d'offrandes***, en bois peint, tient un canard dans une main tandis que de l'autre elle maintient sur sa tête un coffret et une pièce de viande. Les *hippopotames en faïence***, au corps orné de lotus et de papyrus, faisaient revivre pour le mort les plaisirs de la chasse et de la pêche dans les marais. Ils nous font percevoir les Egyptiens comme d'excellents animaliers. Au fond de la salle, à g., les modèles de bateaux étaient destinés à la navigation funéraire. En effet, le mort effectuait un pèlerinage à la ville sainte d'Abydos, vouée au culte d'Osiris, où il bénéficiait des rites de renaissance osiriens.

▷ Salles B, C, D, E : le Nouvel Empire

Salle B : œuvres de la XVIIIe dynastie jusqu'à la fin du règne d'Aménophis III

Les rois thébains de la XVIIe dyn. luttent contre les envahisseurs Hyksos, installés en Egypte pendant près d'un siècle. De cette dynastie sont parvenus au Louvre deux cercueils en bois appartenant à deux rois nommés Antef (vitrine B6). Le sarcophage abandonne la forme rectangulaire et devient momiforme. C'est à *Ahmosis*, descendant des Antef, qu'il revient de refaire l'unité de l'Egypte et de fonder la XVIIIe dyn., après avoir chassé les Hyksos. Dans la statue en calcaire du prince Iahmès, il faut peut-être reconnaître le futur Ahmosis. Ses successeurs, et plus particulièrement *Thoutmosis Ier* et *Thoutmosis III*, se lancent dans de nombreuses campagnes militaires en Nubie et au Proche-Orient qui aboutissent à la formation d'un vaste Empire. Il déverse ses richesses en Egypte et favorise l'épanouissement d'une civilisation qui atteint son apogée. L'efficacité de l'armée est accrue par l'utilisation du cheval, introduit en Egypte peu avant la XVIIIe dyn. On verra dans la vitrine B1 objets et relief se rapportant à cet animal.

De la statuaire privée on retiendra, au milieu de la salle, le groupe de Sennynéfer et de son épouse Hatchepsout en grès peint et la petite statue de Senenmout tenant une corde d'arpenteur, en quartzite rouge (vitrine B3). *Senenmout* fut l'architecte du temple funéraire de la reine Hatchepsout à Deir el-Bahari, chef-d'œuvre de l'architecture égyptienne. La vitrine B3 est dominée par les têtes royales de la XVIIIe dyn. Parmi elles, une ***tête*** en diorite d'***Aménophis III****. Cette vitrine renferme aussi de très jolies ***coupes en faïence**** bleue. *Aménophis III* (1402-1364 av. J.-C.) hérita d'un Empire à son apogée. Le roi (dont on verra l'image reproduite par les peintures, sculptures et oushebtis de la vitrine B4) émit des séries de scarabées inscrits commémorant les grands événements de son règne. Il se consacra à une importante œuvre architecturale. Sous son règne, l'art se caractérise par un extrême raffinement dont témoignent les statues de la vitrine B5 : statue de Setaou avec la déesse Nekhbet, groupe de Imennakht avec son épouse et son fils, statue du scribe Néferrenpet. La même délicatesse empreint les ***statuettes***** de ses contemporains exposées dans la vitrine voisine : dame Touy, dame Nay, la reine Tiy, femme d'Aménophis III, la servante nue et les deux groupes, en albâtre et en schiste, du scribe Nebmertouf écrivant sous la protection du dieu Thot. Ce modelé soigné s'étend aux objets mineurs, tels les trois ravissantes ***cuillers à fard**** dites « à la nageuse » (vitrine des cuillers à fard). Dans la vitrine B7, on peut voir un très bel exemple de ***stèle funéraire****. Elle a été dédiée par Paser, chef du harem, au dieu Osiris. Dans la vitrine voisine, on remarquera une curieuse statue de cochon en bois et une statue de terre cuite peinte d'une pleureuse. Ce dernier thème, fréquent dans le relief, a très rarement inspiré la statuaire.

Salle C : aspects de la vie quotidienne

Divers aspects de la vie quotidienne en Egypte sont évoqués, comme la cuisine (vitrine C1) et la boisson (vitrine C2). On verra que le pain formait la base de l'alimentation. Les viandes rôties et les ragoûts accompagnés de légumes et de fruits composaient le reste de la nourriture. Les Egyptiens arrosaient volontiers leur repas de bière et de vin. La vitrine C2 permet de suivre l'évolution de la mode depuis l'Ancien Empire grâce à des sculptures, peintures et stèles. Au Nouvel Empire, la perruque et le costume, d'une grande élégance, font preuve de beucoup de recherche. Les objets de toilette, réservés aux plus favorisés, sont très variés : miroirs, rasoirs, peignes, pincettes etc. Les plus beaux d'entre eux sont exposés dans la vitrine voisine. On relèvera plus particulièrement une ***boîte à onguent****, décorée d'une jeune femme chargée d'un bouquet de nénuphars et d'un vase.

Le défunt recréait dans sa tombe son univers familier, ce qui nous permet d'imaginer de façon précise le contenu d'une maison. Le mort s'environnait aussi bien des instruments domestiques les plus élémentaires (lampes en terre cuite, balais, nattes et corbeilles en vannerie), que des plus beaux spécimens de son mobilier (coffrets de rangement, chaises et tabourets en bois et appuis-tête pour reposer la tête durant le sommeil). La vitrine voisine renferme une très belle ***chaise**** en bois incrusté d'ivoire. A côté, les modèles de maison en terre cuite ou en calcaire nous donnent une idée du plan des maison égyptiennes. Dans la vitrine C7, on verra une collection d'armes de combat de différentes époques : arcs, flèches, haches et poignards, ainsi que des reliefs et des peintures illustrant la chasse et la pêche. Activités nourricières lorsque la chasse aux oiseaux et la pêche sont pratiquées au filet par les paysans, elles deviennent le passe-temps favori des grands qui chassent au boomerang et pêchent au harpon. Les jeux, dont les Egyptiens étaient de grands amateurs, et la femme, sont évoqués dans deux vitrines situées à dr. de la salle. Jolie ***figurine**** en faïence bleue d'une concubine du mort. Les techniques de construction, la fabrication du verre et de la faïence, le travail du bois et de la pierre sont expliqués dans les vitrines groupées à dr. de l'entrée.

La musique accompagnait toutes les fêtes sacrées et profanes. L'instrument préféré des Egyptiens était la harpe (vitrine C6 et vitrine voisine qui abrite une *harpe trigone**, pièce unique au monde). Après la harpe, les instruments les plus répandus sont la flûte et le hautbois, ou double-clarinette en bois (vitrine C6). Le luth et la lyre furent importés en Egypte au Nouvel Empire (vitrine C5 : séduisantes joueuses de luth animant cuillers à fard, coupes en faïence et coffret en bois). Le tambour et le tambourin donnaient le rythme, de même que les castagnettes et les claquoirs (vitrines C5 et C6). Sistres, crotales et cymbales complétaient la panoplie des instruments (pupitre sous fenêtre). On ne peut se faire une idée précise de la musique égyptienne qui devait se situer entre la musique orientale et la musique africaine.

Salle D : la révolution amarnienne et la fin de la XVIIIe dynastie

Sous le règne d'*Aménophis IV-Akhenaton* (*→ encadré*), on assiste à une révolution religieuse et artistique, déjà amorcée par Aménophis III. On abandonne l'académisme et ses formes figées pour introduire le mouvement et une traduction réaliste du visage et du corps. Les artistes trouvent un nouveau canon en la personne d'Aménophis IV qui inspire reliefs et sculptures reproduisant ses courtisans. L'art se rapproche de la nature qui pourvoit au décor des palais amarniens.

A dr. de l'entrée, *statuette*** en calcaire peint, du couple formé par Aménophis IV et la célèbre Néfertiti, et majestueuse tête d'une *princesse**** de la famille royale, en calcaire peint. A g. de l'entrée : fragment d'un groupe assis, en gypse, dont seul Aménophis IV est préservé, et beau *buste d'Aménophis IV** en calcaire peint. Dans la vitrine D2 : des fragments de reliefs en grès montrent Aménophis IV et des membres de sa famille adorant Aton. Les rayons bienfaisants du disque solaire se terminent par des mains répandant la vie et la prospérité sur le roi. La vitrine à g., au fond de la salle, abrite un splendide *torse amarnien*** en quartzite, qui peut être attribué à *Néfertiti*. Les autres objets concernent la fin de la XVIIIe dyn. et ses souverains *Tout-ankh-amon* et *Horemheb*. Sous vitrine, au fond de la salle : petite plaque en ivoire sculptée et peinte d'un jeune prince (peut-être Toutankhamon) cueillant du raisin. Vitrine D3 : délicate *tête*** en pâte de verre bleue ayant peut-être appartenu à une statue de Tout-ankh-amon. Au fond de la salle, près de la fenêtre, sont disposées deux statues en diorite d'Amon dont une a été dédiée au dieu par Tout-ankh-amon. Les *reliefs du général Horemheb** proviennent de sa tombe de Sakkara. Devenu roi, Horemheb se fit creuser un hypogée dans la Vallée des Rois, à Thèbes. Sur l'un des reliefs, les Libyens, les Syro-palestiniens et les Nubiens défilent devant Horemheb pour lui rendre hommage. Sur l'autre, on assiste aux funérailles du général, dominées par les douloureuses lamentations des pleureuses (vitrine D5). L'art de la fin de la XVIIIe dyn. est également illustré par les reliefs de la *tombe d'Imeneminet**, général en chef (vitrine D6). La statuaire est remarquablement représentée par l'élégante *statue de Piay***, portier du temple d'Amon (vitrine D6) et surtout par la *tête Salt****. L'artiste a admirablement exprimé la force tranquille du personnage, dissimulée derrière l'ébauche d'un sourire. Elle est en calcaire peint en rouge, les cheveux ras sont noirs.

Salle E : époque ramesside (XIXe et XXe dynasties)

Horemheb désigne comme héritier un de ses généraux, nommé *Ramsès*, qui fonde la XIXe dyn. Son fils *Séthi Ier* et son petit-fils *Ramsès II* en sont les souverains les plus brillants. Ils se dépensent sans relâche pour défendre un Empire menacé par les Hittites. La XXe dyn. produit le dernier grand souverain de l'Egypte nationale, le pharaon *Ramsès III*. Ses successeurs, de Ramsès IV à Ramsès XI, ne sauront éviter le déclin de l'Empire, puis le nouveau morcellement de l'Egypte. L'art, sous Séthi Ier, retrouve la perfection atteinte sous Aménophis III. Ramsès II introduit un nouveau style qui se développe parallèlement à une activité architecturale débordante et empreinte de colossal. C'est un art moins parfait sur le plan technique, mais qui, tout en respectant les conventions fixées, jouit d'une plus grande liberté, notamment dans le relief dans le creux. L'usage de ce dernier se généralise aux dépens du relief en saillie.

Dans la vitrine E1 sont rassemblés des portraits des souverains des XIXe et XXe dyn. Le village de Deir el-Médineh était habité par les artisans de la nécropole thébaine. Cette communauté est bien connue grâce à la préservation des maisons, rares exemples de l'architecture civile égyptienne, au contenu des tombes et aux centaines d'ostraca. On désigne par ostraca des tessons de calcaire sur lesquels on écrivait ou dessinait à peu de frais, le papyrus étant d'un usage limité car très coûteux. La vitrine placée à g., le long du mur, est remplie d'ostraca figurés sur lesquels les artistes ont laissé libre cours à leur inspiration et à leur fantaisie. La vitrine E2 présente la déesse Hathor et les divers aspects de son iconographie. Elle était adorée à Deir el-Médineh aux côtés de la déesse Mert Seger, empruntant la forme d'un cobra. La vitrine E3, consacrée à la prière, montre des stèles à oreilles votives qui permettaient aux divinités d'écouter les prières des artisans. Près des fenêtres, on peut admirer trois belles stèles ramessides : la *stèle de Dédia** faisant offrande à la triade osirienne (Osiris, Isis et leur fils Horus), la *stèle de Hormin** à qui Séthi Ier remet l'or de la récompense, et la *stèle de Rourou**, grand intendant du roi.

La statuaire privée, en pierre, est répartie dans différentes vitrines. Intéressante *statue-cube** en calcaire du scribe Touroi. Une vitrine réunit les statuettes en bois de l'époque.

On remarquera surtout un homme portant une *enseigne d'Amon** à tête de bélier et une *statue de la reine Ahmès Néfertari** (XVIIIe dyn.) dédiée par un artisan de Deir el-Médineh. Dans la vitrine E4 sont conservés le masque en feuille d'or qui couvrait le visage du prince Khaemouaset et les amulettes disposées sur sa momie. La sépulture de ce prince fut découverte par *Mariette* dans le Serapeum de Memphis, car ce fils de Ramsès II, inhumé près des Apis, fut un grand prêtre de Ptah.

La *vitrine de l'orfèvrerie**** groupe les plus beaux bijoux et pièces d'orfèvrerie du département, toutes époques confondues : manche de miroir (XIIe dyn.) en faïence ou amazonite (?) et or ; bijoux au nom du roi Ahmosis (XVIIIe dyn.) ; patères en or et en argent, ornées de poissons, offertes par Thoutmosis III au général Djéhouti (XVIIIe dyn.) et collier « aux poissons » de la XVIIIe dyn. ; bijoux du vizir Paser ; pectoral et bague « aux chevaux » de Ramsès II ; collier de Pinedjem Ier, roi de la XXIe dyn. et triade d'Osorkon II (XXIIe dyn.) en or massif et lapis-lazuli représentant Osiris, Isis et Horus ; bijoux en or et en argent de l'époque hellénistique et romaine.

▷ Salle F : la troisième période intermédiaire et l'époque saïte (XIe-VIIe s. av. J.-C. ; XXIe-XXVIe dynasties)

A Thèbes, le pouvoir est confisqué par les grands prêtres d'Amon dont l'autorité s'étend sur le S. du pays. Le N. est contrôlé par une dynastie parallèle, établie à Tanis. Les XXIIe et XXIIIe dyn., libyennes, succèdent aux souverains de Tanis. Après le bref intermède de la XXIVe dyn., installée à Saïs dans le Delta, l'Egypte est conquise par les Ethiopiens qui fondent la XXVe dyn.

Durant cette période, le travail des métaux, et plus particulièrement du bronze, relève d'une virtuosité extraordinaire aussi bien dans la statuaire - admirable *statue de* la Divine adoratrice *Karomama****, incrustée d'argent, de cuivre, d'or et de platine ; statues des dignitaires Pachasou (XXIIe dyn.) et Padiimen (XXVe dyn.) et du dieu Horus à tête de faucon -, que dans les objets de petite dimension : sous *vitrine****, sistre incrusté d'or de la musicienne d'Amon, Henouttawy, boîte au nom de la Divine adoratrice Chapenoupet II, sphinx du roi Siamon (XXIe dyn.) présentant une table d'offrandes, égide à tête de lionne en électrum (XXIIe dyn.) et groupe du roi Taharqa (XXVe dyn.) offrant du vin au dieu Hémen.

Dans la tombe, on n'emporte plus les objets et meubles familiers, mais on s'entoure uniquement d'un matériel en rapport avec la renaissance. Les ousheb-tis, serviteurs funéraires prêts à remplacer le mort dans les travaux qu'il peut avoir à accomplir, sont toujours présents (vitrine à g. près de l'entrée). L'art funéraire se distingue par ses stèles en bois stuqué et peint montrant le défunt devant le dieu solaire Rê-Horakhty : *stèle du harpiste** (vitrine F1) et *stèle de la dame Taperet*** (sous vitrine, au centre de la salle) ; et par ses cercueils d'une exécution très soignée : *planche de protection de momie** et cercueils de Soutymès (vitrine F6 et embrasure de fenêtre).

▷ Salle G : Basse Epoque (VIIe-IVe s. av. J.-C. ; XXVIIe-XXXe dynasties)

La dynastie saïte (XXVIe dyn.) chasse les Ethiopiens et reconstitue l'unité du royaume. L'art se tourne résolument vers les périodes précédentes qu'il copie fidèlement. Dans la statuaire, certains visages sont très détaillés et reproduisent l'individu tel qu'il est, sans flatterie. Au centre de la salle, beau *buste d'homme âgé** en schiste, et *statue de Iahmèssaneith**.

La renaissance saïte est brutalement interrompue par l'invasion des Perses qui annexent l'Egypte et fondent la XXVIIe dynastie. Les Egyptiens restent fermés à l'influence perse qui laisse peu de traces dans l'art de cette époque, illustré par une stèle d'Apis datant de l'an 34 de Darius, et par une tête de grand personnage perse.

Le pays recouvre son indépendance pour une soixantaine d'années, de la XXVIIIe à la XXXe dyn., puis retombe une seconde fois sous la domination perse qui se terminera avec la conquête de l'Egypte par Alexandre le Grand. Sous la XXXe dyn., les artistes façonnent des statues dans des pierres très dures auxquelles ils confèrent un poli incomparable : *têtes de vieillards** en quartzite et en schiste (sous vitrine, à dr. au fond de la salle). Dans la vitrine G5, intéressants modèles de sculpture du IVe s., dont un torse de Nectanébo Ier (XXXe dyn.) à rapprocher du grand torse de ce roi, placé près de la fenêtre.

L'art du bas-relief du VIIe au IVe s. : relief en calcaire montrant la fabrication du parfum de lys provenant de la tombe de Pairkep (600 av. J.-C.) et relief figurant les vendanges et le foulage du raisin (IVe s.). Les artistes calquent attitudes et costumes des personnages sur ceux de l'Ancien Empire, sans toutefois en retrouver le trait sûr et précis. Les formes plus arrondies donnent une impression de douceur.

Le dictionnaire des dieux (vitrines G1 à G3) : en haut, les dieux, classés par ordre alphabétique, apparaissent sous leurs aspects les plus fréquents. En bas, présentation des animaux avec indication des divinités qu'ils représentent. Le chat, animal sacré de la déesse chatte Bastet, fournit

La magie

Les Egyptiens ont toujours eu recours à la magie pour se défendre de leurs ennemis et se protéger de la maladie. On s'adresse aux divinités protectrices Bès et Thouéris qui, par exemple, assistent la femme lors de l'accouchement; on se couvre d'amulettes aux effets bénéfiques ou encore on écrit au mort qui aurait tendance à troubler la quiétude des vivants.
A Basse Epoque, l'usage de la magie est très répandu. Les divinités panthées accumulent toutes sortes d'attributs redoublant leur efficacité. L'envoûtement, qui s'opère au moyen de figurines de cire, connaît un vif succès. A la même période, on commence à sculpter les statues guérisseuses, dont le Louvre possède un très bel exemplaire en basalte.

matière à une belle *collection de bronzes** (vitrine à g., au centre de la salle).

La vitrine G4 et sa voisine sont consacrées à la magie (→ *encadré*). La *statue Tyskiewicz***, au corps gravé de textes magiques et aux bras tenant une stèle dite « d'Horus-sur-les-crocodiles », était installée dans un lieu public. La statue avait le pouvoir de transformer l'eau qui coulait sur elle en remède contre les morsures de scorpions et de serpents.

▷ Salle H : époques ptolémaïque et romaine

De 332 av. J.-C. à 392 apr. J.-C., *Alexandre le Grand* confie l'administration de la province nouvellement conquise à *Ptolémée*, fils de Lagos, et fonde la ville d'Alexandrie, nouvelle capitale de l'Egypte. Ptolémée s'arroge les attributs de pharaon et donne son nom à la dynastie lagide ou ptolémaïque. Trois cents ans plus tard, la dernière souveraine lagide, *Cléopâtre VII*, séduit successivement César et Antoine avant d'être défaite, en 30 av. J.-C., par Auguste. C'est le début de l'occupation romaine. L'art est un mélange de styles, de techniques et de thèmes iconographiques égyptiens, grecs et romains.

Les souverains grecs et romains sont évoqués principalement par une stèle représentant Cléopâtre, habillée en pharaon, qui fait offrande à la déesse Isis allaitant son fils Horus (datée du 2 juillet 51 av. J.-C.), et par un buste d'empereur romain avec les insignes de pharaon (peut-être Néron, Ier s. apr. J.-C.), vitrine H1. Les sculptures de l'époque ptolémaïque sont groupées dans une vitrine proche de l'entrée. A côté, on remarquera un beau torse de la déesse Isis. Dans la vitrine H2 : *faïences dites de Mit Rahineh** au décor hellénistique, et poteries romaines; figurines en terre cuite d'époque romaine, produites à une grande échelle. L'art funéraire voit l'introduction de masques en stuc ornés du visage du défunt, et de *portraits en bois*** peints à la cire, dits « du Fayoum » (d'après le lieu de leur principale découverte), destinés à couvrir la tête de la momie.

Le côté g. de la salle est consacré à l'*écriture* : le scribe (matérialisé par une statue de la Ve dyn.) est présent à tous les échelons de l'administration égyptienne. Il est entouré ici de son matériel : palette en bois, godet en faïence et coffret où il rangeait ses papyri (vitrine précédant la vitrine H3). Ce personnage était placé sous la protection de divinités : Thot, dieu de la sagesse et de l'écriture aux multiples attributions; la déesse Séchat, aux compétences limitées à l'écriture; le sage Imhotep (architecte de Djéser, IIIe dyn., divinisé à Basse Epoque), considéré comme le patron des sciences. Les supports de l'écriture sont variés : papyrus pour les documents importants, mais aussi tablettes de bois, pots cassés, éclats de pierre et même cailloux. On peut voir ensuite les instruments utilisés pour les calculs et les mesures (vitrine H3). Le grand pupitre voisin retrace l'évolution de l'écriture tout en expliquant quelques rudiments de grammaire.

L'embaumement et l'enterrement (côté dr. de la salle) : la préservation du corps, indispensable à la survie, était confiée aux embaumeurs qui avaient pour patron le dieu Anubis à tête de chien (vitrine H5). Ils plongeaient le corps dans du natron sec, lui appliquaient divers onguents et huiles odorantes puis l'enveloppaient de bandelettes. Entre les bandelettes étaient glissés amulettes protectrices et scarabée de cœur (vitrines H5 et H6 et momie sous vitrine voisine). La momie était ensuite rendue à la famille qui procédait à l'enterrement. Celui-ci est reconstitué, dans les vitrines face à la vitrine H7, d'après les représentations du *Livre des Morts*** de Nebqued (vitrine H7). En tête du cortège défilaient le sarcophage et le matériel funéraire. Avant la mise au tombeau les prêtres accomplissaient sur la momie le rituel de l'ouverture de la bouche et des yeux, ayant pour but d'insuffler à nouveau la vie dans le corps (vitrine à dr. de l'entrée).

Antiquités grecques, étrusques et romaines

Conservateur en chef : M. Pasquier
Acccès : porte Denon

Quelques statues provenant des collections royales ont formé le premier musée des Antiques ouvert en 1800, mais le département a pris sa forme actuelle en 1849. On a ouvert tout récemment les appartements d'été d'Anne d'Autriche pour présenter des œuvres romaines et étrusques. La visite des collections grecques, étrusques et romaines commence au rez-de-chaussée avec les sculptures, et se poursuit au premier étage avec les vases, les terres cuites et les bronzes.

Rez-de-chaussée

▷ La galerie Denon

Des *sarcophages* (IIe s., IIIe s. apr. J.-C.) : Déméter et Triptolème, Phèdre et Hippolyte, *Apollon et Marsyas**, Achille chez Lycomède, Légende d'Actéon, et quelques statues romaines (Ie s., IIe s. apr. J.-.C) : Antinoüs en Aristée, Tiridate, roi d'Arménie, Sabine... accueillent le visiteur. ▸ Contournant l'escalier Daru, il faut descendre quelques marches pour atteindre la salle de la Grèce archaïque, installée dans l'ancien vestibule des Prisonniers barbares.

▷ Salle 1, salle de la Grèce archaïque : époque orientalisante, époque archaïque (VIIe-VIe s. av. J.-C.)

La période archaïque s'étend de la fin du VIIe s. au début du Ve s. av. J.-C. La sculpture s'est consacrée surtout alors à deux types : le kouros, homme nu, debout, les bras baissés, la jambe gauche portée en avant; et la koré, femme drapée debout. Leur développement marque un progrès continu dans le rendu de la draperie et du nu. A côté du kouros et de la koré, on rencontre quelques autres types (statues assises, etc.), dont le plus important est le motif du cavalier, création grecque. En même temps le bas-relief s'efforce, lui aussi, à l'exactitude de l'anatomie et de l'expression. Dans cet art jeune et vivant, on a distingué trois grands courants : le style dorien, le style ionien et le style attique.

*Héra de Samos**** (style ionien, VIe s.). Ephèbe vêtu de l'himation et tenant une fleur (stèle funéraire; style attique, VIe s.); Tête d'homme (Athènes, VIe s.); trois Femmes assises de la nécropole de Milet (style ionien, VIe s.); *Cavalier vainqueur**** (don Rampin; style attique, VIe s.); Agamemnon, Talthybios et Epéos (Samothrace, VIe s.); Apollons ou kouroï archaïques d'Actium, de Paros et de Milet. Femme drapée dite *Dame d'Auxerre**** (style dorien, fin du VIIe s.); *Dinos*** avec support pour mélanger l'eau et le vin : il s'agit là d'une œuvre du peintre de la Gorgone (600-590 av. J.-C.), provenant d'Etrurie; amphore avec représentation de danses, de chœur et d'un sphinx.

Sur les murs de la salle sont exposés les reliefs du temple d'Assos (près de Troie, Asie Mineure) qui représentent des files d'animaux et de centaures, des scènes de banquet, la lutte d'Héraclès contre Triton; elles remontent au VIe s. av. J.-C., de même que le lion de la nécropole de Milet. ▸ A partir de la salle archaïque, trois itinéraires possibles s'offrent au visiteur : un itinéraire grec, un itinéraire étrusque, un itinéraire romain.

A ne pas manquer

La Grèce
Rez-de-chaussée, salle 1 : la Dame d'Auxerre (VIIe s. av. J.-C.); l'Héra de Samos (VIe s. av. J.-C.); le Cavalier Rampin (VIe s. av. J.-C.). Salle 3 : sculptures du temple de Zeus à Olympie (Ve s. av. J.-C.). Salle 5 : fragments du Parthénon (Ve s. av. J.-C.). Salle 9 : tête de l'Aphrodite de Cnide (IIe s. av. J.-C.); la Vénus de Milo (IIe s. av. J.-C.). Palier du premier étage de l'escalier Daru : la Victoire de Samothrace.
L'Etrurie
Rez-de-chaussée, salle 15 : le sarcophage des époux (VIe s. av. J.-C.).
Rome
Rez-de-chaussée, salle 1 : le portrait en bronze d'Hadrien (Ier s. apr. J.-C.). Salle 23 : la mosaïque de Kabr Hiram (575 apr. J.-C.). Salle 27 : la mosaïque des Saisons.
Premier étage, salle 1 : le trésor de Boscoreale (Ier s. apr. J.-C.).

▷ Salles 2 à 14 : itinéraire grec

Pour l'itinéraire grec, deux alternatives : le circuit des originaux d'une part, le circuit des copies d'autre part.

Le circuit des originaux

Sortant vers la g., le visiteur gagne la *rotonde d'Anne d'Autriche* : là sont exposées des œuvres de premier plan, à la frontière de l'art archaïque et des débuts de l'art classique.

Salle 2 : début du Ve s. av. J.-C. Le visiteur est accueilli par l'*Apollon de Piombino**, précieux témoignage de la grande statuaire de bronze ; les conventions archaïques demeurent, mais le modelé s'est adouci et l'harmonie des lignes annonce le classicisme. Le *relief de Pharsale***, dit l'Exaltation de la fleur, garde encore la fraîcheur de l'archaïsme y mêlant souplesse et aisance des gestes propres à l'art classique (fin Ve s.). Voici les *reliefs de Thasos***, qui ornaient le passage des Théores sur l'Agora de Thasos : l'attitude des personnages est hiératique mais grande est la variété des draperies et des gestes pleins de vivacité. Le *Torse de Milet*** marque l'aboutissement dans l'observation du corps humain : la frontalité est rompue, le hanchement apparaît.

*Salle 3 : Olympie****. Cette salle, qui devrait s'ouvrir au cours de l'année 1988, est destinée aux sculptures provenant d'Olympie : deux métopes, découvertes par *A. Blouet* lors de l'expédition de Morée, en

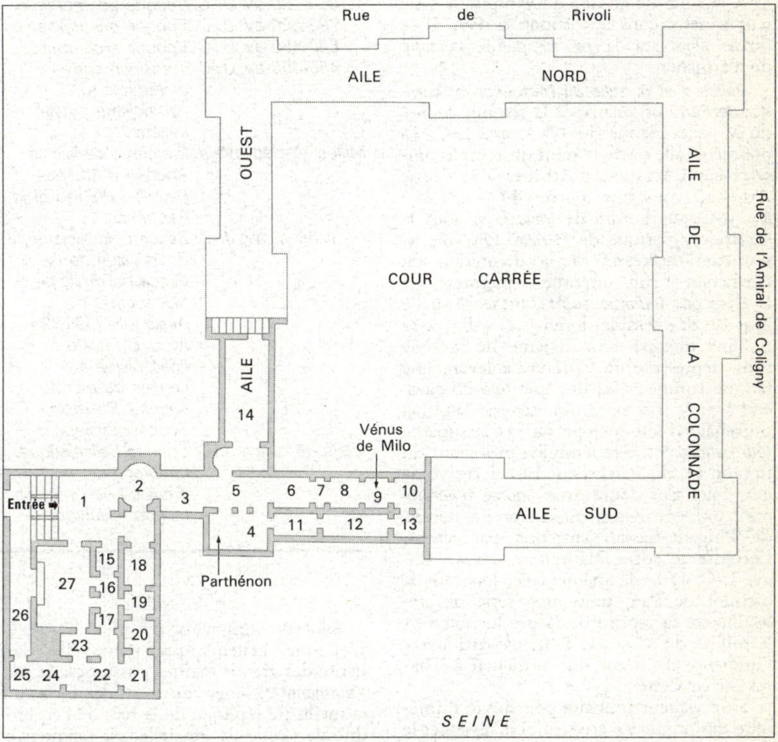

Département des Antiquités grecques, étrusques et romaines / rez-de-chaussée

Antiquités grecques

1 Epoques orientalisante et archaïque
2 Début du Ve s. av. J.-C.
3 Olympie
4, 5 Originaux de la seconde moitié du Ve s. et début du IVe s. av. J.-C.
6, 7 Originaux du IVe s. av. J.-C.
8 Originaux du IIIe s. av. J.-C.
9 Originaux du IIe s. av. J.-C.
10 Originaux des IIe et Ier s. av. J.-C.
11 Répliques d'œuvres du Ve s. av. J.-C.
12 Répliques d'œuvres des Ve-IVe s. av. J.-C.
13 Répliques d'œuvres du IVe s. av. J.-C.
14 Salle des Caryatides : répliques d'œuvres du IVe s. av. J.-C. et de l'époque hellénistique

Antiquités étrusques 15, 16, 17

Antiquités romaines

18 Epoques républicaine et julio-claudienne
19 Epoque julio-claudienne
20 Epoques julio-claudienne, flavienne et antonine
21 Epoques des Antonins et des Sévères
22 IIIe et IVe s. apr. J.-C.
23 Antiquité tardive
24 Collections chrétiennes d'Afrique du Nord
25 Collections chrétiennes de Syrie
26 Salle des Mosaïques ou de la Civilisation romaine
27 Cour du Sphinx

1829, avec d'autres fragments, proviennent du temple de Zeus (470-460 av. J.-C.). Ces métopes nous relatent les travaux d'Héraclès : Héraclès domptant le taureau de Crète d'une part, Héraclès offrant à Athéna les oiseaux du lac Stymphale, d'autre part. Des bronzes et des céramiques accompagneront ces exemples admirables du style sévère. Rappelons que les fragments de sculpture d'Olympie, ont été offerts par le Sénat de Grèce en témoignage de gratitude envers la France qui avait pris part à la guerre d'Indépendance.

A la suite de la salle d'Olympie, le visiteur pénètre dans le corridor de Pan. Il se dirige alors sur la dr. et gagne la salle du Parthénon.

Salles 4 et 5, salle du Parthénon et corridor de Pan : originaux de la seconde moitié du Ve s. et début du IVe s. av. J.-C. La première salle porte le nom du temple consacré sur l'Acropole d'Athènes à la déesse Athéna, construit entre 447 et 432 av. J.-C. sur l'ordre de *Périclès* et sous la direction artistique de *Phidias*. On voit ici plusieurs morceaux de la décoration du Parthénon : un important fragment de la *Frise des Panathénées****, présenté sur le mur de dr., semble dominer la salle ; à sa g., une métope - la dixième de la série sud - représente un Centaure enlevant une femme lapithe ; à sa dr., une *tête de cavalier**** de la frise nord, une tête de Lapithe, provenant d'une métope sud, et la superbe *tête Laborde****, tête féminine provenant du fronton O. du Parthénon. Face à ces vestiges, voici sans doute deux *figures d'acrotères**, fort gracieuses, provenant du temple de Phigalie-Bassai, entrepris par *Ictinos*, l'architecte du Parthénon, vers 425 av. J.-C. Dans la même salle, longeant le corridor de Pan, toute une série de stèles illustre la reprise de la production vers le milieu du Ve s. av. J.-C. en Attique et l'influence du décor du Parthénon à Thasos ou en Crète.

Si le visiteur souhaite poursuivre l'itinéraire des originaux grecs, il doit regagner le corridor de Pan puis s'avancer dans la galerie conduisant vers la Vénus de Milo.

Salles 6 et 7 : originaux du IVe s. av. J.-C. On remarquera des lécythes et des loutrophores, vases funéraires par excellence, un très beau lion offert par l'amiral Halgan à Charles X : l'emplacement de la tombe pouvait être signalé par un animal symbolique. Nombreuses stèles exécutées en relief toujours plus accentué, les figures confinant à la ronde-bosse, d'où la présence de quelques petites têtes isolées et de statues complètement détachées de leur fond, provenant de reliefs funéraires.

Salle 8 : originaux du IIIe s. av. J.-C. Cette salle offre au visiteur les effigies des descendants du diadoque Lagos qui reçut l'Egypte en partage lors du découpage de l'empire d'Alexandre. Notons le beau *portrait de Ptolémée Ier**, fondateur de la dynastie.

Chronologie grecque

3200-1050 av. J.-C.	*Age du Bronze : vers 3200 : essor de la civilisation cycladique ; vers 2000 : essor de la civilisation crétoise ; vers 1400 : déclin de la Crète au profit de Mycènes.*
Fin du IIe millénaire	*Invasions doriennes.*
1050-720 av. J.-C.	*Epoque géométrique.*
720-620 av. J.-C.	*Epoque orientalisante.*
620-480 av. J.-C.	*Epoque archaïque.*
480-450 av. J.-C.	*Transition entre archaïsme et classicisme : style sévère.*
Milieu Ve-déb. IVe s.	*Premier classicisme. Apogée d'Athènes. Périclès. Phidias et le Parthénon.*
IVe s. av. J.-C.	*Second classicisme. Soumission de la Grèce par Philippe de Macédoine. Alexandre (336-323 av. J.-C.) porte l'hellénisme aux confins du monde oriental. Praxitèle, Scopas, Lysippe.*
IIIe s.-Ier s. av. J.-C.	*Epoque hellénistique. La Grèce est une province de l'immense monde hellénique.*

Salle 9 : originaux du IIe s. av. J.-C. L'époque hellénistique renouvelle l'art hérité des grands maîtres classiques. La *tête Kaufmann****, longtemps considérée comme la meilleure réplique de la tête de l'Aphrodite de Cnide de Praxitèle, est maintenant reconnue comme un original créé par un grand artiste du IIe s., inspiré par la Cnidienne. L'*Alexandre** Guimet est une réélaboration d'une œuvre de Léocharès. L'*Inopos** - peut-être le portrait de Mithridate VI Eupator -, idéalisé à la ressemblance d'Alexandre, est parfois attribué au sculpteur de la Vénus de Milo, l'une des œuvres les plus connues dans le monde entier.

La statue connue sous le nom *Vénus de Milo****, et qui occupe dans nos musées le premier rang parmi les chefs-d'œuvre de la sculpture antique, fut découverte en 1820 par un paysan, près du village de Castro, dans l'île de Milo (Mélos). Le marquis de Rivière, ambassadeur de France à Constantinople, l'acheta et l'offrit à Louis XVIII en 1821. La statue, qui date de la fin du IIe s. av. J.-C., rappelle le grand art classique par sa majesté et sa perfection. Mais on ne connaît ni son auteur, ni le geste que faisaient ses bras.

Salle 10 : originaux des IIe-Ier s. av. J.-C. Le guerrier combattant, dit ***Gladiateur Borghèse*****, signé d'*Agasias d'Ephèse* (vers 100 av. J.-C.), rappelle les créations de Lysippe et de son école et adopte le même canon. Goût pour le passé qui finit par donner à l'art de cette période un caractère éclectique : ainsi le cratère à volutes signé par *Sosibios d'Athènes* (vers 50 av. J.-C.).

Le circuit des copies

Le visiteur doit revenir sur ses pas jusqu'au corridor de Pan pour entamer l'itinéraire des répliques.

Salle 11 : répliques d'après des œuvres du Ve s. av. J.-C. La ***Suppliante Barberini**** marque la frontière entre originaux et répliques ; longtemps classée dans les originaux, elle est maintenant considérée comme la réplique d'un original créé juste après l'achèvement du Parthénon. La plupart des originaux de l'époque classique ayant disparu, nous connaissons les plus célèbres par des copies réalisées surtout à l'époque romaine. Un ***torse de Discobole*****, dont l'original est attribué à Pythagoras de Rhegium, marque un net progrès dans la possession de l'espace. L'***Apollon citharède**** nous garde le souvenir d'un style sévère qui a précédé Polyclète (vers 460 av. J.-C.). Une tête d'Apollon rappelle l'Apollon à l'omphalos créé par Calamis. Des deux groupes érigés par *Myron* sur l'Acropole d'Athènes, Athéna et Marsyas et Thésée et le Minotaure, il nous reste une ***Athéna*****, infiniment gracieuse, semblant esquisser un pas de danse (vers 440 av. J.-C.) et un petit torse de Minotaure (en vitrine). Le Diadumène, dont le type statuaire a été créé par *Polyclète* vers 430, reproduit l'attitude de ses athlètes à l'équilibre rythmé. On attribue au même sculpteur l'original de l'Amazone blessée qui figurait, d'après la tradition, aux côtés des Amazones de Phidias, de Crésilas et de Phradmon dans le sanctuaire d'Artémis à Ephèse (vers 430 av. J.-C.) ; la réplique du Louvre a été bien mal restaurée au XVIIe s. *Phidias* transpose dans le monde des dieux la sérénité des athlètes polyclétéens. Son Apollon, dit Bonus Eventus, du type de l'Apollon de Cassel, annonce les œuvres de sa maturité : le Zeus d'Olympie et l'Athéna Parthénos dont la Minerve au collier ainsi qu'une petite tête nous gardent le souvenir. Le relief représentant Orphée, Eurydice et Hermès, est l'une des meilleures répliques d'un original attique, postérieur à la frise du Parthénon (dernières années du Ve s.) ; l'inscription qui le décore est postérieure à l'œuvre.

Salle 12 : répliques d'après des œuvres des Ve et IVe s. av. J.-C. Dans cette salle nous retrouvons *Phidias* : le superbe ***torse de Perséphone**** - type de la koré Albani - et l'Athéna, dite ***Minerve Ingres****, sont des répliques dont les originaux lui sont attribués (vers 440 av. J.-C.). L'original d'une tête d'Anacréon, poète lyrique de la fin du VIe s., pourrait également lui être attribué (vers 450 av. J.-C.). Enfin, l'original en bronze de l'Athéna Farnèse est attribué à l'un de ses élèves. Au Crétois *Crésilas* sont attribués les originaux du Diomède, compagnon d'Ulysse, et de la Pallas de Velletri, œuvres teintées d'éclectisme où les influences de Phidias et de Polyclète se mêlent (vers 440-430 av. J.-C.). *Callimaque* est le créateur de l'original de la gracieuse ***Aphrodite de Naples*****, dite Vénus Genitrix ; l'apparition de la draperie mouillée laissant deviner les formes féminines annonce les œuvres de Praxitèle. C'est à *Alcamène* que l'on attribue l'orginal de l'***Arès*****, dit Mars Borghèse, où se mêlent la calme grandeur de Phidias et l'équilibre polyclétéen. Alcamène y apporte plus d'humanité et une élégance raffinée. Même élégance dans les deux ***Aphrodites**** accoudées à un pilier, dont l'original, attribué au même sculpteur, a peut-être figuré dans le sanctuaire d'Aphrodite à Daphni, à moins qu'il ne soit l'Aphrodite des Jardins tant admirée par Lucien de Samosate. Enfin, on lui attribue l'original de la charmante Athéna à la ciste au geste maternel ; là encore le type divin s'humanise (seconde moitié du Ve s.). Au seuil du IVe s., deux œuvres rompent plus nettement avec l'esthétique du haut classicisme : c'est à un élève de Polyclète, *Naucydès*, que l'original du Discophore est attribué. Quant à l'original de l'Athéna Pacifique - un bronze découvert au Pirée il y a quelques années -, il se trouve maintenant au musée national d'Athènes mais n'est pas attribué pour le moment. Dans ces deux œuvres se remarquent une volonté de réalisme, une recherche de vérité, de vie.

Salle 13 : répliques d'après des œuvres du IVe s. av. J.-C. Cette salle est dominée par la grande Melpomène du théâtre de Pompée, à Rome (Ier s. av. J.-C.), qui fait partie du décor, mais n'a rien à voir avec les sculptures exposées ici qui représentent le meilleur ensemble qui soit des répliques des œuvres créées par *Praxitèle* entre 370 et 330 av. J.-C. Cet Athénien, fils de Céphisodote l'Ancien, est le sculpteur de la grâce adolescente : son Satyre verseur et son Apollon Sauroctone sont animés du rythme oscillant hérité de Polyclète mais accentué et appliqué à de jeunes silhouettes aux lignes souples donnant le sentiment d'une aisance souveraine. Mais c'est dans les effigies d'Aphrodite que triomphe *Praxitèle*. La ***Vénus**** d'Arles - peut-être une réplique de l'Aphrodite de Thespies -, annonce la création de l'***Aphrodite de Cnide***** qui représentait la déesse prête aux ablutions rituelles et qui fut l'une des statues les plus célèbres et les plus copiées de l'Antiquité. L'***Artémis*****, dite Diane de Gabies, est sans doute une réplique de la statue exécutée par *Praxitèle*, dans la dernière partie de sa carrière, pour le sanc-

Chronologie romaine

La Royauté :	*753 av. J.-C. : fondation de Rome.*
	VIe s. av. J.-C. : hégémonie étrusque.
	509 av. J.-C. : chute de la Royauté.
La République :	*Ve-IIIe s. av. J.-C. : Rome étend sa domination sur le Latium, l'Italie centrale, puis sur toute la Péninsule.*
	IIIe-IIe s. av. J.-C. : guerres Puniques ; victoire sur Carthage.
	IIe s. av. J.-C. : victoire en Grèce, en Orient, en Afrique du Nord et en Espagne.
	Ier s. av. J.-C. : bataille d'Actium. Hégémonie sur tout le Bassin méditerranéen.
	27 av. J.-C. : Octave reçoit le titre d'Auguste.
L'Empire :	*27 av.-69 apr. J.-C. : dynastie julio-claudienne (Auguste, Tibère, Caligula, Claude, Néron).*
	69-96 apr. J.-C. : dynastie flavienne (Vespasien, Titus, Domitien).
	96-192 apr. J.-C. : dynastie antonine (Nerva, Trajan, Hadrien, Antonin, Marc Aurèle, Commode).
Antiquité tardive :	*193-235 : dynastie des Sévères (Septime Sévère, Caracalla).*
	235-284 : anarchie militaire.
	284-305 : règne de Dioclétien.
	306-337 : règne de Constantin.
	379-395 : Théodose. Partage Orient-Occident.
	410 : prise de Rome par Alaric.
	476 : fin de l'Empire d'Occident.

tuaire d'Artémis Brauronia sur l'Acropole d'Athènes, qui fut inauguré en 346-345 av. J.-C. Rien de plus féminin que le geste d'agrafer son manteau. Dans l'Apollon Lycien il y a une recherche d'effet monumental et d'expression pathétique qui date l'original de cette œuvre, célèbre à Athènes, de la dernière période de la carrière de l'artiste.

Le visiteur doit regagner le corridor de Pan pour atteindre, sur sa dr., la salle des Caryatides.

Salle 14, salle dite des Caryatides : répliques d'après des œuvres allant du IVe s. à l'époque hellénistique. Cette salle devrait ouvrir ses portes dans le courant de l'année 1988. Elle offrira, dans sa première partie, des répliques de l'œuvre de *Lysippe*, personnalité charnière et de premier plan entre période classique et période hellénistique. D'un tempérament opposé à celui de Praxitèle, *Lysippe* revient à l'étude des musculatures athlétiques et du mouvement, et allonge le canon des proportions du corps humain : très grande mobilité pour l'***Hermès rattachant sa sandale*****, qui agit dans un espace réel à trois dimensions. *Lysippe* fut le sculpteur attitré d'Alexandre : la ***tête Azara***** est une très belle réplique de son Alexandre à la lance. La ***Diane de Versailles****, d'après un original réputé de *Leochares*, illustre les recherches d'effets décoratifs de la fin du IVe s. av. J.-C. La déesse, qui a figuré dans plusieurs résidences royales depuis le XVIe s., garde une certaine allure qui l'apparente à l'Apollon du Belvédère. L'Aphrodite du type du Capitole, longtemps considérée comme une réplique d'un original de Scopas, est désormais rendue à l'époque hellénistique. L'iconographie change : à l'athlète dans sa force, on préfère le vieillard ou l'enfant tel l'Enfant à l'Oie. La nudité féminine perd son sens religieux comme en témoigne l'Aphrodite accroupie de Vienne ; l'Hermaphrodite endormi est d'une sensualité ambiguë qu'ignoraient les œuvres de Praxitèle. A la beauté froide on préfère désormais la vérité psychologique : le Galate vaincu et le Marsyas sont de bons exemples de cette tendance au réalisme pathétique. Le grand cratère bachique, dit Vase Borghèse, offre des motifs traditionnels se rattachant à l'art néo-attique ; l'heureuse liaison des figures et le réalisme du détail en font une œuvre qui se relie à la meilleure veine hellénistique.

▷ Salles 15 à 17 : itinéraire étrusque

Le visiteur doit revenir sur ses pas et regagner la salle de la Grèce archaïque. C'est de cette salle qu'il peut entreprendre l'itinéraire étrusque, en rejoignant les salles qui longent le côté E. de la cour du Sphinx.

Les Villanoviens, puis les Etrusques, installés dès le IXe s. av. J.-C. en Italie centrale et méridionale, constituent très tôt un foyer important de civilisation dont le souvenir nous est parvenu grâce au mobilier fort important que conservaient leurs tombes monumentales aux parois souvent décorées de fresques. Ils entrèrent en contact avec les colonies grecques d'Italie méridionale vers le VIIIe s. av. J.-C. et leur art, bien qu'influencé par la technique

Le bas-relief romain

L'art des Romains, peuple précis et pratique, ne perdit jamais contact avec la réalité. Aussi la représentation de cérémonies du culte, de faits d'armes, des grands épisodes de l'histoire locale fut-elle parmi les thèmes préférés de la sculpture. A l'encontre du relief grec qui idéalise toujours les événements qu'il veut représenter et choisit volontiers des sujets mythologiques, le relief romain est en général l'œuvre d'annalistes relatant les événements contemporains. Il a donc pour nous une réelle valeur documentaire : les principaux personnages sont figurés souvent sous leurs traits exacts et ni le décor (image des temples) ni l'accessoire ne sont négligés.

grecque, a gardé la marque de leur mythologie et de leur tempérament imaginatif.

Salle 15. La culture villanovienne est présentée à g., précédant immédiatement la civilisation étrusque (IXe-VIIIe s. av. J.-C.) : des urnes cinéraires biconiques en impasto, des vases en bronze laminé, des pièces d'habillement et d'armement en bronze, à décor incisé ou repoussé, représentent cette culture que caractérisent le rite de l'incinération, l'usage du bronze et du fer, un artisanat et un style géométrique d'inspiration indigène. Au centre de la salle, le ***sarcophage des Epoux**** provenant de Caere. Ce chef-d'œuvre de l'art étrusque traduit en terre cuite et en ronde-bosse un motif fréquemment repris sur des stèles ou des reliefs funéraires, et témoigne d'une forte influence ionienne (vers 510 av. J.-C.). A dr., évolution de la céramique du VIIIe au VIe s. av. J.-C. : céramique peinte à décor géométrique et impasto à décor gravé; céramique orientalisante avec l'apparition (vers 650 av. J.-C.) de la céramique de bucchero à pâte noire imitant le métal : parois très fines, surface noire brillante à reflet argenté, c'est le bucchero sottile; céramique étrusco-corinthienne (vers 625-575 av. J.-C.).

Salle 16. Les Etrusques étaient de remarquables orfèvres, passés maîtres dans l'art du filigrane et de la granulation, comme le montrent les vitrines de bijoux exposés dans cette salle : ***pendentif**** à tête d'Achéloos. Ensemble de vases canopes provenant de Chiusi dans une vitrine à dr. A g., autre vitrine présentant des vases de bucchero pesante : parois épaissies, formes plus lourdes, décor en relief (VIe s.).

Salle 17. Elle abrite l'art étrusque des époques classique et hellénistique (IVe-Ier s. av. J.-C.). De Chiusi, citons un groupe cinéraire en pierre fétide daté du IVe s. av. J.-C., des sarcophages en marbre local, des urnes cinéraires en terre cuite datées du IIe-début Ier s. av. J.-C. De Volterra, voici des urnes cinéraires en albâtre de la fin du IIe-Ier s. av. J.-C. Des sarcophages en terre cuite proviennent du territoire de Tuscania (fin IIIe-IIe s. av. J.-C.). Une vitrine propose toute une série de ***miroirs gravés**** en bronze des IVe-IIIe s. av. J.-C. Des portraits en terre cuite remplissent une autre vitrine. Notons enfin la belle tête d'homme en bronze provenant de Fiesole.

▷ Salles 18 à 27 : itinéraire romain

Le visiteur, sortant de la salle 17, peut gagner sur sa dr. les anciens appartements d'Anne d'Autriche où sont exposées les collections romaines.

Salle 18 : époques républicaine et julio-claudienne (27 av. J.-C.-69 apr. J.-C.). Deux modes d'expression étaient privilégiés à cette époque : le portrait et le relief historique. Du portrait, nous avons l'aspect officiel avec les effigies des rois de Numidie, Juba Ier, Juba II et Ptolémée, et les portraits d'Auguste et de la famille impériale; quelques portraits républicains au réalisme accentué nous offrent l'aspect privé de cet art. Citons le portrait dit d'Aulus Postumius Albinus, le très beau ***buste d'Agrippa**** et la ***statue*** héroïque ***de Marcellus**** en Hermès, signée de *Cleoménès l'Athénien*, inspirée d'un type statuaire créé en Grèce au Ve s. av. J.-C. (fin du Ier s. av. J.-C.). Le ***relief, dit de Domitius Ahenobarbus****, est l'un des premiers exemples de relief historique romain (→ *encadré*) : il devait décorer le côté d'une grande base placée sans doute dans le temple de Neptune au Champs de Mars (les trois autres reliefs sont conservés à Munich). Le fragment de l'Ara Pacis - consacré par Auguste en 9 av. J.-C. pour célébrer son retour victorieux d'Espagne -, est manifestement inspiré de la frise des Panathénées. Bon exemple de l'art privé : les fresques du Tombeau de Patron - qui se trouvait près de la porte Capène à Rome -, représentent sa famille se rendant sur sa tombe.

Salle 19 : époque julio-claudienne (suite). On verra quelques portraits de la famille impériale et surtout le superbe portrait en basalte de ***Livie****, épouse d'Auguste et mère de Tibère. Deux cippes témoignent de l'art funéraire privé : cippe d'Amemptus et cippe de Julia Victorina; destiné à recevoir des libations, le cippe funéraire pouvait aussi contenir l'urne renfermant les cendres du mort.

Salle 20 : époques julio-claudienne, flavienne (69-96 apr. J.-C.). et antonine (96-112 apr. J.-C.). Parmi les portraits julio-claudiens : Caligula portant la barbe en signe de deuil; Néron, dont il existe peu de portraits, sa mémoire ayant été condamnée par le Sénat; une statue de Messaline, seconde femme de Claude, portant son fils Britannicus, inspirée du groupe de Céphisodote, Eiréné et Ploutos (IVe s. av. J.-C.). Quelques portraits des Antonins : Trajan, ***Hadrien***** - dont le portrait en bronze entré récemment au Louvre est particulièrement remarquable -, Antonin le Pieux, Marc Aurèle et son ami ***Hérode Atticus**** : ces deux derniers portraits sont l'œuvre d'artistes grecs. Emou-

Le portrait romain

L'esprit réaliste des Romains donna au portrait une place prépondérante. Tandis que le portrait grec est toujours plus ou moins idéalisé et conforme à un type conventionnel, les Romains ont au contraire recherché la ressemblance et le caractère individuel. Dès l'époque républicaine, des bustes ou des statues honorifiques fixaient, de façon généralement très vivante, les traits de personnages riches ou importants. L'établissement de l'Empire et du culte impérial ne pouvait que favoriser le développement de ces représentations. Bien des portraits restent pour nous anonymes, mais les monnaies ont permis en général d'identifier ceux des empereurs et des membres de leur famille.
En même temps que la mode (coiffure par exemple), évolue le style : à l'énergie un peu sèche des débuts succède, vers l'époque d'Hadrien, un modelé plus enveloppé. Au IIe s. apr. J.-C. reparaît un réalisme assez rude qui fera bientôt place au hiératisme byzantin.

vant portrait d'un enfant, peut-être *Annius Vérus***, le fils de Marc Aurèle, mort à sept ans, un des chefs-d'œuvre de l'art du portrait romain : le traitement de la chevelure met en valeur le modelé expressif et délicat du visage. Notons le *sarcophage des Muses**, l'un des plus beaux du Louvre ; il date du règne d'Antonin le Pieux (milieu du IIe s. apr. J.-C.). Enfin, un relief mithriaque décoré sur une face du sacrifice du taureau et, sur l'autre face, du banquet de Mithra et du soleil sur la dépouille du taureau ; divinité solaire venue d'Iran, Mithra était connu et honoré à Rome depuis le Ier s. av. J.-C.

Salle 21 : époques des Antonins et des Sévères (193-235). Les grands portraits de Marc Aurèle et de Lucius Vérus, son frère adoptif, semblent dominer la salle ; ce sont des images posthumes de ces empereurs déifiés sous le principat de Commode. Simplicité vivante pour le portrait de *Mélitiné**, prêtresse de la Mère des dieux au Pirée, qui consacra elle-même son image à la déesse durant la prêtrise de Philémon, fils de Praxitélès.

De l'époque des Sévères, voici deux sarcophages de Saint-Médard d'Eyrand (environs de Bordeaux), ornés de légendes mythologiques : Dionysos et Ariane, Endymion et Séléné. De cette même période, deux portraits de Septime Sévère et trois portraits de Caracalla : l'effigie de *Caracalla enfant** est proche, par sa facture, des portraits antonins et contraste avec ses portraits en empereur d'un aspect brutal.

Salle 22 : IIIe s.-IVe s. apr. J.-C. Au centre de cette salle voici quatre *piliers*** ornés de figures en relief dont le décor est emprunté au cycle dionysiaque ; ils appartenaient à l'attique d'un portique corinthien de Thessalonique et le Moyen Age y voyait les restes d'un palais enchanté, d'où son nom d'Incantada (IIIe s.). Parmi les portraits du même siècle, citons celui de l'empereur Pupien qui ne régna que quelques mois en 238, et celui d'un *aurige*** coiffé de son bonnet de cuir ; la facture de ces portraits est très remarquable. Au IVe s., le portrait montre un retour à la frontalité et à un hiératisme qui confèrent au sujet une certaine majesté, mais qui rendent difficile parfois son identification. Un personnage couronné, vêtu de la toge étroite du IVe s., pourrait être Julien l'Apostat. Beau portrait de Théodose II qui clôt cette série de portraits à l'orée du monde byzantin et du Moyen Age chrétien. Le sarcophage Borghèse représente le Christ entouré de ses apôtres ; des morceaux de ce sarcophage sont conservés au musée du Capitole à Rome (IVe s.).

Le visiteur doit contourner le sarcophage Borghèse pour pénétrer dans la salle située derrière lui.

Salle 23 : Antiquité tardive. Au mur O. de cette salle, la superbe *mosaïque de Kabr Hiram**** (près de Tyr, au Liban) : des rinceaux de vigne encadrent des scènes de chasse et des combats d'animaux. Quatre vitrines méritent qu'on s'y arrête : la première renferme de la céramique sigillée ; dans la seconde sont rassemblés des *objets en verre** ; une autre vitrine offre un ensemble de bijoux, dont le *médaillon** à l'effigie de Constantin. La vitrine du mur E. est consacrée à l'argenterie et aux objets en ivoire : citons le *vase d'Emèse**, grande amphore ornée des bustes du Christ et des apôtres, provenant d'Homs (Syrie) et la patère de Cherchel dont le manche s'orne d'un Poséidon (VIe s.) : persistance des motifs décoratifs inspirés de la mythologie face au développement de l'iconographie chrétienne.

Le visiteur gagne ensuite les petites salles situées derrière le portrait de Théodose II.

Salle 24 : collections chrétiennes d'Afrique du Nord. A part quelques éléments d'architecture au décor maladroit provenant de la basilique de Tigzirt en Algérie, voici des sarcophages ornés de rinceaux de vigne et surtout du chrisme - les deux premières lettres du nom du Christ en grec -, que l'on retrouve aussi décorant des mosaïques destinées à paver des églises ou à couvrir des tombes. Un thème revient souvent, celui de la parabole du Bon Pasteur gardant son troupeau : bélier et brebis allaitant dans la mosaïque de Rusguniae, au cap Matifou près d'Alger. L'image du Bon Pasteur orne aussi le centre d'un sarcophage entre des strigiles. Une vitrine propose des lampes et des ampoules à eulogie en terre cuite. Table votive de Kherbet-oum-el-Ahdam (Algérie), ornée du chrisme en son milieu.

Salle 25 : collections chrétiennes de Syrie. Les mosaïques sont aussi nombreuses en Syrie qu'en Afrique du Nord : voici deux *images** d'une église, intéressants documents d'architecture paléochrétienne. Un motif est fréquemment repris pour les seuils d'autel ou de baptistère : le canthare encadré d'animaux (ici, deux gazelles). Quelques stèles en basalte : deux *piliers de saint Siméon le Stylite**; l'ermite, dont le culte connut une grande faveur en Syrie aux Vᵉ et VIᵉ s. apr. J.-C., est représenté sur sa colonne. Deux portes de tombeaux, en basalte, ornées de motifs géométriques et végétaux, de croix et de chrismes (VIᵉ-VIIᵉ s.). Toujours en basalte, un reliquaire en forme de sarcophage décoré de figures de paons et de rinceaux, de la croix encadrée de l'alpha et de l'oméga, du soleil et de la lune.

Salle 26, dite des mosaïques, ou salle de la civilisation romaine. On a groupé, dans cette salle, des peintures et des mosaïques qui décoraient les murs et le sol des maisons romaines. Quelques-unes sont inspirées de la grande peinture grecque dont il ne reste rien. Les mosaïques viennent d'Afrique du Nord (Carthage, Utique, Sousse, Constantine) et de Syrie (Antioche); elles s'échelonnent du Iᵉʳ au VIᵉ s. apr. J.-C. Les peintures viennent d'Italie (Rome, Pompéi, Boscoreale) : elles remontent au Iᵉʳ s. de notre ère. Les motifs sont souvent les mêmes : mythologiques (Muses, Fleuve couché, Jugement de Pâris, Triomphe de Neptune), décoratifs (rinceaux). Remarquer la mosaïque du *Jugement de Pâris***, directement inspirée d'une peinture grecque (Antioche). Du IIIᵉ au Vᵉ s., le style des mosaïques prend un caractère plus décoratif, le symbolisme apparaît, annonçant l'art byzantin : la mosaïque du Phénix, qui produit l'effet d'un tapis oriental. Au centre de la salle, sur des podiums et dans les vitrines, sont évoqués les thèmes de la civilisation romaine ou plus exactement de la vie quotidienne : l'enfant, les jeux, la mort. Dans le mur E. de la salle des mosaïques, un passage donne accès à la cour du Sphinx.

Salle 27 : cour du Sphinx. Depuis les marches descendant de la salle 26, le visiteur découvre l'ensemble de la belle façade de *Le Vau*, dégagée en 1933, qui forme le côté E. de la cour. Au centre de la cour, la *mosaïque des Saisons****, qui décorait le sol d'une villa constantinienne de Daphné, offre des scènes champêtres : un berger garde son troupeau, des paysans tressent des guirlandes de fleurs, un berger trait une chèvre... ; les Saisons sont représentées sous les traits de quatre figures féminines; entre les Saisons, scènes de chasse.

Le visiteur trouve ici un ensemble de sculptures monumentales et architecturales qui n'a pu trouver place dans le parcours chronologique; œuvres grecques et romaines s'y côtoient.

Sur le côté O. sont présentées les *frises*** du temple d'Artémis, à Magnésie du Méandre (Asie Mineure), rapportées en 1843 par *Victor Texier*, et représentant des combats de Grecs et d'Amazones (IIᵉ s. av. J.-C.). Au-dessous, fragments du célèbre temple d'Apollon Didyméen, à Milet (Asie Mineure), dont on voit aussi, du côté S., un chapiteau et deux bases de colonnes. L'art romain oriental est représenté, outre la mosaïque des Saisons, par un *groupe* colossal *du Tibre** (imitation d'un modèle alexandrin), et par le *Vase de Pergame**, offert par le sultan Mahmoud II, qui représente une belle frise de cavaliers au galop.

▶ Le visiteur retrouve l'escalier Daru pour rejoindre le premier étage.

Premier étage

▶ Sur le palier est présentée la *Victoire de Samothrace****, chef-d'œuvre de l'art hellénistique (IIᵉ s. av. J.-C.) et marbre grec original. Figure ailée, elle commémorait une victoire navale qui précédait de peu la création de l'autel de Pergame. Elle fut trouvée en morceaux par *Champoiseau* en 1863; sa main, découverte en 1950, est exposée dans une petite vitrine sur la dr.
▶ Contournant le palier sur la g., le visiteur traverse la rotonde d'Apollon et gagne la salle de Boscoreale.

▷ Salle 1, salle de Boscoreale : orfèvrerie antique

Quelques fragments de peintures romaines ornent les murs. Au centre de la salle et contre le mur O., deux vitrines présentent un ensemble incomparable d'objets en argent trouvés près de Pompéi, à Boscoreale, dans la citerne d'une villa détruite par le Vésuve en 79 apr. J.-C. Le Louvre en possède la presque totalité, offerte en 1895 par le baron Edmond de Rothschild (106 pièces), ainsi que plusieurs bijoux d'or. Ce *trésor de Boscoreale**** appartient à la tradition hellénistique. Citons des patères, ornées l'une d'un buste de femme symbolisant l'Afrique, l'autre d'un portrait d'homme âgé; des œnochoés décorées de Victoires sacrifiant des animaux à Athéna; des canthares ornés de cigognes nourrissant leurs petits, de feuilles de platane ou de branches d'olivier... Une troisième vitrine, contre le mur E. de la salle, contient de l'argenterie trouvée en France. Citons le trésor gallo-romain de Notre-Dame d'Allençon et notamment deux masques consacrés à Athéna. Une statue de la Fortune, en bronze plaqué d'argent avec des traces de dorure, provient de Saint-Puits dans l'Yonne (IIᵉ s. apr. J.-C.).
▶ Le visiteur traverse ensuite la salle des Sept-Cheminées puis une antichambre - ancien Cabinet du Roi -, pour entrer dans la salle Clarac, ancienne chambre de la Reine.

▷ Salle 2, dite salle Clarac : civilisations préhelléniques (IIIe-IIe millénaires av. J.-C.)

Au IIIe millénaire av. J.-C., l'archipel des Cyclades est le centre de la civilisation dite égéenne. En même temps se développe, en Crète, une brillante civilisation autochtone dont le foyer est à Cnossos, au palais du légendaire roi Minos : on voit dans la salle, à dr., deux pithoï ou grandes jarres provenant de Cnossos (XVIIe-XVIe s. av. J.-C.). Au cours du IIe millénaire, les Achéens répandent dans la péninsule balkanique et dans les îles une civilisation imprégnée d'influences crétoises, mais modifient l'art naturaliste et primesautier des Crétois dans le sens du formalisme et de la stylisation. La salle étant en cours de réaménagement, seule une vitrine reste ouverte, à dr., présentant provisoirement un aperçu des collections préhelléniques : idoles et vases cycladiques en marbre du IIIe millénaire ; figurines en bronze et en terre cuite, vases minoéns et mycéniens (IIe millénaire).

▶ En quittant la salle Clarac, tourner à dr. pour entrer dans la galerie Campana.

▷ La galerie Campana : salles 3 à 11

On appelle ainsi neuf salles, parallèles à la Seine, où l'on a exposé les vases et les figurines de terre cuite relevant de l'art grec. Cette collection est, depuis l'achat en 1863 du fonds Campana, l'une des plus importantes du monde.

Salle 3 : céramique géométrique et orientalisante (IVe-VIIIe s. av. J.-C.). A la suite des invasions doriennes se répand peu à peu, dans toute la Grèce, un art épris de rigueur dans les formes et dans le décor. Ce style géométrique s'affirme à Athènes dans les vases trouvés au cimetière du Dipylon (vers 750 av. J.-C.) ; des scènes de combats et de funérailles ornent ces vases souvent très grands. Les Béotiens imitent l'art attique et manifestent déjà leur goût pour le modelage des figurines (curieuses idoles-cloches, animaux). Le style géométrique s'affirme avec rigueur dans les îles. Vers la fin du VIIIe s. av. J.-C., la reprise des relations avec l'Asie Mineure et l'Egypte donne naissance à un style orientalisant caractérisé par les couleurs vives, les motifs décoratifs inspirés de la flore et de la faune, la répartition du décor en zones. La figure humaine n'apparaît guère que sous la forme de vases plastiques. Voir, en outre, un sarcophage décoré de guerriers et d'animaux. Une vitrine centrale groupe les spécimens du style orientalisant (Rhodes), une autre, les vases protocorinthiens et de style Corinthien ancien (fin du VIIIe et VIIe s. av. J.-C.).

Salle 4 : céramique à figures noires, époque archaïque. Du début du VIIe au milieu du VIe s. av. J.-C., Corinthe, grand centre maritime, donne naissance à un style particulier sous l'influence de l'Orient. La technique de la figure noire, soulignée d'incisions au burin, se développe. Les vases sont, les uns petits et minces (olpès, aryballes, alabastres, pyxides, vases plastiques en forme d'hommes ou d'animaux), les autres larges et ventrus (cratères, hydries) : les motifs décoratifs subsistent mais la figure humaine devient fréquente et compose des scènes narratives (combats, banquets). Au VIe s. av. J.-C., des ateliers actifs se multiplient dans toute la Grèce, dont chacun possède un style propre. Les calices de Naucratis et les amphores chalcidiennes se signalent par la perfection de leurs proportions. Les Laconiens peignent sur engobe blanc, tandis que la figure noire, que connaît aussi l'Ionie, règne seule dans l'école chalcidienne. Les hydries de Caeré, encore un peu lourdes, sont de couleurs vives : sur ces vases grecs, trouvés dans une nécropole étrusque, paraissent les sujets mythologiques, traités parfois avec humour. Figurines et vases plastiques connaissent la vogue en Ionie et surtout en Béotie. Le style attique se développe (amphores « tyrrhéniennes » à frises superposées).

Salle 5 : céramique attique à figures noires, époque archaïque. Le style attique se développe à partir de la fin du VIIe s. av. J.-C. sous l'influence corinthienne (figures noires avec incisions). Les potiers façonnent des amphores à frises superposées, des lécythes et des coupes de plus en plus élégantes. La personnalité des artistes, potiers ou peintres se dégage, et leur style s'individualise : *Exékias* et son école décorent de grands vases de sujets épiques ; le peintre d'Amasis préfère les scènes dionysiaques ; une élégante préciosité caractérise les « petits maîtres » et le « peintre affecté ».

Salle 6 : céramique attique à figures rouges, époque archaïque (vers 530-500 av. J.-C.). La technique traditionnelle à figure noire garde ses partisans mais d'autres artistes cherchent à renouveler leur art. *Andokidès* est peut-être l'inventeur de l'innovation la plus intéressante qui consiste à inverser le rapport des tons (figures rouges traitées en réserve sur fond de vernis noir). Les détails, au lieu d'être incisés, sont tracés au pinceau fin. *Nikosthénès* imite les vases de métal. Superbe coupe attribuée à *Oltos*. Œuvres maîtresses d'*Euphronios*, notamment la ***Lutte d'Héraclès et d'Antée*****. Dans le passage, vitrines de statuettes de Béotie, d'Ionie et de Sicile (seconde moitié du VIe s. av. J.-C.).

Salle 7 : céramique attique à figures rouges, époque archaïque (500-480 av. J.-C.). Cette période marque l'apogée de la céramique grecque et la prépondérance incontestée de la production athénienne. La mode est principalement à la coupe, qui atteint à sa perfection, et dont le décor est souvent emprunté à la vie des éphèbes (jeux, banquets, etc.). Les artistes de grande valeur sont nombreux. La vitrine centrale réunit des pièces exceptionnelles dues au peintre de Kléophradès, au peintre de Berlin, à Douris (*Eos recevant le corps de son fils Memnon***), à Brygos (*Prise de Troie***).

Salle 8 : céramique attique à figures rouges, époque classique (second quart du Ve s. av. J.-C.). Athènes reste, jusqu'à la fin du siècle, le centre de la production céramique. Mais un art plus classique succède à la fraîcheur archaïque de la précédente période. Un style plus réaliste s'affirme dans le décor, et l'on s'efforce de rendre l'espacement des personnages en profondeur (cratère du *Meurtre des Niobides***). A côté des sujets traditionnels, on recherche des sujets plus rares; en même temps, on aime les scènes familières où la femme joue un rôle important. Sous l'influence de la grande sculpture préclassique, l'art de la figure se développe, de même que celui des plaquettes destinées à être clouées sur des coffrets ou des meubles (plaquettes de Milo).

Salle 9 : céramique à figures rouges, époque classique (seconde moitié du Ve s. av. J.-C.). C'est l'époque du Parthénon. Un accent nouveau de gravité sereine s'introduit dans un art épuré et s'exprime sur les lécythes funéraires à fond blanc. En même temps, la sensibilité s'affine et le charme féminin s'impose aux artistes. A côté des sujets dionysiaques traités dans un esprit de mysticisme tout nouveau, des représentations de danse et de musique où s'affirme le goût de la contemplation, se multiplient

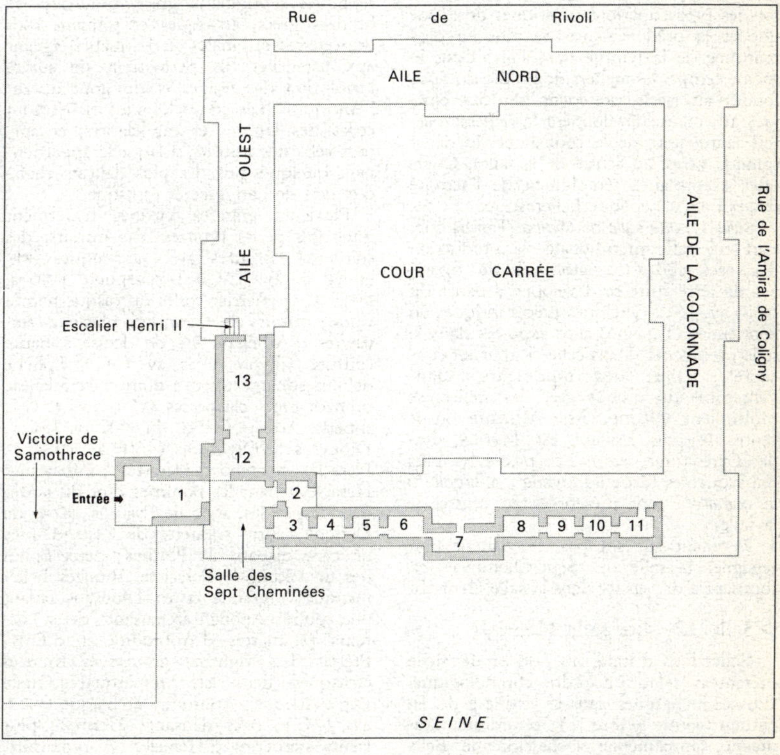

Département des Antiquités grecques, étrusques et romaines / premier étage

---

1 Orfèvrerie antique
2 Civilisations préhelléniques
3 Céramique géométrique et orientalisante
4, 5 Céramique à figures noires, époque archaïque
6, 7 Céramique à figures rouges, époque archaïque
8, 9 Céramique à figures rouges, époque classique
10 Céramique italiote
11 Salle de Myrina
12 Salle Henri-II : Italie méridionale
13 Salle La-Caze : Bronzes antiques

les scènes familières figurant les travaux et les distractions des Athéniennes (une Dame et ses servantes).

A la fin du siècle apparaît, sur de grands vases, une exubérance déjà romantique (amphore de Milo). Vases de Canosa dans la vitrine centrale.

Salle 10 : céramique italiote (IVe s. av. J.-C.). Le visiteur peut traverser cette salle pour gagner la salle 11. La céramique exposée ici est inaccessible pour le moment. Il faudra attendre que le Grand Louvre ouvre ses portes pour que cette salle soit réouverte.

A Athènes, au IVe s. av. J.-C., la céramique s'éloigne de la gravité classique pour s'orienter vers la grâce et l'élégance. Les formes se font plus sveltes, le dessin plus mièvre; les rehauts blancs, roses, or et bleus se multiplient. Les sujets révèlent à la fois les préoccupations mystiques de l'époque et la prédominance de plus en plus marquée de la femme dans l'art. Dans le même temps, les ateliers de l'Italie du Sud, fondés au siècle précédent par des émigrés athéniens, développent la richesse parfois exubérante de la couleur et du décor (grands vases, au centre de la salle). Quelques exemplaires témoignent de l'activité des potiers à l'époque hellénistique.

Salle 11, dite salle de Myrina. Tandis que, sauf en Italie méridionale, la production des vases tend à décroître, celle des figurines de terre cuite se développe à partir du IVe s. av. J.-C. Quelques pièces attiques ou béotiennes (Tanagra) sont exposées dans la salle précédente. Dans celle-ci, tout est consacré à l'art des modeleurs. Dans l'ensemble du monde grec, les ateliers se multiplient (Béotie, Asie Mineure où le centre le plus brillant est Myrina, Italie, Cyrénaïque, etc.). Les pièces les plus remarquables (*Eros de Myrina**, *Aphrodite à la coquille**) sont présentées au centre de la salle.

▸ Revenant sur ses pas, le visiteur doit regagner la salle des Sept-Cheminées et, tournant à dr., entrer dans la salle Henri-II.

▷Salle 12, dite salle Henri-II

Collections d'Italie du Sud et de Sicile présentées selon un ordre chronologique. Œuvres archaïques dans la vitrine à dr. en entrant (contre le mur S.) : céramique daunienne, campanienne et chalcidienne. Belle série d'antéfixes. *Arula sicilienne*** (petit autel domestique), offerte au Louvre par le marquis de Ganay; elle est ornée du combat d'Héraclès contre Triton. Face à l'entrée, un pithos orientalisant (Mégara, Sicile, VIIe s. av. J.-C.). Dans les deux vitrines, contre le mur N., on verra des œuvres classiques, quelques bronzes (*cavalier de Capoue***, *guerriers samnites***, *cerf de Sybaris***), mais surtout des céramiques provenant des ateliers de Lucanie et d'Apulie, de ceux de Campanie et enfin de Paestum. A dr., la fin de la période classique est représentée par la céramique apulienne qui se développe (style orné de grands cratères). Charmants *plats à poissons**. En poursuivant le tour de la salle, la vitrine contre le mur S. présente des œuvres hellénistiques : céramique de Gnathia et vases de Centuripe et de Canosa. Dernière vitrine, au centre du mur S. : terres cuites hellénistiques. Deux appliques représentent les Néréides portant les armes d'Achille.

▷Salle 13 dite salle La-Caze : salle des bronzes

Les statuettes de bronze exposées ici offrent une image complète du développement de la plastique grecque, étrusque et romaine depuis l'époque géométrique (VIIIe-VIIe s. av. J.-C.) jusqu'au Bas-Empire (IVe s. apr. J.-C.). A la différence des marbres, qui ne sont pour la plupart que des répliques d'originaux grecs, beaucoup de bronzes grecs, étrusques et romains sont des œuvres originales et de qualité. Quant aux ustensiles, ils permettent de suivre l'évolution des usages et du goût durant l'Antiquité. Les séries les plus riches sont celles des lampes et candélabres, et surtout celle des miroirs, à laquelle appartiennent quelques-uns des plus délicats chefs-d'œuvre de l'art grec et étrusque.

Plusieurs grandes vitrines renferment donc des petits bronzes, des miroirs, des statuettes. Bronzes grecs archaïques (VIIe et VIe s. av. J.-C.) : canéphore (VIIe s. av. J.-C.); guerrier coiffé du casque homérique; miroirs de Corinthe; plusieurs statuettes d'Athéna; tête de déesse à haute coiffure (Chypre, VIe s. av. J.-C.); Ephèbe debout sur une tortue; nombreux Silènes; bronzes grecs classiques (Ve s. av. J.-C.); superbe Athlète (début du Ve s. av. J.-C.); Dionysos d'Olympie (460 av. J.-C.); Héraclès au repos; Héraclès combattant; Héraclès tenant les pommes d'or du jardin des Hespérides, style de Lysippe; Zeus de Dodone; autre statuette de Zeus d'après un type disparu de Phidias; deux Ephèbes de l'école de Polyclète. Bronzes hellénistiques : grande ciste; Dionysos tenant une coupe; Apollon archaïsant; deux Lutteurs; statuettes d'Aphrodite et d'Eros; Prêtre d'Isis; figurines grotesques. Bronzes étrusques : deux cistes; remarquable Guerrier archaïque; Aphrodite archaïque (VIe s. av. J.-C.); Arès dansant; Hermès; plusieurs statuettes d'Héraclès. A proximité, groupe isolé d'Eros et Psyché enfants, provenant d'Asie Mineure. L'*Apollon de Lillebonne** est une statue en bronze doré plus grande que nature et trouvée en 1823 près du théâtre antique de Lillebonne (Seine-Maritime). Magnifique *collection de miroirs* étrusques gravés (VIe au Ve s. av. J.-C.); les sujets sont tirés des légendes des dieux.

Le musée possède aussi un important ensemble d'ustensiles romains, grecs et étrusques. Charmant *groupe** de style alexandrin, réunissant Dionysos, un Satyre flûteur et deux Ménades dansant (Basse-Egypte); Amour endormi, trouvé en Ile-de-

France. Bronzes de l'Orient grec, d'époque romaine. Bronzes de l'Egypte gréco-romaine : le culte des divinités étrangères se mêle à celui des dieux de la mythologie gréco-romaine ; l'Aphrodite grecque porte les attributs de l'Hathor égyptienne. Admirable tête d'un jeune Athlète vainqueur, dite *Tête de l'athlète de Bénévent**, interprétation romaine d'un chef-d'œuvre de la fin du Vᵉ s. av. J.-C. ; figurines en argent ; extension de l'art grec dans les pays d'Orient ; bronzes de la Gaule romaine, où se manifestent le sens de la nature (nombreux animaux) et beaucoup de sensibilité (remarquer la Jeune fille assise, la Femme malade) ; bronzes d'Italie, d'un naturalisme plus accentué ; bronzes de provenances diverses. Apollon de la Courrière, trouvé en Gaule, mais probablement d'origine italienne ; récipients domestiques et ornements de vases. Coq, d'époque romaine, et lit en bronze ; belle série de miroirs grecs, à décor en relief. Vitrines de petits bronzes romains. Hermès provenant d'Herculanum. Lampes et candélabres. Grand candélabre romain, en marbre, restauré par J.-B. Piranesi. Armure de gladiateur et ornements de chars. Vitrines de petits bronzes grecs et étrusques, d'armes grecques, italiotes et romaines.

La *collection de bijoux antiques** du Louvre permet de suivre l'évolution depuis l'art grec archaïque (VIIIᵉ et VIIᵉ s. av. J.-C.), jusqu'à l'art barbare occidental. L'or y est ouvré selon les diverses techniques du repoussé, de la gravure, de la granulation ou du filigrane. L'utilisation des pierres précieuses et plus tard des perles fines, ne commence qu'après l'époque des conquêtes d'Alexandre (IVᵉ s. av. J.-C.).

Les sculptures

Conservateur en chef : M. Jean-René Gaborit
Accès : pour suivre l'ordre chronologique, le visiteur devra traverser l'ensemble du département pour gagner la salle 1. Accès direct salle 8, par la porte de Flore ou porte Jaujard

Ces collections occupent depuis 1934 le rez-de-chaussée de la galerie du Bord de l'Eau et du pavillon des Etats, reconstruits par Lefuel à la fin du Second Empire. Une série de belles salles spacieuses et claires mettent en valeur l'ensemble des sculptures dont les principales pièces sont énumérées ci-dessous.

Le fonds ancien de ce département a été constitué de façon confuse au gré des modes, des événements, par les commandes royales inutilisées, par des envois de l'Etat, par les morceaux de réception des artistes de l'Académie royale, par les biens des émigrés. En ce qui concerne le Moyen Age, la plupart des œuvres exposées proviennent d'églises désaffectées, détruites ou transformées. Au cours des cinquante dernières années, une politique plus suivie des acquisitions a permis, en comblant les lacunes, de montrer une Ecole française presque complète sur le plan chronologique.

Le Moyen Age

▷Salle 1 : l'art roman

Plusieurs *chapiteaux** témoignent de l'évolution du style et des particularités régionales. Ils proviennent de Sainte-Geneviève de Paris : *Daniel dans la fosse aux lions** (VIᵉ et XIᵉ s.) ; Flavigny (XIᵉ s.) ; Saint-Pons-de-Thomières (Hérault, fin XIᵉ et fin XIIᵉ s.) ; Moutiers-Saint-Jean (Côte-d'Or, XIIᵉ s.). Œuvres de bois polychrome : *tête de Christ*** provenant de Lavaudieu (centre de la France, XIIᵉ s.) ; Christ détaché de la croix (Bourgogne, première moitié du XIIᵉ s.) ; Christ en croix (art allemand, début XIIᵉ s.) ; *Vierge en Majesté*** (Forez, seconde moitié du XIIᵉ s.). En vitrine : *tête de saint Pierre*** qui faisait partie du tombeau de saint Lazare, à la cathédrale d'Autun (XIIᵉ s.), et têtes provenant de l'abbatiale de Saint-Denis. Enfin, portail de l'ancien prieuré d'Estagel (Gard, première moitié du XIIᵉ s.), qui donne accès aux salles gothiques.

▷Salle 2, 3 : l'art gothique

Salle 2. Chapiteau et colonne portant la statue d'un prophète qui se trouvait jadis dans le cloître de la cathédrale Notre-Dame-des-Doms à Avignon (fin XIIᵉ s.). *Statues-colonnes**** portant le roi Salomon et la reine de Saba, du portail de l'ancienne église Notre-Dame, à Corbeil (1180-1190). *Retable**** provenant de Carrières-

Département des sculptures

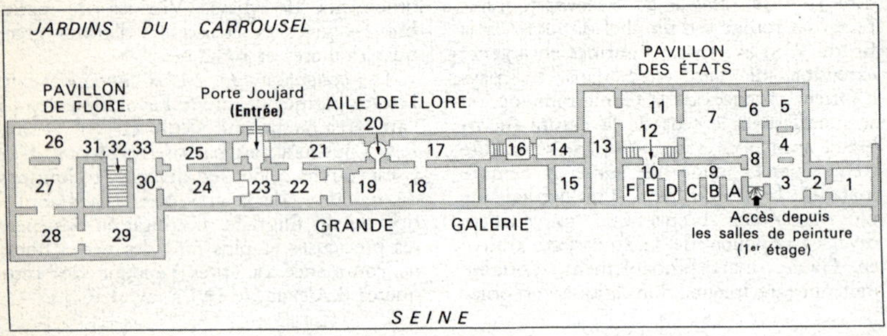

rez-de-chaussée

- *1 Salle romane*
- *2, 3, 4 Salles gothiques*
- *5 Salle Paul-Vitry : le XVe s.*
- *6 Première Renaissance française*
- *7 Salle Jean-Goujon*
- *8 Passage*
- *9 Galerie haute : petite statuaire gothique française*
- *10 Galerie haute : Allemagne et Pays-Bas, XVe-XVIe s.*
- *11, 12 Salles italiennes, XIIIe-XVIe s.*
- *13, 14 Le XVIIe s. français*
- *15 Salle Puget*
- *16 Crypte*
- *17 Galerie rocaille*
- *18 Salle Marly*
- *19 Salle Verte*
- *20 Rotonde de l'Amour*
- *21 Galerie du Vase*
- *22 Salle Houdon*
- *23 Vestibule de Flore*
- *24 Salle néo-classique*
- *25 Salle romantique*
- *26 Salle Barye*

Saint-Denis et représentant l'Annonciation, la Vierge en Majesté et le Baptême du Christ (seconde moitié du XIIe s.); fragments de frise (personnages et animaux fabuleux) provenant de Notre-Dame-en-Vaux, à Châlons-sur-Marne; deux colonnes historiées provenant de l'abbaye de Coulombs.

Salle 3. L'art des grandes cathédrales du XIIIe s. est représenté par un certain nombre d'œuvres : statue de sainte Geneviève ayant orné le portail de l'église Sainte-Geneviève de Paris (première moitié du XIIIe s.); relief représentant saint Matthieu écrivant sous la dictée de l'ange, provenant du jubé de la cathédrale de Chartres (milieu du XIIIe s.); têtes provenant de Reims (milieu XIIIe s.); statue de Childebert, provenant de la porte du réfectoire de Saint-Germain-des-Prés. De Notre-Dame de Paris proviennent le groupe de la Descente aux Limbes, qui appartint au jubé (milieu du XIIIe s.), et le relief représentant Pierre de Fayel, chanoine de Paris, sculpté au XIVe s. par *Jean Ravy* pour le tour du chœur. Très belle ***tête de Christ**** provenant de l'hôtel-Dieu de Tonnerre (vers 1300); statues de ***Vierge à l'Enfant***** du XIVe s. provenant d'Ile-de-France (Vierge de La Celle), de Lorraine ou de Normandie. Gisants de Charles IV et de la reine Jeanne d'Evreux, sculptés par *Jean de Liège* pour l'abbaye de Maubuisson; ***gisant de Charles V**** ayant appartenu à la même abbaye, ou de ***Jean de Dormans****, chanoine de Paris, enterré au collège de Beauvais (fin du XIVe s.). Les statues représentant ***Charles V***** et ***Jeanne de Bourbon*****, provenant du palais du Louvre, témoignent de l'admirable renouveau de l'art du portrait au XIVe s. Dans la même salle, retable ayant jadis appartenu à l'église de Nolay (Côte-d'Or ; début du XVe s.) et représentant la Vierge et l'Enfant au milieu des douze apôtres.

▶ Deux *passages* permettent de gagner la salle 4 et la salle 5, dite salle Paul-Vitry. Premier passage : statue gisante de Guillaume de Chanac, évêque de Paris, provenant de l'église Saint-Victor (milieu XIVe s.). Vierge à l'Enfant, pierre polychrome, provenant de Citeaux (première moitié du XIVe s.). Tête de Vierge provenant de la région provençale (XIVe s.) et statue de femme en prière, bois polychrome (début du XIVe s.). Deuxième passage : *tête d'apôtre**, attribuée à *André Beauneveu*, provenant du château de Mehun-sur-Yèvres (Cher, fin du XIVe s.) ; statue en marbres noir et blanc de Marie de Bourbon, prieure de Saint-Louis de Poissy (début du XVe s.).

▶ Entre les deux passages, tombeau de Pierre d'Evreux-Navarre et de Catherine d'Alençon ; deux culots ornés de figures d'anges provenant de Bourges et la Vierge de Pitié de Montmorot (Bourgogne, XVe s.). ▶ *Salle 8* : vestibule d'où part un escalier intérieur qui rejoint la galerie Médicis, et dans lequel on verra un grand retable champenois du début du XVIe s. et le Calvaire de Nivelles (Pays-Bas du Sud, fin XVe s.).

▷ Salle 9 : pièces du XIIIe au XVIe s.

Suite de trois alvéoles consacrées aux pièces de petites dimensions du XIIIe au XVIe s.

A (première alvéole): art précieux du XIVe s., qui privilégie la séduction des marbres noirs et blancs, rehaussés d'or. *Retables** (Sainte-Chapelle de Paris, illustrant les scènes de la Passion, abbaye de Maubuisson, don de la reine Jeanne d'Evreux) ; fragments de retables ; vestiges d'art funéraire (masques ayant appartenu à des statues gisantes, décor d'arcatures) ; statuettes de la Vierge, dont la très belle *Vierge d'Annonciation**** provenant de Javernant (Aube). B (deuxième alvéole) : œuvres en bois des XIIIe et XIVe s. *Anges** destinés au décor des autels et inspirés par l'art rémois, dont le célèbre Ange Sachs. Plusieurs Vierges à l'Enfant, d'Abbeville (fin du XIIIe s.), de Beauvais (XIVe s.). C (troisième alvéole) : œuvres en pierre, marbre ou bois de la fin du Moyen Age. Vitrine consacrée à l'art funéraire, avec une série de *pleurants** : pleurante en costume d'abbesse (pierre), par *Jean de la Huerta* ; deux pleurants du milieu du XVe s., provenant du tombeau du duc Jean de Berry, à Bourges ; pleurants provenant des sépultures royales de Poblet (Espagne, XVe s.). Statuette de saint Etienne, témoignant de l'art bourguignon du XVe s., œuvres champenoises (sainte tenant une palme, Vierge à l'Enfant).

▷ Salle 4 : l'art gothique (suite)

On y verra provisoirement, et jusqu'à ce que soit construit dans sa ville d'origine un local spécialement conçu pour elle, une évocation du *jubé de la cathédrale de Bourges**** (milieu XIIIe s.), consacré aux scènes de la Passion représentées en hauts reliefs de pierre polychrome, avec des traces de fond de verroterie. Le centre de cette salle est occupé par l'imposant *tombeau de Philippe Pot****, grand sénéchal de Bourgogne, provenant de l'abbaye de Citeaux. La conception en est originale : huit pleurants portent la dalle sur laquelle est étendu le gisant.

▷ Salle 5, dite salle Paul-Vitry : la sculpture du XVe s.

*Œuvres bourguignonnes** : Vierge à l'Enfant de pierre peinte et dorée, provenant d'une maison de Dijon ; Saint Jean-

A ne pas manquer

Ecole française
Statues-colonnes de Corbeil, XIIe s. (salle 2).
Retable de Carrière-Saint-Denis, XIIe s. (salle 2).
Vierge dite de la Celle, XIVe s. (salle 3).
Charles V et Jeanne de Bourbon, XIVe s. (salle 3).
Vierge de l'Annonciation (Javernant), XIVe s. (salle 8).
Jubé de la cathédrale de Bourges, XVe s. (salles 4-5).
Tombeau de Philippe Pot, XVe s. (salles 4-5).
Trois Grâces de Germain Pilon, XVIe s. (salle 7).
Reliefs de la fontaine des Innocents par Jean Goujon, XVIe s. (salle 7).
Diane d'Anet, XVIe s. (salle 7).
Milon de Cotrone de Pierre Puget, XVIIe s. (salle 15).
Les chevaux de Marly par G. Coustou, XVIIIe s. (salle 11).
Marie-Adélaïde, duchesse de Savoie en Diane (salle 17) et groupes de Marly par A. Coysevox, XVIIIe s. (salle 18).
L'Amour taillant son arc dans la massue d'Hercule par E. Bouchardon, XVIIIe s. (salle 20).
Mme de Pompadour en Amitié et le Voltaire nu de Pigalle, XVIIIe s. (salle 21).
Portraits de Houdon (salle 22).
Psyché ranimée par le baiser de l'Amour de A. Canova, premier Empire (salle 24).
Le Lion et le Serpent de A. L. Barye, XIXe s. (salle 26).
Ecole allemande (salle 10)
Vierge à l'Enfant d'Issenheim, XVe s.
Retable de la Passion, de Coligny, XVIe s.
Ecole italienne (salle 12)
Descente de croix (Toscane), XIIIe s.
Vierge assise par Jacopo Della Quercia, XVe s.
Vierge à l'Enfant de Donatello, XVe s.

Baptiste, Saint-Jacques en pèlerin (provenant de Semur-en-Auxois). Quelques témoins du développement de l'art funéraire à Paris : gisant de Philippe de Morvillers, président au Parlement, enterré à l'abbaye de Saint-Martin-des-Champs, et statue gisante, sculptée par *Guillaume Vluten*, d'Anne de Bourgogne, duchesse de Bedford, provenant de l'église des Célestins à Paris. Sainte Marie Madeleine, d'un atelier de l'E. de la France; Saint Georges terrassant le dragon, d'un atelier nivernais.

Œuvres de la fin du Moyen Age : calvaire provenant de Saint-Léger-les-Troyes; ***statues**** de sainte Anne éduquant la Vierge, de saint Pierre et de sainte Suzanne, exécutées pour Anne de Beaujeu par *Jean de Chartres*, disciple de Michel Colombe (début du XVIe s.).

La Renaissance et le Moyen Age italien

▷Salle 6 : la première Renaissance française

Bustes du chancelier Duprat et de Louise de Savoie, provenant d'ateliers tourangeaux (début XVIe s.). Tête de lion et pilastres provenant de la chapelle du château de Gaillon; retable, provenant de la même chapelle, sculpté par *Michel Colombe* (1430-1511) et représentant ***Saint Georges combattant le dragon*****. Emouvant tombeau de Renée d'Orléans-Longueville : l'œuvre était jadis dans l'église des Célestins. Vierge d'Olivet et Vierge d'Ecouen (début du XVIe s.). Statues gisantes de Louis de Poncher et de son épouse, par *Guillaume Regnault*, neveu de Michel Colombe; ces gisants étaient autrefois à Saint-Germain-l'Auxerrois.

▷Salle 7, dite salle Jean-Goujon : la Renaissance française

Au centre, fontaine de marbre provenant de Gaillon. Aux deux extrémités : *Mathieu Jacquet*, cheminée provenant de Villeroy; Porte du Grand Consistoire provenant du Capitole à Toulouse par l'*atelier de Guiraud Millot*. *Fremyn Roussel* : génie de l'Histoire sculpté pour le tombeau de François Ier. *Germain Pilon* (1528-1590), le grand sculpteur du XVIe s. : monument funéraire du cœur d'Henri II, figurant ***les Trois Grâces******, érigé entre 1560 et 1566 dans l'église des Célestins de Paris; la Résurrection du Christ entouré de deux soldats gardiens du Sépulcre, groupe de marbre exécuté vers 1583 pour la rotonde funéraire de Henri II à Saint-Denis; Vierge de Douleur de terre cuite, qui servit de modèle à celle de marbre destinée à cette même rotonde; petite esquisse du gisant de Henri II pour le tombeau de Saint-Denis; tombeau de Valentine Balbiani et priant en bronze de son époux, le cardinal Birague, provenant de Sainte-Catherine du Val des Ecoliers; trois reliefs provenant de l'église Saint-Etienne-du-Mont, Christ à Gethsemani, Melchisedech et saint Paul; descente de croix en bronze provenant de la chapelle de Birague; deux reliefs de la chaire des Grands Augustins : Prédications de saint Jean Baptiste et de saint Paul; buste d'enfant en marbre. Dans la suite de Pilon, s'inscrivent les bustes d'Henri II et Henri III et les quatre figures funéraires en bois qui supportaient la châsse de sainte Geneviève. *Pierre Bontemps* (vers 1505-1568) : statue funéraire de Charles de Maigny, capitaine des gardes du roi, représenté assis en faction et endormi (1557); les gisants accoudés de Jean d'Humières et de l'amiral Chabot sont attribués au même sculpteur, important à la cour de François Ier. *Jean Goujon* (vers 1510-vers 1565), représente l'atticisme français : ***Déposition de Croix***** et relief des ***Quatre évangélistes***** qui décoraient le jubé de l'église Saint-Germain-l'Auxerrois (1544-1545); trois grands ***reliefs****** allongés, ornés de souples nymphes marines et de putti, provenant de la fontaine des Innocents (1547-1549). *Barthélemy Prieur* prolonge la tradition de Pilon en alliant réalisme et classicisme : monument funéraire de marbres polychromes du connétable Anne de Montmorency; gisants de marbre du même et de sa veuve Madeleine de Savoie; tombeau de Christophe de Thou, alliant à un buste de marbre de couleur, deux génies michelangélesques de bronze.

Dans la première alvéole : *François Marchand*, quatre bas-reliefs exécutés pour le jubé de Saint-Père de Chartres (1543); *Dominique Florentin* (vers 1506-vers 1570), reliefs illustrant la vie du duc de Guise, provenant de son tombeau à Joinville. Deuxième alvéole : statue funéraire ébauchée par *Girolamo Della Robbia* pour le tombeau de Catherine de Médicis; gisant accoudé en bronze d'Albert Pie de Savoie, prince de Carpi; moulage du visage d'Henri II peut-être par *Clouet*. Troisième alvéole : reliefs de bronze de Blondel de Rocquencourt; tireuse d'épine en terre cuite par *Ponce Jacquiot*, sculpteur de la cour d'Henri II; deux anges lorrains de l'école de *Ligier Richier*; Vierge allaitant, terre cuite caractéristique du Maine. Au centre, la ***Diane******, provenant du château d'Anet, importante fontaine de marbre, représente l'élégance du maniérisme français.

▷Salle 11

Au-dessus de la porte, la ***Nymphe de Fontainebleau*****, provenant aussi d'Anet, a été fondue pour François Ier par le célèbre orfèvre et fondeur *Benvenuto Cellini*. Cette salle était consacrée autrefois à la sculpture italienne dont il reste encore les monuments d'importance : la porte du palais Stanga à Crémone, deux retables de *Della Robbia* et le Mercure de *Jean Bologne* (1524-1608).

En 1984 et 1986 ont été rentrés, par souci de conservation, quatre grands groupes équestres de marbre qui ornaient le jardin des Tuileries et la place de la Concorde : ***Mercure et la Renommée chevauchant Pégase*****, par *Antoine Coysevox* et les ***chevaux de Marly****** par *Guillaume Coustou*. Les premiers ont été placés à l'Abreuvoir du parc de Marly en 1702, puis transportés à Paris ; les seconds ont pris leur place primitive en 1745.

▷ Salle 10 : Allemagne et Pays-Bas (XVe s.-XVIe s.)

D (première alvéole) : pays germaniques, XVe s. Un saint Wolfgang bavarois, une Vierge à l'Enfant d'Uzgorod (Hongrie) et une Vierge de la région de Salzbourg représentent le « Beau Style » (Weicher Stil) du début du XVe s. La Vierge de l'abbaye d'Eberbach (Rhin moyen) et la Vierge de Pitié en albâtre (Rhénanie ?) sont un peu plus tardives. Les autres sculptures témoignent du renouvellement du style à la fin du XVe s. : un diacre attribué au Maître du retable de Kefermarkt (Haute-Autriche), un buste d'évêque (Tyrol), un ange volant (Nuremberg), la monumentale ***Vierge à l'Enfant d'Issenheim****** (près de Colmar), Sainte Anne portant la Vierge de Wasserburg, le relief de la Nativité (région de Colmar).

E (deuxième alvéole) : pays germaniques fin du XVe s. et XVIe s. La délicate Vierge de l'Annonciation de Saint-Pierre d'Erfurt est l'œuvre du célèbre *Tilman Riemenschneider* (vers 1460 - Wurzburg, 1531). Plusieurs sculptures souabes autour de 1500 sont pour la plupart sorties des ateliers d'Ulm : une ***Sainte Madeleine***** de *Gregor Ehrart* (né à Ulm - Augsbourg, 1540), un groupe de prélats de l'*atelier de Daniel Mauch* (Ulm, 1477 - Liège, 1540), un Christ en prière d'un groupe du Mont des Oliviers, une Sainte Parenté et un Docteur de l'Eglise. Deux vitrines abritent des œuvres de la Renaissance, notamment, une Sainte Famille en pierre de Solnhofen d'après une gravure de Dürer, attribuée à *Viktor Kayser* (Augsbourg, cité à partir de 1516 - mort en 1552), le précieux petit buste en albâtre d'Ottheinrich, prince électeur du Palatinat, donné à *Dietrich Schro* (connu de 1545 à 1568) et le Calvaire du Flamand *Willem van den Broek*, dit Guilielmus Paludanus (Mâlines 1530 - Anvers 1579-1580) qui a aussi travaillé pour Augsbourg.

F (troisième alvéole) : Pays-Bas, XVe s. et XVIe s. Les différents centres de production des Pays-Bas du Sud (Belgique actuelle), sont représentés par un fragment d'épitaphe avec saint Christophe, un donateur et ses fils, en pierre de Tournai, un Saint Sébastien flamand, quelques statuettes qui portent la marque de Mâlines (les trois pals), un Ange de l'Annonciation, brabançon, en pierre, une jolie Vierge à l'Enfant assise sur un pliant qui a la marque des ateliers de Bruxelles (le maillet) et une série importante de sculptures avec la marque des ateliers d'Anvers (la main), fragments épars de retables et surtout le ***grand retable de la Passion****** importé d'Anvers pour orner l'église de Coligny (Marne) dont il provient.

Des Pays-Bas du Nord (Pays-Bas actuels) sont originaires une Nativité de l'entourage d'*Adriaen van Wesel* (Utrecht vers 1417 - vers 1490), une Vierge à l'Enfant attribuée à *Jan van Nude* (cité à Utrecht, 1450-1494) et plusieurs statues de la région du Rhin inférieur notamment un Saint Léonard et un Saint Antoine.

▷ Salle 12, galerie basse : sculpture italienne du XIe au XVe siècle

De part et d'autre de l'escalier, deux statues de la façade détruite du dôme de Florence ; à dr., ***Vierge d'Annonciation***** (XIVe s) de *Nino Pisano* ; en face ***Descente de Croix******, groupe en bois polychrome, œuvre d'un atelier actif en Ombrie et dans le Latium, dans le second quart du XIIIe s. ; à sa g. ambon, provenant de Pomposa (début du XIIe s.).

Dans l'alvéole à dr., ***Vierge à l'Enfant assise***** (XIIIe s.), provenant du cloître de San Francisco à Ravenne où elle aurait indiqué l'emplacement de la tombe de Dante ; la Foi, fragment présumé du tombeau de saint Dominique à Bologne *(atelier de Nicole Pisano)* ; quatre caryatides (Vertus) provenant d'un tombeau napolitain.

A g. de l'escalier, œuvres de l'*atelier des Della Robbia* (XVe s.), spécialisé dans l'exécution des ***sculptures en terre émaillée****, en blanc sur fond bleu pour les plus anciennes, polychromes pour les plus tardives.

Dans les alvéoles suivantes, à dr. : ***Vierge à l'Enfant*****, terre cuite peinte et dorée, œuvre originale de *Donatello* et stuc polychrome exécuté par son atelier, du type de la « Madone dite des Pazzi » ; *Desiderio da Settignano*, Jules César, relief en marbre, et Saint Jean Baptiste et le Christ enfant, grand médaillon de marbre provenant des collections des Médicis ; buste de femme en bois dite « la Belle Florentine » ; Vierge à l'Enfant entouré de six anges, terre cuite originale de *Luca Della Robbia* ; *Gian Cristoforo Romano*, buste de Beatrice d'Este, duchesse de Milan ; œuvres de l'*atelier des Mantegazza*, sculpteurs actifs à la chartreuse de Pavie à la fin du XVe s. ; *Francesco Laurana*, buste d'une princesse de la famille d'Aragon.

Au fond de la salle, ***Vierge assise******, bois polychrome, attribuée à *Jacopo Della Quercia* et, de chaque côté, deux fragments de la tombe de Paul II à Saint-Pierre de Rome (*Mino da Fiesole*, *Giovanni Dalmata*).

Sur le mur à dr., en revenant vers l'escalier, buste d'Alfonse d'Aragon roi de Naples par *Pietro da Milano*; ***Madone dite d'Auvillers**** exécutée par *Agostino di Duccio*, sans doute pour Pierre de Médicis; buste de Filippo Strozzi par *Benedetto da Mariano*; Saint Christophe par le Siennois *Francesco di Giorgio Martini*. Adossé au pilier central, buste de ***Diotisalvi Neroni**** par *Mino da Fiesole* daté de 1464.

Le XVIIe siècle

▷Salle 13 : première moitié du XVIIe s.; d'Henri IV à Louis XIV

A dr. : alvéoles dédiées à la sculpture profane. Œuvres de la seconde école de Fontainebleau sous Henri IV. *Mathieu Jacquet* : relief provenant du décor de marbre de la Belle cheminée de Fontainebleau (1598-1602), tête de bronze de Henri IV, buste de bronze de Jean d'Alesso, médaillon du poète Philippe Desportes. *Pierre Francheville* s'étant formé auprès de Jean Bologne à Florence, quelques œuvres (la Géométrie, esquisse de la statue du Duc de Toscane) soulignent l'origine florentine de ce sculpteur d'Henri IV; auteur des quatre ***Esclaves***** de bronze de la statue d'Henri IV au Pont-Neuf, de l'Orphée et du David en marbre, exemples du maniérisme français. Le beau groupe de l'***Enlèvement de Psyché par Mercure****, œuvre du Hollandais *Adrien De Vries*, exécuté pour l'empereur Rodophe II, permet d'évoquer la complexité raffinée du maniérisme européen. Par la suite, un baroque tempéré domine avec *Jacques Sarrazin*, auteur du groupe des Enfants à la chèvre, dont le piédestal fut ajouté lorsque l'œuvre fut placée à Marly au début du XVIIIe s. Des reliefs de marbre, satyres et putti, Grâces, tritons, néréides ou centaures, sculptés par *Gerard van Opstal*, évoquent les bacchanales et le goût de l'enfance du premier classicisme français.

A dr. de l'entrée, l'art royal est évoqué par le monument du pont au Change, dressé par *Simon Guillain* vers 1647, qui représente les statues de bronze de Louis XIII, de Marie de Médicis et du jeune Louis XIV dont la régence est confiée à sa mère. Un buste de bronze du roi Louis XIII montre le réalisme de l'art du portrait français. En contrepoint, les bustes du *Bernin*, Richelieu et Urbain VIII, évoquent le grand portrait baroque.

L'art funéraire est représenté par l'envol maniériste de la ***Renommée**** de bronze que *Pierre Ier Biard* avait érigée au sommet du tombeau du duc d'Epernon à Cadillac. L'évolution de la sculpture des priants funéraires se poursuit depuis la rigidité de Marie de Barbanson-Cani par *Barthélemy Prieur* (partie du monument de Thou), ou encore celle d'Amador de la Porte par *Michel II Bourdin*, en passant par la souplesse de la princesse de Condé par *Simon Guillain*, jusqu'au mouvement plus accentué du tombeau de Jacques-Auguste de Thou, où la jeune Gasparde de la Châtre, sculptée par *François Anguier* (1604-1669) se penche vers le spectateur, ou bien l'agenouillement de Charles de Vieuville, sculpté par *Gilles Guérin* (1611-1678) pour les Minimes, ou encore la grande offrande mystique de soi qu'exprime le ***Cardinal de Berulle*****, sculpté par *Jacques Sarrazin*. Des monuments du cœur, du duc de Longueville par *François Anguier*, du duc de Brissac par *Etienne Le Hongre*, expriment des recherches plus intellectuelles d'allégories. *Jacques Sarrazin* (1592-1660) s'affirme comme le grand sculpteur du début du règne de Louis XIV. Après un long séjour romain, il est l'auteur des reliefs du monument du cœur de Louis XIII, provenant de Saint-Louis des Jésuites, d'un charmant buste de Louis XIV, des statuettes de saint Pierre et de Madeleine, et d'une sensible Vierge à l'Enfant en terre cuite.

▶ *Escalier* : les quatre reliefs sont des morceaux de réception à l'Académie de peinture et de sculpture, dont ceux de *François Girardon* et *Gaspard Marsy*.

▷Salle 14 : galerie des Enlèvements

La série des morceaux de réception à l'Académie se poursuit à dr. avec des reliefs à la gloire de Louis XIV par *Desjardins*, *Rousselet*, *Hardy*, *Prou*, *Nicolas Coustou*. Le portrait vivant de Boileau par *Girardon*, le regard autoritaire du ***Grand Condé***** par *Antoine Coysevox* et la pompe officielle de Jules Hardouin Mansart par *Lemoyne* manifestent trois sensibilités de l'art du portrait. Le décor de jardin est évoqué par les termes des saisons provenant de Saint-Cloud, et surtout par des épaves du parc de Versailles : des vases par *Girardon*, et deux enlèvements symbolisant la Terre et l'Air par *Thomas Regnaudin* et *Gaspard Marsy*.

▷Salle 15 : salle Puget

Elle est dédiée à trois personnalités : *Pierre Puget*, *Martin Desjardins* et *Michel Anguier*.

Pierre Puget (1620-1694), le grand sculpteur baroque de Provence, formé à Rome, Gênes et Florence, fut un artiste complet, architecte, peintre et sculpteur. Il réalisa trois grands marbres pour Louis XIV : ***Persée enlevant Andromède****, le grand relief de la rencontre entre ***Alexandre et Diogène**** et le ***Milon de Crotone****** exécuté en douze ans, placé en 1682 à Versailles, composition qui manifeste le sens du drame humain et où dominent l'émotion, la puissance et la construction des volumes. L'Hercule gaulois, œuvre de jeunesse, et un dramatique Christ en croix dans la vitrine, complètent ce panorama du baroque en France.

Autre sculpteur majeur, *Martin Desjardins*, d'origine hollandaise, a laissé, outre un beau buste de Colbert de Villacerf, le décor de bronze du piédestal de la statue de Louis XIV, place des Victoires, composé de quatre reliefs historiques et de quatre médaillons de bronze. Pour compléter le décor, d'autres médaillons de bronze, exécutés par *Arnoul* et *le Nègre* sur des dessins du peintre *Mignard*, furent placés sur des colonnes aux angles de la place ; trois sont exposés dans la salle.

Enfin, l'art plus classique de *Michel Anguier* (1612-1686) est représenté par le groupe de terre cuite d'Hercule et Atlas, offert par lui à l'Académie de sculptures, et le marbre d'Amphitrite exécuté pour le parc de Versailles.

L'enseignement de la sculpture

*Fondée en 1648, l'Académie était le lieu principal d'enseignement artistique. Le futur sculpteur entrait vers 14 ans dans l'atelier d'un maître. Puis, au fil des concours, il gravissait les échelons pour devenir pensionnaire de l'Académie de France à Rome. Toute carrière officielle était couronnée par l'entrée à l'Académie - dont le nombre des membres n'était pas limité. Pour être reçu, le futur académicien devait franchir deux étapes. Il devait d'abord présenter une ou plusieurs œuvres significatives : les morceaux d'agréments. Une fois agréé, le candidat se voyait imposé un sujet obligatoire pour le morceau de réception. Au XVIII*e *s., celui-ci était généralement une statuette de ronde-bosse, en marbre, au sujet tiré de la mythologie ou de l'histoire antique, parfois de la Bible ou des martyres de saints. Cette série de chefs-d'œuvre, conservée à l'Académie, fut versée au Louvre après la Révolution.*

▷ Salle 16 : crypte

Au centre, réduction de la statue équestre de Louis XIV érigée place Vendôme, sculptée par *François Girardon*. Sur les parois, quatre exemples de bustes classiques : celui de Pierre Mignard à la tension aiguë, est dû à *Martin Desjardins* ; les trois autres : le Brun, Colbert et Marie Serre, illustrent l'évolution d'*Antoine Coysevox*, depuis la frontalité de son morceau de réception jusqu'à l'ornement du buste féminin qui conserve une émotion contenue.

Les vitrines offrent, à dr., des exemples de terres cuites religieuses par *Jean Dubois*, *Paillet*, *du Goullons*.

Le XVIIIe siècle

Les œuvres exposées permettent de suivre l'évolution de la sculpture française des dernières années du règne de Louis XIV à la fin du règne de Louis XV. Il s'agit d'une sélection de pièces représentatives dans une sobre mise en scène.

▷ Salle 17, galerie Rocaille

Dans cette salle sont réunis les témoignages les plus importants du décor des jardins du début du XVIIIe s. Jardins du duc d'Antin à Petit-Bourg (*Coysevox* : ***Marie-Adélaïde**********, duchesse de Savoie, en Diane ; *N. Coustou* : Louis XV en Jupiter ; *G. Coustou* : Marie Leczinska en Junon), Marly (*N. Coustou* : Jules César ; *S. Slodtz* : Annibal ; *Frémin* : Flore, compagne de Diane). Au fond de la galerie, encastré dans le mur, le Dragon monumental, provenant d'une maison proche de Saint-Germain-des-Prés, est un exemple de style rocaille appliqué à la décoration civile. On verra aussi quelques-uns des ***morceaux de réception à l'Académie***** dont le musée du Louvre possède la série presque complète pour le XVIIIe s. Ces ouvrages, précisément datés, sont particulièrement précieux pour suivre l'évolution du style et du goût : *G. Coustou*, 1704 ; *Cayot*, 1711 ; *Coudray*, 1712 ; *Dumont*, 1713 ; *J. B. I*er *Lemoyne*, 1715 ; *Bousseau*, 1715 ; *Thierry*, 1717 ; *A. Slodtz*, 1743 ; *Hutin*, 1747. Dans les deux vitrines, œuvres de *N. Coustou*, *Le Lorrain* et *M. A. Slodtz*.

▷ Salle 18, salle Marly

Comme dans la salle précédence, l'accent est mis sur la sculpture de jardin, en particulier la statuaire du parc de Marly : quatre ***groupes****** de *Coysevox* (la Seine, la Marne, Neptune et Amphitrite) et une statue (Faune flûteur) décoraient la cascade dite la Rivière, de même que les trois groupes de *N. Coustou* (Chasseur au repos, Nymphe au carquois et Nymphe à la colombe). L'Amphitrite de *Prou* et la

La série des Grands Hommes

Durant le règne de Louis XVI la plupart des commandes royales était destinée au décor du Muséum, et plus spécialement à la Grande Galerie du Louvre. La série des portraits des Grands Hommes, commencée en 1776, correspond à ce projet.
Tous les deux ans, on demandait un groupe de quatre statues à quatre sculpteurs. C'est ainsi que dix-sept artistes parmi lesquels Pajou, Caffieri, Julien, Clodion, Houdon, ont réalisé trente statues. La série commençait au Moyen Age par Du Guesclin, privilégiait les penseurs et généraux du XVIIe s., et s'achevait au XVIIIe s. par Montesquieu et d'Alembert, dont la statue ne fut réalisée qu'en 1808. Cette entreprise inaugurait l'intérêt pour l'histoire, qui allait se développer au XIXe s.

Compagne de Diane de *Flamen*, également à Marly, font partie d'ensembles différents. Les deux copies d'après l'antique de *Coysevox*, (Vénus accroupie et Nymphe à la coquille) viennent des jardins de Versailles.

▷Salle 19, dite salle Verte

Cette petite salle est consacrée à la suite des morceaux de réception (*L.-S. Adam*, 1737; *Ladatte*, 1741; *Pigalle****, 1744; *Bouchardon*, 1745; *N.-S. Adam*, 1762); à de petits marbres précieux (*Caffieri*, monument : la mémoire de Mme Favart; *Falconet*, Baigneuse) et à des bustes en terre cuite (N. Coustou par *G. Coustou*; ***Louis XV enfant**** par *Coysevox*; N. N. Coypel par *J.-B. Lemoyne*; Madame Favart par *Defernex*; ***Autoportrait**** de *Pigalle*). L'art monumental est évoqué par des maquettes en cire (*Bouchardon*, projet pour le tombeau du cardinal de Fleury; *Pigalle*, mausolée du maréchal de Saxe) et une réduction en bronze (*J.-B. Lemoyne*, monument de Louis XV à Rouen).

▸ *Salle 20, dite rotonde de l'Amour*. Elle est dédiée à *Bouchardon* : l'***Amour taillant son arc dans la massue d'Hercule****** ; esquisse de la Marne (fontaine de la rue de Grenelle).

▷Salle 21, galerie du Vase

Elle est consacrée aux sculpteurs de Louis XV. Le mécénat de Mme de Pompadour est souligné par la présence de la Poésie lyrique *(L.-S. Adam)* et de la Musique *(Falconet)* exécutés pour le château de Bellevue, par un certain nombre d'œuvres de *Falconet*** (Amour menaçant, Pygmalion) et de *Pigalle* (l'Amour et l'Amitié, ***Mme de Pompadour en Amitié******). De *Pigalle* également, le ***Voltaire nu****** dont la conception déconcerta les contemporains, et les deux célèbres Enfants à la cage et à l'oiseau.

La Baigneuse, ou Vénus au bain, et la Diane surprise d'*Allegrain* proviennent au contraire des collections de Mme du Barry, de même que l'Amour de *Boizot* et l'*Amour** de *Vassé*, ainsi que la Comédie de ce dernier. La favorite protégea la carrière de *Pajou* dont on voit en particulier une œuvre de jeunesse, Marie Leczinska, et le chef-d'œuvre de sa maturité : ***Psyché abandonnée*****.

Se poursuit ici la suite des morceaux de réception (*Vassé*, 1751; *Falconet*, 1754; *Gillet*, 1757; *Caffieri*, 1759; *Pajou*, 1760; *Mouchy*, 1768).

Au centre de la salle, un vase dû à *Verberckt*, sculpté pour Choisy, et une réduction en bronze de la statue équestre de Louis XV par *Bouchardon*. Une vitrine expose quelques médaillons en cire *(J.-B. Nini)* et en terre cuite *(D. Chassel)*

▷Salle 23, vestibule de Flore

Cette salle de passage est ornée d'un grand vase décoratif en tôle, et de quatre ***Hommes Illustres**** français qui ont fait partie d'une série commandée par le comte d'Angiviller et destinée à la Grande Galerie du Louvre (→ *encadré*) : de *Julien*, La Fontaine composant « Le renard et les raisins », et le peintre Nicolas Poussin; de *Pajou*, l'écrivain Blaise Pascal avec à ses pieds les « Pensées » et les « Provinciales »; et de *Caffieri*, Pierre Corneille (on peut lire la liste de ses pièces de théâtre).

▸ Dans le passage menant à la salle 22 sont aménagées deux vitrines qui présentent des effigies d'enfants en terre cuite (chefs-d'œuvre de *Houdon* : ***Louise et Alexandre Brongniart******; *Couasnon*), et en plâtre *(Houdon* : Sabine Houdon; *J. B. Lemoyne)*.

▷Salle 22, dite salle Houdon

Il est recommandé de se rendre dans le fond de la salle, à g., où est regroupé un impressionnant ensemble d'œuvres de *Houdon**** (1741-1828). Autour de la Diane chasseresse en bronze et du Mausolée du cœur du comte d'Ennery (marbre signé et daté 1781), on peut admirer d'exceptionnels portraits, aussi bien de la fille de Louis XV (Madame Adélaïde), d'une cantatrice célèbre (Sophie Arnould) que d'hommes politiques (Washington, Benjamin Franklin), de philosophes (Rousseau, Voltaire, Diderot), de familiers (Madame Houdon, plâtre original).

En revenant sur ses pas, on peut remarquer deux bustes de *Pajou* : celui de ***Madame Du Barry*****, en marbre, provient de Louveciennes - altière effigie qui fut pastichée et est devenue l'emblème d'une certaine vision du XVIIIe s. -, et celui du graveur *Basan***, en négligé d'artiste. De *J.-L. Vassé*, la Douleur, provenant du tombeau de Feydeau de Brou, illustre bien la grâce un peu mièvre qui imprégnait l'art funéraire à l'aube du néo-classicisme. Deux œuvres de *Julien*, ***Ganymède et l'Aigle de Jupiter*****, et le ***Gladiateur mourant*****, son morceau de réception (1779) - de même que l'Abel mort de *Stouf* (1785) -, annoncent le XIXe s. par une retenue de l'effet et une nette influence du goût antique. Deux terres cuites de moyennes dimensions de *Pajou* (Anacréon coupant les ailes de l'Amour, Fleuve), répondent à l'ensemble des petites terres cuites exposé dans deux vitrines (œuvres de *Clodion*, *Moitte*, *Gois*, *Guiart*, *Sergel*). Les bustes provinciaux *(Attiret, Breton)* sont confrontés ici avec ceux des Académiciens parisiens, tels *Pigalle* (le « Compère » Diderot) et *Caffieri* (***le chanoine Pingré*****).

Le XIXe siècle

Par suite du déménagement des œuvres de la seconde moitié du XIXe s. au musée d'Orsay, les salles 27 à 30 ont été réaménagées autour des Esclaves de Michel-Ange, pour présenter la sculpture italienne du XVIe s. (Rustici, Pierino da Vinci, Mosca, Vittoria, L'Antico), du XVIIe s. (Bernin, Foggini, l'Algarde, Mazzuoli) et du XVIIIe s. (Corradini), ainsi que la sculpture baroque des Pays-Bas (Quellin, Pompe, Delvaux).

▷Salle 24 : le premier Empire

On pourrait appeler cette galerie la salle Psyché, car cette figure mythologique y est à l'honneur. *Antonio Canova* (1757-1822) : ***Psyché ranimée par le baiser de l'Amour****** ; ***Amour et Psyché****. *François Nicolas Delaistre* (1746-1832) : Amour et Psyché. *Denis Antoine Chaudet* (1763-1810) : ***L'Amour**** ; ***la Paix**** (argent) ; et dans un style plus viril : Œdipe et Phorbas. *J. C. Marin* : Baigneuse. *James Pradier* (1790-1852) : ***Niobide blessé****. *Claude Ramey* (1754-1838), Napoléon en costume de sacre. *Pierre Chinard* (1756-1813), Madame de Verninac sous les attributs de Diane chasseresse et plusieurs petites esquisses en terre crue. *Henri-Joseph Ruxthiel* (1775-1837), Zéphyr enlevant Psyché. *Bertel Thorvaldsen* (1770-1844), ***Vénus à la pomme**** ; la Charité. *Jacques Edme Dumont* (1761-1844), buste de Marceau ; *Charles Louis Corbet* (1758-1808), buste de la Tour d'Auvergne ; *Claude Michallon* (1751-1799), buste d'Alexandre Lenoir. *Philippe Laurent Roland* (1746-1816), buste de mademoiselle Roland en marbre. *François Milhomme* (1758-1823), buste d'Andromaque en plâtre.

▷Salle 25, salle romantique

Dans cette première salle sont présentées des œuvres des années 1820-1840 qui, bien que contemporaines, sont très diversement touchées par le sentiment romantique. Les sculpteurs encore antiquisants sont *François Joseph Bosio* (1768-1845), avec une statue couchée de Hyacinthe, le favori d'Apollon ; ***Henri IV enfant*****, statue en argent ; La nymphe Salmacis ; Marie-Amélie, reine des français (modèle en plâtre). *Jaley* (1802-1866) : La Prière ; *J. P. Cortot* (1787-1843) : Daphnis et Chloé.

Jean-Jacques, dit James, *Pradier* (1792-1852), néo-classique par ses sujets, présente des femmes d'un sensualisme bien éloigné de l'art de Canova : Psyché, ***Les Trois Grâces******, ***Satyre et Bacchante**** et une esquisse en terre cuite : Diane et Endymion.

Hippolyte Maindron (1801-1886) : Velléda, druidesse présentée par Chateaubriand dans Les Martyrs.

François Rude (1784-1855) : sa vigueur et sa fougue en font un des plus grands sculpteurs de l'époque romantique. Mercure rattachant sa talonnière se rapproche plus du maniérisme Renaissance que de l'art antique. ***Jeune pêcheur napolitain*****, présenté au premier Salon de la sculpture romantique (1831) et deux ***esquisses***** pour la Marseillaise de l'arc de l'Etoile. Une vitrine présente de petites esquisses très vivantes de *Rude* en cire et en terre cuite ainsi que des bronzes de *Feuchère*, *David d'Angers*, *Gechter* et *Pradier*. Quelques médaillons montrent la très importante production de *David d'Angers* (1788-1856) qui réalisa les portraits de toutes les célébrités de son temps.

▶ Dans le passage un portrait du fils de David d'Angers par son père : l'Enfant à la grappe ; Roland furieux de *Duseigneur* (1808-1866), inspiré du poème de l'Arioste. Quelques statuettes portraits typiques de la monarchie de Juillet : *Barre* (1811-1896), ***Rachel**** et Madame Paul Delaroche, toutes deux en ivoire, *Carle Elshoect* (1797-1856) : la danseuse Thérèse Elsslet.

▷Salle 26, salle Barye

Elle a été amputée de certaines œuvres tardives de cet artiste : notamment tout son travail pour le Louvre de Napoléon III qui, actuellement présenté au musée d'Orsay sera, dans le cadre du Grand Louvre, exposé dans une salle consacrée au décor du palais. L'originalité d'*Antoine-Louis Barye* (1795-1875) tient à son observation précise et vivante du monde des animaux, qu'il présente souvent dans des scènes d'une fougue et d'une passion toute romantique. Ses bronzes sont généralement d'une exceptionnelle qualité. Le *Lion et Serpent****, dont le modèle en plâtre fit partie du premier Salon de la sculpture romantique (1831), fut fondu à la cire perdue par *Honoré Gonon* qui exécuta d'autres bronzes importants pour Barye (*Tigre et gavial**), Angélique enlevée par Roger sur l'hippogriffe, groupe inspiré du Roland furieux de l'Arioste. Plusieurs *modèles en plâtre** retouchés à la cire sont présentés, dont trois pièces du surtout de table fondu en argent pour le duc d'Orléans en 1838 : Chasse au lion, Chasse au taureau sauvage et Eléphant monté par un Indien.

Plusieurs esquisses de *Barye* en cire (Tigre en sphinx) ou en plâtre retouché à la cire sont présentées dans les vitrines : Les trois Grâces, Minerve, Apollon et surtout *la Chasse au lion*** et la *Chasse au taureau sauvage***, maquettes pour le surtout de table du fils de Louis-Philippe.

Les peintures

Conservateur en chef : M. Michel Laclotte
Accès : porte Denon, emprunter l'escalier de la Victoire de Samothrace

La réorganisation générale du département des peintures du musée, entreprise avant la guerre et interrompue par celle-ci, a été reprise dès 1945. Cependant, l'insuffisance des crédits, les lenteurs administratives ont entravé l'action des organisateurs, conservateurs et architectes. Malgré tout, d'année en année, le Louvre prend son nouveau visage. La restitution du pavillon de Flore - attendue depuis soixante-dix-sept ans - a considérablement modifié la situation, de même que le déménagement de certaines œuvres au musée d'Orsay. Certes, il reste beaucoup à faire, d'autant plus qu'on espère toujours disposer de l'aile du ministère des Finances. Le deuxième étage de la Cour Carrée sera consacré à la peinture française.

La direction du musée a opté pour la chronologie par écoles nationales.

La peinture française
1. premier étage

Le circuit de la peinture française commence au premier étage (salles 1 à 7), pour s'achever au deuxième étage de la Cour Carrée, aile S. (salles 1 à 10).

▶ En haut de l'escalier de la Victoire de Samothrace, après avoir traversé les deux *salles Percier* et *Fontaine* qui abritent deux fresques exécutées par *Botticelli* pour la villa Lemmi, on atteint la salle Duchâtel.

▷ Salle Duchâtel (2) : XIVe siècle

Au XIVe s. la peinture de chevalet s'est considérablement développée : *portrait du roi Jean le Bon, roi de France**** (1319-1364), le plus ancien tableau de chevalet conservé de la peinture française ; il représente soit Jean le Bon avant son couronnement en 1350, puisqu'il est représenté sans couronne, soit son fils aîné, le futur Charles V. *Parement de Narbonne*** (vers 1375), peinture à l'encre de Chine sur soie, commandée par Charles V (de chaque côté de la Crucifixion, portraits du roi et de la reine Jeanne de Bourbon) pour orner l'autel de la cathédrale de Narbonne. Par *Henri de Bellechose*, peintre du duc de Bourgogne de 1415 à 1440-1444, on peut voir la Dernière Communion et le *Martyre de Saint Denis***, grand retable peint en 1415-1416 pour la chartreuse de Champmol près de Dijon ; *Jean de Beaumetz*, peintre du duc de Bourgogne de 1375 à 1396, est l'auteur du *Calvaire au Chartreux** pour la même chartreuse ; Grande *Pietà ronde*** attribuée à *Jean Malouel*, peintre du duc de Bourgogne de 1397 à 1415 : le tableau aurait été commandé par Philippe le Hardi, duc de Bourgogne, dont les armes sont peintes au revers ; Petite Pietà ronde et Mise au Tombeau d'un atelier dijonnais ou parisien ; *Jacquemart de Hesdin*,

Département des peintures

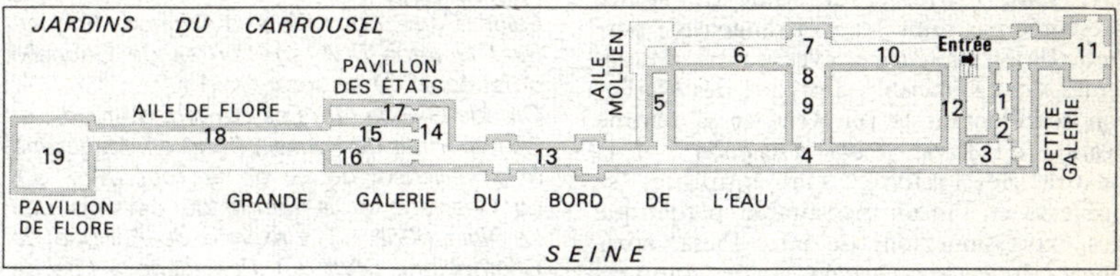

premier étage

1 Salle Percier et Fontaine
2 Salle Duchâtel : école française, XIVe s.
3 Salon Carré : école française, XVe et XVIe s.
4 Grande Galerie, première partie : école française, XVIIe et XVIIIe s.
5 Aile Mollien : école française, XVIIIe s.
6 Salle Mollien : école française, XIXe s.
7 Salle Denon : école française, XIXe s.
8 Vestibule de la salle des Etats : école italienne, XVIe s.
9 Salle des Etats : école italienne, XVIe s.
10 Salle Daru : école française, XIXe s.
11 Salle des Sept-Cheminées : école italienne, XVIIe s.
12 Salle des Sept-Mètres : école hollandaise, XVIIe s.
13 Grande Galerie, deuxième partie : école italienne, XIVe et XVe s.
14 Salle Van-Dyck : école flamande, XVIIe s.
15 Galerie Médicis
16 Petits Cabinets, côté Seine : écoles du Nord, XVe et XVIe s.
17 Petits Cabinets, côté jardin des Tuileries : écoles flamande et hollandaise, XVIIe s.
18 Aile de Flore : école italienne, XVIIe et XVIIIe s. Collection Beistegui
19 Pavillon de Flore, premier étage : école espagnole ; écoles de Valence, de Catalogne et de Castille, XVe s. ; écoles de Tolède et de Madrid, XVIe et XVIIe s. ; les grandes œuvres religieuses du Siècle d'Or, XVIIIe s.

peintre du duc de Berry de 1384 à 1409, est l'auteur du Portement de Croix.

▷ Salon Carré (3) : XVe et XVIe siècles

Peinture du XVe siècle

Après son effondrement avec le pouvoir politique, vers 1420, la peinture française ressuscite au milieu du XVe s. dans le midi et sur les bords de la Loire. C'est la génération des plus grands créateurs (*Fouquet*, le *Maître de l'Annonciation d'Aix*, *Enguerrand Quarton*) qui fondent un art neuf et personnel sur l'observation à la fois sensible et stylisée du réel, avec un succès particulier dans le portrait (souci de grandeur simple et d'équilibre). *Jean Fouquet* (vers 1420-vers 1480) : ***Portraits**** de Charles VII, œuvre individualisée et tout à fait dans la tradition gothique, et de Guillaume Juvénal des Ursins. A la fin du siècle, *Jean Hey*, traditionnellement connu sous le nom de *Maître de Moulins*, est à la fron-

Jean Fouquet

Ce peintre et miniaturiste français, né à Tours entre 1420 et 1425, travailla pour Charles VII et devint le peintre officiel de Louis XI. Entre 1443 et 1447, il fit un voyage à Rome où il peignit un portrait du pape Eugène IV. Les Italiens eux-mêmes le considéraient comme l'un des plus grands peintres de l'époque. S'il appartient encore, par sa technique, au Moyen Age finissant (notamment dans l'expression du sentiment religieux), son style annonce déjà l'art de la Renaissance. L'homme y est traité avec plus de réalisme : « il chasse de la peinture française les longues silhouettes maniérées, au sourire et au geste courtois, et fait marcher d'un pas assuré des personnages robustes, pesant comme des statues, denses, d'une gravité toute humaine » (C. Sterling). Cet artiste, mort vers 1480, est le plus important peintre français du XVe s.

tière du gothique finissant et de la Renaissance nordique : Enfant en oraison, qui pourrait être Suzanne de Bourbon, petite-fille par sa mère de Louis XI ; fragments d'un **triptyque des Bourbon**** : portrait de Pierre de Beaujeu, gendre de Louis XI, avec saint Pierre, et de Anne de France présentée par saint Jean l'Evangéliste ; portrait d'une donatrice avec sainte Madeleine. *Nicolas Froment* : diptyque des Matheron représentant le roi René et sa femme Jeanne de Laval. **Pietà d'Avignon***** : la beauté de l'œuvre, son équilibre, sa noblesse et l'incommensurable pathétique des expressions font de cette Pietà, attribuée à *Enguerrand Quarton*, un des sommets de l'art chrétien. De l'*école d'Avignon* également : retable de Boulbon (vers 1457). *Josse Lieferinxe* (originaire du Hainaut, mais ayant travaillé en Provence) : Calvaire et Adoration de l'Enfant, qui font partie d'un retable aujourd'hui disparu. Peinture d'origine flamande : retable du Parlement de Paris (vers 1455). Atelier d'Amiens : Messe de saint Grégoire et Sacerdoce de la Vierge.

Peinture du XVIe siècle

A son retour de captivité en 1530, François Ier décide d'installer sa cour au château de Fontainebleau tout récemment construit et appelle de nombreux artistes français, italiens et flamands pour le décorer. Dans de grandes compositions à fresques ils interprètent les thèmes mythologiques et allégoriques qui, diffusés par la gravure, auront un énorme succès. Les sujets érotiques, les proportions allongées des figures, les contours linéaires, dans des couleurs claires et acides sont caractéristiques de ce style.

Jean Cousin le Père (vers 1430-vers 1561) : **Eva Prima Pandora***, un des premiers nus français ; *Jean de Gourmont* (vers 1483-apr. 1551) : Adoration des Bergers, qui provient de la chapelle du château d'Ecouen ; *Luca Penni* (?), élève de Raphaël qui a travaillé à Fontainebleau de 1537 à 1540 : La Justice d'Othon (don de la Société des Amis du Louvre, 1973). *Première école de Fontainebleau* (vers 1530) : **Diane chasseresse*** (portrait idéalisé de Diane de Poitiers, maîtresse d'Henri II ?), Diane et Actéon, La Charité. *Deuxième école de Fontainebleau* (fin du XVIe s.) : **Gabrielle d'Estrée et sa sœur la duchesse de Villars*****, célèbre peinture, diversement interprétée : on y voit souvent une allusion à la naissance de César, duc de Vendôme, fils du roi Henri IV et de sa maîtresse Gabrielle d'Estrée ; elle pourrait également être une allusion satirique à la légèreté des mœurs de la cour ; *Antoine Caron* (1521-1599) : Le Massacre du Triumvirat, en 1566, pendant les guerres de Religion, La Sibylle de Tibur. *Toussaint Dubreuil* (1561-1602) : La Toilette et le Lever d'une Dame, Sacrifice Antique, qui proviennent du décor du château de Saint-Germain-en-Laye.

A ne pas manquer

Les numéros entre parenthèses renvoient aux salles indiquées sur le plan.

Premier étage

Salon Carré (3) : Pietà d'Avignon, Enguerrand Quarton (XVe s.). Portrait de Gabrielle d'Estrée et de sa sœur (XVIe s.).

Grande Galerie (4) : Les Bergers d'Arcadie et l'Autoportrait de Poussin (XVIIe s.). Madeleine à la veilleuse, de G. de la Tour (XVIIe s.). La Charrette et la famille de paysans des Le Nain (XVIIe s.). L'ex-voto de Philippe de Champaigne (XVIIe s.). Pèlerinage à l'île de Cithère et Gilles de Watteau (XVIIIe s.). Portraits de Diderot et de la Guimard par Fragonard (XVIIIe s.).

Aile Mollien (5) : Le Buffet, le Bénédicité et l'Enfant au toton de Chardin (XVIIIe s.). Le Repos de Diane sortant du bain par Boucher (XVIIIe s).

Salle Mollien (6) : Le Serment des Horaces et portrait de Mme Récamier par David (début XIXe s.).

Salle Denon (7) : La grande Odalisque, la Baigneuse de Valpincon, Portraits de M. Bertin, de M. et Mme Rivière et de leur fille par Ingres (XIXe s.).

Salle Daru (10) : Le Radeau de la Méduse de Géricault (XIXe s.). La Liberté guidant le peuple et la Mort de Sardanapale par Delacroix (XIXe s.).

Deuxième étage

Salle 2 : Le Bain turc par Ingres (XIXe s.).

Salle 3 : La vue de Tivoli et la Femme à la perle de Corot (XIXe s.).

Salle 4 : La Folle de Géricault (XIXe s.). L'Autoportrait de Delacroix (XIXe s.).

Les portraits

Les plus grands ont été placés dans le Salon Carré, les plus petits restent pour quelque temps encore accrochés dans les cabinets latéraux de la galerie Médicis.

Avec la Renaissance qui reportait sur la créature humaine une grande part de l'attention qui, pendant des siècles, avait été consacrée au monde divin, la France vit s'épanouir une magnifique école de portraits. La plupart de ceux qui sont conservés au Louvre proviennent de l'ensemble de 1096 portraits réunis par Roger de Gaignières (1642-1715). *Jean Clouet* (1485-1490/1541) : **Portrait de François Ier***. *François Clouet* (vers 1505-1572), fils du précédent dont il hérita la charge de peintre du roi mais cependant plus connu pour ses admirables portraits dessinés : **Pierre Outhe****. Un double portrait attribué à *Daniel Dumonstier*. *François Quesnel* : **Portrait de Henri III****. Œuvres de l'école française : **Portrait d'un flûtiste borgne***.

▶ On verra, dans les cabinets latéraux de la galerie Médicis, les portraits de *Corneille de Lyon* (1505-1574) ainsi qu'un ensemble très représentatif du portrait flamand et franco-flamand.

▷Grande Galerie (4) : XVIIe-XVIIIe siècles

Dans cette galerie, dite aussi galerie du Bord de l'Eau, on verra vite que les aspects de la peinture du XVIIe s. sont multiples, surtout avant l'avènement de Louis XIV (9 mars 1661). A partir de la monarchie absolue, l'influence royale se fit sentir dans tous les domaines. *Charles Le Brun* a exercé une véritable surintendance des Beaux-Arts et son rôle fut considérable, aussi bien à Versailles que dans les détails décoratifs, en passant par les cartons de tapisserie. Il n'en reste pas moins que la peinture de ce siècle a vu s'épanouir le génie de Poussin, celui de La Tour, de Le Nain, de Champaigne, des Caravagesques et d'un Claude Gellée.

Artistes français ayant été influencés par le Caravage et l'Italie en général. *Valentin de Boullongne* (1591-1634) : ***Scène de cabaret****; Le Jugement de Salomon; L'Innocence de Suzanne reconnue. *Claude Vignon* (1593-1670) : ***Le jeune chanteur****. *Nicolas Regnier* (1590-1667) : La Diseuse de bonne aventure.

Peintres italianisants mais non caravagesques. *Jacques Blanchard* (1600-1638) : Vénus et les Grâces surprises par un mortel; Cimon et Iphigénie. *Simon Vouet* (1590-1649) : la Présentation de Jésus au Temple; Allégorie de la richesse. *Eustache Le Sueur* (1616-1655), peintre qui n'a pas séjourné en Italie mais a subi l'influence de son maître Simon Vouet qui y avait passé de nombreuses années : Réunion d'artistes. *Nicolas Poussin* (1594-1675) : Apparition de la Vierge à saint Jacques le Majeur; les Philistins frappés par la peste; ***Echo et Narcisse*****; Le Triomphe de Flore; l'***Enlèvement des Sabines****; L'Inspiration du poète et surtout les ***Bergers d'Arcadie******. *Poussin* est généralement considéré comme le plus grand peintre du XVIIe s. français : bien qu'ayant passé la plus grande partie de sa vie à Rome, il ne fut pas un peintre italianisant, mais le peintre de la campagne romaine et de l'Antiquité, qu'il a interprétées à la fois avec poésie et rigueur. Le Louvre possède de lui un ensemble important qui montre sa diversité.

Les peintres de la réalité et de la nature morte. *Georges de La Tour* (1593-1652) : ***Saint Joseph Charpentier*****, ***L'Adoration des Bergers*****, la ***Madeleine à la veilleuse******, caractéristiques de sa manière très personnelle de traiter les éclairages et les ombres. ***Le Tricheur à l'as de carreau**** fait au contraire partie des toiles dites diurnes. Ce tableau a été découvert en 1926, par hasard, par un amateur suisse chez un antiquaire de l'île Saint-Louis à Paris. C'est à l'occasion de l'exposition La Tour à l'Orangerie, en 1972, qu'il fut acheté par le Louvre. *Louis Le Nain* (1593-1648) : ***La Charrette******, dont l'harmonie de jaune et de gris est unique dans la production de cette époque; ***Repas de paysans*****; Famille de paysans; La Forge (il en existe une variante très semblable à Reims); Retour du baptême; Réunion de musiciens. La Victoire, un des rares nus dans la production du peintre. *Mathieu Le Nain* (1607-1677) : Le corps de garde. *Lubin Baugin* (1612-1663), deux ***Natures mortes**** : aux Gaufrettes et à l'Echiquier, cette dernière étant une illustration des cinq sens; les natures mortes symboliques ont eu une très grande vogue à l'époque. Natures mortes de *Pierre Dupuis* et de *Jacques Linard*.

Peintres français de la fin du règne de Louis XIII. *Eustache Le Sueur* : Melpomène, Erato et Polymnie; Clio, Euterpe et Thalie; Jésus portant la croix. *Jacques Stella* (1596-1657) : Clélie traversant le Tibre. *Laurent de La Hyre* (1606-1656) : Laban cherchant ses idoles. *Charles Le Brun* (1619-1690) : Le Christ mort; Sommeil de l'Enfant Jésus. De nouveau, *Poussin* : Diogène jetant son écuelle; Le Jugement de Salomon; Le Ravissement de saint Paul; La Femme adultère; Apollon amoureux de Daphné; ***Les quatre saisons***** : le Printemps, l'Eté, l'Automne, l'Hiver, qui sont une méditation sur les différents âges de la vie de l'homme et qui datent des dernières années de l'auteur. ***Autoportrait****** (vers 1650). Le paysage est admirablement illustré par des œuvres de *Claude Gellée* dit *le Lorrain* (1600-Rome, 1682) qui passe pour être le plus grand des paysagistes de son temps : La Fête villageoise; Vue du Campo Vaccino à Rome; ***Port de mer au soleil couchant*****; plusieurs vues d'un port; Ulysse remet Chryséis à son père; Débarquement de Cléopâtre.

Peintres français apparentés davantage à la tradition hollandaise. *Philippe de Champaigne* (Bruxelles, 1602-Paris, 1674) : ***Portrait d'homme*****, portrait d'Arnaud d'Andilly (donné par dation en paiement des droits de succession, 1979); Christ mort; ***La Cène****; Les échevins de Paris; ***Ex-voto****** : un des chefs-d'œuvre du Louvre, exécuté à l'occasion de la guérison miraculeuse de sa fille qui était abbesse de Port-Royal. Le tableau ne montre pas le moment de la guérison, mais celui où la Mère Angélique reçoit la prémonition de la guérison; il est chargé d'émotion contenue, d'austérité et de spiritualité qui caractérisent l'œuvre de ce très grand artiste.

Charles Le Brun (1619-1690), maître d'œuvres de Versailles et peintre officiel de la cour de Louis XIV : ***Le chancelier Séguier****; Le Christ portant la Croix; Adoration des Bergers.

Peintres de la fin du siècle faisant la transition avec le siècle suivant. *Jean Jouvenet* (1644-1717) : ***Portrait de Raymond Finot****, médecin du roi. *Hyacinthe Rigaud* (1659-1743) : Portrait du sculpteur Martin Desjardins (le pendant, la femme de l'artiste, est au musée de Caen) ; double portrait de la mère de l'artiste, *Marie Serre**. *Joseph Parrocel* (1646-1704) : Le passage du Rhin par les armées de Louis XIV. *François De Troy* (1645-1730) : ***Portrait du musicien Mouton****. *Antoine Coypel* (1661-1722) : Démocrite ; Esther en présence d'Assuérus. *Antoine Watteau* (1684-1721) : ***Pèlerinage à l'île de Cythère****** (ce n'est que depuis 1961 que cette toile, connue tout au long du XIXe s. sous le nom d'Embarquement pour Cythère, a repris son titre véritable qui lui rend ainsi toute sa signification) ; il existe une autre variante de cette œuvre admirable à Berlin, mais celle du Louvre, avec ses seize personnages qui ne regardent et ne voient qu'eux-mêmes, est certainement la plus belle (restaurée pour la grande rétrospective Watteau en 1984). *Gilles****, personnage mystérieux et ambigu, une des figures les plus étranges de la peinture française qui diffère sans doute des autres Watteau (au point qu'on a mis en doute parfois la paternité du peintre), mais qui est bien, de par son étrangeté même, représentative de celui qui compte au nombre des plus grands artistes français. Il eut le génie de la composition mouvante en même temps qu'il avait, plus qu'aucun autre, le sens de la fragilité et de la brièveté du temps. *Portrait d'un gentilhomme***, qui n'est pas Jean de Jullienne ; Watteau n'a, en effet, jamais accepté de faire un portrait sur commande ni d'apparat ; il ne peut s'agir que d'un de ses familiers (acquis en 1973). *Diane au bain***, une des dernières acquisitions. Le Louvre possède encore, de Watteau, huit œuvres indiscutables dont certaines sont exposées dans l'aile Mollien.

Peinture française du XVIIIe s. Elle comporte de nombreux portraits et quelques scènes de genre. Une nouvelle classe sociale, celle de la bourgeoisie, a pris une place considérable du fait de sa puissance financière ; l'art, éloigné de la cour, ne va plus être d'apparat. Prenant ses distances vis-à-vis de la monarchie, le peintre va cesser de voir grand et solennel, pour voir agréable, confortable, séduisant et surtout l'œuvre sera plus individualisée. On sent maintenant beaucoup moins la pompe louisquatorzienne et les portraits sont beaucoup plus intimistes et familiers. *Nicolas de Largillière* (1656-1746) : portraits du *Président De Laage**, de l'artiste en chasseur et en compagnie de sa femme et de sa fille. *Jean-Honoré Fragonard* (1732-1803) : *Les Baigneuses*** ; *Portrait de Diderot***, exécuté avec autant de chaleur et de fougue que d'attention ; *La Guimard****, *Le Verrou** (acquis en 1984). Scènes de genre et allégories mythologiques par *Lancret* (vers 1690-1743), *Boucher* et *N. Hallé* (1711-1781). Portraits de Mme de Sorquainville et du peintre Oudry par *J.-B. Perronneau* (1715-1783), du sculpteur Allegrain par *J.-Silfrein Duplessis* (1725-1802), du peintre Galloche par *L. Tocqué* (1696-1772). *Hubert Robert* (1733-1808) : Le Pont du Gard ; L'Arc de triomphe et l'Amphithéâtre d'Orange.

▷ Aile Mollien (5) : XVIIIe siècle

Un choix d'œuvres de petit et moyen format, représentatives de l'art français du XVIIIe s., est présenté dans les trois salles de l'aile Mollien en attendant l'aménagement du deuxième étage de la Cour Carrée (aile E.), où pourront également être montrées les grandes compositions décoratives.

Première salle

Dans cette salle sont présentés les tout petits formats de Watteau (1684-1739) et de Chardin (1699-1779). *Watteau* : le Jugement de Pâris, Jupiter et Antiope, le Faux Pas, l'*Assemblée dans un Parc***, *la Finette*** et *l'Indifférent***. Deux très célèbres évocations de la danse et de la musique. *Chardin*, natures mortes : Pipe et Vase à boire, *la Fontaine de Cuivre****, Ustensiles de cuisine ; scènes de genre : la Pourvoyeuse, *la Serinette*** (entrée au Louvre par dation en paiement des droits de succession, 1985).

Deuxième salle

Différents aspects de l'œuvre de *Chardin*, le peintre des natures mortes, avec Menu de Gras, Menu de Maigre, le Bocal d'Olives, Lièvre mort avec gibecière et poire à poudre, acquis par dation en paiement des droits de succession (1979), une des dernières natures mortes de l'artiste avant qu'il ne s'adonne à la scène de genre et à la représentation humaine ; le peintre des enfants avec Jeune Homme taillant son crayon, Jeune Homme au violon et, son pendant, l'*Enfant au toton****, et deux portraits des fils du joaillier Godefroy ; le peintre des scènes de genre avec la Mère laborieuse, *le Bénédicité****. *Boucher* (1703-1770), peintre de scènes mythologiques, galantes, et de paysages, très représentatif du style Louis XV : *le Repos de Diane**** (1742) ; Enlèvement d'Europe (1747) ; Céphale et Aurore, Vertumne et Pomone (1763) ; deux modèles de tapisseries exécutées aux Gobelins ; Renaud et Armide (1734), morceau de réception à l'Académie ; le Moulin et le Pont, qui proviennent du décor de la chambre du cardinal de Soubise à l'hôtel de Rohan (Archives nationales maintenant) ; *Vulcain présentant à Vénus des armes pour Enée***, et une petite scène de genre qui donne une idée d'un intérieur bourgeois de la première moitié du XVIIIe s., *le Déjeuner**. *Fragonard* (1732-1806), artiste également très représentatif de la seconde moitié du XVIIIe s., qui a traité des scènes frivoles et libertines qui l'ont rendu célèbre, mais également de superbes paysages. L'importance qu'il accorde à la touche, son pinceau nerveux et rapide qui va à l'essentiel, le conduisent parfois à des tentatives hardies et très modernes comme dans les *Figures de Fan-*

*taisie***, dont le Louvre conserve huit exemples et qui sont exposées en alternance dans cette salle. L'une d'elles, la Musique, fut peinte dit-on en moins d'une heure ; le Taureau (don de Michel et Elianne David-Weil, 1976) ; *Mercure et Argus ou le Berger endormi**, acquis en 1981 comme école française du XVIIIe s. et qui vient d'être rendu à *Fragonard*. *Jean Barbault* (1718-1766) : la Sultane, Le Prêtre de la Loi, représentant deux pensionnaires de l'Académie de France à Rome déguisés pour le carnaval de 1748 (donnés au Louvre en 1971). *Oudry* (1686-1755) : Nature morte au Chaudron, dépôt du musée des Beaux-Arts d'Alger. *Carle Van Loo* (1705-1765) : *le Repos après la chasse** (1737), peint pour la salle à manger des petits appartements de Louis XV à Fontainebleau. *Pierre Subleyras* (1699-1749) : *l'Abbé César Benvenuti** et Guiseppe Baretti (don de la fondation Bella et André Meyer, 1981), deux portraits intenses, de composition très sobre, traités dans une gamme extraordinaire de couleurs, noirs sourds, gris poudreux, roses tendres, très caractéristiques de l'art de Subleyras.

Troisième salle

Chardin, *le Buffet****, grande composition monumentale. *Greuze* (1725-1805), peintre de la morale et du sentiment dont Diderot appréciait tant la peinture édifiante : *la Malédiction Paternelle** et son pendant, le Fils Prodigue ; Jeune fille qui pleure son oiseau mort ; *L'Accordée du village** ; *La Laitière* et *la Cruche cassée***, deux compositions ovales très appréciées en leur temps ; c'est également un admirable portraitiste : Watelet (acquis par paiement en dation des droits de succession, 1982). *Madame Vigée-Lebrun* (1755-1842), épouse du marchand de tableaux Lebrun, peintre de la reine Marie-Antoinette dont elle a fait de très nombreux portraits (château de Versailles) : *le Peintre et sa Fille** ; Hubert Robert. *Roland Delaporte* (1724-1795), influencé par Chardin : La petite collation, le Panier d'œufs (acquis en 1982). *Claude-Joseph Vernet* (1714-1789) : la Nuit (1765), une des peintures représentant les différents moments de la journée (série commandée par Louis XV pour sa bibliothèque du château de Choisy) ; le Ponte Rotto, le Pont et le Château Saint-Ange ; *le Port de Marseille** (1754), une des quinze vues de ports français commandées par Louis XV (certaines sont au musée de la Marine) ; Construction d'une route (1774), exécuté pour l'abbé Terray, contrôleur général des Finances (son pendant, la Foire, est au musée de Montpellier).

▶ Dans le passage conduisant à la salle Mollien sont exposées, avant de regagner leurs salles, les toutes dernières acquisitions du département des peintures.

▷ Salle Mollien (6) : XIXe siècle

J.-L. David (1748-1825) : portraits de *M. et Mme Sériziat*** et de leur fils. *Gérard* (1770-1837) : Amour et Psyché ; le Peintre Isabey et sa fille. *Girodet-Trioson* (1767-1824) : Le Sommeil d'Endymion ; le Déluge ; Atala portée au tombeau. *Guérin* (1774-1833) : Hippolyte accusé par Phèdre ; Le Retour de Marcus Sextus. *J.-L. David* : *les Sabines arrêtant le combat*** ; *Léonidas aux Thermopyles** ; La Douleur d'Andromaque ; *Le Serment des Horaces**** (→ *encadré*) ; Pâris et Hélène ; *Les Licteurs rapportent à Brutus le corps de son fils**. Il s'agit là de grandes compositions inspirées de l'Antiquité qui reste une source inépuisable, et pour l'artiste, seule l'épopée napoléonienne peut susciter les mêmes sentiments, tel *le Sacre de Napoléon à Notre-Dame*** (exécuté de 1804 à 1807) ; cette toile très officielle et imposante est un véritable document historique. Les portraits de *Mme Récamier****, de Mme d'Orvillers et du pape *Pie VII** ainsi que l'Autoportrait révèlent davantage la sensibilité de David et son attention à la psychologie de ses modèles. *Pierre-Paul Prud'hon* (1758-1823) : portrait de *Joséphine à la Malmaison** ; *la Justice et la Vengeance poursuivant le Crime** ; Enlèvement de Psyché, ces deux dernières œuvres révélant une influence romantique. *Baron Gros* (1771-1835) : portrait de Christine Boyer, première femme de Lucien Bonaparte. *Jean-Dominique Ingres* (1780-1867), dont on a dit qu'il était le chef de l'école classique française et dont on voit ici des œuvres

L'âge du néo-clacissisme

Vers le milieu du XVIIIe s. commence une période de réaction contre le «rocaille» du style Louis XV. Les fouilles d'Herculanum et de Pompéi mettent à l'honneur un répertoire de motifs ornementaux. Le comte d'Angivillier, surintendant des Bâtiments du Roi, les philosophes, notamment Diderot qui commente les Salons, prônent les sujets héroïques ou moraux qui élèvent la pensée et émeuvent. Les artistes sont attirés par les théories nouvelles et l'un d'eux, David (1748-1825), allait révolutionner la peinture française et la dominer pendant plus de trente ans. Le Serment des Horaces, peint et exposé à Rome en 1784 puis au Salon à Paris en 1785, résume les aspirations de l'époque : patriotisme et force d'âme, composition héroïque et statique, exécution d'un métier admirable qui se fait oublier. David exercera une autorité incontestable mais non une dictature : ses émules (Peyron, Regnault, Prud'hon, Guérin) comme ses élèves (J.-G. Drouais, Girodet, Gérard, Gros, Ingres), montrent chacun un génie original, soit qu'ils restent comme Ingres ou Guérin, attachés à la doctrine de l'école, ou que comme Prud'hon, Girodet et surtout Gros, ils s'en détournent pour donner naissance au mouvement romantique.

caractéristiques : la *Grande Odalisque**** qui montre la pureté du dessin ; les *portraits de M. et Mme Rivière et de leur fille**** ; Homère déifié et Œdipe et le Sphinx, qui témoignent de son talent à exprimer la vérité du modèle, et de son culte pour l'Antiquité.

▷ Salle Denon (7) : XIXe siècle

Ingres : *la Baigneuse de Valpinçon**** ; *Roger délivrant Angélique*** ; *Jeanne d'Arc au couronnement de Charles VII*** ; portraits de *Chérubini** et de *Monsieur Bertin****. *Théodore Aligny* (1798-1871) : Prométhée. *Achille Michallon* (1796-1822) : la Mort de Roland. *Marc Gleyre* (1806-1874) : les Illusions Perdues. *Louis-Léopold Robert* (1794-1835), peintre suisse élève de David qui travailla en Italie après 1818 : le Retour de Pèlerinage de la Madonne d'Arc (1827) ; l'Arrivée des Moissonneurs dans les Marais Pontins (vers 1830). *Paul Delaroche* (1797-1856) : la Jeune Martyre. *Auguste Hesse* (1795-1869) : la Mort de Titien à Venise (don de la Société des Amis du Louvre, 1985). *Pierre-Paul Prud'hon* (1758-1823) : le Christ en croix, peint pour la cathédrale de Metz.

▷ Salle Daru (10) : XIXe siècle

Dans cette salle ont été réunies des œuvres colorées et visionnaires qui puisent principalement leur thème dans la légende, l'Orient et l'allégorie, ou des tableaux illustrant des événements contemporains traités avec un sentiment pathétique et réaliste.

Jean-Antoine Gros (1771-1835) : *portrait du lieutenant général comte Fournier-Sarlovèze** refusant de se rendre à Vigo (Espagne), peint en 1813 ; portrait équestre de Joachim Murat, roi de Naples (1812), acquis par dation en paiement des droits de succession (1913) ; *Bonaparte visitant les pestiférés de Jaffa*** (1804) ; *Napoléon sur le champ de bataille d'Eylau***. *Théodore Géricault* (1791-1824) : Cuirassier blessé ; Officier de chasseur de la Garde impériale chargeant ; *le Radeau de la Méduse****. *Eugène Delacroix* (1798-1863) : *La barque de Dante** (1821) ; *Scènes de massacre de Scio*** (1824) ; *la Liberté guidant le peuple****, le 28 juillet 1830 (1831) ; *la Mort de Sardanapale**** (1827) ; le Naufrage de Dom Juan ; *Femmes d'Alger dans leur appartement*** (1834) ; *Prise de Constantinople par les Croisés*** (1840) ; Jeune Tigre et sa Mère. *Théodore Chassériau* (1819-1856) : *Suzanne au bain** ; *les Deux Sœurs** ; portrait de *Lacordaire** ; le Commerce et la Paix, deux grandes compositions à fresque provenant de la cour des Comptes de Paris. *Paul Delaroche* (1797-1856) : les Enfants d'Edouard (1830) ; Bonaparte franchissant les Alpes (don de M. et Mme R. Birkhauser par l'intermédiaire de la Lutèce Foundation, 1982). *Alexandre Descamps* (1803-1860) : la Bataille des Cimbres. *Ary Scheffer* (1795-1858) : Paolo et Francesca ; les Femmes Souliotes. *Victor Schnetz* (1787-1870) : le Vœu à la Madonne (1831).

La peinture française
2. deuxième étage

Aile S. de la Cour Carrée

La peinture française du XIXe s. de petit et moyen format est présentée dans l'aile S. de la Cour Carrée. On y accède par l'escalier du Chien, à l'extrémité de la galerie des Antiquités égyptiennes située au premier étage.

▷ Salle 1 : école néo-classique

David : Monsieur et Madame Monguez ; *Madame Trudaine** (portrait inachevé, mais sans doute volontairement, et que l'on prenait auparavant pour celui de Madame Chalgrin, l'épouse de l'architecte) ; Vue du jardin de Luxembourg. Attribué à *David* : Les trois Dames de Gand. *Louis-Eugène Larivière* (1801-1823) : Portrait d'Eugénie-Paméla Larivière, la fille de l'artiste. *Antoine Berjon* (1754-1843) : Vase de fleurs. *Antoine-Jean Gros* (1771-1835) : Portrait de Madeleine Pasteur. *Martin Drolling* (1752-1817) : Intérieur de cuisine. *Léon Gauffier* (1762-1801) : Jacob et les Filles de Laban. *François Gérard* (1770-1837) : portraits de Madame Barbier Walbonne, de la Comtesse Regnault de Saint-Angély. *Jean-Baptiste Regnault* (1754-1829) : Le Déluge. *Pierre-Paul Prud'hon* (1758-1823) : *Jeune Zéphir se balançant au-dessus de l'Eau** ; Le Bain de Vénus ; Diane implorant Jupiter de ne pas l'assujettir à l'Hymen (esquisse pour un plafond des salles des Antiquités grecques) ; le Mariage d'Hébé et d'Hercule, esquisse pour un plafond de l'Hôtel de Ville de Paris (1810) faisant allusion au mariage de Napoléon Ier et de Marie-Louise ; le Roi de Rome, héritier du trône impérial, né le 20 mars 1811 (acquis en 1982). *Léon-Mathieu Cochereau* (1793-1817) : l'Atelier de David, peint par un de ses élèves en 1814. *Madame Benoît* (1768-1826) : *Portrait d'une Négresse**. *Anne-Louis Girodet de Roucy-Trioson* : Les Ombres des héros français reçus par Ossian dans le jardin d'Odin, copie de la composition peinte en 1801 pour le grand salon de Malmaison. *Guérin* : Enée et Didon ; Phèdre et Hippolyte (acquis en 1982). *David* : Le Serment des Hora-

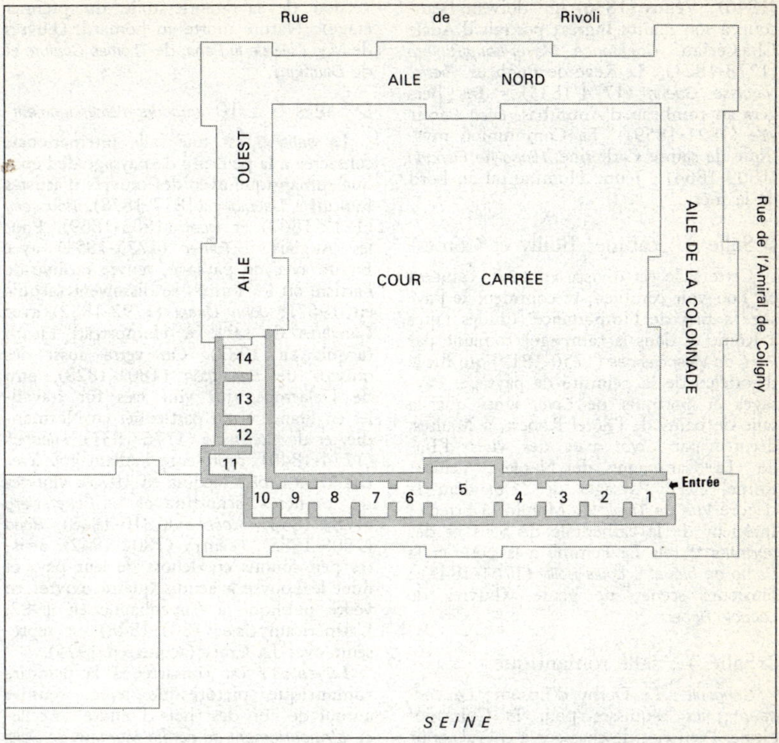

Département des peintures / deuxième étage

Pavillon de Flore
Salle d'exposition du Cabinet des Dessins

Aile de Flore
Galerie d'étude
Salle d'expositions temporaires

Salles autour de la Cour Carrée : aile S.
1 *Salle néo-classique*
2 *Salle Ingres*
3 *Cabinets Boilly et Corot*
4 *Salle romantique*
5 *Salle de la donation Moreau-Nélaton*
6 *Salle du paysage romantique*
7 *Salle dite du romantisme pittoresque*
8 *Corot, Troyon*
9, 10 *Salles de la collection Thomy-Thierry*

Salles autour de la Cour Carrée : aile O.
11 *Donation Hélène et Victor Lyon : époque impressionniste*
12 *Donation Hélène et Victor Lyon : peintures du XVe au XIXe s.*
13 *Ecoles anglaise et allemande des XVIIIe et XIXe s.*
14 *Donation de la princesse de Croy*

ces, trois esquisses pour les grandes compositions exposées salle Mollien au premier étage.

▷ Salle 2 : Ingres

Ingres (1780-1867), peintre éminemment classique et merveilleux dessinateur : Portraits de M. Boschet, Cordier, Cortot (dépôt du musée des Beaux-Arts d'Alger), *Mme Marcotte de Sainte-Marie** ; le Pape Pie VII dans la chapelle Sixtine (1820), sujet souvent traité par Ingres qui avait été très impressionné par les cérémonies de la Semaine sainte au Vatican ; Dom Pedro de Tolède, ambassadeur de Philippe II, baisant l'épée d'Henri IV au Louvre ; petite scène historique qui comprend le duc d'Epernon, Gabrielle d'Estrées et le poète Malherbe, parfait exemple du style « troubadour » d'Ingres (acquis en 1982) ; Angélique, étude pour le tableau exposé salle Denon ; *Le Bain Turc**** ; quelques études pour l'Apothéose d'Homère exposé salle Mollien ; cartons des vitraux de la chapelle Saint-Ferdinand à Paris (1842) et de la chapelle Saint-Louis de Dreux (1844). *Théodore Chassériau* (1819-1856) : *Toilette d'Esther** (1846) ; Apollon et Daphné

(1846) ; Vénus (1836) qui doivent beaucoup à son maître Ingres ; portrait d'Adèle Chassériau. *Constance Mayer-Lamartinière* (1778-1821) : Le Rêve de Bonheur. *Pierre-Narcisse Guérin* (1774-1833) : Les Bergers au tombeau d'Aminthas. *Léon Bénouville* (1821-1859) : La Communion mystique de sainte Catherine. *Hippolyte Flandrin* (1809-1864) : Jeune Homme nu au bord de la mer.

▷ Salle 3 : cabinet Boilly et Corot

Cette salle est divisée en petits cabinets où l'on voit combien, et comment le paysage a pris de l'importance. Etudes faites à Rome et dans la campagne romaine par *P. H. de Valenciennes* (1750-1819) qui fut le théoricien de la peinture de paysage. Paysages et portraits de *Corot* ainsi que la salle de bains de l'hôtel Robert, à Mantes, décorée par *Corot* avec des vues d'Italie (La Campagne de Naples ; Venise ; Rome, etc.). Paysages de *Corot* dont la célèbre ***Vue de Tivoli**** ; Moulins à Etretat ; Intérieur de la cathédrale de Sens et des ***portraits**** tels La Femme à la perle et la ***Dame en bleue***. *Louis Boilly* (1761-1845) : plusieurs scènes de genre. Œuvres de *Léopold Robert*.

▷ Salle 4 : salle romantique

Géricault : Le Derby d'Epsom ; ***Le Vendéen**** ; les esquisses pour le Cuirassier blessé, l'Officier de chasseur à cheval, pour le Radeau de la Méduse ; ***La Folle*****, qui fait partie de la douzaine d'œuvres exécutées pour un ami de l'artiste, médecin, qui jeta les premières bases de l'étude scientifique de la psychiatrie ; un certain nombre de tableaux représentant des chevaux et qui révèlent la passion que Géricault avait pour cet animal.

Eugène Delacroix (1798-1863) : L'Assassinat de l'évêque de Liège ; Hamlet et Horatio ; Noce juive au Maroc ; Les Tigres ; Mlle Rose ; Nu ; ***Autoportrait**** ; ***Portrait de Chopin**** ; le pendant, George Sand, est à Ordrupgard (Danemark). Œuvres de *Ary Scheffer* et de *Chassériau* (1819-1856).

▷ Salle 5 : donation Moreau-Nélaton

Elle est constituée par des œuvres de l'école romantique, par les nombreux paysages de *Corot* ainsi que de l'*école de Barbizon*, qui a marqué le début d'une nouvelle façon de voir. *Prud'hon* : Le génie de la Paix. *Delacroix* : Le prisonnier de Chillon (il s'agit de Byron) ; Combat de cavaliers dans la campagne ; Jeune orpheline au cimetière ; Turc fumant sur un divan ; Prise de Constantinople par les Croisés (autre version de la grande toile du premier étage) ; Nature morte au homard. Œuvres de *Nino Diaz de la Peña*, de *Thomas Couture* et de *Daubigny*.

▷ Salles 6 à 10 *en cours d'aménagement*

La ***salle 6*** est une salle internationale consacrée à la peinture de paysage de l'époque romantique avec des œuvres d'artistes français : *Daubigny* (1817-1878), *Rousseau* (1812-1867) et *Huet* (1803-1869). Pour les Anglais : *Turner* (1775-1851) avec Figure avec un paysage, œuvre tardive de l'artiste où les formes se dissolvent (acquis en 1967) ; *John Linnel* (1792-1882) avec Carrières de sable à Hampstead Heath (acquis en 1982). On verra aussi des œuvres de *Bonington* (1801-1828), ami de Delacroix, qui vint très tôt travailler en France et en particulier en Normandie, et de *Constable* (1776-1837). *Friedrich* (1774-1840), représente l'Allemagne avec ***Les Trois Croix**** (acquis en 1975). Œuvres de peintres scandinaves : *Eckersberg* (1783-1853), *Koebke* (1810-1848), *Roed* (1808-1888), *Fearnley* (1802-1842), artistes peu connus en dehors de leur pays et dont le Louvre a acquis quatre œuvres en vente publique à Copenhague en 1982. L'Américain *Cole* (1801-1848) est représenté avec La Croix (acquis en 1975).

La ***salle 7*** est consacrée à la peinture romantique pittoresque avec, réunies autour de l'un des chefs-d'œuvre de celle-ci, ***L'Appartement du comte Mornay**** de *Delacroix*, des œuvres d'*Eugène Lami* (1800-1890), *Eugène Tassaert* (1800-1874), *Huet* (1803-1869), *Isabey* (1801-1886) et *Alfred de Dreux* (1810-1860).

Dans la ***salle 8*** sont regroupées les œuvres tardives de *Corot* ainsi que des œuvres de *Troyon*, *Diaz de la Peña*.

Dans les ***salles 9 et 10*** sera présentée la collection Thomy-Thierry qui comprend une large sélection d'œuvres françaises du XIXe s. *Delacroix* : ***Rebecca**** (1858) ; Médée (1862), seconde version d'une œuvre peinte en 1838 et maintenant au musée de Lille ; Lion dévorant un lapin ; Lion et Alligator ; Saint Georges et le dragon ; La Fiancée d'Abydos ; Hamlet et Horatio au cimetière. *Corot* : Le Vallon ; ***La Route de Sin-Le-Noble**** . *Barye* : Lions près de leur tannière. *Decamps* : le Rémouleur et Les Sonneurs de cloche, deux des nombreuses scènes que l'artiste peignit lors de son séjour en Turquie. *Eugène Fromentin* : ***La Chasse au faucon en Algérie****. *Théodore Rousseau*, le maître de l'école de Barbizon (1812-1867) : Groupes de Chênes ; Apremont ; La Plaine en avant des Pyrénées ; Le Printemps. *Jules Dupré* (1811-1878) : Le Grand Chêne ; l'Abreuvoir. *Charles Daubigny* (1817-1878) : La Vanne d'Optevoz.

Deuxième étage (suite)

Aile O. de la Cour Carrée

▷ Salles 11 et 12 : donation Hélène et Victor Lyon

Cette collection est entrée au Louvre en 1971.

Salle 11 : œuvres impressionnistes de *Renoir*, *Sisley*, *Monet*, *Cézanne*, *Degas*.

Salle 12 : peintures du XVe s. au XIXe s. Cet ensemble varié comprend notamment des œuvres de *Jan van Goyen* (1596-1656) : Paysage (1632); Les Patineurs (1637); Vue du Rhin (1647), tableau presque monochrome, un des chefs-d'œuvre de l'artiste. *Bernardo Strozzi* (1581-1644) : Portrait d'homme, souvent attribué à Vélasquez. *Canaletto* (1686-1768) : Le Rialto; La Salute; *Gian Domenico Tiepolo* (1727-1804) : Le Christ et la Femme adultère; Jésus ressuscitant le paralytique.

▷ Salle 13 : peinture allemande et anglaise des XVIIIe et XIXe siècles

Portraits peints par *Johan Zoffany* (1733-1810) : Le Révérend Burroughs et son fils (1769), acquis en 1974; *Allan Ramsay* (1713-1784). *Thomas Gainsborough* (1727-1788) : Conversation dans un parc, œuvre de jeunesse de l'artiste qui s'est représenté avec sa femme dans cette œuvre. *Sir Joshua Reynolds* (1723-1792) : Master Hare. *Georges Romney* (1734-1802). *John Hamilton Mortimer* (1740-1779). *Sir Henry Raeburn* (1756-1823). *Sir Thomas Lawrence* (1769-1830) : ***Julius Angerstein****. *Wright of Derby* (1734-1797) : Portrait de gentilhomme (acquis en 1985); *Giovanni Battista Lampi* (1751-1830).

▷ Salle 14 : donation de la princesse Croy

Cette collection, donnée au Louvre en 1930 et 1932 par la princesse Croy qui la tenait de son père le comte de l'Espine, comprend 3 700 dessins et paysages de *Valenciennes* (dont certains sont exposés salle 3 de cet étage), et un ensemble de tableaux hollandais : ***Les Pantoufles****, longtemps attribué à un suiveur de Vermeer mais qui vient d'être rendu à *Samuel van Hoogstraten*; ***L'Arracheur de Dents****, de *Gérard von Honthorst*; Marines de *Salomon Ruysdael* et d'*Abraham van Bayeuren*; les Cinq Sens, d'*Antoine Palamédès*.

La peinture italienne

Accès : porte Denon, premier étage
(salles 13, 9, 8, 11, 18)

Dans la perspective de la réorganisation générale, cette section occupera la salle Duchâtel, le Salon Carré (XIIIe s., XIVe s., XVe s.), la première partie de la Grande Galerie et la salle des Etats (XVIe-XVIIe s.), la salle des Sept-Cheminées (XVIIe s.).

De toutes les écoles étrangères, c'est l'école italienne qui est la mieux représentée au Louvre, les rois de France, depuis Louis XII, ayant toujours montré une prédilection pour l'art d'outre-Alpes : on pourrait même dire que l'Italie les a fascinés. François Ier, qui fut une des grandes figures de la Renaissance française, avait rapporté plusieurs chefs-d'œuvre et après lui, Richelieu, dans son Palais-Cardinal (le futur Palais-Royal), commença une très importante collection en montrant un goût certain pour les artistes qui avaient précédé les maîtres de la Renaissance; c'est grâce à lui que les toiles du Pérugin, de Mantegna, par exemple, font partie des trésors du Louvre. Par Charles Ier d'Angleterre, le financier Jabach et Mazarin, les trésors du duc de Mantoue sont aussi entrés au Louvre (→ histoire des collections). Les saisies des armées révolutionnaires, puis napoléoniennes, les acquisitions, dont celle de la collection Campana, au cours des XIXe et XXe s., sont venues compléter cet ensemble magnifique.

▷ Grande Galerie (13) : peinture italienne des XIIIe, XIVe et XVe siècles

De *Cimabue* (*Cenno di Pepi* dit; mentionné vers 1240-1250 jusqu'à 1302), on verra ***La Vierge aux Anges****** ; si les attitudes demeurent hiératiques, si les plis parallèles des robes et les rehauts d'or montrent toujours l'influence orientale, l'abandon des cernes qui délimitent la forme, les volumes rendus par le modelé montrent qu'il y a quelque chose de nouveau dans l'art. *Giotto* (Colle di Vespignano, vers 1266-Florence, 1337) est présent avec ***Saint François recevant les stigmates****** (premières années du XIVe s.); les formules byzantines, le fond or - pas tout à fait disparu cependant - laissent une place plus grande à l'expression picturale de la créature humaine. Grand Christ, d'après *Giotto*. C'est avec ces deux peintres que la peinture italienne va prendre son essor et, sans en faire une loi absolue, on peut dire que pendant tout le XIVe s. elle sera partagée entre les Siennois et les Florentins, ces derniers se dégageant plus rapidement que les premiers de l'influence byzantine. L'école vénitienne fera parler d'elle plus tardivement; elle restera, de par sa situation, tournée vers l'Orient beaucoup plus longtemps que les autres. Le Crucifix du *Maître de San Francesco* (actif en Hongrie dans la seconde moitié du XIIIe s.) est un exemple des crucifix peints, nombreux en Ombrie, dont la production commence au début du XIIIe s.; une restauration récente a révélé les coloris lumineux, rouges, bleus lavandes et lilas (acquis en 1984). *Lippo Memmi*, beau-frère de Simone Martini, connu à Sienne entre 1317 et 1347 : Saint Pierre, volet d'un triptyque dont le centre serait une Madone à l'Enfant conservée au musée de Berlin. *Maître de San Pietro d'Ovile* (Sienne, XIVe s.) : Calvaire. Anonyme florentin (XIVe s.) : Le Calvaire. *Giovanni da Milano*, peintre florentin connu de 1346 à 1369 : Saint François d'Assise. *Bernardo Daddi* (Florence, vers 1290-après 1353), disciple direct de Giotto : Annonciation. *Bartolo di Maestro Fredi*, école siennoise (né vers 1353-mort vers 1410) : Présentation au temple. *Lorenzo Monaco*, dit aussi Lorenzo di Giovanni (1370-après 1422-1424); originaire de Sienne, il a beaucoup travaillé à Florence et son œuvre de miniaturiste est très importante : Vierge assise et l'Enfant Jésus; Crucifixion; Scènes de la Vie de saint Jean Baptiste et de saint Jacques le Majeur. Anonyme bolonais : Triptyque de la Crucifixion. *Barnaba da Modena*, connu à Gênes entre 1361 et 1383 : Vierge et Enfant, acquis par le musée en 1968. *Paolo Veneziano*, connu à Venise de 1324 à 1358 : ***La Vierge à l'Enfant entre quatre saints**** ; il s'agit là d'un polyptyque appartenant à la collection Campana et dont les volets étaient déposés à Toulouse et à Ajaccio; l'œuvre a été reconstituée en 1956. *Lorenzo Veneziano*, mentionné à Venise entre 1356 et 1379 : Vierge sur son trône. *Ecole de Rimini* ; douze scènes de la Vie de la Vierge.

Première vitrine à dr. *Simone Martini* (Sienne, 1284-Avignon, 1344), artiste de l'école de Sienne dont l'étendue des moyens, la prodigieuse faculté de renouvellement font un grand maître; son œuvre essentielle demeure la merveilleuse Annonciation, aux Offices à Florence : ***Le Portement de croix*****, volet d'un polyptyque consacré à la Passion. Attribué à *Lippo Memmi* : Crucifixion (acquis en 1984). *Maître du codex de saint Georges* (école siennoise) : Madone. *Maître des Anges rebelles* (école siennoise; vers 1440-1450) : Saint Martin en mendiant ; La Chute des Anges rebelles. *Guido da Siena* (connu vers 1260-1270); bien qu'on ne sache pratiquement rien de cet artiste on a retrouvé son influence dans maintes œuvres de l'école siennoise : Nativité; Présentation au temple. *Pietro da Rimini* (fin XIVe s.) : Déposition de croix.

Vitrine de g. *Pisanello* (Vérone, avant 1395-mort en 1455) : ***Portrait d'une princesse de la maison d'Este******, dans lequel on retrouve le style aigu de l'émailleur qu'était l'artiste; il s'agit là de l'un des premiers portraits individuels connus en Italie. *Gentile da Fabriano* (vers 1370-Rome, 1427) : ***Présentation au temple****. *Jacopo Bellini* (Venise, 1400-1471) : ***Vierge et enfants adorés par Lionel d'Este****. *Lorenzo Monaco* : Christ au Mont des Oliviers; Les Saintes Femmes au tombeau.

Fra Angelico (école florentine; vers 1387-1455); ce peintre unique fut très certainement le plus grand artiste de la première moitié du Quattrocento : ***Couronnement de la Vierge******, grande composition pyramidale qui provient de l'église San Domenico de Fiesole; Martyres de saint Côme et de saint Damien. *Maître de l'Observance* (école siennoise; première moitié du XVe s.) : Saint Antoine; il s'agit de la partie centrale d'un polyptyque aujourd'hui dispersé. *Sano di Pietro* (Sienne, 1405-1406/1481) : Cinq épisodes de la vie de saint Jérôme.

Sassetta (école siennoise; 1400-1450) : Saint Antoine de Padoue; ***Vierge et Enfant entourés d'anges**** ; Saint Jean l'Evangéliste; Le Bienheureux Ranieri délivre les pauvres de la prison de Florence. Il s'agit de la prédelle et de panneaux faisant partie du polyptyque de l'église San Francesco à Borgo San Sepulcro. *Nerrocio di Landi* (Sienne, 1447-1500) : Vierge et Enfant entre saint Jean Baptiste et saint Antoine. Attribué à *Liberale di Verona* (1445-1525) : Enlèvement d'Europe. *Benozzo Gozzoli* (Florence, 1420-Pistoia, 1487) : ***Triomphe de saint Thomas d'Aquin****. *Fra Filippo Lippi* (Florence, 1406-1469) : ***Vierge et Enfant entourés de saint Fredriano et de saint Augustin****. *Alessio Baldovinetti* (Florence, 1425-1499) : Vierge adorant l'Enfant. *Piero Della Francesca* : ***Portrait de Sigismond Malatesta******, récemment acquis et qui apparaît comme l'un des premiers tableaux exécutés à l'huile en Italie.

Paolo Uccello : ***La Bataille de San Romano****** (1437). Cette œuvre fait partie d'une série dont les autres compositions sont conservées aux Offices et à la National Gallery. C'est une œuvre exceptionnelle quant à la hardiesse de la composition, et quant à la conception abstraite des rapports des lignes. Uccello, peintre savant, illustre ici les préoccupations géométriques de la peinture à Florence au Quattrocento.

Ecole de Filippo Lippi : Nativité. *Maître de la Nativité de Castello* : Vierge et Enfant

A ne pas manquer

Les numéros entre parenthèses renvoient aux salles indiquées sur le plan.

Grande Galerie (4)
La Vierge aux anges, de Cimabue (XIIIe s.); Saint François recevant les stigmates, de Giotto (XIVe s.); Princesse de la maison d'Este, de Pisanello (XVe s.); Couronnement de la Vierge, de Fra Angelico (XVe s.); Portrait de Sigismond Malatesta, de Piero Della Francesca (XVe s.); Bataille de San Romano, de Paolo Uccello (XVe s.); Vierge à l'Enfant avec cinq anges, de S. Botticelli (XVe s.); Saint Sébastien, de A. Mantegna (XVe s.).
Salle des Etats (9)
Elle est consacrée aux chefs-d'œuvre des plus grands peintres du XVIe s.; c'est là que l'on verra La Joconde.
Salle des Sept-Cheminées (11)
La Mort de la Vierge, du Caravage (XVIIe s.).
Aile de Flore (18)
La Diseuse de bonne aventure, du Caravage (XVIIe s.); Saint Jérôme, de Magnasco (début XVIIIe s.); Série des Fêtes vénitiennes, de F. Guardi (XVIIIe s.); Cène, de G. B. Tiepolo (XVIIIe s.).

entourés d'anges. *Sandro Botticelli* (Florence, 1445-1510) : cet artiste, le plus important de la deuxième moitié du Quattrocento, a un peu pâti de la gloire immense des maîtres de la Renaissance. La fermeté du dessin en même temps que l'authenticité de sa foi ont empêché que sa peinture, pleine de légèreté et de grâce, devienne trop suave et langoureuse : ***Vierge et Enfant avec cinq anges**** ; ***Portrait de jeune homme*** ; ***Vierge, l'enfant Jésus et saint Jean Baptiste***. *Giovanni Boticcini* (Florence, 1446-1497) : Vierge adorant l'Enfant avec saint Jean Baptiste et deux anges. *Filippino Lippi* : Scènes de l'histoire de Virginie ; Vierge à la grenade ; Histoire d'Esther et d'Assuérus. *Luca Signorelli* (Cortone, 1450-1523) : la Naissance de saint Jean Baptiste (en vitrine). *Andrea Mantegna* (Padoue, 1431-Mantoue, 1506) ; ce fut un très grand peintre amoureux de l'Antiquité et en même temps appliqué à rendre ce qu'il voyait avec le plus grand réalisme ; il possédait aussi une science étonnante du dessin et de la perspective : ***Saint Sébastien****, cette toile qui a orné l'église d'Aigueperse jusqu'en 1910 avait été apportée en Auvergne à l'occasion du mariage de Claire de Gonzague avec un Montpensier ; ***Le Calvaire*** ; La Madone de la Victoire. *Antonello de Messine* (école vénitienne ; 1430-1479) : ***Le Condottiere*** dans lequel on notera la transparence de la peau qui donne tellement de vie à ce visage autoritaire, dur et intelligent. *Giovanni Bellini* : ***Portrait d'homme**. *Cosimo da Tura* (école de Ferrare, 1430-1495) : ***Pietà***. *Carlo Crivelli* (école vénitienne, 1430-1516) : Saint Jacques de la Marche. *Bartolomeo Vivarini* (Venise, 1430-1491) : Saint Jean de Capistran.

Vitrine g. *Vincenzo Catena* (1480-1485/1531) : Portrait de Guilio Mellini. *Ecole de Roberti* (Ferrare, 1450-1496) : Sainte Apolline et saint Michel. *Cosimo da Tura* : Saint Antoine de Padoue lisant, panneau d'un polyptyque dont un élément se trouve à Caen (Saint Jacques) et un autre aux Offices (Saint Dominique). *Ecole de Padoue* (seconde moitié du XVe s.) : Vierge et Enfant. *Bernardo Parentino* (1437-1531) : Adoration des Mages. *Carlo Crivelli* : ***Le Christ mort**.

Vitrine dr. *Fra Angelico* : Ange en adoration. *Ecole de Fra Angelico* : Le Banquet d'Hérode. *Francesco Pesellino* (1422-1457) : Saint François d'Assise recevant les stigmates ; Saint Cosme et saint Damien soignant les malades. Attribué à *Léonard de Vinci* : Annonciation. *Luca Signorelli* (1450-1523) : Naissance de saint Jean Baptiste. *Raphaël* : Ange, fragment du retable de Saint-Nicolas de Tolentino (1500-1501), peint pour l'église San Agostino de Citta di Castello, première œuvre datée du maître dont l'acquisition récente (1981) permet de suivre au Louvre l'évolution de l'artiste depuis ses débuts jusqu'aux œuvres prestigieuses de la fin de sa carrière et que l'on peut voir salle des Etats. *Zoppo* (1433-1478) : La Vierge et l'Enfant entourés d'Anges, œuvre représentative du milieu padouan passionné d'archéologie (acquise en 1980). *Giovanni Bellini* (école vénitienne ; 1430-1516) : Sainte conversation ; Crucifixion ; ***Christ bénissant**** ; Vierge entre saint Pierre et saint Sébastien ; Portraits de deux hommes. *Vittore Carpaccio* (Venise, 1437-1525) ; remarquable par son sens des coloris qui annoncent les grands Vénitiens, ainsi que par son sens de l'architecture et de la construction : ***Prédication de saint Etienne à Jérusalem***, l'œuvre fait partie d'un ensemble de cinq tableaux relatant la vie du saint. *Bartolomeo Montagna* (1450-1523) : Ecce Homo. *Cima da Conegliano* (1459/1517-1518) : Vierge et Enfant avec saint Jean Baptiste et Madeleine. *Jacopo di Barbari* (1440-1516) : Vierge à la fontaine. *Marco Palmezzano* (1455-1539) : Christ mort (1510). *Lorenzo Credi* (Florence, 1456-1537) : Vierge entre saint Julien et saint Nicolas. Plusieurs toiles allégoriques de *Mantegna* : ***Le Parnasse****. *Le Pérugin* (*Pietro di Cristoforo Vannucci, dit* ; 1445-1523) ; peintre très fécond qui travailla à Florence avec Verrochio et Léonard de Vinci et qui possédait, en un temps où cela était encore rare, le sens de l'espace et de la perspective : ***Vierge et Enfant entre sainte Catherine et saint Jean Baptiste**** ; ***Vierge entourée de saintes et d'anges****. *Piero di Cosimo* (Florence, 1462-1521) : Vierge à la colombe. *Domenico Ghirlandajo* (Florence, 1449-1494) : ***La Visitation**** ; Vierge à l'Enfant ; ***Portraits d'un vieillard et d'un enfant***, exécutés, pourrait-on dire, dans le style des portraits flamands. *Bartolomeo di Giovanni* (connu à la fin du XVe s.) : Les Noces de Thétis et de Pelée ; Cortège de Thétis. *Sebastiano Mainardi* (1460-1513) : La Vierge, l'Enfant et saint Jean Baptiste.

▷ Salle des Etats (9) : peinture italienne du XVIe siècle

C'est Florence qui fut le centre où s'élabora, tout au long du XVe s., le monde nouveau qui, à l'aube du XVIe s., allait s'étendre bien au-delà des frontières de la péninsule et qui marque une étape dans l'histoire des civilisations : le monde de la Renaissance. Au cours du siècle précédent, les villes ont gagné en puissance et même supplanté l'Eglise dès le début du XVIe s. L'homme prend alors la place des héros chrétiens ou mythologiques ; il s'appuie sur la science et non plus seulement sur les textes sacrés. Il devient un homme d'action qui découvre et explore des mondes inconnus. Au XVIe s., la connaissance par la raison va se substituer à la connaissance par la foi. Inspirée par son temps, la peinture du XVIe s. est à la gloire de l'homme.

Titien (*Vecelli Tiziano dit le* ; vers 1485 ou 1488-1489/1576). Cet élève des Bellini, puis de Giorgione, fut un coloriste magnifique, amoureux passionné de la beauté, et son œuvre est une sorte d'hymne à la plénitude de la créature humaine. Sa façon de traiter les noirs, comme dans l'Homme au gant, lui permet d'accentuer sa compréhension du modèle : Mise en tombeau (1525) ; Vierge au lapin ; ***Saint Jérôme dans le désert**** ; ***L'Homme au gant****** ; ***Portrait d'homme***** ; Portrait de François Ier, exécuté d'après une médaille ; Femme à sa toilette ; La Vierge et l'Enfant Jésus ; Allégorie ; Vierge dite du Pardo ; Les Pèlerins d'Emmaüs ; ***Le Couronnement d'épines**** ; ***Le Concert champêtre******, longtemps attribué à Giorgione, est considéré de nos jours comme l'une des premières œuvres de Titien.

Véronèse (*Paolo Calliari, dit* ; 1528-1588). Peintre du luxe, de la volupté, de l'opulence, il avait aussi un sens aigu de la mise en scène et de la décoration d'un théâtre imaginaire dont les héros auraient appartenu à la religion ou à la mythologie : Jupiter foudroyant les crimes ; ***La Belle Nani***** ; ***Suzanne au bain***** ; Portement de croix ; La Vierge avec Jésus, sainte Catherine et un bénédictin ; Le Calvaire ; Evanouissement d'Esther ; ***Les Pèlerins d'Emmaüs*****, qui fit partie du legs de Richelieu à Louis XIII ; ***Les noces de Cana*****. Cette œuvre, exécutée pour les bénédictins de San Giorgio Maggiore en 1563, est entrée au Louvre en 1799. Il s'agit d'une composition de dimensions inhabituelles, considérée comme la plus réussie des compositions de ce genre. Parmi les 132 personnages réunis sur la toile, on reconnaîtrait Soliman Ier, Elisabeth d'Autriche, François Ier, Charles Quint, et les musiciens seraient Titien (la contrebasse), Véronèse (la viole), le Tintoret (le violon), Jacopo Bassano (la flûte). Plus que par une scène sacrée, l'œuvre est inspirée par le Banquet de Platon.

Tintoret (*Jacopo di Robusti, dit le*, 1518-1594). Très différent des deux autres Vénitiens, il avait une prodigieuse facilité et n'a jamais cessé de perfectionner son art : Autoportrait datant des dernières années ; ***Le Paradis*****, esquisse pour le fond de la salle du Conseil du palais des Doges ; Portrait d'homme ; ***Suzanne au bain*****.

Raphaël (*Raffaello Sanzio, dit* ; 1483-1520). Sainte Marguerite ; ***Saint Michel terrassant le dragon**** ; ***Grande Sainte Famille*****, ces deux dernières œuvres apportées en France par François Ier se trouvaient à Fontainebleau ; Saint Georges et saint Michel ; ***La Belle Jardinière****** appelée aussi la Sainte Famille, de 1507 ; La Vierge au turban bleu.

Corrège (*Antonio Allegri, dit le* ; 1489-1534). ***Le Sommeil d'Antiope*****, composition audacieusement ordonnée selon la diagonale du corps d'Antiope ; Mariage mystique de sainte Catherine d'Alexandrie (1520) ; ces deux dernières toiles ont été rachetées par Louis XIV aux héritiers de Mazarin lequel les tenait de Jabach.

Sébastien del Piombo (1485-1547) : La Visitation. *Andrea del Sarto* (1486-1531) : Sainte Famille ; ***La Charité****. *Giovanni Baptista Rosso* (Florence, 1494-Fontainebleau, 1540) : Déposition de croix, exécuté à l'intention du connétable de Montmorency, tableau longtemps demeuré au château d'Ecouen. *Raphaël* : ***Portrait de Balthazar Castiglione******, diplomate, humaniste, auteur d'un ouvrage « Le Courtisan », qui devait rivaliser avec « Le Prince » de Machiavel ; l'auteur a souligné ce qu'il y avait de bon, d'intelligent et de noble chez son modèle.

Léonard de Vinci (1452-1519). Le Louvre possède de cet artiste, qui compte parmi les plus grands de tous les temps, un ensemble d'œuvres universellement connues. ***La Joconde******, qui serait le portrait (acquis par François Ier pour 4 000 écus) de Mona Lisa Gherardini del Gioconda, épouse d'un médecin florentin et qui à l'époque était âgée de vingt-quatre ans. ***Bacchus******, qui à l'origine devait être Saint Jean Baptiste. ***La Vierge, l'Enfant Jésus et sainte Anne******, commandée pour l'Annunziatta à Florence : les trois figures s'inscrivent dans une forme unique suggérant la continuité des générations et symbolisant l'union charnelle et spirituelle de la maternité ; la toile, qui faisait partie des collections royales, avait été donnée à un inconnu et rachetée par Richelieu. La ***Vierge aux rochers****** : il existe de ce tableau une autre version, conservée à la National Gallery ; noter la subtilité de la lumière, le mystère des teintes glauques, l'atmosphère toujours un peu ambiguë propre à l'œuvre de Vinci ; ***Saint Jean Baptiste*****, qui a été peint en France ; ***La Belle Ferronnière*****.

▷ Vestibule de la salle des Etats (8)

Dans le passage à g., derrière Les Noces de Cana de *Véronèse*, sont présentées les œuvres d'artistes de l'Italie du Nord du début du XVIe s. fortement influencés par Léonard de Vinci. *Andrea Solario* (vers 1470-1514) qui travailla en France pour le cardinal Georges d'Amboise au château de Gaillon : La Crucifixion (1503); l'Annonciation (1506), dont le paysage a été ajouté par un artiste nordique au XVIIe s.; Portrait de Charles d'Amboise, gouverneur de Milan en 1500 et neveu du cardinal d'Amboise auquel il recommanda l'artiste; Madone au coussin vert, très célèbre tableau acheté par Catherine de Médicis aux Cordeliers de Blois. *Giovanni Boltraffio* (vers 1467-1471/1516) : La Vierge de la famille Casio, commandée en 1500 par la famille Casio pour l'église de la Miséricorde de Bologne. *Lorenzo Lotto* (1480-1556) : Le Christ portant sa croix (1526), découvert en France dans une église du Puy et acheté par le Louvre en 1982; La Femme adultère. *Savoldo* (1480-1548) : Portrait d'homme en armure, peut-être celui de Gaston de Foix qui dirigea le siège de Brescia, ville natale de Savoldo, le jeu des trois miroirs à l'arrière-plan rend cette toile très originale. *Corrège* (1489-1534) : Allégorie des Vices et des Vertus.

Sur le retour du passage vers la salle des Etats, portraits florentins maniéristes : *Bronzino* (1503-1572), portrait d'un sculpteur; *Franciabigio* (1482-1525), portrait d'homme; *Pontormo* (1494-1556), portrait d'un orfèvre.

▷ Salle dite des Sept-Cheminées (11) : peinture italienne du XVIIe siècle

Les grandes compositions du XVIIe s. sont accrochées provisoirement dans cette salle immense qui occupe l'emplacement du premier Pavillon du Roi construit au XVIe s.; elle doit son nom aux sept souches de cheminées qui se dressent sur le toit. C'est ici qu'on peut voir actuellement la ***Mort de la Vierge**** du *Caravage*, peint pour l'église Santa Maria della Scala del Trastevere. La toile fut refusée par les ecclésiastiques qui la jugèrent indécente, mais elle enthousiasma les milieux artistiques. L'auteur, Michelangelo Merisi dit le Caravage (1573-1610), en prolétarisant les sujets religieux, en donnant aux ombres une importance jamais eue auparavant, s'opposait aux conceptions humanistes aussi bien qu'au maniérisme. Le réalisme, la beauté un peu vulgaire de la Vierge, font de cette toile d'une grande rigueur technique une scène quotidienne et pathétique. Le tableau fut acheté par Jabach à la vente de Charles Ier d'Angleterre et revendu à Louis XIV. *Annibal Carrache* (1560-1609) : Apparition de la Vierge à saint Luc et à sainte Catherine; La Chasse; La Pêche. *Ludovic Carrache* (1555-1619) : La Vierge de saint Hyacinthe. *Guido Reni* (1575-1642) : Déjanire et le Centaure Nessus; Hercule sur le bûcher; David vainqueur de Goliath; Hercule tuant l'hydre de Lerne; Hercule et Acheloüs. *Antonio Carrache* (1583-1618) : Le Déluge. *Domenico Fetti* (1589-1623) : L'Ange gardien. *Guerchin* (*Giovanni Francesco Barbieri, dit le*; 1591-1666) : Résurrection de Lazare. *Luca Giordano* : deux ***portraits de Philosophes****. *Serodine* (1600-1630) : Jésus parmi les Docteurs (acquis en 1983).

▷ L'aile de Flore (18) : peinture italienne des XVIIe et XVIIIe siècles

On y accède soit directement par la porte de Flore (premier étage), soit en suivant la Grande Galerie et en traversant les salles de la peinture du Nord. Il s'agit pour la plupart d'œuvres achetées par Louis XIV. Les œuvres très variées permettent de passer de l'académisme des Carrache au réalisme vivant du Caravage; on verra aussi un certain nombre d'œuvres tirées des réserves et qui représentent des écoles italiennes fort diverses, un important ensemble d'œuvres du Dominiquin, un des premiers grands peintres du paysage classique, et enfin un assez grand nombre de toiles vénitiennes caractéristiques de cette époque et surtout de cette ville, qui vivait à la fin du XVIIIe s. dans un climat de liberté déréglée, dans un désordre équivoque, qui n'était pas sans pathétique.

Annibal Carrache : La Résurrection du Christ. *Orazio Gentileschi* (Pise, 1563 - Londres, 1647) : Le Repos pendant la fuite en Egypte. *Le Caravage* (→ salle 11) : ***Adolf de Vignacourt****; ***La Diseuse de bonne aventure*****, qui diffère des œuvres traitant du même sujet et qui a fait l'objet d'une exposition des Dossiers du Louvre (1977). *Bartolomeo Schedone* (1578-1615) : Mise au tombeau. *Guido Reni* (1575-1642) : ***Ecce Homo****; ***Saint Sébastien****. *Dominiquin* (*Domenico Zampieri, dit le*; 1581-1641); école bolonaise, élève des Carrache : Paysage avec la fuite en Egypte; Herminie chez les bergers; Sainte Cécile; Combat d'Hercule; Hercule et Cacus. *Agostino Carrache* : Annonciation. *Annibal Carrache* : Le Sacrifice d'Abraham. *Francesco Mola* (1612-1666) : Pirate barbaresque; Prédication de saint Jean Baptiste dans le désert. *Pietro de Cortone* (1596-1669) : Vénus en chasseresse apparaît à Enée. *Carlo Maratta* (1625-1713) : Marie-Madeleine Rospigliosi. *Le Guerchin* : Saint François d'Assise et saint Benoît. *Lionello Spada* (1576-1622) : Le Retour de l'enfant prodigue. *Domenico Fetti* (1589-1624) : La Mélancolie, une des œuvres inspirées par ce thème; L'Empereur Néron. *Bernardo Strozzi* (1581-1644) : La Sainte Famille; La Vierge, l'Enfant Jésus et un ange. *Giovanni Castiglione* (1610-1665) : Abraham et Melchisédech; Les Marchands chassés du temple; Adoration des Bergers. *Gregorio da Ferrari* (1644-1726) : Junon et Argus (don de la Société des Amis du

Louvre, 1981). Ces deux derniers peintres représentent l'école génoise. *Il Baccicio* (1639-1709) ; on a dit de cet artiste qu'il était en peinture l'équivalent du Bernin, le grand sculpteur baroque romain : La Prédication de saint Jean Baptiste. *Valerio Castello* (1625-1659) : Le Frappement de rocher. *Salvator Rosa* (1615-1673) : Paysage avec un chasseur et des guerriers. *Luca Giordano* (1634-1705) : Le Mariage de la Vierge ; Adoration des Bergers. *Ecole napolitaine du XVIIe s.* : Le Concert. *Paolo Porpora* (1617-1673) : Nature morte. *Aniello Falcone* (1607-1656) : Une Bataille. *Francesco Solimena* (1657-1747) : Héliodore chassé du temple. *Giuseppe Angeli* (1709-1798) : Le Militaire et le petit tambour. *Giuseppe Crespi*, école bolonaise (1665-1747) : La Puce ; Saint Anselme écrivant sous la dictée de la Vierge. *Alessandro Magnasco* (1667-1749) : ***Saint Jérôme***** ; Paysage maritime ; Repas de bohémiens. *Sébastien Ricci* (1660-1734) : Le Satyre et le Paysan.

Francesco Guardi (Venise, 1712-1793) ; peintre original qui a laissé de sa ville des vues exactes en même temps que très poétiques : dix des douze scènes de la série des ***Fêtes vénitiennes***** données à l'occasion de l'élection du doge de Venise, Alvise IV Mocegino, en mai 1763 (les deux autres sont à Grenoble et à Bruxelles) ; Vue de l'église Saint-Jean et Saint-Paul ; L'église San Zanipolo et la confrérie San Marco à Venise ; Scènes en l'honneur du couronnement du doge Mocenigo. *Pietro Longhi* (1702-1785) : La Présentation. *Giovanni Paolo Pannini* (1692-1766), auteur de grandes compositions décoratives et monumentales : Concert et préparatifs de la fête donnée sur la place Navone, à l'occasion de la naissance du Dauphin, fils de Louis XV, en 1729. *Michele Marieschi* (1710-1743) : Vue de la Salute à Venise. *Giovanni Battista Tiepolo* (1690-1770) : La ***Cène*****, Apollon et Daphné ; Alexandre et Campaspe chez Apelle. *Domenico Tiepolo* (1727-1804), fils du précédent : ***Scène de Carnaval****, Le Charlatan ; Le Triomphe de la religion. *Giovanni Antonio Pelligrini* (1675-1747) : Entrée triomphale du prince Johann Wilhelm de Pfalz. *Giovanni Battista Pittoni* (1687-1767) : La Continence de Scipion ; Polyxène sacrifié aux mânes d'Achille ; Jésus-Christ donnant les clefs à saint Pierre. *Batoni* (1708-1784), portraitiste le plus connu d'Europe au milieu du XVIIIe s. par lequel tous les Anglais de passage en Italie se faisaient peindre : Charles John Crawle.

La collection Beistegui

Les trois dernières alvéoles de la galerie de Flore sont réservées à la collection Beistegui, donnée au Louvre en 1953. *Ecole franco-flamande* (fin XIVe s.) : Vierge à l'Enfant. Le *Maître de Moulins* (connu entre 1480 et 1500) : ***Portrait du Dauphin Charles Orland*****. *Nicolas de Largillière* (1656-1746) : La Duchesse de Bouillon. *Jean-Honoré Fragonard* (1732-1806) : Le Feu aux poudres ; Portrait d'un jeune artiste. *Jean-Marc Nattier* (1685-1766) : ***La Duchesse de Chaulnes en Hébé*****. *François-Hubert Drouais* (1727-1775) : ***La Femme de l'artiste****. *Pierre-Paul Rubens* : La Mort de Didon. *A. Van Dyck* : Portait d'un inconnu. *Thomas Lawrence* (1769-1830) : Portrait de Mrs. Cuthbert. *Ignacio Zuloaga* (1870-1945) : Portrait de Carlos de Beistegui (1911). *Meissonnier* (1815-1891) : La Barricade ; Jeune Homme écrivant. *Jacques-Louis David* : ***Mme de Verninac**** ; ***Portrait du général Bonaparte***** ; Portrait de M. Meyer. *François Gérard* (1770-1837) : Portrait de Mme Lecerf. *Jean-Dominique Ingres* : Portrait de Bartolini, sculpteur lucquois, de 1820 ; ***Portrait de Mme Panckoucke****. *Francisco Goya* : ***La Comtesse del Carpio, marquise de la Solana******.

Avec cette toile, considérée comme le joyau de la collection avec ses jeux de noir, de blanc et de rose, on arrive à la peinture espagnole qui est exposée dans la salle du pavillon de Flore.

La peinture espagnole

Accès direct par la porte de Flore

La collection de tableaux espagnols, de formation relativement récente, est exposée depuis 1969 dans les salles du premier étage du pavillon de Flore. Si le nombre des toiles n'est pas aussi important que celui des autres écoles étrangères, du moins s'agit-il de très belles œuvres.

▸ Pour commencer la visite dans l'ordre chronologique, tourner à g., en venant de la collection Beistegui.

▷ L'aile de Flore (19) *premier étage*

Maître de Burgo de Osma (Valence, début XVe s.) : retable montrant la Vierge, l'Enfant Jésus, saint Jean Baptiste et saint Ambroise. *Bernardo Martorell* (travaillait en Catalogne vers 1452) : Légende de saint Georges. *Jaime Huguet* (1415-1492) : Flagellation ; Mise au tombeau. *Maître de Saint Ildefonse* (travaillait en Castille à la fin du XVe s.) : Imposition de la chasuble à saint Ildefonse. Maître anonyme portugais du milieu du XVe s. : ***L'Homme au verre de vin***** ; cet admirable portrait a longtemps été attribué à un maître français, mais l'historien d'art *Charles Sterling* l'a récemment (et semble-t-il définitivement) attribué à ce maître portugais qui aurait été celui de Nuño Gonzalvès. *Francisco de Herrera le Vieux* (vers 1576-1657) : Saint Basile dictant sa doctrine. *Luis Tristan de Tolède* (vers 1586-1624) : Saint François d'Assise. *Le Greco* (1541-1614) : ***Christ en croix adoré par deux donateurs*****; on verra que ce Christ est très proche des premières œuvres de l'artiste à Tolède, en même temps qu'il anticipe sur l'Enterrement du comte d'Orgaz; Saint Louis, roi de France; Portrait de Covarrubias. *José de Ribera* (1588-1656) : ***Adoration des Bergers*****; Le Pied-bot; ***Christ au tombeau****, Saint Paul ermite. *Juan Carreño de Miranda* (1614-1685) : Messe de fondation de l'ordre des Trinitaires. *Francisco de Zurbarán* (1598-1662) : ***Saint Bonaventure au concile de Lyon****; ***Exposition du corps de saint Bonaventure****. *Francisco Collantes* (1599-1656) : Le Buisson ardent. *Diego Vélasquez* (1599-1660) : ***La Reine Marie-Anne d'Autriche*****; L'Infante Marguerite. Attribué à *Vélasquez*, l'Infante Marie-Thérèse. *Estebán Murillo* (1618-1682) : ***La Cuisine des Anges*****; ***La Naissance de la Vierge*****; ***Le Jeune Mendiant******; Apparition de la Vierge immaculée. *Francisco Goya* (1746-1828) : portrait de Ferdinand Guillemardet (vers 1798); Le Mariage inégal, tableau de genre entré au musée en 1970; La Femme à l'éventail, portrait dont on ignore le modèle mais qui, à en juger par les tonalités grise et noire, doit dater de 1810 environ; ***Portrait de la marquise de Santa Cruz*****, entré au Louvre en 1976. *Luiz Melandez* (1716-1780) : Autoportrait; Nature morte.

A ne pas manquer

Christ en croix, du Greco (XVIe s.); L'Adoration des bergers, de J. de Ribera (XVIIe s.); Deux scènes de la vie de saint Bonaventure, par F. de Zurbarán (XVIIe s.); Portrait de Marie-Anne d'Autriche, de D. Vélasquez (XVIIe s.); Le Jeune Mendiant, de E. Murillo (XVIIe s.); Portraits de la Marquise de Santa-Cruz, et de la Marquise de la Solana (collection Beistegui), par Goya (XVIIIe s.).

La peinture des écoles du Nord

Accès : porte de Flore ou porte Denon, premier étage (salles 16, 17, 14, 15, 12)

En attendant la nouvelle présentation des écoles de peinture dans le cadre du Grand Louvre, les écoles du Nord, flamandes, hollandaises et allemandes, sont réparties chronologiquement dans le Louvre : les XVe et XVIe s. sont exposés dans les petits cabinets sud, côté Seine; le XVIIe s. dans les petits cabinets nord, côté Tuileries, la salle Van-Dyck, la galerie Médicis et la salle des Sept-mètres.

▷ 1er à 5e petits cabinets sud (16) : peinture flamande et hollandaise des XVe et XVIe siècles

Le XVe s. est le siècle d'or des primitifs flamands (la différenciation entre art flamand et hollandais ne se fera qu'au XVIIe s.) : la région comprise dans les limites politiques de la Belgique et des Pays-Bas se couvre d'une grande richesse artistique. Les cités commerçantes prospères de Bruges, Gand, Bruxelles attirent les artistes qui viennent y trouver une clientèle et s'y former. Deux personnalités éminentes, Van Eyck à Bruges, Van der Weyden à Bruxelles, rénovèrent radicalement la technique picturale et exercèrent une forte influence sur leurs contemporains et leurs successeurs. Au XVIe s., Anvers, entrepôt de l'Europe et foyer de la Réforme, devint le grand centre artistique du Nord. L'influence de la Renaissance italienne, de l'humanisme d'Erasme, de la Réforme de Luther, se conjuguèrent pour créer les nouvelles formes de la peinture de chevalet qui firent la renommée de la peinture flamande et hollandaise : la scène de genre, la nature morte, le paysage.

Maître de Saint-Barthélemy (Cologne, 1450-1510) : Descente de croix. *Joss Van Cleve* (1485-1541) : La Vierge et l'Enfant adorés par saint Bernard; Le Christ descendu de la croix; La Cène, retable provenant de Sainte-Marie-de-la-Paix à Gênes.

1er cabinet. *Petrus Christus* (1420-1474) : La Déploration du Christ. *Thierry Bouts* (1420-1475) : fragment d'une Nativité; Déposition du Christ, inspirée directement par l'œuvre de Rogier Van der Weyden; Vierge à l'Enfant. *Jan Van Eyck* (1390-1441) : ***La Vierge du chancelier Rolin******, appelée aussi Vierge d'Autun car elle provient de l'église collégiale d'Autun. Le donateur agenouillé devant la Vierge est peut-être Nicolas Rolin, chancelier de Bourgogne et père de Jean Rolin, évêque d'Autun. Il s'agit là d'un des chefs-d'œuvre du Louvre qui nous est parvenu dans un état de conservation exceptionnel. *Rogier van der Weyden* (1399-1464) : ***Salu-***

*tation angélique***, panneau central d'un triptyque dont les volets latéraux sont au musée d'Autun ; *triptyque de la Famille Braque***, peint sans doute vers 1450 après le retour d'Italie de l'artiste et avant le retable du Jugement Dernier de Beaune où apparaît la même figure hiératique du Christ bénissant. Au revers des panneaux latéraux sont peints une tête de mort, une croix et le blason de Jean Braque et de sa femme Catherine de Brabant pour qui avait été fait ce petit autel portatif. *Maître de Sainte-Gudule* (XVe s.) : Instruction pastorale où figure, à l'arrière-plan, la cathédrale Sainte-Gudule de Bruxelles en cours de construction. *Petrus Christus* (1415-1475) : Déploration, directement inspirée de la Pietà de Van Eyck. *Dirck Bouts* (vers 1420-1475) : Déploration, directement inspirée du triptyque de la Vierge de Grenade de van der Weyden. *Gérard de Saint-Jean* (vers 1460/vers 1488-1490) : La Résurrection de Lazare, composition identique à celle d'Oudewater pour le tableau conservé au musée de Berlin-Dahem.

2e cabinet. Hans Memling (vers 1433-1494) : *Portrait de Femme âgée** (le pendant, portrait d'Homme âgé est au musée de Berlin-Dahem) ; Le *Mariage mystique de sainte Catherine*** ; Le Martyre de saint Sébastien ; Résurrection du Christ, Ascension : triptyque datant des dernières années ; *Vierge dite de Jacques Floreins*** ; Etude de tête ; Saint Jean Baptiste, Sainte Madeleine, La Fuite en Egypte, panneaux d'un triptyque dispersé (don de Mme Bethsabée de Rothschild, 1874). *Gérard David* (1450-1523) : Les Noces de Cana ; La Vierge et l'Enfant entre le donateur Jean de Sedano et sa femme avec leurs saints patrons. *Jean de Flandres* (connu en Espagne de 1496 à 1504) : Le Christ et la Samaritaine, un des 47 panneaux peints pour la reine de Castille Isabelle la Catholique entre 1496 et 1504, en collaboration avec *Michel Sittow* (vers 1496-1525) dont le Louvre a acquis en 1965 Le Couronnement de la Vierge, peint pour le même ensemble. *Jérôme Bosch* (1450-1516), une des figures les plus étranges du monde de la peinture, doué d'une imagination débridée, en apparence incohérente et choquante mais en même temps soumise à une lucidité impitoyable. Mystique, et pourtant familiarisé avec tout un monde de démons, de sorcières, de magie, de signes, de paraboles, Bosch est d'un temps où finit le Moyen Age et où commence la Renaissance : *La Nef des Fous***.

3e cabinet. Quentin Metsys (1465-1530) : *Le Prêteur et sa Femme****, un des tableaux les plus célèbres de cette époque et dans lequel certains voient la charnière entre la vision de Van Eyck et celle de Vermeer ; Christ mort sur les genoux de la Vierge (1515) ; Vierge et Enfant (1529). *Jan Gossaert, dit Mabuse* (1472-1536) : *diptyque de Jean Carondelet** ; portrait d'un Bénédictin. *Van Orley* (vers 1492-1552) : portrait d'Homme. *Cornélis Van Dalem* (1535/1573-1575) : Cour de ferme par une matinée d'hiver. *Gilles Mostaert* (1534-1598) : Scène de genre. *Aergten Van Leyden* : Nativité. *Monogrammiste de Brunswick* (XVIe s.) : Le Sacrifice d'Abraham. *Pierre Breughel le Vieux* (1525-1569) : *Les Mendiants**. *Joachim Patenier* (1475-1480/1524) : *Saint Jérôme dans le désert***. *Ecole de Leyde* ou *Anvers* (XVIe s.) : Loth et ses filles. *Lucas de Leyde* (1489 ?-1533) : La Joueuse de cartes (legs de Mme Pierre Lebaudy, 1962). *Joos Van Cleve* (vers 1485-1540) : Saint Bernard et la Madone ; Christ bénissant. *Maître du Martyre de Saint Jean l'Evangéliste*. *Jean Bellegambe* (vers 1467-av. 1536) : Pietà, composition inspirée de Bouts ; Vierge à l'Enfant.

4e cabinet. Jan Sanders Van Hemessen (vers 1500-vers 1565) : Tobbie et l'Ange. *Frans Floris* (1516-1670) : La Trinité, tableau qui se trouvait dans l'église Saint-Sulpice de Paris avant la Révolution. *Otto Van Veen* ou *Venius* (1566-1629) : Déploration du Christ, qui provient de l'église de Villeneuve-sur-Yonne, composition monumentale du maître de Rubens, longtemps attribuée à un élève d'Andrea del Sarto. *Vincent Sellaer* (vers 1500-1589) : Jupiter en Satyre avec ses jumeaux (acquis en 1981), proche des représentations de la Charité d'Andrea del Sarto et de l'école de Fontainebleau. *Giovanni Stradanus* (1523-1605) : Vanité, La Modération et la Mort (légué en 1980), allégorie peinte à Florence en 1569 alors que le peintre travaillait avec Vasari au décor du Palazzo Vecchio. *Antonio Moro* (1519-1575), peintre itinérant, portraitiste attitré de la cour d'Espagne : *Le Nain du cardinal Granvelle**, ministre de Charles Quint et protecteur du peintre.

*5e cabinet : portraits flamands et français**. Parmi ces portraits, qui proviennent de la collection réunie par Roger de Gaignières (1642-1715), retenons celui d'*Elisabeth d'Autriche*** par *François Clouet* (actif vers 1536-1572). *Corneille de Lyon* (vers 1505-vers 1574) : Jean de Bourbon-Vendôme, Charles de la Rochefoucauld et Jacques Bertaut, et les portraits anonymes de Michel de l'Hospital et de Jean Babou de la Bourdaisière ; portrait présumé de Clément Marot.

▷ 6e, 7e et 8e petits cabinets sud (16) : peinture allemande des XVe et XVIe siècles

Les œuvres sont, ici, de premier ordre.

6e cabinet. Maître de la Sainte Parenté (connu à Cologne entre 1480 et 1520) : retable des Sept Joies de la Vierge comprenant la *Présentation au temple***, l'Adoration des Mages, la Vierge trônant près du Christ ressuscité. *Maître de Saint-Séverin* (école de Cologne, 1500-1515) : Présentation au temple. *Maître de Saint-Barthélemy* (Cologne, vers 1490-1500) : Descente de croix.

7e cabinet. Albert Dürer (1471-1528) : ***Autoportrait***** (1593); il s'agit très probablement du portrait destiné à la fiancée de l'artiste. Dürer tient dans sa main une ombellifère qui, en allemand populaire, signifie « fidélité conjugale ». On trouve déjà, dans cette œuvre de jeunesse, l'insistance du regard et la fermeté du trait propres à Dürer. *Hans Holbein* (1497-1543), divers portraits : Anne de Clèves (vers 1539); William Warham (vers 1527); ***Nicolas Kratzer**** (vers 1528); ***Erasme*****, un des plus beaux et le plus célèbre portrait sans doute qui ait été fait du savant humaniste (il a été acquis par Louis XIV qui le tenait de Jabach). *Hans Baldung Grien* (1484-1536) : Le Cavalier, la Dame et la Mort. *Lucas Cranach le Vieux* (1472-1553) : portrait d'une ***Jeune fille**** qui pourrait être Magdalena Luther; Vénus dans un paysage.

8e cabinet (fermé actuellement pour restauration). Il abrite une reconstitution du « studiolo » que le duc Frédéric de Montefeltre s'était fait faire en 1476 dans son palais d'Urbin. Ce cabinet, synthèse de l'influence flamande et du style italien, était décoré de marqueteries en trompe-l'œil et de 28 portraits d'hommes célèbres. Le Louvre possède 14 de ces portraits, attribués au Flamand *Juste de Gand* (vers 1435-vers 1480) et à l'Espagnol *Pedro Berruguete* († 1503), et on les voit ici présentés dans un décor approprié.

A ne pas manquer

Les numéros entre parenthèses renvoient aux salles indiquées sur le plan.

Petits cabinets sud (16) : *XVe s.-XVIe siècles*
La Vierge au chancelier Rolin, de Van Eyck (1er cabinet); Salutation angélique et un triptyque, de Rogier Van der Weyden (1er cabinet); Mariage mystique de Sainte Catherine, de Hans Memling (2e cabinet); Nef des Fous, de Jérôme Bosch (2e cabinet); Prêteur et sa femme, de Quentin Metsys (3e cabinet); Saint Jérôme dans le désert, de Joachim Patenier (3e cabinet); Autoportrait, de A. Dürer (7e cabinet); Erasme, par H. Holbein (7e cabinet).
Petits cabinets nord (7) : *XVIIe siècle*
La Dentellière et l'Astronome, de J. Vermeer de Delft (2e cabinet); Les esquisses, de Rubens (3e cabinet); La Bataille d'Arbèles, de Jean Bruegel de Velours (7e cabinet).
Salle Van-Dyck (14) : *XVIIe siècle*
La Kermesse, l'Adoration des Mages et portrait d'Hélène Fourment et ses enfants, par P. P. Rubens (XVIIe s.); Charles Ier, roi d'Angleterre, par A. Van Dyck (XVIIe s.); Les quatre Évangélistes, de Jacob Jordaens.
Galerie Médicis (15)
Les 21 toiles de Rubens consacrées à l'Histoire de Marie de Médicis (XVIIe s.).
Salle des Sept-mètres (12) : *XVIIe siècle*
Portraits de Franz Hals (1re travée); Bethsabée, les Pèlerins d'Emmaüs, le Bœuf écorché et les Autoportraits, de Rembrandt van Rijn (3e travée).

▷ Petits cabinets nord (17) : peinture flamande et hollandaise du XVIIe siècle

Ils abritent des peintures de petit et moyen format (Vermeer).

1er cabinet. On y verra des peintres hollandais influencés par Rembrandt et s'adonnant à la scène de genre. *Gérard Dou* (1613-1675) : ***la Femme hydroptique**** (1663); l'Aiguière d'argent; le Trompette. *Adran Coorte* (connu de 1685 à 1725) : Coquillages. *Gabriel Nicolas Maes* (1634-1693) : la Baignade, œuvre insolite par son sujet. *Gérard Ter Borch* (1617-1681) : le Galant Militaire. *Pieter de Hooch* (1629-1684) : les Joueurs de cartes. *Michel Sweerts* (1624-1664) : le Jeune Homme et l'Entremetteuse.

2e cabinet. Jean Vermeer de Delft (1632-1675). Ce peintre redécouvert au siècle dernier, à l'œuvre rare (une trentaine de tableaux attestés seulement) de petites dimensions, aux sujets sans originalité, sans détails pittoresques ni anecdotes, se déroulant dans un espace clos à l'atmosphère feutrée où règnent calme et silence, a donné de la poésie au réel en jouant de la couleur et de la lumière. Le Louvre conserve deux œuvres : la ***Dentellière******, achetée par Napoléon III en 1870 et l'***Astronome******, daté 1668, entré en 1983 par dation en paiement des droits de succession. *Gérard Ter Borch* : Duo; le Concert; la Leçon de lecture. *Gaspar Netscher* (1639-1684) : la Leçon de viole. *Jan van der Heyden* (1637-1712) : le Henengracht à Amsterdam; le Château des ducs de Bourgogne à Bruxelles. *Nicolas Berchem* (1620-1683) : le Gué. *Adriaen Van Ostade* (1610-1685) : Portrait de famille. *Gabriel Metsu* (1629-1667) : le Déjeuner de harengs; la Riboteuse; la Peleuse de pommes; le Marché aux Herbes d'Amsterdam. *Guerrit Berckeyde* (1638-1698) : la Place du Dam à Amsterdam.

3e cabinet. Les esquisses de *Rubens*. Le ***Sacrifice d'Abraham*****, ***Abraham et Melchisedech*****, le ***Portement de Croix****, sont trois esquisses pour le plafond de l'église des jésuites d'Anvers, dont le décor a entièrement brûlé en 1718; l'***Erection de la Croix***** est l'esquisse pour le grand triptyque de la cathédrale d'Anvers (1610); le Génie couronnant la Religion, celle pour un plafond de Whitehall à Londres (vers 1630) et la Résurrection de Lazare, l'esquisse pour une peinture qui était conservée au Kaiser Friedrich Museum de Berlin (détruite en 1945). Philopomène reconnu par une Femme âgée, servit à une peinture qui se trouvait dans la galerie du Régent à Paris. Deux esquisses en un seul panneau illustrent la première et la dernière scène de la série consacrée à l'histoire de Marie de Médicis (salle Médicis) : les Trois Parques filent la destinée de Marie de Médicis et le Triomphe de la Vérité. Les autres esquisses se trouvent à l'Alte Pinacotek de Munich et au musée de l'Ermitage à Léningrad. Le ***Paysage au Moulin*** ** est l'un des rares paysages de Rubens. Mars et Vénus est un dépôt permanent de la Fondation de France, donation Salavin-Fournier.

4e cabinet. *Cornélis van Poelenburgh* (1586 ou 1595-1667) vécut en Italie de 1617 à 1625, où il apprécia la campagne romaine et ses ruines : Baigneuses; le Pâturage; Ruines de la Rome Antique avec le château Saint-Ange; Vue du Campo Vaccino. *Bartolomeus Breenbergh* (1598-1600/1657) : Jésus guérissant un sourd-muet, exécuté au retour d'Italie (1633), la scène se déroule dans le site de la villa de Mécène à Tivoli. *Willem Claesz Heda* (vers 1593-vers 1680) : Nature morte au Gobelet d'argent. *Jacob van Velsen* (vers 1600-1656) : la Diseuse de bonne aventure. *Willem Cornelisz Duyster* (1599-1635) : les Maraudeurs. *Pieter Codde* (1599-1638) : la Leçon de danse; Femme à sa toilette. *Hendrick Pot* (vers 1585-1657) : ***Charles Ier d'Angleterre**** , copie du portrait par Daniel Mytens à Buckingham Palace. *Frans Post* (1612-1680), de 1637 à 1664, accompagna le prince Maurice de Nassau-Siegen au Brésil, colonie hollandaise à l'époque, dont il rapporta de nombreuses vues : Port Maurice et le Rio San Francisco; Paysage aux alentours de Porto Calvo... *Pieter Saenredam* (1597-1665), très célèbre peintre d'intérieur d'églises dont le Louvre vient d'acquérir une œuvre (1983) : ***Intérieur de Saint-Bavon de Haarlem**** .

5e cabinet. *Téniers*, les scènes populaires. De *David Téniers l'Ancien* (1582-1649) : un Calvaire, inspiré du tableau de Rubens à Rotterdam. *David Téniers le Jeune* (1610-1690), fils du précédent, est l'auteur du ***Fumeur au Tonneau**** ; Intérieur d'estaminet, de cabaret; Joueurs de boules, de hocquet; le Fils prodigue; les Sept Œuvres de Miséricorde; le Christ mort, petite copie d'une œuvre de Lotto qui se trouvait dans la galerie de l'archiduc Léopold à Bruxelles dont Téniers était le conservateur (aujourd'hui perdue). *Adriaen Brouwer* (1605-1638) : Paysage au crépuscule; Intérieur de cabaret. *Joos van Craesbeck* (1608-1660) : Autoportrait (?) en fumeur, influencé par Brouwer auquel on attribuait cette œuvre. *Adriaen Van Ostade* (1610-1685) : la Lecture de la Gazette; l'Abattage du porc. *Simon de Vos* (1604-1676) : les Œuvres de Miséricorde (acquis en 1982), noter l'importance du décor architectural à base de souvenirs italiens.

6e cabinet. *Joos de Momper* (1564-1635) : Paysage. *Paul Brill* (1554-1626) : Marché dans le Campo Vaccino à Rome; le Pécheur. *Denis Van Alsloot* (vers 1570-vers 1626), considéré comme le fondateur de l'école bruxelloise de paysage : Paysage d'Hiver. *Georg Flegel* (1566-1638) : Nature morte au flacon de vin et aux petits poissons (acquis en 1981), œuvre allemande influencée par la peinture flamande, tout comme la Nature morte de *Gothard de Wedig* (1583-1641). *Roelandt Savery* (1576-1639), peintre flamand au service de l'empereur Rodolphe II à Prague : Marche de cavaliers hongrois; Orphée charmant les animaux. *Joachim Wtewael* (1566-1638) : Jupiter et Danae (acquis en 1979). *Ambrosuis Bosschaert le Vieux* (av. 1573-vers 1621) : Bouquet de fleurs dans une arcade (acquis avec la participation de la Société des Amis du Louvre, 1984).

7e cabinet. *Adriaen Van de Venne* (1589-1662) : la Trêve de 1609, représentation allégorique du banquet donné pour la paix de 12 ans établie dans les Etats du nord et du sud de la Hollande. *Jean Bruegel de Velours* (1568-1625), second fils de Bruegel l'Ancien : ***la Bataille d'Arbèles**** ** ; Le Banquet des Dieux; l'Air ou Optique; la Terre ou le Paradis terrestre, deux des tableaux de la série des quatre éléments, commandée par le cardinal Federico Boromeo (les deux autres sont à la Bibliothèque Ambrosienne de Milan; les figures sont attribuées à *Hendrick van Balen*). *Rubens* et *Bruegel* : Guirlande de fleurs entourant la Vierge et l'Enfant (1621), figures par *Rubens*, fleurs par *Bruegel*.

8e cabinet. *Hendrick Van Steenwyck le Jeune* (vers 1580-vers 1649) : Apparition du Christ à Marthe et Marie. *Frans Francken II le Jeune* (1581-1642) : Ulysse reconnaissant Achille déguisé en femme parmi les filles de Lycomède; Salomon au trésor du Temple; le Fils prodigue. *Bartholomeus Spranger* (1546-1611), peintre maniériste : Allégorie de la justice.

▷ Salle Van-Dyck (14) : peinture flamande du XVIIe siècle

Au XVIIe s., la peinture flamande est entièrement dominée par la grande figure de *Pierre Paul Rubens* (1577-1640), le peintre le plus baroque de son temps, personnage étonnant, très cultivé, qui assuma à plusieurs reprises des fonctions délicates de diplomate. Il fut sans doute l'honnête homme tel qu'on le rêvait au XVIIe s. Il travailla beaucoup pour la reine Marie de Médicis, aussi le Louvre a-t-il hérité, des collections royales, un nombre très important de ses œuvres : ***Adoration des Mages**** * qui se trouvait dans la chapelle des Dames de l'Annonciation à Bruxelles; un Tournoi; ***la Kermesse**** ** , éblouissante, tourbillonnante, éclatante. La ***Fuite de Loth**** (voir la copie par *Delacroix*, Cour Carrée, deuxième étage, salle 4); ***Hélène Fourment*** (sa seconde femme) ***et leurs deux enfants**** * ; Hélène Fourment au carrosse (acquis en 1977 par dation en paiement des droits de succession); Vierge des Innocents. *Antoine Van Dyck* (1599-1641) fut un maître du portrait et peintre officiel de la cour d'Angleterre à ce titre : *Charles Ier roi d'Angleterre*** (noter dans ce portrait, le plus célèbre de l'auteur, l'absence d'attribut royal) ; La *Marquise Géronima Spinola Doria** ; les Ducs de Bavière et de Cumberland ; Gentilhomme à l'Epée ; portraits d'un Homme et son Enfant, d'une Dame et sa Fille, d'Isabelle-Claire-Eugénie d'Autriche, du comte d'Osuna ; *Vénus demande des armes à Vulcain pour Enée** ; *Renaud et Armide** ; Vierge aux Donateurs. *Jacob Jordaens* (1593-1678), maître d'un baroque généreux : Le Roi boit ; *Jupiter et Amalthée** ; le Repos de Diane (don de la Société des Amis du Louvre, 1982) ; Jésus chassant les marchands du Temple ; les *Quatre Evangélistes*** ; l'Adoration des Bergers (acquis en 1981).

Dans cette salle également des natures mortes de *Snyders* (1579-1667) et de *Jan Fyt* (1611-1661).

▷ Galerie Médicis (15)

Cette vaste salle, longue de 45 m sur 15 m de large et 13 m de haut, est consacrée à l'*Histoire de Marie de Médicis**** par *Rubens*. Commandée au peintre en 1621 pour le palais du Luxembourg, cette magnifique suite fut exécutée par le maître à Anvers, avec l'aide de ses élèves, et terminée par lui à Paris en 1625. Ces 21 tableaux, auxquels s'ajoutaient trois portraits (Marie de Médicis, son père et sa mère), ornaient la galerie O. au premier étage du palais et y demeurèrent jusqu'en 1778. En 1803, ils furent réinstallés dans la galerie E. du Luxembourg puis transférés après 1815 au Louvre où les toiles furent alignées côte à côte sur les murs de la Grande Galerie. De 1900 à 1939, 18 sur 21 des tableaux, classés dans un ordre arbitraire, occupèrent la salle actuelle aménagée par *G. Redon*, avec la décoration surchargée de l'époque. Depuis 1953, cette admirable série, reclassée dans l'ordre initial et chronologique, est présentée dans une salle entièrement rénovée : dans des cadres noirs et or, spécialement dessinés pour rappeler les bordures qu'on voit aux tableaux du XVIIe s. dans les églises d'Anvers, les 19 grandes compositions sont mises en valeur sur un fond de velours rouge, tandis que les inscriptions sont gravées en lettres d'or sur un soubassement de marbre gris. Seuls deux panneaux étroits ont été placés en dehors de la salle, de part et d'autre de l'entrée : à g., les Trois Parques filent la destinée de Marie de Médicis ; à dr., le Triomphe de la Vérité. La succession des grands tableaux est la suivante : 1. La Naissance de Marie de Médicis, 26 avril 1575 ; 2. L'Education de Marie de Médicis ; 3. Présentation du portrait de Marie de Médicis à Henri IV ; 4. Le Mariage par procuration à Florence, 5 octobre 1600 ; 5. Le Débarquement de Marie de Médicis à Marseille, 3 novembre 1600 ; 6. Première entrevue du Roi et de Marie de Médicis à Lyon, 9 décembre 1600 ; 7. Naissance de Louis XIII à Fontainebleau, 27 septembre 1601 ; 8. Henri IV confie la régence à la Reine, 1610 ; 9. Le Couronnement de la Reine à Saint-Denis, 13 mai 1610 ; 10. L'Apothéose du roi Henri IV et la Régence *(au fond de la salle)* ; 11. Le Gouvernement de la Reine ; 12. La Prise de Juliers, 1610 ; 13. L'Echange des princesses à Hendaye, 9 novembre 1615 ; 14. La Félicité de la Régence ; 15. La Majorité de Louis XIII, 20 octobre 1614 ; 16. La Reine s'enfuit du château de Blois, 21 février 1619 ; 17. La Reine reçoit des offres de paix ; 18. La Conclusion de la paix, 30 avril 1619 ; 19. La Réconciliation de Marie de Médicis et de son fils, 5 septembre 1619.

▷ Salle des Sept-mètres (12) : peinture hollandaise du XVIIe siècle

L'école hollandaise est représentée dans toute sa diversité. Pendant presque tout le XVIIe s., les artistes des Pays-Bas du Nord ont atteint la perfection dans tous les genres. Les peintres ont su varier à l'infini le motif monotone du paysage hollandais en traduisant les subtils rapports de l'eau et du ciel ; les portraits d'hommes et de femmes, et les scènes de genre, sont une chronique de la vie quotidienne d'un peuple industrieux, patient, amateur de divertissements, de bonne chère, de conversation et de musique. Les natures mortes témoignent du même goût pour les choses de ce monde en même temps que d'une grande science des valeurs picturales. Rembrandt est la grande figure de cette époque, par son art des ombres, son sens de l'humain et du sacré et son intense connaissance de la nature humaine.

Première travée. Cornélis de Haarlem (1562-1638) : Le Baptême du Christ (1588), exemple du style maniériste hollandais, comme Persée délivrant Andromède de *Joachim Wtewael* (1566-1638) un peu plus tardif (deux dons de la Société des Amis du Louvre, en 1983 et 1982). *Frans Hals* (1580-1666) : portraits de *Paulus von Berensteyn* et de son épouse *Catherine Both van Eem*** ; *La Bohémienne***, *Le Bouffon** (acquis en 1984), deux œuvres à la facture libre, à la vitalité, à la spontanéité qui en font non seulement des chefs-d'œuvre de la peinture hollandaise mais également les joyaux du Louvre. *Salomon van Ruysdael* (1600-1670) : Le Bac ; Le Débarcadère. *Jan Van Goyen* (1596-1656) : Vue de Dordrecht ; La Côte d'Egmont.

Deuxième travée. Gérard von Honthorst (1590-1656) : Le Concert ; *Jan Davidsz de Heem* (1600-1684) : Le Dessert (1640), deux grandes compositions baroques.

Troisième travée. Rembrandt van Rijn (1606-1669). Le Louvre possède un ensemble exceptionnel de 15 tableaux sûrs, dont certains comptent parmi les plus célèbres de l'artiste. Son art des ombres, son sens de l'humain et du sacré, son intense connaissance de la nature humaine en font un génie tout à fait à part. La collection du Louvre permet de suivre l'évolution de son style et d'aborder tous les genres auxquels l'artiste s'est adonné : portraits d'Albert Cuypers et de son épouse Cornélia Pronck, de Titus, son fils, d'Henrickje Stoffels, sa seconde épouse ; ***Autoportraits à la chaîne d'or******, tête nue, à la toque, ***devant un chevalet*****. Scènes bibliques : ***Bethsabée****** (1654), pour laquelle Henrickje Stoffels a posé. L'Ange Raphaël guidant Tobie (1637). Scènes religieuses : Sainte Famille (ou le Ménage du menuisier, 1640) ; ***Les Pèlerins d'Emmaüs***** (1648) ; ***Saint Matthieu et l'Ange***** (1661). Scènes de genre : ***Le Philosophe en méditation**** (1632). Nature morte : ***Le Bœuf écorché***** (1655). Paysage : ***Le Château au crépuscule****.

Quatrième travée. *Govaert Flinck* (1615-1660) : L'Annonce aux Bergers, dont la composition s'inspire de la gravure de Rembrandt. *Bartholomeus van der Helst* (1613-1670) : La Famille Reepmaker ; Jeune Femme dévoilée soulevant une draperie, 1658 (don de la Société des Amis du Louvre, 1984).

Cinquième travée. Paysages de *Jacob van Ruysdael* (1628-1682), neveu et élève de Salomon : Le Buisson. Coup de Soleil). *Philippe Wouvermann* (1619-1668) : Paysage à la Charette ; Halte du cavalier. *Adam Pynacker* (1622-1673) : Paysage au soleil couchant ; Paysage montagneux avec chèvre et oiseaux (acquis en 1980). *Karel Dujardin* (1622-1678) : Charlatans italiens. *Jan van der Heyden* (1637-1712) : L'Hôtel de Ville d'Amsterdam. *Nicolas Berchem* (1620-1683) : Paysage avec animaux. Scènes de genre de *Pieter de Hooch* (1629-1684) : La Buveuse ; ***Intérieur de la maison hollandaise*****. *Gérard Dou* (1613-1675) : La Lecture de la Bible ; Le Peseur d'Or ; La Ménagère hollandaise ; L'Epicière du village. Œuvres de *Frans Van Mieris* et de *Gabriel Metsu* (1630-1680). *Salomon van Ruysdael* : ***Nature Morte au Dindon***** (1661), une des plus belles natures mortes peintes par l'artiste à la fin de sa vie (acquis en 1965).

Cabinet des Dessins

Conservateur en chef : Mme Roseline Bacou
Aile de Flore, accès par la porte de Flore ou porte Jaujard

Le cabinet des Dessins du Louvre, qui possède 105 000 dessins, est le plus riche du monde avec l'Albertina de Vienne. Il a pour origine l'achat par Colbert de la collection Jabach et a été enrichi par les premiers peintres du Roi (Le Brun, Mignard, A. Coypel), dont les collections revenaient de droit à la couronne, ainsi que par des achats et d'importantes donations. Toutes les écoles sont représentées, particulièrement l'école italienne (XIVe-XVIIIe s.) et l'école française (XVIe-XIXe s.).

Collection Edmond de Rothschild. Ce cabinet, aménagé en 1960 dans l'aile de Flore, porte le nom de collection Rothschild. Le fonds est en effet constitué des 30 000 gravures et des 3 000 dessins légués à l'Etat par le baron Edmond de Rothschild. Le cabinet comprend une salle de consultation accessible aux seuls spécialistes agréés par le conservateur, et une galerie où sont organisées des expositions temporaires, destinées au grand public.

Département des Objets d'art

Conservateur en chef : M. Daniel Alcouffe
Accès : porte Denon

Outre la galerie d'Apollon, le département occupe, au premier étage, les ailes E. et N. de la Cour Carrée et la moitié de l'aile O., où les salles sont installées par ordre chronologique en commençant à l'escalier Percier.

Le département des Objets d'art conserve un ensemble de mobilier et objets d'art de toutes techniques, de l'Antiquité à la première moitié du XIXe s. Le noyau en est les anciennes collections royales. Les collections réunies par Charles V (1360-1380) comme celles de François Ier (1514-1547) furent dispersées par leurs successeurs. C'est à Louis XIV qu'il appartint de reconstituer les collections royales par l'acquisition presque en bloc de la collection du cardinal Mazarin. Le Grand Dauphin, son fils, collectionna les pierres dures. A sa mort, une partie alla au nouveau roi d'Espagne Philippe V, le reste s'intégra aux collections royales. Elles demeurèrent intactes jusqu'à la Révolution. C'est alors que des bijoux furent volés en 1792, des objets dispersés, puis des tapisseries et des coupes montées furent aliénées par le Directoire pour payer ses fournisseurs. Les anciennes collections royales, les trésors de Saint-Denis avec les Regalia, et de l'ordre du Saint-Esprit formèrent le premier noyau du département des Objets d'art, augmenté des donations et legs : Durand (1825), Revoil (1828), Sauvageot (1856) et l'achat de la collection Campana par Napoléon III en 1861.

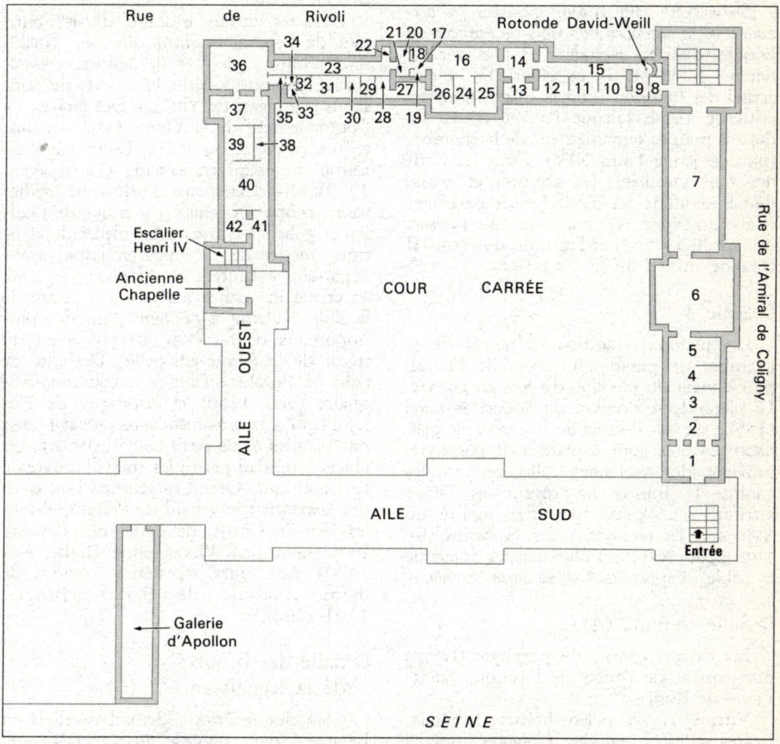

Département des Objets d'art / Salles de la Colonnade

1, 2, 3 Les boiseries
4 Salle romane
5 Salle gothique
6 Salle des bronzes de la Renaissance
7 Salle des majoliques
8 Salle Sauvageot
9 Salle Larcade
10 Salle des montres
11 Salles des bronzes de Jean de Bologne
12 Salle d'Effiat
13, 14 Salle André-Charles Boulle
15 Rotonde David-Weill et galerie Niarchos
16 Salle Cressent
17 Rotonde des Saisons
18 Faïences de Rouen
19 Faïences de Marseille, Niderviller, Moustiers, Sinceny et Sceaux
20 Cabinet des porcelaines
21 Salle Bérain
22 Salle Landau
23 Galerie des tabatières
24, 25, 26 Salles Louis XV
27 Salle Schlichting
28 Salle Oeben
29 Salon Condé
30 Cabinet Louis XVI
31 Salle Lebaudy
32 Cabinet chinois
33, 34, 35 Cabinets Marie-Antoinette
36 Salle Camondo
37 Salle Empire
38, 39 Salles Restauration
40 Salle Louis-Philippe
41, 42 Collections Thiers

Salles de la Colonnade

▷ Salle 1

Les parties anciennes des *boiseries** et le *plafond à caissons** proviennent du Cabinet du Conseil du pavillon de la Reine à Vincennes (1654-1658). Les quatre manteaux et les objets exposés dans la vitrine évoquent l'ordre du Saint-Esprit, fondé en 1578 par *Henri III*.

▷ Salle 2

Dans cette salle furent montées les *boiseries de la chambre des Rois de France** au Louvre, dont les éléments les plus anciens datent de Henri II et Henri IV. L'état actuel des boiseries (non la disposition) est celui de 1654, lorsque *Le Vau* donna les dessins pour le remaniement de la chambre (pour le jeune Louis XIV). Dans les vitrines sont installées des armures et armes de parade dont des rondaches de parement (Italie du Nord, entourage de *Jules Romain*, milieu du XVIe s.), et l'armure de Henri II (France, milieu du XVIe s.).

▷ Salle 3

Les plafonds, lambris et portes de la chambre de parade des Rois de France, proviennent du pavillon du Roi au Louvre. Le plafond est l'œuvre de *Scibec de Carpi* (1558) sur des dessins de *P. Lescot*; le *guéridon** en bois doré, à plateau de porphyre, provient des anciennes collections royales comme le Jupiter foudroyant les Titans attribué à *L'Algarde* (première moitié du XVIIe s.); les tapisseries des Gobelins (fin XVIIe-début XVIIIe s.) illustrent les Sujets de la Fable, d'après *Raphaël* et *Jules Romain*.

▷ Salle romane (4)

Les deux colonnes de porphyre (IVe s.) proviennent de l'ancienne basilique Saint-Pierre de Rome.

Vitrine 1, art paléo-chrétien : bijoux, ivoires sculptés, pyxides, *diptyque* impérial *dit Barberini**, *diptyque d'Areobindus** (VIe s.). Vitrine 2, art byzantin : *triptyque Harbaville** (milieu du Xe s.), coffret aux scènes de l'histoire d'Hercule (Xe s.), couvercle du reliquaire du Saint-Sépulcre (XIIe s.). Vitrine 3, art carolingien : coffret aux scènes de la vie du Christ (IXe s.). Vitrine 4, art mosan et rhénan : reliquaire de saint Henri (Saxe, seconde moitié du XIIe s.), autel portatif d'Ipplendorf (fin du XIe s.) et exemples de l'émaillerie mosane (XIIe s.), tels que l'*armilla** attribuée à *Nicolas de Verdun*. Vitrine 5, art de l'Italie du Sud des Xe et XIe s. : olifant en ivoire. La vitrine 6 présente l'émaillerie limousine du XIIe s. et des ivoires : crosses, figures d'applique. Vitrine centrale : elle renferme la célèbre *statuette dite de Charlemagne** (IXe s.), des plaques d'ivoires sculptés ou d'émaux mosans du XIIe s. et le *reliquaire du bras de Charlemagne**, provenant d'Aix-la-Chapelle (Liège, vers 1166-1170). Une vitrine est consacrée à la châsse de Saint Potentin (XIIIe s.). Vitrine double face : le ciboire du *Maître G. Alpais* (Limoges, XIIe s.) introduit à la salle gothique.

▷ Salle gothique (5)

Dans cette salle est réuni un nombre important de chefs-d'œuvre d'orfèvrerie et d'émaillerie.

Dans les vitrines murales, divers exemples de l'émaillerie limousine du XIIIe s. sont réunis : plaques de reliure, crosses, châsse de sainte Valérie, la cassette de Saint Louis (Limoges, fin XIIIe s.). Des ivoires : le Couronnement de la Vierge (XIIIe s.), diptyques en ivoire du XIVe s. Deux valves de miroir en émail translucide (Paris, avant 1379). Divers éléments d'orfèvrerie médiévale : coupe provenant du trésor de Gaillon et gobelets d'argent. Exemples de glyptique médiévale : coupes en jaspe (ayant appartenu à Laurent de Médicis), aiguière en cristal de roche (XIVe s.). Au centre de la salle : *Vierge à l'Enfant***, un des plus importants ivoires (XIIIe s.) provenant du trésor de la Sainte-Chapelle; Descente de croix et Prophète (XIIIe s.); couronne-reliquaire (vers 1260) et triptyque de Floreffe (XIIIe s.); *bras-reliquaires de saint Louis de Toulouse et de saint Luc*** (XIVe s.); ces objets comptent parmi les chefs-d'œuvre de l'art gothique. Grand *retable** en bois et os des *Embriachi* (provenant de Poissy) relatant les vies du Christ, de saint Jean Baptiste et de saint Jean l'Evangéliste (Italie, vers 1400). Aux murs, tapisseries : tenture de Saint Anatoile de Salins (Bruges, 1501-1506).

▷ Salle des bronzes de la Renaissance** (6)

Côté des fenêtres : deux bas-reliefs en bronze, par *Andrea Riccio* (Padoue, 1470-1532); bronzes italiens : statuettes, animaux (XVIe s.); deux armoires Renaissance (France, XVIe s.); Gnôme à l'escargot, bronze (Padoue, fin XVe s.); huit bas-reliefs en bronze, par *Riccio* provenant du tombeau de Marc-Antoine della Torre; médailles italiennes et françaises (le chancelier de Birague, attribuée à *G. Pilon*). Au centre : le *Tireur d'épine**, fonte d'après l'antique (Rome, 1540) par *Fancelli* et *Sansovino*. A dr., vitrine de bronzes de Padoue et Florence (XVe-XVIe s.) parmi lesquels : Saint Jérôme et David, par *Bellano*; l'Amour pleurant, attribué à *Verrochio*; Saint Jean Baptiste, par un élève de Donatello; Saint Jean Baptiste enfant; Amour musicien, attribué à *Donatello*; médailles et plaquettes (Italie, XVe-XVIe s.). A g., bronzes de *Riccio** (Padoue, début XVIe s.); médailles et plaquettes d'Italie du Nord,

France, Bourgogne, Allemagne, Flandre, dont le sceau du cardinal Innocenzo Cibo, attribué à *Cellini* (Rome, vers 1525) ; bronzes de Padoue et d'Italie du Nord (XVe-XVIe s.).

Mobilier : mobilier français et italien des XVe et XVIe s., dont un coffre en cyprès à décor de scènes courtoises (Italie du Nord, XVe s.) ; une armoire ornée de trois termes, attribuée à *Hugues Sambin* (Bourgogne, seconde moitié du XVIe s.) ; une porte à l'emblème de François Ier, la salamandre ; un coffre orné de médaillons avec profils (première moitié du XVIe s.), et la chaire des archevêques de Vienne (fin du XVIe s.).

Tapisserie : La Chute de Phaëton, d'après *Battista Dosso* (Ferrare, vers 1545) ; deux pièces de la tenture de Scipion d'après *Jules Romain* (Gobelins, XVIIe s.) et une pièce de l'Histoire de saint Mammès (Paris, 1544).

▶ Dans le passage, vitraux (XVIe et XVIIe s.).

▷ Salle des Majoliques (7)

Tenture des ***Chasses de Maximilien******, dont les cartons sont attribués à *Bernard Van Orley* (Bruxelles, vers 1530) provenant des collections de Mazarin et Louis XIV.

Paroi S. : trois panneaux de marqueterie attribués à *Fra Vicenzo* de Vérone (vers 1500) ; quatre médaillons en céramique attribués à *Girolamo Della Robbia*, provenant du château de Saint-Germain-en-Laye (milieu XVIe s.) ; au centre, coffre à grands bustes (France, vers 1530), sur deux marches ornées de carreaux de pavage provenant du palais d'Isabelle d'Este à Mantoue (vers 1500), du palais Petrucci à Sienne (1509), et de San Giovanni à Carbonara, à Naples (vers 1450).

Les vitrines centrales renferment une incomparable collections d'***émaux***** italiens et surtout limousins, œuvres de l'*école de Pénicaud*, du *Maître de l'Enéide*, de *Léonard Limousin* (première moitié du XVIe s.), *Pierre Reymond*, *Pierre Courteys*, *Suzanne de Court*, des *Noailher*.

Paroi N. : à g., coffre sur une marche ornée de carreaux de pavage de *Masséot Abasquesne* (Rouen, milieu XVIe s.), provenant de la Bâtie d'Urfé (1557). A dr., vitrine de statuettes de l'*école d'Avon* (première moitié du XVIIe s.).

Les vitrines murales renferment une collection de ***majoliques hispano-moresques******, italiennes et françaises. Côté Cour Carrée : Toscane et Orvieto (XIVe et XVe s.) ; Espagne (Andalousie, Aragon, Valence, XIVe, XVe s.) ; France : œuvres de *Bernard Palissy* et son école, majolique de Lyon (XVIe s.) et de Nevers (XVIe et XVIIe s.). Côté Colonnade : remarquable ensemble de majoliques italiennes de Faenza, Caffaggiolo, Casteldurante, Deruta, Gubbio, Urbino, Venise (XVe-XVIe s.) et Castelli (XVIIe s.). Pièces de différents services princiers : Isabelle d'Este (Casteldurante, vers 1520) ; Alphonse II d'Este (Urbino, vers 1580). Au centre de la salle, deux ensembles rares et précieux : ***pièces en terre de Saint-Porchaire**** (milieu du XVIe s.) et porcelaine Médicis, première porcelaine européenne exécutée à Florence vers 1580.

▶ *Palier* : entrée de l'aile N. de la Cour Carrée ; mobilier et objets d'art du XVIIe au XIXe s.

▷ Salle Sauvageot (8)

Collection de verres d'origines diverses : France, Italie, Allemagne, Bohême, du XVIe au XVIIIe s.

▷ Salle Henri-IV (9)

Mobilier de la première moitié du XVIIe s. : chaises appelées caquetoires, stalles provenant de Saint-Etienne de Toulouse (1610-1612). Tapisseries de Paris : Histoire de Renaud et Armide, d'après *Simon Vouet*, et Les placets, de l'Histoire d'Artémise, d'après *Antoine Caron* (début XVIIe s.).

A ne pas manquer

Salles de la Colonnade

Ivoires sculptés paléochrétiens et carolingiens (salle 4) ; statuette dite de Charlemagne (salle 4) ; Vierge à l'Enfant de la Sainte-Chapelle (salle 5) ; bras-reliquaire de saint Louis de Toulouse et de saint Luc (salle 5) ; tenture des Chasses de Maximilien (salle 7) ; émaux et majoliques italiens (salle 7) ; orfèvrerie, XVIe s.-XVIIIe s. (salle 15) ; meubles de A.-C. Boulle (salles 13, 14) ; meubles de Cressent (salle 16) ; porcelaine du XVIIIe s. (salle 20).

Galerie d'Apollon

Collection de gemmes de la Couronne ; joyaux de la Couronne, dont le célèbre Régent ; vase en porphyre du trésor de Saint-Denis.

Les techniques des émaux

L'émail cloisonné : c'est l'une des plus anciennes techniques (bijoux byzantins). De minces rubans d'or, posés perpendiculairement à une plaque de même métal et selon un dessin, forment des alvéoles où seront posés des émaux en poudre qui, à la cuisson, se vitrifieront.

L'émail champlevé : technique qui consiste à placer des émaux en poudre dans des alvéoles creusées selon un dessin dans une plaque de cuivre. A la chaleur, les émaux se vitrifient puis la plaque est polie et les parties métalliques sont dorées (technique des émaux limousins du XIIe-XIIIe s.).

L'émail peint : consiste à peindre la surface d'une plaque de cuivre avec des oxydes qui, au four, se vitrifient (technique des émaux du XVIe s.).

Faïences et porcelaines

La faïence : terre argileuse opaque recouverte d'un émail stannifère qui, à la cuisson, devient blanc ; le décor de la faïence est soit bleu (oxyde de cobalt) soit polychrome. La faïence apparaît en France au XVIe s.
La majolique : faïence hispano-moresque (XIVe-XVe s.) et italienne de la Renaissance. Les faïences de Lyon et de Nevers du XVIe s. portent aussi le nom de majolique.
La porcelaine tendre : céramique d'un blanc ivoiré, translucide, rayable à l'acier, constitué d'un mélange de terres (fritte) qui, concassées et épurées, forment la pâte de porcelaine qui est recouverte d'un vernis plombifère (translucide). C'est la matière des porcelaines Médicis (fin XVIe s.) et française de la première moitié du XVIIIe s., en particulier de Vincennes et de Sèvres.
La porcelaine dure : céramique blanche, translucide, non rayable à l'acier, à base de kaolin, feldspath, et quartz. Les porcelaines de Saxe, Paris, Limoges sont des porcelaines dures. La porcelaine dure apparaît en Europe en 1709-1710 (en Saxe).

Bronzes : Singe attribué à *Jean de Bologne* (Florence, vers 1570) ; ***Henri IV et Marie de Médicis**** en Jupiter et Junon, par *Barthélemy Prieur* (vers 1608).

▶ Prendre la porte conduisant à la collection d'orfèvrerie.

▷ Rotonde David-Weill et galerie Niarchos*** (15)

Ces salles portent les noms des deux donateurs qui ont fait de la collection d'orfèvrerie du Louvre une des premières du monde.

La rotonde regroupe un ensemble d'orfèvrerie princière des XVIe et XVIIe s. : plat en vermeil (Paris, XVIe s.) ; ***coffret d'or**** dit d'Anne d'Autriche (milieu XVIIe s.) ; miroir d'Anne Hyde, duchesse d'York (1600) ; casque et bouclier de Charles IX (vers 1570) ; bassin en argent décoré d'animaux et de plantes par *Wenzel Jamnitzer* (Nuremberg, vers 1550).

Dans la galerie, qui offre un panorama somptueux de l'orfèvrerie française des XVIIe et XVIIIe s., ***surtout de table des princes de Condé**** (1736), par *J. Röettiers* ; surtout de Joseph Ier, roi du Portugal, par *Fr.-Th. Germain* (1758) et du même orfèvre, chapelle du duc de Bourgogne ; ***nécessaire en vermeil**** de Marie Leczinska (1729) ; éléments de service commandés par l'impératrice Catherine II de Russie (fin XVIIIe s.). Statuettes en biscuit de Sèvres du XVIIIe s. (Pygmalion et Galatée d'après *Falconet*, 1763).

▶ On revient sur ses pas jusqu'à la salle Larcade (9).

▷ Salle des montres (10)

Sous des tapisseries des Gobelins (fin XVIIe s.) illustrant l'Histoire de Moïse, d'après *N. Poussin*, sont installées les collections de bijoux et de montres : bijoux, médaillons (dans la vitrine 1), et collection de montres provenant principalement des dons Garnier et Olivier, en émail, or, pierres précieuses, du XVIIe au XIXe s. Deux vitrines sont consacrées aux horloges de table des XVIe et XVIIe s.

▷ Salle des bronzes de Jean de Bologne (11)

Tapisseries d'après *Simon Vouet* : Moïse sauvé des eaux (Paris, 1630) ; Renaud dans les bras d'Armide, et Mars et Vénus (Paris ou Amiens, XVIIe s.). Collection de ***bronzes français et italiens des XVIe et XVIIe s.**** : Morgante (Florence, XVIe s.) ; œuvres de *Jean de Bologne* : ***Enlèvement de Déjanire**** (Florence, fin XVIe s.), et de son atelier : Enlèvement de Déjanire, Travaux d'Hercule. Réduction de statues de *Michel-Ange* : Le Jour et la Nuit, et l'Aurore et le Crépuscule (Italie, fin XVIe s.). Apollon et Daphné, de *Foggini* (fin XVIIe-début XVIIIe s.). Vénus fouettant l'Amour de *Susini* (XVIIe s.)

▷ Salle d'Effiat (12)

Tapisseries de l'Histoire de Scipion, d'après *Jules Romain* (manufacture des Gobelins, fin XVIIe s.) et tapis de la Savonnerie (1668). Dans la vitrine : collection de faïences de Nevers (XVIIe s.). Tulipière en faïence de Delft (seconde moitié du XVIIe s.). ***Lit et fauteuils du château d'Effiat**** (milieu XVIIe s.) ; bureau à huit pieds à marqueterie d'étain (milieu XVIIe s.) ; paire de cabinets en laque du Japon ; cabinet d'ébène (Paris, première moitié du XVIIe s.).

▷ Salle André-Charles Boulle (13, 14)

Deux salles sont consacrées à l'art du siècle de Louis XIV. ***Armoires, cabinets, bureaux, bibliothèques basses****, illustrent l'art somptueux d'*A.-Ch. Boulle* (1642-1732) *(→ encadré)*.

Salle 13 : tapisseries des Mois arabesques (Apollon, Gobelins, 1697) ; bronzes français du XVIIe s. Salle 14 : tapisseries du XVIIe s. et du début du XVIIIe s. ; tapis de la Savonnerie exécuté pour la galerie d'Apollon du Louvre (1667). Bureau plat, ***bureau de Max-Emmanuel de Bavière**** et armoires attribuées à *André-Charles Boulle* ; consoles en bois doré (vers 1715).

▷ Salle Cressent (16)

Œuvres* de l'ébéniste *Cressent* : bureau plat, armoires et commode au singe. Ensemble de sièges du XVIIIe s. Porcelaines orientales montées et grands vases de la Compagnie des Indes aux armes du duc d'Orléans. ▶ *Rotonde des Saisons (17)* : quatre termes représentent les Saisons, faïence de Rouen (milieu du XVIIIe s.). ▶ *Salles 18 et 19* : ensemble de faïences de Rouen (18) et de Marseille, Niderviller, Moustiers, Sinceny et Sceaux (19). ▶ *Cabinet des Porcelaines (20)* : dans des boiseries du XVIIIe s., collection de porcelaines de Vincennes et de Sèvres du XVIIIe s. ; vaisseau à mât et paire de bras de lumière ayant appartenu à Mme de Pompadour. ▶ *Salle Bérain (21)* : tapisseries à fond tabac et décor de grotesques, d'après *Bérain* (Beauvais, vers 1730) ; tables en vernis Martin (XVIIIe s.). ▶ *Salle Landau (22)* : cette salle est consacrée à la *collection d'instruments scientifiques**, legs de l'amateur Nicolas Landau au Louvre en 1979. ▶ *Galerie des Tabatières* (23)* : cette galerie, originellement occupée par la collection de tabatières et d'étuis, l'est aujourd'hui par des ivoires (éléments de frise par *van Obstal*, XVIIe s.) ; des pièces d'écaille piquée d'ambre, de pierres dures et d'orfèvrerie ; couverts, tasses à vin du XVIe au XVIIIe s. ▶ On revient sur ses pas pour entrer dans la salle 24. ▶ *Grande salle Louis XV (24)* : table provenant de l'hôtel des Invalides ; sièges de *Delanois* ; commode en laque de Coromandel. ▶ *Deuxième salle Louis XV (25), mobilier** : table à écrire de *Joubert* livrée pour Marie-Antoinette, Dauphine (1770), et petit bureau de dame de B. V. R. B. (vers 1750). Tapisseries des Gobelins. ▶ *Troisième salle Louis XV (26)*, tapisseries des Gobelins : Alceste et Rodogune, d'après *Ch. Coypel* et *J.-B. Oudry* ; mobilier : bureau en laque dit de Choiseul, par *J. Dubois* ; encoignure en vernis Martin blanc et bleu et bronzes argentés (1743). Réduction de la statue de Louis XV à Rennes d'après *J.-B. Lemoyne*. ▶ *Salle Schlichting** (27)* : fauteuils de *Nicolas Heurtaut* et bureau en bois de rose de *J. Dubois* et *Pierre II Migeon* (vers 1750) ; feu à cassolette, par *Fr.-Th. Germain* (1757) ; tapisseries des Gobelins (Mois Lucas, XVIIIe s.).

▷ Salle Oeben** (28)

Consacrée au célèbre ébéniste *Oeben*, auteur du bureau de Louis XV aujourd'hui à Versailles, elle regroupe un certain nombre de ses œuvres : secrétaire et chiffonnier, bureau plat, table mécanique et meuble mécanique dit *table à la Bourgogne**. Ecran par *Delanois*, peut-être pour Madame du Barry (vers 1770). Tapisseries des Gobelins : Scènes d'opéra, de tragédie et de comédie. ▶ *Salon Condé (29)*. Il regroupe un ensemble de meubles de style Transition d'origine princière (comte d'Artois, prince de Condé) : commode par *Leleu* (1772) ; canapé et fauteuils par *N. Heurtaut*. Ensemble de vases de marbre, montés en bronze doré (fin du XVIIIe s.). *Vases de Sèvres** dans la vitrine murale. ▶ *Cabinet Louis XVI (30)*. Les différents *meubles** provenant des appartements royaux sous Louis XVI ont été réalisés par les grands représentants de ce style élégant et majestueux tout à la fois : *Riesener*, *Benneman* (ébénistes), *Boulard* et *Sené* (menuisiers). ▶ *Salle Lebaudy (31)*. Elle expose, dans les boiseries de l'hôtel de Luynes (vers 1770-1775), du *mobilier*** ayant appartenu au roi Louis XVI (commode, par *Benneman*) et à la reine Marie-Antoinette (fauteuils, par *Sené* pour la Chambre de la reine à Saint-Cloud ; bureau à cylindre, par *Riesener*). Vases en porcelaine de Sèvres dans la vitrine murale.

▶ *Cabinet chinois (32)*. Au mur : papier peint à décor chinois (fin XVIIIe s.). Les *meubles** de provenance royale illustrent le goût des chinoiseries et des laques du XVIIIe s. : mobilier par *Martin Carlin*, pour Mesdames, fille de Louis XV, à Bellevue ; table à écrire de Marie-Antoinette par *Weisweiler* (1784). Vases en porcelaine de Sèvres dans la vitrine murale.

▶ *Cabinets Marie-Antoinette (33 à 35)*. Premier cabinet : meubles en acajou moiré ; dans une vitrine, *service de Georges III d'Angleterre** par *R.-J. Auguste* (fin XVIIIe s.). Deuxième cabinet : buste de la Reine en biscuit de Sèvres. Troisième cabinet : objets ayant appartenu à la Reine, dont le nécessaire de voyage et sa *collection d'objets précieux*** ▶ *Salle Camondo (36)*. Autour d'un monumental vase en porcelaine de Sèvres (bronzes par *Thomire*, 1784), mobilier et pendules d'époque Louis XVI, dont le *guéridon en porcelaine de Sèvres*** de Mme Du Barry. Dans une niche : orfèvrerie ayant appartenu à l'empereur Napoléon Ier. ▶ *Salle Empire (37)* : mobilier, orfèvrerie et porcelaines de cette période dont l'*armoire à bijoux de l'impératrice Joséphine**** (par *Jacob Desmalter*, 1809), le service à thé (Biennais) et le service à café (Sèvres) de Napoléon. ▶ La *salle Restauration (38-39)* est fermée provisoirement pour travaux. ▶ *Salle Louis-Philippe (40)*. Présentation de meubles et d'objets Louis-Philippe (1830-1848) : bas de bibliothèques et sièges exécutés pour les Tuileries. Dans les vitrines, importante *collection d'orfèvrerie*** : fontaine à thé d'*Odiot*, vases de *Vechte*, coupe de *Froment-Meurice*. ▶ *Collection Thiers (41-42)* : salles fermées provisoirement pour travaux.

Galerie d'Apollon

Située au premier étage, on y accède par l'escalier Daru, principal escalier du musée. Sur le palier intermédiaire (Victoire de Samothrace), s'amorce de part et d'autre une double volée accédant vers la dr. au département des Peintures, et vers la g. au vestibule de la galerie d'Apollon : peinture de la coupole, par Blondel, Mauzaisse et Couder ; au pavement, mosaïque par Belloni.

La galerie d'Apollon, une des plus belles qui soient par ses dimensions (longueur 61,39 m, largeur 9,46 m, hauteur 11 m) et par sa décoration intérieure, occupe le premier étage de la Petite Galerie. Construite sous Henri IV, incendiée en 1661 et reconstruite au temps de Louis XIV sous la direction de Le Brun, elle abrite une partie du département des Objets d'art (décors → palais du Louvre).

▸ A l'entrée, grilles de ferronnerie exécutées vers 1650 pour le château de Maisons-Laffite. Collections : *table en mosaïque** exécutée au XVIIe s. à Florence, provenant du château de Richelieu ; pied sculpté au XIXe s. (style Louis XIV).

▷ Les vitrines

Elles renferment l'extraordinaire collection de *gemmes de la Couronne**** constituée par Louis XIV.

Vitrine 1. Pierres de couleurs, jaspes, lapis-lazuli, améthystes ; on remarque particulièrement le *Christ à la Colonne** et une grande nef de lapis-lazuli surmontée d'un Neptune d'argent doré. Vitrine 2. *Couronne de Louis XV***, ornée des verroteries qui, après la cérémonie du Sacre, remplaçaient les pierres précieuses ; couronne dite de Charlemagne, créée pour le sacre de Napoléon Ier par le bijoutier *Nitot*, ornée de camées très anciens ; épée et poignard des Grands maîtres de l'ordre de Malte (XVIe s.) ; épée de Louis XV (vers 1750). Vitrine 3. Cristaux de roche des collections de la Couronne dont un calice musulman du Xe ou XIe s. ; la plupart des autres pièces ont été gravées dans des ateliers d'Italie du Nord au XVIe s. On remarquera le vase sur lequel figure Noé travaillant la vigne (estimé cent mille livres en 1791) et l'urne représentant Judith et Suzanne ; échiquier (XIVe s.).

Vitrine 4, *les joyaux de la Couronne****. Les pierres exposées ici sont les restes du trésor commencé par François Ier, accrû par les rois de France, en partie pillé pendant la Révolution, puis vendu en 1887. Les plus précieuses ont été conservées. Ce sont : *le Régent*, diamant très pur de 137 carats, acheté par le Régent en 1717 pour deux millions cinq cent mille livres (il fut évalué douze millions en 1791) ; le rubis Côte de Bretagne, qui avait appartenu à Marguerite de Foix et entra dans les collections de la Couronne par le mariage de sa fille Anne de Bretagne avec Charles VIII (du poids de 200 carats, il fut réduit à 105 carats après avoir été taillé en forme de dragon par *Jacques Guay* au XVIIIe s. pour la décoration de la Toison d'Or de Louis XV) ; le Diamant Hortensia, diamant rose à cinq pans de 20 carats, acquis par Louis XIV ; le diamant Le Sancy aliéné en 1792, racheté par l'Etat en 1976 ; la broche-reliquaire composée par *Alfred Bapst*, en 1855, pour l'impératrice Eugénie ; plaque de l'ordre du Saint-Esprit, en diamants, offerte par Louis XV à son gendre, le duc de Parme (vers 1750, acquise en 1951) ; montre du dey d'Alger ; parure de diamants et saphirs ayant appartenu à la reine Hortense ; paire de bracelets en rubis et brillants exécutés pour la duchesse d'Angoulême en 1816 ; paire de pendants d'oreille de l'impératrice Joséphine.

Au centre : table en mosaïque de marbre exécutée aux Gobelins, vers 1680, au chiffre de Louis XIV, pied exécuté en 1873. Entre les fenêtres, table en mosaïque de marbre, exécutée aux Gobelins vers 1680.

Vitrines murales *(en partant de l'extrémité de la galerie)*. Vitrine 1. Parure de la reine Arnegonde (vers 570) trouvée à Saint-Denis ; trésor de l'abbaye de Saint-Denis comprenant un *vase en porphyre**** antique monté en argent doré en forme d'aigle (XIIe s.) ; patène en serpentine antique, montée en orfèvrerie au VIIIe s. ; vase antique de sardoine monté en forme d'aiguière (XIIe s.) ; aiguière en cristal de roche (Egypte, Xe s.). Vitrine 2. Trésor de l'abbaye de Saint-Denis (suite) : sceptre (XIVe s.), épée (XIe s.) et main de justice (X^e^ et XIXe s.) des rois de France ; bague dite de Saint Louis (XIVe s.) ; agrafe (XIIIe-XIVe s.) ; *Vierge à l'Enfant***, statue-reliquaire offerte par la reine Jeanne d'Evreux à l'abbaye de Saint-Denis en 1339. Vitrine 3. Choix des plus remarquables tabatières et étuis du musée du Louvre. Vitrine 4. Eléments anciens du *trésor de l'ordre du Saint-Esprit*** : ciboire et paire de flambeaux en cristal de roche monté en orfèvrerie (France, XVIe s.) ; anges-reliquaires (France, XIVe s. ; ancienne collection d'Anne de Bretagne) ; baiser de paix (Italie, vers 1500) ; seau à eau bénite et goupillon (Italie, début XVIe s.). Vitrine 5. *Trésor de l'ordre du Saint-Esprit** (suite) : encensoir ; navette ; coupes couvertes ; bouteille ; paire de bassins et d'aiguières ; masse en vermeil (Paris, 1579-1585) aux armes de Henri III, roi de France et de Pologne.

Musée des Lunettes et des Lorgnettes*

2, av. Mozart (magasin de l'opticien Pierre Marly),
16e arr. ☎ 45.27.21.05 / 33-C7
Visite : t.l.j. sf dim. et lun., 10 h-19 h
Métro : La Muette
Bus : 22, 32, 52

Il s'agit là d'un des petits musées de curiosités de Paris qui font la joie aussi bien des amateurs que des connaisseurs. Il a été créé par un amoureux de l'insolite, du travail bien fait et de l'objet rare, Pierre Marly, opticien connu, qui a aménagé son musée au sous-sol de son magasin.

Visite du musée

30 mn

Le musée est constitué par une série de dix-sept vitrines aménagées avec goût dans lesquelles sont exposées environ 2 500 pièces - sur les trois mille que possède le collectionneur.

▷ Sous-sol

Evolution des lunettes, depuis les bésicles clouantes du XIIIe s. trouvées dans un monastère allemand, jusqu'aux perfectionnements apportés au XVIIIe s. ; éventails dits de jalousie ; cravache, cannes, éventails portant des loupes. On verra en particulier une superbe *canne** à pommeau contenant une lorgnette et un face-à-main, et un pommeau de canne en or, décor verni martin, époque Louis XV, avec à l'intérieur un *téléscope** de Grégori. Modèles anglais ovales. *Lunette de «gondole»** (XVIIIe s.).

Importante collection de lunettes de l'époque Directoire (1795) : modèles décorés de rubans, dont le manche mesure près de 1 m de long. Les lunettes affectent toutes les formes : binocles à verre bleu et en vermeil, en argent et écaille, verres en cristal de roche. Vitrine de faces-à-main romantiques et charmants ; tabatières, drageoires, flacons de sels, éventails, carnets de bal, tous dotés d'une lorgnette. Collection d'étuis, depuis ceux exécutés en buis, jusqu'aux étuis en argent, en or, ornés de pierres précieuses.

Dans la vitrine centrale : pièces historiques ou célèbres comme les *lunettes de Mme Victoire**, fille de Louis XV, ornées du lys ; lorgnette de la princesse de Lamballe ; lunettes du comte d'Artois, faites à Londres ; *faces-à-main** de Sarah Bernhardt (l'un d'eux est orné de rubis). *Loupe à automates*** en or, époque Louis XVI.

L'histoire des lunettes

Vers l'an 1000, un savant arabe avait découvert qu'une demi-sphère de verre grossissait les lettres. Près de trois siècles plus tard les presbytes purent avoir des lunettes à leur convenance, découverte que l'on attribue à un certain Salvino d'Armati. On appelle ces premières lunettes des bésicles clouants. Elles sont en bois, en cuivre, en plomb, en fer ; lourdes et disgracieuses, elles tombent sans cesse du nez et le plus souvent on les maintient en place à la main. A partir du XVe s. les bésicles ne se plient plus : on songe à les accrocher aux oreilles par des rubans ou des cordons, on les attache au bonnet. Ce n'est qu'au XVIIIe s. que l'on fixe aux lunettes des branches courtes terminées par des anneaux souvent garnis de velours, et qui tiennent aux tempes par pression. Dans certains pays, comme en Espagne, au XVIIe s., les lunettes sont un signe d'intelligence et de noblesse : «plus on élève sa fortune, plus on fait grandir ses verres de lunettes, au point que certains Grands d'Espagne en portent de larges comme la main...». Leurs formes se diversifient peu à peu : à la fin du XVIIIe s. on utilise des longues-vues, des lorgnettes et des monocles ; au XIXe s. les binocles deviennent très à la mode pour les hommes, tandis que les femmes préfèrent le face-à-main ou les jumelles. Dernière invention : l'apparition des verres de contact en 1888.

Créations contemporaines ; lunettes de Sophia Loren et de Michel Polnareff.

▷ Rez-de-chaussée

Vitrine chinoise : lunettes taillées dans du cristal de roche (pierre à thé) dont le rôle est d'arrêter les mauvais esprits. *Vitrine du Tibet* : une paire a appartenu au frère d'un Dalaï Lama. *Lunettes de Lapons* et d'*Esquimaux*, très étroites (une simple fente).

Musée de la Marine**

Aile O. du palais de Chaillot, place du Trocadéro, 16ᵉ arr.
☎ 45.53.31.70 / 33-D6
Conservateur : capitaine de vaisseau François Bellec
Visite : t.l.j. sf. mar. et fêtes, 10 h-18 h
Métro : Trocadéro
Bus : 22, 30, 32, 63, 72, 82

Installé aux côtés du musée de l'Homme, le musée de la Marine occupe l'aile Ouest du palais de Chaillot qui fut édifié pour l'Exposition universelle de 1937 dans un style néo-romain, à la fois moderne et monumental (histoire et architecture → Chaillot).

Il abrite une collection de modèles de navires, réputée dans le monde entier, qui illustre les grandes étapes de notre histoire navale et la vie de nos arsenaux depuis la fin du XVIIIᵉ s.

Histoire du musée

Les maquettes et modèles des navires en construction dans nos chantiers navals, furent rassemblés à Paris en 1748 par un inspecteur général de la Marine, Louis-Henri Duhamel du Monceau. Ces flottilles éparses, au lieu de se disperser dans la tempête de la Révolution, vinrent jeter l'ancre au Louvre qui servit de port d'attache à ces navires de haute mer. Le duc d'Angoulême, fils aîné de Charles X, créait, le 27 décembre 1827, le premier musée de la Marine : c'était le musée Dauphin qui souffrit quelque peu des journées de juillet de 1830 mais qui, quelques années plus tard, était ouvert au public, sans conditions.

La décision de déménager le musée, envisagée depuis longtemps, ne fut prise qu'en 1937 lorsque le palais de Chaillot remplaça le palais du Trocadéro. Il rouvrit ses portes en 1943 avec le visage actuel, et en 1971 le musée de la Marine reçut le statut d'établissement public national. Une rénovation entreprise en 1982 a permis de réaliser une présentation moderne, laissant aux témoins du passé le soin de raconter l'histoire.

Visite du musée

1 h 30

▷ Hall d'entrée

Quelques figurations archéologiques sont groupées autour d'un modèle de grande dimension, l'Océan, vaisseau de premier rang (1810) : moulage de la nef de l'hôtel de Jacques Cœur à Bourges (XVᵉ s.) ; maquette d'un drakkar ; quelques figures de proue jalonnent le musée dont celles de la Poursuivante, la Couronne, le Duquesne, l'Henri IV, l'Amphitrite et l'ornement d'avant d'une corvette du début du XIXᵉ s.

▷ Grande galerie

Du XVIe au XVIIIe siècle

A l'entrée, des vitrines regroupent des armes, des instruments de navigation et des modèles de coques (du XVIe au début du XVIIIe s.) ; reconstitution d'une nef du XVIe s. et de la Couronne, le premier grand navire de guerre construit en France ; coffre de sûreté de Nuremberg. On remarquera ensuite un buste d'Henri de Portzmoguer dit Primauguet, tué au combat sur sa nef bretonne Marie-la-Cordelière ; un modèle de la Santa-Maria de Christophe Colomb ; deux atlantes en bois peint ; l'emblème du Soleil royal ; le Louis le Grand, modèle au 1/12e d'un vaisseau à deux ponts construit en 1678 pour l'instruction des gardes de la Marine à Rochefort.

Quelques tableaux illustrent des épisodes de l'histoire maritime. Embarquement d'Henri VIII d'Angleterre pour le Camp du Drap d'or, copie du XIXe s. d'après *Hans Holbein* ; la jonction de l'escadre française commandée par d'Estrées avec celle du duc d'York en 1672, et Duquesne à Chio (1680), d'après deux peintures de *Van Beecq* ; Vue d'Amsterdam par *Ludolf Bakhuysen* (1631-1708) ; épisode de la bataille des quatre jours (1666) par *Stork*. La Royale, galéasse du début du XVIIe s., yacht royal anglais ; galiote flamande.

Dans la travée suivante on trouvera le Royal, modèle d'un vaisseau de second rang construit à Rochefort en 1720 pour l'instruction (échelle 1/12e). Dans la salle de projection de films vidéo, reconstitution du cabinet des dessins de *Nicolas Ozanne* (1728-1811). Un tableau d'*Eugène Isabey* représente l'Embarquement de de Ruyter et de Witt au Texel (1er juin 1667). A dr., le portrait du cardinal de Richelieu, d'après *Philippe de Champaigne*, est exposé entre deux colonnes rostrales provenant du château de Richelieu. De part et d'autre, deux gravures de *Jacques Callot* illustrent le Siège de l'Ile de Ré et le Siège de la Rochelle (1627-1628).

A g., portraits de Tourville et du maréchal de Coëtlogon. Navire Le Louis XV construit pour l'instruction du jeune roi vers 1720. Parmi les maquettes, on remarquera des coques non gréées : le ***Soleil Royal****, navire construit en 1669, qui porta la marque de Tourville le 9 juillet 1690 à Bévéziers (modèle au 1/40e exécuté au musée de la Marine en 1839) ; deux vaisseaux, l'un de Louis XV (signé « Pic » 1755), et l'autre de Louis XVI.

D'autres modèles figurent des bateaux avec leur gréement : le Sans-Pareil, vaisseau de 108 canons, modèle au 1/30e (fin XVIIIe s.) ; le Protecteur, modèle d'époque de 64 canons au 1/20e (milieu XVIIIe s.), le Dédaigneux (1766) qui participa à la guerre d'Amérique. Deux tableaux représentent le combat du Texel (29 juin 1694) et Jean Bart reprenant un convoi de blé de plus de cent navires que les Hollandais avaient capturé, par *Eugène Isabey* (1803-1886).

La nef suivante est consacrée aux galères et chébecs : le Singe, modèle de 24 canons et de 24 pierriers ; la Bretonne, galère ordinaire (début XVIIIe s.) ; la Minerve ; la Réale, galère amirale. Des œuvres d'art sont exposées sous un cintre de la galerie, constituant ainsi une salle d'honneur. On y verra un buste de Colbert en bronze, exécuté d'après une œuvre de *Coysevox* et un ensemble de sculptures attribuées à *Pierre Puget* (1622-1694), directeur de l'atelier de décoration navale de Toulon : quinze pièces en bois doré, ***sculptures**** originales de la poupe de la Réale ; panneaux de galères et de carrosses.

Les ***ports de France****, peints par *Joseph Vernet*, sont exposés autour d'un modèle d'instruction, le Royal Louis, exécuté en 1770 sur les plans d'un vaisseau de premier rang de 124 canons construit en 1759. Le musée possède treize des vingt-quatre tableaux commandés à *Joseph Vernet* par la cour en 1752 pour représenter les ports de France. Quinze tableaux seulement furent réalisés entre 1754 et 1765 ; peints dans un souci de précision topographique, ils présentent aujourd'hui un réel intérêt documentaire.

On trouvera ensuite les vestiges du Juste, perdu le 22 novembre 1759 au lendemain du combat des Cardinaux ; deux canons portant les armes du duc de Beaufort et du comte de Vermandois, relevés d'une épave en Méditerranée.

La guerre d'Amérique

Cette salle contient la poupe et la proue du canot construit en 1777 pour Marie-Antoinette, en survivance de la « petite Venise » (1669). La guerre d'Amérique est évoquée par une série de peintures de *Rossel* et des objets contemporains contenus dans les vitrines : la Flore dite « américaine », navire armé au commerce (vers 1770) ; le lougre le Coureur, corsaire dans la Manche, des documents et une statuette commémorent le rôle de la France dans l'Indépendance américaine. L'Artésien, modèle d'époque au 1/30e lancé en 1765. Le combat d'Ouessant (juillet 1778) peint par *Gudin*.

La Révolution et l'Empire

Des vues des ports de Brest (1794) et de Saint-Malo par *Jean-François Hue*, complètent la série des Vernet. Une vitrine est consacrée à la flottille de Boulogne, construite pour le débarquement en Angleterre projeté par Napoléon en 1805. La Bayonnaise abordant la frégate anglaise Ambuscade (1798), tableau de *Crépin* ; le Lion, modèle de vaisseau de 64 canons (en chantier en 1779). Deux modèles de l'Océan, lancé en 1790 et refondu en 1840, premier bâtiment à arborer le pavillon tricolore aux combats de Prairial. Combats navals de Trafalgar, par *Crépin* et par *Auguste Mayer*. Modèle d'époque représentant le Rivoli, de

74 canons, construit à Venise en 1812; Achille, de 74 canons, modèle d'époque au 1/33e; Triomphant, de 82 canons; Combat de la Canonnière contre le Trémendous (1806), par *Crépin*; Combat naval de Grand-Port mené par Duperré, le seul mentionné au fronton de l'Arc de Triomphe, peint par *Gilbert*. La Froudroyante et le Muiron, navires d'Empire. Divers aigles en bois doré. Au centre de la pièce on peut admirer le *canot de l'Empereur* (17 m), embarcation d'apparat construite en trois semaines en 1811 pour la visite de Napoléon à Anvers. Il servit ultérieurement à Brest lors des visites de Napoléon III en 1858, et du président Loubet en 1903. Modèles au 1/48e de la frégate La Flore (du type de la Méduse); du Cygne, modèle d'époque. Souvenirs du prince de Joinville, présentés dans un meuble Dauphin signé *François Honoré Jacob*. Modèle au 1/40e de la Belle-Poule; 4 canons pris lors des opérations de Saint-Jean d'Ulloa (1838) et d'Obligado (1845).

La Restauration

Modèles au 1/40e des derniers grands vaisseaux à voiles; lancés plus de onze ans après leur mise en chantier, ils furent démodés après les enseignements de la guerre de Crimée (1854-1855) : Hercule, Algésiras, Tage, Valmy et l'école navale flottante de la rade de Brest (1863-1890) sous les noms de Borda, Alceste, et Neptune. Scènes représentant les opérations navales d'Algérie (1830), par *Théodore Gudin*; Soir de la bataille de Navarin (20 octobre 1827), par *A. Meyer*; Vue de Mers-El-Kebir; Le bombardement de Mogador (15 août 1844) par l'escadre du prince de Joinville, tableau de *Durand Brayer*.

Du second Empire à la fin du XIXe siècle

Vue du port de Brest (1854); visite de la reine Victoria à Cherbourg (1858), par *Morel-Fation*, conservateur du musée de la Marine de 1852 à 1871. Des modèles au 1/33e représentent la frégate mixte à hélice, Audacieuse; des frégates cuirassées, Gloire, Solférino, construites sur les plans de *Dupuy de Lôme*; modèles au 1/25e du Bouvet (1866). Une vitrine rassemble des souvenirs de Dupuy de Lôme, de Barbotin, de l'amiral Hamelin; canon jouet du Prince Impérial; vitrine de Monitors et garde-côtes cuirassés.

Trois *bustes** de *Carpeaux* sont exposés : le vice-amiral Bergasse, Petit-Thouars, et l'amiral Tréhouart qui se distingua à Navarin en 1827 et remporta la victoire navale d'Obligado dans les eaux de la Plata en 1845; une sculpture de *Hirou* représente l'amiral Courbet qui fut célèbre par ses campagnes au Tonkin et en Chine, « modèles d'expéditions sagement et hardiment menées ». Des tableaux évoquent la vie du marin : la Reine Victoria visitant la flotte française, par *Isabey* (1844); l'Escadre française à Cherbourg en 1863, par *Th. Gudin*, et diverses scènes à bord des grands bâtiments, par *Léon Couturier*, *Le Blant*, *P. Jazet*. Une vitrine renfermant des souvenirs de Duboc, Rivière et Courbet, est consacrée aux événements qui marquèrent l'intervention de la France en Extrême-Orient à la fin du siècle dernier. Une bouche à feu en bronze représente un dragon; elle armait la citadelle de Chaudoc et fut rapportée par La Grandière. Un diorama représente le déracinement de l'obélisque de Louqsor et son transfert vers le Luxor, opération qui dura du 14 août 1831 au 1er avril 1833. En vitrines et sur les cimaises, souvenirs de Ferdinand de Lesseps et du percement du canal de Suez; modèle de l'Aigle; évocation de Charcot, avec des peintures du Pourquoi-Pas dans les glaces; Savorgnan de Brazza et Farrère. De grands bâtiments furent lancés à la fin du siècle : croiseur Sfax, modèle au 1/60e (1882); cuirassé Hoche (1886); cuirassé Redoutable à la carrière exceptionnellement longue (1878-1910) : il reçut en 1904 des transformations qui aboutirent au retrait de la voile et du bois utilisé dans sa construction.

Guerres de 1914-1918 et de 1939-1945 : salle d'About

Les bâtiments de guerre des flottes contemporaines sont rassemblés ici. Le Surcouf, le sous-marin le plus grand de l'entre-deux-guerres (1929-1942); les bâtiments

Les navires anciens

Les vaisseaux du roi constituaient le noyau des flottes de combat, certains étant aussi utilisés pour le commerce au long cours. Ils étaient classés en fonction de leur importance : en 1716, un vaisseau de premier rang possédait plus de 80 canons, tandis qu'un autre de quatrième rang n'en comptait que 40. De lourds navires à rames, les galères, complétaient cette flotte; les plus grosses, somptueusement décorées, s'appelaient réales. Difficiles à manœuvrer, on les abandonna au XVIIIe s. préférant les bricks, deux-mâts de faible tonnage, fortement voilés. Les frégates, de formes élancées, servaient d'éclaireurs, tandis que les côtres, petits navires à un seul mât, assuraient la liaison entre les ports et les escadres et la surveillance du rivage.

Les corsaires naviguaient en général sur les chébecs, rapides et maniables, très utiles pour piller les bateaux de commerce. A la fin du XVIIIe s. ils adoptèrent les lougres, vaisseaux de contrebande anglais.

Les goélettes, voiliers rapides gréés de plusieurs mâts (sept mâts pour la plus grande), apparurent vers 1780 aux Etats-Unis. Certaines sont encore utilisées aujourd'hui pour la navigation de plaisance.

actuels : porte-avions Foch, Clemenceau ; porte-hélicoptères Jeanne d'Arc (ex-Résolue) ; frégate Tourville ; corvette Aconit ; aviso d'Estienne d'Orves ; la maquette du sous-marin nucléaire lanceur d'engins, Redoutable, et le sous-marin nucléaire d'attaque, Rubis. La présence française en Indochine de 1945 à 1954. Œuvres de *Paguenaud*, de *Chapelet*, de *Brenet*, de *Delpech*, de *Rigaud*, d'*Hauterives*, peintres officiels de la Marine.

▷ Galerie latérale, côté jardin

Cette galerie réaménagée présente, de la salle d'About vers le hall d'entrée, divers thèmes maritimes.

Pénétration sous-marine. Collection de scaphandres : celui de Denayroux (utilisé vers 1880) ; ceux des frères Carmagnole à coquilles articulées (1882) ; Rigides, « Neufeldt Kuhnke » pour la grande profondeur 120 m (construit à Kiel, vers 1940) ; Autonome, très grande profondeur, 400 m ; scaphandre de la Spirotechnique ; scaphandres autonomes. Les bathyscaphes FNRS III qui atteignirent la profondeur de 4 050 m en 1954, démodés dès 1963 (modèle au 1/20e), et Archimède, qui plongea en 1961 à 9 545 m dans la fosse des Kouriles. Triton et Térebel, navires d'instruction et d'expérimentation sous-marine.

La pêche. Vitrines de différents types de bateaux et de gréements. Modèles de terre-neuviers, de baleiniers et de thoniers. Harpon (échelle 1) gréé sur un avant de bateau.

Le sauvetage en mer. Modèles de bâtiments utilisés par la Société nationale de sauvetage en mer et souvenirs. Une épave de la Sémillante. L'incendie du Kent, par *Gudin*.

Autour d'un atelier de restauration de modèles. La navigation de plaisance ; les phares ; principes de propulsion navale ; modèle de démonstration du bateau à vapeur de Jouffroy d'Abbans, destiné à montrer à l'Académie des Sciences la réalité des essais réussis du Pyroscaphe qui remonta le Rhône à Lyon le 15 juillet 1783 ; modèle du Sphinx ; corvette à vapeur de 160 CV et premier bâtiment à vapeur de la flotte militaire française. En regard, est présenté l'appareil de propulsion à roue de ce navire.

Navires de commerce ; le commerce maritime. Une vitrine montre un grand ensemble de cargos, paquebots, navires mixtes, de 1850 à nos jours. Ensemble de gravures, demi-coques et coques : Normandie et France. Présentation de quelques objets de commerce : porcelaines de la Compagnie des Indes ; une assiette à l'écureuil du service de Fouquet. Les comptoirs Deschima, Nagasaki. Une carte de la région de Canton et des modèles de jonques ; Bombarde (1816) ; documents de commerce maritime au XVIIIe s. ; trois-mâts hollandais ; brick négrier ; pétroliers ; quatre-mâts barque La Gloire.

La construction navale en bois. La conception et la fabrication de ces navires sont illustrées : les bois de construction navale ; diorama représentant l'installation de chantiers de construction ; le Juste sur son berceau de lancement ; modèles de proues et de poupes ; section de bateaux ; bâtiments en construction sur bers et en bassins ; outillage ; modèles de machines portuaires et d'arsenaux. En salle annexe, exposition des ornements de bâtiments : gravures et sculptures. Diorama de l'abattage en carène de l'Artémise ; frégate de 22 canons.

Voyage de Lapérouse. Des vitrines illustrent l'expédition tragique de *Lapérouse*, commandant l'Astrolabe, et de *Fleuriot de Langle*, commandant de La Boussole. L'histoire de leur naufrage à Vanikoro, en 1788, est racontée par les épaves rapportées par Peter Dillon, Dumont d'Urville et par des apports contemporains et récents (1962-1985).

Les instruments de navigation. Les méthodes de navigation estimée et de navigation astronomique sont expliquées : les cartes marines ; les navisphères matérialisant la sphère céleste ; la mesure des angles ; les appareils destinés à observer la hauteur du soleil, des étoiles ou des planètes : astrolabes du XVe au XVIIIe s., quartiers de Davis, octants et sextants. Les boussoles d'inclinaison et les compas ; les lochs, les gyrocompas ; la cartographie et les appareils du géomètre : graphomètres, cercles de réflexion, théodolites. La visite se termine par la présentation des instruments astronomiques : planétaires, lunettes méridiennes, télescopes. Sont exposés : un globe terrestre monumental dressé vers 1799 par J. B. Poirson, provenant du Cabinet de Louis XVIII ; quatre statues en bois symbolisant l'Europe, l'Afrique, l'Amérique et l'Asie, par *Victor Aimone* (vers 1830). En salle abritée : les portulans, la mesure de la longitude et du temps ; copie moderne à quartz de la montre de longitude n° 65 de F. Berthoud (1817).

Salle des expositions temporaires. La dernière partie de cette galerie est réservée aux expositions temporaires annoncées dans les guides des spectacles et les quotidiens parisiens. Une deuxième salle en sous-sol est disponible pour des expositions supplémentaires et les Salons biennaux de la Marine.

Musée Marmottan**

2, rue Louis-Boilly, 16e arr. ☎ 42.24.07.02 / 32-B6
Conservateur : M. Yves Brayer
Visite : t.l.j. sf lun., 10 h-17 h 30
Métro : La Muette
Bus : 32, 63

Situé en face du jardin du Ranelagh, ce musée est connu pour ses collections de l'époque Empire et ses célèbres toiles impressionnistes.

Histoire du musée

Créé en 1934, ce musée est aménagé dans un bel hôtel particulier du XIXe s. qui a été donné, avec les collections qu'il contenait, à l'Institut de France par Paul Marmottan (1856-1932), historien d'art et collectionneur français. Passionné par l'époque napoléonienne, celui-ci avait réuni un ensemble exceptionnel de peintures, mobilier et objets d'art illustrant le style Premier Empire qu'il avait été un des premiers à redécouvrir. Un petit département était aussi consacré à des peintures de primitifs flamands et italiens collectionnées par son père Jules Marmottan (1829-1883), lui-même grand amateur d'art. Par la suite, la donation Donop de Monchy qui fit entrer au musée sept toiles de Claude Monet, et le très important legs de Michel Monet (fils cadet du peintre), changèrent la vocation première du musée qui devint un des hauts lieux de l'impressionnisme à Paris.

Visite du musée

45 mn

▷ Rez-de-chaussée

Les tapisseries. La grande galerie du rez-de-chaussée est ornée de magnifiques tapisseries dont *la Chaste Suzanne***, série tissée en Bourgogne pour Benigne de Cirey (XVIe s.).

Les collections Empire. Une suite de salons met en valeur le splendide mobilier Empire. Dans la première salle, on remarquera deux objets, souvenirs de grande valeur : le *surtout de table*** du prince Lucien Bonaparte en bronze ciselé et doré par *Thomire* (vers 1803) ; et une pendule dite « géographique », commandée par l'Empereur, qui compte parmi les productions les plus remarquables de la manufacture de Sèvres. Dans le grand salon sont réunies plusieurs pièces de qualité : bureau monumental en acajou sculpté, signé *P. A. Bellangé* ; *mobilier de salon** estampillé *Jacob* ; et un très beau *portrait de Désirée Clary*** par le *Baron Gérard*. Dans les salles suivantes, on verra de nombreux témoignages de l'influence de la campagne d'Egypte sur l'ornementation et le mobilier : chenets en bronze ciselé et montants de console figurant des Egyptiennes. Le grand vestibule est orné de sculptures : bustes en marbre de Joséphine et Marie-Louise par *Bosio*.

▷ Sous-sol et premier étage

Les œuvres impressionnistes sont exposées au sous-sol du musée ainsi qu'au premier étage lorsque celui-ci n'est pas occupé par une exposition temporaire.

Monet et ses amis. Dans cette collection figurent quelques-uns des plus célèbres tableaux de *Claude Monet*, comme *Le Pont de l'Europe à la gare Saint-Lazare*** (1877), une des œuvres de la série des *Cathédrales de Rouen*** (1894) ou cette vue de Londres, *Le Parlement**** (de 1905). Dans ces trois œuvres se manifeste tout le génie de Monet, inlassablement attaché à rendre compte de la fugacité des choses sous l'effet dissolvant de la fumée, du soleil ou du reflet de l'eau sur la pierre. L'autre grande richesse de ce fonds tient dans les œuvres moins connues du public qui appartenaient à l'artiste : une série de caricatures sur les gens de théâtre ; une éblouissante *suite de Nymphéas*** ainsi que des *vues** de Giverny.

La collection personnelle de Monet comprend des œuvres de *Caillebotte*, *Pissarro**, *Berthe Morisot**, *Jongkind*, *Boudin* et surtout *Renoir* dont on trouvera exposés les portraits de *Claude Monet lisant***, et *Madame Claude Monet***, tous deux datés de 1872.

Les Primitifs. A la collection initiale rassemblant des œuvres de *Roger van der Weyden* et *Martin Schongauer*, s'est ajoutée l'extraordinaire donation Wildenstein comprenant des enluminures du Moyen Age, représentatives des différentes écoles européennes du XIIIe au XVIe s.

Musée des Matériaux
(Centre de recherche des Monuments historiques)

9, av. Albert-de-Mun (entrer par le musée des Monuments français), 16e arr.
☎ 47.27.84.64 / 33-E6
Visite : t.l.j. sf sam. dim., 12 h-18 h. De préférence : RV par téléphone
Métro : Trocadéro / Bus : 22, 30, 32, 63

Visite du musée
30 mn

Surtout conçu comme un centre de documentation, ce musée réunit avant tout des éléments architecturaux concernant les constructions anciennes : tuiles, briques, éléments de pavement, types d'outils, exemples de taille de la pierre, pièces de serrureries. Il possède aussi une série de maquettes révélant l'évolution des structures romanes et gothiques, et une importante collection de dessins, dont un fonds consacré à Viollet-le-Duc. Un service de géologie analyse les matériaux de construction et inventorie les carrières exploitables aujourd'hui.

Cabinet des Médailles et des Antiques**

58, rue de Richelieu, 2e arr. ☎ 47.03.81.26 / 28-J5
Visite : t.l.j., 13 h-17 h
Centre de documentation numismatique ouvert t.l.j. sauf dim., 9 h-17 h
Métro : Bourse, Palais-Royal
Bus : 21, 27, 29, 39, 48

La collection personnelle des rois de France a constitué le noyau de ce musée qui abrite un rare ensemble de monnaies et médailles de l'antiquité à nos jours, des bijoux et pièces d'orfèvrerie, des vases grecs, et des bronzes romains.

Histoire du musée

La collection royale, commencée dès Philippe Auguste, comprenait à l'origine des joyaux, médailles et curiosités précieuses. Pillé à plusieurs reprises, ce n'est qu'avec François Ier, puis Henri IV, que le cabinet des Médailles commença véritablement à prendre forme. Louis XIV l'enrichit considérablement en y joignant la collection de son oncle Gaston d'Orléans. Vinrent s'y ajouter les collections d'érudits tel Caylus, les trésors de Saint-Denis et de la Sainte-Chapelle à la Révolution, et de beaux ensembles, comme la collection du duc de Luynes offerte en don en 1862, célèbre par ses vases et monnaies grecs. Le Cabinet fut conservé au Louvre puis rue Vivienne mais Louis XIV, qui aimait contempler sa collection, la fit transporter à Versailles.

Connue sous Louis XV comme le plus beau cabinet d'Antiques de toute l'Europe, la collection royale réintégra la capitale en 1741 et devint propriété de la Nation à la Révolution. Installé dans cette aile de la Bibliothèque nationale depuis 1917, le cabinet des Médailles possède aussi une bibliothèque, un centre de documentation, et des salles d'exposition.

Visite du musée

45 mn

▷ Rez-de-chaussée

La 1re salle est consacrée à l'antiquité classique. Les premières vitrines se rapportent à la Gaule. Elles regroupent des monnaies et bijoux en or (IVe-Ier s. av. J.-C.), des *parisis d'or** trouvés à Levallois en 1954, et surtout le *trésor de Berthouville****, ensemble exceptionnel d'argenterie gallo-romaine (Ier-IIe s.) découvert en 1830, et provenant sans doute d'un temple dédié à Mercure : phiales à l'effigie du dieu, aiguières ornées de scènes de la guerre de Troie. La vitrine suivante rassemble quelques joyaux grecs et romains, dont de très beaux camées. Très prisés durant l'Antiquité, les camées sont des pierres fines, gravées en tirant effet des différentes couleurs de la pierre. Les artistes grecs et romains maniaient cet art à la perfection. Le *camée de la Sainte-Chapelle****, le plus grand camée antique, taillé dans de la sardonyx à cinq couleurs (Ier s.), représente l'empereur Tibère recevant Germanicus, son fils adoptif. Au registre supérieur, Germanicus est aux côtés des dieux. La *coupe des Ptolémées****, œuvre hellénistique en sardonyx, décorée de scènes bachiques, était déposée à l'abbaye de Saint-Denis. Vient ensuite un ensemble de *bijoux grecs et étrusques*** (VIIe-IIIe s. av. J.-C.) et de vases grecs, dont l'*amphore*** du célèbre peintre *Amasis* représentant Dionysos et Athéna (540 av. J.-C.).

La 2e salle rassemble les antiquités orientales. Au centre de la pièce, on peut admirer de rares objets perses d'époque sassanide (Ve-VIIIe s.) : *coupe de Chosroes****, en cristal de roche, sertie d'or et ornée de grenats; le médaillon central représente le triomphe du roi Chosroes, célèbre guerrier iranien. Somptueuses *pièces d'orfèvrerie**** en argent rehaussé d'or, décorées de scènes animalières. Une autre vitrine présente une série de *monnaies chinoises** et vietnamiennes; l'*épée du roi maure Boabdil***, chef-d'œuvre d'orfèvrerie de l'Espagne musulmane; *camée de Shah Djahan*** où l'on voit le grand Moghol terrasser un lion (XVIIe s.)

▷ Premier étage

La 3e salle regroupe les pièces médiévales et Renaissance. Au centre, *trésor de Childéric*** (Ve s.), le père de Clovis, l'un des plus anciens vestiges de la monarchie découvert au XVIIe s. dans une tombe; monnaies, armes, bijoux en or incrustés de grenats. *Trône de Dagobert** : œuvre mérovingienne transformée au Moyen Age, son dernier rôle officiel remonte à Napoléon qui l'utilisa lors de la première distribution de la Légion d'Honneur. Médailles allemandes et italiennes (XIVe-XVIe s.), dont un ensemble de *Pisanello**.

La 4e salle évoque l'Europe des temps modernes à nos jours, et regroupe les bijoux de la Renaissance, les médailles et jetons du roi, des médailles étrangères et commémoratives. Elle contient aussi de beaux meubles : *médaillier*** exécuté par *Cressent* pour le fils du Régent (XVIIIe s.); *armoires** de laque du collectionneur Joseph Pellerin (XVIIIe s.).

A ne pas manquer

Rez-de-chaussée

Salle 1 : le trésor de Berthouville, argenterie gallo-romaine; les camées antiques : camée de la Sainte-Chapelle, coupe des Ptolémées.

Salle 2 : les antiquités sassanides : objets précieux et orfèvrerie.

Premier étage

Salle 3 : le trésor de Childéric (Ve s.); le trône de Dagobert.

Musée Mickiewicz

6, quai d'Orléans, 4e arr. ☎ 43.54.35.61 / 37-L7
Visite : jeu. ; en août et juillet mar. et jeu. : 15 h-18 h ; f. 15 j. à Noël et à Pâques
Métro : Pont-Marie
Bus : 24, 63, 67

Le musée Mickiewicz, aménagé dans la bibliothèque polonaise de Paris, a été fondé en 1903 par Ladislas Mickiewicz, fils aîné du poète et patriote Adam Mickiewicz (1798-1855). L'influence culturelle et politique de ce dernier fut capitale dans la société polonaise. Son œuvre marque le début du romantisme dans la littérature polonaise et son action fut toujours dirigée dans le sens d'une exaltation du sentiment patriotique. Nombreux sont ses écrits consacrés aux émigrés et aux opprimés de Pologne. De 1841 à 1844, il fut professeur de littérature slave au Collège de France.

Visite du musée

30 mn

▷ Deuxième étage

Le musée renferme des autographes (entre autres de *Michelet*, *Quinet*, *George Sand*, *Vigny*, *Hugo*), des portraits, des souvenirs et de nombreux documents sur l'époque romantique, particulièrement sur Adam Mickiewicz, sa famille, ses amis polonais, français et étrangers. Parmi les objets exposés on peut voir des pièces de valeur, comme le buste d'Adam Mickiewicz par *David d'Angers* (1835), des médaillons du même sculpteur ; la première étude d'*Antoine Bourdelle* pour la tête d'Adam Mickiewicz (monument du cours Albert-Ier) ; un appel de Victor Hugo, daté de Hauteville House (17 mai 1867), disant son admiration pour Mickiewicz ; un portrait du fondateur du musée, pastel par *Stanislas Wyspianski* (1904) ; le médaillon représentant Michelet, Quinet et Mickiewicz, par *Borrel* (1845) ; l'autographe d'une poésie dédiée par Gœthe à Marie Szymanowska, la célèbre musicienne polonaise, lors de leur rencontre à Marienbad en 1823.

▷ Premier étage

On verra des souvenirs de *Frédéric Chopin* : autographes musicaux et autres ; son masque mortuaire par *Clésinger*, etc.

Musée de Minéralogie*

60, bd Saint-Michel, 6e arr.
☎ 43.29.21.05 / 36-J8
Conservateur : M. Guillemin
Visite : t.l.j. sf dim. et lun., 14 h-17 h ; mar. et sam., 10 h-12 h 30 / 14 h-17 h
Métro : Luxembourg, Saint-Michel
Bus : 21, 27, 38, 82, 84, 85, 89

Visite du musée

1 h

Le musée de Minéralogie est installé au premier étage de l'Ecole nationale supérieure des Mines.

Le musée minéralogique et pétrographique renferme la collection systématique des minéraux et des roches du monde entier, celle des minéraux contient des pièces de grandes dimensions ainsi que des météorites. La collection comporte plus de 80 000 échantillons dont 5 000 exposés. Plusieurs échantillons sont les plus gros connus à ce jour dans le monde.

L'école possède également une bibliothèque accessible au public.

Collection des minéraux de Jussieu*

4, place Jussieu, tour 25, niveau rez-de-chaussée
☎ 43.26.25.25 (poste 5288) / 37-L8
Visite : mercr. sam., 14 h-18 h. Groupes : RV par tél.
Métro : Jussieu
Bus : 67, 89, 91

Visite du musée

30 mn

Installé dans les sous-sols de l'Université, ce petit musée surprendra le visiteur par la beauté de ses minéraux très bien mis en valeur par un éclairage qui évite l'action destructrice de la lumière, et dont la présentation s'inspire de la salle des joyaux de Téhéran.

Cet ensemble, hérité de la collection créée en 1809 par la faculté des Sciences, s'est développé grâce à de remarquables acquisitions (collection Vésigné en 1953) et aux découvertes ramenées par les missions scientifiques. Le musée présente près de 700 espèces différentes : rares spécimens d'uranium (vitrine 15), de quartz (vitrine 16), des silicates du Zaïre (vitrine 18), des cristaux de lazurite (lapis-lazuli) d'Afghanistan (vitrine 24), des azurites et des malachites du Katanga qui pèsent plus de 100 kg (vitrine 12).

Musée de la Mode

→ Musée des Arts de la mode

Musée de la Mode et du Costume*

Palais Galliera, 10, av. Pierre-Ier-de-Serbie, 16e arr. ☎ 47.20.85.23 / 26-E6
Conservateur : M. Guillaume Garnier
Visite : seulement pendant les expositions, t.l.j. sf lun., 10 h-17 h 40
Bibliothèque et cabinet d'estampes : sur RV, t.l.j. sf lun., 9 h-13 h
Métro : Alma-Marceau, Iéna
Bus : 32, 63, 82, 92

Consacré à la mode et au costume du XVIIIe s. à nos jours, le musée est installé dans un édifice destiné, à l'origine, à abriter les collections d'art italien du XVIIe s. léguées ultérieurement à la ville de Gênes par la duchesse Maria de Ferrari Galliera. Désireuse d'accorder le style de son palais à celui des œuvres qui y seraient présentées, la duchesse avait demandé à l'architecte Louis Ginan de s'inspirer de la Renaissance italienne. Achevé en 1892, le bâtiment est donc un exemple parfait de l'éclectisme triomphant de la fin du

XIXe s., avec un élégant péristyle de pierre et des coupoles ornées de peintures décoratives à motifs de feuillage qui camouflent une ossature métallique au demeurant très belle.

La duchesse de Galliera ayant finalement légué à la Ville de Paris un palais vide, celui-ci a abrité successivement des collections d'art décoratif, puis des expositions d'art contemporain et, depuis 1977, le musée de la Mode et du Costume.

Histoire des collections

Issues de la section de costumes du musée Carnavalet, ces collections, qui comprennent plus de 10 000 costumes, ont pour origine divers dons et en particulier, en 1920, celui de la Société de l'histoire du costume fondée par Maurice Leloir. Depuis 1956 le fonds n'a cessé d'être enrichi par de très célèbres contributions, dont celles de Mme Edmond de Galea, de la comtesse Greffulhe, de la princesse Murat, d'Anna Gould, de la comtesse de Castellane et, plus récemment, par les dons de Lady Deterding, de la baronne Guy de Rothschild et de la princesse Grace de Monaco.

Au fil des acquisitions certains ensembles se sont révélés très complets et, de ce fait, particulièrement intéressants : collections de haute couture (Lanvin, Balenciaga, Balmain), de prêt-à-porter contemporain, d'uniformes civils, de poupées costumées, de lingerie et d'éventails.

Visite du musée

45 mn

Ne pouvant être présentés en permanence pour des raisons de conservation (fragilité, manque de place), les costumes sont montrés par roulement, au rythme de deux à trois expositions annuelles qui retracent soit l'itinéraire d'un grand couturier (*Schiaparelli, Castillo, Balmain, Poiret*), soit l'histoire d'un thème privilégié (l'imprimé dans la mode du XVIIIe s. à nos jours ; de la Mode et des Lettres ou l'Eventail, miroir de la Belle Epoque). Témoins privilégiés de leur temps, ces vêtements et accessoires de mode, qui sont le plus souvent d'une grande beauté par la richesse des tissus et l'élégance des formes, constituent un aspect particulièrement révélateur de l'histoire des mœurs. Aussi le musée, très conscient de cet intérêt sociologique, met-il à la disposition du public *(sur rendez-vous pris par téléphone)*, une section pédagogique, un service d'action culturelle animé par des conférencières, une bibliothèque spécialisée et un cabinet d'estampes avec gravures et photographies de mode.

Musée des Monnaies★

Hôtel de la Monnaie, 11, quai de Conti, 6e arr. ☎ 40.46.56.66 / 36-J7
Conservateur : M. Jean Belaubre
Visite (en période d'exposition) : t.l.j. 12 h-18 h
Futur musée : horaires non déterminés
Métro : Pont-Neuf, Odéon / Bus : 24, 27, 58, 70

Ce musée (ouverture printemps 88) sera installé dans le cadre somptueux de l'hôtel de la Monnaie, construit entre 1771 et 1777 par J.-D. Antoine. Créé sous Charles X en 1827, il offre une très remarquable collection de monnaies, médailles et coins (d'outils de frappe), de la Renaissance à nos jours. Mais les salons autrefois consacrés au musée, ne suffisent pas à présenter toutes les richesses de la Monnaie.

Le nouveau musée retracera l'histoire monétaire de notre pays, ainsi que l'évolution de l'art de la médaille. Les monnaies, médailles, objets et documents divers seront mis « en situation », c'est-à-dire présentés dans le contexte historique, artistique, économique et social. Dans la belle suite de salles bordant la Seine, seront organisées des expositions temporaires.

Historial de Montmartre
(Musée de Cire)

Place du Calvaire, 18e arr. ☎ 46.06.78.92 / 20-J3
Conservateur : M. Patrick Piquemal
Visite : t.l.j., 10 h 30-12 h 30/14 h 30-17 h 30
Métro : Abbesses, Bus : 30, 54

Sur les hauteurs de Montmartre, dominant l'ample panorama de Paris dont les tours s'estompent dans la brume, ce petit musée, aménagé dans des caves profondes, illustre les grandes dates de la commune de Montmartre. Si les reconstitutions architecturales sont dues aux Compagnons du Devoir, le mobilier est le plus souvent d'époque et d'intérêt historique, puisque l'un des bureaux a appartenu à La Fayette.

Visite du musée
circuit guidé de 25 mn

Une succession de scènes, avec personnages grandeur nature, évoque l'histoire de la colline de Montmartre depuis le martyre de saint Denis et la fondation de la Compagnie de Jésus par Ignace de Loyola, jusqu'au Bateau-Lavoir, en passant par le « Paris vaut bien une messe » de Henri IV contemplant le superbe paysage à ses pieds ou les amours du jeune Louis XIV.

Autres grandes heures : le maire de Montmartre, soutenu par Danton et La Fayette, refuse l'intégration de sa commune à Bailly, maire de Paris ; les réunions chez Berlioz, qui habitait le quartier, des Romantiques que l'on reconnaît : Chopin, Delacroix, Liszt, G. Sand ; l'encerclement de Paris par les Alliés en 1814 ; le siège de Paris : Gambetta s'apprêtant, sous l'œil intéressé de Hugo, à s'envoler pour rejoindre l'armée de la Loire ; Clemenceau, le maire le plus célèbre de Montmartre, avec Louise Michel et Jean-Baptiste Clément, l'auteur de la si belle chanson du Temps des Cerises ; reconstitutions des cabarets célèbres : le Chat Noir avec Jane Avril et Toulouse-Lautrec, le Lapin agile avec Frédé, Mac Orlan et Dorgelès. Une nouvelle scène représente le Cabinet du Néant (installé boulevard de Clichy de 1892 à 1975), où l'on buvait sur des tables en forme de cercueils, éclairées par un lustre en ossements humains « véritables ». Le musée communique avec une Académie de dessin que l'on peut visiter.

Musée de Montmartre*

12, rue Cortot, 18e arr. ☎ 46.06.61.11 / 20-J3
Conservateur : M. Claude Charpentier
Visite : t.l.j. sf mar., 14 h 30-17 h 30, dim., 11 h-17 h 30
Métro : Lamarck-Caulaincourt / Bus : 80

Enclos dans son parc en terrasses qui plonge dans la rue Saint-Vincent, le musée de Montmartre a l'atmosphère paisible d'une maison bourgeoise. Il raconte l'histoire agitée de la butte, de l'époque des Abbesses jusqu'à nos jours, en passant par celle des chansonniers et des rapins, jusqu'à l'aube de l'art moderne avec Picasso, Gris et Braque. Cette grande maison blanche, véritable maison de maître, la plus belle de Montmartre sans doute était, il y a trois siècles, la propriété de Claude de la Rose, dit Rosimond, comédien de l'Illustre-Théâtre de Molière, qui succéda à ce dernier et, comme lui, mourut en jouant Le Malade imaginaire.

La maison appartient à la Ville de Paris et le musée, créé par Paul Yaki en 1960, est la propriété de la Société d'histoire et d'archéologie du Vieux-Montmartre qui vit le jour en 1886.

Visite du musée

30 mn

De nombreux documents et une iconographie importante retracent l'histoire de Montmartre. On y voit le piano de Paul Delmet, la reconstitution du café de l'Abreuvoir, dont Utrillo était sans doute le client le plus fidèle, celle du bureau de Gustave Charpentier (1860-1956), auteur de Louise. Souvenirs d'*Aristide Bruant* qui écrivit Les Escaliers de la butte. Photographies des chansonniers de la butte : *Noël-Noël*, *Jean Rieux*, *Raymond Souplex*, *Jean Rigaux*, *Dorin*, mais aussi de *Pagnol* et de *Malraux*. Petite salle consacrée à *Emile Bernard*, du groupe de Pont-Aven, qui habita cette maison dix ans. Caricatures et dessins de *Steinlen* (1859-1923) qui a vu Montmartre sous son jour quotidien ; très importante collection d'affiches pour Yvette Guilbert, Dranem, Félix Mayol ; affiche brossée par *Steinlen* pour Le Chat-Noir ; souvenirs de *Poulbot* et de *Willette*. Salle Louise-Michel dans laquelle on voit aussi des souvenirs de *Georges Clemenceau* à l'époque où il était maire de Montmartre, en 1870.

On remarque une collection de porcelaines de la manufacture de Clignancourt, créée en 1870 par le comte de Provence. On y verra aussi une grande maquette du quartier, en 1956.

Des expositions concernant des artistes et des romanciers qui ont séjourné sur la butte *(Foujita*, *Marcel Aymé...)* sont organisées périodiquement.

Musée des Monuments français★★

Aile E. du Palais de Chaillot, place du Trocadéro, 16e arr.
☎ 47.27.35.74 / 33-D6
Conservateur : M. Philippe Chapu
Visite : t.l.j. sf mar. 9 h 45-12 h 30 / 14 h-17 h 15
Métro : Trocadéro
Bus : 22, 32, 63

Créé à l'initiative de Viollet-le-Duc en 1879, ce musée fut ouvert au public en 1882 dans l'ancien palais du Trocadéro sous le nom de musée de Sculpture comparée. Lors de la transformation du palais du Trocadéro, devenu palais de Chaillot en 1937, le musée fut entièrement renouvelé (pour l'architecture → Chaillot).

Consacré à l'art monumental de la France, il comprend essentiellement des moulages de sculptures et des reproductions de peintures murales. Son intérêt, qui est exceptionnel, réside dans le fait que le visiteur a la possibilité de suivre toute l'évolution de la sculpture monumentale et de la statuaire de l'époque préromane au XIXe s.

Visite du musée

1 h 30

Section de sculpture

L'évolution chronologique se lit simultanément dans les deux galeries, dans lesquelles on passera alternativement (peintures du hall → section peinture).

▷ Galeries du rez-de-chaussée

Salle I, époque pré-romane (à dr. dans la galerie de dr.)

Moulages d'œuvres mérovingiennes et carolingiennes ornées d'éléments décoratifs importés, les plus anciennes datant du VIIe s. On remarquera : un sarcophage de Moissac; tombeau de saint Léonien à Vienne (Isère); sarcophages de l'abbaye de Jouarre (Seine-et-Marne); panneaux de chancel de l'église Saint-Pierre de la citadelle de Metz; entrelacs carolingiens : pilier de Flavigny (Côte-d'Or), autels de Saint-Polycarpe (Aude), Crucifixion de Saint-Mexme de Chinon (Indre-et-Loire); sarcophage de Bourg-Saint-Andéol (Ardèche); pour le XIe s., on verra un linteau de Saint-Genis-des-Fontaines (Pyrénées-Orientales, 1019-1020).

Salles II à VI, époque romane

C'est seulement au XIIe s. qu'apparaissent des ateliers régionaux de sculpture caractérisés par la qualité de la pierre employée, le tempérament et l'habileté des artistes, les modèles copiés : sculptures antiques ou gallo-romaines, pièces d'ivoire ou d'orfèvrerie, miniatures, tissus brodés d'origine orientale.

Ateliers du Languedoc : ils se développent dès la fin du XIe s. et les deux foyers sont Toulouse et Moissac : table du maître-autel de Saint-Sernin de Toulouse, signé *Bernard Gilduin* (vers 1096); trois bas-reliefs de la même église et bas-reliefs du cloître de Moissac. La sculpture se développe, sur les tympans, en grands ensembles iconographiques, et en éléments décoratifs sur les trumeaux : porte Miègeville de Saint-Sernin de Toulouse, portail de Saint-Pierre de Moissac (vers 1115-1130), portail de Carennac; tympan du portail de l'église Sainte-Foy de Conques qui a conservé des traces de la polychromie originale.

Ateliers de Bourgogne : chapiteaux de l'ancienne église abbatiale de Cluny; tympan du portail occidental de la cathédrale Saint-Lazare d'Autun, signé *Gislebertus*, et chapiteaux de la nef de la même cathédrale; magnifique figure d'Eve cueillant le fruit défendu, fragment du linteau d'un portail latéral; portail du narthex de l'église de la Madeleine de Vézelay; portail de l'église Saint-Lazare d'Avallon; portail de l'ancien prieuré de Charlieu; portail de l'église de Monceaux-l'Etoile; chapiteau de l'église de Plaimpied; tympan de l'église de Neuilly-en-Donjon.

Ateliers de l'Ouest : la sculpture, décorative, s'étend sur les voussures des portails dépourvus de tympans, autour des fenêtres, sur les murs des façades; on ne retrouve plus les grands ensembles iconographiques des écoles précédentes : portail de l'église Sainte-Marie-des-Dames de Saintes; portail de l'église Saint-Pierre d'Aulnay; linteau de la cathédrale d'Angoulême; griffon d'Angoulême; petit tympan du portail de Saint-Michel-d'Entraigues (Charente); écoinçon de la nef de la cathédrale de Bayeux orné d'un motif inspiré de l'art de l'Extrême-Orient.

Ateliers d'Auvergne : la sculpture se trouve à l'intérieur des églises, sur les chapiteaux en calcaire importé, plus facile à travailler que la pierre du pays, granit ou arkose : chapiteaux de Notre-Dame du Port, de Clermont-Ferrand, de l'église de Saint-Nectaire, de l'église de Mozat. Apparition des Vierges en Majesté, en bois : Notre-Dame du Mont Cornadore, de Saint-Nectaire.

Ateliers de Provence : La sculpture ne s'est développée que dans le dernier tiers du XIIe s. et s'est inspirée des monuments antiques laissés sur son sol par les Romains : façades de l'église de Saint-Gilles, de Saint Trophime d'Arles. Dans cette salle, une carte représente les routes du pèlerinage de Saint-Jacques de Compostelle qui eut une grande influence sur l'art roman.

Salle VII, art des Croisades

Maquettes des châteaux construits par les croisés en Terre Sainte aux XIIe et XIIIe s.; château de Saône, Crac des Chevaliers; sculptures exécutées en Terre Sainte par des artistes français à la même époque, notamment des chapiteaux de la basilique de Nazareth; inscriptions, dalles funéraires, photographies, plans et cartes montrant les établissements français en Syrie et Palestine aux XIIe et XIIIe s.

Salle VIII, l'art gothique au XIIe siècle

Les artistes de l'Ile-de-France, en cherchant leur inspiration dans la nature, créèrent un style nouveau, improprement appelé style gothique, qui apparaît à Saint-Denis dès 1140 : porte centrale du portail Royal de la cathédrale de Chartres; statues-colonnes de l'église de Saint-Loup-de-Naud, de Notre-Dame de Corbeil, de Notre-Dame de Senlis; Vierge en Majesté du portail Sainte-Anne de Notre-Dame de Paris, exécutée vers 1165; linteau du grand portail de la cathédrale de Senlis (les moulages de Senlis ont été pris avant restauration).

Salles IX à XIII, la sculpture au XIIIe siècle

Elle s'épanouit sur les portails des grandes cathédrales où l'on peut suivre l'évolution du style et de la technique vers la grâce et l'interprétation de plus en plus fidèle de la nature.

Chartres : tympan et statues des Confesseurs de la façade S. (1205-1230) ; statues de saint Théodore ; statues de la façade N. (vers 1230) ; quatre bas-reliefs de l'ancien jubé (1240-1250). Paris : tympan du portail de la Vierge (1210-1220) ; portail S., scènes de la vie de saint Etienne et de la vie des écoliers (1258-1270) ; Vierge dite de la porte du Cloître (vers 1255-1260) ; deux tableaux indiquent les dates des différentes campagnes de construction. Amiens (1225-1235) : Christ bénissant du portail central, dit le Beau Dieu ; Vierge du portail S., dite Vierge Dorée (vers 1280), et linteau des Apôtres ; tombeaux d'Evrard de Fouilloy († 1222) et Gaudefroy d'Eu († 1236). Reims : l'Ange au sourire, moulé sur l'original avant 1914 ; groupe de la Visitation, remarquable par ses draperies à l'antique ; groupes du revers de la façade occidentale. Strasbourg : pilier des Anges ; la Synagogue ; tympan de la façade S. : la Mort de la Vierge ; deux Vierges Sages ; le Tentateur et une Vierge Folle (fin XIIIe s.). Rouen : portail Saint-Jean (milieu du XIIIe s.). Bourges : partie du tympan du portail central de la façade occidentale : Jugement dernier. Tympan du portail occidental de Saint-Urbain de Troyes ; bas-reliefs de l'ancien jubé de l'église du Bourget-du-Lac ; statues funéraires de l'abbaye de Fontevrault, de l'abbaye de Saint-Denis ; tombeau de l'évêque saint Etienne à Aubazine, en forme de châsse ; décoration de la maison des Musiciens à Reims ; trois statues du tombeau d'Isabelle d'Aragon, reine de France, femme de Philippe le Hardi, morte en 1271 à Cosenza (cathédrale de Cosenza, en Calabre ; art français, vers 1275).

Salle XIV, la sculpture au XIVe siècle

Les grandes compositions religieuses sont terminées, l'artiste exécute des bas-reliefs et des statues placés le plus souvent à l'intérieur des églises : sculptures des soubassements des portails de l'église Saint-Etienne d'Auxerre ; bas-reliefs de l'abside et de la clôture du chœur de Notre-Dame de Paris ; statues de l'église collégiale d'Ecouis ; Vierge de Magny-en-Vexin (vers 1340). A cette époque se développe l'art du portrait : statue de saint Louis, roi de France, de l'église de Mainneville (Eure), qui a conservé sa polychromie originale (statue exécutée d'après un portrait du roi fait de son vivant) ; masque de la statue funéraire de Philippe III le Hardi, d'après un moulage pris immédiatement après sa mort ; statues funéraires de l'évêque Guillaume de Chanac (de l'ancienne église Saint-Victor de Paris), de l'évêque Bernard Brun (à la cathédrale de Limoges), de Charles V à Saint-Denis (par *André Beauneveu*, de Valenciennes, 1364) ; statues de la tour N. de la cathédrale d'Amiens ; statue funéraire du connétable Bertrand Du Guesclin, par *Thomas Prive* et *Robert Loisel* ; statues de la grande salle du Palais de Justice de Poitiers.

Salle XV

Ateliers des ducs de Bourgogne à la chartreuse de Champmol. D'abord sous la direction de *Jean de Marville* (1383-1389), puis de *Claus Sluter* : statues du duc Philippe le Hardi et de Marguerite de Flandre, agenouillés aux pieds de la Vierge ; puits de Moïse. Pleurant du tombeau de Philippe Pot, provenant de Cîteaux.

Salles XVI à XVIII, la sculpture au XVe siècle

Sous l'influence du théâtre religieux, de nouveaux thèmes apparaissent ; la décoration occupe une plus grande place : chapelle « recevresse » d'Avioth ; Couronnement de la Vierge au tympan de la porte d'entrée du château de la Ferté-Milon ; Vierge du Marthuret de Riom ; Ange du Lude, signé *Jehan Barbet* dit de Lyon (1475) ; figures de la clôture du chœur de la cathédrale d'Albi ; tombeaux de Souvigny ; statue funéraire du duc Jean de Berry, par *Jean de Cambrai*. Famille de donateurs présentée au Christ de Pitié par saint Michel et saint Guillaume d'Aquitaine (église d'Ecos, Eure, XVe s.). Vierge de Pitié de Montluçon (Allier) ; Ecce Homo d'Ecouis ; calvaire breton de Pencran (Finistère, 1521) ; Saint-Sépulcre de l'hôtel-Dieu de Tonnerre, par *Jean Michel* et *Georges de la Sonnette* (1453) ; sépulcre de Solesmes (1496) ; retable d'Aix-en-Provence ; fenêtres et entrée de la chapelle de l'hôtel Jacques-Cœur à Bourges (1443-1453) ; fenêtre d'une maison de Villefranche-de-Rouergue (Aveyron).

Salles XIX à XXI, la sculpture pendant le premier tiers du XVIe siècle

Le décor italo-antique se substitue peu à peu au décor gothique, tandis que la statuaire reste dans la tradition de l'art français : stalles du chœur de la cathédrale d'Amiens (1508-1522) ; vantaux du portail de la cathédrale d'Aix-en-Provence (1508-1510) ; tombeau du duc François II de Bretagne et de la duchesse Marguerite de Foix dans la cathédrale de Nantes, exécuté de 1502 à 1507 par l'*atelier de Michel Colombe* ; tombeau des enfants de Charles VIII et d'Anne de Bretagne dans la cathédrale de Tours ; oratoire d'Anne de Bretagne au Logis Royal de Loches ; fontaine de Beaune-Semblançay à Tours (1510) ; retable de la chapelle du château de Gaillon (musée du Louvre), par *Michel Colombe* (1510), avec décor de *Jérôme de Fiesole* ; Vierge d'Olivet (musée du Louvre) ; statue de sainte Marthe à l'église de la Madeleine de Troyes (Aube) ; Mise au tombeau de Villeneuve-l'Archevêque ; portique de la cour de l'hôtel Bernuy à Toulouse (1530-1535); jubé de la cathédrale de Limoges; voûte du Gros Horloge de Rouen (1528); pinacle et couronnement d'une fenêtre de l'abside de l'église Saint-Pierre de Caen, par *Hector Sohier* (1518-1545); porte S. de la cathédrale de Beauvais. ▶ *Escalier* : médaillons du château de Montal; bas-relief de l'hôtel du Bourgtheroulde à Rouen, représentant les épisodes de l'entrevue du Camp du Drap d'or en 1520; lucarne du château de Puyguilhem (Dordogne).

▷ Galerie haute, premier étage

A dr., près de l'entrée de la galerie haute, une salle contenant des *maquettes d'architecture* n'est visible que sur autorisation : maquettes de Notre-Dame de Paris, de la Merveille du Mont-Saint-Michel; maquettes de charpentes et exposition de matériaux utilisés pour la construction et la décoration des monuments de France.

Salle XXII ou salle Jean-Goujon

Vers le milieu du XVIe s., l'influence des œuvres importées d'Italie ou exécutées en France par des artistes italiens s'exerce profondément sur les artistes français : *François Marchand* travaille au tombeau de François Ier à Saint-Denis; *Jean Goujon* est très influencé par l'art antique : déposition de Croix de l'ancien jubé de Saint-Germain-l'Auxerrois; décoration de la fontaine des Innocents à Paris (1549); bas-reliefs de la salle du Zodiaque à l'ancien Hôtel de Ville de Paris, détruit par l'incendie de 1871; urne funéraire du cœur de François Ier, par *Pierre Bontemps*; tombeau de François Ier et de Claude de France à la basilique de Saint-Denis, par le même artiste; statues décorant la cour de l'hôtel d'Escoville à Caen; buste du poète Pierre de Ronsard, mort en 1585 (musée de Blois).

Salle XXIII ou salle Ligier-Richier

Ligier Richier (1500-1567) est né en Lorraine où il travailla. Statue gisante de Philippa de Gueldre, duchesse de Lorraine (morte en 1547 à l'âge de 87 ans, chapelle des Cordeliers de Nancy); le Transi du tombeau de René de Châlons (prince d'Orange, tué devant Saint-Dizier, 1544), sous l'aspect d'un squelette debout (église Saint-Pierre, Bar-le-Duc); sépulcre de Saint-Mihiel (1554-1564).

Salle XXIV ou salle Germain-Pilon

Travaillant de 1560 à 1590, *Germain Pilon* unit heureusement les traditions françaises à l'influence antique : trois Grâces portant l'urne destinée à recevoir le cœur d'Henri II; statues gisantes d'Henri II et de Catherine de Médicis; les mêmes en costume de sacre, sur leur tombeau en la basilique de Saint-Denis; Vierge à l'Enfant de l'église de la Couture au Mans; Vierge de douleur de la rotonde des Valois à Saint-Denis.

Sculptures de la première moitié du XVIIe s. : bustes de Louis XIII et Louis XIV, par *Jean Warin*; groupe d'enfants assis sur une corniche d'escalier du château de Maisons-Laffite, par *l'atelier de Jacques Sarrazin* (1642-1651); statue de Sully agenouillé sur son tombeau à Nogent-le-Rotrou, par *Barthélemy Boudin* (1642).

Salle XXV, la sculpture du XVIIe siècle

Tout en s'inspirant de l'art antique, les artistes de genre produisent des œuvres originales : *Pierre Puget*, atlantes de la porte de l'ancien hôtel de ville de Toulon (1656); *Coysevox*, vase de la Guerre, la Garonne de Versailles; *Girardon*, groupe de Pluton enlevant Proserpine et bas-relief du Bain des Nymphes ornant les jardins de Versailles; le Vœu de Louis XIII dans le chœur de Notre-Dame de Paris, par *Coysevox*, *Nicolas* et *Guillaume Coustou* (1713-1715).

Salles XXVI et XXVII, la sculpture au XVIIIe siècle

Auprès des œuvres d'un caractère décoratif réel comme les Chevaux du Soleil de *Robert Le Lorrain*, la fontaine du Gros Horloge à Rouen, les bas-reliefs des Saisons de la fontaine de la rue de Grenelle par *Bouchardon*, la fontaine de Neptune de la place Stanislas à Nancy par *Guibal*, on remarque d'excellents portraits par *Pigalle*, *Pajou*, *Caffieri*, et particulièrement *Houdon*, dont on peut voir aussi l'Ecorché et le Saint Bruno de l'église Sainte-Marie-des-Anges à Rome. Mausolée du maréchal de Saxe, par *Pigalle*, dans l'église Saint-Thomas à Strasbourg.

Salle XXVIII ou salle Rude

Atlante de *Pradier*; le Chien braque, de *Grégoire Giraud*; bas-relief du tombeau du maréchal Suchet et bustes par *David d'Angers*. Quelques œuvres du XIXe s. dont celles de *Rude* : Le petit pêcheur napolitain (1831), figure allégorique de la Victoire dite La Marseillaise à l'Arc de Triomphe de l'Etoile (1836).

Salle XXIX, salle des maquettes d'architecture

Ces maquettes sont destinées à faire comprendre les diverses solutions apportées par les constructeurs romans et gothiques aux problèmes d'équilibre, de statique et de voûtement. Voûtes romanes et premières voûtes gothiques (Saint-Pierre de Chauvigny, Paray le Monial, Cluny, Le Puy, Conques, Saint-Etienne de Caen, cathédrale de Sens, Saint-Serge d'Angers). La statue de Watteau à Valenciennes.

Section de peinture murale

Le musée de peinture murale est destiné à conserver et présenter les reproductions des décorations peintes sur les murs des églises de France dont les originaux, restés en place, s'effacent et disparaissent peu à peu.

Les ensembles les plus importants de la période romane ont été reconstitués et exposés dans les galeries du premier étage, inaugurées en 1945. La peinture gothique occupe les deuxième et troisième étages. Les reproductions ont été réalisées devant les originaux, sur toile marouflée ici sur les architectures reconstituées. En outre, le musée possède une collection d'environ 2 000 relevés à l'aquarelle sur feuilles de format réduit (1,05 m × 0,75 m), commencée à l'initiative de Prosper Mérimée.

▶ *Rez-de-chaussée (fond du hall).* Peintures carolingiennes. Peintures de la crypte de Saint-Germain d'Auxerre, du IXe s., représentant des épisodes de la Vie et Lapidation de saint Etienne; peintures de Saint-Pierre-les-Eglises (Vienne), etc.

▷ Premier étage *escalier g.*

Epoque romane, galerie face aux jardins

Abside méridionale de la *chapelle Saint-Gilles de Montoire* (Loir-et-Cher) : Christ de Majesté remettant les clefs à saint Pierre, du XIIe s.; traces de peintures ajoutées aux XIIIe-XIVe s. : Martyre de saint Laurent. *Demi-colonnes de Saint-Savin* avec chapiteaux grossièrement taillés et peints en trompe-l'œil. Deux fragments des peintures de la *tribune de Saint-Julien-de-Brioude* (Haute-Loire) : face aux fenêtres, chœur des Anges; au-dessus de la porte, au fond de la galerie, l'Enfer; ces peintures sombres, de la fin de l'époque romane, témoignent d'une influence byzantine dans certains détails et d'une influence asiatique due à quelque modèle venu de la Perse. Sur deux épis perpendiculaires aux fenêtres : le Christ chassant les marchands du Temple, de l'*église de Chalivoy-Milon*; Rois Mages de l'*église de Brinay*; personnages de la crypte de *Notre-Dame-la-Grande de Poitiers*. Crucifixion de *Saint-André-des-Eaux*. *Eglise Saint-Pierre de Vienne* (Isère) : grande figure de saint Jean assis, dont le visage montre l'interprétation d'un modèle antique. *Chapelle Saint-Martin-de-Fenollar*, à Maureillas : Christ en gloire entouré des symboles des Evangélistes portés par des anges; Annonciation, Nativité, Adoration des Mages : raideur des attitudes et éléments de décoration caractéristiques de l'école catalane du XIIe s. Dans la salle, à l'extrémité de la galerie, peintures du chœur et de la nef de l'*église de Saint-Jacques-des-Guérets* : Christ en gloire entouré des symboles des Evangélistes, Cène, Calvaire et Résurrection des Morts, Résurrection de Lazare et Légende de saint Nicolas, Descente de Jésus aux Limbes, Martyre de saint Jacques le Majeur; on remarquera l'harmonie et la beauté des coloris que l'on retrouve dans la fresque de l'église Saint-Genest de Lavardin qui représente le Baptême du Christ. Maquette du *baptistère Saint-Jean de Poitiers*, construit au IVe s. et décoré de fresques au XIIe s.; trois de ces fresques qui s'apparentent aux figures sculptées de l'école du Languedoc ont été reproduites ici : le Cavalier couronné, dit Constantin; Saint Maurice entre le paon et le dragon, inspirés de l'art chrétien primitif; groupe d'apôtres d'une Ascension.

En sortant de cette salle, on revient sur ses pas et l'on tourne à dr.

Peinture de la tribune de l'*église d'Ebreuil* : Décollation de saint Pancrace, Saint Austremoine et Saint Clément; cette œuvre du second quart du XIIe s. fait le trait d'union entre l'école de la Loire et celle de l'Auvergne et du Limousin. Abside de l'église du *prieuré clunisien de Berzé-la-Ville* : figures de saints de l'Eglise grecque, Christ de Majesté entouré de personnages figurant vraisemblablement la glorifica-

Les peintures murales

Le terme de fresque, souvent employé abusivement, ne désigne que des décorations murales exécutées avec de la peinture à l'eau, sur une couche de mortier frais. Cette peinture pénètre dans le mur quand le mortier sèche, gardant son éclat au fil du temps. Très répandue au Moyen Age, la fresque est d'une exécution délicate : les couleurs s'éclaircissent en séchant, et l'artiste doit travailler vite, dans l'espace de trente six heures, sans faire de retouches.

Une autre technique, dite à la détrempe, permet au peintre de travailler plus librement. Les couleurs sont alors délayées avec un agglutinant (jaune d'œuf, ou colle) et appliquées sur un mortier sec. A l'époque romane, cette technique fut d'abord associée à celle de la fresque et utilisée pour peindre certains détails. Les peintures à la détrempe devinrent de plus en plus fréquentes à partir du XIVe s.

La peinture sur toile marouflée est un procédé très différent : l'œuvre est exécutée sur une toile souple que l'on fixe au mur à l'aide d'une colle très forte contenant de la maroufle (résine, cire et ocre rouge). Les décorations présentées dans le musée sont des toiles marouflées.

tion de l'ordre de Cluny, Histoire de saint Blaise, Martyre de saint Laurent; la peinture bleue des fonds et les figures rappellent l'art de Ravenne et font de cette œuvre du XIIe s. une décoration exceptionnelle dans l'école française. Crypte de la *cathédrale de Chartres* : Saints sous arcades. Crypte de l'*église Notre-Dame-de-Montmorillon* : Vierge tenant l'Enfant Jésus qui couronne une sainte (sainte Catherine d'Alexandrie ou l'Eglise), scènes de la vie et du martyre de sainte Catherine (fin XIIe ou début XIIIe s.). Peintures ornant la crypte de l'*abbaye de Château-Landon* (les originaux ont été transposés), qui représentent deux épisodes de la vie de saint Séverin : Guérison de Clovis et Messe d'action de grâce célébrée par saint Séverin en présence de Clovis et de Clotilde. Chœur de l'*église de Saint-Martin-de-Vic* : ces compositions de caractère anecdotique, qui rappellent certaines œuvres de l'école catalane, ont été exécutées par un seul artiste. Elles représentent : au cul-de-four, le Christ dans une gloire soutenue par deux anges et entouré des symboles des Evangélistes; au-dessous, la Visitation, le Crucifiement de saint Pierre, Jésus devant Hérode, la Chute des mauvais anges; à l'étage supérieur, la Purification des lèvres du prophète Isaïe, l'Entrée de Jésus à Jérusalem; sur le mur O. les prophètes Daniel et Moïse, suite de l'Entrée à Jérusalem, la Cène, Histoire de Lazare, le Lavement des pieds, l'Arrestation du Christ au Jardin des Oliviers, Simon le Cyrénéen portant la Croix, les Funérailles de saint Martin, Vertus et Vices; du côté de la nef, Présentation de Jésus au Temple et Descente de Croix, l'Arrivée des Mages, l'Adoration des Mages, la Vierge accusée par Annas le Scribe, l'Annonciation, dix apôtres. Ces peintures de couleur uniforme doivent dater du début du XIIe s. *Eglise Saint-Aignan de Brinay* : scènes de l'enfance et de la vie du Christ (voir dans la galerie face au jardin, deux autres scènes de la même église, l'arrivée et le départ des Rois Mages) : XIIe s., tonalités franches et claires. *Cathédrale du Puy* : au-dessus de l'escalier, Crucifixion (XIIIe s.).

Revenant sur ses pas sur la g., on verra la grande figure de saint Michel terrassant le Dragon (tribune du bras N. du transept), de caractère byzantin, qui semble appartenir à la seconde moitié du XIe s. Chapelle S. de la crypte de l'*église de Saint-Aignan-sur-Cher* : Agneau de Dieu dans une gloire et scènes de la Vie de saint Gilles (fin XIIe s. ou début XIIIe s.). Porte S. de l'*église Saint-Pierre de Vienne* (Isère) : Saint Pierre en relief encadré de deux personnages peints. Cette combinaison de la peinture et de la sculpture se retrouve sur les arcades du cloître de l'ancienne *abbaye Saint-Aubin d'Angers* : au centre, Vierge assise tenant l'Enfant dans une gloire soutenue par deux anges, archivolte sculptée (XIIe s.); petites peintures représentant les Rois Mages, le Massacre des Innocents, la Ville de Jérusalem, qui semblent dater du début du XIIIe s. *Chapelle du Liget* à Chemillé-sur-Indrois : Descente de Croix, Mort de la Vierge, Arbre de Jessé, Saint Benoît, Saint Gilles, Saint Nicolas et Saint Hilaire, ces peintures aux couleurs claires et pures, aux attitudes souples et gracieuses, empreintes d'une sensibilité profonde et mesurée, marquent, autour de l'an 1200, les traits caractéristiques du génie artistique français. *Eglise de Souday* : Annonciation et Visitation (peintures aujourd'hui invisibles dans l'église). Un saint et deux chevaliers ornant les ébrasements des fenêtres du chœur de l'*église d'Areines*, sans doute de la seconde moitié du XIIe s., montrent les mêmes qualités.

Galeries du côté de la place du Trocadéro

Reconstitution de la crypte de l'*église de Tavant* : la voûte est ornée de personnages : Adam et Eve, Saul et David, la Luxure, le Sagittaire, Descente de Croix, le Christ aux Limbes, Crucifiement de saint Pierre, Caïn et Abel, Christ de Majesté. L'architecture et la sculpture étant du début du XIIe s., il est permis de croire que les peintures ont dû être exécutées à la même époque. Chapelle haute de l'église de l'*abbaye de Saint-Chef* : toute la décoration représente la Cour céleste autour du Christ dans sa gloire et peut être datée de la seconde moitié du XIe s. *Rocamadour* : l'Annonciation et la Visitation; cette peinture, exécutée sur le rocher, en plein air, s'apparente aux châsses limousines dont elle reproduit les couleurs de l'émail et dont les cabochons de pierres précieuses sont ici représentés par des reliefs de stuc. *Palluau* : Vierge de Majesté entre deux saintes, très beau spécimen des peintures du Berry, de la première moitié du XIIe s., découvert en 1949. En face de l'escalier : abside orientale de *Saint-Gilles de Montoire* : le Christ-Juge de l'Apocalypse (fin du XIe s. ou début du XIIe s.). *Eglise de Saint-Savin-sur-Gartempe* : le plus important ensemble de peintu-

Pour en savoir plus...

*La **bibliothèque** (lun., mercr., jeu., 10 h-12 h/14 h-17 h) permet aux chercheurs d'approfondir certains sujets évoqués au cours de la visite du musée.*
*Des **visites-conférences** sont régulièrement organisées (☎ 47.27.35.74).*
*Les jeunes peuvent découvrir le musée en suivant la **visite-exploration**, seuls ou avec une conférencière (t.l.j., 9 h 45 et 14 h; ® à la caisse). Des ateliers leur proposent des activités artistiques. Les séances durent deux heures, le mercredi et le samedi après-midi (sur demande pour les groupes). Sujets traités : architecture (1 séance); sculpture et fresque (2 séances); modelage (3 séances). Pour tous renseignements écrire ou ☎ 47.27.35.74.*

res romanes qui nous soit parvenu a été en grande partie reproduit ici : Vierge de Majesté entre deux anges et deux abbés agenouillés, à l'entrée de la nef; un morceau de la voûte qui n'a pu prendre place dans la galerie du parvis : Jacob bénit Joseph; quatre morceaux de la crypte : Jugement et Martyre de saint Savin et de saint Cyprien; deux demi-colonnes ornées d'animaux. Dans la galerie du parvis : moitié supérieure de la tribune ornée de peintures destinées à être vues de bas en haut et sans recul, d'où l'allongement des figures : Descente de Croix, les Saintes Femmes au tombeau, Pendaison de Judas, Saint Denis, le Baiser de Judas, la Mise au Tombeau; dans la même galerie a été présentée dans son ensemble, mais à une hauteur bien inférieure à la réalité, ce qui en permet l'examen plus facile, la célèbre *voûte*** en berceau plein cintre de la nef, décorée de panneaux représentant sur quatre registres des scènes tirées de la Genèse et de l'Exode : Création du Monde, Eve filant la laine, Caïn et Abel, Vie de Noé, Vie d'Abraham, Vie de Joseph, Moïse et l'Exode. Le porche est orné de scènes de l'Apocalypse. Il semble prouvé aujourd'hui que toutes ces peintures ont été réalisées par un même atelier vers la fin du XIe ou le début du XIIe s.

▷ Deuxième étage

Epoque gothique : XIIIe-XIVe s.

Galerie face aux jardins. Scènes de l'Enfer d'Asnières-sur-Vègre (Sarthe, XIIIe s.). Voûte du chœur de Petit-Quevilly, Enfance et Baptême du Christ (fin XIIIe s.). Martyre de saint Etienne, à Saint-Dié (Vosges, XIVe s.). Vie de saint Blaise, à Vic-le-Comte (XIVe s.). Remise des clés à saint Pierre, à Ferrières-en-Gâtinais (fin XIIIe s.). Défilé de chevaliers, à Saint-Jacques-des-Guérets (XIIIe s.), etc.

Galerie face au parvis : cette galerie est réservée aux expositions. A chaque extrémité, la Transfiguration et la Vierge mère, porche de la cathédrale du Puy (début XIIIe s.). Au milieu, Christ de Majesté de la crypte de Saint-Aignan (fin XIIe s.), entouré d'ex-voto (fin XIVe s.). Tombeau décoré, à Neuvillette-en-Charnie (XIIIe s.), etc.

Galerie face à la place du Trocadéro en partie occupée par des expositions. Au plafond, au débouché de l'escalier :

Concert d'anges, du château de La Clayette (XIVe s.). Episodes du roman de Tristan et Iseult, au château de Saint-Floret (seconde moitié XIVe s.). Scènes de chasse du Palais des Papes, à Avignon (XIVe s.). Vie de saint Jean Baptiste, à la Chartreuse de Villeneuve-lès-Avignon (Gard, XIVe s.).

Au centre de l'étage. Prophètes de la coupole de la cathédrale de Cahors (Lot), 16 m de diamètre (début XIVe s.). De part et d'autre de l'entrée : Saintes femmes au tombeau et martyre de sainte Catherine, à la cathédrale du Puy (XIIIe s.). Scènes de l'Enfance du Christ, à Saint-Amant-de-Boixe (fin XIIIe s.). Couronnement de la Vierge de Vernais (fin XIIIe s.). Vie de saint Martin, à Etigny (XIIIe s.). Vie de saint André, à Frétigny (Eure-et-Loir, XIIIe s.). Légende de saint Martial, à Saint-Junien (fin XIVe s.). Sermon sur la montagne et Multiplication des pains, à la cathédrale de Clermont-Ferrand (XIIIe s.). Vie de saint Jean Baptiste, au baptistère de Poitiers (XIIIe s.). Scène de funérailles, à Sainte-Croix-en-Jarez (1327).

Au pied de l'escalier : Concert d'anges de l'église d'Auzon (XIVe s.).

▷ Deuxième étage, escalier gauche

Epoque gothique : XVe et XVIe s. (l'ordre des numéros commence à g. de l'escalier)

Des tendances décoratives nouvelles, proches de l'art de la tapisserie, se révèlent dans l'Arbre de Jessé de l'église de Saint-Bris (1500, *n° 1*); la voûte de l'église de Kernascléden (vers 1465, *n° 2*) est plus traditionnelle; peinture anecdotique au cloître de l'abbaye d'Abondance (1480-1490, *n° 5*); recherches d'expression à la voûte de Savigny-les-Beaune (1470-1478, *n° 6*) et à Nuits-Saint-Georges (XVe s., *n° 8*).

Prendre la galerie qui débute sur une scène macabre bien dans le goût de l'époque (église Saint-Maurice d'Annecy, 1458; *n° 11*) et qui continue par des scènes intéressantes sur l'étude des mœurs et des costumes du temps (Chaource, 1548; *n° 15*). De l'autre côté de l'escalier, la célèbre Danse macabre de La Chaise-Dieu, une des plus importantes compositions sur ce thème (vers 1460, *n° 17*); à l'extrémité de la galerie, la célèbre fresque des Arts libéraux de la cathédrale du Puy (vers 1500, *n° 23*) témoigne d'un nouvel esprit d'inspiration profane. Les peintures de La Brigue (1492, *n° 26*) s'apparentent à l'art de la miniature, tandis que la voûte du château de Pimpéan (1460-1470, *n° 28*) est presque archaïsante. L'imagination morbide et théâtrale du XVe s. s'est rarement manifestée avec autant de force que dans les peintures de la cathédrale d'Albi (1496-1500, *n° 29*); celles du château de Dissay (1493-1505, *n° 30*) mélangent les thèmes profanes et religieux avec un remarquable souci du détail; intéressantes scènes de chasse du château de Rochechouart (1510-1513, *n° 35*); dernière apparition des monstres médiévaux au château de Villeneuve-Lembron (1515-1517, *n° 36*).

Musée de Musique mécanique*

Impasse Berthaud, 28, rue Beaubourg, 3e arr. / 36-K6
Visite : sam., dim. et fêtes, 14 h-19 h
Métro : Rambuteau, Hôtel-de-Ville
Bus : 58, 67, 69, 70, 72, 74

Visite du musée

30 mn

Ce petit musée, subventionné par la Ville de Paris, est l'œuvre d'un collectionneur passionné, Henri Triquet, qui a réuni un ensemble étonnant d'orgues de Barbarie, de pianos mécaniques ou pneumatiques, d'automates, de boîtes à musique et de phonos. Tous les instruments font l'objet de démonstrations pendant la visite.

Il faut voir : un violon et un banjo automatiques, un accordéoniste et un batteur automates, plusieurs orgues de foire et de manège, un piano Gaveau qui reproduit le jeu de Cortot, Gershwin, Prokofief, Saint-Saëns, etc.

La musique mécanique

Bien avant l'invention du phono et des cassettes, les hommes ont cherché à enregistrer la musique pour pouvoir la rejouer sur des instruments ne nécessitant pas d'instrumentistes. Ainsi sont nés au Moyen Age les carillons, puis plus tard les serinettes, petits orgues à manivelle destinés à apprendre à chanter aux serins. La boîte à musique à lames vibrantes métalliques apparaît en 1796. A partir du XIXe s., on construit des pianos qui jouent tout seuls, du bastringue au grand piano à queue de concert.
Mais ce sont les orgues de Barbarie et les orgues de foire et de manège (les « Limonaires ») utilisant des cylindres picotés ou des cartons perforés qui animent les rues et les fêtes foraines du XIXe s. à nos jours.

Musée Nissim de Camondo**

63, rue de Monceau, 8e arr. ☎ 45.63.26.32 / 26-F4
Conservateur : Mme Gasc
Visite : t.l.j. sf lun., mar., Noël et 1er janv., 10 h-12 h/14 h-17 h
Métro : Villiers / Bus : 84, 94

Le musée Nissim de Camondo est installé dans un hôtel particulier situé en bordure du parc Monceau et construit par Sergent au début du siècle, d'après les plans du Petit Trianon. Il abrite une collection exceptionnelle de meubles, tableaux, tapisseries, porcelaines et argenterie du XVIIIe s. Les meubles portent les plus célèbres estampilles, et certains la marque des châteaux de Bellevue, Montreuil, Saint-Cloud, et Versailles.

Cette collection fut rassemblée par le comte Moïse de Camondo avec autant d'intelligence que de goût. Issu d'une famille de financiers et de collectionneurs établie en France depuis le second Empire, il légua son hôtel à l'Union des Arts décoratifs en 1935, en mémoire de son fils Nissim tué pendant la Première Guerre mondiale. On vient ici rechercher le temps passé avec d'autant plus d'émotion que la descendance de cette famille a été exterminée à Auschwitz.

Visite du musée

45 mn

▶ *Rez-de-chaussée*, vestibule : bureau plat de *Riesener*. Galerie : fontaine en marbre rouge du château de Saint-Prix ; deux peintures de *l'école d'Hubert Robert*.

▶ *Grand-escalier* : paire d'encoignures en laque de Chine, époque Louis XV attribuées à *RVLC* ; paire de brûle-parfums dits athéniennes ; paire de grands fauteuils en tapisserie de la Savonnerie, époque Régence.

▷ Premier étage

Grand bureau. Cheminée de marbre blanc (d'un hôtel de Bordeaux) ; paire de meubles d'appui de *J.-F. Leleu* ; bibliothèque basse, secrétaire et bureau-cylindre en acajou moucheté de *C.-C. Saunier* ; table rectangulaire (du château de Bellevue) et guéridon de *Martin Carlin* ; table de chevet de *Ch. Topino* ; huit chaises de *N.-Q. Foliot*, couvertes en tapisserie d'Aubusson, six grandes tapisseries d'Aubusson et un écran en tapisserie de Beauvais représentant des fables de La Fontaine, d'après *Oudry* ; deux chaises basses de *J.-B. Sené* (du service de Mme Elisabeth à Montreuil) ; Bacchante, peinture sur bois (1785) par *Mme Vigée-Lebrun* ; deux tapis d'Aubusson au point de Savonnerie.

Grand salon. Boiserie (d'un immeuble, 11, rue Royale à Paris) ; meuble d'appui et table rectangulaire de *Riesener* ; paire de meubles d'appui en laque du Japon, d'*A. Weisweiler* ; bureau de dame (ancienne collection du général baron de Charette) et table ronde par *Martin Carlin*, tous deux ornés, de plaques de Sèvres tendre ; guéridon en bronze ciselé attribué à *Thomire* ; mobilier de *G. Jacob* recouvert en tapisserie fine d'Aubusson (ancienne collection sir Richard Wallace) ; fauteuil de bureau attribué à *Nadal l'aîné* ; paravent à six feuilles en tapisserie de la Savonnerie ; l'Eté (fille du peintre Hubert Robert), buste en marbre par *J.-A. Houdon* ; Mme Le Coulteux du Molay, peinture par *Mme Vigée-Lebrun* ; la Pêcheuse, tapisserie de Beauvais d'après le carton (1736) de *Boucher* ; l'Air, tapis de la Savonnerie exécuté pour la Grande Galerie du Louvre (1678) ; tapis de la Savonnerie, couronnes de fleurs sur fond gris bleu (1660).

Salon des Huet

Scènes pastorales, sept panneaux et trois dessus-de-portes (l'un signé, daté 1776) peints par *J.-B. Huet* ; paire de meubles d'appui de *Martin Carlin*, ayant appartenu au duc de Penthièvre ; paire de meubles d'appui en laque du Japon, de *Garnier* ; bureau-cylindrique en marqueterie de *J.-F. Œben* ; table « en chiffonnier » peinte, avec dessus en plaque de Sèvres tendre estampillée *RVLC* ; mobilier par *J.-B. Sené* (ancienne collection du général baron de Charette) ; tapis de la Savonnerie exécuté sur les dessins de *Perrot* pour la maison du Roi (vers 1740).

Salle à manger. Paire de meubles d'appui par *J.-F. Leleu* ; console-desserte et deux tables en ébène et bronzes ciselés, de *Weisweiler* ; soupière ovale, deux soupières rondes et quatre seaux à rafraîchir (1770-1771) en argent, par *Rœttiers* (commandés par l'impératrice de Russie Catherine II pour le prince Orloff) ; soupière ronde avec hure de sanglier (1784-1785), et quatre cloches couvre-plat (1782-1783) en argent par *R.-J. Auguste* ; la Négresse, buste en bronze d'après *Houdon* ; la Pêche au filet, tapisserie de Beauvais, d'après le carton (1772) de *Casanova* ; quatre tapisseries du début du XVIIIe s. ; quatre natures mortes, dont deux au point de Savonnerie, deux en tapisserie de Beauvais, d'après les tableaux de *Mme Vallayer-Coster* ; deux tapis d'Aubusson au point de Savonnerie.

*Cabinet des porcelaines. Services de table** dits de Buffon en porcelaine de Sèvres ; services en porcelaine de Chantilly et de Meissen.

Galerie. Deux tapisseries d'Aubusson : Scènes chinoises d'après *Boucher*. Vases chinois et vitrines de porcelaine.

Petit bureau. Meuble d'appui et paire de vitrines, estampillés *RVLC* ; commode estampillée *RVLC* ; table de chevet de *Ch. Topino* ; tabatières, boîtes, montres, statuettes ; Mme Le Comte, buste en marbre (1748) par *Guillaume Coustou* ; médaillons en terre cuite de *J.-B. Nini* ; quatre vues de Venise par *Guardi* ; trois peintures d'*Hubert Robert* : la Porte Saint-Denis, la Porte Saint-Martin et Monument antique ; portrait de Necker (1781) par *Duplessis* ; huit esquisses peintes (1733-1745), par *J.-B. Oudry*, pour les cartons ayant servi à exécuter en tapisserie des Gobelins la suite des Chasses royales de Louis XV ; tapis d'Aubusson au point de Savonnerie (vers 1790).

▶ *Escalier*. Banquette, marque HF ; le Triomphe d'Amphitrite, bas-relief en terre cuite par *Clodion* ; tapisserie d'Aubusson : Scènes chinoises d'après *Boucher*.

▷ Deuxième étage

Galerie. Un canapé et quatorze fauteuils de *Nogaret* ; trente-deux gravures d'après *Chardin*.

Salon bleu. Meubles (vers 1750-1790), notamment par *Macret* et *J. Dubois* ; sièges (vers 1740-1780), par *J. Avisse*, *A.-P. Dupain* et *Nogaret* ; coffret en cuir aux armes de Marie-Antoinette ; Portrait d'une famille, par *Gautier Dagoty* ; Vues de Paris, peintures par *Bouhot*, *Canella*, *De Machy* et *Raguenet* ; les Gentilshommes du duc d'Orléans (1839), par *Philippoteaux* ; paysages et marines (1877-1884), aquarelles par *Jongkind* ; tapis d'Aubusson (début XIXe s.).

Bibliothèque. Boiserie (vers 1775) ; étagère en ébène et bronze ciselé, attribuée à *Weisweiler*; secrétaire de *J.-F. Leleu*; deux candélabres en bronze et biscuit de Sèvres, par *Blondeau*, d'après Boucher; l'Eté, buste en plâtre par *Houdon*; deux Vues de parc, dont une par *Hubert Robert*; Natures mortes, deux tableaux en tapisserie de la Savonnerie; tapisserie de Beauvais d'après le carton (1777) de *Casanova*; tapis d'Aubusson au point de Savonnerie (vers 1765-1775); vases du Japon.

Chambre à coucher. Boiserie (d'un hôtel de Bordeaux, 1780); commode en marqueterie de *G. Cramer*; console de *Ch. Topino*; deux fauteuils de *Georges Jacob*; pièces de surtout en biscuit de Sèvres dur, par *Boizot*; Sabine Houdon (?), plâtre de *J.-A. Houdon*; Rosalie Duthé, peinture (1792) par *Danloux*; Alexandre de Beauharnais enfant, par *Drouais*; les Rémois, peinture sur cuivre par *Lancret*; la Leçon de chant, gouache par *Lavreince*; tapis de la Savonnerie, livré le 4 mars 1760 pour servir « à Mesdames de France les festes et dimanches à la chapelle de Versailles ».

Deuxième chambre. Secrétaire de *Riesener*; écran de *G. Jacob*; paravent de *Canebas*; lit en acier et bronzes ciselés; Scènes de chasses, peintures par *Demay*, *A. de Dreux*, *Schayer*, *Swebach*, *H. Vernet*; tapis d'Aubusson (vers 1800).

Musée de Notre-Dame*

10, rue du Cloître-Notre-Dame, 4e arr. ☎ 43.25.42.92 / 36-K7
Visite : sam., dim., mercr., 14 h 30-18 h; f. 15 juil.-1er sept.
Conservateur : Mlle Anne-Marie Joly
Métro : Cité, Bus : 21, 38, 47, 96

Dédié à la cathédrale, ce petit musée, fondé en 1951 par la Société des amis de Notre-Dame, fait revivre les grands moments de son histoire.

Visite du musée

30 mn

Plusieurs *gravures* permettent de reconstituer l'ancien parvis avant l'intervention de Haussmann au XIXe s. : occupant le sixième de l'espace actuel, il était ceinturé par un muret au sud duquel s'étendait l'Hôtel-Dieu, en bord de Seine. Des *peintures* évoquent l'intérieur de l'église avec son jubé doré, son mobilier et ses étendards pris à l'ennemi. La transformation du chœur, décidée par Louis XIII suivant son vœu de placer la France sous la protection de la Vierge (1638), donna lieu à plusieurs projets qui sont rassemblés ici : médaille de *J.-H. Mansart*, réplique de celle déposée dans l'autel en 1699; dessin de *R. de Cotte* (1708).

Plans pour une nouvelle sacristie par *Soufflot* (1756). Une vitrine regroupe les *objets gallo-romains* découverts lors des fouilles du parvis (1965-1970). Une coupe en verre, ornée d'un *chrisme** du IVe s., est le plus ancien témoignage du christianisme à Paris et marque le premier jalon d'une histoire qui aboutira à l'église actuelle édifiée entre 1160 et 1270.

Paroisse des rois de France, Notre-Dame fut le théâtre de célébrations solennelles (→ Notre-Dame), comme le Te Deum de 1594 pour fêter la conversion de Henri IV, ou les pompes funèbres de Marie-Thérèse d'Espagne en 1746 dont *Slodtz* dessina le catafalque, sans oublier le sacre de Napoléon, le 2 décembre 1804, détaillé par d'amusantes gravures.

La console du grand orgue de *Cavaillé-Coll* (1863) a été placée ici en 1962. D'intéressants *dessins aquarellés** de *Viollet-le-Duc* illustrent la campagne de restauration menée de 1845 à 1864 sous l'impulsion de poètes romantiques dont Hugo et Vigny.

Musée de l'Observatoire

→ Faubourg Saint-Jacques

Musée de l'Opéra*

1, place Charles-Garnier, entrée par la façade du théâtre, place de l'Opéra, 9e arr.
☎ 47.42.07.02 / 27-H5
Conservateur : Mlle Kahane
Visite : t.l.j. sf dim. et fêtes, 11 h-17 h et pendant l'entracte des spectacles
Métro : Opéra, Bus : 21, 27, 42, 48, 66, 68, 81, 95

Presque aussi vieux que l'Opéra lui-même, dans un décor un peu suranné et plein de charme, ce petit musée, auquel est adjoint une très importante bibliothèque, est à la gloire de ceux qui, depuis la création de la célèbre Maison, ont fait les grands soirs de Paris.

Visite du musée

30 mn

Les collections, fréquemment renouvelées, sont réparties dans la galerie de la bibliothèque et la galerie du musée.

▶ *Rotonde (rez-de-chaussée).* A dr., maquette du Mystère de Valenciennes, représenté en 1547 ; à g., reconstitution de la scène du théâtre d'Orange par *M. Darvan* et *Charles Garnier*. ▶ *Vestibule (1er étage).* Bustes de Lully, Rameau, Gluck, Wagner, Debussy, Chabrier, Saint-Saëns, G. Enesco ; médaillon de Ravel ; dans le fond, à dr., Ida Rubinstein dans le rôle de Shéhérazade, par *J.-E. Blanche*.

▷ Galerie de la bibliothèque

La bibliothèque, rattachée à la Bibliothèque nationale, est publique. Elle est consacrée à l'histoire du théâtre et de la musique et contient, en éditions originales ou en manuscrits, toutes les partitions exécutées à l'Opéra depuis l'origine (1669) ; plus de 80 000 volumes relatifs à la musique, à la danse ou au théâtre ; les archives de l'Opéra depuis 1900 ; plus de 100 000 dessins, maquettes de décors, costumes, portraits et photos d'artistes ; collection des affiches, programmes, livrets de l'Opéra et d'autres théâtres. Hémérothèque (1 000 titres). A dr., la salle de la Rotonde est réservée aux lecteurs (catalogue).

▷ Galerie du musée

Deux tableaux figurant l'incendie de l'Opéra en 1781, par *Hubert Robert* ; anciens systèmes d'éclairage ; souvenirs de l'Opéra de la rue Le Peletier ; bombes d'Orsini (1858). Bustes de compositeurs et d'artistes du chant et de la danse : ***Eugénie Fiocre****, Gounod, par *Carpeaux* ; ***Madeleine Guimard****, par *Merchi* ; Pauline Viardot, par *Aimé Millet*. Portraits de musiciens et d'artistes célèbres, entre autres ***Wagner**** par *Renoir* et Johanssen par *Van Dongen*. Objets ayant appartenu aux compositeurs et artistes, ou utilisés par eux dans leurs principaux rôles : table-piano de Massenet, piano de Spontini, souvenirs de *Diaghilev* donnés au musée par Serge Lifar, etc. Masques de théâtre. Réductions de quatre panneaux qui ornent le foyer de la danse, par *Boulanger*, dédiés à Ch. Garnier.

Musée de l'Orangerie***

Jardin des Tuileries, en bordure de la place de la Concorde, 1er arr.
☎ 42.65.99.48 / 27-G6
Visite : t.l.j. sf mar. et fêtes, 10 h-17 h 15
Métro : Concorde / Bus : 14, 72, 73, 84, 94

Du côté de la Seine, faisant pendant au musée du Jeu de Paume, l'Orangerie des Tuileries, restée longtemps galerie d'expositions temporaires est devenue un musée autonome.

Réaménagée depuis 1984, elle abrite la célèbre collection Walter-Guillaume, et les Nymphéas de Claude Monet installés dès 1927 dans deux salles du rez-de-chaussée. Cette collection exceptionnelle comprend 144 chefs-d'œuvre de l'école de Paris, depuis l'impressionnisme jusqu'aux années 1930. Cédée au Louvre en 1977 par Domenica Walter, elle a été réunie à l'initiative du marchand d'art Paul Guillaume (→ encadré) puis enrichie après sa mort par les acquisitions de sa veuve Domenica et de son second mari, Jean Walter, architecte et mécène. Selon la volonté de la donatrice, le caractère intime de la collection a été préservé par une présentation dans des salles de dimensions restreintes et grâce à la qualité d'un éclairage zénithal par la verrière, et latéral par les larges baies ouvrant sur les jardins des Tuileries.

Bien que le nombre des artistes soit restreint, cet ensemble peut faire rêver les musées du monde entier par la qualité des œuvres exposées.

Visite du musée

1 h

▷ Premier étage

La *première salle****, située dans la rotonde de l'escalier est réservée à *Chaïm Soutine*. Né en 1893 en Lituanie et mort en 1943 à Paris, cet artiste au génie inclassable - entre Van Gogh et l'expressionnisme allemand - est, avec Picasso et Modigliani, l'un de ceux qui contribua le plus à la renommée de l'école de Paris. Cet ensemble d'une grande qualité regroupe vingt-deux œuvres : une suite de portraits de personnages tristes, campés dans leurs uniformes dérisoires, tels Le Petit Pâtissier ou La Fiancée (1922) ; la série des paysages du midi aux couleurs irréelles et aux perspectives déformées ; des natures mortes représentant des cadavres d'animaux dont l'aspect sanguinolent est renforcé par une couleur vive posée en touche épaisse, le Poulet plumé (1925).

La seconde salle, consacrée à *Paul Cézanne* (1839-1906), invite à une contemplation plus calme, à l'opposé de la tension soutinienne toute de déséquilibre et de violence expressive. Destructeur de la représentation perspective traditionnelle en vigueur depuis la Renaissance, Cézanne est représenté par d'admirables natures mortes dont *Fruits, serviette et boîte à lait**** (1880), œuvre exemplaire dans laquelle le même verre est vu tout à la fois de profil et en surplomb. Cette aisance à renouveler les lois de la perspective, qui influença toute la génération suivante et en particulier les cubistes, ne doit pas faire oublier l'émouvante gravité des portraits comme celui du *Fils de l'artiste*** ou de *Madame Cézanne*** (1885), ni le lyrisme coloré des grands paysages de la maturité, *Dans le parc de Château Noir**** (1900).

Les deux salles suivantes rassemblent des œuvres de *Pierre Auguste Renoir* (1841-1919), cet autre grand maître de l'impressionnisme. Artiste préféré de Madame Walter, il est représenté par des œuvres majeures comme *Les Fillettes au piano**** (1890) et différents *portraits*** de ses fils : Jean, le futur cinéaste, bébé jouant avec sa gouvernante ; Claude, dans un superbe habit de clown (1909).

Après la splendeur colorée de l'impressionnisme, le visiteur retrouvera les grands artistes de notre siècle. De très belles œuvres des débuts de *Pablo Picasso* (1881-1973) sont exposées : l'*Etreinte*** (1903), l'étrange composition des *Paysans**, esquisse sur carton (1906). *André Derain* (1880-1954), chantre du retour à l'ordre, caractéristique de la peinture française des années 20, est illustré par la *Table de cuisine** (1922), et *Arlequin et Pierrot*** (1924). Signalons aussi les différents portraits de Paul Guillaume exécutés par *Modigliani** (1915), *Derain*** (1919) et *Van Dongen** (1930). Un tel panorama de la peinture française de l'entre-deux-guerres serait bien incomplet sans la présence d'*Henri Matisse* (1869-1954), dont on peut admirer notamment une belle série d'*Odalisques** des années 1924-1925.

Paul Guillaume, cet inconnu

Né en 1891, Paul Guillaume appartient à cette lignée de marchands exceptionnels qui ont nom Durand-Ruel, Vollard ou Kahnweiler. Dès l'âge de 23 ans, Paul Guillaume ouvrit une galerie rue La Boétie et l'inaugura par la présentation de peintres de l'avant-garde russe, Michel Larionov et Nathalie Gontcharova. Par la suite, il ne se départit jamais de cette attitude courageuse, que ce soit en publiant une revue d'art (Les Arts à Paris), en confiant les préfaces de ses expositions au poète Guillaume Apollinaire, ou en défendant des artistes inconnus comme Soutine ou Utrillo dont il devint le premier marchand. Jusqu'à sa mort brutale dans un accident de voiture, en 1934, il assuma ce rôle de pionnier de l'art moderne, aidant notamment à la constitution d'une des plus fabuleuses collections américaines, celle du Docteur Albert-C. Barnes. Sa veuve commanda au sculpteur Zadkine l'ornementation de sa tombe dans l'allée d'entrée du cimetière de Passy.

La salle suivante présente les œuvres des deux grands peintres autodidactes du XXe s., *Henri Rousseau dit le Douanier* (1844-1910), et *Maurice Utrillo* (1883-1955). On reconnaîtra deux des plus célèbres peintures du Douanier Rousseau, ***La Noce*** (1908) et la fameuse ***Carriole du père Junier*** (1910) qui enthousiasma tant les surréalistes. Les paysages parisiens d'*Utrillo*, dépouillés et lugubres, sont comme peints à la chaux, typiques de ce qu'on a appelé sa « période blanche » : ***la Maison de Berlioz*** (1914).

Le parcours de la collection s'achève avec des œuvres de *Picasso*, en particulier deux ***Baigneuses*** monumentales de 1921 et 1923, et le ***Jeune apprenti*** (1917) d'*Amadeo Modigliani* dont Paul Guillaume fut à Paris l'un des rares soutiens.

▷ Rez-de-chaussée

La découverte des ***Nymphéas*** reste pour le visiteur une incomparable source d'émotion. Exécutée par *Claude Monet* dans son jardin de Giverny (→ *encadré*) pendant la guerre de 1914, la série des Nymphéas fait suite à celle des Meules et des Cathédrales de Rouen. Elle représente le véritable testament artistique de l'artiste. Quintessence de ses recherches sur la dissolution de la matière sous l'action réfléchissante de la lumière, les deux grands panneaux de l'Orangerie ont été donnés par Monet à l'Etat grâce à l'amitié de Clemenceau, et installés à leur place actuelle sur les indications mêmes de l'artiste.

Les Nymphéas à Giverny

Installé depuis sept ans à Giverny, Monet y fit, en 1890, l'acquisition d'une maison dans laquelle il vécut jusqu'à sa mort. Léguée par le fils de l'artiste à l'Institut, cette demeure vient d'être restaurée. C'est l'un des plus agréables musées des environs de Paris. Grâce à la parfaite remise en état du jardin, on y découvre le célèbre étang, spécialement creusé par Monet pour y faire pousser cette variété de nénuphars auxquels il donna plus poétiquement le nom de nymphéas. Ayant créé son propre motif, Monet consacra désormais son œuvre à en fixer inlassablement, au fil des heures et des saisons, l'inaltérable mouvance.

(Musée Claude-Monet, Giverny, 27200 Vernon ☎ 32.51.28.21.)

Musée de l'Ordre de la Libération

51 bis, bd de Latour-Maubourg, 7e arr. ☎ 47.05.04.10 / 34-F7
Conservateur : Mme Michèle Michel
Visite : t.l.j. sf. dim., 14 h-17 h
Métro : Latour-Maubourg, Invalides, Varenne
Bus : 28, 49, 63, 69, 82, 83, 92

Le musée de l'Ordre de la Libération occupe le beau bâtiment construit en 1747 sur les dessins de Robert de Cotte pour les officiers du roi et qui, par sa simplicité élégante, contraste avec l'ampleur majestueuse des Invalides proches.

L'ordre de la Libération fut créé en 1940 par le général de Gaulle afin de « récompenser les personnes ou les collectivités civiles et militaires qui se seront signalées de manière exceptionnelle dans l'œuvre de la libération de la France et de son Empire ».

Le musée, conçu à l'origine comme une sorte de mémorial des compagnons de la Libération, s'est agrandi pour devenir peu à peu le musée de la Résistance, de la France libre et de la Déportation.

Visite du musée

45 mn

Le musée comporte près de deux cents vitrines réparties dans cinq salles et trois galeries. Elles renferment toutes les souvenirs des cinq années de combats pour la libération du territoire : uniformes de la France Libre, mais aussi défroques et haillons des camps; lettres, souvenirs, témoignages de toutes sortes : écrits ou objets concernant la « drôle de guerre », l'armistice, la guerre à l'intérieur, dans les territoires d'outre-mer; les corps expéditionnaires depuis l'Appel de Londres jusqu'au 8 mai 1945, en passant par le Tchad, Tobrouk, la Tunisie, la Lybie, l'Italie, la libération de Paris, de la France, la guerre en Allemagne, la lutte clandestine, les camps de concentration.

Le musée conserve aussi les manuscrits du *général de Gaulle* ainsi que le nom des 1 036 civils et militaires, des 18 unités, des 5 villes ayant reçu l'ordre de la Libération.

Musée Orfila

Faculté de Médecine, 45, rue des Saints-Pères, 6ᵉ arr.
☎ 42.60.37.20 (poste 4201) / 35-H7
Visite : le ven., sur demande au Pr. Delmas. Laboratoire d'Anatomie,
Faculté de Médecine, 45, rue des Saints-Pères
Métro : Saint-Germain-des-Prés
Bus : 39, 48, 95

Visite du musée

30 mn

Ce musée, créé en 1844 par le médecin et chimiste M. Orfila (1787-1853), a succédé au cabinet d'Anatomie de la faculté de Médecine. Ses collections, qui s'adressent plutôt aux spécialistes de l'anatomie humaine, de l'anthropologie et de l'organogenèse, rassemblent plus de 4 000 pièces dont le curieux Singe écorché de l'anatomiste Fragonard.

Musée d'Orsay***

62, rue de Lille, 7ᵉ arr. ☎ 45.49.48.14 / 35-H6
Entrée principale : 1, rue de Bellechasse
Entrée des grandes expositions du musée d'Orsay : quai Anatole-France
Entrée du restaurant après la fermeture du musée : rue de Lille
Directeur : Mme Françoise Cachin
Ouv. mar., mer., ven., sam., 10 h 30-18 h; en été, ouv. 9 h; dim., 9 h-18 h; jeu., 10 h 30-21 h 45; f. lun.
Métro : Solférino; RER (ligne C) : Quai d'Orsay
Bus : 24, 63, 68, 69, 73, 83, 84, 94

Le musée d'Orsay, l'un des plus beaux musées du monde, est consacré à l'art de la seconde moitié du XIXᵉ s. Présentant toutes les formes de la création artistique (peinture, sculpture, arts graphiques, arts décoratifs, architecture, photographie, cinéma), il illustre leurs rapports avec la littérature, la musique, la vie contemporaine. Des œuvres des peintres de Barbizon, les grands Courbet, une très belle collection d'impressionnistes et de post-impressionnistes, de beaux ensembles de sculptures de Daumier, Carpeaux ou d'objets Art Nouveau voisinent avec des œuvres longtemps reléguées dans les réserves des musées : les peintures, sculptures et décors officiels ou académiques du second Empire et de la troisième République. La photographie et les arts graphiques sont illustrés par des expositions temporaires. Quant à l'architecture, elle est présente avec des dessins, des plans et des maquettes créés spécialement pour le musée. Des expositions-dossiers, intégrées dans le parcours permanent et fréquemment renouvelées, sont chargées de mettre en valeur les rapports entre les différents modes de création et le contexte social, économique et historique. D'autres salles d'expositions temporaires sont directement accessibles par une entrée située sur les quais.

En outre, le musée possède un auditorium au sous-sol, une librairie et une carterie au rez-de-chaussée, une salle de consultation au niveau supérieur. Un restaurant a été aménagé au niveau médian, dans la salle à manger de l'ancien hôtel. Un café au niveau supérieur offre une très belle vue sur la Seine.

Histoire du musée

Construite sur les plans de Victor Laloux (1850-1937), la gare d'Orsay et l'hôtel qui la jouxte, furent inaugurés le 14 juillet 1900 pour l'Exposition universelle. La gare était réservée au service des voyageurs de la Compagnie Paris-Orléans. La désaffectation progressive du bâtiment a commencé dès 1939, lorsque la gare ne fut plus réservée qu'au trafic de banlieue, et s'est terminée en 1973 avec la fermeture de l'hôtel. La gare d'Orsay a abrité la salle Drouot-Rive gauche des commissaires priseurs, le théâtre d'Orsay-Renaud-Barrault, et a servi de décor de cinéma (pour le Procès de Kafka, mis en scène par Orson Welles).

La décision de ne pas détruire cet ensemble est intervenue peu après la polémique à propos de la destruction des halles de Baltard. En 1971, la gare est inscrite à l'Inventaire complémentaire des Monuments historiques ; en 1977, l'idée d'y installer un musée consacré à la seconde moitié du XIXe s. est acquise et, en 1978, un établissement public est créé afin de mener à bien l'opération.

La grande difficulté du programme était d'aménager un musée moderne exigeant de grandes surfaces de cimaises, à l'intérieur d'un gigantesque hall de gare (32 m de haut, 40 m de large, 138 m de long), chef-d'œuvre d'architecture de l'époque 1900. Le projet de l'équipe ACT (composée de trois architectes associés : Colboc, Bardon et Philippon), choisi après une consultation auprès de six architectes, privilégie la continuité architecturale de la gare. La grande nef est entièrement conservée et mise en valeur par la création d'un axe longitudinal, encore renforcé par l'emplacement de l'entrée, rue de Bellechasse. L'aménagement intérieur proprement dit a été confié en 1980 à l'architecte italienne Gae Aulenti. Sa rigueur contraste avec l'exubérance de l'architecture de Laloux.

Histoire des collections

Les collections du musée d'Orsay proviennent en grande partie du musée du Louvre. Les œuvres autrefois exposées au Louvre, correspondant à la période 1848-1900 environ, sont désormais présentées à Orsay. Le musée du Jeu de Paume, annexe du Louvre fermée en 1986, conservait les chefs-d'œuvre impressionnistes que l'on peut voir aujourd'hui au musée d'Orsay comme L'Olympia de Manet, Le Moulin de la Galette de Renoir, La Famille Bellelli de Degas, Les Cathédrales de Rouen de Monet. La petite taille et l'extrême inconfort du Jeu de Paume, face à un public toujours plus nombreux, ont été des arguments majeurs pour la création d'un grand musée consacré au XIXe s. Dans l'ancien musée du Luxembourg étaient conservées les œuvres de ceux que l'on considérait à leur époque comme de grands peintres. Les goûts ayant changé, une grande partie de ces œuvres avait été mise en réserve au Louvre ou déposée dans des musées de province ou des administrations. Certaines toiles réapparaissent aujourd'hui sur les cimaises du musée d'Orsay. Ainsi, La Naissance de Vénus par Cabanel, et Les Fils de Caïn par Cormon (roulé pendant cinquante ans), sont sortis des réserves du musée du Louvre; Le Rappel des glaneuses par Jules Breton arrive du musée d'Arras, La Naissance de Vénus par Bouguereau, du musée de Nantes. Les collections post-impressionnistes du musée national d'Art moderne qui étaient restées au palais de Tokyo après le transfert de ce musée en 1976 au centre Pompidou, ont rejoint aujourd'hui les collections du musée d'Orsay.

Le nouveau musée a bénéficié de nombreux legs et donations (collections Redon, Signac, de Ménil, Boutaric, Guilleminault, et de la Fondation Kodak-Pathé), et de plusieurs dations en paiement des droits de succession (La Rue Montorgueil de Monet, La Danse à la ville de Renoir ou plus récemment, le deuxième fragment du Déjeuner sur l'herbe de Monet). Enfin une politique intense d'acquisition a été menée afin de combler les lacunes, de renforcer certains fonds, voir même de créer de nouveaux départements (la photographie).

Visite du musée

3 h

La signalétique en cinq langues permet au visiteur de savoir rapidement dans chaque espace qu'il atteint, ce qu'il est susceptible d'y voir. Au lieu d'adopter une numérotation arbitraire, nous avons repris pour chaque salle l'intitulé de cette signalisation. D'autre part, nous proposons un parcours logique, qui permet de tout voir, mais le visiteur reste libre d'aller où il veut et de ne voir que ce qui l'intéresse.

Le parvis

La visite du musée commence à l'extérieur, sur le parvis où ont été placés des bronzes exécutés pour les jardins du Trocadéro à l'occasion de l'Exposition universelle de 1878.

A g. Eléphanteau de *Fremiet*, Cheval de *Durenne*, Rhinocéros de *Jacquemart*. A dr. : Australie de *Durenne*, Amérique du Sud par *Aimé Millet*, Amérique du Nord par *Durenne*, Afrique par *Delaplanche*, Asie par *Falguière* et Europe par *Schoenwerk*.

Rez-de-chaussée

Dans l'entrée du musée on admirera *le Génie de la Patrie*** de *Rude*, détail moulé en plâtre sur le relief de l'Arc de Triomphe de l'Etoile et chef-d'œuvre de la sculpture romantique.

▷ Allée centrale : sculpture 1850-1870

Les grands mouvements de la période sont évoqués. Le romantisme est représenté par le superbe *Lion** de *Barye* et par *Napoléon s'éveillant à l'immortalité** de *Rude*, commandé au sculpteur par un ancien commandant des grenadiers de l'île d'Elbe. Sapho de *James Pradier* est classique, mais le sujet et l'attitude mélancolique de la poétesse relèvent du romantisme. Le Napoléon Ier en empereur romain de *Barye*, modèle au tiers du monument d'Ajaccio, illustre le courant néo-classique archaïsant, tout comme Cornélie, mère des Gracques d'*Eugène Guillaume* qui est inspirée des monuments funéraires romains. Le David d'*Antonin Mercié* témoigne de l'engouement de certains sculpteurs pour la sculpture florentine de la Renaissance. On les surnomma les Florentins. La *Bacchante** d'*Ernest Carrier-Belleuse* qui provient du jardin des Tuileries est plus proche du XVIIIe s. Le buste du Nègre du Soudan de *Charles Cordier*, par sa recherche de réalisme et surtout par sa polychromie, est un témoin des goûts pour le luxe et pour l'Orient qui se manifestent sous le second Empire. De *Jean-Baptiste Carpeaux*, on verra

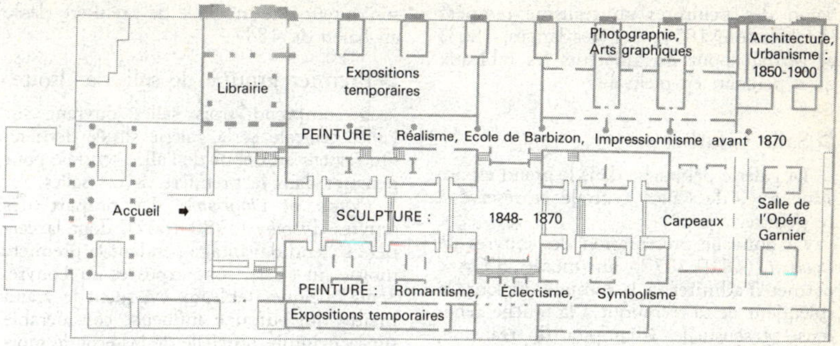

Le musée d'Orsay, rez-de-chaussée

*Ugolin***, *Les Quatre parties du monde****, les reliefs du pavillon de Flore, *La Danse****, et des *bustes**** (→ *encadré*).

▷ Premier groupe de salles à gauche

Il comprend les trois premières salles qui s'ouvrent sur l'allée centrale et la galerie située derrière.

Honoré Daumier (1808-1879). Les trente six *bustes**** en terre crue coloriée qui sont exposés servirent de modèles à ce caricaturiste pour réaliser les portraits charges des parlementaires du juste milieu, publiés dans la Caricature puis dans le Charivari pendant la monarchie de Juillet. Daumier s'est attaché à mettre en évidence les particularités physiques de chacun et se rapproche par là du courant romantique. Mais la puissance de son modelé, son sens du mouvement et le souffle de son inspiration que l'on retrouve dans ses autres sculptures (*Le Ratapoil***, le bas-relief *Les Emigrants***) et dans ses peintures (*La Blanchisseuse***) en font l'un des plus grands artistes de son temps.

Salle Chauchard 1 (→ *encadré*) : *Millet, Rousseau, Corot.* Le musée d'Orsay présente des œuvres de la seconde partie de la carrière de *Corot* (1796-1875) : paysages poétiques et vaporeux (*Souvenir de Mortefontaine** ; Une matinée ; *La Danse des nymphes**) et des figures (L'Atelier de Corot ; Femme à la mandoline ; *La Dame en bleu***). Barbizon, hameau de la forêt de Fontainebleau, fut un centre d'attraction pour des peintres qui, loin de la civilisation industrielle, peignaient des paysages d'après nature. Ceux de *Théodore Rousseau* (1812-1867), un des maîtres à penser de l'*école de Barbizon*, témoignent d'un amour quasi mystique pour la nature. Son ami, *Jean-François Millet* (1814-1875) commença sa carrière avec des portraits (Madame Lecourtois) et la termina à Barbizon avec des paysages (*Le Printemps***) ; *Les Glaneuses***, image du labeur et de la pauvreté des campagnes, déchaîna les critiques au Salon de 1857.

Salle Chauchard 2 : le réalisme. On atteint cette galerie par l'escalier situé dans la petite salle centrale.

Les œuvres exposées montrent qu'un réalisme tempéré était apprécié, pourvu qu'il ne mette pas en question les valeurs de la bourgeoisie. Ainsi, *Jules Breton* fit son succès avec des tableaux à sujet paysan (Le Rappel des glaneuses, 1859). Les représentations d'animaux domestiques par *Rosa Bonheur* (Labourage nivernais) ou *Constant Troyon* (Bœufs allant au labour), connurent aussi le succès. *Daubigny* présentait au

Jean-Baptiste Carpeaux

Issu d'un milieu modeste, Jean-Baptiste Carpeaux (1827-1875) a eu une carrière brève mais fulgurante. Introduit à la cour par la princesse Mathilde, cousine de Napoléon III, il devint le protégé de ce dernier et réalisa les portraits des membres de la famille impériale (Le Prince impérial et son chien Néro, 1865). D'autre part, il participa à la décoration des grands chantiers du second Empire, le Louvre et l'Opéra. Dans ses groupes, Carpeaux a beaucoup utilisé le schéma de la ronde qui permet de concilier équilibre et mouvement. Déjà dans son Ugolin, dont le sujet inspiré de la Divine comédie de Dante sera repris par Rodin, les enfants forment une ronde inanimée autour de leur père. Celle-ci est encore esquissée par les putti du fronton du pavillon de Flore (Louvre) qui tournent autour de la déesse. Dans le relief exécuté pour l'Opéra, La Danse, le mouvement devient plus frénétique. Cette dernière œuvre fit scandale tant par la nudité des danseuses et l'ambiguïté du personnage masculin que par l'agitation générale de l'ensemble de la sculpture. Enfin, Carpeaux renoue avec cette composition pour Les Quatre parties du monde de la fontaine de l'Observatoire, qui tournent autour d'un globe terrestre.

Carpeaux nous a laissé de nombreux portraits frémissants de vie (Mademoiselle Fiocre, Charles Garnier), dans lesquels la grâce s'allie à un réalisme puissant, et l'expression au mouvement. Si l'œuvre de Carpeaux est intimement liée au second Empire, elle rejoint celle des plus grands sculpteurs de tous les temps.

Salon des peintures au réalisme tempéré (La Moisson, 1851 ; Les Vendanges, 1863) et gardait pour les amateurs les tableaux qu'il peignait en plein air.

▷Salle Courbet

La galerie débouche dans le grand espace situé à g. de l'allée centrale et réservé à ce peintre.

La nouvelle présentation des œuvres de *Courbet* (1819-1877) au musée d'Orsay permet d'admirer, à la lumière du jour, la splendeur de sa technique à la touche généreuse et sensuelle. Champion du réalisme, *Courbet* créa un scandale au Salon de 1850 avec ***L'Enterrement à Ornans*****. En face, dans le grandiose ***Atelier******, il a voulu symboliser ses idéaux philosophiques et artistiques, à l'aide de personnalités du monde politique (Napoléon III, Garibaldi,...) ou artistique (Champfleury, Baudelaire,...) et de ses amis. A côté de ces deux toiles magistrales, on verra les portraits de ***P.-J. Proudhon**** et de ***sa femme**** ; des peintures d'animaux dans les forêts du Doubs, région natale de Courbet (Le Rut au printemps, ***Combat de cerfs****, ***La Remise de chevreuils****) ; un superbe nu (***la Source****) ; l'expressive ***Truite****. ***Falaises d'Etretat après l'orage***** est un sujet peint également par Monet (→ la collection Moreau-Nélaton) et dont la limpidité de l'atmosphère suggère les paysages impressionnistes.

▸ En face, sur le côté dr. de l'allée centrale, la gigantesque toile Les Romains de la décadence de *Thomas Couture* (qui fut le professeur de Manet), rappelle à la fois l'Antiquité, Véronèse, Rubens, Tiepolo, Titien. Sommet de l'éclectisme, elle valut à son auteur une médaille de première classe au Salon de 1847.

▷Premier groupe de salles à droite

Il comprend trois salles ouvrant sur l'allée centrale et la galerie située derrière. On revient au début de l'allée centrale pour pénétrer dans la première de ces salles.

Ingres et l'ingrisme. La plupart des œuvres d'*Ingres* (1780-1867), dont la carrière s'étend davantage pendant la première moitié du siècle, sont exposées au Louvre. Seuls quelques tableaux évoquent le grand maître qui eut une influence considérable sur la peinture officielle de la seconde moitié du siècle. ***La Source***** (1856), reprend un schéma qu'Ingres avait ébauché dès 1825. Son modelé simplifié, ses courbes pleines, ses contours précis et ses harmonies sourdes sont caractéristiques du style du maître. Les néo-classiques s'en inspireront comme *Gérôme* dans son tableau néo-grec : Le Combat de coqs. Les quatre ***modèles**** en plâtre patiné de *Barye* pour la décoration des pavillons Denon et Richelieu du Louvre, illustrent le courant néo-classique dans la sculpture.

Delacroix et Chassériau. Autre figure du siècle, maître du romantisme, *Delacroix* (1798-1863) n'est présent à Orsay qu'avec quelques toiles, l'essentiel de son œuvre étant resté au Louvre. La fougue et l'explosion des couleurs d'un de ses chefs-d'œuvre, ***La Chasse au lion*****, l'opposent à Ingres. Elève de ce dernier, *Théodore Chassériau* (1819-1856) eut une vocation artistique précoce et conserva l'héritage de son maître, comme en témoigne Le Tépidarium. Mais ***Chefs arabes se défiant**** révèle l'influence de Delacroix que Chassériau admirait passionnément. Le bas-relief en bronze, ***Ophélie****, d'*Auguste Préault* (1809-1879) est une pièce majeure de la sculpture romantique.

Peinture d'histoire et portrait (1850-1870). Les œuvres sont présentées dans la troisième salle et dans la galerie située derrière.

Tout au long du XIXe s., la peinture d'histoire, qui tire ses sujets de l'histoire mais aussi de la mythologie ou de l'allégorie, reste la peinture noble par excellence, celle qui permet d'attirer les récompenses les plus hautes du Salon et d'accéder aux carrières les plus glorieuses. ***La Naissance de Vénus****, nu mythologique et idéalisé de *Cabanel* remporta un très vif succès au Salon de 1863. La pose voluptueuse de Vénus est proche de celle de la Femme piquée par un serpent, marbre de *Clésinger* qui provoqua le scandale au Salon de 1847, car tout le monde avait reconnu le modèle : Madame Sabatier, la muse de Baudelaire.

Dans la galerie (accès par l'escalier situé à dr. de la toile de Thomas Couture, Les Romains de la décadence), on verra des œuvres d'*Henri Regnault*, jeune espoir de la peinture d'histoire, mort au combat en 1871 ; ***L'Exécution sans jugement sous les***

La collection d'Alfred Chauchard

Alfred Chauchard (1821-1909) fut l'un des fondateurs des Grands Magasins du Louvre. A partir de 1885, il consacra sa fortune à des œuvres de bienfaisance et à la constitution d'une collection de peintures qu'il légua dans sa totalité au musée du Louvre en 1906. L'œuvre la plus célèbre en est L'Angélus de Millet que Chauchard acquis contre les Américains à un prix exceptionnellement élevé. Il acheta également plusieurs tableaux des peintres de l'école de Barbizon. Ainsi, autour de L'Angélus, on peut admirer une Avenue, Forêt de l'Isle-Adam de Théodore Rousseau, Les Hauteurs du Jean de Paris de Narcisse Diaz, La Mare aux chênes de Jules Dupré. Le reste de la collection Chauchard (exposée dans la galerie, derrière ce groupe de salles, sur le mur commun entre la salle Chauchard 1 et la galerie) montre des œuvres de Delacroix (Chasse au tigre), Decamps, Meissonier, dont la célèbre Campagne de France (1815), Ziem, etc.

A ne pas manquer

Rez-de-chaussée

***Allée centrale** : La Danse et Les Quatre parties du monde de la fontaine de l'Observatoire, de Carpeaux.*

***Salle de l'Opéra** : le plan-relief du quartier de l'Opéra.*

***Salles de gauche** : les bustes des parlementaires, de Daumier ; L'Angelus, Les Glaneuses et Le Printemps, de Millet ; L'Enterrement à Ornans et L'Atelier, de Courbet ; Le Déjeuner sur l'herbe, L'Olympia et Le Balcon, de Manet ; Les Femmes au jardin, L'Hôtel des Roches Noires à Trouville, Les Coquelicots, de Monet.*

***Salles de droite** : La Toilette de la duchesse de Parme ; Le Pauvre Pêcheur, de Puvis de Chavannes ; Orphée, de Gustave Moreau ; La Famille Bellelli, de Degas.*

rois maures de Grenade*, au sujet macabre et aux couleurs éclatantes, est son dernier tableau. Les Portraits de Madame F. par *Edouard Dubufe* et de Charles Garnier par *Baudry*, peints sur fond sombre, sont dans la tradition des portraits classiques, sobres et pénétrants.

▷ Galeries de droite : arts décoratifs (1850-1880)

On accède à ces galeries en passant derrière le grand tableau de Thomas Couture, Les Romains de la décadence.

L'éclectisme qui fait appel aux styles du passé, devint le langage universel dans les arts appliqués. ***La Toilette de la duchesse de Parme***** rassemble les influences de l'Islam, du Moyen Age, de la Renaissance et du Baroque. Le vase de l'Education d'Achille (également dans une vitrine de la galerie), pièce exceptionnelle de la *maison Christofle*, combine des motifs naturalistes nouveaux et d'autres empruntés au maniérisme. Le grand ***médaillier***** exécuté par *Dielh* (dans la première salle ouvrant sur la galerie), est une œuvre unique. Il tire son sujet du passé national mérovingien que l'on découvrait à l'époque, et intègre un relief de *Fremiet* dont on peut voir le modèle en plâtre. En réaction contre la civilisation industrielle, certains artistes veulent retrouver l'idéal de l'artiste artisan de la Renaissance. *Avisseau* redécouvre Bernard Palissy (coupe et bassin, dans une vitrine de la galerie), *Popelin*, les émailleurs limousins.

Le répertoire des pays orientaux est aussi remis à l'honneur et bientôt le Japon va s'imposer : *Félix Bracquemond* a tiré ses sujets d'estampes ou de livres illustrés japonais pour le ***service**** que lui a commandé E. Rousseau (vitrine dans la deuxième salle ouvrant sur la galerie). Plus tardifs, le ***cabinet**** de *Duvinage* et l'***armoire**** dessinée par *Lièvre*, intégrant un portrait de guerrier japonais par *Detaille*, s'inspirent d'un Orient de fantaisie.

Des peintures, des sculptures et des papiers peints au goût éclectique complètent cette présentation : La Dévideuse, marbre de *Jules Salmson*, Les Dons de la mer et Les Dons de la terre de *Hans Mackaedt*.

▷ Deuxième groupe de salles à droite

Après être revenu sur ses pas par l'allée centrale, on pénètre dans la première des trois salles qui ouvrent sur la deuxième partie de l'allée.

Puvis de Chavannes (1824-1898). Le Recueillement, L'Histoire et ***La Vigilance**** sont des œuvres décoratives parmi les très nombreuses commandes que le peintre exécuta en renouvelant entièrement ce genre, aussi bien pour des édifices publics (les musées de Lyon, de Rouen, la Sorbonne, le Panthéon) que pour des demeures privées. Ses tableaux de chevalet comptent parmi les premières œuvres symbolistes (***L'Espérance****, 1871 ; ***Jeunes Filles au bord de la mer****, 1879). Après le ***Pauvre Pêcheur***** (1881), Pierre Puvis de Chavannes eut une influence grandissante sur les milieux symbolistes.

Gustave Moreau. Autre précurseur du symbolisme, Gustave Moreau (1826-1898) admirait Delacroix et Chassériau. Son iconographie, qu'il puise dans la Bible ou dans la mythologie, est très complexe. ***Jason**** et ***Orphée***** montrent les deux images de la femme telle qu'elle apparaît dans l'œuvre de Moreau : la femme dominatrice, tentatrice et infernale que trahit le regard de Médée sur Jason, et celle douloureuse et mélancolique, proche de l'âme du poète, qui porte la tête d'Orphée. Des œuvres prêtées par le musée Gustave-Moreau complètent cet accrochage (→ *musées*).

Degas avant 1870. Issu d'une famille de banquier, Edgar Degas travailla sous la direction de Lamothe, élève de Ingres et de Chassériau, et compléta cet enseignement par un long séjour en Italie où il découvrit les primitifs des XIVe et XVe s. Admirateur passionné de Ingres, Degas, jusqu'en 1870, resta fidèle à la tradition classique. Mais déjà dans ***La Famille Bellelli****** apparaissent les traits caractéristiques qui feront de lui l'un des représentants de la modernité dans la décennie suivante. On admirera également les ***Portraits de l'Artiste****, de ***Marguerite de Gas****, de ***Thérèse de Gas****, du ***violoncelliste Pillet**** et ***L'Orchestre de l'Opéra*****, un des premiers tableaux dans lesquels apparaissent des danseuses (au second plan).

▷ Deuxième groupe de salles à gauche

Revenir sur ses pas dans l'allée centrale pour entrer dans la salle Manet.

Manet avant 1870 : portrait des ***Parents de l'artiste****, ***L'Olympia******, portrait de ***Zola*****, ***Le Fifre****, ***Le Balcon******.

Manet et les débuts de l'impressionnisme

Edouard Manet (1832-1893) fit un court séjour dans l'atelier de Thomas Couture, mais se rebella vite contre cet enseignement académique, et c'est en copiant Vélasquez et Delacroix qu'il fit son éducation artistique. Après quelques petits succès au Salon (notamment avec le Portrait de ses parents, 1861), Le Déjeuner sur l'herbe, présenté au Salon des refusés en 1863, provoqua un scandale. Plus que le sujet, ce sont la technique à la touche large et apparente et le dessin supprimant la perspective qui choquèrent. Deux ans plus tard, pour les mêmes raisons, L'Olympia déclencha l'hilarité. En 1866, Le Fifre fut refusé au Salon. En 1869, on ne comprit pas la modernité du Balcon. Mais si la critique se déchaînait, ceux qui combattaient l'académisme virent en Manet leur chef de file : Zola prit la plume pour défendre le jeune artiste (en remerciement, Manet fit son portrait); Fantin-Latour le montre dans son Hommage à Delacroix comme le représentant de la jeune peinture, et dans L'Atelier aux Batignolles comme un maître incontesté; enfin, dans L'Atelier de Bazille, il apparaît aux côtés de Monet et Renoir comme un ami influent. Ainsi Manet joua, un peu malgré lui, un rôle déterminant dans l'histoire de l'impressionnisme, mais ce n'est qu'après 1870, avec quelques tableaux influencés par Monet, que l'on peut qualifier sa peinture d'impressionniste.

Monet, Bazille et Renoir avant 1870. Reprendre l'allée centrale pour pénétrer dans cette salle qui jouxte la précédente.

Monet, Bazille et Renoir s'étaient rencontrés dans l'atelier de Gleyre, à Paris, et allèrent ensemble peindre dans la forêt de Fontainebleau, développant un nouvel intérêt pour la peinture de plein air. *Bazille*, mort prématurément pendant la guerre de 1870, a représenté sa famille en plein air, sous le soleil du Midi : ***Réunion de famille****. ***Femmes au jardin***** de *Monet* sont des œuvres plus modernes et l'on remarque déjà dans les paysages qu'il a peints avant 1870 une incomparable fraîcheur : ***Jardin en fleur****; ***Train dans la campagne****; ***La Pie****, récente acquisition; ***L'Hôtel des Roches Noires à Trouville***** dans lequel transparaît l'influence de Boudin.

Dans la galerie située derrière ces deux salles, on remarque, en face du ***Déjeuner sur l'herbe***** de *Manet*, La Robe rose, œuvre de plein air de *Bazille*, et un superbe portrait de jeunesse de *Monet* : ***Madame Gaudibert****. Plus loin, sur la dr., œuvres du peintre méridional *Paul Guigou* : La Route de la Gineste (1854); ***La Lavandière****. A g., dans ***L'Atelier aux Batignolles**** de *Fantin-Latour*, tous les modèles représentés autour de Manet sont des amis de ce dernier ou de Fantin-Latour.

▷ Galeries de gauche

Fantin-Latour et Whistler. Hommage à Delacroix (1864), premier des grands portraits collectifs de *Fantin-Latour*, est un véritable manifeste car il rassemble autour de l'autoportrait du grand maître, des personnalités représentatives de la nouvelle école de peinture : peintres (Manet, Whistler), écrivains (Baudelaire) ou critiques (Champfleury). Moins austères, les natures mortes et les portraits de femmes (***Mademoiselle Charlotte Dubourg*****) de *Fantin-Latour* montrent mieux la sensibilité de ce peintre qui cherchait sa voie entre l'académisme et la jeune peinture. Ami de Fantin-Latour, l'Américain *Whistler* est présent avec ***La Mère de l'artiste*** ou ***Arrangement en gris et noir nº 1****.

Boudin, Jongkind et Lépine. Dans cette salle sont rassemblés des paysages des initiateurs de l'impressionnisme : Eugène Boudin (1824-1898), Johan Barthold Jongkind (1819-1891) et Stanislas Lépine (1836-1892). La collection Mollard en possède de superbes exemples : ***La Plage de Trouville*****, 1864, de *Boudin*; ***La Rue de l'abbé de l'Epée**** de *Jongkind*; ***Montmartre, rue Saint-Vincent*** de *Lépine*. A leurs côtés, des paysages des peintres de l'*école de La Haye* : Le Ramassage du goémon de *Mauve*; Soleil couchant de ***Mesdag***.

Collection Moreau-Nélaton (→ *encadré*) : ***les Coquelicots***** de *Monet*, ***La Blonde aux seins nus***** de *Manet*.

Collection Mollard : ***Gelée blanche***** (1873), est représentatif de *Camille Pissarro*, peintre amoureux de la terre et de la campagne. Cette œuvre appartient avec d'autres de Boudin, Lépine, Jongking (→ ci-dessus), *Sisley* (Le Pont de Moret), *Théodore Rousseau*, *Stevens* et *Renoir*, à la donation de 1961, complétée par le legs en 1972 du Dr Eduardo Mollard au Louvre.

Photograhie et arts graphiques (salles 1 et 2). Dans ces deux petites salles situées de part et d'autre de l'espace réservé à la collection Moreau-Nélaton, ainsi que dans une troisième au niveau supérieur, sont présentées sous forme d'expositions temporaires, les collections de photographies et d'arts graphiques du musée. La fragilité du papier qui s'altère à la lumière explique l'obscurité dans laquelle baignent ces salles.

Réalisme. L'école espagnole joua un rôle déterminant chez les peintres réalistes : dans Amende honorable, *Legros* s'est inspiré d'un tableau de Zurbarán, au Louvre, alors que le Saint Sébastien martyr de *Théodore Ribot* rappelle le style de Ribera. A côté de ces œuvres contemporaines des débuts de l'impressionnisme, on remarquera des ***peintures**** de *Monticelli*, des ***paysages**** de *Ravier* et dans une vitrine, la célèbre sculpture en cire de *Meissonnier* : ***Le Voyageur*****.

Orientalisme. Sous le second Empire, l'orientalisme reste un mouvement esthétique important. Le Désert de *Guillaumet* et

La collection Moreau-Nélaton

Peintre, historien d'art et collectionneur, Etienne Moreau-Nélaton (1859-1927) donna en 1906 au musée du Louvre un ensemble de peintures et de dessins qui constitue la plus belle donation d'œuvres du XIXᵉ s. faite au musée. Les œuvres impressionnistes sont exposées au musée d'Orsay alors que le reste de la collection est resté au Louvre. Parmi les chefs-d'œuvre, on notera le célèbre Déjeuner sur l'herbe et La Blonde aux seins nus de Manet, Les Coquelicots (1873), Repos sous les lilas et Le Pont d'Argenteuil (1873) de Monet, La Chasse aux papillons de Berthe Morisot (1874), La Diligence à Louveciennes de Pissarro, La Passerelle d'Argenteuil et Le Repos au bord du ruisseau de Sisley.

Le Pays de la soif de *Fromentin* se rapprochent du réalisme, tandis que la sculpture de *Barrias*, Jeune Fille de Mégare assise et filant, relève d'un Orient plus pittoresque.

▷ La salle de l'Opéra***

Située au fond et au centre de l'allée centrale, cette salle présente le monument sous différents visages.

Inauguré en 1875 après treize années de travaux, le nouvel Opéra de Paris symbolisait le triomphe de l'architecture du second Empire et consacrait son architecte *Charles Garnier*. Le ***plan-relief**** (au 100ᵉ) du quartier de l'Opéra en 1914 est présenté à terre, sous une plaque de verre. Il met en évidence les problèmes d'insertion du bâtiment dans un ensemble haussmannisé et le parti pris décoratif de l'extérieur qui contraste avec l'environnement austère du quartier. La grande ***maquette****, coupe longitudinale du bâtiment, souligne l'opposition entre la logique rigoureuse de la distribution intérieure et l'exubérance de l'aspect extérieur. En outre, le musée d'Orsay présente esquisses, maquettes, modèles et originaux (le relief de ***La Danse**** de *J. B. Carpeaux*) de la décoration sculptée. De nombreux documents prêtés par l'agence d'architecture et par le musée de l'Opéra, accompagneront par roulement la grande ***maquette de la scène**** réalisée pour l'Exposition universelle de 1900. ▶ Le visiteur peut, s'il ne dispose que de peu de temps, emprunter les escaliers mécaniques situés derrière la grande verrière, au fond de l'allée centrale, pour se rendre directement au niveau supérieur où sont exposées les collections impressionnistes.

▷ Le pavillon amont *à g. de la salle de l'Opéra*

Architecture 1850-1900. La structure de la gare d'Orsay, entièrement dégagée à cet endroit, place d'emblée le visiteur face au sujet : l'architecture. Des reliefs polychromes réalisés d'après des éléments empruntés aux constructions les plus représentatives de l'époque retracent l'histoire de la grammaire architecturale, du vocabulaire décoratif et des matériaux. Ils sont présentés sur une tour inventée par le décorateur *Richard Peduzzi*. Le grand tableau de *Victor Navlet* représentant ***Paris en 1855****, avant les transformations d'Haussmann, met en évidence l'ampleur de la modernisation effectuée pendant le second Empire et la troisième République.

Le renouveau des arts décoratifs : *Pugin, Morris, Webb, Mackmurdo, Jeckyll, Godwin, Sullivan*. En empruntant l'escalier du pavillon amont, on parvient à un premier niveau où plusieurs espaces sont consacrés au mouvement Arts and Crafts. Autour de William Morris, se regroupèrent artistes, et architectes ; partisans d'un art total, ils jetèrent les bases d'un renouveau des arts décoratifs. Les ***boiseries peintes**** de la firme Morris and Company, le ***buffet**** de *Webb* et La Fille du roi, peinture et encadrement de *Burne-Jones*, illustrent la diversité de leurs recherches.

Viollet-le-Duc. Au même niveau, une salle présente, grâce à des peintures murales, les théories de Viollet-le-Duc sur la décoration et l'aménagement intérieur. ▶ En continuant la montée vers le niveau supérieur, on rejoint des espaces réservés aux expositions-dossiers sur l'architecture.

Niveau supérieur

▷ La galerie des hauteurs

Cette galerie est consacrée aux impressionnistes dont le musée possède une des collections les plus riches du monde (→ *encadré*). L'éclairage zénithal, grâce à la verrière, convenait parfaitement aux œuvres de ces artistes, obsédés par l'étude de la lumière. C'est ce qui a justifié le bouleversement du parcours chronologique qui réserve le niveau médian à la dernière partie de la visite.

Monet, Pissarro, Renoir et Sisley avant 1880. C'est dans la décennie 1870-1880 que se déroule l'histoire de l'impressionnisme proprement dit. Ces deux premières salles permettent d'en suivre l'évolution à travers les œuvres de ses fondateurs. Dans ***Régates à Argenteuil****, *Claude Monet* (1840-1926) a employé une palette claire ; pour rendre les miroitements et les reflets de la lumière sur l'eau, il a utilisé une touche légère et fragmentée qui deviendra une des caractéristiques de l'impressionnisme.

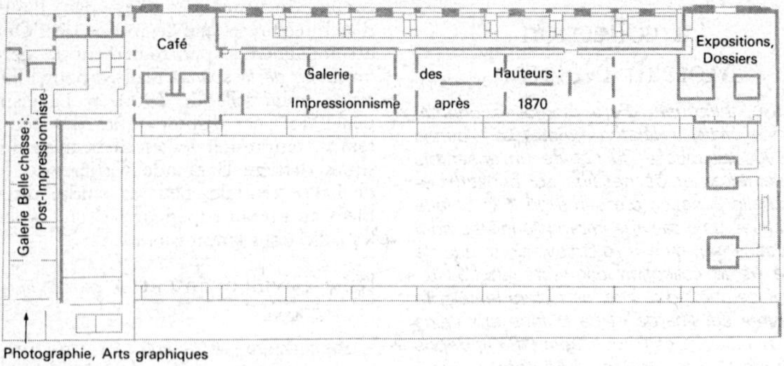

Le musée d'Orsay, niveau supérieur

On admirera *Zaandam**, Les Barques et Le Bassin d'Argenteuil peints dans le même esprit, et des œuvres plus intimistes mais pour lesquelles Monet a utilisé la même technique : *Le Déjeuner** et *Coin d'appartement**. *Les Toits rouges*** et Paysage peint après la pluie, montrent que *Pissarro*, à la même époque, est aussi préoccupé par le rendu de la lumière et des aspects changeants de l'atmosphère. Mais si Monet est le peintre de l'eau, Pissarro préfère la terre comme en témoignent Les Coteaux de l'Hermitage, *Pontoise** ou *La Moisson à Montfoucault***. *Sisley* poursuit les mêmes recherches à Port-Marly : *L'Inondation à Port-Marly*** est un de ses chefs-d'œuvre. Auprès de Monet, *Renoir* adopte la technique impressionniste qu'il applique bientôt à ses portraits comme ceux de *Claude Monet** et d'*Alphonsine Fournaise**. Dans son magistral *Moulin de la Galette***, et dans *La Balançoire****, il a étudié les reflets colorés et les ombres bleutées du soleil à travers les feuillages. Les impressionnistes tirent aussi leurs sujets de la vie citadine comme *Monet* pour *La Gare Saint-Lazare*** ou *La Rue Montorgueil***.

Manet et Degas après 1870. Après la guerre de 1870, sous l'influence de Monet, *Manet* est attiré par l'impressionnisme et la peinture de plein air, comme en témoigne *Sur la plage*** (1873). Dans *La Dame aux éventails** ou dans *Le portrait de Mallarmé**, on remarque qu'il a employé la touche fragmentée des impressionnistes. De nouveaux sujets empruntés à la vie parisienne apparaissent dans son œuvre comme *La Serveuse de bocks**. A côté des œuvres de Manet sont présentées celles de son amie *Berthe Morisot* : *Le Berceau**, Jeune Femme en toilette de bal. Quant à *Degas*, s'il participait aux expositions des impressionnistes, son esthétique s'en écarte car il peignait ses peintures à sujet de plein air (Chevaux de course devant les tribunes) de mémoire, à l'atelier. Les compositions de Degas frappent par leur originalité : composition fortement verticale de *Femme à la potiche** ou de *A la Bourse*** ; composition en diagonale inspirée des estampes japonaises dans *L'Absinthe**** et *Les Repasseuses*** et composition reléguant les personnages au second plan dans Au café. Les toiles représentant des danseuses, thème de prédilection de Degas, permettent à la fois des recherches de composition à partir de groupes de personnages évoluant dans un espace clos, et des études de mouvement : Répétition d'un ballet sur la scène (1874) ; *La Classe de danse*** (1874) ; *Danseuses bleues**** (1886-1890). Aux peintures répondent les *bronzes*** installés dans les vitrines centrales : séries de chevaux, de danseuses (dont *La Grande Danseuse habillée***), de femmes à leur toilette. Longtemps négligée, l'œuvre sculptée de Degas apparaît aujourd'hui comme une des plus intéressantes de son époque.

Monet, Renoir après 1880. Installé à Vétheuil en 1878, puis à Giverny en 1883, *Monet* poursuit ses études de lumière et d'atmosphère : Eglise de Vétheuil, Neige, La Seine à Vétheuil, Débâcle sur la Seine, Les Rochers de Belle-Ile, Champs de tuli-

Gustave Caillebotte

Avec la fortune que lui avait laissée son père, Gustave Caillebotte (1848-1894) put se consacrer à la peinture et être le soutien des impressionnistes. Après avoir travaillé avec Bonnat et être entré en 1873 à l'école des Beaux-Arts, il abandonna l'enseignement officiel et se joignit au groupe des impressionnistes. Les Raboteurs du parquet, dont la mise en page est étonnante, révèle son immense talent, longtemps méconnu. Mais Caillebotte est surtout présent au musée d'Orsay, à travers sa magnifique collection de toiles impressionnistes. En 1897, après trois ans de négociations, le Louvre n'accepta qu'une partie des soixante-sept œuvres de son legs. Parmi elles, Régates à Argenteuil, et La Gare Saint-Lazare de Monet, Les Toits rouges de Pissarro, Le Balcon de Manet, Le Moulin de la Galette de Renoir, L'Estaque de Cézanne, et Les Régates à Molesey de Sisley font partie des plus grands chefs-d'œuvre du musée.

pes en Hollande, Femme à l'ombrelle (deux panneaux décoratifs). Il entreprend des séries sur un même sujet vu à plusieurs instants de la journée : ***Les Meules*****; ***La Cathédrale de Rouen***** dont le musée possède cinq toiles; Londres et le Parlement, qui appartiennent à la série sur la Tamise. Enfin son jardin de Giverny l'accapare pour des études sur la lumière, les plantes, l'eau, le temps : ***Le Bassin aux Nymphéas*****; ***Les Nymphéas bleus***** (Nymphéas → *musée de l'Orangerie*.)

Renoir, après un voyage en Algérie d'où il ramène de splendides paysages (***Paysage algérien*****; ***Fête arabe à Alger*****; ***Champ de bananiers****), traverse une crise esthétique qui l'amène à privilégier le dessin sur la couleur. ***Danse à la ville***** et ***Danse à la campagne***** ont été peints pendant cette période. Il adopte ensuite une manière dite nacrée, à la facture plus souple : ***Les Jeunes Filles au piano**** et ***Les Grandes Baigneuses****** que Renoir considérait comme son héritage artistique; par l'éclatement des couleurs où le rouge domine, ce tableau témoigne de la vitalité de ce peintre, perclus de rhumatismes, paralysé et toujours amateur inconditionnel des femmes.

Sur l'épi central sont exposées des œuvres tardives de *Pissarro* (***La Brouette*****; Jeune Fille à la baguette, 1881) et de *Sisley* (Le Canal du Loing, 1892).

Dans la salle voisine, présentation des ***sculptures*** que *Renoir* exécuta avec l'aide de *Guino* : Madame Renoir, Le Jugement de Pâris.

Collection Personnaz. Dans cette salle est présentée la collection léguée aux musées nationaux par Antonin Personnaz (1854-1936), collectionneur originaire de Bayonne, lié avec Pissarro, Degas et Armand Guillaumin (1841-1927). Une série de quatorze paysages de *Pissarro* permet de suivre l'évolution du peintre dans la seconde partie de sa carrière : La Route de Louveciennes (1870); ***Paysage à Chaponval**** (1880); ***Femme dans un clos**** (1887). On y voit aussi des œuvres de *Monet* (***Le Pont d'Argenteuil****, 1874), *Sisley* (Le Brouillard), *Guillaumin*, *Berthe Morisot* (***Dans les blés****, 1875) et l'unique peinture que possède le musée de l'Américaine *Mary Cassatt* (1844-1926) : ***Femme cousant*****. Des œuvres de la collection du Docteur Gachet (→ *encadré*) complètent l'accrochage : ***Chrysanthèmes**** de *Monet*, ***Margot***** de *Renoir*.

Van Gogh. Après plusieurs années d'hésitation entre la théologie et la peinture, Vincent Van Gogh choisit définitivement cette dernière vers 1880. Arrivé à Paris en 1886 chez son frère Théo qui restera toujours son soutien matériel et moral, il abandonne sa première manière sombre, à la touche large et épaisse (Tête de paysanne hollandaise, 1884). Au contact des impressionnistes, sa palette s'éclairicit, sa touche se fragmente (La Guinguette, 1886; le Restaurant de la Sirène, 1886; ***Autoportrait**** 1887), tandis

A ne pas manquer

Niveau supérieur

La galerie des hauteurs

Monet : Régates à Argenteuil, Le Déjeuner, La Gare Saint-Lazare, Les Meules, Les Cathédrales de Rouen, Les Nymphéas.

Pissarro : Les Toits rouges, La Jeune Fille à la baguette.

Renoir : Le Moulin de la Galette, La Balançoire, Les Jeunes Filles au piano, les Grandes Baigneuses.

Manet : Sur la plage, La Dame aux éventails, Clemenceau.

Degas : Les Repasseuses, L'Absinthe, La Classe de danse, Les Danseuses bleues.

Van Gogh : L'Arlésienne, L'Autoportrait de l'artiste (1889), L'Eglise d'Auvers-sur-Oise.

Cézanne : Les Joueurs de cartes, L'Estaque, La Femme à la cafetière.

Les salles d'angle

Degas : les pastels et les bronzes, plus particulièrement La Grande Danseuse habillée.

Seurat : le Cirque.

Ls salles Redon et Toulouse-Lautrec.

La galerie Bellechasse

Henri Rousseau : La Guerre.

Emile Bernard : Madeleine au bois d'amour.

Gauguin : Femmes de Tahiti, Le Cheval blanc, Et l'or de leur corps, Les Lavandières à Pont-Aven, La Belle Angèle, les bois sculptés.

Georges Lacombe : Isis.

Sérusier : Le Talisman.

Vuillard : Au lit.

Bonnard : les quatre panneaux des Femmes au jardin; Le Peignoir.

Aristide Maillol : La Femme à l'ombrelle.

Vallotton : Le Ballon.

Maurice Denis : Les Muses.

***Dans la collection Kaganovitch** : L'Hôpital Saint-Jean, de Van Gogh.*

que les estampes japonaises lui fournissent de nouveaux schémas de composition (L'Italienne, 1887). A Arles, en 1888, la couleur devient son véritable mode d'expression; ***Salle de danse à Arles****, et ***L'Arlésienne***** sont proches de l'esthétique de Gauguin auprès duquel il travaillait. L'angoissante *Chambre de Van Gogh à Arles** et le magnifique ***Autoportrait**** (1889) ont été peints après sa tragique crise de démence, à Arles en décembre 1888. Installé près du Docteur Gachet à Auvers-sur-Oise, il continue à peindre frénétiquement. Par la touche empâtée et fébrile, les couleurs étrangement stridentes, la perspective déformée, certains tableaux comme ***L'Eglise d'Auvers-sur-Oise****** expriment la détresse de l'artiste qui se suicidera en 1890.

Cézanne. Toutes les étapes de la carrière de Paul Cézanne (1839-1906) sont représentées ici. De sa période baroque, à la pâte lourde et boueuse, le musée possède La Madeleine ou la Douleur, le ***Portrait d'Achille Emperaire****, d'une intensité surpre-

Paul Gachet

Médecin, Paul Gachet (1828-1909) fréquenta dès sa jeunesse des artistes comme Courbet, Bresdin ou Bonvin et pratiqua lui-même la peinture. En 1872, il acheta une demeure à Auvers-sur-Oise où il accueillit Guillaumin, Pissarro, Cézanne, dont il devint le premier client, et enfin Van Gogh qui est enterré dans le cimetière du village. Une grande partie de la collection du Docteur Gachet (notamment son Portrait, l'Autoportrait de 1889, et L'Eglise d'Auvers-sur-Oise par Van Gogh) a été donnée au Louvre par ses enfants.

nante et ***La Nature morte à la bouilloire****. Installé dès 1872 à Auvers-sur-Oise, auprès de Pissarro, il adopte la palette claire et la touche fractionnée des impressionnistes : La Maison du pendu, une Moderne Olympia (transposition du tableau de Manet), Dalhias et La Nature morte à la soupière. Il expose alors avec les impressionnistes et est défendu par Zola. Mais il s'écarte bientôt de ce mouvement comme en témoignent : Cour de ferme à Auvers, d'une rigidité presque abstraite ; ***Les Peupliers**** et ***Le Pont de Maincy**** dans lesquels Cézanne a employé une touche mosaïquée et une construction quasi géométrique, tout comme dans ***L'Estaque*****. Cézanne passe la fin de sa vie à Aix-en-Provence. Il essaie de faire du « Poussin sur nature » en traitant la nature « par le cylindre et la sphère ». D'où l'ampleur de ses dernières compositions qui eurent une portée considérable sur la peinture et l'art du XXe s. : ***Baigneurs*****, ***Les Joueurs de cartes******, la monumentale ***Femme à la cafetière******, ***La Nature morte aux oignons***** et la magistrale nature morte : ***Pommes et Oranges*****.

Pastels de Degas***. Ils sont exposés dans une petite salle qui s'ouvre à l'extrémité g. de la galerie. Durant toute sa carrière, Degas a utilisé le pastel : L'Etude pour Sémiramis construisant Babylone date de 1861 ; mais lorsque sa vue baissa, il dut renoncer peu à peu au dessin et à la gravure et travailla de plus en plus au pastel. Degas a contribué au renouvellement de cette technique en exploitant toutes ses possibilités, depuis les touches légères et vaporeuses de ses paysages exécutés vers 1869-1870, jusqu'au système complexe de hachures que l'on remarque dans les œuvres abouties que sont Danseuse au bouquet saluant sur la scène, Fin d'arabesque, Après le bain ou Femme s'essuyant la nuque. L'affirmation de Degas « mon art n'a rien de spontané, il est tout réflexion » convient particulièrement à ses pastels : leurs harmonies colorées sont d'un extrême raffinement, notamment celles de Chez la modiste ou celles de la série des femmes à leur toilette (Le Tub ; Femme se peignant ; La Sortie du bain).

▶ Sur le côté dr. se trouve le ***café des hauteurs*** qui offre une très belle vue sur la Seine et Paris. ▶ De là vous pouvez atteindre la terrasse extérieure qui surplombe la Seine. ▶ La ***salle de consultation***, dotée de moyens informatiques très modernes, est installée sur la mezzanine du café des hauteurs.

▷ Les salles d'angles

Seurat et le néo-impressionnisme. Le Cirque**, œuvre inachevée de *Georges Seurat* (1859-1891), est la dernière composition du peintre. Seurat a mis ici en application ses théories sur la division scientifique de la touche, substituant le mélange optique au mélange physique des pigments pour parvenir à une plus grande luminosité. Il a également tenté d'utiliser les théories de Charles Henry sur les signes émotifs et l'expression psychologique des lignes. Remarquer le cadre peint par Seurat lui-même. Les études pour les grandes compositions permettent de mieux observer la technique du peintre. L'emploi d'une touche fragmentée, selon les théories de Seurat, caractérise les œuvres néo-impressionnistes : ***La Bouée rouge****, La Voile verte, Les

Pour en savoir plus

Visites guidées

Des visites guidées générales du musée sont organisées t.l.j. sf dim. à 11 h et le jeu. à 19 h. Pour les visites approfondies et les parcours, consulter les écrans d'information Points-clefs dans le musée.

« Une œuvre à voir » : présentation d'une œuvre, t.l.j. sf dim. à 12 h 30.

Groupes

Les groupes (30 personnes maximum) ont accès au musée du mar. au sam. de 9 h à 13 h 30 (14 h 15 pour les scolaires), le jeu. à 18 h 30 et 20 h, pour les groupes demandeurs d'une visite-conférence. Inscription trois semaines avant la date souhaitée (☎ 45.49.45.46.).

Jeunes

Pour les 5 à 15 ans : ateliers, visites-parcours, visites-explorations, jeux informatiques, projections... Dépliant d'informations « jeunes visiteurs » au comptoir d'accueil.

Manifestations culturelles

Concerts, cinéma, conférences, débats et cours d'histoire culturelle dans l'auditorium du musée (sous-sol) et pour certains concerts, dans la salle des fêtes. Pour précisions, consulter les Points-clefs (écrans d'information répartis dans le musée), les publications et les programmes, ou s'adresser aux chargés d'accueil.

Publications

L'ouverture du musée d'Orsay a été l'occasion de nombreuses publications éditées par la Réunion des musées nationaux et en vente à la librairie (rez-de-chaussée) ; entre autres, un guide abondamment illustré, et rédigé par Caroline Mathieu, conservateur au musée d'Orsay.

Femmes au puits, de *Paul Signac*; Les Iles d'or, L'Air du soir de *Cross*; ***Couple dans la rue**** de *Angrand*; ***La Marne à l'aube**** de *Dubois-Pillet*; En bateau de *Van Rysselberghe*; La Seine et Notre-Dame de *Maximilien Luce*.

Salle Redon**. On y accède par la première salle consacrée au néo-impressionnisme. Il faut voir le mystérieux ***Portrait de Gauguin*** par *Odilon Redon* (1840-1916), celui de Madame Redon et la série des pastels où le talent du coloriste est particulièrement éclatant. Grâce à la donation de Suzanne et Ari Redon, fils de l'artiste, le musée possède un ensemble unique de dessins et une série de petits paysages lumineux, peints à l'huile; ils révèlent tous les aspects de ce grand artiste, secret et sensible, éloigné de tout mouvement et de toute théorie.

Les pastels. Trois salles situées de part et d'autre de la salle Redon présentent, par roulement, les collections de pastels du musée. La seconde moitié du XIXe s. voit la renaissance de la technique du pastel qui est utilisée par les impressionnistes (*Manet*, *Bracquemond*, *Berthe Morisot*) et leurs contemporains (*Helleu*), mais surtout par les symbolistes comme *Levy-Dhurmer* ou *Degouve de Nuncques*.

Salle Toulouse-Lautrec**. La Toilette montre combien Degas a influencé *Henri de Toulouse-Lautrec* (1864-1901), par ses thèmes et par l'audace de ses mises en page. Mais le trait de Toulouse-Lautrec, rapide, nerveux et simplificateur, reste très personnel. Ses portraits de ***La Goulue***, de ***Jane Avril dansant***, de la Clownesse Cha-U-Kao et ses représentations de prostituées (le Lit, Femme de maison blonde), témoignent de son acuité psychologique mais aussi de la tendresse qu'il éprouvait pour ses modèles.

▷ La galerie Bellechasse

Henri Rousseau. La Guerre* (exposée sur le côté g.), au style primitif et naïf, montre la richesse de l'imagination d'Henri Rousseau (1844-1910), surnommé le Douanier Rousseau, car il était employé d'octroi. En face, le monumental Portrait de femme illustre une autre facette de l'œuvre de ce peintre énigmatique.

Gauguin (→ *encadré*), ***Emile Bernard et Sérusier. Lavandières à Pont-Aven**** date du premier séjour de *Gauguin* en Bretagne et relève encore de l'impressionnisme. Gauguin a peint ***Les Alyscamps**** aux côtés de Van Gogh, à Arles. ***La Belle Angèle*****, ***La Famille Schuffenecker****, ***Les Meules jaunes**** sont représentatifs du synthétisme mis au point à Pont-Aven. On peut suivre l'évolution parallèle d'*Emile Bernard*. Au dos du tableau, Pot de grès et pommes, est écrit : « premier essai de synthétisme et de simplification ». ***Madeleine au bois d'amour**** (1888), œuvre symbolique qui représente la sœur du peintre, est le chef-d'œuvre synthétique d'Emile Bernard. Grâce aux donations de Mademoiselle Boutaric, le musée est riche en œuvres de *Sérusier* : La Barrière fleurie, Eve bretonne ou Mélancolie, l'Averse.

Gauguin. Du côté g. de la galerie sont présentées les peintures de *Gauguin* exécutées après son premier départ de Paris. Le Moulin David (1894) renoue avec les paysages de Pont-Aven. Peints lors de son premier séjour à Tahiti, ***Femmes de Tahiti****, ***Le Repas****, ***Arearea****, allient sensualité, couleurs chaudes et arbitraires et symbolisme. ***Et l'or de leur corps*****, ***Vairumati**** et ***Le Cheval blanc**** sont trois chefs-d'œuvre du second séjour aux Antilles. En face, on peut voir des objets et des sculptures de *Gauguin* : céramiques réalisées avec *Chaplet*; le fantastique relief ***Soyez mystérieuses**** (1890); la superbe sculpture ***Oviri****, l'une des dernières acquisitions du musée; les Bibelots sauvages, inspirés de la mythologie tahitienne; Idoles à la coquille, ou à la perle; et enfin les ***panneaux de bois sculptés**** provenant de sa case à Atuana aux îles Marquises. A côté des bois de Gauguin, sont exposés ceux de *Georges*

Paul Gauguin

Autre précurseur de la peinture du XXe s. avec Cézanne et Van Gogh, Gauguin (1848-1903) fut le maître à penser des deux courants présentés dans la galerie Bellechasse : le synthétisme (ou cloisonnisme) et les Nabis.

Après une enfance au Pérou dont il gardera toute sa vie des rêves d'évasion renforcés par un voyage à la Martinique en 1887, Gauguin travailla d'abord dans une banque, peignant en amateur sous les conseils de Pissarro. A plus de trente ans, une crise financière le décida à se consacrer totalement à l'art, ce qu'il fera au détriment de son équilibre physique, moral, financier et familial. A partir de réflexions, de lectures, d'expériences et de discussions, les grandes lignes de son esthétique se dessinèrent alors. A Arles, en 1888, il découvrit un nouvel usage de la couleur auprès de Van Gogh. En Bretagne, à Pont-Aven, petit village où il séjourna en 1886, 1888 et 1889, sa personnalité très forte stimula les jeunes peintres qui travaillaient près de lui. Avec Emile Bernard, il mit au point le synthétisme, réaction contre le réalisme et l'impressionnisme, niant la perspective et prônant l'usage des couleurs pures employées en larges aplats dans des contours marqués. Sous la « dictée » de Gauguin, Paul Sérusier peignit un petit paysage synthétique, aux couleurs éclatantes, Le Talisman, qui sera le point de départ des recherches des Nabis. En 1891, Gauguin partit pour Tahiti, afin de réaliser ses rêves de primitivisme, loin de la civilisation occidentale. Malade, sans argent, il fut obligé de rentrer à Paris et ne repartit à Tahiti que trois ans après. Décidé à aller encore plus loin dans ce retour aux sources, il s'installa dans une case du village d'Atuana aux îles Marquises. Il y est mort en 1903.

Lacombe, le « nabi sculpteur », aux thèmes symboliques et étranges : Isis et les panneaux de lit sur le thème de la Vie humaine, témoignent d'un style primitif.

Les nabis. Les tableaux sont réunis dans les deux dernières salles de la galerie. Le groupe des nabis (ce mot signifie prophète en hébreux) a rassemblé des artistes décidés à « régénérer la peinture » : Maurice Denis, Pierre Bonnard, Ranson, puis Vuillard, Roussel et enfin Verkade, Lacombe, Rippl Ronai, Maillol et Vallotton. Auprès du ***Talisman***** de *Sérusier*, sont accrochées deux œuvres du théoricien du groupe, *Maurice Denis*, ***Tâches de soleil sur la terrasse***** et La Montée au calvaire, pour lesquelles il convient de citer la célèbre phrase : « [...] un tableau [...] est essentiellement une surface plane recouverte de couleurs en un certain ordre assemblées » (Maurice Denis, Art et Critique, 2 août 1890). A dr. le tableau ***Au lit***** d'*Edouard Vuillard*, est représentatif de l'esthétique nabi : sujet intimiste, simplification des formes, larges aplats de couleurs séparés par des contours marqués. Les nabis se sont beaucoup intéressés à l'art décoratif comme en témoignent les panneaux réalisés par *Vuillard* (Les Jardins publics) ou *Bonnard* (***Les Femmes au jardin*****), quatre œuvres récemment acquises. On admirera particulièrement les toiles de *Bonnard*, surnommé « le nabi très japonard » : ***L'Enfant au pâté de sable****, ***Le Peignoir***** et, dans la dernière salle, Sous la lampe ; et ***La Femme à l'ombrelle***** d'*Aristide Maillol*. Les peintures de *Félix Vallotton* se distinguent par leurs compositions originales : ***Le Ballon*****, la Troisième Galerie au théâtre du Châtelet. *Maurice Denis* avait un goût plus marqué pour le symbolisme : ***Les Muses***** est un de ses chefs-d'œuvre.

▶ ***Donation Max et Rosy Kaganovitch***. Dans une salle située après celle où ont lieu des expositions temporaires d'arts graphiques et de photographies, est installée la collection donnée par Max et Rosy Kaganovitch. Cette collection rassemble des œuvres impressionnistes, post-impressionnistes et fauves. Parmi elles : Un coin de jardin à l'ermitage de *Pissarro*, ***L'Hôpital Saint-Jean***** de *Van Gogh* (1889), Paysannes bretonnes de *Gauguin* (1894), Intérieur de *Bonnard* (1920) et Le Pont de Charing-Cross de *Derain*, sont de purs chefs-d'œuvre.

▶ Après cette salle, on descend vers la dernière partie de la visite (niveau médian).

▶ ***Passage de la presse***. On y parvient après avoir emprunté un escalier mécanique. Les étapes importantes de l'histoire de la presse et du livre illustré y sont évoquées à l'aide de panneaux didactiques ▶ Ce passage introduit à un espace où ont lieu des expositions-dossiers sur le même thème. ▶ ***Passage des dates***. Un deuxième escalier mécanique y conduit. Une série de consoles audiovisuelles que le visiteur peut librement interroger, permet de prendre connaissance, année par année, des principaux événements politiques, sociaux et culturels qui ont fait le XIXe s.

Niveau médian

▷ Arts et décors de la troisième République

La salle de bal de l'ancien hôtel. Là, sont rassemblées peintures et sculptures officielles de la troisième République (→ *encadré*). Les sujets allégoriques étaient l'occasion de nus féminins idéalisés. Parmi les plus célèbres : La Naissance de Vénus par *Bouguereau*, La Nature se dévoilant devant la Science, en marbre polychrome et onyx d'Algérie par *Barrias* et un marbre par *Gérôme*, Tanagra.

Dans une autre salle, située derrière la salle de bal, côté Seine, on remarquera le tableau de *Gervex*, Le Jury de peinture du Salon, représentant les hommes qui consacraient cet art officiel. ▶ En sortant de la salle de bal, emprunter la passerelle. ▶ A dr. se situe l'entrée du restaurant. ▶ A g., surplombant l'allée centrale, vous trouverez les terrasses de sculptures qui suivent la chronologie de 1870 à 1914. ▶ La ***première terrasse*** est consacrée aux sculptures officielles de la troisième République, riche en œuvres monumentales telles Le Monument à Gérôme, représentant le peintre-sculpteur travaillant à son groupe des Gladiateurs, ou le ***Saint Michel terrassant le dragon**** de *Frémiet*, replique du couronnement du Mont Saint-Michel.

Le Salon officiel sous la troisième République

Le Salon, qui tire son nom du Salon Carré du Louvre où il se déroula longtemps, était un événement culturel : c'était, en effet, un des rares endroits où les peintres et les sculpteurs pouvaient se montrer et le public les apprécier. Mais le jury d'admission, supprimé en 1848 et rétabli dès 1894, constitué par les artistes les plus médaillés et reconnus, favorisait l'art académique, négligeant les peintures de Courbet, Manet, Monet et Pissarro. Sous la troisième République, il devint plus intransigeant que jamais et les officiels y triomphèrent. C'est pourquoi fut créé, en 1884, le Salon des artistes indépendants qui avait pour règle « ni jury, ni récompense » et où l'on put voir des œuvres de Seurat, Signac, Cross, Van Gogh, Lautrec, etc.

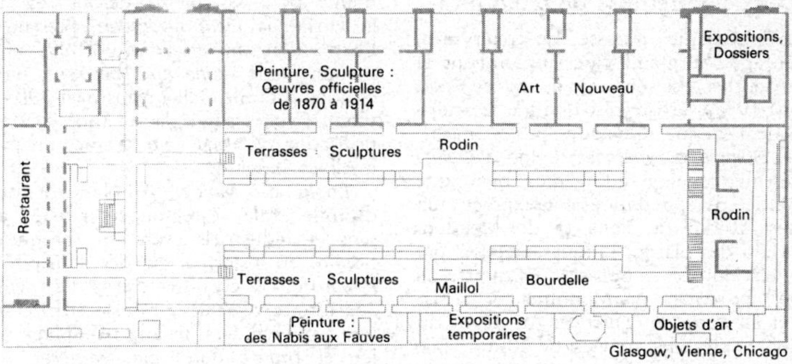

Le musée d'Orsay, niveau médian

▷ Premier groupe de salles ouvrant sur les terrasses de sculptures : naturalisme et symbolisme

Naturalisme. La première de ces six salles conserve les grands formats naturalistes. Après avoir été rejeté par les milieux académiques, sous le second Empire, le naturalisme fut adopté par les peintres les plus officiels de la troisième République, comme *Cormon* dans sa gigantesque toile, Les Fils de Caïn, *Bonnat* dans Madame Pasca ou *Cazin* dans La Journée faite. On remarquera également des œuvres plus modestes et plus intéressantes de *Bastien-Lepage* (Les Foins) ou du même *Cormon* (La Forge).

Dalou, Meunier. Cette salle, ainsi que toutes celles donnant sur la Seine, offre une vue splendide. Pour les sculpteurs Dalou et Meunier, le naturalisme était au service de leurs opinions républicaines : ***Le Forgeron*****, plâtre patiné de *Dalou* (1838-1902) est le modèle d'un élément du Triomphe de la République (fondu en 1886 et placé en 1899 place de la Nation), tandis que Le Grand paysan en bronze a été exécuté en liaison avec son projet d'un Monument au travail.

Blanche, Boldini, Helleu, Troubetskoy. La société parisienne de la fin du siècle, légère, brillante et spirituelle se fait représenter par les artistes en vue. *Robert de Montesquiou*, personnage mondain s'il en fut, est présent à Orsay grâce au superbe ***bronze**** de *Paul Troubetskoy* et au tableau de *Boldini*; Sarah Bernhardt, grâce à son buste en marbre teinté par *Gérôme*.

Naturalisme (suite). Cette deuxième grande salle montre que le naturalisme devint international à la fin du siècle : Brasserie de campagne par l'Allemand *Liebermann*; Madame Lwoff, de la Russe *Valentine Serov*; Deux chevaux blancs tirant des pieux à Amsterdam, du Hollandais *Breitner*; Bateaux de pêche, du Danois *Kroyer*; Les Disciples Pierre et Jean courant au Sépulcre, par le Suisse *Burnand* et Les Ages de l'ouvrier, du Belge *Léon Frédéric*.

Symbolisme. On rejoint ces deux salles par la terrasse de sculptures. La première, qui conserve les grands formats, s'ouvre devant le Saint Michel de *Fremiet*. Le symbolisme, qui cherche à traduire le monde intérieur du rêve ou de la pensée, est une réaction contre la civilisation industrielle, matérialiste. Plusieurs artistes, peintres, sculpteurs, poètes ou musiciens furent des symbolistes comme les peintres académiques *Henri Martin* (Sérénité) ou *René Ménard* dont on peut admirer les immenses compositions destinées à la faculté de Droit de Paris. On remarquera également les petits formats, plus évocateurs : ***Nuit d'été***** de l'Américain *Homer* et les œuvres d'*Eugène Carrière*.

Plusieurs chefs-d'œuvre symbolistes sont exposés dans la salle située côté Seine : ***Le Rêve***** de *Puvis de Chavannes*, ***Les Yeux clos***** de *Redon*, ***La Roue de la Fortune***** de *Burne-Jones*.

A ne pas manquer

Au niveau médian

Le restaurant et la salle de bal de l'ancien hôtel de la gare.

Salles du naturalisme et du symbolisme : *Le Rêve, de Puvis de Chavannes; Les Yeux clos, d'Odilon Redon; La Roue de la Fortune, de Burne-Jones.*

Deuxième terrasse de sculptures : *Balzac et La Porte de l'enfer, de Rodin; L'Age mûr, de Camille Claudel.*

Salles de l'Art Nouveau : *ensemble de meubles de Guimard; Au nouveau cirque, vitrail réalisé par Tiffany, d'après Toulouse-Lautrec; les verreries de Gallé; la bibliothèque de Rupert Carabin; la salle à manger de Charpentier.*

La tour Art Nouveau international.

Salles de l'art du XXe s : *Coolus, La Bibliothèque, de Vuillard; En barque, de Bonnard; Luxe, calme et volupté, de Matisse et La Charmeuse de serpents, de Henri Rousseau.*

▷ Deuxième terrasse de sculptures

La deuxième terrasse de sculptures, située après le grand vide surplombant la salle Courbet, est consacrée à *Auguste Rodin* (1840-1917), artiste qui domine la sculpture de l'époque. Quelques pièces majeures (*L'Homme qui marche**, *L'Age d'airain**) représentent ce grand génie, bien que l'essentiel de son œuvre soit exposée aux musées Rodin de Paris et de Meudon. On verra des plâtres, uniques, déposés par ces deux musées : *Ugolin***, *Balzac****, *La Muse*** provenant du Monument à Whistler et *La Porte de l'Enfer****. Au début du parcours, près des œuvres de Rodin, une pièce capitale de l'œuvre de *Camille Claudel* (1864-1943) a été placée : le bronze de *L'Age mûr****.

▷ Deuxième groupe de salles ouvrant sur les terrasses de sculptures : Art Nouveau

Ces six salles sont consacrées à l'Art Nouveau qui apparut simultanément à la fin du XIXe s., en France et en Belgique, peu après son aîné anglais, le mouvement Arts and Crafts.

France, Belgique. Située en tête du parcours, cette salle présente des œuvres des architectes belges *Victor Horta* (boiserie et mobilier de l'hôtel Aubecq à Bruxelles) et *Henry Van de Velde* (fauteuil créé en 1896 pour le banquier Biard), ainsi qu'une vitrine de bijouterie (*Lalique* : pendant de cou et chaîne) et art de la parure (*Bastard* : éventail épis d'orge).

Guimard. L'architecte Hector Guimard (1867-1942) obtint dès ses débuts de nombreuses commandes publiques et privées (immeubles, stations de métro) et nous a laissé une production abondante d'un style végétal stylisé. Le vitrail, le meuble formant cheminée et la *banquette avec vitrine*** proviennent d'une même propriété du Loiret, construite en 1897-1898. Un autre vitrail, *Au nouveau cirque****, réalisé par le verrier américain *Louis Comfort Tiffany* sur un carton de Toulouse-Lautrec provient d'une série de douze, commandée en 1894 par le marchand Siegfried Bing aux Nabis. La vitrine de céramiques et *verreries** (*Dalpayrat*, *Bigot* et *Dammouse*) met en évidence l'influence qu'eut le Japon sur les arts du feu à cette époque.

Gallé. D'abord faïencier, *Emile Gallé* (1846-1904) renouvela le décor et la forme de ses pièces par des inspirations très diverses : *plat d'ornement*** à décor japonisant, *jardinière** en forme de faucon égyptien. Les nombreuses techniques du verre qu'il utilisa par la suite aboutirent à une gamme de créations extrêmement vaste : Liseron d'octobre, vase en cristal soufflé à deux couches ; *Fleurs d'oignon*, marqueterie de verre réalisée pour l'Exposition universelle de 1900. Son perfectionnisme l'amena à créer une collection de meubles en harmonie avec ses pièces décoratives, telle la vitrine la *Flore hivernale**, présentée à l'Exposition universelle de 1889, ou la monumentale *vitrine aux libellules**, ultime création d'Emile Gallé, réalisée en 1904. Le vitrail Cygnes sur le lac d'Annecy est une réalisation de *Henri Carot* d'après un projet d'Albert Besnard.

Ecole de Nancy. A Nancy, autour d'Emile Gallé, se regroupent artistes, artisans et industriels ayant en commun la fidélité au principe du décor inspiré de la nature. Les ébénistes créent des meubles aux formes végétales : bureau et bibliothèque aux orchidées, lit aux nénuphars (acajou et bronze doré) par *Majorelle*, lit et armoire à glace par *Eugène Vallin*. La *fontaine en pâte de verre** de *Henri Cros* est une commande de l'Etat pour le musée du Luxembourg, en 1892.

Carabin, Charpentier, Dampt. Relégués au rang des arts mineurs, les arts décoratifs trouvent, à la fin du siècle, une nouvelle dimension. La *bibliothèque**** de *Rupert Carabin*, réalisée pour l'ingénieur Montaudon, décrit le triomphe de l'esprit sur l'ignorance à l'aide d'un symbolisme prodigue. *Jean Dampt* crée, pour le salon de la comtesse de Béarn, une boiserie de chêne, frêne et orme, complétée par un mobilier en harmonie et une cheminée surmontée d'un bas-relief, Le Chevalier de l'Idéal. En provenance de la villa du banquier Benard à Champrosay, la *grande boiserie**** de *Charpentier* constitue, avec sa table monumentale, ses argentiers d'angle et la grande vasque de *Bigot*, un des rares ensembles qui nous soit parvenu complet. Dans la dernière vitrine sont présentées des céramiques de *Carriès*, *Delaherche*, *Valombreuse* et *Massié*.

▷ Tours Guimard et Art Nouveau international

Tour Guimard. On y parvient en empruntant la terrasse de sculptures jusqu'au Balzac, statue en plâtre de Rodin. Dans l'escalier qui conduit au sommet et sur les paliers sont présentées des *fontes décoratives** de *Guimard*. Des sommets des tours, reliés entre eux par une passerelle, on découvre une perspective longitudinale de l'édifice : en bas, l'allée centrale, bordée par les terrasses de sculptures ; en haut, la verrière et les caissons décoratifs du plafond.

Tour Art Nouveau international. La présentation simultanée de *meubles d'architectes*** de nationalités différentes met en évidence l'opposition, en cette fin de siècle, entre la conception décorative, avec *Gaudi* et *Bugatti*, proches de l'Art Nouveau français, et une tendance moderniste (→ *encadré*), rigoureuse et dépouillée, appartenant déjà au XXe s., avec *Hoffman*, *Wagner* et *Mackintosh*.

▸ *Vienne, Glasgow, Chicago*. Ces trois salles, situées vers le fond du musée, ouvrent sur les terrasses de sculptures, côté rue de Lille.

Modernismes

Saturé des influences du XIXe s., l'Art Nouveau ne lui survécut pas. Des mouvements modernistes, annonciateurs du XXe s. virent le jour simultanément en Grande-Bretagne avec l'école de Glasgow, en Autriche avec la Sécession, en Amérique avec l'école de Chicago. Charles-Rennie Mackintosh, rejetant l'excès d'ornementation, crée une gamme de meubles et objets aux formes strictes, comme pour la chambre à coucher de Hous'Hill, près de Glasgow. Otto Wagner, Joseph Hoffman, Koloman Moser fondent à Vienne les Wiener Werkstatte, qui produisent dès 1898, meubles et objets destinés à la production en grande série (fauteuil à dossier réglable, fabriqué par la firme Kohn) et jettent les bases d'un graphisme sobre et austère comme en témoigne Le Paradis, carton pour un vitrail de l'église Saint-Léopold de Steinhof, près de Vienne. A Chicago, Frank-Lloyd Wright conçoit ses meubles comme des éléments architecturaux qui soutiennent et prolongent la partition de l'espace. La chaise à haut dossier pour la maison Roberts à River-Forest et le vitrail de la maison d'Avery Coonley ont fait de lui un des pionniers de l'abstraction pure.

▷ Troisième et quatrième terrasses de sculptures

Les terrasses de sculptures, côté rue de Lille, présentent des œuvres des sculpteurs contemporains ou postérieurs à Rodin : *Desbois*, *Rosso*, *Bartholomé* ***(Portrait d'Anatole France*)***, proches du Symbolisme, puis *Bourdelle*, qui fut l'un des praticiens de Rodin (***Héraclès archer****). Enfin, *Joseph Bernard* (***Effort vers la nature****) et *Maillol* (***Méditerranée****) terminent la chronologie. ▶ Le premier groupe de salles ouvrant sur les terrasses de sculptures, est consacré aux expositions-dossiers.

▷ Dernier groupe de salles ouvrant sur la terrasse de sculptures : art du XXe siècle

Bonnard, Denis, Vallotton, Vuillard. Après 1900, les peintres du groupe Nabi ont chacun suivi une voie personnelle. Dans la première salle, on peut voir des portraits peints par *Vuillard* : ***Thadée Natanson****, ***Coolus*****, ***Claude Bernheim de Villers**** ; des œuvres de *Bonnard* : La Toilette, La Femme au chat. Plus loin, ***Jeu de volant**** par *Maurice Denis* reste proche de l'esthétique Nabi.

Dans la deuxième salle, on remarquera plusieurs grands formats : par *Ker Xavier Roussel* (1867-1944), ***L'Enlèvement des filles de Leucippe et Polyphème****, ***Acis et Galathée**** ; par *Vuillard*, ***La Bibliothèque***** ; et le chef-d'œuvre de *Bonnard*, ***En barque******.

Vers le XXe s.. Dans cette petite pièce, sont rassemblés plusieurs chefs-d'œuvre de la peinture internationale du début du XXe s. : ***La Vague**** de *Strindberg* ; ***Rosiers sous les arbres**** de *Klimt* ; Nuit d'Eté à Aasgaarstrand de *Munch* ; ***Luxe, calme et volupté***** de *Matisse* ; ***La Plage de Fécamp***** de *Marquet*, et ***La Charmeuse de serpents****** d'*Henri Rousseau*.

▶ A l'extrémité de la terrasse une petite salle retrace l'histoire du cinématographe.

Musée Pasteur*

25, rue du Dr.-Roux, 15e arr. ☎ 45.68.82.22 / 34-F9
Conservateur : Mme Perrot
Visite : t.l.j. sf. sam. dim., 14 h-17 h, f. en août ; groupes sur R.V.
Métro : Pasteur / Bus : 39.48.70.89

Il s'agit ici de l'un des plus intéressants des petits musées de Paris. Aménagé dans l'appartement où l'illustre savant a vécu de 1888 à 1895, il est demeuré, jusque dans les plus petits détails, tel qu'il était lorsque Pasteur y habitait avec sa femme, et ce n'est pas là le moindre de ses charmes.

Histoire du musée

Le laboratoire de la rue d'Ulm où professait Pasteur (1822-1895) étant trop exigu pour recevoir les patients atteints de la rage qui affluaient, un nouvel institut fut construit et inauguré le 14 novembre 1888, dans lequel un appartement de fonction était réservé à la famille du savant. La fille et le gendre du savant, René Vallery-Radot, firent don de ce que renfermait l'appartement à l'Institut. Par la suite, le professeur Louis Pasteur-Vallery-Radot reçut l'autorisation de reconstituer l'ancien logis de ses grands-parents selon son aménagement primitif. Ce musée, inauguré en 1936, relève de l'Institut Pasteur.

Visite du musée

45 mn

Le musée Pasteur organise des expositions qui illustrent la vie et l'œuvre de pastoriens tels : Charles Nicole ; Edouard de Pomiane, ancien pastorien reconverti dans l'art culinaire ; Jacques Monod (1910-1976), prix Nobel, directeur de l'Institut Pasteur ; Elie Metchnikoff ; Emile Roux ; Albert Calmette et le centenaire de la première vaccination antirabique.

Tous les jours des savants et des chercheurs, des professeurs et des étudiants viennent du monde entier, et plus particulièrement des pays de l'Est et de Chine, visiter ces pièces qui semblent toujours attendre le retour du savant et qui permettent de comprendre ses multiples activités depuis ses pastels jusqu'aux découvertes fondamentales en biologie.

Nombreux portraits de Pasteur et de sa famille, dont celui très officiel par *Bonnat*, et plusieurs autres par *Albert Edelfelt*, peintre finlandais, qui fut un intime de la maison.

▷ La salle scientifique

Elle réunit les appareils dont se servait journellement le savant ; les étiquettes sont de sa main ; le classement, par vitrine, est chronologique.

▷ Le tombeau

Contrairement au vœu du gouvernement français qui souhaitait que Pasteur reposât au Panthéon, la famille voulut garder le savant sur les lieux mêmes où il avait œuvré, et son tombeau se trouve exactement sous la coupole, dans une crypte construite par *Charles-Louis Girault* dans le style néo-byzantin et décorée de marbres précieux et de mosaïques style Art Nouveau (par *Auguste Guilbert-Martin*) qui retracent la carrière de Pasteur ; le tombeau est un simple bloc de granit de Suède ; Mme Pasteur repose sous une dalle de marbre blanc, dans le chœur.

Musée du Petit Palais★★

Avenue Winston-Churchill, 8e arr. ☎ 42.65.12.73 / 27-G6
Conservateur : Mlle Thérèse Burollet
Visite : t.l.j. sf lun., 10 h-17 h 40 ;
visite-conférence téléphoner au service éducatif du musée
Métro : Champs-Elysées - Clemenceau
Bus : 28, 49, 72, 73, 83

Le Petit Palais fut édifié au début du siècle par l'architecte Charles Giraud pour abriter la rétrospective de l'art français présentée dans le cadre de l'Exposition universelle de 1900 (pour l'architecture extérieure → Champs-Elysées). La ville de Paris en hérita afin d'exposer ses collections artistiques et, le 11 décembre 1902, le nouveau musée ouvrait ses portes. Grâce à des acquisitions régulières et à d'importants dons et legs, il connut un rapide essor. Depuis 1983, le musée est en transformation progressive. Vers 1990, l'étage ouvert actuellement au public sera réservé exclusivement aux expositions temporaires et à l'art français du XIXe s. ; le rez-de-chaussée sera consacré à l'art ancien.

▸ Le musée, qui possède un intéressant fonds d'œuvres allant de l'Antiquité au XIXe s., organise deux ou trois fois par an des expositions de renom international. Parmi les plus célèbres rappelons : Hommage à Pablo Picasso (1966), Toutankhamon et son temps (1967), le siècle de Rembrandt (1970), Pompéi (1973), le Siècle d'or de la peinture espagnole (1976), la collection Thyssen (1982). Depuis 1983, elles sont de plus en plus consacrées à la présentation de l'art européen du XIXe s. (Bouguereau, Tissot...), sans pour autant exclure l'art ancien du monde entier (Rembrandt, eaux-fortes...). Leur présentation se fait dans les salles 1 à 10 du circuit intérieur, ce qui entraîne parfois des changements dans l'accrochage des tableaux.

Visite du musée

2 h

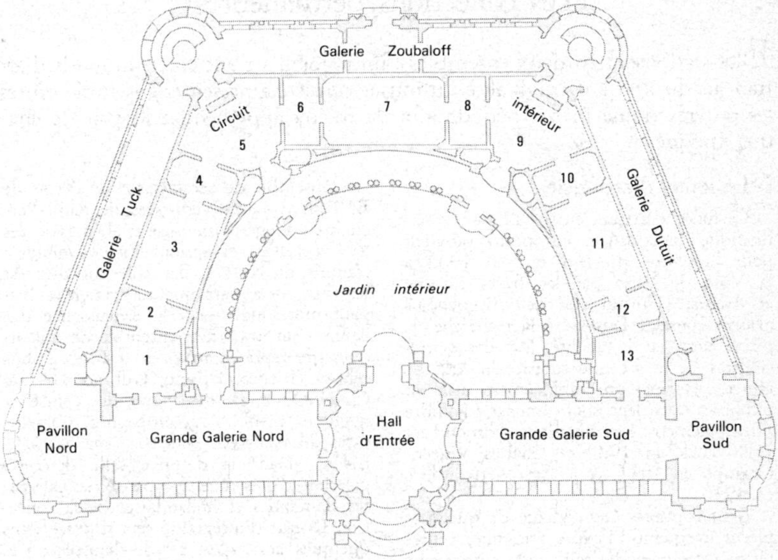

Le musée du Petit Palais

Le décor intérieur

Les galeries et les salles du Petit Palais offrent un panorama de l'art officiel vers 1900. La visite s'organise autour d'un charmant jardin intérieur orné de bassins.

▸ *Hall d'entrée*. La coupole du pavillon d'accès est ornée, entre les beaux motifs de stuc, de peintures d'*A. Besnard* (1903-1910) : la Plastique ou l'Art antique, à sa g. La Matière, puis La Mystique ou l'Art chrétien, et enfin La Pensée.

▷ Grande galerie Nord

Au plafond de la galerie s'ouvrant à g., *F. Cormon* a peint, à partir de l'entrée, Les Temps modernes, La Révolution française, L'histoire ancienne, ainsi que dix scènes de l'Histoire de Paris ; entre ces dernières figurent huit bustes : en commençant par l'entrée côté jardin, Le Sueur par *Pendaries*, Boulle par *Laporte-Blairsy*, Pigalle par *Convers*, Boucher par *Champigny* ; et en revenant vers l'entrée, Cochin par *Malric*, Delacroix par *Fix-Masseau*, Barye par *Mengue* et Dalou par *Berthet*.

Au bout de cette galerie s'ouvre un grand pavillon à voûte peinte par *F. Humbert* (1909-1913) : Paris, foyer de civilisation et La Paix et la Liberté nécessaires au travail et au progrès intellectuel, ou Paris, capitale intellectuelle.

▷ Grande galerie Sud

Le décor peint de l'autre grande galerie est de *A. Roll* (1906-1914) : Musique fantastique ou Glorification de Berlioz, Apothéose (La République entourée des bustes des Français illustres), Poésie-Drame. Les bustes sont ceux de Corot par *Michelet*, Goujon par *Plé*, Lescot par *Jacquot*, Mansart par *Bloch*, Gabriel par *Pècle*, Viollet-le-Duc par *Fagel*, Le Nôtre par *Dejean*, Ballin par *Waast*. Le pavillon est orné du Triomphe de la femme et d'une Allégorie (1906-1920) de *G. Picard*. ▶ La coupole du ***pavillon d'angle***, entre la galerie Dutuit et la galerie Zoubaloff, a été peinte par *Maurice Denis* entre 1919 et 1925 et constitue un étonnant résumé de l'histoire de l'art français. ▶ Le ***jardin intérieur*** est bordé d'un agréable péristyle dont la voûte peinte est de *P. A. Baudoin* (commande 1906, achèvement 1910) : y figurent les Quatre saisons, les mois du calendrier révolutionnaire, les heures du jour et de la nuit. Les sculptures apparaissent dans les parties hautes : deux Renommées par *Peynot*, des groupes de jeunes musiciens par *Ferrary* et *Convers*, des groupes d'enfants et de fleurs par *Hercule*.

Les collections permanentes

Elles se divisent en deux ensembles : un fonds d'art ancien et un fonds d'art français du XIXe s. L'originalité du musée consiste à présenter ensemble toutes les œuvres d'une même période afin de mieux appréhender l'esprit de chaque époque.

▷ Le fonds d'art ancien

Ce fonds d'art ancien (de l'Egypte pharaonique au XVIIIe s. européen) provient pour l'essentiel du legs fait en 1902 à la Ville de Paris par les frères Eugène et Auguste Dutuit. Ces deux Rouennais avaient consacré leur vie à la recherche de pièces rares et de qualité, lors des ventes célèbres de la seconde moitié du XIXe s., afin de « former un établissement utile au public ». A ce legs sont venus s'adjoindre principalement les donations Edmond et Julia Tuck en 1929 et Charles Vincent Ocampo en 1931, et le legs Pierre Marie en 1930.

Grande galerie Sud. A côté de quelques pièces évoquant l'Egypte ancienne, l'intérêt de cette première salle porte surtout sur l'étonnant ensemble provenant des fouilles de Sala Consilina, colonie grecque située dans l'antique Lucanie, au sud de l'Italie : ***bijoux d'ambre****, fibules, vases en bronze ou de terre cuite (VIe et Ve s. av. J.-C.). Une série de bronzes grecs et étrusques annonce la salle suivante consacrée aux bronzes romains. Y figurent notamment deux belles statuettes : un ***athlète***** et ***Bacchus*****. Remarquer aussi l'étonnant acteur tragique en ivoire. La troisième salle présente des vases grecs de haute qualité : vases à figure noire et lécythes athéniens à fonds blancs (du VIe s. av. J.-C.), vases à figures rouges (du Ve s. av. J.-C.).

Galerie Dutuit. Dans la petite rotonde d'accès, quelques primitifs français, flamands et espagnols et deux sculptures allemandes du XVe s. Puis les bustes des deux frères Eugène et Auguste Dutuit introduisent dans une salle consacrée à la Renaissance dans les écoles du Nord : émaux limousins des grands artisans du XVIe s. (*J. de Court*, *P. Reymond*, *L. Limousin*...), très rare ensemble de ***céramiques**** de l'école de B. Palissy, terres vernissées de Saint-Porchaire, horlogerie française et allemande des XVIe et XVIIe s., exceptionnel ***épi de faîtage***** français du XVIIe s. La salle suivante est réservée — à part quelques faïences hispano-moresques — à la Renaissance italienne : un important ensemble de majoliques très représentatives de tous les grands centres (Faenza, Urbino, Gubbio, Deruta, Castel Durante), des verres de Venise et quelques meubles, accompagnés de peintures de *Mantegna*, *Botticelli*, *Cima da Conegliano*... Dans la dernière salle de cette galerie est présentée une partie des peintures flamandes et hollandaises de la collection Dutuit (l'intégralité sera exposée dans quelques années au rez-de-chaussée). Ces tableaux sont représentatifs des différents

La donation Carpeaux

Soutenu par la princesse Mathilde, Carpeaux (1827-1875) fut le sculpteur du second Empire. Surtout célèbre par son groupe de la Danse de l'Opéra de Paris (→ musée d'Orsay), il s'est efforcé de saisir la psychologie de nombre de ses contemporains dans une inoubliable série de bustes (la princesse Mathilde, Charles Garnier, Gérôme...).
En parallèle à l'art optimiste de ses sculptures, Carpeaux s'est livré à une création picturale à l'aspect romantique et tragique. Ces œuvres, non destinées à une présentation publique, sont d'une facture sans concession. Grâce à la donation, en 1938, de Louise Clément-Carpeaux, fille de l'artiste, le Petit Palais dispose d'un ensemble unique au monde de sculptures, d'esquisses et de peintures de cet artiste qui reste encore à découvrir.

genres de ces écoles cousines : histoire (*Jordaens*, *Rubens***), ***portrait***** (*Rembrandt*), scènes rustiques (*Brouwer*, *Téniers*), scènes bourgeoises (*Metsu*, *Ter Borch**), paysagistes réalistes (*Van Goyen*, *Ruysdael*, *Hobbema*), paysagistes italianisants (*Wouverman*), vues d'architectures (*Berckheyde*), marines (*Van De Velde*), animaux (*Weenix*, *Cuyp*), natures mortes archaïques (*Soreau*) et décoratives (*Huysum*).

Rotonde Dutuit. Elle sert de cadre à la présentation partielle du Moyen Age. Pièces en ivoire : plaques d'évangéliaires et coffrets byzantins, Vierge processionnelle provenant de l'abbaye d'Ourscamps, diptyques relatant la vie du Christ ; émaux : ***triptyques reliquaires**** attribués à *Godefroy de Huy*.

Rotonde Tuck. Elle introduit par ses ***peintures décoratives**** de *Pillement* et d'*Hubert Robert* et ses faïences de Rouen et de Moustiers au déploiement d'art du XVIIIe s. de la galerie Tuck.

Galerie Tuck. Dans un écrin de boiseries et de tapisseries de Beauvais (cartons de *Boucher*, *Huet*, *Leprince*), on peut admirer un bel ensemble de tableaux, de sculptures et d'objets d'art du XVIIIe s. Dans la première salle, des peintures de *Boucher*, *Largillière* et *David* (de jeunesse) voisinent avec de beaux meubles en marqueterie. La salle suivante présente des paysages de *Vernet* et d'*Hubert Robert* encadrant des vitrines de porcelaines de Sèvres à fond rose ou à fond bleu, une autre série de meubles de haute qualité et des sculptures, tout particulièrement deux ***bustes**** de *Houdon* : Voltaire et Franklin. Ce dernier apparaît à nouveau dans la salle suivante dans une peinture de *Duplessis*. Autour, d'autres portraits par *Nattier*, *Fragonard*, *Roslin*, etc., une exceptionnelle vitrine de ***porcelaines***** de Meissen, des collections d'émaux peints anglais et de montres en or et émail ; et parmi les meubles, une chaise à porteurs finement décorée. A l'extrémité de la galerie, après les deux bustes de Julia et Edward Tuck, un modeste mais non négligeable ensemble d'art français du XVIIe s. avec notamment : ***Le massacre des innocents***** de *Poussin*, Paysage avec le port de Santa Marinella de *Claude Lorrain* et ***Saint Sébastien**** de *Puget*.

▷ Le fonds d'art français du XIXe s.

Ce fonds d'art français du XIXe s. a été constitué d'abord par les achats et les commandes faites par la Ville de Paris à cette époque, puis enrichi par des achats d'ateliers, des dons et des legs au début du XXe s. : 1904, don Hoentschel (atelier Carriès) ; 1905, legs Henner, Ziem, Vierge et achat de l'atelier Dalou ; 1906-1909, don Juliette Courbet ; 1916, don Zoubaloff (Redon). La générosité des donateurs ne s'est pas démentie depuis : 1938, don Clément Carpeaux ; 1945, legs Ambroise Vollard (Cézanne) ; 1972, don Zagorowski (Lévy-Dhurmer) ; 1979, don Brokman ; 1982, don Guéniot... Et, depuis 1983 surtout, une active politique d'acquisition permet de développer rapidement cet ensemble : peintures religieuses de *Gustave Doré* (1984), Clovis et Clotilde du *baron Gros* (1985), Bacchante de *Jean-Baptiste Carpeaux* (1986)...

Galerie Zoubaloff. Pour une approche chronologique de ce fonds, le mieux est de commencer la visite de cette galerie à partir de la rotonde Dutuit.

Se présente d'abord la peinture d'histoire, telle que le néo-classicisme s'est efforcé de la remettre en honneur, en réaction aux frivolités de la première moitié du XVIIIe s. et telle qu'elle s'est prolongée tout au long du XIXe s. : un art grave et méditatif inspiré de l'Antiquité (tableaux de *Monsiau*, *Gros*, *Couture*, *Scheffer*, *Barrias*). Puis une tendance de cette peinture d'histoire plus anecdotique et inspirée de l'histoire de France : c'est l'art troubadour avec *Granet* et *Ingres*. Vient le romantisme qui recherche une expression plus extériorisée des passions dans leur irrationalité et qui s'exprime dans les œuvres de *Delacroix*, puis plus tard *Carpeaux*. Remarquer, dans le voisinage, deux belles études : ***Cheval brun**** de *Géricault* et ***Marietta**** de *Corot*.

L'ébranlement est venu avec l'école réaliste qui s'est tournée vers l'étude lucide de la vie quotidienne et banale des milieux populaires, bourgeois et paysans. Cette tendance est illustrée par un Portrait d'homme de *Millet*, plusieurs œuvres de *H. Daumier* et un ensemble exceptionnel de tableaux de *G. Courbet* dont ***Les Demoiselles des bords de Seine*****, l'***Autoportrait au chien noir***** et le ***Portrait de Proudhon et ses enfants*****. Au centre de la salle, on remarquera un ensemble d'esquisses de *Dalou* pour un monument au Travail jamais exécuté. La dernière salle permet d'évoquer l'histoire

---

Gustave Courbet

«Le titre de réaliste m'a été imposé comme on a imposé aux hommes de 1830 le titre de romantiques... J'ai voulu tout simplement puiser dans l'entière connaissance de la tradition le sentiment raisonné et indépendant de ma propre personnalité. Etre à même de traduire les mœurs, les idées, l'aspect de mon époque, selon mon appréciation : être non seulement un peintre, mais encore un homme ; en un mot, faire de l'art vivant, tel est mon but.»

Dans ce manifeste de 1855, Courbet (1819-1877) a parfaitement résumé sa vie et son art : la passion de la vie jusque dans sa banalité exaltée, en toute liberté, selon le mode de la peinture d'histoire.

D'où une longue suite de scènes de genre, portraits, paysages et natures mortes dont le musée du Petit Palais possède un ensemble exceptionnel grâce, notamment, à la générosité de Juliette Courbet, sœur de l'artiste.

---

de la peinture de paysage au XIXᵉ s., depuis les petits tableaux minutieux à la flamande (*Leprince*, *Demarne*) jusqu'à l'éclatement lumineux de l'impressionnisme (*Monet*, *Pissarro*, *Sisley*, *Guillaumin*), en passant par le romantisme (*Huet*, *Isabey*), le classicisme tempéré de réalisme (*Corot*) et le réalisme proprement dit (*Rousseau*, *Harpignies*, *Breton*). On ne manquera pas d'admirer un bel ensemble d'œuvres de *Cézanne* dont les ***Trois baigneuses***** et le ***Portrait d'Ambroise Vollard*****. Pour conclure, un bel ensemble de portraits impressionnistes (*Monet*, *Cézanne*, *Pissarro*, *Renoir*, *Cassatt*, *Morisot* et *Toulouse-Lautrec*).

Grande galerie Nord. Les portraits antérieurs ou parallèles à l'école impressionniste sont présentés dans cette somptueuse architecture : depuis les disciples d'Ingres (*Scheffer*, *Mottez*) et les réalistes (*Millet*, *Couture*) jusqu'au grand art de la troisième République (*Baudry*, *Bonnat*, *Roll*). En résonance avec ces peintures, des bustes par *Carpeaux* ainsi que d'autres sculptures de cet enchanteur du second Empire (→ *encadré*) : Le Pêcheur à la coquille, l'esquisse pour le Watteau... ; esquisses de *Dalou* aussi, notamment pour le monument à Victor Hugo.

Le pavillon Nord est consacré à l'art monumental et révèle, après des dizaines d'années de mise à l'écart, les tableaux commandés pour l'Hôtel de Ville après la révolution de 1830 (*Schnetz*, *Delaroche*), et les maquettes des sculptures pour l'Hôtel de Ville reconstruit après l'incendie de la Commune de Paris en 1870 (*Chapu*, *Coutan*, *Morice*).

Le pavillon Sud est consacré lui aussi à l'art monumental, non plus civil mais religieux : œuvres écartées depuis longtemps des églises de Paris et enfin remises en valeur (*Scheffer*, *Gleyre*, *Lazerges*, etc.) ainsi que les si étonnantes peintures de la Doré Gallery (→ *encadré*).

Circuit intérieur, salles 11 et 13. En salle 11, on verra le symbolisme de la fin du XIXᵉ s. aussi bien dans le paysage (*Levy-Dhurmer*, *Osbert*, *Ménard*, *Brokman*), que dans la peinture d'histoire (*G. Moreau*, *Fantin-Latour*, *Henner*), la sculpture (*Alaphilippe*) et les objets d'art (*A. Point*, *Feuillatre*, *Lemaire*). La salle 12 laisse éclater l'hymne à la femme sous la troisième République (***Sarah Bernhardt**** par *Clairin*, *Gervex*, *Carolus-Duran*, *Fantin-Latour*...). Enfin, l'art décoratif 1900 est présenté en salle 13 : vitrine de *Carabin*, salle à manger de *Guimard*, panneaux décoratifs de *Vuillard*, vases de *Gallé* et *Decorchemont*, bijoux de *Lalique* et de *Fouquet*.

Jardin intérieur. Dans le jardin lui-même ou sous le péristyle qui le borde : sculptures de *Maillol*, *Renoir*, *Bourdelle* et *Pompon*.

La Doré Gallery

Gustave Doré (1832-1883) est aujourd'hui surtout connu comme l'illustrateur de Rabelais (Œuvres, 1854), Dante (l'Enfer, 1861), Cervantès (Don Quichotte, 1863), Chateaubriand (Atala, 1863), Milton (Paradis Perdu, 1866), Hugo (Travailleurs de la mer, 1867). Chacun connaît ses gravures grouillantes de personnages et animées d'une verve tragique ou burlesque grâce à un savant usage des noirs et des blancs.

Le succès de sa Sainte Bible illustrée (1866) fut tel, en Angleterre, que deux financiers londoniens lui commandèrent de grands tableaux religieux destinés à une Doré Gallery dont l'entrée était payante. Au cours de ses vingt-quatre années d'existence, la vingtaine de toiles (1866-1883) de cette exposition reçut environ deux millions et demi de visiteurs.

Après une présentation itinérante aux Etats-Unis, cet ensemble fut dispersé. En 1984 le Petit Palais a pu acquérir trois de ces peintures, et révéler au public français que G. Doré est aussi un très grand peintre, formant maillon entre le romantisme et le symbolisme.

Musée du Phonographe

→ *musée Charles-Cros*

Musée Picasso**

Hôtel Salé, 5, rue de Thorigny, 3e arr. ☎ 42.71.25.21 / 37-L6
Conservateur en chef : M. Georgel
Visite : t.l.j. sf mar., 10 h-17 h 15
Métro : Saint-Sébastien-Froissart, Saint-Paul
Bus : 29, 96

Ce musée retrace la prodigieuse carrière de Picasso (1881-1973). Il a été récemment installé dans un somptueux hôtel du Marais, l'hôtel Salé, construit en 1656 par Jean Boullier dit Jean de Bourges pour Aubert de Fontenay qui était fermier des Gabelles (impôts sur le sel), d'où le surnom que les Parisiens donnèrent à cet hôtel. Après restauration, l'aménagement du musée, confié à Roland Simounet, a été conduit en conciliant deux principes : le respect des lieux dans leur vérité, et l'adaptation du bâtiment à sa nouvelle fonction de musée moderne destiné à accueillir un public nombreux.

Histoire du musée

Une loi exceptionnelle, la dation en paiement des droits de succession, a permis à 203 peintures, 158 sculptures, 16 papiers collés, 29 tableaux reliefs, 83 céramiques, plus de 3 000 dessins et estampes, des ouvrages et des manuscrits, de rejoindre les collections nationales, ce qu'aucun autre mode d'acquisition n'aurait permis. Grâce à la générosité des héritiers, l'Etat a pu faire un choix prioritaire avant le partage de la succession. Ce choix s'est fait en regard des œuvres de Picasso déjà présentes dans les collections nationales.

La donation faite par la famille de l'artiste de sa collection personnelle, exposée depuis 1978 au Louvre sous le titre Donation Picasso, est désormais présentée à l'hôtel Salé.

Visite du musée

1 h 30

▸ Le merveilleux *décor sculpté* du vestibule, de l'escalier et du salon de Jupiter, est dû aux *frères Marsy* qui travaillaient également sur le chantier de Versailles, et au jeune *Martin Desjardin*. La somptueuse *rampe* de l'escalier, en fer forgé, contraste harmonieusement avec la *lanterne* en bronze aux lignes aérées de *Diego Giacometti*.

▷ Premier étage

La visite des collections permanentes commence au premier étage. Elle s'organise de manière chronologique.

Salle 1. La Fillette aux pieds nus et l'Homme à la casquette montrent la précocité de l'artiste dès l'âge de quatorze ans. L'*Autoportrait** de 1901 est révélateur de la période bleue : dans une monochromie bleue, Picasso, qui n'avait que vingt et un ans s'est représenté vieilli, les traits amaigris.

Salle 2. Le tableau des Deux Frères est de la période rose. L'*Autoportrait*** de 1906 affirme une volonté de simplification. Le célèbre tableau du musée d'Art moderne de New York, les Demoiselles d'Avignon, est représenté ici par de nombreuses études. Déjà, dans ce tableau, Picasso tente de résoudre le grand problème du cubisme : la représentation en deux dimensions de ce qui en a trois, par un autre procédé que le modelé illusionniste. Dans les bois sculptés de 1907, on décèle l'influence de Gauguin et de l'art primitif.

Salle 3. Le Paysage aux deux figures de 1908, est une référence aux Baigneuses de Cézanne mais aussi une application de la phrase de ce maître : « Traiter la nature par le cylindre, la sphère, le cône, le tout mis en perspective. »

Salle 4. Dans cette salle sont réunies les œuvres cubistes de Picasso qui fut, avec Braque, l'initiateur du mouvement entre 1910 et 1917. Les multiples facettes de l'Homme à la mandoline et de l'*Homme à la guitare*** sont caractéristiques du cubisme analytique. Dans la *Nature morte à la chaise canée** (1912), l'introduction d'un morceau de toile cirée résoud le problème de la représentation de la chaise et provoque

Diego Giacometti

Récemment disparu (1985), Diego Giacometti, frère du sculpteur Alberto Giacometti, est né en 1902 dans un petit village de la Suisse italienne. En 1925 il arrive à Paris, et dès 1928 rejoint, avec son frère, l'équipe du décorateur Jean-Michel Frank. A partir de 1940, il crée ses propres modèles et se spécialise dans la création de meubles en métal, aux lignes simples, ornées de végétaux et d'animaux formant un petit monde plein d'humour et de poésie.

De cet artiste on peut voir, au musée Picasso, les deux torchères en bronze du salon de Jupiter, les lustres en résine blanche (aspect du plâtre) des quatre salons côté jardin du premier étage, ainsi que les banquettes, les chaises et les tables en bronze installées pour le repos des visiteurs.

une nouvelle organisation de l'espace. Ce tableau est à l'origine des papiers collés dont le musée possède une très belle collection. Les tableaux reliefs et les constructions de cette période suivent les mêmes principes. De la phase synthétique du cubisme, on peut voir l'*Homme à la pipe** et l'Homme à la cheminée. Dans le Peintre et son modèle et dans le *Portrait d'Olga***, la figuration est traditionnelle mais l'espace, constitué de plans superposés, reste marqué par le cubisme.

Salle 5. Selon le souhait de Picasso, suivi par ses héritiers, une partie de sa collection personnelle est venue rejoindre les collections nationales. Cette collection, constituée au gré des amitiés et au hasard des rencontres, est révélatrice de l'admiration du peintre pour de grands maîtres : *Chardin*, *Corot*, et *Cézanne*, mais aussi pour ses contemporains *Matisse*, et *Derain*. Sont accrochées dans cette salle les œuvres qui ont un écho dans les vingt premières années de la carrière de Picasso. Le reste de la donation est exposé au second étage.

Salle 6. Après la guerre s'ouvre une période très riche où Picasso suit plusieurs voies. C'est d'abord le prolongement du cubisme, représenté ici par les Amoureux. C'est aussi l'éclosion du style néo-classique (1918-1924) avec lequel Picasso retrouve l'harmonie d'Ingres et des Antiques. *La flûte de pan**** est le chef-d'œuvre de la série (1923).

Salle 6 bis. Projets pour le théâtre : les ballets Parade, le Tricorne, Pulcinella, décors et costumes.

Salle 7. Picasso n'a jamais été surréaliste, mais le surréalisme a peut-être aidé à la métamorphose de son œuvre. En effet, un véritable éclatement s'opère dans celle-ci. Dans le *Baiser** de 1925, les couleurs stridentes, les lignes aiguës, les déformations excessives, sont l'expression des tensions entre l'artiste et son épouse, Olga.

▷ Rez-de-chaussée

En descendant, on arrive dans la salle 8. Elle est réservée à l'œuvre gravée et lithographiée, d'une richesse incomparable : plus de deux milles estampes inventoriées.

Salle 9. Les corps nus des baigneurs sont métamorphosés en formes phalliques dans les Figures au bord de la mer (1931), ou en formes anguleuses dans la grande Baigneuse. La série des *tableaux reliefs****, réalisés avec des objets hétéroclites et recouverts de sable, est unique.

Salle 10. A Boisgeloup, château acheté en 1930, Picasso travaille la sculpture. Son modèle, Marie-Thérèse Walter, lui fournit un nouveau langage formel fait de volumes sphériques que l'on voit dans les grands plâtres et dans la Lecture.

Salle 11. Crucifixion, corrida, minotaurie.

Salle 12. *Femmes à leur toilette** (1938), gigantesque papier collé, est un carton de tapisserie.

▶ *Le jardin de sculptures*. Dans ce jardin couvert sont réunies quelques sculptures de Picasso dont le musée possède l'ensemble le plus complet.

▷ Sous-sol

Salle 13 : le portrait de Marie-Thérèse (1937), aux lignes ondoyantes et aux tons froids, contraste avec celui de *Dora Maar***, jeune photographe rencontrée en 1936, aux lignes aiguës et aux tons chauds. Salle 14 : céramiques réalisées à Vallauris à partir de 1946. Salle 15 : même si Picasso ne peint pas précisément la guerre, ses œuvres, comme le Chat saisissant un oiseau ou le Jeune garçon à la langouste, en sont imprégnées. Salle 16 : le Buste de femme au chapeau, à l'insupportable déformation, est un portrait de Dora Maar. Salle 17 : on y voit les ouvrages de plusieurs poètes illustrés par Picasso : Max Jacob, René Char, Tristan Tzara, Pierre Reverdy. Salle 18 : Claude dessinant, Françoise et Paloma (1954), est un portrait de Françoise Gillot entourée de ses deux enfants; Massacre en Corée peut être interprété comme une dénonciation de l'intervention américaine en Corée. ▶ *Rez-de-chaussée (fin de la visite)*. Salle 19 : *L'Atelier de la Californie**, peint à Cannes dans la villa où Picasso s'est installé en 1955, rappelle Matisse par son thème et par ses grandes arabesques. Salle 20 : un demi-siècle après le Baiser de 1925 (salle 7), celui de 1969 est aussi véhément. ▶ Au *second étage*, à côté de la donation Picasso, ont lieu des expositions temporaires de l'œuvre dessinée et gravée de l'artiste.

Musée des Plans-Reliefs*

Hôtel national des Invalides, 7e arr. ☎ 47.05.11.07 / 35-G7
Entrée au 4e étage, par l'aile O. du musée de l'Armée
Visite : t.l.j. 10 h-18 h ; 1er avr.-30 sept. ; 10 h-17 h, 1er oct.-31 mars ; f. 1er janv., 1er mai, 1er nov., 11 nov., 25 déc.
Métro : Invalides, Latour-Maubourg, Ecole-Militaire, Varenne
Bus : 28, 29, 63, 69, 82, 83, 87, 92

Une réorganisation complète du musée est en cours, toutefois la nouvelle galerie des Plans en relief préfigure sur 1/5e de sa surface le futur musée qui ouvrira ses portes en 1989.

Les plans-reliefs eux-mêmes viennent de la collection de Louis XIV (formée sur les conseils de Louvois à partir de 1668), de la collection de Louis XV, et des travaux ordonnés au XIXe s. par Napoléon, par Louis-Philippe et par Napoléon III. La collection, conservée jusqu'en 1776 dans la galerie du Bord de l'Eau au Louvre et considérée comme secret militaire, est classée parmi les Monuments historiques depuis 1927 et ouverte au public depuis les années 50. Outre les maquettes des villes et des sites fortifiés (généralement au 1/600e) de la France et des pays limitrophes, le musée conserve aussi des plans anciens et des estampes qui se rapportent à ces villes.

Visite du musée

45 mn

Dans la nouvelle galerie, deux espaces, bien différenciés par la hauteur des plafonds présentent un parcours pédagogique. La présentation soignée qui souligne la beauté des dix-huit maquettes exposées, et les nombreux documents qui jalonnent la visite, permettent d'aborder successivement l'histoire de la collection, les recherches qui ont conduit les ingénieurs à la représentation en relief, et les techniques de fabrication de ces maquettes.

▷ Hall d'entrée

Un oculus ménage une ***vue*** sur la superbe cour d'honneur de l'hôtel des Invalides. Cette salle qui sert d'introduction à la visite, mêle deux plans-reliefs anciens à deux ***sculptures*** contemporaines représentant des villes fortifiées par *J. Perreaut* et *H. Damian*. Des projections murales illustrent la beauté de certains plans-reliefs éclairés en lumière rasante.
▶ *Salle 2 : histoire de la collection*. La présentation montre que les plans-reliefs ont été, à partir du XVIIIe s., un instrument de réflexion et de décision pour l'état-major, et un symbole du prestige de l'Etat français aux yeux de l'étranger. La *maquette* de *La Kenoque*, qui a conservé ses cartouches d'angle et son piétement d'origine, date de l'âge d'or de la collection (1730-1750). ▶ *Salle 3 : histoire de la cartographie*. L'art d'établir des cartes était connu dans l'Antiquité. En France, il faut attendre la fin du XVIIIe s. (1782) pour que l'usage des courbes de niveaux permette d'abandonner les vues cavalières et les vues en plan. ▶ *Salle 4 : fabrication des maquettes*. Divers documents illustrent les étapes précédant leur réalisation : cahiers de relevés urbains, nuancier de couleur dont on saisit l'utilité militaire quand on sait que la profondeur des eaux était indiquée par la couleur. Exemple de maquette traditionnelle (Wesel) en bois, soie, et papier collé ; plan-relief de Constantine (Algérie) en liège. ▶ *Salle 5*. Les maquettes d'Anvers (1833), Metz (1825) et celle, imaginaire, de *Martin Boitard* (1805), illustrent l'évolution de l'architecture militaire due aux progrès de l'attaque (XVe-XIXe s.), ainsi que les principes élémentaires de la fortification bastionnée. ▶ *Salle 6*. Un audiovisuel (6 mn) évoque les personnages à l'origine de la collection, les techniques de fabrication des plans-reliefs et présente l'ensemble de la collection avant de conclure sur le rôle des plans-reliefs dans la stratégie militaire.

▷ Salles 7 et 8

Il s'agit des plans-reliefs de six villes qui diffèrent par leur origine, les rapports qu'elles entretiennent avec leur site, et leurs enceintes. ***Metz**** est un exemple de ville d'origine romaine; Berg-op-zoom (Pays-Bas) est une ville d'origine celtique née sur un bras de l'Escaut et qui s'est étendue au hasard. A l'opposé, la ville de Landrecies dans le Nord montre un plan radiant organisé autour de l'église et de la place.

Gravelines (Nord) est une ville spontanée, à plan irrégulier, créée par agglutination de maisons autour d'une abbaye. Le plan de Brest (Finistère), aménagé au XVIIe s. dans la tradition gréco-romaine du damier, montre l'apparition du premier paysage industriel à l'extérieur de fortifications. Marsal (Moselle) est une ville fortifiée par Vauban. ▶ *Salle 9*. Elle nous montre le paysage tel qu'il apparaît dans les plans-reliefs, c'est-à-dire au temps de l'agriculture traditionnelle, avant la mécanisation et le remembrement.

▷Salle 11

Elle est consacrée à la ville de *Perpignan**, dont le plan-relief réalisé en 1686 est l'un des plus anciens de la collection. Construit à Perpignan même par *Jacques Laurens*, ce plan restitue l'ambiance urbaine à la fin du XVIIe s. et montre avec une grande exactitude l'ampleur des travaux de Vauban. Les restaurations de 1757 témoignent des travaux d'équipements de la campagne environnante au XVIIIe s.

▷Salle 12

On y voit le gigantesque plan-relief de *Strasbourg** (10,86 m × 6,65 m), construit en 1830 pour remplacer celui que les Prussiens avaient emmené à Berlin en 1815 (actuellement au Musée historique de Strasbourg). Une série de reproductions permet de comparer la première maquette (1727) à celle de la ville telle qu'elle apparaissait en 1863, date de la dernière mise à jour du plan-relief.

▶ *Salle 13*. Elle présente la maquette construite en 1705 et restaurée en 1811, de l'ancienne citadelle de Bordeaux, le *château Trompette*, démoli depuis 1785. Véritable jouet princier, ce plan est composé de centaines de pièces démontables : toitures, charpentes, planchers, sols...

▷Salle 14

Elle est consacrée au plan-relief de *Briançon*, la plus haute ville fortifiée d'Europe, à la jonction des vallées de la Durance et de la Guisane. Briançon, construit en amphithéâtre, est bordé par les impressionnants gradins de l'enceinte de *Vauban* : l'architecte avait du renoncer à ses fameuses fortifications enterrées à cause des fortes dénivellations du site.

On remarquera que Vauban a placé la collégiale sur le bastion le plus exposé, partant du principe que l'assaillant chrétien aurait des remords à bombarder la maison de Dieu.

Musée de la Poste

34, bd de Vaugirard, 15e arr. ☎ 43.20.15.30 / 35-G9
Directeur : M. Bruzeau
Visite : t.l.j. sf dim. et fêtes, 10 h-17 h
Métro : Montparnasse, Pasteur, Falguière
Bus : 28, 48, 89, 91, 92, 94

Récemment rénové, le musée de la Poste est installé depuis 1974 dans un immeuble de l'ensemble Maine-Montparnasse, spécialement conçu pour présenter ses collections. Remontant aux origines de l'écriture, il retrace l'histoire du courrier et de ses différents moyens de transport : courriers à pied, poste aux chevaux, poste aux lettres, bateaux-poste, trains postaux, avions et télégraphe, sans oublier la transmission directe de la parole avec le téléphone. Une place très importante est consacrée aux timbres-poste de France car le musée conserve les collections philatéliques de l'Etat.

Visite du musée

1 h

La visite du musée commence au cinquième étage; les salles se succèdent en descendant, chaque salle développant un thème particulier.

▶ *Salle 1*. Projection d'un film : présentation de toutes les œuvres conçues par des grands artistes pour devenir des timbres (peintures, sculptures et timbres correspondants). ▶ *Salle 2*. Naissance et développement de l'écriture. La voie romaine. La poste dans les monastères et dans les villes au XVe s. ▶ *Salle 3*. Costumes et objets d'équipage de la poste aux chevaux et de la poste aux lettres : grelots et accessoires d'harnachement; bottes de postillons; plaques de courriers (de l'Ancien Régime à la fin du XIXe s.) ; coffre-fort ancien et enseignes de relais. ▶ *Salle 4*. Maquettes de paquebots-poste, de diligences et de wagons ambulants (des plus anciens jusqu'au TGV). ▶ *Salle 5*. L'épopée du courrier et de la « ligne » : évocation des avions de la « Postale ». ▶ *Salle 6*. L'acheminement du courrier à travers les guerres, depuis Louis XV : boules de Moulins; pigeons voyageurs et ballons (1870-1871); souvenirs des deux guerres mondiales. ▶ *Salle 7*. « La Lettre » : les boîtes aux lettres françaises; les facteurs (XIXe et XXe s.); les balances et pèse-lettres; les calendriers. Evocation des premiers directeurs des Postes, les surintendants généraux des Postes.

▶ *Salle 8*. L'histoire du télégraphe Chappe, du télégraphe électrique, du téléphone et du réseau pneumatique : collection d'appareils anciens. ▶ *Salles 9-10*. La fabrication des timbres (typographie, taille-douce, hélio-gravure) et les marques postales.

▶ *Salles 11-12*. La collection de tous les timbres-poste de France (à l'unité) et présentation d'expositions thématiques temporaires. ▶ *Salle 13*. Boîtes aux lettres et uniformes des postes étrangères. Traités d'échanges postaux (Louvois). ▶ *Salle 14*. Des guichets 1900 à l'électronique. La poste et les jouets depuis les années 1930.

▶ *Salle 15*. Le tri automatique et le codage des lettres; les installations techniques des grands centres de tri.

▶ Au sixième étage se trouve la *bibliothèque*.

Musée de la Publicité

→ *musée de l'Affiche et de la Publicité*

Musée de Radio-France*

116, av. du Président-Kennedy, 16e arr. ☎ 42.30.21.80 (42.30.33.84 sam. et dim.) / 33-C7-D7
Conseiller technique : Roger Herbaut
Visite commentée t.l.j., sf dim. et j. fériés à 10 h 30, 11 h 30, 15 h 30, 16 h 30; pr les groupes, écrire au service Accueil-Animation
Métro : Ranelagh, Passy, Mirabeau Bus : 22, 52, 70, 72

Il s'agit là d'un musée sur le tas, puisque la visite du musée et celle de la Maison de la Radio s'effectuent simultanément : on passe alternativement des temps héroïques de la radio, aux studios d'enregistrement que l'on découvre par de larges baies à double vitre.

La Maison de la Radio, siège de la Société nationale de Radiodiffusion, est installée dans un vaste immeuble circulaire conçu par l'architecte Henry Bernard, premier Grand Prix de Rome, et inauguré en 1963.

Le musée, créé en 1966, raconte la préhistoire et l'histoire de la Radio en même temps qu'on découvre la vie quotidienne de la Maison. Une petite salle est réservée à la Télévision.

Visite du musée

30 mn

▷ Grande maquette de la Maison de la Radio

Elle reproduit les trois couronnes et la tour verticale. La grande couronne extérieure comprend un millier de bureaux et les petits studios, un libre-service, le restaurant et le musée; dans la couronne intermédiaire se trouvent les grands studios comme l'auditorium 104 (948 places), le studio 103, le studio 102 (770 places), l'auditorium 105 (256 places) et le 106 (180 places); une petite couronne abrite toutes les installations techniques, des studios, le centre distributeur de modulation; discothèque, phonothèque, bibliothèques musicales et dramatiques ; la tour, de 23 étages, est réservée aux archives écrites et sonores.

Quelques chiffres : une soixantaine de studios de radio, 2 studios de télévision ; 1 000 bureaux environ où travaillent 3 000 personnes qui disposent de 3 000 postes de téléphone et de... 300 pendules.

▷ Le musée

Historique de la transmission des informations depuis les origines (on verra une reconstitution, sous forme de moulage, de la colonne de marbre blanc élevée à Rome en 114 pour commémorer les victoires de l'empereur Trajan sur les Daces).

Télégraphe optique des *frères Chappe* (1793), télégraphe de *Morse* (1832), téléphone de *Bell* (1876). Téléphonie sans fil avec les travaux de *Maxwell*, *Hertz*, *Branly*, *Popov*, *Marconi*, *Ducretet* (vitrine 4 : bande originale du télégramme envoyé en 1898 de la tour Eiffel au Panthéon), *Forest* (vitrine 5 : lampe triode de radio).

Reconstitution (vitrine 8) du premier studio Radiola construit en 1923. Différents types de récepteurs, leur évolution, leur perfectionnement de la galène au transistor.

Préhistoire de l'image animée : travaux de *Paul Nipkow*, *Baird*, *René Barthélemy* (qui effectue, le 14 avril 1931, la première démonstration de télévision en France). Reconstitution d'un studio de télévision de la rue de Grenelle en 1935.

Musée Renan-Scheffer

16, rue Chaptal, 9e arr. ☎ 48.74.95.38 / 19-H4
Conservateur : M. B. de Montgolfier
Visite : t.l.j. sf lun., 10 h-17 h 40
Métro : Saint-Georges, Pigalle
Bus : 67, 74

Le musée Renan-Scheffer, confié en 1982 à la Ville de Paris par le ministère de la Culture, est une annexe du musée Carnavalet. La collection Renan-Scheffer, donnée sous réserve d'usufruit, n'est pas encore exposée. Le musée présente actuellement un ensemble de souvenirs de la vie littéraire et artistique à Paris au XIXe s.

Visite du musée

30 mn

Le musée occupe une belle demeure de style Restauration, habitée à partir de 1830 par le peintre Ary Scheffer qui y tenait un salon tous les vendredis. Pendant près de trente ans, Scheffer y reçut les plus brillants noms des arts et des lettres : Ingres, Delacroix, Chopin, Liszt, Lamartine, George Sand, Tourgueniev et Ernest Renan qui épousa sa nièce.

Des souvenirs de la vie littéraire et artistique au XIXe s. sont exposés en permanence dans le musée. Le rez-de-chaussée comprend trois salles consacrées à l'évocation de *George Sand* qui habita dans le quartier, square d'Orléans, de 1842 à 1847 : sont rassemblés des souvenirs (peintures, dessins et bijoux) donnés par la petite-fille de l'écrivain, Aurore Lauth-Sand.

Ary Scheffer

Peintre d'origine néerlandaise, Ary Scheffer (1795-1858) s'installa à Paris en 1811. Cet artiste aborda tous les genres : peinture d'histoire, portraits ; illustrations des œuvres de Dante et des auteurs allemands Gœthe et Schiller ; peinture religieuse. Professeur de dessin des enfants du duc d'Orléans (futur Louis-Philippe), il connut beaucoup de succès. Très apprécié par le roi, dont il exécuta le portrait (musée Condé à Chantilly), il reçut de nombreuses commandes. Il participa à la décoration du Musée historique de Versailles : Entrée de Philippe Auguste à Paris, Mort de Gaston de Foix, Entrée de Louis XII à Gênes. De son temps, il fut considéré comme l'un des peintres les plus représentatifs du mouvement romantique.

Musée Rodin**

77, rue de Varenne, 7e arr. ☎ 47.05.01.34 / 35-G7
Conservateur : M. Jacques Vilain
Visite : t.l.j. sf mar., 1er av.-30 sept. : 10 h-18 h,
1er oct.-31 mars : 10 h-17 h 15, groupes sur R. V.
Métro : Varenne
Bus : 69, 82, 92

Le musée Rodin regroupe, dans le magnifique hôtel Biron du XVIIIe s. (pour l'histoire de l'hôtel → faubourg Saint-Germain, rue de Varenne) les œuvres définitives ainsi que leurs études, et les collections personnelles léguées à la France par Auguste Rodin (1840-1917). L'annexe de Meudon, quant à elle, abrite la plupart des ébauches, des maquettes et des esquisses.

Visite du musée

1 h

Les travaux de restauration ont rendu à l'hôtel Biron un peu de son atmosphère d'autrefois : les boiseries du XVIIIe s. ont été remises en place et les salles aménagées en fonction d'un thème déterminé.

▶ *Hall d'entrée* : portraits de Rodin par *Bourdelle* et *Desbois* qui furent ses collaborateurs; L'Homme qui marche, agrandissement d'un plâtre exécuté en 1877-1878.
▶ *Petit vestibule*. Œuvres de jeunesse ou datant de l'apprentissage dans l'atelier de Carrier-Belleuse : buste de J.-B. Rodin, le père, aux traits sévères; Les Titans, terre cuite de 1876.

▷ Rez-de-chaussée

Salle 1. Bustes de jeunesse au caractère réaliste : le R.P. Eymard, l'Homme au nez cassé; œuvres influencées par Carpeaux : Jeune femme au chapeau fleuri (1865-1870); Dosia (vers 1875); portraits, peints par *Rodin*, de sa famille.

Salle 2. Les œuvres datent de la période où Rodin, qui travaille dans l'atelier de Carrier-Belleuse, rejoint celui-ci à Bruxelles : portraits d'A. Van Beckelaer, Paul de Vigne (sculpteur belge); figures décoratives comme La Source et La Bacchante; sujets familiers comme Enfants s'embrassant.

Salle 3. C'est l'ancien Salon ovale de la duchesse du Maine qui a retrouvé ses boiseries en bois naturel d'origine. C'est là que se trouve l'*Age d'airain*** (1875-1876) qui montre l'influence de Michel-Ange : Rodin a voyagé en Italie et découvert la sculpture de la Renaissance. L'Appel aux armes, l'Alsacienne, illustrent le contexte historique, après la guerre de 1870. Plusieurs portraits exécutés entre 1874 et 1884 ainsi qu'un buste de Mme Cruchet, très vivant.

Salle 4. *La Main de Dieu**** dit aussi La Création (1898), montre l'évolution de la création artistique chez Rodin : rompant avec la tradition académique, elle s'adresse directement à l'imagination et révèle un des sujets de réflexion de l'artiste, la matière, les origines de l'homme. Eternel Printemps, Eternelle Idole sont des illustrations du couple; divers portraits.

Salle 5. Le grand salon d'apparat rassemble quelques-uns des chefs-d'œuvre de Rodin : *Saint Jean Baptiste** (1878), le célèbre *Baiser*** qui, en réduction, devait faire partie de la Porte de l'Enfer (ci-dessous) et illustrer la passion de Paolo et Francesca de Rimini, et qui demeure étonnant en raison de la sensibilité, de la puissance et de la science de la composition. La Terre et la Lune; plusieurs tableaux du peintre symboliste *E. Carrière*, ami du sculpteur.

Salle 6. L'ancienne chambre de parade s'ordonne autour de *Camille Claudel*, sœur de Paul Claudel, qui fut l'élève et la compagne de Rodin de 1882 à 1898; des œuvres de Rodin la représentent : la France, l'Aurore, mais on verra aussi des œuvres de sa propre composition, qui révèlent sa puissante personnalité.

A ne pas manquer

Rez-de-chaussée : Le Baiser (salle 5).
Premier étage : les études pour la Porte de l'Enfer : le Penseur (salles 9 et 10); la collection de peintures qui appartenait à Rodin : œuvres de Van Gogh et Claude Monet (salle 13).
Jardin : les Bourgeois de Calais, monument qui commémore le début de la guerre de Cent Ans (1886-1888); la Porte de l'Enfer, porte monumentale qui devait être placée devant le futur musée des Arts décoratifs (1880-1917).

La Porte de l'Enfer

La Porte de l'Enfer, qui illustre l'Enfer de Dante, était une porte monumentale commandée pour le futur musée des Arts décoratifs, mais qui ne fut jamais exécutée. La première fonte, faite en 1926, se trouve maintenant au Rodin museum, à Philadelphie ; mais Rodin, en réalité, ne cessera jamais de travailler sur ce projet. Cette œuvre inachevée se présente comme une somme de toutes les figures isolées ou groupées auxquelles le sculpteur reviendra toujours : le Penseur, Cariatide à l'urne, Cariatide à la pierre, Fugit amor, la Douleur, Jeunesse triomphante, Homme qui tombe, Femme accroupie, la Danaïde. Ces collections de plâtres, de bronzes, d'études, de maquettes, permettent une approche approfondie de l'œuvre de Rodin.

Salle 7. Deuxième Salon ovale qui a aussi retrouvé son décor d'origine. La plupart des œuvres exposées ont été étudiées en fonction de la Porte de l'Enfer : certaines, comme La Centauresse et Eve, se retrouvent dans l'œuvre achevée, d'autres n'y figurent pas (Orphée et les Ménades, la Toilette de Vénus, la Faunesse à genoux).

Salle 8. On verra ici un ensemble de portraits de femmes, celles qui ont sentimentalement compté, celles qui furent ses amies ou lui ont apporté leur soutien social : la duchesse de Choiseul, Mme M. Fenaille, Lady Sackville-West, M. Potter-Palmer, Mme Elisseieff, la femme slave dont on ignore à peu près tout.

▶ Dans l'*escalier* : Les Trois ombres de la Porte de l'Enfer ; grand buste représentant Rose Beuret. ▶ *Sur le palier* : La Martyre, qui annonce la Porte de l'Enfer.

▷ Premier étage

Salles 9 et 10. Elles sont consacrées aux œuvres préparatoires et aux études de la Porte de l'Enfer.

Salle 11. C'est la salle des Bourgeois de Calais : différentes études, la première maquette (1884), la deuxième maquette (1885) pour ce monument commandé par la ville de Calais pour rappeler l'épisode de la guerre de Cent Ans. Les personnages sont mis sur le même plan, ce qui souligne la notion d'épreuves partagées.

Salle 12. Les œuvres datent des années 1890-1905, époque où le sculpteur est à l'apogée de son art. Le Christ à la Madeleine (1894), la Tempête (1898), connue sous d'autres noms ; Devant la mer.

Salle 13. Rodin et son temps ou Rodin et ses amis. On retrouve ici quelques œuvres célèbres que le sculpteur avait achetées et qui ont fait partie de sa donation ; également quelques sculptures qui représentent les personnalités qui étaient ses amis. De *Van Gogh* : ***Le père Tanguy******, ***Les Moissonneurs******, ***Le Train bleu*****. *A. Renoir* : Nu féminin. *Claude Monet* : ***Paysage de Belle-Isle******. Portraits de Roger Marx, Henri Becque, Bernard Shaw, Clemenceau, Gustav Mahler.

Salle 14. Elle rassemble ce qu'on appelle les projets, en plusieurs versions, pour les grands monuments : les Victor Hugo, dont un projet le représente avec Les Sirènes pour illustrer les Voix de la mer ; les Balzac ; projets de monuments pour Claude Lorrain, à Nancy, pour Bastien-Lepage, pour Whistler, etc.

Salle 15. Sculpture décorative à laquelle Rodin revient vers la fin de sa vie : projets de cheminées, de fontaines, de jardinières. ***La Cathédrale****, avec ses mains dressées qui forment un arc ogival, devait faire partie d'une fontaine. Dans une vitrine : Mouvements de danse (1910) qui évoque les premières danses venues d'Amérique.

Salle 16. Groupes sculptés ou dessinés, mythiques ou légendaires, illustrant le thème du couple.

▷ Cour d'honneur

La cour et les jardins réunissent quelques-unes des fontes monumentales de Rodin. A g. en entrant, Les ***Bourgeois de Calais****** et la ***Porte de l'Enfer****** ; à dr., ***Le Penseur******, autrefois (en 1906) placé devant le Panthéon, et le ***Balzac*****.

▷ Le jardin

Restauré en 1927. Devant la façade S. de l'hôtel : deux Cariatides tombées, de *Rodin*. Le bassin, autrefois comblé par les religieuses, a été dégagé : au centre, groupe d'Ugolin. Au fond, l'Appel aux Armes, groupe de *Rodin*. Fragments de sculptures antiques. ▶ A dr. de l'entrée, *chapelle* pseudo-gothique de l'ancien couvent du Sacré-Cœur, bâtie en 1875 et transformée (1967) en une salle destinée aux expositions temporaires et aux conférences.

Musée des Sciences et de l'Industrie

→ *quartier de La Villette, cité des Sciences*

Musée de Sculpture en plein air de la Ville de Paris

Quai Saint-Bernard, 5e arr.
Pour tous renseignements s'adresser au conservateur du musée Zadkine, 100 bis, rue d'Assas, 6e arr. ☎ *43.26.91.90 / 37-L8*
Visite : entrée libre t.l.j. 24 h/24
Métro : Jussieu, Gare d'Austerlitz
Bus : 24, 63

Visite du musée

30 mn

Inauguré en 1980 dans le square Saint-Bernard, en bord de Seine, ce musée offre un panorama de la sculpture de la seconde moitié du XXe s. Les œuvres ayant très mal résisté au temps et au vandalisme, un réaménagement complet est à l'étude.

Parmi les sculptures exposées, la plus ancienne est la Table du Silence (1920-1948), de *Constantin Brancusi*, l'un des pères de la sculpture moderne. A côté, on peut admirer la Demeure nº 1 (1954-1958) d'*Etienne Martin*, constituée de quatre éléments en bronze ; Marseille, exécutée par *César* en 1960, à l'époque où il réalisait ses premières compressions automobiles. Plus loin : la Grande Fenêtre (1974) d'*Agustin Cardenas*, en taille directe dans du marbre de Carrare ; Esprit, Eau et Sang, d'*Emile Gilioli* (1973) ; Hydrorrhage, forme sculptée par *Ipousteguy* en 1975.

Musée de la Seita*

(Histoire du tabac et de ses usages)

12, rue Surcouf, 7e arr. ☎ *45.56.60.17 / 34-F6*
Conservateurs : M. Edelmann, Mme Ades
Visite : t.l.j. sf dim. et fêtes, 11 h-18 h
Centre de documentation : sur RV
Métro : Invalides, Latour-Maubourg
Bus : 28, 49, 63, 69, 83

La manufacture de Tabac du Gros-Caillou, où furent fabriquées les premières cigarettes françaises en 1845, avait été construite au début du XIXe s., à l'angle de la rue Surcouf et du quai d'Orsay, puis agrandie vers la rue de l'Université et la rue Jean-Nicot, englobant une ancienne ferme dite La Grenouillière qui avait appartenu à Beaumarchais. En 1905, le quartier du Gros-Caillou devenant résidentiel, la manufacture fut détruite, à l'exception du bâtiment de direction qui fut remplacé en 1937 par l'actuel hôtel des Tabacs.

Le musée, rénové et réorganisé, a été inauguré en janvier 1979. Il est situé dans un immeuble récent, construit en 1963 à l'angle de la rue Surcouf et de la rue de l'Université.

Visite du musée

30 mn

Les collections du musée, rassemblées par la Seita depuis 1937 (année de l'exposition internationale), sont présentées de manière à illustrer le rôle social du tabac en France et à travers le monde. Un demi-millier d'objets sont exposés actuellement dans ce musée.

▷ Les collections

La découverte du tabac. La découverte du Nouveau Monde par *Christophe Colomb*, en 1492, est à l'origine de celle du tabac, plante d'origine purement américaine. Objets précolombiens, maquette de caravelle, etc.

Une découverte parmi d'autres. De l'Ancien Monde (Europe, Afrique et Asie) vers l'Amérique, passent des plantes comme le blé, le café, le coton, la canne à sucre. D'Amérique vers l'Europe et l'Asie, passent la tomate, le maïs, la pomme de terre, le tabac ainsi que le quinquina, la coca, le cannabis, le café. Seul le tabac connaît une diffusion universelle et, avec lui, un certain nombre de techniques se propagent : la pipe, la prise, la chique et plus tard le cigare et la cigarette. Objets tabagiques du monde entier : tabatières, pipes, etc., assiettes décorées des XVIIIe et XIXe s., inclusion de plantes suivant une technique originale et divers objets liés à l'usage du tabac, des excitants et des drogues.

Le tabac... d'abord une plante. Dans les classifications actuelles, Nicotiana est un genre qui appartient à la famille des Solanacées et qui compte une soixantaine d'espèces réparties en trois sous-genres : *Nicotiana tabacum*, *Nicotiana rustica* et *Nicotiana petunoïdes*. Herbiers, gravures, exemples des tabacs cultivés, etc.

De la plante au produit. Les transformations qui relèvent, à l'heure actuelle, de l'industrie furent pendant longtemps le fait du consommateur lui-même. Maquette de séchoir, hachoir de différentes époques.

Les aventures médicales. Utilisée à l'origine par la médecine comme sternutatoire, la prise du tabac entre peu à peu dans les mœurs et devient une pratique sociale très répandue en France (→ *encadré*).

Livres et gravures du XVIIe s. à nos jours. Râpes en ivoire, émail, buis, etc., tabatières de toutes formes et de toutes matières du XVIIe au XIXe s. : une collection exceptionnelle.

La pipe. C'est la technique fondamentale qui assura la diffusion du tabac avant l'apparition du cigare, puis de la cigarette. Venue d'Amérique avec le tabac, la pipe est un objet complexe qui connut une première évolution, passant de la forme tubulaire à la forme coudée. S'adaptant vite aux usages des différents peuples, elle prit sa forme définitive au cours du XVIIe s., sauf en Europe où elle continua d'évoluer jusqu'au début du XXe s. Collection de pipes du monde entier et de toutes les époques.

Le cigare et la cigarette. Cigares et cigarettes existaient en Amérique avant l'arrivée des Européens, mais sous une forme rudimentaire. Ils se substituèrent à la prise et à la pipe à partir du XVIIIe s. pour le cigare, et du XIXe s. pour la cigarette, donnant lieu à des procédés d'emballage et de présentation souvent très raffinés. Etuis et coffrets à cigares, vistas, bagues, fume-cigare et cigarette, etc.

La distribution. Une collection des objets qui ont donné leur charme aux débits de tabac anciens : pots, balances, affiches, enseignes, etc.

Les objets du fumeur. Le tabac a donné lieu à une production d'objets très variés, dont la classification se révèle complexe : objets de conservation, de consommation, de nettoyage, etc., pots à tabac individuels, coupe-cigares, blagues à tabac, étuis à pipe, cendriers, etc.

Un cabinet de fumeur, ou comment un gentleman du XIXe s. s'adonnait à sa passion secrète. On verra ici, notamment, un cabinet à cigares ayant été spécialement fabriqué pour Napoléon III.

▶ Une galerie attenante au musée (galerie de la Seita) présente des ***expositions temporaires*** d'art plastique.

Différents programmes audiovisuels complètent la présentation du musée et les expositions.

La prise

Mise à la mode par la cour, où Jean Nicot l'avait introduite, la prise connaît dans la noblesse une faveur considérable. D'abord rudimentaire, elle devient l'objet de raffinements multiples. Au XVIIe s., toutes sortes de parfums lui seront ainsi mêlés, tandis qu'artistes et artisans rivalisent d'ingéniosité pour la fabrication des râpes et des tabatières. Mais la prise est aussi l'occasion de nombreuses fraudes. On en viendra à créer la corporation des Râpeurs jurés, seuls habilités à transformer le tabac en poudre. Cette corporation marquera l'arrêt de la fabrication des râpes individuelles.

L'engouement pour la prise s'est tari en Europe au XIXe s. Mais sa consommation reste importante dans certaines régions (Afrique du Nord).

Musée de la Serrure★

(Bricard)

1, rue de la Perle, 3ᵉ arr. ☎ 42.77.79.62 / 37-L6
Conservateur : Mme Prade
Visite : t.l.j. sf dim. lun. et fêtes, 10 h-12 h/14 h-17 h ; f. en août
Métro : Saint-Paul, Chemin-Vert
Bus : 29

Ce beau musée, au cœur du Marais, retrace l'histoire de la serrure à travers les âges. Il est aménagé avec beaucoup de goût et même parfois de raffinement dans l'hôtel Libéral Bruand (histoire et architecture → Marais, rue de la Perle).

La société Bricard, spécialisée dans le travail de la serrurerie décorative, a restauré l'hôtel pour y installer le musée.

Visite du musée

45 mn

▷ Les collections

De l'époque gallo-romaine à l'époque gothique. Nombreuses clefs en bronze et en fer gallo-romaines ; heurtoirs gothiques ; targettes au chiffre de François Iᵉʳ, aux armes du connétable Anne de Montmorency, à l'emblème de Diane de Poitiers ; *heurtoirs** en pendeloques ; pièces allemandes du XVᵉ s. Serrure à moraillon en bronze ciselé provenant de Milan (1550) ; dans la vitrine 3, clefs à chimères (époque Renaissance).

Du XVIᵉ au XVIIIᵉ s. Serrures aux armes de Nicolas Fouquet ; targette en fer repoussé au monogramme d'Henri IV et de Marie de Médicis ; *targette en feuille de persil*. Marteaux de porte** provenant de Venise (XVIᵉ s.) ; serrure avec verrou de nuit, avec un poinçon en forme de trois personnages. Serrures de chefs-d'œuvre, pièces remarquables.

XVIIIᵉ-début XIXᵉ s. Dans la vitrine centrale, on verra un vase de rampe provenant du château de Saint-Cloud ; des clefs de portefeuille, des appliques de pendules. Embase d'espagnolettes exécutée par le célèbre orfèvre *Gouthière* (1732-1814). Serrures de coffres.

Collection de poignées de portes (début XXᵉ s.). Une salle est consacrée aux *créations Bricard* en 1900.

Salles latérales. Serrure prévôtale (vers 1780) ; coffret porte-pli. Targettes au chiffre de Napoléon, qui étaient au Louvre. Clefs de chambellan aux armes de Marie-Louise d'Autriche (1814), aux armes de Nicolas Iᵉʳ ; une *serrure*** provient du salon des Maréchaux au château des Tuileries, d'où vient également une espagnolette au chiffre de Napoléon III et d'Eugénie. Plusieurs pièces originaires de châteaux royaux.

▶ Dans la cour, reconstitution d'un *atelier de serrurier*.

Musée du Service de Santé

→ musée du Val-de-Grâce

Musée de la Table

15, quai de la Tournelle, entrée : rez-de-chaussée du restaurant La Tour d'Argent, 5e arr.
☎ 43.54.23.31 / 36-K8
Visite : réservée à la clientèle du restaurant
Métro : Cardinal-Lemoine
Bus : 24, 47, 63

Visite du musée

Au rez-de-chaussée du très célèbre, très sélect, très ancien restaurant La Tour d'Argent, Claude Terrail a aménagé un petit musée de la Table et de la Gastronomie.

La table qui, au café Anglais, le 7 juin 1867, réunit les trois empereurs (le tsar Alexandre II, le tsarévitch, futur Alexandre III, Guillaume Ier de Prusse et le prince de Bismarck) a été reconstituée dans tout son faste et son éclat. Divers services de table illustres ; des plats de la compagnie des Indes, des Sèvres provenant du château d'Eu, collections de menus et d'autographes célèbres. Ouvrages relatifs à l'art culinaire.

Musée national des Techniques**

292, rue Saint-Martin, 3e arr. ☎ 42.71.24.14 / 29-L6
Visite : t.l.j. sf lun., 13 h-17 h 30, dim. 10 h-17 h 15. Groupes : RV 15 j. avant
Métro : Réaumur-Sébastopol, Strasbourg - Saint-Denis
Bus : 38, 47

Dans le cadre du Conservatoire national des Arts et Métiers qui occupe l'ancien prieuré de Saint-Martin-des-Champs, le musée national des Techniques est d'un intérêt considérable pour le chercheur, tant sur le plan scientifique, qu'historique et didactique. Pour le profane, son intérêt est tout esthétique : on songe non seulement aux salles d'horlogerie, mais aussi à la présentation générale de pièces mises en valeur d'une façon vivante qui permet une connaissance sensible de l'objet.

Histoire du musée

Le prieuré de Saint-Martin-des-Champs, qu'on appelait volontiers la troisième fille de Cluny, fut pendant des siècles l'un des plus considérables établissements religieux de Paris, mais connut de grands bouleversements lorsque vint la Révolution. Diverses affectations furent proposées et, en 1798, il abrita le Conservatoire des Arts et Métiers créé le 10 octobre 1794.

Le musée des Techniques, ouvert au public en 1802, occupe le grand quadrilatère élevé en partie au XVIIIe s. par Antoine, entre la cour d'honneur et la rue Vaucanson. C'est le plus ancien musée de ce genre existant au monde. Les collections personnelles de Jacques Vaucanson, qui avait acquis une certaine célébrité avec ses automates perfectionnés et qui avait offert au roi toutes ses machines, ont constitué le fonds du musée auquel se sont ajoutés, par la suite, les objets ayant trait aux sciences et aux techniques et faisant partie des biens confisqués aux émigrés. Depuis lors, de nombreux legs et donations sont venus enrichir cet ensemble.

Léon Vaudoyer procéda, en 1836, à divers agrandissements; l'église fut entièrement restaurée dans la seconde moitié du XIXe s., et une grande campagne de rénovation fut entreprise après 1958. A partir de 1978, des changements considérables sont apportés dans l'organisation du musée.

Visite du musée

1 h 30

Les travaux de réorganisation en cours ne permettent pas de procéder à une évocation salle par salle. Les collections du musée sont donc présentées de manière thématique.

▶ Accueil : la *salle de l'Echo* est ainsi nommée parce qu'en se plaçant dans un angle on entend très distinctement les mots prononcés à voix basse dans l'angle diagonalement opposé.

▷ La section énergie

Modèles de moulins à vent et maquettes de machines, dont certaines, très belles, datent du XVIIIe s. Roues et turbines hydrauliques, dont celle de *Fourneyron* (1832). La fameuse « machine de Marly ». Bélier de *Montgolfier*. Machine atmosphérique de *Newcommen* (1705); machine de *Watt* (1781). Electromoteurs de *Pierret*, de *Froment*; électromoteur épicycloïdal; moteur magnéto-électrique de *Froment*. Groupes électrogènes. Le premier moteur à combustion interne fabriqué par *Lenoir* (1860), et les premiers accumulateurs de *Planté* (1859).

Energie électrique appliquée à la vie quotidienne : ascenseurs, chauffage urbain, découverte d'*Edison*. Technique de l'habitat; appareils électroménagers.

Anciennes machines d'électricité dont plusieurs datent du XVIIIe s. (machines de *van Marum*, de *Nairne*); grande machine électrique provenant du cabinet du duc de Chaulnes. Moteurs électriques dus à *Ampère* et à *Deprez*.

A ne pas manquer

La locomotive de Stephenson (section transport).
La collection d'horloges et de pendules à planétaires des XVIIIe et XIXe s.
La joueuse de tympanon, automate de la reine Marie-Antoinette.
La collection exceptionnelle de microscopes (section optique).

▷ La section mécanique et machines-outils

Très nombreux modèles de machines-outils; tour à portrait utilisé par Louis XVI; tours de *Vaucanson* fabriqués avant 1750 et de *Senot* (1795). Modèles d'engrenages et mécanismes de transformation des mouvements.

▷ La section métallurgie et sidérurgie

Extraction, transformation du minerai; convertisseurs *Thomas*; différents types de fours. Four à puddler en usage en 1867; marteau de forge du XVIIIe s.; convertisseurs *Bessemer*; hauts fourneaux.

▷ L'ancienne église de Saint-Martin-des-Champs

Dans la nef sont groupés les engins de locomotion : avion *Esnault-Pelterie* (1906); avion sur lequel *Blériot* s'embarqua pour traverser la Manche, le 25 juillet 1909; avion Bréguet (1910), avec lequel *Henri Brégi* effectua le raid aérien de Fez à Casablanca, en 2 h 50; moteur à vapeur de l'avion Eole, d'*Atar*; « fardier » à vapeur de *Cugnot* (1770), ancêtre de l'automobile; voitures à vapeur d'*Amédée Bollée* (1873) et de *Serpollet* (1888); automobiles à essence de *Panhard*, *Peugeot*, de *Dion* (1893 à 1896); boîtes de vitesses entraînées par des moteurs électriques que les visiteurs peuvent faire fonctionner; premier tricycle de *Millet* (1878), à moteur rotatif et allumage électrique; collection de cycles, depuis la draisienne. Vitrine sur les tramways. ***Locomotive et tender**** de *Stephenson*; machine de *Marc Seguin*; ***collection*** complète ***de modèles**** (au 1/43e) de locomotives et wagons français depuis les origines.

▷ La section division du temps

Pendule de *Foucault* (1855) pour démontrer la rotation de la terre. Horloges astronomiques, électriques, atomiques. Pendules à calendrier.

Horlogerie ancienne** : sphères célestes de *Burgi* et *Reinhold*, avec calendrier perpétuel (XVIe s.) ; planétaire de *Thomas Heath* (milieu XVIIIe s.) ; horloge astronomique de *Mathieu Kriegseissen* (1726) ; régulateur de *Lepaute*, dans une gaine Louis XV (1775) ; pendule à planétaire Terre et Lune, par *Raingo* et *Garnier* (1830) ; pendule à calendrier, par *Brocot* (1839) ; horloges en fer du XVe s ; pendule de *Thurel*, dans une gaine attribuée à *Boulle* (1712). Pendule en marbre à cadran mobile, par *Lepaute* (1770) ; pendule à planétaire, système solaire ; pendule à jeu de flûtes et carillon, par *Van Hoof* (Anvers, 1790) ; pendule de *Lepaute* avec planétaire (1795) ; pendule à quantième de *Charles Bertrand* (1785) ; pendule à remontoir d'égalité par *Bourdier* (1800) ; pendule de *Bréguet* pouvant servir de métronome (1800) ; globe céleste à mouvement d'horlogerie, par *Desnos* (1775). Horloges et outils de marine de *Berthoud*. Pendule japonaise de *Nori Yoski* (début XVIIIe s.) ; pendule à veilleuse (1670) ; horloges universelles de *Pierre Fardoil* (1710) ; horloge hollandaise à automates et jeu d'orgues (1700) ; cartel Louis XV en écaille verte ; collection de mouvements de montres à roue de rencontre (XVIIIe s.) ; pendule à temps décimal et sexagésimal, par *Lepaute* ; régulateurs astronomiques par *Gallonde*, *Berthoud*, *Gudin*, *Lepaute*.

▶ *La section astronomie et géodésie*. Nombreux instruments anciens. Collections d'astrolabes : l'astrolabe fut le plus répandu des instruments d'astronomie ancienne et son âge d'or fut la Renaissance. Octants et sextants ; anneaux astronomiques ; télescopes.

▷ La section des automates anciens

Tableau animé aux armes de Marie-Antoinette (1770) ; tableau animé aux armes de Mme de Pompadour (vue de Saint-Ouen) ; oiseaux chanteurs (1785) ; ***Joueuse de tympanon*****, par *Kintzing* (1785), automate ayant appartenu à Marie-Antoinette qui joue des airs extraits (et arrangés) de l'Armide de Gluck.

▶ *La section mathématiques* : différents types de machines à calculer et à écrire ; de machines arithmétiques. Du boulier à la machine *Bull*. Machines de *Pascal* (1652) et de *Bollé* (1889).

▷ La section communications et télécommunications

Les images et les sons. L'histoire de la photographie. Reconstitution d'une chambre noire de photographe. Voiture de photographe ambulant sous le second Empire. Vitrine consacrée à *Marey* et à ses recherches sur le mouvement. Les grandes dates de la photographie depuis 1822 : les travaux de *Niepce* et *Daguerre* (1829) ; le daguerréotype (1840). De la photographie au cinéma : la première caméra des *frères Lumière* (1895), cinéma professionnel, cinéma d'amateur. Le phonographe : appareils d'hier et d'aujourd'hui. La télévision. Radioastronomie : détection par radar ; un satellite ; goniométrie. Le télégraphe : travaux de *Branly* ; naissance de la radiodiffusion (il serait intéressant de compléter cette visite par celle du musée de la Radio).

▷ La section de physique

Mécanique physique : pesanteur, chute des corps (appareil du *général Morin*) ; centre de gravité, choc des corps ; parallélogramme des forces, leviers. Vitrine sur les expériences de *Foucault*. Diverses pièces provenant des maisons royales et du cabinet de l'abbé Nollet. Appareils du physicien *Charles*, de *Regnault* pour l'étude des tensions de vapeur ; appareils de *Thilorier*, *Carré* et *Cailletet* pour la production du froid. Appareils de démonstration des lois de la dynamique et de la statique des solides, de l'hydrostatique. Mécanique ondulatoire. Electricité : les appareils à électricité statique du XVIIIe s. ; travaux de *Volta* ; travaux de *Planté*, inventeur des accumulateurs électriques.

▷ La salle d'honneur

Située en haut de l'escalier à double révolution, œuvre d'*Antoine*, elle réunit un ensemble de maquettes sur les métiers, exécutées sur ordre de Mme de Genlis d'après les planches de l'Encyclopédie, pour les enfants du duc d'Orléans dont elle était la préceptrice.

▶ *La section verrerie* : différents types d'utilisation artistique ou utilitaire du verre. Œuvres du verrier nancéen *Gallé*, très caractéristiques de son style et de son époque. Œuvres de *Lalique* et *Daum* ; cristalleries de Venise, Saint-Louis et Baccarat.

▶ *La section météorologie* : collection de poids et mesures. ▶ *La section optique* : microscopes de la ***collection Nachet*****, la plus importante collection qui soit au monde ; appareil de *Foucault* pour mesurer la vitesse de la lumière. ▶ *La section techniques agricoles* : évolution des machines depuis l'araire du paysan du Moyen Age jusqu'au tracteur ; l'agriculture en général.

▶ *La section chimie et grands chimistes* : instruments du laboratoire de *Lavoisier*.

L'institut Tessin*

(Centre culturel suédois)

11, rue Payenne, 3e arr. ☎ 42.71.82.20. / 37-L7
Visite : t.l.j. 14 h-18 h, f. en août.
Bibliothèque : du lun. au ven., 14 h-17 h
Métro : Saint-Paul, Chemin-Vert.
Bus : 29, 69, 76, 96

L'institut Tessin, créé en 1933 par Gunnar W. Lundberg, attaché culturel auprès de l'ambassade de Suède à Paris, occupe depuis 1971 l'hôtel de Marle, construit à la fin du XVIe s. Il présente un ensemble de peintures du XVIIe au XXe s., qui rappellent les liens étroits entre la France et la Suède. Le fonds porte le nom de Tessin en hommage au comte Carl Gustaf Tessin, ambassadeur de Suède en France de 1739 à 1742 et grand collectionneur d'art. Une importante partie de la collection du comte Tessin est aujourd'hui au National museum, Stockholm, dans son cabinet de dessin.

L'hôtel de Marle abrite aussi le Centre culturel suédois qui offre des studios aux artistes et chercheurs suédois de passage à Paris, et organise des expositions d'art contemporain, des concerts, des projections de films, des colloques. La bibliothèque du Centre est riche en ouvrages sur l'art suédois.

Visite du musée

30 mn

L'institut Tessin présente ses collections au premier étage, dans un décor du XVIIIe s. avec un poële en faïence de Rouen, sous un plafond à poutres peintes datant de l'origine de l'hôtel.

On peut admirer, entre autres, un portrait du comte Tessin par *Martin Meytens* (1695-1770) ; le morceau de réception de *Wertmüller* (1751-1811) à l'Académie, représentant l'artiste Bachelier ; le merveilleux portrait de ***Suzanne Giroust**** par son mari *Alexander Roslin* (1718-1793), portraitiste célèbre à Paris à la fin du XVIIIe s. ; quelques pastels importants de *Gustaf Lundberg* (1695-1786), dont le portrait de Guillaume de Taraval, premier professeur à l'Académie des Beaux-Arts de Stockholm, et un ***Portrait***, peu connu, ***du roi Gustave III****. Voir également des œuvres d'artistes suédois des XIXe et XXe s., notamment des paysages du grand mystique *Carl Kylberg* (1878-1952).

Palais de Tokyo

13, avenue du Président-Wilson, 16e arr. ☎ 47.23.36.53 / 26-E6
Métro : Alma-Marceau, Iéna
Bus : 32, 42, 63, 82, 92

Le palais de Tokyo n'abrite plus désormais le musée national d'Art moderne. Le centre Georges-Pompidou, en 1977, puis le musée d'Orsay, en 1986, se sont partagés ses collections. Mais le bâtiment, construit en 1937 pour l'Exposition universelle (→ Chaillot), doit devenir palais de l'Image et accueillir plusieurs organismes en rapport avec le cinéma et la photographie.

Le *centre national de la Photographie (t.l.j. sf mar., 9h 45-17 h 15)*, présente des expositions temporaires à caractère thématique ou rétrospectif, en collaboration avec la mission du Patrimoine photographique et le service photographique de la délégation aux Arts plastiques *(renseignements sur les programmes ☎ 45.35.43.03)*.

La *FEMIS* (fondation européenne des métiers de l'image et du son) n'accueille pas le public mais prépare les étudiants aux métiers du cinéma et de l'audiovisuel. Il est prévu l'installation, dans le palais de Tokyo, de la cinémathèque française et de son musée du Cinéma (→ *musées*), actuellement au palais de Chaillot, ainsi que l'installation d'une bibliothèque commune qui réunirait les fonds existants des trois organismes.

Musée du Val-de-Grâce

(du Service de Santé de l'armée)

1, place Alphonse-Laveran, 5e arr. ☎ 43.29.12.31 / 44-J9
Visite : sur R.V., t.l.j. sf. sam., dim. et fêtes, 10 h-12 h/14 h-17 h, 16 h le vend.
Groupes : demande écrite. S'adresser au poste de garde et suivre les indications qui mènent au bureau du conservateur
Métro : Port-Royal, Saint-Jacques
Bus : 27, 83, 91

Le musée du Val-de-Grâce a été créé au cours de la Première Guerre mondiale pour abriter les documents de plus en plus nombreux relatifs à l'histoire du service de Santé aux armées et au matériel sanitaire. Il relève du service de Santé militaire.

Le musée est installé au premier étage de l'aile occidentale des bâtiments monastiques, demeurés à peu près tels qu'ils étaient lorsqu'ils furent construits à l'occasion de la naissance du Dauphin par ordre d'Anne d'Autriche. Commencée par F. Mansart, la construction fut menée à son terme (1645-1667) par les architectes Le Mercier, Le Duc, Le Muet. Le Val-de-Grâce est hôpital militaire depuis 1795, et, depuis que lui a été adjointe l'Ecole d'Application du service de Santé, tous les médecins militaires métropolitains ont fait leurs études entre ces murs imposants.

Visite du musée

30 mn

▷ Les premières salles

Les premières salles sont consacrées à l'histoire du service de Santé depuis que l'a institutionnalisé le *baron Dominique Larrey*, chirugien en chef de la Grande Armée. Outre les bustes et les portraits des médecins qui ont laissé un nom, outre les souvenirs divers, les insignes, les décorations (comme le ruban de l'ordre de Sainte-Anne de Russie), on verra ici nombre de rapports et communications scientifiques, et des recueils d'observations cliniques faites dans les hôpitaux militaires. Précis d'histoire médicale du XVIe aux XIXe s.

▷ La galerie

Dans une grande galerie en fer à cheval, spécimens réels ou modèles réduits du matériel employé durant la guerre de 1914-1918 pour donner les premiers secours aux blessés et pour les évacuer à l'arrière. Dans les vitrines, instruments de chirurgie, depuis les plus primitifs jusqu'aux plus perfectionnés ; prothèses diverses ; trousses de médecins militaires. Reconstitution d'hôpitaux de campagne ; transports sanitaires par avions.
▸ *Salles des uniformes* : gouaches et présentation sur mannequins illustrant l'histoire de l'uniforme des chirurgiens militaires depuis sa création en 1757 et jusqu'à nos jours. ▸ *Salle des autographes* : souvenirs des docteurs *Larrey*, père et fils.

Musée Valentin-Haüy

5, rue Duroc, 7e arr. ☎ 47.34.07.90 / 35-G8
Visite : mar. et mercr., 14 h 30-17 h, f. jours fériés
Métro : Duroc
Bus : 28, 39, 70, 82, 72

Le musée Valentin-Haüy est un musée privé ; il fait partie intégrante de l'association Valentin Haüy pour le bien des aveugles, fondée en 1889. C'est un musée historique et pédagogique qui présente, dans une salle claire et attrayante, tout ce qui a contribué à l'instruction des aveugles en leur permettant d'accéder à toutes les disciplines intellectuelles et à de multiples activités, depuis les premiers livres à caractères en relief de Valentin Haüy (1745-1822), au procédé d'écriture en points saillants de Louis Braille (1809-1852), le seul maintenant universellement adopté.

On verra, entre autres, des appareils et machines à écrire en relief, des cartes géographiques, des globes terrestres, des objets fabriqués par des artisans aveugles, d'émouvants et précieux souvenirs et documents divers, et des bronzes du sculpteur aveugle Vidal (1832-1892).

Maison de Victor Hugo*

6, place des Vosges, 4e arr. ☎ 42.72.16.65 / 37-L7
Conservateur : Mme Sophie Grossiord
Visite : t.l.j. sf. lun., 10 h-17 h 40. Conférences sur demande.
Bibliothèque : sur RV, œuvres de Victor Hugo et études critiques
Métro : Chemin-Vert, Bastille, Saint-Paul
Bus : 20, 29, 65, 69, 76, 96

C'est dans le bel hôtel de Lavardin, plus connu encore sous le nom de Rohan-Guéménée, que Victor Hugo vécut, entre deux tourmentes révolutionnaires, de 1832 à 1848. Il quittait la rue Jean-Goujon pour s'installer au deuxième étage de l'hôtel, dans ce que Juliette Drouet appelait gentiment son « bric-à-brac ». Ici se déroula pendant seize ans la vie familiale, quotidienne, mondaine, littéraire et politique. Ici le poète maria sa fille Léopoldine et vécut le drame de Villequier. Dans le cabinet de travail il écrivit ses grands drames : les Burgraves, Ruy Blas, Marie Tudor, Les Chants du Crépuscule, Les Rayons et les Ombres, Les Voix intérieures, une grande partie des Misérables, le début de La Légende des Siècles, des Contemplations. Dans le salon, il recevait ses amis : Vigny, Lamartine, Béranger, Sainte-Beuve, Dumas, Balzac, Mérimée, les Devéria, Célestin Nanteuil, David d'Angers. C'est pendant son séjour place des Vosges qu'il fut nommé académicien, pair de France et député.

Le noyau des collections est constitué par l'ensemble de souvenirs, livres, dessins, objets, offerts à la Ville de Paris l'année de la création du musée, en 1902, par Paul Meurice, ami intime et exécuteur testamentaire du poète.

Visite du musée

45 mn

▷ L'appartement *2e étage*

L'appartement fut occupé par Victor Hugo de 1832 à 1848. Les salles, entièrement réaménagées depuis 1983, renferment de nombreux souvenirs, mais ne donnent pas une idée fidèle de l'appartement du poète car la vente aux enchères du mobilier de Victor Hugo en 1852, les multiples transformations que subirent les pièces après le départ de la famille empêchent toute reconstitution.

La jeunesse. Après l'antichambre où sont présentés les documents illustrant l'enfance et la jeunesse de Victor Hugo, les premières années de son mariage avec Adèle Foucher, jusqu'à leur arrivée place Royale (portraits de famille, dessins d'*Achille Devéria*...), le salon rouge restitue le séjour du poète en ces lieux. Plusieurs tableaux y sont exposés (Victor Hugo et son fils François-Victor, Léopoldine au Livre d'Heures, la Première Communion de Léopoldine à Fourqueux par *Auguste de Châtillon*, Portrait d'Adèle par *Louis Boulanger*) ainsi que des dessins d'*Adèle Hugo*, le buste de Victor Hugo par *David d'Angers* et celui d'Adèle par *Nicolas-Victor Vilain*.

L'exil. La salle à manger chinoise et les deux pièces suivantes évoquent les années d'exil de 1852 à 1870. La passion du poète pour la décoration s'exprime dans les panneaux qu'il pyrograva et le mobilier qu'il composa pour Hauteville Fairy, la maison de Juliette Drouet à Guernesey.

Une petite pièce montre une exceptionnelle collection de photographies de Victor Hugo et de sa famille durant leur exil à Jersey (1852-1855). Les auteurs en sont *Charles Hugo* et *Auguste Vacquerie*. Hauteville House, la maison du poète à Guernesey, et ses habitants, sont évoqués dans cette salle.

Le 5 septembre 1870, Victor Hugo rentre en France. Après avoir occupé plusieurs domiciles à Paris, il s'installe avec Juliette Drouet, en 1878, dans un hôtel particulier de l'avenue d'Eylau (n° 124 de l'actuelle avenue Victor-Hugo), aujourd'hui démoli. L'avant-dernière salle évoque, avec son mobilier d'origine, la vie des dernières années (Georges et Jeanne en 1879 par *Charles Voillemot*, réplique du portrait de Victor Hugo peint par *Léon Bonnat* en 1879; buste exécuté par *Rodin*; photographie de *Nadar*). La visite s'achève par la reconstitution de la chambre mortuaire dans l'hôtel de l'avenue d'Eylau (1885).

▷ Expositions et dessins *1er étage*

Outre les expositions temporaires, des *dessins** de *Victor Hugo* sont présentés par roulement, choisis dans la collection du musée qui possède 550 dessins sur les quelque 3 000 exécutés par l'écrivain. Victor Hugo aimait particulièrement ces croquis. Dans une lettre à Baudelaire, il écrit : « Je suis tout heureux et très fier de ce que vous voulez bien penser des choses que j'appelle mes dessins à la plume. J'ai fini par y mêler du crayon, du fusain, de la sépia, du charbon, de la suie, et toutes sortes de mixtures bizarres qui arrivent à rendre à peu près ce que j'ai dans l'œil et surtout dans l'esprit. Cela m'amuse entre deux strophes ». Il est impossible en quelques lignes d'étudier cette activité qui fut essentielle pour le poète. Tout au plus peut-on indiquer que dans cette œuvre graphique, on pourrait distinguer ce qui est visionnaire et ce qui est photographique, et parmi les thèmes, ce qui relève de l'architecture (burgs, donjons, ruines, créneaux, arcs-boutants), et ce qui est « océanique » - le mot est de Gaétan Picon - (vagues, tempêtes, jetées, brise-lames, barques en détresse, dunes, etc.). Ce qui frappe, dans ces centaines de dessins, c'est leur « spontanéité vraiment première ». Hugo dessinait partout, n'importe où, sur n'importe quoi. On notera encore la cruauté de certaines caricatures, l'obsession de la mort. ▶ Le *cabinet d'estampes* et la *bibliothèque*, qui comprend à peu près sans lacunes toutes les éditions des œuvres de l'écrivain ainsi que la majeure partie des ouvrages et études qui lui ont été consacrés, sont ouverts aux chercheurs sur rendez-vous.

Cité de la Villette

→ *quartier de la Villette*

Musée du Vin

Rue des Eaux. Entrée : 5, square Charles-Dickens, 16e arr. ☎ 45.25.63.26 / 33-D7
Visite : t.l.j. sf. lun., 12 h-18 h
Métro : Passy (descendre les escaliers et tourner à dr.)
Bus : 72

Visite du musée

30 mn

Situé dans des carrières exploitées dès le Moyen Age et utilisées comme cellier par les moines de l'abbaye de Passy (XVe s.), ce musée rassemble, dans ses galeries voûtées, de nombreux objets et documents illustrant la culture de la vigne et le travail du vin (vendanges, tonnellerie, verrerie, œnologie). Une dizaine de tableaux, animés de personnages de cire, évoquent l'histoire des lieux et les principaux vignobles français. Le musée du Vin est le siège du conseil des Echansons de France.

Location de salles en soirée, restauration formule Bistro, dégustation et possibilité d'acquérir certains crus.

Musée Zadkine★

100 bis, rue d'Assas, au fond de la cour, porte dr., 6e arr. ☎ 43.26.91.90 / 35-H8
Conservateur : M. Sylvain Lecombre
Visite : t.l.j. sf. lundi, 10 h-17 h 30
Bibliothèque : sur R. V. Documentation sur l'œuvre de Zadkine
Métro : Notre-Dame-des-Champs, Vavin, Port-Royal
Bus : 38, 58, 82, 83, 91

Ce musée de la Ville de Paris est situé dans l'atelier qu'Ossip Zadkine occupa de 1928 jusqu'à sa mort, en 1967. Cette petite maison, inattendue en plein cœur de Paris, avait séduit l'artiste qui écrivit à un ami : « Viens voir ma folie d'Assas et tu comprendras combien la vie d'un homme peut être changée à cause d'un pigeonnier, à cause d'un arbre ».

Le musée abrite quelque trois cents œuvres de Zadkine, léguées par sa veuve, le peintre Valentine Prax. Il permet de suivre la carrière de ce sculpteur qui partit de l'esthétique cubiste pour évoluer vers l'expressionnisme et l'abstraction.

Visite du musée

45 mn

▷ Salle 1

Elle rassemble les premières sculptures de l'artiste, d'influence cubiste : Femme à l'éventail (1923) ; l'Accordéoniste (1924).

▷ Salle 2

Œuvres des années 1928-1945, inspirées par l'Antiquité : les Ménades (1929) ; les Conseillers (1930).

Au milieu de la salle, est exposée la maquette de la Ville Détruite (1947), œuvre la plus célèbre de *Zadkine*, édifiée à Rotterdam après la guerre.

▷ Salle 3

Réalisations d'après-guerre : Prométhée, bois original de la sculpture exposée devant le Centre Pompidou (1955) ; série d'études pour deux monuments à Van Gogh, érigés à Auvers-sur-Oise et en Hollande.

▷ Le jardin

Œuvres monumentales : la Forêt Humaine (1945), où Zadkine joue avec les espaces pleins et vides ; le Poète, hommage à Eluard (1954) ; la Demeure (1959) et la Girouette (1965) de tendance abstraite.

Indications bibliographiques

Une bibliographie complète de Paris serait presque sans limites. Il existe des monographies sur chaque musée, chaque monument, des études sur une rue, une place. Par ailleurs, Paris a été le théâtre de la plupart des événements politiques de l'histoire de France, de l'histoire de l'art et des idées. La ville a été décrite et évoquée dans d'innombrables œuvres littéraires. Nous nous bornons ici à indiquer les livres les plus récents, qu'il est facile de se procurer en librairie. En outre nous avons tenu à mentionner un certain nombre d'ouvrages fondamentaux. Anciens ou épuisés, ils peuvent être consultés dans les bibliothèques et, plus spécialement, à la Bibliothèque historique de la Ville de Paris, 24, rue Pavée, Paris 4ᵉ.

Généralités et histoire

Dictionnaire de Paris, Paris, Larousse, 1964.
Hillairet (Jacques), *Dictionnaire historique des rues de Paris*, Ed. de Minuit, 1972, 2 vol. et un supplément.
Histoire de l'Ile-de-France et de Paris, sous la dir. de Michel Mollat, Toulouse, Privat, 1971.
Hoffbauer (F.), *Paris à travers les âges*, Paris, Firmin-Didot, 1885, 2 vol. (réédition Tchou, 1982).
Paris de la préhistoire à nos jours, Saint-Jean-d'Angély, Bordessoules, 1985.
Roblin (Michel), *Quand Paris était à la campagne*, Paris, Picard, 1985.

Histoire par époques

Lutèce. Paris de César à Clovis (catalogue d'exposition), Paris, musée Carnavalet, 1984.
Paris mérovingien (catalogue d'exposition), Paris, musée Carnavalet, 1981.
Babelon (Jean), *Paris au XVIᵉ siècle*, Paris, Nouvelle Histoire de Paris, Hachette diff., 1986.
Boussard (Jacques), *De la fin du siège de 885-886 à la mort de Philippe Auguste*, Paris, Nouvelle Histoire de Paris, collection éditée par la Ville de Paris, diffusion Hachette, 1976.
Bertier de Sauvigny (Guillaume de), *La Restauration (1815-1830)*, Paris, Nouvelle Histoire de Paris, Hachette diff., 1977.
Cazelles (Raymond), *De la fin du règne de Philippe Auguste à la mort de Charles V (1123-1380)*, Paris, Nouvelle Histoire de Paris, Hachette diff., 1972.
Duval (Paul-Marie), *Paris antique. Des origines au IIIᵉ siècle*, Paris, Hermann, 1961.
Favier (Jean), *Paris au XVᵉ siècle*, Paris, Nouvelle Histoire de Paris, Hachette diff., 1974.
Gaxotte (Pierre), *Paris au XVIIIᵉ siècle*, Paris, Arthaud, 1982.
Girard (Louis), *La IIᵉ République et le second Empire (1848-1870)*, Paris, Nouvelle Histoire de Paris, Hachette diff., 1981.
Mousnier (Roland), *Paris au XVIIᵉ siècle*, Paris, Centre de Documentation Universitaire, 1961.
Reinhard (Marcel), *La Révolution (1789-1799)*, Paris, Nouvelle Histoire de Paris, Hachette diff., 1971.
Rials (Stéphane), *De Trochu à Thiers (1870-1873)*, Paris, Nouvelle Histoire de Paris, Hachette diff., 1985.
Tulard (Jean), *Le Consulat et l'Empire (1800-1815)*, Paris, Nouvelle Histoire de Paris, Hachette diff., 1970.

Paris par quartiers

Chaillot, Passy, Auteuil (catalogue d'exposition), Paris, musée Carnavalet, 1982.
Christ (Yvan), Barrielle (Jean-François), Castieau (Thérèse), *Champs-Elysées, faubourg Saint-Honoré, plaine Monceau*, Paris, Veyrier, 1982.
Christ (Yvan), Silvestre de Sacy (Jacques), Siguret (Philippe), *Le Marais*, Paris, Veyrier, 1984 ; *l'Ile Saint-Louis, l'île de la Cité, le quartier de l'ancienne Université*, Paris, Veyrier, 1972.

Le Faubourg Poissonnière (catalogue d'exposition), Paris, Délégation à l'Action artistique de la Ville de Paris, 1986.
Du faubourg Saint-Antoine au bois de Vincennes, promenades historiques dans le 12ᵉ arrondissement (catalogue d'exposition), Paris, musée Carnavalet, 1983.
Les Grands Boulevards (catalogue d'exposition), Paris, Musée Carnavalet, 1985.
L'Ile Saint-Louis (catalogue d'exposition), Paris, musée Carnavalet, 1980.
Lambeau (Lucien), *Charonne*, Paris, E. Leroux, 1916-1921 (histoire des communes annexées à Paris en 1859) ; *la Villette*, Paris, E. Leroux, 1926 ; *Bercy*, Paris, E. Leroux, 1910 ; *La Chapelle Saint-Denis*, Paris, E. Leroux, 1923 ; *Grenelle*, Paris, E. Leroux, 1914 ; *Vaugirard*, Paris, E. Leroux, 1912.
Lépidis (Clément), *Belleville*, Paris, Veyrier, 1975.
Léri (Jean-Marc), *Montmartre*, Paris, Veyrier, 1983.
Léri (Jean-Marc) et Jacob (Andrée), *Vie et histoire du 6ᵉ arrondissement*, Paris, Hervas, 1986. (La collection des vingt arrondissements est en cours de parution.)
De Montparnasse à Montsouris, itinéraire historique dans le 14ᵉ arrondissement (catalogue d'exposition), Paris, musée Carnavalet, 1986.
Siguret (Philippe) et Bouvet (Vincent), *Chaillot, Passy, Auteuil, le bois de Boulogne*, Paris, Veyrier, 1982.
Sorel (Philippe), *Vie et histoire du 3ᵉ arrondissement*, Paris, Hervas, 1986.
Des Ternes aux Batignolles, promenade historique dans le 17ᵉ arrondissement (catalogue d'exposition), Paris, musée Carnavalet, 1986.
De Vaugirard à Grenelle, promenade historique dans le 15ᵉ arrondissement (catalogue d'exposition), Paris, musée Carnavalet, 1984.

Paris par thèmes

Alphand (Adolphe), *les Promenades de Paris*, Paris, Rothschild, 1867-1873.
Belloncle (Michel), *Paris et ses fontaines*, Paris, Serg, 1978.
Citron (Pierre), *la Poésie de Paris dans la littérature française de Rousseau à Baudelaire*, Paris, Éd. de Minuit, 1961.
Doisneau (Robert), *Passages et galeries du XIXᵉ siècle*, Paris, ACE, 1981 (Le Piéton de Paris).
Guerrand (Roger), *l'Aventure du métropolitain*, Paris, La Découverte, 1986.
Héron de Villefosse (René), *Solennités, fêtes et réjouissances parisiennes*, Paris, Nouvelle Histoire de Paris, Hachette diff., 1980.
Robert (Jean), *Notre métro*, Saint-Mandé, musée des Transports urbains, 1968.

Les églises de Paris

Biver (Paul et Marie-Louise), *Abbayes, monastères et couvents de Paris des origines à la fin du XVIIIᵉ siècle*, Paris, Ed. d'Histoire et d'Art, 1970.
Biver (Paul et Marie-Louise), *Abbayes, monastères et couvents de femmes à Paris des origines à la fin du XVIIIᵉ siècle*, Paris, Ed. d'Histoire et d'Art, 1975.
Boinet (Amédée), *les Eglises parisiennes*, Paris, Ed. de Minuit, 1958-1964.
Dumolin (Maurice), *les Eglises de France*, Paris et la Seine, Paris, Letouzey, 1936.
Violle (Bernard), *Paris, son église et ses églises*, Paris, Le Cerf, 1982.

Architecture et urbanisme

Babelon (Jean-Pierre), *Demeures parisiennes sous Henri IV et Louis XIII*, Paris, Ed. des Ternes, 1976.
Béhar (Michèle) et Salama (Manuelle), *Paris nouvelle architecture*, Paris, Technique et Architecture, 1985.
Borsi (Franco) et Godoli (Ezio), *Paris 1900*, Bruxelles, M. Vokaer, 1976.
Chaslin (François), *Les Paris de François Mitterrand*, Paris, Gallimard, 1985 (Folio).
Chemetov (Paul) et Marrey (Bernard), *Architectures Paris 1848-1914*, Paris, Dunod, 1980.
Christ (Yvan), *Métamorphoses de Paris*, Paris, Balland, 1967.
Christ (Yvan), *Nouvelles métamorphoses de Paris*, Paris, Balland, 1976.
Christ (Yvan), *Paris des utopies*, Paris, Balland, 1977.
Contet (Frédéric), *les Vieux Hôtels de Paris*, Paris, F. Contet, 1908-1937, 22 vol.
Delorme (Jean-Claude), *l'Ecole de Paris, 10 architectes et leurs immeubles, 1905-1937*, Paris, Ed. du Moniteur, 1981.
Evenson (Norma), *Paris, cent ans de travaux et d'urbanisme 1878-1978*, Grenoble, Presses Universitaires, 1983.
Fleury (Michel), Erlande-Brandenburg (Alain), Babelon (Jean-Pierre), *Paris monumental*, Paris, Flammarion, 1974.

Gallet (Michel), *Demeures parisiennes, époque Louis XVI*, Paris, Le Temps, 1964.
Hénocq (Michel), *Les plaques commémoratives des rues de Paris*, Paris, La Documentation française, 1984.
Laprade (Albert), *Les ruos de Paris à travers les croquis d'Albert Laprade*, Paris, Berger-Levrault, 1980.
Lavedan (Pierre), *Histoire de l'urbanisme à Paris*, Paris, Nouvelle Histoire de Paris, Hachette diff., 1975.
Liste des immeubles protégés au titre de la législation sur les monuments historiques et sur les sites dans la Ville de Paris (arrêtée au 1er mai 1976), secrétariat d'Etat à la Culture.
Loyer (François), *Paris XIXe, l'immeuble et la rue*, Paris, Hazan, 1987.
McLure (Bert) et Régnier (Bruno), *Promenades d'architecture à Paris*, Paris, Le Monde, 1985.
Marrey (Bernard), *Guide de l'art dans la rue au XXe siècle*, Paris et sa banlieue, Paris, Les Editions ouvrières, 1974.
Pillement (Georges), *Du Paris des rois au Paris des promoteurs*, Paris, Entente, 1976.

Photographies

Arthur Bertrand (Anne et Yann) *Paris vu du ciel*, Paris, Le Chêne, 1987.
Borgé (Jacques) et Viasnoff (Nicolas), *Archives de Paris*, Paris, Balland, 1981.
Cabaud (Michel), *Paris et les Parisiens sous le second Empire*, Paris, Belfond, 1982.
Cameron (Robert), *Au-dessus de Paris. Un album de vues aériennes*, Paris, R. Laffont, 1985.
Gautrand (Jean-Claude), *Paris des photographes*, Paris, Contrejour-Paris audiovisuel, 1985.
Juin (Hubert), *la France 1900 vue par les frères Seeberger*, Paris, Belfond, 1970.
Juin (Hubert), *le Livre de Paris 1900*, Paris, Belfond, 1977.

Cartes et plans

Atlas des anciens plans de Paris, Paris, Imprimerie Nationale, 1880.
Couperie (Pierre), *Paris au fil du temps, atlas historique d'urbanisme et d'architecture*, Paris, Cuénot, 1968.
Paris vers la fin du XIVe siècle, Paris, CNRS, 1975.
Plan de Truschet et Hoyau vers 1550, réédition Zurich, Seefeld, 1980.
Plan de Bullet et Blondel 1676, reproduction Paris, Archives Nationales, 1984.
Plan dit de Turgot 1738, réédition Paris, Le Cadratin, 1979.

Revues

Annuaire statistique de la Ville de Paris, annuel depuis 1880.
Bulletin de la Société de l'Histoire de Paris et de l'Ile-de-France (revue annuelle depuis 1874), Paris, Librairie d'Argences, 38, rue Saint-Sulpice.
Bulletin de la Société historique du 6e arrondissement (revue annuelle depuis 1898), Paris, mairie du 6e arrondissement.
GA, revue consacrée aux grands architectes contemporains.
Monuments Historiques, revue mensuelle publiée par la CNMH.
L'Officiel des Spectacles, l'instrument indispensable, paraissant le mercredi, pour toutes précisions sur les spectacles et les visites.
Paris Le Magazine, mensuel depuis 1985.
Paris-Projet, revue publiée par l'Atelier Parisien d'Urbanisme (APUR), 17, boulevard Morland.
Paris-Villages, irrégulier, depuis 1984.
Passion. The Magazine of Paris, bimestriel depuis 1981.
Revue d'Histoire du 14e arrondissement, depuis 1956, mairie du 14e arrondissement.
Ville de Paris, revue mensuelle publiée par la mairie de Paris depuis 1978.

Que voir dans les musées de Paris ?

Chasse

Cinéma

Civilisations

Collections insolites

Costume, mode

Création industrielle, design

Explorations terrestres et extra-terrestres

Histoire nationale

Horlogerie

Institutions

Jeux et jouets

Maquettes et modèles réduits

Médecine

Mobilier et architecture intérieure

Sciences

Sciences naturelles

Sculpture

Moyen Age :

XVIe, XVIIe et XVIIIe s. :

XIXe et XXe s. :

Tabac

Tapisserie

Télécommunications, télévision

Théâtre

Tissage

Transports

Verre et vitrail

Zoologie

Index thématique des encadrés

Archéologie

Architectes célèbres

Architecture et styles

Art et inscriptions funéraires

Artisanat, métiers d'art

Arts et styles décoratifs

Ecrivains de Paris

Education, Université

Equipement, hygiène publique

Fêtes, distractions

Géologie, géographie

Habitat et urbanisme

Populations de Paris

Religions et religieux

ques

Sculpture et sculpteurs

Sports, loisirs

Toponymie, étymologie

Transports

Histoire

Industrie, commerce

Institutions parisiennes célèbres

Inventaire et conservation du patrimoine

Jardins publics, espaces verts

Justice

Légendes

Mécènes et collectionneurs

Monuments et sites commémoratifs

Musique, chansons

Opéra, théâtre

Patrimoine disparu

Peinture et peintres

Urbanisation

Vie artistique et culturelle

Voirie et éclairage public

Zoologie, histoire naturelle

Index des personnages

Index général de Paris

La Brasserie Pschorr
Bastille
OUVERT
TOUS LES JOURS
JUSQU'A 1H DU MATIN
La Brasserie Pschorr
TERRASSE
FRUITS DE MER
CHOUCROUTES
CUISINE
TRADITIONNELLE
Tel. 43.43.42.76
14, place de la Bastille 75011 PARIS
PE CONSEIL

LA MAISON DU VALAIS
SPECIALITES
SUISSES
RACLETTES
Une idée originale
pour déjeuner
et dîner
Vente à emporter et dégustations
20, rue Royale 8e 42.60.22.72
Fermé le Dimanche
PE CONSEIL

Aubin Imprimeur
LIGUGÉ, POITIERS

Achevé d'imprimer en mars 1988
N° d'édition 7696 / N° d'impression P 26726
Dépôt légal, 6716-04-1988
Imprimé en France

ISBN 2.01.011485.X
24.01.1125.01

Paris pratique

Urgences

Samu, 45.67.50.50.
S. O. S. Médecins, 43.77.77.77 ou 47.07.77.77.
Pharmacie ouverte 24 h/24 : 84, av. des Champs-Elysées - 75008.

Vie quotidienne

Météo, 43.69.00.00.
P. T. T. En semaine, les bureaux de poste de Paris sont ouverts du lundi au vendredi, 8 h-19 h ; samedi, 8 h-12 h.
Bureau ouvert jusqu'à 23 h 30 : 71, av. des Champs-Elysées - 75008.
Bureau ouvert 24 h/24 : 59, rue du Louvre - 75001.
Télégrammes téléphonés, 44.44.11.11.
Horloge parlante, 36.99.
Service du réveil, 46.88.71.11.
Identification d'un abonné au téléphone, 12.
Renseignements administratifs : CIRA, 43.46.13.46 (9 h-18 h).
Banques ouvertes t.l.j. sf sam., dim. et fêtes. Bureaux de change en général ouverts le sam. matin. Les banques ferment à midi les veilles de fêtes et j. fériés.
Bureaux de change ouverts t.l.j. y compris dim. et j. fériés :
— gare de Lyon, 43.41.52.70 (7 h-23 h) ;
— gare du Nord, 42.80.11.50 (6 h 30-22 h) ;
— gare de l'Est, 42.06.51.97 (7 h-21 h) ;
— gare Saint-Lazare, 43.87.72.51 (7 h-21 h) ;
— gare d'Austerlitz, 45.84.91.40 (7 h 30-11 h 30/13 h-21 h du lun. au sam. ; 7 h-21 h dim. et j. fériés).
— 117, av. des Champs-Elysées, 47.23.27.22 (t.l.j. sf dim. 9 h-20 h).
— Porte Maillot, 47.58.22.05 (t.l.j. sf sam., dim., 9 h 30-12 h 20/14 h-16 h 20).
Objets perdus :
Laboratoire central des objets trouvés : 39 bis, rue de Dantzig - 75015, 45.31.14.80.
Recherche des objets égarés dans les égouts : 1, place Mazas, 43.43.16.19.

Renseignements généraux

Mairie de Paris Hôtel-de-Ville : Salon d'accueil, 29, rue de Rivoli, 42.76.42.42.
Office du Tourisme de Paris : Bureau central, 127, av. des Champs-Elysées - 75008, 47.23.61.73.
— bureau gare de Lyon, 43.43.33.24 ;
— bureau gare d'Austerlitz, 45.84.91.70 ;
— bureau gare du Nord, 45.26.94.82 ;
— bureau gare de l'Est, 46.07.17.73 ;
— bureau Tour Eiffel, 45.51.22.15 (en saison, 11 h-18 h).

Information culture, sports et loisirs

Information loisirs 24 h/24 : en français, 47.20.94.94 ; en anglais, 47.20.88.98 ; en allemand, 47.20.57.58.
Allo spectacles : tout sur les expositions, films, pièces, concerts à Paris et en Ile-de-France, 42.81.26.20.
Allo sports : pour tout savoir sur le sport à Paris, 42.76.54.54 (lun., jeu., 10 h 30-17 h ; vend. 10 h 30-16 h 30).
Les hebdomadaires : « Une semaine de Paris Pariscope », « L'Officiel des spectacles », « 7 à Paris », paraissant le mercredi, en vente dans les kiosques, fournissent les programmes de tous les théâtres, spectacles, cinémas, concerts, expositions, films, etc. ainsi que des adresses pratiques et de loisirs.

Tourisme

Autocars panoramiques : circuits commentés en plusieurs langues.
Cityrama, 4, place des Pyramides - 75001, 42.60.30.14.
Paris-Vision, 214, rue de Rivoli - 75001, 42.60.31.25.
Bateaux-promenades : croisières sur la Seine commentées en plusieurs langues :
— Bateaux-Mouches, 42.25.96.10 ;
également croisières-déjeuner/goûter/dîner, 42.25.96.10 ;